Lohnsteuer
Handausgabe 2018

Einkommensteuergesetz

mit Lohnsteuer-Richtlinien, Lohnsteuer-Hinweisen,
Einkommensteuer-Richtlinien (Auszug),
weiteren Hinweisen, Nebenbestimmungen

Bearbeitet von

Sabine Nußbaum
Amtsinspektorin

Dipl.-Finanzwirtin (FH)
Gerlinde Rosenbaum
Oberamtsrätin

Ausgabe März 2018

Hinweise

Die über den amtlichen Text hinausgehenden Anmerkungen sind grau unterlegt. Nichtamtliche Gesetzesüberschriften sind in Klammern [] gesetzt.

Die **_halbfett kursiv_** gedruckten Stellen kennzeichnen die Änderungen bei den Gesetzestexten, den Durchführungsverordnungen und den Richtlinien gegenüber der letztjährigen Ausgabe. **Randstriche** kennzeichnen die Stellen, an denen Text weggefallen ist.

Wegen der **Fundstellen** der anzuwendenden Vorschriften vgl. Seite 2.

Die Hinweise sind von den obersten Finanzbehörden des Bundes und der Länder beschlossen worden. Sie machen den Rechtsanwender aufmerksam auf höchstrichterliche Rechtsprechung, BMF-Schreiben und Rechtsquellen, die in das Lohnsteuerrecht hineinwirken. Sie enthalten den ausgewählten aktuellen Stand

– der höchstrichterlichen Rechtsprechung und

– der im Bundessteuerblatt veröffentlichten BMF-Schreiben.

Die im Bundessteuerblatt veröffentlichten Urteile und Beschlüsse des BFH sind in gleich gelagerten Fällen anzuwenden, soweit kein „Nichtanwendungserlass" ergangen ist.

Ausgewählte BMF-Schreiben sind im Anhang im Volltext abgedruckt. Sofern diese Schreiben durch aktuellere Gesetze, Verwaltungsanweisungen oder Rechtsprechung überholt oder bestätigt worden sind, wird darauf in Fußnoten regelmäßig hingewiesen.

Soweit in den Richtlinien, Hinweisen und im Anhang abgedruckte BMF-Schreiben Aussagen zu Ehegatten und zur Ehe enthalten, sind diese auch für Lebenspartner und Lebenspartnerschaften anzuwenden (§ 2 Abs. 8 EStG).

Die Stollfuß-Handausgabe enthält gegenüber dem Amtlichen Lohnsteuer-Handbuch zusätzliche Erläuterungen, Urteile, BMF-Schreiben und andere aktuelle Hinweise, die jeweils grau gerastert dargestellt und innerhalb der Hinweise einem Schlagwort zugeordnet sind.

Das Zeichen → bezeichnet einen Querverweis.

Empfohlene Zitierweise:

– die Lohnsteuer-Richtlinien, z. B. R 3.b Abs. 2 LStR 2015

– die amtlichen Hinweise sollten mit dem dort angegebenen Stichwort H 9.5 (Pauschale Kilometersätze) LStH 2018 zitiert werden.

Die nicht amtlichen Hinweise sind mit ihrer jeweils gesondert genannten Fundstelle zu zitieren.

Randhinweise darauf, in welchem Anhang die zitierten Vorschriften anderer Gesetze abgedruckt sind (z. B. Anh. 3), erfolgen in der Regel auf jeder Seite für jedes Gesetz nur einmal.

Die amtlichen Aktenplan-Nummern (z. B. S 2330) der Finanzverwaltung sind am Rand angegeben. Der gesamte Aktenplan für die Finanzverwaltung kann auf der Internetseite des Bundesministeriums der Finanzen abgerufen werden (www.bundesfinanzministerium.de).

Wir hoffen, dass die in der Praxis bewährte Form der Darstellung Ihr tägliches Arbeiten mit dem Lohnsteuerrecht erleichtern wird und begrüßen weiterhin Anregungen und Hinweise, die der Verbesserung des Werks dienen.

Bonn, im Februar 2018   Verlag und Verfasser

Bibliografische Information der Deutschen Bibliothek
Die Deutsche Bibliothek verzeichnet diese Publikation in der Deutschen Nationalbibliografie; detaillierte bibliografische Daten sind im Internet über http://dnb.ddb.de abrufbar.

ISBN 978-3-08-**367218**-0

Stollfuß Medien GmbH & Co. KG 2018 · Alle Rechte vorbehalten
Satz: rdz GmbH, St. Augustin
Druck und Verarbeitung: Bonner Universitäts-Buchdruckerei (bub)

Inhaltsübersicht

A. Einkommensteuergesetz, Einkommensteuer-Durchführungsverordnung, Lohnsteuer-Durchführungsverordnung, Lohnsteuer-Richtlinien und Lohnsteuer-Hinweise

Inhaltsübersicht

Inhaltsübersicht

Inhaltsübersicht

B. Anhänge

Inhaltsübersicht

C. Stichwortverzeichnis
(Seite 1549)

Abkürzungsverzeichnis

5. VermBG	Fünftes Vermögensbildungsgesetz
a. a. O.	am angegebenen Ort
ABl. EG	Amtsblatt der Europäischen Gemeinschaften
Abs.	Absatz
AEAO	Anwendungserlass zur Abgabenordnung
a. F.	alte Fassung
AfA	Absetzung für Abnutzung
AktG	Aktiengesetz
AltTZG	Altersteilzeitgesetz
AO	Abgabenordnung
ArbSchG	Arbeitsschutzgesetz
ARV	Auslandsreisekostenverordnung
ATGV	Auslandstrennungsgeldverordnung
ATZV	Altersteilzeitzuschlagsverordnung
AÜG	Arbeitnehmerüberlassungsgesetz
AUV	Auslandsumzugskostenverordnung
AVG	Angestelltenversicherungsgesetz
Az.	Aktenzeichen
BaföG	Bundesausbildungsförderungsgesetz
BAG	Bundesarbeitsgericht
BAnz.	Bundesanzeiger
BAT	Bundesangestellten-Tarifvertrag
BayRKG	Bayerisches Reisekostengesetz
BB	Der Betriebs-Berater (Zeitschrift)
BBesG	Bundesbesoldungsgesetz
BBG	Bundesbeamtengesetz und Beitragsbemessungsgrenze
BeamtVG	Beamtenversorgungsgesetz
BergPG	Gesetz über Bergmannsprämien
BerlinFG	Berlinförderungsgesetz
BetrAVG	Gesetz zur Verbesserung der betrieblichen Altersversorgung (Betriebsrentengesetz)
BewG	Bewertungsgesetz
BFH	Bundesfinanzhof
BFHE	Sammlung der Entscheidungen des Bundesfinanzhofs (Zeitschrift)
BFH/NV	Sammlung amtlich nicht veröffentlichter Entscheidungen des Bundesfinanzhofs (Zeitschrift)
BGB	Bürgerliches Gesetzbuch
BGBl.	Bundesgesetzblatt
BildscharbV	Bildschirmarbeitsverordnung
BMF (BdF)	Bundesministerium der Finanzen
BMI	Bundesministerium des Inneren
BpO	Betriebsprüfungsordnung
BRKG	Bundesreisekostengesetz
BStBl	Bundessteuerblatt
BT-Drs./ BT-Drucks.	Bundestagsdrucksache
Buchst.	Buchstabe
BUKG	Bundesumzugskostengesetz
BUKGVwV	Allgemeine Verwaltungsvorschrift zum Bundesumzugskostengesetz
BVerfG	Bundesverfassungsgericht
BVerfGE	Entscheidungen des Bundesverfassungsgerichts (Zeitschrift)
BVG	Bundesversorgungsgesetz und Schweizer Bundesgesetz über die berufliche Alters-, Hinterlassenen- und Invalidenvorsorge
BWGöD	Gesetz zur Regelung der Wiedergutmachung nationalsozialistischen Unrechts
bzw.	beziehungsweise
DA	Dienstanweisung
DB	Der Betrieb (Zeitschrift)
DBA	Abkommen zur Vermeidung der Doppelbesteuerung
DStR	Deutsches Steuerrecht (Zeitschrift)
DV	Durchführungsverordnung
EFG	Entscheidungen der Finanzgerichte (Zeitschrift)
EGAO	Einführungsgesetz zur Abgabenordnung
EGMR	Europäischer Gerichtshof für Menschenrechte
ELStAM	Elektronische Lohnsteuerabzugsmerkmale
ErbStR	Erbschaftsteuer-Richtlinien
EStDV	Einkommensteuer-Durchführungsverordnung
EStG	Einkommensteuergesetz
EStH	Einkommensteuer-Hinweise
EStR	Einkommensteuer-Richtlinien
EU	Europäische Union
EuGH	Europäischer Gerichtshof
EWR	Europäischer Wirtschaftsraum
EZulV	Erschwerniszulagenverordnung
f.	folgende(e, es)
FA	Finanzamt
FamLeistG	Gesetz zur Förderung von Familien und haushaltsnahen Dienstleistungen (Familienleistungsgesetz)
FELEG	Gesetz zur Förderung der Einstellung der landwirtschaftlichen Erwerbstätigkeit
ff.	fortfolgend(e)
FG	Finanzgericht
FinMin	Finanzministerium
FinSen	Senator für Finanzen
FR	Finanz-Rundschau (Zeitschrift)
G 131	Gesetz zu Artikel 131 Grundgesetz
GdB	Grad der Behinderung
GenG	Genossenschaftsgesetz
GewStG	Gewerbesteuergesetz
GmbHR	GmbH-Rundschau (Zeitschrift)
GMBl	Gemeinsames Ministerialblatt
GRV	Gesetzliche Rentenversicherung
GVBl.	Gesetz- und Verordnungsblatt
H	Hinweis (zu den Einkommensteuer- bzw. Lohnsteuer-Richtlinien)
HAG	Heimarbeitsgesetz
HBeglG 2004	Haushaltsbegleitgesetz 2004
HGB	Handelsgesetzbuch
i. d. F.	in der Fassung
i. H. v.	in Höhe von
InsO	Insolvenzordnung
i. S.	im Sinne
i. S. d.	im Sinne des/der
i. S. v.	im Sinne von
i. V. m.	in Verbindung mit
Jg.	Jahrgang

JStG	Jahressteuergesetz
KAV	Kindergeldauszahlungs-Verordnung
Kfz	Kraftfahrzeug
Kj.	Kalenderjahr
KStG	Körperschaftsteuergesetz
ktgl.	kalendertäglich
LStDV	Lohnsteuer-Durchführungsverordnung
LStH	Lohnsteuer-Hinweise
LStR	Lohnsteuer-Richtlinien
mtl.	monatlich
MuSchG	Mutterschutzgesetz
n. F.	neue Fassung
Nr.	Nummer
nv.	nicht amtlich veröffentlicht
NW (NRW)	Nordrhein-Westfalen
OFD	Oberfinanzdirektion
R	Einkommensteuer- bzw. Lohnsteuer-Richtlinie
Rdnr.	Randnummer
Rspr.	Rechtsprechung
Rz.	Randziffer
S., s.	Seite, siehe
SGB	Sozialgesetzbuch
st.	ständig
StADÜV	Steueranmeldungs-Datenübermittlungs-Verordnung
StBerG	Steuerberatungsgesetz
StDÜV	Steuerdatenübermittlungsverordnung
Stpfl.	Steuerpflichtiger
SvEV	Sozialversicherungsentgeltverordnung
TGV	Trennungsgeldverordnung
Tz.	Textziffer
u. a.	unter anderem
UN	Vereinte Nationen
UStG	Umsatzsteuergesetz
VBL	Versorgungsanstalt des Bundes und der Länder
VermBDV	Verordnung zur Durchführung des Fünften Vermögensbildungsgesetzes
VermBG	Fünftes Vermögensbildungsgesetz
vgl.	vergleiche
VO	Verordnung
VVaG	Versicherungsverein auf Gegenseitigkeit
VVG	Versicherungsvertragsgesetz
VZ	Veranlagungszeitraum
Wj.	Wirtschaftsjahr
WoBauG	Wohnungsbaugesetz
WoFG	Wohnraumförderungsgesetz
WoPDV	Verordnung zur Durchführung des Wohnungsbau-Prämiengesetzes
WoPG	Wohnungsbau-Prämiengesetz
WoPR	Richtlinien zum Wohnungsbau-Prämiengesetz
WSG	Wehrsoldgesetz
ZDG	Zivildienstgesetz
ZPO	Zivilprozessordnung
ZPS ZANS	Zentralstelle für Arbeitnehmer-Sparzulage und Wohnungsbauprämie beim Technischen Finanzamt Berlin

A.
Einkommensteuergesetz
(EStG)

in der Fassung der Bekanntmachung vom 8. 10. 2009 (BGBl. I S. 3366 (3862), BStBl I S. 1346)
– zuletzt geändert durch Artikel 9 des Gesetzes zur Stärkung der betrieblichen Altersversorgung und zur Änderung anderer Gesetze (Betriebsrentenstärkungsgesetz) vom 17. 8. 2017 (BGBl. I S. 3214, BStBl I S. 1278).

Einkommensteuer-Durchführungsverordnung 2000
(EStDV 2000)

in der Fassung vom 10. 5. 2000 (BGBl. I S. 717, BStBl I S. 595)
– zuletzt geändert durch Artikel 4 des Gesetzes zum Ausschluss verfassungsfeindlicher Parteien von der Parteienfinanzierung vom 18. 7. 2017 (BGBl. I S. 2730).

Lohnsteuer-Durchführungsverordnung 1990
(LStDV 1990)

in der Fassung der Bekanntmachung vom 10. 10. 1989
(BGBl. I S. 1848, BStBl I S. 405)
– zuletzt geändert durch Artikel 10 des Gesetzes zur Stärkung der betrieblichen Altersversorgung und zur Änderung anderer Gesetze (Betriebsrentenstärkungsgesetz) vom 17. 8. 2017 (BGBl. I S. 3214, BStBl I S. 1278).

Lohnsteuer-Richtlinien 2015
(LStR 2015)

LStR 2008 vom 10. 12. 2007 (BStBl I Sondernummer 1/2007)
geändert durch die LStÄR 2011 vom 23. 11. 2010 (BStBl I S. 1325),
die LStÄR 2013 vom 8. 7. 2013 (BStBl I S. 851) und
die LStÄR 2015 vom 22. 10. 2014 (BStBl I S. 1344).

Lohnsteuer-Hinweise 2018
(LStH 2018)

Einkommensteuergesetz

in der Fassung der Bekanntmachung vom 8. 10. 2009
(BGBl. I S. 3366, S. 3862, BStBl I S. 1346)

Das **Einkommensteuergesetz** wurde nach der Bekanntmachung
vom 8. 10. 2009 wie folgt geändert:

Lfd. Nr.	Datum	Änderungsgesetz	Art.	Fundstellen *Inkrafttreten*	Geänderte Vorschriften	Art der Änderung
1	22. 12. 2009	Gesetz zur Beschleunigung des Wirtschaftswachstums (Wachstumsbeschleunigungsgesetz)	1	BGBl. I S. 3950, BStBl I 2010 S. 2 *31. 12. 2009 (Tag nach der Verkündung)*	§ 4h Abs. 1 Abs. 2 Satz 1 Buchstabe c Satz 2 Abs. 4 Satz 1 und Satz 4 Abs. 5 Satz 1 und 2 § 6 Abs. 2 Abs. 2a § 9 Abs. 1 Satz 3 Nr. 7 Satz 2 § 32 Abs. 6 Satz 1 § 51a Abs. 2a Satz 1 § 52 Abs. 12d Abs. 16 Abs. 23d Satz 3 § 66 Abs. 1 Satz 1	neu gefasst geändert neu gefasst, geändert geändert neu gefasst neu gefasst neu gefasst geändert geändert Neufassung von Satz 3 und Anfügung neuer Sätze neu gefasst neu gefasst
2	8. 4. 2010	Gesetz zur Umsetzung steuerlicher EU-Vorgaben sowie zur Änderung steuerlicher Vorschriften	1	BGBl. I S. 386, BStBl I 2010 S. 334	Inhaltsübersicht § 3 Nr. 39 Satz 2 § 7 Absatz 5 Satz 1 § 10a Abs. 1 Satz 1 § 10b Abs. 1 Satz 1 und 2 Abs. 1a Satz 1 Abs. 4 Satz 4 § 49 Abs. 1 Nr. 7 Nr. 10 § 52 Abs. 21c Abs. 24c Satz 2 Abs. 24e Abs. 63a Abs. 66 Abs. 67 § 79 § 85 Abs. 2 Satz 1 § 92a Abs. 1 Satz 2 und Abs. 3 Satz 9 Nr. 3 § 93 Abs. 1 Satz 4 Buchstabe c § 95 Überschrift Abs. 1 Abs. 2 Abs. 3 § 99	geändert neu gefasst geändert geändert neu gefasst und Anfügung geändert neu gefasst Anfügung eines Halbsatzes neu gefasst eingefügt ersetzt durch die Sätze 2 bis 4 Sätze 5 bis 7 angefügt eingefügt angefügt angefügt neu gefasst geändert neu gefasst neu gefasst neu gefasst Satz 1 geändert, Satz 3 aufgehoben neu gefasst geändert geändert

Lfd. Nr.	Datum	Änderungsgesetz	Art.	Fundstellen *Inkrafttreten*	Geänderte Vorschriften	Art der Änderung
3	8. 12. 2010	Jahressteuergesetz 2010	1	BGBl. I S. 1768, BStBl I S. 1394 *grds. =* *14. 12. 2010* *(Tag nach der Verkündung)*	Inhaltsübersicht	ergänzt um Angabe zu § 52b
					§ 1a	Satz 1 geändert und Nr. 1b eingefügt
					§ 2	
					Absatz 2 Satz 1 Nr. 1	geändert
					Absatz 5b Satz 2 Nr. 2	geändert
					§ 3	
					Nr. 26a Satz 2	geändert
					Nr. 26b	eingefügt
					Nr. 40 Satz 1 Buchstabe d Satz 2	geändert
					§ 3c Absatz 2 Satz 2	eingefügt
					§ 4	
					Absatz 1 Satz 4	eingefügt
					Absatz 5 Satz 1 Nr. 6b Satz 2 und 3	ersetzt den bisherigen Satz 2
					§ 6	geändert
					Absatz 1 Nr. 5a	
					Absatz 4	geändert
					Absatz 5 Satz 1	geändert
					§ 7 Abs. 1 Satz 5	neu gefasst
					§ 9a Satz 1 Nr. 3	geändert
					§ 10 Abs. 1 Nr. 1b	neu gefasst
					Nr. 3 Satz 3	Satz 4 angefügt
					Nr. 4	neu gefasst
					Abs. 2 Satz 3	geändert
					Abs. 2a Satz 4	geändert
					§ 10a Abs. 1 Satz 3	neu gefasst
					Abs. 5 Satz 5	angefügt
					§ 10b Abs. 1 Satz 7 und 8	geändert
					§ 10d Abs. 4 Satz 4 und 5	neu gefasst
					§ 15 Abs. 1a Satz 1	geändert
					§ 16 Abs. 3 Satz 2	geändert
					Abs. 3a	eingefügt
					§ 20 Abs. 1 Nr. 7	Satz angefügt
					Nr. 9	Satz angefügt
					Abs. 3a	eingefügt
					Abs. 4a	geändert
					§ 20 Nr. 1	Satz 1 geändert und Satz 3 neu gefasst
					Nr. 1b	neu gefasst
					Nr. 1c	neu gefasst
					Nr. 5	Satz 6 geändert und Satz 10 angefügt
					§ 22a Abs. 1 Satz 1	geändert
					Abs. 4 Satz 1	geändert
					Abs. 5	angefügt
					§ 23 Abs. 1 Satz 1 Nr. 2	geändert
					Abs. 3 Satz 9	geändert
					§ 32d Abs. 2 Satz 1 Nr. 1 Satz 1 Buchstabe a	geändert
					Nr. 4	angefügt
					Abs. 6 Satz 1	neu gefasst
					§ 33a Abs. 2 Satz 3	geändert
					§ 34 Abs. 3 Satz 2	neu gefasst
					§ 35a Abs. 3	neu gefasst
					Abs. 5 Satz 1	neu gefasst
					§ 36 Abs. 5	angefügt
					§ 39e Abs. 2	geändert
					Abs. 9	geändert

Lfd. Nr.	Datum Änderung	Änderungsgesetz	Art.	Fundstellen *Inkrafttreten*	Geänderte Vorschriften	Art der Änderung
					Abs. 10 Satz 6	neu gefasst
					§ 43 Abs. 1 Satz 5 und 6	neu gefasst
					Abs. 1a	aufgehoben
					Abs. 2	geändert
					Abs. 5	Satz 1 neu gefasst und Satz 4 angefügt
					§ 43a Abs. 3 Satz 7	angefügt
					§ 44a Abs. 1 Satz 1 Nr. 1 Buchstabe a Doppelbuchstabe aa	geändert
					§ 44a Abs. 2 Satz 1 Nr. 1	geändert
					Abs. 2a	eingefügt
					Abs. 4 Satz 6	angefügt
					Abs. 4a	angefügt
					Abs. 9 Satz 1 und 3	geändert
					§ 45b Abs. 1 Satz 3	angefügt
					§ 45d Abs. 1	neu gefasst
					Abs. 3 Satz 2 und 3	neu gefasst
					§ 46 Abs. 2 Nr. 4	neu gefasst
					§ 49 Abs. 1 Nr. 2	geändert
					§ 50 Abs. 1 Satz 4	geändert
					Abs. 4	geändert
					§ 50a Abs. 1 Nr. 3	neu gefasst
					§ 50f	neu gefasst
					§ 51 Abs. 4 Nr. 1	geändert
					§ 52 Abs. 4b Satz 2	angefügt
					Abs. 8a Satz 3	angefügt
					Abs. 8b Satz 2 und 3	angefügt
					Abs. 12 Satz 9	angefügt
					Abs. 16a	Satz 1 vorangestellt
					Abs. 18b Satz 1	neu gefasst
					Abs. 21 Satz 4	angefügt
					Abs. 24	geändert
					Abs. 24a	Satz vorangestellt
					Abs. 24e	Sätze vorangestellt
					Abs. 25 Satz 5	angefügt
					Abs. 34 Satz 5	angefügt
					Abs. 37	neu gefasst
					Abs. 38 Satz 4	angefügt
					Abs. 38a Satz 5 und 6	angefügt
					Abs. 47 Satz 6	geändert
					Satz 7	angefügt
					Abs. 50b Satz 6 und 7	angefügt
					Abs. 50d Satz 3	angefügt
					Abs. 50f Satz 1	geändert
					Abs. 55j Satz 2	angefügt
					Abs. 59b	eingefügt
					Abs. 59b bis 59d	werden Abs. 59c bis 59e
					§ 52a Abs. 8 Satz 2	angefügt
					Abs. 10 Satz 7	geändert
					Satz 10	geändert
					Satz 11	angefügt
					Abs. 11 Satz 3	geändert
					Satz 11	geändert
					Abs. 15 Satz 2	angefügt
					Abs. 15a	eingefügt
					Abs. 16 Satz 3	eingefügt
					Satz 5 (bisher)	neu gefasst
					Satz 8 (bisher)	neu gefasst

Lfd. Nr.	Datum	Änderungsgesetz	Art.	Fundstellen *Inkrafttreten*	Geänderte Vorschriften	Art der Änderung
					Satz 9 (bisher)	geändert
					Abs. 16a	geändert
					§ 52b	eingefügt
					§ 82 Abs. 1 Satz 1	geändert
					Satz 3	neu gefasst
					Abs. 4 Nr. 1	geändert
					§ 86 Abs. 2 Satz 2	neu gefasst
					§ 92 Satz 1 Nr. 7	geändert
					§ 92a Abs. 1 Satz 1 Nr. 3	geändert
					Satz 4	neu gefasst
					Abs. 2 Satz 4 Nr. 1	geändert
					Abs. 2a	angefügt
					Abs. 3 Satz 4	geändert
					Satz 9 Nr. 3	neu gefasst
					Satz 10	geändert
					§ 92b Abs. 3 Satz 1	geändert
					Satz 2	neu gefasst
					§ 93 Abs. 1a	neu gefasst
					Abs. 4	angefügt
					§ 94 Abs. 2 Satz 2	geändert
					§ 99 Abs. 1	geändert
4	9. 12. 2010	Restrukturierungsgesetz	8	BGBl. S. 1900 *1. 1. 2011*	§ 4 Abs. 5 Satz 1 Nr. 13	angefügt
					§ 52 Abs. 12 Satz 10	angefügt
5	5. 4. 2011	Gesetz zur bestätigenden Regelung verschiedener steuerlicher und verkehrsrechtlicher Vorschriften des Haushaltsbegleitgesetzes 2004	1	BGBl. I S. 554 *12. 4. 2011*	§ 3 Nr. 34 und Nr. 38 § 4 Abs. 5 Satz 1 Nr. 1 Satz 2 und Nr. 2 Satz 1 § 5a Abs. 3 § 7 Abs. 5 Satz 1 Nr. 3 Buchstabe b § 7h Abs. 1 § 7i Abs. 1 § 8 Abs. 2 Satz 9 und Abs. 3 Satz 2 § 10f Abs. 1 Satz 1 und Abs. 2 Satz 1 § 10g Abs. 1 Satz 1 § 16 Abs. 4 § 17 Abs. 3 § 21 Abs. 2 § 37a Abs. 1 Satz 3	Die steuerlichen Regelungen, die in das Gesetzgebungsverfahren des HBeglG 2004 eingeführt wurden und seit der Verabschiedung des HBeglG 2004 bis heute unverändert geblieben sind, werden mit dem vorliegenden Gesetz inhaltsgleich bestätigend umgesetzt.
6	22. 6. 2011	Gesetz zur Umsetzung der Richtlinie 2009/65/EG zur Koordinierung der Rechts- und Verwaltungsvorschriften betreffend bestimmte Organismen für gemeinsame Anlagen in Wertpapieren (OGAW-IV-Umsetzungsgesetz -OGAW-IV-UmsG)	7	BGBl. I S. 1126 *26. 6. 2011*	§ 3 Nr. 70 Satz 3 Buchstabe b	neu gefasst
					§ 43 Abs. 1 Satz 1 Nr. 1 Satz 1	geändert
					Abs. 1 Satz 1 Nr. 1a	eingefügt
					Abs. 1 Satz 1 Nr. 6	neu gefasst
					Abs. 2 Satz 1	geändert
					Abs. 3 Satz 1	geändert
					§ 44 Abs. 1 Satz 3	neu gefasst
					Satz 4 Nr. 3	angefügt
					Satz 5	geändert
					§ 44a Abs. 1 Nr. 1	geändert
					Abs. 9 Satz 2	geändert
					Abs. 10	angefügt
					§ 45a Abs. 1 Satz 1	geändert
					Abs. 2 Satz 1	geändert
					Abs. 3 Satz 1	geändert
					§ 50d Abs. 1	geändert
					§ 52 Abs. 8	eingefügt
					§ 52a Abs. 16b	eingefügt

Lfd. Nr.	Datum	Änderungsgesetz	Art.	Fundstellen *Inkrafttreten*	Geänderte Vorschriften	Art der Änderung
7	1. 11. 2011	Steuervereinfachungs-gesetz 2011	1	BGBl. I S. 2131, BStBl I S. 986 *1. 1. 2012 (mit Ausnahmen)*	Inhaltsübersicht	geändert
					§ 2 Abs. 5a	geändert
					Abs. 5b Satz 2	aufgehoben
					§ 3 Nr. 19, 21, 22 und 37	aufgehoben
					Nr. 44 Satz 1	geändert
					Nr. 46 und 49	aufgehoben
					§ 9 Abs. 2 Satz 2	neu gefasst
					Abs. 5 Satz 1	geändert
					§ 9a Abs. 1 Satz 1 Nr. 1 Buchsta-be a	geändert
					§ 9c	aufgehoben
					§ 10 Abs. 1 Nr. 5	eingefügt
					Abs. 4b	eingefügt
					§ 10c Satz 1	geändert
					§ 12	geändert
					§ 16 Abs. 3b	eingefügt
					§ 21 Abs. 2	geändert
					§ 25 Abs. 3	neu gefasst
					§ 26	neu gefasst
					§ 26a	neu gefasst
					§ 26c	aufgehoben
					§ 32 Abs. 4	Sätze 2 bis 10 ersetzt
					Abs. 5 Satz 3	geändert
					Abs. 6	geändert
					§ 32a Abs. 6	geändert
					§ 33 Abs. 2 Satz 2	neu gefasst
					Abs. 4	angefügt
					§ 33a Abs. 1 Satz 5	geändert
					Abs. 2	geändert
					§ 33b Abs. 5 Satz 2	geändert
					§ 34 Abs. 2 Nr. 4	geändert
					§ 34b	neu gefasst
					§ 35a Abs. 5 Satz 1	geändert
					§ 37 Abs. 3	geändert
					§ 39a	geändert
					§ 39b Abs. 2 Satz 7 zwei-ter Halbsatz	geändert
					§ 44a Abs. 4b	eingefügt
					Abs. 6	Satz angefügt
					Abs. 7 Satz 2	geändert
					Abs. 8 Satz 1	geändert
					§ 45b Abs. 2 Satz 1 Nr. 3	aufgehoben
					§ 46 Abs. 2	geändert
					§ 50 Abs. 1 Satz 3	neu gefasst
					Satz 4	geändert
					§ 51 Abs. 1 Nr. 2 Buch-stabe c	neu gefasst
					§ 52 Abs. 1	neu gefasst
					Abs. 4a	Satz angefügt
					Abs. 23e	eingefügt
					bisherige Abs. 23e und 23f	werden die Absätze 23f und 23g
					Abs. 24a	Satz angefügt
					Abs. 34	Satz angefügt
					Abs. 50f	Satz angefügt
					Abs. 51	neu gefasst
					Abs. 55j	Satz 2 ein-gefügt
					Abs. 62a	eingefügt
					Abs. 68	angefügt
					§ 52a Abs. 16a	Satz angefügt
					§ 70 Abs. 4	aufgehoben

Lfd. Nr.	Datum	Änderungsgesetz	Art.	Fundstellen *Inkrafttreten*	Geänderte Vorschriften	Art der Änderung
8	7. 12. 2011	Gesetz zur Umsetzung der Beitreibungsrichtlinie sowie zur Änderung steuerlicher Vorschriften (Beitreibungsrichtlinie-Umsetzungsgesetz – BeitrR-LUmsG)	2	BGBl. I S. 2592, BStBl I S. 1171 *1. 1. 2012 (mit Ausnahmen)*	Inhaltsübersicht	geändert
					§ 3 Nr. 8a	eingefügt
					Nr. 55c bis 55e	eingefügt
					§ 4 Abs. 9	angefügt
					§ 9 Abs. 6	angefügt
					§ 10 Abs. 1 Nr. 7 Satz 1	geändert
					Abs. 2	Sätze 4 und 5 aufgehoben
					Abs. 2a Satz 8	neu gefasst
					§ 10a Abs. 2a Satz 3	geändert
					Abs. 3	Sätze angefügt
					§ 10b Abs. 1 Satz 5	geändert
					§ 12 Nr. 5	neu gefasst
					§ 22 Nr. 5	geändert
					§ 32 Abs. 4 Satz 1 Nr. 2 Buchstabe d	geändert
					§ 36 Abs. 5 Satz 1	geändert
					§ 38a Abs. 4	geändert
					§ 38b	geändert
					§ 39	neu gefasst
					§ 39a	geändert
					§ 39b	geändert
					§ 39c	neu gefasst
					§ 39d	aufgehoben
					§ 39e	neu gefasst
					§ 39f	geändert
					§ 40a	geändert
					§ 41 Abs. 1 Satz 2	neu gefasst
					§ 41b	geändert
					§ 41c	geändert
					§ 42b	geändert
					§ 42d Abs. 2	geändert
					§ 42f Abs. 2 Satz 2	geändert
					§ 44a	geändert
					§ 46 Abs. 2 Nr. 4 und 5	geändert
					Nr. 7	neu gefasst
					§ 50 Abs. 1	geändert
					Abs. 2	geändert
					§ 50d Abs. 3	geändert
					§ 51 Abs. 4 Nr. 1	geändert
					§ 51a Abs. 2a Satz 2	geändert
					Abs. 2c	neu gefasst
					Abs. 2e	neu gefasst
					§ 52 Abs. 4a	geändert
					Abs. 5	neu gefasst
					Abs. 12	Satz angefügt
					Abs. 23d	Satz angefügt
					Abs. 24	Satz angefügt
					Abs. 24a Satz 3	neu gefasst
					Abs. 30a	eingefügt
					bisheriger Abs. 30a	wird Abs. 30b
					Abs. 50g	eingefügt
					Abs. 51b	eingefügt
					Abs. 52	neu gefasst
					Abs. 63a	Satz angefügt
					Abs. 63b	eingefügt
					§ 52a Abs. 16b	neu gefasst
					Abs. 18	Satz angefügt
					§ 52b	aufgehoben
					§ 79 Satz 2	geändert
					§ 82 Abs. 4	geändert
9	20. 12. 2011	Gesetz zur Verbesserung der Eingliederungschancen am Arbeitsmarkt	20	BGBl. I S. 2854 *Artikel 20 = 1. 4. 2012*	§ 3 Nr. 2	geändert
					§ 32b Abs. 1 Satz 1 Nr. 1 Buchstabe a und Abs. 3 Satz 3	geändert

Lfd. Nr.	Datum	Änderungsgesetz	Art.	Fundstellen *Inkrafttreten*	Geänderte Vorschriften	Art der Änderung
10	12. 4. 2012	Gesetz zur Neuordnung der Organisation der landwirtschaftlichen Sozialversicherung (LSV-Neuordnungsgesetz – LSV-NOG	13 (4)	BGBl. I S. 579 *1. 1. 2013*	§ 10 Abs. 1 Nr. 2 Buchstabe a § 22 Nr. 1 Satz 3 Buchstabe a Doppelbuchstabe bb § 22a Abs. 1 Satz 1 § 49 Abs. 1 Nr. 7 § 91	geändert geändert geändert geändert geändert
11	8. 5. 2012	Gesetz zur Änderung des Gemeindefinanzreformgesetzes und von steuerlichen Vorschriften	3	BGBl. I S. 1030 *1. 1. 2012*	§ 3 Nr. 45 § 50d Abs. 11 § 52 Abs. 4g § 52 Abs. 59a	neu gefasst angefügt eingefügt Satz 9 angefügt
12	20. 2. 2013	Gesetz zum Abbau der kalten Progression		BGBl. I S. 283 *Tag nach der Verkündung*	§ 32a Abs. 1 § 39b Abs. 2 Satz 7 § 46 Abs. 2 § 52 Abs. 41 § 52 Abs. 51c § 52 Abs. 51d § 52 Abs. 55j § 52 Abs. 55k	neu gefasst geändert geändert geändert eingefügt eingefügt neu gefasst eingefügt
13	20. 2. 2013	Gesetz zur Änderung und Vereinfachung der Unternehmensbesteuerung und des steuerlichen Reisekostenrechts	1	BGBl. I S. 285 BStBl I S. 188 *1. 1. 2014 (mit Ausnahmen)*	§ 3 Nr. 13 Nr. 16 § 4 Abs. 5 Satz 1 Nr. 5 Nr. 6 Satz 2 Satz 3 Nr. 6a § 9 Abs. 1 Satz 3 Nr. 4 Nr. 4a Nr. 5 Nr. 5a Abs. 2 Abs. 3 Abs. 4 Abs. 4a Abs. 5 Satz 1 § 10 Abs. 1 Nr. 7 Satz 4 § 10d Abs. 1 Satz 1 § 37b Abs. 2 Satz 2 § 40 Abs. 2 Satz 1 Nr. 1 Nr. 4 Satz 2 § 41b Abs. 11 Satz 2 Nr. 8 § 52 Abs. 1 Abs. 12 Satz 4 und 5 Abs. 25 Satz 7	neu gefasst neu gefasst neu gefasst geändert geändert eingefügt neu gefasst eingefügt neu gefasst eingefügt neu gefasst geändert eingefügt eingefügt geändert neu gefasst geändert geändert eingefügt neu gefasst neu gefasst geändert geändert neu gefasst angefügt
14	21. 3. 2013	Gesetz zur Stärkung des Ehrenamtes (Ehrenamtsstärkungsgesetz)	2	BGBl. I S. 556 *1. 1. 2013*	§ 3 Nr. 26 Satz 1 Nr. 26a Satz 1 § 10b Abs. 1a Satz 1 Satz 2	geändert geändert geändert geändert
15	3. 5. 2013	Gesetz zur Fortentwicklung des Melderechts (MeldFortG)	2 Abs. 11	BGBl. I S. 1084 *1. 5. 2015*	§ 69	geändert
16	24. 6. 2013	Gesetz zur Verbesserung der steuerlichen Förderung der privaten Altersversorgung (Altersvorsorge-Verbesserungsgesetz – AltvVerbG)	1	BGBl. I S. 1667 BStBl I S. 790 *1. 7. 2013*	§ 10 Abs. 1 Nr. 2 Abs. 2a Abs. 3 Abs. 4a § 10a Abs. 1 Satz 3 Abs. 2a § 22 Nr. 5 § 52 Abs. 23h Abs. 24 Satz 1	geändert geändert geändert geändert neu gefasst geändert geändert eingefügt neu gefasst

Lfd. Nr.	Datum	Änderungsgesetz	Art.	Fundstellen *Inkrafttreten*	Geänderte Vorschriften	Art der Änderung
					Abs. 24c Satz 3 Nr. 2	geändert
					Abs. 64	neu gefasst
					§ 79 Satz 2	neu gefasst
					§ 82 Abs. 1	neu gefasst
					§ 86 Abs. 1 Satz 2	geändert
					Abs. 2	geändert
					§ 90 Abs. 4 Satz 2	neu gefasst
					§ 92 Satz 1	neu gefasst
					Satz 2 und 3	neu gefasst
					§ 92a Abs. 1	neu gefasst
					Abs. 2	neu gefasst
					Abs. 2a	neu gefasst
					Abs. 3	neu gefasst
					§ 92b Abs. 1	neu gefasst
					Abs. 3	geändert
					§ 93 Abs. 4	geändert
					§ 94 Abs. 1 Satz 4	geändert
					§ 95 Abs. 1 Nr. 2	neu gefasst
					Abs. 2 Satz 1 und Satz 2	geändert
17	26. 6. 2013	Gesetz zur Umsetzung der Amtshilferichtlinie sowie zur Änderung steuerlicher Vorschriften (Amtshilfericht-linien-Umsetzungsge-setz – AmtshilfeRLUmsG)	11	BGBl. I S. 1809 S. auch Artikel 31	Inhaltsübersicht	geändert
					§ 2 Abs. 2a Satz 2	geändert
					§ 3 Nr. 5	geändert
					Nr. 40	geändert
					§ 4 Abs. 5 Satz 1 Nr. 6	geändert
					Nr. 8	geändert
					§ 6 Abs. 1 Nr. 4	geändert
					Abs. 7	neu gefasst
					§ 6b Abs. 5 und 8	geändert
					§ 7g Abs. 3	Satz angefügt
					§ 8 Abs. 2 Satz 4	geändert
					§ 10 Abs. 1 Nr. 3	geändert
					Buchstabe a	neu gefasst
					Abs. 2 Satz 1 Nr. 2	neugefasst
					Abs. 4b Satz 4 bis 6	angefügt
					§ 10b Abs. 1 Satz 4	neu gefasst
					§ 15 Abs. 4	geändert
					§ 20 Abs. 4a	Satz angefügt
					§ 32 Abs. 4 Satz 1 Nr. 2	
					Buchstabe d	geändert
					Satz 2	geändert
					§ 32b Abs. 2 Satz 1 Nr. 2	
					Satz 2 Buchstabe b	geändert
					Buchstabe c	angefügt
					§ 32d Abs. 2 Nr. 4	geändert
					§ 33 Abs. 2	Satz angefügt
					§ 33a Abs. 1 Satz 4	geändert
					Satz 8	angefügt
					§ 33b Abs. 6 Satz 5	neu gefasst
					§ 35 Abs. 1 Satz 4	geändert
					§ 36 Abs. 5 Satz 1	geändert
					§ 39 Abs. 9 Satz 1	geändert
					§ 39a Abs. 1 Satz 2	durch neue Sätze 2 bis 4 ersetzt
					§ 39f Abs. 1 Satz 1	geändert
					§ 40 Abs. 2 Satz 1 Nr. 5	geändert
					§ 40a Abs. 6	geändert
					§ 42d Abs. 6	geändert
					§ 42g	eingefügt
					§ 43 Abs. 1 Satz 1 Nr. 1a	
					Nr. 2 Satz 3	geändert
					§ 43a Abs. 2 Satz 5	Satz angefügt
					§ 43b Abs. 2 Satz 1	geändert
					Satz 3	neu gefasst
					Abs. 3	geändert
					§ 44 Abs. 1a	aufgehoben

Lfd. Nr.	Datum	Änderungsgesetz	Art.	Fundstellen *Inkrafttreten*	Geänderte Vorschriften	Art der Änderung
					§ 44a Abs. 1	eingefügt
					Abs. 2 Satz 1	neu gefasst
					Abs. 5 Satz 1	geändert
					Abs. 7	geändert
					Abs. 8 Satz 1	geändert
					Satz 2	geändert
					Abs. 9 Satz 2	aufgehoben
					Abs. 10 Satz 1 Nr. 3	geändert
					Nr. 4	geändert
					§ 44b Abs. 1 bis 4	geändert
					Abs. 6 Satz 1 Nr. 3	aufgehoben
					Nr. 4	geändert
					Abs. 7	geändert
					§ 45a Abs. 2 Satz 1	angefügt
					§ 45b	neu gefasst
					§ 45d Abs. 1 Satz 1	aufgehoben
					§ 50d Abs. 1 Satz 11	geändert
					Abs. 9 Satz 3	neu eingefügt
					Abs. 10	neu gefasst
					§ 50i	neu gefasst
					§ 51a Abs. 2c Nr. 3	eingefügt
					Abs. 2e	neu gefasst
					§ 52 Abs. 1	geändert
					Abs. 4d	neu gefasst
					Abs. 4g	Sätze angefügt
					Abs. 4g wird Abs. 4h	eingefügt
					Abs. 16 Satz 11	neu gefasst
					Abs. 24a	neu gefasst
					Abs. 24b	geändert
					Abs. 32b	neu gefasst
					Abs. 40 Satz 10	angefügt
					Abs. 43a	Satz angefügt
					Abs. 44a	eingefügt
					Abs. 46	eingefügt
					Abs. 50h	eingefügt
					Abs. 55a	neu gefasst
					Abs. 55c und 55d	aufgehoben
					Abs. 59a	geändert
					Abs. 59d	eingefügt
					§ 52a Abs. 10	Satz angefügt
					Abs. 16bc und 16d	eingefügt
					Abs. 18 Satz 2	geändert
					§ 52b	eingefügt
					§ 65 Abs. 1 Satz 3	geändert
					Anlage 2	neu gefasst
18	15. 7. 2013	Gesetz zur Änderung des Einkommensteuergesetzes in Umsetzung der Entscheidung des Bundesverfassungsgerichts vom 7. Mai 2013	1	BGBl. I S. 2397, BStBl I S. 898 *19. 7. 2013*	§ 2 Abs. 8	angefügt
					§ 52 Abs. 2a	eingefügt
19	18. 12. 2013	Gesetz zur Anpassung des Investmentsteuergesetzes und anderer Gesetze an das AIFM-Umsetzungsgesetz (AIFM-Steueranpassungsgesetz – AIFM-StAnpG)	11	BGBl. I S. 4318, BStBl I 2014 S. 2, s. Artikel 16	Inhaltsübersicht	geändert
					§ 4f	eingefügt
					§ 5 Abs. 7	angefügt
					§ 9b Abs. 2	neu gefasst
					§ 15b Abs. 3a	eingefügt
					§ 32b Abs. 1 Satz 3	geändert
					§ 33a Abs. 1 Satz 1	geändert
					§ 43 Abs. 2 Satz 23	geändert
					§ 52 Abs. 12c	eingefügt
					Abs. 14a	eingefügt
					Abs. 23f	eingefügt
						Die bisherigen Abs. 23f und

Lfd. Nr.	Datum	Änderungsgesetz	Art.	Fundstellen *Inkrafttreten*	Geänderte Vorschriften	Art der Änderung
						23g werden die Abs. 23g und 23h
					Abs. 33a	Satz angefügt
					Abs. 43a	Satz angefügt
					Abs. 45	eingefügt
					Abs. 45a	eingefügt
20	18. 7. 2014	Gesetz zur Anpassung steuerlicher Regelungen an die Rechtsprechung des Bundesverfassungsgerichts	1	BGBl. I S. 1042, BStBl I 2014 S. 1062, *24. 7. 2014*	§ 24b Abs. 2 Satz 3	geändert
					§ 85 Abs. 2 Satz 2	eingefügt
					§ 93 Abs. 1a Satz 3	geändert
21	25. 7. 2014	Gesetz zur Anpassung des nationalen Steuerrechts an den Beitritt Kroatiens zur EU und zur Änderung weiterer steuerlicher Vorschriften	1, 2 und 3	BGBl. I S. 1266, BStBl I 2014 S. 1126, s. Artikel 28	Inhaltsübersicht	geändert
					§ 1 Abs. 1 Satz 2	neu gefasst
					§ 3 Nr. 2	neu gefasst
					Nrn. 2a und 2b	aufgehoben
					Nr. 4	geändert
					Nr. 6	neu gefasst
					Nr. 12 Satz 1	neu gefasst
					Nr. 32	geändert
					Nr. 39 Satz 1	geändert
					Nr. 40 Buchstabe a Satz 1	geändert
					Buchstabe b Satz 1	geändert
					Satz 3	geändert
					§ 4 Abs. 5 Satz 1 Nr. 9	geändert
					§ 8 Abs. 2 Satz 5 und 8	geändert
					§ 9 Abs. 4 Satz 4 und 8	geändert
					Abs. 4a Satz 3 Nr. 1	geändert
					Satz 7	geändert
					Satz 12	neu gefasst
					§ 10 Abs. 1 Nr. 7 Satz 4	neu gefasst
					Abs. 2 Satz 3	geändert
					Abs. 2a Satz 1	geändert
					Abs. 6	angefügt
					§ 10a Abs. 6	angefügt
					§ 10c Satz 1	geändert
					§ 20 Abs. 1 Nr. 6 Satz 7 und 8	angefügt
					Nr. 10 Buchstabe b Satz 6	angefügt
					Abs. 2 Satz 1 Nr. 2 Buchstabe a Satz 2	neu gefasst
					Abs. 6	neu gefasst
					§ 22 Nr. 3	geändert
					Nr. 5 Satz 7	geändert
					Satz 11 und 12	angefügt
					§ 23 Abs. 1 Satz 1 Nr. 2 Satz 3	eingefügt
					Abs. 3 Satz 9 und 10	aufgehoben
					§ 24a Satz 2 Nr. 4	geändert
					§ 32 Abs. 4 Satz 1 Nr. 2 Buchstabe d	geändert
					Abs. 6 Satz 7	geändert
					§ 32b Abs. 1 Satz 1 Nr. 1 Buchstabe a	neu gefasst
					Buchstabe d	geändert
					Buchstabe j	geändert
					Buchstabe k	angefügt
					Abs. 2 Satz 2 und 3	aufgehoben
					§ 32c	aufgehoben
					§ 33a Abs. 1 Satz 9 bis 11	angefügt
					Abs. 3 Satz 2 und 3	geändert
					§ 34e	aufgehoben
					§ 37 Abs. 6	angefügt

Lfd. Nr.	Datum	Änderungsgesetz	Art.	Fundstellen *Inkrafttreten*	Geänderte Vorschriften	Art der Änderung
					§ 39b Abs. 2 Satz 5 Nr. 3 Buchstabe b	geändert
					Abs. 3 Satz 6	geändert
					Abs. 6 Satz 2	angefügt
					§ 40 Abs. 2 Satz 1 Nr. 4	neu gefasst
					Satz 2	geändert
					§ 40a Abs. 2	geändert
					Abs. 2a	geändert
					Abs. 6 Satz 3	geändert
					§ 41a Abs. 2 Satz 2	geändert
					§ 41b Abs. 1 Satz 2 Nr. 3	geändert
					Nr. 6	geändert
					Nr. 7	geändert
					Satz 3 und 4	geändert
					Abs. 2	neu gefasst
					Abs. 2a	eingefügt
					§ 41c Abs. 3 Satz 4 bis 6	angefügt
					§ 42b Abs. 1 Satz 3 Nr. 5	geändert
					§ 43 Abs. 1 Satz 1 Nr. 4	geändert
					Nr. 7 Buchstabe b	geändert
					§ 43a Abs. 3 Satz 2	geändert
					§ 43b Abs. 2 Satz 1	geändert
					Anlage 2 zu § 43b	geändert
					§ 44a Abs. 1 Satz 1 Nr. 2	geändert
					Abs. 2a Satz 3	neu gefasst
					§ 45 Satz 2	geändert
					§ 45e Satz 2	geändert
					§ 46 Abs. 2 Nr. 5a	geändert
					Abs. 3 Satz 1	geändert
					Abs. 5	geändert
					§ 50a Abs. 7 Satz 2 und 3	geändert
					§ 50e Abs. 1a	eingefügt
					§ 50g Abs. 3 Nr. 1 Buchstabe b Doppelbuchstabe bb	neu gefasst
					Nr. 5 Satz 1 Buchstabe a Doppelbuchstabe cc	neu gefasst
					Anlage 3 zu § 50g	geändert
					§ 50i	neu gefasst
					§ 52	neu gefasst
					§ 52a	aufgehoben
					§ 79 Satz 3	angefügt
					§ 82 Abs. 1 Satz 8	angefügt
					Abs. 5	angefügt
					§ 86 Abs. 2 Satz 3	aufgehoben
					Abs. 5	angefügt
					§ 92 Satz 3	geändert
					§ 92a Abs. 1 Satz 1 Nr. 3	geändert
					Abs. 3 Satz 9 und 10	geändert
					Abs. 4 Satz 1	geändert
					Satz 3	neu gefasst
22	2. 12. 2014	Gesetz zur Änderung des Freizügigkeits-gesetzes/EU und weiterer Vorschriften	3	BGBl. I S. 1922, BStBl I 2015 S. 54 *grundsätzlich 1. 1. 2014*	§ 52 Abs. 49a	eingefügt
					§ 62 Abs. 1 Satz 2 und 3	angefügt
					§ 63 Abs. 1 Satz 3 bis 5	eingefügt
					Satz 6 (neu)	geändert
					§ 67 Satz 3 bis 5	angefügt
23	22. 12. 2014	Gesetz zur Anpassung der Abgabenordnung an den Zollkodex der Union und zur Änderung weiterer steuerlicher Vorschriften	4 und 5	BGBl. I S. 2417,BStBl I 2015 S. 58 *grundsätzlich 31. 12. 2014 (Tag nach der Verkündung)*	Inhaltsübersicht	geändert
					§ 1a Abs. 1 Satzteil vor Nr. 1	geändert
					Nr. 1	neu gefasst
					Nr. 1a und 1b	aufgehoben
					§ 3 Nr. 34a	eingefügt
					Nr. 45 Satz 2	angefügt
					Nr. 67	neu gefasst
					Nr. 71	angefügt

Lfd. Nr.	Datum	Änderungsgesetz	Art.	Fundstellen *Inkrafttreten*	Geänderte Vorschriften	Art der Änderung
					§ 3c Abs. 2 Sätze 2 bis 6	eingefügt
					§ 4 Abs. 9	neu gefasst
					§§ 7b, 7c, 7d, 7f und 7k	aufgehoben
					§ 9 Abs. 6	neu gefasst
					§ 9a Satz 1 Nr. 3	geändert
					§ 10 Abs. 1 Nr. 1, 1a und 1b	aufgehoben
					Nr. 2 Satz 3 und 4	eingefügt
					Nr. 3 Satz 3	geändert
					Abs. 1a	eingefügt
					Abs. 3 Satz 1	neu gefasst
					Satz 7	geändert
					§ 10c Satz 1	geändert
					§ 12 Satzteil vor Nr. 1	geändert
					Nr. 5	aufgehoben
					§ 13 Abs. 3 Satz 1	geändert
					§ 13a	neu gefasst
					Anlage 1a zu § 13a	eingefügt
					§ 19 Abs. 1 Satz 1 Nr. 1a	eingefügt
					Nr. 3 Satz 2	neu gefasst
					Satz 3	geändert
					§ 22 Nr. 1a	neu gefasst
					Nr. 1b und 1c	aufgehoben
					§ 32 Abs. 4 Satz 1 Nr. 2 Buchstabe b	geändert
					§ 34c Abs. 1 Satz 2 und 3 erster Halbsatz	neu gefasst
					§ 35b Satz 3	aufgehoben
					§ 37 Abs. 3 Satz 4	geändert
					§ 39a Abs. 1 Satz 1 Nr. 2	geändert
					Abs. 2 Satz 4	geändert
					Abs. 3 Satz 2	geändert
					§ 40 Abs. 2 Satz 1 Nr. 4	geändert
					§ 44 Abs. 1 Satz 4 Nr. 3 Buchstabe c	angefügt
					§ 44b Abs. 5 Satz 3	eingefügt
					§ 52 Abs. 4 Satz 13	angefügt
					Abs. 5 Satz 2	angefügt
					Abs. 18 Satz 1	geändert
					Abs. 22a	eingefügt
					Abs. 26a	eingefügt
					Abs. 34a	eingefügt
					Abs. 48 Satz 3	geändert
					§ 70 Abs. 3	neu gefasst
					§ 75 Abs. 1	geändert
24	1. 4. 2015	Gesetz zur Modernisierung der Finanzaufsicht über Versicherungen	2 Abs. 7	BGBl. I S. 434 *grundsätzlich 1. 1. 2016*	§ 4c Abs. 1 Satz 2	geändert
					§ 4e Abs. 1	geändert
					§ 10 Abs. 1 Nr. 3 Buchstabe a Satz 3	geändert
					§ 19 Abs. 1 Satz 1 Nr. 3	geändert
					§ 43 Abs. 3 Satz 1	geändert
25	29. 6. 2015	Gesetz zur Neuregelung der Unterhaltssicherung sowie zur Änderung soldatenrechtlicher Vorschriften	3 Abs. 11	BGBl. I S. 1061 *grundsätzlich 1. 11. 2015*	§ 3 Nr. 48	neu gefasst
					§ 32b Abs. 1 Satz 1 Nr. 1 Buchstabe h	neu gefasst
26	16. 7. 2015	Gesetz zur Anhebung des Grundfreibetrags, des Kinderfreibetrags, des Kindergeldes und des Kinderzuschlags	1	BGBl. I S. 1202, BStBl I 2015 S. 566 Artikel 1 *(Tag nach der Verkündung)*	§ 24 Abs. 1	ersetzt durch Abs. 1 und 2
					bisheriger Abs. 2	wird Abs. 3
					bisheriger Abs. 3	wird Abs. 4 und neu gefasst
					§ 32 Abs. 6 Satz 1	geändert
					§ 32a Abs. 1	neu gefasst

Lfd. Nr.	Datum	Änderungsgesetz	Art.	Fundstellen *Inkrafttreten*	Geänderte Vorschriften	Art der Änderung
					§ 33a Abs. 1 Satz 1	geändert
					§ 39a Abs. 1 Satz 1 und	
					Satz 3	geändert
					Abs. 3 Satz 1	geändert
					§ 39b Abs. 2	
					Satz 5 Nr. 4	geändert
					Satz 7 2. Halbsatz	geändert
					§ 46 Abs. 2 Nr. 3 und Nr. 4	geändert
					§ 51a Abs. 2a Satz 1	neu gefasst
					§ 52	
					Abs. 32a	eingefügt
					Abs. 37b	eingefügt
					Abs. 49a Satz 3	angefügt
					§ 66 Abs. 1	neu gefasst
			2	*1. 1. 2016*	§ 32 Abs. 6 Satz 1	geändert
					§ 32a Abs. 1	neu gefasst
					§ 33a Abs. 1 Satz 1	geändert
					§ 39b Abs. 2 Satz 7 Teilsatz nach Semikolon	neu gefasst
					§ 46 Abs. 2 Nr. 3 und Nr. 4	geändert
					§ 51a Abs. 2a Satz 1	geändert
					§ 52 Abs. 49a Satz 4	angefügt
					§ 66 Abs. 1	neu gefasst
27	28. 7. 2015	Gesetz zur Entlastung insbesondere der mittelständischen Wirtschaft von Bürokratie (Bürokratieentlastungsgesetz)	5	BGBl. I S. 1400 *grundsätzlich Tag nach der Verkündung*	§ 39a Abs. 1 Satz 3	geändert
					§ 39f Abs. 1 Satz 5	eingefügt
					Satz 9 bis 11	angefügt
					Abs. 3 Satz 1	neu gefasst
					§ 40a Abs. 1 Satz 2 Nr. 1	geändert
					§ 51a Abs. 2c Satz 1 Nr. 3	
					Satz 5	neu gefasst
					Satz 9	neu gefasst
					§ 52 Abs. 37a	eingefügt
28	31. 8. 2015	Zehnte Zuständigkeitsanpassungsverordnung	234	BGBl. I S. 1474 *grundsätzlich Tag nach der Verkündung*	§ 49 Abs. 4 Satz 2	geändert
					§ 51 Abs. 1 Nr. 2 Buchstabe n Satz 4	geändert
					§ 92a Abs. 1 Satz 3	geändert
29	2. 11. 2015	Steueränderungsgesetz 2015	1	BGBl. I S. 1834 *Tag nach der Verkündung*	§ 6b Abs. 2a	eingefügt
					§ 52 Abs. 14 Satz 1	eingefügt
					bisheriger Satz 1	wird Satz 2
			2	*1. 11. 2015*	§ 39e Abs. 2 Satz 5	neu gefasst
					§ 1 Abs. 1 Satz 2	neu gefasst
			3	*1. 1. 2016*	§ 3 Nr. 40 Satz 5	angefügt
					§ 6 Abs. 1 Nr. 4 Satz 3	neu gefasst
					§ 7g Abs. 1 bis 4	neu gefasst
					§ 10 Abs. 1a Nr. 1 Satz 7 bis 9	angefügt
					§ 43b Abs. 2 Satz 1	neu gefasst
					Anlage 2 (zu § 43b) Nr. 1	
					Buchstabe v	neu gefasst
					Buchstabe x	neu gefasst
					§ 44 Abs. 1 Satz 3	geändert
					Abs. 2 Satz 2	geändert
					§ 44a Abs. 1 Satz 1 Satzteil vor Nr. 1	geändert
					Nr. 3	geändert
					§ 50 Abs. 4 Satz 1	geändert
					§ 52 Abs. 1	geändert
					Abs. 12 Satz 1	geändert
					Abs. 16	
					Satz 1 bis 3	eingefügt
					bisherige Sätze 1 und 2	werden die Sätze 4 und 5
					Abs. 42a	eingefügt

Lfd. Nr.	Datum	Änderungsgesetz	Art.	Fundstellen *Inkrafttreten*	Geänderte Vorschriften	Art der Änderung
			13	*Tag nach der Verkündung*	Abs. 46 Satz 2	angefügt
					§ 19 Abs. 1 Satz 1 Nr. 3 Satz 2 1. Halbsatz	
					Buchstabe a	neu gefasst
					Buchstabe c	neu gefasst
30	21. 12. 2015	Gesetz zur Umsetzung der EU-Mobilitäts-Richtlinie	2	BGBl. I S. 2553 *1. 1. 2018*	§ 4d Abs. 1 Satz 1 Nr. 1 Satz 1	
					Buchstabe b Satz 2	neu gefasst
					Buchstabe c Satz 3	geändert
					Satz 6	geändert
					§ 6a	
					Abs. 2 Nr. 1	neu gefasst
					Abs. 3 Satz 2 Nr. 1 Satz 6	neu gefasst
					§ 52	
					Abs. 7	aufgehoben
					Abs. 13	aufgehoben
31	24. 2. 2016	Gesetz zur Änderung des Einkommensteuer-gesetzes zur Erhöhung des Lohnsteuereinbe-halts in der Seeschiff-fahrt	1, 2	BGBl. I S. 310, S. 1248, BStBl I S. 503 *3. 5. 2016*	§ 41a Abs. 4 Satz 1	neu gefasst
					§ 52 Abs. 40a	eingefügt
32	8. 7. 2016	Zweites Gesetz über die weitere Bereinigung von Bundesrecht	123 Abs. 6	BGBl. I S. 1594 *Tag nach der Verkündung*	§ 10g Abs. 2 Satz 2	geändert
					§ 37 Abs. 3 Satz 10	geändert
					§ 39a Abs. 1 Satz 1 Nr. 5	
					Buchstabe a	geändert
33	18. 7. 2016	Gesetz zur Modernisie-rung des Besteuerungs-verfahrens	4	BGBl. I S. 1679, BStBl I S. 694 *1. 1. 2017*	Inhaltsübersicht	geändert
					§ 5b Abs. 1 Satz 4	aufgehoben
					§ 6 Abs. 1 Nr. 1b	eingefügt
					§ 10	
					Abs. 2a	neu gefasst
					Abs. 4b	geändert
					Abs. 6 Satz 2 Nr. 1	geändert
					§ 10a	
					Abs. 2a Satz 1	geändert
					Abs. 5	neu gefasst
					§ 10h, § 10i	aufgehoben
					§ 13a Abs. 3 Satz 6	geändert
					§ 15 Abs. 4 Satz 4 und 6	geändert
					§ 22a	
					Abs. 1	neu gefasst
					Abs. 2	neu gefasst
					Abs. 3	geändert
					Abs. 4	aufgehoben
					Abs. 5	geändert
					§ 32b Abs. 3	ersetzt durch Abs. 3 bis 5
					§ 34a Abs. 10	neu gefasst
					§ 36 Abs. 2 Nr. 2	neu gefasst
					§ 39b	
					Abs. 2 Satz 8	geändert
					Abs. 3 Satz 7	geändert
					§ 39e Abs. 5	neu gefasst
					§ 41 Abs. 1	geändert
					§ 41a Abs. 1 Satz 2	geändert
					§ 41b	
					Abs. 1	neu gefasst
					Abs. 2a	geändert
					Abs. 3 Satz 2 und 3	neu gefasst
					Abs. 4	ersetzt durch Abs. 4 bis 6
					§ 32b Abs. 3 Satz 1	geändert
					§ 43	
					Abs. 1	geändert

Lfd. Nr.	Datum	Änderungsgesetz	Art.	Fundstellen *Inkrafttreten*	Geänderte Vorschriften	Art der Änderung
					Abs. 2 Satz 7 und 8	neu gefasst
					§ 44a Abs. 2a Satz 6	aufgehoben
					§ 45a	
					Abs. 1 Satz 1	geändert
					Abs. 2	Satz 2 eingefügt
					Abs. 5 Satz 1	neu gefasst
					Abs. 6 Satz 1	neu gefasst
					§ 45d	
					Abs. 1	neu gefasst
					Abs. 3	neu gefasst
					§ 51a Abs. 2c Satz 1 Nr. 2 Satz 4	aufgehoben
					§ 52	
					Abs. 12 Satz 1	eingefügt
					Abs. 20 und 21	aufgehoben
					Abs. 30a	eingefügt
					Abs. 33 Satz 3	angefügt
					Abs. 42 Satz 2	angefügt
					Abs. 45 Satz 2 und 3	angefügt
					Abs. 51	angefügt
					§ 53	aufgehoben
					§ 69	aufgehoben
					§ 89 Abs. 2 Satz 1 Buchstabe b	geändert
34	19. 7. 2016	Gesetz zur Reform der Investmentbesteuerung (Investmentsteuerreformgesetz – InvStRefG)	3	BGBl. I S. 1730, BStBl I S. 731 *Tag nach der Verkündung* 1. 1. 2018	Inhaltsübersicht	geändert
					§ 20 Abs. 1	
					Nr. 3 und Nr. 3a	eingefügt
					Nr. 6 Satz 9	angefügt
					Abs. 2	geändert
					Abs. 4	geändert
					§ 36a	eingefügt
					§ 43	
					Abs. 1	geändert
					Abs. 2 Satz 2	geändert
					Abs. 5 Satz 1	geändert
					§ 43a	
					Abs. 1 Satz 1 Nr. 1	geändert
					Abs. 2	neu gefasst
					§ 44	
					Abs. 1	neu gefasst
					Abs. 1b	eingefügt
					§ 44a	
					Abs. 4 Satz 1	geändert
					Abs. 5 Satz 1	geändert
					§ 44b Abs. 1	neu gefasst
					§ 49 Abs. 1	geändert
					§ 52	
					Abs. 1	geändert
					Abs. 28 Satz 19 bis Satz 22	angefügt
					Abs. 35a	eingefügt
					Abs. 42 Satz 3	angefügt
					Abs. 42a	eingefügt
					bisheriger Abs. 42a wird Abs. 42b	geändert
					Abs. 44 Satz 2	angefügt
					Abs. 45a	eingefügt
35	31. 7. 2016	Gesetz zur Neuregelung des Kulturgutschutzrechts	7	BGBl. I S. 1914 *Tag nach der Verkündung*	§ 10g Abs. 1 Satz 2 Nr. 4	geändert
36	7. 11. 2016	Gesetz zur steuerlichen Förderung von Elektromobilität im Straßenverkehr	2	BGBl. I S. 2489, BStBl I S. 1211 *Tag nach der Verkündung*	§ 3 Nr. 46	neu gefasst
					§ 40 Abs. 2 Satz 1 Nr. 6	angefügt
					§ 52 Abs. 4 Satz 10	angefügt
					Abs. 37c	eingefügt

Lfd. Nr.	Datum	Änderungsgesetz	Art.	Fundstellen *Inkrafttreten*	Geänderte Vorschriften	Art der Änderung
37	8. 12. 2016	Gesetz zur Beendigung der Sonderzuständigkeit der Familienkassen des öffentlichen Dienstes im Bereich des Bundes	1, 2, 3	BGBl. I S. 2835, BStBl I S. 1419 *Tag nach der Verkündung* *1. 1. 2019,* *1. 1. 2022*	§ 68 Abs. 4	neu gefasst
					§ 72	
					Abs. 1	neu gefasst
					Abs. 2	aufgehoben
					Abs. 3	neu gefasst
					Abs. 4	geändert
					Abs. 7 Satz 2	geändert
					Abs. 8 Satz 3	angefügt
38	20. 12. 2016	Gesetz zur Umsetzung der Änderungen der EU-Amtshilferichtlinie und von weiteren Maßnahmen gegen Gewinnkürzungen und -verlagerungen	7, 8, 9	BGBl. I S. 3000, BStBl 2017 I S. 5 *Tag nach der Verkündung* *1. 1. 2017,* *1. 1. 2018*	Inhaltsübersicht	geändert
					§ 3 Nr. 40	geändert
					§ 4i	eingefügt
					§ 6 Abs. 3 Satz 1	neu gefasst
					§ 10 Abs. 1a Nr. 3 Satz 1	geändert
					§ 23 Abs. 1 Satz 1 Nr. 3	angefügt
					§ 32 Abs. 6 Satz 1	geändert
					§ 32a Abs. 1a	neu gefasst
					§ 32d Abs. 2 Nr. 3 Buchstabe b	neu gefasst
					§ 33a Abs. 1 Satz 1	geändert
					§ 39b Abs. 2 Satz 7	geändert
					§ 46 Abs. 2 Nr. 3 und 4	geändert
					§ 50 Abs. 1 Satz 3	neu gefasst
					§ 50d	
					Abs. 9	geändert
					Abs. 12	angefügt
					§ 50i	
					Abs. 1 Satz 1 und 2	neu gefasst
					Abs. 2	neu gefasst
					§ 50j	eingefügt
					§ 51a Abs. 2a Satz 1	geändert
					§ 52	
					Abs. 1	geändert
					Abs. 4 Satz 7	eingefügt
					Abs. 31 Satz 3	eingefügt
					Abs. 33a	eingefügt
					Abs. 45a Satz 2	geändert
					Abs. 46 Satz 1	eingefügt
					Abs. 48 Satz 4 und 5 durch Satz 4	ersetzt
					Abs. 49a Satz 6	angefügt
					§ 66 Abs. 1	neu gefasst
39	20. 12. 2016	Gesetz zum Erlass und zur Änderung marktordnungsrechtlicher Vorschriften sowie zur Änderung des Einkommensteuergesetzes	3	BGBl. I S. 3045 *an dem Tag des Beschlusses der EU*	Inhaltsübersicht	geändert
					§ 32c	eingefügt
					§ 36 Abs. 2 Nr. 3	angefügt
					Abs. 33a	eingefügt
					Abs. 35a	eingefügt
					bisheriger Abs. 35a wird Abs. 35b	geändert
40	23. 12. 2016	Drittes Gesetz zur Stärkung der pflegerischen Versorgung und zur Änderung weiterer Vorschriften (Drittes Pflegestärkungsgesetz – PSG III)	9	BGBl. I S. 3191 *1. 1. 2017*	§ 3 Nr. 36	geändert
41	23. 6. 2017	Gesetz zur Bekämpfung der Steuerumgehung und zur Änderung weiterer steuerlicher Vorschriften (Steuer-	6	BGBl. I S. 1682 *Tag nach der Verkündung*	Inhaltsübersicht	geändert
					§ 4i	
					Überschrift	neu gefasst
					Satz 1	neu gefasst
				7	*1. 1. 2018*	Inhaltsübersicht	geändert

Lfd. Nr.	Datum	Änderungsgesetz	Art.	Fundstellen *Inkrafttreten*	Geänderte Vorschriften	Art der Änderung
		umgehungsbekämp-fungsgesetz – StUmgBG)			§ 38b	
					Abs. 1 Satz 2 Nr. 3 Buchstabe a	neu gefasst
					Nr. 4	neu gefasst
					Abs. 3 Satz 2	ersetzt durch Sätze 2 und 3
					§ 39 Abs. 6 Satz 3	geändert
					§ 39b Abs. 2	
					Sätze 13 bis 16	angefügt
					§ 39e Abs. 3 Satz 3	neu gefasst
					§ 52	
					Abs. 37a	neu gefasst
					Abs. 39	aufgehoben
					Abs. 49a	Sätze 7 und 8 angefügt
					§ 66	
					Abs. 3	angefügt
					§ 69	eingefügt (Anwendung ab 1. 11. 2019)
			9		§ 32a Abs. 1 Satz 1	geändert
42	27. 6. 2017	Gesetz gegen schädliche Steuerpraktiken im Zusammenhang mit Rechteüberlassungen	1	BGBl. I S. 2074 *Tag nach der Verkündung*	Inhaltsübersicht	geändert
					§ 3 Nr. 71	neu gefasst
					§ 4j	eingefügt
					§ 6	
					Abs. 2	geändert
					Abs. 2a Satz 1 und 4	geändert
					§ 9 Abs. 5 Satz 2	neu gefasst
					§ 34a	
					Abs. 6	
					Satz 1	
					Nr. 3	eingefügt
					bisherige Nrn. 3 und 4	werden die Nrn. 4 und 5
					Satz 2	neu gefasst
					Abs. 7 Satz 1	neu gefasst
					§ 52	
					Abs. 4 Satz 17	angefügt
					Abs. 8a	eingefügt
					Abs. 12	
					Satz 3	eingefügt
					Satz 6	angefügt
					Abs. 16a	eingefügt
					Abs. 34 Satz 2	angefügt
			2	*an dem Tag des Beschlusses der EU*	Inhaltsübersicht	geändert
					§ 3a, § 3c Abs. 4	eingefügt
					§ 52	
					Abs. 4a	eingefügt
					Abs. 5 Satz 3	angefügt
43	30. 6. 2017	Zweites Gesetz zur Entlastung der mittelständischen Wirtschaft von Bürokratie (Zweites Bürokratieentlastungsgesetz)	4	BGBl. I S. 2143 *1. 1. 2017*	§ 6 Abs. 2 Satz 4	geändert
					§ 40a Abs. 1 Satz 2 Nr. 1	geändert
					§ 41a Abs. 2 Satz 2	
					1. Halbsatz	geändert
					§ 52 Abs. 12 Satz 3	angefügt
44	17. 7. 2017	Gesetz zur strafrechtlichen Rehabilitierung der nach dem 8. Mai 1945 wegen einvernehmlicher homosexueller Handlungen verurteilten Personen und zur Änderung des Einkommensteuergesetzes	2	BGBl. I S. 2443 *Tag nach der Verkündung*	§ 3 Nr. 23	geändert

Lfd. Nr.	Datum	Änderungsgesetz	Art.	Fundstellen *Inkrafttreten*	Geänderte Vorschriften	Art der Änderung
45	18. 7. 2017	Gesetz zum Ausschluss verfassungsfeindlicher Parteien von der Parteienfinanzierung	3	BGBl. I S. 2730 *Tag nach der Verkündung*	§ 10b Abs. 2 Satz 1	geändert
46	17. 8. 2017	Gesetz zur Stärkung der betrieblichen Altersversorgung und zur Änderung anderer Gesetze (Betriebsrentenstärkungsgesetz)	9	BGBl. I S. 3214 *1. 1. 2018, 1. 1. 2019*	§ 34g Satz 1 Nr. 1	geändert
					Inhaltsübersicht	geändert
					§ 3	geändert
					Nr. 55 Satz 1	
					die bisherigen Buchstaben a und b	werden die Buchstaben b und c
					Nr. 56	
					Satz 1	geändert
					Satz 2	geändert
					Nr. 62	
					Satz 1	geändert
					Satz 4	aufgehoben
					Nr. 63	
					Satz 1	geändert
					Satz 3	neu gefasst
					Satz 4	neu gefasst
					Nr. 63a	eingefügt
					Nr. 65	
					Satz 1	
					Buchstabe b	geändert
					Buchstabe c	geändert
					Buchstabe d	eingefügt
					Satz 5	angefügt
					§ 10 Abs. 1 Nr. 2 Buchstabe b Satz 7	geändert
					§ 10a	
					Abs. 1 Satz 1	geändert
					Abs. 7	angefügt
					§ 22 Nr. 5	
					Satz 2	geändert
					Sätze 13 bis 15	angefügt
					§ 22a	
					Abs. 1 Satz 1	
					Nr. 6	geändert
					Nr. 7	angefügt
					Abs. 5	
					Satz 1	geändert
					Satz 2	geändert
					§ 50f Abs. 1	
					Nr. 1	geändert
					Nr. 2	geändert
					§ 52 Abs. 4	
					Satz 12	geändert
					Satz 13	geändert
					Satz 14	neu gefasst
					Satz 15	eingefügt
					Abs. 40 Satz 1	geändert
					§ 84 Satz 1 2. Halbsatz	geändert
					§ 85	
					Abs. 1	
					Satz 1	geändert
					Satz 4	geändert
					Abs. 2 Satz 2	geändert
					§ 90	
					Abs. 3 Satz 1	neu gefasst
					Abs. 3a	eingefügt
					Abs. 5	angefügt
					§ 92 Satz 1 Satzteil vor Nr. 1	geändert
					§ 92a	
					Abs. 2	
					Satz 5	neu gefasst

Lfd. Nr.	Datum Änderung	Änderungsgesetz	Art.	Fundstellen Inkrafttreten	Geänderte Vorschriften	Art der Änderung
					Satz 7	neu gefasst
					Abs. 2a Satz 1	geändert
					Abs. 3	
					Satz 1	geändert
					Satz 3	geändert
					Satz 7	neu gefasst
					Satz 9	
					Nr. 3	geändert
					Nr. 4	geändert
					Nr. 5	angefügt
					Satz 10	neu gefasst
					Satz 11	geändert
					Sätze 12 und 13	angefügt
					§ 92b Abs. 2 Satz 2	geändert
					§ 93	
					Abs. 2 Satz 4	angefügt
					Abs. 3	
					Satz 1	geändert
					Satz 4	angefügt
					§ 94 Abs. 3	angefügt
					§ 96 Abs. 2	neu gefasst
					Abschnitt XII.	eingefügt
					§ 100	angefügt

Einführung

(1) Die Lohnsteuer-Richtlinien in der geänderten Fassung (Lohnsteuer-Richtlinien 2015 – LStR 2015 –) enthalten im Interesse einer einheitlichen Anwendung des Lohnsteuerrechts durch die Finanzbehörden Erläuterungen der Rechtslage, Weisungen zur Auslegung des Einkommensteuergesetzes und seiner Durchführungsverordnung sowie Weisungen zur Vermeidung unbilliger Härten und zur Verwaltungsvereinfachung.

(2) [1]Die LStR 2015 sind beim Steuerabzug vom Arbeitslohn anzuwenden für Lohnzahlungszeiträume, die nach dem 31. 12. 2014 enden, und für sonstige Bezüge, die dem Arbeitnehmer nach dem 31. 12. 2014 zufließen. [2]Sie gelten auch für frühere Zeiträume, soweit sie geänderte Vorschriften des Einkommensteuergesetzes betreffen, die vor dem 1. 1. 2015 anzuwenden sind. [3]Die LStR 2015 sind auch für frühere Jahre anzuwenden, soweit sie lediglich eine Erläuterung der Rechtslage darstellen. [4]R 19a ist nur bis zum 31. 12. 2015 anzuwenden. [5]Die obersten Finanzbehörden der Länder können mit Zustimmung des Bundesministeriums der Finanzen (BMF) die in den Lohnsteuer-Richtlinien festgelegten Höchst- und Pauschbeträge ändern, wenn eine Anpassung an neue Rechtsvorschriften oder an die wirtschaftliche Entwicklung geboten ist.

(3) Sämtliche Regelungen dieser Richtlinien zu Ehegatten und Ehen gelten entsprechend auch für Lebenspartner und Lebenspartnerschaften.

(4) Anordnungen, die mit den nachstehenden Richtlinien im Widerspruch stehen, sind nicht mehr anzuwenden.

(5) Diesen Richtlinien liegt, soweit im Einzelnen keine andere Fassung angegeben ist, das Einkommensteuergesetz i. d. F. der Bekanntmachung vom 8. 10. 2009 (BGBl. I S. 3366, S. 3862, BStBl I S. 1346), zuletzt geändert durch Artikel 1 bis 3 des Gesetzes zur Anpassung des nationalen Steuerrechts an den Beitritt Kroatiens zur EU und zur Änderung weiterer steuerlicher Vorschriften vom 25. 7. 2014 (BGBl. I S. 1266) zu Grunde.

Anwendung der Lohnsteuer-Richtlinien 2013

Die Lohnsteuer-Richtlinien 2008 i. d. F. vom 10. 12. 2007 (BStBl I Sondernummer 1/2007), geändert durch die Lohnsteuer-Änderungsrichtlinien 2011 vom 23. 11. 2010 (BStBl I S. 1325) und die Lohnsteuer-Änderungsrichtlinien 2013 vom 8. 7. 2013 (BStBl I S. 851) – Lohnsteuer-Richtlinien 2013 –, sind mit den Abweichungen, die sich aus der Änderung von Rechtsvorschriften für die Zeit bis 31. 12. 2014 ergeben, letztmals anzuwenden für Lohnzahlungszeiträume, die vor dem 1. 1. 2015 enden, und für sonstige Bezüge, die dem Arbeitnehmer vor dem 1. 1. 2015 zufließen.

Tabellarische Übersicht über ausgewählte Zahlen zur Lohnsteuer *2018*[1])

Fundstelle – Inhalt	2018
§ 3 Nr. 11 EStG, R 3.11 LStR	
Beihilfen und Unterstützungen in Notfällen steuerfrei bis	600
§ 3 Nr. 26 EStG	
Einnahmen aus nebenberuflichen Tätigkeiten steuerfrei bis	2 400
§ 3 Nr. 26a EStG	
Einnahmen aus ehrenamtlichen Tätigkeiten steuerfrei bis	720
§ 3 Nr. 30 u. 50 EStG, R 9.13 LStR	
Heimarbeitszuschläge	
(steuerfrei in % des Grundlohns)	10 %
§ 3 Nr. 34 EStG	
Freibetrag für Gesundheitsförderung	500
§ 3 Nr. 34a Buchstabe b EStG	
Freibetrag für die kurzfristige Betreuung von Kindern und pflegebedürftigen Angehörigen aus zwingenden, beruflich veranlassten Gründen	600
§ 3 Nr. 38 EStG	
Sachprämien aus Kundenbindungsprogrammen steuerfrei bis	1 080
§ 3 Nr. 39 EStG	
Freibetrag für Vermögensbeteiligungen	360
§ 3 Nr. 56 EStG	
Höchstbetrag für Beiträge aus dem ersten Dienstverhältnis an eine nicht kapitalgedeckte Pensionskasse steuerfrei bis jährlich 2 % der Beitragsbemessungsgrenze (West) von *78 000* Euro[2])	*1 560*[2]
§ 3 Nr. 63 EStG	
• Höchstbetrag für Beiträge aus dem ersten Dienstverhältnis an Pensionsfonds, Pensionskassen oder für Direktversicherungen steuerfrei bis jährlich *8* % der Beitragsbemessungsgrenze (West) von *78 000* Euro[2]	*6 240*[2]
Höchstbetrag bei Beendigung des Dienstverhältnisses: *4 % der Beitragsbemessungsgrenze (West) von 78 000 Euro[2] x Dienstjahre, max. 10 Jahre*	*31 200*
• *Höchstbetrag für Nachzahlungen:* *8 % der Beitragsbemessungsgrenze (West) von 78 000 Euro[2] x Dienstjahre, max. < 10 Jahre*	*62 400*
§ 3b EStG	
Sonntags-, Feiertags- oder Nachtzuschläge (steuerfrei in % des Grundlohns, höchstens von 50 Euro)	
• Nachtarbeit	25 %
• Nachtarbeit von 0 Uhr bis 4 Uhr	40 %
(wenn Arbeit vor 0 Uhr aufgenommen)	
• Sonntagsarbeit	50 %
• Feiertage + Silvester ab 14 Uhr	125 %
• Weihnachten, Heiligabend ab 14 Uhr und 1. Mai	150 %
§ 8 Abs. 2 Satz 11 EStG	
Freigrenze für Sachbezüge monatlich	44
§ 8 Abs. 2 EStG, SvEV	
Sachbezüge	
• Unterkunft (monatlich)	*226*[3])
• Mahlzeiten (täglich)	
– Frühstück	*1,73*[3]
– Mittagessen/Abendessen	*3,23*[3]
Reisekosten bei Auswärtstätigkeiten	
• Fahrtkosten (§ 9 Abs. 1 Satz 3 Nr. 4a EStG) je Kilometer (pauschal) bei Benutzung eines:	
– Kraftwagens	0,30
– anderen motorbetriebenen Fahrzeugs	0,20
• Verpflegungsmehraufwendungen (§ 9 Abs. 4a EStG) Inland	

[1]) Stand 1. 1. 2018, die Übersicht des Amtlichen Lohnsteuer-Handbuches 2018 wurde aktualisiert.
[2]) Sozialversicherungs-Rechengrößenverordnung 2018 → Anhang 19.
[3]) Verordnung zur Änderung der Sozialversicherungsentgeltverordnung und anderer Verordnungen → Anhang 4.

Fundstelle – Inhalt	2018
– Abwesenheit 24 Stunden	24
– An- und Abreisetag mit Übernachtung	12
– Abwesenheit eintägig und mehr als 8 Stunden	12
– Abwesenheit bis zu 8 Stunden	–
• Übernachtungskosten (§ 9 Abs. 1 S. 3 Nr. 5a EStG)	
– Pauschale Inland (R 9.7 LStR, nur Arbeitgeberersatz)	20
• Auswärtstätigkeiten im Ausland ab *1. 1. 2018*	
– BMF vom *8. 11. 2017* (*BStBl I S. 1457*)[1])	

§ 9 Abs. 1 Satz 3 Nr. 4 EStG
Verkehrsmittelunabhängige Entfernungspauschale für Wege zwischen Wohnung
und erster Tätigkeitsstätte

• je Entfernungs- km	0,30
• Höchstbetrag	4 500

(dieser gilt nicht bei Nutzung eines PKW, bei tatsächlichen ÖPV-Kosten über
4 500 € p. a. sowie für behinderte Menschen i. S. v. § 9 Abs. 2 EStG)

§ 9 Abs. 1 Satz 3 Nr. 5 EStG
Doppelte Haushaltsführung

• Fahrtkosten (Pkw)	
– erste und letzte Fahrt je Kilometer	0,30
– eine Heimfahrt wöchentlich je Entfernungs- km (Entfernungspauschale)	0,30
• Verpflegungsmehraufwendungen	
– 1. bis 3. Monat	12/24
– ab 4. Monat	–
• Übernachtungskosten Inland tatsächliche Aufwendungen max.	1 000 mtl.
– Pauschale Inland (nur Arbeitgeberersatz)	
– 1. bis 3. Monat	20
– ab 4. Monat	5

§ 9a Satz 1 Nr. 1 EStG

• Arbeitnehmer-Pauschbetrag	1 000
• für Versorgungsempfänger	102

§ 10 Abs. 1 Nr. 5 EStG
Kinderbetreuungskosten

• $^2/_3$ der Aufwendungen, höchstens	4 000
• Kind noch keine . . . Jahre alt	14
(Ausnahme: behinderte Kinder)	

§ 19 EStG, R 19.3 Abs. 1 Satz 2 Nr. 4 LStR
Fehlgeldentschädigungen steuerfrei bis | 16 |

§ 19 EStG, R 19.3 Abs. 2 Nr. 3 LStR
Diensteinführung, Verabschiedung usw.; Freigrenze für Sachleistungen je teilneh-
mender Person einschließlich Umsatzsteuer | 110 |

§ 19 Abs. 1 Satz 1 Nr. 1a EStG
Betriebsveranstaltungen
Freibetrag je Arbeitnehmer einschließlich Umsatzsteuer | 110 |

§ 19 EStG, R 19.6 Abs. 1 und 2 LStR
Freigrenze

• Aufmerksamkeiten (Sachzuwendungen)	60
• Arbeitsessen	60

§ 19 Abs. 2 EStG (→ Tabelle in § 19 EStG)
Versorgungsbeginn in *2018*

• Prozentsatz	**19,2** %
• Versorgungsfreibetrag[2])	**1 440**
• Zuschlag zum Versorgungsfreibetrag	**432**

§ 24a EStG (→ Tabelle in § 24a EStG)
2018 ist Kalenderjahr nach Vollendung des 64. Lebensjahres

• Prozentsatz	**19,2** %
• Höchstbetrag	**912**

§ 24b EStG

• Entlastungsbetrag für Alleinerziehende[2]	1 908
• Erhöhung für jedes weitere Kind[2]	240

§§ 37a, 37b EStG, § 39c Abs. 3 EStG, § 40 Abs. 2 EStG, § 40a EStG, § 40b EStG, § 40b
EStG a. F.

---

[1]) Auswärtstätigkeiten im Ausland ab 1. 1. 2017 → BMF vom 14. 12. 2016 (BStBl I S. 1438), → Anhang 31.
[2]) Anteilig $^1/_{12}$ für jeden Monat.

Fundstelle – Inhalt	2018
Lohnsteuer-Pauschalierungssatz für	
• Kundenbindungsprogramme	2,25 %
• Sachzuwendungen bis 10 000 Euro	30 %
• Auszahlung tarifvertraglicher Ansprüche durch Dritte (keine Abgeltungswirkung) bei sonstigen Bezügen bis 10 000 Euro	20 %
• Kantinenmahlzeiten	25 %
• Mahlzeiten bei Auswärtstätigkeit	25 %
• Betriebsveranstaltungen	25 %
• Erholungsbeihilfen	25 %
• Verpflegungszuschüsse	25 %
• Schenkung Datenverarbeitungsgeräte und Internet-Zuschüsse	25 %
• Schenkung Ladevorrichtung/-station und Zuschüsse für den Betrieb der Station	25 %
• Fahrtkostenzuschüsse	15 %
• Kurzfristig Beschäftigte	25 %
• Mini-Job	
– mit pauschaler Rentenversicherung	2 %
– ohne pauschale Rentenversicherung	20 %
• Aushilfskräfte Land- und Forstwirtschaft	5 %
• nicht kapitalgedeckte Pensionskassen	20 %
• kapitalgedeckte Pensionskassen und Direktversicherungen bei Versorgungs-zusage vor dem 1. 1. 2005	20 %
• Unfallversicherungen	20 %
• Sonderzahlungen in der betrieblichen Altersversorgung	15 %
§ 40 Abs. 1 EStG	
Pauschalierung von sonstigen Bezügen je Arbeitnehmer höchstens	1 000
§ 40 Abs. 2 Satz 1 Nr. 3 EStG	
Höchstbetrag für die Pauschalierung von Erholungsbeihilfen	
• für den Arbeitnehmer	156
• für den Ehegatten/Lebenspartner	104
• je Kind	52
§ 40 Abs. 2 Satz 2 EStG	
Pauschalierung von Fahrtkostenzuschüssen bei Fahrten zwischen Wohnung und ers-ter Tätigkeitsstätte je Entfernungs- km (Ausnahme: behinderte Menschen im Sinne von § 9 Abs. 2 EStG)	0,30
§ 40a Abs. 1 EStG	
Pauschalierung bei kurzfristig Beschäftigten	
• Dauer der Beschäftigung	18 Tage
• Arbeitslohn je Kalendertag (Ausnahme: unvorhergesehener Zeitpunkt)	72
• Stundenlohngrenze	12
§ 40a Abs. 3 EStG	
Pauschalierung bei Aushilfskräften in der Land- und Forstwirtschaft	
• Dauer der Beschäftigung (im Kalenderjahr)	180 Tage
• Unschädlichkeitsgrenze (in % der Gesamtbeschäftigungsdauer)	25 %
• Stundenlohngrenze	12
§ 40b Abs. 2 EStG, § 40b Abs. 2 EStG a. F.	
Pauschalierung bei nicht kapitalgedeckten Pensionskassen sowie bei kapitalgedeck-ten Pensionskassen und Direktversicherungen bei Versorgungszusagen vor dem 1. 1. 2005	
• Höchstbetrag im Kalenderjahr je Arbeitnehmer	1 752
• Durchschnittsberechnung möglich bis zu (je Arbeitnehmer)	2 148
§ 40b Abs. 3 EStG	
Pauschalierung bei Unfallversicherungen	
Durchschnittsbetrag im Kalenderjahr je Arbeitnehmer (ohne Versicherungsteuer) höchstens	62
§ 41a Abs. 2 EStG	
Anmeldungszeitraum	
• Kalenderjahr, wenn Lohnsteuer des Vorjahres bis zu	1 080
• Vierteljahr, wenn Lohnsteuer des Vorjahres bis zu	*5 000*
• Monat, wenn Lohnsteuer des Vorjahres über	*5 000*
§ 100 EStG	
Förderbeitrag bei betrieblicher Altersversorgung	
• *Fördersatz*	*5 000*
• *Förder-Höchstbetrag*	*30 %*
• *Mindestanlagebetrag*	*144*

Fundstelle – Inhalt	2018
• **Arbeitslohn des Arbeitnehmers maximal**	**240**
– *Jahr*	**26 400**
– *Monat*	**2 200**
– *Woche*	**513,33**
– *Tag*	**73,33**
• **Arbeitgeberbeitrag steuerfrei bis**	**480**
§ 4 SolZG	
Zuschlagsatz (ggf. Nullzone und Milderung)	5,5 %
§ 13 des 5. VermBG	
• Einkommensgrenze	
(zu versteuerndes Einkommen) bei Vermögensbeteiligungen	
– Alleinstehende	20 000
– Verheiratete/Verpartnerte	40 000
• Einkommensgrenze	
(zu versteuerndes Einkommen) bei Bausparverträgen u. Ä., Aufwendungen zum Wohnungsbau	
– Alleinstehende	17 900
– Verheiratete/Verpartnerte	35 800
• Bemessungsgrundlage höchstens	
– Vermögensbeteiligungen	400
– Bausparverträge u. Ä., Aufwendungen zum Wohnungsbau	470
• Höhe der Arbeitnehmer-Sparzulage (in % der Bemessungsgrundlage)	
– Vermögensbeteiligungen	20 %
– Bausparverträge u. Ä., Aufwendungen zum Wohnungsbau	9 %

I. Steuerpflicht

§ 1 Steuerpflicht

(1) [1]Natürliche Personen, die im Inland einen Wohnsitz oder ihren gewöhnlichen Aufenthalt haben, sind unbeschränkt einkommensteuerpflichtig. [2]Zum Inland im Sinne dieses Gesetzes gehört auch der der Bundesrepublik Deutschland zustehende Anteil

1. an der ausschließlichen Wirtschaftszone, soweit dort

   a) die lebenden und nicht lebenden natürlichen Ressourcen der Gewässer über dem Meeresboden, des Meeresbodens und seines Untergrunds erforscht, ausgebeutet, erhalten oder bewirtschaftet werden,

   b) andere Tätigkeiten zur wirtschaftlichen Erforschung oder Ausbeutung der ausschließlichen Wirtschaftszone ausgeübt werden, wie beispielsweise die Energieerzeugung aus Wasser, Strömung und Wind oder

   c) künstliche Inseln errichtet oder genutzt werden und Anlagen und Bauwerke für die in den Buchstaben a und b genannten Zwecke errichtet oder genutzt werden, und

2. am Festlandsockel, soweit dort

   a) dessen natürliche Ressourcen erforscht oder ausgebeutet werden; natürliche Ressourcen in diesem Sinne sind die mineralischen und sonstigen nicht lebenden Ressourcen des Meeresbodens und seines Untergrunds sowie die zu den sesshaften Arten gehörenden Lebewesen, die im nutzbaren Stadium entweder unbeweglich auf oder unter dem Meeresboden verbleiben oder sich nur in ständigem körperlichen Kontakt mit dem Meeresboden oder seinem Untergrund fortbewegen können; oder

   b) künstliche Inseln errichtet oder genutzt werden und Anlagen und Bauwerke für die in Buchstabe a genannten Zwecke errichtet oder genutzt werden.

(2) [1]Unbeschränkt einkommensteuerpflichtig sind auch deutsche Staatsangehörige, die

1. im Inland weder einen Wohnsitz noch ihren gewöhnlichen Aufenthalt haben und

2. zu einer inländischen juristischen Person des öffentlichen Rechts in einem Dienstverhältnis stehen und dafür Arbeitslohn aus einer inländischen öffentlichen Kasse beziehen,

sowie zu ihrem Haushalt gehörende Angehörige, die die deutsche Staatsangehörigkeit besitzen oder keine Einkünfte oder nur Einkünfte beziehen, die ausschließlich im Inland einkommensteuerpflichtig sind. [2]Dies gilt nur für natürliche Personen, die in dem Staat, in dem sie ihren Wohnsitz oder ihren gewöhnlichen Aufenthalt haben, lediglich in einem der beschränkten Einkommensteuerpflicht ähnlichen Umfang zu einer Steuer vom Einkommen herangezogen werden.

(3) [1]Auf Antrag werden auch natürliche Personen als unbeschränkt einkommensteuerpflichtig behandelt, die im Inland weder einen Wohnsitz noch ihren gewöhnlichen Aufenthalt haben, soweit sie inländische Einkünfte im Sinne des § 49 haben. [2]Dies gilt nur, wenn ihre Einkünfte im Kalenderjahr mindestens zu 90 Prozent der deutschen Einkommensteuer unterliegen oder die nicht der deutschen Einkommensteuer unterliegenden Einkünfte den Grundfreibetrag nach § 32a Absatz 1 Satz 2 Nummer 1 nicht übersteigen; dieser Betrag ist zu kürzen, soweit es nach den Verhältnissen im Wohnsitzstaat des Steuerpflichtigen notwendig und angemessen ist. [3]Inländische Einkünfte, die nach einem Abkommen zur Vermeidung der Doppelbesteuerung nur der Höhe nach beschränkt besteuert werden dürfen, gelten hierbei als nicht der deutschen Einkommensteuer unterliegend. [4]Unberücksichtigt bleiben bei der Ermittlung der Einkünfte nach Satz 2 nicht der deutschen Einkommensteuer unterliegende Einkünfte, die im Ausland nicht besteuert werden, soweit vergleichbare Einkünfte im Inland steuerfrei sind. [5]Weitere Voraussetzung ist, dass die Höhe der nicht der deutschen Einkommensteuer unterliegenden Einkünfte durch eine Bescheinigung der zuständigen ausländischen Steuerbehörde nachgewiesen wird. [6]Der Steuerabzug nach § 50a ist ungeachtet der Sätze 1 bis 4 vorzunehmen.

(4) Natürliche Personen, die im Inland weder einen Wohnsitz noch ihren gewöhnlichen Aufenthalt haben, sind vorbehaltlich der Absätze 2 und 3 und des § 1a beschränkt einkommensteuerpflichtig, wenn sie inländische Einkünfte im Sinne des § 49 haben.

H 1   **Hinweise**

Antrag zur unbeschränkten Steuerpflicht

→ Anhang 40

Auslandstätigkeitserlass

→ BMF-Schreiben vom 31. 10. 1983 (BStBl I S. 470);

→ H 39.4

Erweiterte unbeschränkte Steuerpflicht und unbeschränkte Steuerpflicht auf Antrag

Anhang 30   → R 1 EStR, H 1a EStH

Kirchensteuerpflicht von Auslandsbediensteten

(Verfügung der OFD Berlin vom 17. 6. 2004 – St 153 – S 2440 – 2/04 –)

Nach § 1 Abs. 2 EStG sind auch deutsche Staatsangehörige unbeschränkt einkommensteuerpflichtig, die im Inland weder einen Wohnsitz noch ihren gewöhnlichen Aufenthalt haben und die zu einer inländischen juristischen Person des öffentlichen Rechts in einem Dienstverhältnis stehen und dafür Arbeitslohn aus einer inländischen öffentlichen Kasse beziehen.

Demgegenüber setzt die Kirchensteuerpflicht voraus, dass es sich um einen Angehörigen einer steuerberechtigten Religionsgemeinschaft handelt, der seinen Wohnsitz oder gewöhnlichen Aufenthalt i. S. der §§ 8 und 9 AO im Land Berlin hat (§ 2 Abs. 1 KiStG Berlin). Das bedeutet, dass im auswärtigen Dienst Tätige, Soldaten, Beamte und Arbeitnehmer der Bundeswehr und vergleichbare andere Arbeitnehmer, die für längere Zeit ins Ausland entsandt werden, nicht mehr kirchensteuerpflichtig sind, sobald sie ihren Wohnsitz in Deutschland aufgegeben haben.

Bei Unverheirateten wird das regelmäßig vom Beginn der Abordnung an und bei Verheirateten von dem Zeitpunkt an der Fall sein, in dem sie ihre Familie in das Ausland nachfolgen lassen und die Wohnung in Deutschland aufgeben.

Bescheinigung nach § 1 Abs. 3 Satz 4 Einkommensteuergesetz;
Verzicht auf die Bestätigung der ausländischen Steuerbehörde im
Lohnsteuer-Ermäßigungsverfahren

(BMF-Schreiben vom 25. 11. 1999 – IV C 1 – S 2102 – 31/99 –, BStBl I S. 990)

Im Einvernehmen mit den obersten Finanzbehörden der Länder ergänze ich die Tz. 1.1 des BMF-Schreibens vom 30. Dezember 1996 (BStBl I S. 1506) wie folgt:

Im Lohnsteuer-Ermäßigungsverfahren kann auf die Bestätigung der ausländischen Steuerbehörde auf dem amtlichen Vordruck „Anlage Grenzpendler EU/EWR" bzw. „Anlage Grenzpendler außerhalb EU/EWR" verzichtet werden, wenn für einen der beiden vorangegangenen Veranlagungszeiträume bereits eine von der ausländischen Steuerbehörde bestätigte Anlage „Bescheinigung EU/EWR" bzw. „Bescheinigung außerhalb EU/EWR" vorliegt und sich die Verhältnisse nach Angaben des Steuerpflichtigen nicht geändert haben.

Steuerabzug beschränkt Steuerpflichtiger

→ R 39.4

Unbeschränkte Steuerpflicht – auf Antrag –

Anhang 30   → R 1a EStR

→ Anhang 40

Wohnung, Wohnsitz im Inland

AEAO vor §§ 8, 9 – Wohnsitz, gewöhnlicher Aufenthalt

1. Die Begriffe des Wohnsitzes (§ 8 AO) bzw. des gewöhnlichen Aufenthalts (§ 9 AO) haben insbesondere Bedeutung für die persönliche Steuerpflicht natürlicher Personen (vgl. zu § 1 EStG, § 2 ErbStG) oder für familienbezogene Entlastungen (z. B. Realsplitting nach § 10 Abs. 1a Nr. 1 EStG). Sie sind auch maßgeblich, wenn die Familienkassen in eigener Zuständigkeit und ohne Bindung an die Beurteilung des Finanzamts im Besteuerungsverfahren die Voraussetzungen des Kindergeldanspruchs nach § 62 Abs. 1 Nr. 1 bzw. § 63 Abs. 1 EStG prüfen (vgl. u. a. BFH-Urteil vom 20. 3. 2013, XI R 37/11, BStBl 2014 II S. 831).

2. Die Begriffe des Wohnsitzes bzw. des gewöhnlichen Aufenthalts stellen allein auf die tatsächlichen Verhältnisse ab (BFH-Urteil vom 10. 11. 1978, VI R 127/76, BStBl 1979 II S. 335).

Zwischenstaatliche Vereinbarungen enthalten dagegen z. T. hiervon abweichende Fiktionen, die den, an die tatsächlichen Verhältnisse anknüpfenden allgemeinen Regelungen der §§ 8 und 9 AO vorgehen (z. B. Art. 13 des Protokolls (Nr. 7) über die Vorrechte und Befreiungen der Europäischen Union vom 26. 10. 2012, Amtsblatt der Europäischen Union C 326 S. 266; Artikel X des NATO-Truppenstatuts i. V. m. Art. 68 Abs. 4, Art. 73 des Zusatzabkommens zum NATO-Truppenstatut; Wiener Übereinkommen vom 18. 4. 1961 über diplomatische Beziehungen (WÜD, BGBl. 1964 II S. 957) und vom 24. 4. 1963 über konsularische Beziehungen [WÜK, BGBl. 1969 II S. 1585]); vgl. hierzu AEAO zu § 8, Nrn. 8 und 9. Andere Abkommen enthalten persönliche Steuerbefreiungen.

Für deutsche Auslandsbedienstete gilt hinsichtlich der Frage der unbeschränkten Steuerpflicht die Sonderregelung des § 1 Abs. 2 EStG.

Als unbeschränkt steuerpflichtig können auch solche natürlichen Personen behandelt werden, die die Kriterien des § 1 Abs. 3 EStG erfüllen. Damit ist teilweise auch die Höhe der Einkünfte Anknüpfungskriterium für den Umfang der Steuerpflicht (§ 1 Abs. 3 Sätze 2 bis 4 EStG).

Der Begriff der Ansässigkeit i. S. d. DBA ist allein auf deren Anwendung (insbesondere hinsichtlich der Abkommensberechtigung und der Zuteilung der Besteuerungsrechte) beschränkt und hat keine Auswirkung auf die persönliche Steuerpflicht. Die deutsche unbeschränkte Steuerpflicht besteht daher auch dann, wenn der Steuerpflichtige je eine Wohnung bzw. einen gewöhnlichen Aufenthalt im Inland und im Ausland hat und nach dem anzuwendenden DBA im ausländischen Vertragsstaat ansässig ist (vgl. BFH-Urteil vom 4. 6. 1975, I R 250/73, BStBl II S. 708).

3. Auch wenn ein Steuerpflichtiger im Inland keinen Wohnsitz mehr hat, kann er hier noch seinen gewöhnlichen Aufenthalt haben.

AEAO zu § 8 – Wohnsitz

1. Allgemeines

1.1. Nach § 8 AO hat eine natürliche Person einen Wohnsitz dort, wo sie eine Wohnung unter Umständen innehat, die darauf schließen lassen, dass sie die Wohnung beibehalten und benutzen wird. Ob im Einzelfall eine solche Benutzung vorliegt, ist unter Würdigung der Gesamtumstände nach den Verhältnissen des jeweiligen Veranlagungszeitraums oder Anspruchszeitraums zu beurteilen; die tatsächliche Entwicklung der Verhältnisse in den Folgejahren ist nur zu berücksichtigen, soweit ihr Indizwirkung für die Feststellung der tatsächlichen Verhältnisse im zurückliegenden Zeitraum zukommt (vgl. BFH-Urteil vom 23. 6. 2015, III R 38/14, BStBl 2016 II S. 102).

1.2. Die bloße Absicht, einen Wohnsitz zu begründen oder aufzugeben, bzw. die An- und Abmeldung bei der Ordnungsbehörde entfalten allein keine unmittelbare steuerliche Wirkung (BFH-Urteil vom 14. 11. 1969, III R 95/68, BStBl 1970 II S. 153). Hat der Steuerpflichtige eine Wohnung inne, die nach objektiven Maßstäben dauerhaft genutzt und beibehalten werden soll, kommt einem etwaigen Willen des Steuerpflichtigen, an diesem Platz keinen Wohnsitz begründen oder beibehalten zu wollen, keine Bedeutung zu (vgl. BFH-Urteil vom 23. 11. 1988, II R 139/87, BStBl 1989 II S. 182). Maßgeblich sind alleine die tatsächlichen Lebensverhältnisse; völkerrechtliche Vereinbarungen, insbesondere des Konsularrechts, stehen der Annahme eines Wohnsitzes gem. § 8 AO im Inland daher nicht entgegen (BFH-Urteil vom 8. 8. 2013, VI R 45/12, BStBl 2014 II S. 836). Die An- und Abmeldung bei der Ordnungsbehörde können im Allgemeinen als Indizien dafür angesehen werden, dass der Steuerpflichtige seinen Wohnsitz unter der von ihm angegebenen Anschrift begründet bzw. aufgegeben hat.

1.3. Ein Steuerpflichtiger kann gleichzeitig mehrere Wohnungen und mehrere Wohnsitze i. S. d. § 8 AO haben. Diese können im Inland und/oder Ausland gelegen sein. Zur Begründung eines steuerlichen Wohnsitzes im Inland ist nicht Voraussetzung, dass sich dort auch der Mittelpunkt der Lebensinteressen befindet oder dass der Steuerpflichtige von dort aus seiner täglichen Arbeit nachgeht (BFH-Urteile vom 19. 3. 1997, I R 69/96, BStBl II S. 447, und vom 18. 12. 2013, III R 44/12, BStBl 2015 II S. 143). Für die Annahme eines Wohnsitzes auf Grund einer Zweit- bzw. Nebenwohnung ist es nicht erforderlich, dass diese der Erstwohnung hinsichtlich Größe und Ausstattung gleichrangig ist. Es ist dem begrenzten Zweck Rechnung zu tragen, dem die Zweit- bzw. Nebenwohnung dient.

2. Wohnung

Mit Wohnung sind stationäre Räumlichkeiten gemeint, die mindestens im Sinne einer bescheidenen Bleibe für den Steuerpflichtigen auf Dauer zum Wohnen geeignet sind. Weil „Bewohnen" mehr ist als „Aufenthalt" oder „Übernachtung", erfüllt eine nur kurzfristige, lediglich vorübergehende oder eine notdürftige Unterbringungsmöglichkeit den Wohnungsbegriff nicht. Nicht erforderlich ist eine abgeschlossene Wohnung mit Küche und separater Waschgelegenheit i. S. d. Bewertungsrechts bzw. dass das zur Wohnung gehörende Bad in den Wohnbereich integriert ist. In rechtlicher Hinsicht reicht es aus, wenn die Wohnung mit einfachsten Mitteln ausgestattet ist. Darauf, ob die Ausstattungsgegenstände vom Vermieter gestellt oder vom Mieter selbst beschafft worden sind, kommt es nicht an (BFH-Urteil vom 14. 11. 1969, III R 95/68, BStBl 1970 II S. 153).

3. Innehaben der Wohnung

Der Steuerpflichtige muss die Wohnung innehaben. Danach muss die Wohnung in objektiver Hinsicht dem Steuerpflichtigen jederzeit (wann immer er es wünscht), als Bleibe zur Verfügung stehen. An der objektiven Eignung fehlt es bei sog. Standby-Wohnungen oder -Zimmern, wenn auf Grund von Vereinbarungen oder Absprachen zwischen den Wohnungsnutzern die Nutzungsmöglichkeit des Steuerpflichtigen derart beschränkt ist, dass er die Wohnung oder das Zimmer nicht jederzeit für einen Wohnaufenthalt nutzen kann (BFH-Urteil vom 13. 11. 2013, I R 38/13, BFH/NV 2014 S. 1046).

4. Nutzung zu Wohnzwecken

4.1. Die Nutzung muss zu Wohnzwecken erfolgen. Die Wohnnutzung muss weder regelmäßig noch über eine längere Zeit erfolgen; erforderlich ist aber eine Nutzung, die über bloße Besuche, kurzfristige Ferienaufenthalte bzw. unregelmäßige kurze Aufenthalte zu Erholungszwecken oder zu Verwaltungszwecken hinausgeht (vgl. BFH-Urteil vom 10. 4. 2013, I R 50/12, BFH/NV S. 1909). Die ausschließliche Nutzung als Betriebsstätte, Büro, Ladengeschäft, Warenlager o.Ä. stellt keine Nutzung zu Wohnzwecken dar (vgl. u. a. BFH-Urteil vom 8. 5. 2014, III R 21/12, BStBl 2015 II S. 135). Es ist nicht erforderlich, dass der Steuerpflichtige sich während einer Mindestzahl von Tagen oder Wochen im Jahr zu Wohnzwecken in der Wohnung aufhält (BFH-Urteil vom 19. 3. 1997, I R 69/96, BStBl II S. 447). Eine Nutzung zu Wohnzwecken kann – insbesondere in Arbeitnehmer-Entsende-Fällen – auch vorliegen, wenn der Steuerpflichtige eine Wohnung innerhalb eines Kalenderjahrs nicht nutzt.

4.2. Es muss nach dem Gesamtbild der Verhältnisse wahrscheinlich sein, dass der Steuerpflichtige die Nutzung der Wohnung zu Wohnzwecken auch in Zukunft fortsetzen wird. Hierin kommt u. a. ein Zeitmoment zum Ausdruck, Anhaltspunkte können aber auch Ausstattung und Einrichtung sein.

4.2.1. Als Anhaltspunkt zur Bestimmung des Zeitmoments kann auf den in § 9 Satz 2 AO normierte Sechsmonatszeitraum zurückgegriffen werden (BFH-Urteil vom 8. 5. 2014, III R 21/12, BStBl 2015 II S. 135). Dieser Sechsmonatszeitraum kann auch jahresübergreifend sein.

4.2.2. Wer eine Wohnung von vornherein in der Absicht nimmt, sie nur vorübergehend (für bis zu sechs Monate) beizubehalten und zu benutzen, begründet dort keinen Wohnsitz (BFH-Urteil vom 30. 8. 1989, I R 215/85, BStBl II S. 956). Entscheidend ist jedoch die Absicht des Steuerpflichtigen. Im Einzelfall kann daher auch ein tatsächlicher Aufenthalt von bis zu sechs Monaten als ein nicht nur vorübergehender anzusehen sein. Dann muss sich jedoch die ursprüngliche Absicht auf einen längeren Aufenthalt bezogen haben (BFH-Urteil vom 30. 8. 1989, I R 215/85, a. a. O.).

5. Familienwohnsitz

5.1. Die Frage des Wohnsitzes ist für jede Person gesondert zu prüfen (BFH-Urteil vom 7. 4. 2011, III R 77/09, BFH/NV S. 1351).

5.2. Ein Ehegatte/Lebenspartner, der nicht dauernd getrennt lebt, hat seinen Wohnsitz grundsätzlich dort, wo seine Familie lebt (BFH-Urteil vom 6. 2. 1985, I R 23/82, BStBl II S. 331). Diese Vermutung gilt regelmäßig unabhängig davon, welche räumliche Entfernung zwischen den Ehegatten/Lebenspartnern besteht. Deshalb ist eine inländische Wohnung, die von einem Ehegatten/Lebenspartner gelegentlich zu Wohnzwecken genutzt wird, auch dann ein Wohnsitz, wenn er sich zeitlich überwiegend im Ausland aufhält.

5.3. Wer sich – auch in regelmäßigen Abständen – in der Wohnung eines Angehörigen oder eines Bekannten aufhält, begründet dort keinen Wohnsitz (BFH-Urteil vom 24. 10. 1969, IV 290/64, BStBl 1970 II S. 109), sofern es nicht wie im Fall einer Familienwohnung oder der Wohnung einer Wohngemeinschaft gleichzeitig die eigene Wohnung ist.

5.4. Minderjährige Kinder teilen grundsätzlich den Wohnsitz ihrer Eltern, weil sie über die Haushaltszugehörigkeit eine abgeleitete Nutzungsmöglichkeit besitzen und damit regelmäßig zugleich die elterliche Wohnung i. S. d. § 8 AO innehaben.

6. Wohnsitz bei Aufenthalt in einem anderen Staat

Wer einen Wohnsitz im Ausland begründet, hat auch im Inland einen Wohnsitz i. S. v. § 8 AO, sofern er die inländische Wohnung weiterhin unter Umständen innehat, die darauf schließen lassen, sie beibehalten und benutzen zu wollen (vgl. BFH-Urteil vom 19. 3. 1997, I R 69/96, BStBl II S. 447).

Das Innehaben der inländischen Wohnung kann nach den Umständen des Einzelfalles auch dann anzunehmen sein, wenn der Steuerpflichtige sie während eines Auslandsaufenthalts vorübergehend (bis zu sechs Monaten) vermietet oder untervermietet, um sie alsbald nach Rückkehr im Inland wieder zu benutzen. Zur Zuständigkeit in diesen Fällen siehe § 19 Abs. 1 Satz 2 AO.

Wird die inländische Wohnung zur bloßen Vermögensverwaltung zurückgelassen, endet der Wohnsitz mit dem Wegzug. Bloße Vermögensverwaltung liegt z. B. vor, wenn ein ins Ausland versetzter Steuerpflichtiger bzw. ein im Ausland lebender Steuerpflichtiger seine Wohnung/sein Haus verkaufen oder langfristig vermieten will und dies in absehbarer Zeit auch tatsächlich verwirklicht.

6.1. Auslandsaufenthalt eines Arbeitnehmers

6.1.1. Bei einem ins Ausland versetzten Arbeitnehmer ist ein inländischer Wohnsitz widerlegbar zu vermuten, wenn er seine Wohnung im Inland beibehält, deren Benutzung ihm weiterhin möglich ist und die nach ihrer Ausstattung jederzeit als Bleibe dienen kann (BFH-Urteil vom 17. 5. 1995, I R 8/94, BStBl 1996 II S. 2). Ist ein Arbeitnehmer z. B. im Rahmen einer Entsendung im Ausland tätig und wird er von seiner Familie begleitet, so ist ein inländischer Familienwohnsitz i. S. d. § 8 AO weiterhin anzunehmen, wenn dieser über die Dauer der Entsendung beibehalten werden soll und nach objektiven Maßstäben jederzeit durch die Familie zu Wohnzwecken genutzt werden kann.

6.1.2. Entscheidend ist, ob objektiv erkennbare Umstände dafür sprechen, dass der Steuerpflichtige die Wohnung für Zwecke des eigenen Wohnens beibehält. Nach der Lebenserfahrung spricht es für die Beibehaltung eines Wohnsitzes i. S. d. § 8 AO, wenn jemand eine Wohnung, die er vor einem Auslandsaufenthalt als einzige ständig nutzte, während desselben unverändert und in einem ständig nutzungsbereiten Zustand beibehält und zu Wohnzwecken nutzt oder nutzen kann (vgl. Nr. 4.1 des AEAO zu § 8). Von Bedeutung kann dabei auch sein, ob der Steuerpflichtige nach Beendigung des Auslandsaufenthalts mit hoher Wahrscheinlichkeit die Wohnung wieder ständig nutzen wird (BFH-Urteil vom 19. 3. 1997, I R 69/96, BStBl II S. 447). Insoweit handelt es sich um eine Sachverhaltsvermutung, die vom Steuerpflichtigen widerlegt werden kann; ihm obliegt insoweit die Feststellungslast (vgl. BFH-Urteil vom 17. 5. 1995, I R 8/94, BStBl 1996 II S. 2).

6.1.3. Für die Beurteilung, ob die einen ins Ausland entsendeten Arbeitnehmer begleitenden (Familien)Angehörigen ihren inländischen Wohnsitz beibehalten oder aufgegeben haben, gelten grundsätzlich (Hinweis insbesondere auf Nrn. 5.2 und 5.4 des AEAO zu § 8) dieselben Maßstäbe.

6.1.4. Nach einem auf Dauer angelegten Wegzug der Familie ins Ausland führt das Vorhalten einer eigenen Wohnung allein nicht zur Begründung bzw. Beibehaltung eines inländischen Wohnsitzes, wenn die Wohnung nur kurzzeitig zu Urlaubs- oder Besuchszwecken (vgl. Nr. 4.1 des AEAO zu § 8) genutzt wird (vgl. BFH-Urteil vom 26. 1. 2001, VI R 89/00, BFH/NV S. 1018). Das Gleiche gilt für eine Wohnung, die unentgeltlich von Dritten (z. B. Eltern) zur Verfügung gestellt wird (vgl. BFH-Urteil vom 12. 1. 2001, VI R 64/98, BFH/NV S. 1231).

6.2. Auslandsaufenthalt eines Kindes

6.2.1. Ein minderjähriges Kind, das sich zusammen mit seinen Eltern im Ausland aufhält und bereits vor deren Ausreise mit seinen Eltern einen gemeinsamen Wohnsitz im Inland hatte, behält diesen grundsätzlich bei, wenn auch die Eltern ihren Wohnsitz im Inland beibehalten. Wird ein Kind im Ausland geboren, begründet es ausnahmsweise einen Wohnsitz im Inland bzw. teilt den inländischen (Familien-) Wohnsitz bereits ab seiner Geburt, sofern sich die Mutter nur kurzfristig, lediglich vorübergehend zum Zeitpunkt der Geburt bzw. zur Entbindung im Ausland aufgehalten hat und das Kind alsbald bzw. innerhalb angemessener Zeit nach Deutschland gebracht wird. Kann das Kind den Wohnsitz der Eltern im Inland indes aus tatsächlichen oder rechtlichen Gründen nicht nur kurzfristig nicht aufsuchen, kann es dort (zunächst) auch keinen eigenen Wohnsitz begründen. Ein im Ausland lebender Angehöriger kann im Inland grundsätzlich keinen Wohnsitz begründen, ohne sich hier aufgehalten zu haben (BFH-Urteil vom 7. 4. 2011, III R 77/09, BFH/NV S. 1351).

6.2.2. Hält sich das Kind im Ausland auf, reicht es für die Annahme eines (inländischen) Wohnsitzes nicht aus, wenn die elterliche Wohnung dem Kind weiterhin zur Verfügung steht. Es muss eine Beziehung zur elterlichen Wohnung vorhanden sein, die über die allein durch das Familienverhältnis begründete Beziehung hinausgeht und erkennen lässt, dass das Kind die elterliche Wohnung nach wie vor auch als seine eigene betrachtet (BFH-Urteil vom 17. 3. 1961, VI 185/60 U, BStBl III S. 298) und sie innehat, um sie als solche zu nutzen (BFH-Urteil vom 25. 9. 2014, III R 10/14, BStBl 2015 II S. 655). Anderenfalls behält das Kind seinen inländischen Wohnsitz bei den Eltern nicht bei, sondern gibt ihn zunächst auf und begründet ihn bei einer späteren Rückkehr wieder neu.

6.2.3. Die Beurteilung hängt von einer Vielzahl von Faktoren ab. So sind neben der Dauer des Auslandsaufenthalts insbesondere das Alter des Kindes, die Unterbringung im Ausland und im Elternhaus, der Zweck des Auslandsaufenthalts, die Häufigkeit und die Dauer der Aufenthalte bei den Eltern sowie die persönlichen Beziehungen des Kindes am Wohnort der Eltern und im Ausland ausschlaggebend. Die Feststellung einer Rückkehrabsicht sagt grundsätzlich nichts darüber aus, ob der inländische Wohnsitz während des vorübergehenden Auslandsaufenthalts beibehalten oder aber aufgegeben und nach der Rückkehr neu begründet wird (vgl. BFH-Urteile vom 23. 11. 2000, VI R 165/99 und VI R 107/99, BStBl 2001 II S. 279 und 294).

6.2.4. Kein ausschlaggebendes Kriterium ist regelmäßig die Herkunft der Eltern oder die des Kindes. Aus den familiären und kulturellen Umständen am Aufenthaltsort können sich jedoch Hinweise für das Entstehen neuer Beziehungen und die Lockerung der bisher bestehenden Bindungen ergeben, z. B. bei einem mehrjährigen Schulbesuch im Ausland, für den das Kind vor Ort bei Verwandten untergebracht ist (vgl. BFH-Urteile vom 23. 11. 2000, VI R 165/99 und VI R 107/99, BStBl 2001 II S. 279 und 294, und vom 23. 6. 2015, III R 38/14, BStBl 2016 II S. 102).

6.2.5. Der Inlandswohnsitz wird nur dann beibehalten, wenn das Kind entweder seinen Lebensmittelpunkt weiterhin am bisherigen Wohnort hat (keine Wohnsitzbegründung am Ort des Auslandsaufenthalts) oder es zwar keinen einheitlichen Lebensmittelpunkt mehr hat, aber nunmehr über zwei Schwerpunkte der Lebensverhältnisse (zwei Wohnsitze) verfügt, von denen einer am bisherigen Wohnort liegt (BFH-Urteil vom 23. 11. 2000, VI R 107/99, BStBl 2001 II S. 294).

6.2.6. Bei Kindern, die sich von vornherein in einem begrenzten Zeitraum von bis zu einem Jahr im Ausland aufhalten, ist grundsätzlich davon auszugehen, dass der inländische Wohnsitz beibehalten wird, so dass Inlandsaufenthalte für die Beibehaltung des Wohnsitzes nicht erforderlich sind. Wird die Absicht zur Rückkehr innerhalb eines Jahres aufgegeben, so kann in diesem Moment eine Aufgabe des Wohnsitzes erfolgen (BFH-Urteil vom 25. 9. 2014, III R 10/14, BStBl 2015 II S. 655).

6.2.7. Kinder, die sich länger als ein Jahr ins Ausland begeben, behalten ihren Wohnsitz in der inländischen elterlichen Wohnung nur bei, wenn sie diese in ausbildungsfreien Zeiten zumindest überwiegend nutzen. Eine Aufenthaltsdauer von jährlich fünf Monaten in der Wohnung der Eltern genügt jedenfalls, um einen inländischen Wohnsitz beizubehalten, sie ist aber dafür nicht stets erforderlich (BFH-Urteil vom 28. 4. 2010, III R 52/09, BStBl II S. 1013). Durch die Eltern-Kind-Beziehung begründete Besuche – d. h. kurzzeitige Besuche und sonstige Aufenthalte zu Urlaubs- oder familiären Zwecken, die keinem Aufenthalt mit Wohncharakter gleichkommen und daher nur ein „zwischenzeitliches Wohnen" in der elterlichen Wohnung bedeuten – reichen nicht aus, um den inländischen Wohnsitz des Kindes beizubehalten oder einen solchen zu begründen. Keinen Wohncharakter haben nach der Lebenserfahrung kurzzeitige Aufenthalte von zwei bis drei Wochen im Jahr (BFH-Urteil vom 25. 9. 2014, III R 10/14, BStBl 2015 II S. 655).

6.2.8. Die Dauer der Inlandsaufenthalte vor dem Beginn oder nach dem Ende der Schul-, Hochschul- oder Berufsausbildung bleibt außer Betracht. Fehlende finanzielle Mittel für Heimreisen des Kindes können die fehlenden Inlandsaufenthalte in den ausbildungsfreien Zeiten nicht kompensieren (BFH-Urteil vom 25. 9. 2014, III R 10/14, BStBl 2015 II S. 655). Hält sich ein Kind nicht nur vorübergehend zum Schulbesuch im Ausland auf, führen besuchsweise Aufenthalte in der elterlichen Wohnung auch dann nicht zur Beibehaltung des inländischen Wohnsitzes, wenn die Rückkehr des Kindes nach Deutschland nach Erreichen des Schulabschlusses beabsichtigt ist (BFH-Urteil vom 23. 11. 2000, VI R 165/99, BStBl 2001 II S. 279).

7. NATO-Truppenstatut

Hält sich ein Mitglied einer Truppe oder des zivilen Gefolges des Entsendungsstaates „nur in dieser Eigenschaft" i. S. d Art. X des NATO-Truppenstatuts bzw. dessen Angehörige nach

Art. 68 Abs. 4 des Zusatzabkommens zum NATO-Truppenstatut im Inland auf, wird das Fehlen des inländischen steuerrechtlichen Wohnsitzes oder gewöhnlichen Aufenthalts fingiert, wenn anhand der Lebensumstände aus Sicht des jeweiligen Besteuerungszeitraums festgestellt werden kann, dass die betreffende Person in dem maßgeblichen Zeitraum fest entschlossen war, nach Beendigung des Dienstes in den Ausgangs- oder in ihren Heimatstaat zurückzukehren (BFH-Urteil vom 9. 11. 2005, I R 47/04, BStBl 2006 II S. 374). Voraussetzung dafür ist eine gewisse zeitliche Fixierung im Hinblick auf die Rückkehr nach der Beendigung des Dienstes. Die Rückkehr muss in einer gewissen zeitlichen Nähe zur Beendigung des Dienstes stehen. Ferner setzt die Fiktion voraus, dass die betreffende Person nicht vor Aufnahme ihrer Tätigkeit einen Wohnsitz oder gewöhnlichen Aufenthalt im Inland begründet hat und sich nicht auch aus anderen Gründen im Inland aufhält.

8. Wiener Übereinkommen über diplomatische Beziehungen und über konsularische Beziehungen

Die völkerrechtlich verbindlichen Regelungen des Wiener Übereinkommens vom 18. 4. 1961 über diplomatische Beziehungen (WÜD, BGBl. 1964 II S. 957) bzw. des vom 24. 4. 1963 über konsularische Beziehungen (WÜK, BGBl. 1969 II S. 1585) tragen dem Gedanken der Exterritorialität von Diplomaten und der ihnen gleichgestellten Personen Rechnung.

Diplomaten einer ausländischen Mission und Konsularbeamte einer ausländischen konsularischen Vertretung haben nach dem WÜD bzw. dem WÜK kraft völkerrechtlicher Fiktion im Inland keinen Wohnsitz und sind demnach von innerstaatlichen Steuern befreit, sofern sie nicht die deutsche Staatsangehörigkeit haben oder nach den Sonderregelungen des WÜD bzw. WÜK im Inland ständig ansässig sind. Private Einkünfte, deren Quelle sich im Inland (Empfangsstaat) befindet, sind von der Steuerbefreiung ausgenommen und führen zu einer beschränkten Einkommensteuerpflicht. Gleiches gilt für die zum Haushalt des Diplomaten oder Konsularbeamten gehörenden Familienmitglieder sowie Mitglieder des Verwaltungs- und des technischen Personals ausländischer Missionen und ausländischer konsularischer Vertretungen.

9. Protokoll (Nr. 7) über die Vorrechte und Befreiungen der Europäischen Union (EU)

Hält sich eine Person zur Ausübung ihrer Amtstätigkeit im Dienste der EU im Hoheitsgebiet eines anderen Mitgliedstaates auf als dem, in dem sie vor Dienstantritt ihren steuerlichen Wohnsitz hatte, werden sie und ihr nicht berufstätiger Ehegatte/Lebenspartner in beiden genannten Staaten so behandelt, als hätten sie ihren früheren Wohnsitz beibehalten (Art. 13 des Protokolls (Nr. 7) über die Vorrechte und Befreiungen der Europäischen Union vom 26. 10. 2012, Amtsblatt der Europäischen Union C 326 S. 266). Gleiches gilt für die Kinder, die unter der Aufsicht der in diesem Artikel bezeichneten Personen stehen und von ihnen unterhalten werden.

§ 1a [Fiktive unbeschränkte Steuerpflicht für Angehörige eines EU-/EWR-Staates]

EStG

(1) Für Staatsangehörige eines Mitgliedstaates der Europäischen Union oder eines Staates, auf den das Abkommen über den Europäischen Wirtschaftsraum anwendbar ist, die nach § 1 Absatz 1 unbeschränkt einkommensteuerpflichtig sind oder die nach § 1 Absatz 3 als unbeschränkt einkommensteuerpflichtig zu behandeln sind, gilt bei Anwendung von § 10 Absatz 1a und § 26 Absatz 1 Satz 1 Folgendes: S 2104

1. Aufwendungen im Sinne des § 10 Absatz 1a sind auch dann als Sonderausgaben abziehbar, wenn der Empfänger der Leistung oder Zahlung nicht unbeschränkt einkommensteuerpflichtig ist. Voraussetzung ist, dass

   a) der Empfänger seinen Wohnsitz oder gewöhnlichen Aufenthalt im Hoheitsgebiet eines anderen Mitgliedstaates der Europäischen Union oder eines Staates hat, auf den das Abkommen über den Europäischen Wirtschaftsraum Anwendung findet und

   b) die Besteuerung der nach § 10 Absatz 1a zu berücksichtigenden Leistung oder Zahlung beim Empfänger durch eine Bescheinigung der zuständigen ausländischen Steuerbehörde nachgewiesen wird;

2. der nicht dauernd getrennt lebende Ehegatte ohne Wohnsitz oder gewöhnlichen Aufenthalt im Inland wird auf Antrag für die Anwendung des § 26 Absatz 1 Satz 1 als unbeschränkt ein-

kommensteuerpflichtig behandelt. [2]Nummer 1 Satz 2 gilt entsprechend. [3]Bei Anwendung des § 1 Absatz 3 Satz 2 ist auf die Einkünfte beider Ehegatten abzustellen und der Grundfreibetrag nach § 32a Absatz 1 Satz 2 Nummer 1 zu verdoppeln.

(2) Für unbeschränkt einkommensteuerpflichtige Personen im Sinne des § 1 Absatz 2, die die Voraussetzungen des § 1 Absatz 3 Satz 2 bis 5 erfüllen, und für unbeschränkt einkommensteuerpflichtige Personen im Sinne des § 1 Absatz 3, die die Voraussetzungen des § 1 Absatz 2 Satz 1 Nummer 1 und 2 erfüllen und an einem ausländischen Dienstort tätig sind, gilt die Regelung des Absatzes 1 Nummer 2 entsprechend mit der Maßgabe, dass auf Wohnsitz oder gewöhnlichen Aufenthalt im Staat des ausländischen Dienstortes abzustellen ist.

H 1a

Hinweise

Steuerpflicht, Steuerklassen

→ H 1

Unbeschränkte Steuerpflicht

→ H 1

EuGH-Urteil vom 28. Februar 2013 in der Rechtssache C-425/11 (Ettwein) – § 1a EStG bei Wohnsitz Schweiz

BMF-Schreiben vom 16. 09. 2013, BStBl I S. 1325

Der Gerichtshof der Europäischen Union (EuGH) hat mit Urteil vom 28. Februar 2013 in der Rechtssache C-425/11 „Ettwein" (BStBl 2013 II S. 896) entschieden:

„Art. 1 Buchst. a des zwischen der Europäischen Gemeinschaft und ihren Mitgliedstaaten einerseits und der Schweizerischen Eidgenossenschaft andererseits geschlossenen Abkommens über die Freizügigkeit, unterzeichnet in Luxemburg am 21. Juni 1999, sowie die Art. 9 Abs. 2, 13 Abs. 1 und 15 Abs. 2 dieses Abkommens sind dahin auszulegen, dass sie der Regelung eines Mitgliedstaats entgegenstehen, nach der Eheleuten, die Staatsangehörige dieses Staates sind und mit ihren gesamten steuerpflichtigen Einkünften der Besteuerung in diesem Staat unterliegen, die in dieser Regelung vorgesehene Zusammenveranlagung unter Berücksichtigung des Splitting-Verfahrens allein deshalb verweigert wird, weil ihr Wohnsitz im Hoheitsgebiet der Schweizerischen Eidgenossenschaft liegt."

Unter Bezugnahme auf das Ergebnis der Erörterungen mit den obersten Finanzbehörden der Länder gilt für die Anwendung von § 1a Absatz 1 EStG im Hinblick auf die Auslegung des Abkommens zwischen der Europäischen Gemeinschaft und ihren Mitgliedstaaten einerseits und der Schweizerischen Eidgenossenschaft andererseits über die Freizügigkeit und nach Maßgabe des o. g. Urteils Folgendes:

§ 1a Absatz 1 EStG ist bei Staatsangehörigen eines Mitgliedstaates der Europäischen Union oder eines Staates, auf den das Abkommen über den Europäischen Wirtschaftsraum anwendbar ist, bei Vorliegen der übrigen Voraussetzungen auch anwendbar, wenn

– der Empfänger der Leistungen im Sinne der Nummern 1 und 1a,

– die ausgleichsberechtigte Person im Sinne der Nummer 1b oder

– der Ehegatte/Lebenspartner im Sinne der Nummer 2

seinen/ihren Wohnsitz oder gewöhnlichen Aufenthalt in der Schweiz haben.

Das gilt für alle noch nicht bestandskräftigen Fälle.

II. Einkommen

1. Sachliche Voraussetzungen für die Besteuerung

S 2110

EStG

§ 2 Umfang der Besteuerung, Begriffsbestimmungen

S 2113

(1) [1]Der Einkommensteuer unterliegen

1. Einkünfte aus Land- und Forstwirtschaft,

2. Einkünfte aus Gewerbebetrieb,

3. Einkünfte aus selbständiger Arbeit,
4. Einkünfte aus nichtselbständiger Arbeit,
5. Einkünfte aus Kapitalvermögen,
6. Einkünfte aus Vermietung und Verpachtung,
7. sonstige Einkünfte im Sinne des § 22,

die der Steuerpflichtige während seiner unbeschränkten Einkommensteuerpflicht oder als inländische Einkünfte während seiner beschränkten Einkommensteuerpflicht erzielt. [2]Zu welcher Einkunftsart die Einkünfte im einzelnen Fall gehören, bestimmt sich nach den §§ 13 bis 24.

(2) [1]Einkünfte sind S 2114

1. bei Land- und Forstwirtschaft, Gewerbebetrieb und selbständiger Arbeit der Gewinn (§§ 4 bis 7k und 13a), S 2130
2. bei den anderen Einkunftsarten der Überschuss der Einnahmen über die Werbungskosten (§§ 8 bis 9a). S 2201

[2]Bei Einkünften aus Kapitalvermögen tritt § 20 Absatz 9 vorbehaltlich der Regelung in § 32d Absatz 2 an die Stelle der §§ 9 und 9a.

(3) Die Summe der Einkünfte, vermindert um den Altersentlastungsbetrag, den Entlastungs- S 2117
betrag für Alleinerziehende und den Abzug nach § 13 Absatz 3, ist der Gesamtbetrag der S 2118
Einkünfte.

(4) Der Gesamtbetrag der Einkünfte, vermindert um die Sonderausgaben und die außer- S 2112
gewöhnlichen Belastungen, ist das Einkommen.

(5) [1]Das Einkommen, vermindert um die Freibeträge nach § 32 Absatz 6 und um die sonstigen S 2280
vom Einkommen abzuziehenden Beträge, ist das zu versteuernde Einkommen; dieses bildet die Bemessungsgrundlage für die tarifliche Einkommensteuer. [2]Knüpfen andere Gesetze an den Begriff des zu versteuernden Einkommens an, ist für deren Zweck das Einkommen in allen Fällen des § 32 um die Freibeträge nach § 32 Absatz 6 zu vermindern.

(5a) [1]Knüpfen außersteuerliche Rechtsnormen an die in den vorstehenden Absätzen definierten Begriffe (Einkünfte, Summe der Einkünfte, Gesamtbetrag der Einkünfte, Einkommen, zu versteuerndes Einkommen) an, erhöhen sich für deren Zwecke diese Größen um die nach § 32d Absatz 1 und nach § 43 Absatz 5 zu besteuernden Beträge sowie um die nach § 3 Nummer 40 steuerfreien Beträge und mindern sich um die nach § 3c Absatz 2 nicht abziehbaren Beträge. [2]Knüpfen außersteuerliche Rechtsnormen an die in den Absätzen 1 bis 3 genannten Begriffe (Einkünfte, Summe der Einkünfte, Gesamtbetrag der Einkünfte) an, mindern sich für deren Zwecke diese Größen um die nach § 10 Absatz 1 Nummer 5 abziehbaren Kinderbetreuungskosten.

(5b) Soweit Rechtsnormen dieses Gesetzes an die in den vorstehenden Absätzen definierten Begriffe (Einkünfte, Summe der Einkünfte, Gesamtbetrag der Einkünfte, Einkommen, zu versteuerndes Einkommen) anknüpfen, sind Kapitalerträge nach § 32d Absatz 1 und § 43 Absatz 5 nicht einzubeziehen.

(6) [1]Die tarifliche Einkommensteuer, vermindert um die anzurechnenden ausländischen Steuern und die Steuerermäßigungen, vermehrt um die Steuer nach § 32d Absatz 3 und 4, die Steuer nach § 34c Absatz 5 und den Zuschlag nach § 3 Absatz 4 Satz 2 des Forstschäden-Ausgleichsgesetzes in der Fassung der Bekanntmachung vom 26. August 1985 (BGBl. I S. 1756), das zuletzt durch Artikel 18 des Gesetzes vom 19. Dezember 2008 (BGBl. I S. 2794) geändert worden ist, in der jeweils geltenden Fassung, ist die festzusetzende Einkommensteuer. [2]Wurde der Gesamtbetrag der Einkünfte in den Fällen des § 10a Absatz 2 um Sonderausgaben nach § 10a Absatz 1 gemindert, ist für die Ermittlung der festzusetzenden Einkommensteuer der Anspruch auf Zulage nach Abschnitt XI der tariflichen Einkommensteuer hinzuzurechnen; bei der Ermittlung der dem Steuerpflichtigen zustehenden Zulage bleibt die Erhöhung der Grundzulage nach § 84 Absatz 2 außer Betracht. [3]Wird das Einkommen in den Fällen des § 31 um die Freibeträge nach § 32 Absatz 6 gemindert, ist der Anspruch auf Kindergeld nach Abschnitt X der tariflichen Einkommensteuer hinzuzurechnen.

(7) [1]Die Einkommensteuer ist eine Jahressteuer. [2]Die Grundlagen für ihre Festsetzung sind S 2111
jeweils für ein Kalenderjahr zu ermitteln. [3]Besteht während eines Kalenderjahres sowohl unbeschränkte als auch beschränkte Einkommensteuerpflicht, so sind die während der beschränkten Einkommensteuerpflicht erzielten inländischen Einkünfte in eine Veranlagung zur unbeschränkten Einkommensteuerpflicht einzubeziehen.

(8) Die Regelungen dieses Gesetzes zu Ehegatten und Ehen sind auch auf Lebenspartner und Lebenspartnerschaften anzuwenden.

H 2   **Hinweise**

Allgemeines, Berechnungsschema

Anhang 30   → R 2 EStR, H 2 EStH

Einnahmen aus Preisen, Preisgelder

Einkommensteuerrechtliche Behandlung von Preisgeldern (§ 2 Abs. 1 EStG)

(BMF-Schreiben vom 5. 9. 1996, BStBl I S. 1150) unter Berücksichtigung der Änderungen durch BMF-Schreiben vom 23. 12. 2002 (BStBl 2003 I S. 76)

Unter Bezugnahme auf das Ergebnis der Erörterung mit den obersten Finanzbehörden der Länder gilt zur einkommensteuerrechtlichen Behandlung von Preisgeldern folgendes:

1. **Einnahmen aus Preisen (Preisgelder),** insbesondere für wissenschaftliche oder künstlerische Leistungen, unterliegen der Einkommensteuer, wenn sie in untrennbarem wirtschaftlichem Zusammenhang mit einer der Einkunftsarten des Einkommensteuergesetzes stehen. Einkommensteuerlich unbeachtlich sind Einnahmen aus Preisen, die außerhalb einer Tätigkeit zur Erzielung von Einkünften bezogen werden. Für die Abgrenzung ist von den Ausschreibungsbedingungen und den der Preisverleihung zugrundeliegenden Zielen auszugehen.

2. Der **Zusammenhang mit einer Einkunftsart** ist gegeben, wenn die Preisverleihung wirtschaftlich den Charakter eines leistungsbezogenen Entgelts hat und wenn sie sowohl Ziel als auch unmittelbare Folge der Tätigkeit des Steuerpflichtigen ist. Das ist insbesondere dann der Fall, wenn der Preisträger zur Erzielung des Preises ein besonderes Werk geschaffen oder eine besondere Leistung erbracht hat.

   Der Zusammenhang mit einer Einkunftsart ist auch gegeben, wenn die Preisverleihung bestimmungsgemäß in nicht unbedeutendem Umfang die persönlichen oder sachlichen Voraussetzungen der Einkunftserzielung des Steuerpflichtigen fördert.

   Dies ist u. a. der Fall bei

   – werbewirksamen Auszeichnungen im Rahmen von betriebs- oder berufsbezogenen Ausstellungen, wie z. B. Ausstellungen kunstgewerblicher Erzeugnisse (vgl. BFH-Urteil vom 1. Oktober 1964, BStBl III S. 629) und

   – Geldpreisen mit Zuschußcharakter, die vom Empfänger im Rahmen seiner ausgeübten beruflichen oder betrieblichen Tätigkeit verwendet werden müssen, z. B. Starthilfen nach der Meisterprüfung als Handwerker, die an die Aufnahme einer selbständigen gewerblichen Tätigkeit geknüpft sind (vgl. BFH-Urteil vom 14. März 1989, BStBl II S. 651), oder Filmpreisen (Produzentenpreisen), die nach den Vergaberichtlinien einer Zweckbestimmung zur Herstellung eines neuen Films unterliegen.

   Ein Indiz dafür, daß die Preisverleihung wirtschaftlich den Charakter eines leistungsbezogenen Entgelts hat und daß sie sowohl Ziel als auch unmittelbare Folge der Tätigkeit des Steuerpflichtigen ist, ist die Bewerbung um den Preis. Dies trifft z. B. auf Ideenwettbewerbe von Architekten zu (vgl. BFH-Urteil vom 16. Januar 1975, BStBl II S. 558).

3. **Keinen Zusammenhang mit einer Einkunftsart** haben dagegen Einnahmen aus Preisen, deren Verleihung in erster Linie dazu bestimmt ist,

   – das Lebenswerk oder Gesamtschaffen des Empfängers zu würdigen,

   – die Persönlichkeit des Preisträgers zu ehren,

   – eine Grundhaltung auszuzeichnen oder

   – eine Vorbildfunktion herauszustellen (vgl. BFH-Urteil vom 9. Mai 1985, BStBl II S. 427).

   Dies kann ausnahmsweise auch angenommen werden, wenn zwar ein bestimmtes Werk oder eine bestimmte Leistung Anlaß für die Preisverleihung war, zur Auswahl des Preisträgers jedoch dessen Gesamtpersönlichkeit oder (bisheriges) Gesamtschaffen entscheidend beigetragen haben. Davon ist z. B. bei der Vergabe des Nobelpreises auszugehen.

4. [entfällt]

§ 2a Negative Einkünfte mit Bezug zu Drittstaaten

(1) [1]Negative Einkünfte

1. aus einer in einem Drittstaat belegenen land- und forstwirtschaftlichen Betriebsstätte,

2. aus einer in einem Drittstaat belegenen gewerblichen Betriebsstätte,

3. a) aus dem Ansatz des niedrigeren Teilwerts eines zu einem Betriebsvermögen gehörenden Anteils an einer Drittstaaten Körperschaft oder

   b) aus der Veräußerung oder Entnahme eines zu einem Betriebsvermögen gehörenden Anteils an einer Drittstaaten Körperschaft oder aus der Auflösung oder Herabsetzung des Kapitals einer Drittstaaten Körperschaft,

4. in den Fällen des § 17 bei einem Anteil an einer Drittstaaten Körperschaft,

5. aus der Beteiligung an einem Handelsgewerbe als stiller Gesellschafter und aus partiarischen Darlehen, wenn der Schuldner Wohnsitz, Sitz oder Geschäftsleitung in einem Drittstaat hat,

6. a) aus der Vermietung oder der Verpachtung von unbeweglichem Vermögen oder von Sachinbegriffen, wenn diese in einem Drittstaat belegen sind,

   b) aus der entgeltlichen Überlassung von Schiffen, sofern der Überlassende nicht nachweist, dass diese ausschließlich oder fast ausschließlich in einem anderen Staat als einem Drittstaat eingesetzt worden sind, es sei denn, es handelt sich um Handelsschiffe, die

      aa) von einem Vercharterer ausgerüstet überlassen oder

      bb) an in einem anderen als einem Drittstaat ansässige Ausrüster, die die Voraussetzungen des § 510 Absatz 1 des Handelsgesetzbuchs erfüllen, überlassen, oder

      cc) insgesamt nur vorübergehend an in einem Drittstaat ansässige Ausrüster, die die Voraussetzungen des § 510 Absatz 1 des Handelsgesetzbuchs erfüllen, überlassen

      worden sind, oder

   c) aus dem Ansatz des niedrigeren Teilwerts oder der Übertragung eines zu einem Betriebsvermögen gehörenden Wirtschaftsguts im Sinne der Buchstaben a und b,

7. a) aus dem Ansatz des niedrigeren Teilwerts, der Veräußerung oder Entnahme eines zu einem Betriebsvermögen gehörenden Anteils an

   b) aus der Auflösung oder Herabsetzung des Kapitals

   c) in den Fällen des § 17 bei einem Anteil an einer Körperschaft mit Sitz oder Geschäftsleitung in einem anderen Staat als einem Drittstaat, soweit die negativen Einkünfte auf einen der in den Nummern 1 bis 6 genannten Tatbestände zurückzuführen sind,

dürfen nur mit positiven Einkünften der jeweils selben Art und – mit Ausnahme der Fälle der Nummer 6 Buchstabe b – aus demselben Staat, in den Fällen der Nummer 7 auf Grund von Tatbeständen der jeweils selben Art aus demselben Staat, ausgeglichen werden; sie dürfen auch nicht nach § 10d abgezogen werden. [2]Den negativen Einkünften sind Gewinnminderungen gleichgestellt. [3]Soweit die negativen Einkünfte nicht nach Satz 1 ausgeglichen werden können, mindern sie die positiven Einkünfte der jeweils selben Art, die der Steuerpflichtige in den fol-

---

[1] § 2a Abs. 1 bis 2a EStG i. d. F. des JStG 2009 ist in allen Fällen anzuwenden, in denen die Steuer noch nicht bestandskräftig festgesetzt ist (→ § 52 Abs. 3 Satz 2 EStG i. d. F. vor dem Gesetz zur Anpassung des nationalen Steuerrechts an den Beitritt Kroatiens zur EU und zur Änderung weiterer steuerlicher Vorschriften). Für negative Einkünfte i. S. d. § 2a Abs. 1 und 2 EStG in der am 31. 12. 2008 geltenden Fassung, die vor dem 25. 12. 2008 nach § 2a Abs. 1 Satz 5 EStG bestandskräftig gesondert festgestellt wurden, ist § 2a Abs. 1 Satz 3 bis 5 EStG in der am 24. 12. 2008 geltenden Fassung weiter anzuwenden, → § 52 Abs. 3 Satz 2 EStG.

[2] Durch das Steuerentlastungsgesetz 1999/2000/2002 ist § 2a Abs. 3 EStG i. d. F. der Bekanntmachung vom 16. 4. 1997 (BGBl. I S. 821) ab dem VZ 1999 weggefallen (zur Anwendung → § 52 Abs. 2 EStG → § 52 Abs. 3 EStG i. d. F. vor dem Gesetz zur Anpassung des nationalen Steuerrechts an den Beitritt Kroatiens zur EU und zur Änderung weiterer steuerlicher Vorschriften). § 2a Abs. 3 Satz 1, 2 und 4 EStG i. d. F. der Bekanntmachung vom 16. 4. 1997 (BGBl. I S. 821) ist letztmals für den VZ 1998 anzuwenden → § 52 Abs. 3 Satz 4 EStG i. d. F. vor dem Gesetz zur Anpassung des nationalen Steuerrechts an den Beitritt Kroatiens zur EU und zur Änderung weiterer steuerlicher Vorschriften. § 2a Abs. 3 Satz 3, 5 und 6 EStG in der am 29. 4. 1997 geltenden Fassung ist für die VZ ab 1999 weiter anzuwenden, soweit sich ein positiver Betrag i. S. v. § 2a Abs. 3 Satz 3 EStG in der am 29. 4. 1997 geltenden Fassung ergibt oder soweit eine in einem ausländischen Staat belegene Betriebsstätte i. S. v. § 2a Abs. 4 EStG i. d. F. des § 52 Abs. 3 Satz 8 EStG i. d. F. vor dem Gesetz zur Anpassung des nationalen Steuerrechts an den Beitritt Kroatiens zur EU und zur Änderung weiterer steuerlicher Vorschriften in eine Kapitalgesellschaft umgewandelt, übertragen oder aufgegeben wird, → § 52 Abs. 2 Satz 3 EStG. Insoweit ist in § 2a Abs. 3 Satz 5 letzter Halbsatz EStG in der am 29. 4. 1997 geltenden Fassung die Angabe „§ 10d Absatz 3" durch „§ 10d Absatz 4" zu ersetzen → § 52 Abs. 2 Satz 4 EStG.

genden Veranlagungszeiträumen aus demselben Staat, in den Fällen der Nummer 7 auf Grund von Tatbeständen der jeweils selben Art aus demselben Staat, erzielt. [4]Die Minderung ist nur insoweit zulässig, als die negativen Einkünfte in den vorangegangenen Veranlagungszeiträumen nicht berücksichtigt werden konnten (verbleibende negative Einkünfte). [5]Die am Schluss eines Veranlagungszeitraums verbleibenden negativen Einkünfte sind gesondert festzustellen; § 10d Absatz 4 gilt sinngemäß.

(2) [1]Absatz 1 Satz 1 Nummer 2 ist nicht anzuwenden, wenn der Steuerpflichtige nachweist, dass die negativen Einkünfte aus einer gewerblichen Betriebsstätte in einem Drittstaat stammen, die ausschließlich oder fast ausschließlich die Herstellung oder Lieferung von Waren, außer Waffen, die Gewinnung von Bodenschätzen sowie die Bewirkung gewerblicher Leistungen zum Gegenstand hat, soweit diese nicht in der Errichtung oder dem Betrieb von Anlagen, die dem Fremdenverkehr dienen, oder in der Vermietung oder der Verpachtung von Wirtschaftsgütern einschließlich der Überlassung von Rechten, Plänen, Mustern, Verfahren, Erfahrungen und Kenntnissen bestehen; das unmittelbare Halten einer Beteiligung von mindestens einem Viertel am Nennkapital einer Kapitalgesellschaft, die ausschließlich oder fast ausschließlich die vorgenannten Tätigkeiten zum Gegenstand hat, sowie die mit dem Halten der Beteiligung in Zusammenhang stehende Finanzierung gilt als Bewirkung gewerblicher Leistungen, wenn die Kapitalgesellschaft weder ihre Geschäftsleitung noch ihren Sitz im Inland hat. [2]Absatz 1 Satz 1 Nummer 3 und 4 ist nicht anzuwenden, wenn der Steuerpflichtige nachweist, dass die in Satz 1 genannten Voraussetzungen bei der Körperschaft entweder seit ihrer Gründung oder während der letzten fünf Jahre vor und in dem Veranlagungszeitraum vorgelegen haben, in dem die negativen Einkünfte bezogen werden.

(2a) [1]Bei der Anwendung der Absätze 1 und 2 sind

1. als Drittstaaten die Staaten anzusehen, die nicht Mitgliedstaaten der Europäischen Union sind;

2. Drittstaaten-Körperschaften und Drittstaaten-Kapitalgesellschaften solche, die weder ihre Geschäftsleitung noch ihren Sitz in einem Mitgliedstaat der Europäischen Union haben.

[2]Bei Anwendung des Satzes 1 sind den Mitgliedstaaten der Europäischen Union die Staaten gleichgestellt, auf die das Abkommen über den Europäischen Wirtschaftsraum anwendbar ist, sofern zwischen der Bundesrepublik Deutschland und dem anderen Staat auf Grund der Amtshilferichtlinie gemäß § 2 Absatz 2 des EU-Amtshilfegesetzesoder einer vergleichbaren zwei- oder mehrseitigen Vereinbarung Auskünfte erteilt werden, die erforderlich sind, um die Besteuerung durchzuführen.

2. Steuerfreie Einnahmen

Hinweise

Steuerbefreiungen nach anderen Gesetzen, Verordnungen und Verträgen

Anhang 30
→ R 3.0 EStR, H 3.0 EStH

Zwischenstaatliche Vereinbarungen

→ BMF vom 18. 3. 2013 (BStBl I S. 404)

§ 3 [Steuerfreie Einnahmen]

Steuerfrei sind

1. a) Leistungen aus einer Krankenversicherung, aus einer Pflegeversicherung und aus der gesetzlichen Unfallversicherung,

 b) Sachleistungen und Kinderzuschüsse aus den gesetzlichen Rentenversicherungen einschließlich der Sachleistungen nach dem Gesetz über die Alterssicherung der Landwirte,

 c) Übergangsgeld nach dem Sechsten Buch Sozialgesetzbuch und Geldleistungen nach den §§ 10, 36 bis 39 des Gesetzes über die Alterssicherung der Landwirte,

 d) das Mutterschaftsgeld nach dem Mutterschutzgesetz, der Reichsversicherungsordnung und dem Gesetz über die Krankenversicherung der Landwirte, die Sonderunterstützung für im Familienhaushalt beschäftigte Frauen, der Zuschuss zum Mutterschaftsgeld nach dem Mutterschutzgesetz sowie der Zuschuss bei Beschäftigungsverboten für die Zeit vor oder nach einer Entbindung sowie für den Entbindungstag während einer Elternzeit nach beamtenrechtlichen Vorschriften;

Die Steuerfreiheit kann auch für Leistungen aus einer ausländischen gesetzlichen Unfallversicherung in Betracht kommen → BFH vom 7. 8. 1959 – BStBl III S. 462).

§ 3   EStG

Steuerfrei sind

...

2. a) das Arbeitslosengeld, das Teilarbeitslosengeld, das Kurzarbeitergeld, der Zuschuss zum   S 2342
        Arbeitsentgelt, das Übergangsgeld, der Gründungszuschuss, nach dem Dritten Buch
        Sozialgesetzbuch sowie die übrigen Leistungen nach dem Dritten Buch Sozialgesetz-
        buch und den entsprechenden Programmen des Bundes und der Länder, soweit sie
        Arbeitnehmern oder Arbeitsuchenden oder zur Förderung der Ausbildung oder Weiter-
        bildung oder Existenzgründung der Empfänger gewährt werden,

    b) das Insolvenzgeld, Leistungen auf Grund der in § 169 und § 175 Absatz 2 des Dritten
        Buches Sozialgesetzbuch genannten Ansprüche sowie Zahlungen des Arbeitgebers
        an einen Sozialleistungsträger auf Grund des gesetzlichen Forderungsübergangs
        nach § 115 Absatz 1 des Zehnten Buches Sozialgesetzbuch, wenn ein Insolvenzereignis
        nach § 165 Absatz 1 Satz 2 auch in Verbindung mit Satz 3 des Dritten Buches Sozialge-
        setzbuch vorliegt,

    c) die Arbeitslosenbeihilfe nach dem Soldatenversorgungsgesetz,

    d) Leistungen zur Sicherung des Lebensunterhalts und zur Eingliederung in Arbeit nach
        dem Zweiten Buch Sozialgesetzbuch,

    e) mit den in den Nummern 1 bis 2 Buchstabe d genannten Leistungen vergleichbare Leis-
        tungen ausländischer Rechtsträger, die ihren Sitz in einem Mitgliedstaat der Europäi-
        schen Union, in einem Staat, auf den das Abkommen über den Europäischen Wirt-
        schaftsraum Anwendung findet oder in der Schweiz haben;

Leistungen nach dem Dritten Buch Sozialgesetzbuch (§ 3 Nr. 2 EStG)   R 3.2

(1) [1]Steuerfrei sind das Arbeitslosengeld und das Teilarbeitslosengeld nach dem Dritten Buch   S 2342
Sozialgesetzbuch (SGB III). [2]Etwaige spätere Zahlungen des Arbeitgebers an die Agentur für
Arbeit auf Grund des gesetzlichen Forderungsübergangs (§ 115 SGB X) sind ebenfalls steuerfrei,
wenn über das Vermögen des Arbeitgebers das Insolvenzverfahren eröffnet worden ist oder einer
der Fälle § 165 Abs. 1 Satz 2 Nr. 2 oder 3 SGB III vorliegt. [3]Hat die Agentur für Arbeit in den
Fällen der § 157 Abs. 3 und § 158 Abs. 4 SGB III zunächst Arbeitslosengeld gezahlt und zahlt der
Arbeitnehmer dieses auf Grund dieser Vorschriften der Agentur für Arbeit zurück, so bleibt die
Rückzahlung mit Ausnahme des Progressionsvorbehalts[1]) (→ R 32b EStR) ohne steuerliche Auswirkung (§ 3c EStG); der dem Arbeitnehmer vom Arbeitgeber nachgezahlte Arbeitslohn ist
grundsätzlich steuerpflichtig.

(2) Steuerfrei sind außerdem das Insolvenzgeld (§ 165 SGB III) und Leistungen des Insolvenzverwalters oder des ehemaligen Arbeitgebers auf Grund von § 169 Satz 1 SGB III an die Bundesagentur oder Leistungen der Einzugsstelle an die Agentur für Arbeit auf Grund von § 175 Abs. 2
SGB III.

(3) Zu den steuerfreien Leistungen nach dem SGB III gehört auch das Wintergeld, das als Mehraufwands-Wintergeld zur Abgeltung der witterungsbedingten Mehraufwendungen bei Arbeit
und als Zuschuss-Wintergeld für jede aus Arbeitszeitguthaben ausgeglichene Ausfallstunde (zur
Vermeidung der Inanspruchnahme des Saison-Kurzarbeitergeldes) gezahlt wird (§ 102 SGB III).

(4) Steuerfrei sind auch das Übergangsgeld und der Gründungszuschuss, die behinderten oder
von Behinderung bedrohten Menschen nach den §§ 45 bis 52 SGB IX bzw. § 33 Abs. 3 Nr. 5
SGB IX geleistet werden, weil es sich um Leistungen im Sinne des SGB III, SGB VI, SGB VII oder
des Bundesversorgungsgesetzes (BVG) handelt.

[1]) → Anhang 30.

Hinweise

→ R 3.2 EStR

Berufsausbildungsbeihilfen

→ H 3.11

Insolvenzgeld, durch Dritte vorfinanziert beim Progressionsvorbehalt

Zeitpunkt der Erfassung des durch Dritte vorfinanzierten Insolvenzgeldes beim Progressionsvorbehalt

(Verfügung der Oberfinanzdirektion Magdeburg vom 18. 4. 2013
– S 2295 – 50 – St 223 –)

Das Insolvenzgeld gehört zu den Leistungen nach dem SGB III und ist damit steuerfrei nach § 3 Nr. 2 EStG i. V. m. R 3.2 Abs. 2 LStR 2011. Allerdings unterliegt das tatsächlich gezahlte Insolvenzgeld dem Progressionsvorbehalt (§ 32b Abs. 1 Nr. 1a EStG). Nach § 188 Abs. 4 SGB III kann ein Arbeitnehmer vor seinem Antrag auf Insolvenz und vor Eröffnung des Insolvenzverfahrens bzw. Abweisung des Antrags mangels Masse seinen Anspruch auf Arbeitsentgelt mit Zustimmung der Bundesagentur für Arbeit an ein Kreditinstitut abtreten (Vorfinanzierung). Mit seinem Urteil vom 01. 03. 2012, BStBl II S. 596, hat der BFH entschieden, dass soweit Insolvenzgeld vorfinanziert wird, das nach § 188 Absatz 1 SGB III einem Dritten zusteht, die Gegenleistung für die Übertragung des Arbeitsentgeltanspruchs als Insolvenzgeld i. S. d. § 32b Absatz 1 Nr. 1a EStG anzusehen ist. Die an den Arbeitnehmer gezahlten Entgelte hat dieser i. S. d. § 32b Absatz 1 Nr. 1a EStG bezogen, wenn sie ihm nach den Regeln über die Leistungen sind ‚bezogen', wenn sie nach den Regeln über die Überschusseinkünfte gem. § 2 Absatz 2 Nr. 2 EStG 'erzielt' wurden. Abzustellen ist insoweit auf den Zuflusszeitpunkt i. S. d. § 11 Absatz 1 EStG. Da die vorfinanzierten Beträge als Insolvenzgeld i. S. d. Vorschrift anzusehen sind, hat der Arbeitnehmer im Zeitpunkt der Erlangung der Verfügungsmacht über die Auszahlungsbeträge Insolvenzgeld bezogen. Daher ist zu beachten, dass es bei der Feststellung des Zuflusszeitraums nicht auf den Zeitpunkt der Bewilligung durch die Arbeitsvermittlung ankommt, sondern auf den tatsächlichen Zufluss beim Arbeitnehmer.

Zahlungen des Arbeitgebers an die Agentur für Arbeit

Leistet der Arbeitgeber aufgrund des gesetzlichen Forderungsübergangs nach § 115 SGB X eine Lohnnachzahlung unmittelbar an die Arbeitsverwaltung, führt dies beim Arbeitnehmer zum Zufluss von Arbeitslohn (→ BFH vom 15. 11. 2007 – BStBl 2008 II S. 375). Sind die Voraussetzungen von R 3.2 Abs. 1 Satz 2 nicht erfüllt, d. h. liegt kein Konkurs-, Gesamtvollstreckungs- oder Insolvenzverfahren vor, sind die Zahlungen des Arbeitgebers steuerpflichtiger Arbeitslohn (→ BFH vom 16. 3. 1993 – BStBl II S. 507); in diesen Fällen ist R 39b.6 Abs. 3 zu beachten.

---

§ 3

Steuerfrei sind

...

S 2342   3. a) Rentenabfindungen nach § 107 des Sechsten Buches Sozialgesetzbuch, nach § 21 des Beamtenversorgungsgesetzes oder entsprechendem Landesrecht und nach § 43 des Soldatenversorgungsgesetzes in Verbindung mit § 21 des Beamtenversorgungsgesetzes,

      b) Beitragserstattungen an den Versicherten nach den §§ 210 und 286d des Sechsten Buches Sozialgesetzbuch sowie nach den §§ 204, 205 und 207 des Sechsten Buches Sozialgesetzbuch, Beitragserstattungen nach den §§ 75 und 117 des Gesetzes über die Alterssicherung der Landwirte und nach § 26 des Vierten Buches Sozialgesetzbuch,

      c) Leistungen aus berufsständischen Versorgungseinrichtungen, die den Leistungen nach den Buchstaben a und b entsprechen,

      d) Kapitalabfindungen und Ausgleichszahlungen nach § 48 des Beamtenversorgungsgesetzes oder entsprechendem Landesrecht und nach den §§ 28 bis 35 und 38 des Soldatenversorgungsgesetzes;

S 2342   4. bei Angehörigen der Bundeswehr, der Bundespolizei, der Zollverwaltung, der Bereitschaftspolizei der Länder, der Vollzugspolizei und der Berufsfeuerwehr der Länder und Gemeinden und bei Vollzugsbeamten der Kriminalpolizei des Bundes, der Länder und Gemeinden

a) der Geldwert der ihnen aus Dienstbeständen überlassenen Dienstkleidung,

b) Einkleidungsbeihilfen und Abnutzungsentschädigungen für die Dienstkleidung der zum Tragen oder Bereithalten von Dienstkleidung Verpflichteten und für dienstlich notwendige Kleidungsstücke der Vollzugsbeamten der Kriminalpolizei sowie der Angehörigen der Zollverwaltung,

c) im Einsatz gewährte Verpflegung oder Verpflegungszuschüsse,

d) der Geldwert der auf Grund gesetzlicher Vorschriften gewährten Heilfürsorge;

Überlassung von Dienstkleidung und andere Leistungen an bestimmte Angehörige des öffentlichen Dienstes (§ 3 Nr. 4 EStG)

R 3.4

[1]Die Steuerfreiheit nach § 3 Nr. 4 Buchstaben a und b EStG gilt für sämtliche Dienstbekleidungsstücke, die die Angehörigen der genannten Berufsgruppen nach den jeweils maßgebenden Dienstbekleidungsvorschriften zu tragen verpflichtet sind. [2]Zu den Angehörigen der Bundeswehr oder der Bundespolizei im Sinne des § 3 Nr. 4 EStG gehören nicht die Zivilbediensteten.

S 2342

---

§ 3

EStG

Steuerfrei sind

...

5. a) die Geld- und Sachbezüge, die Wehrpflichtige während des Wehrdienstes nach § 4 des Wehrpflichtgesetzes erhalten,

S 2342

b) die Geld- und Sachbezüge, die Zivildienstleistende nach § 35 des Zivildienstgesetzes erhalten,

c) der nach § 2 Absatz 1 des Wehrsoldgesetzes an Soldaten im Sinne des § 1 Absatz 1 des Wehrsoldgesetzes gezahlte Wehrsold,

d) die an Reservistinnen und Reservisten der Bundeswehr im Sinne des § 1 des Reservistinnen- und Reservistengesetzes nach dem Wehrsoldgesetz gezahlten Bezüge,

e) die Heilfürsorge, die Soldaten nach § 6 des Wehrsoldgesetzes und Zivildienstleistende nach § 35 des Zivildienstgesetzes erhalten,

f) das an Personen, die einen in § 32 Absatz 4 Satz 1 Nummer 2 Buchstabe d genannten Freiwilligendienst leisten, gezahlte Taschengeld oder eine vergleichbare Geldleistung;

Hinweise

Beispiele

H 3.5

Zu den nach § 3 Nr. 5 EStG steuerfreien Geld- und Sachbezügen gehören insbesondere

– der Wehrsold nach § 2 Abs. 1 WSG;

– die unentgeltliche truppenärztliche Versorgung nach § 6 WSG;

– das Taschengeld oder vergleichbare Geldleistungen, das Personen gezahlt wird, die einen in § 32 Abs. 4 Satz 1 Nr. 2 Buchstabe d EStG genannten Freiwilligendienst leisten.

Zu den nach anderen Vorschriften steuerfreien Geld- und Sachbezügen gehören insbesondere

– der doppelte Wehrsold bei Verwendung im Ausland nach § 2 Abs. 2 WSG (§ 3 Nr. 64 EStG);

– die unentgeltliche Verpflegung im Einsatz (§ 3 Nr. 4 Buchstabe c EStG);

– die unentgeltliche Unterkunft im Rahmen einer beruflichen Auswärtstätigkeit oder einer doppelten Haushaltsführung (§ 3 Nr. 13 oder Nr. 16 EStG);

– die Dienstbekleidung nach § 5 WSG (§ 3 Nr. 4 oder Nr. 31 EStG);

– Leistungen nach dem USG (§ 3 Nr. 48 EStG), u. a. das Dienstgeld bei Reservistendienst von bis zu drei Tagen nach § 11 USG oder die Reservistendienstleistungsprämien und Zuschläge nach § 10 USG;

– der Auslandsverwendungszuschlag nach § 8f WSG (§ 3 Nr. 64 EStG).

Zu den steuerpflichtigen Geld- und Sachbezügen gehören insbesondere

– der erhöhte Wehrsold für Soldaten und Soldatinnen mit besonderer zeitlicher Belastung nach § 2 Abs. 5 WSG;

– die unentgeltliche Unterkunft nach § 4 WSG, soweit diese nicht nach § 3 Nr. 13 oder Nr. 16 EStG steuerbefreit ist;

– der Wehrdienstzuschlag nach § 8c WSG;

– die als Ausgleich für mit bestimmten Verwendungen verbundene Belastung gewährte besondere Vergütung nach § 8g WSG;

– das Entlassungsgeld nach § 9 WSG;

– die unentgeltliche oder verbilligte Verpflegung und Unterkunft, die Personen erhalten, die einen in § 32 Abs. 4 Satz 1 Nr. 2 Buchstabe d EStG genannten Freiwilligendienst leisten.

EStG **§ 3**

Steuerfrei sind

. . .

S 2342 **6. Bezüge, die auf Grund gesetzlicher Vorschriften aus öffentlichen Mitteln versorgungshalber an Wehrdienstbeschädigte, im Freiwilligen Wehrdienst Beschädigte, Zivildienstbeschädigte und im Bundesfreiwilligendienst Beschädigte oder ihre Hinterbliebenen, Kriegsbeschädigte, Kriegshinterbliebene und ihnen gleichgestellte Personen gezahlt werden, soweit es sich nicht um Bezüge handelt, die auf Grund der Dienstzeit gewährt werden. ²Gleichgestellte im Sinne des Satzes 1 sind auch Personen, die Anspruch auf Leistungen nach dem Bundesversorgungsgesetz oder auf Unfallfürsorgeleistungen nach dem Soldatenversorgungsgesetz, Beamtenversorgungsgesetz oder vergleichbarem Landesrecht haben;**

R 3.6

Gesetzliche Bezüge der Wehr- und Zivildienstbeschädigten, Kriegsbeschädigten, ihrer Hinterbliebenen und der ihnen gleichgestellten Personen (§ 3 Nr. 6 EStG)

S 2342 (1) ¹Steuerfreie Bezüge nach § 3 Nr. 6 EStG sind die Leistungen nach dem BVG ohne Rücksicht darauf, ob sie sich unmittelbar aus diesem oder aus Gesetzen, die es für anwendbar erklären, ergeben, ferner Leistungen nach den §§ 41 Abs. 2, §§ 63, 63a, 63b, 63e, 63f, 85 und 86 des Soldatenversorgungsgesetzes (SVG) sowie nach § 35 Abs. 5 und nach § 50 des Zivildienstgesetzes (ZDG). ²Zu den Gesetzen, die das BVG für anwendbar erklären, gehören

1. das SVG (§§ 80, 81b, 81e, 81f des Gesetzes),

2. das ZDG (§§ 47, 47b des Gesetzes),

3. das Häftlingshilfegesetz (§§ 4 und 5 des Gesetzes, § 8 des Gesetzes i. V. m. § 86 BVG),

4. das Gesetz über die Unterhaltsbeihilfe für Angehörige von Kriegsgefangenen (§ 3 des Gesetzes i. V. m. § 86 BVG),

5. das Gesetz über den Bundesgrenzschutz vom 18. 8. 1972 in der jeweils geltenden Fassung (§ 59 Abs. 1 des Gesetzes i. V. m. dem SVG),

6. das Gesetz zur Regelung der Rechtsverhältnisse der unter Artikel 131 des Grundgesetzes fallenden Personen (§§ 66, 66a des Gesetzes) unter Beachtung der Anwendungsregelung des § 2 Dienstrechtliches Kriegsfolgen-Abschlußgesetz,

7. das Gesetz zur Einführung des BVG im Saarland vom 16. 8. 1961 (§ 5 Abs. 1 des Gesetzes),

8. das Gesetz über die Entschädigung für Opfer von Gewalttaten (§§ 1, 10a des Gesetzes),

9. das Infektionsschutzgesetz (§ 60 des Gesetzes),

10. das Strafrechtliche Rehabilitierungsgesetz (§§ 21, 22 des Gesetzes),

11. das Verwaltungsrechtliche Rehabilitierungsgesetz (§§ 3, 4 des Gesetzes).

(2) Zu den nach § 3 Nr. 6 EStG versorgungshalber gezahlten Bezügen, die nicht auf Grund der Dienstzeit gewährt werden, gehören auch

1. Bezüge der Berufssoldaten der früheren Wehrmacht, der Angehörigen des Vollzugsdienstes der Polizei, des früheren Reichswasserschutzes, der Beamten der früheren Schutzpolizei der Länder sowie der früheren Angehörigen der Landespolizei und ihrer Hinterbliebenen,

2. die Unfallfürsorgeleistungen an Beamte auf Grund der §§ 32 bis 35, 38, 40, 41, 43 und 43a des Beamtenversorgungsgesetzes (BeamtVG), Unterhaltsbeiträge nach § 38a BeamtVG oder vergleichbarem Landesrecht, die einmalige Unfallentschädigung und die entsprechende Ent-

schädigung für Hinterbliebene nach § 20 Abs. 4 und 5 des Einsatz-Weiterverwendungsgesetzes,

3. die Dienstbeschädigungsvollrenten und die Dienstbeschädigungsteilrenten nach den Versorgungsordnungen der Nationalen Volksarmee (VSO-NVA), der Volkspolizei, der Feuerwehr und des Strafvollzugs des Ministeriums des Innern (VSO-MdI), der DDR-Zollverwaltung (VSO-Zoll) und des Ministeriums für Staatssicherheit/Amtes für Nationale Sicherheit (VSO-MfS/AfNS) sowie der Dienstbeschädigungsausgleich, der ab dem 1. 1. 1997 nach dem Gesetz über einen Ausgleich für Dienstbeschädigungen im Beitrittsgebiet vom 11. 11. 1996 (BGBl. I S. 1676) anstelle der vorbezeichneten Renten gezahlt wird.

Hinweise

Bezüge aus EU-Mitgliedstaaten

§ 3 Nr. 6 EStG ist auch auf Bezüge von Kriegsbeschädigten und gleichgestellten Personen anzuwenden, die aus öffentlichen Mitteln anderer EU-Mitgliedstaaten gezahlt werden (→ BFH vom 22. 1. 1997 – BStBl II S. 358).

Erhöhtes Unfallruhegehalt nach § 37 BeamtVG

ist ein Bezug, der auf Grund der Dienstzeit gewährt wird, und somit nicht nach § 3 Nr. 6 EStG steuerbefreit ist (→ BFH vom 29. 5. 2008 BStBl 2009 II S. 150).

Unterhaltsbeitrag nach § 38 BeamtVG

ist ein Bezug, der „versorgungshalber" gezahlt wird und somit nach § 3 Nr. 6 EStG steuerbefreit ist (→ BFH vom 16. 1. 1998 – BStBl II S. 303).

§ 3

Steuerfrei sind
...

7. Ausgleichsleistungen nach dem Lastenausgleichsgesetz, Leistungen nach dem Flüchtlingshilfegesetz, dem Bundesvertriebenengesetz, dem Reparationsschädengesetz, dem Vertriebenenzuwendungsgesetz, dem NS-Verfolgtenentschädigungsgesetz sowie Leistungen nach dem Entschädigungsgesetz und nach dem Ausgleichsleistungsgesetz, soweit sie nicht Kapitalerträge im Sinne des § 20 Absatz 1 Nummer 7 und Absatz 2 sind; S 2121

8. Geldrenten, Kapitalentschädigungen und Leistungen im Heilverfahren, die auf Grund gesetzlicher Vorschriften zur Wiedergutmachung nationalsozialistischen Unrechts gewährt werden. ²Die Steuerpflicht von Bezügen aus einem aus Wiedergutmachungsgründen neu begründeten oder wieder begründeten Dienstverhältnis sowie von Bezügen aus einem früheren Dienstverhältnis, die aus Wiedergutmachungsgründen neu gewährt oder wieder gewährt werden, bleibt unberührt; S 2342

8a. Renten wegen Alters und Renten wegen verminderter Erwerbsfähigkeit aus der gesetzlichen Rentenversicherung, die an Verfolgte im Sinne des § 1 des Bundesentschädigungsgesetzes gezahlt werden, wenn rentenrechtliche Zeiten auf Grund der Verfolgung in der Rente enthalten sind. Renten wegen Todes aus der gesetzlichen Rentenversicherung, wenn der verstorbene Versicherte Verfolgter im Sinne des § 1 des Bundesentschädigungsgesetzes war und wenn rentenrechtliche Zeiten auf Grund der Verfolgung in dieser Rente enthalten sind.

9. Erstattungen nach § 23 Absatz 2 Satz 1 Nummer 3 und 4 sowie nach § 39 Absatz 4 Satz 2 des Achten Buches Sozialgesetzbuch; S 2340

10. Einnahmen einer Gastfamilie für die Aufnahme eines behinderten oder von Behinderung bedrohten Menschen nach § 2 Absatz 1 des Neunten Buches Sozialgesetzbuch zur Pflege, Betreuung, Unterbringung und Verpflegung, die auf Leistungen eines Leistungsträgers nach dem Sozialgesetzbuch beruhen. ²Für Einnahmen im Sinne des Satzes 1, die nicht auf S 2342
[1]

---

[1] Nummer 10 in der bis zum 31. 12. 2005 geltenden Fassung wurde ab VZ 2006 aufgehoben. Nummer 10 in der am 31. 12. 2005 geltenden Fassung ist weiter anzuwenden für ausgezahlte Übergangsbeihilfen an Soldatinnen und Soldaten auf Zeit, wenn das Dienstverhältnis vor dem 1. 1. 2006 begründet worden ist → § 52 Abs. 4 Satz 3 EStG. Nummer 10 in der am 31. 12. 2005 geltenden Fassung lautet:„10. Übergangsgelder und Übergangsbeihilfen auf Grund gesetzlicher Vorschriften wegen Entlassung aus einem Dienstverhältnis, höchstens jedoch 10 800 Euro;"

Leistungen eines Leistungsträgers nach dem Sozialgesetzbuch beruhen, gilt Entsprechendes bis zur Höhe der Leistungen nach dem Zwölften Buch Sozialgesetzbuch. ³Überschreiten die auf Grund der in Satz 1 bezeichneten Tätigkeit bezogenen Einnahmen der Gastfamilie den steuerfreien Betrag, dürfen die mit der Tätigkeit in unmittelbarem wirtschaftlichen Zusammenhang stehenden Ausgaben abweichend von § 3c nur insoweit als Betriebsausgaben abgezogen werden, als sie den Betrag der steuerfreien Einnahmen übersteigen;

EStG

§ 3

Steuerfrei sind

...

S 2342

11. Bezüge aus öffentlichen Mitteln oder aus Mitteln einer öffentlichen Stiftung, die wegen Hilfsbedürftigkeit oder als Beihilfe zu dem Zweck bewilligt werden, die Erziehung oder Ausbildung, die Wissenschaft oder Kunst unmittelbar zu fördern. ²Darunter fallen nicht Kinderzuschläge und Kinderbeihilfen, die auf Grund der Besoldungsgesetze, besonderer Tarife oder ähnlicher Vorschriften gewährt werden. ³Voraussetzung für die Steuerfreiheit ist, dass der Empfänger mit den Bezügen nicht zu einer bestimmten wissenschaftlichen oder künstlerischen Gegenleistung oder zu einer bestimmten Arbeitnehmertätigkeit verpflichtet wird. ⁴Den Bezügen aus öffentlichen Mitteln wegen Hilfsbedürftigkeit gleichgestellt sind Beitragsermäßigungen und Prämienrückzahlungen eines Trägers der gesetzlichen Krankenversicherung für nicht in Anspruch genommene Beihilfeleistungen;

R 3.11

Beihilfen und Unterstützungen, die wegen Hilfsbedürftigkeit gewährt werden (§ 3 Nr. 11 EStG)

Beihilfen und Unterstützungen aus öffentlichen Mitteln

(1) Steuerfrei sind

1. Beihilfen in Krankheits-, Geburts- oder Todesfällen nach den Beihilfevorschriften des Bundes oder der Länder sowie Unterstützungen in besonderen Notfällen, die aus öffentlichen Kassen gezahlt werden;

2. Beihilfen in Krankheits-, Geburts- oder Todesfällen oder Unterstützungen in besonderen Notfällen an Arbeitnehmer von Körperschaften, Anstalten oder Stiftungen des öffentlichen Rechts auf Grund von Beihilfevorschriften (Beihilfegrundsätzen) oder Unterstützungsvorschriften (Unterstützungsgrundsätzen) des Bundes oder der Länder oder von entsprechenden Regelungen;

3. Beihilfen und Unterstützungen an Arbeitnehmer von Verwaltungen, Unternehmen oder Betrieben, die sich überwiegend in öffentlicher Hand befinden, wenn

    a) die Verwaltungen, Unternehmen oder Betriebe einer staatlichen oder kommunalen Aufsicht und Prüfung der Finanzgebarung bezüglich der Entlohnung und der Gewährung der Beihilfen unterliegen und

    b) die Entlohnung sowie die Gewährung von Beihilfen und Unterstützungen für die betroffenen Arbeitnehmer ausschließlich nach den für Arbeitnehmer des öffentlichen Dienstes geltenden Vorschriften und Vereinbarungen geregelt sind;

4. Beihilfen und Unterstützungen an Arbeitnehmer von Unternehmen, die sich nicht überwiegend in öffentlicher Hand befinden, z. B. staatlich anerkannte Privatschulen, wenn

    a) hinsichtlich der Entlohnung, der Reisekostenvergütungen und der Gewährung von Beihilfen und Unterstützungen nach den Regelungen verfahren wird, die für den öffentlichen Dienst gelten,

    b) die für die Bundesverwaltung oder eine Landesverwaltung maßgeblichen Vorschriften über die Haushalts-, Kassen- und Rechnungsführung und über die Rechnungsprüfung beachtet werden und

    c) das Unternehmen der Prüfung durch den Bundesrechnungshof oder einen Landesrechnungshof unterliegt.

Unterstützungen an Arbeitnehmer im privaten Dienst

(2) ¹Unterstützungen, die von privaten Arbeitgebern an einzelne Arbeitnehmer gezahlt werden, sind steuerfrei, wenn die Unterstützungen dem Anlass nach gerechtfertigt sind, z. B. in Krankheits- und Unglücksfällen. ²Voraussetzung für die Steuerfreiheit ist, dass die Unterstützungen

1. aus einer mit eigenen Mitteln des Arbeitgebers geschaffenen, aber von ihm unabhängigen und mit ausreichender Selbständigkeit ausgestatteten Einrichtung gewährt werden. [2]Das gilt nicht nur für bürgerlich-rechtlich selbständige Unterstützungskassen, sondern auch für steuerlich selbständige Unterstützungskassen ohne bürgerlich-rechtliche Rechtspersönlichkeit, auf deren Verwaltung der Arbeitgeber keinen maßgebenden Einfluss hat;

2. aus Beträgen gezahlt werden, die der Arbeitgeber dem Betriebsrat oder sonstigen Vertretern der Arbeitnehmer zu dem Zweck überweist, aus diesen Beträgen Unterstützungen an die Arbeitnehmer ohne maßgebenden Einfluss des Arbeitgebers zu gewähren;

3. vom Arbeitgeber selbst erst nach Anhörung des Betriebsrats oder sonstiger Vertreter der Arbeitnehmer gewährt oder nach einheitlichen Grundsätzen bewilligt werden, denen der Betriebsrat oder sonstige Vertreter der Arbeitnehmer zugestimmt haben.

[3]Die Voraussetzungen des Satzes 2 Nr. 1 bis 3 brauchen nicht vorzuliegen, wenn der Betrieb weniger als fünf Arbeitnehmer beschäftigt. [4]Die Unterstützungen sind bis zu einem Betrag von 600 Euro je Kalenderjahr steuerfrei. [5]Der 600 Euro übersteigende Betrag gehört nur dann nicht zum steuerpflichtigen Arbeitslohn, wenn er aus Anlass eines besonderen Notfalls gewährt wird. [6]Bei der Beurteilung, ob ein solcher Notfall vorliegt, sind auch die Einkommensverhältnisse und der Familienstand des Arbeitnehmers zu berücksichtigen; drohende oder bereits eingetretene Arbeitslosigkeit begründet für sich keinen besonderen Notfall im Sinne dieser Vorschrift. [7]Steuerfrei sind auch Leistungen des Arbeitgebers zur Aufrechterhaltung und Erfüllung eines Beihilfeanspruchs nach beamtenrechtlichen Vorschriften sowie zum Ausgleich von Beihilfeaufwendungen früherer Arbeitgeber im Falle der Beurlaubung oder Gestellung von Arbeitnehmern oder des Übergangs des öffentlich-rechtlichen Dienstverhältnisses auf den privaten Arbeitgeber, wenn Versicherungsfreiheit in der gesetzlichen Krankenversicherung nach § 6 Abs. 1 Nr. 2 SGB V besteht.

Hinweise

H 3.11

Beamte bei Postunternehmen

→ § 3 Nr. 35 EStG

Beihilfen aus öffentlichen Haushalten

Für nicht nach R 3.11 Abs. 1 Nr. 3 oder 4 steuerfreie Beihilfen kann eine Steuerfreiheit in Betracht kommen, soweit die Mittel aus einem öffentlichen Haushalt stammen und über die Gelder nur nach Maßgabe der haushaltsrechtlichen Vorschriften des öffentlichen Rechts verfügt werden kann und ihre Verwendung einer gesetzlich geregelten Kontrolle unterliegt (→ BFH vom 15. 11. 1983 – BStBl 1984 II S. 113, betr. die an Lehrer einer staatlich anerkannten Ersatzschule nach beamtenrechtlichen Grundsätzen gezahlten Beihilfen); ist das Verhältnis der öffentlichen Mittel zu den Gesamtkosten im Zeitpunkt des Lohnsteuerabzugs nicht bekannt, so muss das Verhältnis ggf. geschätzt werden.

Beihilfen von einem Dritten

gehören regelmäßig zum steuerpflichtigen Arbeitslohn, wenn dies durch eine ausreichende Beziehung zwischen dem Arbeitgeber und dem Dritten gerechtfertigt ist (→ BFH vom 27. 1. 1961 – BStBl III S. 167, betr. Erholungsbeihilfen aus selbständiger Unterstützungskasse des Betriebs).

Erholungsbeihilfen und andere Beihilfen

gehören grundsätzlich zum steuerpflichtigen Arbeitslohn, soweit sie nicht ausnahmsweise als Unterstützungen anzuerkennen sind (→ BFH vom 14. 1. 1954 – BStBl III S. 86, vom 4. 2. 1954 – BStBl III S. 111, vom 5. 7. 1957 – BStBl III S. 279 und vom 18. 3. 1960 – BStBl III S. 237).

Öffentliche Kassen

Öffentliche Kassen sind die Kassen der inländischen juristischen Personen des öffentlichen Rechts und solche Kassen, die einer Dienstaufsicht und Prüfung der Finanzgebarung durch die inländische öffentliche Hand unterliegen (→ BFH vom 7. 8. 1986 – BStBl II S. 848). Zu den öffentlichen Kassen gehören danach neben den Kassen des Bundes, der Länder und der Gemeinden insbesondere auch die Kassen der öffentlich-rechtlichen Religionsgemeinschaften, die Ortskrankenkassen, Landwirtschaftliche Krankenkassen, Innungskrankenkassen und Ersatzkassen sowie die Kassen des Bundeseisenbahnvermögens, der Deutschen Bundesbank, der öffentlich-rechtlichen Rundfunkanstalten, der Berufsgenossenschaften, Gemeindeunfallversicherungsverbände, der Deutschen Rentenversicherung (Bund, Knappschaft-Bahn-See, Regionalträger) und die

Unterstützungskassen der Postunternehmen sowie deren Nachfolgeunternehmen → § 3 Nr. 35 EStG.

Öffentliche Stiftung

→ H 3.11 EStH

Steuerfreiheit nach § 3 Nr. 11 EStG

– Voraussetzung ist eine offene Verausgabung nach Maßgabe der haushaltsrechtlichen Vorschriften und unter gesetzlicher Kontrolle (→ BFH vom 9. 4. 1975 – BStBl II S. 577 und vom 15. 11. 1983 – BStBl 1984 II S. 113).

– Empfänger einer steuerfreien Beihilfe können nur Personen sein, denen sie im Hinblick auf den Zweck der Leistung bewilligt worden ist (→ BFH vom 19. 6. 1997 – BStBl II S. 652).

– Zu den steuerfreien Erziehungs- und Ausbildungsbeihilfen gehören die Leistungen nach dem BAföG sowie die Ausbildungszuschüsse nach § 5 Abs. 4 SVG.

– Zu den steuerfreien Erziehungs- und Ausbildungsbeihilfen gehören nicht die Unterhaltszuschüsse an Beamte im Vorbereitungsdienst – Beamtenanwärter (→ BFH vom 12. 8. 1983 – BStBl II S. 718), die zur Sicherstellung von Nachwuchskräften gezahlten Studienbeihilfen und die für die Fertigung einer Habilitationsschrift gewährten Beihilfen (→ BFH vom 4. 5. 1972 – BStBl II S. 566).

Stipendien

→ R 3.44 EStR, H 3.44 EStH

> **Vollzeitpflege nach § 33 SGB VIII, für die Erziehung in einer Tagesgruppe nach § 32 SGB VIII, für Heimerziehung nach § 34 SGB VIII und für die intensive sozialpädagogische Einzelbetreuung nach § 35 SGB VIII – Einkommensteuerrechtliche Behandlung der Geldleistungen für Kinder**
>
> (→ BMF vom 21. 4. 2011 (BStBl I S. 487) unter Berücksichtigung der Änderungen durch BMF vom 27. 11. 2012 – BStBl I S. 1226).

EStG | **§ 3**

Steuerfrei sind

...

S 2337 | 12. aus einer Bundeskasse oder Landeskasse gezahlte Bezüge, die zum einen

    a) in einem Bundesgesetz oder Landesgesetz,

    b) auf Grundlage einer bundesgesetzlichen oder landesgesetzlichen Ermächtigung beruhenden Bestimmung oder

    c) von der Bundesregierung oder einer Landesregierung

als Aufwandsentschädigung festgesetzt sind und die zum anderen jeweils auch als Aufwandsentschädigung im Haushaltsplan ausgewiesen werden. [2]Das Gleiche gilt für andere Bezüge, die als Aufwandsentschädigung aus öffentlichen Kassen an öffentliche Dienste leistende Personen gezahlt werden, soweit nicht festgestellt wird, dass sie für Verdienstausfall oder Zeitverlust gewährt werden oder den Aufwand, der dem Empfänger erwächst, offenbar übersteigen;

R 3.12 | **Aufwandsentschädigungen aus öffentlichen Kassen**
(§ 3 Nr. 12 Satz 2 EStG)

S 2342 | (1) [1]Öffentliche Dienste leisten grundsätzlich alle Personen, die im Dienst einer juristischen Person des öffentlichen Rechts stehen und hoheitliche (einschl. schlichter Hoheitsverwaltung) Aufgaben ausüben, die nicht der Daseinsvorsorge zuzurechnen sind. [2]Keine öffentlichen Dienste im Sinne dieser Vorschrift leisten hingegen Personen, die in der fiskalischen Verwaltung tätig sind.

(2) [1]Voraussetzung für die Anerkennung als steuerfreie Aufwandsentschädigung nach § 3 Nr. 12 Satz 2 EStG ist, dass die gezahlten Beträge dazu bestimmt sind, Aufwendungen abzugelten, die steuerlich als Werbungskosten oder Betriebsausgaben abziehbar wären. [2]Eine steuerfreie Aufwandsentschädigung liegt deshalb insoweit nicht vor, als die Entschädigung für Verdienstausfall oder Zeitverlust oder zur Abgeltung eines Haftungsrisikos gezahlt wird oder dem Empfänger ein abziehbarer Aufwand nicht oder offenbar nicht in Höhe der gewährten Entschädigung

erwächst. ³Das Finanzamt hat das Recht und die Pflicht zu prüfen, ob die als Aufwandsentschädigung gezahlten Beträge tatsächlich zur Bestreitung eines abziehbaren Aufwands erforderlich sind. ⁴Dabei ist nicht erforderlich, dass der Steuerpflichtige alle seine dienstlichen Aufwendungen bis ins Kleinste nachweist. ⁵Entscheidend ist auch nicht, welche Aufwendungen einem einzelnen Steuerpflichtigen in einem einzelnen Jahr tatsächlich erwachsen sind, sondern ob Personen in gleicher dienstlicher Stellung im Durchschnitt der Jahre abziehbare Aufwendungen etwa in Höhe der Aufwandsentschädigung erwachsen. ⁶Eine Nachprüfung ist nur geboten, wenn dazu ein Anlass von einigem Gewicht besteht. ⁷Werden im kommunalen Bereich ehrenamtlich tätigen Personen Bezüge unter der Bezeichnung Aufwandsentschädigung gezahlt, so sind sie nicht nach § 3 Nr. 12 Satz 2 EStG steuerfrei, soweit sie auch den Aufwand an Zeit und Arbeitsleistung sowie den entgangenen Arbeitsverdienst und das Haftungsrisiko abgelten oder den abziehbaren Aufwand offensichtlich übersteigen.

(3) ¹Zur Erleichterung der Feststellung, inwieweit es sich in den Fällen des § 3 Nr. 12 Satz 2 EStG um eine steuerfreie Aufwandsentschädigung handelt, ist wie folgt zu verfahren:

²Sind die Anspruchsberechtigten und der Betrag oder auch ein Höchstbetrag der aus einer öffentlichen Kasse gewährten Aufwandsentschädigung durch Gesetz oder Rechtsverordnung bestimmt, so ist die Aufwandsentschädigung

1. bei hauptamtlich tätigen Personen in voller Höhe steuerfrei,

2. bei ehrenamtlich tätigen Personen in Höhe von ⅓ der gewährten Aufwandsentschädigung, mindestens 200 Euro monatlich steuerfrei.

³Sind die Anspruchsberechtigten und der Betrag oder auch ein Höchstbetrag nicht durch Gesetz oder Rechtsverordnung bestimmt, so kann bei hauptamtlich und ehrenamtlich tätigen Personen in der Regel ohne weiteren Nachweis ein steuerlich anzuerkennender Aufwand von 200 Euro monatlich angenommen werden. ⁴Ist die Aufwandsentschädigung niedriger als 200 Euro monatlich, so bleibt nur der tatsächlich geleistete Betrag steuerfrei. ⁵Bei Personen, die für mehrere Körperschaften des öffentlichen Rechts tätig sind, sind die steuerfreien monatlichen Mindest- und Höchstbeträge auf die Entschädigung zu beziehen, die von der einzelnen öffentlich-rechtlichen Körperschaft an diese Personen gezahlt wird. ⁶Aufwandsentschädigungen für mehrere Tätigkeiten bei einer Körperschaft sind für die Anwendung der Mindest- und Höchstbeträge zusammenzurechnen. ⁷Bei einer gelegentlichen ehrenamtlichen Tätigkeit sind die steuerfreien monatlichen Mindest- und Höchstbeträge nicht auf einen weniger als einen Monat dauernden Zeitraum der ehrenamtlichen Tätigkeit umzurechnen. ⁸Soweit der steuerfreie Monatsbetrag von 200 Euro nicht ausgeschöpft wird, ist eine Übertragung in andere Monate dieser Tätigkeiten im selben Kalenderjahr möglich. ⁹Maßgebend für die Ermittlung der Anzahl der in Betracht kommenden Monate ist die Dauer der ehrenamtlichen Funktion bzw. Ausübung im Kalenderjahr. ¹⁰Die für die Finanzverwaltung zuständige oberste Landesbehörde kann im Benehmen mit dem Bundesministerium der Finanzen und den obersten Finanzbehörden der anderen Länder Anpassungen an die im Lande gegebenen Verhältnisse vornehmen.

(4) ¹Die Empfänger von Aufwandsentschädigungen können dem Finanzamt gegenüber einen höheren steuerlich abziehbaren Aufwand glaubhaft machen; der die Aufwandsentschädigung übersteigende Aufwand ist als Werbungskosten oder Betriebsausgaben abziehbar. ²Wenn einer hauptamtlich tätigen Person neben den Aufwendungen, die durch die Aufwandsentschädigung ersetzt werden sollen, andere beruflich veranlasste Aufwendungen entstehen, sind diese unabhängig von der Aufwandsentschädigung als Werbungskosten abziehbar; in diesem Fall ist aber Absatz 3 nicht anzuwenden, sondern nach Absatz 2 Satz 3 bis 6 zu verfahren. ³Bei ehrenamtlich tätigen Personen sind alle durch die Tätigkeit veranlassten Aufwendungen als durch die steuerfreie Aufwandsentschädigung ersetzt anzusehen, so dass nur ein die Aufwandsentschädigung übersteigender Aufwand als Werbungskosten oder Betriebsausgaben abziehbar ist.

(5) ¹Von Pauschalentschädigungen, die Gemeinden oder andere juristische Personen des öffentlichen Rechts für eine gelegentliche ehrenamtliche Tätigkeit zahlen, darf ein Betrag bis zu 6 Euro täglich ohne nähere Prüfung als steuerfrei anerkannt werden. ²Bei höheren Pauschalentschädigungen hat das Finanzamt zu prüfen, ob auch ein Aufwand an Zeit und Arbeitsleistung sowie ein entgangener Verdienst abgegolten worden ist. ³Anstelle dieser Regelung kann auch Absatz 3 angewendet werden.

Hinweise

H 3.12

Allgemeines zu § 3 Nr. 12 Satz 2 EStG

Aufwandsentschädigungen, bei denen die Voraussetzungen des § 3 Nr. 12 Satz 1 EStG nicht vorliegen, sind nach § 3 Nr. 12 Satz 2 EStG nur steuerfrei, wenn sie aus öffentlichen Kassen (→ H 3.11) an Personen gezahlt werden, die öffentliche Dienste für einen inländischen Träger öffentlicher Gewalt leisten (→ BFH vom 3. 12. 1982 – BStBl 1983 II S. 219). Dabei kann es sich auch um eine Nebentätigkeit handeln. Aufwandsentschädigungen können nicht nur bei Personen steuerfrei sein, die öffentlich-rechtliche (hoheitliche) Dienste leisten, sondern auch bei Personen, die im Rahmen des öffentlichen Dienstes Aufgaben der schlichten Hoheitsverwaltung erfüllen (→ BFH vom 15. 3. 1968 – BStBl II S. 437, vom 1. 4. 1971 – BStBl II S. 519 und vom 27. 2. 1976 – BStBl II S. 418, betr. Tätigkeit des Hessischen Sparkassen- und Giroverbands).

Beamte bei Postunternehmen

→ § 3 Nr. 35 EStG

Begriff der Aufwandsentschädigung

– Zur Abgeltung von Werbungskosten/Betriebsausgaben → BFH vom 9. 7. 1992 – BStBl 1993 II S. 50 und vom 29. 11. 2006 (BStBl 2007 II S. 308)

– Zur Prüfung dieser Voraussetzung durch das Finanzamt → BFH vom 3. 8. 1962 – BStBl III S. 425 und vom 9. 6. 1989 – BStBl 1990 II S. 121 und 123

Daseinsvorsorge

Beispiel:

Ein kirchlicher Verein erbringt Pflegeleistungen im Rahmen der Nachbarschaftshilfe.

Die den Pflegekräften gewährten Entschädigungen sind nicht nach § 3 Nr. 12 Satz 2 EStG steuerbefreit, da Pflegeleistungen zur Daseinsvorsorge gehören; ggf. kann eine Steuerbefreiung nach § 3 Nr. 26 oder Nr. 26a EStG in Betracht kommen.

Dienstaufwandsentschädigung der Ersten Landesbeamtinnen und Ersten Landesbeamten (ab 2016)

Erlass des Ministeriums für Finanzen und Wirtschaft Baden-Württemberg vom 5. 4. 2016 – 3-S233.7/31 –

Die im Einvernehmen mit dem Finanz- und Wirtschaftsministerium erlassene „Verwaltungsvorschrift des Innenministeriums zur Dienstaufwandsentschädigung der Ersten Landesbeamtinnen und Ersten Landesbeamten" vom 14. November 2012 – 1-0322.4/4 – (GABl. S. 898) wurde durch die Verwaltungsvorschrift zur Änderung der Verwaltungsvorschrift des Innenministeriums zur Dienstaufwandsentschädigung der Ersten Landesbeamtinnen und Ersten Landesbeamten vom 22. Februar 2016 – 1-0322.4/4 – (GABl. S. 170) mit Wirkung vom 1. Januar 2016 geändert.

Danach kann den Ersten Landesbeamtinnen und Ersten Landesbeamten als ständige allgemeine Vertreterinnen oder Vertreter der Landrätinnen und Landräte eine Dienstaufwandsentschädigung durch den Landkreis gewährt werden. Sie beträgt monatlich

in Landkreisen bis zu 300 000 Einwohnern 175 Euro

in Landkreisen über 300 000 Einwohnern 200 Euro.

Die Dienstaufwandsentschädigung ist nach § 3 Nr. 12 Satz 2 EStG und R 3.12 Abs. 3 Satz 3 und 4 LStR bis zu einem Betrag von 200 Euro monatlich – höchstens der tatsächlich gezahlte Betrag – steuerfrei.

Die auf eine Empfehlung des Innenministeriums gegenüber den Landratsämtern zurückzuführende und im Bezugserlass angeführte Reisekostenpauschale nach § 18 Landesreisekostengesetz, mit der insbesondere Zehrkosten nach § 15 Landesreisekostengesetz abgegolten werden sollen, wurde mit Wirkung ab 1. September 1997 zurückgenommen. Ob allerdings sämtliche Landratsämter gegenüber den Ersten Landesbeamtinnen und Ersten Landesbeamten auf die Gewährung einer Reisekostenpauschale nach § 18 Landesreisekostengesetzverzichtet haben, ist hier nicht bekannt. Deshalb wird darauf hingewiesen, dass eine nach § 18 Landesreisekostengesetz weiterhin gewährte Reisekostenpauschale auf Grund der durch das Jahressteuergesetz 1996 eingetretenen Rechtsänderung beim steuerfreien Ersatz von Verpflegungsmehraufwendungen (§ 3 Nr. 13 i. V. m. § 4 Abs. 5 Satz 1 Nr. 5 EStG) als steuerpflichtiger Arbeitslohn dem Lohnsteuerabzug zu unterwerfen ist.

Aufwandsentschädigungen der Landräte, der hauptamtlichen Bürgermeister und der Ersten Beigeordneten

Erlass des Ministeriums für Finanzen und Wirtschaft Baden-Württemberg vom 11. 3. 2014 –
3-S 233 7/61

Erlass des Finanzministeriums Baden-Württemberg vom
18. 2. 2009 – 3 – S 233.7/61 –

Landräte und hauptamtliche Bürgermeister erhalten nach §§ 7 und 8 des Landeskommunal-besoldungsgesetzes (LKomBesG) vom 9. November 2010 (GBl. 2010 S. 793) [bis 31. Dezember 2010: §§ 10 und 11 der Landeskommunalbesoldungsverordnung (LKomBesVO), zuletzt geändert durch Verordnung vom 10. Oktober 2000 (GBl. 2000 S. 664)] als Entschädigung für den durch das Amt allgemein verursachten erhöhten persönlichen Aufwand eine Dienstaufwands-entschädigung in Höhe von 13,5 % des festgesetzten Grundgehalts. Dem Ersten Beigeordneten steht nach derselben Vorschrift eine Dienstaufwandsentschädigung in Höhe von 9 % des festgesetzten Grundgehalts zu. Den weiteren Beigeordneten kann eine Dienstaufwandsentschädigung bis zu 7 % des festgesetzten Grundgehalts gewährt werden.

Für die steuerliche Behandlung dieser Dienstaufwandsentschädigungen gilt Folgendes:

1. Die Dienstaufwandsentschädigungen sind nach § 3 Nr. 12 Satz 2 EStG i. V. m. R 3.12 Abs. 3 Satz 2 Nr. 1 LStR in voller Höhe steuerfrei.

2. Nach dem Wortlaut des LKomBesG [bis 31. Dezember 2010: LKomBesVO] soll die Aufwandsentschädigung den „durch das Amt allgemein verursachten erhöhten persönlichen Aufwand" abgelten. Anhaltspunkte dafür, dass die Aufwandsentschädigung nur eine bestimmte Art von Aufwendungen abgelten soll, liegen nicht vor. Aus dem Wort „allgemein" muss vielmehr geschlossen werden, dass die Regelung alle durch das Amt entstehenden Aufwendungen einschließt; dies betrifft u. a. Kosten für ein häusliches Arbeitszimmer, Mitgliedsbeiträge, beruflich veranlasste Kraftfahrzeugkosten (Auswärtstätigkeiten und Wege zwischen Wohnung und erster Tätigkeitsstätte [bis 31. Dezember 2013: Wege zwischen Wohnung und regelmäßiger Arbeitsstätte]) sowie Telefonkosten. Die steuerliche Berücksichtigung von Aufwendungen als Werbungskosten ist deshalb bei dem betroffenen Personenkreis nur über die Glaubhaftmachung eines die steuerfreie Dienstaufwandsentschädigung übersteigenden steuerlich anzuerkennenden Gesamtaufwands möglich (vgl. R 3.12 Abs. 4 LStR). Die Steuerfreiheit von Bezügen nach anderen Vorschriften, z. B. § 3 Nr. 13, 50 EStG bleiben hiervon unberührt.

Diese Beurteilung schließt die Berücksichtigung von Aufwendungen, die unmittelbar und zeitlich im Zusammenhang mit der Wahl bzw. Wiederwahl stehen, als Werbungskosten nicht aus. Mit diesen sogenannten Wahlkampfkosten wird das Amt eines Bürgermeisters erstmals bzw. weiterhin angestrebt, während der Aufwandsentschädigung die bei der Ausübung des Amts anfallenden Aufwendungen abgelten soll. Eine unterschiedliche Behandlung von Erst- und Wiederwahl erscheint dabei auch im Hinblick darauf, dass für die Höhe der Aufwandsentschädigung unabhängig vom Auslaufen der Amtsperiode immer derselbe Prozentsatz gilt, nicht sachgerecht.

Der Bezugserlass wird hiermit aufgehoben.

Entschädigungszahlungen der ehrenamtlichen Tätigkeit bei Sozialversicherungsträgern

Einkommensteuerliche Behandlung der Entschädigung ehrenamtlicher Tätigkeit bei Sozialversicherungsträgern

Erlass der Oberfinanzdirektion Niedersachsen vom 8. 10. 2012 – S 2337-148-St 213 –
(ESt-Kartei ND Kontroll-Nr. 2230)

Die Sozialversicherungsträger sind gem. § 29 Abs. 1 SGB IV rechtsfähige Körperschaften des öffentlichen Rechts. Die Mitglieder ihrer Selbstverwaltungsorgane (Vertreterversammlung und Vorstand) sowie die Versichertenältesten und Vertrauenspersonen üben ihre Tätigkeiten ehrenamtlich aus (§ 40 Abs. 1 SGB IV). Als Entschädigung erhalten sie Erstattungen für Barauslagen (§ 41 Abs. 1 SGB IV), Ersatz für Verdienstausfall (§ 41 Abs. 2 SGB IV) sowie Pauschbeträge für Zeitaufwand (§ 41 Abs. 3 SGB IV). Diese Vergütungen führen grundsätzlich zu Einkünften aus selbständiger Arbeit i. S. d. § 18 Abs. 1 Nr. 3 EStG.

Die genannten Tätigkeiten fallen jedoch unter die sog. schlichte Hoheitsverwaltung (R 3.12 Abs. 1 S. 1 LStR), sodass die Steuerbefreiungsvorschrift des § 3 Nr. 12 EStG anwendbar ist.

Die einkommensteuerliche Behandlung der gewährten Entschädigungen richtet sich nach folgenden Grundsätzen:

1. Einzeln gewährte (Teil-)Entschädigungen für Barauslagen, Verdienstausfall sowie Pauschbeträge für Zeitaufwand

Eine Anwendung der Vereinfachungsregel der R 3.12 Abs. 3 S. 3 LStR auf die Summe der Entschädigungen kommt nicht in Betracht. Vielmehr ist für jede (Teil-)Entschädigung zu prüfen, ob die Voraussetzungen des § 3 Nr. 12 S. 2 EStG i. V. m. R 3.12 Abs. 2 LStR erfüllt sind. Entscheidend ist daher, ob die Beträge dazu bestimmt sind, Aufwendungen abzugelten, die steuerlich als Werbungskosten oder Betriebsausgaben abziehbar wären. Soweit diese Voraussetzung erfüllt ist, bestehen keine Bedenken, von der Summe der jeweiligen Entschädigung unter Berücksichtigung der o. g. Vereinfachungsregel bis zu 175,00 EUR monatlich als steuerfreie Aufwandsentschädigung zu behandeln. Danach sind die (Teil-)Entschädigungen wie folgt zu behandeln:

1.1 Erstattung von Barauslagen (§ 41 Abs. 1 SGB IV)

Die Erstattung von Barauslagen, die ggf. auch als feste Pauschbeträge gezahlt werden können, setzt sich regelmäßig aus den Teilbeträgen für Tage- und Übernachtungsgeld, Fahrtkosten, ggf. Unterkunfts- und Verpflegungskosten für Kraftfahrerinnen und Kraftfahrer und sonstigen Kosten (z. B. Beförderung von Gepäck und Post- und Telekommunikationskosten) zusammen.

Der Ersatz dieser Barauslage nach dem tatsächlichen Aufwand – ohne das Tagegeld – ist gem. § 3 Nr. 12 S. 2 EStG steuerfrei. Die Erstattung der tatsächlichen Fahrtkosten für Fahrten von der Wohnung zum Sitzungsort wird als steuerfreie Aufwandsentschädigung anerkannt. Bei Benutzung eines eigenen Kraftfahrzeugs ist die Wegstreckenentschädigung nach dem Bundesreisekostengesetz oder nach dem jeweiligen Landesgesetz maßgebend. Das für eine am Standort des Sozialversicherungsträgers stattfindende Sitzung gewährte Tagegeld ist nicht steuerfrei, da insoweit keine Geschäftsreise, sondern eine Tätigkeit am Mittelpunkt der dauerhaft angelegten betrieblichen Betätigung vorliegt und mithin keine Verpflegungsmehraufwendungen als Betriebsausgaben berücksichtigt werden können. Die Erstattung von Barauslagen nach festen Pauschbeträgen ist nach § 3 Nr. 12 S. 2 EStG nur insoweit steuerfrei, als sie den tatsächlichen Aufwand nicht erheblich übersteigt.

1.2 Ersatz des tatsächlich entgangenen regelmäßigen Bruttoverdienstes und Erstattung der Beiträge zur Sozialversicherung (§ 41 Abs. 2 SGB IV)

Die Zahlungen sind steuerpflichtige Betriebseinnahmen. Die von den Ehrenamtlichen selbst zu tragenden Sozialversicherungsbeiträge sind im Rahmen der Sonderausgaben nach § 10 EStG abzugsfähig.

1.3 Pauschbeträge für Zeitaufwand (§ 41 Abs. 3 SGB IV)

Die pauschalen Zahlungen für Zeitaufwand aufgrund von Sitzungen (§ 41 Abs. 3 S. 1 SGB IV) und aufgrund einer Tätigkeit außerhalb von Sitzungen (§ 41 Abs. 3 S. 2 SGB IV) sind steuerpflichtige Betriebseinnahmen.

1.4 Pauschbeträge für Auslagen der Vorsitzenden der Organe außerhalb der Sitzungen (§ 41 Abs. 1 S. 2 SGB IV)

Die pauschalen Zahlungen für Auslagen der Vorsitzenden der Organe außerhalb der Sitzungen sind nach § 3 Nr. 12 S. 2 steuerfrei, wenn die ehrenamtliche Tätigkeit einen entsprechenden Aufwand in annähernd gleichbleibender Höhe verursacht (R 3.12 Abs. 2 S. 5 LStR). Es bestehen keine Bedenken, die in der Entschädigungsregelung festgelegten Pauschbeträge bis zu den von den Sozialpartnern (DGB und BDA) in der Empfehlungsvereinbarung aufgeführten Höchstbeträge (zurzeit von 13,00 – 77,00 EUR) monatlich nach § 3 Nr. 12 S. 2 EStG steuerfrei zu belassen.

1.5 Gesondert gewährte Reisekostenvergütungen

Gesondert gewährte Reisekostenvergütungen sind nach § 3 Nr. 13 EStG steuerfrei.

2. Einheitlich gewährte Entschädigungen für Barauslagen, Verdienstausfall sowie Pauschbeträge für Zeitaufwand

Die Aufteilung einer einheitlichen Entschädigung in einen steuerfreien und einen steuerpflichtigen Teil kann nach der Vereinfachungsreglung in R 3.12 Abs. 3 S. 3 LStR vorgenommen werden. Danach kann bei Vergütungen, die weder durch Gesetz oder Rechtsverordnung bestimmt sind, für ehrenamtlich tätige Personen in der Regel ohne weiteren Nachweis ein steuerlich anzuerkennender Aufwand von 175,00 EUR monatlich angenommen werden.

Gesondert gewährte Reisekosten sind auch hier steuerfrei nach § 3 Nr. 13 EStG.

Fiskalische Verwaltung

Keine öffentlichen Dienste im Sinne des § 3 Nr. 12 Satz 2 EStG leisten Personen, die in der fiskalischen Verwaltung tätig sind (→ BFH vom 13. 8. 1971 – BStBl II S. 818, vom 9. 5. 1974 – BStBl II S. 631, betr. Mitglieder des Verwaltungsausschusses einer von einer Ärztekammer betriebenen Altersversorgung, und vom 31. 1. 1975 – BStBl II S. 563, betr. Leiter von Gemeinden in Eigenregie geführten Versorgungs- und Verkehrsbetriebe). Dies ist insbesondere dann der Fall, wenn sich die Tätigkeit für die juristische Person des öffentlichen Rechts ausschließlich oder überwiegend auf die Erfüllung von Aufgaben

1. in einem land- oder forstwirtschaftlichen Betrieb einer juristischen Person des öffentlichen Rechts oder

2. in einem **Betrieb gewerblicher Art** einer juristischen Person des öffentlichen Rechts im Sinne des § 1 Abs. 1 Nr. 6 KStG bezieht.

Ob es sich um einen Betrieb gewerblicher Art einer juristischen Person des öffentlichen Rechts handelt, beurteilt sich nach dem Körperschaftsteuerrecht (§ 4 KStG und R 4.1 KStR 2015). Hierbei kommt es nicht darauf an, ob der Betrieb gewerblicher Art von der Körperschaftsteuer befreit ist. Zu den Betrieben gewerblicher Art in diesem Sinne gehören insbesondere die von einer juristischen Person des öffentlichen Rechts unterhaltenen Betriebe, die der Versorgung der Bevölkerung mit Wasser, Gas, Elektrizität oder Wärme (→ BFH vom 19. 1. 1990 – BStBl II S. 679), dem öffentlichen Verkehr oder dem Hafenbetrieb dienen, sowie die in der Rechtsform einer juristischen Person des öffentlichen Rechts betriebenen Sparkassen (→ BFH vom 13. 8. 1971 – BStBl II S. 818).

Führerscheinerwerb, Kostenübernahme für Feuerwehrleute

(Erlass FinMin Bayern vom 16. 6. 2004–34 – S 2337–158–25617/04)

Auf Grund der Einführung des EU-Führerscheins zum 1. 1. 1999 dürfen Inhaber der Fahrerlaubnisklasse B nur noch Fahrzeuge mit einer zulässigen Gesamtmasse von nicht mehr als 3,5t führen. Die Fahrzeuge der (Freiwilligen) Feuerwehren überschreiten zumeist dieses Gewicht, so dass viele Gemeinden die Kosten für den Erwerb der Führerscheinklasse C 1/C übernehmen. Es ist gefragt worden, ob die Übernahme der Kosten für den Erwerb der Führerscheinklasse C 1/C durch die Gemeinden zu einem geldwerten Vorteil bei den Feuerwehrleuten führt.

In Abstimmung mit den obersten Finanzbehörden des Bundes und der andern Länder wird hierzu folgende Auffassung vertreten:

Nach der ständigen Rechtsprechung des Bundesfinanzhofs sind solche Vorteile nicht als Arbeitslohn anzusehen, die sich bei objektiver Würdigung aller Umstände nicht als Entlohnung, sondern lediglich als notwendige Begleiterscheinung betriebsfunktionaler Zielsetzung erweisen. Vorteile besitzen danach keinen Arbeitslohncharakter, wenn sie im ganz überwiegend eigenbetrieblichen Interesse des Arbeitgebers gewährt werden. Dies ist der Fall, wenn sich aus den Begleitumständen wie Anlass, Art und Höhe des Vorteils, Auswahl der Begünstigten, freie oder nur gebundene Verfügbarkeit, Freiwilligkeit oder Zwang zur Annahme des Vorteils und seiner besonderen Geeignetheit für den jeweiligen verfolgten betrieblichen Zweck ergibt, dass diese Zielsetzung ganz im Vordergrund steht und ein damit einhergehendes eigenes Interesse des Arbeitnehmers, den betreffenden Vorteil zu erlangen deshalb vernachlässigt werden kann (vgl. z. B. BFH-Urteil vom 26. 6. 2003, BStBl 2003 II S. 886 zu Führerscheinen von Polizisten).

Für die Feuerwehren ist es unerlässlich, dass die oft ehrenamtlich tätigen Feuerwehrleute nicht nur für den Einsatz entsprechend ausgebildet werden, sondern auch die im Ernstfall benötigten Gerätschaften bedienen können und dürfen. Dies schließt den Erwerb der Erlaubnis zum Führen der entsprechenden Feuerwehrfahrzeuge mit ein. Da die Erlaubnis zum Führen dieser Fahrzeuge oft nicht vorliegt, müssen die Feuerwehren eine entsprechende Ausbildung anbieten, um überhaupt einsatzfähig zu sein und den betrieblichen Zweck verfolgen zu können. Der Arbeitgeber hat damit ein ganz wesentliches Interesse an der Führerscheinausbildung einzelner Feuerwehrleute. Der Vorteil des Arbeitnehmers, die Führerscheinklasse ggf. auch für private Zwecke nutzen zu können, ist lediglich eine Begleiterscheinung und tritt hinter dem vom Arbeitgeber verfolgten Zweck zurück...

Höhe der Aufwandsentschädigung

. . .

2. Die obersten Finanzverwaltungsbehörden der Länder können im Zusammenwirken mit den obersten Aufsichtsbehörden der in Betracht kommenden öffentlichen Kassen allgemein Sätze festlegen, die bei den einzelnen Gruppen von Empfängern als echte Aufwandsentschädigungen anzuerkennen sind (Anschluss an BFH-Urteil in BFHE 92, 11, BStBl 1968 II, 437) (→ BFH vom 9. 7. 1992 – BStBl 1993 II S. 50)

Öffentliche Dienste

Ehrenamtliche Vorstandsmitglieder eines Versorgungswerks leisten öffentliche Dienste i. S. d. § 3 Nr. 12 Satz 2 EStG, wenn sich das Versorgungswerk als juristische Person des öffentlichen Rechts im Rahmen seiner gesetzlichen Aufgabenzuweisungen auf die Gewährleistung der Alters-, Invaliden- und Hinterbliebenenversorgung für seine Zwangsmitglieder beschränkt und dabei die insoweit bestehenden Anlagegrundsätze beachtet (→ BFH vom 27. 8. 2013 – BStBl 2014 II S. 248).

Öffentliche Kassen

→ H 3.11

Polizeidienst, freiwilliger

Besteuerung der Ersatzleistungen an die Angehörigen des Freiwilligen Polizeidienstes

(Verfügung der OFD Karlsruhe vom 6. 8. 2008 – S 2332/36 – St 141 –)

In der Verfügung vom 26. 1. 2007, S 233.2/36 – St 131, wurde die steuerliche Behandlung der Ersatzleistungen an die Angehörigen des Freiwilligen Polizeidienstes (FPD) dargestellt. Diese Zahlungen stellten bisher steuerpflichtigen Arbeitslohn dar.

Mit Verordnung des Innenministeriums zur Änderung der Verordnung über die Ersatzleistungen an die Angehörigen des Freiwilligen Polizeidienstes vom 30. 01. 2008 (GBl. S 77) sind die Bestimmungen bezüglich der Gewährung von Ersatzleistungen an die Angehörigen des Freiwilligen Polizeidienstes neu geregelt worden. Die Verordnung ist zum 21. 02. 2008 in Kraft getreten. Aufgrund dieser geänderten Verordnung erhalten Angehörige des Freiwilligen Polizeidienstes Aufwandsentschädigungen i. S. des § 3 Nr. 12 Satz 2 EStG. Für diese Aufwandsentschädigungen gilt die Vereinfachungsregelung der R 3.12 Abs. 3 Satz 2 Nr. 2 LStR 2008. Danach bleiben die Vergütungen in Höhe von 1/3 der Aufwandsentschädigung, mindestens aber von 175 Euro monatlich steuerfrei. Ein nicht ausgeschöpfter steuerfreier Monatsbetrag kann auf andere Monate desselben Kalenderjahres der Tätigkeit als Polizeifreiwilliger übertragen werden. Auf die Ausführungen in H 3.12 (Übertragung nicht ausgeschöpfter steuerfreier Monatsbeträge) LStH wird verwiesen.

Übersteigen die im selben Kalenderjahr gewährten Ersatzleistungen die Summe der insgesamt zu berücksichtigenden steuerfreien Monatsbeträge, muss der Angehörige des Freiwilligen Polizeidienstes der betreffenden Dienststelle (Polizeidirektion) eine Lohnsteuerkarte vorlegen, damit der Steuerabzug im Wege des Lohnsteuerabzugsverfahrens durchgeführt werden kann. Auch bei Steuerfreiheit besteht für die Dienststellen die Verpflichtung zur Führung eines Lohnkontos nach § 41 EStG i. V. m. § 4 LStDV.

Beispiel:

Für die Tätigkeit als Polizeifreiwilliger werden folgende nach R 3.12 Abs. 3 Satz 2 Nr. 2 LStR begünstigte Ersatzleistungen gezahlt: März 210 Euro, April 70 Euro, Mai 630 Euro, Juni 140 Euro, Juli 105 Euro. Für den Lohnsteuerabzug können die nicht ausgeschöpften steuerfreien Monatsbeträge in Höhe von 175 Euro wie folgt mit den steuerpflichtigen Ersatzleistungen der anderen Lohnzahlungszeiträume verrechnet werden:

	Gezahlte Ersatz-leistung	Steuerliche Behandlung nach R 3.12 Abs. 3 Satz 2 Nr. 2 LStR		Steuerliche Behandlung bei Übertragung nicht ausgeschöpfter steuerfreier Monatsbeträge	
		Steuer-frei sind:	**vorläufig** stpfl. sind:	Steuerfreier Höchstbetrag	**endgültig** stpfl. sind:
März	210 €	175 €	35 €	175 €	35 €
April	70 €	70 €	0 €	2 × 175 € = 350 €	0 € (210 € + 70 – 350 €), Aufrollung Monat März
Mai	630 €	210 € (1/3 von 630 €)	420 €	2 × 175 € + 1x 210 € = 560 €	350 € (210 € + 70 + 630 € – 560)
Juni	140 €	140 €	0 €	3 × 175 € + 1x 210 € = 735 €)	315 € (210 € +70 € + 630 € + 140 € – 735 €) Aufrollung Monat Mai
Juli	105 €	105 €	0 €	4 × 175 € + 1x 210 € = 910 €	245 € (210 € + 70 € + 630 + 140 € + 105 € – 910 €) Aufrollung Monat Juni
Summe	1 155 €			910 €	245 €

Bei Verrechnung des nicht ausgeschöpften Freibetragsvolumens mit abgelaufenen Lohn-zahlungszeiträumen ist im April der Lohnsteuereinbehalt für den Monat März, im Juni für den Monat Mai und im Juli für den Monat Juni durch Abgabe einer berichtigten Lohn-steuer-Anmeldung zu korrigieren.

Aus **Vereinfachungsgründen** bestehen in den Fällen, in denen der steuerfreie Monatsbetrag von 175 Euro regelmäßig nicht überschritten wird, keine Bedenken, wenn die Ermittlung des ggf. endgültigen steuerpflichtigen Teils der Ersatzleistungen zusammen mit der letzten Abrech-nung über die Vergütung von Ersatzleistungen des laufenden Kalenderjahres durchgeführt wird. Reichen die mit der letzten Abrechnung zu gewährenden Ersatzleistungen zur Deckung der auf den endgültigen steuerpflichtigen Teil der Ersatzleistungen einzubehaltenden Steuer-abzugsbeträge (Lohnsteuer, Solidaritätszuschlag sowie ggf. Kirchenlohnsteuer) nicht aus, hat der Polizeifreiwillige der Dienststelle (Polizeidirektion) den Fehlbetrag zur Verfügung zu stellen (§ 38 Abs. 4 Satz 1 EStG). Kommt der Polizeifreiwillige dieser Verpflichtung nicht nach, hat die Dienststelle dies dem für sie zuständigen Betriebsstättenfinanzamt anzuzeigen (§ 38 Abs. 4 Satz 2 EStG).

Sofern ein Polizeifreiwilliger im Jahr 2008 bis zum Inkrafttreten der Neuregelung Ersatzleistun-gen nach den bisherigen Vorschriften erhalten hat, kann die Steuerfreiheit der nach der Neu-regelung bezogenen Aufwandsentschädigung erst ab diesem Zeitpunkt geltend gemacht wer-den; eine Übertragung des für die bereits abgelaufenen Monate maßgebenden steuerfreien Mo-natsbetrags von 175 Euro kommt nicht in Betracht.

Das Innenministerium Baden-Württemberg hat die betroffenen Dienststellen entsprechend in-formiert.

Bei der Einkommensteuerveranlagung 2007 bitte ich, durch sog. Überkennzahlen sicher zu stel-len, dass Ersatzleistungen, die der im Freiwilligen Polizeidienst Tätige ab 2008 erhält, bei der Festsetzung von Vorauszahlungen nicht erfasst werden.

Steuerlicher Aufwand

Zur Voraussetzung der Abgeltung steuerlich zu berücksichtigender Werbungskosten/Betriebs-ausgaben → BFH vom 3. 8. 1962 (BStBl III S. 425), vom 9. 6. 1989 (BStBl 1990 II S. 121 und 123) und vom 9. 7. 1992 (BStBl 1993 II S. 50) und vom 29. 11. 2006 (BStBl 2007 II S. 308)

Studierendenausschuss-Aufwandsentschädigungen

Steuerliche Behandlung der an die Mitglieder des Allgemeinen Studierendenausschusses gezahlten Aufwandsentschädigungen

Ministerium der Finanzen Baden-Württemberg, Erlass vom 10. 3. 2000 – 3 – S 233.7 / 39 –

Durch das Gesetz zur Einführung der Verfassten Studierendenschaft (Verfasste-Studierendenschafts-Gesetz – VerfStudG) vom 10. Juli 2012 (GBl I S. 457) wurde die Verfasste Studierendenschaft wieder eingeführt. Der Verfassten Studierendenschaft (Studierendenschaft) wurde als Gliedkörperschaft der Hochschule der Status einer rechtsfähigen Körperschaft des öffentlichen Rechts verliehen (Artikel 1 des VerfStudG und § 65 Abs. 1 Satz 2 Landeshochschulgesetz – LHG). Zur Erfüllung ihrer Aufgaben ist die Studierendenschaft berechtigt, Beiträge zu erheben (§ 65a Abs. 5 Satz 2 LHG).

Die Studierendenschaft verwaltet ihre Angelegenheiten im Rahmen der gesetzlichen Bestimmungen selbst. Der Allgemeine Studierendenausschuss als exekutives Organ der Studierendenschaft erledigt deren laufenden Geschäfte und ist an die Beschlüsse des Studierendenparlaments gebunden. Die Mitglieder des Allgemeinen Studierendenausschusses üben ihre Tätigkeit ehrenamtlich aus, können aber eine angemessene Aufwandsentschädigung erhalten.

Da die Mitglieder des Allgemeinen Studierendenausschusses nach dem Gesamtbild der Verhältnisse im Rahmen eines Dienstverhältnisses im Sinne des § 1 Abs. 2 Lohnsteuer-Durchführungsverordnung abhängig beschäftigt sind und als Arbeitnehmer tätig werden (BFH-Urteil vom 22. Juli 2008, BStBl II S. 981), stellen die gezahlten Aufwandsentschädigungen grundsätzlich steuerpflichtigen Arbeitslohn dar. Die steuerlichen Arbeitgeberpflichten (insbesondere Einbehaltung und Abführung der Lohnsteuer) sind von der jeweiligen Studierendenschaft der Hochschule wahrzunehmen. Im Hinblick auf die hierfür notwendigen organisatorischen Umstellungsarbeiten bestehen allerdings keine Bedenken, wenn der Lohnsteuerabzug erstmals für Arbeitslohnzahlungen ab dem Kalenderjahr 2018 vorgenommen wird.

Werden die Aufwandsentschädigungen nicht für Verdienstausfall oder Zeitverlust gewährt und sind sie dazu bestimmt, Aufwendungen abzugelten, die zumindest teilweise dem Grunde nach als Werbungskosten abziehbar sind, kommt eine Anwendung des § 3 Nr. 12 Satz 2 Einkommensteuergesetz nach Maßgabe der Vereinfachungsregelung der R 3.12 Abs. 3 Satz 3 Lohnsteuer-Richtlinie in Betracht. Danach sind die Aufwandsentschädigungen monatlich bis zu 200 Euro steuerfrei. Ein den Höchstbetrag ggf. übersteigender Betrag ist dem Lohnsteuerabzug zu unterwerfen.

Der Bezugserlass wird hiermit aufgehoben.

Übertragung nicht ausgeschöpfter steuerfreier Monatsbeträge (Beispiel)

Für öffentliche Dienste in einem Ehrenamt in der Zeit vom 1.1. bis 31.5. werden folgende Aufwandsentschädigungen i. S. v. § 3 Nr. 12 Satz 2 EStG und R 3.12 Abs. 3 Satz 3 LStR gezahlt:

Januar 275 €, Februar 75 €, März 205 €, April 325 €, Mai 225 €; Zeitaufwand wird nicht vergütet. Für den Lohnsteuerabzug können die nicht ausgeschöpften steuerfreien Monatsbeträge i. H. v. 200 € wie folgt mit den steuerpflichtigen Aufwandsentschädigungen der anderen Lohnzahlungszeiträume dieser Tätigkeit verrechnet werden:

	Gezahlte Aufwandsentschädigung	Steuerliche Behandlung nach R 3.12 Abs. 3 Satz 3 LStR		Steuerliche Behandlung bei Übertragung nicht ausgeschöpfter steuerfreier Monatsbeträge	
		Steuerfrei sind:	Steuerpflichtig sind:	Steuerfreier Höchstbetrag	Steuerpflichtig sind:
Januar	275 €	200 €	75 €	200 €	75 €
Februar	75 €	75 €	0 €	2 × 200 € = 400 €	0 € (275 + 75 – 400), Aufrollung des Januar
März	205 €	200 €	5 €	3 × 200 € = 600 €	0 € (275 + 75 + 205 – 600)
April	325 €	200 €	125 €	4 × 200 € = 800 €	80 € (275 + 75 + 205 + 325 – 800), Aufrollung des März
Mai	225 €	200 €	25 €	5 × 200 € = 1 000 €	105 € (275 + 75 + 205 + 325 + 225 – 1000)
Summe	1 105 €	1 000 €	230 €	5 × 200 € = 1 000 €	105 €

Bei Verrechnung des nicht ausgeschöpften Freibetragsvolumens mit abgelaufenen Lohnzahlungszeiträumen ist im Februar der Lohnsteuereinbehalt für den Monat Januar und im April für den Monat März zu korrigieren.

Werbungskostenabzug bei Dienstaufwandsentschädigungen

Sollen steuerfrei gewährte Dienstaufwandsentschädigungen den gesamten beruflich veranlassten Aufwand ersetzen, können Werbungskosten nur insoweit berücksichtigt werden, als diese die Entschädigung übersteigen. Dies gilt auch für die nicht durch die steuerfreie Reisekostenvergütung nach § 3 Nr. 13 EStG abgegoltenen Reisekosten, wenn auch diese durch die Dienstaufwandsentschädigung abgegolten werden (→ BFH vom 19. 10. 2016 – BStBl 2017 II S. 345).

Zensus 2011 – Entschädigungszahlungen an die zur Durchführung von Statistiken eingesetzten Erhebungsbeauftragten

OFD NRW, Verfügung vom 16. 03. 2017 – S 2257 – 1999/0021 – St 232

1. Zensus 2011

Nach dem Zensusgesetz 2011 vom 08. 07. 2009 (ZensG 2011, BGBl. I 2009 S. 1781) führten die statistischen Ämter des Bundes und der Länder im Jahr 2011 eine Bevölkerungs-, Gebäude und Wohnungszählung (Zensus) mit Stand vom 09. 05. 2011 als Bundesstatistik durch.

Die Erhebungsbeauftragten erhielten nach § 11 Abs. 4 ZensG 2011, soweit sie ehrenamtlich eingesetzt wurden, für ihre Tätigkeit eine steuerfreie Aufwandsentschädigung nach § 3 Nr. 12 Satz 2 EStG. Bei der Frage der Höhe der Steuerbefreiung nach § 3 Nr. 12 EStG ist jedoch R 3.12 Abs. 3 Satz 3 LStR zu beachten. Danach kann i. d. R. ohne weiteren Nachweis ein steuerlich anzuerkennender Aufwand von 175 € (200 € ab 01. 01. 2013) monatlich angenommen werden. Die Erhebungsbeauftragen haben jedoch die Möglichkeit, höhere abziehbare Erwerbsaufwendungen glaubhaft zu machen, R 3.12 Abs. 4 LStR. Soweit der steuerfreie Monatsbetrag von 175 € bzw. 200 € nicht ausgeschöpft wird, kann ein nach R 3.12 Abs. 3 Sätze 8 und 9 LStR in andere Monate dieser Tätigkeit im selben Kalenderjahr übertragen werden. Maßgebend für die Ermittlung der Anzahl der dabei in Betracht kommenden Monate ist die Dauer der ehrenamtlichen Funktion bzw. Ausübung im Kalenderjahr.

Nach dem Beschluss der obersten Finanzbehörden des Bundes und der Länder ist die Anwendung der Steuerbefreiung nach § 3 Nr. 26 und Nr. 26a EStG für die Aufwandsentschädigungen ausgeschlossen. Die Steuerbefreiung nach § 3 Nr. 26 EStG ist zu versagen, weil die Erhebungsbeauftragten nicht zu dem nach dieser Vorschrift begünstigten Personenkreis gehören. § 1 Nr. 6a EStG ist zu versagen, da bei Tätigkeiten, die in den Hoheitsbereich einer juristischen Person des öffentlichen Rechts fallen, zusätzlich geprüft werden muss, ob diese Tätigkeit der Förderung der gemeinnützigen, mildtätigen oder kirchlichen Zwecken dient. Dies ist bei den Erhebungsbeauftragten im Rahmen von Zensus 2011 nicht gegeben.

Der steuerpflichtige Teil der Einkünfte der Erhebungsbeauftragten für den Zensus 2011 ist nach bundeseinheitlich abgestimmter Auffassung als sonstige Einkünfte i. S. v. § 22 Nr. 3 EStG zu versteuern, wenn der steuerpflichtige Teil der Aufwandsentschädigung – also nach Abzug des steuerfreien Betrags nach § 3 Nr. 12 EStG – mindestens 256 € im Kalenderjahr beträgt (§ 22 Nr. 3 Satz 2 EStG).

2. Mikrozensus

Nach § 1 MZG i. d. F. vom 07. 12. 2016 (BGBl. I 2016 S. 2929) wird eine Erhebung auf repräsentativer Grundlage über die Bevölkerungsstruktur sowie über die wirtschaftliche und soziale Lage der Bevölkerung (Mikrozensus) als Bundesstatistik durchgeführt. Der Mikrozensus ist eine statistische Erhebung, die seit 1957 jährlich durchgeführt wird.

Werden Erhebungsbeauftragte ehrenamtlich eingesetzt, erhalten sie nach § 12 Abs. 2 MZG für ihre Tätigkeit eine steuerfreie Aufwandsentschädigung i. S. d. § 3 Nr. 12 Satz 2 EStG. Die obigen Ausführungen zur Steuerfreiheit bei Zensus 2011 gelten hier entsprechend.

Welcher Einkunftsart der steuerpflichtige Teil der Aufwandsentschädigung zuzuordnen ist, richtet sich nach den Verhältnissen des Einzelfalls. In der Regel wird dieser als sonstige Einkünfte nach § 22 Nr. 3 EStG zu versteuern sein, wenn er mindestens 256 € beträgt.

EStG

§ 3

Steuerfrei sind

...

S 2338 13. die aus öffentlichen Kassen gezahlten Reisekostenvergütungen, Umzugskostenvergütungen und Trennungsgelder. [2]Die als Reisekostenvergütungen gezahlten Vergütungen für Verpflegungsmehraufwendungen sind nur insoweit steuerfrei, als sie die Pauschbeträge nach § 9 Absatz 4a nicht übersteigen; Trennungsgelder sind nur insoweit steuerfrei, als sie die nach § 9 Absatz 1 Satz 3 Nummer 5 und Absatz 5 sowie § 4 Absatz 5 Satz 1 Nummer 5 abziehbaren Aufwendungen nicht übersteigen;

R 3.13

Reisekostenvergütungen, Umzugskostenvergütungen und Trennungsgelder aus öffentlichen Kassen (§ 3 Nr. 13 EStG)

S 2338 (1) [1]Nach § 3 Nr. 13 EStG sind Leistungen (Geld und Sachbezüge) steuerfrei, die als Reisekostenvergütungen, Umzugskostenvergütungen oder Trennungsgelder aus einer öffentlichen Kasse gewährt werden; dies gilt nicht für Mahlzeiten, die dem Arbeitnehmer während einer beruflichen Auswärtstätigkeit oder im Rahmen einer doppelten Haushaltsführung vom Arbeitgeber oder auf dessen Veranlassung von einem Dritten zur Verfügung gestellt werden. [2]Die Steuerfreiheit von Verpflegungszuschüssen ist auf die nach § 9 Abs. 4a EStG maßgebenden Beträge begrenzt. [3]R 3.16 Satz 1 bis 3 ist entsprechend anzuwenden.

(2) [1]Reisekostenvergütungen sind die als solche bezeichneten Leistungen, die dem Grunde und der Höhe nach unmittelbar nach Maßgabe der reisekostenrechtlichen Vorschriften des Bundes oder der Länder gewährt werden. [2]Reisekostenvergütungen liegen auch vor, soweit sie auf Grund von Tarifverträgen oder anderen Vereinbarungen (z. B. öffentlich-rechtliche Satzung) gewährt werden, die den reisekostenrechtlichen Vorschriften des Bundes oder eines Landes dem Grund und der Höhe nach vollumfänglich entsprechen. [3]§ 12 Nr. 1 EStG bleibt unberührt.

(3) [1]Werden bei Reisekostenvergütungen aus öffentlichen Kassen die reisekostenrechtlichen Vorschriften des Bundes oder der Länder nicht oder nur teilweise angewendet, können auf diese Leistungen, die zu § 3 Nr. 16 EStG erlassenen Verwaltungsvorschriften angewendet werden. [2]Im Übrigen kann auch eine Steuerbefreiung nach § 3 Nr. 12 oder 26, 26a oder 26b EStG in Betracht kommen; → R 3.12 und 3.26.

(4) [1]Die Absätze 2 und 3 gelten sinngemäß für Umzugskostenvergütungen und Trennungsgelder nach Maßgabe der umzugskosten- und reisekostenrechtlichen Vorschriften des Bundes und der Länder. [2]Werden anlässlich eines Umzugs Verpflegungszuschüsse nach dem Bundesumzugskostengesetz (BUKG) gewährt, sind diese nur im Rahmen der zeitlichen Voraussetzungen des § 9 Abs. 4a EStG steuerfrei. [3]Trennungsgeld, das bei täglicher Rückkehr zum Wohnort gewährt wird, ist nur in den Fällen des § 9 Abs. 1 Satz 3 Nr. 4a Satz 1 EStG steuerfrei. [4]Trennungsgeld, das bei Bezug einer Unterkunft am Beschäftigungsort gewährt wird, ist regelmäßig nach Maßgabe von § 9 Abs. 1 Satz 3 Nr. 5 und Abs. 4a EStG steuerfrei. [5]R 9.9 Abs. 2 Satz 1 ist entsprechend anzuwenden.

Anhang 8 I

H 3.13

Hinweise

Beamte bei Postunternehmen

→ § 3 Nr. 35 EStG

Entschädigungen, die den ehrenamtlichen Mitgliedern kommunaler Volksvertretungen gewährt werden

→ H 3.12

Klimabedingte Kleidung

Anhang 8 III Der Beitrag zur Beschaffung klimabedingter Kleidung (§ 11 AUV) sowie der Ausstattungsbeitrag (§ 19 AUV) sind nicht nach § 3 Nr. 13 Satz 1 EStG steuerfrei (→ BFH vom 27. 5. 1994 – BStBl 1995 II S. 17 und vom 12. 4. 2007 – BStBl II S. 536).

Mietbeiträge

anstelle eines Trennungsgelds sind nicht nach § 3 Nr. 13 EStG steuerfrei (→ BFH vom 16. 7. 1971 – BStBl II S. 772).

Öffentliche Kassen

→ H 3.11

Pauschale Reisekostenvergütungen

Nach einer öffentlich-rechtlichen Satzung geleistete pauschale Reisekostenvergütungen können bei Beachtung von R 3.13 Abs. 2 Satz 2 auch ohne Einzelnachweis steuerfrei sein, sofern die Pauschale die tatsächlich entstandenen Reiseaufwendungen nicht ersichtlich übersteigt (→ BFH vom 8. 10. 2008 – BStBl 2009 II S. 405).

Prüfung, ob Werbungskosten vorliegen

Es ist nur zu prüfen, ob die ersetzten Aufwendungen vom Grundsatz her Werbungskosten sind (→ BFH vom 12. 4. 2007 – BStBl II S. 536). Daher sind z. B. Arbeitgeberleistungen im Zusammenhang mit Incentive-Reisen nicht nach § 3 Nr. 13 EStG steuerfrei (→ R 13.3 Abs. 2 Satz 3), soweit diese dem Arbeitnehmer als geldwerter Vorteil zuzurechnen sind (→ H 19.7).

§ 3   **EStG**

Steuerfrei sind
...

14. Zuschüsse eines Trägers der gesetzlichen Rentenversicherung zu den Aufwendungen eines Rentners für seine und von dem gesetzlichen Rentenversicherungsträger getragene Anteile (§ 249a des Fünften Buches Sozialgesetzbuch) an den Beiträgen für die gesetzliche Krankenversicherung;   S 2342

15. (weggefallen)   S 2342

16. die Vergütungen, die Arbeitnehmer außerhalb des öffentlichen Dienstes von ihrem Arbeitgeber zur Erstattung von Reisekosten, Umzugskosten oder Mehraufwendungen bei doppelter Haushaltsführung erhalten, soweit sie die nach § 9 als Werbungskosten abziehbaren Aufwendungen nicht übersteigen;   S 2338

Steuerfreie Leistungen für Reisekosten, Umzugskosten und Mehraufwendungen bei doppelter Haushaltsführung außerhalb des öffentlichen Dienstes (§ 3 Nr. 16 EStG)   R 3.16

[1]Zur Ermittlung der steuerfreien Leistungen (Geld und Sachbezüge) für Reisekosten dürfen die einzelnen Aufwendungsarten zusammengefasst werden; die Leistungen sind steuerfrei, soweit sie die Summe der nach § 9 Abs. 1 Satz 3 Nr. 4a Satz 1, 2 und 4, Nr. 5a und Abs. 4a EStG sowie R 9.8 zulässigen Leistungen nicht übersteigen. [2]Hierbei können mehrere Reisen zusammengefasst abgerechnet werden. [3]Dies gilt sinngemäß für Umzugskosten und für Mehraufwendungen bei einer doppelten Haushaltsführung. [4]Wegen der Höhe der steuerfrei zu belassenden Leistungen für Reisekosten, Umzugskosten und Mehraufwendungen bei einer doppelten Haushaltsführung → § 9 Abs. 1 Satz 3 Nr. 5 EStG und R 9.7 bis 9.9 und 9.11.   S 2338

Hinweise   H 3.16

Bahncard 100

Steuerfreie Reisekostenerstattung bei Verwendung einer arbeitnehmereigenen „Bahncard 100"

(Verfügung der OFD Berlin vom 21. 12. 2004 – St 157– S 2334 – 10/03 –)

Die Frage, wie Fahrtkostenerstattungen bei Dienstreisen steuerlich zu behandeln sind, wenn der Arbeitnehmer für die Dienstreise seine eigene „Bahncard 100" einsetzt und ihm dadurch daher keine (zusätzlichen) Kosten entstehen, war Gegenstand der Erörterung der obersten Finanzbehörden der Länder mit dem Bund. Danach soll der Arbeitgeberersatz für die „Bahncard 100" erst dann steuerfrei bleiben, wenn die (andernfalls für die Dienstreise entstehenden) Kosten für die dienstlichen Bahnfahrten den Kaufpreis für die „Bahncard 100" von 3 000 € übersteigen.

Gehaltsumwandlung

Vergütungen zur Erstattung von Reisekosten können auch dann steuerfrei sein, wenn sie der Arbeitgeber aus umgewandeltem Arbeitslohn zahlt. Voraussetzung ist, dass Arbeitgeber und Arbeitnehmer die Lohnumwandlung vor der Entstehung des Vergütungsanspruchs vereinbaren (→ BFH vom 27. 4. 2001 – BStBl II S. 601).

EStG	**§ 3**

Steuerfrei sind

...

S 2121 17. Zuschüsse zum Beitrag nach § 32 des Gesetzes über die Alterssicherung der Landwirte;

S 2121 18. das Aufgeld für ein an die Bank für Vertriebene und Geschädigte (Lastenausgleichsbank) zugunsten des Ausgleichsfonds (§ 5 des Lastenausgleichsgesetzes) gegebenes Darlehen, wenn das Darlehen nach § 7f des Gesetzes in der Fassung der Bekanntmachung vom 15. September 1953 (BGBl. I S. 1355) im Jahr der Hingabe als Betriebsausgabe abzugsfähig war;

S 2342 19. (weggefallen)

S 2342 20. die aus öffentlichen Mitteln des Bundespräsidenten aus sittlichen oder sozialen Gründen gewährten Zuwendungen an besonders verdiente Personen oder ihre Hinterbliebenen;

S 2121 21. (weggefallen)

S 2342 22. (weggefallen)

S 2342 23. die Leistungen nach dem Häftlingshilfegesetz, dem Strafrechtlichen Rehabilitierungsgesetz, dem Verwaltungsrechtlichen, Beruflichen Rehabilitierungsgesetz *und dem Gesetz zur strafrechtlichen Rehabilitierung der nach dem 8. Mai 1945 wegen einvernehmlicher homosexueller Handlungen verurteilten Personen;*[1]

S 2342 24. Leistungen, die auf Grund des Bundeskindergeldgesetzes gewährt werden;

S 2342 25. Entschädigungen nach dem Infektionsschutzgesetz vom 20. Juli 2000 (BGBl. I S. 1045);

S 2121 26. Einnahmen aus nebenberuflichen Tätigkeiten als Übungsleiter, Ausbilder, Erzieher, Betreuer oder vergleichbaren nebenberuflichen Tätigkeiten, aus nebenberuflichen künstlerischen Tätigkeiten oder der nebenberuflichen Pflege alter, kranker oder behinderter Menschen im Dienst oder im Auftrag einer juristischen Person des öffentlichen Rechts, die in einem Mitgliedstaat der Europäischen Union oder in einem Staat belegen ist, auf den das Abkommen über den Europäischen Wirtschaftsraum Anwendung findet, oder einer unter § 5 Absatz 1 Nummer 9 des Körperschaftsteuergesetzes fallenden Einrichtung zur Förderung gemeinnütziger, mildtätiger und kirchlicher Zwecke (§§ 52 bis 54 der Abgabenordnung) bis zur Höhe von insgesamt 2 400 Euro im Jahr. [2]Überschreiten die Einnahmen für die in Satz 1 bezeichneten Tätigkeiten den steuerfreien Betrag, dürfen die mit den nebenberuflichen Tätigkeiten in unmittelbarem wirtschaftlichen Zusammenhang stehenden Ausgaben abweichend von § 3c nur insoweit als Betriebsausgaben oder Werbungskosten abgezogen werden, als sie den Betrag der steuerfreien Einnahmen übersteigen;

R 3.26

Steuerbefreiung für nebenberufliche Tätigkeiten
(§ 3 Nr. 26 EStG)

Begünstigte Tätigkeiten

S 2337 (1) [1]Die Tätigkeiten als Übungsleiter, Ausbilder, Erzieher oder Betreuer haben miteinander gemeinsam, dass sie auf andere Menschen durch persönlichen Kontakt Einfluss nehmen, um auf diese Weise deren geistige und körperliche Fähigkeiten zu entwickeln und zu fördern. [2]Gemeinsames Merkmal der Tätigkeiten ist daher eine pädagogische Ausrichtung. [3]Zu den begünstigten Tätigkeiten gehören z. B. die Tätigkeit eines Sporttrainers, eines Chorleiters oder Orchesterdirigenten, die Lehr- und Vortragstätigkeit im Rahmen der allgemeinen Bildung und Ausbildung, z. B. Kurse und Vorträge an Schulen und Volkshochschulen, Mütterberatung, Erste-Hilfe-Kurse, Schwimmunterricht, oder im Rahmen der beruflichen Ausbildung und Fortbildung, nicht dagegen die Ausbildung von Tieren, z. B. von Rennpferden oder Diensthunden. [4]Die Pflege alter, kranker oder behinderter Menschen umfasst außer der Dauerpflege auch Hilfsdienste bei der häuslichen Betreuung durch ambulante Pflegedienste, z. B. Unterstützung bei der Grund- und Behandlungs-

---

[1] *Nummer 23 wurde durch das Gesetz zur strafrechtlichen Rehabilitierung der nach dem 8. Mai 1945 wegen einvernehmlicher homosexueller Handlungen verurteilten Personen und zur Änderung des Einkommensteuergesetzes ab VZ 2017 geändert.*

pflege, bei häuslichen Verrichtungen und Einkäufen, beim Schriftverkehr, bei der Altenhilfe entsprechend dem § 71 SGB XII, z. B. Hilfe bei der Wohnungs- und Heimplatzbeschaffung, in Fragen der Inanspruchnahme altersgerechter Dienste, und bei Sofortmaßnahmen gegenüber Schwerkranken und Verunglückten, z. B. durch Rettungssanitäter und Ersthelfer. [5]Eine Tätigkeit, die ihrer Art nach keine übungsleitende, ausbildende, erzieherische, betreuende oder künstlerische Tätigkeit und keine Pflege alter, kranker oder behinderter Menschen ist, ist keine begünstigte Tätigkeit, auch wenn sie die übrigen Voraussetzungen des § 3 Nr. 26 EStG erfüllt, z. B. eine Tätigkeit als Vorstandsmitglied, als Vereinskassierer, oder als Gerätewart bei einem Sportverein bzw. als ehrenamtlich tätiger Betreuer (§ 1896 Abs. 1 Satz 1, § 1908i Abs. 1 BGB), Vormund (§ 1773 Abs. 1 Satz 1 BGB) oder Pfleger (§§ 1909 ff., 1915 Abs. 1 Satz 1 BGB); ggf. ist § 3 Nr. 26a bzw. 26b EStG anzuwenden.

Nebenberuflichkeit

(2) [1]Eine Tätigkeit wird nebenberuflich ausgeübt, wenn sie – bezogen auf das Kalenderjahr – nicht mehr als ein Drittel der Arbeitszeit eines vergleichbaren Vollzeiterwerbs in Anspruch nimmt.[1]) [2]Es können deshalb auch solche Personen nebenberuflich tätig sein, die im steuerrechtlichen Sinne keinen Hauptberuf ausüben, z. B. Hausfrauen, Vermieter, Studenten, Rentner oder Arbeitslose. [3]Übt ein Stpfl. mehrere verschiedenartige Tätigkeiten i. S. d. § 3 Nr. 26 EStG aus, ist die Nebenberuflichkeit für jede Tätigkeit getrennt zu beurteilen. [4]Mehrere gleichartige Tätigkeiten sind zusammenzufassen, wenn sie sich nach der Verkehrsanschauung als Ausübung eines einheitlichen Hauptberufs darstellen, z. B. Unterricht von jeweils weniger als dem dritten Teil des Pensums einer Vollzeitkraft in mehreren Schulen. [5]Eine Tätigkeit wird nicht nebenberuflich ausgeübt, wenn sie als Teil der Haupttätigkeit anzusehen ist.

Arbeitgeber/Auftraggeber

(3) [1]Der Freibetrag wird nur gewährt, wenn die Tätigkeit im Dienst oder im Auftrag einer der in § 3 Nr. 26 EStG genannten Personen erfolgt. [2]Als juristische Personen des öffentlichen Rechts kommen beispielsweise in Betracht Bund, Länder, Gemeinden, Gemeindeverbände, Industrie- und Handelskammern, Handwerkskammern, Rechtsanwaltskammern, Steuerberaterkammern, Wirtschaftsprüferkammern, Ärztekammern, Universitäten oder die Träger der Sozialversicherung. [3]Zu den Einrichtungen i. S. d. § 5 Abs. 1 Nr. 9 KStG gehören Körperschaften, Personenvereinigungen, Stiftungen und Vermögensmassen, die nach der Satzung oder dem Stiftungsgeschäft und nach der tatsächlichen Geschäftsführung ausschließlich und unmittelbar gemeinnützige, mildtätige oder kirchliche Zwecke verfolgen. [4]Nicht zu den begünstigten Einrichtungen gehören beispielsweise Berufsverbände (Arbeitgeberverband, Gewerkschaft) oder Parteien. [5]Fehlt es an einem begünstigten Auftraggeber/Arbeitgeber, so kann der Freibetrag nicht in Anspruch genommen werden.

Förderung gemeinnütziger, mildtätiger und kirchlicher Zwecke

(4) [1]Die Begriffe der gemeinnützigen, mildtätigen und kirchlichen Zwecke ergeben sich aus den §§ 52 bis 54 der Abgabenordnung (AO). [2]Eine Tätigkeit dient auch dann der selbstlosen Förderung begünstigter Zwecke, wenn sie diesen Zwecken nur mittelbar zugute kommt.

(5) [1]Wird die Tätigkeit im Rahmen der Erfüllung der Satzungszwecke einer juristischen Person ausgeübt, die wegen Förderung gemeinnütziger, mildtätiger oder kirchlicher Zwecke steuerbegünstigt ist, so ist im Allgemeinen davon auszugehen, dass die Tätigkeit ebenfalls der Förderung dieser steuerbegünstigten Zwecke dient. [2]Dies gilt auch dann, wenn die nebenberufliche Tätigkeit in einem sogenannten Zweckbetrieb im Sinne der §§ 65 bis 68 AO ausgeübt wird, z. B. als nebenberuflicher Übungsleiter bei sportlichen Veranstaltungen nach § 67a Abs. 1 AO, als nebenberuflicher Erzieher in einer Einrichtung über Tag und Nacht (Heimerziehung) oder sonstigen betreuten Wohnform nach § 68 Nr. 5 AO. [3]Eine Tätigkeit in einem steuerpflichtigen wirtschaftlichen Geschäftsbetrieb einer im Übrigen steuerbegünstigten juristischen Person (§§ 64, 14 AO) erfüllt dagegen das Merkmal der Förderung gemeinnütziger, mildtätiger oder kirchlicher Zwecke nicht.

(6) [1]Der Förderung begünstigter Zwecke kann auch eine Tätigkeit für eine juristische Person des öffentlichen Rechts dienen, z. B. nebenberufliche Lehrtätigkeit an einer Universität, nebenberufliche Ausbildungstätigkeit bei der Feuerwehr, nebenberufliche Fortbildungstätigkeit für eine Anwalts- oder Ärztekammer. [2]Dem steht nicht entgegen, dass die Tätigkeit in den Hoheitsbereich der juristischen Person des öffentlichen Rechts fallen kann.

Gemischte Tätigkeiten

(7) [1]Erzielt der Steuerpflichtige Einnahmen, die teils für eine Tätigkeit, die unter § 3 Nr. 26 EStG fällt, und teils für eine andere Tätigkeit gezahlt werden, so ist lediglich für den entsprechen-

---

[1]) → H 3.26 (Nebenberuflichkeit)

den Anteil nach § 3 Nr. 26 EStG der Freibetrag zu gewähren. [2]Die Steuerfreiheit von Bezügen nach anderen Vorschriften, z. B. nach § 3 Nr. 9, 12, 13, 16 EStG, bleibt unberührt; wenn auf bestimmte Bezüge sowohl § 3 Nr. 26 EStG als auch andere Steuerbefreiungsvorschriften anwendbar sind, so sind die Vorschriften in der Reihenfolge anzuwenden, die für den Steuerpflichtigen am günstigsten ist.

Höchstbetrag

(8) [1]Der Freibetrag nach § 3 Nr. 26 EStG ist ein Jahresbetrag. [2]Dieser wird auch dann nur einmal gewährt, wenn mehrere begünstigte Tätigkeiten ausgeübt werden. [3]Er ist nicht zeitanteilig aufzuteilen, wenn die begünstigte Tätigkeit lediglich wenige Monate ausgeübt wird.

Werbungskosten- bzw. Betriebsausgabenabzug

(9) [1]Ein Abzug von Werbungskosten bzw. Betriebsausgaben, die mit den steuerfreien Einnahmen nach § 3 Nr. 26 EStG in einem unmittelbaren wirtschaftlichen Zusammenhang stehen, ist nur dann möglich, wenn die Einnahmen aus der Tätigkeit und gleichzeitig auch die jeweiligen Ausgaben den Freibetrag übersteigen. [2]In Arbeitnehmerfällen ist in jedem Falle der Arbeitnehmer-Pauschbetrag anzusetzen, soweit er nicht bei anderen Dienstverhältnissen verbraucht ist.

Lohnsteuerverfahren

(10) [1]Beim Lohnsteuerabzug ist eine zeitanteilige Aufteilung des steuerfreien Höchstbetrags nicht erforderlich; das gilt auch dann, wenn feststeht, dass das Dienstverhältnis nicht bis zum Ende des Kalenderjahres besteht. [2]Der Arbeitnehmer hat dem Arbeitgeber jedoch schriftlich zu bestätigen, dass die Steuerbefreiung nicht bereits in einem anderen Dienst- oder Auftragsverhältnis berücksichtigt worden ist oder berücksichtigt wird. [3]Diese Erklärung ist zum Lohnkonto zu nehmen.

H 3.26

Hinweise

Abgrenzung der Einkunftsart

→ R 19.2, H 19.2

Bahnhofsmission

→ Nebenberufliche Tätigkeiten

Begrenzung der Steuerbefreiung

Die Steuerfreiheit ist auch bei Einnahmen aus mehreren nebenberuflichen Tätigkeiten, z. B. Tätigkeit für verschiedene gemeinnützige Organisationen, und bei Zufluss von Einnahmen aus einer in mehreren Jahren ausgeübten Tätigkeit im Sinne des § 3 Nr. 26 EStG in einem Jahr auf einen einmaligen Jahresbetrag von 2 400 Euro begrenzt (→ BFH vom 23. 6. 1988 – BStBl II S. 890 und vom 15. 2. 1990 – BStBl II S. 686).

Juristische Personen des öffentlichen Rechts in EU/EWR-Mitgliedstaaten

Zahlungen einer französischen Universität für eine nebenberufliche Lehrtätigkeit sind nach § 3 Nr. 26 EStG steuerfrei (→ BFH vom 22. 7. 2008 – BStBl 2010 II S. 265).

Künstlerische Tätigkeit

Eine nebenberufliche künstlerische Tätigkeit liegt auch dann vor, wenn sie die eigentliche künstlerische (Haupt-)Tätigkeit nur unterstützt und ergänzt, sofern sie Teil des gesamten künstlerischen Geschehens ist (→ BFH vom 18. 4. 2007 – BStBl II S. 702).

Mittelbare Förderung

eines begünstigten Zwecks reicht für eine Steuerfreiheit aus. So dient die Unterrichtung eines geschlossenen Kreises von Pflegeschülern an einem Krankenhaus mittelbar dem Zweck der Gesundheitspflege (→ BFH vom 26. 3. 1992 – BStBl 1993 II S. 20).

Nebenberufliche Tätigkeiten, Übungsleiter

Steuerbefreiungen für nebenberufliche Tätigkeiten nach § 3 Nr. 26 EStG

(OFD Frankfurt/M. vom 15. 11. 2016 – S 2245 A – 2 – St 213 – FMNR51f310015)

1. Allgemeines

Die Steuerbefreiung für nebenberufliche Tätigkeiten ist in R 3.26 LStR geregelt.

Ergänzend hierzu weise ich auf Folgendes hin:

Durch das Steuerbereinigungsgesetz 1999 wurde ab dem 01. 01. 2000 die Tätigkeit des nebenberuflichen **Betreuers** in den Katalog der begünstigten Tätigkeiten aufgenommen. Begünstigt sind danach **drei** Tätigkeitsbereiche:

- Nebenberufliche Tätigkeit als Übungsleiter, Ausbilder, Erzieher, Betreuer oder eine vergleichbare Tätigkeit
- Nebenberufliche künstlerische Tätigkeit
- Nebenberufliche Pflege alter, kranker oder behinderter Menschen.

Die bisher begünstigten Tätigkeiten der Übungsleiter, Ausbilder und Erzieher haben miteinander gemeinsam, dass bei ihrer Ausübung durch persönliche Kontakte Einfluss auf andere Menschen genommen wird, um auf diese Weise deren Fähigkeiten zu entwickeln und zu fördern. Nach der Gesetzesbegründung zum Steuerbereinigungsgesetz gilt dies auch für den neu eingeführten Begriff des Betreuers. Gemeinsamer Nenner dieser Tätigkeiten ist daher die **pädagogische Ausrichtung**. Nicht begünstigt ist die Betreuungstätigkeit des gesetzlichen Betreuers nach § 1835a BGB sowie der Verfahrenspfleger nach dem Gesetz über die Angelegenheiten der freiwilligen Gerichtsbarkeit (FGG ; Bestellung nach § 50 FGG in Vormundschafts- u. Familiensachen, nach § 67 FGG in Betreuungssachen und nach § 70b FGG bei Unterbringungsmaßnahmen), da § 3 Nr. 26 EStG nur angewendet werden kann, wenn durch einen direkten pädagogisch ausgerichteten persönlichen Kontakt zu den betreuten Menschen ein Kernbereich des ehrenamtlichen Engagements erfüllt wird. Zur steuerlichen Behandlung der Aufwandsentschädigungen für ehrenamtliche rechtliche Betreuer nach § 1835a BGB vgl. ofix: EStG/18/34. (Die bis 31. 8. 2009 geltenden Regelungen für Verfahrenspfleger nach §§ 50, 67 und 70b des Gesetzes über Angelegenheiten der freiwilligen Gerichtsbarkeit – FGG – sind nunmehr in die o. g. Vorschriften des BGB integriert).

Betroffen von der Neuregelung sind insbesondere Personen, die betreuend im Jugend- und Sportbereich gemeinnütziger Vereine tätig werden. Daher kommt u. a. nun auch der Übungsleiterfreibetrag für die Beaufsichtigung und Betreuung von Jugendlichen durch Jugendleiter, Ferienbetreuer, Schulwegbegleiter etc. in Betracht.

Auch wenn ausschließlich (ohne Zusammenhang mit körperlicher Pflege) **hauswirtschaftliche oder betreuende** Hilfstätigkeiten für alte oder behinderte Menschen erbracht werden (z. B. Reinigung der Wohnung, Kochen, Einkaufen, Erledigung von Schriftverkehr), ist der Freibetrag nach § 3 Nr. 26 EStG zu gewähren, wenn die übrigen Voraussetzungen der Vorschrift erfüllt sind.

Im Bereich der nebenberuflichen **künstlerischen** Tätigkeit sind an den Begriff der „künstlerischen Tätigkeit" dieselben strengen Anforderungen zu stellen wie an die hauptberufliche künstlerische Tätigkeit im Sinne des § 18 Abs. 1 Nr. 1 EStG.

Bei einer Tätigkeit für juristische Personen des öffentlichen Rechts ist es unschädlich, wenn sie für einen **Betrieb gewerblicher Art** ausgeführt wird, da Betriebe gewerblicher Art auch gemeinnützigen Zwecken dienen können (z. B. Krankenhaus oder Kindergarten). Ziel des § 3 Nr. 26 EStG ist es, Bürger, die im gemeinnützigen, mildtätigen oder kirchlichen Bereich nebenberuflich tätig sind, von steuerlichen Verpflichtungen freizustellen. Mithin ist bei einer Tätigkeit für einen Betrieb gewerblicher Art darauf abzustellen, ob dieser einen entsprechend begünstigten Zweck verfolgt oder nicht.

Eine Förderung gemeinnütziger, mildtätiger und kirchlicher Zwecke ist grundsätzlich nur dann gegeben, wenn die Tätigkeit der **Allgemeinheit** zugute kommt. Bei nebenberuflicher Lehrtätigkeit ist diese Voraussetzung auch dann erfüllt, wenn eine Aus- oder Fortbildung zwar nur einem abgeschlossenen Personenkreis zugute kommt (z. B. innerhalb eines Unternehmens oder einer Dienststelle), die Aus- oder Fortbildung selbst aber im Interesse der Allgemeinheit liegt (vgl. BFH-Urteil vom 26. 3. 1992, BStBl II 1993, 20).

Hinsichtlich der Frage der Nebenberuflichkeit regelt R 3.26 Abs. 2 Satz 1 LStR, dass sie dann gegeben ist, wenn die Tätigkeit – bezogen auf das Kalenderjahr – nicht mehr als ein Drittel der Arbeitszeit eines vergleichbaren Vollzeiterwerbs in Anspruch nimmt. Bei der Ermittlung dieser Grenze sollen tarifvertraglich bedingte Unterschiede bei der Arbeitszeit aus Vereinfachungsgründen unberücksichtigt bleiben, es ist pauschalierend davon auszugehen, dass bei einer regelmäßigen Wochenarbeitszeit von nicht mehr als 14 Stunden die Ein-Drittel-Grenze erfüllt ist. Es bleibt dem Steuerpflichtigen unbenommen, im Einzelfall eine in seinem Tätigkeitsfeld höhere tarifliche Arbeitszeit nachzuweisen.

Mit dem Gesetz zur weiteren Stärkung des bürgerschaftlichen Engagements vom 10. 10. 2007 (BGBl I 2007, 2332, BStBl I 2007, 815) wurde der Freibetrag ab 2007 von bisher 1 848 € auf 2 100 € angehoben, mit dem Gesetz zur Stärkung des Ehrenamts vom 1. 3. 2013 (BGBl I 2013, Nr. 15) ab 1. 1. 2013 auf 2 400 €.

Aufgrund der Änderung des § 3 Nr. 26 EStG durch das Jahressteuergesetz 2009 kann der Freibetrag von 2 100 €/2 400 € nunmehr auch in Anspruch genommen werden, wenn eine entsprechende Tätigkeit im Dienst oder Auftrag einer juristischen Person des öffentlichen Rechts bzw. einer zur Förderung gemeinnütziger, mildtätiger und kirchlicher Zwecke steuerbegünstigten Körperschaft erfolgt, die ihren Sitz in einem EU-/EWR-Staat hat. Die Regelung ist nach § 52 Abs. 4b EStG in allen noch offenen Fällen anzuwenden. Strittig ist nach wie vor die Frage, ob für Einnahmen aus einer nebenberuflichen Lehrtätigkeit an einer Eidgenössischen Technischen Hochschule in der Schweiz die Steuerbefreiung nach § 3 Nr. 26 EStG in Betracht kommt. Nach dem Gesetzeswortlaut ist dies zwar nicht der Fall, unklar ist jedoch die Auslegung des Freizügigkeitsabkommens zwischen der Europäischen Gemeinschaft und ihren Mitgliedstaaten einerseits und der Schweizerischen Eidgenossenschaft andererseits. Da es sich hierbei um Gemeinschaftsrecht handelt, wurde dem EuGH die Frage vom Finanzgericht Baden-Württemberg mit Beschluss vom 15. 7. 2015 zur Vorabentscheidung vorgelegt. Entsprechende Einspruchsverfahren ruhen nach § 363 Abs. 2 Satz 2 AO, Aussetzung der Vollziehung ist nicht zu gewähren.

Die Gewährung der Steuerbefreiung nach § 3 Nr. 26 EStG in Vorjahren begründet kein Recht auf Weitergewährung, da die Einkommensteuer der Abschnittsbesteuerung gemäß § 25 Abs. 1 EStG unterliegt, vgl. BFH-Urteil vom 22. 10. 2015 – IV R 7/13.

2. Einzelfälle

2.1. Ärzte im Behindertensport

Nach § 11a des Bundesversorgungsgesetzes ist Rehabilitationssport unter ärztlicher Aufsicht durchzuführen. Behindertensport bedarf nach § 2 Abs. 2 der Gesamtvereinbarungen über den ambulanten Behindertensport während der sportlichen Übungen der Überwachung durch den Arzt. Die Tätigkeit eines Arztes im Rahmen dieser Bestimmungen fällt **dem Grunde nach unter** § 3 Nr. 26 EStG, sofern auch die übrigen Voraussetzungen hierfür erfüllt sind.

2.2. Ärzte im Coronarsport

Ärzte, die nebenberuflich in gemeinnützigen Sportvereinen Coronar-Sportkurse leiten, üben eine einem Übungsleiter vergleichbare Tätigkeit aus, wenn der im Coronar-Sport nebenberuflich tätige Arzt **auf den Ablauf der Übungseinheiten und die Übungsinhalte aktiv Einfluss nimmt**. Es handelt sich dann um eine nach § 3 Nr. 26 EStG begünstigte Tätigkeit.

2.3. Aufsichtsvergütung für die juristische Staatsprüfung

Vergütungen an Richter, Staatsanwälte und Verwaltungsbeamte des höheren Dienstes, die nebenamtlich als Leiter von Arbeitsgemeinschaften für Referendarinnen und Referendare tätig sind, fallen unter die Steuerbefreiungsvorschrift des § 3 Nr. 26 EStG und sind bis zur Höhe von 2 100 €/2 400 € jährlich steuerfrei.

2.4. Bahnhofsmission

Der Tätigkeitsbereich von Bahnhofsmissionen umfasst auch gem. § 3 Nr. 26 EStG begünstigte Pflege- und Betreuungsleistungen. Zur Abgrenzung gegenüber den nicht begünstigten Leistungen bestehen keine Bedenken, wenn Aufwandsentschädigungen nebenberuflicher Mitarbeiterinnen in Bahnhofsmissionen in Höhe von **60 %** der Einnahmen, maximal in Höhe von 3 600 DM (ab 2002: 1 848 €, ab 2007: 2 100 €, ab 2013: 2 400 €) **steuerfrei** belassen werden. Von dem pauschalen Satz kann im Einzelfall abgewichen und auf die tatsächlichen Verhältnisse abgestellt werden, wenn Anhaltspunkte dafür vorliegen, dass die Anwendung dieses Regelsatzes zu einer unzutreffenden Besteuerung führen würde. (vgl. HMdF-Erlass vom 22. 09. 1992 – S 2337 A – 76 – II B 21).

2.5. Behindertentransport

Fahrer und Beifahrer im Behindertentransport erhalten den Freibetrag nach § 3 Nr. 26 EStG bei Vorliegen der übrigen Voraussetzungen **für jeweils 50 % ihrer Vergütung**, da ihre Tätigkeit in der Regel zu gleichen Teilen auf das Fahren des Behindertenfahrzeugs und die Betreuung behinderter Menschen entfällt.

2.6. Bereitschaftsleitungen und Jugendgruppenleiter

Inwieweit eine Gewährung des Freibetrags nach § 3 Nr. 26 EStG in Betracht kommt, hängt von der tatsächlichen Tätigkeit ab. Soweit lediglich organisatorische Aufgaben wahrgenommen werden, liegt keine begünstigte Tätigkeit vor. Soweit die Vergütung auf die Tätigkeit als Ausbilder oder Betreuer entfällt, kann der Freibetrag nach § 3 Nr. 26 EStG gewährt werden.

2.7. Diakon

Ob ein nebenberuflich tätiger katholischer Diakon die Steuerbefreiung nach § 3 Nr. 26 EStG erhalten kann, hängt von der jeweiligen Tätigkeit ab. Zum Berufsbild des Diakons gehören auch ausbildende und betreuende Tätigkeiten mit pädagogischer Ausrichtung sowie Arbeiten im sozialen Bereich, die als Pflege alter, kranker oder behinderter Menschen gewertet werden können. Für solche Tätigkeiten ist eine Steuerbefreiung nach § 3 Nr. 26 EStG möglich.

Bei einer Tätigkeit im Bereich der Verkündigung (z. B. Taufen, Krankenkommunion, Trauungen, Predigtdienst) handelt es sich nicht um eine begünstigte Tätigkeit. Zur Aufteilung bei gemischten Tätigkeiten sowie zur Steuerfreiheit nach anderen Vorschriften vgl. R 3.26 Abs. 7 LStR.

2.8. Ehrenamtliche Auditoren zur Akkreditierung akademischer Studiengänge im Rahmen des paneuropäischen Bologna-Prozesses

Die Tätigkeit eines ehrenamtlichen Auditors zur Akkreditierung akademischer Studiengänge stellt mangels vorgesehener pädagogischer Ausrichtung keine vergleichbare Tätigkeit im Sinne des § 3 Nr. 26 EStG dar. Mit Urteil vom 25. 02. 2016 – 12 K 1017/15 – hat das Hessische Finanzgericht entschieden, dass ein Auditor vielmehr als Gutachter tätig werde, da er die Akkreditierungsanträge der Hochschule anhand von Hochschul-Begehungen und Gesprächen mit Professoren und Studenten prüfe, einen Bericht hierzu fertige und anschließend eine Beschlussempfehlung an die Akkreditierungskommission erstelle. Seine Tätigkeit sei vorrangig ein Instrument der Qualitätssicherung. Als Auditor nehme man keinen persönlichen Einfluss im Sinne der Vorschrift auf die körperliche und geistige Befähigung von Studenten oder Professoren, da die stattfindenden Gespräche auf Augenhöhe – also unter gleichwertigen Gesprächspartnern – erfolgen würden.

2.9. Ehrenamtliche Richter, Schöffen

Nach dem Urteil des FG Baden-Württemberg vom 10. 02. 2016 – 12 K 1205/14, EFG 2016, 994, 996, handelt sich bei der an ehrenamtliche Richter gezahlten Entschädigung nach dem JVEG um Einkünfte aus selbstständiger Arbeit nach § 18 Abs. 1 S. 1 Nr. 3 EStG, für die die Steuerbefreiung des § 3 Nr. 26 EStG nicht in Frage kommt. Gegen das Urteil ist unter dem Az. BFH: IX R 10/16 Revision beim BFH anhängig.

2.10. Ferienbetreuer

Ehrenamtliche Ferienbetreuer, die zeitlich begrenzt zur Durchführung von Ferienmaßnahmen eingesetzt werden, sind nebenberuflich tätig, so dass bei Vorliegen der weiteren Voraussetzungen die Einnahmen aus dieser Tätigkeit nach § 3 Nr. 26 EStG begünstigt sind.

2.11. Feuerwehrleute

s. ofix: EStG/3/20 und ofix: EStG/3/56

2.12. Hauswirtschaftliche Tätigkeiten in Altenheim, Krankenhäusern usw.

Reine Hilfsdienste, wie z. B. Putzen, Waschen und Kochen im Reinigungsdienst und in der Küche von Altenheimen, Krankenhäusern, Behinderteneinrichtungen u. ä. Einrichtungen stehen **nicht** den ambulanten Pflegediensten gleich und fallen daher **nicht** unter § 3 Nr. 26 EStG, da keine häusliche Betreuung im engeren Sinne stattfindet und damit kein unmittelbarer persönlicher Bezug zu den gepflegten Menschen entsteht. Die Leistungen werden primär für das jeweilige Heim oder Krankenhaus erbracht und betreffen daher nur mittelbar die pflegebedürftigen Personen.

2.13. Helfer im sog. Hintergrunddienst des Hausnotrufdienstes.

Um bei Hausnotrufdiensten die Entgegennahme von Alarmanrufen rund um die Uhr, die Vertrautheit der Bewohner mit dem Hausnotrufdienst und die Funktionsfähigkeit der Hausnotrufgeräte zu gewährleisten, wird von den Hilfsorganisationen – zusätzlich zu den Mitarbeitern der

Hausnotrufzentrale – ein sog. Hintergrunddienst eingerichtet, um vor Ort Hilfe zu leisten. Die Mitarbeiter des Hintergrunddienstes sind daneben auch mit der Einweisung, Einrichtung, Wartung und Überprüfung der Hausnotrufgeräte beschäftigt. Dennoch kann ihnen die Steuervergünstigung nach § 3 Nr. 26 EStG für die gesamte Vergütung gewährt werden, da Bereitschaftszeiten wie die aktive Tätigkeit zu behandeln sind (vgl. auch Tz. 2.20). Das Sich-Bereithalten ist unabdingbare Voraussetzung für die erfolgreiche Durchführung der Rettungseinsätze.

2.14. Küchenmitarbeiter in Waldheimen

Die Tätigkeit von Mitarbeiterinnen in der Küche und im hauswirtschaftlichen Bereich von Waldheimen stellt **keine begünstigte Tätigkeit** im Sinne des § 3 Nr. 26 EStG dar. Es handelt sich nicht um eine betreuende Tätigkeit, da pädagogische Aspekte nicht im Vordergrund stehen. Ausschlaggebend ist die hauswirtschaftliche Tätigkeit im Zusammenhang mit der Essenszubereitung für die in den Waldheimen während der Ferienzeit aufgenommenen Jugendlichen.

2.15. Lehrbeauftragte an Schulen

Vergütungen an ehrenamtliche Lehrbeauftragte, die von den Schulen für einen ergänzenden Unterricht eingesetzt werden, sind – soweit von den Schulen mit den Lehrbeauftragten nicht ausdrücklich ein Arbeitsvertrag abgeschlossen wird – den Einnahmen aus **selbständiger** (unterrichtender) Tätigkeit nach § 18 Abs. 1 Nr. 1 EStG zuzuordnen und **nach § 3 Nr. 26 EStG begünstigt**.

2.16. Mahlzeitendienste

Vergütungen an Helfer des Mahlzeitendienstes sind **nicht nach § 3 Nr. 26 EStG begünstigt**, da die Lieferung einer Mahlzeit für die Annahme einer Pflegleistung nicht ausreicht. Ab dem 01. 01. 2007 ist jedoch die Inanspruchnahme der Steuerfreistellung nach § 3 Nr. 26a EStG in Höhe von bis zu 500 €, ab 2013 bis 720 € möglich, sofern diese Tätigkeit nebenberuflich ausgeübt wird.

2.17. Notfallfahrten bei Blut- und Organtransport

Bei diesen Notfallfahrten handelt es sich nicht um begünstigte Tätigkeiten nach § 3 Nr. 26 EStG.

2.18. Organistentätigkeit

Durch das Kultur- und Stiftungsgesetz vom 13. 12. 1990 (BStBl 1991 I S. 51) ist § 3 Nr. 26 EStG dahingehend erweitert worden, dass ab 1991 auch Aufwandsentschädigungen für nebenberufliche künstlerische Tätigkeiten im Dienst oder Auftrag einer inländischen juristischen Person des öffentlichen Rechts oder einer gemeinnützigen Körperschaft in begrenztem Umfang steuerfrei bleiben. Aus Gründen der Praktikabilität und der Verwaltungsvereinfachung ist bei den in Kirchengemeinden eingesetzten Organisten grundsätzlich davon auszugehen, dass deren Tätigkeit eine gewisse Gestaltungshöhe erreicht und somit die Voraussetzungen einer **künstlerischen Tätigkeit** im Sinne des § 3 Nr. 26 EStG vorliegen. (vgl. HMdF-Erlass vom 17. 04. 2000 – S 2337 A – 77 – II B 2a).

2.19. Patientenfürsprecher

Der Patientenfürsprecher hat die Interessen der Patienten gegenüber dem Krankenhaus zu vertreten. Diese Tätigkeit stellt keine Pflege alter, kranker oder behinderter Menschen dar. Die an die Patientenfürsprecher gezahlten Aufwandsentschädigungen sind daher **nicht** nach § 3 Nr. 26 EStG steuerfrei.

2.20. Prädikanten

Die Anwendung des § 3 Nr. 26 EStG wurde von den obersten Finanzbehörden des Bundes und der Länder verneint. Insoweit fehle bei den Prädikanten (wie auch bei Lektoren) der direkte pädagogisch ausgerichtete persönliche Kontakt zu einzelnen Menschen. Eine Steuerfreiheit der Bezüge kann sich jedoch ggf. aus § 3 Nr. 12, 13, 50 EStG ergeben.

2.21. Richter, Parcourschefs, Parcourschef-Assistenten bei Pferdesportveranstaltungen

Bei diesen ehrenamtlichen Tätigkeiten handelt es sich nicht um begünstigte Tätigkeiten nach § 3 Nr. 26 EStG

2.22. Rettungskräfte

- Rettungssanitäter und -schwimmer sowie Notärzte in Rettungs-und Krankentransportwagen sowie im Rahmen von Großveranstaltungen
- Einsatzkräfte der Berg-, Höhlen- und Wasserrettung, sofern Personenbergung im Vordergrund steht
- Kriseninterventionspersonen (psychologische Soforthilfe für traumatisierte Opfer und deren Angehörige bei schweren oder tragischen Unfällen)
- Helfer vor Ort (organisierte Helfer, die bis zum Eintreffen eines Rettungsmittels mit qualifizierten basismedizinischen Maßnahmen, Ersthilfe leisten)
- Einsatzleiter Rettungsdienst vor Ort

Die Einnahmen dieser ehrenamtlichen Rettungskräfte sind nicht mehr in solche aus Rettungseinsätzen und solche aus Bereitschaftszeiten aufzuteilen.

2.23. Schulweghelfer und Schulbusbegleiter

Gemeinden gewähren den grundsätzlich als Arbeitnehmer beschäftigten Schulweghelfern und Schulbusbegleitern Aufwandsentschädigungen. Diese sind nebeneinander sowohl nach § 3 Nr. 26 EStG als auch nach § 3 Nr. 12 Satz 2 EStG begünstigt. Die Vorschriften sind in der für den Steuerpflichtigen günstigsten Reihenfolge zu berücksichtigen (R 3.26 Abs. 7 LStR 2008).

2.24. Stadtführer

Die Tätigkeit eines Stadtführers ist – vergleichbar mit einer unterrichtenden Tätigkeit an einer Volkshochschule und der Tätigkeit eines Museumsführers – wegen ihrer pädagogischen Ausrichtung grundsätzlich nach § 3 Nr. 26 EStG begünstigt. Zu prüfen ist jedoch insbesondere, ob die Tätigkeit im Auftrag oder im Dienst einer juristischen Person des öffentlichen Rechts oder einer anderen unter § 5 Abs. 1 Nr. 9 KStG zur Förderung gemeinnütziger, mildtätiger und kirchlicher Zwecke ausgeübt wird.

2.25. Statisten/Komparsen bei Theateraufführungen

Aufwandsentschädigungen für Statisten sind grundsätzlich **nicht** nach § 3 Nr. 26 EStG begünstigt, da Statisten keine künstlerische Tätigkeit ausüben. Eine künstlerische Tätigkeit liegt bei § 3 Nr. 26 EStG (wie bei § 18 EStG) nur vor, wenn eine gewisse Gestaltungshöhe bei eigenschöpferischer Leistung gegeben ist. Nach dem BFH-Urteil vom 18. 04. 2007 (BStBl 2007 II S. 702) wird die Auslegung des Begriffs einer künstlerischen Tätigkeit im Sinne des § 3 Nr. 26 EStG jedoch beeinflusst durch die Begrenzung auf einen Höchstbetrag und das Merkmal der Nebenberuflichkeit. In diesem Sinne kann eine künstlerische Tätigkeit auch dann vorliegen, wenn sie die eigentliche künstlerische (Haupt-)Tätigkeit unterstützt und ergänzt, sofern sie Teil des gesamten künstlerischen Geschehens ist. Auch der Komparse kann daher – anders als z. B. ein Bühnenarbeiter – eine künstlerische Tätigkeit ausüben. Bei der Beurteilung kommt es auf die Umstände des Einzelfalles an.

2.26. Versicherungsberatung

Mit Urteil vom 01. 07. 2015 – 7 K 7230/13 – hat das Finanzgericht Berlin-Brandenburg entschieden, dass eine ehrenamtliche Versicherungsberaterin der Deutschen Rentenversicherung Bund nicht als Betreuerin im Sinne des § 3 Nr. 26 EStG anzusehen sei und deshalb ein Übungsleiterfreibetrag nicht gewährt werden könne. Die Tätigkeit der Klägerin sei den rechts- und wirtschaftsberatenden Tätigkeiten zuzurechnen, es fehle an der erforderlichen pädagogischen Ausrichtung.

Die gegen das Urteil zugelassene und eingelegte Revision wird unter dem Az. VIII R 28/15 geführt.

Entsprechende Einspruchsverfahren ruhen nach § 363 Abs. 2 Satz 2 AO, Aussetzung der Vollziehung, ist nicht zu gewähren.

2.27. Versichertenälteste

Für die Tätigkeit der Versichertenältesten ist die Begünstigung des § 3 Nr. 26 EStG **nicht** zu gewähren, da es sich weder um eine begünstigte Tätigkeit handelt noch diese zur Förderung gemeinnütziger, mildtätiger oder kirchlicher Zwecke im Sinne der §§ 52 bis 54 AO handelt.

2.28. Zahnärzte im Arbeitskreis Jugendzahnpflege

Soweit Zahnärzte in freier Praxis im Rahmen der „Arbeitskreise Jugendzahnpflege in Hessen" (AkJ) tätig werden (sogen. **Patenschaftszahnärzte**), üben sie diese Tätigkeit **nebenberuflich** aus, so dass die entsprechenden Vergütungen bei Vorliegen der übrigen Voraussetzungen nach § 3 Nr. 26 EStG begünstigt sind.

3. Betriebsausgaben-/Werbungskostenabzug

Nach § 3c EStG dürfen Ausgaben, soweit sie mit steuerfreien Einnahmen in unmittelbarem wirtschaftlichen Zusammenhang stehen, nicht als Betriebsausgaben oder Werbungskosten abgezogen werden. Ausgaben, die zugleich steuerfreie und steuerpflichtige Einnahmen betreffen, sind – ggf. im Schätzungswege – aufzuteilen und anteilig abzuziehen.

Ab 01. 01. 2000 dürfen abweichend von diesen Grundsätzen nach § 3 Nr. 26 S. 2 EStG in unmittelbarem wirtschaftlichen Zusammenhang mit der nebenberuflichen Tätigkeit stehende Ausgaben **nur insoweit als Werbungskosten oder Betriebsausgaben abgezogen werden, als sie den Betrag der steuerfreien Einnahmen übersteigen.** Sowohl die Einnahmen aus der Tätigkeit als auch die jeweiligen Ausgaben müssen den Freibetrag übersteigen, R 3.26 Abs. 9 LStR. Gegen das anderslautende Urteil des Thüringer Finanzgerichts vom 30. 9. 2015, wonach auch bei unter dem Freibetrag liegenden Einnahmen die über dem Freibetrag liegenden Ausgaben geltend gemacht werden können, wurde Revision eingelegt. Bei sowohl unter dem Freibetrag liegenden Einnahmen als auch Ausgaben hat das Finanzgericht Mecklenburg-Vorpommern mit Urteil vom 16. 6. 2015 entschieden, dass der dadurch entstehende Verlust ebenfalls geltend gemacht werden kann. Gegen dieses Urteil wurde Nichtzulassungsbeschwerde eingelegt (Az. VIII B 73/15). Entsprechende Einspruchsverfahren ruhen nach § 363 Abs. 2 Satz 2 AO, Aussetzung der Vollziehung ist nicht zu gewähren.

Entstehen Betriebsausgaben zur Vorbereitung einer unter § 3 Nr. 26 EStG fallenden Tätigkeit und wird diese später nicht aufgenommen, kann der entstandene Verlust in voller Höhe, <u>also ohne Kürzung um den Freibetrag</u>, berücksichtigt werden. Der BFH hat mit Urteil vom 06. 07. 2005 (BStBl 2006 II S. 163) – zu § 3 Nr. 26 EStG a. F. – entschieden, § 3c EStG sei insoweit nicht anwendbar.

Nebenberuflichkeit

– Selbst bei dienstrechtlicher Verpflichtung zur Übernahme einer Tätigkeit im Nebenamt unter Fortfall von Weisungs- und Kontrollrechten des Arbeitgebers kann Nebenberuflichkeit vorliegen (→ BFH vom 29. 1. 1987 – BStBl II S. 783).
– Zum zeitlichen Umfang → BFH vom 30. 3. 1990 (BStBl II S. 854).
  – *Beispiel 1*
    Ein ehrenamtlicher Helfer wird je nach Bedarf wöchentlich für 13 Stunden als Sanitäter oder Altenpfleger eingesetzt, für deren Tätigkeitsbereiche unterschiedliche tarifliche Arbeitszeiten vereinbart sind (41-Stunden-Woche bzw. 38,5-Stunden-Woche).
    Bei der Prüfung der Ein-Drittel-Grenze sind die tariflichen Arbeitszeiten aus Vereinfachungsgründen unbeachtlich. Daher ist bei einer regelmäßigen Wochenarbeitszeit von maximal 14 Stunden pauschalierend von einer nebenberuflichen Tätigkeit auszugehen. Im Einzelfall kann auch eine höhere tarifliche Arbeitszeit nachgewiesen werden.
  – *Beispiel 2*
    Ein Lehrer ist zu 50 % teilzeitbeschäftigt (14 Pflichtstunden wöchentlich).
    Eine nebenberufliche Tätigkeit liegt nicht vor, da bei Lehrern zur Prüfung der Ein-Drittel-Grenze auf die Pflichtstunden (Deputat) bei Vollzeitbeschäftigung abzustellen ist.

Prüfer

Die Tätigkeit als Prüfer bei einer Prüfung, die zu Beginn, im Verlaufe oder als Abschluss einer Ausbildung abgenommen wird, ist mit der Tätigkeit eines Ausbilders vergleichbar (→ BFH vom 23. 6. 1988 – BStBl II S. 890).

Rundfunkessays

Die Tätigkeit als Verfasser und Vortragender von Rundfunkessays ist nicht nach § 3 Nr. 26 EStG begünstigt (→ BFH vom 17. 10. 1991 – BStBl 1992 II S. 176).

Übungsleiter

→ Nebenberufliche Tätigkeiten, Übungsleiter

Vergebliche Aufwendungen

Aufwendungen für eine Tätigkeit i. S. d. § 3 Nr. 26 EStG sind auch dann als vorweggenommene Betriebsausgaben abzugsfähig, wenn es nicht mehr zur Ausübung der Tätigkeit kommt; das

Abzugsverbot des § 3c EStG steht dem nicht entgegen (→ BFH vom 6. 7. 2005 – BStBl 2006 II S. 163).

---

§ 3   EStG

Steuerfrei sind

...

26a. Einnahmen aus nebenberuflichen Tätigkeiten im Dienst oder Auftrag einer juristischen Person des öffentlichen Rechts, die in einem Mitgliedstaat der Europäischen Union oder in einem Staat belegen ist, auf den das Abkommen über den Europäischen Wirtschaftsraum Anwendung findet, oder einer unter § 5 Absatz 1 Nummer 9 des Körperschaftsteuergesetzes fallenden Einrichtung zur Förderung gemeinnütziger, mildtätiger und kirchlicher Zwecke (§§ 52 bis 54 der Abgabenordnung) bis zur Höhe von insgesamt 720 Euro im Jahr. [2]Die Steuerbefreiung ist ausgeschlossen, wenn für die Einnahmen aus der Tätigkeit – ganz oder teilweise – eine Steuerbefreiung nach § 3 Nummer 12, 26 oder 26b gewährt wird. [3]Überschreiten die Einnahmen für die in Satz 1 bezeichneten Tätigkeiten den steuerfreien Betrag, dürfen die mit den nebenberuflichen Tätigkeiten in unmittelbarem wirtschaftlichen Zusammenhang stehenden Ausgaben abweichend von § 3c nur insoweit als Betriebsausgaben oder Werbungskosten abgezogen werden, als sie den Betrag der steuerfreien Einnahmen übersteigen;

Hinweise   H 3.26a

Allgemeine Grundsätze

→ BMF vom 21. 11. 2014 (BStBl I S. 1581)

Steuerfreie Einnahmen aus ehrenamtlicher Tätigkeit; Anwendungsschreiben zu § 3 Nummer 26a und 26b EStG

BMF vom 21. 11. 2014 (BStBl I S. 1581)
IV C 4 – S 2121/07/0010 :032 – 2014/0847902

Unter Bezugnahme auf das Ergebnis der Erörterung mit den obersten Finanzbehörden der Länder gilt zur Anwendung der § 3 Nummer 26a und Nummer 26b Einkommensteuergesetz (EStG) in der Fassung des Gesetzes zur Stärkung des Ehrenamtes vom 21. März 2013 (BGBl. I Seite 556) Folgendes:

1. Begünstigte Tätigkeiten i. S. d. § 3 Nummer 26a EStG

§ 3 Nummer 26a EStG sieht im Gegensatz zu § 3 Nummer 26 EStG keine Begrenzung auf bestimmte Tätigkeiten im gemeinnützigen Bereich vor. Begünstigt sind z. B. die Tätigkeiten der Mitglieder des Vorstands, des Kassierers, der Bürokräfte, des Reinigungspersonals, des Platzwartes, des Aufsichtspersonals oder des Schiedsrichters im Amateurbereich. Die Tätigkeit der Amateursportler ist nicht begünstigt. Eine Tätigkeit im Dienst oder Auftrag einer steuerbegünstigten Körperschaft muss für deren ideellen Bereich einschließlich ihrer Zweckbetriebe ausgeübt werden. Tätigkeiten in einem steuerpflichtigen wirtschaftlichen Geschäftsbetrieb und bei der Verwaltung des Vermögens sind nicht begünstigt.

2. Nebenberuflichkeit

Eine Tätigkeit wird nebenberuflich ausgeübt, wenn sie – bezogen auf das Kalenderjahr – nicht mehr als ein Drittel der Arbeitszeit eines vergleichbaren Vollzeiterwerbs in Anspruch nimmt. Es können deshalb auch solche Personen nebenberuflich tätig sein, die im steuerrechtlichen Sinne keinen Hauptberuf ausüben, z. B. Hausfrauen, Vermieter, Studenten, Rentner oder Arbeitslose. Übt ein Steuerpflichtiger mehrere verschiedenartige Tätigkeiten i. S. d. § 3 Nummer 26 oder 26a EStG aus, ist die Nebenberuflichkeit für jede Tätigkeit getrennt zu beurteilen. Mehrere gleichartige Tätigkeiten sind zusammenzufassen, wenn sie sich nach der Verkehrsanschauung als Ausübung eines einheitlichen Hauptberufs darstellen, z. B. Erledigung der Buchführung oder Aufzeichnungen von jeweils weniger als dem dritten Teil des Pensums einer Bürokraft für mehrere gemeinnützige Körperschaften. Eine Tätigkeit wird nicht nebenberuflich ausgeübt, wenn sie als Teil der Haupttätigkeit anzusehen ist. Dies ist auch bei formaler Trennung von haupt- und nebenberuflicher selbständiger oder nichtselbständiger Tätigkeit für denselben Arbeitgeber anzunehmen, wenn beide Tätigkeiten gleichartig sind und die Nebentätigkeit unter ähnlichen organisatorischen Bedingungen wie die Haupttätigkeit ausgeübt wird oder der Steuerpflichtige mit der Nebentätigkeit eine ihm aus seinem Dienstverhältnis faktisch oder rechtlich obliegende Nebenpflicht erfüllt.

3. Auftraggeber/Arbeitgeber

Der Freibetrag wird nur gewährt, wenn die Tätigkeit im Dienst oder im Auftrag einer der in § 3 Nummer 26a EStG genannten Personen erfolgt. Als juristische Personen des öffentlichen Rechts kommen beispielsweise in Betracht Bund, Länder, Gemeinden, Gemeindeverbände, Industrie- und Handelskammern, Handwerkskammern, Rechtsanwaltskammern, Steuerberaterkammern, Wirtschaftsprüferkammern, Ärztekammern, Universitäten oder die Träger der Sozialversicherung. Zu den Einrichtungen i. S. d. § 5 Absatz 1 Nummer 9 des Körperschaftsteuergesetzes (KStG) gehören Körperschaften, Personenvereinigungen, Stiftungen und Vermögensmassen, die nach der Satzung oder dem Stiftungsgeschäft und nach der tatsächlichen Geschäftsführung ausschließlich und unmittelbar gemeinnützige, mildtätige oder kirchliche Zwecke verfolgen. Nicht zu den begünstigten Einrichtungen gehören beispielsweise Berufsverbände (Arbeitgeberverband, Gewerkschaft) oder Parteien. Fehlt es an einem begünstigten Auftraggeber/Arbeitgeber, kann der Freibetrag nicht in Anspruch genommen werden.

4. Förderung gemeinnütziger, mildtätiger und kirchlicher Zwecke

Die Begriffe der gemeinnützigen, mildtätigen und kirchlichen Zwecke ergeben sich aus den §§ 52 bis 54 der Abgabenordnung (AO). Eine Tätigkeit dient auch dann der selbstlosen Förderung begünstigter Zwecke, wenn sie diesen Zwecken nur mittelbar zugute kommt.

Wird die Tätigkeit im Rahmen der Erfüllung der Satzungszwecke einer juristischen Person ausgeübt, die wegen Förderung gemeinnütziger, mildtätiger oder kirchlicher Zwecke steuerbegünstigt ist, ist im Allgemeinen davon auszugehen, dass die Tätigkeit ebenfalls der Förderung dieser steuerbegünstigten Zwecke dient. Dies gilt auch dann, wenn die nebenberufliche Tätigkeit in einem so genannten Zweckbetrieb i. S. d. §§ 65 bis 68 AO ausgeübt wird, z. B. als nebenberuflicher Kartenverkäufer in einem Museum, Theater oder Opernhaus nach § 68 Nummer 7 AO.

Der Förderung begünstigter Zwecke kann auch eine Tätigkeit für eine juristische Person des öffentlichen Rechts dienen, z. B. nebenberufliche Aufsichtstätigkeit in einem Schwimmbad, nebenberuflicher Kirchenvorstand. Dem steht nicht entgegen, dass die Tätigkeit in den Hoheitsbereich der juristischen Person des öffentlichen Rechts fallen kann.

5. Nach § 3 Nummer 12, 26 oder 26b EStG begünstigte Tätigkeiten

Der Freibetrag nach § 3 Nummer 26a EStG kann nicht in Anspruch genommen werden, wenn für die Einnahmen aus derselben Tätigkeit ganz oder teilweise eine Steuerfreiung nach § 3 Nummer 12 EStG (Aufwandsentschädigungen aus öffentlichen Kassen) gewährt wird oder eine Steuerbefreiung nach § 3 Nummer 26 EStG (sog. Übungsleiterfreibetrag) gewährt wird oder gewährt werden könnte. Die Tätigkeit der Versichertenältesten fällt unter die schlichte Hoheitsverwaltung, so dass die Steuerbefreiungsvorschrift des § 3 Nummer 12 EStG anwendbar ist. Für eine andere Tätigkeit, die neben einer nach § 3 Nummer 12 oder 26 EStG begünstigten Tätigkeit bei einer anderen oder derselben Körperschaft ausgeübt wird, kann die Steuerbefreiung nach § 3 Nummer 26a EStG nur dann in Anspruch genommen werden, wenn die Tätigkeit nebenberuflich ausgeübt wird (s. dazu 2.) und die Tätigkeiten voneinander trennbar sind, gesondert vergütet werden und die dazu getroffenen Vereinbarungen eindeutig sind und durchgeführt werden. Einsatz- und Bereitschaftsdienstzeiten der Rettungssanitäter und Ersthelfer sind als einheitliche Tätigkeit zu behandeln, die insgesamt nach § 3 Nummer 26 EStG begünstigt sein kann und für die deshalb auch nicht teilweise die Steuerbefreiung nach § 3 Nummer 26a EStG gewährt wird.

Aufwandsentschädigungen nach § 1835a BGB an ehrenamtlich tätige Betreuer (§ 1896 Absatz 1 Satz 1, § 1908i Absatz 1 BGB), Vormünder (§ 1773 Absatz 1 Satz 1 BGB) und Pfleger (§§ 1909 ff., 1915 Absatz 1 Satz 1 BGB) fallen ab dem Veranlagungszeitraum 2011 ausschließlich unter die Steuerbefreiung nach § 3 Nummer 26b EStG.

Eine Anwendung des § 3 Nummer 26a EStG ist ausgeschlossen (§ 3 Nummer 26a Satz 2 EStG).

6. Verschiedenartige Tätigkeiten

Erzielt der Steuerpflichtige Einnahmen, die teils für eine Tätigkeit, die unter § 3 Nummer 26a EStG fällt, und teils für eine andere Tätigkeit, die nicht unter § 3 Nummer 12, 26 oder 26a EStG fällt, gezahlt werden, ist lediglich für den entsprechenden Anteil nach § 3 Nummer 26a EStG der Freibetrag zu gewähren. Die Steuerfreiheit von Bezügen nach anderen Vorschriften, z. B. nach § 3 Nummer 13, 16 EStG, bleibt unberührt; wenn auf bestimmte Bezüge sowohl § 3 Nummer 26a EStG als auch andere Steuerbefreiungsvorschriften anwendbar sind, sind die Vorschriften in der Reihenfolge anzuwenden, die für den Steuerpflichtigen am günstigsten ist.

7. Höchstbetrag

Der Freibetrag nach § 3 Nummer 26a EStG ist ein Jahresbetrag. Dieser wird auch dann nur einmal gewährt, wenn mehrere begünstigte Tätigkeiten ausgeübt werden. Er ist nicht zeitanteilig aufzuteilen, wenn die begünstigte Tätigkeit lediglich wenige Monate ausgeübt wird.

Die Steuerbefreiung ist auch bei Ehegatten oder Lebenspartnern stets personenbezogen vorzunehmen. Auch bei der Zusammenveranlagung kann der Freibetrag demnach von jedem Ehegatten oder Lebenspartner bis zur Höhe der Einnahmen, höchstens 720 Euro, die er für eine eigene begünstigte Tätigkeit erhält, in Anspruch genommen werden. Eine Übertragung des nicht ausgeschöpften Teils des Freibetrags eines Ehegatten oder Lebenspartners auf höhere Einnahmen des anderen Ehegatten oder Lebenspartners aus der begünstigten nebenberuflichen Tätigkeit ist nicht zulässig.

8. Ehrenamtlicher Vorstand

Die Zahlung von pauschalen Vergütungen für Arbeits- oder Zeitaufwand (Tätigkeitsvergütungen) an den Vorstand ist nur dann zulässig, wenn dies durch bzw. aufgrund einer Satzungsregelung ausdrücklich zugelassen ist (vgl. auch § 27 Absatz 3 Satz 2 BGB in der Fassung des Ehrenamtsstärkungsgesetzes). Ein Verein, der nicht ausdrücklich die Bezahlung des Vorstands regelt und der dennoch Tätigkeitsvergütungen an Mitglieder des Vorstands zahlt, verstößt gegen das Gebot der Selbstlosigkeit. Die regelmäßig in den Satzungen enthaltene Aussage: „Es darf keine Person . . . durch unverhältnismäßig hohe Vergütungen begünstigt werden" (vgl. Anlage 1 zu § 60 AO; dort § 4 der Mustersatzung) ist keine satzungsmäßige Zulassung von Tätigkeitsvergütungen an Vorstandsmitglieder.

Eine Vergütung ist auch dann anzunehmen, wenn sie nach der Auszahlung an den Verein zurückgespendet oder durch Verzicht auf die Auszahlung eines entstandenen Vergütungsanspruchs an den Verein gespendet wird.

Der Ersatz tatsächlich entstandener Aufwendungen (z. B. Büromaterial, Telefon- und Fahrtkosten) ist auch ohne entsprechende Regelung in der Satzung zulässig. Der Einzelnachweis der Aufwendungen ist nicht erforderlich, wenn pauschale Zahlungen den tatsächlichen Aufwand offensichtlich nicht übersteigen; dies gilt nicht, wenn durch die pauschalen Zahlungen auch Arbeits- oder Zeitaufwand abgedeckt werden soll. Die Zahlungen dürfen nicht unangemessen hoch sein (§ 55 Absatz 1 Nummer 3 AO).

Falls ein gemeinnütziger Verein bis zum 31. Dezember 2010 ohne ausdrückliche Erlaubnis dafür in seiner Satzung bereits Tätigkeitsvergütungen gezahlt hat, sind daraus unter den folgenden Voraussetzungen keine für die Gemeinnützigkeit des Vereins schädlichen Folgerungen zu ziehen:

1. Die Zahlungen dürfen nicht unangemessen hoch gewesen sein (§ 55 Absatz 1 Nummer 3 AO).

2. Die Mitgliederversammlung hat bis zum 31. Dezember 2010 eine Satzungsänderung beschlossen, die Tätigkeitsvergütungen zulässt. An die Stelle einer Satzungsänderung kann ein Beschluss des Vorstands treten, künftig auf Tätigkeitsvergütungen zu verzichten.

9. Werbungskosten- oder Betriebsausgabenabzug

Ein Abzug von Werbungskosten bzw. Betriebsausgaben, die mit den steuerfreien Einnahmen nach § 3 Nummer 26a EStG in einem unmittelbaren wirtschaftlichen Zusammenhang stehen, ist nur dann möglich, wenn die Einnahmen aus der Tätigkeit und gleichzeitig auch die jeweiligen Ausgaben den Freibetrag übersteigen. In Arbeitnehmerfällen ist in jedem Falle der Arbeitnehmer-Pauschbetrag anzusetzen, soweit er nicht bei anderen Dienstverhältnissen verbraucht ist.

Beispiel:

Ein Student, der keine anderen Einnahmen aus nichtselbständiger Arbeit erzielt, arbeitet nebenberuflich im Dienst der Stadt als Tierpfleger bei deren als gemeinnützig anerkanntem Tierheim. Dafür erhält er insgesamt 1 200 Euro im Jahr. Von den Einnahmen sind der Arbeitnehmer-Pauschbetrag von 1 000 Euro (§ 9a Satz 1 Nummer 1 Buchstabe a EStG) und der Freibetrag nach § 3 Nummer 26a EStG bis zur Höhe der verbliebenen Einnahmen (200 Euro) abzuziehen. Die Einkünfte aus der nebenberuflichen Tätigkeit betragen 0 Euro.

10. Freigrenze des § 22 Nummer 3 EStG

Gehören die Einnahmen des Steuerpflichtigen aus seiner nebenberuflichen Tätigkeit zu den sonstigen Einkünften (§ 22 Nummer 3 EStG), sind diese nicht einkommensteuerpflichtig, wenn sie weniger als 256 Euro im Kalenderjahr betragen haben. Der Freibetrag nach § 3 Nummer 26a EStG ist bei der Prüfung ob diese Freigrenze überschritten ist, zu berücksichtigen.

> **Beispiel:**
>
> Ein nebenberuflicher ehrenamtlicher Schiedsrichter im Amateurbereich erhält insgesamt 900 Euro. Nach Abzug des Freibetrags nach § 3 Nummer 26a EStG betragen die Einkünfte 180 Euro. Sie sind nicht einkommensteuerpflichtig, weil sie weniger als 256 Euro im Kalenderjahr betragen haben (§ 22 Nummer 3 Satz 2 EStG).

11. Lohnsteuerverfahren

Beim Lohnsteuerabzug ist eine zeitanteilige Aufteilung des Freibetrags nicht erforderlich. Dies gilt auch dann, wenn feststeht, dass das Dienstverhältnis nicht bis zum Ende des Kalenderjahres besteht. Der Arbeitnehmer hat dem Arbeitgeber jedoch schriftlich zu bestätigen, dass die Steuerbefreiung nach § 3 Nummer 26a EStG nicht bereits in einem anderen Dienst- oder Auftragsverhältnis berücksichtigt worden ist oder berücksichtigt wird. Diese Erklärung ist zum Lohnkonto zu nehmen.

12. Rückspende

Die Rückspende einer steuerfrei ausgezahlten Aufwandsentschädigung oder Vergütung an die steuerbegünstigte Körperschaft ist grundsätzlich zulässig. Für den Spendenabzug sind die Grundsätze des BMF-Schreibens vom 7. Juni 1999 (BStBl I S. 591)[1]) zur Anerkennung sog. Aufwandsspenden an gemeinnützige Vereine zu beachten.

EStG
§ 3

Steuerfrei sind

...

S 2121   **26b.** Aufwandsentschädigungen nach § 1835a des Bürgerlichen Gesetzbuchs, soweit sie zusammen mit den steuerfreien Einnahmen im Sinne der Nummer 26 den Freibetrag nach Nummer 26 Satz 1 nicht überschreiten. [2]Nummer 26 Satz 2 gilt entsprechend;

H 3.26b

Hinweise

Einkommensteuerliche Behandlung der Aufwandsentschädigungen für ehrenamtliche Betreuer nach § 1835a BGB

OFD Niedersachsen, Vfg. vom 28. 1. 2015 – S 2337 -121 – St 213

Die einkommensteuerliche Behandlung der Aufwandsentschädigung für ehrenamtliche Betreuer richtet sich unter Berücksichtigung der mit Wirkung ab 2011 eingeführten Steuerbefreiung des § 3 Nr. 26b EStG und des BFH-Urteils vom 17. Oktober 2012 (VIII R 57/09, BStBl 2013 II S. 799) nach den folgenden Grundsätzen:

1. Allgemeines

Nach § 1896 BGB ist für Personen, die aufgrund einer psychischen Krankheit oder einer Behinderung nicht in der Lage sind, ihre Angelegenheiten zu besorgen, ein Betreuer durch das Amtsgericht zu bestellen. Neben Berufsbetreuern werden überwiegend ehrenamtliche Betreuer eingesetzt. In den häufigen Fällen mittelloser Betreuter kommt die Staatskasse für die Betreuungskosten auf.

Ehrenamtliche Betreuer erhalten derzeit eine jährliche **Aufwandsentschädigung** in Höhe von 399,00 EUR (vom 1. Juli 2004 bis 31. Juli 2013: 323,00 EUR, bis 30. Juni 2004: 312,00 EUR). Die Aufwandsentschädigung wird für jede einzelne Vormundschaft, Pflegschaft und Betreuung gewährt. Es ist deshalb in Ausnahmefällen möglich, dass eine Betreuungsperson den Betrag mehrfach bekommt. Der Betrag der Aufwandsentschädigung wurde in Anlehnung an die Entschädigung von Zeugen und Sachverständigen mit einem Vielfachen der Entschädigung für eine Stunde versäumter Arbeitszeit bestimmt.

---

[1]) Jetzt BMF-Schreiben vom 25. 11. 2014 (BStBl I S. 1584).

2. Steuerbefreiung

Bis einschließlich Veranlagungszeitraum 2010
Im Hinblick auf das o. g. BFH-Urteil vom 17. Oktober 2012 sind Aufwandsentschädigungen nach § 3 Nr. 12 Satz 1 EStG steuerfrei.

Ab Veranlagungszeitraum 2011
Mit der Steuerbefreiungsvorschrift des § 3 Nr. 26b EStG hat der Gesetzgeber ab dem Veranlagungszeitraum 2011 eine dem § 3 Nr. 12 EStG vorgehende lex specialis für Aufwandsentschädigungen nach § 1835a BGB geschaffen. Aufwandsentschädigungen, die ehrenamtlichen Betreuern gezahlt werden, sind daher im Rahmen des § 3 Nr. 26b EStG steuerfrei, soweit sie zusammen mit den steuerfreien Einnahmen i. S. d. § 3 Nr. 26 EStG den Freibetrag nach § 3 Nr. 26 Satz 1 EStG (ab Veranlagungszeitraum 2013: 2 400,00 EUR, Veranlagungszeiträume 2011 und 2012: 2 100,00 EUR) nicht überschreiten. D. h. für alle in § 3 Nrn. 26 und 26b EStG genannten Tätigkeiten gilt insgesamt nur ein Freibetrag in Höhe von derzeit 2 400,00 EUR. Ist dieser bereits durch eine Tätigkeit als Übungsleiter nach § 3 Nr. 26 EStG verbraucht, bleibt für eine Steuerbefreiung der Einkünfte als ehrenamtlicher Betreuer kein Raum. Ferner ist der Freibetrag nach § 3 Nr. 26a EStG (sog. Ehrenamtspauschale) ausgeschlossen, wenn die Steuerbefreiung nach § 3 Nr. 26b EStG in Anspruch genommen wurde.

3. Einkunftsart

Bei den Einnahmen aus der Tätigkeit als ehrenamtlicher Betreuer handelt es sich um Einkünfte aus sonstiger selbständiger Tätigkeit nach § 18 Abs. 1 Nr. 3 EStG (BFH-Urteil vom 17. Oktober 2012, a. a. O.).

4. Betriebsausgabenabzug

Mit der Gewährung der Aufwandsentschädigung entfällt für den ehrenamtlichen Betreuer die Möglichkeit, Aufwendungsersatz gemäß § 1835 BGB zu verlangen; die Aufwendungen des Betreuers bei Ausübung seiner Tätigkeit (wie z. B. Fahrtkosten, Telefongebühren, Brief- und Portokosten) sind somit durch die Aufwandsentschädigung abgegolten.

Die Berücksichtigung einer allgemeinen Betriebsausgabenpauschale, wie sie der bisherigen Verwaltungspraxis entsprach, ist nach einem Beschluss auf Bund-Länder-Ebene aufgrund der Änderung der Rechtsprechung ab dem Veranlagungszeitraum 2015 nicht mehr möglich.

Ein Abzug der mit den steuerfreien Einnahmen nach § 3 Nr. 26b EStG in einem unmittelbaren wirtschaftlichen Zusammenhang stehenden Betriebsausgaben ist abweichend von § 3c EStG nur insoweit möglich, als die Einnahmen des ehrenamtlichen Betreuers und gleichzeitig auch die berücksichtigungsfähigen Betriebsausgaben die steuerfreien Einnahmen übersteigen (§ 3 Nr. 26b Satz 2 EStG i. V. m. Nr. 26 Satz 2 EStG).

---

§ 3

EStG

Steuerfrei sind

...

27. der Grundbetrag der Produktionsaufgaberente und das Ausgleichsgeld nach dem Gesetz zur Förderung der Einstellung der landwirtschaftlichen Erwerbstätigkeit bis zum Höchstbetrag von 18 407 Euro; `S 2121`

28. die Aufstockungsbeträge im Sinne des § 3 Absatz 1 Nummer 1 Buchstabe a sowie die Beiträge und Aufwendungen im Sinne des § 3 Absatz 1 Nummer 1 Buchstabe b und des § 4 Absatz 2 des Altersteilzeitgesetzes, die Zuschläge, die versicherungsfrei Beschäftigte im Sinne des § 27 Absatz 1 Nummer 1 bis 3 des Dritten Buches Sozialgesetzbuch zur Aufstockung der Bezüge bei Altersteilzeit nach beamtenrechtlichen Vorschriften oder Grundsätzen erhalten sowie die Zahlungen des Arbeitgebers zur Übernahme der Beiträge im Sinne des § 187a des Sechsten Buches Sozialgesetzbuch, soweit sie 50 Prozent der Beiträge nicht übersteigen; `Anhang 1 l` `S 2342`

Leistungen nach dem Altersteilzeitgesetz (AltTZG) (§ 3 Nr. 28 EStG)

R 3.28
`S 2342`

(1) [1]Aufstockungsbeträge und zusätzliche Beiträge zur gesetzlichen Rentenversicherung im Sinne des § 3 Abs. 1 Nr. 1 sowie Aufwendungen im Sinne des § 4 Abs. 2 AltTZG sind steuerfrei, wenn die Voraussetzungen des § 2 AltTZG, z. B. Vollendung des 55. Lebensjahres, Verringerung der tariflichen regelmäßigen wöchentlichen Arbeitszeit auf die Hälfte, vorliegen. [2]Die Vereinbarung über die Arbeitszeitverminderung muss sich zumindest auf die Zeit erstrecken, bis der

Arbeitnehmer eine Rente wegen Alters beanspruchen kann. [3]Dafür ist nicht erforderlich, dass diese Rente ungemindert ist. [4]Der frühestmögliche Zeitpunkt, zu dem eine Altersrente in Anspruch genommen werden kann, ist die Vollendung des 60. Lebensjahres. [5]Die Steuerfreiheit kommt nicht mehr in Betracht mit Ablauf des Kalendermonats, in dem der Arbeitnehmer die Altersteilzeitarbeit beendet oder die für ihn geltende gesetzliche Altersgrenze für die Regelaltersrente erreicht hat (§ 5 Abs. 1 Nr. 1 AltTZG).

(2) [1]Die Leistungen sind auch dann steuerfrei, wenn der Förderanspruch des Arbeitgebers an die Bundesagentur für Arbeit nach § 5 Abs. 1 Nr. 2 und 3, Abs. 2 bis 4 AltTZG erlischt, nicht besteht oder ruht, z. B. wenn der frei gewordene Voll- oder Teilarbeitsplatz nicht wieder besetzt wird. [2]Die Leistungen sind auch dann steuerfrei, wenn mit der Altersteilzeit erst nach dem 31. 12. 2009 begonnen wurde und diese nicht durch die Bundesagentur für Arbeit nach § 4 AltTZG gefördert wird (§ 1 Abs. 3 Satz 2 AltTZG). [3]Durch eine vorzeitige Beendigung der Altersteilzeit (Störfall) ändert sich der Charakter der bis dahin erbrachten Arbeitgeberleistungen nicht, weil das AltTZG keine Rückzahlung vorsieht. [4]Die Steuerfreiheit der Aufstockungsbeträge bleibt daher bis zum Eintritt des Störfalls erhalten.

(3) Aufstockungsbeträge und zusätzliche Beiträge zur gesetzlichen Rentenversicherung sind steuerfrei, auch soweit sie über die im AltTZG genannten Mindestbeträge hinausgehen. [2]Dies gilt nur, soweit die Aufstockungsbeträge zusammen mit dem während der Altersteilzeit bezogenen Nettoarbeitslohn monatlich 100 % des maßgebenden Arbeitslohns nicht übersteigen. [3]Maßgebend ist bei laufendem Arbeitslohn der Nettoarbeitslohn, den der Arbeitnehmer im jeweiligen Lohnzahlungszeitraum ohne Altersteilzeit üblicherweise erhalten hätte; bei sonstigen Bezügen ist auf den unter Berücksichtigung des nach R 39b.6 Abs. 2 ermittelten voraussichtlichen Jahresnettoarbeitslohn unter Einbeziehung der sonstigen Bezüge bei einer unterstellten Vollzeitbeschäftigung abzustellen. [4]Unangemessene Erhöhungen vor oder während der Altersteilzeit sind dabei nicht zu berücksichtigen. [5]Aufstockungsbeträge, die in Form von Sachbezügen gewährt werden, sind steuerfrei, wenn die Aufstockung betragsmäßig in Geld festgelegt und außerdem vereinbart ist, dass der Arbeitgeber anstelle der Geldleistung Sachbezüge erbringen darf.

H 3.28

Hinweise

Begrenzung auf 100 % des Nettoarbeitslohns

Beispiel 1 (laufend gezahlter Aufstockungsbetrag):

Ein Arbeitnehmer mit einem monatlichen Vollzeit-Bruttogehalt in Höhe von 8 750 € nimmt von der Vollendung des 62. bis zur Vollendung des 64. Lebensjahres Altersteilzeit in Anspruch. Danach scheidet er aus dem Arbeitsverhältnis aus.

Der Mindestaufstockungsbetrag nach § 3 Abs. 1 Nr. 1 Buchst. a Altersteilzeitgesetz beträgt 875 €. Der Arbeitgeber gewährt eine weitere freiwillige Aufstockung in Höhe von 3 000 € (Aufstockungsbetrag insgesamt 3 875 €). Der steuerfreie Teil des Aufstockungsbetrags ist wie folgt zu ermitteln:

a) Ermittlung des maßgebenden Arbeitslohns
   Bruttoarbeitslohn bei fiktiver Vollarbeitszeit   8 750 €
   ./. gesetzliche Abzüge (Lohnsteuer, Solidaritätszuschlag,
       Kirchensteuer, Sozialversicherungsbeiträge)   3 750 €
   = maßgebender Nettoarbeitslohn   5 000 €
b) Vergleichsberechnung
   Bruttoarbeitslohn bei Altersteilzeit   4 375 €
   ./. gesetzliche Abzüge (Lohnsteuer, Solidaritätszuschlag,
       Kirchensteuer, Sozialversicherungsbeiträge)   1 725 €
   = Zwischensumme   2 650 €
   + Mindestaufstockungsbetrag   875 €
   + freiwilliger Aufstockungsbetrag   3 000 €
   = Nettoarbeitslohn   6 525 €
   Durch den freiwilligen Aufstockungsbetrag von 3 000 € ergäbe sich ein Nettoarbeitslohn bei der Altersteilzeit, der den maßgebenden Nettoarbeitslohn um 1 525 € übersteigen würde. Demnach sind steuerfrei:
   Mindestaufstockungsbetrag   875 €
   + freiwilliger Aufstockungsbetrag   3 000 €
     abzgl.   1 525 €   1 475 €
   = steuerfreier Aufstockungsbetrag   2 350 €
c) Abrechnung des Arbeitgebers
   Bruttoarbeitslohn bei Altersteilzeit   4 375 €
   + steuerpflichtiger Aufstockungsbetrag   1 525 €

=	steuerpflichtiger Arbeitslohn	5 900 €
./.	gesetzliche Abzüge (Lohnsteuer, Solidaritätszuschlag, Kirchensteuer, Sozialversicherungsbeiträge)	2 300 €
=	Zwischensumme	3 600 €
+	steuerfreier Aufstockungsbetrag	2 350 €
=	Nettoarbeitslohn	5 950 €

Beispiel 2 (sonstiger Bezug als Aufstockungsbetrag):

Ein Arbeitnehmer in Altersteilzeit hätte bei einer Vollzeitbeschäftigung Anspruch auf ein monatliches Bruttogehalt in Höhe von 4 000 € sowie im März auf einen sonstigen Bezug (Ergebnisbeteiligung) in Höhe von 1 500 € (brutto).

Nach dem Altersteilzeitvertrag werden im März folgende Beträge gezahlt:

–	laufendes Bruttogehalt	2 000 €
–	laufende steuerfreie Aufstockung (einschließlich freiwilliger Aufstockung des Arbeitgebers)	650 €
–	Brutto-Ergebnisbeteiligung (50 % der vergleichbaren Vergütung auf Basis einer Vollzeitbeschäftigung)	750 €
–	Aufstockungsleistung auf die Ergebnisbeteiligung	750 €
a)	Ermittlung des maßgebenden Arbeitslohns	
	jährlicher laufender Bruttoarbeitslohn bei fiktiver Vollarbeitszeitbeschäftigung	48 000 €
+	sonstiger Bezug bei fiktiver Vollzeitbeschäftigung	1 500 €
./.	gesetzliche jährliche Abzüge (Lohnsteuer, Solidaritätszuschlag, Kirchensteuer, Sozialversicherungsbeiträge)	18 100 €
=	maßgebender Jahresnettoarbeitslohn	31 400 €
b)	Vergleichsberechnung	
	jährlich laufender Bruttoarbeitslohn bei Altersteilzeit	24 000 €
+	steuerpflichtiger sonstiger Bezug bei Altersteilzeit	750 €
./.	gesetzliche jährliche Abzüge (Lohnsteuer, Solidaritätszuschlag, Kirchensteuer, Sozialversicherungsbeiträge)	6 000 €
=	Zwischensumme	18 750 €
+	Aufstockung Ergebnisbeteiligung	750 €
+	steuerfreie Aufstockung (12 × 650)	7 800 €
=	Jahresnettoarbeitslohn	27 300 €

Durch die Aufstockung des sonstigen Bezugs wird der maßgebende Jahresnettoarbeitslohn von 31 400 € nicht überschritten. Demnach kann die Aufstockung des sonstigen Bezugs (im Beispiel: Aufstockung der Ergebnisbeteiligung) in Höhe von 750 € insgesamt steuerfrei bleiben.

Beiträge nach § 187a SGB VI zur Vermeidung von Rentenminderungen

Anwendungsbereich des § 3 Nr. 28 EStG

(Erlass des Ministeriums für Finanzen und Bundesangelegenheiten des Saarlandes vom 27. 11. 2001 – B/2-4 – 227/2001 – S 2333 –)

Es ist gefragt worden, ob Zahlungen des Arbeitgebers zur Übernahme von Beiträgen nach § 187a des Sechsten Buches Sozialgesetzbuch nur dann nach § 3 Nr. 28 EStG steuerfrei sind, wenn die Beiträge durch eine vorzeitige Rente wegen Altersteilzeit veranlasst sind. Hierzu wird wie folgt Stellung genommen:

Beiträge, mit denen Rentenminderungen auf Grund einer vorzeitigen Inanspruchnahme von Renten vermieden werden sollen, sind nach § 187a des Sechsten Buches Sozialgesetzbuch für alle Fälle der vorzeitigen Inanspruchnahme einer Rente wegen Alters möglich. Soweit des § 3 Nr. 28 EStG die Hälfte der vom Arbeitgeber übernommenen Beiträge i. S. des § 187a des Sechsten Buches Sozialgesetzbuch steuerfrei stellt, gilt dies nicht nur für den Bezug in Fällen der vorzeitigen Inanspruchnahme der Altersrente wegen Arbeitslosigkeit oder nach Altersteilzeitarbeit, sondern für sämtliche nach § 187a des Sechsten Buches Sozialgesetzbuch in Betracht kommende Beiträge.

Dieser Erlass ergeht im Einvernehmen mit dem Bundesministerium der Finanzen und den obersten Finanzbehörden der Länder.

Progressionsvorbehalt

Die Aufstockungsbeträge unterliegen dem Progressionsvorbehalt (→ § 32b Abs. 1 Nr. 1 Buchstabe g EStG). Zur Aufzeichnung und Bescheinigung → § 41 Abs. 1 und § 41b Abs. 1 Satz 2 Nr. 5 EStG.

Werbungskosten

Werbungskosten bei Arbeitnehmern in Altersteilzeit

(Verfügung der OFD Magdeburg vom 12. 08. 2008 – S 2350 – 33 – St 223 –) Im Rahmen der Altersteilzeit werden dem Arbeitnehmer Aufstockungsbeträge gezahlt, die Teil des Arbeitsentgelts sind. Die Aufstockungsbeträge sind nach § 3 Nr. 28 EStG steuerfrei.

Gemäß § 3c Abs. 1 EStG dürfen Ausgaben, die mit steuerfreien Einnahmen im unmittelbaren wirtschaftlichen Zusammenhang stehen, nicht als Betriebsausgaben oder Werbungskosten abgezogen werden.

Auf Bund-/Länder-Ebene wurde entschieden, dass bei in Altersteilzeit befindlichen Arbeitnehmern die Werbungskosten nicht nach Maßgabe des § 3c EStG zu kürzen sind. Hierzu wird mehrheitlich die Auffassung vertreten, dass die Aufwendungen (z. B. für Fahrten zwischen Wohnung und Arbeitsstätte) – wie auch bei Arbeitnehmern, die nach § 3b EStG steuerfreie Zuschläge erhalten – in keinem unmittelbaren Zusammenhang mit den nach § 3 Nr. 28 EStG steuerfreien Einnahmen stehen.

EStG

§ 3

Steuerfrei sind

...

S 1310   29. das Gehalt und die Bezüge,

    a) die die diplomatischen Vertreter ausländischer Staaten, die ihnen zugewiesenen Beamten und die in ihren Diensten stehenden Personen erhalten. [2]Dies gilt nicht für deutsche Staatsangehörige oder für im Inland ständig ansässige Personen;

    b) der Berufskonsuln, der Konsulatsangehörigen und ihres Personals, soweit sie Angehörige des Entsendestaates sind. [2]Dies gilt nicht für Personen, die im Inland ständig ansässig sind oder außerhalb ihres Amtes oder Dienstes einen Beruf, ein Gewerbe oder eine andere gewinnbringende Tätigkeit ausüben;

S 2342   30. Entschädigungen für die betriebliche Benutzung von Werkzeugen eines Arbeitnehmers (Werkzeuggeld), soweit sie die entsprechenden Aufwendungen des Arbeitnehmers nicht offensichtlich übersteigen;

R 3.30
S 2342

Werkzeuggeld (§ 3 Nr. 30 EStG)

[1]Die Steuerbefreiung beschränkt sich auf die Erstattung der Aufwendungen, die dem Arbeitnehmer durch die betriebliche Benutzung eigener Werkzeuge entstehen. [2]Als Werkzeuge sind allgemein nur Handwerkzeuge anzusehen, die zur leichteren Handhabung, zur Herstellung oder zur Bearbeitung eines Gegenstands verwendet werden; Musikinstrumente und deren Einzelteile gehören ebenso wie Datenverarbeitungsgeräte o. Ä. nicht dazu. [3]Eine betriebliche Benutzung der Werkzeuge liegt auch dann vor, wenn die Werkzeuge im Rahmen des Dienstverhältnisses außerhalb einer Betriebsstätte des Arbeitgebers eingesetzt werden, z. B. auf einer Baustelle. [4]Ohne Einzelnachweis der tatsächlichen Aufwendungen sind pauschale Entschädigungen steuerfrei, soweit sie

1. die regelmäßigen Absetzungen für Abnutzung der Werkzeuge,

2. die üblichen Betriebs-, Instandhaltungs- und Instandsetzungskosten der Werkzeuge sowie

3. die Kosten der Beförderung der Werkzeuge

abgelten. [5]Soweit Entschädigungen für Zeitaufwand des Arbeitnehmers gezahlt werden, z. B. für die ihm obliegende Reinigung und Wartung der Werkzeuge, gehören sie zum steuerpflichtigen Arbeitslohn.

H 3.30

Hinweise

Musikinstrumente

sind keine Werkzeuge (→ BFH vom 21. 8. 1995 – BStBl II S. 906).

§ 3

Steuerfrei sind

...

31. die typische Berufskleidung, die der Arbeitgeber seinem Arbeitnehmer unentgeltlich oder verbilligt überlässt; dasselbe gilt für eine Barablösung eines nicht nur einzelvertraglichen Anspruchs auf Gestellung von typischer Berufskleidung, wenn die Barablösung betrieblich veranlasst ist und die entsprechenden Aufwendungen des Arbeitnehmers nicht offensichtlich übersteigt;

S 2342

Überlassung typischer Berufskleidung (§ 3 Nr. 31 EStG)

(1) [1]Steuerfrei ist nach § 3 Nr. 31 erster Halbsatz EStG nicht nur die Gestellung, sondern auch die Übereignung typischer Berufskleidung durch den Arbeitgeber. [2]Erhält der Arbeitnehmer die Berufsbekleidung von seinem Arbeitgeber zusätzlich zum ohnehin geschuldeten Arbeitslohn (→ R 3.33 Abs. 5), so ist anzunehmen, dass es sich um typische Berufskleidung handelt, wenn nicht das Gegenteil offensichtlich ist. [3]Zur typischen Berufskleidung gehören Kleidungsstücke, die

1. als Arbeitsschutzkleidung auf die jeweils ausgeübte Berufstätigkeit zugeschnitten sind oder

2. nach ihrer z. B. uniformartigen Beschaffenheit oder dauerhaft angebrachten Kennzeichnung durch Firmenemblem objektiv eine berufliche Funktion erfüllen,

wenn ihre private Nutzung so gut wie ausgeschlossen ist. [4]Normale Schuhe und Unterwäsche sind z. B. keine typische Berufskleidung.

(2) [1]Die Steuerbefreiung nach § 3 Nr. 31 zweiter Halbsatz EStG beschränkt sich auf die Erstattung der Aufwendungen, die dem Arbeitnehmer durch den beruflichen Einsatz typischer Berufskleidung in den Fällen entstehen, in denen der Arbeitnehmer z. B. nach Unfallverhütungsvorschriften, Tarifvertrag oder Betriebsvereinbarung einen Anspruch auf Gestellung von Arbeitskleidung hat, der aus betrieblichen Gründen durch die Barvergütung abgelöst wird. [2]Die Barablösung einer Verpflichtung zur Gestellung von typischer Berufskleidung ist z. B. betrieblich begründet, wenn die Beschaffung der Kleidungsstücke durch den Arbeitnehmer für den Arbeitgeber vorteilhafter ist. [3]Pauschale Barablösungen sind steuerfrei, soweit sie die regelmäßigen Absetzungen für Abnutzung und die üblichen Instandhaltungs- und Instandsetzungskosten der typischen Berufskleidung abgelten. [4]Aufwendungen für die Reinigung gehören regelmäßig nicht zu den Instandhaltungs- und Instandsetzungskosten der typischen Berufsbekleidung.

Hinweise

Abgrenzung zwischen typischer Berufskleidung und bürgerlicher Kleidung

→ BFH vom 18. 4. 1991 (BStBl II S. 751).

Lodenmantel

ist keine typische Berufskleidung (→ BFH vom 19. 1. 1996 – BStBl II S. 202).

§ 3

Steuerfrei sind

...

32. die unentgeltliche oder verbilligte Sammelbeförderung eines Arbeitnehmers zwischen Wohnung und erster Tätigkeitsstätte sowie bei Fahrten nach § 9 Absatz 1 Satz 3 Nummer 4a Satz 3 mit einem vom Arbeitgeber gestellten Beförderungsmittel, soweit die Sammelbeförderung für den betrieblichen Einsatz des Arbeitnehmers notwendig ist;

S 2342

R 3.32

Sammelbeförderung von Arbeitnehmern zwischen Wohnung und erster Tätigkeitsstätte (§ 3 Nr. 32 EStG)

S 2342

Die Notwendigkeit einer Sammelbeförderung ist z. B. in den Fällen anzunehmen, in denen

1. die Beförderung mit öffentlichen Verkehrsmitteln nicht oder nur mit unverhältnismäßig hohem Zeitaufwand durchgeführt werden könnte oder

2. der Arbeitsablauf eine gleichzeitige Arbeitsaufnahme der beförderten Arbeitnehmer erfordert.

H 3.32

Hinweise

Lohnsteuerbescheinigung

Anhang 25

Bei steuerfreier Sammelbeförderung zwischen Wohnung und erster Tätigkeitsstätte sowie bei Fahrten nach § 9 Abs. 1 Satz 3 Nr. 4a Satz 3 EStG ist der Großbuchstabe F anzugeben → BMF-Schreiben zur Ausstellung von Lohnsteuerbescheinigungen, Anhang 25.

Sammelbeförderung

Sammelbeförderung i. S. d. § 3 Nr. 32 EStG ist die durch den Arbeitgeber organisierte oder zumindest veranlasste Beförderung mehrerer Arbeitnehmer; sie darf nicht auf dem Entschluss eines Arbeitnehmers beruhen. Das Vorliegen einer Sammelbeförderung bedarf grundsätzlich einer besonderen Rechtsgrundlage. Dies kann ein Tarifvertrag oder eine Betriebsvereinbarung sein (→ BFH vom 29. 1. 2009 – BStBl 2010 II S. 1067).

EStG

§ 3

Steuerfrei sind

...

S 2342

33. zusätzlich zum ohnehin geschuldeten Arbeitslohn erbrachte Leistungen des Arbeitgebers zur Unterbringung und Betreuung von nicht schulpflichtigen Kindern der Arbeitnehmer in Kindergärten oder vergleichbaren Einrichtungen;

R 3.33

Unterbringung und Betreuung von nicht schulpflichtigen Kindern (§ 3 Nr. 33 EStG)

S 2342

(1) ¹Steuerfrei sind zusätzliche Arbeitgeberleistungen (→ Absatz 5) zur Unterbringung, einschl. Unterkunft und Verpflegung, und Betreuung von nicht schulpflichtigen Kindern des Arbeitnehmers in Kindergärten oder vergleichbaren Einrichtungen. ²Dies gilt auch, wenn der nicht beim Arbeitgeber beschäftigte Elternteil die Aufwendungen trägt. ³Leistungen für die Vermittlung einer Unterbringungs- und Betreuungsmöglichkeit durch Dritte sind nicht steuerfrei[1]. ⁴Zuwendungen des Arbeitgebers an einen Kindergarten oder vergleichbare Einrichtung, durch die er für die Kinder seiner Arbeitnehmer ein Belegungsrecht ohne Bewerbungsverfahren und Wartezeit erwirbt, sind den Arbeitnehmern nicht als geldwerter Vorteil zuzurechnen.

(2) ¹Es ist gleichgültig, ob die Unterbringung und Betreuung in betrieblichen oder außerbetrieblichen Kindergärten erfolgt. ²Vergleichbare Einrichtungen sind z. B. Schulkindergärten, Kindertagesstätten, Kinderkrippen, Tagesmütter, Wochenmütter und Ganztagspflegestellen. ³Die Einrichtung muss gleichzeitig zur Unterbringung und Betreuung von Kindern geeignet sein. ⁴Die alleinige Betreuung im Haushalt, z. B. durch Kinderpflegerinnen, Hausgehilfinnen oder Familienangehörige, genügt nicht. ⁵Soweit Arbeitgeberleistungen auch den Unterricht eines Kindes ermöglichen, sind sie nicht steuerfrei. ⁶Das Gleiche gilt für Leistungen, die nicht unmittelbar der Betreuung eines Kindes dienen, z. B. die Beförderung zwischen Wohnung und Kindergarten.

(3) ¹Begünstigt sind nur Leistungen zur Unterbringung und Betreuung von nicht schulpflichtigen Kindern. ²Ob ein Kind schulpflichtig ist, richtet sich nach dem jeweiligen landesrechtlichen Schulgesetz. ³Die Schulpflicht ist aus Vereinfachungsgründen nicht zu prüfen bei Kindern, die

1. das 6. Lebensjahr noch nicht vollendet haben oder

2. im laufenden Kalenderjahr das 6. Lebensjahr nach dem 30. Juni vollendet haben, es sei denn, sie sind vorzeitig eingeschult worden, oder

---

[1] → aber § 3 Nr. 34a EStG.

3. im laufenden Kalenderjahr das 6. Lebensjahr vor dem 1. Juli vollendet haben, in den Monaten Januar bis Juli dieses Jahres.

[4]Den nicht schulpflichtigen Kindern stehen schulpflichtige Kinder gleich, solange sie mangels Schulreife vom Schulbesuch zurückgestellt oder noch nicht eingeschult sind.

(4) [1]Sachleistungen an den Arbeitnehmer, die über den nach § 3 Nr. 33 EStG steuerfreien Bereich hinausgehen, sind regelmäßig mit dem Wert nach § 8 Abs. 2 Satz 1 EStG dem Arbeitslohn hinzuzurechnen. [2]Barzuwendungen an den Arbeitnehmer sind nur steuerfrei, soweit der Arbeitnehmer dem Arbeitgeber die zweckentsprechende Verwendung nachgewiesen hat. [3]Der Arbeitgeber hat die Nachweise im Original als Belege zum Lohnkonto aufzubewahren.

(5) [1]Die Zusätzlichkeitsvoraussetzung erfordert, dass die zweckbestimmte Leistung zu dem Arbeitslohn hinzukommt, den der Arbeitgeber arbeitsrechtlich schuldet. [2]Wird eine zweckbestimmte Leistung unter Anrechnung auf den arbeitsrechtlich geschuldeten Arbeitslohn oder durch dessen Umwandlung gewährt, liegt keine zusätzliche Leistung vor. [3]Eine zusätzliche Leistung liegt aber dann vor, wenn sie unter Anrechnung auf eine andere freiwillige Sonderzahlung, z. B. freiwillig geleistetes Weihnachtsgeld, erbracht wird. [4]Unschädlich ist es, wenn der Arbeitgeber verschiedene zweckgebundene Leistungen zur Auswahl anbietet oder die übrigen Arbeitnehmer die freiwillige Sonderzahlung erhalten.

Hinweise

H 3.33

Anrechnung nach § 3 Nr. 33 EStG steuerfrei erhaltener Arbeitgeberzuschüsse auf nach § 10 Abs. 1 Nr. 5 EStG abziehbare Kinderbetreuungskosten

Bei der Ermittlung der Bemessungsgrundlage der als Sonderausgaben abziehbaren Kinderbetreuungskosten nach § 10 Abs. 1 Nr. 5 EStG sind die vom Arbeitgeber nach § 3 Nr. 33 EStG steuerfrei gezahlten Zuschüsse zur Betreuung des Kindes auf den Bruttobetrag der Kinderbetreuungskosten anzurechnen (→ FinBeh. Hamburg, Fachinfo vom 18. 1. 2017 – S 2221–2016/013–52).

Zusätzlichkeitsvoraussetzung

→ BMF vom 22. 5. 2013 (BStBl I S. 728)

Gewährung von Zusatzleistungen und Zulässigkeit von Gehaltsumwandlungen;

Anwendung der BFH-Urteile vom 19. September 2012 – VI R 54/11 – (BStBl II 2013 S. 395) und – VI R 55/11 – (BStBl II 2013 S. 398)

BMF vom 22. 5. 2013 (IV C 5 – S 2388/11/10001-02, 2013/0461548)

Mit Urteilen vom 19. September 2012 – VI R 54/11- (BStBl II 2013 S. 395) und -VI R 55/11- (BStBl II 2013 S. 398) hat der BFH entschieden, dass in bestimmten lohnsteuerlichen Begünstigungsnormen verwendete Tatbestandsmerkmal „zusätzlich zum ohnehin geschuldeten Arbeitslohn" sei nur bei freiwilligen Arbeitgeberleistungen erfüllt. Aus der Sicht des BFH ist der „ohnehin geschuldete Arbeitslohn" der arbeitsrechtlich geschuldete. „Zusätzlich" zum ohnehin geschuldeten Arbeitslohn werden nur freiwillige Leistungen erbracht. Die Urteile sind ergangen zu den Vorschriften § 3 Nummer 33 EStG (Kinderbetreuungsleistungen des Arbeitgebers), § 40 Absatz 2 Satz 1 Nummer 5 EStG (IT-Leistungen des Arbeitgebers) und § 40 Absatz 2 Satz 2 EStG (Fahrtkostenzuschüsse).

Nach bisheriger BFH-Rechtsprechung setzte das Tatbestandsmerkmal „zusätzlich zum ohnehin geschuldeten Arbeitslohn" lediglich voraus, dass die zweckbestimmte Leistung „zu dem Arbeitslohn hinzukommt, den der Arbeitgeber aus anderen Gründen schuldet" (vgl. BFH-Urteil vom 15. Mai 1998 – VI R 127/97 –, BStBl II Seite 518). Dass die zusätzliche Leistung auf freiwilliger Basis erfolgen muss, hat der BFH bisher nicht gefordert. Mit den eingangs genannten Entscheidungen verschärft der BFH somit die Anforderungen an die lohnsteuerlichen Vergünstigungen.

Die Verwaltung sieht die Zusätzlichkeitsvoraussetzung abweichend von der neuen BFH-Rechtsprechung als erfüllt an, wenn die zweckbestimmte Leistung zu dem Arbeitslohn hinzukommt, den der Arbeitgeber arbeitsrechtlich schuldet (vgl. R 3.33 Absatz 5 Satz 1 LStR 2011[1])). Nur Gehaltsumwandlungen sind danach schädlich.

---

[1]) Jetzt R 3.33 Abs. 5 Satz 1 LStR 2015.

Im Einvernehmen mit den obersten Finanzbehörden der Länder gilt zum Tatbestandsmerkmal „zusätzlich zum ohnehin geschuldeten Arbeitslohn" abweichend von der neuen BFH-Rechtsprechung und über den Einzelfall hinaus aus Gründen des Vertrauensschutzes und der Kontinuität der Rechtsanwendung weiterhin Folgendes:

Kommt die zweckbestimmte Leistung zu dem Arbeitslohn hinzu, den der Arbeitgeber schuldet, ist das Tatbestandsmerkmal „zusätzlich zum ohnehin geschuldeten Arbeitslohn" auch dann erfüllt, wenn der Arbeitnehmer arbeitsvertraglich oder aufgrund einer anderen arbeits- oder dienstrechtlichen Rechtsgrundlage einen Anspruch auf die zweckbestimmte Leistung hat.

EStG

§ 3

Steuerfrei sind

...

S 2342   34. zusätzlich zum ohnehin geschuldeten Arbeitslohn erbrachte Leistungen des Arbeitgebers zur Verbesserung des allgemeinen Gesundheitszustands und der betrieblichen Gesundheitsförderung, die hinsichtlich Qualität, Zweckbindung und Zielgerichtetheit den Anforderungen der §§ 20 und 20a des Fünften Buches Sozialgesetzbuch genügen, soweit sie 500 Euro im Kalenderjahr nicht übersteigen;

34a. zusätzlich zum ohnehin geschuldeten Arbeitslohn erbrachte Leistungen des Arbeitgebers

    a) an ein Dienstleistungsunternehmen, das den Arbeitnehmer hinsichtlich der Betreuung von Kindern oder pflegebedürftigen Angehörigen berät oder hierfür Betreuungspersonen vermittelt, sowie

    b) zur kurzfristigen Betreuung von Kindern im Sinne des § 32 Absatz 1, die das 14. Lebensjahr noch nicht vollendet haben oder die wegen einer vor Vollendung des 25. Lebensjahres eingetretenen körperlichen, geistigen oder seelischen Behinderung außerstande sind, sich selbst zu unterhalten, oder pflegebedürftigen Angehörigen des Arbeitnehmers, wenn die Betreuung aus zwingenden und beruflich veranlassten Gründen notwendig ist, auch wenn sie im privaten Haushalt des Arbeitnehmers stattfindet, soweit die Leistungen 600 Euro im Kalenderjahr nicht übersteigen;

  35. die Einnahmen der bei der Deutsche Post AG, Deutsche Postbank AG oder Deutsche Telekom AG beschäftigten Beamten, soweit die Einnahmen ohne Neuordnung des Postwesens und der Telekommunikation nach den Nummern 11 bis 13 und 64 steuerfrei wären;

S 2342 1)   36. Einnahmen für Leistungen *zu körperbezogenen Pflegemaßnahmen, pflegerischen Betreuungsmaßnahmen oder Hilfen bei der Haushaltsführung* bis zur Höhe des Pflegegeldes nach § 37 des Elften Buches Sozialgesetzbuch, wenn diese Leistungen von Angehörigen des Pflegebedürftigen oder von anderen Personen, die damit eine sittliche Pflicht im Sinne des § 33 Absatz 2 gegenüber dem Pflegebedürftigen erfüllen, erbracht werden. [2]Entsprechendes gilt, wenn der Pflegebedürftige Pflegegeld aus privaten Versicherungsverträgen nach den Vorgaben des Elften Buches Sozialgesetzbuch oder eine Pauschalbeihilfe nach Beihilfevorschriften für häusliche Pflege erhält;

S 2121   37. (weggefallen)

S 2342   38. Sachprämien, die der Steuerpflichtige für die persönliche Inanspruchnahme von Dienstleistungen von Unternehmen unentgeltlich erhält, die diese zum Zwecke der Kundenbindung im allgemeinen Geschäftsverkehr in einem jedermann zugänglichen planmäßigen Verfahren gewähren, soweit der Wert der Prämien 1 080 Euro im Kalenderjahr nicht übersteigt;

  39. der Vorteil des Arbeitnehmers im Rahmen eines gegenwärtigen Dienstverhältnisses aus der unentgeltlichen oder verbilligten Überlassung von Vermögensbeteiligungen im Sinne des § 2 Absatz 1 Nummer 1 Buchstabe a, b und f bis l und Absatz 2 bis 5 des Fünften Vermögensbildungsgesetzes in der Fassung der Bekanntmachung vom 4. März 1994 (BGBl. I S. 406), zuletzt geändert durch Artikel 2 des Gesetzes vom 7. März 2009 (BGBl. I S. 451), in der jeweils geltenden Fassung, am Unternehmen des Arbeitgebers, soweit der Vorteil insgesamt 360 Euro im Kalenderjahr nicht übersteigt. [2]Voraussetzung für die Steuerfreiheit ist, dass die Beteiligung mindestens allen Arbeitnehmern offensteht, die im Zeitpunkt der Bekanntgabe des Angebots ein Jahr oder länger ununterbrochen in einem gegenwärtigen Dienstverhältnis zum Unternehmen stehen. [3]Als Unternehmen des Arbeitgebers im Sinne des Satzes 1 gilt auch ein Unternehmen im Sinne des § 18 des Aktiengesetzes. [4]Als Wert der Vermögensbeteiligung ist der gemeine Wert anzusetzen;

---

1) Nummer 36 wurde durch das Dritte Gesetz zur Stärkung der pflegerischen Versorgung und zur Änderung weiterer Vorschriften (Drittes Pflegestärkungsgesetz – PSG III) ab VZ 2017 geändert.

Hinweise

Allgemeine Grundsätze

→ BMF vom 8. 12. 2009 (BStBl I S. 1513)

Lohnsteuerliche Behandlung der Überlassung von Vermögensbeteiligungen ab 2009 (§ 3 Nummer 39, § 19a EStG)

(BMF-Schreiben vom 8. 12. 2009 – IV C 5 – S 2347/09/10002 –, BStBl I S. 1513)

Durch das Gesetz zur steuerlichen Förderung der Mitarbeiterkapitalbeteiligungen (Mitarbeiterkapitalbeteiligungsgesetz) vom 7. März 2009 (BGBl. I Seite 451, BStBl I Seite 436) hat die lohnsteuerliche Behandlung der Überlassung von Vermögensbeteiligungen an Arbeitnehmer wesentliche Änderungen erfahren. Unter Bezugnahme auf das Ergebnis einer Erörterung mit den obersten Finanzbehörden der Länder und dem Bundesministerium für Arbeit und Soziales wird zur lohnsteuerlichen Behandlung der Überlassung von Vermögensbeteiligungen ab 2009 wie folgt Stellung genommen:

1. Steuerfreistellung über § 3 Nummer 39 EStG

1.1 Allgemeines (§ 3 Nummer 39 Satz 1 EStG)

1.1.1 Begünstigter Personenkreis

§ 3 Nummer 39 des Einkommensteuergesetzes (EStG) gilt für unbeschränkt und beschränkt einkommensteuerpflichtige Arbeitnehmer (siehe § 1 der Lohnsteuer-Durchführungsverordnung – LStDV –), die in einem gegenwärtigen Dienstverhältnis zum Unternehmen (siehe § 1 Absatz 2 LStDV) stehen. Ein erstes Dienstverhältnis ist nicht Voraussetzung für die Steuerfreistellung. *Anhang 7*

In einem gegenwärtigen Dienstverhältnis stehen auch Arbeitnehmer, deren Dienstverhältnis ruht (z. B. während der Mutterschutzfristen, der Elternzeit, Zeiten der Ableitung von Wehr- und Zivildienst) oder die sich in der Freistellungsphase einer Altersteilzeitvereinbarung befinden.

Die Überlassung von Vermögensbeteiligungen an frühere Arbeitnehmer des Arbeitgebers ist nur steuerbegünstigt, soweit die unentgeltliche oder verbilligte Vermögensbeteiligung im Rahmen einer Abwicklung des früheren Dienstverhältnisses noch als Arbeitslohn für die tatsächliche Arbeitsleistung überlassen wird. Personen, die ausschließlich Versorgungsbezüge beziehen, stehen nicht mehr in einem gegenwärtigen Dienstverhältnis.

1.1.2 Begünstigte Vermögensbeteiligungen

Die Vermögensbeteiligungen, deren Überlassung nach § 3 Nummer 39 EStG steuerbegünstigt ist, sind in § 3 Nummer 39 Satz 1 EStG i. V. m. § 2 Absatz 1 Nummer 1 Buchstabe a, b und d bis l und Absatz 2 bis 5 des Fünften Vermögensbildungsgesetzes (5. VermBG) abschließend aufgezählt. Auf das BMF-Schreiben vom 9. August 2004 (BStBl I Seite 717), das mit Wirkung ab 2009 durch das BMF-Schreiben vom 16. März 2009 (BStBl I Seite 501) geändert wurde, wird hingewiesen.[1]) Aktienoptionen sind keine Vermögensbeteiligungen im Sinne des Fünften Vermögensbildungsgesetzes. *Anhang 14*

Es muss sich um Beteiligungen „. . . am Unternehmen des Arbeitgebers . . ." handeln. Unternehmen, die demselben Konzern im Sinne von § 18 des Aktiengesetzes (AktG) angehören, gelten als Arbeitgeber in diesem Sinne (§ 3 Nummer 39 Satz 3 EStG). Der Begriff „Unternehmen des Arbeitgebers" im Sinne des § 3 Nummer 39 Satz 1 EStG umfasst das gesamte Betätigungsfeld des Arbeitgebers im lohnsteuerlichen Sinn; zum Arbeitgeberbegriff in diesem Sinne siehe § 1 Absatz 2 Satz 2 LStDV, R 19.1 der Lohnsteuer-Richtlinien 2008 – LStR 2008[2]) – sowie *Anhang 7* die entsprechenden Hinweise.

~~Inländische und ausländische Investmentanteile können nicht steuerbegünstigt überlassen werden, soweit es sich nicht um Anteile an einem Mitarbeiterbeteiligungs-Sondervermögen im Sinne des § 90l InvG handelt (Ausschluss des Buchstaben c des § 2 Absatz 1 Nummer 1 des 5. VermBG). Dies gilt auch dann, wenn das Sondervermögen oder der ausländische Investmentfonds Vermögenswerte des Arbeitgebers beinhaltet (insbesondere Aktien).~~

---

[1]) Das BMF-Schreiben vom 9. 8. 2004 (BStBl I S. 717), geändert durch BMF-Schreiben vom 16. 3. 2009 (BStBl I S. 501), vom 4. 2. 2010 (BStBl I S. 195) und vom 2. 12. 2011 (BStBl I S. 1252) ist durch das BMF-Schreiben vom 23. 7. 2014 (BStBl I S. 1175) ersetzt worden.

[2]) Jetzt: LStR 2015.

~~Die Beteiligung an einem Mitarbeiterbeteiligungs-Sondervermögen ist bei Erwerb von entsprechenden Anteilen durch den Arbeitgeber für den Arbeitnehmer begünstigt, denn aufgrund der besonderen Ausgestaltung des Mitarbeiterbeteiligungs-Sondervermögens handelt es sich ebenfalls dem Grunde nach um eine Beteiligung „. . . am Unternehmen des Arbeitgebers . . ."; eine Investition des Sondervermögens in das Unternehmen des Arbeitgebers ist hier nicht erforderlich.[1]~~

Auch der Erwerb von Vermögensbeteiligungen durch eine Bruchteilsgemeinschaft sowie der Erwerb durch eine Gesamthandsgemeinschaft, der jeweils ausschließlich Arbeitnehmer angehören, stellt einen Erwerb im Sinne des § 2 Absatz 1 Nummer 1 des 5. VermBG dar. Dies gilt nicht, wenn die gemeinschaftlich erworbenen Vermögensbeteiligungen den Arbeitnehmern bei wirtschaftlicher Betrachtung nicht zuzurechnen sind (vgl. Tz. 4).

1.1.3 Überlassung der Vermögensbeteiligung durch einen Dritten

Voraussetzung für die Steuerbegünstigung ist nicht, dass der Arbeitgeber Rechtsinhaber der zu überlassenden Vermögensbeteiligung am Unternehmen des Arbeitgebers ist. Die Steuerbegünstigung gilt deshalb auch für den geldwerten Vorteil, der bei Überlassung der Vermögensbeteiligung durch einen Dritten entsteht, sofern die Überlassung durch das gegenwärtige Dienstverhältnis veranlasst ist. Eine steuerbegünstigte Überlassung von Vermögensbeteiligungen durch Dritte liegt z. B. vor, wenn der Arbeitnehmer die Vermögensbeteiligung unmittelbar erhält

1. von einem Beauftragten des Arbeitgebers, z. B. einem Kreditinstitut oder anderen Unternehmen, oder

2. von einem Unternehmen, das mit dem Unternehmen des Arbeitgebers in einem Konzern (§ 18 AktG) verbunden ist (z. B. Ausgabe von Aktien oder anderen Vermögensbeteiligungen durch eine Konzernobergesellschaft an Arbeitnehmer der Konzernuntergesellschaft oder zwischen anderen Konzerngesellschaften).

Dabei kommt es nicht darauf an, ob der Arbeitgeber in die Überlassung eingeschaltet ist oder ob der Arbeitgeber dem Dritten den Preis der Vermögensbeteiligung oder die durch die Überlassung entstehenden Kosten ganz oder teilweise ersetzt.

1.1.4 Mehrfache Inanspruchnahme

§ 3 Nummer 39 EStG ist auf das Dienstverhältnis bezogen. Steht der Arbeitnehmer im Kalenderjahr nacheinander oder nebeneinander in mehreren Dienstverhältnissen, kann die Steuerbefreiung in jedem Dienstverhältnis in Anspruch genommen werden.

1.1.5 Geldleistungen

Die Steuerbegünstigung gilt nur für den geldwerten Vorteil, den der Arbeitnehmer durch die unentgeltliche oder verbilligte Überlassung der Vermögensbeteiligung erhält. Deshalb sind Geldleistungen des Arbeitgebers an den Arbeitnehmer zur Begründung oder zum Erwerb der Vermögensbeteiligung oder für den Arbeitnehmer vereinbarte vermögenswirksame Leistungen im Sinne des Fünften Vermögensbildungsgesetzes, die zur Begründung oder zum Erwerb der Vermögensbeteiligung angelegt werden, nicht steuerbegünstigt.

1.1.6 Nebenkosten

Die Übernahme der mit der Überlassung von Vermögensbeteiligungen verbundenen Nebenkosten durch den Arbeitgeber, z. B. Notariatsgebühren, Eintrittsgelder im Zusammenhang mit Geschäftsguthaben bei einer Genossenschaft und Kosten für Registereintragungen, ist kein Arbeitslohn. Ebenfalls kein Arbeitslohn sind vom Arbeitgeber übernommene Depotgebühren, die durch die Festlegung der Wertpapiere für die Dauer einer vertraglich vereinbarten Sperrfrist entstehen; dies gilt entsprechend bei der kostenlosen Depotführung durch den Arbeitgeber.

1.2 Einzubeziehende Arbeitnehmer (§ 3 Nummer 39 Satz 2 Buchstabe b EStG)

Nach § 3 Nummer 39 Satz 2 Buchstabe b EStG ist unabhängig von der arbeitsrechtlichen Verpflichtung zur Gleichbehandlung Voraussetzung für die Steuerfreiheit, dass die Beteiligung

---

[1] Überholt.
Die im Investmentgesetz enthaltenen Regelungen zu Mitarbeiterbeteiligungs-Sondervermögen wurden durch das AIFM-Umsetzungsgesetz vom 4. 7. 2013 (BGBl. I S. 1981) aufgehoben. Die Folgeänderungen im Fünften Vermögensbildungsgesetz (Streichung der Regelungen zu Mitarbeiterbeteiligungs-Sondervermögen) erfolgten durch das AIFM-Steuer-Anpassungsgesetz vom 18. 12. 2013 (BGBl. I S. 4318, BStBl 2014 I S. 2).
Anteile an OGAV-Sondervermögen sowie an als Sondervermögen aufgelegten offenen Publikums-AIF nach den §§ 218 und 219 des Kapitalanlagegesetzbuchs sowie Anteile an offenen EU-Investmentvermögen und offenen AIF, die nach dem Kapitalanlagegesetzbuch vertrieben werden dürfen, können nicht steuerbegünstigt überlassen werden (Ausschluss des Buchstaben c des § 2 Absatz 1 Nummer 1 des 5. VermBG).

mindestens allen Arbeitnehmern (§ 1 LStDV) offen steht, die im Zeitpunkt der Bekanntgabe des Angebots ein Jahr oder länger ununterbrochen in einem gegenwärtigen Dienstverhältnis zum Unternehmen des Arbeitgebers stehen (§ 2 LStDV). Einzubeziehen sind danach z. B. auch geringfügig Beschäftigte, Teilzeitkräfte, Auszubildende und weiterbeschäftigte Rentner. Bei einem Entleiher sind Leiharbeitnehmer nicht einzubeziehen. Arbeitnehmer, die kürzer als ein Jahr in einem Dienstverhältnis zum Unternehmen stehen, können einbezogen werden. Bei einem Konzernunternehmen müssen die Beschäftigten der übrigen Konzernunternehmen nicht einbezogen werden. Anhang 7 Anhang 7

Es wird nicht beanstandet, wenn aus Vereinfachungsgründen ins Ausland entsandte Arbeitnehmer (sog. Expatriates) nicht einbezogen werden. Entsprechendes gilt für Organe von Körperschaften, für Mandatsträger, für Arbeitnehmer mit einem gekündigten Dienstverhältnis und für Arbeitnehmer, die zwischen dem Zeitpunkt des Angebots und dem Zeitpunkt der Überlassung der Vermögensbeteiligung aus sonstigen Gründen aus dem Unternehmen ausscheiden (z. B. Auslaufen des Arbeitsvertrages).

War ein Arbeitgeber begründet davon ausgegangen, dass ein bestimmter Arbeitnehmer oder eine bestimmte Gruppe von Arbeitnehmern nicht einzubeziehen ist und stellt sich im Nachhinein etwas anderes heraus, bleibt die Steuerfreiheit der übrigen Arbeitnehmer unberührt.

Beispiel:

Der Arbeitgeber ging davon aus, allen Arbeitnehmern ein Angebot zum verbilligten Erwerb einer Vermögensbeteiligung unterbreitet zu haben. Bei einer nicht einbezogenen Gruppe von Personen stellte sich jedoch im Rahmen einer Lohnsteuer-Außenprüfung heraus, dass es sich nicht um selbständige Mitarbeiter, sondern um Arbeitnehmer handelt. Die Steuerfreiheit der übrigen Arbeitnehmer bleibt davon unberührt.

Hinsichtlich der Konditionen, zu denen die Vermögensbeteiligungen überlassen werden, kann bei den einzelnen Arbeitnehmern differenziert werden (z. B. bezüglich der Höhe einer Zuzahlung oder der Beteiligungswerte). Dies bedarf aus arbeitsrechtlicher Sicht eines sachlichen Grundes.

1.3 Bewertung (§ 3 Nummer 39 Satz 4 EStG)

Nach § 3 Nummer 39 Satz 4 EStG ist als Wert der Vermögensbeteiligung der gemeine Wert zum Zeitpunkt der Überlassung anzusetzen.[1] Für die Höhe des Wertes wird dabei an die Grundsätze des Bewertungsgesetzes (BewG) angeknüpft[2] und nicht an die üblichen Endpreise am Abgabeort, wie sie nach § 8 Absatz 2 Satz 1 EStG sonst für die nicht in Geld bestehenden Einnahmen im Regelfall anzusetzen sind. § 8 Absatz 2 Satz 9 EStG[3] und R 8.1 Absatz 2 Satz 9 LStR 2008[4] sind daher nicht anzuwenden.

Für die Bewertung der in § 3 Nummer 39 EStG genannten Vermögensbeteiligungen gilt immer § 3 Nummer 39 Satz 4 EStG als spezielle Bewertungsvorschrift, und zwar auch dann, wenn die Steuerbegünstigung nach § 3 Nummer 39 EStG nicht greift.

Veräußerungssperren mindern den Wert der Vermögensbeteiligung nicht (vgl. BFH-Urteile vom 7. April 1989 – VI R 47/88 –, BStBl II Seite 608 und vom 30. September 2008 – VI R 67/05 –, BStBl 2009 II Seite 282).

Aus Vereinfachungsgründen kann die Ermittlung des Wertes der Vermögensbeteiligung beim einzelnen Arbeitnehmer am Tag der Ausbuchung beim Überlassenden oder dessen Erfüllungsgehilfen erfolgen; es kann auch auf den Vortag der Ausbuchung abgestellt werden. Bei allen begünstigten Arbeitnehmern kann aber auch der durchschnittliche Wert der Vermögensbeteiligungen angesetzt werden, wenn das Zeitfenster der Überlassung nicht mehr als einen Monat beträgt. Dies gilt jeweils im Lohnsteuerabzugs- und Veranlagungsverfahren.[5]

1.4 Ermittlung des steuerfreien geldwerten Vorteils

Der geldwerte Vorteil ergibt sich aus dem Unterschied zwischen dem Wert der Vermögensbeteiligung bei Überlassung und dem Preis, zu dem die Vermögensbeteiligung dem Arbeitnehmer überlassen wird. Der Zeitpunkt der Beschlussfassung über die Überlassung, der Zeitpunkt des Angebots an die Arbeitnehmer und der Zeitpunkt des Abschlusses des obligatorischen Rechtsgeschäfts ist in jedem Fall unmaßgeblich. Bei einer Verbilligung ist es unerheblich, ob der Arbeitgeber einen prozentualen Abschlag auf den Wert der Vermögensbeteiligung oder einen Preisvorteil in Form eines Festbetrags gewährt.

---

[1] Entsprechend dem BFH-Urteil vom 7. 5. 2014 (BStBl II S. 904) können auch die Wertverhältnisse bei Abschluss des für beide Seiten verbindlichen Veräußerungsgeschäfts herangezogen werden.

[2] → auch H 3.39 (Bewertung von Unternehmen und Anteilen an Kapitalgesellschaften).

[3] Jetzt: § 8 Abs. 2 Satz 11 EStG.

[4] Jetzt: R 8.1 Abs. 2 Satz 3 LStR 2015.

[5] Eine weitere Bewertungsoption besteht darin, die Wertverhältnisse bei Abschluss des für beide Seiten verbindlichen Veräußerungsgeschäfts heranzuziehen (→ BFH vom 7. 5. 2014, BStBl II S. 904).

1.5 Pauschalbesteuerung nach § 37b EStG

Nach § 37b Absatz 2 Satz 2 EStG sind sämtliche Vermögensbeteiligungen von der Anwendung des § 37b EStG ausgeschlossen. Steuerpflichtige geldwerte Vorteile aus der Überlassung von Vermögensbeteiligungen (z. B. den steuerfreien Höchstbetrag nach § 3 Nummer 39 Satz 1 EStG übersteigende geldwerte Vorteile und Fälle, in denen die Steuerfreistellung des § 3 Nummer 39 EStG bereits dem Grunde nach nicht greift) sind danach grds. individuell zu besteuern.

1.6 Zuflusszeitpunkt[1])

Der Zuflusszeitpunkt bestimmt sich nach den allgemeinen lohnsteuerlichen Regelungen. Zeitpunkt des Zuflusses ist der Tag der Erfüllung des Anspruchs des Arbeitnehmers auf Verschaffung der wirtschaftlichen Verfügungsmacht über die Vermögensbeteiligung (BFH-Urteil vom 23. Juni 2005 – VI R 10/03 –, BStBl II Seite 770). Bei Aktien ist dies der Zeitpunkt der Einbuchung der Aktien in das Depot des Arbeitnehmers (BFH-Urteil vom 20. November 2008 – VI R 25/05 –, BStBl II 2009 Seite 382). Zu Vereinfachungsregelungen siehe aber unter Tz. 1.3.

Muss der Arbeitnehmer aufgrund der getroffenen Vereinbarung einen höheren Kaufpreis als z. B. den Kurswert der Vermögensbeteiligung zahlen, führt dies nicht zu negativem Arbeitslohn. Entsprechendes gilt für Kursrückgänge nach dem Zuflusszeitpunkt.

2. Erstmalige Anwendung des § 3 Nummer 39 EStG

§ 3 Nummer 39 EStG gilt infolge der Anwendungsregelung in § 52 Absatz 1 EStG erstmals für die Lohnzahlungszeiträume des Jahres 2009 (bei laufendem Arbeitslohn) und für die Zuflusszeitpunkte im Jahr 2009 (bei sonstigen Bezügen).

Hat der Arbeitgeber in der Zeit zwischen dem 1. Januar 2009 und dem 31. März 2009 Vermögensbeteiligungen im Sinne des § 3 Nummer 39 EStG überlassen und sind diese nach dem 1. April 2009 (Inkrafttreten des Mitarbeiterkapitalbeteiligungsgesetzes) steuerlich anders zu behandeln (keine Begrenzung auf den halben Wert der Beteiligung, neuer Höchstbetrag von 360 €), greift § 41c Absatz 1 Nummer 2 EStG. Der Arbeitgeber kann den Lohnsteuerabzug ändern; er ist dazu verpflichtet, wenn ihm dies wirtschaftlich zumutbar ist (§ 41c Absatz 1 Satz 2 EStG in der Fassung des Gesetzes zur Sicherung von Beschäftigung und Stabilität in Deutschland vom 2. März 2009, BGBl. I Seite 416, BStBl I Seite 434). Ändert der Arbeitgeber den Lohnsteuerabzug nicht, kann der Arbeitnehmer beim Finanzamt den höheren Steuerfreibetrag in der Regel bei der Veranlagung zur Einkommensteuer geltend machen.

3. Weiteranwendung des § 19a EStG a. F. über § 52 Absatz 35 EStG[2])

Die Übergangsregelung nach § 52 Absatz 35 Nummer 2 EStG[3]) greift auch dann, wenn eine Vereinbarung vor dem 1. April 2009 getroffen wurde, aber die Höhe des geldwerten Vorteils noch ungewiss ist. Dies ist z. B. der Fall, wenn die Höhe der Vermögensbeteiligung und damit die Höhe des geldwerten Vorteils vom Betriebsergebnis abhängig ist.

Die Übergangsregelung des § 52 Absatz 35 Nummer 2 EStG ist betriebsbezogen, nicht personenbezogen. Sie kann auch greifen, wenn das Dienstverhältnis nach dem 31. März 2009 begründet wird.

4. Mitarbeiterbeteiligungsprogramm nach französischem Recht (FCPE)

Nach ständiger Rechtsprechung des BFH (siehe u. a. BFH vom 23. Juni 2005 – VI R 124/99 –, BStBl II Seite 766, zu den Wandelschuldverschreibungen) führt das Innehaben von Ansprüchen oder Rechten ggü. dem Arbeitgeber regelmäßig noch nicht zum Lohnzufluss. Der Zufluss ist grundsätzlich erst mit der Erfüllung des Anspruchs (der Gewinnchance) gegeben. Ein Vorteil ist dem Arbeitnehmer erst dann zugeflossen, wenn die geschuldete Leistung tatsächlich erbracht worden ist, er also wirtschaftlich verfügt oder zumindest verfügen kann.

Unter Berücksichtigung dieser Grundsätze erfolgt bei Mitarbeiterbeteiligungsprogrammen mittels Einschaltung eines Fonds Commun de Placement d'Entreprise (FCPE) nach französischem Recht und in gleich gelagerten Fällen eine Besteuerung des geldwerten Vorteils erst im Zeitpunkt der Auflösung des Programms und Überweisung eines Geldbetrags an den Arbeitnehmer bzw. der Zuwendung anderer Vorteile (z. B. Tausch in Aktien). Dies gilt unabhängig von der

---

1) Ein Zufluss von Arbeitslohn liegt nicht vor, solange dem Arbeitnehmer eine Verfügung über die Vermögensbeteiligung rechtlich unmöglich ist (→ BFH vom 30. 6. 2011 – BStBl II S. 923 zu vinkulierten Namensaktien). Im Gegensatz dazu stehen Sperr- und Haltefristen einem Zufluss nicht entgegen (BFH vom 30. 9. 2008 – BStBl 2009 II S. 282).

2) Die Übergangsregelung in § 52 Abs. 27 EStG zur Weiteranwendung des § 19a EStG in der am 31. 12. 2008 geltenden Fassung ist zum 31. 12. 2015 abgelaufen.

3) Jetzt: § 52 Abs. 27 Nr. 2 EStG.

Ausgestaltung im Einzelfall. Bis zur Auflösung des Programms fließen dem Arbeitnehmer auch keine Kapitaleinkünfte (Dividenden, Zinsen etc.) zu.

5. Anwendung

Dieses Schreiben ist ab 1. Januar 2009 anzuwenden.

Bewertung von Unternehmen und Anteilen an Kapitalgesellschaften

Bewertung von Unternehmen und Anteilen an Kapitalgesellschaften; Anwendung der bewertungsrechtlichen Regelungen für ertragsteuerliche Zwecke

(BMF-Schreiben vom 22. 9. 2011 – IV C 6 – S 2170/10/10001 –, BStBl I S. 859)

Im Einvernehmen mit den obersten Finanzbehörden der Länder sind die gleich lautenden Erlasse der obersten Finanzbehörden der Länder vom 17. Mai 2011 (BStBl I S. 606) zur Anwendung der §§ 11, 95 bis 109 und 199 ff. BewG in der Fassung des ErbStRG für ertragsteuerliche Zwecke bei der Bewertung von Unternehmen und Anteilen an Kapitalgesellschaften entsprechend anzuwenden.

Darlehensforderung

Darlehensforderungen i. S. d. § 2 Abs. 1 Nr. 1 Buchstabe k des 5. VermBG können in der Regel dann unter dem Nennwert bewertet werden, wenn die Forderung unverzinslich ist (→ R B 12.1 Abs. 1 Nr. 1 ErbStR); eine Bewertung über dem Nennwert ist im Allgemeinen dann gerechtfertigt, *Anhang 28* wenn die Forderung hochverzinst und von Seiten des Schuldners (Arbeitgebers) für längere Zeit unkündbar ist (→ R B 12.1 Abs. 1 Nr. 2 ErbStR). *Anhang 28*

FCPE

Mitarbeiterbeteiligungsprogramm nach französischem Recht (FCPE)[1]

(Verfügung der OFD Karlsruhe vom 19. 3. 2009 – S 2334/63 – St 141)

In den vergangenen Jahren wurden bei verschiedenen Finanzämtern Anrufungsauskünfte eingereicht, bei denen es darum ging, dass eine Aktiengesellschaft französischen Rechts den in Deutschland bei einer Tochtergesellschaft beschäftigten Arbeitnehmern ein Mitarbeiterbeteiligungsprogramm anbieten wollte. Den Hauptbestandteil bildete ein Fonds nach französischem Recht (FCPE), bei dem eine französische Managementgesellschaft Fondsverwalter war. Als Verwahrer, Garant und Kreditinstitut fungierte eine der Managementgesellschaft nahe stehende Gesellschaft. Berechtigte Arbeitnehmer konnten einen Eigenbeitrag an den FCPE leisten, zusätzlich gewährte das Kreditinstitut dem FCPE ein Darlehen in mehrfacher Höhe des Eigenbeitrags.

Unter Einsatz der Eigenbeiträge und Darlehen zeichnete der FCPE Aktien der Muttergesellschaft zu einem Vorzugskurs. Der FCPE war für eine nicht verlängerbare Zeit gegründet worden, innerhalb dieser keinerlei Zahlungen (insbesondere Ausschüttungen) an die beteiligten Arbeitnehmer erfolgten. Am Ende der Laufzeit stand die Auflösung des FCPE. Teilweise war die Übertragung der Aktien auf die Arbeitnehmer ausgeschlossen; in anderen Fällen hatten sie ein Wahlrecht zwischen einem Rückkauf der Anteile oder der Überführung in einen weiteren Fonds.

Daneben schlossen der Garant und der Arbeitnehmer einen selbständigen Garantievertrag. Darin wurde die Rückzahlung der Eigenbeiträge zuzüglich einer Verzinsung vereinbart. Außerdem sollte der Arbeitnehmer einen bestimmten Prozentsatz des Wertzuwachses erhalten. Dem Garant standen während der Laufzeit sämtliche mit den Aktien verbundenen Vorteile, insbesondere Dividenden und Steuergutschriften, der Abschlag auf die vom FCPE gezeichneten Aktien und ein Anteil am Wertzuwachs zu.

Bisher war bundeseinheitlich die Auffassung vertreten worden, dass zu Beginn des Programms der Zufluss eines Vorteils bei den Arbeitnehmern zu prüfen sei. Auf Bundesebene wurde zwischenzeitlich die lohnsteuerliche Behandlung des Mitarbeiterbeteiligungsprogramms FCPE nach französischem Recht erneut erörtert. Nach dem Ergebnis dieser Erörterung muss – abweichend von der bisherigen Beurteilung – eine Besteuerung im Zeitpunkt der Auflösung des Programms und Überweisung des Geldbetrags an den Arbeitnehmer bzw. des Tausches in Aktien erfolgen.

---

[1] → auch Tz. 4 des BMF-Schreiben vom 8. 12. 2009 – IV C 5 – S 2347/09/10002 – (BStBl I S. 1513), das in diesem Hinweisteil unter „Allgemeine Grundsätze" abgedruckt ist.

Nach ständiger Rechtsprechung des BFH (u. a. BFH-Urteil vom 23. 6. 2005, BStBl. II S. 766, zu den Wandelschuldverschreibungen) führt das Innehaben von Ansprüchen oder Rechten gegenüber dem Arbeitgeber regelmäßig noch nicht zu einem Lohnzufluss. Der Zufluss ist grundsätzlich erst mit der Erfüllung des Anspruchs (der Gewinnchance) gegeben. Ein Vorteil ist dem Arbeitnehmer erst dann zugeflossen, wenn die geschuldeten Leistungen tatsächlich erbracht worden sind, er also wirtschaftlich verfügt oder zumindest verfügen kann. Das ist bei diesem Beteiligungsprogramm – unabhängig von den komplizierten Einzelheiten – erst dann gegeben, wenn das Programm beendet und der vereinbarte Geldbetrag dem Arbeitnehmer überwiesen bzw. der Tausch in Aktien durchgeführt worden ist. Damit ist die Wertsteigerung im Zeitpunkt der Auflösung des Programms steuerpflichtiger Arbeitslohn.

Der Vorteil hat im Übrigen auch einen unmittelbaren Bezug zum Dienstverhältnis, so dass eine Zuordnung zur privaten Vermögensebene ausscheidet; eine Teilnahme an dem Programm ist nur Arbeitnehmern ermöglicht worden. Die Arbeitnehmer erwerben selbst keine Aktien, sondern beteiligen sich an einem Mitarbeiterbeteiligungsprogramm, worin ein entscheidender Unterschied zu sehen ist. Die Frage nach der Rechtspersönlichkeit des FCPE ist nicht entscheidend, denn es kommt allein auf den wirtschaftlichen Gehalt der Mitarbeiterbeteiligungsprogramme an; danach ist die Beteiligung an den vorliegenden Programmen mit einer Festgeldanlage vergleichbar.

Diese geänderte Verwaltungsauffassung ist bei allen neu aufgelegten Mitarbeiterbeteiligungsmodellen anzuwenden und zwar auch dann, wenn bereits eine Anrufungsauskunft gestellt wurde.

Wert der Vermögensbeteiligung

–   Veräußerungssperren mindern den Wert der Vermögensbeteiligung nicht (→ BMF vom 8. 12. 2009 – BStBl I S. 1513, Tz. 1.3). → Allgemeine Grundsätze

–   Der gemeine Wert nicht börsennotierter Aktien lässt sich nicht i. S. d. § 11 Abs. 2 Satz 2 BewG aus Verkäufen ableiten, wenn nach den Verkäufen, aber noch vor dem Bewertungsstichtag weitere objektive Umstände hinzutreten, die dafür sprechen, dass diese Verkäufe nicht mehr den gemeinen Wert der Aktien repräsentieren, und es an objektiven Maßstäben für Zu- und Abschläge fehlt, um von den festgestellten Verkaufspreisen der Aktien auf deren gemeinen Wert zum Bewertungsstichtag schließen zu können (→ BFH vom 29. 7. 2010 – BStBl 2011 II S. 68).

–   *Der gemäß § 11 Abs. 2 Satz 2 BewG zu ermittelnde gemeine Wert nicht börsennotierter Aktien ist vorrangig aus der Wertbestätigung am Markt abzuleiten, also von dem Preis, der bei einer Veräußerung im gewöhnlichen Geschäftsverkehr tatsächlich erzielt wurde. Bei nicht börsennotierten Aktien kann der gemeine Wert grundsätzlich vom Wert der börsennotierten gattungsgleichen Aktien abgeleitet werden. Die grundsätzlich auf den Zeitpunkt des Lohnzuflusses stichtagsbezogen vorzunehmende Bewertung von Sachlohn gebietet es, den gemeinen Wert nicht börsennotierter Aktien aus Verkäufen abzuleiten, die am Bewertungsstichtag oder, wenn solche Verkäufe nicht feststellbar sind, möglichst in zeitlicher Nähe zum Bewertungsstichtag getätigt wurden (→ BFH vom 1. 9. 2016 – BStBl 2017 II S. 149).*

Zuflusszeitpunkt der Vermögensbeteiligung

→ BMF vom 8. 12. 2009 (BStBl I S. 1513), Tz. 1.6 → Allgemeine Grundsätze

EStG

§ 3

Steuerfrei sind

. . .

40. **40 Prozent**

a) **der Betriebsvermögensmehrungen oder Einnahmen aus der Veräußerung oder der Entnahme von Anteilen an Körperschaften, Personenvereinigungen und Vermögensmassen, deren Leistungen beim Empfänger zu Einnahmen im Sinne des § 20 Absatz 1 Nummer 1 und 9 gehören, oder an einer Organgesellschaft im Sinne des § 14 oder 17 des Körperschaftsteuergesetzes oder aus deren Auflösung oder Herabsetzung von deren Nennkapital oder aus dem Ansatz eines solchen Wirtschaftsguts mit dem Wert, der sich nach § 6 Absatz 1 Nummer 2 Satz 3 ergibt, soweit sie zu den Einkünften aus Land- und Forstwirtschaft, aus Gewerbebetrieb oder aus selbständiger Arbeit gehören. ²Dies gilt nicht, soweit der Ansatz des niedrigeren Teilwerts in vollem Umfang zu einer Gewinnminderung geführt hat und soweit diese Gewinnminderung nicht durch Ansatz eines Werts, der sich nach § 6 Absatz 1 Nummer 2 Satz 3 ergibt, ausgeglichen worden ist. ³Satz 1 gilt außer für Betriebsvermögensmehrungen aus dem Ansatz mit dem Wert,** der sich nach § 6 Absatz 1 Nummer 2 Satz 3 ergibt, ebenfalls nicht, soweit Abzüge nach § 6b oder ähnliche Abzüge voll steuerwirksam vorgenommen worden sind,

b) des Veräußerungspreises im Sinne des § 16 Absatz 2, soweit er auf die Veräußerung von Anteilen an Körperschaften, Personenvereinigungen und Vermögensmassen entfällt, deren Leistungen beim Empfänger zu Einnahmen im Sinne des § 20 Absatz 1 Nummer 1 und 9 gehören, oder an einer Organgesellschaft im Sinne des § 14 oder 17des Körperschaftsteuergesetzes. ²Satz 1 ist in den Fällen des § 16 Absatz 3 entsprechend anzuwenden. ³Buchstabe a Satz 3 gilt entsprechend,

c) des Veräußerungspreises oder des gemeinen Werts im Sinne des § 17 Absatz 2. ²Satz 1 ist in den Fällen des § 17 Absatz 4 entsprechend anzuwenden,

d) der Bezüge im Sinne des § 20 Absatz 1 Nummer 1 und der Einnahmen im Sinne des § 20 Absatz 1 Nummer 9. ²Dies gilt nur, soweit sie das Einkommen der leistenden Körperschaft nicht gemindert haben. ³Satz 1 Buchstabe d Satz 2 gilt nicht, soweit eine verdeckte Gewinnausschüttung das Einkommen einer dem Steuerpflichtigen nahe stehenden Person erhöht hat und § 32a des Körperschaftsteuergesetzes auf die Veranlagung dieser nahe stehenden Person keine Anwendung findet,

e) der Bezüge im Sinne des § 20 Absatz 1 Nummer 2,

f) der besonderen Entgelte oder Vorteile im Sinne des § 20 Absatz 3, die neben den in § 20 Absatz 1 Nummer 1 und Absatz 2 Satz 1 Nummer 2 Buchstabe a bezeichneten Einnahmen oder an deren Stelle gewährt werden,

g) des Gewinns aus der Veräußerung von Dividendenscheinen und sonstigen Ansprüchen im Sinne des § 20 Absatz 2 Satz 1 Nummer 2 Buchstabe a,

h) des Gewinns aus der Abtretung von Dividendenansprüchen oder sonstigen Ansprüchen im Sinne des § 20 Absatz 2 Satz 1 Nummer 2 Buchstabe a in Verbindung mit § 20 Absatz 2 Satz 2,

i) der Bezüge im Sinne des § 22 Nummer 1 Satz 2, soweit diese von einer nicht von der Körperschaftsteuer befreiten Körperschaft, Personenvereinigung oder Vermögensmasse stammen.

²Dies gilt für Satz 1 Buchstabe d bis h nur in Verbindung mit § 20 Absatz 8. ³Satz 1 Buchstabe a, b und d bis h ist nicht anzuwenden auf Anteile, die bei Kreditinstituten und Finanzdienstleistungsinstituten dem Handelsbestand im Sinne des § 340e des Handelsgesetzbuchs zuzuordnen sind; Gleiches gilt für Anteile, die bei Finanzunternehmen im Sinne des Kreditwesengesetzes, an denen Kreditinstitute oder Finanzdienstleistungsinstitute unmittelbar oder mittelbar zu mehr als 50 Prozent beteiligt sind, zum Zeitpunkt des Zugangs zum Betriebsvermögen als Umlaufvermögen auszuweisen sind. ⁴Satz 1 ist nicht anzuwenden bei Anteilen an Unterstützungskassen. [1]

40a. 40 Prozent der Vergütungen im Sinne des § 18 Absatz 1 Nr. 4;   S 2248a

41. a) Gewinnausschüttungen, soweit für das Kalenderjahr oder Wirtschaft für die vorangegangenen sieben Kalenderjahre oder Wirtschaftsjahre aus einer Beteiligung an derselben ausländischen Gesellschaft Hinzurechnungsbeträge (§ 10 Absatz 2 des Außensteuergesetzes) der Einkommensteuer unterlegen haben, § 11 Absatz 1 und 2 des Außensteuergesetzes in der Fassung des Artikels 12 des Gesetzes vom 21. Dezember 1993 (BGBl. I S. 2310) nicht anzuwenden war und der Steuerpflichtige dies nachweist; § 3c Absatz 2 gilt entsprechend;   S 2121

b) Gewinne aus der Veräußerung eines Anteils an einer ausländischen Kapitalgesellschaft sowie aus deren Auflösung oder Herabsetzung ihres Kapitals, soweit für das Kalenderjahr oder Wirtschaftsjahr, in dem sie bezogen werden, oder für die vorangegangenen sieben Kalenderjahre oder Wirtschaftsjahre aus einer Beteiligung an derselben ausländischen Gesellschaft Hinzurechnungsbeträge (§ 10 Absatz 2 des Außensteuergesetzes) der Einkommensteuer unterlegen haben, § 11 Absatz 1 und 2 des Außensteuergesetzes in der Fassung des Artikels 12 des Gesetzes vom 21. Dezember 1993 (BGBl. I S. 2310) nicht anzuwenden war, der Steuerpflichtige dies nachweist und der Hinzurechnungsbetrag ihm nicht als Gewinnanteil zugeflossen ist. ²Die Prüfung, ob Hinzurechnungsbeträge der Einkommensteuer unterlegen haben, erfolgt im Rahmen der gesonderten Feststellung nach § 18 des Außensteuergesetzes;

42. die Zuwendungen, die auf Grund des Fulbright-Abkommens gezahlt werden;   S 2121

---

[1] *Nummer 40 Satz 3 wurde durch Artikel 8 des Gesetzes zur Umsetzung der Änderungen der EU-Amtshilferichtlinie und von weiteren Maßnahmen gegen Gewinnkürzungen und -verlagerungen neu gefasst, Satz 4 aufgehoben und der bisherige Satz 5 wurde dadurch Satz 4. Nummer 40 Satz 3 erster Halbsatz in der am 1. 1. 2017 geltenden Fassung ist erstmals für den VZ 2017 anzuwenden; der zweite Halbsatz ist anzuwenden auf Anteile, die nach dem 31. 12. 2016 dem Betriebsvermögen zugehen → § 52 Abs. 4 Satz 7 EStG.*

S 2342   43. der Ehrensold für Künstler sowie Zuwendungen aus Mitteln der Deutschen Künstlerhilfe, wenn es sich um Bezüge aus öffentlichen Mitteln handelt, die wegen der Bedürftigkeit des Künstlers gezahlt werden;

S 2342   44. Stipendien, die aus öffentlichen Mitteln oder von zwischenstaatlichen oder überstaatlichen Einrichtungen, denen die Bundesrepublik Deutschland als Mitglied angehört, zur Förderung der Forschung oder zur Förderung der wissenschaftlichen oder künstlerischen Ausbildung oder Fortbildung gewährt werden. ²Das Gleiche gilt für Stipendien, die zu den in Satz 1 bezeichneten Zwecken von einer Einrichtung, die von einer Körperschaft des öffentlichen Rechts errichtet ist oder verwaltet wird, oder von einer Körperschaft, Personenvereinigung oder Vermögensmasse im Sinne des § 5 Absatz 1 Nummer 9 des Körperschaftsteuergesetzes gegeben werden. ³Voraussetzung für die Steuerfreiheit ist, dass

     a) die Stipendien einen für die Erfüllung der Forschungsaufgabe oder für die Bestreitung des Lebensunterhalts und die Deckung des Ausbildungsbedarfs erforderlichen Betrag nicht übersteigen und nach den von dem Geber erlassenen Richtlinien vergeben werden,

     b) der Empfänger im Zusammenhang mit dem Stipendium nicht zu einer bestimmten wissenschaftlichen oder künstlerischen Gegenleistung oder zu einer bestimmten Arbeitnehmertätigkeit verpflichtet ist;

S 2342   45. die Vorteile des Arbeitnehmers aus der privaten Nutzung von betrieblichen Datenverarbeitungsgeräten und Telekommunikationsgeräten sowie deren Zubehör, aus zur privaten Nutzung überlassenen System- und Anwendungsprogrammen, die der Arbeitgeber auch in seinem Betrieb einsetzt, und aus den im Zusammenhang mit diesen Zuwendungen erbrachten Dienstleistungen. ²Satz 1 gilt entsprechend für Steuerpflichtige, denen die Vorteile im Rahmen einer Tätigkeit zugewendet werden, für die sie eine Aufwandsentschädigung im Sinne des § 3 Nummer 12 erhalten;

R 3.45   **Betriebliche Datenverarbeitungs- und Telekommunikationsgeräte (§ 3 Nr. 45 EStG)**

S 2342   ¹Die Privatnutzung betrieblicher Datenverarbeitungs- und Telekommunikationsgeräte durch den Arbeitnehmer ist unabhängig vom Verhältnis der beruflichen zur privaten Nutzung steuerfrei. ²Die Steuerfreiheit umfasst auch die Nutzung von Zubehör und Software. ³Sie ist nicht auf die private Nutzung im Betrieb beschränkt, sondern gilt beispielsweise auch für Mobiltelefone im Auto oder Personalcomputer in der Wohnung des Arbeitnehmers. ⁴Die Steuerfreiheit gilt nur für die Überlassung zur Nutzung durch den Arbeitgeber oder auf Grund des Dienstverhältnisses durch einen Dritten. ⁵In diesen Fällen sind auch die vom Arbeitgeber getragenen Verbindungsentgelte (Grundgebühr und sonstige laufende Kosten) steuerfrei. ⁶Für die Steuerfreiheit kommt es nicht darauf an, ob die Vorteile zusätzlich zum ohnehin geschuldeten Arbeitslohn oder auf Grund einer Vereinbarung mit dem Arbeitgeber über die Herabsetzung von Arbeitslohn erbracht werden.

H 3.45   **Hinweise**

Anwendungsbereich

Die auf Arbeitnehmer beschränkte Steuerfreiheit für die Vorteile aus der privaten Nutzung von betrieblichen Personalcomputern und Telekommunikationsgeräten (§ 3 Nr. 45 EStG) verletzt nicht den Gleichheitssatz (→ BFH vom 21. 6. 2006 – BStBl II S. 715)

Beispiele für die Anwendung des § 3 Nr. 45 EStG:

Beispiel 1

Der Arbeitgeber least einen PC und überlässt dieses Gerät dem Arbeitnehmer zur ausschließlich privaten Nutzung. Gegenüber dem Leasinggeber schuldet der Arbeitgeber die Leasingraten. In entsprechender Höhe wird eine Herabsetzung des Bruttogehalts vereinbart (Gehaltsumwandlung).

Da die Steuerbefreiungsvorschrift des § 3 Nr. 45 EStG keine Zusätzlichkeitsvoraussetzung enthält, ist die Herabsetzung des Bruttogehalts im Wege der Gehaltsumwandlung anzuerkennen; die Vereinbarung einer etwaigen Rückfallklausel/Ausstiegsklausel steht der Anerkennung nicht entgegen.

Beispiel 2

Der Arbeitgeber „kauft" vom Arbeitnehmer ein Mobiltelefon zu einem nicht marktüblichen Preis von z. B. 1 Euro und stellt es anschließend dem Arbeitnehmer zur privaten Nutzung zur Verfügung. Die Verbindungsentgelte des Arbeitnehmers werden nach dem „Kauf" vom Arbeitgeber übernommen.

Eine Steuerbefreiung der Verbindungsentgelte nach § 3 Nr. 45 EStG kommt nicht in Betracht, da der Kaufvertrag einem Fremdvergleich nicht standhält und es sich somit bei der Zurverfügungstellung des Mobiltelefons nicht um ein betriebliches Telekommunikationsgerät des Arbeitgebers handelt.

Beispiele für begünstigte Geräte und Leistungen

– **Betriebliche Datenverarbeitungsgeräte und Telekommunikationsgeräte**
Begünstigt sind u. a. Personalcomputer, Laptop, Handy, Smartphone, Tablet, Autotelefon. Regelmäßig nicht begünstigt sind Smart TV, Konsole, MP3-Player, Spielautomat, E-Book-Reader, Gebrauchsgegenstand mit eingebautem Mikrochip, Digitalkamera und digitaler Videocamcorder, weil es sich nicht um betriebliche Geräte des Arbeitgebers handelt. Nicht begünstigt ist auch ein vorinstalliertes Navigationsgerät im Pkw (→ BFH vom 16. 2. 2005 – BStBl II S. 563).

– **System- und Anwendungsprogramme**
Begünstigt sind u. a. Betriebssystem, Browser, Virenscanner, Softwareprogramm (z. B. Home-Use-Programme, Volumenlizenzvereinbarung). Regelmäßig nicht begünstigt sind mangels Einsatz im Betrieb des Arbeitgebers u. a. Computerspiele.

– **Zubehör**
Begünstigt sind u. a. Monitor, Drucker, Beamer, Scanner, Modem, Netzwerkswitch, Router, Hub, Bridge, ISDN-Karte, Sim-Karte, UMTS-Karte, LTE-Karte, Ladegeräte und Transportbehältnisse.

– **Dienstleistung**
Begünstigt ist insbesondere die Installation oder Inbetriebnahme der begünstigten Geräte und Programme i. S. d. § 3 Nr. 45 EStG durch einen IT-Service des Arbeitgebers.

§ 3 — EStG

Steuerfrei sind
...

46. zusätzlich zum ohnehin geschuldeten Arbeitslohn vom Arbeitgeber gewährte Vorteile für das elektrische Aufladen eines Elektrofahrzeugs oder Hybridelektrofahrzeugs im Sinne des § 6 Absatz 1 Nummer 4 Satz 2 zweiter Halbsatz an einer ortsfesten betrieblichen Einrichtung des Arbeitgebers oder eines verbundenen Unternehmens (§ 15 des Aktiengesetzes) und für die zur privaten Nutzung überlassene betriebliche Ladevorrichtung;[1] — S 2346

Hinweise — H 3.46

Anwendungsbereich

→ BMF vom **14. 12. 2016** (BStBl I S. **1446**) — Anhang 25 VIII
→ *BMF vom 26. 10. 2017 (BStBl I S. 1439)* — Anhang 25 IX

§ 3 — EStG

Steuerfrei sind
...

47. Leistungen nach § 14a Absatz 4 und § 14b des Arbeitsplatzschutzgesetzes; — S 2342
48. Leistungen nach dem Unterhaltssicherungsgesetz mit Ausnahme der Leistungen nach § 7 des Unterhaltssicherungsgesetzes; — S 2342
49. (weggefallen) — S 2121

---

[1] Nummer 46 in der am 17. 11. 2016 geltenden Fassung ist erstmals anzuwenden auf Vorteile, die in einem nach dem 31. 12. 2016 endenden Lohnzahlungszeitraum oder als sonstige Bezüge nach dem 31. 12. 2016 zugewendet werden, und letztmals anzuwenden auf Vorteile, die in einem vor dem 1. 1. 2021 endenden Lohnzahlungszeitraum oder als sonstige Bezüge vor dem 1. 1. 2021 zugewendet werden → § 52 Abs. 4 *Satz 11* EStG.

S 2336

50. die Beträge, die der Arbeitnehmer vom Arbeitgeber erhält, um sie für ihn auszugeben (durchlaufende Gelder), und die Beträge, durch die Auslagen des Arbeitnehmers für den Arbeitgeber ersetzt werden (Auslagenersatz);

R 3.50   **Durchlaufende Gelder, Auslagenersatz (§ 3 Nr. 50 EStG)**

S 2336

(1) [1]Durchlaufende Gelder oder Auslagenersatz liegen vor, wenn

1. der Arbeitnehmer die Ausgaben für Rechnung des Arbeitgebers macht, wobei es gleichgültig ist, ob das im Namen des Arbeitgebers oder im eigenen Namen geschieht und

2. über die Ausgaben im Einzelnen abgerechnet wird.

[2]Dabei sind die Ausgaben des Arbeitnehmers bei ihm so zu beurteilen, als hätte der Arbeitgeber sie selbst getätigt. [3]Die Steuerfreiheit der durchlaufenden Gelder oder des Auslagenersatzes nach § 3 Nr. 50 EStG ist hiernach stets dann ausgeschlossen, wenn die Ausgaben durch das Dienstverhältnis des Arbeitnehmers veranlasst sind (→ R 19.3). [4]Durchlaufende Gelder oder Auslagenersatz werden immer zusätzlich gezahlt, da sie ihrem Wesen nach keinen Arbeitslohn darstellen. [5]Sie können daher auch keinen anderen Arbeitslohn ersetzen.

(2) [1]Pauschaler Auslagenersatz führt regelmäßig zu Arbeitslohn. [2]Ausnahmsweise kann pauschaler Auslagenersatz steuerfrei bleiben, wenn er regelmäßig wiederkehrt und der Arbeitnehmer die entstandenen Aufwendungen für einen repräsentativen Zeitraum von drei Monaten im Einzelnen nachweist. [3]Dabei können bei Aufwendungen für Telekommunikation auch die Aufwendungen für das Nutzungsentgelt einer Telefonanlage sowie für den Grundpreis der Anschlüsse entsprechend dem beruflichen Anteil der Verbindungsentgelte an den gesamten Verbindungsentgelten (Telefon und Internet) steuerfrei ersetzt werden. [4]Fallen erfahrungsgemäß beruflich veranlasste Telekommunikationsaufwendungen an, können aus Vereinfachungsgründen ohne Einzelnachweis bis zu 20 % des Rechnungsbetrags, höchstens 20 Euro monatlich steuerfrei ersetzt werden. [5]Zur weiteren Vereinfachung kann der monatliche Durchschnittsbetrag, der sich aus den Rechnungsbeträgen für einen repräsentativen Zeitraum von drei Monaten ergibt, für den pauschalen Auslagenersatz fortgeführt werden. [6]Der pauschale Auslagenersatz bleibt grundsätzlich so lange steuerfrei, bis sich die Verhältnisse wesentlich ändern. [7]Eine wesentliche Änderung der Verhältnisse kann sich insbesondere im Zusammenhang mit einer Änderung der Berufstätigkeit ergeben.

H 3.50   **Hinweise**

Allgemeines

– **Nicht** nach § 3 Nr. 50 EStG **steuerfrei**

 Ersatz von Werbungskosten

 Ersatz von Kosten der privaten Lebensführung des Arbeitnehmers

– **Steuerfrei** ist z. B. der Ersatz von Gebühren für ein geschäftliches Telefongespräch, das der Arbeitnehmer für den Arbeitgeber außerhalb des Betriebs führt.

Ersatz von Reparaturkosten

Ersetzt der Arbeitgeber auf Grund einer tarifvertraglichen Verpflichtung dem als Orchestermusiker beschäftigten Arbeitnehmer die Kosten der Instandsetzung des dem Arbeitnehmer gehörenden Musikinstruments, so handelt es sich dabei um steuerfreien Auslagenersatz (→ BFH vom 28. 3. 2006 – BStBl 2006 II S. 473).

Garagenmiete

Stellt der Arbeitnehmer den Dienstwagen in einer von ihm angemieteten Garage unter, handelt es sich bei der vom Arbeitgeber erstatteten Garagenmiete um steuerfreien Auslagenersatz (→ BFH vom 7. 6. 2002 – BStBl II S. 829).

Pauschaler Auslagenersatz

führt regelmäßig zu Arbeitslohn (→ BFH vom 10. 6. 1966 – BStBl III S. 607). Er ist nur dann steuerfrei, wenn der Steuerpflichtige nachweist, dass die Pauschale den tatsächlichen Aufwendungen im Großen und Ganzen entspricht (→ BFH vom 2. 10. 2003 – BStBl 2004 II S. 129).

Anhang 25 IX   → **BMF vom 26. 10. 2017 (BStBl I S. 1439), Rdnr. 19a**

§ 3 EStG

Steuerfrei sind

...

51. Trinkgelder, die anlässlich einer Arbeitsleistung dem Arbeitnehmer von Dritten freiwillig und ohne dass ein Rechtsanspruch auf sie besteht, zusätzlich zu dem Betrag gegeben werden, der für diese Arbeitsleistung zu zahlen ist; S 2342

Hinweise H 3.51

Freiwillige Sonderzahlungen

an Arbeitnehmer eines konzernverbundenen Unternehmens sind keine steuerfreien Trinkgelder (→ BFH vom 3. 5. 2007 – BStBl II S. 712).

Notarassessoren

Freiwillige Zahlungen von Notaren an Notarassessoren für deren Vertretungstätigkeit sind keine steuerfreien Trinkgelder (→ BFH vom 10. 3. 2015 – BStBl II S. 767).

Spielbank

– Aus dem Spielbanktronc finanzierte Zahlungen an die Arbeitnehmer der Spielbank sind keine steuerfreien Trinkgelder (→ BFH vom 18. 12. 2008 – BStBl 2009 II S. 820 – VI R 49/06).

– Freiwillige Zahlungen von Spielbankkunden an die Saalassistenten einer Spielbank für das Servieren von Speisen und Getränken können steuerfreie Trinkgelder sein. Die Steuerfreiheit entfällt nicht dadurch, dass der Arbeitgeber als eine Art Treuhänder bei der Aufbewahrung und Verteilung der Gelder eingeschaltet ist (→ BFH vom 18. 6. 2015 –BStBl 2016 II S. 751).

---

§ 3 EStG

Steuerfrei sind

...

52. (weggefallen) S 2339

53. die Übertragung von Wertguthaben nach § 7f Absatz 1 Satz 1 Nummer 2 des Vierten Buches Sozialgesetzbuch auf die Deutsche Rentenversicherung Bund. ²Die Leistungen aus dem Wertguthaben durch die Deutsche Rentenversicherung Bund gehören zu den Einkünften aus nichtselbständiger Arbeit im Sinne des § 19. ³Von ihnen ist Lohnsteuer einzubehalten. S 2121

54. Zinsen aus Entschädigungsansprüchen für deutsche Auslandsbonds im Sinne der §§ 52 bis 54 des Bereinigungsgesetzes für deutsche Auslandsbonds in der im Bundesgesetzblatt - Teil III, Gliederungsnummer 4139-2, veröffentlichten bereinigten Fassung, soweit sich die Entschädigungsansprüche gegen den Bund oder die Länder richten. ²Das Gleiche gilt für die Zinsen aus Schuldverschreibungen und Schuldbuchforderungen, die nach den §§ 9, 10 und 14 des Gesetzes zur näheren Regelung der Entschädigungsansprüche für Auslandsbonds in der im Bundesgesetzblatt Teil III, Gliederungsnummer 4139-3, veröffentlichten bereinigten Fassung vom Bund oder von den Ländern für Entschädigungsansprüche erteilt oder eingetragen werden; S 2121

55. der in den Fällen des § 4 Absatz 2 Nummer 2 und Absatz 3 des Betriebsrentengesetzes vom 19. Dezember 1974 (BGBl. I S. 3610), das zuletzt durch Artikel 8 des Gesetzes vom 5. Juli 2004 (BGBl. I S. 1427) geändert worden ist, in der jeweils geltenden Fassung geleistete Übertragungswert nach § 4 Absatz 5 des Betriebsrentengesetzes, wenn die betriebliche Altersversorgung beim ehemaligen und neuen Arbeitgeber über einen Pensionsfonds, eine Pensionskasse oder ein Unternehmen der Lebensversicherung durchgeführt wird; *dies gilt auch, wenn eine Versorgungsanwartschaft aus einer betrieblichen Altersversorgung auf Grund vertraglicher Vereinbarung ohne Fristerfordernis unverfallbar ist.* ²Satz 1 gilt auch, wenn der Übertragungswert vom ehemaligen Arbeitgeber oder von einer Unterstützungskasse an den neuen Arbeitgeber oder eine andere Unterstützungskasse geleistet wird. ³Die Leistungen des neuen Arbeitgebers, der Unterstützungskasse, des Pensionsfonds, der Pensionskasse oder des Unternehmens der Lebensversicherung auf Grund des Betrags nach Anhang 2 I

¹⁾

---

¹) *Nummer 55 Satz 1 zweiter Halbsatz wurde durch das Betriebsrentenstärkungsgesetz ab VZ 2018 angefügt.*

Satz 1 und 2 gehören zu den Einkünften, zu denen die Leistungen gehören würden, wenn die Übertragung nach § 4 Absatz 2 Nummer 2 und Absatz 3 des Betriebsrentengesetzes nicht stattgefunden hätte;

H 3.55

Hinweise

Übertragung der betrieblichen Altersversorgung

Anhang 2 IV → **BMF vom** 6. 12. 2017 **(BStBl** 2018 **I S.** 147**)** Rz. 57 ff.

EStG

§ 3

Steuerfrei sind

. . .

55a. die nach § 10 des Versorgungsausgleichsgesetzes vom 3. April 2009 (BGBl. I S. 700) in der jeweils geltenden Fassung (interne Teilung) durchgeführte Übertragung von Anrechten für die ausgleichsberechtigte Person zu Lasten von Anrechten der ausgleichspflichtigen Person. ²Die Leistungen aus diesen Anrechten gehören bei der ausgleichsberechtigten Person zu den Einkünften, zu denen die Leistungen bei der ausgleichspflichtigen Person gehören würden, wenn die interne Teilung nicht stattgefunden hätte;

H 3.55a

Hinweise

Allgemeine Grundsätze

Anhang 2 IV → **BMF vom** 21. 12. 2017 **(BStBl** 2018 **I S.** 93**)** Rz. 319 ff.

Anhang 2 VI → BMF vom 19. 8. 2013 (BStBl I S. 1087), geändert durch BMF vom 10. 1. 2014 (BStBl I S. 70), durch BMF vom 10. 4. 2015 (BStBl I S. 256) durch BMF vom 1. 6. 2015 (BStBl I S. 475), und durch BMF vom 24. 5. 2017 (BStBl I. S. 820)Rz. 270 ff.

EStG

§ 3

Steuerfrei sind

. . .

55b. der nach § 14 des Versorgungsausgleichsgesetzes (externe Teilung) geleistete Ausgleichswert zur Begründung von Anrechten für die ausgleichsberechtigte Person zu Lasten von Anrechten der ausgleichspflichtigen Person, soweit Leistungen aus diesen Anrechten zu steuerpflichtigen Einkünften nach den §§ 19, 20 und 22 führen würden. ²Satz 1 gilt nicht, soweit Leistungen, die auf dem begründeten Anrecht beruhen, bei der ausgleichsberechtigten Person zu Einkünften nach § 20 Absatz 1 Nummer 6 oder § 22 Nummer 1 Satz 3 Buchstabe a Doppelbuchstabe bb führen würden. ³Der Versorgungsträger der ausgleichspflichtigen Person hat den Versorgungsträger der ausgleichsberechtigten Person über die für die Besteuerung der Leistungen erforderlichen Grundlagen zu informieren. ⁴Dies gilt nicht, wenn der Versorgungsträger der ausgleichsberechtigten Person die Grundlagen bereits kennt oder aus den bei ihm vorhandenen Daten feststellen kann und dieser Umstand dem Versorgungsträger der ausgleichspflichtigen Person mitgeteilt worden ist;

H 3.55b

Hinweise

Allgemeine Grundsätze

Anhang 2 IV → **BMF vom** 21. 12. 2017 **(BStBl** 2018 **I S.** 93**)** Rz. 323 ff.

Anhang 2 VI → BMF vom 19. 8. 2013 (BStBl I S. 1087), geändert durch BMF vom 10. 1. 2014 (BStBl I S. 70), durch BMF vom 10. 4. 2015 (BStBl I S. 256), durch BMF vom 1. 6. 2015 (BStBl I S. 475) und durch BMF vom 24. 5. 2017 (BStBl I S. 820), Rz. 270 ff.

§ 3   **EStG**

Steuerfrei sind

...

55c. Übertragungen von Altersvorsorgevermögen im Sinne des § 92 auf einen anderen auf den Namen des Steuerpflichtigen lautenden Altersvorsorgevertrag (§ 1 Absatz 1 Satz 1 Nummer 10 Buchstabe b des Altersvorsorgeverträge-Zertifizierungsgesetzes), soweit die Leistungen zu steuerpflichtigen Einkünften nach § 22 Nummer 5 führen würden. ²Dies gilt entsprechend

    a) wenn Anwartschaften aus einer betrieblichen Altersversorgung, die über einen Pensionsfonds, eine Pensionskasse oder ein Unternehmen der Lebensversicherung (Direktversicherung) durchgeführt wird, lediglich auf einen anderen Träger einer betrieblichen Altersversorgung in Form eines Pensionsfonds, einer Pensionskasse oder eines Unternehmens der Lebensversicherung (Direktversicherung) übertragen werden, soweit keine Zahlungen unmittelbar an den Arbeitnehmer erfolgen,   ¹⁾

    b) wenn Anwartschaften der betrieblichen Altersversorgung abgefunden werden, soweit das Altersvorsorgevermögen zugunsten eines auf den Namen des Steuerpflichtigen lautenden Altersvorsorgevertrages geleistet wird,

    c) wenn im Fall des Todes des Steuerpflichtigen das Altersvorsorgevermögen auf einen auf den Namen des Ehegatten lautenden Altersvorsorgevertrag übertragen wird, wenn die Ehegatten im Zeitpunkt des Todes des Zulageberechtigten nicht dauernd getrennt gelebt haben (§ 26 Absatz 1) und ihren Wohnsitz oder gewöhnlichen Aufenthalt in einem Mitgliedstaat der Europäischen Union oder einem Staat hatten, auf den das Abkommen über den Europäischen Wirtschaftsraum anwendbar ist;

Hinweise   H 3.55c

Allgemeine Grundsätze

→ *BMF vom* 21. 12. 2017 *(BStBl* 2018 *I S.* 93*)*, Rz. 150 ff.   Anhang 2 IV

§ 3   **EStG**

Steuerfrei sind

...

55d. Übertragungen von Anrechten aus einem nach § 5a Altersvorsorgeverträge-Zertifizierungsgesetz zertifizierten Vertrag auf einen anderen auf den Namen des Steuerpflichtigen lautenden nach § 5a Altersvorsorgeverträge-Zertifizierungsgesetz zertifizierten Vertrag;

55e. die auf Grund eines Abkommens mit einer zwischen- oder überstaatlichen Einrichtung übertragenen Werte von Anrechten auf Altersversorgung, soweit diese zur Begründung von Anrechten auf Altersversorgung bei einer zwischen- oder überstaatlichen Einrichtung dienen. ²Die Leistungen auf Grund des Betrags nach Satz 1 gehören zu den Einkünften, zu denen die Leistungen gehören, die die übernehmende Versorgungseinrichtung im Übrigen erbringt;

56. Zuwendungen des Arbeitgebers nach § 19 Absatz 1 Satz 1 Nummer 3 Satz 1 aus dem ersten Dienstverhältnis an eine Pensionskasse zum Aufbau einer nicht kapitalgedeckten betrieblichen Altersversorgung, bei der eine Auszahlung der zugesagten Alters-, Invaliditäts- oder Hinterbliebenenversorgung in Form einer Rente oder eines Auszahlungsplans (§ 1 Absatz 1 Satz 1 Nummer 4 des Altersvorsorgeverträge-Zertifizierungsgesetzes) vorgesehen ist, soweit diese Zuwendungen im Kalenderjahr *2 Prozent* der Beitragsbemessungsgrenze in der allgemeinen Rentenversicherung nicht übersteigen. ²Der in Satz 1 genannte Höchstbetrag erhöht sich ab 1. Januar 2020 auf 3 Prozent und ab 1. Januar 2025 auf 4 Prozent der Beitragsbemessungsgrenze in der allgemeinen Rentenversicherung. ³Die Beträge nach den Sätzen 1 und 2 sind jeweils um die nach § 3 Nummer 63 Satz 1, 3 oder Satz 4 steuerfreien Beträge zu mindern;   ²⁾   Anhang 2 II

---

¹⁾ *Nummer 55c Satz 2 Buchstabe a wurde durch das Betriebsrentenstärkungsgesetz ab VZ 2018 eingefügt und dadurch wurden die bisherigen Buchstaben a und b die Buchstaben b und c.*
²⁾ *Nummer 56 Satz 1 und 2 wurde durch das Betriebsrentenstärkungsgesetz ab VZ 2018 geändert.*

H 3.56   Hinweise

Allgemeine Grundsätze

Anhang 2 IV   → **BMF vom** 6. 12. 2017 *(BStBl* 2018 *I S.* 147*),* Rz. 67 – 82

Kapitalgedeckte betriebliche Altersversorgung

→ § 3 Nr. 63 EStG

Sozialversicherung

Anhang 4   → § 1 Abs. 1 Satz 1 Nr. 4a und Satz 3 f. SvEV

Verhältnis zu § 3 Nr. 62 EStG

→ § 3 Nr. 62 Satz 1 EStG

EStG   § 3

Steuerfrei sind

...

S 2121   **57.** die Beträge, die die Künstlersozialkasse zugunsten des nach dem Künstlersozialversicherungsgesetz Versicherten aus dem Aufkommen von Künstlersozialabgabe und Bundeszuschuss an einen Träger der Sozialversicherung oder an den Versicherten zahlt;

S 2121   **58.** das Wohngeld nach dem Wohngeldgesetz, die sonstigen Leistungen aus öffentlichen Haushalten oder Zweckvermögen zur Senkung der Miete oder Belastung im Sinne des § 11 Absatz 2 Nr. 4 des Wohngeldgesetzes sowie öffentliche Zuschüsse zur Deckung laufender Aufwendungen und Zinsvorteile bei Darlehen, die aus öffentlichen Haushalten gewährt werden, für eine zu eigenen Wohnzwecken genutzte Wohnung im eigenen Haus oder eine zu eigenen Wohnzwecken genutzte Eigentumswohnung, soweit die Zuschüsse und Zinsvorteile die Vorteile aus einer entsprechenden Förderung mit öffentlichen Mitteln nach dem Zweiten Wohnungsbaugesetz, dem Wohnraumförderungsgesetz oder einem Landesgesetz zur Wohnraumförderung nicht überschreiten, der Zuschuss für die Wohneigentumsbildung in innerstädtischen Altbauquartieren nach den Regelungen zum Stadtumbau Ost in den Verwaltungsvereinbarungen über die Gewährung von Finanzhilfen des Bundes an die Länder nach Artikel 104a Absatz 4 des Grundgesetzes zur Förderung städtebaulicher Maßnahmen;

R 3.58   **Zuschüsse und Zinsvorteile aus öffentlichen Haushalten**
                              (§ 3 Nr. 58 EStG)

Öffentliche Haushalte im Sinne des § 3 Nr. 58 EStG sind die Haushalte des Bundes, der Länder, der Gemeinden, der Gemeindeverbände, der kommunalen Zweckverbände und der Sozialversicherungsträger.

H 3.58   Hinweise

Aufwendungszuschüsse, Zinsersparnisse

**Zinsersparnisse und Aufwendungszuschüsse
aus Wohnungsfürsorgemitteln**

(Erlass des Bayerischen FinMin vom 16. 2. 2001 – 34 – S 2332 – 107/129 – 7111 –)

Im Einvernehmen mit dem BMF und den obersten Finanzbehörden der anderen Länder gilt für die lohnsteuerliche Behandlung von Zinsersparnissen und Aufwendungszuschüssen aus Wohnungsfürsorgemitteln Folgendes:

Werden Aufwendungszuschüsse oder Darlehen aus Wohnungsfürsorgemitteln für Angehörige des öffentlichen Diensts nach § 87a oder § 87b Zweites Wohnungsbaugesetz nur gegen Einräumung eines Besetzungsrechts und eines Verzichts auf einen Teil der Miete bei Fremdvermietung gewährt, so ist davon auszugehen, dass diese Gegenleistung die Vorteile aus der Förderung ausgleicht. Der Vorteil ist mit null DM[1]) anzusetzen; Aufwendungszuschüsse und Zinsvorteile sind deshalb nicht als Arbeitslohn zu erfassen. Die vorstehenden Grundsätze sind für Arbeitnehmer in der Privatwirtschaft entsprechend anzuwenden, wenn vergleichbare Fälle auftreten.

Steuerbefreiung nach § 3 Nr. 58 EStG

Begriff des öffentlichen Haushalts

(Verfügung OFD Frankfurt am Main vom 30. 12. 2016 – S 2121 A-036-St 213 –)

Mit Urteil vom 21. 09. 2016 (7 K 990/12) hat das FG Münster entschieden, dass der Haushalt einer Handwerkskammer kein öffentlicher Haushalt im Sinne der Steuerbefreiungsvorschrift des § 3 Nr. 58 EStG sei.

Die Handwerkskammer sei zwar eine Körperschaft des öffentlichen Rechts, sie finanziere sich aber durch Beiträge ihrer Pflichtmitglieder. Aufgabe der Handwerkskammer sei es, die Interessen des Handwerks zu vertreten und die Belange des Handwerks im Zuge der Selbstverwaltung zu regeln. Neben der Regelung und Durchführung von Ausbildung und Prüfung für die einzelnen Handwerke und der Bestellung und Vereidigung von Sachverständigen unterstützten die Handwerkskammern ihre Mitglieder u. a. auch durch eine Beratung in rechtlicher und wirtschaftlicher Hinsicht. Somit würden die Handwerkskammern neben hoheitlichen Aufgaben auch Funktionen wahrnehmen, die ausschließlich den Interessen ihrer Mitglieder dienten.

Über den Streitfall hinaus folgt das FG nicht der Verwaltungsauffassung in R 3.58 LStR, wonach die Haushalte der Sozialversicherungsträger zu den öffentlichen Haushalten im Sinne des § 3 Nr. 58 EStG gehören. Der Gesetzgeber sei seinerzeit im Hinblick auf seine Motive von einer anderen Definition des öffentlichen Haushalts ausgegangen.

Die gegen das Urteil eingelegte Revision ist beim BFH unter dem Az. VI R 37/16 anhängig. Entsprechende Einspruchsverfahren ruhen nach § 363 Abs. 2 Satz 2 AO, Aussetzung der Vollziehung ist nicht zu gewähren.

§ 3   EStG

Steuerfrei sind

...

59. die Zusatzförderung nach § 88e des Zweiten Wohnungsbaugesetzes und nach § 51f des Wohnungsbaugesetzes für das Saarland und Geldleistungen, die ein Mieter zum Zwecke der Wohnkostenentlastung nach dem Wohnraumförderungsgesetz oder einem Landesgesetz zur Wohnraumförderung erhält, soweit die Einkünfte dem Mieter zuzurechnen sind, und die Vorteile aus einer mietweisen Wohnungsüberlassung im Zusammenhang mit einem Arbeitsverhältnis, soweit sie die Vorteile aus einer entsprechenden Förderung nach dem Zweiten Wohnungsbaugesetz, nach dem Wohnraumförderungsgesetz oder einem Landesgesetz zur Wohnraumförderung nicht überschreiten;   S 2121 S 2342

Steuerfreie Mietvorteile (§ 3 Nr. 59 EStG)   R 3.59

[1]Steuerfrei sind Mietvorteile, die im Rahmen eines Dienstverhältnisses gewährt werden und die auf der Förderung nach dem Zweiten Wohnungsbaugesetz, dem Wohnungsbaugesetz für das Saarland oder nach dem Wohnraumförderungsgesetz (WoFG) oder den Landesgesetzen zur Wohnraumförderung beruhen. [2]Mietvorteile, die sich aus dem Einsatz von Wohnungsfürsorgemitteln aus öffentlichen Haushalten ergeben, sind ebenfalls steuerfrei. [3]Bei einer Wohnung, die ohne Mittel aus öffentlichen Haushalten errichtet worden ist, gilt Folgendes: [4]Die Mietvorteile im Rahmen eines Dienstverhältnisses sind steuerfrei, wenn die Wohnung im Zeitpunkt ihres Bezugs durch den Arbeitnehmer für eine Förderung mit Mitteln aus öffentlichen Haushalten in Betracht gekommen wäre. [5]§ 3 Nr. 59 EStG ist deshalb nur auf Wohnungen anwendbar, die im Geltungszeitraum der in Satz 1 genannten Gesetze errichtet worden sind, d. h. auf Baujahrgänge ab 1957. [6]Es muss nicht geprüft werden, ob der Arbeitnehmer nach seinen Einkommensverhältnissen als Mieter einer geförderten Wohnung in Betracht kommt. [7]Der Höhe nach ist die Steuerbefreiung auf die Mietvorteile begrenzt, die sich aus der Förderung nach den in Satz 1 genannten Gesetzen ergeben würden. [8]§ 3 Nr. 59 EStG ist deshalb nicht anwendbar auf Wohnungen, für die der Förderzeitraum abgelaufen ist. [9]Wenn der Förderzeitraum im Zeitpunkt des Bezugs der Wohnung durch den Arbeitnehmer noch nicht abgelaufen ist, ist ein Mietvorteil bis zur Höhe des Teil-

---

[1]) Jetzt Euro.

betrags steuerfrei, auf den der Arbeitgeber gegenüber der Vergleichsmiete verzichten müsste, wenn die Errichtung der Wohnung nach den in Satz 1 genannten Gesetzen gefördert worden wäre. [10]Der steuerfreie Teilbetrag verringert sich in dem Maße, in dem der Arbeitgeber nach den Förderregelungen eine höhere Miete verlangen könnte. [11]Mit Ablauf der Mietbindungsfrist läuft auch die Steuerbefreiung aus. [12]Soweit später zulässige Mieterhöhungen z. B. nach Ablauf des Förderzeitraums im Hinblick auf das Dienstverhältnis unterblieben sind, sind sie in den steuerpflichtigen Mietvorteil einzubeziehen.

H 3.59

Hinweise

Steuerfreie Mietvorteile im Zusammenhang mit einem Arbeitsverhältnis

R 3.59 Sätze 2 bis 4 LStR sind unabhängig vom BFH-Urteil vom 16. 2. 2005 (BStBl II S. 750) weiterhin anzuwenden (→ BMF vom 10. 10. 2005 – BStBl I S. 959).

Steuerbefreiung von Mietvorteilen nach § 3 Nr. 59 2. Halbsatz EStG; BFH-Urteil vom 16. Februar 2005 – VI R 58/03 – (BStBl II S. 750)

(BMF-Schreiben vom 10. 10. 2005 – IV C 5 – S 2334 –75/05 –)

Erörterung zu TOP 2 der Besprechung LSt II/05 und TOP 10 der Besprechung LSt III/05

Der BFH hat entschieden, eine Steuerbefreiung von Mietvorteilen aus dem Arbeitsverhältnis nach § 3 Nr. 59 EStG komme nur dann in Betracht, wenn die Vorteile auf der Förderung nach dem II. WoBauG beruhen und zudem der Förderzeitraum noch nicht abgelaufen ist. Des Weiteren hat er Zweifel geäußert, ob die Regelung in R 23 Sätze 2 bis 4 LStR[1]) eine zutreffende Auslegung des § 3 Nr. 59 EStG beinhalte.

Hierzu wird im Einvernehmen mit den obersten Finanzbehörden der Länder die folgende Auffassung vertreten:

Das BFH-Urteil ist anzuwenden. Die sich daraus ergebende Frage, ob die Sätze 2 bis 4 in R 23a LStR eine zutreffende Auslegung des § 3 Nr. 59 EStG beinhalten, hat der BFH letztendlich offen gelassen bzw. nicht angesprochen. Es ist daher sachgerecht, diese für die Arbeitnehmer günstigeren Regelungen beizubehalten. Die Sätze 2 bis 4 in R 23a LStR[2]) sind deshalb weiterhin anzuwenden.

EStG

§ 3

Steuerfrei sind
...

S 2342   60. Leistungen aus öffentlichen Mitteln an Arbeitnehmer des Steinkohlen-, Pechkohlen- und Erzbergbaues, des Braunkohlentiefbaues und der Eisen- und Stahlindustrie aus Anlass von Stilllegungs-, Einschränkungs-, Umstellungs- oder Rationalisierungsmaßnahmen;

S 2342   61. Leistungen nach Absatz 1 Nummer 2, § 7 Absatz 3, §§ 9, 10 Absatz 1, §§ 13, 15 des Entwicklungshelfer-Gesetzes;

S 2333   62. Ausgaben des Arbeitgebers für die Zukunftssicherung des Arbeitnehmers, soweit der Arbeitgeber dazu nach sozialversicherungsrechtlichen oder anderen gesetzlichen Vorschriften oder nach einer auf gesetzlicher Ermächtigung beruhenden Bestimmung verpflichtet ist, und es sich nicht um Zuwendungen oder Beiträge des Arbeitgebers nach den Nummern 56 und 63 *und 63a* handelt. [2]Den Ausgaben des Arbeitgebers für die Zukunftssicherung, die auf Grund gesetzlicher Verpflichtung geleistet werden, werden gleichgestellt Zuschüsse des Arbeitgebers zu den Aufwendungen des Arbeitnehmers[3]

   a) für eine Lebensversicherung,

   b) für die freiwillige Versicherung in der gesetzlichen Rentenversicherung,

   c) für eine öffentlich-rechtliche Versicherungs- oder Versorgungseinrichtung seiner Berufsgruppe,

   wenn der Arbeitnehmer von der Versicherungspflicht in der gesetzlichen Rentenversicherung befreit worden ist. [3]Die Zuschüsse sind nur insoweit steuerfrei, als sie insgesamt bei

---

1) R 3.59 Sätze 2 bis 4 LStR.
2) Sätze 2 bis 4 in R 3.59 LStR.
3) Nummer 62 Satz 1 wurde durch das Betriebsrentenstärkungsgesetz ab VZ 2018 geändert.

Befreiung von der Versicherungspflicht in der allgemeinen Rentenversicherung die Hälfte und bei Befreiung von der Versicherungspflicht in der knappschaftlichen Rentenversicherung zwei Drittel der Gesamtaufwendungen des Arbeitnehmers nicht übersteigen und nicht höher sind als der Betrag, der als Arbeitgeberanteil bei Versicherungspflicht in der allgemeinen Rentenversicherung oder in der knappschaftlichen Rentenversicherung zu zahlen wäre;

1)

Zukunftssicherungsleistungen
(§ 3 Nr. 62 EStG, § 2 Abs. 2 Nr. 3 LStDV)

R 3.62

Leistungen auf Grund gesetzlicher Verpflichtungen

(1) [1]Zu den nach § 3 Nr. 62 EStG steuerfreien Ausgaben des Arbeitgebers für die Zukunftssicherung des Arbeitnehmers (§ 2 Abs. 2 Nr. 3 Satz 1 und 2 LStDV) gehören insbesondere die Beitragsanteile des Arbeitgebers am Gesamtsozialversicherungsbeitrag (Rentenversicherung, Krankenversicherung, Pflegeversicherung, Arbeitslosenversicherung), Beiträge des Arbeitgebers nach § 172a SGB VI zu einer berufsständischen Versorgungseinrichtung für Arbeitnehmer, die nach § 6 Abs. 1 Satz 1 Nr. 1 SGB VI von der Versicherungspflicht in der gesetzlichen Rentenversicherung befreit sind, und Beiträge des Arbeitgebers nach § 249b SGB V und nach §§ 168 Abs. 1 Nr. 1b oder 1c, 172 Abs. 3 oder 3a, 276a Abs. 1 SGB IV für geringfügig Beschäftigte. [2]Dies gilt auch für solche Beitragsanteile, die auf Grund einer nach ausländischen Gesetzen bestehenden Verpflichtung an ausländische Sozialversicherungsträger, die den inländischen Sozialversicherungsträgern vergleichbar sind, geleistet werden. [3]Steuerfrei sind nach § 3 Nr. 62 EStG auch vom Arbeitgeber nach § 3 Abs. 3 Satz 3 der SvEV übernommene Arbeitnehmeranteile am Gesamtsozialversicherungsbeitrag sowie Krankenversicherungsbeiträge, die der Arbeitgeber nach § 9 der Mutterschutz- und Elternzeitverordnung oder nach entsprechenden Rechtsvorschriften der Länder erstattet. [4]Zukunftssicherungsleistungen auf Grund einer tarifvertraglichen Verpflichtung sind dagegen nicht nach § 3 Nr. 62 EStG steuerfrei.

S 2333
Anhang 7

Anhang 4

(2) Für Ausgaben des Arbeitgebers zur Kranken- und Pflegeversicherung des Arbeitnehmers gilt Folgendes:

1. [1]Die Beitragsteile und Zuschüsse des Arbeitgebers zur gesetzlichen Krankenversicherung und zur sozialen Pflegeversicherung eines gesetzlich krankenversicherungspflichtigen Arbeitnehmers sind steuerfrei, soweit der Arbeitgeber zur Tragung der Beiträge verpflichtet ist (§ 249 SGB V, § 58 SGB XI). [2]Der Zusatzbeitrag (§ 242 SGB V) sowie der Beitragszuschlag für Kinderlose i. H. v. 0,25 % (§ 55 Abs. 3 SGB XI) sind vom Arbeitnehmer allein zu tragen und können deshalb vom Arbeitgeber nicht steuerfrei erstattet werden. [2])

2. [1]Zuschüsse des Arbeitgebers zur gesetzlichen Krankenversicherung und zur sozialen Pflegeversicherung oder privaten Pflege-Pflichtversicherung eines nicht gesetzlich krankenversicherungspflichtigen Arbeitnehmers, der in der gesetzlichen Krankenversicherung freiwillig versichert ist, sind nach § 3 Nr. 62 EStG steuerfrei, soweit der Arbeitgeber nach § 257 Abs. 1 SGB V und nach § 61 Abs. 1 SGB XI zur Zuschussleistung verpflichtet ist. [2]Soweit bei Beziehern von Kurzarbeitergeld ein fiktives Arbeitsentgelt maßgebend ist, bleiben die Arbeitgeberzuschüsse in voller Höhe steuerfrei (§ 257 Abs. 1 i. V. m. § 249 Abs. 2 SGB V). [3]Übersteigt das Arbeitsentgelt nur auf Grund von einmalig gezahltem Arbeitsentgelt die Beitragsbemessungsgrenze und hat der Arbeitnehmer deshalb für jeden Monat die Höchstbeiträge an die Kranken- und Pflegekasse zu zahlen, sind die Arbeitgeberzuschüsse aus Vereinfachungsgründen entsprechend der Höchstbeiträge steuerfrei. [4]Dies gilt auch dann, wenn das im Krankheitsfall fortgezahlte Arbeitsentgelt die monatliche Beitragsbemessungsgrenze unterschreitet und der Arbeitnehmer dennoch für die Dauer der Entgeltfortzahlung die Höchstbeiträge an die Kranken- und Pflegekasse zu zahlen hat.

3. [1]Zuschüsse des Arbeitgebers zu den Kranken- und Pflegeversicherungsbeiträgen eines nicht gesetzlich krankenversicherungspflichtigen Arbeitnehmers, der eine private Kranken- und Pflege-Pflichtversicherung abgeschlossen hat, sind ebenfalls nach § 3 Nr. 62 EStG steuerfrei, soweit der Arbeitgeber nach § 257 Abs. 2 SGB V sowie nach § 61 Abs. 2 SGB XI zur Zuschussleistung verpflichtet ist. [2]Der Anspruch auf den Arbeitgeberzuschuss an den bei einem privaten Krankenversicherungsunternehmen versicherten Arbeitnehmer setzt voraus, dass der

---

1) *Nummer 62 Satz 4 wurde durch das Betriebsrentenstärkungsgesetz ab VZ 2018 aufgehoben.*
2) Es gelten für 2018 grds. folgende Werte:
Der Arbeitgeberanteil zur gesetzlichen Krankenversicherung beträgt 7,3 %, der Arbeitnehmeranteil 7,3 % zzgl. X % (einkommensabhängiger, kassenindividueller Zusatzbeitragssatz).
Der Arbeitgeberanteil zur sozialen Pflegeversicherung beträgt 1,275 %, der Arbeitnehmeranteil 1,275 % zzgl. 0,25 % bei Kinderlosen (ab dem 23. Lebensjahr).
In Sachsen beträgt der Arbeitgeberanteil zur sozialen Pflegeversicherung 0,775 %, der Arbeitnehmeranteil 1,775 % zzgl. 0,25 % bei Kinderlosen (ab dem 23. Lebensjahr).

private Krankenversicherungsschutz Leistungen zum Inhalt hat, die ihrer Art nach auch den Leistungen des SGB V entsprechen. [3]Die Höhe des Arbeitgeberzuschusses bemisst sich nach § 257 Abs. 2 Satz 2 SGB V. [4]Eine leistungsbezogene Begrenzung des Zuschusses sieht § 257 Abs. 2 Satz 2 SGB V nicht vor, so dass Beiträge zur privaten Krankenversicherung im Rahmen des § 257 SGB V zuschussfähig sind, auch wenn der Krankenversicherungsvertrag Leistungserweiterungen enthält (§ 11 Abs. 1, § 257 Abs. 2 Satz 1 SGB V). [5]Die für Zwecke des Sonderausgabenabzugs bestehenden Regelungen der Krankenversicherungsbeitragsanteils-Ermittlungsverordnung (KVBEVO) bilden keine Grundlage für die Bemessung des Arbeitgeberzuschusses. [6]Nummer 2 Satz 3 und 4 gilt entsprechend. [7]Für die private Pflege-Pflichtversicherung gilt, dass der Versicherungsschutz Leistungen zum Inhalt haben muss, die nach Art und Umfang den Leistungen der sozialen Pflegeversicherung nach dem SGB XI entsprechen (§ 61 Abs. 2 Satz 1 SGB XI). [8]Die Höhe des Arbeitgeberzuschusses bemisst sich nach § 61 Abs. 2 Satz 2 SGB XI. [9]Der Arbeitgeber darf Zuschüsse zu einer privaten Krankenversicherung und zu einer privaten Pflege-Pflichtversicherung des Arbeitnehmers nur dann steuerfrei lassen, wenn der Arbeitnehmer eine Bescheinigung des Versicherungsunternehmens vorlegt, in der bestätigt wird, dass die Voraussetzungen des § 257 Abs. 2a SGB V und des § 61 Abs. 6 SGB XI vorliegen und dass es sich bei den vertraglichen Leistungen um Leistungen i. S. d. SGB V und SGB XI handelt. [10]Die Bescheinigung muss außerdem Angaben über die Höhe des für die vertraglichen Leistungen i. S. d. SGB V und SGB XI zu zahlenden Versicherungsbeitrags enthalten. [11]Der Arbeitgeber hat die Bescheinigung als Unterlage zum Lohnkonto aufzubewahren. [12]Soweit der Arbeitgeber die steuerfreien Zuschüsse unmittelbar an den Arbeitnehmer auszahlt, hat der Arbeitnehmer die zweckentsprechende Verwendung durch eine Bescheinigung des Versicherungsunternehmens über die tatsächlichen Kranken- und Pflege-Pflichtversicherungsbeiträge nach Ablauf eines jeden Kalenderjahres nachzuweisen; der Arbeitgeber hat diese Bescheinigung als Unterlage zum Lohnkonto aufzubewahren. [13]Diese Bescheinigung kann mit der Bescheinigung nach den Sätzen 9 und 10 verbunden werden.

Den gesetzlichen Pflichtbeiträgen gleichgestellte Zuschüsse

(3) [1]Nach § 3 Nr. 62 Satz 2 EStG sind den Ausgaben des Arbeitgebers für die Zukunftssicherung des Arbeitnehmers, die auf Grund gesetzlicher Verpflichtung geleistet werden, die Zuschüsse des Arbeitgebers gleichgestellt, die zu den Beiträgen des Arbeitnehmers für eine Lebensversicherung – auch für die mit einer betrieblichen Pensionskasse abgeschlossene Lebensversicherung –, für die freiwillige Versicherung in der gesetzlichen Rentenversicherung oder für eine öffentlich-rechtliche Versicherungs- oder Versorgungseinrichtung der Berufsgruppe geleistet werden, wenn der Arbeitnehmer von der Versicherungspflicht in der gesetzlichen Rentenversicherung nach einer der folgenden Vorschriften auf eigenen Antrag befreit worden ist:

1. § 18 Abs. 3 des Gesetzes über die Erhöhung der Einkommensgrenzen in der Sozialversicherung und der Arbeitslosenversicherung und zur Änderung der Zwölften Verordnung zum Aufbau der Sozialversicherung vom 13. 8. 1952 (BGBl. I S. 437),
2. Artikel 2 § 1 des Angestelltenversicherungs-Neuregelungsgesetzes vom 23. 2. 1957 (BGBl. I S. 88, 1074) oder Artikel 2 § 1 des Knappschaftsrentenversicherungs-Neuregelungsgesetzes vom 21. 5. 1957 (BGBl. I S. 533), jeweils in der bis zum 30. 6. 1965 geltenden Fassung,
3. § 7 Abs. 2 des Angestelltenversicherungsgesetzes (AVG) i. d. F. des Artikels 1 des Angestelltenversicherungs-Neuregelungsgesetzes vom 23. 2. 1957 (BGBl. I S. 88, 1074),
4. Artikel 2 § 1 des Angestelltenversicherungs-Neuregelungsgesetzes oder Artikel 2 § 1 des Knappschaftsrentenversicherungs-Neuregelungsgesetzes, jeweils i. d. F. des Rentenversicherungs-Änderungsgesetzes vom 9. 6. 1965 (BGBl. I S. 476),
5. Artikel 2 § 1 des Zweiten Rentenversicherungs-Änderungsgesetzes vom 23. 12. 1966 (BGBl. I S. 745),
6. Artikel 2 § 1 des Angestelltenversicherungs-Neuregelungsgesetzes oder Artikel 2 § 1 des Knappschaftsrentenversicherungs-Neuregelungsgesetzes, jeweils i. d. F. des Finanzänderungsgesetzes 1967 vom 21. 12. 1967 (BGBl. I S. 1259),
7. Artikel 2 § 1 Abs. 2 des Angestelltenversicherungs-Neuregelungsgesetzes oder Artikel 2 § 1 Abs. 1a des Knappschaftsrentenversicherungs-Neuregelungsgesetzes, jeweils i. d. F. des Dritten Rentenversicherungs-Änderungsgesetzes vom 28. 7. 1969 (BGBl. I S. 956),
8. § 20 des Gesetzes über die Sozialversicherung vom 28. 6. 1990 (GBl. der Deutschen Demokratischen Republik I Nr. 38 S. 486) i. V. m. § 231a SGB VI i. d. F. des Gesetzes zur Herstellung der Rechtseinheit in der gesetzlichen Renten- und Unfallversicherung (Renten-Überleitungsgesetz – RÜG) vom 25. 7. 1991 (BGBl. I S. 1606).

[2]Zuschüsse des Arbeitgebers i. S. d. § 3 Nr. 62 Satz 2 EStG liegen nicht vor, wenn der Arbeitnehmer kraft Gesetzes in der gesetzlichen Rentenversicherung versicherungsfrei ist. [3]Den Beiträgen des Arbeitnehmers für eine freiwillige Versicherung in der allgemeinen Rentenversicherung stehen im Übrigen Beiträge für die freiwillige Versicherung in der knappschaftlichen Rentenver-

sicherung oder für die Selbstversicherung/Weiterversicherung in der gesetzlichen Rentenversicherung gleich.

Höhe der steuerfreien Zuschüsse, Nachweis

(4) [1]Die Steuerfreiheit der Zuschüsse beschränkt sich nach § 3 Nr. 62 Satz 3 EStG im Grundsatz auf den Betrag, den der Arbeitgeber als Arbeitgeberanteil zur gesetzlichen Rentenversicherung aufzuwenden hätte, wenn der Arbeitnehmer nicht von der gesetzlichen Versicherungspflicht befreit worden wäre. [2]Soweit der Arbeitgeber die steuerfreien Zuschüsse unmittelbar an den Arbeitnehmer auszahlt, hat dieser die zweckentsprechende Verwendung durch eine entsprechende Bescheinigung des Versicherungsträgers bis zum 30. April des folgenden Kalenderjahres nachzuweisen. [3]Die Bescheinigung ist als Unterlage zum Lohnkonto aufzubewahren.

Hinweise

H 3.62

Arbeitgeberanteile zur Sozialversicherung

Arbeitgeberanteile zur gesetzlichen Sozialversicherung eines Arbeitnehmers gehören nicht zum Arbeitslohn; § 3 Nr. 62 Satz 1 EStG hat insofern nur deklaratorische Bedeutung (BFH vom 6. 6. 2002 – BStBl 2003 II S. 34).

Arbeitgeberbeiträge zur US-Sozialversicherung

Lohnsteuerliche Behandlung der Arbeitgeberbeiträge zur US-Sozialversicherung

(Erlaß der Finanzbehörde Hamburg vom 26. 10. 1982–54 – S 2333 – 6/82 –)

§ 3 Nr. 62 EStG gilt auch für solche Arbeitgeberbeiträge, die ein ausländischer Arbeitgeber auf Grund einer ihm gesetzlich auferlegten Verpflichtung zugunsten der im Bundesgebiet tätigen ausländischen Arbeitnehmer an ausländische Sozialversicherungsträger zahlen muß.

Es ist gefragt worden, ob diese Auffassung auch dann gelten kann, wenn eine in der Bundesrepublik Deutschland rechtlich selbständige Tochtergesellschaft einer US-Gesellschaft auf Grund von Vereinbarungen mit der Muttergesellschaft unmittelbar Arbeitgeberbeiträge zur amerikanischen Sozialversicherung für die bei der Tochtergesellschaft beschäftigten amerikanischen Angestellten leistet, obwohl an sich die Muttergesellschaft auf Grund der für die US-Sozialversicherung geltenden Bestimmungen zur Beitragsleistung verpflichtet ist.

Es ist die Auffassung zu vertreten, daß derartige Arbeitgeberbeiträge keine gesetzlichen Beiträge sind. Die entsprechenden Zahlungen des Arbeitgebers stellen jedoch Zukunftssicherungsleistungen dar, auf die der Freibetrag von 312 DM[1]) angewandt werden kann, soweit er noch nicht aufgebraucht ist.

Dieser Erlaß ergeht im Einvernehmen mit dem Bundesminister der Finanzen und den Finanzministern (Finanzsenatoren) der Länder.

Ausländische Krankenversicherung

Die nach § 3 Nr. 62 Satz 1 EStG für die Steuerfreiheit vorausgesetzte gesetzliche Verpflichtung zu einer Zukunftssicherungsleistung des Arbeitgebers ergibt sich für einen Arbeitgeberzuschuss zu einer privaten Krankenversicherung aus § 257 Abs. 2a Satz 1 SGB V. § 257 Abs. 2a SGB V findet auch auf Steuerpflichtige Anwendung, die eine Krankenversicherung bei einem Versicherungsunternehmen abgeschlossen haben, das in einem anderen Land der EU seinen Sitz hat, ist vom Steuerpflichtigen nachzuweisen. Die Vorlage der Bescheinigung nach § 257 Abs. 2a SGB V ist nicht konstitutive Voraussetzung der Steuerbefreiung (→ BFH vom 22. 7. 2008 – BStBl II S. 894).

Ausländische Versicherungsunternehmen

Zahlungen des Arbeitgebers an ausländische Versicherungsunternehmen sind nicht steuerfrei, wenn sie auf vertraglicher Grundlage entrichtet werden (→ BFH vom 28. 5. 2009 – BStBl II S. 857).

[1]) Freibetrag ist seit dem 1. 1. 1990 aufgehoben.

Ausländischer Sozialversicherungsträger

- Arbeitgeberanteile zur ausländischen Sozialversicherung sind nicht steuerfrei, wenn sie auf vertraglicher Grundlage und damit freiwillig entrichtet werden (→ BFH vom 18. 5. 2004 – BStBl 2004 II S. 1014).
- Zu Zuschüssen zu einer ausländischen gesetzlichen Krankenversicherung → BMF vom 30. 1. 2014 (BStBl I S. 210).

Zuschüsse an einen Arbeitnehmer für dessen Versicherung in einer ausländischen gesetzlichen Krankenversicherung innerhalb der Europäischen Union und des Europäischen Wirtschaftsraums sowie im Verhältnis zur Schweiz (§ 3 Nummer 62 EStG)

BFH-Urteil vom 12. Januar 2011 – I R 49/10 – (BStBl II 2011 S. 446)

(BMF-Schreiben vom 30. 1. 2014 – IV C 5 – S 2333/13/10004, 2014/ 0079071 –, BStBl I S. 210)

Der BFH hat mit Urteil vom 12. Januar 2011 – I R 49/10 – (BStBl II 2011 S. 446) im Anschluss an seine bisherige Rechtsprechung (Urteile vom 18. Mai 2004 – VI R 11/01 –, BStBl II S. 1014, und vom 28. Mai 2009 – VI R 27/06 –, BStBl II S. 857) entschieden, dass Zuschüsse zu einer Krankenversicherung, die ein inländischer Arbeitgeber an einen Arbeitnehmer für dessen Versicherung in der französischen gesetzlichen Krankenversicherung leistet, nicht nach § 3 Nummer 62 EStG steuerfrei sind. Nach Auffassung des BFH greift die Steuerfreiheit nicht, weil eine gesetzliche Verpflichtung des Arbeitgebers zu Zahlungen des Zuschusses fehle. Der BFH hat sich in seinem Urteil der sozialversicherungsrechtlichen Beurteilung der Vorinstanz angeschlossen (Urteil des FG München vom 21. Mai 2010 – 8 K 3773/07 –, EFG 2010 S. 2096).

Das Bundesministerium für Gesundheit hat in Abstimmung mit dem Bundesministerium für Arbeit und Soziales nunmehr hierzu mitgeteilt, dass entgegen der Auffassung der Finanzgerichtsbarkeit gleichwohl eine sozialrechtliche Zuschusspflicht des Arbeitgebers nach § 257 Absatz 1 des Fünften Buches Sozialgesetzbuch (SGB V) besteht, denn die Begründung einer freiwilligen Mitgliedschaft in einer ausländischen gesetzlichen Krankenversicherung ist zumindest innerhalb der Europäischen Union und des Europäischen Wirtschaftsraums sowie im Verhältnis zur Schweiz nach Artikel 5 Buchstabe b der Verordnung (EG) Nummer 883/2004 des Europäischen Parlaments und des Rates vom 29. April 2004 so zu behandeln, als ob eine (freiwillige) Mitgliedschaft bei einer inländischen gesetzlichen Krankenkasse begründet worden wäre.

Vor diesem Hintergrund gilt unter Bezugnahme auf das Ergebnis der Erörterung mit den obersten Finanzbehörden der Länder Folgendes:

Zuschüsse eines inländischen Arbeitgebers an einen Arbeitnehmer für dessen Versicherung in einer ausländischen gesetzlichen Krankenversicherung zumindest innerhalb der Europäischen Union und des Europäischen Wirtschaftsraums sowie im Verhältnis zur Schweiz fallen unter den Anwendungsbereich des § 3 Nummer 62 EStG, weil auf Grund von Artikel 5 Buchstabe b der Verordnung (EG) Nummer 883/2004 des Europäischen Parlaments und des Rates vom 29. April 2004 eine gesetzliche Zuschusspflicht nach § 257 Absatz 1 SGB V besteht. Das BFH-Urteil vom 12. Januar 2011 – I R 49/10 – (a. a. O.) ist daher nicht mehr allgemein anzuwenden, soweit der BFH von anderen Rechtsgrundsätzen ausgegangen ist. Dies gilt in allen offenen Fällen.

Anhang 2 X
- Bei Beiträgen zu einer ausländischen gesetzlichen Rentenversicherung ist die Anwendung des § 3 Nr. 62 EStG nicht durch die inländische Beitragsbemessungsgrenze begrenzt (→ BMF vom 27. 7. 2016 – BStBl I S. 759).

Beitragszuschlag

Der Beitragszuschlag für Kinderlose in der sozialen Pflegeversicherung i. H. v. 0,25 % ist vom Arbeitnehmer allein zu tragen und kann deshalb vom Arbeitgeber nicht steuerfrei erstattet werden (→ § 55 Abs. 3 i. V. m. § 58 Abs. 1 SGB XI).

Entscheidung des Sozialversicherungsträgers

Bei der Frage, ob die Ausgaben des Arbeitgebers für die Zukunftssicherung des Arbeitnehmers auf einer gesetzlichen Verpflichtung beruhen, ist der Entscheidung des zuständigen Sozialversicherungsträgers des Arbeitnehmers zu folgen, wenn sie nicht offensichtlich rechtswidrig ist (→ BFH vom 6. 6. 2002 – BStBl 2003 II S. 34 und vom 21. 1. 2010 – BStBl II S. 703).

Gegenwärtiger Versicherungsstatus

Für die Steuerfreiheit von Arbeitgeberzuschüssen zu einer Lebensversicherung des Arbeitnehmers ist dessen gegenwärtiger Versicherungsstatus maßgeblich. Die Zuschüsse sind nicht nach § 3 Nr. 62 Satz 2 EStG steuerfrei, wenn der Arbeitnehmer als nunmehr beherrschender Gesellschafter-Geschäftsführer kraft Gesetzes rentenversicherungsfrei geworden ist, auch wenn er sich ursprünglich auf eigenen Antrag von der Rentenversicherungspflicht hatte befreien lassen (→ BFH vom 10. 10. 2002 – BStBl 2002 II S. 886).

Gesetzliche Verpflichtung

– Beiträge für eine inländische Krankenversicherung der Arbeitnehmer können steuerfrei sein, wenn der Arbeitgeber nach einer zwischenstaatlichen Verwaltungsvereinbarung, die ihrerseits auf einer gesetzlichen Ermächtigung beruht, zur Leistung verpflichtet ist (§ 3 Nr. 62 Satz 1 3. Alternative EStG; → BFH vom 14. 4. 2011 – BStBl II S. 767).

– Zuschüsse, die eine AG Vorstandsmitgliedern zur freiwilligen Weiterversicherung in der gesetzlichen Rentenversicherung oder einem Versorgungswerk gewährt, sind nicht nach § 3 Nr. 62 Satz 1 EStG steuerfrei (→ BFH vom 24. 9. 2013 – BStBl 2014 II S. 124).

Gesetzlicher Beitragsanteil des Arbeitgebers in der Pflegeversicherung[1])

Beispiel:

Ein Arbeitgeber zahlt für Juli **2017** einem privat krankenversicherten Arbeitnehmer einen Zuschuss zur privaten Pflegeversicherung in Höhe von 50 % des Gesamtbeitrags von **70 €**. Die Beitragsbemessungsgrenze **2017** beträgt **52 200** € (mtl. **4 350,00** €). Der steuerfreie Betrag errechnet sich wie folgt:

a) Die Betriebsstätte befindet sich in Sachsen (Arbeitgeberanteil: **0,775** %)

  1. Begrenzung
  4 350,00 € × **0,775** % = **33,71** € mtl. Arbeitgeberanteil
  2. Begrenzung
  Privater Pflegeversicherungsbeitrag mtl.   **70,00** €
  davon 50 %   **35,00** €
  Vergleich
  1. Begrenzung   33,71 €
  2. Begrenzung   35,00 €
  damit steuerfreier Zuschuss des Arbeitgebers
  nach § 3 Nr. 62 EStG   33,71 €
  somit steuerpflichtiger Zuschuss des Arbeitgebers   **1,29** €

b) Die Betriebsstätte befindet sich im übrigen Bundesgebiet
  (Arbeitgeberanteil: **1,275** %):
  1. Begrenzung
  4 350,00 € × **1,275** % = **55,46** € mtl. Arbeitgeberanteil
  2. Begrenzung
  Privater Pflegeversicherungsbeitrag mtl.   **70,00** €
  davon 50 %   **35,00** €
  Vergleich
  1. Begrenzung   55,46 €
  2. Begrenzung   35,00 €
  damit steuerfreier Zuschuss des Arbeitgebers
  nach § 3 Nr. 62 EStG   **35,00** €

Grenzgänger nach Frankreich

Besteuerung von Grenzgängern nach Frankreich Zusätzliche Pflichtaltersversorgung Veranlagungszeitraum 2007

(OFD Karlsruhe vom 20. 3. 2009 – Merkblatt, Besteuerung von Grenzgängern nach Frankreich)

Für die Berechnung des in Deutschland steuerpflichtigen Bruttoarbeitslohns von Grenzgängern nach Frankreich sind auch die Besonderheiten des französischen Rentenversicherungssystems zu beachten.

Die französische Rentenversicherung besteht grundsätzlich aus zwei Säulen:

– aus der gesetzliche Rentenversicherung und

– aus der sog. zusätzlichen Pflichtaltersversorgung

Daneben besteht noch die Möglichkeit, Beiträge in eine zusätzliche freiwillige Altersversorgung einzuzahlen.

Im Folgenden wird die steuerliche Behandlung der zusätzlichen Pflichtaltersversorgung erläutert:

---

[1]) Für **2018** gilt voraussichtlich eine neue Beitragsbemessungsgrenze.

Bei der zusätzlichen Pflichtaltersversorgung handelt es sich bereits seit dem Jahre 1972 um eine Pflichtversicherung für alle Beschäftigten in Frankreich (vorher nur für Führungskräfte). Diese Zusatzrentenversicherungen sind in allen Unternehmen – unabhängig von der Beschäftigungszahl oder von der Rechtsform – für die Beschäftigten abzuschließen.

Es gibt in Frankreich zwei Rentenkassen, sprich Dachverbände, die diese Pflichtzusatzrente anbieten:

1. ARRCO (Association pour le régime de retraite complémentaires de salariés) = AGRR (Association générale de retraite par répartition)

2. AGIRC (Association générale des institutions de retraite des cadres)

Weitere Dachverbände der Pflichtaltersversorgung bestehen nicht.

Die Verwaltung der Finanzierung dieser Pflichtaltersversorgung übernimmt die AGFF. Die Beiträge für die AGFF sind zusammen mit den Beiträgen an die ARRCO/AGIRC zu überweisen.

Der Arbeitgeber hat hierbei grundsätzlich kraft Gesetzes 60 % der Beitragszahlungen zu leisten.

Fraglich ist nun, in welcher Höhe dieser Beiträge nach § 3 Nr. 62 EStG steuerfrei sind.

Nach § 3 Nr. 62 Satz 1 EStG sind Ausgaben des Arbeitgebers für die Zukunftssicherung des Arbeitnehmers steuerfrei, soweit sie auf Grund gesetzlicher Verpflichtungen geleistet werden. Ob und inwieweit die Beiträge des Arbeitgebers Pflichtbeiträge oder nur freiwillige Beiträge sind, ist nach französischem Recht zu beantworten. Für die in Frankreich zu leistenden Beiträge des Arbeitgebers i. H. von 60 % bedeutet dies, dass diese als Pflichtbeiträge nach § 3 Nr. 62 Satz 1 EStG steuerfrei sind.

Inwieweit übersteigende Beiträge des Arbeitgebers noch nach § 3 Nr. 62 Satz 4 steuerfrei sind, ist aufgrund der Umstände des Einzelfalles zu überprüfen.

Hierfür lässt sich folgendes Berechnungsschema zugrunde legen:

Arbeitgeberanteil zur französischen Pflichtzusatzrentenversicherung:
1   Arbeitnehmeranteil
2   Arbeitgeberanteil   +
3   Gesamtbeitrag
4   Davon sind 60 % steuerfrei nach § 3 Nr. 62 Satz 1 EStG
5   Arbeitgeberanteil   –
6   Übersteigender Betrag = freiwilliger Arbeitgeberbeitrag

Für die Prüfung der Steuerbefreiung nach § 3 Nr. 62 Satz 4 EStG des freiwilligen Beitrags ist folgende Vergleichsrechnung durchzuführen:
7   Arbeitslohn nach deutschem Recht
8   Davon 9,95 % (max. 9,95 % von 63 000 Euro = 6 269 Euro)
9   Arbeitgeberbeitrag zur gesetzlichen Rentenversicherung
10 Pflichtbeiträge zur Pflichtzusatzrentenversicherung laut Zeile 4
11 Differenz (nur positive Beträge, sonst 0 Euro)
12 Freiwilliger Betrag laut Zeile 6
13 Soweit Zeile 12 die Zeile 11 übersteigt, ist der Wert als steuerpflichtiger Betrag dem Bruttoarbeitslohn hinzuzurechnen.

Grenzgänger in die Schweiz

I. Anwendung des Alterseinkünftegesetzes auf ausländische Renten; Schweizer Pensionskassen

(Verfügung der OFD Karlsruhe vom 19. 9. 2005 – S 2275/16 – St 224 –)

Hinsichtlich der Anwendung des Alterseinkünftegesetzes (AltEinkG) auf die Besteuerung von Zahlungen in bzw. aus Schweizer Pensionskassen – insbesondere bei Grenzgängern in die Schweiz – ergeben sich ab dem Veranlagungszeitraum 2005 verschiedene Neuerungen. Nach den Erörterungen auf Bundesebene gilt Folgendes:

1. Allgemeines

Die Regelungen der § 10 Abs. 1 Nr. 2 Buchstabe a und § 22 Nr. 1 S. 3 Buchstabe a EStG n. F. werden auch auf ausländische gesetzlichen Rentenversicherungen angewandt. Das Schweizer Altersvorsorgesystem unterscheidet sich in wesentlichen Teilen vom deutschen Vorsorgesystem. Die Auszahlungen aus der Schweizer AHV (Alters- und Hinterlassenenversicherung, sog. 1. Säule) sind unstreitig Zahlungen aus einer gesetzlichen Rentenversicherung. Problematisch ist die Einordnung der nach dem BVG (Bundesgesetz über die berufliche Alters-, Hinterlassenen- und Invalidenvorsorge, sog. 2. Säule) errichteten Schweizer Pensionskassen.

Im Gegensatz zur deutschen betrieblichen Altersversorgung ist die sog. berufliche Vorsorge der 2. Säule in der Schweiz nach dem BVG obligatorisch, d. h. alle Arbeitnehmer sind verpflichtet, einer Pensionskasse beizutreten bzw. die Arbeitgeber sind verpflichtet eine derartige Möglichkeit für ihre Arbeitnehmer zu schaffen. Die Arbeitgeber haben Pflichtbeiträge zur Pensionskasse zu leisten (freiwillige Beiträge sind daneben möglich), für die in Deutschland bei der Veranlagung von Schweizer Grenzgängern die Steuerbefreiung des § 3 Nr. 62 Satz 1 EStG angewandt wird (vgl. unten Tz. 2). Das Schweizer Pensionskassensystem entspricht daher einer gesetzlichen Rentenversicherung.

2. Arbeitgeberbeiträge zur Pensionskasse

Die Arbeitgeberbeiträge, die aufgrund einer gesetzlichen Verpflichtung gezahlt werden, sind nach § 3 Nr. 62 Satz 1 EStG steuerfrei. Die Schweizer Arbeitgeber haben die Möglichkeit, im jeweiligen Pensionskassenreglement festzulegen, dass sie für die Arbeitnehmer höhere Beiträge an die Pensionskasse entrichten, als gesetzlich nach dem BVG vorgeschrieben ist. Auf diese freiwilligen Arbeitgeberbeiträge ist § 3 Nr. 62 Satz 4 EStG sinngemäß anzuwenden (zur Berechnung vgl. Seite 4 der Anlage N-Gre). Die § 3 Nr. 62 EStG übersteigenden freiwillig gezahlten Arbeitgeberbeiträge stellen steuerpflichtiger Arbeitslohn dar.

Für die übersteigenden steuerpflichtigen Arbeitgeberbeiträge scheidet eine Anwendung von § 3 Nr. 63 EStG und § 10a/Abschnitt XI EStG aus. Die Schweizer Pensionskasse erfüllt aufgrund der Möglichkeiten zur Beitragsrückerstattung und wegen der Wohneigentumsförderung nicht die Voraussetzungen dieser Vorschriften. Es handelt sich daher auch nicht um begünstigte Altersvorsorgeverträge nach § 82 Abs. 1 EStG.

3. Sonderausgabenabzug nach § 10 Abs. 1 Nr. 2 Buchstabe a EStG n. F.

Die Beiträge des Arbeitnehmers und des Arbeitgebers (inkl. der steuerpflichtigen Zuschüsse) zur AHV und zur Schweizer Pensionskasse sind als Beiträge zur gesetzlichen Rentenversicherung im Rahmen der Basisversorgung als Sonderausgaben abzugsfähig (§ 10 Abs. 1 Nr. 2 Buchstabe a EStG n. F.). Die steuerfreien Arbeitgeberbeiträge sind allerdings vom Gesamtbetrag wieder abzuziehen (vgl. Beispielsfälle der nachfolgenden Tz. 5).

Beim Sonderausgabenabzug wird nicht zwischen gesetzlichen und freiwilligen Beiträgen unterschieden. Alle Zahlungen in eine gesetzliche Rentenversicherung (z. B. auch der freiwillige Einkauf in die Pensionskasse) sind daher im Rahmen der Basisversorgung abzugsfähig.

4. Besteuerung in der Auszahlungsphase

4.1. Rentenzahlungen aus der AHV und aus der Schweizer Pensionskasse

Die Rentenzahlungen aus der AHV und der Schweizer Pensionskasse nach Eintritt des Versorgungsfalles sind grundsätzlich mit dem Besteuerungsanteil als sonstige Einkünfte zu erfassen (§ 22 Nr. 1 Satz 3 Buchstabe a Doppelbuchstabe aa EStG n. F.); bei Renteneintritt bis einschließlich 2 005 mit einem Besteuerungsanteil i. H. v. 50 %.

Auf Antrag wird ein günstigerer Ertragsanteil auf Leibrenten und andere Leistungen angewandt, sofern diese Zahlungen auf bis zum 31. 12. 2004 geleisteten Beiträgen beruhen, die den Höchstbetrag zur deutschen gesetzlichen Rentenversicherung (Beitragsbemessungsgrenze) überschritten haben (sog. freiwillige Beiträge, § 22 Nr. 1 Satz 3 Buchstabe a Doppelbuchstabe bb EStG n. F.). Der Steuerpflichtige muss dabei nachweisen, dass der Betrag des Höchstbeitrags zur deutschen gesetzlichen Rentenversicherung mindestens zehn Jahre überschritten wurde. Grenzgänger (inkl. Bestandsrentner), die die Tätigkeit in der Schweiz vor dem 01. 01. 1995 aufgenommen haben, und nachweisen können, dass die Pensionskassenbeiträge die jeweiligen Höchstbeiträge zur gesetzlichen Rentenversicherung mindestens zehn Jahre überschritten haben, können für einen Teil der Zahlungen aus der Pensionskasse den günstigeren Ertragsanteil erhalten. Zu Einzelheiten vgl. Rz. 121 ff, BMF-Schreiben vom 24. 2. 2005 – IV C 3 – S 2255 – 51/05; IV C 4 – S 2221 – 37/05; IV C 5 – S 2345 – 9/05; BStBl 2005 I S. 429.

Für die Aufteilung der Zahlungen in Leistungen, die dem Besteuerungsanteil nach § 22 Nr. 1 Satz 3 Buchstabe a Doppelbuchstabe aa EStG n. F. und dem günstigeren Ertragsanteil nach § 22 Nr. 1 Satz 3 Buchstabe a Doppelbuchstabe bb EStG n. F. unterliegen, können die Berechnungsbeispiel der Rz. 129 und 134 des o. g. BMF-Schreibens herangezogen werden. Als tatsächlich geleistete Beiträge sind die Arbeitnehmerbeiträge und die steuerpflichtigen Arbeitgeberbeiträge mit einzubeziehen.

4.2. Einmalzahlungen aus der Schweizer Pensionskasse

Kapitalisierte Einmalzahlungen aus einer Schweizer Pensionskasse – nach Eintritt des Versorgungsfalles, bei Vorbezug oder bei Verlassen der Schweiz (sog. Freizügigkeitsleistungen) – sind entsprechend der Neufassung des Gesetzeswortlauts neben den Leibrenten als „andere Leistungen" nach § 22 Nr. 1 Satz 3 Buchstabe a EStG n. F. steuerpflichtig. Die Einmalzahlungen werden somit im Rahmen der Einkommensteuerveranlagung ab 2005 wie die laufenden Zahlungen mit dem Besteuerungsanteil angesetzt (§ 22 Nr. 1 Satz 3 Buchstabe a Doppelbuchstabe aa EStG n. F.). Da es sich bei der Einmalzahlung nicht um außerordentliche Einkünfte i. S. d. § 34 Abs. 2 EStG (weder eine Entschädigung noch eine Vergütung für eine mehrjährige Tätigkeit) handelt, kommt eine Anwendung der Fünftelregelung des § 34 EStG auf diese Zahlungen nicht in Betracht.

Bisher wurden derartige Einmalzahlungen wie Zahlungen aus einer Kapitallebensversicherung behandelt (analoge Anwendung mangels deutscher Rechtsvorschrift). Wenn der Arbeitnehmer länger als zwölf Jahre in die Pensionskasse eingezahlt hatte, war die Auszahlung in voller Höhe steuerfrei. Bei einer Zugehörigkeit zur Pensionskasse von weniger als zwölf Jahren wurde lediglich der Zinsanteil der deutschen Besteuerung unterworfen (§ 20 Abs. 1 Nr. 6 EStG). Wenn eine gesetzliche Regelung vorliegt, erübrigt sich die oben dargestellte analoge Anwendung.

Diese Rechtsauffassung ist für Zahlungen anzuwenden, die nach dem 31. 12. 2004 zugeflossen sind. Ein Vertrauensschutz besteht im Hinblick auf die Änderung des Gesetzeswortlauts nicht.

5. Berechnungsbeispiele

Beispiel 1 – Sonderausgabenabzug

Der ledige Arbeitnehmer Z wohnt in Deutschland und arbeitet bei der N-GmbH in der Schweiz. Der Arbeitnehmer bezieht einen Bruttoarbeitslohn von 60 000 € im Jahr 2005. Der Arbeitgeber und Arbeitnehmer leisten jeweils 4,2 v. H. des Bruttolohns an die AHV (= 2 520 € jeweils). Weiterhin zahlen Arbeitnehmer und Arbeitgeber je 0,7 v. H. des Bruttolohns an die IV (= 420 € jeweils). Des Weiteren zahlen Arbeitgeber und Arbeitnehmer je 50 v. H. in eine Pensionskasse Schweizer Rechts ein (1 500 € jeweils).

Der Arbeitnehmer hat einen Bruttoarbeitslohn von 60 000 € zu versteuern. Die Abzüge für AHV und IV und für die Pensionskassenbeiträge des Arbeitnehmers dürfen den Arbeitslohn nicht mindern.

Die Arbeitgeberbeiträge zur AHV und IV und an die Pensionskasse (hierzu vgl. Schema auf Seite 4 der Anlage N-Gre) sind nach § 3 Nr. 62 Satz 1 EStG steuerfrei.

Der Sonderausgabenabzug des Arbeitnehmers berechnet sich wie folgt:

AN-Beitrag zur gesetzlichen Rentenversicherung:	
AHV	2 520 €
IV	420 €
Pensionskasse	1 500 €
+ **AG-Beitrag** zur gesetzlichen Rentenversicherung:	
AHV	2 520 €
IV	420 €
Pensionskasse	1 500 €
Insgesamt **AN- + AG-Beitrag**, maximal 20 000 €	8 880 €
Davon 60 v. H.	5 328 €
./. **steuerfreier Arbeitgeberanteil**	4 440 €
abziehbare Basisvorsorgeaufwendungen	888 €

Beispiel 2 – Sonderausgabenabzug

Der verheiratete Arbeitnehmer R wohnt in Deutschland und arbeitet bei der O-GmbH in der Schweiz. Seine Ehefrau bezieht keine Einkünfte. R bezieht einen Bruttoarbeitslohn von 60 000 € im Jahr 2005. Der Arbeitgeber und Arbeitnehmer leisten jeweils 4,2 v. H. des Bruttolohns an die AHV (= 2 520 € jeweils). Weiterhin zahlen Arbeitnehmer und Arbeitgeber je 0,7 v. H. des Bruttolohns an die IV (= 420 € jeweils). Des Weiteren zahlen der Arbeitgeber 2 000 € und der Arbeitnehmer € in eine Pensionskasse Schweizer Rechts ein

Der Arbeitnehmer hat einen Bruttoarbeitslohn von 60 000 € zu versteuern. Die Abzüge für AHV und IV und für die Pensionskassenbeiträge des Arbeitnehmers dürfen den Arbeitslohn nicht mindern.

Zu prüfen ist aber, ob durch die Überzahlung der Pensionskassenbeiträge (mehr als 50 v. H.) durch den Arbeitgeber der stpfl. Arbeitslohn zu erhöhen ist.

Hierzu ist folgende Berechnung durchzuführen (Seite 4 Anlage N-Gre):

AN-Anteil zur Pensionskasse	1 000 €
AG-Anteil zur Pensionskasse	2 000 €
Gesamtbeitrag	3 000 €
Davon 50 v. H. steuerfrei nach § 3 Nr. 62 Satz 1 EStG	1 500 €
./. AG-Anteil	2 000 €
Übersteigender Betrag = freiwilliger AG-Anteil	./. 500 €
Arbeitslohn	60 000 €

Davon 9,75 v. H.		5 850 €
(max. 9,75 v. H. von 62 400 €)		
./. AG-Beitrag zur AHV/IV		2 940 €
./. Pflichtbeitrag zur Pensionskasse		1 500 €
Differenz (nur positive Beträge, sonst 0 €)		1 410 €

Vergleich des Differenzbetrags von 1 410 € mit dem freiwilligen AG-Beitrag: Wenn der freiwillige AG-Beitrag von 500 € den Differenzbetrag von 1 410 € übersteigen würde, läge stpfl. Arbeitslohn vor. Dies ist nicht der Fall. Der freiwillige AG-Beitrag ist steuerfrei nach § 3 Nr. 62 Satz 4 EStG.

Der Sonderausgabenabzug ermittelt sich dann wie folgt:

AN-Beitrag zur gesetzlichen Rentenversicherung:		
AHV	2 520 €	
IV	420 €	
Pensionskasse	1 000 €	
AN-Beiträge insgesamt	3 940 €	3 940 €
+ **AG-Beitrag** zur gesetzlichen Rentenversicherung:		
AHV	2 520 €	
IV	420 €	
Pensionskasse	2 000 €	
AG-Beiträge insgesamt	4 940 €	4 940 €
Insgesamt AN- + AG-Beitrag, maximal 40 000 €	**8 880 €**	
Davon 60 v. H.		5 328 €
./. **steuerfreier Arbeitgeberanteil**		4 940 €
abziehbare Basisvorsorgeaufwendungen		**388 €**

Beispiel 3 – Rentenzahlungen und Einmalzahlung

Der ledige Arbeitnehmer A mit deutschem Wohnsitz und Schweizer Arbeitgeber geht zum 01. 07. 2005 in Rente. Er erhält neben der AHV-Rente von monatlich 150 € eine Einmalauszahlung aus der Pensionskasse des Arbeitgebers, in die beide je hälftig einbezahlt haben, von 150 000 €.

Die Einmalauszahlung unterliegt ebenso wie die monatliche Rente der Besteuerung mit dem Besteuerungsanteil von 50 v. H. (Beginn im Jahr 2005).

In 2005 sind daher 150 € × 6 = 900 € + 150 000 € = 150 900 € zur Hälfte nach § 22 Satz 3 Nr. 1 Buchst. aa EStG zu besteuern = 75 450 €.

Im Jahr 2006 erhält A 12 × 150 € = 1 800 €, für dieses Jahr ist der steuerfreie Anteil festzuschreiben = 50 v. H. von 1 800 € = 900 €.

Wenn im Jahr 2007 die Rente auf 155 € angepasst wird, erfolgt die Besteuerung folgendermaßen:

12 × 155 € = 1 860 € ./. steuerfreier Teil 900 € = steuerpflichtiger Teil 960 €

Eine Neuberechnung des steuerfreien Teils unterbleibt.

II. Steuerliche Behandlungen von Krankentaggeld, Geburtengeld und Mutterschaftsgeld aus der Schweiz

(Vfg. der OFD Karlsruhe vom 30. 9. 2009 – S 225.5/250 – St 131)

BFH-Urteil vom 29. 04. 2009

Der BFH hat sich im Urteil vom 29. 04. 2009 – X R 31/08, mit der Frage nach der steuerlichen Behandlung von Geburtengeld aus einem Schweizer Kollektiv-Krankentaggeldversicherung auseinandergesetzt.

Kollektiv-Krankentaggeldversicherungsvertrag

Im Urteilsfall ging es um einen nicht obligatorischen Kollektiv-Krankentaggeldversicherungsvertrag, den der Schweizer Arbeitgeber (Versicherungsnehmer) zugunsten seiner Arbeitnehmer (versicherte Personen u. a. auch Schweizer Grenzgänger) abgeschlossen hat. Gegenstand des Vertrags war die Absicherung der Arbeitnehmer gegen Lohnausfall bei Krankheit oder Mutterschaft. Der Vertrag unterlag den Regelungen des Schweizer Bundesgesetzes über den Versicherungsvertrag (VVG). Hiernach steht den versicherten Personen ein eigenständiges Forderungsrecht aus dem Versicherungsvertrag zu.

Auffassung BFH:

Bei diesem Sachverhalt kam der BFH zu folgender steuerlichen Beurteilung:

- AG-Beitrag = AL
- Die vom Arbeitgeber geleisteten Beiträge für die Kollektiv-Krankentaggeldversicherung sind als steuerpflichtiger Arbeitslohn (§ 19 EStG) anzusetzen.
- Auszahlung nicht steuerpflichtig
- Das aufgrund eines schweizerischen Kollektiv-Krankentaggeldversicherungvertrags gezahlte Geburtengeld führt nicht zu steuerpflichtigen Einkünften.
- Kein Progressionsvorbehalt
- Für die Einbeziehung des schweizerischen Geburtengelds in den Progressionsvorbehalt besteht kein Raum.

Ich bitte, die Grundsätze des BFH in allen offenen (einschlägigen) Fällen anzuwenden. Auf Folgendes weise ich in diesem Zusammenhang hin:

1. Betroffene Sachverhalte

Forderungsrecht des AN

Die Grundsätze des BFH zum Geburtengeld gelten nur für den Fall (und das ist Sachverhaltsfrage), dass die Steuerpflichtige (Arbeitnehmerin) aus dem betreffenden Versicherungsvertrag ein eigenständiges Forderungsrecht (unentziehbarer Anspruch) gegenüber dem Versicherer hat. Ein daneben bestehendes Forderungsrecht des Arbeitgebers ist unschädlich.

Geburtengeld bis 30. 06. 2005

Bis zum 30. 06. 2005 konnte der Lohnausfall bei Mutterschaft in der Schweiz nur durch eine freiwillige Versicherung (i. d. R. einem Kollektiv-Krankentaggeldversicherungsvertrag) abgesichert werden. Die vorstehenden Grundsätze gelten daher nur für Geburtengeld, das bis zum 30. 06. 2005 aus einem entsprechenden Vertrag geleistet wurde.

Krankentaggeld

Die vorstehenden Grundsätze des BFH finden auch Anwendung auf schweizerisches Krankentaggeld, das aufgrund einer Krankheit aus einem Kollektiv-Krankentaggeldversicherungsvertrag ausbezahlt wurde, wenn der Steuerpflichtige (Arbeitnehmer) gegenüber dem Versicherer einen unentziehbaren Anspruch auf Leistung hat.

2. Arbeitgeberbeiträge

AG-Beiträge = AL

Die Beiträge des Arbeitgebers in einen Kollektiv-Krankentaggeldversicherungsvertrag, aus dem der Arbeitnehmer (Steuerpflichtiger) einen unentziehbaren Leistungsanspruch hat, sind als steuerpflichtiger Arbeitslohn (§ 19 Abs. 1 Satz 1 Nr. 1 EStG) zu erfassen. Hierbei handelt es sich um Zukunftssicherungsleistungen mit Arbeitslohncharakter. Da die Arbeitnehmer gegenüber dem Versicherer einen eigenen unentziehbaren Rechtsanspruch haben, ist dieser Vorgang wirtschaftlich betrachtet vergleichbar mit dem Fall, in dem der Arbeitgeber dem Arbeitnehmer zunächst die Versicherungsbeiträge überlässt und der Arbeitnehmer sie zum Zweck seiner Zukunftssicherung verwendet.

Kein § 3 Nr. 62 EStG

Eine Befreiung nach § 3 Nr. 62 EStG scheidet aus, weil der Arbeitgeber zur Zahlung der Beiträge nicht gesetzlich oder auf gesetzlicher Ermächtigung beruhender Bestimmung verpflichtet ist.

Anlage N-Gre

Die als Arbeitslohn anzusetzenden Arbeitgeberbeiträge sind vom Steuerpflichtigen in der Anlage N-Gre 2008 (Zeilen 104 bis 108) zu erklären. Die Höhe der Beiträge des Arbeitgebers hat der Steuerpflichtige grundsätzlich nachzuweisen (z. B. durch eine Bescheinigung des Arbeitgebers).

Listen ausfüllen: Termin 31. 05. 2010

Die im Rahmen der laufenden Veranlagung tatsächlich nachgewiesenen und als Arbeitslohn erfassten Arbeitgeberbeiträge bitte ich entsprechend der als Muster beigefügten Liste (Anlage) ab sofort bis zum 30. 04. 2009 festzuhalten, um Erfahrungswerte zu sammeln. Die ausgefüllten Listen bitte ich, mir bis zum 31. 05. 2010 zu übersenden.

Ggf. Schätzung

Kann der Steuerpflichtige die Beiträge des Arbeitgebers nicht nachweisen oder sind die nachgewiesenen Beiträge nicht glaubhaft oder kommt er seiner erhöhten Mitwirkungspflicht (§ 90 Abs. 3 AO) nicht nach, ist der als Arbeitslohn anzusetzende Arbeitgeberbeitrag zu schätzen. Solange keine besseren Erkenntnisse vorliegen, bestehen keine Bedenken, den Arbeitgeberbeitrag in diesen Fällen allgemein mit 1 % (ggf. bis 2 %) des Bruttoarbeitslohns zu schätzen. Allgemein ist davon auszugehen, dass bei Schweizer Grenzgängern in vielen Fällen ein solches Versicherungsverhältnis besteht.

3. Arbeitnehmerbeiträge

AN-Beiträge = Sonderausgaben

Die Beiträge des Arbeitsnehmers in einen Kollektiv-Krankentaggeldversicherungsvertrag sind – weiterhin – als Sonderausgaben (sonstige Vorsorgeaufwendungen § 10 Abs. 1 Nr. 3 Buchst. a EStG) im Rahmen der Höchstbeträge berücksichtigungsfähig. Gleiches gilt für die Beiträge des Arbeitgebers, die als steuerpflichtiger Arbeitslohn erfasst wurden. Auch insoweit liegen eigene Beiträge des Steuerpflichtigen (Arbeitnehmers) vor.

4. Versicherungsleistungen

Auszahlungen steuerfrei

Sind bereits die vom Arbeitgeber für den Versicherungsschutz erbrachten Aufwendungen Arbeitslohn, führen die darauf erbrachten Versicherungsleistungen zu keinem weiteren Arbeitslohn. Der BFH ließ offen, ob eine Zuordnung zu den Einkünften aus wiederkehrenden Bezügen (§ 22 Nr. 1 EStG) in Betracht kommt. Jedenfalls hält der BFH solche Bezüge als „Leistung aus einer Krankenversicherung" für steuerfrei (§ 3 Nr. 1a EStG).

Kein Progressionsvorbehalt

Schweizer Geburtengeld und Schweizer Krankentaggeld unterliegt in den einschlägigen Fällen (siehe unter a) nicht dem Progressionsvorbehalt. Grund ist, dass § 32b EStG eine abschließende Aufzählung enthält und dort Leistungen aus einem Schweizer Kollektiv-Krankentaggeldversicherungsvertrag nicht aufgeführt sind. Für eine analoge Anwendung des § 32b Abs. 1 Nr. 1 Buchst. b oder Buchst. c EStG besteht kein Raum. Es liegt keine Gesetzeslücke vor, wenn nur die aufgrund der deutschen Sozialversicherungssysteme erhaltenen Lohnersatzleistungen und nicht auch Leistungen ausländischer privater Versicherungen in den Progressionsvorbehalt einbezogen werden. Der Gesetzgeber hat (bewusst) nur Leistungen gesetzlicher Versicherungsträger dem Progressionsvorbehalt unterworfen.

5. Andere Sachverhalte

5.1 Verträge mit alleinigem Forderungsrecht des Arbeitgebers

Versicherungsleistung steuerpflichtig

Anders sind die Fälle zu beurteilen, in denen allein dem Arbeitgeber ein Forderungsrecht gegenüber dem Versicherer zusteht (sog. Rückdeckungsversicherung). In diesen Fällen ist – weiterhin – die Krankentaggeldzahlung an den Arbeitnehmer als Arbeitslohn (§ 19 EStG, § 2 LStDV sowie BFH-Beschluss vom 25. 1. 2000 – VI B 108/98 – BFH/NV 2000 S. 836) zu beurteilen. Unbeachtlich ist dabei, ob die Zahlung des Krankentaggelds an den Arbeitnehmer durch den Arbeitgeber oder im Wege des abgekürzten Zahlungsweges durch die Rückdeckungsversicherung erfolgt. Die Versicherungsbeiträge des Arbeitgebers stellen hier keinen Arbeitslohn dar.

5.2 Mutterschaftsentschädigung nach dem EOG

Analog deutschem Mutterschaftsgeld

Seit 01. 07. 2005 ist eine Versicherung über Mutterschaftsleistungen in der Schweiz obligatorisch. Grundlage bildet das Schweizer Bundesgesetz über den Erwerbsersatz für Dienstleistende und bei Mutterschaft (kurz: Erwerbsersatzgesetz – EOG). Da die Schweizer Mutterschaftsentschädigung nach dem EOG als vergleichbar mit dem deutschen Mutterschaftsgeld angesehen werden kann, bitte ich weiterhin folgende Auffassung zu vertreten:

– Steuerfrei, aber Progressionsvorbehalt

– Die Mutterschaftsentschädigung nach dem EOG bleibt in sinngemäßer Anwendung des § 3 Nr. 1d EStG steuerfrei. Sie ist indessen dem Progressionsvorbehalt (§ 32b Abs. 1 Nr. 1c bzw. d EStG gilt sinngemäß) zu unterwerfen.

– AN-Beiträge = Sonderausgaben

– Die Beitragsleistungen des Arbeitnehmers nach dem EOG stellen Sonderausgaben (sonstige Vorsorgeaufwendungen, § 10 Abs. 1 Nr. 3 Buchst. a EStG) dar. Die gesetzlichen Beiträge des Arbeitgebers bleiben nach § 3 Nr. 62 Satz 1 EStG steuerfrei.

Anwendungsregelung

Ich bitte, die vorstehenden Grundsätze in allen noch offenen Fällen anzuwenden. Die Bearbeitung zurück gestellter Einspruchsverfahren ist wieder aufzunehmen und im vorstehenden Sinne zu entscheiden. Gegen eine Klaglosstellung der betroffenen Steuerpflichtigen bestehen keine Einwendungen.

GG-Handbuch

Sofern die Ausführungen im Grenzgänger-Handbuch (u. a. Fach B Teil 2 Nr. 8) den vorstehenden Regelungen entgegen stehen, sind sie überholt.

Sachgebietsbesprechung

Ich bitte, diese Verfügung zum Gegenstand von Sachgebietsbesprechungen mit den zuständigen Bearbeitern zu machen, damit eine einheitliche Rechtsanwendung gewährleistet ist.

III. Grenzgänger in die Schweiz bzw. ausländischer Arbeitgeber und Arbeitnehmer mit Wohnsitz und Steuerpflicht im Inland: Anwendung von § 3 Nr. 63 EStG im Rahmen der Veranlagung

(Verfügung der OFD Karlsruhe vom 10. 12. 2015/14. 11. 2012
– S 2333/54 – St 133 –)

In der Niederschrift zur Dienstbesprechung zu Fragen der Besteuerung von Grenzgängern in die Schweiz vom 10. 5. 2006 (in FAIR unter IStR → Grenzgänger-C) wird unter Tz. 3.7 klargestellt, dass ab Veranlagungszeitraum 2005 die Steuerbefreiungsvorschrift § 3 Nr. 63 EStG auf Zahlungen an Schweizer Pensionskassen nach dem BVG keine Anwendung mehr findet, da letztere die Voraussetzungen der Altersvorsorge-Durchführungsverordnung (Anhang 2 II Lohnsteuer-Handbuch 2011) bzw. von § 3 Nr. 63 EStG wegen der Möglichkeit eines Vorbezugs zur Anschaffung von Wohneigentum nicht erfüllen.

Anhang 2 III

Allerdings besteht die Möglichkeit, dass ein ausländischer (z. B. ein Schweizer) Arbeitgeber einer inländischen Pensionskasse bzw. einem inländischen Pensionsfonds beitritt oder eine deutsche Direktversicherung (i. S. von R 40b.1 EStR) abschließt und diese Einrichtungen dann die Voraussetzungen von § 3 Nr. 63 EStG erfüllen. Ist dies der Fall, dann sind die Beiträge an die Pensionskasse, den Pensionsfonds bzw. die Direktversicherung (im Rahmen der Einkommensteuerveranlagung) steuerfrei nach § 3 Nr. 63 EStG.

Aus Billigkeitsgründen ist es nicht zu bestanden, wenn der Arbeitgeber den Arbeitslohn inklusive der Beiträge für die Versicherung an den Arbeitnehmer in der ausländischen Währung überweist, der Arbeitnehmer den Versicherungsbeitrag in Euro wechselt und dann an die Versicherung weiter überweist. Versicherungsnehmer muss aber der Arbeitgeber sein. Der Arbeitgeber darf lediglich die Pflicht zur Beitragszahlung über die Zweckbindungserklärung an den Arbeitnehmer übertragen. Alle anderen Rechte und Pflichten aus der Versicherung müssen dem Arbeitgeber obliegen. Anderenfalls handelt es sich nicht um eine steuerbegünstigte Altersversorgung i. S. des § 3 Nr. 63 EStG. Außerdem muss eine Zweckbindung für den an die Versicherung weiterzuüberweisenden Betragbestehen. Nur in Höhe der in der Zweckbindungserklärung festgelegten Beträge handelt es sich um begünstigte Arbeitgeberbeiträge nach § 3 Nr. 63 EStG. Ggf. muss die Zweckbindungserklärung turnusmäßig entsprechend angepasst und dem Finanzamt neu vorgelegt werden. Bei vertraglichen Klauseln mit dynamischer Anpassung kann nur der ursprünglich genannte konkrete Betrag als Versicherungsbeitrag des Arbeitgebers anerkannt werden. Die dynamische Beitragserhöhung geschieht nicht im Auftrag des Arbeitgebers und ist somit als freiwilliger Betrag des Arbeitnehmers zu behandeln, für den die Steuerfreiheit nach § 3 Nr. 63 EStG nicht greift (BMF-Schreiben vom 24. 07. 2013, BStBl I S. 1022, Rz. 304[1])).

Grds. muss der ausländische Arbeitgeber im vorgenannten Fall der inländischen Vorsorgeeinrichtung alle für die Besteuerung notwendigen Informationen zukommen lassen (bspw. auch, ob Teile des Arbeitslohns steuerfrei belassen wurden, § 6 Abs. 1 Altersvorsorge-Durchführungsverordnung). Da die Steuerbefreiung nach § 3 Nr. 63 EStG aber erst im Rahmen der Einkommensteuererklärung beantragt und gewährt werden kann, ist eine zutreffende Benachrichtigung der Versorgungseinrichtung durch den Arbeitgeber nicht sichergestellt.

Anhang 2 III

Aus diesem Grund muss das Finanzamt in analoger Anwendung des § 6 Abs. 1 Altersvorsorge-Durchführungsverordnung die Pensionskasse, den Pensionsfonds bzw. das Versicherungsunter-

Anhang 2 III

---

[1]) Nachfolgeschreiben abgedruckt in Anhang 2 IV (→ Rz. 26).

nehmen über die steuerliche Behandlung der Beiträge informieren (steuerfreier Beitragsteil, individuell besteuerter Beitragsteil). Hierfür kann das als Anlage beigefügte (ausfüllbare) Musterschreiben verwendet werden.

Weitere Voraussetzung für die Anwendung von § 3 Nr. 63 EStG ist, dass es sich bei dem Arbeitsverhältnis um ein erstes Dienstverhältnis handelt (Rz. 264 BMF-Schreiben 31. 3. 2010[1]), BStBl I S. 270; Anhang 2 III Lohnsteuer-Handbuch 2011).

Bei einer Altzusage (die Versorgungszusage erfolgte vor dem 1. 1. 2005) sind Beiträge i. H. von 4 v. H. der Beitragsbemessungsgrenze zur gesetzlichen deutschen Rentenversicherung steuerfrei (im Jahr 2014 betrug die Beitragsbemessungsgrenze 71 400 Euro; der steuerfreie Betrag beträgt höchstens 2 856 Euro; im Jahr 2015 ist Beitragsbemessungsgrenze 72 600 Euro, der steuerfreie Betrag daher höchstens 2 904 Euro). Im Falle einer Neuzusage (die Zusage erfolgte nach dem 1. 1. 2005) erhöht sich dieser Betrag um weitere 1 800 €.

Für Beiträge, die aufgrund des Überschreitens der Höchstbeträge von § 3 Nr. 63 EStG nicht steuerfrei belassen, sondern regulär besteuert werden, kann ggf. im Rahmen der sog. „Riester-Rente" eine steuerliche Förderung in Betracht kommen (Rz. 269 BMF-Schreiben vom 31. 3. 2010[2]), a. a. O.). Ob die Voraussetzungen für diese Förderung erfüllt sind, muss die Versorgungseinrichtung prüfen. Diese hat dem Steuerpflichtigen auch die für den entsprechenden Antrag im Rahmen der Einkommensteuerveranlagung notwendigen Unterlagen (Anlage AV und Anbieterbescheinigung) auszuhändigen. Damit eine Änderung des Einkommensteuerbescheids möglich bleibt, ist die Veranlagung nach § 164 AO unter „Vorbehalt der Nachprüfung" durchzuführen. Auf die Antragsmöglichkeit bei der Altersvorsorgeeinrichtung ist der Steuerpflichtige durch einen Hinweis im Einkommensteuerbescheid aufmerksam zu machen. Hierfür kann der nachfolgende Musterbaustein verwendet werden:

„Ihr Arbeitgeber hat Beiträge zu einer inländischen begünstigten betrieblichen Altersvorsorge-Einrichtung für Sie entrichtet. Neben der gewährten Steuerbefreiung nach § 3 Nr. 63 EStG i. H. von ____ € besteht unter Umständen die Möglichkeit, für die nicht steuerbefreiten Beträge die Förderung als sog. Riester-Rente zu beantragen. Hierzu benötigen Sie eine Bescheinigung des Versicherungsunternehmens und die Anlage AV[3]) zur Einkommensteuererklärung. Ihr Einkommensteuerbescheid steht unter Vorbehalt der Nachprüfung und ist jederzeit änderbar, damit Sie diese weitere Förderung noch erhalten können."

Da dem Anbieter die Steuerfreiheit von Beiträgen ggf. erst durch die Mitteilung des Finanzamts bekannt wird, ist die Einkommensteuerveranlagung ggf. in zwei Stufen durchzuführen:

1. Feststellung der steuerfreien Beitragsteile und Information des Anbieters,

2. Riester-Förderung für den individuell besteuerten Beitragsteil bei Vorlage der Anlage AV und der Anbieterbescheinigung.

Die steuerfrei belassenen Beitragsteile sind als Dauersachverhalte im Rahmen der Einkommensteuerveranlagung im Einkommensteuerprogramm festzuhalten.

Nach § 10a Abs. 1 Satz 1 EStG steht einer in einem ausländischen gesetzlichen Rentensystem versicherten Person die Riesterförderung ab dem VZ 2010 nicht zu. Diese Regelung gilt allerdings nur für ab dem 1. 1. 2010 abgeschlossene Verträge (§ 52 Abs. 24c Satz 2 EStG[4])). Folglich sind Grenzgänger mit ab dem 1. 1. 2010 abgeschlossenen Riesterverträgen nicht mehr zulagenberechtigt. Vor dem 1. 1. 2010 abgeschlossene Verträge sind allerdings (weiterhin) begünstigt, sofern auch die Grenzgängereigenschaft vor dem 1. 1. 2010 begründet wurde.

Die Prüfung der Zulagenberechtigung obliegt allein der Zulagenstelle für Altersvermögen (ZfA). Die Zulagenbescheinigungen sind deshalb ohne Prüfung durch das Finanzamt der Besteuerung zugrunde zu legen.

Sofern der Arbeitgeber durch Vertragsbestandteile von seinen Rechten und Pflichten als Versicherungsnehmer befreit wird und lediglich eine rein formale (steuerliche) Stellung als Versicherungsnehmer einnimmt, handelt es sich nicht um eine Arbeitgeberversicherung i. S. des § 3 Nr. 63 EStG und die Steuerfreiheit ist zu versagen. Ab dem 01. 01. 2016 abgeschlossene Versicherungsverträge, in denen der Arbeitgeber durch Vertragsbestandteile seiner Rechte und Pflichten entbunden wird, sind keine steuerlich geförderten Direktversicherungen. Vor dem 01. 01. 2016 abgeschlossene Versicherungsverträge, in denen der Arbeitgeber durch Vertragsbestandteile seiner Rechte und Pflichten entbunden wurde, sind bis zum 31. 12. 2016 umzustellen. Andernfalls wird die Steuerfreiheit nach § 3 Nr. 63 EStG ab VZ 2016 nicht mehr gewährt.

---

[1]) Nachfolgeschreiben abgedruckt in → Anhang 2 IV.
[2]) Nachfolgeschreiben abgedruckt in → Anhang 2 IV.
[3]) Abgedruckt zu → H 10a LStH unter „Vordruckmuster Anlage AV".
[4]) Jetzt § 10a Abs. 6 EStG.

IV. Anwendung der aktuellen Rechtsprechung des Bundesfinanzhofes zur Besteuerung von Kapitalleistungen privatrechtlicher Schweizer Pensionskassen

(Mitteilung der OFD Karlsruhe v. 20. 7. 2015)

Der Bundesfinanzhof (BFH) hat sich mit den am 17. 6. 2015 auf seiner Homepage veröffentlichten Urteilen vom 26. 11. 2014 – VIII R 38/10, VIII R 39/10, VIII R 31/10 und vom 2. 12. 2014 – VIII R 40/11 mit der Besteuerung von Kapitalleistungen befasst, die deutsche Steuerpflichtige im Rahmen der schweizerischen Altersvorsorge aus der so genannten 2. Säule von Schweizer Pensionskassen beziehen bzw. in der Vergangenheit bezogen haben. Dies betrifft insbesondere Steuerpflichtige, die im Inland wohnen, aber in der Schweiz gearbeitet haben bzw. noch arbeiten (sog. Grenzgänger). Betroffen sind aber auch Steuerpflichtige, die keine Grenzgänger sind/waren, zwischenzeitlich im Inland wohnen und ebenfalls Leistungen aus einer Schweizer Pensionskasse beziehen.

Entgegen der bisherigen Auffassung der Finanzverwaltung hat der BFH entschieden, dass bei der Besteuerung von Kapitalleistungen von privatrechtlichen Schweizer Pensionskassen zwischen dem Obligatorium (gesetzlich vorgeschriebener Mindestabsicherung) und dem Überobligatorium (über die Mindestabsicherung hinausgehende Einzahlungen in die Pensionskasse) zu unterscheiden ist.

Soweit die Auszahlung aus der privatrechtlichen Pensionskasse aus dem Obligatorium stammt, liegt eine steuerpflichtige „andere Leistung" gemäß § 22 Nr. 1 Satz 3 Buchst. a Doppelbuchst. aa EStG vor, die – wie bisher – mit dem maßgebenden Besteuerungsanteil steuerpflichtig ist. Soweit die Zahlung aus dem Überobligatorium stammt, erfolgt – entgegen der bisherigen Auffassung der Finanzverwaltung – die Besteuerung wie eine Leistung aus einer Kapitallebensversicherung. Erfolgt der Eintritt in die Pensionskasse vor 2005 und wurde mehr als zwölf Jahre eingezahlt, kann die Auszahlung sogar ganz steuerbefreit sein. Bei einem späteren Eintritt in die Pensionskasse ist der Unterschiedsbetrag zwischen der Auszahlung und den entrichteten Beiträgen zu versteuern. Erfolgte in diesen Fällen die Auszahlung nach Vollendung des 60. (Vertragsabschluss bis 31. 12. 2011) bzw. 62. Lebensjahres (Vertragsabschluss ab 1. 1. 2012) und nach mehr als zwölf Jahren, ist nur der hälftige Unterschiedsbetrag zu versteuern.

Die vom Bundesfinanzhof für privatrechtliche Pensionskassen angeordnete Unterscheidung zwischen dem Obligatorium und dem Überobligatorium schlägt auch auf die Einzahlungsphase durch. Hier hat die neue Rechtsprechung eine für die Steuerpflichtigen – insbesondere die Grenzgänger – nachteilige Auswirkung, da sich die überobligatorischen Einzahlungen in den meisten Fällen bei den Sonderausgaben steuerlich nicht (mehr) auswirken und die überobligatorischen Einzahlungen des Arbeitgebers steuerpflichtigen Arbeitslohn darstellen.

Für Kapitalleistungen aus den öffentlich-rechtlichen Schweizer Pensionskassen (im Regelfall die Pensionskassen öffentlich-rechtlicher schweizerischer Arbeitgeber) gelten diese Grundsätze dagegen nicht, da diese Pensionskassen ihre Rechtsgrundlagen im öffentlichen Recht haben. Eine Austrittsleistung aus einer solchen Pensionskasse hat der BFH für Veranlagungszeiträume ab 2005 einheitlich (Obligatorium und Überobligatorium) als „andere Leistung" gemäß § 22 Nr. 1 Satz 3 Buchst. a Doppelbuchst. aa EStG beurteilt, die – soweit eine Einmalzahlung erfolgt – nach der Fünftelregelung ermäßigt besteuert werden kann.

Durch die aktuelle BFH-Rechtsprechung muss folglich die einkommensteuerliche Einordnung der Schweizer Pensionskassen sowohl in der Auszahlungsphase als auch in der Einzahlungsphase neu vorgenommen werden. Die neuen Besteuerungsgrundsätze werden derzeit von der Finanzverwaltung abgestimmt. Erst danach werden die o. g. Urteile im Bundessteuerblatt veröffentlicht und allgemein angewandt. Die Finanzämter werden daher auch erst zu diesem Zeitpunkt damit beginnen, die betroffenen Einsprüche abzuarbeiten. Vorteilhaft wäre es, wenn Sie dem Finanzamt bis dahin schon eine entsprechende Aufteilung (welcher Teil der Auszahlung stammt aus dem Obligatorium und welcher Teil aus dem Überobligatorium) der Pensionskassenleistung (Rente bzw. Einmalauszahlung) zukommen lassen würden. Für Altjahre, in denen kein Einspruch eingelegt wurde und die Bescheide bestandskräftig sind, gibt es keine Änderungsmöglichkeit.

Da die Finanzämter die bisherigen Rechtsgrundsätze zunächst weiter anwenden müssen, sollte bei Leistungen aus privatrechtlichen Schweizer Pensionskassen Einspruch eingelegt werden, damit das Finanzamt die günstigere BFH-Rechtsprechung anwenden kann.

Irrtümlich angenommene Sozialversicherungspflicht

Folgerungen aus einer irrtümlich angenommenen Sozialversicherungspflicht – Neufassung Anhang 22.8.5 Anleitung für den Lohnsteuer-Außendienst – S 233.3/77 – St 144 –

(Vfg. der OFD Karlsruhe vom 19. 11. 2008 – S 2333/77 – St 144)

Nach dem Urteil des FG Rheinland-Pfalz vom 13. 9. 2007 – 1 K 2180/06, ist in Fällen einer irrtümlich angenommenen Sozialversicherungspflicht von Gesellschafter-Geschäftsführern (GesGF), in denen bereits gezahlte Arbeitgeberanteile zur Kranken-, Pflege- und Rentenversicherung in freiwillige Beiträge umgewandelt werden, erst im Jahr der Umwandlung ein steuerpflichtiger Arbeitslohn zu erfassen. Im zugrunde liegenden Streitfall hatte eine GmbH für ihre Prokuristin jahrelang Sozialversicherungsbeiträge abgeführt. Nachdem der Sozialversicherungsträger hierzu mitgeteilt hatte, dass die Tätigkeit der Prokuristin keine der gesetzlichen Sozialversicherung unterliegende Tätigkeit ist, wurden die bislang abgeführten Arbeitnehmeranteile zur Gesamtsozialversicherung und die Arbeitgeberanteile zur Arbeitslosenversicherung an die GmbH ausbezahlt. Die Arbeitnehmeranteile hatte die GmbH an die Prokuristin weitergeleitet. Die bereits gezahlten Arbeitgeberanteile zur Kranken-, Pflege- und Rentenversicherung wurden in freiwillige Beiträge umgewandelt. Das Finanzamt hatte ausgehend von der bisherigen Rechtsauffassung der Finanzverwaltung (s. Anleitung für den Lohnsteuer-Außendienst, Stand Mai 2007, Anhang 6.2.7.5 – Irrtümlich angenommene Versicherungspflicht) diese als freiwillige Beiträge umqualifizierten Arbeitgeberleistungen rückwirkend als steuerpflichtigen Arbeitslohn in den Jahren der ursprünglichen Zahlungen der GmbH an den Sozialversicherungsträger behandelt. Das FG Rheinland-Pfalz verneinte dagegen ein rückwirkendes Ereignis i. S. d. § 175 Abs. 1 Satz 1 Nr. 2 AO und erfasst die in freiwillige Beiträge umgewandelten Arbeitgeberleistungen im Jahr der Umwandlung als steuerpflichtigen Arbeitslohn.

Auf Bund-/Länderebene wurde entschieden, das Urteil allgemein anzuwenden. Die Anleitung für den Lohnsteuer-Außendienst (Stand Mai 2008) wurde im neuen Anhang 22.8.5 entsprechend angepasst.

Die neue Rechtsauffassung ist allerdings nur in den Fällen anzuwenden, in denen tatsächlich eine Umwandlung (d. h. ein Zeitpunkt des Entschlusses des Arbeitgebers und dessen Umsetzung) irrtümlich gezahlter Beiträge zur Sozialversicherung in freiwillige Beiträge stattfindet. War dagegen der Gesellschafter-Geschäftsführer (z. B. wegen Überschreitens der Jahresentgeltgrenze) nicht krankenversicherungspflichtig und hat der Arbeitgeber irrtümlicherweise nach § 3 Nr. 62 Satz 1 EStG i. V. mit § 257 Abs. 1 und Abs. 2 SGB V steuerfreie Zuschüsse zu den Krankenversicherungsbeiträgen (zu einer freiwilligen Versicherung in der gesetzlichen Krankenversicherung oder zu einer privaten Krankenversicherung) geleistet, so wurden diese Zuschüsse in den Jahren der ursprünglichen Zahlung zu Unrecht als steuerfrei nach § 3 Nr. 62 Satz 1 EStG behandelt.

Mangels einer „Umwandlungshandlung" gilt in diesen Fällen die bisherige Rechtsauffassung weiter, wonach ein Zufluss von Arbeitslohn bereits in den jeweiligen Kalenderjahren der früheren Zahlung gegeben ist. Die Einkommensteuer-Veranlagungen sind insoweit unter den Voraussetzungen des § 175 Abs. 1 Satz 1 Nr. 2 AO zu ändern.

Leistungen exterritorialer Arbeitgeber

Beiträge zur Sozialversicherung von deutschen Arbeitnehmern exterritorialer Arbeitgeber

(Erlaß des FinMin Saarland vom 28. 6. 1985 – B/II – 490/85 – S 2333 A –)

Die deutschen Bediensteten ausländischer Staaten und exterritorialer Personen in Deutschland sind grundsätzlich kranken-, renten- und arbeitslosenversicherungspflichtig. Da die Erfüllung der Beitrags- und Einbehaltungspflicht gegenüber exterritorialer Arbeitgebern nicht erzwungen werden kann, müssen die Arbeitnehmer in diesen Fällen die Pflichten der Arbeitgeber selbst erfüllen (vgl. Verordnung vom 11. Dezember 1937 – Deutscher Reichs- und Preußischer Staatsanzeiger Nr. 289 vom 15. Dezember 1937, § 172 Abs. 2 AFG). Sie tragen mithin auch den Beitragsanteil des Arbeitgebers.

Bei der Veranlagung solcher Arbeitnehmer zur Einkommensteuer sind deshalb von den auf gesetzlicher Verpflichtung beruhenden Beiträgen zur Sozialversicherung die Beiträge (aus Billigkeitsgründen) steuerfrei zu belassen, die auf den Arbeitgeberanteil entfallen (§ 3 Nr. 62 EStG). Der Arbeitgeberanteil beträgt die Hälfte des Gesamtbetrags. Die andere Hälfte (Arbeitnehmeranteil) ist als Sonderausgabe zu behandeln.

Dieser Erlaß ergeht im Einvernehmen mit dem Bundesminister der Finanzen und den obersten Finanzbehörden der anderen Länder.

Polizei-/Feuerwehrbeamte

Steuerliche Behandlung der Krankenversicherungszuschüsse für Polizeibeamte des Landes Baden-Württemberg und für Feuerwehrbeamte der Kommunen ab dem 1. Januar 2011

Bezug: Erlass vom 13. 3. 2009 – 3 – S 233.3/81 –

(Erlass des FinMin Baden-Württemberg vom 14. 8. 2015 – 3 – S 233.3/81 –)

Für die steuerliche Behandlung der Krankenversicherungszuschüsse für Polizeibeamte des Landes Baden-Württemberg und für Feuerwehrbeamte der Kommunen gilt ab 1. Januar 2011 Folgendes:

Neben Beamten des Polizeivollzugsdienstes, auch wenn sie in Planstellen des Landesamtes für Verfassungsschutz eingewiesen sind, haben auch Beamte des Einsatzdienstes der Feuerwehr und Beamte des technischen Dienstes der Landesfeuerwehrschule Anspruch auf Heilfürsorge-leistungen (§ 79 Abs. 1 Landesbeamtengesetz – LBG). Die Leistungen der Heilfürsorge sind steuerfrei (§ 3 Nr. 4 Buchstabe d EStG).

Anstelle der Leistungen aus der Heilfürsorge können Beamte des Polizeivollzugsdienstes, auch wenn sie in Planstellen des Landesamtes für Verfassungsschutz eingewiesen sind, weiterhin einen Zuschuss zu den Beiträgen an eine Krankenversicherung erhalten (§ 79 Abs. 7 LBG). Der aufgrund gesetzlicher Verpflichtung gewährte Zuschuss ist nach § 3 Nr. 62 Satz 1 EStG steuer-frei.

Ferner können auch Beamte des Einsatzdienstes der Feuerwehr anstelle der Leistungen aus der Heilfürsorge zu den Aufwendungen in Krankheitsfällen Beihilfe nach den beihilferechtlichen Vorschriften des Landes und einen Zuschuss zu den Beiträgen an eine Krankenversicherung erhalten (§ 79 Abs. 4 LBG). Der aufgrund gesetzlicher Verpflichtung gewährte Zuschuss ist nach § 3 Nr. 62 Satz 1 EStG steuerfrei.

Abschließend wird darauf hingewiesen, dass die steuerfreien Zuschüsse zu den Beiträgen an eine Krankenversicherung die als Sonderausgaben abzugsfähigen Beiträge an eine Kranken-versicherung mindern (§ 10 Abs. 2 Satz 1 Nr. 1 zweiter Halbsatz EStG).

Der Bezugserlass wird ab dem 1. Januar 2011 aufgehoben.

Rückzahlung von Beitragsanteilen an den Arbeitgeber

Beitragsanteile am Gesamtsozialversicherungsbeitrag, die der Arbeitgeber ohne gesetzliche Ver-pflichtung übernommen hat, sind kein Arbeitslohn, wenn sie dem Arbeitgeber zurückgezahlt worden sind und der Arbeitnehmer keine Versicherungsleistungen erhalten hat (→ BFH vom 27. 3. 1992 – BStBl 1992 II S. 663).

Sozialversicherungspflicht GmbH-Geschäftsführer, Vorstand

Leistungen für die Zukunftssicherung von beherrschenden Gesellschafter-Ge-schäftsführern einer GmbH und von Vorstandsmitgliedern einer AG oder eines VVaG

(Verfügung der OFD Hannover vom 14. 2. 2007 – S 2333 – 93 – StO 211 –)

1. GmbH-Gesellschafter-Geschäftsführer

Arbeitgeberbeiträge zur Renten-, Kranken-, Pflege- und Arbeitslosenversicherung für beherr-schende Gesellschafter-Geschäftsführer sind nicht nach § 3 Nr. 62 EStG steuerfrei. Bei einem beherrschenden Gesellschafter-Geschäftsführer liegt arbeitsrechtlich kein Arbeitsverhältnis vor, so dass der Arbeitgeber gesetzlich nicht zur Zahlung von Arbeitgeberanteilen verpflichtet ist (vgl. BFH vom 10. 10. 2002, BStBl 2002 II S. 886).

Ob es sich um einen beherrschenden, nicht sozialversicherungspflichtigen Gesellschafter-Ge-schäftsführer oder um einen abhängig beschäftigten Arbeitnehmer handelt, beurteilt sich allein nach sozialversicherungsrechtlichen Vorschriften. Die Entscheidung trifft die zuständige Ein-zugsstelle der Sozialversicherungsträger. Sie ist infolge ihrer Tatbestandswirkung auch im Be-steuerungsverfahren zu beachten, sofern sie nicht offensichtlich rechtswidrig ist.

Ein abhängiges Beschäftigungsverhältnis zu der GmbH liegt sozialversicherungsrechtlich i. d. R. nicht vor, wenn der Gesellschafter-Geschäftsführer einen maßgeblichen Einfluss auf die Geschicke der GmbH ausüben kann. Das ist i. d. R. der Fall, wenn der Anteil am Stammkapital der GmbH mindestens 50 % beträgt. Das Gleiche gilt auch bei einem Kapitalanteil von weniger als 50 %, wenn aufgrund des Gesellschaftsvertrags für Beschlüsse der Gesellschaft eine qualifizierte Mehrheit erforderlich ist und dieser Anteil eine Sperrminorität darstellt, die ausreicht, eine Beschlussfassung zu verhindern oder wenn der Geschäftsführer hinsichtlich Zeit, Dauer, Umfang und Ort seiner Tätigkeit im Wesentlichen weisungsfrei ist und seine Tätigkeit wirtschaftlich gesehen nicht für ein fremdes, sondern für ein eigenes Unternehmen ausübt.

Die beigefügte Übersicht (Anlage) gibt versicherungsrechtliche Entscheidungen zur Behandlung von Gesellschafter-Geschäftsführern, mitarbeitenden Gesellschaftern und Geschäftsführern wieder. Für den Fall, dass noch keine Entscheidung der zuständigen Einzugsstelle der Sozialversicherungsträger vorliegen sollte, kann sie als Entscheidungshilfe herangezogen werden.

Zukunftssicherungsleistungen, die nicht nach § 3 Nr. 62 EStG steuerfrei sind, zählen aber nur zum steuerpflichtigen Arbeitslohn, soweit keine verdeckten Gewinnausschüttungen vorliegen. Um verdeckte Gewinnausschüttungen handelt es sich z. B., wenn die Arbeitgeberanteile nicht klar und eindeutig in den Dienstverträgen festgelegt sind. Das Gleiche gilt, wenn die Gesamtausstattung der Tätigkeitsvergütungen für den Gesellschafter-Geschäftsführer unangemessen hoch ist. Ob es sich im Zweifelsfall um Arbeitslohn oder um verdeckte Gewinnausschüttungen handelt, ist im Einvernehmen mit der für die GmbH zuständigen Veranlagungsstelle zu entscheiden.

2. Vorstandsmitglieder einer AG oder eines VVaG

Vorstandsmitglieder einer AG sind grundsätzlich nach § 1 Satz 1 Nr. 1 SGB VI rentenversicherungspflichtig, wenn sie nicht durch § 1 Satz 4 SGB VI von der Rentenversicherungspflicht befreit sind.

Sie sind als Beschäftigte im Sinne des § 7 Abs. 1 SGB IV anzusehen, wenn sie funktionsgerecht dienend am Arbeitsprozess teilhaben. Ihnen fehlt es an einem echten unternehmerischen Risiko, das eine selbstständige Tätigkeit auszeichnet. Vielmehr unterliegen sie der Kontrolle der Aufsichtsräte, die in der Regel jährlich eine Entlastung der Vorstandsmitglieder der AGen von der persönlichen Haftung für ihre unternehmerischen Entscheidungen aussprechen und sie damit vom Unternehmerrisiko befreien. Vorstandsmitglieder der AGen können mit Chefärzten eines Krankenhauses verglichen werden, die ihre fachlichen Entscheidungen ebenfalls ohne Weisung der Krankenhausverwaltung treffen und dennoch als abhängig Beschäftigte betrachtet werden. Eine andere Beurteilung ist nur vorzunehmen, wenn Vorstandsmitglieder selbst eine Mehrheitsbeteiligung an der AG halten.

Vorstandsmitglieder haben Anspruch auf einen Zuschuss zu ihrem Krankenversicherungsbeitrag nach § 257 SGB V und zu ihrem Pflegeversicherungsbeitrag nach § 61 SGB XI. Sie erhalten diese Zuschüsse steuerfrei nach § 3 Nr. 62 EStG, da sie aufgrund gesetzlicher Verpflichtung geleistet werden und im Übrigen die Finanzverwaltung der Entscheidung des zuständigen Sozialversicherungsträgers grundsätzlich zu folgen hat (BFH vom 6. 6. 2002, BStBl 2003 II S. 34).

Auch Vorstandsmitglieder einer großen VVaG sind grundsätzlich Arbeitnehmer im sozialversicherungsrechtlichen Sinne.

Die Entscheidungen der Sozialversicherungsträger sind grundsätzlich zu beachten.

3. Vorstandsmitglieder eingetragener Genossenschaften

Für Vorstandsmitglieder eingetragener Genossenschaften 1) und angestellte Vorstandsmitglieder öffentlicher Sparkassen 2) hat das BSG die Arbeitnehmereigenschaft bejaht. Hinsichtlich der hauptamtlichen Vorstandsmitglieder gesetzlicher Krankenkassen und deren Verbände gehen die Spitzenverbände der Sozialversicherungsträger davon aus, dass es sich um abhängig Beschäftigte i. S. des § 7 SGB IV handelt. Arbeitgeberzuschüsse zu den Beiträgen zur gesetzlichen Rentenversicherung sowie die gesetzlichen Ansprüche auf Arbeitgeberzuschüsse zur Kranken- und Pflegeversicherung sind im Rahmen des § 3 Nr. 62 EStG steuerfrei.

Die Entscheidungen der Sozialversicherungsträger sind grundsätzlich zu beachten.

4. Irrtümliche angenommene Sozialversicherungspflicht

Übernommen aus „Anleitung für den Lohnsteueraußendienst" (Stand Mai 2006) Anhang 6, Tz. 6.2.7.5

Wird durch den Sozialversicherungsträger nachträglich festgestellt, dass in der Vergangenheit keine Sozialversicherungspflicht bestand, hat der rückwirkende Wegfall der angenommenen Versicherungspflicht folgende Konsequenzen:

1. Werden vom Sozialversicherungsträger Arbeitgeberanteile zur gesetzlichen RV und AF an den Arbeitgeber erstattet, die dieser in der rechtsirrtümlichen Annahme der Versicherungspflicht geleistet hat, ohne dass sie vom Arbeitgeber an den Arbeitnehmer weitergegeben werden, so ist dieser Vorgang lohnsteuerlich nicht relevant (BFH-Urteil vom 27. 3. 1992, BStBl 1992 II S. 663). Eine Änderung von ESt-Bescheiden der Vorjahre kommt nicht in Betracht.

2. Werden vom Sozialversicherungsträger die (vermeintlich) gesetzlichen Arbeitnehmeranteile zur gesetzlichen RV und AF an den Arbeitnehmer erstattet, so berührt dies nicht den Arbeitslohn. Ein Abzug der der Erstattung zugrunde liegenden Beträge als Sonderausgaben kommt nicht in Betracht. Ist im Kj. der Erstattung im Rahmen der ESt-Veranlagung eine Kompensation mit gleichartigen Aufwendungen nicht möglich, ist der Sonderausgabenabzug des Kj. der Verausgabung um die nachträgliche Erstattung zu mindern. Ein bereits bestandskräftiger Bescheid ist nach § 175 Abs. 1 Satz 1 Nr. 2 AO zu ändern (BFH-Urteil vom 28. 5. 1998, BStBl 1999 II S. 95). Der Vorwegabzug (§ 10 Abs. 3 Nr. 2 EStG a. F.) ist bei den betroffenen Veranlagungen wegen des rückwirkenden Wegfalls der Sozialversicherungspflicht (keine Arbeitgeberleistungen i. S. des § 3 Nr. 62 EStG) zu Unrecht gekürzt worden, soweit nicht ausnahmsweise eine andere Kürzungsvorschrift anzuwenden war. Die Kürzung des Vorwegabzugs ist folglich rückgängig zu machen (§ 175 Abs. 1 Satz 1 Nr. 2 AO).

3. Krankenversicherungs- und Pflegeversicherungsbeiträge werden dann nicht erstattet, wenn der Versicherungsträger bis zur Geltendmachung des Erstattungsanspruchs aufgrund dieser Beiträge oder für den Zeitraum, für den die Beiträge zu Unrecht entrichtet worden sind, Leistungen erbracht oder zu erbringen hat (§ 26 Abs. 2 SGB IV). Entsprechende Arbeitgeberanteile, die irrtümlich als steuerfreier Arbeitslohn behandelt wurden, sind als steuerpflichtiger Arbeitslohn anzusehen. Im Erstattungsfall sind die Ausführungen zur RV und AF anzuwenden.

4. Werden die Arbeitgeberanteile zur gesetzlichen RV und AF vom Sozialversicherungsträger an den Arbeitgeber erstattet und von diesem an den Arbeitnehmer weitergegeben, so kann es sich um eine verdeckte Gewinnausschüttung (Urteil des FG Düsseldorf vom 17. 12. 1993, EFG 1994 S. 566) oder um Arbeitslohn handeln. Arbeitslohn kann vorliegen, wenn der Gesellschafter-Geschäftsführer zwar sozialversicherungsrechtlich, nicht jedoch steuerrechtlich als beherrschend beurteilt wird und die Gesamtbezüge auch unter Einbeziehung der weitergegebenen Beträge noch als angemessen angesehen werden können. Auch bei beherrschenden Gesellschafter-Geschäftsführern i. S. d. Steuerrechts kann u. U. noch von Arbeitslohn auszugehen sein, wenn etwa spätestens in zeitlichem Zusammenhang mit dem Antrag auf Erstattung der zu Unrecht gezahlten Arbeitgeberbeiträge eine Vereinbarung über die Weitergabe der Beträge an den Gesellschafter-Geschäftsführer erfolgt und die Gesamtbezüge des Gesellschafter-Geschäftsführers insgesamt noch angemessen sind. Die abschließende Entscheidung über die Abgrenzung einer verdeckten Gewinnausschüttung von Arbeitslohn ist stets im Benehmen mit der für die Besteuerung der Gesellschaft zuständigen Veranlagungsstelle zu treffen. Ist Arbeitslohn anzunehmen, sind die Arbeitgeberanteile in dem Kj. zu versteuern, in dem sie an den Arbeitnehmer ausgezahlt werden. Dies gilt auch dann, wenn die erstatteten Beträge von diesem für eine private Lebensversicherung verwendet werden.

5. Wird auf die Rückzahlung der Arbeitgeberbeiträge zur gesetzlichen RV durch den Arbeitgeber verzichtet und werden die Beiträge für die freiwillige Versicherung des Arbeitnehmers in der gesetzlichen RV verwendet (Umwandlung), ist ebenfalls zu entscheiden, ob es sich um eine verdeckte Gewinnausschüttung oder um steuerpflichtigen Arbeitslohn (Urteil des FG Köln vom 21. 11. 1989, EFG 1990 S. 383) handelt (zur Abgrenzung vgl. oben Tz. 3). Ist steuerpflichtiger Arbeitslohn gegeben, liegt Zufluss bereits in den jeweiligen Kj. der früheren Zahlung vor, da hier durch Umwandlung die Versicherungsanwartschaft bestehen bleibt. Die freiwillige Versicherung nimmt die Stellung der vermeintlichen gesetzlichen Versicherung ein. Die ESt-Veranlagungen der früheren Kj. sind unter den Voraussetzungen des § 175 Abs. 1 Satz 1 Nr. 2 AO zu ändern, da der Arbeitgeberanteil nicht nach § 3 Nr. 62 Satz 1 EStG steuerfrei ist, es sich insoweit um Sonderausgaben des Arbeitnehmers handelt und der Vorwegabzugsbetrag nicht mehr zu kürzen ist (vgl. Tz. 2).

Werden künftig freiwillige Beiträge zur SV geleistet, weil festgestellt wurde, dass keine Sozialversicherungspflicht besteht, so kann in Höhe des Zuschusses des Arbeitgebers ebenfalls eine verdeckte Gewinnausschüttung anzunehmen sein (BFH-Urteil vom 11. 2. 1987, BStBl 1987 II S. 461).

Anlage:

Versicherungsrechtliche Beurteilung:

Gesellschafter-Geschäftsführer einer GmbH/GmbH-Geschäftsführer

Beurteilungskriterien	Entscheidung	Arbeit-nehmer
Fallgruppe I: Kapitalanteil unter 50 %		
Beispiel 1: Gesellschafter, Geschäftsführer, Kapitalanteil unter 50 % Anstellungsvertrag, keine Sperrminorität, keine Verhinderung von Gesellschafterbeschlüssen Weisungsgebundenheit, Eingliederung in den Betrieb.	Ein aufgrund eines Anstellungsvertrages tätiger Gesellschafter-Geschäftsführer einer GmbH ist versicherungspflichtig, wenn er als Gesellschafter keinen maßgebenden Einfluss auf die Gesellschaft hat. Das ist der Fall, wenn der Geschäftsführer weniger als die Hälfte der Geschäftsanteile besitzt und auch nicht hinsichtlich wesentlicher Gesellschaftsbeschlüsse eine Sperrminorität besitzt.	ja
Beispiel 2: Gesellschafter, Geschäftsführer, Kapitalanteil 33,3 % des Gesamtkapitals, vertretungsberechtigt mit einem weiteren zu einem Drittel beteiligten Geschäftsführer, kein anderer Gesellschafter hat mehr als ein Drittel des Gesamtkapitals, keine Weisungsgebundenheit nach den tatsächlichen Verhältnissen, freie Bestimmung der Tätigkeit (Arbeitszeit, Urlaub usw.).	Ein GmbH-Geschäftsführer, der an der GmbH mit einem Drittel am Kapital beteiligt ist und die GmbH mit einem weiteren zu einem Drittel beteiligten Geschäftsführer gemeinschaftlich vertritt, unterliegt nicht der Versicherungspflicht. Entscheidend ist: Der Gesellschaftsführer trägt nach der tatsächlichen Gestaltung der Tätigkeit das volle Unternehmerrisiko, unterliegt keinerlei Weisungen und kann seine Tätigkeit nach den Belangen des Unternehmens, die in Wirklichkeit mit seinen eigenen Belangen übereinstimmen, selbst frei bestimmen. Bei freier Bestimmung über Arbeits- und Urlaubszeit nimmt er als Geschäftsführer weitgehend unternehmerische Funktionen wahr und steht nicht in einem persönlichen Abhängigkeitsverhältnis.	nein
Beispiel 3: Gesellschafter, Geschäftsführer, Alleinvertretungsberechtigung, Kapitalanteil unter 50 %, Anstellungsvertrag, keine Beschränkung in Gestaltung und Ausführung der Arbeit durch Vertrag oder nach den tatsächlichen Verhältnissen, keine Weisungsgebundenheit.	Ein alleinvertretungsberechtigter Geschäftsführer, der vertraglich seine Arbeit uneingeschränkt gestalten und ausführen kann (besonders hinsichtlich der Arbeitszeit), unterliegt nicht der Versicherungspflicht. Die tatsächliche Durchführung des Vertrags muss aber dieser Vereinbarung entsprechen.	nein
Beispiel 4: Gesellschafter, kein Geschäftsführer, Führung des Unternehmens wegen seiner Branchenkenntnisse, Geschäftsanteil ein Drittel des Gesamtkapitals, keine Beschränkung in Gestaltung und Ausführung der Arbeit, keine Weisungsgebundenheit, ohne ausdrücklichen Gesellschafterbeschluss oder schriftlichen Anstellungs-, Arbeits-, Dienstvertrag tätig.	Ein beschäftigter Gesellschafter mit einem Drittel Kapitalbeteiligung, der aufgrund stillschweigender Übereinkunft wegen seiner einschlägigen Branchenkenntnisse maßgeblich bei der Führung des Unternehmens mitwirkt, die Gesellschaft nach außen ohne ausdrücklichen Gesellschafterbeschluss oder schriftlichen Anstellungsvertrag vertritt und in der Gestaltung seiner Arbeit und der Bestimmung seiner Arbeitszeit keinen Weisungen unterliegt, steht nicht in einem abhängigen Beschäftigungsverhältnis. Der Gesellschafter wird nicht wie eine fremde Arbeitskraft in den Betrieb eingegliedert, sondern tatsächlich als Mitinhaber des unter seinem Namen in der Rechtsform einer GmbH geführten Unternehmens tätig.	nein

Beurteilungskriterien	Entscheidung	Arbeit-nehmer
Beispiel 5: Ehegatten-GmbH, Gesellschafterin, Geschäftsführerin, Kapitalanteil unter 50 %, Ehegatte als weiterer Gesellschafter mit restlichem Kapitalanteil, keine Weisungsgebundenheit.	Eine als Geschäftsführerin tätige Ehefrau, die gleichzeitig Gesellschafterin der GmbH ist (sie unter, Ehemann über 50 % Kapitalanteil), steht nicht in einem sozialversicherungpflichtigen Beschäftigungsverhältnis, wenn sie an keine Arbeitszeit und an keine Weisungen gebunden ist. Das gilt auch, wenn ihr Gehalt steuerrechtlich als Betriebsausgabe behandelt wird. Die unterschiedliche Kapitalbeteiligung von Ehegatten an einer GmbH ist nicht das ausschlaggebende Merkmal für die Beurteilung der Sozialversicherungspflicht. Für die Frage der Sozialversicherungspflicht sind Kapitalanteile von Ehegatten nicht zusammenzurechnen.	nein

Fallgruppe II: Kapitalanteil 50 %

Beispiel 1: Gesellschafter, Geschäftsführer, Kapitalanteil 50 %.	Ein Gesellschafter-Geschäftsführer mit 50 % Kapitalbeteiligung kann durch sein Stimmrecht bei Gesellschafterbeschlüssen einen maßgeblichen Einfluss auf die Entscheidung der GmbH ausüben. Er steht nicht in einer persönlichen Abhängigkeit zur Gesellschaft, auch wenn er aufgrund eines Dienstvertrages mit monatlich feststehender Vergütung, Weihnachtsgeld, Urlaubsgeld usw. tätig wird.	nein
Beispiel 2: Gesellschafter, Geschäftsführer, Kapitalanteil 50 %, ein weiterer Geschäftsführer mit 50 % Kapitalanteil.	Zwei Geschäftsführer, die je zur Hälfte am Stammkapital einer GmbH beteiligt sind und die Gesellschaft gemeinschaftlich vertreten, können nur übereinstimmend handeln. Daraus ergibt sich: Es besteht kein persönliches Abhängigkeitsverhältnis zu der Gesellschaft im Sinne einer Weisungsgebundenheit oder eines entsprechenden Direktionsrechts. Jeder der beiden Geschäftsführer hat insoweit eine unabhängige Stellung, als ohne ihn keine Beschlüsse gefasst werden können.	nein
Beispiel 3: Gesellschafter, leitender Angestellter (kein Geschäftsführer), Kapitalanteil 50 %, in der Angestelltentätigkeit leistungsbezogenes Entgelt, ein weiterer Gesellschafter mit 50 % Kapitalanteil.	Ein leitender Angestellter (Prokurist), dessen Gehalt vertraglich „entsprechend der erbrachten Leistung" festgesetzt wird, unterliegt nicht der Versicherungspflicht. Beide zu je 50 % Beteiligte haben gleichen Anteil an den Entscheidungen der Gesellschaft, keiner der Gesellschafter ist gegenüber der GmbH weisungsgebunden.	nein

Fallgruppe III: Kapitalanteil über 50 %

Gesellschafter, Geschäftsführer, Kapitalanteil über 50 %.	Ein in einer GmbH als Geschäftsführer tätiger Gesellschafter, der Geschäftsanteile von mehr als 50 % besitzt und allein in dem Unternehmen tätig ist, steht nicht in einem versicherungspflichtigen Beschäftigungsverhältnis.	nein

Beurteilungskriterien	Entscheidung	Arbeit-nehmer
Fallgruppe IV: ohne Kapitalanteil kein Gesellschafter, Geschäftsführer, Weisungsgebundenheit gegenüber der Gesellschafterversammlung monatlich gleichbleibende Vergütung, persönliche und wirtschaftliche Abhängigkeit.	Ein nicht an einer Gesellschaft beteiligter Geschäftsführer, der nach seiner Arbeitsplatzbeschreibung der Gesellschafterversammlung im Rahmen des GmbH-Gesetzes und des Gesellschaftervertrags unterstellt ist, dem die allgemeine Verwaltung der GmbH obliegt, dabei nur im Rahmen der Gesellschafterbeschlüsse handeln darf und insoweit der Prüfung und Überwachung durch die Gesellschafter unterliegt, für seine Tätigkeit eine monatliche gleichbleibende Vergütung sowie bezahlten Urlaub erhält, steht in einem abhängigen, d. h. sozialversicherungspflichtigen Beschäftigungsverhältnis.	ja

Umgestaltung der Bundeswehr

Zuschüsse des Arbeitgebers zur Sozialversicherung; Anwendung von § 3 Nr. 62 EStG im Rahmen der Inanspruchnahme der Härtefallregelung von § 11 TV UmBw (Umgestaltung der Bundeswehr)

(Kurzinfo der OFD Münster vom 6. 4. 2011 – ESt 6/2011 –)

Beschäftigte der Bundeswehr erhalten unter bestimmten Voraussetzungen im Rahmen einer sogenannten Härtefallregelung des § 11 des Tarifvertrages über sozialverträgliche Begleitmaßnahmen im Zusammenhang mit der Umgestaltung der Bundeswehr (TV UmBw) eine monatliche Ausgleichszahlung von 72 % des bisherigen Bruttoeinkommens für das Ruhen ihres Arbeitsverhältnisses (einvernehmlicher Verzicht auf die arbeitsvertraglich geschuldete Arbeitsleistung des Arbeitnehmers).

Neben den monatlichen Ausgleichszahlungen werden durch die Bundeswehr die hälftigen Beiträge zur Krankenversicherung, zur Pflegeversicherung und zur freiwilligen gesetzlichen Rentenversicherung (RV) sowie in voller Höhe die übrigen Beiträge zur RV und die VBL-Umlage getragen. Diese Zahlungen stellen Arbeitslohn i. S. d. § 19 EStG dar.

Mit Urteil vom 24. 9. 2008, Az.: B 12 KR 22/07 R, hat das Bundessozialgericht (BSG) festgestellt, dass das versicherungspflichtige Beschäftigungsverhältnis bei dieser Gestaltung nicht beendet wird, mit der Konsequenz, dass eine Sozialversicherungspflicht besteht. Bei einer Inanspruchnahme der o. g. Härtefallregelung ab dem 1. 7. 2009 sind die AG-Beiträge zur SV daher steuerfrei nach § 3 Nr. 62 EStG.

Bis zum o. g. Urteil des BSG wurde hingegen in den vorgenannten Fällen kein Beschäftigungsverhältnis mit Sozialversicherungspflicht angenommen, so dass die Betroffenen verpflichtet waren, sich freiwillig zu versichern. Dies betrifft die Fälle mit Beginn der Freistellung bei Anwendung der Härtefallregelung vor dem 1. 7. 2009. Hierfür hat der Spitzenverband Bund der Krankenkassen (GKV) den Betroffenen Bestandsschutz gewährt, d. h. dass die freiwillige Versicherung fortgeführt werden kann.

Nach einer Abstimmung der obersten Finanzbehörden der Länder kann in Fällen, in denen vom GKV Bestandsschutz gewährt wird, d. h. eine freiwillige Versicherung fortgeführt werden kann, der Zuschuss des Arbeitgebers ebenfalls als nach § 3 Nr. 62 EStG steuerfrei behandelt werden.

Erfolgte in der Vergangenheit eine Besteuerung gezahlter Zuschüsse, kann bei Nachweis der Bruttoarbeitslohn im Rahmen der Einkommensteuerveranlagung um die lohnversteuerten Zuschüsse bereinigt werden.

Bestandskräftige Steuerfestsetzungen können unter den Voraussetzungen des § 173 Abs. 1 Nr. 2 AO geändert werden, da das Vorliegen der Sozialversicherungspflicht erstmals durch das BSG festgestellt wurde. Insoweit handelt es sich um ein außersteuerliches Rechtsverhältnis und stellt als solches eine neue Tatsache i. S. d. § 173 Abs. 1 AO dar, in dem den Steuerpflichtigen im Regelfall kein grobes Verschulden am nachträglichen Bekanntwerden des Bestehens der Sozialversicherungspflicht trifft. Die Bundeswehr informierte die betroffenen Steuerpflichtigen selbst erst ab August 2010 von dem Bestehen der Sozialversicherungspflicht, insoweit durften sie der sozialversicherungsrechtlichen Behandlung durch die Bundeswehr vertrauen.

Umlagezahlungen

Umlagezahlungen des Arbeitgebers an die VBL sind Arbeitslohn (→ § 19 Abs. 1 Satz 1 Nr. 3 Satz 1 EStG); sie sind nicht nach § 3 Nr. 62 EStG steuerfrei (→ BFH vom 7. 5. 2009 – BStBl 2010 II S. 194).

Zur Steuerfreistellung → § 3 Nr. 56 EStG

Weiterbeschäftigter Rentner

Weiterbeschäftigter Rentner, Rentenversicherung, Arbeitgeberanteil

(Verfügung des Bayerischen Landesamtes für Steuern vom 10. 11. 2008, – S 2221.1.1 – 6/4 St 32/St 33 –)

Nach § 10 Abs. 1 Nr. 2 Satz 2 EStG wird zu den nach § 10 Abs. 1 Nr. 2 Buchst. a und Buchst. b EStG als Sonderausgaben zu berücksichtigenden Altersvorsorgeaufwendungen der nach § 3 Nr. 62 EStG steuerfreie Arbeitgeberanteil zur gesetzlichen Rentenversicherung hinzugerechnet. Der sich insoweit ergebende Betrag wird dann mit dem in der Übergangsphase jeweils geltenden Prozentsatz angesetzt (§ 10 Abs. 3 Satz 4 EStG); anschließend wird der steuerfreie Arbeitgeberanteil zur gesetzlichen Rentenversicherung in Abzug gebracht.

In diesem Zusammenhang ist die Frage gestellt worden, wie der bei der Beschäftigung eines Beziehers einer Altersrente aus der gesetzlichen Rentenversicherung von einem Arbeitgeber zu zahlende Rentenversicherungsbeitrag nach § 172 Abs. 1 Nr. 3 SGB VI steuerlich zu berücksichtigen ist. Bei diesem Arbeitgeberbeitrag handelt es sich um eine Zahlung, zu der der Arbeitgeber aus Gründen der Gleichbehandlung verpflichtet ist. Der Pauschalbeitrag dient auch dazu, Wettbewerbsverzerrungen vorzubeugen, indem auch bei aufgrund ihres Alters versicherungsfreien Beschäftigten der Arbeitgeberanteil zur gesetzlichen Rentenversicherung erhoben wird. Es soll vermieden werden, dass es für den Arbeitgeber – unter dem Gesichtspunkt der Zahlung von Rentenversicherungsbeiträgen – günstiger ist, einen Bezieher einer Altersrente zu beschäftigen. Der beschäftigte Rentner hat aus der Beitragszahlung des Arbeitgebers keine rentenrechtlichen Vorteile.

Nach Abstimmung auf Bund-/Länderebene gilt hierzu Folgendes:

Der nach § 172 Abs. 1 Nr. 3 SGB VI zu entrichtende Beitrag ist kein steuerfreier Arbeitgeberanteil nach § 3 Nr. 62 EStG, da der Beitrag nicht für die Zukunftssicherung des Arbeitnehmers geleistet wird (vgl. BMF-Schreiben vom 22. 8. 2008, BStBl 2008 I S. 872, Tz. 13a)[1]).

Dies entspricht auch der Rechtsprechung des BFH zur Kürzung des Vorwegabzugs. In seinem Urteil vom 8. 11. 2006 (Az.: X R 9/06, BFH/NV 2007 S. 432) hat der BFH ausgeführt, dass der Arbeitslohn, für den im Rahmen eines geringfügigen Beschäftigungsverhältnisses vom Arbeitgeber ein Pauschalbeitrag zur Rentenversicherung geleistet wurde, nicht für die Kürzung des Vorwegabzugs heranzuziehen ist, da die geleisteten Arbeitgeberbeiträge keine Auswirkungen auf den Umfang der dem Arbeitnehmer zustehenden Rentenansprüche haben.

Insoweit werden die Pauschalbeiträge nicht für die Zukunftssicherung des Arbeitnehmers geleistet.

Mit Urteil vom 14. 12. 2005 (Az.: XI R 25/04, BFH/NV 2006 S. 1073) hat der BFH erkannt, dass der Vorwegabzug nicht zu kürzen ist, wenn der Arbeitgeber für den Steuerpflichtigen zwar Beiträge zur Rentenversicherung abführt, der Steuerpflichtige hieraus aber keine Ansprüche erwirbt. Der in Rede stehende Beitrag ist beim Arbeitnehmer – auch wenn § 3 Nr. 62 EStG nicht anzuwenden ist – kein steuerpflichtiger Arbeitslohn, da er dem Arbeitnehmer nicht zufließt. Aus dieser Einordnung des vom Arbeitgeber nach § 172 Abs. 1 Nr. 3 SGB VI geleisteten Beitrags ergibt sich, dass dieser weder nach § 10 Abs. 1 Nr. 2 Satz 2 EStG hinzuzurechnen ist, noch nach § 10 Abs. 3 Satz 5 EStG die nach § 10 Abs. 3 Satz 4 EStG anzusetzenden Vorsorgeaufwendungen mindert.

Hinweis:

Für pauschale Arbeitgeberbeiträge im Rahmen einer geringfügigen Beschäftigung nach § 172 Abs. 3, 3a SGB VI (15 % bzw. 5 %) eines weiterbeschäftigten Rentners gelten die vorab dargestellten Ausführungen analog.

---

[1]) Für den Lohnsteuerabzug ab 2018: Siehe → BMF-Schreiben vom 27. 9. 2017, BStBl I S. 1339, unter I.13.a).

§ 3

EStG
S 2333

Steuerfrei sind

...

63. **Beiträge des Arbeitgebers aus dem ersten Dienstverhältnis an einen Pensionsfonds, eine Pensionskasse oder für eine Direktversicherung zum Aufbau einer kapitalgedeckten betrieblichen Altersversorgung, bei der eine Auszahlung der zugesagten Alters-, Invaliditäts- oder Hinterbliebenenversorgungsleistungen in Form einer Rente oder eines Auszahlungsplans (§ 1 Absatz 1 Satz 1 Nummer 4 des Altersvorsorgeverträge-Zertifizierungsgesetzes vom 26. Juni 2001 (BGBl. I S. 1310, 1322), das zuletzt durch Artikel 7 des Gesetzes vom 5. Juli 2004 (BGBl. I S. 1427) geändert worden ist, in der jeweils geltenden Fassung) vorgesehen ist, soweit die Beiträge im Kalenderjahr** *8 Prozent* **der Beitragsbemessungsgrenze in der allgemeinen Rentenversicherung nicht übersteigen.** [2]**Dies gilt nicht, soweit der Arbeitnehmer nach § 1a Absatz 3 des Betriebsrentengesetzes verlangt hat, dass die Voraussetzungen für eine Förderung nach § 10a oder Abschnitt XI erfüllt werden.** [3]*Aus Anlass der Beendigung des Dienstverhältnisses geleistete Beiträge im Sinne des Satzes 1 sind steuerfrei, soweit sie 4 Prozent der Beitragsbemessungsgrenze in der allgemeinen Rentenversicherung, vervielfältigt mit der Anzahl der Kalenderjahre, in denen das Dienstverhältnis des Arbeitnehmers zu dem Arbeitgeber bestanden hat, höchstens jedoch zehn Kalenderjahre, nicht übersteigen.* [4]*Beiträge im Sinne des Satzes 1, die für Kalenderjahre nachgezahlt werden, in denen das erste Dienstverhältnis ruhte und vom Arbeitgeber im Inland kein steuerpflichtiger Arbeitslohn bezogen wurde, sind steuerfrei, soweit sie 8 Prozent der Beitragsbemessungsgrenze in der allgemeinen Rentenversicherung, vervielfältigt mit der Anzahl dieser Kalenderjahre, höchstens jedoch zehn Kalenderjahre, nicht übersteigen;*

[1]

Anhang 2 II

Anhang 2 I

[2]

[3]

Hinweise

H 3.63

Allgemeine Grundsätze

→ **BMF vom** 6. 12. 2017 *(BStB 2018 I S. 147)*, Rz. 23 – 50

Anhang 2 IV

Anhebung der Altersgrenzen

→ BMF vom 6. 3. 2012 (BStBl I S. 238)

Anhang 2 IX

Beiträge des Arbeitgebers

→ **BMF vom** 6. 12. 2017 *(BStBl 2018 I S. 147)*, Rz. 26 – 27

Anhang 2 IV

Berufsunfähigkeitsversicherung

→ BMF vom 1. 8. 2006 – IV C 5 – S 2333 – 87/06 –

Anhang 2 VIII

Clearing Stelle

Verwaltungskosten Clearing Stelle;
Lohnsteuerliche Behandlung

(Verfügung des Bayerischen Landesamtes für Steuern vom 14. 7. 2008,
S 2333.1.1-3/2 St 32/St 33)

Die Deutsche Gesellschaft für betriebliche Altersversorgung GmbH – DGbAV – hat nach der lohnsteuerlichen Behandlung der Verwaltungskosten, die sie als sog. Clearing Stelle für Verwaltungsaufgaben im Rahmen der betrieblichen Altersversorgung erhebt, gefragt. Aus der Beschreibung des Sachverhalts geht hervor, dass ausschließlich zwischen der DGbAV und dem

---

[1] Zur Anwendung von Nummer 63 → § 52 Abs. 4 Satz *12 bis 15* EStG.
[2] *Nummer 63 Satz 3 wurde durch das Betriebsrentenstärkungsgesetz neu gefasst und ist in der ab dem 1. 1. 2018 geltenden Fassung nicht anzuwenden, soweit § 40b Abs. 1 und 2 Satz 3 und 4 EStG in der am 31. 12. 2004 geltenden Fassung angewendet wird* → § 52 Abs. 4 Satz 15 EStG.
[3] *Nummer 63 Satz 4 wurde durch das Betriebsrentenstärkungsgesetz ab VZ 2018 neu gefasst.*

entsprechenden Arbeitgeber eine vertragliche Beziehung besteht und dass die Arbeitgeber überlegen, sich vermehrt bei den Arbeitnehmern zu refinanzieren.

Das Bundesministerium der Finanzen hat hierzu mit Schreiben vom 24. 6. 2008, GZ: IV C 5 – S 2333/07/0016, DOK: 2008/0337142 nach Abstimmung mit den obersten Finanzbehörden der Länder folgende Auffassung vertreten:

„Die Zahlung von Verwaltungskosten durch den Arbeitgeber an eine sog. Clearing Stelle ist lohnsteuerlich irrelevant. Sie führt beim Arbeitnehmer nicht zum Zufluss von Arbeitslohn.

Verlangt der Arbeitgeber vom Arbeitnehmer die Erstattung solcher Aufwendungen, handelt es sich nicht um eine Entgeltumwandlung, sondern um Einkommensverwendung. Entgelt wird nicht in eine wertgleiche Anwartschaft auf Versorgungsleistungen umgewandelt, sondern für zusätzlich anfallende Verwaltungskosten verwendet. Die Steuerbefreiung des § 3 Nr. 63 EStG für Leistungen des Arbeitnehmers aus eigenem Einkommen ist nicht möglich und kommt daher für diese Beträge nicht in Betracht. Die Einbeziehung der Verwaltungskosten in die Vereinbarung einer Entgeltumwandlung zugunsten einer betrieblichen Altersversorgung hat auf die steuerliche Anerkennung der Entgeltumwandlung keinen Einfluss.

Die vom Arbeitnehmer an den Arbeitgeber zu erstattenden Kosten für die Beauftragung der Clearing Stelle stellen keine Aufwendungen des Arbeitnehmers zur Erzielung und zur Sicherung von Einkünften dar. Beim Arbeitnehmer liegen weder Werbungskosten bei den laufenden Einkünften aus § 19 EStG vor, noch können in ihnen Aufwendungen zur Sicherung einer zukünftigen Einkommensquelle (Einkünfte gem. § 22 Nr. 5 EStG bezogen auf die späteren Versorgungsleistungen) gesehen werden."

Durchschnittsfinanzierung

Arbeitgeberbeiträge an die Zusatzversorgungskasse des Baugewerbes; Anwendung von § 3 Nr. 63 EStG bei sog. Durchschnittsfinanzierung

(Verfügung der OFD München vom 5. 6. 2003, S 2333 – 41/St 41,
Verfügung der OFD Nürnberg vom 5. 6. 2003, S 2333 – 146/St 32)

Das BMF hat der Soka-Bau, Zusatzversorgungskasse des Baugewerbes VVaG/ZVK-Bau) mit Antwortschreiben vom 28. 5. 2002 Folgendes mitgeteilt:

„. . . Die obersten Finanzbehörden des Bundes und der Länder sind der Auffassung, dass § 3 Nr. 63 EStG und § 22 Nr. 5 EStG von einer individuellen Zuordnung der Arbeitgeberleistungen bei dem einzelnen Arbeitnehmer ausgehen. Allein die Verteilung eines vom Arbeitgeber gezahlten Gesamtbeitrags nach der Anzahl der begünstigten Arbeitnehmer – wie vom Gesetzgeber in § 40b Abs. 2 Satz 2 EStG für die Pauschalbesteuerung ausdrücklich zugelassen – genügt hierfür nicht. Die Steuerfreiheit nach § 3 Nr. 63 EStG kann daher nur dann in Anspruch genommen werden, wenn der vom Arbeitgeber zur Finanzierung der Versorgungsleistungen gezahlte Beitrag nach bestimmten individuellen Kriterien dem einzelnen Arbeitnehmer konkret zugeordnet wird.

Wird lediglich ein monatlicher Gesamtbetrag in Höhe von 1,65 % der betrieblichen Bruttolöhne für alle gewerblichen Arbeitnehmer gezahlt, so ist eine individuelle Zuordnung nicht möglich. Die Steuerfreiheit nach § 3 Nr. 63 EStG kann somit ab dem 1. Januar 2002 bei dieser Zahlweise nicht in Anspruch genommen werden.

Um die sich daraus ergebende Folge der Nachversteuerung zu vermeiden, bestehen jedoch keine Bedenken, die gezahlten Beiträge rückwirkend zum 1. Januar 2002 nach bestimmten individuellen Kriterien dem einzelnen gewerblichen Arbeitnehmer zugeordnet werden. Das könnte z. B. in der Weise geschehen, dass vom Arbeitgeber nicht ein Gesamtbeitrag (1,65 % der betrieblichen Bruttolohnsumme) für alle im Betrieb beschäftigten gewerblichen Arbeitnehmer gezahlt wird, sondern für jeden gewerblichen Arbeitnehmer 1,65 % seines individuellen Bruttolohns.

Im Angestelltenbereich gibt es dagegen keine Schwierigkeiten. Mit der Zahlung eines festen monatlichen Betrags je Angestellten ist bereits die Voraussetzung der Zuordnung nach individuellen Kriterien erfüllt, so dass § 3 Nr. 63 EStG zur Anwendung kommt.

Wie die Leistungen in der Auszahlungsphase aufzuteilen sind, ist noch zu klären . . .¹)"

Anmerkung der OFDen München und Nürnberg:

Die Frage der Anwendbarkeit des § 3 Nr. 63 EStG auf die Arbeitgeberbeiträge, die an die Zusatzversorgungskasse des Baugewerbes VVaG (Soka-Bau) geleistet werden, ist geklärt.

Das BMF hat mit Schreiben vom 24. 4. 2003, IV C 5 – S 2333 – 23/03 an die obersten Finanzbehörden der Länder zusammengefasst nochmals auf Folgendes hingewiesen:

---

¹) Zur Aufteilung der Leistungen → BMF-Schreiben vom 11. 11. 2004 (BStBl I S. 1061) unter Berücksichtigung der Änderungen durch → BMF-Schreiben vom 14. 3. 2012 (BStBl I S. 311).

1. Die Zusatzversorgungskasse des Baugewerbes wird im Kapitaldeckungsverfahren und nicht im Umlaufverfahren betrieben. Insoweit steht einer Anwendung des § 3 Nr. 63 EStG nichts entgegen.

2. Was die Individualisierung der Beitragsleistungen angeht, hat die Soka-Bau in § 13 ihres Tarifvertrages die Vorgaben des BMF umgesetzt. Die Beiträge werden nun anhand eines festgelegten Prozentsatzes vom individuellen Bruttolohn des einzelnen Arbeitnehmers oder in Form eines festen Euro-Betrags erhoben. Die Frage, wie diese individuell ermittelten Beiträge vom Arbeitgeber an die Zusatzversorgungskasse des Baugewerbes gezahlt, d. h. überwiesen werden (ob in einem Betrag oder in mehreren), hat auf die vorgenommene Individualisierung keinen Einfluss und ist daher unerheblich.

3. Der Individualisierung und damit der Anwendung des § 3 Nr. 63 EStG steht nach Rz. 161 des BMF-Schreibens vom 5. 8. 2002 (BStBl I 2002, 767)[1] ebenfalls nicht entgegen, dass sich die Höhe der zugesagten Versorgungsleistung bei der Soka-Bau nicht unmittelbar an der Höhe des eingezahlten Beitrags des Arbeitgebers orientiert.

Ehegatten-Arbeitsverhältnis

I. Betriebliche Altersversorgung; Überversorgung bei Ehegatten-Arbeitsverhältnissen (§ 3 Nr. 63, § 40b EStG)

(Erlass des Finanzministeriums des Saarlandes vom 7. 3. 2005,
– B/2-4 – 49/2005 – S 2333)

Mit Urteil vom 16. Mai hat der BFH entschieden, dass Aufwendungen für eine Direktversicherung, die im Rahmen eines steuerrechtlich anzuerkennenden Ehegatten-Arbeitsverhältnisses durch Umwandlung von Barlohn geleistet werden, der Höhe nach nur insoweit betrieblich veranlasst sind, als sie zu keiner Überversorgung führen (Anschluss an BFH-Urteile vom 5. Februar 1987 IV R 198/84, BFHE 149,451, BStBl II 1987, 557 und vom 11. September 1987 III R 267/83, BFH/NV 1988, 225). Nach den Grundsätzen der Rechtsprechung sei zu prüfen, ob die einzelnen Lohnbestandteile (Aktivbezüge und Alterssicherung) zueinander in etwa dem entsprechen, was bei der Entlohnung familienfremder Arbeitnehmer betriebsintern üblich ist. Dabei soll nicht allein die Höhe, sondern auch die Zusammensetzung des Entgelts von Bedeutung sein. Eine Überversorgung eines mitarbeitenden Ehegatten liege vor, wenn seine Altersversorgung (z. B. die zu erwartende Rente aus der gesetzlichen Rentenversicherung zuzüglich der Leistungen aus der Direktversicherung) 75 % der letzten Aktivbezüge übersteigt. Aus Vereinfachungsgründen könne aber auf eine genaue Ermittlung der künftigen Altersversorgung verzichtet werden, wenn sämtliche Versorgungsleistungen 30 % des steuerpflichtigen Arbeitslohns nicht übersteigen. Im Hinblick auf den seit dem 1. Januar 2002 bestehenden Anspruch auf betriebliche Altersversorgung durch Entgeltumwandlung (§ 1a BetrAVG) ist gefragt worden, ob die o. g. Grundsätze weiter anzuwenden seien.

Nach der Erörterung mit den obersten Finanzbehörden der Länder ist für lohnsteuerliche Zwecke nicht mehr an der 30 %-Regelung festzuhalten.

Wird bei einem steuerlich anzuerkennenden Ehegatten-Arbeitsverhältnis (U. 0. Angemessenheit dem Grunde und der Höhe nach; s. a. H 129[2]) – Dienstverhältnis zwischen Ehegatten – mit Verweis auf H 41 Abs. 10 EStH[3]) eine betriebliche Altersversorgung in den Durchführungswegen Pensionsfonds, Pensionskasse und Direktversicherung durchgeführt und stellen die Beiträge beim Arbeitgeber Betriebsausgaben dar, sind die Regelungen in § 3 Nr. 63 und § 40b EStG uneingeschränkt bis zu den jeweiligen Höchstbeträgen anwendbar. Dies gilt sowohl für rein arbeitgeberfinanzierte Beiträge als auch für Beiträge des Arbeitgebers, die durch Entgeltumwandlung finanziert werden.

---

[1] Nunmehr Rz. 306 des → BMF-Schreibens vom 24. 7. 2013 (BStBl I S. 1022), geändert durch → BMF-Schreiben vom 13. 1. 2014 (BStBl I S. 97) und durch → BMF-Schreiben vom 13. 3. 2014 (BStBl I S. 554), das in → Anhang 2 IV abgedruckt ist.
[2] Nunmehr H 40b.1 EStH.
[3] Nunmehr R 4.8 EStR und H 4.8 EStH.

II. Betriebliche Altersversorgung;
Überversorgung bei Ehegatten-Arbeitsverhältnissen

(Erlass des Ministeriums der Finanzen des Saarlandes vom 15. 12. 2005
– B/2-4 – 49/05 – S 2333)

Bezug: FinMin Saarland, Erlass vom 7. März 2005, B/2-4 – 49/2005 – S 2333

In dem Bezugserlass ist u. a. ausgeführt:

Wird bei einem steuerlich anzuerkennenden Ehegatten-Arbeitsverhältnis (u. a. Angemessenheit dem Grunde und der Höhe nach; s. a. H 129[1]) – Dienstverhältnis zwischen Ehegatten – mit Verweis auf H 41 Abs. 10 EStH[2])) eine betriebliche Altersversorgung in den Durchführungswegen Pensionsfonds, Pensionskasse und Direktversicherung durchgeführt und stellen die Beiträge beim Arbeitgeber Betriebsausgaben dar, sind die Regelungen in § 3 Nr. 63 und § 40b EStG uneingeschränkt bis zu den jeweiligen Höchstbeträgen anwendbar. Dies gilt sowohl für rein arbeitgeberfinanzierte Beiträge als auch für Beiträge des Arbeitgebers, die durch Entgeltumwandlung finanziert werden.

Aus gegebenem Anlass weist das FinMin auf Folgendes erläuternd hin:

Zur Feststellung, ob die Beiträge zur betrieblichen Altersvorsorge in den Durchführungswegen Pensionsfonds, Pensionskasse und Direktversicherung darstellen bei dem Arbeitgeber Betriebsausgaben darstellen, ist nach wie vor zu prüfen, ob eine Überversorgung das mitarbeitenden Ehegatten vorliegt. In diesem Zusammenhang wird auf das BMF-Schreiben vom 3. November 2004 (BStBl 2004 I S. 1045) und die in H 41 Abs. 10 EStH[3]) aufgenommenen BMF-Schreiben vom 4. September 1984 (BStBl 1984 I S. 495) und vom 9. Januar 1986 (BStBl 1986 I S. 7) mit der Maßgabe verwiesen, dass die dort genannte 30 %-Regelung überholt ist.

Bei Teilzeitarbeitsverhältnissen ist ebenfalls nach den Ausführungen in den genannten BMF-Schreiben zu verfahren.

Dieser Erlass ergeht im Einvernehmen mit dem Bundesministerium der Finanzen und den obersten Finanzbehörden der Länder.

Entsendungen von Arbeitnehmern nach Deutschland

Steuerbefreiungen nach § 3 Nr. 63 EStG bei Beiträgen an
eine ausländische Versorgungseinrichtung im Rahmen einer Entsendungen
von Arbeitnehmern nach Deutschland

(Verfügung der OFD Rheinland vom 6. 4. 2011
– Kurzinfo ESt 16/2011 –)

Beiträge an Pensionsfonds, Pensionskassen und Versicherungsunternehmen in der EU – sowie ggf. in Drittstaaten – können nach § 3 Nr. 63 EStG begünstigt sein, wenn die ausländische Versorgungseinrichtung bzw. das ausländische Versicherungsunternehmen versicherungsrechtlich zur Ausübung ihrer Tätigkeit zugunsten von Arbeitnehmern in inländischen Betriebsstätten befugt ist (vgl. Rz. 274 des BMF-Schreibens vom 31. 3. 2010[4])).

Auf Bund-Länder-Ebene wird zurzeit erörtert, ob Beiträge an eine ausländische Versorgungseinrichtung, die im Zusammenhang mit einer Entsendung (zivilrechtlicher Arbeitgeber = ausländisches Unternehmen; wirtschaftlicher Arbeitgeber = inländisches Unternehmen) von Arbeitnehmern nach Deutschland geleistet werden – unabhängig davon, ob die Versorgungseinrichtung versicherungsrechtlich zur Ausübung ihrer Tätigkeit in Deutschland befugt ist – ebenfalls gem. § 3 Nr. 63 EStG steuerfrei gezahlt werden können.

Aufgrund der Erörterungen auf Bund-Länder-Ebene, bitte ich Einspruchsverfahren gegen Lohnsteuer-Nachforderungs-/Haftungsbescheide bzw. Einkommensteuerbescheide zu der vorgenannten Thematik bis zum Abschluss der bundesweiten Abstimmung der Rechtsfrage zurückzustellen.

Ausländischen Versorgungseinrichtungen müssen – ebenso wie inländischen Versorgungseinrichtungen – die allgemeinen Voraussetzungen einer betrieblichen Altersversorgung (z. B. Absicherung mindestens eines biometrischen Risikos) sowie die besonderen Voraussetzungen für eine Steuerfreistellung der Beiträge nach § 3 Nr. 63 EStG (z. B. begünstigte Auszahlungsform) nach den in Deutschland geltenden Kriterien erfüllen.

---

[1]) Nunmehr H 40b.1 EStH.
[2]) Nunmehr H 6a Abs. 9 EStH.
[3]) Nunmehr → H 6a Abs. 9 EStH.
[4]) Nachfolgeschreiben abgedruckt in → Anhang 2 IV.

Aus diesem Grund kann Anträgen auf Aussetzung der Vollziehung nur entsprochen werden, wenn die ausländischen Pensionspläne die Kriterien des § 3 Nr. 63 EStG (z. B. Altersuntergrenze, Kreis der Begünstigten, Auszahlungsform; vgl. Rz. 263 ff. des BMF-Schreibens vom 31. 3. 2010) erfüllen.

Grenzgänger in die Schweiz

→ H 3.62 (Grenzgänger in die Schweiz)

Hinterbliebenenversorgung für Lebensgefährten

→ BMF vom 25. 7. 2002 (BStBl I S. 706)   Anhang 2 V

Sozialversicherung

§ 1 Abs. 1 Satz 1 Nr. 9 SvEV   Anhang 4

Umlagezahlungen

–   *BMF vom* 6. 12. 2017 *(BStBl* 2018 *I S.* 147*)*, Rz. 76–82   Anhang 2 IV

–   → § 3 Nr. 56 EStG

–   → H 19.3 (VBL-Umlagezahlungen)

---

§ 3   EStG

Steuerfrei sind

...

63a. Sicherungsbeiträge des Arbeitgebers nach § 23 Absatz 1 des Betriebsrentengesetzes,   [1]
soweit sie nicht unmittelbar dem einzelnen Arbeitnehmer gutgeschrieben oder zugerech-
net werden;

64. bei Arbeitnehmern, die zu einer inländischen juristischen Person des öffentlichen Rechts in   S 2341
einem Dienstverhältnis stehen und dafür Arbeitslohn aus einer inländischen öffentlichen
Kasse beziehen, die Bezüge für eine Tätigkeit im Ausland insoweit, als sie den Arbeits-
lohn übersteigen, der dem Arbeitnehmer bei einer gleichwertigen Tätigkeit am Ort der zah-
lenden öffentlichen Kasse zustehen würde. [2]Satz 1 gilt auch, wenn das Dienstverhältnis zu
einer anderen Person besteht, die den Arbeitslohn entsprechend den im Sinne des Satzes 1
geltenden Vorschriften ermittelt, der Arbeitslohn aus einer öffentlichen Kasse gezahlt wird
und ganz oder im Wesentlichen aus öffentlichen Mitteln aufgebracht wird. [3]Bei anderen für
einen begrenzten Zeitraum in das Ausland entsandten Arbeitnehmern, die dort einen
Wohnsitz oder ihren gewöhnlichen Aufenthalt haben, ist der ihnen von einem inländischen
Arbeitgeber gewährte Kaufkraftausgleich steuerfrei, soweit er den für vergleichbare Aus-
landsdienstbezüge nach § 55 des Bundesbesoldungsgesetzes zulässigen Betrag nicht über-
steigt;

Kaufkraftausgleich (§ 3 Nr. 64 EStG)   R 3.64

(1) [1]Wird einem Arbeitnehmer außerhalb des öffentlichen Dienstes von einem inländischen   S 2341
Arbeitgeber ein Kaufkraftausgleich gewährt, so bleibt er im Rahmen des Absatzes 2 steuerfrei,
wenn der Arbeitnehmer aus dienstlichen Gründen in ein Gebiet außerhalb des Inlands entsandt
wird und dort für einen begrenzten Zeitraum einen Wohnsitz i. S. d. § 8 AO oder gewöhnlichen
Aufenthalt i. S. d. § 9 AO hat. [2]Eine Entsendung für einen begrenzten Zeitraum ist anzunehmen,
wenn eine Rückkehr des Arbeitnehmers nach Beendigung der Tätigkeit vorgesehen ist. [3]Es ist
unerheblich, ob der Arbeitnehmer tatsächlich zurückkehrt oder nicht.

(2) [1]Der Umfang der Steuerfreiheit des Kaufkraftausgleichs bestimmt sich nach den Sätzen
des Kaufkraftzuschlags zu den Auslandsdienstbezügen im öffentlichen Dienst. [2]Die für die einzelnen Länder in Betracht kommenden Kaufkraftzuschläge werden in BStBl Teil I bekannt
gemacht.

---

1) Nummer 63a wurde durch das Betriebsrentenstärkungsgesetz ab VZ 2018 eingefügt.

(3) [1]Die Zuschläge beziehen sich jeweils auf den Auslandsdienstort einer Vertretung der Bundesrepublik Deutschland und gelten, sofern nicht im Einzelnen andere Zuschläge festgesetzt sind, jeweils für den gesamten konsularischen Amtsbezirk der Vertretung. [2]Die konsularischen Amtsbezirke der Vertretungen ergeben sich vorbehaltlich späterer Änderungen, die im Bundesanzeiger veröffentlicht werden, aus dem Verzeichnis der Vertretungen der Bundesrepublik Deutschland im Ausland.

(4) [1]Die regionale Begrenzung der Zuschlagssätze gilt auch für die Steuerbefreiung nach § 3 Nr. 64 EStG. [2]Für ein Land, das von einer Vertretung der Bundesrepublik Deutschland nicht erfasst wird, kann jedoch der Zuschlagssatz angesetzt werden, der für einen vergleichbaren konsularischen Amtsbezirk eines Nachbarlandes festgesetzt worden ist.

(5) [1]Die Zuschlagssätze werden im öffentlichen Dienst auf 60 % der Dienstbezüge, die bei Verwendung im Inland zustehen, und der Auslandsdienstbezüge angewendet. [2]Da eine vergleichbare Bemessungsgrundlage außerhalb des öffentlichen Dienstes regelmäßig nicht vorhanden ist, ist der steuerfreie Teil des Kaufkraftausgleichs durch Anwendung eines entsprechenden Abschlagssatzes nach den Gesamtbezügen einschließlich des Kaufkraftausgleichs zu bestimmen. [3]Dabei ist es gleichgültig, ob die Bezüge im Inland oder im Ausland ausgezahlt werden. [4]Der Abschlagssatz errechnet sich nach folgender Formel:

$$\frac{\text{Zuschlagssatz} \times 600}{1\,000 + 6 \times \text{Zuschlagssatz}}.$$

[5]Ergibt sich durch Anwendung des Abschlagssatzes ein höherer Betrag als der tatsächlich gewährte Kaufkraftausgleich, so ist nur der niedrigere Betrag steuerfrei. [6]Zu den Gesamtbezügen, auf die der Abschlagssatz anzuwenden ist, gehören nicht steuerfreie Reisekostenvergütungen und steuerfreie Vergütungen für Mehraufwendungen bei doppelter Haushaltsführung.

(6) [1]Wird ein Zuschlagssatz rückwirkend erhöht, so ist der Arbeitgeber berechtigt, die bereits abgeschlossenen Lohnabrechnungen insoweit wiederaufzurollen und bei der jeweils nächstfolgenden Lohnzahlung die gegebenenfalls zuviel einbehaltene Lohnsteuer zu erstatten. [2]Dabei ist § 41c Abs. 2 und 3 EStG anzuwenden. [3]Die Herabsetzung eines Zuschlagssatzes ist erstmals bei der Lohnabrechnung des Arbeitslohns zu berücksichtigen, der für einen nach der Veröffentlichung der Herabsetzung beginnenden Lohnzahlungszeitraum gezahlt wird.

H 3.64

Hinweise

Abschlagssätze

Zuschlagssatz	Abschlagssatz	Zuschlagssatz	Abschlagssatz	Zuschlagssatz	Abschlagssatz
5	2,91	40	19,35	75	31,03
10	5,66	45	21,26	80	32,43
15	8,26	50	23,08	85	33,77
20	10,71	55	24,81	90	35,06
25	13,04	60	26,47	95	36,31
30	15,25	65	28,06	100	37,50
35	17,36	70	29,58		

EU-Recht

Eine Anwendung des § 3 Nr. 64 EStG auf die dem Kaufkraftausgleich vergleichbaren Auslandzahlungen ist aus EU-rechtlichen Gründen nicht erforderlich (→ EuGH vom 15. 9. 2011 – BStBl 2013 II S. 56).

EU-Tagegeld

Das EU-Tagegeld ist Arbeitslohn. Es bleibt jedoch steuerfrei, soweit es auf steuerfreie Auslandsdienstbezüge angerechnet wird (→ BMF vom 12. 4. 2006 – BStBl 2006 I S. 340).

Kaufkraftausgleich

Steuerbefreiung des Kaufkraftausgleichs; Gesamtübersicht der Kaufkraftzuschläge – Stand: 1. 1. 2018

Anhang 47 → BMF-Schreiben vom 27. 12. 2017 (BStBl 2018 I S. 64)

Tagegelder der EU-Kommission

→ H 39.4

Wohnungsgestellung

am ausländischen Dienstort → R 8.1 Abs. 6 Satz 10

§ 3   **EStG**

Steuerfrei sind

...

65. a) Beiträge des Trägers der Insolvenzsicherung (§ 14 des Betriebsrentengesetzes) zugunsten eines Versorgungsberechtigten und seiner Hinterbliebenen an eine Pensionskasse oder ein Unternehmen der Lebensversicherung zur Ablösung von Verpflichtungen, die der Träger der Insolvenzsicherung im Sicherungsfall gegenüber dem Versorgungsberechtigten und seinen Hinterbliebenen hat, `S 2333 Anhang 2 I`

   b) Leistungen zur Übernahme von Versorgungsleistungen oder unverfallbaren Versorgungsanwartschaften durch eine Pensionskasse oder ein Unternehmen der Lebensversicherung in den in § 4 Absatz 4 des Betriebsrentengesetzes bezeichneten Fällen, `1) Anhang 2 I`

   c) der Erwerb von Ansprüchen durch den Arbeitnehmer gegenüber einem Dritten im Falle der Eröffnung des Insolvenzverfahrens oder in den Fällen des § 7 Absatz 1 Satz 4 des Betriebsrentengesetzes, soweit der Dritte neben dem Arbeitgeber für die Erfüllung von Ansprüchen auf Grund bestehender Versorgungsverpflichtungen oder Versorgungsanwartschaften gegenüber dem Arbeitnehmer und dessen Hinterbliebenen einsteht; dies gilt entsprechend, wenn der Dritte für Wertguthaben aus einer Vereinbarung über die Altersteilzeit nach dem Altersteilzeitgesetz vom 23. Juli 1996 (BGBl. I S. 1078), zuletzt geändert durch Artikel 234 der Verordnung vom 31. Oktober 2006 (BGBl. I S. 2407), in der jeweils geltenden Fassung oder auf Grund von Wertguthaben aus einem Arbeitszeitkonto in den im ersten Halbsatz genannten Fällen für den Arbeitgeber einsteht *und* `2) Anhang 2 I` `Anhang 1 I`

   d) *der Erwerb von Ansprüchen durch den Arbeitnehmer im Zusammenhang mit dem Eintritt in die Versicherung nach § 8 Absatz 3 des Betriebsrentengesetzes.* `3)`

   ²In den Fällen nach Buchstabe a, b und c gehören die Leistungen der Pensionskasse, des Unternehmens der Lebensversicherung oder des Dritten zu den Einkünften, zu denen jene Leistungen gehören würden, die ohne Eintritt eines Falles nach Buchstabe a, b und c zu erbringen wären. ³Soweit sie zu den Einkünften aus nichtselbständiger Arbeit im Sinne des § 19 gehören, ist von ihnen Lohnsteuer einzubehalten. ⁴Für die Erhebung der Lohnsteuer gelten die Pensionskasse, das Unternehmen der Lebensversicherung oder der Dritte als Arbeitgeber und der Leistungsempfänger als Arbeitnehmer. *⁵Im Fall des Buchstaben d gehören die Versorgungsleistungen des Unternehmens der Lebensversicherung oder der Pensionskasse, soweit sie auf Beiträgen beruhen, die bis zum Eintritt des Arbeitnehmers in die Versicherung geleistet wurden, zu den sonstigen Einkünften im Sinne des § 22 Nummer 5 Satz 1; soweit der Arbeitnehmer in den Fällen des § 8 Absatz 3 des Betriebsrentengesetzes die Versicherung mit eigenen Beiträgen fortgesetzt hat, sind die auf diesen Beiträgen beruhenden Versorgungsleistungen sonstige Einkünfte im Sinne des § 22 Nummer 5 Satz 1 oder Satz 2;* `4)`

Insolvenzsicherung (§ 3 Nr. 65 EStG)   **R 3.65**

(1) ¹Die Steuerbefreiung gilt nur für etwaige Beiträge des Trägers der Insolvenzsicherung an eine Pensionskasse oder an ein Lebensversicherungsunternehmen zur Versicherung seiner Verpflichtungen im Sicherungsfall. ²Sie gilt auch für die Übertragung von Direktzusagen oder für Zusagen, die von einer Unterstützungskasse erbracht werden sollen, wenn die Betriebstätigkeit eingestellt und das Unternehmen liquidiert wird (§ 4 Abs. 4 des Betriebsrentengesetzes – BetrAVG). ³Im Falle der Liquidation einer Kapitalgesellschaft greift die Steuerbefreiung auch bei `S 2333` `Anhang 2 I`

---

1) *Nummer 65 Buchstabe b wurde durch das Betriebsrentenstärkungsgesetz ab VZ 2018 geändert.*
2) *Nummer 65 Buchstabe c wurde durch das Betriebsrentenstärkungsgesetz ab VZ 2018 geändert.*
3) *Nummer 65 Buchstabe d wurde durch das Betriebsrentenstärkungsgesetz ab VZ 2018 eingefügt.*
4) *Nummer 65 Satz 5 wurde durch das Betriebsrentenstärkungsgesetz ab VZ 2018 angefügt.*

der Übertragung von Versorgungszusagen, die an Gesellschafter-Geschäftsführer gegeben worden sind; dies gilt auch dann, wenn es sich um Versorgungszusagen an beherrschende Gesellschafter-Geschäftsführer handelt. [4]Die Sätze 2 und 3 gelten nicht bei einer Betriebsveräußerung, wenn das Unternehmen vom Erwerber fortgeführt wird.

(2) [1]Die Mittel für die Durchführung der Insolvenzsicherung werden auf Grund öffentlich-rechtlicher Verpflichtung durch Beiträge aller Arbeitgeber aufgebracht, die Leistungen der betrieblichen Altersversorgung unmittelbar zugesagt haben oder eine betriebliche Altersversorgung über eine Unterstützungskasse, eine Direktversicherung oder einen Pensionsfonds durchführen (§ 10 BetrAVG). [2]Die Beiträge an den Träger der Insolvenzsicherung gehören damit als Ausgaben des Arbeitgebers für die Zukunftssicherung des Arbeitnehmers, die auf Grund gesetzlicher Verpflichtung geleistet werden, zu den steuerfreien Einnahmen i. S. d. § 3 Nr. 62 EStG.

Anhang 21

(3) [1]Durch die Insolvenzsicherung der betrieblichen Altersversorgung werden nicht neue oder höhere Ansprüche geschaffen, sondern nur bereits vorhandene Ansprüche gegen Insolvenz geschützt. [2]Die in Insolvenzfällen zu erbringenden Versorgungsleistungen des Trägers der Insolvenzsicherung bzw. bei Rückversicherung der Pensionskasse oder des Lebensversicherungsunternehmens behalten deshalb grundsätzlich ihren steuerlichen Charakter, als wäre der Insolvenzfall nicht eingetreten. [3]Das bedeutet z. B., dass Versorgungsleistungen an einen Arbeitnehmer, die auf einer Pensionszusage beruhen oder die über eine Unterstützungskasse durchgeführt werden sollten, auch nach Eintritt des Insolvenzfalles und Übernahme der Leistungen durch ein Versicherungsunternehmen zu den Einnahmen aus nichtselbständiger Arbeit gehören.

(4) § 3 Nr. 65 Satz 1 Buchstabe c EStG ist in den Fällen der Übertragung oder Umwandlung einer Rückdeckungsversicherung (→ R 40b.1 Abs. 3) nicht anwendbar.[1]

H 3.65

Hinweise

Allgemeine Grundsätze

Anhang 2 IV   → ***BMF vom*** 6. 12. 2017 ***(BStBl*** 2018 ***I S.*** 147), Rz. 53 ff.

EStG

§ 3

Steuerfrei sind

...

S 2333   **66. Leistungen eines Arbeitgebers oder einer Unterstützungskasse an einen Pensionsfonds zur Übernahme bestehender Versorgungsverpflichtungen oder Versorgungsanwartschaften durch den Pensionsfonds, wenn ein Antrag nach § 4d Absatz 3 oder § 4e Absatz 3 gestellt worden ist;**

H 3.66

Hinweise

Allgemeines

→ BMF vom 26. 10. 2006 (BStBl I S. 709) und vom 10. 7. 2015 (BStBl I S. 544); → H 3.66 (Umfang der Steuerfreiheit)

Die Steuerfreiheit gilt auch dann, wenn beim übertragenden Unternehmen keine Zuwendungen im Sinne von § 4d Abs. 3 EStG oder Leistungen im Sinne von § 4e Abs. 3 EStG im Zusammenhang mit der Übernahme einer Versorgungsverpflichtung durch einen Pensionsfonds anfallen → ***BMF vom*** 6. 12. 2017 ***(BStBl*** 2018 ***I S.*** 147)

Anhang 2 IV

Umfang der Steuerfreiheit

Bei einer entgeltlichen Übertragung von Versorgungsanwartschaften aktiver Beschäftigter kommt die Anwendung von § 3 Nr. 66 EStG nur für Zahlungen an den Pensionsfonds in Betracht, die für die bis zum Zeitpunkt der Übertragung bereits erdienten Versorgungsanwartschaften geleistet werden; Zahlungen an den Pensionsfonds für zukünftig noch zu erdienende Anwartschaften sind ausschließlich in dem begrenzten Rahmen des § 3 Nr. 63 EStG lohnsteuerfrei (→ BMF vom 26. 10. 2006 – BStBl I S. 709 und vom 10. 7. 2015 – BStBl I S. 544).

---

1) → ***aber § 3 Nr. 65 Satz 1 Buchstabe d EStG.***

I. Übertragung von Versorgungsverpflichtungen und Versorgungsanwartschaften auf Pensionsfonds; Anwendung der Regelungen in § 4d Abs. 3 EStG und § 4e Abs. 3 EStG i. V. m. § 3 Nr. 66 EStG

(BMF-Schreiben vom 26. 10. 2006 – IV B 2 – S 2144–57/06 –, BStBl I S. 709)

Nach § 4e Abs. 3 Satz 1 EStG können auf Antrag die insgesamt erforderlichen Leistungen an einen Pensionsfonds zur teilweisen oder vollständigen Übernahme einer bestehenden Versorgungsverpflichtung oder Versorgungsanwartschaft durch den Pensionsfonds erst in den dem Wirtschaftsjahr der Übertragung folgenden zehn Wirtschaftsjahren gleichmäßig verteilt als Betriebsausgabe abgezogen werden. Werden Versorgungszusagen über eine Unterstützungskasse von einem Pensionsfonds übernommen, ist die Verteilungsregelung mit der Maßgabe anzuwenden, dass die im Zusammenhang mit der Übernahme erforderliche Zuwendung an die Unterstützungskasse erst in den dem Wirtschaftsjahr der Zuwendung folgenden zehn Wirtschaftsjahren gleichmäßig verteilt als Betriebsausgaben abgezogen werden können (§ 4d Abs. 3 EStG). Der Antrag nach § 4d Abs. 3 EStG oder § 4e Abs. 3 EStG führt nach Maßgabe der folgenden Regelungen zur Lohnsteuerfreiheit der entsprechenden Leistungen des Arbeitgebers oder der Unterstützungskasse an den Pensionsfonds (§ 3 Nr. 63, 66 EStG).

Für die Anwendung dieser Regelungen gilt nach Abstimmung mit den obersten Finanzbehörden der Länder Folgendes:

1. Anwendungsbereich der Regelungen in § 3 Nr. 63 und 66 EStG i. V. m. § 4d Abs. 3 EStG und § 4e Abs. 3 EStG

a) Übertragung von Versorgungsverpflichtungen gegenüber Leistungsempfängern und von unverfallbaren Versorgungsanwartschaften ausgeschiedener Versorgungsberechtigter

Leistungen eines Arbeitgebers oder einer Unterstützungskasse an einen Pensionsfonds zur Übernahme bestehender Versorgungsverpflichtungen gegenüber Leistungsempfängern (laufende Rentenzahlungen) und unverfallbarer Versorgungsanwartschaften ausgeschiedener Versorgungsberechtigter sind insgesamt nach § 3 Nr. 66 EStG steuerfrei, wenn ein Antrag gemäß § 4d Abs. 3 EStG oder § 4e Abs. 3 EStG gestellt wird.   1

b) Übertragung von Versorgungsanwartschaften aktiver Beschäftigter

Bei einer entgeltlichen Übertragung von Versorgungsanwartschaften aktiver Beschäftigter kommt die Anwendung von § 3 Nr. 66 EStG nur für Zahlungen an den Pensionsfonds in Betracht, die für die bis zum Zeitpunkt der Übertragung bereits erdienten Versorgungsanwartschaften geleistet werden.   2

Zahlungen an den Pensionsfonds für zukünftig noch zu erdienende Anwartschaften sind ausschließlich in dem begrenzten Rahmen des § 3 Nr. 63 EStG lohnsteuerfrei.   3

Die bis zum Zeitpunkt der Übertragung bereits erdienten, entgeltlich übertragenen Versorgungsanwartschaften sind grundsätzlich mit dem steuerlich ausfinanzierbaren Teil, mindestens aber in Höhe des zeitanteilig quotierten Versorgungsanteiles nach § 2 Abs. 1 oder Abs. 5a des Betriebsrentengesetzes (Gesetz zur Verbesserung der betrieblichen Altersversorgung – BetrAVG) zu berücksichtigen.   4

Soll eine Versorgungsanwartschaft eines Aktiven aus einer Pensionszusage auf einen Pensionsfonds übertragen werden, ergibt sich der erdiente Teil der Anwartschaft als Quotient des Teilwertes gem. § 6a Abs. 3 Satz 2 Nr. 1 EStG zum Barwert der künftigen Pensionsleistungen, jeweils ermittelt auf den Übertragungszeitpunkt.   5

2. Berücksichtigung der insgesamt erforderlichen Leistungen zur Übernahme von Versorgungsverpflichtungen oder Versorgungsanwartschaften

Nach dem Sinn und Zweck der Regelungen in § 4d Abs. 3 EStG und § 4e Abs. 3 EStG können alle Leistungen des Steuerpflichtigen im Sinne der Randnummern 1 und 2 im Zusammenhang mit der Übernahme von Versorgungsverpflichtungen oder Versorgungsanwartschaften durch Pensionsfonds über den Verteilungszeitraum als Betriebsausgaben abgezogen werden. Das gilt auch für nach § 3 Nr. 66 EStG begünstigte Leistungen (Randnummern 1 und 2), die nach dem Wirtschaftsjahr der Übernahme der Versorgungsverpflichtung entstanden sind oder entrichtet werden (z. B. nachträgliche zusätzliche Zuwendungen aufgrund einer nicht hinreichenden Deckung durch den zum Übernahmezeitpunkt geleisteten Einmalbetrag). Der Antrag auf Verteilung kann nur einheitlich für sämtliche Leistungen zur Übernahme einer Versorgungsverpflichtung oder Versorgungsanwartschaft gestellt werden. Wurden die erstmaligen Aufwendungen   6 im vollen Umfang Gewinn mindernd geltend gemacht, ist auch eine Verteilung eventueller Nachschusszahlungen nicht möglich.

3. Beginn des Verteilungszeitraumes

7 Der zehnjährige Verteilungszeitraum beginnt bei einer Bilanzierung nach § 4 Abs. 1 und § 5 EStG in dem dem Wirtschaftsjahr des Entstehens der Leistungsverpflichtung folgenden Wirtschaftsjahr und bei einer Gewinnermittlung nach § 4 Abs. 3 EStG in dem dem Jahr der Leistung folgenden Wirtschaftsjahr. Das gilt auch für die Verteilung einer möglichen Nachschusszahlung, wobei es unerheblich ist, ob noch innerhalb des ursprünglichen Zehnjahresraumes nach dem Wirtschaftsjahr der Übertragung der Versorgungsverpflichtung oder Versorgungsanwartschaft oder erst zu einem späteren Zeitpunkt die Leistungsverpflichtung entsteht oder die Zahlung geleistet wird.

4. Beispiel

8 Arbeitgeber A passiviert in der steuerlichen Gewinnermittlung zum 31. Dezember 2003 aufgrund einer Direktzusage zulässigerweise eine Pensionsrückstellung nach § 6a EStG in Höhe von 100 000 €. In 2004 wird die Versorgungsanwartschaft von einem Pensionsfonds übernommen. A zahlt hierfür 150 000 € (begünstigt nach § 3 Nr. 66 EStG, vgl. Randnummer 2) und stellt einen Antrag nach § 4e Abs. 3 EStG auf Verteilung der Betriebsausgaben. Im Jahr 2010 leistet A aufgrund einer Deckungslücke einen weiteren unter § 3 Nr. 66 EStG fallenden Einmalbetrag von 30 000 €.

In 2004 ist die Rückstellung nach § 6a EStG Gewinn erhöhend aufzulösen. Da A einen Antrag auf Verteilung der dem Grunde nach sofort abzugsfähigen Betriebsausgaben gestellt hat, mindern in 2004 im Ergebnis nur 100 000 € (= Höhe der aufzulösenden Pensionsrückstellung, § 4e Abs. 3 Satz 3 EStG) den Gewinn. Der verbleibende Betrag von 50 000 € (150 000 € – 100 000 €) ist dem Gewinn 2004 außerbilanziell wieder hinzuzurechnen. In den Jahren 2005 bis 2014 ist der Gewinn um jeweils 1/10 × 50 000 € = 5 000 € außerbilanziell zu vermindern.

Auch die in 2010 geleistete Nachschusszahlung von 30 000 € ist aufgrund des für alle Leistungen im Zusammenhang mit der Übertragung bindenden Antrages nach § 4e Abs. 3 EStG zu verteilen. Demnach erhöht der Betrag von 30 000 € außerbilanziell den Gewinn in 2010. In den Jahren 2011 bis 2 020 mindert sich der Gewinn außerbilanziell jährlich um je 1/10 × 30 000 € = 3 000 €. Hätte A die ursprüngliche Zahlung von 150 000 € vollumfänglich in 2004 als Betriebsausgabe geltend gemacht, hätte auch die in 2010 geleistete Nachschusszahlung nicht verteilt werden können.

II. Betriebliche Altersversorgung; Übertragung von Versorgungsverpflichtungen und Versorgungsanwartschaften auf Pensionsfonds, Anwendung der Regelungen in § 4d Absatz 3 EStG und § 4e Absatz 3 EStG i. V. m. § 3 Nummer 66 EStG

BMF-Schreiben vom 26. Oktober 2006 (BStBl I S. 709)

(BMF-Schreiben vom 10. 7. 2015 – IV B 2 – S 2144/07/10003 –, BStBl I S. 544)

Unter Bezugnahme auf das BMF-Schreiben vom 26. Oktober 2006 (BStBl I S. 709) zur Anwendung der Regelungen in § 4d Absatz 3 EStG und § 4e Absatz 3 EStG i. V. m. § 3 Nummer 66 EStG im Zusammenhang mit der Übertragung von Versorgungsverpflichtungen und Versorgungsanwartschaften auf Pensionsfonds nehme ich zur Berechnung des auf Antrag zu verteilenden Betriebsausgabenabzuges nach Abstimmung mit den obersten Finanzbehörden der Länder wie folgt Stellung:

1. Berücksichtigung von künftigen Rentenanpassungen gemäß § 16 Absatz 1 des Gesetzes zur Verbesserung der betrieblichen Altersversorgung (Betriebsrentengesetz – BetrAVG) bei der Ermittlung der erdienten Versorgungsanwartschaften

1 Bei einer entgeltlichen Übertragung von Versorgungsanwartschaften aktiver Beschäftigter kommt die Anwendung von § 3 Nummer 66 EStG nur für Zahlungen an den Pensionsfonds in Betracht, die für die bis zum Zeitpunkt der Übertragung bereits erdienten Versorgungsanwartschaften geleistet werden (Randnummer 2 des BMF-Schreibens vom 26. Oktober 2006, a. a. O.).

2 Künftige Rentenanpassungen für zum Zeitpunkt der Übertragung bereits erdiente Versorgungsanwartschaften stellen keine bestehende Verpflichtung im Sinne von § 4e Absatz 3 Satz 1 EStG dar, soweit sie noch nicht fest zugesagt sind. Aus Vereinfachungsgründen kann jedoch für Verpflichtungen, die einer Anpassungsprüfungspflicht gemäß § 16 Absatz 1 BetrAVG unterliegen, eine jährliche pauschale Erhöhung von bis zu einem Prozent berücksichtigt werden.

2. Ermittlung des erdienten Teils einer Pensionszusage nach § 6a EStG oder einer Zusage auf Unterstützungskassenleistungen nach § 4d EStG bei der Übertragung auf einen Pensionsfonds gemäß § 4e EStG

Die bis zum Zeitpunkt der Übertragung erdienten Versorgungsanwartschaften sind entsprechend den Regelungen in § 2 BetrAVG zu ermitteln. Dabei ist auf den jeweiligen Übertragungszeitpunkt abzustellen.

3

Soll nicht der erdiente Teil der zugesagten Versorgungsleistungen auf den Pensionsfonds übertragen werden, sondern ein konstanter Alters-, Invaliden- und Hinterbliebenenrentenanspruch durch den Pensionsfondstarif abgedeckt werden, ist durch einen Barwertvergleich auf Basis aktueller, steuerlich anerkannter Rechnungsgrundlagen für die Bewertung von Pensionsverpflichtungen gemäß § 6a EStG die Gleichwertigkeit des rechnerisch übertragungsfähigen sog. Past Service mit der auf den Pensionsfonds übertragenen Versorgung nachzuweisen.

4

Die körperschaftsteuerlichen Regelungen für beherrschende Gesellschafter-Geschäftsführer von Kapitalgesellschaften bleiben unberührt. Dies gilt insbesondere auch für das Rückwirkungs- und Nachzahlungsverbot. Demzufolge können steuerlich zugesagte Versorgungsleistungen und deren Erhöhungen erst ab dem Zeitpunkt der Zusage oder Erhöhung erdient werden.

5

3. Maßgebende Rückstellung im Sinne von § 4e Absatz 3 Satz 3 EStG

Ist infolge der Übertragung einer Versorgungsverpflichtung oder Versorgungsanwartschaft auf einen Pensionsfonds eine Pensionsrückstellung aufzulösen (§ 4e Absatz 3 Satz 3 EStG), ist bei der Ermittlung der sofort als Betriebsausgaben abzugsfähigen Leistungen auf die am vorangegangenen Bilanzstichtag gebildete Pensionsrückstellung abzustellen. Weicht der Übertragungszeitpunkt vom Bilanzstichtag ab, kommt eine Zugrundelegung der (fiktiven) Pensionsrückstellung, die zu diesem Zeitpunkt maßgebend wäre, auch dann nicht in Betracht, wenn eine gebildete Rückstellung nicht aufzulösen ist (z. B. bei einer Erhöhung der Pensionsleistungen nach dem letzten Bilanzstichtag und vor dem Übertragungszeitpunkt).

6

Wird der erdiente Teil einer Versorgungsanwartschaft auf einen Pensionsfonds übertragen, ist der sofortige Betriebsausgabenabzug nach § 4e Absatz 3 Satz 3 EStG nur möglich, soweit die Auflösung der Pensionsrückstellung auf der Übertragung des erdienten Teils auf den Pensionsfonds beruht.

7

Beispiel:

8

Am 1. Januar 2014 wird der erdiente Teil einer Versorgungsanwartschaft eines aktiven Anwärters aus einer Pensionszusage nach § 6a EStG auf einen Pensionsfonds und der noch zu erdienende Teil auf eine rückgedeckte Unterstützungskasse übertragen (sog. Kombinationsmodell). Am Übertragungsstichtag sind 60 % der Versorgungsleistungen erdient. Die am Bilanzstichtag 31. Dezember 2013 passivierte Pensionsrückstellung beträgt 100 000 €.

Nach der Systematik der Teilwertermittlung gemäß § 6a EStG wäre unmittelbar nach der Übertragung des erdienten Teils auf den Pensionsfonds eine Pensionsrückstellung für den nicht übertragenen Teil der Versorgungsleistungen in Höhe von 40 000 € zu bilden. Die vollständige Auflösung der Pensionsrückstellung nach den Übertragungen beruht somit in Höhe von 40 000 € nicht auf der Übertragung des erdienten Teils der Versorgungsleistungen auf den Pensionsfonds, sondern auf der Übertragung des noch zu erdienenden Teils auf die Unterstützungskasse. Folglich ist ein sofortiger Betriebsausgabenabzug nach § 4e Absatz 3 Satz 3 EStG nur in Höhe von 60 000 € möglich.

4. Zeitliche Anwendung

Die Regelungen dieses Schreibens gelten für alle noch offenen Fälle. Die Randnummern 4 und 5 des BMF-Schreibens vom 26. Oktober 2006 (a. a. O.), wonach die bereits erdienten Versorgungsanwartschaften auch mit dem höheren steuerlich ausfinanzierbaren Teil (Quotient des Teilwertes gem. § 6a Absatz 3 Satz 2 Nummer 1 EStG zum Barwert der künftigen Pensionsleistungen) im Übertragungszeitpunkt berücksichtigt werden können, können letztmals für Versorgungsanwartschaften angewendet werden, die vor dem 1. Januar 2016 auf einen Pensionsfonds übertragen werden.

9

Wird vor dem 1. Januar 2016 die Versorgungsanwartschaft aus einer Pensionszusage, bei der sich die Höhe der unverfallbaren Anwartschaft (zeitanteilig) nach § 2 Absatz 1 BetrAVG ermittelt, auf einen Pensionsfonds übertragen, ist ein Barwertvergleich im Sinne von Randnummer 4 nicht erforderlich, wenn ein konstanter Rentenanspruch auf Basis der zeitanteilig erdienten (m/n-)Altersrente auf den Pensionsfonds übertragen wird, auch wenn dieser nicht genau dem erdienten Teil der ursprünglich zugesagten Versorgungsleistungen entspricht (z. B. weil es sich dabei um eine steigende, dienstzeitabhängige Pensionszusage handelt). Eine steuerfreie Über-

10

tragung auf der Grundlage des steuerlich ausfinanzierbaren Teils (Quotient Teilwert/Barwert) der zugesagten Versorgungsleistungen ist in diesem Fall nicht zulässig. Dabei sind alle betroffenen Versorgungszusagen einheitlich zu behandeln.

11   **Beispiel:**

Die Pensionszusage sieht eine jährliche Altersrente in Höhe von 100 € je Dienstjahr sowie eine Invalidenrente in Höhe von 80 % der bei Eintritt der Invalidität erreichten Altersrente vor. Nach 10 von insgesamt 30 erreichbaren Dienstjahren wird die erdiente Anwartschaft am 31. Dezember 2013 auf einen Pensionsfonds übertragen.

Nach § 2 Absatz 1 BetrAVG sind zum Zeitpunkt der Übertragung arbeitsrechtlich 10/30 der Altersrente von 30 Dienstjahren x 100 € = 3 000 € sowie 10/30 der bis auf 3 000 € x 80 % steigenden Invalidenrente erdient. Berücksichtigt werden kann dementsprechend der konstante Rentenanspruch für den Pensionsfondstarif, also eine Altersrente von 100 € x 30 Dienstjahre x 10/30 = 1 000 € sowie eine Invalidenrente von 100 € x 80 % x 30 Dienstjahre x 10/30 = 800 €.

12   Randnummer 10 ist bei beitragsorientierten Leistungszusagen und Entgeltumwandlungen mit der Maßgabe anwendbar, dass an die Stelle des zeitanteilig erdienten Anteils der im jeweiligen Umwandlungszeitpunkt erreichte Altersrentenanspruch (§ 2 Absatz 5a BetrAVG) tritt. Die Klassifizierung als beitragsorientierte Zusage ist grundsätzlich auf arbeitsrechtlicher Basis vorzunehmen und kann sich beispielsweise aus der tatsächlichen Handhabung des Arbeitgebers bei Rentenmitteilungen oder bei Ausscheiden mit unverfallbarer Anwartschaft ergeben.

13   Bei der Übertragung von Versorgungsanwartschaften aus einer Zusage auf Unterstützungskassenleistungen nach § 4d EStG im Sinne von Randnummer 4 auf einen Pensionsfonds vor dem 1. Januar 2016 ist Randnummer 10 entsprechend anwendbar.

EStG   **§ 3**

Steuerfrei sind

...

S 2342   **67. a)** das Erziehungsgeld nach dem Bundeserziehungsgeldgesetz und vergleichbare Leistungen der Länder,

   b) das Elterngeld nach dem Bundeselterngeld- und Elternzeitgesetz und vergleichbare Leistungen der Länder,

   c) Leistungen für Kindererziehung an Mütter der Geburtsjahrgänge vor 1921 nach den §§ 294 bis 299 des Sechsten Buches Sozialgesetzbuch sowie

   d) Zuschläge, die nach den §§ 50a bis 50e des Beamtenversorgungsgesetzes oder nach den §§ 70 bis 74 des Soldatenversorgungsgesetzes oder nach vergleichbaren Regelungen der Länder für ein vor dem 1. Januar 2015 geborenes Kind oder für eine vor dem 1. Januar 2015 begonnene Zeit der Pflege einer pflegebedürftigen Person zu gewähren sind; im Falle des Zusammentreffens von Zeiten für mehrere Kinder nach § 50b des Beamtenversorgungsgesetzes oder § 71 des Soldatenversorgungsgesetzes oder nach vergleichbaren Regelungen der Länder gilt dies, wenn eines der Kinder vor dem 1. Januar 2015 geboren ist;

H 3.67   **Hinweise**

Allgemeine Grundsätze

Wird einem Stpfl. für die Erziehung eines vor dem 1. Januar 2015 geborenen Kindes oder für die vor dem 1. Januar 2015 begonnene Pflege einer pflegegebedürftigen Person ein Zuschlag nach den §§ 50a bis 50e BeamtVG oder nach den §§ 70 bis 74 SVG oder nach vergleichbaren Regelungen der Länder gewährt, sind für diesen Stpfl. sämtliche Zuschläge, die nach diesen Vorschriften für Zeiten nach dem 31. Dezember 2014 anzurechnen sind, nach § 3 Nr. 67 Buchstabe d EStG steuerfrei (→ BMF vom 8. 3. 2016 – BStBl I S. 278).

§ 3

Steuerfrei sind

...

68. die Hilfen nach dem Gesetz über die Hilfe für durch Anti-D-Immunprophylaxe mit dem Hepatitis-C-Virus infizierte Personen vom 2. August 2000 (BGBl. I S. 1270); `S 2121`

69. die von der Stiftung „Humanitäre Hilfe für durch Blutprodukte HIV-infizierte Personen" nach dem HIV-Hilfegesetz vom 24. Juli 1995 (BGBl. I S. 972) gewährten Leistungen; `S 2121`

70. die Hälfte `S 1983`

   a) der Betriebsvermögensmehrungen oder Einnahmen aus der Veräußerung von Grund und Boden und Gebäuden, die am 1. Januar 2007 mindestens fünf Jahre zum Anlagevermögen eines inländischen Betriebsvermögens des Steuerpflichtigen gehören, wenn diese auf Grund eines nach dem 31. Dezember 2006 und vor dem 1. Januar 2010 rechtswirksam abgeschlossenen obligatorischen Vertrages an eine REIT-Aktiengesellschaft oder einen Vor-REIT veräußert werden,

   b) der Betriebsvermögensmehrungen, die auf Grund der Eintragung eines Steuerpflichtigen in das Handelsregister als REIT-Aktiengesellschaft im Sinne des REIT-Gesetzes vom 28. Mai 2007 (BGBl. I S. 914) durch Anwendung des § 13 Absatz 1 und 3 Satz 1 des Körperschaftsteuergesetzes auf Grund und Boden und Gebäude entstehen, wenn diese Wirtschaftsgüter vor dem 1. Januar 2005 angeschafft oder hergestellt wurden, und die Schlussbilanz im Sinne des § 13 Absatz 1 und 3 des Körperschaftsteuergesetzes auf einen Zeitpunkt vor dem 1. Januar 2010 aufzustellen ist.

²Satz 1 ist nicht anzuwenden,

   a) wenn der Steuerpflichtige den Betrieb veräußert oder aufgibt und der Veräußerungsgewinn nach § 34 besteuert wird,

   b) soweit der Steuerpflichtige von den Regelungen der §§ 6b und 6c Gebrauch macht,

   c) soweit der Ansatz des niedrigeren Teilwerts in vollem Umfang zu einer Gewinnminderung geführt hat und soweit diese Gewinnminderung nicht durch den Ansatz eines Werts, der sich nach § 6 Absatz 1 Nr. 1 Satz 4 ergibt, ausgeglichen worden ist,

   d) wenn im Falle des Satzes 1 Buchstabe a der Buchwert zuzüglich der Veräußerungskosten den Veräußerungserlös oder im Falle des Satzes 1 Buchstabe b der Buchwert den Teilwert übersteigt. Ermittelt der Steuerpflichtige den Gewinn nach § 4 Absatz 3, treten an die Stelle des Buchwerts die Anschaffungs- oder Herstellungskosten verringert um die vorgenommenen Absetzungen für Abnutzung oder Substanzverringerung,

   e) soweit vom Steuerpflichtigen in der Vergangenheit Abzüge bei den Anschaffungs- oder Herstellungskosten von Wirtschaftsgütern im Sinne des Satzes 1 nach § 6b oder ähnliche Abzüge voll steuerwirksam vorgenommen worden sind,

   f) wenn es sich um eine Übertragung im Zusammenhang mit Rechtsvorgängen handelt, die dem Umwandlungssteuergesetz unterliegen und die Übertragung zu einem Wert unterhalb des gemeinen Werts erfolgt.

³Die Steuerbefreiung entfällt rückwirkend, wenn

   a) innerhalb eines Zeitraums von vier Jahren seit dem Vertragsschluss im Sinne des Satzes 1 Buchstabe a der Erwerber oder innerhalb eines Zeitraums von vier Jahren nach dem Stichtag der Schlussbilanz im Sinne des Satzes 1 Buchstabe b die REIT-Aktiengesellschaft den Grund und Boden oder das Gebäude veräußert,

   b) der Vor-REIT oder ein anderer Vor-REIT als sein Gesamtrechtsnachfolger den Status als Vor-REIT gemäß § 10 Absatz 3 Satz 1 des REIT-Gesetzes verliert,

   c) die REIT-Aktiengesellschaft innerhalb eines Zeitraums von vier Jahren seit dem Vertragsschluss m Sinne des Satzes 1 Buchstabe a oder nach dem Stichtag der Schlussbilanz im Sinne des Satzes 1 Buchstabe b in keinem Veranlagungszeitraum die Voraussetzungen für die Steuerbefreiung erfüllt,

   d) die Steuerbefreiung der REIT-Aktiengesellschaft innerhalb eines Zeitraums von vier Jahren seit dem Vertragsschluss im Sinne des Satzes 1 Buchstabe a oder nach dem Stichtag der Schlussbilanz im Sinne des Satzes 1 Buchstabe b endet,

   e) das Bundeszentralamt für Steuern dem Erwerber im Sinne des Satzes 1 Buchstabe a den Status als Vor-REIT im Sinne des § 2 Satz 4 des REIT-Gesetzes vom 28. Mai 2007 (BGBl. I S. 914) bestandskräftig aberkannt hat,

⁴Die Steuerbefreiung entfällt auch rückwirkend, wenn die Wirtschaftsgüter im Sinne des Satzes 1 Buchstabe a vom Erwerber an den Veräußerer oder eine ihm nahe stehende Person im Sinne des § 1 Absatz 2 des Außensteuergesetzes überlassen werden und der Veräußerer oder eine ihm nahe stehende Person im Sinne des § 1 Absatz 2 des Außensteuergesetzes

nach Ablauf einer Frist von zwei Jahren seit Eintragung des Erwerbers als REIT-Aktiengesellschaft in das Handelsregister an dieser mittelbar oder unmittelbar zu mehr als 50 Prozent beteiligt ist. [5]Der Grundstückserwerber haftet für die sich aus dem rückwirkenden Wegfall der Steuerbefreiung ergebenden Steuern;

[1] 71. *der aus einer öffentlichen Kasse gezahlte Zuschuss*

    a) *für den Erwerb eines Anteils an einer Kapitalgesellschaft in Höhe von 20 Prozent der Anschaffungskosten, höchstens jedoch 100 000 Euro. Voraussetzung ist, dass*

        aa) *der Anteil an der Kapitalgesellschaft länger als drei Jahre gehalten wird,*

        bb) *die Kapitalgesellschaft, deren Anteil erworben wird,*

            aaa) *nicht älter ist als sieben Jahre, wobei das Datum der Eintragung der Gesellschaft in das Handelsregister maßgeblich ist,*

            bbb) *weniger als 50 Mitarbeiter (Vollzeitäquivalente) hat,*

            ccc) *einen Jahresumsatz oder eine Jahresbilanzsumme von höchstens 10 Millionen Euro hat und*

            ddd) *nicht an einem regulierten Markt notiert ist und keine solche Notierung vorbereitet,*

        cc) *der Zuschussempfänger das 18. Lebensjahr vollendet hat oder eine GmbH oder Unternehmergesellschaft ist, bei der mindestens ein Gesellschafter das 18. Lebensjahr vollendet hat und*

        dd) *für den Erwerb des Anteils kein Fremdkapital eingesetzt wird. Wird der Anteil von einer GmbH oder Unternehmergesellschaft im Sinne von Doppelbuchstabe cc erworben, gehören auch solche Darlehen zum Fremdkapital, die der GmbH oder Unternehmergesellschaft von ihren Anteilseignern gewährt werden und die von der GmbH oder Unternehmergesellschaft zum Erwerb des Anteils eingesetzt werden.*

    b) *anlässlich der Veräußerung eines Anteils an einer Kapitalgesellschaft im Sinne von Buchstabe a in Höhe von 25 Prozent des Veräußerungsgewinns, wenn*

        aa) *der Veräußerer eine natürliche Person ist,*

        bb) *bei Erwerb des veräußerten Anteils bereits ein Zuschuss im Sinne von Buchstabe a gezahlt und nicht zurückgefordert wurde,*

        cc) *der veräußerte Anteil frühestens drei Jahre (Mindesthaltedauer) und spätestens zehn Jahre (Höchsthaltedauer) nach Anteilserwerb veräußert wurde,*

        dd) *der Veräußerungsgewinn nach Satz 2 mindestens 2 000 Euro beträgt und*

        ee) *der Zuschuss auf 80 Prozent der Anschaffungskosten begrenzt ist.*

    [2]*Veräußerungsgewinn im Sinne von Satz 1 ist der Betrag, um den der Veräußerungspreis die Anschaffungskosten einschließlich eines gezahlten Agios übersteigt.* [3]*Erwerbsneben- und Veräußerungskosten sind nicht zu berücksichtigen.*

EStG

§ 3a (weggefallen)

Im Anschluss ist § 3a EStG i. d. F. des Artikels 2 des Gesetzes gegen schädliche Steuerpraktiken im Zusammenhang mit Rechteüberlassungen abgedruckt:

---

§ 3a[2]

Sanierungserträge

(1) [1]*Betriebsvermögensmehrungen oder Betriebseinnahmen aus einem Schuldenerlass zum Zwecke einer unternehmensbezogenen Sanierung im Sinne des Absatzes 2 (Sanierungsertrag) sind steuerfrei.* [2]*Sind Betriebsvermögensmehrungen oder Betriebseinnahmen aus einem Schuldenerlass nach Satz 1 steuerfrei, sind steuerliche Wahlrechte in dem Jahr, in dem ein Sanierungsertrag erzielt wird (Sanierungsjahr) und im Folgejahr im zu sanierenden Unternehmen*

---

1) Nummer 71 wurde durch das Gesetz gegen schädliche Steuerpraktiken im Zusammenhang mit Rechteüberlassungen neu gefasst und ist erstmals für den VZ 2017 anzuwenden → § 52 Abs. 4 Satz 17 EStG.

2) § 3a EStG wird durch Artikel 2 des Gesetzes gegen schädliche Steuerpraktiken im Zusammenhang mit Rechteüberlassungen eingefügt und ist erstmals in den Fällen anzuwenden, in denen die Schulden ganz oder teilweise nach dem 8. 2. 2017 erlassen wurden. Satz 1 gilt bei einem Schuldenerlass nach dem 8. 2. 2017 nicht, wenn dem Stpfl. auf Antrag Billigkeitsmaßnahmen aus Gründen des Vertrauensschutzes für einen Sanierungsertrag auf Grundlage von § 163 Abs. 1 Satz 2 EStG und den §§ 222, 227

gewinnmindernd auszuüben. ³Insbesondere ist der niedrigere Teilwert, der nach § 6 Absatz 1 Nummer 1 Satz 2 und Nummer 2 Satz 2 angesetzt werden kann, im Sanierungsjahr und im Folgejahr anzusetzen.

(2) Eine unternehmensbezogene Sanierung liegt vor, wenn der Steuerpflichtige für den Zeitpunkt des Schuldenerlasses die Sanierungsbedürftigkeit und die Sanierungsfähigkeit des Unternehmens, die Sanierungseignung des betrieblich begründeten Schuldenerlasses und die Sanierungsabsicht der Gläubiger nachweist.

(3) ¹Nicht abziehbare Beträge im Sinne des § 3c Absatz 4, die in Veranlagungszeiträumen vor dem Sanierungsjahr und im Sanierungsjahr anzusetzen sind, mindern den Sanierungsertrag. ²Dieser Betrag mindert nacheinander

1. *den auf Grund einer Verpflichtungsübertragung im Sinne des § 4f Absatz 1 Satz 1 in den dem Wirtschaftsjahr der Übertragung nachfolgenden 14 Jahren verteilt abziehbaren Aufwand des zu sanierenden Unternehmens, es sei denn, der Aufwand ist gemäß § 4f Absatz 1 Satz 7 auf einen Rechtsnachfolger übergegangen, der die Verpflichtung übernommen hat und insoweit der Regelung des § 5 Absatz 7 unterliegt. ²Entsprechendes gilt in Fällen des § 4f Absatz 2;*

2. *den nach § 15a ausgleichsfähigen oder verrechenbaren Verlust des Unternehmers (Mitunternehmers) des zu sanierenden Unternehmens des Sanierungsjahrs;*

3. *den zum Ende des dem Sanierungsjahr vorangegangenen Wirtschaftsjahrs nach § 15a festgestellten verrechenbaren Verlust des Unternehmers (Mitunternehmers) des zu sanierenden Unternehmens;*

4. *den nach § 15b ausgleichsfähigen oder verrechenbaren Verlust derselben Einkunftsquelle des Unternehmers (Mitunternehmers) des Sanierungsjahrs; bei der Verlustermittlung bleibt der Sanierungsertrag unberücksichtigt;*

5. *den zum Ende des dem Sanierungsjahr vorangegangenen Jahrs nach § 15b festgestellten verrechenbaren Verlust derselben Einkunftsquelle des Unternehmers (Mitunternehmers);*

6. *den nach § 15 Absatz 4 ausgleichsfähigen oder nicht abziehbaren Verlust des zu sanierenden Unternehmens des Sanierungsjahrs;*

7. *den zum Ende des dem Sanierungsjahr vorangegangenen Jahrs nach § 15 Absatz 4 festgestellten in Verbindung mit § 10d Absatz 4 verbleibenden Verlustvortrag, soweit er auf das zu sanierende Unternehmen entfällt;*

8. *den Verlust des Sanierungsjahrs des zu sanierenden Unternehmens;*

9. *den ausgleichsfähigen Verlust aus allen Einkunftsarten des Veranlagungszeitraums, in dem das Sanierungsjahr endet;*

10. *im Sanierungsjahr ungeachtet des § 10d Absatz 2 den nach § 10d Absatz 4 zum Ende des Vorjahrs gesondert festgestellten Verlustvortrag;*

11. *in der nachfolgenden Reihenfolge den zum Ende des Vorjahrs festgestellten und den im Sanierungsjahr entstehenden verrechenbaren Verlust oder die negativen Einkünfte*

    a) *nach § 15a,*
    b) *nach § 15b anderer Einkunftsquellen,*
    c) *nach § 15 Absatz 4 anderer Betriebe und Mitunternehmeranteile,*
    d) *nach § 2a,*
    e) *nach § 2b,*
    f) *nach § 23 Absatz 3 Satz 7 und 8,*
    g) *nach sonstigen Vorschriften;*

12. *ungeachtet der Beträge des § 10d Absatz 1 Satz 1 die negativen Einkünfte nach § 10d Absatz 1 Satz 1 des Folgejahrs. ²Ein Verlustrücktrag nach § 10d Absatz 1 Satz 1 ist nur möglich, soweit die Beträge nach § 10d Absatz 1 Satz 1 durch den verbleibenden Sanierungsertrag im Sinne des Satzes 4 nicht überschritten werden;*

13. *den zum Ende des Vorjahrs festgestellten und den im Sanierungsjahr entstehenden*

    a) *Zinsvortrag nach § 4h Absatz 1 Satz 5,*

(Fortsetzung Fußnote 2 von Seite 148)
der AO zu gewähren sind → § 52 Abs. 4a EStG.
Nach Artikel 6 Abs. 2 des Gesetzes gegen schädliche Steuerpraktiken im Zusammenhang mit Rechteüberlassungen tritt Artikel 2 an dem Tag in Kraft, an dem die Europäische Kommission durch Beschluss feststellt, dass die Regelungen des Artikels 2 entweder keine staatliche Beihilfen i. S. d. Artikels 107 Abs. 1 des Vertrags über die Arbeitsweise der EU oder mit dem Binnenmarkt vereinbare Beihilfen darstellen. Der Tag des Beschlusses der Europäischen Kommission sowie der Tag des Inkrafttretens werden vom BMF gesondert im BGBl. bekanntgemacht.

b) EBITDA-Vortrag nach § 4h Absatz 1 Satz 3. [2]Die Minderung des EBITDA-Vortrags des Sanierungsjahrs und der EBITDA-Vorträge aus vorangegangenen Wirtschaftsjahren erfolgt in ihrer zeitlichen Reihenfolge.

[3]Übersteigt der geminderte Sanierungsertrag nach Satz 1 die nach Satz 2 mindernden Beträge, mindern sich insoweit nach Maßgabe des Satzes 2 auch der verteilt abziehbare Aufwand, Verluste, negative Einkünfte, Zinsvorträge oder EBITDA-Vorträge einer dem Steuerpflichtigen nahestehenden Person, wenn diese die erlassenen Schulden innerhalb eines Zeitraums von fünf Jahren vor dem Schuldenerlass auf das zu sanierende Unternehmen übertragen hat und soweit der entsprechende verteilt abziehbare Aufwand, die Verluste, negativen Einkünfte, Zinsvorträge oder EBITDA-Vorträge zum Ablauf des Wirtschaftsjahrs der Übertragung bereits entstanden waren. [4]Der sich nach den Sätzen 2 und 3 ergebende Betrag ist der verbleibende Sanierungsertrag. [5]Die nach den Sätzen 2 und 3 mindernden Beträge bleiben endgültig außer Ansatz und nehmen an den entsprechenden Feststellungen der verrechenbaren Verluste, verbleibenden Verlustvorträge und sonstigen Feststellungen nicht teil.

(4) [1]Sind Einkünfte aus Land- und Forstwirtschaft, Gewerbebetrieb oder selbständiger Arbeit nach § 180 Absatz 1 Satz 1 Nummer 2 Buchstabe a oder b der Abgabenordnung gesondert festzustellen, ist auch die Höhe des Sanierungsertrags nach Absatz 1 Satz 1 sowie die Höhe der nach Absatz 3 Satz 2 Nummer 1 bis 6 und 13 mindernden Beträge gesondert festzustellen. [2]Zuständig für die gesonderte Feststellung nach Satz 1 ist das Finanzamt, das für die gesonderte Feststellung nach § 180 Absatz 1 Satz 1 Nummer 2 der Abgabenordnung zuständig ist. [3]Wurden verrechenbare Verluste und Verlustvorträge ohne Berücksichtigung des Absatzes 3 Satz 2 bereits festgestellt oder ändern sich die nach Absatz 3 Satz 2 mindernden Beträge, ist der entsprechende Feststellungsbescheid insoweit zu ändern. [4]Das gilt auch dann, wenn der Feststellungsbescheid bereits bestandskräftig geworden ist; die Feststellungsfrist endet insoweit nicht, bevor die Festsetzungsfrist des Einkommensteuerbescheids oder Körperschaftsteuerbescheids für das Sanierungsjahr abgelaufen ist.

(5) [1]Erträge aus einer nach den §§ 286 ff. der Insolvenzordnung erteilten Restschuldbefreiung, einem Schuldenerlass auf Grund eines außergerichtlichen Schuldenbereinigungsplans zur Vermeidung eines Verbraucherinsolvenzverfahrens nach den §§ 304 ff. der Insolvenzordnung oder auf Grund eines Schuldenbereinigungsplans, dem in einem Verbraucherinsolvenzverfahren zugestimmt wurde oder wenn diese Zustimmung durch das Gericht ersetzt wurde, sind, soweit es sich um Betriebsvermögensmehrungen oder Betriebseinnahmen handelt, ebenfalls steuerfrei, auch wenn die Voraussetzungen einer unternehmensbezogenen Sanierung im Sinne des Absatzes 2 nicht vorliegen. [2]Absatz 3 gilt entsprechend.

EStG
S 2343

§ 3b Steuerfreiheit von Zuschlägen für Sonntags-, Feiertags- oder Nachtarbeit

(1) Steuerfrei sind Zuschläge, die für tatsächlich geleistete Sonntags-, Feiertags- oder Nachtarbeit neben dem Grundlohn gezahlt werden, soweit sie

1. für Nachtarbeit 25 Prozent,

2. vorbehaltlich der Nummern 3 und 4 für Sonntagsarbeit 50 Prozent,

3. vorbehaltlich der Nummer 4 für Arbeit am 31. Dezember ab 14 Uhr und an den gesetzlichen Feiertagen 125 Prozent,

4. für Arbeit am 24. Dezember ab 14 Uhr, am 25. und 26. Dezember sowie am 1. Mai 150 Prozent

des Grundlohns nicht übersteigen.

(2) [1]Grundlohn ist der laufende Arbeitslohn, der dem Arbeitnehmer bei der für ihn maßgebenden regelmäßigen Arbeitszeit für den jeweiligen Lohnzahlungszeitraum zusteht; er ist in einen Stundenlohn umzurechnen und mit höchstens 50 Euro anzusetzen. [2]Nachtarbeit ist die Arbeit in der Zeit von 20 Uhr bis 6 Uhr. [3]Sonntagsarbeit und Feiertagsarbeit ist die Arbeit in der Zeit von 0 Uhr bis 24 Uhr des jeweiligen Tages. [4]Die gesetzlichen Feiertage werden durch die am Ort der Arbeitsstätte geltenden Vorschriften bestimmt.

(3) Wenn die Nachtarbeit vor 0 Uhr aufgenommen wird, gilt abweichend von den Absätzen 1 und 2 Folgendes:

1. Für Nachtarbeit in der Zeit von 0 Uhr bis 4 Uhr erhöht sich der Zuschlagssatz auf 40 Prozent,

2. als Sonntagsarbeit und Feiertagsarbeit gilt auch die Arbeit in der Zeit von 0 Uhr bis 4 Uhr des auf den Sonntag oder Feiertag folgenden Tages.

Steuerfreiheit der Zuschläge für Sonntags-, Feiertags- oder Nachtarbeit
(§ 3b EStG)

Allgemeines

(1) [1]Die Steuerfreiheit setzt voraus, dass neben dem Grundlohn tatsächlich ein Zuschlag für Sonntags-, Feiertags- oder Nachtarbeit gezahlt wird. [2]Ein solcher Zuschlag kann in einem Gesetz, einer Rechtsverordnung, einem Tarifvertrag, einer Betriebsvereinbarung oder einem Einzelarbeitsvertrag geregelt sein. [3]Bei einer Nettolohnvereinbarung ist der Zuschlag nur steuerfrei, wenn er neben dem vereinbarten Nettolohn gezahlt wird. [4]Unschädlich ist es, wenn neben einem Zuschlag für Sonntags-, Feiertags- oder Nachtarbeit, die gleichzeitig Mehrarbeit ist, keine gesonderte Mehrarbeitsvergütung oder ein Grundlohn gezahlt wird, mit dem die Mehrarbeit abgegolten ist. [5]Auf die Bezeichnung der Lohnzuschläge kommt es nicht an. [6]Die Barabgeltung eines Freizeitanspruchs oder eines Freizeitüberhangs oder Zuschläge wegen Mehrarbeit oder wegen anderer als durch die Arbeitszeit bedingter Erschwernisse oder Zulagen, die lediglich nach bestimmten Zeiträumen bemessen werden, sind keine begünstigten Lohnzuschläge. [7]§ 3b EStG ist auch bei Arbeitnehmern anwendbar, deren Lohn nach § 40a EStG pauschal versteuert wird.

Grundlohn

(2) [1]Grundlohn ist nach § 3b Abs. 2 EStG der auf eine Arbeitsstunde entfallende Anspruch auf laufenden Arbeitslohn, den der Arbeitnehmer für den jeweiligen Lohnzahlungszeitraum auf Grund seiner regelmäßigen Arbeitszeit erwirbt. [2]Im Einzelnen gilt Folgendes:

1. Abgrenzung des Grundlohns

   a) [1]Der Anspruch auf laufenden Arbeitslohn ist nach R 39b.2 vom Anspruch auf sonstige Bezüge abzugrenzen. [2]Soweit Arbeitslohn-Nachzahlungen oder -Vorauszahlungen zum laufenden Arbeitslohn gehören, erhöhen sie den laufenden Arbeitslohn der Lohnzahlungszeiträume, für die sie nach- oder vorausgezahlt werden; § 41c EStG ist anzuwenden.

   b) [1]Ansprüche auf Sachbezüge, Aufwendungszuschüsse und vermögenswirksame Leistungen gehören zum Grundlohn, wenn sie laufender Arbeitslohn sind. [2]Das Gleiche gilt für Ansprüche auf Zuschläge und Zulagen, die wegen der Besonderheit der Arbeit in der regelmäßigen Arbeitszeit gezahlt werden, z. B. Erschwerniszulagen oder Schichtzuschläge, sowie für Lohnzuschläge für die Arbeit in der nicht durch § 3b EStG begünstigten Zeit. [3]Regelmäßige Arbeitszeit ist die für das jeweilige Dienstverhältnis vereinbarte Normalarbeitszeit.

   c) [1]Nicht zum Grundlohn gehören Ansprüche auf Vergütungen für Überstunden (Mehrarbeitsvergütungen), Zuschläge für Sonntags-, Feiertags- oder Nachtarbeit in der nach § 3b EStG begünstigten Zeit, und zwar auch insoweit, als sie wegen Überschreitens der dort genannten Zuschlagssätze steuerpflichtig sind. [2]Dies gilt auch für steuerfreie und nach § 40 EStG pauschal besteuerte Bezüge. [3]Zum Grundlohn gehören aber die nach § 3 Nr. 56 oder 63 EStG steuerfreien Beiträge des Arbeitgebers, soweit es sich um laufenden Arbeitslohn handelt.

2. Ermittlung des Grundlohnanspruchs für den jeweiligen Lohnzahlungszeitraum

   a) [1]Es ist der für den jeweiligen Lohnzahlungszeitraum vereinbarte Grundlohn i. S. d. Nummer 1 zu ermitteln (Basisgrundlohn). [2]Werden die für den Lohnzahlungszeitraum zu zahlenden Lohnzuschläge nach den Verhältnissen eines früheren Lohnzahlungszeitraums bemessen, ist auch der Ermittlung des Basisgrundlohns der frühere Lohnzahlungszeitraum zugrunde zu legen. [3]Werden die Zuschläge nach der Arbeitsleistung eines früheren Lohnzahlungszeitraums aber nach dem Grundlohn des laufenden Lohnzahlungszeitraums bemessen, ist der Basisgrundlohn des laufenden Lohnzahlungszeitraums zugrunde zu legen. [4]Soweit sich die Lohnvereinbarung auf andere Zeiträume als auf den Lohnzahlungszeitraum bezieht, ist der Basisgrundlohn durch Vervielfältigung der vereinbarten Stundenlohns mit der Stundenzahl der regelmäßigen Arbeitszeit im Lohnzahlungszeitraum zu ermitteln. [5]Bei einem monatlichen Lohnzahlungszeitraum ergibt sich die Stundenzahl der regelmäßigen Arbeitszeit aus dem 4,35fachen der wöchentlichen Arbeitszeit. [6]Arbeitszeitausfälle, z. B. durch Urlaub oder Krankheit, bleiben außer Betracht.

   b) [1]Zusätzlich ist der Teil des für den jeweiligen Lohnzahlungszeitraum zustehenden Grundlohns i. S. d. Nummer 1 zu ermitteln, dessen Höhe nicht von im Voraus bestimmbaren Verhältnissen abhängt (Grundlohnzusätze); z. B. der nur für einzelne Arbeitsstunden bestehende Anspruch auf Erschwerniszulagen oder Spätarbeitszuschläge oder der von der Zahl der tatsächlichen Arbeitstage abhängige Anspruch auf Fahrtkostenzuschüsse. [2]Diese Grundlohnzusätze sind mit den Beträgen anzusetzen, die dem Arbeitnehmer für den jeweiligen Lohnzahlungszeitraum tatsächlich zustehen.

3. Umrechnung des Grundlohnanspruchs

[1]Basisgrundlohn (Nummer 2 Buchstabe a) und Grundlohnzusätze (Nummer 2 Buchstabe b) sind zusammenzurechnen und durch die Zahl der Stunden der regelmäßigen Arbeitszeit im jeweiligen Lohnzahlungszeitraum zu teilen. [2]Bei einem monatlichen Lohnzahlungszeitraum ist der Divisor mit dem 4,35fachen der wöchentlichen Arbeitszeit anzusetzen. [3]Das Ergebnis ist der Grundlohn; er ist für die Berechnung des steuerfreien Anteils der Zuschläge für Sonntags-, Feiertags- und Nachtarbeit maßgebend, soweit er die Stundenlohnhöchstgrenze nach § 3b Abs. 2 Satz 1 EStG nicht übersteigt. [4]Ist keine regelmäßige Arbeitszeit vereinbart, sind der Ermittlung des Grundlohns die im Lohnzahlungszeitraum tatsächlich geleisteten Arbeitsstunden zugrunde zu legen. [5]Bei Stücklohnempfängern kann die Umrechnung des Stücklohns auf einen Stundenlohn unterbleiben.

4. Wird ein Zuschlag für Sonntags-, Feiertags- oder Nachtarbeit von weniger als einer Stunde gezahlt, ist bei der Ermittlung des steuerfreien Zuschlags für diesen Zeitraum der Grundlohn entsprechend zu kürzen.

5. Bei einer Beschäftigung nach dem AltTZG ist der Grundlohn nach § 3b Abs. 2 EStG so zu berechnen, als habe eine Vollzeitbeschäftigung bestanden.

Nachtarbeit an Sonntagen und Feiertagen

(3) [1]Wird an Sonntagen und Feiertagen oder in der zu diesen Tagen nach § 3b Abs. 3 Nr. 2 EStG gehörenden Zeit Nachtarbeit geleistet, kann die Steuerbefreiung nach § 3b Abs. 1 Nr. 2 bis 4 EStG neben der Steuerbefreiung nach § 3b Abs. 1 Nr. 1 EStG in Anspruch genommen werden. [2]Dabei ist der steuerfreie Zuschlagssatz für Nachtarbeit mit dem steuerfreien Zuschlagssatz für Sonntags- oder Feiertagsarbeit auch dann zusammenzurechnen, wenn nur ein Zuschlag gezahlt wird. [3]Zu den gesetzlichen Feiertagen i. S. d. § 3b Abs. 1 Nr. 3 EStG gehören der Oster- und der Pfingstsonntag auch dann, wenn sie in den am Ort der Arbeitsstätte geltenden Vorschriften nicht ausdrücklich als Feiertage genannt werden. [4]Wenn für die einem Sonn- oder Feiertag folgende oder vorausgehende Nachtarbeit ein Zuschlag für Sonntags- oder Feiertagsarbeit gezahlt wird, ist dieser als Zuschlag für Nachtarbeit zu behandeln.

Feiertagsarbeit an Sonntagen

(4) [1]Ist ein Sonntag zugleich Feiertag, kann ein Zuschlag nur bis zur Höhe des jeweils in Betracht kommenden Feiertagszuschlags steuerfrei gezahlt werden. [2]Das gilt auch dann, wenn nur ein Sonntagszuschlag gezahlt wird.

Zusammentreffen mit Mehrarbeitszuschlägen

(5) [1]Hat der Arbeitnehmer arbeitsrechtlich Anspruch auf Zuschläge für Sonntags-, Feiertags- oder Nachtarbeit und auf Zuschläge für Mehrarbeit und wird Mehrarbeit als Sonntags-, Feiertags- oder Nachtarbeit geleistet, sind folgende Fälle zu unterscheiden:

1. es werden sowohl die in Betracht kommenden Zuschläge für Sonntags-, Feiertags- oder Nachtarbeit als auch für Mehrarbeit gezahlt;

2. es wird nur der in Betracht kommende Zuschlag für Sonntags-, Feiertags- oder Nachtarbeit gezahlt, der ebenso hoch oder höher ist als der Zuschlag für Mehrarbeit;

3. es wird nur der Zuschlag für Mehrarbeit gezahlt;

4. es wird ein einheitlicher Zuschlag (Mischzuschlag) gezahlt, der höher ist als die jeweils in Betracht kommenden Zuschläge, aber niedriger als ihre Summe;

5. es wird ein einheitlicher Zuschlag (Mischzuschlag) gezahlt, der höher ist als die Summe der jeweils in Betracht kommenden Zuschläge.

[2]In den Fällen des Satzes 1 Nr. 1 und 2 ist von den gezahlten Zuschlägen der Betrag als Zuschlag für Sonntags-, Feiertags- oder Nachtarbeit zu behandeln, der dem arbeitsrechtlich jeweils in Betracht kommenden Zuschlag entspricht. [3]Im Falle des Satzes 1 Nr. 3 liegt ein Zuschlag i. S. d. § 3b EStG nicht vor. [4]In den Fällen des Satzes 1 Nr. 4 und 5 ist der Mischzuschlag im Verhältnis der in Betracht kommenden Einzelzuschläge in einen nach § 3b EStG begünstigten Anteil und einen nicht begünstigten Anteil aufzuteilen. [5]Ist für Sonntags-, Feiertags- oder Nachtarbeit kein Zuschlag vereinbart, weil z. B. Pförtner oder Nachtwächter ihre Tätigkeit regelmäßig zu den begünstigten Zeiten verrichten, bleibt von einem für diese Tätigkeiten gezahlten Mehrarbeitszuschlag kein Teilbetrag nach § 3b EStG steuerfrei.

Nachweis der begünstigten Arbeitszeiten

(6) [1]Steuerfrei sind nur Zuschläge, die für tatsächlich geleistete Sonntags-, Feiertags- oder Nachtarbeit gezahlt werden. [2]Zur vereinbarten und vergüteten Arbeitszeit gehörende Waschzeiten, Schichtübergabezeiten und Pausen gelten als begünstigte Arbeitszeit i. S. d. § 3b EStG,

soweit sie in den begünstigten Zeitraum fallen. [3]Die tatsächlich geleistete Sonntags-, Feiertags- oder Nachtarbeit ist grundsätzlich im Einzelfall nachzuweisen. [4]Wird eine einheitliche Vergütung für den Grundlohn und die Zuschläge für Sonntags-, Feiertags- oder Nachtarbeit, ggf. unter Einbeziehung der Mehrarbeit und Überarbeit, gezahlt, weil Sonntags-, Feiertags- oder Nachtarbeit üblicherweise verrichtet wird, und werden deshalb die sonntags, feiertags oder nachts tatsächlich geleisteten Arbeitsstunden nicht aufgezeichnet, bleiben die in der einheitlichen Vergütung enthaltenen Zuschläge für Sonntags-, Feiertags- oder Nachtarbeiten grundsätzlich nicht nach § 3b EStG steuerfrei. [5]Zu einem erleichterten Nachweis → Absatz 7. [6]Sind die Einzelanschreibung und die Einzelbezahlung der geleisteten Sonntags-, Feiertags- oder Nachtarbeit wegen der Besonderheiten der Arbeit und der Lohnzahlungen nicht möglich, darf das Betriebsstättenfinanzamt den Teil der Vergütung, der als steuerfreier Zuschlag für Sonntags-, Feiertags- oder Nachtarbeit anzuerkennen ist, von Fall zu Fall feststellen. [7]Im Interesse einer einheitlichen Behandlung der Arbeitnehmer desselben Berufszweigs darf das Betriebsstättenfinanzamt die Feststellung nur auf Weisung der vorgesetzten Behörde treffen. [8]Die Weisung ist der obersten Landesfinanzbehörde vorbehalten, wenn die für den in Betracht kommenden Berufszweig maßgebende Regelung nicht nur im Bezirk der für das Betriebsstättenfinanzamt zuständigen vorgesetzten Behörde gilt. [9]Eine Feststellung nach Satz 6 kommt für solche Regelungen nicht in Betracht, durch die nicht pauschale Zuschläge festgesetzt, sondern bestimmte Teile eines nach Zeiträumen bemessenen laufenden Arbeitslohns als Zuschläge für Sonntags-, Feiertags- oder Nachtarbeit erklärt werden.

Pauschale Zuschläge

(7) [1]Werden Zuschläge für Sonntags-, Feiertags- oder Nachtarbeit als laufende Pauschale, z. B. Monatspauschale, gezahlt und wird eine Verrechnung mit den Zuschlägen, die für die einzeln nachgewiesenen Zeiten für Sonntags-, Feiertags- oder Nachtarbeit auf Grund von Einzelberechnungen zu zahlen wären, erst später vorgenommen, kann die laufende Pauschale oder ein Teil davon steuerfrei belassen werden, wenn

1. der steuerfreie Betrag nicht nach höheren als den in § 3b EStG genannten Prozentsätzen berechnet wird,

2. der steuerfreie Betrag nach dem durchschnittlichen Grundlohn und der durchschnittlichen im Zeitraum des Kalenderjahres tatsächlich anfallenden Sonntags-, Feiertags- oder Nachtarbeit bemessen wird,

3. die Verrechnung mit den einzeln ermittelten Zuschlägen jeweils vor der Erstellung der Lohnsteuerbescheinigung und somit regelmäßig spätestens zum Ende des Kalenderjahres oder beim Ausscheiden des Arbeitnehmers aus dem Dienstverhältnis erfolgt. [2]Für die Ermittlung der im Einzelnen nachzuweisenden Zuschläge ist auf den jeweiligen Lohnzahlungszeitraum abzustellen. [3]Dabei ist auch der steuerfreie Teil der einzeln ermittelten Zuschläge festzustellen und die infolge der Pauschalierung zu wenig oder zu viel einbehaltene Lohnsteuer auszugleichen,

4. bei der Pauschalzahlung erkennbar ist, welche Zuschläge im Einzelnen – jeweils getrennt nach Zuschlägen für Sonntags-, Feiertags- oder Nachtarbeit – abgegolten sein sollen und nach welchen Prozentsätzen des Grundlohns die Zuschläge bemessen worden sind,

5. die Pauschalzahlung tatsächlich ein Zuschlag ist, der neben dem Grundlohn gezahlt wird; eine aus dem Arbeitslohn rechnerisch ermittelte Pauschalzahlung ist kein Zuschlag.

[2]Ergibt die Einzelfeststellung, dass der dem Arbeitnehmer auf Grund der tatsächlich geleisteten Sonntags-, Feiertags- oder Nachtarbeit zustehende Zuschlag höher ist als die Pauschalzahlung, kann ein höherer Betrag nur steuerfrei sein, wenn und soweit der Zuschlag auch tatsächlich zusätzlich gezahlt wird; eine bloße Kürzung des steuerpflichtigen Arbeitslohns um den übersteigenden Steuerfreibetrag ist nicht zulässig. [3]Diese Regelungen gelten sinngemäß, wenn lediglich die genaue Feststellung des steuerfreien Betrags im Zeitpunkt der Zahlung des Zuschlags schwierig ist und sie erst zu einem späteren Zeitpunkt nachgeholt werden kann.

Zeitversetzte Auszahlung

(8) [1]Die Steuerfreiheit von Zuschlägen für Sonntags-, Feiertags- oder Nachtarbeit bleibt auch bei zeitversetzter Auszahlung grundsätzlich erhalten. [2]Voraussetzung ist jedoch, dass vor der Leistung der begünstigten Arbeit bestimmt wird, dass ein steuerfreier Zuschlag – ggf. teilweise – als Wertguthaben auf ein Arbeitszeitkonto genommen und getrennt ausgewiesen wird. [3]Dies gilt z. B. in Fällen der Altersteilzeit bei Aufteilung in Arbeits- und Freistellungsphase (so genannte Blockmodelle).

Hinweise

Abgrenzung Sonntags-/Feiertagszuschlag – Nachtzuschlag

Beispiel:

Ein Arbeitnehmer beginnt seine Nachtschicht am Sonntag, dem 1. 5. um 22 Uhr und beendet sie am 2. 5. um 7 Uhr.

Für diesen Arbeitnehmer sind Zuschläge zum Grundlohn bis zu folgenden Sätzen steuerfrei:

– 175 % für die Arbeit am 1. 5. in der Zeit von 22 Uhr bis 24 Uhr (25 % für Nachtarbeit und 150 % für Feiertagsarbeit),

– 190 % für die Arbeit am 2. 5. in der Zeit von 0 Uhr bis 4 Uhr (40 % für Nachtarbeit und 150 % für Feiertagsarbeit),

– 25 % für die Arbeit am 2. 5. in der Zeit von 4 Uhr bis 6 Uhr.

Abgrenzung Spätarbeitszuschlag – andere Lohnzuschläge

Beispiel:

Auf Grund tarifvertraglicher Vereinbarung erhält ein Arbeitnehmer für die Arbeit in der Zeit von 18 bis 22 Uhr einen Spätarbeitszuschlag und für die in der Zeit von 19 bis 21 Uhr verrichteten Arbeiten eine Gefahrenzulage. Der für die Zeit von 20 bis 22 Uhr gezahlte Spätarbeitszuschlag ist ein nach § 3b EStG begünstigter Zuschlag für Nachtarbeit. Die Gefahrenzulage wird nicht für die Arbeit zu einer bestimmten Zeit gezahlt und ist deshalb auch insoweit kein Nachtarbeitszuschlag i. S. d. § 3b EStG, als sie für die Arbeit in der Zeit von 20 bis 21 Uhr gezahlt wird.

Ärzte in kommunalen Krankenhäusern

Steuerfreiheit von Zuschlägen für Sonntags-, Feiertags- oder Nachtarbeit nach § 3b EStG;

Zeitzuschlag für Bereitschaftsdienste an Feiertagen und in den Nachtstunden für Ärztinnen und Ärzte an kommunalen Krankenhäusern

(Verfügung der OFD Frankfurt vom 26. 05. 2011 – S 2343 A-37-St 222 –)

Die für die Lohnsteuer zuständigen Vertreter der obersten Finanzbehörden des Bundes und der Länder haben in ihrer letzten Sitzung aufgrund einer Anfrage der Vereinigung der kommunalen Arbeitgeberverbände sowohl die steuerliche Behandlung der Zeitzuschläge für Bereitschaftsdienste in den Nachtstunden gem. § 12 Abs. 4 des Tarifvertrags für Ärztinnen und Ärzte an kommunalen Krankenhäusern im Bereich der Vereinigung der kommunalen Arbeitgeberverbände (TK-Ärzte/VKA) als auch die steuerliche Behandlung der anderen im Tarifvertrag aufgeführten Zuschläge erörtert.

Das Ergebnis hat das Bundesministerium der Finanzen der Vereinigung der kommunalen Arbeitgeberverbände in seinem Schreiben vom 07. 04. 2011, IV C 5 – S 2343/0-02, mitgeteilt.

1. Folgende Zuschläge können nach § 3b EStG steuerfrei gezahlt werden:

1.1 Ausgleich für Sonderformen der Arbeit (§ 11 Abs. 1 TV-Ärzte/VKA)

Die prozentualen Zuschläge für Nachtarbeit (Buchstabe b), für Sonntagsarbeit (Buchstabe c), für Feiertagsarbeit in Höhe von 35 % (Buchstabe d) sowie für Arbeit am 24. und 31. Dezember (Buchstabe e) sind im Rahmen des § 3b EStG steuerfrei.

1.2 Zeitzuschlag für Feiertagsarbeit (§ 12 Abs. 3 TV-Ärzte/VKA)

Der nach § 12 Abs. 3 TV-Ärzte/VKA zu gewährende Zeitzuschlag für Feiertagsarbeit ist bei einer Zahlung in Geld im Rahmen des § 3b EStG steuerfrei, da nach § 12 Abs. 5 TV-Ärzte/VKA ein vorrangiger Ausgleich in Geld besteht und das Wahlrecht zugunsten von Freizeit nur dem Arbeitgeber zusteht.

1,3 Nachtzuschlag (§ 12 Abs. 4 TV-Ärzte/VKA)

Der nach § 12 Abs. 4 TV-Ärzte/VKA in Geld zu zahlende Nachtzuschlag erfüllt ebenfalls die Voraussetzungen des § 3b EStG.

2. Für die nachfolgend aufgeführten Zuschläge kommt eine Steuerbefreiung nach § 3b EStG nicht in Betracht:

2.1 Zuschlag für Arbeit an gesetzlichen Feiertagen (§ 8 Abs. 1 TV-Ärzte/VKA)

Da hier ein Anspruch auf Ausgleich in Freizeit besteht, ist die Barabgeltung dieses Freizeitanspruchs kein begünstigter Lohnzuschlag (R 3b Abs. 1 Satz 6 LStR).

2.2 Rufbereitschaftsentschädigung (§ 11 Abs. 3 TV-Ärzte/VKA)

Die Rufbereitschaftsentschädigung ist nicht nach § 3b EStG steuerfrei. Dies gilt auch für den an Wochenenden bzw. Feiertagen zu zahlenden Verdopplungsbetrag, weil dieser auch an Samstagen und damit nicht nur für begünstigte Zeiten i. S. d. § 3b EStG gezahlt wird.

2.3 Wechselschichtzulage/Schichtzulage (§ 11 Abs. 4 und 5 TV-Ärzte/VKA)

Bei den beiden Zulagen handelt es sich nicht um Zuschläge für Sonntags-, Feiertags- oder Nachtarbeit. Sie sind folglich steuerpflichtig.

2.4 Bereitschaftsdienstentgelte (§ 12 TV-Ärzte/VKA)

Das „übliche" Bereitschaftsdienstentgelt nach § 12 Abs. 2 TV-Ärzte/VKA ist nicht nach § 3b EStG steuerfrei. Es handelt sich nicht um einen Zuschlag für tatsächlich geleistete Sonntags-, Feiertags- oder Nachtarbeit bzw. nicht um „neben dem Grundlohn gezahlte Zuschläge" (vgl. BFH-Urteil vom 24. 11. 1989, BStBl 1990 II S. 315).

Aufteilung von Mischzuschlägen

→ BFH vom 13. 10. 1989 (BStBl 1991 II S. 8)

Bereitschaftsdienste

– Ein Zeitzuschlag für ärztliche Bereitschaftsdienste wird auch dann nicht für tatsächlich geleistete Sonntags-, Feiertags- oder Nachtarbeit gezahlt, wenn die Bereitschaftsdienste überwiegend zu diesen Zeiten anfallen. Auch wenn die auf Sonntage, Feiertage und Nachtzeit entfallenden Bereitschaftsdienste festgestellt werden können, ist die Bereitschaftsdienstvergütung deshalb nicht steuerfrei (→ BFH vom 24. 11. 1989 – BStBl 1990 II S. 315).

– Ist in begünstigten Zeiten des § 3b EStG Bereitschaft angeordnet, sind Zuschläge zur Bereitschaftsdienstvergütung steuerfrei, soweit sie die in § 3b EStG vorgesehenen Prozentsätze, gemessen an der Bereitschaftsdienstvergütung, nicht übersteigen (→ BFH vom 27. 8. 2002 – BStBl II S. 883).

– *Werden Bereitschaftsdienste pauschal zusätzlich zum Grundlohn ohne Rücksicht darauf vergütet, ob die Tätigkeit an einem Samstag oder einem Sonntag erbracht wird, handelt es sich nicht um steuerfreie Zuschläge für Sonntags-, Feiertags- oder Nachtarbeit i. S. d. § 3b Abs. 1 EStG (→ BFH vom 29. 11. 2016 – BStBl 2017 II S. 718).*

Durchschnittlicher Auszahlungsbetrag

Die Vereinbarung eines durchschnittlichen Auszahlungsbetrags pro tatsächlich geleisteter Arbeitsstunde steht der Steuerbefreiung nicht entgegen; der laufende Arbeitslohn kann der Höhe nach schwanken und durch eine Grundlohnergänzung aufgestockt werden (→ BFH vom 17. 6. 2010 – BStBl 2011 II S. 43).

Einkünfte aus nichtselbständiger Arbeit

– Die Steuerfreiheit nach § 3b EStG setzt voraus, dass die Zuschläge ohne diese Vorschrift den Einkünften aus nichtselbständiger Arbeit zuzurechnen wären (→ BFH vom 19. 3. 1997 – BStBl II S. 577).

– Zahlt eine Kapitalgesellschaft ihrem Gesellschafter-Geschäftsführer zusätzlich zu seinem Festgehalt Vergütungen für Sonntags-, Feiertags- und Nachtarbeit, liegt nur in Ausnahmefällen keine verdeckte Gewinnausschüttung vor (→ BFH vom 14. 7. 2004 – BStBl 2005 II S. 307).

→ GmbH-Geschäftsführer

– Bezieht ein nicht beherrschender Gesellschafter, der zugleich leitender Angestellter der GmbH ist, neben einem hohen Festgehalt, Sonderzahlungen und einer Gewinntantieme zusätzlich Zuschläge für Sonntags-, Feiertags-, Mehr- und Nachtarbeit, können diese als verdeckte Gewinnausschüttung zu erfassen sein (→ BFH vom 13. 12. 2006 – BStBl 2007 II S. 393).

Fluggesellschaften

Anerkennung steuerfreier Zuschläge für Sonntags-, Feiertags- oder Nachtarbeit bei Fluggesellschaften (§ 3b EStG)

(Erlaß des FinMin Sachsen vom 24. 7. 1998–32 – S 2343 – 12/17 – 46507 –)

Im Einvernehmen mit dem BMF und den obersten Finanzbehörden der anderen Länder ist für die steuerliche Behandlung der o. g. Zeitzuschläge folgende Auffassung zu vertreten:

Ein Verzicht auf die Einzelanschreibung und Einzelbezahlung der geleisteten Sonntags-, Feiertags- oder Nachtarbeit erscheint nur bei Fluggesellschaften, die Flüge in verschiedenen Zeitzonen durchführen, sachgerecht. Demgegenüber ist für Fluggesellschaften als Arbeitgeber die Aufzeichnung der tatsächlich geleisteten begünstigten Zeiten zumutbar, wenn die Flüge fast ausschließlich innerhalb derselben Zeitzone durchgeführt werden, zumal § 7 der Zweiten Durchführungsverordnung zur Betriebsordnung für Luftfahrtgerät die fortlaufende Aufzeichnung der Flugdienst- und Ruhezeiten der Besatzungsmitglieder in Flugzeugen in übersichtlicher und prüfbarer Form verlangt.

. . .

Gefahrenzulage

Es ist von Verfassungs wegen nicht geboten, die Steuerbefreiung für Zuschläge, die für tatsächlich geleistete Sonntags-, Feiertags- oder Nachtarbeit gezahlt werden, auf Gefahrenzulagen und Zulagen im Kampfmittelräumdienst auszudehnen (→ BFH vom 15. 9. 2011 – BStBl 2012 II S. 144).

GmbH-Geschäftsführer

Vergütungen für Sonn-, Feiertags- und Nachtarbeit an Gesellschafter-Geschäftsführer

(Verfügung der OFD Hannover vom 9. 12. 2005 – S 2742-107-StO 241 –)

Die Zahlung einer Überstundenvergütung an den Gesellschafter-Geschäftsführer ist eine verdeckte Gewinnausschüttung, da die gesonderte Vergütung von Überstunden nicht dem entspricht, was ein ordentlicher und gewissenhafter Geschäftsleiter einer GmbH mit einem Fremdgeschäftsführer vereinbaren würde (BMF-Schreiben vom 28. September 1998, BStBl I S. 1194 und H 36 (Überstundenvergütung, Sonn-, Feiertags- und Nachtzuschläge) KStH 2004).

Mit Urteil vom 14. Juli 2004, BStBl II 2005 S. 307, hat der BFH in einem besonders gelagerten Einzelfall entschieden, dass die Zahlungen von Sonn- und Feiertagszuschlägen an einen Gesellschafter-Geschäftsführer ausnahmsweise keine verdeckte Gewinnausschüttung darstellt, wenn überzeugende betriebliche Gründe vorliegen, die geeignet sind, die Vermutung einer gesellschaftsrechtlichen Veranlassung zu entkräften. Dies ist dann der Fall, wenn eine solche Vereinbarung auch mit vergleichbaren gesellschaftsfremden Personen abgeschlossen ist.

Mit der amtlichen Veröffentlichung des Urteils ist keine Abkehr von der o. a. Verwaltungsauffassung verbunden. Denn der BFH hält grundsätzlich an seiner ständigen Rechtsprechung fest, dass bei Vergütungen für Sonn-, Feiertags- und Nachtarbeit zunächst von der – allerdings widerlegbaren – Vermutung der Veranlassung durch das Gesellschaftsverhältnis auszugehen ist.

Grundlohn

Beispiel 1:

Ein Arbeitnehmer in einem Drei-Schicht-Betrieb hat eine tarifvertraglich geregelte Arbeitszeit von 38 Stunden wöchentlich und einen monatlichen Lohnzahlungszeitraum. Er hat Anspruch – soweit es den laufenden Arbeitslohn ohne Sonntags-, Feiertags- oder Nachtarbeitszuschläge angeht – auf

– einen Normallohn von 8,50 € für jede im Lohnzahlungszeitraum geleistete Arbeitsstunde,
– einen Schichtzuschlag von 0,25 € je Arbeitsstunde,
– einen Zuschlag für Samstagsarbeit von 0,50 € für jede Samstagsarbeitsstunde,
– einen Spätarbeitszuschlag von 0,85 € für jede Arbeitsstunde zwischen 18.00 Uhr und 20.00 Uhr,
– einen Überstundenzuschlag von 2,50 € je Überstunde,
– eine Gefahrenzulage für unregelmäßig anfallende gefährliche Arbeiten von 1,50 € je Stunde,
– einen steuerpflichtigen, aber nicht pauschal versteuerten Fahrtkostenzuschuss von 3,00 € je Arbeitstag,
– eine vermögenswirksame Leistung von 40,00 € monatlich,
– Beiträge des Arbeitgebers zu einer Direktversicherung von 50,00 € monatlich.

Im Juni hat der Arbeitnehmer infolge Urlaubs nur an 10 Tagen insgesamt 80 Stunden gearbeitet. In diesen 80 Stunden sind enthalten:

– Regelmäßige Arbeitsstunden	76
– Überstunden insgesamt	4
– Samstagsstunden insgesamt	12
– Überstunden an Samstagen	2
– Spätarbeitsstunden insgesamt	16
– Überstunden mit Spätarbeit	2
– Stunden mit gefährlichen Arbeiten insgesamt	5
– Überstunden mit gefährlichen Arbeiten	1

Hiernach betragen
a) der Basisgrundlohn

8,50 € Stundenlohn × 38 Stunden × 4,35	1 405,05 €
0,25 € Schichtzuschlag × 38 Stunden × 4,35	41,33 €
Vermögenswirksame Leistungen	40,00 €
Beiträge zur Direktversicherung	50,00 €
insgesamt	1 536,38 €

b) die Grundlohnzusätze

0,50 € Samstagsarbeitszuschlag × 10 Stunden	5,00 €
0,85 € Spätarbeitszuschlag × 14 Stunden	11,90 €
1,50 € Gefahrenzulage × 4 Stunden	6,00 €
3,00 € Fahrtkostenzuschuss × 10 Arbeitstage	30,00 €
insgesamt	52,90 €

c) der Grundlohn des Lohnzahlungszeitraums

insgesamt   1 589,28 €

d) der für die Begrenzung des steuerfreien Anteils der begünstigten Lohnzuschläge maßgebende Grundlohn

$$\frac{1\ 589,28\ \text{€}}{38 \times 4,35} = \underline{\underline{9,61\ \text{€}.}}$$

Beispiel 2:
Bei einem Arbeitnehmer mit tarifvertraglich geregelter Arbeitszeit von 37,5 Stunden wöchentlich und einem monatlichen Lohnzahlungszeitraum, dessen Sonntags-, Feiertags- und Nachtarbeitszuschläge sowie nicht im Voraus feststehende Bezüge sich nach den Verhältnissen des Vormonats bemessen, betragen für den Lohnzahlungszeitraum März

– der Basisgrundlohn	1 638,64 €
– die Grundlohnzusätze (bemessen nach den Verhältnissen im Monat Februar)	140,36 €
Im Februar betrug der Basisgrundlohn	1 468,08 €.

Für die Ermittlung des steuerfreien Anteils der Zuschläge für Sonntags-, Feiertags- oder Nachtarbeit, die dem Arbeitnehmer auf Grund der im Februar geleisteten Arbeit für den Lohnzahlungszeitraum März zustehen, ist von einem Grundlohn auszugehen, der sich aus

– dem Basisgrundlohn des Lohnzahlungszeitraums Februar (R 3b Abs. 2 Nr. 2 Buchst. a Satz 2) von	1 468,08 €
– und den Grundlohnzusätzen des Lohnzahlungszeitraums März (bemessen nach den Verhältnissen im Februar)	140,36 €

zusammensetzt.
Der für die Berechnung des steuerfreien Anteils der begünstigten Lohnzuschläge maßgebende Grundlohn beträgt also

$$\frac{1\ 468,08\ \text{€} + 140,36\ \text{€}}{37,5 \times 4,35} = \underline{\underline{9,86\ \text{€}.}}$$

Pauschale Zuschläge
– Die Steuerbefreiung setzt grundsätzlich Einzelaufstellungen der tatsächlich erbrachten Arbeitsstunden an Sonn- und Feiertagen oder zur Nachtzeit voraus (BFH vom 28. 11. 1990 – BStBl 1991 II S. 293). Demgegenüber können pauschale Zuschläge dann steuerfrei sein, wenn und soweit sie als bloße Abschlagszahlungen oder Vorschüsse auf später einzeln abzurechnende Zuschläge geleistet werden (BFH vom 23. 10. 1992 – BStBl 1993 II S. 314).

– Pauschale Zuschläge können steuerfrei sein, wenn sie als Abschlagszahlungen oder Vorschüsse für tatsächlich geleistete Sonntags-, Feiertags- oder Nachtarbeit gezahlt werden. Der fehlende Nachweis tatsächlich erbrachter Arbeitsleistungen kann nicht durch eine Modellrechnung ersetzt werden (BFH vom 25. 5. 2005 – BStBl II S. 725).

– Pauschale Zuschläge sind nicht steuerfrei, wenn sie nicht als Abschlagszahlungen oder Vorschüsse auf Zuschläge für tatsächlich geleistete Sonntags-, Feiertags- oder Nachtarbeit gezahlt werden, sondern Teil einer einheitlichen Tätigkeitsvergütung sind (→ BFH vom 16. 12. 2010 – BStBl 2012 II S. 288).

– Pauschale Zuschläge, die der Arbeitgeber ohne Rücksicht auf die Höhe der tatsächlich erbrachten Sonntags-, Feiertags- oder Nachtarbeit an den Arbeitnehmer leistet, sind nur dann nach § 3b EStG begünstigt, wenn sie nach dem übereinstimmenden Willen von Arbeitgeber und Arbeitnehmer als Abschlagszahlungen oder Vorschüsse auf eine spätere Einzelabrechnung gemäß § 41b EStG geleistet werden. Diese Einzelabrechnung zum jährlichen Abschluss des Lohnkontos ist grundsätzlich unverzichtbar. Auf sie kann im Einzelfall nur verzichtet werden, wenn die Arbeitsleistungen fast ausschließlich zur Nachtzeit zu erbringen und die pauschal geleisteten Zuschläge so bemessen sind, dass sie auch unter Einbeziehung von Urlaub und sonstigen Fehlzeiten – aufs Jahr bezogen – die Voraussetzungen der Steuerfreiheit erfüllen (→ BFH vom 8. 12. 2011 – BStBl 2012 II S. 291).

Tatsächliche Arbeitsleistung

Soweit Zuschläge gezahlt werden, ohne dass der Arbeitnehmer in der begünstigten Zeit gearbeitet hat, z. B. bei Lohnfortzahlung im Krankheits- oder Urlaubsfall oder bei Lohnfortzahlung an von der betrieblichen Tätigkeit freigestellte Betriebsratsmitglieder oder bei der Lohnfortzahlung nach dem Mutterschutzgesetz, sind sie steuerpflichtig (→ BFH vom 3. 5. 1974 – BStBl II S. 646 und vom 26. 10. 1984 – BStBl 1985 II S. 57, betr. Zuschläge, die in nach § 11 MuSchG gezahltem Mutterschutzlohn enthalten sind und vom 27. 5. 2009 – BStBl II S. 730).

Wechselschichtzuschlag

– Zuschläge für Wechselschichtarbeit, die der Arbeitnehmer für seine Wechselschicht regelmäßig und fortlaufend bezieht, sind dem steuerpflichtigen Grundlohn zugehörig; sie sind auch während der durch § 3b EStG begünstigten Nachtzeit nicht steuerfrei (→ BFH vom 7. 7. 2005 – BStBl II 2005 S. 888).

– *Die einem Polizeibeamten gezahlte Zulage für Dienst zu wechselnden Zeiten nach § 17a EZulV ist nicht nach § 3b EStG steuerfrei (→ BFH vom 15. 2. 2017 – BStBl II S. 644).*

Zeitgutschrift/Wahlrecht

Steuerfreiheit der Zuschläge nach § 3b EStG bei einem tarifvertraglichen Wahlrecht des Arbeitnehmers für eine Zeitgutschrift

(Verfügung der OFD Hannover vom 15. 8. 2012 – S 2343-119-St 213 –)

Auf Bund-Länder-Ebene wurde die Frage erörtert, ob in Fällen, in denen die tarifvertraglichen Regelungen dem Arbeitnehmern ein Wahlrecht einräumen, die Lohnzuschläge für geleistete Sonntags-, Feiertags- oder Nachtarbeit in eine entsprechende Zeitgutschrift (Vorrang „Geldleistung vor Freizeitanspruch") umzuwandeln, ein für die Anwendung des § 3b EStG schädliches Wahlrecht der Arbeitnehmer vorliegt.

Nach dem Ergebnis der Erörterung ist in diesen Fällen die unwiderrufliche Festlegung des Arbeitnehmers vor Ableitung der begünstigten Arbeit maßgebend. Dies heißt:

● Entscheidet sich der Arbeitnehmer vor der Entstehung seines Anspruchs nicht für eine Zeitgutschrift, entsteht ein Geldanspruch, der im Zeitpunkt der Erfüllung im Rahmen des § 3b EStG steuerfrei ist.

● Entscheidet sich der Arbeitnehmer hingegen vor der Entstehung seines Anspruchs zunächst für eine Zeitgutschrift und wird dieser „Freizeitanspruch" später durch eine Geldzahlung abgegolten, ist die Abgeltung des Freizeitanspruchs nicht im Rahmen des § 3b EStG steuerfrei (R 3b Abs. 1 Satz 6 LStR).

Zeitwertkonto

Bei zeitversetzter Auszahlung bleibt die Steuerfreiheit nur für den Zuschlag als solchen erhalten (→ R 3b Abs. 8). Eine darauf beruhende etwaige Verzinsung oder Wertsteigerung ist hingegen nicht steuerfrei (→ BMF vom 17. 6. 2009 – BStBl I S. 1286).

Anhang 35

Zulage für Dienst zu wechselnden Zeiten

Steuerliche Behandlung der Zulage für Dienst zu wechselnden Zeiten nach §§ 17a bis 17d der Verordnung über die Gewährung von Erschwerniszulagen (Erschwerniszulagenverordnung – EZulV)

OFD Nordrhein-Westfalen vom 13. 4. 2015

Durch die Verordnung zur Änderung von Vorschriften für Dienst zu wechselnden Zeiten vom 20. 8. 2013 (BGBl. 2013 I S. 3286) sind mit Wirkung ab 1. 10. 2013 u. a. die Regelungen für Zulagen für Wechselschichtdienst und Schichtdienst in § 20 EZuLV alte Fassung aufgehoben und durch §§ 17a bis 17d EZuLV ersetzt worden.

Die bisher in § 20 EZulV geregelten Zulagen für Schicht- und Wechselschichtdienst wurden pauschal gezahlt und waren steuerpflichtig. Mit Urteil vom 7. 7. 2005, BStBl 2005 II S. 888, entschied der BFH, dass Zuschläge für Wechselschichtarbeit, die der Arbeitnehmer für seine Wechselschicht regelmäßig und fortlaufend bezieht, dem steuerpflichtigen Grundlohn zugehörig seien. Sie seien auch während der durch § 3b EStG begünstigten Nachtzeit nicht steuerbefreit. Um derartige Zuschläge handelte es sich bei den in § 20 EZulV alte Fassung geregelten Zulagen für Schicht- und Wechselschichtdienst.

Auch die Zulage für Dienst zu wechselnden Zeiten nach §§ 17a bis 17d EZulV erfüllt nicht die Voraussetzungen für die Steuerfreiheit nach § 3b EStG. § 3b EStG verlangt u. a. eine bestimmte (subjektive) Zweckbestimmung der begünstigten Zuschlagszahlungen. Der Zweck der monatlich gezahlten Zulage für Dienst zu wechselnden Zeiten ist – auch wenn sie u. a. eine Mindestzahl tatsächlich geleisteter Nachtdienststunden erfordert – aber nicht ein Zuschlag für Sonntags-, Feiertags- oder Nachtarbeit, sondern ein Ausgleich für die besonderen Belastungen des Biorhythmus durch häufig wechselnde Arbeitszeiten und einen hohen Anteil von Nachtdienststunden. Dies ergibt sich aus der systematischen Stellung der §§ 17a bis 17d in Abschnitt 3 „Zulage für Dienst zu wechselnden Zeiten" der EZulV. Ebenso folgt aus der tatbestandlichen Ausgestaltung der Zulage, dass es sich nicht um eine Nachtzulage, sondern um eine Wechselschichtzulage handelt. Die Gewährung der Zulage für Dienst zu wechselnden Zeiten setzt nach § 17a Satz 1 Nr. 1 EZulV voraus, dass Beamte und Soldaten für die Gewährung der Zulage zu Diensten zu wechselnden Zeiten herangezogen werden müssen. Dies hat zur Folge, dass jemand, der nur nachts arbeitet, keinen Anspruch auf die Zulage hat.

Zuschlag zum Grundlohn

Ein Zuschlag wird nicht neben dem Grundlohn gezahlt, wenn er aus dem arbeitsrechtlich geschuldeten Arbeitslohn rechnerisch ermittelt wird, selbst wenn im Hinblick auf eine ungünstig liegende Arbeitszeit ein höherer Arbeitslohn gezahlt werden sollte (→ BFH vom 28. 11. 1990 – BStBl 1991 II S. 296); infolgedessen dürfen auch aus einer Umsatzbeteiligung keine Zuschläge abgespalten und nach § 3b EStG steuerfrei gelassen werden.

§ 3c   Anteilige Abzüge

EStG
S 2128

(1) Ausgaben dürfen, soweit sie mit steuerfreien Einnahmen in unmittelbarem wirtschaftlichen Zusammenhang stehen, nicht als Betriebsausgaben oder Werbungskosten abgezogen werden; Absatz 2 bleibt unberührt.

(2) [1]Betriebsvermögensminderungen, Betriebsausgaben, Veräußerungskosten oder Werbungskosten, die mit den dem § 3 Nummer 40 zugrunde liegenden Betriebsvermögensmehrungen oder Einnahmen oder mit Vergütungen nach § 3 Nummer 40a in wirtschaftlichem Zusammenhang stehen, dürfen unabhängig davon, in welchem Veranlagungszeitraum die Betriebsvermögensmehrungen oder Einnahmen anfallen, bei der Ermittlung der Einkünfte nur zur Hälfte abgezogen werden; Entsprechendes gilt, wenn bei der Ermittlung der Einkünfte der Wert des Betriebsvermögens oder des Anteils am Betriebsvermögen oder die Anschaffungs- oder Herstellungskosten oder der an deren Stelle tretende Wert mindernd zu berücksichtigen sind. [2]Satz 1 ist auch für Betriebsvermögensminderungen oder Betriebsausgaben im Zusammenhang mit einer Darlehensforderung oder aus der Inanspruchnahme von Sicherheiten anzuwenden, die für ein Darlehen hingegeben wurden, wenn das Darlehen oder die Sicherheit von einem Steuerpflichtigen gewährt wird, der zu mehr als einem Viertel unmittelbar oder mittelbar am Grund- oder Stammkapital der Körperschaft, der das Darlehen gewährt wurde, beteiligt ist oder war. [3]Satz 2 ist insoweit nicht anzuwenden, als nachgewiesen wird, dass auch ein fremder Dritter das Darlehen bei sonst gleichen Umständen gewährt oder noch nicht zurückgefordert hätte; dabei sind nur die eigenen Sicherungsmittel der Körperschaft zu berücksichtigen. [4]Die Sätze 2 und 3 gelten entsprechend für Forderungen aus Rechtshandlungen, die einer Darlehensgewährung wirtschaftlich vergleichbar sind. [5]Gewinne aus dem Ansatz des nach § 6 Absatz 1 Nummer 2 Satz 3 maßgeblichen Werts bleiben bei der Ermittlung der Einkünfte außer Ansatz, soweit auf die vorangegangene Teilwertabschreibung Satz 2 angewendet worden ist. [6]Satz 1 ist außerdem ungeachtet eines wirtschaftlichen Zusammenhangs mit den dem § 3 Nummer 40 zugrunde liegenden Betriebsvermögensmehrungen oder Einnahmen oder mit Vergütungen nach § 3 Nummer 40a auch auf Betriebsvermögensminderungen, Betriebsausgaben oder Veräußerungskosten eines Gesellschafters einer Körperschaft anzuwenden, soweit diese mit einer im Gesellschaftsverhältnis veranlassten unentgeltlichen Überlassung von Wirtschaftsgütern an diese Körperschaft oder bei einer teilentgeltlichen Überlassung von Wirtschaftsgütern mit dem unentgeltlichen Teil in Zusammenhang stehen und der Steuerpflichtige zu mehr als einem Viertel unmittelbar oder mittelbar am Grund-

oder Stammkapital dieser Körperschaft beteiligt ist oder war. [7]Für die Anwendung des Satzes 1 ist die Absicht zur Erzielung von Betriebsvermögensmehrungen oder Einnahmen im Sinne des § 3 Nummer 40 oder von Vergütungen im Sinne des § 3 Nummer 40a ausreichend. [8]Satz 1 gilt auch für Wertminderungen des Anteils an einer Organgesellschaft, die nicht auf Gewinnausschüttungen zurückzuführen ist. [9]§ 8b Absatz 10 des Körperschaftsteuergesetzes gilt sinngemäß.

S 1983

(3) Betriebsvermögensminderungen, Betriebsausgaben oder Veräußerungskosten, die mit den Betriebsvermögensmehrungen oder Einnahmen im Sinne des § 3 Nummer 70 in wirtschaftlichem Zusammenhang stehen, dürfen unabhängig davon, in welchem Veranlagungszeitraum die Betriebsvermögensmehrungen oder Einnahmen anfallen, nur zur Hälfte abgezogen werden.

1)

Hinweise

Anwendung des Teileinkünfteverfahrens in der steuerlichen Gewinnermittlung (für Wirtschaftsjahre, die vor dem 1. 1. 2015 beginnen)

→ BMF vom 23. 10. 2013 (BStBl I S. 1269)

Hinzurechnungsbetrag

Hinzurechnungen nach §§ 7, 10 AStG sind keine Einnahmen i. S. d. § 3c Abs. 1 EStG (→ BFH vom 7. 9. 2005 – BStBl 2006 II S. 537).

Verfassungsmäßigkeit

§ 3c Abs. 2 Satz 2 EStG i. d. F. des JStG 2010 (jetzt: Satz 7) ist verfassungsgemäß (→ BFH vom 2. 9. 2014 – BStBl 2015 II S. 257).

Zusammenhang mit steuerfreien Einnahmen

Ein unmittelbarer wirtschaftlicher Zusammenhang mit steuerfreien Einnahmen liegt vor, wenn Einnahmen und Ausgaben durch dasselbe Ereignis veranlasst sind. Dies ist der Fall, wenn steuerfreie Einnahmen dazu bestimmt sind, Aufwendungen zu ersetzen, die mit Einkünften i. S. d. § 2 EStG in wirtschaftlichem Zusammenhang stehen. Daraus folgt, dass die Steuerfreiheit von Einnahmen, die der Erstattung von Ausgaben dienen, durch § 3c Abs. 1 EStG rückgängig gemacht wird. Eine Aufteilung der Ausgaben in einen abziehbaren und nicht abziehbaren Teil nach dem Verhältnis der steuerfreien zu den steuerpflichtigen Einnahmen kommt nicht in Betracht. Diese Wirkungsweise des § 3c Abs. 1 EStG rechtfertigt sich daraus, dass erstattete Ausgaben den Stpfl. nicht belasten und daher seine steuerpflichtigen Einkünfte auch nicht mindern dürfen (→ BFH vom 27. 4. 2006 – BStBl II S. 755).

---

1) Absatz 4 wird durch Artikel 2 des Gesetz gegen schädliche Steuerpraktiken im Zusammenhang mit Rechteüberlassungen angefügt und ist für Betriebsvermögensminderungen oder Betriebsausgaben in unmittelbarem wirtschaftlichem Zusammenhang mit einem Schuldenerlass nach dem 8. 2. 2017 anzuwenden, für den § 3a EStG angewendet wird → § 52 Abs. 5 Satz 3 EStG.
Nach Artikel 6 Abs. 2 des Gesetzes gegen schädliche Steuerpraktiken im Zusammenhang mit Rechteüberlassungen tritt Artikel 2 an dem Tag in Kraft, an dem die Europäische Kommission durch Beschluss feststellt, dass die Regelungen des Artikels 2 entweder keine staatlichen Beihilfen i. S. d. Artikels 107 Abs. 1 des Vertrags über die Arbeitsweise der EU oder mit dem Binnenmarkt vereinbare Beihilfen darstellen. Der Tag des Beschlusses der Europäischen Kommission sowie der Tag des Inkrafttretens werden vom BMF gesondert im BGBl. bekanntgemacht. Absatz 4 i. d. F. des Artikels 2 des Gesetzes gegen schädliche Steuerpraktiken im Zusammenhang mit Rechteüberlassungen lautet:
„(4) [1]Betriebsvermögensminderungen oder Betriebsausgaben, die mit einem steuerfreien Sanierungsertrag im Sinne des § 3a in unmittelbarem wirtschaftlichem Zusammenhang stehen, dürfen unabhängig davon, in welchem Veranlagungszeitraum der Sanierungsertrag entsteht, nicht abgezogen werden. [2]Satz 1 gilt nicht, soweit Betriebsvermögensminderungen oder Betriebsausgaben zur Erhöhung von Verlustvorträgen geführt haben, die nach Maßgabe der in § 3a Absatz 3 getroffenen Regelungen entfallen. [3]Zu den Betriebsvermögensminderungen oder Betriebsausgaben im Sinne des Satzes 1 gehören auch Aufwendungen im Zusammenhang mit einem Besserungsschein und vergleichbare Aufwendungen. [4]Satz 1 gilt für Betriebsvermögensminderungen oder Betriebsausgaben, die nach dem Sanierungsjahr entstehen, nur insoweit, als noch ein verbleibender Sanierungsertrag im Sinne von § 3a Absatz 3 Satz 4 vorhanden ist. [5]Wurden Betriebsvermögensminderungen oder Betriebsausgaben im Sinne des Satzes 1 bereits bei einer Steuerfestsetzung oder einer gesonderten Feststellung nach § 180 Absatz 1 Satz 1 der Abgabenordnung gewinnmindernd berücksichtigt, ist der entsprechende Steuer- oder Feststellungsbescheid insoweit zu ändern. [6]Das gilt auch dann, wenn der Steuer- oder Feststellungsbescheid bereits bestandskräftig geworden ist; die Festsetzungsfrist endet insoweit nicht, bevor die Festsetzungsfrist für das Sanierungsjahr abgelaufen ist."

3. Gewinn

§ 4 Gewinnbegriff im Allgemeinen

EStG
S 2130

S 2131 –
S 2132b
S 2134 –
S 2136

(1) [1]Gewinn ist der Unterschiedsbetrag zwischen dem Betriebsvermögen am Schluss des Wirtschaftsjahres und dem Betriebsvermögen am Schluss des vorangegangenen Wirtschaftsjahres, vermehrt um den Wert der Entnahmen und vermindert um den Wert der Einlagen. [2]Entnahmen sind alle Wirtschaftsgüter (Barentnahmen, Waren, Erzeugnisse, Nutzungen und Leistungen), die der Steuerpflichtige dem Betrieb für sich, für seinen Haushalt oder für andere betriebsfremde Zwecke im Laufe des Wirtschaftsjahres entnommen hat. [3]Einer Entnahme für betriebsfremde Zwecke steht der Ausschluss oder die Beschränkung des Besteuerungsrechts der Bundesrepublik Deutschland hinsichtlich des Gewinns aus der Veräußerung oder der Nutzung eines Wirtschaftsguts gleich. [4]Ein Ausschluss oder eine Beschränkung des Besteuerungsrechts hinsichtlich des Gewinns aus der Veräußerung eines Wirtschaftsguts liegt insbesondere vor, wenn ein bisher einer inländischen Betriebsstätte des Steuerpflichtigen zuzuordnendes Wirtschaftsgut einer ausländischen Betriebsstätte zuzuordnen ist. [5]Satz 3 gilt nicht für Anteile an einer Europäischen Gesellschaft oder Europäischen Genossenschaft in den Fällen

1. einer Sitzverlegung der Europäischen Gesellschaft nach Artikel 8 der Verordnung (EG) Nr. 2157/2001 des Rates vom 8. Oktober 2001 über das Statut der Europäischen Gesellschaft (SE) (ABl. EG Nr. L 294 S. 1), zuletzt geändert durch die Verordnung (EG) Nr. 885/2004 des Rates vom 26. April 2004 (ABl. EU Nr. L 168 S. 1), und

2. einer Sitzverlegung der Europäischen Genossenschaft nach Artikel 7 der Verordnung (EG) Nr. 1435/2003 des Rates vom 22. Juli 2003 über das Statut der Europäischen Genossenschaft (SCE) (ABl. EU Nr. L 207 S. 1).

[6]Ein Wirtschaftsgut wird nicht dadurch entnommen, dass der Steuerpflichtige zur Gewinnermittlung nach § 13a übergeht. [7]Eine Änderung der Nutzung eines Wirtschaftsguts, die bei Gewinnermittlung nach Satz 1 keine Entnahme ist, ist auch bei Gewinnermittlung nach § 13a keine Entnahme. [8]Einlagen sind alle Wirtschaftsgüter (Bareinzahlungen und sonstige Wirtschaftsgüter), die der Steuerpflichtige dem Betrieb im Laufe des Wirtschaftsjahres zugeführt hat; einer Einlage steht die Begründung des Besteuerungsrechts der Bundesrepublik Deutschland hinsichtlich des Gewinns aus der Veräußerung eines Wirtschaftsguts gleich. [9]Bei der Ermittlung des Gewinns sind die Vorschriften über die Betriebsausgaben, über die Bewertung und über die Absetzung für Abnutzung oder Substanzverringerung zu befolgen.

(2) [1]Der Steuerpflichtige darf die Vermögensübersicht (Bilanz) auch nach ihrer Einreichung beim Finanzamt ändern, soweit sie den Grundsätzen ordnungsmäßiger Buchführung unter Befolgung der Vorschriften dieses Gesetzes nicht entspricht; diese Änderung ist nicht zulässig, wenn die Vermögensübersicht (Bilanz) einer Steuerfestsetzung zugrunde liegt, die nicht mehr aufgehoben oder geändert werden kann. [2]Darüber hinaus ist eine Änderung der Vermögensübersicht (Bilanz) nur zulässig, wenn sie in einem engen zeitlichen und sachlichen Zusammenhang mit einer Änderung nach Satz 1 steht und soweit die Auswirkung der Änderung nach Satz 1 auf den Gewinn reicht.

(3) [1]Steuerpflichtige, die nicht auf Grund gesetzlicher Vorschriften verpflichtet sind, Bücher zu führen und regelmäßig Abschlüsse zu machen, und die auch keine Bücher führen und keine Abschlüsse machen, können als Gewinn den Überschuss der Betriebseinnahmen über die Betriebsausgaben ansetzen. [2]Hierbei scheiden Betriebseinnahmen und Betriebsausgaben aus, die im Namen und für Rechnung eines anderen vereinnahmt und verausgabt werden (durchlaufende Posten). [3]Die Vorschriften über die Bewertungsfreiheit für geringwertige Wirtschaftsgüter (§ 6 Abs. 2), die Bildung eines Sammelpostens (§ 6 Abs. 2a) und über die Absetzung für Abnutzung oder Substanzverringerung sind zu befolgen. [4]Die Anschaffungs- oder Herstellungskosten für nicht abnutzbare Wirtschaftsgüter des Anlagevermögens, für Anteile an Kapitalgesellschaften, für Wertpapiere und vergleichbare nicht verbriefte Forderungen und Rechte, für Grund und Boden sowie Gebäude des Umlaufvermögens sind erst im Zeitpunkt des Zuflusses des Veräußerungserlöses oder bei Entnahme im Zeitpunkt der Entnahme als Betriebsausgaben zu berücksichtigen. [5]Die Wirtschaftsgüter des Anlagevermögens und Wirtschaftsgüter des Umlaufvermögens im Sinne des Satzes 4 sind unter Angabe des Tages der Anschaffung oder Herstellung und der Anschaffungs- oder Herstellungskosten oder des an deren Stelle getretenen Werts in besondere, laufend zu führende Verzeichnisse aufzunehmen.

(4) Betriebsausgaben sind die Aufwendungen, die durch den Betrieb veranlasst sind.

(4a) [1]Schuldzinsen sind nach Maßgabe der Sätze 2 bis 4 nicht abziehbar, wenn Überentnahmen getätigt worden sind. [2]Eine Überentnahme ist der Betrag, um den die Entnahmen die Summe des Gewinns und der Einlagen des Wirtschaftsjahres übersteigen. [3]Die nicht abziehbaren Schuldzinsen werden typisiert mit 6 Prozent der Überentnahme des Wirtschaftsjahres zuzüglich der Überentnahmen vorangegangener Wirtschaftsjahre und abzüglich der Beträge, um die in den vorangegangenen Wirtschaftsjahren der Gewinn und die Einlagen die Entnahmen überstiegen haben (Unterentnahmen), ermittelt; bei der Ermittlung der Überentnahme ist vom Gewinn ohne Berücksichtigung der nach Maßgabe dieses Absatzes nicht abziehbaren Schuldzinsen auszugehen. [4]Der sich dabei ergebende Betrag, höchstens jedoch der um 2 050 Euro verminderte Betrag der im Wirtschaftsjahr angefallenen Schuldzinsen, ist dem Gewinn hinzuzurechnen. [5]Der Abzug von Schuldzinsen für Darlehen zur Finanzierung von Anschaffungs- oder Herstellungskosten von Wirtschaftsgütern des Anlagevermögens bleibt unberührt. [6]Die Sätze 1 bis 5 sind bei Gewinnermittlung nach § 4 Absatz 3 sinngemäß anzuwenden; hierzu sind Entnahmen und Einlagen gesondert aufzuzeichnen.

S 2145   (5) [1]Die folgenden Betriebsausgaben dürfen den Gewinn nicht mindern:

1. Aufwendungen für Geschenke an Personen, die nicht Arbeitnehmer des Steuerpflichtigen sind. [2]Satz 1 gilt nicht, wenn die Anschaffungs- oder Herstellungskosten der dem Empfänger im Wirtschaftsjahr zugewendeten Gegenstände insgesamt 35 Euro nicht übersteigen;

2. Aufwendungen für die Bewirtung von Personen aus geschäftlichem Anlass, soweit sie 70 Prozent der Aufwendungen übersteigen, die nach der allgemeinen Verkehrsauffassung als angemessen anzusehen und deren Höhe und betriebliche Veranlassung nachgewiesen sind. [2]Zum Nachweis der Höhe und der betrieblichen Veranlassung der Aufwendungen hat der Steuerpflichtige schriftlich die folgenden Angaben zu machen: Ort, Tag, Teilnehmer und Anlass der Bewirtung sowie Höhe der Aufwendungen. [3]Hat die Bewirtung in einer Gaststätte stattgefunden, so genügen Angaben zu dem Anlass und den Teilnehmern der Bewirtung; die Rechnung über die Bewirtung ist beizufügen;

3. Aufwendungen für Einrichtungen des Steuerpflichtigen, soweit sie der Bewirtung, Beherbergung oder Unterhaltung von Personen, die nicht Arbeitnehmer des Steuerpflichtigen sind, dienen (Gästehäuser) und sich außerhalb des Orts eines Betriebs des Steuerpflichtigen befinden;

4. Aufwendungen für Jagd oder Fischerei, für Segeljachten oder Motorjachten sowie für ähnliche Zwecke und für die hiermit zusammenhängenden Bewirtungen;

5. Mehraufwendungen für die Verpflegung des Steuerpflichtigen. [2]Wird der Steuerpflichtige vorübergehend von seiner Wohnung und dem Mittelpunkt seiner dauerhaft angelegten betrieblichen Tätigkeit entfernt betrieblich tätig, sind die Mehraufwendungen für Verpflegung nach Maßgabe des § 9 Absatz 4a abziehbar;

6. Aufwendungen für die Wege des Steuerpflichtigen zwischen Wohnung und Betriebsstätte und für Familienheimfahrten, soweit in den folgenden Sätzen nichts anderes bestimmt ist. [2]Zur Abgeltung dieser Aufwendungen ist § 9 Absatz 1 Satz 3 Nummer 4 Satz 2 bis 6 und Nummer 5 Satz 5 bis 7 und Absatz 2 entsprechend anzuwenden. [3]Bei der Nutzung eines Kraftfahrzeugs dürfen die Aufwendungen in Höhe des positiven Unterschiedsbetrags zwischen 0,03 Prozent des inländischen Listenpreises im Sinne des § 6 Absatz 1 Nummer 4 Satz 2 des Kraftfahrzeugs im Zeitpunkt der Erstzulassung je Kalendermonat für jeden Entfernungskilometer und dem sich nach § 9 Absatz 1 Satz 3 Nummer 4 Satz 2 bis 6 oder Absatz 2 ergebenden Betrag sowie Aufwendungen für Familienheimfahrten in Höhe des positiven Unterschiedsbetrags zwischen 0,002 Prozent des inländischen Listenpreises im Sinne des § 6 Absatz 1 Nummer 4 Satz 2 für jeden Entfernungskilometer und dem sich nach § 9 Absatz 1 Satz 3 Nummer 5 Satz 5 bis 7 oder Absatz 2 ergebenden Betrag den Gewinn nicht mindern; ermittelt der Steuerpflichtige die private Nutzung des Kraftfahrzeugs nach § 6 Absatz 1 Nummer 4 Satz 1 oder Satz 3, treten an die Stelle des mit 0,03 oder 0,002 Prozent des inländischen Listenpreises ermittelten Betrags für Fahrten zwischen Wohnung und Betriebsstätte und für Familienheimfahrten die auf diese Fahrten entfallenden tatsächlichen Aufwendungen § 6 Absatz 1 Nummer 4 Satz 3 zweiter Halbsatz gilt sinngemäß;

6a. die Mehraufwendungen für eine betrieblich veranlasste doppelte Haushaltsführung, soweit sie die nach § 9 Absatz 1 Satz 3 Nummer 5 Satz 1 bis 4 abziehbaren Beträge und die Mehraufwendungen für betrieblich veranlasste Übernachtungen, soweit sie die nach § 9 Absatz 1 Satz 3 Nummer 5a abziehbaren Beträge übersteigen;

6b. Aufwendungen für ein häusliches Arbeitszimmer sowie die Kosten der Ausstattung. [2]Dies gilt nicht, wenn für die betriebliche oder berufliche Tätigkeit kein anderer Arbeitsplatz zur Verfügung steht. [3]In diesem Fall wird die Höhe der abziehbaren Aufwendungen auf 1 250 Euro begrenzt; die Beschränkung der Höhe nach gilt nicht, wenn das Arbeitszimmer den Mittelpunkt der gesamten betrieblichen und beruflichen Betätigung bildet;

7. andere als die in den Nummern 1 bis 6 und 6b bezeichneten Aufwendungen, die die Lebensführung des Steuerpflichtigen oder anderer Personen berühren, soweit sie nach allgemeiner Verkehrsauffassung als unangemessen anzusehen sind;

8. von einem Gericht oder einer Behörde im Geltungsbereich dieses Gesetzes oder von Organen der Europäischen Union festgesetzte Geldbußen, Ordnungsgelder und Verwarnungsgelder. [2]Dasselbe gilt für Leistungen zur Erfüllung von Auflagen oder Weisungen, die in einem berufsgerichtlichen Verfahren erteilt werden, soweit die Auflagen oder Weisungen nicht lediglich der Wiedergutmachung des durch die Tat verursachten Schadens dienen.

[3]Die Rückzahlung von Ausgaben im Sinne der Sätze 1 und 2 darf den Gewinn nicht erhöhen. [4]Das Abzugsverbot für Geldbußen gilt nicht, soweit der wirtschaftliche Vorteil, der durch den Gesetzesverstoß erlangt wurde, abgeschöpft worden ist, wenn die Steuern vom Einkommen und Ertrag, die auf den wirtschaftlichen Vorteil entfallen, nicht abgezogen worden sind; Satz 3 ist insoweit nicht anzuwenden;

8a. Zinsen auf hinterzogene Steuern nach § 235 der Abgabenordnung;

9. Ausgleichszahlungen, die in den Fällen der §§ 14 und 17 des Körperschaftsteuergesetzes an außenstehende Anteilseigner geleistet werden;

10. die Zuwendung von Vorteilen sowie damit zusammenhängende Aufwendungen, wenn die Zuwendung der Vorteile eine rechtswidrige Handlung darstellt, die den Tatbestand eines Strafgesetzes oder eines Gesetzes verwirklicht, das die Ahndung mit einer Geldbuße zulässt. [2]Gerichte, Staatsanwaltschaften oder Verwaltungsbehörden haben Tatsachen, die sie dienstlich erfahren und die den Verdacht einer Tat im Sinne des Satzes 1 begründen, der Finanzbehörde für Zwecke des Besteuerungsverfahrens und zur Verfolgung von Steuerstraftaten und Steuerordnungswidrigkeiten mitzuteilen. [3]Die Finanzbehörde teilt Tatsachen, die den Verdacht einer Straftat oder einer Ordnungswidrigkeit im Sinne des Satzes 1 begründen, der Staatsanwaltschaft oder der Verwaltungsbehörde mit. [4]Diese unterrichten die Finanzbehörde von dem Ausgang des Verfahrens und den zugrundeliegenden Tatsachen;

11. Aufwendungen, die mit unmittelbaren oder mittelbaren Zuwendungen von nicht einlagefähigen Vorteilen an natürliche oder juristische Personen oder Personengesellschaften zur Verwendung in Betrieben in tatsächlichem oder wirtschaftlichem Zusammenhang stehen, deren Gewinn nach § 5a Abs. 1 ermittelt wird;

12. Zuschläge nach § 162 Abs. 4 der Abgabenordnung;

13. Jahresbeiträge nach § 12 Absatz 2 des Restrukturierungsfondsgesetzes.

[2]Das Abzugsverbot gilt nicht, soweit die in den Nummern 2 bis 4 bezeichneten Zwecke Gegenstand einer mit Gewinnabsicht ausgeübten Betätigung des Steuerpflichtigen sind. [3]§ 12 Nr. 1 bleibt unberührt.

(5a) (weggefallen) S 2162

(5b) Die Gewerbesteuer und die darauf entfallenden Nebenleistungen sind keine Betriebsausgaben.

(6) Aufwendungen zur Förderung staatspolitischer Zwecke (§ 10b Abs. 2) sind keine Betriebsausgaben. S 2162

(7) [1]Aufwendungen im Sinne des Absatzes 5 Satz 1 Nr. 1 bis 4, 6b und 7 sind einzeln und getrennt von den sonstigen Betriebsausgaben aufzuzeichnen. [2]Soweit diese Aufwendungen nicht bereits nach Absatz 5 vom Abzug ausgeschlossen sind, dürfen sie bei der Gewinnermittlung nur berücksichtigt werden, wenn sie nach Satz 1 besonders aufgezeichnet sind.

(8) Für Erhaltungsaufwand bei Gebäuden in Sanierungsgebieten und städtebaulichen Entwicklungsbereichen sowie bei Baudenkmalen gelten die §§ 11a und 11b entsprechend.

(9) [1]Aufwendungen des Steuerpflichtigen für seine erstmalige Berufsausbildung oder für sein Studium sind nur dann Betriebsausgaben, wenn der Steuerpflichtige zuvor bereits eine Erstausbildung (Berufsausbildung oder Studium) abgeschlossen hat. [2]§ 9 Absatz 6 Satz 2 bis 5 gilt entsprechend.

---

§ 4a   Gewinnermittlungszeitraum, Wirtschaftsjahr

EStG
S 2115

(1) [1]Bei Land- und Forstwirten und bei Gewerbetreibenden ist der Gewinn nach dem Wirtschaftsjahr zu ermitteln. [2]Wirtschaftsjahr ist

1. bei Land- und Forstwirten der Zeitraum vom 1. Juli bis zum 30. Juni. [2]Durch Rechtsverordnung kann für einzelne Gruppen von Land- und Forstwirten ein anderer Zeitraum bestimmt werden, wenn das aus wirtschaftlichen Gründen erforderlich ist;

2. bei Gewerbetreibenden, deren Firma im Handelsregister eingetragen ist, der Zeitraum, für den sie regelmäßig Abschlüsse machen. [2]Die Umstellung des Wirtschaftsjahres auf einen vom Kalenderjahr abweichenden Zeitraum ist steuerlich nur wirksam, wenn sie im Einvernehmen mit dem Finanzamt vorgenommen wird;

3. bei anderen Gewerbetreibenden das Kalenderjahr. [2]Sind sie gleichzeitig buchführende Land- und Forstwirte, so können sie mit Zustimmung des Finanzamts den nach Nummer 1 maßgebenden Zeitraum als Wirtschaftsjahr für den Gewerbebetrieb bestimmen, wenn sie für den Gewerbebetrieb Bücher führen und für diesen Zeitraum regelmäßig Abschlüsse machen.

(2) Bei Land- und Forstwirten und bei Gewerbetreibenden, deren Wirtschaftsjahr vom Kalenderjahr abweicht, ist der Gewinn aus Land- und Forstwirtschaft oder aus Gewerbebetrieb bei der Ermittlung des Einkommens in folgender Weise zu berücksichtigen:

1. ¹Bei Land- und Forstwirten ist der Gewinn des Wirtschaftsjahres auf das Kalenderjahr, in dem das Wirtschaftsjahr beginnt, und auf das Kalenderjahr, in dem das Wirtschaftsjahr endet, entsprechend dem zeitlichen Anteil aufzuteilen. ²Bei der Aufteilung sind Veräußerungsgewinne im Sinne des § 14 auszuscheiden und dem Gewinn des Kalenderjahrs hinzuzurechnen, in dem sie entstanden sind;

2. bei Gewerbetreibenden gilt der Gewinn des Wirtschaftsjahres als in dem Kalenderjahr bezogen, in dem das Wirtschaftsjahr endet.

EStG
S 2144a

§ 4b Direktversicherung

¹Der Versicherungsanspruch aus einer Direktversicherung, die von einem Steuerpflichtigen aus betrieblichem Anlass abgeschlossen wird, ist dem Betriebsvermögen des Steuerpflichtigen nicht zuzurechnen, soweit am Schluss des Wirtschaftsjahres hinsichtlich der Leistungen des Versicherers die Person, auf deren Leben die Lebensversicherung abgeschlossen ist, oder ihre Hinterbliebenen bezugsberechtigt sind. ²Das gilt auch, wenn der Steuerpflichtige die Ansprüche aus dem Versicherungsvertrag abgetreten oder beliehen hat, sofern er sich der bezugsberechtigten Person gegenüber schriftlich verpflichtet, sie bei Eintritt des Versicherungsfalls so zu stellen, als ob die Abtretung oder Beleihung nicht erfolgt wäre.

EStG
S 2144b

§ 4c Zuwendungen an Pensionskassen

(1) ¹Zuwendungen an eine Pensionskasse dürfen von dem Unternehmen, das die Zuwendungen leistet (Trägerunternehmen), als Betriebsausgaben abgezogen werden, soweit sie auf einer in der Satzung oder im Geschäftsplan der Kasse festgelegten Verpflichtung oder auf einer Anordnung der Versicherungsaufsichtsbehörde beruhen oder der Abdeckung von Fehlbeträgen bei der Kasse dienen. ²Soweit die allgemeinen Versicherungsbedingungen und die fachlichen Geschäftsunterlagen im Sinne des § 234 Absatz 3 Nummer 1 des Versicherungsaufsichtsgesetzes nicht zum Geschäftsplan gehören, gelten diese als Teil des Geschäftsplans.

(2) Zuwendungen im Sinne des Absatzes 1 dürfen als Betriebsausgaben nicht abgezogen werden, soweit die Leistungen der Kasse, wenn sie vom Trägerunternehmen unmittelbar erbracht würden, bei diesem nicht betrieblich veranlasst wären.

EStG
S 2144c

§ 4d Zuwendungen an Unterstützungskassen

(1) ¹Zuwendungen an eine Unterstützungskasse dürfen von dem Unternehmen, das die Zuwendungen leistet (Trägerunternehmen), als Betriebsausgaben abgezogen werden, soweit die Leistungen der Kasse, wenn sie vom Trägerunternehmen unmittelbar erbracht würden, bei diesem betrieblich veranlasst wären und sie die folgenden Beträge nicht übersteigen:

1. bei Unterstützungskassen, die lebenslänglich laufende Leistungen gewähren:

   a) das Deckungskapital für die laufenden Leistungen nach der dem Gesetz als Anlage 1 beigefügten Tabelle. ²Leistungsempfänger ist jeder ehemalige Arbeitnehmer des Trägerunternehmens, der von der Unterstützungskasse Leistungen erhält; soweit die Kasse Hinterbliebenenversorgung gewährt, ist Leistungsempfänger der Hinterbliebene eines ehemaligen Arbeitnehmers des Trägerunternehmens, der von der Kasse Leistungen erhält. ³Dem ehemaligen Arbeitnehmer stehen andere Personen gleich, denen Leistungen der Alters-, Invaliditäts- oder Hinterbliebenenversorgung aus Anlass ihrer ehemaligen Tätigkeit für das Trägerunternehmen zugesagt worden sind;

   b) in jedem Wirtschaftsjahr für jeden Leistungsanwärter

   aa) wenn die Kasse nur Invaliditätsversorgung oder nur Hinterbliebenenversorgung gewährt, jeweils 6 Prozent,

   bb) wenn die Kasse Altersversorgung mit oder ohne Einschluss von Invaliditätsversorgung oder Hinterbliebenenversorgung gewährt, 25 Prozent

---

1) Zur Anwendung von Absatz 1 Satz 1 Nr. 1 Satz 1 → § 52 Abs. 7 EStG.
2) S. Anlage 1 zum Einkommensteuergesetz (zu § 4d Absatz 1), S. 813.

der jährlichen Versorgungsleistungen, die der Leistungsanwärter oder, wenn nur Hinterbliebenenversorgung gewährt wird, dessen Hinterbliebene nach den Verhältnissen am Schluss des Wirtschaftsjahres der Zuwendung im letzten Zeitpunkt der Anwartschaft, spätestens zum Zeitpunkt des Erreichens der Regelaltersgrenze der gesetzlichen Rentenversicherung erhalten können. ²Leistungsanwärter ist jeder Arbeitnehmer oder ehemalige Arbeitnehmer des Trägerunternehmens, der von der Unterstützungskasse schriftlich zugesagte Leistungen erhalten kann und am Schluss des Wirtschaftsjahres, in dem die Zuwendung erfolgt, *1)*

aa) *bei erstmals nach dem 31. Dezember 2017 zugesagten Leistungen das 23. Lebensjahr vollendet hat,*

bb) *bei erstmals nach dem 31. Dezember 2008 und vor dem 1. Januar 2018 zugesagten Leistungen das 27. Lebensjahr vollendet hat oder*

cc) *bei erstmals vor dem 1. Januar 2009 zugesagten Leistungen das 28. Lebensjahr vollendet hat;*

soweit die Kasse nur Hinterbliebenenversorgung gewährt, gilt als Leistungsanwärter jeder Arbeitnehmer oder ehemalige Arbeitnehmer des Trägerunternehmens, der am Schluss des Wirtschaftsjahres, in dem die Zuwendung erfolgt, das *nach dem ersten Halbsatz maßgebende Lebensjahr* vollendet hat und dessen Hinterbliebene die Hinterbliebenenversorgung erhalten können. ³Das Trägerunternehmen kann bei der Berechnung nach Satz 1 statt des dort maßgebenden Betrags den Durchschnittsbetrag der von der Kasse im Wirtschaftsjahr an Leistungsempfänger im Sinne des Buchstabens a Satz 2 gewährten Leistungen zugrunde legen. ⁴In diesem Fall sind Leistungsanwärter im Sinne des Satzes 2 nur die Arbeitnehmer oder ehemaligen Arbeitnehmer des Trägerunternehmens, die am Schluss des Wirtschaftsjahres, in dem die Zuwendung erfolgt, das 50. Lebensjahr vollendet haben. ⁵Dem Arbeitnehmer oder ehemaligen Arbeitnehmer als Leistungsanwärter stehen andere Personen gleich, denen schriftlich Leistungen der Alters-, Invaliditäts- oder Hinterbliebenenversorgung aus Anlass ihrer Tätigkeit für das Trägerunternehmen zugesagt worden sind;

c) den Betrag des Beitrages, den die Kasse an einen Versicherer zahlt, soweit sie sich die Mittel für ihre Versorgungsleistungen, die der Leistungsanwärter oder Leistungsempfänger nach den Verhältnissen am Schluss des Wirtschaftsjahres der Zuwendung erhalten kann, durch Abschluss einer Versicherung verschafft. ²Bei Versicherungen für einen Leistungsanwärter ist der Abzug des Beitrages nur zulässig, wenn der Leistungsanwärter die in Buchstabe b Satz 2 und 5 genannten Voraussetzungen erfüllt, die Versicherung für die Dauer bis zu dem Zeitpunkt abgeschlossen ist, für den erstmals Leistungen der Altersversorgung vorgesehen sind, mindestens jedoch bis zu dem Zeitpunkt, an dem der Leistungsanwärter das 55. Lebensjahr vollendet hat, und während dieser Zeit jährlich Beiträge gezahlt werden, die der Höhe nach gleich bleiben oder steigen. ³Das Gleiche *2)* gilt für Leistungsanwärter, die das *nach Buchstabe b Satz 2 jeweils maßgebende Lebensjahr* noch nicht vollendet haben, und für Leistungen der Invaliditäts- oder Hinterbliebenenversorgung, für Leistungen der Altersversorgung unter der Voraussetzung, dass die Leistungsanwartschaft bereits unverfallbar ist. ⁴Ein Abzug ist ausgeschlossen, wenn die Ansprüche aus der Versicherung der Sicherung eines Darlehens dienen. ⁵Liegen die Voraussetzungen der Sätze 1 bis 4 vor, sind die Zuwendungen nach den Buchstaben a und b in dem Verhältnis zu vermindern, in dem die Leistungen der Kasse durch die Versicherung gedeckt sind;

d) den Betrag, den die Kasse einem Leistungsanwärter im Sinne des Buchstabens b Satz 2 und 5 vor Eintritt des Versorgungsfalls als Abfindung für künftige Versorgungsleistungen gewährt, den Übertragungswert nach § 4 Absatz 5 des Betriebsrentengesetzes oder den Betrag, den sie an einen anderen Versorgungsträger zahlt, der eine ihr obliegende Versorgungsverpflichtung übernommen hat.

²Zuwendungen dürfen nicht als Betriebsausgaben abgezogen werden, wenn das Vermögen der Kasse ohne Berücksichtigung künftiger Versorgungsleistungen am Schluss des Wirtschaftsjahres das zulässige Kassenvermögen übersteigt. ³Bei der Ermittlung des Vermögens der Kasse ist der am Schluss des Wirtschaftsjahres vorhandene Grundbesitz mit 200 Prozent der Einheitswerte anzusetzen, die zu dem Feststellungszeitpunkt maßgebend sind, der dem Schluss des Wirtschaftsjahres folgt; Ansprüche aus einer Versicherung sind mit dem Wert des geschäftsplanmäßigen Deckungskapitals zuzüglich der Guthaben aus Beitragsrückerstattung am Schluss des Wirtschaftsjahres anzusetzen, und das übrige Vermögen ist mit dem gemeinen Wert am Schluss des Wirtschaftsjahres zu bewerten. ⁴Zu-

---

1) Absatz 1 Satz 1 Nr. 1 Satz 1 Buchstabe b Satz 2 wurde durch das Gesetz zur Umsetzung der EU-Mobilitäts-Richtlinie ab VZ 2018 neu gefasst.
2) Absatz 1 Satz 1 Nr. 1 Satz 1 Buchstabe c Satz 3 wurde durch das Gesetz zur Umsetzung der EU-Mobilitäts-Richtlinie ab VZ 2018 geändert.

lässiges Kassenvermögen ist die Summe aus dem Deckungskapital für alle am Schluss des Wirtschaftsjahres laufenden Leistungen nach der dem Gesetz als Anlage 1 beigefügten Tabelle für Leistungsempfänger im Sinne des Satzes 1 Buchstabe a und dem Achtfachen der nach Satz 1 Buchstabe b abzugsfähigen Zuwendungen. [5]Soweit sich die Kasse die Mittel für ihre Leistungen durch Abschluss einer Versicherung verschafft, ist, wenn die Voraussetzungen für den Abzug des Beitrages nach Satz 1 Buchstabe c erfüllt sind, zulässiges Kassenvermögen der Wert des geschäftsplanmäßigen Deckungskapitals aus der Versicherung am Schluss des Wirtschaftsjahres; in diesem Fall ist das zulässige Kassenvermögen nach Satz 4 in dem Verhältnis zu vermindern, in dem die Leistungen der Kasse durch die Versicherung gedeckt sind. [6]Soweit die Berechnung des Deckungskapitals nicht zum Geschäftsplan gehört, tritt an die Stelle des geschäftsplanmäßigen Deckungskapitals der nach *§ 169 Absatz 3 und 4 des Versicherungsvertragsgesetzes berechnete Wert*, beim zulässigen Kassenvermögen ohne Berücksichtigung des Guthabens aus Beitragsrückerstattung. [7]Gewährt eine Unterstützungskasse anstelle von lebenslänglich laufenden Leistungen eine einmalige Kapitalleistung, so gelten 10 Prozent der Kapitalleistung als Jahresbetrag einer lebenslänglich laufenden Leistung;

2. bei Kassen, die keine lebenslänglich laufenden Leistungen gewähren, für jedes Wirtschaftsjahr 0,2 Prozent der Lohn- und Gehaltssumme des Trägerunternehmens, mindestens jedoch den Betrag der von der Kasse in einem Wirtschaftsjahr erbrachten Leistungen, soweit dieser Betrag höher ist als die in den vorangegangenen fünf Wirtschaftsjahren vorgenommenen Zuwendungen abzüglich der in dem gleichen Zeitraum erbrachten Leistungen. [2]Diese Zuwendungen dürfen nicht als Betriebsausgaben abgezogen werden, wenn das Vermögen der Kasse am Schluss des Wirtschaftsjahres das zulässige Kassenvermögen übersteigt. [3]Als zulässiges Kassenvermögen kann 1 Prozent der durchschnittlichen Lohn- und Gehaltssumme der letzten drei Jahre angesetzt werden. [4]Hat die Kasse bereits 10 Wirtschaftsjahre bestanden, darf das zulässige Kassenvermögen zusätzlich die Summe der in den letzten zehn Wirtschaftsjahren gewährten Leistungen nicht übersteigen. [5]Für die Bewertung des Vermögens der Kasse gilt Nummer 1 Satz 3 entsprechend. [6]Bei der Berechnung der Lohn- und Gehaltssumme des Trägerunternehmens sind Löhne und Gehälter von Personen, die von der Kasse keine nicht lebenslänglich laufenden Leistungen erhalten können, auszuscheiden.

[2]Gewährt eine Kasse lebenslänglich laufende und nicht lebenslänglich laufende Leistungen, so gilt Satz 1 Nummer 1 und 2 nebeneinander. [3]Leistet ein Trägerunternehmen Zuwendungen an mehrere Unterstützungskassen, so sind diese Kassen bei der Anwendung der Nummern 1 und 2 als Einheit zu behandeln.

(2) [1]Zuwendungen im Sinne des Absatzes 1 sind von dem Trägerunternehmen in dem Wirtschaftsjahr als Betriebsausgaben abzuziehen, in dem sie geleistet werden. [2]Zuwendungen, die bis zum Ablauf eines Monats nach Aufstellung oder Feststellung der Bilanz des Trägerunternehmens für den Schluss eines Wirtschaftsjahres geleistet werden, können von dem Trägerunternehmen noch für das abgelaufene Wirtschaftsjahr durch eine Rückstellung gewinnmindernd berücksichtigt werden. [3]Übersteigen die in einem Wirtschaftsjahr geleisteten Zuwendungen die nach Absatz 1 abzugsfähigen Beträge, so können die übersteigenden Beträge im Wege der Rechnungsabgrenzung auf die folgenden drei Wirtschaftsjahre vorgetragen und im Rahmen der für diese Wirtschaftsjahre abzugsfähigen Beträge als Betriebsausgaben behandelt werden. [4]§ 5 Absatz 1 Satz 2 ist nicht anzuwenden.

(3) [1]Abweichend von Absatz 1 Satz 1 Nummer 1 Satz 1 Buchstabe d und Absatz 2 können auf Antrag die insgesamt erforderlichen Zuwendungen an die Unterstützungskasse für den Betrag, den die Kasse an einen Pensionsfonds zahlt, der eine ihr obliegende Versorgungsverpflichtung ganz oder teilweise übernommen hat, nicht im Wirtschaftsjahr der Zuwendung, sondern erst in den dem Wirtschaftsjahr der Zuwendung folgenden zehn Wirtschaftsjahren gleichmäßig verteilt als Betriebsausgaben abgezogen werden. [2]Der Antrag ist unwiderruflich; der jeweilige Rechtsnachfolger ist an den Antrag gebunden.

[2)] **Anlage 1 zum Einkommensteuergesetz (zu § 4d Abs. 1)**

§ 4e   Beiträge an Pensionsfonds

(1) [1]Beiträge an einen Pensionsfonds im Sinne des § 236 des Versicherungsaufsichtsgesetzes dürfen von dem Unternehmen, das die Beiträge leistet (Trägerunternehmen), als Betriebsausga-

---

1) *Absatz 1 Satz 1 Nr. 1 Satz 6 wurde durch das Gesetz zur Umsetzung der EU-Mobilitäts-Richtlinie ab VZ 2018 geändert.*

2) Abgedruckt als Anlage 1 auf S. 813.

ben abgezogen werden, soweit sie auf einer festgelegten Verpflichtung beruhen oder der Abdeckung von Fehlbeträgen bei dem Fonds dienen.

(2) Beiträge im Sinne des Absatzes 1 dürfen als Betriebsausgaben nicht abgezogen werden, soweit die Leistungen des Fonds, wenn sie vom Trägerunternehmen unmittelbar erbracht würden, bei diesem nicht betrieblich veranlasst wären.

(3) ¹Der Steuerpflichtige kann auf Antrag die insgesamt erforderlichen Leistungen an einen Pensionsfonds zur teilweisen oder vollständigen Übernahme einer bestehenden Versorgungsverpflichtung oder Versorgungsanwartschaft durch den Pensionsfonds erst in dem dem Wirtschaftsjahr der Übertragung folgenden zehn Wirtschaftsjahren gleichmäßig verteilt als Betriebsausgaben abziehen. ²Der Antrag ist unwiderruflich; der jeweilige Rechtsnachfolger ist an den Antrag gebunden. ³Ist eine Pensionsrückstellung nach § 6a gewinnerhöhend aufzulösen, ist Satz 1 mit der Maßgabe anzuwenden, dass die Leistungen an den Pensionsfonds im Wirtschaftsjahr der Übertragung in Höhe der aufgelösten Rückstellung als Betriebsausgaben abgezogen werden können; der die aufgelöste Rückstellung übersteigende Betrag ist in den dem Wirtschaftsjahr der Übertragung folgenden zehn Wirtschaftsjahren gleichmäßig verteilt als Betriebsausgaben abzuziehen. ⁴Satz 3 gilt entsprechend, wenn es im Zuge der Leistungen des Arbeitgebers an den Pensionsfonds zu Vermögensübertragungen einer Unterstützungskasse an den Arbeitgeber kommt.

§ 4f   Verpflichtungsübernahmen, Schuldbeitritte und Erfüllungsübernahmen   EStG

(1) ¹Werden Verpflichtungen übertragen, die beim ursprünglich Verpflichteten Ansatzverboten, -beschränkungen oder Bewertungsvorbehalten unterlegen haben, ist der sich aus diesem Vorgang ergebende Aufwand im Wirtschaftsjahr der Schuldübernahme und den nachfolgenden 14 Jahren gleichmäßig verteilt als Betriebsausgabe abziehbar. ²Ist auf Grund der Übertragung einer Verpflichtung ein Passivposten gewinnerhöhend aufzulösen, ist Satz 1 mit der Maßgabe anzuwenden, dass der sich ergebende Aufwand im Wirtschaftsjahr der Schuldübernahme in Höhe des aufgelösten Passivpostens als Betriebsausgabe abzuziehen ist; der den aufgelösten Passivposten übersteigende Betrag ist in dem Wirtschaftsjahr der Schuldübernahme und den nachfolgenden 14 Wirtschaftsjahren gleichmäßig verteilt als Betriebsausgabe abzuziehen. ³Eine Verteilung des sich ergebenden Aufwands unterbleibt, wenn die Schuldübernahme im Rahmen einer Veräußerung oder Aufgabe des ganzen Betriebes oder des gesamten Mitunternehmeranteils im Sinne der §§ 14, 16 Absatz 1, 3 und 3a sowie des § 18 Absatz 3 erfolgt; dies gilt auch, wenn ein Arbeitnehmer unter Mitnahme seiner erworbenen Pensionsansprüche zu einem neuen Arbeitgeber wechselt oder wenn der Betrieb am Schluss des vorangehenden Wirtschaftsjahres die Größenmerkmale des § 7g Absatz 1 Satz 2 Nummer 1 Buchstabe a bis c nicht überschreitet. ⁴Erfolgt die Schuldübernahme in dem Fall einer Teilbetriebsveräußerung oder -aufgabe im Sinne der §§ 14, 16 Absatz 1, 3 und 3a sowie des § 18 Absatz 3, ist ein Veräußerungs- oder Aufgabeverlust um den Aufwand im Sinne des Satzes 1 zu vermindern, soweit dieser den Verlust begründet oder erhöht hat. ⁵Entsprechendes gilt für den einen aufgelösten Passivposten übersteigenden Betrag im Sinne des Satzes 2. ⁶Für den hinzugerechneten Aufwand gelten Satz 2 zweiter Halbsatz und Satz 3 entsprechend. ⁷Der jeweilige Rechtsnachfolger des ursprünglichen Verpflichteten ist an die Aufwandsverteilung nach den Sätzen 1 bis 6 gebunden.

(2) Wurde für Verpflichtungen im Sinne des Absatzes 1 ein Schuldbeitritt oder eine Erfüllungsübernahme mit ganzer oder teilweiser Schuldfreistellung vereinbart, gilt für die vom Freistellungsberechtigten an den Freistellungsverpflichteten erbrachten Leistungen Absatz 1 Satz 1, 2 und 7 entsprechend.

§ 4g   Bildung eines Ausgleichspostens bei Entnahme nach   EStG
§ 4 Absatz 1 Satz 3

(1) ¹Ein unbeschränkt Steuerpflichtiger kann in Höhe des Unterschiedsbetrags zwischen dem Buchwert und dem nach § 6 Absatz 1 Nummer 4 Satz 1 zweiter Halbsatz anzusetzenden Wert eines Wirtschaftsguts des Anlagevermögens auf Antrag einen Ausgleichsposten bilden, soweit das Wirtschaftsgut infolge seiner Zuordnung zu einer Betriebsstätte desselben Steuerpflichtigen in einem anderen Mitgliedstaat der Europäischen Union gemäß § 4 Absatz 1 Satz 3 als entnommen gilt. ²Der Ausgleichsposten ist für jedes Wirtschaftsgut getrennt auszuweisen. ³Das Antragsrecht kann für jedes Wirtschaftsjahr nur einheitlich für sämtliche Wirtschaftsgüter ausgeübt werden. ⁴Der Antrag ist unwiderruflich. ⁵Die Vorschriften des Umwandlungssteuergesetzes bleiben unberührt.

(2) [1]Der Ausgleichsposten ist im Wirtschaftsjahr der Bildung und in den vier folgenden Wirtschaftsjahren zu jeweils einem Fünftel gewinnerhöhend aufzulösen. [2]Er ist in vollem Umfang gewinnerhöhend aufzulösen,

1. wenn das als entnommen geltende Wirtschaftsgut aus dem Betriebsvermögen des Steuerpflichtigen ausscheidet,

2. wenn das als entnommen geltende Wirtschaftsgut aus der Besteuerungshoheit der Mitgliedstaaten der Europäischen Union ausscheidet oder

3. wenn die stillen Reserven des als entnommen geltenden Wirtschaftsguts im Ausland aufgedeckt werden oder in entsprechender Anwendung der Vorschriften des deutschen Steuerrechts hätten aufgedeckt werden müssen.

(3) [1]Wird die Zuordnung eines Wirtschaftsguts zu einer anderen Betriebsstätte des Steuerpflichtigen in einem anderen Mitgliedstaat der Europäischen Union im Sinne des Absatzes 1 innerhalb der tatsächlichen Nutzungsdauer, spätestens jedoch vor Ablauf von fünf Jahren nach Änderung der Zuordnung, aufgehoben, ist der für dieses Wirtschaftsgut gebildete Ausgleichsposten ohne Auswirkungen auf den Gewinn aufzulösen und das Wirtschaftsgut mit den fortgeführten Anschaffungskosten, erhöht um zwischenzeitlich gewinnerhöhend berücksichtigte Auflösungsbeträge im Sinne der Absätze 2 und 5 Satz 2 und um den Unterschiedsbetrag zwischen dem Rückführungswert und dem Buchwert im Zeitpunkt der Rückführung, höchstens jedoch mit dem gemeinen Wert, anzusetzen. [2]Die Aufhebung der geänderten Zuordnung ist ein Ereignis im Sinne des § 175 Absatz 1 Nummer 2 der Abgabenordnung.

(4) [1]Die Absätze 1 bis 3 finden entsprechende Anwendung bei der Ermittlung des Überschusses der Betriebseinnahmen über die Betriebsausgaben gemäß § 4 Absatz 3. [2]Wirtschaftsgüter, für die ein Ausgleichsposten nach Absatz 1 gebildet worden ist, sind in ein laufend zu führendes Verzeichnis aufzunehmen. [3]Der Steuerpflichtige hat darüber hinaus Aufzeichnungen zu führen, aus denen die Bildung und Auflösung der Ausgleichsposten hervorgeht. [4]Die Aufzeichnungen nach den Sätzen 2 und 3 sind der Steuererklärung beizufügen.

(5) [1]Der Steuerpflichtige ist verpflichtet, der zuständigen Finanzbehörde die Entnahme oder ein Ereignis im Sinne des Absatzes 2 unverzüglich anzuzeigen. [2]Kommt der Steuerpflichtige dieser Anzeigepflicht, seinen Aufzeichnungspflichten nach Absatz 4 oder seinen sonstigen Mitwirkungspflichten im Sinne des § 90 der Abgabenordnung nicht nach, ist der Ausgleichsposten dieses Wirtschaftsguts gewinnerhöhend aufzulösen.

EStG   § 4h   Betriebsausgabenabzug für Zinsaufwendungen (Zinsschranke)

(1) [1]Zinsaufwendungen eines Betriebs sind abziehbar in Höhe des Zinsertrags, darüber hinaus nur bis zur Höhe des verrechenbaren EBITDA. [2]Das verrechenbare EBITDA ist 30 Prozent des um die Zinsaufwendungen und um die nach § 6 Absatz 2 Satz 1 abzuziehenden, nach § 6 Absatz 2a Satz 2 gewinnmindernd aufzulösenden und nach § 7 abgesetzten Beträge erhöhten und um die Zinserträge verminderten maßgeblichen Gewinns. [3]Soweit das verrechenbare EBITDA die um die Zinserträge geminderten Zinsaufwendungen des Betriebs übersteigt, ist es in die folgenden fünf Wirtschaftsjahre vorzutragen (EBITDA-Vortrag); ein EBITDA-Vortrag entsteht nicht in Wirtschaftsjahren, in denen Absatz 2 die Anwendung von Absatz 1 Satz 1 ausschließt. [4]Zinsaufwendungen, die nach Satz 1 nicht abgezogen werden können, sind bis zur Höhe der EBITDA-Vorträge aus vorangegangenen Wirtschaftsjahren abziehbar und mindern die EBITDA-Vorträge in ihrer zeitlichen Reihenfolge. [5]Danach verbleibende nicht abziehbare Zinsaufwendungen sind in die folgenden Wirtschaftsjahre vorzutragen (Zinsvortrag). [6]Sie erhöhen die Zinsaufwendungen dieser Wirtschaftsjahre, nicht aber den maßgeblichen Gewinn.

(2) [1]Absatz 1 Satz 1 ist nicht anzuwenden, wenn

a) der Betrag der Zinsaufwendungen, soweit er den Betrag der Zinserträge übersteigt, weniger als drei Millionen Euro beträgt,

b) der Betrieb nicht oder nur anteilmäßig zu einem Konzern gehört oder

c) der Betrieb zu einem Konzern gehört und seine Eigenkapitalquote am Schluss des vorangegangenen Abschlussstichtages gleich hoch oder höher ist als die des Konzerns (Eigenkapitalvergleich). [2]Ein Unterschreiten der Eigenkapitalquote des Konzerns um bis zu zwei Prozentpunkte ist unschädlich.

[3]Eigenkapitalquote ist das Verhältnis des Eigenkapitals zur Bilanzsumme; sie bemisst sich nach dem Konzernabschluss, der den Betrieb umfasst, und ist für den Betrieb auf der Grundlage des Jahresabschlusses oder Einzelabschlusses zu ermitteln. [4]Wahlrechte sind im Konzernabschluss und im Jahresabschluss oder Einzelabschluss einheitlich auszuüben; bei gesellschaftsrechtlichen Kündigungsrechten ist insoweit mindestens das Eigenkapital

anzusetzen, das sich nach den Vorschriften des Handelsgesetzbuchs ergeben würde. [5]Bei der Ermittlung der Eigenkapitalquote des Betriebs ist das Eigenkapital um einen im Konzernabschluss enthaltenen Firmenwert, soweit er auf den Betrieb entfällt, und um die Hälfte von Sonderposten mit Rücklagenanteil (§ 273 des Handelsgesetzbuchs) zu erhöhen sowie um das Eigenkapital, das keine Stimmrechte vermittelt – mit Ausnahme von Vorzugsaktien –, die Anteile an anderen Konzerngesellschaften und um Einlagen der letzten sechs Monate vor dem maßgeblichen Abschlussstichtag, soweit ihnen Entnahmen oder Ausschüttungen innerhalb der ersten sechs Monate nach dem maßgeblichen Abschlussstichtag gegenüberstehen, zu kürzen. [6]Die Bilanzsumme ist um Kapitalforderungen zu kürzen, die nicht im Konzernabschluss ausgewiesen sind und denen Verbindlichkeiten im Sinne des Absatzes 3 in mindestens gleicher Höhe gegenüberstehen. [7]Sonderbetriebsvermögen ist dem Betrieb der Mitunternehmerschaft zuzuordnen, soweit es im Konzernvermögen enthalten ist.

[8]Die für den Eigenkapitalvergleich maßgeblichen Abschlüsse sind einheitlich nach den International Financial Reporting Standards (IFRS) zu erstellen. [9]Hiervon abweichend können Abschlüsse nach dem Handelsrecht eines Mitgliedstaats der Europäischen Union verwendet werden, wenn kein Konzernabschluss nach den IFRS zu erstellen und offen zu legen ist und für keines der letzten fünf Wirtschaftsjahre ein Konzernabschluss nach den IFRS erstellt wurde; nach den Generally Accepted Accounting Principles der Vereinigten Staaten von Amerika (US-GAAP) aufzustellende und offen zu legende Abschlüsse sind zu verwenden, wenn kein Konzernabschluss nach den IFRS oder dem Handelsrecht eines Mitgliedstaats der Europäischen Union zu erstellen und offen zu legen ist. [10]Der Konzernabschluss muss den Anforderungen an die handelsrechtliche Konzernrechnungslegung genügen oder die Voraussetzungen erfüllen, unter denen ein Abschluss nach den §§ 291 und 292 des Handelsgesetzbuchs befreiende Wirkung hätte. [11]Wurde der Jahresabschluss oder Einzelabschluss nicht nach denselben Rechnungslegungsstandards wie der Konzernabschluss aufgestellt, ist die Eigenkapitalquote des Betriebs in einer Überleitungsrechnung nach den für den Konzernabschluss geltenden Rechnungslegungsstandards zu ermitteln. [12]Die Überleitungsrechnung ist einer prüferischen Durchsicht zu unterziehen. [13]Auf Verlangen der Finanzbehörde ist der Abschluss oder die Überleitungsrechnung des Betriebs durch einen Abschlussprüfer zu prüfen, der die Voraussetzungen des § 319 des Handelsgesetzbuchs erfüllt.

[14]Ist ein dem Eigenkapitalvergleich zugrunde gelegter Abschluss unrichtig und führt der zutreffende Abschluss zu einer Erhöhung der nach Absatz 1 nicht abziehbaren Zinsaufwendungen, ist ein Zuschlag entsprechend § 162 Absatz 4 Satz 1 und 2 der Abgabenordnung festzusetzen. [15]Bemessungsgrundlage für den Zuschlag sind die nach Absatz 1 nicht abziehbaren Zinsaufwendungen. [16]§ 162 Absatz 4 Satz 4 bis 6 der Abgabenordnung gilt sinngemäß.

[2]Ist eine Gesellschaft, bei der der Gesellschafter als Mitunternehmer anzusehen ist, unmittelbar oder mittelbar einer Körperschaft nachgeordnet, gilt für die Gesellschaft § 8a Absatz 2 und 3 des Körperschaftsteuergesetzes entsprechend.

(3) [1]Maßgeblicher Gewinn ist der nach den Vorschriften dieses Gesetzes mit Ausnahme des Absatzes 1 ermittelte steuerpflichtige Gewinn. [2]Zinsaufwendungen sind Vergütungen für Fremdkapital, die den maßgeblichen Gewinn gemindert haben. [3]Zinserträge sind Erträge aus Kapitalforderungen jeder Art, die den maßgeblichen Gewinn erhöht haben. [4]Die Auf- und Abzinsung unverzinslicher oder niedrig verzinslicher Verbindlichkeiten oder Kapitalforderungen führen ebenfalls zu Zinserträgen oder Zinsaufwendungen. [5]Ein Betrieb gehört zu einem Konzern, wenn er nach dem für die Anwendung des Absatzes 2 Satz 1 Buchstabe c zugrunde gelegten Rechnungslegungsstandard mit einem oder mehreren anderen Betrieben konsolidiert wird oder werden könnte. [6]Ein Betrieb gehört für Zwecke des Absatzes 2 auch zu einem Konzern, wenn seine Finanz- und Geschäftspolitik mit einem oder mehreren anderen Betrieben einheitlich bestimmt werden kann.

(4) [1]Der EBITDA-Vortrag und der Zinsvortrag sind gesondert festzustellen. [2]Zuständig ist das für die gesonderte Feststellung des Gewinns und Verlusts der Gesellschaft zuständige Finanzamt, im Übrigen das für die Besteuerung zuständige Finanzamt. [3]§ 10d Absatz 4 gilt sinngemäß. [4]Feststellungsbescheide sind zu erlassen, aufzuheben oder zu ändern, soweit sich die nach Satz 1 festzustellenden Beträge ändern.

(5) [1]Bei Aufgabe oder Übertragung des Betriebs gehen EBITDA-Vortrag und ein nicht verbrauchter Zinsvortrag unter. [2]Scheidet ein Mitunternehmer aus einer Gesellschaft aus, gehen der EBITDA-Vortrag und der Zinsvortrag anteilig mit der Quote unter, mit der der ausgeschiedene Gesellschafter an der Gesellschaft beteiligt war. [3]§ 8c des Körperschaftsteuergesetzes ist auf den Zinsvortrag einer Gesellschaft entsprechend anzuwenden, soweit an dieser unmittelbar oder mittelbar eine Körperschaft als Mitunternehmer beteiligt ist.

EStG

1)
2)

§ 4i *Sonderbetriebsausgabenabzug bei Vorgängen mit Auslandsbezug*

[1]*Aufwendungen dürfen nicht als Sonderbetriebsausgaben abgezogen werden, soweit sie auch die Steuerbemessungsgrundlage in einem anderen Staat mindern.* [2]*Satz 1 gilt nicht, soweit diese Aufwendungen Erträge desselben Steuerpflichtigen mindern, die bei ihm sowohl der inländischen Besteuerung unterliegen als auch nachweislich der tatsächlichen Besteuerung in dem anderen Staat.*

EStG

3)

§ 4j *Aufwendungen für Rechteüberlassungen*

(1) [1]*Aufwendungen für die Überlassung der Nutzung oder des Rechts auf Nutzung von Rechten, insbesondere von Urheberrechten und gewerblichen Schutzrechten, von gewerblichen, technischen, wissenschaftlichen und ähnlichen Erfahrungen, Kenntnissen und Fertigkeiten, zum Beispiel Plänen, Mustern und Verfahren, sind ungeachtet eines bestehenden Abkommens zur Vermeidung der Doppelbesteuerung nur nach Maßgabe des Absatzes 3 abziehbar, wenn die Einnahmen des Gläubigers einer von der Regelbesteuerung abweichenden, niedrigen Besteuerung nach Absatz 2 unterliegen (Präferenzregelung) und der Gläubiger eine dem Schuldner nahestehende Person im Sinne des § 1 Absatz 2 des Außensteuergesetzes ist.* [2]*Wenn auch der Gläubiger nach Satz 1 oder eine andere dem Schuldner nach Satz 1 nahestehende Person im Sinne des § 1 Absatz 2 des Außensteuergesetzes wiederum Aufwendungen für Rechte hat, aus denen sich die Rechte nach Satz 1 unmittelbar oder mittelbar ableiten, sind die Aufwendungen nach Satz 1 ungeachtet eines bestehenden Abkommens zur Vermeidung der Doppelbesteuerung auch dann nur nach Maßgabe des Absatzes 3 abziehbar, wenn die weiteren Einnahmen des weiteren Gläubigers einer von der Regelbesteuerung abweichenden, niedrigen Besteuerung nach Absatz 2 unterliegen und der weitere Gläubiger eine dem Schuldner nach Satz 1 nahestehende Person im Sinne des § 1 Absatz 2 des Außensteuergesetzes ist; dies gilt nicht, wenn die Abziehbarkeit der Aufwendungen beim Gläubiger oder der anderen dem Schuldner nahestehenden Person bereits nach dieser Vorschrift beschränkt ist.* [3]*Als Schuldner und Gläubiger gelten auch Betriebsstätten, die ertragsteuerlich als Nutzungsberechtigter oder Nutzungsverpflichteter der Rechte für die Überlassung der Nutzung oder des Rechts auf Nutzung von Rechten behandelt werden.* [4]*Die Sätze 1 und 2 sind nicht anzuwenden, soweit sich die niedrige Besteuerung daraus ergibt, dass die Einnahmen des Gläubigers oder des weiteren Gläubigers einer Präferenzregelung unterliegen, die dem Nexus-Ansatz gemäß Kapitel 4 des Abschlussberichts 2015 zu Aktionspunkt 5, OECD (2016) „Wirksamere Bekämpfung schädlicher Steuerpraktiken unter Berücksichtigung von Transparenz und Substanz", OECD/G20 Projekt Gewinnverkürzung und Gewinnverlagerung,* entspricht.* [5]*Die Sätze 1 und 2 sind insoweit nicht anzuwenden, als auf Grund der aus den Aufwendungen resultierenden Einnahmen ein Hinzurechnungsbetrag im Sinne des § 10 Absatz 1 Satz 1 des Außensteuergesetzes anzusetzen ist.*

(2) [1]*Eine niedrige Besteuerung im Sinne des Absatzes 1 liegt vor, wenn die von der Regelbesteuerung abweichende Besteuerung der Einnahmen des Gläubigers oder des weiteren Gläubigers zu einer Belastung durch Ertragsteuern von weniger als 25 Prozent führt; maßgeblich ist bei mehreren Gläubigern die niedrigste Belastung.* [2]*Bei der Ermittlung, ob eine niedrige Besteuerung vorliegt, sind sämtliche Regelungen zu berücksichtigen, die sich auf die Besteuerung der Einnahmen aus der Rechteüberlassung auswirken, insbesondere steuerliche Kürzungen, Befreiungen, Gutschriften oder Ermäßigungen.* [3]*Werden die Einnahmen für die Überlassung der Nutzung oder des Rechts auf Nutzung von Rechten einer anderen Person ganz oder teilweise zugerechnet oder erfolgt die Besteuerung aus anderen Gründen ganz oder teilweise bei einer anderen Person als dem Gläubiger oder dem weiteren Gläubiger, ist auf die Summe der Belastungen abzustellen.* [4]*§ 8 Absatz 3 Satz 2 und 3 des Außensteuergesetzes gilt entsprechend.*

(3) [1]*Aufwendungen nach Absatz 1 sind in den Fällen einer niedrigen Besteuerung nach Absatz 2 nur zum Teil abziehbar.* [2]*Der nicht abziehbare Teil ist dabei wie folgt zu ermitteln:*

$$\frac{25\ \% - Belastung\ durch\ Ertragsteuern\ in\ \%}{25\ \%}$$

---

1) § 4i EStG wurde durch Artikel 8 des Gesetzes zur Umsetzung der Änderungen der EU-Amtshilferichtlinie und von weiteren Maßnahmen gegen Gewinnkürzungen und -verlagerungen ab VZ 2017 eingefügt.
2) Die Überschrift und Satz 1 wurde durch Artikel 6 des StUmgBG ab VZ 2017 geändert.
3) § 4j EStG wurde durch das Gesetz gegen schädliche Steuerpraktiken im Zusammenhang mit Rechteüberlassungen eingefügt und ist erstmals für Aufwendungen anzuwenden, die nach dem 31. 12. 2017 entstehen → § 52 Abs. 8a EStG.
*) Amtlicher Hinweis: Zu beziehen unter OECD Publishing, Paris, http://dx.doi.org/10.1787/9789264258037-de.

§ 5   Gewinn bei Kaufleuten und bei bestimmten anderen Gewerbetreibenden

(1) [1]Bei Gewerbetreibenden, die auf Grund gesetzlicher Vorschriften verpflichtet sind, Bücher zu führen und regelmäßig Abschlüsse zu machen, oder die ohne eine solche Verpflichtung Bücher führen und regelmäßig Abschlüsse machen, ist für den Schluss des Wirtschaftsjahres das Betriebsvermögen anzusetzen (§ 4 Absatz 1 Satz 1), das nach den handelsrechtlichen Grundsätzen ordnungsmäßiger Buchführung auszuweisen ist, es sei denn, im Rahmen der Ausübung eines steuerlichen Wahlrechts wird oder wurde ein anderer Ansatz gewählt. [2]Voraussetzung für die Ausübung steuerlicher Wahlrechte ist, dass die Wirtschaftsgüter, die nicht mit dem handelsrechtlich maßgeblichen Wert in der steuerlichen Gewinnermittlung ausgewiesen werden, in besondere, laufend zu führende Verzeichnisse aufgenommen werden. [3]In den Verzeichnissen sind der Tag der Anschaffung oder Herstellung, die Anschaffungs- oder Herstellungskosten, die Vorschrift des ausgeübten steuerlichen Wahlrechts und die vorgenommenen Abschreibungen nachzuweisen.

(1a) [1]Posten der Aktivseite dürfen nicht mit Posten der Passivseite verrechnet werden. [2]Die Ergebnisse der in der handelsrechtlichen Rechnungslegung zur Absicherung finanzwirtschaftlicher Risiken gebildeten Bewertungseinheiten sind auch für die steuerliche Gewinnermittlung maßgeblich.

(2) Für immaterielle Wirtschaftsgüter des Anlagevermögens ist ein Aktivposten nur anzusetzen, wenn sie entgeltlich erworben wurden.

(2a) Für Verpflichtungen, die nur zu erfüllen sind, soweit künftig Einnahmen oder Gewinne anfallen, sind Verbindlichkeiten oder Rückstellungen erst anzusetzen, wenn die Einnahmen oder Gewinne angefallen sind.

(3) [1]Rückstellungen wegen Verletzung fremder Patent-, Urheber- oder ähnlicher Schutzrechte dürfen erst gebildet werden, wenn

1. der Rechtsinhaber Ansprüche wegen der Rechtsverletzung geltend gemacht hat oder

2. mit einer Inanspruchnahme wegen der Rechtsverletzung ernsthaft zu rechnen ist.

[2]Eine nach Satz 1 Nummer 2 gebildete Rückstellung ist spätestens in der Bilanz des dritten auf ihre erstmalige Bildung folgenden Wirtschaftsjahres gewinnerhöhend aufzulösen, wenn Ansprüche nicht geltend gemacht worden sind.

(4) Rückstellungen für die Verpflichtung zu einer Zuwendung anlässlich eines Dienstjubiläums dürfen nur gebildet werden, wenn das Dienstverhältnis mindestens zehn Jahre bestanden hat, das Dienstjubiläum das Bestehen eines Dienstverhältnisses von mindestens 15 Jahren voraussetzt und die Zusage schriftlich erteilt ist und soweit der Zuwendungsberechtigte seine Anwartschaft nach dem 31. Dezember 1992 erwirbt.

(4a) [1]Rückstellungen für drohende Verluste aus schwebenden Geschäften dürfen nicht gebildet werden. [2]Das gilt nicht für Ergebnisse nach Absatz 1a Satz 2.

(4b) [1]Rückstellungen für Aufwendungen, die in künftigen Wirtschaftsjahren als Anschaffungs- oder Herstellungskosten eines Wirtschaftsguts zu aktivieren sind, dürfen nicht gebildet werden. [2]Rückstellungen für die Verpflichtung zur schadlosen Verwertung radioaktiver Reststoffe sowie ausgebauter oder abgebauter radioaktiver Anlagenteile dürfen nicht gebildet werden, soweit Aufwendungen im Zusammenhang mit der Bearbeitung oder Verarbeitung von Kernbrennstoffen stehen, die aus der Aufarbeitung bestrahlter Kernbrennstoffe gewonnen worden sind und keine radioaktiven Abfälle darstellen.

(5) [1]Als Rechnungsabgrenzungsposten sind nur anzusetzen

1. auf der Aktivseite Ausgaben vor dem Abschlussstichtag, soweit sie Aufwand für eine bestimmte Zeit nach diesem Tag darstellen;

2. auf der Passivseite Einnahmen vor dem Abschlussstichtag, soweit sie Ertrag für eine bestimmte Zeit nach diesem Tag darstellen.

[2]Auf der Aktivseite sind ferner anzusetzen

1. als Aufwand berücksichtigte Zölle und Verbrauchsteuern, soweit sie auf am Abschlussstichtag auszuweisende Wirtschaftsgüter des Vorratsvermögens entfallen,

2. als Aufwand berücksichtigte Umsatzsteuer auf am Abschlussstichtag auszuweisende Anzahlungen.

(6) Die Vorschriften über die Entnahmen und die Einlagen, über die Zulässigkeit der Bilanzänderung, über die Betriebsausgaben, über die Bewertung und über die Absetzung für Abnutzung oder Substanzverringerung sind zu befolgen.

(7) [1]Übernommene Verpflichtungen, die beim ursprünglich Verpflichteten Ansatzverboten, -beschränkungen oder Bewertungsvorbehalten unterlegen haben, sind zu den auf die Übernahme folgenden Abschlussstichtagen bei dem Übernehmer und dessen Rechtsnachfolger so zu bilanzieren, wie sie beim ursprünglich Verpflichteten ohne Übernahme zu bilanzieren wären. [2]Dies gilt in Fällen des Schuldbeitritts oder der Erfüllungsübernahme mit vollständiger oder

teilweiser Schuldfreistellung für die sich aus diesem Rechtsgeschäft ergebenden Verpflichtungen sinngemäß. ³Satz 1 ist für den Erwerb eines Mitunternehmeranteils entsprechend anzuwenden. ⁴Wird eine Pensionsverpflichtung unter gleichzeitiger Übernahme von Vermögenswerten gegenüber einem Arbeitnehmer übernommen, der bisher in einem anderen Unternehmen tätig war, ist Satz 1 mit der Maßgabe anzuwenden, dass bei der Ermittlung des Teilwertes der Verpflichtung der Jahresbetrag nach § 6a Absatz 3 Satz 2 Nummer 1 so zu bemessen ist, dass zu Beginn des Wirtschaftsjahres der Übernahme der Barwert der Jahresbeträge zusammen mit den übernommenen Vermögenswerten gleich dem Barwert der künftigen Pensionsleistungen ist; dabei darf sich kein negativer Jahresbetrag ergeben. ⁵Für einen Gewinn, der sich aus der Anwendung der Sätze 1 bis 3 ergibt, kann jeweils in Höhe von vierzehn Fünfzehntel eine gewinnmindernde Rücklage gebildet werden, die in den folgenden 14 Wirtschaftsjahren jeweils mit mindestens einem Vierzehntel gewinnerhöhend aufzulösen ist (Auflösungszeitraum). ⁶Besteht eine Verpflichtung, für die eine Rücklage gebildet wurde, bereits vor Ablauf des maßgebenden Auflösungszeitraums nicht mehr, ist die insoweit verbleibende Rücklage erhöhend aufzulösen.

§ 5a   Gewinnermittlung bei Handelsschiffen im internationalen Verkehr

(1) ¹Anstelle der Ermittlung des Gewinns nach § 4 Absatz 1 oder § 5 ist bei einem Gewerbebetrieb mit Geschäftsleitung im Inland der Gewinn, soweit er auf den Betrieb von Handelsschiffen im internationalen Verkehr entfällt, auf unwiderruflichen Antrag des Steuerpflichtigen nach der in seinem Betrieb geführten Tonnage zu ermitteln, wenn die Bereederung dieser Handelsschiffe im Inland durchgeführt wird. ²Der im Wirtschaftsjahr erzielte Gewinn beträgt pro Tag des Betriebs für jedes im internationalen Verkehr betriebene Handelsschiff für jeweils volle 100 Nettotonnen (Nettoraumzahl)

0,92 Euro bei einer Tonnage bis zu 1 000 Nettotonnen,

0,69 Euro für die 1 000 Nettotonnen übersteigende Tonnage bis zu 10 000 Nettotonnen,

0,46 Euro für die 10 000 Nettotonnen übersteigende Tonnage bis zu 25 000 Nettotonnen,

0,23 Euro für die 25 000 Nettotonnen übersteigende Tonnage.

(2) ¹Handelsschiffe werden im internationalen Verkehr betrieben, wenn eigene oder gecharterte Seeschiffe, die im Wirtschaftsjahr überwiegend in einem inländischen Seeschiffsregister eingetragen sind, in diesem Wirtschaftsjahr überwiegend zur Beförderung von Personen oder Gütern im Verkehr mit oder zwischen ausländischen Häfen, innerhalb eines ausländischen Hafens oder zwischen einem ausländischen Hafen und der Hohen See eingesetzt werden. ²Zum Betrieb von Handelsschiffen im internationalen Verkehr gehören auch ihre Vercharterung, wenn sie vom Vercharterer ausgerüstet worden sind, und die unmittelbar mit ihrem Einsatz oder ihrer Vercharterung zusammenhängenden Neben- und Hilfsgeschäfte einschließlich der Veräußerung des Handelsschiffs und der unmittelbar ihrem Betrieb dienenden Wirtschaftsgüter. ³Der Einsatz und die Vercharterung von gecharterten Handelsschiffen gilt nur dann als Betrieb von Handelsschiffen im internationalen Verkehr, wenn gleichzeitig eigene oder ausgerüstete Handelsschiffe im internationalen Verkehr betrieben werden. ⁴Sind gecharterte Handelsschiffe nicht in einem inländischen Seeschiffsregister eingetragen, gilt Satz 3 unter der weiteren Voraussetzung, dass im Wirtschaftsjahr die Nettotonnage der gecharterten Handelsschiffe das Dreifache der nach den Sätzen 1 und 2 im internationalen Verkehr betriebenen Handelsschiffe nicht übersteigt; für die Berechnung der Nettotonnage sind jeweils die Nettotonnen pro Schiff mit der Anzahl der Betriebstage nach Absatz 1 zu vervielfältigen. ⁵Dem Betrieb von Handelsschiffen im internationalen Verkehr ist gleichgestellt, wenn Seeschiffe, die im Wirtschaftsjahr überwiegend in einem inländischen Seeschiffsregister eingetragen sind, in diesem Wirtschaftsjahr überwiegend außerhalb der deutschen Hoheitsgewässer zum Schleppen, Bergen oder zur Aufsuchung von Bodenschätzen eingesetzt werden; die Sätze 2 bis 4 sind sinngemäß anzuwenden.

(3) ¹Der Antrag auf Anwendung der Gewinnermittlung nach Absatz 1 ist im Wirtschaftsjahr der Anschaffung oder Herstellung des Handelsschiffs (Indienststellung) mit Wirkung ab Beginn dieses Wirtschaftsjahres zu stellen. ²Vor Indienststellung des Handelsschiffs durch den Betrieb von Handelsschiffen im internationalen Verkehr erwirtschaftete Gewinne sind in diesem Fall nicht zu besteuern; Verluste sind weder ausgleichsfähig noch verrechenbar. ³Bereits erlassene Steuerbescheide sind insoweit zu ändern. ⁴Das gilt auch dann, wenn der Steuerbescheid unanfechtbar geworden ist; die Festsetzungsfrist endet insoweit nicht, bevor die Festsetzungsfrist für den Veranlagungszeitraum abgelaufen ist, in dem der Gewinn erstmals nach Absatz 1 ermittelt wird. ⁵Wird der Antrag auf Aufwendung der Gewinnermittlung nach Absatz 1 nicht nach Satz 1 im Wirtschaftsjahr der Anschaffung oder Herstellung des Handelsschiffs (Indienststellung) gestellt, kann er erstmals in dem Wirtschaftsjahr gestellt werden, das jeweils nach Ablauf eines Zeitraumes von zehn Jahren, vom Beginn des Jahres der Indienststellung gerechnet, endet.

[6]Die Sätze 2 bis 4 sind insoweit nicht anwendbar. [7]Der Steuerpflichtige ist an die Gewinnermittlung nach Absatz 1 vom Beginn des Wirtschaftsjahres an, in dem er den Antrag stellt, zehn Jahre gebunden. [8]Nach Ablauf dieses Zeitraums kann er den Antrag mit Wirkung für den Beginn jedes folgenden Wirtschaftsjahres bis zum Ende dieses Jahres unwiderruflich zurücknehmen. [9]An die Gewinnermittlung nach allgemeinen Vorschriften ist der Steuerpflichtige ab dem Beginn des Wirtschaftsjahres, in dem er den Antrag zurücknimmt, zehn Jahre gebunden.

(4) [1]Zum Schluss des Wirtschaftsjahres, das der erstmaligen Anwendung des Absatzes 1 vorangeht (Übergangsjahr), ist für jedes Wirtschaftsgut, das unmittelbar dem Betrieb von Handelsschiffen im internationalen Verkehr dient, der Unterschiedsbetrag zwischen Buchwert und Teilwert in ein besonderes Verzeichnis aufzunehmen. [2]Der Unterschiedsbetrag ist gesondert und bei Gesellschaften im Sinne des § 15 Absatz 1 Satz 1 Nummer 2 einheitlich festzustellen. [3]Der Unterschiedsbetrag nach Satz 1 ist dem Gewinn hinzuzurechnen:

1. in den dem letzten Jahr der Anwendung des Absatzes 1 folgenden fünf Wirtschaftsjahren jeweils in Höhe von mindestens einem Fünftel,
2. in dem Jahr, in dem das Wirtschaftsgut aus dem Betriebsvermögen ausscheidet oder in dem es nicht mehr unmittelbar dem Betrieb von Handelsschiffen im internationalen Verkehr dient,
3. in dem Jahr des Ausscheidens eines Gesellschafters hinsichtlich des auf ihn entfallenden Anteils.

[4]Die Sätze 1 bis 3 sind entsprechend anzuwenden, wenn der Steuerpflichtige Wirtschaftsgüter des Betriebsvermögens dem Betrieb von Handelsschiffen im internationalen Verkehr zuführt.

(4a) [1]Bei Gesellschaften im Sinne des § 15 Absatz 1 Satz 1 Nummer 2 tritt für die Zwecke dieser Vorschrift an die Stelle des Steuerpflichtigen die Gesellschaft. [2]Der nach Absatz 1 ermittelte Gewinn ist den Gesellschaftern entsprechend ihrem Anteil am Gesellschaftsvermögen zuzurechnen. [3]Vergütungen im Sinne des § 15 Absatz 1 Satz 1 Nummer 2 und Satz 2 sind hinzuzurechnen.

(5) [1]Gewinne nach Absatz 1 umfassen auch Einkünfte nach § 16. [2]§§ 34, 34c Absatz 1 bis 3 und § 35 sind nicht anzuwenden. [3]Rücklagen nach den §§ 6b und 6d sind beim Übergang zur Gewinnermittlung nach Absatz 1 dem Gewinn im Erstjahr hinzuzurechnen; bis zum Übergang in Anspruch genommene Investitionsabzugsbeträge nach § 7g Absatz 1 sind nach Maßgabe des § 7g Absatz 3 rückgängig zu machen. [4]Für die Anwendung des § 15a ist der nach § 4 Absatz 1 oder § 5 ermittelte Gewinn zugrunde zu legen.

(6) In der Bilanz zum Schluss des Wirtschaftsjahres, in dem Absatz 1 letztmalig angewendet wird, ist für jedes Wirtschaftsgut, das unmittelbar dem Betrieb von Handelsschiffen im internationalen Verkehr dient, der Teilwert anzusetzen.

§ 5b Elektronische Übermittlung von Bilanzen sowie Gewinn- und Verlustrechnungen

EStG
S 2133b

(1) [1]Wird der Gewinn nach § 4 Absatz 1, § 5 oder § 5a ermittelt, so ist der Inhalt der Bilanz sowie der Gewinn- und Verlustrechnung nach amtlich vorgeschriebenem Datensatz durch Datenfernübertragung zu übermitteln. [2]Enthält die Bilanz Ansätze oder Beträge, die den steuerlichen Vorschriften nicht entsprechen, so sind diese Ansätze oder Beträge durch Zusätze oder Anmerkungen den steuerlichen Vorschriften anzupassen und nach amtlich vorgeschriebenem Datensatz durch Datenfernübertragung zu übermitteln. [3]Der Steuerpflichtige kann auch eine den steuerlichen Vorschriften entsprechende Bilanz nach amtlich vorgeschriebenem Datensatz durch Datenfernübertragung übermitteln. [4]Im Fall der Eröffnung des Betriebs sind die Sätze 1 bis 4 für den Inhalt der Eröffnungsbilanz entsprechend anzuwenden.

[1)]

(2) [1]Auf Antrag kann die Finanzbehörde zur Vermeidung unbilliger Härten auf eine elektronische Übermittlung verzichten. [2]§ 150 Absatz 8 der Abgabenordnung gilt entsprechend.

§ 6 Bewertung

EStG
S 2170

(1) Für die Bewertung der einzelnen Wirtschaftsgüter, die nach § 4 Absatz 1 oder nach § 5 als Betriebsvermögen anzusetzen sind, gilt das Folgende:

1. Wirtschaftsgüter des Anlagevermögens, die der Abnutzung unterliegen, sind mit den Anschaffungs- oder Herstellungskosten oder dem an deren Stelle tretenden Wert, vermindert um die Absetzungen für Abnutzung, erhöhte Absetzungen, Sonderabschreibungen,

S 2171
S 2172

[1)] Absatz 1 Satz 4 wurde durch das Gesetz zur Modernisierung des Besteuerungsverfahrens ab VZ 2017 aufgehoben und der Satz 5 wurde Satz 4.

Abzüge nach § 6b und ähnliche Abzüge, anzusetzen. ²Ist der Teilwert auf Grund einer voraussichtlich dauernden Wertminderung niedriger, so kann dieser angesetzt werden. ³Teilwert ist der Betrag, den ein Erwerber des ganzen Betriebs im Rahmen des Gesamtkaufpreises für das einzelne Wirtschaftsgut ansetzen würde; dabei ist davon auszugehen, dass der Erwerber den Betrieb fortführt. ⁴Wirtschaftsgüter, die bereits am Schluss des vorangegangenen Wirtschaftsjahres zum Anlagevermögen des Steuerpflichtigen gehört haben, sind in den folgenden Wirtschaftsjahren gemäß Satz 1 ansetzen, es sei denn, der Steuerpflichtige weist nach, dass ein niedrigerer Teilwert nach Satz 2 angesetzt werden kann.

S 2171c **1a.** Zu den Herstellungskosten eines Gebäudes gehören auch Aufwendungen für Instandsetzungs- und Modernisierungsmaßnahmen, die innerhalb von drei Jahren nach der Anschaffung des Gebäudes durchgeführt werden, wenn die Aufwendungen ohne die Umsatzsteuer 15 Prozent der Anschaffungskosten des Gebäudes übersteigen (anschaffungsnahe Herstellungskosten). ²Zu diesen Aufwendungen gehören nicht die Aufwendungen für Erweiterungen im Sinne des § 255 Absatz 2 Satz 1 des Handelsgesetzbuchs sowie Aufwendungen für Erhaltungsarbeiten, die jährlich üblicherweise anfallen.

¹⁾ **1b.** Bei der Berechnung der Herstellungskosten brauchen angemessene Teile der Kosten der allgemeinen Verwaltung sowie angemessene Aufwendungen für soziale Einrichtungen des Betriebs, für freiwillige soziale Leistungen und für die betriebliche Altersversorgung im Sinne des § 255 Absatz 2 Satz 3 des Handelsgesetzbuchs nicht einbezogen zu werden, soweit diese auf den Zeitraum der Herstellung entfallen. ²Das Wahlrecht ist bei Gewinnermittlung nach § 5 in Übereinstimmung mit der Handelsbilanz auszuüben.

S 2173
S 2174 **2.** Andere als die in Nummer 1 bezeichneten Wirtschaftsgüter des Betriebs (Grund und Boden, Beteiligungen, Umlaufvermögen) sind mit den Anschaffungs- oder Herstellungskosten oder dem an deren Stelle tretenden Wert, vermindert um Abzüge nach § 6b und ähnliche Abzüge, anzusetzen. ²Ist der Teilwert (Nummer 1 Satz 3) auf Grund einer voraussichtlich dauernden Wertminderung niedriger, so kann dieser angesetzt werden. ³Nummer 1 Satz 4 gilt entsprechend.

2a. Steuerpflichtige, die den Gewinn nach § 5 ermitteln, können für den Wertansatz gleichartiger Wirtschaftsgüter des Vorratsvermögens unterstellen, dass die zuletzt angeschafften oder hergestellten Wirtschaftsgüter zuerst verbraucht oder veräußert worden sind, soweit dies den handelsrechtlichen Grundsätzen ordnungsmäßiger Buchführung entspricht. ²Der Vorratsbestand am Schluss des Wirtschaftsjahres, das der erstmaligen Anwendung der Bewertung nach Satz 1 vorangeht, gilt mit seinem Bilanzansatz als erster Zugang des neuen Wirtschaftsjahres. ³Von der Verbrauchs- oder Veräußerungsfolge nach Satz 1 kann in den folgenden Wirtschaftsjahren nur mit Zustimmung des Finanzamts abgewichen werden.

2b. Steuerpflichtige, die in den Anwendungsbereich des § 340 des Handelsgesetzbuchs fallen, haben die zu Handelszwecken erworbenen Finanzinstrumente, die nicht in einer Bewertungseinheit im Sinne des § 5 Absatz 1a Satz 2 abgebildet werden, mit dem beizulegenden Zeitwert abzüglich eines Risikoabschlages (§ 340e Absatz 3 des Handelsgesetzbuchs) zu bewerten. ²Nummer 2 Satz 2 ist nicht anzuwenden.

S 2175 **3.** Verbindlichkeiten sind unter sinngemäßer Anwendung der Vorschriften der Nummer 2 anzusetzen und mit einem Zinssatz von 5,5 Prozent abzuzinsen. ²Ausgenommen von der Abzinsung sind Verbindlichkeiten, deren Laufzeit am Bilanzstichtag weniger als zwölf Monate beträgt, und Verbindlichkeiten, die verzinslich sind oder auf einer Anzahlung oder Vorausleistung beruhen.

3a. Rückstellungen sind höchstens insbesondere unter Berücksichtigung folgender Grundsätze anzusetzen:

   a) bei Rückstellungen für gleichartige Verpflichtungen ist auf der Grundlage der Erfahrungen in der Vergangenheit aus der Abwicklung solcher Verpflichtungen die Wahrscheinlichkeit zu berücksichtigen, dass der Steuerpflichtige nur zu einem Teil der Summe dieser Verpflichtungen in Anspruch genommen wird;

   b) Rückstellungen für Sachleistungsverpflichtungen sind mit den Einzelkosten und den angemessenen Teilen der notwendigen Gemeinkosten zu bewerten;

   c) künftige Vorteile, die mit der Erfüllung der Verpflichtung voraussichtlich verbunden sein werden, sind, soweit sie nicht als Forderung zu aktivieren sind, bei ihrer Bewertung wertmindernd zu berücksichtigen;

   d) Rückstellungen für Verpflichtungen, für deren Entstehen im wirtschaftlichen Sinne der laufende Betrieb ursächlich ist, sind zeitanteilig in gleichen Raten anzusammeln. ²Rückstellungen für gesetzliche Verpflichtungen zur Rücknahme und Verwertung von Erzeugnissen, die vor Inkrafttreten entsprechender gesetzlicher Verpflichtungen in Verkehr gebracht worden sind, sind zeitanteilig in gleichen Raten bis zum Beginn der

¹⁾ Absatz 1 Nr. 1b i. d. F. des Gesetzes zur Modernisierung des Besteuerungsverfahrens kann auch für Wj. angewendet werden, die vor dem 23. 7. 2016 enden → § 52 Abs. 12 Satz 1 EStG.

jeweiligen Erfüllung anzusammeln; Buchstabe e ist insoweit nicht anzuwenden. ³Rückstellungen für die Verpflichtung, ein Kernkraftwerk stillzulegen, sind ab dem Zeitpunkt der erstmaligen Nutzung bis zum Zeitpunkt, in dem mit der Stilllegung begonnen werden muss, zeitanteilig in gleichen Raten anzusammeln; steht der Zeitpunkt der Stilllegung nicht fest, beträgt der Zeitraum für die Ansammlung 25 Jahre;

e) Rückstellungen für Verpflichtungen sind mit einem Zinssatz von 5,5 Prozent abzuzinsen; Nummer 3 Satz 2 ist entsprechend anzuwenden. ²Für die Abzinsung von Rückstellungen für Sachleistungsverpflichtungen ist der Zeitraum bis zum Beginn der Erfüllung maßgebend. ³Für die Abzinsung von Rückstellungen für die Verpflichtung, ein Kernkraftwerk stillzulegen, ist der sich aus Buchstabe d Satz 3 ergebende Zeitraum maßgebend; und

f) bei der Bewertung sind die Wertverhältnisse am Bilanzstichtag maßgebend; künftige Preis- und Kostensteigerungen dürfen nicht berücksichtigt werden.

4. Entnahmen des Steuerpflichtigen für sich, für seinen Haushalt oder für andere betriebsfremde Zwecke sind mit dem Teilwert anzusetzen; in den Fällen des § 4 Absatz 1 Satz 3 ist die Entnahme mit dem gemeinen Wert anzusetzen. ²Die private Nutzung eines Kraftfahrzeugs, das zu mehr als 50 Prozent betrieblich genutzt wird, ist für jeden Kalendermonat mit 1 Prozent des inländischen Listenpreises im Zeitpunkt der Erstzulassung zuzüglich der Kosten für Sonderausstattung einschließlich Umsatzsteuer anzusetzen; bei der privaten Nutzung von Fahrzeugen mit Antrieb ausschließlich durch Elektromotoren, die ganz oder überwiegend aus mechanischen oder elektrochemischen Energiespeichern oder aus emissionsfrei betriebenen Energiewandlern gespeist werden (Elektrofahrzeuge), oder von extern aufladbaren Hybridelektrofahrzeugen, ist der Listenpreis dieser Kraftfahrzeuge um die darin enthaltenen Kosten des Batteriesystems im Zeitpunkt der Erstzulassung des Kraftfahrzeugs wie folgt zu mindern: für bis zum 31. Dezember 2013 angeschaffte Kraftfahrzeuge um 500 Euro pro Kilowattstunde der Batteriekapazität, dieser Betrag mindert sich für in den Folgejahren angeschaffte Kraftfahrzeuge um jährlich 50 Euro pro Kilowattstunde der Batteriekapazität; die Minderung pro Kraftfahrzeug beträgt höchstens 10 000 Euro; dieser Höchstbetrag mindert sich für in den Folgejahren angeschaffte Kraftfahrzeuge um jährlich 500 Euro. ³Die private Nutzung kann abweichend von Satz 2 mit den auf die Privatfahrten entfallenden Aufwendungen angesetzt werden, wenn die für das Kraftfahrzeug insgesamt entstehenden Aufwendungen durch Belege und das Verhältnis der privaten zu den übrigen Fahrten durch ein ordnungsgemäßes Fahrtenbuch nachgewiesen werden; bei der privaten Nutzung von Fahrzeugen mit Antrieb ausschließlich durch Elektromotoren, die ganz oder überwiegend aus mechanischen oder elektrochemischen Energiespeichern oder aus emissionsfrei betriebenen Energiewandlern gespeist werden (Elektrofahrzeuge), oder von extern aufladbaren Hybridelektrofahrzeugen, sind die der Berechnung der Entnahme zugrunde zu legenden insgesamt entstandenen Aufwendungen um Aufwendungen für das Batteriesystem zu mindern; dabei ist bei zum Betriebsvermögen des Steuerpflichtigen gehörenden Elektro- und Hybridelektrofahrzeugen der für die Berechnung der Absetzungen für Abnutzung zugrunde zu legende Bemessungsgrundlage um die nach Satz 2 in pauschaler Höhe festgelegten Aufwendungen zu mindern, wenn darin Kosten für ein Batteriesystem enthalten sind. ⁴Wird ein Wirtschaftsgut unmittelbar nach seiner Entnahme einer nach § 5 Absatz 1 Nummer 9 des Körperschaftsteuergesetzes von der Körperschaftsteuer befreiten Körperschaft, Personenvereinigung oder Vermögensmasse oder einer juristischen Person des öffentlichen Rechts zur Verwendung für steuerbegünstigte Zwecke im Sinne des § 10b Absatz 1 Satz 1 unentgeltlich überlassen, so kann die Entnahme mit dem Buchwert angesetzt werden. ⁵Satz 4 gilt nicht für die Entnahme von Nutzungen und Leistungen.

5. ¹Einlagen sind mit dem Teilwert für den Zeitpunkt der Zuführung anzusetzen; sie sind jedoch höchstens mit den Anschaffungs- oder Herstellungskosten anzusetzen, wenn das zugeführte Wirtschaftsgut

a) innerhalb der letzten drei Jahre vor dem Zeitpunkt der Zuführung angeschafft oder hergestellt worden ist,

b) ein Anteil an einer Kapitalgesellschaft ist und der Steuerpflichtige an der Gesellschaft im Sinne des § 17 Absatz 1 oder 6 beteiligt ist; § 17 Absatz 2 Satz 5 gilt entsprechend, oder

c) ein Wirtschaftsgut im Sinne des § 20 Absatz 2 ist.

S 2177

1)

2)

S 2178

---

¹) Absatz 1 Nr. 4 Satz 2 und 3 in der am 1. 1. 2016 geltenden Fassung ist für Fahrzeuge mit Antrieb ausschließlich durch Elektromotoren, die ganz oder überwiegend aus mechanischen oder elektrochemischen Energiespeichern oder aus emissionsfrei betriebenen Energiewandlern gespeist werden (Elektrofahrzeuge), oder für extern aufladbare Hybridelektrofahrzeuge, anzuwenden, die vor dem 1. 1. 2023 angeschafft werden → § 52 Abs. 12 Satz 2 EStG.

²) Absatz 1 Nr. 4 Satz 2 und 3 in der am 1. 1. 2016 geltenden Fassung ist für Fahrzeuge mit Antrieb ausschließlich durch Elektromotoren, die ganz oder überwiegend aus mechanischen oder elektrochemischen Energiespeichern oder aus emissionsfrei betriebenen Energiewandlern gespeist werden (Elektrofahrzeuge), oder für extern aufladbare Hybridelektrofahrzeuge, anzuwenden, die vor dem 1. 1. 2023 angeschafft werden → § 52 Abs. 12 Satz 2 EStG.

²Ist die Einlage ein abnutzbares Wirtschaftsgut, so sind die Anschaffungs- oder Herstellungskosten um Absetzungen für Abnutzung zu kürzen, die auf den Zeitraum zwischen der Anschaffung oder Herstellung des Wirtschaftsguts und der Einlage entfallen. ³Ist die Einlage ein Wirtschaftsgut, das vor der Zuführung aus einem Betriebsvermögen des Steuerpflichtigen entnommen worden ist, so tritt an die Stelle der Anschaffungs- oder Herstellungskosten der Wert, mit dem die Entnahme angesetzt worden ist, und an die Stelle des Zeitpunkts der Anschaffung oder Herstellung der Zeitpunkt der Entnahme.

5a. In den Fällen des § 4 Absatz 1 Satz 8 zweiter Halbsatz ist das Wirtschaftsgut mit dem gemeinen Wert anzusetzen.

S 2179 6. Bei Eröffnung eines Betriebs ist Nummer 5 entsprechend anzuwenden.

S 2179 7. Bei entgeltlichem Erwerb eines Betriebs sind die Wirtschaftsgüter mit dem Teilwert, höchstens jedoch mit den Anschaffungs- oder Herstellungskosten anzusetzen.

S 2180 (2) ¹Die Anschaffungs- oder Herstellungskosten oder der nach Absatz 1 Nummer 5 bis 6 an deren Stelle tretende Wert von abnutzbaren beweglichen Wirtschaftsgütern des Anlagevermögens, die einer selbständigen Nutzung fähig sind, können im Wirtschaftsjahr der Anschaffung, Herstellung oder Einlage des Wirtschaftsguts oder der Eröffnung des Betriebs in voller Höhe als Betriebsausgaben abgezogen werden, wenn die Anschaffungs- oder Herstellungskosten, vermindert um einen darin enthaltenen Vorsteuerbetrag (§ 9b Absatz 1), oder der nach Absatz 1 Nummer 5 bis 6 an deren Stelle tretende Wert für das einzelne Wirtschaftsgut *800* Euro nicht übersteigen. ²Ein Wirtschaftsgut ist einer selbständigen Nutzung nicht fähig, wenn es nach seiner betrieblichen Zweckbestimmung nur zusammen mit anderen Wirtschaftsgütern des Anlagevermögens genutzt werden kann und die in den Nutzungszusammenhang eingefügten Wirtschaftsgüter technisch aufeinander abgestimmt sind. ³Das gilt auch, wenn das Wirtschaftsgut aus dem betrieblichen Nutzungszusammenhang gelöst und in einen anderen betrieblichen Nutzungszusammenhang eingefügt werden kann. ⁴Wirtschaftsgüter im Sinne des Satzes 1, deren Wert *250* Euro übersteigt, sind unter Angabe des Tages der Anschaffung, Herstellung oder Einlage des Wirtschaftsguts oder der Eröffnung des Betriebs und der Anschaffungs- oder Herstellungskosten oder des nach Absatz 1 Nummer 5 bis 6 an deren Stelle tretenden Werts in ein besonderes, laufend zu führendes Verzeichnis aufzunehmen. ⁵Das Verzeichnis braucht nicht geführt zu werden, wenn diese Angaben aus der Buchführung ersichtlich sind.

(2a) ¹Abweichend von Absatz 2 Satz 1 kann für die abnutzbaren beweglichen Wirtschaftsgüter des Anlagevermögens, die einer selbständigen Nutzung fähig sind, im Wirtschaftsjahr der Anschaffung, Herstellung oder Einlage des Wirtschaftsguts oder der Eröffnung des Betriebs ein Sammelposten gebildet werden, wenn die Anschaffungs- oder Herstellungskosten, vermindert um einen darin enthaltenen Vorsteuerbetrag (§ 9b Absatz 1), oder der nach Absatz 1 Nummer 5 bis 6 an deren Stelle tretende Wert für das einzelne Wirtschaftsgut *250* Euro, aber nicht 1 000 Euro übersteigen. ²Der Sammelposten ist im Wirtschaftsjahr der Bildung und den folgenden vier Wirtschaftsjahren mit jeweils einem Fünftel gewinnmindernd aufzulösen. ³Scheidet ein Wirtschaftsgut im Sinne des Satzes 1 aus dem Betriebsvermögen aus, wird der Sammelposten nicht vermindert. ⁴Die Anschaffungs- oder Herstellungskosten oder der nach Absatz 1 Nummer 5 bis 6 an deren Stelle tretende Wert von abnutzbaren beweglichen Wirtschaftsgütern des Anlagevermögens, die einer selbständigen Nutzung fähig sind, können im Wirtschaftsjahr der Anschaffung, Herstellung oder Einlage des Wirtschaftsguts oder der Eröffnung des Betriebs in voller Höhe als Betriebsausgaben abgezogen werden, wenn die Anschaffungs- oder Herstellungskosten, vermindert um einen darin enthaltenen Vorsteuerbetrag (§ 9b Absatz 1), oder der nach Absatz 1 Nummer 5 bis 6 an deren Stelle tretende Wert für das einzelne Wirtschaftsgut *250* Euro nicht übersteigen. ⁵Die Sätze 1 bis 3 sind für alle in einem Wirtschaftsjahr angeschafften, hergestellten oder eingelegten Wirtschaftsgüter einheitlich anzuwenden.

(3) Wird ein Betrieb, ein Teilbetrieb oder der Anteil eines Mitunternehmers an einem Betrieb unentgeltlich übertragen, so sind bei der Ermittlung des Gewinns des bisherigen Betriebsinhabers (Mitunternehmers) die Wirtschaftsgüter mit den Werten anzusetzen, die sich nach den Vor-

---

1) *Absatz 2 Satz 1 wurde durch das Gesetz gegen schädliche Steuerpraktiken im Zusammenhang mit Rechteüberlassungen geändert und ist erstmals bei Wirtschaftsgütern anzuwenden, die nach dem 31. 12. 2017 angeschafft, hergestellt oder in das Betriebsvermögen eingelegt werden → § 52 Abs. 12 Satz 4 EStG.*

2) *Absatz 2 Satz 4 wurde durch das Zweite Bürokratieentlastungsgesetz geändert und ist erstmals bei Wirtschaftsgütern anzuwenden, die nach dem 31. 12. 2017 angeschafft, hergestellt oder in das Betriebsvermögen eingelegt werden → § 52 Abs. 12 Satz 3 EStG.*

3) *Absatz 2a Satz 1 wurde durch das Gesetz gegen schädliche Steuerpraktiken im Zusammenhang mit Rechteüberlassungen geändert und ist erstmals bei Wirtschaftsgütern anzuwenden, die nach dem 31. 12. 2017 angeschafft, hergestellt oder in das Betriebsvermögen eingelegt werden → § 52 Abs. 12 Satz 6 EStG.*

4) *Absatz 2a Satz 4 wurde durch das Gesetz gegen schädliche Steuerpraktiken im Zusammenhang mit Rechteüberlassungen geändert und ist erstmals bei Wirtschaftsgütern anzuwenden, die nach dem 31. 12. 2017 angeschafft, hergestellt oder in das Betriebsvermögen eingelegt werden → § 52 Abs. 12 Satz 6 EStG.*

schriften über die Gewinnermittlung ergeben, sofern die Besteuerung der stillen Reserven sichergestellt ist; dies gilt auch bei der unentgeltlichen Aufnahme einer natürlichen Person in ein bestehendes Einzelunternehmen sowie bei der unentgeltlichen Übertragung eines Teils eines Mitunternehmeranteils auf eine natürliche Person. [2]Satz 1 ist auch anzuwenden, wenn der bisherige Betriebsinhaber (Mitunternehmer) Wirtschaftsgüter, die weiterhin zum Betriebsvermögen derselben Mitunternehmerschaft gehören, nicht überträgt, sofern der Rechtsnachfolger den übernommenen Mitunternehmeranteil über einen Zeitraum von mindestens fünf Jahren nicht veräußert oder aufgibt. [3]Der Rechtsnachfolger ist an die in Satz 1 genannten Werte gebunden.

(4) Wird ein einzelnes Wirtschaftsgut außer in den Fällen der Einlage (§ 4 Absatz 1 Satz 8) unentgeltlich in das Betriebsvermögen eines anderen Steuerpflichtigen übertragen, gilt sein gemeiner Wert für das aufnehmende Betriebsvermögen als Anschaffungskosten.

(5) [1]Wird ein einzelnes Wirtschaftsgut von einem Betriebsvermögen in ein anderes Betriebsvermögen desselben Steuerpflichtigen überführt, ist bei der Überführung der Wert anzusetzen, der sich nach den Vorschriften über die Gewinnermittlung ergibt, sofern die Besteuerung der stillen Reserven sichergestellt ist; § 4 Absatz 1 Satz 4 ist entsprechend anzuwenden. [2]Satz 1 gilt auch für die Überführung aus einem eigenen Betriebsvermögen des Steuerpflichtigen in dessen Sonderbetriebsvermögen bei einer Mitunternehmerschaft und umgekehrt sowie für die Überführung zwischen verschiedenen Sonderbetriebsvermögen desselben Steuerpflichtigen bei verschiedenen Mitunternehmerschaften. [3]Satz 1 gilt entsprechend, soweit ein Wirtschaftsgut

1. unentgeltlich oder gegen Gewährung oder Minderung von Gesellschaftsrechten aus einem Betriebsvermögen des Mitunternehmers in das Gesamthandsvermögen einer Mitunternehmerschaft und umgekehrt;

2. unentgeltlich oder gegen Gewährung oder Minderung von Gesellschaftsrechten aus dem Sonderbetriebsvermögen eines Mitunternehmers in das Gesamthandsvermögen derselben Mitunternehmerschaft oder einer anderen Mitunternehmerschaft, an der er beteiligt ist, und umgekehrt oder

3. unentgeltlich zwischen den jeweiligen Sonderbetriebsvermögen verschiedener Mitunternehmer derselben Mitunternehmerschaft

übertragen wird. [4]Wird das nach Satz 3 übertragene Wirtschaftsgut innerhalb einer Sperrfrist veräußert oder entnommen, ist rückwirkend auf den Zeitpunkt der Übertragung der Teilwert anzusetzen, es sei denn, die bis zur Übertragung entstandenen stillen Reserven sind durch Erstellung einer Ergänzungsbilanz dem übertragenden Gesellschafter zugeordnet worden; diese Sperrfrist endet drei Jahre nach Abgabe der Steuererklärung des Übertragenden für den Veranlagungszeitraum, in dem die in Satz 3 bezeichnete Übertragung erfolgt ist. [5]Der Teilwert ist auch anzusetzen, soweit in den Fällen des Satzes 3 der Anteil einer Körperschaft, Personenvereinigung oder Vermögensmasse an dem Wirtschaftsgut unmittelbar oder mittelbar begründet oder dieser sich erhöht. [6]Soweit innerhalb von sieben Jahren nach der Übertragung des Wirtschaftsguts nach Satz 3 der Anteil einer Körperschaft, Personenvereinigung oder Vermögensmasse an dem übertragenen Wirtschaftsgut aus einem anderen Grund unmittelbar oder mittelbar begründet wird oder dieser sich erhöht, ist rückwirkend auf den Zeitpunkt der Übertragung ebenfalls der Teilwert anzusetzen.

(6) [1]Wird ein einzelnes Wirtschaftsgut im Wege des Tausches übertragen, bemessen sich die Anschaffungskosten nach dem gemeinen Wert des hingegebenen Wirtschaftsguts. [2]Erfolgt die Übertragung im Wege der verdeckten Einlage, erhöhen sich die Anschaffungskosten der Beteiligung an der Kapitalgesellschaft um den Teilwert des eingelegten Wirtschaftsguts. [3]In den Fällen des Absatzes 1 Nummer 5 Satz 1 Buchstabe a erhöhen sich die Anschaffungskosten im Sinne des Satzes 2 um den Einlagewert des Wirtschaftsguts. [4]Absatz 5 bleibt unberührt.

(7) Im Fall des § 4 Absatz 3 sind

1. bei der Bemessung der Absetzungen für Abnutzung oder Substanzverringerung die sich bei Anwendung der Absätze 3 bis 6 ergebenden Werte als Anschaffungskosten zugrunde zu legen und

2. die Bewertungsvorschriften des Absatzes 1 Nummer 1a und der Nummern 4 bis 7 entsprechend anzuwenden.

§ 6a Pensionsrückstellung

(1) Für eine Pensionsverpflichtung darf eine Rückstellung (Pensionsrückstellung) nur gebildet werden, wenn und soweit

1. der Pensionsberechtigte einen Rechtsanspruch auf einmalige oder laufende Pensionsleistungen hat,

2. die Pensionszusage keine Pensionsleistungen in Abhängigkeit von künftigen gewinnabhängigen Bezügen vorsieht und keinen Vorbehalt enthält, dass die Pensionsanwartschaft oder die Pensionsleistung gemindert oder entzogen werden kann, oder ein solcher Vorbehalt sich nur auf Tatbestände erstreckt, bei deren Vorliegen nach allgemeinen Rechtsgrundsätzen unter Beachtung billigen Ermessens eine Minderung oder ein Entzug der Pensionsanwartschaft oder der Pensionsleistung zulässig ist, und

3. die Pensionszusage schriftlich erteilt ist; die Pensionszusage muss eindeutige Angaben zu Art, Form, Voraussetzungen und Höhe der in Aussicht gestellten künftigen Leistungen enthalten.

(2) Eine Pensionsrückstellung darf erstmals gebildet werden

1. vor Eintritt des Versorgungsfalls für das Wirtschaftsjahr, in dem die Pensionszusage erteilt wird, frühestens jedoch für das Wirtschaftsjahr, bis zu dessen Mitte der Pensionsberechtigte bei

   a) *erstmals nach dem 31. Dezember 2017 zugesagten Pensionsleistungen das 23. Lebensjahr vollendet,*

   b) *erstmals nach dem 31. Dezember 2008 und vor dem 1. Januar 2018 zugesagten Pensionsleistungen das 27. Lebensjahr vollendet,*

   c) *erstmals nach dem 31. Dezember 2000 und vor dem 1. Januar 2009 zugesagten Pensionsleistungen das 28. Lebensjahr vollendet,*

   d) *erstmals vor dem 1. Januar 2001 zugesagten Pensionsleistungen das 30. Lebensjahr vollendet*

   oder bei nach dem 31. Dezember 2000 vereinbarten Entgeltumwandlungen im Sinne von § 1 Absatz 2 des Betriebsrentengesetzes für das Wirtschaftsjahr, in dessen Verlauf die Pensionsanwartschaft gemäß den Vorschriften des Betriebsrentengesetzes unverfallbar wird,

2. nach Eintritt des Versorgungsfalls für das Wirtschaftsjahr, in dem der Versorgungsfall eintritt.

(3) [1]Eine Pensionsrückstellung darf höchstens mit dem Teilwert der Pensionsverpflichtung angesetzt werden. [2]Als Teilwert einer Pensionsverpflichtung gilt

1. vor Beendigung des Dienstverhältnisses des Pensionsberechtigten der Barwert der künftigen Pensionsleistungen am Schluss des Wirtschaftsjahres abzüglich des sich auf denselben Zeitpunkt ergebenden Barwerts betragsmäßig gleich bleibender Jahresbeträge, bei einer Entgeltumwandlung im Sinne von § 1 Absatz 2 des Betriebsrentengesetzes mindestens jedoch der Barwert der gemäß den Vorschriften des Betriebsrentengesetzes unverfallbaren künftigen Pensionsleistungen am Schluss des Wirtschaftsjahres. [2]Die Jahresbeträge sind so zu bemessen, dass am Beginn des Wirtschaftsjahres, in dem das Dienstverhältnis begonnen hat, ihr Barwert gleich dem Barwert der künftigen Pensionsleistungen ist; die künftigen Pensionsleistungen sind dabei mit dem Betrag anzusetzen, der sich nach den Verhältnissen am Bilanzstichtag ergibt. [3]Es sind die Jahresbeträge zugrunde zu legen, die vom Beginn des Wirtschaftsjahres, in dem das Dienstverhältnis begonnen hat, bis zu dem in der Pensionszusage vorgesehenen Zeitpunkt des Eintritts des Versorgungsfalls rechnungsmäßig aufzubringen sind. [4]Erhöhungen oder Verminderungen der Pensionsleistungen nach dem Schluss des Wirtschaftsjahres, die hinsichtlich des Zeitpunkts ihres Wirksamwerdens oder ihres Umfangs ungewiss sind, sind bei der Berechnung des Barwerts der künftigen Pensionsleistungen und der Jahresbeträge erst zu berücksichtigen, wenn sie eingetreten sind. [5]Wird die Pensionszusage erst nach dem Beginn des Dienstverhältnisses erteilt, so ist die Zwischenzeit für die Berechnung der Jahresbeträge nur insoweit als Wartezeit zu behandeln, als sie in der Pensionszusage als solche bestimmt ist. [6]Hat das Dienstverhältnis schon vor der Vollendung des *nach Absatz 2 Nummer 1 maßgebenden Lebensjahres* des Pensionsberechtigten bestanden, gilt es als zu Beginn des Wirtschaftsjahres begonnen, bis zu dessen Mitte der Pensionsberechtigte das *nach Absatz 2 Nummer 1 maßgebende Lebensjahr* vollendet; *bei nach dem 31. Dezember 2000 vereinbarten Entgeltumwandlungen im Sinne von § 1 Absatz 2 des Betriebsrentengesetzes* gilt für davor liegende Wirtschaftsjahre als Teilwert der Barwert der gemäß den Vorschriften des Betriebsrentengesetzes unverfallbaren künftigen Pensionsleistungen am Schluss des Wirtschaftsjahres;

2. nach Beendigung des Dienstverhältnisses des Pensionsberechtigten unter Aufrechterhaltung seiner Pensionsanwartschaft oder nach Eintritt des Versorgungsfalls der Barwert der künftigen Pensionsleistungen am Schluss des Wirtschaftsjahres; Nummer 1 Satz 4 gilt sinngemäß.

---

[1]) *Absatz 2 Nr. 1 wurde durch das Gesetz zur Umsetzung der EU-Mobilitäts-Richtlinie ab VZ 2018 neu gefasst.*

[2]) *Absatz 3 Satz 2 Nr. 1 Satz 6 wurde durch das Gesetz zur Umsetzung der EU-Mobilitäts-Richtlinie ab VZ 2018 neu gefasst.*

[3]Bei der Berechnung des Teilwertes der Pensionsverpflichtung sind ein Rechnungszinsfuß von 6 Prozent und die anerkannten Regeln der Versicherungsmathematik anzuwenden.

Anhang 2 I
Anhang 2 I
2)

(4) [1]Eine Pensionsrückstellung darf in einem Wirtschaftsjahr höchstens um den Unterschied zwischen dem Teilwert der Pensionsverpflichtung am Schluss des Wirtschaftsjahres und am Schluss des vorangegangenen Wirtschaftsjahres erhöht werden. [2]Soweit der Unterschiedsbetrag auf der erstmaligen Anwendung neuer oder geänderter biometrischer Rechnungsgrundlagen beruht, kann er nur auf mindestens drei Wirtschaftsjahre gleichmäßig verteilt der Pensionsrückstellung zugeführt werden; Entsprechendes gilt beim Wechsel auf andere biometrische Rechnungsgrundlagen. [3]In dem Wirtschaftsjahr, in dem mit der Bildung einer Pensionsrückstellung frühestens begonnen werden darf (Erstjahr), darf die Rückstellung bis zur Höhe des Teilwerts der Pensionsverpflichtung am Schluss des Wirtschaftsjahres gebildet werden; diese Rückstellung kann auf das Erstjahr und die beiden folgenden Wirtschaftsjahre gleichmäßig verteilt werden. [4]Erhöht sich in einem Wirtschaftsjahr gegenüber dem vorangegangenen Wirtschaftsjahr der Barwert der künftigen Pensionsleistungen um mehr als 25 Prozent, so kann die für dieses Wirtschaftsjahr zulässige Erhöhung der Pensionsrückstellung auf dieses Wirtschaftsjahr und die beiden folgenden Wirtschaftsjahre gleichmäßig verteilt werden. [5]Am Schluss des Wirtschaftsjahres, in dem das Dienstverhältnis des Pensionsberechtigten unter Aufrechterhaltung seiner Pensionsanwartschaft endet oder der Versorgungsfall eintritt, darf die Pensionsrückstellung stets bis zur Höhe des Teilwerts der Pensionsverpflichtung gebildet werden; die für dieses Wirtschaftsjahr zulässige Erhöhung der Pensionsrückstellung kann auf dieses Wirtschaftsjahr und die beiden folgenden Wirtschaftsjahre gleichmäßig verteilt werden. [6]Satz 2 gilt in den Fällen der Sätze 3 bis 5 entsprechend.

(5) Die Absätze 3 und 4 gelten entsprechend, wenn der Pensionsberechtigte zu dem Pensionsverpflichteten in einem anderen Rechtsverhältnis als einem Dienstverhältnis steht.

§ 6b Übertragung stiller Reserven bei der Veräußerung bestimmter Anlagegüter

EStG
S 2139

(1) [1]Steuerpflichtige, die

Grund und Boden,

Aufwuchs auf Grund und Boden mit dem dazugehörigen Grund und Boden, wenn der Aufwuchs zu einem land- und forstwirtschaftlichen Betriebsvermögen gehört,

Gebäude oder Binnenschiffe

veräußern, können im Wirtschaftsjahr der Veräußerung von den Anschaffungs- oder Herstellungskosten der in Satz 2 bezeichneten Wirtschaftsgüter, die im Wirtschaftsjahr der Veräußerung oder im vorangegangenen Wirtschaftsjahr angeschafft oder hergestellt worden sind, einen Betrag bis zur Höhe des bei der Veräußerung entstandenen Gewinns abziehen. [2]Der Abzug ist zulässig bei den Anschaffungs- oder Herstellungskosten von

1. Grund und Boden,

   soweit der Gewinn bei der Veräußerung von Grund und Boden entstanden ist,

2. Aufwuchs auf Grund und Boden mit dem dazugehörigen Grund und Boden, wenn der Aufwuchs zu einem land- und forstwirtschaftlichen Betriebsvermögen gehört,

   soweit der Gewinn bei der Veräußerung von Grund und Boden oder der Veräußerung von Aufwuchs auf Grund und Boden mit dem dazugehörigen Grund und Boden entstanden ist,

3. Gebäuden,

   soweit der Gewinn bei der Veräußerung von Grund und Boden, von Aufwuchs auf Grund und Boden mit dem dazugehörigen Grund und Boden oder Gebäuden entstanden ist, oder

4. Binnenschiffen,

   soweit der Gewinn bei der Veräußerung von Binnenschiffen entstanden ist.

[3]Der Anschaffung oder Herstellung von Gebäuden steht ihre Erweiterung, ihr Ausbau oder ihr Umbau gleich. [4]Der Abzug ist in diesem Fall nur von dem Aufwand für die Erweiterung, den Ausbau oder den Umbau der Gebäude zulässig.

(2) [1]Gewinn im Sinne des Absatzes 1 Satz 1 ist der Betrag, um den der Veräußerungspreis nach Abzug der Veräußerungskosten den Buchwert übersteigt, mit dem das veräußerte Wirtschaftsgut im Zeitpunkt der Veräußerung anzusetzen gewesen wäre. [2]Buchwert ist der Wert, mit dem ein Wirtschaftsgut nach § 6 anzusetzen ist.

(2a) [1]Werden im Wirtschaftsjahr der Veräußerung der in Absatz 1 Satz 1 bezeichneten Wirtschaftsgüter oder in den folgenden vier Wirtschaftsjahren in Absatz 1 Satz 2 bezeichnete Wirtschaftsgüter angeschafft oder hergestellt oder sind sie in dem der Veräußerung vorangegangenen Wirtschaftsjahr angeschafft oder hergestellt worden, die einem Betriebsvermögen des Steuerpflichtigen in einem anderen Mitgliedstaat der Europäischen Union oder des Europäischen Wirtschaftsraums zuzuordnen sind, kann auf Antrag des Steuerpflichtigen die festgesetzte Steuer, die auf den Gewinn im Sinne des Absatzes 2 entfällt, in fünf gleichen Jahresraten entrichtet werden; die Frist von vier Jahren verlängert sich bei neu hergestellten Gebäuden auf sechs Jahre, wenn mit ihrer Herstellung vor dem Schluss des vierten auf die Veräußerung folgenden Wirtschaftsjahres begonnen worden ist. [2]Der Antrag kann nur im Wirtschaftsjahr der Veräußerung der in Absatz 1 Satz 1 bezeichneten Wirtschaftsgüter gestellt werden. [3]§ 36 Absatz 5 Satz 2 bis 5 ist sinngemäß anzuwenden.

(3) [1]Soweit Steuerpflichtige den Abzug nach Absatz 1 nicht vorgenommen haben, können sie im Wirtschaftsjahr der Veräußerung eine den steuerlichen Gewinn mindernde Rücklage bilden. [2]Bis zur Höhe dieser Rücklage können sie von den Anschaffungs- oder Herstellungskosten der in Absatz 1 Satz 2 bezeichneten Wirtschaftsgüter, die in den folgenden vier Wirtschaftsjahren angeschafft oder hergestellt worden sind, im Wirtschaftsjahr ihrer Anschaffung oder Herstellung einen Betrag unter Berücksichtigung der Einschränkungen des Absatzes 1 Satz 2 bis 4 abziehen. [3]Die Frist von vier Jahren verlängert sich bei neu hergestellten Gebäuden auf sechs Jahre, wenn mit ihrer Herstellung vor dem Schluss des vierten auf die Bildung der Rücklage folgenden Wirtschaftsjahres begonnen worden ist. [4]Die Rücklage ist in Höhe des abgezogenen Betrags gewinnerhöhend aufzulösen. [5]Ist eine Rücklage am Schluss des vierten auf ihre Bildung folgenden Wirtschaftsjahres noch vorhanden, so ist sie in diesem Zeitpunkt gewinnerhöhend aufzulösen, soweit nicht ein Abzug von den Herstellungskosten von Gebäuden in Betracht kommt, mit deren Herstellung bis zu diesem Zeitpunkt begonnen worden ist; ist die Rücklage am Schluss des sechsten auf ihre Bildung folgenden Wirtschaftsjahres noch vorhanden, so ist sie in diesem Zeitpunkt gewinnerhöhend aufzulösen.

(4) [1]Voraussetzung für die Anwendung der Absätze 1 und 3 ist, dass

1. der Steuerpflichtige den Gewinn nach § 4 Absatz 1 oder § 5 ermittelt,

2. die veräußerten Wirtschaftsgüter im Zeitpunkt der Veräußerung mindestens sechs Jahre ununterbrochen zum Anlagevermögen einer inländischen Betriebsstätte gehört haben,

3. die angeschafften oder hergestellten Wirtschaftsgüter zum Anlagevermögen einer inländischen Betriebsstätte gehören,

4. der bei der Veräußerung entstandene Gewinn bei der Ermittlung des im Inland steuerpflichtigen Gewinns nicht außer Ansatz bleibt und

5. der Abzug nach Absatz 1 und die Bildung und Auflösung der Rücklage nach Absatz 3 in der Buchführung verfolgt werden können.

[2]Der Abzug nach den Absätzen 1 und 3 ist bei Wirtschaftsgütern, die zu einem land- und forstwirtschaftlichen Betrieb gehören oder der selbständigen Arbeit dienen, nicht zulässig, wenn der Gewinn bei der Veräußerung von Wirtschaftsgütern eines Gewerbebetriebs entstanden ist.

(5) An die Stelle der Anschaffungs- oder Herstellungskosten im Sinne des Absatzes 1 tritt in den Fällen, in denen das Wirtschaftsgut im Wirtschaftsjahr vor der Veräußerung angeschafft oder hergestellt worden ist, der Buchwert am Schluss des Wirtschaftsjahres der Anschaffung oder Herstellung.

(6) [1]Ist ein Betrag nach Absatz 1 oder 3 abgezogen worden, so tritt für die Absetzungen für Abnutzung oder Substanzverringerung oder in den Fällen des § 6 Absatz 2 und Absatz 2a im Wirtschaftsjahr des Abzugs der verbleibende Betrag an die Stelle der Anschaffungs- oder Herstellungskosten. [2]In den Fällen des § 7 Absatz 4 Satz 1 und Absatz 5 sind die um den Abzugsbetrag nach Absatz 1 oder 3 geminderten Anschaffungs- oder Herstellungskosten maßgebend.

(7) Soweit eine nach Absatz 3 Satz 1 gebildete Rücklage gewinnerhöhend aufgelöst wird, ohne dass ein entsprechender Betrag nach Absatz 3 abgezogen wird, ist der Gewinn des Wirtschaftsjahres, in dem die Rücklage aufgelöst wird, für jedes volle Wirtschaftsjahr, in dem die Rücklage bestanden hat, um 6 Prozent des aufgelösten Rücklagenbetrags zu erhöhen.

(8) [1]Werden Wirtschaftsgüter im Sinne des Absatzes 1 zum Zweck der Vorbereitung oder Durchführung von städtebaulichen Sanierungs- oder Entwicklungsmaßnahmen an einen der in Satz 2 bezeichneten Erwerber übertragen, sind die Absätze 1 bis 7 mit der Maßgabe anzuwenden, dass

1. die Fristen des Absatzes 3 Satz 2, 3 und 5 sich jeweils um drei Jahre verlängern und

2. an die Stelle der in Absatz 4 Nummer 2 bezeichneten Frist von sechs Jahren eine Frist von zwei Jahren tritt.

[2]Erwerber im Sinne des Satzes 1 sind Gebietskörperschaften, Gemeindeverbände, Verbände im Sinne des § 166 Absatz 4 des Baugesetzbuchs, Planungsverbände nach § 205 des Baugesetzbuchs, Sanierungsträger nach § 157 des Baugesetzbuchs, Entwicklungsträger nach § 167 des Baugesetzbuchs sowie Erwerber, die städtebauliche Sanierungsmaßnahmen als Eigentümer selbst durchführen (§ 147 Absatz 2 und § 148 Absatz 1 des Baugesetzbuchs).

(9) Absatz 8 ist nur anzuwenden, wenn die nach Landesrecht zuständige Behörde bescheinigt, dass die Übertragung der Wirtschaftsgüter zum Zweck der Vorbereitung oder Durchführung

von städtebaulichen Sanierungs- oder Entwicklungsmaßnahmen an einen der in Absatz 8 Satz 2 bezeichneten Erwerber erfolgt ist.

(10) [1]Steuerpflichtige, die keine Körperschaften, Personenvereinigungen oder Vermögensmassen sind, können Gewinne aus der Veräußerung von Anteilen an Kapitalgesellschaften bis zu einem Betrag von 500 000 Euro auf die im Wirtschaftsjahr der Veräußerung oder in den folgenden zwei Wirtschaftsjahren angeschafften Anteile an Kapitalgesellschaften oder angeschafften oder hergestellten abnutzbaren beweglichen Wirtschaftsgüter oder auf die im Wirtschaftsjahr der Veräußerung oder in den folgenden vier Wirtschaftsjahren angeschafften oder hergestellten Gebäude nach Maßgabe der Sätze 2 bis 10 übertragen. [2]Wird der Gewinn im Jahr der Veräußerung auf Gebäude oder abnutzbare bewegliche Wirtschaftsgüter übertragen, so kann ein Betrag bis zur Höhe des bei der Veräußerung entstandenen und nicht nach § 3 Nummer 40 Satz 1 Buchstabe a und b in Verbindung mit § 3c Absatz 2 steuerbefreiten Betrags von den Anschaffungs- oder Herstellungskosten für Gebäude oder abnutzbare bewegliche Wirtschaftsgüter abgezogen werden. [3]Wird der Gewinn im Jahr der Veräußerung auf Anteile an Kapitalgesellschaften übertragen, mindern sich die Anschaffungskosten der Anteile an Kapitalgesellschaften in Höhe des Veräußerungsgewinns einschließlich des nach § 3 Nummer 40 Satz 1 Buchstabe a und b in Verbindung mit § 3c Absatz 2 steuerbefreiten Betrags. [4]Absatz 2, Absatz 4 Satz 1 Nummer 1, 2, 3, 5 und Satz 2 sowie Absatz 3 sind sinngemäß anzuwenden. [5]Soweit Steuerpflichtige den Abzug nach Satz 1 bis 4 nicht vorgenommen haben, können sie eine Rücklage nach Maßgabe des Satzes 1 einschließlich des nach § 3 Nummer 40 Satz 1 Buchstabe a und b in Verbindung mit § 3c Absatz 2 steuerbefreiten Betrags bilden. [6]Bei der Auflösung der Rücklage gelten die Sätze 2 und 3 sinngemäß. [7]Im Fall des Satzes 2 ist die Rücklage in gleicher Höhe um den nach § 3 Nummer 40 Satz 1 Buchstabe a und b in Verbindung mit § 3c Absatz 2 steuerbefreiten Betrag aufzulösen. [8]Ist eine Rücklage am Schluss des vierten auf ihre Bildung folgenden Wirtschaftsjahres noch vorhanden, so ist sie in diesem Zeitpunkt gewinnerhöhend aufzulösen. [9]Soweit der Abzug nach Satz 6 nicht vorgenommen wurde, ist der Gewinn des Wirtschaftsjahres, in dem die Rücklage aufgelöst wird, für jedes volle Wirtschaftsjahr, in dem die Rücklage bestanden hat, um 6 Prozent des nicht nach § 3 Nummer 40 Satz 1 Buchstabe a und b in Verbindung mit § 3c Absatz 2 steuerbefreiten aufgelösten Rücklagenbetrags zu erhöhen. [10]Für die zum Gesamthandsvermögen von Personengesellschaften oder Gemeinschaften gehörenden Anteile an Kapitalgesellschaften gelten die Sätze 1 bis 9 nur, soweit an den Personengesellschaften und Gemeinschaften keine Körperschaften, Personenvereinigungen oder Vermögensmassen beteiligt sind.

§ 6c Übertragung stiller Reserven bei der Veräußerung bestimmter Anlagegüter bei der Ermittlung des Gewinns nach § 4 Absatz 3 oder nach Durchschnittssätzen

EStG
S 2139a

(1) [1]§ 6b mit Ausnahme des § 6b Absatz 4 Nummer 1 ist entsprechend anzuwenden, wenn der Gewinn nach § 4 Absatz 3 oder die Einkünfte aus Land- und Forstwirtschaft nach Durchschnittssätzen ermittelt werden. [2]Soweit nach § 6b Absatz 3 eine Rücklage gebildet werden kann, ist ihre Bildung als Betriebsausgabe (Abzug) und ihre Auflösung als Betriebseinnahme (Zuschlag) zu behandeln; der Zeitraum zwischen Abzug und Zuschlag gilt als Zeitraum, in dem die Rücklage bestanden hat.

(2) [1]Voraussetzung für die Anwendung des Absatzes 1 ist, dass die Wirtschaftsgüter, bei denen ein Abzug von den Anschaffungs- oder Herstellungskosten oder von dem Wert nach § 6b Absatz 5 vorgenommen worden ist, in besondere, laufend zu führende Verzeichnisse aufgenommen werden. [2]In den Verzeichnissen sind der Tag der Anschaffung oder Herstellung, die Anschaffungs- oder Herstellungskosten, der Abzug nach § 6b Absatz 1 und 3 in Verbindung mit Absatz 1, die Absetzungen für Abnutzung, die Abschreibungen sowie die Beträge nachzuweisen, die nach § 6b Absatz 3 in Verbindung mit Absatz 1 als Betriebsausgaben (Abzug) oder Betriebseinnahmen (Zuschlag) behandelt worden sind.

§ 6d Euroumrechnungsrücklage

EStG
S 2138a

(1) [1]Ausleihungen, Forderungen und Verbindlichkeiten im Sinne des Artikels 43 des Einführungsgesetzes zum Handelsgesetzbuch, die auf Währungseinheiten der an der europäischen Währungsunion teilnehmenden anderen Mitgliedstaaten oder auf die ECU im Sinne des Artikels 2 der Verordnung (EG) Nr. 1103/97 des Rates vom 17. Juni 1997 (ABl. EG Nr. L 162 S. 1) lauten, sind am Schluss des ersten nach dem 31. Dezember 1998 endenden Wirtschaftsjahres mit dem vom Rat der Europäischen Union gemäß Artikel 109l Absatz 4 Satz 1 des EG-Vertrages unwiderruflich festgelegten Umrechnungskurs umzurechnen und mit dem sich danach erge-

benden Wert anzusetzen. ²Der Gewinn, der sich aus diesem jeweiligen Ansatz für das einzelne Wirtschaftsgut ergibt, kann in eine den steuerlichen Gewinn mindernde Rücklage eingestellt werden. ³Die Rücklage ist gewinnerhöhend aufzulösen, soweit das Wirtschaftsgut, aus dessen Bewertung sich der in die Rücklage eingestellte Gewinn ergeben hat, aus dem Betriebsvermögen ausscheidet. ⁴Die Rücklage ist spätestens am Schluss des fünften nach dem 31. Dezember 1998 endenden Wirtschaftsjahres gewinnerhöhend aufzulösen.

(2) ¹In die Euroumrechnungsrücklage gemäß Absatz 1 Satz 2 können auch Erträge eingestellt werden, die sich aus der Aktivierung von Wirtschaftsgütern auf Grund der unwiderruflichen Festlegung der Umrechnungskurse ergeben. ²Absatz 1 Satz 3 gilt entsprechend.

(3) Die Bildung und Auflösung der jeweiligen Rücklage müssen in der Buchführung verfolgt werden können.

§ 7 Absetzung für Abnutzung oder Substanzverringerung

(1) ¹Bei Wirtschaftsgütern, deren Verwendung oder Nutzung durch den Steuerpflichtigen zur Erzielung von Einkünften sich erfahrungsgemäß auf einen Zeitraum von mehr als einem Jahr erstreckt, ist jeweils für ein Jahr der Teil der Anschaffungs- oder Herstellungskosten abzusetzen, der bei gleichmäßiger Verteilung dieser Kosten auf die Gesamtdauer der Verwendung oder Nutzung auf ein Jahr entfällt (Absetzung für Abnutzung in gleichen Jahresbeträgen). ²Die Absetzung bemisst sich hierbei nach der betriebsgewöhnlichen Nutzungsdauer des Wirtschaftsgutes. ³Als betriebsgewöhnliche Nutzungsdauer des Geschäfts- oder Firmenwerts eines Gewerbebetriebs oder eines Betriebs der Land- und Forstwirtschaft gilt ein Zeitraum von 15 Jahren. ⁴Im Jahr der Anschaffung oder Herstellung des Wirtschaftsguts vermindert sich für dieses Jahr der Absetzungsbetrag nach Satz 1 um jeweils ein Zwölftel für jeden vollen Monat, der dem Monat der Anschaffung oder Herstellung vorangeht. ⁵Bei Wirtschaftsgütern, die nach einer Verwendung zur Erzielung von Einkünften im Sinne des § 2 Absatz 1 Satz 1 Nummer 4 bis 7 in ein Betriebsvermögen eingelegt worden sind, mindert sich der Einlagewert um die Absetzungen für Abnutzung oder Substanzverringerung, Sonderabschreibungen oder erhöhte Absetzungen, die bis zum Zeitpunkt der Einlage vorgenommen worden sind, höchstens jedoch bis zu den fortgeführten Anschaffungs- oder Herstellungskosten; ist der Einlagewert niedriger als dieser Wert, bemisst sich die weitere Absetzung für Abnutzung vom Einlagewert. ⁶Bei beweglichen Wirtschaftsgütern des Anlagevermögens, bei denen es wirtschaftlich begründet ist, die Absetzung für Abnutzung nach Maßgabe der Leistung des Wirtschaftsgutes vorzunehmen, kann der Steuerpflichtige dieses Verfahren statt der Absetzung für Abnutzung in gleichen Jahresbeträgen anwenden, wenn er den auf das einzelne Jahr entfallenden Umfang der Leistung nachweist. ⁷Absetzungen für außergewöhnliche technische oder wirtschaftliche Abnutzung sind zulässig; soweit der Grund hierfür in späteren Wirtschaftsjahren entfällt, ist in den Fällen der Gewinnermittlung nach § 4 Absatz 1 oder nach § 5 eine entsprechende Zuschreibung vorzunehmen.

(2) ¹Bei beweglichen Wirtschaftsgütern des Anlagevermögens, die nach dem 31. Dezember 2008 und vor dem 1. Januar 2011 angeschafft oder hergestellt worden sind, kann der Steuerpflichtige statt der Absetzung für Abnutzung in gleichen Jahresbeträgen die Absetzung für Abnutzung in fallenden Jahresbeträgen bemessen. ²Die Absetzung für Abnutzung in fallenden Jahresbeträgen kann nach einem unveränderlichen Prozentsatz vom jeweiligen Buchwert (Restwert) vorgenommen werden; der dabei anzuwendende Prozentsatz darf höchstens das Zweieinhalbfache des bei der Absetzung für Abnutzung in gleichen Jahresbeträgen in Betracht kommenden Prozentsatzes betragen und 25 Prozent nicht übersteigen. ³Absatz 1 Satz 4 und § 7a Absatz 8 gelten entsprechend. ⁴Bei Wirtschaftsgütern, bei denen die Absetzung für Abnutzung in fallenden Jahresbeträgen bemessen wird, sind Absetzungen für außergewöhnliche technische oder wirtschaftliche Abnutzung nicht zulässig.

(3) ¹Der Übergang von der Absetzung für Abnutzung in fallenden Jahresbeträgen zur Absetzung für Abnutzung in gleichen Jahresbeträgen ist zulässig. ²In diesem Fall bemisst sich die Absetzung für Abnutzung vom Zeitpunkt des Übergangs an nach dem dann noch vorhandenen Restwert und der Restnutzungsdauer des einzelnen Wirtschaftsguts. ³Der Übergang von der Absetzung für Abnutzung in gleichen Jahresbeträgen zur Absetzung für Abnutzung in fallenden Jahresbeträgen ist nicht zulässig.

(4) ¹Bei Gebäuden sind abweichend von Absatz 1 als Absetzung für Abnutzung die folgenden Beträge bis zur vollen Absetzung abzuziehen:

1. bei Gebäuden, soweit sie zu einem Betriebsvermögen gehören und nicht Wohnzwecken dienen und für die der Bauantrag nach dem 31. März 1985 gestellt worden ist, jährlich 3 Prozent,

2. bei Gebäuden, soweit sie die Voraussetzungen der Nummer 1 nicht erfüllen und die

   a) nach dem 31. Dezember 1924 fertig gestellt worden sind, jährlich 2 Prozent,

   b) vor dem 1. Januar 1925 fertig gestellt worden sind, jährlich 2,5 Prozent der Anschaffungs- oder Herstellungskosten; Absatz 1 Satz 5 gilt entsprechend. [2]Beträgt die tatsächliche Nutzungsdauer eines Gebäudes in den Fällen des Satzes 1 Nummer 1 weniger als 33 Jahre, in den Fällen des Satzes 1 Nummer 2 Buchstabe a weniger als 50 Jahre, in den Fällen des Satzes 1 Nummer 2 Buchstabe b weniger als 40 Jahre, so können anstelle der Absetzungen nach Satz 1 die der tatsächlichen Nutzungsdauer entsprechenden Absetzungen für Abnutzung vorgenommen werden. [3]Absatz 1 letzter Satz bleibt unberührt. [4]Bei Gebäuden im Sinne der Nummer 2 rechtfertigt die für Gebäude im Sinne der Nummer 1 geltende Regelung weder die Anwendung des Absatzes 1 letzter Satz noch den Ansatz des niedrigeren Teilwertes (§ 6 Absatz 1 Nummer 1 Satz 2).

S 2196

(5) [1]Bei Gebäuden, die in einem Mitgliedstaat der Europäischen Union oder einem anderen Staat belegen sind, auf den das Abkommen über den Europäischen Wirtschaftsraum (EWR-Abkommen) angewendet wird, und die vom Steuerpflichtigen hergestellt oder bis zum Ende des Jahres der Fertigstellung angeschafft worden sind, können abweichend von Absatz 4 als Absetzung für Abnutzung die folgenden Beträge abgezogen werden:

1. bei Gebäuden im Sinne des Absatzes 4 Satz 1 Nummer 1, die vom Steuerpflichtigen auf Grund eines vor dem 1. Januar 1994 gestellten Bauantrags hergestellt oder auf Grund eines vor diesem Zeitpunkt rechtswirksam abgeschlossenen obligatorischen Vertrags angeschafft worden sind,
   – im Jahr der Fertigstellung
     und in den folgenden 3 Jahren .... jeweils 10 Prozent,
   – in den darauf folgenden 3 Jahren .... jeweils 5 Prozent,
   – in den darauf folgenden 18 Jahren .... jeweils 2,5 Prozent,
2. bei Gebäuden im Sinne des Absatzes 4 Satz 1 Nummer 2, die vom Steuerpflichtigen auf Grund eines vor dem 1. Januar 1995 gestellten Bauantrags hergestellt oder auf Grund eines vor diesem Zeitpunkt rechtswirksam abgeschlossenen obligatorischen Vertrags angeschafft worden sind,
   – im Jahr der Fertigstellung
     und in den darauf folgenden 7 Jahren .... jeweils 5 Prozent,
   – in den darauf folgenden 6 Jahren .... jeweils 2,5 Prozent,
   – in den darauf folgenden 36 Jahren .... jeweils 1,25 Prozent,
3. bei Gebäuden im Sinne des Absatzes 4 Satz 1 Nummer 2, soweit sie Wohnzwecken dienen, die vom Steuerpflichtigen
   a) auf Grund eines nach dem 28. Februar 1989 und vor dem 1. Januar 1996 gestellten Bauantrags hergestellt oder nach dem 28. Februar 1989 auf Grund eines nach dem 28. Februar 1989 und vor dem 1. Januar 1996 rechtswirksam abgeschlossenen obligatorischen Vertrags angeschafft worden sind,
      – im Jahr der Fertigstellung
        und in den folgenden 3 Jahren .... jeweils 7 Prozent,
      – in den darauf folgenden 6 Jahren .... jeweils 5 Prozent,
      – in den darauf folgenden 6 Jahren .... jeweils 2 Prozent,
      – in den darauf folgenden 24 Jahren .... jeweils 1,25 Prozent,
   b) auf Grund eines nach dem 31. Dezember 1995 und vor dem 1. Januar 2004 gestellten Bauantrags hergestellt oder auf Grund eines nach dem 31. Dezember 1995 und vor dem 1. Januar 2004 rechtswirksam abgeschlossenen obligatorischen Vertrags angeschafft worden sind,
      – im Jahr der Fertigstellung
        und in den folgenden 7 Jahren .... jeweils 5 Prozent,
      – in den darauf folgenden 6 Jahren .... jeweils 2,5 Prozent,
      – in den darauf folgenden 36 Jahren .... jeweils 1,25 Prozent,
   c) auf Grund eines nach dem 31. Dezember 2003 und vor dem 1. Januar 2006 gestellten Bauantrags hergestellt oder auf Grund eines nach dem 31. Dezember 2003 und vor dem 1. Januar 2006 rechtswirksam abgeschlossenen obligatorischen Vertrags angeschafft worden sind,
      – im Jahr der Fertigstellung
        und in den folgenden 9 Jahren .... jeweils 4 Prozent,
      – in den darauf folgenden 8 Jahren .... jeweils 2,5 Prozent,
      – in den darauf folgenden 32 Jahren .... jeweils 1,25 Prozent,

der Anschaffungs- oder Herstellungskosten. [2]Im Fall der Anschaffung kann Satz 1 nur angewendet werden, wenn der Hersteller für das veräußerte Gebäude weder Absetzungen für Abnutzung nach Satz 1 vorgenommen noch erhöhte Absetzungen oder Sonderabschreibungen in Anspruch genommen hat. [3]Absatz 1 Satz 4 gilt nicht.

S 2196

(5a) Die Absätze 4 und 5 sind auf Gebäudeteile, die selbständige unbewegliche Wirtschaftsgüter sind, sowie auf Eigentumswohnungen und auf im Teileigentum stehende Räume entsprechend anzuwenden.

S 2195 **(6)** Bei Bergbauunternehmen, Steinbrüchen und anderen Betrieben, die einen Verbrauch der Substanz mit sich bringen, ist Absatz 1 entsprechend anzuwenden; dabei sind Absetzungen nach Maßgabe des Substanzverzehrs zulässig (Absetzung für Substanzverringerung).

EStG
S 2181

§ 7a Gemeinsame Vorschriften für erhöhte Absetzungen und Sonderabschreibungen

(1) [1]Werden in dem Zeitraum, in dem bei einem Wirtschaftsgut erhöhte Absetzungen oder Sonderabschreibungen in Anspruch genommen werden können (Begünstigungszeitraum), nachträgliche Herstellungskosten aufgewendet, so bemessen sich vom Jahr der Entstehung der nachträglichen Herstellungskosten an bis zum Ende des Begünstigungszeitraums die Absetzungen für Abnutzung, erhöhten Absetzungen und Sonderabschreibungen nach den um die nachträglichen Herstellungskosten erhöhten Anschaffungs- oder Herstellungskosten. [2]Entsprechendes gilt für nachträgliche Anschaffungskosten. [3]Werden im Begünstigungszeitraum die Anschaffungs- oder Herstellungskosten eines Wirtschaftsguts nachträglich gemindert, so bemessen sich vom Jahr der Minderung an bis zum Ende des Begünstigungszeitraums die Absetzungen für Abnutzung, erhöhten Absetzungen und Sonderabschreibungen nach den geminderten Anschaffungs- oder Herstellungskosten.

(2) [1]Können bei einem Wirtschaftsgut erhöhte Absetzungen oder Sonderabschreibungen bereits für Anzahlungen auf Anschaffungskosten oder für Teilherstellungskosten in Anspruch genommen werden, so sind die Vorschriften über erhöhte Absetzungen und Sonderabschreibungen mit der Maßgabe anzuwenden, dass an die Stelle der Anschaffungs- oder Herstellungskosten die Anzahlungen auf Anschaffungskosten oder die Teilherstellungskosten und an die Stelle des Jahres der Anschaffung oder Herstellung das Jahr der Anzahlung oder Teilherstellung treten. [2]Nach Anschaffung oder Herstellung des Wirtschaftsguts sind erhöhte Absetzungen oder Sonderabschreibungen nur zulässig, soweit sie nicht bereits für Anzahlungen auf Anschaffungskosten oder für Teilherstellungskosten in Anspruch genommen worden sind. [3]Anzahlungen auf Anschaffungskosten sind im Zeitpunkt der tatsächlichen Zahlung aufgewendet. [4]Werden Anzahlungen auf Anschaffungskosten durch Hingabe eines Wechsels geleistet, so sind sie in dem Zeitpunkt aufgewendet, in dem dem Lieferanten durch Diskontierung oder Einlösung des Wechsels das Geld tatsächlich zufließt. [5]Entsprechendes gilt, wenn anstelle von Geld ein Scheck hingegeben wird.

(3) Bei Wirtschaftsgütern, bei denen erhöhte Absetzungen in Anspruch genommen werden, müssen in jedem Jahr des Begünstigungszeitraums mindestens Absetzungen in Höhe der Absetzungen für Abnutzung nach § 7 Absatz 1 oder 4 berücksichtigt werden.

(4) Bei Wirtschaftsgütern, bei denen Sonderabschreibungen in Anspruch genommen werden, sind die Absetzungen für Abnutzung nach § 7 Absatz 1 oder 4 vorzunehmen.

(5) Liegen bei einem Wirtschaftsgut die Voraussetzungen für die Inanspruchnahme von erhöhten Absetzungen oder Sonderabschreibungen auf Grund mehrerer Vorschriften vor, so dürfen erhöhte Absetzungen oder Sonderabschreibungen nur auf Grund einer dieser Vorschriften in Anspruch genommen werden.

(6) Erhöhte Absetzungen oder Sonderabschreibungen sind bei der Prüfung, ob die in § 141 Absatz 1 Nummer 4 und 5 der Abgabenordnung bezeichneten Buchführungsgrenzen überschritten sind, nicht zu berücksichtigen.

(7) [1]Ist ein Wirtschaftsgut mehreren Beteiligten zuzurechnen und sind die Voraussetzungen für erhöhte Absetzungen oder Sonderabschreibungen nur bei einzelnen Beteiligten erfüllt, so dürfen die erhöhten Absetzungen und Sonderabschreibungen nur anteilig für diese Beteiligten vorgenommen werden. [2]Die erhöhten Absetzungen oder Sonderabschreibungen dürfen von den Beteiligten, bei denen die Voraussetzungen dafür erfüllt sind, nur einheitlich vorgenommen werden.

(8) [1]Erhöhte Absetzungen oder Sonderabschreibungen sind bei Wirtschaftsgütern, die zu einem Betriebsvermögen gehören, nur zulässig, wenn sie in ein besonderes, laufend zu führendes Verzeichnis aufgenommen werden, das den Tag der Anschaffung oder Herstellung, die Anschaffungs- oder Herstellungskosten, die betriebsgewöhnliche Nutzungsdauer und die Höhe der jährlichen Absetzungen für Abnutzung, erhöhten Absetzungen und Sonderabschreibungen enthält. [2]Das Verzeichnis braucht nicht geführt zu werden, wenn diese Angaben aus der Buchführung ersichtlich sind.

(9) Sind für ein Wirtschaftsgut Sonderabschreibungen vorgenommen worden, so bemessen sich nach Ablauf des maßgebenden Begünstigungszeitraums die Absetzungen für Abnutzung bei Gebäuden und bei Wirtschaftsgütern im Sinne des § 7 Absatz 5a nach dem Restwert und dem nach § 7 Absatz 4 unter Berücksichtigung der Restnutzungsdauer maßgebenden Prozentsatz bei anderen Wirtschaftsgütern nach dem Restwert und der Restnutzungsdauer.

§§ 7b bis 7f (weggefallen)

§ 7g Investitionsabzugsbeträge und Sonderabschreibungen zur Förderung kleiner und mittlerer Betriebe

(1) ¹Steuerpflichtige können für die künftige Anschaffung oder Herstellung von abnutzbaren beweglichen Wirtschaftsgütern des Anlagevermögens, die mindestens bis zum Ende des dem Wirtschaftsjahr der Anschaffung oder Herstellung folgenden Wirtschaftsjahres in einer inländischen Betriebsstätte des Betriebes ausschließlich oder fast ausschließlich betrieblich genutzt werden, bis zu 40 Prozent der voraussichtlichen Anschaffungs- oder Herstellungskosten gewinnmindernd abziehen (Investitionsabzugsbeträge). ²Investitionsabzugsbeträge können nur in Anspruch genommen werden, wenn

1. der Betrieb am Schluss des Wirtschaftsjahres, in dem die Abzüge vorgenommen werden, die folgenden Größenmerkmale nicht überschreitet:

   a) bei Gewerbebetrieben oder der selbständigen Arbeit dienenden Betrieben, die ihren Gewinn nach § 4 Absatz 1 oder § 5 ermitteln, ein Betriebsvermögen von 235 000 Euro;

   b) bei Betrieben der Land- und Forstwirtschaft einen Wirtschaftswert oder einen Ersatzwirtschaftswert von 125 000 Euro oder

   c) bei Betrieben im Sinne der Buchstaben a und b, die ihren Gewinn nach § 4 Absatz 3 ermitteln, ohne Berücksichtigung der Investitionsabzugsbeträge einen Gewinn von 100 000 Euro;

2. der Steuerpflichtige die Summen der Abzugsbeträge und der nach den Absätzen 2 bis 4 hinzuzurechnenden oder rückgängig zu machenden Beträge nach amtlich vorgeschriebenen Datensätzen durch Datenfernübertragung übermittelt. ²Auf Antrag kann die Finanzbehörde zur Vermeidung unbilliger Härten auf eine elektronische Übermittlung verzichten; § 150 Absatz 8 der Abgabenordnung gilt entsprechend. ³In den Fällen des Satzes 2 müssen sich die Summen der Abzugsbeträge und der nach den Absätzen 2 bis 4 hinzuzurechnenden oder rückgängig zu machenden Beträge aus den beim Finanzamt einzureichenden Unterlagen ergeben.

³Abzugsbeträge können auch dann in Anspruch genommen werden, wenn dadurch ein Verlust entsteht oder sich erhöht. ⁴Die Summe der Beträge, die im Wirtschaftsjahr des Abzugs und in den drei vorangegangenen Wirtschaftsjahren nach Satz 1 insgesamt abgezogen und nicht nach Absatz 2 hinzugerechnet oder nach den Absätzen 3 oder 4 rückgängig gemacht wurden, darf je Betrieb 200 000 Euro nicht übersteigen.

(2) ¹Im Wirtschaftsjahr der Anschaffung oder Herstellung eines begünstigten Wirtschaftsguts können bis zu 40 Prozent der Anschaffungs- oder Herstellungskosten gewinnerhöhend hinzugerechnet werden; die Hinzurechnung darf die Summe der nach Absatz 1 abgezogenen und noch nicht nach den Absätzen 2 bis 4 hin-zugerechneten oder rückgängig gemachten Abzugsbeträge nicht übersteigen. ²Die Anschaffungs- oder Herstellungskosten des Wirtschaftsguts können in dem in Satz 1 genannten Wirtschaftsjahr um bis zu 40 Prozent, höchstens jedoch um die Hinzurechnung nach Satz 1, gewinnmindernd herabgesetzt werden; die Bemessungsgrundlage für die Absetzungen für Abnutzung, erhöhten Absetzungen und Sonderabschreibungen sowie die Anschaffungs- oder Herstellungskosten im Sinne von § 6 Absatz 2 und 2a verringern sich entsprechend.

(3) ¹Soweit in Anspruch genommene Investitionsabzugsbeträge nicht bis zum Ende des dritten auf das Wirtschaftsjahr des jeweiligen Abzugs folgenden Wirtschaftsjahres nach Absatz 2 Satz 1 hinzugerechnet wurden, sind die Abzüge nach Absatz 1 rückgängig zu machen; die vorzeitige Rückgängigmachung von Investitionsabzugsbeträgen vor Ablauf der Investitionsfrist ist zulässig. ²Wurde der Gewinn des maßgebenden Wirtschaftsjahres bereits einer Steuerfestsetzung oder einer gesonderten Feststellung zugrunde gelegt, ist der entsprechende Steuer- oder Feststellungsbescheid insoweit zu ändern. ³Das gilt auch dann, wenn der Steuer- oder Feststellungsbescheid bestandskräftig geworden ist; die Festsetzungsfrist endet insoweit nicht, bevor die Festsetzungsfrist für den Veranlagungszeitraum abgelaufen ist, in dem das dritte auf das Wirtschaftsjahr des Abzugs folgende Wirtschaftsjahr endet. ⁴§ 233a Absatz 2a der Abgabenordnung ist nicht anzuwenden.

1) Absatz 1 bis 4 i. d. F. des Steueränderungsgesetzes 2015 ist erstmals für Investitionsabzugsbeträge anzuwenden, die in nach dem 31. 12. 2015 endenden Wj. in Anspruch genommen werden. Bei Investitionsabzugsbeträgen, die in vor dem 1. 1. 2016 endenden Wj. in Anspruch genommen wurden, ist Absatz 1 bis 4 in der am 31. 12. 2015 geltenden Fassung weiter anzuwenden. Soweit vor dem 1. 1. 2016 beanspruchte Investitionsabzugsbeträge noch vorhanden sind und nach Absatz 4 rückgängig gemacht worden sind, vermindert sich der Höchstbetrag von 20 000 Euro nach Absatz 1 Satz 4 in der am 1. 1. 2016 geltenden Fassung entsprechend → § 52 Abs. 16 Satz 1 bis 3 EStG.

(4) [1]Wird in den Fällen des Absatzes 2 ein begünstigtes Wirtschaftsgut nicht bis zum Ende des dem Wirtschaftsjahr der Anschaffung oder Herstellung folgenden Wirtschaftsjahres in einer inländischen Betriebsstätte des Betriebes ausschließlich oder fast ausschließlich betrieblich genutzt, sind die Herabsetzung der Anschaffungs- oder Herstellungskosten, die Verringerung der Bemessungsgrundlage und die Hinzurechnung nach Absatz 2 rückgängig zu machen. [2]Wurden die Gewinne der maßgebenden Wirtschaftsjahre bereits Steuerfestsetzungen oder gesonderten Feststellungen zugrunde gelegt, sind die entsprechenden Steuer- oder Feststellungsbescheide insoweit zu ändern. [3]Das gilt auch dann, wenn die Steuer- oder Feststellungsbescheide bestandskräftig geworden sind; die Festsetzungsfristen enden insoweit nicht, bevor die Festsetzungsfrist für den Veranlagungszeitraum abgelaufen ist, in dem die Voraussetzungen des Absatzes 1 Satz 1 erstmals nicht mehr vorliegen. [4]§ 233a Absatz 2a der Abgabenordnung ist nicht anzuwenden.

(5) Bei abnutzbaren beweglichen Wirtschaftsgütern des Anlagevermögens können unter den Voraussetzungen des Absatzes 6 im Jahr der Anschaffung oder Herstellung und in den vier folgenden Jahren neben den Absetzungen für Abnutzung nach § 7 Absatz 1 oder Absatz 2 Sonderabschreibungen bis zu insgesamt 20 Prozent der Anschaffungs- oder Herstellungskosten in Anspruch genommen werden.

(6) Die Sonderabschreibungen nach Absatz 5 können nur in Anspruch genommen werden, wenn

1. der Betrieb zum Schluss des Wirtschaftsjahres, das der Anschaffung oder Herstellung vorangeht, die Größenmerkmale des Absatzes 1 Satz 2 Nummer 1 nicht überschreitet, und

2. das Wirtschaftsgut im Jahr der Anschaffung oder Herstellung und im darauf folgenden Wirtschaftsjahr in einer inländischen Betriebsstätte des Betriebs des Steuerpflichtigen ausschließlich oder fast ausschließlich betrieblich genutzt wird; Absatz 4 gilt entsprechend.

(7) Bei Personengesellschaften und Gemeinschaften sind die Absätze 1 bis 6 mit der Maßgabe anzuwenden, dass an die Stelle des Steuerpflichtigen die Gesellschaft oder die Gemeinschaft tritt.

EStG
S 2198a

§ 7h Erhöhte Absetzungen bei Gebäuden in Sanierungsgebieten und städtebaulichen Entwicklungsbereichen

(1) [1]Bei einem im Inland belegenen Gebäude in einem förmlich festgelegten Sanierungsgebiet oder städtebaulichen Entwicklungsbereich kann der Steuerpflichtige abweichend von § 7 Absatz 4 und 5 im Jahr der Herstellung und in den folgenden sieben Jahren jeweils bis zu 9 Prozent und in den folgenden vier Jahren jeweils bis zu 7 Prozent der Herstellungskosten für Modernisierungs- und Instandsetzungsmaßnahmen im Sinne des § 177 des Baugesetzbuchs absetzen. [2]Satz 1 ist entsprechend anzuwenden auf Herstellungskosten für Maßnahmen, die der Erhaltung, Erneuerung und funktionsgerechten Verwendung eines Gebäudes im Sinne des Satzes 1 dienen, das wegen seiner geschichtlichen, künstlerischen oder städtebaulichen Bedeutung erhalten bleiben soll, und zu deren Durchführung sich der Eigentümer neben bestimmten Modernisierungsmaßnahmen gegenüber der Gemeinde verpflichtet hat. [3]Der Steuerpflichtige kann die erhöhten Absetzungen im Jahr des Abschlusses der Maßnahme und in den folgenden elf Jahren auch für Anschaffungskosten in Anspruch nehmen, die auf Maßnahmen im Sinne der Sätze 1 und 2 entfallen, soweit diese nach dem rechtswirksamen Abschluss eines obligatorischen Erwerbsvertrags oder eines gleichstehenden Rechtsakts durchgeführt worden sind. [4]Die erhöhten Absetzungen können nur in Anspruch genommen werden, soweit die Herstellungs- oder Anschaffungskosten durch Zuschüsse aus Sanierungs- oder Entwicklungsförderungsmitteln nicht gedeckt sind. [5]Nach Ablauf des Begünstigungszeitraums ist ein Restwert den Herstellungs- oder Anschaffungskosten des Gebäudes oder dem an deren Stelle tretenden Wert hinzuzurechnen; die weiteren Absetzungen für Abnutzung sind einheitlich für das gesamte Gebäude nach dem sich hiernach ergebenden Betrag und dem für das Gebäude maßgebenden Prozentsatz zu bemessen.

(2) [1]Der Steuerpflichtige kann die erhöhten Absetzungen nur in Anspruch nehmen, wenn er durch eine Bescheinigung der zuständigen Gemeindebehörde die Voraussetzungen des Absatzes 1 für das Gebäude und die Maßnahmen nachweist. [2]Sind ihm Zuschüsse aus Sanierungs- oder Entwicklungsförderungsmitteln gewährt worden, so hat die Bescheinigung auch deren Höhe zu enthalten; werden ihm solche Zuschüsse nach Ausstellung der Bescheinigung gewährt, so ist diese entsprechend zu ändern.

(3) Die Absätze 1 und 2 sind auf Gebäudeteile, die selbständige unbewegliche Wirtschaftsgüter sind, sowie auf Eigentumswohnungen und auf im Teileigentum stehende Räume entsprechend anzuwenden.

§ 7i   Erhöhte Absetzungen bei Baudenkmalen

EStG
S 2198b

(1) ¹Bei einem im Inland belegenen Gebäude, das nach den jeweiligen landesrechtlichen Vorschriften ein Baudenkmal ist, kann der Steuerpflichtige abweichend von § 7 Absatz 4 und 5 im Jahr der Herstellung und in den folgenden sieben Jahren jeweils bis zu 9 Prozent und in den folgenden vier Jahren jeweils bis zu 7 vom Hundert der Herstellungskosten für Baumaßnahmen, die nach Art und Umfang zur Erhaltung des Gebäudes als Baudenkmal oder zu seiner sinnvollen Nutzung erforderlich sind, absetzen. ²Eine sinnvolle Nutzung ist nur anzunehmen, wenn das Gebäude in der Weise genutzt wird, dass die Erhaltung der schützenswerten Substanz des Gebäudes auf die Dauer gewährleistet ist. ³Bei einem im Inland belegenen Gebäudeteil, das nach den jeweiligen landesrechtlichen Vorschriften ein Baudenkmal ist, sind die Sätze 1 und 2 entsprechend anzuwenden. ⁴Bei einem im Inland belegenen Gebäude oder Gebäudeteil, das für sich allein nicht die Voraussetzungen für ein Baudenkmal erfüllt, aber Teil einer Gebäudegruppe oder Gesamtanlage ist, die nach den jeweiligen landesrechtlichen Vorschriften als Einheit geschützt ist, kann der Steuerpflichtige die erhöhten Absetzungen von den Herstellungskosten für Baumaßnahmen vornehmen, die nach Art und Umfang zur Erhaltung des schützenswerten äußeren Erscheinungsbildes der Gebäudegruppe oder Gesamtanlage erforderlich sind. ⁵Der Steuerpflichtige kann die erhöhten Absetzungen im Jahr des Abschlusses der Baumaßnahme und in den folgenden elf Jahren auch für Anschaffungskosten in Anspruch nehmen, die auf Baumaßnahmen im Sinne der Sätze 1 bis 4 entfallen, soweit diese nach dem rechtswirksamen Abschluss eines obligatorischen Erwerbsvertrags oder eines gleichstehenden Rechtsakts durchgeführt worden sind. ⁶Die Baumaßnahmen müssen in Abstimmung mit der in Absatz 2 bezeichneten Stelle durchgeführt worden sein. ⁷Die erhöhten Absetzungen können nur in Anspruch genommen werden, soweit die Herstellungs- oder Anschaffungskosten nicht durch Zuschüsse aus öffentlichen Kassen gedeckt sind. ⁸§ 7h Absatz 1 Satz 5 ist entsprechend anzuwenden.

(2) ¹Der Steuerpflichtige kann die erhöhten Absetzungen nur in Anspruch nehmen, wenn er durch eine Bescheinigung der nach Landesrecht zuständigen oder von der Landesregierung bestimmten Stelle die Voraussetzungen des Absatzes 1 für das Gebäude oder Gebäudeteil und für die Erforderlichkeit der Aufwendungen nachweist. ²Hat eine der für Denkmalschutz oder Denkmalpflege zuständigen Behörden ihm Zuschüsse gewährt, so hat die Bescheinigung auch deren Höhe zu enthalten; werden ihm solche Zuschüsse nach Ausstellung der Bescheinigung gewährt, so ist diese entsprechend zu ändern.

(3) § 7h Absatz 3 ist entsprechend anzuwenden.

4. Überschuss der Einnahmen über die Werbungskosten

§ 8   Einnahmen

EStG

(1) Einnahmen sind alle Güter, die in Geld oder Geldeswert bestehen und dem Steuerpflichtigen im Rahmen einer der Einkunftsarten des § 2 Absatz 1 Satz 1 Nummer 4 bis 7 zufließen.

S 2202
S 2232

(2) ¹Einnahmen, die nicht in Geld bestehen (Wohnung, Kost, Waren, Dienstleistungen und sonstige Sachbezüge), sind mit den um übliche Preisnachlässe geminderten üblichen Endpreisen am Abgabeort anzusetzen. ²Für die private Nutzung eines betrieblichen Kraftfahrzeugs zu privaten Fahrten gilt § 6 Absatz 1 Nummer 4 Satz 2 entsprechend. ³Kann das Kraftfahrzeug auch für Fahrten zwischen Wohnung und erster Tätigkeitsstätte sowie Fahrten nach § 9 Absatz 1 Satz 3 Nummer 4a Satz 3 genutzt werden, erhöht sich der Wert in Satz 2 für jeden Kalendermonat um 0,03 Prozent des Listenpreises im Sinne des § 6 Absatz 1 Nummer 4 Satz 2 für jeden Kilometer der Entfernung zwischen Wohnung und erster Tätigkeitsstätte sowie der Fahrten nach § 9 Absatz 1 Satz 3 Nummer 4a Satz 3. ⁴Der Wert nach den Sätzen 2 und 3 kann mit dem auf die private Nutzung und die Nutzung zu Fahrten zwischen Wohnung und erster Tätigkeitsstätte sowie Fahrten nach § 9 Absatz 1 Satz 3 Nummer 4a Satz 3 entfallenden Teil der gesamten Kraftfahrzeugaufwendungen angesetzt werden, wenn die durch das Kraftfahrzeug insgesamt entstehenden Aufwendungen durch Belege und das Verhältnis der privaten Fahrten und der Fahrten zwischen Wohnung und erster Tätigkeitsstätte sowie Fahrten nach § 9 Absatz 1 Satz 3 Nummer 4a Satz 3 zu den übrigen Fahrten durch ein ordnungsgemäßes Fahrtenbuch nachgewiesen werden; § 6 Absatz 1 Nummer 4 Satz 3 zweiter Halbsatz gilt entsprechend. ⁵Die Nutzung des Kraftfahrzeugs zu einer Familienheimfahrt im Rahmen einer doppelten Haushaltsführung ist mit 0,002 Prozent des Listenpreises im Sinne des § 6 Absatz 1 Nummer 4 Satz 2 für jeden Kilometer der Entfernung zwischen dem Ort des eigenen Hausstands und dem Beschäftigungsort anzusetzen; dies gilt nicht, wenn für diese Fahrt ein Abzug von Werbungskosten nach § 9 Absatz 1 Satz 3 Nummer 5 Satz 5 und 6 in Betracht käme; Satz 4 ist sinngemäß anzuwenden. ⁶Bei Arbeit-

S 2334

nehmern, für deren Sachbezüge durch Rechtsverordnung nach § 17 Absatz 1 Satz 1 Nummer 4 des Vierten Buches Sozialgesetzbuch Werte bestimmt worden sind, sind diese Werte maßgebend. [7]Die Werte nach Satz 6 sind auch bei Steuerpflichtigen anzusetzen, die nicht der gesetzlichen Rentenversicherungspflicht unterliegen. [8]Wird dem Arbeitnehmer während einer beruflichen Tätigkeit außerhalb seiner Wohnung und ersten Tätigkeitsstätte oder im Rahmen einer beruflich veranlassten doppelten Haushaltsführung vom Arbeitgeber oder auf dessen Veranlassung von einem Dritten eine Mahlzeit zur Verfügung gestellt, ist diese Mahlzeit mit dem Wert nach Satz 6 (maßgebender amtlicher Sachbezugswert nach der Sozialversicherungsentgeltverordnung) anzusetzen, wenn der Preis für die Mahlzeit 60 Euro nicht übersteigt. [9]Der Ansatz einer nach Satz 8 bewerteten Mahlzeit unterbleibt, wenn beim Arbeitnehmer für ihm entstehende Mehraufwendungen für Verpflegung ein Werbungskostenabzug nach § 9 Absatz 4a Satz 1 bis 7 in Betracht käme. [10]Die oberste Finanzbehörde eines Landes kann mit Zustimmung des Bundesministeriums der Finanzen für weitere Sachbezüge der Arbeitnehmer Durchschnittswerte festsetzen. [11]Sachbezüge, die nach Satz 1 zu bewerten sind, bleiben außer Ansatz, wenn die sich nach Anrechnung der vom Steuerpflichtigen gezahlten Entgelte ergebenden Vorteile insgesamt 44 Euro im Kalendermonat nicht übersteigen.

(3) [1]Erhält ein Arbeitnehmer auf Grund seines Dienstverhältnisses Waren oder Dienstleistungen, die vom Arbeitgeber nicht überwiegend für den Bedarf seiner Arbeitnehmer hergestellt, vertrieben oder erbracht werden und deren Bezug nicht nach § 40 pauschal versteuert wird, so gelten als deren Werte abweichend von Absatz 2 die um 4 Prozent geminderten Endpreise, zu denen der Arbeitgeber oder der dem Abgabeort nächstansässige Abnehmer die Waren oder Dienstleistungen fremden Letztverbrauchern im allgemeinen Geschäftsverkehr anbietet. [2]Die sich nach Abzug der vom Arbeitnehmer gezahlten Entgelte ergebenden Vorteile sind steuerfrei, soweit sie aus dem Dienstverhältnis insgesamt 1 080 Euro im Kalenderjahr nicht übersteigen.

LStDV

§ 4   Lohnkonto

(1), (2) . . .

[1])

(2a) [1]Der Arbeitgeber hat die nach den Absätzen 1 und 2 sowie die nach § 41 des Einkommensteuergesetzes aufzuzeichnenden Daten der Finanzbehörde nach einer amtlich vorgeschriebenen einheitlichen Form über eine digitale Schnittstelle elektronisch bereitzustellen. [2]Auf Antrag des Arbeitgebers kann das Betriebsstättenfinanzamt zur Vermeidung unbilliger Härten zulassen, dass der Arbeitgeber die in Satz 1 genannten Daten in anderer auswertbarer Form bereitstellt.

(3) [1]Das Betriebsstättenfinanzamt kann bei Arbeitgebern, die für die Lohnabrechnung ein maschinelles Verfahren anwenden, Ausnahmen von den Vorschriften der Absätze 1 und 2 zulassen, wenn die Möglichkeit zur Nachprüfung in anderer Weise sichergestellt ist. [2]Das Betriebsstättenfinanzamt soll zulassen, dass Sachbezüge im Sinne des § 8 Absatz 2 Satz 11 und Absatz 3 und Abs. 3 des Einkommensteuergesetzes für solche Arbeitnehmer nicht aufzuzeichnen sind, für die durch betriebliche Regelungen und entsprechende Überwachungsmaßnahmen gewährleistet ist, dass die in § 8 Absatz 2 Satz 11 oder Absatz 3des Einkommensteuergesetzes genannten Beträge nicht überschritten werden.

R 8.1   **Bewertung der Sachbezüge (§ 8 Abs. 2 EStG)**

R 8.1 (1)   **Allgemeines**
S 2331

(1) [1]Fließt dem Arbeitnehmer Arbeitslohn in Form von Sachbezügen zu, sind diese ebenso wie Barlohnzahlungen entweder dem laufenden Arbeitslohn oder den sonstigen Bezügen zuzuordnen (→ R 39b.2). [2]Für die Besteuerung unentgeltlicher Sachbezüge ist deren Geldwert maßgebend. [3]Erhält der Arbeitnehmer die Sachbezüge nicht unentgeltlich, ist der Unterschiedsbetrag zwischen dem Geldwert des Sachbezugs und dem tatsächlichen Entgelt zu versteuern. [4]Der Geldwert ist entweder durch Einzelbewertung zu ermitteln (→ Absatz 2) oder mit einem amtlichen Sachbezugswert anzusetzen (→ Absatz 4). [5]Besondere Bewertungsvorschriften gelten nach § 8 Abs. 3 EStG für den Bezug von Waren oder Dienstleistungen, die vom Arbeitgeber nicht überwiegend für den Bedarf seiner Arbeitnehmer hergestellt, vertrieben oder erbracht werden, soweit diese Sachbezüge nicht nach § 40 EStG pauschal versteuert werden (→ R 8.2), sowie nach § 19a Abs. 2 EStG in der am 31. 12. 2008 geltenden Fassung (→ R 19a) und § 3 Nr. 39 Satz 4 EStG für den Bezug von Vermögensbeteiligungen. [6]Die Auszahlung von Arbeitslohn in Fremdwährung ist kein Sachbezug.

---

[1]) *§ 4 Abs. 2a LStDV wurde durch das Gesetz zur Modernisierung des Besteuerungsverfahrens eingefügt und ist für ab dem 1. 1. 2018 im Lohnkonto aufzuzeichnende Daten anzuwenden → § 8 Abs. 3 LStDV.*

Einzelbewertung von Sachbezügen R 8.1 (2)

(2) [1]Sachbezüge, für die keine amtlichen Sachbezugswerte (→ Absatz 4) festgesetzt sind und die nicht nach § 8 Abs. 2 Satz 2 bis 5 EStG (→ Absatz 9 und 10) zu bewerten sind, und die nicht nach § 8 Abs. 3 EStG bewertet werden, sind nach § 8 Abs. 2 Satz 1 EStG mit den um übliche Preisnachlässe geminderten üblichen Endpreisen am Abgabeort im Zeitpunkt der Abgabe anzusetzen. [2]Bei einem umfangreichen Warenangebot, von dem fremde Letztverbraucher ausgeschlossen sind, kann der übliche Preis einer Ware auch auf Grund repräsentativer Erhebungen über die relative Preisdifferenz für die gängigsten Einzelstücke jeder Warengruppe ermittelt werden. [3]Erhält der Arbeitnehmer eine Ware oder Dienstleistung, die nach § 8 Abs. 2 Satz 1 EStG zu bewerten ist, kann sie aus Vereinfachungsgründen mit 96 % des Endpreises (→ R 8.2 Abs. 2) bewertet werden, zu dem sie der Abgebende oder dessen Abnehmer fremden Letztverbrauchern im allgemeinen Geschäftsverkehr anbietet. [4]Satz 3 gilt nicht, wenn als Endpreis der günstigste Preis am Markt angesetzt, ein Sachbezug durch eine (zweckgebundene) Geldleistung des Arbeitgebers verwirklicht oder ein Warengutschein mit Betragsangabe hingegeben wird.

Freigrenze nach § 8 Abs. 2 Satz 11 EStG R 8.1 (3)

(3) [1]Bei der Prüfung der Freigrenze bleiben die nach § 8 Abs. 2 Satz 1 EStG zu bewertenden Vorteile, die nach §§ 37b, 40 EStG pauschal versteuert werden, außer Ansatz. [2]Für die Feststellung, ob die Freigrenze des § 8 Abs. 2 Satz 11 EStG überschritten ist, sind die in einem Kalendermonat zufließenden und nach § 8 Abs. 2 Satz 1 EStG zu bewertenden Vorteile – auch soweit hierfür Lohnsteuer nach § 39b Abs. 2 und 3 EStG einbehalten worden ist – zusammenzurechnen. [3]Außer Ansatz bleiben Vorteile, die nach § 8 Abs. 2 Satz 2 bis 10 oder Abs. 3, § 3 Nr. 39 oder nach § 19a EStG a. F. i. V. m. § 52 Abs. 27 EStG zu bewerten sind. [4]Auf Zukunftssicherungsleistungen des Arbeitgebers i. S. d. § 2 Abs. 2 Nr. 3 LStDV ist die Freigrenze nicht anwendbar. [5]Bei der monatlichen Überlassung einer Monatsmarke oder einer monatlichen Fahrberechtigung für ein Job-Ticket, das für einen längeren Zeitraum gilt, ist die Freigrenze anwendbar.

Amtliche Sachbezugswerte R 8.1 (4)

(4) [1]Amtliche Sachbezugswerte werden durch die SvEV, oder durch Erlasse der obersten Landesfinanzbehörden nach § 8 Abs. 2 Satz 10 EStG festgesetzt. [2]Die amtlichen Sachbezugswerte sind, soweit nicht zulässigerweise § 8 Abs. 3 EStG angewandt wird, ausnahmslos für die Sachbezüge maßgebend, für die sie bestimmt sind. [3]Die amtlichen Sachbezugswerte gelten auch dann, wenn in einem Tarifvertrag, einer Betriebsvereinbarung oder in einem Arbeitsvertrag für Sachbezüge höhere oder niedrigere Werte festgesetzt worden sind. [4]Sie gelten ausnahmsweise auch für Barvergütungen, wenn diese nur gelegentlich oder vorübergehend gezahlt werden, z. B. bei tageweiser auswärtiger Beschäftigung, für die Dauer einer Krankheit oder eines Urlaubs, und wenn mit der Barvergütung nicht mehr als der tatsächliche Wert der Sachbezüge abgegolten wird; geht die Barvergütung über den tatsächlichen Wert der Sachbezüge hinaus, ist die Barvergütung der Besteuerung zugrunde zu legen. Anhang 4

Hinweise

44-Euro-Freigrenze

- Vorteile aus der Überlassung eines zinslosen oder zinsverbilligten Arbeitgeberdarlehens sind bei der Zusammenrechnung einzubeziehen (→ BMF vom 19. 5. 2015 – BStBl I S. 484). Anhang 42

- Zu den Aufzeichnungserleichterungen für Sachbezüge i. S. d. § 8 Abs. 2 Satz 11 EStG → § 4 Abs. 3 Satz 2 LStDV. Anhang 7

- Die 44-Euro-Freigrenze ist auf Zukunftssicherungsleistungen nicht anwendbar (→ BMF vom 10. 10. 2013 – BStBl I S. 1301). → Zukunftssicherungsleistungen

Aktienoptionen

→ H 38.2

→ H 9.1

Arbeitgeberdarlehen

→ BMF vom 19. 5. 2015 (BStBl I S. 484) Anhang 42

Ausländische Währung

Lohnzahlungen in einer gängigen ausländischen Währung sind Einnahmen in Geld und kein Sachbezug. Die Freigrenze des § 8 Abs. 2 Satz 11 EStG findet auf sie keine Anwendung (→ BFH vom 27. 10. 2004 – BStBl 2005 II S. 135 und vom 11. 11. 2010 – BStBl 2011 II S. 383, 386 und 389). Umrechnungsmaßstab ist – soweit vorhanden – der auf den Umrechnungszeitpunkt bezogene Euro-Referenzkurs der Europäischen Zentralbank. Lohnzahlungen sind bei Zufluss des Arbeitslohns anhand der von der Europäischen Zentralbank veröffentlichten monatlichen Durchschnittsreferenzkurse umzurechnen, denen die im BStBl I veröffentlichten Umsatzsteuer-Umrechnungskurse entsprechen (→ BFH vom 3. 12. 2009 – BStBl 2010 II S. 698).

Durchschnittswerte der von Luftfahrtunternehmen gewährten Flüge

→ Gleich lautende Ländererlasse vom 10. 9. 2015 (BStBl I S. 735)

Steuerliche Behandlung der von Luftfahrtunternehmen gewährten unentgeltlichen oder verbilligten Flüge

(Gleichlautende Erlasse der obersten Finanzbehörden der Länder vom 10. 9. 2015, BStBl I 2015 S. 735)

Für die Bewertung der zum Arbeitslohn gehörenden Vorteile aus unentgeltlich oder verbilligt gewährten Flügen gilt Folgendes:

1. Gewähren Luftfahrtunternehmen ihren Arbeitnehmern unentgeltlich oder verbilligt Flüge, die unter gleichen Beförderungsbedingungen auch betriebsfremden Fluggästen angeboten werden, so kann der Wert der Flüge nach § 8 Absatz 2 oder Absatz 3 EStG ermittelt werden.

2. Die Mitarbeiterflüge sind nach § 8 Absatz 2 EStG mit dem um übliche Preisnachlässe geminderten üblichen Endpreis am Abgabeort zu bewerten

    a) bei Beschränkungen im Reservierungsstatus, wenn das Luftfahrtunternehmen Flüge mit entsprechenden Beschränkungen betriebsfremden Fluggästen nicht anbietet, oder

    b) wenn die Lohnsteuer nach § 40 EStG pauschal erhoben wird.3.Gewähren Luftfahrtunternehmen Arbeitnehmern anderer Arbeitgeber unentgeltlich oder verbilligt Flüge, so sind diese Flüge ebenfalls nach § 8 Absatz 2 EStG zu bewerten.

3. Gewähren Luftfahrtunternehmen Arbeitnehmern anderer Arbeitgeber unentgeltlich oder verbilligt Flüge, so sind diese Flüge ebenfalls nach § 8 Absatz 2 EStG zu bewerten.

4. In den Fällen der Bewertung nach § 8 Absatz 2 EStG können die Flüge mit Durchschnittswerten angesetzt werden. Für die Jahre 2016 bis 2018 werden die folgenden Durchschnittswerte nach § 8 Absatz 2 Satz 10 EStG für jeden Flugkilometer festgesetzt.

    a) Wenn keine Beschränkungen im Reservierungsstatus bestehen, ist der Wert des Fluges wie folgt zu berechnen:

bei einem Flug von	Durchschnittswerte in Euro je Flugkilometer (FKM)
1–4 000 km	0,04
4 001 – 12 000 km	$0,04 + \dfrac{0,01 \times (\text{FKM} - 4000)}{8000}$
mehr als 12 000 km	0,03

Jeder Flug ist gesondert zu bewerten. Die Zahl der Flugkilometer ist mit dem Wert anzusetzen, der der im Flugschein angegebenen Streckenführung entspricht. Nimmt der Arbeitgeber einen nicht vollständig ausgeflogenen Flugschein zurück, so ist die tatsächlich ausgeflogene Strecke zugrunde zu legen. Bei der Berechnung des Flugkilometerwerts sind die Beträge nur bis zur fünften Dezimalstelle anzusetzen.

Die nach dem IATA-Tarif zulässigen Kinderermäßigungen sind entsprechend anzuwenden.

    b) Bei Beschränkungen im Reservierungsstatus mit dem Vermerk „space available – SA –" auf dem Flugschein beträgt der Wert je Flugkilometer 60 Prozent des nach Buchstabe a ermittelten Werts.

    c) Bei Beschränkungen im Reservierungsstatus ohne Vermerk „space available – SA –" auf dem Flugschein beträgt der Wert je Flugkilometer 80 Prozent des nach Buchstabe a ermittelten Werts.

Der nach den Durchschnittswerten ermittelte Wert des Fluges ist um 15 Prozent zu erhöhen.

Beispiel:

Der Arbeitnehmer erhält einen Freiflug Frankfurt-Palma de Mallorca und zurück. Der Flugschein trägt den Vermerk „SA". Die Flugstrecke beträgt insgesamt 2 507 km. Der Wert des Fluges beträgt 60 Prozent von (0,04 × 2 507) = 60,17 Euro, zu erhöhen um 15 Prozent (= 9,03 Euro) = 69,20 Euro.

5. Mit den Durchschnittswerten nach Nummer 4 können auch Flüge bewertet werden, die der Arbeitnehmer von seinem Arbeitgeber erhalten hat, der kein Luftfahrtunternehmer ist, wenn

a) der Arbeitgeber diesen Flug von einem Luftfahrtunternehmen erhalten hat und

b) dieser Flug den unter Nummer 4 Buchstaben b oder c genannten Beschränkungen im Reservierungsstatus unterliegt.

6. Von den Werten nach Nummern 2 bis 5 sind die von den Arbeitnehmern jeweils gezahlten Entgelte abzuziehen. Der Rabattfreibetrag nach § 8 Absatz 3 EStG ist nicht abzuziehen.

7. Luftfahrtunternehmen im Sinne der vorstehenden Regelungen sind Unternehmen, denen die Betriebsgenehmigung zur Beförderung von Fluggästen im gewerblichen Luftverkehr nach der Verordnung (EWG) Nr. 2407/92 des Rates vom 23. Juli 1992 (Amtsblatt EG Nr. L 240/1) oder nach entsprechenden Vorschriften anderer Staaten erteilt worden ist.

Dieser Erlass ergeht mit Zustimmung des Bundesministeriums der Finanzen und im Einvernehmen mit den obersten Finanzbehörden der anderen Länder.

Er ersetzt den Erlass vom 26. September 2012 (BStBl I S. 940) für die Jahre 2016 bis 2018.

Fahrrad

– Zur Ermittlung des geldwerten Vorteils bei Überlassung von (Elektro-)Fahrrädern;→ gleichlautende Ländererlasse vom 23. 11. 2012 (BStBl I S. 1224).

Steuerliche Behandlung der Überlassung von (Elektro-)Fahrrädern

Gleichlautende Erlasse der obersten Finanzbehörden der Länder vom 23. 11. 2012 (BStBl I S. 1224)

Überlässt der Arbeitgeber oder auf Grund des Dienstverhältnisses ein Dritter dem Arbeitnehmer ein Fahrrad zur privaten Nutzung, gilt für die Bewertung dieses zum Arbeitslohn gehörenden geldwerten Vorteils Folgendes:

Nach § 8 Absatz 2 Satz 8 EStG[1]) wird hiermit als monatlicher Durchschnittswert der privaten Nutzung (einschließlich Privatfahrten, Fahrten zwischen Wohnung und regelmäßiger Arbeitsstätte[2]) und Heimfahrten im Rahmen einer doppelten Haushaltsführung) 1 % der auf volle 100 Euro abgerundeten unverbindlichen Preisempfehlung des Herstellers, Importeurs oder Großhändlers im Zeitpunkt der Inbetriebnahme des Fahrrads einschließlich der Umsatzsteuer festgesetzt. Die Freigrenze für Sachbezüge nach § 8 Absatz 2 Satz 9 EStG[3]) ist nicht anzuwenden.

Gehört die Nutzungsüberlassung von Fahrrädern zur Angebotspalette des Arbeitgebers an fremde Dritte (z. B. Fahrradverleihfirmen), ist der geldwerte Vorteil nach § 8 Absatz 3 EStG zu ermitteln, wenn die Lohnsteuer nicht nach § 40 EStG pauschal erhoben wird. Bei Personalrabatten ist der Rabattfreibetrag in Höhe von 1 080 Euro zu berücksichtigen.

Die vorstehenden Regelungen gelten auch für Elektrofahrräder, wenn diese verkehrsrechtlich als Fahrrad einzuordnen (u. a. keine Kennzeichen- und Versicherungspflicht) sind.

Ist ein Elektrofahrrad verkehrsrechtlich als Kraftfahrzeug einzuordnen (z. B. gelten Elektrofahrräder, deren Motor auch Geschwindigkeiten über 25 Kilometer pro Stunde unterstützt, als Kraftfahrzeuge), ist für die Bewertung des geldwerten Vorteils § 8 Absatz 2 Sätze 2 bis 5 i. V. m. § 6 Absatz 1 Nummer 4 Satz 2 EStG anzuwenden.

---

[1]) Jetzt: § 8 Abs. 2 Satz 10 EStG.
[2]) Jetzt: Fahrten zwischen Wohnung und erster Tätigkeitsstätte sowie Fahrten nach § 9 Abs. 1 Satz 3 Nr. 4a EStG (→ § 8 Abs. 2 Satz 3 EStG)
[3]) Jetzt: § 8 Abs. 2 Satz 11 EStG

Dieser Erlass ergeht mit Zustimmung des Bundesministeriums der Finanzen und im Einvernehmen mit den obersten Finanzbehörden der anderen Länder. Er ist erstmals für das Kalenderjahr 2012 anzuwenden und wird im Bundessteuerblatt Teil I veröffentlicht.

– *Zur lohnsteuerlichen Behandlung der Überlassung von (Elektro-) Fahrrädern an Arbeitnehmer in Leasingfällen → BMF vom* 17. 11. 2017 *(BStBl I S.* 1546*).*

Lohnsteuerliche Behandlung der Überlassung von (Elektro-)Fahrrädern an Arbeitnehmer in Leasingfällen

(BMF vom 17. 11. 2017, BStBl I S. 1546)

Es ist gefragt worden, wie bestimmte Vertragsgestaltungen zum sog. (Elektro-)Fahrrad-Leasing lohnsteuerlich zu behandeln sind. Dabei werden regelmäßig folgende Verträge abgeschlossen:

1. ein Rahmenvertrag zwischen dem Arbeitgeber und einem Anbieter, der regelmäßig die gesamte Abwicklung betreut,

2. Einzelleasingverträge zwischen dem Arbeitgeber (Leasingnehmer) und einem Leasinggeber über die (Elektro-)Fahrräder mit einer festen Laufzeit von zumeist 36 Monaten,

3. ein Nutzungsüberlassungsvertrag zwischen dem Arbeitgeber und dem Arbeitnehmer hinsichtlich des einzelnen (Elektro-)Fahrrads für ebendiese Dauer, der auch eine private Nutzung zulässt,

4. eine Änderung des Arbeitsvertrags, in dem einvernehmlich das künftige Gehalt des Arbeitnehmers für die Dauer der Nutzungsüberlassung um einen festgelegten Betrag (in der Regel in Höhe der Leasingrate des Arbeitgebers) herabgesetzt wird (sog. Gehaltsumwandlung).

Zudem sehen die Vertragsgestaltungen regelmäßig vor, dass ein Dritter (z. B. Leasinggeber, Dienstleister oder Verwertungsgesellschaft) dem Arbeitnehmer das von ihm genutzte (Elektro-)Fahrrad bei Beendigung der Überlassung durch den Arbeitgeber zu einem Restwert von z. B. 10 % des ursprünglichen Kaufpreises zum Erwerb anbieten kann.

Hierzu gilt im Einvernehmen mit den obersten Finanzbehörden der Länder Folgendes:

Nach § 19 Absatz 1 Satz 1 Nummer 1 in Verbindung mit § 8 Absatz 1 EStG gehören grundsätzlich alle Einnahmen in Geld oder Geldeswert, die durch ein individuelles Dienstverhältnis veranlasst sind, zu den Einkünften aus nichtselbständiger Arbeit. Daher führt hier sowohl die vergünstigte Nutzungsüberlassung des (Elektro-)Fahrrads durch den Arbeitgeber als auch die vergünstigte Übereignung des (Elektro-)Fahrrads durch den Dritten zu einem geldwerten Vorteil beim Arbeitnehmer.

1. Nutzungsüberlassung des (Elektro-)Fahrrads durch den Arbeitgeber

Für die Frage, ob von einer Gestellung des (Elektro-)Fahrrads durch den Arbeitgeber auszugehen ist, wenn das (Elektro-)Fahrrad im Rahmen einer steuerlich anzuerkennenden Gehaltsumwandlung überlassen wird, ist das BMF-Schreiben vom 15. Dezember 2016 (BStBl I Seite 1449) zur Dienstwagenbesteuerung in Leasingfällen entsprechend anzuwenden:

Least der Arbeitgeber ein (Elektro-)Fahrrad von dem Leasinggeber und überlässt es dem Arbeitnehmer auch zur privaten Nutzung, liegt jedenfalls dann keine vom Arbeitsvertrag unabhängige Sonderrechtsbeziehung im Sinne des BFH-Urteils vom 18. Dezember 2014, BStBl 2015 II Seite 670 vor und ist die Nutzungsüberlassung nach Tz. 2 zu bewerten, wenn folgende Voraussetzungen vorliegen:

Der Anspruch auf die Überlassung des (Elektro-)Fahrrads resultiert aus dem Arbeitsvertrag oder aus einer anderen arbeitsrechtlichen Rechtsgrundlage, weil

– er im Rahmen einer steuerlich anzuerkennenden Gehaltsumwandlung mit Wirkung für die Zukunft vereinbart ist. Voraussetzung ist, dass der Arbeitnehmer unter Änderung des Arbeitsvertrags auf einen Teil seines Barlohns verzichtet und ihm der Arbeitgeber stattdessen Sachlohn in Form eines Nutzungsrechts an einem (Elektro-)Fahrrad des Arbeitgebers gewährt (vgl. BFH-Urteil vom 6. März 2008, BStBl II Seite 530) oder

– er arbeitsvertraglicher Vergütungsbestandteil ist. Davon ist insbesondere auszugehen, wenn von vornherein bei Abschluss eines Arbeitsvertrags eine solche Vereinbarung getroffen wird oder wenn die Beförderung in eine höhere Gehaltsklasse mit der Überlassung eines (Elektro-)Fahrrads des Arbeitgebers verbunden ist.

Eine Gestellung eines (Elektro-)Fahrrads durch den Arbeitgeber in diesem Sinne setzt zudem voraus, dass der Arbeitgeber und nicht der Arbeitnehmer gegenüber dem Leasinggeber zivilrechtlich Leasingnehmer ist.

2. Lohnsteuerliche Behandlung der Nutzungsüberlassung des (Elektro-)Fahrrads

Zur Bewertung des geldwerten Vorteils aus der privaten Nutzung des (Elektro-)Fahrrads wird auf die gleich lautenden Erlasse der obersten Finanzbehörden der Länder vom 23. November 2012, BStBl I Seite 1224, verwiesen.

3. Lohnsteuerliche Behandlung der Übereignung des (Elektro-)Fahrrads

Erwirbt der Arbeitnehmer nach Beendigung der Vertragslaufzeit das von ihm bis dahin genutzte (Elektro-)Fahrrad von dem Dritten zu einem geringeren Preis als dem um übliche Preisnachlässe geminderten üblichen Endpreis am Abgabeort i. S. des § 8 Absatz 2 Satz 1 EStG für ein solches (Elektro-)Fahrrad, ist der Unterschiedsbetrag als Arbeitslohn von dritter Seite zu versteuern, vgl. BMF-Schreiben vom 20. Januar 2015, BStBl I Seite 143. Zur Ermittlung dieses geldwerten Vorteils ist grundsätzlich eine Einzelbewertung vorzunehmen, vgl. Rdnr. 4 des BMF-Schreibens vom 16. Mai 2013, BStBl I Seite 729.

Es ist nicht zu beanstanden, den üblichen Endpreis i. S. des § 8 Absatz 2 Satz 1 EStG eines (Elektro-)Fahrrads, das dem Arbeitnehmer aufgrund des Dienstverhältnisses nach 36 Monaten Nutzungsdauer übereignet wird, aus Vereinfachungsgründen mit 40 % der auf volle 100 Euro abgerundeten unverbindlichen Preisempfehlung des Herstellers, Importeurs oder Großhändlers im Zeitpunkt der Inbetriebnahme des (Elektro-)Fahrrads einschließlich der Umsatzsteuer zu bewerten. Ein niedrigerer Wert kann nachgewiesen werden.

4. Pauschalierung der Einkommensteuer nach § 37b Absatz 1 EStG

In den Fällen der Tz. 3 gilt zur Frage der Anwendung des § 37b Absatz 1 EStG durch den Zuwendenden (z. B. Leasinggeber, Dienstleister oder Verwertungsgesellschaft) und zur Höhe der Bemessungsgrundlage (Rdnr. 11 und Rdnr. 16 des BMF-Schreibens vom 19. Mai 2015, BStBl I Seite 468) Folgendes:

a) Anwendung des § 37b Absatz 1 EStG

Dem Kriterium „Zusätzlichkeitsvoraussetzung" genügt es, wenn zu dem sog. Grundgeschäft im Sinne der Rdnr. 9a des BMF-Schreibens vom 19. Mai 2015 (a. a. O.) zwischen dem Zuwendenden (z. B. Leasinggeber, Dienstleister oder Verwertungsgesellschaft) und dem Arbeitnehmer – z. B. ein Kaufvertrag über ein (Elektro-)Fahrrad – der aus einem Rahmenvertrag zwischen dem Zuwendenden und dem Arbeitgeber resultierende geldwerte Vorteil für den Arbeitnehmer – z. B. ein vereinbarter Rabatt oder eine andere Vergünstigung – hinzukommt, vgl. Rdnr. 11 des BMF-Schreibens vom 19. Mai 2015 (a. a. O.). § 37b Absatz 1 EStG ist dann grundsätzlich anwendbar.

b) Bemessungsgrundlage

Bemessungsgrundlage der pauschalen Einkommensteuer sind grundsätzlich die Aufwendungen des Zuwendenden. Als Bemessungsgrundlage ist jedoch der gemeine Wert anzusetzen, wenn die Zuwendung in der Hingabe eines Wirtschaftsgutes des Betriebsvermögens besteht und dem Zuwendenden keine oder nur unverhältnismäßig geringe Aufwendungen entstanden sind, vgl. Rdnr. 16 des BMF-Schreibens vom 19. Mai 2015 (a. a. O.). Unverhältnismäßig geringe Aufwendungen in diesem Sinne liegen regelmäßig vor, wenn die (Elektro-)Fahrräder durch den Zuwendenden (z. B. Dienstleister oder Verwertungsgesellschaft) vom Leasinggeber für einen weit unter dem gemeinen Wert liegenden Endpreis (z. B. 10 % des ursprünglichen Kaufpreises) erworben werden.

In diesen Fällen wird es nicht beanstandet, den gemeinen Wert im Sinne der Rdnr. 16 des BMF-Schreibens vom 19. Mai 2015 (a. a. O.) eines (Elektro-)Fahrrads, das dem Arbeitnehmer aufgrund des Dienstverhältnisses nach 36 Monaten der Nutzungsdauer vom Zuwendenden übereignet wird, aus Vereinfachungsgründen mit 40 % der auf volle 100 Euro abgerundeten unverbindlichen Preisempfehlung des Herstellers, Importeurs oder Großhändlers im Zeitpunkt der Inbetriebnahme des (Elektro-)Fahrrads einschließlich der Umsatzsteuer anzusetzen. Ein niedrigerer Wert kann nachgewiesen werden.

Der Kaufpreis, den der Zuwendungsempfänger zahlt, mindert die Bemessungsgrundlage der pauschalen Einkommensteuer, vgl. Rdnr. 9c des BMF-Schreibens vom 19. Mai 2015 (a. a. O.).

Dieses Schreiben ist in allen offenen Fällen anzuwenden.

Freigrenze für Sachbezüge

→ 44-Euro-Freigrenze

Geldleistung oder Sachbezug

– Sachbezüge i. S. d. § 8 Abs. 2 Satz 1 und 11 EStG sind alle nicht in Geld bestehenden Einnahmen. Ob Barlöhne oder Sachbezüge vorliegen, entscheidet sich nach dem Rechtsgrund des Zuflusses, also auf Grundlage der arbeitsvertraglichen Vereinbarungen danach, was der Arbeitnehmer vom Arbeitgeber beanspruchen kann. Es kommt nicht darauf an, auf welche Art und Weise der Arbeitgeber den Anspruch erfüllt und seinem Arbeitnehmer den zugesagten Vorteil verschafft (→ BFH vom 11. 11. 2010 – BStBl 2011 II S. 383, 386 und 389).

– Sachbezug ist u. a.

– eine Zahlung des Arbeitgebers an den Arbeitnehmer, die mit der Auflage verbunden ist, den empfangenen Geldbetrag nur in bestimmter Weise zu verwenden,

– ein dem Arbeitnehmer durch den Arbeitgeber eingeräumtes Recht, bei einer Tankstelle zu tanken,

– ein Gutschein über einen in Euro lautenden Höchstbetrag für Warenbezug.

Ein Sachbezug liegt nicht vor, wenn der Arbeitnehmer anstelle der Sachleistung Barlohn verlangen kann.

– → Warengutscheine

– → Zukunftssicherungsleistungen

– Leistet der Arbeitgeber im Rahmen eines ausgelagerten Optionsmodells zur Vermögensbeteiligung der Arbeitnehmer Zuschüsse an einen Dritten als Entgelt für die Übernahme von Kursrisiken, führt dies bei den Arbeitnehmern zu Sachlohn, wenn die Risikoübernahme des Dritten auf einer vertraglichen Vereinbarung mit dem Arbeitgeber beruht; die Freigrenze des § 8 Abs. 2 Satz 11 EStG ist anwendbar (→ BFH vom 13. 9. 2007 – BStBl 2008 II S. 204).

– Die Umwandlung von Barlohn in Sachlohn (Gehaltsumwandlung) setzt voraus, dass der Arbeitnehmer unter Änderung des Anstellungsvertrages auf einen Teil seines Barlohns verzichtet und ihm der Arbeitgeber stattdessen Sachlohn gewährt. Ob ein Anspruch auf Barlohn oder Sachlohn besteht, ist auf den Zeitpunkt bezogen zu entscheiden, zu dem der Arbeitnehmer über seinen Lohnanspruch verfügt (→ BFH vom 6. 3. 2008 – BStBl II S. 530).

Geltung der Sachbezugswerte

Anhang 4

– Die Sachbezugswerte nach der SvEV gelten nach § 8 Abs. 2 Satz 7 EStG auch für Arbeitnehmer, die nicht der gesetzlichen Rentenversicherungspflicht unterliegen.

– Die Sachbezugswerte gelten nicht, wenn die vorgesehenen Sachbezüge durch Barvergütungen abgegolten werden; in diesen Fällen sind grundsätzlich die Barvergütungen zu versteuern (→ BFH vom 16. 3. 1962 – BStBl III S. 284).

Geschenklose

Bewertung von Geschenklosen

(Erlass des FinMin. Saarland vom 10. 2. 2004 – B/2–4–20/04 – S 2334 –)

Verschafft der Arbeitgeber dem Arbeitnehmer mit der Schenkung des Geschenkloses die Teilnahme an einer von einem fremden Dritten durchgeführten Lotterie, so ist in dieser Schenkung der geldwerte Vorteil für den Arbeitnehmer zu sehen. Insoweit wird ihm ein Vorteil für die Beschäftigung eingeräumt und er erspart sich eigenen Aufwand für die Teilnahme an der Lotterie.

Dabei handelt es sich um einen Sachbezug, der nach § 8 Abs. 2 Satz 9 EStG[1] außer Ansatz bleiben kann, wenn – ggf. zusammen mit anderen Vorteilen – die Freigrenze von derzeit 44 € nicht überschritten wird.

Ein etwaiger Lotteriegewinn steht in keinem Zusammenhang mehr mit dem Arbeitsverhältnis. Ein Veranlassungszusammenhang zwischen dem Gewinn aus einer von einem fremden Dritten veranstalteten Lotterie und dem Arbeitsverhältnis ist zu verneinen, denn der Gewinn ist kein

---

[1] Jetzt: § 8 Abs. 2 Satz 11 EStG

Vorteil der „für" die Beschäftigung geleistet wird. Er ist nicht durch das individuelle Dienstverhältnis veranlasst.
→ Lose

Job-Ticket

→ BMF vom 27. 1. 2004 (BStBl I S. 173), Tz. II.1

– Ein geldwerter Vorteil ist nicht anzunehmen, wenn der Arbeitgeber seinen Arbeitnehmern ein Job-Ticket zu dem mit dem Verkehrsträger vereinbarten Preis überlässt. Ein Sachbezug liegt jedoch vor, soweit der Arbeitnehmer das Job-Ticket darüber hinaus verbilligt oder unentgeltlich vom Arbeitgeber erhält. § 8 Abs. 2 Satz 11 EStG (44-Euro-Freigrenze) findet Anwendung. Die vorstehenden Sätze gelten auch, wenn der Arbeitgeber dem Arbeitnehmer durch Vereinbarung mit einem Verkehrsbetrieb das Recht zum Erwerb einer vergünstigten Jahresnetzkarte (Job-Ticket) einräumt, soweit sich dies für den Arbeitnehmer als Frucht seiner Arbeit für den Arbeitgeber darstellt (→ BMF vom 20. 1. 2015 – BStBl I S. 143 und BFH vom 14. 11. 2012 – BStBl 2013 II S. 382). → H 8.2 (Sachbezüge von dritter Seite)

– Beispiel:

Üblicher Preis für eine Monatsfahrkarte	100,00 €
Vom Verkehrsträger eingeräumte Job-Ticketermäßigung 10 %	10,00 €
Differenz	90,00 €
davon 96 % (→ R 8.1 Abs. 2 Satz 9)	86,40 €
abzüglich Zuzahlung des Arbeitnehmers	45,00 €
Vorteil	41,40 €

Unter der Voraussetzung, dass keine weiteren Sachbezüge i. S. von § 8 Abs. 2 Satz 1 EStG im Monat gewährt werden, die zu einer Überschreitung der 44-Euro-Grenze führen, bleibt der Vorteil von 41,40 € außer Ansatz.

– Gilt das Job-Ticket für einen längeren Zeitraum (z. B. Jahreskarte), fließt der Vorteil insgesamt bei Überlassung des Job-Tickets zu (→ BFH vom 12. 4. 2007 – BStBl II S. 719). Zum Zuflusszeitpunkt → H 38.2 (Zufluss von Arbeitslohn).

(Lohn-)Steuerliche Behandlung und Zuflusszeitpunkt des Sachbezugs „Job-Ticket"

Bayerisches Landesamt für Steuern vom 12. 8. 2015 – S 2334.2.1-98/5 St324 –

1. Allgemeines

Stellt der Arbeitgeber seinen Arbeitnehmern Job-Tickets verbilligt oder unentgeltlich zur Verfügung, liegt grds. ein geldwerter Vorteil (Sachbezug) vor. Ein geldwerter Vorteil ist nicht anzunehmen, wenn der Arbeitgeber seinen Arbeitnehmern ein Job-Ticket zu dem mit dem Verkehrsträger vereinbarten Preis überlässt. Ein Sachbezug liegt jedoch vor, soweit der Arbeitnehmer das Job-Ticket darüber hinaus verbilligt oder unentgeltlich vom Arbeitgeber erhält (vgl. H 8.1 Abs. 1 – 4 „Job-Ticket" LStH).

2. Anwendung der Freigrenze des § 8 Abs. 2 Satz 11 EStG

Maßgebend für die Bewertung des geldwerten Vorteils ist grds. der Wert nach § 8 Abs. 2 Satz 1 EStG (um übliche Preisnachlässe geminderter üblicher Endpreis am Abgabeort). Vgl. hierzu insb. auch Rz. 4 des BMF-Schreibens vom 16. 5. 2013 (BStBl 2013 I S. 729).

Die Anwendung der 44-Euro-Freigrenze des § 8 Abs. 2 Satz 11 EStG (bis einschließlich VZ 2013: § 8 Abs. 2 Satz 9 EStG) ist möglich, wenn der geldwerte Vorteil aus dem Sachbezug „Job-Ticket" nach § 8 Abs. 2 Satz 1 EStG zu bewerten ist. Für die Feststellung, ob die Freigrenze überschritten wird, sind alle in einem Kalendermonat zufließenden nach § 8 Abs. 2 Satz 1 EStG zu bewertenden Vorteile zusammenzurechnen. Die nach § 8 Abs. 2 Satz 1 EStG zu bewertenden Vorteile, die nach §§ 37b und 40 EStG pauschal lohnversteuert werden, bleiben außer Ansatz (vgl. R 8.1 Abs. 3 Satz 1 und 2 LStR). Zum Zuflusszeitpunkt des Sachbezugs „Job-Ticket" vgl. Tz. 4.

3. Anwendung des Freibetrags des § 8 Abs. 3 EStG

Der geldwerte Vorteil aus dem Sachbezug „Job-Ticket" kann bei Arbeitnehmern eines Verkehrsträgers im Rahmen des § 8 Abs. 3 EStG steuerfrei sein. Auch wenn die Voraussetzungen des § 8 Abs. 3 EStG vorliegen, kann der geldwerte Vorteil aus dem Job-Ticket wahlweise nach § 8 Abs. 2 Satz 1 EStG ohne Bewertungsabschlag und ohne Rabattfreibetrag bewertet werden. Dieses Wahlrecht ist sowohl im Lohnsteuerabzugsverfahren als auch im Veranlagungsverfahren anwendbar (vgl. BMF-Schreiben vom 16. 5. 2013, BStBl 2013 I S. 729).

4. Zuflusszeitpunkt des Sachbezug „Job-Ticket"

Für die Versteuerung des geldwerten Vorteils – insbesondere für die Anwendung der Freigrenze des § 8 Abs. 2 Satz 11 EStG – ist entscheidend, wann der Sachbezug „Job-Ticket" zufließt. Aus gegebenem Anlass wird zum Zuflusszeitpunkt des Sachbezugs „Job-Ticket" auf Folgendes hingewiesen:

Gemäß R 8.1 Abs. 3 Satz 5 LStR ist die 44-Euro-Freigrenze des § 8 Abs. 2 Satz 11 EStG bei der monatlichen Überlassung einer Monatsmarke oder einer monatlichen Fahrberechtigung für ein Job-Ticket anwendbar, auch wenn das Job-Ticket für einen längeren Zeitraum gilt. Hiervon sind z. B. umfasst

- Fälle, in denen tatsächlich monatliche Tickets („Monatsmarken") monatlich ausgehändigt werden, oder

- Tickets, welche an sich für einen längeren Zeitraum gelten, aber jeden Monat „aktiviert/freigeschalten" werden.

Sehen die Tarif- und Nutzungsbestimmungen für ein Job-Ticket vor, dass die jeweilige monatliche Fahrberechtigung durch die rechtzeitige monatliche Zahlung erworben wird, fließt der geldwerte Vorteil aus dem Sachbezug „Job-Ticket" monatlich – und nicht bei Kauf/Teilnahmeerklärung für den gesamten Gültigkeitszeitraum – zu.

Beispiel:

Der Arbeitnehmer erhält von seinem Arbeitgeber zum 1. 1. 2014 unentgeltlich eine Fahrkarte für die Nutzung öffentlicher Verkehrsmittel für die Strecke zwischen Wohnung und erster Tätigkeitsstätte („Job-Ticket"). Die Karte hat den Aufdruck „gültig bis 31. 12. 2015". Nach den Tarifbestimmungen des Verkehrsanbieters wird während der Gültigkeitsdauer 1. 1. 2014 – 31. 12. 2015 die monatliche Fahrberechtigung durch die rechtzeitige monatliche Zahlung erworben. Nach der zutreffenden Berechnung des Arbeitgebers beträgt der geldwerte Vorteil aus dem Sachbezug „Job-Ticket" monatlich 42 Euro. Weitere Sachbezüge liegen nicht vor.

Die 44-Euro-Freigrenze für Sachbezüge (§ 8 Abs. 2 Satz 11 EStG) ist anwendbar. Da es sich um die monatliche Fahrberechtigung eines Job-Tickets handelt, das für einen längeren Zeitraum gilt (R 8.1 Abs. 3 Satz 5 LStR), fließt der geldwerte Vorteil aus dem Sachbezug monatlich zu. Da der geldwerte Vorteil von monatlich 42 Euro die 44-Euro-Freigrenze nicht übersteigt, ist er nicht zu versteuern.

5. Anrufungsauskünfte (§ 42e EStG)

Entsprechende Anträge auf Erteilung einer Anrufungsauskunft (§ 42e EStG) bitte ich in diesem Sinne zu erteilen.

Rabatte von dritter Seite

→ BMF vom 20. 1. 2015 (BStBl I S. 143)→ H 8.2 (Sachbezüge von dritter Seite)

Sachbezugswerte

Übersicht über die anteiligen Sachbezugswerte für Verpflegung und Unterkunft des Kalenderjahres 2018

Tabelle 1
Sachbezugswerte 2018 für freie Verpflegung

Personenkreis		Frühstück EUR	Mittagessen EUR	Abendessen EUR	Verpflegung insgesamt EUR
Arbeitnehmer einschließlich Jugendliche u. Auszubildende	mtl. ktgl.	52,00 1,73	97,00 3,23	97,00 3,23	246,00 8,20
Volljährige Familienangehörige	mtl. ktgl.	52,00 1,73	97,00 3,23	97,00 3,23	246,00 8,20

Familienangehörige vor Voll- endung des 18. Lebensjahres	mtl. ktgl.	41,60 1,38	77,60 2,58	77,60 2,58	196,80 6,56
Familienangehörige vor Voll- endung des 14. Lebensjahres	mtl. ktgl.	20,80 0,69	38,80 1,29	38,80 1,29	98,40 3,28
Familienangehörige vor Voll- endung des 7. Lebensjahres	mtl. ktgl.	15,60 0,52	29,10 0,97	29,10 0,97	73,80 2,46

Tabelle 2
Sachbezugswerte 2018 für freie Unterkunft

Sachverhalt		Unterkunft allgemein	Aufnahme im Arbeit- geberhaushalt/ Gemeinschaftsunter- kunft
Unterkunft belegt mit		EUR	EUR
volljährige Arbeitnehmer			
1 Beschäftigtem	mtl. ktgl.	226,00 7,53	192,10 6,40
2 Beschäftigten	mtl. ktgl.	135,60 4,52	101,70 3,39
3 Beschäftigten	mtl. ktgl.	113,00 3,76	79,10 2,63
mehr als 3 Beschäftigten	mtl. ktgl.	90,40 3,01	56,50 1,88
Jugendliche/Auszubildende			
1 Beschäftigtem	mtl. ktgl.	192,10 6,40	158,20 5,27
2 Beschäftigten	mtl. ktgl.	101,70 3,39	67,80 2,26
3 Beschäftigten	mtl. ktgl.	79,10 2,63	45,20 1,50
mehr als 3 Beschäftigten	mtl. ktgl.	56,50 1,88	22,60 0,75

Erläuterungen

Für die Ermittlung des anzusetzenden Sachbezugswertes für einen Teil-Entgeltabrechnungszeitraum sind die jeweiligen Tagesbeträge mit der Anzahl der Kalendertage zu multiplizieren.

Beispiel:

Ein Arbeitnehmer (17 Jahre) nimmt am 15.01. eine Beschäftigung in den alten Bundesländern auf und wird bei freier Verpflegung und freier Unterkunft in den Arbeitgeberhaushalt aufgenommen.

Verpflegung: 8,20 EUR × 17 Tage = 139,40 EUR
Unterkunft: 5,27 EUR × 17 Tage =   89,59 EUR
Sachbezugswert insgesamt: 228,99 EUR

Wäre es nach Lage des Einzelfalles unbillig, den Wert der Unterkunft nach den Tabellenwerten zu bestimmen, kann die Unterschrift nach § 2 Abs. 3 Satz 3 Sozialversicherungsentgeltverordnung mit dem ortsüblichen Mietpreis bewertet werden.

Eine **Aufnahme in den Arbeitgeberhaushalt** liegt vor, wenn der Arbeitnehmer sowohl in die Wohnungs- als auch in die Verpflegungsgemeinschaft des Arbeitgebers aufgenommen wird. Bei ausschließlicher Zurverfügungstellung von Unterkunft liegt dagegen keine „Aufnahme" in den Arbeitgeberhaushalt vor, so dass der ungekürzte Unterkunftswert anzusetzen ist.

Eine **Gemeinschaftsunterkunft** stellen z. B. Lehrlingswohnheime, Schwesternwohnheime, Kasernen etc. dar. Charakteristisch für Gemeinschaftsunterkünfte sind gemeinschaftlich zu nutzende Wasch- bzw. Duschräume, Toiletten und ggf. Gemeinschafts-Küche oder Kantine. Allein eine Mehrfachbelegung einer Unterkunft hat dagegen nicht die Bewertung als Gemeinschaftsunterkunft zur Folge; vielmehr wird der Mehrfachbelegung bereits durch gesonderte Abschläge Rechnung getragen.

Für **freie Wohnung** ist kein amtlicher Sachbezugswert festgesetzt. Vielmehr ist für freie Wohnung grundsätzlich der **ortsübliche Mietpreis** anzusetzen. Eine Wohnung ist im Gegensatz zur Unterkunft eine in sich geschlossene Einheit von Räumen, in denen ein selbständiger Haushalt geführt werden kann. Wesentlich ist, dass eine Wasserversorgung und -entsorgung, zumindest eine einer Küche vergleichbare Kochgelegenheit sowie eine Toilette vorhanden sind. Danach stellt z. B. ein Einzimmerappartement mit Küchenzeile und WC als Nebenraum eine Wohnung dar, während bei Mitbenutzung von Bad, Toilette und Küche lediglich eine Unterkunft vorliegt. Wird mehreren Arbeitnehmern eine Wohnung zur gemeinsamen Nutzung (Wohngemeinschaft) zur Verfügung gestellt, liegt insoweit nicht freie Wohnung, sondern lediglich freie Unterkunft vor.

Ist die Feststellung des ortsüblichen Mietpreises mit außerordentlichen Schwierigkeiten verbunden, kann die Wohnung mit **3,97 EUR monatlich je Quadratmeter** bzw. bei einfacher Ausstattung (ohne Sammelheizung oder ohne Bad oder Dusche) mit 3,24 EUR monatlich je Quadratmeter bewertet werden.

Bei der Gewährung von unentgeltlichen oder verbilligten **Mahlzeiten im Betrieb** (§ 40 Abs. 2 Satz 1 Nr. 1 EStG) sind sowohl für volljährige Arbeitnehmer als auch für Jugendliche und Auszubildende nachstehende Beträge anzusetzen:

Frühstück	1,73 EUR
Mittag-/Abendessen	3,23 EUR

→ Geltung der Sachbezugswerte

→ Wert von Mahlzeiten (H 8.1 (7))

Sachbezugswerte im Bereich der Seeschifffahrt und Fischerei

→ Gleichlautende Erlasse der Länder Bremen, Hamburg, Mecklenburg-Vorpommern, Niedersachsen und Schleswig-Holstein, die im BStBl I veröffentlicht werden.

Gleich lautende Erlasse der obersten Finanzbehörden der Länder Bremen, Hamburg, Mecklenburg-Vorpommern, Niedersachsen und Schleswig-Holstein betreffend die Bewertung der Beköstigung im Bereich der Seeschifffahrt (Kauffahrtei) und im Bereich der Fischerei für Zwecke des Steuerabzugs om Arbeitslohn

für die Zeit ab 1. Januar 2014

vom 15. 6. 2015 (BStBl I S. 512)

Der Wert des Sachbezugs „Beköstigung für Zwecke der Sozialversicherung für alle Bereiche in der Seefahrt (Kauffahrtei und Fischerei)" wird vom zuständigen Ausschuss der Berufsgenossenschaft für Transport und Verkehrswirtschaft festgesetzt.

Steuerliche Erfassung der Sachbezugswerte

Im Hinblick auf die Reform des steuerlichen Reisekostenrechts ab dem 1. Januar 2014 gilt Folgendes:

1. Erhalten Seeleute an Bord (Auswärtstätigkeit) Mahlzeiten, für die nach § 8 Absatz 2 Satz 8 EStG eine Versteuerung mit dem Sachbezugswert vorzunehmen ist, ist der von dem Ausschuss der Berufsgenossenschaft für Transport und Verkehrswirtschaft festgesetzte Wert des Sachbezugs für die Besteuerung des Arbeitslohns zugrunde zu legen.

2. Ein Ansatz des Wertes einer Mahlzeit – und damit die Besteuerung als Arbeitslohn – unterbleibt, wenn für die Seeleute für ihnen entstehende Mehraufwendungen für Verpflegung nach § 9 Absatz 4a Satz 1 bis 7 EStG ein Werbungskostenabzug in Betracht käme

(§ 8 Absatz 2 Satz 9 EStG). Der Werbungskostenabzug ist insoweit nach § 9 Abs. 4a Satz 8 ff. EStG ausgeschlossen (BMF vom 24. Oktober 2014 Rz. 64 und 73 ff., BStBl I 2014 S. 1412).

3. Erhalten Seeleute keine Bordverpflegung oder nur eine Teilverpflegung an Bord, können sie unter den in § 9 Absatz 4a EStG genannten Voraussetzungen für die Mehraufwendungen für Verpflegung eine Verpflegungspauschale gem. § 3 Nr. 16 EStG steuerfrei vom Arbeitgeber erhalten oder entsprechend den (Differenz-)Betrag als Werbungskosten geltend machen (§ 9 Absatz 4a Sätze 8 ff. EStG).

4. Seeleute können eine Barvergütung für Verpflegung erhalten (z. B. bei tageweiser auswärtiger Beschäftigung, bei tariflich vorgesehener Umschaufrist, bei Krankheit oder für die Zeit des Urlaubs – auch wenn mehrere Urlaubsansprüche in einem Kalenderjahr zusammenfallen –). Soweit die Voraussetzungen für die Gewährung einer Verpflegungspauschale nach § 9 Absatz 4a EStG nicht vorliegen, ist die Barvergütung in voller Höhe steuerpflichtig.

5. Die Dreimonatsfrist für die Beurteilung, ob Verpflegungsmehraufwendungen als Werbungskosten berücksichtigt oder steuerfrei erstattet werden können, kommt bei Fahrtätigkeiten nicht zur Anwendung (BMF vom 24. Oktober 2014 Rz. 56, a. a. O.).

Inkrafttreten

Dieser Erlass ersetzt den Erlass vom 28. Februar 2014 (BStBl I 2014 S. 569).

Es ist nicht zu beanstanden, wenn in Fällen der Nr. 4 die Barvergütung mit dem Sachbezugswert angesetzt wird, die der zuständige Ausschuss der Berufsgenossenschaft für Transport und Verkehrswirtschaft mit Wirkung ab 1. Januar 2014

– für alle Bereiche in der Seefahrt (Kauffahrtei und Fischerei) auf monatlich 228,00 Euro,

– für die Teilverpflegung in der Kauffahrtei sowie in der Kleinen Hochsee- und Küstenfischerei monatlich für Frühstück auf 48,00 Euro bzw. Mittag- und Abendessen jeweils auf 90,00 Euro und

– für die Beköstigung der Kanalsteurer auf monatlich 45,00 Euro, für halbpartfahrende Kanalsteurer auf monatlich 22,50 Euro und für Kanalsteureranwärter auf monatlich 24,00 Euro

festgesetzt hat.

Ein Ansatz mit dem Sachbezugswert ist nur zulässig, wenn die Vergütung anstelle der vorgesehenen Sachbezüge nur gelegentlich oder vorübergehend bar ausgezahlt wird. Dies gilt jedoch nicht, wenn bei Beendigung des Heuerverhältnisses Verpflegungsgeld für abgegoltene Urlaubstage ausgezahlt wird.

Diese Nichtbeanstandungsregelung gilt für laufenden Arbeitslohn, der für einen vor dem 1. Januar 2016 endenden Lohnzahlungszeitraum gezahlt wird, und bei sonstigen Bezügen, die den Seeleuten vor dem 1. Januar 2016 zufließen.

Die Senatorin für Finanzen der Freien Hansestadt Bremen – 900 – S 2334 – 1/2014-6/2015 – 11-2

Finanzbehörde der Freien und Hansestadt Hamburg – S 2334 – 2015/006 – 52

Finanzministerium Mecklenburg-Vorpommern – IV 301 – S 2334 – 00000 – 2010/002-007

Niedersächsisches Finanzministerium – S 2334 – 4 – 3332

Finanzministerium des Landes Schleswig-Holstein – VI 3212 – S 2334 – 199

Sicherungsmaßnahmen

Lohnsteuerliche Behandlung der Aufwendungen des Arbeitgebers für sicherheitsgefährdete Arbeitnehmer; Sicherheitsmaßnahmen

(BMF-Schreiben vom 30. 6. 1997, BStBl I S. 696)

Es ist gefragt worden, wie die vom Arbeitgeber getragenen oder ersetzten Aufwendungen für Sicherheitsmaßnahmen bei Arbeitnehmern, die aufgrund ihrer beruflichen Position den Angriffen gewaltbereiter politisch motivierter Personen ausgesetzt sind (**Positionsgefährdung**), lohnsteuerlich zu behandeln sind. Nach dem Ergebnis der Erörterungen mit den obersten Finanzbehörden der Länder gilt folgendes:

1. Aufwendungen des Arbeitgebers für das ausschließlich mit dem Personenschutz befaßte Personal führen nicht zu steuerpflichtigem Arbeitslohn der zu schützenden Person, weil diese Aufwendungen im ganz überwiegenden eigenbetrieblichen Interesse des Arbeit-

gebers liegen und der Arbeitnehmer durch diese „aufgedrängten" Leistungen nicht bereichert wird.

2. Bei den Aufwendungen des Arbeitgebers für den Einbau von Sicherheitseinrichtungen (Grund- und Spezialschutz) in eine Mietwohnung oder in ein selbstgenutztes Wohneigentum zum Schutze **positionsgefährdeter Arbeitnehmer**, beurteilt sich die Frage, ob diese Aufwendungen steuerpflichtiger Arbeitslohn sind oder im ganz überwiegenden eigenbetrieblichen Interesse des Arbeitgebers liegen, nach dem Maß der Gefährdung des einzelnen Arbeitnehmers. Für die steuerliche Behandlung ist es unerheblich, ob die Sicherheitseinrichtungen in das Eigentum des Arbeitnehmers übergehen oder nicht.

   a) Bei Arbeitnehmern, die durch eine für die Gefährdungsanalyse zuständige Behörde (Sicherheitsbehörde) in die Gefährdungsstufen 1 bis 3 eingeordnet sind, ist davon auszugehen, daß eine Positionsgefährdung vorliegt **(konkrete Positionsgefährdung)**. Für diese Arbeitnehmer ergibt sich durch den Einbau der Sicherheitseinrichtungen grundsätzlich kein steuerpflichtiger Arbeitslohn, weil der Einbau im ganz überwiegenden eigenbetrieblichen Interesse des Arbeitgebers liegt. Bei Arbeitnehmern der Gefährdungsstufe 3 gilt dies allerdings grundsätzlich nur bis zu dem Betrag je Objekt, der vergleichbaren Bundesbediensteten als Höchstbetrag zur Verfügung gestellt wird: dieser beträgt zur Zeit 30 000 DM. Bei höheren Aufwendungen ist von einem ganz überwiegenden eigenbetrieblichen Interesse des Arbeitgebers auszugehen, soweit sie Einrichtungen betreffen, die von der Sicherheitsbehörde empfohlen worden sind.

   b) Bei Arbeitnehmern, für die die Sicherheitsbehörden keine Gefährdungsanalyse erstellen und keine Sicherheitseinrichtungen empfehlen, handelt es sich bei den Aufwendungen grundsätzlich um steuerpflichtigen Arbeitslohn, es sei denn, eine Positionsgefährdung der Arbeitnehmer ist durch eine oberste Bundes- oder Landesbehörde anerkannt worden oder kann anderweitig nachgewiesen oder glaubhaft gemacht werden **(abstrakte Positionsgefährdung)**. In diesem Fall ist bei einem Einbau von Sicherheitseinrichtungen bis zu einem Betrag von 15 000 DM je Objekt von einem ganz überwiegenden eigenbetrieblichen Interesse des Arbeitgebers auszugehen.

   Die in Buchstabe a und b bezeichneten Höchstbeträge gelten auch, wenn die Aufwendungen je Objekt auf verschiedene Veranlagungszeiträume verteilt werden. Die steuerpflichtigen Vorteile fließen dem Arbeitnehmer beim Einbau sofort als Arbeitslohn zu. Eine spätere Änderung der Gefährdungsstufe löst keine steuerlichen Konsequenzen aus (z. B. Erfassung eines Vorteils nach Herabsetzung, kein negativer Arbeitslohn bei Heraufsetzung der Gefährdungsstufe), es sei denn, sie erfolgt noch innerhalb des Jahres, in dem die Sicherheitseinrichtungen eingebaut worden sind. Die dem Arbeitgeber entstehenden Betriebs- und Wartungskosten teilen steuerlich das Schicksal der Einbaukosten. Sie sind gegebenenfalls nur anteilig nach dem Verhältnis des steuerpflichtigen Anteils an den Gesamtkosten steuerpflichtig.

3. Ersetzt der Arbeitgeber dem Arbeitnehmer Aufwendungen für Sicherheitseinrichtungen oder mit diesen Einrichtungen verbundene laufende Betriebs- oder Werbungskosten, ist der Ersatz unter den Voraussetzungen der Nummer 2 ebenfalls kein steuerpflichtiger Arbeitslohn, gegebenenfalls nur anteilig nach dem Verhältnis des nicht steuerpflichtigen Anteils an den Gesamteinbaukosten. Dies gilt allerdings nur dann, wenn die Aufwendungen in zeitlichem Zusammenhang mit dem Einbau bzw. der Zahlung durch den Arbeitnehmer ersetzt werden; andernfalls ist der Aufwendungsersatz steuerpflichtiger Arbeitslohn.

4. Nicht vom Arbeitgeber ersetzte Aufwendungen des Arbeitnehmers für Sicherheitseinrichtungen gehören zu den Kosten der Lebensführung und dürfen aufgrund des Aufteilungs- und Abzugsverbots des § 12 Nr. 1 Satz 2 EStG nicht als Werbungskosten bei den Einkünften aus nichtselbständiger Arbeit abgezogen werden. Werden Aufwendungen teilweise durch den Arbeitgeber ersetzt, gilt das Abzugsverbot auch für die nicht ersetzten Aufwendungen.

5. Diese Regelung gilt allgemein ab dem 1. Januar 1997. Sie kann zugunsten des Arbeitnehmers in offenen Fällen auch rückwirkend angewandt werden. Abweichende Regelungen sind nicht mehr anzuwenden.

Üblicher Endpreis

Anhang 36   –   → BMF vom 16. 5. 2013 (BStBl I S. 729, Tz. 3.1)

– Beim Erwerb eines Gebrauchtwagens vom Arbeitgeber ist nicht auf den Händlereinkaufspreis abzustellen, sondern auf den Preis, den das Fahrzeug unter Berücksichtigung der vereinbarten Nebenleistungen auf dem Gebrauchtwagenmarkt tatsächlich erzielen würde (Händlerverkaufspreis). Wird zur Bestimmung des üblichen Endpreises eine Schätzung erforderlich, kann sich die Wertermittlung an den im Rechtsverkehr anerkannten Marktübersichten für gebrauchte Pkw orientieren (→ BFH vom 17. 6. 2005 – BStBl II S. 795).

– Der Wert einer dem Arbeitnehmer durch den Arbeitgeber zugewandten Reise kann grundsätzlich anhand der Kosten geschätzt werden, die der Arbeitgeber für die Reise aufgewendet hat. (→ BFH vom 18. 8. 2005 – BStBl 2006 II S. 30).

Wandeldarlehensvertrag

Der geldwerte Vorteil bemisst sich im Falle der Ausübung des Wandlungsrechts aus der Differenz zwischen dem Börsenpreis der Aktien an dem Tag, an dem der Arbeitnehmer die wirtschaftliche Verfügungsmacht über die Aktien erlangt, und den Erwerbsaufwendungen (→ BFH vom 23. 6. 2005 – BStBl II S. 770 und vom 20. 5. 2010 – BStBl II S. 1069).

Wandelschuldverschreibung

→ H 38.2

Warengutscheine

– Beispiel

Der Arbeitgeber räumt seinem Arbeitnehmer das Recht ein, einmalig zu einem beliebigen Zeitpunkt bei einer Tankstelle auf Kosten des Arbeitgebers gegen Vorlage einer Tankkarte bis zu einem Betrag von 44 € zu tanken. Der Arbeitnehmer tankt im Februar für 46 €; der Betrag wird vom Konto des Arbeitgebers abgebucht.

Unter der Voraussetzung, dass der Arbeitnehmer von seinem Arbeitgeber nicht anstelle der ausgehändigten Tankkarte Barlohn verlangen kann, liegt im Februar ein Sachbezug in Höhe der zugesagten 44 € vor. Er ist steuerfrei nach § 8 Abs. 2 Satz 11 EStG (44-Euro-Freigrenze), wenn dem Arbeitnehmer in diesem Monat keine weiteren Sachbezüge gewährt werden und der Arbeitgeber die übersteigenden 2 € vom Arbeitnehmer einfordert. Ein Abschlag von 4 % (→ R 8.1 Abs. 2 Satz 3) ist nicht vorzunehmen, wenn der Sachbezug durch eine (zweckgebundene) Geldleistung des Arbeitgebers verwirklicht wird oder ein Warengutschein mit Betragsangabe hingegeben wird (→ R 8.1 Abs. 2 Satz 4).

– **Zum Zuflusszeitpunkt** bei Warengutscheinen → R 38.2 Abs. 3

Zinsersparnisse

→ Arbeitgeberdarlehen

→ R 3.11 Abs. 2 LStR → BMF vom 2. 11. 2011 (BStBl I S. 785)

Zukunftssicherungsleistungen

Die 44-Euro-Freigrenze ist nicht anwendbar (→ BMF vom 10. 10. 2013 – BStBl I S. 1301).

Zukunftssicherungsleistungen und 44-Euro-Freigrenze

(BMF-Schreiben vom 10. 10. 2013 – BStBl I S. 1301)

Es wurde die Frage aufgeworfen, ob für Beiträge des Arbeitgebers für die Zukunftssicherung des Arbeitnehmers (z. B. private Pflegezusatzversicherung und Krankentagegeldversicherung) die 44-Euro-Freigrenze für Sachbezüge (§ 8 Absatz 2 Satz 9 EStG; ab 2014: § 8 Absatz 2 Satz 11 EStG) anzuwenden ist.

Unter Bezugnahme auf das Ergebnis der Erörterung mit den obersten Finanzbehörden der Länder wird auf Folgendes hingewiesen:

Arbeitslohn sind alle Einnahmen, die dem Arbeitnehmer aus dem Dienstverhältnis zufließen (§ 19 EStG, § 2 Absatz 1 LStDV 1990). Zum Arbeitslohn gehören auch Ausgaben, die ein Arbeitgeber leistet, um einem Arbeitnehmer oder diesem nahestehende Personen für den Fall der Krankheit, des Unfalls, der Invalidität, des Alters oder des Todes abzusichern Zukunftssicherung (§ 2 Absatz 2 Nummer 3 Satz 1 LStDV 1990).

Dem Arbeitnehmer fließt Arbeitslohn in Form von Barlohn zu, wenn er Versicherungsnehmer ist und der Arbeitgeber die Beiträge des Arbeitnehmers übernimmt (BFH-Urteile vom 26. November 2002 VI R 161/01, BStBl 2003 II Seite 331 und vom 13. September 2007 VI R 26/04, BStBl 2008 II Seite 204).

Auch wenn der Arbeitgeber Versicherungsnehmer ist und die versicherte Person der Arbeitnehmer, führt die Beitragszahlung des Arbeitgebers in der Regel zum Zufluss von Barlohn. Die 44-Euro-Grenze ist damit nicht anzuwenden.

Der BFH führt in ständiger Rechtsprechung aus, dass die Arbeitslohnqualität von Zukunftssicherungsleistungen, bei denen die Leistung des Arbeitgebers an einen Dritten (Versicherer) erfolgt, davon abhängt, ob sich der Vorgang wirtschaftlich betrachtet so darstellt, als ob der Arbeitgeber dem Arbeitnehmer Mittel zur Verfügung gestellt und der Arbeitnehmer sie zum Zweck seiner Zukunftssicherung verwendet hat (zuletzt BFH-Urteil vom 5. Juli 2012 – VI R 11/11, BStBl 2013 II Seite 190). Stellt der Arbeitgeber dem Arbeitnehmer – wirtschaftlich betrachtet – die Beiträge zur Verfügung, ist eine Qualifizierung als Barlohn gerechtfertigt.

An der Qualifizierung als Barlohn ändert auch das BFH-Urteil vom 14. April 2011 VI R 24/10 (BStBl II Seite 767) nichts. Der BFH hatte entschieden, dass die Gewährung von Krankenversicherungsschutz in Höhe der geleisteten Beiträge Sachlohn ist, wenn der Arbeitnehmer aufgrund des Arbeitsvertrags von seinem Arbeitgeber ausschließlich Versicherungsschutz und nicht auch eine Geldzahlung verlangen kann.

Die Anwendung der 44-Euro-Freigrenze auf Zukunftssicherungsleistungen würde im Übrigen auch zu Wertungswidersprüchen im Rahmen der betrieblichen Altersversorgung führen, in der die Steuerfreistellung der Arbeitgeberbeiträge über § 3 Nummer 56 und 63 EStG in eine nachgelagerte Besteuerung nach § 22 Nummer 5 EStG mündet. Bei Zukunftssicherungsleistungen gilt im Einkommensteuerrecht ein eigenes Freistellungssystem, dem die 44-Euro-Freigrenze wesensfremd ist.

Die vorstehenden Grundsätze sind erstmals auf den laufenden Arbeitslohn anzuwenden, der für einen nach dem 31. Dezember 2013 endenden Lohnzahlungszeitraum gezahlt wird, und auf sonstige Bezüge, die nach dem 31. Dezember 2013 zufließen.

R 8.1 (5)

Anhang 4

Unterkunft oder Wohnung

(5) [1]Für die Bewertung einer Unterkunft, die keine Wohnung ist (→ Absatz 6 Satz 2 bis 4), ist der amtliche Sachbezugswert nach der SvEV maßgebend, soweit nicht zulässigerweise § 8 Abs. 3 EStG angewandt wird. [2]Dabei ist der amtliche Sachbezugswert grundsätzlich auch dann anzusetzen, wenn der Arbeitgeber die dem Arbeitnehmer überlassene Unterkunft gemietet und ggf. mit Einrichtungsgegenständen ausgestattet hat. [3]Eine Gemeinschaftsunterkunft liegt vor, wenn die Unterkunft beispielsweise durch Gemeinschaftswaschräume oder Gemeinschaftsküchen Wohnheimcharakter hat oder Zugangsbeschränkungen unterworfen ist.

R 8.1 (6)

(6) [1]Soweit nicht zulässigerweise § 8 Abs. 3 EStG angewandt wird, ist für die Bewertung einer Wohnung der ortsübliche Mietwert maßgebend. [2]Eine Wohnung ist eine in sich geschlossene Einheit von Räumen, in denen ein selbständiger Haushalt geführt werden kann. [3]Wesentlich ist, dass eine Wasserversorgung und -entsorgung, zumindest eine einer Küche vergleichbare Kochgelegenheit sowie eine Toilette vorhanden sind. [4]Danach stellt z. B. ein Einzimmerappartement mit Küchenzeile und WC als Nebenraum eine Wohnung dar, dagegen ist ein Wohnraum bei Mitbenutzung von Bad, Toilette und Küche eine Unterkunft. [5]Als ortsüblicher Mietwert ist die Miete anzusetzen, die für eine nach Baujahr, Art, Größe, Ausstattung, Beschaffenheit und Lage vergleichbare Wohnung üblich ist (Vergleichsmiete). [6]In den Fällen, in denen der Arbeitgeber vergleichbare Wohnungen in nicht unerheblichem Umfang an fremde Dritte zu einer niedrigeren als der üblichen Miete vermietet, ist die niedrigere Miete anzusetzen. [7]Die Vergleichsmiete gilt unabhängig davon, ob die Wohnung z. B. als Werks- und Dienstwohnung im Eigentum des Arbeitgebers oder dem Arbeitgeber auf Grund eines Belegungsrechts zur Verfügung steht oder von ihm angemietet worden ist. [8]Gesetzliche Mietpreisbeschränkungen sind zu beachten. [9]Stehen solche einem Mieterhöhungsverlangen entgegen, gilt dies jedoch nur, soweit die maßgebliche Ausgangsmiete den ortsüblichen Mietwert oder die gesetzlich zulässige Höchstmiete nicht unterschritten hat. [10]Überlässt der Arbeitgeber dem Arbeitnehmer im Rahmen einer Auslandtätigkeit eine Wohnung im Ausland, deren ortsübliche Miete 18 % des Arbeitslohns ohne Kaufkraftausgleich übersteigt, ist diese Wohnung mit 18 % des Arbeitslohns ohne Kaufkraftausgleich zuzüglich 10 % der darüber hinausgehenden ortsüblichen Miete zu bewerten.

Hinweise

Dienstwohnung

Lohn- und einkommensteuerliche Behandlung der Pfarrdienstwohnungen

(OFD Frankfurt/Main vom 13. 7. 2017 – S 2334 A-49-St 211–)

1. Grundsatz

Wird einem Arbeitnehmer von seinem Arbeitgeber eine Wohnung unentgeltlich oder teilentgeltlich zur Verfügung gestellt, stellt diese Überlassung einen geldwerten Vorteil dar, der als Arbeitslohn zu erfassen ist (§ 19 i. V. m. § 8 Abs. 1 EStG). Die Bewertung des geldwerten Vorteils richtet sich gemäß § 8 Abs. 2 Satz 1 EStG nach dem um übliche Preisnachlässe geminderten üblichen Endpreis am Abgabeort. Bei Wohnungen ist hierfür der ortsübliche Mietpreis heranzuziehen (R 8.1 Abs. 6 Satz 1 LStR). Dieser bemisst sich nach der Miete, die für eine nach Baujahr, Art, Größe, Ausstattung, Beschaffenheit und Lage vergleichbare Wohnung üblich ist (Vergleichsmiete). Für Zwecke des Lohnsteuer-Abzugsverfahrens ist nicht zu beanstanden, wenn der Arbeitgeber die Überprüfung und ggf. Anpassung der ermittelten Mietwerte nicht jährlich, sondern in einem dreijährigen Turnus vornimmt, soweit nicht außergewöhnliche Umstände (z. B. wesentliche Änderung des Mietpreisniveaus oder bauliche Veränderungen) eintreten (vgl. insoweit Anhang 5, Tz. 5.10 der Anleitung für den LSt-Außendienst). Dieser dreijährige Anpassungsturnus ist auch im Veranlagungsverfahren zu beachten. Der Dreijahreszeitraum beginnt regelmäßig mit dem Jahr des erstmaligen Bezugs der überlassenen Wohnung.

Nach R 8.1 Abs. 6 S. 8 und 9 LStR sind ferner gesetzliche Mietpreisbeschränkungen (hier insbesondere die i. d. R. 20 %-ige Kappungsgrenze nach § 558 BGB) zu beachten. Dies gilt jedoch nur, soweit die maßgebliche Ausgangsmiete den ortsüblichen Mietwert oder die gesetzlich zulässige Höchstmiete nicht unterschritten hat. Diesbezüglich wird auf die Mailverfügung der OFD Frankfurt vom 08. 06. 2016, S 2334 A – 49 – St 211 und das in der Anlage zu dieser Verfügung wiedergegebene Beispiel verwiesen.

Dieser Grundsatz ist auch bei der Ermittlung des geldwerten Vorteils aus der Überlassung von Pfarrdienstwohnungen anzuwenden. Dabei ist sowohl beim Lohnsteuerabzug als auch bei der Einkommensteuerveranlagung wie folgt zu verfahren:

2. Ermittlung des ortsüblichen Mietpreises

Die Ermittlung des ortsüblichen Mietpreises erfolgt abgestuft nach den in meiner Verfügung ofix: EStG/21/23 genannten Kriterien.

Maßgebend sind die jeweiligen Gesamtumstände des Einzelfalls, die im Rahmen einer auf die jeweilige Dienstwohnung bezogenen Wertermittlung umfänglich gewürdigt werden müssen. Vorbehaltlich einer solchen Einzelfallprüfung wird es in der Regel angemessen sein, bei einer Pfarrdienstwohnung von einer mittleren Ausstattung auszugehen.

Sieht der anzuwendende Mietspiegel oder Mietpreiskalkulator der Ämter für Bodenmanagement und Geoinformation (MIKA) für vergleichbare Wohnungen keine Bandbreite zwischen mehreren Mietwerten vor und ist deshalb der im Mietspiegel oder der MIKA-Datenbank für vergleichbare Wohnungen ausgewiesene Durchschnittswert anzusetzen, sind aus Vereinfachungsgründen keine allgemeinen Zu- oder Abschläge (z.B Einfamilienhauszuschlag) vorzunehmen, auch wenn sich im Gebäude keine weiteren Wohnungen befinden. Die Ermittlung der ortsüblichen Vergleichsmiete ist nur in den Fällen durch Rückwärtsindexierung von Werten aus aktuellen Quellen vorzunehmen, in denen diese Quellen für die betreffenden Zeiträume (z. B. MIKA für Veranlagungszeiträume vor 2012 in Gebieten ohne Mietpreisspiegel) nicht existent waren. Lagen dagegen örtliche Mietpreisspiegel mit verschiedenen Gültigkeitszeiträumen vor, sind die Vergleichsmieten aus der jeweils im Veranlagungszeitraum gültigen Fassung zu entnehmen und nicht aus der aktuellen Quelle zurück zu berechnen.

3. Abschläge im Einzelfall von dem ermittelten ortsüblichen Mietwert

Etwaige örtlich bedingte Wertminderungen, die bei der Ermittlung des ortsüblichen Mietpreises keine Berücksichtigung gefunden haben, sind in Form von Abschlägen zu berücksichtigen. Die Entscheidung darüber, ob solche Abschläge im Einzelfall gerechtfertigt sind, trifft das jeweilige Wohnsitzfinanzamt. So werden beispielsweise Beeinträchtigungen durch Fluglärm oder die Nähe zu stark genutzten Verkehrswegen wie Autobahnen, Bundesstraßen, Bahntrassen bereits in die Ausgangswerte nach Mietpreisspiegel oder MIKA eingeflossen sein.

Bei Prüfung dieser Sachverhalte gelten die allgemeinen Ermittlungsgrundsätze der §§ 85 ff AO. Dabei kann regelmäßig davon ausgegangen werden, dass die Angaben des Steuerpflichtigen vollständig und richtig sind. Das Finanzamt kann entsprechend AEAO zu § 88, Nr. 2 den Angaben des Steuerpflichtigen Glauben schenken, wenn nicht greifbare Umstände vorliegen, die darauf hindeuten, dass seine Angaben falsch oder unvollständig sind. Ergeben sich allerdings Zweifel aufgrund von unvollständigen oder widersprüchlichen Angaben, hat das Finanzamt im Rahmen seines pflichtgemäßen Ermessens alle notwendigen Maßnahmen zu ergreifen, um die entscheidungserheblichen Tatsachen aufzuklären (vgl. AEAO zu § 88 Nr. 1) und bestimmt dabei Art und Umfang der Ermittlungen. Es hat dabei jedoch stets den Grundsatz der Verhältnismäßigkeit zu beachten. Daher ist die Begutachtung der örtlichen Verhältnisse durch die Bausachverständigen der Finanzämter zwar nicht ausgeschlossen. Aufgrund des erheblichen Eingriffs in die Privatsphäre der Steuerbürger ist indes von dieser Maßnahme sehr zurückhaltend und nur in solchen Fällen, in denen eine Klärung auf anderem Wege nicht mit vertretbarem Aufwand erreichbar ist, Gebrauch zu machen.

Nicht als örtlich bedingte Einschränkungen anzusehen sind von den Betroffenen subjektiv oft als störend empfundene Einflüsse, die mit einer räumlichen Nähe der Pfarrdienstwohnung zu anderen Liegenschaften der Kirchengemeinde und deren Nutzung durch die Gemeindemitglieder einher gehen. Diese Beeinträchtigungen (z. B. Passanten Bewegungen entlang von Erdgeschossfenstern, Garten oder Freisitz, gemeinsamer Hof mit dem Pfarrbüro, o.ä. – sogenannte Ensemblelage) liegen in der Regel nicht in der hier alleine zu bewertenden Nutzungsbeschränkung der überlassenen Wohnung, sondern in einer subjektiv sehr unterschiedlich empfundenen Einschränkung der privaten „Entfaltungsmöglichkeiten" und „Beweglichkeit". Diese Einschränkungen, zu denen auch Störungen durch Anrufe und Besucher am Abend oder an Wochenenden zählen, treffen aber regelmäßig nicht nur Pfarrerinnen und Pfarrer, sondern auch andere „in der Öffentlichkeit stehende" Berufsgruppen. Sie sind mithin berufsbedingt und nicht in der Nutzungsfähigkeit der Wohnung als solcher begründet.

Es kommen insbesondere folgende Abschläge für örtlich bedingte Wertminderungen in Betracht:

a) Störungen aufgrund der engen baulichen Verbindung von Wohn- und Dienstbereich

Ein Abschlag vom ortsüblichen Mietpreis kommt in Betracht, wenn sich Beeinträchtigungen dadurch ergeben, dass eine enge räumliche (bauliche) Verbindung der zur Verfügung gestellten Wohnung mit den zur Erfüllung der beruflichen Pflichten bestimmten Räumen besteht, z. B. weil der dienstliche Besucherverkehr bzw. Mitarbeiter zwangsläufig auch Teile der Privaträume (Flur und/oder Toilette, Durchgangszimmer) berühren. Der Wohnungsinhaber, der eine Minderung des ortsüblichen Mietwerts durch einen Abschlag begehrt, ist gehalten, die örtlichen Verhältnisse (Größe und Lage von Wohnung und Amtsbereich, ggf. Größe und Lage stillgelegter Räume) durch Vorlage aussagefähiger Wohnungspläne (Baupläne) oder geeigneter Skizzen darzulegen.

Hierbei können die folgenden Fallgruppen für typisierte Abschläge unterschieden werden, wobei zu beachten ist, **dass die Fallgruppen die vorstehend dargestellte Würdigung der Gesamtumstände im Einzelfall nicht ersetzen**, sondern lediglich Anhaltspunkte für dem Grunde und der Höhe nach denkbare Abschläge bieten.

Fallgruppe 1:

Aufgrund der engen baulichen Verbindung der Diensträume mit dem privaten Wohnbereich ergeben sich wegen der Dienstgeschäfte <u>leichtere Beeinträchtigungen</u> bei der Nutzung des Wohnbereichs. Der Mietwert wird in diesen Fällen dadurch gemindert, dass der Dienststelleninhaber beruflich genutzte Räume bzw. Flächen durchqueren muss, um von einem Wohnraum in den anderen zu gelangen. Hierfür ist ein Abschlag von 10 % vorzunehmen.

Fallgruppe 2:

Die Beeinträchtigung des privaten Wohnbereichs und damit eine Minderung des objektiven Wohnwerts ergibt sich daraus, dass Besucher oder Mitarbeiter <u>privat genutzte Räume bzw. Flächen durchqueren, um dienstliche Räume zu erreichen</u>. Der Abschlag für diese Fallgruppe wird mit 15 % festgesetzt. Sind Wohnräume und Diensträume nur über einen gemeinsamen Flur, der den Privaträumen zugerechnet wird, zu erreichen, rechtfertigt dies einen Abschlag.

Fallgruppe 3:

Bei dieser Fallgruppe werden <u>mangels Trennung von Amts- und Wohnbereich auch Räume des privaten Wohnbereichs dienstlich genutzt</u>. Je nach Umfang der Nutzung kann ein Abschlag bis zu 20 % als angemessen angesehen werden. Maßgebend ist insoweit, dass die Mitbenutzung der Privaträume zwangsläufig ist, da eine bauliche Trennung von vornherein nicht besteht. Demgegenüber ist ein Abschlag nicht vorzunehmen, wenn bei Vorhandensein abgetrennter dienstlicher Räume aus Gründen der Zweckmäßigkeit oder Behaglichkeit dienstliche Gespräche in den Privaträumen durchgeführt werden.

b) Abschlag für zusätzliche Beeinträchtigungen

Zusätzliche Beeinträchtigungen des Wohnwerts können durch einen Abschlag bis zu 10 %, in besonders gravierenden Fällen **bis zu 15 %** von der ortsüblichen Miete Berücksichtigung finden. Hierzu gehören **örtlich bedingte, die überlassene Wohnung** direkt betreffende Beeinträchtigungen, nicht jedoch solche, die durch die Berufsausübung verursacht werden. Zu den örtlich bedingten Beeinträchtigungen zählen beispielsweise:

– **anerkannte** Baumängel
  Anerkannte Baumängel sind Mängel von einer solchen Tragweite (z. B. großflächige, längere Zeit andauernde Schimmelbildung), da sie im Falle eines Mietverhältnisses unter Fremden zu Mietminderungen berechtigen würden, sofern der Vermieter sie nicht beseitigt. Nach den einschlägigen Dienstwohnungsverordnungen der Landeskirchen sind derartige Mängel vom Pfarrer dem Gemeindevorstand bzw. der zuständigen Stelle der Landeskirche unverzüglich anzuzeigen. Spätestens bei regelmäßig anzuberaumenden Begehungen der Amts- und Wohnräume mit dem Kirchenvorstand sind sie zu protokollieren (siehe z. B. § 9 der Verordnung der EKKW). Für die Berücksichtigung von derartigen Baumängeln sowie besonders gravierende Störungen müssen zwingend aussagefähige Bestätigungen des Kirchenvorstandes und des Landeskirchenamtes bzw. entsprechender Stellen der Diözese vorliegen. Diese sollten die bescheinigten Mängel konkret benennen und ggf. auf Begehungsprotokolle oder Anzeigen des Wohnungsinhabers Bezug nehmen.
  Davon zu unterscheiden sind alterstypische und bauarttypische Aspekte, die zu einer geringeren Wohnqualität führen können (einfach verglaste Fenster, unzureichend isolierte Dachböden oder Kellerräume mit ggf. Feuchtigkeitsbildung o.ä.). Diese werden regelmäßig bereits in den Werten nach MIKA oder Mietpreisspiegel über das anzugebende Baujahr berücksichtigt.

– (regelmäßige) Proben eines Posaunenchors,
  wenn diese in Räumen stattfinden, die unmittelbar an die Wohnung angrenzen (auf dem gleichen Stockwerk innerhalb eines Gebäudes oder in einem über oder unter der Wohnung liegenden Stockwerk). Ort, Häufigkeit und Intensität dieser Proben sollten ggf. durch Vorlage eines Belegungsplans der Räume nachgewiesen werden.

c) Abschlag wegen Übergröße

Von dem Mietwert kann wegen Übergröße ein Abschlag in folgendem Umfang vorgenommen werden:

– bei Dienstwohnungen mit mehr als 140 qm = 10 %
– bei Dienstwohnungen mit mehr als 170 qm = 15 %

(maßgebend ist die Wohnfläche nach Berücksichtigung eines ggf. vorzunehmenden Nebenraumabzugs – vgl. unten, Beispiel).

In diesem Zusammenhang ist zu beachten, dass die Größe der Wohnung in vielen Fällen durch die Mietwertkalkulatoren der Ämter für Bodenmanagement und Geoinformation (MIKA) bereits berücksichtigt wird. Ist daher aus MIKA ein Mietwert für eine beispielsweise 180 qm große Wohnung ermittelbar, kommt kein zusätzlicher Übergrößenabschlag in Betracht.

d) Kumulierung von Abschlägen

Sind mehrere Abschläge nebeneinander zu berücksichtigen, ist jeder Abschlag vom Basiswert zu berechnen. Es können also sämtliche zu gewährenden prozentualen Abschläge addiert und dann die Summe vom Basismietwert abgezogen werden.

e) Berechnung der zu berücksichtigenden Wohnfläche (Nebenraumabzug)

Von der gesamten Wohnfläche kann ggf. ein Nebenraumabzug für Dienstwohnungen vorgenommen werden. Beträgt die anrechenbare Grundfläche der Nebenräume mehr als 10 % der Wohnfläche, bleibt bei der Ermittlung des Mietwertes die Hälfte der Mehrfläche der Nebenräume außer Betracht, sofern nicht die Vergleichsmiete einer Wohnung gleicher Beschaffenheit zugrunde gelegt werden kann. Als Nebenräume sind Flur, Diele, Treppe, Windfang, Speisekammer und Abstellkammer zu verstehen. Dachböden, Kellerräume, Hauswirtschaftsräume, Dusch- und Baderäume und WC sind nicht als Nebenräume zu behandeln.

Beispiel:

Pfarrdienstwohnung mit einer Größe von 200 qm (Nebenräume 40 qm)		
Wohnfläche gesamt		200 qm
üblicher Nebenraumanteil 10 % von 200 qm	20 qm	
Nebenräume	40 qm	
Differenz (Mehrfläche)	20 qm	
davon 1/2	10 qm	./. 10 qm
tatsächlich anzusetzende Wohnfläche		190 qm

In die Berechnung des Mietwerts sind auch solche Räume einzubeziehen, die der Arbeitnehmer so gut wie ausschließlich zu beruflichen Zwecken nutzt (häusliches Arbeitszimmer gem. § 4

Abs. 5 Nr. 6b i. V. m. § 9 Abs. 5 EStG). Gemischt genutzte Räume sind der Wohnung zuzurechnen.

Demgegenüber sind in die Berechnung des Mietwerts solche Räume nicht einzubeziehen, die dem Arbeitnehmer vom Arbeitgeber im ganz überwiegenden betrieblichen Interesse als Büro bzw. Dienstzimmer zugewiesen werden.

f) Garagen

Für Garagen ist der jeweils nach den örtlichen Verhältnissen zu ermittelnde übliche (durchschnittliche) Mietwert mit einem Betrag zwischen 20,00 € und 45,00 € monatlich anzusetzen.

4. Geldwerter Vorteil bei angemieteten Wohnungen

Bei angemieteten Dienst- und Mietwohnungen ist grundsätzlich die für die Anmietung zu zahlende Miete als üblicher Endpreis am Abgabeort anzusehen.

Erholungsheim

Wird ein Arbeitnehmer in einem Erholungsheim des Arbeitgebers oder auf Kosten des Arbeitgebers zur Erholung in einem anderen Beherbergungsbetrieb untergebracht oder verpflegt, so ist die Leistung mit dem entsprechenden Pensionspreis eines vergleichbaren Beherbergungsbetriebs am selben Ort zu bewerten; dabei können jedoch Preisabschläge in Betracht kommen, wenn der Arbeitnehmer z. B. nach der Hausordnung Bedingungen unterworfen wird, die für Hotels und Pensionen allgemein nicht gelten (→ BFH vom 18. 3. 1960 – BStBl III S. 237).

Ortsüblicher Mietwert

– Überlässt der Arbeitgeber seinem Arbeitnehmer eine Wohnung zu einem Mietpreis, der innerhalb der Mietpreisspanne des örtlichen Mietspiegels für vergleichbare Wohnungen liegt, scheidet die Annahme eines geldwerten Vorteils regelmäßig aus (→ BFH vom 17. 8. 2005 – BStBl 2006 II S. 71 und vom 11. 5. 2011 – BStBl II S. 946).

– Überlässt ein Arbeitgeber seinen Arbeitnehmern Wohnungen und werden Nebenkosten (z. T.) nicht erhoben, liegt eine verbilligte Überlassung und damit ein Sachbezug nur vor, soweit die tatsächlich erhobene Miete zusammen mit den tatsächlich abgerechneten Nebenkosten die ortsübliche Miete (Kaltmiete plus umlagefähige Nebenkosten) unterschreitet (→ BFH vom 11. 5. 2011 – BStBl II S. 946).

Persönliche Bedürfnisse des Arbeitnehmers

Persönliche Bedürfnisse des Arbeitnehmers, z. B. hinsichtlich der Größe der Wohnung, sind bei der Höhe des Mietwerts nicht zu berücksichtigen (→ BFH vom 8. 3. 1968 – BStBl II S. 435 und vom 2. 10. 1968 – BStBl 1969 II S. 73).

→ Dienstwohnung

Steuerfreie Mietvorteile

→ R 3.59

Unterkunft
→ Sachbezugswerte
Wohnraumüberlassung
→ Sachbezugswerte (Ortsüblicher Mietpreis) → R 8.1 Abs. 5 und 6

Kantinenmahlzeiten und Essenmarken[1]

(7) Für die Bewertung von Mahlzeiten, die arbeitstäglich an die Arbeitnehmer abgegeben werden, gilt Folgendes:

1. [1]Mahlzeiten, die durch eine vom Arbeitgeber selbst betriebene Kantine, Gaststätte oder vergleichbare Einrichtung abgegeben werden, sind mit dem maßgebenden amtlichen Sachbezugswert nach der SvEV zu bewerten. [2]Alternativ kommt eine Bewertung mit dem Endpreis i. S. d. § 8 Abs. 3 EStG in Betracht, wenn die Mahlzeiten überwiegend nicht für die Arbeitnehmer zubereitet werden.

2. [1]Mahlzeiten, die Arbeitnehmer in einer nicht vom Arbeitgeber selbst betriebenen Kantine, Gaststätte oder vergleichbaren Einrichtung erhalten, sind vorbehaltlich der Nummer 4 ebenfalls mit dem maßgebenden amtlichen Sachbezugswert zu bewerten, wenn der Arbeitgeber

Anhang 4

---

[1]) Zu arbeitstäglichen Zuschüssen zu Mahlzeiten ohne Verwendung von Essenmarken → Anhang 37

auf Grund vertraglicher Vereinbarung durch Barzuschüsse oder andere Leistungen an die die Mahlzeiten vertreibende Einrichtung, z. B. durch verbilligte Überlassung von Räumen, Energie oder Einrichtungsgegenständen, zur Verbilligung der Mahlzeiten beiträgt. [2]Es ist nicht erforderlich, dass die Mahlzeiten im Rahmen eines Reihengeschäfts zunächst an den Arbeitgeber und danach von diesem an die Arbeitnehmer abgegeben werden.

3. In den Fällen der Nummern 1 und 2 ist ein geldwerter Vorteil als Arbeitslohn zu erfassen, wenn und soweit der vom Arbeitnehmer für eine Mahlzeit gezahlte Preis (einschl. Umsatzsteuer) den maßgebenden amtlichen Sachbezugswert unterschreitet.

4. Bestehen die Leistungen des Arbeitgebers im Falle der Nummer 2 aus Barzuschüssen in Form von Essenmarken (Essensgutscheine, Restaurantschecks), die vom Arbeitgeber an die Arbeitnehmer verteilt und von einer Gaststätte oder vergleichbaren Einrichtung (Annahmestelle) bei der Abgabe einer Mahlzeit in Zahlung genommen werden, gilt Folgendes:

   a) [1]Es ist nicht die Essenmarke mit ihrem Verrechnungswert, sondern vorbehaltlich des Buchstaben b die Mahlzeit mit dem maßgebenden Sachbezugswert zu bewerten, wenn

      aa) tatsächlich eine Mahlzeit abgegeben wird. Lebensmittel sind nur dann als Mahlzeit anzuerkennen, wenn sie zum unmittelbaren Verzehr geeignet oder zum Verbrauch während der Essenpausen bestimmt sind,

      bb) für jede Mahlzeit lediglich eine Essenmarke täglich in Zahlung genommen wird,

      cc) der Verrechnungswert der Essenmarke den amtlichen Sachbezugswert einer Mittagsmahlzeit um nicht mehr als 3,10 Euro übersteigt und

      dd) die Essenmarke nicht an Arbeitnehmer ausgegeben wird, die eine Auswärtstätigkeit ausüben.[1])

      [2]Dies gilt auch dann, wenn zwischen dem Arbeitgeber und der Annahmestelle keine unmittelbaren vertraglichen Beziehungen bestehen, weil ein Unternehmen eingeschaltet ist, das die Essenmarken ausgibt. [3]Zur Erfüllung der Voraussetzungen nach Doppelbuchstabe bb hat der Arbeitgeber für jeden Arbeitnehmer die Tage der Abwesenheit z. B. infolge von Auswärtstätigkeiten, Urlaub oder Erkrankung festzustellen und die für diese Tage ausgegebenen Essenmarken zurückzufordern oder die Zahl der im Folgemonat auszugebenden Essenmarken um die Zahl der Abwesenheitstage zu vermindern. [4]Die Pflicht zur Feststellung der Abwesenheitstage und zur Anpassung der Zahl der Essenmarken im Folgemonat entfällt für Arbeitnehmer, die im Kalenderjahr durchschnittlich an nicht mehr als drei Arbeitstagen je Kalendermonat Auswärtstätigkeit ausüben, wenn keiner dieser Arbeitnehmer im Kalendermonat mehr als 15 Essenmarken erhält.

   b) Bestehen die Leistungen des Arbeitgebers ausschließlich in der Hingabe von Essenmarken, ist auch unter den Voraussetzungen des Buchstaben a der Verrechnungswert der Essenmarke als Arbeitslohn anzusetzen, wenn dieser Wert den geldwerten Vorteil nach Nummer 3 unterschreitet.

   c) [1]Wird der Arbeitsvertrag dahingehend geändert, dass der Arbeitnehmer anstelle von Barlohn Essenmarken erhält, vermindert sich dadurch der Barlohn in entsprechender Höhe. [2]Die Essenmarken sind mit dem Wert anzusetzen, der sich nach den Buchstaben a oder b ergibt. [3]Ohne Änderung des Arbeitsvertrags führt der Austausch von Barlohn durch Essenmarken nicht zu einer Herabsetzung des steuerpflichtigen Barlohns. [4]In diesem Fall ist der Betrag, um den sich der ausgezahlte Barlohn verringert, als Entgelt für die Mahlzeit oder Essenmarke anzusehen und von dem nach Nummer 4 Buchstabe a oder b maßgebenden Wert abzusetzen.

   d) [1]Die von Annahmestellen eingelösten Essenmarken brauchen nicht an den Arbeitgeber zurückgegeben und von ihm nicht aufbewahrt zu werden, wenn der Arbeitgeber eine Abrechnung erhält, aus der sich ergibt, wieviele Essenmarken mit welchem Verrechnungswert eingelöst worden sind, und diese aufbewahrt. [2]Dasselbe gilt, wenn ein Essenmarkenemittent eingeschaltet ist, und der Arbeitgeber von diesem eine entsprechende Abrechnung erhält und aufbewahrt.

5. [1]Wenn der Arbeitgeber unterschiedliche Mahlzeiten zu unterschiedlichen Preisen teilentgeltlich oder unentgeltlich an die Arbeitnehmer abgibt oder Leistungen nach Nummer 2 zur Verbilligung der Mahlzeiten erbringt und die Lohnsteuer nach § 40 Abs. 2 EStG pauschal erhebt, kann der geldwerte Vorteil mit dem Durchschnittswert der Pauschalbesteuerung zugrunde gelegt werden. [2]Die Durchschnittsbesteuerung braucht nicht tageweise durchgeführt zu werden, sie darf sich auf den gesamten Lohnzahlungszeitraum erstrecken. [3]Bietet der Arbeitgeber bestimmte Mahlzeiten nur einem Teil seiner Arbeitnehmer an, z. B. in einem Vorstandskasino, sind diese Mahlzeiten nicht in die Durchschnittsberechnung einzubeziehen. [4]Unterhält der Arbeitgeber mehrere Kantinen, ist der Durchschnittswert für jede einzelne Kantine zu ermitteln. [5]Ist die Ermittlung des Durchschnittswerts wegen der Menge der zu erfassenden Daten besonders aufwendig, kann die Ermittlung des Durchschnittswerts für einen repräsen-

---

[1]) → aber H 8.1 (7) Essenmarken nach Ablauf der Dreimonatsfrist bei Auswärtstätigkeit.

tativen Zeitraum und bei einer Vielzahl von Kantinen für eine repräsentative Auswahl der Kantinen durchgeführt werden.

6. [1]Der Arbeitgeber hat die vom Arbeitnehmer geleistete Zahlung grundsätzlich in nachprüfbarer Form nachzuweisen. [2]Der Einzelnachweis der Zahlungen ist nur dann nicht erforderlich,

a) wenn gewährleistet ist, dass

aa) die Zahlung des Arbeitnehmers für eine Mahlzeit den anteiligen amtlichen Sachbezugswert nicht unterschreitet oder

bb) nach Nummer 4 der Wert der Essenmarke als Arbeitslohn zu erfassen ist oder

b) wenn der Arbeitgeber die Durchschnittsberechnung nach Nummer 5 anwendet.

H 8.1 (7)

Hinweise

Arbeitstägliche Zuschüsse zu Mahlzeiten ohne Verwendung von Essenmarken

Anhang 37 → BMF vom 24. 2. 2016 (BStBl I S. 238)

Begriff der Mahlzeit

Zu den Mahlzeiten gehören alle Speisen und Lebensmittel, die üblicherweise der Ernährung dienen, einschließlich der dazu üblichen Getränke (→ BFH vom 21. 3. 1975 – BStBl II S. 486 und vom 7. 11. 1975 – BStBl 1976 II S. 50).

Essenmarken

Beispiele zu R 8.1 Abs. 7 Nr. 4 Buchst. b

Beispiel 1:
Ein Arbeitnehmer erhält eine Essenmarke mit einem Wert von 1 €. Die Mahlzeit kostet 2 €.

Preis der Mahlzeit	2,00 €
./. Wert der Essenmarke	1,00 €
Zahlung des Arbeitnehmers	1,00 €
Sachbezugswert der Mahlzeit	**3,23 €**
./. Zahlung des Arbeitnehmers	1,00 €
Verbleibender Wert	**2,23 €**
Anzusetzen ist der niedrigere Wert der Essenmarke	1,00 €

Beispiel 2:
Ein Arbeitnehmer erhält eine Essenmarke mit einem Wert von 4 €. Die Mahlzeit kostet 4 €.

Preis der Mahlzeit	4,00 €
./. Wert der Essenmarke	4,00 €
Zahlung des Arbeitnehmers	0,00 €
Sachbezugswert[1]) der Mahlzeit	**3,23 €**
./. Zahlung des Arbeitnehmers	0,00 €
Verbleibender Wert	**3,23 €**
Anzusetzen ist der Sachbezugswert	**3,23 €**

Beispiel 3:
Ein Arbeitnehmer erhält eine Essenmarke mit einem Wert von 6,33 €. Die vom Arbeitnehmer in einer Gaststätte eingenommene Mahlzeit kostet 10,00 €.
Alternative

Wert der Essenmarke	*6,33 €*
Anzusetzender Sachbezugswert	*3,23 €*
./. Zahlung des Arbeitnehmers	*3,67 €*
Geldwerter Vorteil	*0,00 €*

Essenmarken nach Ablauf der Dreimonatsfrist bei Auswärtstätigkeit

Anhang 38

Üben Arbeitnehmer eine längerfristige berufliche Auswärtstätigkeit an derselben Tätigkeitsstätte aus, sind nach Ablauf von drei Monaten (§ 9 Abs. 4a Satz 6 und 7 EStG) an diese Arbeitnehmer ausgegebene Essenmarken (Essensgutscheine, Restaurantschecks) abweichend von R 8.1 Abs. 7 Nr. 4 Buchstabe a Satz 1 Doppelbuchstabe dd und Rz. 76 des BMF-Schreibens vom 24. 10. 2014 (BStBl I S. 1412) mit dem maßgebenden Sachbezugswert zu bewerten. Der Ansatz des Sachbezugswerts setzt voraus, dass die übrigen Voraussetzungen des R 8.1 Abs. 7 Nr. 4 Buchstabe a vorliegen (→ BMF vom 5. 1. 2015 – BStBl I S. 119). → Essenmarken bei Auswärtstätigkeit

---

[1]) Wert für 2018.

Essenmarken und Gehaltsumwandlung

– **Änderung des Arbeitsvertrags**

Wird der Arbeitsvertrag dahingehend geändert, dass der Arbeitnehmer anstelle von Barlohn Essenmarken erhält, so vermindert sich dadurch der Barlohn in entsprechender Höhe (→ BFH vom 20. 8. 1997 – BStBl II S. 667).

Beispiel:

Der Arbeitgeber gibt dem Arbeitnehmer monatlich 15 Essenmarken. Im Arbeitsvertrag ist der Barlohn von 3 500 € im Hinblick auf die Essenmarken um 60 € auf 3 440 € herabgesetzt worden.

a) Beträgt der Verrechnungswert der Essenmarken jeweils 5 €, so ist dem Barlohn von 3 440 € der Wert der Mahlzeit mit dem Sachbezugswert[1]) (15 × *3,23* € =) *48,45* € hinzuzurechnen.

b) Beträgt der Verrechnungswert der Essenmarken jeweils 7 €, so ist dem Barlohn von 3 440 € der Verrechnungswert der Essenmarken (15 × 7 € =) 105 € hinzuzurechnen.

– **Keine Änderung des Arbeitsvertrags**

Ohne Änderung des Arbeitsvertrags führt der Austausch von Barlohn durch Essenmarken nicht zu einer Herabsetzung des steuerpflichtigen Barlohns. In diesem Fall ist der Betrag, um den sich der ausgezahlte Barlohn verringert, als Entgelt für die Mahlzeit oder Essenmarke anzusehen und von dem für die Essenmarke maßgebenden Wert abzusetzen.

Beispiel:

Ein Arbeitnehmer mit einem monatlichen Bruttolohn von 3 500 € erhält von seinem Arbeitgeber 15 Essenmarken. Der Arbeitsvertrag bleibt unverändert. Der Arbeitnehmer zahlt für die Essenmarken monatlich 60 €.

a) Auf den Essenmarken ist jeweils ein Verrechnungswert von 7 € ausgewiesen.

Der Verrechnungswert der Essenmarke übersteigt den Sachbezugswert[2]) von *3,23* € um mehr als 3,10 €. Die Essenmarken sind deshalb mit ihrem Verrechnungswert anzusetzen:

15 Essenmarken × 7 €	105,00 €
./. Entgelt des Arbeitnehmers	60,00 €
Vorteil	45,00 €

Dieser ist dem bisherigen Arbeitslohn von 3 500 € hinzuzurechnen.

b) Auf den Essenmarken ist jeweils ein Verrechnungswert von 5 € ausgewiesen.

Der Verrechnungswert der Essenmarke übersteigt den Sachbezugswert von *3,23* € um nicht mehr als 3,10 €. Es ist deshalb nicht der Verrechnungswert der Essenmarken, sondern der Wert der erhaltenen Mahlzeiten mit dem Sachbezugswert anzusetzen:

15 Essenmarken × Sachbezugswert[3]) *3,23* €	48,45 €
./. Entgelt des Arbeitnehmers	60,00 €
Vorteil	0,00 €

Dem bisherigen Arbeitslohn von 3 500 € ist nichts hinzuzurechnen.

Essenmarken bei Auswärtstätigkeit

Sachbezugswert für Essenmarken

BMF-Schreiben vom 5. 1. 2015 – IV C 5 – S 2334/08/10006 – (BStBl I S. 119)

Im Einvernehmen mit den obersten Finanzbehörden der Länder gilt zu der Bewertung von Essenmarken mit dem Sachbezugswert Folgendes:

Üben Arbeitnehmer eine längerfristige berufliche Auswärtstätigkeit an derselben Tätigkeitsstätte aus, sind nach Ablauf von drei Monaten (§ 9 Absatz 4a Satz 6 und 7 EStG) an diese Arbeitnehmer ausgegebene Essenmarken (Essensgutscheine, Restaurantschecks) abweichend von R 8.1 Absatz 7 Nummer 4 Buchstabe a Satz 1 Doppelbuchstabe d LStR 2015 und Rz. 76 des BMF-Schreibens vom 24. Oktober 2014 (BStBl I Seite 1412) mit dem maßgebenden Sachbezugswert zu bewerten.

Der Ansatz des Sachbezugswerts setzt voraus, dass die übrigen Voraussetzungen des R 8.1 Absatz 7 Nummer 4 Buchstabe a LStR 2015 vorliegen.

Dieses Schreiben ist mit Wirkung ab dem 1. Januar 2015 anzuwenden und wird im Bundessteuerblatt Teil I veröffentlicht.

---

[1]) Wert für 2018
[2]) Wert für 2018
[3]) Wert für 2018

Sachbezugsbewertung

– Bewertung einer einzelnen Mahlzeit → BMF vom **8. 12. 2016** (BStBl I S. **1437**) für 2017 und vom 21. 12. 2017 (BStBl 2018 I S. 63) für **2018** → Sachbezugswerte Mahlzeiten

– Beispiel zu R 8.1 Abs. 7 Nr. 3

Der Arbeitnehmer zahlt 2 € für ein Mittagessen im Wert von 4 €.

Sachbezugswert der Mahlzeit	**3,23 €**
./. Zahlung des Arbeitnehmers	2,00 €
geldwerter Vorteil	**1,23 €**

Hieraus ergibt sich, dass die steuerliche Erfassung der Mahlzeiten entfällt, wenn gewährleistet ist, dass der Arbeitnehmer für jede Mahlzeit mindestens einen Preis in Höhe des amtlichen Sachbezugswerts zahlt.

Sachbezugswerte Mahlzeiten

Lohnsteuerliche Behandlung von unentgeltlichen oder verbilligten Mahlzeiten der Arbeitnehmer ab Kalenderjahr 2017

(BMF-Schreiben vom 21. 12. 2017 – IV C 5 – S 2334/08/10005-10, BStBl I S. 63)

Mahlzeiten, die arbeitstäglich unentgeltlich oder verbilligt an die Arbeitnehmer abgegeben werden, sind mit dem anteiligen amtlichen Sachbezugswert nach der Verordnung über die sozialversicherungsrechtliche Beurteilung von Zuwendungen des Arbeitgebers als Arbeitsentgelt (Sozialversicherungsentgeltverordnung – SvEV) zu bewerten. Dies gilt ab 1. Januar 2014 gemäß § 8 Absatz 2 Satz 2 EStG auch für Mahlzeiten, die dem Arbeitnehmer während einer beruflich veranlassten Auswärtstätigkeit oder im Rahmen einer doppelten Haushaltsführung vom Arbeitgeber oder auf dessen Veranlassung von einem Dritten zur Verfügung gestellt werden, wenn der Preis der Mahlzeit 60 Euro nicht übersteigt. Die Sachbezugswerte ab Kalenderjahr 2018 sind durch die Verordnung zur Änderung der Sozialversicherungsentgeltverordnung und anderer Verordnungen vom 7. Dezember 2017 (BGBl. I Seite 3906) festgesetzt worden. Demzufolge beträgt der Wert für Mahlzeiten, die ab Kalenderjahr 2018 gewährt werden,

a) für ein Mittag- oder Abendessen 3,23 Euro,

b) für ein Frühstück 1,73 Euro.

Im Übrigen wird auf R 8.1 Absatz 7 und 8 LStR 2015 sowie auf das BMF-Schreiben zur Reform des steuerlichen Reisekostenrechts vom 24. Oktober 2014 (BStBl I Seite 1412) hingewiesen.

Anhang 38

R 8.1 (8)   **Mahlzeiten aus besonderem Anlass**

(8) Für die steuerliche Erfassung und Bewertung von Mahlzeiten, die der Arbeitgeber oder auf dessen Veranlassung ein Dritter aus besonderem Anlass an Arbeitnehmer abgibt, gilt Folgendes:

1. [1]Mahlzeiten, die im ganz überwiegenden betrieblichen Interesse des Arbeitgebers an die Arbeitnehmer abgegeben werden, gehören nicht zum Arbeitslohn. [2]Dies gilt für Mahlzeiten im Rahmen herkömmlicher Betriebsveranstaltungen nach Maßgabe der R 19.5[1]), für ein sog. Arbeitsessen i. S. d. R 19.6 Abs. 2 sowie für die Beteiligung von Arbeitnehmern an einer geschäftlich veranlassten Bewirtung i. S. d. § 4 Abs. 5 Satz 1 Nr. 2 EStG.

2. [1]Mahlzeiten, die der Arbeitgeber als Gegenleistung für das Zurverfügungstellen der individuellen Arbeitskraft an seine Arbeitnehmer abgibt, sind mit ihrem tatsächlichen Preis anzusetzen. [2]Dies gilt z. B. für eine während einer beruflich veranlassten Auswärtstätigkeit oder doppelten Haushaltsführung gestellte Mahlzeit, deren Preis die 60-Euro-Grenze i. S. d. § 8 Abs. 2 Satz 8 EStG übersteigt. [3]Ein vom Arbeitnehmer an den Arbeitgeber oder an den Dritten gezahltes Entgelt ist auf den tatsächlichen Preis anzurechnen. [4]Wird vom Arbeitgeber oder auf dessen Veranlassung von einem Dritten nur ein Essen, aber kein Getränk gestellt, ist das Entgelt, das der Arbeitnehmer für ein Getränk bei der Mahlzeit zahlt, nicht auf den tatsächlichen Preis der Mahlzeit anzurechnen.

H 8.1 (8)   **Hinweise**

Allgemeines

Anhang 38 Zur Behandlung der Mahlzeitengestellung nach der Reform des steuerlichen Reisekostenrechts → BMF vom 24. 10. 2014 (BStBl I S. 1412).

---

[1]) Überholt ab 2015 durch § 19 Abs. 1 Satz 1 Nr. 1a EStG.

Individuell zu versteuernde Mahlzeiten

Mahlzeiten, die im Rahmen unüblicher Betriebsveranstaltungen (→ BFH vom 6. 2. 1987 – BStBl II S. 355) oder regelmäßiger Geschäftsleitungssitzungen (→ BFH vom 4. 8. 1994 – BStBl 1995 II S. 59) abgegeben werden, sind mit dem tatsächlichen Preis anzusetzen (→ BFH vom 4. 8. 1994 – BStBl 1995 II S. 59).

Reisekostenabrechnungen

→ BMF vom 24. 10. 2014 (BStBl I S. 1412), Rz. 77 Beispiel 50 und Rz. 58 ff.   Anhang 38

Gestellung von Kraftfahrzeugen   R 8.1 (9)

(9) Überlässt der Arbeitgeber oder auf Grund des Dienstverhältnisses ein Dritter dem Arbeitnehmer ein Kraftfahrzeug zur privaten Nutzung, gilt Folgendes:

1. [1]Der Arbeitgeber hat den privaten Nutzungswert mit monatlich 1 % des inländischen Listenpreises des Kraftfahrzeugs anzusetzen. [2]Kann das Kraftfahrzeug auch zu Fahrten zwischen Wohnung und erster Tätigkeitsstätte genutzt werden, ist grundsätzlich diese Nutzungsmöglichkeit unabhängig von der Nutzung des Fahrzeugs zu Privatfahrten zusätzlich mit monatlich 0,03 % des inländischen Listenpreises des Kraftfahrzeugs für jeden Kilometer der Entfernung zwischen Wohnung und erster Tätigkeitsstätte zu bewerten und dem Arbeitslohn zuzurechnen. [3]Wird das Kraftfahrzeug zu Familienheimfahrten im Rahmen einer doppelten Haushaltsführung genutzt, erhöht sich der Wert nach Satz 1 für jeden Kilometer der Entfernung zwischen dem Beschäftigungsort und dem Ort des eigenen Hausstands um 0,002 % des inländischen Listenpreises für jede Fahrt, für die der Werbungskostenabzug nach § 9 Abs. 1 Satz 3 Nr. 5 Satz 5 EStG ausgeschlossen ist. [4]Die Monatswerte nach den Sätzen 1 und 2 sind auch dann anzusetzen, wenn das Kraftfahrzeug dem Arbeitnehmer im Kalendermonat nur zeitweise zur Verfügung steht. [5]Kürzungen der Werte, z. B. wegen einer Beschriftung des Kraftwagens, oder wegen eines privaten Zweitwagens sind nicht zulässig. [6]Listenpreis i. S. d. Sätze 1 bis 3 ist – auch bei gebraucht erworbenen oder geleasten Fahrzeugen – die auf volle hundert Euro abgerundete unverbindliche Preisempfehlung des Herstellers für das genutzte Kraftfahrzeug im Zeitpunkt seiner Erstzulassung zuzüglich der Kosten für werkseitig im Zeitpunkt der Erstzulassung eingebaute Sonderausstattung (z. B. Navigationsgeräte, Diebstahlsicherungssysteme) und der Umsatzsteuer; der Wert eines Autotelefons einschl. Freisprecheinrichtung sowie der Wert eines weiteren Satzes Reifen einschl. Felgen bleiben außer Ansatz. [7]Bei einem Kraftwagen, der aus Sicherheitsgründen gepanzert ist, kann der Listenpreis des leistungsschwächeren Fahrzeugs zugrunde gelegt werden, das dem Arbeitnehmer zur Verfügung gestellt würde, wenn seine Sicherheit nicht gefährdet wäre. [8]Kann das Kraftfahrzeug auch im Rahmen einer anderen Einkunftsart genutzt werden, ist diese Nutzungsmöglichkeit mit dem Nutzungswert nach Satz 1 abgegolten. [9]Nummer 2 Satz 9 bis 16 gilt entsprechend.

2. [1]Der Arbeitgeber kann den privaten Nutzungswert abweichend von Nummer 1 mit den für das Kraftfahrzeug entstehenden Aufwendungen ansetzen, die auf die nach Nummer 1 zu erfassenden privaten Fahrten entfallen, wenn die Aufwendungen durch Belege und das Verhältnis der privaten zu den übrigen Fahrten durch ein ordnungsgemäßes Fahrtenbuch nachgewiesen werden. [2]Dabei sind die dienstlich und privat zurückgelegten Fahrtstrecken gesondert und laufend im Fahrtenbuch nachzuweisen. [3]Für dienstliche Fahrten sind grundsätzlich die folgenden Angaben erforderlich:

   a) Datum und Kilometerstand zu Beginn und am Ende jeder einzelnen Auswärtstätigkeit,

   b) Reiseziel und bei Umwegen auch die Reiseroute,

   c) Reisezweck und aufgesuchte Geschäftspartner.

   [4]Für Privatfahrten genügen jeweils Kilometerangaben; für Fahrten zwischen Wohnung und erster Tätigkeitsstätte genügt jeweils ein kurzer Vermerk im Fahrtenbuch. [5]Die Führung des Fahrtenbuchs kann nicht auf einen repräsentativen Zeitraum beschränkt werden, selbst wenn die Nutzungsverhältnisse keinen größeren Schwankungen unterliegen. [6]Anstelle des Fahrtenbuchs kann ein Fahrtenschreiber eingesetzt werden, wenn sich daraus dieselben Erkenntnisse gewinnen lassen. [7]Der private Nutzungswert ist der Anteil an den Gesamtkosten des Kraftwagens, der dem Verhältnis der Privatfahrten zur Gesamtfahrtstrecke entspricht. [8]Die insgesamt durch das Kraftfahrzeug entstehenden Aufwendungen i. S. d. § 8 Abs. 2 Satz 4 EStG (Gesamtkosten) sind als Summe der Nettoaufwendungen zuzüglich Umsatzsteuer zu ermitteln; dabei bleiben vom Arbeitnehmer selbst getragene Kosten außer Ansatz.[1] [9]Zu den Gesamtkosten gehören nur solche Kosten, die dazu bestimmt sind, unmittelbar dem Halten und dem Betrieb des Kraftfahrzeugs zu dienen und im Zusammenhang mit seiner Nutzung

---

1) *BMF vom 21. 9. 2017 (BStBl I S. 1336),* → *Anhang 25 V.*

typischerweise entstehen. [10]Absetzungen für Abnutzung sind stets in die Gesamtkosten einzubeziehen; ihnen sind die tatsächlichen Anschaffungs- oder Herstellungskosten einschließlich der Umsatzsteuer zugrunde zu legen. [11]Nicht zu den Gesamtkosten gehören z. B. Beiträge für einen auf den Namen des Arbeitnehmers ausgestellten Schutzbrief, Straßen- oder Tunnelbenutzungsgebühren und Unfallkosten. [12]Verbleiben nach Erstattungen durch Dritte Unfallkosten bis zur Höhe von 1 000 Euro (zuzüglich Umsatzsteuer) je Schaden ist es aber nicht zu beanstanden, wenn diese als Reparaturkosten in die Gesamtkosten einbezogen werden; Satz 15 ist sinngemäß anzuwenden. [13]Ist der Arbeitnehmer gegenüber dem Arbeitgeber wegen Unfallkosten nach allgemeinen zivilrechtlichen Regeln schadensersatzpflichtig (z. B. Privatfahrten, Trunkenheitsfahrten) und verzichtet der Arbeitgeber (z. B. durch arbeitsvertragliche Vereinbarungen) auf diesen Schadensersatz, liegt in Höhe des Verzichts ein gesonderter geldwerter Vorteil vor (§ 8 Abs. 2 Satz 1 EStG). [14]Erstattungen durch Dritte (z. B. Versicherung) sind unabhängig vom Zahlungszeitpunkt zu berücksichtigen, so dass der geldwerte Vorteil regelmäßig in Höhe des vereinbarten Selbstbehalts anzusetzen ist. [15]Hat der Arbeitgeber auf den Abschluss einer Versicherung verzichtet oder eine Versicherung mit einem Selbstbehalt von mehr als 1 000 Euro abgeschlossen, ist aus Vereinfachungsgründen so zu verfahren, als bestünde eine Versicherung mit einem Selbstbehalt in Höhe von 1 000 Euro, wenn es bei bestehender Versicherung zu einer Erstattung gekommen wäre. [16]Liegt keine Schadensersatzpflicht des Arbeitnehmers vor (z. B. Fälle höherer Gewalt, Verursachung des Unfalls durch einen Dritten) oder ereignet sich der Unfall auf einer beruflich veranlassten Fahrt (Auswärtstätigkeit, die wöchentliche Familienheimfahrt bei doppelter Haushaltsführung oder Fahrten zwischen Wohnung und erster Tätigkeitsstätte), liegt vorbehaltlich Satz 13 kein geldwerter Vorteil vor.

3. [1]Der Arbeitgeber muss in Abstimmung mit dem Arbeitnehmer die Anwendung eines der Verfahren nach den Nummern 1 und 2 für jedes Kalenderjahr festlegen; das Verfahren darf bei demselben Kraftfahrzeug während des Kalenderjahres nicht gewechselt werden. [2]Soweit die genaue Erfassung des privaten Nutzungswerts nach Nummer 2 monatlich nicht möglich ist, kann der Erhebung der Lohnsteuer monatlich ein Zwölftel des Vorjahresbetrags zugrunde gelegt werden. [3]Nach Ablauf des Kalenderjahres oder nach Beendigung des Dienstverhältnisses ist der tatsächlich zu versteuernde Nutzungswert zu ermitteln und eine etwaige Lohnsteuerdifferenz nach Maßgabe der §§ 41c, 42b EStG auszugleichen. [4]Bei der Veranlagung zur Einkommensteuer ist der Arbeitnehmer nicht an das für die Erhebung der Lohnsteuer gewählte Verfahren gebunden; Satz 1 2. Halbsatz gilt entsprechend.

4. [1]Zahlt der Arbeitnehmer an den Arbeitgeber oder auf dessen Weisung an einen Dritten zur Erfüllung einer Verpflichtung des Arbeitgebers (abgekürzter Zahlungsweg) für die außerdienstliche Nutzung (Nutzung zu privaten Fahrten, zu Fahrten zwischen Wohnung und erster Tätigkeitsstätte und zu Familienheimfahrten im Rahmen einer doppelten Haushaltsführung) des Kraftfahrzeugs ein Nutzungsentgelt, mindert dies den Nutzungswert. [2]Dabei ist es gleichgültig, ob das Nutzungsentgelt pauschal oder entsprechend der tatsächlichen Nutzung des Kraftfahrzeugs bemessen wird. [3]Zuschüsse des Arbeitnehmers zu den Anschaffungskosten können im Zahlungsjahr ebenfalls auf den privaten Nutzungswert angerechnet werden; in den Fällen der Nummer 2 gilt dies nur, wenn die für die AfA-Ermittlung maßgebenden Anschaffungskosten nicht um die Zuschüsse gemindert worden sind. [4]Nach der Anrechnung im Zahlungsjahr verbleibende Zuschüsse können in den darauf folgenden Kalenderjahren auf den privaten Nutzungswert für das jeweilige Kraftfahrzeug angerechnet werden. [5]Zuschussrückzahlungen sind Arbeitslohn, soweit die Zuschüsse den privaten Nutzungswert gemindert haben.

5. Die Nummern 1 bis 4 gelten bei Fahrten nach § 9 Abs. 1 Satz 3 Nr. 4a Satz 3 EStG entsprechend.

R 8.1 (10) Gestellung eines Kraftfahrzeugs mit Fahrer

(10) [1]Wenn ein Kraftfahrzeug mit Fahrer zur Verfügung gestellt wird, ist der geldwerte Vorteil aus der Fahrergestellung zusätzlich zum Wert nach Absatz 9 Nr. 1 oder 2 als Arbeitslohn zu erfassen. [2]Dieser geldwerte Vorteil bemisst sich grundsätzlich nach dem Endpreis i. S. d. § 8 Abs. 2 Satz 1 EStG einer vergleichbaren von fremden Dritten erbrachten Leistung. [3]Es ist aus Vereinfachungsgründen nicht zu beanstanden, wenn der geldwerte Vorteil abweichend von Satz 2 wie folgt ermittelt wird:

1. [1]Stellt der Arbeitgeber dem Arbeitnehmer für Fahrten zwischen Wohnung und erster Tätigkeitsstätte oder Fahrten nach § 9 Abs. 1 Satz 3 Nr. 4a Satz 3 EStG ein Kraftfahrzeug mit Fahrer zur Verfügung, ist der für diese Fahrten nach Absatz 9 Nr. 1 oder 2 ermittelte Nutzungswert des Kraftfahrzeugs um 50 % zu erhöhen. [2]Für die zweite und jede weitere Familienheimfahrt im Rahmen einer beruflich veranlassten doppelten Haushaltsführung erhöht sich der auf die einzelne Familienheimfahrt entfallende Nutzungswert nur dann um 50 %, wenn für diese Fahrt ein Fahrer in Anspruch genommen worden ist.

2. Stellt der Arbeitgeber dem Arbeitnehmer für andere Privatfahrten ein Kraftfahrzeug mit Fahrer zur Verfügung, ist der entsprechende private Nutzungswert des Kraftfahrzeugs wie folgt zu erhöhen:

   a) um 50 %, wenn der Fahrer überwiegend in Anspruch genommen wird,

   b) um 40 %, wenn der Arbeitnehmer das Kraftfahrzeug häufig selbst steuert,

   c) um 25 %, wenn der Arbeitnehmer das Kraftfahrzeug weit überwiegend selbst steuert.

3. Bei Begrenzung des pauschalen Nutzungswertes i. S. d. § 8 Abs. 2 Satz 2, 3 und 5 EStG auf die Gesamtkosten ist der anzusetzende Nutzungswert um 50 % zu erhöhen, wenn das Kraftfahrzeug mit Fahrer zur Verfügung gestellt worden ist.

4. [1]Wenn einem Arbeitnehmer aus Sicherheitsgründen ein sondergeschütztes (gepanzertes) Kraftfahrzeug, das zum Selbststeuern nicht geeignet ist, mit Fahrer zur Verfügung gestellt wird, ist von der steuerlichen Erfassung der Fahrergestellung abzusehen. [2]Es ist dabei unerheblich, in welcher Gefährdungsstufe der Arbeitnehmer eingeordnet ist.

Hinweise

1 %-Regelung

Die 1 %-Regelung ist verfassungsrechtlich nicht zu beanstanden (→ BFH vom 13. 12. 2012 – BStBl 2013 II S. 385).

→ BMF vom 15. 12. 2016 (BStBl I S. 1449)

→ Gebrauchtwagen

Anhang 25
VIII

Abgrenzung Kostenerstattung – Nutzungsüberlassung

– Erstattet der Arbeitgeber dem Arbeitnehmer für dessen eigenen PKW sämtliche Kosten, wendet er Barlohn und nicht einen Nutzungsvorteil i. S. d. § 8 Abs. 2 EStG zu (→ BFH vom 6. 11. 2001 – BStBl 2002 II S. 164).

– Eine nach § 8 Abs. 2 EStG zu bewertende Nutzungsüberlassung liegt vor, wenn der Arbeitnehmer das Kraftfahrzeug auf Veranlassung des Arbeitgebers least, dieser sämtliche Kosten des Kraftfahrzeugs trägt und im Innenverhältnis allein über die Nutzung des Kraftfahrzeugs bestimmt (→ BFH vom 6. 11. 2001 – BStBl 2002 II S. 370).

– Eine nach § 8 Abs. 2 Satz 2 bis 5 EStG zu bewertende Nutzungsüberlassung liegt nicht vor, wenn das vom Arbeitgeber geleaste Fahrzeug dem Arbeitnehmer auf Grund einer Sonderrechtsbeziehung im Innenverhältnis zuzurechnen ist, weil er gegenüber dem Arbeitgeber die wesentlichen Rechte und Pflichten des Leasingnehmers hat. Gibt der Arbeitgeber in diesem Fall vergünstigte Leasingkonditionen an den Arbeitnehmer weiter, liegt hierin ein nach § 8 Abs. 2 Satz 1 EStG zu bewertender geldwerter Vorteil (→ BFH vom 18. 12. 2014 – BStBl II S. 670).

– → BMF vom 15. 12. 2016 (BStBl I S. 1449)

Allgemeines

Anhang 25
VIII

Die Hinweise zu Fahrten zwischen Wohnung und erster Tätigkeitsstätte gelten entsprechend für Fahrten nach § 9 Abs. 1 Satz 3 Nr. 4a Satz 3 EStG von der Wohnung zu einem bestimmten Sammelpunkt oder zu einem weiträumigen Tätigkeitsgebiet (→ § 8 Abs. 2 Satz 3 und 4 EStG).

Anscheinsbeweis

– Die unentgeltliche oder verbilligte Überlassung eines Dienstwagens durch den Arbeitgeber an den Arbeitnehmer für dessen Privatnutzung führt unabhängig davon, ob und in welchem Umfang der Arbeitnehmer das Fahrzeug tatsächlich privat nutzt, zu einem lohnsteuerlichen Vorteil. Ob der Arbeitnehmer den Beweis des ersten Anscheins, dass dienstliche Fahrzeuge, die zu privaten Zwecken zur Verfügung stehen, auch tatsächlich privat genutzt werden, durch die substantiierte Darlegung eines atypischen Sachverhalts zu entkräften vermag, ist für die Besteuerung des Nutzungsvorteils nach § 8 Abs. 2 Satz 2 EStG unerheblich (→ BFH vom 21. 3. 2013 – BStBl II S. 700).

– → Nutzungsmöglichkeit

– → Nutzungsverbot, unbefugte Privatnutzung

Arbeitgebermerkblatt

Merkblatt für den Arbeitgeber
zu den Rechtsänderungen beim Steuerabzug vom Arbeitslohn ab 1. Januar 1996
und zur Auszahlung des Kindergeldes ab 1. Januar 1996

(BMF-Schreiben vom 1. 1. 1996, BStBl 1995 I S. 719)

Vorbemerkung

Der zum Steuerabzug vom Arbeitslohn verpflichtete Arbeitgeber hat bei der Erhebung der Lohnsteuer, des Solidaritätszuschlags und der Kirchensteuer ab 1996 die Rechtsänderungen zu beachten, die im Einkommensteuergesetz (EStG), im Solidaritätszuschlaggesetz 1995 und in der Lohnsteuer-Durchführungsverordnung (LStDV) durch das Jahressteuergesetz 1996 in Kraft gesetzt worden sind. Bedeutsam sind außerdem neue Verwaltungsvorschriften in den Lohnsteuer-Richtlinien 1996 (LStR 1996).

Ab 1996 sind erstmals auch Arbeitgeber außerhalb des öffentlichen Dienstes verpflichtet, Kindergeld nach dem X. Abschnitt des Einkommensteuergesetzes (§§ 62 ff. EStG in der Fassung des Jahressteuergesetzes 1996) an ihre Arbeitnehmer auszuzahlen. Dabei sind insbesondere die Vorschriften des § 73 EStG und der Kindergeldauszahlungs-Verordnung (KAV) zu beachten.

Nachfolgend werden die wesentlichen Rechtsänderungen dargestellt; weitere Auskünfte zum Steuerabzug vom Arbeitslohn erteilen die Finanzämter, Auskünfte zur Auszahlung des Kindergeldes erteilen die Familienkassen bei den Arbeitsämtern.

A. Änderungen beim Steuerabzug vom Arbeitslohn

I. Steuerfreie Bezüge

...

II. Lohnsteuerliche Erfassung und Bewertung von Sachbezügen

1. Überlassung eines betrieblichen Kraftfahrzeugs zu Privatfahrten

a) Allgemeines

20 Überläßt der Arbeitgeber oder aufgrund des Dienstverhältnisses ein Dritter dem Arbeitnehmer ein Kraftfahrzeug unentgeltlich zu Privatfahrten, so ist der Nutzungsvorteil dem Arbeitslohn zuzurechnen. Zur privaten Nutzung eines Kraftfahrzeugs gehören alle Fahrten, die einem privaten Zweck dienen, z. B. Fahrten zur Erholung, Fahrten zu Verwandten, Freunden, kulturellen oder sportlichen Veranstaltungen, Einkaufsfahrten, Fahrten zu Gaststättenbesuchen und Mittagsheimfahrten. Nicht zu den privaten Fahrten gehören Fahrten zwischen Wohnung und Arbeitsstätte (vgl. Tz. 28 bis 35) einschließlich der Fahrten, die der Arbeitnehmer aus beruflichen Gründen mehrmals am Tag durchführen muß, und Familienheimfahrten im Rahmen einer doppelten Haushaltsführung (vgl. dazu Tz. 36 und 37).

b) Pauschaler Nutzungswert

21 Der Arbeitgeber hat grundsätzlich die private Nutzung mit monatlich 1 v. H. des inländischen Listenpreises des Kraftfahrzeugs zu bewerten (§ 8 Abs. 2 Satz 2 i. V. m. § 6 Abs. 1 Nr. 4 Satz 2 EStG). Dies gilt auch dann, wenn der Arbeitgeber das Kraftfahrzeug gebraucht erworben oder geleast hat. Listenpreis ist die auf volle 100 DM abgerundete unverbindliche Preisempfehlung des Herstellers für das genutzte Kraftfahrzeug im Zeitpunkt seiner Erstzulassung zuzüglich der Zuschläge für Sonderausstattungen, einschließlich der Umsatzsteuer; der Wert eines Autotelefons bleibt außer Ansatz. Bei einem Kraftwagen, der aus Sicherheitsgründen gepanzert ist, kann der Listenpreis des leistungsschwächeren Fahrzeugs zugrunde gelegt werden, das dem Arbeitnehmer zur Verfügung gestellt würde, wenn seine Sicherheit nicht gefährdet wäre. Der Monatswert ist auch dann anzusetzen, wenn das Kraftfahrzeug dem Arbeitnehmer im Kalendermonat nur zeitweise zur privaten Nutzung zur Verfügung steht. Werden einem Arbeitnehmer während eines Kalendermonats abwechselnd unterschiedliche Fahrzeuge zur privaten Nutzung überlassen, so ist das Fahrzeug der pauschalen Nutzungswertbesteuerung zugrunde zu legen, das der Arbeitnehmer überwiegend nutzt. Dies gilt auch bei einem Fahrzeugwechsel im Laufe eines Kalendermonats.

c) Individueller Nutzungswert

22 Anstelle des pauschalen Nutzungswerts kann der Arbeitgeber den Wert der privaten Nutzung des dem Arbeitnehmer überlassenen Kraftfahrzeugs mit dem Anteil der Aufwendungen für das Kraftfahrzeug ansetzen, der auf die privaten Fahrten entfällt. Dies setzt voraus, daß die für das

Kraftfahrzeug insgesamt entstehenden Aufwendungen durch Belege und das Verhältnis der privaten zu den übrigen Fahrten durch ein ordnungsgemäßes Fahrtenbuch nachgewiesen werden. Werden dem Arbeitnehmer abwechselnd unterschiedliche Kraftfahrzeuge zur privaten Nutzung überlassen, so müssen für jedes Kraftfahrzeug die insgesamt entstehenden Aufwendungen und das Verhältnis der privaten zu den übrigen Fahrten nachgewiesen werden. Die insgesamt entstehenden Aufwendungen sind als Summe der Nettoaufwendungen zuzüglich Umsatzsteuer und der Absetzungen für Abnutzung zu ermitteln. Den Absetzungen für Abnutzung sind die tatsächlichen Anschaffungs- oder Herstellungskosten (einschließlich der Umsatzsteuer) des einzelnen Kraftfahrzeugs zugrunde zu legen. Ein Durchschnittswert ist nicht zulässig. Es ist auch nicht zulässig, die individuelle Nutzungswertermittlung auf Privatfahrten zu beschränken, wenn das Kraftfahrzeug auch zu Fahrten zwischen Wohnung und Arbeitsstätte[1]) genutzt wird.

...

Der private Nutzungswert ist der Anteil an den Gesamtkosten des überlassenen Kraftfahrzeugs, der dem Verhältnis der Privatfahrten (vgl. dazu Tz. 20) zur Gesamtfahrtstrecke entspricht. Aus Vereinfachungsgründen kann der Monatswert vorläufig mit einem Zwölftel des Vorjahresbetrags angesetzt werden. Es bestehen auch keine Bedenken, wenn die Privatfahrten je Fahrtkilometer vorläufig mit 0,001 v. H. des inländischen Listenpreises für das Kraftfahrzeug angesetzt werden. Nach Ablauf des Kalenderjahrs oder nach Beendigung des Dienstverhältnisses ist der tatsächlich zu versteuernde Nutzungswert zu ermitteln und eine etwaige Lohnsteuerdifferenz nach Maßgabe der §§ 41c, 42b EStG auszugleichen.

...

2. Überlassung eines betrieblichen Kraftfahrzeugs zu Fahrten zwischen Wohnung und Arbeitsstätte[2])

a) Pauschaler Nutzungswert

Kann ein Kraftfahrzeug, das der Arbeitgeber oder aufgrund des Dienstverhältnisses ein Dritter dem Arbeitnehmer unentgeltlich überlassen hat, von dem Arbeitnehmer für Fahrten zwischen Wohnung und Arbeitsstätte[3]) genutzt werden, so ist diese Nutzungsmöglichkeit unabhängig von der Nutzung des Fahrzeugs zu Privatfahrten (Tz. 20 bis 24) monatlich mit 0,03 v. H. des inländischen Listenpreises (vgl. dazu Tz. 21) des Kraftfahrzeugs für jeden Kilometer der Entfernung zwischen Wohnung und Arbeitsstätte[4]) zu bewerten und dem Arbeitslohn zuzurechnen. Es ist unerheblich, ob und wie oft im Kalendermonat das Kraftfahrzeug tatsächlich zu Fahrten zwischen Wohnung und Arbeitsstätte[5]) genutzt wird; der Ansatz des pauschalen Nutzungswerts hängt allein davon ab, daß der Arbeitnehmer das Kraftfahrzeug zu Fahrten zwischen Wohnung und Arbeitsstätte[6]) nutzen kann. Der Monatswert ist deshalb auch dann anzusetzen, wenn das Kraftfahrzeug dem Arbeitnehmer im Kalendermonat nur zeitweise zur Verfügung steht. Ein durch Urlaub oder Krankheit bedingter Nutzungsausfall ist im Nutzungswert pauschal berücksichtigt.

...

Dem pauschalen Nutzungswert ist die einfache Entfernung zwischen Wohnung und Arbeitsstätte[7]) zugrunde zu legen; diese ist auf den nächsten vollen Kilometerbetrag abzurunden. Maßgebend ist die kürzeste benutzbare Straßenverbindung. Der pauschale Nutzungswert ist nicht zu erhöhen, wenn der Arbeitnehmer das Kraftfahrzeug an einem Arbeitstag mehrmals zwischen Wohnung und Arbeitsstätte benutzt. Werden dem Arbeitnehmer abwechselnd unterschiedliche Kraftfahrzeuge zu Fahrten zwischen Wohnung und Arbeitsstätte[8]) zur Verfügung gestellt, so ist dem pauschalen Nutzungswert das Kraftfahrzeug zugrunde zu legen, das vom Arbeitnehmer im Kalendermonat überwiegend genutzt wird.

Fährt der Arbeitnehmer abwechselnd zu verschiedenen Wohnungen oder zu verschiedenen Arbeitsstätten, ist ein pauschaler Monatswert nach Tz. 28 unter Zugrundelegung der Entfernung zur näher gelegenen Wohnung oder näher gelegenen Arbeitsstätte[9]) anzusetzen. Für jede Fahrt von und zu der weiter entfernt liegenden Wohnung oder von und zu der weiter entfernt liegenden Arbeitsstätte ist zusätzlich ein pauschaler Nutzungswert von 0,002 v. H. des inländischen Listenpreises des Kraftfahrzeugs für jeden Kilometer der Entfernung zwischen Wohnung und

23
24

28

29
30

31

---

1) Jetzt: Fahrten zwischen Wohnung und erster Tätigkeitsstätte.
2) Jetzt: Fahrten zwischen Wohnung und erster Tätigkeitsstätte.
3) Jetzt: Fahrten zwischen Wohnung und erster Tätigkeitsstätte.
4) Jetzt: Entfernung zwischen Wohnung und erster Tätigkeitsstätte.
5) Jetzt: Fahrten zwischen Wohnung und erster Tätigkeitsstätte.
6) Jetzt: Fahrten zwischen Wohnung und erster Tätigkeitsstätte.
7) Jetzt: Entfernung zwischen Wohnung und erster Tätigkeitsstätte.
8) Jetzt: Fahrten zwischen Wohnung und erster Tätigkeitsstätte.
9) Jetzt: erste Tätigkeitsstätte.

Arbeitsstätte[1]) dem Arbeitslohn zuzurechnen, soweit sie die Entfernung zur nähergelegenen Wohnung übersteigt.

...

b) Individueller Nutzungswert

32 Anstelle des pauschalen Nutzungswerts kann der Arbeitgeber den Nutzungswert mit dem Anteil der Aufwendungen für das Kraftfahrzeug ansetzen, der auf die Fahrten zwischen Wohnung und Arbeitsstätte[2]) entfällt, wenn die für das Kraftfahrzeug insgesamt entstehenden Aufwendungen durch Belege und das Verhältnis der Fahrten zwischen Wohnung und Arbeitsstätte[3]) zu den übrigen Fahrten durch ein ordnungsgemäßes Fahrtenbuch nachgewiesen werden. Hierzu gelten im einzelnen die unter Tz. 22 bis 25 dargestellten Regelungen. Es ist nicht zulässig, die individuelle Nutzungswertermittlung auf Fahrten zwischen Wohnung und Arbeitsstätte[4]) zu beschränken, wenn das Fahrzeug auch zu Privatfahrten genutzt wird.

c) Fahrergestellung, Nutzungsentgelt, Pauschalbesteuerung

...

3. Überlassung eines betrieblichen Kraftfahrzeugs zu Familienheimfahrten

...

37 Wird das Kraftfahrzeug zu mehr als einer Familienheimfahrt wöchentlich oder nach Ablauf der Zweijahresfrist zu Familienheimfahrten genutzt, so ist für jede Familienheimfahrt ein pauschaler Nutzungswert in Höhe von 0,002 v. H. des inländischen Listenpreises (vgl. dazu Tz. 21) des Kraftfahrzeugs für jeden Kilometer der Entfernung zwischen dem Beschäftigungsort und dem Ort des eigenen Hausstands anzusetzen und dem Arbeitslohn zuzurechnen. Anstelle des pauschalen Nutzungswerts kann der Arbeitgeber den Nutzungswert mit den Aufwendungen für das Kraftfahrzeug ansetzen, die auf die zu erfassenden Fahrten entfallen, wenn die für das Kraftfahrzeug insgesamt entstehenden Aufwendungen durch Belege und das Verhältnis der privaten zu den übrigen Fahrten durch ein ordnungsgemäßes Fahrtenbuch nachgewiesen werden. In diesem Falle sind die zu erfassenden Familienheimfahrten den Privatfahrten zuzurechnen und die Regelungen unter Tz. 22 bis 25 anzuwenden.

4. Abgabe von Mahlzeiten

...

Aufwendungen bei sicherheitsgeschützten Fahrzeugen

– Wird der Nutzungswert für ein aus Sicherheitsgründen gepanzertes Kraftfahrzeug individuell ermittelt, so kann dabei die AfA nach dem Anschaffungspreis des leistungsschwächeren Fahrzeugs zugrunde gelegt werden, das dem Arbeitnehmer zur Verfügung gestellt würde, *Anhang 25 III* wenn seine Sicherheit nicht gefährdet wäre (→ BMF vom 28. 5. 1996 – BStBl I S. 654).

– Im Hinblick auf die durch die Panzerung verursachten höheren laufenden Betriebskosten bestehen keine Bedenken, wenn der Nutzungswertermittlung 70 % der tatsächlich fest- *Anhang 25 III* gestellten laufenden Kosten (ohne AfA) zugrunde gelegt werden (→ BMF vom 28. 5. 1996 – BStBl I S. 654).

Autotelefon

→ H 9.1 (Autotelefon)

Begrenzung des pauschalen Nutzungswerts

Der pauschale Nutzungswert kann die dem Arbeitgeber für das Fahrzeug insgesamt entstandenen Kosten übersteigen. Wird dies im Einzelfall nachgewiesen, so ist der Nutzungswert höchstens *Anhang 25 III* mit dem Betrag der Gesamtkosten des Kraftfahrzeugs anzusetzen, wenn nicht aufgrund des Nachweises der Fahrten durch ein Fahrtenbuch ein geringerer Wertansatz in Betracht kommt (→ BMF vom 28. 5. 1996 – BStBl I S. 654). Wird das Kraftfahrzeug mit Fahrer zur Verfügung gestellt, ist dieser Vorteil zusätzlich nach § 8 Abs. 2 Satz 1 EStG zu bewerten; aus Verein- *Anhang 25 VII* fachungsgründen kann stattdessen der mit dem Betrag der Gesamtkosten anzusetzende Nutzungswert um 50 % erhöht werden (→ R 8.1 Abs. 10 und BMF vom 15. 7. 2014 – BStBl I S. 1109).

Bewertungsmethode

→ H 8.2

---

[1]) Jetzt: Entfernung zwischen Wohnung und erster Tätigkeitsstätte.
[2]) Jetzt: Fahrten zwischen Wohnung und erster Tätigkeitsstätte.
[3]) Jetzt: Fahrten zwischen Wohnung und erster Tätigkeitsstätte.
[4]) Jetzt: Fahrten zwischen Wohnung und erster Tätigkeitsstätte.

Dienstliche Fahrten von und zur Wohnung

Ein geldwerter Vorteil ist für Fahrten zwischen Wohnung und erster Tätigkeitsstätte nicht zu erfassen, wenn ein Arbeitnehmer ein Firmenfahrzeug ausschließlich an den Tagen für seine Fahrten zwischen Wohnung und erster Tätigkeitsstätte erhält, an denen es erforderlich werden kann, dass er dienstliche Fahrten von der Wohnung aus antritt, z. B. beim Bereitschaftsdienst in Versorgungsunternehmen (→ BMF vom 28. 5. 1996 – BStBl I S. 654).   Anhang 25 III

Durchschnittswert

Bei der individuellen Nutzungswertermittlung ist die Bildung eines Durchschnittswerts nicht zulässig. (→ Arbeitgeber-Merkblatt 1. 1. 1996 – BStBl 1995 I S. 719, Tz. 22).

→ Arbeitgebermerkblatt

Einheitliches Verfahren der Nutzungswertermittlung

Wird das Fahrzeug sowohl für Privatfahrten als auch für Fahrten zwischen Wohnung und erster Tätigkeitsstätte überlassen, kann die individuelle Nutzungswertermittlung weder auf Privatfahrten noch auf Fahrten zwischen Wohnung und erster Tätigkeitsstätte beschränkt werden (→ Arbeitgeber-Merkblatt vom 1. 1. 1996 – BStBl 1995 I S. 719, Tz. 22, 32).

Elektro- und Hybridelektrofahrzeug

→ BMF vom 5. 6. 2014 (BStBl I S. 835) *und vom 14. 12. 2016 (BStBl I S. 1446)*   Anhang 25 VI

Elektronisches Fahrtenbuch   Anhang 25 IX

Ein elektronisches Fahrtenbuch ist anzuerkennen, wenn sich daraus dieselben Erkenntnisse wie aus einem manuell geführten Fahrtenbuch gewinnen lassen. Beim Ausdrucken von elektronischen Aufzeichnungen müssen nachträgliche Veränderungen der aufgezeichneten Angaben technisch ausgeschlossen, zumindest aber dokumentiert werden (→ BMF vom 28. 5. 1996 – BStBl I S. 654] und BFH vom 16. 11. 2005 – BStBl 2006 II S. 410).   Anhang 25 III

→ Fahrtenbuch

Erleichterungen bei der Führung eines Fahrtenbuchs

Ein Fahrtenbuch soll die Zuordnung von Fahrten zur betrieblichen und beruflichen Sphäre darstellen und ermöglichen. Es muss laufend geführt werden und die berufliche Veranlassung plausibel erscheinen lassen und ggf. eine stichprobenartige Nachprüfung ermöglichen. Auf einzelne in R 8.1 Abs. 9 Nr. 2 geforderte Angaben kann verzichtet werden, soweit wegen der besonderen Umstände im Einzelfall die erforderliche Aussagekraft und Überprüfungsmöglichkeit nicht beeinträchtigt wird. Bei Automatenlieferanten, Kurierdienstfahrern, Handelsvertretern, Kundendienstmonteuren und Pflegedienstmitarbeitern mit täglich wechselnden Auswärtstätigkeiten reicht es z. B. aus, wenn sie angeben, welche Kunden sie an welchem Ort aufsuchen. Angaben über die Reiseroute und zu den Entfernungen zwischen den Stationen einer Auswärtstätigkeit sind nur bei größerer Differenz zwischen direkter Entfernung und tatsächlicher Fahrtstrecke erforderlich. Bei Fahrten eines Taxifahrers im sogenannten Pflichtfahrgebiet ist es in Bezug auf Reisezweck, Reiseziel und aufgesuchte Geschäftspartner ausreichend, täglich zu Beginn und Ende der Gesamtheit dieser Fahrten den Kilometerstand anzugeben mit der Angabe „Taxifahrten im Pflichtfahrgebiet" o. ä. Wurden Fahrten durchgeführt, die über dieses Gebiet hinausgehen, kann auf die genaue Angabe des Reiseziels nicht verzichtet werden. Für Fahrlehrer ist es ausreichend in Bezug auf Reisezweck, Reiseziel und aufgesuchte Geschäftspartner „Lehrfahrten", „Fahrschulfahrten" o. ä. anzugeben (→ BMF vom 18. 11. 2009 – BStBl I S. 1326).

Bei sicherheitsgefährdeten Personen, deren Fahrtroute häufig von sicherheitsmäßigen Gesichtspunkten bestimmt wird, kann auf die Angabe der Reiseroute auch bei größeren Differenzen zwischen der direkten Entfernung und der tatsächlichen Fahrtstrecke verzichtet werden (→ BMF vom 28. 5. 1996 – BStBl I S. 654).   Anhang 25 III

Fahrtenbuch

Ordnungsmäßigkeit eines elektronischen Fahrtenbuchs

Kurzinfo der OFD Rheinland vom 18. 2. 2013

Elektronische Fahrtenbücher bzw. elektronische Fahrtenbuchprogramme werden von der Finanzverwaltung weder zertifiziert noch zugelassen. Eine derartige Zertifizierung/Zulassung könnte sich auch immer nur auf eine bestimmte Programmversion beziehen, weil bei einer Versionsänderung zertifizierungs-/zulassungsschädliche Änderungen nicht ausgeschlossen werden könnten.

Selbst wenn die technischen Voraussetzungen für die Führung eines ordnungsgemäßen elektronischen Fahrtenbuchs erfüllt werden, setzt die Anerkennung eines elektronischen Fahrtenbuchs als ordnungsgemäß auch voraus, dass die Hard- und Software ordnungsgemäß bedient werden und das Fahrtenbuch hinterher alle von der BFH-Rechtsprechung und der Finanzverwaltung – insbesondere in R 8.1 Abs. 9 Nr. 2 LStR – geforderten Angaben enthält.

Die Prüfung, ob ein elektronisches Fahrtenbuch als ordnungsgemäß anzuerkennen ist, kann deshalb immer nur für den jeweiligen Einzelfall erfolgen.

Im Urteil vom 1. 3. 2012, BStBl 2012 II S. 505, führt der BFH aus:

„Der gesetzlich nicht weiter bestimmte Begriff des ordnungsgemäßen Fahrtenbuchs i. S. des § 8 Abs. 2 Satz 4 EStG ist durch die Rechtsprechung des BFH dahingehend präzisiert worden, dass nach dem Wortlaut sowie Sinn und Zweck der Regelung die dem Nachweis des zu versteuernden Privatanteils an der Gesamtfahrleistung dienenden Aufzeichnungen eine hinreichende Gewähr für ihre Vollständigkeit und Richtigkeit bieten und mit vertretbarem Aufwand auf ihre materielle Richtigkeit hin überprüfbar sein müssen. Ein ordnungsgemäßes Fahrtenbuch muss zeitnah und in geschlossener Form geführt werden, um so nachträgliche Einfügungen oder Änderungen auszuschließen oder als solche erkennbar zu machen. Hierfür hat es neben dem Datum und den Fahrtzielen grundsätzlich auch den jeweils aufgesuchten Kunden oder Geschäftspartner oder – wenn ein solcher nicht vorhanden ist – den konkreten Gegenstand der dienstlichen Verrichtung aufzuführen. (. . .) Dementsprechend müssen die zu erfassenden Fahrten einschließlich des an ihrem Ende erreichten Gesamtkilometerstandes im Fahrtenbuch vollständig und in ihrem fortlaufenden Zusammenhang wiedergegeben werden. Grundsätzlich ist dabei jede einzelne berufliche Verwendung für sich und mit dem bei Abschluss der Fahrt erreichten Gesamtkilometerstand des Fahrzeugs aufzuzeichnen. Besteht allerdings eine einheitliche berufliche Reise aus mehreren Teilabschnitten, so können diese Abschnitte miteinander zu einer zusammengefassten Eintragung verbunden werden. Dann genügt die Aufzeichnung des am Ende der gesamten Reise erreichten Gesamtkilometerstands, wenn zugleich die einzelnen Kunden oder Geschäftspartner im Fahrtenbuch in der zeitlichen Reihenfolge aufgeführt werden, in der sie aufgesucht worden sind. Wenn jedoch der berufliche Einsatz des Fahrzeugs zugunsten einer privaten Verwendung unterbrochen wird, stellt diese Nutzungsänderung wegen der damit verbundenen unterschiedlichen steuerlichen Rechtsfolgen einen Einschnitt dar, der im Fahrtenbuch durch Angabe des bei Abschluss der beruflichen Fahrt erreichten Kilometerstands zu dokumentieren ist (. . .)."

In H 8.1 (9 – 10) „Elektronisches Fahrtenbuch" LStH heißt es:

„Ein elektronisches Fahrtenbuch ist anzuerkennen, wenn sich daraus dieselben Erkenntnisse wie aus einem manuell geführten Fahrtenbuch gewinnen lassen. Beim Ausdrucken von elektronischen Aufzeichnungen müssen nachträgliche Veränderungen der aufgezeichneten Angaben technisch ausgeschlossen, zumindest aber dokumentiert werden (. . .)."

Der erste Leitsatz des BFH-Urteils vom 16. 11. 2005, BStBl 2006 II S. 410, lautet:

„Eine mit Hilfe eines Computerprogramms erzeugte Datei genügt den Anforderungen an ein ordnungsgemäßes Fahrtenbuch nur dann, wenn nachträgliche Veränderungen an den zu einem früheren Zeitpunkt eingegebenen Daten nach der Funktionsweise des verwendeten Programms technisch ausgeschlossen sind oder in ihrer Reichweite in der Datei selbst dokumentiert und offen gelegt werden."

Die eindeutige Kennzeichnung einer geänderten Eingabe sowohl in der Anzeige des elektronischen Fahrtenbuchs am Bildschirm als auch in seinem Ausdruck ist unverzichtbare Voraussetzung für die Anerkennung eines elektronischen Fahrtenbuchs. Nur wenn diese Voraussetzungen erfüllt sind, ist eine hinreichende Gewähr für die Vollständigkeit und Richtigkeit gegeben. Es muss darüber hinaus auch sichergestellt sein, dass die Daten des elektronischen Fahrtenbuchs bis zum Ablauf der Aufbewahrungsfrist für ein Fahrtenbuch unveränderlich aufbewahrt und (ggf. wieder unverändert) lesbar gemacht werden können. Bei eventuellen Änderungen müssen die Änderungshistorie mit Änderungsdatum/-daten und (jeweils) ursprünglichem Inhalt ersichtlich sein. Auch die Änderungshistorie darf nicht nachträglich veränderbar sein.

Bestehen außersteuerliche oder steuerliche Aufzeichnungs- und Aufbewahrungspflichten und sind die aufzeichnungs- und aufbewahrungspflichtige Unterlagen mit Hilfe eines Datenverarbeitungssystems erstellt worden (z. B. elektronisches Fahrtenbuch), so hat die Finanzverwaltung ein Datenzugriffsrecht auf diese digitalen Unterlagen (§ 147 Abs. 6 AO). Besteht ein Datenzugriffsrecht auf ein elektronisches Fahrtenbuch, muss auch die maschinelle Auswertbarkeit der Fahrtenbuchdaten nach § 147 Abs. 2 AO gewährleistet sein.

Zu der Frage, ob ein elektronisches Fahrtenbuch, in dem alle Fahrten automatisch bei Beendigung jeder Fahrt mit Datum, Kilometerstand und Fahrtziel erfasst werden, zeitnah geführt ist, wenn der Fahrer den Fahrtanlass erst nachträglich in einem Webportal einträgt, ist dem Anbieter eines elektronischen Fahrtenbuchprogramms auf dessen Anfragen vom BMF mit Schreiben vom 27.10. und 7. 12. 2011 mitgeteilt worden:

„Die obersten Finanzbehörden des Bundes und der Länder betrachten bei einem elektronischen Fahrtenbuch die nachträgliche Eintragung des Fahrtzwecks in einem Webportal als zulässig. Dabei müssen die Person und der Zeitpunkt der nachträglichen Eintragung im Webportal dokumentiert sein." „Es bestehen keine Bedenken, ein elektronisches Fahrtenbuch, in dem alle Fahrten automatisch bei Beendigung jeder Fahrt mit Datum, Kilometerstand und Fahrtziel erfasst werden, jedenfalls dann als zeitnah geführt anzusehen, wenn der Fahrer den dienstlichen Fahrtanlass innerhalb eines Zeitraums von bis zu sieben Kalendertagen nach Abschluss der jeweiligen Fahrt in einem Webportal einträgt und die übrigen Fahrten dem privaten Bereich zugeordnet werden."

Nach R 8.1 Abs. 9 Nr. 2 Satz 4 LStR genügen für Privatfahrten jeweils Kilometerangaben. Die Angabe des Datums ist also bei Privatfahrten – im Gegensatz zu beruflichen Fahrten – nicht vorgesehen. Da die beruflich und privat zurückgelegten Fahrtstrecken gesondert und laufend im Fahrtenbuch nachzuweisen sind (Hinweis auf R 8.1 Abs. 9 Nr. 2 Satz 2 LStR), ergeben sich die Daten der Privatfahrten (zumindest der Zeitraum) regelmäßig aus dem Zusammenhang der Eintragungen. Nur wenn die privat zurückgelegten Fahrtstrecken im fortlaufenden Zusammenhang der durchgeführten Fahrten im Fahrtenbuch nachgewiesen werden, können die Anforderungen an ein ordnungsgemäßes elektronisches Fahrtenbuch erfüllt werden. Das gilt auch z. B. für das Ausschalten des GPS-Moduls des Bordcomputers.

Bei einem elektronischen Fahrtenbuch ist die GPS-Ermittlung der Fahrtstrecken und die dadurch entstehende Abweichung vom Tachostand des Fahrzeugs grundsätzlich unbedenklich. Allerdings sollte der tatsächliche Tachostand im Halbjahres- oder Jahresabstand dokumentiert werden.

Fahrergestellung

→ R 8.1 Abs. 10

→ BMF vom 15. 7. 2014 (BStBl I S. 1109)   Anhang 25 VII

Fahrten zwischen Wohnung und erster Tätigkeitsstätte bei pauschaler Nutzungswertermittlung

– Aus Vereinfachungsgründen ist die Zuschlagsregelung des § 8 Abs. 2 Satz 3 EStG unabhängig von der 1 %-Regelung selbständig anzuwenden, wenn das Kraftfahrzeug ausschließlich für Fahrten zwischen Wohnung und erster Tätigkeitsstätte überlassen wird. Die bestehenden Verwaltungsregelungen zum Nutzungsverbot, unbefugte Privatnutzung sind zu beachten (→ BMF vom 1. 4. 2011 – BStBl I S. 301, Rdnr. 16).   Anhang 25 II

– Grundsätzlich ist die Ermittlung des Zuschlags kalendermonatlich mit 0,03 % des Listenpreises für jeden Kilometer der Entfernung zwischen Wohnung und erster Tätigkeitsstätte vorzunehmen. Ein durch Urlaub oder Krankheit bedingter Nutzungsausfall ist im Nutzungswert pauschal berücksichtigt (→ Arbeitgeber-Merkblatt vom 1. 1. 1996 – BStBl 1995 I S. 719, Tz. 28). Nur unter den Voraussetzungen des → BMF vom 1. 4. 2011 (BStBl I S. 301) ist stattdessen eine auf das Kalenderjahr bezogene Einzelbewertung der tatsächlichen Fahrten zwischen Wohnung und erster Tätigkeitsstätte mit 0,002 % des Listenpreises je Entfernungskilometer für höchstens 180 Tage zulässig (zum Lohnsteuerabzugsverfahren → Rdnr. 8–11, zum Einkommensteuerveranlagungsverfahren → Rdnr. 14).   Anhang 25 II

– Im Lohnsteuerabzugsverfahren muss der Arbeitgeber in Abstimmung mit dem Arbeitnehmer die Anwendung der 0,03 %-Regelung oder der Einzelbewertung für jedes Kalenderjahr einheitlich für alle diesem überlassenen betrieblichen Kraftfahrzeuge festlegen. Die Methode darf während des Kalenderjahres nicht gewechselt werden. Im Einkommensteuerveranlagungsverfahren ist der Arbeitnehmer nicht an die für die Erhebung der Lohnsteuer gewählte Methode gebunden und kann die Methode einheitlich für alle ihm überlassenen betrieblichen Kraftfahrzeuge für das gesamte Kalenderjahr wechseln (→ BMF vom 1. 4. 2011 – BStBl I S. 301, Rdnr. 6).   Anhang 25 II

– Dem pauschalen Nutzungswert ist die einfache Entfernung zwischen Wohnung und erster Tätigkeitsstätte zugrunde zu legen; diese ist auf den nächsten vollen Kilometerbetrag abzurunden. Maßgebend ist die kürzeste benutzbare Straßenverbindung. Der pauschale Nutzungswert ist nicht zu erhöhen, wenn der Arbeitnehmer das Kraftfahrzeug an einem Arbeitstag mehrmals zwischen Wohnung und erster Tätigkeitsstätte benutzt (→ Arbeitgeber-Merkblatt vom 1. 1. 1996 – BStBl 1995 I S. 719, Tz. 30).

→ Arbeitgebermerkblatt

– Fährt der Arbeitnehmer abwechselnd zu verschiedenen Wohnungen, ist bei Anwendung der 0,03 %-Regelung der pauschale Monatswert unter Zugrundelegung der Entfernung zur näher gelegenen Wohnung anzusetzen. Für jede Fahrt von und zu der weiter entfernt liegenden Wohnung ist zusätzlich ein pauschaler Nutzungswert von 0,002 %des inländischen Listenpreises des Kraftfahrzeugs für jeden Kilometer der Entfernung zwischen Wohnung und erster Tätigkeitsstätte dem Arbeitslohn zuzurechnen, soweit sie die Entfernung zur näherge-legenen Wohnung übersteigt (→ Arbeitgeber-Merkblatt vom 1. 1. 1996 – BStBl 1995 I S. 719, Tz. 31).

– → Fahrergestellung

Fahrzeugpool

– Übersteigt die Zahl der Nutzungsberechtigten die in einem Fahrzeugpool zur Verfügung ste-henden Kraftfahrzeuge, so ist bei pauschaler Nutzungswertermittlung für Privatfahrten der geldwerte Vorteil mit 1 % der Listenpreise aller Kraftfahrzeuge zu ermitteln und die Summe entsprechend der Zahl der Nutzungsberechtigten aufzuteilen. Für Fahrten zwischen Woh-nung und erster Tätigkeitsstätte ist der geldwerte Vorteil grundsätzlich mit 0,03 % der Listen-preise aller Kraftfahrzeuge zu ermitteln und die Summe durch die Zahl der Nutzungsberech-tigten zu teilen. Dieser Wert ist beim einzelnen Arbeitnehmer mit der Zahl seiner Entfer-nungskilometer zu multiplizieren (→ BFH vom 15. 5. 2002 – BStBl 2003 II S. 311). Dem einzel-nen Nutzungsberechtigten bleibt es unbenommen, zur Einzelbewertung seiner tatsächlichen Fahrten zwischen Wohnung und erster Tätigkeitsstätte überzugehen (→ BMF vom
Anhang 25 II 1. 4. 2011 – BStBl I S. 301).

– → BFH vom 21. 4. 2010 (BStBl II S. 848) und vom 6. 10. 2011 (BStBl 2012 II S. 362)

– → Nutzungsmöglichkeit

– → Nutzungsverbot, unbefugte Privatnutzung

Garage für den Dienstwagen

Wird ein Dienstwagen in der eigenen oder angemieteten Garage des Arbeitnehmers untergestellt und trägt der Arbeitgeber hierfür die Kosten, so ist bei der 1 %-Regelung kein zusätzlicher geld-werter Vorteil für die Garage anzusetzen – (→ BFH vom 7. 6. 2002 – BStBl II S. 829).

Gebrauchtwagen

Die 1 %-Regelung auf Grundlage des Bruttolistenneupreises begegnet insbesondere im Hinblick auf die dem Steuerpflichtigen zur Wahl gestellte Möglichkeit, den Nutzungsvorteil auch nach der Fahrtenbuchmethode zu ermitteln und zu bewerten, keinen verfassungs-rechtlichen Bedenken (→ BFH vom 13. 12. 2012 – BStBl 2013 II S. 385).

Gelegentliche Nutzung

Bei der pauschalen Nutzungswertermittlung ist die private Nutzung mit monatlich 1 % des Lis-tenpreises auch dann anzusetzen, wenn der Arbeitnehmer das ihm überlassene Kraftfahrzeug tatsächlich nur gelegentlich nutzt oder wenn er von seinem Zugriffsrecht auf ein Kraftfahrzeug aus einem Fahrzeugpool nur gelegentlich Gebrauch macht (→ BMF vom 28. 5. 1996 – BStBl I
Anhang 25 III S. 654).

Die Monatsbeträge brauchen nicht angesetzt zu werden

– für volle Kalendermonate, in denen dem Arbeitnehmer kein betriebliches Kraftfahrzeug zur Verfügung steht, oder

– wenn dem Arbeitnehmer das Kraftfahrzeug aus besonderem Anlass oder zu einem besonde-ren Zweck nur gelegentlich (von Fall zu Fall) für nicht mehr als fünf Kalendertage im Kalen-dermonat überlassen wird. In diesem Fall ist die Nutzung zu Privatfahrten und zu Fahrten zwischen Wohnung und erster Tätigkeitsstätte je Fahrtkilometer mit 0,001 % des inländischen Listenpreises des Kraftfahrzeugs zu bewerten (Einzelbewertung). Zum Nachweis der Fahr-strecke müssen die Kilometerstände festgehalten werden.

Gesamtkosten

– Bei der Ermittlung des privaten Nutzungswerts nach den für das Kraftfahrzeug insgesamt ent-stehenden Aufwendungen ist für PKW von einer AfA von 12,5 % der Anschaffungskosten ent-sprechend einer achtjährigen (Gesamt-)Nutzungsdauer auszugehen (→ BFH vom 29. 3. 2005 – BStBl 2006 II S. 368).

– Die Gesamtkosten (R 8.1 Abs. 9 Nr. 2 Satz 9) sind jedenfalls dann periodengerecht anzuset-zen, wenn der Arbeitgeber die Kosten (z. B. Leasingsonderzahlung) des von ihm überlasse-nen Kfz in seiner Gewinnermittlung periodengerecht erfassen muss (→ BFH vom 3. 9. 2015 – BStBl 2016 II S. 174).

– *Der geldwerte Vorteil aus der nach § 3 Nr. 46 EStG steuerbefreiten verbilligten oder unent-geltliche Gestellung von Ladestrom bleibt bei der Ermittlung der Gesamtkosten außer*
Anhang 24 IX *Ansatz (→ BMF vom 14. 12. 2016 – BStBl I S. 1446, Rdnr. 13).*

– *Es ist nicht zu beanstanden, wenn den Gesamtkosten auch die vom Arbeitnehmer unmittelbar getragenen oder vom Arbeitgeber weiterbelasteten Kosten zugerechnet werden (→ BMF vom 21. 9. 2017 – BStBl I S. 1336).* Anhang 25 V

– Beispiele:
Zu den Gesamtkosten (R 8.1 Abs. 9 Nr. 2 Satz 9) gehören z. B. Betriebsstoffkosten, Wartungs- und Reparaturkosten, Kraftfahrzeugsteuer, Halterhaftpflicht- und Fahrzeugversicherungen, Leasing- und Leasingsonderzahlungen (anstelle der Absetzung für Abnutzung), Garagen-/Stellplatzmiete (→ BFH vom 14. 9. 2005 – BStBl 2006 II S. 72), Aufwendungen für Anwohnerparkberechtigungen.
Nicht zu den Gesamtkosten gehören neben den in R 8.1 Abs. 9 Nr. 2 Satz 11 genannten Kosten z. B. Aufwendungen für Insassen- und Unfallversicherungen, Verwarnungs-, Ordnungs- und Bußgelder, *Kosten einer Ladevorrichtung bei Elektrofahrzeugen*.

Gesellschafter-Geschäftsführer

– Zur Abgrenzung zwischen einer verdeckten Gewinnausschüttung und Arbeitslohn bei vertragswidriger Kraftfahrzeugnutzung durch den Gesellschafter-Geschäftsführer einer Kapitalgesellschaft → BMF vom 3. 4. 2012 (BStBl I S. 478). Anhang 25 IV
– → Anscheinsbeweis, Nutzungsmöglichkeit, Nutzungsverbot, unbefugte Privatnutzung.

Kraftfahrzeuge

i. S. d. § 8 Abs. 2 EStG sind auch:
– Campingfahrzeuge (→ BFH vom 6. 11. 2001 – BStBl 2002 II S. 370),
– Elektrofahrräder, die verkehrsrechtlich als Kraftfahrzeug einzuordnen sind → gleich lautende Ländererlasse vom 23. 11. 2012 (BStBl I S. 1224), → Fahrrad
– Kombinationskraftwagen, z. B. Geländewagen (→ BFH vom 13. 2. 2003 – BStBl II S. 472), siehe aber auch → Werkstattwagen.

Lastkraftwagen und Zugmaschinen

Steuerliche Behandlung der Überlassung eines betrieblichen Kraftfahrzeugs an Arbeitnehmer; Überlassung von Lastkraftwagen und Zugmaschinen

(Erlass des FinMin Saarland vom 29. 1. 2003 – B/2–4–11/03 – S 2334)

Hinsichtlich der Frage, wie die Überlassung von Lastkraftwagen und Zugmaschinen an Arbeitnehmer steuerlich zu behandeln ist, wird gebeten folgende Auffassung zu vertreten:

Nach dem BMF-Schreiben vom 21. 1. 2002 (BStBl I 2002, 148) zur ertragsteuerlichen Nutzung eines betrieblichen Kraftfahrzeugs sind die Vorschriften des § 4 Abs. 5 Satz 1 Nr. 6 Abs. 1 und § 6 Abs. 1 Nr. 4 Sätze 2 und 3 EStG auf Kraftfahrzeuge, die kraftfahrzeugsteuerrechtlich Zugmaschinen oder Lastkraftwagen sind, nicht anzuwenden. Wegen des Verweises in § 8 Abs. 2 Satz 2 EStG auf § 6 Abs. 1 Nr. 4 Satz 2 EStG gilt dieses entsprechend bei der Bewertung des privaten Nutzungsvorteils bei Arbeitnehmern.

Hieraus folgt allerdings nicht, dass aus der Nutzungsüberlassung solcher Fahrzeuge an Arbeitnehmer kein geldwerter Vorteil zu erfassen wäre, sondern lediglich, dass der Nutzungsvorteile – soweit Arbeitslohn nicht wegen eines ganz überwiegenden eigenbetrieblichen Arbeitgeberinteresses auszuschließen ist vgl. H 31 „Dienstliche Fahrten von der Wohnung“ – nicht nach § 8 Abs. 2 Sätze 2 bis 5 EStG, sondern nach den allgemeinen Regeln zu bewerten ist. Grundsätzlich wäre daher in diesen Fällen der Betrag zu ermitteln, der dem Arbeitnehmer für die Haltung und den Betrieb eines eigenen Kraftwagens gleichen Typs an Aufwendungen entstanden wäre (BFH-Urteil vom 21. 6. 1963, BStBl III 1963, S. 387).

Da die vorgenannte Wertermittlungsmethode in der Praxis jedoch nur schwierig durchzuführen ist, bestehen keine Bedenken, die zu erfassenden Nutzungswerte aus Vereinfachungsgründen in sinngemäßer Anwendung der Regeln des § 8 Abs. 2 Sätze 2 bis 5 EStG zu ermitteln, wobei allerdings kein höherer Listenpreis als 80 000 EUR zugrunde gelegt werden soll.

Dieser Erlass ergeht im Einvernehmen mit den obersten Finanzbehörden des Bundes und der anderen Länder.

Leerfahrten

Bei der Feststellung der privat und der dienstlich zurückgelegten Fahrtstrecken sind sog. Leerfahrten, die bei der Überlassung eines Kraftfahrzeugs mit Fahrer durch die An- und Abfahrten des Fahrers auftreten können, den dienstlichen Fahrten zuzurechnen (→ BMF vom 28. 5. 1996 – BStBl I S. 654). Anhang 25 III

Listenpreis

Anhang 25 III

–   Für den pauschalen Nutzungswert ist auch bei reimportierten Fahrzeugen der inländische Listenpreis des Kraftfahrzeugs im Zeitpunkt seiner Erstzulassung maßgebend. Soweit das reimportierte Fahrzeug mit zusätzlichen Sonderausstattungen versehen ist, die sich im inländischen Listenpreis nicht niedergeschlagen haben, ist der Wert der Sonderausstattung zusätzlich zu berücksichtigen. Soweit das reimportierte Fahrzeug geringerwertig ausgestattet ist, lässt sich der Wert der „Minderausstattung" durch einen Vergleich mit einem adäquaten inländischen Fahrzeug angemessen berücksichtigen (→ BMF vom 28. 5. 1996 – BStBl I S. 654).

–   Eine in die Bemessungsgrundlage des § 6 Abs. 1 Nr. 4 Satz 2 EStG einzubeziehende Sonderausstattung liegt nur vor, wenn das Fahrzeug bereits werkseitig im Zeitpunkt der Erstzulassung damit ausgestattet ist. Nachträglich eingebaute unselbständige Ausstattungsmerkmale sind durch den pauschalen Nutzungswert abgegolten und können nicht getrennt bewertet werden (→ BFH vom 13. 10. 2010 – BStBl 2011 II S. 361).

Navigationsgerät

Bemessungsgrundlage für die Bewertung nach der 1 %-Regelung ist der inländische Bruttolistenpreis einschließlich des darin enthaltenen Aufpreises für ein werkseitig eingebautes Satellitennavigationsgerät (→ BFH vom 16. 2. 2005 – BStBl II S. 563)

Nutzung durch mehrere Arbeitnehmer

Anhang 25 II

Wird ein Kraftfahrzeug von mehreren Arbeitnehmern genutzt, so ist bei pauschaler Nutzungswertermittlung für Privatfahrten der geldwerte Vorteil von 1 % des Listenpreises entsprechend der Zahl der Nutzungsberechtigten aufzuteilen. Für Fahrten zwischen Wohnung und erster Tätigkeitsstätte ist bei jedem Arbeitnehmer der geldwerte Vorteil mit 0,03 % des Listenpreises je Entfernungskilometer zu ermitteln und dieser Wert durch die Zahl der Nutzungsberechtigten zu teilen (→ BFH vom 15. 5. 2002 – BStBl 2003 II S. 311). Dem einzelnen Nutzungsberechtigten bleibt es unbenommen, zur Einzelbewertung seiner tatsächlichen Fahrten zwischen Wohnung und erster Tätigkeitsstätte überzugehen (→ BMF vom 1. 4. 2011 – BStBl I S. 301).

Nutzungsentgelt

–   Die zwingend vorgeschriebene Bewertung nach der 1 %-Regelung, sofern nicht von der Möglichkeit, ein Fahrtenbuch zu führen, Gebrauch gemacht wird, kann nicht durch Zahlung eines Nutzungsentgelts vermieden werden, selbst wenn dieses als angemessen anzusehen ist. Das vereinbarungsgemäß gezahlte Nutzungsentgelt ist von dem entsprechend ermittelten privaten Nutzungswert in Abzug zu bringen (→ BFH vom 7. 11. 2006 – BStBl 2007 II S. 269).

Anhang 25 V

–   Zum Nutzungsentgelt i. S. d. R 8.1 Abs. 9 Nr. 4 und zur lohnsteuerlichen Behandlung vom Arbeitnehmer selbst getragener Aufwendungen bei der Überlassung eines betrieblichen Kraftfahrzeugs → *BMF vom 21. 9. 2017 (BStBl I S. 1336)*.

Nutzungsmöglichkeit

–   Die unentgeltliche oder verbilligte Überlassung eines Dienstwagens durch den Arbeitgeber an den Arbeitnehmer für dessen Privatnutzung führt unabhängig davon, ob und in welchem Umfang der Arbeitnehmer das Fahrzeug tatsächlich privat nutzt, zu einem lohnsteuerlichen Vorteil (→ BFH vom 21. 3. 2013 – BStBl II S. 700).

–   Bei der Beurteilung der Nutzungsmöglichkeit ist unter Berücksichtigung sämtlicher Umstände des Einzelfalls zu entscheiden, ob und welches betriebliche Fahrzeug dem Arbeitnehmer ausdrücklich oder doch zumindest konkludent auch zur privaten Nutzung überlassen ist. Steht nicht fest, dass der Arbeitgeber dem Arbeitnehmer einen Dienstwagen zur privaten Nutzung überlassen hat, kann auch der Beweis des ersten Anscheins diese fehlende Feststellung nicht ersetzen (→ BFH vom 21. 3. 2013 – BStBl II S. 918 und S. 1044 und vom 18. 4. 2013 – BStBl II S. 920).

Nutzungsverbot, unbefugte Privatnutzung

–   Es gibt keinen allgemeinen Erfahrungssatz, dass ein Privatnutzungsverbot nur zum Schein ausgesprochen ist oder ein Privatnutzungsverbot generell missachtet wird. Das gilt selbst dann, wenn der Arbeitgeber ein arbeitsvertraglich vereinbartes Nutzungsverbot nicht überwacht (→ BFH vom 21. 3. 2013 – BStBl II S. 918 und S. 1044 und vom 18. 4. 2013 – BStBl II S. 920).

–   Die unbefugte Privatnutzung eines betrieblichen Kraftfahrzeugs hat keinen Lohncharakter (→ BFH vom 21. 3. 2013 – BStBl II S. 918 und S. 1044 und vom 18. 4. 2013 – BStBl II S. 920). Zum Erlass einer Schadensersatzforderung → H 19.3.

Ordnungsgemäßes Fahrtenbuch

– Ein ordnungsgemäßes Fahrtenbuch muss zeitnah und in geschlossener Form geführt werden und die zu erfassenden Fahrten einschließlich des an ihrem Ende erreichten Gesamtkilometerstands vollständig und in ihrem fortlaufenden Zusammenhang wiedergeben (→ BFH vom 9. 11. 2005 – BStBl 2006 II S. 408). Kleinere Mängel führen nicht zur Verwerfung des Fahrtenbuchs, wenn die Angaben insgesamt plausibel sind (→ BFH vom 10. 4. 2008 – BStBl II S. 768).

– Die erforderlichen Angaben müssen sich dem Fahrtenbuch selbst entnehmen lassen. Ein Verweis auf ergänzende Unterlagen ist nur zulässig, wenn der geschlossene Charakter der Fahrtenbuchaufzeichnungen dadurch nicht beeinträchtigt wird (→ BFH vom 16. 3. 2006 – BStBl II 2006 S. 625).

– Ein ordnungsgemäßes Fahrtenbuch muss insbesondere Datum und hinreichend konkret bestimmt das Ziel der jeweiligen Fahrt ausweisen. Dem ist nicht entsprochen, wenn als Fahrtziele nur Straßennamen angegeben sind und diese Angaben erst mit nachträglich erstellten Aufzeichnungen präzisiert werden (→ BFH vom 1. 3. 2012 – BStBl II S. 505).

– Mehrere Teilabschnitte einer einheitlichen beruflichen Reise können miteinander zu einer zusammenfassenden Eintragung verbunden werden, wenn die einzelnen aufgesuchten Kunden oder Geschäftspartner im Fahrtenbuch in der zeitlichen Reihenfolge aufgeführt werden (→ BFH vom 16. 3. 2006 – BStBl II 2006 S. 625).

– Der Übergang von der beruflichen zur privaten Nutzung des Fahrzeugs ist im Fahrtenbuch durch Angabe des bei Abschluss der beruflichen Fahrt erreichten Gesamtkilometerstands zu dokumentieren (→ BFH vom 16. 3. 2006 – BStBl II 2006 S. 625).

– Kann der Arbeitnehmer den ihm überlassenen Dienstwagen auch privat nutzen und wird über die Nutzung des Dienstwagens kein ordnungsgemäßes Fahrtenbuch geführt, ist der zu versteuernde geldwerte Vorteil nach der 1 %-Regelung zu bewerten. Eine Schätzung des Privatanteils anhand anderer Aufzeichnungen kommt nicht in Betracht (→ BFH vom 16. 11. 2005 – BStBl 2006 II S. 410).

→ Fahrtenbuch

Park and ride

Setzt der Arbeitnehmer ein ihm überlassenes Kraftfahrzeug bei den Fahrten zwischen Wohnung und erster Tätigkeitsstätte oder bei Familienheimfahrten nur für eine Teilstrecke ein, weil er regelmäßig die andere Teilstrecke mit öffentlichen Verkehrsmitteln zurücklegt, so ist der Ermittlung des pauschalen Nutzungswerts (Zuschlags) die gesamte Entfernung zugrunde zu legen. Es ist nicht zu beanstanden, den Zuschlag auf der Grundlage der Teilstrecke zu ermitteln, die mit dem betrieblichen Kraftfahrzeug tatsächlich zurückgelegt wurde, wenn

– das Kraftfahrzeug vom Arbeitgeber nur für diese Teilstrecke zur Verfügung gestellt worden ist und der Arbeitgeber die Einhaltung seines Verbots überwacht (→ BMF vom 28. 5. 1996 – BStBl I S. 654) oder

– für die restliche Teilstrecke ein Nachweis über die Benutzung eines anderen Verkehrsmittels erbracht wird, z. B. eine auf den Arbeitnehmer ausgestellte Jahres-Bahnfahrkarte vorgelegt wird (→ BFH vom 4. 4. 2008 – BStBl II S. 890, → BMF vom 1. 4. 2011 – BStBl I S. 301, Rdnr. 17).

Anhang 25 III

Anhang 25 II

Sammelpunkt

→ Allgemeines

Schätzung des Privatanteils

Kann der Arbeitnehmer den ihm überlassenen Dienstwagen auch privat nutzen und wird über die Nutzung des Dienstwagens kein ordnungsgemäßes Fahrtenbuch geführt, ist der zu versteuernde geldwerte Vorteil nach der 1 %-Regelung zu bewerten. Eine Schätzung des Privatanteils anhand anderer Aufzeichnungen kommt nicht in Betracht (→ BFH vom 16. 11. 2005 – BStBl 2006 II S. 410).

Schutzbrief

Übernimmt der Arbeitgeber die Beiträge für einen auf seinen Arbeitnehmer ausgestellten Schutzbrief, liegt darin die Zuwendung eines geldwerten Vorteils, der nicht von der Abgeltungswirkung der 1 %-Regelung erfasst wird (→ BFH vom 14. 9. 2005 – BStBl 2006 II S. 72).

Straßenbenutzungsgebühren

Übernimmt der Arbeitgeber die Straßenbenutzungsgebühren für die mit einem Firmenwagen unternommenen Privatfahrten seines Arbeitnehmers, liegt darin die Zuwendung eines geldwerten Vorteils, der nicht von der Abgeltungswirkung der 1 %-Regelung erfasst wird (→ BFH vom 14. 9. 2005 – BStBl 2006 II S. 72).

Überlassung eines betrieblichen Kraftfahrzeugs zu Familienheimfahrten

– Überlässt der Arbeitgeber oder aufgrund des Dienstverhältnisses ein Dritter dem Arbeitnehmer ein Kraftfahrzeug unentgeltlich zu wöchentlichen Familienheimfahrten im Rahmen einer beruflich veranlassten doppelten Haushaltsführung, so ist insoweit der Nutzungswert steuerlich nicht zu erfassen (→ § 8 Abs. 2 Satz 5 EStG).

– Wird das Kraftfahrzeug zu mehr als einer Familienheimfahrt wöchentlich genutzt, so ist für jede Familienheimfahrt ein pauschaler Nutzungswert in Höhe von 0,002 % des inländischen Listenpreises des Kraftfahrzeugs für jeden Kilometer der Entfernung zwischen dem Beschäftigungsort und dem Ort des eigenen Hausstands anzusetzen und dem Arbeitslohn zuzurechnen. Anstelle des pauschalen Nutzungswerts kann der Arbeitgeber den Nutzungswert mit den Aufwendungen für das Kraftfahrzeug ansetzen, die auf die zu erfassenden Fahrten entfallen, wenn die für das Kraftfahrzeug insgesamt entstehenden Aufwendungen durch Belege und das Verhältnis der privaten zu den übrigen Fahrten durch ein ordnungsgemäßes Fahrtenbuch nachgewiesen werden → Arbeitgeber-Merkblatt vom 1. 1. 1996 – BStBl 1995 I S. 719, Tz. 37).

   → Arbeitgebermerkblatt

Überlassung mehrerer Kraftfahrzeuge

– Stehen einem Arbeitnehmer gleichzeitig mehrere Kraftfahrzeuge zur Verfügung, so ist bei der pauschalen Nutzungswertermittlung für jedes Fahrzeug die private Nutzung mit monatlich 1 % des Listenpreises anzusetzen; dem privaten Nutzungswert kann der Listenpreis des überwiegend genutzten Kraftfahrzeugs zugrunde gelegt werden, wenn die Nutzung der Fahrzeuge durch andere zur Privatsphäre des Arbeitnehmers gehörende Personen so gut wie ausgeschlossen ist. Dem Nutzungswert für Fahrten zwischen Wohnung und erster Tätigkeitsstätte ist stets der Listenpreis des überwiegend für diese Fahrten benutzten Kraftfahrzeugs

Anhang 25 III zugrunde zu legen (→ BMF vom 28. 5. 1996 – BStBl I S. 654, Tz. 2; diese Regelung bleibt von BFH vom 13. 6. 2013 unberührt → Fußnote 1 im BStBl 2014 II S. 340).

– Der Listenpreis des überwiegend genutzten Kraftfahrzeugs ist bei der pauschalen Nutzungswertermittlung auch bei einem Fahrzeugwechsel im Laufe eines Kalendermonats zugrunde zu legen (→ Arbeitgeber-Merkblatt vom 1. 1. 1996 – BStBl 1995 I S. 719, Tz. 21).

   → Arbeitgebermerkblatt

– Bei der individuellen Nutzungswertermittlung muss für jedes Kraftfahrzeug die insgesamt entstehenden Aufwendungen und das Verhältnis der privaten zu den übrigen Fahrten nachgewiesen werden (→ Arbeitgeber-Merkblatt vom 1. 1. 1996 – BStBl 1995 I S. 719, Tz. 22).

   → Arbeitgebermerkblatt

– Stehen einem Arbeitnehmer gleichzeitig mehrere Kraftfahrzeuge zur Verfügung und führt er nur für einzelne Kraftfahrzeuge ein ordnungsgemäßes Fahrtenbuch, so kann er für diese den privaten Nutzungswert individuell ermitteln, während der Nutzungswert für die anderen mit monatlich 1 % des Listenpreises anzusetzen ist (→ BFH vom 3. 8. 2000 – BStBl 2001 II S. 332).

Umwegstrecken

Überlassung von Dienstkraftwagen; Erfassung von Umwegstrecken für Fahrten zwischen Wohnung und Arbeitsstätte bei Anwendung der Fahrtenbuchregelung

(Erlaß des FinMin Niedersachsen vom 2. 12. 1996 – S 2334 – 57 – 35 –)

Es ist die Frage gestellt worden, ob bei der steuerlichen Erfassung von Fahrten zwischen Wohnung und Arbeitsstätte mit einem zur Verfügung gestellten Dienstkraftfahrzeug nach der individuellen Nutzungswertmethode die kürzeste benutzbare Straßenverbindung angesetzt werden kann, wenn wegen der Gefährdung des Arbeitnehmers aus Sicherheitsgründen eine andere und damit längere Fahrtstrecke gewählt wird.

Hierzu bitte ich folgende Auffassung zu vertreten: Sind bei Anwendung der Fahrtenbuchregelung nach § 8 Abs. 2 Satz 4 EStG die auf die Fahrten zwischen Wohnung und Arbeitsstätte[1] entfallenden tatsächlichen Kraftfahrzeugaufwendungen zu ermitteln, bestehen keine Bedenken, die Fahrstrecken auf der Grundlage der kürzesten benutzbaren Straßenverbindung zu ermitteln. Dies setzt allerdings voraus, daß der Arbeitnehmer konkret gefährdet ist und durch die zuständigen Sicherheitsbehörden der Gefährdungsstufe 1, 2 oder 3 zugeordnet ist.

---

[1] Jetzt: Fahrten zwischen Wohnung und erster Tätigkeitsstätte.

Der Ansatz der kürzesten benutzbaren Straßenverbindung bei der Nutzungswertfeststellung nach § 8 Abs. 2 Satz 4 EStG steht außerdem unter dem Vorbehalt, daß bei der Ermittlung der als Werbungskosten abziehbaren Aufwendungen des Arbeitnehmers für Fahrten zwischen Wohnung und Arbeitsstätte[1]) ebenfalls nur die kürzeste benutzbare Entfernung zugrundegelegt wird.

Dieser Erlaß ergeht im Einvernehmen mit dem Bundesministerium der Finanzen und den obersten Finanzbehörden der anderen Länder.

Vereinfachungsregelung

Bei der individuellen Nutzungswertermittlung im Laufe des Kalenderjahres bestehen keine Bedenken, wenn die Privatfahrten je Fahrtkilometer vorläufig mit 0,001 % des inländischen Listenpreises für das Kraftfahrzeug angesetzt werden (→ Arbeitgeber-Merkblatt vom 1. 1. 1996 – BStBl 1995 I S. 719, Tz. 24).
→ Arbeitgebermerkblatt

Verzicht auf Schadensersatz

Verzichtet der Arbeitgeber gegenüber dem Arbeitnehmer auf Schadensersatz nach einem während einer beruflichen Fahrt alkoholbedingt entstandenen Schaden am auch zur privaten Nutzung überlassenen Firmen-PKW, so ist der dem Arbeitnehmer aus dem Verzicht entstehende Vermögensvorteil nicht durch die 1 %-Regelung abgegolten. Der als Arbeitslohn zu erfassende Verzicht auf Schadensersatz führt nur dann zu einer Steuererhöhung, wenn die Begleichung der Schadensersatzforderung nicht zum Werbungskostenabzug berechtigt. Ein Werbungskostenabzug kommt in Betracht, wenn das auslösende Moment für den Verkehrsunfall die alkoholbedingte Fahruntüchtigkeit war (→ BFH vom 24. 5. 2007 – BStBl II S. 766).

Wechsel zur Fahrtenbuchmethode

Ein unterjähriger Wechsel zwischen der 1 %-Regelung und der Fahrtenbuchmethode für dasselbe Fahrzeug ist nicht zulässig (→ BFH vom 20. 3. 2014 – BStBl II S. 643).

Weiträumiges Tätigkeitsgebiet

→ Allgemeines

Werkstattwagen

– Die 1 %-Regelung gilt nicht für Fahrzeuge, die auf Grund ihrer objektiven Beschaffenheit und Einrichtung typischerweise so gut wie ausschließlich nur zur Beförderung von Gütern bestimmt sind (→ BFH vom 18. 12. 2008 – BStBl 2009 II S. 381).

– Ein geldwerter Vorteil für die Fahrten zwischen Wohnung und erster Tätigkeitsstätte ist nur dann nicht zu erfassen, wenn ein Arbeitnehmer ein Firmenfahrzeug ausschließlich an den Tagen für seine Fahrten zwischen Wohnung und erster Tätigkeitsstätte erhält, an denen es erforderlich werden kann, dass er dienstliche Fahrten von der Wohnung aus antritt, z. B. beim Bereitschaftsdienst in Versorgungsunternehmen (→ BMF vom 28. 5. 1996 – BStBl I S. 654).   Anhang 25 III

Zuzahlungen des Arbeitnehmers   Anhang 25 V

– Beispiel zu Zuzahlungen des Arbeitnehmers zu den Anschaffungskosten eines ihm auch zur privaten Nutzung überlassenen betrieblichen Kraftfahrzeugs:

Der Arbeitnehmer hat im Jahr 01 zu den Anschaffungskosten eines Firmenwagens einen Zuschuss i. H. v. 10 000 € geleistet. Der geldwerte Vorteil beträgt jährlich 4 000 €. Ab Januar 03 wird ihm ein anderer Firmenwagen überlassen.

Der geldwerte Vorteil i. H. v. 4 000 € wird in den Jahren 01 und 02 um jeweils 4 000 € gemindert. Auf Grund der Überlassung eines anderen Firmenwagens ab 03 kann der verbleibende Zuzahlungsbetrag von 2 000 € nicht auf den geldwerten Vorteil dieses Firmenwagens angerechnet werden.

Bei Zuzahlungen des Arbeitnehmers zu Leasingsonderzahlungen ist entsprechend zu verfahren.

– → ***BMF vom 21. 9. 2017 (BStBl I S. 1336)***   Anhang 25 V

– → Nutzungsentgelt

---

[1]) Jetzt: Fahrten zwischen Wohnung und erster Tätigkeitsstätte.

R 8.2 **Bezug von Waren und Dienstleistungen (§ 8 Abs. 3 EStG)**

S 2334 (1) [1]Die steuerliche Begünstigung bestimmter Sachbezüge der Arbeitnehmer nach § 8 Abs. 3 EStG setzt Folgendes voraus:

1. [1]Die Sachbezüge müssen dem Arbeitnehmer auf Grund seines Dienstverhältnisses zufließen. [2]Steht der Arbeitnehmer im Kalenderjahr nacheinander oder nebeneinander in mehreren Dienstverhältnissen, sind die Sachbezüge aus jedem Dienstverhältnis unabhängig voneinander zu beurteilen. [3]Auf Sachbezüge, die der Arbeitnehmer nicht unmittelbar vom Arbeitgeber erhält, ist § 8 Abs. 3 EStG grundsätzlich nicht anwendbar.

2. [1]Die Sachbezüge müssen in der Überlassung von Waren oder in Dienstleistungen bestehen. [2]Zu den Waren gehören alle Wirtschaftsgüter, die im Wirtschaftsverkehr wie Sachen (§ 90 BGB) behandelt werden, also auch elektrischer Strom und Wärme. [3]Als Dienstleistungen kommen alle anderen Leistungen in Betracht, die üblicherweise gegen Entgelt erbracht werden.

3. [1]Auf Rohstoffe, Zutaten und Halbfertigprodukte ist die Begünstigung anwendbar, wenn diese mengenmäßig überwiegend in die Erzeugnisse des Betriebs eingehen. [2]Betriebs- und Hilfsstoffe, die mengenmäßig überwiegend nicht an fremde Dritte abgegeben werden, sind nicht begünstigt.

4. [1]Bei jedem einzelnen Sachbezug, für den die Voraussetzungen des § 8 Abs. 3 und des § 40 Abs. 1 oder Abs. 2 Satz 1 Nr. 1, 2 oder 5 Satz 1 EStG gleichzeitig vorliegen, kann zwischen der Pauschalbesteuerung und der Anwendung des § 8 Abs. 3 EStG (mit Bewertungsabschlag und Rabatt-Freibetrag) und der Anwendung des § 8 Abs. 2 EStG (ohne Bewertungsabschlag und Rabatt-Freibetrag) gewählt werden.

[2]Die Begünstigung gilt sowohl für teilentgeltliche als auch für unentgeltliche Sachbezüge. [3]Sie gilt deshalb z. B. für den Haustrunk im Brauereigewerbe, für die Freitabakwaren in der Tabakwarenindustrie und für die Deputate im Bergbau sowie in der Land- und Forstwirtschaft. [4]Nachträgliche Gutschriften sind als Entgeltsminderung zu werten, wenn deren Bedingungen bereits in dem Zeitpunkt feststehen, in dem der Arbeitnehmer die Sachbezüge erhält. [5]Zuschüsse eines Dritten sind nicht als Verbilligung zu werten, sondern ggf. als Lohnzahlungen durch Dritte zu versteuern.

(2) [1]Der steuerlichen Bewertung des Sachbezugs, der die Voraussetzungen des Absatzes 1 erfüllt, ist grundsätzlich der Endpreis (einschl. der Umsatzsteuer) zugrunde zu legen, zu dem der Arbeitgeber konkrete Ware oder Dienstleistung fremden Letztverbrauchern im allgemeinen Geschäftsverkehr am Ende von Verkaufsverhandlungen durchschnittlich anbietet. [2]Bei der Gewährung von Versicherungsschutz sind es die Beiträge, die der Arbeitgeber als Versicherer von fremden Versicherungsnehmern für diesen Versicherungsschutz durchschnittlich verlangt. [3]Tritt der Arbeitgeber mit Letztverbrauchern außerhalb des Arbeitnehmerbereichs nicht in Geschäftsbeziehungen, ist grundsätzlich der Endpreis zugrunde zu legen, zu denen der dem Abgabeort des Arbeitgebers nächstansässige Abnehmer die konkrete Ware oder Dienstleistung fremden Letztverbrauchern anbietet. [4]Dies gilt auch in den Fällen, in denen der Arbeitgeber nur als Kommissionär tätig ist. [5]R 8.1 Abs. 2 Satz 2 ist sinngemäß anzuwenden. [6]Für die Preisfeststellung ist grundsätzlich jeweils der Kalendertag maßgebend, an dem die Ware oder Dienstleistung an den Arbeitnehmer abgegeben wird. [7]Fallen Bestell- und Liefertag auseinander, sind die Verhältnisse am Bestelltag für die Ermittlung des Angebotspreises maßgebend. [8]Der um 4 % geminderte Endpreis ist der Geldwert des Sachbezugs; als Arbeitslohn ist der Unterschiedsbetrag zwischen diesem Geldwert und dem vom Arbeitnehmer gezahlten Entgelt anzusetzen. [9]Arbeitslöhne dieser Art aus demselben Dienstverhältnis bleiben steuerfrei, soweit sie insgesamt den Rabatt-Freibetrag nach § 8 Abs. 3 EStG nicht übersteigen.

H 8.2 **Hinweise**

Abschlussgebühr

Lohnsteuerliche Behandlung ersparter Abschlußgebühren bei Abschluß eines Bausparvertrags

(BMF-Schreiben vom 28. 3. 1994, BStBl I S. 233)

Wenn Bausparkassen gegenüber ihren eigenen Mitarbeitern, gegenüber Arbeitnehmern von anderen Kreditinstituten oder gegenüber Arbeitnehmern von Versicherungsunternehmen und anderen Unternehmen beim Abschluß von Bausparverträgen zunächst auf die übliche Sondereinlage in Höhe von 1 v. H. der Bausparsumme und bei der Inanspruchnahme eines Bauspardarlehens auf die dann fällige Abschlußgebühr verzichten, gilt nach dem Ergebnis der Erörterung mit den obersten Finanzbehörden der Länder folgendes:

1. Der Verzicht auf die Sondereinlage beim Abschluß eines Bausparvertrags ist lohnsteuerlich ohne Bedeutung.

2. Der Abschluß eines Bausparvertrags ist eine Dienstleistung der Bausparkasse; der durch den Verzicht auf die Abschlußgebühr entstehende geldwerte Vorteil gehört zum Arbeitslohn.

3. Bei eigenen Arbeitnehmern der Bausparkassen handelt es sich um eine Dienstleistung i. S. des § 8 Abs. 3 EStG.

4. Bei Arbeitnehmern anderer Kreditinstitute, Arbeitnehmern von Versicherungsunternehmen und anderen Unternehmen ist nach dem BMF-Schreiben vom 27. September 1993 – IV B 6 – S 2334 – 152/93 – (BStBl I S. 814) sowie den entsprechenden Erlassen der obersten Finanzbehörden der Länder zu verfahren.

5. Soweit der Vorteil als Arbeitslohn versteuert wird, ist er der Zahlung einer Abschlußgebühr gleichzustellen und nach Maßgabe des § 10 EStG und des § 2 WoPG als Bausparbeitrag zu behandeln.

6. ...

Allgemeines

Die Regelung des § 8 Abs. 3 EStG gilt nicht für

– Waren, die der Arbeitgeber überwiegend für seine Arbeitnehmer herstellt, z. B. Kantinenmahlzeiten, oder überwiegend an seine Arbeitnehmer vertreibt und Dienstleistungen, die der Arbeitgeber überwiegend für seine Arbeitnehmer erbringt,

– Sachbezüge, die nach § 40 Abs. 1 oder Abs. 2 Nr. 1 oder 2 EStG pauschal versteuert werden.

In diesen Fällen ist die Bewertung nach § 8 Abs. 2 EStG vorzunehmen.

Anwendung des Rabatt-Freibetrags

Der Rabatt-Freibetrag findet Anwendung bei

– Waren oder Dienstleistungen, die vom Arbeitgeber hergestellt, vertrieben oder erbracht werden (→ BFH vom 15. 1. 1993 – BStBl II S. 356),

– Leistungen des Arbeitgebers, auch wenn sie nicht zu seinem üblichen Geschäftsgegenstand gehören (→ BFH vom 7. 2. 1997 – BStBl II S. 363),

– der verbilligten Abgabe von Medikamenten an die Belegschaft eines Krankenhauses, wenn Medikamente dieser Art mindestens im gleichen Umfang an Patienten abgegeben werden (→ BFH vom 27. 8. 2002 – BStBl II S. 881 und BStBl 2003 II S. 95),

– Waren, die ein Arbeitgeber im Auftrag und nach den Plänen und Vorgaben eines anderen produziert und damit Hersteller dieser Waren ist (→ BFH vom 28. 8. 2002 – BStBl 2003 II S. 154 betr. Zeitungsdruck),

– Waren, die ein Arbeitgeber auf eigene Kosten nach seinen Vorgaben und Plänen von einem Dritten produzieren lässt oder zu deren Herstellung er damit vergleichbare sonstige gewichtige Beiträge erbringt (→ BFH vom 1. 10. 2009 – BStBl 2010 II S. 204),

– verbilligter Überlassung einer Hausmeisterwohnung, wenn der Arbeitgeber Wohnungen zumindest in gleichem Umfang an Dritte vermietet und sich die Hausmeisterwohnung durch ihre Merkmale nicht in einem solchen Maße von anderen Wohnungen unterscheidet, dass sie nur als Hausmeisterwohnung genutzt werden kann (→ BFH vom 16. 2. 2005 – BStBl II S. 529).

– Überlassung eines zinslosen oder zinsverbilligten Arbeitgeberdarlehens, wenn Darlehen gleicher Art und zu gleichen Konditionen überwiegend an betriebsfremde Dritte vergeben werden (→ BMF vom 19. 5. 2015 – BStBl I S. 484). Anhang 42

– Mahlzeitengestellung im Rahmen einer Auswärtstätigkeit, wenn aus der Küche eines Flusskreuzfahrtschiffes neben den Passagieren auch die Besatzungsmitglieder verpflegt werden (→ BFH vom 21. 1. 2010 – BStBl II S. 700).

– Fahrvergünstigungen, die die Deutsche Bahn AG Ruhestandsbeamten des Bundeseisenbahnvermögens gewährt (→ BFH vom 26. 6. 2014 – BStBl 2015 II S. 39), soweit die übrigen Voraussetzungen des § 8 Abs. 3 EStG erfüllt sind.

Der Rabatt-Freibetrag findet keine Anwendung bei

– Arbeitgeberdarlehen, wenn der Arbeitgeber lediglich verbundenen Unternehmen Darlehen gewährt (→ BFH vom 18. 9. 2002 – BStBl 2003 II S. 371),

– Arbeitgeberdarlehen, wenn der Arbeitgeber Darlehen dieser Art nicht an Fremde vergibt (→ BFH vom 9. 10. 2002 – BStBl 2003 II S. 373 betr. Arbeitgeberdarlehen einer Landeszentralbank).

Aufteilung eines Sachbezugs

Die Aufteilung eines Sachbezugs zum Zwecke der Lohnsteuerpauschalierung ist nur zulässig, wenn die Pauschalierung der Lohnsteuer beantragt wird und die Pauschalierungsgrenze des § 40 Abs. 1 Satz 3 EStG überschritten wird BMF vom 19. 5. 2015 – BStBl I S. 484).

Anhang 42 **Berechnung des Rabatt-Freibetrags**

Beispiel 1:

Ein Möbelhandelsunternehmen überlässt einem Arbeitnehmer eine Schrankwand zu einem Preis von 3 000 €; der durch Preisauszeichnung angegebene Endpreis dieser Schrankwand beträgt 4 500 €.

Zur Ermittlung des Sachbezugswerts ist der Endpreis um 4 % = 180 € zu kürzen, so dass sich nach Anrechnung des vom Arbeitnehmer gezahlten Entgelts ein Arbeitslohn von 1 320 € ergibt. Dieser Arbeitslohn überschreitet den Rabatt-Freibetrag von 1 080 € um 240 €, so dass dieser Betrag zu versteuern ist.

Würde der Arbeitnehmer im selben Kalenderjahr ein weiteres Möbelstück unter denselben Bedingungen beziehen, so käme der Rabatt-Freibetrag nicht mehr in Betracht; es ergäbe sich dann ein zu versteuernder Betrag von 1 320 € (Unterschiedsbetrag zwischen dem um 4 % = 180 € geminderten Endpreis von 4 500 € und dem Abgabepreis von 3 000 €).

Beispiel 2:

Der Arbeitnehmer eines Reisebüros hat für eine vom Arbeitgeber vermittelte Pauschalreise, die im Katalog des Reiseveranstalters zum Preis von 2 000 € angeboten wird, nur 1 500 € zu zahlen. Vom Preisnachlass entfallen 300 € auf die Reiseleistung des Veranstalters und 200 € auf die Vermittlung des Arbeitgebers, der insoweit keine Vermittlungsprovision erhält.

Die unentgeltliche Vermittlungsleistung ist nach § 8 Abs. 3 EStG mit ihrem um 4 % = 8 € geminderten Endpreis von 200 € zu bewerten, so dass sich ein Arbeitslohn von 192 € ergibt, der im Rahmen des Rabatt-Freibetrags von 1 080 € jährlich steuerfrei ist.

Auf die darüber hinausgehende Verbilligung der Pauschalreise um 300 € ist der Rabatt-Freibetrag nicht anwendbar, weil die Reiseveranstaltung nicht vom Arbeitgeber durchgeführt wird; sie ist deshalb nach § 8 Abs. 2 EStG zu bewerten. Nach R 8.1 Abs. 2 Satz 3 kann der für die Reiseleistung maßgebende Preis mit 1 728 € (96 % von 1 800 €) angesetzt werden, so dass sich ein steuerlicher Preisvorteil von 228 € ergibt.

Dienstleistungen

Die leih- oder mietweise Überlassung von Grundstücken, Wohnungen, möblierten Zimmern oder von Kraftfahrzeugen, Maschinen und anderen beweglichen Sachen sowie die Gewährung von Darlehen sind Dienstleistungen (→ BFH vom 4. 11. 1994 – BStBl 1995 II S. 338).

Weitere Beispiele für Dienstleistungen sind:

– Beförderungsleistungen,
– Beratung,
– Datenverarbeitung,
– Kontenführung,
– Reiseveranstaltungen,
– Versicherungsschutz,
– Werbung.

Endpreis

– i. S. d. § 8 Abs. 3 EStG ist der am Ende von Verkaufsverhandlungen als letztes Angebot stehende Preis und umfasst deshalb auch die Rabatte (→ BFH vom 26. 7. 2012 – BStBl II S. 400).

Anhang 36 Zur Anwendung → BMF vom 16. 5. 2013 (BStBl I S. 729, Tz. 3.2),

Anhang 25 I – beim Erwerb von Kraftfahrzeugen vom Arbeitgeber in der Automobilbranche → BMF vom 18. 12. 2009 (BStBl 2010 I S. 20), unter Berücksichtigung der Änderung durch → BMF vom 16. 5. 2013 (BStBl I S. 729, Rdnr. 8),

Anhang 42 – bei Überlassung eines zinslosen oder zinsverbilligten Arbeitgeberdarlehens → BMF vom 19.5.2015 (BStBl I S. 484)

Steuerliche Behandlung von Arbeitgeberdarlehen
hier: Berücksichtigung von Darlehenskonditionen nach Vermittlung durch Internet-Vermittlungsportale und -Vergleichsportale

Bayerisches Landesamt für Steuern vom 7. 7. 2015 – S 2334.2.1-84/16 St32

Das BMF-Schreiben vom 19. 5. 2015 (BStBl 2015 I, S. 484) stellt ausführlich die steuerliche Behandlung von Arbeitgeberdarlehen dar. Die Grundsätze dieses Schreibens sind in allen offenen Fällen anzuwenden.

Da vermehrt entsprechende Anträge auf Erteilung einer Anrufungsauskunft nach § 42e EStG eingehen, wird ergänzend zu dem BMF-Schreiben vom 19. 5. 2015 (a. a. O.) auf folgenden besonderen Sachverhalt hingewiesen:

1. Sachverhalt

Banken und Sparkassen bieten Darlehen (insb. Baufinanzierungen) oftmals nicht nur vor Ort in den Geschäftsstellen, sondern auch über Vermittlungsportale und Vergleichsportale im Internet an.

Die Dienstleistung der Vermittlungsportale besteht ausschließlich in der Vermittlung von (Bau-)Finanzierungen zwischen der Bank und dem Kunden. Der Darlehensvertrag wird unmittelbar zwischen der Bank und dem vermittelten Kunden in der jeweiligen Geschäftsstelle der Bank abgeschlossen.

Die Darlehenskonditionen der Bank, die Kunden bei Abschluss einer (Bau-)Finanzierung über ein Internet-Vermittlungsportal angeboten werden, sind in der Regel günstiger als bei Darlehensabschluss direkt (d. h. ohne Einschaltung eines Vermittlungsportals) vor Ort in der Bankfiliale.

Beispiel:

Wohnungsbaudarlehen, Zinsbindung 10 Jahre, 2 % Tilgung, 5 % Sondertilgung, 60 % Beleihungswert

„Standardkondition" der Bank (ohne Einschaltung eines Vermittlungsportals) 1,90 %

Darlehenskondition der Bank bei Vermittlung durch Vermittlungsportal 1,60 %

Bisher wurde im Rahmen von Arbeitgeberdarlehen an Bankmitarbeiter in der Regel nur ein Nachlass von 4 % auf die „Standardkondition" der Bank gewährt (Mitarbeiterkondition im Beispielsfall: 1,90 % abzüglich Bewertungsabschlag 4 % = 1,82 %). Künftig sollen den Mitarbeitern auch (Bau-)Finanzierungsdarlehen zu den Darlehenskonditionen der Bank bei Vermittlung durch ein Vermittlungsportal (im Beispielsfall: 1,60 %) angeboten werden. Hierfür ermittelt die Bank die aktuellen Konditionen, die ein Kunde für ein vergleichbares Darlehen bei Vermittlung durch ein Vermittlungsportal unter den gleichen Bedingungen (Darlehenshöhe, Beleihungswert, Tilgung etc.) zahlen müsste. Diese Konditionen soll auch der Mitarbeiter erhalten. Ein (weiterer) Preisnachlass wird dem Mitarbeiter – nach den bisher bekannt gewordenen Sachverhalten – nicht gewährt.

2. Rechtliche Würdigung

Sowohl im Rahmen des Lohnsteuerabzugs als auch im Rahmen der Einkommensteuerveranlagung besteht eine Wahlmöglichkeit für die Ermittlung des geldwerten Vorteils/Zinsvorteils nach § 8 Abs. 2 Satz 1 oder Abs. 3 EStG (Rz. 23 des BMF-Schreibens vom 19. 5. 2015 (a. a. O.) i. V. m. BMF-Schreiben vom 16. 5. 2013, BStBl 2013 I S. 729).

2.1. Bewertung nach § 8 Abs. 3 EStG

Für die Bewertung nach § 8 Abs. 3 EStG gelten die Grundsätze der Rz. 15 ff. des BMF-Schreibens vom 19. 5. 2015 (a. a. O.). Demnach kann als Ausgangswert für die Ermittlung des geldwerten Vorteils nach § 8 Abs. 3 Satz 1 EStG der Preis zugrunde gelegt werden, zu dem der Arbeitgeber (hier: die Bank) die konkrete Ware oder Dienstleistung (hier: Darlehen) fremden Letztverbrauchern im allgemeinen Geschäftsverkehr am Ende von Verkaufsverhandlungen durchschnittlich anbietet.

Auf diesen Angebotspreis sind der gesetzliche Bewertungsabschlag von 4 % und der gesetzliche Rabatt-Freibetrag von 1 080 Euro anzuwenden (§ 8 Abs. 3 Satz 2 EStG).

Für den unter 1. dargestellten Sachverhalt bedeutet dies Folgendes:

Die Konditionen der durch das Vermittlungsportal vermittelten Darlehen können in die Berechnung der Vergleichskonditionen („Gesamtdurchschnittspreis") einbezogen werden. Im Rahmen des § 8 Abs. 3 EStG ist es aber – anders als bei § 8 Abs. 2 EStG (vgl. 2.2) – nicht möglich, ausschließlich auf die durchschnittlichen Konditionen der durch ein Vermittlungsportal vermittelten Darlehen abzustellen oder gar die absolut günstigsten Konditionen eines einzelnen vergleichbaren Darlehens zu berücksichtigen.

Vielmehr ist für die Bewertung des geldwerten Vorteils/Zinsvorteils nach § 8 Abs. 3 EStG aus den „Standardkonditionen" der Bank (ohne Einschaltung eines Vermittlungsportals) und den Darlehenskonditionen der Bank bei Vermittlung durch ein Vermittlungsportal ein Gesamtdurchschnittswert zu bilden. Maßgebend sind hier nicht die fiktiven Konditionen, die einem Kunden für ein durch ein Vermittlungsportal vermitteltes vergleichbares Darlehen gewährt worden wären, sondern nur die Konditionen von tatsächlich an fremde Dritte gewährten vergleichbaren Darlehen.

Dieser Wert ist der maßgebende Endpreis/Angebotspreis i. S. d. § 8 Abs. 3 EStG. Der um den gesetzlichen Bewertungsabschlag von 4 % geminderte Endpreis/Angebotspreis ist der Geldwert des Sachbezugs; als Arbeitslohn ist der Unterschiedsbetrag zwischen diesem Geldwert und dem vom Arbeitnehmer gezahlten Entgelt (tatsächlicher Zinssatz) anzusetzen, soweit er den Rabatt-Freibetrag von 1 080 Euro im Kalenderjahr übersteigt (§ 8 Abs. 3 Satz 2 EStG).

Der Arbeitgeber hat die Unterlagen für den ermittelten und der Lohnversteuerung zu Grunde gelegten Endpreis/Angebotspreis sowie die Berechnung des Zinsvorteils zu dokumentieren, als Belege zum Lohnkonto aufzubewahren und dem Arbeitnehmer auf Verlangen formlos mitzuteilen (Rz. 18 ff. des BMF-Schreibens vom 19. 5. 2015, a. a. O.).

2.2. Bewertung nach § 8 Abs. 2 Satz 1 EStG

Für die Bewertung nach § 8 Abs. 2 Satz 1 EStG gelten die Grundsätze der Rz. 5 ff. des BMF-Schreibens vom 19. 5. 2015 (a. a. O.). Demnach sind Sachbezüge nach § 8 Abs. 2 Satz 1 EStG mit den um übliche Preisnachlässe geminderten üblichen Endpreisen am Abgabeort anzusetzen; der pauschale Abschlag i. H. v. 4 % nach R 8.1 Abs. 2 Satz 3 LStR ist vorzunehmen.

Als üblicher Endpreis nach § 8 Abs. 2 Satz 1 EStG gilt auch der günstigste Preis für ein vergleichbares Darlehen mit nachgewiesener günstigster Marktkondition, zu der das Darlehen unter Einbeziehung allgemein zugänglicher Internetangebote (z. B. Internetangebote von Direktbanken) an Endverbraucher angeboten wird, ohne dass individuelle Preisverhandlungen im Zeitpunkt des Vertragsabschlusses berücksichtigt werden. Im Rahmen des § 8 Abs. 2 Satz 1 EStG ist es daher auch möglich, ausschließlich auf die durchschnittlichen Konditionen der durch Vermittlungsportale vermittelten Darlehen abzustellen oder gar die absolut günstigsten Konditionen eines einzelnen vergleichbaren Darlehens zu berücksichtigen. Der pauschale Abschlag i. H. v. 4 % nach R 8.1 Abs. 2 Satz 3 LStR kommt in diesen Fällen nicht zur Anwendung.

Es ist dabei auch zulässig, die Konditionen zugrunde zu legen, die einem Kunden für ein durch das Vermittlungsportal vermitteltes vergleichbares Darlehen gewährt worden wären, auch wenn ein entsprechendes Darlehen tatsächlich nicht zustande kommt (fiktive Konditionen). In dem unter 1. dargestellten Beispielsfall könnte daher – anders als bei § 8 Abs. 3 EStG – der (fiktive) Zinssatz von 1,60 % als Vergleichszinssatz herangezogen werden.

Der Arbeitgeber hat die Unterlagen für den ermittelten und der Lohnversteuerung zu Grunde gelegten Endpreis sowie die Berechnung der Zinsvorteile zu dokumentieren, als Belege zum Lohnkonto aufzubewahren und dem Arbeitnehmer auf Verlangen formlos mitzuteilen (Rz. 7 ff. des BMF-Schreibens vom 19. 5. 2015, a. a. O.).

...

Sachbezüge

Energie- und Wasserlieferungen

Lohnsteuerliche Behandlung der verbilligten Energielieferungen an Arbeitnehmer von Versorgungsunternehmen

(Erlaß des FinMin Niedersachsen vom 13. 12. 1999 – S 2334 – 96 – 35 –)

Aufgrund des Gesetzes zur Neuregelung des Energiewirtschaftsrechts vom 24. 4. 1998 (BGBl. I S. 730) ergeben sich Änderungen hinsichtlich der lohnsteuerrechtlichen Beurteilung der verbilligten Energielieferungen an die Arbeitnehmer der Versorgungsunternehmen, wenn die Arbeitnehmer nicht im Versorgungsgebiet ihres Arbeitgebers wohnen.

Es wird gebeten, hierzu folgende Auffassung zu vertreten:

Auch weiterhin kann bei der verbilligten Überlassung von Energie (Strom oder Gas) § 8 Abs. 3 EStG nur angewandt werden, wenn genau dieselbe Ware, die der Arbeitnehmer von einem Dritten erhält, vom Arbeitgeber zuvor hergestellt oder vertrieben worden ist (Nämlichkeit). Dabei ist unter „Vertreiben" in diesem Sinne nicht eine bloße Vermittlungsleistung zu verstehen – der Arbeitgeber muß die Dienstleistung als eigene erbringen (BFH-Urteil vom 7. 2. 1997,

BStBl II S. 363). Die Voraussetzung der Nämlichkeit ist erfüllt, wenn das Versorgungsunternehmen, das den Arbeitnehmer beliefert, diese Energie zuvor von dem Versorgungsunternehmen, bei dem der Arbeitnehmer beschäftigt ist, erhalten hat. Erhält jedoch das Versorgungsunternehmen, das den Arbeitnehmer mit Energie beliefert, seine Energielieferungen nicht unmittelbar durch das Versorgungsunternehmen, bei dem der Arbeitnehmer beschäftigt ist, ist der geldwerte Vorteil aus der verbilligten Energielieferung nach § 8 Abs. 2 EStG zu versteuern (vgl. BFH-Urteil vom 15. 1. 1993, BStBl II S. 356).

In den Fällen der sog. Durchleitung (= verhandelter Netzzugang gem. §§ 5, 6 EnWG) muß das örtliche Versorgungsunternehmen, in dessen Bereich der Arbeitnehmer wohnt, sein Versorgungsnetz dem anderen Versorgungsunternehmen – gegen Gebühr – zur Durchleitung von Strom zur Verfügung stellen. Ist dieses andere Versorgungsunternehmen der Arbeitgeber, ist die Voraussetzung des § 8 Abs. 3 EStG erfüllt, weil der Arbeitnehmer Strom erhält, der vom Arbeitgeber hergestellt oder vertrieben worden ist und von diesem unmittelbar an seinen Arbeitnehmer unter Zuhilfenahme des örtlichen Versorgungsunternehmens geliefert wird.

In den Fällen der sog. Netzzugangsalternative ist das Versorgungsunternehmen, in dessen Bereich der Arbeitnehmer wohnt, verpflichtet, den Strom abzunehmen, den dieser Arbeitnehmer bei einem anderen Versorgungsunternehmen gekauft hat (§ 7 Abs. 2 EnWG). Anschließend liefert das örtliche Versorgungsunternehmen diesen Strom an den Arbeitnehmer weiter. Auch bei dieser Alternative erhält das örtliche Versorgungsunternehmen tatsächlich den Strom des anderen Versorgungsunternehmens. Ist dieses andere Versorgungsunternehmen der Arbeitgeber, ist auch im Fall der Netzzugangsalternative nach § 7 Abs. 2 EnWG die Voraussetzung der Nämlichkeit und damit die Voraussetzung des § 8 Abs. 3 EStG erfüllt.

Diese Grundsätze gelten gleichermaßen für Arbeitgeber, die als Versorgungsunternehmen den Strom lediglich verteilen oder aber auch selbst Strom erzeugen. Sie sind hingegen nicht anzuwenden, wenn die entsprechende Energie tatsächlich nicht zwischen den Versorgungsunternehmen vertrieben, sondern nur als Rechnungsposten gehandelt wird.

Dieser Erlass ergeht im Einvernehmen mit dem Bundesministerium der Finanzen und den obersten Finanzbehörden der anderen Länder bundeseinheitlich. Es wird gebeten, die Finanzämter hiervon zu unterrichten.

Geldwerter Vorteil

1. Ob ein geldwerter Vorteil i. S. des § 8 Abs. 2 Satz 1 EStG durch die verbilligte Überlassung einer Ware oder Dienstleistung gegeben ist, ist allein anhand des üblichen Endpreises für die konkrete Ware oder Dienstleistung zu ermitteln.

2. Ein geldwerter Vorteil ist auch dann gegeben, wenn der übliche Endpreis für funktionsgleiche und qualitativ gleichwertige Waren oder Dienstleistungen anderer Hersteller oder Dienstleister geringer ist als der der konkreten Ware oder Dienstleistung, die verbilligt überlassen wird.

3. Ein Arbeitgeber, der den Abschluss von Versicherungsverträgen vermittelt, kann seinen Arbeitnehmern auch dadurch einen geldwerten Vorteil i. S. des § 8 Abs. 3 Satz 1 EStG gewähren, dass er im Voraus auf die ihm zustehende Vermittlungsprovision verzichtet, sofern das Versicherungsunternehmen aufgrund dieses Verzichts den fraglichen Arbeitnehmern den Abschluss von Versicherungsverträgen zu günstigeren Tarifen gewährt, als das bei anderen Versicherungsnehmern der Fall ist (→ BFH vom 30. 5. 2001 – VI R 123/00).

Energie- und Wasserlieferungen an Arbeitnehmer von Versorgungsunternehmen

(Verfügung der Senatsverwaltung für Finanzen Berlin vom 28. 1. 2005 – III A 4 – S 2334 – 1/05 –)

Auf der Basis des neugeregelten EnWG wurde am 13. 12. 1999 eine Verbändevereinbarung (VV II) geschlossen. Hierbei wurde bei den Leistungen auf dem Energiemarkt strikt zwischen der Netznutzung und der Stromlieferung getrennt. Der Kunde hatte danach grundsätzlich zwei Verträge abzuschließen – einen Stromlieferungsvertrag mit dem Energielieferanten/Händler und einen Netzzugangsvertrag mit dem Netzbetreiber. Als Folge dieser Verträge handelte es sich bei dem Strom, den der Kunde an seiner Zählerklemme abnahm, um solchen des Energielieferanten, den dieser im eigenen Namen und auf eigene Rechnung an den Kunden veräußerte. Der Netzbetreiber (z. B. das örtliche Versorgungsunternehmen) stellte lediglich die Netznutzung sicher. Das vom Kunden zu zahlende Gesamtentgelt setzte sich nach dieser Vereinbarung aus einem Entgelt für die Stromlieferung sowie einem Entgelt für die Netznutzung zusammen.

Bei der entsprechenden Umsetzung dieses Verfahrens sind die zwei Leistungen (Stromlieferung und Netznutzung) lohnsteuerlich gesondert zu beurteilen:

Stromlieferung

Steht der Strom, der auf Grund des Stromlieferungsvertrags an der Zählerklemme des Arbeitnehmers abgenommen wird, im Eigentum des stromliefernden Arbeitgebers und wird daher von diesem im eigenen Namen und auf eigene Rechnung veräußert, erfolgt eine unmittelbare Stromlieferung. Die entscheidende Voraussetzung für die Anwendung des § 8 Abs. 3 EStG ist damit bei der verbilligten Überlassung von Energie erfüllt, denn der Arbeitnehmer erhält den Strom unmittelbar von seinem Arbeitgeber.

Netznutzung

Für die Anwendung des § 8 Abs. 3 EStG auf die gesonderte Leistung in Form der Netznutzung ist die Voraussetzung, dass der örtliche Netzbetreiber Arbeitgeber des Kunden ist. Nur in diesem Fall erhält der Arbeitnehmer die Dienstleistung unmittelbar von seinem Arbeitgeber. Ist der örtliche Netzbetreiber jedoch nicht Arbeitgeber des Kunden, kann § 8 Abs. 3 EStG für die Leistung „Netznutzung" nicht in Betracht kommen. Dies gilt auch dann, wenn der Stromlieferant das vom Arbeitnehmer hierfür zu erbringende Netzentgelt im Namen und für Rechnung des Netzbetreibers vereinnahmen sollte.

„All-inclusive-Verträge"

Die in der VV II festgelegte Trennung hat sich jedoch in der Praxis nicht durchgesetzt. Vielmehr haben Stromhändler schon bald auch außerhalb des eigenen Netzgebietes sog. „All-inclusive-Verträge" einschließlich Netznutzung angeboten. Ein anderes Modell – das sog. „Doppelvertragsmodell" – hat vorgesehen, dass sich der Stromlieferant vom Netzbetreiber in einem Händler-Rahmenvertrag den Netzzugang einräumen lässt und die Netznutzung dem Kunden (auch dem eigenen Arbeitnehmer) als eigene Leistung verkauft. Diese Entwicklung ist in der Verbändevereinbarung vom 13. 12. 2001 (VV II plus) umgesetzt worden; sie hat die VV II seit dem 01. 01. 2002 abgelöst.

Danach hat der Stromlieferant bei Vorlage eines „All-inclusive-Vertrags" zur Stromversorgung eines Einzelkunden in einem anderen Netzgebiet Anspruch auf den zeitnahen Abschluss eines Netznutzungsvertrages mit dem örtlichen Netzbetreiber, d. h. zwischen Netzbetreiber und Kunden bestehen keine vertraglichen Beziehungen. Beim „All-inclusive-Vertrag" enthält der Stromlieferungsvertrag des Energieversorgungsunternehmens (EVU) mit seinem Endkunden (auch Arbeitnehmer) bereits die Netznutzung auch für den Fall, dass der Endkunde (oder der Arbeitnehmer) in einem anderen Netzgebiet wohnt. Damit kommt für den Arbeitnehmer eines EVU als Endkunde der Rabattfreibetrag nach § 8 Abs. 3 EStG für alle Leistungen in Betracht, auch wenn er außerhalb des Netzgebiets seines Arbeitgebers wohnt oder dessen Arbeitgeber als reiner Stromhändler kein eigenes Versorgungsnetz betreibt.

Fahrvergünstigungen

Lohnsteuerliche Behandlung der Gewährung von Fahrvergünstigungen an Mitarbeiter der Deutschen Bahngruppe (§ 8 EStG)

(Erlass des Hessischen FinMin vom 25. 2. 2002 – S 2334 A – 15 – II B 2a –)

Die obersten Finanzbehörden des Bundes und der Länder haben sich mit der Frage befasst, ob und ggf. wie ein Nachweis einer geringeren Privatnutzung geführt werden kann, wenn Arbeitnehmer von Unternehmen der Bahngruppe eine Jahresnetzkarte erhalten und der Vorteil individuell versteuert wird.

Es wird die Auffassung vertreten, dass Aufzeichnungen über die privaten und dienstlichen Fahrten nach dem Muster eines Fahrtenbuchs mangels objektiver Nachprüfbarkeit wenig glaubwürdig und deshalb nicht geeignet sind, einen geringeren Ansatz zu begründen. Beim Fahrtenbuch für ein Kraftfahrzeug können die Angaben zu den dienstlichen Fahrten zumindest theoretisch überprüft werden. Auf die Angaben zu den Privatfahrten kommt es nicht an, da sich diese ohne Weiteres aus dem Unterschied der belegbaren Gesamtfahrleistung und der belegbaren Dienstfahrten ergeben. Bei der Netzkarte lässt sich jedoch keine Gesamtfahrleistung belegen. Insofern kommt der Angabe der privaten Fahrten eine wesentliche Bedeutung für die Höhe des Nutzungsvorteils zu. Ob diese Angaben vollständig sind, lässt sich aber nicht überprüfen.

Es bestehen jedoch keine Bedenken, als geringeren Wert den Betrag anzusetzen, der sich ergibt, wenn von dem nach § 8 EStG maßgebenden Wert (96 % des Preises für eine Jahresnetzkarte abzüglich Eigenanteil) der Betrag abgezogen wird, der für die nachgewiesenen oder glaubhaft gemachten Fahrten zwischen Wohnung und Arbeitsstätte und Dienstfahrten unter Berücksichtigung des günstigsten Preises anzusetzen wäre.

Dieser Erlass ergeht im Einvernehmen mit dem Bundesministerium der Finanzen und den obersten Finanzbehörden der anderen Länder.

Reisen

Steuerliche Behandlung unentgeltlicher oder verbilligter Reisen bei Mitarbeitern von Reisebüros und Reiseveranstaltern

(BMF-Schreiben vom 14. 9. 1994, BStBl I S. 755)

Nach dem Ergebnis der Besprechung mit den obersten Finanzbehörden der Länder gilt für die lohnsteuerrechtliche Behandlung unentgeltlicher oder verbilligter Reisen der Mitarbeiter von Reisebüros und Reiseveranstaltern folgendes:

1. Die einem Arbeitnehmer vom Arbeitgeber unentgeltlich oder verbilligt verschaffte Reise gehört nicht zum Arbeitslohn, wenn die Reise im ganz überwiegenden betrieblichen Interesse des Arbeitgebers durchgeführt wird. Ein ganz überwiegendes betriebliches Interesse muß über das normale Interesse des Arbeitgebers, das ihn zur Lohnzahlung veranlaßt, deutlich hinausgehen. Dieses Interesse muß so stark sein, daß das Interesse des Arbeitnehmers an der Leistung vernachlässigt werden kann. Für die Teilnahme des Arbeitnehmers an der Reise müssen nachweisbare betriebsfunktionale Gründe bestehen.

2. Als Reisen im ganz überwiegenden betrieblichen Interesse des Arbeitgebers kommen in Betracht

   a) Reisen, denen ein unmittelbarer betrieblicher Anlaß zugrunde liegt, z. B. Verhandlungen mit einem Geschäftspartner des Arbeitgebers oder Durchführung eines bestimmten Auftrags wie die Vorbereitung von Reiseveranstaltungen oder von Objektbeschreibungen in Katalogen des Arbeitgebers (Dienstreisen),

   b) Reisen zur beruflichen Fortbildung des Arbeitnehmers (Fachstudienreisen).

3. Bei Reisen im Sinne der Nummer 2 Buchstabe a kann ein ganz überwiegendes betriebliches Interesse des Arbeitgebers nur dann angenommen werden, wenn die folgenden Voraussetzungen nebeneinander erfüllt sind:

   a) Die Reise wird auf Anordnung des Arbeitgebers durchgeführt.

   b) Die Reise ist für den Arbeitnehmer unentgeltlich.

   c) Die Reisetage sind grundsätzlich wie normale Arbeitstage mit beruflicher Tätigkeit ausgefüllt (BFH-Urteil vom 12. April 1979 – BStBl II S. 513).

   d) Die Reisetage werden auf den Urlaub des Arbeitnehmers nicht angerechnet.

4. Bei Reisen im Sinne der Nummer 2 Buchstabe b kann ein ganz überwiegendes betriebliches Interesse des Arbeitgebers (Abschnitt 74 LStR) nur dann angenommen werden, wenn die folgenden Voraussetzungen nebeneinander erfüllt sind:

   a) Der an der Reise teilnehmende Arbeitnehmer ist im Reisevertrieb oder mit der Reiseprogrammbeschreibung, -gestaltung oder -abwicklung beschäftigt.

   b) Der Arbeitgeber wertet die Teilnahme an der Reise als Arbeitszeit und rechnet jeden vollen Reisetag, der auf einen regelmäßigen Arbeitstag des teilnehmenden Arbeitnehmers entfällt, mit mindestens 6 Stunden auf die vereinbarte regelmäßige Arbeitszeit an.

   c) Der Reise liegt eine feste Programmgestaltung zugrunde, wobei das Programm auf die konkreten beruflichen Qualifikations- und Informationsbedürfnisse der in Buchstabe a genannten Arbeitnehmer zugeschnitten ist. Das Programm muß Fachveranstaltungen mit einer Gesamtdauer von mindestens 6 Stunden arbeitstäglich enthalten. Berufliche Programmpunkte können sein:

      – Kennenlernen der Leistungsträger der gesamten Organisation vor Ort,

      – Vorstellung verschiedener Unterkünfte und Unterkunftsbesichtigungen,

      – länderkundliche Referate, Zielgebietsschulung,

      – ortskundige Führungen,

      – Vorträge von Verkehrsämtern und Ausflugsveranstaltern,

      – eigene Recherchen nach Aufgabenstellung (Fallstudien, Gruppenarbeit),

      – regelmäßige Programmbesprechungen.

   d) Der Arbeitnehmer nimmt grundsätzlich an allen vorgesehenen fachlichen Programmpunkten teil und erstellt ein Protokoll über den Reiseverlauf.

   e) Der Arbeitnehmer nimmt keine Begleitperson mit, es sei denn, daß die Mitnahme einer Begleitperson aus zwingenden betrieblichen Gründen erforderlich ist.

5. Zum Nachweis seines ganz überwiegenden betrieblichen Interesses hat der Arbeitgeber folgende Unterlagen aufzubewahren und auf Verlangen vorzulegen:

   a) In den Fällen der Nummer 2 Buchstabe a Unterlagen, aus denen sich der Anlaß und der Arbeitsauftrag ergeben.

b) In den Fällen der Nummer 2 Buchstabe b

- die Einladung zur Fachstudienreise,

- Programmunterlagen,

- Bestätigungen über die Teilnahme des Arbeitnehmers an den fachlichen Programmpunkten,

- Protokoll des Arbeitnehmers über den Reiseverlauf,

- Teilnehmerliste.

6. Leistungen Dritter sind kein Arbeitslohn, wenn sie dem Arbeitnehmer im ganz überwiegenden betrieblichen Interesse des Arbeitgebers zugute kommen, d. h. wenn die in Nummern 2
bis 5 genannten Voraussetzungen erfüllt sind. Andernfalls ist die Frage, ob die Leistung des
Dritten Arbeitslohn darstellt und dem Lohnsteuerabzug unterliegt, nach den Grundsätzen
des BMF-Schreibens vom 27. September 1993 (BStBl I S. 814) zu beurteilen.

7. Schließt sich an eine Reise, die im ganz überwiegenden betrieblichen Interesse des Arbeitgebers liegt, ein privater Reiseaufenthalt an, so gehören die Leistungen für den Anschluß-
aufenthalt zum Arbeitslohn. Leistungen für die Hin- und Rückfahrt gehören nur in den Fällen der Nummer 2 Buchstabe b und nur dann zum Arbeitslohn, wenn der Anschlußaufent-
halt mehr als 10 v. H. der gesamten Reisezeit in Anspruch nimmt. Das gleiche gilt, wenn der
im ganz überwiegenden betrieblichen Interesse liegenden Reise ein privater Reiseaufenthalt vorgeschaltet ist.

Sachbezüge an ehemalige Arbeitnehmer

Sachbezüge, die dem Arbeitnehmer ausschließlich wegen seines früheren oder künftigen Dienstverhältnisses zufließen, sind nach § 8 Abs. 3 EStG zu bewerten (→ BFH vom 8. 11. 1996 – BStBl
1997 II S. 330)

Fahrvergünstigungen der Deutschen Bahn AG für Ruhestandsbeamte

OFD Frankfurt am Main vom 18. 7. 2017 – S 2334 A-16-St 212 –

Laut Verwaltungsauffassung sind weitere Zuwendungen und geldwerte Vorteile (z. B. steuerpflichtige Fahrtkostenzuschüsse, Freifahrtberechtigungen, Kontoführungsgebühren), die einem
Versorgungsempfänger zusätzlich zum laufenden Versorgungsbezug gewährt werden, als Versorgungsbezüge zu beurteilen.

Das Finanzgericht Köln hat mit Urteil vom 22.05.2013, Az. 7 K 3185/12, entgegen dieser Auffassung entschieden, dass der geldwerte Vorteil aus der freiwillig, ohne Rechtsanspruch erfolgten
Gewährung von Fahrvergünstigungen an Ruhestandsbeamte als laufender Arbeitslohn zu beurteilen sei und damit auch die Anwendung des Arbeitnehmer-Pauschbetrags in Betracht kommt.

Geklagt hatte ein Ruhestandbeamter des Bundeseisenbahnvermögens (BEV), der auf Veranlassung des BEV geldwerte Vorteile in Form von Fahrvergünstigungen durch die Deutsche Bahn
AG erhalten hatte.

Der BFH hat in seinem Revisionsurteil vom 26. 06. 2014, Az. VI R 41/13, BStBl II 2015, 39 entschieden, dass der geldwerte Vorteil Arbeitslohn im Sinne des § 19 Abs. 1 Satz 1 Nr. 2 EStG
i.V.m. § 8 Abs. 1 EStG darstellt. Es könne im Streitfall jedoch dahinstehen, ob der geldwerte Vorteil als Versorgungsbezug im Sinne des § 19 Abs. 2 EStG oder laufender Arbeitslohn zu qualifizieren sei, da die Einnahmen in diesem Fall nach § 8 Abs. 3 Satz 2 EStG steuerfrei seien.

Nach der Rechtsprechung des erkennenden Senats setzt § 8 Abs. 3 EStG nicht voraus, dass der
Sachbezug von dem Arbeitgeber eines gegenwärtigen Dienstverhältnisses stammen muss. Werden Sachbezüge für eine Beschäftigung gewährt und erfüllen sie damit den Lohnbegriff, so findet § 8 Abs. 3 EStG vielmehr unabhängig davon Anwendung, ob es sich um einen Sachbezug
aus einem gegenwärtigen, früheren oder zukünftigen Dienstverhältnis handelt (Senatsurteil
vom 08.11.1996, Az. VI R 100/95, BStBl II 1997, 330).

Entgegen der Auffassung des Finanzgerichts Köln finde § 8 Abs. 3 EStG auf Grund der Sonder-
vorschrift des § 12 Abs. 8 Deutsche Bahn Gründungsgesetzes (DBGrG) auch für die an die DB
AG zugewiesenen (Ruhestands-) Beamten Anwendung, sodass den Klägern als Ruhestandsbeamten des BEV jeweils ein Rabattfreibetrag in Höhe von 1.080 € zu gewähren sei. Die nach
§ 8 Abs. 3 Satz 2 EStG steuerfreien Einnahmen sind allerdings nicht im Rahmen des Altersentlastungsbetrags nach § 24a EStG zu berücksichtigen.

Sofern von Ruhestandsbeamten des BEV Einsprüche/Anträge vorliegen, weil das BEV im Lohnsteuerabzugsverfahren den Rabattfreibetrag nach § 8 Abs. 3 EStG für die gewährten Fahrvergünstigungen nicht oder nicht für alle Fahrvergünstigungen berücksichtigt haben soll und
daher im Veranlagungsverfahren eine nachträgliche Berücksichtigung des Rabattfreibetrags

nach § 8 Abs. 3 S. 2 EStG unter Berufung auf das BFH-Urteil vom 26.06.2014, Az. VI R 41/13 begehrt wird, **ist Folgendes zu beachten:**

Das BEV berücksichtigt den Rabattfreibetrag nach § 8 Abs. 3 EStG grundsätzlich auch bei Ruhestandsbeamten, soweit die gesetzlichen Voraussetzungen erfüllt sind.

Die Anwendung des Rabattfreibetrags ist nur dann möglich, wenn es sich um Waren oder Dienstleistungen handelt, die vom Arbeitgeber nicht überwiegend für den Bedarf seiner Arbeitnehmer hergestellt, vertrieben oder erbracht werden, d. h. der Rabattfreibetrag gilt nur bei Produkten, die so auch auf dem „freien Markt" erhältlich sind.

Bei den Fahrvergünstigungen **„Tagesticket M Fern F"** (= Freifahrten im Fernverkehr für Mitarbeiter bzw. Angehörige) und **„Tagesticket M Fern P"** (= Tickets für den Fernverkehr zu reduzierten Preisen für Mitarbeiter) handelt es sich jedoch um Produkte, die (lt. Bestätigung der Deutschen Bahn AG) in dieser Form nicht im normalen Kundenverkehr angeboten werden. So muss bei diesen Produkten beispielsweise eine Fahrtstrecke nicht angegeben werden, die Reise kann beliebig oft unterbrochen werden, es gibt keine Zugbindung. Ferner sind keine Zuschläge für die Nutzung des IC/EC bzw. ICE zu leisten.

Sofern die Anwendung des Rabattfreibetrags in Zusammenhang mit diesen beiden Produkten beantragt wird, ist dies abzulehnen.

Der geldwerte Vorteil ist zudem weiterhin als Versorgungsbezug zu beurteilen.

Einzelne Steuerpflichtige machen nun geltend, die Beförderungsleistung der Bahn an sich werde jedem anderen auch angeboten, sodass der Rabattfreibetrag generell anwendbar sei. Dem ist entgegenzuhalten, dass die Fahrkarte an sich das verbriefte Recht zur Inanspruchnahme einer bestimmten Leistung ist, d.h.die Konditionen der Dienstleistung (nicht hinsichtlich des Preises, sondern hinsichtlich Zugbindung, Nutzung bestimmter Züge etc.) spielen sehr wohl eine Rolle.

Auf diesen Grundsatz zielt auch die Wertermittlung des § 8 Abs. 3 EStG ab, die sich an den Endpreisen, zu denen der Arbeitgeber oder der dem Abgabeort nächstansässige Abnehmer die entsprechenden Waren oder Dienstleistungen fremden Letztverbrauchern im allgemeinen Geschäftsverkehr anbietet (§ 8 Abs. 3 Satz 1 EStG), orientiert.

Letztendlich wollte der BFH mit seinem Urteil (Az. VI R 41/13) eine Gleichstellung der (ehemaligen) Angestellten des Bundeseisenbahnvermögens mit den Angestellten der Deutschen Bahn erreichen. Auch diese können im Zusammenhang mit den oben genannten Produkten keinen Rabattfreibetrag geltend machen, da vergleichbare Produkte im allgemeinen Geschäftsverkehr nicht erhältlich sind.

Anhängige (BFH-)Verfahren:

Zu der Frage der Berücksichtigung des Rabattfreibetrags bei den Fahrvergünstigungen „Tagesticket M Fern F" und „Tagesticket M Fern P" sind in Hessen (unter den Aktenzeichen 4 K 1925/15 und 8 K 2175/15) und weiteren Bundesländern Klageverfahren anhängig.

- Mit Urteil vom 26.11.2015, Az. 10 K 3384/14 hat das FG München die Auffassung der Finanzverwaltung bezüglich der Nichtanwendung des Rabattfreibetrags bei der Fahrvergünstigung „Tagesticket M Fern F" bestätigt. Die Revision wurde nicht zugelassen.

- Im Verfahren 4 K 1925/15 hat das HFG mit Urteil vom 08.02.2017 allerdings entgegen der Verwaltungsauffassung entschieden. Das Revisionsverfahren wird unter dem Aktenzeichen VI R 23/17 geführt.

- Zudem hat das FG Nürnberg mit Urteil vom 01.12.2016, Az. 3 K 588/16 ebenfalls entgegen der bundeseinheitlich abgestimmten Rechtsauffassung entschieden, dass der Rabattfreibetrag nach § 8 Abs. 3 EStG auf die Fahrvergünstigung „Tagesticket M Fern F" anwendbar ist, obgleich dieses Produkt von der DB am freien Markt nicht angeboten wird. Nach Auffassung des FG Nürnberg stellen die Dienstleistungen der Deutschen Bahn AG die Beförderung von Personen und Waren auf der Schiene dar, unabhängig davon, mit welcher Fahrkarte und in welchem Tarif dies erfolgt. Abzustellen sei abstrakt auf die Beförderungsleistung, die die DB AG nicht nur an (frühere) Arbeitnehmer, sondern überwiegend an Dritte erbringt. Das FG Nürnberg hat die Revision wegen grundsätzlicher Bedeutung zugelassen. Das Revisionsverfahren ist unter dem Aktenzeichen **VI R 3/17** anhängig.

Sachbezüge von dritter Seite

- Erfassung und Bewertung

→ BMF vom 20.1.2015 (BStBl I S. 143)

Steuerliche Behandlung der Rabatte, die Arbeitnehmern von dritter Seite eingeräumt werden

(BMF-Schreiben vom 20. 1. 2015, BStBl I S. 143)

Der BFH hat mit Urteilen vom 18. Oktober 2012 – VI R 64/11 – BStBl II, S. 184 und vom 10. April 2014 – VI R 62/11 – BStBl II, S. 191 seine Rechtsprechung zur steuerlichen Behandlung der Rabatte, die Arbeitnehmern von dritter Seite eingeräumt werden, weiterentwickelt und konkretisiert.

Im Einvernehmen mit den obersten Finanzbehörden der Länder sind die Urteile unter Beachtung folgender Grundsätze über die entschiedenen Einzelfälle hinaus anzuwenden:

1 Preisvorteile, die Arbeitnehmern von dritter Seite eingeräumt werden, sind Arbeitslohn, wenn sie sich für den Arbeitnehmer als Frucht seiner Arbeit für den Arbeitgeber darstellen und wenn sie im Zusammenhang mit dem Dienstverhältnis stehen. Ein überwiegend eigenwirtschaftliches Interesse des Dritten schließt die Annahme von Arbeitslohndagegen in der Regel aus. Arbeitslohn liegt auch dann nicht vor, wenn und soweit der Preisvorteil auch fremden Dritten üblicherweise im normalen Geschäftsverkehr eingeräumt wird (z.B. Mengenrabatte).

2 Es spricht dafür, dass Preisvorteile zum Arbeitslohn gehören, wenn der Arbeitgeber an der Verschaffung dieser Preisvorteile aktiv mitgewirkt hat. Eine aktive Mitwirkung des Arbeitgebers in diesem Sinne liegt vor, wenn

a) aus dem Handeln des Arbeitgebers ein Anspruch des Arbeitnehmers auf den Preisvorteil entstanden ist oder

b) der Arbeitgeber für den Dritten Verpflichtungen übernommen hat, z.B. Inkassotätigkeit oder Haftung.

3 Einer aktiven Mitwirkung des Arbeitgebers in diesem Sinne steht gleich, wenn

a) zwischen dem Arbeitgeber und dem Dritten eine enge wirtschaftliche oder tatsächliche Verflechtung oder enge Beziehung sonstiger Art besteht, z.B. Organschaftsverhältnis, oder

b) dem Arbeitnehmer Preisvorteile von einem Unternehmen eingeräumt werden, dessen Arbeitnehmer ihrerseits Preisvorteile vom Arbeitgeber erhalten.

4 Eine aktive Mitwirkung des Arbeitgebers an der Verschaffung von Preisvorteilen ist nicht anzunehmen, wenn sich seine Beteiligung darauf beschränkt:

a) Angebote Dritter in seinem Betrieb z.B. am „schwarzen Brett", im betriebseigenen Intranet oder in einem Personalhandbuch bekannt zu machen oder

b) Angebote Dritter an die Arbeitnehmer seines Betriebs und eventuell damit verbundene Störungen des Betriebsablaufs zu dulden oder

c) die Betriebszugehörigkeit der Arbeitnehmer zu bescheinigen oder

d) Räumlichkeiten für Treffen der Arbeitnehmer mit Ansprechpartnern des Dritten zur Verfügung zu stellen.

5 An einer Mitwirkung des Arbeitgebers fehlt es auch dann, wenn bei der Verschaffung von Preisvorteilen allein eine vom Arbeitgeber unabhängige Selbsthilfeeinrichtung der Arbeitnehmer mitwirkt.

6 Die Mitwirkung des Betriebsrats oder Personalrats an der Verschaffung von Preisvorteilen durch Dritte ist für die steuerliche Beurteilung dieser Vorteile dem Arbeitgeber nicht zuzurechnen und führt allein nicht zur Annahme von Arbeitslohn. In den Fällen der Randziffern 2 und 3 wird die Zurechnung von Preisvorteilen zum Arbeitslohn jedoch nicht dadurch ausgeschlossen, dass der Betriebsrat oder Personalrat ebenfalls mitgewirkt hat.

7 Dieses Schreiben ist in allen offenen Fällen anzuwenden und ersetzt das BMF-Schreiben vom 27. September 1993 (BStBl I 1993, Seite814), welches hiermit aufgehoben wird.

– Einschaltung eines Dritten

Die Einschaltung eines Dritten ist für die Anwendung des § 8 Abs. 3 EStG unschädlich, wenn der Arbeitnehmer eine vom Arbeitgeber hergestellte Ware auf dessen Veranlassung und Rechnung erhält (→ BFH vom 4. 6. 1993 – BStBl II S. 687).

Vermittlungsprovision

– Ein Arbeitgeber, der den Abschluss von Versicherungsverträgen vermittelt, kann seinen Arbeitnehmern auch dadurch einen geldwerten Vorteil i. S. des § 8 Abs. 3 Satz 1 EStG gewähren, dass er im Voraus auf die ihm zustehende Vermittlungsprovision verzichtet, sofern das Versicherungsunternehmen aufgrund dieses Verzichts den fraglichen Arbeitnehmern den Abschluss von Versicherungsverträgen zu günstigeren Tarifen gewährt, als das bei anderen Versicherungsnehmern der Fall ist (→ BFH vom 30. 5. 2001 – BStBl 2002 II S. 230).

– Gibt der Arbeitgeber seine Provisionen, die er von Dritten für die Vermittlung von Versicherungsverträgen seiner Arbeitnehmer erhalten hat, an diese weiter, gewährt er Bar- und nicht Sachlohn (→ BFH vom 23. 8. 2007 – BStBl 2008 II S. 52).

Wahlrecht

Liegen die Voraussetzungen des § 8 Abs. 3 EStG vor, kann der geldwerte Vorteil wahlweise nach § 8 Abs. 2 EStG ohne Bewertungsabschlag und ohne Rabattfreibetrag oder mit diesen Abschlägen auf der Grundlage des Endpreises des Arbeitgebers nach § 8 Abs. 3 EStG bewertet werden (→ BFH vom 26.7.2012 – BStBl 2013 II S. 400 und 402). Dieses Wahlrecht ist sowohl im Lohnsteuerabzugsverfahren als auch im Veranlagungsverfahren anwendbar (→ BMF vom 16.5.2013 – BStBl I S. 729, Tz. 3.3).

Anhang 36

Waren und Dienstleistungen vom Arbeitgeber

– Die Waren oder Dienstleistungen müssen vom Arbeitgeber hergestellt, vertrieben oder erbracht werden (→ BFH vom 15. 1. 1993 – BStBl II S. 356).
– Es ist nicht erforderlich, dass die Leistung des Arbeitgebers zu seinem üblichen Geschäftsgegenstand gehört (→ BFH vom 7. 2. 1997 – BStBl II S. 363).

§ 9 Werbungskosten

EStG
S 2208
S 2350
S 2110–
S 2213

(1) [1]Werbungskosten sind Aufwendungen zur Erwerbung, Sicherung und Erhaltung der Einnahmen. [2]Sie sind bei der Einkunftsart abzuziehen, bei der sie erwachsen sind. [3]Werbungskosten sind auch

1. Schuldzinsen und auf besonderen Verpflichtungsgründen beruhende Renten und dauernde Lasten, soweit sie mit einer Einkunftsart in wirtschaftlichem Zusammenhang stehen. [2]Bei Leibrenten kann nur der Anteil abgezogen werden, der sich nach § 22 Nummer 1 Satz 3 Buchstabe a Doppelbuchstabe bb ergibt;
2. Steuern vom Grundbesitz, sonstige öffentliche Abgaben und Versicherungsbeiträge, soweit solche Ausgaben sich auf Gebäude oder auf Gegenstände beziehen, die dem Steuerpflichtigen zur Einnahmeerzielung dienen;
3. Beiträge zu Berufsständen und sonstigen Berufsverbänden, deren Zweck nicht auf einen wirtschaftlichen Geschäftsbetrieb gerichtet ist;
4. Aufwendungen des Arbeitnehmers für die Wege zwischen Wohnung und erster Tätigkeitsstätte. [2]Zur Abgeltung dieser Aufwendungen ist für jeden Arbeitstag, an dem der Arbeitnehmer die erste Tätigkeitsstätte aufsucht, eine Entfernungspauschale für jeden vollen Kilometer der Entfernung zwischen Wohnung und erster Tätigkeitsstätte von 0,30 Euro anzusetzen, höchstens jedoch 4 500 Euro im Kalenderjahr; ein höherer Betrag als 4 500 Euro ist anzusetzen, soweit der Arbeitnehmer einen eigenen oder ihm zur Nutzung überlassenen Kraftwagen benutzt. [3]Die Entfernungspauschale gilt nicht für Flugstrecken und Strecken mit steuerfreier Sammelbeförderung nach § 3 Nummer 32. [4]Für die Bestimmung der Entfernung ist die kürzeste Straßenverbindung zwischen Wohnung und erster Tätigkeitsstätte maßgebend; eine andere als die kürzeste Straßenverbindung kann zugrunde gelegt werden, wenn diese offensichtlich verkehrsgünstiger ist und vom Arbeitnehmer regelmäßig für die Wege zwischen Wohnung und erster Tätigkeitsstätte benutzt wird. [5]Nach § 8 Absatz 2 Satz 11 oder Absatz 3 steuerfreie Sachbezüge für Fahrten zwischen Wohnung und erster Tätigkeitsstätte mindern den nach Satz 2 abziehbaren Betrag; ist der Arbeitgeber selbst der Verkehrsträger, ist der Preis anzusetzen, den ein dritter Arbeitgeber an den Verkehrsträger zu entrichten hätte. [6]Hat ein Arbeitnehmer mehrere Wohnungen, so sind die Wege von einer Wohnung, die nicht der ersten Tätigkeitsstätte am nächsten liegt, nur zu berücksichtigen, wenn sie den Mittelpunkt der Lebensinteressen des Arbeitnehmers bildet und nicht nur gelegentlich aufgesucht wird.

S 2351

4a. Aufwendungen des Arbeitnehmers für beruflich veranlasste Fahrten, die nicht Fahrten zwischen Wohnung und erster Tätigkeitsstätte im Sinne des Absatzes 4 sowie keine Familienheimfahrten sind. [2]Anstelle der tatsächlichen Aufwendungen, die dem Arbeitnehmer durch die persönliche Benutzung eines Beförderungsmittels entstehen, können die Fahrtkosten mit den pauschalen Kilometersätzen angesetzt werden, die für das jeweils benutzte Beförderungsmittel (Fahrzeug) als höchste Wegstreckenentschädigung nach dem Bundesreisekostengesetz festgesetzt sind. [3]Hat ein Arbeitnehmer keine erste Tätigkeitsstätte (§ 9 Absatz 4) und hat er nach den dienst- oder arbeitsrechtlichen Festlegungen sowie den diese ausfüllenden Absprachen und Weisungen zur Aufnahme seiner beruflichen Tätigkeit dauerhaft denselben Ort oder dasselbe weiträumige Tätigkeitsgebiet typischerweise arbeitstäglich aufzusuchen, gilt Absatz 1 Satz 3 Nummer 4 und Absatz 2 für die Fahrten von der Wohnung zu diesem Ort oder dem zur Wohnung nächstgelegenen Zugang zum Tätigkeitsgebiet entsprechend. [4]Für die Fahrten innerhalb des weiträumigen Tätigkeitsgebietes gelten die Sätze 1 und 2 entsprechend.

S 2352 5. notwendige Mehraufwendungen, die einem Arbeitnehmer wegen einer beruflich veranlassten doppelten Haushaltsführung entstehen. [2]Eine doppelte Haushaltsführung liegt nur vor, wenn der Arbeitnehmer außerhalb des Ortes seiner ersten Tätigkeitsstätte einen eigenen Hausstand unterhält und auch am Ort der ersten Tätigkeitsstätte wohnt. [3]Das Vorliegen eines eigenen Hausstandes setzt das Innehaben einer Wohnung sowie eine finanzielle Beteiligung an den Kosten der Lebensführung voraus. [4]Als Unterkunftskosten für eine doppelte Haushaltsführung können im Inland die tatsächlichen Aufwendungen für die Nutzung der Unterkunft angesetzt werden, höchstens 1 000 Euro im Monat. [5]Aufwendungen für die Wege vom Ort der ersten Tätigkeitsstätte zum Ort des eigenen Hausstandes und zurück (Familienheimfahrt) können jeweils nur für eine Familienheimfahrt wöchentlich abgezogen werden. [6]Zur Abgeltung der Aufwendungen für eine Familienheimfahrt ist eine Entfernungspauschale von 0,30 Euro für jeden vollen Kilometer der Entfernung zwischen dem Ort des eigenen Hausstandes und dem Ort der ersten Tätigkeitsstätte anzusetzen. [7]Nummer 4 Satz 3 bis 5 ist entsprechend anzuwenden. [8]Aufwendungen für Familienheimfahrten mit einem dem Steuerpflichtigen im Rahmen einer Einkunftsart überlassenen Kraftfahrzeug werden nicht berücksichtigt.

5a. notwendige Mehraufwendungen eines Arbeitnehmers für beruflich veranlasste Übernachtungen an einer Tätigkeitsstätte, die nicht erste Tätigkeitsstätte ist. [2]Übernachtungskosten sind die tatsächlichen Aufwendungen für die persönliche Inanspruchnahme einer Unterkunft zur Übernachtung. [3]Soweit höhere Übernachtungskosten anfallen, weil der Arbeitnehmer eine Unterkunft gemeinsam mit Personen nutzt, die in keinem Dienstverhältnis zum selben Arbeitgeber stehen, sind nur diejenigen Aufwendungen anzusetzen, die bei alleiniger Nutzung durch den Arbeitnehmer angefallen wären. [4]Nach Ablauf von 48 Monaten einer längerfristigen beruflichen Tätigkeit an derselben Tätigkeitsstätte, die nicht erste Tätigkeitsstätte ist, können Unterkunftskosten nur noch bis zur Höhe des Betrags nach Nummer 5 angesetzt werden. [5]Eine Unterbrechung dieser beruflichen Tätigkeit an derselben Tätigkeitsstätte führt zu einem Neubeginn, wenn die Unterbrechung mindestens sechs Monate dauert.

S 2354 6. Aufwendungen für Arbeitsmittel, zum Beispiel für Werkzeuge und typische Berufskleidung. [2]Nummer 7 bleibt unberührt;

7. Absetzungen für Abnutzung und für Substanzverringerung und erhöhte Absetzungen. [2]§ 6 Absatz 2 Satz 1 bis 3 ist in Fällen der Anschaffung oder Herstellung von Wirtschaftsgütern entsprechend anzuwenden.

(2) [1]Durch die Entfernungspauschalen sind sämtliche Aufwendungen abgegolten, die durch die Wege zwischen Wohnung und erster Tätigkeitsstätte und durch die Familienheimfahrten veranlasst sind. [2]Aufwendungen für die Benutzung öffentlicher Verkehrsmittel können angesetzt werden, soweit sie den im Kalenderjahr insgesamt als Entfernungspauschale abziehbaren Betrag übersteigen. [3]Behinderte Menschen,

1. deren Grad der Behinderung mindestens 70 beträgt,

2. deren Grad der Behinderung weniger als 70, aber mindestens 50 beträgt und die in ihrer Bewegungsfähigkeit im Straßenverkehr erheblich beeinträchtigt sind,

können an Stelle der Entfernungspauschalen die tatsächlichen Aufwendungen für die Wege zwischen Wohnung und erster Tätigkeitsstätte und für die Familienheimfahrten ansetzen. [4]Die Voraussetzungen der Nummern 1 und 2 sind durch amtliche Unterlagen nachzuweisen.

(3) Absatz 1 Satz 3 Nummer 4 bis 5a sowie die Absätze 2 und 4a gelten bei den Einkunftsarten im Sinne des § 2 Absatz 1 Satz 1 Nummer 5 bis 7 entsprechend.

(4) [1]Erste Tätigkeitsstätte ist die ortsfeste betriebliche Einrichtung des Arbeitgebers, eines verbundenen Unternehmens (§ 15 des Aktiengesetzes) oder eines vom Arbeitgeber bestimmten Dritten, der der Arbeitnehmer dauerhaft zugeordnet ist. [2]Die Zuordnung im Sinne des Satzes 1 wird durch die dienst- oder arbeitsrechtlichen Festlegungen sowie die diese ausfüllenden Absprachen und Weisungen bestimmt. [3]Von einer dauerhaften Zuordnung ist insbesondere auszugehen, wenn der Arbeitnehmer unbefristet, für die Dauer des Dienstverhältnisses oder über einen Zeitraum von 48 Monaten hinaus an einer solchen Tätigkeitsstätte tätig werden soll. [4]Fehlt eine solche dienst- oder arbeitsrechtliche Festlegung auf eine Tätigkeitsstätte oder ist sie nicht eindeutig, ist erste Tätigkeitsstätte die betriebliche Einrichtung, an der der Arbeitnehmer dauerhaft

1. typischerweise arbeitstäglich tätig werden soll oder

2. je Arbeitswoche zwei volle Arbeitstage oder mindestens ein Drittel seiner vereinbarten regelmäßigen Arbeitszeit tätig werden soll.

[5]Je Dienstverhältnis hat der Arbeitnehmer höchstens eine erste Tätigkeitsstätte. [6]Liegen die Voraussetzungen der Sätze 1 bis 4 für mehrere Tätigkeitsstätten vor, ist diejenige Tätigkeitsstätte erste Tätigkeitsstätte, die der Arbeitgeber bestimmt. [7]Fehlt es an dieser Bestimmung oder ist sie nicht eindeutig, ist die der Wohnung örtlich am nächsten liegende Tätigkeitsstätte die erste Tätigkeitsstätte. [8]Als erste Tätigkeitsstätte gilt auch eine Bildungseinrichtung, die außerhalb eines Dienstverhältnisses zum Zwecke eines Vollzeitstudiums oder einer vollzeitigen Bildungsmaßnahme aufgesucht wird; die Regelungen für Arbeitnehmer nach Absatz 1 Satz 3 Nummer 4 und 5 sowie Absatz 4a sind entsprechend anzuwenden.

(4a) [1]Mehraufwendungen des Arbeitnehmers für die Verpflegung sind nur nach Maßgabe der folgenden Sätze als Werbungskosten abziehbar. [2]Wird der Arbeitnehmer außerhalb seiner Wohnung und ersten Tätigkeitsstätte beruflich tätig (auswärtige berufliche Tätigkeit), ist zur Abgeltung der ihm tatsächlich entstandenen, beruflich veranlassten Mehraufwendungen eine Verpflegungspauschale anzusetzen. [3]Diese beträgt

1. 24 Euro für jeden Kalendertag, an dem der Arbeitnehmer 24 Stunden von seiner Wohnung und ersten Tätigkeitsstätte abwesend ist,

2. jeweils 12 Euro für den An- und Abreisetag, wenn der Arbeitnehmer an diesem, einem anschließenden oder vorhergehenden Tag außerhalb seiner Wohnung übernachtet,

3. 12 Euro für den Kalendertag, an dem der Arbeitnehmer ohne Übernachtung außerhalb seiner Wohnung mehr als 8 Stunden von seiner Wohnung und der ersten Tätigkeitsstätte abwesend ist; beginnt die auswärtige berufliche Tätigkeit an einem Kalendertag und endet am nachfolgenden Kalendertag ohne Übernachtung, werden 12 Euro für den Kalendertag gewährt, an dem der Arbeitnehmer den überwiegenden Teil der insgesamt mehr als 8 Stunden von seiner Wohnung und der ersten Tätigkeitsstätte abwesend ist.

[4]Hat der Arbeitnehmer keine erste Tätigkeitsstätte, gelten die Sätze 2 und 3 entsprechend; Wohnung im Sinne der Sätze 2 und 3 ist der Hausstand, der den Mittelpunkt der Lebensinteressen des Arbeitnehmers bildet sowie eine Unterkunft am Ort der ersten Tätigkeitsstätte im Rahmen der doppelten Haushaltsführung. [5]Bei einer Tätigkeit im Ausland treten an die Stelle der Pauschbeträge nach Satz 3 länderweise unterschiedliche Pauschbeträge, die für die Fälle der Nummer 1 mit 120 sowie der Nummern 2 und 3 mit 80 Prozent der Auslandstagegelder nach dem Bundesreisekostengesetz vom Bundesministerium der Finanzen im Einvernehmen mit den obersten Finanzbehörden der Länder aufgerundet auf volle Euro festgesetzt werden; dabei bestimmt sich der Pauschbetrag nach dem Ort, den der Arbeitnehmer vor 24 Uhr Ortszeit zuletzt erreicht, oder, wenn dieser Ort im Inland liegt, nach dem letzten Tätigkeitsort im Ausland. [6]Der Abzug der Verpflegungspauschalen ist auf die ersten drei Monate einer längerfristigen beruflichen Tätigkeit an derselben Tätigkeitsstätte beschränkt. [7]Eine Unterbrechung der beruflichen Tätigkeit an derselben Tätigkeitsstätte führt zu einem Neubeginn, wenn sie mindestens vier Wochen dauert. [8]Wird dem Arbeitnehmer anlässlich oder während einer Tätigkeit außerhalb seiner ersten Tätigkeitsstätte vom Arbeitgeber oder auf dessen Veranlassung von einem Dritten eine Mahlzeit zur Verfügung gestellt, sind die nach den Sätzen 3 und 5 ermittelten Verpflegungspauschalen zu kürzen:

1. für Frühstück um 20 Prozent,

2. für Mittag- und Abendessen um jeweils 40 Prozent,

der nach Satz 3 Nummer 1 gegebenenfalls in Verbindung mit Satz 5 maßgebenden Verpflegungspauschale für einen vollen Kalendertag; die Kürzung darf die ermittelte Verpflegungspauschale nicht übersteigen. [9]Satz 8 gilt auch, wenn Reisekostenvergütungen wegen der zur Verfügung gestellten Mahlzeiten einbehalten oder gekürzt werden oder die Mahlzeiten nach § 40 Absatz 2 Satz 1 Nummer 1a pauschal besteuert werden. [10]Hat der Arbeitnehmer für die Mahlzeit ein Entgelt gezahlt, mindert dieser Betrag den Kürzungsbetrag nach Satz 8. [11]Erhält der Arbeitnehmer steuerfreie Erstattungen für Verpflegung, ist ein Werbungskostenabzug insoweit ausgeschlossen. [12]Die Verpflegungspauschalen nach den Sätzen 3 und 5, die Dreimonatsfrist nach den Sätzen 6 und 7 sowie die Kürzungsregelungen nach den Sätzen 8 bis 10 gelten entsprechend auch für den Abzug von Mehraufwendungen für Verpflegung, die bei einer beruflich veranlassten doppelten Haushaltsführung entstehen, soweit der Arbeitnehmer vom eigenen Hausstand im Sinne des § 9 Absatz 1 Satz 3 Nummer 5 abwesend ist; dabei ist für jeden Kalendertag innerhalb der Dreimonatsfrist, an dem gleichzeitig eine Tätigkeit im Sinne des Satzes 2 oder des Satzes 4 ausgeübt wird, nur der jeweils höchste in Betracht kommende Pauschbetrag abziehbar. [13]Die Dauer einer Tätigkeit im Sinne des Satzes 2 an dem Tätigkeitsort, an dem die doppelte Haushaltsführung begründet wurde, ist auf die Dreimonatsfrist anzurechnen, wenn sie ihr unmittelbar vorausgegangen ist.

(5) [1]§ 4 Absatz 5 Satz 1 Nummer 1 bis 4, 6b bis 8a, 10, 12 und Absatz 6 gilt sinngemäß. [2]*Die §§ 4j und* 6 Absatz 1 Nummer 1a *gelten* entsprechend.

[1)]

---

1) *Absatz 5 Satz 2 wurde durch das Gesetz gegen schädliche Steuerpraktiken im Zusammenhang mit Rechteüberlassungen neu gefasst und ist erstmals für Aufwendungen i. S. d. § 4j EStG i. d. F. des Artikels 1 des Gesetzes vom 27. 6. 2017 (BGBl. I S. 2074) anzuwenden, die nach dem 31. 12. 2017 entstehen → § 52 Abs. 16a EStG.*

(6) ¹Aufwendungen des Steuerpflichtigen für seine Berufsausbildung oder für sein Studium sind nur dann Werbungskosten, wenn der Steuerpflichtige zuvor bereits eine Erstausbildung (Berufsausbildung oder Studium) abgeschlossen hat oder wenn die Berufsausbildung oder das Studium im Rahmen eines Dienstverhältnisses stattfindet. ²Eine Berufsausbildung als Erstausbildung nach Satz 1 liegt vor, wenn eine geordnete Ausbildung mit einer Mindestdauer von 12 Monaten bei vollzeitiger Ausbildung und mit einer Abschlussprüfung durchgeführt wird. ³Eine geordnete Ausbildung liegt vor, wenn sie auf der Grundlage von Rechts- oder Verwaltungsvorschriften oder internen Vorschriften eines Bildungsträgers durchgeführt wird. ⁴Ist eine Abschlussprüfung nach dem Ausbildungsplan nicht vorgesehen, gilt die Ausbildung mit der tatsächlichen planmäßigen Beendigung als abgeschlossen. ⁵Eine Berufsausbildung als Erstausbildung hat auch abgeschlossen, wer die Abschlussprüfung einer durch Rechts- oder Verwaltungsvorschriften geregelten Berufsausbildung mit einer Mindestdauer von 12 Monaten bestanden hat, ohne dass er zuvor die entsprechende Berufsausbildung durchlaufen hat.

R 9.1 Werbungskosten

S 2354
(1) ¹Zu den Werbungskosten gehören alle Aufwendungen, die durch den Beruf veranlasst sind. ²Werbungskosten, die die Lebensführung des Arbeitnehmers oder anderer Personen berühren, sind nach § 9 Abs. 5 i. V. m. § 4 Abs. 5 Satz 1 Nr. 7 EStG insoweit nicht abziehbar, als sie nach der allgemeinen Verkehrsauffassung als unangemessen anzusehen sind. ³Dieses Abzugsverbot betrifft nur seltene Ausnahmefälle; die Werbungskosten müssen erhebliches Gewicht haben und die Grenze der Angemessenheit erheblich überschreiten, wie z. B. Aufwendungen für die Nutzung eines Privatflugzeugs zu einer Auswärtstätigkeit.

(2) ¹Aufwendungen für Ernährung, Kleidung und Wohnung sowie Repräsentationsaufwendungen sind in der Regel Aufwendungen für die Lebensführung i. S. d. § 12 Nr. 1 EStG. ²Besteht bei diesen Aufwendungen ein Zusammenhang mit der beruflichen Tätigkeit des Arbeitnehmers, ist zu prüfen, ob und in welchem Umfang die Aufwendungen beruflich veranlasst sind. ³Hierbei gilt Folgendes:

1. Sind die Aufwendungen so gut wie ausschließlich beruflich veranlasst, z. B. Aufwendungen für typische Berufskleidung (→ R 3.31), sind sie in voller Höhe als Werbungskosten abziehbar.

2. Sind die Aufwendungen nur zum Teil beruflich veranlasst und lässt sich dieser Teil der Aufwendungen nach objektiven Merkmalen leicht und einwandfrei von den Aufwendungen trennen, die ganz oder teilweise der privaten Lebensführung dienen, ist dieser Teil der Aufwendungen als Werbungskosten abziehbar; er kann ggf. geschätzt werden.

3. ¹Ein Abzug der Aufwendungen kommt insgesamt nicht in Betracht, wenn die – für sich gesehen jeweils nicht unbedeutenden – beruflichen und privaten Veranlassungsbeiträge so ineinander greifen, dass eine Trennung nicht möglich und eine Grundlage für die Schätzung nicht erkennbar ist. ²Das ist insbesondere der Fall, wenn es an objektivierbaren Kriterien für eine Aufteilung fehlt.

4. ¹Aufwendungen für die Ernährung gehören grundsätzlich zu den nach § 12 Nr. 1 EStG nicht abziehbaren Aufwendungen für die Lebensführung. ²Das Abzugsverbot nach § 12 Nr. 1 EStG gilt jedoch nicht für Verpflegungsmehraufwendungen, die z. B. als Reisekosten (→ R 9.6) oder wegen einer aus beruflichem Anlass begründeten doppelten Haushaltsführung (→ R 9.11) so gut wie ausschließlich durch die berufliche Tätigkeit veranlasst sind.

(3) Die Annahme von Werbungskosten setzt nicht voraus, dass im selben Kalenderjahr, in dem die Aufwendungen geleistet werden, Arbeitslohn zufließt.

(4) ¹Ansparleistungen für beruflich veranlasste Aufwendungen, z. B. Beiträge an eine Kleiderkasse zur Anschaffung typischer Berufskleidung, sind noch keine Werbungskosten; angesparte Beträge können erst dann abgezogen werden, wenn sie als Werbungskosten verausgabt worden sind. ²Hat ein Arbeitnehmer beruflich veranlasste Aufwendungen dadurch erspart, dass er entsprechende Sachbezüge erhalten hat, steht der Wert der Sachbezüge entsprechenden Aufwendungen gleich; die Sachbezüge sind vorbehaltlich der Abzugsbeschränkungen nach § 9 Abs. 1 Satz 3 Nr. 5, 7 und Abs. 5 EStG mit dem Wert als Werbungskosten abziehbar, mit dem sie als steuerpflichtiger Arbeitslohn erfasst worden sind. ³Steuerfreie Bezüge, auch soweit sie von einem Dritten – z. B. der Agentur für Arbeit – gezahlt werden, schließen entsprechende Werbungskosten aus.

(5) ¹Telekommunikationsaufwendungen sind Werbungskosten, soweit sie beruflich veranlasst sind. ²Weist der Arbeitnehmer den Anteil der beruflich veranlassten Aufwendungen an den Gesamtaufwendungen für einen repräsentativen Zeitraum von drei Monaten einzeln nach, kann dieser berufliche Anteil für den gesamten VZ zugrunde gelegt werden. ³Dabei können die Aufwendungen für das Nutzungsentgelt der Telefonanlage sowie für den Grundpreis der Anschlüsse entsprechend dem beruflichen Anteil der Verbindungsentgelte an den gesamten Verbindungsentgelten (Telefon und Internet) abgezogen werden. ⁴Fallen erfahrungsgemäß beruflich

veranlasste Telekommunikationsaufwendungen an, können aus Vereinfachungsgründen ohne Einzelnachweis bis zu 20 % des Rechnungsbetrags, jedoch höchstens 20 Euro monatlich als Werbungskosten anerkannt werden. [5]Zur weiteren Vereinfachung kann der monatliche Durchschnittsbetrag, der sich aus den Rechnungsbeträgen für einen repräsentativen Zeitraum von drei Monaten ergibt, für den gesamten VZ zugrunde gelegt werden. [6]Nach R 3.50 Abs. 2 steuerfrei ersetzte Telekommunikationsaufwendungen mindern den als Werbungskosten abziehbaren Betrag.

Hinweise

H9.1

Aktienoptionen

Erhält ein Arbeitnehmer von seinem Arbeitgeber nicht handelbare Aktienoptionsrechte, können die von ihm getragenen Aufwendungen im Zahlungszeitpunkt nicht als Werbungskosten berücksichtigt werden; sie mindern erst im Jahr der Verschaffung der verbilligten Aktien den geldwerten Vorteil. Verfällt das Optionsrecht, sind die Optionskosten im Jahr des Verfalls als vergebliche Werbungskosten abziehbar (→ BFH vom 3. 5. 2007 – BStBl II S. 647).

Arbeitsgerichtlicher Vergleich

Es spricht regelmäßig eine Vermutung dafür, dass Aufwendungen für aus dem Arbeitsverhältnis folgende zivil- und arbeitsgerichtliche Streitigkeiten einen den Werbungskostenabzug rechtfertigenden hinreichend konkreten Veranlassungszusammenhang zu den Lohneinkünften aufweisen. Dies gilt grundsätzlich auch, wenn sich Arbeitgeber und Arbeitnehmer über solche streitigen Ansprüche im Rahmen eines arbeitsgerichtlichen Vergleichs einigen (→ BFH vom 9. 2. 2012 – BStBl II S. 829).

Aufteilung von Aufwendungen bei mehreren Einkunftsarten

Erzielt ein Arbeitnehmer sowohl Einnahmen aus selbständiger al auch aus nichtselbständiger Arbeit, sind die durch diese Tätigkeiten veranlassten Aufwendungen den jeweiligen Einkunftsarten, ggf. nach einer im Schätzungswege vorzunehmenden Aufteilung der Aufwendungen, als Werbungskosten oder Betriebsausgaben zuzuordnen (→ BFH vom 10. 6. 2008 – BStBl II S. 937).

Aufteilungs- und Abzugsverbot

→ Gemischte Aufwendungen

Anhang 13

Auslandstätigkeit

Die auf eine Auslandstätigkeit entfallenden Werbungskosten, die nicht eindeutig den steuerfreien oder steuerpflichtigen Bezügen zugeordnet werden können, sind regelmäßig zu dem Teil nicht abziehbar, der dem Verhältnis der steuerfreien Einnahmen zu den Gesamteinnahmen während der Auslandstätigkeit entspricht (→ BFH vom 11. 2. 1993 – BStBl II S. 450 und vom 11. 2. 2009 – BStBl 2010 II S. 536 – zu Aufwendungen eines Referendars).

Soldaten, Polizeibeamte

Auslandseinsätze von Soldaten und Polizisten
Leistungen des Dienstherrn und Werbungskostenabzug

(Verfügung des Landesamts für Steuern und Finanzen Sachsen vom 2. 3. 2015 –
S 2350-62/21-212–)

I. Berufssoldaten und Soldaten auf Zeit

Berufssoldaten und Soldaten auf Zeit, die im Ausland eingesetzt werden, erhalten neben dem steuerpflichtigen inländischen Grundgehalt einen Auslandsverwendungszuschlag (AVZ) nach § 56 des Bundesbesoldungsgesetzes (BBesG) i. V. m. § 3 der Auslandsverwendungszuschlagsverordnung (AuslVZV). Dieser ist gem. § 3 Nr. 64 EStG steuerfrei.

Der AVZ wird in 6 Stufen, entsprechend den jeweiligen Belastungen und Erschwernissen im Einsatzgebiet, festgesetzt:

Stufe	Höhe des AVZ seit 12.02.2009
1	bis zu 30,00 EUR
2	46,00 EUR
3	62,00 EUR
4	78,00 EUR
5	94,00 EUR
6	110,00 EUR

Daneben erhalten die Soldaten anstelle von Auslandstagegeld zur Abgeltung von Verpflegungsmehraufwendungen eine Aufwandsvergütung gem. § 9 BRKG (i. d. R. 3,60 EUR pro Tag), die (nur) für die ersten drei Monate der Auslandtätigkeit steuerfrei nach § 3 Nr. 13 EStG ist.

Aufwendungen, die im Zusammenhang mit dieser Tätigkeit entstehen, sind nach Dienstreisegrundsätzen als Werbungskosten zu berücksichtigen. Dabei ist Folgendes zu beachten:

Verpflegungsmehraufwendungen

Bis einschließlich VZ 2013:

Für die ersten drei Monate können Verpflegungsmehraufwendungen in Höhe des für den jeweiligen Einsatzort geltenden Pauschbetrages berücksichtigt werden (Ländertabelle 2013: BMF-Schreiben vom 17. Dezember 2012, BStBl I 2013 S. 60). Die steuerfrei gezahlte Aufwandsvergütung ist gegenzurechnen.

Ab VZ 2014:

Für die ersten drei Monate können Verpflegungsmehraufwendungen in Höhe des für den jeweiligen Einsatzort geltenden Pauschbetrages berücksichtigt werden (Ländertabelle 2014: BMF-Schreiben vom 11. November 2013, BStBl I 2013 S. 1467 – Anhang 25 I LSt-Handbuch 2014). Soweit durch den Dienstherrn/Arbeitgeber oder einen von ihm beauftragten Dritten Mahlzeiten gestellt werden, sind die Verpflegungspauschalen anteilig zu kürzen (§ 9 Abs. 4a Satz 8 EStG). Zuzahlungen durch den Soldaten mindern die Kürzung entsprechend (§ 9 Abs. 4a Satz 10 EStG). Die steuerfrei gezahlte Aufwandsvergütung ist den Verpflegungsmehraufwendungen gegenzurechnen.

Unterkunftskosten, Heimfahrten

Aufwendungen fallen in der Regel nicht an, weil die Unterkunft von der Bundeswehr kostenlos zur Verfügung gestellt und Heimfahrten/-flüge kostenlos durchgeführt werden. Der geldwerte Vorteil ist nach § 3 Nr. 13 EStG steuerfrei.

Telefonkosten

Während der Dienstreise können nur beruflich veranlasste Telefonkosten berücksichtigt werden. Aufwendungen für private Telefonate gehören zu den Kosten der privaten Lebensführung (§ 12 Nr. 1 EStG).

Beschränkung des Werbungskostenabzugs

Die o. g. Aufwendungen sind im Verhältnis der steuerpflichtigen zu den steuerfreien Einnahmen während der Auslandtätigkeit aufzuteilen. Abziehbar sind die Aufwendungen nur insoweit, als sie auf die steuerpflichtigen Einnahmen entfallen (§ 3c Abs. 1 EStG). Bei der Verhältnisrechnung sind zur Vermeidung einer Doppelbelastung nur die steuerfreien Einnahmen zu berücksichtigen, die nicht bereits die Werbungskosten direkt gemindert haben.

...

2. Freiwillig Wehrdienstleistende

Personen, die mindestens 12 Monate freiwilligen Wehrdienst leisten, können ebenfalls zu Auslandseinsätzen herangezogen werden. Tz. 1 gilt in diesen Fällen sinngemäß. Zu beachten ist jedoch, dass der grundsätzlich bezogene Wehrsold nach § 3 Nr. 5 Buchstabe c EStG steuerfrei ist. Diese Steuerfreiheit gilt nicht für den Wehrdienstzuschlag und die Sachleistungen (vgl. hierzu auch Verfügung vom 8. November 2013, S2342-115/4-212).

3. Polizeibeamte

Beamte der Landespolizei und der Bundespolizei erhalten auch während eines Auslandseinsatzes (i. R. d. UN-Polizei) ihre regulären Dienstbezüge sowie weitere Leistungen, insbesondere ein von den Vereinten Nationen gezahltes Tagegeld („mission subsistence allowance" (MSA)), welches nach 30 Tagen gekürzt wird. Dieses Tagegeld gilt ausdrücklich die Aufwendungen für Verpflegung, Unterkunft und Nebenausgaben (z. B. Fahrten Wohnung – Arbeitsstätte) ab. Es ist steuerfrei gem. dem Abkommen über die Vorrechte und Befreiungen der Sonderorganisationen der Vereinten Nationen" vom 21. November 1947, BGBl. 1954 II S. 640.

Auslandstrennungsgeld nach den bundes- oder landesrechtlichen Reisekostenvorschriften steht den Polizisten nicht zu, allerdings wird der Auslandsverwendungszuschlag (vgl. Tz. 1) gezahlt. Darüber hinaus werden von der UN die Kosten der erstmaligen Hin- und der letzten Rückreise übernommen. Zwischenzeitliche Familienheimfahrten werden u. U. alle 2 Monate und nur für Verheiratete/eingetragene Lebenspartner übernommen.

4. Übersicht der gewährten Leistungen (soweit bekannt)

Leistungen	Soldaten	UN-Polizei	EU-Polizei
Unterkunft	• kostenlos	• keine kostenlose Übernachtung; • kein Übernachtungsgeld	• keine kostenlose Übernachtung; • steuerfreies Übernachtungsgeld
Verpflegung	• Truppenverpflegung (steuerfrei, § 3 Nr. 4 Buchstabe c EStG); ggf. Zuzahlung nötig	• keine	• keine
Auslandstagegeld	• steuerfreie Aufwandsvergütung nach § 9 BRKG: 3,60 EUR/Tag • nach 3 Monaten steuerpflichtig	• Tagegeld der UN (mission subsistence allowance (MSA)) • vermindert sich ab dem 31. Tag; • wird für die Dauer des Einsatzes (auch bei Heimaturlaub) gewährt • steuerfrei • kein Progressionsvorbehalt	• Anspruch auf Auslandstrennungsgeld
Familienheimflüge/-fahrten	• kostenlos durch Bundeswehr	• Reisebeihilfen (z. B. bei Verheirateten 1 Heimflug alle 2 Monate) • UN übernimmt Kosten für einmalige Hin- und Rückreise	• Reisebeihilfe (z. B. bei verheirateten Beschäftigten für 1 Heimflug alle 2 Monate)
Auslandsverwendungszuschlag (§ 56 BBesG)	• wird gewährt für Tage im Einsatzgebiet • steuerfrei § 3 Nr. 64 Satz EStG • Höhe: § 3 AuslVZV • wird zum Ausgleich der entstehenden Belastungen und erschwerenden Besonderheiten gewährt • kein unmittelbarer wirtschaftlicher Zusammenhang mit Werbungskosten für Verpflegungsmehraufwand • wird zum Ausgleich aller Belastungen und Erschwernisse gezahlt, anteilige Anrechnung bei den Werbungskosten		

5. Beispiele

Einsatz im Kosovo (KFOR) vom 1.1.2013 bis 30.6.2013 (181 Aufenthaltstage). Keine Heimfahrten. Die kürzere Abwesenheit an den An- und Abreisetagen wird aus Vereinfachungsgründen vernachlässigt.

Leistung	Soldat	UN-Polizei	EU-Polizei
vom steuerpflichtigen Grundgehalt (inkl. Sonderzuwendung, Urlaubsgeld) entfällt auf den Auslandseinsatz lt. Nachweis/Berechnung:	15 000,00 EUR	18 000,00 EUR	18 000,00 EUR
steuerfreier Auslandsverwendungszuschlag = Stufe 5, täglich 94,00 EUR x 181 Einsatztage	17 014,00 EUR	17 014,00 EUR	17 014,00 EUR

Leistung	Soldat	UN-Polizei	EU-Polizei
steuerfreie Truppenverpflegung (nicht direkt zuordenbar)	geldwerter Vorteil nach SvEV für 2013 (Vollverpflegung) abzüglich Zuzahlung: täglich: 7,46 EUR − 3,60 EUR = Rest: 3,86 EUR x 181 Tage = 698,66 EUR	keine	keine
Ermittlung Aufteilungsmaßstab: steuerpflichtiger Auslandslohn	15 000,00 EUR = 45,85 %	18 000,00 EUR = 51,40 %	18 000 EUR = 51,40 %
stfr. Auslandsverwendungszuschlag	17 014,00 EUR = 52,01 %	17 014,00 EUR = 48,60 %	17 014,00 EUR = 48,60 %
stfr. Sachbezug Verpflegung	698,66 EUR = 2,14 %	– –	– –
Gesamt	32 712,66 EUR = 100,00 %	35 014,00 EUR = 100,00 %	35 014,00 EUR = 100,00 %
steuerfreie Leistungen direkt zuordenbar	Aufwandsvergütung (erste 3 Monate): 3,60 EUR × 90 Tage = 324,00 EUR	UN-Tagegeld: erste 30 Tage: je 100,00 USD; ab 31.Tag je 71,00 $, gesamt 13 721,00 USD = 10 334,66 EUR[1]	Auslandstrennungsgeld (einschl. Übernachtungsgeld) lt. Nachweis 9 300,00 EUR
Werbungskosten			
Verpflegungspauschbetrag nach Auslandstabelle für Kosovo: 26,00 EUR x 90 Tage	2 340,00 EUR	2 340,00 EUR	2 340,00 EUR
Unterkunftskosten: lt. Nachweis, oder ggf. Schätzung	kostenlos	8 030,00 EUR	8 030,00 EUR
Telefonkosten: beruflicher Anteil lt. Nachweis oder Schätzung	170,00 EUR	170,00 EUR	170,00 EUR
Werbungskosten gesamt	2 510,00 EUR	10 540,00 EUR	10 540,00 EUR
abzgl. direkt zuordenbarer steuerfreier Ersatz	324,00 EUR	10 334,66 EUR	9 300,00 EUR
verbleiben	2 186,00 EUR	205,34 EUR	1 240,00 EUR
Davon abzugsfähig	**1 002,28 EUR (45,85 %)**	**105,55 EUR (51,40 %)**	**637,36 EUR (51,40 %)**

Rechtslage ab VZ 2014:

Einsatz im Kosovo (KFOR) vom 1.1.2014 bis 30.6.2014 (181 Aufenthaltstage). Keine Heimfahrten. Die kürzere Abwesenheit an den An- und Abreisetagen wird aus Vereinfachungsgründen vernachlässigt.

---

[1] Durchschnittlicher Umrechnungskurs 2013: 1 EUR = 0,7532 US-Dollar.

Leistung	Soldat	UN-Polizei	EU-Polizei
vom steuerpflichtigen Grundgehalt (inkl. Sonderzuwendung, Urlaubsgeld) entfällt auf den Auslandseinsatz lt. Nachweis/Berechnung:	15 000,00 EUR	18 000,00 EUR	18 000,00 EUR
steuerfreier Auslandsverwendungszuschlag = Stufe 5, täglich 94,00 EUR x 181 Einsatztage	17 014,00 EUR	17 014,00 EUR	17 014,00 EUR
steuerfreie Truppenverpflegung (nicht direkt zuordenbar)	geldwerter Vorteil nach SvEV für 2014 (Vollverpflegung) abzüglich Zuzahlung:	keine	keine
	täglich: 7,63 EUR – 3,60 EUR = Rest: 4,03 EUR x 181 Tage 729,43 EUR		
Ermittlung Aufteilungsmaßstab: steuerpflichtiger Auslandslohn	15 000,00 EUR = 45,81 %	18 000,00 EUR = 51,40 %	18 000 EUR = 51,40 %
stfr. Auslandsverwendungszuschlag	17 014,00 EUR = 51,96 %	17 014,00 EUR = 48,60 %	17 014,00 EUR = 48,60 %
stfr. Sachbezug Verpflegung	729,43 EUR = 2,23 %	– –	– –
Gesamt	32 743,43 EUR = 100,00 %	35 014,00 EUR = 100,00 %	35 014,00 EUR = 100,00 %
steuerfreie Leistungen direkt zuordenbar	Aufwandsvergütung (erste 3 Monate): 3,60 EUR × 90 Tage = 324,00 EUR	UN-Tagegeld: erste 30 Tage: je 100,00 USD; ab 31.Tag je 71,00 USD, gesamt 13 721,00 USD = 10 319,56 EUR	Auslandstrennungsgeld (einschl. Übernachtungsgeld) lt. Nachweis 9 300,00 EUR
Werbungskosten Verpflegungspauschbetrag nach Auslandstabelle für Kosovo: 26,00 EUR x 90 Tage	2 340,00 EUR	2 340,00 EUR	2.340,00 EUR
Abzgl. Kürzung wegen täglicher Gestellung von 3 Mahlzeiten (40 % + 40 % + 20 %) und Minderung der Kürzung um gezahltes Entgelt (3,60 EUR x 90 Tage = 324,00 EUR)	– 2 016,00 EUR	–	–
Unterkunftskosten: lt. Nachweis, oder ggf. Schätzung	kostenlos	8 030,00 EUR	8 030,00 EUR
Telefonkosten: beruflicher Anteil lt. Nachweis oder Schätzung	170,00 EUR	170,00 EUR	170,00 EUR
Werbungskosten gesamt	494,00 EUR	10 540,00 EUR	10 540,00 EUR
abzgl. direkt zuordenbarer steuerfreier Ersatz (z. B. Aufwandsvergütung, Tagegeld, . . .)	324,00 EUR	10 319,56 EUR	9 300,00 EUR
verbleiben	170,00 EUR	220,44 EUR	1 240,00 EUR
Davon abzugsfähig	**77,87 EUR** **(45,81 %)**	**113,31 EUR** **(51,40 %)**	**637,36 EUR** **(51,40 %)**

Autotelefon

Lohnsteuerliche Behandlung der Aufwendungen für ein Autotelefon

(Verfügung der OFD Frankfurt am Main vom 4. 3. 2003 – S 2354 A – 39 – St II 30 –)

Zur lohnsteuerlichen Behandlung der Aufwendungen im Zusammenhang mit der Benutzung eines Autotelefons gilt Folgendes:

1. Telefon in einem Fahrzeug des Arbeitgebers

Bei der Ermittlung des privaten Nutzungswerts eines dem Arbeitnehmer überlassenen Kraftfahrzeugs bleiben die Aufwendungen für ein Autotelefon einschließlich Freisprechanlage außer Ansatz (vgl. R 31 Abs. 9 Nr. 1 Satz 6 LStR[1])). Führt der Arbeitnehmer vom Autotelefon des Firmenwagens aus Privatgespräche, so ist dieser gleichwertige Vorteil nach § 3 Nr. 45 EStG steuerfrei. Dabei ist es ohne Bedeutung, in welchem Umfang der Arbeitnehmer das Autotelefon im Geschäftswagen privat nutzt. Selbst bei einer 100 %igen privaten Nutzung entsteht kein steuerpflichtiger geldwerter Vorteil (vgl. R 21e S. 1 LStR).

2. Telefon in einem Fahrzeug des Arbeitnehmers

a) Stellt der Arbeitnehmer dem Arbeitgeber die Aufwendungen für die Anschaffung, den Einbau und den Anschluss eines Autotelefons sowie die laufenden Gebühren für die Telefongespräche in Rechnung, so sind die Ersatzleistungen nach § 3 Nr. 50 EStG steuerfrei, wenn das Autotelefon so gut wie ausschließlich für betrieblich veranlasste Gespräche genutzt wird; andernfalls können die Gesprächsgebühren nach § 3 Nr. 50 EStG nur steuerfrei ersetzt werden, wenn die Aufwendungen für die beruflichen Gespräche im Einzelnen nachgewiesen werden.

Der Auslagenersatz kann pauschal ermittelt werden, wenn er regelmäßig wiederkehrt und der Arbeitnehmer für einen repräsentativen Zeitraum von drei Monaten den Einzelnachweis führt. Der Durchschnittsbetrag kann als pauschaler Auslagenersatz beibehalten werden, bis eine wesentliche Änderung der Verhältnisse eintritt (z. B. Änderung der Berufstätigkeit). Entstehen dem Arbeitnehmer erfahrungsgemäß beruflich veranlasste Telefonkosten, kann der Arbeitgeber 20 % der vom Arbeitnehmer vorgelegten Telefonrechnung, höchstens jedoch 20 EUR monatlich, als Auslagenersatz nach § 3 Nr. 50 EStG steuerfrei ersetzen (vgl. R 22 Abs. 2 LStR).

b) Soweit die Ausgaben für betrieblich veranlasste Telefongespräche nicht nach Buchst. a) vom Arbeitgeber steuerfrei ersetzt werden, können sie als Werbungskosten berücksichtigt werden. Weist der Arbeitnehmer den Anteil der beruflich veranlassten Aufwendungen an den Gesamtaufwendungen für einen repräsentativen Zeitraum von drei Monaten im Einzelnen nach, kann der Durchschnittsbetrag als beruflicher Anteil für den gesamten Veranlagungszeitraum zugrunde gelegt werden. Wenn dem betreffenden Arbeitnehmer erfahrungsgemäß beruflich veranlasste Telefonkosten entstehen, können alternativ aus Vereinfachungsgründen ohne Einzelnachweis bis zu 20 % des Rechnungsbetrages, jedoch höchstens 20 EUR monatlich als Werbungskosten anerkannt werden (vgl. R 33 Abs. 5 LStR).

Zu den Werbungskosten gehört auch der beruflich veranlasste Anteil der Absetzungen für Abnutzung (AfA) des Autotelefons. Bemessungsgrundlage für die AfA sind die Aufwendungen für die Anschaffung, den Einbau und den Anschluss des Autotelefons; als Nutzungsdauer ist ein Zeitraum von fünf Jahren zugrunde zu legen. Dabei kann für die Aufteilung der AfA derselbe Aufteilungsmaßstab angewandt werden, der bei der Aufteilung der laufenden Telefongebühren zugrunde gelegt wird. Betragen die Anschaffungskosten des Autotelefons ohne Umsatzsteuer bis zu 410 EUR, kann der beruflich veranlasste Anteil an den Anschaffungskosten des Autotelefons in voller Höhe im Jahr der Anschaffung als Werbungskosten berücksichtigt werden.

Vorstehendes gilt sinngemäß für andere Mobiltelefone.

Berufliche Veranlassung

Eine berufliche Veranlassung setzt voraus, dass objektiv ein → Zusammenhang mit dem Beruf besteht und in der Regel subjektiv die Aufwendungen zur Förderung des Berufs gemacht werden (→ BFH vom 28. 11. 1980 – BStBl 1981 II S. 368).

Berufskraftfahrer, Weiterbildung

→ H 9.2

---

[1]) Jetzt R 8.1 Abs. 9 Nr. 1 Satz 6 LStR.

Berufskrankheit

Aufwendungen zur Wiederherstellung der Gesundheit können dann beruflich veranlasst sein, wenn es sich um eine typische Berufskrankheit handelt oder der Zusammenhang zwischen der Erkrankung und dem Beruf eindeutig feststeht (→ BFH vom 11.7.2013 – BStBl II S. 815).

Beteiligung am Arbeitgeberunternehmen

Schuldzinsen für Darlehen mit denen Arbeitnehmer den Erwerb von Gesellschaftsanteilen an ihrer Arbeitgeberin finanzieren, um damit die arbeitsvertragliche Voraussetzung für die Erlangung einer höher dotierten Position zu erfüllen, sind regelmäßig nicht bei den Einkünften aus nichtselbständiger Arbeit als Werbungskosten zu berücksichtigen (→ BFH vom 5. 4. 2006 – BStBl II S. 654).

Bewirtungskosten

– *Aufwendungen für die Feier eines Arbeitnehmers anlässlich eines persönlichen Ereignisses (z. B. Geburtstag) sind regelmäßig auch durch die gesellschaftliche Stellung veranlasst und nicht als Werbungskosten abziehbar (→ BFH vom 19.2.1993 – BStBl II S. 403 und vom 15.7.1994 – BStBl II S. 896). Allerdings kann sich trotz des herausgehobenen persönlichen Ereignisses aus den übrigen Umständen des einzelnen Falls ergeben, dass die Kosten für eine solche Feier ausnahmsweise ganz oder teilweise beruflich veranlasst sind (→ BFH vom 10.11.2016 – BStBl 2017 II S. 409).*

– Bewirtungskosten, die einem Offizier für einen Empfang aus Anlass der Übergabe der Dienstgeschäfte (Kommandoübergabe) und der Verabschiedung in den Ruhestand entstehen, können als Werbungskosten zu berücksichtigen sein (→ BFH vom 11. 1. 2007 – BStBl II S. 317).

– Bewirtungsaufwendungen eines angestellten Geschäftsführers mit variablen Bezügen anlässlich einer ausschließlich für Betriebsangehörige im eigenen Garten veranstalteten Feier zum 25-jährigen Dienstjubiläum können Werbungskosten sein (→ BFH vom 1. 2. 2007 – BStBl II S. 459).

– Beruflich veranlasste Bewirtungskosten können ausnahmsweise auch dann vorliegen, wenn der Arbeitnehmer nicht variabel vergütet wird (→ BFH vom 24. 5. 2007 – BStBl II S. 721).

– *Aufwendungen für eine betriebsinterne Feier anlässlich eines berufsbezogenen Ereignisses (z. B. Dienstjubiläum) können (nahezu) ausschließlich beruflich veranlasst und damit als Werbungskosten zu berücksichtigen sein, wenn der Arbeitnehmer die Gäste nach abstrakten berufsbezogenen Kriterien einlädt (→ BFH vom 20.1.2016 – BStBl II S. 744).*

– Bewirtungskosten sind nur in Höhe von 70 % als Werbungskosten abzugsfähig (→ § 4 Abs. 5 Satz 1 Nr. 2 i. V. m. § 9 Abs. 5 EStG). Diese Abzugsbeschränkung gilt nur, wenn der Arbeitnehmer Bewirtender ist (→ BFH vom 19. 6. 2008 – BStBl II S. 870 – VI R 48/07 –). Sie gilt nicht, wenn der Arbeitnehmer nur Arbeitnehmer des eigenen Arbeitgebers bewirtet (→ BFH vom 19. 6. 2008 – BStBl II 2009 S. 11).

Bewirtungskosten als Werbungskosten

→ Anhang 45

Bürgerliche Kleidung

Aufwendungen für bürgerliche Kleidung sind auch bei außergewöhnlich hohen Aufwendungen nicht als Werbungskosten abziehbar (→ BFH vom 6. 7. 1989 – BStBl 1990 II S. 49).

Bürgschaftsverpflichtung

– Tilgungskosten aus einer Bürgschaftsverpflichtung durch den Arbeitnehmer einer Gesellschaft können zu Werbungskosten bei den Einkünften aus nichtselbständiger Arbeit führen, wenn eine Gesellschafterstellung zwar vereinbart aber nicht zustande gekommen ist (→ BFH vom 16. 11. 2011 – BStBl 2012 II S. 343).

– Erwerbsaufwand ist den Einkünften zuzurechnen, zu denen der engere und wirtschaftlich vorrangige Veranlassungszusammenhang besteht. Es kann nicht ausgeschlossen werden, dass auch im Fall einer gegenwärtig ausgeübten Erwerbstätigkeit die Inanspruchnahme aus einer Bürgschaftsverpflichtung wirtschaftlich vorrangig durch eine zunächst nur angestrebte andere Erwerbstätigkeit veranlasst und dementsprechend dieser zuzurechnen ist. Eine solche Zurechnung setzt allerdings voraus, dass diese künftige Erwerbstätigkeit schon hinreichend konkret feststeht; nur dann kann zwischen dieser und den Aufwendungen auch ein hinreichend konkreter und objektiv feststellbarer Veranlassungszusammenhang bestehen, der eine entsprechende Zurechnung rechtfertigt (→ BFH vom 8.7.2015 – BStBl 2016 II S. 60 und vom 3.9.2015 – BStBl 2016 II S. 305).

Einbürgerung

Aufwendungen für die Einbürgerung sind nicht als Werbungskosten abziehbar (→ BFH vom 18. 5. 1984 – BStBl II S. 588).

Ernährung

Aufwendungen für die Ernährung am Ort der ersten Tätigkeitsstätte sind auch dann nicht als Werbungskosten abziehbar, wenn der Arbeitnehmer berufsbedingt arbeitstäglich überdurchschnittlich oder ungewöhnlich lange von seiner Wohnung abwesend ist (→ BFH vom 21. 1. 1994 – BStBl II S. 418).

Erziehungsurlaub/Elternzeit

Aufwendungen während eines Erziehungsurlaubs/einer Elternzeit können vorab entstandene Werbungskosten sein. Der berufliche Verwendungsbezug ist darzulegen, wenn er sich nicht bereits aus den Umständen von Umschulungs- oder Qualifizierungsmaßnahmen ergibt (→ BFH vom 22. 7. 2003 – BStBl 2004 II S. 888).

Geldauflagen

Geldauflagen sind nicht als Werbungskosten abziehbar, soweit die Auflagen nicht der Wiedergutmachung des durch die Tat verursachten Schadens dienen (→ BFH vom 22. 7. 2008 – BStBl 2009 II S. 151) und vom 15. 1. 2009 – BStBl 2010 II S. 111).

Geldbußen

Geldbußen sind nicht als Werbungskosten abziehbar (→ BFH vom 22. 7. 2008 – BStBl 2009 II S. 151).

Gemischte Aufwendungen

– Bei gemischt veranlassten Aufwendungen besteht kein generelles Aufteilungs- und Abzugsverbot (→ BFH vom 21. 9. 2009 – BStBl 2010 II S. 672); zu den Folgerungen → BMF vom 6. 7. 2010 (BStBl I S. 614).

Anhang 13

– Gemischt veranlasste Aufwendungen für eine Feier aus beruflichem und privatem Anlass können teilweise als Werbungskosten abziehbar sein. Der als Werbungskosten abziehbare Betrag kann dabei anhand der Herkunft der Gäste aus dem beruflichen/privaten Umfeld abgegrenzt werden (→ BFH vom 8.7.2015 – BStBl II S. 1013).

– → H 9.2 (Auslandsgruppenreisen)

Geschenke

Geschenke eines Arbeitnehmers anlässlich persönlicher Feiern sind nicht als Werbungskosten abziehbar (→ BFH vom 1. 7. 1994 – BStBl 1995 II S. 273).

Gewerkschaftsbeiträge

Steuerliche Behandlung von Gewerkschaftsbeiträgen bei Rentnern

(Erlaß des FinMin Mecklenburg-Vorpommern vom 14. 7. 1992 – IV 310 – S 2332 – 10 –)

Solange Einkünfte aus nichtselbständiger Arbeit bezogen werden, können Gewerkschaftsbeiträge ohne weiteres als Werbungskosten bei den Einkünften aus nichtselbständiger Arbeit abgezogen werden. Bezieht der Steuerpflichtige keinen Arbeitslohn mehr, z. B. bei Sozialversicherungsrentnern, sind die Gewerkschaftsbeiträge keine nachträglichen Werbungskosten im Rahmen der Einkunftsart nichtselbständige Arbeit. Das trifft auch dann zu, wenn die Aufwendungen durch das frühere Dienstverhältnis veranlaßt waren. Der wirtschaftliche Veranlassungszusammenhang kann nicht auf Dauer fortwirken. Der für den Werbungskostenabzug erforderliche enge wirtschaftliche Zusammenhang und die ursprüngliche Veranlassung, der Einkünftebezug, sind somit entfallen.

Aus Vereinfachungsgründen gilt diese Regelung jedoch erst ab dem Veranlassungszeitraum, der auf das Kalenderjahr folgt, in dem das Arbeitsverhältnis endete bzw. in dem zuletzt Einkünfte aus nichtselbständiger Arbeit vorlagen.

Dieser Erlaß ergeht im Einvernehmen mit dem Bundesminister der Finanzen und den obersten Finanzbehörden der Länder.

Körperpflege und Kosmetika

Aufwendungen für Körperpflege und Kosmetika sind auch bei außergewöhnlich hohen Aufwendungen nicht als Werbungskosten abziehbar (→ BFH vom 6. 7. 1989 – BStBl 1990 II S. 49).

Kontoführungsgebühren

Kontoführungsgebühren sind Werbungskosten, soweit sie durch Gutschriften von Einnahmen aus dem Dienstverhältnis und durch beruflich veranlasste Überweisungen entstehen. Pauschale Kontoführungsgebühren sind ggf. nach dem Verhältnis beruflich und privat veranlasster Kontenbewegungen aufzuteilen (→ BFH vom 9. 5. 1984 – BStBl II S. 560).

Kosten für die Führung eines Lohn- bzw. Gehaltskontos als Werbungskosten

(Verfügung der OFD Hannover vom 30. 4. 2002 – S 2354 – 20 –
StH 214/S 2354 – 22 – StO 212 –)

Der bisher vertretenen Rechtsauffassung, nach der Kontoführungsgebühren wegen mangelnder Abgrenzbarkeit zu den Lebenshaltungskosten nicht zum Werbungskostenabzug zugelassen wurden, ist der BFH in seinem Urteil vom 9. 5. 1984 (BStBl II 1984, 560) nicht gefolgt. Er hat entschieden dass Kontoführungsgebühren als Werbungskosten anzuerkennen sind, soweit sie auf die Gutschrift von Einnahmen aus dem Dienstverhältnis und auf beruflich veranlasste Überweisungen entfallen; dabei können pauschale Kontoführungsgebühren ggf. entsprechend aufgeteilt werden. Dieses Urteil ist anzuwenden.

Da insbesondere die Frage, wann eine Überweisung beruflich veranlasst ist, in der Praxis häufig schwer zu beantworten ist, kann aus Vereinfachungsgründen in den Fällen, in denen Kontoführungsgebühren als Werbungskosten geltend gemacht werden, auf eine Prüfung der beruflichen Veranlassung verzichtet werden, wenn kein höherer Betrag als 16 Euro (ab 2002, bis 2001: 30 DM) jährlich angesetzt wird.

Seit 1990 dürfen beruflich veranlasste Kontoführungsgebühren nicht mehr vom Arbeitgeber steuerfrei ersetzt werden. Es handelt sich insoweit um den Ersatz von Werbungskosten, für den es keine Steuerbefreiung gibt (R 70 Abs. 3 Satz 2 Nr. 1 LStR 2002[1]).

Kunstgegenstände

Aufwendungen für die Ausschmückung eines Dienstzimmers sind nicht als Werbungskosten abziehbar (→ BFH vom 12. 3. 1993 – BStBl II S. 506).

Nachträgliche Werbungskosten

Werbungskosten können auch im Hinblick auf ein früheres Dienstverhältnis entstehen (→ BFH vom 14. 10. 1960 – BStBl 1961 III S. 20).

NLP-Kurse

Aufwendungen für NLP-Kurse zur Verbesserung beruflicher Kommunikationsfähigkeit

1. Die berufliche Veranlassung von Aufwendungen für Kurse zum Neuro-Linguistischen Programmieren (NLP-Kurse) zur Verbesserung der Kommunikationsfähigkeit wird insbesondere dadurch indiziert, dass die Kurse von einem berufsmäßigen Veranstalter durchgeführt werden, ein homogener Teilnehmerkreis vorliegt und der Erwerb der Kenntnisse und Fähigkeiten auf eine anschließende Verwendung in der beruflichen Tätigkeit angelegt ist.
2. Private Anwendungsmöglichkeiten der in den NLP-Kursen vermittelten Lehrinhalte sind unbeachtlich, wenn sie sich als bloße Folge zwangsläufig und untrennbar aus den im beruflichen Interesse gewonnenen Kenntnissen und Fähigkeiten ergeben.
3. Ein homogener Teilnehmerkreis liegt auch dann vor, wenn die Teilnehmer zwar unterschiedlichen Berufsgruppen angehören, aber aufgrund der Art ihrer beruflichen Tätigkeit gleichgerichtete fachliche Interessen haben.

(→ BFH vom 28. 8. 2008 – VI R 44/04)

Psychoseminar

Aufwendungen für die Teilnahme an psychologischen Seminaren, die nicht auf den konkreten Beruf zugeschnittene psychologische Kenntnisse vermittelt, sind auch dann nicht als Werbungskosten abziehbar, wenn der Arbeitgeber für die Teilnahme an den Seminaren bezahlten Bildungsurlaub gewährt (→ BFH vom 6. 3. 1995 – BStBl II S. 393).

→ Seminar

---

[1] Jetzt R 19.3 Abs. 3 Satz 2 Nr. 1 LStR.

Rechtsschutzversicherung

Beiträge zu Rechtsschutzversicherungen

(Verfügung der OFD Hannover vom 29. 9. 1987 – S 2350 – 156 – StH 214/S 2221 – 140 –
StO 213 –)

Beiträge zu Rechtsschutzversicherungen, die berufliche und private Risiken decken, sind insgesamt nach § 12 Nr. 1 EStG steuerlich nicht abzugsfähig, wenn eine eindeutige Trennung des beruflichen und des privaten Anteils nicht möglich ist. Eine solche Trennung ist beim Familien-Rechtsschutz, beim Familien- und Verkehrs-Rechtsschutz für Lohn- und Gehaltsempfänger sowie beim Landwirtschafts- und Verkehrs-Rechtsschutz nicht möglich, so daß die Beiträge zu diesen Versicherungen steuerlich nicht berücksichtigt werden können. Nach dem BMF-Erlaß vom 10. 12. 1984 läßt sich jedoch ein Abzug als Betriebsausgaben oder Werbungskosten dann rechtfertigen, wenn nach der Sachlage des Einzelfalles angenommen werden kann, daß die Kosten, von denen der Versicherte durch die Rechtsschutzversicherung befreit ist, im Nichtversicherungsfall Betriebsausgaben oder Werbungskosten darstellen würden. Bei Automobil-Rechtsschutzversicherungen für Kraftfahrzeuge, die nicht nur betrieblich, sondern auch privat genutzt werden, erscheint es deshalb vertretbar, die Beiträge in dem gleichen Verhältnis in Betriebsausgaben und nichtabzugsfähige Ausgaben der privaten Lebensführung aufzuteilen wie die übrigen Kosten der Kraftfahrzeughaltung.

Bei Aufwendungen des Arbeitnehmers für Fahrten zwischen Wohnung und Arbeitsstätte[1]) sind die Beiträge insoweit durch die Pauschsätze des § 9 Abs. 1 Nr. 4 EStG abgegolten.

Reinigung von typischer Berufskleidung in privater Waschmaschine

→ H 9.12 (Berufskleidung)

Sammelbeförderung

→ BMF vom 31. 10. 2013 (BStBl I S. 1376)

Anhang 18 ### Schulgeld

Schulgeldzahlungen an eine fremdsprachige Schule im Inland sind auch dann nicht als Werbungskosten abziehbar, wenn sich die ausländischen Eltern aus beruflichen Gründen nur vorübergehend im Inland aufhalten (→ BFH vom 23. 11. 2000 – BStBl 2001 II S. 132).

Seminar

Aufwendungen für Seminare zur Persönlichkeitsentfaltung

1. Aufwendungen für Seminare zur Persönlichkeitsentfaltung sind beruflich veranlasst, wenn die Veranstaltungen primär auf die spezifischen Bedürfnisse des vom Steuerpflichtigen ausgeübten Berufs ausgerichtet sind. Indizien für die berufliche Veranlassung sind insbesondere die Lehrinhalte und ihre konkrete Anwendung in der beruflichen Tätigkeit, der Ablauf des Lehrgangs sowie die teilnehmenden Personen.

2. Ein Lehrgang, der sowohl Grundlagenwissen als auch berufsbezogenes Spezialwissen vermittelt, kann beruflich veranlasst sein, wenn der Erwerb des Grundlagenwissens die Vorstufe zum Erwerb des berufsbezogenen Spezialwissens bildet.

3. Der Teilnehmerkreis eines Lehrgangs, der sich mit Anforderungen an Führungskräfte befasst, ist auch dann homogen zusammengesetzt, wenn die Teilnehmer Führungspositionen in verschiedenen Berufsgruppen innehaben.

(→ BFH vom 28. 8. 2008 – VI R 35/05)

Statusfeststellungsverfahren

Aufwendungen im Zusammenhang mit dem Anfrageverfahren nach § 7a SGB IV (sog. Statusfeststellungsverfahren) sind durch das Arbeitsverhältnis veranlasst und deshalb als Werbungskosten bei den Einkünften aus nichtselbständiger Arbeit zu berücksichtigen (→ BFH vom 6. 5. 2010 – BStBl II S. 851).

Steuerberatungskosten

Zuordnung der Steuerberatungskosten zu den Werbungskosten → BMF-Schreiben 21. 12. 2007 – IV B 2 - S 2144/07/0002, 2007/0586772 – → Anhang 24

---

[1]) Jetzt: erster Tätigkeitsstätte.

Strafverteidigungskosten

Aufwendungen für die Strafverteidigung können Werbungskosten sein, wenn der Schuldvorwurf durch berufliches Verhalten veranlasst war (→ BFH vom 19. 2. 1982 – BStBl II S. 467 und vom 18. 10. 2007 – BStBl 2008 II S. 223).

Übernachtung an der ersten Tätigkeitsstätte

Die Kosten für gelegentliche Hotelübernachtungen am Ort der ersten Tätigkeitsstätte sind Werbungskosten, wenn sie beruflich veranlasst sind. Für eine Tätigkeit an diesem Ort sind Verpflegungsmehraufwendungen nicht zu berücksichtigen (→ BFH vom 5. 8. 2004 – BStBl II S. 1074).

Verlorener Zuschuss eines Gesellschafter-Geschäftsführers

Gewährt der Gesellschafter-Geschäftsführer einer GmbH, an der er nicht nur unwesentlich beteiligt ist, einen verlorenen Zuschuss, ist die Berücksichtigung als Werbungskosten regelmäßig abzulehnen (→ BFH vom 26. 11. 1993 – BStBl 1994 II S. 242).

Verlust einer Beteiligung am Unternehmen des Arbeitgebers

– Der Verlust einer Beteiligung an einer GmbH kann selbst dann nicht als Werbungskosten berücksichtigt werden, wenn die Beteiligung am Stammkapital der GmbH Voraussetzung für die Beschäftigung als Arbeitnehmer der GmbH war (→ BFH vom 12. 5. 1995 – BStBl II S. 644).

– Der Veräußerungsverlust aus einer Kapitalbeteiligung am Unternehmen des Arbeitgebers führt nur dann zu Werbungskosten, wenn ein erheblicher Veranlassungszusammenhang zum Dienstverhältnis besteht und nicht auf der Nutzung der Beteiligung als Kapitalertragsquelle beruht (→ BFH vom 17. 9. 2009 – BStBl 2010 II S. 198).

Verlust einer Darlehensforderung gegen den Arbeitgeber

– Der Verlust einer Darlehensforderung gegen den Arbeitgeber ist als Werbungskosten zu berücksichtigen, wenn der Arbeitnehmer das Risiko, die Forderung zu verlieren, aus beruflichen Gründen bewusst auf sich genommen hat (→ BFH vom 7. 5. 1993 – BStBl II S. 663).

– Die berufliche Veranlassung eines Darlehens wird nicht zwingend dadurch ausgeschlossen, dass der Darlehensvertrag mit dem alleinigen Gesellschafter-Geschäftsführer der Arbeitgeberin (GmbH) statt mit der insolvenzbedrohten GmbH geschlossen worden und die Darlehensvaluta an diesen geflossen ist. Maßgeblich sind der berufliche Veranlassungszusammenhang und der damit verbundene konkrete Verwendungszweck des Darlehens (→ BFH vom 7. 2. 2008 – BStBl 2010 II S. 48).

– Auch wenn ein Darlehen aus im Gesellschaftsverhältnis liegenden Gründen gewährt wurde, kann der spätere Verzicht darauf durch das zugleich bestehende Arbeitsverhältnis veranlasst sein und dann insoweit zu Werbungskosten bei den Einkünften aus nichtselbständiger Arbeit führen, als die Darlehensforderung noch werthaltig ist (→ BFH vom 25. 11. 2010 – BStBl 2012 II S. 24).

– Der Verlust einer aus einer Gehaltsumwandlung entstandenen Darlehensforderung eines Arbeitnehmers gegen seinen Arbeitgeber kann insoweit zu Werbungskosten bei den Einkünften aus nichtselbständiger Arbeit führen, als der Arbeitnehmer ansonsten keine Entlohnung für seine Arbeitsleistung erhalten hätte, ohne seinen Arbeitsplatz erheblich zu gefährden. Dabei ist der Umstand, dass ein außenstehender Dritter, insbesondere eine Bank, dem Arbeitgeber kein Darlehen mehr gewährt hätte, lediglich ein Indiz für eine beruflich veranlasste Darlehenshingabe, nicht aber unabdingbare Voraussetzung für den Werbungskostenabzug eines Darlehensverlustes (→ BFH vom 10.4.2014 – BStBl II S. 850).

Versorgungszuschlag

Zahlt der Arbeitgeber bei beurlaubten Beamten ohne Bezüge einen Versorgungszuschlag, handelt es sich um steuerpflichtigen Arbeitslohn. In gleicher Höhe liegen beim Arbeitnehmer Werbungskosten vor; dies gilt auch, wenn der Arbeitnehmer den Versorgungszuschlag zahlt (→ BMF vom 22. 2. 1991 – BStBl I S. 951). → H 19.3

Vertragsstrafe

Die Zahlung einer in einem Ausbildungsverhältnis begründeten Vertragsstrafe kann zu Werbungskosten führen (→ BFH vom 22. 6. 2006 – BStBl 2007 II S. 4).

Videorecorder

Aufwendungen für einen Videorecorder sind – ohne Nachweis der weitaus überwiegenden beruflichen Nutzung – nicht als Werbungskosten abziehbar (→ BFH vom 27. 9. 1991 – BStBl 1992 II S. 195).

Vorweggenommene Werbungskosten

Werbungskosten können auch im Hinblick auf ein künftiges Dienstverhältnis entstehen (→ BFH vom 4. 8. 1961 – BStBl 1962 III S. 5 und vom 3. 11. 1961 – BStBl 1962 III S. 123). Der Berücksichtigung dieser Werbungskosten steht es nicht entgegen, dass der Arbeitnehmer Arbeitslosengeld oder sonstige für seinen Unterhalt bestimmte steuerfreie Leistungen erhält (→ BFH vom 4. 3. 1977 – BStBl II S. 507), ggf. kommt ein Verlustabzug nach § 10d EStG in Betracht.

Werbegeschenke

Aufwendungen eines Arbeitnehmers für Werbegeschenke an Kunden seines Arbeitgebers sind Werbungskosten, wenn er sie tätigt, um die Umsätze seines Arbeitgebers und damit seine erfolgsabhängigen Einkünfte zu steigern (→ BFH vom 13. 1. 1984 – BStBl II S. 315). Aufwendungen für Werbegeschenke können ausnahmsweise auch dann Werbungskosten sein, wenn der Arbeitnehmer nicht variabel vergütet wird (→ BFH vom 24. 5. 2007 – BStBl II S. 721). Die nach § 4 Abs. 5 Satz 1 Nr. 1 EStG maßgebende Wertgrenze von 40 € ist zu beachten (§ 9 Abs. 5 EStG).

Werbungskosten bei Insolvenzgeld

Werbungskosten, die auf den Zeitraum entfallen, für den der Arbeitnehmer Insolvenzgeld erhält, sind abziehbar, da kein unmittelbarer wirtschaftlicher Zusammenhang zwischen den Aufwendungen und dem steuerfreien Insolvenzgeld i. S. d. § 3c EStG besteht (→ BFH vom 23. 11. 2000 – BStBl 2001 II S. 199).

Winterbeschäftigungs-Umlage

Winterbeschäftigungs-Umlage in der Bauwirtschaft

(Verfügung der OFD Koblenz vom 5. 4. 2007 – S 2354 A–St 32 2 –)

Ab dem 1. 5. 2006 hat die Winterbeschäftigungs-Umlage die bisherige Winterbauumlage im Bauhauptgewerbe abgelöst. Die Arbeitnehmer, die nach § 1 Abs. 2 Baubetriebe-Verordnung im Bauhauptgewerbe tätig sind, werden mit 0,8 % des Bruttoarbeitslohns an der Finanzierung beteiligt (§ 356 SGB III i. V. m. § 3 Abs. 2 der Winterbeschäftigungs-Verordnung des Bundesministeriums für Arbeit und Soziales vom 26. 4. 2006). Diese Beteiligung wird aus versteuertem Einkommen finanziert und dient dazu, Arbeitsplätze in der Schlechtwetterzeit zu erhalten. Der Beitrag ist daher nach § 9 Abs. 1 Satz 1 EStG bei den Werbungskosten abzugsfähig.

Arbeitgeber können diese Umlage in einer freien Zeile der elektronischen Lohnsteuerbescheinigung als freiwillige Angabe ausweisen.

Klarstellend wird darauf hingewiesen, dass die Beteiligung der Arbeitnehmer an der Winterbeschäftigungs-Umlage nur bei Beschäftigten des Bauhauptgewerbes erfolgt. Im Baunebengewerbe (Gerüstbauerhandwerk, Dachdeckerhandwerk, Garten- und Landschaftsbau) wird weiterhin nur der Arbeitgeber zur Umlage herangezogen.

Die späteren Leistungen (Wintergeld als Zuschuss-Wintergeld und Mehraufwands-Wintergeld) nach § 175a SGB III sind nach § 3 Nr. 2 EStG steuerfrei und unterliegen nicht dem Progressionsvorbehalt.

Aktualisierung vom 1. 6. 2007:

Durch Änderungen der Winterbeschäftigungs-Verordnung zum 1. 11. 2006 bzw. zum 1. 4. 2007 werden nunmehr auch Arbeitnehmer im Baunebengewerbe zur Umlage herangezogen. Arbeitnehmer im Dachdeckerhandwerk müssen ab 1. 11. 2006 0,8 % des Bruttoarbeitslohns als Umlage zahlen. Im Garten- und Landschaftsbau wird bei den Arbeitnehmern ab 1. 4. 2007 ebenfalls eine Umlage von 0,8 % erhoben. Der Arbeitnehmeranteil an der Umlagefinanzierung ist demnach auch bei Arbeitnehmern dieser Branchen als Werbungskosten abziehbar. Im Gerüstbauerhandwerk wird weiterhin nur der Arbeitgeber zur Umlage herangezogen, so dass insoweit ein Werbungskostenabzug nicht in Frage kommt.

→ H 3.2 Saison-Kurzarbeitergeld

Zusammenhang mit dem Beruf

Ein Zusammenhang mit dem Beruf ist gegeben, wenn die Aufwendungen in einem wirtschaftlichen Zusammenhang mit der auf Einnahmeerzielung gerichteten Tätigkeit des Arbeitnehmers stehen (→ BFH vom 1. 10. 1982 – BStBl 1983 II S. 17).

Zuzahlung für überlassenen Dienstwagen

Überlässt ein Arbeitgeber seinem Arbeitnehmer ein Kraftfahrzeug für dessen private Nutzung, können einzelne vom Arbeitnehmer selbst getragene Kraftfahrzeugkosten als Werbungskosten berücksichtigt werden, wenn der Nutzungsvorteil nach der sog. Fahrtenbuchmethode ermittelt wird. Dagegen kommt ein Werbungskostenabzug nicht in Betracht, wenn der Nutzungsvorteil pauschal nach der sog. 1 %-Regelung bemessen wird (→ BFH vom 18. 10. 2007 – VI R 57/06). → H 8.1 (9 – 10) → Nutzungsentgelt

Zuzahlungen zu den Anschaffungskosten eines dem Arbeitnehmer zur privaten Nutzung überlassenen Dienstwagens sind auch dann als Werbungskosten bei den Einnahmen aus nichtselbständiger Arbeit zu berücksichtigen, wenn der Nutzungsvorteil nach der 1 %-Regelung besteuert wird (→ BFH vom 18. 10. 2007 – VI R 59/06.)

Aufwendungen für die Aus- und Fortbildung[1])

[1]Aufwendungen für den erstmaligen Erwerb von Kenntnissen, die zur Aufnahme eines Berufs befähigen, beziehungsweise für ein erstes Studium (Erstausbildung) sind Kosten der Lebensführung und nur als Sonderausgaben im Rahmen von § 10 Abs. 1 Nr. 7 EStG abziehbar. [2]Werbungskosten liegen dagegen vor, wenn die erstmalige Berufsausbildung oder das Erststudium Gegenstand eines Dienstverhältnisses (Ausbildungsdienstverhältnisses) ist. [3]Unabhängig davon, ob ein Dienstverhältnis besteht, sind die Aufwendungen für die Fortbildung in dem bereits erlernten Beruf und für die Umschulungsmaßnahmen, die einen Berufswechsel vorbereiten, als Werbungskosten abziehbar. [4]Das gilt auch für die Aufwendungen für ein weiteres Studium, wenn dieses in einem hinreichend konkreten, objektiv feststellbaren Zusammenhang mit späteren steuerpflichtigen Einnahmen aus der angestrebten beruflichen Tätigkeit steht.

Hinweise

Allgemeine Grundsätze Ausbildungs-, Berufsausbildungskosten

→ BMF vom 22. 9. 2010 (BStBl I S. 721)[2])

→ BMF vom (BStBl I S.)

Allgemein bildende Schulen

Aufwendungen für den Besuch allgemein bildender Schulen sind regelmäßig keine Werbungskosten (→ BFH vom 22. 6. 2006 – BStBl II S. 717).

Aus- und Fortbildungskosten

Berücksichtigung von Aus- und Fortbildungskosten i.S.d. § 9 Abs. 6 EStG

Oberfinanzdirektion Niedersachsen vom 24.8.2016 – S 2354-173-St 215 –

Gem. § 9 Abs. 6 EStG können Aufwendungen eines Steuerpflichtigen für seine Berufsausbildung oder ein Studium nicht als Werbungskosten abgezogen werden, wenn der Ausbildung oder dem Studium keine erstmalige Berufsausbildung vorangegangen ist oder die Ausbildung/ das Studium nicht im Rahmen eines Dienstverhältnisses stattfindet.

Aufwendungen für eine erstmalige Berufsausbildung bzw. ein Erststudium sind als Sonderausgaben gem. § 10 Abs. 1 Nr. 7 EStG zu berücksichtigen.

Bei der Überprüfung des Werbungskostenabzugs ist demnach zwingend eine Differenzierung zwischen Erst- und Zweitausbildung vorzunehmen.

Erstmalige Berufsausbildung – Neuregelung ab VZ 2015

Mit Änderung des § 9 Abs. 6 EStG hat der Gesetzgeber auf die BFH-Urteile vom 27. Oktober 2011, VI R 52/10, und 28. Februar 2013, VI R 6/12, reagiert. Der BFH erkannte die Ausbildung zum Rettungssanitäter und zur Flugbegleiterin als erstmalige Berufsausbildungen i.S.d. § 9 Abs. 6 EStG an und widersprach der bisherigen Verwaltungsauffassung. Mit der Änderung des § 9 Abs. 6 EStG (ab VZ 2015) wurden die Mindestanforderungen an die erstmalige Berufsausbildung gesetzlich definiert. Eine erstmalige Berufsausbildung liegt demnach vor, wenn der Steuerpflichtige eine geordnete Ausbildung mit bestandener Abschlussprüfung absolviert hat. Es handelt sich um eine geordnete Ausbildung, wenn diese auf der Grundlage von Rechts- oder

---

1) Beachte auch § 9 Abs. 6 EStG in der ab 2015 geltenden Fassung.
2) Beachte auch § 9 Abs. 6 EStG in der ab 2015 geltenden Fassung.

Verwaltungsvorschriften oder internen Vorschriften eines Bildungsträgers durchgeführt wird. Eine Ausbildung ohne Abschlussprüfung zählt auch dann als abgeschlossene erstmalige Berufsausbildung i.S.d. § 9 Abs. 6 EStG, wenn eine Abschlussprüfung nach dem Ausbildungsplan nicht vorgesehen ist und die Ausbildung planmäßig beendet wurde. Eine Berufsausbildung wurde ebenfalls als erstmalige Berufsausbildung beendet, wenn die vorgesehene Abschlussprüfung der mindestens 12-monatigen, geordneten Ausbildung ohne vorheriges Durchlaufen der Ausbildung bestanden wurde.

Sind die Voraussetzungen einer erstmaligen Berufsausbildung erfüllt, können Aufwendungen für ein weiteres Studium/eine weitere Ausbildung als Werbungskosten berücksichtigt werden. Es ist jedoch weiterhin zu überprüfen, ob es sich bei dem Zweitstudium/der Zweitausbildung um grundsätzlich abzugsfähige Aufwendungen (Veranlassungszusammenhang) handelt.

Erststudium

Die Definition des Erststudiums hat sich auch mit Änderung des § 9 Abs. 6 EStG nicht geändert und das BMF-Schreiben vom 22. September 2010, BStBl. I 2010, S. 721, Rz. 12 ff., ist weiterhin anzuwenden.

Berufsausbildung oder Studium im Rahmen eines Ausbildungsdienstverhältnisses

Weiterhin gilt, dass Aufwendungen für eine im Rahmen eines Ausbildungsdienstverhältnisses stattfindende Ausbildung als Werbungskosten abzugsfähig sind. Eine Berufsausbildung oder ein Studium findet im Rahmen eines Ausbildungsdienstverhältnisses statt, wenn die Ausbildungsmaßnahme Gegenstand des Dienstverhältnisses ist (vgl. R 9.2 LStR, H 9.2 „Ausbildungsdienstverhältnis" LStH sowie entsprechende BFH-Rechtsprechung).

Zu den Ausbildungsdienstverhältnissen zählen z.B. die Berufsausbildungsverhältnisse gem. § 1 Abs. 3, §§ 4 bis 52 des Berufsbildungsgesetzes (BBiG). Es liegt somit kein Ausbildungsdienstverhältnis vor, wenn die Berufsausbildung oder das Studium nicht Gegenstand des Dienstverhältnisses ist, auch wenn die Berufsbildungsmaßnahme oder das Studium durch den Arbeitgeber gefördert wird, z.B. Stipendium.

Besuch allgemeinbildender Schulen

Aufwendungen für den Besuch allgemeinbildender Schulen sind gem. § 12 Nr. 1 EStG Kosten der privaten Lebensführung und nicht als Werbungskosten abzugsfähig. Der Besuch eines Berufskollegs zum Erwerb der Fachhochschulreife gilt als Besuch einer allgemeinbildenden Schule. Dies gilt auch, wenn ein solcher Abschluss, z.B. das Abitur, nach Abschluss einer Berufsausbildung nachgeholt wird (vgl. BMF-Schreiben vom 22. September 2010, Rz. 7). Die Aufwendungen können gem. § 10 Abs. 1 Nr. 7 EStG als Sonderausgaben berücksichtigt werden.

Anwendung des neuen Reisekostenrechts (ab 1. Januar 2014)

Mit Änderung des Reisekostenrechts zum 1. Januar 2014 gilt gem. § 9 Abs. 4 S. 8 EStG auch eine Bildungseinrichtung als erste Tätigkeitsstätte, wenn diese außerhalb eines Dienstverhältnisses und zum Zwecke eines Vollzeitstudiums oder einer vollzeitigen Bildungsmaßnahme aufgesucht wird.

Ein Studium oder eine Bildungsmaßnahme findet insbesondere dann außerhalb eines Dienstverhältnisses statt, wenn

- diese nicht Gegenstand des Dienstverhältnisses sind, auch wenn sie seitens des Arbeitgebers durch Hingabe von Mitteln, wie z.B. Stipendium, gefördert werden

- diese ohne arbeitsvertragliche Verpflichtungen absolviert werden und die Beschäftigung lediglich das Studium oder die Bildungsmaßnahme ermöglicht.

Ein Vollzeitstudium oder eine vollzeitige Bildungsmaßnahme liegt insbesondere dann vor, wenn der Steuerpflichtige während des Studiums/der Bildungsmaßnahme für einen Beruf ausgebildet wird und keiner Erwerbstätigkeit nachgeht. Bei einer Erwerbstätigkeit mit wöchentlich durchschnittlich 20 Stunden (während der gesamten Ausbildungsdauer) oder einem geringfügigen Beschäftigungsverhältnis i.S.d. §§ 8, 8a SGB IV kann weiterhin ein Vollzeitstudium/eine vollzeitige Bildungsmaßnahme vorliegen (vgl. BMF-Schreiben vom 24. Oktober 2014, BStBl. I 2014, S. 1412, Rz. 32 - 34).

Stellt die Bildungseinrichtung die erste Tätigkeitsstätte dar, kommt eine Berücksichtigung von Reisekosten insoweit nicht in Betracht. Fahrten zwischen der Wohnung und der Bildungseinrichtung sind mit der Entfernungspauschale gem. § 9 Abs. 1 S. 3 Nr. 4 EStG abgegolten; Übernachtungskosten, (Familien-)Heimfahrten und Verpflegungsmehraufwendungen sind nur im Rahmen einer doppelten Haushaltsführung abzugsfähig.

...

Ausbildungsdienstverhältnis

Beispiele:

– Referendariat zur Vorbereitung auf das zweite Staatsexamen (→ BFH vom 10. 12. 1971 – BStBl 1972 II S. 251)

– Beamtenanwärter (→ BFH vom 21. 1. 1972 – BStBl II S. 261)

– zum Studium abkommandierte oder beurlaubte Bundeswehroffiziere (→ BFH vom 7. 11. 1980 – BStBl 1981 II S. 216 und vom 28. 9. 1984 – BStBl 1985 II S. 87)

– zur Erlangung der mittleren Reife abkommandierte Zeitsoldaten (→ BFH vom 28. 9. 1984 – BStBl 1985 II S. 89)

– für ein Promotionsstudium beurlaubte Geistliche (→ BFH vom 7. 8. 1987 – BStBl II S. 780)

Auslandsgruppenreise

– Aufwendungen für Reisen, die der beruflichen Fortbildung dienen, sind als Werbungskosten abziehbar, wenn sie unmittelbar beruflich veranlasst sind (z. B. das Aufsuchen eines Kunden des Arbeitgebers, das Halten eines Vortrags auf einem Fachkongress oder die Durchführung eines Forschungsauftrags) und die Verfolgung privater Interessen nicht den Schwerpunkt der Reise bildet (→ BFH vom 21. 9. 2009 – BStBl 2010 II S. 672).

– Ein unmittelbarer beruflicher Anlass liegt nicht vor, wenn der Arbeitnehmer mit der Teilnahme an der Auslandsgruppenreise eine allgemeine Verpflichtung zur beruflichen Fortbildung erfüllt oder die Reise von einem Fachverband angeboten wird (→ BFH vom 19. 1. 2012 – BStBl II S. 416); zur Abgrenzung gegenüber der konkreten beruflichen Verpflichtung zur Reiseteilnahme → BFH vom 9. 12. 2010 (BStBl 2011 II S. 522). Zur Aufteilung gemischt veranlasster Aufwendungen bei auch beruflicher Veranlassung der Auslandsgruppenreise → H 9.1 (Gemischte Aufwendungen).

Berufskraftfahrer, Weiterbildung

Berufskraftfahrer, Grundqualifikation, Weiterbildung

(Verfügung der OFD Koblenz vom 3. 9. 2008 – S 2221/S 2227 A – St 32 3 –)

Nach dem Berufskraftfahrer-Qualifikationsgesetz vom 14. 8. 2006 (BKrFQG) und der Berufskraftfahrer-Qualifikationsverordnung (BKrFQV) sind grundsätzlich alle gewerblichen Fahrer,

– die im Personenverkehr tätig sind (Klassen D1, D1E, D und DE), ab 10. 9. 2008 und

– die im Güterkraftverkehr tätig sind (Klassen C1, C1E, C und CE), ab 10. 9. 2009

gesetzlich verpflichtet, als Berufsneueinsteiger neben dem Erwerb des Führerscheins der v.g. Klassen auch eine Grundqualifikation (§ 4 BKrFQG) zu durchlaufen. Die Qualifikation dient der Verbesserung der Sicherheit im Straßenverkehr und den allgemeinen beruflichen Fähigkeiten des Fahrers durch die Vermittlung besonderer tätigkeitsbezogener Fertigkeiten und Kenntnisse. Die erworbenen Kenntnisse sind alle fünf Jahre mittels einer Weiterbildung aufzufrischen (§ 5 BKrFQG). Fahrzeuglenker, die vor den o. g. Stichtagen bereits im Besitz des entsprechenden Führerscheins sind, benötigen zwar keine Grundqualifikation (§ 3 BKrFQG), müssen jedoch ebenfalls von diesen Stichtagen an alle fünf Jahre eine Weiterbildung durchlaufen.

Der Erwerb der Grundqualifikation und des Führerscheins fallen ab o. g. Stichtagen unter die Neuregelung der einkommensteuerlichen Behandlung von Berufsausbildungskosten gemäß §§ 10 Abs. 1 Nr. 7 und 12 Nr. 5 EStG. Gemäß Rz. 6 des BMF-Schreibens vom 4. 11. 2005 (BStBl 2005 I S. 955) werden andere Bildungsmaßnahmen einer Berufsausbildung im Sinne des § 12 Nr. 5 EStG gleichgestellt, wenn sie dem Nachweis einer Sachkunde dienen, die Voraussetzung zur Aufnahme einer fest umrissenen beruflichen Betätigung ist. Handelt es sich um eine erstmalige Berufsausbildung, stellen die in diesem Zusammenhang anfallenden Aufwendungen gemäß § 12 Nr. 5 EStG keine Werbungskosten sondern Sonderausgaben i. S. des § 10 Abs. 1 Nr. 7 EStG dar, es sei denn, die Bildungsmaßnahme findet im Rahmen eines Dienstverhältnisses statt.

Bei den Aufwendungen im Zusammenhang mit der sich alle fünf Jahre anschließenden Weiterbildung handelt es sich sodann regelmäßig um Werbungskosten bzw. Betriebsausgaben.

Deutschkurs

Aufwendungen eines in Deutschland lebenden Ausländers für das Erlernen der deutschen Sprache gehören regelmäßig auch dann zu den nicht abziehbaren Kosten der Lebensführung, wenn ausreichende Deutschkenntnisse für einen angestrebten Ausbildungsplatz förderlich sind (→ BFH vom 15. 3. 2007 – BStBl II S. 814).

Erziehungsurlaub/Elternzeit

Aufwendungen während eines Erziehungsurlaubs/einer Elternzeit können vorab entstandene Werbungskosten sein. Der berufliche Verwendungsbezug ist darzulegen, wenn er sich nicht bereits aus den Umständen von Umschulungs- oder Qualifizierungsmaßnahmen ergibt (→ BFH vom 22. 7. 2003 – VI R 137/99 – BStBl 2004 II S. 888).

Fortbildung

– Aufwendungen von Führungskräften für Seminare zur Persönlichkeitsentfaltung können Werbungskosten sein (→ BFH vom 28. 8. 2008 – BStBl 2009 II S. 108).

– Aufwendungen einer leitenden Redakteurin zur Verbesserung beruflicher Kommunikationsfähigkeit sind Werbungskosten (→ BFH vom 28. 8. 2008 – BStBl 2009 II S. 106).

– Aufwendungen für den Erwerb des Verkehrsflugzeugführerscheins einschließlich Musterberechtigung können vorab entstandene Werbungskosten sein (→ BFH vom 27. 10. 2011 – BStBl 2012 II S. 825 zum Rettungssanitäter). Die Aufwendungen für den Erwerb des Privatflugzeugführerscheins führen regelmäßig nicht zu Werbungskosten (→ BFH vom 27. 5. 2003 – BStBl 2005 II S. 202). Bei einer durchgehenden Ausbildung zum Verkehrsflugzeugführer sind aber auch die Aufwendungen für den Erwerb des Privatflugzeugführerscheins als Werbungskosten abziehbar (→ BFH vom 30. 9. 2008 – BStBl 2009 II S. 111).

Fremdsprachenunterricht

– Der Abzug der Aufwendungen für einen Sprachkurs kann nicht mit der Begründung versagt werden, er habe in einem anderen Mitgliedstaat der Europäischen Union stattgefunden (→ BFH vom 13. 6. 2002 – BStBl 2003 II S. 765). Dies gilt auch für Staaten, auf die das Abkommen über den europäischen Wirtschaftsraum Anwendung findet (Island, Liechtenstein, Norwegen), und wegen eines bilateralen Abkommens, das die Dienstleistungsfreiheit festschreibt, auch für die Schweiz (→ BMF vom 26. 9. 2003 – BStBl I S. 447).

Einkommensteuerliche Behandlung von Aufwendungen für Auslandssprachkurse als Werbungskosten oder Betriebsausgaben nach § 9 Abs. 1 Satz 1, § 4 Abs. 4 EStG und § 12 Nr. 1 EStG; Rechtsfolgen aus dem Urteil des BFH vom 13. 6. 2002 (BStBl II 2003 S. 765)

(BMF-Schreiben vom 26. 9. 2003 – IV A 5 – S 2227 – 1/03 –, BStBl I S. 447)

In dem o. a. Urteil hat der BFH zwar grundsätzlich an den im Urteil vom 31. Juli 1980 (BStBl II S. 746) aufgestellten Merkmalen zur Abgrenzung von beruflicher und privater Veranlassung eines Auslandssprachkurses festgehalten. Der BFH hat ihre Geltung aber eingeschränkt, soweit sie in Widerspruch zu Artikel 59 des Vertrages zur Gründung der Europäischen Gemeinschaft (nach Änderung Art. 49 EGV) stehen, der die Dienstleistungsfreiheit in den Mitgliedstaaten garantiert. Die bislang bei einer Gesamtwürdigung von privater und beruflicher Veranlassung einer Fortbildungsveranstaltung zugrunde gelegte Vermutung, es spreche für eine überwiegend private Veranlassung, wenn die Veranstaltung im Ausland stattfinde, und die u. a. daraus gezogene Folgerung der steuerlichen Nichtanerkennung der entsprechenden Aufwendungen, kann danach für Mitgliedstaaten der Europäischen Union nicht mehr aufrechterhalten werden.

Unter Bezugnahme auf das Ergebnis der Erörterung mit den obersten Finanzbehörden der Länder sind die Grundsätze des BFH-Urteils wie folgt anzuwenden:

Die Grundsätze dieser Entscheidung gelten nicht nur für alle Mitgliedstaaten der Europäischen Union, sondern auch für Staaten, auf die das Abkommen über den europäischen Wirtschaftsraum (Island, Liechtenstein, Norwegen) Anwendung findet, und wegen eines bilateralen Abkommens, das die Dienstleistungsfreiheit ebenfalls festschreibt, auch für die Schweiz. Sie sind im Übrigen nicht nur auf Sprachkurse, sondern auf Fortbildungsveranstaltungen allgemein anzuwenden.

Die Grundsätze der Entscheidung sind außerdem bei der Frage, ob im Falle einer Kostenübernahme durch den Arbeitgeber für solche Fortbildungsveranstaltungen Arbeitslohn vorliegt oder ein überwiegend eigenbetriebliches Interesse des Arbeitgebers für die Zahlung angenommen werden kann (R 74 LStR), zu berücksichtigen.

– Ein Sprachkurs kann auch dann beruflich veranlasst sein, wenn er nur Grundkenntnisse oder allgemeine Kenntnisse in einer Fremdsprache vermittelt, diese aber für die berufliche Tätigkeit ausreichen. Die Kursgebühren sind dann als Werbungskosten abziehbar. Der Ort, an dem der Sprachkurs durchgeführt wird, kann ein Indiz für eine private Mitveranlassung sein. Die Reisekosten sind dann grundsätzlich in Werbungskosten und Kosten der privaten Lebensführung aufzuteilen (→ H 9.1 – Gemischte Aufwendungen). Dabei kann auch ein anderer als der zeitliche Aufteilungsmaßstab anzuwenden sein (→ BFH vom 24. 2. 2011 – BStBl II S. 796 zum Sprachkurs in Südafrika)

– Aufwendungen für eine zur Erteilung von Fremdsprachenunterricht in den eigenen Haushalt aufgenommene Lehrperson sind selbst bei einem konkreten Bezug zur Berufstätigkeit keine Fortbildungskosten (→ BFH vom 8. 10. 1993 – BStBl 1994 II S. 114).

Klassenfahrt

Aufwendungen eines Berufsschülers für eine im Rahmen eines Ausbildungsdienstverhältnisses als verbindliche Schulveranstaltung durchgeführte Klassenfahrt sind in der Regel Werbungskosten (→ BFH vom 7. 2. 1992 – BStBl II S. 531).

Ski- und Snowboardkurse

Aufwendungen von Lehrern für Snowboardkurse können als Werbungskosten bei den Einkünften aus nichtselbständiger Arbeit abziehbar sein, wenn ein konkreter Zusammenhang mit der Berufstätigkeit besteht (→ BFH vom 22. 6. 2006 – BStBl II S. 782 – VI R 61/02 –). Zu den Merkmalen der beruflichen Veranlassung → BFH vom 26. 8. 1988 (BStBl 1989 II S. 91).

Studienreisen und Fachkongresse

→ R 12.2 EStR, H 12.2 EStH   Anhang 30

→ Einkommensteuerliche Behandlung, Werbungskosten   Anhang 46

Ausgaben im Zusammenhang mit Berufsverbänden   R 9.3

S 2354

(1) [1]Ausgaben bei Veranstaltungen des Berufsstands, des Berufsverbands, des Fachverbands oder der Gewerkschaft eines Arbeitnehmers, die der Förderung des Allgemeinwissens der Teilnehmer dienen, sind nicht Werbungskosten, sondern Aufwendungen für die Lebensführung. [2]Um nicht abziehbare Aufwendungen für die Lebensführung handelt es sich insbesondere stets bei den Aufwendungen, die der Arbeitnehmer aus Anlass von gesellschaftlichen Veranstaltungen der bezeichneten Organisation gemacht hat, und zwar auch dann, wenn die gesellschaftlichen Veranstaltungen im Zusammenhang mit einer rein fachlichen oder beruflichen Tagung oder Sitzung standen.

(2) [1]Bestimmte Veranstaltungen von Berufsständen und Berufsverbänden dienen dem Zweck, die Teilnehmer im Beruf fortzubilden, z. B. Vorlesungen bei Verwaltungsakademien oder Volkshochschulen, Fortbildungslehrgänge, fachwissenschaftliche Lehrgänge, fachliche Vorträge. [2]Ausgaben, die dem Teilnehmer bei solchen Veranstaltungen entstehen, können Werbungskosten sein.

Hinweise   H 9.3

Ehrenamtliche Tätigkeit

Aufwendungen eines Arbeitnehmers im Zusammenhang mit einer ehrenamtlichen Tätigkeit für seine Gewerkschaft oder seinen Berufsverband können Werbungskosten sein (→ BFH vom 28. 11. 1980 – BStBl 1981 II S. 368 und vom 2. 10. 1992 – BStBl 1993 II S. 53).

Mitgliedsbeiträge an einen Interessenverband

Mitgliedsbeiträge an einen Interessenverband sind Werbungskosten, wenn dieser als Berufsverband auch die spezifischen beruflichen Interessen des Arbeitnehmers vertritt. Dies ist nicht nur nach der Satzung, sondern auch nach der tatsächlichen Verbandstätigkeit zu beurteilen (→ BFH vom 13. 8. 1993 – BStBl 1994 II S. 33).

Reiseaufwendungen für einen Berufsverband

Reiseaufwendungen eines Arbeitnehmers im Zusammenhang mit einer ehrenamtlichen Tätigkeit für seine Gewerkschaft oder seinen Berufsverband sind keine Werbungskosten, wenn der Schwerpunkt der Reise allgemeintouristischen Zwecken dient (→ BFH vom 25. 3. 1993 – BStBl II S. 559).

R 9.4   **Reisekosten**

S 2353   (1) ¹Reisekosten sind Fahrtkosten (→ § 9 Abs. 1 Satz 3 Nr. 4a EStG, → R 9.5), Verpflegungsmehraufwendungen (→ § 9 Abs. 4a EStG, → R 9.6), Übernachtungskosten (→ § 9 Abs. 1 Satz 3
Nr. 5a EStG, → R 9.7) und Reisenebenkosten (→ R 9.8), soweit diese durch eine beruflich veranlasste Auswärtstätigkeit (→ § 9 Abs. 4a Satz 2 und 4 EStG) des Arbeitnehmers entstehen.
²Eine beruflich veranlasste Auswärtstätigkeit ist auch der Vorstellungsbesuch eines Stellenbewer-
bers. ³Erledigt der Arbeitnehmer im Zusammenhang mit der beruflich veranlassten Auswärtstätigkeit auch in einem mehr als geringfügigen Umfang private Angelegenheiten, sind die beruflich veranlassten von den privat veranlassten Aufwendungen zu trennen. ⁴Ist das nicht – auch
nicht durch Schätzung – möglich, gehören die gesamten Aufwendungen zu den nach § 12 EStG
nicht abziehbaren Aufwendungen für die Lebensführung (z. B. Bekleidungskosten oder Aufwendungen für andere allgemeine Reiseausrüstungen). ⁵Die berufliche Veranlassung der Auswärtstätigkeit, die Reisedauer und den Reiseweg hat der Arbeitnehmer aufzuzeichnen und anhand
geeigneter Unterlagen, z. B. Fahrtenbuch (→ R 8.1 Abs. 9 Nr. 2 Satz 3), Tankquittungen, Hotel-
rechnungen, Schriftverkehr, nachzuweisen oder glaubhaft zu machen.

H 9.4   **Hinweise**

Erstattung durch den Arbeitgeber

– Steuerfrei → § 3 Nr. 13, 16 EStG, → R 3.13, 3.16

– Steuerfreie Arbeitgebererstattungen mindern die abziehbaren Werbungskosten auch dann,
   wenn sie erst im Folgejahr geleistet werden (→ BFH vom 20. 9. 2006 – BStBl 2007 II S. 756).

Erste Tätigkeitsstätte

– Bestimmung der ersten Tätigkeitsstätte

Anhang 38   → BMF vom 24.10.2014 (BStBl I S. 1412), Rz. 5 ff.

– Erste Tätigkeitsstätte bei vollzeitigen Bildungsmaßnahmen

Anhang 38   → BMF vom 24.10.2014 (BStBl I S. 1412), Rz. 32 ff.

Seeleute

Bei Seeleuten ist das Schiff keine erste Tätigkeitsstätte (→ BFH vom 19. 12. 2005 – BStBl 2006 II
S. 378).

Weiträumiges Tätigkeitsgebiet

Anhang 38   → BMF vom 24.10.2014 (BStBl I S. 1412), Rz. 40 ff.

Zuordnung von entsandten Arbeitnehmern

**Werbungskostenabzug bzw. steuerfreie Erstattung von Reisekosten
Unterkunftskosten und Verpflegungsmehraufwendungen bei vorübergehend entsandten Arbeitnehmern**

OFD Nordrhein-Westfalen vom 08.12.2014 – Kurzinfo EST 47/2014

Werden Arbeitnehmer von ihrem Arbeitgeber (z. B. ausländische Muttergesellschaft) vorübergehend an ein verbundenes Unternehmen (z. B. inländische Tochtergesellschaft) entsandt, sind
für die Frage des Werbungskostenabzugs bzw. der steuerfreien Erstattung von Reisekosten
durch den Arbeitgeber zwei Fallgestaltungen zu unterscheiden:

**I. Das mit dem bisherigen Arbeitgeber abgeschlossene Beschäftigungsverhältnis ruht für die
Dauer der Entsendung zum verbundenen Unternehmen. Dieses schließt mit dem Arbeitnehmer für die Dauer der Entsendung einen eigenständigen Arbeitsvertrag ab.**

Hierzu bitte ich, folgende Auffassung zu vertreten:

1. Rechtslage bis einschließlich Kalenderjahr 2013

Mit Urteil vom 10.4.2014, BStBl 2014 II, 804 hat der BFH – entgegen der früheren Auffassung
der Finanzverwaltung – entschieden, dass ein Arbeitnehmer, der zunächst für drei Jahre und
mit mehrmaliger Verlängerung zweieinhalb weitere Jahre zu einer Tochtergesellschaft ins Ausland entsandt worden ist, dort auch dann keine regelmäßige Arbeitsstätte begründet, wenn er
mit dem ausländischen Unternehmen für die Dauer des Entsendungszeitraums einen eigenständigen unbefristeten Arbeitsvertrag abgeschlossen hat. Dieses wird damit begründet, dass
der Arbeitnehmer aufgrund der Befristung des Auslandseinsatzes in der Entsendevereinbarung

und dem Fortbestehen seines – wenn auch ruhenden – inländischen Arbeitsverhältnisses bei der ausländischen Tochtergesellschaft nicht dauerhaft, sondern nur vorübergehend tätig gewesen ist. Die Urteilsgrundsätze sind bis einschließlich Kalenderjahr 2013 allgemein anzuwenden.

Die Aufwendungen, die dem Arbeitnehmer durch die Tätigkeit beim aufnehmenden Unternehmen entstehen, sind als Reisekosten abzugsfähig (vgl. dazu II. a und b).

2. Rechtslage ab Kalenderjahr 2014

Ab dem Kalenderjahr 2014 ist das oben genannte BFH-Urteil vom 10.4.2014 überholt (Rz. 21 des ergänzten BMF-Schreibens zur Reform des steuerlichen Reisekostenrechts ab 1.1.2014 vom 24.10.2014).

Im Gegensatz zur Rechtslage bis 2013 ist ab 2014 gesetzlich geregelt, unter welchen Voraussetzungen die für das Vorliegen einer ersten Tätigkeitsstätte erforderliche dauerhafte Zuordnung zu einer ortsfesten betrieblichen Einrichtung durch den Arbeitgeber bzw. eine dauerhafte Tätigkeit an einer ortsfesten betrieblichen Einrichtung gegeben ist.

Nach § 9 Abs. 4 Satz 3 EStG ist insbesondere dann davon auszugehen, dass eine vom Arbeitgeber vorgenommene Zuordnung des Arbeitnehmers zu einer ortsfesten betrieblichen Einrichtung dauerhaft ist, wenn der Arbeitnehmer

- unbefristet (dazu gehört auch „bis auf Weiteres"),
- für die Dauer des Dienstverhältnisses oder
- über einen Zeitraum von mehr als 48 Monaten dort tätig werden soll.

Hat der Arbeitgeber den Arbeitnehmer keiner ortsfesten betrieblichen Einrichtung dauerhaft zugeordnet oder ist die vorgenommene Zuordnung nicht eindeutig, ist nach § 9 Abs. 4 Satz 4 EStG erste Tätigkeitsstätte die ortsfeste betriebliche Einrichtung, an der der Arbeitnehmer dauerhaft

- typischerweise arbeitstäglich oder
- je Arbeitswoche zwei volle Arbeitstage oder mindestens ein Drittel seiner vereinbarten Arbeitszeit tätig werden soll.

Wird der entsandte Arbeitnehmer im Rahmen eines eigenständigen Arbeitsvertrages beim aufnehmenden Unternehmen tätig, liegt – auch lohnsteuerlich – ein eigenständiges Dienstverhältnis vor. Im Rahmen dieses Dienstverhältnisses ist nach dem insoweit eindeutigen Wortlaut des § 9 Abs. 4 EStG auch die erste Tätigkeitsstätte zu bestimmen. Vereinbarungen mit dem entsendenden Unternehmen über eine nur vorübergehende Entsendung sind somit unmaßgeblich. Folglich hat der entsandte Arbeitnehmer aufgrund des Arbeitsvertrages mit dem aufnehmenden Unternehmen als Arbeitgeber eine erste Tätigkeitsstätte, wenn er von diesem einer ortsfesten betrieblichen Einrichtung dauerhaft zugeordnet worden ist (Rz. 21 des ergänzten BMF-Schreibens zur Reform des steuerlichen Reisekostenrechts ab 1.1.2014 vom 24.10.2014). Liegt keine dauerhafte Zuordnung des Arbeitnehmers zu einer ortsfesten betrieblichen Einrichtung durch das aufnehmende Unternehmen vor, hat der entsandte Arbeitnehmer im Rahmen des Dienstverhältnisses mit dem aufnehmenden Unternehmen eine erste Tätigkeitsstätte, wenn die oben genannten quantitativen Voraussetzungen des § 9 Abs. 4 Satz 4 EStG hinsichtlich einer ortsfesten betrieblichen Einrichtung erfüllt sind (Rz. 23 des ergänzten BMF-Schreibens zur Reform des steuerlichen Reisekostenrechts ab 1.1.2014 vom 24.10.2014).

Hat der Arbeitnehmer im Rahmen des Dienstverhältnisses mit dem aufnehmenden Unternehmen eine erste Tätigkeitsstätte, können die durch die Tätigkeit für das aufnehmende Unternehmen entstehenden Aufwendungen nur berücksichtigt werden, wenn die Voraussetzungen einer beruflich veranlassten doppelten Haushaltsführung erfüllt sind (R 9.11 LStR).

Liegen die Voraussetzungen einer beruflich veranlassten doppelten Haushaltsführung vor, können die Kosten für die Unterkunft am Ort der regelmäßigen Arbeitsstätte bis einschließlich 2013 höchstens mit dem Betrag berücksichtigt werden, der für die Anmietung einer nach Lage und Ausstattung durchschnittlichen 60 qm großen Wohnung angefallen wäre (BFH-Urteil vom 9.8.2007, BStBl 2007 II, 820).

Ab 2014 ist zu unterscheiden, ob eine Entsendung ins Ausland oder ins Inland vorliegt. Bei einer Entsendung ins Ausland können – wie bis einschließlich 2013 – die Kosten der Unterkunft höchstens mit dem Betrag berücksichtigt werden, der bei Anmietung einer nach Lage und Ausstattung durchschnittlichen 60 qm großen Wohnung am ausländischen Ort der ersten Tätigkeitsstätte angefallen wäre. Bei einer Entsendung ins Inland können die tatsächlichen Aufwendungen für die Nutzung der Unterkunft am Ort der ersten Tätigkeitsstätte höchstens mit 1.000 € im Monat berücksichtigt werden (§ 9 Abs. 1 Satz 3 Nr. 5 Satz 4 EStG i. d. F. ab 2014). Der Höchstbetrag von 1.000 € umfasst sämtliche entstehenden Aufwendungen wie Miete, Betriebskosten, AfA für notwendige Einrichtungsgegenstände, Rundfunkbeitrag, Miet- oder Pachtgebühren für einen KfZ-Stellplatz (Rz. 104 des ergänzten BMF-Schreibens zur Reform des steuerlichen Reisekostenrechts ab 1.1.2014 vom 24.10.2014).

II. Der Arbeitgeber entsendet den Arbeitnehmer im Rahmen des bestehenden Beschäftigungsverhältnisses vorübergehend an das aufnehmende verbundene Unternehmen. Der Arbeitnehmer wird bei diesem ausschließlich auf Grundlage der Entsendung durch den Arbeitgeber tätig, mit dem aufnehmenden Unternehmen wird kein Arbeitsvertrag abgeschlossen.

Hierzu bitte ich, folgende Auffassung zu vertreten:

Der Arbeitnehmer begründet durch die vorübergehende Entsendung bis 2013 keine regelmäßige Arbeitsstätte bei dem aufnehmenden Unternehmen (R 9.4 Abs. 3 Satz 4 LStR 2013; vgl. auch Verfügung der OFDen Rheinland und Münster vom 29.3.2012) und ab 2014 mangels erforderlicher dauerhafter Zuordnung durch das entsendende Unternehmen (s. Rz 22 des ergänzten BMF-Schreibens zur Reform des steuerlichen Reisekostenrechts ab 1.1.2014 vom 24.10.2014) und mangels Vorliegens der quantitativen Kriterien nach § 9 Abs. 4 Satz 4 EStG keine erste Tätigkeitsstätte. Die durch die Tätigkeit beim aufnehmenden Unternehmen entstehenden Aufwendungen sind nach den Grundsätzen der Auswärtstätigkeit zu behandeln.

Für die Berücksichtigung von Unterbringungskosten und Verpflegungsmehraufwendungen gilt Folgendes:

a) Aufgabe der bisherigen Wohnung

Unterhält der Arbeitnehmer seine einzige Wohnung am neuen Beschäftigungsort, handelt es sich bei den Unterbringungskosten um Aufwendungen für die private Lebensführung (§ 12 Nr. 1 Satz 1 EStG). Aufwendungen für das Unterhalten einer Wohnung, die den Mittelpunkt der Lebensführung eines Steuerpflichtigen darstellt, sind bereits durch den Grundfreibetrag abgedeckt (vgl. auch Beschluss des Großen Senats des BFH vom 21.9.2009, Az.: GrS 1/06 unter C III 4a). Es fallen keine ausschließlich beruflich veranlassten Mehrkosten an.

Dies gilt auch in den Fällen, in denen der Arbeitnehmer über die bisherige Wohnung während der Dauer der Entsendung nicht jederzeit verfügen kann (z. B. weil sie vermietet ist).

Die Unterbringungskosten können daher nicht als Werbungskosten abgezogen bzw. vom Arbeitgeber steuerfrei erstattet werden.

Für die Ermittlung der abzugsfähigen/steuerfrei erstattungsfähigen Verpflegungsmehraufwendungen ist die Abwesenheitsdauer von der Wohnung maßgebend. Die Dreimonatsfrist ist zu beachten (§ 4 Abs. 5 Satz 1 Nr. 5 Satz 5 EStG i. d. F. bis einschließlich 2013, § 9 Abs. 4a Satz 6 EStG i. d. F. ab 2014).

b) Keine Aufgabe der bisherigen Wohnung

Behält der Arbeitnehmer seine bisherige Wohnung bei, die ihm jederzeit zur Verfügung steht, und unterhält am neuen Beschäftigungsort eine – weitere – Wohnung, können die beruflich veranlassten Unterbringungskosten als Werbungskosten abgezogen bzw. vom Arbeitgeber steuerfrei erstattet werden (R 9.7 LStR). Den Arbeitnehmer trifft die Feststellungslast dafür, dass die bisherige Wohnung nicht aufgegeben wurde.

Erstreckt sich die Entsendung aufgrund von Verlängerungen über einen Zeitraum von mehr als 48 Monaten, ist zu berücksichtigen, dass Unterkunftskosten ab 2014 nach Ablauf von 48 Monaten einer längerfristigen Tätigkeit an derselben Tätigkeitsstätte, die nicht erste Tätigkeitsstätte ist, nur noch bis zur Höhe des Betrages berücksichtigt werden können, der im Rahmen einer doppelten Haushaltsführung zu berücksichtigen wäre (§ 9 Abs. 1 Nr. 5a Satz 4 EStG i. d. F. ab 2014). Bei einer Entsendung nach Deutschland können die tatsächlichen Aufwendungen für die Unterkunft am Tätigkeitsort nach Ablauf von 48 Monaten daher höchstens mit 1 000 € im Monat berücksichtigt werden (§ 9 Abs. 1 Satz 3 Nr. 5 Satz 4 EStG). Bei einer Entsendung in das Ausland können die tatsächlichen Aufwendungen für die Unterkunft am Tätigkeitsort nach Ablauf von 48 Monaten dagegen höchstens mit dem Betrag berücksichtigt werden, der bei Anmietung einer nach Lage und Ausstattung durchschnittlichen 60 qm großen Wohnung am Ort der auswärtigen Tätigkeitsstätte angefallen wäre.

Wird die Wohnung am Beschäftigungsort auch von Familienmitgliedern des Arbeitnehmers genutzt, sind die Aufwendungen für die Wohnung in einen beruflich und einen privat veranlassten Anteil aufzuteilen. Entscheidend ist, welche Mehrkosten durch die privat veranlasste Unterbringung der Familie gegenüber der ausschließlichen Unterbringung des Arbeitnehmers entstehen. Der Aufteilungsmaßstab kann im Wege einer ermessensgerechten Schätzung erfolgen, wobei eine Aufteilung der Kosten nach Köpfen nicht zu einem sachgerechten Ergebnis führen dürfte.

Bis einschließlich 2013 bestehen keine Bedenken, aus Vereinfachungsgründen die bis 2013 geltende „60 qm-Regelung" (vgl. H 9.11 Abs. 5–10 „Angemessenheit der Unterkunftskosten" zweiter Spiegelstrich LStH 2013) bei der doppelten Haushaltsführung anzuwenden, wobei jedoch keine Beschränkung auf den ortsüblichen Durchschnittsmietzins erfolgen darf, sondern die tatsächlich entstehenden Aufwendungen zugrunde zu legen sind.

Ab 2014 kann in Fällen, in denen die monatlichen Kosten für eine Unterkunft im Inland den Betrag von 1 000 € nicht übersteigen, aus Vereinfachungsgründen – entsprechend den Regelungen für Unterkunftskosten bei einer längerfristigen Tätigkeit von mehr als 48 Monaten (§ 9 Abs. 1 Nr. 5a Satz 4 EStG) – davon ausgegangen werden, dass die Aufwendungen ausschließlich beruflich veranlasst sind. Betragen die monatlichen Unterkunftskosten am inländischen Beschäftigungsort mehr als 1 000 € oder liegt die Wohnung an einem ausländischen Beschäftigungsort (Entsendung ins Ausland), können nur die beruflich veranlassten, allein auf den Arbeitnehmer entfallenden Unterkunftskosten berücksichtigt werden; dazu kann die ortsübliche Miete für eine nach Lage und Ausstattung durchschnittliche Wohnung am Ort der auswärtigen Tätigkeitsstätte mit einer Wohnfläche bis zu 60 qm als Vergleichsmaßstab herangezogen werden (Rz. 117 des ergänzten BMF-Schreibens zur Reform des steuerlichen Reisekostenrechts ab 1.1.2014 vom 24.10.2014).

Beispiel:

Ein nach Deutschland entsandter Arbeitnehmer wohnt mit seiner Ehefrau und zwei Kindern in einer 150 qm großen Mietwohnung am auswärtigen Beschäftigungsort. Die Aufwendungen für die Wohnung betragen monatlich 1 050 € (7 €/qm). Der Durchschnittsmietzins für eine 60 qm große Wohnung beträgt 5 €/qm.

Rechtslage bis einschließlich 2013

Von den 150 qm können 60 qm als beruflich veranlasst und der darüber hinausgehende Anteil als privat veranlasst geschätzt werden mit der Folge, dass 420 € (7 € × 60 qm) als Werbungskosten abgezogen bzw. vom Arbeitgeber steuerfrei erstattet werden können.

Rechtslage ab 2014

Da die monatlichen Unterkunftskosten 1 000 € übersteigen, können nur die Unterkunftskosten berücksichtigt werden, die ausschließlich durch die Nutzung des Arbeitnehmers verursacht werden. Soweit kein anderer nachvollziehbarer Aufteilungsmaßstab beantragt wird, können die anteiligen beruflich veranlassten Aufwendungen, die als Werbungskosten abgezogen bzw. vom Arbeitgeber steuerfrei erstattet werden können, auf 300 € (5 € × 60 qm) geschätzt werden.

Für die Ermittlung der abzugsfähigen/steuerfrei erstattungsfähigen Verpflegungsmehraufwendungen ist auf die Abwesenheitsdauer von der bisherigen Wohnung (nicht von der Wohnung am Beschäftigungsort) und der regelmäßigen Arbeitsstätte bzw. ersten Tätigkeitsstätte des Arbeitnehmers vor der Entsendung (nicht dem aufnehmenden Unternehmen) abzustellen. Die Dreimonatsfrist ist zu beachten (§ 4 Abs. 5 Satz 1 Nr. 5 Satz 5 EStG i. d. F. bis einschließlich 2013, § 9 Abs. 4a Satz 6 EStG i. d. F. ab 2014).

Zeitpunkt der Versteuerung der steuerpflichtigen Teile von Reisekostenvergütungen

(Verfügung OFD Frankfurt/M. vom 29.05.2013 – S 2338 A - 43 - St 211)

Es ist die Frage gestellt worden, ob die Lohnbesteuerung der steuerpflichtigen Teile von Reisekostenvergütungen aus Vereinfachungsgründen erst im letzten Lohnzahlungszeitraum des Jahres durchgeführt werden kann.

Hierzu wird folgende Auffassung vertreten:

Grundsätzlich sind die steuerpflichtigen Teile von Reisekostenvergütungen bei der nächstmöglichen Lohnabrechnung zu versteuern. Aus Vereinfachungsgründen bestehen jedoch keine Bedenken, wenn die steuerpflichtigen Teile von Reisekostenvergütungen bis zu einer Obergrenze von 153 € monatlich beim einzelnen Arbeitnehmer nur mindestens vierteljährlich abgerechnet werden.

Dies gilt auch für die Besteuerung von Mahlzeiten gemäß R 8.1 Abs. 4 LStR mit den Sachbezugswerten.

Dieser Erlass ergeht im Einvernehmen mit dem Bundesministerium der Finanzen und den obersten Finanzbehörden der anderen Länder.

Fahrtkosten als Reisekosten   **R 9.5**

Allgemeines

(1) [1]Fahrtkosten sind die tatsächlichen Aufwendungen, die dem Arbeitnehmer durch die persönliche Benutzung eines Beförderungsmittels entstehen. [2]Bei öffentlichen Verkehrsmitteln ist der entrichtete Fahrpreis einschl. etwaiger Zuschläge anzusetzen. [3]Benutzt der Arbeitnehmer sein Fahrzeug, ist der Teilbetrag der jährlichen Gesamtkosten dieses Fahrzeugs anzusetzen, der dem Anteil der zu berücksichtigenden Fahrten an der Jahresfahrleistung entspricht. [4]Der Arbeit-

S 2353

nehmer kann auf Grund der für einen Zeitraum von zwölf Monaten ermittelten Gesamtkosten für das von ihm gestellte Fahrzeug einen Kilometersatz errechnen, der so lange angesetzt werden darf, bis sich die Verhältnisse wesentlich ändern, z. B. bis zum Ablauf des Abschreibungszeitraums oder bis zum Eintritt veränderter Leasingbelastungen. [5]Abweichend von Satz 3 können die Fahrtkosten auch mit den pauschalen Kilometersätzen gemäß § 9 Abs. 1 Satz 3 Nr. 4a Satz 2 EStG angesetzt werden. [6]Aufwendungen für Fahrten nach § 9 Abs. 1 Satz 3 Nr. 4a Satz 3 EStG gehören nicht zu den Reisekosten.

Erstattung durch den Arbeitgeber

(2) [1]Der Arbeitnehmer hat seinem Arbeitgeber Unterlagen vorzulegen, aus denen die Voraussetzungen für die Steuerfreiheit der Erstattung und, soweit die Fahrtkosten bei Benutzung eines privaten Fahrzeugs nicht mit den pauschalen Kilometersätzen nach Absatz 1 Satz 5 erstattet werden, auch die tatsächlichen Gesamtkosten des Fahrzeugs ersichtlich sein müssen. [2]Der Arbeitgeber hat diese Unterlagen als Belege zum Lohnkonto aufzubewahren. [3]Wird dem Arbeitnehmer für die Auswärtstätigkeit im Rahmen seines Dienstverhältnisses ein Kraftfahrzeug zur Verfügung gestellt, darf der Arbeitgeber die pauschalen Kilometersätze nicht – auch nicht teilweise – steuerfrei erstatten.

H 9.5 <center>**Hinweise**</center>

Allgemeines

Anhang 38 – BMF vom 24.10.2014 (BStBl I S. 1412), Rz. 35 ff.

– **Als Reisekosten** können die Aufwendungen für folgende Fahrten angesetzt werden:

   1. Fahrten zwischen Wohnung und erster Tätigkeitsstätte oder auswärtiger Tätigkeitsstätte oder Unterkunft i. S. d. Nummer 3 einschließlich sämtlicher Zwischenheimfahrten (→ BFH vom 17. 12. 1976 – BStBl 1977 II S. 294 und vom 24. 4. 1992 – BStBl II S. 664); zur Abgrenzung dieser Fahrten von den Fahrten zwischen Wohnung und erster Tätigkeitsstätte → H 9.10 (Dienstliche Verrichtungen auf der Fahrt, Fahrtkosten),

   2. innerhalb desselben Dienstverhältnisses Fahrten zwischen mehreren auswärtigen Tätigkeitsstätten oder innerhalb eines weiträumigen Tätigkeitsgebietes (§ 9 Abs. 1 Satz 3 Nr. 4a Satz 4 EStG) und

   3. Fahrten zwischen einer Unterkunft am Ort der auswärtigen Tätigkeitsstätte oder in ihrem Einzugsbereich und auswärtiger Tätigkeitsstätte (→ BFH vom 17. 12. 1976 – BStBl 1977 II S. 294).

– **Nicht als Reisekosten**, sondern mit der Entfernungspauschale sind die Aufwendungen für folgende Fahrten anzusetzen:

Anhang 38   1. Fahrten von der Wohnung zu einem bestimmten Sammelpunkt → § 9 Abs. 1 Satz 3 Nr. 4a Satz 3 EStG, → BMF vom 24.10.2014 (BStBl I S. 1412), Rz. 37 ff.

Anhang 38   2. Fahrten von der Wohnung zu einem weiträumigen Tätigkeitsgebiet § 9 Abs. 1 Satz 3 Nr. 4a Satz 3 EStG, → BMF vom 24.10.2014 (BStBl I S. 1412), Rz. 40 ff.

Erstattung die Pauschbeträge übersteigender Beträge

Reisekostenvergütungen ab 1. 1. 1996: Die Pauschbeträge übersteigende Erstattungen

(Erlaß FinMin Bayern vom 3. 6. 1996 – 32 – S 2338 – 54/111 – 14787 –)

Nach Tz. 8 des im BStBl I 1995, 719 veröffentlichten Arbeitgeber-Merkblatts sind die nach arbeitsrechtlichen oder anderen Vorschriften zu zahlenden Vergütungen für Verpflegungsmehraufwendungen dem steuerpflichtigen Arbeitslohn zuzurechnen, soweit sie die Summe der für die maßgebende Abwesenheitsdauer steuerfreien Pauschbeträge überschreiten. Die Zusammenrechnung mit Fahrtkostenvergütungen und Übernachtungskostenvergütungen ist zulässig. Hierzu gilt im Einvernehmen mit den obersten Finanzbehörden des Bundes und der Länder folgendes:

Die Zusammenrechnung ist auf die jeweilige Erstattung beschränkt. Dabei können mehrere Dienstreisen zusammengefaßt werden, wenn die Auszahlung der betreffenden Reisekostenvergütungen in einem Betrag erfolgt. Entsprechendes gilt für die Erstattung von Umzugskosten und Vergütungen von Mehraufwendungen wegen doppelter Haushaltsführung (Trenngeldern).

Einzelnachweis

– Zu den Gesamtkosten eines Fahrzeugs gehören die Betriebsstoffkosten, die Wartungs- und Reparaturkosten, die Kosten einer Garage am Wohnort, die Kraftfahrzeugsteuer, die Aufwendungen für die Halterhaftpflicht- und Fahrzeugversicherungen, die Absetzungen für Abnutzung, wobei Zuschüsse nach der Kraftfahrzeughilfe-Verordnung für die Beschaffung eines Kraftfahrzeugs oder den Erwerb einer behinderungsbedingten Zusatzausstattung die Anschaffungskosten mindern (→ BFH vom 14.6.2012 – BStBl II S. 835), sowie die Zinsen für ein Anschaffungsdarlehen (→ BFH vom 1. 10. 1982 – BStBl 1983 II S. 17). Dagegen gehören nicht zu den Gesamtkosten z. B. Aufwendungen infolge von Verkehrsunfällen, Park- und Straßenbenutzungsgebühren, Aufwendungen für Insassen- und Unfallversicherungen sowie Verwarnungs-, Ordnungs- und Bußgelder; diese Aufwendungen sind mit Ausnahme der Verwarnungs-, Ordnungs- und Bußgelder ggf. als Reisenebenkosten abziehbar (→ H 9.8).

– Bei einem geleasten Fahrzeug gehört eine Leasingsonderzahlung zu den Gesamtkosten (BFH vom 5. 5. 1994 – BStBl II S. 643 und vom 15. 4. 2010 – BStBl II S. 805).

– Den Absetzungen für Abnutzung ist bei Personenkraftwagen und Kombifahrzeugen grundsätzlich eine Nutzungsdauer von 6 Jahren zugrunde zu legen. Bei einer hohen Fahrleistung kann auch eine kürzere Nutzungsdauer anerkannt werden. Bei Kraftfahrzeugen, die im Zeitpunkt der Anschaffung nicht neu gewesen sind, ist die entsprechende Restnutzungsdauer unter Berücksichtigung des Alters, der Beschaffenheit und des voraussichtlichen Einsatzes des Fahrzeugs zu schätzen (→ BMF vom15.12.2000 – BStBl I S. 1532).

– Ein Teilnachweis der tatsächlichen Gesamtkosten ist möglich. Der nicht nachgewiesene Teil der Kosten kann geschätzt werden. Dabei ist von den für den Steuerpflichtigen ungünstigsten Umständen auszugehen. (→ BFH vom 7. 4. 1992 – BStBl II S. 854).

– *Nicht zu den Gesamtkosten gehören die nach § 3 Nr. 46 EStG steuerfreien Vorteile sowie die nach § 40 Abs. 2 Satz 1 Nr. 6 EStG pauschal besteuerten Leistungen und Zuschüsse (→ BMF vom 14. 12. 2016 – BStBl I S. 1446, Rdnr. 28).*

Pauschale Kilometersätze   Anhang 25 IX

– → BMF vom 24.10.2014 (BStBl I S. 1412), Rz. 36.   Anhang 38

– *Die pauschalen Kilometersätze können aus Vereinfachungsgründen auch dann angesetzt werden, wenn der Arbeitnehmer nach § 3 Nr. 46 EStG steuerfreie Vorteile oder nach § 40 Abs. 2 Satz 1 Nr. 6 EStG pauschal besteuerte Leistungen und Zuschüsse vom Arbeitgeber für dieses Elektrofahrzeug oder Hybridelektrofahrzeug erhält (→ BMF vom 14. 12. 2016 – BStBl I S. 1446, Rdnr. 27).*   Anhang 25 IX

– Neben den pauschalen Kilometersätzen (→ BMF vom 24.10.2014 – BStBl I S. 1412, Rz. 36) können etwaige außergewöhnliche Kosten angesetzt werden, wenn diese durch Fahrten entstanden sind, für die die Kilometersätze anzusetzen sind. Außergewöhnliche Kosten sind nur die nicht voraussehbaren Aufwendungen für Reparaturen, die nicht auf Verschleiß (→ BFH vom 17. 10. 1973 – BStBl 1974 II S. 186) oder die auf Unfallschäden beruhen, und Absetzungen für außergewöhnliche technische Abnutzung und Aufwendungen infolge eines Schadens, der durch den Diebstahl des Fahrzeugs entstanden ist (→ BFH vom 25. 5. 1992 – BStBl 1993 II S. 44); dabei sind entsprechende Schadensersatzleistungen auf die Kosten anzurechnen.

– Kosten, die mit dem laufenden Betrieb eines Fahrzeugs zusammenhängen, wie z. B. Aufwendungen für eine Fahrzeug-Vollversicherung, sind keine außergewöhnlichen Kosten (→ BFH vom 21. 6. 1991 – BStBl II S. 814 und vom 8. 11. 1991 – BStBl 1992 II S. 204). Mit den pauschalen Kilometersätzen ist auch eine Leasingsonderzahlung abgegolten (→ BFH vom 15. 4. 2010 – BStBl II S. 805).

Dienstreise-Kaskoversicherung → BMF vom 9.9.2015 (BStBl I S. 734):

Seit dem 1.1.2014 sind die pauschalen Kilometersätze für die Benutzung von Kraftfahrzeugen im Rahmen von Auswärtstätigkeiten in § 9 Abs. 1 Satz 3 Nr. 4a EStG gesetzlich geregelt und gelten demzufolge unvermindert auch dann, wenn der Arbeitnehmer keine eigene Fahrzeug-Vollversicherung, sondern der Arbeitgeber eine Dienstreise-Kaskoversicherung für ein Kraftfahrzeug des Arbeitnehmers abgeschlossen hat. Das zum 2. Leitsatz des BFH-Urteils vom 27.6.1991 (BStBl 1992 II S. 365) ergangene BMF-Schreiben vom 31.3.1992 (BStBl I S. 270) „Dienstreise-Kaskoversicherung des Arbeitgebers für Kraftfahrzeuge des Arbeitnehmers und steuerfreier Fahrtkostenersatz" wird daher im Einvernehmen mit den obersten Finanzbehörden der Länder mit sofortiger Wirkung aufgehoben. Hat der Arbeitgeber eine Dienstreise-Kaskoversicherung für die seinen Arbeitnehmern gehörenden Kraftfahrzeuge abgeschlossen, führt die Prämienzahlung des Arbeitgebers auch weiterhin nicht zum Lohnzufluss bei den Arbeitnehmern (→ BFH-Urteil vom 27.6.1991 – BStBl I S. 365 – 1. Leitsatz).

Transportentschädigung

Waldarbeitern nach § 33a des Manteltarifvertrags für Waldarbeiter (MTW) gezahlte Transportentschädigung

(Erlaß des FinMin Bayern vom 9. 2. 1995 – 32 – S 2332 – 49/94 – 40727 –)

Nach § 33a MTW werden Waldarbeitern seit 1. 4. 1994 für den Transport von betriebseigenem Gerät und Material im eigenen Kfz oder mittels betriebseigenem oder waldarbeitereigenem Kraftfahrzeuganhänger und für das Umsetzen eines Waldarbeiterschutzwagens pauschale Transportentschädigungen gezahlt. Für deren steuerliche Behandlung gilt folgendes:

1. Die pauschale Transportentschädigung nach § 33a Abs. 1 MTW von 2 DM für jeden Tag der Mitnahme von betriebseigenem Gerät und Material bei der Fahrt von der Wohnung zur Arbeitsstätte[1]) gehört zum steuerpflichtigen Arbeitslohn.

2. Die Transportentschädigungen nach § 33a Abs. 2 und 3 MTW für die Mitnahme von betriebseigenem Gerät und Material in einem betriebseigenen Kraftfahrzeuganhänger (4 DM) bzw. einem waldarbeitereigenem Kraftfahrzeuganhänger (7 DM) und für das Umsetzen eines Waldarbeiterschutzwagens (15 DM) werden neben der kilometerbezogenen Fahrzeugentschädigung (0,42 DM) nach § 33 MTW für die Benutzung eines eigenen Kfz gezahlt. Die pauschalen Entschädigungen sind steuerfrei, soweit sie zusammen mit der Fahrzeugentschädigung den nach Abschn. 38 Abs. 2 LStR[2]) maßgebenden Kilometersatz nicht übersteigen.

Werbungskostenabzug und Erstattung durch den Arbeitgeber

– Die als Reisekosten erfassten Fahrtkosten können als Werbungskosten abgezogen werden, soweit sie nicht vom Arbeitgeber steuerfrei erstattet worden sind (§ 3c EStG).

– Die Erstattung der Fahrtkosten durch den Arbeitgeber ist nach § 3 Nr. 16 EStG steuerfrei, soweit höchstens die als Werbungskosten abziehbaren Beträge erstattet werden (→ BFH vom 21. 6. 1991 – BStBl II S. 814).

– Bei Sammelbeförderung durch den Arbeitgeber scheidet mangels Aufwands des Arbeitnehmers ein Werbungskostenabzug für diese Fahrten aus (→ BFH vom 11. 5. 2005 – BStBl II S. 785).

– Aufwendungen für Besuchsfahrten eines Ehegatten zur auswärtigen Tätigkeitsstätte des anderen Ehegatten/Lebenspartners sind auch bei einer längerfristigen Auswärtstätigkeit des anderen Ehegatten/Lebenspartners grundsätzlich nicht als Werbungskosten abziehbar (→ BFH vom 22.10.2015 – BStBl 2016 II S. 179).

R 9.6   Verpflegungsmehraufwendungen als Reisekosten

Allgemeines

S 2353   (1) ¹Die dem Arbeitnehmer tatsächlich entstandenen, beruflich veranlassten Mehraufwendungen für Verpflegung sind unter den Voraussetzungen des § 9 Abs. 4a EStG mit den dort genannten Pauschbeträgen anzusetzen. ²Der Einzelnachweis von Verpflegungsmehraufwendungen berechtigt nicht zum Abzug höherer Beträge.

Konkurrenzregelung

(2) Soweit für denselben Kalendertag Verpflegungsmehraufwendungen wegen einer Auswärtstätigkeit oder wegen einer doppelten Haushaltsführung (→ R 9.11 Abs. 7) anzuerkennen sind, ist jeweils der höchste Pauschbetrag anzusetzen (→ § 9 Abs. 4a Satz 12 zweiter Halbsatz EStG).

Besonderheiten bei Auswärtstätigkeiten im Ausland

(3) ¹Für den Ansatz von Verpflegungsmehraufwendungen bei Auswärtstätigkeiten im Ausland gelten nach Staaten unterschiedliche Pauschbeträge (Auslandstagegelder), die vom BMF im Einvernehmen mit den obersten Finanzbehörden der Länder auf der Grundlage der höchsten Auslandstagegelder nach dem BRKG bekannt gemacht werden. ²Für die in der Bekanntmachung nicht erfassten Staaten ist der für Luxemburg geltende Pauschbetrag maßgebend; für die in der Bekanntmachung nicht erfassten Übersee- und Außengebiete eines Staates ist der für das Mutterland geltende Pauschbetrag maßgebend. ³Werden an einem Kalendertag Auswärtstätigkeiten

---

¹) Jetzt: regelmäßigen Tätigkeitsstätte.
²) Jetzt R 9.5 Abs. 2 LStR.

im In- und Ausland durchgeführt, ist für diesen Tag das entsprechende Auslandstagegeld maßgebend, selbst dann, wenn die überwiegende Zeit im Inland verbracht wird. [4]Im Übrigen ist beim Ansatz des Auslandstagegeldes Folgendes zu beachten:

1. [1]Bei Flugreisen gilt ein Staat in dem Zeitpunkt als erreicht, in dem das Flugzeug dort landet; Zwischenlandungen bleiben unberücksichtigt, es sei denn, dass durch sie Übernachtungen notwendig werden. [2]Erstreckt sich eine Flugreise über mehr als zwei Kalendertage, ist für die Tage, die zwischen dem Tag des Abflugs und dem Tag der Landung liegen, das für Österreich geltende Tagegeld maßgebend.

2. [1]Bei Schiffsreisen ist das für Luxemburg geltende Tagegeld maßgebend. [2]Für das Personal auf deutschen Staatsschiffen sowie für das Personal auf Schiffen der Handelsmarine unter deutscher Flagge auf Hoher See gilt das Inlandstagegeld. [3]Für die Tage der Einschiffung und Ausschiffung das für den Hafenort geltende Tagegeld maßgebend.

Hinweise

H 9.6

Allgemeines

→ BMF vom 24.10.2014 (BStBl I S. 1412), Rz. 46 ff.

Anhang 38

Dreimonatsfrist

→ BMF vom 24.10.2014 (BStBl I S. 1412), Rz. 52 ff.

Anhang 38

Erstattung durch den Arbeitgeber

– **steuerfrei** → § 3 Nr. 13, 16 EStG, → R 3.13, 3.16

Die Erstattung der Verpflegungsmehraufwendungen durch den Arbeitgeber ist steuerfrei, soweit keine höheren Beträge erstattet werden, als nach → § 9 Abs. 4a EStG, → BMF vom 24.10.2014 (BStBl I S. 1412), Rz. 46 ff., als Reisekosten angesetzt werden dürfen. Eine zusammengefasste Erstattung unterschiedlicher Aufwendungen ist möglich → R 3.16 Satz 1. Zur Erstattung im Zusammenhang mit Mahlzeitengestellungen bei Auswärtstätigkeit → BMF vom 24.10.2014 (BStBl I S. 1412), Rz. 73 ff.

Anhang 38

Anhang 38

– **pauschale Versteuerung**

bei Mahlzeitengestellungen
→ § 40 Abs. 2 Satz 1 Nr. 1a EStG und BMF vom 24.10.2014 (BStBl I S. 1412), Rz. 93 f.
bei Vergütungen für Verpflegungsmehraufwendungen
→ § 40 Abs. 2 Satz 1 Nr. 4 EStG und BMF vom 24.10.2014 (BStBl I S. 1412), Rz. 58 ff.

Anhang 38

Anhang 38

– **Nachweise**

Der Arbeitnehmer hat seinem Arbeitgeber Unterlagen vorzulegen, aus denen die Voraussetzungen für den Erstattungsanspruch ersichtlich sein müssen. Der Arbeitgeber hat diese Unterlagen als Belege zum Lohnkonto aufzubewahren (→ BFH vom 6. 3. 1980 – BStBl II S. 289).

Mahlzeitengestellung und Verpflegungsmehraufwendungen

→ BMF vom 24.10.2014 (BStBl I S. 1412), Rz. 64 ff. und 73 ff.

Anhang 38

Pauschbeträge bei Auslandsdienstreisen

→ *BMF vom 8. 11. 2017 (BStBl I S. 1457) ab 1.1.2018*
→ R 9.6 Abs. 3

Anhang 31

Verpflegungsmehraufwendungen

– Arbeitnehmer haben bei einer beruflichen Auswärtstätigkeit einen Rechtsanspruch darauf, dass die gesetzlichen Pauschbeträge berücksichtigt werden (→ BFH vom 4. 4. 2006 – BStBl II S. 567).

– Kürzung der Verpflegungspauschalen → § 9 Abs. 4a Satz 8 ff. EStG und BMF vom 24.10.2014 (BStBl I S. 1412), Rz. 73 ff.

Anhang 38

Werbungskostenabzug bei Reisekostenerstattung durch den Arbeitgeber

Wurden Reisekosten vom Arbeitgeber – ggf. teilweise – erstattet, ist der Werbungskostenabzug insgesamt auf den Betrag beschränkt, um den die Summe der abziehbaren Aufwendungen die steuerfreie Erstattung übersteigt (→ BFH vom 15. 11. 1991 – BStBl 1992 II S. 367). Dabei ist es gleich, ob die Erstattung des Arbeitgebers nach § 3 Nr. 13, 16 EStG oder nach anderen Vorschriften steuerfrei geblieben ist, z. B. durch Zehrkostenentschädigungen i. S. d. § 3 Nr. 12 EStG (→ BFH vom 28. 1. 1988 – BStBl II S. 635).

R 9.7	**Übernachtungskosten**

Allgemeines

S 2353

(1) ¹Übernachtungskosten sind die tatsächlichen Aufwendungen, die dem Arbeitnehmer für die persönliche Inanspruchnahme einer Unterkunft zur Übernachtung entstehen. ²Ist die Unterkunft am auswärtigen Tätigkeitsort die einzige Wohnung/Unterkunft des Arbeitnehmers, liegt kein beruflich veranlasster Mehraufwand i. S. d. § 9 Abs. 1 Satz 3 Nr. 5a EStG vor.

Werbungskostenabzug

(2) ¹Die tatsächlichen Übernachtungskosten können bei einer Auswärtstätigkeit als Reisekosten angesetzt und als Werbungskosten abgezogen werden, soweit sie nicht vom Arbeitgeber nach Absatz 3 oder § 3 Nr. 13 oder 16 EStG steuerfrei ersetzt werden.

Erstattung durch den Arbeitgeber

(3) ¹Für jede Übernachtung im Inland darf der Arbeitgeber ohne Einzelnachweis einen Pauschbetrag von 20 Euro steuerfrei zahlen. ²Bei Übernachtungen im Ausland dürfen die Übernachtungskosten ohne Einzelnachweis der tatsächlichen Aufwendungen mit Pauschbeträgen (Übernachtungsgelder) steuerfrei erstattet werden. ³Die Pauschbeträge werden vom Bundesministerium der Finanzen im Einvernehmen mit den obersten Finanzbehörden der Länder auf der Grundlage der höchsten Auslandsübernachtungsgelder nach dem Bundesreisekostengesetz bekannt gemacht. ⁴Sie richten sich nach dem Ort, der nach R 9.6 Abs. 3 Satz 4 Nummer 1 und 2 maßgebend ist. ⁵Für die in der Bekanntmachung nicht erfassten Länder und Gebiete ist R 9.6 Abs. 3 Satz 2 anzuwenden. ⁶Die Pauschbeträge dürfen nicht steuerfrei erstattet werden, wenn dem Arbeitnehmer die Unterkunft vom Arbeitgeber oder auf Grund seines Dienstverhältnisses von einem Dritten unentgeltlich oder teilweise unentgeltlich zur Verfügung gestellt wurde. ⁷Auch bei Übernachtung in einem Fahrzeug ist die steuerfreie Zahlung der Pauschbeträge unzulässig. ⁸Bei Benutzung eines Schlafwagens oder einer Schiffskabine dürfen die Pauschbeträge nur dann steuerfrei gezahlt werden, wenn die Übernachtung in einer anderen Unterkunft begonnen oder beendet worden ist.

H 9.7	**Hinweise**

Allgemeines

Anhang 38

→ BMF vom 24.10.2014 (BStBl I S. 1412), Rz. 110 ff.

Steuerfreiheit der Arbeitgebererstattungen

Die Erstattung der Übernachtungskosten durch den Arbeitgeber ist steuerfrei

– aus öffentlichen Kassen in voller Höhe → § 3 Nr. 13 EStG,

– bei Arbeitgebern außerhalb des öffentlichen Dienstes nach § 3 Nr. 16 EStG bis zur Höhe der tatsächlichen Aufwendungen oder bis zur Höhe der maßgebenden Pauschbeträge (Übernachtung im Inland: 20 Euro, Übernachtung im Ausland: Pauschbeträge → **BMF vom 8. 11. 2017 (BStBl I S.** 1457) **ab 1.1.2018**).

Anhang 31   ### Übernachtungskosten

– Die Übernachtungskosten sind für den Werbungskostenabzug grundsätzlich im Einzelnen nachzuweisen. Sie können geschätzt werden, wenn sie dem Grunde nach zweifelsfrei entstanden sind (→ BFH vom 12. 9. 2001 – BStBl II S. 775).

– Übernachtet ein Kraftfahrer in der Schlafkabine seines LKW, sind die Pauschalen für Übernachtungen nicht anzuwenden (→ BFH vom 28. 3. 2012 – BStBl II S. 926 – VI R 48/11 –. H 9.8 → Aufwendungen für die Übernachtung in der Schlafkabine eines LKW)

Reisenebenkosten   R 9.8

Allgemeines

(1) Reisenebenkosten werden unter den Voraussetzungen von R 9.4 Abs. 1 in tatsächlicher   S 2353
Höhe berücksichtigt und können als Werbungskosten abgezogen werden, soweit sie nicht vom
Arbeitgeber steuerfrei erstattet wurden.

(2) – unbesetzt –

Steuerfreiheit der Arbeitgebererstattungen

(3) ¹Die Erstattung der Reisenebenkosten durch den Arbeitgeber ist nach § 3 Nr. 16 EStG steuerfrei, soweit sie die tatsächlichen Aufwendungen nicht überschreitet. ²Der Arbeitnehmer hat seinem Arbeitgeber Unterlagen vorzulegen, aus denen die tatsächlichen Aufwendungen ersichtlich
sein müssen. ³Der Arbeitgeber hat diese Unterlagen als Belege zum Lohnkonto aufzubewahren.

Hinweise   H 9.8

Allgemeines

→ BMF vom 24.10.2014 (BStBl I S. 1412), Rz. 124 ff.   Anhang 38

Diebstahl

Wertverluste bei einem Diebstahl des für die Reise notwendigen persönlichen Gepäcks sind Reisenebenkosten (→ BFH vom 30. 6. 1995 – BStBl II S. 744). Dies gilt nicht für den Verlust von
→ Geld oder → Schmuck.

Geld

Der Verlust einer Geldbörse führt nicht zu Reisenebenkosten (→ BFH vom 4. 7. 1986 – BStBl II
S. 771).

Geldbußen

→ R 4.13 EStR

LKW-Fahrer

Zu den Reisenebenkosten bei LKW-Fahrern, die in ihrer Schlafkabine übernachten, → BMF vom
4.12.2012 (BStBl I S. 1249).

**Keine Übernachtungspauschalen bei LKW-Fahrern, die in der Schlafkabine ihres
LKW übernachten; vereinfachter Nachweis von Reisenebenkosten**

BFH-Urteil vom 28. 3. 2012 – VI R 48/11 – (BStBl 2012 II S. 926)

BMF-Schreiben vom 4. 12. 2012 – IV C 5 – S 2353/12/10009 –

Der BFH hat in seinem Urteil vom 28. März 2012 – VI R 48/11 – (BStBl 2012 II S. 926) entschieden, dass ein Kraftfahrer, der in der Schlafkabine seines LKW übernachtet, die Pauschalen für
Übernachtungen bei Auslandsdienstreisen nicht anwenden darf. Liegen Einzelnachweise über
die Kosten nicht vor, seien die tatsächlichen Aufwendungen zu schätzen. Im Hinblick auf dieses
Urteil ist nach der Erörterung mit den obersten Finanzbehörden der Länder Folgendes zu beachten:

Einem Kraftfahrer, der anlässlich seiner auswärtigen beruflichen Tätigkeit (Fahrtätigkeit) in der
Schlafkabine seines LKW übernachtet, entstehen Aufwendungen, die bei anderen Arbeitnehmern mit Übernachtung anlässlich einer beruflichen Auswärtstätigkeit typischerweise in den
Übernachtungskosten enthalten sind. Derartige Aufwendungen können als Reisenebenkosten
in vereinfachter Weise ermittelt und glaubhaft gemacht werden. Als Reisenebenkosten in diesem Sinne kommen z. B. in Betracht:

– Gebühren für die Benutzung der sanitären Einrichtungen (Toiletten sowie Dusch- oder
  Waschgelegenheiten) auf Raststätten,

– Aufwendungen für die Reinigung der eigenen Schlafkabine.

Aus Gründen der Vereinfachung ist es ausreichend, wenn der Arbeitnehmer die ihm tatsächlich
entstandenen und regelmäßig wiederkehrenden Reisenebenkosten für einen repräsentativen

Zeitraum von drei Monaten im Einzelnen durch entsprechende Aufzeichnungen glaubhaft macht. Dabei ist zu beachten, dass bei der Benutzung der sanitären Einrichtungen auf Raststätten nur die tatsächlichen Benutzungsgebühren aufzuzeichnen sind, nicht jedoch die als Wertbons ausgegebenen Beträge.

Hat der Arbeitnehmer diesen Nachweis erbracht, kann der tägliche Durchschnittsbetrag, der sich aus den Rechnungsbeträgen für den repräsentativen Zeitraum ergibt, für den Ansatz von Werbungskosten oder auch für die steuerfreie Erstattung durch den Arbeitgeber (nach Maßgabe der §§ 3 Nummer 13 und 16 EStG) so lange zu Grunde gelegt werden, bis sich die Verhältnisse wesentlich ändern.

Beispiel:

Nachweis durch Belege des Arbeitnehmers:

– Monat Oktober 2012: Aufwendungen gesamt 60 Euro (20 Tage Auswärtstätigkeit)
– Monat November 2012: Aufwendungen gesamt 80 Euro (25 Tage Auswärtstätigkeit)
– Monat Dezember 2012: Aufwendungen gesamt 40 Euro (15 Tage Auswärtstätigkeit)

Summe der Aufwendungen: 180 Euro: 60 Tage Auswärtstätigkeit = 3 Euro täglicher Durchschnittswert.

Der so ermittelte Wert kann bei LKW-Fahrern, die in ihrer Schlafkabine übernachten, für jeden Tag der Auswärtstätigkeit als Werbungskosten geltend gemacht oder steuerfrei durch den Arbeitgeber erstattet werden. .

Ordnungsgelder

→ R 4.13 EStR

Reisegepäckversicherung

Kosten für eine Reisegepäckversicherung, soweit sich der Versicherungsschutz auf eine beruflich bedingte Abwesenheit von einer ersten Tätigkeitsstätte beschränkt, sind Reisenebenkosten; zur Aufteilung der Aufwendungen für eine gemischte Reisegepäckversicherung (→ BFH vom 19. 2. 1993 – BStBl II S. 519).

Schaden

Wertverluste auf Grund eines Schadens an mitgeführten Gegenständen, die der Arbeitnehmer auf seiner Reise verwenden musste, sind Reisenebenkosten, wenn der Schaden auf einer reisespezifischen Gefährdung beruht (→ BFH vom 30. 11. 1993 – BStBl 1994 II S. 256).

Schmuck

Der Verlust von Schmuck führt nicht zu Reisenebenkosten (→ BFH vom 26. 1. 1968 – BStBl II S. 342).

Telefonkosten

Zu den Reisenebenkosten gehören auch die tatsächlichen Aufwendungen für private Telefongespräche, soweit sie der beruflichen Sphäre zugeordnet werden können (→ BFH vom 5.7.2012 – BStBl 2013 II S. 282).

Unfallversicherung

Beiträge zu Unfallversicherungen sind Reisenebenkosten, soweit sie Berufsunfälle außerhalb einer ersten Tätigkeitsstätte abdecken; wegen der steuerlichen Behandlung von Unfallversicherungen, die das Unfallrisiko sowohl im beruflichen als auch im außerberuflichen Bereich abdecken (→ BMF vom 28. 10. 2009 – BStBl I S. 1275).

→ H 19.3

Verwarnungsgeld

→ R 4.13 EStR

R 9.9   **Umzugskosten**

Allgemeines

S 2353   (1) Kosten, die einem Arbeitnehmer durch einen beruflich veranlassten Wohnungswechsel entstehen, sind Werbungskosten.

Höhe der Umzugskosten

(2) [1]Bei einem beruflich veranlassten Wohnungswechsel können die tatsächlichen Umzugskos-   Anhang 8 III
ten grundsätzlich bis zur Höhe der Beträge als Werbungskosten abgezogen werden, die nach
dem BUKG und der Auslandsumzugskostenverordnung (AUV) in der jeweils geltenden Fassung
als Umzugskostenvergütung höchstens gezahlt werden könnten, mit Ausnahme der Pauschalen
nach §§ 19, 21 AUV und der Auslagen (insbesondere Maklergebühren) für die Anschaffung einer
eigenen Wohnung (Wohneigentum) nach § 9 Abs. 1 BUKG; die Pauschbeträge für Verpflegungsmehraufwendungen nach § 9 Abs. 4a EStG sind zu beachten. [2]Werden die umzugskostenrechtlich festgelegten Grenzen eingehalten, ist nicht zu prüfen, ob die Umzugskosten Werbungskosten
darstellen. [3]Werden höhere Umzugskosten im Einzelnen nachgewiesen, ist insgesamt zu prüfen,
ob und inwieweit die Aufwendungen Werbungskosten oder nicht abziehbare Kosten der
Lebensführung sind, z. B. bei Aufwendungen für die Neuanschaffung von Einrichtungsgegenständen. [4]Anstelle der in § 10 BUKG pauschal erfassten Umzugskosten können auch die im Einzelfall nachgewiesenen höheren Umzugskosten als Werbungskosten abgezogen werden. [5]Ein
Werbungskostenabzug entfällt, soweit die Umzugskosten vom Arbeitgeber steuerfrei erstattet
worden sind (§ 3c EStG).

Erstattung durch den Arbeitgeber

(3) [1]Die Erstattung der Umzugskosten durch den Arbeitgeber ist steuerfrei, soweit keine höheren Beträge erstattet werden, als nach Absatz 2 als Werbungskosten abziehbar wären. [2]Der
Arbeitnehmer hat seinem Arbeitgeber Unterlagen vorzulegen, aus denen die tatsächlichen Aufwendungen ersichtlich sein müssen. [3]Der Arbeitgeber hat diese Unterlagen als Belege zum Lohnkonto aufzubewahren.

Hinweise H 9.9

Aufgabe der Umzugsabsicht

Wird vom Arbeitgeber eine vorgesehene Versetzung rückgängig gemacht, sind die dem Arbeitnehmer durch die Aufgabe seiner Umzugsabsicht entstandenen vergeblichen Aufwendungen als
Werbungskosten abziehbar (→ BFH vom 24. 5. 2000 – BStBl II S. 584).

Berufliche Veranlassung

Ein Wohnungswechsel ist z. B. beruflich veranlasst,

1. wenn durch ihn eine → erhebliche Verkürzung der Entfernung zwischen Wohnung und
   Tätigkeitsstätte eintritt und die verbleibende Wegezeit im Berufsverkehr als normal angesehen werden kann (→ BFH vom 6. 11. 1986 – BStBl 1987 II S. 81). Es ist nicht erforderlich, dass
   der Wohnungswechsel mit einem Wohnortwechsel oder mit einem Arbeitsplatzwechsel verbunden ist,

2. wenn er im ganz überwiegenden betrieblichen Interesse des Arbeitgebers durchgeführt wird,
   insbesondere beim Beziehen oder Räumen einer Dienstwohnung, die aus betrieblichen
   Gründen bestimmten Arbeitnehmern vorbehalten ist, um z. B. deren jederzeitige Einsatzmö-
   glichkeit zu gewährleisten (→ BFH vom 28. 4. 1988 – BStBl II S. 777), oder

3. wenn er aus Anlass der erstmaligen Aufnahme einer beruflichen Tätigkeit, des Wechsels des
   Arbeitgebers oder im Zusammenhang mit einer Versetzung durchgeführt wird oder

4. wenn der eigene Hausstand zur Beendigung einer doppelten Haushaltsführung an den
   Beschäftigungsort verlegt wird (→ BFH vom 21. 7. 1989 – BStBl II S. 917).

Die privaten Motive für die Auswahl der neuen Wohnung sind grundsätzlich unbeachtlich
(→ BFH vom 23. 3. 2001 – BStBl 2002 II S. 56).

Doppelte Haushaltsführung

→ R 9.11

Doppelter Mietaufwand

Wegen eines Umzugs geleistete doppelte Mietzahlungen können beruflich veranlasst und deshalb in voller Höhe als Werbungskosten abziehbar sein. Diese Mietaufwendungen können jedoch
nur zeitanteilig, und zwar für die neue Familienwohnung ab dem Kündigungs- bis zum Umzugstag und für die bisherige Wohnung ab dem Umzugstag, längstens bis zum Ablauf der Kündigungsfrist des bisherigen Mietverhältnisses, als Werbungskosten abgezogen werden (→ BFH
vom 13. 7. 2011, BStBl 2012 II S. 104).

Eheschließung/Begründung einer Lebenspartnerschaft

Erfolgt ein Umzug aus Anlass einer Eheschließung von getrennten Wohnorten in eine gemeinsame Familienwohnung, so ist die berufliche Veranlassung des Umzugs eines jeden Ehegatten gesondert zu beurteilen (→ BFH vom 23. 3. 2001 – BStBl II S. 585). Entsprechendes gilt für Lebenspartnerschaften (→ § 2 Abs. 8 EStG).

Erhebliche Fahrzeitverkürzung

– Eine erhebliche Verkürzung der Entfernung zwischen Wohnung und Tätigkeitsstätte ist anzunehmen, wenn sich die Dauer der täglichen Hin- und Rückfahrt insgesamt wenigstens zeitweise um mindestens eine Stunde ermäßigt (→ BFH vom 22. 11. 1991 – BStBl 1992 II S. 494 und vom 16. 10. 1992 – BStBl 1993 II S. 610).

– Die Fahrzeitersparnisse beiderseits berufstätiger Ehegatten/Lebenspartner sind weder zusammenzurechnen (→ BFH vom 27. 7. 1995 – BStBl II S. 728) noch zu saldieren (→ BFH vom 21. 2. 2006 – BStBl II S. 598).

– Steht bei einem Umzug eine arbeitstägliche Fahrzeitersparnis von mindestens einer Stunde fest, sind private Gründe (z. B. Gründung eines gemeinsamen Haushalts aus Anlass einer Eheschließung/Begründung einer Lebenspartnerschaft, erhöhter Wohnbedarf wegen Geburt eines Kindes) unbeachtlich (→ BFH vom 23. 3. 2001 – BStBl II S. 585 und BStBl 2002 II S. 56).

Höhe der Umzugskosten

– Zur Höhe der maßgebenden Beträge für umzugsbedingte Unterrichtskosten und sonstige Umzugsauslagen ab 1.3.2016 und ab 1.2.2017 → BMF vom 18.10.2016 (BStBl I S. 1147).

Anhang 8 IV

– Die umzugskostenrechtliche Beschränkung einer Mietausfallentschädigung für den bisherigen Wohnungsvermieter gilt nicht für den Werbungskostenabzug (→ BFH vom 1. 12. 1993 – BStBl 1994 II S. 323).

– Nicht als Werbungskosten abziehbar sind die bei einem Grundstückskauf angefallenen Maklergebühren, auch soweit sie auf die Vermittlung einer vergleichbaren Mietwohnung entfallen würden (→ BFH vom 24. 5. 2000 – BStBl II S. 586) sowie Aufwendungen für die Anschaffung von klimabedingter Kleidung und Wohnungsausstattung i. S. d. §§ 19 und 21 AUV (→ BFH vom 20. 3. 1992 – BStBl 1993 II S. 192 und vom 27. 5. 1994 – BStBl 1995 II S. 17 und vom 12. 4. 2007 – BStBl II S. 536).

– Der Werbungskostenabzug setzt eine Belastung mit Aufwendungen voraus. Das ist bei einem in Anlehnung an § 8 Abs. 3 BUKG ermittelten Mietausfall nicht der Fall. Als entgangene Einnahme erfüllt er nicht den Aufwendungsbegriff (→ BFH vom 19. 4. 2012 – VI R 25/10 –).

– Zur steuerfreien Arbeitgebererstattung → R 9.9 Abs. 3

– Aufwendungen auf Grund der Veräußerung eines Eigenheims anlässlich eines beruflich bedingten Umzugs sind keine Werbungskosten bei den Einkünften aus nichtselbständiger Arbeit (→ BFH vom 24. 5. 2000 – BStBl II S. 476).

– Veräußerungsverluste aus dem Verkauf eines Eigenheims einschließlich zwischenzeitlich angefallener Finanzierungskosten anlässlich eines beruflich bedingten Umzugs sind keine Werbungskosten bei den Einkünften aus nichtselbständiger Arbeit (→ BFH vom 24. 5. 2000 – BStBl II S. 476).

Anhang 8 I

– Bei einem beruflich veranlassten Umzug sind Aufwendungen für die Ausstattung der neuen Wohnung (z. B. Renovierungsmaterial, Gardinen, Rollos, Lampen, Telefonanschluss, Anschaffung und Installation eines Wasserboilers) nicht als Werbungskosten abziehbar (→ BFH vom 17. 12. 2002 – BStBl 2003 II S. 314). Die Berücksichtigung der Pauschale nach § 10 BUKG bleibt unberührt → R 9.9 Abs. 2 Satz 2.

Rückumzug ins Ausland

Der Rückumzug ins Ausland ist bei einem ausländischen Arbeitnehmer, der unbefristet ins Inland versetzt wurde und dessen Familie mit ins Inland umzog und der bei Erreichen der Altersgrenze ins Heimatland zurückzieht, nicht beruflich veranlasst (→ BFH vom 8. 11. 1996 – BStBl 1997 II S. 207); anders bei einer von vornherein befristeten Tätigkeit im Inland (→ BFH vom 4. 12. 1992 – BStBl 1993 II S. 722).

Umzug ins Ausland

Umzugskosten im Zusammenhang mit einer beabsichtigten nichtselbständigen Tätigkeit im Ausland sind bei den inländischen Einkünften nicht als Werbungskosten abziehbar, wenn die Einkünfte aus der beabsichtigten Tätigkeit nicht der deutschen Besteuerung unterliegen (→ BFH vom 20. 9. 2006 – BStBl 2007 II S. 756). Zum Progressionsvorbehalt → H 32b (Zeitweise unbeschränkte Steuerpflicht) EStH.

Vergebliche Umzugskosten

Wird vom Arbeitgeber eine vorgesehene Versetzung rückgängig gemacht, sind die dem Arbeitnehmer durch die Aufgabe seiner Umzugsabsicht entstandenen vergeblichen Aufwendungen als Werbungskosten abziehbar (→ BFH vom 24. 5. 2000, BStBl II S. 584).

Zwischenumzug

Die berufliche Veranlassung eines Umzugs endet regelmäßig mit dem Einzug in die erste Wohnung am neuen Arbeitsort. Die Aufwendungen für die Einlagerung von Möbeln für die Zeit vom Bezug dieser Wohnung bis zur Fertigstellung eines Wohnhauses am oder in der Nähe vom neuen Arbeitsort sind daher keine Werbungskosten (→ BFH vom 21. 9. 2000 – BStBl 2001 II S. 70).

Aufwendungen für Wege zwischen Wohnung und erster Tätigkeitsstätte sowie Fahrten nach § 9 Abs. 1 Satz 3 Nr. 4a Satz 3 EStG

R 9.10
S 2351

Maßgebliche Wohnung

(1) ¹Als Ausgangspunkt für die Wege kommt jede Wohnung des Arbeitnehmers in Betracht, die er regelmäßig zur Übernachtung nutzt und von der aus er seine erste Tätigkeitsstätte aufsucht. ²Als Wohnung ist z. B. auch ein möbliertes Zimmer, eine Schiffskajüte, ein Gartenhaus, ein auf eine gewisse Dauer abgestellter Wohnwagen oder ein Schlafplatz in einer Massenunterkunft anzusehen. ³Hat ein Arbeitnehmer mehrere Wohnungen, können Wege von und zu der von der ersten Tätigkeitsstätte weiter entfernt liegenden Wohnung nach § 9 Abs. 1 Satz 3 Nr. 4 Satz 6 EStG nur dann berücksichtigt werden, wenn sich dort der Mittelpunkt der Lebensinteressen des Arbeitnehmers befindet und sie nicht nur gelegentlich aufgesucht wird. ⁴Der Mittelpunkt der Lebensinteressen befindet sich bei einem verheirateten Arbeitnehmer¹⁾ regelmäßig am tatsächlichen Wohnort seiner Familie. ⁵Die Wohnung kann aber nur dann ohne nähere Prüfung berücksichtigt werden, wenn sie der Arbeitnehmer mindestens sechsmal im Kalenderjahr aufsucht. ⁶Bei anderen Arbeitnehmern befindet sich der Mittelpunkt der Lebensinteressen an dem Wohnort, zu dem die engeren persönlichen Beziehungen bestehen. ⁷Die persönlichen Beziehungen können ihren Ausdruck besonders in Bindungen an Personen, z. B. Eltern, Verlobte, Freundes- und Bekanntenkreis, finden, aber auch in Vereinszugehörigkeiten und anderen Aktivitäten. ⁸Sucht der Arbeitnehmer diese Wohnung im Durchschnitt mindestens zweimal monatlich auf, ist davon auszugehen, dass sich dort der Mittelpunkt seiner Lebensinteressen befindet. ⁹Die Sätze 4 bis 8 gelten unabhängig davon, ob sich der Lebensmittelpunkt im Inland oder im Ausland befindet.

Fahrten mit einem zur Nutzung überlassenen Kraftfahrzeug

(2) ¹Ein Kraftfahrzeug ist dem Arbeitnehmer zur Nutzung überlassen, wenn es dem Arbeitnehmer vom Arbeitgeber unentgeltlich oder teilentgeltlich überlassen worden ist (→ R 8.1 Abs. 9) ist oder wenn es der Arbeitnehmer von dritter Seite geliehen, gemietet oder geleast hat. ²Wird ein Kraftfahrzeug von einer anderen Person als dem Arbeitnehmer, dem das Kraftfahrzeug von seinem Arbeitgeber zur Nutzung überlassen ist, für Wege zwischen Wohnung und erster Tätigkeitsstätte benutzt, kann die andere Person die Entfernungspauschale nach § 9 Abs. 1 Satz 3 Nr. 4 EStG geltend machen; Entsprechendes gilt für den Arbeitnehmer, dem das Kraftfahrzeug von seinem Arbeitgeber überlassen worden ist, für Wege zwischen Wohnung und erster Tätigkeitsstätte im Rahmen eines anderen Dienstverhältnisses.

Behinderte Menschen i. S. d. § 9 Abs. 2 Satz 3 EStG

(3) ¹Ohne Einzelnachweis der tatsächlichen Aufwendungen können die Fahrtkosten nach den Regelungen in § 9 Abs. 1 Satz 3 Nr. 4a Satz 2 EStG angesetzt werden. ²Wird ein behinderter Arbeitnehmer im eigenen oder ihm zur Nutzung überlassenen Kraftfahrzeug arbeitstäglich von einem Dritten, z. B. dem Ehegatten, zu seiner ersten Tätigkeitsstätte gefahren und wieder abgeholt, können auch die Kraftfahrzeugkosten, die durch die Ab- und Anfahrten des Fahrers – die sogenannten Leerfahrten – entstehen, in tatsächlicher Höhe oder in sinngemäßer Anwendung von § 9 Abs. 1 Satz 3 Nr. 4a Satz 2 EStG als Werbungskosten abgezogen werden. ³Für den Nachweis der Voraussetzungen des § 9 Abs. 2 Satz 3 EStG ist § 65 EStDV²⁾ entsprechend anzuwenden. ⁴Für die Anerkennung der tatsächlichen Aufwendungen oder der Kilometersätze aus § 9 Abs. 1 Satz 3 Nr. 4a Satz 2 EStG und für die Berücksichtigung von Leerfahrten ist bei rückwirkender Festsetzung oder Änderung des Grads der Behinderung das Gültigkeitsdatum des entsprechenden Nachweises maßgebend.

---

¹⁾ Bei Lebenspartnern gilt Entsprechendes → § 2 Abs. 8 EStG.
²⁾ Abgedruckt bei § 33b EStG.

Sammelpunkt oder weiträumiges Tätigkeitsgebiet i. S. d. § 9 Abs. 1 Satz 3 Nr. 4a Satz 3 EStG

(4) Die Absätze 1 bis 3 gelten bei Fahrten nach § 9 Abs. 1 Satz 3 Nr. 4a Satz 3 EStG entsprechend.

H 9.10   **Hinweise**

Allgemeine Grundsätze

Anhang 18   → BMF vom 31.10.2013 (BStBl I S. 1376)

Anrechnung von Arbeitgebererstattungen auf die Entfernungspauschale

Anhang 18   → BMF vom 31.10.2013 (BStBl I S. 1376), Tz. 1.9

Behinderte Menschen

Anhang 18   –   → BMF vom 31.10.2013 (BStBl I S. 1376), Tz. 3

– Auch bei behinderten Arbeitnehmern mit Behinderung darf grundsätzlich nur eine Hin- und Rückfahrt arbeitstäglich, gegebenenfalls zusätzlich eine Rück- und Hinfahrt als Leerfahrt, berücksichtigt werden (→ BFH vom 2. 4. 1976 – BStBl II S. 452).

– Zur Ermittlung der Absetzungen für Abnutzung sind die Anschaffungskosten um Zuschüsse nach der Kraftfahrzeughilfe-Verordnung zu mindern (→ BFH vom 14.6.2012 – BStBl II S. 835).

– Wird bei einem behinderten Menschen der Grad der Behinderung herabgesetzt und liegen die Voraussetzungen des § 9 Abs. 2 Satz 3 EStG nach der Herabsetzung nicht mehr vor, ist dies ab dem im Bescheid genannten Zeitpunkt zu berücksichtigen. Aufwendungen für Wege zwischen Wohnung und erster Tätigkeitsstätte sowie für Fahrten nach § 9 Abs. 1 Satz 3 Nr. 4a Satz 3 EStG können daher ab diesem Zeitpunkt nicht mehr nach § 9 Abs. 2 Satz 3 EStG bemessen werden (→ BFH vom 11.3.2014 – BStBl II S. 525).

Benutzung verschiedener Verkehrsmittel

Anhang 18   → BMF vom 31.10.2013 (BStBl I S. 1376), Tz. 1.6

Dienstliche Verrichtungen auf der Fahrt

Eine Fahrt zwischen Wohnung und erster Tätigkeitsstätte liegt auch vor, wenn diese gleichzeitig zu dienstlichen Verrichtungen für den Arbeitgeber genutzt wird, z. B. Abholen der Post, sich dabei aber der Charakter der Fahrt nicht wesentlich ändert und allenfalls ein geringer Umweg erforderlich wird; die erforderliche Umwegstrecke ist als Auswärtstätigkeit zu werten (→ BFH vom 12. 10. 1990 – BStBl 1991 II S. 134).

Fahrgemeinschaften

Anhang 18   → BMF vom 31.10.2013 (BStBl I S. 1376), Tz. 1.5

Fahrtkosten

– **bei Antritt einer Auswärtstätigkeit von der ersten Tätigkeitsstätte**

Hat der Arbeitnehmer eine erste Tätigkeitsstätte, ist die Entfernungspauschale ist auch dann anzusetzen, wenn der Arbeitnehmer seine erste Tätigkeitsstätte nur deshalb aufsucht, um von dort eine Auswärtstätigkeit anzutreten oder Aufträge entgegenzunehmen, Bericht zu erstatten oder ähnliche Reisefolgetätigkeiten auszuüben (→ BFH vom 18. 1. 1991 – BStBl II S. 408 und vom 2. 2. 1994 – BStBl II S. 422).

– **bei einfacher Fahrt**

Wird das Kraftfahrzeug lediglich für eine Hin- oder Rückfahrt benutzt, z. B. wenn sich an die Hinfahrt eine Auswärtstätigkeit anschließt, die an der Wohnung des Arbeitnehmers endet, so ist die Entfernungspauschale nur zur Hälfte anzusetzen (→ BFH vom 26. 7. 1978 – BStBl II S. 661). Dasselbe gilt, wenn Hin- und Rückfahrt sich auf unterschiedliche Wohnungen beziehen (→ BFH vom 9. 12. 1988 – BStBl 1989 II S. 296).

– **bei mehreren** ersten Tätigkeitsstätten

Anhang 18   Zum Ansatz der Entfernungspauschale bei mehreren ersten Tätigkeitsstätten in **mehreren Dienstverhältnissen** (→ BMF vom 31.10.2013 (BStBl I S. 1376), Tz. 1.8).

– **bei Nutzung unterschiedlicher Verkehrsmittel**

Anhang 18   → BMF vom 31.10.2013 (BStBl I S. 1376), Tz. 1.6

– **zu einem bestimmten Sammelpunkt**
  → § 9 Abs. 1 Satz 3 Nr. 4a Satz 3 EStG und BMF vom 24.10.2014 (BStBl I S. 1412), Rz. 37 ff.   Anhang 38

– **zu einem weiträumigen Tätigkeitsgebiet**
  → § 9 Abs. 1 Satz 3 Nr. 4a Satz 3 EStG und BMF vom 24.10.2014 (BStBl I S. 1412), Rz. 40 ff.   Anhang 38

Fahrtstrecke zwischen Wohnung und Arbeitsstätte bei Kfz-Gestellung durch den Arbeitgeber

(Verfügung der OFD Hannover vom 27. 6. 2006 – S 2351 A – 14 – St 211 –)

Zu der Frage, ob Arbeitnehmer, die ein betriebliches Kfz ihres Arbeitgebers auch für Fahrten zwischen Wohnung und Arbeitsstätte benutzen, bei den Werbungskosten eine größere Entfernung ansetzen dürfen als bei der Versteuerung des Sachbezugs, wird Folgendes klargestellt:

Der Arbeitnehmer kann der Berechnung der Werbungskosten eine größere Entfernung zu Grunde legen als der Arbeitgeber bei der Bewertung des Sachbezugs „Kfz-Gestellung für Fahrten zwischen Wohnung und Arbeitsstätte" nach der pauschalen Bewertungsmethode des § 8 Abs. 2 Satz 3 EStG (0,03-%-Regelung).

Für die Bewertung des Sachbezugs nach § 8 Abs. 2 Satz 3 EStG ist die kürzeste benutzbare Straßenverbindung maßgebend (H 31 „Fahrten zwischen Wohnung und Arbeitsstätte bei pauschaler Nutzungswertermittlung" LStH 2006[1])). Dagegen kann dem Werbungskostenabzug nach § 9 Abs. 1 Satz 3 Nr. 4 Satz 4 EStG eine andere (längere) Verbindung zu Grunde gelegt werden, wenn sie offensichtlich verkehrsgünstiger ist und vom Arbeitnehmer regelmäßig für Wege zwischen Wohnung und Arbeitsstätte benutzt wird (BMF vom 11. 12. 2001, IV C 5 – S 2351 – 300/01, BStBl 2001 I S. 994, Tz. I.4).[2])

Flugstrecken

1. Der Umstand, dass der Gesetzgeber Flugstrecken nicht in die Entfernungspauschale einbezogen hat, begegnet keinen verfassungsrechtlichen Bedenken.

2. Mit dem Abzug der tatsächlichen Flugkosten wahrt der Gesetzgeber das objektive Nettoprinzip in besonderer Weise und trägt folgerichtig dem Gebot der Besteuerung nach der finanziellen Leistungsfähigkeit Rechnung.

3. Soweit die Entfernungspauschale als entfernungsabhängige Subvention und damit als Lenkungsnorm wirkt, ist es gleichheitsrechtlich nicht zu beanstanden, wenn der Gesetzgeber aus verkehrs- und umweltpolitischen Motiven Flugstrecken nicht in die Entfernungspauschale einbezogen hat.

4. Mit dem Abzug der tatsächlichen Flugkosten gemäß § 9 Abs. 1 Satz 3 Nr. 5 Satz 5 i. V. m. § 9 Abs. 1 Satz 3 Nr. 4 Satz 3 EStG verstößt der Gesetzgeber nicht wegen eines normativen Vollzugsdefizits gegen den allgemeinen Gleichheitssatz.

→ BFH vom 26. 3. 2009 – VI R 42/07 –

Leasingsonderzahlung

Durch die Entfernungspauschale wird auch eine Leasingsonderzahlung abgegolten (→ BFH vom 15. 4. 2010 – BStBl I S. 805).

Leerfahrten

– Wird ein Arbeitnehmer im eigenen Kraftfahrzeug von einem Dritten zu seiner ersten Tätigkeitsstätte gefahren oder wieder abgeholt, so sind die sogenannten Leerfahrten selbst dann nicht zu berücksichtigen, wenn die Fahrten wegen schlechter öffentlicher Verkehrsverhältnisse erforderlich sind (→ BFH vom 7. 4. 1989 – BStBl II S. 925).

– bei behinderten Menschen i.S.d. § 9 Abs. 2 Satz 3 EStG → R 9.10 Abs. 3

Mehrere Dienstverhältnisse

→ BMF vom 31.10.2013 (BStBl I S. 1376), Tz. 1.8   Anhang 18

Mehrere Wege an einem Arbeitstag

– → BMF vom 31.10.2013 (BStBl I S. 1376), Tz. 1.7

---

[1]) Jetzt H 8.1 (9–10).
[2]) BMF vom 31.10.2013 (BStBl I S 1376) Tz. 1.4 → Anhang 18.

Anhang 18 – Die Abgeltungswirkung der Entfernungspauschale greift auch dann ein, wenn wegen atypischer Dienstzeiten Wege zwischen Wohnung und erster Tätigkeitsstätte zweimal arbeitstäglich erfolgen (→ BFH vom 11. 9. 2003 – BStBl II S. 893).

Parkgebühren

Anhang 18 → BMF vom 31.10.2013 (BStBl I S. 1376), Tz. 4

Park and ride

Anhang 18 → BMF vom 31.10.2013 (BStBl I S. 1376), Tz. 1.6

Umwegfahrten

→ Dienstliche Verrichtungen auf der Fahrt

→ Fahrgemeinschaften

Unfallschäden

Neben der Entfernungspauschale können nur Aufwendungen berücksichtigt werden für die Beseitigung von Unfallschäden bei einem Verkehrsunfall

– auf der Fahrt zwischen Wohnung und erster Tätigkeitsstätte (→ BFH vom 23. 6. 1978 – BStBl II S. 457 und vom 14. 7. 1978 – BStBl II S. 595),

– auf einer Umwegfahrt zum Betanken des Fahrzeugs (→ BFH vom 11. 10. 1984 – BStBl 1985 II S. 10),

– unter einschränkenden Voraussetzungen auf einer Leerfahrt des Ehegatten/Lebenspartners zwischen der Wohnung und der Haltestelle eines öffentlichen Verkehrsmittels oder auf der Abholfahrt des Ehegatten/Lebenspartners (→ BFH vom 26. 6. 1987 – BStBl II S. 818 und vom 11. 2. 1993 – BStBl II S. 518),

– auf einer Umwegstrecke zur Abholung der Mitfahrer einer Fahrgemeinschaft unabhängig von der Gestaltung der Fahrgemeinschaft (→ BFH vom 11. 7. 1980 – BStBl II S. 655).

Nicht berücksichtigt werden können die Folgen von Verkehrsunfällen

– auf der Fahrt unter Alkoholeinfluss (→ BFH vom 6. 4. 1984 – BStBl II S. 434),

– auf einer Probefahrt (→ BFH vom 23. 6. 1978 – BStBl II S. 457),

– auf einer Fahrt, die nicht von der Wohnung aus angetreten oder an der Wohnung beendet wird (→ BFH vom 25. 3. 1988 – BStBl II S. 706),

– auf einer Umwegstrecke, wenn diese aus privaten Gründen befahren wird, z. B. zum Einkauf von Lebensmitteln oder um ein Kleinkind unmittelbar vor Arbeitsbeginn in den Hort zu bringen (→ BFH vom 13. 3. 1996 – BStBl II S. 375).

Zu den **berücksichtigungsfähigen Unfallkosten** gehören auch Schadensersatzleistungen, die der Arbeitnehmer unter Verzicht auf die Inanspruchnahme seiner gesetzlichen Haftpflichtversicherung selbst getragen hat.

Nicht berücksichtigungsfähig sind dagegen

– die in den Folgejahren erhöhten Beiträge für die Haftpflicht- und Fahrzeugversicherung, wenn die Schadensersatzleistungen von dem Versicherungsunternehmen erbracht worden sind (→ BFH vom 11. 7. 1986 – BStBl II S. 866),

– Finanzierungskosten, und zwar auch dann, wenn die Kreditfinanzierung des Fahrzeugs wegen Verlusts eines anderen Kraftfahrzeugs auf einer Fahrt von der Wohnung zur ersten Tätigkeitsstätte erforderlich geworden ist (→ BFH vom 1. 10. 1982 – BStBl 1983 II S. 17),

– der so genannte merkantile Minderwert eines reparierten und weiterhin benutzten Fahrzeugs (→ BFH vom 31. 1. 1992 – BStBl II S. 401).

– Reparaturaufwendungen infolge der Falschbetankung eines Kraftfahrzeugs auf der Fahrt zwischen Wohnung und erster Tätigkeitsstätte sowie auf Fahrten nach § 9 Abs. 1 Satz 3 Nr. 4a Satz 3 EStG (→ BFH vom 20.3.2014 – BStBl II S. 849).

Lässt der Arbeitnehmer das unfallbeschädigte Fahrzeug nicht reparieren, kann die Wertminderung durch Absetzungen für außergewöhnliche Abnutzung (§ 7 Abs. 1 letzter Satz i. V. m. § 9 Abs. 1 Satz 3 Nr. 7 EStG) berücksichtigt werden (→ BFH vom 21.8.2012 – BStBl 2013 II S. 171); Absetzungen sind ausgeschlossen, wenn die gewöhnliche Nutzungsdauer des Fahrzeugs bereits abgelaufen ist (→ BFH vom 21.8.2012 – BStBl 2013 II S. 171).

→ H 9.12 (Absetzung für Abnutzung).

Soweit die unfallbedingte Wertminderung durch eine Reparatur behoben worden ist, sind nur die tatsächlichen Reparaturkosten zu berücksichtigen (→ BFH vom 27. 8. 1993 – BStBl 1994 II S. 235).

Verkehrsgünstigere Strecke

– → BMF vom 31.10.2013 (BStBl I S. 1376), Tz. 1.4   Anhang 18
– Für die Entfernungspauschale ist die kürzeste Straßenverbindung auch dann maßgeblich, wenn diese mautpflichtig ist oder mit dem vom Arbeitnehmer verwendeten Verkehrsmittel straßenverkehrsrechtlich nicht benutzt werden darf (→ BFH vom 24.9.2013 – BStBl 2014 II S. 259).

Wohnung

– Ein Hotelzimmer oder eine fremde Wohnung, in denen der Arbeitnehmer nur kurzfristig aus privaten Gründen übernachtet, ist nicht Wohnung i. S. d. § 9 Abs. 1 EStG (→ BFH vom 25. 3. 1988 – BStBl II S. 706).
– Der Mittelpunkt der Lebensinteressen befindet sich bei einem verheirateten Arbeitnehmer regelmäßig am tatsächlichen Wohnort seiner Familie (→ BFH vom 10. 11. 1978 – BStBl 1979 II S. 219 und vom 3. 10. 1985 – BStBl 1986 II S. 95).
– Aufwendungen für Wege zwischen der ersten Tätigkeitsstätte und der Wohnung, die den örtlichen Mittelpunkt der Lebensinteressen des Arbeitnehmers darstellt, sind auch dann als Werbungskosten i. S. d. § 9 Abs. 1 Satz 3 Nr. 4 EStG zu berücksichtigen, wenn die Fahrt an der näher zur ersten Tätigkeitsstätte liegenden Wohnung unterbrochen wird (→ BFH vom 20. 12. 1991 – BStBl 1992 II S. 306).
– Ob ein Arbeitnehmer seine weiter entfernt liegende Familienwohnung nicht nur gelegentlich aufsucht, ist anhand einer Gesamtwürdigung zu beurteilen. Fünf Fahrten im Kalenderjahr können bei entsprechenden Umständen ausreichend sein (→ BFH vom 26. 11. 2003 – BStBl 2004 II S. 233; → R 9.10 Abs. 1 Satz 5).

Mehraufwendungen bei doppelter Haushaltsführung R 9.11

Doppelte Haushaltsführung R 9.11 (1)

(1) [1]Eine doppelte Haushaltsführung liegt nur dann vor, wenn der Arbeitnehmer außerhalb des S 2352 Ortes, seiner ersten Tätigkeitsstätte einen eigenen Hausstand unterhält und auch am Ort der ersten Tätigkeitsstätte wohnt; die Anzahl der Übernachtungen ist dabei unerheblich. [2]Eine doppelte Haushaltsführung liegt nicht vor, solange die auswärtige Beschäftigung nach R 9.4 Abs. 2 als Auswärtstätigkeit anzuerkennen ist.

Berufliche Veranlassung R 9.11 (2)

(2) [1]Das Beziehen einer Zweitwohnung ist regelmäßig bei einem Wechsel des Beschäftigungsorts auf Grund einer Versetzung, des Wechsels oder der erstmaligen Begründung eines Dienstverhältnisses beruflich veranlasst. [2]Beziehen beiderseits berufstätige Ehegatten am gemeinsamen Beschäftigungsort eine gemeinsame Zweitwohnung, liegt ebenfalls eine berufliche Veranlassung vor. [3]Auch die Mitnahme des nicht berufstätigen Ehegatten an den Beschäftigungsort steht der beruflichen Veranlassung einer doppelten Haushaltsführung nicht entgegen. [4]Bei Zuzug aus dem Ausland kann das Beziehen einer Zweitwohnung auch dann beruflich veranlasst sein, wenn der Arbeitnehmer politisches Asyl beantragt oder erhält. [5]Eine aus beruflichem Anlass begründete doppelte Haushaltsführung liegt auch dann vor, wenn ein Arbeitnehmer seinen Hauptausstand aus privaten Gründen vom Beschäftigungsort wegverlegt und er darauf in einer Wohnung am Beschäftigungsort einen Zweithaushalt begründet, um von dort seiner Beschäftigung weiter nachgehen zu können. [6]In den Fällen, in denen bereits zum Zeitpunkt der Wegverlegung des Lebensmittelpunktes vom Beschäftigungsort ein Rückumzug an den Beschäftigungsort geplant ist oder feststeht, handelt es sich hingegen nicht um eine doppelte Haushaltsführung i. S. d. § 9 Abs. 1 Satz 3 Nr. 5 EStG.

Eigener Hausstand R 9.11 (3)

(3) [1]Ein eigener Hausstand setzt eine eingerichtete, den Lebensbedürfnissen entsprechende Wohnung des Arbeitnehmers sowie die finanzielle Beteiligung an den Kosten der Lebensführung (laufende Kosten der Haushaltsführung) voraus. [2]In dieser Wohnung muss der Arbeitnehmer einen Haushalt unterhalten, das heißt, er muss die Haushaltsführung bestimmen oder wesentlich mitbestimmen. [3]Es ist nicht erforderlich, dass in der Wohnung am Ort des eigenen Hausstands hauswirtschaftliches Leben herrscht, z. B. wenn der Arbeitnehmer seinen nicht berufstätigen Ehegatten an den auswärtigen Beschäftigungsort mitnimmt oder der Arbeitnehmer nicht verheiratet ist. [4]Die Wohnung muss außerdem der auf Dauer angelegte Mittelpunkt der Lebensinteressen des Arbeitnehmers sein [5]Bei größerer Entfernung zwischen dieser Wohnung und der Zweitwohnung, insbesondere bei einer Wohnung im Ausland, reicht bereits eine Heimfahrt im Kalen-

derjahr aus, um diese als Lebensmittelpunkt anzuerkennen, wenn in der Wohnung auch bei Abwesenheit des Arbeitnehmers hauswirtschaftliches Leben herrscht, an dem sich der Arbeitnehmer sowohl durch persönliche Mitwirkung als auch finanziell maßgeblich beteiligt. [6]Bei Arbeitnehmern mit einer Wohnung in weit entfernt liegenden Ländern, z. B. Australien, Indien, Japan, Korea, Philippinen, gilt Satz 5 mit der Maßgabe, dass innerhalb von zwei Jahren mindestens eine Heimfahrt unternommen wird.

R 9.11 (4)   **Ort der Zweitwohnung**

(4) Eine Zweitwohnung in der Nähe des Beschäftigungsorts steht einer Zweitwohnung am Beschäftigungsort gleich.

H 9.11
(1 – 4)

Hinweise

Beibehaltung der Wohnung

– Ist der doppelte Haushalt beruflich begründet worden, ist es unerheblich, ob in der Folgezeit auch die Beibehaltung beider Wohnungen beruflich veranlasst ist (→ BFH vom 30. 9. 1988 – BStBl 1989 II S. 103) oder ob der gemeinsame Wohnsitz beiderseits berufstätiger Ehegatten/ Lebenspartner über die Jahre gleich bleibt oder verändert wird (→ BFH vom 30. 10. 2008 – BStBl 2009 II S. 153).

– Nach einer mehrmonatigen Beurlaubung kann in der alten Wohnung am früheren Beschäftigungsort auch erneut eine doppelte Haushaltsführung begründet werden (→ BFH vom 8. 7. 2010 – BStBl 2011 II S. 47).

Berufliche Veranlassung

Anhang 38   – → R 9.11 Abs. 2 und BMF vom 24.10.2014 (BStBl I S. 1412), Rz. 101.

– Eine beruflich begründete doppelte Haushaltsführung liegt vor, wenn aus beruflicher Veranlassung in einer Wohnung am Beschäftigungsort ein zweiter (doppelter) Haushalt zum Hausstand des Stpfl. hinzutritt. Der Haushalt in der Wohnung am Beschäftigungsort ist beruflich veranlasst, wenn ihn der Stpfl. nutzt, um seinen Arbeitsplatz von dort aus erreichen zu können (→ BFH vom 5. 3. 2009 – BStBl II S. 1012 und 1016).

– Eine aus beruflichem Anlass begründete doppelte Haushaltsführung kann auch dann vorliegen, wenn ein Stpfl. seinen Haupthausstand aus privaten Gründen vom Beschäftigungsort wegverlegt und er darauf in einer Wohnung am Beschäftigungsort einen Zweithaushalt begründet, um von dort seiner bisherigen Beschäftigung weiter nachgehen zu können (→ BFH vom 5. 3. 2009 – BStBl II S. 1012 und 1016).

– Der berufliche Veranlassungszusammenhang einer doppelten Haushaltsführung wird nicht allein dadurch beendet, dass ein Arbeitnehmer seinen Familienhausstand innerhalb desselben Ortes verlegt (→ BFH vom 4. 4. 2006 – BStBl II S. 714).

– Erneute doppelte Haushaltsführung am früheren Beschäftigungsort bedingt keinen Wohnungswechsel

　1. Wurde eine doppelte Haushaltsführung beendet, kann sie am früheren Beschäftigungsort auch in der dazu schon früher genutzten Wohnung erneut begründet werden.

　2. Eine doppelte Haushaltsführung ist regelmäßig dann beendet, wenn der Haushalt in der Wohnung am Beschäftigungsort nicht mehr geführt wird. (→ BFH vom 8. 6. 2010 – BStBl II 2011 S. 47)

– → Verlegung des Familienwohnsitzes

Beschäftigung am Hauptwohnsitz

Aufwendungen eines Arbeitnehmers für eine Zweitwohnung an einem auswärtigen Beschäftigungsort sind auch dann wegen doppelter Haushaltsführung als Werbungskosten abziehbar, wenn der Arbeitnehmer zugleich am Ort seines Hausstandes beschäftigt ist (→ BFH vom 24. 5. 2007 – BStBl II S. 609).

Ehegatten/Lebenspartner

Bei verheirateten Arbeitnehmern kann für jeden Ehegatten eine doppelte Haushaltsführung beruflich veranlasst sein, wenn die Ehegatten außerhalb des Ortes ihres gemeinsamen Hausstands an verschiedenen Orten beschäftigt sind und am jeweiligen Beschäftigungsort eine Zweitwohnung beziehen (→ BFH vom 6. 10. 1994 – BStBl 1995 II S. 184). Entsprechendes gilt für Lebenspartnerschaften (§ 2 Abs. 8 EStG).

Eheschließung/Begründung einer Lebenspartnerschaft

Eine beruflich veranlasste Aufteilung einer Haushaltsführung liegt auch in den Fällen vor, in denen der eigene Hausstand nach der Eheschließung am Beschäftigungsort des ebenfalls berufstätigen Ehegatten begründet (→ BFH vom 6. 9. 1977 – BStBl 1978 II S. 32, vom 20. 3. 1980 – BStBl II S. 455 und vom 4. 10. 1989 – BStBl 1990 II S. 321) oder wegen der Aufnahme einer Berufstätigkeit des Ehegatten an dessen Beschäftigungsort verlegt und am Beschäftigungsort eine Zweitwohnung des Arbeitnehmers begründet worden ist (→ BFH vom 2. 10. 1987 – BStBl II S. 852). Entsprechendes gilt für Lebenspartnerschaften (§ 2 Abs. 8 EStG).

Eigener Hausstand

– Die Wohnung muss grundsätzlich aus eigenem Recht, z. B. als Eigentümer oder als Mieter genutzt werden, wobei auch ein gemeinsames oder abgeleitetes Nutzungsrecht ausreichen kann (→ BFH vom 5. 10. 1994 – BStBl 1995 II S. 180 und BMF vom 24.10.2014 – BStBl I S. 1412, Rz. 100). Ein eigener Hausstand wird auch anerkannt, wenn die Wohnung zwar allein vom Lebensgefährten des Arbeitnehmers angemietet wurde, dieser sich aber mit Duldung seines Lebensgefährten dauerhaft dort aufhält und sich finanziell in einem Umfang an der Haushaltsführung beteiligt, dass daraus auf eine gemeinsame Haushaltsführung geschlossen werden kann (→ BFH vom 12. 9. 2000 – BStBl 2001 II S. 29). `Anhang 38`

– Bei einem alleinstehenden Arbeitnehmer ist zu prüfen, ob er einen eigenen Hausstand unterhält oder in einen fremden Haushalt eingegliedert ist; er muss sich an den Kosten auch finanziell beteiligen (→ BMF vom 24.10.2014 – BStBl I S. 1412, Rz. 100). `Anhang 38`

– Ein eigener Hausstand liegt nicht vor bei Arbeitnehmern, die – wenn auch gegen Kostenbeteiligung – in den Haushalt der Eltern eingegliedert sind oder in der Wohnung der Eltern lediglich ein Zimmer bewohnen (→ BFH vom 5. 10. 1994 – BStBl 1995 II S. 180).

– Ein Vorbehaltsnießbrauch zu Gunsten der Eltern an einem Zweifamilienhaus eines unverheirateten Arbeitnehmers schließt nicht aus, dass dieser dort einen eigenen Hausstand als Voraussetzung für eine doppelte Haushaltsführung unterhält, wenn gesichert ist, dass er die Wohnung nicht nur vorübergehend nutzen kann; bei dieser Prüfung kommt es auf den Fremdvergleich nicht an (→ BFH vom 4. 11. 2003 – BStBl 2004 II S. 16).

– Unterhält ein unverheirateter Arbeitnehmer am Ort des Lebensmittelpunkts seinen Haupthausstand, so kommt es für das Vorliegen einer doppelten Haushaltsführung nicht darauf an, ob die ihm dort zur ausschließlichen Nutzung zur Verfügung stehenden Räumlichkeiten den bewertungsrechtlichen Anforderungen an eine Wohnung gerecht werden (→ BFH vom 14. 10. 2004 – BStBl 2005 II S. 98).

Mittelpunkt der Lebensinteressen

Ob die außerhalb des Beschäftigungsortes belegene Wohnung des Arbeitnehmers als Mittelpunkt seiner Lebensinteressen anzusehen ist und deshalb seinen Hausstand darstellt, ist anhand einer Gesamtwürdigung aller Umstände des Einzelfalls festzustellen (→ BFH vom 8.10.2014 – BStBl 2015 II S. 511 zu beiderseits berufstätigen Lebensgefährten).

Nutzung der Zweitwohnung

Es ist unerheblich, wie oft der Arbeitnehmer tatsächlich in der Zweitwohnung übernachtet (→ BFH vom 9. 6. 1988 – BStBl II S. 990).

Private Veranlassung

→ R 9.11 Abs. 2 Satz 6

Zeitlicher Zusammenhang

Es ist gleichgültig, ob die → Zweitwohnung in zeitlichem Zusammenhang mit dem Wechsel des Beschäftigungsorts, nachträglich (→ BFH vom 9. 3. 1979 – BStBl II S. 520) oder im Rahmen eines Umzugs aus einer privat begründeten → Zweitwohnung (→ BFH vom 26. 8. 1988 – BStBl 1989 II S. 89) bezogen worden ist.

Zweitwohnung am Beschäftigungsort

– Als Zweitwohnung am Beschäftigungsort kommt jede dem Arbeitnehmer entgeltlich oder unentgeltlich zur Verfügung stehende Unterkunft in Betracht, z. B. auch eine Eigentumswohnung, ein möbliertes Zimmer, ein Hotelzimmer, eine Gemeinschaftsunterkunft, in dem der Arbeitnehmer übernachten kann (→ BFH vom 3. 10. 1985 – BStBl 1986 II S. 369) oder bei Soldaten die Unterkunft in der Kaserne (→ BFH vom 20. 12. 1982 – BStBl 1983 II S. 269).

– Eine Wohnung dient dem Wohnen am Beschäftigungsort, wenn sie dem Arbeitnehmer ungeachtet von Gemeinde- oder Landesgrenzen ermöglicht, seine Arbeitsstätte täglich aufzusuchen (→ BFH vom 19. 4. 2012 – BStBl II S. 833 – VI R 59/11 –).

Anhang 38   – → BMF vom 24.10.2014 (BStBl I S. 1412), Rz. 101.

R 9.11 (5)   **Notwendige Mehraufwendungen**

(5) ¹Als notwendige Mehraufwendungen wegen einer doppelten Haushaltsführung kommen in
Betracht:

1. die Fahrtkosten aus Anlass der Wohnungswechsel zu Beginn und am Ende der doppelten
   Haushaltsführung sowie für wöchentliche Heimfahrten an den Ort des eigenen Hausstands
   (→ Absatz 6) oder Aufwendungen für wöchentliche Familien-Ferngespräche,

2. Verpflegungsmehraufwendungen (→ Absatz 7),

3. Aufwendungen für die Zweitwohnung (→ Absatz 8) und

4. Umzugskosten (→ Absatz 9).

²Führt der Arbeitnehmer mehr als eine Heimfahrt wöchentlich durch, kann er wählen, ob er die
nach Satz 1 in Betracht kommenden Mehraufwendungen wegen doppelter Haushaltsführung
oder die Fahrtkosten nach R 9.10 geltend machen will. ³Der Arbeitnehmer kann das Wahlrecht
bei derselben doppelten Haushaltsführung für jedes Kalenderjahr nur einmal ausüben. ⁴Hat der
Arbeitgeber die Zweitwohnung unentgeltlich oder teilentgeltlich zur Verfügung gestellt, sind die
abziehbaren Fahrtkosten um diesen Sachbezug mit dem nach R 8.1 Abs. 5 und 6 maßgebenden
Wert zu kürzen.

R 9.11 (6)   **Notwendige Fahrtkosten**

(6) ¹Als notwendige Fahrtkosten sind anzuerkennen

1. die tatsächlichen Aufwendungen für die Fahrten anlässlich der Wohnungswechsel zu Beginn
   und am Ende der doppelten Haushaltsführung. ²Für die Ermittlung der Fahrtkosten ist § 9
   Abs. 1 Satz 3 Nr. 4a Satz 1 und 2 EStG, R 9.5 Abs. 1 anzuwenden; zusätzlich können etwaige
   Nebenkosten nach Maßgabe von R 9.8 berücksichtigt werden,

2. die Entfernungspauschale nach § 9 Abs. 1 Satz 3 Nr. 5 Satz 6 EStG für jeweils eine tatsächlich
   durchgeführte Heimfahrt wöchentlich. ²Aufwendungen für Fahrten mit einem im Rahmen des
   Dienstverhältnisses zur Nutzung überlassenen Kraftfahrzeug können nicht angesetzt werden
   (→ Absatz 10 Satz 7 Nr. 1).

R 9.11 (7)   **Notwendige Verpflegungsmehraufwendungen**

(7) ¹Die dem Arbeitnehmer im Rahmen einer doppelten Haushaltsführung tatsächlich entstandenen, beruflich veranlassten Mehraufwendungen für Verpflegung sind unter den Voraussetzungen des § 9 Abs. 4a Satz 12 und 13 EStG mit den dort genannten Pauschbeträgen anzusetzen. ²Ist
der Tätigkeit am Beschäftigungsort eine Auswärtstätigkeit an diesen Beschäftigungsort unmittelbar vorausgegangen, ist deren Dauer auf die Dreimonatsfrist anzurechnen (→ § 9 Abs. 4a Satz 13
EStG). ³Verlegt der Arbeitnehmer seinen Lebensmittelpunkt i. S. d. Absatzes 3 aus privaten
Gründen (→ Absatz 2 Satz 5) vom Beschäftigungsort weg und begründet in seiner bisherigen
Wohnung oder einer anderen Unterkunft am Beschäftigungsort einen Zweithaushalt, um von
dort seiner Beschäftigung weiter nachgehen zu können, liegen notwendige Verpflegungsmehraufwendungen nur vor, wenn und soweit der Arbeitnehmer am Beschäftigungsort zuvor nicht
bereits drei Monate gewohnt hat; die Dauer eines unmittelbar der Begründung des Zweithaushalts am Beschäftigungsort vorausgegangenen Aufenthalts am Ort des Zweithaushalts ist auf die
Dreimonatsfrist anzurechnen.¹)

R 9.11 (8)   **Notwendige Aufwendungen für die Zweitwohnung**

(8) ¹Bei einer doppelten Haushaltsführung im Inland sind die tatsächlichen Kosten für die
Zweitwohnung im Rahmen des Höchstbetrags nach § 9 Abs. 1 Satz 3 Nr. 5 Satz 4 EStG anzuerkennen. ²Aufwendungen für eine im Ausland gelegene Zweitwohnung sind zu berücksichtigen,
soweit sie notwendig und angemessen sind. ³Steht die Zweitwohnung im Ausland im Eigentum
des Arbeitnehmers, sind die Aufwendungen in der Höhe als notwendig anzusehen, in der sie der
Arbeitnehmer als Mieter für eine nach Größe, Ausstattung und Lage angemessene Wohnung tragen müsste.

---

¹) Überholt durch BFH vom 8.10.2014 (BStBl 2015 II S. 336) → H 9.11 (5–10) Verpflegungsmehraufwendungen.

Umzugskosten

(9) [1]Umzugskosten anlässlich der Begründung, Beendigung oder des Wechsels einer doppelten Haushaltsführung sind vorbehaltlich des Satzes 4 Werbungskosten, wenn der Umzug beruflich veranlasst ist. [2]Der Nachweis der Umzugskosten i. S. d. § 10 BUKG ist notwendig, weil für sie keine Pauschalierung möglich ist. [3]Dasselbe gilt für die sonstigen Umzugsauslagen i. S. d. § 18 AUV bei Beendigung einer doppelten Haushaltsführung durch den Rückumzug eines Arbeitnehmers in das Ausland. [4]Verlegt der Arbeitnehmer seinen Lebensmittelpunkt i. S. d. Absatzes 3 aus privaten Gründen (→ Absatz 2 Satz 5) vom Beschäftigungsort weg und begründet in seiner bisherigen Wohnung am Beschäftigungsort einen Zweithaushalt, um dort seiner Beschäftigung weiter nachgehen zu können, sind diese Umzugskosten keine Werbungskosten, sondern Kosten der privaten Lebensführung; Entsprechendes gilt für Umzugskosten, die nach Wegverlegung des Lebensmittelpunktes vom Beschäftigungsort durch die endgültige Aufgabe der Zweitwohnung am Beschäftigungsort entstehen; es sei denn, dass dieser Umzug wie z. B. im Falle eines Arbeitsplatzwechsels ausschließlich beruflich veranlasst ist. [5]Für Umzugskosten, die nach Wegverlegung des Lebensmittelpunktes vom Beschäftigungsort für den Umzug in eine andere, ausschließlich aus beruflichen Gründen genutzte Zweitwohnung am Beschäftigungsort entstehen, gelten die Sätze 1 bis 3 entsprechend.

Anhang 8 I
Anhang 8 III

Erstattung durch den Arbeitgeber oder Werbungskostenabzug

(10) [1]Die notwendigen Mehraufwendungen nach den Absätzen 5 bis 9 können als Werbungskosten abgezogen werden, soweit sie nicht vom Arbeitgeber nach den folgenden Regelungen steuerfrei erstattet werden. [2]Die Erstattung der Mehraufwendungen bei doppelter Haushaltsführung durch den Arbeitgeber ist nach § 3 Nr. 13 oder 16 EStG steuerfrei, soweit keine höheren Beträge erstattet werden, als nach Satz 1 als Werbungskosten abgezogen werden können. [3]Dabei kann der Arbeitgeber bei Arbeitnehmern in den Steuerklassen III, IV oder V ohne Weiteres unterstellen, dass sie einen eigenen Hausstand haben, an dem sie sich auch finanziell beteiligen. [4]Bei anderen Arbeitnehmern darf der Arbeitgeber einen eigenen Hausstand nur dann anerkennen, wenn sie schriftlich erklären, dass sie neben einer Zweitwohnung am Beschäftigungsort außerhalb des Beschäftigungsorts einen eigenen Hausstand unterhalten, an dem sie sich auch finanziell beteiligen, und die Richtigkeit dieser Erklärung durch Unterschrift bestätigen. [5]Diese Erklärung ist als Beleg zum Lohnkonto aufzubewahren. [6]Das Wahlrecht des Arbeitnehmers nach Absatz 5 hat der Arbeitgeber nicht zu beachten. [7]Darüber hinaus gilt Folgendes:

1. Hat der Arbeitgeber oder für dessen Rechnung ein Dritter dem Arbeitnehmer einen Kraftwagen zur Durchführung der Heimfahrten unentgeltlich überlassen, kommt ein Werbungskostenabzug und eine Erstattung von Fahrtkosten nicht in Betracht.

2. Verpflegungsmehraufwendungen dürfen nur bis zu den nach Absatz 7 maßgebenden Pauschbeträgen steuerfrei erstattet werden.

3. [1]Die notwendigen Aufwendungen für die Zweitwohnung an einem Beschäftigungsort im Inland dürfen ohne Einzelnachweis für einen Zeitraum von drei Monaten mit einem Pauschbetrag von 20 Euro und für die Folgezeit mit einem Pauschbetrag von 5 Euro je Übernachtung steuerfrei erstattet werden, wenn dem Arbeitnehmer die Zweitwohnung nicht unentgeltlich oder teilentgeltlich zur Verfügung gestellt worden ist. [2]Bei einer Zweitwohnung im Ausland können die notwendigen Aufwendungen ohne Einzelnachweis für einen Zeitraum von drei Monaten mit dem für eine Auswärtstätigkeit geltenden ausländischen Übernachtungspauschbetrag und für die Folgezeit mit 40 % dieses Pauschbetrags steuerfrei erstattet werden.

4. Bei der Erstattung der Mehraufwendungen durch den Arbeitgeber dürfen unter Beachtung von Nummer 1 bis 3 die einzelnen Aufwendungsarten zusammengefasst werden; in diesem Falle ist die Erstattung steuerfrei, soweit sie die Summe der nach Absatz 5 Nr. 1 bis 4 zulässigen Einzelerstattungen nicht übersteigt.

Hinweise

Drittaufwand

Der Abzug der Aufwendungen für die Zweitwohnung ist ausgeschlossen, wenn die Aufwendungen auf Grund eines Dauerschuldverhältnisses (z. B. Mietvertrag) von einem Dritten getragen werden (→ BFH vom 13. 3. 1996 – BStBl II S. 375 und vom 24. 2. 2000 – BStBl II S. 314).

Eigene Zweitwohnung

Bei einer im Eigentum des Arbeitnehmers stehenden Zweitwohnung gilt Folgendes:

Anhang 38 – Zu den Aufwendungen gehören auch die Absetzungen für Abnutzung, Hypothekenzinsen und Reparaturkosten (→ BFH vom 3. 12. 1982 – BStBl 1983 II S. 467).

– → BMF vom 24.10.2014 (BStBl I S. 1412), Rz. 103.

Erstattung durch den Arbeitgeber

Anhang 38 – Steuerfrei → § 3 Nr. 13, 16 EStG, → R 3.13, 3.16 und BMF vom 24.10.2014 (BStBl I S. 1412), Rz. 108.

– Steuerfreie Arbeitgebererstattungen mindern die abziehbaren Werbungskosten auch dann, wenn sie erst im Folgejahr geleistet werden (→ BFH vom 20. 9. 2006 – BStBl II S. 756).

Familienheimfahrten

– Tritt der den doppelten Haushalt führende Ehegatte die wöchentliche Familienheimfahrt aus privaten Gründen nicht an, sind die Aufwendungen für die stattdessen durchgeführte Besuchsfahrt des anderen Ehegatten zum Beschäftigungsort keine Werbungskosten (→ BFH vom 2. 2. 2011 – BStBl II S. 456). *Ist der den doppelten Haushalt führende Ehegatte aus beruflichen Gründen an einer Familienheimfahrt gehindert, sind die Aufwendungen für die Besuchsfahrt des anderen Ehegatten zum Beschäftigungsort bis zur Höhe der für die unterlassene Familienheimfahrt berücksichtigungsfähigen Aufwendungen als Werbungskosten abziehbar (→ BFH vom 21. 8. 1974 – BStBl 1975 II S. 64).* Entsprechendes gilt für die Besuchsfahrten des Lebenspartners (§ 2 Abs. 8 EStG).

– Die Entfernungspauschale für eine wöchentliche Familienheimfahrt im Rahmen einer doppelten Haushaltsführung kann aufwandsunabhängig in Anspruch genommen werden. Steuerfrei geleistete Reisekostenvergütungen und steuerfrei gewährte Freifahrten sind jedoch mindernd auf die Entfernungspauschale anzurechnen (→ BFH vom 18.4.2013 – BStBl II S. 735).

– Aufwendungen für Familienheimfahrten des Arbeitnehmers mit einem vom Arbeitgeber überlassenen Dienstwagen berechtigen nach § 9 Abs. 1 Satz 3 Nr. 5 Satz 8 EStG nicht zum Werbungskostenabzug (→ BFH vom 28.2.2013 – BStBl II S. 629).

– Wird bei einem behinderten Menschen der Grad der Behinderung herabgesetzt und liegen die Voraussetzungen des § 9 Abs. 2 Satz 3 EStG nach der Herabsetzung nicht mehr vor, ist dies ab dem im Bescheid genannten Zeitpunkt zu berücksichtigen. Aufwendungen für Familienheimfahrten können daher ab diesem Zeitpunkt nicht mehr nach § 9 Abs. 2 Satz 3 EStG bemessen werden (→ BFH vom 11.3.2014 – BStBl II S. 525).

Kostenarten

Zu den einzelnen Kostenarten bei Vorliegen einer doppelten Haushaltsführung → BFH vom 4. 4. 2006 (BStBl II S. 567).

Pauschbeträge bei doppelter Haushaltsführung im Ausland

Anhang 31 → *BMF vom 8. 11. 2017 (BStBl I S. 1457) ab 1. 1. 2018;* zur Begrenzung auf 40 % → R 9.11 Abs. 10 Satz 7 Nr. 3 Satz 2.

Telefonkosten

Anstelle der Aufwendungen für eine Heimfahrt an den Ort des eigenen Hausstands können die Gebühren für ein Ferngespräch bis zu einer Dauer von 15 Minuten mit Angehörigen, die zum eigenen Hausstand des Arbeitnehmers gehören, berücksichtigt werden (→ BFH vom 18. 3. 1988 – BStBl II S. 988).

Kosten für Telefongespräche, die während einer Auswärtstätigkeit von mindestens einer Woche Dauer anfallen, können als Werbungskosten abzugsfähig sein.
Zwar handelt es sich bei den Aufwendungen für Telefonate privaten Inhalts etwa mit Angehörigen und Freunden regelmäßig um steuerlich unbeachtliche Kosten der privaten Lebensführung. Nach einer mindestens einwöchigen Auswärtstätigkeit lassen sich die notwendigen privaten Dinge aber aus der Ferne nur durch über das normalen Lebensbedarf hinausgehende Mehrkosten regeln. Die dafür anfallenden Aufwendungen können deshalb abweichend vom Regelfall als beruflich veranlassten Mehraufwand der Erwerbssphäre zuzuordnen sein. → BFH vom 5. 7. 2012 – VI R 50/10, BStBl I 2013 S. 282.

Übernachtungskosten

Übernachtungskosten sind für den Werbungskostenabzug grundsätzlich im Einzelnen nachzuweisen. Sie können geschätzt werden, wenn sie dem Grunde nach zweifelsfrei entstanden sind (→ BFH vom 12. 9. 2001 – BStBl II S. 775).

Umzugskosten

– → R 9.11 Abs. 9

– Zu den notwendigen Mehraufwendungen einer doppelten Haushaltsführung gehören auch die durch das Beziehen oder die Aufgabe der Zweitwohnung verursachten tatsächlichen Umzugskosten (→ BFH vom 29. 4. 1992 – BStBl II S. 667).

– → H 9.9 (Doppelter Mietaufwand)

Unfallschäden

→ H 9.10

Unterkunftskosten

– bei doppelter Haushaltsführung **im Inland** → BMF vom 24.10.2014 (BStBl I S. 1412), Rz. 102 ff.   Anhang 38

– bei doppelter Haushaltsführung **im Ausland** sind die tatsächlichen Mietkosten anzusetzen, soweit sie nicht überhöht sind (→ BFH vom 16. 3. 1979 – BStBl II S. 473). Entsprechendes gilt für die tatsächlich angefallenen Unterkunftskosten im eigenen Haus (→ BFH vom 24.5.2000 – BStBl II S. 474). Nicht überhöht sind Aufwendungen, die sich für eine Wohnung von 60 qm bei einem ortsüblichen Mietzins je qm für eine nach Lage und Ausstattung durchschnittliche Wohnung (Durchschnittsmietzins) ergeben würden (→ BFH vom 9.8.2007 – BStBl II S. 820).

– Ein **häusliches Arbeitszimmer** in der Zweitwohnung am Beschäftigungsort ist bei der Ermittlung der abziehbaren Unterkunftskosten nicht zu berücksichtigen; der Abzug der hierauf entfallenden Aufwendungen richtet sich nach § 4 Abs.5 Satz1 Nr. 6b EStG (→ BFH vom 9.8.2007 – BStBl 2009 II S. 722).

– Die Vorschriften über den Abzug notwendiger Mehraufwendungen wegen einer aus beruflichem Anlass begründeten doppelten Haushaltsführung stehen dem allgemeinen Werbungskostenabzug umzugsbedingt geleisteter Mietzahlungen nicht entgegen (→ BFH vom 13.7.2011, BStBl 2012 II S. 104); → H 9.9 (Doppelter Mietaufwand).

Verpflegungsmehraufwendungen

– → R 9.11 Abs. 7 und BMF vom 24.10.2014 (BStBl I S. 1412), Rz. 57.   Anhang 38

– Die Begrenzung des Abzugs von Mehraufwendungen für die Verpflegung auf drei Monate bei einer aus beruflichem Anlass begründeten doppelten Haushaltsführung ist verfassungsgemäß (→ BFH vom 8. 7. 2010 – BStBl 2011 II S. 32).

– Verlegt ein Arbeitnehmer seinen Haupthausstand aus privaten Gründen vom Beschäftigungsort weg und nutzt daraufhin eine bereits vorhandene Wohnung am Beschäftigungsort aus beruflichen Gründen als Zweithaushalt (sog. Wegverlegungsfall), wird die doppelte Haushaltsführung mit Umwidmung der bisherigen Wohnung in einen Zweithaushalt begründet. Mit dem Zeitpunkt der Umwidmung beginnt in sog. Wegverlegungsfällen die Dreimonatsfrist für die Abzugsfähigkeit von Verpflegungsmehraufwendungen (→ BFH vom 8.10.2014 – BStBl 2015 II S. 336).

Wahlrecht

Wählt der Arbeitnehmer den Abzug der Fahrtkosten nach R 9.10, so kann er Verpflegungsmehraufwendungen nach R 9.11 Abs. 7 und Aufwendungen für die Zweitwohnung nach R 9.11 Abs. 8 auch dann noch geltend machen, wenn ihm Fahrtkosten nicht an jedem Arbeitstag entstanden sind, weil er sich in Rufbereitschaft zu halten oder mehrere Arbeitsschichten nacheinander abzuleisten hatte (→ BFH vom 2. 10. 1992 – BStBl 1993 II S. 113).

Arbeitsmittel   R 9.12

[1]Die Anschaffungs- oder Herstellungskosten von Arbeitsmitteln einschl. der Umsatzsteuer   S 2354
können im Jahr der Anschaffung oder Herstellung in voller Höhe als Werbungskosten abgesetzt werden, wenn sie ausschließlich der Umsatzsteuer für das einzelne Arbeitsmittel die Grenze für geringwertige Wirtschaftsgüter nach § 9 Abs. 1 Satz 3 Nr. 7 Satz 2 EStG nicht übersteigen. [2]Höhere Anschaffungs- oder Herstellungskosten sind auf die Kalenderjahre der voraussichtlichen gesamten Nutzungsdauer des Arbeitsmittels zu verteilen und in jedem dieser Jahre anteilig als Werbungskosten zu berücksichtigen. [3]Wird ein als Arbeitsmittel genutztes Wirtschaftsgut veräußert, ist ein sich eventuell ergebender Veräußerungserlös bei den Einkünften aus nichtselbständiger Arbeit nicht zu erfassen.

Hinweise

Absetzung für Abnutzung

– Außergewöhnliche technische oder wirtschaftliche Abnutzungen sind zu berücksichtigen (→ BFH vom 29. 4. 1983 – BStBl II S. 586 – im Zusammenhang mit einem Diebstahl eingetretene Beschädigung an einem als Arbeitsmittel anzusehenden PKW).

– Eine technische Abnutzung kann auch dann in Betracht kommen, wenn wirtschaftlich kein Wertverzehr eintritt (→ BFH vom 31. 1. 1986 – BStBl II S. 355 – als Arbeitsmittel ständig in Gebrauch befindliche Möbelstücke, → BFH vom 26. 1. 2001 – BStBl II S. 194 – im Konzertalltag regelmäßig bespielte Meistergeige).

– Wird ein Wirtschaftsgut nach einer Nutzung außerhalb der Einkunftsarten als Arbeitsmittel verwendet, so sind die weiteren AfA von den Anschaffungs- oder Herstellungskosten einschließlich Umsatzsteuer nach der voraussichtlichen gesamten Nutzungsdauer des Wirtschaftsguts in gleichen Jahresbeträgen zu bemessen. Der auf den Zeitraum vor der Verwendung als Arbeitsmittel entfallende Teil der Anschaffungs- oder Herstellungskosten des Wirtschaftsguts (fiktive AfA) gilt als abgesetzt (→ BFH vom 14. 2. 1989 – BStBl II S. 922 und vom 2. 2. 1990 – BStBl II S. 684). Dies gilt auch für geschenkte Wirtschaftsgüter (→ BFH vom 16. 2. 1990 – BStBl II S. 883).

– Der Betrag, der nach Umwidmung eines erworbenen oder geschenkten Wirtschaftsguts zu einem Arbeitsmittel nach Abzug der fiktiven AfA von den Anschaffungs- oder Herstellungskosten einschließlich Umsatzsteuer verbleibt, kann aus Vereinfachungsgründen im Jahr der erstmaligen Verwendung des Wirtschaftsguts als Arbeitsmittel in voller Höhe als Werbungskosten abgezogen werden, wenn er *800 Euro (für Anschaffungen nach dem 31. 12. 2017)* nicht übersteigt (→ BFH vom 16. 2. 1990 – BStBl II S. 883).

– Die Peripherie-Geräte einer PC-Anlage sind regelmäßig keine geringwertigen Wirtschaftsgüter (→ BFH vom 19. 2. 2004 – VI R 135/01 – BStBl II S. 958).

Angemessenheit

Aufwendungen für ein Arbeitsmittel können auch dann Werbungskosten sein, wenn sie zwar ungewöhnlich hoch, aber bezogen auf die berufliche Stellung und die Höhe der Einnahmen nicht unangemessen sind.

→ BFH vom 10. 3. 1978 (BStBl II S. 459) – Anschaffung eines Flügels durch eine am Gymnasium Musik unterrichtende Lehrerin

→ BFH vom 21. 10. 1988 (BStBl 1989 II S. 356) – Anschaffung eines Flügels durch eine Musikpädagogin

Aufteilung der Anschaffungs- oder Herstellungskosten

– Betreffen Wirtschaftsgüter sowohl den beruflichen als auch den privaten Bereich des Arbeitnehmers, ist eine Aufteilung der Anschaffungs- oder Herstellungskosten in nicht abziehbare Aufwendungen für die Lebensführung und in Werbungskosten nur zulässig, wenn objektive Merkmale und Unterlagen eine zutreffende und leicht nachprüfbare Trennung ermöglichen und wenn außerdem der berufliche Nutzungsanteil nicht von untergeordneter Bedeutung ist (→ BFH vom 19. 10. 1970 – BStBl 1971 II S. 17).

– Die Aufwendungen sind voll abziehbar, wenn die Wirtschaftsgüter ausschließlich oder ganz überwiegend der Berufsausübung dienen. → BFH vom 18. 2. 1977 (BStBl II S. 464) – Schreibtisch im Wohnraum eines Gymnasiallehrers

→ BFH vom 21. 10. 1988 (BStBl 1989 II S. 356) – Flügel einer Musikpädagogin

– Ein privat angeschaffter und in der privaten Wohnung aufgestellter PC kann ein Arbeitsmittel sein. Eine private Mitbenutzung ist unschädlich, soweit sie einen Nutzungsanteil von etwa 10 % nicht übersteigt. Die Kosten eines gemischt genutzten PC sind aufzuteilen. § 12 Nr. 1 Satz 2 EStG steht einer solchen Aufteilung nicht entgegen (→ BFH vom 19. 2. 2004 – VI R 135/01 – BStBl II S. 958).

Ausstattung eines häuslichen Arbeitszimmers mit Arbeitsmittel

→ *BMF vom 6. 10. 2017 (BStBl I S. 1320)*.

→ H 9.14

Berufskleidung

– Begriff der typischen Berufskleidung

→ R 3.31

– Reinigung von typischer Berufskleidung in privater Waschmaschine

Werbungskosten sind neben den unmittelbaren Kosten des Waschvorgangs (Wasser- und Energiekosten, Wasch- und Spülmittel) auch die Aufwendungen in Form der Abnutzung sowie Instandhaltung und Wartung der für die Reinigung eingesetzten Waschmaschine. Die Aufwendungen können ggf. geschätzt werden (→ BFH vom 29. 6. 1993 – BStBl II S. 837 und 838).

Diensthund

Die Aufwendungen eines Polizei-Hundeführers für den ihm anvertrauten Diensthund sind Werbungskosten (→ BFH vom 30. 6. 2010 – BStBl 2011 II S. 45).

Fachbücher und Fachzeitschriften

Bücher und Zeitschriften sind Arbeitsmittel, wenn sichergestellt ist, dass die erworbenen Bücher und Zeitschriften ausschließlich oder ganz überwiegend beruflichen Zwecken dienen.
Die allgemeinen Grundsätze zur steuerlichen Behandlung von Arbeitsmitteln gelten auch, wenn zu entscheiden ist, ob Bücher als Arbeitsmittel eines Lehrers zu würdigen sind. Die Eigenschaft eines Buchs als Arbeitsmittel ist bei einem Lehrer nicht ausschließlich danach zu bestimmen, in welchem Umfang der Inhalt eines Schriftwerks in welcher Häufigkeit Eingang in den abgehaltenen Unterricht gefunden hat. Auch die Verwendung der Literatur zur Unterrichtsvorbereitung oder die Anschaffung von Büchern und Zeitschriften für eine Unterrichtseinheit, die nicht abgehalten worden ist, kann eine ausschließliche oder zumindest weitaus überwiegende berufliche Nutzung der Literatur begründen (→ BFH vom 20. 5. 2010 – BStBl 2011 II S. 723).

Medizinische Hilfsmittel

Aufwendungen für die Anschaffung medizinischer Hilfsmittel sind selbst dann nicht als Werbungskosten abziehbar, wenn sie ausschließlich am Arbeitsplatz benutzt werden.

→ BFH vom 23. 10. 1992 (BStBl 1993 II S. 193) – Bildschirmbrille

Nachweis der beruflichen Nutzung

Bei der Anschaffung von Gegenständen, die nach der Lebenserfahrung ganz überwiegend zu Zwecken der Lebensführung angeschafft werden, gelten erhöhte Anforderungen an den Nachweis der beruflichen Nutzung.

→ BFH vom 27. 9. 1991 (BStBl 1992 II S. 195) – Videorecorder

→ BFH vom 15. 1. 1993 (BStBl II S. 348) – Spielecomputer

Telearbeitsplatz

→ H 9.14

Transport

Anteilige Aufwendungen für den Transport von Arbeitsmitteln bei einem privat veranlassten Umzug sind nicht als Werbungskosten abziehbar (→ BFH vom 21. 7. 1989 – BStBl II S. 972).

Werbungskosten bei Heimarbeitern

R 9.13

(1) Bei Heimarbeitern i. S. d. Heimarbeitsgesetzes können Aufwendungen, die unmittelbar durch die Heimarbeit veranlasst sind, z. B. Miete und Aufwendungen für Heizung und Beleuchtung der Arbeitsräume, Aufwendungen für Arbeitsmittel und Zutaten sowie für den Transport des Materials und der fertiggestellten Waren, als Werbungskosten anerkannt werden, soweit sie die Heimarbeiterzuschläge nach Absatz 2 übersteigen.

S 2354

(2) [1]Lohnzuschläge, die den Heimarbeitern zur Abgeltung der mit der Heimarbeit verbundenen Aufwendungen neben dem Grundlohn gezahlt werden, sind insgesamt aus Vereinfachungsgründen nach § 3 Nr. 30 und 50 EStG steuerfrei, soweit sie 10 % des Grundlohns nicht übersteigen. [2]Die oberste Finanzbehörde eines Landes kann mit Zustimmung des Bundesministeriums der Finanzen den Prozentsatz für bestimmte Gruppen von Heimarbeitern an die tatsächlichen Verhältnisse anpassen.

Hinweise

Häusliches Arbeitszimmer

Allgemeine Grundsätze

→ *BMF vom 6. 10. 2017 (BStBl I S. 1320)*

Einkommensteuerliche Behandlung der Aufwendungen für ein häusliches Arbeitszimmer nach § 4 Abs. 5 Satz 1 Nr. 6b, § 9 Abs. 5 und § 10 Abs. 1 Nr. 7 EStG;

BMF-Schreiben vom 6. 10. 2017, BStBl I S. 1320 – IV C 6 – S 2145/07/10002:019 –)

Im Einvernehmen mit den obersten Finanzbehörden der Länder gilt zur einkommensteuerrechtlichen Behandlung der Aufwendungen für ein häusliches Arbeitszimmer nach § 4 Absatz 5 Satz 1 Nummer 6b, § 9 Absatz 5 und § 10 Absatz 1 Nummer 7 EStG Folgendes:

I. Grundsatz

1 Nach § 4 Absatz 5 Satz 1 Nummer 6b Satz 1 und § 9 Absatz 5 Satz 1 EStG dürfen die Aufwendungen für ein häusliches Arbeitszimmer sowie die Kosten der Ausstattung grundsätzlich nicht als Betriebsausgaben oder Werbungskosten abgezogen werden. Bildet das häusliche Arbeitszimmer den Mittelpunkt der gesamten betrieblichen und beruflichen Betätigung, dürfen die Aufwendungen in voller Höhe steuerlich berücksichtigt werden (§ 4 Absatz 5 Satz 1 Nummer 6b Satz 3, 2. Halbsatz EStG); dies gilt auch, wenn ein anderer Arbeitsplatz zur Verfügung steht. Bildet das häusliche Arbeitszimmer nicht den Mittelpunkt der gesamten betrieblichen und beruflichen Betätigung und steht für die betriebliche oder berufliche Tätigkeit kein anderer Arbeitsplatz zur Verfügung, sind die Aufwendungen bis zur Höhe von 1 250 Euro je Wirtschaftsjahr oder Kalenderjahr als Betriebsausgaben oder Werbungskosten abziehbar (§ 4 Absatz 5 Satz 1 Nummer 6b Satz 2 und 3, 1. Halbsatz EStG). Diese Begrenzung begegnet keinen verfassungsrechtlichen Bedenken (→ BFH-Urteil vom 28. Februar 2013 – VI R 58/11 –, BStBl II S. 642). Der Betrag von 1 250 Euro ist kein Pauschbetrag. Es handelt sich um einen personenbezogenen Höchstbetrag, der nicht mehrfach für verschiedene Tätigkeiten in Anspruch genommen werden kann, sondern ggf. auf die unterschiedlichen Tätigkeiten aufzuteilen ist (vgl. Rdnr. 19 bis 20). Bei der Nutzung mehrerer häuslicher Arbeitszimmer in verschiedenen Haushalten ist der Höchstbetrag nur einmal anzuwenden (→ BFH-Urteil vom 9. Mai 2017 – VIII R 15/15 –, BStBl II S. 956).

II. Anwendungsbereich der gesetzlichen Regelung

2 Unter die Regelungen des § 4 Absatz 5 Satz 1 Nummer 6b und § 9 Absatz 5 EStG fällt die Nutzung eines häuslichen Arbeitszimmers zur Erzielung von Einkünften aus sämtlichen Einkunftsarten.

III. Begriff des häuslichen Arbeitszimmers

3 Ein häusliches Arbeitszimmer ist ein Raum, der seiner Lage, Funktion und Ausstattung nach in die häusliche Sphäre des Steuerpflichtigen eingebunden ist, vorwiegend der Erledigung gedanklicher, schriftlicher, verwaltungstechnischer oder –organisatorischer Arbeiten dient (→ BFH-Urteile vom 19. September 2002 – VI R 70/01 –, BStBl II 2003 S. 139 und vom 16. Oktober 2002 – XI R 89/00 –, BStBl II 2003 S. 185) und ausschließlich oder nahezu ausschließlich zu betrieblichen und/oder beruflichen Zwecken genutzt wird (→ BFH-Urteile vom 22. März 2016 – VIII R 10/12 –, BStBl II S. 881, – VIII R 24/12 –, BStBl II S. 884 und vom 8. September 2016 – III R 62/11 –, BStBl II 2017 S. 163); eine untergeordnete private Mitbenutzung (< 10 %) ist unschädlich (→ BFH-Beschluss vom 27. Juli 2015 – GrS 1/14 –, BStBl II 2016 S. 265). Es muss sich nicht zwingend um Arbeiten büromäßiger Art handeln; ein häusliches Arbeitszimmer kann auch bei geistiger, künstlerischer oder schriftstellerischer Betätigung gegeben sein. In die häusliche Sphäre eingebunden ist ein als Arbeitszimmer genutzter Raum regelmäßig dann, wenn er zur privaten Wohnung oder zum Wohnhaus des Steuerpflichtigen gehört. Dies betrifft nicht nur die Wohnräume, sondern ebenso Zubehörräume (→ BFH-Urteil vom 26. Februar 2003 – VI R 130/01 –, BStBl II 2004 S. 74 und BFH-Urteil vom 19. September 2002 – VI R 70/01 –, BStBl II 2003 S. 139). So kann auch ein Raum z. B. im Keller (→ BFH-Urteil vom 11. November 2014 – VIII R 3/12 –, BStBl II 2015 S. 382) oder unter dem Dach (Mansarde) des Wohnhauses, in dem der Steuerpflichtige seine Wohnung hat, ein häusliches Arbeitszimmer sein, wenn die Räumlichkeiten aufgrund der unmittelbaren Nähe mit den privaten Wohnräumen des Steuerpflichti-

gen als gemeinsame Wohneinheit verbunden sind. Aufwendungen für einen in die häusliche Sphäre eingebundenen Raum, der mit einem nicht unerheblichen Teil seiner Fläche auch privat genutzt wird (sog. „Arbeitsecke"), können nicht als Betriebsausgaben oder Werbungskosten abgezogen werden (→ BFH-Urteil vom 17. Februar 2016 – X R 32/11 –, BStBl II S. 708).

Dagegen kann es sich bei einem im Keller oder Dachgeschoss eines Mehrfamilienhauses befindlichen Raum, der nicht zur Privatwohnung des Steuerpflichtigen gehört, sondern zusätzlich angemietet wurde, um ein außerhäusliches Arbeitszimmer handeln (→ BFH-Urteile vom 26. Februar 2003 – VI R 160/99 –, BStBl II S. 515 und vom 18. August 2005 – VI R 39/04 –, BStBl II 2006 S. 428). Maßgebend ist, ob eine innere häusliche Verbindung des Arbeitszimmers mit der privaten Lebenssphäre des Steuerpflichtigen besteht. Dabei ist das Gesamtbild der Verhältnisse im Einzelfall entscheidend. Für die Anwendung des § 4 Absatz 5 Satz 1 Nummer 6b, des § 9 Absatz 5 und des § 10 Absatz 1 Nummer 7 EStG ist es ohne Bedeutung, ob die Wohnung, zu der das häusliche Arbeitszimmer gehört, gemietet ist oder ob sie sich im Eigentum des Steuerpflichtigen befindet. Auch mehrere Räume können als ein häusliches Arbeitszimmer anzusehen sein; die Abtrennung der Räumlichkeiten vom übrigen Wohnbereich ist erforderlich. Aufwendungen für Räume wie Küche, Bad und Flur, die in die häusliche Sphäre eingebunden sind und zu einem nicht unerheblichen Teil privat genutzt werden, können auch dann nicht als Betriebsausgaben oder Werbungskosten abgezogen werden, wenn ein berücksichtigungsfähiges häusliches Arbeitszimmer existiert (→ BFH-Urteil vom 17. Februar 2016 – X R 26/13 –, BStBl II S. 611).

4

Nicht unter die Abzugsbeschränkung des § 4 Absatz 5 Satz 1 Nummer 6b und § 9 Absatz 5 EStG fallen Räume, die ihrer Ausstattung und Funktion nach nicht einem Büro entsprechen (z. B. Betriebsräume, Lagerräume, Ausstellungsräume), selbst wenn diese ihrer Lage nach mit dem Wohnraum des Steuerpflichtigen verbunden und so in dessen häusliche Sphäre eingebunden sind (→ BFH-Urteile vom 28. August 2003 – IV R 53/01 –, BStBl II 2004 S. 55 und vom 26. März 2009 – VI R 15/07 – BStBl II S. 598). Unschädlich für die Abzugsfähigkeit der Aufwendungen ist eine nur untergeordnete private Mitbenutzung (→ BFH-Urteil vom 22. März 2016 – VIII R 24/12 –, BStBl II S. 884).

5

Beispiele:

a) Ein häusliches Arbeitszimmer liegt in folgenden Fällen regelmäßig vor:

   – Bei einem häuslichen Büro eines selbständigen Handelsvertreters, eines selbständigen Übersetzers oder eines selbständigen Journalisten.

   – Bei Anmietung einer unmittelbar angrenzenden oder unmittelbar gegenüberliegenden Zweitwohnung in einem Mehrfamilienhaus (→ BFH-Urteile vom 26. Februar 2003 – VI R 124/01 – und – VI R 125/01 –, BStBl II 2004 S. 69 und 72).

   – Beim häuslichen, ausschließlich beruflich genutzten Musikzimmer einer freiberuflich tätigen Konzertpianistin, in dem diese Musikunterricht erteilt.

   – Bei einem zugleich als Büroarbeitsplatz und als Warenlager betrieblich genutzten Raum, wenn dieser nach dem Gesamtbild der Verhältnisse, vor allem aufgrund seiner Ausstattung und Funktion, ein typisches häusliches Büro ist und die Ausstattung und Funktion als Lager dahinter zurücktritt (→ BFH-Urteil vom 22. November 2006 – X R 1/05 –, BStBl II 2007 S. 304).

   – Bei einem Raum, in dem der Steuerpflichtige einen Telearbeitsplatz unterhält und der dem Typus des häuslichen Arbeitszimmers entspricht (→ BFH vom 26. Februar 2014 – VI R 40/12 –, BStBl II S. 568).

   – Bei betrieblich oder beruflich genutzten Räumen in einem ausschließlich vom Steuerpflichtigen genutzten Zweifamilienhaus, wenn der Steuerpflichtige auf dem Weg dazwischen keine der Allgemeinheit zugängliche oder von fremden Dritten benutzte Verkehrsfläche betreten muss (→ BFH-Urteil vom 15. Januar 2013 – VIII R 7/10 –, BStBl II S. 374).

b) Kein häusliches Arbeitszimmer, sondern betrieblich genutzte Räume liegen regelmäßig in folgenden Fällen vor:

   – Eine Arzt-, Steuerberater- oder Anwaltspraxis grenzt an das Einfamilienhaus an oder befindet sich im selben Gebäude wie die Privatwohnung, wenn diese Räumlichkeiten für einen intensiven und dauerhaften Publikumsverkehr geöffnet und z. B. bei häuslichen Arztpraxen für Patientenbesuche und -untersuchungen eingerichtet sind (→ BFH-Urteil vom 5. Dezember 2002 – IV R 7/01 –, BStBl II 2003 S. 463 zu einer Notfallpraxis und Negativabgrenzung im BFH-Urteil vom 23. Januar 2003 – IV R 71/00 –, BStBl II 2004 S. 43 zur Gutachtertätigkeit einer Ärztin).

   – In einem Geschäftshaus befinden sich neben der Wohnung des Bäckermeisters die Backstube, der Verkaufsraum, ein Aufenthaltsraum für das Verkaufspersonal und das Büro, in dem die Buchhaltungsarbeiten durchgeführt werden. Das Büro ist in diesem Fall aufgrund der Nähe zu den übrigen Betriebsräumen nicht als häusliches Arbeitszimmer zu werten.

– Im Keller ist ein Arbeitsraum belegen, der – anders als z. B. ein Archiv (→ BFH-Urteil vom 19. September 2002 – VI R 70/01 –, BStBl II 2003 S. 139) – keine (Teil-)Funktionen erfüllt, die typischerweise einem häuslichen Arbeitszimmer zukommen, z. B. Lager für Waren und Werbematerialien.

IV. Betroffene Aufwendungen

6 Zu den Aufwendungen für ein häusliches Arbeitszimmer gehören insbesondere die Aufwendungen für die Ausstattung des Zimmers, wie z. B. Tapeten, Teppiche, Fenstervorhänge, Gardinen und Lampen (zu Einrichtungsgegenständen, die zugleich Arbeitsmittel sind, vgl. Rdnr. 8), sowie die anteiligen Aufwendungen für:

– Miete,

– Gebäude-AfA, Absetzungen für außergewöhnliche technische oder wirtschaftliche Abnutzung, Sonderabschreibungen,

– Schuldzinsen für Kredite, die zur Anschaffung, Herstellung oder Reparatur des Gebäudes oder der Eigentumswohnung verwendet worden sind,

– Wasser- und Energiekosten,

– Reinigungskosten,

– Grundsteuer, Müllabfuhrgebühren, Schornsteinfegergebühren, Gebäudeversicherungen,

– Renovierungskosten.

Die Kosten einer Gartenerneuerung können anteilig den Kosten des häuslichen Arbeitszimmers zuzurechnen sein, wenn bei einer Reparatur des Gebäudes Schäden am Garten verursacht worden sind. Den Kosten des Arbeitszimmers zuzurechnen sind allerdings nur diejenigen Aufwendungen, die der Wiederherstellung des ursprünglichen Zustands dienen (→ BFH-Urteil vom 6. Oktober 2004 – VI R 27/01 –, BStBl II S. 1071).

6a Die auf ein häusliches Arbeitszimmer anteilig entfallenden Aufwendungen sind grundsätzlich nach dem Verhältnis der Fläche des Arbeitszimmers zu der nach §§ 42 bis 44 der Zweiten Berechnungsverordnung (II. BV) oder nach der Wohnflächenverordnung berechneten Wohnfläche der Wohnung (einschließlich des Arbeitszimmers) zu ermitteln. Die Wohnfläche einer Wohnung umfasst die Grundfläche der Räume, die ausschließlich zu dieser Wohnung gehören. Nicht zur Wohnfläche gehören hingegen die Grundflächen von Zubehörräumen.

Bei einem im Keller belegenen häuslichen Arbeitszimmer ist entscheidend, ob es sich um einen zur Wohnfläche gehörenden Hauptraum oder um einen nicht zur Wohnfläche gehörenden Nebenraum handelt. Dient ein Raum unmittelbar seiner Funktion nach dem Wohnen und ist er nach seiner baulichen Beschaffenheit (z. B. Vorhandensein von Fenstern), Lage (unmittelbare Verbindung zu den übrigen Wohnräumen) und Ausstattung (Wand- und Bodenbelag, Beheizbarkeit, Einrichtung mit Mobiliar) dem Standard eines Wohnraumes und nicht dem eines Zubehörraumes vergleichbar und zum dauernden Aufenthalt von Menschen tatsächlich geeignet und bestimmt, ist für die rechtliche Beurteilung nicht von Bedeutung, dass der Raum im Kellergeschoss liegt (→ BFH vom 11. November 2014 – VIII R 3/12 –, BStBl II 2015 S. 382). Werden betrieblich oder beruflich genutzte Nebenräume in die Kostenberechnung einbezogen, sind die abziehbaren Kosten nach dem Verhältnis des gesamten betrieblich oder beruflich genutzten Bereiches (betrieblich oder beruflich genutzte Haupt- und Nebenräume) zu der Gesamtfläche aller Räume des Gebäudes aufzuteilen.

7 Luxusgegenstände wie z. B. Kunstgegenstände, die vorrangig der Ausschmückung des Arbeitszimmers dienen, gehören zu den nach § 12 Nummer 1 EStG nicht abziehbaren Aufwendungen (→ BFH-Urteil vom 30. Oktober 1990 – VIII R 42/87 –, BStBl II 1991 S. 340).

8 Keine Aufwendungen i. S. d. § 4 Absatz 5 Satz 1 Nummer 6b EStG sind die Aufwendungen für Arbeitsmittel (→ BFH-Urteil vom 21. November 1997 – VI R 4/97 –, BStBl II 1998 S. 351). Diese werden daher von § 4 Absatz 5 Satz 1 Nummer 6b EStG nicht berührt.

V. Mittelpunkt der gesamten betrieblichen und beruflichen Betätigung

9 Ein häusliches Arbeitszimmer ist der Mittelpunkt der gesamten betrieblichen und beruflichen Betätigung des Steuerpflichtigen, wenn nach Würdigung des Gesamtbildes der Verhältnisse und der Tätigkeitsmerkmale dort diejenigen Handlungen vorgenommen und Leistungen erbracht werden, die für die konkret ausgeübte betriebliche oder berufliche Tätigkeit wesentlich und prägend sind. Bei der Gesamtbetrachtung zur Beurteilung des Mittelpunktes der gesamten betrieblichen und beruflichen Betätigung sind nur solche Einkünfte zu berücksichtigen, die

grundsätzlich ein Tätigwerden des Steuerpflichtigen im jeweiligen Veranlagungszeitraum erfordern; Versorgungsbezüge bleiben bei dieser Betrachtung daher außen vor (→ BFH vom 11. November 2014 – VIII R 3/12 –, BStBl II 2015 S. 382). Der Tätigkeitsmittelpunkt i. S. d. § 4 Absatz 5 Satz 1 Nummer 6b Satz 3, 2. Halbsatz EStG bestimmt sich nach dem inhaltlichen (qualitativen) Schwerpunkt der betrieblichen und beruflichen Betätigung des Steuerpflichtigen.

Dem zeitlichen (quantitativen) Umfang der Nutzung des häuslichen Arbeitszimmers kommt im Rahmen dieser Würdigung lediglich eine indizielle Bedeutung zu; das zeitliche Überwiegen der außerhäuslichen Tätigkeit schließt einen unbeschränkten Abzug der Aufwendungen für das häusliche Arbeitszimmer nicht von vornherein aus (→ BFH-Urteile vom 13. November 2002 – VI R 82/01 –, BStBl II 2004 S. 62, – VI R 104/01 –, BStBl II 2004 S. 65 und – VI R 28/02 –, BStBl II 2004 S. 59).   10

Übt ein Steuerpflichtiger nur eine betriebliche oder berufliche Tätigkeit aus, die in qualitativer Hinsicht gleichwertig sowohl im häuslichen Arbeitszimmer als auch am außerhäuslichen Arbeitsort erbracht wird, so liegt der Mittelpunkt der gesamten beruflichen und betrieblichen Betätigung dann im häuslichen Arbeitszimmer, wenn der Steuerpflichtige mehr als die Hälfte der Arbeitszeit im häuslichen Arbeitszimmer tätig wird (→ BFH-Urteil vom 23. Mai 2006 – VI R 21/03 –, BStBl II S. 600).   11

Übt ein Steuerpflichtiger mehrere betriebliche und berufliche Tätigkeiten nebeneinander aus, ist nicht auf eine Einzelbetrachtung der jeweiligen Betätigung abzustellen; vielmehr sind alle Tätigkeiten in ihrer Gesamtheit zu erfassen. Grundsätzlich lassen sich folgende Fallgruppen unterscheiden: 12

– Bilden bei allen Erwerbstätigkeiten – jeweils – die im häuslichen Arbeitszimmer verrichteten Arbeiten den qualitativen Schwerpunkt, so liegt dort auch der Mittelpunkt der Gesamttätigkeit.

– Bilden hingegen die außerhäuslichen Tätigkeiten – jeweils – den qualitativen Schwerpunkt der Einzeltätigkeiten oder lassen sich diese keinem Schwerpunkt zuordnen, so kann das häusliche Arbeitszimmer auch nicht durch die Summe der darin verrichteten Arbeiten zum Mittelpunkt der Gesamttätigkeit werden.

– Bildet das häusliche Arbeitszimmer schließlich den qualitativen Mittelpunkt lediglich einer Einzeltätigkeit, nicht jedoch im Hinblick auf die übrigen Tätigkeiten, ist regelmäßig davon auszugehen, dass das Arbeitszimmer nicht den Mittelpunkt der Gesamttätigkeit bildet.
  Der Steuerpflichtige hat jedoch die Möglichkeit, anhand konkreter Umstände des Einzelfalls glaubhaft zu machen oder nachzuweisen, dass die Gesamttätigkeit gleichwohl einem einzelnen qualitativen Schwerpunkt zugeordnet werden kann und dass dieser im häuslichen Arbeitszimmer liegt. Abzustellen ist dabei auf das Gesamtbild der Verhältnisse und auf die Verkehrsanschauung, nicht auf die Vorstellung des betroffenen Steuerpflichtigen (→ BFH-Urteile vom 13. Oktober 2003 – VI R 27/02 –, BStBl II 2004 S. 771 und vom 16. Dezember 2004 – IV R 19/03 –, BStBl II 2005 S. 212).

Das häusliche Arbeitszimmer und der Außendienst können nicht gleichermaßen „Mittelpunkt" der beruflichen Betätigung eines Steuerpflichtigen i. S. d. § 4 Absatz 5 Satz 1 Nummer 6b Satz 3 2. Halbsatz EStG sein (→ BFH-Urteil vom 21. Februar 2003 – VI R 14/02 –, BStBl II 2004 S. 68).   13

Beispiele, in denen das häusliche Arbeitszimmer den Mittelpunkt der gesamten betrieblichen und beruflichen Betätigung bilden kann:

– Bei einem Verkaufsleiter, der zur Überwachung von Mitarbeitern und zur Betreuung von Großkunden auch im Außendienst tätig ist, kann das häusliche Arbeitszimmer Tätigkeitsmittelpunkt sein, wenn er dort die für den Beruf wesentlichen Leistungen (z. B. Organisation der Betriebsabläufe) erbringt (→ BFH-Urteil vom 13. November 2002 – VI R 104/01 –, BStBl II 2004 S. 65).

– Bei einem Ingenieur, dessen Tätigkeit durch die Erarbeitung theoretischer, komplexer Problemlösungen im häuslichen Arbeitszimmer geprägt ist, kann dieses auch dann der Mittelpunkt der beruflichen Betätigung sein, wenn die Betreuung von Kunden im Außendienst ebenfalls zu seinen Aufgaben gehört (→ BFH-Urteil vom 13. November 2002 – VI R 28/02 –, BStBl II 2004 S. 59).

– Bei einem Praxis-Konsultant, der ärztliche Praxen in betriebswirtschaftlichen Fragen berät, betreut und unterstützt, kann das häusliche Arbeitszimmer auch dann den Mittelpunkt der gesamten beruflichen Tätigkeit bilden, wenn er einen nicht unerheblichen Teil seiner Arbeitszeit im Außendienst verbringt (→ BFH-Urteil vom 29. April 2003 – VI R 78/02 –, BStBl II 2004 S. 76).

Beispiele, in denen das Arbeitszimmer <u>nicht</u> den Mittelpunkt der gesamten betrieblichen und beruflichen Betätigung bildet:

– Bei einem – freien oder angestellten – Handelsvertreter liegt der Tätigkeitsschwerpunkt außerhalb des häuslichen Arbeitszimmers, wenn die Tätigkeit nach dem Gesamtbild der Verhältnisse durch die Arbeit im Außendienst geprägt ist, auch wenn die zu Hause verrichteten Tätigkeiten zur Erfüllung der beruflichen Aufgaben unerlässlich sind (→ BFH-Urteil vom 13. November 2002 – VI R 82/01 –, BStBl II 2004 S. 62).

– Ein kaufmännischer Angestellter eines Industrieunternehmens ist nebenbei als Mitarbeiter für einen Lohnsteuerhilfeverein selbständig tätig und nutzt für letztere Tätigkeit sein häusliches Arbeitszimmer als „Beratungsstelle", in dem er Steuererklärungen erstellt, Beratungsgespräche führt und Rechtsbehelfe bearbeitet. Für diese Nebentätigkeit ist das Arbeitszimmer zwar der Tätigkeitsmittelpunkt. Aufgrund der erforderlichen Gesamtbetrachtung ist das Arbeitszimmer jedoch nicht Mittelpunkt seiner gesamten betrieblichen und beruflichen Betätigung (→ BFH-Urteil vom 23. September 1999 – VI R 74/98 –, BStBl II 2000 S. 7).

– Bei einer Ärztin, die Gutachten über die Einstufung der Pflegebedürftigkeit erstellt und dazu ihre Patienten ausschließlich außerhalb des häuslichen Arbeitszimmers untersucht und dort (vor Ort) alle erforderlichen Befunde erhebt, liegt der qualitative Schwerpunkt nicht im häuslichen Arbeitszimmer, in welchem lediglich die Tätigkeit begleitende Aufgaben erledigt werden (→ BFH-Urteil vom 23. Januar 2003 – IV R 71/00 –, BStBl II 2004 S. 43).

– Bei einem Architekten, der neben der Planung auch mit der Ausführung der Bauwerke (Bauüberwachung) betraut ist, kann diese Gesamttätigkeit keinem konkreten Tätigkeitsschwerpunkt zugeordnet werden. Das häusliche Arbeitszimmer bildet in diesem Fall nicht den Mittelpunkt der gesamten betrieblichen und beruflichen Betätigung (→ BFH-Urteil vom 26. Juni 2003 – IV R 9/03 –, BStBl II 2004 S. 50).

– Bei Lehrern befindet sich der Mittelpunkt der betrieblichen und beruflichen Betätigung regelmäßig nicht im häuslichen Arbeitszimmer, weil die berufsprägenden Merkmale eines Lehrers im Unterrichten bestehen und diese Leistungen in der Schule o. Ä. erbracht werden (→ BFH-Urteil vom 26. Februar 2003 – VI R 125/01 –, BStBl II 2004 S. 72). Deshalb sind die Aufwendungen für das häusliche Arbeitszimmer auch dann nicht in voller Höhe abziehbar, wenn die überwiegende Arbeitszeit auf die Vor- und Nachbereitung des Unterrichts verwendet und diese Tätigkeit im häuslichen Arbeitszimmer ausgeübt wird. Auch bei einem Hochschullehrer ist das häusliche Arbeitszimmer grundsätzlich nicht der Mittelpunkt der beruflichen Tätigkeit (→ BFH-Urteil vom 27. Oktober 2011 – VI R 71/10 –, BStBl II 2012 S. 234).

– Bei einem Richter liegt der Mittelpunkt der beruflichen Tätigkeit im Gericht (→ BFH-Urteil vom 8. Dezember 2011 – VI R 13/11 –, BStBl II 2012 S. 236).

VI. Für die betriebliche oder berufliche Betätigung steht kein anderer Arbeitsplatz zur Verfügung

14 Anderer Arbeitsplatz i. S. d. § 4 Absatz 5 Satz 1 Nummer 6b Satz 2 EStG ist grundsätzlich jeder Arbeitsplatz, der zur Erledigung büromäßiger Arbeiten geeignet ist (→ BFH-Urteil vom 7. August 2003 – VI R 17/01 –, BStBl II 2004 S. 78). Weitere Anforderungen an die Beschaffenheit des Arbeitsplatzes werden nicht gestellt; unbeachtlich sind mithin grundsätzlich die konkreten Arbeitsbedingungen und Umstände wie beispielsweise Lärmbelästigung oder Publikumsverkehr (→ BFH-Urteil vom 7. August 2003 – VI R 162/00 –, BStBl II 2004 S. 83). Voraussetzung ist auch nicht das Vorhandensein eines eigenen, räumlich abgeschlossenen Arbeitsbereichs oder eines individuell zugeordneten Arbeitsplatzes, so dass auch ein Arbeitsplatz in einem Großraumbüro oder in der Schalterhalle einer Bank ein anderer Arbeitsplatz im Sinne der o. g. Vorschrift ist (→ BFH-Urteile vom 7. August 2003 – VI R 17/01 –, BStBl II 2004 S. 78 und – VI R 162/00 –, BStBl II 2004 S. 83). Die Ausstattung des häuslichen Arbeitszimmers mit Arbeitsmitteln, die im Betrieb/in dem vom Arbeitgeber zur Verfügung gestellten Raum nicht vorhanden sind, ist ohne Bedeutung. Ob ein anderer Arbeitsplatz vorliegt, ist nach objektiven Gesichtspunkten zu beurteilen. Subjektive Erwägungen des Steuerpflichtigen zur Annehmbarkeit des Arbeitsplatzes sind unbeachtlich.

15 Ein anderer Arbeitsplatz steht dem Steuerpflichtigen dann zur Verfügung, wenn dieser ihn in dem konkret erforderlichen Umfang und in der konkret erforderlichen Art und Weise tatsächlich nutzen kann. Die Erforderlichkeit des häuslichen Arbeitszimmers entfällt nicht bereits dann, wenn dem Steuerpflichtigen irgendein Arbeitsplatz zur Verfügung steht, sondern nur dann, wenn dieser Arbeitsplatz grundsätzlich so beschaffen ist, dass der Steuerpflichtige auf das häusliche Arbeitszimmer nicht angewiesen ist (→ BFH-Urteil vom 7. August 2003 – VI R 17/01 –, BStBl II 2004 S. 78). Die Beurteilung, ob für die betriebliche oder berufliche Tätigkeit kein anderer Arbeitsplatz zur Verfügung steht, ist jeweils tätigkeitsbezogen vorzunehmen. Ein anderer Arbeitsplatz steht auch dann zur Verfügung, wenn er außerhalb der üblichen Arbeitszeiten, wie z. B. am Wochenende oder in den Ferien, nicht zugänglich ist. Ändern sich die Nut-

zungsverhältnisse des Arbeitszimmers innerhalb eines Veranlagungszeitraumes, ist auf den Zeitraum der begünstigten Nutzung abzustellen. Werden in einem Arbeitszimmer sowohl Tätigkeiten, für die ein anderer Arbeitsplatz zur Verfügung steht, als auch Tätigkeiten, für die ein anderer Arbeitsplatz nicht zur Verfügung steht, ausgeübt, so sind die Aufwendungen dem Grunde nach nur zu berücksichtigen, soweit sie auf Tätigkeiten entfallen, für die ein anderer Arbeitsplatz nicht zur Verfügung steht.

Übt ein Steuerpflichtiger mehrere betriebliche oder berufliche Tätigkeiten nebeneinander aus, ist daher für jede Tätigkeit zu prüfen, ob ein anderer Arbeitsplatz zur Verfügung steht. Dabei kommt es nicht darauf an, ob ein für eine Tätigkeit zur Verfügung stehender Arbeitsplatz auch für eine andere Tätigkeit genutzt werden kann (z. B. Firmenarbeitsplatz auch für schriftstellerische Nebentätigkeit), vgl. Rdnr. 20. **16**

Geht ein Steuerpflichtiger nur einer betrieblichen oder beruflichen Tätigkeit nach, muss ein vorhandener anderer Arbeitsplatz auch tatsächlich für alle Aufgabenbereiche dieser Erwerbstätigkeit genutzt werden können. Ist ein Steuerpflichtiger auf sein häusliches Arbeitszimmer angewiesen, weil er dort einen nicht unerheblichen Teil seiner betrieblichen oder beruflichen Tätigkeit verrichten muss, ist der andere Arbeitsplatz unschädlich. Es genügt allerdings nicht, wenn er im häuslichen Arbeitszimmer Arbeiten verrichtet, die er grundsätzlich auch an einem anderen Arbeitsplatz verrichten könnte (→ BFH-Urteil vom 7. August 2003 – VI R 17/01 –, BStBl II 2004 S. 78). **17**

Beispiele (kein anderer Arbeitsplatz vorhanden):

– Ein Lehrer hat für seine Unterrichtsvorbereitung in der Schule keinen Schreibtisch. Das jeweilige Klassenzimmer oder das Lehrerzimmer stellt keinen Arbeitsplatz im Sinne der Abzugsbeschränkung dar.

– Ein angestellter oder selbständiger Orchestermusiker hat im Konzertsaal keine Möglichkeit zu üben. Hierfür hat er sich ein häusliches Arbeitszimmer eingerichtet.

– Ein angestellter Krankenhausarzt übt eine freiberufliche Gutachtertätigkeit aus. Dafür steht ihm im Krankenhaus kein Arbeitsplatz zur Verfügung.

– Kein anderer Arbeitsplatz steht zur Verfügung, wenn dieser wegen Gesundheitsgefahr nicht nutzbar ist (→ BFH-Urteil vom 26. Februar 2014 – VI R 11/12 –, BStBl II S. 674).

Beispiele (vorhandener anderer Arbeitsplatz steht nicht für alle Aufgabenbereiche der Erwerbstätigkeit zur Verfügung)

– Ein EDV-Berater übt außerhalb seiner regulären Arbeitszeit vom häuslichen Arbeitszimmer aus Bereitschaftsdienst aus und kann dafür den Arbeitsplatz bei seinem Arbeitgeber tatsächlich nicht nutzen (→ BFH-Urteil vom 7. August 2003 – VI R 41/98 –, BStBl II 2004 S. 80).

– Einer Schulleiterin mit einem Unterrichtspensum von 18 Wochenstunden steht im Schulsekretariat ein Schreibtisch nur für die Verwaltungsarbeiten zur Verfügung. Für die Vor- und Nachbereitung des Unterrichts kann dieser Arbeitsplatz nach objektiven Kriterien wie Größe, Ausstattung und Nutzung nicht genutzt werden; diese Arbeiten müssen im häuslichen Arbeitszimmer verrichtet werden (→ BFH-Urteil vom 7. August 2003 – VI R 118/00 –, BStBl II 2004 S. 82).

– Einem Grundschulleiter, der zu 50 % von der Unterrichtsverpflichtung freigestellt ist, steht für die Verwaltungstätigkeit ein Dienstzimmer von 11 qm zur Verfügung. Das Dienstzimmer bietet keinen ausreichenden Platz zur Unterbringung der für die Vor- und Nachbereitung des Unterrichts erforderlichen Gegenstände (→ BFH-Urteil vom 7. August 2003 – VI R 16/01 –, BStBl II 2004 S. 77).

– Muss ein Bankangestellter in einem nicht unerheblichen Umfang Büroarbeiten auch außerhalb der üblichen Bürozeiten verrichten und steht ihm hierfür sein regulärer Arbeitsplatz nicht zur Verfügung, können die Aufwendungen für ein häusliches Arbeitszimmer grundsätzlich (bis zu einer Höhe von 1 250 €) als Werbungskosten zu berücksichtigen sein (→ BFH-Urteil vom 7. August 2003 – VI R 162/00 –, BStBl II 2004 S. 83).

– Ein Poolarbeitsplatz, bei dem sich acht Großbetriebsprüfer drei Arbeitsplätze für die vor- und nachbereitenden Arbeiten der Prüfungen teilen, steht nicht als anderer Arbeitsplatz zur Verfügung, wenn er zur Erledigung der Innendienstarbeiten nicht in dem erforderlichen Umfang genutzt werden kann (→ BFH-Urteil vom 26. Februar 2014 – VI R 37/13 –, BStBl II S. 570).

– Der Arbeitsplatz eines Selbständigen, den dieser nicht uneingeschränkt nutzen kann und der daher einen nicht unerheblichen Teil seiner beruflichen oder betrieblichen Tätigkeit im häuslichen Arbeitszimmer verrichten muss, steht nicht in dem erforderlichen Umfang zur Verfügung (→ BFH-Urteil vom 22. Februar 2017 – III R 9/16 –, BStBl II S. 698).

18 Der Steuerpflichtige muss konkret darlegen, dass ein anderer Arbeitsplatz für die jeweilige betriebliche oder berufliche Tätigkeit nicht zur Verfügung steht. Die Art der Tätigkeit kann hierfür Anhaltspunkte bieten. Zusätzliches Indiz kann eine entsprechende Bescheinigung des Arbeitgebers sein.

VII. Nutzung des Arbeitszimmers zur Erzielung unterschiedlicher Einkünfte

19 Übt ein Steuerpflichtiger mehrere betriebliche und berufliche Tätigkeiten nebeneinander aus und bildet das häusliche Arbeitszimmer den Mittelpunkt der gesamten betrieblichen und beruflichen Betätigung, so sind die Aufwendungen für das Arbeitszimmer entsprechend dem Nutzungsumfang den darin ausgeübten Tätigkeiten zuzuordnen. Liegt dabei der Mittelpunkt einzelner Tätigkeiten außerhalb des häuslichen Arbeitszimmers, ist der Abzug der anteiligen Aufwendungen auch für diese Tätigkeiten möglich.

20 Liegt der Mittelpunkt der gesamten betrieblichen und beruflichen Betätigung nicht im häuslichen Arbeitszimmer, steht für einzelne Tätigkeiten jedoch kein anderer Arbeitsplatz zur Verfügung, können die Aufwendungen bis zur Höhe von 1 250 Euro abgezogen werden. Dabei sind die Aufwendungen für das Arbeitszimmer entsprechend dem Nutzungsumfang den darin ausgeübten Tätigkeiten zuzuordnen. Soweit der Kostenabzug für eine oder mehrere Tätigkeiten möglich ist, kann der Steuerpflichtige diese anteilig insgesamt bis zum Höchstbetrag abziehen (→ BFH-Urteil vom 25. April 2017 – VIII R 52/13 –, BStBl II S. 949). Eine Vervielfachung des Höchstbetrages entsprechend der Anzahl der darin ausgeübten Tätigkeiten ist ausgeschlossen.

Beispiel:

Ein Angestellter nutzt sein Arbeitszimmer zu 40 % für seine nichtselbständige Tätigkeit und zu 60 % für eine unternehmerische Nebentätigkeit. Nur für die Nebentätigkeit steht ihm kein anderer Arbeitsplatz zur Verfügung. An Aufwendungen sind für das Arbeitszimmer insgesamt 2 500 Euro entstanden. Diese sind nach dem Nutzungsverhältnis aufzuteilen. Auf die nichtselbständige Tätigkeit entfallen 40 % von 2 500 Euro = 1 000 Euro, die nicht abgezogen werden können. Auf die Nebentätigkeit entfallen 60 % von 2 500 Euro = 1 500 Euro, die bis zu 1 250 Euro als Betriebsausgaben abgezogen werden können.

VIII. Nutzung des Arbeitszimmers durch mehrere Steuerpflichtige

21 Die Abzugsbeschränkung ist personenbezogen anzuwenden. Daher kann jeder Nutzende die Aufwendungen, die er getragen hat, entweder unbegrenzt, bis zum Höchstbetrag von 1 250 Euro oder gar nicht abziehen. Nutzen mehrere Personen, wie z. B. Ehegatten, ein Arbeitszimmer gemeinsam, sind die Voraussetzungen des § 4 Absatz 5 Satz 1 Nummer 6b EStG bezogen auf die einzelne steuerpflichtige Person zu prüfen (→ BFH-Urteile vom 15. Dezember 2016 – VI R 53/12 und VI R 86/13 –, BStBl II 2017 S. 938 und S. 941). Nutzen Miteigentümer das Arbeitszimmer gemeinsam zur Erzielung von Einkünften, kann jeder die seinem Anteil entsprechenden und von ihm getragenen Aufwendungen (z. B. Absetzung für Abnutzung, Schuldzinsen) als Betriebsausgaben oder Werbungskosten abziehen. Dasselbe gilt für Mietzahlungen für eine durch Ehegatten oder Lebenspartner gemeinsam gemietete Wohnung (→ BFH-Urteil vom 15. Dezember 2016 – VI R 86/13 –, BStBl II 2017 S. 941).

Beispiele:

A und B nutzen gemeinsam ein häusliches Arbeitszimmer jeweils zu 50 Prozent (zeitlicher Nutzungsanteil). Die Gesamtaufwendungen betragen 4 000 Euro und werden entsprechend dem Nutzungsanteil getragen. Für A bildet das häusliche Arbeitszimmer den Mittelpunkt der gesamten betrieblichen und beruflichen Betätigung; A kann 2 000 Euro als Betriebsausgaben oder Werbungskosten abziehen. B steht für die im häuslichen Arbeitszimmer ausgeübte betriebliche oder berufliche Tätigkeit kein anderer Arbeitsplatz zur Verfügung, er kann daher 1 250 Euro als Betriebsausgaben oder Werbungskosten abziehen.

IX. Nicht ganzjährige Nutzung des häuslichen Arbeitszimmers

22 Ändern sich die Nutzungsverhältnisse innerhalb eines Wirtschafts- oder Kalenderjahres, können nur die auf den Zeitraum, in dem das Arbeitszimmer den Mittelpunkt der gesamten betrieblichen und beruflichen Betätigung bildet, entfallenden Aufwendungen in voller Höhe abgezogen werden. Für den übrigen Zeitraum kommt ein beschränkter Abzug nur in Betracht, wenn für die betriebliche oder berufliche Betätigung kein anderer Arbeitsplatz zur Verfügung steht. Der Höchstbetrag von 1 250 Euro ist auch bei nicht ganzjähriger Nutzung eines häuslichen Arbeitszimmers in voller Höhe zum Abzug zuzulassen.

Beispiele:

– Ein Arbeitnehmer hat im 1. Halbjahr den Mittelpunkt seiner gesamten betrieblichen und beruflichen Tätigkeit in seinem häuslichen Arbeitszimmer. Im 2. Halbjahr übt er die Tätigkeit am Arbeitsplatz bei seinem Arbeitgeber aus. Die Aufwendungen für das Arbeitszimmer, die auf das 1. Halbjahr entfallen, sind in voller Höhe als Werbungskosten abziehbar. Für das 2. Halbjahr kommt ein Abzug nicht in Betracht.

– Ein Arbeitnehmer hat ein häusliches Arbeitszimmer, das er nur nach Feierabend und am Wochenende auch für seine nichtselbständige Tätigkeit nutzt. Seit 15. Juni ist er in diesem Raum auch schriftstellerisch tätig. Aus der schriftstellerischen Tätigkeit erzielt er Einkünfte aus selbständiger Arbeit. Fortan nutzt der Steuerpflichtige sein Arbeitszimmer zu 30 % für die nichtselbständige Tätigkeit und zu 70 % für die schriftstellerische Tätigkeit, wofür ihm kein anderer Arbeitsplatz zur Verfügung steht. Die Gesamtaufwendungen für das Arbeitszimmer betrugen 5 000 €. Davon entfallen auf den Zeitraum ab 15. Juni (6,5/12 =) 2 708 €. Der auf die nichtselbständige Tätigkeit entfallende Kostenanteil ist insgesamt nicht abziehbar. Auf die selbständige Tätigkeit entfallen 70 % von 2 708 € = 1 896 €, die bis zum Höchstbetrag von 1 250 € als Betriebsausgaben abgezogen werden können. Eine zeitanteilige Kürzung des Höchstbetrages ist nicht vorzunehmen.

Wird das Arbeitszimmer für eine spätere Nutzung vorbereitet, bei der die Abzugsvoraussetzungen vorliegen, sind die darauf entfallenden Aufwendungen entsprechend zu berücksichtigen (→ BFH-Urteil vom 23. Mai 2006 – VI R 21/03 –, BStBl II S. 600).   23

X. Nutzung eines häuslichen Arbeitszimmers zu Ausbildungszwecken

Nach § 10 Absatz 1 Nummer 7 Satz 4 EStG ist die Regelung des § 4 Absatz 5 Satz 1 Nummer 6b   24
EStG auch für Aufwendungen für ein häusliches Arbeitszimmer anzuwenden, das für die eigene erstmalige Berufsausbildung oder im Rahmen eines Erststudiums, das zugleich eine Erstausbildung vermittelt und nicht im Rahmen eines Dienstverhältnisses stattfindet, genutzt wird. Im Rahmen der Erstausbildungskosten können jedoch in jedem Fall Aufwendungen nur bis zu insgesamt 6 000 Euro (bis Veranlagungszeitraum 2011: 4 000 Euro) als Sonderausgaben abgezogen werden (§ 10 Absatz 1 Nummer 7 Satz 1 EStG). Wird das häusliche Arbeitszimmer auch zur Einkunfterzielung genutzt, sind für die Aufteilung der Kosten Rdnr. 19 und 20 entsprechend anzuwenden.

XI. Nutzung eines häuslichen Arbeitszimmers in Zeiten der Nichtbeschäftigung

Die Aufwendungen für ein häusliches Arbeitszimmer können in Zeiten der Nichtbeschäftigung   24a
(z. B. Erwerbslosigkeit, Mutterschutz, Elternzeit) nach den Regeln vorweggenommener Betriebsausgaben oder Werbungskosten abgezogen werden, wenn und soweit dem Steuerpflichtigen der Abzug der Aufwendungen auch unter den zu erwartenden Umständen der späteren betrieblichen oder beruflichen Tätigkeit zustehen würde (→ BFH-Urteil vom 2. Dezember 2005 – VI R 63/03 –, BStBl II 2006 S. 329).

XII. Vermietung eines häuslichen Arbeitszimmers

Zur Vermietung eines Büroraums an den Arbeitgeber wird auf das BMF-Schreiben vom 13. Dezember 2005 (BStBl 2006 I S. 4) und zur Vermietung eines häuslichen Arbeitsraums an den Auftraggeber eines Gewerbetreibenden wird auf das BFH-Urteil vom 13. Dezember 2016 – X R 18/12 – (BStBl II 2017 S. 450) hingewiesen.   24b

XIII. Besondere Aufzeichnungspflichten

Nach § 4 Absatz 7 EStG dürfen Aufwendungen für ein häusliches Arbeitszimmer bei der Gewinnermittlung nur berücksichtigt werden, wenn sie besonders aufgezeichnet sind. Es bestehen keine Bedenken, wenn die auf das Arbeitszimmer anteilig entfallenden Finanzierungskosten im Wege der Schätzung ermittelt werden und nach Ablauf des Wirtschafts- oder Kalenderjahres eine Aufzeichnung aufgrund der Jahresabrechnung des Kreditinstitutes erfolgt. Entsprechendes gilt für die verbrauchsabhängigen Kosten wie z. B. Wasser- und Energiekosten. Es ist ausreichend, Abschreibungsbeträge einmal jährlich – zeitnah nach Ablauf des Kalender- oder Wirtschaftsjahres – aufzuzeichnen.   25

XIV. Zeitliche Anwendung

26 Dieses Schreiben ersetzt das BMF-Schreiben vom 2. März 2011 (BStBl I S. 195) und ist in allen offenen Fällen ab dem Veranlagungszeitraum 2007 anzuwenden.

Ausstattung

Aufwendungen für Einrichtungsgegenstände wie z. B. Bücherschränke oder Schreibtische, die zugleich Arbeitsmittel sind, sind nach § 9 Abs. 1 Satz 3 Nr. 6 EStG abziehbar (→ BFH vom 21. 11. 1997 – BStBl 1998 II S. 351).

Außerhäusliches Arbeitszimmer

Werden im Dachgeschoss eines Mehrfamilienhauses Räumlichkeiten, die nicht zur Privatwohnung gehören, als Arbeitszimmer genutzt, handelt es sich hierbei im Regelfall um ein außerhäusliches Arbeitszimmer, das nicht unter die Abzugsbeschränkung des § 4 Abs. 5 Satz 1 Nr. 6b EStG fällt. Etwas anderes kann dann gelten, wenn die Räumlichkeiten auf Grund der unmittelbaren räumlichen Nähe mit den privaten Wohnräumen als gemeinsame Wohneinheit verbunden sind (→ BFH vom 18. 8. 2005 – BStBl 2006 II S. 428).

Berufliche Nutzung mehrerer Räume

Zur Abgrenzung eines häuslichen Arbeitszimmers zu sonstigen beruflich genutzten Räumen → BFH vom 26. 3. 2009 (BStBl II S. 598 – VI R 15/07 –).

Drittaufwand

Es gilt der Grundsatz, dass – auch bei zusammenveranlagten Ehegatten – nur derjenige Aufwendungen steuerlich abziehen kann, der sie tatsächlich getragen hat. Daraus folgt:

– Ehegatten, die gemeinsam die Herstellungskosten des von ihnen bewohnten Hauses getragen haben und die darin jeweils einen Raum für eigenbetriebliche Zwecke nutzen, können jeweils die auf diesen Raum entfallenden Herstellungskosten für die Dauer der betrieblichen Nutzung als Betriebsausgaben/Werbungskosten in Form von AfA geltend machen (→ BFH vom 23. 8. 1999 – BStBl II S. 774).

– Beteiligt sich der Arbeitnehmer an den Anschaffungs- oder Herstellungskosten eines Gebäudes, das seinem Ehepartner gehört und in dem der Arbeitnehmer ein Arbeitszimmer für seine beruflichen Zwecke nutzt, kann er die auf diesen Raum entfallenden eigenen Aufwendungen grundsätzlich als Werbungskosten (AfA) geltend machen. In diesem Fall sind die auf das Arbeitszimmer entfallenden Anschaffungs- oder Herstellungskosten Bemessungsgrundlage der AfA, soweit sie der Kostenbeteiligung des Arbeitnehmers entsprechen (→ BFH vom 23. 8. 1999 – BStBl II S. 778).

– Erwerben der Arbeitnehmer und sein Ehegatte aus gemeinsamen Mitteln gleichzeitig jeweils einander gleiche Eigentumswohnungen zum Alleineigentum und nutzt der Arbeitnehmer in der von den Ehegatten gemeinsam zu Wohnzwecken genutzten Wohnung des Ehegatten ein Arbeitszimmer alleine zu beruflichen Zwecken, kann er die darauf entfallenden Anschaffungskosten grundsätzlich nicht als eigene Werbungskosten (AfA) geltend machen. Die vom Eigentümer-Ehegatten aufgewendeten Anschaffungskosten des Arbeitszimmers sind somit keine Werbungskosten des Arbeitnehmers (keine Anerkennung von Drittaufwand). Abziehbar sind hingegen die durch die Nutzung des Arbeitszimmers verursachten laufenden Aufwendungen (z. B. anteilige Energie- und Reparaturkosten des Arbeitszimmers), wenn sie entweder vom Arbeitnehmer-Ehegatten absprachegemäß übernommen oder von den Ehegatten gemeinsam getragen werden (etwa von einem gemeinsamen Bankkonto). Nicht abziehbar sind dagegen – ungeachtet der gemeinsamen Kostentragung – die durch das Eigentum bedingten Kosten, wie z. B. Grundsteuer, Schuldzinsen, allgemeine Reparaturkosten (→ BFH vom 23. 8. 1999 – BStBl II S. 782).

– Allein auf Grund der Tatsache, dass der Arbeitnehmer gemeinsam mit seinem Ehepartner ein Arbeitszimmer in der dem Ehegatten gehörenden Wohnung nutzt, sind ihm die anteiligen Anschaffungs- oder Herstellungskosten des Arbeitszimmers entsprechend seiner Nutzung zur Vornahme von AfA nicht zuzurechnen (→ BFH vom 23. 8. 1999 – BStBl II S. 787).

– Sind die Ehegatten nicht Eigentümer des Hauses oder der Wohnung, ist der Abzug der Aufwendungen für ein Arbeitszimmer ausgeschlossen, wenn die Aufwendungen auf Grund eines Dauerschuldverhältnisses (z. B. Mietvertrag) vom Ehegatten des Arbeitnehmers getragen werden (→ BFH vom 24. 2. 2000 – BStBl II S. 314).

Ermittlung der abziehbaren Aufwendungen

– Die Aufwendungen für das häusliche Arbeitszimmer, z. B. anteilige Miete und Heizungskosten sowie die unmittelbaren Kosten der Ausstattung, Reinigung und Renovierung, sind Werbungskosten, bei Mitbenutzung zu Ausbildungszwecken anteilig Sonderausgaben (→ BFH vom 22. 6. 1990 – BStBl II S. 901).

– Die anteiligen Kosten des Arbeitszimmers sind nach dem Verhältnis der Fläche des Arbeitszimmers zur gesamten Wohnfläche einschließlich des Arbeitszimmers zu ermitteln (→ BFH vom 10. 4. 1987 – BStBl II S. 500). Zur Ermittlung der anteiligen Kosten eines als Arbeitszimmer genutzten Kellerraums → BFH vom 11. 11. 2014 (BStBl 2015 II S. 382).

– Vergrößert sich die Gesamtwohnfläche durch Erweiterungsbaumaßnahmen, so ergibt sich ein veränderter Aufteilungsmaßstab; sind die Erweiterungsbaumaßnahmen mit Krediten finanziert, so sind die darauf entfallenden Schuldzinsen dem häuslichen Arbeitszimmer selbst dann anteilig zuzuordnen, wenn die Baumaßnahmen das Arbeitszimmer nicht unmittelbar betroffen haben (→ BFH vom 21. 8. 1995 – BStBl II S. 729).

– Wegen der berücksichtigungsfähigen Kosten dem Grunde und der Höhe nach, wenn das Arbeitszimmer in einem selbstgenutzten Haus oder in einer selbstgenutzten Eigentumswohnung gelegen ist, → BFH vom 18. 10. 1983 (BStBl 1984 II S. 112).

– Die AfA richtet sich bei einem selbstgenutzten häuslichen Arbeitszimmer im eigenen Einfamilienhaus nach § 7 Abs. 4 Satz 1 Nr. 2 oder Abs. 5 Satz 1 Nr. 2 EStG; eine (höhere) Absetzung nach § 7 Abs. 5 Satz 1 Nr. 3 EStG ist nicht zulässig (→ BFH vom 30. 6. 1995 – BStBl II S. 598 und vom 4. 8. 1995 – BStBl II S. 727).

– Vergütungen an den Ehegatten für die Reinigung des Arbeitszimmers sind keine Werbungskosten (→ BFH vom 27. 10. 1978 – BStBl 1979 II S. 80).

Ermittlung der auf ein häusliches Arbeitszimmer entfallenden Aufwendungen

(Verfügung der OFD Hannover vom 11. 9. 1997 – S 2354 – 126 – StH 214 /
S 2354 – 38 – StO 212 –)

Nach dem BFH-Urteil vom 18. 10. 1983 (BStBl II 1984, 112) sind die auf ein häusliches Arbeitszimmer entfallenden anteiligen Aufwendungen nach dem Verhältnis der nach §§ 42 – 44 der II. Berechnungsverordnung (BV) ermittelten Wohnfläche der Wohnung zur Fläche des häuslichen Arbeitszimmers aufzuteilen.

Die vom BFH gewählte Formulierung wird jedoch rechnerisch nicht immer zutreffend umgesetzt. So wird z. B. im folgenden Fall

Gesamtfläche (einschl. Arbeitszimmer, ohne Nebenräume)	100 qm
Fläche des Arbeitszimmers	20 qm
verbleibende Wohnfläche	80 qm

der auf das Arbeitszimmer entfallende Kostenanteil unzutreffend mit 25 v. H. aus dem nach dem BFH-Urteil zu bildenden Verhältnis von 20 : 80 abgeleitet.

Aus den Urteilsgründen ergibt sich jedoch eindeutig, daß die Kosten in diesem Verhältnis aufzuteilen sind. Betragen z. B. die Gesamtkosten 2 000,– DM, so sind diese im Beispielfall im Verhältnis 20 : 80 aufzuteilen. Als Werbungskosten können somit 20 „Teile" der Gesamtkosten (= 20 v. H.) berücksichtigt werden, auf die verbleibende Wohnfläche entfallen 80 „Teile" (mathematisch also 20/100 bzw. 80/100). Der auf das Arbeitszimmer entfallende Kostenanteil beträgt demnach 400 DM (400 : 1 600 entspricht 20 : 80) also 20 v. H. und nicht 25 v. H. (vgl. auch BFH vom 10. 4. 1987, BStBl II 1987, 500, Klarstellung zu o. g. Urteil).

Die rechnerische Ermittlung der anteiligen Werbungskosten ist deshalb wie bisher nach folgender Formel vorzunehmen, die zu demselben Ergebnis wie die vom BFH verwendete Proportionalrechnung führt:

$$\frac{\text{Größe des Arbeitszimmers} \times 100}{\text{Gesamte Fläche (einschl. Arbeitszimmer, ohne Nebenräume)}}$$

(Beispielfall: = 20100 × 100 = 20 v. H.).

Bei der Ermittlung der Wohnfläche bleiben Nebenräume, wie z. B. Keller, Waschküchen, Abstellräume und Dachböden (Zubehörräume) grundsätzlich außer Ansatz (§ 42 Abs. 4 Nr. 1 II. BV). Nicht zur Wohnfläche gehören außerdem Räume, die den in ihrer Nutzung zu stellenden Anforderungen des Bauordnungsrechts nicht genügen (§ 42 Abs. 4 Nr. 3 II. BV). In diesem Zusammenhang sind § 43 der Niedersächsischen Bauordnung (NBauO) i. d. F. vom 13. 7. 1995 (GVBl, 199) und § 28 der Allgemeinen Durchführungsverordnung zur Niedersächsischen Bauordnung (DVNBauO) vom 11. 3. 1987 (GVBl, 29) maßgebend.

Wird ein Nebenraum also nicht wie ein Zubehörraum genutzt (z. B. Hobbykeller, Kellerbar, Kellersauna, Gästezimmer im Keller), so ist dieser Raum nur dann in die Wohnflächenberechnung einzubeziehen, wenn die entsprechende Nutzung nicht gegen Bauordnungsrecht verstößt. Allein die besondere Ausstattung eines Zubehörraums und seine tatsächliche Nutzung als Wohnraum reichen nicht aus, um die Wohnfläche entsprechend zu erhöhen.

Befindet sich das Arbeitszimmer selbst in einem Zubehörraum, wie z. B. im Keller oder auf dem Dachboden und erfüllt dieser Raum die Anforderungen des Bauordnungsrechts für diese Nutzung nicht, kann die Ermittlung der auf das Arbeitszimmer entfallenden anteiligen Aufwendungen nicht nach dem Wohnflächenverhältnis vorgenommen werden. In Betracht käme dann nur eine Aufteilung nach dem Verhältnis der Nutzfläche des Arbeitszimmers zur Gesamtnutzfläche des Hauses (Haupt- und Nebenräume) einschließlich des Arbeitszimmers (so auch FG Köln vom 26. 1. 1995, 13 K 2726/93, EFG 1995, 830, im Anschluß an das BFH-Urteil vom 5. 9. 1990, X R 3/89, BStBl II 1991, 389).

Fortbildungszwecke

Steht einem Arbeitnehmer beim Arbeitgeber ein Büroarbeitsplatz auch für Fortbildungsmaßnahmen zur Verfügung, schließt dies regelmäßig die steuerliche Berücksichtigung von Kosten für ein zu Fortbildungszwecken genutztes häusliches Arbeitszimmer aus (→ BFH vom 5. 10. 2011 – BStBl 2012 II S. 127).

Kunstgegenstände

Aufwendungen für Kunstgegenstände, die zur Einrichtung eines häuslichen Arbeitszimmers gehören, sind regelmäßig keine Werbungskosten (→ BFH vom 30. 10. 1990 – BStBl 1991 II S. 340 und vom 12. 3. 1993 – BStBl II S. 506).

Räumliche Voraussetzungen

– Zu den Voraussetzungen für die steuerliche Anerkennung gehört, dass das Arbeitszimmer von den privat genutzten Räumen getrennt ist (→ BFH vom 6. 12. 1991 – BStBl 1992 II S. 304).

– Neben dem Arbeitszimmer muss genügend Wohnraum vorhanden sein (→ BFH vom 26. 4. 1985 – BStBl II S. 467).

– Ein häusliches Arbeitszimmer ist steuerlich nicht anzuerkennen, wenn das Arbeitszimmer ständig durchquert werden muss, um andere privat genutzte Räume der Wohnung zu erreichen (→ BFH vom 18. 10. 1983 – BStBl 1984 II S. 110); die private Mitbenutzung des Arbeitszimmers ist dagegen von untergeordneter Bedeutung, wenn es nur durchquert werden muss, um z. B. das Schlafzimmer zu erreichen (→ BFH vom 19. 8. 1988 – BStBl II S. 1000).

Telearbeitsplatz

– Auch ein Raum, in dem ein Arbeitnehmer zuhause einen Telearbeitsplatz unterhält, kann dem Typus des häuslichen Arbeitszimmers entsprechen (→ BFH vom 26. 2. 2014 – BStBl II S. 568).

– Wird eine in qualitativer Hinsicht gleichwertige Arbeitsleistung wöchentlich an drei Tagen an einem häuslichen Telearbeitsplatz und an zwei Tagen im Betrieb des Arbeitgebers erbracht, liegt der Mittelpunkt der gesamten beruflichen Betätigung im häuslichen Arbeitszimmer (→ BFH vom 23. 5. 2006 – BStBl II 2006 S. 600).

Aufwendungen für ein häusliches Arbeitszimmer; Heimarbeitsplatz

(Kurzinfo der OFD Münster vom 21. 03. 2013 – ESt 6/2013)

Es ist gefragt worden, in welcher Höhe bei einem Arbeitnehmer, der für einen Heimarbeitsplatz ein häusliches Arbeitszimmer nutzt, die dadurch entstehenden Kosten abgezogen werden können, wenn er seine berufliche Tätigkeit an einem Tag oder zwei Tage die Woche in der Firma ausübt und er den dortigen Arbeitsplatz auch an den anderen Tagen nutzten könnte.

Sind die im Arbeitszimmer und der Firma ausgeübten Tätigkeiten qualitativ gleichwertig, liegt der Mittelpunkt der Tätigkeit im häuslichen Arbeitszimmer, da der Arbeitnehmer mehr als die Hälfte der Arbeitszeit dort tätig wird (Rz 11 des BMF-Schreibens vom 02. 03. 2011).

§ 4 Abs. 5 Satz 1 Nr. 6b EStG lautet:

Die folgenden Betriebsausgaben dürfen den Gewinn nicht mindern . . .

6b. Aufwendungen für ein häusliches Arbeitszimmer sowie die Kosten der Ausstattung. ²Dies gilt nicht, wenn für die betriebliche oder berufliche Tätigkeit kein anderer Arbeitsplatz zur Verfügung steht. ³In diesem Fall wird die Höhe der abziehbaren Aufwendungen auf 1 250 Euro begrenzt; die Beschränkung der Höhe nach gilt nicht, wenn das Arbeitszimmer den Mittelpunkt der gesamten betrieblichen und beruflichen Betätigung bildet;

Ergänzend hierzu regelt Rz 1 des BMF-Schreibens vom 02. 03. 2011:

Bildet das häusliche Arbeitszimmer den Mittelpunkt der gesamten betrieblichen und beruflichen Betätigung, dürfen die Aufwendungen in voller Höhe steuerlich berücksichtigt werden (§ 4 Absatz 5 Satz 1 Nummer 6b Satz 3, 2. Halbsatz EStG). Steht für die betriebliche oder berufliche Tätigkeit kein anderer Arbeitsplatz zur Verfügung, sind die Aufwendungen bis zur Höhe von 1 250 Euro je Wirtschaftsjahr oder Kalenderjahr als Betriebsausgaben oder Werbungskosten abziehbar (§ 4 Absatz 5 Satz 1 Nummer 6b Satz 2 und 3, 1. Halbsatz EStG).

Daraus ergibt sich, dass das Vorliegen eines „anderen Arbeitsplatzes" für den Abzug von Arbeitszimmerkosten nur schädlich ist, wenn das Arbeitszimmer nicht den Mittelpunkt der gesamten betrieblichen und beruflichen Tätigkeit bildet. Folglich kann ein Arbeitnehmer, der einen Heimarbeitsplatz hat und bei dem das häusliche Arbeitszimmer den Mittelpunkt der gesamten beruflichen und betrieblichen Tätigkeit bildet, die Kosten für das häusliche Arbeitszimmer auch dann in voller Höhe geltend machen, wenn ihm ein „anderer Arbeitsplatz" zur Verfügung steht.

Vermietung an den Arbeitgeber

→ BMF vom 13. 12. 2005 (BStBl 2006 I S. 4)

Vermietung eines Büroraums an den Arbeitgeber;

Anwendung des BFH-Urteils vom 16. September 2004 (BStBl 2005 II S. 10)

(BMF-Schreiben vom 13. 12. 2005 – BStBl I S. 4 – IV C 3 – S 2253 – 112/05 –)

Zur einkommensteuerrechtlichen Behandlung der Vermietung eines Büroraums durch einen Arbeitnehmer an seinen Arbeitgeber, den der Arbeitnehmer als Arbeitszimmer nutzt, hat der Bundesfinanzhof in Fortentwicklung der Urteile vom 19. Oktober 2001 (BStBl 2002 II S. 300) und vom 20. März 2003 (BStBl 2003 II S. 519) mit Urteil vom 16. September 2004 seine Rechtsprechung weiter präzisiert.

Unter Bezugnahme auf das Ergebnis der Erörterungen mit den obersten Finanzbehörden der Länder sind die Urteilsgrundsätze unter Anlegung eines strengen Maßstabs wie folgt anzuwenden:

Zu den Einkünften aus nichtselbständiger Arbeit zählen nach § 19 Abs. 1 Satz 1 Nr. 1 EStG auch andere Bezüge und Vorteile, die einem Arbeitnehmer für eine Beschäftigung im öffentlichen oder privaten Dienst gewährt werden. Ein Vorteil wird gewährt, wenn er durch das individuelle Dienstverhältnis des Arbeitnehmers veranlasst ist. Hieran fehlt es, wenn der Arbeitgeber dem Arbeitnehmer Vorteile aufgrund einer anderen, neben dem Dienstverhältnis gesondert bestehenden Rechtsbeziehung – beispielsweise einem Mietverhältnis – zuwendet.

Leistet der Arbeitgeber Zahlungen für ein im Haus oder in der Wohnung des Arbeitnehmers gelegenes Büro, das der Arbeitnehmer für die Erbringung seiner Arbeitsleistung nutzt, so ist die Unterscheidung zwischen Arbeitslohn und Einkünften aus Vermietung und Verpachtung danach vorzunehmen, in wessen vorrangigem Interesse die Nutzung des Büros erfolgt.

Dient die Nutzung in erster Linie den Interessen des Arbeitnehmers, ist davon auszugehen, dass die Zahlungen des Arbeitgebers als Gegenleistung für das Zurverfügungstellen der Arbeitskraft des Arbeitnehmers erfolgt sind. Die Einnahmen sind als Arbeitslohn zu erfassen.

Eine für die Zuordnung der Mietzahlungen zu den Einnahmen aus Vermietung und Verpachtung i. S. von § 21 Abs. 1 Nr. 1 EStG erforderliche gesondert neben dem Dienstverhältnis bestehende Rechtsbeziehung setzt voraus, dass das Arbeitszimmer vorrangig im betrieblichen Interesse des Arbeitgebers genutzt wird und dieses Interesse über die Entlohnung des Arbeitnehmers sowie über die Erbringung der jeweiligen Arbeitsleistung hinausgeht. Die Ausgestaltung der Vereinbarung zwischen Arbeitgeber und Arbeitnehmer als auch die tatsächliche Nutzung des angemieteten Raumes im Haus oder der Wohnung des Arbeitnehmers müssen maßgeblich und objektiv nachvollziehbar von den Bedürfnissen des Arbeitgebers geprägt sein.

Für das Vorliegen eines betrieblichen Interesses sprechen beispielsweise folgende Anhaltspunkte:

– Für den/die Arbeitnehmer sind im Unternehmen keine geeigneten Arbeitszimmer vorhanden; die Versuche des Arbeitgebers, entsprechende Räume von fremden Dritten anzumieten, sind erfolglos geblieben.

– Der Arbeitgeber hat für andere Arbeitnehmer des Betriebs, die über keine für ein Arbeitszimmer geeignete Wohnung verfügen, entsprechende Rechtsbeziehungen mit fremden Dritten, die nicht in einem Dienstverhältnis zu ihm stehen, begründet.

– Es wurde eine ausdrückliche, schriftliche Vereinbarung über die Bedingungen der Nutzung des überlassenen Raumes abgeschlossen.

Allerdings muss der Steuerpflichtige auch in diesen Fällen das vorrangige betriebliche Interesse seines Arbeitgebers nachweisen, ansonsten sind die Zahlungen als Arbeitslohn zu erfassen.

Ein gegen das betriebliche Interesse und damit für den Arbeitslohncharakter der Mieteinnahmen sprechendes gewichtiges Indiz liegt vor, wenn der Arbeitnehmer im Betrieb des Arbeitgebers über einen weiteren Arbeitsplatz verfügt und die Nutzung des häuslichen Arbeitszimmers vom Arbeitgeber lediglich gestattet oder geduldet wird. In diesem Fall ist grundsätzlich von einem vorrangigen Interesse des Arbeitnehmers an der Nutzung des häuslichen Arbeitszimmers auszugehen. Zur Widerlegung dieser Annahme muss der Steuerpflichtige das vorrangige Interesse seines Arbeitgebers am zusätzlichen häuslichen Arbeitsplatz, hinter welches das Interesse des Steuerpflichtigen zurücktritt, nachweisen. Ein etwa gleichgewichtiges Interesse von Arbeitgeber und Arbeitnehmer reicht hierfür nicht aus.

Für das Vorliegen eines betrieblichen Interesses kommt es nicht darauf an,

– ob ein entsprechendes Nutzungsverhältnis zu gleichen Bedingungen auch mit einem fremden Dritten hätte begründet werden können,

– ob der vereinbarte Mietzins die Höhe des ortsüblichen Mietzinses unterschreitet, denn das geforderte betriebliche Interesse an der Nutzung des betreffenden Raumes wird durch eine für den Arbeitgeber vorteilhafte Gestaltung der zugrunde liegenden Rechtsbeziehung nicht in Frage gestellt.

Bei einer auf Dauer angelegten Vermietungstätigkeit ist nach der Rechtsprechung des Bundesfinanzhofs vom Vorliegen der Einkunftserzielungsabsicht auszugehen (vgl. auch BMF-Schreiben vom 8. Oktober 2004 – BStBl I 2004 S. 933). Das gilt auch für die Vermietung eines im Haus oder der Wohnung des Arbeitnehmers gelegenen Büros an den Arbeitgeber. Selbst wenn wegen der Koppelung des Mietvertrags an die Amts- oder Berufszeit des Arbeitnehmers und im Hinblick auf die Höhe des Mietzinses Zweifel am Vorliegen der Einkunftserzielungsabsicht bestehen, steht dies bei vorrangigem betrieblichen Interesse des Arbeitgebers einer Berücksichtigung der Aufwendungen nicht entgegen.

Liegen die Voraussetzungen für die Zuordnung der Mieteinnahmen zu den Einkünften aus Vermietung und Verpachtung vor, sind die das Dienstzimmer betreffenden Aufwendungen in vollem Umfang als Werbungskosten zu berücksichtigen. Sie fallen nicht unter die Abzugsbeschränkung des § 4 Abs. 5 Satz 1 Nr. 6b EStG.

Vorweggenommene Aufwendungen

– Ob die Aufwendungen für das Herrichten eines häuslichen Arbeitszimmers für eine nachfolgende berufliche Tätigkeit als Werbungskosten abziehbar sind, bestimmt sich nach den zu erwartenden Umständen der späteren beruflichen Tätigkeit. Nicht entscheidend ist, ob die beabsichtigte berufliche Nutzung im Jahr des Aufwands bereits begonnen hat. (→ BFH vom 23. 5. 2006 – BStBl 2006 II S. 600).

– Aufwendungen für ein häusliches Arbeitszimmer während einer Erwerbslosigkeit sind nur abziehbar, wenn der Abzug auch bei der späteren beruflichen Tätigkeit möglich wäre (→ BFH vom 2. 12. 2005 – BStBl 2006 II S. 329).

EStG

§ 9a   Pauschbeträge für Werbungskosten

S 2214

[1]Für Werbungskosten sind bei der Ermittlung der Einkünfte die folgenden Pauschbeträge abzuziehen, wenn nicht höhere Werbungskosten nachgewiesen werden:

1. a) von den Einnahmen aus nichtselbständiger Arbeit vorbehaltlich Buchstabe b:

S 2346
   ein Arbeitnehmer-Pauschbetrag von 1 000 Euro;

   b) von den Einnahmen aus nichtselbständiger Arbeit, soweit es sich um Versorgungsbezüge im Sinne des § 19 Absatz 2 handelt:

   ein Pauschbetrag von 102 Euro;

2. (weggefallen)

3. von den Einnahmen im Sinne des § 22 Nummer 1, 1a, und 5:

   ein Pauschbetrag von insgesamt 102 Euro.

[2]Der Pauschbetrag nach Satz 1 Nummer 1 Buchstabe b darf nur bis zur Höhe der um den Versorgungsfreibetrag einschließlich des Zuschlags zum Versorgungsfreibetrag (§ 19 Absatz 2) geminderten Einnahmen, die Pauschbeträge nach Satz 1 Nummer 1 Buchstabe a und Nummer 3 dürfen nur bis zur Höhe der Einnahmen abgezogen werden.

Hinweise

Allgemeines

→ R 9a EStR, H 9a EStH

Der Arbeitnehmer-Pauschbetrag ist auch dann nicht zu kürzen, wenn feststeht, dass keine oder nur geringe Werbungskosten angefallen sind (→ BFH vom 10. 6. 2008 – BStBl II S. 937).

Werbungskosten-Pauschbetrag bei Versorgungsbezügen → Anhang 2 VI

4a. Umsatzsteuerrechtlicher Vorsteuerabzug

§ 9b [Umsatzsteuerrechtlicher Vorsteuerabzug]

EStG

S 2170

(1) Der Vorsteuerbetrag nach § 15 des Umsatzsteuergesetzes gehört, soweit er bei der Umsatzsteuer abgezogen werden kann, nicht zu den Anschaffungs- oder Herstellungskosten des Wirtschaftsguts, auf dessen Anschaffung oder Herstellung er entfällt.

(2) ¹Wird der Vorsteuerabzug nach § 15a des Umsatzsteuergesetzes berichtigt, so sind die Mehrbeträge als Betriebseinnahmen oder Einnahmen zu behandeln, wenn sie im Rahmen einer der Einkunftsarten des § 2 Absatz 1 Satz 1 bezogen werden; die Minderbeträge sind als Betriebsausgaben oder Werbungskosten zu behandeln, wenn sie durch den Betrieb veranlasst sind oder der Erwerbung, Sicherung und Erhaltung von Einnahmen dienen. ²Die Anschaffungs- oder Herstellungskosten bleiben in den Fällen des Satzes 1 unberührt.

5. Sonderausgaben

§ 10 [Sonderausgaben]

EStG

S 2220
S 2221

(1) Sonderausgaben sind die folgenden Aufwendungen, wenn sie weder Betriebsausgaben noch Werbungskosten sind oder wie Betriebsausgaben oder Werbungskosten behandelt werden:

1. (weggefallen)

S 2221a[1]

2. a) Beiträge zu den gesetzlichen Rentenversicherungen oder zur landwirtschaftlichen Alterskasse sowie zu berufsständischen Versorgungseinrichtungen, die den gesetzlichen Rentenversicherungen vergleichbare Leistungen erbringen;

   b) Beiträge des Steuerpflichtigen

[2]

   aa) zum Aufbau einer eigenen kapitalgedeckten Altersversorgung, wenn der Vertrag nur die Zahlung einer monatlichen, auf das Leben des Steuerpflichtigen bezogenen lebenslangen Leibrente nicht vor Vollendung des 62. Lebensjahres oder zusätzlich die ergänzende Absicherung des Eintritts der Berufsunfähigkeit (Berufsunfähigkeitsrente), der verminderten Erwerbsfähigkeit (Erwerbsminderungsrente) oder von Hinterbliebenen (Hinterbliebenenrente) vorsieht. ²Hinterbliebene in diesem Sinne sind der Ehegatte des Steuerpflichtigen und die Kinder, für die er Anspruch auf Kindergeld oder auf einen Freibetrag nach § 32 Absatz 6 hat. ³Der Anspruch auf Waisenrente darf längstens für den Zeitraum bestehen, in dem der Rentenberechtigte die Voraussetzungen für die Berücksichtigung als Kind im Sinne des § 32 erfüllt;

   bb) für seine Absicherung gegen den Eintritt der Berufsunfähigkeit oder der verminderten Erwerbsfähigkeit (Versicherungsfall), wenn der Vertrag nur die Zahlung einer monatlichen, auf das Leben des Steuerpflichtigen bezogenen lebenslangen Leibrente für einen Versicherungsfall vorsieht, der bis zur Vollendung des 67. Lebensjahres eingetreten ist. ²Der Vertrag kann die Beendigung der Rentenzahlung wegen eines medizinisch begründeten Wegfalls der Berufsunfähigkeit oder der verminderten Erwerbsfähigkeit vorsehen. ³Die Höhe der zugesagten Rente kann vom Alter des Steuerpflichtigen bei Eintritt des Versicherungsfalls abhängig gemacht werden, wenn der Steuerpflichtige das 55. Lebensjahr vollendet hat.

---

[1]) Absatz 1 Nr. 1, 1a und 1b wurde durch das Gesetz zur Anpassung der Abgabenordnung an den Zollkodex der Union und zur Änderung weiterer steuerlicher Vorschriften ab dem VZ 2015 aufgehoben. Die Regelungen wurden in den Absatz 1a überführt.

[2]) Für die nach § 10 Abs. 1 Nr. 2 Buchstabe b EStG begünstigten Verträge, die vor dem 1. 1. 2007 abgeschlossen wurden, gelten für das Vorliegen einer begünstigten Hinterbliebenenversorgung die Altersgrenzen des § 32 in der am 31. 12. 2006 geltenden Fassung (→ § 52 Abs. 32 Satz 3 EStG).

²Die Ansprüche nach Buchstabe b dürfen nicht vererblich, nicht übertragbar, nicht beleihbar, nicht veräußerbar und nicht kapitalisierbar sein. ³Anbieter und Steuerpflichtiger können vereinbaren, dass bis zu zwölf Monatsleistungen in einer Auszahlung zusammengefasst werden oder eine Kleinbetragsrente im Sinne von § 93 Absatz 3 Satz 2 abgefunden wird. ⁴Bei der Berechnung der Kleinbetragsrente sind alle bei einem Anbieter bestehenden Verträge des Steuerpflichtigen jeweils nach Buchstabe b Doppelbuchstabe aa oder Doppelbuchstabe bb zusammenzurechnen. ⁵Neben den genannten Auszahlungsformen darf kein weiterer Anspruch auf Auszahlungen bestehen. ⁶Zu den Beiträgen nach den Buchstaben a und b ist der nach § 3 Nummer 62 steuerfreie Arbeitgeberanteil zur gesetzlichen Rentenversicherung und ein diesem gleichgestellter steuerfreier Zuschuss des Arbeitgebers hinzuzurechnen. ⁷Beiträge nach § 168 Absatz 1 Nummer 1b oder 1c oder nach § 172 Absatz 3 oder 3a des Sechsten Buches Sozialgesetzbuch werden abweichend von *Satz 6* nur auf Antrag des Steuerpflichtigen hinzugerechnet;

3. Beiträge zu
   a) Krankenversicherungen, soweit diese zur Erlangung eines durch das Zwölfte Buch Sozialgesetzbuch bestimmten sozialhilfegleichen Versorgungsniveaus erforderlich sind und sofern auf die Leistungen ein Anspruch besteht. ²Für Beiträge zur gesetzlichen Krankenversicherung sind dies die nach dem Dritten Titel des Ersten Abschnitts des Achten Kapitels des Fünften Buches Sozialgesetzbuch oder die nach dem Sechsten Abschnitt des Zweiten Gesetzes über die Krankenversicherung der Landwirte festgesetzten Beiträge. ³Für Beiträge zu einer privaten Krankenversicherung sind dies die Beitragsanteile, die auf Vertragsleistungen entfallen, die, mit Ausnahme der auf das Krankengeld entfallenden Beitragsanteile, in Art, Umfang und Höhe den Leistungen nach dem Dritten Kapitel des Fünften Buches Sozialgesetzbuch vergleichbar sind; § 158 Absatz 2 des Versicherungsaufsichtsgesetzes gilt entsprechend. ⁴Wenn sich aus den Krankenversicherungsbeiträgen nach Satz 2 ein Anspruch auf Krankengeld oder ein Anspruch auf eine Leistung, die anstelle von Krankengeld gewährt wird, ergeben kann, ist der jeweilige Beitrag um 4 Prozent zu vermindern;
   b) gesetzlichen Pflegeversicherungen (soziale Pflegeversicherung und private PflegePflichtversicherung).

   ²Als eigene Beiträge des Steuerpflichtigen werden auch die vom Steuerpflichtigen im Rahmen der Unterhaltsverpflichtung getragenen eigenen Beiträge im Sinne des Buchstaben a oder des Buchstaben b eines Kindes behandelt, für das ein Anspruch auf einen Freibetrag nach § 32 Absatz 6 oder auf Kindergeld besteht. ³Hat der Steuerpflichtige in den Fällen des Absatzes 1a Nummer 1 eigene Beiträge im Sinne des Buchstaben a oder des Buchstaben b zum Erwerb einer Krankenversicherung oder gesetzlichen Pflegeversicherung für einen geschiedenen oder dauernd getrennt lebenden unbeschränkt einkommensteuerpflichtigen Ehegatten geleistet, dann werden diese abweichend von Satz 1 als eigene Beiträge des geschiedenen oder dauernd getrennt lebenden unbeschränkt einkommensteuerpflichtigen Ehegatten behandelt. ⁴Beiträge, die für nach Ablauf des Veranlagungszeitraums beginnende Beitragsjahre geleistet werden und in der Summe das Zweieinhalbfache der auf den Veranlagungszeitraum entfallenden Beiträge überschreiten, sind in dem Veranlagungszeitraum anzusetzen, für den sie geleistet wurden; dies gilt nicht für Beiträge, soweit sie der unbefristeten Beitragsminderung nach Vollendung des 62. Lebensjahrs dienen;

3a. Beiträge zu Kranken- und Pflegeversicherungen, soweit diese nicht nach Nummer 3 zu berücksichtigen sind; Beiträge zu Versicherungen gegen Arbeitslosigkeit, zu Erwerbs- und Berufsunfähigkeitsversicherungen, die nicht unter Nummer 2 Satz 1 Buchstabe b fallen, zu Unfall- und Haftpflichtversicherungen sowie zu Risikoversicherungen, die nur für den Todesfall eine Leistung vorsehen; Beiträge zu Versicherungen im Sinne des § 10 Absatz 1 Nummer 2 Buchstabe b Doppelbuchstabe bb bis dd in der am 31. Dezember 2004 geltenden Fassung, wenn die Laufzeit dieser Versicherungen vor dem 1. Januar 2005 begonnen hat und ein Versicherungsbeitrag bis zum 31. Dezember 2004 entrichtet wurde; § 10 Absatz 1 Nummer 2 Satz 2 bis 6 und Absatz 2 Satz 2 in der am 31. Dezember 2004 geltenden Fassung ist in diesen Fällen weiter anzuwenden;

4. gezahlte Kirchensteuer; dies gilt nicht, soweit die Kirchensteuer als Zuschlag zur Kapitalertragsteuer oder als Zuschlag auf die nach dem gesonderten Tarif des § 32d Absatz 1 ermittelte Einkommensteuer gezahlt wurde;

5. zwei Drittel der Aufwendungen, höchstens 4 000 Euro je Kind, für Dienstleistungen zur Betreuung eines zum Haushalt des Steuerpflichtigen gehörenden Kindes im Sinne des § 32

S 2221b

---

¹⁾ *Absatz 1 Nr. 2 Buchstabe b Satz 7 wurde durch das Betriebsrentenstärkungsgesetz ab VZ 2018 geändert.*

²⁾ § 10 Abs. 1 Nr. 5 in der am 1. Januar 2012 geltenden Fassung gilt auch für Kinder, die wegen einer vor dem 1. 1. 2007 in der Zeit ab Vollendung des 25. Lebensjahres und vor Vollendung des 27. Lebensjahres eingetretenen körperlichen, geistigen oder seelischen Behinderung außerstande sind, sich selbst zu unterhalten (→ § 52 Abs. 18 Satz 3 EStG).

Absatz 1, welches das 14. Lebensjahr noch nicht vollendet hat oder wegen einer vor Vollendung des 25. Lebensjahres eingetretenen körperlichen, geistigen oder seelischen Behinderung außerstande ist, sich selbst zu unterhalten. [2]Dies gilt nicht für Aufwendungen für Unterricht, die Vermittlung besonderer Fähigkeiten sowie für sportliche und andere Freizeitbetätigungen. [3]Ist das zu betreuende Kind nicht nach § 1 Absatz 1 oder Absatz 2 unbeschränkt einkommensteuerpflichtig, ist der in Satz 1 genannte Betrag zu kürzen, soweit es nach den Verhältnissen im Wohnsitzstaat des Kindes notwendig und angemessen ist. [4]Voraussetzung für den Abzug der Aufwendungen nach Satz 1 ist, dass der Steuerpflichtige für die Aufwendungen eine Rechnung erhalten hat und die Zahlung auf das Konto des Erbringers der Leistung erfolgt ist;

6. (weggefallen)

7. Aufwendungen für die eigene Berufsausbildung bis zu 6 000 Euro im Kalenderjahr. [2]Bei Ehegatten, die die Voraussetzungen des § 26 Absatz 1 Satz 1 erfüllen, gilt Satz 1 für jeden Ehegatten. [3]Zu den Aufwendungen im Sinne des Satzes 1 gehören auch Aufwendungen für eine auswärtige Unterbringung. [4]§ 4 Absatz 5 Satz 1 Nummer 6b sowie § 9 Absatz 1 Satz 3 Nummer 4 und 5, Absatz 2, 4 Satz 8 und Absatz 4a sind bei der Ermittlung der Aufwendungen anzuwenden.

8. (weggefallen)

9. 30 Prozent des Entgelts, höchstens 5 000 Euro, das der Steuerpflichtige für ein Kind, für das er Anspruch auf einen Freibetrag nach § 32 Absatz 6 oder auf Kindergeld hat, für dessen Besuch einer Schule in freier Trägerschaft oder einer überwiegend privat finanzierten Schule entrichtet, mit Ausnahme des Entgelts für Beherbergung, Betreuung und Verpflegung. [2]Voraussetzung ist, dass die Schule in einem Mitgliedstaat der Europäischen Union oder in einem Staat belegen ist, auf den das Abkommen über den Europäischen Wirtschaftsraum Anwendung findet, und die Schule zu einem von dem zuständigen inländischen Ministerium eines Landes, von der Kultusministerkonferenz der Länder oder von einer inländischen Zeugnisanerkennungsstelle anerkannten oder einem inländischen Abschluss an einer öffentlichen Schule als gleichwertig anerkannten allgemein bildenden oder berufsbildenden Schul-, Jahrgangs- oder Berufsabschluss führt. [3]Der Besuch einer anderen Einrichtung, die auf einen Schul-, Jahrgangs- oder Berufsabschluss im Sinne des Satzes 2 ordnungsgemäß vorbereitet, steht einem Schulbesuch im Sinne des Satzes 1 gleich. [4]Der Besuch einer Deutschen Schule im Ausland steht dem Besuch einer solchen Schule gleich, unabhängig von ihrer Belegenheit. [5]Der Höchstbetrag nach Satz 1 wird für jedes Kind, bei dem die Voraussetzungen vorliegen, je Elternpaar nur einmal gewährt.

(1a) [1]Sonderausgaben sind auch die folgenden Aufwendungen: [1)]

1. Unterhaltsleistungen an den geschiedenen oder dauernd getrennt lebenden unbeschränkt einkommensteuerpflichtigen Ehegatten, wenn der Geber dies mit Zustimmung des Empfängers beantragt, bis zu 13 805 Euro im Kalenderjahr. [2]Der Höchstbetrag nach Satz 1 erhöht sich um den Betrag der im jeweiligen Veranlagungszeitraum nach Absatz 1 Nummer 3 für die Absicherung des geschiedenen oder dauernd getrennt lebenden unbeschränkt einkommensteuerpflichtigen Ehegatten aufgewandten Beiträge. [3]Der Antrag kann jeweils nur für ein Kalenderjahr gestellt und nicht zurückgenommen werden. [4]Die Zustimmung ist mit Ausnahme der nach § 894 der Zivilprozessordnung als erteilt geltenden bis auf Widerruf wirksam. [5]Der Widerruf ist vor Beginn des Kalenderjahres, für das die Zustimmung erstmals nicht gelten soll, gegenüber dem Finanzamt zu erklären. [6]Die Sätze 1 bis 5 gelten für Fälle der Nichtigkeit oder der Aufhebung der Ehe entsprechend. [7]Voraussetzung für den Abzug der Aufwendungen ist die Angabe der erteilten Identifikationsnummer (§ 139b der Abgabenordnung) der unterhaltenen Person in der Steuererklärung des Unterhaltsleistenden, wenn die unterhaltene Person der unbeschränkten oder beschränkten Steuerpflicht unterliegt. [8]Die unterhaltene Person ist für diese Zwecke verpflichtet, dem Unterhaltsleistenden ihre erteilte Identifikationsnummer (§ 139b der Abgabenordnung) mitzuteilen. [9]Kommt die unterhaltene Person dieser Verpflichtung nicht nach, ist der Unterhaltsleistende berechtigt, bei der für ihn zuständigen Finanzbehörde die Identifikationsnummer der unterhaltenen Person zu erfragen;

2. auf besonderen Verpflichtungsgründen beruhende, lebenslange und wiederkehrende Versorgungsleistungen, die nicht mit Einkünften in wirtschaftlichem Zusammenhang stehen, [2)]

S 2221b

[1)] Absatz 1a wurde durch das Gesetz zur Anpassung der Abgabenordnung an den Zollkodex der Union und zur Änderung weiterer steuerlicher Vorschriften ab VZ 2015 eingefügt. Die Vorschrift enthält u. a. die bisher in Absatz 1 Nr. 1, 1a und 1b geregelten Abzugstatbestände.

[2)] Absatz 1a Nr. 2 in der am 1. 1. 2015 geltenden Fassung ist auf alle Versorgungsleistungen anzuwenden, die auf Vermögensübertragungen beruhen, die nach dem 31. 12. 2007 vereinbart worden sind. Für Versorgungsleistungen, die auf Vermögensübertragungen beruhen, die vor dem 1. 1. 2008 vereinbart worden sind, gilt dies nur, wenn das übertragene Vermögen nur deshalb einen ausreichenden Ertrag bringt, weil ersparte Aufwendungen, mit Ausnahme des Nutzungsvorteils eines vom Vermögensübernehmer zu eigenen Zwecken genutzten Grundstücks, zu den Erträgen des Vermögens gerechnet werden → § 52 Abs. 18 Satz 1 und 2 EStG.

die bei der Veranlagung außer Betracht bleiben, wenn der Empfänger unbeschränkt einkommensteuerpflichtig ist. [2]Dies gilt nur für

a) Versorgungsleistungen im Zusammenhang mit der Übertragung eines Mitunternehmeranteils an einer Personengesellschaft, die eine Tätigkeit im Sinne der §§ 13, 15 Absatz 1 Satz 1 Nummer 1 oder des § 18 Absatz 1 ausübt,

b) Versorgungsleistungen im Zusammenhang mit der Übertragung eines Betriebs oder Teilbetriebs, sowie

c) Versorgungsleistungen im Zusammenhang mit der Übertragung eines mindestens 50 Prozent betragenden Anteils an einer Gesellschaft mit beschränkter Haftung, wenn der Übergeber als Geschäftsführer tätig war und der Übernehmer diese Tätigkeit nach der Übertragung übernimmt.

[3]Satz 2 gilt auch für den Teil der Versorgungsleistungen, der auf den Wohnteil eines Betriebs der Land- und Forstwirtschaft entfällt;

3. Ausgleichsleistungen zur Vermeidung eines Versorgungsausgleichs nach § 6 Absatz 1 Satz 2 Nummer 2 und § 23 des Versorgungsausgleichsgesetzes sowie § 1408 Absatz 2 und § 1587 des Bürgerlichen Gesetzbuchs, soweit der Verpflichtete dies mit Zustimmung des Berechtigten beantragt und der Berechtigte unbeschränkt einkommensteuerpflichtig ist. [2]Nummer 1 Satz 3 bis 5 gilt entsprechend;

4. Ausgleichszahlungen im Rahmen des Versorgungsausgleichs nach den §§ 20 bis 22 und 26 des Versorgungsausgleichsgesetzes und nach den §§ 1587f, 1587g und 1587i des Bürgerlichen Gesetzbuchs in der bis zum 31. August 2009 geltenden Fassung sowie nach § 3a des Gesetzes zur Regelung von Härten im Versorgungsausgleich, soweit die ihnen zu Grunde liegenden Einnahmen bei der ausgleichspflichtigen Person der Besteuerung unterliegen, wenn die ausgleichsberechtigte Person unbeschränkt einkommensteuerpflichtig ist.

(2) [1]Voraussetzung für den Abzug der in Absatz 1 Nummer 2, 3 und 3a bezeichneten Beträge (Vorsorgeaufwendungen) ist, dass sie

1. nicht in unmittelbarem wirtschaftlichen Zusammenhang mit steuerfreien Einnahmen stehen; steuerfreie Zuschüsse zu einer Kranken- oder Pflegeversicherung stehen insgesamt in unmittelbarem wirtschaftlichen Zusammenhang mit den Vorsorgeaufwendungen im Sinne des Absatzes 1 Nummer 3,

2. geleistet werden an

a) Versicherungsunternehmen,

aa) die ihren Sitz oder ihre Geschäftsleitung in einem Mitgliedstaat der Europäischen Union oder einem Vertragsstaat des Abkommens über den Europäischen Wirtschaftsraum haben und das Versicherungsgeschäft im Inland betreiben dürfen, oder

bb) denen die Erlaubnis zum Geschäftsbetrieb im Inland erteilt ist.

[2]Darüber hinaus werden Beiträge nur berücksichtigt, wenn es sich um Beträge im Sinne des Absatzes 1 Nummer 3 Satz 1 Buchstabe a an eine Einrichtung handelt, die eine anderweitige Absicherung im Krankheitsfall im Sinne des § 5 Absatz 1 Nummer 13 des Fünften Buches Sozialgesetzbuch oder eine der Beihilfe oder freien Heilfürsorge vergleichbare Absicherung im Sinne des § 193 Absatz 3 Satz 2 Nummer 2 des Versicherungsvertragsgesetzes gewährt. [3]Dies gilt entsprechend, wenn ein Steuerpflichtiger, der weder seinen Wohnsitz noch seinen gewöhnlichen Aufenthalt im Inland hat, mit den Beiträgen einen Versicherungsschutz im Sinne des Absatzes 1 Nummer 3 Satz 1 erwirbt,

b) berufsständische Versorgungseinrichtungen,

c) einen Sozialversicherungsträger oder

d) einen Anbieter im Sinne des § 80.

[2]Vorsorgeaufwendungen nach Absatz 1 Nummer 2 Buchstabe b werden nur berücksichtigt, wenn

1. die Beiträge zugunsten eines Vertrags geleistet wurden, der nach § 5a des Altersvorsorgeverträge-Zertifizierungsgesetzes zertifiziert ist, wobei die Zertifizierung Grundlagenbescheid im Sinne des § 171 Absatz 10 der Abgabenordnung ist, und

2. der Steuerpflichtige gegenüber dem Anbieter in die Datenübermittlung nach Absatz 2a eingewilligt hat.

[3]Vorsorgeaufwendungen nach Absatz 1 Nummer 3 werden nur berücksichtigt, wenn der Steuerpflichtige gegenüber dem Versicherungsunternehmen, dem Träger der gesetzlichen Kranken- und Pflegeversicherung, der Künstlersozialkasse oder einer Einrichtung im Sinne des Satzes 1 Nummer 2 Buchstabe a Satz 2 in die Datenübermittlung nach Absatz 2a eingewilligt hat; die Einwilligung gilt für alle sich aus dem Versicherungsverhältnis ergebenden Zahlungsverpflichtungen als erteilt, wenn die Beiträge mit der elektronischen Lohnsteuerbescheinigung (§ 41b

Absatz 1 Satz 2) oder der Rentenbezugsmitteilung (§ 22a Absatz 1 Satz 1 Nummer 5) übermittelt werden.

(2a) ¹Der Steuerpflichtige hat in die Datenübermittlung nach Absatz 2 gegenüber der mitteilungspflichtigen Stelle schriftlich einzuwilligen, spätestens bis zum Ablauf des zweiten Kalenderjahres, das auf das Beitragsjahr (Kalenderjahr, in dem die Beiträge geleistet worden sind) folgt; mitteilungspflichtige Stelle ist bei Vorsorgeaufwendungen nach Absatz 1 Nummer 2 Buchstabe b der Anbieter, bei Vorsorgeaufwendungen nach Absatz 1 Nummer 3 das Versicherungsunternehmen, der Träger der gesetzlichen Kranken- und Pflegeversicherung, die Künstlersozialkasse oder eine Einrichtung im Sinne des Absatzes 2 Satz 1 Nummer 2 Buchstabe a Satz 2. ²Die Einwilligung gilt auch für die folgenden Beitragsjahre, es sei denn, der Steuerpflichtige widerruft diese schriftlich gegenüber der mitteilungspflichtigen Stelle. ³Der Widerruf muss vor Beginn des Beitragsjahres, für das die Einwilligung erstmals nicht mehr gelten soll, der mitteilungspflichtigen Stelle vorliegen. ⁴Die mitteilungspflichtige Stelle hat bei Vorliegen einer Einwilligung

1. nach Absatz 2 Satz 2 Nummer 2 die Höhe der im jeweiligen Beitragsjahr geleisteten Beiträge nach Absatz 1 Nummer 2 Buchstabe b und die Zertifizierungsnummer an die zentrale Stelle (§ 81) zu übermitteln,

2. nach Absatz 2 Satz 3 die Höhe der im jeweiligen Beitragsjahr geleisteten und erstatteten Beiträge nach Absatz 1 Nummer 3 sowie die in § 93c Absatz 1 Nummer 2 Buchstabe c der Abgabenordnung genannten Daten mit der Maßgabe, dass insoweit als Steuerpflichtiger die versicherte Person gilt, an die zentrale Stelle (§ 81) zu übermitteln; sind Versicherungsnehmer und versicherte Person nicht identisch, sind zusätzlich die Identifikationsnummer und der Tag der Geburt des Versicherungsnehmers anzugeben,

jeweils unter Angabe der Vertrags- oder Versicherungsdaten sowie des Datums der Einwilligung, soweit diese Daten nicht mit der elektronischen Lohnsteuerbescheinigung oder der Rentenbezugsmitteilung zu übermitteln sind. ⁵§ 22a Absatz 2 gilt entsprechend. ⁶Wird die Einwilligung nach Ablauf des Beitragsjahres abgegeben, sind die Daten bis zum Ende des folgenden Kalendervierteljahres zu übermitteln. ⁷Bei einer Übermittlung von Daten bei Vorliegen der Einwilligung nach Absatz 2 Satz 2 Nummer 2 finden § 72a Absatz 4 und § 93c Absatz 4 der Abgabenordnung keine Anwendung. ⁸Bei einer Übermittlung von Daten bei Vorliegen der Einwilligung nach Absatz 2 Satz 3 gilt Folgendes:

1. für § 72a Absatz 4 und § 93c Absatz 4 der Abgabenordnung gilt abweichend von der dort bestimmten Zuständigkeit das Bundeszentralamt für Steuern als zuständige Finanzbehörde,

2. wird in den Fällen des § 72a Absatz 4 der Abgabenordnung eine unzutreffende Höhe der Beiträge übermittelt, ist die entgangene Steuer mit 30 Prozent des zu hoch ausgewiesenen Betrags anzusetzen.

(3) ¹Vorsorgeaufwendungen nach Absatz 1 Nummer 2 sind bis zu dem Höchstbetrag zur knappschaftlichen Rentenversicherung, aufgerundet auf einen vollen Betrag in Euro, zu berücksichtigen. ²Bei zusammenveranlagten Ehegatten verdoppelt sich der Höchstbetrag. ³Der Höchstbetrag nach Satz 1 oder 2 ist bei Steuerpflichtigen, die

1. Arbeitnehmer sind und die während des ganzen oder eines Teils des Kalenderjahres

   a) in der gesetzlichen Rentenversicherung versicherungsfrei oder auf Antrag des Arbeitgebers von der Versicherungspflicht befreit waren und denen für den Fall ihres Ausscheidens aus der Beschäftigung auf Grund des Beschäftigungsverhältnisses eine lebenslängliche Versorgung oder an deren Stelle eine Abfindung zusteht oder die in der gesetzlichen Rentenversicherung nachzuversichern sind oder

   b) nicht der gesetzlichen Rentenversicherungspflicht unterliegen, eine Berufstätigkeit ausgeübt und im Zusammenhang damit auf Grund vertraglicher Vereinbarungen Anwartschaftsrechte auf eine Altersversorgung erworben haben, oder

2. Einkünfte im Sinne des § 22 Nummer 4 erzielen und die ganz oder teilweise ohne eigene Beitragsleistung einen Anspruch auf Altersversorgung erwerben,

um den Betrag zu kürzen, der, bezogen auf die Einnahmen aus der Tätigkeit, die die Zugehörigkeit zum genannten Personenkreis begründen, dem Gesamtbeitrag (Arbeitgeber- und Arbeitnehmeranteil) zur allgemeinen Rentenversicherung entspricht. ⁴Im Kalenderjahr 2013 sind 76 Prozent der nach den Sätzen 1 bis 3 ermittelten Vorsorgeaufwendungen anzusetzen. ⁵Der sich danach ergebende Betrag, vermindert um den nach § 3 Nummer 62 steuerfreien Arbeitgeberanteil zur gesetzlichen Rentenversicherung und einen diesem gleichgestellten steuerfreien Zuschuss des Arbeitgebers, ist als Sonderausgabe abziehbar. ⁶Der Prozentsatz in Satz 4 erhöht sich in den folgenden Kalenderjahren bis zum Kalenderjahr 2025 um je 2 Prozentpunkte je Kalenderjahr. ⁷Beiträge nach § 168 Absatz 1 Nummer 1b oder 1c oder nach § 172 Absatz 3 oder 3a des Sechsten Buches Sozialgesetzbuch vermindern den abziehbaren Betrag nach Satz 5 nur, wenn der Steuerpflichtige die Hinzurechnung dieser Beiträge zu den Vorsorgeaufwendungen nach Absatz 1 Nummer 2 Satz 7 beantragt hat.

(4) [1]Vorsorgeaufwendungen im Sinne des Absatzes 1 Nummer 3 und 3a können je Kalenderjahr insgesamt bis 2 800 Euro abgezogen werden. [2]Der Höchstbetrag beträgt 1 900 Euro bei Steuerpflichtigen, die ganz oder teilweise ohne eigene Aufwendungen einen Anspruch auf vollständige oder teilweise Erstattung oder Übernahme von Krankheitskosten haben oder für deren Krankenversicherung Leistungen im Sinne des § 3 Nummer 9, 14, 57 oder 62 erbracht werden. [3]Bei zusammen veranlagten Ehegatten bestimmt sich der gemeinsame Höchstbetrag aus der Summe der jedem Ehegatten unter den Voraussetzungen von Satz 1 und 2 zustehenden Höchstbeträge. [4]Übersteigen die Vorsorgeaufwendungen im Sinne des Absatzes 1 Nummer 3 die nach den Sätzen 1 bis 3 zu berücksichtigenden Vorsorgeaufwendungen, sind diese abzuziehen und ein Abzug von Vorsorgeaufwendungen im Sinne des Absatzes 1 Nummer 3a scheidet aus.

(4a) [1]Ist in den Kalenderjahren 2013 bis 2019 der Abzug der Vorsorgeaufwendungen nach Absatz 1 Nummer 2 Buchstabe a, Absatz 1 Nummer 3 und Nummer 3a in der für das Kalenderjahr 2004 geltenden Fassung des § 10 Absatz 3 mit folgenden Höchstbeträgen für den Vorwegabzug [1)]

Kalenderjahr	Vorwegabzug für den Steuerpflichtigen	Vorwegabzug im Fall der Zusammenveranlagung von Ehegatten
2013	2 100	4 200
2014	1 800	3 600
2015	1 500	3 000
2016	1 200	2 400
2017	900	1 800
2018	600	1 200
2019	300	600

zuzüglich des Erhöhungsbetrags nach Satz 3 günstiger, ist der sich danach ergebende Betrag anstelle des Abzugs nach Absatz 3 und 4 anzusetzen. [2]Mindestens ist bei Anwendung des Satzes 1 der Betrag anzusetzen, der sich ergeben würde, wenn zusätzlich noch die Vorsorgeaufwendungen nach Absatz 1 Nummer 2 Buchstabe b in die Günstigerprüfung einbezogen werden würden; der Erhöhungsbetrag nach Satz 3 ist nicht hinzuzurechnen. [3]Erhöhungsbetrag sind die Beiträge nach Absatz 1 Nummer 2 Buchstabe b, soweit sie nicht den um die Beiträge nach Absatz 1 Nummer 2 Buchstabe a und den nach § 3 Nummer 62 steuerfreien Arbeitgeberanteil zur gesetzlichen Rentenversicherung und einen diesem gleichgestellten steuerfreien Zuschuss verminderten Höchstbetrag nach Absatz 3 Satz 1 bis 3 überschreiten; Absatz 3 Satz 4 und 6 gilt entsprechend.

(4b) [1]Erhält der Steuerpflichtige für die von ihm für einen anderen Veranlagungszeitraum geleisteten Aufwendungen im Sinne des Satzes 2 einen steuerfreien Zuschuss, ist dieser den erstatteten Aufwendungen gleichzustellen. [2]Übersteigen bei den Sonderausgaben nach Absatz 1 Nummer 2 bis 3a die im Veranlagungszeitraum erstatteten Aufwendungen die geleisteten Aufwendungen (Erstattungsüberhang), ist der Erstattungsüberhang mit anderen im Rahmen der jeweiligen Nummer anzusetzenden Aufwendungen zu verrechnen. [3]Ein verbleibender Betrag des sich bei den Aufwendungen nach Absatz 1 Nummer 3 und 4 ergebenden Erstattungsüberhangs ist dem Gesamtbetrag der Einkünfte hinzuzurechnen. [4]Nach Maßgabe des § 93c der Abgabenordnung haben Behörden im Sinne des § 6 Absatz 1 der Abgabenordnung und andere öffentliche Stellen, die einem Steuerpflichtigen für die von ihm geleisteten Beiträge im Sinne [2)]

---

1) § 10 Abs. 3 EStG in der für das Kj. 2004 geltenden Fassung hat folgenden Wortlaut:
„(3) [1]Für Vorsorgeaufwendungen gelten je Kalenderjahr folgende Höchstbeträge:
1. ein Grundhöchstbetrag von 1 334 Euro,
im Fall der Zusammenveranlagung von Ehegatten von 2 668 Euro;
2. ein Vorwegabzug von 3 068 Euro,
im Fall der Zusammenveranlagung von Ehegatten von 6 136 Euro.
[2]Diese Beträge sind zu kürzen um 16 vom Hundert der Summe der Einnahmen
a) aus nichtselbständiger Arbeit im Sinne des § 19 ohne Versorgungsbezüge im Sinne des § 19 Abs. 2, wenn für die Zukunftssicherung des Steuerpflichtigen Leistungen im Sinne des § 3 Nr. 62 erbracht werden oder der Steuerpflichtige zum Personenkreis des § 10c Abs. 3 Nr. 1 oder 2 gehört, und
b) aus der Ausübung eines Mandats im Sinne des § 22 Nr. 4;
3. für Beiträge nach Absatz 1 Nr. 2 Buchstabe c ein zusätzlicher Höchstbetrag von 184 Euro für Steuerpflichtige, die nach dem 31. Dezember 1957 geboren sind;
4. Vorsorgeaufwendungen, die die nach den Nummern 1 bis 3 abziehbaren Beträge übersteigen, können zur Hälfte, höchstens bis zu 50 vom Hundert des Grundhöchstbetrags abgezogen werden (hälftiger Höchstbetrag)."

2) Absatz 4b Satz 4 bis 6 i. d. F. des AmtshilfeRLUmsG ist erstmals für die Übermittlung der Daten des VZ 2016 anzuwenden → § 52 Abs. 18 Satz 4 EStG.

des Absatzes 1 Nummer 2, 3 und 3a steuerfreie Zuschüsse gewähren oder Vorsorgeaufwendungen im Sinne dieser Vorschrift erstatten als mitteilungspflichtige Stellen, neben den nach § 93c Absatz 1 der Abgabenordnung erforderlichen Angaben, die zur Gewährung und Prüfung des Sonderausgabenabzugs nach § 10 erforderlichen Daten an die zentrale Stelle zu übermitteln. ⁵§ 22a Absatz 2 gilt entsprechend. ⁶§ 72a Absatz 4 und § 93c Absatz 4 der Abgabenordnung finden keine Anwendung.

(5) Durch Rechtsverordnung wird bezogen auf den Versicherungstarif bestimmt, wie der nicht abziehbare Teil der Beiträge zum Erwerb eines Krankenversicherungsschutzes im Sinne des Absatzes 1 Nummer 3 Buchstabe a Satz 3 durch einheitliche prozentuale Abschläge auf die zugunsten des jeweiligen Tarifs gezahlte Prämie zu ermitteln ist, soweit der nicht abziehbare Beitragsteil nicht bereits als gesonderter Tarif oder Tarifbaustein ausgewiesen wird. [1]

(6) ¹Absatz 1 Nummer 2 Buchstabe b Doppelbuchstabe aa ist für Vertragsabschlüsse vor dem 1. Januar 2012 mit der Maßgabe anzuwenden, dass der Vertrag die Zahlung der Leibrente nicht vor der Vollendung des 60. Lebensjahres vorsehen darf. ²Für Verträge im Sinne des Absatzes 1 Nummer 2 Buchstabe b, die vor dem 1. Januar 2011 abgeschlossen wurden, und bei Kranken- und Pflegeversicherungen im Sinne des Absatzes 1 Nummer 3, bei denen das Versicherungsverhältnis vor dem 1. Januar 2011 bestanden hat, ist Absatz 2 Satz 2 Nummer 2 und Satz 3 mit der Maßgabe anzuwenden, dass die erforderliche Einwilligung zur Datenübermittlung als erteilt gilt, wenn

1. die mitteilungspflichtige Stelle den Steuerpflichtigen schriftlich darüber informiert, dass sie

    a) von einer Einwilligung ausgeht und

    b) die Daten an die zentrale Stelle übermittelt und

2. der Steuerpflichtige dem nicht innerhalb einer Frist von vier Wochen nach Erhalt der Information nach Nummer 1 schriftlich widerspricht.

Hinweise

Sonderausgaben

→ R 10.1 bis 10.11 EStR, H 10.1 bis 10.11 EStH

Sonderausgabenabzug für Sozialversicherungsbeiträge im Ausland tätiger und in Deutschland wohnender Arbeitnehmer; Unionsrechtswidrigkeit des Abzugsverbotes nach § 10 Absatz 2 Satz 1 Nummer 1 EStG

EuGH-Urteil vom 22. 6. 2017, C-20/16 „Bechtel" (BStBl 2017 II S. 1271)

(BMF-Schreiben vom 11. 12. 2017, BStBl I S. 1624)

Gemäß § 10 Absatz 2 Satz 1 Nummer 1 EStG kommt ein Sonderausgabenabzug für Beiträge nach § 10 Absatz 1 Nummer 2, 3 und 3a EStG nur dann in Betracht, wenn diese nicht in „unmittelbarem wirtschaftlichen Zusammenhang" mit steuerfreien Einnahmen stehen.

Der EuGH hat mit Urteil vom 22. Juni 2017 in der Rechtssache C-20/16 „Bechtel" entschieden, dass die unionsrechtliche Arbeitnehmerfreizügigkeit nach Artikel 45 AEUV (vorher: Artikel 39 EG) der Regelung eines Mitgliedstaates entgegensteht, nach der die Altersvorsorgeaufwendungen und Krankenversicherungsbeiträge von in einem EU-Mitgliedstaat tätigen, aber in Deutschland wohnenden Arbeitnehmern, deren Arbeitslohn nach einem Doppelbesteuerungsabkommen von der inländischen Besteuerung freigestellt ist, vom Sonderausgabenabzug ausgenommen sind. Unter Bezugnahme auf das Ergebnis der Erörterungen mit den obersten Finanzbehörden der Länder gilt daher im Vorgriff auf eine gesetzliche Anpassung des Sonderausgabenabzugsverbotes von Vorsorgeaufwendungen nach § 10 Absatz 2 Satz 1 Nummer 1 EStG das Folgende:

Entgegen § 10 Absatz 2 Satz 1 Nummer 1 EStG sind Vorsorgeaufwendungen nach § 10 Absatz 1 Nummer 2, 3 und 3a EStG als Sonderausgaben zu berücksichtigen, wenn

- solche Beiträge in unmittelbarem wirtschaftlichen Zusammenhang mit in einem Mitgliedstaat der Europäischen Union oder einem Vertragsstaat des Abkommens über den Europäischen Wirtschaftsraum erzielten Einnahmen aus nichtselbständiger Tätigkeit stehen,

- diese Einnahmen nach einem Doppelbesteuerungsabkommen im Inland steuerfrei sind,

---

[1] Absatz 5 in der am 31. 12. 2009 geltenden Fassung ist auf Beiträge zu Versicherungen i. S. d. Absatz 1 Nr. 2 Buchstabe b Doppelbuchstabe bb bis dd in der am 31. 12. 2004 geltenden Fassung weiterhin anzuwenden, wenn die Laufzeit dieser Versicherungen vor dem 1. 1. 2005 begonnen hat und ein Versicherungsbeitrag bis zum 31. 12. 2004 entrichtet wurde → § 52 Abs. 18 Satz 5 EStG.

- der Beschäftigungsstaat keinerlei Abzug der mit den steuerfreien Einnahmen in unmittelbarem wirtschaftlichen Zusammenhang stehenden Beiträge im Besteuerungsverfahren zulässt und

- auch das Doppelbesteuerungsabkommen die Berücksichtigung der persönlichen Abzüge nicht dem Beschäftigungsstaat zuweist.

Die vorstehenden Regelungen sind in allen noch offenen Fällen anzuwenden.

Unfallversicherung

→ BMF vom 28. 10. 2009 (BStBl I S. 1275), → H 19.3 (Unfallversicherung)

Soweit die Beiträge nicht den Werbungskosten zuzuordnen sind, liegen sonstige Vorsorgeaufwendungen nach § 10 Abs. 1 Nr. 3a EStG vor (→ BMF vom 24. 5. 2017, BStBl 2017 I S. 820, Rz. 121 – 124).

Vertragsänderungen bei Lebensversicherungen

Vertragsänderungen bei Versicherungen auf den Erlebens- oder Todesfall im Sinne des § 10 Abs. 1 Nr. 2 Buchstabe b Doppelbuchstaben cc und dd EStG

BMF-Schreiben vom 22. 8. 2002, BStBl I S. 827, unter Berücksichtigung der Änderungen durch das BMF-Schreiben vom 1. 10. 2009, BStBl I S. 1188[1])

Unter Bezugnahme auf das Ergebnis der Erörterungen mit den obersten Finanzbehörden der Länder gilt für die steuerliche Begünstigung von Rentenversicherungen mit Kapitalwahlrecht und Kapitalversicherungen gegen laufende Beitragsleistungen mit Sparanteil im Sinne des § 10 Abs. 1 Nr. 2 Buchstabe b Doppelbuchstaben cc und dd EStG Folgendes:

I. Allgemeine Begriffsbestimmungen

1. Begünstigte Versicherungen

1 Beiträge u. a. zu den folgenden Versicherungen auf den Erlebens- oder Todesfall sind Sonderausgaben:

- Rentenversicherungen mit Kapitalwahlrecht gegen laufende Beitragsleistungen, wenn das Kapitalwahlrecht nicht vor Ablauf von zwölf Jahren seit Vertragsabschluss ausgeübt werden kann (§ 10 Abs. 1 Nr. 2 Buchstabe b Doppelbuchstabe cc EStG) und

- Kapitalversicherungen gegen laufende Beitragsleistungen mit Sparanteil, wenn der Vertrag für die Dauer von mindestens zwölf Jahren abgeschlossen worden ist und die Voraussetzungen des Mindesttodesfallschutzes erfüllt (§ 10 Abs. 1 Nr. 2 Buchstabe b Doppelbuchstabe dd EStG).

2 Zu den Versicherungen auf den Erlebens- oder Todesfall gehören auch:

- Versicherungen bei Pensions-, Sterbe- und Versorgungskassen,

- Aussteuer- und Ausbildungsversicherungen sowie Versicherungen gegen Berufs- und Erwerbsunfähigkeit bzw. Erwerbsminderung,

- Versicherungen mit vorgezogener Leistung bei bestimmten schweren Erkrankungen, so genannte Dread-Disease-Versicherungen.

3 Erträge aus den o. a. Versicherungen gehören unter den Voraussetzungen des § 20 Abs. 1 Nr. 6 Satz 2ff. EStG nicht zu den Einkünften aus Kapitalvermögen.

2. Nicht begünstigte Versicherungen

4 Beiträge u. a. zu den folgenden Versicherungen auf den Erlebens- oder Todesfall sind vom Sonderausgabenabzug ausgeschlossen:

- Kapitalversicherungen gegen Einmalbeitrag,

- Kapitalversicherungen mit einer Vertragsdauer von weniger als zwölf Jahren,

- Rentenversicherungen mit Kapitalwahlrecht gegen Einmalbeitrag,

- Kapitalversicherungen ohne ausreichenden Mindesttodesfallschutz,

- Rentenversicherungen mit Kapitalwahlrecht, bei denen das Kapitalwahlrecht vor Ablauf der Sperrfrist ausgeübt werden kann,

- fondsgebundene Lebensversicherungen.

---

1) Siehe auch H 20 (Versicherungserträge), → Anhang 2 IV, Rz. 313, und → Anhang 2 IX.

Nicht abziehbar als Sonderausgaben sind auch Beiträge zu Versicherungen auf den Erlebens-
oder Todesfall, bei denen der Steuerpflichtige Ansprüche aus einem von einer anderen Person
abgeschlossenen Vertrag nach dem 31. Dezember 1996 entgeltlich erworben hat, es sei denn,
es werden aus anderen Rechtsverhältnissen entstandene Abfindungs- und Ausgleichsansprüche arbeitsrechtlicher, erbrechtlicher oder familienrechtlicher Art durch Übertragung
von Ansprüchen aus Lebensversicherungsverträgen erfüllt (§§ 10 Abs. 1 Nr. 2 Buchstabe b
Satz 5, 52 Abs. 24 Satz 2 EStG). Erbrechtliche oder familienrechtliche Ausgleichsansprüche
können z. B. bei Erbauseinandersetzung oder bei der Scheidung einer Ehe entstehen.

Werden Versicherungen auf den Erlebens- oder Todesfall zur Tilgung oder Sicherung von Dar-   5
lehen eingesetzt, so scheidet eine steuerliche Begünstigung unter den Voraussetzungen
des § 10 Abs. 2 Satz 2 EStG aus. In diesem Zusammenhang verweise ich auf das BMF-Schreiben
vom 15. Juni 2000, BStBl I Seite 1118.

Die Erträge aus den nicht begünstigten Versicherungen (mit Ausnahme der fondsgebundenen   6
Lebensversicherungen, § 20 Abs. 1 Nr. 6 Satz 5 EStG) gehören zu den Einkünften aus Kapitalvermögen i. S. des § 20 Abs. 1 Nr. 6 EStG. Im Fall des nicht begünstigten entgeltlichen Erwerbs
von Versicherungsansprüchen hat der neue Versicherungsnehmer die gesamten Versicherungserträge aus den Sparanteilen im Rahmen der Einkünfte aus Kapitalvermögen zu versteuern.

3. Abzugsberechtigter

Sonderausgaben kann derjenige geltend machen, der sie als Versicherungsnehmer aufgewen-   7
det hat (BFH vom 8. März 1995, BStBl II S. 637). Es ist ohne Bedeutung, wer der Versicherte ist
oder wem die Versicherungssumme oder eine andere Leistung später zufließt (BFH vom 20. November 1952, BStBl 1953 III S. 36).

4. Vertragsabschluss

Der Versicherungsvertrag kommt in dem Zeitpunkt zustande, in dem die Annahmeerklärung   8
des Versicherers dem Versicherungsnehmer zugeht. Auf eine ausdrückliche Annahmeerklärung kann jedoch verzichtet werden, wenn sie nach der Verkehrssitte nicht zu erwarten ist oder
der Antragende auf sie verzichtet hat (§ 151 BGB). Bei Lebensversicherungsverträgen kann aufgrund der regelmäßig erforderlichen Risikoprüfung davon ausgegangen werden, dass eine ausdrückliche Annahmeerklärung erfolgt. Unter dem Zeitpunkt des Vertragsabschlusses ist für die
steuerliche Beurteilung grundsätzlich das Datum der Ausstellung des Versicherungsscheines zu
verstehen.

Für den Beginn der Mindestvertragsdauer, der Sperrfrist und der Beitragszahlungsdauer beste-   9
hen aus Vereinfachungsgründen keine Bedenken, als Zeitpunkt des Vertragsabschlusses den
im Versicherungsschein bezeichneten Tag des Versicherungsbeginns gelten zu lassen, wenn innerhalb von drei Monaten nach diesem Tag der Versicherungsschein ausgestellt und der erste
Beitrag gezahlt wird; ist die Frist von drei Monaten überschritten, tritt an die Stelle des im Versicherungsschein bezeichneten Tages des Versicherungsbeginns der Tag der Zahlung des ersten Beitrages.

In Fällen der Rückdatierung des technischen Versicherungsbeginns gilt – abweichend von   10
Rdnr. 9 – nach dem 16. März 1990 und vor dem 1. Januar 1991 abgeschlossene Versicherungsverträge als Tag des Versicherungsbeginns der Tag, auf den der Versicherungsvertrag
rückdatiert ist, wenn die Rückdatierung nicht auf einen Tag vor dem 1. Januar 1990 erfolgt ist
und die nachentrichteten Beiträge den anteiligen Jahresbeitrag nicht überstiegen haben, der
auf die Zeit vom rückdatierten Versicherungsbeginn bis zum Vertragsabschluss entfällt.

5. Beiträge

a) Allgemeines

Versicherungsbeiträge sind die vom Steuerpflichtigen aufgrund des Versicherungsvertrages er-   11
brachten Geldleistungen. Hierzu gehören auch die Ausfertigungsgebühr, Abschlussgebühr
und die Versicherungsteuer.

Die Versicherung muss grundsätzlich gegen laufende Beitragsleistungen vereinbart worden   12
sein, die vorliegen, wenn die tatsächliche Beitragszahlungsdauer der Laufzeit des Versicherungsvertrages entspricht. Es ist jedoch nicht zu beanstanden, wenn die Beitragszahlungsdauer
kürzer ist als die Vertragsdauer. Die laufende Beitragsleistung darf aber wirtschaftlich nicht
einem Einmalbeitrag gleichkommen. Dies ist dann nicht der Fall, wenn nach dem Vertrag eine
laufende Beitragsleistung für mindestens fünf Jahre ab dem Zeitpunkt des Vertragsabschlusses – vgl. Rdnr. 8 ff., – vereinbart ist. Laufende Beitragsleistungen können auch in unregelmäßigen Zeitabständen und in unregelmäßiger Höhe erfolgen, wobei jedoch die einzelnen Beitragsleistungen grundsätzlich in einem wirtschaftlich ausgewogenen Verhältnis zueinander stehen
müssen.

13   Als Zeitpunkt der Beitragszahlung gilt in der Regel:

–   bei Überweisungen der Tag, an dem der Überweisungsauftrag der Bank zugegangen ist, soweit zu diesem Zeitpunkt auf dem Konto eine genügende Deckung besteht,

–   bei Zahlung durch gedeckten Scheck der Tag der Hingabe oder Absendung des Schecks,

–   bei Lastschriftverfahren der Zeitpunkt der Fälligkeit, wenn dem Versicherungsunternehmen zu diesem Zeitpunkt die Abbuchungsermächtigung vorliegt und das Konto des Versicherungsnehmers ausreichende Deckung aufweist.

b) Rückdatierung

14   Wird bei Abschluss eines Vertrages der technische Versicherungsbeginn zurückdatiert, handelt es sich bei der auf die Zeit der Rückdatierung entfallenden Beiträgen um Einmalbeiträge mit der Folge, dass sie weder als Sonderausgaben abgezogen werden können noch die darauf entfallenden Erträge nach § 20 Abs. 1 Nr. 6 EStG steuerfrei sind. Dies gilt auch bei Ratenzahlung der Beiträge. In diesen Fällen können hingegen Beiträge, die für die Zeit ab Vertragsabschluss – vgl. Rdnr. 8ff. – bei Einhaltung der Mindestvertragsdauer/Sperrfrist von zwölf Jahren mindestens 5 Jahre laufend gezahlt werden, unter den Voraussetzungen des § 10 Abs. 1 Nr. 2 Buchstabe b EStG als Sonderausgaben abgezogen werden. § 20 Abs. 1 Nr. 6 Satz 2 EStG ist anwendbar.

c) Vorauszahlungen

15   Vor Abschluss des Versicherungsvertrages geleistete Vorauszahlungen sind keine Beiträge zu einer Versicherung, wenn der Versicherungsvertrag erst in einem späteren Veranlagungszeitraum abgeschlossen wird. Werden Vorauszahlungen nach Abschluss des Versicherungsvertrages auf einem so genannten Prämiendepot bei dem betreffenden Versicherungsunternehmen angelegt, so handelt es sich um zur Beitragszahlung verwendete Versicherungsbeiträge erst in dem Veranlagungszeitraum, indem das Versicherungsunternehmen Gelder dem Konto entnimmt und als Beitragszahlung verbucht. Die Erträge aus diesem so genannten Prämiendepot gehören in der Regel zu den Einnahmen im Sinne des § 20 Abs. 1 Nr. 7 EStG.

d) Beitragsminderungen

16   Überschussanteile, die bei Versicherungen auf den Erlebens- oder Todesfall vom Versicherer ausgezahlt oder gutgeschrieben werden, mindern im Jahr der Auszahlung oder Gutschrift die als Sonderausgaben abziehbaren Beiträge (BFH vom 20. und 27. Februar 1970, BStBl II S. 314 und 422). Das gilt nicht, soweit die Überschussanteile zur Abkürzung der Versicherungsdauer bzw. der Dauer der Beitragszahlung oder zur Erhöhung der Versicherungssumme (Summenzuwachs) verwendet werden oder nach § 20 Abs. 1 Nr. 6 EStG zu den Einkünften aus Kapitalvermögen gehören. Der Erhöhung der Versicherungssumme steht die verzinsliche Ansammlung der Überschussanteile gleich, wenn sie nach den Vertragsbestimmungen erst bei Fälligkeit der Hauptversicherungssumme ausgezahlt werden. Zur Beitragsminderung durch nachträglich vereinbarte Vertragsänderungen vgl. Rdnr. 39 ff.

e) Beitragserhöhungen

17   Beitragserhöhungen, die sich nach einem bei Vertragsabschluss vereinbarten Maßstab bemessen und nicht als Gestaltungsmissbrauch (§ 42 AO) anzusehen sind, haben auf die steuerliche Behandlung der Beiträge und Zinsen keine Auswirkung. Zur Beitragserhöhung durch nachträglich vereinbarte Vertragsänderungen vgl. Rdnr. 39 ff.

6. Mindestvertragsdauer/Sperrfrist

a) Allgemeines

18   Grundsätzlich müssen die vertraglich vereinbarte Sperrfrist für die Ausübung des Kapitalwahlrechts bei einer Rentenversicherung und die Vertragslaufzeit bei Kapitallebensversicherungen mindestens zwölf Jahre betragen. Für die Fristberechnung ist auf den Zeitpunkt des Vertragsabschlusses – vgl. Rdnr. 8ff. – abzustellen; es gelten gemäß § 108 AO die §§ 187 Abs. 1, 188 Abs. 2 BGB.

19   Bei Steuerpflichtigen, die am 31. Dezember 1990 einen Wohnsitz oder ihren gewöhnlichen Aufenthalt in dem in Artikel 3 des Einigungsvertrages genannten Gebiet und vor dem 1. Januar 1991 keinen Wohnsitz oder gewöhnlichen Aufenthalt im bisherigen Geltungsbereich des EStG hatten, wird die Mindestvertragsdauer altersabhängig stufenweise herabgesetzt. Sie verkürzt sich bei einem Steuerpflichtigen, der zur Zeit des Vertragsabschlusses das 47. Lebensjahr vollendet hat, um die Zahl der angefangenen Lebensjahre, um die er älter als 47 Jahre ist,

höchstens jedoch auf sechs Jahre. Diese Ausnahmeregelung gilt für Versicherungsverträge, die nach dem 31. Dezember 1990 und vor dem 1. Januar 1997 abgeschlossen worden sind.

Aus Billigkeitsgründen bestehen keine Bedenken, Versicherungen mit vorgezogener Leistung bei bestimmten schweren Erkrankungen (so genannte Dread-Disease-Versicherungen) als Lebensversicherungen im Sinne des § 10 Abs. 1 Nr. 2 Buchstabe b EStG anzuerkennen, wenn sie einen ausreichenden Mindesttodesfallschutz – vgl. Rdnr. 23 ff. – enthalten und der Versicherungsfall auf die folgenden Erkrankungen beschränkt ist, die gegenüber der Versicherung durch ein ärztliches Zeugnis nachzuweisen sind: Herzinfarkt, Bypass-Operation, Krebs, Schlaganfall, Nierenversagen, Aids und Multiple Sklerose. 20

b) Mindestvertragsdauer

Zum Beginn der Mindestvertragsdauer vgl. Rdnr. 8ff. Die Mindestvertragsdauer ist nur dann erfüllt, wenn der Versicherer – abgesehen von dem jederzeit gegebenen Todesfallrisiko – seine Leistungen auf den Erlebensfall weder ganz noch teilweise vor Ablauf einer Versicherungsdauer von zwölf Jahren zu erbringen verpflichtet ist. Rdnr. 19 ist zu beachten, Beiträge zu Lebensversicherungen mit früheren Teilleistungen auf den Erlebensfall sind auch nicht teilweise als Sonderausgaben abziehbar. (BFH-Urteil vom 27. Oktober 1987, BStBl 1988 II S. 132); die in den Versicherungsleistungen enthaltenen Erträge gehören insgesamt zu den Einkünften im Sinne des § 20 Abs. 1 Nr. 6 EStG. 21

c) Sperrfrist

Zum Beginn der Sperrfrist vgl. Rdnr. 8ff. Die Ausübung des Kapitalwahlrechts vor Ablauf von zwölf Jahren seit Vertragsabschluss muss bei allen ab dem 1. Oktober 1996 abgeschlossenen Verträgen vertraglich ausgeschlossen sein. Bei Versicherungen, deren vereinbarte Rentenzahlung frühestens zwölf Jahre nach Vertragsschluss beginnt, bestehen jedoch keine Bedenken, wenn nach dem Vertrag das Kapitalwahlrecht frühestens fünf Monate vor Beginn der Rentenzahlung ausgeübt werden kann. 22

7. Mindesttodesfallschutz

a) Allgemeines

Kapitalbildende Lebensversicherungen, die nach dem 31. März 1996 abgeschlossen worden sind, sind nach § 10 Abs. 1 Nr. 2 Buchstabe b Doppelbuchstabe dd und § 20 Abs. 1 Nr. 6 Satz 2 EStG nur begünstigt, wenn der Todesfallschutz während der gesamten Laufzeit des Versicherungsvertrages mindestens 60 v. H. der Summe der nach dem Versicherungsvertrag für die gesamte Vertragsdauer zu zahlenden Beiträge beträgt; sind weitere Risiken mitversichert, bleiben nur die Beitragsanteile für Berufs- und Erwerbsunfähigkeit bzw. Erwerbsminderung und Pflege außer Betracht. Den Nachweis für die Einhaltung des Mindesttodesfallschutzes hat der Steuerpflichtige bei Abschluss des Versicherungsvertrages und bei Beitragsänderungen durch gesonderten Ausweis des Versicherers zu erbringen. Den Nachweis hat der Steuerpflichtige seiner Steuererklärung beizufügen. Wird im Rahmen eines vor dem 1. April 1996 abgeschlossenen Versicherungsvertrags ein mitversichertes Zusatzrisiko gekündigt, wird dadurch keine Anpassung an den o. g. Mindesttodesfallschutz erforderlich. 23

b) Beitragszahlungen in variabler Höhe/dynamische Beitragszahlung

Bei Beitragszahlungen in variabler Höhe, die sich nach einem bei Vertragsbeginn vereinbarten Maßstab bemisst, z. B. Umsatz, Gewinn, Dividendenzahlung, ist der im ersten Versicherungsjahr zu zahlende Beitrag und in den Folgejahren der Durchschnitt aller vorher fälligen Beiträge maßgebend. 24

Bei dynamischen Tarifen ist zu unterscheiden zwischen solchen, bei denen von vornherein Beitragserhöhungen zur Erhöhung der Erlebens- und Todesfallleistung fest vereinbart werden, und solchen, bei denen der Versicherungsnehmer zwar das Recht auf Erhöhung des Beitrags hat, eine Verpflichtung zur Beitragserhöhung aber nicht besteht. Für die Unterscheidung sind die im Versicherungsvertrag enthaltenen Vereinbarungen maßgebend. 25

Beitragserhöhungen, die von vornherein vereinbart werden, sind bei der Bestimmung des Mindesttodesfallschutzes zu berücksichtigen. Künftige Beitragserhöhungen sind dagegen erst dann zu berücksichtigen, wenn die Erhöhung wirksam wird. 26

c) Versicherungen mit identischer Todesfall- und Erlebensfallsumme

Bei Versicherungen, bei denen die Todesfallsumme mindestens der Erlebensfallsumme entspricht, ist die Festlegung eines Mindesttodesfallschutzes nicht erforderlich. 27

d) Versicherungen mit gestaffelter Todesfallleistung oder mit Leistungsausschluss bei Tod zu Vertragsbeginn

28 Bei Versicherungen, bei denen der Todesfallschutz erst nach Ablauf einer Wartefrist einsetzt oder stufenweise ansteigt, ist das Erfordernis des Mindesttodesfall-Schutzes erfüllt, wenn der Todesfallschutz spätestens drei Jahre nach Vertragsabschluss mindestens 60 v. H. der Beitragssumme nach Rdnr. 23 beträgt.

e) Kapitallebensversicherungen mit mehreren Erlebensfallzahlungen während der Versicherungsdauer

29 Der Mindesttodesfallschutz ist mit 60 v. H. der Summe der nach dem Versicherungsvertrag für die gesamte Versicherungsdauer zu zahlenden Beiträge zu ermitteln; Rdnr. 23 und 24 sind zu beachten. Nach jeder Teilauszahlung ermäßigt sich der Mindesttodesfallschutz in dem Verhältnis, in dem die Teilauszahlungssumme zur ursprünglichen Gesamt-Erlebensfallsumme steht.

f) Behandlung von Rentenversicherungen mit Kapitalwahlrecht (§ 10 Abs. 1 Nr. 2 Buchstabe b Doppelbuchstabe cc EStG)

30 Rentenversicherungen mit Kapitalwahlrecht enthalten regelmäßig keinen Todesfallschutz. Da das Risiko bei dieser Versicherungsvariante in der Rentenzahlung liegt, ist die Einhaltung eines Mindesttodesfallschutzes nicht erforderlich, auch dann nicht, wenn von der Möglichkeit des Kapitalwahlrechts Gebrauch gemacht werden kann. Allerdings darf das Kapitalwahlrecht nicht vor Ablauf von zwölf Jahren seit Vertragsabschluss ausgeübt werden – vgl. Rdnr. 22 –. Die bloße Rückzahlung von gezahlten Beiträgen zuzüglich gutgeschriebener Gewinnanteile im Todesfall ist nicht als versicherter Todesfallschutz anzusehen; das gilt auch für Rentenleistungen im Todesfall, z. B. an Hinterbliebene, weil in diesen Fällen ein Langlebigkeitsrisiko vorhanden ist. In Fällen, in denen zusätzlich ein Todesfallschutz vereinbart ist, muss insoweit der Mindesttodesfallschutz nach Rdnr. 23 gewahrt sein.

g) Fondsgebundene Lebensversicherungen und Direktversicherungen

31 Die vorstehenden Grundsätze zur Ermittlung des Mindesttodesfallschutzes gelten auch für fondsgebundene Lebensversicherungen im Sinne des § 20 Abs. 1 Nr. 6 Satz 5 EStG sowie für nach dem 31. Dezember 1996 abgeschlossene Direktversicherungen.

8. Veräußerung der Versicherung

32 Veräußert der Versicherungsnehmer Ansprüche aus einem Lebensversicherungsvertrag, findet eine Nachversteuerung der von ihm als Sonderausgaben abgezogenen Versicherungsbeiträge nicht statt. Der Überschuss des Veräußerungserlöses über die eingezahlten Versicherungsbeiträge ist nicht steuerpflichtig.

II. Vertragsmerkmale

33 Bei Kapitalversicherungen gegen laufende Beitragsleistung mit Sparanteil sind nach dem Urteil des BFH vom 9. Mai 1974 (BStBl II S. 633) im Wesentlichen vier Bestandteile für den Versicherungsvertrag maßgeblich, die weitgehend von der versicherten Person abhängen:

– Versicherungslaufzeit (VLZ)

– Versicherungssumme (VS)

– Versicherungsbeitrag (B)

– Beitragszahlungsdauer (BZD)

Die Änderung eines Vertragsmerkmals führt nach Auffassung des BFH im Grundsatz steuerrechtlich zum Abschluss eines neuen Vertrages.

Bei unentgeltlichem Eintritt in eine im Übrigen unveränderte Lebensversicherung, z. B. bloßer Wechsel des Versicherungsnehmers bei Eintritt eines Kindes in den Vertrag eines Elternteils, handelt es sich nicht um eine steuerrechtlich relevante Vertragsänderung. Zu entgeltlichem Erwerb vgl. Rdnr. 4.

III. Keine Vertragsänderung

34 Beim Ausscheiden aus einem Gruppenversicherungsvertrag unter Fortsetzung der Versicherung als Einzelversicherung liegt keine Vertragsänderung vor, wenn das Leistungsversprechen des Versicherungsunternehmens (Kapitalleistung oder Rentenleistung) weder seinem Inhalt

noch seiner Höhe nach verändert wird. Dies gilt auch für die Übernahme einer Einzelversicherung in einen Gruppen- oder Sammelversicherungsvertrag.

Zur Fortsetzung der ursprünglichen Direktversicherung bei einem anderen Versicherungsunternehmen haben die Versicherer ein „Abkommen zur Übertragung von Direktversicherungen bei Arbeitgeberwechsel" beschlossen (Bundesanzeiger vom 31. Oktober 1981 und vom 21. März 2002). Darin wird die Vertragsänderung im Einvernehmen aller Beteiligten (versicherter Arbeitnehmer, alter und neuer Arbeitgeber sowie altes und neues Versicherungsunternehmen) in der Weise festgelegt, dass die ursprünglich vom alten Arbeitgeber abgeschlossene Direktversicherung im Rahmen eines vom neuen Arbeitgeber abgeschlossenen Gruppen- oder Sammelversicherungsvertrages „fortgesetzt" wird. Voraussetzung für die Fortsetzung ist, dass jedes Mal, wenn auf Grund des Arbeitgeberwechsels eines Arbeitnehmers ein Lebensversicherungsunternehmen Deckungskapital von einem anderen Lebensversicherungsunternehmen übernimmt, in der betreffenden Urkunde über die fortgesetzte Lebensversicherung vermerkt wird, in welcher Höhe es sich um eine Fortsetzung der ursprünglichen Lebensversicherung mit gleichwertigen Leistungen handelt und über welche Gesamtdauer mit welchen bei Versicherungsleistungen bestehende Lebensversicherungen übernommen werden. Soweit der alte Vertrag unverändert übernommen wird, ist keine Vertragsänderung anzunehmen, so dass anlässlich der Übertragung mangels Zuflusses auch keine Zinsen im Sinne des § 20 Abs. 1 Nr. 6 EStG zu versteuern sind.

IV. Steuerrechtliche Bedeutung von Vertragsänderungen

1. Bei Vertragsabschluss vereinbarte künftige Vertragsänderungen

Steuerlich relevante Vertragsänderungen liegen vorbehaltlich der Rdnr. 38 nicht vor, wenn die Vertragsanpassungen bereits bei Vertragsabschluss vereinbart worden sind. Eine steuerlich relevante Vertragsänderung liegt ebenfalls nicht vor, wenn dem Versicherungsnehmer bei Vertragsabschluss folgende Optionen zur Änderung des Vertrages eingeräumt werden:

– Kapitalwahlrecht im Sinne des § 10 Abs. 1 Nr. 2 Buchstabe b Doppelbuchstabe cc EStG,

– Zuzahlungen zur Abkürzung der Vertragslaufzeit bei gleichbleibender Versicherungssumme, wenn

    a) die Zuzahlung frühestens nach Ablauf von fünf Jahren nach Vertragsabschluss erfolgt,

    b) die Restlaufzeit des Vertrages nach der letzten Zuzahlung mindestens fünf Jahre beträgt,

    c) die Zuzahlungen im Kalenderjahr nicht mehr als 10 v. H. und während der gesamten vereinbarten Vertragslaufzeit insgesamt nicht mehr als 20 v. H. der Versicherungssumme betragen sowie

    d) die im Zeitpunkt des Vertragsabschlusses geltende Mindestvertragsdauer nach § 10 Abs. 1 Nr. 2 Buchstabe b Doppelbuchstaben cc und dd EStG gewahrt wird.

In allen anderen Fällen, in denen dem Versicherungsnehmer bei Vertragsabschluss lediglich eine Option zu einer Änderung des Vertrags eingeräumt wird, liegt bei Ausübung des Optionsrechtes eine steuerlich relevante Vertragsänderung vor. Dies gilt jedoch nicht, wenn das Optionsrecht vor Veröffentlichung dieses Schreibens im Bundessteuerblatt Teil I ausgeübt worden ist.

Bei einem Wechsel der Versicherungsart erlischt, unabhängig von der Frage, ob ein entsprechendes Optionsrecht bereits bei Vertragsabschluss vereinbart worden ist oder nicht, steuerrechtlich der „alte Vertrag" und es wird steuerrechtlich vom Abschluss eines „neuen Vertrages" ausgegangen. Dabei ist für beide Verträge getrennt zu prüfen, ob die Voraussetzungen des § 10 Abs. 1 Nr. 2 Buchstabe b EStG für eine steuerliche Begünstigung erfüllt sind. Wird dabei die auf den „alten Vertrag" entfallende Versicherungsleistung ganz oder teilweise auf den „neuen Vertrag" angerechnet, so gilt auch die angerechnete Versicherungsleistung aus dem „alten Vertrag" als dem Versicherungsnehmer zugeflossen. Die aus dem „alten Vertrag" angerechnete Versicherungsleistung gilt als Beitragszahlung auf den „neuen Vertrag". Zur Umwandlung einer Kapitalversicherung in eine Rentenversicherung ohne Kapitalwahlrecht oder in einen Vertrag i. S. des Altersvorsorgeverträge-Zertifizierungsgesetzes vgl. Rdnr. 58.

Ist nach Rdnr. 36 steuerlich nicht von einer Vertragsänderung auszugehen, so ist trotzdem zu prüfen, ob nicht ein Missbrauch von Gestaltungsmöglichkeiten des Rechts (§ 42 AO) zur Umgehung der Steuerpflicht vorliegt. Ein Gestaltungsmissbrauch liegt z. B. nicht vor bei Beitragserhöhungen zur angemessenen Dynamisierung der Alters- und Hinterbliebenenversorgung, wenn ein für die gesamte Vertragsdauer gleich bleibendes Kriterium vereinbart ist, z. B. ein fester Vomhundertsatz oder eine Erhöhung entsprechend der Beitragserhöhung in der gesetzlichen Rentenversicherung oder dem durchschnittlichen Bruttoarbeitsentgelt aller Versicherten der gesetzlichen Rentenversicherung. Unschädlich sind dann auch Beitragserhöhungen auch in den

35

36

37

38

letzten Jahren der Mindestvertragsdauer sowie gelegentliche Unterbrechungen, sofern die einzelne Unterbrechung nicht länger als zwei Jahre dauert und soweit keine Nachholung der unterlassenen Beitragserhöhungen erfolgt.

2. Nachträglich vereinbarte Vertragsänderungen

39 Bei der Änderung eines oder mehrerer wesentlicher Bestandteile des Versicherungsvertrages ist grundsätzlich vom Fortbestand des „alten Vertrages" und nur hinsichtlich der Änderung von einem „neuen Vertrag" auszugehen.[1]

a) Verminderung wesentlicher Vertragsbestandteile

40 Werden ausschließlich wesentliche Vertragsbestandteile vermindert bzw. gesenkt (z. B. Verkürzung der Laufzeit oder der Beitragszahlungsdauer, niedrigere Beitragszahlungen oder Versicherungssumme), so gilt steuerrechtlich der geänderte Vertrag als „alter Vertrag", der unverändert fortgeführt wird. Der „alte Vertrag" ist steuerlich begünstigt, wenn er die dafür erforderlichen Voraussetzungen erfüllt. Dabei ist auf die gesetzlichen Bestimmungen im Zeitpunkt des ursprünglichen Vertragsabschlusses – vgl. Rdnr. 8 ff. – abzustellen, da der „alte Vertrag" fortgeführt wird.

b) Erhöhung wesentlicher Vertragsbestandteile

41 Werden ausschließlich wesentliche Vertragsbestandteile verlängert bzw. erhöht (z. B. Verlängerung der Laufzeit oder der Beitragszahlungsdauer, höhere Beitragszahlungen oder Versicherungssumme), läuft steuerrechtlich der „alte Vertrag" im Rahmen der ursprünglichen Vertragsbedingungen unverändert weiter; der „alte Vertrag" ist steuerlich begünstigt, wenn er die dafür erforderlichen Voraussetzungen erfüllt. Dabei ist auf die gesetzlichen Bestimmungen im Zeitpunkt des ursprünglichen Vertragsabschlusses – vgl. Rdnr. 8 ff. – abzustellen. Nur die auf die verlängerten bzw. erhöhten Komponenten entfallenden Vertragsbestandteile sind steuerlich als gesonderter „neuer Vertrag" zu behandeln. Der „neue Vertrag" ist begünstigt, wenn er die im Zeitpunkt des Abschlusses des Änderungsvertrages geltenden gesetzlichen Bestimmungen erfüllt.

c) Verminderung und gleichzeitige Erhöhung wesentlicher Vertragsbestandteile

42 Werden sowohl ein oder mehrere wesentliche Vertragsbestandteile vermindert bzw. gesenkt und ein oder mehrere wesentliche Vertragsbestandteile verlängert bzw. erhöht, ist steuerrechtlich nur hinsichtlich der erhöhten Vertragsbestandteile von einem „neuen Vertrag" auszugehen; bzgl. der gleich gebliebenen und verminderten bzw. gesenkten Vertragsbestandteile wird der bisherige Vertrag steuerlich unverändert fortgeführt. Die Begünstigung des „alten Vertrags" und des „neuen Vertrags" richtet sich nach den Grundsätzen der Rdnr. 40 und 41.

d) Beispiele zu den einzelnen Vertragsänderungen

43 Wird bei einem bestehenden Vertrag nur die Versicherungslaufzeit oder nur die Beitragszahlungsdauer verringert oder werden nur die Beiträge gesenkt, so sinkt die Versicherungssumme. Entsprechendes gilt, wenn die vorgenannten Komponenten in Kombination miteinander (Versicherungslaufzeit und Beitragszahlungsdauer werden verringert, Beiträge bleiben unverändert; Versicherungslaufzeit bleibt unverändert, Beitragszahlungsdauer sowie Beiträge werden verringert bzw. gesenkt; Versicherungslaufzeit und Versicherungsbeiträge werden verringert bzw. gesenkt, die Beitragszahlungsdauer bleibt unverändert) verringert bzw. gesenkt werden. Der geänderte Vertrag gilt als „alter Vertrag", der unverändert fortgeführt wird. Beiträge und Zinsen sind steuerlich begünstigt, wenn der „alte Vertrag" die allgemeinen Voraussetzungen für die Begünstigung erfüllt.

Beispiel 1:

Ursprünglicher Vertrag: VLZ 20 Jahre/BZD 15 Jahre/B 50 Euro/VS 12 500 Euro

Änderung im Jahre 10: VLZ 15 Jahre/BZD 10 Jahre/B 50 Euro/VS 7 500 Euro

Beispiel 2:

Ursprünglicher Vertrag: VLZ 20 Jahre/BZD 20 Jahre/B 50 Euro/VS 15 000 Euro

Änderung im Jahre 10: VLZ 20 Jahre/BZD 20 Jahre/B 25 Euro/VS 10 000 Euro

Die geänderten Verträge gelten als „alte Verträge", die weiterhin steuerlich begünstigt sind.

---

[1] Eine nachträgliche Verlängerung eines Versicherungsvertrags um drei Jahre führt trotz gleich bleibender Beitragsleistungen zu einem neuen Vertrag, wenn die Möglichkeit der Vertragsänderung im ursprünglichen Vertrag nicht vorgesehen war und sich auf Grund der Vertragsänderung die Laufzeit, die Prämienzahlungsdauer, die insgesamt zu entrichtenden Versicherungsbeiträge und die Versicherungssumme ändern (→ BFH vom 6. 7. 2005, BStBl 2006 II S. 53 und vom 27. 9. 2016, BStBl 2017 II S. 626).

Wird die Versicherungslaufzeit nicht verlängert, die Beitragszahlungsdauer verringert und gleichzeitig die Beiträge erhöht, so kann je nach vertraglicher Ausgestaltung die Versicherungssumme sinken, gleich bleiben oder sich erhöhen. Erhöht sich die Versicherungssumme nicht, gelten die geminderten Bestandteile als „alter Vertrag", der bei Vorliegen der allgemeinen Voraussetzungen steuerlich begünstigt ist. Die steuerliche Behandlung der auf die Erhöhung entfallenden Beiträge und Zinsen ist gesondert zu prüfen. 44

Beispiel 3:

Ursprünglicher Vertrag: VLZ 20 Jahre/BZD 20 Jahre/B 50 Euro/VS 15 000 Euro

Änderung im Jahre 10: VLZ 15 Jahre/BZD 15 Jahre/B 100 Euro/VS 12 500 Euro

Die geminderten Bestandteile gelten als „alter Vertrag", der weiterhin steuerlich begünstigt ist.

Die auf die Beitragserhöhung entfallenden Vertragsbestandteile gelten als „neuer Vertrag", der jedoch steuerlich nicht begünstigt ist, da die Laufzeit des „neuen Vertrages" nicht mindestens zwölf Jahre beträgt.

Steigt im Falle der Rdnr. 44 die Versicherungssumme, so gilt der auf die Erhöhung der Beiträge und der Versicherungssumme entfallende Vertragsteil als „neuer Vertrag". 45

Beispiel 4:

Ursprünglicher Vertrag: VLZ 20 Jahre/BZD 15 Jahre/B 50 Euro/VS 12 500 Euro

Änderung im Jahre 5: VLZ 15 Jahre/BZD zehn Jahre/B 250 Euro/VS 25 000 Euro

Die geminderten Bestandteile gelten als „alter Vertrag", der weiterhin steuerlich begünstigt ist.

Die auf die Beitragserhöhung, insbesondere auf die erhöhte Versicherungssumme, entfallenden Vertragsbestandteile gelten als „neuer Vertrag", der steuerlich nicht begünstigt ist, da die Laufzeit nicht mindestens zwölf Jahre beträgt.

Wird die Versicherungslaufzeit verkürzt, die Beitragszahlungsdauer und die Versicherungssumme bleiben aber gleich, während die Beiträge erhöht werden, gelten die geminderten und gleich gebliebenen Bestandteile sowie die ursprünglich vereinbarten Beiträge als „alter Vertrag". Die auf die Beitragserhöhung entfallenden Vertragsbestandteile gelten als „neuer Vertrag", der gesondert zu prüfen ist. 46

Beispiel 5:

Ursprünglicher Vertrag: VLZ 20 Jahre/BZD 15 Jahre/B 50 Euro/VS 12 500 Euro

Änderung im Jahre 10: VLZ 15 Jahre/BZD 15 Jahre/B 75 Euro/VS 12 500 Euro

Die unveränderten bzw. geminderten Vertragsbestandteile gelten als „alter Vertrag", der weiterhin steuerlich begünstigt ist.

Die auf die Beitragserhöhung entfallenden Vertragsbestandteile gelten als „neuer Vertrag". Da die Versicherungslaufzeit für den „neuen Vertrag" nicht mindestens zwölf Jahre beträgt, sind Beiträge in Höhe von 25 Euro und die darauf entfallenden Zinsen nicht begünstigt.

Werden die Versicherungslaufzeit verkürzt oder nicht verlängert und die Beiträge abgesenkt oder nicht erhöht, jedoch die Beitragszahlungsdauer verlängert, so kann sich je nach vertraglicher Ausgestaltung die Versicherungssumme erhöhen, vermindern oder gleich bleiben. Die auf die Verlängerung der Beitragszahlungsdauer entfallenden Vertragsbestandteile gelten als „neuer Vertrag", der gesondert zu prüfen ist. 47

Beispiel 6:

Ursprünglicher Vertrag: VLZ 30 Jahre/BZD 10 Jahre/B 50 Euro/VS 12 500 Euro

Änderung im Jahre 10: VLZ 30 Jahre/BZD 15 Jahre/B 50 Euro/VS 15 000 Euro

Die unveränderten Vertragsbestandteile gelten als „alter Vertrag" der weiterhin steuerlich begünstigt ist.

Die auf die Verlängerung der Beitragszahlungsdauer entfallenden Vertragsbestandteile gelten als „neuer Vertrag". Die auf den Zeitraum der Verlängerung der Beitragszahlungsdauer entfallenden Beiträge und die damit zusammenhängenden Zinsen sind steuerlich begünstigt, da die Vertragslaufzeit für diesen „neuen Vertrag" nach der Änderung noch mindestens zwölf Jahre beträgt und es sich beiden Beiträgen um laufende Beitragsleistungen handelt.

Wird die Versicherungslaufzeit nicht verlängert, Beitragszahlungsdauer, Beiträge und Versicherungssumme jedoch erhöht, so ist hinsichtlich der auf die Erhöhung entfallenden Vertragsbestandteile ein „neuer Vertrag" anzunehmen. Die entsprechenden Beitrags- und Zinsanteile sind steuerlich begünstigt, wenn dieser „neue Vertrag" die Kriterien für eine steuerliche Anerkennung erfüllt. Die nicht auf die Erhöhung entfallenden Beitragsanteile sind begünstigt, wenn der verbleibende „alte Vertrag" die Kriterien für die steuerliche Anerkennung erfüllt. 48

Beispiel 7:

Ursprünglicher Vertrag: VLZ 30 Jahre/BZD 10 Jahre/B 50 Euro/VS 10 000 Euro

Änderung im Jahre 11: VLZ 30 Jahre/BZD 20 Jahre/B 75 Euro/VS 22 500 Euro

Die unveränderten Vertragsbestandteile gelten als „alter Vertrag", der weiterhin steuerlich begünstigt ist.

Die auf die Verlängerung der Beitragszahlungsdauer und die Erhöhung der Beiträge entfallenden Bestandteile gelten als „neuer Vertrag". Die auf den Zeitraum der Verlängerung der Beitragszahlungsdauer entfallenden Beiträge und die erhöhten Beiträge sind steuerlich begünstigt, da die Vertragslaufzeit für diesen „neuen Vertrag" nach der Änderung noch mindestens zwölf Jahre beträgt und es sich bei den Beiträgen um laufende Beitragsleistungen handelt.

49 Wird die Versicherungslaufzeit verlängert, Beitragszahlungsdauer und Beiträge unverändert beibehalten, so wird sich auch die Versicherungssumme erhöhen. Der Vertrag gilt hinsichtlich der erhöhten Vertragsbestandteile als „neuer Vertrag", der gesondert auf die Möglichkeit einer steuerlichen Begünstigung zu prüfen ist.

Beispiel 8:

Ursprünglicher Vertrag: VLZ 20 Jahre/BZD 20 Jahre/B 50 Euro/VS 12 500 Euro

Änderung im Jahre 15: VLZ 25 Jahre/BZD 20 Jahre/B 50 Euro/VS 15 000 Euro

Die unveränderten Vertragsbestandteile gelten als „alter Vertrag", der weiterhin steuerlich begünstigt ist. Demzufolge können die bis zum Jahr 20 gezahlten Beiträge als Sonderausgaben geltend gemacht werden; die damit zusammenhängenden Zinsen sind steuerlich begünstigt.

Die auf die Verlängerung der Laufzeit und die Erhöhung der Versicherungssumme entfallenden Vertragsbestandteile gelten als „neuer Vertrag", der steuerlich nicht begünstigt ist, da die Mindestvertragsdauer von zwölf Jahren nicht erfüllt ist. Zu den nicht begünstigten Zinsen gehören auch die im Vertragsverlängerungszeitraum anfallenden Zinsen aus dem in der ursprünglichen Versicherungslaufzeit („alter Vertrag") angesammelten Kapital.

50 Wird die Versicherungslaufzeit verlängert und die Versicherungssumme erhöht, so ist hinsichtlich der erhöhten Vertragsbestandteile von einem „neuen Vertrag" auszugehen. Dies gilt gleichermaßen, wenn die Beiträge erhöht und die Beitragszahlungsdauer verlängert werden. Wird die Versicherungslaufzeit verlängert und die Versicherungssumme nicht erhöht, so handelt es sich bei der Verlängerung der Versicherungslaufzeit um einen „neuen Vertrag", der nach den allgemeinen Kriterien zu prüfen ist.

Beispiel 9:

Ursprünglicher Vertrag: VLZ 20 Jahre/BZD 20 Jahre/B 50 Euro/VS 15 000 Euro

Änderung im Jahre 10: VLZ 25 Jahre/BZD 25 Jahre/B 25 Euro/VS 15 000 Euro

Die unveränderten bzw. geminderten Vertragsbestandteile gelten als „alter Vertrag", der weiterhin steuerlich begünstigt ist.

Die auf die Verlängerung der Vertragslaufzeit und der Beitragszahlungsdauer entfallenden Vertragsbestandteile gelten als „neuer Vertrag", der steuerlich begünstigt ist, da die Vertragslaufzeit für diesen „neuen Vertrag" nach der Änderung noch mindestens zwölf Jahre beträgt und es sich bei den Beiträgen um laufende Beitragsleistungen handelt.

3. Änderungen bei betrieblichen Lebensversicherungen

a) Strukturwandel der betrieblichen Altersversorgung

51 Arbeitgeber und andere Versorgungsträger können ihre Verpflichtungen aus Versorgungszusagen (z. B. Pensionszusagen, Zusagen auf Leistungen einer Unterstützungskasse) durch den Abschluss von Direktversicherungen auf Lebensversicherungen übertragen. Die beim bisherigen Versorgungsträger angesammelten Deckungsmittel werden in diesen Fällen häufig beim Abschluss des Versicherungsvertrages in die Direktversicherung eingebracht. Damit wird ein der bisherigen Zusage entsprechendes Versorgungsniveau des Arbeitnehmers bereits ab Beginn der Direktversicherung erreicht. Für die Frage der steuerlichen Begünstigung sind die im Zeitpunkt des Vertragsabschlusses der Direktversicherung – vgl. Rdnr. 8 ff. – geltenden gesetzlichen Bestimmungen maßgebend.

b) Arbeitnehmerwechsel

52 Arbeitgeber haben das Recht, verfallbare Direktversicherungen zu widerrufen, wenn Arbeitnehmer frühzeitig aus dem Dienstverhältnis ausscheiden. Die Deckungskapitalien solcher Direktversicherungen werden regelmäßig in neu abzuschließende Direktversicherungen zuguns-

ten unversorgter Arbeitnehmer eingebracht. Für die Frage der steuerlichen Begünstigung sind die im Zeitpunkt des konkreten Vertragsabschlusses – vgl. Rdnr. 8 ff. – geltenden gesetzlichen Bestimmungen maßgebend. Die Übertragung von Deckungskapitalien führt nicht zu einer Fortführung der ursprünglich abgeschlossenen Versicherung.

c) Arbeitsrechtliche Verpflichtungen zum Abschluss von Direktversicherungen

Arbeitgeber können arbeitsrechtlich verpflichtet sein, nicht oder nicht rechtzeitig abgeschlossene Direktversicherungen bereits bei Vertragsabschluss nachzufinanzieren. Diese Verpflichtung wird regelmäßig über eine Einzahlung in das Deckungskapital erfüllt. Diese Einmalzahlung hat keine Auswirkungen auf die Frage, ob die Versicherung steuerlich begünstigt ist.
53

V. Billigkeitsregelungen

In den folgenden Fällen werden hinsichtlich der vorgenommenen Vertragsänderungen steuerrechtlich aus Billigkeitsgründen keine nachteiligen Folgen gezogen.

1. Realteilung im Fall der Ehescheidung

Vertragsänderungen durch Realteilung im Falle der Ehescheidung sind steuerlich nicht zu beanstanden, wenn die Laufzeit des Versicherungsvertrages auch für den abgetrennten Teil unverändert bleibt und dem Unterhaltsberechtigten bei einer Rentenversicherung kein Kapitalwahlrecht eingeräumt wird.
54

2. Zahlungsschwierigkeiten

a) Beitragsnachzahlung zur Wiederherstellung des ursprünglichen Versicherungsschutzes nach Zahlungsschwierigkeiten

Wurden Versicherungsbeiträge oder die Versicherungssumme wegen Zahlungsschwierigkeiten des Versicherungsnehmers, insbesondere wegen Arbeitslosigkeit, Kurzarbeit oder Arbeitsplatzwechsel gemindert oder die Beiträge ganz oder teilweise befristet gestundet, so kann der Versicherungsnehmer innerhalb einer Frist von in der Regel zwei Jahren eine Wiederherstellung des alten Versicherungsschutzes bis zur Höhe der ursprünglich vereinbarten Versicherungssumme verlangen und die Beitragsrückstände nachentrichten. Die nachentrichteten Beiträge werden als auf Grund des ursprünglichen Vertrages geleistet angesehen. Voraussetzung ist, dass sich die Nachzahlungen in einem angemessenen Rahmen halten und die ursprüngliche Mindestvertragsdauer nicht unterschritten wird.
55

b) Verlängerung der Versicherungs- und Beitragszahlungsdauer zur Wiederherstellung des ursprünglichen Versicherungsschutzes

Konnte der Versicherungsnehmer wegen Zahlungsschwierigkeiten insbesondere aufgrund von Arbeitslosigkeit, Kurzarbeit oder Arbeitsplatzwechsel die vereinbarten Beiträge nicht mehr aufbringen und wird in diesen Fällen zur Erhaltung des Versicherungsschutzes die Versicherungs- und Beitragszahlungsdauer verlängert, werden hieraus steuerrechtlich keine nachteiligen Folgen gezogen.
56

c) Verlegung des Beginn- und Ablauftermins

Konnte der Versicherungsnehmer wegen Zahlungsschwierigkeiten, insbesondere aufgrund von Arbeitslosigkeit, Kurzarbeit oder Arbeitsplatzwechsel die vereinbarten Beiträge nicht mehr aufbringen und nach Behebung seiner finanziellen Schwierigkeiten die fehlenden Beiträge nicht nachentrichten, so kann der Versicherungsnehmer innerhalb von in der Regel bis zu zwei Jahren eine Wiederherstellung des alten Versicherungsschutzes bis zur Höhe der ursprünglich vereinbarten Versicherungssumme verlangen. Er kann die Beitragslücke durch eine Verlegung des Beginn- und Ablauftermins schließen, wobei die Beitragszahlungsdauer unverändert bleibt. Aus dieser Verlegung werden steuerrechtlich keine nachteiligen Folgen gezogen.
57

d) Fortsetzung einer während der Elternzeit beitragsfrei gestellten Lebensversicherung[1]

Die Regelungen in Rz. 55 bis 57 sind entsprechend anzuwenden, wenn eine Lebensversicherung während der Elternzeit im Sinne des Bundeselterngeld- und Elternzeitgesetzes beitragsfrei gestellt wurde und innerhalb von drei Monaten nach Beendigung der Elternzeit die Versicherung zu den vor der Umwandlung vereinbarten Bedingungen fortgeführt wird.
57a

---

[1] Abschnitt d wurde durch das BMF-Schreiben vom 1. 10. 2009 (BStBl I S. 1188) eingefügt.

3. Umwandlung einer Kapitallebensversicherung in eine Rentenversicherung ohne Kapital-wahlrecht oder in einen Vertrag i. S. des Altersvorsorgeverträge-Zertifizierungsgesetzes

58 Wird wegen einer Änderung der Familienverhältnisse (z. B. Tod von Angehörigen oder Heirat) eine Kapitallebensversicherung in eine Rentenversicherung ohne Kapitalwahlrecht umgewandelt, so werden steuerrechtlich keine nachteiligen Folgen aus dieser Umwandlung gezogen. Voraussetzung ist, dass die Versicherungslaufzeit und die Beiträge unverändert bleiben. Die Umstellung einer Kapitallebensversicherung auf einen Vertrag i. S. des Altersvorsorgeverträge-Zertifizierungsgesetzes stellt ebenfalls keine steuerschädliche Vertragsänderung dar.

Dieses Schreiben ersetzt die BMF-Schreiben vom

23. 9. 1974 – IV B 3 – S 2220 – 6/74 III –;

13. 6. 1977 – IV B 3 – S 2221 – 80/77 –;

23. 2. 1984 – IV B 4 – S 2252 – 19/84 –;

6. 4. 1984 – IV B 4 – S 2252 – 35/84 –;

3. 6. 1987 – IV B 4 – S 2252 – 58/87 –;

12. 3. 1990 – IV B 4 – S 2252 – 64/90 –;

20. 7. 1990 – IV B 1 – S 2221 – 115/90 / IV B 4 – S 2252 – 131/90 –, BStBl 1990 I S. 324;

7. 2. 1991 – IV B 1 – S 2221 – 10/91 –, BStBl I S. 214;

22. 2. 1991 – IV B 1 – S 2221 – 20/91 –, BStBl I S. 330;

26. 7. 1996 – IV B 1 – S 2221 – 207/96 –, BStBl I S. 1120;

6. 12. 1996 – IV B 1 – S 2221 – 301/96 –, BStBl I S. 1438;

12. 9. 1997 – IV B 1 – S 2221 – 172/97 –, BStBl I S. 825;

28. 2. 1997 – IV B 1 – S 2221 – 29/97 –.

EStG
S 2222
1)
2)

§ 10a   Zusätzliche Altersvorsorge

(1) ¹In der inländischen gesetzlichen Rentenversicherung Pflichtversicherte können Altersvorsorgebeiträge (§ 82) zuzüglich der dafür nach Abschnitt XI zustehenden Zulage jährlich bis zu 2 100 Euro als Sonderausgaben abziehen; das Gleiche gilt für

1. Empfänger von inländischer Besoldung nach dem Bundesbesoldungsgesetz oder einem Landesbesoldungsgesetz,

2. Empfänger von Amtsbezügen aus einem inländischen Amtsverhältnis, deren Versorgungsrecht die entsprechende Anwendung des § 69e Absatz 3 und 4 des Beamtenversorgungsgesetzes vorsieht,

3. die nach § 5 Absatz 1 Satz 1 Nummer 2 und 3 des Sechsten Buches Sozialgesetzbuch versicherungsfrei Beschäftigten, die nach § 6 Absatz 1 Satz 1 Nummer 2 oder nach § 230 Absatz 2 Satz 2 des Sechsten Buches Sozialgesetzbuch von der Versicherungspflicht befreiten Beschäftigten, deren Versorgungsrecht die entsprechende Anwendung des § 69e Absatz 3 und 4 des Beamtenversorgungsgesetzes vorsieht,

4. Beamte, Richter, Berufssoldaten und Soldaten auf Zeit, die ohne Besoldung beurlaubt sind, für die Zeit einer Beschäftigung, wenn während der Beurlaubung die Gewährleistung einer Versorgungsanwartschaft unter den Voraussetzungen des § 5 Absatz 1 Satz 1 des Sechsten Buches Sozialgesetzbuch auf diese Beschäftigung erstreckt wird, und

5. Steuerpflichtige im Sinne der Nummern 1 bis 4, die beurlaubt sind und deshalb keine Besoldung, Amtsbezüge oder Entgelt erhalten, sofern sie eine Anrechnung von Kindererziehungszeiten nach § 56 des Sechsten Buches Sozialgesetzbuch in Anspruch nehmen könnten, wenn die Versicherungsfreiheit in der inländischen gesetzlichen Rentenversicherung nicht bestehen würde,

wenn sie spätestens bis zum Ablauf des zweiten Kalenderjahres, das auf das Beitragsjahr (§ 88) folgt, gegenüber der zuständigen Stelle (§ 81a) schriftlich eingewilligt haben, dass diese der zentralen Stelle (§ 81) jährlich mitteilt, dass der Steuerpflichtige zum begünstigten Personenkreis gehört, dass die zuständige Stelle der zentralen Stelle die für die Ermittlung des Mindest-

---

1) Für die nach § 10a EStG begünstigten Verträge, die vor dem 1. 1. 2007 abgeschlossen wurden, gelten für das Vorliegen einer begünstigten Hinterbliebenenversorgung die Altersgrenzen des § 32 in der am 31. 12. 2006 geltenden Fassung (→ § 52 Abs. 32 Satz 3 EStG).

2) *In Absatz 1 Satz 1 wurden durch das Betriebsrentenstärkungsgesetz die Wörter „zweiten Kalenderjahres, das auf das Beitragsjahr (§ 88) folgt," durch die Wörter „Beitragsjahres (§ 88)" ab VZ 2019 ersetzt.*

eigenbeitrags (§ 86) und die Gewährung der Kinderzulage (§ 85) erforderlichen Daten übermittelt und die zentrale Stelle diese Daten für das Zulageverfahren verwenden darf. [2]Bei der Erteilung der Einwilligung ist der Steuerpflichtige darauf hinzuweisen, dass er die Einwilligung vor Beginn des Kalenderjahres, für das sie erstmals nicht mehr gelten soll, gegenüber der zuständigen Stelle widerrufen kann. [3]Versicherungspflichtige nach dem Gesetz über die Alterssicherung der Landwirte stehen Pflichtversicherten gleich; dies gilt auch für Personen, die

1. eine Anrechnungszeit nach § 58 Absatz 1 Nummer 3 oder Nummer 6 des Sechsten Buches Sozialgesetzbuch in der gesetzlichen Rentenversicherung erhalten und

2. unmittelbar vor einer Anrechnungszeit nach § 58 Absatz 1 Nummer 3 oder Nummer 6 des Sechsten Buches Sozialgesetzbuch einer der im ersten Halbsatz, in Satz 1 oder in Satz 4 genannten begünstigten Personengruppen angehörten.

[4]Die Sätze 1 und 2 gelten entsprechend für Steuerpflichtige, die nicht zum begünstigten Personenkreis nach Satz 1 oder 3 gehören und eine Rente wegen voller Erwerbsminderung oder Erwerbsunfähigkeit oder eine Versorgung wegen Dienstunfähigkeit aus einem der in Satz 1 oder 3 genannten Alterssicherungssysteme beziehen, wenn unmittelbar vor dem Bezug der entsprechenden Leistungen der Leistungsbezieher einer der in Satz 1 oder 3 genannten begünstigten Personengruppen angehörte; dies gilt nicht, wenn der Steuerpflichtige das 67. Lebensjahr vollendet hat. [5]Bei der Ermittlung der dem Steuerpflichtigen zustehenden Zulage nach Satz 1 bleibt die Erhöhung der Grundzulage nach § 84 Satz 2 außer Betracht.

(1a) [1]Sofern eine Zulagenummer (§ 90 Absatz 1 Satz 2) durch die zentrale Stelle oder eine Versicherungsnummer nach § 147 des Sechsten Buches Sozialgesetzbuch noch nicht vergeben ist, haben die in Absatz 1 Satz 1 Nummer 1 bis 5 genannten Steuerpflichtigen über die zuständige Stelle eine Zulagenummer bei der zentralen Stelle zu beantragen. [2]Für Empfänger einer Versorgung im Sinne des Absatzes 1 Satz 4 gilt Satz 1 entsprechend.

(2) [1]Ist der Sonderausgabenabzug nach Absatz 1 für den Steuerpflichtigen günstiger als der Anspruch auf die Zulage nach Abschnitt XI, erhöht sich die unter Berücksichtigung des Sonderausgabenabzugs ermittelte tarifliche Einkommensteuer um den Anspruch auf Zulage. [2]In den anderen Fällen scheidet der Sonderausgabenabzug aus. [3]Die Günstigerprüfung wird von Amts wegen vorgenommen.

(2a) [1]Der Sonderausgabenabzug setzt voraus, dass der Steuerpflichtige gegenüber dem Anbieter als mitteilungspflichtige Stelle in die Datenübermittlung nach Absatz 5 Satz 1 eingewilligt hat. [2]§ 10 Absatz 2a Satz 1 bis Satz 3 gilt entsprechend. [3]In den Fällen des Absatzes 3 Satz 2 und 5 ist die Einwilligung nach Satz 1 von beiden Ehegatten abzugeben. [4]Hat der Zulageberechtigte den Anbieter nach § 89 Absatz 1a bevollmächtigt oder liegt dem Anbieter ein Zulageantrag nach § 89 Absatz 1 vor, gilt die Einwilligung nach Satz 1 für das jeweilige Beitragsjahr als erteilt.

(3) [1]Der Abzugsbetrag nach Absatz 1 steht im Fall der Veranlagung von Ehegatten nach § 26 Absatz 1 jedem Ehegatten unter den Voraussetzungen des Absatzes 1 gesondert zu. [2]Gehört nur ein Ehegatte zu dem nach Absatz 1 begünstigten Personenkreis und ist der andere Ehegatte nach § 79 Satz 2 zulageberechtigt, sind bei dem nach Absatz 1 abzugsberechtigten Ehegatten die von beiden Ehegatten geleisteten Altersvorsorgebeiträge und die dafür zustehenden Zulagen bei der Anwendung der Absätze 1 und 2 zu berücksichtigen. [3]Der Höchstbetrag nach Absatz 1 Satz 1 erhöht sich in den Fällen des Satzes 2 um 60 Euro. [4]Dabei sind die von dem Ehegatten, der zu dem nach Absatz 1 begünstigten Personenkreis gehört, geleisteten Altersvorsorgebeiträge vorrangig zu berücksichtigen, jedoch mindestens 60 Euro der von dem anderen Ehegatten geleisteten Altersvorsorgebeiträge. [5]Gehören beide Ehegatten zu dem nach Absatz 1 begünstigten Personenkreis und liegt ein Fall der Veranlagung nach § 26 Absatz 1 vor, ist bei der Günstigerprüfung nach Absatz 2 der Anspruch auf Zulage beider Ehegatten anzusetzen.

(4) [1]Im Fall des Absatzes 2 Satz 1 stellt das Finanzamt die über den Zulageanspruch nach Abschnitt XI hinausgehende Steuerermäßigung gesondert fest und teilt diese der zentralen Stelle (§ 81) mit; § 10d Absatz 4 Satz 3 bis 5 gilt entsprechend. [2]Sind Altersvorsorgebeiträge zugunsten von mehreren Verträgen geleistet worden, erfolgt die Zurechnung im Verhältnis der nach Absatz 1 berücksichtigten Altersvorsorgebeiträge. [3]Ehegatten ist der nach Satz 1 festzustellende Betrag auch im Fall der Zusammenveranlagung jeweils getrennt zuzurechnen; die Zurechnung erfolgt im Verhältnis der nach Absatz 1 berücksichtigten Altersvorsorgebeiträge. [4]Werden Altersvorsorgebeiträge nach Absatz 3 Satz 2 berücksichtigt, ist der nach § 79 Satz 2 zulageberechtigte Ehegatte zugunsten eines auf seinen Namen lautenden Vertrages geleistet hat, ist die hierauf entfallende Steuerermäßigung dem Vertrag zuzurechnen, zu dessen Gunsten die Altersvorsorgebeiträge geleistet wurden. [5]Die Übermittlung an die zentrale Stelle erfolgt unter Angabe der Vertragsnummer und der Identifikationsnummer (§ 139b) der Abgabenordnung) sowie der Zulage- oder Versicherungsnummer nach § 147 des Sechsten Buches Sozialgesetzbuch.

(5) [1]Nach Maßgabe des § 93c der Abgabenordnung hat die mitteilungspflichtige Stelle bei Vorliegen einer Einwilligung nach Absatz 2a neben den nach § 93c Absatz 1 der Abgabenord-

nung erforderlichen Angaben auch die Höhe der im jeweiligen Beitragsjahr zu berücksichtigenden Altersvorsorgebeiträge an die zentrale Stelle zu übermitteln, und zwar unter Angabe

1. der Vertragsdaten,

2. des Datums der Einwilligung nach Absatz 2a sowie

3. der Zulage- oder der Versicherungsnummer nach § 147 des Sechsten Buches Sozialgesetzbuch.

²§ 10 Absatz 2a Satz 6 und § 22a Absatz 2 gelten entsprechend. ³Die Übermittlung muss auch dann erfolgen, wenn im Fall der mittelbaren Zulageberechtigung keine Altersvorsorgebeiträge geleistet worden sind. ⁴§ 72a Absatz 4 der Abgabenordnung findet keine Anwendung. ⁵Die übrigen Voraussetzungen für den Sonderausgabenabzug nach den Absätzen 1 bis 3 werden im Wege der Datenerhebung und des automatisierten Datenabgleichs nach § 91 überprüft. ⁶Erfolgt eine Datenübermittlung nach Satz 1 und wurde noch keine Zulagenummer (§ 90 Absatz 1 Satz 2) durch die zentrale Stelle oder keine Versicherungsnummer nach § 147 des Sechsten Buches Sozialgesetzbuch vergeben, gilt § 90 Absatz 1 Satz 2 und 3 entsprechend.

(6) ¹Für die Anwendung der Absätze 1 bis 5 stehen den in der inländischen gesetzlichen Rentenversicherung Pflichtversicherten nach Absatz 1 Satz 1 die Pflichtmitglieder in einem ausländischen gesetzlichen Alterssicherungssystem gleich, wenn diese Pflichtmitgliedschaft

1. mit einer Pflichtmitgliedschaft in einem inländischen Alterssicherungssystem nach Absatz 1 Satz 1 oder 3 vergleichbar ist und

2. vor dem 1. Januar 2010 begründet wurde.

²Für die Anwendung der Absätze 1 bis 5 stehen den Steuerpflichtigen nach Absatz 1 Satz 4 die Personen gleich,

1. die aus einem ausländischen gesetzlichen Alterssicherungssystem eine Leistung erhalten, die den in Absatz 1 Satz 4 genannten Leistungen vergleichbar ist,

2. die unmittelbar vor dem Bezug der entsprechenden Leistung nach Satz 1 oder Absatz 1 Satz 1 oder 3 begünstigt waren und

3. die noch nicht das 67. Lebensjahr vollendet haben.

³Als Altersvorsorgebeiträge (§ 82) sind bei den in Satz 1 oder 2 genannten Personen nur diejenigen Beiträge zu berücksichtigen, die vom Abzugsberechtigten zugunsten seines vor dem 1. Januar 2010 abgeschlossenen Vertrags geleistet wurden. ⁴Endet die unbeschränkte Steuerpflicht eines Zulageberechtigten im Sinne des Satzes 1 oder 2 durch Aufgabe des inländischen Wohnsitzes oder gewöhnlichen Aufenthalts und wird die Person nicht nach § 1 Absatz 3 als unbeschränkt einkommensteuerpflichtig behandelt, so gelten die §§ 93 und 94 entsprechend; § 95 Absatz 2 und 3 und § 99 Absatz 1 in der am 31. Dezember 2008 geltenden Fassung sind anzuwenden.

¹⁾ *(7) Soweit nichts anderes bestimmt ist, sind die Regelungen des § 10a und des Abschnitts XI in der für das jeweilige Beitragsjahr geltenden Fassung anzuwenden.*

Hinweise

Allgemeines

– → Teil B des BMF-Schreibens vom 24. 7. 2013 (BStBl I S. 1022), geändert durch das BMF-Schreiben vom 13. 1. 2014 (BStBl I S. 97) und das BMF-Schreiben vom 13. 3. 2014 (BStBl I S. 554), werden durch BMF-Schreiben vom 6. 12. 2017 (BStBl 2018 I S. 147)mit Wirkung vom 1. 1. 2018 aufgehoben. Die Regelungen des BMF-Schreibens vom 24. 7. 2013 sind weiter zu beachten, wenn sie auch für Zeiträume ab dem 1. 1. 2018 Bedeutung haben.

– Besteuerung der Leistungen → § 22 Nr. 5 EStG

---

§ 10b Steuerbegünstigte Zwecke

(1) ¹Zuwendungen (Spenden und Mitgliedsbeiträge) zur Förderung steuerbegünstigter Zwecke im Sinne der §§ 52 bis 54 der Abgabenordnung können insgesamt bis zu

1. 20 Prozent des Gesamtbetrags der Einkünfte oder

2. 4 Promille der Summe der gesamten Umsätze und der im Kalenderjahr aufgewendeten Löhne und Gehälter

¹) Absatz 7 wurde durch das Betriebsrentenstärkungsgesetz ab VZ 2018 angefügt.

als Sonderausgaben abgezogen werden. [2]Voraussetzung für den Abzug ist, dass diese Zuwendungen

1. an eine juristische Person des öffentlichen Rechts oder an eine öffentliche Dienststelle, die in einem Mitgliedstaat der Europäischen Union oder in einem Staat belegen ist, auf den das Abkommen über den Europäischen Wirtschaftsraum (EWR-Abkommen) Anwendung findet, oder

2. an eine nach § 5 Absatz 1 Nummer 9 des Körperschaftsteuergesetzes steuerbefreite Körperschaft, Personenvereinigung oder Vermögensmasse oder

3. an eine Körperschaft, Personenvereinigung oder Vermögensmasse, die in einem Mitgliedstaat der Europäischen Union oder in einem Staat belegen ist, auf den das Abkommen über den Europäischen Wirtschaftsraum (EWR-Abkommen) Anwendung findet, und die nach § 5 Absatz 1 Nummer 9 des Körperschaftsteuergesetzes in Verbindung mit § 5 Absatz 2 Nummer 2 zweiter Halbsatz des Körperschaftsteuergesetzes steuerbefreit wäre, wenn sie inländische Einkünfte erzielen würde,

geleistet werden. [3]Für nicht im Inland ansässige Zuwendungsempfänger nach Satz 2 ist weitere Voraussetzung, dass durch diese Staaten Amtshilfe und Unterstützung bei der Beitreibung geleistet werden. [4]Amtshilfe ist der Auskunftsaustausch im Sinne oder entsprechend der Amtshilferichtlinie gemäß § 2 Absatz 2 des EU-Amtshilfegesetzes. [5]Beitreibung ist die gegenseitige Unterstützung bei der Beitreibung von Forderungen im Sinne oder entsprechend der Beitreibungsrichtlinie einschließlich der in diesem Zusammenhang anzuwendenden Durchführungsbestimmungen in den für den jeweiligen Veranlagungszeitraum geltenden Fassungen oder eines entsprechenden Nachfolgerechtsaktes. [6]Werden die steuerbegünstigten Zwecke des Zuwendungsempfängers im Sinne von Satz 2 Nummer 1 nur im Ausland verwirklicht, ist für den Sonderausgabenabzug Voraussetzung, dass natürliche Personen, die ihren Wohnsitz oder ihren gewöhnlichen Aufenthalt im Geltungsbereich dieses Gesetzes haben, gefördert werden oder dass die Tätigkeit dieses Zuwendungsempfängers neben der Verwirklichung der steuerbegünstigten Zwecke auch zum Ansehen der Bundesrepublik Deutschland beitragen kann. [7]Abziehbar sind auch Mitgliedsbeiträge an Körperschaften, die Kunst und Kultur gemäß § 52 Absatz 2 Satz 1 Nummer 5 der Abgabenordnung fördern, soweit es sich nicht um Mitgliedsbeiträge nach Satz 8 Nummer 2 handelt, auch wenn den Mitgliedern Vergünstigungen gewährt werden. [8]Nicht abziehbar sind Mitgliedsbeiträge an Körperschaften, die

1. den Sport (§ 52 Absatz 2 Satz 1 Nummer 21 der Abgabenordnung),

2. kulturelle Betätigungen, die in erster Linie der Freizeitgestaltung dienen,

3. die Heimatpflege und Heimatkunde (§ 52 Absatz 2 Satz 1 Nummer 22 der Abgabenordnung) oder

4. Zwecke im Sinne des § 52 Absatz 2 Satz 1 Nummer 23 der Abgabenordnung

fördern. [9]Abziehbare Zuwendungen, die die Höchstbeträge nach Satz 1 überschreiten oder die den um die Beträge nach § 10 Absatz 3 und 4, § 10c und § 10d verminderten Gesamtbetrag der Einkünfte übersteigen, sind im Rahmen der Höchstbeträge in den folgenden Veranlagungszeiträumen als Sonderausgaben abzuziehen. [10]§ 10d Absatz 4 gilt entsprechend.

(1a) [1]Spenden zur Förderung steuerbegünstigter Zwecke im Sinne der §§ 52 bis 54 der Abgabenordnung in das zu erhaltende Vermögen (Vermögensstock) einer Stiftung, welche die Voraussetzungen des Absatzes 1 Satz 2 bis 6 erfüllt, können auf Antrag des Steuerpflichtigen im Veranlagungszeitraum der Zuwendung und in den folgenden neun Veranlagungszeiträumen bis zu einem Gesamtbetrag von 1 Million Euro, bei Ehegatten, die nach den §§ 26, 26b zusammen veranlagt werden, bis zu einem Gesamtbetrag von 2 Millionen Euro, zusätzlich zu den Höchstbeträgen nach Absatz 1 Satz 1 abgezogen werden. [2]Nicht abzugsfähig nach Satz 1 sind Spenden in das verbrauchbare Vermögen einer Stiftung. [3]Der besondere Abzugsbetrag nach Satz 1 bezieht sich auf den gesamten Zehnjahreszeitraum und kann der Höhe nach innerhalb dieses Zeitraums nur einmal in Anspruch genommen werden. [4]§ 10d Absatz 4 gilt entsprechend.

(2) [1]Zuwendungen an politische Parteien im Sinne des § 2 des Parteiengesetzes sind, *sofern die jeweilige Partei nicht gemäß § 18 Absatz 7 des Parteiengesetzes von der staatlichen Teilfinanzierung ausgeschlossen ist*, bis zur Höhe von insgesamt 1 650 Euro und im Fall der Zusammenveranlagung von Ehegatten bis zur Höhe von insgesamt 3 300 Euro im Kalenderjahr abzugsfähig. [2]Sie können nur insoweit als Sonderausgaben abgezogen werden, als für sie nicht eine Steuerermäßigung nach § 34g gewährt worden ist. ¹⁾

(3) [1]Als Zuwendung im Sinne dieser Vorschrift gilt auch die Zuwendung von Wirtschaftsgütern mit Ausnahme von Nutzungen und Leistungen. [2]Ist das Wirtschaftsgut unmittelbar vor seiner Zuwendung einem Betriebsvermögen entnommen worden, so bemisst sich die Zuwendungshöhe nach dem Wert, der bei der Entnahme angesetzt wurde und nach der Umsatzsteuer, die auf die Entnahme entfällt. [3]Ansonsten bestimmt sich die Höhe der Zuwendung nach dem

---

1) *Absatz 2 Satz 1 wurde durch das Gesetz zum Ausschluss verfassungsfeindlicher Parteien von der Parteienfinanzierung ab VZ 2017 geändert.*

gemeinen Wert des zugewendeten Wirtschaftsguts, wenn dessen Veräußerung im Zeitpunkt der Zuwendung keinen Besteuerungstatbestand erfüllen würde. ⁴In allen übrigen Fällen dürfen bei der Ermittlung der Zuwendungshöhe die fortgeführten Anschaffungs- oder Herstellungskosten nur überschritten werden, soweit eine Gewinnrealisierung stattgefunden hat. ⁵Aufwendungen zugunsten einer Körperschaft, die zum Empfang steuerlich abziehbarer Zuwendungen berechtigt ist, können nur abgezogen werden, wenn ein Anspruch auf die Erstattung der Aufwendungen durch Vertrag oder Satzung eingeräumt und auf die Erstattung verzichtet worden ist. ⁶Der Anspruch darf nicht unter der Bedingung des Verzichts eingeräumt worden sein.

(4) ¹Der Steuerpflichtige darf auf die Richtigkeit der Bestätigung über Spenden und Mitgliedsbeiträge vertrauen, es sei denn, dass er die Bestätigung durch unlautere Mittel oder falsche Angaben erwirkt hat oder dass ihm die Unrichtigkeit der Bestätigung bekannt oder infolge grober Fahrlässigkeit nicht bekannt war. ²Wer vorsätzlich oder grob fahrlässig eine unrichtige Bestätigung ausstellt oder veranlasst, dass Zuwendungen nicht zu den in der Bestätigung angegebenen steuerbegünstigten Zwecken verwendet werden, haftet für die entgangene Steuer. ³Diese ist mit 30 Prozent des zugewendeten Betrags anzusetzen. ⁴In den Fällen des Satzes 2 zweite Alternative (Veranlasserhaftung) ist vorrangig der Zuwendungsempfänger in Anspruch zu nehmen; die in diesen Fällen für den Zuwendungsempfänger handelnden natürlichen Personen sind nur in Anspruch zu nehmen, wenn die entgangene Steuer nicht nach § 47 der Abgabenordnung erloschen ist und Vollstreckungsmaßnahmen gegen den Zuwendungsempfänger nicht erfolgreich sind. ⁵Die Festsetzungsfrist für Haftungsansprüche nach Satz 2 läuft nicht ab, solange die Festsetzungsfrist für von dem Empfänger der Zuwendung geschuldete Körperschaftsteuer für den Veranlagungszeitraum nicht abgelaufen ist, in dem die unrichtige Bestätigung ausgestellt ist oder veranlasst wurde, dass die Zuwendung nicht in der in der Bestätigung angegebenen steuerbegünstigten Zwecken verwendet worden ist; § 191 Absatz 5 der Abgabenordnung ist nicht anzuwenden.

EStDV

§§ 48 und 49

(weggefallen)

EStDV

§ 50¹⁾
Zuwendungsbestätigung

S 2223

(1) ¹Zuwendungen im Sinne der §§ 10b und 34g des Gesetzes dürfen vorbehaltlich des Absatzes 2 nur abgezogen werden, wenn der Zuwendende eine Zuwendungsbestätigung, die der Zuwendungsempfänger unter Berücksichtigung des § 63 Absatz 5 der Abgabenordnung nach amtlich vorgeschriebenem Vordruck ausgestellt hat, oder die in den Absätzen 4 bis 6 bezeichneten Unterlagen erhalten hat. ²Dies gilt nicht für Zuwendungen an nicht im Inland ansässige Zuwendungsempfänger nach § 10b Absatz 1 Satz 2 Nummer 1 und 3 des Gesetzes.

(2) ¹Der Zuwendende kann den Zuwendungsempfänger bevollmächtigen, die Zuwendungsbestätigung der für seine Besteuerung nach dem Einkommen zuständigen Finanzbehörde nach amtlich vorgeschriebenem Datensatz durch Datenfernübertragung nach Maßgabe des § 93c der Abgabenordnung zu übermitteln. ²Der Zuwendende hat dem Zuwendungsempfänger zu diesem Zweck seine Identifikationsnummer (§ 139b der Abgabenordnung) mitzuteilen. ³Die Vollmacht kann nur mit Wirkung für die Zukunft widerrufen werden. ⁴Der Zuwendungsempfänger hat dem Zuwendenden die nach Satz 1 übermittelten Daten elektronisch oder auf dessen Wunsch als Ausdruck zur Verfügung zu stellen; in beiden Fällen ist darauf hinzuweisen, dass die Daten der Finanzbehörde übermittelt worden sind. ⁵§ 72a Absatz 4 der Abgabenordnung findet keine Anwendung.

(3) ¹In den Fällen des Absatzes 2 ist für die Anwendung des § 93c Absatz 4 Satz 1 der Abgabenordnung das Finanzamt zuständig, in dessen Bezirk sich die Geschäftsleitung (§ 10 der Abgabenordnung) des Zuwendungsempfängers im Inland befindet. ²Die nach Absatz 2 übermittelten Daten können durch dieses Finanzamt zum Zweck der Anwendung des § 93c Absatz 4 Satz 1 der Abgabenordnung bei den für die Besteuerung der Zuwendenden nach dem Einkommen zuständigen Finanzbehörden abgerufen und verwendet werden.

(4) ¹ Statt einer Zuwendungsbestätigung genügt der Bareinzahlungsbeleg oder die Buchungsbestätigung eines Kreditinstituts, wenn

---

¹⁾ § 50 EStDV in der am 1. 1. 2017 geltenden Fassung ist erstmals auf Zuwendungen anzuwenden, die dem Zuwendungsempfänger nach dem 31. 12. 2016 zufließen → § 84 Abs. 2c EStDV.

1. die Zuwendung zur Hilfe in Katastrophenfällen:

   a) innerhalb eines Zeitraums, den die obersten Finanzbehörden der Länder im Benehmen mit dem Bundesministerium der Finanzen bestimmen, auf ein für den Katastrophenfall eingerichtetes Sonderkonto einer inländischen juristischen Person des öffentlichen Rechts, einer inländischen öffentlichen Dienststelle oder eines inländischen amtlich anerkannten Verbandes der freien Wohlfahrtspflege einschließlich seiner Mitgliedsorganisationen eingezahlt worden ist oder

   b) bis zur Einrichtung des Sonderkontos auf ein anderes Konto der genannten Zuwendungsempfänger eingezahlt wird; wird die Zuwendung über ein als Treuhandkonto geführtes Konto eines Dritten auf eines der genannten Sonderkonten eingezahlt, genügt der Bareinzahlungsbeleg oder die Buchungsbestätigung des Kreditinstituts des Zuwendenden zusammen mit einer Kopie des Barzahlungsbelegs oder der Buchungsbestätigung des Kreditinstituts des Dritten, oder

2. die Zuwendung 200 Euro nicht übersteigt und

   a) der Empfänger eine inländische juristische Person des öffentlichen Rechts oder eine inländische öffentliche Dienststelle ist oder

   b) der Empfänger eine Körperschaft, Personenvereinigung oder Vermögensmasse im Sinne des § 5 Absatz 1 Nummer 9 des Körperschaftsteuergesetzes ist, wenn der steuerbegünstigte Zweck, für den die Zuwendung verwendet wird, und die Angaben über die Freistellung des Empfängers von der Körperschaftsteuer auf einem von ihm hergestellten Beleg aufgedruckt sind und darauf angegeben ist, ob es sich bei der Zuwendung um eine Spende oder einen Mitgliedsbeitrag handelt, oder

   c) [1]der Empfänger eine politische Partei im Sinne des § 2 des Parteiengesetzes ist, **die nicht gemäß § 18 Absatz 7 des Parteiengesetzes von der staatlichen Teilfinanzierung ausgeschlossen ist,** und bei Spenden der Verwendungszweck auf dem vom Empfänger hergestellten Beleg aufgedruckt ist.

[2]Aus der Buchungsbestätigung müssen Name und Kontonummer oder ein sonstiges Identifizierungsmerkmal des Auftraggebers und des Empfängers, der Betrag, der Buchungstag sowie die tatsächliche Durchführung der Zahlung ersichtlich sein. [3]In den Fällen des Satzes 1 Nummer 2 Buchstabe b hat der Zuwendende zusätzlich den vom Zuwendungsempfänger hergestellten Beleg aufzubewahren.

(5) Bei Zuwendungen zur Hilfe in Katastrophenfällen innerhalb eines Zeitraums, den die obersten Finanzbehörden der Länder im Benehmen mit dem Bundesministerium der Finanzen bestimmen, die über ein Konto eines Dritten an eine inländische juristische Person des öffentlichen Rechts, an eine inländische öffentliche Dienststelle oder an eine nach § 5 Absatz 1 Nummer 9 des Körperschaftsteuergesetzes steuerbefreite Körperschaft, Personenvereinigung oder Vermögensmasse geleistet werden, genügt das Erhalten einer auf den jeweiligen Zuwendenden ausgestellten Zuwendungsbestätigung des Zuwendungsempfängers, wenn das Konto des Dritten als Treuhandkonto geführt wurde, die Zuwendung von dort an den Zuwendungsempfänger weitergeleitet wurde und diesem eine Liste mit den einzelnen Zuwendenden und ihrem jeweiligen Anteil an der Zuwendungssumme übergeben wurde.

(6) Bei Zahlungen von Mitgliedsbeiträgen an politische Parteien im Sinne des § 2 des Parteiengesetzes genügen statt Zuwendungsbestätigungen Bareinzahlungsbelege, Buchungsbestätigungen oder Beitragsquittungen.

(7) [1]Eine in § 5 Absatz 1 Nummer 9 des Körperschaftsteuergesetzes bezeichnete Körperschaft, Personenvereinigung oder Vermögensmasse hat die Vereinnahmung der Zuwendung und ihre zweckentsprechende Verwendung ordnungsgemäß aufzuzeichnen und ein Doppel der Zuwendungsbestätigung aufzubewahren. [2]Diese Aufbewahrungspflicht entfällt in den Fällen des Absatzes 2. [3]Bei Sachzuwendungen und beim Verzicht auf die Erstattung von Aufwand müssen sich aus den Aufzeichnungen auch die Grundlagen für den vom Empfänger bestätigten Wert der Zuwendung ergeben.

(8) [1]Die in den Absätzen 1, 4, 5 und 6 bezeichneten Unterlagen sind vom Zuwendenden auf Verlangen der Finanzbehörde vorzulegen. [2]Soweit der Zuwendende sie nicht bereits auf Verlangen der Finanzbehörde vorgelegt hat, sind sie vom Zuwendenden bis zum Ablauf eines Jahres nach Bekanntgabe der Steuerfestsetzung aufzubewahren.

---

[1] § 50 Abs. 4 Satz 1 Nr. 2 Buchstabe c EStDV wurde durch das Gesetz zum Ausschluss verfassungsfeindlicher Parteien von der Parteienfinanzierung ab VZ 2017 geändert.

Hinweise

Allgemeines

Anhang 30 → R 10b.1 – 10b.3 EStR und H 10b.1 – 10b.3 EStH

Anwendungsschreiben

Anhang 11 I → BMF vom 15. 9. 2014 (BStBl I S. 1278)

Muster für Zuwendungsbestätigungen

Anhang 11 II → BMF vom 7. 11. 2013 (BStBl I S. 1333), ergänzt durch BMF vom 26. 3. 2014 (BStBl I S. 791)
Anhang 11 III → BMF vom 26. 3. 2014 (BStBl I S. 791)

→ Elektronische Übersendung in Form von schreibgeschützten Dateien (→ BMF vom 6. 2. 2017, BStBl I S. 287)

EStG
S 2224

§ 10c Sonderausgaben-Pauschbetrag

[1]Für Sonderausgaben nach § 10 Absatz 1 Nummer 4, 5, 7 und 9 sowie Absatz 1a und nach § 10b wird ein Pauschbetrag von 36 Euro abgezogen (Sonderausgaben-Pauschbetrag), wenn der Steuerpflichtige nicht höhere Aufwendungen nachweist. [2]Im Fall der Zusammenveranlagung von Ehegatten verdoppelt sich der Sonderausgaben-Pauschbetrag.

Hinweise

Vorsorgepauschale

– bis einschließlich 2009 → § 10c Abs. 2 bis 5 EStG a. F.
– seit 2010 → § 39b Abs. 2 Satz 5 Nr. 3 und Abs. 4 EStG, → BMF vom 26. 11. 2013 (BStBl I S. 1532)[1])

EStG
S 2225

§ 10d Verlustabzug

(1) [1]Negative Einkünfte, die bei der Ermittlung des Gesamtbetrags der Einkünfte nicht ausgeglichen werden, sind bis zu einem Betrag von 1 000 000 Euro, bei Ehegatten, die nach den §§ 26, 26b zusammenveranlagt werden, bis zu einem Betrag von 2 000 000 Euro vom Gesamtbetrag der Einkünfte des unmittelbar vorangegangenen Veranlagungszeitraums vorrangig vor Sonderausgaben, außergewöhnlichen Belastungen und sonstigen Abzugsbeträgen abzuziehen (Verlustrücktrag). [2]Dabei wird der Gesamtbetrag der Einkünfte des unmittelbar vorangegangenen Veranlagungszeitraums um die Begünstigungsbeträge nach § 34a Absatz 3 Satz 1 gemindert. [3]Ist für den unmittelbar vorangegangenen Veranlagungszeitraum bereits ein Steuerbescheid erlassen worden, so ist er insoweit zu ändern, als der Verlustrücktrag zu gewähren oder zu berichtigen ist. [4]Das gilt auch dann, wenn der Steuerbescheid unanfechtbar geworden ist; die Festsetzungsfrist endet insoweit nicht, bevor die Festsetzungsfrist für den Veranlagungszeitraum abgelaufen ist, in dem die negativen Einkünfte nicht ausgeglichen werden. [5]Auf Antrag des Steuerpflichtigen ist ganz oder teilweise von der Anwendung des Satzes 1 abzusehen. [6]Im Antrag ist die Höhe des Verlustrücktrags anzugeben.

(2) [1]Nicht ausgeglichene negative Einkünfte, die nicht nach Absatz 1 abgezogen worden sind, sind in den folgenden Veranlagungszeiträumen bis zu einem Gesamtbetrag der Einkünfte von 1 Million Euro unbeschränkt, darüber hinaus bis zu 60 Prozent des 1 Million Euro übersteigenden Gesamtbetrags der Einkünfte vorrangig vor Sonderausgaben, außergewöhnlichen Belastungen und sonstigen Abzugsbeträgen abzuziehen (Verlustvortrag). [2]Bei Ehegatten, die nach den §§ 26, 26b zusammenveranlagt werden, tritt an die Stelle des Betrags von 1 Million Euro ein Betrag von 2 Millionen Euro. [3]Der Abzug ist nur insoweit zulässig, als die Verluste nicht nach Absatz 1 abgezogen worden sind und in den vorangegangenen Veranlagungszeiträumen nicht nach Satz 1 und 2 abgezogen werden konnten.

---

[1]) Das BMF-Schreiben ist abgedruckt in → H 39b.7 LStH unter „Ermittlung der Vorsorgepauschale im Lohnsteuerabzugsverfahren".

(3) (weggefallen)

(4) ¹Der am Schluss eines Veranlagungszeitraums verbleibende Verlustvortrag ist gesondert festzustellen. ²Verbleibender Verlustvortrag sind die bei der Ermittlung des Gesamtbetrags der Einkünfte nicht ausgeglichenen negativen Einkünfte, vermindert um die nach Absatz 1 abgezogenen und die nach Absatz 2 abziehbaren Beträge und vermehrt um den auf den Schluss des vorangegangenen Veranlagungszeitraums festgestellten verbleibenden Verlustvortrag. ³Zuständig für die Feststellung ist das für die Besteuerung zuständige Finanzamt. ⁴Bei der Feststellung des verbleibenden Verlustvortrags sind die Besteuerungsgrundlagen so zu berücksichtigen, wie sie den Steuerfestsetzungen des Veranlagungszeitraums, auf dessen Schluss der verbleibende Verlustvortrag festgestellt wird, und des Veranlagungszeitraums, in dem ein Verlustrücktrag vorgenommen werden kann, zu Grunde gelegt worden sind; § 171 Absatz 10, § 175 Absatz 1 Satz 1 Nummer 1 und § 351 Absatz 2 der Abgabenordnung sowie § 42 der Finanzgerichtsordnung gelten entsprechend. ⁵Die Besteuerungsgrundlagen dürfen bei der Feststellung nur insoweit abweichend von Satz 4 berücksichtigt werden, wie die Aufhebung, Änderung oder Berichtigung der Steuerbescheide ausschließlich mangels Auswirkung auf die Höhe der festzusetzenden Steuer unterbleibt. ⁶Die Feststellungsfrist endet nicht, bevor die Festsetzungsfrist für den Veranlagungszeitraum abgelaufen ist, auf dessen Schluss der verbleibende Verlustvortrag gesondert festzustellen ist; § 181 Absatz 5 der Abgabenordnung ist nur anzuwenden, wenn die zuständige Finanzbehörde die Feststellung des Verlustvortrags pflichtwidrig unterlassen hat.

§ 10e Steuerbegünstigung der zu eigenen Wohnzwecken genutzten Wohnung im eigenen Haus

EStG
S 2225a
1)

(1) ¹Der Steuerpflichtige kann von den Herstellungskosten einer Wohnung in einem im Inland belegenen eigenen Haus oder einer im Inland belegenen eigenen Eigentumswohnung zuzüglich der Hälfte der Anschaffungskosten für den dazugehörenden Grund und Boden (Bemessungsgrundlage) im Jahr der Fertigstellung und in den drei folgenden Jahren jeweils bis zu 6 Prozent, höchstens jeweils 10 124 Euro, und in den vier darauffolgenden Jahren jeweils bis zu 5 Prozent, höchstens jeweils 8 437 Euro, wie Sonderausgaben abziehen. ²Voraussetzung ist, dass der Steuerpflichtige die Wohnung hergestellt und in dem jeweiligen Jahr des Zeitraums nach Satz 1 (Abzugszeitraum) zu eigenen Wohnzwecken genutzt hat und die Wohnung keine Ferienwohnung oder Wochenendwohnung ist. ³Eine Nutzung zu eigenen Wohnzwecken liegt auch vor, wenn Teile einer zu eigenen Wohnzwecken genutzten Wohnung unentgeltlich zu Wohnzwecken überlassen werden. ⁴Hat der Steuerpflichtige die Wohnung angeschafft, so sind die Sätze 1 bis 3 mit der Maßgabe anzuwenden, dass an die Stelle des Jahres der Fertigstellung das Jahr der Anschaffung und an die Stelle der Herstellungskosten die Anschaffungskosten treten; hat der Steuerpflichtige die Wohnung nicht bis zum Ende des zweiten auf das Jahr der Fertigstellung folgenden Jahres angeschafft, kann er von der Bemessungsgrundlage im Jahr der Anschaffung und in den drei folgenden Jahren höchstens jeweils 4 602 Euro und in den vier darauffolgenden Jahren jeweils 3 835 Euro abziehen. ⁵§ 6b Absatz 6 gilt sinngemäß. ⁶Bei einem Anteil an der zu eigenen Wohnzwecken genutzten Wohnung kann der Steuerpflichtige den entsprechenden Teil der Abzugsbeträge nach Satz 1 wie Sonderausgaben abziehen. ⁷Werden Teile der Wohnung nicht zu eigenen Wohnzwecken genutzt, ist die Bemessungsgrundlage um den auf den nicht zu eigenen Wohnzwecken entfallenden Teil zu kürzen. ⁸Satz 4 ist nicht anzuwenden, wenn der Steuerpflichtige die Wohnung oder einen Anteil daran von seinem Ehegatten anschafft und bei den Ehegatten die Voraussetzungen des § 26 Absatz 1 vorliegen.

(2) Absatz 1 gilt entsprechend für Herstellungskosten zu eigenen Wohnzwecken genutzter Ausbauten und Erweiterungen an einer im Inland belegenen, zu eigenen Wohnzwecken genutzten Wohnung.

(3) ¹Der Steuerpflichtige kann die Abzugsbeträge nach den Absätzen 1 und 2, die er in einem Jahr des Abzugszeitraums nicht ausgenutzt hat, bis zum Ende des Abzugszeitraums abziehen. ²Nachträgliche Herstellungskosten oder Anschaffungskosten, die bis zum Ende des Abzugszeitraums entstehen, können vom Jahr ihrer Entstehung an für die Veranlagungszeiträume, in denen der Steuerpflichtige Abzugsbeträge nach den Absätzen 1 und 2 hätte abziehen können, so behandelt werden, als wären sie zu Beginn des Abzugszeitraums entstanden.

(4) ¹Die Abzugsbeträge nach den Absätzen 1 und 2 kann der Steuerpflichtige nur für eine Wohnung oder für einen Ausbau oder eine Erweiterung abziehen. ²Ehegatten, bei denen die Voraussetzungen des § 26 Absatz 1 vorliegen, können die Abzugsbeträge nach den Absätzen 1 und 2 für insgesamt zwei der in Satz 1 bezeichneten Objekte abziehen, jedoch nicht gleichzeitig für zwei in räumlichem Zusammenhang belegene Objekte, wenn bei den Ehegatten im Zeitpunkt der Herstellung oder Anschaffung der Objekte die Voraussetzungen des § 26 Absatz 1

---

1) Zur Anwendung des § 10e EStG → § 52 Abs. 19 EStG.

vorliegen. ³Den Abzugsbeträgen stehen die erhöhten Absetzungen nach § 7b in der jeweiligen Fassung ab Inkrafttreten des Gesetzes vom 16. Juni 1964 (BGBl. I S. 353) und nach § 15 Absatz 1 bis 4 des Berlinförderungsgesetzes in der jeweiligen Fassung ab Inkrafttreten des Gesetzes vom 11. Juli 1977 (BGBl. I S. 1213) gleich. ⁴Nutzt der Steuerpflichtige die Wohnung im eigenen Haus oder die Eigentumswohnung (Erstobjekt) nicht bis zum Ablauf des Abzugszeitraums zu eigenen Wohnzwecken und kann er deshalb die Abzugsbeträge nach den Absätzen 1 und 2 nicht mehr in Anspruch nehmen, so kann er die Abzugsbeträge nach Absatz 1 bei einer weiteren Wohnung im Sinne des Absatzes 1 Satz 1 (Folgeobjekt) in Anspruch nehmen, wenn er das Folgeobjekt innerhalb von zwei Jahren vor und drei Jahren nach Ablauf des Veranlagungszeitraums, in dem er das Erstobjekt letztmals zu eigenen Wohnzwecken genutzt hat, anschafft oder herstellt; Entsprechendes gilt bei einem Ausbau oder einer Erweiterung einer Wohnung. ⁵Im Fall des Satzes 4 ist der Abzugszeitraum für das Folgeobjekt um die Anzahl der Veranlagungszeiträume zu kürzen, in denen der Steuerpflichtige für das Erstobjekt die Abzugsbeträge nach den Absätzen 1 und 2 hätte abziehen können; hat der Steuerpflichtige das Folgeobjekt in einem Veranlagungszeitraum, in dem er das Erstobjekt noch zu eigenen Wohnzwecken genutzt hat, hergestellt oder angeschafft oder ausgebaut oder erweitert, so beginnt der Abzugszeitraum für das Folgeobjekt mit Ablauf des Veranlagungszeitraums, in dem der Steuerpflichtige das Erstobjekt letztmals zu eigenen Wohnzwecken genutzt hat. ⁶Für das Folgeobjekt sind die Prozentsätze der vom Erstobjekt verbliebenen Jahre maßgebend. ⁷Dem Erstobjekt im Sinne des Satzes 4 steht ein Erstobjekt im Sinne des § 7b Absatz 5 Satz 4 sowie des § 15 Absatz 1 und des § 15b Absatz 1 des Berlinförderungsgesetzes gleich. ⁸Ist für den Steuerpflichtigen Objektverbrauch nach den Sätzen 1 bis 3 eingetreten, kann er die Abzugsbeträge nach den Absätzen 1 und 2 für ein weiteres, in dem in Artikel 3 des Einigungsvertrages genannten Gebiet belegenes Objekt abziehen, wenn der Steuerpflichtige oder dessen Ehegatte, bei denen die Voraussetzungen des § 26 Absatz 1 vorliegen, in dem in Artikel 3 des Einigungsvertrages genannten Gebiet zugezogen ist und

1. seinen ausschließlichen Wohnsitz in diesem Gebiet zu Beginn des Veranlagungszeitraums hat oder ihn im Laufe des Veranlagungszeitraums begründet oder

2. bei mehrfachem Wohnsitz einen Wohnsitz in diesem Gebiet hat und sich dort überwiegend aufhält.

⁹Voraussetzung für die Anwendung des Satzes 8 ist, dass die Wohnung im eigenen Haus oder die Eigentumswohnung vor dem 1. Januar 1995 hergestellt oder angeschafft oder der Ausbau oder die Erweiterung vor diesem Zeitpunkt fertig gestellt worden ist. ¹⁰Die Sätze 2 und 4 bis 6 sind für im Satz 8 bezeichnete Objekte sinngemäß anzuwenden.

(5) ¹Sind mehrere Steuerpflichtige Eigentümer einer zu eigenen Wohnzwecken genutzten Wohnung, so ist Absatz 4 mit der Maßgabe anzuwenden, dass der Anteil des Steuerpflichtigen an der Wohnung einer Wohnung gleichsteht; Entsprechendes gilt bei dem Ausbau oder bei der Erweiterung einer zu eigenen Wohnzwecken genutzten Wohnung. ²Satz 1 ist nicht anzuwenden, wenn Eigentümer der Wohnung der Steuerpflichtige und sein Ehegatte sind und bei den Ehegatten die Voraussetzungen des § 26 Absatz 1 vorliegen. ³Erwirbt im Fall des Satzes 2 ein Ehegatte infolge Erbfalls einen Miteigentumsanteil an der Wohnung hinzu, so kann er die auf diesen Anteil entfallenden Abzugsbeträge nach den Absätzen 1 und 2 weiter in der bisherigen Höhe abziehen; Entsprechendes gilt, wenn im Fall des Satzes 2 während des Abzugszeitraums die Voraussetzungen des § 26 Absatz 1 wegfallen und ein Ehegatte den Anteil des anderen Ehegatten an der Wohnung erwirbt.

(5a) ¹Die Abzugsbeträge nach den Absätzen 1 und 2 können nur für die Veranlagungszeiträume in Anspruch genommen werden, in denen der Gesamtbetrag der Einkünfte 61 355 Euro, bei nach § 26b zusammenveranlagten Ehegatten 122 710 Euro nicht übersteigt. ²Eine Nachholung von Abzugsbeträgen nach Absatz 3 Satz 1 ist nur für Veranlagungszeiträume möglich, in denen die in Satz 1 genannten Voraussetzungen vorgelegen haben; Entsprechendes gilt für nachträgliche Herstellungskosten oder Anschaffungskosten im Sinne des Absatzes 3 Satz 2.

(6) ¹Aufwendungen des Steuerpflichtigen, die bis zum Beginn der erstmaligen Nutzung einer Wohnung im Sinne des Absatzes 1 zu eigenen Wohnzwecken entstehen, unmittelbar mit der Herstellung oder Anschaffung des Gebäudes oder der Eigentumswohnung oder der Anschaffung des dazugehörenden Grund und Bodens zusammenhängen, nicht zu den Herstellungskosten oder Anschaffungskosten der Wohnung oder zu den Anschaffungskosten des Grund und Bodens gehören und die im Fall der Vermietung oder Verpachtung der Wohnung als Werbungskosten abgezogen werden könnten, können wie Sonderausgaben abgezogen werden. ²Wird eine Wohnung bis zum Beginn der erstmaligen Nutzung zu eigenen Wohnzwecken vermietet oder zu eigenen beruflichen oder eigenen betrieblichen Zwecken genutzt und sind die Aufwendungen Werbungskosten oder Betriebsausgaben, können sie nicht als Sonderausgaben abgezogen werden. ³Aufwendungen nach Satz 1, die Erhaltungsaufwand sind und im Zusammenhang mit der Anschaffung des Gebäudes oder der Eigentumswohnung stehen, können insgesamt nur bis zu 15 Prozent der Anschaffungskosten des Gebäudes oder der Eigentumswohnung, höchstens bis zu 15 Prozent von 76 694 Euro, abgezogen werden. ⁴Die Sätze 1 und 2 gel-

ten entsprechend bei Ausbauten und Erweiterungen an einer zu Wohnzwecken genutzten Wohnung.

(6a) [1]Nimmt der Steuerpflichtige Abzugsbeträge für ein Objekt nach den Absätzen 1 oder 2 in Anspruch oder ist er auf Grund des Absatzes 5a zur Inanspruchnahme von Abzugsbeträgen für ein solches Objekt nicht berechtigt, so kann er die mit diesem Objekt in wirtschaftlichem Zusammenhang stehenden Schuldzinsen, die für die Zeit der Nutzung zu eigenen Wohnzwecken entstehen, im Jahr der Herstellung oder Anschaffung und in den beiden folgenden Kalenderjahren bis zur Höhe von jeweils 12 000 Deutsche Mark wie Sonderausgaben abziehen, wenn er das Objekt vor dem 1. Januar 1995 fertiggestellt oder vor diesem Zeitpunkt bis zum Ende des Jahres der Fertigstellung angeschafft hat. [2]Soweit der Schuldzinsenabzug nach Satz 1 nicht in vollem Umfang im Jahr der Herstellung oder Anschaffung in Anspruch genommen werden kann, kann er in dem dritten auf das Jahr der Herstellung oder Anschaffung folgenden Kalenderjahr nachgeholt werden. [3]Absatz 1 Satz 6 gilt sinngemäß.

(7) [1]Sind mehrere Steuerpflichtige Eigentümer einer zu eigenen Wohnzwecken genutzten Wohnung, so können die Abzugsbeträge nach den Absätzen 1 und 2 und die Aufwendungen nach den Absätzen 6 und 6a gesondert und einheitlich festgestellt werden. [2]Die für die gesonderte Feststellung von Einkünften nach § 180 Absatz 1 Nummer 2 Buchstabe a der Abgabenordnung geltenden Vorschriften sind entsprechend anzuwenden.

---

§ 10f Steuerbegünstigung für zu eigenen Wohnzwecken genutzte Baudenkmale und Gebäude in Sanierungsgebieten und städtebaulichen Entwicklungsbereichen

(1) [1]Der Steuerpflichtige kann Aufwendungen an einem eigenen Gebäude im Kalenderjahr des Abschlusses der Baumaßnahme und in den neun folgenden Kalenderjahren jeweils bis zu 9 Prozent wie Sonderausgaben abziehen, wenn die Voraussetzungen des § 7h oder des § 7i vorliegen. [2]Dies gilt nur, soweit er das Gebäude in dem jeweiligen Kalenderjahr zu eigenen Wohnzwecken nutzt und die Aufwendungen nicht in die Bemessungsgrundlage nach § 10e oder dem Eigenheimzulagengesetz einbezogen hat. [3]Für Zeiträume, für die der Steuerpflichtige erhöhte Absetzungen von Aufwendungen nach § 7h oder § 7i abgezogen hat, kann er für diese Aufwendungen keine Abzugsbeträge nach Satz 1 in Anspruch nehmen. [4]Eine Nutzung zu eigenen Wohnzwecken liegt auch vor, wenn Teile einer zu eigenen Wohnzwecken genutzten Wohnung unentgeltlich zu Wohnzwecken überlassen werden.

(2) [1]Der Steuerpflichtige kann Erhaltungsaufwand, der an einem eigenen Gebäude entsteht und nicht zu den Betriebsausgaben oder Werbungskosten gehört, im Kalenderjahr des Abschlusses der Maßnahme und in den neun folgenden Kalenderjahren jeweils bis zu 9 Prozent wie Sonderausgaben abziehen, wenn die Voraussetzungen des § 11a Absatz 1 in Verbindung mit § 7h Absatz 2 oder des § 11b Satz 1 oder 2 in Verbindung mit § 7i Absatz 1 Satz 2 und Absatz 2 vorliegen. [2]Dies gilt nur, soweit der Steuerpflichtige das Gebäude in dem jeweiligen Kalenderjahr zu eigenen Wohnzwecken nutzt und diese Aufwendungen nicht nach § 10e Absatz 6 oder § 10i abgezogen hat. [3]Soweit der Steuerpflichtige das Gebäude während des Verteilungszeitraums zur Einkunftserzielung nutzt, ist der noch nicht berücksichtigte Teil des Erhaltungsaufwands im Jahr des Übergangs zur Einkunftserzielung wie Sonderausgaben abzuziehen. [4]Absatz 1 Satz 4 ist entsprechend anzuwenden.

(3) [1]Die Abzugsbeträge nach den Absätzen 1 und 2 kann der Steuerpflichtige nur bei einem Gebäude in Anspruch nehmen. [2]Ehegatten, bei denen die Voraussetzungen des § 26 Absatz 1 vorliegen, können die Abzugsbeträge nach den Absätzen 1 und 2 bei insgesamt zwei Gebäuden abziehen. [3]Gebäuden im Sinne der Absätze 1 und 2 stehen Gebäude gleich, für die Abzugsbeträge nach § 52 Absatz 21 Satz 6 in Verbindung mit § 51 Absatz 1 Nummer 2 Buchstabe x oder Buchstabe y des Einkommensteuergesetzes 1987 in der Fassung der Bekanntmachung vom 27. Februar 1987 (BGBl. I S. 657) in Anspruch genommen worden sind; Entsprechendes gilt für Abzugsbeträge nach § 52 Absatz 21 Satz 7.

(4) [1]Sind mehrere Steuerpflichtige Eigentümer eines Gebäudes, so ist Absatz 3 mit der Maßgabe anzuwenden, dass der Anteil des Steuerpflichtigen an einem solchen Gebäude dem Gebäude gleichsteht. [2]Erwirbt ein Miteigentümer, der für seinen Anteil bereits Abzugsbeträge nach Absatz 1 oder Absatz 2 abgezogen hat, einen Anteil an demselben Gebäude hinzu, kann er für danach von ihm durchgeführte Maßnahmen im Sinne der Absätze 1 oder 2 auch die Abzugsbeträge nach den Absätzen 1 und 2 in Anspruch nehmen, die auf den hinzuerworbenen Anteil entfallen. [3]§ 10e Absatz 5 Satz 2 und 3 sowie Absatz 7 ist sinngemäß anzuwenden.

(5) Die Absätze 1 bis 4 sind auf Gebäudeteile, die selbständige unbewegliche Wirtschaftsgüter sind, und auf Eigentumswohnungen entsprechend anzuwenden.

§ 10g Steuerbegünstigung für schutzwürdige Kulturgüter, die weder zur Einkunftserzielung noch zu eigenen Wohnzwecken genutzt werden

(1) [1]Der Steuerpflichtige kann Aufwendungen für Herstellungs- und Erhaltungsmaßnahmen an eigenen schutzwürdigen Kulturgütern im Inland, soweit sie öffentliche oder private Zuwendungen oder etwaige aus diesen Kulturgütern erzielte Einnahmen übersteigen, im Kalenderjahr des Abschlusses der Maßnahme und in den neun folgenden Kalenderjahren jeweils bis zu 9 Prozent wie Sonderausgaben abziehen. [2]Kulturgüter im Sinne des Satzes 1 sind

1. Gebäude oder Gebäudeteile, die nach den jeweiligen landesrechtlichen Vorschriften ein Baudenkmal sind,

2. Gebäude oder Gebäudeteile, die für sich allein nicht die Voraussetzungen für ein Baudenkmal erfüllen, aber Teil einer nach den jeweiligen landesrechtlichen Vorschriften als Einheit geschützten Gebäudegruppe oder Gesamtanlage sind,

3. gärtnerische, bauliche und sonstige Anlagen, die keine Gebäude oder Gebäudeteile und nach den jeweiligen landesrechtlichen Vorschriften unter Schutz gestellt sind,

4. Mobiliar, Kunstgegenstände, Kunstsammlungen, wissenschaftliche Sammlungen, Bibliotheken oder Archive, die sich seit mindestens 20 Jahren im Besitz der Familie des Steuerpflichtigen befinden oder als nationales Kulturgut in ein Verzeichnis national wertvollen Kulturgutes nach § 7 Absatz 1 des Kulturgutschutzgesetzes vom 31. Juli 2016 (BGBl. I S. 1914) eingetragen ist und deren Erhaltung wegen ihrer Bedeutung für Kunst, Geschichte oder Wissenschaft im öffentlichen Interesse liegt,

wenn sie in einem den Verhältnissen entsprechenden Umfang der wissenschaftlichen Forschung oder der Öffentlichkeit zugänglich gemacht werden, es sei denn, dem Zugang stehen zwingende Gründe des Denkmal oder Archivschutzes entgegen. [3]Die Maßnahmen müssen nach Maßgabe der geltenden Bestimmungen der Denkmal- und Archivpflege erforderlich und in Abstimmung mit der in Absatz 3 genannten Stelle durchgeführt worden sein; bei Aufwendungen für Herstellungs- und Erhaltungsmaßnahmen an Kulturgütern im Sinne des Satzes 2 Nummer 1 und 2 ist § 7i Absatz 1 Satz 1 bis 4 sinngemäß anzuwenden.

(2) [1]Die Abzugsbeträge nach Absatz 1 Satz 1 kann der Steuerpflichtige nur in Anspruch nehmen, soweit er die schutzwürdigen Kulturgüter im jeweiligen Kalenderjahr weder zur Erzielung von Einkünften im Sinne des § 2 noch Gebäude oder Gebäudeteile zu eigenen Wohnzwecken nutzt und die Aufwendungen nicht nach § 10e Absatz 6, § 10h Satz 3 oder § 10i abgezogen hat. [2]Für Zeiträume, für die der Steuerpflichtige von Aufwendungen Absetzungen für Abnutzung, erhöhte Absetzungen, Sonderabschreibungen oder Beträge nach § 10e Absatz 1 bis 5, den §§ 10f, 10h, 15b des Berlinförderungsgesetzes abgezogen hat, kann er für diese Aufwendungen keine Abzugsbeträge nach Absatz 1 Satz 1 in Anspruch nehmen; Entsprechendes gilt, wenn der Steuerpflichtige für Aufwendungen die Eigenheimzulage nach dem Eigenheimzulagengesetz in Anspruch genommen hat. [3]Soweit die Kulturgüter während des Zeitraums nach Absatz 1 Satz 1 zur Einkunftserzielung genutzt werden, ist der noch nicht berücksichtigte Teil der Aufwendungen, die auf Erhaltungsarbeiten entfallen, im Jahr des Übergangs zur Einkunftserzielung wie Sonderausgaben abzuziehen.

(3) [1]Der Steuerpflichtige kann den Abzug vornehmen, wenn er durch eine Bescheinigung der nach Landesrecht zuständigen oder von der Landesregierung bestimmten Stelle die Voraussetzungen des Absatzes 1 für das Kulturgut und für die Erforderlichkeit der Aufwendungen nachweist. [2]Hat eine der für Denkmal- oder Archivpflege zuständigen Behörde ihm Zuschüsse gewährt, so hat die Bescheinigung auch deren Höhe zu enthalten; werden ihm solche Zuschüsse nach Ausstellung der Bescheinigung gewährt, so ist diese entsprechend zu ändern.

(4) [1]Die Absätze 1 bis 3 sind auf Gebäudeteile, die selbständige unbewegliche Wirtschaftsgüter sind, sowie auf Eigentumswohnungen und im Teileigentum stehende Räume entsprechend anzuwenden. [2]§ 10e Absatz 7 gilt sinngemäß.

6. Vereinnahmung und Verausgabung

§ 11 [Vereinnahmung und Verausgabung]

(1) [1]Einnahmen sind innerhalb des Kalenderjahres bezogen, in dem sie dem Steuerpflichtigen zugeflossen sind. [2]Regelmäßig wiederkehrende Einnahmen, die dem Steuerpflichtigen kurze Zeit vor Beginn oder kurze Zeit nach Beendigung des Kalenderjahres, zu dem sie wirtschaftlich gehören, zugeflossen sind, gelten als in diesem Kalenderjahr bezogen. [3]Der Steuerpflichtige kann Einnahmen, die auf einer Nutzungsüberlassung im Sinne des Absatzes 2 Satz 3 beruhen, insgesamt auf den Zeitraum gleichmäßig verteilen, für den die Vorauszahlung geleistet wird.

[4]Für Einnahmen aus nichtselbständiger Arbeit gilt § 38a Absatz 1 Satz 2 und 3 und § 40 Absatz 3 Satz 2. [5]Die Vorschriften über die Gewinnermittlung (§ 4 Absatz 1, § 5) bleiben unberührt.

(2) [1]Ausgaben sind für das Kalenderjahr abzusetzen, in dem sie geleistet worden sind. [2]Für regelmäßig wiederkehrende Ausgaben gilt Absatz 1 Satz 2 entsprechend. [3]Werden Ausgaben für eine Nutzungsüberlassung von mehr als fünf Jahren im Voraus geleistet, sind sie insgesamt auf den Zeitraum gleichmäßig zu verteilen, für den die Vorauszahlung geleistet wird. [4]Satz 3 ist auf ein Damnum oder Disagio nicht anzuwenden, soweit dieses marktüblich ist. [5]§ 42 der Abgabenordnung bleibt unberührt. [6]Die Vorschriften über die Gewinnermittlung (§ 4 Absatz 1, § 5) bleiben unberührt.

Hinweise

H 11

Allgemeines

→ H 11 EStH

Rückzahlung von Arbeitslohn

Arbeitslohnrückzahlungen sind nur dann anzunehmen, wenn der Arbeitnehmer an den Arbeitgeber die Leistungen, die bei ihm als Lohnzahlungen zu qualifizieren waren, zurückzahlt (→ BFH vom 10. 8. 2010 – BStBl II S. 1074). Zurückgezahlter Arbeitslohn ist erst im Zeitpunkt des Abflusses steuermindernd zu berücksichtigen (→ BFH vom 4. 5. 2006 – BStBl II S. 830 und 832); das gilt auch dann, wenn sich die Rückzahlung im Folgejahr steuerlich nicht mehr auswirkt (→ BFH vom 7. 11. 2006 – BStBl 2007 II S. 315). Auch bei beherrschenden Gesellschaftern ist der Abfluss einer Arbeitslohnrückzahlung erst im Zeitpunkt der Leistung und nicht bereits im Zeitpunkt der Fälligkeit der Rückforderung anzunehmen (→ BFH vom 14. 4. 2016 – BStBl II S. 778).

Steuerliche Fragen im Zusammenhang mit der Rückzahlung von Arbeitslohn

(Verfügung der OFD Frankfurt vom 25. 7. 2000 – S 2399 A – 1 – St II 30 –)

Zu den im Zusammenhang mit der Rückzahlung von Arbeitslohn auftretenden steuerlichen Fragen wird folgende Auffassung vertreten:

1. Rückzahlung von nicht versteuertem Arbeitslohn

1.1 Zahlt ein Arbeitnehmer Arbeitslohn zurück, der im Zeitpunkt des Zuflusses zu Recht steuerbefreit war, so ist die Rückzahlung als ein außersteuerlicher Vorgang anzusehen. Der Arbeitnehmer kann im Jahr der Rückzahlung weder Werbungskosten noch negative Einnahmen in entsprechender Höhe geltend machen.

1.2 Tz. 1.1 gilt entsprechend für den Fall, dass der Arbeitnehmer Arbeitslohn zurückzahlen muss, bei dem es sich dem Grunde nach zwar um steuerpflichtigen Arbeitslohn gehandelt hat, der aber im Zeitpunkt des Zuflusses zu Unrecht als steuerfrei behandelt worden ist.

Beispiele:

1. Dem Arbeitnehmer ist ein bestimmter Betrag als Reisekostenersatz steuerfrei ausgezahlt worden. Es stellt sich später heraus, dass die Voraussetzungen einer Dienstreise nicht gegeben waren. Der Arbeitgeber fordert den zu Unrecht gewährten Betrag zurück.

2. Der Arbeitnehmer hat ein Jubiläumsgeschenk steuerfrei erhalten, weil der Arbeitgeber irrigerweise davon ausging, dass eine Dienstzeit von 25 Jahren erfüllt sei. Nachträglich stellt der Arbeitgeber fest, dass erst 20 Dienstjahre vorlagen. Der Arbeitgeber fordert daher das Jubiläumsgeschenk zurück.

Sieht der Arbeitgeber in derartigen Fällen von einer Rückforderung des zu Unrecht als steuerfrei behandelten Arbeitslohns ab, muss dieser Arbeitslohn noch nachträglich steuerlich erfasst werden.

2. Rückzahlung von versteuertem Arbeitslohn

Zahlt ein Arbeitnehmer Arbeitslohn zurück, der dem Lohnsteuerabzug unterlegen hat, so bleibt der früher gezahlte Arbeitslohn zugeflossen (§ 11 Abs. 1 EStG). Die zurückgezahlten Beträge sind im Zeitpunkt der Rückzahlung (§ 11 Abs. 2 EStG) als negative Einnahmen zu behandeln. Im Einzelnen gilt Folgendes:

2.1 Rückzahlung von Arbeitslohn im Kalenderjahr seiner Zahlung bei fortbestehendem Dienstverhältnis

Hat der Arbeitnehmer Arbeitslohn im selben Kalenderjahr zurückzuzahlen, in dem er ihn erhalten hat, und steht er im Zeitpunkt der Rückzahlung noch in einem Dienstverhältnis zu demselben Arbeitgeber, kann dieser den zurückgezahlten Betrag im Lohnzahlungszeitraum der Rückzahlung oder in den auf die Rückzahlung folgenden Lohnzahlungszeiträumen sowie im Lohnsteuer-Jahresausgleich nach § 42b EStG vom steuerpflichtigen Arbeitslohn absetzen. Es bestehen keine Bedenken, wenn der Arbeitgeber stattdessen den Lohnsteuerabzug des früheren Lohnzahlungszeitraums aufgrund der Rückzahlung entsprechend ändert.

Die Berücksichtigung des zurückgezahlten Betrags durch den Arbeitgeber ist gemäß § 41c Abs. 3 EStG aber nur bis zur Ausstellung einer Lohnsteuerbescheinigung möglich. Kann der Arbeitgeber deswegen zurückgezahlte Beträge des Arbeitnehmers nicht mehr berücksichtigen oder macht er von seiner Berechtigung hierzu keinen Gebrauch, kann der Arbeitnehmer diese Beträge bei der Veranlagung zur Einkommensteuer als negative Einnahmen geltend machen (vgl. Tz. 2.4).

2.2 Rückzahlung von Arbeitslohn in einem späteren Kalenderjahr bei fortbestehendem Dienstverhältnis

Wird Arbeitslohn nicht im Kalenderjahr der Zahlung, sondern in einem späteren Kalenderjahr zurückgefordert, stellen die zurückgezahlten Beträge negative Einnahmen des Rückzahlungsjahrs dar. Steht der Arbeitnehmer zu dem Arbeitgeber, der den Arbeitslohn überzahlt hat, noch in einem Dienstverhältnis, kann der Arbeitgeber die Rückzahlung im Lohnzahlungszeitraum der Rückzahlung oder in den auf die Rückzahlung folgenden Lohnzahlungszeiträumen sowie im Lohnsteuer-Jahresausgleich nach § 42b EStG berücksichtigen. Im Übrigen gilt Tz. 2.1 entsprechend.

2.3 Rückzahlung von Arbeitslohn nach Beendigung des Dienstverhältnisses

Steht ein Arbeitnehmer im Zeitpunkt der Rückzahlung von Arbeitslohn nicht mehr in einem Dienstverhältnis zu dem Arbeitgeber, der den Arbeitslohn überzahlt hat, kann der zurückgezahlte Betrag nur bei einer Veranlagung zur Einkommensteuer berücksichtigt werden (vgl. Tz. 2.4).

2.4 Berücksichtigung der Rückzahlung bei der Veranlagung zur Einkommensteuer durch das FA

Für die Berücksichtigung zurückgezahlten Arbeitslohns als negative Einnahme (vgl. Tz. 2.1, 2.2 und 2.3) bei der Veranlagung zur Einkommensteuer gilt Folgendes:

2.4.1 Bezieht der Arbeitnehmer im Jahr der Rückzahlung Einkünfte aus nichtselbständiger Arbeit, werden diese durch den zurückgezahlten Arbeitslohn (negative Einnahmen) entsprechend gemindert.

2.4.2 Bezieht der Arbeitnehmer im Kalenderjahr der Rückzahlung keine Einkünfte aus nichtselbständiger Arbeit, so können die negativen Einnahmen mit anderen Einkünften ausgeglichen werden.

2.4.3 Soweit dem Arbeitnehmer im Kalenderjahr der Rückzahlung keine positiven Einkünfte verbleiben, kann er eine Erstattung von Steuer erreichen, indem er für den zurückgezahlten Arbeitslohn einen Verlustabzug von positiven Einkünften im Rahmen eines Verlustrücktrags bzw. eines Verlustvortrags nach Maßgabe von § 10d EStG beantragt. Kommt für diese Kalenderjahre nicht bereits aus anderen Gründen eine Veranlagung zur Einkommensteuer in Betracht, kann sie der Arbeitnehmer besonders beantragen (§ 46 Abs. 2 Nr. 8 EStG).

2.4.4 Die Höhe der bei der Veranlagung zur Einkommensteuer zu berücksichtigenden negativen Einnahmen ist vom Arbeitnehmer nachzuweisen oder glaubhaft zu machen. Der Einkommensteuererklärung sollte deshalb, wenn der Arbeitnehmer nicht über andere geeignete Unterlagen verfügt, eine entsprechende Bescheinigung des Arbeitgebers beigefügt werden.

3. Steuererstattung im Billigkeitswege (§ 227 AO)

Kann der Arbeitnehmer nach Maßgabe von Tz. 2.4 keinen vollen steuerlichen Ausgleich (einschl. Progressionsnachteile) erlangen, kommt regelmäßig eine zusätzliche Steuererstattung aus sachlichen Billigkeitsgründen (§ 227 AO) nicht in Betracht, weil der Gesetzgeber Auswirkungen bei der Anwendung der Vorschriften des § 11 EStG (Zufluss von Einnahmen, Abfluss von Ausgaben) oder des § 10d EStG (Verlustabzug) zum Vorteil oder zum Nachteil des Steuerpflichtigen bewusst in Kauf genommen hat. Die Erstattung von Steuerbeträgen aus persönlichen Billigkeitsgründen des Arbeitnehmers bleibt hiervon unberührt.

4. Steuerliche Folgen aus der Rückzahlung von Sozialversicherungsbeiträgen

Wird bei der Rückzahlung von Arbeitslohn auch die sozialversicherungsrechtliche Behandlung rückgängig gemacht, ist Folgendes zu beachten:

4.1 Fordert der Arbeitgeber vom Arbeitnehmer den Bruttoarbeitslohn ohne Kürzung um den Arbeitnehmeranteil zur Sozialversicherung zurück und erstattet er dem Arbeitnehmer später diesen Anteil, weil er den Betrag von den für alle Arbeitnehmer des Betriebs abzuführenden Sozialversicherungsbeiträgen gekürzt oder vom Sozialversicherungsträger erstattet erhalten hat, so stellt die Vergütung keinen steuerpflichtigen Arbeitslohn dar. Fordert der Arbeitgeber dagegen vom Arbeitnehmer den Bruttoarbeitslohn zunächst gekürzt um den Arbeitnehmeranteil zur Sozialversicherung zurück und behält er die durch Verrechnung zurückerhaltenen Arbeitnehmeranteile zurück, stellen diese ebenfalls zurückgezahlten Arbeitslohn des Arbeitnehmers dar, auf den Tz. 2 anwendbar ist. Dies gilt unabhängig davon, ob die Sozialversicherungsbeiträge in demselben oder im nachfolgenden Kalenderjahr verrechnet werden.

4.2 Die zurückgezahlten Arbeitnehmeranteile zur Sozialversicherung mindern im Rückzahlungsjahr die als Vorsorgeaufwendungen abziehbaren Sozialversicherungsbeiträge. Der Arbeitgeber hat dies bei der Bescheinigung der einbehaltenen Sozialversicherungsbeiträge zu berücksichtigen.

4.3 Die Erstattung des Arbeitgeberanteils zur gesetzlichen Sozialversicherung spielt sich nur im Verhältnis des Arbeitgebers zu den Sozialversicherungsträgern ab und hat keine Auswirkung auf die Besteuerung des Arbeitslohns. Sie mindert jedoch die ggf. auf den Vorwegabzugsbetrag nach § 10 Abs. 3 Nr. 2 Buchst. a EStG anzurechnenden Arbeitgeberleistungen; der Arbeitgeber hat dies bei einer Bescheinigung der Arbeitgeberanteile zur Sozialversicherung entsprechend zu berücksichtigen.

5. Rückzahlung von Arbeitslohn in Fällen der Nettolohnvereinbarung

Für die steuerliche Behandlung von zurückgezahltem Arbeitslohn bei Vorliegen einer Nettolohnvereinbarung gelten die Ausführungen unter Tz. 2 bis 4 entsprechend. Steuerschuldner und damit auch Erstattungsberechtigter ist der Arbeitnehmer und nicht der Arbeitgeber.

6. Rückzahlung von Arbeitslohn in den Fällen der Lohnsteuerpauschalierung nach §§ 40, 40a und 40b EStG

Die Rückzahlung von Arbeitslohn, der unter Übernahme der Lohnsteuer durch den Arbeitgeber nach §§ 40, 40a und 40b EStG pauschal versteuert worden ist, hat keine negativen Einnahmen beim Arbeitnehmer zur Folge. Die Rückzahlung führt vielmehr zu einem Erstattungsanspruch des Arbeitgebers. Für die Ermittlung eines evtl. Steuererstattungsanspruchs sind folgende Fälle zu unterscheiden:

6.1 Pauschalierung nach §§ 40 Abs. 2, 40a, 40b EStG

Soweit eine Verrechnung des zurückgezahlten Arbeitslohns mit entsprechenden Zahlungen im gleichen Anmeldungszeitraum nicht möglich ist, ergibt sich für den Arbeitgeber ein Steuererstattungsanspruch. Der Berechnung dieses Anspruchs ist der entsprechende, im Zeitpunkt der Rückzahlung geltende Pauschsteuersatz zugrunde zu legen. Im Übrigen wird wegen der Rückzahlung von nach § 40b EStG pauschalbesteuertem Arbeitslohn auf die ESt-Kartei zu § 40b Karte 1 hingewiesen

6.2 Pauschalierung nach § 40 Abs. 1 EStG

Im Fall des § 40 Abs. 1 EStG darf der zurückgezahlte Arbeitslohn nicht mit entsprechenden positiven Zahlungen im gleichen Anmeldungszeitraum verrechnet werden. Die Rückzahlung führt deshalb generell zu einem Steuererstattungsanspruch des Arbeitgebers. Dabei kann aus Vereinfachungsgründen von dem Betrag ausgegangen werden, der vorher als pauschale Lohnsteuer für die zurückgezahlten Beträge abgeführt worden ist.

Sonstige Bezüge – regelmäßig wiederkehrende Einnahmen

§ 11 Abs. 1 Satz 2 EStG, wonach regelmäßig wiederkehrende Einnahmen, die kurze Zeit vor Beginn oder kurze Zeit nach Beendigung des Kalenderjahres, zu dem sie wirtschaftlich gehören, zugeflossen sind, als in diesem Kalenderjahr bezogen gelten, ist auf sonstige Bezüge nicht anwendbar (→ BFH vom 24. 8. 2017 – BStBl 2018 II S. 72).

Zufluss von Arbeitslohn
→ R 38.2

EStG
S 2226a

§ 11a   Sonderbehandlung von Erhaltungsaufwand bei Gebäuden in Sanierungsgebieten und städtebaulichen Entwicklungsbereichen

(1) [1]Der Steuerpflichtige kann durch Zuschüsse aus Sanierungs- oder Entwicklungsförderungsmitteln nicht gedeckten Erhaltungsaufwand für Maßnahmen im Sinne des § 177 des Baugesetzbuchs an einem im Inland belegenen Gebäude in einem förmlich festgelegten Sanierungsgebiet oder städtebaulichen Entwicklungsbereich auf zwei bis fünf Jahre gleichmäßig verteilen. [2]Satz 1 ist entsprechend anzuwenden auf durch Zuschüsse aus Sanierungs- oder Entwicklungsförderungsmitteln nicht gedeckten Erhaltungsaufwand für Maßnahmen, die der Erhaltung, Erneuerung und funktionsgerechten Verwendung eines Gebäudes im Sinne des Satzes 1 dienen, das wegen seiner geschichtlichen, künstlerischen oder städtebaulichen Bedeutung erhalten bleiben soll, und zu deren Durchführung sich der Eigentümer neben bestimmten Modernisierungsmaßnahmen gegenüber der Gemeinde verpflichtet hat.

(2) [1]Wird das Gebäude während des Verteilungszeitraums veräußert, ist der noch nicht berücksichtigte Teil des Erhaltungsaufwands im Jahr der Veräußerung als Betriebsausgaben oder Werbungskosten abzusetzen. [2]Das Gleiche gilt, wenn ein nicht zu einem Betriebsvermögen gehörendes Gebäude in ein Betriebsvermögen eingebracht oder wenn ein Gebäude aus dem Betriebsvermögen entnommen oder wenn ein Gebäude nicht mehr zur Einkunftserzielung genutzt wird.

(3) Steht das Gebäude im Eigentum mehrerer Personen, ist der in Absatz 1 bezeichnete Erhaltungsaufwand von allen Eigentümern auf den gleichen Zeitraum zu verteilen.

(4) § 7h Absatz 2 und 3 ist entsprechend anzuwenden.

EStG
S 2226a

§ 11b   Sonderbehandlung von Erhaltungsaufwand bei Baudenkmalen

[1]Der Steuerpflichtige kann durch Zuschüsse aus öffentlichen Kassen nicht gedeckten Erhaltungsaufwand für ein im Inland belegenes Gebäude oder Gebäudeteil, das nach den jeweiligen landesrechtlichen Vorschriften ein Baudenkmal ist, auf zwei bis fünf Jahre gleichmäßig verteilen, soweit die Aufwendungen nach Art und Umfang zur Erhaltung des Gebäudes oder Gebäudeteils als Baudenkmal oder zu seiner sinnvollen Nutzung erforderlich und die Maßnahmen in Abstimmung mit der in § 7i Absatz 2 bezeichneten Stelle vorgenommen worden sind. [2]Durch Zuschüsse aus öffentlichen Kassen nicht gedeckten Erhaltungsaufwand für ein im Inland belegenes Gebäude oder Gebäudeteil, das für sich allein nicht die Voraussetzungen für ein Baudenkmal erfüllt, aber Teil einer Gebäudegruppe oder Gesamtanlage ist, die nach den jeweiligen landesrechtlichen Vorschriften als Einheit geschützt ist, kann der Steuerpflichtige auf zwei bis fünf Jahre gleichmäßig verteilen, soweit die Aufwendungen nach Art und Umfang zur Erhaltung des schützenswerten äußeren Erscheinungsbildes der Gebäudegruppe oder Gesamtanlage erforderlich und die Maßnahmen in Abstimmung mit der in § 7i Absatz 2 bezeichneten Stelle vorgenommen worden sind. [3]§ 7h Absatz 3 und § 7i Absatz 1 Satz 2 und Absatz 2 sowie § 11a Absatz 2 und 3 sind entsprechend anzuwenden.

7. Nicht abzugsfähige Ausgaben

EStG
S 2227

§ 12   [Nicht abzugsfähige Ausgaben]

Soweit in § 10 Absatz 1 Nummer 2 bis 5, 7 und 9 sowie Absatz 1a Nummer 1, den §§ 10a, 10b und den §§ 33 bis 33b nichts anderes bestimmt ist, dürfen weder bei den einzelnen Einkunftsarten noch vom Gesamtbetrag der Einkünfte abgezogen werden

1. die für den Haushalt des Steuerpflichtigen und für den Unterhalt seiner Familienangehörigen aufgewendeten Beträge. [2]Dazu gehören auch die Aufwendungen für die Lebensführung, die die wirtschaftliche oder gesellschaftliche Stellung des Steuerpflichtigen mit sich bringt, auch wenn sie zur Förderung des Berufs oder der Tätigkeit des Steuerpflichtigen erfolgen;

2. freiwillige Zuwendungen, Zuwendungen auf Grund einer freiwillig begründeten Rechtspflicht und Zuwendungen an eine gegenüber dem Steuerpflichtigen oder seinem Ehegatten gesetzlich unterhaltsberechtigte Person oder deren Ehegatten, auch wenn diese Zuwendungen auf einer besonderen Vereinbarung beruhen;

3. die Steuern vom Einkommen und sonstige Personensteuern sowie die Umsatzsteuer für Umsätze, die Entnahmen sind, und die Vorsteuerbeträge auf Aufwendungen, für die das Abzugsverbot der Nummer 1 oder des § 4 Absatz 5 Satz 1 Nummer 1 bis 5, 7 oder Absatz 7 gilt; das gilt auch für die auf diese Steuern entfallenden Nebenleistungen;

4. in einem Strafverfahren festgesetzte Geldstrafen, sonstige Rechtsfolgen vermögensrecht-
licher Art, bei denen der Strafcharakter überwiegt, und Leistungen zur Erfüllung von Auflagen oder Weisungen, soweit die Auflagen oder Weisungen nicht lediglich der Wiedergutmachung des durch die Tat verursachten Schadens dienen.

Hinweise

H 12

Allgemeines

→ R 12.1 und 12.2 EStR, H 12.1 und 12.2 EStH

Anhang 30

Gemischte Aufwendungen

→ BMF vom 6. 7. 2010 (BStBl I S. 614)

Anhang 13

---

8. Die einzelnen Einkunftsarten

a) Land- und Forstwirtschaft (§ 2 Absatz 1 Satz 1 Nummer 1)

S 2230

§ 13   Einkünfte aus Land- und Forstwirtschaft

EStG
S 2231–
S 2234

(1) Einkünfte aus Land- und Forstwirtschaft sind

1. Einkünfte aus dem Betrieb von Landwirtschaft, Forstwirtschaft, Weinbau, Gartenbau und
aus allen Betrieben, die Pflanzen und Pflanzenteile mit Hilfe der Naturkräfte gewinnen. [2]Zu
diesen Einkünften gehören auch die Einkünfte aus der Tierzucht und Tierhaltung, wenn im
Wirtschaftsjahr

für die ersten 20 Hektar	nicht mehr als 10 Vieheinheiten,
für die nächsten 10 Hektar	nicht mehr als 7 Vieheinheiten,
für die nächsten 20 Hektar	nicht mehr als 6 Vieheinheiten,
für die nächsten 50 Hektar	nicht mehr als 3 Vieheinheiten,
und für die weitere Fläche	nicht mehr als 1,5 Vieheinheiten

je Hektar der vom Inhaber des Betriebs regelmäßig landwirtschaftlich genutzten Fläche
erzeugt oder gehalten werden. [3]Die Tierbestände sind nach dem Futterbedarf in Vieheinheiten umzurechnen. [4]§ 51 Absatz 2 bis 5 des Bewertungsgesetzes ist anzuwenden. [5]Die
Einkünfte aus Tierzucht und Tierhaltung einer Gesellschaft, bei der die Gesellschafter als
Unternehmer (Mitunternehmer) anzusehen sind, gehören zu den Einkünften im Sinne des
Satzes 1, wenn die Voraussetzungen des § 51a des Bewertungsgesetzes erfüllt sind und
andere Einkünfte der Gesellschafter aus dieser Gesellschaft zu den Einkünften aus Land-
und Forstwirtschaft gehören;

2. Einkünfte aus sonstiger land- und forstwirtschaftlicher Nutzung (§ 62 Bewertungsgesetz);

S 2235

3. Einkünfte aus Jagd, wenn diese mit dem Betrieb einer Landwirtschaft oder einer Forstwirtschaft im Zusammenhang steht;

S 2236

4. Einkünfte von Hauberg-, Wald-, Forst- und Laubgenossenschaften und ähnlichen Realge-
meinden im Sinne des § 3 Absatz 2 des Körperschaftsteuergesetzes.

S 2236

(2) Zu den Einkünften im Sinne des Absatzes 1 gehören auch

S 2236

1. Einkünfte aus einem land- und forstwirtschaftlichen Nebenbetrieb. [2]Als Nebenbetrieb gilt
ein Betrieb, der dem land- und forstwirtschaftlichen Hauptbetrieb zu dienen bestimmt ist;

2. der Nutzungswert der Wohnung des Steuerpflichtigen, wenn die Wohnung die bei Betrieben gleicher Art übliche Größe nicht überschreitet und das Gebäude oder der Gebäudeteil
nach den jeweiligen landesrechtlichen Vorschriften ein Baudenkmal ist;

3. die Produktionsaufgaberente nach dem Gesetz zur Förderung der Einstellung der landwirtschaftlichen Erwerbstätigkeit.

(3) [1]Die Einkünfte aus Land- und Forstwirtschaft werden bei der Ermittlung des Gesamtbetrags der Einkünfte nur berücksichtigt, soweit sie den Betrag von 900 Euro übersteigen.
[2]Satz 1 ist nur anzuwenden, wenn die Summe der Einkünfte 30 700 Euro nicht übersteigt. [3]Im
Fall der Zusammenveranlagung von Ehegatten verdoppeln sich die Beträge der Sätze 1 und 2.

S 2238

(4) [1]Absatz 2 Nummer 2 findet nur Anwendung, sofern im Veranlagungszeitraum 1986 bei
einem Steuerpflichtigen für die von ihm zu eigenen Wohnzwecken oder zu Wohnzwecken des
Altenteilers genutzte Wohnung die Voraussetzungen für die Anwendung des § 13 Absatz 2

Nummer 2 des Einkommensteuergesetzes in der Fassung der Bekanntmachung vom 16. April 1997 (BGBl. I S. 821) vorlagen. ²Der Steuerpflichtige kann für einen Veranlagungszeitraum nach dem Veranlagungszeitraum 1998 unwiderruflich beantragen, dass Absatz 2 Nr. 2 ab diesem Veranlagungszeitraum nicht mehr angewendet wird. ³§ 52 Absatz 21 Satz 4 und 6 des Einkommensteuergesetzes in der Fassung der Bekanntmachung vom 16. April 1997 (BGBl. I S. 821) ist entsprechend anzuwenden. ⁴Im Fall des Satzes 2 gelten die Wohnung des Steuerpflichtigen und die Altenteilerwohnung sowie der dazugehörige Grund und Boden zu dem Zeitpunkt als entnommen, bis zu dem Absatz 2 Nummer 2 letztmals angewendet wird. ⁵Der Entnahmegewinn bleibt außer Ansatz. ⁶Werden

1. die Wohnung und der dazugehörige Grund und Boden entnommen oder veräußert, bevor sie nach Satz 4 als entnommen gelten, oder

2. eine vor dem 1. Januar 1987 einem Dritten entgeltlich zur Nutzung überlassene Wohnung und der dazugehörige Grund und Boden für eigene Wohnzwecke oder für Wohnzwecke eines Altenteilers entnommen,

bleibt der Entnahme- oder Veräußerungsgewinn ebenfalls außer Ansatz; Nummer 2 ist nur anzuwenden, soweit nicht Wohnungen vorhanden sind, die Wohnzwecken des Eigentümers des Betriebs oder Wohnzwecken eines Altenteilers dienen und die unter Satz 4 oder unter Nummer 1 fallen.

(5) Wird Grund und Boden dadurch entnommen, dass auf diesem Grund und Boden die Wohnung des Steuerpflichtigen oder eine Altenteilerwohnung errichtet wird, bleibt der Entnahmegewinn außer Ansatz; der Steuerpflichtige kann die Regelung nur für eine zu eigenen Wohnzwecken genutzte Wohnung und für eine Altenteilerwohnung in Anspruch nehmen.

(6) ¹Werden einzelne Wirtschaftsgüter eines land- und forstwirtschaftlichen Betriebs auf einen der gemeinschaftlichen Tierhaltung dienenden Betrieb im Sinne des § 34 Absatz 6a des Bewertungsgesetzes einer Erwerbs- und Wirtschaftsgenossenschaft oder eines Vereins gegen Gewährung von Mitgliedsrechten übertragen, so ist die auf den dabei entstehenden Gewinn entfallende Einkommensteuer auf Antrag in jährlichen Teilbeträgen zu entrichten. ²Der einzelne Teilbetrag muss mindestens ein Fünftel dieser Steuer betragen.

¹⁾ (7) § 15 Absatz 1 Satz 1 Nummer 2, Absatz 1a, Absatz 2 Satz 2 und 3, die §§ 15a und 15b sind entsprechend anzuwenden.

---

§ 13a

Ermittlung des Gewinns aus Land- und Forstwirtschaft nach Durchschnittssätzen

(1) ¹Der Gewinn eines Betriebs der Land- und Forstwirtschaft ist nach den Absätzen 3 bis 7 zu ermitteln, wenn

1. der Steuerpflichtige nicht auf Grund gesetzlicher Vorschriften verpflichtet ist, für den Betrieb Bücher zu führen und regelmäßig Abschlüsse zu machen und

2. in diesem Betrieb am 15. Mai innerhalb des Wirtschaftsjahres Flächen der landwirtschaftlichen Nutzung (§ 160 Absatz 2 Satz 1 Nummer 1 Buchstabe a des Bewertungsgesetzes) selbst bewirtschaftet werden und diese Flächen 20 Hektar ohne Sondernutzungen nicht überschreiten und

3. die Tierbestände insgesamt 50 Vieheinheiten (§ 13 Absatz 1 Nummer 1) nicht übersteigen und

4. die selbst bewirtschafteten Flächen der forstwirtschaftlichen Nutzung (§ 160 Absatz 2 Satz 1 Nummer 1 Buchstabe b des Bewertungsgesetzes) 50 Hektar nicht überschreiten und

5. die selbst bewirtschafteten Flächen der Sondernutzungen (Absatz 6) die in Anlage 1a Nummer 2 Spalte 2 genannten Grenzen nicht überschreiten.

Satz 1 ist auch anzuwenden, wenn nur Sondernutzungen bewirtschaftet werden und die in Anlage 1a Nummer 2 Spalte 2 genannten Grenzen nicht überschritten werden. ²Die Sätze 1 und 2 gelten nicht, wenn der Betrieb im laufenden Wirtschaftsjahr im Ganzen zur Bewirtschaftung als Eigentümer, Miteigentümer, Nutzungsberechtigter oder durch Umwandlung übergegangen ist und der Gewinn bisher nach § 4 Absatz 1 oder 3 ermittelt wurde. ³Der Gewinn ist letztmalig für das Wirtschaftsjahr nach Durchschnittssätzen zu ermitteln, das nach Bekanntgabe der Mitteilung endet, durch die die Finanzbehörde auf den Beginn der Buchführungspflicht

---

¹⁾ Zur zeitlichen Anwendung von Absatz 7 → § 52 Abs. 22 EStG.
²⁾ § 13a EStG in der am 31. 12. 2014 geltenden Fassung ist letztmals für das Wj. anzuwenden, das vor dem 31. 12. 2015 endet. § 13a EStG in der am 1. 1. 2015 geltenden Fassung ist erstmals für das Wj. anzuwenden, das nach dem 30. 12. 2015 endet. Die Bindungsfrist auf Grund des § 13a Abs. 2 Satz 1 EStG in der am 31. 12. 2014 geltenden Fassung bleibt bestehen → § 52 Abs. 22a EStG.

(§ 141 Absatz 2 der Abgabenordnung) oder auf den Wegfall einer anderen Voraussetzung des Satzes 1 hingewiesen hat. [4]Der Gewinn ist erneut nach Durchschnittssätzen zu ermitteln, wenn die Voraussetzungen des Satzes 1 wieder vorliegen und ein Antrag nach Absatz 2 nicht gestellt wird.

(2) [1]Auf Antrag des Steuerpflichtigen ist für einen Betrieb im Sinne des Absatzes 1 der Gewinn für vier aufeinander folgende Wirtschaftsjahre nicht nach den Absätzen 3 bis 7 zu ermitteln. [2]Wird der Gewinn eines dieser Wirtschaftsjahre durch den Steuerpflichtigen nicht nach § 4 Absatz 1 oder 3 ermittelt, ist der Gewinn für den gesamten Zeitraum von vier Wirtschaftsjahren nach den Absätzen 3 bis 7 zu ermitteln. [3]Der Antrag ist bis zur Abgabe der Steuererklärung, jedoch spätestens zwölf Monate nach Ablauf des ersten Wirtschaftsjahres, auf das er sich bezieht, schriftlich zu stellen. [4]Er kann innerhalb dieser Frist zurückgenommen werden.

(3) [1]Durchschnittssatzgewinn ist die Summe aus
1. dem Gewinn der landwirtschaftlichen Nutzung,
2. dem Gewinn der forstwirtschaftlichen Nutzung,
3. dem Gewinn der Sondernutzungen,
4. den Sondergewinnen,
5. den Einnahmen aus Vermietung und Verpachtung von Wirtschaftsgütern des land- und forstwirtschaftlichen Betriebsvermögens,
6. den Einnahmen aus Kapitalvermögen, soweit sie zu den Einkünften aus Land- und Forstwirtschaft gehören (§ 20 Absatz 8).

[2]Die Vorschriften von § 4 Absatz 4a, § 6 Absatz 2 und 2a sowie zum Investitionsabzugsbetrag und zu Sonderabschreibungen finden keine Anwendung. [3]Bei abnutzbaren Wirtschaftsgütern des Anlagevermögens gilt die Absetzung für Abnutzung in gleichen Jahresbeträgen nach § 7 Absatz 1 Satz 1 bis 5 als in Anspruch genommen. [4]Die Gewinnermittlung ist nach amtlich vorgeschriebenem Datensatz durch Datenfernübertragung spätestens mit der Steuererklärung zu übermitteln. [5]Auf Antrag kann die Finanzbehörde zur Vermeidung unbilliger Härten auf eine elektronische Übermittlung verzichten; in diesem Fall ist der Steuererklärung eine Gewinnermittlung nach amtlich vorgeschriebenem Vordruck beizufügen. [6]§ 150 Absatz 8 der Abgabenordnung gilt entsprechend.

(4) [1]Der Gewinn aus der landwirtschaftlichen Nutzung ist die nach den Grundsätzen des § 4 Absatz 1 ermittelte Summe aus dem Grundbetrag für die selbst bewirtschafteten Flächen und den Zuschlägen für Tierzucht und Tierhaltung. [2]Als Grundbetrag je Hektar der landwirtschaftlichen Nutzung (§ 160 Absatz 2 Satz 1 Nummer 1 Buchstabe a des Bewertungsgesetzes) ist der sich aus Anlage 1a ergebende Betrag vervielfältigt mit der selbst bewirtschafteten Fläche anzusetzen. [3]Als Zuschlag für Tierzucht und Tierhaltung ist im Wirtschaftsjahr je Vieheinheit der sich aus Anlage 1a jeweils ergebende Betrag vervielfältigt mit den Vieheinheiten anzusetzen.

(5) Der Gewinn aus der forstwirtschaftlichen Nutzung (§ 160 Absatz 2 Satz 1 Nummer 1 Buchstabe b des Bewertungsgesetzes) ist nach § 51 der Einkommensteuer-Durchführungsverordnung zu ermitteln.

(6) [1]Als Sondernutzungen gelten die in § 160 Absatz 2 Satz 1 Buchstabe c bis e des Bewertungsgesetzes in Verbindung mit Anlage 1a Nummer 2 genannten Nutzungen. [2]Bei Sondernutzungen, die die in Anlage 1a Nummer 2 Spalte 3 genannten Grenzen überschreiten, ist ein Gewinn von 1 000 Euro je Sondernutzung anzusetzen. [3]Für die in Anlage 1a Nummer 2 nicht genannten Sondernutzungen ist der Gewinn nach § 4 Absatz 3 zu ermitteln.

(7) [1]Nach § 4 Absatz 3 zu ermittelnde Sondergewinne sind
1. Gewinne
   a) aus der Veräußerung oder Entnahme von Grund und Boden und dem dazugehörigen Aufwuchs, den Gebäuden, den immateriellen Wirtschaftsgütern und den Beteiligungen; § 55 ist anzuwenden;
   b) aus der Veräußerung oder Entnahme der übrigen Wirtschaftsgüter des Anlagevermögens und von Tieren, wenn der Veräußerungspreis oder der an dessen Stelle tretende Wert für das jeweilige Wirtschaftsgut mehr als 15 000 Euro betragen hat;
   c) aus Entschädigungen, die gewährt worden sind für den Verlust, den Untergang oder die Wertminderung der in den Buchstaben a und b genannten Wirtschaftsgüter;
   d) aus der Auflösung von Rücklagen.
2. Betriebseinnahmen oder Betriebsausgaben nach § 9b Absatz 2;
3. Einnahmen aus dem Grunde nach gewerblichen Tätigkeiten, die dem Bereich der Land- und Forstwirtschaft zugerechnet werden, abzüglich der pauschalen Betriebsausgaben nach Anlage 1a Nummer 3;
4. Rückvergütungen nach § 22 des Körperschaftsteuergesetzes aus Hilfs- und Nebengeschäften.

²Die Anschaffungs- oder Herstellungskosten bei Wirtschaftsgütern des abnutzbaren Anlagevermögens mindern sich für die Dauer der Durchschnittssatzgewinnermittlung mit dem Ansatz der Gewinne nach den Absätzen 4 bis 6 um die Absetzung für Abnutzung in gleichen Jahresbeträgen. ³Die Wirtschaftsgüter im Sinne des Satzes 1 Nummer 1 Buchstabe a sind unter Angabe des Tages der Anschaffung oder Herstellung und der Anschaffungsoder Herstellungskosten oder des an deren Stelle getretenen Werts in besondere, laufend zu führende Verzeichnisse aufzunehmen. ⁴Absatz 3 Satz 4 bis 6 gilt entsprechend.

(8) Das Bundesministerium der Finanzen wird ermächtigt, durch Rechtsverordnung mit Zustimmung des Bundesrates die Anlage 1a dadurch zu ändern, dass es die darin aufgeführten Werte turnusmäßig an die Ergebnisse der Erhebungen nach § 2 des Landwirtschaftsgesetzes und im Übrigen an Erhebungen der Finanzverwaltung anpassen kann.

EStG
S 2239

§ 14 Veräußerung des Betriebs

¹Zu den Einkünften aus Land- und Forstwirtschaft gehören auch Gewinne, die bei der Veräußerung eines land- oder forstwirtschaftlichen Betriebs oder Teilbetriebs oder eines Anteils an einem land- und forstwirtschaftlichen Betriebsvermögen erzielt werden. ²§ 16 gilt entsprechend mit der Maßgabe, dass der Freibetrag nach § 16 Absatz 4 nicht zu gewähren ist, wenn der Freibetrag nach § 14a Absatz 1 gewährt wird.

EStG
S 2239a
1)

§ 14a Vergünstigungen bei der Veräußerung bestimmter land- und forstwirtschaftlicher Betriebe

(1) ¹Veräußert ein Steuerpflichtiger nach dem 30. Juni 1970 und vor dem 1. Januar 2001 seinen land- und forstwirtschaftlichen Betrieb im Ganzen, so wird auf Antrag der Veräußerungsgewinn (§ 16 Absatz 2) nur insoweit zur Einkommensteuer herangezogen, als er den Betrag von 150 000 Deutsche Mark übersteigt, wenn

1. der für den Zeitpunkt der Veräußerung maßgebende Wirtschaftswert (§ 46 des Bewertungsgesetzes) des Betriebs 40 000 Deutsche Mark nicht übersteigt,

2. die Einkünfte des Steuerpflichtigen im Sinne des § 2 Absatz 1 Satz 1 Nummer 2 bis 7 in den dem Veranlagungszeitraum der Veräußerung vorangegangenen beiden Veranlagungszeiträumen jeweils den Betrag von 35 000 Deutsche Mark nicht überstiegen haben. ²Bei Ehegatten, die nicht dauernd getrennt leben, gilt Satz 1 mit der Maßgabe, dass die Einkünfte beider Ehegatten zusammen jeweils 70 000 Deutsche Mark nicht überstiegen haben.

²Ist im Zeitpunkt der Veräußerung ein nach Nummer 1 maßgebender Wirtschaftswert nicht festgestellt oder sind bis zu diesem Zeitpunkt die Voraussetzungen für eine Wertfortschreibung erfüllt, so ist der Wert maßgebend, der sich für den Zeitpunkt der Veräußerung als Wirtschaftswert ergeben würde.

(2) ¹Der Anwendung des Absatzes 1 und des § 34 Absatz 1 steht nicht entgegen, wenn die zum land- und forstwirtschaftlichen Vermögen gehörenden Gebäude mit dem dazugehörigen Grund und Boden nicht mitveräußert werden. ²In diesem Fall gelten die Gebäude mit dem dazugehörigen Grund und Boden als entnommen. ³Der Freibetrag kommt auch dann in Betracht, wenn zum Betrieb ein forstwirtschaftlicher Teilbetrieb gehört und dieser nicht mitveräußert, sondern als eigenständiger Betrieb vom Steuerpflichtigen fortgeführt wird. ⁴In diesem Fall ermäßigt sich der Freibetrag auf den Teil, der dem Verhältnis des tatsächlich entstandenen Veräußerungsgewinns zu dem bei einer Veräußerung des ganzen land- und forstwirtschaftlichen Betriebs erzielbaren Veräußerungsgewinn entspricht.

(3) ¹Als Veräußerung gilt auch die Aufgabe des Betriebs, wenn

1. die Voraussetzungen des Absatzes 1 erfüllt sind und

2. der Steuerpflichtige seinen land- und forstwirtschaftlichen Betrieb zum Zweck der Strukturverbesserung abgegeben hat und dies durch eine Bescheinigung der nach Landesrecht zuständigen Stelle nachweist.

²§ 16 Absatz 3 Satz 4 und 5 gilt entsprechend.

(4) ¹Veräußert oder entnimmt ein Steuerpflichtiger nach dem 31. Dezember 1979 und vor dem 1. Januar 2006 Teile des zu einem land- und forstwirtschaftlichen Betrieb gehörenden Grund und Bodens, so wird der bei der Veräußerung oder der Entnahme entstehende Gewinn auf Antrag nur insoweit zur Einkommensteuer herangezogen, als er den Betrag von 61 800 Euro übersteigt. ²Satz 1 ist nur anzuwenden, wenn

---

1) § 14a EStG für VZ ab 2007 ohne Bedeutung.

1. der Veräußerungspreis nach Abzug der Veräußerungskosten oder der Grund und Boden innerhalb von zwölf Monaten nach der Veräußerung oder Entnahme in sachlichem Zusammenhang mit der Hoferbfolge oder Hofübernahme zur Abfindung weichender Erben verwendet wird und

2. das Einkommen des Steuerpflichtigen ohne Berücksichtigung des Gewinns aus der Veräußerung oder Entnahme und des Freibetrags in dem dem Veranlagungszeitraum der Veräußerung oder Entnahme vorangegangenen Veranlagungszeitraum den Betrag von 18 000 Euro nicht überstiegen hat; bei Ehegatten, die nach den §§ 26, 26b zusammen veranlagt werden, erhöht sich der Betrag von 18 000 Euro auf 36 000 Euro.

[3]Übersteigt das Einkommen den Betrag von 18 000 Euro, so vermindert sich der Betrag von 61 800 Euro nach Satz 1 je angefangene 250 Euro des übersteigenden Einkommens um 10 300 Euro; bei Ehegatten, die nach den §§ 26, 26b zusammen veranlagt werden und deren Einkommen den Betrag von 36 000 Euro übersteigt, vermindert sich der Betrag von 61 800 Euro nach Satz 1 je angefangene 500 Euro des übersteigenden Einkommens um 10 300 Euro. [4]Werden mehrere weichende Erben abgefunden, so kann der Freibetrag mehrmals, jedoch insgesamt nur einmal je weichender Erbe geltend gemacht werden, auch wenn die Abfindung in mehreren Schritten oder durch mehrere Inhaber des Betriebs vorgenommen wird. [5]Weichender Erbe ist, wer gesetzlicher Erbe eines Inhabers eines land- und forstwirtschaftlichen Betriebs ist oder bei gesetzlicher Erbfolge wäre, aber nicht zur Übernahme des Betriebs berufen ist; eine Stellung als Mitunternehmer des Betriebs bis zur Auseinandersetzung steht einer Behandlung als weichender Erbe nicht entgegen, wenn sich die Erben innerhalb von zwei Jahren nach dem Erbfall auseinander setzen. [6]Ist ein zur Übernahme des Betriebes berufener Miterbe noch minderjährig, beginnt die Frist von zwei Jahren mit Eintritt der Volljährigkeit.

(5) [1]Veräußert ein Steuerpflichtiger nach dem 31. Dezember 1985 und vor dem 1. Januar 2001 Teile des zu einem land- und forstwirtschaftlichen Betrieb gehörenden Grund und Bodens, so wird der bei der Veräußerung entstehende Gewinn auf Antrag nur insoweit zur Einkommensteuer herangezogen, als er den Betrag von 90 000 Deutsche Mark übersteigt, wenn

1. der Steuerpflichtige den Veräußerungspreis nach Abzug der Veräußerungskosten zur Tilgung von Schulden verwendet, die zu dem land- und forstwirtschaftlichen Betrieb gehören und vor dem 1. Juli 1985 bestanden haben, und

2. die Voraussetzungen des Absatzes 4 Satz 2 Nummer 2 erfüllt sind.

[2]Übersteigt das Einkommen den Betrag von 35 000 Deutsche Mark, so vermindert sich der Betrag von 90 000 Deutsche Mark nach Satz 1 für jede angefangene 500 Deutsche Mark des übersteigenden Einkommens um 15 000 Deutsche Mark; bei Ehegatten, die nach den §§ 26, 26b zusammen veranlagt werden und bei denen das Einkommen den Betrag von 70 000 Deutsche Mark übersteigt, vermindert sich der Betrag von 90 000 Deutsche Mark nach Satz 1 für jede angefangene 1 000 Deutsche Mark des übersteigenden Einkommens um 15 000 Deutsche Mark. [3]Der Freibetrag von höchstens 90 000 Deutsche Mark wird für alle Veräußerungen im Sinne des Satzes 1 insgesamt nur einmal gewährt.

(6) Verwendet der Steuerpflichtige den Veräußerungspreis oder entnimmt er den Grund und Boden nur zum Teil zu den in den Absätzen 4 und 5 angegebenen Zwecken, so ist nur der entsprechende Teil des Gewinns aus der Veräußerung oder Entnahme steuerfrei.

(7) Auf die Freibeträge nach Absatz 4 in dieser Fassung sind die Freibeträge, die nach Absatz 4 in den vor dem 1. Januar 1986 geltenden Fassungen gewährt worden sind, anzurechnen.

b) Gewerbebetrieb (§ 2 Absatz 1 Satz 1 Nummer 2)

§ 15 Einkünfte aus Gewerbebetrieb

EStG
S 2240

(1) [1]Einkünfte aus Gewerbebetrieb sind

1. Einkünfte aus gewerblichen Unternehmen. [2]Dazu gehören auch Einkünfte aus gewerblicher Bodenbewirtschaftung, z. B. aus Bergbauunternehmen und aus Betrieben zur Gewinnung von Torf, Steinen und Erden, soweit sie nicht land- oder forstwirtschaftliche Nebenbetriebe sind;

2. die Gewinnanteile der Gesellschafter einer Offenen Handelsgesellschaft, einer Kommanditgesellschaft und einer anderen Gesellschaft, bei der der Gesellschafter als Unternehmer (Mitunternehmer) des Betriebs anzusehen ist, und die Vergütungen, die der Gesellschafter von der Gesellschaft für seine Tätigkeit im Dienst der Gesellschaft oder für die Hingabe von Darlehen oder für die Überlassung von Wirtschaftsgütern bezogen hat. [2]Der mittelbar über eine oder mehrere Personengesellschaften beteiligte Gesellschafter steht dem unmittelbar beteiligten Gesellschafter gleich; er ist als Mitunternehmer des Betriebs der Gesellschaft

S 2241

anzusehen, an der er mittelbar beteiligt ist, wenn er und die Personengesellschaften, die seine Beteiligung vermitteln, jeweils als Mitunternehmer der Betriebe der Personengesellschaften anzusehen sind, an denen sie unmittelbar beteiligt sind;

S 2241   3. die Gewinnanteile der persönlich haftenden Gesellschafter einer Kommanditgesellschaft auf Aktien, soweit sie nicht auf Anteile am Grundkapital entfallen, und die Vergütungen, die der persönlich haftende Gesellschafter von der Gesellschaft für seine Tätigkeit im Dienst der Gesellschaft oder für die Hingabe von Darlehen oder für die Überlassung von Wirtschaftsgütern bezogen hat. ²Satz 1 Nummer 2 und 3 gilt auch für Vergütungen, die als nachträgliche Einkünfte (§ 24 Nummer 2) bezogen werden.³§ 13 Absatz 5 gilt entsprechend, sofern das Grundstück im Veranlagungszeitraum 1986 zu einem gewerblichen Betriebsvermögen gehört hat.

(1a) ¹In den Fällen des § 4 Absatz 1Satz 5 ist der Gewinn aus einer späteren Veräußerung der Anteile ungeachtet der Bestimmungen eines Abkommens zur Vermeidung der Doppelbesteuerung in der gleichen Art und Weise zu besteuern, wie die Veräußerung dieser Anteile an der Europäischen Gesellschaft oder Europäischen Genossenschaft zu besteuern gewesen wäre, wenn keine Sitzverlegung stattgefunden hätte. ²Dies gilt auch, wenn später die Anteile verdeckt in eine Kapitalgesellschaft eingelegt werden, die Europäische Gesellschaft oder Europäische Genossenschaft aufgelöst wird oder wenn ihr Kapital herabgesetzt und zurückgezahlt wird oder wenn Beträge aus dem steuerlichen Einlagenkonto im Sinne des § 27 des Körperschaftsteuergesetzes ausgeschüttet oder zurückgezahlt werden.

(2) ¹Eine selbständige nachhaltige Betätigung, die mit der Absicht, Gewinn zu erzielen, unternommen wird und sich als Beteiligung am allgemeinen wirtschaftlichen Verkehr darstellt, ist Gewerbebetrieb, wenn die Betätigung weder als Ausübung von Land- und Forstwirtschaft noch als Ausübung eines freien Berufs noch als eine andere selbständige Arbeit anzusehen ist. ²Eine durch die Betätigung verursachte Minderung der Steuern vom Einkommen ist kein Gewinn im Sinne des Satzes 1. ³Ein Gewerbebetrieb liegt, wenn seine Voraussetzungen im Übrigen gegeben sind, auch dann vor, wenn die Gewinnerzielungsabsicht nur ein Nebenzweck ist.

(3) Als Gewerbebetrieb gilt in vollem Umfang die mit Einkünfteerzielungsabsicht unternommene Tätigkeit

1. einer offenen Handelsgesellschaft, einer Kommanditgesellschaft oder einer anderen Personengesellschaft, wenn die Gesellschaft auch eine Tätigkeit im Sinne des Absatzes 1 Nummer 1 ausübt oder gewerbliche Einkünfte im Sinne des Absatzes 1 Satz 1 Nummer 2 bezieht,

2. einer Personengesellschaft, die keine Tätigkeit im Sinne des Absatzes 1 Satz 1 Nummer 1 ausübt und bei der ausschließlich eine oder mehrere Kapitalgesellschaften persönlich haftende Gesellschafter sind und nur diese oder Personen, die nicht Gesellschafter sind, zur Geschäftsführung befugt sind (gewerblich geprägte Personengesellschaft). ²Ist eine gewerblich geprägte Personengesellschaft als persönlich haftender Gesellschafter an einer anderen Personengesellschaft beteiligt, so steht für die Beurteilung, ob die Tätigkeit dieser Personengesellschaft als Gewerbebetrieb gilt, die gewerblich geprägte Personengesellschaft einer Kapitalgesellschaft gleich.

S 2119   (4) ¹Verluste aus gewerblicher Tierzucht oder gewerblicher Tierhaltung dürfen weder mit anderen Einkünften aus Gewerbebetrieb noch mit Einkünften aus anderen Einkunftsarten ausgeglichen werden; sie dürfen auch nicht nach § 10d abgezogen werden. ²Die Verluste mindern jedoch nach Maßgabe des § 10d die Gewinne, die der Steuerpflichtige in dem unmittelbar vorangegangenen und in den folgenden Wirtschaftsjahren aus gewerblicher Tierzucht oder gewerblicher Tierhaltung erzielt hat oder erzielt; § 10d Absatz 4 gilt entsprechend. ³Die Sätze 1 und 2 gelten entsprechend für Verluste aus Termingeschäften, durch die der Steuerpflichtige einen Differenzausgleich oder einen durch den Wert einer veränderlichen Bezugsgröße bestimmten Geldbetrag oder Vorteil erlangt. ⁴Satz 3 gilt nicht für die Geschäfte, die zum gewöhnlichen Geschäftsbetrieb bei Kreditinstituten, Finanzdienstleistungsinstituten und Finanzunternehmen im Sinne des Gesetzes über das Kreditwesen gehören oder die der Absicherung von Geschäften des gewöhnlichen Geschäftsbetriebs dienen. ⁵Satz 4 gilt nicht, wenn es sich um Geschäfte handelt, die der Absicherung von Aktiengeschäften dienen, bei denen der Veräußerungsgewinn nach § 3 Nummer 40 Satz 1 Buchstabe a und b in Verbindung mit § 3c Absatz 2 teilweise steuerfrei ist, oder die nach § 8b Absatz 2 des Körperschaftsteuergesetzes bei der Ermittlung des Einkommens außer Ansatz bleiben. ⁶Verluste aus stillen Gesellschaften, Unterbeteiligungen oder sonstigen Innengesellschaften an Kapitalgesellschaften, bei denen der Gesellschafter oder Beteiligte als Mitunternehmer anzusehen ist, dürfen weder mit Einkünften aus Gewerbebetrieb noch aus anderen Einkunftsarten ausgeglichen werden; sie dürfen auch nicht nach § 10d abgezogen werden. ⁷Die Verluste mindern jedoch nach Maßgabe des § 10d die Gewinne, die der Gesellschafter oder Beteiligte in dem unmittelbar vorangegangenen Wirtschaftsjahr oder in den folgenden Wirtschaftsjahren aus derselben stillen Gesellschaft, Unterbeteiligung oder sonstigen Innengesellschaft bezieht; § 10d Absatz 4 gilt entsprechend.² ⁸Die Sätze 6 und 7 gelten nicht, soweit der Verlust auf eine natürliche Person als unmittelbar oder mittelbar beteiligter Mitunternehmer entfällt.

§ 15a Verluste bei beschränkter Haftung

(1) [1]Der einem Kommanditisten zuzurechnende Anteil am Verlust der Kommanditgesellschaft darf weder mit anderen Einkünften aus Gewerbebetrieb noch mit Einkünften aus anderen Einkunftsarten ausgeglichen werden, soweit ein negatives Kapitalkonto des Kommanditisten entsteht oder sich erhöht; er darf insoweit auch nicht nach § 10d abgezogen werden. [2]Haftet der Kommanditist am Bilanzstichtag den Gläubigern der Gesellschaft auf Grund des § 171 Absatz 1 des Handelsgesetzbuchs, so können abweichend von Satz 1 Verluste des Kommanditisten bis zur Höhe des Betrags, um den die im Handelsregister eingetragene Einlage des Kommanditisten seine geleistete Einlage übersteigt, auch ausgeglichen oder abgezogen werden, soweit durch den Verlust ein negatives Kapitalkonto entsteht oder sich erhöht. [3]Satz 2 ist nur anzuwenden, wenn derjenige, dem der Anteil zuzurechnen ist, im Handelsregister eingetragen ist, das Bestehen der Haftung nachgewiesen wird und eine Vermögensminderung auf Grund der Haftung nicht durch Vertrag ausgeschlossen oder nach Art und Weise des Geschäftsbetriebs unwahrscheinlich ist.

(1a) [1]Nachträgliche Einlagen führen weder zu einer nachträglichen Ausgleichs- oder Abzugsfähigkeit eines vorhandenen verrechenbaren Verlustes noch zu einer Ausgleichs- oder Abzugsfähigkeit des dem Kommanditisten zuzurechnenden Anteils am Verlust eines zukünftigen Wirtschaftsjahres, soweit durch den Verlust ein negatives Kapitalkonto des Kommanditisten entsteht oder sich erhöht. [2]Nachträgliche Einlagen im Sinne des Satzes 1 sind Einlagen, die nach Ablauf eines Wirtschaftsjahres geleistet werden, in dem ein nicht ausgleichs- oder abzugsfähiger Verlust im Sinne des Absatzes 1 entstanden oder ein Gewinn im Sinne des Absatzes 3 Satz 1 zugerechnet worden ist.

(2) [1]Soweit der Verlust nach den Absätzen 1 und 1a nicht ausgeglichen oder abgezogen werden darf, mindert er die Gewinne, die dem Kommanditisten in späteren Wirtschaftsjahren aus seiner Beteiligung an der Kommanditgesellschaft zuzurechnen sind. [2]Der verrechenbare Verlust, der nach Abzug von einem Veräußerungs- oder Aufgabegewinn verbleibt, ist im Zeitpunkt der Veräußerung oder Aufgabe des gesamten Mitunternehmeranteils oder des Betriebsveräußerung oder -aufgabe bis zur Höhe der nachträglichen Einlagen im Sinne des Absatzes 1a ausgleichs- oder abzugsfähig.

(3) [1]Soweit ein negatives Kapitalkonto des Kommanditisten durch Entnahmen entsteht oder sich erhöht (Einlageminderung) und soweit nicht auf Grund der Entnahmen eine nach Absatz 1 Satz 2 zu berücksichtigende Haftung besteht oder entsteht, ist dem Kommanditisten der Betrag der Einlageminderung als Gewinn zuzurechnen. [2]Der nach Satz 1 zuzurechnende Betrag darf den Betrag der Anteile am Verlust der Kommanditgesellschaft nicht übersteigen, der im Wirtschaftsjahr der Einlageminderung und in den zehn vorangegangenen Wirtschaftsjahren ausgleichs- oder abzugsfähig gewesen ist. [3]Wird der Haftungsbetrag im Sinne des Absatzes 1 Satz 2 gemindert (Haftungsminderung) und sind im Wirtschaftsjahr der Haftungsminderung und den zehn vorangegangenen Wirtschaftsjahren Verluste nach Absatz 1 Satz 2 ausgleichs- oder abzugsfähig gewesen, so ist dem Kommanditisten der Betrag der Haftungsminderung, vermindert um auf Grund der Haftung tatsächlich geleistete Beträge, als Gewinn zuzurechnen; Satz 2 gilt sinngemäß. [4]Die nach den Sätzen 1 bis 3 zuzurechnenden Beträge mindern die Gewinne, die dem Kommanditisten im Wirtschaftsjahr der Zurechnung oder in späteren Wirtschaftsjahren aus seiner Beteiligung an der Kommanditgesellschaft zuzurechnen sind.

(4) [1]Der nach Absatz 1 nicht ausgleichs- oder abzugsfähige Verlust eines Kommanditisten, vermindert um die nach Absatz 2 abzuziehenden und vermehrt um die nach Absatz 3 hinzuzurechnenden Beträge (verrechenbarer Verlust), ist jährlich gesondert festzustellen. [2]Dabei ist von dem verrechenbaren Verlust des vorangegangenen Wirtschaftsjahres auszugehen. [3]Zuständig für den Erlass des Feststellungsbescheids ist das für die gesonderte Feststellung des Gewinns und Verlustes der Gesellschaft zuständige Finanzamt. [4]Der Feststellungsbescheid kann nur insoweit angegriffen werden, als der verrechenbare Verlust gegenüber dem verrechenbaren Verlust des vorangegangenen Wirtschaftsjahrs sich verändert hat. [5]Die gesonderten Feststellungen nach Satz 1 können mit der gesonderten und einheitlichen Feststellung der einkommensteuerpflichtigen und körperschaftsteuerpflichtigen Einkünfte verbunden werden. [6]In diesen Fällen sind die gesonderten Feststellungen des verrechenbaren Verlustes einheitlich durchzuführen.

(5) Absatz 1 Satz 1, Absatz 1a, 2 und 3 Satz 1, 2 und 4 sowie Absatz 4 gelten sinngemäß für andere Unternehmer, soweit deren Haftung der eines Kommanditisten vergleichbar ist, insbesondere für

1. stille Gesellschafter einer stillen Gesellschaft im Sinne des § 230 des Handelsgesetzbuchs, bei der der stille Gesellschafter als Unternehmer (Mitunternehmer) anzusehen ist,

2. Gesellschafter einer Gesellschaft im Sinne des Bürgerlichen Gesetzbuchs, bei der der Gesellschafter als Unternehmer (Mitunternehmer) anzusehen ist, soweit die Inanspruch-

nahme des Gesellschafters für Schulden in Zusammenhang mit dem Betrieb durch Vertrag ausgeschlossen oder nach Art und Weise des Geschäftsbetriebs unwahrscheinlich ist,

3. Gesellschafter einer ausländischen Personengesellschaft, bei der der Gesellschafter als Unternehmer (Mitunternehmer) anzusehen ist, soweit die Haftung des Gesellschafters für Schulden in Zusammenhang mit dem Betrieb der eines Kommanditisten oder eines stillen Gesellschafters entspricht oder soweit die Inanspruchnahme des Gesellschafters für Schulden in Zusammenhang mit dem Betrieb durch Vertrag ausgeschlossen oder nach Art und Weise des Geschäftsbetriebs unwahrscheinlich ist,

4. Unternehmer, soweit Verbindlichkeiten nur in Abhängigkeit von Erlösen oder Gewinnen aus der Nutzung, Veräußerung oder sonstigen Verwertung von Wirtschaftsgütern zu tilgen sind,

5. Mitreeder einer Reederei im Sinne des § 489 des Handelsgesetzbuchs, bei der der Mitreeder als Unternehmer (Mitunternehmer) anzusehen ist, wenn die persönliche Haftung des Mitreeders für die Verbindlichkeiten der Reederei ganz oder teilweise ausgeschlossen oder soweit die Inanspruchnahme des Mitreeders für Verbindlichkeiten der Reederei nach Art und Weise des Geschäftsbetriebs unwahrscheinlich ist.

EStG
S 2241b

§ 15b Verluste im Zusammenhang mit Steuerstundungsmodellen

(1) [1]Verluste im Zusammenhang mit einem Steuerstundungsmodell dürfen weder mit Einkünften aus Gewerbebetrieb noch mit Einkünften aus anderen Einkunftsarten ausgeglichen werden; sie dürfen auch nicht nach § 10d abgezogen werden. [2]Die Verluste mindern jedoch die Einkünfte, die der Steuerpflichtige in den folgenden Wirtschaftsjahren aus derselben Einkunftsquelle erzielt. [3]§ 15a ist insoweit nicht anzuwenden.

(2) [1]Ein Steuerstundungsmodell im Sinne des Absatzes 1 liegt vor, wenn auf Grund einer modellhaften Gestaltung steuerliche Vorteile in Form negativer Einkünfte erzielt werden sollen. [2]Dies ist der Fall, wenn dem Steuerpflichtigen auf Grund eines vorgefertigten Konzepts die Möglichkeit geboten werden soll, zumindest in der Anfangsphase der Investition Verluste mit übrigen Einkünften zu verrechnen. [3]Dabei ist es ohne Belang, auf welchen Vorschriften die negativen Einkünfte beruhen.

(3) Absatz 1 ist nur anzuwenden, wenn innerhalb der Anfangsphase das Verhältnis der Summe der prognostizierten Verluste zur Höhe des gezeichneten und nach dem Konzept auch aufzubringenden Kapitals oder bei Einzelinvestoren des eingesetzten Eigenkapitals 10 Prozent übersteigt.

(3a) Unabhängig von den Voraussetzungen nach den Absätzen 2 und 3 liegt ein Steuerstundungsmodell im Sinne des Absatzes 1 insbesondere vor, wenn ein Verlust aus Gewerbebetrieb entsteht oder sich erhöht, indem ein Steuerpflichtiger, der nicht auf Grund gesetzlicher Vorschriften verpflichtet ist, Bücher zu führen und regelmäßig Abschlüsse zu machen, auf Grund des Erwerbs von Wirtschaftsgütern des Umlaufvermögens sofort abziehbare Betriebsausgaben tätigt, wenn deren Übereignung ohne körperliche Übergabe durch Besitzkonstitut nach § 930 des Bürgerlichen Gesetzbuchs oder durch Abtretung des Herausgabeanspruchs nach § 931 des Bürgerlichen Gesetzbuchs erfolgt.

(4) [1]Der nach Absatz 1 nicht ausgleichsfähige Verlust ist jährlich gesondert festzustellen. [2]Dabei ist von dem verrechenbaren Verlust des Vorjahres auszugehen. [3]Der Feststellungsbescheid kann nur insoweit angegriffen werden, als der verrechenbare Verlust gegenüber dem verrechenbaren Verlust des Vorjahres sich verändert hat. [4]Handelt es sich bei dem Steuerstundungsmodell um eine Gesellschaft oder Gemeinschaft im Sinne des § 180 Absatz 1 Satz 1 Nummer 2 Buchstabe a der Abgabenordnung, ist das für die gesonderte und einheitliche Feststellung der einkommensteuerpflichtigen und körperschaftsteuerpflichtigen Einkünfte aus dem Steuerstundungsmodell zuständige Finanzamt für den Erlass des Feststellungsbescheids nach Satz 1 zuständig; anderenfalls ist das Betriebsfinanzamt (§ 18 Absatz 1 Nummer 2 der Abgabenordnung) zuständig. [5]Handelt es sich bei dem Steuerstundungsmodell um eine Gesellschaft oder Gemeinschaft im Sinne des § 180 Absatz 1 Satz 1 Nummer 2 Buchstabe a der Abgabenordnung, können die gesonderten Feststellungen nach Satz 1 mit der gesonderten und einheitlichen Feststellung der einkommensteuerpflichtigen und körperschaftsteuerpflichtigen Einkünfte aus dem Steuerstundungsmodell verbunden werden; in diesen Fällen sind die gesonderten Feststellungen nach Satz 1 einheitlich durchzuführen.

§ 16 Veräußerung des Betriebs EStG

(1) [1]Zu den Einkünften aus Gewerbebetrieb gehören auch Gewinne, die erzielt werden bei der Veräußerung

1. des ganzen Gewerbebetriebs oder eines Teilbetriebs. [2]Als Teilbetrieb gilt auch die das gesamte Nennkapital umfassende Beteiligung an einer Kapitalgesellschaft; im Fall der Auflösung der Kapitalgesellschaft ist § 17 Absatz 4 Satz 3 sinngemäß anzuwenden; S 2242
2. des gesamten Anteils eines Gesellschafters, der als Unternehmer (Mitunternehmer) des Betriebs anzusehen ist (§ 15 Absatz 1 Satz 1 Nummer 2); S 2243
3. des gesamten Anteils eines persönlich haftenden Gesellschafters einer Kommanditgesellschaft auf Aktien (§ 15 Absatz 1 Satz 1 Nummer 3). S 2243

[2]Gewinne, die bei der Veräußerung eines Teils eines Anteils im Sinne von Satz 1 Nummer 2 oder 3 erzielt werden, sind laufende Gewinne.

(2) [1]Veräußerungsgewinn im Sinne des Absatzes 1 ist der Betrag, um den der Veräußerungspreis nach Abzug der Veräußerungskosten den Wert des Betriebsvermögens (Absatz 1 Satz 1 Nummer 1) oder den Wert des Anteils am Betriebsvermögen (Absatz 1 Satz 1 Nummer 2 und 3) übersteigt. [2]Der Wert des Betriebsvermögens oder des Anteils ist für den Zeitpunkt der Veräußerung nach § 4 Absatz 1 oder nach § 5 zu ermitteln. [3]Soweit auf der Seite des Veräußerers und auf der Seite des Erwerbers dieselben Personen Unternehmer oder Mitunternehmer sind, gilt der Gewinn insoweit jedoch als laufender Gewinn. S 2242

(3) [1]Als Veräußerung gilt auch die Aufgabe des Gewerbebetriebs sowie eines Anteils im Sinne des Absatzes 1 Satz 1 Nummer 2 oder Nummer 3. [2]Werden im Zuge der Realteilung einer Mitunternehmerschaft Teilbetriebe, Mitunternehmeranteile oder einzelne Wirtschaftsgüter in das jeweilige Betriebsvermögen der einzelnen Mitunternehmer übertragen, so sind bei der Ermittlung des Gewinns der Mitunternehmerschaft die Wirtschaftsgüter mit den Werten anzusetzen, die sich nach den Vorschriften über die Gewinnermittlung ergeben, sofern die Besteuerung der stillen Reserven sichergestellt ist; der übernehmende Mitunternehmer ist an diese Werte gebunden; § 4 Absatz 1 Satz 4 ist entsprechend anzuwenden. [3]Dagegen ist für den jeweiligen Übertragungsvorgang rückwirkend der gemeine Wert anzusetzen, soweit bei einer Realteilung, bei der einzelne Wirtschaftsgüter übertragen worden sind, zum Buchwert übertragener Grund und Boden, übertragene Gebäude oder andere übertragene wesentliche Betriebsgrundlagen innerhalb einer Sperrfrist nach der Übertragung veräußert oder entnommen werden; diese Sperrfrist endet drei Jahre nach Abgabe der Steuererklärung der Mitunternehmerschaft für den Veranlagungszeitraum der Realteilung. [4]Satz 2 ist bei einer Realteilung, bei der einzelne Wirtschaftsgüter übertragen werden, nicht anzuwenden, soweit die Wirtschaftsgüter unmittelbar oder mittelbar auf eine Körperschaft, Personenvereinigung oder Vermögensmasse übertragen werden; in diesem Fall ist bei der Übertragung der gemeine Wert anzusetzen. [5]Soweit einzelne dem Betrieb gewidmete Wirtschaftsgüter im Rahmen der Aufgabe des Betriebs veräußert werden und soweit auf der Seite des Veräußerers und auf der Seite des Erwerbers dieselben Personen Unternehmer oder Mitunternehmer sind, gilt der Gewinn aus der Aufgabe des Gewerbebetriebs als laufender Gewinn. [6]Werden die einzelnen dem Betrieb gewidmeten Wirtschaftsgüter im Rahmen der Aufgabe des Betriebs veräußert, so sind die Veräußerungspreise anzusetzen. [7]Werden die Wirtschaftsgüter nicht veräußert, so ist der gemeine Wert im Zeitpunkt der Aufgabe anzusetzen. [8]Aufgabe eines Gewerbebetriebs, an dem mehrere Personen beteiligt waren, ist für jeden einzelnen Beteiligten der gemeine Wert der Wirtschaftsgüter anzusetzen, die er bei der Auseinandersetzung erhalten hat.

(3a) Einer Aufgabe des Gewerbebetriebs steht der Ausschluss oder die Beschränkung des Besteuerungsrechts der Bundesrepublik Deutschland hinsichtlich des Gewinns aus der Veräußerung sämtlicher Wirtschaftsgüter des Betriebs oder eines Teilbetriebs gleich; § 4 Absatz 1 Satz 4 gilt entsprechend.

(3b) [1]In den Fällen der Betriebsunterbrechung und der Betriebsverpachtung im Ganzen gilt ein Gewerbebetrieb sowie ein Anteil im Sinne des Absatzes 1 Satz 1 Nummer 2 oder Nummer 3 nicht als aufgegeben, bis

1. der Steuerpflichtige die Aufgabe im Sinne des Absatzes 3 Satz 1 ausdrücklich gegenüber dem Finanzamt erklärt oder
2. dem Finanzamt Tatsachen bekannt werden, aus denen sich ergibt, dass die Voraussetzungen für eine Aufgabe im Sinne des Absatzes 3 Satz 1 erfüllt sind.

[2]Die Aufgabe des Gewerbebetriebs oder Anteils im Sinne des Absatzes 1 Satz 1 Nummer 2 oder Nummer 3 ist in den Fällen des Satzes 1 Nummer 1 rückwirkend für den vom Steuerpflichtigen gewählten Zeitpunkt anzuerkennen, wenn die Aufgabeerklärung spätestens drei Monate nach diesem Zeitpunkt abgegeben wird. [3]Wird die Aufgabeerklärung nicht spätestens drei Monate nach dem vom Steuerpflichtigen gewählten Zeitpunkt abgegeben, gilt der Gewerbebetrieb oder Anteil im Sinne des Absatzes 1 Satz 1 Nummer 2 oder Nummer 3 erst in dem Zeitpunkt als aufgegeben, in dem die Aufgabeerklärung beim Finanzamt eingeht.

(4) [1]Hat der Steuerpflichtige das 55. Lebensjahr vollendet oder ist er im sozialversicherungsrechtlichen Sinne dauernd berufsunfähig, so wird der Veräußerungsgewinn auf Antrag zur Einkommensteuer nur herangezogen, soweit er 45 000 Euro übersteigt. [2]Der Freibetrag ist dem Steuerpflichtigen nur einmal zu gewähren. [3]Er ermäßigt sich um den Betrag, um den der Veräußerungsgewinn 136 000 Euro übersteigt.

(5) Werden bei einer Realteilung, bei der Teilbetriebe auf einzelne Mitunternehmer übertragen werden, Anteile an einer Körperschaft, Personenvereinigung oder Vermögensmasse unmittelbar oder mittelbar von einem nicht von § 8b Absatz 2 des Körperschaftsteuergesetzes begünstigten Steuerpflichtigen auf einen von § 8b Absatz 2 des Körperschaftsteuergesetzes begünstigten Mitunternehmer übertragen, ist abweichend von Absatz 3 Satz 2 rückwirkend auf den Zeitpunkt der Realteilung der gemeine Wert anzusetzen, wenn der übernehmende Mitunternehmer die Anteile innerhalb eines Zeitraums von sieben Jahren nach der Realteilung unmittelbar oder mittelbar veräußert oder durch einen Vorgang nach § 22 Absatz 1 Satz 6 Nummer 1 bis 5 des Umwandlungssteuergesetzes weiter überträgt; § 22 Absatz 2 Satz 3 des Umwandlungssteuergesetzes gilt entsprechend.

EStG
S 2244

§ 17 Veräußerung von Anteilen an Kapitalgesellschaften

(1) [1]Zu den Einkünften aus Gewerbebetrieb gehört auch der Gewinn aus der Veräußerung von Anteilen an einer Kapitalgesellschaft, wenn der Veräußerer innerhalb der letzten fünf Jahre am Kapital der Gesellschaft unmittelbar oder mittelbar zu mindestens ein vom Hundert beteiligt war. [2]Die verdeckte Einlage von Anteilen an einer Kapitalgesellschaft in eine Kapitalgesellschaft steht der Veräußerung der Anteile gleich. [3]Anteile an einer Kapitalgesellschaft sind Aktien, Anteile an einer Gesellschaft mit beschränkter Haftung, Genussscheine oder ähnliche Beteiligungen und Anwartschaften auf solche Beteiligungen. [4]Hat der Veräußerer den veräußerten Anteil innerhalb der letzten fünf Jahre vor der Veräußerung unentgeltlich erworben, so gilt Satz 1 entsprechend, wenn der Veräußerer zwar nicht selbst, aber der Rechtsvorgänger oder, sofern der Anteil nacheinander unentgeltlich übertragen worden ist, einer der Rechtsvorgänger innerhalb der letzten fünf Jahre im Sinne von Satz 1 beteiligt war.

(2) [1]Veräußerungsgewinn im Sinne des Absatzes 1 ist der Betrag, um den der Veräußerungspreis nach Abzug der Veräußerungskosten die Anschaffungskosten übersteigt. [2]In den Fällen des Absatzes 1 Satz 2 tritt an die Stelle des Veräußerungspreises der Anteile ihr gemeiner Wert. [3]Weist der Veräußerer nach, dass ihm die Anteile bereits im Zeitpunkt der Begründung der unbeschränkten Steuerpflicht nach § 1 Absatz 1 zuzurechnen waren und dass der bis zu diesem Zeitpunkt entstandene Vermögenszuwachs auf Grund gesetzlicher Bestimmungen des Wegzugsstaats im Wegzugsstaat einer der Steuer nach § 6 des Außensteuergesetzes vergleichbaren Steuer unterlegen hat, tritt an die Stelle der Anschaffungskosten der Wert, den der Wegzugsstaat bei der Berechnung der der Steuer nach § 6 des Außensteuergesetzes vergleichbaren Steuer angesetzt hat, höchstens jedoch der gemeine Wert. [4]Satz 3 ist in den Fällen des § 6 Absatz 3 des Außensteuergesetzes nicht anzuwenden. [5]Hat der Veräußerer den veräußerten Anteil unentgeltlich erworben, so sind als Anschaffungskosten des Anteils die Anschaffungskosten des Rechtsvorgängers maßgebend, der den Anteil zuletzt entgeltlich erworben hat. [6]Ein Veräußerungsverlust ist nicht zu berücksichtigen, soweit er auf Anteile entfällt,

a) die der Steuerpflichtige innerhalb der letzten fünf Jahre unentgeltlich erworben hatte. [2]Dies gilt nicht, soweit der Rechtsvorgänger anstelle des Steuerpflichtigen den Veräußerungsverlust hätte geltend machen können;

b) die entgeltlich erworben worden sind und nicht innerhalb der gesamten letzten fünf Jahre zu einer Beteiligung des Steuerpflichtigen im Sinne von Absatz 1 Satz 1 gehört haben. [2]Dies gilt nicht für innerhalb der letzten fünf Jahre erworbene Anteile, deren Erwerb zur Begründung einer Beteiligung des Steuerpflichtigen im Sinne von Absatz 1 Satz 1 geführt hat oder die nach Begründung der Beteiligung im Sinne von Absatz 1 Satz 1 erworben worden sind.

(3) [1]Der Veräußerungsgewinn wird zur Einkommensteuer nur herangezogen, soweit er den Teil von 9 060 Euro übersteigt, der dem veräußerten Anteil an der Kapitalgesellschaft entspricht. [2]Der Freibetrag ermäßigt sich um den Betrag, um den der Veräußerungsgewinn den Teil von 36 100 Euro übersteigt, der dem veräußerten Anteil an der Kapitalgesellschaft entspricht.

(4) [1]Als Veräußerung im Sinne des Absatzes 1 gilt auch die Auflösung einer Kapitalgesellschaft, die Kapitalherabsetzung, wenn das Kapital zurückgezahlt wird, und die Ausschüttung oder Zurückzahlung von Beträgen aus dem steuerlichen Einlagenkonto im Sinne des § 27 des Körperschaftsteuergesetzes. [2]In diesen Fällen ist als Veräußerungspreis der gemeine Wert des dem Steuerpflichtigen zugeteilten oder zurückgezahlten Vermögens der Kapitalgesellschaft

anzusehen. ³Satz 1 gilt nicht, soweit die Bezüge nach § 20 Absatz 1 Nummer 1 oder 2 zu den Einnahmen aus Kapitalvermögen gehören.

(5) ¹Die Beschränkung oder der Ausschluss des Besteuerungsrechts der Bundesrepublik Deutschland hinsichtlich des Gewinns aus der Veräußerung der Anteile an einer Kapitalgesellschaft im Fall der Verlegung des Sitzes oder des Orts der Geschäftsleitung der Kapitalgesellschaft in einen anderen Staat stehen der Veräußerung der Anteile zum gemeinen Wert gleich. ²Dies gilt nicht in den Fällen der Sitzverlegung einer Europäischen Gesellschaft nach Artikel 8 der Verordnung (EG) Nr. 2157/2001 und der Sitzverlegung einer anderen Kapitalgesellschaft in einen anderen Mitgliedstaat der Europäischen Union. ³In diesen Fällen ist der Gewinn aus einer späteren Veräußerung der Anteile ungeachtet der Bestimmungen eines Abkommens zur Vermeidung der Doppelbesteuerung in der gleichen Art und Weise zu besteuern, wie die Veräußerung dieser Anteile zu besteuern gewesen wäre, wenn keine Sitzverlegung stattgefunden hätte. ⁴§ 15 Absatz 1a Satz 2 ist entsprechend anzuwenden.

(6) Als Anteile im Sinne des Absatzes 1 Satz 1 gelten auch Anteile an Kapitalgesellschaften, an denen der Veräußerer innerhalb der letzten fünf Jahre am Kapital der Gesellschaft nicht unmittelbar oder mittelbar zu mindestens 1 Prozent beteiligt war, wenn

1. die Anteile auf Grund eines Einbringungsvorgangs im Sinne des Umwandlungssteuergesetzes, bei dem nicht der gemeine Wert zum Ansatz kam, erworben wurden und

2. zum Einbringungszeitpunkt für die eingebrachten Anteile die Voraussetzungen von Absatz 1 Satz 1 erfüllt waren oder die Anteile auf einer Sacheinlage im Sinne von § 20 Absatz 1 des Umwandlungssteuergesetzes vom 7. Dezember 2006 (BGBl. I S. 2782, 2791) in der jeweils geltenden Fassung beruhen.

(7) Als Anteile im Sinne des Absatzes 1 Satz 1 gelten auch Anteile an einer Genossenschaft einschließlich der Europäischen Genossenschaft.

c) Selbständige Arbeit (§ 2 Absatz 1 Satz 1 Nummer 3)

§ 18 [Selbständige Arbeit]

EStG
S 2245

(1) Einkünfte aus selbständiger Arbeit sind

1. Einkünfte aus freiberuflicher Tätigkeit. ²Zu der freiberuflichen Tätigkeit gehören die selbständig ausgeübte wissenschaftliche, künstlerische, schriftstellerische, unterrichtende oder erzieherische Tätigkeit, die selbständige Berufstätigkeit der Ärzte, Zahnärzte, Tierärzte, Rechtsanwälte, Notare, Patentanwälte, Vermessungsingenieure, Ingenieure, Architekten, Handelschemiker, Wirtschaftsprüfer, Steuerberater, beratenden Volks- und Betriebswirte, vereidigten Buchprüfer, Steuerbevollmächtigten, Heilpraktiker, Dentisten, Krankengymnasten, Journalisten, Bildberichterstatter, Dolmetscher, Übersetzer, Lotsen und ähnlicher Berufe. Ein Angehöriger eines freien Berufs im Sinne der Sätze 1 und 2 ist auch dann freiberuflich tätig, wenn er sich der Mithilfe fachlich vorgebildeter Arbeitskräfte bedient; Voraussetzung ist, dass er auf Grund eigener Fachkenntnisse leitend und eigenverantwortlich tätig wird. ⁴Eine Vertretung im Fall vorübergehender Verhinderung steht der Annahme einer leitenden und eigenverantwortlichen Tätigkeit nicht entgegen;

S 2246

2. Einkünfte der Einnehmer einer staatlichen Lotterie, wenn sie nicht Einkünfte aus Gewerbebetrieb sind;

S 2247

3. Einkünfte aus sonstiger selbständiger Arbeit, z. B. Vergütungen für die Vollstreckung von Testamenten, für Vermögensverwaltung und für die Tätigkeit als Aufsichtsratmitglied;

S 2248

4. Einkünfte, die ein Beteiligter an einer vermögensverwaltenden Gesellschaft oder Gemeinschaft, deren Zweck im Erwerb, Halten und in der Veräußerung von Anteilen an Kapitalgesellschaften besteht, als Vergütung für Leistungen zur Förderung des Gesellschafts- oder Gemeinschaftszwecks erzielt, wenn der Anspruch auf die Vergütung unter der Voraussetzung eingeräumt worden ist, dass die Gesellschafter oder Gemeinschafter ihr eingezahltes Kapital vollständig zurückerhalten haben; § 15 Absatz 3 ist nicht anzuwenden.

S 2248a

(2) Einkünfte nach Absatz 1 sind auch dann steuerpflichtig, wenn es sich nur um eine vorübergehende Tätigkeit handelt.

(3) ¹Zu den Einkünften aus selbständiger Arbeit gehört auch der Gewinn, der bei der Veräußerung des Vermögens oder eines selbständigen Teils des Vermögens oder eines Anteils am Vermögen erzielt wird, das der selbständigen Arbeit dient. ²§ 16 Absatz 1 Satz 1 Nummer 1 und 2 und Absatz 1 Satz 2 sowie Abs. 2 bis 4 gilt entsprechend.

S 2249

(4) ¹§ 13 Absatz 5 gilt entsprechend, sofern das Grundstück im Veranlagungszeitraum 1986 zu einem der selbständigen Arbeit dienenden Betriebsvermögen gehört hat. ²§ 15 Absatz 1 Satz 1 Nummer 2, Abs. 1a, Absatz 2 Satz 2 und 3, die §§ 15a und 15b sind entsprechend anzuwenden.

Hinweise

Abgrenzung der selbständigen Arbeit gegenüber der nichtselbständigen Arbeit

Anhang 30 → H 18 EStH

d) Nichtselbständige Arbeit (§ 2 Absatz 1 Satz 1 Nummer 4)

EStG

§ 19 [Nichtselbständige Arbeit]

S 2203

(1) [1]Zu den Einkünften aus nichtselbständiger Arbeit gehören

S 2330–
S 2345

1. Gehälter, Löhne, Gratifikationen, Tantiemen und andere Bezüge und Vorteile für eine Beschäftigung im öffentlichen oder privaten Dienst;

1a. Zuwendungen des Arbeitgebers an seinen Arbeitnehmer und dessen Begleitpersonen anlässlich von Veranstaltungen auf betrieblicher Ebene mit gesellschaftlichem Charakter (Betriebsveranstaltung). [2]Zuwendungen im Sinne des Satzes 1 sind alle Aufwendungen des Arbeitgebers einschließlich Umsatzsteuer unabhängig davon, ob sie einzelnen Arbeitnehmern individuell zurechenbar sind oder ob es sich um einen rechnerischen Anteil an den Kosten der Betriebsveranstaltung handelt, die der Arbeitgeber gegenüber Dritten für den äußeren Rahmen der Betriebsveranstaltung aufwendet. [3]Soweit solche Zuwendungen den Betrag von 110 Euro je Betriebsveranstaltung und teilnehmenden Arbeitnehmer nicht übersteigen, gehören sie nicht zu den Einkünften aus nichtselbständiger Arbeit, wenn die Teilnahme an der Betriebsveranstaltung allen Angehörigen des Betriebs oder eines Betriebsteils offensteht. [4]Satz 3 gilt für bis zu zwei Betriebsveranstaltungen jährlich. [5]Die Zuwendungen im Sinne des Satzes 1 sind abweichend von § 8 Absatz 2 mit den anteilig auf den Arbeitnehmer und dessen Begleitpersonen entfallenden Aufwendungen des Arbeitgebers im Sinne des Satzes 2 anzusetzen;

2. Wartegelder, Ruhegelder, Witwen- und Waisengelder und andere Bezüge und Vorteile aus früheren Dienstleistungen, auch soweit sie von Arbeitgebern ausgleichspflichtiger Personen an ausgleichsberechtigte Personen infolge einer nach § 10 oder § 14 des Versorgungsausgleichsgesetzes durchgeführten Teilung geleistet werden;

3. laufende Beiträge und laufende Zuwendungen des Arbeitgebers aus einem bestehenden Dienstverhältnis an einen Pensionsfonds, eine Pensionskasse oder für eine Direktversicherung für eine betriebliche Altersversorgung. [2]Zu den Einkünften aus nichtselbständiger Arbeit gehören auch Sonderzahlungen, die der Arbeitgeber neben den laufenden Beiträgen und Zuwendungen an eine solche Versorgungseinrichtung leistet, mit Ausnahme der Zahlungen des Arbeitgebers

    a) zur erstmaligen Bereitstellung der Kapitalausstattung zur Erfüllung der Solvabilitätskapitalanforderung nach den §§ 89, 213, auch in Verbindung mit den §§ 234 und 238 des Versicherungsaufsichtsgesetzes,

    b) zur Wiederherstellung einer angemessenen Kapitalausstattung nach unvorhersehbaren Verlusten oder zur Finanzierung der Verstärkung der Rechnungsgrundlagen auf Grund einer unvorhersehbaren und nicht nur vorübergehenden Änderung der Verhältnisse, wobei die Sonderzahlungen nicht zu einer Absenkung des laufenden Beitrags führen oder durch die Absenkung des laufenden Beitrags Sonderzahlungen ausgelöst werden dürfen,

    c) in der Rentenbezugszeit nach § 236 Absatz 2 des Versicherungsaufsichtsgesetzes oder

    d) in Form von Sanierungsgeldern;

    Sonderzahlungen des Arbeitgebers sind insbesondere Zahlungen an eine Pensionskasse anlässlich

    a) eines Ausscheidens aus einer nicht im Wege der Kapitaldeckung finanzierten betrieblichen Altersversorgung oder

    b) des Wechsels von einer nicht im Wege der Kapitaldeckung zu einer anderen nicht im Wege der Kapitaldeckung finanzierten betrieblichen Altersversorgung.

    [3]Von Sonderzahlungen im Sinne des Satzes 2 zweiter Halbsatz Buchstabe b ist bei laufenden und wiederkehrenden Zahlungen entsprechend dem periodischen Bedarf nur auszugehen, soweit die Bemessung der Zahlungsverpflichtungen des Arbeitgebers in das Versorgungssystem nach dem Wechsel die Bemessung der Zahlungsverpflichtung zum Zeitpunkt des Wechsels übersteigt. [4]Sanierungsgelder sind Sonderzahlungen des Arbeitgebers an eine Pensionskasse anlässlich der Systemumstellung einer nicht im Wege der Kapitaldeckung finanzierten betrieblichen Altersversorgung auf der Finanzierungs- oder Leistungsseite, die

der Finanzierung der zum Zeitpunkt der Umstellung bestehenden Versorgungsverpflichtungen oder Versorgungsanwartschaften dienen; bei laufenden und wiederkehrenden Zahlungen entsprechend dem periodischen Bedarf ist nur von Sanierungsgeldern auszugehen, soweit die Bemessung der Zahlungsverpflichtungen des Arbeitgebers in das Versorgungssystem nach der Systemumstellung die Bemessung der Zahlungsverpflichtung zum Zeitpunkt der Systemumstellung übersteigt. [2]Es ist gleichgültig, ob es sich um laufende oder um einmalige Bezüge handelt und ob ein Rechtsanspruch auf sie besteht.

(2) [1]Von Versorgungsbezügen bleiben ein nach einem Prozentsatz ermittelter, auf einen Höchstbetrag begrenzter Betrag (Versorgungsfreibetrag) und ein Zuschlag zum Versorgungsfreibetrag steuerfrei. [2]Versorgungsbezüge sind

S 2345

1. das Ruhegehalt, Witwen- oder Waisengeld, der Unterhaltsbeitrag oder ein gleichartiger Bezug

   a) auf Grund beamtenrechtlicher oder entsprechender gesetzlicher Vorschriften,

   b) nach beamtenrechtlichen Grundsätzen von Körperschaften, Anstalten oder Stiftungen des öffentlichen Rechts oder öffentlich-rechtlichen Verbänden von Körperschaften

   oder

2. in anderen Fällen Bezüge und Vorteile aus früheren Dienstleistungen wegen Erreichens einer Altersgrenze, verminderter Erwerbsfähigkeit oder Hinterbliebenenbezüge; Bezüge wegen Erreichens einer Altersgrenze gelten erst dann als Versorgungsbezüge, wenn der Steuerpflichtige das 63. Lebensjahr oder, wenn er schwerbehindert ist, das 60. Lebensjahr vollendet hat.

[3]Der maßgebende Prozentsatz, der Höchstbetrag des Versorgungsfreibetrags und der Zuschlag zum Versorgungsfreibetrag sind der nachstehenden Tabelle zu entnehmen:

Jahr des Versorgungsbeginns	Versorgungsfreibetrag		Zuschlag zum Versorgungsfreibetrag in Euro
	in % der Versorgungsbezüge	Höchstbetrag in Euro	
bis 2005	40,0	3 000	900
ab 2006	38,4	2 880	864
2007	36,8	2 760	828
2008	35,2	2 640	792
2009	33,6	2 520	756
2010	32,0	2 400	720
2011	30,4	2 280	684
2012	28,8	2 160	648
2013	27,2	2 040	612
2014	25,6	1 920	576
2015	24,0	1 800	540
2016	22,4	1 680	504
2017	20,8	1 560	468
2018	19,2	1 440	432
2019	17,6	1 320	396
2020	16,0	1 200	360
2021	15,2	1 140	342
2022	14,4	1 080	324
2023	13,6	1 020	306
2024	12,8	960	288
2025	12,0	900	270
2026	11,2	840	252
2027	10,4	780	234

Jahr des Versorgungsbeginns	Versorgungsfreibetrag		Zuschlag zum Versorgungsfreibetrag in Euro
	in % der Versorgungsbezüge	Höchstbetrag in Euro	
2028	9,6	720	216
2029	8,8	660	198
2030	8,0	600	180
2031	7,2	540	162
2032	6,4	480	144
2033	5,6	420	126
2034	4,8	360	108
2035	4,0	300	90
2036	3,2	240	72
2037	2,4	180	54
2038	1,6	120	36
2039	0,8	60	18
2040	0,0	0	0

[4]Bemessungsgrundlage für den Versorgungsfreibetrag ist

a) bei Versorgungsbeginn vor 2005
   das Zwölffache des Versorgungsbezugs für Januar 2005,

b) bei Versorgungsbeginn ab 2005
   das Zwölffache des Versorgungsbezugs für den ersten vollen Monat,

jeweils zuzüglich voraussichtlicher Sonderzahlungen im Kalenderjahr, auf die zu diesem Zeitpunkt ein Rechtsanspruch besteht. [5]Der Zuschlag zum Versorgungsfreibetrag darf nur bis zur Höhe der um den Versorgungsfreibetrag geminderten Bemessungsgrundlage berücksichtigt werden. [6]Bei mehreren Versorgungsbezügen mit unterschiedlichem Bezugsbeginn bestimmen sich der insgesamt berücksichtigungsfähige Höchstbetrag des Versorgungsfreibetrags und der Zuschlag zum Versorgungsfreibetrag nach dem Jahr des Beginns des ersten Versorgungsbezugs. [7]Folgt ein Hinterbliebenenbezug einem Versorgungsbezug, bestimmen sich der Prozentsatz, der Höchstbetrag des Versorgungsfreibetrags und der Zuschlag zum Versorgungsfreibetrag für den Hinterbliebenenbezug nach dem Jahr des Beginns des Versorgungsbezugs. [8]Der nach den Sätzen 3 bis 7 berechnete Versorgungsfreibetrag und Zuschlag zum Versorgungsfreibetrag gelten für die gesamte Laufzeit des Versorgungsbezugs. [9]Regelmäßige Anpassungen des Versorgungsbezugs führen nicht zu einer Neuberechnung. [10]Abweichend hiervon sind der Versorgungsfreibetrag und der Zuschlag zum Versorgungsfreibetrag neu zu berechnen, wenn sich der Versorgungsbezug wegen Anwendung von Anrechnungs-, Ruhens-, Erhöhungs- oder Kürzungsregelungen erhöht oder vermindert. [11]In diesen Fällen sind die Sätze 3 bis 7 mit dem geänderten Versorgungsbezug als Bemessungsgrundlage im Sinne des Satzes 4 anzuwenden; im Kalenderjahr der Änderung sind der höchste Versorgungsfreibetrag und Zuschlag zum Versorgungsfreibetrag maßgebend. [12]Für jeden vollen Kalendermonat, für den keine Versorgungsbezüge gezahlt werden, ermäßigen sich der Versorgungsfreibetrag und der Zuschlag zum Versorgungsfreibetrag in diesem Kalenderjahr um je ein Zwölftel.

LStDV

§ 1 Arbeitnehmer, Arbeitgeber

S 2331

(1) [1]Arbeitnehmer sind Personen, die in öffentlichem oder privatem Dienst angestellt oder beschäftigt sind oder waren und die aus diesem Dienstverhältnis oder einem früheren Dienstverhältnis Arbeitslohn beziehen. [2]Arbeitnehmer sind auch die Rechtsnachfolger dieser Personen, soweit sie Arbeitslohn aus dem früheren Dienstverhältnis ihres Rechtsvorgängers beziehen.

(2) [1]Ein Dienstverhältnis (Absatz 1) liegt vor, wenn der Angestellte (Beschäftigte) dem Arbeitgeber (öffentliche Körperschaft, Unternehmer, Haushaltsvorstand) seine Arbeitskraft schuldet. [2]Dies ist der Fall, wenn die tätige Person in der Betätigung ihres geschäftlichen Willens unter der

Leitung des Arbeitgebers steht oder im geschäftlichen Organismus des Arbeitgebers dessen Weisungen zu folgen verpflichtet ist.

(3) Arbeitnehmer ist nicht, wer Lieferungen und sonstige Leistungen innerhalb der von ihm selbständig ausgeübten gewerblichen oder beruflichen Tätigkeit im Inland gegen Entgelt ausführt, soweit es sich um die Entgelte für diese Lieferungen und sonstigen Leistungen handelt.

§ 2 Arbeitslohn

LStDV

(1) [1]Arbeitslohn sind alle Einnahmen, die dem Arbeitnehmer aus dem Dienstverhältnis zufließen. [2]Es ist unerheblich, unter welcher Bezeichnung oder in welcher Form die Einnahmen gewährt werden.

S 2332

(2) Zum Arbeitslohn gehören auch

1. Einnahmen im Hinblick auf ein künftiges Dienstverhältnis;
2. Einnahmen aus einem früheren Dienstverhältnis, unabhängig davon, ob sie dem zunächst Bezugsberechtigten oder seinem Rechtsnachfolger zufließen. Bezüge, die ganz oder teilweise auf früheren Beitragsleistungen des Bezugsberechtigten oder seines Rechtsvorgängers beruhen, gehören nicht zum Arbeitslohn, es sei denn, dass die Beitragsleistungen Werbungskosten gewesen sind;
3. Ausgaben, die ein Arbeitgeber leistet, um einen Arbeitnehmer oder diesem nahestehende Personen für den Fall der Krankheit, des Unfalls, der Invalidität, des Alters oder des Todes abzusichern (Zukunftssicherung). [2]Voraussetzung ist, dass der Arbeitnehmer der Zukunftssicherung ausdrücklich oder stillschweigend zustimmt. [3]Ist bei einer Zukunftssicherung für mehrere Arbeitnehmer oder diesen nahestehende Personen in Form einer Gruppenversicherung oder Pauschalversicherung der für den einzelnen Arbeitnehmer geleistete Teil der Ausgaben nicht in anderer Weise zu ermitteln, so sind die Ausgaben nach der Zahl der gesicherten Arbeitnehmer auf diese aufzuteilen. [4]Nicht zum Arbeitslohn gehören Ausgaben, die nur dazu dienen, dem Arbeitgeber die Mittel zur Leistung einer dem Arbeitnehmer zugesagten Versorgung zu verschaffen;

S 2333

4. Entschädigungen, die dem Arbeitnehmer oder seinem Rechtsnachfolger als Ersatz für entgangenen oder entgehenden Arbeitslohn oder für die Aufgabe oder Nichtausübung einer Tätigkeit gewährt werden;
5. besondere Zuwendungen, die auf Grund des Dienstverhältnisses oder eines früheren Dienstverhältnisses gewährt werden, zum Beispiel Zuschüsse im Krankheitsfall;
6. besondere Entlohnungen für Dienste, die über die regelmäßige Arbeitszeit hinaus geleistet werden, wie Entlohnung für Überstunden, Überschichten, Sonntagsarbeit;
7. Lohnzuschläge, die wegen der Besonderheit der Arbeit gewährt werden;
8. Entschädigungen für Nebenämter und Nebenbeschäftigungen im Rahmen eines Dienstverhältnisses.

Hinweise

H 19.0

Arbeitnehmer

Allgemeines

Wer Arbeitnehmer ist, ist unter Beachtung der Vorschriften des § 1 LStDV nach dem Gesamtbild der Verhältnisse zu beurteilen. Die arbeitsrechtliche und sozialversicherungsrechtliche Behandlung ist unmaßgeblich (BFH vom 2. 12. 1998 – BStBl 1999 II S. 534). Wegen der Abgrenzung der für einen Arbeitnehmer typischen fremdbestimmten Tätigkeit von selbständiger Tätigkeit → BFH vom 14. 6. 1985 (BStBl II S. 661) und vom 18. 1. 1991 (BStBl II S. 409). Danach können für eine Arbeitnehmereigenschaft insbesondere folgende Merkmale sprechen:

Anhang 7

- persönliche Abhängigkeit,
- Weisungsgebundenheit hinsichtlich Ort, Zeit und Inhalt der Tätigkeit,
- feste Arbeitszeiten,
- Ausübung der Tätigkeit gleichbleibend an einem bestimmten Ort,
- feste Bezüge,
- Urlaubsanspruch,
- Anspruch auf sonstige Sozialleistungen,
- Fortzahlung der Bezüge im Krankheitsfall,
- Überstundenvergütung,

– zeitlicher Umfang der Dienstleistungen,
– Unselbständigkeit in Organisation und Durchführung der Tätigkeit,
– kein Unternehmerrisiko,
– keine Unternehmerinitiative,
– kein Kapitaleinsatz,
– keine Pflicht zur Beschaffung von Arbeitsmitteln,
– Notwendigkeit der engen ständigen Zusammenarbeit mit anderen Mitarbeitern,
– Eingliederung in den Betrieb,
– Schulden der Arbeitskraft und nicht eines Arbeitserfolges,
– Ausführung von einfachen Tätigkeiten, bei denen eine Weisungsabhängigkeit die Regel ist.

Diese Merkmale ergeben sich regelmäßig aus dem der Beschäftigung zugrunde liegenden Vertragsverhältnis, sofern die Vereinbarungen ernsthaft gewollt sind und tatsächlich durchgeführt werden (→ BFH vom 14. 12. 1978 – BStBl 1979 II S. 188, vom 20. 2. 1979 – BStBl II S. 414 und vom 24. 7. 1992 – BStBl 1993 II S. 155). Dabei sind die für oder gegen ein Dienstverhältnis sprechenden Merkmale ihrer Bedeutung entsprechend gegeneinander abzuwägen. Die arbeitsrechtliche Fiktion eines Dienstverhältnisses ist steuerrechtlich nicht maßgebend (→ BFH vom 8. 5. 2008 – BStBl II S. 868).

Arbeitnehmereigenschaft

a) **Beispiele für Arbeitnehmereigenschaft**

Amateursportler können Arbeitnehmer sein, wenn die für den Trainings- und Spieleinsatz gezahlten Vergütungen nach dem Gesamtbild der Verhältnisse als Arbeitslohn zu beurteilen sind (→ BFH vom 23. 10. 1992 – BStBl 1993 II S. 303),

Apothekervertreter; ein selbständiger Apotheker, der als Urlaubsvertreter eines anderen selbständigen Apothekers gegen Entgelt tätig wird, ist Arbeitnehmer (→ BFH vom 20. 2. 1979 – BStBl II S. 414),

Artist ist Arbeitnehmer, wenn er seine Arbeitskraft einem Unternehmer für eine Zeitdauer, die eine Reihe von Veranstaltungen umfasst – also nicht lediglich für einige Stunden eines Abends – ausschließlich zur Verfügung stellt (→ BFH vom 16. 3. 1951 – BStBl III S. 97),

Arzt → Chefarzt,

AStA-Mitglieder → BFH vom 22. 7. 2008 (BStBl II S. 981),

Buchhalter → BFH vom 6. 7. 1955 (BStBl III S. 256) und vom 13. 2. 1980 (BStBl II S. 303),

Büfettier → BFH vom 31. 1. 1963 (BStBl III S. 230),

Chefarzt; ein angestellter Chefarzt, der berechtigt ist, Privatpatienten mit eigenem Liquidationsrecht ambulant zu behandeln und die wahlärztlichen Leistungen im Rahmen seines Dienstverhältnisses erbringt (→ BFH vom 5. 10. 2005 – BStBl 2006 II S. 94),

Steuerliche Behandlung der Einnahmen von Ärzten in Kliniken und Krankenhäusern

Bezug: HMdF-Erlass vom 21. 04. 2006 – S 2332 A – 126 – II 3b

(Verfügung der OFD Frankfurt/M. v. 2. 5. 2013 – S 2332 A – 98 – St 211 –)

1. Lohnsteuerliche Behandlung der Einnahmen von Chefärzten aus der Erbringung wahlärztlicher Leistungen im Krankenhaus – Urteil des BFH vom 5. 10. 2005 – VI R 152/01 – (BStBl 2006 II S. 94)

Ob ein Chefarzt eines Krankenhauses wahlärztliche Leistungen selbständig oder unselbständig erbringt, beurteilt sich nach dem Gesamtbild der Verhältnisse. In der Regel bezieht ein angestellter Chefarzt mit den Einnahmen aus dem ihm eingeräumten Liquidationsrecht für die gesondert berechenbaren wahlärztlichen Leistungen nach dem BFH-Urteil vom 5. Oktober 2005 (BStBl 2006 II S. 94) Arbeitslohn, wenn die wahlärztlichen Leistungen innerhalb des Dienstverhältnisses erbracht werden.

Als maßgebliche Abgrenzungskriterien für eine selbständige oder nichtselbständige Tätigkeit sind neben den allgemein zu beachtenden Merkmalen insbesondere zu würdigen, mit wem der Behandlungsvertrag über die wahlärztlichen Leistungen abgeschlossen wird und wer die Liquidation vornimmt.

Erfolgen der Abschluss des Behandlungsvertrages und die Liquidation durch das Krankenhaus, handelt es sich um Einnahmen aus nichtselbständiger Arbeit, werden sie dagegen durch den Chefarzt selbst vorgenommen, ist von einer selbständigen Tätigkeit auszugehen.

Einnahmen aus nichtselbständiger Arbeit liegen in der Regel auch vor, wenn der Abschluss des Behandlungsvertrages durch das Krankenhaus und die Liquidation durch den Chefarzt erfolgen oder umgekehrt.

Sofern die wahlärztlichen Leistungen im Rahmen einer nichtselbständigen Tätigkeit erbracht werden, ist der Lohnsteuerabzug nur von den Einnahmen vorzunehmen, die um die an das Krankenhaus abzuführenden Anteile (z. B. Nutzungsentgelte, Einzugsgebühren) und um die an die nachgeordneten Ärzte zu zahlenden Beiträge gekürzt sind.

Wenn ein Arbeitgeber zulässt, dass erhebliche Teile des Arbeitslohns von dritter Seite bezahlt werden und hierdurch die nach § 38 Abs. 1 Satz 1, § 39b EStG vorgesehene Lohnsteuereinbehaltungssystematik in einzelnen Anmeldungszeiträumen nicht mehr greift, müssen die Entrichtungsschulden – wie etwa auch in Fällen der Nachversteuerung versehentlich unversteuert belassener Lohnbestandteile – in späteren Anmeldungszeiträumen einbehalten werden. Die Pflicht des Arbeitgebers zur Einbehaltung und Abführung der Lohnsteuer etc. entfällt nicht deshalb, weil große Teile des Arbeitslohns von dritter Seite bezahlt werden, FG München Urteil vom 24. 4. 2008; 15 K 1124/08 (EFG 2008, 1791–1795); BFH-Beschluss vom 11. 8. 2009, (BFH/NV 2009, 1814); FG Münster Urteil vom 7. 6. 2011 (EFG 2012, 319–324).

Hinweis der OFD:

Werden Zahlungen regelmäßig geleistet (z. B. vierteljährlich) und liegt ihnen der gleiche Abrechnungszeitraum zugrunde, handelt es sich um laufenden Arbeitslohn i. S. R 115 Abs. 1 LStR. Der Umstand, dass die Zahlungen in der Höhe Schwankungen unterliegen, führt für sich gesehen noch nicht zu sonstigen Bezügen.

2. Gutachtertätigkeit/Gutachtergebühren von Ärzten in Kliniken

Bzgl. der Gutachten von Klinikärzten, die diese für Dritte erstellen, sind bei der Frage, ob es sich bei den Einnahmen aus dieser Tätigkeit um Einkünfte aus selbständiger oder aus nichtselbständiger Arbeit handelt, verschiedene Konstellationen zu unterscheiden. Allen Fällen ist jedoch gemeinsam, dass eine am Einzelfall orientierte Zuordnung unter Beachtung der allgemeinen Abgrenzungsmerkmale nach dem Gesamtbild der Verhältnisse vorgenommen werden muss. Besonders bedeutsam ist bei der Frage der Abgrenzung, ob die Gutachtertätigkeit innerhalb des Dienstverhältnisses erbracht wird (vgl. BFH-Urteil vom 5. 10. 2005, BStBl 2006 II S. 94).

a) Gutachtertätigkeit von Chefärzten

Erstellen Chefärzte Gutachten für dem Klinikbetrieb nicht zugehörige Dritte (z. B. Krankenkassen, Berufsgenossenschaften), so ist für die steuerliche Behandlung der Einkünfte anhand der Gesamtumstände zu ermitteln, wie die Ausübung der Tätigkeit im konkreten Einzelfall erfolgt.

Für ein Ausüben der Tätigkeit innerhalb des Dienstverhältnisses und somit für das Vorliegen nichtselbständiger Arbeit spricht es hierbei zum Beispiel, wenn die Gutachteraufträge dem Chefarzt nicht direkt zugehen, sondern über die Klinikleitung an ihn weitergereicht werden und auch die Abrechnung der gutachtlichen Tätigkeit unter Mitwirkung der Klinik erfolgt.

Anhaltspunkte für das Vorliegen selbständiger Arbeit können dahingegen etwa darin gesehen werden, dass der Chefarzt dem Krankenhaus ein Entgelt für die Benutzung der zur Erstellung der Gutachten notwendigen Krankenhauseinrichtungen zahlt. Des Weiteren kann es für eine selbständige Tätigkeit des Chefarztes sprechen, wenn der Chefarzt selbst die Gutachten in seinem Namen und mit eigenem Briefkopf unterschreibt (vgl. BFH-Urteil vom 19. 04. 1956 – IV 88/56 U –).

b) Gutachtertätigkeit von nachgeordneten Ärzten/Assistenzärzten

In der Praxis werden Gutachten häufig von bei der Klinik angestellten Assistenzärzten oder unter deren Mitwirkung erstellt.

Werden die Gutachten von den Assistenzärzten ohne Mitwirkung eines übergeordneten Arztes/Chefarztes gefertigt, ist die Einordnung der Gutachtertätigkeit als selbständige oder nichtselbständige Arbeit anhand der oben unter a) beschriebenen Kriterien vorzunehmen. Hierbei ist allerdings zu beachten, dass Tarifverträge oder auch Einzelarbeitsverträge der Ärzte eine Pflicht zur Erstellung von Gutachten beinhalten können. Auf solche Regelungen ist insbesondere bei Universitätskliniken zu achten. Eine derartige Verpflichtung spricht dafür, dass das Erstellen des Gutachtens im Rahmen des Dienstverhältnisses erfolgt. Dies gilt insbesondere dann, wenn die Übernahme der Nebentätigkeit nur in besonders begründeten Ausnahmefällen verweigert werden darf. In diesen Fällen ist für die Frage, ob die Gutachtertätigkeit im Rahmen des Dienstverhältnisses erfolgt, besonders bedeutsam, inwiefern eine Weisungsabhängigkeit der Assistenzärzte besteht.

Gleiches gilt im Übrigen auch für die Zuordnung der Einkünfte der angestellten Assistenzärzte, wenn die Erstellung des Gutachtens im Rahmen einer zugelassenen Nebentätigkeit eines Chefarztes erfolgt, der sich der Hilfe eines Assistenzarztes bedient, wenn tarifvertraglich oder arbeitsvertraglich eine Pflicht der Assistenzärzte zur Gutachtenerstellung besteht und diese

Pflicht sich auch auf die Erstellung von Gutachten im Rahmen der Nebentätigkeit des Chefarztes erstreckt. Auch hier ist für die Zuordnung der Tätigkeit zum Dienstverhältnis das Vorliegen einer Weisungsabhängigkeit zu beachten.

Der Umstand, dass die nachgeordneten Ärzte eine besondere Vergütung für ihre Gutachtertätigkeit erhalten, ist für die Einordnung der Einkünfte als solche aus nichtselbständiger Arbeit unschädlich (vgl. BFH-Urteil vom 25. 11. 1971 – IV R 126/70 –).

Gelegenheitsarbeiter, die zu bestimmten, unter Aufsicht durchzuführenden Verlade- und Umladearbeiten herangezogen werden, sind auch dann Arbeitnehmer, wenn sie die Tätigkeit nur für wenige Stunden ausüben (→ BFH vom 18. 1. 1974 – BStBl II S. 301),

Heimarbeiter → R 15.1 Abs. 2 EStR,

Helfer von Wohlfahrtsverbänden; ehrenamtliche Helfer, die Kinder und Jugendliche auf Ferienreisen betreuen, sind Arbeitnehmer (→ BFH vom 28. 2. 1975 – BStBl 1976 II S. 134),

Klinikarzt → Chefarzt,

Musiker; nebenberuflich tätige Musiker, die in Gaststätten auftreten, sind nach der allgemeinen Lebenserfahrung Arbeitnehmer des Gastwirts; dies gilt nicht, wenn die Kapelle gegenüber Dritten als selbständige Gesellschaft oder der Kapellenleiter als Arbeitgeber der Musiker auftritt bzw. der Musiker oder die Kapelle nur gelegentlich spielt (→ BFH vom 10. 9. 1976 – BStBl 1977 II S. 178),

Oberarzt; ein in einer Universitätsklinik angestellter Oberarzt ist hinsichtlich der Mitarbeit in der Privatpraxis des Chefarztes dessen Arbeitnehmer (→ BFH vom 11. 11. 1971 – BStBl 1972 II S. 213),

Reisevertreter kann auch dann Arbeitnehmer sein, wenn er erfolgsabhängig entlohnt wird und ihm eine gewisse Bewegungsfreiheit eingeräumt ist, die nicht Ausfluss seiner eigenen Machtvollkommenheit ist (→ BFH vom 7. 12. 1961 – BStBl 1962 III S. 149);

→ H 15.1 (Reisevertreter) EStH,

Sanitätshelfer des Deutschen Roten Kreuzes sind Arbeitnehmer, wenn die gezahlten Entschädigungen nicht mehr als pauschale Erstattung der Selbstkosten beurteilt werden können, weil sie die durch die ehrenamtliche Tätigkeit veranlassten Aufwendungen der einzelnen Sanitätshelfer regelmäßig nicht nur unwesentlich übersteigen (→ BFH vom 4. 8. 1994 – BStBl II S. 944),

Servicekräfte in einem Warenhaus → BFH vom 20. 11. 2008 (BStBl 2009 II S. 374),

Stromableser können auch dann Arbeitnehmer sein, wenn die Vertragsparteien „freie Mitarbeit" vereinbart haben und das Ablesen in Ausnahmefällen auch durch einen zuverlässigen Vertreter erfolgen darf (→ BFH vom 24. 7. 1992 – BStBl 1993 II S. 155),

Telefoninterviewer → BFH vom 29. 5. 2008 (BStBl II S. 933) und → BFH vom 18. 6. 2015 (BStBl II S. 903),

Vorstandsmitglied einer Aktiengesellschaft → BFH vom 11. 3. 1960 (BStBl III S. 214),

Vorstandsmitglied einer Familienstiftung → BFH vom 31. 1. 1975 (BStBl II S. 358),

Vorstandsmitglied einer Genossenschaft → BFH vom 2. 10. 1968 (BStBl II 1969 S. 185).

b) **Beispiele für fehlende Arbeitnehmereigenschaft**

Arztvertreter → BFH vom 10. 4. 1953 (BStBl III S. 142),

Beratungsstellenleiter eines Lohnsteuerhilfevereins ist kein Arbeitnehmer, wenn er die Tätigkeit als freier Mitarbeiter ausübt (→ BFH vom 10. 12. 1987 – BStBl II 1988 S. 273),

Bezirksstellenleiter bei Lotto- und Totogesellschaften → BFH vom 14. 9. 1967 (BStBl II 1968 S. 193),

Diakonissen sind keine Arbeitnehmerinnen des Mutterhauses (→ BFH vom 30. 7. 1965 – BStBl III S. 525),

Fahrlehrer, die gegen eine tätigkeitsbezogene Vergütung unterrichten, sind in der Regel keine Arbeitnehmer, auch wenn ihnen keine Fahrschulerlaubnis erteilt worden ist → BFH vom 17. 10. 1996 (BStBl 1997 II S. 188),

Fotomodell; ein Berufsfotomodell ist kein Arbeitnehmer, wenn es nur von Fall zu Fall vorübergehend zu Aufnahmen herangezogen wird (→ BFH vom 8. 6. 1967 – BStBl III S. 618); Entsprechendes gilt für ausländische Fotomodelle, die zur Produktion von Werbefilmen kurzfristig im Inland tätig werden (→ BFH vom 14. 6. 2007 – BStBl 2009 II S. 931),

Gerichtsreferendar, der neben der Tätigkeit bei Gericht für einen Rechtsanwalt von Fall zu Fall tätig ist, steht zu dem Anwalt in der Regel nicht in einem Arbeitsverhältnis (→ BFH vom 22. 3. 1968 – BStBl II S. 455),

Gutachter → BFH vom 22. 6. 1971 (BStBl II S. 749),

Hausgewerbetreibender → R 15.1 Abs. 2 EStR,

Hausverwalter, die für eine Wohnungseigentümergemeinschaft tätig sind, sind keine Arbeitnehmer (→ BFH vom 13. 5. 1966 – BStBl III S. 489),

Knappschaftsarzt → BFH vom 3. 7. 1959 (BStBl III S. 344),

Künstler; zur Frage der Selbständigkeit von Künstlern und verwandten Berufen → BMF vom 5. 10. 1990 (BStBl I S. 638),

Steuerabzug vom Arbeitslohn bei unbeschränkt einkommensteuer-(lohnsteuer-)pflichtigen Künstlern und verwandten Berufen

BMF-Schreiben vom 5. 10. 1990, IV B 6 – S 2332 – 73/90, BStBl I S. 638;

die Anlage wurde durch BMF-Schreiben vom 9. 7. 2014 (BStBl I S. 1103) geändert

Unter Bezugnahme auf das Ergebnis der Erörterung mit den obersten Finanzbehörden der Länder gilt bei Künstlern und verwandten Berufen, soweit sie eine unmittelbare Vertragsbeziehung zum Arbeitgeber/Auftraggeber begründen, zur Abgrenzung zwischen selbständiger Tätigkeit und nichtselbständiger Arbeit sowie für den Steuerabzug bei Annahme einer nichtselbständigen Arbeit folgendes:

1. Abgrenzung zwischen selbständiger Tätigkeit und nichtselbständiger Arbeit

Für die Annahme einer nichtselbständigen Arbeit sind die in § 1 LStDV aufgestellten Merkmale maßgebend. Danach liegt eine nichtselbständige Arbeit vor, wenn die tätige Person in der Betätigung ihres geschäftlichen Willens unter der Leitung eines Arbeitgebers steht oder in den geschäftlichen Organismus des Arbeitgebers eingegliedert und dessen Weisungen zu folgen verpflichtet ist. Dagegen ist nicht Arbeitnehmer, wer Lieferungen und sonstige Leistungen innerhalb der von ihm selbständig ausgeübten gewerblichen und beruflichen Tätigkeit im Inland gegen Entgelt ausführt, soweit es sich um Entgelte für diese Lieferungen und sonstigen Leistungen handelt. Im übrigen kommt es bei der Abgrenzung zwischen selbständiger Tätigkeit und nichtselbständiger Arbeit nicht so sehr auf die formelle vertragliche Gestaltung, z. B. auf die Bezeichnung als freies Mitarbeiterverhältnis, als vielmehr auf die Durchführung der getroffenen Vereinbarung an (BFH-Urteil vom 29. September 1967 – BStBl 1968 II S. 84). Dies führt bei künstlerischen und verwandten Berufen im allgemeinen zu folgenden Ergebnissen:

1.1 Tätigkeit bei Theaterunternehmen

1.1.1 Spielzeitverpflichtete Künstler

Künstler und Angehörige von verwandten Berufen, die auf Spielzeit- oder Teilspielzeitvertrag angestellt sind, sind in den Theaterbetrieb eingegliedert und damit nichtselbständig. Dabei spielt es keine Rolle, ob der Künstler gleichzeitig eine Gastspielverpflichtung bei einem anderen Unternehmen eingegangen ist.

1.1.2 Gastspielverpflichtete Künstler

Bei gastspielverpflichteten Künstlern und Angehörigen von verwandten Berufen erstreckt sich der Vertrag in der Regel auf eine bestimmte Anzahl von Aufführungen.

Für die Annahme einer nichtselbständigen Tätigkeit kommt es darauf an, ob das Gastspieltheater während der Dauer des Vertrages im wesentlichen über die Arbeitskraft des Gastkünstlers verfügt (BFH-Urteil vom 24. Mai 1973 – BStBl II S. 636). Dies hängt von dem Maß der Einbindung in den Theaterbetrieb (nicht in das Ensemble) ab. Ob ein Künstler allein (Solokünstler) oder in einer Gruppe (z. B. Chor) auftritt und welchen künstlerischen Rang er hat, spielt für die Abgrenzung keine entscheidende Rolle. Auch kommt es nicht darauf an, wie das für die Veranlagung des Künstlers zuständige Finanzamt eine vergleichbare Tätigkeit des Künstlers bei Hörfunk und Fernsehen bewertet und ob es hierfür eine entsprechende Bescheinigung erteilt hat. Im einzelnen gilt deshalb:

Gastspielverpflichtete Regisseure, Choreographen, Bühnenbildner und Kostümbildner sind selbständig. Gastspielverpflichtete Dirigenten üben dagegen eine nichtselbständige Tätigkeit aus; sie sind ausnahmsweise selbständig, wenn sie nur für kurze Zeit einspringen.

Gastspielverpflichtete Schauspieler, Sänger, Tänzer und andere Künstler sind in den Theaterbetrieb eingegliedert und deshalb nichtselbständig, wenn sie eine Rolle in einer Aufführung übernehmen und gleichzeitig eine Probenverpflichtung zur Einarbeitung in die Rolle oder eine künstlerische Konzeption eingehen. Stell- oder Verständigungsproben reichen nicht aus. Voraussetzung ist außerdem, daß die Probenverpflichtung tatsächlich erfüllt wird. Die Zahl der Aufführungen ist nicht entscheidend.

Aushilfen für Chor und Orchester sind selbständig, wenn sie nur für kurze Zeit einspringen.

Gastspielverpflichtete Künstler einschließlich der Instrumentalsolisten sind selbständig, wenn sie an einer konzertanten Opernaufführung, einem Oratorium, Liederabend oder dergleichen mitwirken.

1.2 Tätigkeit bei Kulturorchestern

Sämtliche gastspielverpflichteten (vgl. Tz. 1.1.2 Abs. 1) Künstler, z. B. Dirigenten, Vokal- und Instrumentalsolisten, sind stets und ohne Rücksicht auf die Art und Anzahl der Aufführungen selbständig. Orchesteraushilfen sind ebenfalls selbständig, wenn sie nur für kurze Zeit einspringen.

1.3 Tätigkeit bei Hörfunk und Fernsehen

Für die neben dem ständigen Personal beschäftigten Künstler und Angehörigen von verwandten Berufen, die in der Regel auf Grund von Honorarverträgen tätig werden und im allgemeinen als freie Mitarbeiter bezeichnet werden, gilt vorbehaltlich der Tz. 1.4 folgendes:

1.3.1 Die freien Mitarbeiter sind grundsätzlich nichtselbständig.

1.3.2 Im allgemeinen sind nur die folgenden Gruppen von freien Mitarbeitern selbständig, soweit sie nur für einzelne Produktionen (z. B. ein Fernsehspiel, eine Unterhaltungssendung oder einen aktuellen Beitrag) tätig werden („Negativkatalog").

Architekten	Dolmetscher	Lektoren
Arrangeure	Fachberater	Moderatoren[6]
Artisten[1]	Fotografen	musikalische Leiter[2]
Autoren	Gesprächsteilnehmer	Quizmaster
Berichterstatter	Grafiker	Realisatoren[6]
Bildhauer	Interviewpartner	Regisseure
Bühnenbildner	Journalisten	Solisten (Gesang, Musik,
Choreographen	Kommentatoren	Tanz)[2]
Chorleiter[4]	Komponisten	Schriftsteller
Darsteller[3]	Korrespondenten	Übersetzer[4]
Dirigenten[4]	Kostümbildner	
Diskussionsleiter	Kunstmaler	

1.3.3 Eine von vornherein auf Dauer angelegte Tätigkeit eines freien Mitarbeiters ist nichtselbständig, auch wenn für sie mehrere Honorarverträge abgeschlossen werden.

Beispiele:

a) Ein Journalist reist in das Land X, um in mehreren Beiträgen über kulturelle Ereignisse zu berichten. Eine Rundfunkanstalt verpflichtet sich vor Reiseantritt, diese Beiträge abzunehmen.

Die Tätigkeit ist nichtselbständig, weil sie von vornherein auf Dauer angelegt ist und die Berichte auf Grund einer vorher eingegangenen Gesamtverpflichtung geliefert werden. Dies gilt auch, wenn diese Beiträge einzeln abgerechnet werden.

b) Ein Journalist wird von einer Rundfunkanstalt für kulturpolitische Sendungen um Beiträge gebeten. Die Beiträge liefert er aufgrund von jeweils einzeln abgeschlossenen Vereinbarungen.

Die Tätigkeit ist selbständig, weil sie nicht von vornherein auf Dauer angelegt ist.

1.3.4 Wird der freie Mitarbeiter für denselben Auftraggeber in mehreren zusammenhängenden Leistungsbereichen tätig, von denen der eine als selbständig und der andere als nichtselbständig zu beurteilen ist, ist die gesamte Tätigkeit einheitlich als selbständige oder als nichtselbständige Tätigkeit zu behandeln. Die Einordnung dieser Mischtätigkeit richtet sich nach der überwiegenden Tätigkeit, die sich aus dem Gesamterscheinungsbild ergibt. Für die Frage des Überwiegens kann auch auf die Höhe des aufgeteilten Honorars abgestellt werden.

1.3.5 Übernimmt ein nichtselbständiger Mitarbeiter für seinen Arbeitgeber zusätzliche Aufgaben, die nicht zu den Nebenpflichten aus seiner Haupttätigkeit gehören, so ist nach den allgemeinen Abgrenzungskriterien zu prüfen, ob die Nebentätigkeit selbständig oder nichtselbständig ausgeübt wird (siehe Abschn. 68 LStR[5]) und BFH-Urteil vom 25. November 1971 – BStBl 1972 II S. 212).

1.3.6 Gehört ein freier Mitarbeiter nicht zu einer der im Negativkatalog (Tz. 1.3.2) genannten Berufsgruppen, so kann auf Grund besonderer Verhältnisse des Einzelfalls die Tätigkeit gleichwohl selbständig sein. Das Wohnsitzfinanzamt erteilt dem Steuerpflichtigen nach eingehender Prüfung ggf. eine Bescheinigung nach beiliegendem Muster. Die Bescheinigung bezieht sich

---

[1] Die als Gast außerhalb eines Ensembles oder einer Gruppe eine Sololeistung erbringen.
[2] Soweit sie als Gast mitwirken oder Träger des Chores/Klangkörpers oder Arbeitgeber der Mitglieder des Chores/Klangkörpers sind.
[3] Die als Gast in einer Sendung mit Live-Charakter mitwirken.
[4] Wenn der eigenschöpferische Teil der Leistung überwiegt.
[5] Jetzt: R 19.2 LStR.

auf die Tätigkeit des freien Mitarbeiters für einen bestimmten Auftraggeber. Das Finanzamt hat seine Entscheidung grundsätzlich mit dem Betriebsstättenfinanzamt des Auftraggebers abzustimmen.

1.3.7 Gehört ein freier Mitarbeiter zu einer der in Tz. 1.3.2 genannten Berufsgruppen, so kann er auf Grund besonderer Verhältnisse des Einzelfalls gleichwohl nichtselbständig sein.

1.3.8 Aushilfen für Chor und Orchester sind selbständig, wenn sie nur für kurze Zeit einspringen.

1.4 Tätigkeit bei Film- und Fernsehfilmproduzenten (Eigen- und Auftragsproduktion) einschl. Synchronisierung

Filmautoren, Filmkomponisten und Fachberater sind im allgemeinen nicht in den Organismus des Unternehmens eingegliedert, so daß ihre Tätigkeit in der Regel selbständig ist. Schauspieler, Regisseure, Kameraleute, Regieassistenten und sonstige Mitarbeiter in der Film- und Fernsehfilmproduktion sind dagegen im allgemeinen nichtselbständig (BFH-Urteil vom 6. Oktober 1971 – BStBl 1972 II S. 88). Das gilt auch für Mitarbeiter bei der Herstellung von Werbefilmen[1]).

Synchronsprecher sind in der Regel selbständig (BFH-Urteil vom 12. Oktober 1978 – BStBl 1981 II S. 706). Das gilt nicht nur für Lippensynchronsprecher, sondern auch für Synchronsprecher für besondere Filme (z. B. Kultur-, Lehr- und Werbefilme), bei denen der in eine andere Sprache zu übertragende Begleittext zu sprechen ist. Diese Grundsätze gelten für Synchronregisseure entsprechend.

1.5 Wiederholungshonorare[2])

Wiederholungshonorare sind der Einkunftsart zuzuordnen, zu welcher das Ersthonorar gehört hat. Dies gilt auch dann, wenn das Wiederholungshonorar nicht vom Schuldner des Ersthonorars gezahlt wird. Ist das Ersthonorar im Rahmen der Einkünfte aus nichtselbständiger Arbeit zugeflossen und wird das Wiederholungshonorar durch einen Dritten gezahlt, so ist ein Lohnsteuerabzug nicht vorzunehmen.

2. Steuerabzug vom Arbeitslohn[3])

2.1 Bei Annahme einer nichtselbständigen Tätigkeit ist der Arbeitgeber zur Einbehaltung und Abführung der Lohnsteuer verpflichtet. Die Höhe der einzubehaltenden Lohnsteuer richtet sich dabei nach der für den jeweiligen Lohnzahlungszeitraum maßgebenden Lohnsteuertabelle.

2.2 Bei **täglicher Zahlung des Honorars** ist grundsätzlich die Lohnsteuertabelle für tägliche Lohnzahlungen anzuwenden. Stellt sich die tägliche Lohnzahlung lediglich als Abschlagszahlung auf ein für einen längeren Lohnabrechnungszeitraum vereinbartes Honorar dar, so ist der Lohnabrechnungszeitraum als Lohnzahlungszeitraum zu betrachten (§ 39b Abs. 5 EStG). Können die Honorare nicht als Abschlagszahlungen angesehen werden, bestehen keine Bedenken, wenn eines der folgenden Verfahren angewendet wird:

2.2.1 Erweiterter Lohnzahlungszeitraum

Der Lohnzahlungszeitraum wird auf die vor der tatsächlichen Beschäftigung liegende Zeit ausgedehnt, soweit dieser Zeitraum nach der auf der Lohnsteuerbescheinigung vermerkten Lohnsteuerbescheinigung nicht schon belegt ist. Dabei gilt jedoch die Einschränkung, daß für je zwei Tage der tatsächlichen Beschäftigung nur eine Woche, insgesamt jedoch höchstens ein Monat bescheinigt werden kann.

Beispiele:

a) Beschäftigung vom 26. bis 31. März (6 Tage). Letzte Eintragung auf der Lohnsteuerkarte 2. bis 5. März. Für 6 Tage Beschäftigung Eintragung von 3 Wochen = 21 Tage. Es kommt demnach ein erweiterter Lohnzahlungszeitraum für die Zeit vom 11. bis 31. März (21 Tage) in Betracht.

Würde sich im vorstehenden Beispiel die letzte Eintragung auf der Lohnsteuerkarte statt auf die Zeit vom 2. bis 5. März auf die Zeit vom 15. bis 18. März erstrecken, dann käme als erweiterter Lohnzahlungszeitraum nur die Zeit vom 19. bis 31. März in Betracht.

b) Beschäftigung vom 10. bis 19. März (10 Tage). Letzte Eintragung auf der Lohnsteuerkarte vom 2. bis 7. Februar. Für 10 Tage Beschäftigung Eintragung von 5 Wochen, höchstens jedoch ein Monat. Es kommt demnach ein erweiterter Lohnzahlungszeitraum für die Zeit vom 20. Februar bis 19. März in Betracht.

---

[1]) Ausländische Fotomodelle, die zur Produktion von Werbefilmen kurzfristig im Inland tätig werden, können selbständig tätig sein (→ BFH vom 14. 6. 2007 – BStBl 2009 II S. 931).

[2]) Nach BFH vom 26. 7. 2006 (BStBl II S. 917) sind Wiederholungshonorare an Künstler für nochmalige Ausstrahlung von Fernseh- und Hörfunkproduktionen kein Arbeitslohn. Sie führen regelmäßig zu Einkünften aus § 18 EStG.

[3]) Die nachfolgenden Regelungen gelten grundsätzlich auch im ELStAM-Verfahren.

Würde im vorstehenden Beispiel die Beschäftigung statt vom 10. bis 19. März vom 10. März bis 15. April, also mindestens einen Monat dauern, so kommt die Anwendung des erweiterten Lohnzahlungszeitraums nicht in Betracht.

Ist die Zahl der tatsächlichen Beschäftigungstage nicht durch zwei teilbar und verbleibt demnach ein Rest von einem Tag oder beträgt die tatsächliche Beschäftigungsdauer nur einen Tag, so kann hierfür – im Rahmen des Höchstzeitraums von einem Monat – ebenfalls eine Woche bescheinigt werden.

Beispiel:

Beschäftigung vom 10. bis 12. März (3 Tage). Letzte Eintragung auf der Lohnsteuerkarte 2. bis 7. Februar. Für 3 Tage Beschäftigung Eintragung von 2 Wochen = 14 Tage. Es kommt demnach ein erweiterter Lohnzahlungszeitraum für die Zeit vom 27. Februar bis 12. März (14 Tage) in Betracht.

Würde im vorstehenden Beispiel die Beschäftigung statt vom 10. bis 12. März vom 10. bis 18. März dauern, so würden nach dieser Berechnung zwar 5 Wochen in Betracht kommen. Es kann aber nur höchstens ein Monat als Lohnzahlungszeitraum angesetzt werden, also die Zeit vom 19. Februar bis 18. März.

Bei Eintragung voller Wochen ist die Wochentabelle auf jeweils das auf die Anzahl der Wochen aufgeteilte Honorar, bei Eintragung eines Monats die Monatstabelle anzuwenden.

Beispiel:

Das Honorar für eine Beschäftigung von 5 Tagen beträgt 900 DM. Bei einem erweiterten Lohnzahlungszeitraum von 3 Wochen ist die Wochentabelle jeweils auf ein Drittel des Honorars = 300 DM anzuwenden.

Der Arbeitgeber hat in der Lohnsteuerbescheinigung in die zu bescheinigende Dauer des Dienstverhältnisses auch die Tage einzubeziehen, um die nach vorstehenden Verfahren Lohnzahlungszeiträume erweitert worden sind. Im Lohnkonto hat der Arbeitgeber neben den sonstigen Angaben, zu denen er verpflichtet ist, den Zeitraum der tatsächlichen Beschäftigung, den nach vorstehendem Verfahren erweiterten Lohnzahlungszeitraum sowie den auf der Lohnsteuerkarte vermerkten vorangegangenen Beschäftigungszeitraum sowie Name und Anschrift des früheren Arbeitgebers einzutragen.

Händigt der Arbeitgeber dem Arbeitnehmer die Lohnsteuerkarte vorübergehend aus (§ 39b Abs. 1 Satz 3 EStG), so hat er zuvor auf der Rückseite der Lohnsteuerkarte bereits die für eine spätere Lohnsteuerbescheinigung vorgesehene letzte Spalte (Anschrift und Steuer-Nr. des Arbeitgebers, ggf. Firmenstempel, mit Unterschrift) auszufüllen. Ein anderer Arbeitgeber, dem eine derart gekennzeichnete Lohnsteuerkarte vorgelegt wird, darf diese nicht seiner Lohnsteuerberechnung zugrunde legen; er hat vielmehr der Berechnung der Lohnsteuerbeträge die tatsächliche Zahl der Arbeitstage nach § 39b Abs. 4 EStG[1] zugrunde zu legen und die Lohnsteuer nach § 39c Abs. 1 EStG zu errechnen.

2.2.2 Verlängerung des Lohnzahlungszeitraums auf einen Monat

Der Arbeitgeber vereinbart mit dem Arbeitnehmer, daß für das in einem Monat anfallende Honorar der Monat als Lohnzahlungszeitraum angesehen wird und die Zahlungen zunächst als Abschlag behandelt werden. Die in dem Monat gezahlten Abschläge werden innerhalb von 3 Wochen nach Ablauf des Monats als Monatshonorare abgerechnet. Die Lohnsteuer wird dem Lohnzahlungszeitraum entsprechend nach der Monatstabelle einbehalten. Auf den Zeitpunkt der Leistung des Arbeitnehmers und die Dauer seiner Beschäftigung wird dabei nicht besonders abgestellt.

Dem Lohnsteuerabzug wird die dem Arbeitgeber vorgelegte Lohnsteuerkarte zugrunde gelegt. Voraussetzung für die Anwendung dieses Verfahrens ist, daß die für den Lohnsteuerabzug maßgebende Lohnsteuerkarte für den betreffenden Monat noch keine Eintragung enthält und mindestens für den Monat, in dem das Honorar anfällt, beim Arbeitgeber verbleibt.

Vor der Aushändigung der Lohnsteuerkarte wird die Lohnsteuerbescheinigung (§ 41b Abs. 1 EStG) eingetragen. Diese ist dem Lohnabrechnungszeitraum entsprechend jeweils für abgeschlossene Kalendermonate zu erteilen. Als Dauer des Dienstverhältnisses wird der Zeitraum eingetragen, in dem die Lohnsteuerkarte dem Arbeitgeber vorgelegen hat.

Verlangt ein Arbeitnehmer schon im Laufe des Kalenderjahrs die Aushändigung der Lohnsteuerkarte, weil er nicht mehr für den Arbeitgeber tätig ist oder einen Steuerkartenwechsel (z. B. wegen Verlagerung seiner Haupteinnahmequelle zu einem anderen Arbeitgeber; vgl. Abschn. 114 Abs. 3 Satz 1 LStR[2]) vornehmen will, wird diese Lohnsteuerkarte noch bis zum Ende des laufenden Lohnabrechnungszeitraums dem Steuerabzug zugrunde gelegt. Kann die Lohnsteuerkarte nach Ablauf des Lohnabrechnungszeitraums infolge einer maschinellen Lohnabrechnung nicht sofort ausgehändigt werden, erhält der neue Arbeitgeber unmittelbar

---

[1] Weggefallen.
[2] Jetzt R 39b.1 Abs. 2 Satz 1 LStR.

oder über den Arbeitnehmer eine vorläufige Bescheinigung – Zwischenbescheinigung – (§ 41b Abs. 1 Satz 6 EStG[1])), so daß er ab Beginn des neuen Lohnabrechnungszeitraums (z. B. Monat) die sich daraus ergebende Steuerklasse anwenden kann.

Auf die bei Abschluß des Lohnsteuerabzugs nach § 41b Abs. 1 EStG auszuschreibende Bescheinigung wird besonders hingewiesen.

Enthält die Lohnsteuerkarte für einen Teil des Monats bereits eine Eintragung oder händigt der Arbeitgeber dem Arbeitnehmer die Lohnsteuerkarte vor Ablauf des Monats aus, in dem das Honorar anfällt, so ist der Steuerabzug vom Arbeitslohn für diesen Monat nach den allgemeinen Vorschriften oder nach dem in der nachfolgenden Tz. 2.2.3 zugelassenen Verfahren vorzunehmen. Bei Aushändigung der Lohnsteuerkarte im Laufe des Monats, in dem das Honorar anfällt, ist § 41c EStG zu beachten.

Sofern dem Arbeitgeber eine Lohnsteuerkarte nicht vorliegt, wird nach § 39c Abs. 1 und 2 EStG verfahren.

2.2.3 Permanente Monatsabrechnung

Liegen die Voraussetzungen der Tz. 2.2.2 vor, so kann der Steuerabzug vom Arbeitslohn für die während eines Monats anfallenden Lohnzahlungen nach der Monatstabelle auch in der Weise vorgenommen werden, daß die früheren Lohnzahlungen desselben Monats mit in die Steuerberechnung für den betreffenden Monat einbezogen werden. Dieses Verfahren kann grundsätzlich unabhängig von der auf der Lohnsteuerkarte eingetragenen Steuerklasse angewendet werden. Es gilt also auch bei Vorlage einer Lohnsteuerkarte mit der Steuerklasse VI, nicht hingegen, wenn wegen fehlender Lohnsteuerkarte der Steuerabzug nach der Steuerklasse VI vorzunehmen ist. Die mehrmalige Anwendung der Monatstabelle innerhalb eines Monats ohne Einbeziehung früherer Zahlungen desselben Monats ist auf keinen Fall zulässig.

Beispiel:

Ein Arbeitnehmer, der dem Arbeitgeber eine Lohnsteuerkarte mit der Steuerklasse I vorgelegt hat, erhält am 8. August 1990 für eine eintägige Beschäftigung 400 DM. Die Lohnsteuer hierauf beträgt nach der Monatstabelle 0,– DM.

(Wenn der Arbeitnehmer eine Lohnsteuerkarte mit der Steuerklasse VI vorgelegt hat, beträgt die Lohnsteuer nach der Monatstabelle 75,16 DM.) Erhält der Arbeitnehmer im August 1990 von diesem Arbeitgeber keine weiteren Lohnzahlungen, so beträgt die Lohnsteuer für die am 8. August 1990 gezahlte Vergütung in Höhe von 400 DM nach Steuerklasse I 0,– DM. Erhält der Arbeitnehmer am 13. August 1990 und am 27. August 1990 vom selben Arbeitgeber nochmals jeweils 500 DM, so berechnet der Arbeitgeber die Lohnsteuer für diese Lohnzahlungen wie folgt (in der 2. Spalte ist vergleichsweise die Steuerberechnung bei Vorlage einer Lohnsteuerkarte mit der Steuerklasse VI aufgeführt):

a) Lohnzahlung am 13. August 1990:

		Steuer-klasse I	Steuer-klasse VI
Bis 13. August 1990 bereits gezahlter Arbeitslohn	400 DM		
zuzüglich für den 13. August 1990 zu zahlender Arbeitslohn	500 DM		
Insgesamt	900 DM		
Lohnsteuer hierauf nach der Monatstabelle abzüglich:		17,08 DM	177,33 DM
Lohnsteuer, die vom bereits gezahlten Arbeitslohn einbehalten wurde		0,00 DM	75,16 DM
Für die Lohnzahlung am 13. August 1990 einzubehaltende Lohnsteuer		17,08 DM	102,17 DM

b) Lohnzahlung am 27. August 1990:

		Steuer-klasse I	Steuer-klasse VI
Bis 27. August 1990 bereits gezahlter Arbeitslohn	900 DM		
zuzüglich für den 27. August 1990 zu zahlender Arbeitslohn	500 DM		
insgesamt	1 400 DM		
Lohnsteuer hierauf nach der Monatstabelle abzüglich:		97,33 DM	303,00 DM
Lohnsteuer, die vom bereits gezahlten Arbeitslohn einbehalten wurde		17,08 DM	177,33 DM

---

[1]) Weggefallen.

Für die Lohnzahlung am 27. August 1990 ein-
zubehaltende Lohnsteuer $\underline{80,25\ DM}$ $\underline{125,67\ DM}$

Hat der Arbeitnehmer dem Arbeitgeber keine Lohnsteuerkarte vorgelegt, so ist für die am 8., 13. und 27. August gezahlten Beträge die Lohnsteuer jeweils nach der Tagestabelle zu ermitteln.

2.2.4 Permanenter Lohnsteuer-Jahresausgleich

Der Steuerabzug vom Arbeitslohn kann unter den in § 39b Abs. 2 Satz 7 EStG[1]) bzw. in Abschn. 121 Abs. 2 LStR[2]) genannten Voraussetzungen auch nach dem voraussichtlichen Jahresarbeitslohn unter Anwendung der Jahreslohnsteuertabelle unabhängig davon vorgenommen werden, welche Steuerklasse auf der Lohnsteuerkarte des Arbeitnehmers eingetragen ist.

Dieses Schreiben tritt an die Stelle der BMF-Schreiben vom 27. Juni 1975 – IV B 6 – S 2365 – 8/75 – (BStBl I S. 923), vom 20. Juli 1976 – IV B 6 – S 2367 – 22/76 –, vom 22. Juni 1977 – IV B 6 – S 2367 – 10/77 – und vom 23. September 1981 – IV B 6 – S 2367 – 13/81 – und wird im Bundessteuerblatt Teil I veröffentlicht.

Anlage[3])

Finanzamt . . . .

Steuernummer . . . .

Bescheinigung

Herrn/Frau . . . . geb. am . . . .

wohnhaft . . . .

wird bescheinigt, dass er/sie hier unter der Steuernummer . . . .
zur Einkommensteuer veranlagt wird.

Aufgrund des/der vorgelegten Vertrages/Verträge,

Prod.-Nr. . . . . vom . . . .

der zwischen ihm/ihr und

. . . .

über die Tätigkeit als . . . .

geschlossen wurde, werden die Honorareinnahmen unter dem Vorbehalt des jederzeitigen Widerrufs als

– Einkünfte aus selbständiger Arbeit i. S. des § 18 EStG*)

– Einkünfte aus Gewerbebetrieb i. S. des § 15 EStG*)

behandelt.

Im Auftrag

---

*) Nichtzutreffendes bitte streichen.

Beschränkt einkommensteuerpflichtige Künstler

→ H 39d (Künstler)

Lehrbeauftragte → BFH vom 17. 7. 1958 (BStBl III S. 360),

Lotsen → BFH vom 21. 5. 1987 (BStBl II S. 625),

Nebenberufliche Lehrkräfte sind in der Regel keine Arbeitnehmer (→ BFH vom 4. 10. 1984 – BStBl II 1985 S. 51); zur Abgrenzung zwischen nichtselbständiger und selbständiger Arbeit → R 19.2 und H 19.2 (Nebenberufliche Lehrtätigkeit),

Notariatsverweser → BFH vom 12. 9. 1968 (BStBl II S. 811),

Rundfunkermittler, die im Auftrage einer Rundfunkanstalt Schwarzhörer aufspüren, sind keine Arbeitnehmer, wenn die Höhe ihrer Einnahmen weitgehend von ihrem eigenen Arbeitseinsatz abhängt und sie auch im Übrigen – insbesondere bei Ausfallzeiten – ein Unternehmerrisiko in Gestalt des Entgeltrisikos tragen. Dies gilt unabhängig davon, dass sie nur für einen einzigen Vertragspartner tätig sind (→ BFH vom 2. 12. 1998 – BStBl 1999 II S. 534),

Schwarzarbeiter; ein Bauhandwerker ist bei nebenberuflicher „Schwarzarbeit" in der Regel kein Arbeitnehmer des Bauherrn (→ BFH vom 21. 3. 1975 – BStBl II S. 513),

Tutoren → BFH vom 21. 7. 1972 (BStBl II S. 738) und vom 28. 2. 1978 (BStBl II S. 387),

Versicherungsvertreter ist selbständig tätig und kein Arbeitnehmer, wenn er ein ins Gewicht fallendes Unternehmerrisiko trägt; die Art seiner Tätigkeit, ob werbende oder verwaltende, ist in der Regel nicht von entscheidender Bedeutung (→ BFH vom 19. 2. 1959 – BStBl III

---

[1]) Jetzt: § 39b Abs. 2 Satz 12 EStG.

[2]) Jetzt: R 39b.8 LStR.

[3]) Die Anlage wurde durch BMF vom 9. 7. 2014 (BStBl I S. 1103) geändert.

S. 425, vom 10. 9. 1959 – BStBl III S. 437, vom 3. 10. 1961 – BStBl III S. 567 und vom 13. 4. 1967 – BStBl III S. 398),

→ R 15.1 Abs. 1 EStR, H 15.1 (Generalagent, Versicherungsvertreter) EStH,

Vertrauensleute einer Buchgemeinschaft; nebenberufliche Vertrauensleute einer Buchgemeinschaft sind keine Arbeitnehmer des Buchclubs (→ BFH vom 11. 3. 1960 – BStBl III S. 215),

Werbedamen, die von ihren Auftraggebern von Fall zu Fall für jeweils kurzfristige Werbeaktionen beschäftigt werden, können selbständig sein (→ BFH vom 14. 6. 1985 – BStBl II S. 661).

Ehegatten-Arbeitsverhältnis[1])

→ R 4.8 EStR und H 4.8 EStH

→ Zur betrieblichen Altersversorgung → H 3.63 (Ehegatten-Arbeitsverhältnis).

Einkunftserzielungsabsicht

Zur Abgrenzung der Einkunftserzielungsabsicht von einer einkommensteuerrechtlich unbeachtlichen Liebhaberei → BFH vom 28. 8. 2008 (BStBl 2009 II S. 243).

Eltern-Kind-Arbeitsverhältnis

Zur steuerlichen Anerkennung von Dienstverhältnissen zwischen Eltern und Kindern → BFH vom 9. 12. 1993 (BStBl 1994 II S. 298), → R 4.8 Abs. 3 EStR.

Gesellschafter-Geschäftsführer

Ein Gesellschafter-Geschäftsführer einer Kapitalgesellschaft ist nicht allein auf Grund seiner Organstellung Arbeitnehmer. Es ist anhand der allgemeinen Merkmale (→ Allgemeines) zu entscheiden, ob die Geschäftsführungsleistung selbständig oder nichtselbständig erbracht wird (→ BMF vom 31. 5. 2007 – BStBl I S. 503 unter Berücksichtigung der Änderungen durch BMF vom 2. 5. 2011 – BStBl I S. 490).

Mitunternehmer

Zur Frage, unter welchen Voraussetzungen ein Arbeitnehmer Mitunternehmer i. S. d. § 15 Abs. 1 Nr. 2 EStG ist, → H 15.8 Abs. 1 (Verdeckte Mitunternehmerschaft) EStH.

Nichteheliche Lebensgemeinschaft

– → H 4.8 EStH

– Ein hauswirtschaftliches Beschäftigungsverhältnis mit der nichtehelichen Lebensgefährtin kann nicht anerkannt werden, wenn diese zugleich Mutter des gemeinsamen Kindes ist (→ BFH vom 19. 5. 1999 – BStBl II S. 764).

Selbständige Arbeit

Zur Abgrenzung einer Tätigkeit als Arbeitnehmer von einer selbständigen Tätigkeit → R 15.1 und 18.1 EStR.

Anhang 30

Weisungsgebundenheit

Die in § 1 Abs. 2 LStDV genannte Weisungsgebundenheit kann auf einem besonderen öffentlich-rechtlichen Gewaltverhältnis beruhen, wie z. B. bei Beamten und Richtern, oder Ausfluss des Direktionsrechts sein, mit dem ein Arbeitgeber die Art und Weise, Ort, Zeit und Umfang der zu erbringenden Arbeitsleistung bestimmt. Die Weisungsbefugnis kann eng, aber auch locker sein, wie z. B. bei einem angestellten Chefarzt, der fachlich weitgehend eigenverantwortlich handelt; entscheidend ist, ob die beschäftigte Person einer etwaigen Weisung bei der Art und Weise der Ausführung der geschuldeten Arbeitsleistung zu folgen verpflichtet ist oder ob ein solches Weisungsrecht nicht besteht. Maßgebend ist das Innenverhältnis; die Weisungsgebundenheit muss im Falle der beschäftigten Person nach außen nicht erkennbar werden (→ BFH vom 15. 7. 1987 – BStBl II S. 746). Die Eingliederung in einen Betrieb kann auch bei einer kurzfristigen Beschäftigung gegeben sein, wie z. B. bei einem Apothekervertreter als Urlaubsvertretung. Sie ist aber eher bei einfachen als bei gehobenen Arbeiten anzunehmen, z. B. bei einem Gelegenheitsarbeiter, der zu bestimmten unter Aufsicht durchzuführenden Arbeiten herangezogen wird. Die vorstehenden Kriterien gelten auch für die Entscheidung, ob ein so genannter Schwarzarbeiter Arbeitnehmer des Auftraggebers ist.

Anhang 7

---

[1]) Die dort aufgeführten Grundsätze gelten bei Lebenspartnern entsprechend (→ § 2 Abs. 8 EStG).

R 19.1

S 2352

Anhang 7

Arbeitgeber

[1]Neben den in § 1 Abs. 2 LStDV genannten Fällen kommt als Arbeitgeber auch eine natürliche oder juristische Person, ferner eine Personenvereinigung oder Vermögensmasse in Betracht, wenn ihr gegenüber die Arbeitskraft geschuldet wird. [2]Die Nachfolgeunternehmen der Deutschen Bundespost sind Arbeitgeber der bei ihnen Beschäftigten. [3]Arbeitgeber ist auch, wer Arbeitslohn aus einem früheren oder für ein künftiges Dienstverhältnis zahlt. [4]Bei internationaler Arbeitnehmerentsendung ist das in Deutschland ansässige Unternehmen, das den Arbeitslohn für die ihm gegenüber geleistete Arbeit wirtschaftlich trägt, inländischer Arbeitgeber. [5]Arbeitgeber ist grundsätzlich auch, wer einem Dritten (Entleiher) einen Arbeitnehmer (Leiharbeitnehmer) zur Arbeitsleistung überlässt (Verleiher). [6]Zahlt im Fall unerlaubter Arbeitnehmerüberlassung der Entleiher anstelle des Verleihers den Arbeitslohn an den Arbeitnehmer, so ist der Entleiher regelmäßig nicht Dritter, sondern Arbeitgeber im Sinne von § 38 Abs. 1 Satz 1 Nr. 1 EStG (→ R 42d.2 Abs. 1). [7]Im Übrigen kommt es nicht darauf an, ob derjenige, dem die Arbeitskraft geschuldet wird, oder ein Dritter Arbeitslohn zahlt (→ R 38.4).

H 19.1

Hinweise

Arbeitgeber

– Eine **GbR** kann Arbeitgeber im lohnsteuerlichen Sinne sein (→ BFH vom 17. 2. 1995 – BStBl II S. 390).

– Ein **Sportverein** kann Arbeitgeber der von ihm eingesetzten Amateursportler sein (→ BFH vom 23. 10. 1992 – BStBl 1993 II S. 303).

– Ein **Verein** ist auch dann Arbeitgeber, wenn nach der Satzung des Vereins Abteilungen mit eigenem Vertreter bestehen und diesen eine gewisse Selbständigkeit eingeräumt ist, so genannter Verein im Verein (→ BFH vom 13. 3. 2003 – BStBl II S. 556).

– Arbeitgeber **kraft gesetzlicher Fiktion** ist für die in § 3 Nr. 65 Satz 2 und 3 EStG bezeichneten Leistungen die sie erbringende Pensionskasse oder das Unternehmen der Lebensversicherung (→ § 3 Nr. 65 Satz 4 EStG) und in den Fällen des § 3 Nr. 53 EStG die Deutsche Rentenversicherung Bund (→ § 38 Abs. 3 Satz 3 EStG).

– Arbeitslohn auszahlende **öffentliche Kasse** → § 38 Abs. 3 Satz 2 EStG

– Bei **Arbeitnehmerentsendung** ist das in Deutschland ansässige aufnehmende Unternehmen, das den Arbeitslohn für die ihm geleistete Arbeit wirtschaftlich trägt, Arbeitgeber → § 38 Abs. 1 Satz 2 EStG.

Kein Arbeitgeber

Die **Obergesellschaft eines Konzerns** (Organträger) ist auch dann nicht Arbeitgeber der Arbeitnehmer ihrer Tochtergesellschaften, wenn sie diesen Arbeitnehmern Arbeitslohn zahlt (→ BFH vom 21. 2. 1986 – BStBl II S. 768).

R 19.2

S 2332
S 2331

Nebentätigkeit und Aushilfstätigkeit

[1]Bei einer nebenberuflichen Lehrtätigkeit an einer Schule oder einem Lehrgang mit einem allgemein feststehenden und nicht nur von Fall zu Fall aufgestellten Lehrplan sind die nebenberuflich tätigen Lehrkräfte in der Regel Arbeitnehmer, es sei denn, dass sie in den Schul- oder Lehrgangsbetrieb nicht fest eingegliedert sind. [2]Hat die Lehrtätigkeit nur einen geringen Umfang, so kann das ein Anhaltspunkt dafür sein, dass eine feste Eingliederung in den Schul- oder Lehrgangsbetrieb nicht vorliegt. [3]Ein geringer Umfang in diesem Sinne kann stets angenommen werden, wenn die nebenberuflich tätige Lehrkraft bei der einzelnen Schule oder dem einzelnen Lehrgang in der Woche durchschnittlich nicht mehr als sechs Unterrichtsstunden erteilt. [4]Auf nebenberuflich tätige Übungsleiter, Ausbilder, Erzieher, Betreuer oder ähnliche Personen sind die Sätze 1 bis 3 sinngemäß anzuwenden.

H 19.2

Hinweise

Allgemeines

Anhang 7

– Ob eine Nebentätigkeit oder Aushilfstätigkeit in einem Dienstverhältnis oder selbständig ausgeübt wird, ist nach den allgemeinen Abgrenzungsmerkmalen (§ 1 Abs. 1 und 2 LStDV) zu entscheiden. Dabei ist die Nebentätigkeit oder Aushilfstätigkeit in der Regel für sich allein zu beurteilen. Die Art einer etwaigen Haupttätigkeit ist für die Beurteilung nur wesentlich, wenn beide Tätigkeiten unmittelbar zusammenhängen (→ BFH vom 24. 11. 1961 – BStBl 1962 III S. 37).

– Zu der Frage, ob eine nebenberufliche oder ehrenamtliche Tätigkeit mit Überschusserzielungsabsicht ausgeübt wird, → BFH vom 23. 10. 1992 (BStBl 1993 II S. 303 – Amateurfußballspieler) und vom 4. 8. 1994 (BStBl II S. 944 – Sanitätshelfer).

– Gelegenheitsarbeiter, die zu bestimmten, unter Aufsicht durchzuführenden Arbeiten herangezogen werden, sind auch dann Arbeitnehmer, wenn sie die Tätigkeit nur für einige Stunden ausüben (→ BFH vom 18. 1. 1974 – BStBl II S. 301).

– Bei nebenberuflich tätigen Musikern, die in Gaststätten auftreten, liegt ein Arbeitsverhältnis zum Gastwirt regelmäßig nicht vor, wenn der einzelne Musiker oder die Kapelle, der er angehört, nur gelegentlich – etwa nur für einen Abend oder an einem Wochenende – von dem Gastwirt verpflichtet wird. Ein Arbeitsverhältnis zum Gastwirt ist in der Regel auch dann zu verneinen, wenn eine Kapelle selbständig als Gesellschaft oder der Kapellenleiter als Arbeitgeber der Musiker aufgetreten ist (→ BFH vom 10. 9. 1976 – BStBl 1977 II S. 178).

Aufsichtsratsvergütung

Einnahmen aus einer Nebentätigkeit als Aufsichtsrat, die im Zusammenhang mit einer nichtselbständigen Haupttätigkeit ausgeübt wird

Bezug: HMdF-Erlass vom 29. 8. 2013 – S 2113 A-012-IIb/ S 7104 A-009-II51

(Verfügung der OFD Frankfurt/M. vom 23. 9. 2013
– S 2337 A – 26 – St 211 –)

Aufsichtsratsvergütungen gehören grundsätzlich zu den Einkünften aus selbständiger Tätigkeit nach § 18 Abs. 1 Nr. 3 EStG. Steht die Wahrnehmung der Aufsichtsratsfunktion in einem engen ursächlichen Zusammenhang mit einer nichtselbständigen Haupttätigkeit, gehören die Aufsichtsratsvergütung abweichend hiervon zu den Einkünften aus dieser Haupttätigkeit (§ 19 EStG). Ein solcher Zusammenhang ist insbesondere dann anzunehmen, wenn die Verpflichtung besteht, die Aufsichtsratsvergütung vollständig oder teilweise an den Arbeitgeber abzuführen (aufgrund einer gesetzlichen oder vertraglichen Bestimmung, z. B. beamtenrechtlichen oder tarifvertraglichen Regelungen). Unterbleibt im Einzelfall eine Abführung der Aufsichtsratsvergütung an den Arbeitgeber, weil die Vergütung z. B. einen bestimmten Grenzbetrag nicht überschreitet, ist dennoch ein enger ursächlicher Zusammenhang mit der Haupttätigkeit anzunehmen, wenn dem Grunde nach eine Abführungsverpflichtung für den Arbeitnehmer besteht. Aufsichtsratsvergütungen, die zu den Einkünften aus einer nichtselbständigen Haupttätigkeit gehören, unterliegen als Arbeitslohn von dritter Seite grundsätzlich dem Lohnsteuerabzug. Es wird jedoch nicht beanstandet, wenn der Arbeitgeber in einem solchen Fall auf den Lohnsteuerabzug verzichtet. Hat der Arbeitgeber keinen Lohnsteuerabzug vorgenommen, ist der Arbeitnehmer verpflichtet, die Einnahmen im Rahmen seiner Einkommensteuererklärung zu deklarieren. Die Abführung der Aufsichtsratsvergütung an den Arbeitgeber führt zu negativem Arbeitslohn.

Personen in einem öffentlich-rechtlichen Amtsverhältnis (z. B. Minister, parlamentarische Staatssekretäre), Beamte und Wahlbeamte (z. B. Bürgermeister, Landräte) sowie Tarifbeschäftigte des öffentlichen Dienstes, die kraft ihrer Funktion einem Aufsichtsrat angehören oder dieses Mandat auf Verlangen, Vorschlag oder Veranlassung ihres Dienstherrn/Arbeitgebers wahrnehmen und grundsätzlich zur (vollständigen oder teilweisen) Abführung der Aufsichtsratsvergütung an den Dienstherrn/Arbeitgeber verpflichtet sind, erzielen daher mit ihren Aufsichtsratsvergütungen Einkünfte aus nichtselbständiger Arbeit. Die Vergütung, die sie als Aufsichtsratsmitglieder erhalten, ist als Arbeitslohn zu behandeln.

Zum Arbeitslohn aus der Aufsichtsratstätigkeit gehört nicht nur die eigentliche Vergütung sowie ggf. Sitzungsgelder, sondern grundsätzlich jeder geldwerte Vorteil, dem dem Aufsichtsratsmitglied im Zusammenhang mit der Aufsichtsratstätigkeit zufließt. Dabei kann es sich um Geld- oder Sachzuwendungen (hierzu gehören auch Nutzungsüberlassungen und andere Dienstleistungen) handeln. Für Sachzuwendungen ist ggf. eine Pauschalversteuerung durch das zuwendende Unternehmen möglich.

Nicht als Arbeitslohn sind Zuwendungen zu qualifizieren, die sich nicht als Entlohnung, sondern lediglich als Begleiterscheinung einer betriebsfunktionalen Zielsetzung erweisen. Solche Zuwendungen erfolgen im ganz überwiegenden betrieblichen Interesse und stellen deshalb keinen steuerpflichtigen Arbeitslohn dar (vgl. H 19.3 – Allgemeines zum Arbeitslohn – LStH 2013).

Bei Zuwendungen von Unternehmen an ihre Aufsichtsräte handelt es sich nicht um Geschenke im Sinne des § 4 Abs. 5 Satz 1 Nr. 1 EStG, weil die Zuwendung durch die Rechtsbeziehung zwischen Aufsichtsrat und Unternehmen veranlasst ist.

Die vorstehenden Regelungen sind entsprechend anzuwenden, soweit der oben beschriebene Personenkreis kraft seines Amtes bzw. auf Verlangen, Vorschlag oder Veranlassung seines Dienstherrn/Arbeitgebers in einem Verwaltungsrat oder einem anderen Organ einer Gesellschaft, Genossenschaft oder eines in einer anderen Rechtsform betriebenen Unternehmens tätig ist.

Nebenberufliche Lehrtätigkeit

– Bei **Lehrkräften**, die im Hauptberuf eine nichtselbständige Tätigkeit ausüben, liegt eine Lehrtätigkeit im Nebenberuf nur vor, wenn diese Lehrtätigkeit nicht zu den eigentlichen Dienstobliegenheiten des Arbeitnehmers aus dem Hauptberuf gehört. Die Ausübung der Lehrtätigkeit im Nebenberuf ist in der Regel als Ausübung eines freien Berufs anzusehen (→ BFH vom 24. 4. 1959 – BStBl III S. 193), es sei denn, dass gewichtige Anhaltspunkte – z. B. Arbeitsvertrag unter Zugrundelegung eines Tarifvertrags, Anspruch auf Urlaubs- und Feiertagsvergütung – für das Vorliegen einer Arbeitnehmertätigkeit sprechen (→ BFH vom 28. 4. 1972 – BStBl II S. 617 und vom 4. 5. 1972 – BStBl II S. 618).

– Auch bei nur geringem Umfang der Nebentätigkeit sind die **Lehrkräfte** als Arbeitnehmer anzusehen, wenn sie auf Grund eines als Arbeitsvertrag ausgestalteten Vertrags tätig werden oder wenn eine an Schule vollbeschäftigte Lehrkraft zusätzliche Unterrichtsstunden an derselben Schule oder an einer Schule gleicher Art erteilt (→ BFH vom 4. 12. 1975 – BStBl 1976 II S. 291, 292).

– Die nebenberufliche Lehrtätigkeit von **Handwerksmeistern** an Berufs- und Meisterschulen ist in aller Regel keine nichtselbständige Tätigkeit.

– Bei **Angehörigen der freien Berufe** stellt eine Nebentätigkeit als Lehrbeauftragte an Hochschulen regelmäßig eine selbständige Tätigkeit dar (→ BFH vom 4. 10. 1984 – BStBl 1985 II S. 51).

Nebenberufliche Prüfungstätigkeit

Eine Prüfungstätigkeit als Nebentätigkeit ist in der Regel als Ausübung eines freien Berufs anzusehen (→ BFH vom 14. 3. 1958 – BStBl III S. 255, vom 2. 4. 1958 – BStBl III S. 293 und vom 29. 1. 1987 – BStBl II S. 783 wegen nebenamtlicher Prüfungstätigkeit eines Hochschullehrers).

Steuerliche Behandlung von Vergütungen für Prüfungstätigkeiten im Hochschulbereich

(Erlaß des FinMin Baden-Württemberg vom 30. 1. 1991 – S 2332 – A – 3/71 –)

Vergütungen, die Hochschullehrer für die Mitwirkung bei Staatsprüfungen erhalten, gehören nach dem BFH-Urteil vom 29. 1. 1987 (BStBl 1987 II S. 783) zu den Einnahmen aus selbständiger Arbeit. Die Prüfungsvergütungen sind nach § 3 Nr. 26 EStG begünstigt. Vergütungen für die Mitwirkung bei Hochschulprüfungen sind wie bisher als Einnahmen aus nichtselbständiger Arbeit zu behandeln. Die Steuerbefreiung des § 3 Nr. 26 EStG findet auf diese Vergütungen keine Anwendung.

Nebentätigkeit bei demselben Arbeitgeber

Einnahmen aus der Nebentätigkeit eines Arbeitnehmers, die er im Rahmen des Dienstverhältnisses für denselben Arbeitgeber leistet, für den er die Haupttätigkeit ausübt, sind Arbeitslohn, wenn dem Arbeitnehmer aus seinem Dienstverhältnis Nebenpflichten obliegen, die zwar im Arbeitsvertrag nicht ausdrücklich vorgesehen sind, deren Erfüllung der Arbeitgeber aber nach der tatsächlichen Gestaltung des Dienstverhältnisses und nach der Verkehrsauffassung erwarten darf, auch wenn er die zusätzlichen Leistungen besonders vergüten muss (→ BFH vom 25. 11. 1971 – BStBl 1972 II S. 212).

Vermittlungsprovisionen

→ R 19.4

Zuordnung in Einzelfällen

– Vergütungen, die **Angestellte eines Notars** für die Übernahme der Auflassungsvollmacht von den Parteien eines beurkundeten Grundstücksgeschäfts erhalten, können Arbeitslohn aus ihrem Dienstverhältnis sein (→ BFH vom 9. 12. 1954 – BStBl 1955 III S. 55).

- Die Tätigkeit der bei Universitätskliniken angestellten **Assistenzärzte als Gutachter** ist unselbständig, wenn die Gutachten den Auftraggebern als solche der Universitätsklinik zugehen (→ BFH vom 19. 4. 1956 – BStBl III S. 187).

- **Gemeindedirektor**, der auf Grund des Gesetzes betreffend die Oldenburgische Landesbrandkasse vom 6. 8. 1938 Mitglied der **Schätzungskommission** ist, bezieht aus dieser Tätigkeit keine Einkünfte aus nichtselbständiger Arbeit (→ BFH vom 8. 2. 1972 – BStBl II S. 460).

- **Orchestermusiker**, die neben ihrer nichtselbständigen Haupttätigkeit im Orchester gelegentlich für ihren Arbeitgeber eine künstlerische Nebentätigkeit ausüben, können insoweit Einkünfte aus selbständiger Arbeit haben, als die Tätigkeit nicht zu den Nebenpflichten aus dem Dienstvertrag gehört (→ BFH vom 25. 11. 1971 – BStBl 1972 II S. 212).

- Übernimmt ein **Richter** ohne Entlastung in seinem Amt zusätzlich die **Leitung einer Arbeitsgemeinschaft** für Rechtsreferendare, so besteht zwischen Haupt- und Nebentätigkeit kein unmittelbarer Zusammenhang. Ob die Nebentätigkeit selbständig ausgeübt wird, ist deshalb nach dem Rechtsverhältnis zu beurteilen, auf Grund dessen sie ausgeübt wird (→ BFH vom 7. 2. 1980 – BStBl II S. 321).

- Einnahmen, die angestellte **Schriftleiter** aus freiwilliger **schriftstellerischer Nebentätigkeit** für ihren Arbeitgeber erzielen, können Einnahmen aus selbständiger Tätigkeit sein (→ BFH vom 3. 3. 1955 – BStBl III S. 153).

- Das **Honorar**, das ein (leitender) Angestellter von seinem Arbeitgeber dafür erhält, dass er diesen bei **Verhandlungen über den Verkauf des Betriebes** beraten hat, gehört zu den Einnahmen aus nichtselbständiger Tätigkeit (→ BFH vom 20. 12. 2000 – BStBl 2001 II S. 496).

- **Prämien**, die ein Verlagsunternehmen seinen **Zeitungsausträgern** für die **Werbung neuer Abonnenten** gewährt, sind dann kein Arbeitslohn, wenn die Zeitungsausträger weder rechtlich noch faktisch zur Anwerbung neuer Abonnenten verpflichtet sind (→ BFH vom 22. 11. 1996 – BStBl 1997 II S. 254).

Arbeitslohn

R 19.3

S 2332

(1) ¹Arbeitslohn ist die Gegenleistung für das Zurverfügungstellen der individuellen Arbeitskraft. ²Zum Arbeitslohn gehören deshalb auch

1. die Lohnzuschläge für Mehrarbeit und Erschwerniszuschläge, wie Hitzezuschläge, Wasserzuschläge, Gefahrenzuschläge, Schmutzzulagen usw.,

2. Entschädigungen, die für nicht gewährten Urlaub gezahlt werden,

3. der auf Grund des § 7 Abs. 5 SVG gezahlte Einarbeitungszuschuss,

4. pauschale Fehlgeldentschädigungen, die Arbeitnehmern im Kassen- und Zähldienst gezahlt werden, soweit sie 16 Euro im Monat übersteigen,

5. Trinkgelder, Bedienungszuschläge und ähnliche Zuwendungen, auf die der Arbeitnehmer einen Rechtsanspruch hat.

(2) Nicht als Gegenleistung für das Zurverfügungstellen der individuellen Arbeitskraft und damit nicht als Arbeitslohn sind u. a. anzusehen

1. der Wert der unentgeltlich zur beruflichen Nutzung überlassenen Arbeitsmittel,

2. die vom Arbeitgeber auf Grund gesetzlicher Verpflichtung nach § 3 Abs. 2 Nr. 1 und Abs. 3 des Gesetzes über die Durchführung von Maßnahmen des Arbeitsschutzes zur Verbesserung der Sicherheit und des Gesundheitsschutzes der Beschäftigten bei der Arbeit (ArbSchG) i. V. m. § 6 der Verordnung über Sicherheit und Gesundheitsschutz bei der Arbeit an Bildschirmgeräten (BildscharbV) sowie der Verordnung zur arbeitsmedizinischen Vorsorge (ArbMedVV) übernommenen angemessenen Kosten für eine spezielle Sehhilfe, wenn auf Grund einer Untersuchung der Augen und des Sehvermögens durch eine fachkundige Person i. S. d. ArbMedVV die spezielle Sehhilfe notwendig ist, um eine ausreichende Sehfähigkeit in den Entfernungsbereichen des Bildschirmarbeitsplatzes zu gewährleisten,

3. übliche Sachleistungen des Arbeitgebers aus Anlass der Diensteinführung, eines Amts- oder Funktionswechsels, eines runden Arbeitnehmerjubiläums (→ R 19.5 Abs. 2 Satz 4 Nr. 3) oder der Verabschiedung eines Arbeitnehmers; betragen die Aufwendungen des Arbeitgebers einschl. Umsatzsteuer mehr als 110 Euro¹) je teilnehmender Person, sind die Aufwendungen dem Arbeitslohn des Arbeitnehmers hinzuzurechnen; auch Geschenke bis zu einem Gesamtwert von 60 Euro sind in die 110-Euro-Grenze²) einzubeziehen,

4. übliche Sachleistungen bei einem Empfang anlässlich eines runden Geburtstages eines Arbeitnehmers, wenn es sich unter Berücksichtigung aller Umstände des Einzelfalls um ein

---

¹) Die Regelungen sind ungeachtet von § 19 Abs. 1 Satz 1 Nr. 1a EStG ab 2015 weiterhin anzuwenden.
²) Die Regelungen sind ungeachtet von § 19 Abs. 1 Satz 1 Nr. 1a EStG ab 2015 weiterhin anzuwenden.

Fest des Arbeitgebers (betriebliche Veranstaltung) handelt. [2]Die anteiligen Aufwendungen des Arbeitgebers, die auf den Arbeitnehmer selbst, seine Familienangehörigen sowie private Gäste des Arbeitnehmers entfallen, gehören jedoch zum steuerpflichtigen Arbeitslohn, wenn die Aufwendungen des Arbeitgebers mehr als 110 Euro[1]) je teilnehmender Person betragen; auch Geschenke bis zu einem Gesamtwert von 60 Euro sind in die 110-Euro-Grenze[2]) einzubeziehen,

5. pauschale Zahlungen des Arbeitgebers an ein Dienstleistungsunternehmen, das sich verpflichtet, alle Arbeitnehmer des Auftraggebers kostenlos in persönlichen und sozialen Angelegenheiten zu beraten und zu betreuen, beispielsweise durch die Übernahme der Vermittlung von Betreuungspersonen für Familienangehörige[3]).

(3) [1]Leistungen des Arbeitgebers, mit denen er Werbungskosten des Arbeitnehmers ersetzt, sind nur steuerfrei, soweit dies gesetzlich bestimmt ist. [2]Somit sind auch steuerpflichtig

1. Vergütungen des Arbeitgebers zum Ersatz der dem Arbeitnehmer berechneten Kontoführungsgebühren,

2. Vergütungen des Arbeitgebers zum Ersatz der Aufwendungen des Arbeitnehmers für Fahrten zwischen Wohnung und erster Tätigkeitsstätte.

H 19.3   **Hinweise**

Abgrenzung zu anderen Einkunftsarten

– Abgrenzung des Arbeitslohns von den Einnahmen aus Kapitalvermögen → BFH vom 31. 10. 1989 (BStBl 1990 II S. 532).

– Zahlungen im Zusammenhang mit einer fehlgeschlagenen Hofübergabe sind kein Arbeitslohn, sondern Einkünfte nach § 22 Nr. 3 EStG (→ BFH vom 8. 5. 2008 – BStBl II S. 868).

– Zur Abgrenzung von Arbeitslohn und privater Vermögensebene bei einem Gesellschafter-Geschäftsführer → BFH vom 19. 6. 2008 (BStBl II S. 826).

– Veräußerungsgewinn aus einer Kapitalbeteiligung an einem Unternehmen des Arbeitgebers → BFH vom 17. 6. 2009 (BStBl 2010 II S. 69) *und BFH vom 4. 10. 2016 (BStBl 2017 II S. 790)*.

– Veräußerungsverluste aus einer Kapitalbeteiligung am Unternehmen des Arbeitgebers sind keine negativen Einnahmen bei den Einkünften aus nichtselbständiger Arbeit, wenn es an einem Veranlassungszusammenhang zum Dienstverhältnis mangelt (→ BFH vom 17. 9. 2009 – BStBl 2010 II S. 198).

– Arbeitslohn im Zusammenhang mit der Veräußerung von GmbH-Anteilen (→ BFH vom 30. 6. 2011 – BStBl II S. 948).

– Abgrenzung zwischen Arbeitslohn und gewerblichen Einkünften eines Fußballspielers (→ BFH vom 22. 2. 2012 – BStBl II S. 511).

– Abgrenzung zwischen einer verdeckten Gewinnausschüttung und Arbeitslohn bei vertragswidriger Kraftfahrzeugnutzung durch den Gesellschafter-Geschäftsführer einer Kapitalgesellschaft → BMF vom 3. 4. 2012 (BStBl I S. 478).

Anhang 25 III

– Abgrenzung des Arbeitslohns von den Einnahmen aus Kapitalvermögen beim Rückverkauf von Genussrechten im Zusammenhang mit der Beendigung des Dienstverhältnisses (→ BFH vom 5. 11. 2013 – BStBl 2014 II S. 275).

Allgemeines zum Arbeitslohnbegriff

Anhang 7

Welche Einnahmen zum Arbeitslohn gehören, ist unter Beachtung der Vorschriften des § 19 Abs. 1 EStG und § 2 LStDV sowie der hierzu ergangenen Rechtsprechung zu entscheiden. Danach sind Arbeitslohn grundsätzlich alle Einnahmen in Geld oder Geldeswert, die durch ein individuelles Dienstverhältnis veranlasst sind. Ein **Veranlassungszusammenhang zwischen Einnahmen und einem Dienstverhältnis** ist anzunehmen, wenn die Einnahmen dem Empfänger nur mit Rücksicht auf das Dienstverhältnis zufließen und sich als Ertrag seiner nichtselbständigen Arbeit darstellen. Die letztgenannte Voraussetzung ist erfüllt, wenn sich die Einnahmen im weitesten Sinne als Gegenleistung für das Zurverfügungstellen der individuellen Arbeitskraft erweisen (→ BFH vom 24. 9. 2013 – BStBl 2014 II S. 124). Eine solche Gegenleistung liegt nicht vor, wenn die Vergütungen die mit der Tätigkeit zusammenhängenden Aufwendungen nur unwesentlich übersteigen (→ BFH vom 23. 10. 1992 – BStBl 1993 II S. 303). Die Zurechnung des geldwerten Vorteils zu einem erst künftigen Dienstverhältnis ist zwar nicht ausgeschlossen, bedarf

---

[1]) Die Regelungen sind ungeachtet von § 19 Abs. 1 Satz 1 Nr. 1a EStG ab 2015 weiterhin anzuwenden.
[2]) Die Regelungen sind ungeachtet von § 19 Abs. 1 Satz 1 Nr. 1a EStG ab 2015 weiterhin anzuwenden.
[3]) Zu individuellen Zahlungen → § 3 Nr. 34a EStG.

aber der Feststellung eines eindeutigen Veranlassungszusammenhangs, wenn sich andere Ursachen für die Vorteilsgewährung als Veranlassungsgrund aufdrängen (→ BFH vom 20. 5. 2010 – BStBl II S. 1069).

Ebenfalls keine Gegenleistung sind Vorteile, die sich bei objektiver Würdigung aller Umstände nicht als Entlohnung, sondern lediglich als notwendige Begleiterscheinung betriebsfunktionaler Zielsetzungen erweisen. Ein rechtswidriges Tun ist keine beachtliche Grundlage einer solchen betriebsfunktionalen Zielsetzung (→ BFH vom 14. 11. 2013 – BStBl 2014 II S. 278). Vorteile besitzen danach keinen Arbeitslohncharakter, wenn sie im ganz überwiegend eigenbetrieblichen Interesse des Arbeitgebers gewährt werden. Das ist der Fall, wenn sich aus den Begleitumständen wie zum Beispiel Anlass, Art und Höhe des Vorteils, Auswahl der Begünstigten, freie oder nur gebundene Verfügbarkeit, Freiwilligkeit oder Zwang zur Annahme des Vorteils und seine besondere Geeignetheit für den jeweils verfolgten betrieblichen Zweck ergibt, dass diese Zielsetzung ganz im Vordergrund steht und ein damit einhergehendes eigenes Interesse des Arbeitnehmers, den betreffenden Vorteil zu erlangen, vernachlässigt werden kann (→ BFH vom 24. 9. 2013 – BStBl 2014 II S. 124 und die dort zitierte Rechtsprechung). Im Ergebnis handelt es sich um Leistungen des Arbeitgebers, die er im ganz überwiegenden betrieblichen Interesse erbringt. Ein ganz überwiegendes betriebliches Interesse muss über das an jeder Lohnzahlung bestehende betriebliche Interesse deutlich hinausgehen (→ BFH vom 2. 2. 1990 – BStBl II S. 472). Gemeint sind Fälle, z. B. in denen ein Vorteil der Belegschaft als Gesamtheit zugewendet wird oder in denen dem Arbeitnehmer ein Vorteil aufgedrängt wird, ohne dass ihm eine Wahl bei der Annahme des Vorteils bleibt und ohne dass der Vorteil eine Marktgängigkeit besitzt (→ BFH vom 25. 7. 1986 – BStBl II S. 868).

Arbeitgeberzuwendungen

Arbeitgeberzuwendungen an die Unterstützungskasse VBLU

(Erlaß des FinMin Thüringen vom 20. 4. 1999 – S 2373 A – 8/99 – 204.1 –)

Mit Urteil vom 17. 12. 1997, 12 K 824/92 hat das FG Köln entschieden, daß es sich bei den Arbeitgeberzuwendungen an die Unterstützungskasse des Versorgungsverbandes bundes- und landesgeförderter Unternehmen e. V. (VBLU) wegen des fehlenden Rechtsanspruchs auf die Versorgungsleistungen nicht um Arbeitslohn handelt. Das gilt auch dann, wenn ein tarifvertraglicher Anspruch auf Arbeitgeberbeiträge zur Zusatzversorgung besteht. Einen Mißbrauch rechtlicher Gestaltungsmöglichkeiten hat das FG verneint.

Mit Beschluß vom 16. 9. 1998, VI B 155/98 hat der BFH die Nichtzulassungsbeschwerde gegen das Urteil des FG Köln als unbegründet zurückgewiesen.

Nach Abstimmung mit dem BMF und den obersten Finanzbehörden der Länder bestehen keine Bedenken, nicht bereits die Arbeitgeberzuwendungen an die Unterstützungskasse VBLU, sondern erst die späteren Versorgungsleistungen lohnzuversteuern (sog. nachgelagerte Besteuerung).

Beispiele:

Zum Arbeitslohn gehören

– der verbilligte Erwerb von Aktien vom Arbeitgeber (oder einem Dritten), wenn der Vorteil dem Arbeitnehmer oder einem Dritten für die Arbeitsleistung des Arbeitnehmers gewährt wird (→ BFH vom 7. 5. 2014 – BStBl II S. 904),

– die vom Arbeitgeber übernommenen Beiträge einer angestellten Rechtsanwältin zum deutschen **Anwaltverein** (→ BFH vom 12. 2. 2009 – BStBl II S. 462),

– **hinterzogene Arbeitnehmeranteile** zur Gesamtsozialversicherung bei Vereinbarung sog. Schwarzlöhne (→ BFH vom 13. 9. 2007 – BStBl II 2008 S. 58);
 → aber auch unter „Nicht zum Arbeitslohn gehören" und dort unter „Arbeitnehmeranteile am Gesamtsozialversicherungsbeitrag",

– **Arbeitnehmeranteile** zur Arbeitslosen-, Kranken-, Pflege- und Rentenversicherung (Gesamtsozialversicherung), wenn der Arbeitnehmer hierdurch einen eigenen Anspruch gegen einen Dritten erwirbt (→ BFH vom 16. 1. 2007 – BStBl II S. 579),

– die vom Arbeitgeber übernommenen Beiträge zur **Berufshaftpflichtversicherung** von Rechtsanwälten (→ BFH vom 26. 7. 2007 – BStBl II S. 892),

– der geldwerte Vorteil aus dem verbilligten **Erwerb einer Beteiligung**, der im Hinblick auf eine spätere Beschäftigung als Geschäftsführer gewährt wird (→ BFH vom 26. 6. 2014 – BStBl II S. 864) *sowie der verbilligte Erwerb einer GmbH-Beteiligung durch eine vom Geschäftsführer des Arbeitgebers beherrschte GmbH, wenn nicht der Arbeitgeber selbst, sondern ein Gesellschafter des Arbeitgebers die Beteiligung veräußert (→ BFH vom 1. 9. 2016 – BStBl 2017 II S. 69),*

- die vom Arbeitgeber übernommenen **Bußgelder**, die gegen bei ihm angestellte Fahrer wegen Verstoßes gegen die Lenk- und Ruhezeit verhängt worden sind (→ BFH vom 14. 11. 2013 – BStBl 2014 II S. 278),

- die unentgeltliche bzw. verbilligte **Überlassung eines Dienstwagens** durch den Arbeitgeber an den Arbeitnehmer für dessen Privatnutzung (→ BFH vom 29. 1. 2009 – BStBl 2010 II S. 1067),

- *Entschädigungszahlungen, die ein Feuerwehrbeamter für rechtswidrig geleistete Mehrarbeit erhält (→ BFH vom 14. 6. 2016 – BStBl II S. 901),*

- die vom Arbeitgeber übernommenen **Geldbußen und Geldauflagen** bei nicht ganz überwiegend eigenbetrieblichem Interesse (→ BFH vom 22. 7. 2008 – BStBl 2009 II S. 151),

- der verbilligte Erwerb einer **GmbH-Beteiligung** durch eine vom Geschäftsführer des Arbeitgebers beherrschte GmbH, wenn nicht der Arbeitgeber selbst, sondern ein Gesellschafter des Arbeitgebers die Beteiligung veräußert (→ BFH vom 1. 9. 2016 – BStBl 2017 II S. 69),

- die vom Arbeitgeber übernommenen Beiträge für die Mitgliedschaft in einem **Golfclub** (→ BFH vom 21. 3. 2013 – BStBl II S. 700); zur Abgrenzung → BFH vom 17. 7. 2014 (BStBl 2015 II S. 41),

- Beiträge des Arbeitgebers zu einer privaten **Gruppenkrankenversicherung**, wenn der Arbeitnehmer einen eigenen unmittelbaren und unentziehbaren Rechtsanspruch gegen den Versicherer erlangt (→ BFH vom 14. 4. 2011 – BStBl II S. 767),

- die vom Arbeitgeber übernommenen **Kammerbeiträge** für Geschäftsführer von Wirtschaftsprüfungs-/Steuerberatungsgesellschaften (→ BFH vom 17. 1. 2008 – BStBl II S. 378),

- die kostenlose oder verbilligte Überlassung von qualitativ und preislich **hochwertiger Kleidungsstücke** durch den Arbeitgeber (→ BFH vom 11. 4. 2006 – BStBl II S. 691), soweit es sich nicht um typische Berufskleidung handelt → R 3.31 Abs. 1; zum überwiegend eigenbetrieblichen Interesse bei Überlassung einheitlicher Kleidung → BFH vom 22. 6. 2006 (BStBl II S. 915),

- monatliche Zahlungen nach einer Betriebsvereinbarung (Sozialplan) zum **Ausgleich der durch Kurzarbeit** entstehenden Nachteile (→ BFH vom 20. 7. 2010 – BStBl 2011 II S. 218),

- die innerhalb eines Dienstverhältnisses erzielten **Liquidationseinnahmen** eines angestellten Chefarztes aus einem eingeräumten Liquidationsrecht für gesondert berechenbare wahlärztliche Leistungen (→ BFH vom 5. 10. 2005 – BStBl 2006 II S. 94),

  → H 19.0 (Arbeitnehmereigenschaft / a) Beispiele für Arbeitnehmereigenschaft / Chefarzt),

- **Lohnsteuerbeträge**, soweit sie vom Arbeitgeber übernommen werden und kein Fall des § 40 Abs. 3 EStG vorliegt (→ BFH vom 28. 2. 1992 – BStBl II S. 733). Bei den ohne entsprechende Nettolohnvereinbarung übernommenen Lohnsteuerbeträgen handelt es sich um Arbeitslohn des Kalenderjahrs, in dem sie entrichtet worden sind und der Arbeitgeber auf den Ausgleichsanspruch gegen den Arbeitnehmer verzichtet (→ BFH vom 29. 10. 1993 – BStBl 1994 II S. 197). Entsprechendes gilt für übernommene Kirchensteuerbeträge sowie für vom Arbeitgeber zu Unrecht angemeldete und an das Finanzamt endgültig abgeführte Lohnsteuerbeträge (→ BFH vom 17. 6. 2009 – BStBl 2010 II S. 72),

- vom Arbeitgeber **nachträglich** an das Finanzamt **abgeführte Lohnsteuer** für zunächst als steuerfrei behandelten Arbeitslohn (→ BFH vom 29. 11. 2000 – BStBl 2001 II S. 195),

- freiwillige Zahlungen von Notaren an **Notarassessoren** für deren Vertretungstätigkeit (→ BFH vom 10. 3. 2015 – BStBl II S. 767),

- von einem Dritten verliehene **Preise**, die den Charakter eines leistungsbezogenen Entgelts haben und nicht eine Ehrung der Persönlichkeit des Preisträgers darstellen (→ BFH vom 23. 4. 2009 – BStBl II S. 668),

- die vom Arbeitgeber übernommenen Kosten einer **Regenerationskur**; keine Aufteilung einer einheitlich zu beurteilenden Zuwendung (→ BFH vom 11. 3. 2010 – BStBl II S. 763),

- geldwerte Vorteile anlässlich von Kosten für **Reisen** (→ H 19.7),

- **Zuschüsse**, die eine AG Vorstandsmitgliedern zur freiwilligen **Weiterversicherung** in der gesetzlichen **Rentenversicherung** oder einem Versorgungswerk gewährt (→ BFH vom 24. 9. 2013 – BStBl 2014 II S. 124),

- Überschüsse aus dem **Rückverkauf** der vom Arbeitgeber erworbenen **Genussrechte**, wenn der Arbeitnehmer sie nur an den Arbeitgeber veräußern kann (→ BFH vom 5. 11. 2013 – BStBl 2014 II S. 275),

- **Sachbezüge**, soweit sie zu geldwerten Vorteilen des Arbeitnehmers aus seinem Dienstverhältnis führen (→ R 8.1 und 8.2),

- der **Erlass einer Schadensersatzforderung** des Arbeitgebers (→ BFH vom 27. 3. 1992 – BStBl II S. 837); siehe auch H 8.1 (9 – 10) Verzicht auf Schadensersatz,

– Aufwendungen des Arbeitgebers für **Sicherheitsmaßnahmen** bei abstrakter berufsbedingter Gefährdung (→ BFH vom 5. 4. 2006 – BStBl II S. 541); → aber BMF vom 30. 6. 1997 (BStBl I S. 696),

– vom Arbeitgeber übernommene **Steuerberatungskosten** (→ BFH vom 21. 1. 2010 – BStBl II S. 639),

– **Surrogatleistungen** des Arbeitgebers auf Grund des Wegfalls von Ansprüchen im Rahmen der betrieblichen Altersversorgung (→ BFH vom 7. 5. 2009 – BStBl 2010 II S. 130),

– die vom Arbeitgeber übernommenen festen und laufenden Kosten für einen **Telefonanschluss** in der Wohnung des Arbeitnehmers oder für ein **Mobiltelefon**, soweit kein betriebliches Gerät genutzt wird (→ R 3.45), es sich nicht um Auslagenersatz nach → R 3.50 handelt und die Telefonkosten nicht zu den Reisenebenkosten (→ R 9.8), Umzugskosten (→ R 9.9) oder Mehraufwendungen wegen doppelter Haushaltsführung (→ R 9.11) gehören,

– die Nutzung vom Arbeitgeber gemieteter **Tennis- und Squashplätze** (→ BFH vom 27. 9. 1996 – BStBl 1997 II S. 146),

– **Umlagezahlungen** des Arbeitgebers an die Versorgungsanstalt des Bundes und der Länder – VBL – (→ BFH vom 7. 5. 2009 – BStBl 2010 II S. 194), → auch VBL-Umlagezahlungen

– ggf. Beiträge für eine und Leistungen aus einer **Unfallversicherung** (→ BMF vom 28. 10. 2009 – BStBl I S. 1275),

→ Unfallversicherung

– Leistungen aus **Unterstützungskassen** (→ BFH vom 28. 3. 1958 – BStBl III S. 268), soweit sie nicht nach R 3.11 Abs. 2 steuerfrei sind,

– **Vermittlungsprovisionen** (→ R 19.4),

– **Verzinsungen von Genussrechten**, wenn die Höhe der Verzinsung völlig unbestimmt ist und von einem aus Arbeitgeber und einem Vertreter der Arbeitnehmer bestehenden Partnerschaftsausschuss bestimmt wird (→ BFH vom 21. 10. 2014 – BStBl 2015 II S. 593).

– Ausgleichszahlungen, die der Arbeitnehmer für seine in der Arbeitsphase erbrachten **Vorleistungen** erhält, wenn ein im Blockmodell geführtes Altersteilzeitarbeitsverhältnis vor Ablauf der vertraglich vereinbarten Zeit beendet wird (→ BFH vom 15. 12. 2011 – BStBl 2012 II S. 415).

Nicht zum Arbeitslohn gehören

– **Aufmerksamkeiten** (→ R 19.6),

– **Arbeitgeberanteile zur gesetzlichen Sozialversicherung** eines Arbeitnehmers (BFH vom 6. 6. 2002 – BStBl 2003 II S. 34).

– **Arbeitnehmeranteile am Gesamtsozialversicherungsbeitrag**, die der Arbeitgeber wegen der gesetzlichen Beitragslastverschiebung nachzuentrichten und zu übernehmen hat (§ 3 Nr. 62 EStG), es sei denn, dass Arbeitgeber und Arbeitnehmer eine Nettolohnvereinbarung getroffen haben oder der Arbeitgeber zwecks Steuer- und Beitragshinterziehung die Unmöglichkeit einer späteren Rückbelastung beim Arbeitnehmer bewusst in Kauf genommen hat (→ BFH vom 29. 10. 1993 – BStBl 1994 II S. 194 und vom 13. 9. 2007 (BStBl 2008 II S. 58),

– Beiträge zur eigenen **Berufshaftpflichtversicherung** des Arbeitgebers (→ BFH vom 19. 11. 2015 – BStBl 2016 II S. 301 zur Betriebshaftpflichtversicherung eines Krankenhauses, → BFH vom 19. 11. 2015 – BStBl 2016 II S. 303 zur Berufshaftpflichtversicherung einer Rechtsanwalts-GmbH und → BFH vom 10. 3. 2016 – BStBl II S. 621 zur Berufshaftpflichtversicherung einer Rechtsanwalts-GbR),

→ aber BFH vom 13. 9. 2007 (BStBl II 2008 S. 58) zur Nachentrichtung hinterzogener Arbeitnehmeranteile zur Gesamtsozialversicherung bei Vereinbarung sog. Schwarzlöhne

– Beiträge des Bundes nach § 15 FELEG (→ BFH vom 14. 4. 2005 – BStBl II S. 569),

– **Fort- oder Weiterbildungsleistungen** (→ R 19.7),

– **Gestellung einheitlicher**, während der Arbeitszeit zu tragender bürgerliche **Kleidung**, wenn das eigenbetriebliche Interesse des Arbeitgebers im Vordergrund steht bzw. kein geldwerter Vorteil des Arbeitnehmers anzunehmen ist (→ BFH vom 22. 6. 2006 – BStBl II S. 915); zur Überlassung hochwertiger Kleidung → BFH vom 11. 4. 2006 (BStBl II S. 691),

– **Leistungen zur Verbesserung der Arbeitsbedingungen**, z. B. die Bereitstellung von Aufenthalts- und Erholungsräumen sowie von betrieblichen Dusch- und Badeanlagen; sie werden der Belegschaft als Gesamtheit und damit in überwiegendem betrieblichen Interesse zugewendet (→ BFH vom 25. 7. 1986 – BStBl II S. 868),

– **Maßnahmen** des Arbeitgebers zur Vorbeugung spezifisch berufsbedingter Beeinträchtigungen der **Gesundheit**, wenn die Notwendigkeit der Maßnahmen zur Verhinderung krankheitsbedingter Arbeitsausfälle durch Auskünfte des medizinischen Dienstes einer Krankenkasse bzw. Berufsgenossenschaft oder durch Sachverständigengutachten bestätigt wird (→ BFH vom 30. 5. 2001 – BStBl II S. 671),

– **Mietzahlungen** des Arbeitgebers für ein im Haus bzw. in der Wohnung des Arbeitnehmers gelegenes Arbeitszimmer, das der Arbeitnehmer für die Erbringung seiner Arbeitsleistung nutzt, wenn die Nutzung des Arbeitszimmers in vorrangigem Interesse des Arbeitgebers erfolgt (→ BMF vom 13. 12. 2005 – BStBl 2006 I S. 4). → H 9.14 (Vermietung an den Arbeitgeber)

– **Nutzungsentgelt** für eine dem Arbeitgeber überlassene eigene **Garage**, in der ein Dienstwagen untergestellt wird (→ BFH vom 7. 6. 2002 – BStBl II S. 829),

– **Rabatte**, die der Arbeitgeber nicht nur seinen Arbeitnehmern, sondern **auch fremden Dritten** üblicherweise einräumt (→ BFH vom 26. 7. 2012 – BStBl 2013 II S. 402 zu Mitarbeiterrabatten im Automobilbranche und BFH vom 10. 4. 2014 – BStBl 2015 II S. 191 zu Rabatten beim Abschluss von Versicherungsverträgen),

– **übliche Sachleistungen** des Arbeitgebers anlässlich einer betrieblichen Veranstaltung im Zusammenhang mit einem runden Geburtstag des Arbeitnehmers im Rahmen des R 19.3 Abs. 2 Nr. 4 LStR); zur Abgrenzung einer betrieblichen Veranstaltung von einem privaten Fest des Arbeitnehmers → BFH vom 28. 1. 2003 (BStBl II S. 724),

– **Schadensersatzleistungen**, soweit der Arbeitgeber zur Leistung gesetzlich verpflichtet ist, oder soweit der Arbeitgeber einen zivilrechtlichen Schadensersatzanspruch des Arbeitnehmers wegen schuldhafter Verletzung arbeitsvertraglicher Fürsorgepflichten erfüllt (→ BFH vom 20. 9. 1996 – BStBl 1997 II S. 144),

– **Sonderzahlungen an eine Zusatzversorgungskasse**, die der Arbeitgeber im Zusammenhang mit der Schließung des Umlagesystems leistet (BFH vom 14. 9. 2005 – BStBl 2006 II S. 500).

– die **Übertragung** von **Vorsorgekapital**, das zugunsten eines Grenzgängers bei einer Versorgungseinrichtung durch als Arbeitslohn zu qualifizierende Arbeitgeberbeiträge gebildet wurde, von einer Versorgungseinrichtung auf eine andere Versorgungseinrichtung (→ BFH vom 13. 11. 2012 – BStBl 2013 II S. 405),

– **Vergütungen eines Sportvereins an Amateursportler**, wenn die Vergütungen die mit der Tätigkeit zusammenhängenden Aufwendungen nur unwesentlich übersteigen (→ BFH vom 23. 10. 1992 – BStBl 1993 II S. 303),

– **Vergütungen für Sanitätshelfer des DRK**, wenn sie als pauschale Erstattung der Selbstkosten beurteilt werden können, weil sie die durch die ehrenamtliche Tätigkeit veranlassten Aufwendungen regelmäßig nur unwesentlich übersteigen (→ BFH vom 4. 8. 1994 – BStBl II S. 944),

– vom Arbeitnehmer **veruntreute Beträge** (→ BFH vom 13. 11. 2012 – BStBl 2013 II S. 929).

– **Vorsorgeuntersuchungen leitender Angestellter**
→ BFH vom 17. 9. 1982 (BStBl 1983 II S. 39),

– die Überlassung eines **Werkstattwagens** zur Durchführung von Reparaturen an Energieversorgungseinrichtungen im Rahmen einer Wohnungsrufbereitschaft auch dann nicht, wenn das Fahrzeug in dieser Zeit für Fahrten zwischen Wohnung und Arbeitsstätte zur Verfügung steht (→ BFH vom 25. 5. 2000 – BStBl II S. 690),

– **Wiederholungshonorare** und Erlösbeteiligungen, die an ausübende Künstler von Hörfunk- oder Fernsehproduktionen als Nutzungsentgelte für die Übertragung originärer urheberrechtlicher Verwertungsrechte gezahlt werden (BFH vom 26. 7. 2006 – BStBl II S. 917),

– **Zuschüsse**, die der Bund **an die Bahnversicherungsanstalt** Abteilung B leistet – Bundeszuschuss – (→ BFH vom 30. 5. 2001 – BStBl II S. 815),

– **Zuwendungen aus persönlichem Anlass** (→ R 19.6).

Steuerfrei sind

– die Leistungen nach dem **AltTZG** nach § 3 Nr. 28 EStG (→ R 3.28),

– **Aufwandsentschädigungen** nach § 3 Nr. 12 (→ R 3.12) und Einnahmen bis zum Höchstbetrag nach § 3 Nr. 26 und 26a EStG (→ R 3.26),

– durchlaufende Gelder und **Auslagenersatz** nach § 3 Nr. 50 EStG (→ R 3.50),

– **Beihilfen und Unterstützungen**, die wegen Hilfsbedürftigkeit gewährt werden nach § 3 Nr. 11 EStG (→ R 3.11),

– der Wert der unentgeltlich oder verbilligt überlassenen **Berufskleidung** sowie die Barablösung des Anspruchs auf Gestellung typischer Berufskleidung nach § 3 Nr. 31 EStG (→ R 3.31),

– die Erstattung von Mehraufwendungen bei **doppelter Haushaltsführung** nach § 3 Nr. 13 und 16 (→ R 3.13, 3.16 und 9.11),

– **Fürsorgeleistungen** des Arbeitgebers zur besseren Vereinbarkeit von Familie und Beruf nach § 3 Nr. 34a EStG,

– die Maßnahmen der **Gesundheitsförderung** bis zum Höchstbetrag nach § 3 Nr. 34 EStG,

– der **Kaufkraftausgleich** nach § 3 Nr. 64 EStG (→ R 3.64),

– Leistungen des Arbeitgebers für die Unterbringung und Betreuung von nicht schulpflichtigen **Kindern** nach § 3 Nr. 33 EStG (→ R 3.33),

– der Ersatz von **Reisekosten** nach § 3 Nr. 13 und 16 (→ R 3.13, 3.16 und 9.4 bis 9.8),

– die betrieblich notwendige **Sammelbeförderung** des Arbeitnehmers nach § 3 Nr. 32 EStG (→ R 3.32),

– **Studienbeihilfen und Stipendien** nach § 3 Nr. 11 und 44 EStG (→ R 4.1 und R 3.44 EStR),

– vom Arbeitgeber nach R 3.50 Abs. 2 ersetzte Aufwendungen für **Telekommunikation,**

– geldwerte Vorteile aus der privaten Nutzung betrieblicher Personalcomputer und **Datenverarbeitungsgeräte** nach § 3 Nr. 45 EStG (→ R 3.45),

– **Trinkgelder** nach § 3 Nr. 51 EStG,

– der Ersatz von **Umzugskosten** nach § 3 Nr. 13 und 16 (→ R 3.13, 3.16 und 9.9),

– der Ersatz von **Unterkunftskosten** sowie die unentgeltliche oder teilentgeltliche Überlassung einer Unterkunft nach

§ 3 Nr. 13 EStG (→ R 3.13),

§ 3 Nr. 16 EStG (→ R 9.7 und 9.11),

– geldwerte Vorteile aus der Überlassung von **Vermögensbeteiligungen** nach § 3 Nr. 39 EStG (→ H 3.39),

– der Ersatz von **Verpflegungskosten** nach

§ 3 Nr. 4 Buchstabe c (→ R 3.4),

§ 3 Nr. 12 (→ R 3.12),

§ 3 Nr. 13 (→ R 3.13),

§ 3 Nr. 16 (→ R 9.6 und 9.11),

§ 3 Nr. 26 EStG (→ R 3.26),

– **Werkzeuggeld** nach § 3 Nr. 30 EStG (→ R 3.30),

– **Zukunftssicherungsleistungen** des Arbeitgebers auf Grund gesetzlicher Verpflichtung und gleichgestellte Zuschüsse nach § 3 Nr. 62 EStG (→ § 2 Abs. 2 Nr. 3 LStDV und R 3.62), Anhang 7

→ aber auch BFH vom 6. 6. 2002 – BStBl 2003 II S. 34, wonach Arbeitgeberanteile zur gesetzlichen Sozialversicherung eines Arbeitnehmers nicht zum Arbeitslohn gehören; § 3 Nr. 62 Satz 1 EStG hat insofern nur deklaratorische Bedeutung.

– **Zuschläge** für Sonntags-, Feiertags- oder Nachtarbeit nach § 3b EStG (→ R 3b).

Bundesweite Schulprojekte

Lohnsteuerliche Behandlung von bundesweiten Schulprojekten

Bezug: HMdF-Erlass vom 15. 11. 2011 – S 2332 A – 122 – II3b

(Verfügung der OFD Frankfurt/M. vom 16. 10. 2012 – S 2332 A – 88 – St 211 –)

I. Allgemeines

In der Vergangenheit haben bereits mehrfach Schulprojekte wie „Der Soziale Tag", „Aktion Tagwerk" und andere vergleichbare Projekte in verschiedenen Bundesländern stattgefunden. Die Schülerinnen und Schüler arbeiteten im Rahmen der Projekte einen Tag lang in Unternehmen oder Privathaushalten. Der erarbeitete Lohn wird im Einvernehmen mit den Schülern und den Arbeitgebern an die jeweilige Organisation gespendet.

II. Projekte

Es werden folgende Projekte anerkannt:

Verein	Projekt	Kalenderjahre
Aktion Tagewerk e. V.	„Dein Tag für Afrika"	ab 2005
Bund der Freien Walddorfschulen e. V.	„WOW-Day"	2004
Schüler Helfen Leben e. V.	„Sozialer Tag"	2006 – 2012
Weltfriedensdienst e. V.	„Schüler helfen Schülern"	2004 – 2008
Sächsische Jugendstiftung	„genialsozial"	2013

III. Lohnsteuerliche Behandlung

Die obersten Finanzbehörden der Länder haben sich hinsichtlich der steuerlichen Behandlung auf Folgendes verständigt:

„Die im Rahmen dieser Projekte gespendeten Arbeitslöhne können aus Billigkeits- und Vereinfachungsgründen im Rahmen einer eventuell durchzuführenden Einkommensteuerveranlagung der Schülerinnen oder Schüler bei der Feststellung des steuerpflichtigen Arbeitslohns außer Ansatz bleiben. Die Vergütungen sind hierbei von den Arbeitgebern direkt an die spendenempfangsberechtigte Einrichtung i. S. d. § 10b Abs. 1 Satz 1 EStG zu überweisen und unterliegen nicht dem Lohnsteuerabzug. Da die außer Ansatz bleibenden Vergütungen nicht als Spende berücksichtigt werden dürfen, haben zudem die Vereine sicherzustellen, dass über diese Vergütungen keine Zuwendungsbestätigungen i. S. d. § 50 EStDV ausgestellt werden.“

D & O-Versicherungen

Lohn- und einkommensteuerrechtliche Behandlung der Beiträge zu Directors & Officers-Versicherungen (D & O-Versicherung)

(Erlass des FinMin Niedersachsen vom 25. 1. 2002,
– S 2332 – 161 – 35, S 2245 – 21 – 31 2 –)

Zu der Frage, wie Beiträge an eine D & O-Versicherung lohn- und einkommensteuerlich zu behandeln sind, wird gebeten, folgende Auffassung zu vertreten:

Bei Versicherten, die Arbeitnehmer sind, ist von einem überwiegend eigenbetrieblichen Interesse des Arbeitgebers auszugehen, so dass die Beiträge nicht zum Arbeitslohn der versicherten Arbeitnehmer gehören, wenn

– es sich bei der D & O-Versicherung um eine Vermögensschaden-Haftpflichtversicherung handelt, die in erster Linie der Absicherung des Unternehmens oder des Unternehmenswerts gegen Schadenersatzforderungen Dritter gegenüber dem Unternehmen dient, die ihren Grund in dem Tätigwerden oder Untätigbleiben der für das Unternehmen verantwortlich handelnden und entscheidenden Organe und Leitungsverantwortlichen haben,

– die D & O-Verträge besondere Klauseln zur Firmenhaftung oder sog. Company Reimbursement enthalten, die im Ergebnis dazu führen, dass der Versicherungsanspruch aus der Versicherungsleistung dem Unternehmen als Versicherungsnehmer zusteht,

– des Weiteren die D & O-Versicherung dadurch gekennzeichnet ist, dass

  – regelmäßig das Management als Ganzes versichert ist und Versicherungsschutz für einzelne Personen nicht in Betracht kommt,

  – Basis der Prämienkalkulation nicht individuelle Merkmale der versicherten Organmitglieder sind, sondern Betriebsdaten des Unternehmens und dabei die Versicherungssummen deutlich höher sind als typischerweise Privatvermögen.

Ein überwiegend eigenbetriebliches Interesse des Arbeitgebers ist hingegen zu verneinen, wenn Risiken versichert werden, die üblicherweise durch eine individuelle Berufshaftpflichtversicherung abgedeckt werden. In diesem Fall sind die Beiträge als Arbeitslohn zu versteuern. In gleicher Höhe liegen beim Arbeitnehmer jedoch Werbungskosten vor, auf die der Arbeitnehmer-Pauschbetrag anzurechnen ist.

Bei Versicherten, die nicht Arbeitnehmer sind (Aufsichtsratsmitglieder), ist entsprechend zu verfahren. Daher führt die Zahlung von Versicherungsprämien für D & O-Versicherungen durch die Gesellschaft weder zu Betriebseinnahmen noch zu Betriebsausgaben des versicherten Aufsichtsratsmitglieds, wenn die oben genannten Voraussetzungen vorliegen.

Dieser Erlass ergeht im Einvernehmen mit dem Bundesministerium der Finanzen und den obersten Finanzbehörden der anderen Länder.

Führerschein bei Feuerwehrleuten

Übernahme der Aufwendungen für den Führerschein bei Feuerwehrleuten durch die Gemeinde

(Erlass des Bayer. Staatsministeriums der Finanzen vom 16. 6. 2004,
– 34 – S 2337 – 158 – 25617/04 –)

Auf Grund der Einführung des EU-Führerscheins zum 1. 1. 1999 dürfen Inhaber der Fahrerlaubnisklasse B nur noch Fahrzeuge mit einer zulässigen Gesamtmasse von nicht mehr als 3,5t führen. Die Fahrzeuge der (Freiwilligen) Feuerwehren überschreiten zumeist dieses Gewicht, so dass viele Gemeinden die Kosten für den Erwerb der Führerscheinklasse C1/C übernehmen.

Es ist gefragt worden, ob die Übernahme der Kosten für den Erwerb der Führerscheinklasse C1/C durch die Gemeinden zu einem geldwerten Vorteil bei den Feuerwehrleuten führt.

In Abstimmung mit den obersten Finanzbehörden des Bundes und der anderen Länder wird hierzu folgende Auffassung vertreten:

Nach der ständigen Rechtsprechung des BFH sind solche Vorteile nicht als Arbeitslohn anzusehen, die sich bei objektiver Würdigung aller Umstände nicht als Entlohnung, sondern lediglich als notwendige Begleiterscheinung betriebsfunktionaler Zielsetzung erweisen. Vorteile besitzen danach keinen Arbeitslohncharakter, wenn sie im ganz überwiegenden eigenbetrieblichen Interesse des Arbeitgebers gewährt werden. Dies ist der Fall, wenn sich aus den Begleitumständen wie Anlass, Art und Höhe des Vorteils, Auswahl der Begünstigten, freie oder nur gebundene Verfügbarkeit, Freiwilligkeit oder Zwang zur Annahme des Vorteils und seiner besonderen Geeignetheit für den jeweiligen verfolgten betrieblichen Zweck ergibt, dass diese Zielsetzung ganz im Vordergrund steht und ein damit einhergehendes eigenes Interesse des Arbeitnehmers, den betreffenden Vorteil zu erlangen deshalb vernachlässigt werden kann (vgl. z. B. BFH v. 26. 6. 2003, VI R 112/98, BStBl II, 886, DStRE 2003, 1263 zu Führerscheinen von Polizisten).

Für die Feuerwehren ist es unerlässlich, dass die oft ehrenamtlich tätigen Feuerwehrleute nicht nur für den Einsatz entsprechend ausgebildet werden, sondern auch die im Ernstfall benötigten Gerätschaften bedienen können und dürfen. Dies schließt den Erwerb der Erlaubnis zum Führen der entsprechenden Feuerwehrfahrzeuge mit ein. Da die Erlaubnis zum Führen dieser Fahrzeuge oft nicht vorliegt, müssen die Feuerwehren eine entsprechende Ausbildung anbieten, um überhaupt einsatzfähig zu sein und den betrieblichen Zweck verfolgen zu können. Der Arbeitgeber hat damit ein ganz wesentliches Interesse an der Führerscheinausbildung einzelner Feuerwehrleute. Der Vorteil des Arbeitnehmers, die Führerscheinklasse ggf. auch für private Zwecke nutzen zu können, ist lediglich eine Begleiterscheinung und tritt hinter dem vom Arbeitgeber verfolgten Zweck zurück.

Garage

Zahlungen des Arbeitgebers an seine Arbeitnehmer zur Unterbringung von Kraftfahrzeugen

(Verfügung der OFD Frankfurt/Main vom 18. 3. 2003, S 2334 A – 18 – St II 30 –)

1. Firmeneigene Kraftfahrzeuge

Mit Urteil vom 7. 6. 2002, VI R 145/99 (BStBl II 2002, 829, DStR 2002, 1567) hat der BFH entschieden, dass ein vom Arbeitgeber an den Arbeitnehmer gezahltes Nutzungsentgelt für eine Garage des Arbeitnehmers, in der dieser den vom Arbeitgeber zur Verfügung gestellten Dienstwagen unterstellt, regelmäßig keinen Arbeitslohn darstellt.

Stellt der Arbeitnehmer den Dienstwagen auf Verlangen des Arbeitgebers in einer von ihm angemieteten Garage unter, handelt es sich bei der vom Arbeitgeber erstatteten Garagenmiete um nach § 3 Nr. 50 2. Alt. EStG steuerfreien Auslagenersatz. Wird die private Dienstwagennutzung dabei nach der 1 %-Regelung erfasst, so ist kein geldwerter Vorteil für die Überlassung der Garage an den Arbeitnehmer anzusetzen.

Wenn dem Arbeitnehmer für eine angemietete Garage Kosten entstehen oder verbleiben, mindern diese im Fall des Dienstwagens nicht den nach § 8 Abs. 2 Sätze 2–5 EStG maßgebenden Wert. Sowohl im Fall des Dienstwagens als auch des arbeitnehmereigenen Fahrzeugs könnte der Arbeitnehmer über den Einzelnachweis aber den Teil dieser Kosten als Werbungskosten geltend machen, der dem Anteil der Dienstfahrten an der Gesamtfahrstrecke entspricht.

2. Arbeitnehmereigene Fahrzeuge

Wird das arbeitnehmereigene Kraftfahrzeug für Dienstreisen genutzt, ist bei Einzelnachweis der Fahrtkosten der dem Dienstreiseanteil an der Gesamtfahrstrecke entsprechende Anteil der Garagenkosten bei Erstattung durch den Arbeitgeber nach § 3 Nr. 16 EStG steuerfrei bzw. ohne Erstattung durch den Arbeitgeber als Werbungskosten abziehbar.

In allen übrigen Fällen (z. B. Erstattung von Parkplatzkosten am Wohnsitz des Arbeitnehmers durch den Arbeitgeber, arbeitnehmereigenes Fahrzeug wird nicht für Dienstreisen genutzt) gehören die Zuschüsse an den Arbeitnehmer zum steuerpflichtigen Arbeitslohn.

Gehaltsverzicht

→ R 3.33c und 38.2

Geistliche

Lohnsteuerliche Behandlung der Pflichtbeiträge katholischer Geistlicher zur/zum
a) Ruhegehaltskasse des (Erz-)Bistums,
b) Diaspora-Priesterhilfswerk,
c) Haushälterinnen-Zusatzverordnung

(BMF-Schreiben vom 6. 12. 1994, BStBl I S. 921)

Katholische Geistliche, die in einem Inkardinationsverhältnis zu einer Diözese stehen (Diözesangeistliche), haben Beiträge zur Ruhegehaltskasse des (Erz-)Bistums, zum Diaspora-Priesterhilfswerk und zur Haushälterinnen-Zusatzversorgung zu leisten. Nach dem Ergebnis der Besprechungen mit den obersten Finanzbehörden der Länder gilt für die lohnsteuerliche Behandlung dieser Pflichtbeiträge für Lohnzahlungszeiträume ab 1995 folgendes:

1. Diözesangeistliche, die aus der Bistumskasse besoldet werden

Werden Geistliche aus der Bistumskasse besoldet, sind die von der Kasse einbehaltenen Pflichtbeiträge zu diesen Einrichtungen keine eigenen Beiträge der Geistlichen. Bei diesen Geistlichen ist das um die Pflichtbeiträge verminderte Gehalt als Arbeitslohn zu versteuern.

2. Diözesangeistliche, die nicht aus der Bistumskasse besoldet werden

Werden Geistliche nicht aus der Bistumskasse, sondern aus einer anderen Kasse besoldet (z. B. Geistliche im Schul-, Universitäts- oder Krankenhausdienst), unterliegt das vereinbarte und gezahlte Gehalt dem Lohnsteuerabzug. Sind die Geistlichen aufgrund von Anordnungen des Bischofs verpflichtet, Beiträge zu diesen Einrichtungen zu entrichten, so sind diese Zahlungen als Werbungskosten zu behandeln.

Incentive-Reisen

Ertragsteuerliche Behandlung von Incentive-Reisen

(BMF-Schreiben vom 14. 10. 1996, BStBl I S. 1192)

Im Einvernehmen mit den obersten Finanzbehörden der Länder nehme ich zur ertragsteuerlichen Behandlung von Incentive-Reisen bei den Unternehmen, die die Leistungen gewähren, und den Empfängern der Leistungen wie folgt Stellung:

Incentive-Reisen werden von einem Unternehmen gewährt, um Geschäftspartner oder Arbeitnehmer des Betriebs für erbrachte Leistungen zu belohnen und zu Mehr- oder Höchstleistungen zu motivieren. Reiseziel, Unterbringung, Transportmittel und Teilnehmerkreis werden von dem die Reiseleistung gewährenden Unternehmen festgelegt. Der Ablauf der Reise und die einzelnen Veranstaltungen dienen allgemein-touristischen Interessen.

1. Behandlung der Aufwendungen bei dem die Reiseleistung gewährenden Unternehmen:

   a) Aufwendungen für Geschäftspartner

   Wird eine Incentive-Reise mit Geschäftspartnern des Steuerpflichtigen durchgeführt, ist bei der Beurteilung der steuerlichen Abzugsfähigkeit der für die Reise getätigten Aufwendungen danach zu unterscheiden, ob die Reise als Belohnung zusätzlich zum vereinbarten Entgelt oder zur Anknüpfung, Sicherung oder Verbesserung von Geschäftsbeziehungen gewährt wird.

   Wird die Reise in sachlichem und zeitlichem Zusammenhang mit den Leistungen des Empfängers als – zusätzliche – Gegenleistung gewährt, sind die tatsächlich entstandenen Fahrtkosten sowie die Unterbringungskosten in vollem Umfang als Betriebsausgaben abzugsfähig. Nutzt der Unternehmer allerdings ein eigenes Gästehaus, das sich nicht am Ort des Betriebs befindet, dürfen die Aufwendungen für die Unterbringung den Gewinn nicht mindern (§ 4 Abs. 5 Satz 1 Nr. 3 EStG). Die Aufwendungen für die Gewährung von Mahlzeiten sind als Bewirtungskosten in Höhe von 80 v. H. der angemessenen und nachgewiesenen Kosten abzugsfähig (§ 4 Abs. 5 Satz 1 Nr. 2 EStG).

   Wird die Reise mit gegenwärtigen oder zukünftigen Geschäftspartnern durchgeführt, um allgemeine Geschäftsbeziehungen erst anzuknüpfen, zu erhalten oder zu verbessern, handelt es sich um ein Geschenk (§ 4 Abs. 5 Satz 1 Nr. 1 EStG). Fahrt- und Unterbringungskosten dürfen dann den Gewinn nicht mindern (BFH-Urteil vom 23. Juni 1993, BStBl II S. 806); Aufwendungen für die Bewirtung sind nach § 4 Abs. 5 Satz 1 Nr. 2 EStG zu beurteilen.

b) **Aufwendungen für Arbeitnehmer**

Wird die Reise mit Arbeitnehmern des Betriebs durchgeführt, sind die hierdurch veranlaßten Aufwendungen als Betriebsausgaben in voller Höhe berücksichtigungsfähig: die Abzugsbeschränkungen nach § 4 Abs. 5 Satz 1 Nr. 1, 2 und 3 EStG greifen nicht ein.

2. **Behandlung der Reise beim Empfänger**

a) **Gewährung der Reiseleistungen an Geschäftspartner**

aa) Erfassung als Betriebseinnahmen

Wendet der Unternehmer einem Geschäftspartner, der in einem Einzelunternehmen betriebliche Einkünfte erzielt, eine Incentive-Reise zu, hat der Empfänger den Wert der Reise im Rahmen seiner steuerlichen Gewinnermittlung als Betriebseinnahme zu erfassen (BFH-Urteile vom 22. Juli 1988, BStBl II S. 995; vom 20. April 1989, BStBl II S. 641). Wird der Wert der Incentive-Reise einer Personengesellschaft oder einer Kapitalgesellschaft zugewandt, haben sie in Höhe des Sachwerts der Reise eine Betriebseinnahme anzusetzen. Der Wert einer Reise ist auch dann als Betriebseinnahme anzusetzen, wenn das die Reiseleistungen gewährende Unternehmen die Aufwendungen nicht als Betriebsausgaben abziehen darf (BFH-Urteil vom 26. September 1995, BStBl II 1996 S. 273).

bb) Verwendung der erhaltenen Reiseleistungen

Mit der Teilnahme an der Reise wird eine Entnahme verwirklicht, da mit der Reise regelmäßig allgemein-touristische Interessen befriedigt werden. Dies gilt auch, wenn eine Personengesellschaft die empfangene Reiseleistung an ihre Gesellschafter weiterleitet (BFH-Urteil vom 26. September 1995 a. a. O.). Leitet die Kapitalgesellschaft die erhaltene Reiseleistung an ihre Gesellschafter weiter, so liegt hierin grundsätzlich eine verdeckte Gewinnausschüttung.

b) **Gewährung der Reiseleistungen an Arbeitnehmer**

Wird Arbeitnehmern des Unternehmers eine Incentive-Reise gewährt, liegt steuerpflichtiger Arbeitslohn vor (BFH-Urteil vom 9. März 1990, BStBl II S. 711), der unter den Voraussetzungen des § 40 Abs. 1 EStG pauschal versteuert werden kann.

c) **Wert der Reise**

Die Gewährung der Reise ist steuerlich in ihrer Gesamtheit zu beurteilen. Ihr Wert entspricht nach ihren Leistungsmerkmalen und ihrem Erlebniswert regelmäßig einer am Markt angebotenen Gruppenreise, bei der Reiseziel, Reiseprogramm und Reisedauer festgelegt und der Teilnehmerkreis begrenzt sind; deshalb können einzelne Teile der Durchführung und der Organisation aus der Sicht des Empfängers nur im Zusammenhang gesehen werden (vgl. BFH-Beschluß vom 27. November 1978, BStBl II 1979 S. 213). Bei der Wertermittlung ist weder den tatsächlichen Aufwendungen des zuwendenden Unternehmers noch der subjektiven Vorstellung des Empfängers entscheidende Bedeutung beizumessen (BFH-Urteil vom 22. Juli 1988, a. a. O.); ihr Wert kann daher grundsätzlich nicht aus den Aufwendungen – auch nicht vermindert um einen pauschalen Abschlag bei über das übliche Maß hinausgehenden Aufwendungen – abgeleitet werden. Der Wert der zugewandten Reise ist daher in ihrer Gesamtheit mit dem üblichen Endpreis am Abgabeort anzusetzen (§ 8 Abs. 2 EStG). Er entspricht regelmäßig dem Preis der von Reiseveranstaltern am Markt angebotenen Gruppenreisen mit vergleichbaren Leistungsmerkmalen (z. B. Hotelkategorie, Besichtigungsprogramme); eine Wertminderung wegen des vom zuwendenden Unternehmen festgelegten Reiseziels, des Reiseprogramms, der Reisedauer und des fest umgrenzten Teilnehmerkreises kommt nicht in Betracht. Rabatte, die dem die Leistung gewährenden Unternehmen eingeräumt werden, bleiben für die Bewertung beim Empfänger ebenfalls außer Betracht: gleiches gilt für Preisaufschläge, die das Unternehmen speziell für die Durchführung der Reise aufwenden muß.

d) **Aufwendungen des Empfängers der Reiseleistungen**

Aufwendungen, die im Zusammenhang mit der Teilnahme an der Reise stehen, darf der Empfänger nicht als Betriebsausgaben oder Werbungskosten abziehen, da die Teilnahme an der Reise durch private Interessen, die nicht nur von untergeordneter Bedeutung sind, veranlaßt ist (BFH-Urteil vom 22. Juli 1988 a. a. O.; vgl. auch R 117a EStR). Zur Berücksichtigung von einzelnen Aufwendungen als Betriebsausgaben wird auf H 117a („Einzelaufwendungen") EStH hingewiesen; hinsichtlich des Werbungskostenabzugs wird ergänzend auf Abschnitt 35 LStR verwiesen.

Lohnverwendungsabrede

Arbeitslohn fließt nicht nur dadurch zu, dass der Arbeitgeber den Lohn auszahlt oder überweist, sondern auch dadurch, dass der Arbeitgeber eine mit dem Arbeitnehmer getroffene Lohnverwendungsabrede (eine konstitutive Verwendungsauflage) erfüllt. Keinen Lohn erhält der Arbeitnehmer hingegen dann, wenn der Arbeitnehmer auf Lohn verzichtet und keine Bedingungen an die Verwendung der freigewordenen Mittel knüpft (→ BFH vom 23. 9. 1998 – BStBl 1999 II S. 98).

Lohnzahlung durch Dritte

Die Zuwendung eines Dritten kann Arbeitslohn sein, wenn sie als Entgelt für eine Leistung beurteilt werden kann, die der Arbeitnehmer im Rahmen seines Dienstverhältnisses für seinen Arbeitgeber erbringt, erbracht hat oder erbringen soll (→ BFH vom 28. 2. 2013 – BStBl II S. 642). Bei Zuflüssen von dritter Seite können die Einnahmen insbesondere dann Ertrag der nichtselbständigen Arbeit sein, wenn sie

- auf Grund konkreter Vereinbarungen mit dem Arbeitgeber beruhen (→ BFH vom 28. 3. 1958 – BStBl III S. 268 und vom 27. 1. 1961 – BStBl III S. 167 zu Leistungen aus einer **Unterstützungskasse**),

- auf Grund gesellschaftsrechtlicher oder geschäftlicher Beziehungen des Dritten zum Arbeitgeber gewährt werden (→ BFH vom 21. 2. 1986 – BStBl II S. 768 zur unentgeltlichen oder teilentgeltlichen Überlassung von **Belegschaftsaktien** an Mitarbeiter verbundener Unternehmen *und vom 1. 9. 2016 – BStBl 2017 II S. 69 zum verbilligten Erwerb einer GmbH-Beteiligung durch eine vom Geschäftsführer des Arbeitgebers beherrschte GmbH*),

- dem Empfänger mit Rücksicht auf das Dienstverhältnis zufließen (→ BFH vom 19. 8. 2004 – BStBl II S. 1076 zur Wohnungsüberlassung).

- Die materiell-rechtlichen Anforderungen an den Veranlassungszusammenhang zwischen Vorteil und Dienstverhältnis und an dessen tatsächliche Feststellung sind bei **Drittzuwendungen** grundsätzlich nicht anders zu beurteilen als bei Zuwendungen durch den Arbeitgeber (→ BFH vom 1. 9. 2016 – BStBl 2017 II S. 69.

- → H 38.4 (Lohnzahlung durch Dritte)

Negativer Arbeitslohn

Wird ein fehlgeschlagenes Mitarbeiterbeteiligungsprogramm rückgängig gemacht, in dem zuvor vergünstigt erworbene Aktien an den Arbeitgeber zurückgegeben werden, liegen negative Einnahmen bzw. Werbungskosten vor (→ BFH vom 17. 9. 2009 – BStBl 2010 II S. 299).

Pensionszusage, Ablösung

Anhang 2 IV → BMF vom 4. 7. 2017 (BStBl I S. 883); zur Übertragung der betrieblichen Altersversorgung → § 3 Nr. 55 und Nr. 66 EStG*)* und *BMF vom* 6. 12. 2017 *(BStBl* 2018 *I S.* 147*)*

Rabattgewährung durch Dritte

→ BMF vom 20. 1. 2015 (BStBl I S. 143); → H 8.2 (Sachbezüge von dritter Seite)

Rückzahlung von Arbeitslohn

Arbeitslohnrückzahlungen sind nur dann anzunehmen, wenn der Arbeitnehmer an den Arbeitgeber die Leistungen, die bei ihm als Lohnzahlungen zu qualifizieren waren, zurückzahlt. Der Veranlassungszusammenhang zum Arbeitsverhältnis darf aber nicht beendet worden sein (→ BFH vom 10. 8. 2010 – BStBl II S. 1074 zum fehlgeschlagenen Grundstückserwerb vom Arbeitgeber).

→ H 11

Unfallversicherung

Einkommen-(lohn-)steuerliche Behandlung von freiwilligen Unfallversicherungen

(BMF-Schreiben vom 28. 10. 2009 – IV C 5 – S 2332/09/10004 –, BStBl I S. 1275)

Im Einvernehmen mit den obersten Finanzbehörden der Länder gilt für die einkommen-(lohn-)steuerrechtliche Behandlung von freiwilligen Unfallversicherungen Folgendes[1]:

1. Versicherungen des Arbeitnehmers

1.1 Versicherung gegen Berufsunfälle

Aufwendungen des Arbeitnehmers für eine Versicherung ausschließlich gegen Unfälle, die mit der beruflichen Tätigkeit in unmittelbarem Zusammenhang stehen (einschließlich der Unfälle

---

[1] Die Änderungen gegenüber dem BMF-Schreiben vom 17. Juli 2000 – IV C 5 – S 2332–67/00 – (BStBl I S. 1204) sind kursiv hervorgehoben.

auf dem Weg von und zur *regelmäßigen* Arbeitsstätte), sind Werbungskosten (§ 9 Absatz 1 Satz 1 EStG).

1.2 Versicherung gegen außerberufliche Unfälle

Aufwendungen des Arbeitnehmers für eine Versicherung gegen außerberufliche Unfälle sind Sonderausgaben (§ 10 Absatz 1 *Nummer 3 Buchstabe a i. V. m. § 10 Absatz 4 und 4a EStG und ab dem Veranlagungszeitraum 2010 § 10 Absatz 1 Nummer 3a i. V. m. Absatz 4 und 4a EStG).*

1.3 Versicherung gegen alle Unfälle

Aufwendungen des Arbeitnehmers für eine Unfallversicherung, die das Unfallrisiko sowohl im beruflichen als auch im außerberuflichen Bereich abdeckt, sind zum einen Teil Werbungskosten und zum anderen Teil Sonderausgaben. Der Gesamtbeitrag einschließlich Versicherungsteuer für beide Risiken ist entsprechend aufzuteilen (vgl. BFH-Urteil vom 22. Juni 1990 – VI R 2/87 –, BStBl II S. 901). Für die Aufteilung sind die Angaben des Versicherungsunternehmens darüber maßgebend, welcher Anteil des Gesamtbeitrags das berufliche Unfallrisiko abdeckt. Fehlen derartige Angaben, ist der Gesamtbeitrag durch Schätzung aufzuteilen. Es bestehen keine Bedenken, wenn die Anteile auf jeweils 50 % des Gesamtbeitrags geschätzt werden.

1.4 Übernahme der Beiträge durch den Arbeitgeber

Vom Arbeitgeber übernommene Beiträge des Arbeitnehmers sind steuerpflichtiger Arbeitslohn. Das gilt nicht, soweit Beiträge zu Versicherungen gegen berufliche Unfälle und Beiträge zu Versicherungen gegen alle Unfälle (Tz. 1.1 und 1.3) auch das Unfallrisiko *bei Auswärtstätigkeiten (R 9.4 Absatz 2 LStR 2008)* abdecken. *Beiträge zu Unfallversicherungen sind als Reisenebenkosten steuerfrei, soweit sie Unfälle bei einer Auswärtstätigkeit abdecken* (§ 3 Nummer 13 und 16 EStG). Es bestehen keine Bedenken, wenn *aus Vereinfachungsgründen* bei der Aufteilung des auf den beruflichen Bereich entfallenden Beitrags/Beitragsanteils in steuerfreie Reisekostenerstattungen und steuerpflichtigen Werbungskostenersatz (*z. B. Unfälle auf Fahrten zwischen Wohnung und regelmäßiger Arbeitsstätte) der auf steuerfreie Reisekostenerstattungen entfallende Anteil auf 40 % geschätzt wird.* Der Beitragsanteil, der als Werbungskostenersatz dem Lohnsteuerabzug zu unterwerfen ist, gehört zu den Werbungskosten des Arbeitnehmers.

2. Versicherungen des Arbeitgebers

2.1 Ausübung der Rechte steht ausschließlich dem Arbeitgeber zu

2.1.1 Kein Arbeitslohn zum Zeitpunkt der Beitragszahlung

Handelt es sich bei vom Arbeitgeber abgeschlossenen Unfallversicherungen seiner Arbeitnehmer um Versicherungen für fremde Rechnung (*§ 179 Absatz 1 Satz 2 i. V. m. §§ 43 bis 48 VVG*), bei denen die Ausübung der Rechte ausschließlich dem Arbeitgeber zusteht, so stellen die *Beiträge im Zeitpunkt der Zahlung durch den Arbeitgeber* keinen Arbeitslohn dar (BFH-Urteile vom 16. April 1999 – VI R 60/96 –, BStBl 2000 II S. 406, sowie – VI R 66/97 –, BStBl 2000 II S. 408).

2.1.2 Arbeitslohn zum Zeitpunkt der Leistungsgewährung

Erhält ein Arbeitnehmer Leistungen aus einem entsprechenden Vertrag, führen die bis dahin entrichteten, auf den Versicherungsschutz des Arbeitnehmers entfallenden Beiträge im Zeitpunkt der Auszahlung oder Weiterleitung der Leistung an den Arbeitnehmer zu Arbeitslohn in Form von Barlohn, begrenzt auf die dem Arbeitnehmer ausgezahlte Versicherungsleistung (BFH-Urteil vom 11. Dezember 2008 – VI R 9/05 –, BStBl 2009 II S. 385); das gilt unabhängig davon, ob der Unfall im beruflichen oder außerberuflichen Bereich eingetreten ist und ob es sich um eine Einzelunfallversicherung oder eine Gruppenunfallversicherung handelt. Bei einer Gruppenunfallversicherung ist der auf den einzelnen Arbeitnehmer entfallende Teil der Beiträge ggf. zu schätzen (BFH-Urteil vom 11. Dezember 2008 – VI R 19/06 –, BFH/NV 2009 S. 905). Bei den im Zuflusszeitpunkt zu besteuernden Beiträgen kann es sich um eine Vergütung für eine mehrjährige Tätigkeit i. S. d. § 34 Absatz 1 i. V. m. Absatz 2 Nummer 4 EStG handeln.

Da sich der Vorteil der Beitragsgewährung nicht auf den konkreten Versicherungsfall, sondern allgemein auf das Bestehen von Versicherungsschutz des Arbeitnehmers bezieht, sind zur Ermittlung des Arbeitslohns alle seit Begründung des Dienstverhältnisses entrichteten Beiträge zu berücksichtigen, unabhängig davon, ob es sich um einen oder mehrere Versicherungsverträge handelt. Das gilt auch dann, wenn die Versicherungsverträge zeitlich befristet abgeschlossen wurden, das Versicherungsunternehmen gewechselt wurde oder der Versicherungsschutz für einen bestimmten Zeitraum des Dienstverhältnisses nicht bestanden hat (zeitliche Unterbrechung des Versicherungsschutzes). Bei einem Wechsel des Arbeitgebers sind ausschließlich die seit Begründung des neuen Dienstverhältnisses entrichteten Beiträge zu berücksichtigen, auch wenn der bisherige Versicherungsvertrag vom neuen Arbeitgeber fortgeführt wird. Das gilt auch, wenn ein Wechsel des Arbeitnehmers innerhalb eines Konzernverbundes zwischen Konzernunternehmen mit einem Arbeitgeberwechsel verbunden ist. Bei einem Betriebsübergang nach § 613a BGB liegt kein neues Dienstverhältnis vor.

Beiträge, die individuell oder pauschal besteuert wurden, sind im Übrigen nicht einzubeziehen.

Aus Vereinfachungsgründen können die auf den Versicherungsschutz des Arbeitnehmers entfallenden Beiträge unter Berücksichtigung der Beschäftigungsdauer auf Basis des zuletzt vor Eintritt des Versicherungsfalls geleisteten Versicherungsbeitrags hochgerechnet werden.

Die bei einer früheren Versicherungsleistung als Arbeitslohn berücksichtigten Beiträge sind bei einer späteren Versicherungsleistung nicht erneut als Arbeitslohn zu erfassen. Bei einer späteren Versicherungsleistung sind zumindest die seit der vorangegangenen Auszahlung einer Versicherungsleistung entrichteten Beiträge zu berücksichtigen (BFH-Urteil vom 11. Dezember 2008 – VI R 3/08 –, BFH/NV 2009 S. 907), allerdings auch in diesem Fall begrenzt auf die ausgezahlte Versicherungsleistung.

Erhält ein Arbeitnehmer die Versicherungsleistungen in mehreren Teilbeträgen oder ratierlich, so fließt dem Arbeitnehmer solange Arbeitslohn in Form von Barlohn zu, bis die Versicherungsleistungen die Summe der auf den Versicherungsschutz des Arbeitnehmers entfallenden Beiträge erreicht haben. Erhält ein Arbeitnehmer die Versicherungsleistungen als Leibrente, so fließt dem Arbeitnehmer solange Arbeitslohn in Form von Barlohn zu, bis der Teil der Versicherungsleistungen, der nicht Ertragsanteil ist (§ 22 Nummer 1 Satz 3 Buchstabe a Doppelbuchstabe bb EStG ggf. i. V. m. § 55 EStDV; siehe auch Tz. 2.1.6), die Summe der auf den Versicherungsschutz des Arbeitnehmers entfallenden Beiträge erreicht hat. Beiträge, die vom Arbeitgeber nach der ersten Auszahlung oder Weiterleitung von Versicherungsleistungen an den Arbeitnehmer gezahlt werden, sind hier aus Vereinfachungsgründen jeweils nicht einzubeziehen; diese Beiträge sind dann bei einem ggf. später eintretenden Versicherungsfall zu berücksichtigen.

Beispiel:

Nach einem Unfall wird ab dem Jahr 01 eine Versicherungsleistung als Leibrente i. H. v. jährlich 1 000 € ausgezahlt. Der Ertragsanteil beträgt 25 %. An Beiträgen wurden für den Arbeitnehmer in der Vergangenheit insgesamt 2 500 € gezahlt.

Ab dem Jahr 01 sind 250 € (1 000 € × 25 % Ertragsanteil) steuerpflichtig nach § 22 Nummer 1 Satz 3 Buchstabe a Doppelbuchstabe bb EStG.

Darüber hinaus sind in den Jahren 01 bis 03 jeweils ein Betrag von 750 € und im Jahr 04 ein Betrag von 250 € (2 500 € – [3 Jahre × 750 €]) steuerpflichtig nach § 19 EStG. Ab dem Jahr 05 fließt kein steuerpflichtiger Arbeitslohn mehr zu; steuerpflichtig ist dann nur noch die Leibrente mit dem Ertragsanteil von 25 %.

Dem Arbeitnehmer steht bei mehreren Versicherungsleistungen innerhalb verschiedener Veranlagungszeiträume (mehr als ein Versicherungsfall oder bei einem Versicherungsfall, Auszahlung in mehreren Veranlagungszeiträumen) kein Wahlrecht zu, inwieweit die vom Arbeitgeber erbrachten Beiträge jeweils als Arbeitslohn erfasst werden sollen. In diesen Fällen ist für den Arbeitslohn im jeweiligen Veranlagungszeitraum gesondert zu prüfen, ob es sich um eine Vergütung für eine mehrjährige Tätigkeit i. S. d. § 34 Absatz 1 i. V. m. Absatz 2 Nummer 4 EStG handelt.

2.1.3 Steuerfreier Reisekostenersatz und lohnsteuerpflichtiger Werbungskostenersatz

Der auf das Risiko beruflicher Unfälle entfallende Anteil der Beiträge ist zum Zeitpunkt der Leistungsgewährung steuerfreier Reisekostenersatz oder steuerpflichtiger Werbungskostenersatz des Arbeitgebers (dem bei der Veranlagung zur Einkommensteuer Werbungskosten in gleicher Höhe gegenüberstehen). Für die Aufteilung und Zuordnung gelten die Regelungen in Tz. 1.1 bis 1.4.

2.1.4 Schadensersatzleistungen

Bei einem im beruflichen Bereich eingetretenen Unfall gehört die Auskehrung des Arbeitgebers nicht zum Arbeitslohn, soweit der Arbeitgeber gesetzlich zur Schadensersatzleistung verpflichtet ist oder soweit der Arbeitgeber einen zivilrechtlichen Schadensersatzanspruch des Arbeitnehmers wegen schuldhafter Verletzung arbeitsvertraglicher Fürsorgepflichten erfüllt (BFH-Urteil vom 20. September 1996 – *VI R 57/95* –, BStBl 1997 II S. 144). *Der gesetzliche Schadensersatzanspruch des Arbeitnehmers aus unfallbedingten Personenschäden im beruflichen Bereich wird regelmäßig durch Leistungen aus der gesetzlichen Unfallversicherung erfüllt; diese Leistungen sind nach § 3 Nummer 1 Buchstabe a EStG steuerfrei.*

Schmerzensgeldrenten nach § 253 *Absatz 2 BGB (bis 31. Juli 2002: § 847 BGB)*, Schadensersatzrenten zum Ausgleich vermehrter Bedürfnisse *(§ 843 Absatz 1 2. Alternative BGB)*, Unterhalts-

renten nach § 844 Absatz 2 BGB sowie Ersatzansprüche wegen entgangener Dienste nach § 845 BGB sind ebenfalls nicht steuerbar (vgl. BMF-Schreiben vom 15. Juli 2009 – IV C 3 – S 2255/08/10012 –, BStBl I S. 836).

2.1.5 Entschädigungen für entgangene oder entgehende Einnahmen

Sind die Versicherungsleistungen ausnahmsweise Entschädigungen für entgangene oder entgehende Einnahmen i. S. d. § 24 Nummer 1 Buchstabe a EStG (z. B. Leistungen wegen einer Körperverletzung, soweit sie den Verdienstausfall ersetzen; siehe H 24.1 EStH 2008), liegen insoweit zusätzliche steuerpflichtige Einkünfte aus nichtselbständiger Arbeit (steuerpflichtiger Arbeitslohn) vor. Wickelt das Versicherungsunternehmen die Auszahlung der Versicherungsleistung unmittelbar mit dem Arbeitnehmer ab, hat der Arbeitgeber Lohnsteuer nur einzubehalten, wenn er weiß oder erkennen kann, dass derartige Zahlungen erbracht wurden (§ 38 Absatz 1 Satz 3 EStG).

Der nach Tz. 2.1.2 zu besteuernde Betrag ist in diesen Fällen anteilig zu mindern.

Beispiel:

Nach einem Unfall wird eine Versicherungsleistung i. H. v. 10 000 € ausgezahlt. Hiervon sind 8 000 € die Entschädigung für entgangene oder entgehende Einnahmen. An Beiträgen wurden in der Vergangenheit 2 500 € gezahlt.

Die steuerpflichtigen Leistungen i. S. d. § 24 Nummer 1 Buchstabe a EStG betragen 8 000 €. Zusätzlich sind 500 € (= 2 500 € – [2 500 € × 8 000 € : 10 000 €]) entsprechend der Regelungen in Tz. 2.1.2 und 2.1.3 zu besteuern.

2.1.6 Sonstige Einkünfte nach § 22 Nummer 1 EStG

Wiederkehrende Leistungen aus der entsprechenden Unfallversicherung können Leibrenten nach § 22 Nummer 1 Satz 3 Buchstabe a Doppelbuchstabe bb EStG sein. Siehe auch Tz. 2.1.2 letzter Absatz.

2.2 Ausübung der Rechte steht unmittelbar dem Arbeitnehmer zu

2.2.1 Arbeitslohn zum Zeitpunkt der Beitragszahlung

Kann der Arbeitnehmer den Versicherungsanspruch bei einer vom Arbeitgeber abgeschlossenen Unfallversicherung unmittelbar gegenüber dem Versicherungsunternehmen geltend machen, sind die Beiträge bereits im Zeitpunkt der Zahlung durch den Arbeitgeber als Zukunftssicherungsleistungen Arbeitslohn in Form von Barlohn (§ 19 Absatz 1 Satz 1 Nummer 1 EStG, § 2 Absatz 2 Nummer 3 Satz 1 LStDV). Davon ist auch dann auszugehen, wenn zwar der Anspruch durch den Versicherungsnehmer (Arbeitgeber) geltend gemacht werden kann, vertraglich nach den Unfallversicherungsbedingungen jedoch vorgesehen ist, dass der Versicherer die Versicherungsleistung in jedem Fall an die versicherte Person (Arbeitnehmer) auszahlt. Die Ausübung der Rechte steht dagegen nicht unmittelbar dem Arbeitnehmer zu, wenn die Versicherungsleistung mit befreiender Wirkung auch an den Arbeitgeber gezahlt werden kann; in diesem Fall kann der Arbeitnehmer die Auskehrung der Versicherungsleistung letztlich nur im Innenverhältnis vom Arbeitgeber verlangen.

Das gilt unabhängig davon, ob es sich um eine Einzelunfallversicherung oder eine Gruppenunfallversicherung handelt; Beiträge zu Gruppenunfallversicherungen sind ggf. nach der Zahl der versicherten Arbeitnehmer aufzuteilen (§ 2 Absatz 2 Nummer 3 Satz 3 LStDV). Steuerfrei sind Beiträge oder Beitragsteile, die bei Auswärtstätigkeiten (R 9.4 Absatz 2 LStR 2008) das Unfallrisiko abdecken und deshalb zu den steuerfreien Reisekosten*erstattungen* gehören. Für die Aufteilung eines auf den beruflichen Bereich entfallenden Gesamtbeitrags in steuerfreie Reisekosten*erstattungen* und steuerpflichtigen Werbungskostenersatz ist die Vereinfachungsregelung in Tz. 1.4 anzuwenden.

2.2.2 Arbeitslohn zum Zeitpunkt der Leistungsgewährung

*Leistungen aus einer entsprechenden Unfallversicherung gehören zu den Einkünften aus nichtselbständiger Arbeit (steuerpflichtiger Arbeitslohn), soweit sie Entschädigungen für entgangene oder entgehende Einnahmen i. S. d. § 24 Nummer 1 Buchstabe a EStG darstellen, der Unfall im beruflichen Bereich eingetreten ist und die Beiträge ganz oder teilweise Werbungskosten bzw. steuerfreie Reisenebenkosten*erstattungen* waren.*

Der Arbeitgeber hat Lohnsteuer nur einzubehalten, wenn er weiß oder erkennen kann, dass derartige Zahlungen erbracht wurden (§ 38 Absatz 1 Satz 3 EStG). Andernfalls ist der als Entschädigung i. S. d. § 24 Nummer 1 Buchstabe a EStG steuerpflichtige Teil des Arbeitslohns, der ggf. durch Schätzung zu ermitteln ist, im Rahmen der Veranlagung des Arbeitnehmers zur Einkommensteuer zu erfassen.

2.2.3 Sonstige Einkünfte nach § 22 Nummer 1 Satz 1 EStG

Tz. 2.1.6 gilt entsprechend.

3. Arbeitgeber als Versicherer

Gewährt ein Arbeitgeber als Versicherer Versicherungsschutz, handelt es sich um Sachleistungen. Tz. 2 gilt entsprechend. § 8 Absatz 3 EStG ist zu beachten.

4. Werbungskosten- oder Sonderausgabenabzug

Der Arbeitnehmer kann die dem Lohnsteuerabzug unterworfenen Versicherungsbeiträge als Werbungskosten oder als Sonderausgaben geltend machen. Für die *Aufteilung und* Zuordnung gelten die Regelungen in Tz. 1.1 bis 1.3.

5. Lohnsteuerabzug von Beitragsleistungen

Soweit die vom Arbeitgeber übernommenen Beiträge (Tz. 1.4) oder die Beiträge zu Versicherungen des Arbeitgebers (Tz. 2) steuerpflichtiger Arbeitslohn sind, sind sie im Zeitpunkt *ihres Zuflusses* dem Lohnsteuerabzug *nach den allgemeinen Regelungen* zu unterwerfen, wenn nicht eine Pauschalbesteuerung nach § 40b *Absatz 3 EStG erfolgt. Zu den Voraussetzungen der Lohnsteuerpauschalierung siehe auch R 40b. 2 LStR 2008.*

6. Betriebliche Altersversorgung

Die lohnsteuerliche Behandlung von Zusagen auf Leistungen der betrieblichen Altersversorgung nach dem Betriebsrentengesetz bleibt durch dieses Schreiben unberührt. Zu den Einzelheiten vgl. BMF-Schreiben vom 20. Januar 2009 – VI C 3 – S 2496/08/10011 – / – IV C 5 – S 2333/07/0003 – (BStBl I S. 273).

7. Anwendungsregelung

Dieses Schreiben ist in allen noch nicht formell bestandskräftigen Fällen anzuwenden. Das BMF-Schreiben vom 17. Juli 2000 – IV C 5 – S 2332 – 67/00 – (BStBl I S. 1204) wird hiermit aufgehoben.

Urlaubsabgeltung

Zur Besteuerung der Entschädigungen für verfallene Urlaubsansprüche im Baugewerbe → § 39c Abs. 3 EStG.

Vordruckmuster Anlage N

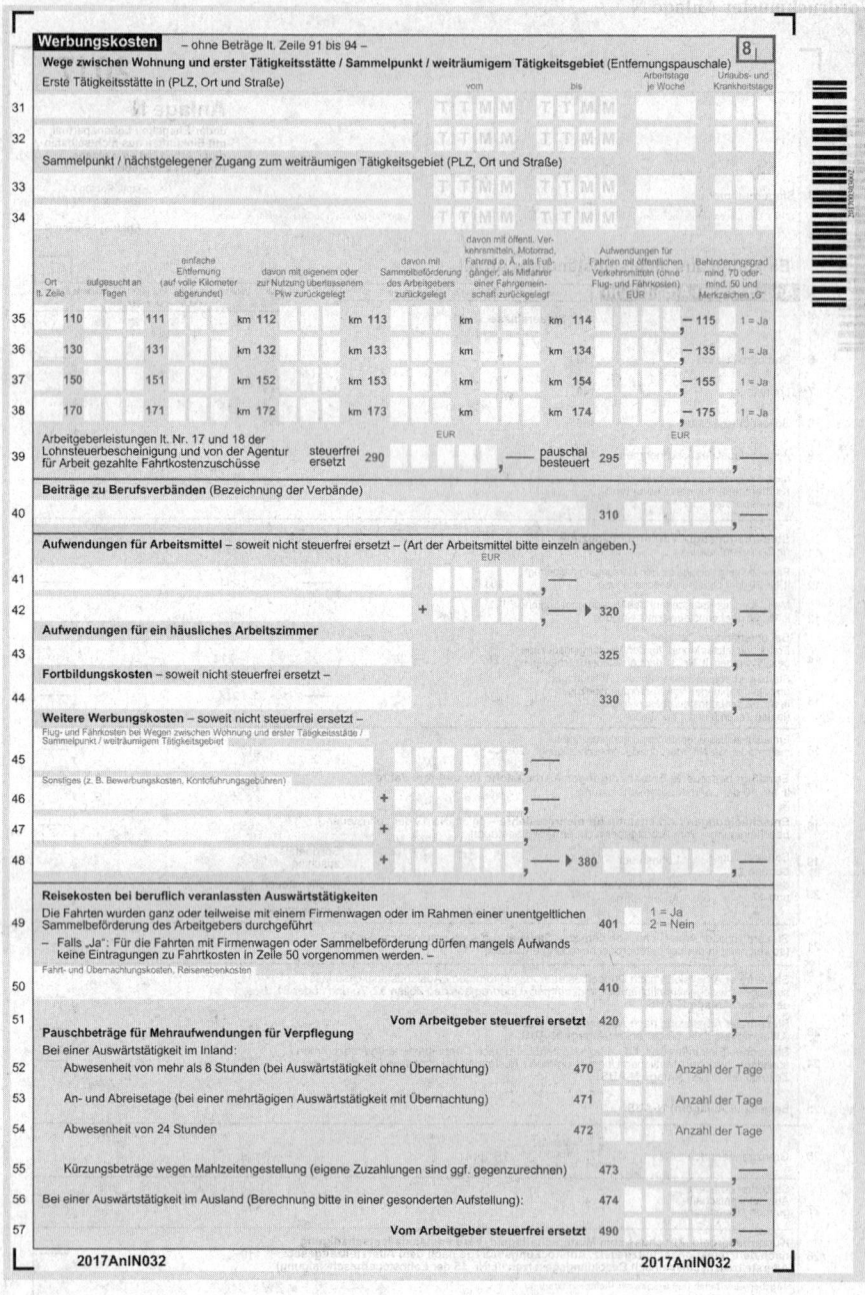

Werbungskosten – ohne Beträge lt. Zeile 91 bis 94 – 8

Wege zwischen Wohnung und erster Tätigkeitsstätte / Sammelpunkt / weiträumigem Tätigkeitsgebiet (Entfernungspauschale)

Erste Tätigkeitsstätte in (PLZ, Ort und Straße) — vom — bis — Arbeitstage je Woche — Urlaubs- und Krankheitstage

31

32

Sammelpunkt / nächstgelegener Zugang zum weiträumigen Tätigkeitsgebiet (PLZ, Ort und Straße)

33

34

Ort lt. Zeile	aufgesucht an Tagen	einfache Entfernung (auf volle Kilometer abgerundet)	davon mit eigenem oder zur Nutzung überlassenem Pkw zurückgelegt	davon mit Sammelbeförderung des Arbeitgebers zurückgelegt	davon mit öffentl. Verkehrsmitteln, Motorrad, Fahrrad o. Ä., als Fußgänger, als Mitfahrer einer Fahrgemeinschaft zurückgelegt	Aufwendungen für Fahrten mit öffentlichen Verkehrsmitteln (ohne Flug- und Fährkosten) EUR	Behinderungsgrad mind. 70 oder mind. 50 und Merkzeichen „G"
35	110	111	km 112	km 113	km 114	— 115	1 = Ja
36	130	131	km 132	km 133	km 134	— 135	1 = Ja
37	150	151	km 152	km 153	km 154	— 155	1 = Ja
38	170	171	km 172	km 173	km 174	— 175	1 = Ja

39 Arbeitgeberleistungen lt. Nr. 17 und 18 der Lohnsteuerbescheinigung und von der Agentur für Arbeit gezahlte Fahrtkostenzuschüsse — steuerfrei ersetzt 290 — EUR — pauschal besteuert 295 — EUR

Beiträge zu Berufsverbänden (Bezeichnung der Verbände)

40 — 310

Aufwendungen für Arbeitsmittel – soweit nicht steuerfrei ersetzt – (Art der Arbeitsmittel bitte einzeln angeben.) EUR

41

42 + ▸ 320

Aufwendungen für ein häusliches Arbeitszimmer

43 325

Fortbildungskosten – soweit nicht steuerfrei ersetzt –

44 330

Weitere Werbungskosten – soweit nicht steuerfrei ersetzt –
Flug- und Fährkosten bei Wegen zwischen Wohnung und erster Tätigkeitsstätte / Sammelpunkt / weiträumigem Tätigkeitsgebiet

45

Sonstiges (z. B. Bewerbungskosten, Kontoführungsgebühren)

46 +

47 +

48 + — ▸ 380

Reisekosten bei beruflich veranlassten Auswärtstätigkeiten
Die Fahrten wurden ganz oder teilweise mit einem Firmenwagen oder im Rahmen einer unentgeltlichen Sammelbeförderung des Arbeitgebers durchgeführt — 401 — 1 = Ja 2 = Nein

49

– Falls „Ja": Für die Fahrten mit Firmenwagen oder Sammelbeförderung dürfen mangels Aufwands keine Eintragungen zu Fahrtkosten in Zeile 50 vorgenommen werden. –
Fahrt- und Übernachtungskosten, Reisenebenkosten

50 410

51 Vom Arbeitgeber steuerfrei ersetzt 420

Pauschbeträge für Mehraufwendungen für Verpflegung
Bei einer Auswärtstätigkeit im Inland

52 Abwesenheit von mehr als 8 Stunden (bei Auswärtstätigkeit ohne Übernachtung) — 470 — Anzahl der Tage

53 An- und Abreisetage (bei einer mehrtägigen Auswärtstätigkeit mit Übernachtung) — 471 — Anzahl der Tage

54 Abwesenheit von 24 Stunden — 472 — Anzahl der Tage

55 Kürzungsbeträge wegen Mahlzeitengestellung (eigene Zuzahlungen sind ggf. gegenzurechnen) — 473

56 Bei einer Auswärtstätigkeit im Ausland (Berechnung bitte in einer gesonderten Aufstellung): 474

57 Vom Arbeitgeber steuerfrei ersetzt 490

Mehraufwendungen für doppelte Haushaltsführung

Allgemeine Angaben

61 | Der doppelte Haushalt wurde aus beruflichem Anlass begründet | 501 | am | T T M M J J J J
Grund

62

63 | Der doppelte Haushalt hat seitdem ununterbrochen bestanden | 502 | bis | T T M M | 2017
Beschäftigungsort (PLZ, Ort, Staat – falls im Ausland und abweichend vom Staat, in dem der doppelte Haushalt liegt! –)

64

65 | Der doppelte Haushalt liegt im Ausland | 507 | | 1 = Ja
Staat

66 | Es liegt ein **eigener Hausstand** am Lebensmittelpunkt vor | 503 | 1 = Ja / 2 = Nein

– Wird die Zeile 66 mit „Nein" beantwortet, sind Eintragungen in den Zeilen 67 bis 85 nicht vorzunehmen. –
PLZ, Ort des eigenen Hausstandes

67 | | 504 | seit | T T M M J J J J

68 | Der Begründung des doppelten Haushalts ist eine Auswärtstätigkeit am selben Beschäftigungsort unmittelbar vorausgegangen | 505 | 1 = Ja

69 | Anstelle der Mehraufwendungen für doppelte Haushaltsführung werden in den Zeilen 31 bis 39 Fahrtkosten für **mehr** als eine Heimfahrt wöchentlich geltend gemacht | 506 | 1 = Ja

– Wird die Zeile 69 mit „Ja" beantwortet, sind Eintragungen in den Zeilen 70 bis 85 nicht vorzunehmen. –

Fahrtkosten

70 | Die Fahrten wurden mit einem **Firmenwagen** oder im Rahmen einer unentgeltlichen **Sammelbeförderung** des Arbeitgebers durchgeführt | 510 | 1 = Ja, insgesamt / 2 = Nein / 3 = Ja, teilweise

– Soweit die Zeile 70 mit „Ja, insgesamt" beantwortet wird, sind Eintragungen in den Zeilen 71, 72, 74 und 76 nicht vorzunehmen. Bei „Ja, teilweise" sind Eintragungen in diesen Zeilen nur für die mit dem eigenen oder zur Nutzung überlassenen privaten Fahrzeug durchgeführten Fahrten vorzunehmen. –

Erste Fahrt zum Ort der ersten Tätigkeitsstätte und letzte Fahrt zum eigenen Hausstand

71 | mit privatem Kfz | 511 | gefahrene km | Kilometersatz bei Einzelnachweis (Berechnung bitte in einer gesonderten Aufstellung) | 512 | EUR Ct

72 | mit privatem Motorrad / Motorroller | 522 | gefahrene km | Kilometersatz bei Einzelnachweis (Berechnung bitte in einer gesonderten Aufstellung) | 523 | EUR Ct

73 | mit öffentlichen Verkehrsmitteln oder entgeltlicher Sammelbeförderung | 513 | EUR

Wöchentliche Heimfahrten

74 | einfache Entfernung (ohne Flugstrecken) | 514 | km | | 515 | Anzahl

75 | Kosten für öffentliche Verkehrsmittel (ohne Flug- und Fährkosten) | 516 | EUR

Nur bei Behinderungsgrad von mindestens 70 oder mindestens 50 und Merkzeichen „G"

76 | einfache Entfernung (ohne Flug-strecken) | 524 | km | davon mit privatem Kfz zurück-gelegt | 517 | km | | 518 | Anzahl | Kilometersatz bei Einzel-nachweis (Berechnung bitte in einer gesonderten Aufstellung) | 519 | EUR Ct

77 | Kosten für öffentliche Verkehrsmittel (ohne Flug- und Fährkosten) | 520 | EUR

78 | Flug- und Fährkosten (zu den Zeilen 74 bis 77) oder Kosten für entgeltliche Sammelbeförderung für Heimfahrten | 521 | EUR

Kosten der Unterkunft am Ort der ersten Tätigkeitsstätte

79 | Aufwendungen (z. B. Miete einschließlich Stellplatz- / Garagenkosten, Nebenkosten, Abschreibungen und Ausstattungskosten) | 530 | EUR

80 | Größe der Zweitwohnung des doppelten Haushalts im Ausland | 531 | m²

Pauschbeträge für Mehraufwendungen für Verpflegung

Die Verpflegungsmehraufwendungen lt. Zeilen 81 bis 84 können nur für einen Zeitraum von 3 Monaten nach Bezug der Unterkunft am Ort der ersten Tätigkeitsstätte geltend gemacht werden; geht der doppelten Haushaltsführung eine Auswärtstätigkeit voraus, ist dieser Zeitraum auf den Dreimonatszeitraum anzurechnen.

Bei einer doppelten Haushaltsführung im Inland:

81 | An- und Abreisetage | 541 | Anzahl der Tage

82 | Abwesenheit von 24 Stunden | 542 | Anzahl der Tage

83 | Kürzungsbetrag wegen Mahlzeitengestellung (eigene Zuzahlungen sind ggf. gegenzurechnen) | 544 | EUR

84 | Bei einer doppelten Haushaltsführung im Ausland (Berechnung bitte in einer gesonderten Aufstellung) | 543 | EUR

Sonstige Aufwendungen (z. B. Kosten für den Umzug, jedoch ohne Kosten der Unterkunft)

85 | | 550 | EUR

86 | Summe der Mehraufwendungen für **weitere** doppelte Haushaltsführungen (Berechnung bitte in einer gesonderten Aufstellung) | 551 | EUR

87 | Vom Arbeitgeber / von der Agentur für Arbeit insgesamt steuerfrei ersetzt | 590 | EUR

2017AnlN033

2017AnlN033

Werbungskosten in Sonderfällen

– Die in den Zeilen 91 bis 94 erklärten Werbungskosten dürfen nicht in den Zeilen 31 bis 87 enthalten sein –

Werbungskosten zu steuerbegünstigten Versorgungsbezügen lt. Zeile 11

Art der Aufwendungen

91   682   EUR   , —

Werbungskosten zu steuerbegünstigten Versorgungsbezügen für mehrere Jahre lt. Zeile 16

Art der Aufwendungen

92   659   , —

Werbungskosten zu Entschädigungen / Arbeitslohn für mehrere Jahre lt. Zeile 17 und / oder 18

Art der Aufwendungen

93   660   , —

Werbungskosten zu steuerfreiem Arbeitslohn lt. Zeile 22 und 23
(Übertrag aus den Zeilen 75 und 82 der ersten Anlage N-AUS)

94   657   , —

Werbungskosten zu steuerpflichtigem Arbeitslohn, von dem kein Steuerabzug vorgenommen worden
ist lt. Zeile 21 – in den Zeilen 31 bis 87 enthalten –

Art der Aufwendungen

95   656   , —

Werbungskosten zu Arbeitslohn für eine Tätigkeit im Inland, wenn ein weiterer Wohnsitz in Belgien
vorhanden ist – in den Zeilen 31 bis 87 enthalten –

96   675   , —

2017AnlN034   2017AnlN034

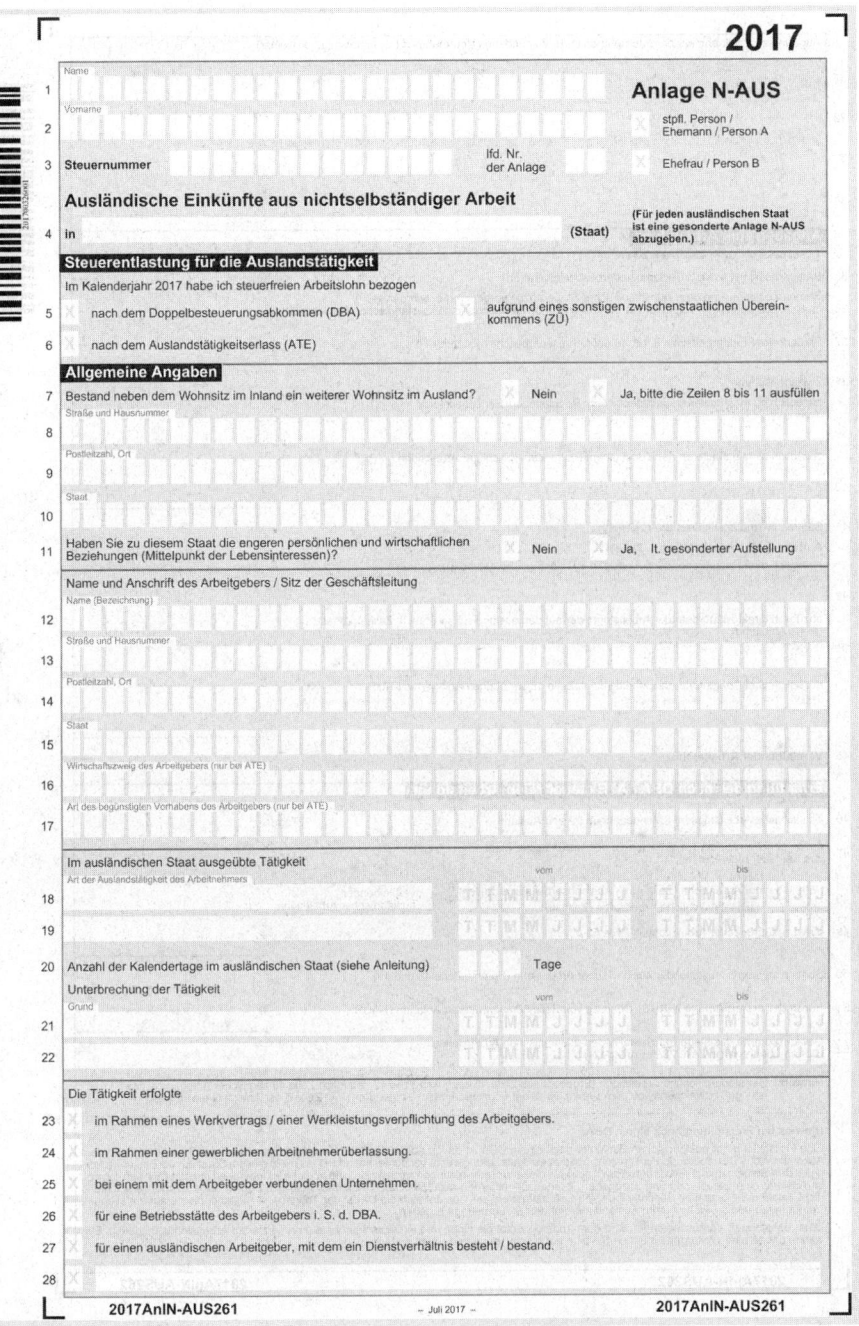

Angaben zum aufnehmenden Unternehmen (z. B. verbundenes Unternehmen / Betriebsstätte / Entleiher)

31 Name (Bezeichnung)

32 Straße und Hausnummer

33 Postleitzahl, Ort

34 Staat

Angaben zum Arbeitslohn

– Ohne besondere Lohnbestandteile lt. Zeile 76 –

EUR

35 Bruttoarbeitslohn lt. Nr. 3 der Lohnsteuerbescheinigung(en)

36 Bruttoarbeitslohn, von dem kein inländischer Steuerabzug vorgenommen worden ist (z. B. Bruttoarbeitslohn von einem ausländischen Arbeitgeber oder einer ausländischen Betriebsstätte) +

37 Steuerfreier Bruttoarbeitslohn lt. Nr. 16 der Lohnsteuerbescheinigung(en) +

38 Zwischensumme

39 abzüglich darin enthaltener nach deutschem Recht steuerfreier Arbeitslohn
Bezeichnung –

40 zuzüglich nicht enthaltener nach deutschem Recht steuerpflichtiger Arbeitslohn
Bezeichnung +

41 Summe in- und ausländischer Arbeitslohn

Aufteilung des Arbeitslohns lt. Zeile 41

42 abzüglich direkt zuzuordnender Arbeitslohn im Inland (siehe Anleitung)
Bezeichnung –

43 abzüglich direkt zuzuordnender Arbeitslohn, der auf den ausländischen Staat lt. Zeile 4 entfällt (siehe Anleitung)
Bezeichnung –

44 abzüglich direkt zuzuordnender Arbeitslohn lt. Zeile 43 der übrigen Anlage(n) N-AUS
Bezeichnung –

45 **Verbleibender Arbeitslohn**

Ermittlung des nach DBA / ATE steuerfreien Arbeitslohns

46 Tatsächliche Arbeitstage im Kalenderjahr im In- und Ausland — Tage

47 davon entfallen auf die Tätigkeit, für die der ausländische Staat das Besteuerungsrecht hat — Tage

EUR

48 $\dfrac{\text{verbleibender Arbeitslohn (Zeile 45)} \times \text{Auslandsarbeitstage (Zeile 47)}}{\text{tatsächliche Arbeitstage (Zeile 46)}}$ = verbleibender ausländischer Arbeitslohn

49 direkt zuzuordnender Arbeitslohn lt. Zeile 43 +

50 Summe steuerfrei zu stellender ausländischer Arbeitslohn (Summe Zeile 48 und 49)

51 **nur in der ersten Anlage N-AUS:** Übertrag von Zeile 50 aus weiteren Anlagen N-AUS +

52 **Gesamtsumme** des steuerfrei zu stellenden ausländischen Arbeitslohns (Betrag übertragen in Zeile 22 der Anlage N)

Hinweis: Der steuerpflichtige Arbeitslohn (Ergebnis aus Zeile 45 zuzüglich Zeile 42 abzüglich Zeile 48 sämtlicher Anlagen N-AUS) ist – ggf. abweichend von dem Wert lt. Nr. 3 der Lohnsteuerbescheinigung(en) – in Zeile 6 der Anlage N einzutragen.

Hinweis bei Freistellung nach einem DBA:

Eine Freistellung der ausländischen Einkünfte nach einem DBA ist davon abhängig, dass Sie nachweisen, dass der Staat, dem nach dem Abkommen das Besteuerungsrecht zusteht, auf dieses Besteuerungsrecht verzichtet hat oder dass die in diesem Staat auf die Einkünfte festgesetzten Steuern entrichtet wurden. Zum Nachweis dieser Voraussetzungen reichen Sie bitte geeignete Unterlagen ein. Sind Sie verpflichtet, im Ausland eine Steuererklärung abzugeben, reichen Sie bitte den ausländischen Steuerbescheid ein. Besteht eine solche Verpflichtung nicht, reichen Sie bitte eine Bescheinigung Ihres Arbeitgebers ein, aus der sich die Dauer der Tätigkeit im Ausland, die darauf entfallenden Vergütungen und die Höhe der im Ausland abgeführten Steuerbeträge ergeben.

Unter bestimmten Voraussetzungen wird dem anderen Staat die Höhe des in Deutschland steuerfrei erklärten Arbeitslohns mitgeteilt. Einwände gegen eine Weitergabe machen Sie bitte auf einem besonderen Blatt geltend.

2017AnlN-AUS262 2017AnlN-AUS262

Ermittlung des nach ATE steuerfreien Arbeitslohns

61 Anzahl der Kalendertage im ausländischen Staat im Kalenderjahr ___ Tage

62 verbleibender Arbeitslohn (Zeile 45) × Kalendertage im Ausland (Zeile 61) = verbleibender ausländischer Arbeitslohn
(Jahreskalendertage / Kalendertage der Beschäftigung)

63 direkt zuzuordnender Arbeitslohn lt. Zeile 43 +

64 Summe steuerfrei zu stellender ausländischer Arbeitslohn (Summe Zeile 62 und 63)

65 **nur in der ersten Anlage N-AUS:** Übertrag von Zeile 64 aus weiteren Anlagen N-AUS +

66 **Gesamtsumme** des steuerfrei zu stellenden ausländischen Arbeitslohns
(Betrag übertragen in Zeile 23 der Anlage N)

Hinweis: Der steuerpflichtige Arbeitslohn (Ergebnis aus Zeile 45 zuzüglich Zeile 42 abzüglich Zeile 62 sämtlicher Anlagen N-AUS) ist – ggf. abweichend von dem Wert lt. Nr. 3 der Lohnsteuerbescheinigung(en) – in Zeile 6 der Anlage N einzutragen.

Steuerbefreiung aufgrund eines sonstigen zwischenstaatlichen Übereinkommens (ZÜ)

Auf welchem sonstigen zwischenstaatlichen Übereinkommen beruht die Tätigkeit?

67

Für welche Organisation erfolgt die Tätigkeit (genaue Bezeichnung)?

68

Art der ausgeübten Tätigkeit

69

70 Höhe des Arbeitslohns (Betrag übertragen in Zeile 22 der Anlage N, sofern das ZÜ den Progressionsvorbehalt vorsieht.)

Werbungskosten zu steuerfreiem Arbeitslohn nach DBA / ATE / ZÜ

– Nur soweit vom Arbeitgeber nicht steuerfrei erstattet –

71 Werbungskosten, die dem steuerfreien Arbeitslohn direkt zugeordnet werden können

72 Werbungskosten, die dem steuerfreien Arbeitslohn nicht direkt zugeordnet werden können; diese sind im Verhältnis der steuerfreien Einnahmen zu den Gesamteinnahmen aufzuteilen +

73 Summe

74 **nur in der ersten Anlage N-AUS:** Übertrag von Zeile 73 aller weiteren Anlagen N-AUS +

75 **Gesamtsumme** der Werbungskosten, die dem steuerfreien Arbeitslohn zuzuordnen sind
(Betrag übertragen in Zeile 94 der Anlage N)

Besondere Lohnbestandteile (mit Anwendung der sog. Fünftel-Regelung)

76 Entschädigungen, Abfindungen, Vergütungen für mehrjährige Tätigkeiten
(lt. gesonderter Aufstellung) – nicht in Zeile 41 enthalten –

77 Werbungskosten zu Zeile 76 –

78 Verbleibender Betrag

79 **nur in der ersten Anlage N-AUS:** Übertrag von Zeile 78 aller weiteren Anlagen N-AUS +

80 **Gesamtsumme** der steuerfrei zu stellenden Einkünfte
(Betrag übertragen in Zeile 24 der Anlage N)

Hinweis: Sofern sich aufgrund DBA-Regelung die Steuerfreiheit im Inland ergibt, werden die Einkünfte i. S. d. § 34 EStG mit der sog. Fünftel-Regelung im Rahmen des Progressionsvorbehalts berücksichtigt. Aufgrund von DBA-Regelungen im Inland steuerpflichtige besondere Lohnbestandteile sind in Zeile 17 und / oder 18 der Anlage N einzutragen.
Werbungskosten lt. Zeile 77 dürfen **nicht** in der Anlage N eingetragen werden.

Steuerfreier Arbeitslohn nach DBA in Sonderfällen (z. B. aus ausländischen öffentlichen Kassen)

81 Höhe des Arbeitslohns (Betrag übertragen in Zeile 22 der Anlage N)

82 Werbungskosten zu Zeile 81 (Betrag übertragen in Zeile 94 der Anlage N)

83 Staatsangehörigkeit(en)

Hinweis: Die Angaben zum Arbeitslohn lt. den Zeilen 35 bis 80 sind nicht erforderlich.

2017AnlN-AUS263   2017AnlN-AUS263

Zinsen

Soweit die Arbeitnehmer von Kreditinstituten und ihre Angehörigen auf ihre Einlagen beim Arbeitgeber höhere Zinsen erhalten als betriebsfremde Anleger, sind die zusätzlichen Zinsen durch das Dienstverhältnis veranlasst und dem Lohnsteuerabzug zu unterwerfen. Aus Vereinfachungsgründen ist es jedoch nicht zu beanstanden, wenn der Zusatzzins als Einnahmen aus Kapitalvermögen behandelt wird, sofern der dem Arbeitnehmer und seinen Angehörigen eingeräumte Zinssatz nicht mehr als 1 Prozentpunkt über dem Zinssatz liegt, den die kontoführende Stelle des Arbeitgebers betriebsfremden Anlegern im allgemeinen Geschäftsverkehr anbietet (→ BMF vom 2. 3. 1990 – BStBl I S. 141).

Zufluss von Arbeitslohn

→ R 38.2

Zum Lohnsteuerabzug

→ R 38.4

R 19.4
S 2332

Vermittlungsprovisionen

(1) [1]Erhalten Arbeitnehmer von ihren Arbeitgebern Vermittlungsprovisionen, so sind diese grundsätzlich Arbeitslohn. [2]Das Gleiche gilt für Provisionen, die ein Dritter an den Arbeitgeber zahlt und die dieser an den Arbeitnehmer weiterleitet.

(2) [1]Provisionszahlungen einer Bausparkasse oder eines Versicherungsunternehmens an Arbeitnehmer der Kreditinstitute für Vertragsabschlüsse, die während der Arbeitszeit vermittelt werden, sind als Lohnzahlungen Dritter dem Lohnsteuerabzug zu unterwerfen. [2]Wenn zum Aufgabengebiet des Arbeitnehmers der direkte Kontakt mit dem Kunden des Kreditinstituts gehört, z. B. bei einem Kunden- oder Anlageberater, gilt dies auch für die Provisionen der Vertragsabschlüsse außerhalb der Arbeitszeit.

H 19.4

Hinweise

Lohnsteuerabzug bei Vermittlungsprovisionen von Dritten

→ R 38.4

Provisionen für Vertragsabschlüsse mit dem Arbeitnehmer

– Preisnachlässe des Arbeitgebers bei Geschäften, die mit dem Arbeitnehmer als Kunden abgeschlossen werden, sind als Preisvorteile nach § 8 Abs. 3 EStG zu erfassen, auch wenn sie als Provisionszahlungen bezeichnet werden (→ BFH vom 22. 5. 1992 – BStBl II S. 840).

– Provisionszahlungen einer Bausparkasse oder eines Versicherungsunternehmens an Arbeitnehmer der Kreditinstitute bei Vertragsabschlüssen im Verwandtenbereich und für eigene Verträge unterliegen als Rabatte von dritter Seite dem Lohnsteuerabzug (→ BMF vom 20. 1. 2015 – BStBl I S. 143; → H 8.2 – Sachbezüge von dritter Seite –).

Provisionen für im Innendienst Beschäftigte

Provisionen, die Versicherungsgesellschaften ihren im Innendienst beschäftigten Arbeitnehmern für die gelegentliche Vermittlung von Versicherungen zahlen, und Provisionen im Bankgewerbe für die Vermittlung von Wertpapiergeschäften sind Arbeitslohn, wenn die Vermittlungstätigkeit im Rahmen des Dienstverhältnisses ausgeübt wird (→ BFH vom 7. 10. 1954 – BStBl 1955 III S. 17).

R 19.5

Zuwendungen bei Betriebsveranstaltungen[1])
– nicht mehr abgedruckt –

---

[1]) R 19.5 LStR ist für alle nach dem 31. 12. 2014 endenden Lohnzahlungszeiträume sowie für VZ ab dem Jahr 2015 nicht mehr anzuwenden → BMF vom 14. 10. 2015 (BStBl I S. 832), → Anhang 41.

Hinweise

H 19.5

Allgemeines

→ BMF vom 14. 10. 2015 (BStBl I S. 832)

Anhang 41

Gemischt veranlasste Veranstaltung

Sachzuwendungen an Arbeitnehmer anlässlich einer Veranstaltung, die sowohl Elemente einer Betriebsveranstaltung als auch einer sonstigen betrieblichen Veranstaltung enthält, sind grundsätzlich aufzuteilen (→ BFH vom 16. 11. 2005 – BStBl 2006 II S. 444 und vom 30. 4. 2009 – BStBl II S. 726).

Incentive-Reisen

Incentive-Reisen, die der Arbeitgeber veranstaltet, um bestimmte Arbeitnehmer für besondere Leistungen zu entlohnen und zu weiteren Leistungen zu motivieren, sind keine Betriebsveranstaltungen (→ BFH vom 9. 3. 1990 – BStBl II S. 711). → H 19.3 (Incentive-Reisen)

Verlosungsgewinne

Gewinne aus einer Verlosung, die gelegentlich einer Betriebsveranstaltung durchgeführt wurde, gehören zum Arbeitslohn, wenn an der Verlosung nicht alle an der Betriebsveranstaltung teilnehmenden Arbeitnehmer beteiligt werden, sondern die Verlosung nur einem bestimmten, herausgehobenen Personenkreis vorbehalten ist (→ BFH vom 25. 11. 1993 – BStBl 1994 II S. 254).

Zuschuss

> Beispiel:
> Die Arbeitnehmer organisieren als einzige Betriebsveranstaltung in diesem Jahr ein Sommerfest, an dem 100 Arbeitnehmer teilnehmen; der Arbeitgeber zahlt dafür als Zuschuss 10 000 € in die Gemeinschaftskasse der Arbeitnehmer ein. Bei einer Verteilung des Zuschusses ergibt sich ein Pro-Kopf-Anteil von 100 €, der nach § 19 Abs. 1 Satz 1 Nr. 1a Satz 3 EStG nicht zu versteuern ist (→ BFH vom 16. 11. 2005 – BStBl 2006 II S. 437).

Aufmerksamkeiten

R 19.6

S 2332

(1) ¹Sachleistungen des Arbeitgebers, die auch im gesellschaftlichen Verkehr üblicherweise ausgetauscht werden und zu keiner ins Gewicht fallenden Bereicherung der Arbeitnehmer führen, gehören als bloße Aufmerksamkeiten nicht zum Arbeitslohn. ²Aufmerksamkeiten sind Sachzuwendungen bis zu einem Wert von 60 Euro, z. B. Blumen, Genussmittel, ein Buch oder ein Tonträger, die dem Arbeitnehmer oder seinen Angehörigen aus Anlass eines besonderen persönlichen Ereignisses zugewendet werden. ³Geldzuwendungen gehören stets zum Arbeitslohn, auch wenn ihr Wert gering ist.

(2) ¹Als Aufmerksamkeiten gehören auch Getränke und Genussmittel, die der Arbeitgeber den Arbeitnehmern zum Verzehr im Betrieb unentgeltlich oder teilentgeltlich überlässt, nicht zum Arbeitslohn. ²Dasselbe gilt für Speisen, die der Arbeitgeber den Arbeitnehmern anlässlich und während eines außergewöhnlichen Arbeitseinsatzes, z. B. während einer außergewöhnlichen betrieblichen Besprechung oder Sitzung, im ganz überwiegenden betrieblichen Interesse an einer günstigen Gestaltung des Arbeitsablaufs unentgeltlich oder teilentgeltlich überlässt und deren Wert 60 Euro nicht überschreitet.

Hinweise

H 19.6

Bewirtung von Arbeitnehmern

– Zur Gewichtung des Arbeitgeberinteresses an der Überlassung von Speisen und Getränken anlässlich und während eines außergewöhnlichen Arbeitseinsatzes (→ BFH vom 5. 5. 1994 – BStBl II S. 771).

– Ein mit einer gewissen Regelmäßigkeit stattfindendes Arbeitsessen in einer Gaststätte am Sitz des Unternehmens führt bei den teilnehmenden Arbeitnehmern zu einem Zufluss von Arbeitslohn (→ BFH vom 4. 8. 1994 – BStBl 1995 II S. 59).

– Zur Erfassung und Bewertung von Mahlzeiten, die der Arbeitgeber oder auf dessen Veranlassung ein Dritter aus besonderem Anlass an Arbeitnehmer abgibt (→ R 8.1 Abs. 8).

– Die Verpflegung der Besatzungsmitglieder an Bord eines Flusskreuzfahrtschiffes ist dann kein Arbeitslohn, wenn das eigenbetriebliche Interesse des Arbeitgebers an einer Gemeinschaftsverpflegung wegen besonderer betrieblicher Abläufe den Vorteil der Arbeitnehmer bei weitem überwiegt (→ BFH vom 21. 1. 2010 – BStBl II S. 700).

Gelegenheitsgeschenke

Freiwillige Sonderzuwendungen (z. B. Lehrabschlussprämien) des Arbeitgebers an einzelne Arbeitnehmer, gehören grundsätzlich zum Arbeitslohn, und zwar auch dann, wenn mit ihnen soziale Zwecke verfolgt werden oder wenn sie dem Arbeitnehmer anlässlich besonderer persönlicher Ereignisse zugewendet werden; das gilt sowohl für Geld- als auch für Sachgeschenke (→ BFH vom 22. 3. 1985 – BStBl II S. 641).

Warengutschein

→ R 8.1 (1–4) Geldleistung oder Sachbezug

→ R 38.2 Abs. 3 zum Zuflusszeitpunkt

R 19.7

S 2332

Berufliche Fort- oder Weiterbildungsleistungen des Arbeitgebers

(1) [1]Berufliche Fort- oder Weiterbildungsleistungen des Arbeitgebers führen nicht zu Arbeitslohn, wenn diese Bildungsmaßnahmen im ganz überwiegenden betrieblichen Interesse des Arbeitgebers durchgeführt werden. [2]Dabei ist es gleichgültig, ob die Bildungsmaßnahmen am Arbeitsplatz, in zentralen betrieblichen Einrichtungen oder in außerbetrieblichen Einrichtungen durchgeführt werden. [3]Sätze 1 und 2 gelten auch für Bildungsmaßnahmen fremder Unternehmer, die für Rechnung des Arbeitgebers erbracht werden. [4]Ist der Arbeitnehmer Rechnungsempfänger, ist dies für ein ganz überwiegend betriebliches Interesse des Arbeitgebers unschädlich, wenn der Arbeitgeber die Übernahme bzw. den Ersatz der Aufwendungen allgemein oder für die besondere Bildungsmaßnahme vor Vertragsabschluss schriftlich zugesagt hat.

(2) [1]Bei einer Bildungsmaßnahme ist ein ganz überwiegendes betriebliches Interesse des Arbeitgebers anzunehmen, wenn sie die Einsatzfähigkeit des Arbeitnehmers im Betrieb des Arbeitgebers erhöhen soll. [2]Für die Annahme eines ganz überwiegenden betrieblichen Interesses des Arbeitgebers ist nicht Voraussetzung, dass der Arbeitgeber die Teilnahme an der Bildungsmaßnahme zumindest teilweise auf die Arbeitszeit anrechnet. [3]Rechnet er die Teilnahme an der Bildungsmaßnahme zumindest teilweise auf die Arbeitszeit an, ist die Prüfung weiterer Voraussetzungen eines ganz überwiegenden betrieblichen Interesses des Arbeitgebers entbehrlich, es sei denn, es liegen konkrete Anhaltspunkte für den Belohnungscharakter der Maßnahme vor. [4]Auch sprachliche Bildungsmaßnahmen sind unter den genannten Voraussetzungen dem ganz überwiegenden betrieblichen Interesse zuzuordnen, wenn der Arbeitgeber die Sprachkenntnisse in dem für den Arbeitnehmer vorgesehenen Aufgabengebiet verlangt. [5]Von einem ganz überwiegenden betrieblichen Interesse ist auch bei dem SGB III entsprechenden Qualifikations- und Trainingsmaßnahmen auszugehen, die der Arbeitgeber oder eine zwischengeschaltete Beschäftigungsgesellschaft im Zusammenhang mit Auflösungsvereinbarungen erbringt. [6]Bildet sich der Arbeitnehmer nicht im ganz überwiegenden betrieblichen Interesse des Arbeitgebers fort, so gehört der nach § 8 Abs. 2 EStG zu ermittelnde Wert der vom Arbeitgeber erbrachten Fort- oder Weiterbildungsleistung zum Arbeitslohn. [7]Der Arbeitnehmer kann ggf. den Wert einer beruflichen Fort- und Weiterbildung im Rahmen des § 9 Abs. 1 Satz 1 EStG als Werbungskosten (→ R 9.2) oder im Rahmen des § 10 Abs. 1 Nr. 7 EStG als Sonderausgaben geltend machen.

(3) [1]Auch wenn Fort- oder Weiterbildungsleistungen nach den vorstehenden Regelungen nicht zu Arbeitslohn führen, können die Aufwendungen des Arbeitgebers, wie z. B. Reisekosten, die neben den Kosten für die eigentliche Fort- oder Weiterbildungsleistung anfallen und durch die Teilnahme des Arbeitnehmers an der Bildungsveranstaltung veranlasst sind, nach § 3 Nr. 13, 16 EStG (→ R 9.4 bis R 9.8 und R 9.11) zu behandeln sein.

H 19.7

Hinweise

Deutschkurse

Berufliche Fort- oder Weiterbildungsleistungen des Arbeitgebers führen nach R 19.7 nicht zu Arbeitslohn, wenn diese Bildungsmaßnahmen im ganz überwiegenden betrieblichen Interesse

---

[1]) → R 9.11 (Mehraufwendungen bei doppelter Haushaltsführung), da die Bildungsstätte eine erste Tätigkeitsstätte darstellt.

des Arbeitgebers durchgeführt werden. Bei Flüchtlingen und anderen Arbeitnehmern, deren Muttersprache nicht Deutsch ist, sind Bildungsmaßnahmen zum Erwerb oder zur Verbesserung der deutschen Sprache dem ganz überwiegenden betrieblichen Interesse des Arbeitgebers zuzuordnen, wenn der Arbeitgeber die Sprachkenntnisse in dem für den Arbeitnehmer vorgesehenen Aufgabengebiet verlangt. Arbeitslohn kann bei solchen Bildungsmaßnahmen nur dann vorliegen, wenn konkrete Anhaltspunkte für den Belohnungscharakter der Maßnahme vorliegen (→ BMF vom 4. 7. 2017 – BStBl I S. 882).

Incentive-Reisen

– Veranstaltet der Arbeitgeber sogenannte Incentive-Reisen, um bestimmte Arbeitnehmer für besondere Leistungen zu belohnen und zu weiteren Leistungssteigerungen zu motivieren, so erhalten die Arbeitnehmer damit einen steuerpflichtigen geldwerten Vorteil, wenn auf den Reisen ein Besichtigungsprogramm angeboten wird, das einschlägigen Touristikreisen entspricht, und der Erfahrungsaustausch zwischen den Arbeitnehmern demgegenüber zurücktritt (→ BFH vom 9. 3. 1990 – BStBl II S. 711). → H 19.3 (Incentive-Reisen)

– Ein geldwerter Vorteil entsteht nicht, wenn die Betreuungsaufgaben das Eigeninteresse des Arbeitnehmers an der Teilnahme des touristischen Programms in den Hintergrund treten lassen (→ BFH vom 5. 9. 2006 – BStBl 2007 II S. 312).

– Selbst wenn ein Arbeitnehmer bei einer von seinem Arbeitgeber veranstalteten sogenannten Händler-Incentive-Reise Betreuungsaufgaben hat, ist die Reise Arbeitslohn, wenn der Arbeitnehmer auf der Reise von seinem Ehegatten/Lebenspartner begleitet wird (→ BFH vom 25. 3. 1993 – BStBl II S. 639).

– Eine Aufteilung von Sachzuwendungen an Arbeitnehmer in Arbeitslohn und Zuwendungen im eigenbetrieblichen Interesse ist grundsätzlich möglich (→ BFH vom 18. 8. 2005 – BStBl 2006 II S. 30).

– Zum Begriff der Incentive-Reise → BMF vom 19. 5. 2015 (BStBl I S. 468), Rdnr. 10.

– → H 37b (Sachzuwendungen an Arbeitnehmer) unter I.

– auch → BMF vom 14. 10. 1996 (BStBl I S. 1192), → H 19.3 (Incentive-Reisen)

Studiengebühren

Zur lohnsteuerlichen Behandlung der Übernahme von Studiengebühren für ein berufsbegleitendes Studium durch den Arbeitgeber → BMF vom 13. 4. 2012 (BStBl I S. 531).   Anhang 34 II

Studienreisen, Fachkongresse

→ R 12.2 EStR, H 12.2 EStH   Anhang 30

Versorgungsbezüge   R 19.8

(1) Zu den nach § 19 Abs. 2 EStG steuerbegünstigten Versorgungsbezügen gehören auch: S 2345

1. Sterbegeld i. S. d. § 18 Abs. 1, Abs. 2 Nr. 1 und Abs. 3 BeamtVG sowie entsprechende Bezüge im privaten Dienst. [2]Nicht zu den steuerbegünstigten Versorgungsbezügen gehören Bezüge, die für den Sterbemonat auf Grund des Arbeitsvertrags als Arbeitsentgelt gezahlt werden; besondere Leistungen an Hinterbliebene, die über das bis zum Erlöschen des Dienstverhältnisses geschuldete Arbeitsentgelt hinaus gewährt werden, sind dagegen Versorgungsbezüge,

2. Übergangsversorgung, die nach dem BAT oder diesen ergänzenden, ändernden oder ersetzenden Tarifverträgen sowie Übergangszahlungen nach § 47 Nr. 3 des Tarifvertrags für den öffentlichen Dienst der Länder (TV-L) an Angestellte im militärischen Flugsicherungsdienst, bei der Bundesanstalt für Flugsicherung im Flugsicherungsdienst, im Justizvollzugsdienst und im kommunalen feuerwehrtechnischen Dienst sowie an Luftfahrzeugführer von Messflugzeugen und an technische Luftfahrzeugführer gezahlt wird, einschl. des an Hinterbliebene zu zahlenden monatlichen Ausgleichsbetrags und einschl. des Ausgleichs, der neben der Übergangsversorgung zu zahlen ist, sowie die Übergangsversorgung, die nach § 7 des Tarifvertrags vom 30. 11. 1991 über einen sozialverträglichen Personalabbau im Bereich des Bundesministeriums der Verteidigung gezahlt wird,

3. die Bezüge der Beamten im einstweiligen Ruhestand,

4. die nach § 47 Abs. 4 Satz 2 des Bundesbeamtengesetzes (BBG) sowie entsprechender Vorschriften der Beamtengesetze der Länder gekürzten Dienstbezüge,

5. die Unterhaltsbeiträge nach den §§ 15 und 26 BeamtVG sowie nach § 69 BeamtVG oder entsprechenden landesrechtlichen Vorschriften,

6. die Versorgungsbezüge der vorhandenen, ehemals unter das G 131 und das Gesetz zur Regelung der Wiedergutmachung nationalsozialistischen Unrechts für Angehörige des öffentlichen Dienstes (BWGöD) fallenden früheren Angehörigen des öffentlichen Dienstes und ihrer Hinterbliebenen nach § 2 Abs. 1 Nr. 1 des Dienstrechtlichen Kriegsfolgen-Abschlussgesetzes (DKfAG) i. V. m. den §§ 69, 69a BeamtVG,

7. die Versorgungsbezüge der politischen Wahlbeamten auf Zeit,

8. das Ruhegehalt und der Ehrensold der ehemaligen Regierungsmitglieder einschl. der entsprechenden Hinterbliebenenbezüge, nicht dagegen das Übergangsgeld nach § 14 des Bundesministergesetzes sowie entsprechende Leistungen auf Grund von Gesetzen der Länder,

9. – unbesetzt –

10. Verschollenheitsbezüge nach § 29 Abs. 2 BeamtVG sowie entsprechende Leistungen nach den Beamtengesetzen der Länder,

11. Abfindungsrenten nach § 69 BeamtVG oder entsprechenden landesrechtlichen Vorschriften,

12. Unterhaltsbeihilfen nach den §§ 5 und 6 des baden-württembergischen Gesetzes zur einheitlichen Beendigung der politischen Säuberung vom 13. 7. 1953 (GBl. S. 91),

13. Ehrensold der früheren ehrenamtlichen Bürgermeister und ihrer Hinterbliebenen nach § 6 des baden-württembergischen Gesetzes über die Aufwandsentschädigung der ehrenamtlichen Bürgermeister und der ehrenamtlichen Ortsvorsteher vom 19. 6. 1987 (GBl. S. 281),

14. Ehrensold der früheren Bürgermeister und früheren Bezirkstagspräsidenten nach Artikel 59 des bayerischen Gesetzes über kommunale Wahlbeamte und Wahlbeamtinnen,

15. das Ruhegeld der vorhandenen, ehemals unter das G 131 und das BWGöD fallenden früheren Angestellten und Arbeiter der Freien und Hansestadt Hamburg nach § 2 Abs. 1 Nr. 5 DKfAG i. V. m. dem Hamburgischen Zusatzversorgungsgesetz,

16. Ehrensold der früheren ehrenamtlichen Bürgermeister und Kassenverwalter und ihrer Hinterbliebenen nach dem hessischen Gesetz über die Aufwandsentschädigungen und den Ehrensold der ehrenamtlichen Bürgermeister und der ehrenamtlichen Kassenverwalter der Gemeinden vom 7. 10. 1970 (GVBl. I S. 635),

17. Ehrensold der früheren ehrenamtlichen Bürgermeister, Beigeordneten und Ortsvorsteher nach dem rheinland-pfälzischen Ehrensoldgesetz vom 18. 12. 1972 (GVBl. S. 376),

18. Ruhegehalt und Versorgungsbezüge, die auf Grund des Artikels 3 der Anlage 1 des Saarvertrags (BGBl. 1956 II S. 1587) an Personen gezahlt werden, die aus Anlass der Rückgliederung des Saarlandes in den Ruhestand versetzt worden sind,

19. die Bezüge der im Saarland nach dem 8. 5. 1945 berufenen Amtsbürgermeister und Verwaltungsvorsteher, die nach dem Gesetz zur Ergänzung der Gemeindeordnung vom 10. 7. 1953 (Amtsbl. S. 415) in den Ruhestand versetzt worden sind,

20. Ehrensold der früheren ehrenamtlichen Bürgermeister, Beigeordneten und Amtsvorsteher nach dem saarländischen Gesetz Nr. 987 vom 6. 3. 1974 (Amtsbl. S. 357),

21. Vorruhestandsleistungen, z. B. i. S. d. Vorruhestandsgesetzes, soweit der Arbeitnehmer im Lohnzahlungszeitraum das 63., bei Schwerbehinderten das 60. Lebensjahr vollendet hat.

(2) Nicht zu den nach § 19 Abs. 2 EStG steuerbegünstigten Versorgungsbezügen gehören insbesondere

1. das Übergangsgeld nach § 47 BeamtVG i. V. m. dessen § 67 Abs. 4 und entsprechende Leistungen auf Grund der Beamtengesetze der Länder sowie das Übergangsgeld nach § 47a BeamtVG,

2. das Übergangsgeld nach § 14 des Bundesministergesetzes und entsprechende Leistungen auf Grund der Gesetze der Länder.

(3) [1]Bezieht ein Versorgungsberechtigter Arbeitslohn aus einem gegenwärtigen Dienstverhältnis und werden deshalb, z. B. nach § 53 BeamtVG, die Versorgungsbezüge gekürzt, so sind nur die gekürzten Versorgungsbezüge nach § 19 Abs. 2 EStG steuerbegünstigt; das Gleiche gilt, wenn Versorgungsbezüge nach der Ehescheidung gekürzt werden (§ 57 BeamtVG). [2]Nachzahlungen von Versorgungsbezügen an nichtversorgungsberechtigte Erben eines Versorgungsberechtigten sind nicht nach § 19 Abs. 2 EStG begünstigt.

Hinweise

H 19.8

Altersgrenze

Die in § 19 Abs. 2 Satz 2 Nr. 2 Halbsatz 2 EStG für Versorgungsbezüge im privaten Dienst vorgesehenen Altersgrenzen sind verfassungsgemäß (→ BFH vom 7. 2. 2013 – BStBl II S. 576).

Altersteilzeit

Bezüge, die in der Freistellungsphase im Rahmen der Altersteilzeit nach dem sog. Blockmodell erzielt werden, sind keine Versorgungsbezüge (→ BFH vom 21. 3. 2013 – BStBl II S. 611).

Beamte – vorzeitiger Ruhestand

Bezüge nach unwiderruflicher Freistellung vom Dienst bis zur Versetzung in den Ruhestand gehören zu den Versorgungsbezügen (→ BFH vom 12. 2. 2009 – BStBl II S. 460).

Beihilfen

Die an nichtbeamtete Versorgungsempfänger gezahlten Beihilfen im Krankheitsfall sind bei Erfüllung der altersmäßigen Voraussetzungen Versorgungsbezüge i. S. d. § 19 Abs. 2 Satz 2 Nr. 2 EStG (→ BFH vom 6. 2. 2013 – BStBl II S. 572).

Emeritenbezüge entpflichteter Hochschullehrer

Zu den Versorgungsbezügen gehören auch Emeritenbezüge entpflichteter Hochschullehrer (→ BFH vom 19. 6. 1974 – BStBl 1975 II S. 23 und vom 5. 11. 1993 – BStBl 1994 II S. 238).

EUMETSAT (Europäische Organisation für die Nutzung meteorologischer Satelliten

Besteuerung der von der EUMETSAT gezahlten Pensionen → BMF vom 19. 12. 2016 (BStBl I S. 1433)

Internationale Organisationen

Zu der Frage, welche Zahlungen internationaler Organisationen zu den Versorgungsbezügen gehören → BMF vom 19. 8. 2013 (BStBl I S. 1087), geändert durch BMF vom 10. 1. 2014 (BStBl I S. 70), vom 10. 4. 2015 (BStBl I S. 256) und vom 1. 6. 2015 (BStBl I S. 475), Rz. 168, vom 4. 7. 2016 (BStBl I S. 645)*, vom 19. 12. 2016 (BStBl I S. 1433) und vom 24. 5. 2017 (BStBl I S. 820)*.

Anhang 2 VI

Koordinierte Organisationen

I. Einkommensteuerliche Behandlung der Pensionen ehemaliger Bediensteter der koordinierten Organisationen und der Europäischen Patentorganisation

(BMF-Schreiben vom 3. 8. 1998, BStBl I S. 1042), geändert durch BMF-Schreiben vom 3. 2. 2000 (BStBl I 2000, S. 31)

Unter Bezugnahme auf das Ergebnis der Erörterungen mit den obersten Finanzbehörden der Länder gilt bei der Besteuerung der Pensionen ehemaliger Bediensteter der koordinierten Organisationen (Europäische Weltraum-Organisation – European Space Agency – ESA –, Europarat, Nordatlantikvertragsorganisation – NATO –, Organisation für wirtschaftliche Zusammenarbeit und Entwicklung – OECD –, Westeuropäische Union – WEU –, Europäisches Zentrum für mittelfristige Wettervorhersage – EZMW –) sowie der Europäischen Patentorganisation (EPO) folgendes:

1. Pensionssystem

Die koordinierten Organisationen haben mit Wirkung vom 1. Juli 1974 ein einheitliches Pensionssystem für ihre in den Ruhestand getretenen Bediensteten eingeführt. Nach diesem System werden die Ruhegehälter aus dem laufenden Haushalt der einzelnen Organisationen gezahlt. Vor diesem Zeitpunkt wurden die Ruhegehälter aus einem Versorgungsfonds (Kapitalansammlungsfonds) finanziert.

2. Steuerpflicht

Die Ruhegehälter der Pensionäre fallen nicht unter die Bestimmungen über die Freistellung der Gehälter und Bezüge der aktiven Bediensteten nach den jeweils in Betracht kommenden Regelungen über die Vorrechte und Befreiungen. Sie unterliegen damit der nationalen Besteuerung. Nach den DBA der Bundesrepublik Deutschland mit den Staaten, in denen die koordinierten Organisationen ihren Sitz haben (Frankreich, Belgien und Vereinigtes Königreich), steht das Besteuerungsrecht für Ruhegehälter allein dem Wohnsitzstaat des Pensionärs zu. In der Bundesrepublik Deutschland ansässige Pensionäre dieser Organisationen haben somit ihre Ruhegehälter der deutschen Einkommensteuer zu unterwerfen.

3. Steuerausgleich

Zum (teilweisen) Ausgleich der Besteuerung der Ruhegehälter durch die Wohnsitzstaaten und der sich aus verschiedenartigen Besteuerungssystemen ergebenden Unterschiede wird den Pensionären eine sog. „Steuerausgleichszahlung" gewährt. Die Grundpension wird zu diesem Zweck um einen Betrag erhöht, der der Hälfte des Steuerbetrags entspricht, um den die Pension erhöht werden müßte, damit dem Pensionär nach Bezahlung der nationalen Steuern die Grundpension verbliebe.

4. Nachweis

Die Steuerausgleichszahlung wird nur geleistet, wenn der Pensionär seiner Organisation eine Bescheinigung der Steuerbehörden seines Wohnsitzstaats vorlegt, aus der sich ergibt, daß die Pension tatsächlich besteuert wird. Das für die Besteuerung eines Pensionärs zuständige Wohnsitzfinanzamt hat zu diesem Zweck auf Antrag solch eine Bescheinigung auszustellen.

Aus Gründen der Verwaltungsvereinfachung haben die koordinierten Organisationen mit Wirkung ab dem 1. Januar 1987 folgendes für alle Mitgliedstaaten einheitliches Nachweisverfahren eingeführt:

1. Die koordinierten Organisationen lassen eine Bescheinigung in dreifacher Ausfertigung und in drei verschiedenen Farben drucken (vgl. nachfolgendes Muster).

2. Die Bescheinigungsvordrucke werden blanko jedem Ruhegehaltsempfänger zusammen mit der Jahresabrechnung über die anzumeldenden Zahlungen zugesandt.

3. Der Ruhegehaltsempfänger reicht die Vordrucke beim zuständigen Finanzamt ein, das die Bescheinigung erteilt.

4. Zwei Exemplare der ausgefüllten Bescheinigung schickt der Ruhegehaltsempfänger an die Verwaltung der betroffenen koordinierten Organisation zurück, das dritte Exemplar wird vom Finanzamt zu den Akten genommen.

Finanzamt
St.-Nr.: 00/000/000/0

_____, den
_____

Herrn/Frau
(Name, Vorname)

(Straße/Postfach)

(PLZ und Wohnort)

Herrn/Frau
(Name, Vorname)

(Straße/Postfach)

(PLZ und Wohnort)

Bescheinigung

gemäß Artikel 42 Abs. 5 der
Ruhegehaltsregelung der
koordinierten Organisationen

wird hiermit bescheinigt, daß er/sie die von

(Name der koordinierten

Organisation)

an ihn/sie als Ruhegehalt oder Ausgleichszahlung geleisteten Beträge für (Kalenderjahr) in Höhe von (Betrag) in seiner/ihrer Einkommensteuererklärung für das Jahr (Jahreszahl) erklärt hat.

Im Auftrag/In Vertretung   (Dienststempel)

(Unterschrift)

Dieser ausgefüllte Vordruck ist vom Ruhegehaltsempfänger an die Verwaltung seiner Organisation zurückzusenden.

Das Finanzamt kann den Antrag des Pensionärs auf Ausstellung der Bescheinigung gleichzeitig als Kontrollmaterial benutzen und sofort ESt-Vorauszahlungen festsetzen. Am Schluß des Kalenderjahrs erhält jeder Pensionär von seiner Organisation eine Bescheinigung über die Höhe der jährlichen Bezüge.

5. Einkunftsart

Die Pensionen einschl. der Zulagen (Steuerausgleichszahlung, Familienzulagen und andere) sind Einkünfte aus nichtselbständiger Arbeit (§ 19 Abs. 1 Nr. 2 EStG), auf die § 19 Abs. 2 EStG anwendbar ist.

Es ist jedoch zu beachten, daß Bedienstete, die am 1. Juli 1974 bereits bei den koordinierten Organisationen tätig waren und vor diesem Zeitpunkt Beiträge in den Versorgungsfonds (siehe oben unter Tz. 1) eingezahlt hatten, im Rahmen einer Übergangsregelung für die neu eingeführte Pensionsregelung optieren konnten. Die Ausübung der Option setzte voraus, daß der Betreffende sein Guthaben bei dem Versorgungsfonds an die koordinierte Organisation abtrat.

Die Versorgungsbezüge der ehemaligen Bediensteten, die von der Übergangsregelung Gebrauch gemacht haben, setzen sich mithin sowohl aus Ruhegehaltszahlungen im Sinne des § 19 Abs. 1 Nr. 2 EStG als auch aus der Rückzahlung des verrenteten Guthabens zusammen. Der Anteil der Gesamtbezüge, der auf das verrentete Guthaben entfällt, unterliegt als Leibrente im Sinne des § 22 Nr. 1 Satz 3 Buchst. a EStG nur mit dem Ertragsanteil der Besteuerung (BFH-Urteil vom 7. Februar 1990; BStBl II S. 1062).

Die von den koordinierten Organisationen in einer Summe mitgeteilten Beträge (siehe Tz. 7) sind im Veranlagungsverfahren wie folgt aufzuteilen:

Zunächst ist der Kapitalwert der gesamten Versorgung für den Zeitpunkt des Pensionsbeginns festzustellen. Dieser Kapitalwert berechnet sich nach der Tabelle in Anlage 9 zum Bewertungsgesetz (zu § 14 BewG), wobei das zum Rentenbeginn vollendete Lebensalter des Berechtigten zugrunde zu legen ist. Hiervon abzusetzen ist der Kapitalanteil an der Gesamtversorgung, der auf das am 1. Juli 1974 an die koordinierten Organisationen abgetretene Guthaben aus dem Versorgungsfonds entfällt (Kapitalwert der Leibrente). Dieser Anteil berechnet sich in der Weise, daß das am 1. Juli 1974 bestehende Guthaben durch Aufzinsung unter Berücksichtigung eines Zinssatzes von 5,5 v. H. einschließlich Zinseszinsen auf den Pensionsbeginn ermittelt wird. Für die Berechnung ist der Kapitalbetrag zum 1. Juli 1974 auf volle Tausend DM und der Aufzinsungszeitraum auf volle Jahre aufzurunden; der aufgezinste Betrag ist anhand der Tabelle in Tz. 6 zu ermitteln. Es verbleibt der Kapitalwert der Pensionsleistungen im Sinne des § 19 Abs. 1 Nr. 2 EStG. Sodann sind die prozentualen Anteile der Kapitalwerte der Leibrente und der Pension am Gesamtwert der Versorgungsleistung festzustellen.

Nach diesem für den Zeitpunkt des Pensionsbeginns maßgebenden Verhältnis sind alle künftigen Versorgungsleistungen in einen Renten- und einen Pensionsanteil aufzuteilen.

Beispiel:

Der Versorgungsberechtigte hat bei Pensionsbeginn am 1. September 1997 das 60. Lebensjahr vollendet. Am 1. Juli 1974 hat er sein Guthaben aus dem Versorgungsfonds in Höhe von 80 000 DM an die koordinierten Organisationen abgetreten. Die Versorgungsbezüge betrugen bei Pensionsbeginn monatlich 5 000 DM, der Jahreswert mithin 60 000 DM. Im Kalenderjahr 1997 betrugen die Versorgungsbezüge 20 000 DM.

Kapitalwert der Gesamtversorgung

60 000 DM (Jahreswert) × 10,448 (Vervielfältiger nach der Tabelle in Anlage 9 zum BewG) =	628 880 DM

Rentenanteil der Gesamtversorgung

80 000 DM abgetretenes Guthaben ergibt bei einem Aufzinsungszeitraum von 23 Jahren und 2 Monaten (aufgerundet: 24 Jahre) nach der Tabelle in Tz. 6. (3 614,38 × 80) =	289 151 DM
Pensionsanteil der Gesamtversorgung =	**339 729 DM**
Der Rentenanteil der Gesamtversorgung beträgt	45,98 v. H.
der Pensionsanteil der Gesamtversorgung beträgt	54,02 v. H.
Als Bezüge im Sinne des § 19 Abs. 1 Nr. 2 EStG sind (20 000 DM × 0,5402) =	10 804 DM
und als Bezüge im Sinne des § 22 Nr. 1 Satz 3 Buchst. a sind (20 000 DM × 0,4598) =	9 196 DM

zu behandeln.

6. Tabelle zur Aufzinsung des abgetretenen Guthabens

Der Kapitalanteil an der Gesamtversorgung, der auf das mit Wirkung vom 1. Juli 1974 an die koordinierten Organisationen abgetretene Guthaben entfällt, ist wie in Tz. 5 erläutert, auf der Grundlage der folgenden Tabelle zu ermitteln.

Kapital zum Beginn der Laufzeit	Anzahl der Jahre	Kapital nach ... Jahren	Kapital zum Beginn der Laufzeit	Anzahl der Jahre	Kapital nach ... Jahren
1 000,00	1	1 055,00	1 000,00	21	3 078,08
1 000,00	2	1 113,02	1 000,00	22	3 247,37
1 000,00	3	1 174,23	1 000,00	23	3 425,97
1 000,00	4	1 238,81	1 000,00	24	3 614,39
1 000,00	5	1 306,94	1 000,00	25	3 813,18
1 000,00	6	1 378,82	1 000,00	26	4 022,90
1 000,00	7	1 454,65	1 000,00	27	4 244,15
1 000,00	8	1 534,65	1 000,00	28	4 477,57
1 000,00	9	1 619,05	1 000,00	29	4 723,83
1 000,00	10	1 708,09	1 000,00	30	4 983,64
1 000,00	11	1 802,03	1 000,00	31	5 257,74
1 000,00	12	1 901,14	1 000,00	32	5 546,91
1 000,00	13	2 005,70	1 000,00	33	5 851,99
1 000,00	14	2 116,01	1 000,00	34	6 173,84

Kapital zum Beginn der Laufzeit	Anzahl der Jahre	Kapital nach ... Jahren	Kapital zum Beginn der Laufzeit	Anzahl der Jahre	Kapital nach ... Jahren
1 000,00	15	2 232,39	1 000,00	35	6 513,40
1 000,00	16	2 355,17	1 000,00	36	6 871,63
1 000,00	17	2 484,70	1 000,00	37	7 249,56
1 000,00	18	2 621,35	1 000,00	38	7 648,28
1 000,00	19	2 765,52	1 000,00	39	8 068,93
1 000,00	20	2 917,62	1 000,00	40	8 512,72

7. Kontrollmitteilungen

Die koordinierten Organisationen leiten den nationalen Steuerverwaltungen jährlich Mitteilungen über alle Pensionen, die an Pensionäre mit Wohnsitz im jeweiligen Mitgliedstaat gezahlt worden sind, zu. Diese Mitteilungen werden als Kontrollmitteilung an die Wohnsitzfinanzämter weitergeleitet.

8. Abfindungen

Bedienstete der koordinierten Organisationen, die bei ihrem Ausscheiden aus der Organisation noch keine Pensionsrechte erworben haben, erhalten eine Abfindung (leaving allowance) in Höhe des Eineinhalbfachen des letzten Monatsgehalts multipliziert mit der Zahl der anrechenbaren Dienstjahre sowie den Betrag, um den das Gehalt für das Pensionssystem gekürzt wurde zuzüglich 4 v. H. Zinsen p. a. Diese Zahlungen fallen unter die Bestimmungen über die Freistellung der Gehälter und Bezüge der aktiven Bediensteten von der nationalen Besteuerung nach den jeweils in Betracht kommenden Regelungen über die Vorrechte und Befreiungen. Sie sind deshalb von der deutschen Einkommensteuer befreit.

9. Ehemalige Bedienstete der Europäischen Patentorganisation (EPO)

Die EPO hat für ihre Bediensteten ein Versorgungssystem eingerichtet, das in vollem Umfang dem Pensionssystem für die ehemaligen Bediensteten der koordinierten Organisation entspricht (vgl. Tz. 1). Die Ausführungen in den Tz. 2 bis 8 gelten deshalb sinngemäß für die von der EPO gezahlten Pensionen.

Dieses Schreiben ersetzt die BMF-Schreiben vom 16. August 1977 (BStBl I S. 436), vom 23. Oktober 1978 (BStBl I S. 417) und vom 17. Dezember 1979 (BStBl I S. 699). Die Unterscheidung der Einkunftsarten nach Tz. 5 erfolgt auf Antrag des Steuerpflichtigen auch rückwirkend für alle nicht bestandskräftig veranlagten Veranlagungszeiträume.

NATO-Bedienstete

Ruhegehaltsbezüge an ehemalige NATO-Bedienstete sind Versorgungsbezüge (→ BFH vom 22. 11. 2006 – BStBl 2007 II S. 402).

Sterbegeld

Das nach den tarifvertraglichen Vorschriften im öffentlichen Dienst gezahlte Sterbegeld ist ein Versorgungsbezug (→ BFH vom 8. 2. 1970 – BStBl 1974 II S. 303).

Übergangsgeld

Übergangsgeld, das nach den tarifvertraglichen Vorschriften im öffentlichen Dienst gewährt wird, ist ein Versorgungsbezug, wenn es wegen Berufsunfähigkeit oder Erwerbsunfähigkeit oder wegen Erreichens der tariflichen oder der sogenannten flexiblen Altersgrenze gezahlt wird; beim Übergangsgeld, das wegen Erreichens einer Altersgrenze gezahlt wird, ist Voraussetzung, dass der Angestellte im Zeitpunkt seines Ausscheidens das 63., bei Schwerbehinderten das 60. Lebensjahr vollendet hat (→ BFH vom 21. 8. 1974 – BStBl 1975 II S. 62).

Umfang der Besteuerung

Versorgungsbezüge sind in voller Höhe und nicht nur mit einem niedrigeren Betrag (z. B. Besteuerungsanteil nach § 22 EStG) als Arbeitslohn anzusetzen (→ BFH vom 7. 2. 2013 – BStBl II S. 573).

Versorgungsausgleich

Einkommensteuerrechtliche Behandlung von Ausgleichszahlungen im Rahmen des Versorgungsausgleichs nach § 10 Absatz 1 Nummer 1b EStG[1]) und § 22 Nummer 1c EStG[2])

(BMF-Schreiben vom 9. 4. 2010, BStBl I S. 323)

– Auszug –

...

2. Laufende Versorgung in Form eines Versorgungsbezugs i. S. des § 19 EStG

12 Wird im Wege der schuldrechtlichen Ausgleichsrente ein Anrecht auf einen Versorgungsbezug nach § 19 EStG (z. B. Beamtenpension oder Werkspension) ausgeglichen, kann anteilig der an den Versorgungsempfänger geleistete Teil der Bezüge, die nach Abzug des Versorgungsfreibetrags und des Zuschlags zum Versorgungsfreibetrag nach § 19 Absatz 2 EStG der Besteuerung unterliegen, als Sonderausgaben nach § 10 Absatz 1 Nummer 1b EStG geltend gemacht werden. Der Ausgleichsberechtigte hat die Leistungen in entsprechendem Umfang nach § 22 Nummer 1c EStG zu versteuern.

Beispiel 2:

Der Ausgleichsverpflichtete A bezieht im Jahr 2011 (Versorgungsbeginn 1. Januar 2011) eine Beamtenpension i. H. v. 20 000 €. Die Ausgleichsberechtigte B erhält eine Ausgleichsrente in Höhe von 10 000 € jährlich.

Lösung: B2

Nach Abzug der Freibeträge für Versorgungsbezüge nach § 19 Absatz 2 EStG in Höhe von 2.964. €, wird ein Betrag von 17 036 €, bei A der Besteuerung zugrunde gelegt. A kann einen Betrag von 8 518 € (= 50 Prozent von 17 036 €) als Sonderausgaben geltend machen. B hat einen Betrag in Höhe von 8 416 € (= 8 518 € ./. 102 € Werbungskostenpauschbetrag bzw. ggf. abzüglich tatsächlicher Werbungskosten) nach § 22 Nummer 1c EStG zu versteuern.

...

Versorgungsbeginn

Anhang 2 VI → BMF vom 19. 8. 2013 (BStBl I S. 1087), geändert durch BMF vom 10. 1. 2014 (BStBl I S. 70), vom 10. 4. 2015 (BStBl I S. 256) und vom 1. 6. 2015 (BStBl I S. 475), Rz. 171a und 185.

Versorgungsbezüge

Anhang 2 VI → BMF vom 19. 8. 2013 (BStBl I S. 1087), geändert durch BMF vom 10. 1. 2014 (BStBl I S. 70), vom 10. 4. 2015 (BStBl I S. 256), vom 1. 6. 2015 (BStBl I S. 475), Rz. 168 ff., vom 4. 7. 2016 (BStBl I S. 645), *vom 19. 12. 2016 (BStBl I S. 1433) und vom 24. 5. 2017 (BStBl I S. 820)*.

Versorgungsfreibetrag

Beispiel zur Bemessungsgrundlage des Versorgungsfreibetrags bei Sachbezügen:

Ein Arbeitnehmer scheidet zum 31.3. aus dem aktiven Dienst aus und erhält ab dem 1.4. eine Werkspension in Höhe von 300 €. Im April erhält er zusätzlich einen einmaligen Sachbezug in Höhe von 400 €.

Sachbezüge, die ein Arbeitnehmer nach dem Ausscheiden aus dem aktiven Dienst zusammen mit dem Ruhegehalt erhält, gehören zu den Versorgungsbezügen i. S. d. § 19 Abs. 2 Satz 2 EStG. Die Bemessungsgrundlage beträgt:

– laufender Bezug im ersten Versorgungsmonat	
300 € × 12 Monate	3 600 €
– Sachbezug	400 €
Bemessungsgrundlage	4 000 €

---

[1]) Ab 2015: § 10 Abs. 1a Nr. 4 EStG.
[2]) Ab 2015: § 22 Nr. 1a EStG.

Vorsorgepauschale

Tz. 2 des BMF-Schreibens vom 26. 11. 2013 (BStBl I S. 1532):[1]

„ . . . Der Arbeitslohn ist für die Berechnung der Vorsorgepauschale und der Mindestvorsorgepauschale (Tz. 7) nicht um den Versorgungsfreibetrag (§ 19 Absatz 2 EStG) und den Altersentlastungsbetrag (§ 24a EStG) zu vermindern. . . . "

Zahlung von Arbeitslohn an die Erben oder Hinterbliebenen eines verstorbenen Arbeitnehmers

R 19.9

(1) [1]Arbeitslohn, der nach dem Tod des Arbeitnehmers gezahlt wird, darf grundsätzlich unabhängig vom Rechtsgrund der Zahlung nicht mehr nach den steuerlichen Merkmalen des Verstorbenen versteuert werden. [2]Bei laufendem Arbeitslohn, der im Sterbemonat oder für den Sterbemonat gezahlt wird, kann der Steuerabzug aus Vereinfachungsgründen noch nach den steuerlichen Merkmalen des Verstorbenen vorgenommen werden; die Lohnsteuerbescheinigung ist jedoch auch in diesem Fall für den Erben auszustellen zu übermitteln.

S 2332

(2) [1]Zahlt der Arbeitgeber den Arbeitslohn an einen Erben oder einen Hinterbliebenen aus, so ist der Lohnsteuerabzug vorbehaltlich des Absatzes 1 Satz 2 nur nach dessen Besteuerungsmerkmalen durchzuführen. [2]Die an die übrigen Anspruchsberechtigten weitergegebenen Beträge stellen im Kalenderjahr der Weitergabe negative Einnahmen dar. [3]Handelt es sich dabei um Versorgungsbezüge i. S. d. § 19 Abs. 2 EStG, so ist für die Berechnung der negativen Einnahmen zunächst vom Bruttobetrag der an die anderen Anspruchsberechtigten weitergegebenen Beträge auszugehen; dieser Bruttobetrag ist sodann um den Unterschied zwischen den beim Lohnsteuerabzug berücksichtigten Freibeträgen für Versorgungsbezüge und den auf den verbleibenden Anteil des Zahlungsempfängers entfallenden Freibeträgen für Versorgungsbezüge zu kürzen. [4]Die Auseinandersetzungszahlungen sind bei den Empfängern – ggf. vermindert um die Freibeträge für Versorgungsbezüge (§ 19 Abs. 2 EStG) – als Einkünfte aus nichtselbständiger Arbeit im Rahmen einer Veranlagung zur Einkommensteuer zu erfassen (§ 46 Abs. 2 Nr. 1 EStG).

(3) Für den Steuerabzug durch den Arbeitgeber gilt im Übrigen Folgendes:

1. Beim Arbeitslohn, der noch für die aktive Tätigkeit des verstorbenen Arbeitnehmers gezahlt wird, ist, wie dies bei einer Zahlung an den Arbeitnehmer der Fall gewesen wäre, zwischen laufendem Arbeitslohn, z. B. Lohn für den Sterbemonat oder den Vormonat, und sonstigen Bezügen, z. B. Erfolgsbeteiligung, zu unterscheiden.

2. [1]Der Arbeitslohn für den Sterbemonat stellt, wenn er arbeitsrechtlich für den gesamten Lohnzahlungszeitraum zu zahlen ist, keinen Versorgungsbezug im Sinne des § 19 Abs. 2 EStG dar. [2]Besteht dagegen ein Anspruch auf Lohnzahlung nur bis zum Todestag, handelt es sich bei den darüber hinausgehenden Leistungen an die Hinterbliebenen um Versorgungsbezüge. [3]Dies gilt entsprechend für den Fall, dass die arbeitsrechtlichen Vereinbarungen nach dem Sterbemonat lediglich die Zahlung von Hinterbliebenenbezügen vorsehen oder keine vertraglichen Abmachungen über die Arbeitslohnbemessung bei Beendigung des Dienstverhältnisses im Laufe des Lohnzahlungszeitraums bestehen. [4]Auch in diesen Fällen stellt nur der Teil der Bezüge, der auf die Zeit nach dem Todestag entfällt, einen Versorgungsbezug dar. [5]In den Fällen des Absatzes 1 Satz 2 sind die Freibeträge für Versorgungsbezüge nicht zu berücksichtigen.

3. [1]Das Sterbegeld ist ein Versorgungsbezug und stellt grundsätzlich einen sonstigen Bezug dar. [2]Dies gilt auch für den Fall, dass als Sterbegeld mehrere Monatsgehälter gezahlt werden, weil es sich hierbei dem Grunde nach nur um die ratenweise Zahlung eines Einmalbetrags handelt. [3]Die laufende Zahlung von Witwen- oder Hinterbliebenengeldern i. S. d. § 19 Abs. 1 Satz 1 Nr. 2 EStG durch den Arbeitgeber ist demgegenüber regelmäßig als laufender Arbeitslohn (Versorgungsbezüge) zu behandeln.

4. [1]Soweit es sich bei den Zahlungen an die Erben oder Hinterbliebenen nicht um Versorgungsbezüge handelt, ist zu prüfen, ob der Altersentlastungsbetrag (§ 24a EStG) zum Ansatz kommt. [2]Dabei ist auf das Lebensalter des jeweiligen Zahlungsempfängers abzustellen. [3]Absatz 2 ist entsprechend anzuwenden.

---

[1]) Abgedruckt in → H 39b.7 (Ermittlung der Vorsorgepauschale im Lohnsteuerabzugsverfahren).

5. ¹Soweit Zahlungen an im Ausland wohnhafte Erben oder Hinterbliebene erfolgen, bei denen die Voraussetzungen der §§ 1 Abs. 2 oder 3, 1a EStG nicht vorliegen, ist bei beschränkt steuerpflichtigen Arbeitnehmern beim Steuerabzug nach den für Lohnzahlungen geltenden Vorschriften zu verfahren; wegen der Besonderheiten wird auf § 38b Abs. 1 Satz 2 Nr. 1 Buchstabe b, § 39 Abs. 2 und 3, § 39a Abs. 2 und 4, § 39b Abs. 1 und 2, § 39c Abs. 2 EStG hingewiesen ²Dabei ist jedoch zu beachten, dass auf Grund eines Doppelbesteuerungsabkommens das Besteuerungsrecht dem Ansässigkeitsstaat zustehen kann.

H 19.9

Hinweise

Erben als Arbeitnehmer

Durch die Zahlung von dem Erblasser zustehenden Arbeitslohn an die Erben oder Hinterbliebenen werden diese steuerlich zu Arbeitnehmern; der Lohnsteuerabzug ist nach den Lohnsteuerabzugsmerkmalen (ggf. Steuerklasse VI) der Erben oder Hinterbliebenen durchzuführen (§ 1 Abs. 1 Satz 2 LStDV).

Anhang 7

Weiterleitung von Arbeitslohn an Miterben

Beispiel:

Nach dem Tod des Arbeitnehmers A ist an die Hinterbliebenen B, C, D und E ein Sterbegeld von 4 000 € zu zahlen. Der Arbeitgeber zahlt den Versorgungsbezug an B im Jahr 2017 aus. Dabei wurde die Lohnsteuer nach den Lohnsteuerabzugsmerkmalen des B unter Berücksichtigung der Freibeträge für Versorgungsbezüge von 1 300 € (*19,2* % von 4 000 € = *768* € zuzüglich *432* €) erhoben. B gibt im Jahr *2019* je ¼ des Bruttoversorgungsbezugs an C, D und E weiter (insgesamt 3 000 €).

Im Jahr *2018* ergeben sich lohnsteuerpflichtige Versorgungsbezüge:

Versorgungsbezüge	4 000 €
./. Versorgungsfreibetrag	*768* €
./. Zuschlag zum Versorgungsfreibetrag	*432* €
lohnsteuerpflichtige Versorgungsbezüge	*2 800* €

Durch die Weitergabe im Jahr *2019* verbleibt B ein Anteil an den Versorgungsbezügen von 1 000 €. Hierauf entfällt ein Versorgungsfreibetrag in Höhe von *192* € (*19,2* %von 1 000 €) zuzüglich eines Zuschlags zum Versorgungsfreibetrag von *432* €, also steuerpflichtige Versorgungsbezüge von *376* €. Bei B sind in *2019* negative Einnahmen in Höhe von *2 424* € (*2 800* € ./. *376* €) anzusetzen.

1)

---

1) Die Übergangsregelung in § 52 Abs. 27 EStG zur Weiteranwendung des § 19a EStG (Überlassung von Vermögensbeteiligungen an Arbeitnehmer) in der am 31. 12. 2008 geltenden Fassung ist zum 31. 12. 2015 abgelaufen.

392

Steuerbegünstigte Überlassung von Vermögensbeteiligungen

– nicht mehr abgedruckt –

R 19a

Hinweise

H 19a

Anwendungsregelung § 19a EStG

Die Übergangsregelung in § 52 Abs. 27 EStG zur Weiteranwendung des § 19a EStG in der am 31. 12. 2008 geltenden Fassung ist zum 31. 12. 2015 abgelaufen.

Nachfolgeregelung

→ § 3 Nr. 39 EStG

---

e) Kapitalvermögen (§ 2 Absatz 1 Satz 1 Nummer 5)

S 2252

§ 20 [Einkünfte aus Kapitalvermögen]

EStG

(1) Zu den Einkünften aus Kapitalvermögen gehören

S 2204
[1]

1. Gewinnanteile (Dividenden), Ausbeuten und sonstige Bezüge aus Aktien, Genussrechten, mit denen das Recht am Gewinn und Liquidationserlös einer Kapitalgesellschaft verbunden ist, aus Anteilen an Gesellschaften mit beschränkter Haftung, an Erwerbs- und Wirtschaftsgenossenschaften sowie an bergbautreibenden Vereinigungen, die die Rechte einer juristischen Person haben. [2]Zu den sonstigen Bezügen gehören auch verdeckte Gewinnausschüttungen. [3]Die Bezüge gehören nicht zu den Einnahmen, soweit sie aus Ausschüttungen einer Körperschaft stammen, für die Beträge aus dem steuerlichen Einlagekonto im Sinne des § 27 des Körperschaftsteuergesetzes als verwendet gelten. [4]Als sonstige Bezüge gelten auch Einnahmen, die anstelle der Bezüge im Sinne des Satzes 1 von einem anderen als dem Anteilseigner nach Absatz 5 bezogen werden, wenn die Aktien mit Dividendenberechtigung erworben, aber ohne Dividendenanspruch geliefert werden;

2. Bezüge, die nach der Auflösung einer Körperschaft oder Personenvereinigung im Sinne der Nummer 1 anfallen und die nicht in der Rückzahlung von Nennkapital bestehen; Nummer 1 Satz 3 gilt entsprechend. [2]Gleiches gilt für Bezüge, die auf Grund einer Kapitalherabsetzung oder nach der Auflösung einer unbeschränkt steuerpflichtigen Körperschaft oder Personenvereinigung im Sinne der Nummer 1 anfallen und die als Gewinnausschüttung im Sinne des § 28 Absatz 2 Satz 2 und 4 des Körperschaftsteuergesetzes gelten;

3. *Investmenterträge nach § 16 des Investmentsteuergesetzes;* [2]

3a. *Spezial-Investmenterträge nach § 34 des Investmentsteuergesetzes;* [3]

4. Einnahmen aus der Beteiligung an einem Handelsgewerbe als stiller Gesellschafter und aus partiarischen Darlehen, es sei denn, dass der Gesellschafter oder Darlehensgeber als Mitunternehmer anzusehen ist. [2]Auf Anteile des stillen Gesellschafters am Verlust des Betriebes sind § 15 Absatz 4 Satz 6 bis 8 und § 15a sinngemäß anzuwenden;

5. Zinsen aus Hypotheken und Grundschulden und Renten aus Rentenschulden. [2]Bei Tilgungshypotheken und Tilgungsgrundschulden ist nur der Teil der Zahlungen anzusetzen, der als Zins auf den jeweiligen Kapitalrest entfällt;

---

[1] Absatz 1 in der am 27. 7. 2016 geltenden Fassung ist erstmals ab dem 1. 1. 2018 anzuwenden → § 52 Abs. 28 Satz 20 EStG.
[2] *Absatz 1 Nr. 3 wurde durch das InvStRefG eingefügt und ist erstmals ab dem 1. 1. 2018 anzuwenden → § 52 Abs. 28 Satz 20 EStG.*
[3] *Absatz 1 Nr. 3a wurde durch das InvStRefG eingefügt und ist erstmals ab dem 1. 1. 2018 anzuwenden → § 52 Abs. 28 Satz 20 EStG.*

6. der Unterschiedsbetrag zwischen der Versicherungsleistung und der Summe der auf sie entrichteten Beiträge (Erträge) im Erlebensfall oder bei Rückkauf des Vertrags bei Rentenversicherungen mit Kapitalwahlrecht, soweit nicht die lebenslange Rentenzahlung gewählt und erbracht wird, und bei Kapitalversicherungen mit Sparanteil, wenn der Vertrag nach dem 31. Dezember 2004 abgeschlossen worden ist. ²Wird die Versicherungsleistung nach Vollendung des 60. Lebensjahres des Steuerpflichtigen und nach Ablauf von zwölf Jahren seit dem Vertragsabschluss ausgezahlt, ist die Hälfte des Unterschiedsbetrags anzusetzen. ³Bei entgeltlichem Erwerb des Anspruchs auf die Versicherungsleistung treten die Anschaffungskosten an die Stelle der vor dem Erwerb entrichteten Beiträge. ⁴Die Sätze 1 bis 3 sind auf Erträge aus fondsgebundenen Lebensversicherungen, auf Erträge im Erlebensfall bei Rentenversicherungen ohne Kapitalwahlrecht, soweit keine lebenslange Rentenzahlung vereinbart und erbracht wird, und auf Erträge bei Rückkauf des Vertrages bei Rentenversicherungen ohne Kapitalwahlrecht entsprechend anzuwenden. ⁵Ist in einem Versicherungsvertrag eine gesonderte Verwaltung von speziell für diesen Vertrag zusammengestellten Kapitalanlagen vereinbart, die nicht auf öffentlich vertriebene Investmentfondsanteile oder Anlagen, die die Entwicklung eines veröffentlichten Indexes abbilden, beschränkt ist, und kann der wirtschaftlich Berechtigte unmittelbar oder mittelbar über die Veräußerung der Vermögensgegenstände und die Wiederanlage der Erlöse bestimmen (vermögensverwaltender Versicherungsvertrag), sind die dem Versicherungsunternehmen zufließenden Erträge dem wirtschaftlich Berechtigten aus dem Versicherungsvertrag zuzurechnen; Sätze 1 bis 4 sind nicht anzuwenden. ⁶Satz 2 ist nicht anzuwenden, wenn

a) in einem Kapitallebensversicherungsvertrag mit vereinbarter laufender Beitragszahlung in mindestens gleichbleibender Höhe bis zum Zeitpunkt des Erlebensfalls die vereinbarte Leistung bei Eintritt des versicherten Risikos weniger als 50 Prozent der Summe der für die gesamte Vertragsdauer zu zahlenden Beiträge beträgt und

b) bei einem Kapitallebensversicherungsvertrag die vereinbarte Leistung bei Eintritt des versicherten Risikos das Deckungskapital oder den Zeitwert der Versicherung spätestens fünf Jahre nach Vertragsabschluss nicht um mindestens 10 Prozent des Deckungskapitals, des Zeitwerts oder der Summe der gezahlten Beiträge übersteigt. ²Dieser Prozentsatz darf bis zum Ende der Vertragslaufzeit in jährlich gleichen Schritten auf Null sinken.

⁷Hat der Steuerpflichtige Ansprüche aus einem von einer anderen Person abgeschlossenen Vertrag entgeltlich erworben, gehört zu den Einkünften aus Kapitalvermögen auch der Unterschiedsbetrag zwischen der Versicherungsleistung bei Eintritt eines versicherten Risikos und den Aufwendungen für den Erwerb und Erhalt des Versicherungsanspruches; insoweit findet Satz 2 keine Anwendung. ⁸Satz 7 gilt nicht, wenn die versicherte Person den Versicherungsanspruch von einem Dritten erwirbt oder aus anderen Rechtsverhältnissen entstandene Abfindungs- und Ausgleichsansprüche arbeitsrechtlicher, erbrechtlicher oder familienrechtlicher Art durch Übertragung von Ansprüchen aus Versicherungsverträgen erfüllt werden. *⁹Bei fondsgebundenen Lebensversicherungen sind 15 Prozent des Unterschiedsbetrages steuerfrei oder dürfen nicht bei der Ermittlung der Einkünfte abgezogen werden, soweit der Unterschiedsbetrag aus Investmenterträgen stammt;*

7. Erträge aus sonstigen Kapitalforderungen jeder Art, wenn die Rückzahlung des Kapitalvermögens oder ein Entgelt für die Überlassung des Kapitalvermögens zur Nutzung zugesagt oder geleistet worden ist, auch wenn die Höhe der Rückzahlung oder des Entgelts von

---

¹⁾ *Absatz 1 Nr. 6 Satz 9 wurde durch das InvStRefG angefügt. Absatz 1 in der am 27. 7. 2016 geltenden Fassung ist erstmals ab dem 1. 1. 2018 anzuwenden → § 52 Abs. 28 Satz 21 und 22 EStG. Investmenterträge nach § 20 Abs. 1 Nr. 6 Satz 9 EStG sind*
   1. die nach dem 31. 12. 2017 zugeflossenen Ausschüttungen nach § 2 Abs. 11 InvStG,
   2. die realisierten oder unrealisierten Wertveränderungen aus Investmentanteilen nach § 2 Abs. 4 Satz 1 InvStG, die das Versicherungsunternehmen nach dem 31. 12. 2017 dem Sicherungsvermögen zur Sicherung der Ansprüche des Steuerpflichtigen zugeführt hat, und
   3. die realisierten oder unrealisierten Wertveränderungen aus Investmentanteilen nach § 2 Abs. 4 Satz 1 InvStG, die das Versicherungsunternehmen vor dem 1. 1. 2018 dem Sicherungsvermögen zur Sicherung der Ansprüche des Steuerpflichtigen zugeführt hat, soweit Wertveränderungen gegenüber dem letzten im Kj 2017 festgesetzten Rücknahmepreis des Investmentanteils eingetreten sind.
   Wird kein Rücknahmepreis festgesetzt, tritt der Börsen- oder Marktpreis an die Stelle des Rücknahmepreises.

einem ungewissen Ereignis abhängt. Dies gilt unabhängig von der Bezeichnung und der zivilrechtlichen Ausgestaltung der Kapitalanlage. [3]Erstattungszinsen im Sinne des § 233a der Abgabenordnung sind Erträge im Sinne des Satzes 1;

8. Diskontbeträge von Wechseln und Anweisungen einschließlich der Schatzwechsel;

9. Einnahmen aus Leistungen einer nicht von der Körperschaftsteuer befreiten Körperschaft, Personenvereinigung oder Vermögensmasse im Sinne des § 1 Absatz 1 Nummer 3 bis 5 des Körperschaftsteuergesetzes, die Gewinnausschüttungen im Sinne der Nummer 1 wirtschaftlich vergleichbar sind, soweit sie nicht bereits zu den Einnahmen im Sinne der Nummer 1 gehören; Nummer 1 Satz 2, 3 und Nummer 2 gelten entsprechend. [2]Satz 1 ist auf Leistungen von vergleichbaren Körperschaften, Personenvereinigungen oder Vermögensmassen, die weder Sitz noch Geschäftsleitung im Inland haben, entsprechend anzuwenden;

10. a) Leistungen eines nicht von der Körperschaftsteuer befreiten Betriebs gewerblicher Art im Sinne des § 4 des Körperschaftsteuergesetzes mit eigener Rechtspersönlichkeit, die zu mit Gewinnausschüttungen im Sinne der Nummer 1 Satz 1 wirtschaftlich vergleichbaren Einnahmen führen; Nummer 1 Satz 2, 3 und Nummer 2 gelten entsprechend; S 2706a

b) der nicht den Rücklagen zugeführte Gewinn und verdeckte Gewinnausschüttungen eines nicht von der Körperschaftsteuer befreiten Betriebs gewerblicher Art im Sinne des § 4 des Körperschaftsteuergesetzes ohne eigene Rechtspersönlichkeit, der den Gewinn durch Betriebsvermögensvergleich ermittelt oder Umsätze einschließlich der steuerfreien Umsätze, ausgenommen die Umsätze nach § 4 Nummer 8 bis 10 des Umsatzsteuergesetzes, von mehr als 350 000 Euro im Kalenderjahr oder einen Gewinn von mehr als 30 000 Euro im Wirtschaftsjahr hat, sowie der Gewinn im Sinne des § 22 Absatz 4 des Umwandlungssteuergesetzes. [2]Die Auflösung der Rücklagen zu Zwecken außerhalb des Betriebs gewerblicher Art führt zu einem Gewinn im Sinne des Satzes 1; in Fällen der Einbringung nach dem Sechsten und des Formwechsels nach dem Achten Teil des Umwandlungssteuergesetzes gelten die Rücklagen als aufgelöst. [3]Bei dem Geschäft der Veranstaltung von Werbesendungen der inländischen öffentlich- rechtlichen Rundfunkanstalten gelten drei Viertel des Einkommens im Sinne des § 8 Absatz 1 Satz 3 des Körperschaftsteuergesetzes als Gewinn im Sinne des Satzes 1. [4]Die Sätze 1 und 2 sind bei wirtschaftlichen Geschäftsbetrieben der von der Körperschaftsteuer befreiten Körperschaften, Personenvereinigungen oder Vermögensmassen entsprechend anzuwenden. [5]Nummer 1 Satz 3 gilt entsprechend. [6]Satz 1 in der am 12. Dezember 2006 geltenden Fassung ist für Anteile, die einbringungsgeboren im Sinne des § 21 des Umwandlungssteuergesetzes in der am 12. Dezember 2006 geltenden Fassung sind, weiter anzuwenden;

11. Stillhalterprämien, die für die Einräumung von Optionen vereinnahmt werden; schließt der Stillhalter ein Glattstellungsgeschäft ab, mindern sich die Einnahmen aus den Stillhalterprämien um die im Glattstellungsgeschäft gezahlten Prämien.

(2) [1]Zu den Einkünften aus Kapitalvermögen gehören auch

1. der Gewinn aus der Veräußerung von Anteilen an einer Körperschaft im Sinne des Absatzes 1 Nummer 1. [2]Anteile an einer Körperschaft sind auch Genussrechte im Sinne des Absatzes 1 Nummer 1, den Anteilen im Sinne des Absatzes 1 Nummer 1 ähnliche Beteiligungen und Anwartschaften auf Anteile im Sinne des Absatzes 1 Nummer 1;

2. der Gewinn aus der Veräußerung

a) von Dividendenscheinen und sonstigen Ansprüchen durch den Inhaber des Stammrechts, wenn die dazugehörigen Aktien oder sonstigen Anteile nicht mitveräußert werden. [2]Soweit eine Besteuerung nach Satz 1 erfolgt ist, tritt diese insoweit an die Stelle der Besteuerung nach Absatz 1;

b) von Zinsscheinen und Zinsforderungen durch den Inhaber oder ehemaligen Inhaber der Schuldverschreibung, wenn die dazugehörigen Schuldverschreibungen nicht mitveräußert werden. [2]Entsprechendes gilt für die Einlösung von Zinsscheinen und Zinsforderungen durch den ehemaligen Inhaber der Schuldverschreibung.

[2]Satz 1 gilt sinngemäß für die Einnahmen aus der Abtretung von Dividenden- oder Zinsansprüchen oder sonstigen Ansprüchen im Sinne des Satzes 1, wenn die dazugehörigen Anteilsrechte oder Schuldverschreibungen nicht in einzelnen Wertpapieren verbrieft sind. [3]Satz 2 gilt auch bei der Abtretung von Zinsansprüchen aus Schuldbuchforderungen, die in ein öffentliches Schuldbuch eingetragen sind;

3. der Gewinn

    a) bei Termingeschäften, durch die der Steuerpflichtige einen Differenzausgleich oder einen durch den Wert einer veränderlichen Bezugsgröße bestimmten Geldbetrag oder Vorteil erlangt;

    b) aus der Veräußerung eines als Termingeschäft ausgestalteten Finanzinstruments;

4. der Gewinn aus der Veräußerung von Wirtschaftsgütern, die Erträge im Sinne des Absatzes 1 Nummer 4 erzielen;

5. der Gewinn aus der Übertragung von Rechten im Sinne des Absatzes 1 Nummer 5;

6. der Gewinn aus der Veräußerung von Ansprüchen auf eine Versicherungsleistung im Sinne des Absatzes 1 Nummer 6. [2]Das Versicherungsunternehmen hat nach Kenntniserlangung von einer Veräußerung unverzüglich Mitteilung an das für den Steuerpflichtigen zuständige Finanzamt zu machen und auf Verlangen des Steuerpflichtigen eine Bescheinigung über die Höhe der entrichteten Beiträge im Zeitpunkt der Veräußerung zu erteilen;

7. der Gewinn aus der Veräußerung von sonstigen Kapitalforderungen jeder Art im Sinne des Absatzes 1 Nummer 7;

8. der Gewinn aus der Übertragung oder Aufgabe einer die Einnahmen im Sinne des Absatzes 1 Nummer 9 vermittelnden Rechtsposition.

[2]Als Veräußerung im Sinne des Satzes 1 gilt auch die Einlösung, Rückzahlung, Abtretung oder verdeckte Einlage in eine Kapitalgesellschaft; in den Fällen von Satz 1 Nummer 4 gilt auch die Vereinnahmung eines Auseinandersetzungsguthabens als Veräußerung. [3]Die Anschaffung oder Veräußerung einer unmittelbaren oder mittelbaren Beteiligung an einer Personengesellschaft gilt als Anschaffung oder Veräußerung der anteiligen Wirtschaftsgüter. [4]Wird ein Zinsschein oder eine Zinsforderung vom Stammrecht abgetrennt, gilt dies als Veräußerung der Schuldverschreibung und als Anschaffung der durch die Trennung entstandenen Wirtschaftsgüter. [5]Eine Trennung gilt als vollzogen, wenn dem Inhaber der Schuldverschreibung die Wertpapierkennnummern für die durch die Trennung entstandenen Wirtschaftsgüter zugehen.

(3) Zu den Einkünften aus Kapitalvermögen gehören auch besondere Entgelte oder Vorteile, die neben den in den Absätzen 1 und 2 bezeichneten Einnahmen oder an deren Stelle gewährt werden.

(3a) [1]Korrekturen im Sinne des § 43a Absatz 3 Satz 7 sind erst zu dem dort genannten Zeitpunkt zu berücksichtigen. [2]Weist der Steuerpflichtige durch eine Bescheinigung der auszahlenden Stelle nach, dass sie die Korrektur nicht vorgenommen hat und auch nicht vornehmen wird, kann der Steuerpflichtige die Korrektur nach § 32d Absatz 4 und 6 geltend machen.

(4) [1]Gewinn im Sinne des Absatzes 2 ist der Unterschied zwischen den Einnahmen aus der Veräußerung nach Abzug der Aufwendungen, die im unmittelbaren sachlichen Zusammenhang mit dem Veräußerungsgeschäft stehen, und den Anschaffungskosten; bei nicht in Euro getätigten Geschäften sind die Einnahmen im Zeitpunkt der Veräußerung und die Anschaffungskosten im Zeitpunkt der Anschaffung in Euro umzurechnen. [2]In den Fällen der verdeckten Einlage tritt an die Stelle der Einnahmen aus der Veräußerung der Wirtschaftsgüter ihr gemeiner Wert; der Gewinn ist für das Kalenderjahr der verdeckten Einlage anzusetzen. [3]Ist ein Wirtschaftsgut im Sinne des Absatzes 2 in das Privatvermögen durch Entnahme oder Betriebsaufgabe überführt worden, tritt an die Stelle der Anschaffungskosten der nach § 6 Absatz 1 Nummer 4 oder § 16 Absatz 3 angesetzte Wert. [4]In den Fällen des Absatzes 2 Satz 1 Nummer 6 gelten die entrichteten Beiträge im Sinne des Absatzes 1 Nummer 6 Satz 1 als Anschaffungskosten; ist ein entgeltlicher Erwerb vorausgegangen, gelten auch die nach dem Erwerb entrichteten Beiträge als Anschaffungskosten. [5]Gewinn bei einem Termingeschäft ist der Differenzausgleich oder der durch den Wert einer veränderlichen Bezugsgröße bestimmte Geldbetrag oder Vorteil abzüglich der Aufwendungen, die im unmittelbaren sachlichen Zusammenhang mit dem Termingeschäft stehen. [6]Bei unentgeltlichem Erwerb sind dem Einzelrechtsnachfolger für Zwecke dieser Vorschrift die Anschaffung, die Überführung des Wirtschaftsguts in das Privatvermögen, der Erwerb eines Rechts aus Termingeschäften oder die Beiträge im Sinne des Absatzes 1 Nummer 6 Satz 1 durch den Rechtsvorgänger zuzurechnen. [7]Bei vertretbaren Wertpapieren, die einem Verwahrer zur Sammelverwahrung im Sinne des § 5 des Depotgesetzes in der Fassung der Bekanntmachung vom 11. Januar 1995 (BGBl. I S. 34), das zuletzt durch Artikel 4 des Gesetzes vom 5. April 2004 (BGBl. I S. 502) geändert worden ist, in der jeweils geltenden Fassung anvertraut worden sind, ist zu unterstellen, dass die zuerst angeschafften Wertpapiere zuerst veräußert wurden. [8]Ist ein

Zinsschein oder eine Zinsforderung vom Stammrecht abgetrennt worden, gilt als Veräußerungserlös der Schuldverschreibung deren gemeiner Wert zum Zeitpunkt der Trennung. [9]Für die Ermittlung der Anschaffungskosten ist der Wert nach Satz 8 entsprechend dem gemeinen Wert der neuen Wirtschaftsgüter aufzuteilen.

(4a) [1]Werden Anteile an einer Körperschaft, Vermögensmasse oder Personenvereinigung gegen Anteile an einer anderen Körperschaft, Vermögensmasse oder Personenvereinigung getauscht und wird der Tausch auf Grund gesellschaftsrechtlicher Maßnahmen vollzogen, die von den beteiligten Unternehmen ausgehen, treten abweichend von Absatz 2 Satz 1 und den §§ 13 und 21 des Umwandlungssteuergesetzes die übernommenen Anteile steuerlich an die Stelle der bisherigen Anteile, wenn das Recht der Bundesrepublik Deutschland hinsichtlich der Besteuerung des Gewinns aus der Veräußerung der erhaltenen Anteile nicht ausgeschlossen oder beschränkt ist oder die Mitgliedstaaten der Europäischen Union bei einer Verschmelzung Artikel 8 der Richtlinie 90/434/EWG anzuwenden haben; in diesem Fall ist der Gewinn aus einer späteren Veräußerung der erworbenen Anteile ungeachtet der Bestimmungen eines Abkommens zur Vermeidung der Doppelbesteuerung in der gleichen Art und Weise zu besteuern, wie die Veräußerung der Anteile an der übertragenden Körperschaft zu besteuern wäre, und § 15 Absatz 1a Satz 2 entsprechend anzuwenden. [2]Erhält der Steuerpflichtige in den Fällen des Satzes 1 zusätzlich zu den Anteilen eine Gegenleistung, gilt diese als Ertrag im Sinne des Absatzes 1 Nummer 1. [3]Besitzt bei sonstigen Kapitalforderungen im Sinne des Absatzes 1 Nummer 7 der Inhaber das Recht, bei Fälligkeit anstelle der Zahlung eines Geldbetrags vom Emittenten die Lieferung von Wertpapieren zu verlangen oder besitzt der Emittent das Recht, bei Fälligkeit dem Inhaber anstelle der Zahlung eines Geldbetrags Wertpapiere anzudienen und macht der Inhaber der Forderung oder der Emittent von diesem Recht Gebrauch, ist abweichend von Absatz 4 Satz 1 das Entgelt für den Erwerb der Forderung als Veräußerungspreis der Forderung und als Anschaffungskosten der erhaltenen Wertpapiere anzusetzen; Satz 2 gilt entsprechend. [4]Werden Bezugsrechte veräußert oder ausgeübt, die nach § 186 des Aktiengesetzes, § 55 des Gesetzes betreffend die Gesellschaften mit beschränkter Haftung oder eines vergleichbaren ausländischen Rechts einen Anspruch auf Abschluss eines Zeichnungsvertrags begründen, wird der Teil der Anschaffungskosten der Altanteile, der auf das Bezugsrecht entfällt, bei der Ermittlung des Gewinns nach Absatz 4 Satz 1 mit 0 Euro angesetzt. [5]Werden einem Steuerpflichtigen Anteile im Sinne des Absatzes 2 Satz 1 Nummer 1 zugeteilt, ohne dass dieser eine gesonderte Gegenleistung zu entrichten hat, werden der Ertrag und die Anschaffungskosten dieser Anteile mit 0 Euro angesetzt, wenn die Voraussetzungen der Sätze 3 und 4 nicht vorliegen und die Ermittlung der Höhe des Kapitalertrags nicht möglich ist. [6]Soweit es auf eine steuerliche Wirksamkeit einer Kapitalmaßnahme im Sinne der vorstehenden Sätze 1 bis 5 ankommt, ist auf den Zeitpunkt der Einbuchung in das Depot des Steuerpflichtigen abzustellen. [7]Geht Vermögen einer Körperschaft durch Abspaltung auf andere Körperschaften über, gelten abweichend von Satz 5 und § 15 des Umwandlungssteuergesetzes die Sätze 1 und 2 entsprechend.

(5) [1]Einkünfte aus Kapitalvermögen im Sinne des Absatzes 1 Nummer 1 und 2 erzielt der Anteilseigner. [2]Anteilseigner ist derjenige, dem nach § 39 der Abgabenordnung die Anteile an dem Kapitalvermögen im Sinne des Absatzes 1 Nummer 1 im Zeitpunkt des Gewinnverteilungsbeschlusses zuzurechnen sind. [3]Sind einem Nießbraucher oder Pfandgläubiger die Einnahmen im Sinne des Absatzes 1 Nummer 1 oder 2 zuzurechnen, gilt er als Anteilseigner.

(6) [1]Verluste aus Kapitalvermögen dürfen nicht mit Einkünften aus anderen Einkunftsarten ausgeglichen werden; sie dürfen auch nicht nach § 10d abgezogen werden. [2]Die Verluste mindern jedoch die Einkünfte, die der Steuerpflichtige in den folgenden Veranlagungszeiträumen aus Kapitalvermögen erzielt. [3]§ 10d Absatz 4 ist sinngemäß anzuwenden. [4]Verluste aus Kapitalvermögen im Sinne des Absatzes 2 Satz 1 Nummer 1 Satz 1, die aus der Veräußerung von Aktien entstehen, dürfen nur mit Gewinnen aus Kapitalvermögen im Sinne des Absatzes 2 Satz 1 Nummer 1 Satz 1, die aus der Veräußerung von Aktien entstehen, ausgeglichen werden; die Sätze 2 und 3 gelten sinngemäß. [5]Verluste aus Kapitalvermögen, die der Kapitalertragsteuer unterliegen, dürfen nur verrechnet werden oder mindern die Einkünfte, die der Steuerpflichtige in den folgenden Veranlagungszeiträumen aus Kapitalvermögen erzielt, wenn eine Bescheinigung im Sinne des § 43a Absatz 3 Satz 4 vorliegt.

(7) [1]§ 15b ist sinngemäß anzuwenden. [2]Ein vorgefertigtes Konzept im Sinne des § 15b Absatz 2 Satz 2 liegt auch vor, wenn die positiven Einkünfte nicht der tariflichen Einkommensteuer unterliegen.

(8) ¹Soweit Einkünfte der in den Absätzen 1, 2 und 3 bezeichneten Art zu den Einkünften aus Land- und Forstwirtschaft, aus Gewerbebetrieb, aus selbständiger Arbeit oder aus Vermietung und Verpachtung gehören, sind sie diesen Einkünften zuzurechnen. ²Absatz 4a findet insoweit keine Anwendung.

S 2216
S 2210

(9) ¹Bei der Ermittlung der Einkünfte aus Kapitalvermögen ist als Werbungskosten ein Betrag von 801 Euro abzuziehen (Sparer-Pauschbetrag); der Abzug der tatsächlichen Werbungskosten ist ausgeschlossen. ²Ehegatten, die zusammen veranlagt werden, wird ein gemeinsamer Sparer-Pauschbetrag von 1 602 Euro gewährt. ³Der gemeinsame Sparer-Pauschbetrag ist bei der Einkunftsermittlung bei jedem Ehegatten je zur Hälfte abzuziehen; sind die Kapitalerträge eines Ehegatten niedriger als 801 Euro, so ist der anteilige Sparer- Pauschbetrag insoweit, als er die Kapitalerträge dieses Ehegatten übersteigt, bei dem anderen Ehegatten abzuziehen. ⁴Der Sparer-Pauschbetrag und der gemeinsame Sparer-Pauschbetrag dürfen nicht höher sein als die nach Maßgabe des Absatzes 6 verrechneten Kapitalerträge.

H 20

Hinweise

Altersversorgung

Anhang 2 IV

→ BMF-Schreiben vom 6. 12. 2017 (BStBl 2018 I S. 147).

Teil B des BMF-Schreibens vom 24. 7. 2013 (BStBl I S. 1022), geändert durch das BMF-Schreiben vom 13. 1. 2014 (BStBl I S. 97) und das BMF-Schreiben vom 13. 3. 2014 (BStBl I S. 554), werden zum 31. 12. 2017 aufgehoben. Die Regelungen des BMF-Schreibens vom 24. 7. 2013 sind weiter zu beachten, wenn sie auch für Zeiträume ab dem 1. 1. 2018 Bedeutung haben. Das BMF-Schreiben vom 6. 12. 2017 ist mit Wirkung ab 1. 1. 2018 anzuwenden.

Freistellungsauftrag

→ § 44a EStG und H 44a

Versicherungserträge

I. Besteuerung von Versicherungserträgen
im Sinne des § 20 Absatz 1 Nummer 6 EStG

(BMF-Schreiben vom 1. 10. 2009 – IV C 1 – S 2252/07/0001 –, BStBl I S. 1172,
unter Berücksichtigung der Änderungen durch das BMF-Schreiben vom 6. 3. 2012[1])
– IV C 3 – S 2220/11/10002 / IV C 1 – S 2252/07/0001 :005 –, BStBl I S. 238),
vom 11. 11. 2016 – IV C 1 – S 2401/08/10001 : 015 / IV C 1 – S 2252/15/10008
:009 – 2016/0978959 –, BStBl I S. 1238
und vom 29. 9. 2017 – IV C 1 – S 2252/15/10008 :011 – 2017/0796174 –, BStBl I S. 1314

Einkommensteuer

Im Einvernehmen mit den obersten Finanzbehörden der Länder wird das BMF-Schreiben vom
22. Dezember 2005 (BStBl I 2006 S. 92)[2] wie folgt gefasst (Änderungen gegenüber dem bisherigen Text sind durch Fettdruck gekennzeichnet):

---

[1] → Anhang 2 IX.
[2] Abgedruckt in der Lohnsteuer Handausgabe 2009.

I. Versicherung im Sinne des § 20 Absatz 1 Nummer 6 EStG

1 Der Besteuerung nach § 20 Absatz 1 Nummer 6 EStG unterliegen die Erträge aus folgenden Versicherungen auf den Erlebens- oder Todesfall (kapitalbildende Lebensversicherungen): Rentenversicherungen mit Kapitalwahlrecht, soweit nicht die Rentenzahlung gewählt wird, und Kapitalversicherungen mit Sparanteil. Erträge aus Unfallversicherungen mit garantierter Beitragsrückzahlung unterliegen ebenfalls der Besteuerung nach § 20 Absatz 1 Nummer 6 EStG.

2 Eine Versicherung im Sinne des § 20 Absatz 1 Nummer 6 EStG unterscheidet sich von einer Vermögensanlage ohne Versicherungscharakter dadurch, dass ein wirtschaftliches Risiko abgedeckt wird, das aus der Unsicherheit und Unberechenbarkeit des menschlichen Lebens für den Lebensplan des Menschen erwächst (biometrisches Risiko). Die durch die Lebensversicherung typischerweise abgedeckten Gefahren sind der Tod (Todesfallrisiko) oder die ungewisse Lebensdauer (Erlebensfallrisiko, Langlebigkeitsrisiko). Bei der Unfallversicherung mit garantierter Beitragsrückzahlung stellen das Unfallrisiko oder das Risiko der Beitragsrückzahlung im Todesfall die mit der Versicherung untrennbar verbundenen charakteristischen Hauptrisiken dar.

3 Es liegt kein Versicherungsvertrag im Sinne des § 20 Absatz 1 Nummer 6 EStG vor, wenn der Vertrag keine nennenswerte Risikotragung enthält. Davon ist insbesondere dann auszugehen, wenn bei Risikoeintritt nur eine Leistung der angesammelten und verzinsten Sparanteile zuzüglich einer Überschussbeteiligung vereinbart ist. In der Regel ist vom Vorliegen eines Versicherungsvertrages im Sinne des § 20 Absatz 1 Nummer 6 EStG auszugehen, wenn es sich um eine Lebensversicherung oder Unfallversicherung mit garantierter Beitragsrückzahlung im Sinne des Versicherungsaufsichtsrechts handelt. Die Regelungen zum Mindesttodesfallschutz (vgl. Rz. 23 ff. des BMF Schreibens vom 22. August 2002 – IV C 4 – S 2221 – 211/02 –, BStBl I S. 827)[1] sind für nach dem 31. Dezember 2004 abgeschlossene Versicherungsverträge nicht anzuwen-

---

[1] Abgedruckt in → H 10 (Vertragsänderungen bei Lebensversicherungen).

den; für nach dem 31. März 2009 abgeschlossene Kapital-Lebensversicherungsverträge gelten neue Regelungen zum Mindesttodesfallschutz (vgl. Rz. 78a ff.).

Eine Rentenversicherung liegt nur dann vor, wenn bereits am Beginn der Vertragslaufzeit ein Langlebigkeitsrisiko vom Versicherungsunternehmen übernommen wird. Dies bedeutet, dass bereits bei Vertragsabschluss die Höhe der garantierten Leibrente in Form eines konkreten Geldbetrages festgelegt wird oder ein konkret beziffter Faktor garantiert wird, mit dem die Höhe der garantierten Leibrente durch Multiplikation mit dem am Ende der Anspar- bzw. Aufschubphase vorhandenen Fondsvermögen bzw. Deckungskapital errechnet wird (Rentenfaktor). Für einzelne Vermögensteile (z. B. durch die Kapitalanlage sichergestelltes Mindestvermögen, eventuelle über die gezahlten Beiträge erheblich hinausgehende Wertsteigerungen) können auch unterschiedliche Rentenfaktoren garantiert werden. Bei Beitragserhöhungen muss der konkrete Geldbetrag oder der Rentenfaktor spätestens im Erhöhungszeitpunkt garantiert werden. Eine vereinbarte Anpassung des Beitrags oder der Leistung gemäß § 163 VVG ist unschädlich. — 3a

Für vor dem 1. Juli 2010 abgeschlossene Rentenversicherungen ist es ausreichend, dass das Versicherungsunternehmen bei Vertragsabschluss bzw. im Erhöhungszeitpunkt hinreichend konkrete Grundlagen für die Berechnung der Rentenhöhe oder des Rentenfaktors zugesagt hat. Dieses Erfordernis ist auch erfüllt, wenn die bei Vertragsbeginn für die Rentenberechnung unterstellten Rechnungsgrundlagen mit Zustimmung eines unabhängigen Treuhänders, der die Voraussetzungen und die Angemessenheit prüft, geändert werden können. — 3b

Insbesondere bei den nachfolgenden Vertragsgestaltungen ist von einer hinreichenden Konkretisierung der Berechnungsgrundlagen auszugehen:

Beispiel 1:

Es gelten die am Ende der Aufschubphase gültigen Rententarife. Der maßgebende Rentenfaktor muss dabei aber mindestens 75 % des Wertes des Rentenfaktors betragen, der sich mit den bei Vertragsabschluss verwendeten Rechnungsgrundlagen ergeben würde.

Beispiel 2:

Die auszuzahlende Rente wird zu Beginn der Rentenzahlung für die gesamte Rentenbezugszeit festgelegt. Bei der Rentenberechnung werden mindestens 50 % der Sterblichkeiten der Sterbetafel DAV 2004 R und der dann aufsichtsrechtlich festgelegte Höchstrechnungszins zur Deckungsrückstellungsberechnung angesetzt.

Ein Vertrag, der keine hinreichend konkreten Berechnungsgrundlagen enthält, sondern lediglich eine Verrentung am Ende der Anspar- bzw. Aufschubphase zu den dann gültigen Bedingungen vorsieht, ist steuerrechtlich keine Rentenversicherung, sondern ein dem allgemeinen Vorschriften zu besteuernder Sparvorgang mit einer steuerlich unbeachtlichen Verrentungsoption. Wird bei einem derartigen Vertrag während der Anspar- bzw. Aufschubphase ein Todesfallrisiko übernommen, ist von einer Kapitalversicherung und von einem Zufluss der Erträge am Ende der Anspar- bzw. Aufschubphase auszugehen (vgl. Rz. 26). Sofern vor dem 1. Juli 2010 ein konkreter Geldbetrag oder Rentenfaktor nachträglich zugesagt wird, ist der Vertrag als Rentenversicherung zu betrachten und es ist keine steuerlich relevante Vertragsänderung anzunehmen. Bei Verträgen, bei denen vor diesem Datum die Rentenzahlung beginnt, und bei vor dem 1. Januar 2005 abgeschlossenen Rentenversicherungsverträgen ist eine nachträgliche Zusage nicht erforderlich.

Bei ab dem 1. Juli 2010 abgeschlossenen Versicherungsverträgen ist nicht von einer steuerlich anzuerkennenden Rentenversicherung auszugehen, wenn der vereinbarte Rentenzahlungsbeginn dergestalt aufgeschoben ist, dass die mittlere Lebenserwartung der versicherten Person unwesentlich unterschritten oder sogar überschritten wird. Nicht zu beanstanden ist es, wenn der Zeitraum zwischen dem vereinbarten spätesten Rentenbeginn und der mittleren Lebenserwartung mehr als 10 % der bei Vertragsabschluss verbliebenen Lebenserwartung beträgt. Maßgebend ist die dem Vertrag zu Grunde gelegte Sterbetafel. — 3c

Beispiel:

Die versicherte Person ist bei Vertragsabschluss 30 Jahre alt und hat eine mittlere Lebenserwartung von 82 Jahren. Die verbleibende Lebenserwartung beträgt 52 Jahre, davon 10 % sind 5,2 Jahre. Ein vereinbarter Rentenbeginn mit 77 Jahren wäre nicht zu beanstanden.

Keine Versicherungsverträge im Sinne des § 20 Absatz 1 Nummer 6 EStG sind Kapitalisierungsgeschäfte. Als Kapitalisierungsgeschäfte gelten Geschäfte, bei denen unter Anwendung eines mathematischen Verfahrens die im Voraus festgesetzten einmaligen oder wiederkehrenden Prämien und die übernommenen Verpflichtungen nach Dauer und Höhe festgelegt sind (vgl. § 1 Absatz 4 Satz 2 des Versicherungsaufsichtsgesetzes [VAG][1])). — 4

---

[1]) Jetzt § 1 Abs. 2 Satz 2 VAG.

5 Bei Kapitalforderungen aus Verträgen mit Versicherungsunternehmen, bei denen es sich nicht um einen Versicherungsvertrag im oben angeführten Sinne handelt, richtet sich die Besteuerung des Kapitalertrags nach § 20 Absatz 1 Nummer 7 EStG.

6 Zu den nach § 20 Absatz 1 Nummer 6 EStG steuerpflichtigen Renten- oder Kapitalversicherungen zählen nur solche, die einen Sparanteil enthalten. Bei solchen Versicherungen setzt sich der Versicherungsbeitrag grundsätzlich zusammen aus dem

– **Kostenanteil** (Beitragsteil insbesondere für Verwaltungsaufgaben des Unternehmens, Abschlusskosten, Inkassokosten), dem

– **Risikoanteil** (Beitragsteil für Leistungen bei Eintritt eines charakteristischen Hauptrisikos: Tod bei Lebensversicherungen, Unfall oder Beitragsrückzahlung im Todesfall bei Unfallversicherungen mit garantierter Beitragsrückzahlung) und dem

– **Sparanteil** (Beitragsanteil, der für die Finanzierung einer Erlebensfall-Leistung verwendet wird).

7 Eine Leistung aus einer **reinen Risikoversicherung**, also einer Versicherung ohne Sparanteil (z. B. Risikolebensversicherung, Unfallversicherung ohne garantierte Beitragsrückzahlung, Berufsunfähigkeitsversicherung, Erwerbsunfähigkeitsversicherung, Pflegeversicherung), fällt nicht unter § 20 Absatz 1 Nummer 6 EStG. Dies gilt sowohl für Kapitalauszahlungen aus reinen Risikoversicherungen als auch für Rentenzahlungen (z. B. Unfall-Rente, Invaliditätsrente). Bei einer Rentenzahlung kann sich jedoch eine Besteuerung aus anderen Vorschriften (insbesondere § 22 Nummer 1 Satz 1 EStG oder § 22 Nummer 1 Satz 3 Buchstabe a Doppelbuchstabe bb EStG) ergeben. Die Barauszahlung von Überschüssen (vgl. Rz. 13 ff.) sowie die Leistung aufgrund einer verzinslichen Ansammlung der Überschüsse (vgl. Rz. 17) ist bei einer reinen Risikoversicherung keine Einnahme im Sinne des § 20 Absatz 1 Nummer 6 EStG und auch nicht im Sinne des § 20 Absatz 1 Nummer 7 EStG.

II. Allgemeine Begriffsbestimmungen

1. Versicherungsnehmer

8 Der Versicherungsnehmer (vgl. § 1 des Versicherungsvertragsgesetzes [VVG]) ist der Vertragspartner des Versicherers. Er ist Träger aller Rechte des Vertrages, z. B. Recht die Versicherungsleistung zu fordern, den Vertrag zu ändern, zu kündigen, Bezugsberechtigungen zu erteilen, die Ansprüche aus dem Vertrag abzutreten oder zu verpfänden. Er ist gleichzeitig Träger aller Pflichten, z. B. Pflicht zur Beitragszahlung.

2. Bezugsberechtigter

9 Der Bezugsberechtigte (vgl. §§ 166, 167 VVG[1])) ist derjenige, der nach den vertraglichen Vereinbarungen die Versicherungsleistung erhalten soll. In der Regel kann der Versicherungsnehmer ohne Zustimmung des Versicherers einen Dritten als Bezugsberechtigten bestimmen. Das Bezugsrecht kann getrennt für den Erlebensfall und den Rückkauf sowie für den Todesfall festgelegt sein. Es kann widerruflich oder unwiderruflich ausgesprochen sein.

10 Bei einem unwiderruflichen Bezugsrecht bedarf jede Änderung des Bezugsrechts der Zustimmung des Bezugsberechtigten. Dieser hat auch einen unmittelbaren Rechtsanspruch auf die Leistung.

11 Bei einem widerruflichen Bezugsrecht hat der Bezugsberechtigte nur eine Anwartschaft auf die Leistung. Das widerrufliche Bezugsrecht kann auch jederzeit durch eine Mitteilung des Versicherungsnehmers an das Versicherungsunternehmen geändert werden. Im Zeitpunkt des Versicherungsfalls wird aus der Anwartschaft ein Rechtsanspruch.

3. Versicherte Person

12 Die versicherte Person ist die Person, auf deren Leben oder Gesundheit die Versicherung abgeschlossen wird (vgl. § 150 VVG). Da von ihren individuellen Eigenschaften (insbes. Alter und Gesundheitszustand) die wesentlichen Merkmale eines Versicherungsvertrages abhängen (vgl. BFH vom 9. Mai 1974, BStBl II S. 633), ist die versicherte Person eine unveränderbare Vertragsgrundlage. Bei einem Wechsel der versicherten Person erlischt, unabhängig von der Frage, ob ein entsprechendes Optionsrecht bereits bei Vertragsabschluss vereinbart worden ist oder nicht (vgl. hierzu Rz. 68), steuerrechtlich der „alte Vertrag" und es wird steuerrechtlich vom Abschluss eines „neuen Vertrages" ausgegangen. Dabei ist für beide Verträge getrennt zu prüfen, ob die Voraussetzungen für die Anwendung des § 20 Absatz 1 Nummer 6 Satz 2 EStG erfüllt sind. Wird die auf den „alten Vertrag" entfallende Versicherungsleistung ganz oder teilweise auf den „neuen Vertrag" angerechnet, so gilt auch die angerechnete Versicherungsleistung aus

---

1) Jetzt §§ 159, 160 VVG.

dem „alten Vertrag" als zugeflossen. Die aus dem „alten Vertrag" angerechnete Versicherungsleistung gilt als Beitragszahlung auf den „neuen Vertrag".

Ein steuerlich relevanter Zufluss liegt nicht vor, wenn bei einer internen Teilung nach § 10 des Versorgungsausgleichsgesetzes (VersAusglG) oder bei einer externen Teilung nach § 14 VersAusglG Ansprüche aus einem Vertrag der ausgleichspflichtigen Person übertragen werden. Der Vertrag der ausgleichsberechtigten Person gilt insoweit als zum gleichen Zeitpunkt abgeschlossen wie derjenige der ausgleichspflichtigen Person, § 52 Absatz 36 Satz 12 EStG[1]).

12a

4. Überschussbeteiligung

Der Versicherungsvertrag sieht in der Regel vor, dass der Versicherungsnehmer und/oder der Bezugsberechtigte an den Überschüssen des Versicherungsunternehmens zu beteiligen ist. Überschüsse erzielen die Unternehmen vor allem aus dem Kapitalanlage-, dem Risiko- und dem Kostenergebnis.

13

Ein Überschuss entsteht im Kapitalanlageergebnis, wenn ein höherer Ertrag als der Rechnungszins erzielt wird. Der Rechnungszins gibt den vom Versicherungsunternehmen garantierten Zins wieder, mit dem die Deckungsrückstellung kalkuliert wird. Beim Risikoergebnis kommt es zu Überschüssen, wenn der Risikoverlauf günstiger ist als bei der Kalkulation angenommen (z. B. bei Versicherungen mit Todesfall-Leistung eine geringere Anzahl von Sterbefällen). Das Kostenergebnis ist positiv, wenn das Versicherungsunternehmen weniger Kosten für die Einrichtung und die laufende Verwaltung des Vertrages aufwendet, als veranschlagt wurde. Die Überschüsse werden jährlich ermittelt.

Die Beteiligung an den Überschüssen kann insbesondere in Form der nachfolgend beschriebenen Methoden erfolgen:

Barauszahlung

Die Überschüsse werden jährlich ausgezahlt (zu den steuerlichen Folgen siehe Rz. 45).

14

Beitragsverrechnung

Es kann auch vereinbart werden, dass die Überschüsse mit den Beiträgen zu verrechnen sind, so dass die laufende Beitragsleistung des Versicherungsnehmers gemindert wird. Der kalkulierte Beitrag wird in diesem Zusammenhang als Bruttobeitrag, der um Überschüsse reduzierte Beitrag als Nettobeitrag bezeichnet (zu den steuerlichen Folgen siehe Rz. 46).

15

Bonussystem

Beim Bonussystem werden die Überschussanteile als Einmalbeiträge für eine zusätzliche beitragsfreie Versicherung (Bonus) verwendet. Bei jährlichen Überschussanteilen erhöht sich dadurch die Versicherungsleistung von Jahr zu Jahr (zu den steuerlichen Folgen siehe Rzn. 47 und 57).

16

Verzinsliche bzw. rentierliche Ansammlung

Bei der verzinslichen Ansammlung werden die jährlichen Überschussanteile beim Versicherungsunternehmen einbehalten und Ertrag bringend angelegt. Die angesammelten Beträge zuzüglich der Erträge werden zusammen mit der Versicherungssumme ausbezahlt (zu den steuerlichen Folgen siehe Rz. 47).

17

Schlussüberschussbeteiligung

Überschussanteile, die nicht laufend dem Vertrag unwiderruflich zugeteilt, sondern nur für den Fall einer Leistung aus dem Vertrag in einem Geschäftsjahr festgelegt werden, werden als Schlussüberschüsse, Schlussgewinne, Schlussdividende o. Ä. bezeichnet (zu den steuerlichen Folgen siehe Rz. 47).

18

III. Rentenversicherung mit Kapitalwahlrecht, soweit nicht die Rentenzahlung gewählt wird

Bei einer Rentenversicherung besteht die Versicherungsleistung grundsätzlich in der Zahlung einer lebenslänglichen Rente für den Fall, dass die versicherte Person den vereinbarten Rentenzahlungsbeginn erlebt. Zu den Einnahmen nach § 20 Absatz 1 Nummer 6 EStG rechnet die Versicherungsleistung aus einer Rentenversicherung mit Kapitalwahlrecht nur dann, wenn sie nicht in Form einer Rentenzahlung erbracht wird. Davon ist dann auszugehen, wenn eine einmalige Kapitalauszahlung erfolgt, wenn mehrere Teilauszahlungen geleistet werden oder wenn wiederkehrende Bezüge erbracht werden, die nicht die nachstehenden Anforderungen an eine Rente erfüllen (zur Berechnung des Unterschiedsbetrags bei der Leistung in Form eines wieder-

19

---

1) Jetzt § 52 Abs. 28 Satz 9 EStG.

kehrenden Bezugs siehe Rz. 63). Ebenfalls nach § 20 Absatz 1 Nummer 6 EStG zu versteuern sind Kapitalleistungen, soweit ein Teil der Versicherungsleistung nicht als Rente gezahlt wird, oder wenn ein laufender Rentenzahlungsanspruch durch eine Abfindung abgegolten wird. Bei einer Teilverrentung kann bei der Ermittlung des Unterschiedsbetrages für die Kapitalauszahlung nur ein Teil der geleisteten Beiträge abgezogen werden. Dies gilt auch dann, wenn vereinbart ist, dass lediglich die Beiträge ausgezahlt werden sollen und der verbleibende Teil verrentet wird. Auch in diesem Fall sind die Beiträge gleichmäßig auf die Kapitalauszahlung und den nach versicherungsmathematischen Grundsätzen ermittelten Barwert der Rentenauszahlung zu verteilen (zur Berechnung des Unterschiedsbetrags in diesen Fällen siehe Rz. 64).

20 Eine die Besteuerung nach § 20 Absatz 1 Nummer 6 EStG ausschließende Rentenzahlung setzt voraus, dass gleich bleibende oder steigende wiederkehrende Bezüge zeitlich unbeschränkt für die Lebenszeit der versicherten Person (lebenslange Leibrente) vereinbart werden. Leibrenten mit einer vertraglich vereinbarten Höchstlaufzeit (abgekürzte Leibrenten) und wiederkehrende Bezüge, die nicht auf die Lebenszeit, sondern auf eine festgelegte Dauer zu entrichten sind (Zeitrenten), sind nach § 20 Absatz 1 Nummer 6 EStG zu versteuern. Leibrenten mit einer vertraglich vereinbarten Mindestlaufzeit (verlängerte Leibrenten) sind nur dann nach § 20 Absatz 1 Nummer 6 EStG zu versteuern, wenn die Rentengarantiezeit über die auf volle Jahre aufgerundete verbleibende mittlere Lebenserwartung der versicherten Person bei Rentenbeginn hinausgeht. Maßgebend ist die zum Zeitpunkt des Vertragsabschlusses zugrunde gelegte Sterbetafel und das bei Rentenbeginn vollendete Lebensjahr der versicherten Person. Entspricht die Rentengarantiezeit der Lebenserwartung oder ist sie kürzer, ist auch für den Rechtsnachfolger (in der Regel der Erbe) die Ertragsanteilsbesteuerung anzuwenden. Dabei wird der auf den Erblasser angewandte Ertragsanteil fortgeführt.

21 Wird neben einem gleich bleibenden oder steigenden Sockelbetrag eine jährlich schwankende Überschussbeteiligung gewährt, handelt es sich dennoch insgesamt um gleich bleibende oder steigende Bezüge im Sinne der Rz. 20. Sowohl auf den Sockelbetrag als auch auf die Überschussbeteiligung ist die Ertragsanteilbesteuerung (§ 22 Nummer 1 Satz 3 Buchstabe a Doppelbuchstabe bb EStG) anzuwenden (vgl. BMF-Schreiben vom 26. November 1998, BStBl I 1998 S. 1508).

Die Auszahlung in Form einer konstanten Anzahl von Investmentanteilen stellt keinen gleich bleibenden Bezug und damit keine Rentenzahlung dar.

22 Die Todesfall-Leistung einer Rentenversicherung gehört nicht zu den Einnahmen aus § 20 Absatz 1 Nummer 6 EStG. Bei einer Rentenzahlung kann sich jedoch eine Besteuerung aus anderen Vorschriften (insbesondere § 22 Nummer 1 Satz 3 Buchstabe a Doppelbuchstabe bb EStG) ergeben.

IV. Kapitalversicherung mit Sparanteil

23 Kapitalversicherungen mit Sparanteil treten insbesondere in folgenden Ausgestaltungen auf:

1. Kapitalversicherung auf den Todes- und Erlebensfall (klassische Kapital-Lebensversicherung)

24 Bei einer Kapitalversicherung auf den Todes- und Erlebensfall leistet der Versicherer, wenn die versicherte Person den im Versicherungsschein genannten Auszahlungstermin erlebt oder wenn die versicherte Person vor dem Auszahlungstermin verstirbt. Die Leistung im Todesfall unterfällt nicht der Besteuerung nach § 20 Absatz 1 Nummer 6 EStG.

25 Die Ausgestaltung des Vertrages mit oder ohne Rentenwahlrecht, gegen Einmalbeitrag oder laufende Beitragszahlung hat keinen Einfluss auf die Besteuerung nach § 20 Absatz 1 Nummer 6 EStG.

26 Wird bei einer Kapitalversicherung mit Rentenwahlrecht die Rentenzahlung gewählt, fließen die Erträge nach § 11 Absatz 1 EStG in dem Zeitpunkt zu, in dem die Kapitalleistung im Erlebensfall zu leisten wäre. Lediglich das nach Abzug von Kapitalertragsteuer vorhandene Kapital steht für die Verrentung zur Verfügung. Die Rentenzahlungen gehören zu den Einnahmen aus § 22 Nummer 1 Satz 3 Buchstabe a Doppelbuchstabe bb EStG.

2. Unfallversicherung mit garantierter Beitragsrückzahlung

27 Bei einer Unfallversicherung mit garantierter Beitragsrückzahlung wird neben den Beitragsbestandteilen für die Abdeckung des Unfallrisikos sowie des Risikos der Beitragsrückzahlung im Todesfall und der Verwaltungskosten ein Sparanteil erbracht, der verzinslich bzw. rentierlich angelegt wird. Die Versicherungsleistung bei Ablauf der Versicherungslaufzeit gehört zu den Einnahmen aus § 20 Absatz 1 Nummer 6 EStG, nicht aber die Versicherungsleistung bei Eintritt des versicherten Risikos. Sofern die Unfallversicherung mit garantierter Beitragsrückzahlung als Rentenversicherung mit Kapitalwahlrecht abgeschlossen wird, sind die unter Rzn. 19 ff. angeführten Regelungen anzuwenden.

3. Kapitalversicherung auf den Todes- und Erlebensfall von zwei oder mehreren Personen (Kapitalversicherung auf verbundene Leben)

Die Erlebensfall-Leistung ist bei einer Kapitalversicherung auf verbundene Leben zu erbringen, wenn beide/alle versicherten Personen den im Versicherungsschein genannten Ablauftermin erleben. Zur Ermittlung des hälftigen Unterschiedsbetrags, wenn nur einer der Steuerpflichtigen bei Auszahlung der Versicherungsleistung im Erlebensfall oder bei Rückkauf das 60. Lebensjahr vollendet hat, siehe Rzn. 77 bis 78. Die Leistung im Todesfall unterfällt nicht der Besteuerung nach § 20 Absatz 1 Nummer 6 EStG.   28

4. Kapitalversicherung mit festem Auszahlungszeitpunkt (Termfixversicherung)

Bei einer Termfixversicherung wird die Versicherungsleistung nur zu einem festen Zeitpunkt ausgezahlt. Wenn die versicherte Person vor Erreichen dieses festen Zeitpunkts verstirbt, wird die Todesfallsumme in der Regel nicht sofort ausgezahlt, sondern es endet lediglich die Beitragszahlungsdauer. Die Leistung im Todesfall gehört nicht zu den Einnahmen aus § 20 Absatz 1 Nummer 6 EStG.   29

5. Kapitalversicherung mit lebenslangem Todesfallschutz

Bei einer Kapitalversicherung mit lebenslangem Todesfallschutz leistet das Versicherungsunternehmen grundsätzlich nur, wenn die versicherte Person stirbt. Der vornehmliche Zweck eines solchen Versicherungsvertrages ist die Deckung von Kosten und Aufwendungen im Zusammenhang mit dem Todesfall, z. B. Erbschaftsteuer (Erbschaftsteuerversicherung), zivilrechtlich bedingten Ausgleichszahlungen im Rahmen einer Erbschaftsplanung (Vermögensnachfolgeversicherung) oder Deckung der Bestattungskosten (Sterbegeldversicherung). Die Versicherungsleistung im Todesfall stellt keine Einnahme im Sinne des § 20 Absatz 1 Nummer 6 EStG dar. Manche Kapitalversicherungen mit lebenslangem Todesfallschutz bieten jedoch die Möglichkeit, zu Lebzeiten der versicherten Person eine Versicherungsleistung abzurufen, so dass die Versicherung beendet wird oder mit einer reduzierten Versicherungssumme bestehen bleibt. Eine abgerufene Leistung ist nach § 20 Absatz 1 Nummer 6 EStG zu versteuern.   30

V. Sonderformen

1. Fondsgebundene Kapital-Lebensversicherung und fondsgebundene Rentenversicherung

Fondsgebundene Lebensversicherungen unterscheiden sich von konventionellen Lebensversicherungen dadurch, dass die Höhe der Leistungen direkt von der Wertentwicklung der in einem besonderen Anlagestock angesparten Vermögensanlagen abhängt, wobei üblicherweise die Sparanteile nur in Investmentanteilen angelegt werden. Die Kapitalerträge aus fondsgebundenen Lebensversicherungen gehören unter den gleichen Voraussetzungen zu den Einnahmen aus Kapitalvermögen wie Erträge aus konventionellen Lebensversicherungen.   31

Eine der Höhe nach garantierte Leistung gibt es bei der fondsgebundenen Lebensversicherung in der Regel nicht, selbst der Verlust des gesamten eingesetzten Kapitals ist möglich (zu einem negativen Unterschiedsbetrag siehe Rz. 60).   32

Üblich sind Verträge, bei denen der Versicherungsnehmer einen oder mehrere Investmentfonds selbst wählen kann, wobei er die Auswahl für zukünftige Sparanteile während der Versicherungsdauer in der Regel ändern kann (Switchen). Außerdem kann das Recht eingeräumt sein, bereits investierte Sparanteile in andere Fonds umzuschichten (Shiften). Solche Umschichtungen stellen keinen Zufluss dar.   33

Hinsichtlich der Versicherungsleistung kann vereinbart sein, dass der Versicherungsnehmer wählen kann, ob er statt einer Geldzahlung die Übertragung der Fondsanteile in sein Depot möchte. Sofern eine Übertragung der Fondsanteile erfolgt, ist als Versicherungsleistung der Rücknahmepreis anzusetzen, mit dem die Versicherungsleistung bei einer Geldzahlung berechnet worden wäre.   34

2. Vermögensverwaltende Versicherungsverträge

Nach § 20 Absatz 1 Nummer 6 Satz 5 EStG (in der Fassung des Artikels 1 des Gesetzes vom 19. Dezember 2008 [BGBl. I S. 2794]) werden vermögensverwaltende Versicherungsverträge von den allgemeinen Besteuerungsregelungen für Versicherungsverträge ausgenommen. Stattdessen werden derartige Verträge transparent besteuert. Das heißt, dass im Zeitpunkt, in dem Kapitalerträge z. B. in Form von Zinsen, Dividenden oder Veräußerungsgewinnen dem vom Versicherungsunternehmen gehaltenen Depot oder Konto zufließen, diese dem wirtschaftlich Berechtigten zuzurechnen sind. Dabei richtet sich die Besteuerung nach den für das jeweilige Anlagegut geltenden Regelungen (z. B. bei Zinsen nach § 20 Absatz 1 Nummer 7 EStG, bei Dividenden nach § 20 Absatz 1 Nummer 1 EStG, bei Veräußerungen nach § 20 Absatz 2 in Verbin-   34a dung mit Absatz 4 EStG und bei Investmentfondserträgen nach den Vorschriften des Investmentsteuergesetzes). Die Vorschrift ist für alle Kapitalerträge anzuwenden, die dem Versicherungsunternehmen nach dem 31. Dezember 2008 zufließen (§ 52 Absatz 36 Satz 10 EStG¹)). Dies gilt nicht für Versicherungsverträge, die vor dem 1. Januar 2005 abgeschlossen wurden.

34b Ein vermögensverwaltender Versicherungsvertrag liegt vor, wenn die folgenden Voraussetzungen kumulativ erfüllt sind:

(1) In dem Versicherungsvertrag ist eine gesonderte Verwaltung von speziell für diesen Vertrag zusammengestellten Kapitalanlagen vereinbart und

(2) die zusammengestellten Kapitalanlagen sind nicht auf öffentlich vertriebene Investmentfondsanteile oder Anlagen, die die Entwicklung eines veröffentlichten Indexes abbilden, beschränkt und

(3) der wirtschaftlich Berechtigte kann unmittelbar oder mittelbar über die Veräußerung der Vermögensgegenstände und die Wiederanlage der Erlöse bestimmen (Dispositionsmöglichkeit).

34c Bei einer gesonderten Verwaltung wird die Sparleistung nicht vom Versicherungsunternehmen für eine unbestimmte Vielzahl von Versicherten gemeinschaftlich, sondern separat für den einzelnen Vertrag angelegt bzw. verwaltet, wobei der wirtschaftlich Berechtigte das Kapitalanlagerisiko trägt. Typischerweise erfolgt die Kapitalanlage bei einem vermögensverwaltenden Versicherungsvertrag auf einem Konto oder Depot bei einem vom Kunden frei wählbaren Kreditinstitut. Dabei wird das Versicherungsunternehmen Eigentümer bzw. Inhaber der auf dem Konto oder Depot verwalteten Anlagegüter.

34d Speziell für diesen Vertrag zusammengestellte Kapitalanlagen liegen vor, wenn die Anlage ganz oder teilweise gemäß den individuellen Wünschen des Versicherungsnehmers erfolgt. Dies ist insbesondere der Fall, wenn der Versicherungsnehmer einzelne Wertpapiere oder ein bereits vorhandenes Wertpapierdepot als Versicherungsbeitrag erbringt.

34e Die ausschließliche Auswahl von im Inland oder im Ausland öffentlich vertriebenen Investmentfondsanteilen schließt die Annahme eines vermögensverwaltenden Versicherungsvertrages aus. Die Verwendung von versicherungsinternen Fonds beeinträchtigt nicht die Charakterisierung als öffentlich vertriebene Investmentfondsanteile, vorausgesetzt, dass diese internen Fonds die Anlagen von einem oder mehreren öffentlich vertriebenen Investmentfonds widerspiegeln.

34f Unter „Anlagen, die einen veröffentlichten Index abbilden" fallen auch Kombinationsmöglichkeiten mehrerer im Inland oder Ausland veröffentlichter Indizes.

34g Eine unmittelbare Dispositionsmöglichkeit besteht, wenn der Versicherungsvertrag ein Weisungsrecht des wirtschaftlich Berechtigten gegenüber dem Versicherungsunternehmen oder gegenüber einem beauftragten Vermögensverwalter vorsieht.

Von einer mittelbaren Dispositionsmöglichkeit ist insbesondere auszugehen, wenn

– die Anlageentscheidungen von einem Vermögensverwalter getroffen werden, der durch den wirtschaftlich Berechtigten beauftragt wurde,

– der wirtschaftlich Berechtigte einen Wechsel in der Person des Vermögensverwalters verlangen kann,

– eine individuelle Anlagestrategie zwischen dem Versicherungsunternehmen oder dem Vermögensverwalter und dem wirtschaftlich Berechtigten vereinbart wird.

34h Die Auswahlmöglichkeit aus standardisierten Anlagestrategien, die einer unbestimmten Vielzahl von Versicherungsnehmern angeboten werden, stellt keine unmittelbare oder mittelbare Dispositionsmöglichkeit dar; dies gilt auch dann, wenn der Versicherungsnehmer einem Vertrag mehrere derartiger standardisierter Anlagestrategien in unterschiedlicher Gewichtung zugrunde legen darf.

34i Wird ein bereits vorhandenes Depot in einen Versicherungsvertrag dergestalt eingebracht, dass die Depotführung und die Vermögensverwaltung beim bisherigen Kreditinstitut oder dem bisherigen Vermögensverwalter verbleiben, ist in der Regel von einer weiter bestehenden Dispositionsmöglichkeit des wirtschaftlich Berechtigten auszugehen. Es gilt insoweit die – widerlegbare – Vermutung, dass der wirtschaftlich Berechtigte aufgrund einer gewachsenen und weiterhin bestehenden Geschäftsbeziehung Einfluss auf die Anlageentscheidungen ausüben kann.

34j Wirtschaftlich Berechtigter ist der Inhaber des Anspruchs auf die Versicherungsleistung. Dies ist in der Regel der Versicherungsnehmer, kann in den Fällen eines unwiderruflich eingeräumten Bezugsrechts aber auch ein Dritter sein. Sicherungsübereignung oder Pfändung führt grundsätzlich nicht zu einem Wechsel in der Person des wirtschaftlich Berechtigten. Die Regelungen in Rzn. 50 bis 53 gelten entsprechend.

---

¹) § 52 Abs. 36 Satz 10 EStG i. d. F. vor dem Gesetz zur Anpassung des nationalen Steuerrechts an den Beitritt Kroatiens zur EU und zur Änderung weiterer steuerlicher Vorschriften.

Nach § 20 Absatz 1 Nummer 6 Satz 5 EStG erfolgt eine Besteuerung der dem Versicherungs- 34k
unternehmen zugeflossenen Erträge im Sinne des § 20 Absatz 1 und Absatz 2 EStG. Leistungen
im Todes- oder Erlebensfall sowie bei Rückkauf des Vertrages sind hingegen einkommensteuerlich unbeachtlich, soweit die Erträge, die in diesen Versicherungsleistungen enthalten sind,
nach § 20 Absatz 1 Nummer 6 Satz 5 EStG der Besteuerung unterlegen haben. Soweit in der
Beitragsleistung Kosten insbesondere für die Verwaltung enthalten sind oder von dem Anlage-
konto bzw. -depot entnommen werden, sind diese grundsätzlich als Werbungskosten zu betrachten. Werbungskosten werden ab dem Veranlagungszeitraum 2009 nur noch im Rahmen
des Sparer-Pauschbetrages (§ 20 Absatz 9 EStG) berücksichtigt (vgl. Rz. 81a).

Die Übertragung von Anlagegütern auf das Versicherungsunternehmen im Zeitpunkt der Be- 34l
gründung eines vermögensverwaltenden Versicherungsvertrags sowie deren Rückübertragung
auf den wirtschaftlich Berechtigten im Zeitpunkt der Beendigung des Vertragsverhältnisses ist
steuerlich unbeachtlich und führt damit insbesondere nicht zu einer Veräußerung im Sinne
des § 20 Absatz 2 EStG.

Ob eine Vertragsänderung, die darauf abzielt, bislang bestehende Merkmale eines vermögens- 34m
verwaltenden Versicherungsvertrages nachträglich abzubedingen, steuerlich zu einer Beendigung des bisherigen Vertrages und Schaffung eines neuen Vertrages führt, hängt von den jeweiligen Umständen des Einzelfalls ab. Bei derartigen Vertragsänderungen, die vor dem
1. Juli 2010 vorgenommen werden, ist jedenfalls nicht von einer steuerrechtlich relevanten Vertragsänderung auszugehen.

3. Direktversicherung, Pensionskasse, Pensionsfonds

Zur steuerrechtlichen Behandlung von Leistungen aus einer Pensionskasse, aus einem Pensi- 35
onsfonds oder aus einer Direktversicherung wird auf das BMF-Schreiben vom 20. Januar 2009,
BStBl I S. 273[1]), Rzn. 268 bis 285 verwiesen.

VI. Absicherung weiterer Risiken

Neben dem der Versicherung zugrunde liegenden charakteristischen Hauptrisiko können wei- 36
tere Risiken (Nebenrisiken) in Form einer Zusatzversicherung oder innerhalb einer einheitlichen Versicherung abgesichert sein. Üblich sind dabei die Invaliditäts-, Berufsunfähigkeits-,
Unfalltod-, Pflege- und die Dread-Disease-Absicherung. Bei einer Dread-Disease-Absicherung
wird bei Eintritt einer schweren Krankheit geleistet (engl. dread disease = furchtbare Krankheit,
schlimme Leiden).

Enthält der Versicherungsvertrag andere als die oben angeführten Nebenrisiken und ist der
Eintritt dieses Risikos zu erwarten oder durch die versicherte Person herbeiführbar, so dass es
sich bei wirtschaftlicher Betrachtungsweise um eine Fälligkeitsregelung handelt (z. B. Beginn
der Ausbildung, Heirat), ist die Kapitalauszahlung bei Eintritt eines solchen unechten Nebenrisikos als Erlebensfall-Leistung nach § 20 Absatz 1 Nummer 6 EStG zu versteuern.

Kapitalauszahlungen bei Eintritt eines (echten) Nebenrisikos sind nicht nach § 20 Absatz 1 37
Nummer 6 EStG zu versteuern. Besteht die Leistung der weiteren Absicherung in einer Bei-
tragsbefreiung für den Hauptvertrag, ist für die Berechnung des Unterschiedsbetrags ein rech-
nerischer Ausgleichsposten in Höhe der angenommenen oder tatsächlich durch das Versicherungsunternehmen übernommenen Beiträge bei der Berechnung des Unterschiedsbetrags ertragsmindernd zu berücksichtigen.

Überschüsse und sonstige Leistungen (z. B. Rückzahlung überhobener Beiträge) aus einer wei- 38
teren Absicherung sind grundsätzlich keine Einnahmen im Sinne des § 20 Absatz 1 Nummer 6
EStG. Der hierfür erforderliche Nachweis, dass die Überschüsse und sonstigen Leistungen aus
einer weiteren Absicherung stammen, setzt voraus, dass das Versicherungsunternehmen den
darauf entfallenden Beitrag, den Überschussanteil und die sonstige Leistung für die weitere Absicherung getrennt ausweist. In diesem Fall ist gegebenenfalls ein Sonderausgabenabzug
nach § 10 Absatz 1 Nummer 3 Buchstabe a EStG[2]) für diese Beitragsbestandteile möglich.

Beitragsbestandteile für die Absicherung der Nebenrisiken mindern den steuerpflichtigen Un- 39
terschiedsbetrag nicht (vgl. Rz. 58).

VII. Erlebensfall oder Rückkauf

Der Besteuerung nach § 20 Absatz 1 Nummer 6 EStG unterliegen nur der Erlebensfall oder der 40
Rückkauf. Die Versicherungsleistung bei Eintritt des mit der Versicherung untrennbar verbun-
denen charakteristischen Hauptrisikos (Tod, Unfall) rechnet nicht zu den Einnahmen nach § 20
Absatz 1 Nummer 6 EStG (hinsichtlich weiterer versicherter Risiken siehe Rzn. 36 bis 38).

---

[1]) Nachfolgeschreiben auszugsweise abgedruckt in → Anhang 2 IV.
[2]) Jetzt § 10 Abs. 1 Nr. 3a EStG.

1. Erlebensfall

41   Alle Versicherungsleistungen, die vom Versicherungsunternehmen aufgrund des Versicherungsvertrages zu erbringen sind, ohne dass sich das versicherte Risiko realisiert hat (Risiko-
Leistung) oder dass der Versicherungsvertrag ganz oder teilweise vorzeitig beendet wurde
(Rückkauf), sind Erlebensfall-Leistungen.

41a Enthält der Versicherungsvertrag einen Anspruch auf Gewährung eines Darlehens des Versicherungsunternehmens an den Steuerpflichtigen, ohne dass sich das Versicherungsunternehmen eine freie Entscheidung über das Ob der Darlehensgewährung vorbehält, ist generell von
einer steuerpflichtigen Erlebensfall-Leistung auszugehen. In allen anderen Fällen ist zu prüfen,
ob ein nicht am Versicherungsvertrag beteiligter Dritter einen vergleichbaren Darlehensvertrag
abschließen würde, wenn man unterstellt, dass dem Dritten die vertraglichen Ansprüche zur Sicherheit abgetreten werden. Unter Zugrundelegung des Fremdvergleichsmaßstabs ist in der
Regel von einer steuerpflichtigen Erlebensfall-Leistung auszugehen, wenn insbesondere

–   der Versicherungsschutz (Leistung bei Eintritt des versicherten Risikos) aufgrund der Auszahlung abgesenkt wird, oder

–   keine oder offensichtlich marktunüblich niedrige Darlehenszinsen zu entrichten sind, oder

–   die Höhe der Darlehenszinsen und/oder die Höhe des zurückzuzahlenden Kapitals an die
Höhe der Verzinsung oder Wertentwicklung des Versicherungsvertrages gekoppelt sind.

Diese Regelungen sind auf Auszahlungen nach Veröffentlichung dieses Schreibens im Bundessteuerblatt anzuwenden. Erfolgen die Auszahlungen entsprechend der Darlehensvereinbarung
ratierlich, ist für die Anwendung dieser Regelung insgesamt das Datum der ersten Rate maßgeblich. Bei Altverträgen (zum Begriff siehe Rz. 88) kann eine steuerpflichtige Erlebensfall-Leistung nur vorliegen, wenn im Auszahlungszeitpunkt die Voraussetzungen für eine Steuerbefreiung im Sinne des § 20 Absatz 1 Nummer 6 Satz 2 EStG in der am 31. Dezember 2004 geltenden
Fassung (a. F.) fehlen. Sofern nach den oben angeführten Grundsätzen von einer Erlebensfall-
Leistung auszugehen ist, kann es sich bei Altverträgen nur um eine schädliche Verwendung
eines Policendarlehens im Sinne des § 10 Absatz 2 Satz 2 EStG a. F. handeln. Bei Endfälligkeit
des Versicherungsvertrages sind bereits versteuerte außerrechnungsmäßige und rechnungsmäßige Zinsen oder Unterschiedsbeträge sowie an den Versicherer gezahlte Zinsen bei der Ermittlung des steuerpflichtigen Ertrags zum Abzug zu bringen. Ein zusätzlicher Abzug derartiger
Zinsen als Werbungskosten oder Betriebsausgaben, wenn die Leistung zur Erzielung von
Einkünften verwendet wird, ist ausgeschlossen.

42   In der Regel tritt der Erlebensfall bei Ablauf der vereinbarten Versicherungslaufzeit ein. Es
können im Versicherungsvertrag mehrere konkrete Teilauszahlungstermine oder zeitlich und
der Höhe nach flexible Abrufmöglichkeiten bereits in der Ansparphase bzw. Aufschubphase
vereinbart sein, so dass es mehrere Erlebensfälle gibt. Beispielsweise können bei einem Versicherungsvertrag mit 30-jähriger Laufzeit Teilauszahlungen nach 20 und nach 25 Jahren vorgesehen sein. Sofern es sich dabei lediglich um ein Wahlrecht des Begünstigten handelt, das
nicht ausgeübt wird, liegt kein Erlebensfall vor. Zur Ermittlung des Unterschiedsbetrags bei
Teilauszahlungen siehe Rzn. 61 bis 62.

43   Bei einer gestreckten Kapitalauszahlung (Teilauszahlungen oder wiederkehrende Bezüge, die
keine Rentenzahlung darstellen, vgl. Rz. 20) nach Ablauf der Versicherungslaufzeit liegt nur ein
Erlebensfall zum Ablauftermin vor. Ein Zufluss ist jedoch erst mit Leistung des jeweiligen Teilbetrags gegeben. Davon zu unterscheiden ist der Fall, dass bei einer Kapital-Lebensversicherung mit Rentenwahlrecht für die Rentenzahlung optiert wird. In der Ausübung der Renten-Option liegt eine Verfügung über die auszahlbare Versicherungsleistung, die einen Zufluss begründet (vgl. Rz. 26).

44   Wenn sich der Steuerpflichtige das Kapital nach Erreichen des Ablauftermins nicht auszahlen
lässt, sondern es gegen Entgelt oder auch ohne Entgelt bis zur Entscheidung über die
endgültige Verwendung dem Versicherungsunternehmen überlässt (sog. Parkdepot), liegt aufgrund der erlangten Verfügungsmacht ein Zufluss vor. Wird die Fälligkeit einer Versicherungsleistung aufgrund einer nachträglichen Vertragsänderung während der Versicherungslaufzeit
(Verlängerung der Versicherungslaufzeit) hinausgeschoben, liegt dagegen zum ursprünglichen
Fälligkeitszeitpunkt kein Zufluss vor.

45   Eine laufende (z. B. jährliche) Auszahlung von Überschüssen (vgl. Rz. 14) stellt eine zugeflossene Erlebensfall-Leistung dar. Die Regelungen zur Ermittlung des Unterschiedsbetrags bei
Teilauszahlungen (siehe Rzn. 61 bis 62) sind anzuwenden. Wird der Überschuss nicht zur Barauszahlung, sondern zur Reduzierung der laufenden Beitragszahlung verwendet, liegt zivilrechtlich eine Aufrechnung und damit ebenfalls eine zugeflossene Erlebensfall-Leistung vor.
Bei der Berechnung des Unterschiedsbetrags ist der Bruttobeitrag (einschließlich des durch
Aufrechnung gezahlten Teils) in Ansatz zu bringen.

Ist jedoch von vornherein keine Auszahlung der laufenden Überschüsse, sondern eine Verrechnung mit den Beiträgen vereinbart, besteht also kein Wahlrecht zwischen Auszahlung und Verrechnung, liegt hinsichtlich der Überschüsse kein Erlebensfall und kein Zufluss von Erträgen vor. Bei der Ermittlung des Unterschiedsbetrags ist nur der Netto-Beitrag (vgl. Rz. 15) anzusetzen. **46**

Beim Bonussystem (vgl. Rz. 16), bei der verzinslichen bzw. rentierlichen Ansammlung (vgl. Rz. 17) und bei der Schlussüberschussbeteiligung (vgl. Rz. 18) liegt ein Zufluss von Erträgen in der Regel erst bei Ablauf der Versicherungslaufzeit vor. **47**

2. Rückkauf

Ein Rückkauf liegt vor, wenn der Versicherungsvertrag vorzeitig ganz oder teilweise beendet wird (insbesondere aufgrund Rücktritt, Kündigung oder Anfechtung). Bei einer vorzeitigen Beendigung des Versicherungsvertrages ist regelmäßig vereinbart, dass das Versicherungsunternehmen einen Rückkaufswert zu erstatten hat (vgl. § 176 Absatz 1 VVG, der eine gesetzliche Verpflichtung zur Erstattung des Rückkaufswertes bei Kapitalversicherungen auf den Todesfall mit unbedingter Leistungspflicht enthält). Der Rückkaufswert ist nach den anerkannten Regeln der Versicherungsmathematik für den Schluss der laufenden Versicherungsperiode als Zeitwert der Versicherung zu berechnen. Beitragsrückstände werden vom Rückkaufswert abgesetzt. § 12 Absatz 4 Satz 1 Bewertungsgesetz ist nicht anwendbar. Ein teilweiser Rückkauf liegt insbesondere vor, wenn der Versicherungsvertrag das Recht enthält, durch Teilkündigung einen Teil der Erlebensfall-Leistung vorzeitig abzurufen. **48**

In der Anfangszeit einer Versicherung ist der Rückkaufswert regelmäßig niedriger als die Summe der geleisteten Beiträge. Dies ergibt sich daraus, dass jeder Vertrag Abschlusskosten (z. B. Provision für den Versicherungsvermittler) verursacht, die zu tilgen sind. Außerdem behalten sich die Versicherer gewöhnlich vor, einen Abzug bei vorzeitiger Beendigung vorzunehmen (Stornoabschlag). Dadurch kann es insbesondere bei einem sehr frühzeitigen Rückkauf zu einem negativen Unterschiedsbetrag kommen. **49**

VIII. Steuerpflichtiger

Steuerpflichtiger im Sinne des § 20 Absatz 1 Nummer 6 EStG ist grundsätzlich derjenige, der das Kapital in Form der Sparanteile im eigenen Namen und für eigene Rechnung dem Versicherungsunternehmen zur Nutzung überlassen hat. Soweit eine andere Person wirtschaftlicher Eigentümer im Sinne des § 39 Absatz 2 Nummer 1 Abgabenordnung – AO – des Anspruchs auf die steuerpflichtige Versicherungsleistung (Erlebensfall-Leistung oder Rückkaufswert) ist, sind ihr die erzielten Erträge zuzurechnen. **50**

In der Regel ist der Versicherungsnehmer Steuerpflichtiger, da er die Sparanteile zur Nutzung überlassen hat und auch Inhaber des Rechts ist, die Versicherungsleistung zu fordern. Wechselt die Person des Versicherungsnehmers durch Gesamtrechts- oder Einzelrechtsnachfolge, wird regelmäßig der Rechtsnachfolger Steuerpflichtiger. **51**

Mit der Einräumung eines unwiderruflichen Bezugsrechts (vgl. Rz. 10) für die steuerpflichtige Versicherungsleistung gilt grundsätzlich der Bezugsberechtigte als Steuerpflichtiger der erzielten Erträge. Bei einem widerruflichen Bezugsrecht wird der Bezugsberechtigte erst bei Eintritt des Erlebensfalls Steuerpflichtiger. **52**

Bei einer Abtretung des Anspruchs auf die Versicherungsleistung wird der Abtretungsempfänger (Zessionar) nur dann Steuerpflichtiger, wenn er und nicht der Abtretende (Zedent) die Erträge erzielt. Das Erzielen von Erträgen setzt voraus, dass nach den getroffenen Vereinbarungen die Versicherungsleistung das Vermögen des Zessionars und nicht das des Zedenten mehren soll. Dient beispielsweise die Versicherungsleistung dazu, eigene Verbindlichkeiten des Zedenten gegenüber dem Zessionar zu tilgen, bleibt der Zedent Steuerpflichtiger. Typischerweise werden durch die Versicherungsleistung bei Eintritt des Sicherungsfalls bei einer Sicherungsabtretung oder bei Einziehung und Verwertung durch einen Pfandgläubiger eigene Verbindlichkeiten des Zedenten bzw. des Pfandschuldners getilgt, so dass regelmäßig der Zedent bzw. der Pfandschuldner Steuerpflichtiger der Erträge bleibt. **53**

IX. Berechnung des Unterschiedsbetrags

Die Ermittlung des Ertrags nach § 20 Absatz 1 Nummer 6 EStG ist nur anzuwenden, wenn der Steuerpflichtige die Versicherung im Privatvermögen hält. Gehört der Versicherungsvertrag zu dem Betriebsvermögen des Steuerpflichtigen, sind die allgemeinen Gewinnermittlungsvorschriften anzuwenden. Für den Kapitalertragsteuerabzug gelten aber auch in diesen Fällen die Vorschriften für Versicherungen im Privatvermögen (vgl. Rzn. 84 ff.). **54**

1. Versicherungsleistung

55 Versicherungsleistung ist grundsätzlich der Gesamtbetrag der zugeflossenen Geldleistungen (zur Übertragungsoption bei fondsgebundenen Lebensversicherungen siehe Rz. 34). In der Versicherungsleistung enthalten sind die angesammelten Sparanteile, die garantierte Verzinsung der Sparanteile und Überschüsse aus dem Kapitalanlage-, dem Risiko- und dem Kostenergebnis. Auszusondern sind die Überschussanteile und sonstige Leistungen aus Nebenrisiken (vgl. Rz. 38).

2. Summe der entrichteten Beiträge

56 Versicherungsbeiträge (Prämien) sind die aufgrund des Versicherungsvertrages erbrachten Geldleistungen. Hierzu gehören auch die Ausfertigungsgebühr, Abschlussgebühr und die Versicherungsteuer. Provisionen, die der Versicherungsvermittler von der Versicherungsgesellschaft erhält und die dieser an den Steuerpflichtigen weiterleitet, oder Provisionen, die der Steuerpflichtige unmittelbar von der Versicherungsgesellschaft erhält (sog. Eigenprovisionen), mindern die Summe der entrichteten Beiträge (BFH-Urteil vom 2. März 2004, BStBl II 2004 S. 506). Eine Vermittlungsprovision, die vom Versicherungsnehmer aufgrund eines gesonderten Vertrages an einen Versicherungsvermittler erbracht wird, ist bei der Berechnung des Unterschiedsbetrags ertragsmindernd anzusetzen. Für Zwecke der Kapitalertragsteuer ist es erforderlich, dass der Steuerpflichtige die Zahlung der Provision an den Vermittler gegenüber dem Versicherungsunternehmen belegt.

57 Zur Höhe der entrichteten Beiträge in den Fällen der Beitragsverrechnung siehe Rzn. 45 und 46. Der beim Bonussystem (vgl. Rz. 16) für eine Erhöhung der Versicherungsleistung verwendete Überschussanteil stellt keinen entrichteten Beitrag dar.

58 Die im Beitrag enthaltenen Anteile zur Absicherung des charakteristischen Hauptrisikos (Todesfallrisiko bei einer Lebensversicherung, Unfallrisiko sowie das Risiko der Beitragsrückzahlung im Todesfall bei einer Unfallversicherung mit Beitragsrückzahlung) mindern den steuerpflichtigen Ertrag. Beitragsanteile, die das Versicherungsunternehmen aufgrund individueller oder pauschaler Kalkulation den Nebenrisiken (Rzn. 36 ff.) zugeordnet hat, sind bei der Ermittlung des Unterschiedsbetrags nicht ertragsmindernd anzusetzen.

59 Für die Berechnung des Unterschiedsbetrags ist es grundsätzlich unerheblich, wer die Versicherungsbeiträge aufgewendet hat. Auch Beiträge, die nicht der Steuerpflichtige aufgewendet hat, mindern den steuerpflichtigen Ertrag.

3. Negativer Unterschiedsbetrag (Verlust)

60 Insbesondere in den Fällen eines frühzeitigen Rückkaufs (vgl. Rz. 49) des Versicherungsvertrags kann es zu einem negativen Unterschiedsbetrag kommen. Ist die Einkunftserzielungsabsicht zu überprüfen, ist vom hälftigen Unterschiedsbetrag als Ertrag auszugehen, wenn nach dem vereinbarten Versicherungsverlauf die Voraussetzungen des § 20 Absatz 1 Nummer 6 Satz 2 EStG erfüllt worden wären (vgl. BFH-Urteil vom 6. März 2003, BStBl II 2003 S. 702; zum Ansatz der Werbungskosten vgl. Rz. 81).

4. Teilleistungen

61 Bei Teilleistungen (Teilauszahlungen, Auszahlungen in Form von wiederkehrenden Bezügen, die keine Rentenzahlung darstellen, sowie Barauszahlungen von laufenden Überschussanteilen) sind die anteilig entrichteten Beiträge von der Auszahlung in Abzug zu bringen. Die anteilig entrichteten Beiträge sind dabei wie folgt zu ermitteln:

$$\frac{\text{Versicherungsleistung} \times (\text{Summe der entrichteten Beiträge} - \text{bereits verbrauchte Beiträge})}{\text{Zeitwert der Versicherung zum Auszahlungszeitpunkt}}$$

Die hiernach ermittelten Beiträge sind höchstens in Höhe der Teilleistung anzusetzen. Die bereits für Teilleistungen verbrauchten Beiträge mindern die bei nachfolgenden Teilleistungen zu berücksichtigenden Beiträge. Bei der Ermittlung des Unterschiedsbetrags der letzten Teilleistung bzw. der Schlussleistung sind die noch nicht angesetzten Beiträge abzuziehen.

Beispiel 1: Teilauszahlung in der Ansparphase

62 Laufzeit 20 Jahre, nach 10 Jahren Teilauszahlung i. H. v. 5 000 €, geleistete Beiträge im Auszahlungszeitpunkt: 10 000 €, Zeitwert der Versicherung im Auszahlungszeitpunkt 15 000 €, Restauszahlung nach weiteren 10 Jahren i. H. v. 25 000 €, geleistete Beiträge insgesamt: 20 000 €.

Lösung:

– Teilauszahlung i. H. v. 5 000 €

anteilige Beiträge: $\dfrac{5\,000 \times 10\,000}{15\,000} = 3\,333,33\,€$

Versicherungsleistung: 5 000,00 €

./. anteilig geleistete Beiträge: 3 333,33 € (= 33 %)
Ertrag nach § 20 Absatz 1 Nummer 6 EStG 1 666,67 €
– Restauszahlung i. H. v. 25 000 €
Versicherungsleistung: 25 000,00 €
./. geleistete Beiträge (20 000 – 3 333,33) 16 666,67 €
Ertrag nach § 20 Absatz 1 Nummer 6 EStG 8 333,33 €
Kontrollrechnung:
Versicherungsleistung: 5 000,00 € + 25 000,00 € = 30 000,00 €
Summe der Beiträge: 3 333,33 € + 16 666,67 € = 20 000,00 €
Ertrag nach § 20 Absatz 1 Nummer 6 EStG 10 000,00 €

Beispiel 2: Auszahlung in Form eines wiederkehrenden Bezugs

Der Versicherungsvertrag sieht wiederkehrende Bezüge von jährlich 6 000 € für die Lebenszeit des Begünstigten, längstens jedoch für fünf Jahre vor. An Beiträgen wurden 12 000 € erbracht. Der Steuerpflichtige (männlich) hat zum Beginn der Auszahlung das 50. Lebensjahr vollendet. | 63

Der nach den anerkannten Regeln der Versicherungsmathematik unter Berücksichtigung der geschlechtsspezifischen Sterbewahrscheinlichkeit ermittelte Zeitwert der Versicherung vor Auszahlung der jeweiligen Bezüge beträgt im

Jahr 01: 27 500
Jahr 02: 22 500
Jahr 03: 17 200
Jahr 04: 11 700
Jahr 05: 6 000

Lösung:
– anteilige Beiträge im Jahr 01: $\dfrac{6\,000 \times 12\,000}{27\,500} = 2\,618{,}18\,€$

Versicherungsleistung: 6 000,00 €
./. anteilig geleistete Beiträge: 2 618,18 €
Ertrag nach § 20 Absatz 1 Nummer 6 EStG 3 381,82 €

– anteilige Beiträge im Jahr 02: $\dfrac{6\,000 \times (12\,000 - 2\,618{,}18)}{22\,500} = 2\,501{,}82\,€$

Versicherungsleistung: 6 000,00 €
./. anteilig geleistete Beiträge: 2 501,82 €
Ertrag nach § 20 Absatz 1 Nummer 6 EStG 3 498,18 €

– Gesamtlösung

Jahr	Versicherungsleistung	Anteilige Beiträge	Ertrag
01	6 000,00 €	2 618,18	3 381,82
02	6 000,00 €	2 501,82	3 498,18
03	6 000,00 €	2 400,00	3 600,00
04	6 000,00 €	2 297,44	3 702,56
05	6 000,00 €	2 182,56	3 817,44
Kontrollsumme	30 000,00 €	12 000,00	18 000,00

Beispiel 3: Teilkapitalauszahlung bei einer Rentenversicherung

Rentenversicherung mit Kapitalwahlrecht, Ansparphase 20 Jahre, gezahlte Beiträge insgesamt 20 000 €, Zeitwert der Versicherung zum Ende der Ansparphase: 30 000 €, Ausübung des Kapitalwahlrechts i. H. v. 15 000 €, Verrentung des Restkapitals führt zu einer monatlichen garantierten Rente von 100 €. | 64

Lösung:
– Teilauszahlung i. H. v. 15 000 €

anteilige Beiträge: $\dfrac{15\,000 \times 20\,000}{30\,000} = 10\,000\,€$

Versicherungsleistung: 15 000 €
./. anteilig geleistete Beiträge 10 000 €
Ertrag nach § 20 Absatz 1 Nummer 6 EStG 5 000 €

– Rentenzahlung:
Jahresbetrag der Rente (ggf. zuzüglich Überschüsse) 1 200 €
zu versteuern nach § 22 Nummer 1 Satz 3 Buchstabe a Doppelbuchstabe bb EStG

5. Entgeltlicher Erwerb

64a   Die Aufwendungen für den Erwerb des Anspruchs auf eine Versicherungsleistung sind Anschaffungskosten (siehe Rz. 80 und Rz. 81b). Diese Anschaffungskosten treten nach § 20 Absatz 1 Nummer 6 Satz 3 EStG an die Stelle der vor dem Erwerb entrichteten Beiträge und sind bei der Ermittlung des Unterschiedsbetrags steuermindernd anzusetzen. Diese Regelung ist ab dem Veranlagungszeitraum 2008 anzuwenden (§ 52 Absatz 1 EStG in der Fassung des Unternehmensteuerreformgesetz 2008 [BGBl. I S. 1912]).

64b   Bei einem entgeltlichen Erwerb eines vor dem 1. Januar 2005 abgeschlossenen Versicherungsvertrages ist die Steuerfreiheit der außerrechnungsmäßigen und rechnungsmäßigen Zinsen in der Regel ausgeschlossen (§ 20 Absatz 1 Nummer 6 Satz 3, in Verbindung mit § 10 Absatz 1 Nummer 2 Buchstabe b Satz 6, § 52 Absatz 36 Satz 4 und Satz 5 EStG jeweils in der am 31. Dezember 2004 geltenden Fassung). Zur weiteren Erläuterung und den Ausnahmen siehe Rz. 4 des BMF-Schreibens vom 22. August 2002 (BStBl I 2002 S. 827)[1]). § 20 Absatz 1 Nummer 6 Satz 3 EStG ist bei der Ermittlung der zu versteuernden außerrechnungsmäßigen und rechnungsmäßigen Zinsen entsprechend anzuwenden. Das heißt, dass die bis zu dem Erwerbszeitpunkt angefallenen außerrechnungsmäßigen und rechnungsmäßigen Zinsen steuermindernd zu berücksichtigen sind. Als Nachweis für die Höhe der Zinsen im Erwerbszeitpunkt ist in der Regel eine Bescheinigung des Versicherungsunternehmens vorzulegen.

IXa. Steuerfreistellung nach § 20 Absatz 1 Nummer 6 Satz 9 EStG[2])

64c   Gemäß § 20 Absatz 1 Nummer 6 Satz 9 EStG sind bei fondsgebundenen Lebensversicherungen 15 % des Unterschiedsbetrages steuerfrei oder dürfen nicht bei der Ermittlung der Einkünfte abgezogen werden, soweit der Unterschiedsbetrag aus Investmenterträgen stammt. Die Steuerfreistellung wird gewährt, um die steuerliche Vorbelastung von Investmentfonds durch das Investmentsteuerreformgesetz vom 19. Juli 2016 (BGBl. I S. 1730, BStBl I S. 731) ab dem 1. Januar 2018 zu berücksichtigen. Die Steuerfreistellung greift nur, soweit Investmenterträge im Sinne des § 52 Absatz 28 Satz 21 EStG (Erträge aus Investmentfonds) Bestandteil des Unterschiedsbetrages nach § 20 Absatz 1 Nummer 6 Satz 1 EStG sind. Erträge aus konventionellen Anlagen oder aus Spezial-Investmentfonds fallen nicht in den Anwendungsbereich der Norm. Dies gilt auch für Erträge aus „internen Fonds" im Sinne des § 124 Absatz 2 Nummer 1 VAG, es sei denn, sie stammen nachweislich aus Investmentfonds. Werden die Sparanteile aus den Versicherungsbeiträgen nicht ausschließlich für die Erzielung von Investmenterträgen verwendet, muss der Anteil der Erträge aus Investmentfonds ermittelt werden.

64d   Bei Versicherungsverträgen, die nach dem 31. Dezember 2004 und vor dem 1. Januar 2018 abgeschlossen wurden (Bestandsverträge), umfasst die Steuerfreistellung nur die Investmenterträge, die auf den Zeitraum nach dem 31. Dezember 2017 entfallen. Die bis zum 31. Dezember 2017 entstandenen Investmenterträge werden von der pauschalen Freistellung nicht erfasst und müssen abgegrenzt werden.

64e   Bei der Ermittlung des steuerpflichtigen Ertrags aus dem Versicherungsvertrag werden nach § 20 Absatz 1 Nummer 6 Satz 1 EStG von der Versicherungsleistung im Erlebensfall die Summe der auf sie entrichteten Beiträge einschließlich des darin enthaltenen Kostenanteils (Abschluss-, Verwaltungs- und Vertriebskosten) abgezogen. Entsprechend muss für Zwecke des § 20 Absatz 1 Nummer 6 Satz 9 EStG bei der Ermittlung der Erträge aus Investmentfonds der auf den nach dem 31. Dezember 2017 entfallende Kostenanteil aus dem Versicherungsvertrag berücksichtigt werden. Die zeitliche und sachliche Abgrenzung der anteilig auf Investmentfonds entfallenden Erträge unter Berücksichtigung zu verrechnender Kosten hat grundsätzlich auf Grundlage der tatsächlich aus der Anlage in Investmentfonds erzielten Erträge und Aufwendungen zu erfolgen (exakte Wertermittlung).

64f   Es wird nicht beanstandet, dass der steuerfreie Anteil am Unterschiedsbetrag nach § 20 Absatz 1 Nummer 6 Satz 9 EStG anstelle der exakten Wertermittlung pauschaliert ermittelt wird, wenn die auf Investmentfonds ab 1. Januar 2018 entfallenden Erträge sachgerecht abgegrenzt werden. Wird die pauschale Ermittlung des steuerfreien Anteils am Unterschiedsbetrag gewählt, ist die in Randziffer 64e bis 64x dargestellte Verfahrensweise zu befolgen.

Bei der zeitlichen und sachlichen Abgrenzung der Erträge ist zu unterscheiden zwischen

– Versicherungsverträgen mit ausschließlicher Anlage der Sparanteile in Investmentfonds und Vertragsabschluss nach dem 31. Dezember 2017 (vgl. nachfolgend die Ausführungen zu 1.) bzw. vor dem 1. Januar 2018 (vgl. nachfolgend die Ausführungen zu 3.)

– Versicherungsverträgen mit nur teilweiser Anlage der Sparanteile in Investmentfonds (sog. Hybridprodukte) und Vertragsabschluss nach dem 31. Dezember 2017 (vgl. nachfolgend die Ausführungen zu 2.) bzw. vor dem 1. Januar 2018 (vgl. nachfolgend die Ausführungen zu 4.)

---

[1]) Abgedruckt in → H 10 (Vertragsänderungen bei Lebensversicherungen).
[2]) Rz. 64c bis 64x wurden durch BMF vom 29. 9. 2017 (BStBl I S. 1314) ergänzt.

1. Steuerfreistellung bei ausschließlicher Anlage in Investmentfonds und Vertragsbeginn nach dem 31. Dezember 2017

Soweit bei fondsgebundenen Lebensversicherungen die Sparanteile aus den Versicherungsbei-trägen ausschließlich für die Anlage in Investmentfonds verwendet wurden, werden 15 % des Unterschiedsbetrages nach § 20 Absatz 1 Nummer 6 Satz 1 EStG von der Steuer freigestellt.

64g

Beispiel 1:

Die Sparanteile eines fondsgebundenen Versicherungsvertrags werden ausschließlich in In-vestmentfonds angelegt. Der Versicherungsvertrag wird am 1. Februar 2018 abgeschlossen und kommt am 31. Januar 2048 zur Auszahlung.

Versicherungsleistung am 31. Januar 2048	100 000 €
./. Versicherungsbeiträge	50 000 €

Lösung:

Unterschiedsbetrag nach § 20 Absatz 1 Nummer 6 Satz 1 EStG:

Versicherungsleistung am 31. Januar 2048	100 000 €
./. Versicherungsbeiträge	50 000 €
	50 000 €

Teilfreistellung nach § 20 Absatz 1 Nummer 6 Satz 9 EStG $= \dfrac{15}{100} \times 50\,000\,€ =$

7 500 €

Steuerpflichtiger Unterschiedsbetrag gemäß § 20 Absatz 1 Nummer 6 Satz 1 EStG nach Teilfreistellung: (50 000 € ./. 7 500 € =)

42 500 €

Beispiel 2 (negative Teilfreistellung):

Die Sparanteile eines fondsgebundenen Versicherungsvertrags werden ausschließlich in In-vestmentfonds angelegt. Der Versicherungsvertrag wird am 1. Februar 2018 abgeschlossen und kommt am 31. Januar 2048 zur Auszahlung.

Versicherungsleistung am 31. Januar 2048	50 000 €
./. Versicherungsbeiträge	**100 000 €**

Lösung:

Unterschiedsbetrag nach § 20 Absatz 1 Nummer 6 Satz 1 EStG:

Versicherungsleistung am 31. Januar 2048	50 000 €
./. Versicherungsbeiträge	100 000 €
	– 50 000 €

Nicht abzugsfähiger Anteil nach § 20 Absatz 1 Nummer 6 Satz 9 EStG $= \dfrac{15}{100} \times 50\,000\,€ =$

– 7 500 €

Steuerpflichtiger Unterschiedsbetrag gemäß § 20 Absatz 1 Nummer 6 Satz 1 EStG nach Teilfreistellung = – 50 000 € + 7 500 € =

– 42 500 €

2. Steuerfreistellung bei gemischter Anlage (Investmentfonds und konventionelle Anlage – Hybridprodukte) und Vertragsbeginn nach dem 31. Dezember 2017

Soweit die Sparanteile aus den Versicherungsbeiträgen nicht ausschließlich für die Anlage in Investmentfonds verwendet werden, sondern beispielsweise bei sog. „Hybridprodukten" teil-weise in das konventionelle Sicherungsvermögen investiert wurden, kann die Steuerfreistel-lung nach § 20 Absatz 1 Nummer 6 Satz 9 EStG nicht auf den vollen Unterschiedsbetrag nach § 20 Absatz 1 Nummer 6 Satz 1 EStG gewährt werden. Vielmehr muss vor der Berechnung der Freistellung nach § 20 Absatz 1 Nummer 6 Satz 9 EStG der Anteil der Investmenterträge am Unterschiedsbetrag nach § 20 Absatz 1 Nummer 6 Satz 1 EStG ermittelt werden. Dazu müssen auch die anteilig auf das Fondsvermögen entfallenden Gesamtkosten aus dem Versicherungs-vertrag (GKF – siehe auch Rz. 64l) zugeordnet werden. Die anteilig dem Fondsvermögen zuzu-ordnenden Gesamtkosten werden nach dem Gewicht bestimmt, das die Entwicklung des Fondsvermögens an der Wertentwicklung des Versicherungsvertrags insgesamt hat. Je höher die Wertentwicklung des Fondsvermögens für den Erfolg des gesamten Versicherungsvertrags ausschlaggebend ist, desto höher werden auch die dem Fondsvermögen zuzuordnenden Ge-samtkosten angesetzt.

64h

a. Wertzuwachs des Versicherungsvertrags (WzV)

Der Wertzuwachs des Versicherungsvertrags (WzV) ist aus der Differenz zwischen der Versiche-rungsleistung (VL) und der für die Vermögensanlage verwendeten Einzahlungen (Sparanteile, Anlagebeträge aus zugeteilten Überschussanteilen) in den Versicherungsvertrag zu ermitteln. Der Wertzuwachs des Versicherungsvertrags bildet dabei die Wertentwicklung des für die

64i

Vermögensanlage zur Verfügung stehenden Kapitals aus dem Versicherungsvertrag ohne Berücksichtigung der auf den Vertrag entfallenden Kosten ab. Bei der Ermittlung des Unterschiedsbetrags nach § 20 Absatz 1 Nummer 6 Satz 1 EStG hingegen beinhalten die von der Versicherungsleistung abzusetzenden Beiträge die auf den Vertrag entfallenden Kosten. Der Wertzuwachs des Versicherungsvertrags übersteigt betragsmäßig stets den Unterschiedsbetrag nach § 20 Absatz 1 Nummer 6 Satz 1 EStG. Die dem versicherten Vertrag belasteten Kosten ergeben sich aus der Differenz zwischen dem Wertzuwachs des Versicherungsvertrags und dem Unterschiedsbetrag nach § 20 Absatz 1 Nummer 6 Satz 1 EStG.

VL – Einzahlungen (Sparanteile, Anlagebeträge aus zugeteilten Überschussanteilen) = WzV

Beispiel 3:

64j
Die Sparanteile eines fondsgebundenen Versicherungsvertrags werden ausschließlich in Investmentfonds angelegt. Der Versicherungsvertrag wird am 1. Februar 2018 abgeschlossen und kommt am 31. Januar 2048 zur Auszahlung.

Versicherungsleistung am 31. Januar 2048	50 000 €
Sparanteile	20 000 €
Anlagebeträge aus zugeteilten Überschussanteilen	5 000 €

Lösung:

Wertzuwachs des Versicherungsvertrags	
Versicherungsleistung am 31. Januar 2048	50 000 €
./. Sparanteile	20 000 €
./. Anlagebeträge aus zugeteilten Überschussanteilen	5 000 €
	25 000 €

b. Wertzuwachs des Fondsvermögens (WzF)

64k
Der **W**ertzuwachs des **F**ondsvermögens (WzF) errechnet sich aus der Differenz des für die Erbringung der Versicherungsleistung zur Verfügung stehenden Fondsvermögens und den für den Erwerb der Fondsanteile aufgewendeten Sparanteilen und sonstigen Zuflüssen (z. B. Anlagebeträge aus zugeteilten Überschussanteilen oder aus Umschichtungen zu Lasten des konventionellen Sicherungsvermögens in Investmentfonds). Während der Versicherungslaufzeit erfolgte Abflüsse zu Lasten des Fondsvermögens (z. B. Umschichtungen in das konventionelle Sicherungsvermögen) werden zur Ermittlung des während der Versicherungslaufzeit erzielten Wertzuwachses hinzugerechnet.

Fondsvermögen am Ende der Versicherungslaufzeit
+ Abflüsse aus dem Fondsvermögen
– Zuflüsse in das Fondsvermögen = WzF

c. Gesamtkosten des Versicherungsvertrags (GKV) und anteilig auf das Fondsvermögen zu verrechnende Gesamtkosten (GKF)

64l
Die Gesamtkosten des Versicherungsvertrags sind aus der Differenz zwischen dem Wertzuwachs des Versicherungsvertrags (WzV) und dem Unterschiedsbetrag nach § 20 Absatz 1 Nummer 6 Satz 1 EStG zu ermitteln. Die Differenz zeigt die dem Versicherungsvertrag belasteten Gesamtkosten und entspricht dem Betrag, um den die Summe der Versicherungsbeiträge die für die Vermögensanlage verwendeten Beitragsteile übersteigt.

WzV – Unterschiedsbetrag nach § 20 Absatz 1 Nummer 6 Satz 1 EStG = GKV

Die anteilig dem **F**ondsvermögen zuzurechnenden **G**esamt**k**osten (GKF) ergeben sich aus dem Anteil, den die Entwicklung des Fondsvermögens an der Wertentwicklung des gesamten Versicherungsvertrags hat. Das Gewicht wird ermittelt, indem der betragsmäßige Wertzuwachs des Fondsvermögens zur Summe des betragsmäßigen Wertzuwachses des Fondsvermögens und der übrigen Kapitalanlagen zueinander ins Verhältnis gesetzt wird.

(WzV – Unterschiedsbetrag nach § 20 Absatz 1 Nummer 6 Satz 1 EStG)

$$\times \frac{\mathrm{I\ WzF\ I}}{\mathrm{I\ WzV\ -\ WzF\ I\ +\ I\ WzF\ I}} = GKF$$

Nach Berechnung der anteiligen Gesamtkosten errechnet sich der nach § 20 Absatz 1 Nummer 6 Satz 9 EStG steuerfreie Teil der Erträge aus Investmentfonds wie folgt:

$$\frac{15}{100} \times (WzF - GKF) = \text{Steuerfreier Anteil}$$

Beispiel 4:

Eine als Hybridprodukt ausgestaltete Versicherung wird am 1. Februar 2018 abgeschlossen und kommt am 31. Januar 2048 zur Auszahlung. Zugeteilte Überschussanteile, die dem Versicherungsvertrag gutgeschrieben werden, liegen nicht vor. Am Ende der Versicherungslaufzeit ergeben sich folgende Eckwerte:

64 m

Versicherungsleistung am 31. Januar 2048	44 500 €
Versicherungsbeiträge	30 000 €
Unterschiedsbetrag im Sinne des § 20 Absatz 1 Nummer 6 Satz 1 EStG	14 550 €
Sparanteile der Versicherungsbeiträge	27 850 €
Fondsvermögen am 31. Januar 2048	19 000 €
Für das Fondsvermögen verwendete Beiträge	9 500 €

Lösung:

Berechnung Wertzuwachs Fondsvermögen (WzF):

Fondsvermögen am 31. Januar 2048	19 000 €
./. für das Fondsvermögen verwendete Beiträge	9 500 €
	9 500 €

Berechnung Wertzuwachs Versicherungsvertrag (WzV):

Versicherungsleistung am 31. Januar 2048	44 550 €
./. Sparanteile	27 850 €
	16 700 €

Berechnung Gesamtkosten Versicherungsvertrag (GKV):

WzV	16 700 €
./. Unterschiedsbetrag nach § 20 Absatz 1 Nummer 6 Satz 1 EStG	14 550 €
	2 150 €

Dem Fondsvermögen zuzurechnender Anteil der Gesamtkosten (GKF):

$$\times \frac{9\ 500\ \text{€ (I WzF I)}}{16\ 700\ \text{€ (I WzV − WzF I + 1 WzF I)}} = 1\ 223\ \text{€}$$

Teilfreistellung nach § 20 Absatz 1 Nummer 6 Satz 9 EStG:

$$\frac{15}{100} \times (9\ 500\ \text{€} - 1\ 223\ \text{€}) = 1\ 242\ \text{€}$$

Steuerpflichtiger Unterschiedsbetrag gemäß § 20 Absatz 1 Nummer 6 Satz 1 EStG nach Teilfreistellung:

44 500 € – 30 000 € – 1 242 € =	13 308 €

Beispiel 5 (negative Teilfreistellung):

Eine als Hybridprodukt ausgestaltete Versicherung wird am 1. Februar 2018 abgeschlossen und kommt am 31. Januar 2048 zur Auszahlung. Zugeteilte Überschussanteile, die dem Versicherungsvertrag gutgeschrieben werden, liegen nicht vor. Am Ende der Versicherungslaufzeit ergeben sich folgende Eckwerte:

64n

Versicherungsleistung am 31. Januar 2048	35 000 €
Versicherungsbeiträge	30 000 €
Unterschiedsbetrag im Sinne des § 20 Absatz 1 Nummer 6 EStG	5 000 €
Sparanteile der Versicherungsbeiträge	26 850 €
Fondsvermögen am 31. Januar 2048	17 000 €
Für das Fondsvermögen verwendete Beiträge	19 000 €

Lösung:

Berechnung Wertzuwachs Fondsvermögen (WzF):

Fondsvermögen am 31. Januar 2048	17 000 €
./. für das Fondsvermögen verwendete Beiträge	19 000 €
	– 2 000 €

Berechnung Wertzuwachs Versicherungsvertrag (WzV):

Versicherungsleistung am 31. Januar 2048	35 000 €
./. Sparanteile	26 850 €
	8 150 €

Berechnung Gesamtkosten Versicherungsvertrag (GKV):

WzV	8 150 €

415

./. Unterschiedsbetrag nach § 20 Absatz 1 Nummer 6 Satz 1 EStG	5 000 €
	3 150 €

Dem Fondsvermögen zuzurechnender Anteil der Gesamtkosten (GKF):

$$GKF = 3\ 150\ € \text{ (GKV)} \times \frac{2\ 000\ € \text{ (I WzF I)}}{2\ 000\ € + 10\ 150\ € \text{ (I WzF I + I WzV − WzF I)}} = 519\ €$$

Nicht abzugsfähiger Anteil nach § 20 Absatz 1 Nummer 6 Satz 9 EStG:

$$\frac{15}{100} \times (2\ 000\ € - 519\ €) = -378\ €$$

Steuerpflichtiger Unterschiedsbetrag gemäß § 20 Absatz 1 Nummer 6 Satz 1 EStG nach Teilfreistellung:

35 500 € − 30 000 € + 378 € =	5 378 €

3. Steuerfreistellung bei ausschließlicher Anlage in Investmentfonds und Vertragsbeginn vor dem 1. Januar 2018

64o Werden bei Bestandsverträgen die Sparanteile vollständig in Investmentfonds angelegt, ist der anteilig auf den Zeitraum nach dem 1. Januar 2018 erzielte Wertzuwachs vom Wertzuwachs des den Zeitraum vor dem 1. Januar 2018 betreffenden Vertragsteils abzugrenzen, da auch nur insoweit eine Teilfreistellung nach § 20 Absatz 1 Nummer 6 Satz 9 EStG vorzunehmen ist.

Beispiel 6:

64p Die Sparanteile eines fondsgebundenen Versicherungsvertrags werden ausschließlich in Investmentfonds angelegt. Der Versicherungsvertrag wurde am 1. Februar 2010 abgeschlossen und kommt am 31. Januar 2040 zur Auszahlung. Zugeteilte Überschussanteile, die dem Versicherungsvertrag gutgeschrieben werden, liegen nicht vor.

Versicherungsleistung am 31. Januar 2040	55 000 €
Versicherungsbeiträge	36 000 €
Unterschiedsbetrag nach § 20 Absatz 1 Nummer 6 Satz 1 EStG	19 000 €
Vertragswert am 31. Dezember 2017	11 000 €
Versicherungsbeiträge bis 31. Dezember 2017	10 000 €

Lösung:

Auf den Zeitraum ab 1. Januar 2018 aus dem Investmentfonds erzielter Wertzuwachs:

Versicherungsleistung am 31. Januar 2040	50 000 €
./. Versicherungsbeiträge ab 1. Januar 2018 (36 000 € ./. 10 000 €)	26 000 €
./. Vertragswert zum 31. Dezember 2017	11 000 €
	18 000 €

$$\text{Steuerfreier Anteil nach § 20 Absatz 1 Nummer 6 Satz 9 EStG} = \frac{15}{100} \times 18\ 000\ € = 2\ 700\ €$$

Steuerpflichtiger Unterschiedsbetrag gemäß § 20 Absatz 1 Nummer 6 Satz 1 EStG nach Teilfreistellung = 19 000 € − 2 700 € =

	16 300 €

4. Steuerfreistellung bei gemischter Anlage (Investmentfonds und konventionelle Anlage – Hybridprodukte) und Vertragsbeginn vor dem 1. Januar 2018 (Bestandsverträge)

64q Zur Berechnung des steuerfreien Unterschiedsbetrages bei Bestandsverträgen in Form der sog. Hybridprodukte muss zusätzlich zur Abgrenzung der Erträge, die auf den Zeitraum nach dem 31. Dezember 2017 entfallen, eine Ermittlung des Anteils der Erträge aus Investmentfonds an den Gesamterträgen der Versicherung erfolgen. Korrespondierend sind auch die Kosten auf den nach dem 31. Januar 2017 auf Investmentfonds entfallenden Anteil abzugrenzen.

64r Der steuerfreie Unterschiedsbetrag ist entsprechend der Vorgehensweise zur Abgrenzung der Investmenterträge bei Hybridprodukten mit Vertragsabschluss nach dem 31. Dezember 2017 zu ermitteln.

Die Teilfreistellung nach § 20 Absatz 1 Nummer 6 Satz 9 EStG errechnet sich wie folgt:

a. Unterschiedsbeträge nach § 20 Absatz 1 Nummer 6 Satz 1 EStG:

64s Versicherungsleistung

./. Beiträge

= Unterschiedsbetrag nach § 20 Absatz 1 Nummer 6 Satz 1 EStG

Vertragswert$_{\text{31. Dezember 2017}}$

./. Beiträge$_{\text{bis 31. Dezember 2017}}$

= Unterschiedsbetrag nach § 20 Absatz 1 Nummer 6 Satz 1 EStG$_{\text{31. Dezember 2017}}$

Unterschiedsbetrag nach § 20 Absatz 1 Nummer 6 Satz 1 EStG

./. Unterschiedsbetrag nach § 20 Absatz 1 Nummer 6 Satz 1 EStG$_{\text{31. Dezember 2017}}$

= Unterschiedsbetrag nach § 20 Absatz 1 Nummer 6 Satz 1 EStG$_{\text{ab 1. Januar 2018}}$

b. Wertzuwachs des Versicherungsvertrags ab 1. Januar 2018 (WzV$_{2018}$):

Versicherungsleistung   64t

./. Sparanteile$_{\text{ab 1. Januar 2018}}$

./. Vertragswert$_{\text{31. Dezember 2017}}$

= WzV$_{2018}$

c. Wertzuwachs Fondsvermögen ab 1. Januar 2018 (WzF$_{2018}$):

Der Wertzuwachs des Fondsvermögens ab 1. Januar 2018 (WzF$_{2018}$) errechnet sich aus dem für   64u
die Erbringung der Versicherungsleistung zur Verfügung stehenden Fondsvermögens abzüglich der ab dem 1. Januar 2018 für den Erwerb der Investmentanteile verwendeten Mittel aus
Sparanteilen, sonstigen Zuflüssen zum Erwerb von Investmentanteilen (z. B. aus Anlagebeiträ-
gen aus zugeteilten Überschussanteilen oder aus Umschichtungen zu Lasten des konventionellen Sicherungsvermögens in Investmentfonds) und des Fondsvermögens zum 31. Dezember 2017. Ab dem 1. Januar 2018 erfolgte Abflüsse zu Lasten des Fondsvermögens (z. B. aus
Umschichtungen vom Fondsvermögen in das konventionelle Sicherungsvermögen) werden hinzugerechnet.

Fondsvermögen am Ende der Versicherungslaufzeit

+ Abflüsse aus dem Fondsvermögen$_{\text{ab 1. Januar 2018}}$

− Zuflüsse in das Fondsvermögen$_{\text{ab 1. Januar 2018}}$

− Fondsvermögen$_{\text{31. Dezember 2017}}$

= WzF$_{2018}$

d. Gesamtkosten Versicherungsvertrag ab 1. Januar 2018 (GKV$_{2018}$):

Die Gesamtkosten des Versicherungsvertrags (GKV) sind aus der Differenz zwischen dem Wert-   64v
zuwachs des Versicherungsvertrags (WzV), der auf den Zeitraum ab dem 1. Januar 2018 entfällt, und dem Unterschiedsbetrag nach § 20 Absatz 1 Nummer 6 Satz 1 EStG, der auf den Zeitraum ab dem 1. Januar 2018 entfällt, zu ermitteln. Der auf den Zeitraum nach dem 1. Januar 2018 entfallende Unterschiedsbetrag nach § 20 Absatz 1 Nummer 6 Satz 1 EStG ist aus der
Differenz zwischen dem Unterschiedsbetrag des Versicherungsvertrags nach § 20 Absatz 1
Nummer 6 Satz 1 EStG und dem auf den 31. Dezember 2017 errechneten Unterschiedsbetrag
nach § 20 Absatz 1 Nummer 6 Satz 1 EStG zu ermitteln.

GKV2018 = WzV$_{2018}$

− (Unterschiedsbetrag nach § 20 Absatz 1 Nummer 6 Satz 1 EStG

− Unterschiedsbetrag nach § 20 Absatz 1 Nummer 6 Satz 1 EStG$_{\text{31. Dezember 2017}}$)

e. Anteilig auf das Fondsvermögen zu verrechnende Gesamtkosten ab 1. Januar 2018 (GKF$_{2018}$):

Die anteilig auf das Fondsvermögen zu verrechnenden Kosten ab dem 1. Januar 2018 (GKF$_{2018}$)   64w
ergeben sich analog Rz 64l.

$$GKF_{2018} = GKV_{2018} \times \frac{I \; WzF2018 \; I}{I \; WzF2018 \; I + I \; WzV2018 \; I - WzF2018 \; I}$$

Teilfreistellung nach § 20 Absatz 1 Nummer 6 Satz 9 EStG: $= \dfrac{15}{100} \times {}^{*}(WzF_{2018} - GKF_{2018})$

Beispiel 7:

Die Sparanteile eines fondsgebundenen Versicherungsvertrags werden in Investmentfonds   64x
und sonstige Kapitalanlagen angelegt (Hybridprodukt). Der Versicherungsvertrag wird am
1. Februar 2010 abgeschlossen und kommt am 31. Dezember 2029 zur Auszahlung. Zugeteilte Überschussanteile, die dem Vertrag gutgeschrieben werden, liegen nicht vor.

Versicherungsleistung am 31. Dezember 2029	44 500 €
Versicherungsbeiträge	30 000 €
Sparanteile ab 1. Januar 2018	18 000 €

Vertragswert am 31. Dezember 2017   12 000 €
Versicherungsbeiträge bis zum 31. Dezember 2017   10 000 €
Fondsvermögen am 31. Dezember 2029   20 000 €
Abflüsse aus dem Fondsvermögen ab dem 1. Januar 2018   1 000 €
Zuflüsse in das Fondsvermögen ab dem 1. Januar 2018   10 000 €
Fondsvermögen am 31. Dezember 2017   4 000 €

Lösung:

Unterschiedsbetrag nach § 20 Absatz 1 Nummer 6 Satz 1 EStG:

Versicherungsleistung am 31. Dezember 2029	44 500 €
./. Versicherungsbeiträge	30 000 €
	14 500 €

Unterschiedsbetrag nach § 20 Absatz 1 Nummer 6 Satz 1 EStG am 31. Dezember 2017:

Vertragswert am 31. Dezember 2017	12 000 €
./. Beiträge bis zum 31. Dezember 2017	10 000 €
	2 000 €

Wertzuwachs des Versicherungsvertrags ab dem 1. Januar 2018 (WzV_{2018}):

Versicherungsleistung am 31. Dezember 2029	44 500 €
./. Sparanteile ab dem 1. Januar 2018	18 000 €
./. Vertragswert am 31. Dezember 2017	12 000 €
	14 500 €

Wertzuwachs Fondsvermögen (WzF_{2018}):

Fondsvermögen am 31. Dezember 2029	20 000 €
+ Abflüsse aus dem Fondsvermögen ab dem 1. Januar 2018	1 000 €
./. Zuflüsse in das Fondsvermögen ab dem 1. Januar 2018	10 000 €
./. Fondsvermögen am 31. Dezember 2017	4 000 €
	7 000 €

Gesamtkosten des Versicherungsvertrags ab dem 1. Januar 2018:

$GKV_{2018} = WzV_{2018}$

– (Unterschiedsbetrag nach § 20 Absatz 1 Nummer 6 Satz 1 EStG

– Unterschiedsbetrag nach § 20 Absatz 1 Nummer 6 Satz 1 EStG$_{31.\ Dezember\ 2017}$)

$GKV_{2018} = 14\ 500\ € – (14\ 500\ € – 2\ 000\ €) =$ 2 000 €

Auf die Fondsanlage zu verrechnender Anteil der Gesamtkosten ab 1. Januar 2018 (GKF_{2018}):

$$GKF_{2018} = GKV_{2018} \times \frac{I\ WzF2018\ I}{I\ WzF2018\ I + I\ WzV2018\ I\ – WzF2018\ I}$$

$$GKF_{2018} = 2\ 000\ € \times \frac{7\ 000\ €}{14\ 500\ €} = 966\ €$$

Teilfreistellung nach § 20 Absatz 1 Nummer 6 Satz 9 EStG:

$$\frac{15}{100} \times (7\ 000\ € – 966\ €) = 905\ €$$

Steuerpflichtiger Unterschiedsbetrag gemäß § 20 Absatz 1 Nummer 6 Satz 1 EStG nach Teilfreistellung:

$44\ 500\ € – 30\ 000\ € – 905\ € =$ 13 595 €

X. Hälftiger Unterschiedsbetrag

65   Wird die Versicherungsleistung nach Vollendung des 60. Lebensjahres des Steuerpflichtigen und nach Ablauf von zwölf Jahren seit dem Vertragsabschluss ausgezahlt, ist die Hälfte des Unterschiedsbetrags anzusetzen. Bei Verträgen, die nach dem 31. Dezember 2011 abgeschlossen werden, ist die Vollendung des 62. Lebensjahres des Steuerpflichtigen erforderlich (§ 52 Absatz 36 Satz 9 EStG[1])).

---

[1]) Jetzt § 52 Abs. 28 Satz 7 EStG.

1. Beginn der Mindestvertragsdauer

Für den Beginn der Mindestvertragsdauer bestehen aus Vereinfachungsgründen keine Bedenken, als Zeitpunkt des Vertragsabschlusses den im Versicherungsschein bezeichneten Tag des Versicherungsbeginns gelten zu lassen, wenn innerhalb von drei Monaten nach diesem Tag der Versicherungsschein ausgestellt und der erste Beitrag gezahlt wird; ist die Frist von drei Monaten überschritten, tritt an die Stelle des im Versicherungsschein bezeichneten Tages des Versicherungsbeginns der Tag der Zahlung des ersten Beitrages.

66

2. Neubeginn aufgrund von Vertragsänderungen

Werden wesentliche Vertragsmerkmale einer Versicherung im Sinne des § 20 Absatz 1 Nummer 6 EStG (Versicherungslaufzeit, Versicherungssumme, Beitragshöhe, Beitragszahlungsdauer, vgl. BFH vom 9. Mai 1974, BStBl II S. 633) geändert, führt dies nach Maßgabe der nachfolgenden Regelungen zu einem Neubeginn der Mindestvertragsdauer. Bei einer Änderung der Person des Versicherungsnehmers ist steuerrechtlich grundsätzlich nicht von einem neuen Vertrag auszugehen.

67

a) Bei Vertragsabschluss vereinbarte künftige Vertragsänderungen

Vertragsanpassungen, die bereits bei Vertragsabschluss vereinbart worden sind, sowie hinreichend bestimmte Optionen zur Änderung des Vertrages führen vorbehaltlich der Grenzen des Gestaltungsmissbrauchs nicht zu einem Neubeginn der Mindestvertragsdauer.

68

b) Nachträglich vereinbarte Vertragsänderungen

Werden ausschließlich wesentliche Vertragsbestandteile vermindert bzw. gesenkt (z. B. Verkürzung der Laufzeit oder der Beitragszahlungsdauer, niedrigere Beitragszahlungen oder Versicherungssumme), so gilt steuerrechtlich der geänderte Vertrag als „alter Vertrag", der unverändert fortgeführt wird.

69

Nachträglich vereinbarte Änderungen der Versicherungslaufzeit oder der Beitragszahlungsdauer bleiben für die Beurteilung der Mindestvertragsdauer außer Betracht, soweit nicht die Gesamtvertragsdauer von zwölf Jahren unterschritten wird (z. B. nachträgliche Verlängerung der Versicherungslaufzeit und/oder der Beitragszahlungsdauer bei gleich bleibender Versicherungssumme aufgrund reduzierten Beitrags).

70

[1])Nachträglich vereinbarte Beitragserhöhungen und Erhöhungen der Versicherungssumme gelten steuerlich im Umfang der Erhöhung als gesonderter neuer Vertrag, für den die Mindestvertragsdauer ab dem vereinbarten Erhöhungszeitpunkt neu zu laufen beginnt.

71

Im Hinblick auf die gesetzliche Anhebung des Rentenalters von 65 auf 67 Jahre gilt Folgendes:

Die Verlängerung der Laufzeit eines Vertrages, der bisher einen Auszahlungszeitpunkt im 65. oder 66. Lebensjahr zum Inhalt hatte, führt nicht zu einer nachträglichen Vertragsänderung, wenn die Verlängerung einen Zeitraum von höchstens zwei Jahren umfasst. Eine entsprechende Verlängerung der Beitragszahlungsdauer ist zulässig. Eine solche Verlängerung der Laufzeit bzw. der Beitragszahlungsdauer infolge der Anhebung der Altersgrenze kann nur einmalig vorgenommen werden.

c) Zahlungsschwierigkeiten

Wurden Versicherungsbeiträge oder die Versicherungssumme wegen Zahlungsschwierigkeiten des Versicherungsnehmers insbesondere wegen Arbeitslosigkeit, Kurzarbeit oder Arbeitsplatzwechsel gemindert oder die Beiträge ganz oder teilweise befristet gestundet, so kann der Versicherungsnehmer innerhalb einer Frist von in der Regel drei Jahren eine Wiederherstellung des alten Versicherungsschutzes bis zur Höhe der ursprünglich vereinbarten Versicherungssumme verlangen und die Beitragsrückstände nachentrichten. Die nachentrichteten Beiträge werden als auf Grund des ursprünglichen Vertrages geleistet angesehen.

72

Konnte der Versicherungsnehmer wegen Zahlungsschwierigkeiten, insbesondere aufgrund von Arbeitslosigkeit, Kurzarbeit oder Arbeitsplatzwechsel die vereinbarten Beiträge nicht mehr aufbringen und nach Behebung seiner finanziellen Schwierigkeiten die fehlenden Beiträge nicht nachentrichten, so kann der Versicherungsnehmer innerhalb von in der Regel bis zu drei Jahren eine Wiederherstellung des alten Versicherungsschutzes bis zur Höhe der ursprünglich vereinbarten Versicherungssumme verlangen. Maßnahmen zur Schließung der Beitragslücke (z. B. Anhebung der künftigen Beiträge, Leistungsherabsetzung, Verlegung von Beginn- und Ablauftermin) führen nicht zu einem Neubeginn der Mindestvertragsdauer.

73

---

[1]) Rz. 71 unter Berücksichtigung der Änderungen durch das BMF-Schreiben vom 6. 3. 2012 – IV C 3 – S 2220/11/10002 / IV C 1 – S 2252/07/0001 :005 –, BStBl I S. 238. Das BMF-Schreiben ist abgedruckt in → Anhang 2 IX.

d) Fortsetzung einer während der Elternzeit beitragsfrei gestellten Lebensversicherung

73a   Die Regelungen in den Rzn. 72 und 73 sind entsprechend anzuwenden, wenn eine Lebensversicherung während der Elternzeit im Sinne des Bundeselterngeld- und Elternzeitgesetzes beitragsfrei gestellt wurde und innerhalb von drei Monaten nach Beendigung der Elternzeit zu den vor der Umwandlung vereinbarten Bedingungen fortgeführt wird.

e) Umwandlung einer Kapital-Lebensversicherung in eine nach § 851c ZPO unter Pfändungsschutz stehende Rentenversicherung

73b   Eine vor dem 1. Januar 2010 vollzogene Umwandlung einer Kapital-Lebensversicherung in eine Rentenversicherung, die die in § 10 Absatz 1 Nummer 2 Buchstabe b EStG[1]) genannten Voraussetzungen nicht erfüllt, die jedoch den Voraussetzungen des § 851c Absatz 1 ZPO entspricht, wird aus Billigkeitsgründen nicht als steuerschädliche Vertragsänderung betrachtet. Hiervon ausgenommen sind vor dem 1. Januar 2005 abgeschlossene Versicherungsverträge, wenn bei vertragsgemäßer Fortsetzung bis zum vereinbarten Ablaufzeitpunkt die rechnungsmäßigen und außerrechnungsmäßigen Zinsen nach § 20 Absatz 1 Nummer 6 Satz 1 EStG in der am 31. Dezember 2004 geltenden Fassung der Besteuerung unterlegen hätten, und Lebensversicherungsverträge, die nach dem 30. März 2007 abgeschlossen wurden. Zu den Rechtsfolgen einer Umwandlung eines Kapital-Lebensversicherungsvertrags in einen Rentenversicherungsvertrag im Sinne des § 10 Absatz 1 Nummer 2 Buchstabe b EStG (Basisrente) siehe Rz. 104 des BMF-Schreibens vom 30. Januar 2008 (BStBl I S. 390)[2]).

73c   Nach der Umwandlung geleistete Versicherungsbeiträge können als sonstige Vorsorgeaufwendungen berücksichtigt werden, wenn der Beginn des Versicherungsvertrages vor dem 1. Januar 2005 lag und ein Versicherungsbeitrag vor diesem Zeitpunkt geleistet wurde. Aus Billigkeitsgründen sind für die Frage des Versicherungsbeginns und der ersten Beitragsleistung (§ 10 Absatz 1 Nummer 3 Buchstabe b EStG[3])) der ursprüngliche Kapital-Lebensversicherungsvertrag und der Rentenversicherungsvertrag als Einheit anzusehen. Die aus dem umgewandelten Vertrag angerechnete Versicherungsleistung kann nicht als Sonderausgabe berücksichtigt werden.

Beispiel:

73d   Unternehmer A hat in 2007 eine Kapital-Lebensversicherung vor dem 30. März 2007 abgeschlossen, die nach Ablauf der Versicherungslaufzeit eine Erlebensfall-Leistung in Form einer Kapitalauszahlung vorsieht (steuerpflichtig nach § 20 Absatz 1 Nummer 6 EStG). Im Jahre 2008 macht er von seinem Umwandlungsrecht nach § 173 VVG[4]) Gebrauch und stellt die Kapital-Lebensversicherung auf eine private Rentenversicherung um, der im Todesfall während der Ansparphase eine Todesfall-Leistung in Form einer Beitragsrückgewähr vorsieht, die seine Erben erhalten sollen.

73e   Die Regelung in Rz. 58 des BMF-Schreibens vom 22. August 2002 (BStBl I 2002 S. 827)[5]), dass die Umstellung einer Kapital-Lebensversicherung in einen Vertrag im Sinne des Altersvorsorgeverträge-Zertifizierungsgesetzes keine steuerschädliche Vertragsänderung darstellt, ist auf nach dem 31. Dezember 2004 abgeschlossene Versicherungsverträge nicht anzuwenden (vgl. Rz. 90).

3. Policendarlehen

74   Dienen die Ansprüche aus dem Versicherungsvertrag der Tilgung oder Sicherung eines Darlehens, so steht dies der Anwendung des § 20 Absatz 1 Nummer 6 Satz 2 EStG (Ansatz des hälftigen Unterschiedsbetrags) nicht entgegen. **Zur Abgrenzung zwischen Policendarlehen und steuerpflichtigen Versicherungsleistungen siehe Rz. 41a.**

4. Teilleistungen teilweise vor dem 60. Lebensjahr und teilweise danach

75   Werden mehrere Versicherungsleistungen zu unterschiedlichen Zeitpunkten ausgekehrt (z. B. bei Teilauszahlungen und Barauszahlungen von laufenden Überschussanteilen), ist jeweils gesondert zu prüfen, ob § 20 Absatz 1 Nummer 6 Satz 2 EStG zur Anwendung kommt. Die anteilig entrichteten Beiträge sind zu berücksichtigen.

Beispiel:

76   Laufzeit 20 Jahre, nach 10 Jahren Teilauszahlung i. H. v. 5 000 €, vollendetes Lebensalter des Steuerpflichtigen im Zeitpunkt der Teilauszahlung 55 Jahre, geleistete Beiträge zum Auszahlungszeitpunkt: 10 000 €, Zeitwert der Versicherung zum Auszahlungszeitpunkt 15 000 €, Restauszahlung nach weiteren 10 Jahren i. H. v. 25 000 €, geleistete Beiträge insgesamt: 20 000 €.

---

1) Jetzt § 10 Abs. 1 Nr. 2 Buchstabe b Doppelbuchstabe aa EStG.
2) Nachfolgeschreiben abgedruckt in → Anhang 2 VI.
3) Jetzt § 10 Abs. 1 Nr. 3a Teilsätze 3 und 4 EStG.
4) Jetzt § 167 VVG.
5) Abgedruckt in → H 10 (Vertragsänderungen bei Lebensversicherungen).

Lösung:

– Teilauszahlung i. H. v. 5 000 € (Laufzeit 10 Jahre, Alter 55)

Versicherungsleistung	5 000,00 €
./. anteilig geleistete Beiträge (5 000 : 15 000 × 10 000)	3 333,33 €
	(= 33 %)
Ertrag nach § 20 Absatz 1 Nummer 6 Satz 1 EStG	1 666,67 €

– Restauszahlung i. H. v. 25 000 € (Laufzeit 20 Jahre, Alter 65)

Versicherungsleistung	25 000,00 €
./. geleistete Beiträge (20 000 – 3 333,33)	16 666,67 €
Ertrag nach § 20 Absatz 1 Nummer 6 Satz 1 EStG	8 333,33 €
Davon anzusetzen nach § 20 Absatz 1 Nummer 6 Satz 2 EStG	4 166,67 €

5. Hälftiger Unterschiedsbetrag bei Kapitalversicherungen auf verbundene Leben

Sofern bei einer Kapitalversicherung auf verbundene Leben (vgl. Rz. 28) die Versicherungsleistung mehrerer Steuerpflichtigen gemeinschaftlich zufließt, ist bei jedem Beteiligten gesondert zu prüfen, inwieweit er in seiner Person den Tatbestand des § 20 Absatz 1 Nummer 6 Satz 1 bzw. Satz 2 EStG verwirklicht. Die Aufteilung der Erträge ist dabei nach Köpfen vorzunehmen, soweit kein abweichendes Verhältnis vereinbart ist. 77

Beispiel:

Ehemann A schließt als Versicherungsnehmer eine Kapitalversicherung mit Sparanteil auf verbundene Leben ab. Versicherte Personen sind Ehemann A und Ehefrau B. Beiden steht das unwiderrufliche Bezugsrecht gemeinschaftlich zu. Laufzeit der Versicherung 20 Jahre. Erlebensfall-Leistung 30 000 €, geleistete Beiträge 20 000 €. A hat zum Auszahlungszeitpunkt das 62., B das 58. Lebensjahr vollendet. 78

Lösung:

Versicherungsleistung	30 000 €
./. geleistete Beiträge	20 000 €
Zwischensumme	10 000 €
Auf Ehemann A entfallen 50 %	= 5 000 €
Davon anzusetzen nach § 20 Absatz 1 Nummer 6 Satz 2 EStG	2 500 €
Auf Ehefrau B entfallen 50 %	= 5 000 €
Davon anzusetzen nach § 20 Absatz 1 Nummer 6 Satz 1 EStG	5 000 €

6. Mindesttodesfallschutz

Durch § 20 Absatz 1 Nummer 6 Satz 6 EStG (in der Fassung des Artikels 1 des Gesetzes vom 19. Dezember 2008 [BGBl. I S. 2794]) werden neue steuerliche Mindeststandards für die Anforderungen an die Risikoleistung aus einer Kapital-Lebensversicherung gesetzt. Sofern diese nicht erfüllt sind, ist die Steuerbegünstigung des Satzes 2 nicht anzuwenden, d. h., diese Verträge sind von einer nur hälftigen Versteuerung der Erträge ausgeschlossen. Die Neuregelung ist für alle Versicherungsverträge anzuwenden, die nach dem 31. März 2009 abgeschlossen werden oder bei denen die erstmalige Beitragsleistung nach dem 31. März 2009 erfolgt (§ 52 Absatz 36 Satz 11 EStG[1]). 78a

a) § 20 Absatz 1 Nummer 6 Satz 6 Buchstabe a EStG („50 %-Regel")

Buchstabe a des § 20 Absatz 1 Nummer 6 Satz 6 EStG (im Weiteren nur „Buchstabe a") betrifft Kapital-Lebensversicherungen mit einer vereinbarten laufenden Beitragszahlung bis zum Zeitpunkt des Erlebensfalls. Mindestens 50 % der über die gesamte Laufzeit zu zahlenden Beiträge werden als Mindesttodesfallschutz vorausgesetzt. Dies gilt nicht für Kapital-Lebensversicherungen, bei denen die Todessumme mindestens der Erlebensfallsumme entspricht; bei diesen Verträgen ist die Festlegung eines Mindesttodesfallschutzes nicht erforderlich. 78b

Beitragserhöhungen

Eine „vereinbarte laufende Beitragszahlung in mindestens gleich bleibender Höhe" liegt auch bei vertraglich vereinbarten Beitragserhöhungen und vertraglich vereinbarten Optionsrechten im Sinne der Rz. 68 vor. Sie stehen der Anwendung des Mindestrisikoschutzes nach Buchstabe a nicht entgegen. Bei dynamischen Tarifen ist zu unterscheiden zwischen solchen, bei denen von vornherein Beitragserhöhungen zur Erlebensfall-Leistung fest vereinbart werden, und solchen, bei denen der Versicherungsnehmer zwar das Recht auf Erhöhung des Beitrags hat, eine Verpflichtung zur Beitragserhöhung aber nicht besteht. Für die Unterscheidung sind die im Ver- 78c

---

[1]) Jetzt § 52 Abs. 28 Satz 8 EStG.

sicherungsvertrag enthaltenen Vereinbarungen maßgebend. Beitragserhöhungen, die von vornherein vereinbart werden, sind bei der Bestimmung des Mindesttodesfallschutzes zu berücksichtigen. Künftige Beitragserhöhungen sind dagegen erst dann zu berücksichtigen, wenn die Erhöhung wirksam wird.

78d   Sofern Beitragserhöhungen eine steuerlich relevante Vertragsänderung darstellen (z. B. nachträglich vereinbarte einmalige Zuzahlungen), sind die Voraussetzungen für den Mindesttodesfallschutz für den neuen Vertragsteil separat zu prüfen. Bei einmaligen nachträglichen Zuzahlungen, die eine steuerlich relevante Vertragsänderung darstellen, kommt in der Regel der Mindesttodesfallschutz nach Buchstabe b des § 20 Absatz 1 Nummer 6 Satz 6 EStG in Betracht.

Beitragsfreistellung/Beitragsherabsetzung

78e   Ist die Beitragszahlungsdauer kürzer als die Versicherungsdauer, kommt die Anwendung des Mindesttodesfallschutzes nach Buchstabe a grundsätzlich nicht in Betracht. Das Recht des Versicherungsnehmers, jederzeit die Umwandlung der Versicherung in eine prämienfreie Versicherung zu verlangen (§ 165 VVG), schließt die Anwendbarkeit des Mindesttodesfallschutzes nach Buchstabe a jedoch nicht aus. Übt der Versicherungsnehmer dieses aus, reduziert sich der Mindesttodesfallschutz auf 50 % der sich nach der Beitragsfreistellung insgesamt für die Vertragsdauer ergebenden Beitragssumme. Entsprechendes gilt bei einer nachträglich vereinbarten Beitragsherabsetzung. Nach der Herabsetzung müssen die neuen laufenden Beiträge nach der Vereinbarung in mindestens gleich bleibender Höhe bis zum Zeitpunkt des Erlebensfalls vorgesehen werden.

Kapital-Lebensversicherungen mit mehreren Erlebensfallzahlungen während der Versicherungsdauer

78f   Nach jeder Teilauszahlung ermäßigt sich der Mindesttodesfallschutz in dem Verhältnis, in dem die Teilauszahlungssumme zum aktuellen Rückkaufswert vor Abzug von Kosten steht.

> **Beispiel:**
>
> Vertraglich vereinbarte Beitragssumme 70 000 €, garantierte Erlebensfall-Leistung 100 000 €, Mindesttodesfallschutz: 35 000 €, Vertragsstand nach 20 Jahren: 90 000 € (Rückkaufswert), Teilauszahlung nach 20 Jahren i. H. v. 30 000 €.
>
> **Lösung:**
>
> Der Mindesttodesfallschutz ermäßigt sich im Verhältnis 30 000 zu 90 000 mithin um $^1/_3$. Der Mindesttodesfallschutz beträgt nach der Teilauszahlung 23 333 € (35 000 € × $^2/_3$).

Zuzahlungen zur Abkürzung der Versicherungsdauer

78g   Zuzahlungen zur Abkürzung der Versicherungsdauer, bei denen der ursprünglich vereinbarte Beitrag nach erfolgter Zuzahlung in unveränderter Höhe weiterläuft, führen ebenfalls zu einer Neuberechnung des Mindesttodesfallschutzes, sofern die Zuzahlung keine steuerlich relevante Vertragsänderung darstellt (insbesondere bei gleichbleibender Versicherungssumme).

> **Beispiel:**
>
> Vertragsdauer 30 Jahre, Jahresbeitrag 3 000 €, Beitragssumme 90 000 €, Mindesttodesfallschutz 45 000 €, garantierte Erlebensfall-Leistung 120 000 €.
>
> Zuzahlung im Jahr 10 i. H. v. 20 000 € führt zu einer neuen Vertragslaufzeit von 20 Jahren, Versicherungssumme bleibt unverändert.
>
> **Lösung:**
>
> Die Beitragsumme reduziert sich auf 80 000 € (20 Jahre × 3 000 € + 20 000 €). Der Mindesttodesfallschutz reduziert sich ab Zuzahlung entsprechend auf 40 000 € (80 000 € × 50 %).

Zusatzversicherungen

78h   Beitragsanteile für Nebenrisiken, die nach Rz. 58 bei der Ermittlung des Unterschiedsbetrages nicht ertragsmindernd anzusetzen sind, bleiben bei der Bestimmung des Mindesttodesfallschutzes außer Betracht.

Karenzzeit

78i   Ein Ausschluss der Risikotragung in den ersten Jahren der Vertragslaufzeit ist bei der Prüfung des Mindesttodesfallschutzes nach Buchstabe a nicht zulässig.

b)   § 20 Absatz 1 Nummer 6 Satz 6 Buchstabe b EStG („10 %-Regel")

78j   Buchstabe b des § 20 Absatz 1 Nummer 6 Satz 6 EStG (im Weiteren nur: „Buchstabe b") betrifft hauptsächlich Kapital-Lebensversicherungsverträge gegen Einmalbetrag oder mit abgekürzter

Beitragszahlungsdauer. Anstatt auf die Beitragssumme werden bei diesen Verträgen die Anforderungen an den Mindesttodesfallschutz auf das Deckungskapital, auf den Zeitwert des Vertrages oder auf die Summe der gezahlten Beiträge bezogen. Als ausreichend wird eine Todesfall-Leistung betrachtet, die das Deckungskapital oder den Zeitwert um mindestens zehn Prozent des Deckungskapitals, des Zeitwerts oder die Summe der gezahlten Beiträge übersteigt.

Karenzzeit

Es ist zulässig, wenn der Mindesttodesfallschutz erst nach Ablauf von fünf Jahren nach Vertragsabschluss erbracht wird. Beitragserhöhungen führen nicht dazu, dass diese Frist erneut zu laufen beginnt.   78k

Absinken des Mindesttodesfallschutzes

Der Mindesttodesfallschutz nach Buchstabe b darf vom Zeitpunkt des Beginns des Versicherungsschutzes an bis zum Ende der Vertragslaufzeit in jährlich gleichen Schritten auf Null sinken (§ 20 Absatz 1 Nummer 6 Satz 6 Buchstabe b Satz 2 EStG). Bei der Vereinbarung einer Karenzzeit darf das gleichmäßige Absinken des Satzes von zehn Prozent erst nach Ablauf der vereinbarten Karenzzeit einsetzen. Diese Regelung zum Absinken des Versicherungsschutzes ist nicht auf Kapital-Lebensversicherungen mit lebenslangem Todesfallschutz (vgl. Rz. 30) anwendbar, da es an einem zeitlich bestimmten Laufzeitende fehlt.   78l

Beitragserhöhungen

Vertraglich vereinbarte Beitragserhöhungen, die keine steuerlich relevante Vertragsänderung darstellen, führen zu einer Erhöhung des Deckungskapitals bzw. des Zeitwertes und sind bei der Ermittlung des Mindesttodesfallschutzes zu berücksichtigen. § 20 Absatz 1 Nummer 6 Satz 6 Buchstabe b Satz 2 EStG ist dabei mit der Maßgabe anzuwenden, dass im Zeitpunkt der Beitragserhöhung weiterhin der sich zu diesem Zeitpunkt ergebende Prozentsatz maßgeblich ist.   78m

Soweit aufgrund einer Beitragserhöhung steuerlich ein neuer Vertrag vorliegt (z. B. bei einer nachträglich vereinbarten Beitragserhöhung), ist hinsichtlich des neuen Vertragsteils der Mindesttodesfallschutz einschließlich des Prozentsatzes nach § 20 Absatz 1 Nummer 6 Satz 6 Buchstabe b Satz 2 EStG neu zu ermitteln.   78n

c) Verhältnis zwischen den Regelungen zum Mindesttodesfallschutz

Der Versicherungsvertrag muss durchgehend entweder den Mindesttodesfallschutz nach Buchstabe a oder Buchstabe b des § 20 Absatz 1 Nummer 6 Satz 6 EStG erfüllen. Ein Wechsel zwischen den beiden Varianten ist während der Vertragslaufzeit nicht möglich. Wenn ein Versicherungsvertrag die Anforderungen in Buchstabe a und Buchstabe b dergestalt miteinander verbindet, dass bei Risikoeintritt jeweils die Variante anzuwenden sei, die zu einer niedrigeren Leistung führt, ist nicht von einem ausreichenden Mindesttodesfallschutz auszugehen. Es besteht jedoch ein ausreichender Todesfallschutz, wenn der Versicherungsvertrag bei Risikoeintritt die höhere Leistung nach den Anforderungen von Buchstabe a oder Buchstabe b bietet.   78o

XI. Werbungskosten

Kosten, die durch den Versicherungsvertrag veranlasst sind, können als Werbungskosten abgezogen werden. Zur Behandlung einer Vermittlungsprovision, die der Versicherungsnehmer aufgrund eines gesonderten Vertrages an den Versicherungsvermittler zahlt, siehe Rz. 56. Abschlusskosten, die durch die Beitragsleistung bezahlt werden (insbesondere die Vermittlungsprovision, die das Versicherungsunternehmen an den Vermittler erbringt), sind keine Werbungskosten. Die Werbungskosten sind auf den Sparer-Pauschbetrag beschränkt (Rz. 81a).   79

Die Aufwendungen für den entgeltlichen Erwerb eines Versicherungsvertrages sind Anschaffungskosten und keine Werbungskosten (siehe Rz. 64a und Rz. 81b).   80

Auch bei hälftigem Unterschiedsbetrag besteht der volle Werbungskostenabzug. § 3c Absatz 1 EStG ist nicht anwendbar, da § 20 Absatz 1 Nummer 6 Satz 2 EStG keine Steuerbefreiung, sondern eine Sonderregelung zur Ermittlung des anzusetzenden Ertrags enthält.   81

Ab dem 1. Januar 2009 ist der Werbungskostenabzug nach § 20 Absatz 9 EStG ausschließlich durch den Sparer-Pauschbetrag i. H. v. 801 € bzw. 1 602 € für Verheiratete möglich. Der Ansatz der tatsächlichen Werbungskosten ist ausgeschlossen.   81a

XIa. Entgeltliche Veräußerung

Nach § 20 Absatz 2 Satz 1 Nummer 6 EStG[1]) ist die Veräußerung von Ansprüchen auf eine Versicherungsleistung im Sinne des § 20 Absatz 1 Nummer 6 EStG steuerpflichtig, wenn der Ver-   81b

---

1) § 20 Abs. 2 Satz 1 Nr. 6 EStG regelt auch den Verlustfall (→ BFH vom 14. 3. 2017 – BStBl II S. 1040).

kauf nach dem 31. Dezember 2008 stattgefunden hat und der Versicherungsvertrag nach dem 31. Dezember 2004 abgeschlossen wurde. Bei Versicherungsverträgen, die vor dem 1. Januar 2005 abgeschlossen wurden, ist die Veräußerung nach § 20 Absatz 2 Satz 1 Nummer 6 EStG steuerpflichtig, wenn bei einem Rückkauf zum Veräußerungszeitpunkt die Erträge nach § 20 Absatz 1 Nummer 6 EStG in der Fassung vom 31. Dezember 2004 steuerpflichtig wären (§ 52a Absatz 10 Satz 5 EStG[1])).

XII. Nachweis der Besteuerungsgrundlagen

1. Inländische Versicherungen

82   Bei Versicherungen, die im Inland Sitz, Geschäftsleitung oder Niederlassung haben, dient als Nachweis für die Höhe der Kapitalerträge im Sinne des § 20 Absatz 1 Nummer 6 EStG im Rahmen der Einkommensteuererklärung bei positiven Kapitalerträgen die Steuerbescheinigung im Sinne des § 45a EStG. Negative Kapitalerträge sind in der Regel durch eine Berechnung des Versicherungsunternehmens zu belegen.

2. Ausländische Versicherungen

83   Der Steuerpflichtige hat alle für die Besteuerung nach § 20 Absatz 1 Nummer 6 EStG erforderlichen Unterlagen zu beschaffen und seiner Steuererklärung beizufügen (§ 90 Absatz 2 AO).

XIII. Kapitalertragsteuer

84   Dem Kapitalertragsteuerabzug (§ 43 Absatz 1 Satz 1 Nummer 4 Satz 1 EStG) unterliegen auch Teilleistungen (vgl. Rz. 61).

85[2])   Bemessungsgrundlage ist im Regelfall der Unterschiedsbetrag, im Falle des § 20 Absatz 1 Nummer 6 Satz 2 EStG der halbe Unterschiedsbetrag.

86   Kapitalertragsteuer ist nach § 44a EStG nicht einzubehalten, wenn eine Nichtveranlagungsbescheinigung vorgelegt oder soweit ein Freistellungsauftrag erteilt wurde.

87   Die Kapitalertragsteuer wird von den inländischen Versicherungsunternehmen auch von den Erträgen aus Versicherungen im Sinne des § 20 Absatz 1 Nummer 6 EStG erhoben, bei denen der Steuerpflichtige nur beschränkt steuerpflichtig ist (§§ 1 Absatz 4, 49 Absatz 1 Nummer 5 EStG). Sie hat in diesen Fällen nach § 50 Absatz 2 Satz 1 EStG abgeltende Wirkung. Niedrigere Quellensteuerhöchstsätze nach den Doppelbesteuerungsabkommen sind im Erstattungsverfahren nach § 50d Absatz 1 EStG geltend zu machen.

XIIIa. Mitteilungspflicht für inländische Versicherungsvermittler[2])

87a   Ein inländischer Versicherungsvermittler ist verpflichtet, die erfolgreiche Vermittlung eines Vertrages im Sinne des § 20 Absatz 1 Nummer 6 (Kapitalversicherungen und Rentenversicherungen) nach § 45d Absatz 3 EStG bis zum 30. März des Folgejahres gegenüber dem Bundeszentralamt für Steuern (BZSt) mitzuteilen, wenn es sich um einen Vertrag zwischen einer im Inland ansässigen Person und einem ausländischen Versicherungsunternehmen handelt. Ausgenommen sind Verträge mit ausländischen Versicherungsunternehmen mit inländischer Niederlassung, da für diese Fälle eine Verpflichtung zum Einbehalt der Kapitalertragsteuer besteht (§ 43 Absatz 3 Satz 1 EStG).

Die Verpflichtung zur Mitteilung entfällt, sofern das Versicherungsunternehmen freiwillig das BZSt bis zum 30. März des Folgejahres über den Abschluss eines Vertrages informiert hat und den Versicherungsvermittler hierüber in Kenntnis gesetzt hat.

87b   Der Versicherungsvermittler hat die in § 45d Absatz 3 Satz 2 EStG genannten Daten dem BZSt mitzuteilen, wenn der Versicherungsvertrag nach dem 31. Dezember 2008 abgeschlossen wurde. Die erstmalige Übermittlung hat bis zum 30. März 2011 zu erfolgen, somit sind in 2011 die Vertragsabschlüsse für zwei Kalenderjahre zu übermitteln.

87c   Die Übermittlung hat nach amtlich vorgeschriebenem Datensatz grundsätzlich in elektronischer Form zu erfolgen (§ 45d Absatz 3 Satz 3 in Verbindung mit Absatz 1 Satz 2 bis 4 EStG, § 150 Absatz 6 AO, § 1 Absatz 1 Steuerdaten-Übermittlungsverordnung). Die Datensatzbeschreibung und Hinweise zur Übermittlung werden in einem gesonderten nachfolgenden Schreiben dargestellt.

---

[1]) Jetzt § 52 Abs. 28 Satz 14 EStG.
[2]) § 45d Abs. 3 EStG wurde durch das Gesetz zur Modernisierung des Besteuerungsverfahrens neu gefasst. Zur Mitteilungspflicht für inländische Versicherungsvermittler für Versicherungsverträge, die nach dem 31. 12. 2016 abgeschlossen werden → § 45d Abs. 3 EStG in der am 1. 1. 2017 geltenden Fassung. Die Rz. 87a bis 87c sind insoweit überholt.

XIV. Anwendungsregelungen

1. Zeitliche Abgrenzung von Altverträgen zu Neuverträgen

Durch das Alterseinkünftegesetz vom 5. Juli 2004 (BGBl. I S. 1427) ist § 20 Absatz 1 Nummer 6   88
EStG neu gefasst worden. Nach § 52 Absatz 36 EStG[3]) ist für vor dem 1. Januar 2005 abgeschlossene Versicherungsverträge (Altverträge) § 20 Absatz 1 Nummer 6 EStG in der am 31. Dezember 2004 geltenden Fassung (a. F.) weiter anzuwenden. Damit besteht insbesondere die Steuerbefreiung nach § 20 Absatz 1 Nummer 6 Satz 2 EStG a. F. für Altverträge fort.

Für die Frage, ob noch § 20 Absatz 1 Nummer 6 EStG a. F. anzuwenden ist, kommt es auf den   89
Zeitpunkt des Vertragsabschlusses an. Die Regelung zur Rückdatierung (Rz. 66) ist in diesem
Zusammenhang nicht anzuwenden. Der Versicherungsvertrag kommt mit dem Zugang der Annahmeerklärung des Versicherers beim Versicherungsnehmer zustande. Auf eine ausdrückliche
Annahmeerklärung kann jedoch verzichtet werden, wenn sie nach der Verkehrssitte nicht zu
erwarten ist oder der Antragende auf sie verzichtet hat (§ 151 BGB). Bei Lebensversicherungsverträgen kann aufgrund der regelmäßig erforderlichen Risikoprüfung davon ausgegangen
werden, dass eine ausdrückliche Annahmeerklärung erfolgt. Für die steuerrechtliche Beurteilung ist unter dem Zeitpunkt des Vertragsabschlusses grundsätzlich das Datum der Ausstellung
des Versicherungsscheines zu verstehen. Wenn der Steuerpflichtige geltend macht, der Vertragsschluss sei vor dem Datum der Ausstellung des Versicherungsscheins erfolgt, hat er dies
durch geeignete Dokumente (z. B. Annahmeerklärung des Versicherers) zu belegen. Aus Vereinfachungsgründen ist es nicht erforderlich, dass der Steuerpflichtige den Zeitpunkt des Zugangs der Annahmeerklärung nachweist, sondern es ist auf das Datum der Annahmeerklärung
abzustellen.

2. Weitergeltung von BMF-Schreiben

Die BMF-Schreiben vom 22. August 2002 – IV C 4 – S 2221–211/02 – (BStBl I S. 827),[4])   90
vom 15. Juni 2000 – IV C 4 – S 2221–86/00 – (BStBl I S. 1118), vom 13. November 1985 –
IV B 4 – S 2252–150/85 – (BStBl I S. 661) und vom 31. August 1979 – IV B 4 – S 2252–77/79 –
(BStBl I S. 592) sind für Altverträge weiterhin anzuwenden. Die BMF-Schreiben vom 25. November 2004 – IV C 1 – S 2252–405/04 – (BStBl I S. 1096) und vom 22. Dezember 2005 – IV C 1 –
S 2252–343/05 – (BStBl I 2006 S. 92)[5]) werden aufgehoben.

3. Vorratsverträge

Im Abschluss so genannter Vorratsverträge ist regelmäßig ein steuerrechtlicher Gestaltungs-   91
missbrauch im Sinne des § 42 AO zu sehen. Bei Versicherungsverträgen, die zwar noch im Jahr
2004 abgeschlossen werden, bei denen der vereinbarte Versicherungsbeginn aber erst nach
dem 31. März 2005 liegt, kommt steuerlich der Vertragsabschluss zu dem Zeitpunkt zustande,
zu dem die Versicherung beginnt.

4. Vertragsänderungen bei Altverträgen

[6])Ergänzend zu dem BMF-Schreiben vom 22. August 2002 – IV C 4 – S 2221–211/02 – (BStBl I   92
S. 827)[7]) gilt für Beitragserhöhungen bei Altverträgen Folgendes: Ob im Falle von bereits bei
Vertragsabschluss vereinbarten Beitragsanpassungen in vollem Umfange ein Altvertrag vorliegt, hängt davon ab, ob die vereinbarten Beitragsanpassungen als rechtsmissbräuchlich einzustufen sind (BMF-Schreiben vom 22. August 2002, BStBl I S. 827[8]), Rz. 38). Ein Missbrauch
rechtlicher Gestaltungsmöglichkeiten liegt insbesondere dann nicht vor, wenn die Beitragserhöhung pro Jahr 20 v. H. des bisherigen Beitrags nicht übersteigt. Dabei ist es unbeachtlich, ob die
Beitragserhöhung durch Anwendung eines Vomhundertsatzes oder eines vergleichbaren Dynamisierungsfaktors, bezifferter Mehrbeträge oder durch im Voraus festgelegte feste Beiträge ausgedrückt wird. Im Falle einer Beitragserhöhung pro Jahr um mehr als 20 v. H. des bisherigen
Beitrags handelt es sich nicht um einen Missbrauch steuerlicher Gestaltungsmöglichkeiten,

– wenn die jährliche Beitragserhöhung nicht mehr als 250 € beträgt oder

– wenn der Jahresbeitrag bis zum fünften Jahr der Vertragslaufzeit auf nicht mehr als 4 800 €
angehoben wird und der im ersten Jahr der Vertragslaufzeit zu zahlende Versicherungsbeitrag mindestens 10 v. H. dieses Betrages ausmacht oder

---

[3]) Jetzt § 52 Abs. 28 EStG.
[4]) Abgedruckt in → H 10 (Vertragsänderungen bei Lebensversicherungen).
[5]) Abgedruckt in H 20 der Lohnsteuer Handausgabe 2009.
[6]) Rz. 92 unter Berücksichtigung der Änderungen durch das BMF-Schreiben vom 6. 3. 2012 – IV C 3 –
   S 2220/11/10002 / IV C 1 – S 2252/07/0001 :005 –, BStBl I S. 238. Das BMF-Schreiben ist abgedruckt
   in → Anhang 2 IX.
[7]) Abgedruckt in → H 10 (Vertragsänderungen bei Lebensversicherungen).
[8]) Abgedruckt in → H 10 (Vertragsänderungen bei Lebensversicherungen).

– wenn der erhöhte Beitrag nicht höher ist als der Beitrag, der sich bei einer jährlichen Beitragserhöhung um 20 v. H. seit Vertragsabschluss ergeben hätte.

Im Hinblick auf die gesetzliche Anhebung des Rentenalters von 65 auf 67 Jahre gilt Folgendes:

Die Verlängerung der Laufzeit eines Vertrages, der bisher einen Auszahlungszeitpunkt im 65. oder 66. Lebensjahr zum Inhalt hatte, führt nicht zu einer nachträglichen Vertragsänderung, wenn die Verlängerung einen Zeitraum von höchstens zwei Jahren umfasst. Eine entsprechende Verlängerung der Beitragszahlungsdauer ist zulässig. Eine solche Verlängerung der Laufzeit bzw. der Beitragszahlungsdauer infolge der Anhebung der Altersgrenze kann nur einmalig vorgenommen werden.

93 Ist die Erhöhung der Beitragsleistung als missbräuchlich einzustufen, sind die insgesamt auf die Beitragserhöhung entfallenden Vertragsbestandteile steuerlich als gesonderter neuer Vertrag zu behandeln. Der neue Vertrag gilt in dem Zeitpunkt als abgeschlossen, zu dem der auf den Erhöhungsbetrag entfallende Versicherungsbeginn erfolgt. Wenn die Beitragshöhe in den Kalenderjahren 2005 oder 2006 gesenkt wird und nunmehr die o. a. Grenzen nicht überschritten werden, ist kein Gestaltungsmissbrauch und steuerlich kein gesonderter neuer Vertrag anzunehmen.

94 Es wird nicht beanstandet, wenn das Versicherungsunternehmen als Einnahmen aus einem Vertrag, für den aufgrund einer Vertragsänderung nach Maßgabe des BMF-Schreibens vom 22. August 2002 (BStBl I S. 827)[1] für den „alten Vertrag" § 20 Absatz 1 Nummer 6 EStG a. F. und für den „neuen Vertrag" § 20 Absatz 1 Nummer 6 EStG n. F. Anwendung findet, insgesamt die rechnungsmäßigen und außerrechnungsmäßigen Zinsen zugrunde legt, wenn der Steuerpflichtige dem zugestimmt hat.

§ 20 Absatz 1 Nummer 6 Satz 2 EStG n. F. ist für den „neuen Vertrag" entsprechend anzuwenden.

5. Vertragsschluss im Namen eines minderjährigen Kindes

95 Fälle, in denen Eltern für ihr minderjähriges Kind einen Versicherungsvertrag dergestalt vor dem 31. Dezember 2004 abschließen, dass das Kind Versicherungsnehmer wird, sind folgendermaßen zu behandeln:

96 Nach § 1643 Absatz 1 BGB in Verbindung mit § 1822 Nummer 5 BGB bedarf ein Vertrag der Genehmigung des Familiengerichts, wenn durch den Vertrag der Minderjährige zu wiederkehrenden Leistungen verpflichtet wird und das Vertragsverhältnis länger als ein Jahr nach dem Eintritt der Volljährigkeit fortdauern soll. Enthält der Versicherungsvertrag eine Beitragszahlungsverpflichtung über den 19. Geburtstag hinaus, ist somit eine Genehmigung erforderlich. Wird das Kind volljährig, so tritt seine Genehmigung an die Stelle des Familiengerichts (§ 1829 Absatz 3 BGB). Solange keine Genehmigung erteilt wurde, ist das Rechtsgeschäft schwebend unwirksam (§ 1829 Absatz 1 Satz 1 BGB). Nach § 184 Absatz 1 BGB wirkt eine Genehmigung auf den Zeitpunkt der Vornahme des Rechtsgeschäfts zurück (ex tunc). Bei Genehmigung gilt der Vertrag als noch in 2004 geschlossen. § 20 Absatz 1 Nummer 6 EStG ist in der bis zum 31. Dezember 2004 geltenden Fassung anzuwenden.

97 Wird die Genehmigung nicht erteilt und erfolgt eine Rückabwicklung des Leistungsverhältnisses (§ 812 BGB), sind die in den Rückabwicklungsansprüchen enthaltenen Zinsanteile nach § 20 Absatz 1 Nummer 7 EStG zu versteuern.

II. Berechnung des Unterschiedsbetrages zwischen der Versicherungsleistung und der Summe der auf sie entrichteten Beiträge bei (Teil-)Auszahlungen des Zeitwertes von Rentenversicherungen nach Beginn der Rentenzahlung

Bezug: BMF-Schreiben vom 1. Oktober 2009[2]
– IV C 1 – S 2252/07/0001 – / – 2009/0637786 – (BStBl I S. 1172)

(BMF-Schreiben vom 18. 6. 2013 – IV C 1 – S 2252/07/0001 :023 –, BStBl I S. 768)

Zu der Frage, wie der Unterschiedsbetrag zwischen der Versicherungsleistung und der Summe der auf sie entrichteten Beiträge bei (Teil-)Kapitalauszahlungen des Zeitwertes von Rentenversicherungen nach Beginn der laufenden Rentenzahlung zu ermitteln ist, gilt nach Erörterung mit den obersten Finanzbehörden der Länder Folgendes:

Bei einer Rentenversicherung besteht die Versicherungsleistung grundsätzlich in der Zahlung einer lebenslänglichen Rente für den Fall, dass die versicherte Person den vereinbarten Rentenzahlungsbeginn erlebt. Die laufende Rentenzahlung unterliegt gemäß § 22 Nummer 1 Satz 3 Buchstabe a Doppelbuchstabe bb EStG der Besteuerung mit dem Ertragsanteil. Hierbei wird

---

[1] Abgedruckt in → H 10 (Vertragsänderungen bei Lebensversicherungen).
[2] Abgedruckt in → H 20 (Versicherungsverträge) unter Pkt. I.

u. a. berücksichtigt, dass mit der Rentenzahlung auch eine Rückzahlung der zum Aufbau der Anwartschaft aus dem versteuerten Einkommen eingesetzten Beiträge erfolgt.

Zu den Einnahmen nach § 20 Absatz 1 Nummer 6 EStG zählt die Versicherungsleistung aus einer Rentenversicherung, soweit sie nicht in Form einer lebenslangen Leibrente erbracht wird. Dies gilt insbesondere, wenn ein laufender Rentenzahlungsanspruch nach einer Kündigung oder Teilkündigung des Versicherungsvertrages durch Auszahlung des Zeitwertes der Versicherung abgegolten wird.

Wie der Unterschiedsbetrag nach § 20 Absatz 1 Nummer 6 EStG im Falle einer Teilkapitalauszahlung einer Rentenversicherung zum Ende der Ansparphase zu berechnen ist, ergibt sich aus Rz. 64 des BMF-Schreibens vom 1. Oktober 2009.[1])

Erfolgt die Kapitalauszahlung nach Beginn der Auszahlungsphase der Rentenversicherung, ist bei der Ermittlung des Unterschiedsbetrages zu berücksichtigen, dass in den bis zum Zeitpunkt der Auszahlung geleisteten Rentenzahlungen anteilige Versicherungsbeiträge enthalten sind. Diese ergeben sich in pauschalierender Form aus der Differenz zwischen dem bisher ausgezahlten Rentenbetrag und dem für diese Rentenzahlung anzusetzenden Ertragsanteil. Der so ermittelte Betrag ist bei der Berechnung des Unterschiedsbetrages nach § 20 Absatz 1 Nummer 6 EStG als bereits verbrauchte Beiträge zu berücksichtigen.

Die anteilig entrichteten Beiträge sind dabei wie folgt zu ermitteln:

$$\frac{\text{Versicherungsleistung} \times (\text{Summe der auf die Versicherung entrichteten Beiträge} - \text{Differenz aus Rentenzahlungen bis zum Auszahlungszeitpunkt und kumuliertem Ertragsanteil auf die Rentenzahlungen})}{\text{Zeitwert der Versicherung zum Auszahlungszeitpunkt}}$$

Beispiel:

Zeitwert der Versicherung zum Auszahlungszeitpunkt	24 000 €
Teilauszahlung von 50 % des Zeitwertes der Versicherung	12 000 €
Summe der auf die Versicherung entrichteten Beiträge	20 000 €
Bei Beginn der Rente vollendetes Lebensjahr des Rentenberechtigten	65
Ertragsanteil der Rente in Prozent	18
Monatliche Rente	100 €
Dauer des Rentenbezuges bis zur Teilauszahlung in Monaten	60
Summe der Rentenzahlungen	6 000 €
Kumulierter Ertragsanteil auf die Rentenzahlungen	1 080 €
Anteilig entrichtete Beiträge	$\frac{12000 \times (20000 - 4920)}{24000} = 7\,540\,€$
Berechnung des Unterschiedsbetrages	12 000 € − 7 540 € = 4 460 €
Ertrag nach § 20 Absatz 1 Nummer 6 EStG	4 460 €

Soweit der Unterschiedsbetrag bei (Teil-)Auszahlungen des Zeitwertes von Rentenversicherungen nach Beginn der Rentenzahlung abweichend von diesem Schreiben entsprechend der Rz. 61 bis 64 des BMF-Schreibens vom 1. Oktober 2009 (BStBl I S. 1172)[2]) berechnet wurde, wird dies für Teilauszahlungen vor Veröffentlichung dieses Schreibens nicht beanstandet.

III. Steuerliche Behandlung von Leistungen aus Versicherungen bei Versicherungsvertragswechsel außerhalb des „Abkommens zur Übertragung von Direktversicherungen oder Versicherungen in eine Pensionskasse bei Arbeitgeberwechsel"

(Bayerisches Landesamt für Steuern vom 5. 9. 2007 – S 2221 – 40 St 32/St 33
Bezug: FMS vom 20. 8. 2007, Gz.: 32/334 – S 2221 – 161 – 31972/07)

Für kapitalbildende Lebensversicherungen, bei denen der Versicherungsvertrag vor dem 1. Januar 2005 abgeschlossen wurde und bei denen es sich nicht um einen so genannten Vorratsvertrag handelt, ist für die steuerliche Erfassung der sich aus diesem Versicherungsvertrag ergebenden Leistungen nach § 52 Abs. 36 Satz 5 EStG weiterhin § 20 Abs. 1 Nr. 6 EStG in der bis

---

[1]) Abgedruckt in → H 20 (Versicherungsverträge) unter Pkt. I.
[2]) Abgedruckt in → H 20 (Versicherungsverträge) unter Pkt. I.

zum 31. Dezember 2004 geltenden Fassung anzuwenden (Altverträge). Dies gilt für Versicherungen über eine Pensionskasse entsprechend.

Für diese Versicherungsverträge (Altverträge) gelten insoweit weiterhin die im BMF-Schreiben vom 22. August 2002 (BStBl 2002 I S. 827[1]) aufgestellten Grundsätze.

Wird der Versicherungsvertrag hingegen beendet und von einem neuen Versicherungsunternehmen fortgeführt, handelt es sich bei dem neu abgeschlossenen Versicherungsvertrag insoweit grundsätzlich um einen neuen Vertrag. Die Besteuerung der sich aus diesem Vertrag ergebenden Kapitalleistungen richtet sich nach § 20 Abs. 1 Nr. 6 EStG in der für den Vertrag geltenden Fassung. Für die Anwendung des § 52 Abs. 36 Satz 5 EStG ist auf den Vertragsabschluss des konkret zu beurteilenden Vertrages abzustellen.

Eine Ausnahme von diesem Grundsatz hat die Finanzverwaltung aus Billigkeitsgründen zugelassen, wenn die Direktversicherung von einem Versicherungsunternehmen auf ein anderes Versicherungsunternehmen im Rahmen des „Abkommens zur Übertragung von Direktversicherungen bei Arbeitgeberwechsel" übertragen wird (vgl. BMF-Schreiben vom 22. August 2002,[2]) Rdnr. 35). Dies gilt entsprechend für das neue „Abkommen zur Übertragung von Direktversicherungen oder Versicherungen in eine Pensionskasse bei Arbeitgeberwechsel". Voraussetzung für die Anwendung des Abkommens ist u. a. ein Arbeitgeberwechsel und die unveränderte Fortsetzung des alten Vertrages vom neuen Versicherer. Wird eine Versicherung außerhalb dieses Abkommens – z. B. weil der versicherte Arbeitnehmer seinen Arbeitgeber nicht gewechselt hat – von einem Versicherungsunternehmen auf ein anderes Versicherungsunternehmen übertragen, handelt es sich insoweit um einen neu abgeschlossenen Vertrag. In diesen Fällen sind im Zeitpunkt der Beendigung des Altvertrages die entsprechenden Leistungen nach § 20 Abs. 1 Nr. 6 EStG in der für den Vertrag geltenden Fassung des Einkommensteuergesetzes zu erfassen. Die Besteuerung der Leistungen aus dem Neuvertrag richtet sich im Leistungszeitpunkt auch nach der für diesen Vertrag geltenden Fassung des § 20 Abs. 1 Nr. 6 EStG. Erfolgt diese Übertragung – ohne dass die Voraussetzungen für die Anwendung des ;Übertragungsabkommens vorliegen – z. B. im Jahr 2006, ist für die Besteuerung der sich aus diesem neuen Versicherungsvertrag ergebenden Kapitalleistungen – soweit die Leistungen nicht auf geförderten Beiträgen beruhen – § 22 Nr. 5 Satz 2 Buchstabe b in Verbindung mit § 20 Abs. 1 Nr. 6 EStG anzuwenden.

Aus betriebsrentenrechtlicher Sicht ist hierbei zudem zu berücksichtigen, dass der Arbeitgeber grundsätzlich zwar frei ist, sich für einen neuen Versorgungsträger zu entscheiden. Ohne Zustimmung des Arbeitnehmers ist dies allerdings nur dann möglich, wenn dem Arbeitnehmer durch den Wechsel keine materiellen Nachteile entstehen. Im Fall der Entgeltumwandlung dürfte ein Wechsel des Versorgungsträgers im Allgemeinen nur mit Zustimmung des Arbeitnehmers möglich sein, da der Arbeitnehmer häufig ein unmittelbares Interesse hat, bei einem bestimmten Versicherungsunternehmen versichert zu sein, nicht zuletzt weil in aller Regel ihm (und nicht dem Arbeitgeber) die Überschüsse zustehen.

---

f) Vermietung und Verpachtung (§ 2 Absatz 1 Satz 1 Nummer 6)

EStG

§ 21 [Einkünfte aus Vermietung und Verpachtung]

S 2253
S 2205
S 2211
S 2217

(1) [1]Einkünfte aus Vermietung und Verpachtung sind

1. Einkünfte aus Vermietung und Verpachtung von unbeweglichem Vermögen, insbesondere von Grundstücken, Gebäuden, Gebäudeteilen, Schiffen, die in ein Schiffsregister eingetragen sind, und Rechten, die den Vorschriften des bürgerlichen Rechts über Grundstücke unterliegen (z. B. Erbbaurecht, Mineralgewinnungsrecht);

2. Einkünfte aus Vermietung und Verpachtung von Sachinbegriffen, insbesondere von beweglichem Betriebsvermögen;

3. Einkünfte aus zeitlich begrenzter Überlassung von Rechten, insbesondere von schriftstellerischen, künstlerischen und gewerblichen Urheberrechten, von gewerblichen Erfahrungen und von Gerechtigkeiten und Gefällen;

4. Einkünfte aus der Veräußerung von Miet- und Pachtzinsforderungen, auch dann, wenn die Einkünfte im Veräußerungspreis von Grundstücken enthalten sind und die Miet- oder Pachtzinsen sich auf einen Zeitraum beziehen, in dem der Veräußerer noch Besitzer war.

S 2253b
[3]

[2]§§ 15a und 15b sind sinngemäß anzuwenden.

---

[1]) Abgedruckt in → H 10 (Vertragsänderungen bei Lebensversicherungen).
[2]) Abgedruckt in → H 10 (Vertragsänderungen bei Lebensversicherungen).
[3]) Zur Anwendung von Absatz 1 Satz 2 → § 52 Abs. 29 EStG.

(2) ¹Beträgt das Entgelt für die Überlassung einer Wohnung zu Wohnzwecken weniger als 66 Prozent der ortsüblichen Marktmiete, so ist die Nutzungsüberlassung in einen entgeltlichen und einen unentgeltlichen Teil aufzuteilen. ²Beträgt das Entgelt bei auf Dauer angelegter Wohnungsvermietung mindestens 66 Prozent der ortsüblichen Miete, gilt die Wohnungsvermietung als entgeltlich.

(3) Einkünfte der in den Absätzen 1 und 2 bezeichneten Art sind Einkünften aus anderen Einkunftsarten zuzurechnen, soweit sie zu diesen gehören.

g) Sonstige Einkünfte (§ 2 Absatz 1 Satz 1 Nummer 7)

S 2206

§ 22 Arten der sonstigen Einkünfte

EStG
S 2206
S 2212
S 2218
S 2255

Sonstige Einkünfte sind

1. Einkünfte aus wiederkehrenden Bezügen, soweit sie nicht zu den in § 2 Absatz 1 Nummer 1 bis 6 bezeichneten Einkunftsarten gehören; § 15b ist sinngemäß anzuwenden. ²Werden die Bezüge freiwillig oder auf Grund einer freiwillig begründeten Rechtspflicht oder einer gesetzlich unterhaltsberechtigten Person gewährt, so sind sie nicht dem Empfänger zuzurechnen; dem Empfänger sind dagegen zuzurechnen

   a) Bezüge, die von einer Körperschaft, Personenvereinigung oder Vermögensmasse außerhalb der Erfüllung steuerbegünstigter Zwecke im Sinne der §§ 52 bis 54 der Abgabenordnung gewährt werden, und

   b) Bezüge im Sinne des § 1 der Verordnung über die Steuerbegünstigung von Stiftungen, die an die Stelle von Familienfideikommissen getreten sind, in der im Bundesgesetzblatt Teil III, Gliederungsnummer 611-4-3, veröffentlichten bereinigten Fassung.

   ³Zu den in Satz 1 bezeichneten Einkünften gehören auch

   a) Leibrenten und andere Leistungen,

   aa) die aus den gesetzlichen Rentenversicherungen, der landwirtschaftlichen Alterskasse, den berufsständischen Versorgungseinrichtungen und aus Rentenversicherungen im Sinne des § 10 Absatz 1 Nummer 2 Buchstabe b erbracht werden, soweit sie jeweils der Besteuerung unterliegen. ²Bemessungsgrundlage für den der Besteuerung unterliegenden Anteil ist der Jahresbetrag der Rente. ³Der der Besteuerung unterliegende Anteil ist nach dem Jahr des Rentenbeginns und dem in diesem Jahr maßgebenden Prozentsatz aus der nachstehenden Tabelle zu entnehmen:

Jahr des Rentenbeginns	Besteuerungsanteil in %
bis 2005	50
ab 2006	52
2007	54
2008	56
2009	58
2010	60
2011	62
2012	64
2013	66
2014	68
2015	70
2016	72
2017	74
2018	76
2019	78
2020	80
2021	81
2022	82
2023	83
2024	84
2025	85
2026	86

---

1) Zur Anwendung von Absatz 1 Satz 1 zweiter Halbsatz → § 52 Abs. 30 EStG.

Jahr des Rentenbeginns	Besteuerungsanteil in %
2027	87
2028	88
2029	89
2030	90
2031	91
2032	92
2033	93
2034	94
2035	95
2036	96
2037	97
2038	98
2039	99
2040	100

⁴Der Unterschiedsbetrag zwischen dem Jahresbetrag der Rente und dem der Besteuerung unterliegenden Anteil der Rente ist der steuerfreie Teil der Rente. ⁵Dieser gilt ab dem Jahr, das dem Jahr des Rentenbeginns folgt, für die gesamte Laufzeit des Rentenbezugs. ⁶Abweichend hiervon ist der steuerfreie Teil der Rente bei einer Veränderung des Jahresbetrags der Rente in dem Verhältnis anzupassen, in dem der veränderte Jahresbetrag der Rente zum Jahresbetrag der Rente steht, der der Ermittlung des steuerfreien Teils der Rente zugrunde liegt. ⁷Regelmäßige Anpassungen des Jahresbetrags der Rente führen nicht zu einer Neuberechnung und bleiben bei einer Neuberechnung außer Betracht. ⁸Folgen nach dem 31. Dezember 2004 Renten aus derselben Versicherung einander nach, gilt für die spätere Rente Satz 3 mit der Maßgabe, dass sich der Prozentsatz nach dem Jahr richtet, das sich ergibt, wenn die Laufzeit der vorhergehenden Renten von dem Jahr des Beginns der späteren Rente abgezogen wird; der Prozentsatz kann jedoch nicht niedriger bemessen werden als der für das Jahr 2005;

bb) die nicht solche im Sinne des Doppelbuchstaben aa sind und bei denen in den einzelnen Bezügen Einkünfte aus Erträgen des Rentenrechts enthalten sind. ²Dies gilt auf Antrag auch für Leibrenten und andere Leistungen, soweit diese auf bis zum 31. Dezember 2004 geleisteten Beiträgen beruhen, welche oberhalb des Betrags des Höchstbeitrags zur gesetzlichen Rentenversicherung gezahlt wurden; der Steuerpflichtige muss nachweisen, dass der Betrag des Höchstbeitrags mindestens zehn Jahre überschritten wurde; soweit hiervon im Versorgungsausgleich übertragene Rentenanwartschaften betroffen sind, gilt § 4 Absatz 1 und 2 des Versorgungsausgleichsgesetzes entsprechend. ³Als Ertrag des Rentenrechts gilt für die gesamte Dauer des Rentenbezugs der Unterschiedsbetrag zwischen dem Jahresbetrag der Rente und dem Betrag, der sich bei gleichmäßiger Verteilung des Kapitalwerts der Rente auf ihre voraussichtliche Laufzeit ergibt; dabei ist der Kapitalwert nach dieser Laufzeit zu berechnen. ⁴Der Ertrag des Rentenrechts (Ertragsanteil) ist aus der nachstehenden Tabelle zu entnehmen:

Bei Beginn der Rente vollendetes Lebensjahr des Rentenberechtigten	Ertragsanteil in %	Bei Beginn der Rente vollendetes Lebensjahr des Rentenberechtigten	Ertragsanteil in %
0 bis 1	59	51 bis 52	29
2 bis 3	58	53	28
4 bis 5	57	54	27
6 bis 8	56	55 bis 56	26
9 bis 10	55	57	25
11 bis 12	54	58	24
13 bis 14	53	59	23
15 bis 16	52	60 bis 61	22
17 bis 18	51	62	21
19 bis 20	50	63	20
21 bis 22	49	64	19
23 bis 24	48	65 bis 66	18

Bei Beginn der Rente vollendetes Lebensjahr des Rentenberechtigten	Ertragsanteil in %	Bei Beginn der Rente vollendetes Lebensjahr des Rentenberechtigten	Ertragsanteil in %
25 bis 26	47	67	17
27	46	68	16
28 bis 29	45	69 bis 70	15
30 bis 31	44	71	14
32	43	72 bis 73	13
33 bis 34	42	74	12
35	41	75	11
36 bis 37	40	76 bis 77	10
38	39	78 bis 79	9
39 bis 40	38	80	8
41	37	81 bis 82	7
42	36	83 bis 84	6
43 bis 44	35	85 bis 87	5
45	34	88 bis 91	4
46 bis 47	33	92 bis 93	3
48	32	94 bis 96	2
49	31	ab 97	1
50	30		

[5]Die Ermittlung des Ertrags aus Leibrenten, die vor dem 1. Januar 1955 zu laufen begonnen haben, und aus Renten, deren Dauer von der Lebenszeit mehrerer Personen oder einer anderen Person als des Rentenberechtigten abhängt, sowie aus Leibrenten, die auf eine bestimmte Zeit beschränkt sind, wird durch eine Rechtsverordnung bestimmt;

b) Einkünfte aus Zuschüssen und sonstigen Vorteilen, die als wiederkehrende Bezüge gewährt werden;

1a. Einkünfte aus Leistungen und Zahlungen nach § 10 Absatz 1a, soweit für diese die Voraussetzungen für den Sonderausgabenabzug beim Leistungs- oder Zahlungsverpflichteten nach § 10 Absatz 1a erfüllt sind;

2. Einkünfte aus privaten Veräußerungsgeschäften im Sinne des § 23;   S 2256

3. Einkünfte aus Leistungen, soweit sie weder zu anderen Einkunftsarten (§ 2 Absatz 1 Satz 1 Nummer 1 bis 6) noch zu den Einkünften im Sinne der Nummern 1, 1a, 2 oder 4 gehören, z. B. Einkünfte aus gelegentlichen Vermittlungen und aus der Vermietung beweglicher Gegenstände. [2]Solche Einkünfte sind nicht einkommensteuerpflichtig, wenn sie weniger als 256 Euro im Kalenderjahr betragen haben. [3]Übersteigen die Werbungskosten die Einnahmen, so darf der übersteigende Betrag bei Ermittlung des Einkommens nicht ausgeglichen werden; er darf auch nicht nach § 10d abgezogen werden. [4]Die Verluste mindern jedoch nach Maßgabe des § 10d die Einkünfte, die der Steuerpflichtige in dem unmittelbar vorangegangenen Veranlagungszeitraum oder in den folgenden Veranlagungszeiträumen aus Leistungen im Sinne des Satzes 1 erzielt hat oder erzielt; § 10d Absatz 4 gilt entsprechend;   S 2257

4. Entschädigungen, Amtszulagen, Zuschüsse zu Kranken- und Pflegeversicherungsbeiträgen, Übergangsgelder, Überbrückungsgelder, Sterbegelder, Versorgungsabfindungen, Versorgungsbezüge, die auf Grund des Abgeordnetengesetzes oder des Europaabgeordnetengesetzes, sowie vergleichbare Bezüge, die auf Grund der entsprechenden Gesetze der Länder gezahlt werden, und die Entschädigungen, das Übergangsgeld, das Ruhegehalt und die Hinterbliebenenversorgung, die auf Grund des Abgeordnetenstatuts des Europäischen Parlaments von der Europäischen Union gezahlt werden. [2]Werden zur Abgeltung des durch das Mandat veranlassten Aufwandes Aufwandsentschädigungen gezahlt, so dürfen die durch das Mandat veranlassten Aufwendungen nicht als Werbungskosten abgezogen werden. [3]Wahlkampfkosten zur Erlangung eines Mandats im Bundestag, im Europäischen Parlament oder im Parlament eines Landes dürfen nicht als Werbungskosten abgezogen werden. [4]Es gelten entsprechend   S 2257a

a) für Nachversicherungsbeiträge auf Grund gesetzlicher Verpflichtung nach den Abgeordnetengesetzen im Sinne des Satzes 1 und für Zuschüsse zu Kranken- und Pflegeversicherungsbeiträgen § 3 Nummer 62,

b) für Versorgungsbezüge § 19 Absatz 2 nur bezüglich des Versorgungsfreibetrags; beim Zusammentreffen mit Versorgungsbezügen im Sinne des § 19 Absatz 2 Satz 2 bleibt jedoch insgesamt höchstens ein Betrag in Höhe des Versorgungsfreibetrags nach § 19 Absatz 2 Satz 3 im Veranlagungszeitraum steuerfrei,

c) für das Übergangsgeld, das in einer Summe gezahlt wird, und für die Versorgungsabfindung § 34 Absatz 1,

d) für die Gemeinschaftssteuer, die auf die Entschädigungen, das Übergangsgeld, das Ruhegehalt und die Hinterbliebenenversorgung auf Grund des Abgeordnetenstatuts des Europäischen Parlaments von der Europäischen Union erhoben wird, § 34c Absatz 1; dabei sind die im ersten Halbsatz genannten Einkünfte für die entsprechende Anwendung des § 34c Absatz 1 wie ausländische Einkünfte und die Gemeinschaftssteuer wie eine der deutschen Einkommensteuer entsprechende ausländische Steuer zu behandeln;

S 2257b

5. Leistungen aus Altersvorsorgeverträgen, Pensionsfonds, Pensionskassen und Direktversicherungen. [2]Soweit die Leistungen *nicht auf Beiträgen, auf die § 3 Nummer 63, 63a, § 10a, Abschnitt XI oder Abschnitt XII angewendet wurden,* nicht auf Zulagen im Sinne des Abschnitts XI, nicht auf Zahlungen im Sinne des § 92a Absatz 2 Satz 4 Nummer 1 und des § 92a Absatz 3 Satz 9 Nummer 2, nicht auf steuerfreien Leistungen nach § 3 Nummer 66 und nicht auf Ansprüchen beruhen, die durch steuerfreie Zuwendungen nach § 3 Nummer 56 oder die durch die nach § 3 Nummer 55b Satz 1 oder § 3 Nummer 55c steuerfreie Leistung aus einem neu begründeten Anrecht erworben wurden,

a) ist bei lebenslangen Renten sowie bei Berufsunfähigkeits-, Erwerbsminderungs- und Hinterbliebenenrenten Nummer 1 Satz 3 Buchstabe a entsprechend anzuwenden,

b) ist bei Leistungen aus Versicherungsverträgen, Pensionsfonds, Pensionskassen und Direktversicherungen, die nicht solche nach Buchstabe a sind, § 20 Absatz 1 Nummer 6 in der jeweils für den Vertrag geltenden Fassung entsprechend anzuwenden,

c) unterliegt bei anderen Leistungen der Unterschiedsbetrag zwischen der Leistung und der Summe der auf sie entrichteten Beiträge der Besteuerung; § 20 Absatz 1 Nummer 6 Satz 2 gilt entsprechend.

[3]In den Fällen des § 93 Absatz 1 Satz 1 und 2 gilt das ausgezahlte geförderte Altersvorsorgevermögen nach Abzug der Zulagen im Sinne des Abschnitts XI als Leistung im Sinne des Satzes 2. [4]Als Leistung im Sinne des Satzes 1 gilt auch der Verminderungsbetrag nach § 92a Absatz 2 Satz 5 und der Auflösungsbetrag nach § 92a Absatz 3 Satz 5. [5]Der Auflösungsbetrag nach § 92a Absatz 2 Satz 6 wird zu 70 Prozent als Leistung nach Satz 1 erfasst. [6]Tritt nach dem Beginn der Auszahlungsphase zu Lebzeiten des Zulageberechtigten der Fall des § 92a Absatz 3 Satz 1 ein, dann ist

a) innerhalb eines Zeitraums bis zum zehnten Jahr nach dem Beginn der Auszahlungsphase das Eineinhalbfache,

b) innerhalb eines Zeitraums zwischen dem zehnten und 20. Jahr nach dem Beginn der Auszahlungsphase das Einfache

des nach Satz 5 noch nicht erfassten Auflösungsbetrags als Leistung nach Satz 1 zu erfassen; § 92a Absatz 3 Satz 9 gilt entsprechend mit der Maßgabe, dass als noch nicht zurückgeführter Betrag im Wohnförderkonto der noch nicht erfasste Auflösungsbetrag gilt. [7]Bei erstmaligem Bezug von Leistungen, in den Fällen des § 93 Absatz 1 sowie bei Änderung der im Kalenderjahr auszuzahlenden Leistung hat der Anbieter (§ 80) nach Ablauf des Kalenderjahres dem Steuerpflichtigen nach amtlich vorgeschriebenem Muster den Betrag der im abgelaufenen Kalenderjahr zugeflossenen Leistungen im Sinne der Sätze 1 bis 3 je gesondert mitzuteilen. [8]Werden dem Steuerpflichtigen Abschluss- und Vertriebskosten eines Altersvorsorgevertrages erstattet, gilt der Erstattungsbetrag als Leistung im Sinne des Satzes 1. [9]In den Fällen des § 3 Nummer 55a richtet sich die Zuordnung zu Satz 1 oder Satz 2 bei der ausgleichsberechtigten Person danach, wie eine nur auf die Ehezeit bezogene Zuordnung der sich aus dem übertragenen Anrecht ergebenden Leistung zu Satz 1 oder Satz 2 bei der ausgleichspflichtigen Person im Zeitpunkt der Übertragung ohne die Teilung vorzunehmen gewesen wäre. [10]Dies gilt sinngemäß in den Fällen des § 3 Nummer 55 und 55e. [11]Wird eine Versorgungsverpflichtung nach § 3 Nummer 66 auf einen Pensionsfonds übertragen und hat der Steuerpflichtige bereits vor dieser Übertragung Leistungen auf Grund dieser Versorgungsverpflichtung erhalten, so sind insoweit auf die Leistungen aus dem Pensionsfonds im Sinne des Satzes 1 die Beträge nach § 9a Satz 1 Nummer 1 und § 19 Absatz 2 entsprechend anzuwenden; § 9a Satz 1 Nummer 3 ist nicht anzuwenden. [12]Wird auf Grund einer internen Teilung nach § 10 des Versorgungsausgleichsgesetzes oder einer externen Teilung nach § 14 des Versorgungsausgleichsgesetzes ein Anrecht zugunsten der ausgleichsberechtigten Person begründet, so gilt dieser Vertrag insoweit zu dem gleichen Zeitpunkt als abgeschlossen wie der Vertrag der ausgleichspflichtigen Person, wenn die aus dem Vertrag der ausgleichspflichtigen Person stammenden Leistungen zu einer Besteuerung nach Satz 2 führen. [13]*Für Leistungen aus Altersvorsorgeverträgen nach § 93*

---

1) *Nummer 5 Satz 2 wurde durch das Betriebsrentenstärkungsgesetz ab VZ 2018 geändert.*

Absatz 3 ist § 34 Absatz 1 entsprechend anzuwenden. [14]Soweit Begünstigungen, die mit denen in Satz 2 vergleichbar sind, bei der deutschen Besteuerung gewährt wurden, gelten die darauf beruhenden Leistungen ebenfalls als Leistung nach Satz 1. [15]§ 20 Absatz 1 Nummer 6 Satz 9 in der ab dem 27. Juli 2016 geltenden Fassung ist anzuwenden, soweit keine Steuerbefreiung nach den §§ 8 bis 12 des Investmentsteuergesetzes erfolgt ist. [1]

Hinweise

H 22

Allgemeines

→ BMF vom 21. 12. 2017 (BStBl I S. 93)

→ BMF vom 19. 8. 2013 (BStBl I S. 1087) unter Berücksichtigung der Änderungen durch BMF vom 10. 1. 2014 (BStBl I S. 70), vom 10. 4. 2015 (BStBl I S. 256) und vom 1. 6. 2015 (BStBl I S. 475)

Anhang 2 VI

---

[1] *Nummer 5 Satz 13 bis 15 wurde durch das Betriebsrentenstärkungsgesetz ab VZ 2018 angefügt.*

Vordruck

I. Renten und andere Leistungen (Anlage R)

2017

1 Name

2 Vorname

3 Steuernummer

Anlage R

Jeder Ehegatte / Lebenspartner
mit Renten und Leistungen aus
Altersvorsorgeverträgen hat
eine eigene Anlage R abzugeben.

X stpfl. Person /
Ehemann / Person A

X Ehefrau / Person B

7

Renten und andere Leistungen

Leibrenten / Leistungen	1. Rente	2. Rente	3. Rente
4 — 1 = aus inl. gesetzlichen Rentenversicherungen / 2 = aus inl. landwirtschaftlicher Alterskasse / 3 = aus inl. berufsständischen Versorgungseinrichtungen / 4 = aus eigenen zertifizierten Basisrentenverträgen / 9 = aus ausl. Versicherungen / Rentenverträgen	100 — Bitte 1, 2, 3, 4 oder 9 eintragen.	150 — Bitte 1, 2, 3, 4 oder 9 eintragen.	200 — Bitte 1, 2, 3, 4 oder 9 eintragen.
5 — Rentenbetrag (einschließlich Einmalzahlung und Leistungen)	101 EUR	151 EUR	201 EUR
6 — Rentenanpassungsbetrag (in Zeile 5 enthalten)	102	152	202
7 — Beginn der Rente	103 TTMMJJJJ	153 TTMMJJJJ	203 TTMMJJJJ
8 — Vorhergehende Rente: Beginn der Rente	105 TTMMJJJJ	155 TTMMJJJJ	205 TTMMJJJJ
9 — Ende der Rente	106 TTMMJJJJ	156 TTMMJJJJ	206 TTMMJJJJ
10 — Nachzahlungen für mehrere vorangegangene Jahre / Kapitalauszahlung (in Zeile 5 enthalten)	111	161	211
Öffnungsklausel:			
11 — Prozentsatz (lt. Bescheinigung Ihres Versorgungsträgers)	112 %	162 %	212 %
12 — die Rente erlischt / wird umgewandelt spätestens am	113 TTMMJJJJ	163 TTMMJJJJ	213 TTMMJJJJ
13 — bei Einmalzahlung: Betrag	114	164	214

Leibrenten (ohne Renten lt. Zeile 4)	1. Rente	2. Rente	3. Rente
14 — 6 = aus inl. privaten Rentenversicherungen / 7 = aus inl. privaten Rentenversicherungen mit zeitlich befristeter Laufzeit / 8 = aus sonstigen Verpflichtungsgründen (z. B. Renten aus Veräußerungsgeschäften) / 9 = aus ausl. Versicherungen	130 — Bitte 6, 7, 8 oder 9 eintragen.	180 — Bitte 6, 7, 8 oder 9 eintragen.	230 — Bitte 6, 7, 8 oder 9 eintragen.
15 — Rentenbetrag	131 EUR	181 EUR	231 EUR
16 — Beginn der Rente	132 TTMMJJJJ	182 TTMMJJJJ	232 TTMMJJJJ
17 — Geburtsdatum des Erblassers bei Garantiezeitrenten	136 TTMMJJJJ	186 TTMMJJJJ	236 TTMMJJJJ
18 — Die Rente erlischt mit dem Tod von			
19 — Die Rente erlischt / wird umgewandelt spätestens am	133 TTMMJJJJ	183 TTMMJJJJ	233 TTMMJJJJ
20 — Nachzahlungen für mehrere vorangegangene Jahre (in Zeile 15 enthalten)	134	184	234

Steuerstundungsmodelle

Einkünfte aus Gesellschaften / Gemeinschaften / ähnlichen Modellen i. S. d. § 15b EStG (lt. gesonderter Aufstellung) EUR

21

2017AnlR121 — Juli 2017 — 2017AnlR121

Leistungen aus Altersvorsorgeverträgen und aus der betrieblichen Altersversorgung

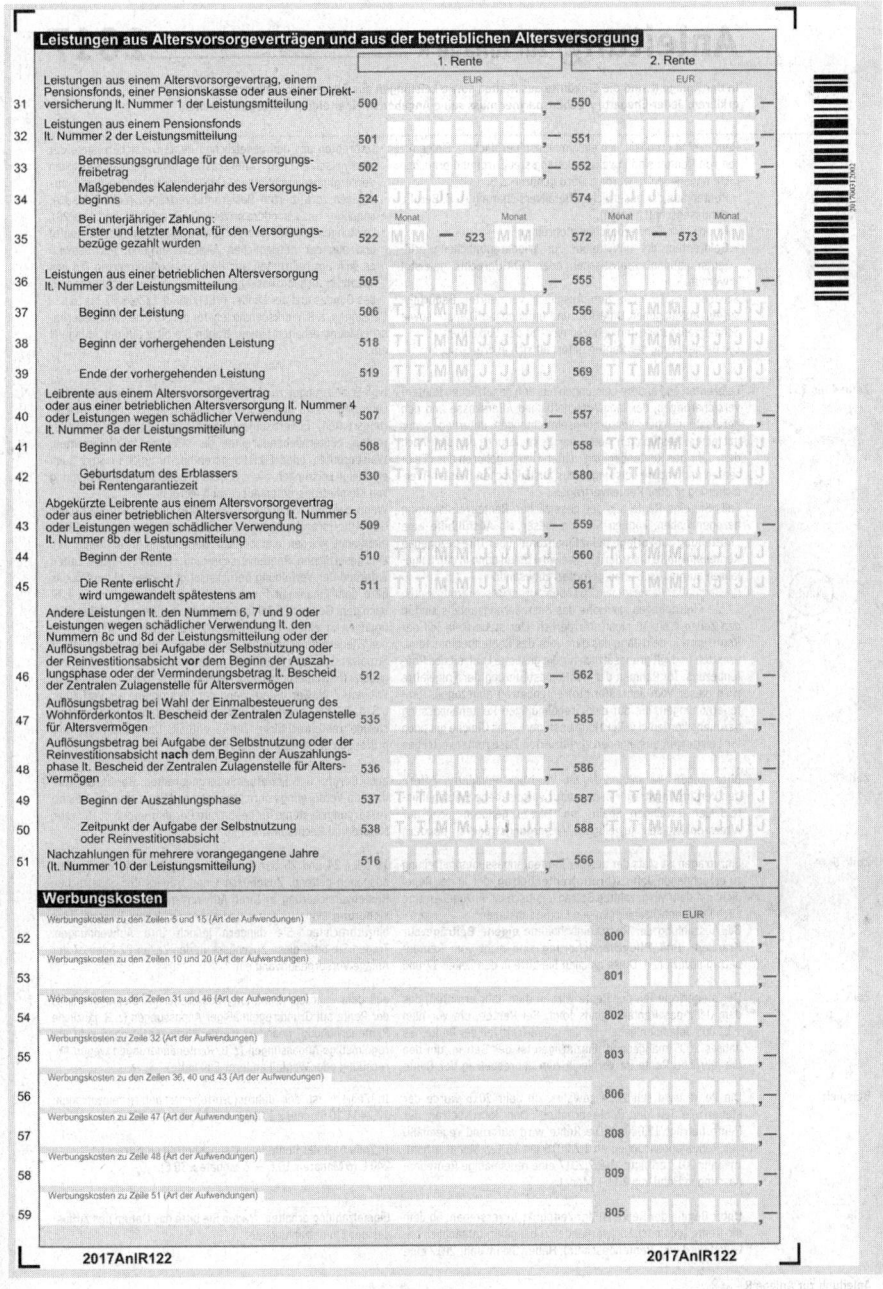

			1. Rente EUR	2. Rente EUR
31	Leistungen aus einem Altersvorsorgevertrag, einem Pensionsfonds, einer Pensionskasse oder aus einer Direktversicherung lt. Nummer 1 der Leistungsmitteilung	500		550
32	Leistungen aus einem Pensionsfonds lt. Nummer 2 der Leistungsmitteilung	501		551
33	Bemessungsgrundlage für den Versorgungsfreibetrag	502		552
34	Maßgebendes Kalenderjahr des Versorgungsbeginns	524		574
35	Bei unterjähriger Zahlung: Erster und letzter Monat, für den Versorgungsbezüge gezahlt wurden	522	Monat — 523 Monat	572 Monat — 573 Monat
36	Leistungen aus einer betrieblichen Altersversorgung lt. Nummer 3 der Leistungsmitteilung	505		555
37	Beginn der Leistung	506		556
38	Beginn der vorhergehenden Leistung	518		568
39	Ende der vorhergehenden Leistung	519		569
40	Leibrente aus einem Altersvorsorgevertrag oder aus einer betrieblichen Altersversorgung lt. Nummer 4 oder Leistungen wegen schädlicher Verwendung lt. Nummer 8a der Leistungsmitteilung	507		557
41	Beginn der Rente	508		558
42	Geburtsdatum des Erblassers bei Rentengarantiezeit	530		580
43	Abgekürzte Leibrente aus einem Altersvorsorgevertrag oder aus einer betrieblichen Altersversorgung lt. Nummer 5 oder Leistungen wegen schädlicher Verwendung lt. Nummer 8b der Leistungsmitteilung	509		559
44	Beginn der Rente	510		560
45	Die Rente erlischt / wird umgewandelt spätestens am	511		561
46	Andere Leistungen lt. den Nummern 6, 7 und 9 oder Leistungen wegen schädlicher Verwendung lt. den Nummern 8c und 8d der Leistungsmitteilung oder der Auflösungsbetrag bei Aufgabe der Selbstnutzung oder der Reinvestitionsabsicht **vor** dem Beginn der Auszahlungsphase oder der Verminderungsbetrag lt. Bescheid der Zentralen Zulagenstelle für Altersvermögen	512		562
47	Auflösungsbetrag bei Wahl der Einmalbesteuerung des Wohnförderkontos lt. Bescheid der Zentralen Zulagenstelle für Altersvermögen	535		585
48	Auflösungsbetrag bei Aufgabe der Selbstnutzung oder der Reinvestitionsabsicht **nach** dem Beginn der Auszahlungsphase lt. Bescheid der Zentralen Zulagenstelle für Altersvermögen	536		586
49	Beginn der Auszahlungsphase	537		587
50	Zeitpunkt der Aufgabe der Selbstnutzung oder Reinvestitionsabsicht	538		588
51	Nachzahlungen für mehrere vorangegangene Jahre (lt. Nummer 10 der Leistungsmitteilung)	516		566

Werbungskosten

			EUR
52	Werbungskosten zu den Zeilen 5 und 15 (Art der Aufwendungen)	800	
53	Werbungskosten zu den Zeilen 10 und 20 (Art der Aufwendungen)	801	
54	Werbungskosten zu den Zeilen 31 und 46 (Art der Aufwendungen)	802	
55	Werbungskosten zu Zeile 32 (Art der Aufwendungen)	803	
56	Werbungskosten zu den Zeilen 36, 40 und 43 (Art der Aufwendungen)	806	
57	Werbungskosten zu Zeile 47 (Art der Aufwendungen)	808	
58	Werbungskosten zu Zeile 48 (Art der Aufwendungen)	809	
59	Werbungskosten zu Zeile 51 (Art der Aufwendungen)	805	

2017AnlR122   2017AnlR122

Anleitung zur Anlage R ———————— 2017

In der Anlage R sind die Einkünfte aus Renten sowie Leistungen aus Altersvorsorgeverträgen zu erklären. Jeder Ehegatte / Lebenspartner muss seine Angaben in einer eigenen Anlage R machen.

Renten sind grundsätzlich einkommensteuerpflichtig. Einige Arten von Renten sind in vollem Umfang steuerfrei und brauchen nicht angegeben zu werden. Dazu gehören z. B.
* Renten aus der gesetzlichen Unfallversicherung (z. B. Berufsgenossenschaftsrenten),
* Kriegs- und Schwerbeschädigtenrenten,
* Geldrenten, die unmittelbar zur Wiedergutmachung erlittenen nationalsozialistischen oder DDR-Unrechts geleistet werden.

Schadensersatzrenten zum Ausgleich vermehrter Bedürfnisse, für entgangenen Unterhalt und entgangene Dienste sowie Schmerzensgeldrenten gehören nicht zu den Einkünften.
Die Besteuerung der Renten unterteilt sich in drei Gruppen:

* Leibrenten aus den gesetzlichen Rentenversicherungen, der landwirtschaftlichen Alterskasse, den berufsständischen Versorgungseinrichtungen. Dazu gehören auch Renten aus eigenen zertifizierten Basisrentenverträgen (Zeile 4 bis 13),
* sonstige – insbesondere private – Leibrenten (Zeile 14 bis 20),
* Leistungen aus Altersvorsorgeverträgen (sog. Riester-Rente) und aus der betrieblichen Altersversorgung, auch soweit es sich um Leibrenten aus dem umlagefinanzierten Teil von Zusatzversorgungskassen, wie z. B. der Versorgungsanstalt des Bundes und der Länder (VBL), handelt (Zeile 31 bis 51).

Pensionen, z. B. Werkspensionen, für die Sie eine Lohnsteuerbescheinigung erhalten haben, tragen Sie bitte auf der Anlage N ein.

Zeile 4 bis 13	Leibrenten und andere Leistungen aus den gesetzlichen Rentenversicherungen, der landwirtschaftlichen Alterskasse und den berufsständischen Versorgungseinrichtungen unterliegen nur mit einem bestimmten Anteil der Besteuerung, der sich nach dem Jahr des Rentenbeginns richtet. Hierzu gehören auch Leibrenten und andere Leistungen aus ausländischen (Renten-)Versicherungen oder Rentenverträgen. Falls Sie eine Rente aus der gesetzlichen Rentenversicherung bezogen haben, können Sie von dieser als **Ausfüllhilfe** eine „Mitteilung zur Vorlage beim Finanzamt" über Ihre bezogenen Renteneinkünfte anfordern. Diese wird Ihnen dann in den Folgejahren automatisch unaufgefordert zugesandt. (**Neu!**) Bei Beginn der Rente im Jahr 2017 beträgt der Besteuerungsanteil 74 %; Eintragungen zur Höhe des Besteuerungsanteils sind in den Zeilen 4 bis 10 nicht erforderlich. Der steuerfreie Teil der Rente wird in dem Jahr, das dem Jahr des Rentenbeginns folgt, ermittelt und gilt grundsätzlich für die gesamte Laufzeit des Rentenbezugs. Im Rahmen der Rentenbesteuerung der Folgejahre wird dieser vom Jahres(brutto)rentenbetrag abgezogen. Rentenerhöhungen, die auf einer regelmäßigen Rentenanpassung beruhen, werden in voller Höhe besteuert. Das Gleiche gilt auch für Leistungen aus eigenen zertifizierten Basisrentenverträgen
	(vgl. Erläuterungen zur Anlage Vorsorgeaufwand Zeile 4 bis 10). Leibrenten sind insbesondere Altersrenten, Erwerbsminderungsrenten, Erwerbsunfähigkeitsrenten, Berufsunfähigkeitsrenten, Hinterbliebenenrenten als Witwen- / Witwerrenten, Waisenrenten oder Erziehungsrenten. Anzugeben sind auch einmalige Leistungen, die z. B. als Sterbegeld oder als Abfindung von Kleinbetragsrenten ausgezahlt werden. Wenn Sie als Verfolgte / Verfolgter nationalsozialistischer Gewaltherrschaft i. S. d. § 1 Bundesentschädigungsgesetz (BEG) anerkannt wurden und bei der Berechnung Ihrer Rente aus der gesetzlichen Rentenversicherung rentenrechtliche Zeiten aufgrund der Verfolgung berücksichtigt wurden, teilen Sie das bitte dem Finanzamt formlos mit. Solche Zeiten können z. B. nach dem Gesetz zur Zahlbarmachung von Renten aus Beschäftigungen in einem Ghetto (ZRBG), dem Gesetz zur Regelung der Wiedergutmachung nationalsozialistischen Unrechts in der Sozialversicherung (WGSVG) oder nach dem Fremdrentengesetz (FRG) bestehen. Dies gilt auch für Witwen- / Witwerrenten, wenn der Verstorbene als Verfolgter i. S. d. § 1 BEG anerkannt war und die Rentenleistung entsprechende rentenrechtliche Zeiten enthält. Das Finanzamt wird prüfen, ob diese Rente steuerfrei ist.
Zeile 4	Bitte tragen Sie anhand der im Vordruck genannten Ziffern den Versorgungsträger in das dafür vorgesehene Eintragungsfeld der jeweiligen Spalte ein. Hierzu gehören nicht nur Altersrenten des jeweiligen Versorgungsträgers, sondern	auch Berufs- und Erwerbsminderungsrenten. Bei berufsständischen Versorgungseinrichtungen handelt es sich um Pflichtversorgungssysteme für bestimmte Berufsgruppen, z. B. Ärzte, Notare und Rechtsanwälte.
Zeile 5	Einzutragen ist stets der aus den Renten(anpassungs)mitteilung zu errechnende **Jahres(brutto)rentenbetrag**, der in der Regel nicht mit dem ausgezahlten Betrag identisch ist. Anzugeben sind auch Rentennachzahlungen und Einmalzahlungen. Bei Auszahlung der Rente einbehaltene **eigene Beiträge zur Kranken- und Pflegeversicherung** sind nicht vom Rentenbetrag abzuziehen. Diese machen Sie bitte in den Zeilen 17 und	19 oder 24 und 25 der Anlage Vorsorgeaufwand als Sonderausgaben geltend. **Zuschüsse** eines Trägers der gesetzlichen Rentenversicherung zu Ihren Aufwendungen **zur Krankenversicherung** sind steuerfrei und daher nicht dem Rentenbetrag hinzuzurechnen. Sie mindern jedoch Ihre Aufwendungen. Tragen Sie bitte diese Zuschüsse in den Zeilen 22 oder 27 der Anlage Vorsorgeaufwand ein.
Zeile 6	Der steuerfreie Teil der Rente wird in dem Jahr ermittelt, das dem Jahr des Rentenbeginns folgt. Bei Renten, die vor dem 1.1.2005 begonnen haben, ist der steuerfreie Teil der Rente des Jahres 2005 maßgebend. Einzutragen ist der Betrag, um den die jährliche Rente im Vergleich zum Jahresbetrag der Rente	aus dem Jahr der Ermittlung des steuerfrei bleibenden Teils der Rente auf Grund regelmäßiger Anpassungen (z. B. jährliche Rentenerhöhung) geändert wurde. Nicht einzutragen sind unregelmäßige Anpassungen (z. B. Rentenänderungen wegen Anrechnung oder Wegfall anderer Einkünfte).
Beispiel:	Die Rente wird seit 2014 gewährt. Im Jahr 2015 wurde der steuerfreie Teil der Rente ermittelt. Der Jahresbetrag der Rente beträgt 12.000 €. Die Rente wird aufgrund regelmäßiger Rentenanpassungen ab 1.7.2016 um 10 € / Monat erhöht. Im Jahr 2017 erfolgte ab 1.7.2017 eine regelmäßige Rentenanpassung in Höhe von 20 € / Monat.	In Zeile 5 ist der Jahres(brutto)rentenbetrag einzutragen: 12.240 € (6 Monate x 1.010 € + 6 Monate x 1.030 €). In Zeile 6 ist der Rentenanpassungsbetrag einzutragen: 240 € (6 Monate x 10 € + 6 Monate x 30 €).
Zeile 7	Unter Beginn der Rente ist der Zeitpunkt zu verstehen, ab dem die Rente (ggf. nach rückwirkender Zubilligung) tatsächlich bewilligt wird (vgl. Rentenbescheid). Haben Sie im Jahr 2017 eine	Einmalzahlung erhalten, tragen Sie bitte das Datum des Zuflusses der Einmalzahlung ein.

Zeile 8 und 9	Ist Ihrer Rente lt. den Zeilen 4 und 5 (z. B. Alters- oder Witwenrente) eine andere Rente (z. B. Erwerbsminderungsrente oder Altersrente des verstorbenen Ehegatten / Lebenspartners)	vorangegangen, tragen Sie bitte Beginn und Ende dieser vorangegangenen Rente in den Zeilen 8 und 9 ein. Dadurch kann sich für Ihre Rente ggf. eine günstigere Besteuerung ergeben.
Zeile 10	Die in Zeile 5 enthaltenen **Nachzahlungen für mehrere vorangegangene Jahre** sind hier zusätzlich einzutragen. Dabei sind die Nachzahlungen für das laufende Kalenderjahr 2017 nicht mit einzutragen. Aufgrund dieser Eintragung wird das Finanzamt prüfen, ob für diese Nachzahlungen eine ermäßigte Be-	steuerung in Betracht kommt. Hier sind auch Kapitalleistungen als Einmalzahlungen aus einem Versorgungswerk einzutragen. **Nachzahlungen, die nur ein Kalenderjahr betreffen,** sind hier nicht einzutragen.
Zeile 11 bis 13	Haben Sie bis zum 31.12.2004 für mindestens zehn Jahre Beiträge oberhalb des Betrags des Höchstbeitrags zur gesetzlichen Rentenversicherung geleistet, werden auf Antrag Teile der Leibrenten oder anderer Leistungen mit einem Ertragsanteil (vgl. die Erläuterungen zu den Zeilen 14 bis 20) besteuert (sog. Öffnungsklausel). Die Öffnungsklausel kommt nur dann zur Anwendung,	wenn Sie das Vorliegen der Voraussetzungen nachweisen. Der inländische Versorgungsträger erstellt Ihnen hierfür auf Antrag eine entsprechende Bescheinigung. Den bescheinigten Prozentsatz tragen Sie bitte in Zeile 11 ein. Bei ausländischen Versorgungsträgern müssen die tatsächlich geleisteten Beiträge nachgewiesen werden.

Zeile 14 bis 20	Leibrenten, die nicht in den Zeilen 4 bis 10 und nicht in den Zeilen 31 bis 51 einzutragen sind, werden mit dem Ertragsanteil besteuert. Darunter fallen insbesondere lebenslange Renten aus privaten Rentenversicherungen sowie bestimmte zeitlich befristete Renten (z. B. Hinterbliebenen-, Berufsunfähigkeits- und Erwerbsunfähigkeitsrenten). Die Höhe des steuerpflichtigen Ertragsanteils richtet sich nach dem Lebensalter des Rentenberechtigten zu Beginn des Rentenbezugs. Der so ermittelte	Ertragsanteil beträgt z. B. bei Beginn der Rente

nach vollendetem	%	nach vollendetem	%
60. Lebensjahr	22	63. Lebensjahr	20
61. Lebensjahr	22	64. Lebensjahr	19
62. Lebensjahr	21	65. Lebensjahr	18

	Sind diese Renten auf eine bestimmte Laufzeit beschränkt, richtet sich der Ertragsanteil nicht nach dem Lebensalter des Berechtigten bei Beginn des Rentenbezugs, sondern nach der	voraussichtlichen Laufzeit. Bei einer Laufzeit von beispielsweise zehn Jahren beträgt der Ertragsanteil 12 % der Rentenbezüge.
Zeile 14	Bitte tragen Sie die Art Ihrer Leibrente anhand der im Vordruck genannten Ziffern in das dafür vorgesehene Eintragungsfeld	der jeweiligen Spalte ein.
Zeile 15	Einzutragen ist in der Regel der von der Versicherung mitgeteilte **Jahres(brutto)rentenbetrag**, der je nach Art der Rente	nicht mit dem ausgezahlten Betrag identisch sein muss. Anzugeben sind auch Rentennachzahlungen.
Zeile 16	Unter Beginn der Rente ist der Zeitpunkt zu verstehen, ab dem die Rente (ggf. nach rückwirkender Zubilligung) tatsächlich	bewilligt worden ist.
Zeile 18 und 19	Eintragungen sind nur erforderlich, wenn Ihre Leibrente zeitlich befristet ist.	
Zeile 20	Die in Zeile 15 enthaltenen **Nachzahlungen für mehrere vorangegangene Jahre** sind hier zusätzlich einzutragen. Dabei sind die Nachzahlungen für das laufende Kalenderjahr 2017 nicht mit einzutragen. Aufgrund dieser Eintragung wird das Finanz-	amt prüfen, ob für diese Nachzahlungen eine ermäßigte Besteuerung in Betracht kommt. **Nachzahlungen, die nur ein Kalenderjahr betreffen,** sind hier nicht einzutragen.
Zeile 21	Einkünfte aus Gesellschaften / Gemeinschaften / ähnlichen Modellen i. S. d. § 15b des Einkommensteuergesetzes (Steuerstundungsmodelle) tragen Sie bitte ausschließlich hier ein. Die Einnahmen und Werbungskosten dürfen nicht in den vorange-	gangenen Zeilen enthalten sein. Weitere Angaben zur Bezeichnung der Steuerstundungsmodelle, der Höhe der Einnahmen und der Werbungskosten machen Sie bitte in einer gesonderten Aufstellung.
Zeile 31 bis 50	Über Ihre Leistungen aus einem Altersvorsorge- / Riester-Vertrag (z. B. Rentenversicherung, Investmentfonds- oder Banksparplan) oder einer betrieblichen Altersversorgung (Pensionsfonds, Pensionskasse [auch VBL] oder Direktversicherung) haben Sie von Ihrem Anbieter in der Regel eine Leistungsmitteilung („Mitteilung über steuerpflichtige Leistungen aus einem Altersvorsorgevertrag oder aus einer betrieblichen Altersversorgung [§ 22 Nr. 5 Satz 7 EStG]") zu Beginn der Leistung und	bei Änderung der Leistungshöhe erhalten. Weitere Angaben im Zusammenhang mit dem Wohnförderkonto können Sie dem Bescheid der Zentralen Zulagenstelle für Altersvermögen entnehmen. Tragen Sie bitte die bescheinigten Leistungen sowie ggf. die weiteren abgefragten Angaben in die entsprechenden Zeilen 31 bis 50 ein.
Zeile 41	Bitte tragen Sie den Beginn Ihrer Rente ein, es sei denn, Sie erhalten die Rente als Rechtsnachfolger im Rahmen einer ver-	einbarten Rentengarantiezeit. Dann tragen Sie bitte den Beginn der Rente an den Erblasser ein.
Zeile 51	Die in der Leistungsmitteilung bescheinigten **Nachzahlungen für mehrere vorangegangene Jahre** sind hier zusätzlich einzutragen. Sofern in Ihrer Leistungsmitteilung mehrere Zeilen mit Nachzahlungen für mehrere Jahre bescheinigt sind, erklären Sie die Beträge bitte in einer gesonderten Aufstellung und benennen Sie die Zeile der Anlage R, in der je jeweilige Nachzahlungs-	betrag enthalten ist. Aufgrund dieser Eintragung wird das Finanzamt prüfen, ob für diese Nachzahlungen eine ermäßigte Besteuerung in Betracht kommt. **Nachzahlungen, die nur ein Kalenderjahr betreffen,** sind hier nicht einzutragen. Teil- oder Einmalkapitalauszahlungen sind hier ebenfalls nicht einzutragen.
Zeile 52 bis 59	Sofern Sie keine höheren Werbungskosten haben, berücksichtigt das Finanzamt insgesamt einen Pauschbetrag von 102 €. Bei den Leistungen der Zeile 32 wird ein Pauschbetrag von	1.000 € berücksichtigt, wenn die Voraussetzungen für die Gewährung eines Versorgungsfreibetrags nicht vorliegen.

II. Mitteilung über steuerpflichtige Leistungen aus einem Altersvorsorgevertrag oder aus einer betrieblichen Altersversorgung ab dem Kalenderjahr 2014; Amtlich vorgeschriebenes Vordruckmuster nach § 22 Nummer 5 Satz 7 EStG

(BMF-Schreiben vom 14. 8. 2014
– IV C 3 – S 2257-b/07/10002, DOK 2014/0718138 –
BStBl I S. 1168)

Nach § 22 Nummer 5 Satz 7 Einkommensteuergesetz (EStG) hat der Anbieter eines Altersvorsorgevertrags oder einer betrieblichen Altersversorgung

– bei erstmaligem Bezug von Leistungen,

– in den Fällen der steuerschädlichen Verwendung nach § 93 EStG sowie

– bei Änderung der im Kalenderjahr auszuzahlenden Leistungen

dem Steuerpflichtigen nach amtlich vorgeschriebenem Muster den Betrag der im abgelaufenen Kalenderjahr zugeflossenen Leistungen im Sinne des § 22 Nummer 5 Satz 1 bis 3 EStG jeweils gesondert mitzuteilen. Das gilt auch für die Abschluss- und Vertriebskosten eines Altersvorsorgevertrages, die dem Steuerpflichtigen erstattet werden.

Im Einvernehmen mit den obersten Finanzbehörden der Länder wird hiermit ein neues Vordruckmuster für die Mitteilung nach § 22 Nummer 5 Satz 7 EStG bekannt gemacht. Das als Anlage beigefügte Vordruckmuster ist erstmals zur Bescheinigung von Leistungen des Kalenderjahres 2014 zu verwenden.

Für die maschinelle Herstellung des Vordrucks werden folgende ergänzende Regelungen getroffen:

Der Vordruck kann auch maschinell hergestellt werden, wenn nach Inhalt, Aufbau und Reihenfolge vom Vordruckmuster nicht abgewichen wird und die Leistungen auf Seite 2 oder 3 des Vordrucks bescheinigt werden. Der Vordruck hat das Format DIN A 4. Maschinell erstellte Vordrucke können zweiseitig bedruckt werden; sie brauchen nicht unterschrieben zu werden.

Folgende Abweichungen werden zugelassen:

1. Die Zeilen des Vordrucks, bei denen im Einzelfall keine Leistungen zu bescheinigen sind, können einschließlich der zugehörigen Hinweise entfallen. Dies gilt auch für die letzte Tabellenzeile einschließlich des Hinweises 15. Die Nummerierung der ausgedruckten Zeilen und Hinweise ist entsprechend des Vordruckmusters beizubehalten.

2. Werden die Zeile 1 und der Hinweis 1 des Vordruckmusters nicht ausgedruckt, da keine Leistungen im Sinne der Nummer 1, sondern Leistungen im Sinne der Nummer 2 bezogen werden, kann bei der Nummer 2 auch der Klammerzusatz in Zeile 2 „(in Nummer 1 nicht enthalten)" entfallen.

3. Werden in Zeile 6 des Vordrucks Leistungen bescheinigt, die auf Verträgen beruhen, die nach dem 31. Dezember 2004 abgeschlossen wurden, kann der Zusatz „ggf. in Verbindung mit § 52 Absatz 28 Satz 5 EStG" entfallen.

4. Werden Leistungen bescheinigt, kann unter der entsprechenden Zeile des Vordrucks ein Hinweis auf die Zeile der Anlage R aufgenommen werden, in die der entsprechende Betrag einzutragen ist. Ebenso kann der Anbieter weitere für die Durchführung der Besteuerung erforderliche Angaben (z. B. Beginn der Rente) in den Vordruck aufnehmen.

5. Sind Nachzahlungen zu mehr als einer Zeile zu bescheinigen, ist die Zeile 14 des Vordruckmusters mehrfach aufzunehmen.

Der Vordruck darf durch weitere Erläuterungen ergänzt werden, sofern die Ergänzungen im Anschluss an die Inhalte des Vordruckmusters einschließlich der Hinweise erfolgen und hiervon optisch abgesetzt werden.

(Bezeichnung und Anschrift des Anbieters)	Datum der Absendung

(Bekanntgabeadressat)

Wichtiger Hinweis:
Diese Mitteilung informiert Sie über die Höhe der steuerpflichtigen Leistungen aus Ihrem Altersvorsorgevertrag oder aus Ihrer betrieblichen Altersversorgung. Die nachstehend mitgeteilten Beträge sind bei der Erstellung der Einkommensteuererklärung auf **Seite 2 der Anlage R** einzutragen.

Mitteilung

über steuerpflichtige Leistungen aus einem Altersvorsorgevertrag oder aus einer betrieblichen Altersversorgung (§ 22 Nummer 5 Satz 7 Einkommensteuergesetz - EStG)

für das Kalenderjahr _____

Name, Vorname	Geburtsdatum (soweit bekannt)
Straße, Hausnummer	
Postleitzahl, Wohnort	
Vertragsnummer (soweit vorhanden)	**Sozialversicherungsnummer/ Zulagenummer** (soweit vorhanden)
Anbieternummer (soweit vorhanden)	**Zertifizierungsnummer** (soweit vorhanden)

Grund für die Mitteilung:

☐ erstmalige regelmäßige Leistungen im Sinne des § 22 Nummer 5 EStG

☐ Änderung des Leistungsbetrags gegenüber dem Vorjahr

☐ ausschließlich einmalige Leistungen im Sinne des § 22 Nummer 5 EStG

☐ Berichtigung der für dieses Kalenderjahr erstellten Mitteilung vom _____

Folgende Leistungen aus Ihrem Altersvorsorgevertrag oder aus Ihrer betrieblichen Altersversorgung im Kalenderjahr _____ unterliegen der Besteuerung nach § 22 Nummer 5 EStG:

Nummer	Besteuerung nach	Betrag in Euro / Cent
1	§ 22 Nummer 5 Satz 1 EStG [1]	
2	§ 22 Nummer 5 Satz 1 in Verbindung mit Satz 11 (in Nummer 1 nicht enthalten) [2] **Freiwillige Angaben:** Bemessungsgrundlage für den Versorgungsfreibetrag Maßgebendes Kalenderjahr des Versorgungsbeginns Bei unterjähriger Zahlung: Erster und letzter Monat, für den Versorgungsbezüge gezahlt wurden	
3	§ 22 Nummer 5 Satz 2 Buchstabe a in Verbindung mit § 22 Nummer 1 Satz 3 Buchstabe a Doppelbuchstabe aa EStG [3]	
4	§ 22 Nummer 5 Satz 2 Buchstabe a in Verbindung mit § 22 Nummer 1 Satz 3 Buchstabe a Doppelbuchstabe bb EStG ggf. in Verbindung mit § 55 Absatz 1 Nummer 1 EStDV [4]	
5	§ 22 Nummer 5 Satz 2 Buchstabe a in Verbindung mit § 22 Nummer 1 Satz 3 Buchstabe a Doppelbuchstabe bb Satz 5 EStG in Verbindung mit § 55 Absatz 2 EStDV ggf. in Verbindung mit § 55 Absatz 1 Nummer 1 EStDV [5]	
6	§ 22 Nummer 5 Satz 2 Buchstabe b in Verbindung mit § 20 Absatz 1 Nummer 6 EStG ggf. in Verbindung mit § 52 Absatz 28 Satz 5 EStG [6]	
7	§ 22 Nummer 5 Satz 2 Buchstabe c EStG [7]	
8a	§ 22 Nummer 5 Satz 3 in Verbindung mit Satz 2 Buchstabe a in Verbindung mit § 22 Nummer 1 Satz 3 Buchstabe a Doppelbuchstabe bb EStG ggf. in Verbindung mit § 55 Absatz 1 Nummer 1 EStDV [8]	
8b	§ 22 Nummer 5 Satz 3 in Verbindung mit Satz 2 Buchstabe a in Verbindung mit § 22 Nummer 1 Satz 3 Buchstabe a Doppelbuchstabe bb Satz 5 EStG in Verbindung mit § 55 Absatz 2 EStDV ggf. in Verbindung mit § 55 Absatz 1 Nummer 1 EStDV [8]	
8c	§ 22 Nummer 5 Satz 3 in Verbindung mit Satz 2 Buchstabe b in Verbindung mit § 20 Absatz 1 Nummer 6 EStG ggf. in Verbindung mit § 52 Absatz 28 Satz 5 EStG [8]	

8d	§ 22 Nummer 5 Satz 3 in Verbindung mit Satz 2 Buchstabe c EStG [8]	
9	§ 22 Nummer 5 Satz 8 EStG [9]	
10	In der Nummer ____ enthaltene Nachzahlungen für mehrere vorangegangene Jahre [10]	
Bei den Leistungen der Nummer(n) _____ handelt es sich um Leistungen an den Rechtsnachfolger bei vereinbarter Rentengarantiezeit. [11]		

Diese Bescheinigung ist maschinell erstellt und daher nicht unterschrieben. Die bescheinigten Leistungen werden gemäß § 22a EStG auch der zentralen Stelle (§ 81 EStG) zur Übermittlung an die Landesfinanzbehörden mitgeteilt (Rentenbezugsmitteilungsverfahren).

<u>Hinweise</u>

Geförderte Beträge im Sinne des § 22 Nummer 5 EStG sind

- Beiträge, auf die § 3 Nummer 63, § 10a oder Abschnitt XI EStG angewendet wurde,

- steuerfreie Leistungen nach § 3 Nummer 55b Satz 1, 55c oder 66 EStG oder

- steuerfreie Zuwendungen nach § 3 Nummer 56 EStG.

Gefördertes Kapital ist Kapital, das auf geförderten Beträgen und Zulagen im Sinne des Abschnitts XI EStG beruht.

[1] Es handelt sich um Leistungen aus einem Altersvorsorgevertrag im Sinne des § 82 EStG, einem Pensionsfonds, einer Pensionskasse oder aus einer Direktversicherung, soweit die Leistungen auf gefördertem Kapital beruhen. **Die bescheinigten Leistungen unterliegen in vollem Umfang der Besteuerung.**

[2] Es handelt sich um Leistungen aus einem Pensionsfonds, wenn laufende Versorgungsleistungen auf Grund einer Versorgungszusage in Form einer Direktzusage oder aus einer Unterstützungskasse bezogen wurden und die Ansprüche steuerfrei nach § 3 Nummer 66 EStG auf einen Pensionsfonds übertragen wurden. **Die bescheinigten Leistungen unterliegen in vollem Umfang der Besteuerung. Das Finanzamt gewährt jedoch einen Pauschbetrag für Werbungskosten nach § 9a Satz 1 Nummer 1 EStG sowie den Versorgungsfreibetrag und den Zuschlag zum Versorgungsfreibetrag nach § 19 Absatz 2 EStG, wenn die entsprechenden Voraussetzungen vorliegen; die Abzugsbeträge werden einkunftsübergreifend im Verhältnis der Einnahmen berücksichtigt.**
Der Anbieter kann auf freiwilliger Basis zusätzlich die Bemessungsgrundlage für den Versorgungsfreibetrag, das maßgebende Kalenderjahr des Versorgungsbeginns und den Beginn und das Ende einer unterjährigen Zahlung angeben.

[3] Es handelt sich um Leistungen aus einem Pensionsfonds, einer Pensionskasse oder einer Direktversicherung, soweit sie auf nicht gefördertem Kapital beruhen. Die der Leistung zu Grunde liegende Versorgungszusage wurde nach dem 31. Dezember 2004 erteilt (Neuzusage) und die Voraussetzungen des § 10 Absatz 1 Nummer 2 Buchstabe b EStG werden erfüllt. **Die Besteuerung erfolgt nach § 22 Num-**

mer 5 Satz 2 Buchstabe a EStG in Verbindung mit § 22 Nummer 1 Satz 3 Buchstabe a Doppelbuchstabe aa EStG (Kohorte).

[4] Es handelt sich um eine lebenslange Leibrente aus einem Altersvorsorgevertrag im Sinne des § 82 EStG, einem Pensionsfonds, einer Pensionskasse oder einer Direktversicherung, soweit sie auf nicht gefördertem Kapital beruht. Bei der betrieblichen Altersversorgung wurde die der Leibrente zu Grunde liegende Versorgungszusage vor dem 1. Januar 2005 erteilt (Altzusage; § 10 Absatz 1 Nummer 3a EStG) oder die Voraussetzungen des § 10 Absatz 1 Nummer 2 Buchstabe b EStG werden **nicht** erfüllt. **Die Rente unterliegt der Besteuerung mit dem Ertragsanteil (§ 22 Nummer 5 Satz 2 Buchstabe a EStG in Verbindung mit § 22 Nummer 1 Satz 3 Buchstabe a Doppelbuchstabe bb EStG, bei einem Rentenbeginn vor dem 1. Januar 1955 in Verbindung mit § 55 Absatz 1 Nummer 1 EStDV).**

[5] Es handelt sich um eine abgekürzte Leibrente (Berufsunfähigkeits-, Erwerbsminderungs- oder nicht lebenslang gezahlte Hinterbliebenenrente) aus einem Altersvorsorgevertrag im Sinne des § 82 EStG, einem Pensionsfonds, einer Pensionskasse oder einer Direktversicherung, soweit sie auf nicht gefördertem Kapital beruht. Bei der betrieblichen Altersversorgung wurde die der abgekürzten Leibrente zu Grunde liegende Versorgungszusage vor dem 1. Januar 2005 erteilt (Altzusage; § 10 Absatz 1 Nummer 3a EStG) oder die Voraussetzungen des § 10 Absatz 1 Nummer 2 Buchstabe b EStG werden **nicht** erfüllt. **Die abgekürzte Leibrente unterliegt der Besteuerung mit dem Ertragsanteil (§ 22 Nummer 5 Satz 2 Buchstabe a EStG in Verbindung mit § 22 Nummer 1 Satz 3 Buchstabe a Doppelbuchstabe bb EStG, bei einem Rentenbeginn vor dem 1. Januar 1955 in Verbindung mit § 55 Absatz 1 Nummer 1 EStDV). Der Ertragsanteil ergibt sich aus der Tabelle in § 55 Absatz 2 EStDV.**

[6] Es handelt sich um andere Leistungen (insbesondere Kapitalauszahlungen) aus einem versicherungsförmigen Altersvorsorgevertrag im Sinne des § 82 EStG, einem Pensionsfonds, einer Pensionskasse oder einer Direktversicherung (Versicherungsvertrag), soweit sie auf nicht gefördertem Kapital beruhen. Wenn der Versicherungsvertrag, der die Voraussetzungen des § 10 Absatz 1 Nummer 2 Buchstabe b EStG in der am 31. Dezember 2004 geltenden Fassung erfüllt, vor dem 1. Januar 2005 abgeschlossen wurde und die Auszahlung vor Ablauf von zwölf Jahren seit Vertragsabschluss erfolgt, werden die rechnungsmäßigen und außerrechnungsmäßigen Zinsen bescheinigt. Wenn der Versicherungsvertrag nach dem 31. Dezember 2004 abgeschlossen wurde, enthält die Mitteilung den positiven oder negativen Unterschiedsbetrag zwischen der Versicherungsleistung und der Summe der auf sie entrichteten Beiträge oder - wenn die Auszahlung erst nach Vollendung des 60. Lebensjahrs (bei Vertragsabschlüssen nach dem 31. Dezember 2011: nach Vollendung des 62. Lebensjahrs) erfolgt und der Vertrag im Zeitpunkt der Auszahlung mindestens zwölf Jahre bestanden hat - die Hälfte dieses Unterschiedsbetrags. **Der bescheinigte Betrag unterliegt in diesem Umfang der Besteuerung.**

[7] Bescheinigt werden die auf nicht gefördertem Kapital beruhenden Leistungen, die nicht bereits nach § 22 Nummer 5 Satz 2 Buchstabe a oder b EStG erfasst werden (z. B. Leistungen, die auf ungefördertem Kapital beruhen, aus zertifizierten Bank- oder Investmentfondssparplänen). Hierbei ist der Unterschiedsbetrag zwischen den Leistungen und der Summe der auf sie entrichteten Beiträge anzusetzen. Wenn die Auszahlung erst nach Vollendung des 60. Lebensjahrs (bei Vertragsabschlüssen nach dem 31. Dezember 2011: nach Vollendung des 62. Lebensjahrs) erfolgt und der Vertrag im Zeitpunkt der Auszahlung mindestens zwölf Jahre bestanden hat, ist die Hälfte des Unterschiedsbetrags anzusetzen. **Die bescheinigten Leistungen unterliegen in diesem Umfang der Besteuerung.**

8 Das ausgezahlte geförderte Altersvorsorgevermögen (= Kapital, das auf nach § 10a oder Abschnitt XI EStG geförderten Altersvorsorgebeiträgen und den gewährten Altersvorsorgezulagen beruht) wurde steuerschädlich im Sinne des § 93 Absatz 1 Satz 1 und 2 EStG verwendet. In welchem Umfang eine Besteuerung erfolgt, richtet sich in Anwendung des § 22 Nummer 5 Satz 2 EStG nach der Art der ausgezahlten Leistung. Hierbei ist der Hinweis 4 für Nummer 8a, der Hinweis 5 für Nummer 8b, der Hinweis 6 für Nummer 8c und der Hinweis 7 für Nummer 8d zu beachten. Als Leistung im Sinne des § 22 Nummer 5 Satz 2 EStG gilt das ausgezahlte geförderte Altersvorsorgevermögen nach Abzug der Zulagen im Sinne des Abschnitts XI EStG.

9 Es handelt sich um Provisionserstattungen bei geförderten Altersvorsorgeverträgen. Als Leistung sind vom Anbieter die Abschluss- und Vertriebskosten eines Altersvorsorgevertrages zu bescheinigen, die dem Steuerpflichtigen erstattet werden, unabhängig davon, ob der Erstattungsbetrag auf den Altersvorsorgevertrag eingezahlt oder an den Steuerpflichtigen ausgezahlt wurde. **Der bescheinigte Betrag unterliegt in diesem Umfang der Besteuerung.**

10 Nachzahlungen von Leistungen nach § 22 Nummer 5 EStG sind ggf. als außerordentliche Einkünfte nach § 34 EStG ermäßigt zu besteuern. **Die Entscheidung über die Anwendung des § 34 EStG trifft das Finanzamt.** Die bescheinigten Nachzahlungen müssen in dem bescheinigten Betrag der bezeichneten Zeile enthalten sein.

11 Es handelt sich um eine Rentenzahlung, die für die Dauer einer Rentengarantiezeit unabhängig vom Überleben des Rentenempfängers gezahlt wird. **Die Besteuerung dieser Leistung erfolgt an den Rechtsnachfolger mit dem für die versicherte Person maßgebenden Ertragsanteil.** Der Rentenempfänger muss in diesem Fall das Geburtsdatum der versicherten Person und den Beginn der Rente an die versicherte Person in die Anlage R zur Einkommensteuererklärung eintragen.

§ 22a Rentenbezugsmitteilungen an die zentrale Stelle

(1) ¹Nach Maßgabe des § 93c der Abgabenordnung haben die Träger der gesetzlichen Rentenversicherung, die landwirtschaftliche Alterskasse, die berufsständischen Versorgungseinrichtungen, die Pensionskassen, die Pensionsfonds, die Versicherungsunternehmen, die Unternehmen, die Verträge im Sinne des § 10 Absatz 1 Nummer 2 Buchstabe b anbieten, und die Anbieter im Sinne des § 80 als mitteilungspflichtige Stellen der zentralen Stelle (§ 81) unter Beachtung der im Bundessteuerblatt veröffentlichten Auslegungsvorschriften der Finanzverwaltung folgende Daten zu übermitteln (Rentenbezugsmitteilung):

1. die in § 93c Absatz 1 Nummer 2 Buchstabe c der Abgabenordnung genannten Daten mit der Maßgabe, dass der Leistungsempfänger als Steuerpflichtiger gilt. ²Eine inländische Anschrift des Leistungsempfängers ist nicht zu übermitteln. ³Ist der mitteilungspflichtigen Stelle eine ausländische Anschrift des Leistungsempfängers bekannt, ist diese anzugeben. ⁴In diesen Fällen ist auch die Staatsangehörigkeit des Leistungsempfängers, soweit bekannt, mitzuteilen;

2. je gesondert den Betrag der Leibrenten und anderen Leistungen im Sinne des § 22 Nummer 1 Satz 3 Buchstabe a Doppelbuchstabe aa und bb Satz 4 sowie Doppelbuchstabe bb Satz 5 in Verbindung mit § 55 Absatz 2 der Einkommensteuer-Durchführungsverordnung sowie im Sinne des § 22 Nummer 5 Satz 1 bis 3. ²Der im Betrag der Rente enthaltene Teil, der ausschließlich auf einer Anpassung der Rente beruht, ist gesondert mitzuteilen;

3. Zeitpunkt des Beginns und des Endes des jeweiligen Leistungsbezugs; folgen nach dem 31. Dezember 2004 Renten aus derselben Versicherung einander nach, so ist auch die Laufzeit der vorhergehenden Renten mitzuteilen;

4. die Beiträge im Sinne des § 10 Absatz 1 Nummer 3 Buchstabe a Satz 1 und 2 und Buchstabe b, soweit diese von der mitteilungspflichtigen Stelle an die Träger der gesetzlichen Kranken- und Pflegeversicherung abgeführt werden;

5. die dem Leistungsempfänger zustehenden Beitragszuschüsse nach § 106 des Sechsten Buches Sozialgesetzbuch;

¹⁾ 6. ab dem 1. Januar 2017 ein gesondertes Merkmal für Verträge, auf denen gefördertes Altersvorsorgevermögen gebildet wurde; die zentrale Stelle ist in diesen Fällen berechtigt, die ²⁾ Daten dieser Rentenbezugsmitteilung im Zulagekonto zu speichern und zu verarbeiten.

²§ 72a Absatz 4 und § 93c Absatz 1 Nummer 3 der Abgabenordnung finden keine Anwendung.

³⁾ (2) ¹Der Leistungsempfänger hat der mitteilungspflichtigen Stelle seine Identifikationsnummer sowie den Tag seiner Geburt mitzuteilen. ²Teilt der Leistungsempfänger die Identifikationsnummer dem Mitteilungspflichtigen trotz Aufforderung nicht mit, übermittelt das Bundeszentralamt für Steuern dem Mitteilungspflichtigen auf dessen Anfrage die Identifikationsnummer des Leistungsempfängers; weitere Daten dürfen nicht übermittelt werden. ³In der Anfrage dürfen nur die in § 139b Absatz 3 der Abgabenordnung genannten Daten des Leistungsempfängers angegeben werden, soweit sie der mitteilungspflichtigen Stelle bekannt sind. ⁴Die Anfrage der mitteilungspflichtigen Stelle und die Antwort des Bundeszentralamtes für Steuern sind nach amtlich vorgeschriebenem Datensatz durch Datenfernübertragung über die zentrale Stelle zu übermitteln. ⁵Die zentrale Stelle führt eine ausschließlich automatisierte Prüfung der ihr übermittelten Daten daraufhin durch, ob sie vollständig und schlüssig sind und ob das vorgeschriebene Datenformat verwendet worden ist. ⁶Sie speichert die Daten des Leistungsempfängers nur für Zwecke dieser Prüfung bis zur Übermittlung an das Bundeszentralamt für Steuern oder an die mitteilungspflichtige Stelle. ⁷Die Daten sind für die Übermittlung zwischen der zentralen Stelle und dem Bundeszentralamt für Steuern zu verschlüsseln. ⁸Die mitteilungs-

---

¹⁾ In Absatz 1 Satz 1 Nr. 6 wurden im ersten Halbsatz durch das Betriebsrentenstärkungsgesetz die Wörter „ein gesondertes Merkmal" durch die Wörter „zwei gesonderte Merkmale" und der Punkt am Ende durch ein Semikolon ab VZ 2019 ersetzt.

²⁾ Absatz 1 Satz 1 Nr. 7 wurde durch das Betriebsrentenstärkungsgesetz ab VZ 2019 angefügt.
Nummer 7 in der ab VZ 2019 geltenden Fassung lautet:
„7. ab dem 1. Januar 2019 die gesonderte Kennzeichnung einer Leistung aus einem Altersvorsorgevertrag nach § 93 Absatz 3."

³⁾ Absatz 2 wurde durch das Gesetz zur Modernisierung des Besteuerungsverfahrens ab VZ 2017 neu gefasst. Absatz 2 Satz 2 in der am 1. 1. 2017 geltenden Fassung ist erstmals für die Übermittlung von Daten ab dem 1. 1. 2019 anzuwenden → § 52 Abs. 30a EStG.
Satz 2 in der ab 1. 1. 2019 geltenden Fassung lautet:
„²Teilt der Leistungsempfänger die Identifikationsnummer der mitteilungspflichtigen Stelle trotz Aufforderung nicht mit, übermittelt das Bundeszentralamt (richtig: Bundeszentralamt für Steuern) der mitteilungspflichtigen Stelle auf deren Anfrage die Identifikationsnummer des Leistungsempfängers sowie, falls es sich bei der mitteilungspflichtigen Stelle um einen Träger der gesetzlichen Sozialversicherung handelt, auch den beim Bundeszentralamt für Steuern gespeicherten Tag der Geburt des Leistungsempfängers (§ 139b Absatz 3 Nummer 8 der Abgabenordnung), wenn dieser von dem in der Anfrage übermittelten Tag der Geburt abweicht und für die weitere Datenübermittlung benötigt wird; weitere Daten dürfen nicht übermittelt werden."

pflichtige Stelle darf die Identifikationsnummer sowie einen nach Satz 2 mitgeteilten Tag der Geburt nur verwenden, soweit dies für die Erfüllung der Mitteilungspflicht nach Absatz 1 Satz 1 erforderlich ist. [9]§ 93c der Abgabenordnung ist für das Verfahren nach den Sätzen 1 bis 8 nicht anzuwenden.

(3) Die mitteilungspflichtige Stelle hat den Leistungsempfänger jeweils darüber zu unterrichten, dass die Leistung der zentralen Stelle mitgeteilt wird.

(4) (weggefallen)

(5) [1]Wird eine Rentenbezugsmitteilung nicht innerhalb der in Absatz 1 Satz 1 genannten Frist übermittelt, so ist für jeden angefangenen Monat, in dem die Rentenbezugsmitteilung noch aussteht, ein Betrag in Höhe von 10 Euro für jede ausstehende Rentenbezugsmitteilung an die zentrale Stelle zu entrichten (Verspätungsgeld). [2]Die Erhebung erfolgt durch die zentrale Stelle im Rahmen ihrer Prüfung nach Absatz 4. [3]Von der Erhebung ist abzusehen, soweit die Fristüberschreitung auf Gründen beruht, die die mitteilungspflichtige Stelle nicht zu vertreten hat. [4]Das Handeln eines gesetzlichen Vertreters oder eines Erfüllungsgehilfen steht dem eigenen Handeln gleich. [5]Das von einer mitteilungspflichtigen Stelle zu entrichtende Verspätungsgeld darf 50 000 Euro für alle für einen Veranlagungszeitraum zu übermittelnden Rentenbezugsmitteilungen nicht übersteigen.

Hinweise

Allgemeines

- → BMF vom 7. 12. 2011 (BStBl I S. 1223)
- weitere Einzelheiten → „www.bzst.de" und dort unter „Steuern National/Rentenbezugsmitteilungsverfahren"

§ 23   Private Veräußerungsgeschäfte

(1) [1]Private Veräußerungsgeschäfte (§ 22 Nummer 2) sind

1. Veräußerungsgeschäfte bei Grundstücken und Rechten, die den Vorschriften des bürgerlichen Rechts über Grundstücke unterliegen (z. B. Erbbaurecht, Mineralgewinnungsrecht), bei denen der Zeitraum zwischen Anschaffung und Veräußerung nicht mehr als zehn Jahre beträgt. [2]Gebäude und Außenanlagen sind einzubeziehen, soweit sie innerhalb dieses Zeitraums errichtet, ausgebaut oder erweitert werden; dies gilt entsprechend für Gebäudeteile, die selbständige unbewegliche Wirtschaftsgüter sind, sowie für Eigentumswohnungen und im Teileigentum stehende Räume. [3]Ausgenommen sind Wirtschaftsgüter, die im Zeitraum zwischen Anschaffung oder Fertigstellung und Veräußerung ausschließlich zu eigenen Wohnzwecken oder im Jahr der Veräußerung und in den beiden vorangegangenen Jahren zu eigenen Wohnzwecken genutzt wurden;

2. Veräußerungsgeschäfte bei anderen Wirtschaftsgütern, bei denen der Zeitraum zwischen Anschaffung und Veräußerung nicht mehr als ein Jahr beträgt. [2]Ausgenommen sind Veräußerungen von Gegenständen des täglichen Gebrauchs. [3]Bei Anschaffung und Veräußerung mehrerer gleichartiger Fremdwährungsbeträge ist zu unterstellen, dass die zuerst angeschafften Beträge zuerst veräußert wurden. [4]Bei Wirtschaftsgütern im Sinne von Satz 1, aus deren Nutzung als Einkunftsquelle zumindest in einem Kalenderjahr Einkünfte erzielt werden, erhöht sich der Zeitraum auf zehn Jahre;

3. Veräußerungsgeschäfte, bei denen die Veräußerung der Wirtschaftsgüter früher erfolgt als der Erwerb.

[2]Als Anschaffung gilt auch die Überführung eines Wirtschaftsguts in das Privatvermögen des Steuerpflichtigen durch Entnahme oder Betriebsaufgabe. [3]Bei unentgeltlichem Erwerb ist dem Einzelrechtsnachfolger für Zwecke dieser Vorschrift die Anschaffung oder die Überführung des Wirtschaftsguts in das Privatvermögen durch den Rechtsvorgänger zuzurechnen. [4]Die Anschaffung oder Veräußerung einer unmittelbaren oder mittelbaren Beteiligung an einer Per-

---

1) In Absatz 5 Satz 1 wurden durch das Betriebsrentenstärkungsgesetz die Wörter „Absatz 1 Satz 1" durch die Wörter „§ 93c Absatz 1 Nummer 1 der Abgabenordnung" und in Satz 2 die Angabe „Absatz 4" durch die Wörter „§ 93c Absatz 4 der Abgabenordnung" ab VZ 2019 ersetzt.
2) Zur zeitlichen Anwendung von § 23 EStG → § 52 Abs. 31 EStG.
3) Absatz 1 Satz 1 Nr. 3 ist erstmals auf Veräußerungsgeschäfte anzuwenden, bei denen die Veräußerung auf einem nach dem 23. 12. 2016 rechtswirksam abgeschlossenen obligatorischen Vertrag oder gleichstehenden Rechtsakt beruht → § 52 Abs. 31 Satz 3 EStG.

sonengesellschaft gilt als Anschaffung oder Veräußerung der anteiligen Wirtschaftsgüter. [5]Als Veräußerung im Sinne des Satzes 1 Nummer 1 gilt auch

1. die Einlage eines Wirtschaftsguts in das Betriebsvermögen, wenn die Veräußerung aus dem Betriebsvermögen innerhalb eines Zeitraums von zehn Jahren seit Anschaffung des Wirtschaftsguts erfolgt, und

2. die verdeckte Einlage in eine Kapitalgesellschaft;

(2) Einkünfte aus privaten Veräußerungsgeschäften der in Absatz 1 bezeichneten Art sind den Einkünften aus anderen Einkunftsarten zuzurechnen, soweit sie zu diesen gehören.

(3) [1]Gewinn oder Verlust aus Veräußerungsgeschäften nach Absatz 1 ist der Unterschied zwischen Veräußerungspreis einerseits und den Anschaffungs- oder Herstellungskosten und den Werbungskosten andererseits. [2]In den Fällen des Absatzes 1 Satz 5 Nummer 1 tritt an die Stelle des Veräußerungspreises der für den Zeitpunkt der Einlage nach § 6 Absatz 1 Nummer 5 angesetzte Wert, in den Fällen des Absatzes 1 Satz 5 Nummer 2 der gemeine Wert. [3]In den Fällen des Absatzes 1 Satz 2 tritt an die Stelle der Anschaffungs- oder Herstellungskosten der nach § 6 Absatz 1 Nummer 4 oder § 16 Absatz 3 angesetzte Wert. [4]Die Anschaffungs- oder Herstellungskosten mindern sich um Absetzungen für Abnutzung, erhöhte Absetzungen und Sonderabschreibungen, soweit sie bei der Ermittlung der Einkünfte im Sinne des § 2 Absatz 1 Satz 1 Nummer 4 bis 7 abgezogen worden sind. [5]Gewinne bleiben steuerfrei, wenn der aus den privaten Veräußerungsgeschäften erzielte Gesamtgewinn im Kalenderjahr weniger als 600 Euro betragen hat. [6]In den Fällen des Absatzes 1 Satz 5 Nummer 1 sind Gewinne oder Verluste für das Kalenderjahr, in dem der Preis für die Veräußerung aus dem Betriebsvermögen zugeflossen ist, in den Fällen des Absatzes 1 Satz 5 Nummer 2 für das Kalenderjahr der verdeckten Einlage anzusetzen. [7]Verluste dürfen nur bis zur Höhe des Gewinns, den der Steuerpflichtige im gleichen Kalenderjahr aus privaten Veräußerungsgeschäften erzielt hat, ausgeglichen werden; sie dürfen nicht nach § 10d abgezogen werden. [8]Die Verluste mindern jedoch nach Maßgabe des § 10d die Einkünfte, die der Steuerpflichtige in dem unmittelbar vorangegangenen Veranlagungszeitraum oder in den folgenden Veranlagungszeiträumen aus privaten Veräußerungsgeschäften nach Absatz 1 erzielt hat oder erzielt; § 10d Absatz 4 gilt entsprechend.

h) Gemeinsame Vorschriften

§ 24 [Gemeinsame Vorschriften]

Zu den Einkünften im Sinne des § 2 Absatz 1 gehören auch

1. Entschädigungen, die gewährt worden sind

   a) als Ersatz für entgangene oder entgehende Einnahmen oder

   b) für die Aufgabe oder Nichtausübung einer Tätigkeit, für die Aufgabe einer Gewinnbeteiligung oder einer Anwartschaft auf eine solche;

   c) als Ausgleichszahlungen an Handelsvertreter nach § 89b des Handelsgesetzbuchs;

2. Einkünfte aus einer ehemaligen Tätigkeit im Sinne des § 2 Absatz 1 Satz 1 Nummer 1 bis 4 oder aus einem früheren Rechtsverhältnis im Sinne des § 2 Absatz 1 Satz 1 Nummer 5 bis 7, und zwar auch dann, wenn sie dem Steuerpflichtigen als Rechtsnachfolger zufließen;

3. Nutzungsvergütungen für die Inanspruchnahme von Grundstücken für öffentliche Zwecke sowie Zinsen auf solche Nutzungsvergütungen und auf Entschädigungen, die mit der Inanspruchnahme von Grundstücken für öffentliche Zwecke zusammenhängen.

Hinweise

Tarifermäßigung

→ § 34, § 39b Abs. 3 Satz 9 und 10 EStG

Vorsorgepauschale

→ § 39b Abs. 2 Satz 5 Nr. 3 Schlusssatz Halbsatz 1 EStG

→ aber auch R 39b.6 Abs. 5 LStR und BMF vom 26. 11. 2013 (BStBl I S. 1532)[1]) Tz. 2 Absatz 3

---

[1]) Abgedruckt zu → H 39b.7 (Ermittlung der Vorsorgepauschale im Lohnsteuerabzugsverfahren) LStH.

§ 24a   Altersentlastungsbetrag

EStG
S 2265

¹Der Altersentlastungsbetrag ist bis zu einem Höchstbetrag im Kalenderjahr ein nach einem
Prozentsatz ermittelter Betrag des Arbeitslohns und der positiven Summe der Einkünfte, die
nicht solche aus nichtselbständiger Arbeit sind. ²Bei der Bemessung des Betrags bleiben außer
Betracht:

1. Versorgungsbezüge im Sinne des § 19 Absatz 2;

2. Einkünfte aus Leibrenten im Sinne des § 22 Nummer 1 Satz 3 Buchstabe a;

3. Einkünfte im Sinne des § 22 Nummer 4 Satz 4 Buchstabe b;

4. Einkünfte im Sinne des § 22 Nummer 5 Satz 1, soweit § 22 Nummer 5 Satz 11 anzuwenden
   ist;

5. Einkünfte im Sinne des § 22 Nummer 5 Satz 2 Buchstabe a.

³Der Altersentlastungsbetrag wird einem Steuerpflichtigen gewährt, der vor dem Beginn des
Kalenderjahres, in dem er sein Einkommen bezogen hat, das 64. Lebensjahr vollendet hatte.   1)
⁴Im Fall der Zusammenveranlagung von Ehegatten zur Einkommensteuer sind die Sätze 1 bis 3
für jeden Ehegatten gesondert anzuwenden. ⁵Der maßgebende Prozentsatz und der Höchstbetrag des Altersentlastungsbetrags sind der nachstehenden Tabelle zu entnehmen:

Das auf die Vollendung des 64. Lebensjahres folgende Kalenderjahr	Altersentlastungsbetrag	
	in % der Einkünfte	Höchstbetrag in Euro
2005	40,0	1 900
2006	38,4	1 824
2007	36,8	1 748
2008	35,2	1 672
2009	33,6	1 596
2010	32,0	1 520
2011	30,4	1 444
2012	28,8	1 368
2013	27,2	1 292
2014	25,6	1 216
2015	24,0	1 140
2016	22,4	1 064
2017	20,8	988
2018	19,2	912
2019	17,6	836
2020	16,0	760
2021	15,2	722
2022	14,4	684
2023	13,6	646
2024	12,8	608
2025	12,0	570
2026	11,2	532
2027	10,4	494
2028	9,6	456
2029	8,8	418
2030	8,0	380
2031	7,2	342
2032	6,4	304

1) Für Veranlagungszeitraum 2018: vor dem 2. 1. 1954 geborene Steuerpflichtige.

Das auf die Vollendung des 64. Lebensjahres folgende Kalenderjahr	Altersentlastungsbetrag	
	in % der Einkünfte	Höchstbetrag in Euro
2033	5,6	266
2034	4,8	228
2035	4,0	190
2036	3,2	152
2037	2,4	114
2038	1,6	76
2039	0,8	38
2040	0,0	0

H 24a

Hinweise

Allgemeines

→ R 24a EStR, H 24a EStH

Altersentlastungsbetrag beim Lohnsteuerabzug

→ Anweisungen im Programmablaufplan für die Erstellung von Lohnsteuertabellen in 2018 (einschließlich der Berechnung des Solidaritätszuschlags und der Bemessungsgrundlage für die Kirchenlohnsteuer), veröffentlicht mit BMF-Schreiben vom 23. 11. 2017 (BStBl I S. 1548)

Vorsorgepauschale

→ Tz. 2 des BMF-Schreibens vom 26. 11. 2013 (BStBl I S. 1532)[1]:

„... Der Arbeitslohn ist für die Berechnung der Vorsorgepauschale und der Mindestvorsorgepauschale (Tz. 7) **nicht um** den Versorgungsfreibetrag (§ 19 Absatz 2 EStG) und den Altersentlastungsbetrag (§ 24a EStG) zu **vermindern**. ..."

EStG
S 2265a

§ 24b   Entlastungsbetrag für Alleinerziehende

(1) [1]Allein stehende Steuerpflichtige können einen Entlastungsbetrag von der Summe der Einkünfte abziehen, wenn zu ihrem Haushalt mindestens ein Kind gehört, für das ihnen ein Freibetrag nach § 32 Absatz 6 oder Kindergeld zusteht. [2]Die Zugehörigkeit zum Haushalt ist anzunehmen, wenn das Kind in der Wohnung des allein stehenden Steuerpflichtigen gemeldet ist. [3]Ist das Kind bei mehreren Steuerpflichtigen gemeldet, steht der Entlastungsbetrag nach Satz 1 demjenigen Alleinstehenden zu, der die Voraussetzungen auf Auszahlung des Kindergeldes nach § 64 Absatz 2 Satz 1 erfüllt oder erfüllen würde in Fällen, in denen nur ein Anspruch auf einen Freibetrag nach § 32 Absatz 6 besteht. [4]Voraussetzung für die Berücksichtigung ist die Identifizierung des Kindes durch die an dieses Kind vergebene Identifikationsnummer (§ 139b der Abgabenordnung). [5]Ist das Kind nicht nach einem Steuergesetz steuerpflichtig (§ 139a Absatz 2 der Abgabenordnung), ist es in anderer geeigneter Weise zu identifizieren. [6]Die nachträgliche Vergabe der Identifikationsnummer wirkt auf Monate zurück, in denen die Voraussetzungen der Sätze 1 bis 3 vorliegen.

(2) [1]Gehört zum Haushalt des allein stehenden Steuerpflichtigen ein Kind im Sinne des Absatzes 1, beträgt der Entlastungsbetrag im Kalenderjahr 1 908 Euro. [2]Für jedes weitere Kind im Sinne des Absatzes 1 erhöht sich der Betrag nach Satz 1 um 240 Euro je weiterem Kind.

(3) [1]Allein stehend im Sinne des Absatzes 1 sind Steuerpflichtige, die nicht die Voraussetzungen für die Anwendung des Splitting-Verfahrens (§ 26 Absatz 1) erfüllen oder verwitwet sind und keine Haushaltsgemeinschaft mit einer anderen volljährigen Person bilden, es sei denn, für diese steht ihnen ein Freibetrag nach § 32 Absatz 6 oder Kindergeld zu oder es handelt sich um ein Kind im Sinne des § 63 Absatz 1 Satz 1, das einen Dienst nach § 32 Absatz 5 Satz 1 Nummer 1 und 2 leistet oder eine Tätigkeit nach § 32 Absatz 5 Satz 1 Nummer 3 ausübt. [2]Ist die andere Person mit Haupt- oder Nebenwohnsitz in der Wohnung des Steuerpflichtigen gemeldet, wird vermutet, dass sie mit dem Steuerpflichtigen gemeinsam wirtschaftet (Haushaltsgemeinschaft). [3]Diese Vermutung ist widerlegbar, es sei denn, der Steuerpflichtige und die andere Person leben in einer eheähnlichen oder lebenspartnerschaftsähnlichen Gemeinschaft.

---

1) Abgedruckt in → H 39b.7 (Ermittlung der Vorsorgepauschale im Lohnsteuerabzugsverfahren) LStH.

(4) Für jeden vollen Kalendermonat, in dem die Voraussetzungen des Absatzes 1 nicht vorgelegen haben, ermäßigt sich der Entlastungsbetrag nach Absatz 2 um ein Zwölftel.

Hinweise

Allgemeine Grundsätze

→ *BMF vom 23. 10. 2017 (BStBl I S. 1432)*

Freibetrag bei mehreren Kindern

→ § 39a Abs. 1 Satz 1 Nr. 4a EStG

→ H 39a.1 (Beispiele)

Mitteilungspflichten des Arbeitnehmers bei Wegfall der Voraussetzungen

→ § 39 Abs. 5 Satz 1 und 2 EStG

Steuerklasse II

→ § 38b Abs. 1 Satz 1 Nr. 2 EStG

Verwitwete Arbeitnehmer

→ § 39a Abs. 1 Satz 1 Nr. 8 EStG

III. Veranlagung

§ 25   Veranlagungszeitraum, Steuererklärungspflicht

(1) Die Einkommensteuer wird nach Ablauf des Kalenderjahres (Veranlagungszeitraum) nach dem Einkommen veranlagt, das der Steuerpflichtige in diesem Veranlagungszeitraum bezogen hat, soweit nicht nach § 43 Absatz 5 und § 46 eine Veranlagung unterbleibt.

(2) (weggefallen)

(3) ¹Die steuerpflichtige Person hat für den Veranlagungszeitraum eine eigenhändig unterschriebene Einkommensteuererklärung abzugeben. ²Wählen Ehegatten die Zusammenveranlagung (§ 26b), haben sie eine gemeinsame Steuererklärung abzugeben, die von beiden eigenhändig zu unterschreiben ist.

(4) ¹Die Erklärung nach Absatz 3 ist nach amtlich vorgeschriebenem Datensatz durch Datenfernübertragung zu übermitteln, wenn Einkünfte nach § 2 Absatz 1 Satz 1 Nummer 1 bis 3 erzielt werden und es sich nicht um einen der Veranlagungsfälle gemäß § 46 Absatz 2 Nummer 2 bis 8 handelt. ²Auf Antrag kann die Finanzbehörde zur Vermeidung unbilliger Härten auf eine Übermittlung durch Datenfernübertragung verzichten.

Hinweise

Vordruckmuster

I. Einkommensteuererklärung (sog. Mantelbogen)

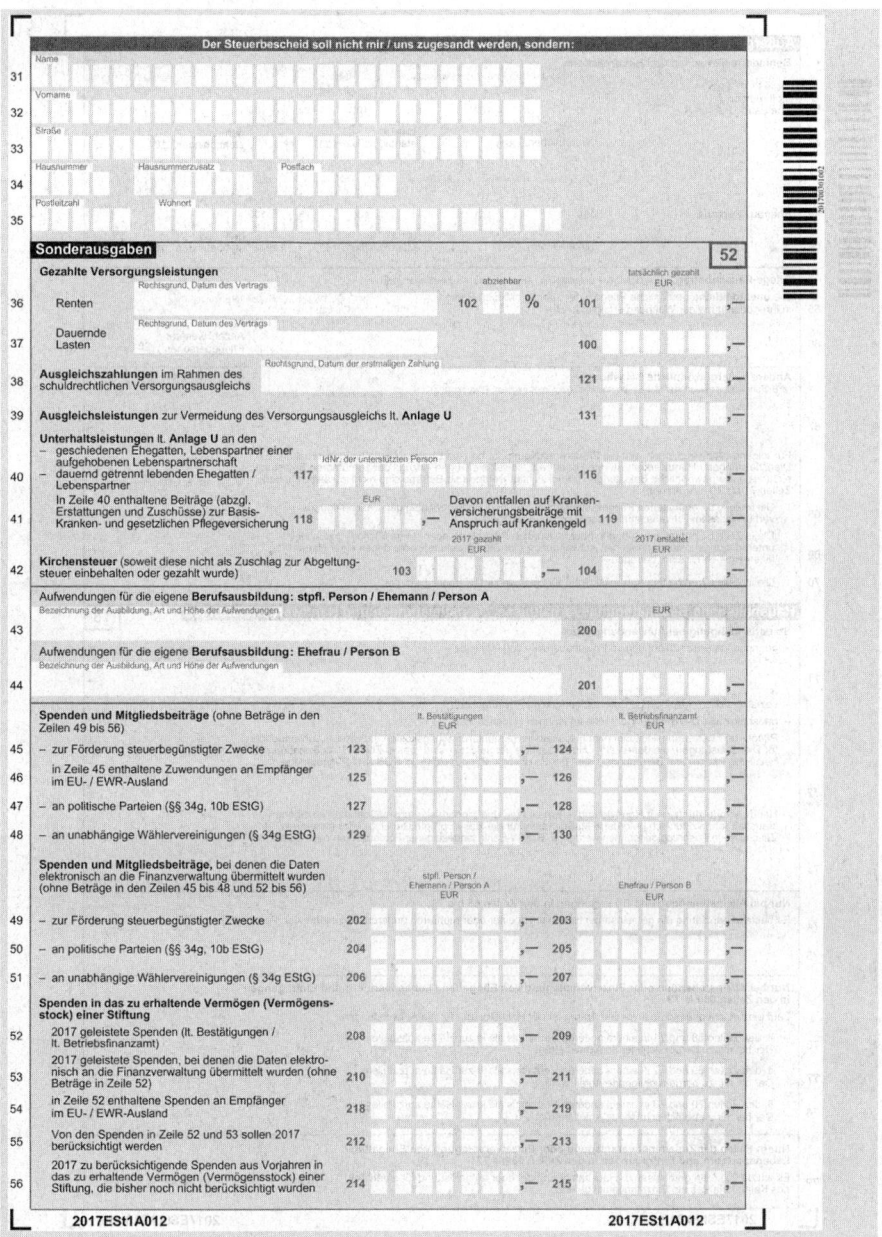

Der Steuerbescheid soll nicht mir / uns zugesandt werden, sondern:

31	Name	
32	Vorname	
33	Straße	
34	Hausnummer Hausnummerzusatz Postfach	
35	Postleitzahl Wohnort	

Sonderausgaben |52|

Gezahlte Versorgungsleistungen

		Rechtsgrund, Datum des Vertrags	abziehbar		tatsächlich gezahlt EUR
36	Renten		102 %	101	, —
37	Dauernde Lasten	Rechtsgrund, Datum des Vertrags		100	, —

38	**Ausgleichszahlungen** im Rahmen des schuldrechtlichen Versorgungsausgleichs	Rechtsgrund, Datum der erstmaligen Zahlung	121	, —
39	**Ausgleichsleistungen** zur Vermeidung des Versorgungsausgleichs lt. **Anlage U**		131	, —

40	**Unterhaltsleistungen** lt. **Anlage U** an den – geschiedenen Ehegatten, Lebenspartner einer aufgehobenen Lebenspartnerschaft – dauernd getrennt lebenden Ehegatten / Lebenspartner 117	IdNr. der unterstützten Person	116	, —
41	In Zeile 40 enthaltene Beiträge (abzgl. Erstattungen und Zuschüsse) zur Basis-Kranken- und gesetzlichen Pflegeversicherung 118	EUR	Davon entfallen auf Kranken-versicherungsbeiträge mit Anspruch auf Krankengeld 119	, —

		2017 gezahlt EUR	2017 erstattet EUR
42	**Kirchensteuer** (soweit diese nicht als Zuschlag zur Abgeltung-steuer einbehalten oder gezahlt wurde) 103	, —	104 , —

Aufwendungen für die eigene **Berufsausbildung: stpfl. Person / Ehemann / Person A**
Bezeichnung der Ausbildung, Art und Höhe der Aufwendungen

		EUR
43		200 , —

Aufwendungen für die eigene **Berufsausbildung: Ehefrau / Person B**
Bezeichnung der Ausbildung, Art und Höhe der Aufwendungen

44		201 , —

Spenden und Mitgliedsbeiträge (ohne Beträge in den Zeilen 49 bis 56)

			lt. Bestätigungen EUR		lt. Betriebsfinanzamt EUR
45	– zur Förderung steuerbegünstigter Zwecke	123	, —	124	, —
46	in Zeile 45 enthaltene Zuwendungen an Empfänger im EU- / EWR-Ausland	125	, —	126	, —
47	– an politische Parteien (§§ 34g, 10b EStG)	127	, —	128	, —
48	– an unabhängige Wählervereinigungen (§ 34g EStG)	129	, —	130	, —

Spenden und Mitgliedsbeiträge, bei denen die Daten elektronisch an die Finanzverwaltung übermittelt wurden (ohne Beträge in den Zeilen 45 bis 48 und 52 bis 56)

			stpfl. Person / Ehemann / Person A EUR		Ehefrau / Person B EUR
49	– zur Förderung steuerbegünstigter Zwecke	202	, —	203	, —
50	– an politische Parteien (§§ 34g, 10b EStG)	204	, —	205	, —
51	– an unabhängige Wählervereinigungen (§ 34g EStG)	206	, —	207	, —

Spenden in das zu erhaltende Vermögen (Vermögens-stock) einer Stiftung

52	2017 geleistete Spenden (lt. Bestätigungen / lt. Betriebsfinanzamt)	208	, —	209	, —
53	2017 geleistete Spenden, bei denen die Daten elektro-nisch an die Finanzverwaltung übermittelt wurden (ohne Beträge in Zeile 52)	210	, —	211	, —
54	in Zeile 52 enthaltene Spenden an Empfänger im EU- / EWR-Ausland	218	, —	219	, —
55	Von den Spenden in Zeile 52 und 53 sollen 2017 berücksichtigt werden	212	, —	213	, —
56	2017 zu berücksichtigende Spenden aus Vorjahren in das zu erhaltende Vermögen (Vermögensstock) einer Stiftung, die bisher noch nicht berücksichtigt wurden	214	, —	215	, —

2017ESt1A012 2017ESt1A012

Außergewöhnliche Belastungen · 53

Behinderte Menschen und Hinterbliebene

		Ausweis / Rentenbescheid / Bescheinigung gültig von · bis	unbefristet gültig	Grad der Behinderung	Erstmalige Beantragung / Änderung (Nachweis ist einzureichen)
61	stpfl. Person / Ehemann / Person A	100 M M J J 101 M M J J	102 1 = Ja	105	X
62	hinterblieben 380 1 = Ja	blind / ständig hilflos 103 1 = Ja	geh- und stehbehindert 104 1 = Ja		

		Ausweis / Rentenbescheid / Bescheinigung gültig von · bis	unbefristet gültig	Grad der Behinderung	Erstmalige Beantragung / Änderung (Nachweis ist einzureichen)
63	Ehefrau / Person B	150 M M J J 151 M M J J	152 1 = Ja	155	X
64	hinterblieben 381 1 = Ja	blind / ständig hilflos 153 1 = Ja	geh- und stehbehindert 154 1 = Ja		

Pflege-Pauschbetrag – bei erstmaliger Beantragung / Änderung bitte Nachweis einreichen –

65	Die **unentgeltliche** persönliche Pflege einer ständig hilflosen Person in ihrer oder in meiner Wohnung erfolgte durch 200	1 = stpfl. Person / Ehemann / Person A 2 = Ehefrau / Person B 3 = beide Ehegatten / Lebenspartner
66	Name, Anschrift und Verwandtschaftsverhältnis der hilflosen Person(en)	Anzahl weiterer Pflegepersonen 201

Andere außergewöhnliche Belastungen
(z. B. Fahrtkosten behinderter Menschen, Krankheitskosten, Kurkosten, Pflegekosten)

	Art der Belastungen	Summe der Aufwendungen EUR	Erhaltene / Anspruch auf zu erwartende Versicherungsleistungen, Beihilfen, Unterstützungen, Wert des Nachlasses usw. EUR
67		300	— 301 , —

Für folgende Aufwendungen wird die Steuerermäßigung für haushaltsnahe Beschäftigungsverhältnisse / Dienstleistungen / Handwerkerleistungen beantragt, soweit sie wegen Abzugs der zumutbaren Belastung nicht als außergewöhnliche Belastungen berücksichtigt werden (die Beträge sind nicht zusätzlich in den Zeilen 71 bis 73 einzutragen):

			Aufwendungen (abzüglich Erstattungen) EUR
68	Die in Zeile 67 enthaltenen Pflegeleistungen im Rahmen eines geringfügigen Beschäftigungsverhältnisses im Privathaushalt – sog. Minijob – betragen	370	, —
69	Die in Zeile 67 enthaltenen übrigen haushaltsnahen Pflegeleistungen (ohne Minijob) und in Heimunterbringungskosten enthaltenen Aufwendungen für Dienstleistungen, die denen einer Haushaltshilfe vergleichbar sind, betragen	371	, —
70	Die in Zeile 67 enthaltenen Arbeitskosten für Handwerkerleistungen betragen	372	, —

Haushaltsnahe Beschäftigungsverhältnisse, Dienstleistungen und Handwerkerleistungen · 18

Steuerermäßigung bei Aufwendungen für

			Aufwendungen (abzüglich Erstattungen) EUR
71	– geringfügige Beschäftigungen im Privathaushalt – sog. Minijobs – Art der Tätigkeit	202	, —
72	– sozialversicherungspflichtige Beschäftigungen im Privathaushalt – haushaltsnahe Dienstleistungen, Hilfe im eigenen Haushalt – Pflege- und Betreuungsleistungen im Haushalt, in Heimunterbringungskosten enthaltene Aufwendungen für Dienstleistungen, die denen einer Haushaltshilfe vergleichbar sind; das in Zeile 67 als Erstattung für häusliche Pflege- und Betreuungskosten berücksichtigte Pflegegeld (§ 37 SGB XI) / Pflegetagegeld Art der Tätigkeit / Aufwendungen	212	, —
73	– Handwerkerleistungen für Renovierungs-, Erhaltungs- und Modernisierungsmaßnahmen im eigenen Haushalt (ohne öffentlich geförderte Maßnahmen, für die zinsverbilligte Darlehen oder steuerfreie Zuschüsse in Anspruch genommen werden, z. B. KfW-Bank, landeseigener Förderbanken oder Gemeinden) Art der Aufwendungen	214	, —

Nur bei Alleinstehenden und Eintragungen in den Zeilen 68 bis 73:

		Anzahl der weiteren Personen
74	Es bestand ganzjährig ein gemeinsamer Haushalt mit einer oder mehreren anderen alleinstehenden Person(en)	223
75	Name, Vorname, Geburtsdatum	

Nur bei Alleinstehenden oder Einzelveranlagung von Ehegatten / Lebenspartnern und Eintragungen in den Zeilen 68 bis 73:
Laut einzureichendem gemeinsamen Antrag ist der Höchstbetrag für die Aufwendungen

76	– lt. den Zeilen 68 und 71 in einem anderen Verhältnis als je zur Hälfte aufzuteilen. Der bei mir zu berücksichtigende Anteil beträgt	224	%
77	– lt. den Zeilen 69 und 72 in einem anderen Verhältnis als je zur Hälfte aufzuteilen. Der bei mir zu berücksichtigende Anteil beträgt	225	%
78	– lt. den Zeilen 70 und 73 in einem anderen Verhältnis als je zur Hälfte aufzuteilen. Der bei mir zu berücksichtigende Anteil beträgt	226	%

Nur in Fällen der Zusammenveranlagung oder Einzelveranlagung von Ehegatten / Lebenspartnern und Eintragungen in den Zeilen 68 bis 73:

		stpfl. Person / Ehemann / Person A	Ehefrau / Person B
79	Es wurde 2017 ein gemeinsamer Haushalt begründet oder aufgelöst und für einen Teil des Kalenderjahres ein Einzelhaushalt geführt	219 1 = Ja	220 1 = Ja

2017ESt1A013   2017ESt1A013

Antrag auf Festsetzung der Arbeitnehmer-Sparzulage | 15

91 Für alle vom Anbieter übermittelten elektronischen Vermögensbildungsbescheinigungen wird die Festsetzung der Arbeitnehmer-Sparzulage beantragt

stpfl. Person / Ehemann / Person A — 17 [ ] 1 = Ja
Ehefrau / Person B — 18 [ ] 1 = Ja

Steuerermäßigung bei Belastung mit Erbschaftsteuer | 18

92 Ich beantrage eine Steuerermäßigung, weil in dieser Steuererklärung Einkünfte erklärt worden sind, die als Erwerb von Todes wegen ab 2013 der Erbschaftsteuer unterlegen haben (lt. gesonderter Aufstellung). — 185 [ ] 1 = Ja

Steuerbegünstigung für schutzwürdige Kulturgüter

93 Steuerbegünstigung nach § 10g EStG für schutzwürdige Kulturgüter, die weder zur Einkunfts-erzielung noch zu eigenen Wohnzwecken genutzt werden — Abzugsbetrag EUR — 151 [ ] ,—

Verlustabzug / Spendenvortrag

94 Es wurde ein verbleibender Verlustvortrag nach § 10d EStG / Spendenvortrag nach § 10b EStG zum 31.12.2016 festgestellt für
[X] stpfl. Person / Ehemann / Person A   [X] Ehefrau / Person B

95 **Antrag auf Beschränkung des Verlustrücktrags nach 2016**
Von den nicht ausgeglichenen negativen Einkünften 2017 soll folgender Gesamtbetrag nach 2016 zurückgetragen werden
EUR [ ],—   EUR [ ],—

Sonstige Angaben und Anträge

96 **Einkommensersatzleistungen, die dem Progressionsvorbehalt unterliegen,** z. B. Arbeitslosengeld, Elterngeld, Insolvenzgeld, Krankengeld, Mutterschaftsgeld und vergleichbare Leistungen aus einem EU- / EWR-Staat oder der Schweiz (ohne Beträge lt. Zeile 28 der Anlage N)
stpfl. Person / Ehemann / Person A EUR — 120 [ ],—
Ehefrau / Person B EUR — 121 [ ],—

97 **Nur bei Einzelveranlagung von Ehegatten / Lebenspartnern:**
Laut übereinstimmendem Antrag sind die Sonderausgaben, außergewöhnlichen Belastungen sowie die Steuer-ermäßigung für haushaltsnahe Beschäftigungsverhältnisse, Dienstleistungen und Handwerkerleistungen je zur Hälfte aufzuteilen.
(Der Antrag auf Aufteilung
– des Freibetrages zur Abgeltung eines Sonderbedarfs bei Berufsausbildung eines volljährigen Kindes ist in Zeile 53 der Anlage Kind,
– bei Übertragung des Behinderten- oder Hinterbliebenen-Pauschbetrags in Zeile 66 der Anlage Kind
zu stellen.)
222 [ ] 1 = Ja

98 **Ergänzende Angaben zur Steuererklärung:**
Über die Angaben in der Steuererklärung hinaus sind weitere oder abweichende Angaben oder Sachverhalte zu berücksichtigen. Diese ergeben sich aus der beigefügten Anlage, welche mit der Überschrift „**Ergänzende Angaben zur Steuererklärung**" gekennzeichnet ist.
175 [ ] 1 = Ja

Hinweis: Wenn über die Angaben in der Steuererklärung hinaus weitere oder abweichende Angaben oder Sachver-halte berücksichtigt werden sollen, tragen Sie bitte eine „1" ein. Gleiches gilt, wenn bei den in der Steuer-erklärung erfassten Angaben bewusst eine von der Verwaltungsauffassung abweichende Rechtsauf-fassung zugrunde gelegt wurde. Falls Sie mit Abgabe der Steuererklärung lediglich Belege und Aufstellun-gen einreichen, ist keine Eintragung vorzunehmen.

99 Unterhalten Sie auf Dauer angelegte Geschäftsbeziehungen zu Finanzinstituten im Ausland?
stpfl. Person / Ehemann / Person A — 116 [ ] 1 = Ja 2 = Nein
Ehefrau / Person B — 117 [ ] 1 = Ja 2 = Nein

Unterschrift

Die mit der Steuererklärung / dem Antrag angeforderten Daten werden aufgrund der §§ 149, 150 und 181 Abs. 2 der Abgabenordnung, der §§ 25, 46 und 51a Abs. 2d des Einkommensteuergesetzes sowie des § 14 Abs. 4 des Fünften Vermögensbildungsgesetzes erhoben.

100 Die Steuererklärung wurde unter Mitwirkung eines Angehörigen der steuerberatenden Berufe i. S. d. §§ 3 und 4 des Steuerberatungsgesetzes erstellt: [ ] 1 = Ja

Bei der Anfertigung dieser Steuererklärung hat mitgewirkt:

101 Datum, Unterschrift(en) Steuererklärungen sind eigenhändig – bei Ehegatten / Lebens-partnern von beiden – zu unterschreiben.

2017ESt1A014 | 2017ESt1A014

II. Vereinfachte Einkommensteuererklärung für Arbeitnehmer

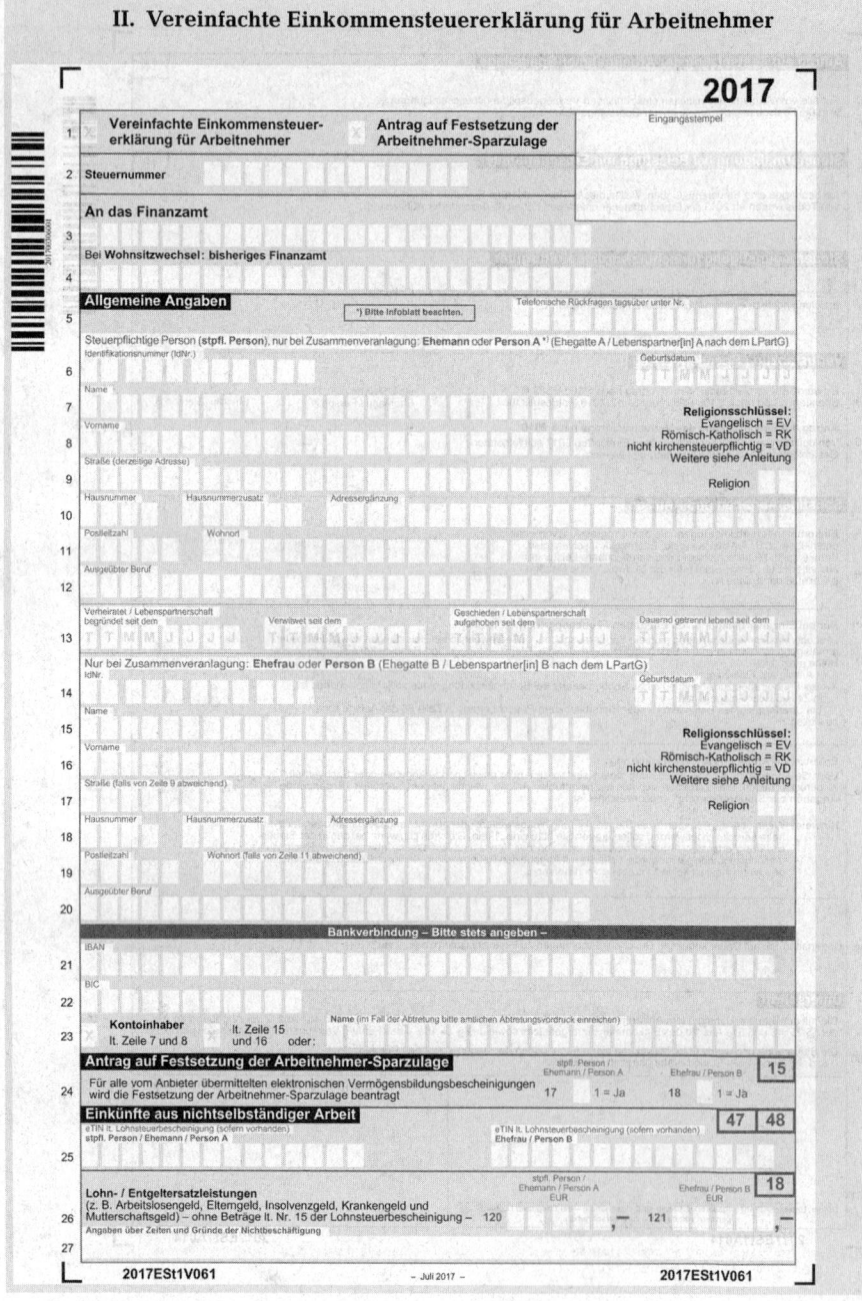

Werbungskosten stpfl. Person / Ehemann / Person A   87

Angaben zur Ermittlung der Entfernungspauschale:
Erste Tätigkeitsstätte / Sammelpunkt / weiträumiges Tätigkeitsgebiet (PLZ, Ort und Straße)

		Arbeitstage je Woche	Urlaubs- und Krankheitstage

31

	einfache Entfernung von der Wohnung (auf volle Kilometer abgerundet)	davon mit eigenem oder zur Nutzung überlassenem Pkw zurückgelegt	davon mit Sammelbeförderung des Arbeitgebers zurückgelegt	davon mit öffentl. Verkehrsmitteln, Motorrad, Fahrrad o. Ä., als Fußgänger, als Mitfahrer einer Fahrgemeinschaft zurückgelegt	Behinderungsgrad mind. 70 oder mind. 50 und Merkzeichen „G"
aufgesucht an					

32   110   Tagen 111   km 112   km 113   km   km 115   1 = Ja
EUR

33 Aufwendungen für Fahrten mit öffentlichen Verkehrsmitteln – ohne Flug- und Fährkosten –
(Bitte stets die Zeile 32 ausfüllen.)   114

34 Aufwendungen für Arbeitsmittel, Bewerbungskosten, Fortbildungskosten, Kontoführungsgebühren, Reisekosten bei Auswärtstätigkeiten, Flug- und Fährkosten, Beiträge zu Berufsverbänden – soweit nicht steuerfrei ersetzt –   380

Werbungskosten Ehefrau / Person B   88

Angaben zur Ermittlung der Entfernungspauschale:
Erste Tätigkeitsstätte / Sammelpunkt / weiträumiges Tätigkeitsgebiet (PLZ, Ort und Straße)

		Arbeitstage je Woche	Urlaubs- und Krankheitstage

35

	einfache Entfernung von der Wohnung (auf volle Kilometer abgerundet)	davon mit eigenem oder zur Nutzung überlassenem Pkw zurückgelegt	davon mit Sammelbeförderung des Arbeitgebers zurückgelegt	davon mit öffentl. Verkehrsmitteln, Motorrad, Fahrrad o. Ä., als Fußgänger, als Mitfahrer einer Fahrgemeinschaft zurückgelegt	Behinderungsgrad mind. 70 oder mind. 50 und Merkzeichen „G"
aufgesucht an					

36   110   Tagen 111   km 112   km 113   km   km 115   1 = Ja
EUR

37 Aufwendungen für Fahrten mit öffentlichen Verkehrsmitteln – ohne Flug- und Fährkosten –
(Bitte stets die Zeile 36 ausfüllen.)   114

38 Aufwendungen für Arbeitsmittel, Bewerbungskosten, Fortbildungskosten, Kontoführungsgebühren, Reisekosten bei Auswärtstätigkeiten, Flug- und Fährkosten, Beiträge zu Berufsverbänden – soweit nicht steuerfrei ersetzt –   380

Sonderausgaben   52

	EUR 2017 gezahlt	EUR 2017 erstattet

39 Kirchensteuer (soweit diese nicht als Zuschlag zur Abgeltungsteuer
einbehalten oder gezahlt wurde)   103   —   104

40 Spenden und Mitgliedsbeiträge zur Förderung steuerbegünstigter
Zwecke (lt. Bestätigungen)   123   —

	stpfl. Person / Ehemann / Person A EUR	Ehefrau / Person B EUR

41 Spenden und Mitgliedsbeiträge zur Förderung steuerbegünstigter
Zwecke, bei denen die Daten elektronisch an die Finanzverwaltung
übermittelt wurden   202   —   203

Außergewöhnliche Belastungen   53

	Grad der Behinderung	blind / ständig hilflos		Grad der Behinderung	blind / ständig hilflos

42 stpfl. Person / Ehemann / Person A 105   103   1 = Ja   Ehefrau / Person B 155   153 1 = Ja

43 Fahrtkosten behinderter Menschen, Krankheitskosten, Kurkosten, Pflegekosten

Art der Belastung

Aufwendungen EUR	Erhaltene / Anspruch auf zu erwartende Versicherungsleistungen, Beihilfen, Unterstützungen usw. EUR
300 — 301	

Haushaltsnahe Dienstleistungen und Handwerkerleistungen   18

Steuerermäßigung bei Aufwendungen für
– sozialversicherungspflichtige Beschäftigung im Privathaushalt; haushaltsnahe Dienstleistungen; Hilfe im eigenen Haushalt; Pflege- und Betreuungsleistungen im Haushalt, in Heimunterbringungskosten enthaltene Aufwendungen für Dienstleistungen, die denen einer Haushaltshilfe vergleichbar sind (soweit nicht bereits in Zeile 43 berücksichtigt); das in Zeile 43 als Erstattung für häusliche Pflege- und Betreuungskosten berücksichtigte Pflegegeld (§ 37 SGB XI) / Pflegetagegeld

Aufwendungen (abzüglich Erstattungen)

44   212   —

45 – Handwerkerleistungen für Renovierungs-, Erhaltungs- und Modernisierungsmaßnahmen im eigenen Haushalt (ohne öffentlich geförderte Maßnahmen, für die zinsverbilligte Darlehen oder steuerfreie Zuschüsse in Anspruch genommen werden, z. B. KfW-Bank, landeseigener Förderbanken oder Gemeinden)

214   —

46 **Nur bei Alleinstehenden und Eintragungen in den Zeilen 44 und 45:** Es bestand ganzjährig ein gemeinsamer Haushalt mit einer oder mehreren anderen alleinstehenden Person(en)   223   Anzahl der weiteren Personen   Name, Vorname, Geburtsdatum

Ergänzende Angaben zur Steuererklärung:

47 Über die Angaben in der Steuererklärung hinaus sind weitere oder abweichende Angaben oder Sachverhalte zu berücksichtigen. Diese ergeben sich aus der beigefügten Anlage, welche mit der Überschrift „Ergänzende Angaben zur Steuererklärung" gekennzeichnet ist.   175   1 = Ja

Unterschrift Die mit der Steuererklärung / dem Antrag angeforderten Daten werden aufgrund der §§ 149 und 150 der Abgabenordnung, der §§ 25 und 46 des Einkommensteuergesetzes sowie des § 14 Abs. 4 des Fünften Vermögensbildungsgesetzes erhoben. Ich versichere, **keine weiteren inländischen oder ausländischen Einkünfte** bezogen zu haben.

Bei der Anfertigung dieser Steuererklärung hat mitgewirkt:

X   Empfangsvollmacht ist erteilt.

48 Datum, Unterschrift(en)   Steuererklärungen sind eigenhändig – bei Ehegatten / Lebenspartnern von beiden – zu unterschreiben.

2017ESt1V062   2017ESt1V062

455

Infoblatt 2017

Vereinfachte Einkommensteuererklärung für Arbeitnehmer	**Abgabefrist: 31. Mai 2018,** wenn Sie zur Abgabe der Erklärung verpflichtet sind **Abgabefrist: 31. Dezember 2021,** wenn Sie die Veranlagung beantragen
Antrag auf Festsetzung der Arbeitnehmer-Sparzulage	**Abgabefrist: 31. Dezember 2021**

Wer kann den vereinfachten Erklärungsvordruck verwenden?

Sie können den vereinfachten Erklärungsvordruck verwenden, wenn

- Sie nur Arbeitslohn (einschließlich Versorgungsbezüge) und ggf. bestimmte Lohn- / Entgeltersatzleistungen (z. B. Arbeitslosengeld, Elterngeld, Mutterschaftsgeld etc.) im Inland bezogen haben **und**

- Sie nur die im Vordruck bezeichneten Werbungskosten, Sonderausgaben, außergewöhnlichen Belastungen und Steuerermäßigungen geltend machen.

Ehegatten / Lebenspartner können die vereinfachte Steuererklärung nur dann verwenden, wenn sie die Zusammenveranlagung wählen.

Für wen kommt die vereinfachte Erklärung nicht in Betracht?

Sie können den vereinfachten Erklärungsvordruck **nicht verwenden,** wenn

- Sie andere Einkünfte, z. B. Renten oder Vermietungseinkünfte, bezogen haben,

- Sie ausländische Einkünfte bezogen haben,

- Sie Zinsen oder andere Kapitalerträge erzielt haben, die nicht dem inländischen Kapitalertragsteuerabzug unterlegen haben,

- Sie Mitglied einer kirchensteuerhebeberechtigten Religionsgemeinschaft sind und die Kirchensteuer nicht als Zuschlag zur Kapitalertragsteuer einbehalten wurde,

- Sie von Ihrem geschiedenen Ehegatten, Lebenspartner einer aufgehobenen Lebenspartnerschaft oder dauernd getrennt lebenden Ehegatten / Lebenspartner Unterhaltsleistungen / Ausgleichsleistungen zur Vermeidung des Versorgungsausgleichs bezogen haben, die dieser als Sonderausgaben steuermindernd abzieht (Anlage U),

- Sie die Berücksichtigung weiterer – im Vordruck nicht aufgeführter – Werbungskosten, Sonderausgaben, außergewöhnlicher Belastungen (z. B. Unterhaltsleistungen an bedürftige Personen) oder anderer Steuerermäßigungen (z. B. Spenden und Mitgliedsbeiträge an politische Parteien und unabhängige Wählervereinigungen, Zuwendungen an Empfänger im Ausland, Aufwendungen für geringfügige Beschäftigungen im Privathaushalt - sog. Minijobs -) begehren,

- Sie für die - wegen Abzugs der zumutbaren Belastung - nicht als außergewöhnliche Belastungen abziehbaren Aufwendungen die Steuerermäßigungen für haushaltsnahe Beschäftigungsverhältnisse / Dienstleistungen / Handwerkerleistungen beantragen wollen.

In diesen Fällen verwenden Sie bitte die ausführlichen Vordrucke zur Einkommensteuererklärung. Diese erhalten Sie bei Ihrem zuständigen Finanzamt. Sie können die ausführliche Einkommensteuererklärung auch elektronisch abgeben. Nähere Informationen hierzu können Sie im Internet unter www.elster.de erhalten.

Infoblatt zu ESt 1 V – Juli 2017

Was müssen Sie beim Ausfüllen beachten?	Bei gleichgeschlechtlichen Ehen und bei Lebenspartnern, die nach dem Lebenspartnerschaftsgesetz (LPartG) eine Lebenspartnerschaft begründet haben, hat sich im Falle der Zusammenveranlagung in den Zeilen 6 bis 12 als Person A die Person einzutragen, die nach alphabetischer Reihenfolge des Nachnamens an erster Stelle steht; bei Namensgleichheit nach alphabetischer Reihenfolge des Vornamens; bei Gleichheit des Vornamens nach dem Alter der Personen (ältere Person).

Der Zahlungsverkehr mit dem Finanzamt wird unbar abgewickelt.

Ändert sich künftig Ihre Bankverbindung, teilen Sie dies bitte umgehend Ihrem Finanzamt schriftlich mit.

Angaben, die in Ihrer Lohnsteuerbescheinigung enthalten sind, werden vom Finanzamt übernommen. Sie brauchen diese nicht in die Vordrucke zu übertragen. Bitte übertragen Sie nur die sog. eTIN (sofern vorhanden) in das dafür vorgesehene weiße Feld des Vordrucks. Sie finden die eTIN auf Ihrer Lohnsteuerbescheinigung. Haben Sie eine Besondere Lohnsteuerbescheinigung von Ihrem Arbeitgeber erhalten, reichen Sie diese bitte ein. Erklären Sie bitte in Zeile 26, in welcher Höhe Sie im Jahr 2017 Lohn- / Entgeltersatzleistungen bezogen haben, soweit diese nicht in der Lohnsteuerbescheinigung enthalten sind.

Lohn- / Entgeltersatzleistungen werden grundsätzlich elektronisch an die Finanzverwaltung übermittelt. Haben Sie über die Lohn- / Entgeltersatzleistungen eine Bescheinigung (Leistungsnachweis) erhalten, weil die Leistungsbeträge nicht elektronisch übermittelt werden konnten, reichen Sie diese bitte ein.

Beträge zu Werbungskosten, Sonderausgaben, außergewöhnlichen Belastungen und Steuerermäßigungen sind in Euro einzutragen. Cent-Beträge runden Sie bitte zu Ihren Gunsten auf volle Euro-Beträge auf.

Welche Vordrucke müssen Sie ggf. zusätzlich einreichen?	Zur vereinfachten Einkommensteuererklärung für Arbeitnehmer müssen Sie **ggf.** einreichen:

- die Anlage Kind für jedes zu berücksichtigende Kind,
- die Anlage Vorsorgeaufwand für die Berücksichtigung von Versicherungsbeiträgen,
- die Anlage AV, wenn Sie Beiträge zur sog. Riester-Rente geleistet haben und dafür den zusätzlichen Sonderausgabenabzug geltend machen.

Haben Sie ergänzende Angaben zur Steuererklärung?	Wenn über die Angaben in der Steuererklärung hinaus weitere oder abweichende Angaben oder Sachverhalte berücksichtigt werden sollen, tragen Sie bitte in Zeile 47 eine „1" ein. Gleiches gilt, wenn bei den in der Steuererklärung erfassten Angaben bewusst eine von der Verwaltungsauffassung abweichende Rechtsauffassung zugrunde gelegt wurde. Diese Angaben sind in einer von Ihnen zu erstellenden gesonderten Anlage zu machen, welche mit der Überschrift **„Ergänzende Angaben zur Steuererklärung"** zu kennzeichnen ist. Falls Sie mit Abgabe der Steuererklärung lediglich Belege und Aufstellungen einreichen, ist in Zeile 47 keine Eintragung vorzunehmen.
Unterschrift (Zeile 48)	Vergessen Sie bitte nicht, die Erklärung oder den Antrag zu unterschreiben. Bei Zusammenveranlagung haben beide Ehegatten / Lebenspartner zu unterschreiben. Mit Ihrer Unterschrift versichern Sie, dass keine weiteren Einkünfte bezogen haben.
Weitere Auskünfte und Informationen	Weitere Informationen, insbesondere zu den Anlagen Kind und Vorsorgeaufwand, können Sie der Anleitung zur ausführlichen Einkommensteuererklärung entnehmen.

Auskünfte erteilt Ihnen auch Ihr zuständiges Finanzamt.

III. Einkommensteuererklärung für beschränkt steuerpflichtige Personen

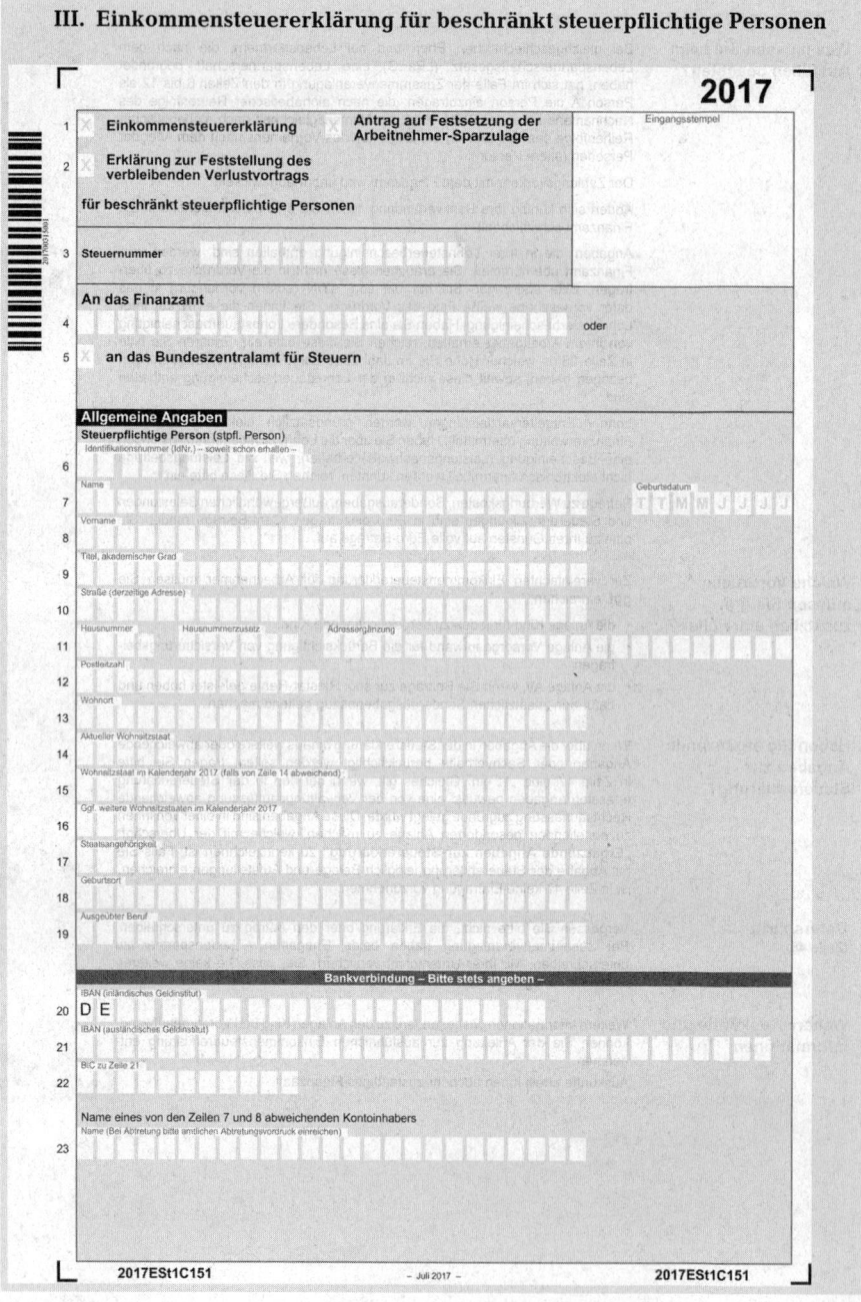

2017

1 ☒ Einkommensteuererklärung ☒ Antrag auf Festsetzung der Arbeitnehmer-Sparzulage — Eingangsstempel

2 Erklärung zur Feststellung des verbleibenden Verlustvortrags

für beschränkt steuerpflichtige Personen

3 Steuernummer

An das Finanzamt

4 _____ oder

5 ☒ an das Bundeszentralamt für Steuern

Allgemeine Angaben

Steuerpflichtige Person (stpfl. Person)
Identifikationsnummer (IdNr.) – soweit schon erhalten –

6

7 Name — Geburtsdatum T T M M J J J J

8 Vorname

9 Titel, akademischer Grad

10 Straße (derzeitige Adresse)

11 Hausnummer Hausnummerzusatz Adressergänzung

12 Postleitzahl

13 Wohnort

14 Aktueller Wohnsitzstaat

15 Wohnsitzstaat im Kalenderjahr 2017 (falls von Zeile 14 abweichend)

16 Ggf. weitere Wohnsitzstaaten im Kalenderjahr 2017

17 Staatsangehörigkeit

18 Geburtsort

19 Ausgeübter Beruf

Bankverbindung – Bitte stets angeben –

IBAN (inländisches Geldinstitut)
20 D E

IBAN (ausländisches Geldinstitut)
21

BIC zu Zeile 21
22

Name eines von den Zeilen 7 und 8 abweichenden Kontoinhabers
Name (Bei Abtretung bitte amtlichen Abtretungsvordruck einreichen)
23

2017ESt1C151 – Juli 2017 – 2017ESt1C151

Inländische Einkünfte im Kalenderjahr 2017

19

		EUR	
31	Einkünfte i. S. d. § 50d Abs. 10 EStG	824	

Einkünfte aus nichtselbständiger Arbeit, die im Inland nicht dem Steuerabzug unterliegen

18

	Beschäftigung in	vom	bis	Arbeitslohn EUR
32		109 T T M M	T T M M 110	
33	Werbungskosten zu Zeile 32		111	

	Erträge aus		Einnahmen
34	**Kapitalvermögen** i. S. d. § 49 Abs. 1 Nr. 5 EStG (ohne Einnahmen in Zeile 36)	132	
35	Ich beantrage die Günstigerprüfung für die in Zeile 34 erklärten Kapitalerträge.	1 = Ja	
36	i. S. d. § 49 Abs. 1 Nr. 5 EStG, die der tariflichen Einkommensteuer unterliegen	115	

Anzurechnende Steuern

		EUR Ct			EUR Ct
37	Kapitalertragsteuer	147	Steuerabzugsbeträge nach § 50a EStG	154	
38	Solidaritätszuschlag zu Zeile 37	152			

19

		EUR Ct
39	Anrechenbare ausländische Steuer nach § 50d Abs. 10 Satz 5 EStG	825

Veranlagung nach § 50 Abs. 2 EStG

18

40	Ich bin Arbeitnehmer und wegen des Eintrags eines Freibetrags nach § 39a Abs. 4 EStG auf der Bescheinigung für beschränkt Steuerpflichtige (§ 39a Abs. 2 und 3 EStG) verpflichtet, eine Einkommensteuererklärung abzugeben (§ 46 Abs. 2 Nr. 4 EStG).	178 1 = Ja
41	Ich bin Arbeitnehmer und Staatsangehöriger eines EU- / EWR-Staates, habe im Hoheitsgebiet eines dieser Staaten meinen Wohnsitz oder gewöhnlichen Aufenthalt und beantrage die Veranlagung zur Einkommensteuer.	179 1 = Ja
42	**Falls Zeile 40 oder 41 mit „Ja" beantwortet wurde:** Einkünfte aus nichtselbständiger Arbeit, die im Inland dem Steuerabzug unterliegen	X lt. Anlage N

Angaben zum Progressionsvorbehalt EUR

43	Einkünfte, die dem Steuerabzug nach § 50a EStG unterliegen	123
44	Summe der Einkünfte, die nicht der deutschen Einkommensteuer unterliegen (ohne Kapitalerträge, die der Abgeltungsteuer unterliegen oder – im Fall von ausländischen Kapitalerträgen – unterliegen würden)	124
45	In Zeile 44 enthaltene außerordentliche Einkünfte i. S. d. §§ 34, 34b EStG	177
46	Einkommensersatzleistungen z. B. Elterngeld, Krankengeld, Mutterschaftsgeld (ohne Beträge lt. Zeile 28 der Anlage N)	120
47	Ich bin Staatsangehöriger eines EU- / EWR-Staates, habe im Hoheitsgebiet eines dieser Staaten meinen Wohnsitz oder gewöhnlichen Aufenthalt, habe Einkünfte i. S. d. § 50a Abs. 1 Nr. 1, 2 oder 4 EStG erzielt und beantrage die Veranlagung zur Einkommensteuer.	180 1 = Ja
48	**Falls Zeile 47 mit „Ja" beantwortet wurde:** Einkünfte aus Gewerbebetrieb / selbständiger Arbeit / nichtselbständiger Arbeit / Vermietung und Verpachtung / sonstige Einkünfte, die im Inland dem Steuerabzug unterliegen	lt. Anlage

Sonderausgaben

52

Gezahlte Versorgungsleistungen

		Rechtsgrund, Datum des Vertrags	abziehbar	tatsächlich gezahlt EUR
49	Renten		102 % 101	
50	Dauernde Lasten	Rechtsgrund, Datum des Vertrags	100	

Spenden und Mitgliedsbeiträge (ohne Beträge in den Zeilen 55 bis 58)

		lt. Bestätigungen EUR	lt. Betriebsfinanzamt EUR	lt. elektronischer Übermittlung an die Finanzverwaltung EUR
51	– zur Förderung steuerbegünstigter Zwecke	123	124	202
52	in Zeile 51 enthaltene Zuwendungen an Empfänger im EU- / EWR-Ausland	125	126	
53	– an politische Parteien (§§ 34g, 10b EStG)	127	128	204
54	– an unabhängige Wählervereinigungen (§ 34g EStG)	129	130	206

Spenden in das zu erhaltende Vermögen (Vermögensstock) einer Stiftung

55	2017 geleistete Spenden	220	221	210
56	in Zeile 55 enthaltene Spenden an Empfänger im EU- / EWR-Ausland	222	223	
57	Von den Spenden in Zeile 55 sollen 2017 berücksichtigt werden		212	
58	2017 zu berücksichtigende Spenden aus Vorjahren in das zu erhaltende Vermögen (Vermögensstock) einer Stiftung, die bisher noch nicht berücksichtigt wurden.		214	

2017ESt1C152   2017ESt1C152

Steuerbegünstigung für schutzwürdige Kulturgüter

Abzugsbetrag
EUR

18

61 Steuerbegünstigung nach § 10g EStG für schutzwürdige Kulturgüter, die weder zur Einkunftserzielung noch zu eigenen Wohnzwecken genutzt werden

151 | ,—

Antrag auf Festsetzung der Arbeitnehmer-Sparzulage

15

62 Für alle vom Anbieter übermittelten elektronischen Vermögensbildungsbescheinigungen
wird die Festsetzung der Arbeitnehmer-Sparzulage beantragt

17 | 1 = Ja

63 Name, Adresse des Arbeitgebers

Verlustabzug / Spendenvortrag

64 Es wurde ein verbleibender Verlustvortrag nach § 10d EStG / Spendenvortrag nach § 10b EStG zum 31.12.2016 festgestellt.

Antrag auf Beschränkung des Verlustrücktrags nach 2016

EUR

65 Von den nicht ausgeglichenen negativen Einkünften 2017 soll folgender Gesamtbetrag
nach 2016 zurückgetragen werden

| ,—

Ergänzende Angaben

18

66 Ich war vor Begründung der beschränkten Steuerpflicht **unbeschränkt** steuerpflichtig.

1 = Ja
2 = Nein

Falls „Ja":
Meine unbeschränkte Steuerpflicht hat **nach dem 31.12.2006** geendet.

am | bisher zuständiges Finanzamt, Steuernummer

67 Nein Ja | T T M M J J J J

Falls „Ja":
Ich war in den letzten 10 Jahren vor diesem Zeitpunkt **als Deutscher insgesamt mindestens fünf Jahre** unbeschränkt steuerpflichtig.

in der Zeit vom | bis

68 Nein Ja | T T M M J J J J T T M M J J J J

Falls „Ja":
Im Zeitraum zwischen Beendigung der unbeschränkten Steuerpflicht bis zur Abgabe der Einkommensteuererklärung 2017 lag mein Wohnsitz zumindest zeitweise in einem niedrig besteuernden Gebiet
i. S. d. § 2 Abs. 2 AStG

1 = Ja
2 = Nein

Falls Zeile 68 mit „Ja" beantwortet wurde:

70 a) Mir gehörte am 1.1.2017 eine Beteiligung i. S. d. § 17 EStG an einer inländischen
Kapitalgesellschaft / Genossenschaft.

1 = Ja
2 = Nein

71 b) Ich war am 1.1.2017 an einer ausländischen Personengesellschaft beteiligt,
die wesentliche wirtschaftliche Interessen i. S. d. § 2 Abs. 1 Nr. 2 und Abs. 3 AStG hatte.

1 = Ja
2 = Nein

72 c) Ich war im Kj. 2017 allein oder zusammen mit anderen Personen, die der unbeschränkten
oder erweitert beschränkten Steuerpflicht (§§ 2 bis 5 AStG) unterliegen, an einer ausländischen
Gesellschaft i. S. d. § 7 AStG beteiligt.

1 = Ja
2 = Nein

Erläuterungen (insbesondere Name, Sitz, Art der Tätigkeit der Gesellschaft, zuständiges Finanzamt)

73

74

75 **Länderbezogener Bericht multinationaler Unternehmensgruppen:**
Ich habe ein inländisches Unternehmen i. S. d. § 138a AO

166 | 1 = Ja

76 Zur Wahrnehmung der steuerlichen Pflichten und
Rechte als **Bevollmächtigter** ist bestellt (§ 80 AO):

Zum Empfang von Schriftstücken
als inländischer **Empfangsbevollmächtigter** ist bestellt (§ 123 AO):

77 Als inländischer **Vermögensverwalter** ist tätig (§ 34 AO):

Als **Verfügungsberechtigter** ist tätig (§ 35 AO):

78 Name

79 Vorname

80 Straße

81 Hausnummer Hausnummerzusatz Adressergänzung

82 Postfach

83 Postleitzahl Wohnort

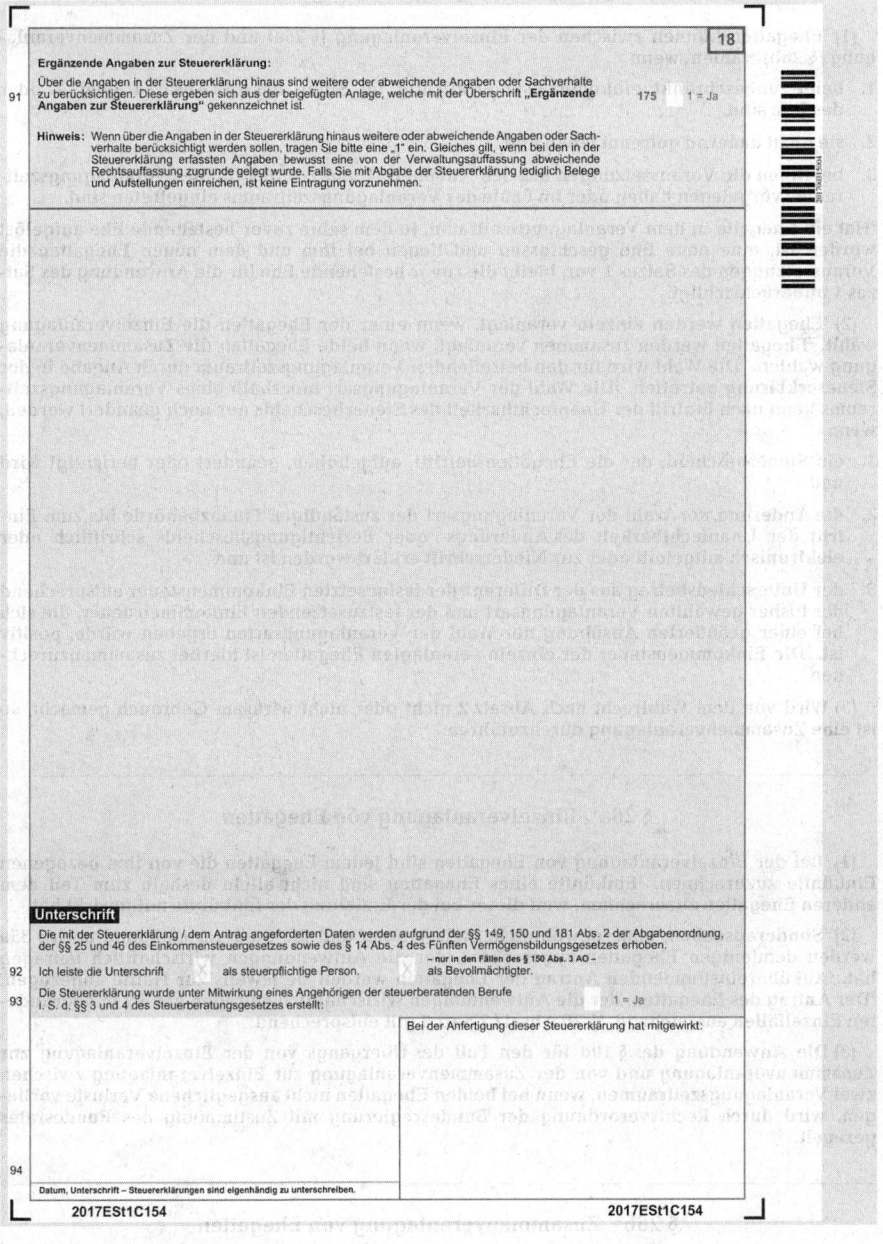

18

Ergänzende Angaben zur Steuererklärung:

Über die Angaben in der Steuererklärung hinaus sind weitere oder abweichende Angaben oder Sachverhalte
zu berücksichtigen. Diese ergeben sich aus der beigefügten Anlage, welche mit der Überschrift **„Ergänzende
Angaben zur Steuererklärung"** gekennzeichnet ist.

91

175   1 = Ja

Hinweis: Wenn über die Angaben in der Steuererklärung hinaus weitere oder abweichende Angaben oder Sachverhalte berücksichtigt werden sollen, tragen Sie bitte eine „1" ein. Gleiches gilt, wenn bei den in der
Steuererklärung erfassten Angaben bewusst eine von der Verwaltungsauffassung abweichende
Rechtsauffassung zugrunde gelegt wurde. Falls Sie mit Abgabe der Steuererklärung lediglich Belege
und Aufstellungen einreichen, ist keine Eintragung vorzunehmen.

Unterschrift

Die mit der Steuererklärung / dem Antrag angeforderten Daten werden aufgrund der §§ 149, 150 und 181 Abs. 2 der Abgabenordnung,
der §§ 25 und 46 des Einkommensteuergesetzes sowie des § 14 Abs. 4 des Fünften Vermögensbildungsgesetzes erhoben.

– nur in den Fällen des § 150 Abs. 3 AO –

92   Ich leiste die Unterschrift   als steuerpflichtige Person.   als Bevollmächtigter.

93   Die Steuererklärung wurde unter Mitwirkung eines Angehörigen der steuerberatenden Berufe
i. S. d. §§ 3 und 4 des Steuerberatungsgesetzes erstellt.   1 = Ja

Bei der Anfertigung dieser Steuererklärung hat mitgewirkt:

94

Datum, Unterschrift – Steuererklärungen sind eigenhändig zu unterschreiben.

2017ESt1C154   2017ESt1C154

EStG
S 2262

§ 26 Veranlagung von Ehegatten

(1) [1]Ehegatten können zwischen der Einzelveranlagung (§ 26a) und der Zusammenveranlagung (§ 26b) wählen, wenn

1. beide unbeschränkt einkommensteuerpflichtig im Sinne des § 1 Absatz 1 oder 2 oder des § 1a sind,

2. sie nicht dauernd getrennt leben und

3. bei ihnen die Voraussetzungen aus den Nummern 1 und 2 zu Beginn des Veranlagungszeitraums vorgelegen haben oder im Laufe des Veranlagungszeitraums eingetreten sind.

[2]Hat ein Ehegatte in dem Veranlagungszeitraum, in dem seine zuvor bestehende Ehe aufgelöst worden ist, eine neue Ehe geschlossen und liegen bei ihm und dem neuen Ehegatten die Voraussetzungen des Satzes 1 vor, bleibt die zuvor bestehende Ehe für die Anwendung des Satzes 1 unberücksichtigt.

(2) [1]Ehegatten werden einzeln veranlagt, wenn einer der Ehegatten die Einzelveranlagung wählt. [2]Ehegatten werden zusammen veranlagt, wenn beide Ehegatten die Zusammenveranlagung wählen. [3]Die Wahl wird für den betreffenden Veranlagungszeitraum durch Angabe in der Steuererklärung getroffen. [4]Die Wahl der Veranlagungsart innerhalb eines Veranlagungszeitraums kann nach Eintritt der Unanfechtbarkeit des Steuerbescheids nur noch geändert werden, wenn

1. ein Steuerbescheid, der die Ehegatten betrifft, aufgehoben, geändert oder berichtigt wird und

2. die Änderung der Wahl der Veranlagungsart der zuständigen Finanzbehörde bis zum Eintritt der Unanfechtbarkeit des Änderungs- oder Berichtigungsbescheids schriftlich oder elektronisch mitgeteilt oder zur Niederschrift erklärt worden ist und

3. der Unterschiedsbetrag aus der Differenz der festgesetzten Einkommensteuer entsprechend der bisher gewählten Veranlagungsart und der festzusetzenden Einkommensteuer, die sich bei einer geänderten Ausübung der Wahl der Veranlagungsarten ergeben würde, positiv ist. [2]Die Einkommensteuer der einzeln veranlagten Ehegatten ist hierbei zusammenzurechnen.

(3) Wird von dem Wahlrecht nach Absatz 2 nicht oder nicht wirksam Gebrauch gemacht, so ist eine Zusammenveranlagung durchzuführen.

EStG
S 2263

§ 26a Einzelveranlagung von Ehegatten

(1) [1]Bei der Einzelveranlagung von Ehegatten sind jedem Ehegatten die von ihm bezogenen Einkünfte zuzurechnen. [2]Einkünfte eines Ehegatten sind nicht allein deshalb zum Teil dem anderen Ehegatten zuzurechnen, weil dieser bei der Erzielung der Einkünfte mitgewirkt hat.

(2) [1]Sonderausgaben, außergewöhnliche Belastungen und die Steuerermäßigung nach § 35a werden demjenigen Ehegatten zugerechnet, der die Aufwendungen wirtschaftlich getragen hat. [2]Auf übereinstimmenden Antrag der Ehegatten werden sie jeweils zur Hälfte abgezogen. [3]Der Antrag des Ehegatten, der die Aufwendungen wirtschaftlich getragen hat, ist in begründeten Einzelfällen ausreichend. [4]§ 26 Absatz 2 Satz 3 gilt entsprechend.

(3) Die Anwendung des § 10d für den Fall des Übergangs von der Einzelveranlagung zur Zusammenveranlagung und von der Zusammenveranlagung zur Einzelveranlagung zwischen zwei Veranlagungszeiträumen, wenn bei beiden Ehegatten nicht ausgeglichene Verluste vorliegen, wird durch Rechtsverordnung der Bundesregierung mit Zustimmung des Bundesrates geregelt.

EStG
S 2264
S 2264a

§ 26b Zusammenveranlagung von Ehegatten

Bei der Zusammenveranlagung von Ehegatten werden die Einkünfte, die die Ehegatten erzielt haben, zusammengerechnet, den Ehegatten gemeinsam zugerechnet und, soweit nichts anderes vorgeschrieben ist, die Ehegatten sodann gemeinsam als Steuerpflichtiger behandelt.

EStG

§ 27 (weggefallen)

§ 28 Besteuerung bei fortgesetzter Gütergemeinschaft

Bei fortgesetzter Gütergemeinschaft gelten Einkünfte, die in das Gesamtgut fallen, als Einkünfte des überlebenden Ehegatten, wenn dieser unbeschränkt steuerpflichtig ist.

§§ 29 und 30 (weggefallen)

IV. Tarif

§ 31 Familienleistungsausgleich

[1]Die steuerliche Freistellung eines Einkommensbetrags in Höhe des Existenzminimums eines Kindes einschließlich der Bedarfe für Betreuung und Erziehung oder Ausbildung wird im gesamten Veranlagungszeitraum entweder durch die Freibeträge nach § 32 Absatz 6 oder durch Kindergeld nach Abschnitt X bewirkt. [2]Soweit das Kindergeld dafür nicht erforderlich ist, dient es der Förderung der Familie. [3]Im laufenden Kalenderjahr wird Kindergeld als Steuervergütung monatlich gezahlt. [4]Bewirkt der Anspruch auf Kindergeld für den gesamten Veranlagungszeitraum die nach Satz 1 gebotene steuerliche Freistellung nicht vollständig und werden deshalb bei der Veranlagung zur Einkommensteuer die Freibeträge nach § 32 Absatz 6 vom Einkommen abgezogen, erhöht sich der unter Abzug dieser Freibeträge ermittelte tarifliche Einkommensteuer um den Anspruch auf Kindergeld für den gesamten Veranlagungszeitraum; bei nicht zusammenveranlagten Eltern wird der Kindergeldanspruch im Umfang des Kinderfreibetrags angesetzt. [5]Satz 4 gilt entsprechend für mit dem Kindergeld vergleichbare Leistungen nach § 65. [6]Besteht nach ausländischem Recht Anspruch auf Leistungen für Kinder, wird dieser insoweit nicht berücksichtigt, als er das inländische Kindergeld übersteigt.

Hinweise

Allgemeines

→ R 31 EStR, H 31 EStH

§ 32 Kinder, Freibeträge für Kinder

(1) Kinder sind

1. im ersten Grad mit dem Steuerpflichtigen verwandte Kinder,

2. Pflegekinder (Personen, mit denen der Steuerpflichtige durch ein familienähnliches, auf längere Dauer berechnetes Band verbunden ist, sofern er sie nicht zu Erwerbszwecken in seinen Haushalt aufgenommen hat und das Obhuts- und Pflegeverhältnis zu den Eltern nicht mehr besteht).

(2) [1]Besteht bei einem angenommenen Kind das Kindschaftsverhältnis zu den leiblichen Eltern weiter, ist es vorrangig als angenommenes Kind zu berücksichtigen. [2]Ist ein im ersten Grad mit dem Steuerpflichtigen verwandtes Kind zugleich ein Pflegekind, ist es vorrangig als Pflegekind zu berücksichtigen.

(3) Ein Kind wird in dem Kalendermonat, in dem es lebend geboren wurde, und in jedem folgenden Kalendermonat, zu dessen Beginn es das 18. Lebensjahr noch nicht vollendet hat, berücksichtigt.

(4) [1]Ein Kind, das das 18. Lebensjahr vollendet hat, wird berücksichtigt, wenn es

1. noch nicht das 21. Lebensjahr vollendet hat, nicht in einem Beschäftigungsverhältnis steht und bei einer Agentur für Arbeit im Inland als Arbeitsuchender gemeldet ist oder

2. noch nicht das 25. Lebensjahr vollendet hat und

   a) für einen Beruf ausgebildet wird oder

   b) sich in einer Übergangszeit von höchstens vier Monaten befindet, die zwischen zwei Ausbildungsabschnitten oder zwischen einem Ausbildungsabschnitt und der Ableistung des gesetzlichen Wehr- oder Zivildienstes, einer vom Wehr- oder Zivildienst befreienden

Tätigkeit als Entwicklungshelfer oder als Dienstleistender im Ausland nach § 14b des Zivildienstgesetzes oder der Ableistung des freiwilligen Wehrdienstes nach § 58b des Soldatengesetzes oder der Ableistung eines freiwilligen Dienstes im Sinne des Buchstaben d liegt, oder

c) eine Berufsausbildung mangels Ausbildungsplatzes nicht beginnen oder fortsetzen kann oder

d) ein freiwilliges soziales Jahr oder ein freiwilliges ökologisches Jahr im Sinne des Jugendfreiwilligendienstegesetzes oder einen Freiwilligendienst im Sinne der Verordnung (EU) Nr. 1288/2013 des Europäischen Parlaments und des Rates vom 11. Dezember 2013 zur Einrichtung von „Erasmus+", dem Programm der Union für allgemeine und berufliche Bildung, Jugend und Sport, und zur Aufhebung der Beschlüsse Nr. 1719/2006/EG, Nr. 1720/2006/EG und Nr. 1298/2008/EG (ABl. L 347 vom 20. 12. 2013, S. 50) oder einen anderen Dienst im Ausland im Sinne von § 5 des Bundesfreiwilligendienstgesetzes oder einen entwicklungspolitischen Freiwilligendienst „weltwärts" im Sinne der Richtlinie des Bundesministeriums für wirtschaftliche Zusammenarbeit und Entwicklung vom 1. August 2007 (BAnz. 2008 S. 1297) oder einen Freiwilligendienst aller Generationen im Sinne von § 2 Absatz 1a des Siebten Buches Sozialgesetzbuch oder einen Internationalen Jugendfreiwilligendienst im Sinne der Richtlinie des Bundesministeriums für Familie, Senioren, Frauen und Jugend vom 20. Dezember 2010 (GMBl S. 1778) oder einen Bundesfreiwilligendienst im Sinne des Bundesfreiwilligendienstgesetzes leistet oder

3. wegen körperlicher, geistiger oder seelischer Behinderung außerstande ist, sich selbst zu unterhalten; Voraussetzung ist, dass die Behinderung vor Vollendung des 25. Lebensjahres eingetreten ist.

[1)] ²Nach Abschluss einer erstmaligen Berufsausbildung oder eines Erststudiums wird ein Kind in den Fällen des Satzes 1 Nummer 2 nur berücksichtigt, wenn das Kind keiner Erwerbstätigkeit nachgeht. ³Eine Erwerbstätigkeit mit bis zu 20 Stunden regelmäßiger wöchentlicher Arbeitszeit, ein Ausbildungsdienstverhältnis oder ein geringfügiges Beschäftigungsverhältnis im Sinne der §§ 8 und 8a des Vierten Buches Sozialgesetzbuch sind unschädlich.

[2)] (5) ¹In den Fällen des Absatzes 4 Satz 1 Nummer 1 oder Nummer 2 Buchstabe a und b wird ein Kind, das

1. den gesetzlichen Grundwehrdienst oder Zivildienst geleistet hat, oder

2. sich an Stelle des gesetzlichen Grundwehrdienstes freiwillig für die Dauer von nicht mehr als drei Jahren zum Wehrdienst verpflichtet hat, oder

3. eine vom gesetzlichen Grundwehrdienst oder Zivildienst befreiende Tätigkeit als Entwicklungshelfer im Sinne des § 1 Absatz 1 des Entwicklungshelfer-Gesetzes ausgeübt hat,

für einen der Dauer dieser Dienste oder der Tätigkeit entsprechenden Zeitraum, höchstens für die Dauer des inländischen gesetzlichen Grundwehrdienstes oder bei anerkannten Kriegsdienstverweigerern für die Dauer des inländischen gesetzlichen Zivildienstes über das 21. oder 25. Lebensjahr hinaus berücksichtigt. ²Wird der gesetzliche Grundwehrdienst oder Zivildienst in einem Mitgliedstaat der Europäischen Union oder einem Staat, auf den das Abkommen über den Europäischen Wirtschaftsraum Anwendung findet, geleistet, so ist die Dauer dieses Dienstes maßgebend. ³Absatz 4 Satz 2 und 3 gilt entsprechend.

S 2282a
[3)] (6) ¹Bei der Veranlagung zur Einkommensteuer wird für jedes zu berücksichtigende Kind des Steuerpflichtigen ein Freibetrag von *2 394* Euro für das sächliche Existenzminimum des Kindes (Kinderfreibetrag) sowie ein Freibetrag von 1 320 Euro für den Betreuungs- und Erziehungs- oder Ausbildungsbedarf des Kindes vom Einkommen abgezogen. ²Bei Ehegatten, die nach den §§ 26, 26b zusammen zur Einkommensteuer veranlagt werden, verdoppeln sich die Beträge nach Satz 1, wenn das Kind zu beiden Ehegatten in einem Kindschaftsverhältnis steht. ³Die Beträge nach Satz 2 stehen dem Steuerpflichtigen auch dann zu, wenn

1. der andere Elternteil verstorben oder nicht unbeschränkt einkommensteuerpflichtig ist oder

2. der Steuerpflichtige allein das Kind angenommen hat oder das Kind nur zu ihm in einem Pflegekindschaftsverhältnis steht.

---

1) Zur Anwendung von Absatz 4 Satz 1 Nr. 3: Kinder, die vor dem 1. 1. 2007 in der Zeit ab ihrem 25. Geburtstag und vor ihrem 27. Geburtstag eine Behinderung erlitten haben, deretwegen sie außerstande sind, sich selbst zu unterhalten, werden bei Vorliegen der materiell-rechtlichen Voraussetzungen auch im VZ 2007 und darüber hinaus berücksichtigt → § 52 Abs. 32 Satz 1 EStG.

2) § 32 Abs. 5 EStG ist nur noch anzuwenden, wenn das Kind den Dienst oder die Tätigkeit vor dem 1. Juli 2011 angetreten hat (→ § 52 Abs. 32 Satz 2 EStG).

3) *Absatz 6 Satz 1 wurde durch Artikel 9 des Gesetzes zur Umsetzung der Änderungen der EU-Amtshilfe-richtlinie und von weiteren Maßnahmen gegen Gewinnkürzungen und -verlagerungen ab VZ 2018 geändert.*

[4]Für ein nicht nach § 1 Absatz 1 oder 2 unbeschränkt einkommensteuerpflichtiges Kind können die Beträge nach den Sätzen 1 bis 3 nur abgezogen werden, soweit sie nach den Verhältnissen seines Wohnsitzstaates notwendig und angemessen sind. [5]Für jeden Kalendermonat, in dem die Voraussetzungen für einen Freibetrag nach den Sätzen 1 bis 4 nicht vorliegen, ermäßigen sich die dort genannten Beträge um ein Zwölftel. [6]Abweichend von Satz 1 wird bei einem unbeschränkt einkommensteuerpflichtigen Elternpaar, bei dem die Voraussetzungen des § 26 Absatz 1 Satz 1 nicht vorliegen, auf Antrag eines Elternteils der dem anderen Elternteil zustehende Kinderfreibetrag auf ihn übertragen, wenn er, nicht jedoch der andere Elternteil, seiner Unterhaltspflicht gegenüber dem Kind für das Kalenderjahr im Wesentlichen nachkommt oder der andere Elternteil mangels Leistungsfähigkeit nicht unterhaltspflichtig ist. [7]Eine Übertragung nach Satz 6 scheidet für Zeiträume aus, für die Unterhaltsleistungen nach dem Unterhaltsvorschussgesetz gezahlt werden. [8]Bei minderjährigen Kindern wird der dem Elternteil, in dessen Wohnung das Kind nicht gemeldet ist, zustehende Freibetrag für den Betreuungs- und Erziehungs- oder Ausbildungsbedarf auf Antrag des anderen Elternteils auf diesen übertragen, wenn bei dem Elternpaar die Voraussetzungen des § 26 Absatz 1 Satz 1 nicht vorliegen. [9]Eine Übertragung nach Satz 8 scheidet aus, wenn der Übertragung widersprochen wird, weil der Elternteil, bei dem das Kind nicht gemeldet ist, Kinderbetreuungskosten trägt oder das Kind regelmäßig in einem nicht unwesentlichen Umfang betreut. [10]Die den Eltern nach den Sätzen 1 bis 9 zustehenden Freibeträge können auf Antrag auch auf einen Stiefelternteil oder Großelternteil übertragen werden, wenn dieser das Kind in seinen Haushalt aufgenommen hat oder dieser einer Unterhaltspflicht gegenüber dem Kind unterliegt. [11]Die Übertragung nach Satz 10 kann auch mit Zustimmung des berechtigten Elternteils erfolgen, die nur für künftige Kalenderjahre widerrufen werden kann.

Hinweise

H 32

Berücksichtigung von Kindern

→ R 32 EStR, H 32 EStH

Anhang 30

Steuerliche Berücksichtigung volljähriger Kinder nach § 32 Absatz 4 Satz 2 und 3 EStG ab 2012

BMF vom 8. 2. 2016 – IV C 4 – S 2282/07/0001-01 (BStBl I S. 226)

Nach dem Ergebnis der Erörterungen mit den obersten Finanzbehörden der Länder gelten für die Berücksichtigung volljähriger Kinder im Familienleistungsausgleich die nachfolgenden Ausführungen.

1. Allgemeines

Für die steuerliche Berücksichtigung eines volljährigen Kindes sind ab 2012 dessen eigene Einkünfte und Bezüge unbeachtlich. Ein volljähriges Kind wird grundsätzlich bis zum Abschluss einer erstmaligen Berufsausbildung oder eines Erststudiums berücksichtigt. Darüber hinaus wird es nur noch berücksichtigt, wenn es einen der Grundtatbestände des § 32 Absatz 4 Satz 1 Nummer 2 erfüllt und keiner die Ausbildung hindernden Erwerbstätigkeit nachgeht. Diese Regelung gilt nicht für Kinder bis zur Vollendung des 21. Lebensjahrs, die bei einer Agentur für Arbeit als arbeitsuchend gemeldet sind (§ 32 Absatz 4 Satz 1 Nummer 1 EStG), sowie für behinderte Kinder, die nach § 32 Absatz 4 Satz 1 Nummer 3 EStG zu berücksichtigen sind. | 1

Nach Abschluss einer erstmaligen Berufsausbildung wie auch nach Abschluss eines Erststudiums gilt die gesetzliche Vermutung, dass ein volljähriges Kind in der Lage ist, sich selbst zu unterhalten. Dies hat zur Folge, dass das Kind, wenn es nicht als arbeitsuchend gemeldet (bis 21 Jahre) oder behindert ist, nicht mehr zu berücksichtigen ist. Die Vermutung des Gesetzgebers gilt als widerlegt, wenn der Nachweis erbracht wird, dass das Kind weiterhin für einen Beruf ausgebildet wird (§ 32 Absatz 4 Satz 1 Nummer 2 Buchstabe a EStG) und tatsächlich keiner Erwerbstätigkeit nachgeht, die Zeit und Arbeitskraft des Kindes überwiegend beansprucht. Eine unschädliche Erwerbstätigkeit liegt vor, wenn diese 20 Stunden regelmäßiger wöchentlicher Arbeitszeit nicht übersteigt, ein Ausbildungsdienstverhältnis oder ein geringfügiges Beschäftigungsverhältnis im Sinne der §§ 8 und 8a SGB IV darstellt. Entsprechendes gilt für die Berücksichtigungstatbestände des § 32 Absatz 4 Satz 1 Nummer 2 Buchstabe b, c und d EStG. | 2

2. Abschluss einer erstmaligen Berufsausbildung oder eines Erststudiums

2.1 Erstmalige Berufsausbildung

3 Das Tatbestandsmerkmal „Berufsausbildung" in § 32 Absatz 4 Satz 2 EStG ist enger gefasst als das Tatbestandsmerkmal „für einen Beruf ausgebildet werden" in § 32 Absatz 4 Satz 1 Nummer 2 Buchstabe a EStG (siehe Rz. 21). Unter dem Begriff „Berufsausbildung" im Sinne des § 32 Absatz 4 Satz 2 EStG ist eine berufliche Ausbildung unter Ausschluss eines Studiums zu verstehen. Eine Berufsausbildung in diesem Sinne liegt vor, wenn das Kind durch eine berufliche Ausbildungsmaßnahme die notwendigen fachlichen Fertigkeiten und Kenntnisse erwirbt, die zur Aufnahme eines Berufs befähigen. Voraussetzung ist, dass der Beruf durch eine Ausbildung in einem öffentlich-rechtlich geordneten Ausbildungsgang erlernt wird (BFH vom 6. März 1992 – BStBl II S. 661) und der Ausbildungsgang durch eine Prüfung abgeschlossen wird.

4 Zur Berufsausbildung zählen insbesondere:

– Berufsausbildungsverhältnisse gemäß § 1 Absatz 3, §§ 4 bis 52 Berufsbildungsgesetz (BBiG) bzw. §§ 21 bis 40 Gesetz zur Ordnung des Handwerks (Handwerksordnung) in auf der Grundlage des BBiG bzw. der HwO anerkannten Ausbildungsberufen sowie anerkannte Lehr- und Anlernberufe oder vergleichbar geregelte Ausbildungsberufe aus der Zeit vor dem Inkrafttreten des BBiG (§ 104 BBiG). Der erforderliche Abschluss besteht hierbei in der erfolgreich abgelegten Abschlussprüfung im Sinne der § 37 BBiG und § 31 HwO. Gleiches gilt, wenn die Abschlussprüfung nach § 43 Absatz 2 BBiG ohne ein Ausbildungsverhältnis auf Grund einer entsprechenden schulischen Ausbildung abgelegt wird, die gemäß den Voraussetzungen des § 43 Absatz 2 BBiG als gleichwertig anerkannt ist;

– mit Berufsausbildungsverhältnissen vergleichbare betriebliche Ausbildungsgänge außerhalb des Geltungsbereichs des BBiG (z. B. die Ausbildung zum/zur Schiffsmechaniker/Schiffsmechanikerin nach der See-Berufsausbildungsverordnung – See-BAV) vom 10. 09. 2013, BGBl. I S. 3565, in der jeweils geltenden Fassung);

– die Ausbildung auf Grund der bundes- oder landesrechtlichen Ausbildungsregelungen für Berufe im Gesundheits- oder Sozialwesen;

– landesrechtlich geregelte Berufsabschlüsse an Berufsfachschulen;

– die Berufsausbildung behinderter Menschen in anerkannten Berufsausbildungsberufen oder auf Grund von Regelungen der zuständigen Stellen in besonderen „Behinderten-Ausbildungsberufen";

– die Berufsausbildung in einem öffentlich-rechtlichen Dienstverhältnis und

– Maßnahmen zur Behebung von amtlich festgestellten Unterschieden zwischen einem im Ausland erworbenen Berufsabschluss und einem entsprechenden im Inland geregelten Berufsabschluss, z. B. Anpassungslehrgänge nach § 11 Berufsqualifikationsfeststellungsgesetz. Informationen zur Anerkennung ausländischer Berufsqualifikationen (z. B. zu den zuständigen Stellen) sind unter www.anerkennung-in-deutschland.de und www.bq-portal.de zu finden. Handelt es sich bei dem im Ausland erworbenen Berufsabschluss um eine erstmalige Berufsausbildung, ist diese erst mit der Beendigung der inländischen Anpassungsqualifizierung abgeschlossen.

5 Andere Bildungsmaßnahmen werden einer Berufsausbildung gleichgestellt, wenn sie dem Nachweis einer Sachkunde dienen, die Voraussetzung zur Aufnahme einer fest umrissenen beruflichen Betätigung ist. Die Ausbildung muss in einem geordneten Ausbildungsgang erfolgen und durch eine staatliche oder staatlich anerkannte Prüfung abgeschlossen werden. Der erfolgreiche Abschluss der Prüfung muss Voraussetzung für die Aufnahme der beruflichen Betätigung sein. Die Ausbildung und der Abschluss müssen vom Umfang und Qualität der Ausbildungsmaßnahmen und Prüfungen her grundsätzlich mit den Anforderungen, die bei Berufsausbildungsmaßnahmen im Sinne der Rz. 4 gestellt werden, vergleichbar sein. Dazu gehört z. B. die Ausbildung zu Berufspiloten auf Grund der JAR-FCL 1 deutsch vom 15. April 2003, Bundesanzeiger 2003 Nummer 80a

6 Die Berufsausbildung ist als erstmalige Berufsausbildung anzusehen, wenn ihr keine andere abgeschlossene Berufsausbildung beziehungsweise kein abgeschlossenes berufsqualifizierendes Hochschulstudium vorausgegangen ist. Wird ein Kind ohne entsprechende Berufsausbildung in einem Beruf tätig und führt es die zugehörige Berufsausbildung nachfolgend durch (nachgeholte Berufsausbildung), handelt es sich dabei um eine erstmalige Berufsausbildung (BFH vom 6. März 1992 – BStBl II S. 661).

7 Entsprechendes gilt für ausländische Berufsausbildungsabschlüsse, die inländischen Abschlüssen gleichgestellt sind. Bei Abschlüssen aus einem Mitgliedstaat der Europäischen Union (EU) oder einem Vertragsstaat des europäischen Wirtschaftsraums (EWR) oder der Schweiz ist in der Regel davon auszugehen, dass diese gleichgestellt sind.

2.2 Erststudium

Ein Studium im Sinne des § 32 Absatz 4 Satz 2 EStG liegt dann vor, wenn es sich um ein Studium an einer Hochschule im Sinne der Hochschulgesetze der Länder handelt. Hochschulen im Sinne dieser Vorschriften sind Universitäten, Pädagogische Hochschulen, Kunsthochschulen, Fachhochschulen und sonstige Einrichtungen des Bildungswesens, die nach dem jeweiligen Landesrecht staatliche Hochschulen sind. Gleichgestellt sind private und kirchliche Bildungseinrichtungen sowie Hochschulen des Bundes, die nach dem jeweiligen Landesrecht als Hochschule anerkannt sind. Studien können auch als Fernstudien durchgeführt werden. Welche schulischen Abschlüsse oder sonstigen Voraussetzungen den Zugang zum Studium eröffnet haben, ist dabei unerheblich.

8

Ein Studium stellt ein Erststudium im Sinne des § 32 Absatz 4 Satz 2 EStG dar, wenn es sich um eine Erstausbildung handelt. Es darf ihm kein anderes durch einen berufsqualifizierenden Abschluss beendetes Studium bzw. keine andere abgeschlossene nichtakademische Berufsausbildung im Sinne der Rz. 4 bis 7 vorangegangen sein. Ein Studium wird – sofern zwischen Prüfung und Bekanntgabe des Prüfungsergebnisses noch keine Vollzeiterwerbstätigkeit im angestrebten Beruf ausgeübt wird – regelmäßig erst mit Bekanntgabe des Prüfungsergebnisses abgeschlossen.

9

Als Abschluss einer berufsqualifizierenden Hochschulprüfung kann ein Hochschulgrad verliehen werden. Hochschulgrade sind insbesondere der Bachelor-, der Master-, der Diplom-, der Magister- und der Bakkalaureusgrad. Nach dem jeweiligen Landesrecht können weitere Grade vorgesehen sein, insbesondere in künstlerischen Studiengängen oder in Studiengängen, die in Kooperation mit ausländischen Hochschulen durchgeführt werden. Zwischenprüfungen stellen keinen Abschluss eines Studiums im Sinne des § 32 Absatz 4 Satz 2 EStG dar.

10

Die von den Hochschulen angebotenen Studiengänge führen in der Regel zu einem berufsqualifizierenden Abschluss. Im Zweifel ist davon auszugehen, dass die entsprechenden Prüfungen berufsqualifizierend sind.

11

Studien- und Prüfungsleistungen an ausländischen Hochschulen, die zur Führung eines ausländischen akademischen Grades berechtigen, der nach dem Recht des Landes, in dem der Gradinhaber seinen inländischen Wohnsitz oder inländischen gewöhnlichen Aufenthalt hat, anerkannt wird, sowie Studien- und Prüfungsleistungen, die von Staatsangehörigen eines Mitgliedstaats der EU oder von Vertragsstaaten des EWR oder der Schweiz an Hochschulen dieser Staaten erbracht werden, sind nach diesen Grundsätzen inländischen Studien- und Prüfungsleistungen gleichzustellen. Der Steuerpflichtige hat die Berechtigung zur Führung des Grades nachzuweisen. Für die Gleichstellung von Studien- und Prüfungsleistungen werden die in der Datenbank „anabin" (www.anabin.kmk.org) der Zentralstelle für ausländisches Bildungswesen beim Sekretariat der Kultusministerkonferenz aufgeführten Bewertungsvorschläge zugrunde gelegt.

12

2.3 Abschluss einer erstmaligen Berufsausbildung oder eines Erststudiums

Eine erstmalige Berufsausbildung oder ein Erststudium sind grundsätzlich abgeschlossen, wenn sie das Kind zur Aufnahme eines Berufs befähigen. Wenn das Kind später eine weitere Ausbildung aufnimmt (z. B. Meisterausbildung nach mehrjähriger Berufstätigkeit auf Grund abgelegter Gesellenprüfung oder Masterstudium nach mehrjähriger Berufstätigkeit), handelt es sich um eine Zweitausbildung.

12a

Ist auf Grund objektiver Beweisanzeichen erkennbar, dass das Kind sein angestrebtes Berufsziel noch nicht erreicht hat, kann auch eine weiterführende Ausbildung noch als Teil der Erstausbildung zu qualifizieren sein (BFH vom 3. Juli 2014 – BStBl 2015 II S. 152, sog. mehraktige Ausbildung). Abzustellen ist dabei darauf, ob die weiterführende Ausbildung in einem engen sachlichen Zusammenhang mit der nichtakademischen Ausbildung oder dem Erststudium steht und im engen zeitlichen Zusammenhang durchgeführt wird (BFH vom 15. April 2015 – BStBl 2016 II S. 163). Ein enger sachlicher Zusammenhang liegt vor, wenn die nachfolgende Ausbildung z. B. dieselbe Berufssparte oder denselben fachlichen Bereich betrifft. Ein enger zeitlicher Zusammenhang liegt vor, wenn das Kind die weitere Ausbildung zum nächstmöglichen Zeitpunkt aufnimmt oder sich bei mangelndem Ausbildungsplatz zeitnah zum nächstmöglichen Zeitpunkt für die weiterführende Ausbildung bewirbt. Unschädlich sind Verzögerungen, die z. B. aus einem zunächst fehlenden oder einem aus schul-, studien- oder betriebsorganisatorischen Gründen erst zu einem späteren Zeitpunkt verfügbaren Ausbildungsplatz resultieren. Unschädlich ist es auch, wenn das Kind infolge Erkrankung oder wegen eines Beschäftigungsverbots nach den §§ 3 und 6 Mutterschutzgesetz daran gehindert ist, die weitere Ausbildung aufzunehmen. Erst wenn die für das von Kind und Eltern bestimmte Berufsziel geeigneten Grundlagen erreicht sind, stellt eine weitere Ausbildung eine Weiterbildung oder eine Zweitausbildung dar.

12b

12c   Setzt das angestrebte Berufsziel keinen weiterführenden Abschluss voraus, handelt es sich bei weiteren Ausbildungsmaßnahmen nach Abschluss der erstmaligen Berufsausbildung um eine Weiterbildung oder eine Zweitausbildung. Eine Berücksichtigung des Kindes ist dann nach § 32 Absatz 4 Satz 2 EStG nur möglich, wenn das Kind keiner Erwerbstätigkeit nachgeht oder es sich bei den Ausbildungsmaßnahmen um ein Ausbildungsdienstverhältnis handelt (BFH vom 23. Juni 2015 – BStBl 2016 II S. 55).

12d   Für die Frage, ob eine erstmalige Berufsausbildung oder ein Erststudium nach § 32 Absatz 4 Satz 2 EStG abgeschlossen sind, kommt es nicht darauf an, ob die Berufsausbildung bzw. das Studium die besonderen Voraussetzungen für eine Erstausbildung im Sinne des § 9 Absatz 6 EStG erfüllen.

2.4 Einzelfragen

13   Fachschulen:

Fachschulen sind Einrichtungen der beruflichen Weiterbildung, deren Besuch grundsätzlich eine berufliche Erstausbildung voraussetzt. Der Besuch einer Fachschule stellt daher ebenso wie ein nach dem Besuch einer Fachschule aufgenommenes Studium grundsätzlich keine Erstausbildung bzw. kein Erststudium im Sinne des § 32 Absatz 4 Satz 2 EStG dar. Dies gilt nicht, wenn der Fachschulbesuch Teil der mehraktigen Ausbildung ist (siehe Rz. 12b).

14   Wechsel und Unterbrechung des Studiums:

Bei einem Wechsel des Studiums ohne Abschluss des zunächst betriebenen Studiengangs stellt das zunächst aufgenommene Studium kein abgeschlossenes Erststudium dar. Bei einer Unterbrechung eines Studiengangs ohne einen berufsqualifizierenden Abschluss und seiner späteren Weiterführung stellt der der Unterbrechung vorangegangene Studienteil kein abgeschlossenes Erststudium dar.

15   Mehrere Studiengänge:

Werden zwei (oder ggf. mehrere) Studiengänge parallel studiert, die zu unterschiedlichen Zeiten abgeschlossen werden, stellt der nach dem berufsqualifizierenden Abschluss eines der Studiengänge weiter fortgesetzte andere Studiengang vom Zeitpunkt des Abschlusses des einen Studienganges an kein Erststudium mehr dar. Etwas anderes gilt nur, wenn die Studiengänge in einem engen sachlichen Zusammenhang stehen.

16   Aufeinanderfolgende Abschlüsse unterschiedlicher Hochschultypen:

Da die Universitäten, Pädagogischen Hochschulen, Kunsthochschulen, Fachhochschulen sowie weitere entsprechende landesrechtliche Bildungseinrichtungen gleichermaßen Hochschulen im Sinne der Hochschulgesetze der Länder sind, stellt ein Studium an einer dieser Bildungseinrichtungen nach einem abgeschlossenen Studium an einer anderen dieser Bildungseinrichtungen kein Erststudium dar. So handelt es sich z. B. bei einem Universitätsstudium nach einem abgeschlossenen Fachhochschulstudium grundsätzlich nicht um ein Erststudium. Dies gilt nicht, wenn das Universitätsstudium Teil der mehraktigen Ausbildung ist (siehe Rz. 12b).

17   Ergänzungs- und Aufbaustudien:

Postgraduale Zusatz-, Ergänzungs- und Aufbaustudiengänge setzen den Abschluss eines ersten Studiums voraus und stellen daher grundsätzlich kein Erststudium dar. Dies gilt nicht, wenn ein solches Zusatz-, Ergänzungs- oder Aufbaustudium auf dem ersten Studienabschluss des Kindes aufbaut und in einem engen zeitlichen Zusammenhang aufgenommen wird (siehe Rz. 12b). In diesen Fällen ist von einem einheitlichen Erststudium auszugehen.

18   Vorbereitungsdienst:

Als berufsqualifizierender Studienabschluss gilt auch der Abschluss eines Studiengangs, durch den die fachliche Eignung für einen beruflichen Vorbereitungsdienst oder eine berufliche Einführung vermittelt wird. Daher ist z. B. mit dem ersten juristischen Staatsexamen die erstmalige Berufsausbildung grundsätzlich abgeschlossen. Ein in einem engen zeitlichen Zusammenhang aufgenommenes Referendariat zur Vorbereitung auf das zweite Staatsexamen ist jedoch Teil der erstmaligen Berufsausbildung (siehe Rz. 12b).

19   Bachelor- und Masterstudiengänge:

Der Bachelor- oder Bakkalaureusgrad einer inländischen Hochschule ist ein berufsqualifizierender Abschluss. Daraus folgt, dass der Abschluss eines Bachelorstudiengangs den Abschluss eines Erststudiums darstellt und ein nachfolgender Studiengang grundsätzlich als weiteres Studium anzusehen ist. Wird hingegen ein Masterstudiengang besucht, der zeitlich und inhaltlich auf den vorangegangenen Bachelorstudiengang abgestimmt ist, so ist dieser Teil der Erstausbildung (BFH vom 3. September 2015 – BStBl 2016 II S. 166, siehe auch Rz. 12b). Bei konsekutiven Masterstudiengängen an einer inländischen Hochschule ist von einem engen sachlichen Zusammenhang auszugehen.

Berufsakademien und andere Ausbildungseinrichtungen:

20

Nach Landesrecht kann vorgesehen werden, dass bestimmte an Berufsakademien oder anderen Ausbildungseinrichtungen erfolgreich absolvierte Ausbildungsgänge einem abgeschlossenen Studium an einer Fachhochschule gleichwertig sind und die gleichen Berechtigungen verleihen. Soweit dies der Fall ist, stellt ein entsprechendes Studium unter der Voraussetzung, dass ihm kein anderes abgeschlossenes Studium oder keine andere abgeschlossene Berufsausbildung vorangegangen ist, grundsätzlich ein Erststudium im Sinne des § 32 Absatz 4 Satz 2 EStG dar. Es kann ggf. auch Teil einer mehraktigen Ausbildung sein (siehe Rz. 12b).

Promotion:

20a

Dem Promotionsstudium und der Promotion durch die Hochschule geht regelmäßig ein abgeschlossenes Studium voran, sodass die erstmalige Berufsausbildung grundsätzlich bereits abgeschlossen ist. Wird die Vorbereitung auf die Promotion jedoch in einem engen zeitlichen Zusammenhang mit dem Erststudium durchgeführt, ist sie noch Teil der erstmaligen Ausbildung (siehe Rz. 12b).

2.5 Abgrenzung des Tatbestandsmerkmals „Berufsausbildung" zum Tatbestandsmerkmal „für einen Beruf ausgebildet werden"

Die eng gefasste Auslegung des Tatbestandsmerkmals „Berufsausbildung" in § 32 Absatz 4 Satz 2 EStG im Sinne eines öffentlich-rechtlich geordneten Ausbildungsganges führt nicht zu einer Einschränkung des Berücksichtigungstatbestandes des § 32 Absatz 4 Satz 1 Nummer 2 Buchstabe a EStG. Bei der Auslegung des Tatbestandsmerkmals „für einen Beruf ausgebildet werden" ist weiterhin das BFH-Urteil vom 9. Juni 1999 (BStBl II S. 701) anzuwenden.

21

Hiernach wird für einen Beruf ausgebildet, wer sein Berufsziel noch nicht erreicht hat, sich aber ernstlich darauf vorbereitet. Der Vorbereitung auf ein Berufsziel dienen alle Maßnahmen, bei denen es sich um den Erwerb von Kenntnissen, Fähigkeiten und Erfahrungen handelt, die als Grundlagen für die Ausübung des angestrebten Berufs geeignet sind, und zwar unabhängig davon, ob die Ausbildungsmaßnahmen in einer Ausbildungsordnung oder Studienordnung vorgeschrieben sind. Der Besuch beispielsweise einer allgemein bildenden Schule führt demnach regelmäßig zu einer Berücksichtigung nach § 32 Absatz 4 Satz 1 Nummer 2 Buchstabe a EStG, der Erwerb eines Schulabschlusses jedoch nicht zum „Verbrauch" der erstmaligen Berufsausbildung nach § 32 Absatz 4 Satz 2 EStG. Gleiches gilt für ein Volontariat (vgl. BFH vom 9. Juni 1999 – BStBl II S. 706) oder ein freiwilliges Berufspraktikum (vgl. BFH vom 9. Juni 1999 – BStBl II S. 713).

Der Abschluss einer erstmaligen Berufsausbildung oder eines Erststudiums führt dazu, dass ein volljähriges Kind danach nur berücksichtigt wird, wenn es keiner Erwerbstätigkeit im Sinne des § 32 Absatz 4 Satz 2 und 3 EStG nachgeht. Dies gilt auch, wenn die erstmalige Berufsausbildung vor Vollendung des 18. Lebensjahres abgeschlossen worden ist. Zu einzelnen Maßnahmen einer mehraktigen Ausbildung siehe Rz. 12b.

22

3. Erwerbstätigkeit

Unter dem Begriff „Erwerbstätigkeit" ist nicht nur eine nichtselbständige Tätigkeit zu verstehen. Ein Kind ist vielmehr erwerbstätig, wenn es einer auf die Erzielung von Einkünften gerichteten Beschäftigung nachgeht, die den Einsatz seiner persönlichen Arbeitskraft erfordert (BFH vom 16. Mai 1975 –– BStBl II S. 537). Hieraus folgt, dass der Begriff „Erwerbstätigkeit" auch durch eine land- und forstwirtschaftliche, eine gewerbliche und eine selbständige Tätigkeit erfüllt werden kann. Die Verwaltung eigenen Vermögens ist demgegenüber keine Erwerbstätigkeit.

23

Unschädlich ist eine Erwerbstätigkeit, wenn die regelmäßige wöchentliche Arbeitszeit insgesamt nicht mehr als 20 Stunden beträgt. Hierbei ist von der individuell vertraglich vereinbarten Arbeitszeit auszugehen. Eine vorübergehende (höchstens 2 Monate andauernde) Ausweitung der Beschäftigung auf mehr als 20 Stunden ist unbeachtlich, wenn während des Zeitraumes innerhalb eines Kalenderjahres die durchschnittliche wöchentliche Arbeitszeit nicht mehr als 20 Stunden beträgt.

24

Beispiel:

Ein Kind schließt nach dem Abitur eine Lehre als Koch ab und studiert ab Oktober 2014 Medizin. Gemäß vertraglicher Vereinbarung ist das Kind ab dem 30. März 2015 mit einer wöchentlichen Arbeitszeit von 20 Stunden als Bürokraft beschäftigt. In den Semesterferien arbeitet das Kind – auf Grund einer zusätzlichen vertraglichen Vereinbarung – vom 1. August bis zur Kündigung am 30. September 2015 in Vollzeit mit 40 Stunden wöchentlich. Ab dem 1. November 2015 ist das Kind gemäß vertraglicher Vereinbarung mit einer wöchentlichen Arbeitszeit von 15 Stunden als Verkaufsaushilfe tätig. Somit ergeben sich folgende Arbeitszeiten pro voller Woche

– vom 30. März bis 31. Juli 2015 (17 Wochen): 20 Stunden pro Woche

– vom 1. August bis 30. September 2015 (8 Wochen): 40 Stunden pro Woche (= Ausweitung der Beschäftigung)

– vom 1. November bis 31. Dezember 2015 (8 Wochen): 15 Stunden pro Woche

Die durchschnittliche wöchentliche Arbeitszeit beträgt 15 Stunden; Berechnung:

$$\frac{(17 \text{ Wochen} \times 20 \text{ Std.}) + (8 \text{ Wochen} \times 40 \text{ Std.}) + (8 \text{ Wochen} \times 15 \text{ Std.})}{52 \text{ Wochen}} = 15 \text{ Std}$$

Das Kind ist auf Grund des Studiums das gesamte Jahr 2015 nach § 32 Absatz 4 Satz 1 Nummer 2 Buchstabe a EStG zu berücksichtigen. Das Studium wird jedoch nach Abschluss einer erstmaligen Berufsausbildung durchgeführt, sodass das Kind nach § 32 Absatz 4 Satz 2 und 3 EStG nur berücksichtigt werden kann, wenn die ausgeübte Erwerbstätigkeit unschädlich ist. Da die Ausweitung der Beschäftigung des Kindes lediglich vorübergehend ist und gleichzeitig während des Vorliegens des Grundtatbestandes nach § 32 Absatz 4 Satz 1 Nummer 2 EStG die durchschnittliche wöchentliche Arbeitszeit 20 Stunden nicht übersteigt, ist die Erwerbstätigkeit unschädlich. Das Kind ist während des gesamten Kalenderjahres zu berücksichtigen.

Variante: Würde das Kind während der Semesterferien dagegen vom 1. Juli bis 30. September 2015 (= mehr als zwei Monate) vollzeiterwerbstätig sein, wäre die Ausweitung der Erwerbstätigkeit nicht nur vorübergehend und damit diese Erwerbstätigkeit als schädlich einzustufen. Dies gilt unabhängig davon, dass auch hier die durchschnittliche wöchentliche Arbeitszeit 20 Stunden nicht überschritten werden würde. Das Kind könnte demnach für die Monate Juli, August und September 2015 nicht berücksichtigt werden.

25 Ein Ausbildungsdienstverhältnis ist unschädlich. Es liegt vor, wenn die Ausbildungsmaßnahme Gegenstand des Dienstverhältnisses ist (vgl. R 9.2 LStR 2015 und H 9.2 „Ausbildungsdienstverhältnis" LStH 2015; BFH vom 23. Juni 2015 – BStBl 2016 II S. 55). Zu den Ausbildungsdienstverhältnissen zählen z. B. die Berufsausbildungsverhältnisse gemäß § 1 Absatz 3, §§ 4 bis 52 BBiG. Dementsprechend liegt kein Ausbildungsdienstverhältnis vor, wenn die Berufsausbildung oder das Studium nicht Gegenstand des Dienstverhältnisses ist, auch wenn die Berufsbildungsmaßnahme oder das Studium seitens des Arbeitgebers durch Hingabe von Mitteln, z. B. eines Stipendiums, gefördert wird. Eine neben einem Ausbildungsdienstverhältnis ausgeübte geringfügige Beschäftigung (Rz. 26) ist hingegen unschädlich.

26 Eine geringfügige Beschäftigung im Sinne der §§ 8 und 8a SGB IV ist ebenfalls unschädlich. Bei der Beurteilung, ob ein geringfügiges Beschäftigungsverhältnis vorliegt, ist aus Vereinfachungsgründen die Einstufung des Arbeitgebers maßgeblich. Hierzu kann eine Bescheinigung des Arbeitgebers oder ein anderer Nachweis vorgelegt werden.

27 Eine geringfügige Beschäftigung kann neben einer Erwerbstätigkeit im Sinne der Rz. 24 nur ausgeübt werden, wenn dadurch insgesamt die 20-Stunden-Grenze nicht überschritten wird.

4. Monatsprinzip

28 Bei der Prüfung, ob die Voraussetzungen des § 32 Absatz 4 Satz 1 bis 3 EStG vorliegen, ist auf den Kalendermonat abzustellen. Es genügt, wenn in dem jeweiligen Monat an einem Tag die Anspruchsvoraussetzungen vorliegen.

Beispiel:

Ein Kind schließt nach dem Abitur zunächst eine Berufsausbildung mit der Gesellenprüfung als Elektroniker ab und studiert ab dem Jahr 2014 Soziologie. Ab dem 20. Juli 2016 nimmt es unbefristet eine Teilzeitbeschäftigung mit 30 Stunden pro Woche auf.

Auf Grund des Studiums ist das Kind nach § 32 Absatz 4 Satz 1 Nummer 2 Buchstabe a EStG zu berücksichtigen. Das Studium wird jedoch nach Abschluss einer erstmaligen Berufsausbildung durchgeführt, sodass das Kind nach § 32 Absatz 4 Satz 2 EStG nur berücksichtigt werden kann, wenn es keiner Erwerbstätigkeit nachgeht. Die Erwerbstätigkeit des Kindes ist gemäß § 32 Absatz 4 Satz 3 EStG zwar grundsätzlich als schädlich einzustufen. Das Kind kann aber für jeden Kalendermonat berücksichtigt werden, in dem wenigstens an einem Tage die Anspruchsvoraussetzungen – hier „keiner Erwerbstätigkeit nachgeht" – vorgelegen haben, somit für die Monate Januar bis Juli 2016. Für die Monate August bis Dezember 2016 kann das Kind nicht berücksichtigt werden.

29 Werden die Grenzen für eine geringfügige Beschäftigung im Sinne der Rz. 26 und 27 während eines Monats überschritten und ist hierdurch die 20-Stunden-Grenze überschritten, kann das Kind ab dem auf das Überschreiten folgenden Monat nicht mehr berücksichtigt werden. Dies gilt, solange die Grenzen überschritten werden bzw. die entsprechende Beschäftigung ausgeübt wird.

5. Behinderte Kinder (§ 32 Absatz 4 Satz 1 Nummer 3 EStG)

Ein Kind ist zu berücksichtigen, wenn es wegen körperlicher, geistiger oder seelischer Behinderung außerstande ist, sich selbst zu unterhalten, d. h., wenn es mit den ihm zur Verfügung stehenden finanziellen Mitteln seinen gesamten notwendigen Lebensbedarf nicht bestreiten kann. Dieser notwendige Lebensbedarf setzt sich typischerweise aus dem allgemeinen Lebensbedarf (Grundbedarf) und dem individuellen behinderungsbedingten Mehrbedarf zusammen. Als Grundbedarf ist bei der Prüfung der Voraussetzungen der Grundfreibetrag nach § 32a Absatz 1 Satz 2 Nummer 1 EStG anzusetzen. Die kindeseigenen finanziellen Mittel setzen sich aus dem verfügbaren Nettoeinkommen (siehe Rz. 31) und den Leistungen Dritter zusammen.   30

Bei der Ermittlung des verfügbaren Nettoeinkommens sind alle steuerpflichtigen Einkünfte im Sinne des § 2 Absatz 1 EStG (Gewinneinkünfte im Sinne der §§ 13 bis 18 EStG, Überschusseinkünfte im Sinne der §§ 19 bis 23 EStG – auch unter Berücksichtigung privater Veräußerungsgeschäfte), alle steuerfreien Einnahmen (z. B. Leistungen nach dem SGB III und BEEG) sowie etwaige Steuererstattungen (Einkommensteuer, Kirchensteuer, Solidaritätszuschlag) zu berücksichtigen. Abzuziehen sind tatsächlich gezahlte Steuern (Steuervorauszahlungen und -nachzahlungen, Steuerabzugsbeträge) sowie die unvermeidbaren Vorsorgeaufwendungen (Beiträge zu einer Basiskranken- und Pflegepflichtversicherung, gesetzliche Sozialabgaben bei Arbeitnehmern). Von den steuerfreien Einnahmen ist – maximal bis zur Höhe der steuerfreien Einnahmen – eine Kostenpauschale von insgesamt 180 Euro im Kalenderjahr abzuziehen, wenn nicht höhere Aufwendungen im Zusammenhang mit den steuerfreien Einnahmen nachgewiesen oder glaubhaft gemacht werden (z. B. Kosten eines Rechtsstreits zur Erlangung der steuerfreien Einnahmen).   31

6. Anwendungszeitraum

Dieses Schreiben ersetzt das BMF-Schreiben vom 7. Dezember 2011 (BStBl I S. 1243) und ist ab dem Veranlagungszeitraum 2012 anzuwenden. Die Rz. 12a bis 12d sowie 13 bis 20a und 25 sind ab dem Veranlagungszeitraum 2015 und im Übrigen auf alle offenen Fälle anzuwenden.   32

Kindesunterhalt

. . .

Düsseldorfer Tabelle
(gültig ab dem 1. 1. 2018)[1])[2])

A. Kindesunterhalt

Nettoeinkommen des Barunterhaltspflichtigen (Anm. 3, 4)	Altersstufen in Jahren (§ 1612a Abs. 1 BGB)				Prozentsatz	Bedarfskontrollbetrag (Anm. 6)
	0–5	6–11	12–17	ab 18		
Alle Beträge in Euro						
1. bis 1 900	348	399	467	527	100	880/1 080
2. 1 901 – 2 300	366	419	491	554	105	1 300
3. 2 301 – 2 700	383	439	514	580	110	1 400
4. 2 701 – 3 100	401	459	538	607	115	1 500
5. 3 101 – 3 500	418	479	561	633	120	1 600
6. 3 501 – 3 900	446	511	598	675	128	1 700
7. 3 901 – 4 300	474	543	636	717	136	1 800
8. 4 301 – 4 700	502	575	673	759	144	1 900
9. 4 701 – 5 100	529	607	710	802	152	2 000
10. 5 101 – 5 500	557	639	748	844	160	2 100
ab 5 501	nach den Umständen des Falles					

---

[1]) Die neue Tabelle nebst Anmerkungen beruht auf Koordinierungsgesprächen, die unter Beteiligung aller Oberlandesgerichte und der Unterhaltskommission des Deutschen Familiengerichtstages e. V. stattgefunden haben.

[2]) Die vollständige Tabelle ist abrufbar unter „www.olg-duesseldorf.nrw.de" und dort unter dem Link „Rechts-Infos – Düsseldorfer Tabelle".

Anmerkungen:

1. Die Tabelle hat keine Gesetzeskraft, sondern stellt eine Richtlinie dar. Sie weist den monatlichen Unterhaltsbedarf aus, bezogen auf zwei Unterhaltsberechtigte, ohne Rücksicht auf den Rang. Der Bedarf ist nicht identisch mit dem Zahlbetrag; dieser ergibt sich unter Berücksichtigung der nachfolgenden Anmerkungen.

   Bei einer größeren/geringeren Anzahl Unterhaltsberechtigter können Ab- oder Zuschläge durch Einstufung in niedrigere/höhere Gruppen angemessen sein. Anmerkung 6 ist zu beachten. Zur Deckung des notwendigen Mindestbedarfs aller Beteiligten – einschließlich des Ehegatten – ist gegebenenfalls eine Herabstufung bis in die unterste Tabellengruppe vorzunehmen. Reicht das verfügbare Einkommen auch dann nicht aus, setzt sich der Vorrang der Kinder im Sinne von Anm. 5 Abs. 1 durch. Gegebenenfalls erfolgt zwischen den erstrangigen Unterhaltsberechtigten eine Mangelberechnung nach Abschnitt C.

2. Die Richtsätze der 1. Einkommensgruppe entsprechen dem Mindestbedarf **gemäß der Ersten Verordnung zur Änderung der Mindestunterhaltsverordnung vom 28.09.2017 (BGBl. 2017 I 3525)**. Der Prozentsatz drückt die Steigerung des Richtsatzes der jeweiligen Einkommensgruppe gegenüber dem Mindestbedarf (= 1. Einkommensgruppe) aus. Die durch Multiplikation des gerundeten Mindestbedarfs mit dem Prozentsatz errechneten Beträge sind entsprechend § 1612a Absatz 2 Satz 2 BGB aufgerundet.

   Die Bedarfssätze der vierten Altersstufe – ab 18 Jahren – entsprechen bis auf weiteres den für 2017 maßgeblichen Werten.

3. Berufsbedingte Aufwendungen, die sich von den privaten Lebenshaltungskosten nach objektiven Merkmalen eindeutig abgrenzen lassen, sind vom Einkommen abzuziehen, wobei bei entsprechenden Anhaltspunkten eine Pauschale von 5 % des Nettoeinkommens – mindestens 50 EUR, bei geringfügiger Teilzeitarbeit auch weniger, und höchstens 150 EUR monatlich – geschätzt werden kann. Übersteigen die berufsbedingten Aufwendungen die Pauschale, sind sie insgesamt nachzuweisen.

4. Berücksichtigungsfähige Schulden sind in der Regel vom Einkommen abzuziehen.

5. Der notwendige Eigenbedarf (Selbstbehalt)
   - gegenüber minderjährigen unverheirateten Kindern,
   - gegenüber volljährigen unverheirateten Kindern bis zur Vollendung des 21. Lebensjahres, die im Haushalt der Eltern oder eines Elternteils leben und sich in der allgemeinen Schulausbildung befinden, beträgt beim nicht erwerbstätigen Unterhaltspflichtigen monatlich 880 EUR, beim erwerbstätigen Unterhaltspflichtigen monatlich 1 080 EUR. Hierin sind bis 380 EUR für Unterkunft einschließlich umlagefähiger Nebenkosten und Heizung (Warmmiete) enthalten. Der Selbstbehalt soll erhöht werden, wenn die Wohnkosten (Warmmiete) den ausgewiesenen Betrag überschreiten und nicht unangemessen sind.

   Der angemessene Eigenbedarf, insbesondere gegenüber anderen volljährigen Kindern, beträgt in der Regel mindestens monatlich 1 300 EUR. Darin ist eine Warmmiete bis 480 EUR enthalten.

6. Der Bedarfskontrollbetrag des Unterhaltspflichtigen ab Gruppe 2 ist nicht identisch mit dem Eigenbedarf. Er soll eine ausgewogene Verteilung des Einkommens zwischen dem Unterhaltspflichtigen und den unterhaltsberechtigten Kindern gewährleisten. Wird er unter Berücksichtigung anderer Unterhaltspflichten unterschritten, ist der Tabellenbetrag der nächst niedrigeren Gruppe, deren Bedarfskontrollbetrag nicht unterschritten wird, anzusetzen.

7. Bei volljährigen Kindern, die noch im Haushalt der Eltern oder eines Elternteils wohnen, bemisst sich der Unterhalt nach der 4. Altersstufe der Tabelle.

   Der angemessene Gesamtunterhaltsbedarf eines Studierenden, der nicht bei seinen Eltern oder einem Elternteil wohnt, beträgt in der Regel monatlich 735 EUR. Hierin sind bis 300 EUR für Unterkunft einschließlich umlagefähiger Nebenkosten und Heizung (Warmmiete) enthalten. Dieser Bedarfssatz kann auch für ein Kind mit eigenem Haushalt angesetzt werden.

8. Die Ausbildungsvergütung eines in der Berufsausbildung stehenden Kindes, das im Haushalt der Eltern oder eines Elternteils wohnt, ist vor ihrer Anrechnung in der Regel um einen ausbildungsbedingten Mehrbedarf von monatlich 100 EUR zu kürzen.

9. In den Bedarfsbeträgen (Anmerkungen 1 und 7) sind Beiträge zur Kranken- und Pflegeversicherung sowie Studiengebühren nicht enthalten.

10. Das auf das jeweilige Kind entfallende Kindergeld ist nach § 1612b BGB auf den Tabellenunterhalt (Bedarf) anzurechnen.

...

Ländergruppeneinteilung

Zu § 32 Abs. 6 Satz 4 EStG → H 33a (Ländergruppeneinteilung)

Vordruckmuster Anlage Kind

2017

1

Name

2

Vorname

Anlage Kind
Für jedes Kind bitte eine
eigene Anlage Kind abgeben.

3 Steuernummer

lfd. Nr.
der Anlage

Angaben zum Kind

4 Identifikationsnummer 01

3

Vorname

ggf. abweichender Familienname

5

Geburtsdatum

EUR

6 16

Anspruch auf Kindergeld oder
vergleichbare Leistungen für 2017 15 ,—

Für die Kindergeldfestsetzung zuständige Familienkasse

7

8 Wohnsitz
im Inland 00

vom

bis

Wohnsitz
im Ausland 07

vom

bis

9 ggf. abweichende Adresse
(bei Wohnsitz im Ausland
bitte auch den Staat angeben) (Kz 14)

**Kindschaftsverhältnis zur stpfl. Person / Ehemann /
Person A**

**Kindschaftsverhältnis zur Ehefrau /
Person B**

10 02

1 = leibliches Kind /
Adoptivkind

2 = Pflegekind

3 = Enkelkind /
Stiefkind

03

1 = leibliches Kind /
Adoptivkind

2 = Pflegekind

3 = Enkelkind /
Stiefkind

Kindschaftsverhältnis zu einer anderen Person

11 Name, Vorname

Geburtsdatum dieser Person

Dauer des Kindschaftsverhältnisses
vom   bis

04

12 Letzte bekannte Adresse

Art des Kindschaftsverhältnisses
1 = leibliches Kind / Adoptivkind
2 = Pflegekind

13 Der andere Elternteil lebte im Ausland

37

14 Das Kindschaftsverhältnis zum anderen Elternteil ist durch dessen Tod erloschen am

06

15 Der Wohnsitz oder gewöhnliche Aufenthalt des anderen Elternteiles ist nicht zu ermitteln
oder der Vater des Kindes ist amtlich nicht feststellbar

05

1 = Ja

Angaben für ein volljähriges Kind

Das Kind
– befand sich in einer Schul-, Hochschul- oder Berufsausbildung,
– befand sich in einer Übergangszeit von höchstens vier Monaten (z. B. zwischen zwei Ausbildungsabschnitten),
– konnte eine Berufsausbildung mangels Ausbildungsplatzes nicht beginnen oder fortsetzen und / oder
– hat ein freiwilliges soziales oder ökologisches Jahr (Jugendfreiwilligendienstegesetz), einen europäischen / entwicklungspolitischen
Freiwilligendienst, einen Freiwilligendienst aller Generationen (§ 2 Abs. 1a SGB VII), einen Internationalen Jugendfreiwilligendienst,
Bundesfreiwilligendienst oder einen Anderen Dienst im Ausland (§ 5 Bundesfreiwilligendienstgesetz) geleistet.
(Folgen diese Abschnitte unmittelbar aufeinander, sind sie zu einem Zeitraum zusammenzufassen.)

1. Zeitraum

2. Zeitraum

16 80

vom

bis

81

vom

bis

17 Bezeichnung der
Schul-, Hochschul-
oder Berufsausbildung

18 Das Kind war ohne Beschäftigung und bei einer Agentur für Arbeit
als arbeitsuchend gemeldet

82

19 Das Kind war wegen einer vor Vollendung des 25. Lebensjahres eingetretenen Behinderung außerstande, sich selbst finanziell zu unterhalten (Bitte Anleitung beachten.)

83

20 Das Kind hat den gesetzlichen Grundwehr- / Zivildienst oder einen
davon befreienden Dienst, der vor dem 1.7.2011 begonnen hat

Angaben zur Erwerbstätigkeit eines volljährigen Kindes (nur bei Eintragungen in Zeile 16)

21 Das Kind hat bereits eine erstmalige Berufsausbildung
oder ein Erststudium abgeschlossen

84

1 = Ja
2 = Nein

22 Falls Zeile 21 mit „Ja" beantwortet wurde:
Das Kind war erwerbstätig (kein Ausbildungsdienstverhältnis)

1 = Ja
2 = Nein

23 Falls Zeile 22 mit „Ja" beantwortet wurde:
Das Kind übte eine / mehrere geringfügige Beschäfti-
gung(en) im Sinne der §§ 8, 8a SGB IV (sog. Minijob) aus

1 = Ja
2 = Nein

Beschäftigungs-
zeitraum

vom

bis

24 Das Kind übte andere Erwerbstätigkeiten aus
(bei mehreren Erwerbstätigkeiten bitte Angaben
lt. gesonderter Aufstellung)

1 = Ja
2 = Nein

Erwerbszeitraum

25 (Vereinbarte) regelmäßige wöchentliche Arbeitszeit der Tätigkeit(en) lt. Zeile 23

Stunden

lt. Zeile 24

Stunden

2017AnlKind021

– Juli 2017 –

2017AnlKind021

Kranken- und Pflegeversicherung   (Nicht in der Anlage Vorsorgeaufwand enthalten)

– Füllen Sie die Zeilen 31 bis 37 nur aus, wenn Sie in die Datenübermittlung eingewilligt oder dieser nicht widersprochen haben. –

		Aufwendungen von mir / uns als Versicherungsnehmer geschuldet EUR	Aufwendungen vom Kind als Versicherungsnehmer geschuldet EUR
31	Von mir / uns getragene Beiträge zu Krankenversicherungen (einschließlich Zusatzbeiträge) des Kindes (nur Basisabsicherung, keine Wahlleistungen)	66	70
32	In Zeile 31 enthaltene Beiträge, aus denen sich ein Anspruch auf Krankengeld ergibt		71
33	Von mir / uns getragene Beiträge zur sozialen Pflegeversicherung und / oder zur privaten Pflege-Pflichtversicherung	67	72
34	Von den Versicherungen lt. den Zeilen 31 bis 33 erstattete Beträge	68	73
35	In Zeile 34 enthaltene Beiträge, aus denen sich ein Anspruch auf Krankengeld ergibt		74
36	Zuschuss von dritter Seite zu den Beiträgen lt. den Zeilen 31 bis 33 (z. B. nach § 13a BAföG)		75
37	Von mir / uns getragene Beiträge zu Kranken- und Pflegeversicherungen des Kindes (ohne Basisabsicherung, z. B. für Wahlleistungen, Zusatzversicherung)	69	

Übertragung des Kinderfreibetrags / des Freibetrags für den Betreuungs- und Erziehungs- oder Ausbildungsbedarf

38	Ich beantrage den vollen Kinderfreibetrag und den vollen Freibetrag für den Betreuungs- und Erziehungs- oder Ausbildungsbedarf, weil der andere Elternteil – seiner Unterhaltsverpflichtung nicht zu mindestens 75% nachkommt oder – mangels Leistungsfähigkeit nicht unterhaltspflichtig ist		36	1 = Ja
39	Falls die Frage in Zeile 38 mit Ja beantwortet wurde: Es wurden Unterhaltsleistungen nach dem Unterhaltsvorschussgesetz gezahlt für den Zeitraum	38	vom T T M M	bis T T M M
40	Ich beantrage den vollen Freibetrag für den Betreuungs- und Erziehungs- oder Ausbildungsbedarf, weil das minderjährige Kind bei dem anderen Elternteil gemeldet war.	39	1 = Ja	43 T T M M / T T M M
41	Der Übertragung des Kinderfreibetrags und des Freibetrags für den Betreuungs- und Erziehungs- oder Ausbildungsbedarf auf den Stief- / Großelternteil wurde zugestimmt.	40	1 = Ja
42	Nur beim Stief- / Großelternteil: Der Kinderfreibetrag und der Freibetrag für den Betreuungs- und Erziehungs- oder Ausbildungsbedarf sind lt. Anlage K zu übertragen.	41	1 = Ja
43	Nur beim Stief- / Großelternteil: Ich / wir beantrage(n) die Übertragung des Kinderfreibetrags und des Freibetrags für den Betreuungs- und Erziehungs- oder Ausbildungsbedarf, weil ich / wir das Kind in meinem / unserem Haushalt aufgenommen habe(n) oder ich / wir als Großelternteil gegenüber dem Kind unterhaltspflichtig bin / sind.	76 1 = Ja 77	Zeitraum der Haushaltszugehörigkeit / Unterhaltsverpflichtung vom T T M M bis T T M M

Entlastungsbetrag für Alleinerziehende

44	Das Kind war mit mir in der gemeinsamen Wohnung gemeldet	42	vom T T M M	bis T T M M
45	Für das Kind wurde mir Kindergeld ausgezahlt	44	T T M M	T T M M
46	Außer mir war(en) in der gemeinsamen Wohnung eine / mehrere volljährige Person(en) gemeldet, für die (zeitweise) kein Anspruch auf Kindergeld oder Freibeträge für Kinder bestand.	46 1 = Ja 2 = Nein	Falls ja 47 T T M M / T T M M
47	Es bestand eine Haushaltsgemeinschaft mit mindestens einer weiteren volljährigen Person, für die (zeitweise) kein Anspruch auf Kindergeld oder Freibeträge für Kinder bestand.	49 1 = Ja 2 = Nein	Falls ja 50 T T M M / T T M M
48	Name, Vorname (weitere Personen bitte in einer gesonderten Aufstellung angeben)		
49	Verwandtschaftsverhältnis	Beschäftigung / Tätigkeit	

Freibetrag zur Abgeltung eines Sonderbedarfs bei Berufsausbildung eines volljährigen Kindes

		1. Zeitraum vom bis	2. Zeitraum vom bis
50	Das Kind war auswärtig untergebracht	85 T T M M T T M M	86 T T M M T T M M
51	Es handelte sich zumindest zeitweise um eine auswärtige Unterbringung im Ausland	87 1 = Ja	
52	Anschrift(en), Staat(en) – falls im Ausland		
53	Nur bei nicht zusammen veranlagten Eltern: Laut gesondertem gemeinsamen Antrag ist der Freibetrag zur Abgeltung eines Sonderbedarfs bei Berufsausbildung in einem anderen Verhältnis als je zur Hälfte aufzuteilen. Der bei mir zu berücksichtigende Anteil beträgt	88 %	

2017AnlKind022   2017AnlKind022

Schulgeld

61 für den Besuch einer Privatschule (Bezeichnung der Schule oder deren Träger)

	Gesamtaufwendungen der Eltern EUR
24	, —

Nur bei nicht zusammen veranlagten Eltern:

62 Das von mir übernommene Schulgeld beträgt — 56 , —

63 Laut gesondertem gemeinsamen Antrag ist für das Kind der Höchstbetrag für das Schulgeld in einem anderen Verhältnis als je zur Hälfte aufzuteilen. Der bei mir zu berücksichtigende Anteil beträgt — 57 %

Übertragung des Behinderten- oder Hinterbliebenen-Pauschbetrags

Die Übertragung des Behinderten- / Hinterbliebenen-Pauschbetrags wird beantragt:

Das Kind ist

64 hinter-blieben 26 1 = Ja behindert 1 = Ja blind / ständig hilflos 55 1 = Ja geh- und stehbehindert 1 = Ja Grad der Behinderung 25

		von	bis	unbefristet gültig	Erstmalige Beantragung / Änderung (Nachweis ist einzureichen)
65	Ausweis / Rentenbescheid / Bescheinigung gültig	T M J J	T M J J	X	X

Nur bei nicht zusammen veranlagten Eltern:

66 Laut gesondertem gemeinsamen Antrag sind die für das Kind zu gewährenden Pauschbeträge für Behinderte / Hinterbliebene in einem anderen Verhältnis als je zur Hälfte aufzuteilen. Der bei mir zu berücksichtigende Anteil beträgt — 28 %

Kinderbetreuungskosten

67 Art der Dienstleistung, Name und Anschrift des Dienstleisters

	vom	bis	Gesamtaufwendungen der Eltern EUR
T T M M	T T M M	51	, —

68 Steuerfreier Ersatz (z. B. vom Arbeitgeber), Erstattungen — T T M M — T T M M — 79 , —

Nur bei nicht zusammen veranlagten Eltern:

69 Ich habe Kinderbetreuungskosten in folgender Höhe getragen — T T M M — T T M M — Aufwendungen , —

70 Es bestand ein **gemeinsamer** Haushalt der Elternteile — vom T T M M — bis T T M M — Das Kind gehörte zu unserem Haushalt — vom T T M M — bis T T M M

71 Es bestand **kein gemeinsamer** Haushalt der Elternteile — T T M M — T T M M — Das Kind gehörte zu meinem Haushalt — T T M M — T T M M

72 Das Kind gehörte zum Haushalt des anderen Elternteils — T T M M — T T M M

Nur bei nicht zusammen veranlagten Eltern:

73 Laut übereinstimmendem Antrag ist für das Kind der Höchstbetrag für die Kinderbetreuung in einem anderen Verhältnis als je zur Hälfte aufzuteilen. Der bei mir zu berücksichtigende Anteil beträgt — %

2017AnlKind023

2017AnlKind023

§ 32a Einkommensteuertarif

EStG
S 2283
1)
2)
3)
4)

(1) [1]Die tarifliche Einkommensteuer im Veranlagungszeitraum *2018* bemisst sich nach dem zu versteuernden Einkommen. [2]Sie beträgt vorbehaltlich der §§ 32b, 32d, 34, 34a, 34b und 34c jeweils in Euro für zu versteuernde Einkommen

1. bis *9 000* Euro (Grundfreibetrag):
   0;

2. von *9 001* Euro bis *13 996* Euro:
   $(997,8 \cdot y + 1\,400) \cdot y$;

3. von *13 997* Euro bis *54 949* Euro:
   $(220,13 \cdot z + 2\,397) \cdot z + 948,49$;

4. von *54 950* Euro bis *260 532* Euro:
   $0,42 \cdot x - 8\,621,75$;

5. von *260 533* Euro an:
   $0,45 \cdot x - 16\,437,7$.

[2]Die Größe „y" ist ein Zehntausendstel des den Grundfreibetrag übersteigenden Teils des auf einen vollen Euro-Betrag abgerundeten zu versteuernden Einkommens. [2]Die Größe „z" ist ein Zehntausendstel des *13 996* Euro übersteigenden Teils des auf einen vollen Euro-Betrag abgerundeten zu versteuernden Einkommens. [3]Die Größe „x" ist das auf einen vollen Euro-Betrag abgerundete zu versteuernde Einkommen. Der sich ergebende Steuerbetrag ist auf den nächsten vollen Euro-Betrag abzurunden.

(2) bis (4) (weggefallen)

(5) Bei Ehegatten, die nach den §§ 26, 26b zusammen zur Einkommensteuer veranlagt werden, beträgt die tarifliche Einkommensteuer vorbehaltlich der §§ 32b, 32d, 34, 34a, 34b und 34c das Zweifache des Steuerbetrags, der sich für die Hälfte ihres gemeinsam zu versteuernden Einkommens nach Absatz 1 ergibt (Splitting-Verfahren).

(6) [1]Das Verfahren nach Absatz 5 ist auch anzuwenden zur Berechnung der tariflichen Einkommensteuer für das zu versteuernde Einkommen

1. bei einem verwitweten Steuerpflichtigen für den Veranlagungszeitraum, der dem Kalenderjahr folgt, in dem der Ehegatte verstorben ist, wenn der Steuerpflichtige und sein verstorbener Ehegatte im Zeitpunkt seines Todes die Voraussetzungen des § 26 Absatz 1 Satz 1 erfüllt haben,

2. bei einem Steuerpflichtigen, dessen Ehe in dem Kalenderjahr, in dem er sein Einkommen bezogen hat, aufgelöst worden ist, wenn in diesem Kalenderjahr

   a) der Steuerpflichtige und sein bisheriger Ehegatte die Voraussetzungen des § 26 Absatz 1 Satz 1 erfüllt haben,

   b) der bisherige Ehegatte wieder geheiratet hat und

   c) der bisherige Ehegatte und dessen neuer Ehegatte ebenfalls die Voraussetzungen des § 26 Absatz 1 Satz 1 erfüllen.

[2]Voraussetzung für die Anwendung des Satzes 1 ist, dass der Steuerpflichtige nicht nach den §§ 26, 26a einzeln zur Einkommensteuer veranlagt wird.

§ 32b Progressionsvorbehalt

EStG

S 2295

(1) [1]Hat ein zeitweise oder während des gesamten Veranlagungszeitraums unbeschränkt Steuerpflichtiger oder ein beschränkt Steuerpflichtiger, auf den § 50 Absatz 2 Satz 2 Nummer 4 Anwendung findet,

1. a) Arbeitslosengeld, Teilarbeitslosengeld, Zuschüsse zum Arbeitsentgelt, Kurzarbeitergeld, Insolvenzgeld, Übergangsgeld nach dem Dritten Buch Sozialgesetzbuch; Insolvenzgeld, das nach § 170 Absatz 1 des Dritten Buches Sozialgesetzbuch einem Dritten zusteht, ist dem Arbeitnehmer zuzurechnen,

   b) Krankengeld, Mutterschaftsgeld, Verletztengeld, Übergangsgeld oder vergleichbare Lohnersatzleistungen nach dem Fünften, Sechsten oder Siebten Buch Sozialgesetzbuch,

---

1) Wegen des besonderen Steuersatzes beim Progressionsvorbehalt → § 32b EStG.
2) Wegen des gesonderten Steuertarifs für Einkünfte aus Kapitalvermögen → § 32d EStG.
3) *Absatz 1 wurde durch Artikel 9 des Gesetzes zur Umsetzung der Änderungen der EU-Amtshilferichtlinie und von weiteren Maßnahmen gegen Gewinnkürzungen und -verlagerungen ab VZ 2018 geändert.*
4) *Absatz 1 Satz 1 wurde durch Artikel 9 des StUmgBG ab VZ 2017 geändert.*

der Reichsversicherungsordnung, dem Gesetz über die Krankenversicherung der Landwirte oder dem Zweiten Gesetz über die Krankenversicherung der Landwirte,

c) Mutterschaftsgeld, Zuschuss zum Mutterschaftsgeld, die Sonderunterstützung nach dem Mutterschutzgesetz sowie den Zuschuss bei Beschäftigungsverboten für die Zeit vor oder nach einer Entbindung sowie für den Entbindungstag während einer Elternzeit nach beamtenrechtlichen Vorschriften,

d) Arbeitslosenbeihilfe nach dem Soldatenversorgungsgesetz,

e) Entschädigungen für Verdienstausfall nach dem Infektionsschutzgesetz vom 20. Juli 2000 (BGBl. I S. 1045),

f) Versorgungskrankengeld oder Übergangsgeld nach dem Bundesversorgungsgesetz,

g) nach § 3 Nummer 28 steuerfreie Aufstockungsbeträge oder Zuschläge,

h) Leistungen an Nichtselbständige nach § 6 des Unterhaltssicherungsgesetzes,

i) (weggefallen)

j) Elterngeld nach dem Bundeselterngeld- und Elternzeitgesetz,

k) nach § 3 Nummer 2 Buchstabe e steuerfreie Leistungen, wenn vergleichbare Leistungen inländischer öffentlicher Kassen nach den Buchstaben a bis j dem Progressionsvorbehalt unterfallen, oder

2. ausländische Einkünfte, die im Veranlagungszeitraum nicht der deutschen Einkommensteuer unterlegen haben; dies gilt nur für Fälle der zeitweisen unbeschränkten Steuerpflicht einschließlich der in § 2 Absatz 7 Satz 3 geregelten Fälle; ausgenommen sind Einkünfte, die nach einem sonstigen zwischenstaatlichen Übereinkommen im Sinne der Nummer 4 steuerfrei sind und die nach diesem Übereinkommen nicht unter dem Vorbehalt der Einbeziehung bei der Berechnung der Einkommensteuer stehen,

3. Einkünfte, die nach einem Abkommen zur Vermeidung der Doppelbesteuerung steuerfrei sind,

4. Einkünfte, die nach einem sonstigen zwischenstaatlichen Übereinkommen unter dem Vorbehalt der Einbeziehung bei der Berechnung der Einkommensteuer steuerfrei sind,

5. Einkünfte, die bei Anwendung von § 1 Absatz 3 oder § 1a oder § 50 Absatz 2 Satz 2 Nummer 4 im Veranlagungszeitraum bei der Ermittlung des zu versteuernden Einkommens unberücksichtigt bleiben, weil sie nicht der deutschen Einkommensteuer oder einem Steuerabzug unterliegen; ausgenommen sind Einkünfte, die nach einem sonstigen zwischenstaatlichen Übereinkommen im Sinne der Nummer 4 steuerfrei sind und die nach diesem Übereinkommen nicht unter dem Vorbehalt der Einbeziehung bei der Berechnung der Einkommensteuer stehen,

bezogen, so ist auf das nach § 32a Absatz 1 zu versteuernde Einkommen ein besonderer Steuersatz anzuwenden. ²Satz 1 Nummer 3 gilt nicht für Einkünfte

1. aus einer anderen als in einem Drittstaat belegenen land- und forstwirtschaftlichen Betriebsstätte,

2. aus einer anderen als in einem Drittstaat belegenen gewerblichen Betriebsstätte, die nicht die Voraussetzungen des § 2a Absatz 2 Satz 1 erfüllt,

3. aus der Vermietung oder der Verpachtung von unbeweglichem Vermögen oder von Sachinbegriffen, wenn diese in einem anderen Staat als in einem Drittstaat belegen sind, oder

4. aus der entgeltlichen Überlassung von Schiffen, sofern diese ausschließlich oder fast ausschließlich in einem anderen als einem Drittstaat eingesetzt worden sind, es sei denn, es handelt sich um Handelsschiffe, die

a) von einem Vercharterer ausgerüstet überlassen oder

b) an in einem anderen als in einem Drittstaat ansässige Ausrüster, die die Voraussetzungen des § 510 Absatz 1 des Handelsgesetzbuchs erfüllen, überlassen oder

c) insgesamt nur vorübergehend an in einem Drittstaat ansässige Ausrüster, die die Voraussetzungen des § 510 Absatz 1 des Handelsgesetzbuchs erfüllen, überlassen

worden sind, oder

5. aus dem Ansatz des niedrigeren Teilwerts oder der Übertragung eines zu einem Betriebsvermögen gehörenden Wirtschaftsguts im Sinne der Nummern 3 und 4.

³§ 2a Absatz 2a und § 15b sind sinngemäß anzuwenden.

(1a) Als unmittelbar von einem unbeschränkt Steuerpflichtigen bezogene ausländische Einkünfte im Sinne des Absatzes 1 Nummer 3 gelten auch die ausländischen Einkünfte, die eine Organgesellschaft im Sinne des § 14 oder des § 17 des Körperschaftsteuergesetzes bezogen hat und die nach einem Abkommen zur Vermeidung der Doppelbesteuerung steuerfrei sind, in dem Verhältnis, in dem dem unbeschränkt Steuerpflichtigen das Einkommen der Organgesellschaft bezogen auf das gesamte Einkommen der Organgesellschaft im Veranlagungszeitraum zugerechnet wird.

(2) Der besondere Steuersatz nach Absatz 1 ist der Steuersatz, der sich ergibt, wenn bei der Berechnung der Einkommensteuer das nach § 32a Absatz 1 zu versteuernde Einkommen vermehrt oder vermindert wird um

1. im Fall des Absatzes 1 Nummer 1 die Summe der Leistungen nach Abzug des Arbeitnehmer-Pauschbetrags (§ 9a Satz 1 Nummer 1), soweit er nicht bei der Ermittlung der Einkünfte aus nichtselbständiger Arbeit abziehbar ist;

2. im Fall des Absatzes 1 Nummer 2 bis 5 die dort bezeichneten Einkünfte, wobei die darin enthaltenen außerordentlichen Einkünfte mit einem Fünftel zu berücksichtigen sind. ²Bei der Ermittlung der Einkünfte im Fall des Absatzes 1 Nummer 2 bis 5

a) ist der Arbeitnehmer-Pauschbetrag (§ 9a Satz 1 Nummer 1 Buchstabe a) abzuziehen, soweit er nicht bei der Ermittlung der Einkünfte aus nichtselbständiger Arbeit abziehbar ist;

b) sind Werbungskosten nur insoweit abzuziehen, als sie zusammen mit den bei der Ermittlung der Einkünfte aus nichtselbständiger Arbeit abziehbaren Werbungskosten den Arbeitnehmer-Pauschbetrag (§ 9a Satz 1 Nummer 1 Buchstabe a) übersteigen;

c) sind bei Gewinnermittlung nach § 4 Absatz 3 die Anschaffungs- oder Herstellungskosten für Wirtschaftsgüter des Umlaufvermögens im Zeitpunkt des Zuflusses des Veräußerungserlöses oder bei Entnahme im Zeitpunkt der Entnahme als Betriebsausgaben zu berücksichtigen. § 4 Absatz 3 Satz 5 gilt entsprechend.

(3) ¹Nach Maßgabe des § 93c der Abgabenordnung haben die Träger der Sozialleistungen im Sinne des Absatzes 1 Satz 1 Nummer 1 für jeden Leistungsempfänger der für seine Besteuerung nach dem Einkommen zuständigen Finanzbehörde neben den nach § 93c Absatz 1 der Abgabenordnung erforderlichen Angaben die Daten über die im Kalenderjahr gewährten Leistungen sowie die Dauer des Leistungszeitraums zu übermitteln, soweit die Leistungen nicht auf der Lohnsteuerbescheinigung anzugeben sind (§ 41b Absatz 1 Satz 2 Nummer 5); § 41b Absatz 2 und § 22a Absatz 2 gelten entsprechend. ²Die mitteilungspflichtige Stelle hat den Empfänger der Leistungen auf die steuerliche Behandlung dieser Leistungen und seine Steuererklärungspflicht hinzuweisen. ³In den Fällen des § 170 Absatz 1 des Dritten Buches Sozialgesetzbuch gilt als Empfänger des an Dritte ausgezahlten Insolvenzgeldes der Arbeitnehmer, der seinen Arbeitsentgeltanspruch übertragen hat. ¹⁾

(4) ¹In den Fällen des Absatzes 3 ist für die Anwendung des § 72a Absatz 4 und des § 93c Absatz 4 Satz 1 der Abgabenordnung das Betriebsstättenfinanzamt des Trägers der jeweiligen Sozialleistungen zuständig. ²Sind für ihn mehrere Betriebsstättenfinanzämter zuständig oder hat er keine Betriebsstätte im Sinne des § 41 Absatz 2, so ist das Finanzamt zuständig, in dessen Bezirk sich seine Geschäftsleitung nach § 10 der Abgabenordnung im Inland befindet. ²⁾

(5) Die nach Absatz 3 übermittelten Daten können durch das nach Absatz 4 zuständige Finanzamt bei den für die Besteuerung der Leistungsempfänger nach dem Einkommen zuständigen Finanzbehörden abgerufen und zur Anwendung des § 72a Absatz 4 und des § 93c Absatz 4 Satz 1 der Abgabenordnung verwendet werden.

Hinweise

Arbeitnehmer-Pauschbetrag

Zur Berechnung des Progressionsvorbehalts sind steuerfreie Leistungen nach § 32b Abs. 1 Satz 1 Nr. 1 Buchst. j EStG – hier: Elterngeld – nicht um den Arbeitnehmer-Pauschbetrag zu vermindern, wenn bei der Ermittlung der Einkünfte aus nichtselbständiger Arbeit den Pauschbetrag übersteigende Werbungskosten abgezogen wurden (→ BFH vom 25. 9. 2014 – BStBl 2015 II S. 182).

---

¹⁾ Absatz 3 wurde durch das Gesetz zur Modernisierung des Besteuerungsverfahrens neu gefasst. Absatz 3 in der am 1. 1. 2017 geltenden Fassung ist erstmals für ab dem 1. 1. 2018 gewährte Leistungen anzuwenden → § 52 Abs. 33 Satz 3 EStG.
²⁾ Absatz 4 und 5 wurde durch das Gesetz zur Modernisierung des Besteuerungsverfahrens angefügt. Absatz 4 und 5 in der am 1. 1. 2017 geltenden Fassung ist erstmals für ab dem 1. 1. 2018 gewährte Leistungen anzuwenden → § 52 Abs. 33 Satz 3 EStG.

Arbeitslosengeld

Steuerliche Behandlung des „Arbeitslosengeldes II"

OFD Münster vom 17. 5. 2006
Kurzinformation Einkommensteuer

Die Leistungen zur Sicherung des Lebensunterhalts und zur Eingliederung in Arbeit nach dem SGB II ersetzen seit dem 01. 01. 2005 die Leistungen „Arbeitslosenhilfe" und „Sozialhilfe". Die Leistungen zur Sicherung des Lebensunterhalts und zur Eingliederung in Arbeit nach dem SGB II (sog. „Arbeitslosengeld II") sind steuerfrei gemäß § 3 Nr. 2b EStG. § 3 Nr. 2b EStG wurde eingefügt durch Art. 33 Nr. 1 des Vierten Gesetzes für moderne Dienstleistungen am Arbeitsmarkt vom 24. 12. 2003, BGBl 2003 I S. 2954.

Die Leistungen unterliegen (auch) nicht dem Progressionsvorbehalt gemäß § 32b EStG, da sie in dem dortigen abschließenden Katalog nicht aufgeführt sind. In § 32b EStG ist lediglich allgemein „Arbeitslosengeld" als dem Progressionsvorbehalt unterliegende Leistung genannt. Hierbei handelt es sich um das sog. „Arbeitslosengeld I" (lt. SGB III), das gemäß § 3 Nr. 2 EStG steuerfrei gestellt wird.

. . .

Datenübermittlung

I. Bekanntgabe des Zeitpunkts der erstmaligen Übermittlung der dem Progressionsvorbehalt unterliegenden Leistungen an die Finanzverwaltung gemäß § 32b Absatz 3 Einkommensteuergesetz (EStG) i. V. m. § 52 Absatz 43a Satz 4 EStG

(BMF-Schreiben vom 22. 2. 2011 – IV C 5 – S 2295/11/10001, 2011/0055132 –, BStBl I S. 214)

Nach § 32b Absatz 3 EStG haben die Träger der Sozialleistungen im Sinne des § 32b Absatz 1 Nummer 1 EStG die Daten über die im Kalenderjahr gewährten Leistungen sowie die Dauer des Leistungszeitraums für jeden Empfänger bis zum 28. Februar des Folgejahres nach amtlich vorgeschriebenem Datensatz durch amtlich bestimmte Datenfernübertragung zu übermitteln, soweit die Leistungen nicht auf der Lohnsteuerbescheinigung (§ 41b Absatz 1 Satz 2 Nummer 5 EStG) auszuweisen sind; § 41b Absatz 2 EStG und § 22a Absatz 2 EStG gelten entsprechend. Das Bundesministerium der Finanzen kann nach § 52 Absatz 43a Satz 4 EStG abweichend von § 32b Absatz 3 EStG den Zeitpunkt der erstmaligen Übermittlung der Mitteilungen durch ein im Bundessteuerblatt zu veröffentlichendes Schreiben mitteilen.

Im Einvernehmen mit den obersten Finanzbehörden der Länder gebe ich bekannt, dass erstmalig für die im **Kalenderjahr 2011** gewährten Leistungen die Mitteilungen bis zum **28. Februar 2012** zu übermitteln sind.

Davon abweichend übermittelt die Bundesagentur für Arbeit (BA) die von ihr ausgezahlten Leistungen bereits erstmalig zum 28. Februar 2011 für die Kalenderjahre 2009 (Insolvenzgeld und Leistungen) und 2010 (alle von der BA erbrachten Arten von Lohnersatzleistungen) im Rahmen eines vorgezogenen Verfahrensbeginns für diesen Leistungsträger (Pilotierung).

Der für die Übersendung der Mitteilung erforderliche amtlich vorgeschriebene Datensatz ist auf den Elster-Internetseiten (http://www.elster.de) nach erfolgter Registrierung im Entwicklerbereich abrufbar.

Zur Weiterleitung der Mitteilungen ist die Angabe des steuerlichen Identifikationsmerkmals (IdNr.) des Leistungsempfängers erforderlich. Für die erstmalige Übermittlung der **Daten für 2011** kann von den Mitteilungspflichtigen **ab 1. Oktober 2011** die IdNr. beim Bundeszentralamt für Steuern (BZSt) abgefragt werden (§ 52 Absatz 43a Satz 6 EStG). Für Leistungszeiträume **ab 1. Januar 2012** hat der Leistungsempfänger den Sozialleistungsträgern auf Aufforderung seine IdNr. mitzuteilen. Verläuft die Anfrage erfolglos, kann die IdNr. nach § 22a Absatz 2 EStG beim BZSt abgefragt werden. Dieses Verfahren steht ab 1. Januar 2012 zur Verfügung (BMF-Schreiben vom 15. Dezember 2010, BStBl I S. 1499).

Die Ausnahmeregelung für die Bundesagentur für Arbeit bleibt bis dahin bestehen.

II. Datenübermittlung der dem Progressionsvorbehalt unterliegenden Leistungen nach § 32b Absatz 3 EStG; Rückwirkende Verrechnung zwischen Trägern der Sozialleistungen

TOP 11 der Sitzung LSt II/2013

(BMF-Schreiben vom 16. 7. 2013 – IV C 5 – S 2295/12/10007 :001, 2013/0679038 –, BStBl I S. 922)

Im Einvernehmen mit den obersten Finanzbehörden der Länder gilt im Hinblick auf die Meldung von dem Progressionsvorbehalt unterliegenden Leistungen nach § 32b Absatz 3 EStG in Fällen der rückwirkenden Verrechnung zwischen Trägern der Sozialleistungen Folgendes:

Hat ein Leistungsträger (LT 1) Sozialleistungen erbracht und ist der Anspruch auf diese wegen der rückwirkenden Zubilligung einer anderen Sozialleistung nachträglich ganz oder teilweise entfallen, ist der für die andere Leistung zuständige Leistungsträger (LT 2) grundsätzlich erstattungspflichtig (vgl. §§ 102 ff. Zehntes Buch Sozialgesetzbuch). Es erfolgt insoweit regelmäßig kein Rückgriff beim Leistungsempfänger, sondern LT 2 erstattet LT 1 die an den Leistungsempfänger gezahlten Beträge. In diesen Fällen ist die ursprünglich von LT 1 gezahlte Sozialleistung in Höhe dieses Erstattungsanspruchs als Sozialleistung des LT 2 zu qualifizieren. Die von LT 2 gewährte Sozialleistung gilt in dieser Höhe im Zeitpunkt der Zahlung der ursprünglichen Leistung als dem Leistungsempfänger zugeflossen (vgl. BFH-Urteil vom 10. Juli 2002 – X R 46/01 –, BStBl II 2003 S. 391).

LT 2 hat den Leistungsbetrag und LT 1 hat den Minderungsbetrag (Stornierungsbetrag) jeweils in seiner Mitteilung nach § 32b Absatz 3 Satz 1 EStG für das Jahr zu berücksichtigen, in dem die ursprüngliche Leistung dem Leistungsempfänger zugeflossen ist. Eine zuvor bereits übersandte Mitteilung ist nach amtlich vorgeschriebenem Datensatz durch amtlich bestimmte Datenfernübertragung zu korrigieren. Der Steuerpflichtige ist nach § 32b Absatz 3 Satz 2 EStG zu informieren.

Diese Regelungen gelten für die zur Meldung nach § 32b Absatz 3 EStG verpflichteten Sozialleistungsträger unabhängig davon, ob die andere Sozialleistung auch dem Progressionsvorbehalt unterliegt, die andere Leistung als steuerfreie Sozialleistung nicht dem Progressionsvorbehalt unterliegt oder die andere Sozialleistung als Rente zu besteuern ist (zur entsprechenden Rechtslage bei Renten: vgl. R 32b Absatz 4 EStR 2008; BMF-Schreiben vom 13. September 2010, BStBl I Seite 681, Rz. 229).

Sofern einzelne Träger der Sozialleistungen diese Rechtslage bei bisher erfolgten elektronischen Meldungen nicht berücksichtigt haben und es ihnen aufgrund technischer Gegebenheiten nicht möglich sein sollte, die für zutreffende elektronische Meldungen erforderlichen Daten für die Jahre vor 2014 zu ermitteln, haben diese dem Steuerpflichtigen auf dessen Bitte hin Papierbescheinigungen mit den zutreffenden Beträgen auszustellen oder ihm Unterlagen zur Verfügung zu stellen, die es ihm ermöglichen, die korrekten Beträge zu ermitteln. Spätestens für das Jahr 2014 haben die Träger der Sozialleistungen korrekte elektronische Meldungen oder Korrekturmeldungen zu übermitteln.

III. Progressionsvorbehalt; Rückwirkende Verrechnung von Zahlungen zwischen den Trägern von Sozialleistungen

(OFD Nordrhein-Westfalen vom 11. 10. 2013 – Kurzinfo ESt 23/2013)

Hat ein Steuerpflichtiger von einem Leistungsträger (LT 1) Sozialleistungen erhalten und entfällt der Anspruch auf diese Leistungen, weil nachträglich festgestellt wird, dass der Steuerpflichtige Anspruch auf Leistungen eines anderen Leistungsträgers (LT 2) hat, ist der LT 2 verpflichtet, dem LT 1 die dem Steuerpflichtigen ausgezahlten Beträge zu erstatten (§ 102 ff SGB X).

Der Erstattungsbetrag ist als Sozialleistung des LT 2 anzusehen und gilt im Zeitpunkt der Zahlung der ursprünglichen Leistung durch den LT 1 als beim Steuerpflichtigen zugeflossen (vgl. zur entsprechenden Rechtslage bei rückwirkendem Wegfall eines Anspruchs auf Krankengeld wegen rückwirkender Bewilligung einer Rente R 32b Abs. 4 EStR und BFH-Urteil vom 10. 07. 2002, BStBl 2003 II S. 391).

Einzelne Träger von Sozialleistungen haben bei der Erstellung der elektronischen Mitteilungen die oben dargestellte Rechtsauffassung bisher nicht berücksichtigt, sondern die Mitteilungen unter Berücksichtigung des Zu- und Abflussprinzips erstellt.

Wenn beide Leistungsträger entsprechend verfahren sind, ergibt sich eine steuerliche Auswirkung in diesen Fällen lediglich, wenn eine Sozialleistung dem Progressionsvorbehalt unterliegt, die andere dagegen nicht.

Beispiel 1:

Im Dezember 2012 erhält der Steuerpflichtige Arbeitslosengeld in Höhe von 1 300 €. Im Januar 2013 wird festgestellt, dass der Steuerpflichtige vom 01. 12. 2012 bis zum 31. 01. 2013 Anspruch auf Krankengeld von monatlich 1 400 € hat. Ab 01. 02. 2013 ist der Steuerpflichtige wieder erwerbstätig. Die Krankenkasse überweist im Februar 2013 einen Betrag von 1 300 € an die Agentur für Arbeit und den Restbetrag von 1 500 € (2 × 1 400 € = 2 800 € – 1 300 € = 1 500 €) an den Steuerpflichtigen.

a) Mitteilungen bei Anwendung des Zu- und Abflussprinzips (= Zeitpunkt, in dem die jeweilige Leistung zu- bzw. abgeflossen ist)

Soweit die Sozialleistungsträger die Mitteilungen unter Anwendung des Zu- und Abflussprinzips erstellt haben, liegen dem Finanzamt folgende Mitteilungen vor:

für 2012:

Arbeitslosengeld 1 300 €

für 2013:

Krankengeld 2 800 €

Arbeitslosengeld – 1 300 €

Summe der dem Progressionsvorbehalt unterliegenden Leistungen damit 1 500 €.

b) Zutreffende Mitteilungen

für 2012:

Krankengeld 1 300 €

für 2013:

Krankengeld 1 500 €

Beispiel 2:

Ein Steuerpflichtiger erhält von Oktober 2011 bis April 2013 das nicht dem Progressionsvorbehalt unterliegende Arbeitslosengeld II. Im Januar 2013 wird dem Steuerpflichtigen rückwirkend ab dem 01. 12. 2012 Elterngeld in Höhe von monatlich 300 € bewilligt. Die Zahlung des Elterngeldes führt zu einer entsprechenden Minderung des Arbeitslosengeldes II. Die Elterngeldstelle überweist im Januar 2013 daher einen Betrag in Höhe von 300 € (= Elterngeld für Dezember 2012) an die Agentur für Arbeit und einen Betrag in Höhe von 300 € an den Steuerpflichtigen. Von Februar bis November 2013 werden jeweils 300 € an den Steuerpflichtigen überwiesen.

a) Mitteilung der Elterngeldstelle bei Anwendung des Zufluss Prinzips (= Zeitpunkt, in dem das Elterngeld gezahlt worden ist)

für 2012: keine Mitteilung

für 2013: Mitteilung über 3 600 € (je 300 € für Dezember 2011 und Januar bis November 2012)

b) Zutreffende Mitteilung

für 2012: 300 €

für 2013: 3 300 €

Nach dem BMF-Schreiben vom 16. 07. 2013, BStBl 2013 I S. 922,[1] sollen die Träger von Sozialleistungen, die bei bisher erfolgten elektronischen Meldungen das Zu- und Abflussprinzip angewandt haben, spätestens für Leistungen, die ab 2014 gezahlt werden, zutreffende elektronische Mitteilungen erstellen. Für Kalenderjahre vor 2014 sollen sie dem Steuerpflichtigen auf dessen Bitte hin, Papierbescheinigungen mit den zutreffenden Beträgen ausstellen oder ihm Unterlagen zur Verfügung stellen, aus denen sich die zutreffenden Beträge ergeben.

In Fällen, in denen der Steuerpflichtige zunächst Krankengeld erhalten hat und der Anspruch darauf wegen rückwirkender Bewilligung einer Rente entfällt, wird die Rentenbezugsmitteilung zutreffend erstellt. Aus dem Bewilligungsbescheid des Rentenversicherungsträgers ergibt sich auch, in welcher Höhe dieser Beträge an die Krankenversicherung erstattet hat.

Soweit Steuerpflichtige in Einzelfällen vortragen, dass die bei der Veranlagung bis einschließlich 2013 berücksichtigten elektronischen Mitteilungen von Sozialleistungsträgern unzutreffend sind, weil die erfolgte rückwirkende Verrechnung von Sozialleistungen nicht berücksichtigt worden ist, ist der Steuerpflichtige daher zu bitten, die zutreffenden Beträge durch entsprechende Unterlagen nachzuweisen.

---

[1] Abgedruckt unter II.

Elterngeld

Steuerliche Behandlung des Elterngeldes

(OFD Münster vom 16. 11. 2010 – Kurzinfo ESt 20/2008)

Das Bundeselterngeldgesetz war zum 01. 01. 2007 in Kraft getreten und an die Stelle des Bundeserziehungsgeldgesetzes getreten. Es gilt für alle ab dem 01. 01. 2007 geborenen Kinder. Das einem betreuenden Elternteil zum Ausgleich des wegfallenden Erwerbseinkommens gezahlte Elterngeld beträgt 67 % seines vor der Geburt des Kindes durchschnittlich monatlich verfügbaren bereinigten Nettoeinkommens, höchstens jedoch 1 800 €. Der Mindestbetrag, der auch an vor der Geburt nicht erwerbstätige Elternteile gezahlt wird, beträgt 300 € monatlich. Bei Mehrlingsgeburten erhöht sich der Mindestbetrag um jeweils 300 € für das zweite und jedes weitere Kind. Solange ein älteres Geschwisterkind unter drei Jahren oder zwei ältere Geschwisterkinder unter 6 Jahren mit im Haushalt leben, erhöht sich das Elterngeld um 10 %, mindestens jedoch 75 €. Die Eltern haben insgesamt Anspruch auf bis zu 14 Monatsbeträge. Auf Antrag werden die einer Person monatlich zustehenden Beträge halbiert und über den doppelten Zeitraum ausgezahlt.

Das bisherige Erziehungsgeld war/ist bei der **Ermittlung der eigenen Einkünfte und Bezüge des Kindes** nach § 32 Abs. 4 Satz 2 EStG **nicht** zu berücksichtigen (H 32.10 „Nicht anrechenbare eigene Bezüge" EStH). **Elterngeld,** das ein Kind erhält, **wird** dagegen bei der Ermittlung der Einkünfte und Bezüge nach § 32 Abs. 4 Satz 2 EStG **berücksichtigt.** Auszunehmen hiervon ist aber der Mindestbetrag in Höhe von 300 € bzw. 150 € monatlich (bei Mehrlingsgeburten entsprechend vervielfacht), da dieser auch gezahlt wird, wenn vorher keine Einkünfte erzielt wurden. Dies gilt auch bei der Ermittlung der Einkünfte und Bezüge gemäß § 33a Abs. 1 Satz 4 EStG bzw. § 33a Abs. 2 Satz 2 EStG (vgl. R 32.10 Abs. 2 Satz 2 Nr. 2 EStR 2008).

Streitig war, ob das Elterngeld auch in Höhe des Sockelbetrags dem Progressionsvorbehalt unterliegt. Die Nichtzulassungsbeschwerde gegen die Entscheidung des FG Nürnberg vom 19. 02. 2009 – 6 K 1859/2008 – wurde vom BFH zurückgewiesen (BFH vom 21. 09. 2009 – VI B 31/09). Die gegen den o. g. Beschluss des BFH eingelegte Verfassungsbeschwerde 2 BvR 2604/09 wurde mit Beschluss vom 20. 10. 2010 gemäß §§ 93a, 93b BVerfGG nicht zur Entscheidung angenommen.

Europäischer Sozialfonds

Progressionsvorbehalt für Leistungen aus dem Europäischen Sozialfonds; Bescheinigung der Leistungen nach § 32b Abs. 3 EStG

(Verfügung der OFD Frankfurt/Main vom 3. 2. 1999 – S 2295 A – 6 – St II 25 –)

Die aus Mitteln des Europäischen Sozialfonds (ESF) mitfinanzierten arbeitspolitischen Maßnahmen im Bereich des Bundes (ESF-Bundesprogramm) unterliegen insoweit dem Progressionsvorbehalt, als nach den Richtlinien des Bundesministeriums für Arbeit und Soziales (s. Anlage) ein aus dem ESF finanziertes Unterhaltsgeld an Teilnehmer einer beruflichen Qualifizierungsmaßnahme gezahlt wird.

. . .

Härteausgleich

Der Härteausgleich nach § 46 Abs. 3 EStG ist nicht auf dem Progressionsvorbehalt unterliegende Lohnersatzleistungen anzuwenden (→ BFH vom 5. 5. 1994 – BStBl 1994 II S. 654).

Insolvenzverfahren

I. Steuerliche Behandlung von Zahlungen des Insolvenzverwalters an die Bundesagentur für Arbeit und andere Sozialleistungsträger aufgrund des gesetzlichen Forderungsübergangs nach § 115 SGB X

(Erlass der Senatsverwaltung für Finanzen Berlin vom 30. 9. 2011 – III B – S 2342–11/2007 –)

Im Rahmen von Insolvenzverfahren leisten Insolvenzverwalter als Ausschüttung von Masseverbindlichkeiten gemäß § 55 Abs. 1 Nr. 2 InsO auch Zahlungen an freigestellte Arbeitnehmer für die Zeit bis zum Ablauf der Kündigungsfrist, die bislang für diesen Zeitraum lediglich Arbeitslosengeld erhalten haben. Das bezogene Arbeitslosengeld ist vom Insolvenzverwalter der Bundesagentur für Arbeit unmittelbar zu erstatten (sogenannter Forderungsübergang nach § 115 SGB X).

Es wurde die Frage aufgeworfen, wie die Zahlungen des Insolvenzverwalters an die Bundesagentur für Arbeit aufgrund des gesetzlichen Forderungsübergangs nach § 115 SGB X steuerlich zu beurteilen sind.

Die obersten Finanzbehörden des Bundes und der Länder sind überein gekommen, dass entsprechend der Regelung in R 3.2 Abs. 1 Satz 2 LStR die Zahlungen des Insolvenzverwalters an die Bundesagentur für Arbeit nach § 3 Nr. 2 EStG steuerfrei bleiben, soweit sie aufgrund des gesetzlichen Forderungsübergangs nach § 115 SGB X geleistet werden und über das Vermögen des (früheren) Arbeitgebers das Insolvenzverfahren eröffnet worden ist. Die Regelungen zum Progressionsvorbehalt sind zu beachten.

Steuerpflichtiger Arbeitslohn liegt somit nur in Höhe der Differenz zwischen dem (erfüllten) Arbeitslohnanspruch und den an die Bundesagentur für Arbeit geleisteten Rückzahlungen des vom Arbeitnehmer bezogenen Arbeitslosengeldes vor.

Die vorstehenden Ausführungen gelten analog auch für die nachstehend aufgeführten Sozialleistungen, sofern es ebenfalls zu einem gesetzlichen Forderungsübergang nach § 115 SGB X kommt:

- von der Berufsgenossenschaft gezahlte Verletztengeldansprüche (steuerfrei nach § 3 Nr. 1 Buchst. a EStG; Progressionsvorbehalt nach § 32b Abs. 1 Nr. 1 Buchst. b EStG),

- von der gesetzlichen Krankenversicherung als Krankengeld geleistete Entgeltfortzahlung im Krankheitsfall innerhalb der Sechs-Wochen-Frist (steuerfrei nach § 3 Nr. 1 Buchst. a EStG; Progressionsvorbehalt nach § 32b Abs. 1 Nr. 1 Buchst. b EStG),

- von der Deutschen Rentenversicherung gezahltes Übergangsgeld (steuerfrei nach § 3 Nr. 1 Buchst. c EStG; Progressionsvorbehalt nach § 32b Abs. 1 Nr. 1 Buchst. b EStG),

- von der Agentur für Arbeit (JobCenter) gezahlte Leistungen zur Sicherung des Lebensunterhalts nach dem SGB II (steuerfrei nach § 3 Nr. 2b EStG; kein Progressionsvorbehalt).

II. Progressionsvorbehalt gem. § 32b EStG;
Zufluss von vorfinanziertem Insolvenzgeld

(Verfügung der OFD NRW vom 18. 10. 2013 – Kurzinformation Einkommensteuer 24/2013 –)

Nach § 170 SGB III (bis 31. 3. 2012: § 188 SGB III) kann ein Arbeitnehmer vor seinem Antrag auf Insolvenzgeld Lohnansprüche an eine Bank entgeltlich übertragen, d. h. seinen Insolvenzgeldanspruch vorfinanzieren lassen. In diesem Fall steht der auf den übertragenen Lohnanspruch entfallende Anspruch auf Insolvenzgeld der Bank zu. Die Zahlung des Insolvenzgeldes durch die Bundesagentur für Arbeit an die vorfinanzierende Bank ist dem Arbeitnehmer zuzurechnen (§ 32b Abs. 1 Satz 1 Nr. 1a EStG).

Nach bisheriger Verwaltungsauffassung ist das vorfinanzierte Insolvenzgeld dem Arbeitnehmer erst mit der Zahlung der Bundesagentur für Arbeit an die Bank zugeflossen. Im Gegensatz dazu hat der BFH mit Urteil vom 1. 3. 2012, BStBl 2012 II S. 596, entschieden, dass das (vorfinanzierte) Insolvenzgeld dem Arbeitnehmer bereits zu dem Zeitpunkt zufließt, in dem er das Entgelt von der Bank erhält. Aufgrund der Veröffentlichung im BStBl II ist das Urteil in allen offenen Fällen anzuwenden. Das BMF hat die Bundesagentur für Arbeit mit Schreiben vom 6. 8. 2012 – IV C 5 – S 2295/11/10005 entsprechend informiert und darum gebeten, die geänderte Rechtsauffassung bei der elektronischen Datenübermittlung zu beachten.

Zwischenzeitlich hat die Bundesagentur für Arbeit dem BMF mitgeteilt, dass die geänderte Rechtsauffassung zum Zuflusszeitpunkt von vorfinanziertem Insolvenzgeld aus technischen Gründen erstmals bei der Erstellung von elektronischen Mitteilungen, die zum 28. 02. 2014 zu übermitteln sind, berücksichtigt wird.

Sollten Steuerpflichtige in Einzelfällen vortragen, dass die bei der Veranlagung berücksichtigte elektronische Mitteilung über bezogenes Insolvenzgeld unzutreffend ist, weil das Insolvenzgeld bereits in einem Jahr vor seiner Bewilligung ganz oder teilweise von einer Bank vorfinanziert worden ist und insoweit im Veranlagungszeitraum der Vorfinanzierung zu berücksichtigen ist, sind die Steuerpflichtigen zu bitten, ihre Angaben durch entsprechende Unterlagen (z. B. Kontoauszug) nachzuweisen.

Die Kurz-Informationen Nr. 25/2012 der OFD Rheinland und Nr. 19/2012 der OFD Münster[1]) werden hiermit aufgehoben.

---

[1]) Abgedruckt in der Lohnsteuer Handausgabe 2013.

Krankengeld

I. Progressionsvorbehalt für bestimmte Lohnersatzleistungen

(Erlaß des FinMin Sachsen vom 6. 1. 1992 – 32 – S 2295 – 2 – 37112 –)

Im Einvernehmen mit dem Bundesminister der Finanzen und den obersten Finanzbehörden der anderen Länder vertrete ich die Auffassung, daß das Übergangsgeld der Renten- und Unfallversicherungsträger, das Versorgungskrankengeld und das Krankengeld mit den Beträgen dem Progressionsvorbehalt unterliegen, die vor Abzug der Versichertenanteile an den Beiträgen zur Rentenversicherung, Arbeitslosenversicherung und ggf. Krankenversicherung als Leistungsbeträge festgestellt werden.

II. Progressionsvorbehalt für bestimmte Sozialleistungen: Krankengeld

(Verfügung der OFD Frankfurt/Main vom 12. 2. 1993 – S 2295 A – 6 – St II 20 –)

Nach § 32b Abs. 1 Nr. 1 Buchst. b EStG ist der Progressionsvorbehalt u. a. auf Krankengeld anzuwenden, das der Steuerpflichtige nach der Reichsversicherungsordnung (RVO) oder dem Sozialgesetzbuch (SGB) bezogen hat. Die RVO enthielt früher u. a. Regelungen über Leistungen aus der gesetzlichen Krankenversicherung, die nunmehr im SGB V enthalten sind.

Dem Progressionsvorbehalt unterliegen somit alle Krankengeldzahlungen aus der gesetzlichen Krankenversicherung, unabhängig davon, ob der Steuerpflichtige selbständig oder nichtselbständig tätig ist oder ob er in der gesetzlichen Krankenkasse pflicht- oder freiwillig versichert ist.

Krankengeld für Nichtkrankenversicherungspflichtige, die in einer privaten Krankenkasse versichert sind, wird nicht in den Progressionsvorbehalt einbezogen. Die Leistungen der privaten Krankenkasse werden weder nach der RVO noch nach dem SGB V gezahlt.

III. Vergleichbare Lohnersatzleistungen nach § 32b Abs. 1 Nr. 1 Buchst. b EStG

(Vfg. der OFD Magdeburg vom 16. 5. 2006 – S 2295 – 43 – St 223 –)

Der BFH hat mit Urteil vom 17. 6. 2005 – VI R 109/00 –) entschieden, dass Leistungen der gesetzlichen Krankenkasse für eine Ersatzkraft im Rahmen der Haushaltshilfe für nahe Angehörige (§ 38 Abs. 4 Satz 2 SGB V) nicht dem Progressionsvorbehalt nach § 32b EStG unterliegen. Nach der Entscheidung des BFH ist Versicherter i. S. des § 38 Abs. 4 Satz 2 SGB V nur, wer selbst an der Weiterführung seines Haushalts gehindert ist und deshalb Haushaltshilfe in Anspruch nimmt.

Der BFH führt aus, nur diesem Versicherten gegenüber erbringe die gesetzliche Krankenkasse ihre Leistungen. Auch die Erstattung des Verdienstausfalls Hilfe leistender naher Angehöriger erfolge daher sozialversicherungsrechtlich ausschließlich gegenüber dem Versicherten, an den die Hilfeleistung erbracht worden sei. Daraus folge, dass die Erstattung des Verdienstausfalls durch die Krankenkasse weder beim Versicherten noch beim Hilfe leistenden Angehörigen zum Bezug einer Lohnersatzleistung i. S. des § 32b Abs. 1 Nr. 1b EStG führe.

Dem Angehörigen könne aufgrund des Versicherungsverhältnisses erbrachte Leistung nicht als eigene Einnahme zugeordnet werden. Für den Versicherten als Zahlungsempfänger stelle die Erstattungsleistung keinen Lohnersatz dar, weil sie nicht an die Stelle eines eigenen Lohnanspruchs aus einem Dienstverhältnis trete.

Das BMF sprach sich für eine allgemeine Anwendung des Urteils aus. Die Grundsätze des Urteils müssen deshalb auch auf folgende Fälle angewandt werden, da die Rechtsgrundlage jeweils vergleichbar ist:

– Verdienstausfall bei häuslicher Krankenpflege nach § 37 Abs. 4 SGB V, sofern es sich um Verwandte und Verschwägerte bis zum zweiten Grad oder die Ehepartner handelt, und Mitaufnahme einer Begleitperson zur stationären Behandlung aus medizinischen Gründen nach § 11 Abs. 3 SGB V.

– Verdienstausfall an Lebend-Organ-Spender und an Begleitpersonen, die aus medizinischen Gründen zur stationären Behandlung mit aufgenommen werden,

– Verdienstausfall im Falle der Gewährung häuslicher Pflege nach § 198 RVO bzw. Haushaltshilfe nach § 199 RVO bei Schwangerschaft und Mutterschutz.

Progressionsvorbehalt

→ R 32b EStR, H 32b EStH

Saison-Kurzarbeitergeld

I. Gesetz zur Förderung ganzjähriger Beschäftigung (BGBl 2006 I S. 926)

(Ministerium der Finanzen Saarland vom 20. 3. 2007 – B/2 – 4 – 38/07 – S 2342)

Mit dem o. a. Gesetz wurde das so genannte **Saison-Kurzarbeitergeld** eingeführt. Saison-Kurz-arbeitergeld wird bei Erfüllung der in § 175 Drittes Buch Sozialgesetzbuch (SGB III) genannten Voraussetzungen gewährt, wenn in Betrieben oder Betriebsabteilungen des Baugewerbes die regelmäßige betriebsübliche wöchentliche Arbeitszeit infolge eines saisonbedingten Arbeits-ausfalles in der Schlechtwetterzeit (Dezember bis März) vorübergehend verkürzt wird.

Das Saison-Kurzarbeitergeld ist steuerfrei. Es unterliegt dem Progressionsvorbehalt.

Weitere Anreize zur Vermeidung von Arbeitslosigkeit werden durch ergänzende Leistungen (u. a. Zuschuss-Wintergeld; Mehraufwands-Wintergeld) gesetzt. Diese werden aus der **Winter-beschäftigungs-Umlage** erbracht, an deren Finanzierung sich Arbeitgeber und Arbeitnehmer beteiligen.

Die Umlage bemisst sich nach einem Prozentsatz der umlagepflichtigen Bruttoarbeitsentgelte der in den Betrieben und Betriebsabteilungen des Baugewerbes beschäftigten Arbeitnehmer. Der Arbeitnehmeranteil beträgt zur Zeit 0,8 %.

Steuerlich ist von Bedeutung, dass diese Aufwendungen dazu dienen, Arbeitsplätze in der Schlechtwetterzeit zu erhalten. Bei dem Arbeitnehmeranteil handelt es sich um Aufwendungen zur Erwerbung, Sicherung und Erhaltung der Einnahmen, mithin um Werbungskosten i. S. d. § 9 Abs. 1 Satz 1 EStG.

Das Abzugsverbot für Ausgaben, soweit sie mit steuerfreien Einnahmen in unmittelbarem wirt-schaftlichem Zusammenhang stehen (§ 3c Abs. 1 EStG) steht dem nicht entgegen. Das Tat-bestandsmerkmal des unmittelbaren wirtschaftlichen Zusammenhangs der Umlage mit der steuerfreien Leistung ist nicht erfüllt. Dies ergibt sich bereits aus der Tatsache, dass durch die Beiträge zur Umlage nicht allein Leistungen an Arbeitnehmer, sondern auch an Arbeitgeber in Form der Erstattung von Sozialversicherungsbeiträgen für Bezieher von Saison-Kurzarbeiter-geld finanziert werden.

Das **Zuschuss-Wintergeld** beträgt zur Zeit 2,50 Euro für jede aus Arbeitszeitguthaben einge-setzte Arbeitsstunde zur Vermeidung von Arbeitsausfällen. Es ist steuerfrei, unterliegt aber nicht dem Progressionsvorbehalt.

Das **Mehraufwands-Wintergeld** beträgt zur Zeit 1,00 Euro für jede zwischen Mitte Dezember und Ende Februar geleistete Arbeitsstunde, in der Summe jedoch nicht mehr als für 450 Stun-den. Es ist steuerfrei, unterliegt aber nicht dem Progressionsvorbehalt.

II. Winterbeschäftigungs-Umlage in der Bauwirtschaft

(Kurzinformation der Steuergruppe St 3 – Einkommensteuer Nr. ST 3_2007K044)

Ab dem 1. 5. 2006 hat die Winterbeschäftigungs-Umlage die bisherige Winterbauumlage im Bauhauptgewerbe abgelöst. Die Arbeitnehmer, die nach § 1 Abs. 2 Baubetriebe-Verordnung im Bauhauptgewerbe tätig sind, werden mit 0,8 % des Bruttoarbeitslohns an der Finanzierung be-teiligt (§ 356 SGB III i. V. m. § 3 Abs. 2 der Winterbeschäftigungs-Verordnung des Bundesminis-teriums für Arbeit und Soziales vom 26. 4. 2006). Diese Beteiligung wird aus versteuertem Ein-kommen finanziert und dient dazu, Arbeitsplätze in der Schlechtwetterzeit zu erhalten. Der Bei-trag ist daher nach § 9 Abs. 1 Satz 1 EStG bei den Werbungskosten abzugsfähig.

Arbeitgeber können diese Umlage in einer freien Zeile der elektronischen Lohnsteuerbeschei-nigung als freiwillige Angabe ausweisen.

Klarstellend wird darauf hingewiesen, dass die Beteiligung der Arbeitnehmer an der Winter-beschäftigungs-Umlage nur bei Beschäftigten des Bauhauptgewerbes erfolgt. Im Baunenben-gewerbe (Gerüstbauerhandwerk, Dachdeckerhandwerk, Garten- und Landschaftsbau) wird weiterhin nur der Arbeitgeber zur Umlage herangezogen.

Die späteren Leistungen (Wintergeld als Zuschuss-Wintergeld und Mehraufwands-Wintergeld) nach § 175a SGB III sind nach § 3 Nr. 2 EStG steuerfrei und unterliegen nicht dem Progressions-vorbehalt.

Übergangsleistungen

I. Anwendung des Progressionsvorbehalts auf Übergangsleistungen nach der Berufskrankheiten-Verordnung

(BMF-Schreiben vom 11. 9. 1990 – IV B 6 – S 2295 – 30/90 –)

Im Einvernehmen mit den obersten Finanzbehörden der Länder teile ich Ihnen auf Ihre Anfrage mit, daß die Leistungen nach der Berufskrankheiten-Verordnung nicht dem Progressionsvorbehalt nach § 32b EStG unterliegen.

II. Anwendung des Progressionsvorbehalts auf Übergangsleistungen nach der Berufskrankheiten-Verordnung

(Verfügung der OFD Münster vom 16. 10. 1990 – S 2380 – 40 – St 15 – 31 –)

Der BMF hat dem Hauptverband der gewerblichen Berufsgenossenschaften e. V. am 11. 9. 1990 mitgeteilt, daß Leistungen nach der Berufskrankheiten-Verordnung vom 20. 6. 1968, zuletzt geändert durch Verordnung vom 22. 3. 1988 (BGBl. I S. 400), nicht dem Progressionsvorbehalt nach § 32b EStG unterliegen.

Diese Übergangsleistungen sollen wirtschaftliche Nachteile und Minderverdienste ausgleichen. Sie haben damit eher einkommensergänzenden Charakter und sind nicht den Lohnersatzleistungen i. S. des § 32b Abs. 1 Nr. 1 b EStG vergleichbar.

---

§ 32c

Tarifglättung bei Einkünften aus Land- und Forstwirtschaft

(1) ¹Für Einkünfte aus Land- und Forstwirtschaft im Sinne des § 13 findet nach Ablauf von drei Veranlagungszeiträumen (Betrachtungszeitraum) eine Tarifglättung nach den Sätzen 2 und 3 statt. ²Ist die Summe der tariflichen Einkommensteuer, die innerhalb des Betrachtungszeitraums auf die steuerpflichtigen Einkünfte aus Land- und Forstwirtschaft im Sinne des § 13 entfällt, höher als die Summe der nach Absatz 2 ermittelten fiktiven tariflichen Einkommensteuer, die innerhalb des Betrachtungszeitraums auf die steuerpflichtigen Einkünfte aus Land- und Forstwirtschaft im Sinne des § 13 entfällt, wird bei der Steuerfestsetzung des letzten Veranlagungszeitraums im Betrachtungszeitraum die tarifliche Einkommensteuer um den Unterschiedsbetrag ermäßigt. ³Ist die Summe der tariflichen Einkommensteuer, die innerhalb des Betrachtungszeitraums auf die steuerpflichtigen Einkünfte aus Land- und Forstwirtschaft im Sinne des § 13 entfällt, niedriger als die Summe der nach Absatz 2 ermittelten fiktiven tariflichen Einkommensteuer, die innerhalb des Betrachtungszeitraums auf die steuerpflichtigen Einkünfte aus Land- und Forstwirtschaft im Sinne des § 13 entfällt, erhöht die Unterschiedsbetrag die festzusetzende Einkommensteuer des letzten Veranlagungszeitraums im Betrachtungszeitraum.

(2) ¹Die fiktive tarifliche Einkommensteuer, die auf die steuerpflichtigen Einkünfte aus Land- und Forstwirtschaft im Sinne des § 13 entfällt, wird für jeden Veranlagungszeitraum des Betrachtungszeitraums gesondert ermittelt. ²Dabei treten an die Stelle der tatsächlichen Einkünfte aus Land- und Forstwirtschaft im Sinne des § 13 die nach Satz 3 zu ermittelnden durchschnittlichen Einkünfte. ³Zur Ermittlung der durchschnittlichen Einkünfte aus Land- und

---

1) § 32c EStG wird durch Artikel 3 des Gesetzes zum Erlass und zur Änderung marktordnungsrechtlicher Vorschriften sowie zur Änderung des Einkommensteuergesetzes eingefügt (Inkrafttreten an dem Tag, an dem die Europäische Kommission durch Beschluss feststellt, dass die Regelung entweder keine Beihilfen oder mit dem Binnenmarkt vereinbare Beihilfen darstellen. Der Tag des Beschlusses der Europäischen Kommission sowie der Tag des Inkrafttretens werden vom Bundesministerium für Ernährung und Landwirtschaft gesondert im BGBl. bekannt gemacht). § 32c EStG i. d. F. des Artikels 3 des Gesetzes vom 20. 12. 2016 (BGBl. I S. 3045) ist erstmals für den VZ 2016 anzuwenden. § 32c EStG ist im VZ 2016 mit der Maßgabe anzuwenden, dass der erste Betrachtungszeitraum die VZ 2014 bis 2016 umfasst. Die weiteren Betrachtungszeiträume erfassen die VZ 2017 bis 2019 und 2020 bis 2022. § 32c EStG ist letztmalig für den VZ 2022 anzuwenden. Hat ein land- und forstwirtschaftlicher Betrieb im gesamten Jahr 2014 noch nicht bestanden, beginnt für diesen Betrieb der erste Betrachtungszeitraum i. S. d. § 32c Absatz 1 Satz 1 EStG abweichend von den Sätzen 1 und 2 mit dem VZ, in dem erstmals Einkünfte aus Land- und Forstwirtschaft aus diesem Betrieb der Besteuerung zugrunde gelegt werden. Satz 4 findet auch in den Fällen des Satzes 5 Anwendung. Für den letzten Betrachtungszeitraum gilt in den Fällen des Satzes 5 § 32c Absatz 5 Satz 1 EStG entsprechend → § 52 Abs. 33a EStG i. d. F. des Artikels 3 des Gesetzes zum Erlass und zur Änderung marktordnungsrechtlicher Vorschriften sowie zur Änderung des Einkommensteuergesetzes.

Forstwirtschaft wird die Summe der tatsächlichen Gewinne oder Verluste der Veranlagungszeiträume eines Betrachtungszeitraums gleichmäßig auf die Veranlagungszeiträume des Betrachtungszeitraums verteilt.

(3) [1]Die auf die steuerpflichtigen Einkünfte aus Land- und Forstwirtschaft im Sinne des § 13 entfallende tarifliche Einkommensteuer im Sinne des Absatzes 1 ermittelt sich aus dem Verhältnis der positiven steuerpflichtigen Einkünfte aus Land- und Forstwirtschaft zur Summe der positiven Einkünfte. [2]Entsprechendes gilt bei der Ermittlung der fiktiven tariflichen Einkommensteuer.

(4) Bei der Ermittlung der tatsächlichen und der durchschnittlichen Einkünfte aus Land- und Forstwirtschaft im Sinne des Absatzes 2 bleiben Veräußerungsgewinne im Sinne des § 14 in Verbindung mit § 34 Absatz 1 oder Absatz 3, nach § 34a begünstigte nicht entnommene Gewinne sowie Einkünfte aus außerordentlichen Holznutzungen im Sinne des § 34b Absatz 1 und 2 außer Betracht.

(5) [1]Wird ein Betrieb der Land- und Forstwirtschaft innerhalb des Betrachtungszeitraums aufgegeben oder veräußert, verkürzt sich der Betrachtungszeitraum entsprechend. [2]Bestehen in diesen Fällen mehrere Betriebe der Land- und Forstwirtschaft und weichen die Betrachtungszeiträume dieser Betriebe voneinander ab, ist die Tarifglättung für jeden Betrieb gesondert vorzunehmen. [3]Dasselbe gilt, wenn bei Neueröffnung eines Betriebs der Land- und Forstwirtschaft die Betrachtungszeiträume mehrerer Betriebe der Land- und Forstwirtschaft voneinander abweichen. [4]Für Mitunternehmeranteile an Betrieben der Land- und Forstwirtschaft gelten die Sätze 1 bis 3 entsprechend.

(6) [1]Ist für einen Veranlagungszeitraum, in dem eine Tarifglättung nach Absatz 1 durchgeführt wurde, bereits ein Steuerbescheid erlassen worden, ist dieser zu ändern, soweit sich die innerhalb des Betrachtungszeitraums erzielten Einkünfte aus Land und Forstwirtschaft ändern. [2]Die Festsetzungsfrist endet insoweit nicht, bevor die Festsetzungsfrist für den Veranlagungszeitraum abgelaufen ist, in dem sich die Einkünfte aus Land- und Forstwirtschaft geändert haben.

EStG
S 2283c

§ 32d Gesonderter Steuertarif für Einkünfte aus Kapitalvermögen

(1) [1]Die Einkommensteuer für Einkünfte aus Kapitalvermögen, die nicht unter § 20 Absatz 8 fallen, beträgt 25 Prozent. [2]Die Steuer nach Satz 1 vermindert sich um die nach Maßgabe des Absatzes 5 anrechenbaren ausländischen Steuern. [3]Im Fall der Kirchensteuerpflicht ermäßigt sich die Steuer nach den Sätzen 1 und 2 um 25 Prozent der auf die Kapitalerträge entfallenden Kirchensteuer. [4]Die Einkommensteuer beträgt damit

$$\frac{e - 4q}{4 + k.}$$

[5]Dabei sind „e" die nach den Vorschriften des § 20 ermittelten Einkünfte, „q" die nach Maßgabe des Absatzes 5 anrechenbare ausländische Steuer und „k" der für die Kirchensteuer erhebende Religionsgesellschaft (Religionsgemeinschaft) geltende Kirchensteuersatz.

(2) Absatz 1 gilt nicht

1. für Kapitalerträge im Sinne des § 20 Absatz 1 Nummer 4 und 7 sowie Absatz 2 Satz 1 Nummer 4 und 7,

  a) wenn Gläubiger und Schuldner einander nahe stehende Personen sind, soweit die den Kapitalerträgen entsprechenden Aufwendungen beim Schuldner Betriebsausgaben oder Werbungskosten im Zusammenhang mit Einkünften sind, die der inländischen Besteuerung unterliegen und § 20 Absatz 9 Satz 1 zweiter Halbsatz keine Anwendung findet,

  b) wenn sie von einer Kapitalgesellschaft oder Genossenschaft an einen Anteilseigner gezahlt werden, der zu mindestens 10 Prozent an der Gesellschaft oder Genossenschaft beteiligt ist. [2]Dies gilt auch, wenn der Gläubiger der Kapitalerträge eine dem Anteilseigner nahe stehende Person ist, oder

  c) soweit ein Dritter die Kapitalerträge schuldet und diese Kapitalanlage im Zusammenhang mit einer Kapitalüberlassung an einen Betrieb des Gläubigers steht. [2]Dies gilt entsprechend, wenn Kapital überlassen wird

    aa) an eine dem Gläubiger der Kapitalerträge nahestehende Person oder

    bb) an eine Personengesellschaft, bei der der Gläubiger der Kapitalerträge oder eine diesem nahestehende Person als Mitunternehmer beteiligt ist oder

    cc) an eine Kapitalgesellschaft oder Genossenschaft, an der der Gläubiger der Kapitalerträge oder eine diesem nahestehende Person zu mindestens 10 Prozent beteiligt ist,

sofern der Dritte auf den Gläubiger oder eine diesem nahestehende Person zurückgreifen kann. ³Ein Zusammenhang ist anzunehmen, wenn die Kapitalanlage und die Kapitalüberlassung auf einem einheitlichen Plan beruhen. ⁴Hiervon ist insbesondere dann auszugehen, wenn die Kapitalüberlassung in engem zeitlichen Zusammenhang mit einer Kapitalanlage steht oder die jeweiligen Zinsvereinbarungen miteinander verknüpft sind. ⁵Von einem Zusammenhang ist jedoch nicht auszugehen, wenn die Zinsvereinbarungen marktüblich sind oder die Anwendung des Absatzes 1 beim Steuerpflichtigen zu keinem Belastungsvorteil führt. ⁶Die Sätze 1 bis 5 gelten sinngemäß, wenn das überlassene Kapital vom Gläubiger der Kapitalerträge für die Erzielung von Einkünften im Sinne des § 2 Absatz 1 Satz 1 Nummer 4, 6 und 7 eingesetzt wird. ²Insoweit findet § 20 Absatz 6 und 9 keine Anwendung;

2. für Kapitalerträge im Sinne des § 20 Absatz 1 Nummer 6 Satz 2. ²Insoweit findet § 20 Absatz 6 keine Anwendung;

3. auf Antrag für Kapitalerträge im Sinne des § 20 Absatz 1 Nummer 1 und 2 aus einer Beteiligung an einer Kapitalgesellschaft, wenn der Steuerpflichtige im Veranlagungszeitraum, für den der Antrag erstmals gestellt wird, unmittelbar oder mittelbar

   a) zu mindestens 25 Prozent an der Kapitalgesellschaft beteiligt ist oder

   b) zu mindestens 1 Prozent an der Kapitalgesellschaft beteiligt ist und durch eine berufliche Tätigkeit für diese maßgeblichen unternehmerischen Einfluss auf deren wirtschaftliche Tätigkeit nehmen kann.

   ²Insoweit finden § 3 Nummer 40 Satz 2 und § 20 Absatz 6 und 9 keine Anwendung. ³Der Antrag gilt für die jeweilige Beteiligung erstmals für den Veranlagungszeitraum, für den er gestellt worden ist. ⁴Er ist spätestens zusammen mit der Einkommensteuererklärung für den jeweiligen Veranlagungszeitraum zu stellen und gilt, solange er nicht widerrufen wird, auch für die folgenden vier Veranlagungszeiträume, ohne dass die Antragsvoraussetzungen erneut zu belegen sind. ⁵Die Widerrufserklärung muss dem Finanzamt spätestens mit der Steuererklärung für den Veranlagungszeitraum zugehen, für den die Sätze 1 bis 4 erstmals nicht mehr angewandt werden sollen. ⁶Nach einem Widerruf ist ein erneuter Antrag des Steuerpflichtigen für diese Beteiligung an der Kapitalgesellschaft nicht mehr zulässig;

4. für Bezüge im Sinne des § 20 Absatz 1 Nummer 1 und für Einnahmen im Sinne des § 20 Absatz 1 Nummer 9, soweit sie das Einkommen der leistenden Körperschaft gemindert haben; dies gilt nicht, soweit eine verdeckte Gewinnausschüttung das Einkommen einer dem Steuerpflichtigen nahe stehenden Person erhöht hat und § 32a des Körperschaftsteuergesetzes auf die Veranlagung dieser nahe stehenden Person keine Anwendung findet.

(3) ¹Steuerpflichtige Kapitalerträge, die nicht der Kapitalertragsteuer unterlegen haben, hat der Steuerpflichtige in seiner Einkommensteuererklärung anzugeben. ²Für diese Kapitalerträge erhöht sich die tarifliche Einkommensteuer um den nach Absatz 1 ermittelten Betrag.

(4) Der Steuerpflichtige kann mit der Einkommensteuererklärung für Kapitalerträge, die der Kapitalertragsteuer unterlegen haben, eine Steuerfestsetzung entsprechend Absatz 3 Satz 2 insbesondere in Fällen eines nicht vollständig ausgeschöpften Sparer-Pauschbetrags, einer Anwendung der Ersatzbemessungsgrundlage nach § 43a Absatz 2 Satz 7, eines noch nicht im Rahmen des § 43a Absatz 3 berücksichtigten Verlusts, eines Verlustvortrags nach § 20 Absatz 6 und noch nicht berücksichtigter ausländischer Steuern, zur Überprüfung des Steuereinbehalts dem Grund oder der Höhe nach oder zur Anwendung von Absatz 1 Satz 3 beantragen.

(5) ¹In den Fällen der Absätze 3 und 4 ist bei unbeschränkt Steuerpflichtigen, die mit ausländischen Kapitalerträgen in dem Staat, aus dem die Kapitalerträge stammen, zu einer der deutschen Einkommensteuer entsprechenden Steuer herangezogen werden, die auf ausländische Kapitalerträge festgesetzte und gezahlte und um einen entstandenen Ermäßigungsanspruch gekürzte ausländische Steuer, jedoch höchstens 25 Prozent ausländische Steuer auf den einzelnen Kapitalertrag, auf die deutsche Steuer anzurechnen. ²Soweit in einem Abkommen zur Vermeidung der Doppelbesteuerung die Anrechnung einer ausländischen Steuer einschließlich einer als gezahlt geltenden Steuer auf die deutsche Steuer vorgesehen ist, gilt Satz 1 entsprechend. ³Die ausländischen Steuern sind nur bis zur Höhe der auf die im jeweiligen Veranlagungszeitraum bezogenen Kapitalerträge im Sinne des Satzes 1 entfallenden deutschen Steuer anzurechnen.

(6) ¹Auf Antrag des Steuerpflichtigen werden anstelle der Anwendung der Absätze 1, 3 und 4 die nach § 20 ermittelten Kapitaleinkünfte den Einkünften im Sinne des § 2 hinzugerechnet und der tariflichen Einkommensteuer unterworfen, wenn dies zu einer niedrigeren Einkommensteuer einschließlich Zuschlagsteuern führt (Günstigerprüfung). ²Absatz 5 ist mit der Maßgabe anzuwenden, dass die nach dieser Vorschrift ermittelten ausländischen Steuern auf die zusätzliche tarifliche Einkommensteuer anzurechnen sind, die auf die hinzugerechneten Kapitaleinkünfte entfällt. ³Der Antrag kann für den jeweiligen Veranlagungszeitraum nur einheitlich für sämtliche Kapitalerträge gestellt werden. ⁴Bei zusammenveranlagten Ehegatten kann der Antrag nur für sämtliche Kapitalerträge beider Ehegatten gestellt werden.

EStG
S 2284

§ 33 Außergewöhnliche Belastungen

(1) Erwachsen einem Steuerpflichtigen zwangsläufig größere Aufwendungen als der überwiegenden Mehrzahl der Steuerpflichtigen gleicher Einkommensverhältnisse, gleicher Vermögensverhältnisse und gleichen Familienstands (außergewöhnliche Belastung), so wird auf Antrag die Einkommensteuer dadurch ermäßigt, dass der Teil der Aufwendungen, der die dem Steuerpflichtigen zumutbare Belastung (Absatz 3) übersteigt, vom Gesamtbetrag der Einkünfte abgezogen wird.

(2) ¹Aufwendungen erwachsen dem Steuerpflichtigen zwangsläufig, wenn er sich ihnen aus rechtlichen, tatsächlichen oder sittlichen Gründen nicht entziehen kann und soweit die Aufwendungen den Umständen nach notwendig sind und einen angemessenen Betrag nicht übersteigen. ²Aufwendungen, die zu den Betriebsausgaben, Werbungskosten oder Sonderausgaben gehören, bleiben dabei außer Betracht; das gilt für Aufwendungen im Sinne des § 10 Absatz 1 Nummer 7 und 9 nur insoweit, als sie als Sonderausgaben abgezogen werden können. ³Aufwendungen, die durch Diätverpflegung entstehen, können nicht als außergewöhnliche Belastung berücksichtigt werden. ⁴Aufwendungen für die Führung eines Rechtsstreits (Prozesskosten) sind vom Abzug ausgeschlossen, es sei denn, es handelt sich um Aufwendungen ohne die der Steuerpflichtige Gefahr liefe, seine Existenzgrundlage zu verlieren und seine lebensnotwendigen Bedürfnisse in dem üblichen Rahmen nicht mehr befriedigen zu können.

(3) ¹Die zumutbare Belastung beträgt

bei einem Gesamtbetrag der Einkünfte	bis 15 340 EUR	über 15 340 EUR bis 51 130 EUR	über 51 130 EUR
1. bei Steuerpflichtigen, die keine Kinder haben und bei denen die Einkommensteuer			
a) nach § 32a Absatz 1,	5	6	7
b) nach § 32a Absatz 5 oder 6 (Splitting-Verfahren) zu berechnen ist;	4	5	6
2. bei Steuerpflichtigen mit			
a) einem Kind oder zwei Kindern,	2	3	4
b) drei oder mehr Kindern	1	1	2
			Prozent des Gesamtbetrags der Einkünfte.

²Als Kinder des Steuerpflichtigen zählen die, für die er Anspruch auf einen Freibetrag nach § 32 Absatz 6 oder auf Kindergeld hat.

(4) Die Bundesregierung wird ermächtigt, durch Rechtsverordnung mit Zustimmung des Bundesrates die Einzelheiten des Nachweises von Aufwendungen nach Absatz 1 zu bestimmen.

H 33

Hinweise

Außergewöhnliche Belastungen allgemeiner Art

Anhang 30 → R 33 EStR, H 33 EStH

Berechnung zumutbare Belastung

Stufenweise Ermittlung der zumutbaren Belastung i. S. des § 33 Abs. 3 EStG; Urteil des BFH vom 19. 01. 2017 – VI R 75/14

Oberfinanzdirektion Karlsruhe vom 7. 6. 2017 – S 2284/100-St 122 –

Außergewöhnliche Belastungen i. S. von § 33 Abs. 1 EStG sind nur insoweit vom Gesamtbetrag der Einkünfte abzugsfähig, als sie die zumutbare Belastung des Steuerpflichtigen übersteigen. Mit Urteil vom 19. 01. 2017 – VI R 75/14 hat der BFH die bisherige Berechnungsweise – wonach für den errechneten Gesamtbetrag der Einkünfte der in der Gesetzestabelle genannte Prozentsatz insgesamt angewandt wird – verworfen.

Nach Auffassung des BFH sei der gesetzlich festgelegte Prozentsatz nur auf den Teil des Gesamtbetrags der Einkünfte in der Tabelle zu beziehen, für den die jeweilige Prozentzahl festgeschrieben ist.

Beispiel – Bisherige Ermittlung der zumutbaren Belastung

Der ledige, kinderlose Steuerpflichtige S hat einen Gesamtbetrag der Einkünfte i.H. von 60 000 Euro. S sind im Jahr 2016 Krankheitskosten von 4 500 Euro entstanden.

In welchem Umfang können die Krankheitskosten als außergewöhnliche Belastungen abgezogen werden?

Bisherige Berechnungsweise

Die zumutbare Belastung beträgt 7 % des Gesamtbetrags der Einkünfte, da der Gesamtbetrag der Einkünfte des S den Grenzbetrag von 51 130 Euro überschreitet. Die zumutbare Belastung beträgt daher 4 200 Euro (= 7 % von 60 000 Euro). Es verbleiben abzugsfähige außergewöhnliche Belastungen i.H. von 300 Euro.

Neue Berechnungsweise lt. BFH

bis 15 340 Euro	über 15 340 Euro bis 51 130 Euro	über 51 130 Euro	Summe
5 %	6 %	7 %	
767 Euro	2 146 Euro	621 Euro	3 534 Euro
(= 5 % von 15 340)	(= 6 % von 35 790)	(= 7 % von 8 870)	

Damit wirken sich nach der Berechnungsweise des BFH außergewöhnliche Belastungen i.H. von 966 Euro (4 500 Euro ./. 3 534 Euro) steuermindernd aus.

. . .

---

§ 33a   Außergewöhnliche Belastung in besonderen Fällen

(1) [1]Erwachsen einem Steuerpflichtigen Aufwendungen für den Unterhalt und eine etwaige Berufsausbildung einer dem Steuerpflichtigen oder seinem Ehegatten gegenüber gesetzlich unterhaltsberechtigten Person, so wird auf Antrag die Einkommensteuer dadurch ermäßigt, dass die Aufwendungen bis zu 9 000 Euro im Kalenderjahr vom Gesamtbetrag der Einkünfte abgezogen werden. [2]Der Höchstbetrag nach Satz 1 erhöht sich um den Betrag der im jeweiligen Veranlagungszeitraum nach § 10 Absatz 1 Nummer 3 für die Absicherung der unterhaltsberechtigten Person aufgewandten Beiträge; dies gilt nicht für Kranken- und Pflegeversicherungsbeiträge, die bereits nach § 10 Absatz 1 Nummer 3 Satz 1 anzusetzen sind. [3]Der gesetzlich unterhaltsberechtigten Person gleichgestellt ist eine Person, wenn bei ihr zum Unterhalt bestimmte inländische öffentliche Mittel mit Rücksicht auf die Unterhaltsleistungen des Steuerpflichtigen gekürzt werden. [4]Voraussetzung ist, dass weder der Steuerpflichtige noch eine andere Person Anspruch auf einen Freibetrag nach § 32 Absatz 6 oder auf Kindergeld für die unterhaltene Person hat und die unterhaltene Person kein oder nur ein geringes Vermögen besitzt; ein angemessenes Hausgrundstück im Sinne des § 90 Absatz 2 Nummer 8 des Zwölften Buches Sozialgesetzbuch bleibt unberücksichtigt. [5]Hat die unterhaltene Person andere Einkünfte oder Bezüge, so vermindert sich die Summe der nach Satz 1 und Satz 2 ermittelten Beträge um den Betrag, um den diese Einkünfte und Bezüge den Betrag von 624 Euro im Kalenderjahr übersteigen, sowie um die von der unterhaltenen Person als Ausbildungshilfe aus öffentlichen Mitteln oder von Förderungseinrichtungen, die hierfür öffentliche Mittel erhalten, bezogenen Zuschüsse; zu den Bezügen gehören auch steuerfreie Gewinne nach den §§ 14, 16 Absatz 4, § 17 Absatz 3 und § 18 Absatz 3, die nach § 19 Absatz 2 steuerfrei bleibenden Einkünfte sowie Sonderabschreibungen und erhöhte Absetzungen, soweit sie die höchstmöglichen Absetzungen für Abnutzung nach § 7 übersteigen. [6]Ist die unterhaltene Person nicht unbeschränkt einkommensteuerpflichtig, so können die Aufwendungen nur abgezogen werden, soweit sie nach den Verhältnissen des Wohnsitzstaates der unterhaltenen Person notwendig und angemessen sind, höchstens jedoch der Betrag, der sich nach den Sätzen 1 bis 5 ergibt; ob der Steuerpflichtige zum Unterhalt gesetzlich verpflichtet ist, ist nach inländischen Maßstäben zu beurteilen. [7]Werden die Aufwendungen für eine unterhaltene Person von mehreren Steuerpflichtigen getragen, so wird bei jedem der Teil des sich hiernach ergebenden Betrags abgezogen, der seinem Anteil am Gesamtbetrag der Leistungen entspricht. [8]Nicht auf Euro lautende Beträge sind entsprechend dem für Ende September des Jahres vor dem Veranlagungszeitraum von der Europäischen Zentralbank bekannt gegebenen Referenzkurs umzurechnen. [9]Voraussetzung für den Abzug der Aufwendungen ist die Angabe der erteilten Identifikationsnummer (§ 139b der Abgabenordnung) der unterhaltenen Person in der Steuererklärung des Unterhaltsleistenden, wenn die unterhaltene Person der unbeschränkten oder beschränkten Steuerpflicht unterliegt. [10]Die unterhaltene Person ist für diese Zwecke verpflichtet, dem Unterhaltsleistenden ihre erteilte Identifikationsnummer (§ 139b der Abgabenordnung) mitzuteilen. [11]Kommt die unterhaltene Person dieser Verpflichtung nicht nach, ist der Unterhaltsleistende berechtigt, bei der für ihn zuständigen Finanzbehörde die Identifikationsnummer der unterhaltenen Person zu erfragen.

---

1) Absatz 1 Satz 1 wurde durch Artikel 9 des Gesetzes zur Umsetzung der Änderungen der EU-Amtshilferichtlinie und von weiteren Maßnahmen gegen Gewinnkürzungen und -verlagerungen ab VZ 2018 geändert.

S 2288

(2) ¹Zur Abgeltung des Sonderbedarfs eines sich in Berufsausbildung befindenden, auswärts untergebrachten, volljährigen Kindes, für das Anspruch auf einen Freibetrag nach § 32 Absatz 6 oder Kindergeld besteht, kann der Steuerpflichtige einen Freibetrag in Höhe von 924 Euro je Kalenderjahr vom Gesamtbetrag der Einkünfte abziehen. ²Für ein nicht unbeschränkt einkommensteuerpflichtiges Kind mindert sich der vorstehende Betrag nach Maßgabe des Absatzes 1 Satz 6. ³Erfüllen mehrere Steuerpflichtige für dasselbe Kind die Voraussetzungen nach Satz 1, so kann der Freibetrag insgesamt nur einmal abgezogen werden. ⁴Jedem Elternteil steht grundsätzlich die Hälfte des Abzugsbetrags nach den Sätzen 1 und 2 zu. ⁵Auf gemeinsamen Antrag der Eltern ist eine andere Aufteilung möglich.

S 2288a

(3) ¹Für jeden vollen Kalendermonat, in dem die in den Absätzen 1 und 2 bezeichneten Voraussetzungen nicht vorgelegen haben, ermäßigen sich die dort bezeichneten Beträge um je ein Zwölftel. ²Eigene Einkünfte und Bezüge der nach Absatz 1 unterhaltenen Person, die auf diese Kalendermonate entfallen, vermindern den nach Satz 1 ermäßigten Höchstbetrag nicht. ³Als Ausbildungshilfe bezogene Zuschüsse der nach Absatz 1 unterhaltenen Person mindern nur den zeitanteiligen Höchstbetrag der Kalendermonate, für die sie bestimmt sind.

(4) In den Fällen der Absätze 1 und 2 kann wegen der in diesen Vorschriften bezeichneten Aufwendungen der Steuerpflichtige eine Steuerermäßigung nach § 33 nicht in Anspruch nehmen.

H 33a

Hinweise

Außergewöhnliche Belastung in besonderen Fällen

Anhang 30

→ R 33a EStR, H 33a EStH

Ländergruppeneinteilung

Berücksichtigung ausländischer Verhältnisse; Ländergruppeneinteilung ab 1. Januar 2017

(BMF-Schreiben vom 20. 10. 2016
– IV C 8 – S 2285/07/10005 :016, DOK 2016/0953021 –, BStBl I S. 1183)

Unter Bezugnahme auf das Abstimmungsergebnis mit den obersten Finanzbehörden der Länder ist die Ländergruppeneinteilung ab dem Veranlagungszeitraum 2017 überarbeitet worden. Änderungen sind durch Fettdruck hervorgehoben. Gegenüber der Ländergruppeneinteilung zum 1. Januar 2014 ergeben sich insbesondere folgende Änderungen:

Angola: von Gruppe 4 nach Gruppe 3

Äquatorialguinea: von Gruppe 2 nach Gruppe 3,

Barbados: von Gruppe 3 nach Gruppe 2,

Chile: von Gruppe 3 nach Gruppe 2,

Curacao: Neuaufnahme in Gruppe 2,

Ecuador: von Gruppe 4 nach Gruppe 3,

Färöer: Neuaufnahme in Gruppe 1,

Fidschi: von Gruppe 4 nach Gruppe 3,

Grönland: von Gruppe 2 nach Gruppe 1,

Irak: von Gruppe 4 nach Gruppe 3,

Jordanien: von Gruppe 4 nach Gruppe 3,

Kroatien: von Gruppe 2 nach Gruppe 3,

Lettland: von Gruppe 3 nach Gruppe 2,

Litauen: von Gruppe 3 nach Gruppe 2,

Nauru: von Gruppe 3 nach Gruppe 2,

St. Kitts und Nevis: von Gruppe 3 nach Gruppe 2,

St. Martin (niederländischer Teil): Neuaufnahme in Gruppe 2,

Turkmenistan: von Gruppe 4 nach Gruppe 3,

Uruguay: von Gruppe 3 nach Gruppe 2,

Vatikanstadt: Neuaufnahme in Gruppe 1,

Zypern: von Gruppe 1 nach Gruppe 2

Die Beträge des § 1 Absatz 3 Satz 2, des § 10 Absatz 1 Nummer 5 Satz 3, des § 32 Absatz 6 Satz 4, des § 33a Absatz 1 Satz 6 und Absatz 2 Satz 2 EStG sind ab dem Veranlagungszeitraum 2014 wie folgt anzusetzen:

in voller Höhe	mit ¾	mit ½	mit ¼
Wohnsitzstaat[1]) des Steuerpflichtigen bzw. der unterhaltenen Person			
1	2	3	4
Andorra	Aruba	Algerien	Afghanistan
Australien	Bahamas	Amerikanisch-Samoa	Ägypten
Belgien	Bahrain	**Angola**	Albanien
Bermuda	**Barbados**	Antigua und Barbuda	Armenien
Brunei Darussalam	**Chile**	**Äquatorialguinea**	Äthiopien
Dänemark	Cookinseln	Argentinien	Bangladesch
Färöer	**Curacao**	Aserbaidschan	Belize
Finnland	Estland	Bosnien und Herzego-	Benin
Frankreich	Französisch-Polyne-	wina	Bhutan
Grönland	sien	Botsuana	Bolivien, Plurinationa-
Hongkong	Griechenland	Brasilien	ler Staat
Insel Man	Korea, Republik	Bulgarien	Burkina Faso
Irland	**Lettland**	China	Burundi
Island	**Litauen**	Costa Rica	**Cabo Verde**
Israel	Malta	Dominica	Côte d'Ivoire
Italien	**Nauru**	Dominikanische Re-	Dschibuti
Japan	Oman	publik	El Salvador
Kaimaninseln	Portugal	**Ecuador**	Eritrea
Kanada	Puerto Rico	**Fidschi**	Gambia
Kanalinseln	Saudi-Arabien	Gabun	Georgien
Katar	Slowakei	Grenada	Ghana
Kuwait	Slowenien	**Irak**	Guatemala
Liechtenstein	**St. Kitts und Nevis**	Iran, Islamische Repu-	Guinea
Luxemburg	**St. Martin (niederlän-**	blik	Guinea-Bissau
Macau	**discher Teil)**	Jamaika	Guyana
Monaco	Taiwan	**Jordanien**	Haiti
Neukaledonien	Trinidad und Tobago	Kasachstan	Honduras
Neuseeland	Tschechische Repu-	Kolumbien	Indien
Niederlande	blik	**Kroatien**	Indonesien
Norwegen	Turks- und Caicos-	Kuba	Jemen
Österreich	Inseln	Libanon	Kambodscha
Palästinensische Ge-	**Uruguay**	Libyen	Kamerun
biete	**Zypern**	Malaysia	Kenia
San Marino		Malediven	Kirgisistan
Schweden		Mauritius	Kiribati
Schweiz		Mazedonien, ehema-	Komoren
Singapur		lige jugoslawische Re-	Kongo
Spanien		publik	Kongo, Demokrati-
Vatikanstadt		Mexiko	sche Republik
Vereinigte Arabische		Montenegro	Korea, Demokratische
Emirate		Namibia	Volksrepublik
Vereinigte Staaten		Niue	Kosovo
Vereinigtes Königreich		Palau	Laos, Demokratische
		Panama	Volksrepublik
		Peru	Lesotho
		Polen	Liberia
		Rumänien	Madagaskar
		Russische Föderation	Malawi
		Serbien	Mali
		Seychellen	Marokko
		St. Lucia	Marshallinseln
		St. Vincent und die	Mauretanien
		Grenadinen	Mikronesien, Föde-
		Südafrika	rierte Staaten von
		Suriname	Moldau, Republik

[1]) Die Aufführung auf dieser Liste als „Wohnsitzstaat oder -ort" erfolgt allein zum Erhalt der Übersichtlichkeit und hat keinen Einfluss auf die Position der Bundesrepublik Deutschland hinsichtlich der Anerkennung von Staaten und/oder Regierungen.

in voller Höhe	mit ³⁄₄	mit ½	mit ¼
Wohnsitzstaat¹) des Steuerpflichtigen bzw. der unterhaltenen Person			
1	2	3	4
		Thailand	Mongolei
		Türkei	Mosambik
		Turkmenistan	Myanmar
		Tuvalu	Nepal
		Ungarn	Nicaragua
		Venezuela, Bolivarische Republik	Niger
		Weißrussland/Belarus	Nigeria
			Pakistan
			Papua Neuguinea
			Paraguay
			Philippinen
			Ruanda
			Salomonen
			Sambia
			Samoa
			São Tomé und Principe
			Senegal
			Sierra Leone
			Simbabwe
			Somalia
			Sri Lanka
			Sudan
			Südsudan
			Swasiland
			Syrien, Arabische Republik
			Tadschikistan
			Tansania, Vereinigte Republik
			Timor-Leste
			Togo
			Tonga
			Tschad
			Tunesien
			Uganda
			Ukraine
			Usbekistan
			Vanuatu
			Vietnam
			Zentralafrikanische Republik

Dieses Schreiben ersetzt ab dem Veranlagungszeitraum 2017 das BMF-Schreiben vom 18. November 2013 (BStBl I 2013 Seite 1462).²)

EStG

S 2286

§ 33b Pauschbeträge für behinderte Menschen, Hinterbliebene und Pflegepersonen

(1) ¹Wegen der Aufwendungen für die Hilfe bei den gewöhnlichen und regelmäßig wiederkehrenden Verrichtungen des täglichen Lebens, für die Pflege sowie für einen erhöhten Wäschebedarf können behinderte Menschen unter den Voraussetzungen des Absatzes 2 anstelle einer Steuerermäßigung nach § 33 einen Pauschbetrag nach Absatz 3 geltend machen (Behinderten-Pauschbetrag). ²Das Wahlrecht kann für die genannten Aufwendungen im jeweiligen Veranlagungszeitraum nur einheitlich ausgeübt werden.

(2) Die Pauschbeträge erhalten

---

¹) Die Aufführung auf dieser Liste als „Wohnsitzstaat oder -ort" erfolgt allein zum Erhalt der Übersichtlichkeit und hat keinen Einfluss auf die Position der Bundesrepublik Deutschland hinsichtlich der Anerkennung von Staaten und/oder Regierungen.
²) Abgedruckt in der Lohnsteuer Handausgabe 2016.

1. behinderte Menschen, deren Grad der Behinderung auf mindestens 50 festgestellt ist;

2. behinderte Menschen, deren Grad der Behinderung auf weniger als 50, aber mindestens auf 25 festgestellt ist, wenn

   a) dem behinderten Menschen wegen seiner Behinderung nach gesetzlichen Vorschriften Renten oder andere laufende Bezüge zustehen, und zwar auch dann, wenn das Recht auf die Bezüge ruht oder der Anspruch auf die Bezüge durch Zahlung eines Kapitals abgefunden worden ist, oder

   b) die Behinderung zu einer dauernden Einbuße der körperlichen Beweglichkeit geführt hat oder auf einer typischen Berufskrankheit beruht.

(3) [1]Die Höhe des Pauschbetrags richtet sich nach dem dauernden Grad der Behinderung. [2]Als Pauschbeträge werden gewährt bei einem Grad der Behinderung

von 25 und 30	310 Euro,
von 35 und 40	430 Euro,
von 45 und 50	570 Euro,
von 55 und 60	720 Euro,
von 65 und 70	890 Euro,
von 75 und 80	1 060 Euro,
von 85 und 90	1 230 Euro,
von 95 und 100	1 420 Euro.

[3]Für behinderte Menschen, die hilflos im Sinne des Absatzes 6 sind, und für Blinde erhöht sich der Pauschbetrag auf 3 700 Euro.

(4) [1]Personen, denen laufende Hinterbliebenenbezüge bewilligt worden sind, erhalten auf Antrag einen Pauschbetrag von 370 Euro (Hinterbliebenen-Pauschbetrag), wenn die Hinterbliebenenbezüge geleistet werden

1. nach dem Bundesversorgungsgesetz oder einem anderen Gesetz, das die Vorschriften des Bundesversorgungsgesetzes über Hinterbliebenenbezüge für entsprechend anwendbar erklärt, oder

2. nach den Vorschriften über die gesetzliche Unfallversicherung oder

3. nach den beamtenrechtlichen Vorschriften an Hinterbliebene eines an den Folgen eines Dienstunfalls verstorbenen Beamten oder

4. nach den Vorschriften des Bundesentschädigungsgesetzes über die Entschädigung für Schäden an Leben, Körper oder Gesundheit.

[2]Der Pauschbetrag wird auch dann gewährt, wenn das Recht auf die Bezüge ruht oder der Anspruch auf die Bezüge durch Zahlung eines Kapitals abgefunden worden ist.

(5) [1]Steht der Behinderten-Pauschbetrag oder der Hinterbliebenen-Pauschbetrag einem Kind zu, für das der Steuerpflichtige Anspruch auf einen Freibetrag nach § 32 Absatz 6 oder auf Kindergeld hat, so wird der Pauschbetrag auf Antrag auf den Steuerpflichtigen übertragen, wenn ihn das Kind nicht in Anspruch nimmt. [2]Dabei ist der Pauschbetrag grundsätzlich auf beide Elternteile je zur Hälfte aufzuteilen, es sei denn, der Kinderfreibetrag wurde auf den anderen Elternteil übertragen. [3]Auf gemeinsamen Antrag der Eltern ist eine andere Aufteilung möglich. [4]In diesen Fällen besteht für Aufwendungen, für die der Behinderten-Pauschbetrag gilt, kein Anspruch auf eine Steuerermäßigung nach § 33.

(6) [1]Wegen der außergewöhnlichen Belastungen, die einem Steuerpflichtigen durch die Pflege einer Person erwachsen, die nicht nur vorübergehend hilflos ist, kann er anstelle einer Steuerermäßigung nach § 33 einen Pauschbetrag von 924 Euro im Kalenderjahr geltend machen (Pflege-Pauschbetrag), wenn er dafür keine Einnahmen erhält. [2]Zu diesen Einnahmen zählt unabhängig von der Verwendung nicht das von den Eltern eines behinderten Kindes für dieses Kind empfangene Pflegegeld. [3]Hilflos im Sinne des Satzes 1 ist eine Person, wenn sie für eine Reihe von häufig und regelmäßig wiederkehrenden Verrichtungen zur Sicherung ihrer persönlichen Existenz im Ablauf eines jeden Tages fremder Hilfe dauernd bedarf. [4]Diese Voraussetzungen sind auch erfüllt, wenn die Hilfe in Form einer Überwachung oder einer Anleitung zu den in Satz 3 genannten Verrichtungen erforderlich ist oder wenn die Hilfe zwar nicht dauernd geleistet werden muss, jedoch eine ständige Bereitschaft zur Hilfeleistung erforderlich ist. [5]Voraussetzung ist, dass der Steuerpflichtige die Pflege entweder in seiner Wohnung oder in der Wohnung des Pflegebedürftigen persönlich durchführt und diese Wohnung in einem Mitgliedstaat der Europäischen Union oder in einem Staat belegen ist, auf den das Abkommen über den Europäischen Wirtschaftsraum anzuwenden ist. [6]Wird ein Pflegebedürftiger von mehreren Steuerpflichtigen im Veranlagungszeitraum gepflegt, wird der Pauschbetrag nach der Zahl der Pflegepersonen, bei denen die Voraussetzungen der Sätze 1 bis 5 vorliegen, geteilt.

(7) Die Bundesregierung wird ermächtigt, durch Rechtsverordnung mit Zustimmung des Bundesrates zu bestimmen, wie nachzuweisen ist, dass die Voraussetzungen für die Inanspruchnahme der Pauschbeträge vorliegen.

EStDV

§ 65 Nachweis der Behinderung

S 2286

(1) Den Nachweis einer Behinderung hat der Steuerpflichtige zu erbringen:

[1]1. bei einer Behinderung, deren Grad auf mindestens 50 festgestellt ist, durch Vorlage eines Ausweises nach dem Neunten Buch Sozialgesetzbuch oder eines Bescheides der nach § 152 Absatz 1 des Neunten Buches Sozialgesetzbuch zuständigen Behörde,

2. bei einer Behinderung, deren Grad auf weniger als 50, aber mindestens 25 festgestellt ist,

a) durch eine Bescheinigung der nach § 152 Absatz 1 des Neunten Buches Sozialgesetzbuch zuständigen Behörde auf Grund eines Feststellungsbescheids nach § 152 Absatz 1 des Neunten Buches Sozialgesetzbuch, die eine Äußerung darüber enthält, ob die Behinderung zu einer dauernden Einbuße der körperlichen Beweglichkeit geführt hat oder auf einer typischen Berufskrankheit beruht, oder

b) wenn ihm wegen seiner Behinderung nach den gesetzlichen Vorschriften Renten oder andere laufende Bezüge zustehen, durch den Rentenbescheid oder den die anderen laufenden Bezüge nachweisenden Bescheid.

(2) [1]Die gesundheitlichen Merkmale „blind" und „hilflos" hat der Steuerpflichtige durch einen Ausweis nach dem Neunten Buch Sozialgesetzbuch, der mit den Merkzeichen „Bl" oder „H" gekennzeichnet ist, oder durch einen Bescheid der nach § 152 Absatz 1 des Neunten Buches Sozialgesetzbuch zuständigen Behörde, der die entsprechenden Feststellungen enthält, nachzuweisen. [2]Dem Merkzeichen „H" steht die Einstufung als Schwerstpflegebedürftiger in Pflegestufe III nach dem Elften Buch Sozialgesetzbuch, dem Zwölften Buch Sozialgesetzbuch oder diesen entsprechenden gesetzlichen Bestimmungen gleich; dies ist durch Vorlage des entsprechenden Bescheides nachzuweisen.

(3) [1]Die Gewährung des Behinderten-Pauschbetrags setzt voraus, dass der Antragsteller Inhaber gültiger Unterlagen nach den Absätzen 1 und 2 ist. [2]Bei erstmaliger Geltendmachung des Pauschbetrags oder bei Änderung der Verhältnisse hat der Steuerpflichtige die Unterlagen nach den Absätzen 1 und 2 zusammen mit seiner Steuererklärung oder seinem Antrag auf Lohnsteuerermäßigung, ansonsten auf Anforderung des Finanzamts vorzulegen.

[2]) (3a) [1]Die Gewährung des Behinderten-Pauschbetrags setzt voraus, dass die für die Feststellung einer Behinderung zuständige Stelle als mitteilungspflichtige Stelle ihre Feststellungen zur Behinderung nach den Absätzen 1 und 2 nach Maßgabe des § 93c der Abgabenordnung an die für die Besteuerung des Antragstellers zuständige Finanzbehörde übermittelt hat. [2]Die nach Satz 1 mitteilungspflichtige Stelle hat ihre Feststellungen auf schriftlichen oder elektronischen Antrag derjenigen Person, die diese Feststellungen begehrt, an die nach Satz 1 zuständige Finanzbehörde zu übermitteln. [3]Die Person hat der mitteilungspflichtigen Stelle zu diesem Zweck ihre Identifikationsnummer (§ 139b der Abgabenordnung) mitzuteilen. [4]Neben den nach § 93c Absatz 1 der Abgabenordnung zu übermittelnden Daten sind zusätzlich folgende Daten zu übermitteln:

1. der Grad der Behinderung,

2. die Feststellung weiterer gesundheitlicher Merkmale (Merkzeichen):

a) G (erheblich gehbehindert),

b) aG (außergewöhnlich gehbehindert),

c) B (ständige Begleitung notwendig),

d) H (hilflos),

e) Bl (blind),

---

[1]) *§ 65 Abs. 1 Nr. 1, 2 Buchstabe a und Abs. 2 Satz 1 EStDV wurde durch Artikel 19 Abs. 14 des BTHG ab VZ 2018 geändert.*

[2]) Absatz 3a ist erstmals für den VZ anzuwenden, der auf den VZ folgt, in dem die für die Anwendung erforderlichen Programmierarbeiten für das elektronische Datenübermittlungsverfahren abgeschlossen sind. Das BMF gibt im Einvernehmen mit den obersten Finanzbehörden der Länder im BGBl. den VZ bekannt, ab dem die Regelung des Absatzes 3a erstmals anzuwenden ist. Mit der Anwendung von Absatz 3a ist Absatz 1 Nr. 1 und 2 Buchstabe a, Absatz 2 Satz 1 und 2 zweiter Halbsatz nicht mehr anzuwenden. Der Anwendungsbereich des Absatzes 3 wird auf die Fälle des Absatzes 3 Nr. 2 Buchstabe b beschränkt. Noch gültige und dem Finanzamt vorliegende Feststellungen über eine Behinderung werden bis zum Ende ihrer Gültigkeit weiter berücksichtigt, es sei denn, die Feststellungen ändern sich vor Ablauf der Gültigkeit → § 84 Abs. 3f EStDV.

f) Gl (gehörlos),

3. *die Feststellung, dass die Behinderung zu einer dauernden Einbuße der körperlichen Beweglichkeit geführt hat,*

4. *die Feststellung, dass die Behinderung auf einer typischen Berufskrankheit beruht,*

5. *die Einstufung als Schwerstpflegebedürftiger in die Pflegestufe III,*

6. *die Dauer der Gültigkeit der Feststellung.*

⁵Die mitteilungspflichtige Stelle hat jede Änderung der Feststellungen nach Satz 4 abweichend von § 93c Absatz 1 Nummer 1 der Abgabenordnung unverzüglich zu übermitteln. ⁶§ 72a Absatz 4, § 93c Absatz 1 Nummer 3 und Absatz 4 sowie § 203a der Abgabenordnung finden keine Anwendung.

¹⁾ (4) ¹Ist der behinderte Mensch verstorben und kann sein Rechtsnachfolger die Unterlagen nach den Absätzen 1 und 2 nicht vorlegen, so genügt zum Nachweis eine gutachtliche Stellungnahme der nach § 152 Absatz 1 des Neunten Buches Sozialgesetzbuch zuständigen Behörde. ²Diese Stellungnahme hat die Finanzbehörde einzuholen.

Hinweise H 33b

Nachweis des Merkmals der „Hilflosigkeit"

→ BMF vom 19. 8. 2016 (BStBl I S. 804)

Pauschbeträge für behinderte Menschen und Pflegepersonen; Nachweis des Merkmals der „Hilflosigkeit" gemäß § 33b EStG i. V. m. § 65 Absatz 2 Satz 2 EStDV

BMF vom 19. 8. 2016 – IV C 8 – S 2286/07/10004:005 – (BStBl I S. 804)

Unter Bezugnahme auf das Abstimmungsergebnis mit den obersten Finanzbehörden der Länder gilt zur Anwendung des § 65 Absatz 2 Satz 2 EStDV ab dem Veranlagungszeitraum 2017 Folgendes:

Dem Merkzeichen „H" steht die Einstufung in die Pflegegrade 4 und 5 gleich.

Pauschbeträge für behinderte Menschen, Hinterbliebene und Pflegepersonen

→ R 33b EStR, H 33b EStH Anhang 30

---

§ 34   Außerordentliche Einkünfte EStG
S 2290

(1) ¹Sind in dem zu versteuernden Einkommen außerordentliche Einkünfte enthalten, so ist die auf alle im Veranlagungszeitraum bezogenen außerordentlichen Einkünfte entfallende Einkommensteuer nach den Sätzen 2 bis 4 zu berechnen. ²Die für die außerordentlichen Einkünfte anzusetzende Einkommensteuer beträgt das Fünffache des Unterschiedsbetrags zwischen der Einkommensteuer für das um diese Einkünfte verminderte zu versteuernde Einkommen (verbleibendes zu versteuerndes Einkommen) und der Einkommensteuer für das verbleibende zu versteuernde Einkommen zuzüglich eines Fünftels dieser Einkünfte. ³Ist das verbleibende zu versteuernde Einkommen negativ und das zu versteuernde Einkommen positiv, so beträgt die Einkommensteuer das Fünffache der auf ein Fünftel des zu versteuernden Einkommens entfallenden Einkommensteuer. ⁴Die Sätze 1 bis 3 gelten nicht für außerordentliche Einkünfte im Sinne des Absatzes 2 Nummer 1, wenn der Steuerpflichtige auf diese Einkünfte ganz oder teilweise § 6b oder § 6c anwendet.

(2) Als außerordentliche Einkünfte kommen nur in Betracht:

1. Veräußerungsgewinne im Sinne der §§ 14, 14a Absatz 1, der §§ 16 und 18 Absatz 3 mit Ausnahme des steuerpflichtigen Teils der Veräußerungsgewinne, die nach § 3 Nummer 40 Buchstabe b in Verbindung mit § 3c Absatz 2 teilweise steuerbefreit sind;

2. Entschädigungen im Sinne des § 24 Nummer 1;

3. Nutzungsvergütungen und Zinsen im Sinne des § 24 Nummer 3, soweit sie für einen Zeitraum von mehr als drei Jahren nachgezahlt werden;

---

1) § 65 Abs. 4 EStDV wurde durch Artikel 19 Abs. 14 des BTHG ab VZ 2018 geändert.

4. Vergütungen für mehrjährige Tätigkeiten; mehrjährig ist eine Tätigkeit, soweit sie sich über mindestens zwei Veranlagungszeiträume erstreckt und einen Zeitraum von mehr als zwölf Monaten umfasst.

(3) ¹Sind in dem zu versteuernden Einkommen außerordentliche Einkünfte im Sinne des Absatzes 2 Nummer 1 enthalten, so kann auf Antrag abweichend von Absatz 1 die auf den Teil dieser außerordentlichen Einkünfte, der den Betrag von insgesamt 5 Millionen Euro nicht übersteigt, entfallende Einkommensteuer nach einem ermäßigten Steuersatz bemessen werden, wenn der Steuerpflichtige das 55. Lebensjahr vollendet hat oder wenn er im sozialversicherungsrechtlichen Sinne dauernd berufsunfähig ist. ²Der ermäßigte Steuersatz beträgt 56 Prozent des durchschnittlichen Steuersatzes, der sich ergäbe, wenn die tarifliche Einkommensteuer nach dem gesamten zu versteuernden Einkommen zuzüglich der dem Progressionsvorbehalt unterliegenden Einkünfte zu bemessen wäre, mindestens jedoch 14 Prozent. ³Auf das um die in Satz 1 genannten Einkünfte verminderte zu versteuernde Einkommen (verbleibendes zu versteuerndes Einkommen) sind vorbehaltlich des Absatzes 1 die allgemeinen Tarifvorschriften anzuwenden. ⁴Die Ermäßigung nach den Sätzen 1 bis 3 kann der Steuerpflichtige nur einmal im Leben in Anspruch nehmen. ⁵Erzielt der Steuerpflichtige in einem Veranlagungszeitraum mehr als einen Veräußerungs- oder Aufgabegewinn im Sinne des Satzes 1, kann er die Ermäßigung nach den Sätzen 1 bis 3 nur für einen Veräußerungs- oder Aufgabegewinn beantragen. ⁶Absatz 1 Satz 4 ist entsprechend anzuwenden.

H 34   Hinweise

Abzug des Arbeitnehmer-Pauschbetrags
→ H 34.1 EStH

Allgemeines
Anhang 27

→ BMF vom 1. 11. 2013 (BStBl I S. 1326) unter Berücksichtigung der Änderung durch BMF vom 4. 3. 2016 (BStBl I S. 277)

Arbeitslohn für mehrere Jahre
→ H 34.4 EStH

Arbeitslohn für mehrjährige Tätigkeiten
Anhang 30

→ R 34.4 EStR und H 34.4 EStH

Entschädigungen
Anhang 30

→ R 34.3 EStR und H 34.3 EStH

Ermittlung der Einkünfte
Anhang 30

→ R 34.4 EStR

Fünftelungsregelung im Lohnsteuerabzugsverfahren
→ H 39b.6 (Fünftelungsregelung)

Jubiläumszuwendungen
Anhang 30

→ H 34.4 EStH

Tantiemen
Anhang 30

→ H 34.4 EStH

Verbesserungsvorschläge
Anhang 30

→ H 34.4 EStH

Versorgungsbezüge, Nachzahlungen von
Anhang 30

→ H 34.4 EStH

§ 34a   Begünstigung der nicht entnommenen Gewinne

(1) ¹Sind in dem zu versteuernden Einkommen nicht entnommene Gewinne aus Land- und Forstwirtschaft, Gewerbebetrieb oder selbständiger Arbeit (§ 2 Absatz 1 Satz 1 Nummer 1 bis 3) im Sinne des Absatzes 2 enthalten, ist die Einkommensteuer für diese Gewinne auf Antrag des Steuerpflichtigen ganz oder teilweise mit einem Steuersatz von 28,25 Prozent zu berechnen; dies gilt nicht, soweit für die Gewinne der Freibetrag nach § 16 Absatz 4 oder die Steuerermäßigung nach § 34 Absatz 3 in Anspruch genommen wird oder es sich um Gewinne im Sinne des § 18 Absatz 1 Nummer 4 handelt. ²Der Antrag nach Satz 1 ist für jeden Betrieb oder Mitunternehmeranteil für jeden Veranlagungszeitraum gesondert bei dem für die Einkommensbesteuerung zuständigen Finanzamt zu stellen. ³Bei Mitunternehmeranteilen kann der Steuerpflichtige den Antrag nur stellen, wenn sein Anteil am nach § 4 Absatz 1 Satz 1 oder § 5 ermittelten Gewinn mehr als 10 Prozent beträgt oder 10 000 Euro übersteigt. ⁴Der Antrag kann bis zur Unanfechtbarkeit des Einkommensteuerbescheids für den nächsten Veranlagungszeitraum vom Steuerpflichtigen ganz oder teilweise zurückgenommen werden; der Einkommensteuerbescheid ist entsprechend zu ändern. ⁵Die Festsetzungsfrist endet insoweit nicht, bevor die Festsetzungsfrist für den nächsten Veranlagungszeitraum abgelaufen ist.

(2) Der nicht entnommene Gewinn des Betriebs oder Mitunternehmeranteils ist der nach § 4 Absatz 1 Satz 1 oder § 5 ermittelte Gewinn vermindert um den positiven Saldo der Entnahmen und Einlagen des Wirtschaftsjahres.

(3) ¹Der Begünstigungsbetrag ist der im Veranlagungszeitraum nach Absatz 1 Satz 1 auf Antrag begünstigte Gewinn. ²Der Begünstigungsbetrag des Veranlagungszeitraums, vermindert um die darauf entfallende Steuerbelastung nach Absatz 1 und den darauf entfallenden Solidaritätszuschlag, vermehrt um den nachversteuerungspflichtigen Betrag des Vorjahres und den auf diesen Betrieb oder Mitunternehmeranteil nach Absatz 5 übertragenen nachversteuerungspflichtigen Betrag, vermindert um den Nachversteuerungsbetrag im Sinne des Absatzes 4 und den auf einen anderen Betrieb oder Mitunternehmeranteil nach Absatz 5 übertragenen nachversteuerungspflichtigen Betrag, ist der nachversteuerungspflichtige Betrag des Betriebs oder Mitunternehmeranteils zum Ende des Veranlagungszeitraums. ³Dieser ist für jeden Betrieb oder Mitunternehmeranteil jährlich gesondert festzustellen.

(4) ¹Übersteigt der positive Saldo der Entnahmen und Einlagen des Wirtschaftsjahres bei einem Betrieb oder Mitunternehmeranteil den nach § 4 Absatz 1 Satz 1 oder § 5 ermittelten Gewinn (Nachversteuerungsbetrag), ist vorbehaltlich Absatz 5 eine Nachversteuerung durchzuführen, soweit zum Ende des vorangegangenen Veranlagungszeitraums ein nachversteuerungspflichtiger Betrag nach Absatz 3 festgestellt wurde. ²Die Einkommensteuer auf den Nachversteuerungsbetrag beträgt 25 Prozent. ³Der Nachversteuerungsbetrag ist um die Beträge, die für die Erbschaftsteuer (Schenkungsteuer) anlässlich der Übertragung des Betriebs oder Mitunternehmeranteils entnommen wurden, zu vermindern.

(5) ¹Die Übertragung oder Überführung eines Wirtschaftsguts nach § 6 Absatz 5 Satz 1 bis 3 führt unter den Voraussetzungen des Absatzes 4 zur Nachversteuerung. ²Eine Nachversteuerung findet nicht statt, wenn der Steuerpflichtige beantragt, den nachversteuerungspflichtigen Betrag in Höhe des Buchwerts des übertragenen oder überführten Wirtschaftsguts, höchstens jedoch in Höhe des Nachversteuerungsbetrags, den die Übertragung oder Überführung des Wirtschaftsguts ausgelöst hätte, auf den anderen Betrieb oder Mitunternehmeranteil zu übertragen.

(6) ¹Eine Nachversteuerung des nachversteuerungspflichtigen Betrags nach Absatz 4 ist durchzuführen

1. in den Fällen der Betriebsveräußerung oder -aufgabe im Sinne der §§ 14, 16 Absatz 1 und 3 sowie des § 18 Absatz 3,

2. in den Fällen der Einbringung eines Betriebs oder Mitunternehmeranteils in eine Kapitalgesellschaft oder eine Genossenschaft sowie in den Fällen des Formwechsels einer Personengesellschaft in eine Kapitalgesellschaft oder Genossenschaft,

3. *in den Fällen der unentgeltlichen Übertragung eines Betriebs- oder Mitunternehmeranteils nach § 6 Absatz 3, wenn die Übertragung an eine Körperschaft, Personenvereinigung oder Vermögensmasse im Sinne des § 1 Absatz 1 des Körperschaftsteuergesetzes erfolgt. Dies gilt entsprechend für eine unentgeltliche Übertragung auf eine Mitunternehmerschaft, soweit der Betrieb oder der Mitunternehmeranteil einer Körperschaft, Personenvereinigung oder Vermögensmasse im Sinne des § 1 Absatz 1 des Körperschaftsteuergesetzes als Mitunternehmer zuzurechnen ist,* ¹⁾

4. wenn der Gewinn nicht mehr nach § 4 Absatz 1 Satz 1 oder § 5 ermittelt wird oder ²⁾

5. wenn der Steuerpflichtige dies beantragt.

---

¹⁾ *Absatz 6 Satz 1 Nr. 3 wurde durch das Gesetz gegen schädliche Steuerpraktiken im Zusammenhang mit Rechteüberlassungen eingefügt und dadurch wurden die bisherigen Nummern 3 und 4 die Nummern 4 und 5. Absatz 6 Satz 1 Nr. 3 i. d. F. des Artikels 1 des Gesetzes vom 27. 6. 2017 (BGBl. I S. 2074) ist erstmals für unentgeltliche Übertragungen nach dem 5. 7. 2017 anzuwenden → § 52 Abs. 34 Satz 2 EStG.*

²⁾ Absatz 6 Satz 1 Nr. 4 und Nr. 5 neu nummeriert, siehe Fn. 1.

¹⁾ ²In den Fällen der Nummern 1 *bis 3* ist die nach Absatz 4 geschuldete Einkommensteuer auf Antrag des Steuerpflichtigen oder seines Rechtsnachfolgers in regelmäßigen Teilbeträgen für einen Zeitraum von höchstens zehn Jahren seit Eintritt der ersten Fälligkeit zinslos zu stunden, wenn ihre alsbaldige Einziehung mit erheblichen Härten für den Steuerpflichtigen verbunden wäre.

²⁾ (7) ¹In den Fällen der unentgeltlichen Übertragung eines Betriebs oder Mitunternehmeranteils nach § 6 Absatz 3 hat der Rechtsnachfolger den nachversteuerungspflichtigen Betrag fortzuführen; *Absatz 6 Satz 1 Nummer 3 bleibt unberührt.* ²In den Fällen der Einbringung eines Betriebs oder Mitunternehmeranteils zu Buchwerten nach § 24 des Umwandlungssteuergesetzes geht der für den eingebrachten Betrieb oder Mitunternehmeranteil festgestellte nachversteuerungspflichtige Betrag auf den neuen Mitunternehmeranteil über.

(8) Negative Einkünfte dürfen nicht mit ermäßigt besteuerten Gewinnen im Sinne von Absatz 1 Satz 1 ausgeglichen werden; sie dürfen insoweit auch nicht nach § 10d abgezogen werden.

(9) ¹Zuständig für den Erlass der Feststellungsbescheide über den nachversteuerungspflichtigen Betrag ist das für die Einkommensbesteuerung zuständige Finanzamt. ²Die Feststellungsbescheide können nur insoweit angegriffen werden, als sich der nachversteuerungspflichtige Betrag gegenüber dem nachversteuerungspflichtigen Betrag des Vorjahres verändert hat. ³Die gesonderten Feststellungen nach Satz 1 können mit dem Einkommensteuerbescheid verbunden werden.

(10) ¹Sind Einkünfte aus Land- und Forstwirtschaft, Gewerbebetrieb oder selbständiger Arbeit nach § 180 Absatz 1 Satz 1 Nummer 2 Buchstabe a oder b der Abgabenordnung gesondert festzustellen, können auch die Höhe der Entnahmen und Einlagen sowie weitere für die Tarifermittlung nach den Absätzen 1 bis 7 erforderliche Besteuerungsgrundlagen gesondert festgestellt werden. ²Zuständig für die gesonderten Feststellungen nach Satz 1 ist das Finanzamt, das für die gesonderte Feststellung nach § 180 Absatz 1 Satz 1 Nummer 2 der Abgabenordnung zuständig ist. ³Die gesonderten Feststellungen nach Satz 1 können mit der Feststellung nach § 180 Absatz 1 Satz 1 Nummer 2 der Abgabenordnung verbunden werden. ⁴Die Feststellungsfrist für die gesonderte Feststellung nach Satz 1 endet nicht vor Ablauf der Feststellungsfrist für die Feststellung nach § 180 Absatz 1 Satz 1 Nummer 2 der Abgabenordnung.

(11) ¹Der Bescheid über die gesonderte Feststellung des nachversteuerungspflichtigen Betrags ist zu erlassen, aufzuheben oder zu ändern, soweit der Steuerpflichtige einen Antrag nach Absatz 1 stellt oder diesen ganz oder teilweise zurücknimmt und sich die Besteuerungsgrundlagen im Einkommensteuerbescheid ändern. ²Dies gilt entsprechend, wenn der Erlass, die Aufhebung oder Änderung des Einkommensteuerbescheids mangels steuerlicher Auswirkung unterbleibt. ³Die Feststellungsfrist endet nicht, bevor die Festsetzungsfrist für den Veranlagungszeitraum abgelaufen ist, auf dessen Schluss der nachversteuerungspflichtige Betrag des Betriebs oder Mitunternehmeranteils gesondert festzustellen ist.

EStG   **§ 34b Steuersätze bei Einkünften aus außerordentlichen Holznutzungen**

S 2291   (1) Außerordentliche Holznutzungen sind

1. Holznutzungen, die aus volks- oder staatswirtschaftlichen Gründen erfolgt sind. ²Sie liegen nur insoweit vor, als sie durch gesetzlichen oder behördlichen Zwang veranlasst sind;

2. Holznutzungen infolge höherer Gewalt (Kalamitätsnutzungen). ²Sie sind durch Eis-, Schnee-, Windbruch oder Windwurf, Erdbeben, Bergrutsch, Insektenfraß, Brand oder durch Naturereignisse mit vergleichbaren Folgen verursacht. ³Hierzu gehören nicht die Schäden, die in der Forstwirtschaft regelmäßig entstehen.

(2) ¹Zur Ermittlung der Einkünfte aus außerordentlichen Holznutzungen sind von den Einnahmen sämtlicher Holznutzungen die damit in sachlichem Zusammenhang stehenden Betriebsausgaben abzuziehen. ²Das nach Satz 1 ermittelte Ergebnis ist auf die ordentlichen und außerordentlichen Holznutzungsarten aufzuteilen, in dem die außerordentlichen Holznutzungen zur gesamten Holznutzung ins Verhältnis gesetzt wird. ³Bei einer Gewinnermittlung durch Betriebsvermögensvergleich sind die im Wirtschaftsjahr veräußerten Holzmengen maßgebend. ⁴Bei einer Gewinnermittlung nach den Grundsätzen des § 4 Absatz 3 ist von den Holzmengen auszugehen, die den im Wirtschaftsjahr zugeflossenen Einnahmen zugrunde liegen. ⁵Die Sätze 1 bis 4 gelten für entnommenes Holz entsprechend.

---

1) *Absatz 6 Satz 2 wurde durch das Gesetz gegen schädliche Steuerpraktiken im Zusammenhang mit Rechteüberlassungen geändert und ist erstmals für unentgeltliche Übertragungen nach dem 5. 7. 2017 anzuwenden → § 52 Abs. 34 Satz 2 EStG.*
2) *Absatz 7 Satz 1 wurde durch das Gesetz gegen schädliche Steuerpraktiken im Zusammenhang mit Rechteüberlassungen ab VZ 2017 geändert.*

(3) Die Einkommensteuer bemisst sich für die Einkünfte aus außerordentlichen Holznutzungen im Sinne des Absatzes 1

1. nach der Hälfte des durchschnittlichen Steuersatzes, der sich ergäbe, wenn die tarifliche Einkommensteuer nach dem gesamten zu versteuernden Einkommen zuzüglich der dem Progressionsvorbehalt unterliegenden Einkünfte zu bemessen wäre;

2. nach dem halben Steuersatz der Nummer 1, soweit sie den Nutzungssatz (§ 68 der Einkommensteuer-Durchführungsverordnung) übersteigen.

(4) Einkünfte aus außerordentlichen Holznutzungen sind nur anzuerkennen, wenn

1. das im Wirtschaftsjahr veräußerte oder entnommene Holz mengenmäßig getrennt nach ordentlichen und außerordentlichen Holznutzungen nachgewiesen wird und

2. Schäden infolge höherer Gewalt unverzüglich nach Feststellung des Schadensfalls der zuständigen Finanzbehörde mitgeteilt und nach der Aufarbeitung mengenmäßig nachgewiesen werden.

(5) Die Bundesregierung wird ermächtigt, durch Rechtsverordnung mit Zustimmung des Bundesrates

1. die Steuersätze abweichend von Absatz 3 für ein Wirtschaftsjahr aus sachlichen Billigkeitsgründen zu regeln,

2. die Anwendung des § 4a des Forstschäden-Ausgleichsgesetzes für ein Wirtschaftsjahr aus sachlichen Billigkeitsgründen zu regeln,

wenn besondere Schadensereignisse nach Absatz 1 Nummer 2 vorliegen und eine Einschlagsbeschränkung (§ 1 Absatz 1 des Forstschäden-Ausgleichsgesetzes) nicht angeordnet wurde.

V. Steuerermäßigungen

1. Steuerermäßigung bei ausländischen Einkünften

§ 34c [Steuerermäßigung bei ausländischen Einkünften]

EStG
S 2293

(1) ¹Bei unbeschränkt Steuerpflichtigen, die mit ausländischen Einkünften in dem Staat, aus dem die Einkünfte stammen, zu einer der deutschen Einkommensteuer entsprechenden Steuer herangezogen werden, ist die festgesetzte und gezahlte und um einen entstandenen Ermäßigungsanspruch gekürzte ausländische Steuer auf die deutsche Einkommensteuer anzurechnen, die auf die Einkünfte aus diesem Staat entfällt; das gilt nicht für Einkünfte aus Kapitalvermögen, auf die § 32d Absatz 1 und 3 bis 6 anzuwenden ist. ²Die auf die ausländischen Einkünfte nach Satz 1 erster Halbsatz entfallende deutsche Einkommensteuer ist in der Weise zu ermitteln, dass der sich bei der Veranlagung des zu versteuernden Einkommens, einschließlich der ausländischen Einkünfte, nach den §§ 32a, 32b, 34, 34a und 34b ergebende durchschnittliche Steuersatz auf die ausländischen Einkünfte anzuwenden ist. ³Bei der Ermittlung des zu versteuernden Einkommens und der ausländischen Einkünfte nach Satz 1 zweiter Halbsatz nicht zu berücksichtigen; bei der Ermittlung der ausländischen Einkünfte sind die ausländischen Einkünfte nicht zu berücksichtigen, die in dem Staat, aus dem sie stammen, nach dessen Recht nicht besteuert werden. ⁴Gehören ausländische Einkünfte der in § 34d Nummer 3, 4, 6, 7 und 8 Buchstabe c genannten Art zum Gewinn eines inländischen Betriebes, sind bei ihrer Ermittlung Betriebsausgaben und Betriebsvermögensminderungen abzuziehen, die mit den diesen Einkünften zugrunde liegenden Einnahmen in wirtschaftlichem Zusammenhang stehen. ⁵Die ausländischen Steuern sind nur insoweit anzurechnen, als sie auf die im Veranlagungszeitraum bezogenen Einkünfte entfallen.

1)

(2) Statt der Anrechnung (Absatz 1) ist die ausländische Steuer auf Antrag bei der Ermittlung der Einkünfte abzuziehen, soweit sie auf ausländische Einkünfte entfällt, die nicht steuerfrei sind.

S 2293a

(3) Bei unbeschränkt Steuerpflichtigen, bei denen eine ausländische Steuer vom Einkommen nach Absatz 1 nicht angerechnet werden kann, weil die Steuer nicht der deutschen Einkommensteuer entspricht oder nicht in dem Staat erhoben wird, aus dem die Einkünfte stammen, oder weil keine ausländischen Einkünfte vorliegen, ist die festgesetzte und gezahlte und um einen

S 2293a

---

1) Für VZ bis einschließlich 2014 ist Absatz 1 Satz 2 in der bis zum 31. 12. 2014 geltenden Fassung in allen Fällen, in denen die Einkommensteuer noch nicht bestandskräftig festgesetzt ist, mit der Maßgabe anzuwenden, dass an die Stelle der Wörter „Summe der Einkünfte" die Wörter „Summe der Einkünfte abzüglich des Altersentlastungsbetrages (§ 24a EStG), des Entlastungsbetrages für Alleinerziehende (§ 24b EStG), der Sonderausgaben (§§ 10, 10a, 10b, 10c EStG), der außergewöhnlichen Belastungen (§§ 33 bis 33b EStG), der berücksichtigten Freibeträge für Kinder (§§ 31, 32 Abs. 6 EStG) und des Grundfreibetrages (§ 32a Abs. 1 Satz 2 Nr. 1 EStG)" treten → § 52 Abs. 34a EStG.

entstandenen Ermäßigungsanspruch gekürzte ausländische Steuer bei der Ermittlung der Einkünfte abzuziehen, soweit sie auf Einkünfte entfällt, die der deutschen Einkommensteuer unterliegen.

S 2293

(4) (weggefallen)

S 2293

(5) Die obersten Finanzbehörden der Länder oder die von ihnen beauftragten Finanzbehörden können mit Zustimmung des Bundesministeriums der Finanzen die auf ausländische Einkünfte entfallende deutsche Einkommensteuer ganz oder zum Teil erlassen oder in einem Pauschbetrag festsetzen, wenn es aus volkswirtschaftlichen Gründen zweckmäßig ist oder die Anwendung des Absatzes 1 besonders schwierig ist.

S 2293
S 2293a

(6) ¹Die Absätze 1 bis 3 sind vorbehaltlich der Sätze 2 bis 6 nicht anzuwenden, wenn die Einkünfte aus einem ausländischen Staat stammen, mit dem ein Abkommen zur Vermeidung der Doppelbesteuerung besteht. ²Soweit in einem Abkommen zur Vermeidung der Doppelbesteuerung die Anrechnung einer ausländischen Steuer auf die deutsche Einkommensteuer vorgesehen ist, sind Absatz 1 Satz 2 bis 5 und Absatz 2 entsprechend auf die nach dem Abkommen anzurechnende ausländische Steuer anzuwenden; das gilt nicht für Einkünfte, auf die § 32d Absatz 1 und 3 bis 6 anzuwenden ist; bei nach dem Abkommen als gezahlt geltenden ausländischen Steuerbeträgen sind Absatz 1 Satz 3 und Absatz 2 nicht anzuwenden. ³Absatz 1 Satz 3 gilt auch dann entsprechend, wenn die Einkünfte in dem ausländischen Staat nach dem Abkommen zur Vermeidung der Doppelbesteuerung mit diesem Staat nicht besteuert werden können. ⁴Bezieht sich ein Abkommen zur Vermeidung der Doppelbesteuerung nicht auf eine Steuer vom Einkommen dieses Staates, so sind die Absätze 1 und 2 entsprechend anzuwenden. ⁵In den Fällen des § 50d Absatz 9 sind die Absätze 1 bis 3 und Satz 6 entsprechend anzuwenden. ⁶Absatz 3 ist anzuwenden, wenn der Staat, mit dem ein Abkommen zur Vermeidung der Doppelbesteuerung besteht, Einkünfte besteuert, die nicht aus diesem Staat stammen, es sei denn, die Besteuerung hat ihre Ursache in einer Gestaltung, für die wirtschaftliche oder sonst beachtliche Gründe fehlen, oder das Abkommen gestattet dem Staat die Besteuerung dieser Einkünfte.

S 2293
S 2293a

(7) Durch Rechtsverordnung können Vorschriften erlassen werden über

1. die Anrechnung ausländischer Steuern, wenn die ausländischen Einkünfte aus mehreren fremden Staaten stammen,

2. den Nachweis über die Höhe der festgesetzten und gezahlten ausländischen Steuern,

3. die Berücksichtigung ausländischer Steuern, die nachträglich erhoben oder zurückgezahlt werden.

EStG
S 2293

§ 34d   Ausländische Einkünfte

Ausländische Einkünfte im Sinne des § 34c Absatz 1 bis 5 sind

1. Einkünfte aus einer in einem ausländischen Staat betriebenen Land- und Forstwirtschaft (§§ 13 und 14) und Einkünfte der in den Nummern 3, 4, 6, 7 und 8 Buchstabe c genannten Art, soweit sie zu den Einkünften aus Land- und Forstwirtschaft gehören;

2. Einkünfte aus Gewerbebetrieb (§§ 15 und 16),

   a) die durch eine in einem ausländischen Staat belegene Betriebsstätte oder durch einen in einem ausländischen Staat tätigen ständigen Vertreter erzielt werden, und Einkünfte der in den Nummern 3, 4, 6, 7 und 8 Buchstabe c genannten Art, soweit sie zu den Einkünften aus Gewerbebetrieb gehören,

   b) die aus Bürgschafts- und Avalprovisionen erzielt werden, wenn der Schuldner Wohnsitz, Geschäftsleitung oder Sitz in einem ausländischen Staat hat, oder

   c) die durch den Betrieb eigener oder gecharterter Seeschiffe oder Luftfahrzeuge aus Beförderungen zwischen ausländischen oder von ausländischen zu inländischen Häfen erzielt werden, einschließlich der Einkünfte aus anderen mit solchen Beförderungen zusammenhängenden, sich auf das Ausland erstreckenden Beförderungsleistungen;

3. Einkünfte aus selbständiger Arbeit (§ 18), die in einem ausländischen Staat ausgeübt oder verwertet wird oder worden ist, und Einkünfte der in den Nummern 4, 6, 7 und 8 Buchstabe c genannten Art, soweit sie zu den Einkünften aus selbständiger Arbeit gehören;

4. Einkünfte aus der Veräußerung von

   a) Wirtschaftsgütern, die zum Anlagevermögen eines Betriebs gehören, wenn die Wirtschaftsgüter in einem ausländischen Staat belegen sind,

   b) Anteilen an Kapitalgesellschaften, wenn die Gesellschaft Geschäftsleitung oder Sitz in einem ausländischen Staat hat;

5. Einkünfte aus nichtselbständiger Arbeit (§ 19), die in einem ausländischen Staat ausgeübt oder, ohne im Inland ausgeübt zu werden oder worden zu sein, in einem ausländischen

Staat verwertet wird oder worden ist, und Einkünfte, die von ausländischen öffentlichen Kassen mit Rücksicht auf ein gegenwärtiges oder früheres Dienstverhältnis gewährt werden. [2]Einkünfte, die von inländischen öffentlichen Kassen einschließlich der Kassen der Deutschen Bundesbahn und der Deutschen Bundesbank mit Rücksicht auf ein gegenwärtiges oder früheres Dienstverhältnis gewährt werden, gelten auch dann als inländische Einkünfte, wenn die Tätigkeit in einem ausländischen Staat ausgeübt wird oder worden ist;

6. Einkünfte aus Kapitalvermögen (§ 20), wenn der Schuldner Wohnsitz, Geschäftsleitung oder Sitz in einem ausländischen Staat hat oder das Kapitalvermögen durch ausländischen Grundbesitz gesichert ist;

7. Einkünfte aus Vermietung und Verpachtung (§ 21), soweit das unbewegliche Vermögen oder die Sachinbegriffe in einem ausländischen Staat belegen oder die Rechte zur Nutzung in einem ausländischen Staat überlassen worden sind;

8. sonstige Einkünfte im Sinne des § 22, wenn

   a) der zur Leistung der wiederkehrenden Bezüge Verpflichtete Wohnsitz, Geschäftsleitung oder Sitz in einem ausländischen Staat hat,

   b) bei privaten Veräußerungsgeschäften die veräußerten Wirtschaftsgüter in einem ausländischen Staat belegen sind,

   c) bei Einkünften aus Leistungen einschließlich der Einkünfte aus Leistungen im Sinne des § 49 Absatz 1 Nummer 9 der zur Vergütung der Leistung Verpflichtete Wohnsitz, Geschäftsleitung oder Sitz in einem ausländischen Staat hat.

2. Steuerermäßigung bei Einkünften aus Land- und Forstwirtschaft

§ 34e   (weggefallen)

EStG
S 2293b

2a. Steuerermäßigung für Steuerpflichtige mit Kindern bei Inanspruchnahme erhöhter Absetzungen für Wohngebäude oder der Steuerbegünstigungen für eigengenutztes Wohneigentum

§ 34f   [Steuerermäßigung für Steuerpflichtige mit Kindern bei Inanspruchnahme erhöhter Absetzungen für Wohngebäude oder der Steuerbegünstigung für eigengenutztes Wohneigentum]

EStG
S 2293c
1)

(1) [1]Bei Steuerpflichtigen, die erhöhte Absetzungen nach § 7b oder nach § 15 des Berlinförderungsgesetzes in Anspruch nehmen, ermäßigt sich die tarifliche Einkommensteuer, vermindert um die sonstigen Steuerermäßigungen mit Ausnahme der §§ 34g und 35, auf Antrag um je 600 Deutsche Mark für das zweite und jedes weitere Kind des Steuerpflichtigen oder seines Ehegatten. [2]Voraussetzung ist,

1. dass der Steuerpflichtige das Objekt, bei einem Zweifamilienhaus mindestens eine Wohnung, zu eigenen Wohnzwecken nutzt oder wegen des Wechsels des Arbeitsortes nicht zu eigenen Wohnzwecken nutzen kann und

2. dass es sich einschließlich des ersten Kindes um Kinder im Sinne des § 32 Absatz 1 bis 5 oder 6 Satz 7 handelt, die zum Haushalt des Steuerpflichtigen gehören oder in dem für die erhöhten Absetzungen maßgebenden Begünstigungszeitraum gehört haben, wenn diese Zugehörigkeit auf Dauer angelegt ist oder war.

(2) [1]Bei Steuerpflichtigen, die die Steuerbegünstigung nach § 10e Absatz 1 bis 5 oder nach § 15b des Berlinförderungsgesetzes in Anspruch nehmen, ermäßigt sich die tarifliche Einkommensteuer, vermindert um die sonstigen Steuerermäßigungen mit Ausnahme des § 34g, auf Antrag um je 512 Euro für jedes Kind des Steuerpflichtigen oder seines Ehegatten im Sinne des § 32 Absatz 1 bis 5 oder 6 Satz 7. [2]Voraussetzung ist, dass das Kind zum Haushalt des Steuerpflichtigen gehört oder in dem für die Steuerbegünstigung maßgebenden Zeitraum gehört hat, wenn diese Zugehörigkeit auf Dauer angelegt ist oder war.

(3) [1]Bei Steuerpflichtigen, die die Steuerbegünstigung nach § 10e Absatz 1, 2, 4 und 5 in Anspruch nehmen, ermäßigt sich die tarifliche Einkommensteuer, vermindert um die sonstigen

---

1) Zur Anwendung → § 52 Abs. 35 EStG.

Steuerermäßigungen, auf Antrag um je 512 Euro für jedes Kind des Steuerpflichtigen oder seines Ehegatten im Sinne des § 32 Absatz 1 bis 5 oder 6 Satz 7. [2]Voraussetzung ist, dass das Kind zum Haushalt des Steuerpflichtigen gehört oder in dem für die Steuerbegünstigung maßgebenden Zeitraum gehört hat, wenn diese Zugehörigkeit auf Dauer angelegt ist oder war. [3]Soweit sich der Betrag der Steuerermäßigung nach Satz 1 bei der Ermittlung der festzusetzenden Einkommensteuer nicht steuerentlastend auswirkt, ist er von der tariflichen Einkommensteuer der zwei vorangegangenen Veranlagungszeiträume abzuziehen. [4]Steuerermäßigungen, die nach den Sätzen 1 und 3 nicht berücksichtigt werden können, können bis zum Ende des Abzugszeitraums im Sinne des § 10e und in den zwei folgenden Veranlagungszeiträumen abgezogen werden. [5]Ist für einen Veranlagungszeitraum bereits ein Steuerbescheid erlassen worden, so ist er insoweit zu ändern, als die Steuerermäßigung nach den Sätzen 3 und 4 zu gewähren oder zu berichtigen ist; die Verjährungsfristen enden insoweit nicht, bevor die Verjährungsfrist für den Veranlagungszeitraum abgelaufen ist, für den die Steuerermäßigung nach Satz 1 beantragt worden ist.

(4) [1]Die Steuerermäßigungen nach den Absätzen 2 oder 3 kann der Steuerpflichtige insgesamt nur bis zur Höhe der Bemessungsgrundlage der Abzugsbeträge nach § 10e Absatz 1 oder 2 in Anspruch nehmen. [2]Die Steuerermäßigung nach den Absätzen 1, 2 und 3 Satz 1 kann der Steuerpflichtige im Kalenderjahr nur für ein Objekt in Anspruch nehmen.

2b. Steuerermäßigung bei Zuwendungen an politische Parteien und an unabhängige Wählervereinigungen

EStG
S 2293d

§ 34g [Steuerermäßigung bei Zuwendungen an politische Parteien und an unabhängige Wählervereinigungen]

[1]Die tarifliche Einkommensteuer, vermindert um die sonstigen Steuerermäßigungen mit Ausnahme des § 34f Absatz 3, ermäßigt sich bei Zuwendungen an

1) 1. politische Parteien im Sinne des § 2 des Parteiengesetzes, *sofern die jeweilige Partei nicht gemäß § 18 Absatz 7 des Parteiengesetzes von der staatlichen Teilfinanzierung ausgeschlossen ist,* und

2. Vereine ohne Parteicharakter, wenn

   a) der Zweck des Vereins ausschließlich darauf gerichtet ist, durch Teilnahme mit eigenen Wahlvorschlägen an Wahlen auf Bundes-, Landes- oder Kommunalebene bei der politischen Willensbildung mitzuwirken, und

   b) der Verein auf Bundes-, Landes- oder Kommunalebene bei der jeweils letzten Wahl wenigstens ein Mandat errungen oder der zuständigen Wahlbehörde oder dem zuständigen Wahlorgan angezeigt hat, dass er mit eigenen Wahlvorschlägen auf Bundes-, Landes- oder Kommunalebene an der jeweils nächsten Wahl teilnehmen will.

[2]Nimmt der Verein an der jeweils nächsten Wahl nicht teil, wird die Ermäßigung nur für die bis zum Wahltag an ihn geleisteten Beiträge und Spenden gewährt. [3]Die Ermäßigung für Beiträge und Spenden an den Verein wird erst wieder gewährt, wenn er sich mit eigenen Wahlvorschlägen an einer Wahl beteiligt hat. [4]Die Ermäßigung wird in diesem Fall nur für Beiträge und Spenden gewährt, die nach Beginn des Jahres, in dem die Wahl stattfindet, geleistet werden.

[2]Die Ermäßigung beträgt 50 Prozent der Ausgaben, höchstens jeweils 825 Euro für Ausgaben nach den Nummern 1 und 2, im Fall der Zusammenveranlagung von Ehegatten höchstens jeweils 1 650 Euro. [3]§ 10b Absatz 3 und 4 gilt entsprechend.

H 34g

Hinweise

Zuwendungen an politische Parteien

→ H 34g EStH

→ § 10b Abs. 2 EStG

---

1) Satz 1 Nr. 1 wurde durch das Gesetz zum Ausschluss verfassungsfeindlicher Parteien von der Parteienfinanzierung ab VZ 2017 geändert.

3. Steuerermäßigung bei Einkünften aus Gewerbebetrieb

§ 35 [Steuerermäßigung bei Einkünften aus Gewerbebetrieb]

(1) [1]Die tarifliche Einkommensteuer, vermindert um die sonstigen Steuerermäßigungen mit Ausnahme der §§ 34f, 34g und 35a, ermäßigt sich, soweit sie anteilig auf im zu versteuernden Einkommen enthaltene gewerbliche Einkünfte entfällt (Ermäßigungshöchstbetrag),

1. bei Einkünften aus gewerblichen Unternehmen im Sinne des § 15 Absatz 1 Satz 1 Nummer 1 um das 3,8-fache des jeweils für den dem Veranlagungszeitraum entsprechenden Erhebungszeitraum nach § 14 des Gewerbesteuergesetzes für das Unternehmen festgesetzten Steuermessbetrags (Gewerbesteuer-Messbetrag); Absatz 2 Satz 5 ist entsprechend anzuwenden;

2. bei Einkünften aus Gewerbebetrieb als Mitunternehmer im Sinne des § 15 Absatz 1 Satz 1 Nummer 2 oder als persönlich haftender Gesellschafter einer Kommanditgesellschaft auf Aktien im Sinne des § 15 Absatz 1 Satz 1 Nummer 3 um das 3,8-fache des jeweils für den dem Veranlagungszeitraum entsprechenden Erhebungszeitraum festgesetzten anteiligen Gewerbesteuer-Messbetrags.

[2]Der Ermäßigungshöchstbetrag ist wie folgt zu ermitteln:

$$\frac{\text{Summe der positiven gewerblichen Einkünfte}}{\text{Summe aller positiven Einkünfte}} \cdot \text{geminderte tarifliche Steuer.}$$

[3]Gewerbliche Einkünfte im Sinne der Sätze 1 und 2 sind die der Gewerbesteuer unterliegenden Gewinne und Gewinnanteile, soweit sie nicht nach anderen Vorschriften von der Steuerermäßigung nach § 35 ausgenommen sind. [4]Geminderte tarifliche Steuer ist die tarifliche Steuer nach Abzug von Beträgen auf Grund der Anwendung zwischenstaatlicher Abkommen und nach Anrechnung der ausländischen Steuern nach § 32d Absatz 6 Satz 2, § 34c Absatz 1 und 6 dieses Gesetzes und § 12 des Außensteuergesetzes. [5]Der Abzug des Steuerermäßigungsbetrags ist auf die tatsächlich zu zahlende Gewerbesteuer beschränkt.

(2) [1]Bei Mitunternehmerschaften im Sinne des § 15 Absatz 1 Satz 1 Nummer 2 oder bei Kommanditgesellschaften auf Aktien im Sinne des § 15 Absatz 1 Satz 1 Nummer 3 ist der Betrag des Gewerbesteuer-Messbetrags, die tatsächlich zu zahlende Gewerbesteuer und der auf die einzelnen Mitunternehmer oder auf die persönlich haftenden Gesellschafter entfallende Anteil gesondert und einheitlich festzustellen. [2]Der Anteil eines Mitunternehmers am Gewerbesteuer-Messbetrag richtet sich nach seinem Anteil am Gewinn der Mitunternehmerschaft nach Maßgabe des allgemeinen Gewinnverteilungsschlüssels; Vorabgewinnanteile sind nicht zu berücksichtigen. [3]Wenn auf Grund der Bestimmungen in einem Abkommen zur Vermeidung der Doppelbesteuerung bei der Festsetzung des Gewerbesteuer-Messbetrags für eine Mitunternehmerschaft nur der auf einen Teil der Mitunternehmer entfallende anteilige Gewerbeertrag berücksichtigt wird, ist der Gewerbesteuer-Messbetrag nach Maßgabe des allgemeinen Gewinnverteilungsschlüssels in voller Höhe auf diese Mitunternehmer entsprechend ihrer Anteile am Gewerbeertrag der Mitunternehmerschaft aufzuteilen. [4]Der anteilige Gewerbesteuer-Messbetrag ist als Prozentsatz mit zwei Nachkommastellen gerundet zu ermitteln. [5]Bei der Feststellung nach Satz 1 sind anteilige Gewerbesteuer-Messbeträge, die aus einer Beteiligung an einer Mitunternehmerschaft stammen, einzubeziehen.

(3) [1]Zuständig für die gesonderte Feststellung nach Absatz 2 ist das für die gesonderte Feststellung der Einkünfte zuständige Finanzamt. [2]Für die Ermittlung der Steuerermäßigung nach Absatz 1 sind die Festsetzung des Gewerbesteuer-Messbetrags, die Feststellung des Anteils an dem festzusetzenden Gewerbesteuer-Messbetrag nach Absatz 2 Satz 1 und die Festsetzung der Gewerbesteuer Grundlagenbescheide. [3]Für die Ermittlung des anteiligen Gewerbesteuer-Messbetrags nach Absatz 2 sind die Festsetzung des Gewerbesteuer-Messbetrags und die Festsetzung des anteiligen Gewerbesteuer-Messbetrags aus der Beteiligung an einer Mitunternehmerschaft Grundlagenbescheide.

(4) Für die Aufteilung und die Feststellung der tatsächlich zu zahlenden Gewerbesteuer bei Mitunternehmerschaften im Sinne des § 15 Absatz 1 Satz 1 Nummer 2 und bei Kommanditgesellschaften auf Aktien im Sinne des § 15 Absatz 1 Satz 1 Nummer 3 gelten die Absätze 2 und 3 entsprechend.

4. Steuerermäßigung bei Aufwendungen für haushaltsnahe Beschäftigungsverhältnisse und für die Inanspruchnahme haushaltsnaher Dienstleistungen

EStG
S 2296b

§ 35a Steuerermäßigung bei Aufwendungen für haushaltsnahe Beschäftigungsverhältnisse, haushaltsnahe Dienstleistungen und Handwerkerleistungen

(1) Für haushaltsnahe Beschäftigungsverhältnisse, bei denen es sich um eine geringfügige Beschäftigung im Sinne des § 8a des Vierten Buches Sozialgesetzbuch handelt, ermäßigt sich die tarifliche Einkommensteuer, vermindert um die sonstigen Steuerermäßigungen, auf Antrag um 20 Prozent, höchstens 510 Euro, der Aufwendungen des Steuerpflichtigen.

(2) ¹Für andere als in Absatz 1 aufgeführte haushaltsnahe Beschäftigungsverhältnisse oder für die Inanspruchnahme von haushaltsnahen Dienstleistungen, die nicht Dienstleistungen nach Absatz 3 sind, ermäßigt sich die tarifliche Einkommensteuer, vermindert um die sonstigen Steuerermäßigungen, auf Antrag um 20 Prozent, höchstens 4 000 Euro, der Aufwendungen des Steuerpflichtigen. ²Die Steuerermäßigung kann auch in Anspruch genommen werden für die Inanspruchnahme von Pflege- und Betreuungsleistungen sowie für Aufwendungen, die einem Steuerpflichtigen wegen der Unterbringung in einem Heim oder zur dauernden Pflege erwachsen, soweit darin Kosten für Dienstleistungen enthalten sind, die mit denen einer Hilfe im Haushalt vergleichbar sind.

(3) ¹Für die Inanspruchnahme von Handwerkerleistungen für Renovierungs-, Erhaltungs- und Modernisierungsmaßnahmen ermäßigt sich die tarifliche Einkommensteuer, vermindert um die sonstigen Steuerermäßigungen, auf Antrag um 20 Prozent der Aufwendungen des Steuerpflichtigen, höchstens jedoch um 1 200 Euro. ²Dies gilt nicht für öffentlich geförderte Maßnahmen, für die zinsverbilligte Darlehen oder steuerfreie Zuschüsse in Anspruch genommen werden.

(4) ¹Die Steuerermäßigung nach den Absätzen 1 bis 3 kann nur in Anspruch genommen werden, wenn das Beschäftigungsverhältnis, die Dienstleistung oder die Handwerkerleistung in einem in der Europäischen Union oder dem Europäischen Wirtschaftsraum liegenden Haushalt des Steuerpflichtigen oder – bei Pflege- und Betreuungsleistungen – der gepflegten oder betreuten Person ausgeübt oder erbracht wird. ²In den Fällen des Absatzes 2 Satz 2 zweiter Halbsatz ist Voraussetzung, dass das Heim oder der Ort der dauernden Pflege in der Europäischen Union oder dem Europäischen Wirtschaftsraum liegt.

(5) ¹Die Steuerermäßigungen nach den Absätzen 1 bis 3 können nur in Anspruch genommen werden, soweit die Aufwendungen nicht Betriebsausgaben oder Werbungskosten darstellen und soweit sie nicht als Sonderausgaben oder außergewöhnliche Belastungen berücksichtigt worden sind; für Aufwendungen, die dem Grunde nach unter § 10 Absatz 1 Nummer 5 fallen, ist eine Inanspruchnahme ebenfalls ausgeschlossen. ²Der Abzug der tariflichen Einkommensteuer nach den Absätzen 2 und 3 gilt nur für Arbeitskosten. ³Voraussetzung für die Inanspruchnahme der Steuerermäßigung für haushaltsnahe Dienstleistungen nach Absatz 2 oder für Handwerkerleistungen nach Absatz 3 ist, dass der Steuerpflichtige für die Aufwendungen eine Rechnung erhalten hat und die Zahlung auf das Konto des Erbringers der Leistung erfolgt ist. ⁴Leben zwei Alleinstehende in einem Haushalt zusammen, können sie die Höchstbeträge nach den Absätzen 1 bis 3 insgesamt jeweils nur einmal in Anspruch nehmen.

H 35a **Hinweise**

Allgemeine Grundsätze

→ H 35a EStH

Anhang 5 → BMF vom 9. 11. 2016 (BStBl I S. 1213)

5. Steuerermäßigung bei Belastung mit Erbschaftsteuer

EStG

§ 35b Steuerermäßigung bei Belastung mit Erbschaftsteuer

¹Sind bei der Ermittlung des Einkommens Einkünfte berücksichtigt worden, die im Veranlagungszeitraum oder in den vorangegangenen vier Veranlagungszeiträumen als Erwerb von Todes wegen der Erbschaftsteuer unterlegen haben, so wird auf Antrag die um sonstige Steuerermäßigungen gekürzte tarifliche Einkommensteuer, die auf diese Einkünfte entfällt, um den

in Satz 2 bestimmten Prozentsatz ermäßigt. [2]Der Prozentsatz bestimmt sich nach dem Verhältnis, in dem die festgesetzte Erbschaftsteuer zu dem Betrag steht, der sich ergibt, wenn dem steuerpflichtigen Erwerb (§ 10 Absatz 1 des Erbschaftsteuer- und Schenkungsteuergesetzes) die Freibeträge nach den §§ 16 und 17 und der steuerfreie Betrag nach § 5 des Erbschaftsteuer- und Schenkungsteuergesetzes hinzugerechnet werden.

VI. Steuererhebung

1. Erhebung der Einkommensteuer

§ 36 Entstehung und Tilgung der Einkommensteuer

EStG
S 2298

(1) Die Einkommensteuer entsteht, soweit in diesem Gesetz nichts anderes bestimmt ist, mit Ablauf des Veranlagungszeitraums.

(2) Auf die Einkommensteuer werden angerechnet:

1. die für den Veranlagungszeitraum entrichteten Einkommensteuer-Vorauszahlungen (§ 37);

2. die durch Steuerabzug erhobene Einkommensteuer, soweit sie entfällt auf

    a) die bei der Veranlagung erfassten Einkünfte oder

    b) die nach § 3 Nummer 40 dieses Gesetzes oder nach § 8b Absatz 1, 2 und 6 Satz 2 des Körperschaftsteuergesetzes bei der Ermittlung des Einkommens außer Ansatz bleibenden Bezüge

    und keine Erstattung beantragt oder durchgeführt worden ist. [2]Die durch Steuerabzug erhobene Einkommensteuer wird nicht angerechnet, wenn die in § 45a Absatz 2 oder Absatz 3 bezeichnete Bescheinigung nicht vorgelegt worden ist. [3]Soweit der Steuerpflichtige einen Antrag nach § 32d Absatz 4 oder Absatz 6 stellt, ist es für die Anrechnung ausreichend, wenn die Bescheinigung auf Verlangen des Finanzamts vorgelegt wird. [4]In den Fällen des § 8b Absatz 6 Satz 2 des Körperschaftsteuergesetzes ist es für die Anrechnung ausreichend, wenn die Bescheinigung nach § 45a Absatz 2 und 3 vorgelegt wird, die dem Gläubiger der Kapitalerträge ausgestellt worden ist.

3. in den Fällen des § 32c Absatz 1 Satz 2 der nicht zum Abzug gebrachte Unterschiedsbetrag, wenn der Unterschiedsbetrag höher als die tarifliche Einkommensteuer des letzten Veranlagungszeitraums im Betrachtungszeitraum ist. [1]

(3) [1]Die Steuerbeträge nach Absatz 2 Nummer 2 sind auf volle Euro aufzurunden. [2]Bei den durch Steuerabzug erhobenen Steuern ist jeweils die Summe der Beträge einer einzelnen Abzugsteuer aufzurunden.

(4) [1]Wenn sich nach der Abrechnung ein Überschuss zuungunsten des Steuerpflichtigen ergibt, hat der Steuerpflichtige (Steuerschuldner) diesen Betrag, soweit er den fällig gewordenen, aber nicht entrichteten Einkommensteuer-Vorauszahlungen entspricht, sofort, im Übrigen innerhalb eines Monats nach Bekanntgabe des Steuerbescheids zu entrichten (Abschlusszahlung). [2]Wenn sich nach der Abrechnung ein Überschuss zugunsten des Steuerpflichtigen ergibt, wird dieser dem Steuerpflichtigen nach Bekanntgabe des Steuerbescheids ausgezahlt. [3]Bei Ehegatten, die nach den §§ 26, 26b zusammen zur Einkommensteuer veranlagt worden sind, wirkt die Auszahlung an einen Ehegatten auch für und gegen den anderen Ehegatten.

(5) [1]In den Fällen des § 16 Absatz 3a kann auf Antrag des Steuerpflichtigen die festgesetzte Steuer, die auf den Aufgabegewinn und den durch den Wechsel der Gewinnermittlungsart erzielten Gewinn entfällt, in fünf gleichen Jahresraten entrichtet werden, wenn die Wirtschaftsgüter einem Betriebsvermögen des Steuerpflichtigen in einem anderen Mitgliedstaat der Europäischen Union oder des Europäischen Wirtschaftsraums zuzuordnen sind, sofern durch diese Staaten Amtshilfe entsprechend oder im Sinne der Amtshilferichtlinie gemäß § 2 Absatz 2 des EU-Amtshilfegesetzes und gegenseitige Unterstützung bei der Beitreibung im Sinne der Beitreibungsrichtlinie einschließlich der in diesem Zusammenhang anzuwendenden Durchführungsbestimmungen in den für den jeweiligen Veranlagungszeitraum geltenden Fassungen oder eines entsprechenden Nachfolgerechtsakts geleistet werden. [2]Die erste Jahresrate ist

---

1) Absatz 2 Nr. 3 wird durch Artikel 3 des Gesetzes zum Erlass und zur Änderung marktordnungsrechtlicher Vorschriften sowie zur Änderung des Einkommensteuergesetzes angefügt (Inkrafttreten an dem Tag, an dem die Europäische Kommission durch Beschluss feststellt, dass die Regelung entweder keine Beihilfen oder mit dem Binnenmarkt vereinbare Beihilfen darstellen. Der Tag des Beschlusses der Europäischen Kommission sowie der Tag des Inkrafttretens werden vom Bundesministerium für Ernährung und Landwirtschaft gesondert im Bundesgesetzblatt bekannt gemacht). § 36 Abs. 2 Nr. 3 i. d. F. des Artikels 3 des Gesetzes vom 20. 12. 2016 (BGBl. I S. 3045) ist erstmals für den VZ 2016 und letztmalig für den VZ 2022 anzuwenden → § 52 Abs. 35a EStG i. d. F. des Artikels 3 des Gesetzes zum Erlass und zur Änderung marktordnungsrechtlicher Vorschriften sowie zur Änderung des Einkommensteuergesetzes.

innerhalb eines Monats nach Bekanntgabe des Steuerbescheids zu entrichten; die übrigen Jahresraten sind jeweils am 31. Mai der Folgejahre fällig. [3]Die Jahresraten sind nicht zu verzinsen. [4]Wird der Betrieb oder Teilbetrieb während dieses Zeitraums eingestellt, veräußert oder in andere als die in Satz 1 genannten Staaten verlegt, wird die noch nicht entrichtete Steuer innerhalb eines Monats nach diesem Zeitpunkt fällig; Satz 2 bleibt unberührt. [5]Ändert sich die festgesetzte Steuer, sind die Jahresraten entsprechend anzupassen.

EStG

§ 36a Beschränkung der Anrechenbarkeit der Kapitalertragsteuer

(1) [1]Bei Kapitalerträgen im Sinne des § 43 Absatz 1 Satz 1 Nummer 1a setzt die volle Anrechnung der durch Steuerabzug erhobenen Einkommensteuer ferner voraus, dass der Steuerpflichtige hinsichtlich der diesen Kapitalerträgen zugrunde liegenden Anteile oder Genussscheine

1. während der Mindesthaltedauer nach Absatz 2 ununterbrochen wirtschaftlicher Eigentümer ist,

2. während der Mindesthaltedauer nach Absatz 2 ununterbrochen das Mindestwertänderungsrisiko nach Absatz 3 trägt und

3. nicht verpflichtet ist, die Kapitalerträge ganz oder überwiegend, unmittelbar oder mittelbar anderen Personen zu vergüten.

[2]Fehlen die Voraussetzungen des Satzes 1, so sind drei Fünftel der Kapitalertragsteuer nicht anzurechnen. [3]Die nach den Sätzen 1 und 2 nicht angerechnete Kapitalertragsteuer ist auf Antrag bei der Ermittlung der Einkünfte abzuziehen. [4]Die Sätze 1 bis 3 gelten entsprechend für Anteile oder Genussscheine, die zu inländischen Kapitalerträgen im Sinne des § 43 Absatz 3 Satz 1 führen und einer Wertpapiersammelbank im Ausland zur Verwahrung anvertraut sind.

(2) [1]Die Mindesthaltedauer umfasst 45 Tage und muss innerhalb eines Zeitraums von 45 Tagen vor und 45 Tagen nach der Fälligkeit der Kapitalerträge erreicht werden. [2]Bei Anschaffungen und Veräußerungen ist zu unterstellen, dass die zuerst angeschafften Anteile oder Genussscheine zuerst veräußert wurden.

(3) [1]Der Steuerpflichtige muss unter Berücksichtigung von gegenläufigen Ansprüchen und Ansprüchen nahe stehender Personen das Risiko aus einem sinkenden Wert der Anteile oder Genussscheine im Umfang von mindestens 70 Prozent tragen (Mindestwertänderungsrisiko). [2]Kein hinreichendes Mindestwertänderungsrisiko liegt insbesondere dann vor, wenn der Steuerpflichtige oder eine ihm nahe stehende Person Kurssicherungsgeschäfte abgeschlossen hat, die das Wertänderungsrisiko der Anteile oder Genussscheine unmittelbar oder mittelbar um mehr als 30 Prozent mindern.

(4) Einkommen- oder körperschaftsteuerpflichtige Personen, bei denen insbesondere aufgrund einer Steuerbefreiung kein Steuerabzug vorgenommen oder denen ein Steuerabzug erstattet wurde und die die Voraussetzungen für eine Anrechenbarkeit der Kapitalertragsteuer nach den Absätzen 1 bis 3 nicht erfüllen, haben dies gegenüber ihrem zuständigen Finanzamt anzuzeigen und eine Zahlung in Höhe des unterbliebenen Steuerabzugs auf Kapitalerträge im Sinne des § 43 Absatz 1 Satz 1 Nummer 1a und des Absatzes 1 Satz 4 zu leisten.

(5) Die Absätze 1 bis 4 sind nicht anzuwenden, wenn

1. die Kapitalerträge im Sinne des § 43 Absatz 1 Satz 1 Nummer 1a und des Absatzes 1 Satz 4 im Veranlagungszeitraum nicht mehr als 20 000 Euro betragen oder

2. der Steuerpflichtige bei Zufluss der Kapitalerträge im Sinne des § 43 Absatz 1 Satz 1 Nummer 1a und des Absatzes 1 Satz 4 seit mindestens einem Jahr ununterbrochen wirtschaftlicher Eigentümer der Aktien oder Genussscheine ist; Absatz 2 Satz 2 gilt entsprechend.

(6) [1]Der Treuhänder und der Treugeber gelten für die Zwecke der vorstehenden Absätze als eine Person, wenn Kapitalerträge im Sinne des § 43 Absatz 1 Satz 1 Nummer 1a und des Absatzes 1 Satz 4 einem Treuhandvermögen zuzurechnen sind, welches ausschließlich der Erfüllung von Altersvorsorgeverpflichtungen dient und dem Zugriff übriger Gläubiger entzogen ist. [2]Entsprechendes gilt für Versicherungsunternehmen und Versicherungsnehmer im Rahmen von fondsgebundenen Lebensversicherungen, wenn die Leistungen aus dem Vertrag an den Wert eines internen Fonds im Sinne des § 124 Absatz 2 Satz 2 Nummer 1 des Versicherungsaufsichtsgesetzes gebunden sind.

(7) § 42 der Abgabenordnung bleibt unberührt.

§ 37   Einkommensteuer-Vorauszahlung

(1) [1]Der Steuerpflichtige hat am 10. März, 10. Juni, 10. September und 10. Dezember Vorauszahlungen auf die Einkommensteuer zu entrichten, die er für den laufenden Veranlagungszeitraum voraussichtlich schulden wird. [2]Die Einkommensteuer-Vorauszahlung entsteht jeweils mit Beginn des Kalendervierteljahres, in dem die Vorauszahlungen zu entrichten sind, oder, wenn die Steuerpflicht erst im Laufe des Kalendervierteljahres begründet wird, mit Begründung der Steuerpflicht.

(2) (weggefallen)

(3) [1]Das Finanzamt setzt die Vorauszahlungen durch Vorauszahlungsbescheid fest. [2]Die Vorauszahlungen bemessen sich grundsätzlich nach der Einkommensteuer, die sich nach Anrechnung der Steuerabzugsbeträge (§ 36 Absatz 2 Nummer 2) bei der letzten Veranlagung ergeben hat. [3]Das Finanzamt kann bis zum Ablauf des auf den Veranlagungszeitraum folgenden 15. Kalendermonats die Vorauszahlungen an die Einkommensteuer anpassen, die sich für den Veranlagungszeitraum voraussichtlich ergeben wird; dieser Zeitraum verlängert sich auf 23 Monate, wenn die Einkünfte aus Land- und Forstwirtschaft bei der erstmaligen Steuerfestsetzung die anderen Einkünfte voraussichtlich überwiegen werden. [4]Bei der Anwendung der Sätze 2 und 3 bleiben Aufwendungen im Sinne des § 10 Absatz 1 Nummer 4, 5, 7 und 9 sowie Absatz 1a, der §§ 10b und 33 sowie die abziehbaren Beträge nach § 33a, wenn die Aufwendungen und abziehbaren Beträge insgesamt 600 Euro nicht übersteigen, außer Ansatz. [5]Die Steuerermäßigung des § 34a bleibt außer Ansatz. [6]Bei der Anwendung der Sätze 2 und 3 bleibt der Sonderausgabenabzug nach § 10a Absatz 1 außer Ansatz. [7]Außer Ansatz bleiben bis zur Anschaffung oder Fertigstellung der Objekte im Sinne des § 10e Absatz 1 und 2 und § 10h auch die Aufwendungen, die nach § 10e Absatz 6 und § 10h Satz 3 wie Sonderausgaben abgezogen werden; Entsprechendes gilt auch für Aufwendungen, die nach § 10i für nach dem Eigenheimzulagengesetz begünstigte Objekte wie Sonderausgaben abgezogen werden. [8]Negative Einkünfte aus der Vermietung oder Verpachtung eines Gebäudes im Sinne des § 21 Absatz 1 Satz 1 Nummer 1 werden bei der Festsetzung der Vorauszahlungen nur für Kalenderjahre berücksichtigt, die nach der Anschaffung oder Fertigstellung dieses Gebäudes beginnen. [9]Wird ein Gebäude vor dem Kalenderjahr seiner Fertigstellung angeschafft, tritt an die Stelle der Anschaffung die Fertigstellung. [10]Satz 8 gilt nicht für negative Einkünfte aus der Vermietung oder Verpachtung eines Gebäudes, für das erhöhte Absetzungen nach den §§ 14a, 14c oder 14d des Berlinförderungsgesetzes in Anspruch genommen werden. [11]Satz 8 gilt für negative Einkünfte aus der Vermietung oder Verpachtung eines anderen Vermögensgegenstands im Sinne des § 21 Absatz 1 Satz 1 Nummer 1 bis 3 entsprechend mit der Maßgabe, dass an die Stelle der Anschaffung oder Fertigstellung die Aufnahme der Nutzung durch den Steuerpflichtigen tritt. [12]In den Fällen des § 31, in denen die gebotene steuerliche Freistellung eines Einkommensbetrags in Höhe des Existenzminimums eines Kindes durch das Kindergeld nicht in vollem Umfang bewirkt wird, bleiben bei der Anwendung der Sätze 2 und 3 Freibeträge nach § 32 Absatz 6 und zu verrechnendes Kindergeld außer Ansatz.

(4) [1]Bei einer nachträglichen Erhöhung der Vorauszahlungen ist die letzte Vorauszahlung für den Veranlagungszeitraum anzupassen. [2]Der Erhöhungsbetrag ist innerhalb eines Monats nach Bekanntgabe des Vorauszahlungsbescheids zu entrichten.

(5) [1]Vorauszahlungen sind nur festzusetzen, wenn sie mindestens 400 Euro im Kalenderjahr und mindestens 100 Euro für einen Vorauszahlungszeitpunkt betragen. [2]Festgesetzte Vorauszahlungen sind nur zu erhöhen, wenn sich der Erhöhungsbetrag im Fall des Absatzes 3 Satz 2 bis 5 für einen Vorauszahlungszeitpunkt auf mindestens 100 Euro, im Fall des Absatzes 4 auf mindestens 5 000 Euro beläuft.

(6) [1]Absatz 3 ist, soweit die erforderlichen Daten nach § 10 Absatz 2 Satz 3 noch nicht nach § 10 Absatz 2a übermittelt wurden, mit der Maßgabe anzuwenden, dass

1. als Beiträge im Sinne des § 10 Absatz 1 Nummer 3 Buchstabe a die für den letzten Veranlagungszeitraum geleisteten

   a) Beiträge zugunsten einer privaten Krankenversicherung vermindert um 20 Prozent oder

   b) Beiträge zur gesetzlichen Krankenversicherung vermindert um 4 Prozent,

2. als Beiträge im Sinne des § 10 Absatz 1 Nummer 3 Buchstabe b die bei der letzten Veranlagung berücksichtigten Beiträge zugunsten einer gesetzlichen Pflegeversicherung

anzusetzen sind; mindestens jedoch 1 500 Euro. [2]Bei zusammen veranlagten Ehegatten ist der in Satz 1 genannte Betrag von 1 500 Euro zu verdoppeln.

Hinweise

Allgemeines zu nichtselbständiger Arbeit

– Die Festsetzung von Einkommensteuer-Vorauszahlungen ist auch dann zulässig, wenn der Steuerpflichtige ausschließlich Einkünfte aus nichtselbständiger Arbeit erzielt, die dem Lohnsteuerabzug unterliegen (→ BFH vom 20. 12. 2004 – BStBl 2005 II S. 358).

– → „Merkblatt zur Steuerklassenwahl für das Jahr 2018 bei Ehegatten oder Lebenspartnern, die beide Arbeitnehmer sind" (→ H 39.1 Steuerklassenwahl).

Ehegatten, die beide Arbeitslohn beziehen

Festsetzung von Vorauszahlungen bei Ehegatten, die beide Arbeitslohn beziehen

(Verfügung der OFD Magdeburg vom 25. 1. 2011 – S 2297 – 17 – St 213 –)

Ehegatten, die beide unbeschränkt steuerpflichtig sind, nicht dauernd getrennt leben und beide Arbeitslohn beziehen, können für den Lohnsteuerabzug wählen, ob sie beide in die Steuerklasse IV eingeordnet werden wollen oder ob einer von ihnen nach Steuerklasse III und der andere nach Steuerklasse V besteuert werden will. Die Steuerklassenkombination III/V ist so gestaltet, dass die Summe der Steuerabzugsbeträge beider Ehegatten in etwa der zu erwartenden Jahressteuer entspricht, wenn der in Steuerklasse III eingestufte Ehegatte ca. 60 %, der in Steuerklasse V eingestufte ca. 40 % des gemeinsamen Arbeitseinkommens erzielt. Es bleibt den Ehegatten unbenommen, sich trotzdem für die Steuerklassenkombination IV/IV zu entscheiden, wenn sie den höheren Steuerabzug bei dem Ehegatten mit der Steuerklasse V vermeiden wollen; dann entfällt jedoch für den anderen Ehegatten die günstigere Steuerklasse III. Zudem besteht die Möglichkeit, die Steuerklassenkombination IV/IV mit Faktor zu wählen.

Die vom Arbeitslohn einbehaltenen Beträge an Lohnsteuer stellen im Regelfall nur Vorauszahlungen auf die endgültige Jahressteuerschuld dar. In welcher Höhe sich nach Ablauf des Jahres Erstattungen oder Nachzahlungen ergeben, lässt sich nicht allgemein sagen; hier kommt es immer auf die Verhältnisse des Einzelfalles an. Das Finanzamt kann Einkommensteuer-Vorauszahlungen festsetzen, wenn damit zu rechnen ist, dass die Jahressteuerschuld die einzubehaltende Lohnsteuer um mindestens 400 € im Kalenderjahr übersteigt.

Im Rahmen der Veranlagung 2009 sind vermehrt Fälle aufgetreten, in denen maschinelle Vorauszahlungen für Ehegatten mit der Steuerklassenkombination III/V festgesetzt werden, obwohl ausschließlich Einkünfte vorhanden sind, welche dem Lohnsteuerabzug unterliegen.

Zu dieser Problematik bemerke ich Folgendes:

Während bis zum Veranlagungszeitraum 2009 für Arbeitnehmer im Rahmen der Veranlagung geprüft wurde, ob die tatsächlich gezahlten Vorsorgeaufwendungen oder die Vorsorgepauschale nach § 10c Abs. 2 bis 5 EStG a. F. anzusetzen war, bewirkt das Gesetz zur verbesserten steuerlichen Berücksichtigung von Vorsorgeaufwendungen (Bürgerentlastungsgesetz Krankenversicherung) vom 16. Juli 2009 (BGBl. 2009 I S. 1959) eine grundlegende Neuregelung für die Vorsorgepauschale ab dem Veranlagungszeitraum 2010.

Die Vorsorgepauschale wird für die Renten-, Kranken- und Pflegeversicherung ab dem Veranlagungszeitraum 2010 nur noch im Lohnsteuerabzugsverfahren berücksichtigt. Im Rahmen der Veranlagung werden – entgegen der bisherigen Rechtslage – nur noch die tatsächlich geleisteten Versicherungsbeiträge berücksichtigt.

1. Berechnung der Vorsorgeaufwendungen für den Lohnsteuerabzug:

Bei der Berechnung der Lohnsteuer werden Vorsorgeaufwendungen durch eine Vorsorgepauschale im Rahmen bestimmter Höchstbeträge berücksichtigt. Als Mindestvorsorgepauschale werden 12 % des Arbeitslohns, höchstens 1 900 € in den Steuerklassen I, II, IV, V, VI und höchstens 3 000 € in der Steuerklasse III angesetzt.

Hinweis:

Bis einschließlich Veranlagungszeitraum 2009 wurde bei der Steuerklasse V keine Vorsorgepauschale im Lohnsteuerabzugsverfahren berücksichtigt. Durch die Einführung einer Vorsorgepauschale auch bei Steuerklasse V und die Beibehaltung der Pauschale in Steuerklasse III erhalten Ehegatten mit der Steuerklassenkombination III/V nun maximal eine Mindestvorsorgepauschale von 3 000 € + 1 900 € = 4 900 €, wohingegen bei Ehegatten mit der Steuerklassenkombination IV/IV eine maximale Mindestvorsorgepauschale von 1 900 € + 1 900 € = 3 800 € Berücksichtigung findet.

2. Berechnung der Vorsorgeaufwendungen für Zwecke der Vorauszahlungen

Im Vorauszahlungsverfahren werden ab dem Veranlagungszeitraum 2010 keine Vorsorgepauschalen mehr berücksichtigt. Grundsätzlich können nur noch die tatsächlich gezahlten Vorsorgeaufwendungen berücksichtigt werden. Allerdings ist in der Anfangszeit eine Übergangsregelung erforderlich, da dem Finanzamt bei der Ermittlung der Einkommensteuer-Vorauszahlungen für den Veranlagungszeitraum 2010 noch keine Angaben zur Höhe der Beiträge zum Basiskrankenversicherungsschutz der privat Krankenversicherten vorliegen (§ 52 Abs. 50f EStG n. F.). Aus diesem Grund werden als Basiskrankenversicherungsbeiträge entweder die um 20 % verminderten privaten Krankenversicherungsbeiträge der letzten Veranlagung oder die um 4 % verminderten Beiträge zur gesetzlichen Krankenversicherung angesetzt.

Für Zwecke der Vorauszahlungen werden mindestens Beiträge in Höhe von 1 500 €, im Fall der Zusammenveranlagung von Ehegatten in Höhe von 3 000 € berücksichtigt (§ 52 Abs. 50f EStG n. F.). Darüber hinaus ist auch ein gesonderter Nachweis höherer Beiträge durch den Steuerpflichtigen möglich.

In allen Fällen handelt es sich lediglich um einen vorläufigen Ansatz. In der Einkommensteuerveranlagung für das Jahr 2010 werden dann die tatsächlich gezahlten Beiträge berücksichtigt.

3. Berechnung der Vorsorgeaufwendungen für Zwecke der Veranlagung

Bei Arbeitnehmern können Vorsorgeaufwendungen grundsätzlich bis zur Höhe von 1 900 € abgezogen werden. Zusammenveranlagten Ehegatten steht ein gemeinsames Abzugsvolumen entsprechend der Summe der jedem Ehegatten zustehenden Höchstbeträge zu.

Weitere Verfahrensweise

Es können auch für Arbeitnehmer, die zur Einkommensteuer veranlagt werden, Einkommensteuer-Vorauszahlungen festgesetzt werden, wenn damit zu rechnen ist, dass die Jahressteuerschuld die einzubehaltende Lohnsteuer übersteigt.

Das Programm berechnet die Vorauszahlungen mit den vorliegenden Daten korrekt. Es besteht also grundsätzlich kein Anlass, die festgesetzten Vorauszahlungen auf die zu leistende Nachzahlung für den Veranlagungszeitraum 2009 herabzusetzen oder von einer Festsetzung von Vorauszahlungen abzusehen.

Anträgen auf Änderung oder Einsprüchen ist nur in folgenden Fällen stattzugeben:

1. Die Steuerpflichtigen haben zwar im Veranlagungszeitraum die Steuerklassen-Kombination III/V gewählt, sind jedoch im Veranlagungszeitraum 2010 auf eine andere Steuerklassenkombination übergegangen.
   In diesen Fällen werden die Vorauszahlungen falsch berechnet, weil von einem Lohnsteuerabzug nach Steuerklasse III bzw. V ausgegangen wird.
2. Die Steuerpflichtigen haben höhere zu berücksichtigende Werbungskosten.
3. Die Steuerpflichtigen weisen höhere abziehbare Vorsorgeaufwendungen nach.

Die betroffenen Steuerpflichtigen sollten – zur künftigen Vermeidung der Festsetzung von Vorauszahlungen – auf das neu eingeführte Faktorverfahren verwiesen werden.

§ 37a   Pauschalierung der Einkommensteuer durch Dritte

EStG
S 2297a

(1) [1]Das Finanzamt kann auf Antrag zulassen, dass das Unternehmen, das Sachprämien im Sinne des § 3 Nummer 38 gewährt, die Einkommensteuer für den Teil der Prämien, der nicht steuerfrei ist, pauschal erhebt. [2]Bemessungsgrundlage der pauschalen Einkommensteuer ist der gesamte Wert der Prämien, die den im Inland ansässigen Steuerpflichtigen zufließen. [3]Der Pauschsteuersatz beträgt 2,25 Prozent.

(2) [1]Auf die pauschale Einkommensteuer ist § 40 Absatz 3 sinngemäß anzuwenden. [2]Das Unternehmen hat die Prämienempfänger von der Steuerübernahme zu unterrichten.

(3) [1]Über den Antrag entscheidet das Betriebsstättenfinanzamt des Unternehmens (§ 41a Absatz 1 Satz 1 Nummer 1). [2]Hat das Unternehmen mehrere Betriebsstättenfinanzämter, so ist das Finanzamt der Betriebsstätte zuständig, in der die für die pauschale Besteuerung maßgebenden Prämien ermittelt werden. [3]Die Genehmigung zur Pauschalierung wird mit Wirkung für die Zukunft erteilt und kann zeitlich befristet werden; sie erstreckt sich auf alle im Geltungszeitraum ausgeschütteten Prämien.

(4) Die pauschale Einkommensteuer gilt als Lohnsteuer und ist von dem Unternehmen in der Lohnsteuer- Anmeldung der Betriebsstätte im Sinne des Absatzes 3 anzumelden und spätestens

am zehnten Tag nach Ablauf des für die Betriebsstätte maßgebenden Lohnsteuer-Anmeldungszeitraums an das Betriebsstättenfinanzamt abzuführen.

H 37a **Hinweise**

Kirchensteuer bei Pauschalierung der Lohn- und Einkommensteuer

→ Gleich lautende Ländererlasse vom 8. 8. 2016 (BStBl I S. 773) → H 40.2

EStG
S 2297b

§ 37b Pauschalierung der Einkommensteuer bei Sachzuwendungen

(1) ¹Steuerpflichtige können die Einkommensteuer einheitlich für alle innerhalb eines Wirtschaftsjahres gewährten

1. betrieblich veranlassten Zuwendungen, die zusätzlich zur ohnehin vereinbarten Leistung oder Gegenleistung erbracht werden, und

2. Geschenke im Sinne des § 4 Absatz 5 Satz 1 Nummer 1,

die nicht in Geld bestehen, mit einem Pauschsteuersatz von 30 Prozent erheben. ²Bemessungsgrundlage der pauschalen Einkommensteuer sind die Aufwendungen des Steuerpflichtigen einschließlich Umsatzsteuer; bei Zuwendungen an Arbeitnehmer verbundener Unternehmen ist Bemessungsgrundlage mindestens der sich nach § 8 Absatz 3 Satz 1 ergebende Wert. ³Die Pauschalierung ist ausgeschlossen,

1. soweit die Aufwendungen je Empfänger und Wirtschaftsjahr oder

2. wenn die Aufwendungen für die einzelne Zuwendung

den Betrag von 10 000 Euro übersteigen.

(2) ¹Absatz 1 gilt auch für betrieblich veranlasste Zuwendungen an Arbeitnehmer des Steuerpflichtigen, soweit sie nicht in Geld bestehen und zusätzlich zum ohnehin geschuldeten Arbeitslohn erbracht werden. ²In den Fällen des § 8 Absatz 2 Satz 2 bis 10, Absatz 3, § 40 Absatz 2 sowie in Fällen, in denen Vermögensbeteiligungen überlassen werden, ist Absatz 1 nicht anzuwenden; Entsprechendes gilt, soweit die Zuwendungen nach § 40 Absatz 1 pauschaliert worden sind. ³§ 37a Absatz 1 bleibt unberührt.

(3) ¹Die pauschal besteuerten Sachzuwendungen bleiben bei der Ermittlung der Einkünfte des Empfängers außer Ansatz. ²Auf die pauschale Einkommensteuer ist § 40 Absatz 3 sinngemäß anzuwenden. ³Der Steuerpflichtige hat den Empfänger von der Steuerübernahme zu unterrichten.

(4) ¹Die pauschale Einkommensteuer gilt als Lohnsteuer und ist von dem die Sachzuwendung gewährenden Steuerpflichtigen in der Lohnsteuer-Anmeldung der Betriebsstätte nach § 41 Absatz 2 anzumelden und spätestens am zehnten Tag nach Ablauf des für die Betriebsstätte maßgebenden Lohnsteuer-Anmeldungszeitraums an das Betriebsstättenfinanzamt abzuführen. ²Hat der Steuerpflichtige mehrere Betriebsstätten im Sinne des Satzes 1, so ist das Finanzamt der Betriebsstätte zuständig, in der die für die pauschale Besteuerung maßgebenden Sachbezüge ermittelt werden.

H 37b **Hinweise**

Kirchensteuer bei Pauschalierung der Lohn- und Einkommensteuer

→ Gleich lautende Ländererlasse vom 8. 8. 2016 (BStBl I S. 773) → H 40.2

Sachzuwendungen an Arbeitnehmer

→ BMF vom 19. 5. 2015 (BStBl I S. 468)

I. Pauschalierung der Einkommensteuer bei Sachzuwendungen nach § 37b EStG

Schreiben des BMF vom 29. April 2008 (BStBl I S. 566);
Entscheidungen des BFH vom 16. Oktober 2013 – VI R 52/11, VI R 57/11, VI R 78/12 – (BStBl II 2015 S. 455, 457 und 495) und vom 12. Dezember 2013 – VI R 47/12 – (BStBl II 2015 S. 490)

(BMF-Schreiben vom 19. 5. 2015
– IV B 2 – S 2297-b/14/0001, 2015/0331056 –, BStBl I S. 468)

Mit dem Jahressteuergesetz 2007 vom 13. Dezember 2006 (BGBl. I 2006 S. 2878, BStBl I 2007 S. 28) wurde mit § 37b EStG eine Regelung in das Einkommensteuergesetz eingefügt, die es dem zuwendenden Steuerpflichtigen ermöglicht, die Einkommensteuer auf Sachzuwendungen an Arbeitnehmer oder Nichtarbeitnehmer mit einem Steuersatz von 30 Prozent pauschal zu übernehmen und abzuführen. Mit Urteilen vom 16. Oktober und 12. Dezember 2013 hat der BFH in vier Entscheidungen – VI R 52/11, VI R 57/11, VI R 78/12 und VI R 47/12 – den Anwendungsbereich des § 37b EStG eingegrenzt und entschieden, die Pauschalierung der Einkommensteuer nach § 37b EStG setze die Steuerpflicht der Sachzuwendungen voraus. Das BMF-Schreiben vom 29. April 2008 (BStBl I S. 566)[1]) wird im Einvernehmen mit den obersten Finanzbehörden der Länder unter Berücksichtigung der Grundsätze der BFH-Entscheidungen sowie weiterer inzwischen geklärter Zweifelsfragen wie folgt neu gefasst:

I. Anwendungsbereich des § 37b EStG

Zuwendender i. S. d. § 37b EStG kann jede natürliche und juristische Person oder Personenvereinigung sein, die aus betrieblichem Anlass nicht in Geld bestehende — 1

– Geschenke oder

– Zuwendungen zusätzlich

  – zur ohnehin vereinbarten Leistung oder Gegenleistung oder

  – zum ohnehin geschuldeten Arbeitslohn

erbringt. Juristische Personen des öffentlichen Rechts sind sowohl mit ihrem hoheitlichen Bereich und dem Bereich der Vermögensverwaltung als auch mit ihren einzelnen Betrieben gewerblicher Art jeweils Zuwendender i. S. d. § 37b EStG. Die Wahlmöglichkeit kann für die verschiedenen Bereiche unabhängig voneinander ausgeübt werden. Macht der Zuwendende von der Wahlmöglichkeit des § 37b EStG Gebrauch, ist er Steuerpflichtiger i. S. d. § 33 AO. Ausländische Zuwendende und nicht steuerpflichtige juristische Personen des öffentlichen Rechts werden spätestens mit der Anwendung des § 37b EStG zu Steuerpflichtigen i. S. dieser Vorschrift.

Zuwendungsempfänger können eigene Arbeitnehmer des Zuwendenden sowie Dritte unabhängig von ihrer Rechtsform (z. B. AG, GmbH, Aufsichtsräte, Verwaltungsratsmitglieder, sonstige Organmitglieder von Vereinen und Verbänden, Geschäftspartner, deren Familienangehörige, Arbeitnehmer Dritter) sein. — 2

Von § 37b EStG werden nur solche Zuwendungen erfasst, die betrieblich veranlasst sind (BFH vom 12. Dezember 2013 – VI R 47/12 –, BStBl II 2015 S. 490) und die beim Empfänger dem Grunde nach zu steuerbaren und steuerpflichtigen Einkünften führen (BFH vom 16. Oktober 2013 – VI R 57/11 –, BStBl II 2015 S. 457). § 37b EStG begründet keine eigenständige Einkunftsart und erweitert nicht den einkommensteuerrechtlichen Lohnbegriff, sondern stellt lediglich eine besondere pauschalierende Erhebungsform der Einkommensteuer zur Wahl (BFH vom 16. Oktober 2013 – VI R 57/11 und VI R 78/12 –, BStBl II 2015 S. 457 und 495). Zusätzlich zum ohnehin geschuldeten Arbeitslohn gewährte Zuwendungen an eigene Arbeitnehmer sind Sachbezüge i. S. d. § 8 Absatz 2 Satz 1 EStG, für die keine gesetzliche Bewertungsmöglichkeit nach § 8 Absatz 2 Satz 2 bis 10 und Absatz 3 EStG sowie keine Pauschalierungsmöglichkeit nach § 40 Absatz 2 EStG besteht. In den Fällen des § 8 Absatz 3 EStG ist es auch dann nicht zulässig, die Steuer nach § 37b Absatz 2 EStG zu pauschalieren, wenn der Steuerpflichtige nach R 8.2 Absatz 1 Satz 1 Nummer 4 LStR 2015 die Bewertung des geldwerten Vorteils nach § 8 Absatz 2 EStG wählt. Für sonstige Sachbezüge, die nach § 40 Absatz 1 EStG pauschaliert besteuert werden können, kann der Steuerpflichtige auch die Pauschalierung nach § 37b EStG wählen. Die Zuwendung von Vermögensbeteiligungen an eigene Arbeitnehmer ist von der Pauschalierung nach § 37b EStG ausgeschlossen. — 3

---

1) Zuletzt abgedruckt in der Lohnsteuer Handausgabe 2015.

II. Wahlrecht zur Anwendung des § 37b EStG

1. Einheitlichkeit der Wahlrechtsausübung

4 Das Wahlrecht zur Anwendung der Pauschalierung der Einkommensteuer ist nach § 37b Absatz 1 Satz 1 EStG einheitlich für alle innerhalb eines Wirtschaftsjahres gewährten Zuwendungen, mit Ausnahme der die Höchstbeträge nach § 37b Absatz 1 Satz 3 EStG übersteigenden Zuwendungen, auszuüben. Dabei ist es zulässig, für Zuwendungen an Dritte (Absatz 1) und an eigene Arbeitnehmer (Absatz 2) § 37b EStG jeweils gesondert anzuwenden. Auch bei einem vom Kalenderjahr abweichenden Wirtschaftsjahr ist für den Personenkreis der eigenen Arbeitnehmer immer die kalenderjahrbezogene Betrachtungsweise für das Wahlrecht maßgeblich. Das Wahlrecht kann für alle inländischen lohnsteuerlichen Betriebsstätten nach § 41 Absatz 2 EStG nur einheitlich ausgeübt werden. Die Entscheidung zur Anwendung des § 37b EStG kann nicht zurückgenommen werden.

5 Werden Zuwendungen an Arbeitnehmer verbundener Unternehmen i. S. d. §§ 15 ff. AktG oder § 271 HGB vergeben, fallen diese Zuwendungen in den Anwendungsbereich des § 37b Absatz 1 EStG und sind nach § 37b Absatz 1 Satz 2 EStG mindestens mit dem sich aus § 8 Absatz 3 Satz 1 EStG ergebenden Wert zu bemessen (Rabattgewährung an Konzernmitarbeiter). Es wird nicht beanstandet, wenn diese Zuwendungen an Arbeitnehmer verbundener Unternehmen individuell besteuert werden, auch wenn der Zuwendende für die übrigen Zuwendungen § 37b Absatz 1 EStG anwendet. Für die übrigen Zuwendungen ist das Wahlrecht einheitlich auszuüben.

6 Übt ein ausländischer Zuwendender das Wahlrecht zur Anwendung des § 37b EStG aus, sind die Zuwendungen, die unbeschränkt oder beschränkt Einkommen- oder Körperschaftsteuerpflichtigen im Inland gewährt werden, einheitlich zu pauschalieren.

2. Zeitpunkt der Wahlrechtsausübung

7 Die Entscheidung zur Anwendung der Pauschalierung kann für den Anwendungsbereich des § 37b Absatz 1 EStG auch im laufenden Wirtschaftsjahr, spätestens in der letzten Lohnsteuer-Anmeldung des Wirtschaftsjahres der Zuwendung getroffen werden. Eine Berichtigung der vorangegangenen einzelnen Lohnsteuer-Anmeldungen zur zeitgerechten Erfassung ist nicht erforderlich.

8 Für den Anwendungsbereich des § 37b Absatz 2 EStG soll die Entscheidung zur Anwendung der Pauschalierung spätestens bis zu der für die Übermittlung der elektronischen Lohnsteuerbescheinigung geltenden Frist (§ 41b Absatz 1 Satz 2 EStG, 28. Februar des Folgejahres) getroffen werden. Dieser Endtermin gilt auch, wenn ein Arbeitnehmer während des laufenden Kalenderjahres ausscheidet. Ist eine Änderung des Lohnsteuerabzugs gemäß § 41c EStG zum Zeitpunkt der Ausübung des Wahlrechts nicht mehr möglich, so hat der Arbeitgeber dem Arbeitnehmer eine Bescheinigung über die Pauschalierung nach § 37b Absatz 2 EStG auszustellen. Die Korrektur des bereits individuell besteuerten Arbeitslohns kann der Arbeitnehmer dann nur noch im Veranlagungsverfahren zur Einkommensteuer begehren.

8a Das Wahlrecht kann auch durch Änderung einer noch nicht materiell bestandskräftigen Lohnsteuer-Anmeldung ausgeübt werden. Eine erstmalige Wahlrechtsausübung im Rahmen einer Außenprüfung ist somit zulässig. Wurden Sachzuwendungen an eigene Arbeitnehmer (§ 37b Absatz 2) vorbehaltlich der Pauschalierung nach § 40 Absatz 1 Satz 1 EStG (Rdnr. 22) weder nach anderen Vorschriften pauschal noch individuell besteuert, kann das Wahlrecht (erstmalig) auch noch nach der in den Rdnrn. 7 und 8 genannten Frist im Rahmen einer Änderung einer noch nicht materiell bestandskräftigen Lohnsteuer-Anmeldung ausgeübt werden. Wurden Sachzuwendungen an eigene Arbeitnehmer dagegen bisher individuell besteuert, weil eine Pauschalierung zum maßgeblichen Wahlrechtszeitpunkt nicht vorgenommen worden ist, ist eine Pauschalierung nach § 37b Absatz 2 EStG nicht mehr möglich. Wurden Zuwendungen an eigene Arbeitnehmer nach § 37b EStG bisher pauschal besteuert, ist die bisherige Ausübung des Wahlrechts für den Zuwendenden bindend. Eine nachträgliche individuelle Besteuerung der Sachzuwendungen ist nicht zulässig.

III. Bemessungsgrundlage

1. Begriffsbestimmung

9 Besteuerungsgegenstand sind betrieblich veranlasste Sachzuwendungen, die zusätzlich zur ohnehin vereinbarten Leistung oder zum ohnehin geschuldeten Arbeitslohn erbracht werden, und Geschenke, die nicht in Geld bestehen. Gesellschaftsrechtlich veranlasste Zuwendungen, wie z. B. verdeckte Gewinnausschüttungen (§ 8 Absatz 3 Satz 2 KStG, R 36 KStR) sind von der Pauschalierung nach § 37b EStG ausgenommen (BFH vom 12. Dezember 2013 – VI R 47/12 –, BStBl II 2015 S. 490).

Die „Zusätzlichkeitsvoraussetzung" für betrieblich veranlasste Zuwendungen nach § 37b Absatz 1 Satz 1 Nummer 1 EStG erfordert, dass die Zuwendungen in sachlichem und zeitlichem Zusammenhang mit einem zwischen den Vertragsparteien abgeschlossenen Vertragsverhältnis (sog. Grundgeschäft) stehen und zur ohnehin geschuldeten Leistung als zusätzliche Leistung hinzukommen. Zuwendungen, die nicht zu einem Leistungsaustausch hinzutreten, etwa zur Anbahnung eines Vertragsverhältnisses, fallen nicht in den Anwendungsbereich des § 37b Absatz 1 Nummer 1 EStG (BFH vom 12. Dezember 2013 – VI R 47/12 –, BStBl II 2015 S. 490). Unbeachtlich ist, ob der Empfänger einen Rechtsanspruch auf die Zuwendungen hat oder die Zuwendungen vom Zuwendenden freiwillig erbracht werden. **9a**

Die „Zusätzlichkeitsvoraussetzung" für zusätzlich zum ohnehin geschuldeten Arbeitslohn erbrachte betrieblich veranlasste Zuwendungen nach § 37b Absatz 2 Satz 1 EStG erfordert, dass die Zuwendung zu dem Arbeitslohn hinzukommt, den der Arbeitgeber arbeitsrechtlich schuldet; eine Gehaltsumwandlung erfüllt diese Voraussetzung nicht. Kommt die zweckbestimmte Leistung zu dem Arbeitslohn hinzu, den der Arbeitgeber schuldet, ist das Tatbestandsmerkmal auch dann erfüllt, wenn der Arbeitnehmer arbeitsvertraglich oder aufgrund einer anderen arbeits- oder dienstrechtlichen Rechtsgrundlage einen Anspruch auf die zweckbestimmte Leistung hat (vgl. R 3.33 Absatz 5 LStR und BMF-Schreiben vom 22. Mai 2013, BStBl I S. 728[1])). **9b**

Bei Zuwendungen an Dritte handelt es sich regelmäßig um Geschenke i. S. d. § 4 Absatz 5 Satz 1 Nummer 1 Satz 1 EStG und R 4.10 Absatz 4 Satz 1 bis 5 EStR oder Incentives (z. B. Reise oder Sachpreise aufgrund eines ausgeschriebenen Verkaufs- oder Außendienstwettbewerbs). Geschenke in diesem Sinne sind auch Nutzungsüberlassungen. Zuzahlungen des Zuwendungsempfängers ändern nicht den Charakter als Zuwendung; sie mindern lediglich die Bemessungsgrundlage. Zuzahlungen Dritter (z. B. Beteiligung eines anderen Unternehmers an der Durchführung einer Incentive-Reise) mindern die Bemessungsgrundlage hingegen nicht. Aufmerksamkeiten i. S. d. R 19.6 Absatz 1 LStR, die dem Empfänger aus Anlass eines besonderen persönlichen Ereignisses zugewendet werden, sind keine Geschenke und gehören daher nicht zur Bemessungsgrundlage. **9c**

Bei der Teilnahme eines Kunden an einem Bonusprogramm wird die Ausgabe der Bonuspunkte zum Bestandteil der Gegenleistung des leistenden Unternehmens. Damit liegt weder in der Gutschrift der Punkte noch in der Hingabe der Prämie eine zusätzliche Leistung vor, so dass eine Pauschalierung nach § 37b EStG in derartigen Fällen ausgeschlossen ist. Die Einkommensteuer kann in diesen Fällen bei Vorliegen der weiteren Voraussetzungen nach § 37a EStG pauschaliert werden. **9d**

Gewinne aus Verlosungen, Preisausschreiben und sonstigen Gewinnspielen sowie Prämien aus (Neu-)Kundenwerbungsprogrammen und Vertragsneuabschlüssen fallen nicht in den Anwendungsbereich des § 37b Absatz 1 EStG. **9e**

Sachzuwendungen, deren Anschaffungs- oder Herstellungskosten 10 Euro nicht übersteigen, sind bei der Anwendung des § 37b EStG als Streuwerbeartikel anzusehen und brauchen daher nicht in den Anwendungsbereich der Vorschrift einbezogen zu werden.[2]) § 9b Absatz 1 EStG ist zu beachten. Die Teilnahme an einer geschäftlich veranlassten Bewirtung i. S. d. § 4 Absatz 5 Satz 1 Nummer 2 EStG ist nicht in den Anwendungsbereich des § 37b EStG einzubeziehen (R 4.7 Absatz 3 EStR, R 8.1 Absatz 8 Nummer 1 LStR); es sei denn, sie ist Teil einer Gesamtleistung, die insgesamt als Zuwendung nach § 37b EStG besteuert wird (z. B. Bewirtung im Rahmen einer Incentive-Reise, vgl. BMF-Schreiben vom 14. Oktober 1996, BStBl I S. 1192)[3]), oder die Bewirtung findet im Rahmen von Repräsentationsveranstaltungen i. S. d. § 4 Absatz 5 Satz 1 Nummer 4 EStG statt (z. B. Einladung zu einem Golfturnier, zu einem Segeltörn oder zu einer Jagdgesellschaft). Eine Incentive-Reise liegt in Abgrenzung zu einer Incentive-Maßnahme, bei der ggf. ein Bewirtungsanteil gemäß Rdnr. 15 herausgerechnet werden kann, vor, wenn die Veranstaltung mindestens eine Übernachtung umfasst. **10**

Zuwendungen, die ein Arbeitnehmer von einem Dritten erhalten hat, können nicht vom Arbeitgeber, der nach § 38 Absatz 1 Satz 3 EStG zum Lohnsteuerabzug verpflichtet ist, nach § 37b EStG pauschal besteuert werden. Die Pauschalierung nach § 37b EStG kann nur der Zuwendende selbst vornehmen. Für Zuwendungen an Mitarbeiter verbundener Unternehmen i. S. d. §§ 15 ff. AktG oder § 271 HGB (vgl. Rdnr. 23) wird es nicht beanstandet, wenn anstelle des Zuwendenden der Arbeitgeber des Zuwendungsempfängers die Pauschalierung gemäß § 37b Absatz 1 EStG vornimmt. Die erforderliche „Zusätzlichkeitsvoraussetzung" ist nur dann erfüllt, wenn die Zuwendungen auf vertraglichen Beziehungen zwischen dem Dritten und dem Arbeitnehmer beruhen. Zuwendungen, die auf vertraglichen Beziehungen zwischen dem Zuwendenden und dem Arbeitgeber des Arbeitnehmers beruhen (sog. Rahmenvertrag), **11**

---

[1]) Abgedruckt zu → H 3.33 (Zusätzlichkeitsvoraussetzung).
[2]) Diese Regelung ist trotz entgegenstehender Auffassung des BFH im Urteil vom 16. Oktober 2013 (BStBl II 2015 S. 455) weiter anzuwenden.
[3]) Abgedruckt zu → H 19.3 (Incentive-Reisen).

können vom Zuwendenden daher nach § 37b EStG pauschal besteuert werden, wenn dem Grunde nach Arbeitslohn vorliegt (vgl. BMF-Schreiben vom 20. Januar 2015, BStBl I S. 143).

12 Gibt ein Steuerpflichtiger eine Zuwendung unmittelbar weiter, die dieser selbst unter Anwendung des § 37b EStG erhalten hat, entfällt eine erneute pauschale Besteuerung nach § 37b EStG, wenn der Steuerpflichtige hierfür keinen Betriebsausgabenabzug vornimmt.

13 In die Bemessungsgrundlage nach § 37b Absatz 1 und 2 EStG sind alle Zuwendungen einzubeziehen, die beim Empfänger dem Grunde nach zu steuerbaren und steuerpflichtigen Einkünften führen. Demzufolge sind Zuwendungen an beschränkt und unbeschränkt steuerpflichtige Empfänger auszuscheiden, die nach den Bestimmungen eines Doppelbesteuerungsabkommens oder des Auslandstätigkeitserlasses nicht der inländischen Besteuerung unterliegen oder die dem Empfänger nicht im Rahmen einer Einkunftsart zufließen. Für Zuwendungen, die nicht in die Bemessungsgrundlage des § 37b EStG einzubeziehen sind, hat der Zuwendende neben den für den Betriebsausgabenabzug bestehenden Aufzeichnungspflichten zusätzlich durch geeignete Aufzeichnungen darzulegen, dass diese Zuwendungen beim Empfänger nicht steuerbar und steuerpflichtig sind. Die Empfänger der Zuwendungen müssen auf Verlangen der Finanzbehörde genau benannt werden können (§ 160 AO).

13a Zur Vereinfachung der Ermittlung der Bemessungsgrundlage für die Anwendung des § 37b Absatz 1 EStG kann der Steuerpflichtige der Besteuerung nach § 37b EStG einen bestimmten Prozentsatz aller gewährten Zuwendungen an Dritte unterwerfen. Der Prozentsatz orientiert sich an den unternehmensspezifischen Gegebenheiten und ist vom Steuerpflichtigen anhand geeigneter Unterlagen oder Aufzeichnungen glaubhaft zu machen. In diesem Fall kann er auf weitergehende Aufzeichnungen zur Steuerpflicht beim Empfänger verzichten. Für die Glaubhaftmachung kann auch auf die Aufzeichnungen, die über einen repräsentativen Zeitraum (mindestens drei Monate) geführt werden, zurückgegriffen und aus diesen der anzuwendende Prozentsatz ermittelt werden. Dieser kann so lange angewandt werden, wie sich die Verhältnisse nicht wesentlich ändern. Für die Ermittlung der Bemessungsgrundlage der Zuwendungen nach § 37b Absatz 2 EStG vgl. Tz. III. 3. Wirkungen auf andere Regelungen (Rdnrn. 17 bis 19).

2. Bewertung der Zuwendungen

14 Nach § 37b Absatz 1 Satz 2 EStG sind die Zuwendungen mit den Aufwendungen des Steuerpflichtigen einschließlich Umsatzsteuer zu bewerten. Der Bruttobetrag kann aus Vereinfachungsgründen mit dem Faktor 1,19 aus dem Nettobetrag hochgerechnet werden. In die Bemessungsgrundlage sind alle tatsächlich angefallenen Aufwendungen einzubeziehen, die der jeweiligen Zuwendung direkt zugeordnet werden können. Soweit diese nicht direkt ermittelt werden können, weil sie Teil einer Gesamtleistung sind, ist der auf die jeweilige Zuwendung entfallende Anteil an den Gesamtaufwendungen anzusetzen, der ggf. im Wege der Schätzung zu ermitteln ist. Zu den Aufwendungen im Rahmen von Veranstaltungen gehören z. B. Aufwendungen für Musik, künstlerische und artistische Darbietungen und Aufwendungen für den äußeren Rahmen (z. B. Raummiete, Eventmanager). Wird ein Wirtschaftsgut zugewandt, das der Steuerpflichtige selbst hergestellt hat, sind als Aufwendungen grundsätzlich die Herstellungskosten des Wirtschaftsguts (zuzüglich der Umsatzsteuer) anzusetzen (z. B. Eintrittskarten für eine selbst ausgerichtete Veranstaltung). Der Zuwendende kann stattdessen den gemeinen Wert (z. B. den Kartenpreis) ansetzen, wenn dieser ohne weiteres ermittelt werden kann.

15 Die bestehenden Vereinfachungsregelungen, die zur Aufteilung der Gesamtaufwendungen für VIP-Logen in Sportstätten und in ähnlichen Sachverhalten ergangen sind, gelten unverändert (Rdnr. 14 und 19 des BMF-Schreibens vom 22. August 2005, BStBl I S. 845[1]) und vom 11. Juli 2006, BStBl I S. 447[2])). Der danach ermittelte, auf Geschenke entfallende pauschale Anteil stellt die Aufwendungen dar, die in die Bemessungsgrundlage nach § 37b EStG einzubeziehen sind. Die Vereinfachungsregelungen zur Übernahme der Besteuerung (Rdnrn. 16 und 18 des BMF-Schreibens vom 22. August 2005 und entsprechende Verweise im BMF-Schreiben vom 11. Juli 2006) sind ab dem 1. Januar 2007 nicht mehr anzuwenden.

16 Besteht die Zuwendung in der Hingabe eines Wirtschaftsgutes des Betriebsvermögens oder in der unentgeltlichen Nutzungsüberlassung und sind dem Zuwendenden keine oder nur unverhältnismäßig geringe Aufwendungen entstanden (z. B. zinslose Darlehensgewährung), ist als Bemessungsgrundlage für eine Besteuerung nach § 37b EStG der gemeine Wert anzusetzen.

3. Wirkungen auf andere Regelungen

Sachbezüge, die im ganz überwiegenden eigenbetrieblichen Interesse des Arbeitgebers gewährt werden (vgl. hierzu BFH vom 16. Oktober 2013 – VI R 78/12 –, BStBl II 2015 S. 495), sowie steuerfreie Sachbezüge, z. B. auch nach § 19 Absatz 1 Satz 1 Nummer 1a EStG, werden von § 37b Absatz 2 EStG nicht erfasst. Im Übrigen gilt Folgendes:

---

[1]) Abgedruckt zu → H 37b (Sachzuwendungen an Arbeitnehmer; unter II.).
[2]) Abgedruckt zu → H 37b (Sachzuwendungen an Arbeitnehmer; unter III.).

a) Sachbezugsfreigrenze

Wird die Freigrenze des § 8 Absatz 2 Satz 11 EStG i. H. v. 44 Euro nicht überschritten, liegt kein steuerpflichtiger Sachbezug vor. Bei der Prüfung der Freigrenze bleiben die nach § 8 Absatz 2 Satz 1 EStG zu bewertenden Vorteile, die nach §§ 37b und 40 EStG pauschal versteuert werden, außer Ansatz.   17

b) Mahlzeiten aus besonderem Anlass

Mahlzeiten aus besonderem Anlass, die vom oder auf Veranlassung des Steuerpflichtigen anlässlich von Auswärtstätigkeiten an seine Arbeitnehmer abgegeben werden, können nach § 37b EStG pauschal besteuert werden, wenn der Wert der Mahlzeit 60 Euro (bis 31. Dezember 2013: 40 Euro) übersteigt.   18

c) Aufmerksamkeiten

Zuwendungen des Steuerpflichtigen an seine Arbeitnehmer, die als bloße Aufmerksamkeiten (R 19.6 LStR) anzusehen sind und deren jeweiliger Wert 60 Euro (bis 31. Dezember 2014: 40 Euro) nicht übersteigt, gehören nicht zum Arbeitslohn und sind daher nicht in die Pauschalierung nach § 37b EStG einzubeziehen. Bei Überschreitung des Betrags von 60 Euro (bis 31. Dezember 2014: 40 Euro) ist die Anwendung des § 37b EStG möglich.   19

4. Zeitpunkt der Zuwendung

Die Zuwendung ist im Zeitpunkt der Erlangung der wirtschaftlichen Verfügungsmacht zu erfassen. Das ist bei Geschenken der Zeitpunkt der Hingabe (z. B. Eintrittskarte) und bei Nutzungen der Zeitpunkt der Inanspruchnahme (z. B. bei der Einladung zu einer Veranstaltung der Zeitpunkt der Teilnahme). Es ist aber nicht zu beanstanden, wenn die Pauschalierung nach § 37b EStG bereits in dem Wirtschaftsjahr vorgenommen wird, in dem der Aufwand zu berücksichtigen ist. Auf einen hiervon abweichenden Zeitpunkt der Bezahlung der Rechnung durch den Zuwendenden kann hingegen nicht abgestellt werden.   20

5. Beträge nach § 37b Absatz 1 Satz 3 EStG

Die Beträge des § 37b Absatz 1 Satz 3 EStG i. H. v. 10 000 Euro sind auf die Bruttoaufwendungen anzuwenden. Bei dem Betrag nach § 37b Absatz 1 Satz 3 Nummer 1 EStG handelt es sich um einen Höchstbetrag (z. B. drei Zuwendungen im Wert von jeweils 4 000 Euro, § 37b EStG ist nicht nur für die ersten beiden Zuwendungen anwendbar, sondern auch die Hälfte der Aufwendungen für die dritte Zuwendung muss in die Pauschalbesteuerung einbezogen werden); bei dem Betrag nach § 37b Absatz 1 Satz 3 Nummer 2 EStG handelt es sich um eine Höchstgrenze (z. B. Zuwendung im Wert von 15 000 Euro, § 37b EStG ist auf diese Zuwendung nicht anwendbar). Wird die Höchstgrenze für eine Zuwendung überschritten, ist eine Pauschalierung für andere Zuwendungen an diesen Zuwendungsempfänger im Rahmen des § 37b Absatz 1 Satz 3 Nummer 1 EStG zulässig (z. B. drei Zuwendungen im Wert von 3 000 Euro, 5 000 Euro und 12 000 Euro, die Aufwendungen für die Einzelzuwendung i. H. v. 12 000 Euro können nicht nach § 37b EStG pauschal besteuert werden, in die Pauschalbesteuerung sind indes die Aufwendungen für die beiden anderen Einzelzuwendungen von insgesamt 8 000 Euro einzubeziehen). Bei Zuzahlungen durch den Zuwendungsempfänger mindert sich der Wert der Zuwendung, auf den der Höchstbetrag/die Höchstgrenze anzuwenden ist. Für die Prüfung des Höchstbetrags ist bei betrieblich veranlassten Sachzuwendungen an nahestehende Personen eines Geschäftsfreunds oder eines Arbeitnehmers Zuwendungsempfänger der Geschäftsfreund oder der Arbeitnehmer selbst.   21

IV. Verhältnis zu anderen Pauschalierungsvorschriften

1. Lohnsteuerpauschalierung mit Nettosteuersatz

Zum Zeitpunkt der Ausübung des Wahlrechts nach § 37b Absatz 2 EStG bereits nach § 40 Absatz 1 Satz 1 EStG durchgeführte Pauschalierungen müssen nicht rückgängig gemacht werden. Eine Änderung ist aber in den Grenzen der allgemeinen Regelungen zulässig; § 37b Absatz 2 EStG kann danach angewandt werden. Die Rückabwicklung eines nach § 40 Absatz 1 Satz 1 EStG pauschalierten Zuwendungsfalls muss für alle Arbeitnehmer einheitlich vorgenommen werden, die diese Zuwendung erhalten haben. Nach der Entscheidung zur Anwendung des § 37b EStG ist eine Pauschalierung nach § 40 Absatz 1 Satz 1 EStG für alle Zuwendungen, auf die § 37b EStG anwendbar ist, nicht mehr möglich.   22

2. Arbeitnehmer verbundener Unternehmen

23   Die Pauschalierung ist für Sachzuwendungen an Arbeitnehmer verbundener Unternehmen i. S. d. §§ 15 ff. AktG oder § 271 HGB zulässig, wenn die Voraussetzungen des § 37b Absatz 1 EStG erfüllt sind.

V. Steuerliche Behandlung beim Zuwendenden

1. Zuwendung

24   Die Aufwendungen für die Zuwendung sind nach allgemeinen steuerlichen Grundsätzen zu beurteilen; sie sind entweder in voller Höhe als Betriebsausgaben abziehbar (Geschenke an eigene Arbeitnehmer und Zuwendungen, die keine Geschenke sind) oder unter der Maßgabe des § 4 Absatz 5 Satz 1 Nummer 1 EStG beschränkt abziehbar. Die übrigen Abzugsbeschränkungen des § 4 Absatz 5 EStG, insbesondere des § 4 Absatz 5 Satz 1 Nummer 4 oder Nummer 10 EStG sind ebenfalls zu beachten.

25   Bei der Prüfung der Freigrenze des § 4 Absatz 5 Satz 1 Nummer 1 Satz 2 EStG ist aus Vereinfachungsgründen allein auf den Betrag der Zuwendung abzustellen. Die übernommene Steuer ist nicht mit einzubeziehen.

2. Pauschalsteuer

26   Die Abziehbarkeit der Pauschalsteuer als Betriebsausgabe richtet sich danach, ob die Aufwendungen für die Zuwendung als Betriebsausgabe abziehbar sind.

VI. Steuerliche Behandlung beim Empfänger

27   Nach § 37b Absatz 3 Satz 1 EStG bleibt eine pauschal besteuerte Sachzuwendung bei der Ermittlung der Einkünfte des Empfängers außer Ansatz.

28   Besteht die Zuwendung in der Hingabe eines einzelnen Wirtschaftsgutes, das beim Empfänger Betriebsvermögen wird, gilt sein gemeiner Wert als Anschaffungskosten (§ 6 Absatz 4 EStG). Rdnr. 12 ist zu beachten.

VII. Verfahren zur Pauschalierung der Einkommensteuer

1. Entstehung der Steuer

29   Für den Zeitpunkt der Entstehung der Steuer ist grundsätzlich der Zeitpunkt der Zuwendung (vgl. Rdnr. 20) maßgeblich. Dabei ist nicht auf den Entstehungszeitpunkt der Einkommen- und Körperschaftsteuer beim Zuwendungsempfänger abzustellen.

2. Unterrichtung des Empfängers der Zuwendung

30   Nach § 37b Absatz 3 Satz 3 EStG hat der Zuwendende den Empfänger der Zuwendung über die Anwendung der Pauschalierung zu unterrichten. Eine besondere Form ist nicht vorgeschrieben.

31   Arbeitnehmer sind nach § 38 Absatz 4 Satz 3 EStG verpflichtet, ihrem Arbeitgeber die ihnen von Dritten gewährten Bezüge am Ende des Lohnzahlungszeitraumes anzuzeigen. Erhält der Arbeitnehmer erst im Nachhinein eine Mitteilung vom Zuwendenden über die Anwendung des § 37b EStG, kann bei bereits durchgeführter individueller Besteuerung eine Korrektur des Lohnsteuerabzugs vorgenommen werden, wenn die Änderung des Lohnsteuerabzugs beim Arbeitnehmer noch zulässig ist.

3. Aufzeichnungspflichten

32   Die bestehenden Aufzeichnungspflichten für Geschenke nach § 4 Absatz 5 Satz 1 Nummer 1 EStG bleiben unberührt (§ 4 Absatz 7 EStG, R 4.11 EStR). Besondere Aufzeichnungspflichten für die Ermittlung der Zuwendungen, für die § 37b EStG angewandt wird, bestehen nicht. Aus der Buchführung oder den Aufzeichnungen muss sich ablesen lassen, dass bei Wahlrechtsausübung alle Zuwendungen erfasst wurden und dass die Höchstbeträge nicht überschritten wurden. Nach § 37b EStG pauschal versteuerte Zuwendungen müssen nicht zum Lohnkonto genommen werden (§ 4 Absatz 2 Nummer 8 LStDV i. V. m. § 41 Absatz 1 EStG).

33   Aus Vereinfachungsgründen kann bei Zuwendungen bis zu einem Wert von jeweils 60 Euro (bis 31. Dezember 2014 = 40 Euro) davon ausgegangen werden, dass der Höchstbetrag nach § 37b Absatz 1 Satz 3 Nummer 1 EStG auch beim Zusammenfallen mit weiteren Zuwendungen im Wirtschaftsjahr nicht überschritten wird. Eine Aufzeichnung der Empfänger kann insoweit unterbleiben.

§ 37b EStG kann auch angewendet werden, wenn die Aufwendungen beim Zuwendenden
ganz oder teilweise unter das Abzugsverbot des § 160 AO fallen. Fallen mehrere Zuwendungen
zusammen, bei denen § 160 AO zum Abzugsverbot der Aufwendungen führt, ist die Summe
dieser Aufwendungen den Höchstbeträgen gegenüberzustellen.   34

4. Örtliche Zuständigkeit

Für ausländische Zuwendende ergeben sich die für die Verwaltung der Lohnsteuer zuständigen
Finanzämter aus analoger Anwendung des H 41.3 LStH (wie ausländische Bauunternehmer).   35

5. Kirchensteuer

Für die Ermittlung der Kirchensteuer bei Anwendung des § 37b EStG ist in Rheinland-Pfalz
nach dem Erlass des Ministeriums der Finanzen Rheinland-Pfalz vom 29. Oktober 2008 (BStBl I
2009 S. 332)[1] und in den übrigen Ländern nach den gleichlautenden Erlassen der obersten Finanzbehörden dieser Länder vom 28. Dezember 2006 (BStBl I 2007 S. 76)[2] zu verfahren.   36

6. Anrufungsauskunft

Für Sachverhalte zur Pauschalierung der Einkommensteuer bei Sachzuwendungen nach § 37b
EStG kann eine Anrufungsauskunft i. S. d. § 42e EStG eingeholt werden.   37

VIII. Anwendungszeitpunkt

Dieses Schreiben ersetzt das BMF-Schreiben vom 29. April 2008 (a. a. O.).[3] Die Grundsätze dieses Schreibens sind in allen noch offenen Fällen anzuwenden.   38

II. Ertragsteuerliche Behandlung von Aufwendungen für VIP-Logen in Sportstätten[4]

(BMF-Schreiben vom 22. 8. 2005 – IV B 2 – S 2144 – 41/05 –, BStBl I S. 845)

Unter Aufwendungen für VIP-Logen in Sportstätten werden solche Aufwendungen eines Steuerpflichtigen verstanden, die dieser für bestimmte sportliche Veranstaltungen trägt und für die
er vom Empfänger dieser Leistung bestimmte Gegenleistungen mit Werbecharakter für die „ge-
sponserte" Veranstaltung erhält. Neben den üblichen Werbeleistungen (z. B. Werbung über
Lautsprecheransagen, auf Videowänden, in Vereinsmagazinen) werden dem sponsernden Unternehmer auch Eintrittskarten für VIP-Logen überlassen, die nicht nur zum Besuch der Veranstaltung berechtigen, sondern auch die Möglichkeit der Bewirtung des Steuerpflichtigen und
Dritter (z. B. Geschäftsfreunde, Arbeitnehmer) beinhalten. Regelmäßig werden diese Maßnahmen in einem Gesamtpaket vereinbart, wofür dem Sponsor ein Gesamtbetrag in Rechnung gestellt wird.

Im Einvernehmen mit den obersten Finanzbehörden der Länder gilt zur ertragsteuerlichen Behandlung der Aufwendungen für VIP-Logen in Sportstätten Folgendes:

Aufwendungen im Zusammenhang mit VIP-Logen in Sportstätten können betrieblich veranlasst (Ausnahme Rdnr. 11) und in der steuerlichen Gewinnermittlung entsprechend der Art
der Aufwendungen einzeln zu berücksichtigen sein. Dabei sind die allgemeinen Regelungen
des § 4 Abs. 4 und 5 EStG in Verbindung mit dem zum Sponsoring ergangenen BMF-Schreiben
vom 18. Februar 1998 (BStBl I S. 212) zu beachten. Bei den Aufwendungen sind zu unterscheiden: 1

1. Aufwendungen für Werbeleistungen

Die in den vertraglich abgeschlossenen Gesamtpaketen neben den Eintrittskarten, der Bewirtung, den Raumkosten u. Ä. erfassten Aufwendungen für Werbeleistungen sind grundsätzlich
als Betriebsausgaben gemäß § 4 Abs. 4 EStG abziehbar.   2

2. Aufwendungen für eine besondere Raumnutzung

Wird im Einzelfall glaubhaft gemacht, dass auf der Grundlage einer vertraglichen Vereinbarung
Räumlichkeiten in der Sportstätte für betriebliche Veranstaltungen (z. B. Konferenzen, Besprechungen mit Geschäftspartnern) außerhalb der Tage, an denen Sportereignisse stattfinden, ge-   3

---

1) Ersetzt durch Erlass vom 8. 8. 2016, abgedruckt zu → H 40.2.
2) Ersetzt durch Erlass vom 8. 8. 2016, abgedruckt zu → H 40.2.
3) Abgedruckt in der Lohnsteuer Handausgabe 2015.
4) Siehe aber § 37b EStG. Siehe auch Rz. 15 des BMF-Schreibens vom 19. 5. 2015 (BStBl I S. 468), abgedruckt zu → H 37b (Sachzuwendungen an Arbeitnehmer; unter I.).

nutzt werden, stellen die angemessenen, auf diese Raumnutzung entfallenden Aufwendungen ebenfalls abziehbare Betriebsausgaben dar (vgl. Rdnr. 19).

3. Aufwendungen für VIP-Maßnahmen gegenüber Geschäftsfreunden

a) Geschenke

4 Wendet der Steuerpflichtige seinen Geschäftsfreunden unentgeltlich Leistungen zu (beispielsweise Eintrittskarten), um geschäftliche Kontakte vorzubereiten und zu begünstigen oder um sich geschäftsfördernd präsentieren zu können, kann es sich um Geschenke i. S. von § 4 Abs. 5 Satz 1 Nr. 1 EStG handeln, die nur abziehbar sind, wenn die Anschaffungs- oder Herstellungskosten der dem Empfänger im Wirtschaftsjahr zugewendeten Gegenstände insgesamt 35 Euro nicht übersteigen. Der Geschenkbegriff des § 4 Abs. 5 Satz 1 Nr. 1 EStG entspricht demjenigen der bürgerlich-rechtlichen Schenkung.

5 Erfolgt die Zuwendung dagegen als Gegenleistung für eine bestimmte in engem sachlichen oder sonstigem unmittelbaren Zusammenhang stehende Leistung des Empfängers, fehlt es an der für ein Geschenk notwendigen unentgeltlichen Zuwendung. Die Aufwendungen sind dann grundsätzlich unbeschränkt als Betriebsausgaben abziehbar.

b) Bewirtung

6 Aufwendungen für die Bewirtung von Geschäftsfreunden aus geschäftlichem Anlass sind gemäß § 4 Abs. 5 Satz 1 Nr. 2 EStG unter den dort genannten Voraussetzungen beschränkt abziehbar.

c) Behandlung beim Empfänger

7 Bei den Empfängern der Geschenke ist der geldwerte Vorteil wegen der betrieblichen Veranlassung als Betriebseinnahme zu versteuern, und zwar auch dann, wenn für den Zuwendenden das Abzugsverbot des § 4 Abs. 5 Satz 1 Nr. 1 EStG gilt (BFH-Urteil vom 26. September 1995, BStBl 1996 II S. 273). Der Vorteil aus einer Bewirtung i. S. des § 4 Abs. 5 Satz 1 Nr. 2 EStG ist dagegen aus Vereinfachungsgründen beim bewirteten Steuerpflichtigen nicht als Betriebseinnahme zu erfassen (R 18 Abs. 3 EStR 2003).

4. Aufwendungen für VIP-Maßnahmen zugunsten von Arbeitnehmern

a) Geschenke

8 Aufwendungen für Geschenke an Arbeitnehmer des Steuerpflichtigen sind vom Abzugsverbot des § 4 Abs. 5 Satz 1 Nr. 1 EStG ausgeschlossen und somit in voller Höhe als Betriebsausgaben abziehbar.

b) Bewirtung

9 Bewirtungen, die der Steuerpflichtige seinen Arbeitnehmern gewährt, gelten als betrieblich veranlasst und unterliegen mithin nicht der Abzugsbeschränkung des § 4 Abs. 5 Satz 1 Nr. 2 EStG. Zu unterscheiden hiervon ist die Bewirtung aus geschäftlichem Anlass, an der Arbeitnehmer des Steuerpflichtigen lediglich teilnehmen (Beispiel: Der Unternehmer lädt anlässlich eines Geschäftsabschlusses die Geschäftspartner und seine leitenden Angestellten ein). Hier greift § 4 Abs. 5 Satz 1 Nr. 2 EStG auch für den Teil der Aufwendungen, der auf den an der Bewirtung teilnehmenden Arbeitnehmer entfällt.

c) Behandlung beim Empfänger

10 Die Zuwendung stellt für den Arbeitnehmer einen zum steuerpflichtigen Arbeitslohn gehörenden geldwerten Vorteil dar, wenn der für die Annahme von Arbeitslohn erforderliche Zusammenhang mit dem Dienstverhältnis gegeben ist (§ 8 Abs. 1 i. V. m. § 19 Abs. 1 Satz 1 Nr. 1 EStG und § 2 Abs. 1 LStDV). Der geldwerte Vorteil ist grundsätzlich nach § 8 Abs. 2 Satz 1 EStG zu bewerten. Die Freigrenze für Sachbezüge i. H. v. 44 Euro im Kalendermonat (§ 8 Abs. 2 Satz 9 EStG) und R 31 Abs. 2 Satz 9 LStR 2005 sind zu beachten.

Nicht zum steuerpflichtigen Arbeitslohn gehören insbesondere Zuwendungen, die der Arbeitgeber im ganz überwiegenden betrieblichen Interesse erbringt. Dies sind auch Zuwendungen im Rahmen einer üblichen Betriebsveranstaltung (vgl. R 72 LStR 2005) oder Zuwendungen aus geschäftlichem Anlass (Beispiel: Der Unternehmer lädt anlässlich eines Geschäftsabschlusses die Geschäftspartner und seine leitenden Angestellten ein, vgl. R 31 Abs. 8 Nr. 1 LStR 2005).

5. Privat veranlasste Aufwendungen für VIP-Maßnahmen

Ist die Leistung des Unternehmers privat veranlasst, handelt es sich gemäß § 12 Nr. 1 EStG in vollem Umfang um nicht abziehbare Kosten der privaten Lebensführung; bei Kapitalgesellschaften können verdeckte Gewinnausschüttungen vorliegen. Eine private Veranlassung ist u. a. dann gegeben, wenn der Steuerpflichtige die Eintrittskarten an Dritte überlässt, um damit gesellschaftlichen Konventionen zu entsprechen, z. B. aus Anlass eines persönlichen Jubiläums (vgl. BFH-Urteil vom 12. Dezember 1991, BStBl 1992 II S. 524; BFH-Urteil vom 29. März 1994, BStBl II S. 843). **11**

6. Nachweispflichten

Der Betriebsausgabenabzug für Aufwendungen im Rahmen von VIP-Maßnahmen ist zu versagen, wenn keine Nachweise dafür vorgelegt worden sind, welchem konkreten Zweck der getätigte Aufwand diente, d. h. welchem Personenkreis aus welcher Veranlassung die Leistung zugewendet wurde. **12**

Dagegen ist der Betriebsausgabenabzug nicht bereits aus dem Grunde zu versagen, dass der Nutzungsvertrag keine Aufgliederung des vereinbarten Nutzungsentgelts einerseits und der Einräumung der sonstigen werblichen Möglichkeiten andererseits zulässt. Soweit die vertraglichen Vereinbarungen keine Aufschlüsselung des Pauschalpreises in die einzelnen Arten der Ausgaben enthalten, führt dies nicht zu einem generellen Abzugsverbot. Vielmehr ist im Wege der sachgerechten Schätzung mittels Fremdvergleichs unter Mitwirkung des Unternehmers zu ermitteln, in welchem Umfang die Kosten auf die Eintrittskarten, auf die Bewirtung, auf die Werbung und/oder auf eine besondere Raumnutzung entfallen. Das vereinbarte Gesamtentgelt ist hierbei einzelfallbezogen unter Würdigung der Gesamtumstände nach dem Verhältnis der ermittelten Teilwerte für die Einzelleistungen aufzuteilen. Im Rahmen der Einzelfallprüfung ist ggf. auch eine Kürzung der ausgewiesenen Werbekosten vorzunehmen, wenn diese im Fremdvergleich unangemessen hoch ausfallen. **13**

7. Vereinfachungsregelungen

a) Pauschale Aufteilung des Gesamtbetrages für VIP-Logen in Sportstätten

Aus Vereinfachungsgründen ist es nicht zu beanstanden, wenn bei betrieblich veranlassten Aufwendungen der für das Gesamtpaket (Werbeleistungen, Bewirtung, Eintrittskarten usw.) vereinbarte Gesamtbetrag wie folgt pauschal aufgeteilt wird:[1] **14**

– Anteil für die Werbung: 40 v. H. des Gesamtbetrages.

  Dieser Werbeaufwand, der in erster Linie auf die Besucher der Sportstätte ausgerichtet ist, ist in vollem Umfang als Betriebsausgabe abziehbar.

– Anteil für die Bewirtung: 30 v. H. des Gesamtbetrages.

  Dieser Anteil ist gemäß § 4 Abs. 5 Satz 1 Nr. 2 EStG mit dem abziehbaren v. H.-Satz als Betriebsausgabe zu berücksichtigen.

– Anteil für Geschenke: 30 v. H. des Gesamtbetrages.

  Sofern nicht eine andere Zuordnung nachgewiesen wird, ist davon auszugehen, dass diese Aufwendungen je zur Hälfte auf Geschäftsfreunde (Rdnr. 15, 16[2]) und auf eigene Arbeitnehmer (Rdnr. 17, 18[3]) entfallen.

b) Geschenke an Geschäftsfreunde (z. B. andere Unternehmer und deren Arbeitnehmer)

Da diese Aufwendungen regelmäßig den Betrag von 35 Euro pro Empfänger und Wirtschaftsjahr übersteigen, sind sie gemäß § 4 Abs. 5 Satz 1 Nr. 1 EStG nicht als Betriebsausgabe abziehbar. **15**

[4])Bei den Empfängern der Zuwendungen ist dieser geldwerte Vorteil grundsätzlich als Betriebseinnahme/Arbeitslohn zu versteuern. Auf eine Benennung der Empfänger und die steuerliche **16**

---

1) Siehe auch Rz. 15 des BMF-Schreibens vom 19. 5. 2015 (BStBl I S. 468), abgedruckt zu → H 37b (Sachzuwendungen an Arbeitnehmer; unter I.).
2) Die Vereinfachungsregelungen zur Übernahme der Besteuerung (Rdnrn. 16 und 18 des BMF-Schreibens vom 22. 8. 2005 und entsprechende Verweise im BMF-Schreiben vom 11. 7. 2006) sind ab dem 1. 1. 2007 nicht mehr anzuwenden; siehe Rdnr. 15 des BMF-Schreibens vom 19. 5. 2015, BStBl I S. 468, abgedruckt zu → H 37b (Sachzuwendungen an Arbeitnehmer; unter I.).
3) Die Vereinfachungsregelungen zur Übernahme der Besteuerung (Rdnrn. 16 und 18 des BMF-Schreibens vom 22. 8. 2005 und entsprechende Verweise im BMF-Schreiben vom 11. 7. 2006) sind ab dem 1. 1. 2007 nicht mehr anzuwenden; siehe Rdnr. 15 des BMF-Schreibens vom 19. 5. 2015, BStBl I S. 468, abgedruckt zu → H 37b (Sachzuwendungen an Arbeitnehmer; unter I.).
4) Die Vereinfachungsregelungen zur Übernahme der Besteuerung (Rdnrn. 16 und 18 des BMF-Schreibens vom 22. 8. 2005 und entsprechende Verweise im BMF-Schreiben vom 11. 7. 2006) sind ab dem 1. 1. 2007 nicht mehr anzuwenden; siehe Rdnr. 15 des BMF-Schreibens vom 19. 5. 2015, BStBl I S. 468, abgedruckt zu → H 37b (Sachzuwendungen an Arbeitnehmer; unter I.).

Erfassung des geldwerten Vorteils bei den Empfängern kann jedoch verzichtet werden, wenn zur Abgeltung dieser Besteuerung 60 v. H. des auf Geschäftsfreunde entfallenden Anteils am Gesamtbetrag i. S. der Rdnr. 14[1]) zusätzlich der Besteuerung beim Zuwendenden unterworfen werden.

c) Geschenke an eigene Arbeitnehmer

17 Soweit die Aufwendungen auf Geschenke an eigene Arbeitnehmer entfallen, sind sie in voller Höhe als Betriebsausgabe abziehbar. Zur steuerlichen Behandlung dieser Zuwendungen bei den eigenen Arbeitnehmern vgl. Rdnr. 10.

18 [2])Bei Anwendung der Vereinfachungsregelung i. S. der Rdnr. 14 kann der Steuerpflichtige (Arbeitgeber) die Lohnsteuer für diese Zuwendungen mit einem Pauschsteuersatz in Höhe von 30 v. H. des auf eigene Arbeitnehmer entfallenden Anteils am Gesamtbetrag i. S. der Rdnr. 14 übernehmen. Die Höhe dieses Pauschsteuersatzes berücksichtigt typisierend, dass der Arbeitgeber die Zuwendungen an einen Teil seiner Arbeitnehmer im ganz überwiegenden betrieblichen Interesse erbringt (vgl. Rdnr. 10). § 40 Abs. 3 EStG gilt entsprechend.

d) Pauschale Aufteilung bei besonderer Raumnutzung

19 [3])In Fällen der Rdnr. 3, in denen die besondere Raumnutzung mindestens einmal wöchentlich stattfindet, kann der auf diese Raumnutzung entfallende Anteil vorab pauschal mit 15 v. H. des Gesamtbetrages ermittelt und als Betriebsausgabe abgezogen werden. Für die weitere Aufteilung nach Rdnr. 14 ist in diesen Fällen von dem um den Raumnutzungsanteil gekürzten Gesamtbetrag auszugehen.

8. Zeitliche Anwendung

20 Die vorstehenden Regelungen sind in allen offenen Fällen anzuwenden.

Die Regelungen des BMF-Schreibens vom 18. Februar 1998 (BStBl I S. 212) bleiben unberührt.

III. Ertragsteuerliche Behandlung von Aufwendungen für VIP-Logen in Sportstätten;
Anwendung der Vereinfachungsregelungen auf ähnliche Sachverhalte;
BMF-Schreiben vom 22. August 2005 – IV B 2 – S 2144 – 41/05 – (BStBl I S. 845)[4])

(BMF-Schreiben vom 11. 7. 2006 – IV B 2 – S 2144 – 53/06 –, BStBl I S. 447)

Mit Schreiben vom 22. August 2005 (BStBl I S. 845) hat das BMF zur ertragsteuerlichen Behandlung von Aufwendungen für VIP-Logen in Sportstätten Stellung genommen. Zur Anwendung der Vereinfachungsregelungen (Rdnrn. 14 ff.[5])) vertrete ich im Einvernehmen mit den obersten Finanzbehörden der Länder folgende Auffassung:

1. Nachweis der betrieblichen Veranlassung

Nach Rdnr. 16[6]) des o. g. BMF-Schreibens ist die Benennung der Empfänger der Zuwendung nicht erforderlich. Der Nachweis der betrieblichen Veranlassung der Aufwendungen kann dadurch erfolgen, dass z. B. die Einladung der Teilnehmer, aus der sich die betriebliche/geschäftliche Veranlassung ergibt, zu den Buchungsunterlagen genommen wird. Im Zweifelsfall sollte zum Nachweis der betrieblichen/geschäftlichen Veranlassung auch eine Liste der Teilnehmer zu den Unterlagen genommen werden.

---

[1]) Siehe auch Rz. 15 des BMF-Schreibens vom 19. 5. 2015 (BStBl I S. 468), abgedruckt zu → H 37b (Sachzuwendungen an Arbeitnehmer; unter I.).

[2]) Die Vereinfachungsregelungen zur Übernahme der Besteuerung (Rdnrn. 16 und 18 des BMF-Schreibens vom 22. 8. 2005 und entsprechende Verweise im BMF-Schreiben vom 11. 7. 2006) sind ab dem 1. 1. 2007 nicht mehr anzuwenden; siehe Rdnr. 15 des BMF-Schreibens vom 19. 5. 2015, BStBl I S. 468, abgedruckt zu → H 37b (Sachzuwendungen an Arbeitnehmer; unter I.).

[3]) Siehe auch Rz. 15 des BMF-Schreibens vom 19. 5. 2015 (BStBl I S. 468), abgedruckt zu → H 37b (Sachzuwendungen an Arbeitnehmer; unter I.).

[4]) Siehe aber § 37b EStG. Siehe auch Rz. 15 des BMF-Schreibens vom 19. 5. 2015 (BStBl I S. 468), abgedruckt zu → H 37b (Sachzuwendungen an Arbeitnehmer; unter I.).

[5]) Siehe auch Rz. 15 des BMF-Schreibens vom 19. 5. 2015 (BStBl I S. 468), abgedruckt zu → H 37b (Sachzuwendungen an Arbeitnehmer; unter I.).

[6]) Die Vereinfachungsregelungen zur Übernahme der Besteuerung (Rdnrn. 16 und 18 des BMF-Schreibens vom 22. 8. 2005 und entsprechende Verweise im BMF-Schreiben vom 11. 7. 2006) sind ab dem 1. Januar 2007 nicht mehr anzuwenden; siehe Rdnr. 15 des BMF-Schreibens vom 19. 5. 2015 (BStBl I S. 468), abgedruckt zu → H 37b (Sachzuwendungen an Arbeitnehmer; unter I.).

2. Geltung der gesetzlichen Aufzeichnungspflichten

Für die anteiligen Aufwendungen für die Bewirtung i. S. der Rdnr. 14[1]) müssen die Aufzeichnungen nach § 4 Abs. 5 Satz 1 Nr. 2 Satz 2 EStG nicht geführt werden.

3. Anwendung der pauschalen Aufteilung

Für Fälle, in denen im Gesamtbetrag der Aufwendungen nur die Leistungen Werbung und Eintrittskarten enthalten sind und für die Bewirtung eine Einzelabrechnung vorliegt (z. B. bei Vertrag mit externem Caterer), ist die Vereinfachungsregelung im Hinblick auf die Pauschalaufteilung 40 : 30 : 30 nicht anwendbar. Es ist für den Werbeanteil und den Ticketanteil ein anderer angemessener Aufteilungsmaßstab i. S. einer sachgerechten Schätzung zu finden. Der Bewirtungsanteil steht – soweit er angemessen ist – fest. Dessen Abziehbarkeit richtet sich nach den allgemeinen steuerlichen Regelungen des § 4 Abs. 5 Satz 1 Nr. 2 EStG. Die Versteuerung zugunsten des Geschäftsfreundes – anderer Unternehmer und dessen Arbeitnehmer – (Rdnr. 16[2]) des BMF-Schreibens) oder eine Pauschalbesteuerung für die eigenen Arbeitnehmer (Rdnr. 18[3]) des BMF-Schreibens) auf Ebene des Zuwendenden im Hinblick auf den angemessenen Geschenkanteil kommt jedoch in Betracht.

4. Anwendung der Regelungen bei sog. „Business-Seats"

Für sog. Business-Seats, bei denen im Gesamtbetrag der Aufwendungen nur die Leistungen Eintrittskarten und Rahmenprogramm (steuerlich zu beurteilen als Zuwendung) und Bewirtung enthalten sind, ist, soweit für diese ein Gesamtbetrag vereinbart wurde, dieser sachgerecht aufzuteilen (ggf. pauschale Aufteilung entsprechend Rdnr. 14[4]) mit 50 v. H. für Geschenke und 50 v. H. für Bewirtung). Die Vereinfachungsregelungen der Rdnrn. 16 und 18[5]) können angewandt werden.

Weist der Steuerpflichtige nach, dass im Rahmen der vertraglich vereinbarten Gesamtleistungen auch Werbeleistungen erbracht werden, die die Voraussetzungen des BMF-Schreibens vom 18. Februar 1998 (BStBl I S. 212) erfüllen, kann für die Aufteilung des Gesamtbetrages der Aufteilungsmaßstab der Rdnr. 14[6]) des BMF-Schreibens vom 22. August 2005 (a. a. O) angewendet werden. Der Anteil für Werbung i. H. v. 40 v. H. ist dann als Betriebsausgabe zu berücksichtigen.

5. Andere Veranstaltungen in Sportstätten

Soweit eine andere, z. B. kulturelle Veranstaltung in einer Sportstätte stattfindet, können die getroffenen Regelungen angewendet werden, sofern die Einzelfallprüfung einen gleichartigen Sachverhalt ergibt.

6. Veranstaltungen außerhalb von Sportstätten

Soweit außerhalb einer Sportstätte in einem Gesamtpaket Leistungen angeboten werden, die Eintritt, Bewirtung und Werbung enthalten (z. B. Operngala), ist eine pauschale Aufteilung möglich. Der Aufteilungsmaßstab muss sich an den Umständen des Einzelfalls orientieren. Die Übernahme der Besteuerung für die Zuwendung an Geschäftsfreunde und die eigenen Arbeitnehmer i. S. der Vereinfachungsregelungen des BMF-Schreibens vom 22. August 2005 (a. a. O.) ist möglich.

---

[1]) Siehe auch Rz. 15 des BMF-Schreibens vom 19. 5. 2015 (BStBl I S. 468), abgedruckt zu → H 37b (Sachzuwendungen an Arbeitnehmer; unter I.).
[2]) Die Vereinfachungsregelungen zur Übernahme der Besteuerung (Rdnrn. 16 und 18 des BMF-Schreibens vom 22. 8. 2005 und entsprechende Verweise im BMF-Schreiben vom 11. 7. 2006) sind ab dem 1. 1. 2007 nicht mehr anzuwenden; siehe Rdnr. 15 des BMF-Schreibens vom 19. 5. 2015, BStBl I S. 468, abgedruckt zu → H 37b (Sachzuwendungen an Arbeitnehmer; unter I.).
[3]) Die Vereinfachungsregelungen zur Übernahme der Besteuerung (Rdnrn. 16 und 18 des BMF-Schreibens vom 22. 8. 2005 und entsprechende Verweise im BMF-Schreiben vom 11. 7. 2006) sind ab dem 1. 1. 2007 nicht mehr anzuwenden; siehe Rdnr. 15 des BMF-Schreibens vom 19. 5. 2015, BStBl I S. 468, abgedruckt zu → H 37b (Sachzuwendungen an Arbeitnehmer; unter I.).
[4]) Siehe auch Rz. 15 des BMF-Schreibens vom 19. 5. 2015 (BStBl I S. 468), abgedruckt zu → H 37b (Sachzuwendungen an Arbeitnehmer; unter I.).
[5]) Die Vereinfachungsregelungen zur Übernahme der Besteuerung (Rdnrn. 16 und 18 des BMF-Schreibens vom 22. 8. 2005 und entsprechende Verweise im BMF-Schreiben vom 11. 7. 2006) sind ab dem 1. 1. 2007 nicht mehr anzuwenden; siehe Rdnr. 15 des BMF-Schreibens vom 19. 5. 2015, BStBl I S. 468, abgedruckt zu → H 37b (Sachzuwendungen an Arbeitnehmer; unter I.).
[6]) Siehe auch Rz. 15 des BMF-Schreibens vom 19. 5. 2015 (BStBl I S. 468), abgedruckt zu → H 37b (Sachzuwendungen an Arbeitnehmer; unter I.).

7. Abweichende Aufteilung der Gesamtaufwendungen

Die Vereinfachungsregelungen (Übernahme der Besteuerung) gemäß Rdnrn. 16 und 18[1]) sind auch in den Fällen anwendbar, in denen nachgewiesen wird, dass eine von Rdnr. 14[2]) abweichende andere Aufteilung der Gesamtaufwendungen im Einzelfall angemessen ist.

---

2. Steuerabzug vom Arbeitslohn (Lohnsteuer)

EStG
S 2360

§ 38 Erhebung der Lohnsteuer

(1) [1]Bei Einkünften aus nichtselbständiger Arbeit wird die Einkommensteuer durch Abzug vom Arbeitslohn erhoben (Lohnsteuer), soweit der Arbeitslohn von einem Arbeitgeber gezahlt wird, der

1. im Inland einen Wohnsitz, seinen gewöhnlichen Aufenthalt, seine Geschäftsleitung, seinen Sitz, eine Betriebsstätte oder einen ständigen Vertreter im Sinne der §§ 8 bis 13 der Abgabenordnung hat (inländischer Arbeitgeber) oder

2. einem Dritten (Entleiher) Arbeitnehmer gewerbsmäßig zur Arbeitsleistung im Inland überlässt, ohne inländischer Arbeitgeber zu sein (ausländischer Verleiher).

[2]Inländischer Arbeitgeber im Sinne des Satzes 1 ist in den Fällen der Arbeitnehmerentsendung auch das in Deutschland ansässige aufnehmende Unternehmen, das den Arbeitslohn für die ihm geleistete Arbeit wirtschaftlich trägt; Voraussetzung hierfür ist nicht, dass das Unternehmen dem Arbeitnehmer den Arbeitslohn im eigenen Namen und für eigene Rechnung auszahlt. [3]Der Lohnsteuer unterliegt auch der im Rahmen des Dienstverhältnisses von einem Dritten gewährte Arbeitslohn, wenn der Arbeitgeber weiß oder erkennen kann, dass derartige Vergütungen erbracht werden; dies ist insbesondere anzunehmen, wenn Arbeitgeber und Dritter verbundene Unternehmen im Sinne von § 15 des Aktiengesetzes sind.

(2) [1]Der Arbeitnehmer ist Schuldner der Lohnsteuer. [2]Die Lohnsteuer entsteht in dem Zeitpunkt, in dem der Arbeitslohn dem Arbeitnehmer zufließt.

(3) [1]Der Arbeitgeber hat die Lohnsteuer für Rechnung des Arbeitnehmers bei jeder Lohnzahlung vom Arbeitslohn einzubehalten. [2]Bei juristischen Personen des öffentlichen Rechts hat die öffentliche Kasse, die den Arbeitslohn zahlt, die Pflichten des Arbeitgebers. [3]In den Fällen der nach § 7f Absatz 1 Satz 1 Nummer 2 des Vierten Buches Sozialgesetzbuch an die Deutsche Rentenversicherung Bund übertragenen Wertguthaben hat die Deutsche Rentenversicherung Bund bei Inanspruchnahme des Wertguthabens die Pflichten des Arbeitgebers.

(3a) [1]Soweit sich aus einem Dienstverhältnis oder einem früheren Dienstverhältnis tarifvertragliche Ansprüche des Arbeitnehmers auf Arbeitslohn unmittelbar gegen einen Dritten mit Wohnsitz, Geschäftsleitung oder Sitz im Inland richten und von diesem durch die Zahlung von Geld erfüllt werden, hat der Dritte die Pflichten des Arbeitgebers. [2]In anderen Fällen kann das Finanzamt zulassen, dass ein Dritter mit Wohnsitz, Geschäftsleitung oder Sitz im Inland die Pflichten des Arbeitgebers im eigenen Namen erfüllt. [3]Voraussetzung ist, dass der Dritte

1. sich hierzu gegenüber dem Arbeitgeber verpflichtet hat,

2. den Lohn auszahlt oder er nur Arbeitgeberpflichten für von ihm vermittelte Arbeitnehmer übernimmt und

3. die Steuererhebung nicht beeinträchtigt wird.

[4]Die Zustimmung erteilt das Betriebsstättenfinanzamt des Dritten auf dessen Antrag im Einvernehmen mit dem Betriebsstättenfinanzamt des Arbeitgebers; sie darf mit Nebenbestimmungen versehen werden, die die ordnungsgemäße Steuererhebung sicherstellen und die Überprüfung des Lohnsteuerabzugs nach § 42f erleichtern sollen. [5]Die Zustimmung kann mit Wirkung für die Zukunft widerrufen werden. [6]In den Fällen der Sätze 1 und 2 sind die das Lohnsteuerverfahren betreffenden Vorschriften mit der Maßgabe anzuwenden, dass an die Stelle des Arbeitgebers der Dritte tritt; der Arbeitgeber ist von seinen Pflichten befreit, soweit der Dritte diese Pflichten erfüllt hat. [7]Erfüllt der Dritte die Pflichten des Arbeitgebers, kann er den Arbeitslohn, der einem Arbeitnehmer in dem selben Lohnabrechnungszeitraum aus mehreren Dienstverhältnissen zufließt, für die Lohnsteuerermittlung und in der Lohnsteuerbescheinigung zusammenrechnen.

---

1) Die Vereinfachungsregelungen zur Übernahme der Besteuerung (Rdnrn. 16 und 18 des BMF-Schreibens vom 22. 8. 2005 und entsprechende Verweise im BMF-Schreiben vom 11. 7. 2006) sind ab dem 1. 1. 2007 nicht mehr anzuwenden; siehe Rdnr. 15 des BMF-Schreibens vom 19. 5. 2015, BStBl I S. 468, abgedruckt zu → H 37b (Sachzuwendungen an Arbeitnehmer; unter I.).
2) Siehe auch Rz. 15 des BMF-Schreibens vom 19. 5. 2015 (BStBl I S. 468), abgedruckt zu → H 37b (Sachzuwendungen an Arbeitnehmer; unter I.).

(4) [1]Wenn der vom Arbeitgeber geschuldete Barlohn zur Deckung der Lohnsteuer nicht ausreicht, hat der Arbeitnehmer dem Arbeitgeber den Fehlbetrag zur Verfügung zu stellen oder der Arbeitgeber einen entsprechenden Teil der anderen Bezüge des Arbeitnehmers zurückzubehalten. [2]Soweit der Arbeitnehmer seiner Verpflichtung nicht nachkommt und der Arbeitgeber den Fehlbetrag nicht durch Zurückbehaltung von anderen Bezügen des Arbeitnehmers aufbringen kann, hat der Arbeitgeber dies dem Betriebsstättenfinanzamt (§ 41a Absatz 1 Satz 1 Nummer 1) anzuzeigen. [3]Der Arbeitnehmer hat dem Arbeitgeber die von einem Dritten gewährten Bezüge (Absatz 1 Satz 3) am Ende des jeweiligen Lohnzahlungszeitraums anzugeben; wenn der Arbeitnehmer keine Angabe oder eine erkennbar unrichtige Angabe macht, hat der Arbeitgeber dies dem Betriebsstättenfinanzamt anzuzeigen. [4]Das Finanzamt hat die zu wenig erhobene Lohnsteuer vom Arbeitnehmer nachzufordern.

Steuerabzug vom Arbeitslohn R 38.1

[1]Der Lohnsteuer unterliegt grundsätzlich jeder von einem inländischen Arbeitgeber oder ausländischen Verleiher gezahlte Arbeitslohn (→ R 38.3). [2]Es ist gleichgültig, ob es sich um laufende oder einmalige Bezüge handelt und in welcher Form sie gewährt werden. [3]Der Arbeitgeber hat Lohnsteuer unabhängig davon einzubehalten, ob der Arbeitnehmer zur Einkommensteuer veranlagt wird oder nicht. [4]Bei laufendem Arbeitslohn kommt es für die Beurteilung, ob Lohnsteuer einzubehalten ist, allein auf die Verhältnisse des jeweiligen Lohnzahlungszeitraums an; eine Ausnahme gilt, wenn der so genannte permanente Lohnsteuer-Jahresausgleich nach § 39b Abs. 2 Satz 12[1]) EStG durchgeführt wird (→ R 39b.8).

S 2360

Hinweise H 38.1

Lohnsteuerabzug

– **Keine Befreiung durch Stundung oder Aussetzung der Vollziehung**

  Der Arbeitgeber kann von seiner Verpflichtung zur Einbehaltung der Lohnsteuer nicht – auch nicht durch Stundung oder Aussetzung der Vollziehung – befreit werden (→ BFH vom 8. 2. 1957 – BStBl III S. 329).

– **Keine Prüfung, ob Jahreslohnsteuer voraussichtlich anfällt**

  Der Arbeitgeber hat die Frage, ob Jahreslohnsteuer voraussichtlich anfällt, nicht zu prüfen (→ BFH vom 24. 11. 1961 – BStBl 1962 III S. 37).

– **Unzutreffender Steuerabzug**

  Ein unzutreffender Lohnsteuerabzug kann durch Einwendungen gegen die Lohnsteuerbescheinigung nicht berichtigt werden (→ BFH vom 13. 12. 2007 – BStBl 2008 II S. 434).

– **Verhältnis Einbehaltungspflicht/Anzeigeverpflichtung**

  Die Anzeige des Arbeitgebers nach § 38 Abs. 4 Satz 2 EStG ersetzt die Erfüllung der Einbehaltungspflichten. Bei unterlassener Anzeige hat der Arbeitgeber die Lohnsteuer mit den Haftungsfolgen nicht ordnungsgemäß einbehalten (→ BFH vom 9. 10. 2002 – BStBl II S. 884).

Zufluss von Arbeitslohn R 38.2

(1) [1]Der Lohnsteuerabzug setzt den Zufluss von Arbeitslohn voraus. [2]Hat der Arbeitgeber eine mit dem Arbeitnehmer getroffene Lohnverwendungsabrede erfüllt, ist Arbeitslohn zugeflossen.

S 2360

(2) Die besondere Regelung für die zeitliche Zuordnung des – zugeflossenen – Arbeitslohns (§ 11 Abs. 1 Satz 4 i. V. m. § 38a Abs. 1 Satz 2 und 3 EStG) bleibt unberührt.

(3) [1]Der Zufluss des Arbeitslohns erfolgt bei einem Gutschein, der bei einem Dritten einzulösen ist, mit Hingabe des Gutscheins, weil der Arbeitnehmer zu diesem Zeitpunkt einen Rechtsanspruch gegenüber dem Dritten erhält. [2]Ist der Gutschein beim Arbeitgeber einzulösen, fließt Arbeitslohn erst bei Einlösung des Gutscheins zu.

---

1) jetzt § 39b Abs. 2 Satz 12 ff. EStG.

Hinweise

Aktienoptionen

- Bei nicht handelbaren Aktienoptionsrechten liegt weder bei Einräumung noch im Zeitpunkt der erstmaligen Ausübbarkeit ein Zufluss von Arbeitslohn vor (→ BFH vom 20. 6. 2001 – BStBl II S. 689).

- Auch bei handelbaren Optionsrechten fließt ein geldwerter Vorteil grundsätzlich erst zu, wenn die Aktien unentgeltlich oder verbilligt in das wirtschaftliche Eigentum des Arbeitnehmers gelangen (→ BFH vom 20. 11. 2008 – BStBl 2009 II S. 382).

- Bei einem entgeltlichen Verzicht auf ein Aktienankaufs- oder Vorkaufsrecht fließt ein geldwerter Vorteil nicht zum Zeitpunkt der Rechtseinräumung, sondern erst zum Zeitpunkt des entgeltlichen Verzichts zu (→ BFH vom 19. 6. 2008 – BStBl II S. 826).

- Ein geldwerter Vorteil fließt nicht zu, solange dem Arbeitnehmer eine Verfügung über die im Rahmen eines Aktienoptionsplans erhaltenen Aktien rechtlich unmöglich ist (→ BFH vom 30. 6. 2011 –BStBl II S. 923 zu vinkulierten Namensaktien). Im Gegensatz dazu stehen Sperr- und Haltefristen einem Zufluss nicht entgegen (→ BFH vom 30. 9. 2008 – BStBl 2009 II S. 282).

- Der Vorteil aus einem vom Arbeitgeber eingeräumten Aktienoptionsrecht fließt dem Arbeitnehmer zu, wenn er das Recht ausübt oder anderweitig verwertet. Eine solche Verwertung liegt insbesondere vor, wenn der Arbeitnehmer das Recht auf einen Dritten überträgt. Der Vorteil bemisst sich nach dem Wert des Rechts im Zeitpunkt der Verfügung darüber (→ BFH vom 18. 9. 2012 – BStBl 2013 II S. 289).

Steuerliche Behandlung der Überlassung von Aktienoptionsrechten an Arbeitnehmer

(Erlass des FinMin NW vom 27. 3. 2003 – S 2332 – 109 – V B 3 –)

Gewährt der Arbeitgeber seinem Arbeitnehmer auf Grund des Dienstverhältnisses Aktienoptionsrechte, ist die steuerliche Beurteilung davon abhängig, ob ein handelbares oder ein nicht handelbares Aktienoptionsrecht vorliegt. Handelbar i. d. S. ist ein Aktienoptionsrecht, das an einer Wertpapierbörse gehandelt wird.

Andere Aktienoptionsrechte gelten – auch wenn sie außerhalb einer Börse gehandelt werden – als nicht handelbar im Sinne der folgenden Ausführungen. Für die Beurteilung ist ferner unmaßgeblich, ob die Optionsrechte nach den Optionsbedingungen übertragbar oder vererbbar sind, oder ob sie einer Sperrfrist unterliegen.

Die steuerliche Behandlung richtet sich nach den folgenden Grundsätzen:

I. Handelbare Aktienoptionsrechte

Bei einem handelbaren Aktienoptionsrecht ist der Unterschiedsbetrag zwischen dem Geldwert des Optionsrechts und einem ggf. vom Arbeitnehmer gezahlten Entgelt als Arbeitslohn zu versteuern. Der Sachbezug in Form des Optionsrechts ist mit dem um übliche Preisnachlässe geminderten Endpreis am Abgabeort im Zeitpunkt der Abgabe anzusetzen (§ 8 Abs. 2 Satz 1 EStG). Zeitpunkt der Abgabe ist der Tag, an dem der Arbeitnehmer das Optionsrecht erwirbt. Fallen Bestelltag und Liefertag auseinander, sind für die Preisfeststellung die Verhältnisse am Bestelltag (Kauftag) maßgebend (R 31 Abs. 2 Satz 8 LStR). In diesem Fall kann aus Vereinfachungsgründen der niedrigste Kurswert des Optionsrechts am Kauftag an einer deutschen Börse angesetzt werden; wird das Optionsrecht nur im Ausland gehandelt, ist der niedrigste Kurswert vom Kauftag dieser ausländischen Börse heranzuziehen. Eine Bewertung gem. § 19a EStG scheidet aus, weil es sich bei handelbaren Aktienoptionsrechten nicht um Vermögensbeteiligungen i. S. d. § 2 Abs. 1 Nr. 1 und Absätze 2 bis 5 des Fünften Vermögensbildungsgesetzes handelt.

II. Nicht handelbare Aktienoptionsrechte[1])

Ein nicht handelbares Aktienoptionsrecht führt weder im Zeitpunkt der Gewährung noch der erstmaligen Ausübbarkeit des Optionsrechts zu einem Lohnzufluss beim Arbeitnehmer (BFH vom 20. 6. 2001, BStBl 2001 II S. 689; BFH vom 24. 1. 2001, BStBl 2001 II S. 509, 512). Gegenstand des Lohnzuflusses ist vielmehr die unentgeltlich oder verbilligt überlassene Aktie. Da es sich bei Aktien um Vermögensbeteiligungen i. S. d. § 2 Abs. 1 Nr. 1 des Fünften Vermögensbildungsgesetzes handelt, richtet sich die steuerliche Beurteilung nach § 19a EStG und R 77 LStR.

---

1) → BStBl I 2003 S. 234 → Aktienoptionen.

1. Zuflusszeitpunkt

Zeitpunkt des verbilligten Aktienerwerbs und damit Zuflusszeitpunkt ist der Tag, an dem die Aktie überlassen wird. Als Tag der Überlassung ist der Tag der Ausbuchung der Aktien aus dem Depot des Überlassenden oder dessen Erfüllungsgehilfen anzunehmen (BMF vom 10. 3. 2003 IV C 5 – S 2332 11/031[1]; R 77 Abs. 8 LStR).

Bei Aktienoptionsrechten, die vor dem 31. 12. 2001 ausgeübt wurden, ist es nicht zu beanstanden, wenn stattdessen der Tag der Optionsausübung als Zuflusszeitpunkt zu Grunde gelegt wird (BMF vom 10. 3. 2003 IV C 5 – S 2332 – 11/03[1]).

2. Bewertung

Die Bewertung überlassener Aktien richtet sich nach § 19a Abs. 2 Satz 2 ff EStG. Bewertungsstichtag ist danach grundsätzlich der Tag, an dem der Beschluss über die Gewährung der Optionsrechte getroffen wird (BFH vom 20. 6. 2001, BStBl 2001 II S. 689). Liegen jedoch zwischen dem Tag der Beschlussfassung und dem Tag der Überlassung der Aktien mehr als 9 Monate, ist der Tag der Überlassung maßgebend (§ 19a Abs. 2 Satz 5 EStG).

Zu den Anschaffungskosten bei der Ermittlung eines privaten Veräußerungsgewinns gem. § 23 EStG gehört neben dem vom Arbeitnehmer gezahlten Basis- bzw. Ausübungspreis u. a. auch der Wert, der als geldwerter Vorteil bei den Einkünften aus nichtselbständiger Arbeit angesetzt wird (BFH vom 20. 6. 2001, BStBl 2001 II S. 689).

3. Höhe des steuerpflichtigen Vorteils

Im Zuflusszeitpunkt liegt zu versteuernder Arbeitslohn vor in Höhe der Differenz zwischen dem Kurswert der überlassenen Aktie am maßgebenden Bewertungsstichtag und den Aufwendungen des Arbeitnehmers für die überlassenen Aktien (BFH vom 20. 6. 2001, BStBl 2001 II S. 689).

4. Zuordnung zum deutschen Besteuerungsrecht

Für die Zuweisung des Besteuerungsrechts nach den Doppelbesteuerungsabkommen (DBA) ist der bei Ausübung der Aktienoptionsrechte zugeflossene geldwerte Vorteil dem gesamten Zeitraum zwischen der Gewährung und der Ausübung der Optionsrechte zuzuordnen (zukunfts- und zeitraumbezogene Leistung). Befindet sich der Arbeitnehmer jedoch im Zeitpunkt der Ausübung bereits im Ruhestand, ist für die Aufteilung des geldwerten Vorteils nur der Zeitraum von der Gewährung bis zur Beendigung der aktiven Tätigkeit heranzuziehen. Hält sich der Arbeitnehmer während des maßgeblichen Zeitraums teilweise im Ausland auf und bezieht er für die Auslandstätigkeit Einkünfte, die nach einem DBA steuerfrei sind, ist der auf diesen Zeitraum entfallende Teil des geldwerten Vorteils aus der Ausübung des Optionsrechts ebenfalls steuerfrei (BFH-Urteile vom 24. 1. 2001, BStBl 2001 II S. 509 und 512). Der inländischen Besteuerung wird nur der anteilige geldwerte Vorteil unterworfen, für den Deutschland das Besteuerungsrecht hat. Dies gilt auch dann, wenn der Arbeitnehmer im Zeitpunkt der Gewährung der Aktienoptionsrechte noch nicht und im Zeitpunkt der Ausübung nicht mehr unbeschränkt einkommensteuerpflichtig ist. Die demnach steuerfrei bleibenden Einkunftsteile unterliegen ggf. dem Progressionsvorbehalt gem. § 32b Abs. 1 Nr. 3 EStG.

Es ist nicht auszuschließen, dass sich Doppelbesteuerungen ergeben, wenn hinsichtlich des Zeitpunktes der Besteuerung von Aktienoptionen Regelungen im nationalen Recht anderer Staaten vom deutschen Steuerrecht abweichen. Diese können nur mit Hilfe von Verständigungsverfahren beseitigt werden.

5. Tarifermäßigung gem. § 34 EStG

Für steuerpflichtige geldwerte Vorteile aus der Ausübung der Aktienoptionsrechte kommt die Tarifbegünstigung des § 34 Abs. 1 i. V. m. Abs. 2 Nr. 4 EStG in Betracht, wenn es sich um Vergütungen für mehrjährige Tätigkeiten handelt (BFH vom 24. 1. 2001, BStBl 2001 II S. 509). Hiervon ist in der Regel auszugehen, wenn der Zeitraum zwischen der Gewährung und der Ausübung der Aktienoptionsrechte mehr als 12 Monate beträgt. Erwirbt der Arbeitnehmer auf Grund eines einheitlichen Optionsrechts die Aktien in mehr als zwei Kalenderjahren, ist die Tarifermäßigung zu versagen (BFH vom 21. 3. 1975, BStBl 1975 II S. 690). Sofern der Arbeitnehmer jährlich Aktienoptionsrechte erhält, sind die v. g. Voraussetzungen für jedes jährlich ausgegebene Optionsrecht zu prüfen.

6. Kursveränderungen der Aktie nach dem Zuflusszeitpunkt

Veränderungen des Kurswertes der Aktie nach dem Zuflusszeitpunkt (vgl. Teil II Nr. 1) haben eine steuerliche Auswirkung grundsätzlich nur im Rahmen der Ermittlung der Einkünfte gem. § 22 Nr. 2 i. V. m. § 23 Abs. 1 Satz 1 Nr. 2 EStG. Insbesondere rechtfertigen Verschlechterungen des Kurswertes nach dem Zuflusszeitpunkt der Aktie keine sachliche Billigkeitsmaßnahme. Ein etwaiger Verlust ist der privaten Vermögensebene zuzurechnen. Dies gilt auch dann, wenn die durch Ausübung des Optionsrechts erworbenen Aktien einer gesetzlichen oder vertraglichen Sperrfrist unterliegen.

Dieser Erlass ist mit dem Bundesministerium der Finanzen und den anderen Ländern abgestimmt. Er ist in allen offenen Fällen anzuwenden.

Aktienoptionen, Zufluss, Exercise and Sell Ausübungsvariante

(Verfügung des LfSt Bayern vom 8. 5. 2009 – S 2347.1.1 – 4/1 St 33 –)

Das BMF-Schreiben vom 10. 3. 2003 (BStBl 2003 I S. 234) ist nicht mehr anzuwenden, da es nicht in die Positivliste des BMF zur Eindämmung der Normenflut (vgl. Anhang 33 Amtliches LStHB 2008 und 2009) übernommen wurde.

Es gelten die allgemeinen Grundsätze (d. h. Zufluss bei Verschaffung der wirtschaftlichen Verfügungsmacht über die Aktien, vgl. BFH vom 23. 6. 2005, BStBl 2005 II S. 770); ggf. Vereinfachungsregelung, vgl. R 19a Abs. 8 LStR 2008).

In diesem Zusammenhang wird auf Folgendes hingewiesen:

–   Die Ausführungen zum Zuflusszeitpunkt bei der sog. Exercise and Sell-Ausübungsvariante (vgl. Anmerkung) gelten weiterhin.

–   Im Hinblick auf abweichende BFH-Rechtsprechung wurde der ländereinheitliche Erlass zu Aktienoptionen (für Bayern: FinMin Bayern vom 10. 4. 2003 Az.: 34 – 2347 – 008 – 16034/03; bisher ESt-Kartei § 19 Karte 6.2 und LSt-Kartei Fach 2 Karte 5) als gegenstandslos aufgehoben (vgl. LSt Fach-Info 05-2009 Tz. 1).

Überholt waren insbesondere folgende Punkte:

An der bisherigen Unterscheidung hinsichtlich des Zuflusszeitpunkts zwischen handelbaren und nicht handelbaren Aktienoptionsrechten kann im Hinblick auf das BFH-Urteil vom 20. 11. 2008, VI R 25/05 nicht mehr festgehalten werden.

Nach Ansicht des BFH führt bei Einräumung eines handelbaren wie nicht handelbaren Aktienoptionsrechts, jedenfalls dann, wenn der Arbeitgeber Stillhalter ist, erst die Umwandlung des Rechts in Aktien zum Zufluss des geldwerten Vorteils. Damit werden handelbare und nicht handelbare Optionsrechte gleich behandelt. Ohne Optionsausübung fließt auch beim Verkauf der handelbaren Option Arbeitslohn zu.

Das o. g. BFH-Urteil vom 20. 11. 2008 wurde am 27. 4. 2009 in die sog. „grüne Liste" des BMF (vgl. www.bundesfinanzministerium.de unter BMF-Schreiben/BFH-Entscheidungen) aufgenommen und wird in Kürze im BStBl Teil II veröffentlicht werden.

Auch die Ausführungen zur Tarifermäßigung nach § 34 EStG sind durch das BFH-Urteil vom 18. 12. 2007 (BStBl 2008 II S. 294) hinsichtlich der Behandlung als einheitliches Optionsrecht überholt. Der BFH hat in diesem Urteil ausgeführt, dass die Tarifermäßigung i. S. des § 34 EStG auch dann angewendet werden kann, wenn dem Arbeitnehmer wiederholt Aktienoptionsrechte eingeräumt worden sind und die jeweilige Option nicht in vollem Umfang einheitlich ausgeübt worden ist.

Arbeitnehmerfinanzierte betriebliche Altersversorgung

Anhang 2 IV   → *BMF vom* 6. 12. 2017 *(BStBl 2018 I S.* 147)*,* Rz. 1 ff.

Einräumung eines Wohnungsrechts

Die Einräumung eines dinglichen Wohnungsrechts führt zu einem laufenden monatlichen Zufluss von Arbeitslohn (→ BFH vom 19. 8. 2004 – BStBl II S. 1076)

Gesellschafter-Geschäftsführer

Zum Zufluss von Gehaltsbestandteilen bei Nichtauszahlung → BMF vom 12. 5. 2014 (BStBl I S. 860)

Verdeckte Einlage in eine Kapitalgesellschaft und Zufluss von Gehaltsbestandteilen bei einem Gesellschafter-Geschäftsführer einer Kapitalgesellschaft; Urteile des Bundesfinanzhofs vom 3. Februar 2011 – VI R 4/10 – (BStBl 2014 II S. 493) und – VI R 66/09 – (BStBl 2014 II S. 491) sowie vom 15. Mai 2013 – VI R 24/12 – (BStBl 2014 II S. 495)

BMF vom 12. 5. 2014 – IV C 2 – S 2743/12/10001; 2014/ 0074863 (BStBl I S. 860)

Der Bundesfinanzhof hat in den Urteilen vom 3. Februar 2011–- VI R 4/10 – (BStBl 2014 II S. 493) und – VI R 66/09 – (BStBl 2014 II S. 491) sowie vom 15. Mai 2013 – VI R 24/12 – (BStBl 2014 II S. 495) zur lohnsteuerlichen Behandlung bestimmter Gehaltsbestandteile eines Gesellschafter-Geschäftsführers einer Kapitalgesellschaft Stellung genommen, die im Anstellungsvertrag vereinbart, tatsächlich aber nicht ausgezahlt wurden.

Nach dem Ergebnis der Erörterungen mit den obersten Finanzbehörden der Länder sind die Entscheidungen vom 3. Februar 2011 (a. a. O.) unter Berücksichtigung der Entscheidung vom 15. Mai 2013 (a. a. O.) auszulegen.

Dem beherrschenden Gesellschafter fließt eine eindeutige und unbestrittene Forderung gegen „seine" Kapitalgesellschaft bereits mit deren Fälligkeit zu (BFH-Urteil vom 3. Februar 2011 – VI R 66/09 – m. w. N.). Ob sich der Vorgang in der Bilanz der Kapitalgesellschaft tatsächlich gewinnmindernd ausgewirkt hat, etwa durch die Bildung einer Verbindlichkeit, ist für die Anwendung dieser sog. Zuflussfiktion unerheblich, sofern eine solche Verbindlichkeit nach den Grundsätzen ordnungsmäßiger Buchführung hätte gebildet werden müssen.

Für den Zufluss beim Gesellschafter-Geschäftsführer durch eine verdeckte Einlage in die Kapitalgesellschaft kommt es darauf an, ob der Gesellschafter-Geschäftsführer vor oder nach Entstehen seines Anspruches darauf verzichtet hat (H 40 KStH 2008). Maßgeblich dafür ist, inwieweit Passivposten in eine Bilanz der Gesellschaft hätten eingestellt werden müssen, die zum Zeitpunkt des Verzichts erstellt worden wäre (BFH-Urteile vom 15. Mai 2013, a. a. O. und vom 24. Mai 1984 – I R 166/78 –, BStBl 1984 II S. 747). Auf die tatsächliche Buchung in der Bilanz der Gesellschaft kommt es für die Frage des Zuflusses aufgrund einer verdeckten Einlage nicht an.

Kein Zufluss von Arbeitslohn

Arbeitslohn fließt nicht zu bei

– Verzicht des Arbeitnehmers auf Arbeitslohnanspruch, wenn er nicht mit einer Verwendungsauflage hinsichtlich der freiwerdenden Mittel verbunden ist (→ BFH vom 30. 7. 1993 – BStBl II S. 884);

– Verzicht des Arbeitnehmers auf Arbeitslohnanspruch zugunsten von Beitragsleistungen des Arbeitgebers an eine Versorgungseinrichtung, die dem Arbeitnehmer keine Rechtsansprüche auf Versorgungsleistungen gewährt (→ BFH vom 27. 5. 1993 – BStBl 1994 II S. 246);

– Gutschriften beim Arbeitgeber zugunsten des Arbeitnehmers auf Grund eines Gewinnbeteiligungs- und Vermögensbildungsmodells, wenn der Arbeitnehmer über die gutgeschriebenen Beträge wirtschaftlich nicht verfügen kann (→ BFH vom 14. 5. 1982 – BStBl II S. 469);

– Verpflichtung des Arbeitgebers im Rahmen eines arbeitsgerichtlichen Vergleichs zu einer Spendenzahlung, ohne dass der Arbeitnehmer auf die Person des Spendenempfängers Einfluss nehmen kann; diese Vereinbarung enthält noch keine zu Einkünften aus nichtselbständiger Arbeit führende Lohnverwendungsabrede (→ BFH vom 23. 9. 1998 – BStBl 1999 II S. 98);

– Einräumung eines Anspruchs gegen den Arbeitgeber, sondern grundsätzlich erst durch dessen Erfüllung. Das gilt auch für den Fall, dass der Anspruch – wie ein solcher auf die spätere Verschaffung einer Aktie zu einem bestimmten Preis (Aktienoptionsrecht) – lediglich die Chance eines zukünftigen Vorteils beinhaltet (→ BFH vom 24. 1. 2001 – BStBl II S. 509 und 512). Das gilt grundsätzlich auch bei handelbaren Optionsrechten (→ BFH vom 20. 11. 2008 – BStBl 2009 II S. 382);

– Einbehalt eines Betrags vom Arbeitslohn durch den Arbeitgeber und Zuführung zu einer Versorgungsrückstellung (→ BFH vom 20. 7. 2005 – BStBl II S. 890).

– rechtlicher Unmöglichkeit der Verfügung des Arbeitnehmers über Aktien (→ BFH vom 30. 6. 2011 – BStBl II S. 923 zu vinkulierten Namensaktien); im Gegensatz dazu stehen Sperr- und Haltefristen einem Zufluss nicht entgegen (→ BFH vom 30. 9. 2008 – BStBl 2009 II S. 282).

Versorgungsrückstellung

→ Kein Zufluss von Arbeitslohn

Pensionszusage, Ablösung

→ **BMF vom 4. 7. 2017 (BStBl I S. 883)**; zur Übertragung der betrieblichen Altersversorgung → § 3 Nr. 55, Nr. 65 und Nr. 66 EStG und BMF vom 6. 12. 2017 **(BStBl 2018 I S. 147)** → Anhang 2 IV

Anhang 2 XI

Verschiebung der Fälligkeit

Anhang 2 IV

Arbeitgeber und Arbeitnehmer können den Zeitpunkt des Zuflusses einer Abfindung oder eines Teilbetrags einer solchen beim Arbeitnehmer in der Weise steuerwirksam gestalten, dass sie deren ursprünglich vorgesehene Fälligkeit vor ihrem Eintritt auf einen späteren Zeitpunkt verschieben (→ BFH vom 11. 11. 2009 – BStBl 2010 II S. 746).

Wandelschuldverschreibung

– Wird im Rahmen eines Arbeitsverhältnisses durch Übertragung einer nicht handelbaren Wandelschuldverschreibung ein Anspruch auf die Verschaffung von Aktien eingeräumt, liegt ein

Zufluss von Arbeitslohn nicht bereits durch die Übertragung der Wandelschuldverschreibung vor. Bei Ausübung des Wandlungsrechts fließt ein geldwerter Vorteil erst dann zu, wenn durch Erfüllung des Anspruchs das wirtschaftliche Eigentum an den Aktien verschafft wird. Geldwerter Vorteil ist die Differenz zwischen dem Börsenpreis der Aktien und den Erwerbsaufwendungen (→ BFH vom 23. 6. 2005 – BStBl II S. 766).

– Bei Verkauf eines Darlehens, das mit einem Wandlungsrecht zum Bezug von Aktien ausgestattet ist, fließt der geldwerte Vorteil im Zeitpunkt des Verkaufs zu (→ BFH vom 23. 6. 2005 – BStBl II S. 770).

Zeitwertkonten

Anhang 35   → BMF vom 17. 6. 2009 (BStBl I S. 1286)

Zufluss von Arbeitslohn

Arbeitslohn fließt zu bei

– wirtschaftlicher Verfügungsmacht des Arbeitnehmers über den Arbeitslohn (→ BFH vom 30. 4. 1974 – BStBl II S. 541); dies gilt auch bei Zahlungen ohne Rechtsgrund (→ BFH vom 4. 5. 2006 – BStBl II S. 832) sowie versehentlicher Überweisung, die der Arbeitgeber zurückfordern kann (→ BFH vom 4. 5. 2006 – BStBl II S. 830); zur Rückzahlung von Arbeitslohn → H 11;

– Zahlung, Verrechnung oder Gutschrift (→ BFH vom 10. 12. 1985 – BStBl 1986 II S. 342);

– Entgegennahme eines Schecks oder Verrechnungsschecks, wenn die bezogene Bank im Fall der sofortigen Vorlage den Scheckbetrag auszahlen oder gutschreiben würde und der sofortigen Vorlage keine zivilrechtlichen Abreden entgegenstehen (→ BFH vom 30. 10. 1980 – BStBl 1981 II S. 305);

– Einlösung oder Diskontierung eines zahlungshalber hingegebenen Wechsels (→ BFH vom 5. 5. 1971 – BStBl II S. 624).

– Verzicht des Arbeitgebers auf eine ihm zustehende Schadenersatzforderung gegenüber dem Arbeitnehmer in dem Zeitpunkt, in dem der Arbeitgeber zu erkennen gibt, dass er keinen Rückgriff nehmen wird (→ BFH vom 29. 3. 1992 – BStBl II S. 837);

– Beitragsleistung des Arbeitgebers für eine Direktversicherung seines Arbeitnehmers in dem Zeitpunkt, in dem er seiner Bank einen entsprechenden Überweisungsauftrag erteilt (→ BFH vom 7. 7. 2005 – BStBl II S. 726);

– Überlassung einer Jahresnetzkarte mit uneingeschränktem Nutzungsrecht in voller Höhe im Zeitpunkt der Überlassung (→ BFH vom 12. 4. 2007 – BStBl II S. 719) oder im Zeitpunkt der Ausübung des Bezugsrechts durch Erwerb der Jahresnetzkarte (→ BFH vom 14. 11. 2012 – BStBl 2013 II S. 382);

– Ausgleichszahlungen, die der Arbeitnehmer für seine in der Arbeitsphase erbrachten Vorleistungen erhält, wenn ein im Blockmodell geführtes Altersteilzeitarbeitsverhältnis vor Ablauf der vertraglich vereinbarten Zeit beendet wird (→ BFH vom 15. 12. 2011 – BStBl 2012 II S. 415);

– → Wandelschuldverschreibung

R 38.3
S 2360

Einbehaltungspflicht des Arbeitgebers

(1) ¹Zur Einbehaltung der Lohnsteuer vom Arbeitslohn ist jeder inländische Arbeitgeber verpflichtet. ²Für die Einbehaltung der Lohnsteuer seiner Leiharbeitnehmer hat der ausländische Verleiher nach § 38 Abs. 1 Satz 1 Nr. 2 EStG auch dann die gleichen Pflichten wie ein inländischer Arbeitgeber zu erfüllen, wenn er selbst nicht inländischer Arbeitgeber ist.

(2) Neben den im § 12 Satz 2 AO aufgeführten Einrichtungen sind Betriebsstätten auch Landungsbrücken (Anlegestellen von Schifffahrtsgesellschaften), Kontore und sonstige Geschäftseinrichtungen, die dem Unternehmer oder Mitunternehmer oder seinem ständigen Vertreter, z. B. einem Prokuristen, zur Ausübung des Gewerbes dienen.

(3) ¹Ständiger Vertreter nach § 13 AO kann hiernach z. B. auch eine Person sein, die eine Filiale leitet oder die Aufsicht über einen Bautrupp ausübt. ²Ständiger Vertreter ist jedoch z. B. nicht ein einzelner Monteur, der von Fall zu Fall Montagearbeiten im Inland ausführt.

(4) ¹Bei Bauausführungen oder Montagen ausländischer Arbeitgeber im Inland, die länger als sechs Monate (→ § 12 Satz 2 Nr. 8 AO) dauern, ist der ausländische Arbeitgeber zugleich als inländischer Arbeitgeber i. S. d. § 38 Abs. 1 Satz 1 Nr. 1 EStG anzusehen, gleichgültig ob die Bauausführung oder Montage nach dem Doppelbesteuerungsabkommen eine Betriebsstätte begründet. ²Begründet die Bauausführung oder Montage nach dem anzuwendenden Doppelbesteuerungsabkommen keine Betriebsstätte, sind die Arbeitslöhne, die an die im Inland einge-

setzten ausländischen Arbeitnehmer gezahlt werden, in der Regel von der Lohnsteuer freizustellen, wenn sie sich höchstens an 183 Tagen im Kalenderjahr bei bestimmten Doppelbesteuerungsabkommen in einem Zwölfmonatszeitraum im Inland aufhalten.

(5) ¹In den Fällen der Arbeitnehmerentsendung ist inländischer Arbeitgeber auch das in Deutschland ansässige Unternehmen, das den Arbeitslohn für die ihm geleistete Arbeit wirtschaftlich trägt. ²Hiervon ist insbesondere dann auszugehen, wenn die von dem anderen Unternehmen gezahlte Arbeitsvergütung dem deutschen Unternehmen weiterbelastet wird. ³Die Erfüllung der Arbeitgeberpflichten setzt nicht voraus, dass das inländische Unternehmen den Arbeitslohn im eigenen Namen und für eigene Rechnung auszahlt. ⁴Die Lohnsteuer entsteht bereits im Zeitpunkt der Arbeitslohnzahlung an den Arbeitnehmer, wenn das inländische Unternehmen auf Grund der Vereinbarung mit dem ausländischen Unternehmen mit einer Weiterbelastung rechnen kann; in diesem Zeitpunkt ist die Lohnsteuer vom inländischen Unternehmen zu erheben.

Hinweise

H 38.3

Arbeitgeberbegriff

- → R 19.1, → H 19.1
- Wirtschaftlicher Arbeitgeber bei Arbeitnehmerentsendung zwischen international verbundenen Unternehmen → BMF vom 12. 11. 2014 (BStBl I S. 1467), Tz. 4.3.3   Anhang 9

Inländischer Arbeitgeber

- Auch ein im Ausland ansässiger Arbeitgeber, der im Inland eine Betriebsstätte oder einen ständigen Vertreter hat, ist nach § 38 Abs. 1 Satz 1 Nr. 1 EStG inländischer Arbeitgeber (→ BFH vom 5. 10. 1977 – BStBl 1978 II S. 205).
- Bei Arbeitnehmerentsendung ist das in Deutschland ansässige aufnehmende Unternehmen, das den Arbeitslohn für die ihm geleistete Arbeit wirtschaftlich trägt, Arbeitgeber → § 38 Abs. 1 Satz 2 EStG.

Leiharbeitnehmer

Nach besonderen Regelungen in den Abkommen zur Vermeidung der Doppelbesteuerung ist entweder die 183-Tage-Klausel auf Leiharbeitnehmer nicht anwendbar oder mehrere Vertragsstaaten haben das Besteuerungsrecht (→ BMF vom 12. 11. 2014 – BStBl I S. 1467, Tz. 4.3.4).   Anhang 9

Zuständiges Finanzamt

für ausländische Verleiher → H 41.3

Lohnzahlung durch Dritte

R 38.4

Unechte Lohnzahlung durch Dritte

(1) ¹Eine unechte Lohnzahlung eines Dritten ist dann anzunehmen, wenn der Dritte lediglich als Leistungsmittler fungiert. ²Das ist z. B. der Fall, wenn der Dritte im Auftrag des Arbeitgebers leistet oder die Stellung einer Kasse des Arbeitgebers innehat. ³Der den Dritten als Leistungsmittler einsetzende Arbeitgeber bleibt der den Arbeitslohn Zahlende und ist daher zum Lohnsteuerabzug verpflichtet (§ 38 Abs. 1 Satz 1 EStG).   S 2360

Echte Lohnzahlung durch Dritte

(2) ¹Eine echte Lohnzahlung eines Dritten liegt dann vor, wenn dem Arbeitnehmer Vorteile von einem Dritten eingeräumt werden, die ein Entgelt für eine Leistung sind, die der Arbeitnehmer im Rahmen seines Dienstverhältnisses für den Arbeitgeber erbringt; hierzu gehören z. B. geldwerte Vorteile, die der Leiharbeitnehmer auf Grund des Zugangs zu Gemeinschaftseinrichtungen oder -diensten des Entleihers erhält (§ 13b AÜG). ²In diesen Fällen hat der Arbeitgeber die Lohnsteuer einzubehalten und die damit verbundenen sonstigen Pflichten zu erfüllen, wenn er weiß oder erkennen kann, dass derartige Vergütungen erbracht werden (§ 38 Abs. 1 Satz 3 EStG). ³Die   Anhang 3
dem Arbeitgeber bei der Lohnzahlung durch Dritte auferlegte Lohnsteuerabzugspflicht erfordert, dass dieser seine Arbeitnehmer auf ihre gesetzliche Verpflichtung (§ 38 Abs. 4 Satz 3 EStG) hinweist, ihm am Ende des jeweiligen Lohnzahlungszeitraums die von einem Dritten gewährten Bezüge anzugeben. ⁴Kommt der Arbeitnehmer seiner Angabepflicht nicht nach und kann der Arbeitgeber bei der gebotenen Sorgfalt aus seiner Mitwirkung an der Lohnzahlung des Dritten oder aus der Unternehmensverbundenheit mit dem Dritten erkennen, dass der Arbeitnehmer zu

Unrecht keine Angaben macht oder seine Angaben unzutreffend sind, hat der Arbeitgeber die ihm bekannten Tatsachen zur Lohnzahlung von dritter Seite dem Betriebsstättenfinanzamt anzuzeigen (§ 38 Abs. 4 Satz 3 zweiter Halbsatz EStG). [5]Die Anzeige hat unverzüglich zu erfolgen.

H 38.4

Hinweise

Abgrenzung zwischen echter und unechter Lohnzahlung durch Dritte

– → R 38.4 und BFH vom 30. 5. 2001 (BStBl 2002 II S. 230)

Lohnsteuerabzug

Der Arbeitgeber ist insbesondere dann zum Lohnsteuerabzug verpflichtet (unechte Lohnzahlung durch Dritte → R 38.4 Abs. 1), wenn

– er in irgendeiner Form tatsächlich oder rechtlich in die Arbeitslohnzahlung eingeschaltet ist (→ BFH vom 13. 3. 1974 – BStBl II S. 411),
– ein Dritter in der praktischen Auswirkung nur die Stellung einer zahlenden Kasse hat, z. B. selbständige Kasse zur Zahlung von Unterstützungsleistungen (→ BFH vom 28. 3. 1958 – BStBl III S. 268) oder von Erholungsbeihilfen (→ BFH vom 27. 1. 1961 – BStBl III S. 167).

Lohnzahlung durch Dritte

– Nachwuchsförderpreis des Arbeitgeberverbandes für die fachlichen Leistungen im Arbeitsverhältnis (→ BFH vom 23. 4. 2009 – BStBl II S. 668),
– Bonuszahlung der Konzernmutter an die Arbeitnehmer der veräußerten Konzerntochter als Anerkennung für die geleistete Arbeit (→ BFH vom 28. 2. 2013 – BStBl II S. 642),
– Verbilligter Erwerb von Vermögensbeteiligungen im Hinblick auf ein künftiges Beschäftigungsverhältnis (→ BFH vom 26. 6. 2014 – BStBl II S. 864),
– Freiwillige Zahlungen von Notaren an Notarassessoren für deren Vertretungstätigkeit (→ BFH vom 10. 3. 2015 – BStBl II S. 767).
– Verbilligte Pauschalreise an Reisebüromitarbeiter → H 8.2 (Berechnung des Rabatt-Freibetrags), Beispiel 2.
– → H 19.3 (Lohnzahlung durch Dritte).

Metergelder im Möbeltransportgewerbe

unterliegen in voller Höhe dem Lohnsteuerabzug, wenn auf sie ein Rechtsanspruch besteht (→ BFH vom 9. 3. 1965 – BStBl III S. 26)

Prämienprogramme

Lohnsteuerliche Behandlung des Prämienprogramms für Bahnfahrer „bahn.bonus"

(Erlass des Ministeriums der Finanzen Saarland vom 24. 10. 2005 – B/2-4 – 134/05 – S 2334 –)

Nach dem o. g. Prämienprogramm werden dem BahnCard-Inhaber Punkte gutgeschrieben, die in Prämien verschiedenster Art eingetauscht werden können.

In der Vergangenheit haben bereits verschiedene Dienstleister, z. B. Fluggesellschaften, Hotels und Autovermieter Prämienprogramme aufgelegt, in denen Bonuspunkte für die Inanspruchnahme ihrer Dienste vergeben wurden. Die Punkte werden auf einem persönlichen Konto des Kunden gesammelt und können nur für die Bezahlung an ihn selbst erbrachter Dienstleistungen eingesetzt werden. Dies ist auch im Bahn.bonus-Programm so (vgl. Tz. 4.2 der AGB).

Aus lohnsteuerlicher Sicht wird wie folgt Stellung genommen:

1. Werden Bonuspunkte im Rahmen einer dienstlichen Tätigkeit erlangt (Bonuspunkte für Bahnfahrten im Rahmen einer Dienstreise) und für private Zwecke verwendet (z. B. für eine Urlaubsreise) liegt Arbeitslohn vor.
2. Soweit privat verwertete Bonuspunkte auf privater Inanspruchnahme von Dienstleistungen beruhen (Bonuspunkte für eine Urlaubsreise werden wiederum für eine Urlaubsreise verwendet, handelt es sich nicht um einen steuerpflichtigen Vorgang.
3. Soweit Bonuspunkte wiederum beruflich verwendet werden (Bonuspunkte für eine Dienstreise werden auf Grund eines Auskehrungsanspruchs des Arbeitgebers wiederum für eine Dienstreise verwendet), handelt es sich ebenfalls nicht um einen steuerpflichtigen Vorgang.

Der unter Tz. 1 genannte Arbeitslohn unterliegt grundsätzlich dem Lohnsteuerabzug, denn nach § 38 Abs. 1 S. 3 EStG unterliegt auch der im Rahmen des Dienstverhältnisses von einem Dritten gewährte Arbeitslohn der Lohnsteuer, wenn der Arbeitgeber weiß oder erkennen kann, dass derartige Vergütungen erbracht werden.

Die dem Arbeitgeber bei der Lohnzahlung durch Dritte auferlegte Lohnsteuerabzugspflicht erfordert, dass dieser seine Arbeitnehmer auf ihre gesetzliche Verpflichtung (§ 38 Abs. 4 Satz 3 EStG) hinweist, ihm am Ende des jeweiligen Lohnzahlungszeitraums die von einem Dritten gewährten Bezüge anzugeben. Kommt der Arbeitnehmer seiner Angabepflicht nicht nach und kann der Arbeitgeber bei der gebotenen Sorgfalt aus seiner Mitwirkung an der Lohnzahlung des Dritten erkennen, dass der Arbeitnehmer zu Unrecht keine Angaben macht oder seine Angaben unzutreffend sind, hat der Arbeitgeber die ihm bekannten Tatsachen zur Lohnzahlung von dritter Seite dem Betriebsstättenfinanzamt anzuzeigen. Die Anzeige hat unverzüglich zu erfolgen (vgl. R 106 Abs. 2 LStR 2005[1]).

Der Zufluss von Arbeitslohn liegt allerdings erst im Zeitpunkt der tatsächlichen Inanspruchnahme der Bonuspunkte und nicht bereits bei der Gutschrift von Bonuspunkten auf dem Prämienkonto vor.

Es ist weiterhin zu beachten, dass nach § 3 Nr. 38 EStG die vorgenannten Sachprämien bis zu einem Höchstbetrag von **1 080 Euro** pro Empfänger und Kalenderjahr **steuerfrei** sind.

Darüber hinaus kann nach § 37a EStG das Finanzamt auf Antrag zulassen, dass das Unternehmen, das Sachprämien im Sinne des § 3 Nr. 38 gewährt, die Einkommensteuer für den Teil der Prämien, der nicht steuerfrei ist, pauschal erhebt. Das Unternehmen hat die Prämienempfänger von der Steuerübernahme zu unterrichten.

Nimmt der Arbeitgeber in diesem Falle die entsprechende Bescheinigung zum Lohnkonto, so hat er lohnsteuerlich nichts weiter zu unternehmen.

Rabatte von dritter Seite

Zur steuerlichen Behandlung der Rabatte, die Arbeitnehmern von dritter Seite eingeräumt werden → BMF vom 20. 1. 2015 (BStBl I S. 143).

→ Sachbezüge von dritter Seite → H 8.2

Remunerationen

Lohnsteuerliche Behandlung von Remunerationen

(BMF-Schreiben vom 26. 10. 1998 – IV C 5 – S 2360 – 2/98 –)

Zwischen Sparkassen auf der einen und Bausparkassen bzw. Versicherungen auf der anderen Seite gibt es Kooperationsabkommen, die die Vermittlung von Dienstleistungen der Bausparkassen und Versicherungen durch die Sparkassen regeln. Aufgrund dieser Kooperation erhalten die Vorstandsmitglieder der Sparkassen von den Bausparkassen bzw. Versicherungen als Remunerationen bezeichnete Vergütungen.

Feststellungen haben ergeben, daß diese Remunerationen bisher steuerlich unterschiedlich behandelt worden sind. Die Erörterung der Angelegenheit mit den obersten Finanzbehörden der Länder ergab folgendes:

Die Remunerationen, die die Sparkassenvorstände erhalten, sind Ausfluß ihres Arbeitsverhältnisses zur Sparkasse und gehören zu den Einkünften aus nichtselbständiger Arbeit. Derartige Vergütungen sind im Kooperationsfall üblich. Mithin stellen diese Remunerationen Lohnzahlungen Dritter dar, die nach § 38 Abs. 1 Satz 2 EStG dem Lohnsteuerabzug unterliegen. Soweit die Sparkasse als Arbeitgeber diese Bezüge nicht selbst ermitteln kann, hat sie der Sparkassenvorstand für jeden Lohnzahlungszeitraum anzuzeigen (Abschnitt 106 Abs. 2 Satz 3 LStR[2]). Von dieser Behandlung sind lediglich die Fälle ausgenommen, in denen der Lohnsteuerabzug durch die Bausparkasse oder Versicherung erfolgt, weil aufgrund besonderer Vereinbarungen ein Dienstverhältnis zwischen diesem Institut und dem Sparkassenvorstand besteht.

Unerlaubte Arbeitnehmerüberlassung

→ R 19.1 Satz 6

---

[1] Jetzt → R 38.4 LStR.
[2] Jetzt → R 38.4 LStR.

R 38.5

Lohnsteuerabzug durch Dritte

¹Die Übertragung der Arbeitgeberpflichten nach § 38 Abs. 3a Satz 2 ff. EStG auf einen Dritten kann vom Finanzamt auf schriftlichen Antrag zugelassen werden. ²Die Zustimmung kann nur erteilt werden, wenn der Dritte für den gesamten Arbeitslohn des Arbeitnehmers die Lohnsteuerabzugsverpflichtung übernimmt.

EStG
S 2360

§ 38a   Höhe der Lohnsteuer

(1) ¹Die Jahreslohnsteuer bemisst sich nach dem Arbeitslohn, den der Arbeitnehmer im Kalenderjahr bezieht (Jahresarbeitslohn). ²Laufender Arbeitslohn gilt in dem Kalenderjahr als bezogen, in dem der Lohnzahlungszeitraum endet; in den Fällen des § 39b Absatz 5 Satz 1 tritt der Lohnabrechnungszeitraum an die Stelle des Lohnzahlungszeitraums. ³Arbeitslohn, der nicht als laufender Arbeitslohn gezahlt wird (sonstige Bezüge), wird in dem Kalenderjahr bezogen, in dem er dem Arbeitnehmer zufließt.

(2) Die Jahreslohnsteuer wird nach dem Jahresarbeitslohn so bemessen, dass sie der Einkommensteuer entspricht, die der Arbeitnehmer schuldet, wenn er ausschließlich Einkünfte aus nichtselbständiger Arbeit erzielt.

(3) ¹Vom laufenden Arbeitslohn wird die Lohnsteuer jeweils mit dem auf den Lohnzahlungszeitraum fallenden Teilbetrag der Jahreslohnsteuer erhoben, die sich bei Umrechnung des laufenden Arbeitslohns auf einen Jahresarbeitslohn ergibt. ²Von sonstigen Bezügen wird die Lohnsteuer mit dem Betrag erhoben, der zusammen mit der Lohnsteuer für den laufenden Arbeitslohn des Kalenderjahres und für etwa im Kalenderjahr bereits gezahlte sonstige Bezüge die voraussichtliche Jahreslohnsteuer ergibt.

(4) Bei der Ermittlung der Lohnsteuer werden die Besteuerungsgrundlagen des Einzelfalls durch die Einreihung der Arbeitnehmer in Steuerklassen (§ 38b), Feststellung von Freibeträgen und Hinzurechnungsbeträgen (§ 39a) sowie Bereitstellung von elektronischen Lohnsteuerabzugsmerkmalen (§ 39e) oder Ausstellung von entsprechenden Bescheinigungen für den Lohnsteuerabzug (§ 39 Absatz 3 und § 39e Absatz 7 und 8) berücksichtigt.

EStG
S 2361

§ 38b   Lohnsteuerklassen, Zahl der Kinderfreibeträge

(1) ¹Für die Durchführung des Lohnsteuerabzugs werden Arbeitnehmer in Steuerklassen eingereiht. ²Dabei gilt Folgendes:

1. In die Steuerklasse I gehören Arbeitnehmer, die
   a) unbeschränkt einkommensteuerpflichtig und
   aa) ledig sind,
   bb) verheiratet, verwitwet oder geschieden sind und bei denen die Voraussetzungen für die Steuerklasse III oder IV nicht erfüllt sind; oder
   b) beschränkt einkommensteuerpflichtig sind;

2. in die Steuerklasse II gehören die unter Nummer 1 Buchstabe a bezeichneten Arbeitnehmer, wenn bei ihnen der Entlastungsbetrag für Alleinerziehende (§ 24b) zu berücksichtigen ist;

3. in die Steuerklasse III gehören Arbeitnehmer,

   ¹⁾
   a) die verheiratet sind, wenn beide Ehegatten unbeschränkt einkommensteuerpflichtig sind und nicht dauernd getrennt leben und der Ehegatte des Arbeitnehmers auf Antrag beider Ehegatten in die Steuerklasse V eingereiht wird,
   b) die verwitwet sind, wenn sie und ihr verstorbener Ehegatte im Zeitpunkt seines Todes unbeschränkt einkommensteuerpflichtig waren und in diesem Zeitpunkt nicht dauernd getrennt gelebt haben, für das Kalenderjahr, das dem Kalenderjahr folgt, in dem der Ehegatte verstorben ist,
   c) deren Ehe aufgelöst worden ist, wenn
   aa) im Kalenderjahr der Auflösung der Ehe beide Ehegatten unbeschränkt einkommensteuerpflichtig waren und nicht dauernd getrennt gelebt haben und
   bb) der andere Ehegatte wieder geheiratet hat, von seinem neuen Ehegatten nicht dauernd getrennt lebt und er und sein neuer Ehegatte unbeschränkt einkommensteuerpflichtig sind,

   für das Kalenderjahr, in dem die Ehe aufgelöst worden ist;

---

1) Absatz 1 Satz 2 Nr. 3 Buchstabe a wurde durch Artikel 7 des StUmgBG ab VZ 2018 neu gefasst.

4. in die Steuerklasse IV gehören Arbeitnehmer, die verheiratet sind, wenn beide Ehegatten unbeschränkt einkommensteuerpflichtig sind und nicht dauernd getrennt leben; *dies gilt auch, wenn einer der Ehegatten keinen Arbeitslohn bezieht und kein Antrag nach Nummer 3 Buchstabe a gestellt worden ist;* [1)]

5. in die Steuerklasse V gehören die unter Nummer 4 bezeichneten Arbeitnehmer, wenn der Ehegatte des Arbeitnehmers auf Antrag beider Ehegatten in die Steuerklasse III eingereiht wird;

6. die Steuerklasse VI gilt bei Arbeitnehmern, die nebeneinander von mehreren Arbeitgebern Arbeitslohn beziehen, für die Einbehaltung der Lohnsteuer vom Arbeitslohn aus dem zweiten und einem weiteren Dienstverhältnis sowie in den Fällen des § 39c.

³Als unbeschränkt einkommensteuerpflichtig im Sinne der Nummern 3 und 4 gelten nur Personen, die die Voraussetzungen des § 1 Absatz 1 oder 2 oder des § 1a erfüllen.

(2) ¹Für ein minderjähriges und nach § 1 Absatz 1 unbeschränkt einkommensteuerpflichtiges Kind im Sinne des § 32 Absatz 1 Nummer 1 und Absatz 3 werden bei der Anwendung der Steuerklassen I bis IV die Kinderfreibeträge als Lohnsteuerabzugsmerkmal nach § 39 Absatz 1 wie folgt berücksichtigt:

1. mit Zähler 0,5, wenn dem Arbeitnehmer der Kinderfreibetrag nach § 32 Absatz 6 Satz 1 zusteht, oder

2. mit Zähler 1, wenn dem Arbeitnehmer der Kinderfreibetrag zusteht, weil

   a) die Voraussetzungen des § 32 Absatz 6 Satz 2 vorliegen oder

   b) der andere Elternteil vor dem Beginn des Kalenderjahres verstorben ist oder

   c) der Arbeitnehmer allein das Kind angenommen hat.

²Soweit dem Arbeitnehmer Kinderfreibeträge nach § 32 Absatz 1 bis 6 zustehen, die nicht nach Satz 1 berücksichtigt werden, ist die Zahl der Kinderfreibeträge auf Antrag vorbehaltlich des § 39a Absatz 1 Nummer 6 zu Grunde zu legen. ³In den Fällen des Satzes 2 können die Kinderfreibeträge für mehrere Jahre gelten, wenn nach den tatsächlichen Verhältnissen zu erwarten ist, dass die Voraussetzungen bestehen bleiben. ⁴Bei Anwendung der Steuerklassen III und IV sind auch Kinder des Ehegatten bei der Zahl der Kinderfreibeträge zu berücksichtigen. ⁵Der Antrag kann nur nach amtlich vorgeschriebenem Vordruck gestellt werden. [2)]

(3) ¹Auf Antrag des Arbeitnehmers kann abweichend von Absatz 1 oder 2 eine für ihn ungünstigere Steuerklasse oder geringere Zahl der Kinderfreibeträge als Lohnsteuerabzugsmerkmal gebildet werden. ²*Der Wechsel von der Steuerklasse III oder V in die Steuerklasse IV ist auch auf Antrag nur eines Ehegatten möglich mit der Folge, dass beide Ehegatten in die Steuerklasse IV eingereiht werden.* ³Diese Anträge sind nach amtlich vorgeschriebenem Vordruck zu stellen und vom Antragsteller eigenhändig zu unterschreiben. [3)]

Hinweise

H 38b

Familienstand

→ R 26 EStR, H 26 EStH

Lebenspartner und Lebenspartnerschaften

→ § 2 Abs. 8 EStG, H 2 EStH

Steuerklasse in EU/EWR-Fällen

Ein Arbeitnehmer, der als Staatsangehöriger eines Mitgliedstaats der Europäischen Union (EU) oder der Staaten Island, Liechtenstein und Norwegen (EWR) nach § 1 Abs. 1 EStG unbeschränkt einkommensteuerpflichtig ist, ist auf Antrag in die Steuerklasse III einzuordnen, wenn der Ehegatte des Arbeitnehmers in einem EU/EWR Mitgliedstaat oder in der Schweiz lebt (→ § 1a Abs. 1 Nr. 2 EStG). Es ist nicht erforderlich, dass der Ehegatte ebenfalls Staatsangehöriger eines EU/EWR-Mitgliedstaats ist. Auf die prozentuale oder absolute Höhe der nicht der deutschen Einkommensteuer unterliegenden Einkünfte beider Ehegatten kommt es nicht an.

---

1) *Absatz 1 Satz 2 Nr. 4 wurde durch Artikel 7 des StUmgBG ab VZ 2018 neu gefasst.*
2) § 39a Absatz 1 Satz 1 Nummer 6.
3) *Absatz 3 Satz 2 wurde durch Artikel 7 des StUmgBG ab VZ 2018 eingefügt, der bisherige Satz 2 wurde dadurch Satz 3 und geändert.*

Die Einreihung in die Steuerklasse III führt zur Veranlagungspflicht nach § 46 Abs. 2 Nr. 7 Buchstabe a EStG.

Ein allein stehender Arbeitnehmer, der Staatsangehöriger eines EU/EWR-Mitgliedstaates ist und nach § 1 Abs. 1 EStG unbeschränkt einkommensteuerpflichtig ist, ist in die Steuerklasse II einzureihen, wenn ihm der Entlastungsbetrag für Alleinerziehende zusteht.

Für die Änderung der Steuerklasse ist das Wohnsitzfinanzamt des im Inland lebenden Arbeitnehmers zuständig (→ BMF vom 29. 9. 1995 – BStBl I S. 429, Tz. 1.1 unter Berücksichtigung der zwischenzeitlich eingetretenen Rechtsänderungen).

Steuerklassenwahl

→ H 39.1

EStG

§ 39 Lohnsteuerabzugsmerkmale

S 2363

(1) [1]Für die Durchführung des Lohnsteuerabzugs werden auf Veranlassung des Arbeitnehmers Lohnsteuerabzugsmerkmale gebildet (§ 39a Absatz 1 und 4, § 39e Absatz 1 in Verbindung mit § 39e Absatz 4 Satz 1 und nach § 39e Absatz 8). [2]Soweit Lohnsteuerabzugsmerkmale nicht nach § 39e Absatz 1 Satz 1 automatisiert gebildet werden oder davon abweichend zu bilden sind, ist das Finanzamt für die Bildung der Lohnsteuerabzugsmerkmale nach den §§ 38b und 39a und die Bestimmung ihrer Geltungsdauer zuständig. [3]Für die Bildung der Lohnsteuerabzugsmerkmale sind die von den Meldebehörden nach § 39e Absatz 2 Satz 2 mitgeteilten Daten vorbehaltlich einer nach Satz 2 abweichenden Bildung durch das Finanzamt bindend. [4]Die Bildung der Lohnsteuerabzugsmerkmale ist eine gesonderte Feststellung von Besteuerungsgrundlagen im Sinne des § 179 Absatz 1 der Abgabenordnung, die unter dem Vorbehalt der Nachprüfung steht. [5]Die Bildung und die Änderung der Lohnsteuerabzugsmerkmale sind dem Arbeitnehmer bekannt zu geben. [6]Die Bekanntgabe richtet sich nach § 119 Absatz 2 der Abgabenordnung und § 39e Absatz 6. [7]Der Bekanntgabe braucht keine Belehrung über den zulässigen Rechtsbehelf beigefügt zu werden. [8]Ein schriftlicher Bescheid mit einer Belehrung über den zulässigen Rechtsbehelf ist jedoch zu erteilen, wenn einem Antrag des Arbeitnehmers auf Bildung oder Änderung der Lohnsteuerabzugsmerkmale nicht oder nicht in vollem Umfang entsprochen wird oder der Arbeitnehmer die Erteilung eines Bescheids beantragt. [9]Vorbehaltlich des Absatzes 5 ist § 153 Absatz 2 der Abgabenordnung nicht anzuwenden.

S 2363

(2) [1]Für die Bildung und die Änderung der Lohnsteuerabzugsmerkmale nach Absatz 1 Satz 2 des nach § 1 Absatz 1 unbeschränkt einkommensteuerpflichtigen Arbeitnehmers ist das Wohnsitzfinanzamt im Sinne des § 19 Absatz 1 Satz 1 und 2 der Abgabenordnung und in den Fällen des Absatzes 4 Nummer 5 das Betriebsstättenfinanzamt nach § 41a Absatz 1 Satz 1 Nummer 1 zuständig. [2]Ist der Arbeitnehmer nach § 1 Absatz 2 unbeschränkt einkommensteuerpflichtig, nach § 1 Absatz 3 als unbeschränkt einkommensteuerpflichtig zu behandeln oder beschränkt einkommensteuerpflichtig, ist das Betriebsstättenfinanzamt für die Bildung und die Änderung der Lohnsteuerabzugsmerkmale zuständig. [3]Ist der nach § 1 Absatz 3 als unbeschränkt einkommensteuerpflichtig zu behandelnde Arbeitnehmer gleichzeitig bei mehreren inländischen Arbeitgebern tätig, ist für die Bildung der weiteren Lohnsteuerabzugsmerkmale das Betriebsstättenfinanzamt zuständig, das erstmals Lohnsteuerabzugsmerkmale gebildet hat. [4]Bei Ehegatten, die beide Arbeitslohn von inländischen Arbeitgebern beziehen, ist das Betriebsstättenfinanzamt des älteren Ehegatten zuständig.

S 2364

(3) [1]Wurde einem Arbeitnehmer in den Fällen des Absatzes 2 Satz 2 keine Identifikationsnummer zugeteilt, hat ihm das Betriebsstättenfinanzamt auf seinen Antrag hin eine Bescheinigung für den Lohnsteuerabzug auszustellen. [2]In diesem Fall tritt an die Stelle der Identifikationsnummer das vom Finanzamt gebildete lohnsteuerliche Ordnungsmerkmal nach § 41b Absatz 2 Satz 1 und 2. [3]Die Bescheinigung der Steuerklasse I kann auch der Arbeitgeber beantragen, wenn dieser den Antrag nach Satz 1 im Namen des Arbeitnehmers stellt. [4]Diese Bescheinigung ist als Beleg zum Lohnkonto zu nehmen und während des Dienstverhältnisses, längstens bis zum Ablauf des jeweiligen Kalenderjahres, aufzubewahren.

(4) Lohnsteuerabzugsmerkmale sind

1. Steuerklasse (§ 38b Absatz 1) und Faktor (§ 39f),

2. Zahl der Kinderfreibeträge bei den Steuerklassen I bis IV (§ 38b Absatz 2),

3. Freibetrag und Hinzurechnungsbetrag (§ 39a),

4. Höhe der Beiträge für eine private Krankenversicherung und für eine private Pflege-Pflicht- *1)*
versicherung (§ 39b Absatz 2 Satz 5 Nummer 3 Buchstabe d) für die Dauer von zwölf Monaten, wenn der Arbeitnehmer dies beantragt,

5. Mitteilung, dass der von einem Arbeitgeber gezahlte Arbeitslohn nach einem Abkommen
zur Vermeidung der Doppelbesteuerung von der Lohnsteuer freizustellen ist, wenn der
Arbeitnehmer oder der Arbeitgeber dies beantragt.

(5) [1]Treten bei einem Arbeitnehmer die Voraussetzungen für eine für ihn ungünstigere Steu- S 2364
erklasse oder geringere Zahl der Kinderfreibeträge ein, ist der Arbeitnehmer verpflichtet, dem
Finanzamt dies mitzuteilen und die Steuerklasse und die Zahl der Kinderfreibeträge umgehen-
d ändern zu lassen. [2]Dies gilt insbesondere, wenn die Voraussetzungen für die Berücksichtigung des Entlastungsbetrags für Alleinerziehende, für die die Steuerklasse II zur Anwendung
kommt, entfallen. [3]Eine Mitteilung ist nicht erforderlich, wenn die Abweichung einen Sachverhalt betrifft, der zu einer Änderung der Daten führt, die nach § 39e Absatz 2 Satz 2 von den Meldebehörden zu übermitteln sind. [4]Kommt der Arbeitnehmer seiner Verpflichtung nicht
nach, ändert das Finanzamt die Steuerklasse und die Zahl der Kinderfreibeträge von Amts
wegen. [5]Unterbleibt die Änderung der Lohnsteuerabzugsmerkmale, hat das Finanzamt zu
wenig erhobene Lohnsteuer vom Arbeitnehmer nachzufordern, wenn diese 10 Euro übersteigt.

(6) [1]Ändern sich die Voraussetzungen für die Steuerklasse oder für die Zahl der Kinderfrei- S 2364
beträge zu Gunsten des Arbeitnehmers, kann dieser beim Finanzamt die Änderung der Lohnsteuerabzugsmerkmale beantragen. [2]Die Änderung ist mit Wirkung von dem ersten Tag des
Monats an vorzunehmen, in dem erstmals die Voraussetzungen für die Änderung vorlagen.
[3]Ehegatten können einmalig im Laufe des Kalenderjahres beim Finanzamt die Änderung der ❙ *2)*
Steuerklassen beantragen. [4]Dies gilt unabhängig von der automatisierten Bildung der Steuerklassen nach § 39e Absatz 3 Satz 3 sowie einer von den Ehegatten gewünschten Änderung dieser automatisierten Bildung. [5]Das Finanzamt hat eine Änderung nach Satz 3 mit Wirkung vom
Beginn des Kalendermonats vorzunehmen, der auf die Antragstellung folgt. [6]Für eine Berücksichtigung der Änderung im laufenden Kalenderjahr ist der Antrag nach Satz 1 oder 3 spätestens bis zum 30. November zu stellen.

(7) [1]Wird ein unbeschränkt einkommensteuerpflichtiger Arbeitnehmer beschränkt einkommensteuerpflichtig, hat er dies dem Finanzamt unverzüglich mitzuteilen. [2]Das Finanzamt hat
die Lohnsteuerabzugsmerkmale vom Zeitpunkt des Eintritts der beschränkten Einkommensteuerpflicht an zu ändern. [3]Absatz 1 Satz 5 bis 8 gilt entsprechend. [4]Unterbleibt die Mitteilung, hat
das Finanzamt zu wenig erhobene Lohnsteuer vom Arbeitnehmer nachzufordern, wenn diese
10 Euro übersteigt.

(8) [1]Der Arbeitgeber darf die Lohnsteuerabzugsmerkmale nur für die Einbehaltung der Lohn-
und Kirchensteuer verwenden. [2]Er darf sie ohne Zustimmung des Arbeitnehmers nur offenbaren, soweit dies gesetzlich zugelassen ist.

(9) [1]Ordnungswidrig handelt, wer vorsätzlich oder leichtfertig entgegen Absatz 8 ein Lohnsteuerabzugsmerkmal verwendet. [2]Die Ordnungswidrigkeit kann mit einer Geldbuße bis zu
zehntausend Euro geahndet werden.

– unbesetzt – R 39.1

Hinweise H 39.1

Allgemeines

– Lohnsteuerabzug im Verfahren der elektronischen Lohnsteuerabzugsmerkmale → BMF vom
7. 8. 2013 (BStBl I S. 951) Anhang 17 III

Bescheinigung der Religionsgemeinschaft

– Die Bescheinigung der Religionsgemeinschaft ist verfassungsgemäß (→ BVerfG vom
25. 5. 2001 – 1 BvR 2253/00). Dies gilt auch für die Eintragung „–", aus der sich ergibt, dass
der Steuerpflichtige keiner kirchensteuererhebungsberechtigten Religionsgemeinschaft
angehört (→ BVerfG vom 30. 9. 2002 – 1 BvR 1744/02).

---

1) Das BMF kann im Einvernehmen mit den obersten Finanzbehörden der Länder in einem Schreiben mitteilen, wann die in Absatz 4 Nr. 4 und 5 genannten Lohnsteuerabzugsmerkmale erstmals abgerufen werden
können (§ 39e Abs. 3 Satz 1 EStG). Dieses Schreiben ist im BStBl zu veröffentlichen → § 52 Abs. 36 EStG.
2) Absatz 6 Satz 3 wurde durch Artikel 7 des StUmgBG ab VZ 2018 geändert.

– Beispiele

Konfessionszugehörigkeit		Eintragung im Feld
Arbeitnehmer	Ehegatte	Kirchensteuerabzug
ev	rk	ev rk
ev	ev	ev
rk	– –	rk
– –	ev	– –

Steuerklassenwahl

Merkblatt zur Steuerklassenwahl für das Jahr 2018 bei Ehegatten oder Lebenspartnern, die beide Arbeitnehmer sind

Ehegatten oder Lebenspartner, die beide unbeschränkt steuerpflichtig sind, nicht dauernd getrennt leben und **beide Arbeitslohn**[1]) beziehen, können bekanntlich für den Lohnsteuerabzug wählen, ob sie beide in die Steuerklasse IV eingeordnet werden wollen oder ob einer von ihnen (der Höherverdienende) nach Steuerklasse III und der andere nach Steuerklasse V besteuert werden will. Die Steuerklassenkombination III/V ist so gestaltet, dass die Summe der Steuerabzugsbeträge beider Ehegatten oder Lebenspartner in etwa der zu erwartenden Jahressteuer entspricht, wenn der in Steuerklasse III eingestufte Ehegatte oder Lebenspartner ca. 60 Prozent und der in Steuerklasse V eingestufte ca. 40 Prozent des gemeinsamen Arbeitseinkommens erzielt. Bei abweichenden Verhältnissen des gemeinsamen Arbeitseinkommens kann es aufgrund des verhältnismäßig niedrigen Lohnsteuerabzugs zu Steuernachzahlungen kommen. Aus diesem Grund besteht bei der Steuerklassenkombination III/V generell die Pflicht zur Abgabe einer Einkommensteuererklärung. Zur Vermeidung von Steuernachzahlungen bleibt es den Ehegatten oder Lebenspartnern daher unbenommen, sich trotzdem für die Steuerklassenkombination IV/IV zu entscheiden, wenn sie den höheren Steuerabzug bei dem Ehegatten oder Lebenspartner mit der Steuerklasse V vermeiden wollen; dann entfällt jedoch für den anderen Ehegatten oder Lebenspartner die günstigere Steuerklasse III. Zudem besteht die Möglichkeit, die Steuerklassenkombination IV/IV mit Faktor zu wählen (siehe „**Faktorverfahren**").

Um verheirateten oder verpartnerten Arbeitnehmern die **Steuerklassenwahl zu erleichtern**, haben das Bundesministerium der Finanzen und die obersten Finanzbehörden der Länder die in der Anlage beigefügten **Tabellen** ausgearbeitet. Aus den Tabellen können die Ehegatten oder Lebenspartner nach der Höhe ihrer monatlichen Arbeitslöhne die Steuerklassenkombination feststellen, bei der sie die geringste Lohnsteuer entrichten müssen. Soweit beim Lohnsteuerabzug **Freibeträge** zu berücksichtigen sind, sind diese vor Anwendung der jeweils in Betracht kommenden Tabelle vom monatlichen Bruttoarbeitslohn **abzuziehen**.

Die Tabellen erleichtern lediglich die Wahl der für den Lohnsteuerabzug günstigsten Steuerklassenkombination. Ihre Aussagen sind auch nur in den Fällen genau, in denen die Monatslöhne über das ganze Jahr konstant bleiben. Im Übrigen besagt die im Laufe des Jahres einbehaltene Lohnsteuer noch nichts über die Höhe der Jahressteuerschuld. Die vom Arbeitslohn einbehaltenen Beträge an Lohnsteuer stellen im Regelfall nur Vorauszahlungen auf die endgültige Jahressteuerschuld dar. In welcher Höhe sich nach Ablauf des Jahres Erstattungen oder Nachzahlungen ergeben, lässt sich nicht allgemein sagen; hier kommt es immer auf die Verhältnisse des Einzelfalles an. Das Finanzamt kann Einkommensteuer-Vorauszahlungen festsetzen, wenn damit zu rechnen ist, dass die Jahressteuerschuld die einzubehaltende Lohnsteuer um mindestens 400 Euro im Kalenderjahr übersteigt. Auf die Erläuterungen im „Kleinen Ratgeber für Lohnsteuerzahler 2018", der auf der Internetseite der jeweiligen obersten Finanzbehörde des Landes abgerufen werden kann, wird hingewiesen.

Auswirkungen der Steuerklassenwahl oder des Faktorverfahrens

Bei der Wahl der Steuerklassenkombination oder der Anwendung des Faktorverfahrens sollten die Ehegatten oder Lebenspartner daran denken, dass die Entscheidung auch die Höhe der **Entgelt-/Lohnersatzleistungen**, wie Arbeitslosengeld I, Unterhaltsgeld, Krankengeld, Versorgungskrankengeld, Verletztengeld, Übergangsgeld, Elterngeld und Mutterschaftsgeld oder die Höhe des Lohnanspruchs bei der Altersteilzeit beeinflussen kann. Eine vor Jahresbeginn getroffene Steuerklassenwahl wird bei der Gewährung von Lohnersatzleistungen von der Agentur für Arbeit grundsätzlich anerkannt. Wechseln Ehegatten oder Lebenspartner im Laufe des Kalenderjahres die Steuerklassen, können sich bei der Zahlung von Entgelt-/Lohnersatzleistungen (z. B. wegen Arbeitslosigkeit eines Ehegatten oder Inanspruchnahme von Altersteilzeit) unerwartete Auswirkungen ergeben. Deshalb sollten Arbeitnehmer, die damit rechnen, in absehbarer Zeit eine Entgelt-/Lohnersatzleistung für sich in Anspruch nehmen zu müssen oder diese

---

[1]) Aktives Beschäftigungsverhältnis, keine Versorgungsbezüge.

bereits beziehen, vor der Neuwahl der Steuerklassenkombination bzw. der Anwendung des Faktorverfahrens zu deren Auswirkung auf die Höhe der Entgelt-/Lohnersatzleistung den zuständigen Sozialleistungsträger bzw. den Arbeitgeber befragen.

Antragstellung

Anträge zum Steuerklassenwechsel oder zur Anwendung des Faktorverfahrens sind an das Finanzamt zu richten, in dessen Bezirk die Ehegatten oder Lebenspartner im Zeitpunkt der Antragstellung ihren Wohnsitz (Wohnsitzfinanzamt) haben. Die Steuerklasse ist eines der für den Lohnsteuerabzug maßgebenden **Lohnsteuerabzugsmerkmale**. Im Kalenderjahr 2018 gilt die im Kalenderjahr 2017 verwendete Steuerklasse grundsätzlich weiter. Soll diese Steuerklasse nicht zur Anwendung kommen, kann bis zum Ablauf des Kalenderjahres 2017 eine andere Steuerklasse oder abweichende Steuerklassenkombination beim Wohnsitzfinanzamt beantragt werden. Weil ein solcher Antrag nicht als Wechsel der Steuerklassen gilt, geht das Recht, einmal jährlich die Steuerklasse zu wechseln, nicht verloren. Für das Faktorverfahren gilt dies entsprechend.

Ein **Steuerklassenwechsel oder die Anwendung des Faktorverfahrens** im Laufe des Jahres 2018 kann in der Regel nur einmal, und zwar spätestens bis zum 30. November 2018, beim Wohnsitzfinanzamt beantragt werden. Nur in den Fällen, in denen im Laufe des Jahres 2018 ein Ehegatte oder Lebenspartner keinen Arbeitslohn mehr bezieht (z. B. Ausscheiden aus dem Dienstverhältnis), einer der Ehegatten oder Lebenspartner verstorben ist oder sich die Ehegatten oder Lebenspartner auf Dauer getrennt haben, kann das Wohnsitzfinanzamt bis zum 30. November 2018 auch noch ein weiteres Mal einen Steuerklassenwechsel vornehmen. Ein weiterer Steuerklassenwechsel bzw. die Anwendung des Faktorverfahrens ist auch möglich, wenn ein Ehegatte oder Lebenspartner nach vorangegangener Arbeitslosigkeit wieder Arbeitslohn bezieht oder nach einer Elternzeit das Dienstverhältnis wieder aufnimmt.

Die **Anträge** sind grundsätzlich von beiden Ehegatten oder Lebenspartnern gemeinsam mit dem beim Finanzamt erhältlichen Vordruck „Antrag auf Steuerklassenwechsel bei Ehegatten/Lebenspartnern" zu stellen. Bei der Wahl des Faktorverfahrens sind zusätzlich die voraussichtlichen Arbeitslöhne des Jahres 2018 aus den ersten Dienstverhältnissen anzugeben. Ab 2018 ist ein Wechsel der Steuerklassenkombination III/V in IV/IV auch auf Antrag nur eines Ehegatten/Lebenspartners möglich, so dass beide Ehegatten/Lebenspartner in die Steuerklasse IV eingereiht werden.

Steuerklassenwahl

Für die Ermittlung der Lohnsteuer sind zwei Tabellen zur Steuerklassenwahl aufgestellt worden.

- Die **Tabelle I** ist zu benutzen, wenn der höher verdienende Ehegatte oder Lebenspartner **in allen Zweigen sozialversichert** ist (z. B. auch bei Pflichtversicherung in der gesetzlichen Rentenversicherung und freiwilliger Versicherung in der gesetzlichen Kranken- und sozialen Pflegeversicherung).
- Die **Tabelle II** ist zu benutzen, wenn der höher verdienende Ehegatte oder Lebenspartner **in keinem Zweig sozialversichert** ist und keinen steuerfreien Zuschuss des Arbeitgebers zur Kranken- und Pflegeversicherung erhält (z. B. privat krankenversicherte Beamte).

Ist einer der Ehegatten oder Lebenspartner nicht in allen Zweigen sozialversichert (z. B. rentenversicherungspflichtiger, privat krankenversicherter Arbeitnehmer) oder einer der Ehegatten oder Lebenspartner in keinem Zweig sozialversichert, jedoch zuschussberechtigt (z. B. nicht rentenversicherungspflichtiger, privat krankenversicherter Arbeitnehmer mit steuerfreiem Zuschuss des Arbeitgebers zur Kranken- und Pflegeversicherung), kann die Anwendung der Tabellen zu **unzutreffenden Ergebnissen** führen. Entsprechendes gilt, wenn bei einem gesetzlich krankenversicherten Arbeitnehmer der kassenindividuelle Zusatzbeitragssatz vom durchschnittlichen Zusatzbeitragssatz von 1,00 Prozent (wie er bei der Aufstellung der Tabellen berücksichtigt wurde) abweicht, bei einem gesetzlich pflegeversicherten Arbeitnehmer ein Beitragszuschlag zu zahlen ist oder der Arbeitnehmer in Sachsen beschäftigt ist (hier höherer Arbeitnehmeranteil zur sozialen Pflegeversicherung). In den meisten Fällen führen diese Besonderheiten jedoch zu keinem anderen Ergebnis.

Beide Tabellen gehen vom monatlichen Arbeitslohn A[1]) des höher verdienenden Ehegatten oder Lebenspartners aus. Dazu wird jeweils der monatliche Arbeitslohn B[2]) des geringer verdienenden Ehegatten oder Lebenspartners angegeben, der **bei einer Steuerklassenkombination III (für den höher verdienenden Ehegatten oder Lebenspartner) und V (für den geringer verdienenden Ehegatten oder Lebenspartner) grundsätzlich nicht überschritten werden darf**, wenn der geringste Lohnsteuerabzug erreicht werden soll. Die Spalten 2 und 5 sind maß-

---

[1]) Nach Abzug etwaiger Freibeträge.
[2]) Nach Abzug etwaiger Freibeträge.

gebend, wenn der geringer verdienende Ehegatte oder Lebenspartner in allen Zweigen sozialversichert ist; ist der geringer verdienende Ehegatte oder Lebenspartner in keinem Zweig sozialversichert und hat keinen steuerfreien Zuschuss des Arbeitgebers zur Kranken- und Pflegeversicherung erhalten, sind die Spalten 3 und 6 maßgebend. Übersteigt der monatliche Arbeitslohn des geringer verdienenden Ehegatten oder Lebenspartners den nach den Spalten 2, 3 oder 5 und 6 der Tabellen in Betracht kommenden Betrag, **führt die Steuerklassenkombination IV/IV für die Ehegatten oder Lebenspartner grundsätzlich zu einem geringeren oder zumindest nicht höheren Lohnsteuerabzug** als die Steuerklassenkombination III/V.

Beispiele:

1. Ein Arbeitnehmer-Ehepaar, beide in allen Zweigen sozialversichert, bezieht Monatslöhne (nach Abzug etwaiger Freibeträge) von 3 000 € und 1 700 €. Da der Monatslohn des geringer verdienenden Ehegatten den nach dem Monatslohn des höher verdienenden Ehegatten in der Spalte 2 der Tabelle I ausgewiesenen Betrag von 2 151 € nicht übersteigt, führt in diesem Falle die Steuerklassenkombination III/V zur geringsten Lohnsteuer.

   Vergleich der Lohnsteuerabzugsbeträge

   a) Lohnsteuer für 3 000 € nach Steuerklasse III 182,50 €

      für 1 700 € nach Steuerklasse V 319,75 €

      insgesamt also 502,25 €

   b) Lohnsteuer für 3 000 € nach Steuerklasse IV 425,50 €

      für 1 700 € nach Steuerklasse IV 121,83 €

      insgesamt also 547,33 €

2. Würde der Monatslohn des geringer verdienenden Ehegatten 2 500 € betragen, so würde die Steuerklassenkombination IV/IV insgesamt zur geringsten Lohnsteuer führen.

   Vergleich der Lohnsteuerabzugsbeträge:

   a) Lohnsteuer für 3 000 € nach Steuerklasse III 182,50 €

      für 2 500 € nach Steuerklasse V 573,16 €

      insgesamt also **755,66 €**

   b) Lohnsteuer für 3 000 € nach Steuerklasse IV 425,50 €

      für 2 500 € nach Steuerklasse IV 301,25 €

      insgesamt also **726,75 €**

Faktorverfahren

Anstelle der Steuerklassenkombination III/V können Arbeitnehmer-Ehegatten oder Lebenspartner auch die Steuerklassenkombination IV/IV mit Faktor wählen. Durch die Steuerklassenkombination IV/IV in Verbindung mit dem vom Finanzamt zu berechnenden und als Lohnsteuerabzugsmerkmal zu bildenden Faktor wird erreicht, dass für jeden Ehegatten oder Lebenspartner durch Anwendung der Steuerklasse IV der **Grundfreibetrag** beim Lohnsteuerabzug berücksichtigt wird und sich die einzubehaltende Lohnsteuer durch Anwendung des Faktors von 0,... (stets kleiner als eins) entsprechend der **Wirkung des Splittingverfahrens** reduziert. Der Faktor ist ein steuermindernder Multiplikator, der sich bei unterschiedlich hohen Arbeitslöhnen der Ehegatten oder Lebenspartner aus der Wirkung des Splittingverfahrens errechnet. Der Faktor kann beim Finanzamt beantragt werden. Hierfür kann der Vordruck „Antrag auf Steuerklassenwechsel bei Ehegatten/Lebenspartnern" verwendet werden. Dabei sind die voraussichtlichen Arbeitslöhne des Jahres 2018 aus den ersten Dienstverhältnissen anzugeben. Das Finanzamt berechnet danach den Faktor mit drei Nachkommastellen ohne Rundung und trägt ihn jeweils zur Steuerklasse IV ein. Der Faktor wird wie folgt berechnet: voraussichtliche Einkommensteuer im Splittingverfahren („Y") geteilt durch die Summe der Lohnsteuer für die Arbeitnehmer-Ehegatten oder Lebenspartner gemäß Steuerklasse IV („X"). Ein etwaiger Freibetrag wird hier nicht gesondert berücksichtigt, weil er bereits in die Berechnung der voraussichtlichen Einkommensteuer im Splittingverfahren einfließt.

Die Höhe der steuermindernden Wirkung des Splittingverfahrens hängt von der Höhe der Lohnunterschiede ab. Mit dem Faktorverfahren wird der Lohnsteuerabzug der voraussichtlichen Jahressteuerschuld sehr genau angenähert. Damit können höhere Nachzahlungen (und ggf. auch Einkommensteuer-Vorauszahlungen) vermieden werden, die bei der Steuerklassenkombination III/V auftreten können. In solchen Fällen ist die Summe der Lohnsteuer im Faktorverfahren nur folgerichtig höher als bei der Steuerklassenkombination III/V. Grundsätzlich führt die Steuerklassenkombination IV/IV-Faktor zu einer erheblich anderen Verteilung der Lohnsteuer zwischen den Ehegatten oder Lebenspartnern als die Steuerklassenkombination III/V. Die Ehegatten oder Lebenspartner sollten daher beim Faktorverfahren – ebenso wie bei der Steuerklassenkombination III/V – daran denken, dass dies die Höhe der **Entgelt-/Lohnersatzleistungen** oder die Höhe des Lohnanspruchs bei Altersteilzeit beeinflussen kann (s. oben). Das Bundesministerium der Finanzen und die obersten Finanzbehörden der Länder halten auf ihren Internetseiten neben dem Lohnsteuerrechner auch eine Berechnungsmöglichkeit für den Faktor bereit, damit die Arbeitnehmer-Ehegatten oder Lebenspartner die steuerlichen Auswirkungen der jeweiligen Steuerklassenkombination prüfen können; siehe diesbezüglich z. B. „www.bmf-steuerrechner.de".

Wie bei der Wahl der Steuerklassenkombination III/V sind die Arbeitnehmer-Ehegatten oder Lebenspartner auch bei der Wahl des Faktorverfahrens verpflichtet, eine Einkommensteuererklärung beim Finanzamt einzureichen.

Beispiel zur Ermittlung und Anwendung des Faktors:

Jährliche Lohnsteuer bei Steuerklassenkombination IV/IV (beide Ehegatten oder Lebenspartner in allen Zweigen sozialversichert):

Arbeitnehmer-Ehegatte A: für 36 000 € (monatlich 3 000 € × 12) = 5 106 €

Arbeitnehmer-Ehegatte B: für 20 400 € (monatlich 1 700 € × 12) = 1 462 €.

Summe der Lohnsteuer bei Steuerklassenkombination IV/IV (entspricht „X") beträgt 6 568 €.

Die voraussichtliche Einkommensteuer im Splittingverfahren (entspricht „Y") beträgt 6 378 €.

Der Faktor ist Y geteilt durch X, also 6 378 € : 6 568 € = 0,971

(Der Faktor wird mit drei Nachkommastellen berechnet und nur eingetragen, wenn er kleiner als 1 ist).

Jährliche Lohnsteuer bei Steuerklasse IV/IV mit Faktor 0,971:

Arbeitnehmer-Ehegatte A für 36 000 € (5 106 € × 0,971) = 4 957 €

Arbeitnehmer-Ehegatte B für 20 400 € (1 462 € × 0,971) = 1 419 €

Summe der Lohnsteuer bei Steuerklassenkombination IV/IV mit Faktor 0,971 = 6 376 €.

Im Beispielsfall führt die Einkommensteuerveranlagung unter der Voraussetzung, dass keine anderen steuerlichen Sachverhalte zu berücksichtigen sind:

- bei der Steuerklassenkombination III/V
  zu einer Nachzahlung in Höhe von **351 €**
  (voraussichtliche Einkommensteuer im Splittingverfahren 6 378 € – Summe Lohnsteuer bei Steuerklassenkombination III/V 6 027 € [2 190 € + 3 837 €]),

- bei der Steuerklassenkombination IV/IV
  zu einer Erstattung in Höhe von **190 €**
  (voraussichtliche Einkommensteuer im Splittingverfahren 6 378 € – Summe Lohnsteuer bei Steuerklassenkombination IV/IV 6 568 €),

- bei der Steuerklassenkombination IV/IV-Faktor
  weder zu einer hohen Nachzahlung noch zu einer Erstattung
  (in diesem Fall nur Rundungsdifferenz in Höhe von 2 €; voraussichtliche Einkommensteuer Splittingverfahren 6 378 € – Summe der Lohnsteuer bei Steuerklasse IV/IV mit Faktor 6 376 €).

Die Lohnsteuer ist im Faktorverfahren wesentlich anders verteilt (4 957 € für A und 1 419 € für B) als bei der Steuerklassenkombination III/V (2 190 € für A und 3 837 € für B). Die Lohnsteuerverteilung im Faktorverfahren entspricht der familienrechtlichen Verteilung der Steuerlast im Innenverhältnis der Ehegatten.

Wahl der Steuerklassen in 2018

Tabelle I: bei **Sozialversicherungspflicht** des höher verdienenden Ehegatten oder Lebenspartners

Monatlicher Arbeitslohn A[1]) €	Monatlicher Arbeitslohn B[1] in € bei … des geringerverdienenden Ehegatten		Monatlicher Arbeitslohn A[1] €	Monatlicher Arbeitslohn B[1] in € bei … des geringerverdienenden Ehegatten	
	Sozialversicherungspflicht	Sozialversicherungsfreiheit		Sozialversicherungspflicht	Sozialversicherungsfreiheit
1	2	3	4	5	6
1 250	360	333	3 300	2 363	2 142
1 300	428	395	3 350	2 397	2 173
1 350	505	466	3 400	2 432	2 203
1 400	590	545	3 450	2 468	2 232
1 450	681	629	3 500	2 505	2 263
1 500	776	717	3 550	2 541	2 292
1 550	874	808	3 600	2 574	2 321
1 600	973	899	3 650	2 610	2 352
1 650	1 210	1 118	3 700	2 647	2 381
1 700	1 270	1 174	3 750	2 681	2 410
1 750	1 327	1 227	3 800	2 715	2 439
1 800	1 379	1 282	3 850	2 753	2 472
1 850	1 436	1 339	3 900	2 787	2 500
1 900	1 496	1 396	3 950	2 820	2 529
1 950	1 561	1 456	4 000	2 859	2 561
2 000	1 594	1 487	4 050	2 896	2 591
2 050	1 625	1 516	4 100	2 934	2 623
2 100	1 654	1 543	4 150	2 972	2 655
2 150	1 678	1 566	4 200	3 012	2 689
2 200	1 701	1 587	4 250	3 053	2 724
2 250	1 726	1 608	4 300	3 095	2 759
2 300	1 750	1 628	4 350	3 138	2 795
2 350	1 773	1 648	4 400	3 182	2 832
2 400	1 795	1 666	4 450	3 232	2 874
2 450	1 814	1.683	4 500	3 283	2 917
2 500	1 835	1 700	4 550	3 339	2 964
2 550	1 853	1 716	4 600	3 395	3 012
2 600	1 870	1 729	4 650	3 455	3 062
2 650	1 896	1 752	4 700	3 517	3 115
2 700	1 922	1 775	4 750	3 581	3 167
2 750	1 967	1 810	4 800	3 650	3 226
2 800	2 006	1 844	4 850	3 719	3 284
2 850	2 047	1 877	4 900	3 796	3 349
2 900	2 079	1 905	4 950	3 873	3 413
2 950	2 117	1 937	5 000	3 958	3 484
3 000	2 151	1 967	5 050	4 047	3 559
3 050	2 186	1 995	5 100	4 143	3 640
3 100	2 221	2 025	5 150	4 245	3 726
3 150	2 256	2 054	5 200	4 360	3 822
3 200	2 293	2 085	5 250	4 483	3 931
3 250	2 328	2 113	5 300	4 622	4 058

---

[1]) Nach Abzug etwaiger Freibeträge.

Wahl der Steuerklassen in 2018

Tabelle II: bei **Sozialversicherungsfreiheit** des höher verdienenden Ehegatten oder Lebenspartners

Monatlicher Arbeitslohn A[1] €	Monatlicher Arbeitslohn B[1] in € bei … des geringerverdienenden Ehegatten		Monatlicher Arbeitslohn A[1] €	Monatlicher Arbeitslohn B[1] in € bei … des geringerverdienenden Ehegatten	
	Sozialversicherungspflicht	Sozialversicherungsfreiheit		Sozialversicherungspflicht	Sozialversicherungsfreiheit
1	2	3	4	5	6
1 250	503	464	2 950	2 634	2 370
1 300	583	539	3.000	2 671	2 402
1.350	675	624	3.050	2 711	2 437
1.400	777	718	3.100	2 750	2 470
1.450	883	815	3 150	2 790	2 503
1 500	989	914	3 200	2 829	2 536
1 550	1 223	1 130	3 250	2 871	2 570
1 600	1 288	1 190	3 300	2 912	2 605
1 650	1 353	1 255	3 350	2 955	2 641
1 700	1 418	1 323	3 400	2 998	2 677
1 750	1 489	1 389	3 450	3 044	2 716
1 800	1 566	1 461	3 500	3 091	2 757
1 850	1 610	1 502	3 550	3 140	2 797
1 900	1 651	1 540	3 600	3 191	2 840
1 950	1 692	1 579	3 650	3 245	2 885
2 000	1 736	1 617	3 700	3 299	2 930
2 050	1 782	1 655	3 750	3 356	2 979
2 100	1 824	1 691	3 800	3 415	3 028
2 150	1 862	1 722	3 850	3 477	3 080
2 200	1 917	1 767	3 900	3 541	3 133
2 250	1 983	1 823	3 950	3 610	3 191
2 300	2 048	1 880	4 000	3 679	3 250
2 350	2 106	1 930	4 050	3 755	3 314
2 400	2 166	1 977	4 100	3 835	3 381
2 450	2 218	2 022	4 150	3 917	3 450
2 500	2 269	2 063	4 200	4 006	3 524
2 550	2 313	2 104	4 250	4 103	3 606
2 600	2 359	2 141	4 300	4 206	3 693
2 650	2 400	2 173	4 350	4 322	3 790
2 700	2 437	2 206	4 400	–	3 899
2 750	2 476	2 239	4 450	–	4 021
2 800	2 515	2 272	4 500	–	4 171
2 850	2 554	2 305	4 550	–	4 365
2 900	2 596	2 338	4 600	–	–

Steuerklassenwahl bei Arbeitnehmerehegatten und Elterngeld

(Verfügung der OFD Rheinland vom 3. 11. 2006 – S 2361–0005 – St 215 –)

Der Bundestag hat am 29. 9. 2006 das so genannte Elterngeld beschlossen. Der Bundesrat hat am 3. 11. 2006 zugestimmt. Das BEEG (Bundeselterngeld- und Elternzeitgesetz) gilt für Kinder, die ab dem 1. 1. 2007 geboren werden. Für betroffene Elternteile stellt sich nun die Frage nach der Ausgestaltung der Bemessungsgrundlage für das Elterngeld. Bei Arbeitnehmerehegatten ist die Wahl der Steuerklassen ausschlaggebend für die Berechnung des Elterngeldes.

[1] Nach Abzug etwaiger Freibeträge

Elterngeld erhält u. a. eine Person mit Wohnsitz bzw. gewöhnlichem Aufenthalt in Deutschland, die mit ihrem Kind in einem Haushalt lebt, dieses Kind selbst betreut und erzieht und keine (volle) Erwerbstätigkeit ausübt (§ 1 BEEG). Nach § 2 Abs. 1 BEEG beträgt das Elterngeld 67 % des in den zwölf Kalendermonaten vor dem Monat der Geburt des Kindes durchschnittlich erzielten monatlichen Einkommens aus Erwerbstätigkeit. Bei Geringverdienern erhöht sich der Prozentsatz (§ 2 Abs. 2 BEEG). Der Höhe nach ist das Elterngeld pro Kind auf mindestens 300 € und einen Höchstbetrag von 1 800 € begrenzt. Eine Zahlung erfolgt für volle Monate, in denen die berechtigte Person kein Einkommen aus Erwerbstätigkeit bezieht.

Zur Ermittlung des maßgeblichen Einkommens bei nichtselbständiger Arbeit wird der laufende Arbeitslohn (ohne sonstige Bezüge) um folgende Beträge gekürzt:

- darauf entfallende Steuern (Lohnsteuer zuzüglich Annexsteuern)

- Pflichtbeiträge zur Sozialversicherung (gesetzlicher Anteil der beschäftigten Person einschließlich der Beiträge zur Arbeitsförderung)

- ein Zwölftel des Arbeitnehmer-Pauschbetrags (§ 9a Abs. 1 Satz 1 Nr. 1a EStG).

Als Grundlage dienen die monatlichen Lohn- und Gehaltsbescheinigungen des Arbeitgebers.

Ehegatten, die beide Einkünfte aus nichtselbständiger Arbeit erzielen, haben das Wahlrecht folgender Konstellationen der Lohnsteuerklassen:

1. Steuerklasse III/V, wenn die Einreihung in die ungünstigere Steuerklasse V von beiden Ehegatten beantragt wird

2. beide Ehegatten in Steuerklasse IV.

Da nach der Geburt des Kindes häufig die Mutter ihre Erwerbstätigkeit vorübergehend einstellt, die wegen geringeren Arbeitslohnes in die Steuerklasse V eingruppiert ist, stellt sich die Frage, ob und wann eine Änderung der Steuerklassen möglich ist, ggf. auch rückwirkend. Dies hätte zur Folge, dass die Ehefrau durch eine günstigere Steuerklasse höhere Nettoeinnahmen im für die Bemessungsgrundlage heranzuziehenden Zwölf-Monats-Zeitraum erzielen könnte und sich das Elterngeld in Anlehnung an den höheren Nettolohn entsprechend erhöhen würde.

Eine gesetzliche Neuregelung zu den Steuerklassenänderungen ist bisher nicht eingetreten, sodass keine rückwirkende Änderung der Steuerklassen in Betracht kommt. § 39 Abs. 5 Satz 3 EStG regelt, dass Arbeitnehmerehegatten im Laufe des Kalenderjahres einmal, spätestens bis 30. November bei der Gemeinde beantragen können, die auf ihren Lohnsteuerkarten eingetragenen Steuerklassen in andere in Betracht kommende Steuerklassen zu ändern. Die Gemeinde hat die Änderung mit Wirkung vom Beginn des auf die Antragstellung folgenden Kalendermonats an vorzunehmen. R 109 Abs. 5 Satz 2 LStR stellt ebenso klar, dass ein Steuerklassenwechsel frühestens mit Wirkung vom Beginn des Kalendermonats an erfolgen darf, der auf die Antragstellung folgt.

Vordruckmuster Anträge zu den elektronischen Lohnsteuerabzugsmerkmalen

Anträge zu den elektronischen Lohnsteuerabzugsmerkmalen - ELStAM -
(Bitte Erläuterungen auf der Rückseite beachten)

Eingangsstempel

1 Steuernummer

2 Identifikationsnummer — Antragstellende Person

An das Finanzamt

3

4 Bei Wohnsitzwechsel: bisheriges Finanzamt

(A) Angaben zur Person

5 Antragstellende Person/Name — Geburtsdatum — T T M M J J J J

6 Vorname

7 Straße, Hausnummer

8 Postleitzahl, Wohnort

9 Telefon: Vorwahl — Rufnummer

(B) Sperrung / Freischaltung der ELStAM

10 Ich bitte, meine ELStAM künftig — *) bei mehr als 2 Angaben gesondertes Blatt beifügen

11 nicht mehr zu bilden (Vollsperrung). Hinweis: Die Vollsperrung führt zur Anwendung der Steuerklasse VI.

12 für alle Arbeitgeber freizuschalten (nach einer Voll-/Teilsperrung).

13 für folgende(n) Arbeitgeber *) ‗ zu sperren (Teilsperrung). ‗ freizuschalten.

14 Name — Steuernummer

15

(C) Mitteilung der eigenen ELStAM

16 Ich beantrage, mir ‗ meine aktuellen ELStAM ‗ die ELStAM-Abrufe der Arbeitgeber für die letzten 24 Monate mitzuteilen.

(D) Änderung der ELStAM

17 **I. Berücksichtigung einer ungünstigeren Steuerklasse / Reaktivierung der günstigeren Steuerklasse**

18 Ich bitte, anstatt der bisherigen Steuerklasse ‗ die Steuerklasse ‗ zu berücksichtigen.

19 **II. Steuerklasse III in Sonderfällen** — Die Antragsmöglichkeiten für Ehegatten gelten für Lebenspartner nach dem Lebenspartnerschaftsgesetz entsprechend.

20 Ich bin Staatsangehöriger eines EU/EWR-Mitgliedstaats, habe meinen Wohnsitz oder gewöhnlichen Aufenthalt im Inland und mein Ehegatte lebt in einem anderen EU/EWR-Mitgliedstaat oder in der Schweiz. Ich bitte, bei mir die Steuerklasse III zu berücksichtigen. Nachweis ist beigefügt (z.B. Wohnsitzbescheinigung/Anlage Grenzpendler EU/EWR)

21 Mein geschiedener Ehegatte hat im Scheidungsjahr ‗ wieder geheiratet. Ich bitte, bei mir für dieses Kalenderjahr die Steuerklasse III zu berücksichtigen. *) — *) Voraussetzung ist, dass im Jahr der Auflösung der Ehe beide Ehegatten unbeschränkt einkommensteuerpflichtig waren und nicht dauernd getrennt gelebt haben und dass diese Voraussetzungen auch von den Ehepartnern der neuen Ehe erfüllt werden.

2014ELStAM611 — März 2014 — 2014ELStAM611

22 **III. Ungünstigere Zahl der Kinderfreibeträge / Reaktivierung der günstigeren Zahl der Kinderfreibeträge**

23 ☒ Ich bitte, keine Kinderfreibeträge zu berücksichtigen.

24 ☒ Ich bitte, für folgende Kinder keine Kinderfreibeträge zu berücksichtigen.

25 ☒ Ich bitte, die Kinderfreibeträge für folgende Kinder wieder zu berücksichtigen. [3]

[3] Der Antrag kann nur gestellt werden, wenn für diese Kinder zuvor eine ungünstigere Zahl der Kinderfreibeträge beantragt wurde.

26 Vorname des Kindes

27 ggf. abweichender Familienname

28 Geburtsdatum   T T M M J J J J   Identifikationsnummer des Kindes

29 Vorname des Kindes [3]

30 ggf. abweichender Familienname

31 Geburtsdatum   T T M M J J J J   Identifikationsnummer des Kindes

32

_____   _____
(Datum)   (Unterschrift der antragstellenden Person)

Erläuterungen:

33 Die im Lohnsteuerabzugsverfahren maßgebenden Besteuerungsgrundlagen (Steuerklasse, Zahl der Kinderfreibeträge, Religionszugehörigkeit, Frei- und Hinzurechnungsbeträge) werden als ELStAM (**E**lektronische **L**ohn**st**euer**a**bzugs**m**erkmale) bezeichnet. Die ELStAM werden von der Finanzverwaltung elektronisch zentral verwaltet. Die An- und Abmeldung zu Beginn oder bei Beendigung des Beschäftigungsverhältnisses sowie der Abruf der ELStAM zur Durchführung des Lohnsteuerabzugs erfolgt grundsätzlich durch den Arbeitgeber. Sie haben das Recht, jederzeit Ihre ELStAM sowie die Abrufe Ihres Arbeitgebers einzusehen. Des Weiteren können Sie beantragen, dass für Sie künftig keine ELStAM mehr gebildet oder die ELStAM für von Ihnen bestimmte Arbeitgeber gesperrt oder freigeschaltet werden. Neben dem Namen des Arbeitgebers ist dabei zwingend die Steuernummer der lohnsteuerlichen Betriebsstätte anzugeben. Diese können Sie dem Ausdruck der elektronischen Lohnsteuerbescheinigung entnehmen. Der Arbeitgeber ist zudem verpflichtet, Ihnen zum Zwecke der Sperrung oder Freischaltung diese Steuernummer mitzuteilen.

Ihre ELStAM können Sie auch über das ElsterOnline-Portal (www.elsteronline.de/eportal) einsehen. Hierzu ist eine kostenfreie Registrierung unter Verwendung der steuerlichen Identifikationsnummer notwendig.

Sie sind verpflichtet nach Ablauf des Kalenderjahres eine Einkommensteuererklärung abzugeben, wenn die Steuerklasse III in Sonderfällen (Abschnitt D II.) gewährt wurde (§ 46 Abs. 2 Nr. 6 und 7a des Einkommensteuergesetzes - EStG -).

Nach den Vorschriften der Datenschutzgesetze wird darauf hingewiesen, dass die Angabe der Telefonnummer freiwillig im Sinne dieser Gesetze ist und im Übrigen die mit diesem Antrag angeforderten Daten auf Grund der §§ 149, 150 der Abgabenordnung und des § 39e EStG erhoben werden.

34 Verfügung des Finanzamts

35 1. ☐ Sperrung / Freischaltung der ELStAM gespeichert

36 2. ☐ Ausdruck der ELStAM übergeben / versandt

	Steuerklasse		Steuerklasse	Gültig ab
37 3. Änderung der		in		
38 4. Änderung der	Zahl der Kinderfreibeträge	in	Zahl der Kinderfreibeträge	Gültig ab

39 5. z.d.A.

40

_____   _____   _____
(Sachgebietsleiter)   (Datum)   (Sachbearbeiter)

2014ELSTAM612   – März 2014 –   2014ELSTAM612

Änderungen und Ergänzungen der Lohnsteuerabzugsmerkmale

Änderung der Steuerklassen

(1) [1]Wird die Ehe eines Arbeitnehmers durch Scheidung oder Aufhebung aufgelöst oder haben die Ehegatten die dauernde Trennung herbeigeführt, dürfen die gebildeten Steuerklassen im laufenden Kalenderjahr nicht geändert werden; es kommt nur ein Steuerklassenwechsel nach Absatz 2 in Betracht. [2]Das gilt nicht, wenn bei einer durch Scheidung oder Aufhebung aufgelösten Ehe der andere Ehegatte im selben Kalenderjahr wieder geheiratet hat, von seinem neuen Ehegatten nicht dauernd getrennt lebt und er und sein neuer Ehegatte unbeschränkt einkommensteuerpflichtig sind; in diesen Fällen ist beim nicht wieder verheirateten Ehegatten gebildete Steuerklasse auf Antrag in Steuerklasse III zu ändern, wenn die Voraussetzungen des § 38b Satz 2 Nr. 3 Buchstabe c Doppelbuchstabe aa EStG erfüllt sind.

Steuerklassenwechsel

(2) [1]Bei Ehegatten, die beide Arbeitslohn beziehen[1], sind auf gemeinsamen Antrag[2] der Ehegatten die gebildeten Steuerklassen wie folgt zu ändern (Steuerklassenwechsel – § 39 Abs. 5 Satz 3 und 4 EStG):

1. Ist bei beiden Ehegatten die Steuerklasse IV gebildet worden, kann bei einem Ehegatten in Steuerklasse III beim anderen Ehegatten in Steuerklasse V geändert werden.

2. Ist bei einem Ehegatten die Steuerklasse III und beim anderen Ehegatten die Steuerklasse V gebildet worden, können diese bei beiden Ehegatten in Steuerklasse IV geändert werden.

3. Ist bei einem Ehegatten die Steuerklasse III und beim anderen Ehegatten die Steuerklasse V gebildet worden, kann die Steuerklasse III des einen Ehegatten in Steuerklasse V und die Steuerklasse V des anderen Ehegatten in Steuerklasse III geändert werden.

[2]In einem Kalenderjahr kann jeweils nur ein Antrag gestellt werden. [3]Neben dem in § 39 Abs. 6 Satz 4 EStG geregelten Fall ist ein weiterer Antrag möglich, wenn ein Ehegatte keinen steuerpflichtigen Arbeitslohn mehr bezieht oder verstorben ist, wenn sich die Ehegatten auf Dauer getrennt haben oder wenn ein Dienstverhältnis wieder aufgenommen wird z. B. nach einer Arbeitslosigkeit oder einer Elternzeit.

Zahl der Kinderfreibeträge in den Fällen des § 32 Abs. 6 Satz 4 EStG

(3) Bei der Zahl der Kinderfreibeträge sind ermäßigte Kinderfreibeträge für nicht unbeschränkt einkommensteuerpflichtige Kinder nicht zu berücksichtigen.

→ H 1 (Steuerpflicht, Steuerklassen)

---

[1] *Überholt* → *§ 39 Abs. 6 Satz 3 EStG.*
[2] *Zum einseitigen Antragsrecht eines Ehegatten* → *§ 38b Abs. 3 Satz 2 und 3 EStG.*

H 39.2

Hinweise

Vordruckmuster Antrag auf Steuerklassenwechsel bei Ehegatten/Lebenspartnern

– Bitte weiße Felder ausfüllen oder ⊠ ankreuzen –

Zeile		
	Antrag auf Steuerklassenwechsel bei Ehegatten/Lebenspartnern (Bitte Erläuterungen auf der Rückseite beachten)	Eingangsstempel
1	**Steuernummer**	
2	An das Finanzamt	
3	Bei Wohnsitzwechsel: bisheriges Finanzamt	

A. Allgemeine Angaben

Zeile		
4	Antragstellende Person Identifikationsnummer (IdNr.)	Telefonische Rücksprache unter Nummer
5		Geburtsdatum
6	Name	
7	Vorname	
8	Straße, Hausnummer	
9	Postleitzahl Wohnort	
10	Verheiratet/Verpartnert seit Verwitwet seit Geschieden/Lebenspart. aufgehoben seit Dauernd getrennt lebend seit	
11	Ehegatte/Lebenspartner(in) nach dem Lebenspartnerschaftsgesetz Identifikationsnummer (IdNr.)	Geburtsdatum
12	Name	
13	Vorname	
14	Straße, Hausnummer *(falls abweichend)*	
15	PLZ *(falls abweichend)* Wohnort *(falls abweichend)*	

B. Steuerklassenwechsel / Faktorverfahren

Zeile		
16		Ausdruck der ELStAM gewünscht ☒
17	Bisherige Steuerklassenkombination (Antragstellende Person/Ehegatte, Lebenspartner[in]) ☒ drei/fünf ☒ vier/vier ☒ fünf/drei ☒ vier/Faktor vier/Faktor	
18	Ich¹/Wir beantrage(n) die Steuerklassenkombination (Antragstellende Person/Ehegatte, Lebenspartner[in]) ☒ drei/fünf ☒ vier/vier ² ☒ fünf/drei ☒ vier/Faktor vier/Faktor bei vier/Faktor bitte Abschnitt C ausfüllen.	
19	Wir haben zu dem in Zeile 10 genannten Datum geheiratet. Die Änderung der Steuerklassenkombination in Zeile 18 soll	
20	☒ rückwirkend ab dem Monat der Heirat gelten. ☒ ab dem Folgemonat der Antragstellung gelten.	
21	Für ein Kalenderjahr kann grundsätzlich nur ein Antrag auf Steuerklassenwechsel gestellt werden. Es kommt jedoch ein weiterer Steuerklassenwechsel für dieses Kalenderjahr in Betracht, weil	
22	☒ ein Ehegatte/Lebenspartner(in) keinen steuerpflichtigen Arbeitslohn mehr bezieht.	
23	☒ ein Dienstverhältnis wieder aufgenommen wird (z. B. nach einer Arbeitslosigkeit oder einer Elternzeit).	
24	☒ wir uns auf Dauer getrennt haben.	
25	☒ der vorherige Steuerklassenwechsel auf Grund der Eheschließung oder wegen Zuzug aus dem Ausland beantragt wurde.	
26	☒ der vorherige Steuerklassenwechsel zum 01.01. dieses Jahres auf Grund eines Antrags aus dem abgelaufenen Kalenderjahr erfolgte.	
27	¹⁾ Der Wechsel von der Steuerklasse drei oder fünf in die Steuerklasse vier ist auch auf Antrag nur eines Ehegatten/Lebenspartners möglich. Dies hat zur Folge, dass beide Ehegatten/Lebenspartner in die Steuerklasse vier eingereiht werden.	
28	²⁾ Bei Eheschließung wird die Steuerklassenkombination vier/vier automatisiert gebildet.	

2018StKlWe601   - Aug. 2017 -   2018StKlWe601

– 2 –

Zeile		
31	© **Angaben zum Faktorverfahren für 201**	Die Steuerklassen IV/IV mit Faktor gelten bis zum Ende des Kalenderjahres und sind für das Folgejahr neu zu beantragen.

		Antragstellende Person - EUR -	Ehegatte/Lebenspartner(in) - EUR -
32	Voraussichtlicher Jahresbruttoarbeitslohn aus dem ersten Dienstverhältnis		
33	**bei Versorgungsempfängern:** im Jahresbruttoarbeitslohn enthaltene Versorgungsbezüge		
34	Zahl der Monate im Antragsjahr, für die Versorgungsbezüge gezahlt wurden/werden		
35	Jahr, in dem Versorgungsbezug erstmalig gewährt wurde/wird		
36	Versorgungsbezug im Januar 2005 oder für den ersten vollen Monat		
37	voraussichtliche Sonderzahlungen, auf die bei Versorgungsbeginn ein Rechtsanspruch bestand/besteht		

		Antragstellende Person		Ehegatte/Lebenspartner(in)	
38	Ich bin in der gesetzlichen Rentenversicherung pflichtversichert oder in einer berufsständischen Versorgungseinrichtung versichert.	☒ Ja ☒ Nein		☒ Ja ☒ Nein	
39	Ich bin in der gesetzlichen Kranken- und sozialen Pflegeversicherung versichert.	☒ Ja	Zusatzbeitrag in %	☒ Ja	Zusatzbeitrag in %
40	monatliche Beiträge zur privaten Krankenversicherung (Basisabsicherung) und zur privaten Pflege-Pflichtversicherung	EUR		EUR	
41	Ich habe steuerfreie Arbeitgeberzuschüsse zur privaten Krankenversicherung und zur privaten Pflege-Pflichtversicherung erhalten.	☒ Ja ☒ Nein		☒ Ja ☒ Nein	
42	Ich leiste für die Pflegeversicherung einen Beitragszuschlag für Kinderlose (§ 55 Abs. 3 SGB XI).	☒ Ja ☒ Nein		☒ Ja ☒ Nein	

43	Der Antrag ist von beiden Ehegatten/Lebenspartnern zu unterschreiben (Ausnahme: vgl. Fußnote 1 auf der Vorderseite).	Bei der Ausfertigung des Antrags hat mitgewirkt:
	Datum Unterschrift antragstellende Person **Unterschrift** Ehegatte/Lebenspartner(in)	

44		Verfügung des Finanzamts		
45	1. Änderung der	Steuerklassen/Faktor in	Steuerklassen/Faktor	Gültig ab	Im Trennungsjahr: Gültig bis 31.12.20____
46	2. Änderung der ELStAM veranlasst		3. Vormerkung für ESt-Veranlagung		4. z.d.A.
47					
	Sachgebietsleiter	Datum		Sachbearbeiter

Erläuterungen:

Die Eintragungsmöglichkeiten für Lebenspartner beziehen sich nur auf Lebenspartner nach dem Lebenspartnerschaftsgesetz. Anstelle der Steuerklassenkombination III/V oder IV/IV kann die Berücksichtigung der Steuerklasse IV in Verbindung mit einem Faktor beantragt werden. Dies hat zur Folge, dass die einzubehaltende Lohnsteuer in Anlehnung an das Splittingverfahren ermittelt wird. Falls zusätzlich Werbungskosten, Sonderausgaben, außergewöhnliche Belastungen oder andere steuermindernde Beträge beim Lohnsteuerabzug berücksichtigt werden sollen, reichen Sie bitte zusätzlich den „Antrag auf Lohnsteuer-Ermäßigung" ein. Ein bereits für das Antragsjahr gültiger Freibetrag wird vom Finanzamt in die Berechnung des Faktors einbezogen und muss nicht neu beantragt werden.

Der Steuerklassenwechsel wird grundsätzlich zu Beginn des Kalendermonats wirksam, der auf die Antragstellung folgt. Im Fall der Eheschließung geben Sie bitte an, ob die Änderung der Steuerklassen rückwirkend ab dem Zeitpunkt der Eheschließung oder ab dem Folgemonat gelten soll.

48

Der Antrag auf Steuerklassenwechsel kann grundsätzlich nur bearbeitet werden, wenn ihn beide Ehegatten/Lebenspartner unterschrieben haben. Abweichend hiervon reicht die Unterschrift eines Ehegatten/ Lebenspartner aus, wenn von ihm ein Wechsel von der Steuerklasse III oder V in die Steuerklasse IV beantragt wird.

Sie sind verpflichtet, nach Ablauf des Kalenderjahres eine Einkommensteuererklärung abzugeben, wenn beide Ehegatten/ Lebenspartner Arbeitslohn bezogen haben und im laufenden Kalenderjahr die Steuerklassenkombinationen III/V oder IV/IV mit Faktor vorlag (§ 46 Abs. 2 Nr. 3a des Einkommensteuergesetzes - EStG).

Nach den Vorschriften der Datenschutzgesetze wird darauf hingewiesen, dass die Angabe der Telefonnummer freiwillig im Sinne dieser Gesetze ist und im Übrigen die mit diesem Antrag angeforderten Daten auf Grund der §§ 149, 150 der Abgabenordnung und der §§ 39 Abs. 6, 39e, 39f EStG erhoben werden.

2018StKlWe602   2018StKlWe602

Übertragung von Kinderfreibeträgen

Übertragung der Freibeträge für Kinder; BMF-Schreiben zu § 32 Absatz 6 Satz 6 bis 11 EStG

(BMF-Schreiben vom 28. 6. 2013 – IV C 4 – S 2282-a/10/10002 – BStBl I S. 845)

Durch das Steuervereinfachungsgesetz 2011 vom 1. November 2011 (BGBl. I Seite 2131) sind die Voraussetzungen für die Übertragung der Freibeträge für Kinder (§ 32 Absatz 6 Satz 6 bis 11 EStG) sowie des Behinderten-Pauschbetrags (§ 33b Absatz 5 Satz 2 EStG) mit Wirkung ab dem Veranlagungszeitraum 2012 geändert worden. Nach dem Ergebnis der Erörterungen mit den obersten Finanzbehörden der Länder gelten hierzu die nachfolgenden Ausführungen:

I. Übertragung des Kinderfreibetrags des anderen Elternteils (§ 32 Absatz 6 Satz 6 und 7 EStG)

1 Bei nicht verheirateten, geschiedenen oder dauernd getrennt lebenden unbeschränkt einkommensteuerpflichtigen Eltern wird auf Antrag eines Elternteils der Kinderfreibetrag des anderen Elternteils auf ihn übertragen, wenn er, nicht aber der andere Elternteil, seiner Unterhaltspflicht gegenüber dem Kind für das Kalenderjahr im Wesentlichen nachkommt (Rz. 2) oder der andere Elternteil mangels Leistungsfähigkeit nicht unterhaltspflichtig ist (Rz. 3).

2 Ein Elternteil kommt seiner Barunterhaltsverpflichtung gegenüber dem Kind dann im Wesentlichen nach, wenn er sie mindestens zu 75 % erfüllt. Der Elternteil, in dessen Obhut sich ein minderjähriges Kind befindet, erfüllt seine Unterhaltsverpflichtung in der Regel durch die Pflege und Erziehung des Kindes (§ 1606 Absatz 3 Satz 2 BGB).

3 Eine Unterhaltspflicht besteht für den anderen Elternteil dann nicht, wenn er mangels ausreichender eigener Mittel nicht leistungsfähig ist (§ 1603 Absatz 1 BGB). Freiwillige Leistungen des nicht leistungsfähigen Elternteils können die Übertragung nicht verhindern.

4 Eine Übertragung scheidet für solche Kalendermonate aus, für die Unterhaltsleistungen nach dem Unterhaltsvorschussgesetz gezahlt werden. Auf die Höhe der Unterhaltsleistungen kommt es nicht an. Nachzahlungen sind auf die Kalendermonate zu verteilen, für die sie bestimmt sind.

5 Die Übertragung des Kinderfreibetrags führt stets auch zur Übertragung des Freibetrags für den Betreuungs- und Erziehungs- oder Ausbildungsbedarf.

II. Übertragung des Freibetrags für den Betreuungs- und Erziehungs- oder Ausbildungsbedarf (§ 32 Absatz 6 Satz 8 und 9 EStG)

6 Bei minderjährigen Kindern von nicht verheirateten, geschiedenen oder dauernd getrennt lebenden unbeschränkt einkommensteuerpflichtigen Eltern wird auf Antrag des Elternteils, bei dem das Kind gemeldet ist, der Freibetrag für den Betreuungs- und Erziehungs- oder Ausbildungsbedarf des anderen Elternteils auf ihn übertragen, wenn das minderjährige Kind bei dem anderen Elternteil nicht gemeldet ist.

7 Der Elternteil, bei dem das Kind nicht gemeldet ist, kann der Übertragung widersprechen, wenn er Kinderbetreuungskosten (Rz. 8) trägt oder wenn er das Kind regelmäßig in einem nicht unwesentlichen Umfang (Rz. 9) betreut.

8 Als Kinderbetreuungskosten gelten nicht nur Aufwendungen für Dienstleistungen im Sinne des § 10 Absatz 1 Nummer 5 EStG, sondern alle Aufwendungen für die Betreuung, Erziehung oder Ausbildung des Kindes bis zur Vollendung seines 18. Lebensjahres. Hierzu zählen beispielsweise Aufwendungen für die regelmäßige Unterbringung an Wochenenden.

9 Maßgebend für eine regelmäßige Betreuung in einem nicht unwesentlichen Umfang ist ein nicht nur gelegentlicher Umgang mit dem Kind, der erkennen lässt, dass der Elternteil die Betreuung mit einer gewissen Nachhaltigkeit wahrnimmt, d. h. fortdauernd und immer wieder in Kontakt zum Kind steht. Bei lediglich kurzzeitigem, anlassbezogenem Kontakt, beispielsweise zum Geburtstag, zu Weihnachten und zu Ostern, liegt eine Betreuung in unwesentlichem Umfang vor. Von einem nicht unwesentlichen Umfang der Betreuung eines Kindes ist typischerweise auszugehen, wenn eine gerichtliche oder außergerichtliche Vereinbarung über einen regelmäßigen Umgang an Wochenenden und in den Ferien vorgelegt wird.

10 Widerspricht der andere Elternteil der Übertragung des Freibetrags, so hat das Finanzamt zu prüfen, ob dieser Einrede für das weitere Verfahren Bedeutung zukommt. Die Entscheidung hierüber wird nicht in einem eigenen Verwaltungsakt getroffen, sondern im jeweiligen Einkommensteuerbescheid.

11 Es ist ausreichend, wenn der Steuerpflichtige der Übertragung durch Einspruch gegen seinen eigenen Steuerbescheid mit dem Ziel widerspricht, dass bei ihm der Freibetrag neu oder wieder angesetzt wird. Ist diese widersprechende Einrede sachlich gerechtfertigt, so ist der Steuer-

bescheid desjenigen Elternteils, auf dessen Antrag zunächst der Freibetrag übertragen wurde, nach § 175 Absatz 1 Satz 1 Nummer 2 AO zu ändern.

III. Übertragung der Freibeträge für Kinder auf einen Stief- oder Großelternteil (§ 32 Absatz 6 Satz 10 und 11 EStG)

Die den Eltern zustehenden Freibeträge für Kinder können auf Antrag[1]) auf einen Großelternteil übertragen werden, wenn dieser das Kind in seinen Haushalt aufgenommen hat oder einer Unterhaltspflicht gegenüber dem Kind unterliegt. Auf einen Stiefelternteil können diese Freibeträge auf Antrag übertragen werden, wenn dieser das Kind in seinen Haushalt aufgenommen hat. Da ein Stiefelternteil keiner gesetzlichen Unterhaltspflicht gegenüber seinem Stiefkind unterliegt, kommt eine Übertragung aus diesem Grund nicht in Betracht.   12

Eine Übertragung auf einen Großelternteil, der das Kind nicht in seinen Haushalt aufgenommen hat, ist nur möglich, wenn dieser einer konkreten Unterhaltsverpflichtung unterliegt. Dies ist insbesondere dann der Fall, wenn die Eltern des Kindes nicht leistungsfähig sind.   13

Die Tatsache, dass der die Übertragung beantragende Großelternteil die Unterhaltsverpflichtung gegenüber seinem Enkelkind erfüllt, ist in geeigneter Weise – zum Beispiel durch Vorlage von Zahlungsbelegen – nachzuweisen. Bei einer Haushaltsaufnahme erübrigt sich der Nachweis.   14

IV. Aufteilung des Behinderten-Pauschbetrags eines Kindes bei der Übertragung auf die Eltern (§ 33b Absatz 5 Satz 2 EStG)

Steht der Behinderten-Pauschbetrag oder der Hinterbliebenen-Pauschbetrag einem Kind zu, für das der Steuerpflichtige einen Anspruch auf einen Freibetrag nach § 32 Absatz 6 EStG oder auf Kindergeld hat, wird der Pauschbetrag auf Antrag auf den Steuerpflichtigen übertragen, wenn ihn das Kind nicht in Anspruch nimmt. Der Pauschbetrag wird auf die Elternteile je zur Hälfte aufgeteilt, es sei denn, der Kinderfreibetrag wurde auf den anderen Elternteil übertragen.   15

Bei einer Übertragung des Kinderfreibetrags ist stets der volle Behinderten-Pauschbetrag oder der volle Hinterbliebenen-Pauschbetrag zu übertragen. Eine Übertragung des vollen Pauschbetrags erfolgt auch dann, wenn der Kinderfreibetrag nur für einen Teil des Kalenderjahres übertragen wird.   16

V. Anwendungszeitraum

Dieses Schreiben ist ab dem Veranlagungszeitraum 2012 anzuwenden.   17

Lebenspartner und Kinderfreibeträge

Familienleistungsausgleich;
Lebenspartner und Freibeträge für Kinder
Gesetz zur Änderung des Einkommensteuergesetzes in Umsetzung der Entscheidung des Bundesverfassungsgerichtes vom 7. Mai 2013 (BGBl. I S. 2397)

BMF vom 17. 1. 2014 – IV C 4 – S 2282-a/0 :004, 2014/0036473 (BStBl I S. 109)

Nach § 2 Absatz 8 EStG sind die einkommensteuerrechtlichen Vorschriften zu Ehegatten und Ehen auch auf Lebenspartner und Lebenspartnerschaften anzuwenden. Nach dem Ergebnis der Erörterungen mit den obersten Finanzbehörden der Länder gilt für den Abzug der Freibeträge für Kinder in Lebenspartnerschaften Folgendes:

I. Leibliches Kind eines Lebenspartners, das vom anderen Lebenspartner adoptiert worden ist (Stiefkindadoption)

Hat ein Lebenspartner das leibliche Kind seines Lebenspartners adoptiert, besteht zu beiden Lebenspartnern ein Kindschaftsverhältnis. Demzufolge erhalten beide Lebenspartner jeweils die Freibeträge für Kinder; im Fall der Zusammenveranlagung haben die Lebenspartner einen Anspruch auf die verdoppelten Freibeträge (§ 32 Absatz 6 Satz 2 EStG).

II. Kind ohne leibliches Verwandtschaftsverhältnis zu beiden Lebenspartnern, das von einem Lebenspartner adoptiert worden ist

Hat ein Lebenspartner ein fremdes Kind adoptiert, besteht ein Kindschaftsverhältnis nur zu diesem Lebenspartner (Adoptiv-Elternteil). In diesem Fall erhält dieser Lebenspartner sowohl bei Einzel- als auch bei Zusammenveranlagung die verdoppelten Freibeträge für Kinder (§ 32 Absatz 6 Satz 3 Nummer 2 EStG).

---

[1]) Vordruck Anlage K, ggf. Antrag auf Lohnsteuer-Ermäßigung → Anhang 44

III. Leibliches Kind eines Lebenspartners, das nicht vom anderen Lebenspartner adoptiert worden ist

Ist ein Lebenspartner leiblicher Elternteil eines Kindes, das sein Lebenspartner nicht adoptiert hat, besteht ein Kindschaftsverhältnis nur zum leiblichen Elternteil. Dieser Elternteil erhält als leiblicher Elternteil in folgenden Fällen ebenfalls die verdoppelten Freibeträge für Kinder:

– Der andere Elternteil des Kindes ist verstorben oder nicht unbeschränkt einkommensteuerpflichtig.

– Der Wohnsitz des anderen Elternteils ist nicht ermittelbar.

– Der Vater des Kindes ist amtlich nicht feststellbar; das ist auch dann der Fall, wenn unter Nutzung fortpflanzungsmedizinischer Verfahren der biologische Vater anonym bleibt.

Besteht eine Unterhaltspflicht eines anderen Elternteils, beispielsweise wenn eine Vaterschaft anerkannt oder gerichtlich festgestellt wurde, erfolgt keine Verdoppelung der Freibeträge bei den Lebenspartnern.

Bei einer bestehenden Unterhaltspflicht kann der Kinderfreibetrag nur dann vom anderen Elternteil auf den in einer Lebenspartnerschaft lebenden leiblichen Elternteil übertragen werden, wenn dieser, nicht aber der andere Elternteil seiner Unterhaltsverpflichtung im Wesentlichen nachgekommen ist oder wenn der andere Elternteil mangels Leistungsfähigkeit nicht unterhaltspflichtig ist (§ 32 Absatz 6 Satz 6 EStG).

IV. Übertragung der Freibeträge für Kinder auf einen Stiefelternteil

Auf Antrag[1]) können die Freibeträge für Kinder auf einen Stiefelternteil übertragen werden, wenn dieser das Kind in seinen Haushalt aufgenommen hat (§ 32 Absatz 6 Satz 10 EStG). Das gilt auch für Lebenspartner eines Elternteils.

V. Anwendung

Dieses Schreiben ergänzt das Schreiben vom 28. Juni 2013 (BStBl I S. 845) und ist in allen Fällen anzuwenden, in denen die Einkommensteuer noch nicht bestandskräftig festgesetzt ist.

---

[1]) Vordruck Anlage K, ggf. Antrag auf Lohnsteuer-Ermäßigung → Anhang 44

Vordruckmuster Anlage K¹)

Finanzamt

Steuernummer der antragstellenden Person
_____

Identifikationsnummer der antragstellenden Person

Anlage K

ab dem Kalenderjahr 201_

Zustimmung
zur Übertragung von Kinderfreibeträgen und Freibeträgen für den Betreuungs- und Erziehungs- oder Ausbildungsbedarf

Erläuterungen siehe Blatt 3 und 4 (Rückseite)

Zutreffendes bitte ausfüllen oder ☒ ankreuzen

Antragstellende Person	Name, Vorname	Geburtsdatum

Anschrift (Straße, Hausnummer, Postleitzahl, Ort)

☐ Ich beantrage als Groß-/Stiefelternteil, dass die in Betracht kommenden Freibeträge für Kinder auf mich übertragen werden.

Name, Vorname	Identifikationsnummer des Kindes	Geburtsdatum

Zustimmende Person	Name, Vorname	Identifikationsnummer	Geburtsdatum

Anschrift (Straße, Hausnummer, Postleitzahl, Ort)

Zuständiges Finanzamt und Steuernummer

Übertragung von Kinderfreibeträgen und Freibeträgen für den Betreuungs- und Erziehungs- oder Ausbildungsbedarf

Ich stimme zu, dass die für mich in Betracht kommenden Freibeträge für Kinder **ab dem Kalenderjahr 201_**

☐ auf den Großelternteil ☐ auf den Stiefelternteil übertragen werden.

Name, Vorname	Identifikationsnummer des Kindes	Geburtsdatum

Die erteilte Zustimmung kann nur vor Beginn des Kalenderjahres widerrufen werden, für das sie erstmals nicht gelten soll.

Datum und Unterschrift der antragstellenden Person	Datum und Unterschrift der zustimmenden Person

3.11

- 1. Ausfertigung für das Finanzamt -

---

¹) Es werden nur die erste und letzte Seite des achtseitigen Vordrucks abgedruckt, Seiten 1, 3, 5 und 7 sind identisch.

Erläuterungen

Auswirkungen der Übertragung von Kinderfreibeträgen und Freibeträgen für den Betreuungs- und Erziehungs- oder Ausbildungsbedarf (Freibeträge für Kinder)

Der den Eltern oder einem Elternteil zustehende Kinderfreibetrag und der Freibetrag für den Betreuungs- und Erziehungs- oder Ausbildungsbedarf kann auf Antrag auch auf einen Stiefelternteil oder Großelternteil übertragen werden, wenn dieser das Kind in seinen Haushalt aufgenommen hat. Die Frage, in welcher Höhe die Freibeträge für Kinder auf den Stiefelternteil oder Großelternteil übertragen werden können, richtet sich danach, in welchem Umfang der übertragende Elternteil Anspruch auf die Freibeträge für Kinder hat. Die Übertragung kann dazu führen, dass auch andere kindbedingte Entlastungen bei dem berechtigten Elternteil entfallen, z. B.

- der Entlastungsbetrag für Alleinerziehende (§ 24b Einkommensteuergesetz – EStG),

- der geringere Prozentsatz bei der zumutbaren Belastung (§ 33 Abs. 3 EStG),

- der Freibetrag zur Abgeltung eines Sonderbedarfs bei Berufsausbildung für auswärtig untergebrachte volljährige Kinder (§ 33a Abs. 2 EStG),

- die Übertragung des dem Kind zustehenden Behinderten- oder Hinterbliebenen-Pauschbetrags (§ 33b Abs. 5 EStG),

- die Berücksichtigung von nachgewiesenen Kinderbetreuungskosten

- die Berücksichtigung von Schulgeld (§ 10 Abs. 1 Nr. 9 EStG) und

- die Ermäßigung von Zuschlagsteuern (Solidaritätszuschlag, Kirchensteuer).

Eine Übertragung kann auch mit Zustimmung des berechtigten Elternteils vorgenommen werden. Eine erteilte Zustimmung kann nur vor Beginn des Kalenderjahres widerrufen werden, für das sie erstmals nicht gelten soll.

Die Freibeträge für Kinder wirken sich bei der Berechnung der vom Arbeitslohn einzubehaltenden Lohnsteuer und der Vorauszahlung von Einkommensteuer in der Regel nicht aus. Auswirkungen ergeben sich nur bei der Ermittlung des Solidaritätszuschlags und der Kirchensteuer.

Bei der Veranlagung zur Einkommensteuer prüft das Finanzamt von Amts wegen, ob die Freibeträge für Kinder abzuziehen sind oder ob der Anspruch auf Kindergeld die notwendige steuerliche Freistellung des Existenzminimums der Kinder herbeiführt. Bei der Berechnung des Solidaritätszuschlags und der Kirchensteuer zur Einkommensteuer werden die Freibeträge für Kinder stets berücksichtigt.

R 39.3

Bescheinigung für den Lohnsteuerabzug

[1]Ein Antrag nach § 39 Abs. 3 Satz 1 oder § 39e Abs. 8 Satz 1 EStG ist bis zum 31.12. des Kalenderjahres zu stellen, für das die Bescheinigung für den Lohnsteuerabzug gilt. [2]Die Bescheinigung der Steuerklasse I kann auch der Arbeitgeber beantragen, wenn dieser den Antrag nach § 39 Abs. 3 Satz 1 EStG im Namen des Arbeitnehmers stellt (§ 39 Abs. 3 Satz 3 EStG). [3]Bezieht ein Arbeitnehmer gleichzeitig Arbeitslohn aus mehreren gegenwärtigen oder früheren Dienstverhältnissen, mit dem er der beschränkten Einkommensteuerpflicht unterliegt, hat das Finanzamt in der Bescheinigung für das zweite und jedes weitere Dienstverhältnis zu vermerken, dass die Steuerklasse VI anzuwenden ist. [4]Bei Nichtvorlage der Bescheinigung hat der Arbeitgeber den Lohnsteuerabzug nach Maßgabe des § 39c Abs. 1 und 2 EStG vorzunehmen.

R 39.4

Lohnsteuerabzug bei beschränkter Einkommensteuerpflicht

Freibetrag oder Hinzurechnungsbetrag bei beschränkter Einkommensteuerpflicht

(1) [1]Nach § 39a Abs. 2 Satz 8 i. V. m. Abs. 4 EStG ist ein vom Arbeitnehmer zu beantragender Freibetrag oder Hinzurechnungsbetrag durch Aufteilung in Monatsbeträge, erforderlichenfalls in Wochen- und Tagesbeträge, jeweils auf die voraussichtliche Dauer des Dienstverhältnisses im Kalenderjahr gleichmäßig zu verteilen. [2]Dabei sind ggf. auch die im Kalenderjahr bereits abgelaufenen Zeiträume desselben Dienstverhältnisses einzubeziehen, es sei denn, der Arbeitnehmer beantragt die Verteilung des Betrags auf die restliche Dauer des Dienstverhältnisses. [3]Bei beschränkt einkommensteuerpflichtigen Arbeitnehmern, bei denen § 50 Abs. 1 Satz 4 EStG anzuwenden ist, sind Werbungskosten und Sonderausgaben insoweit einzutragen, als sie die zeitanteiligen Pauschbeträge (→ § 50 Abs. 1 Satz 5 EStG) übersteigen.

Ausübung oder Verwertung (§ 49 Abs. 1 Nr. 4 Buchstabe a EStG)

(2) ¹Die nichtselbständige Arbeit wird im Inland ausgeübt, wenn der Arbeitnehmer im Geltungsbereich des EStG persönlich tätig wird. ²Sie wird im Inland verwertet, wenn der Arbeitnehmer das Ergebnis einer außerhalb des Geltungsbereichs des EStG ausgeübten Tätigkeit im Inland seinem Arbeitgeber zuführt. ³Zu der im Inland ausgeübten oder verwerteten nichtselbständigen Arbeit gehört nicht die nichtselbständige Arbeit, die auf einem deutschen Schiff während seines Aufenthalts in einem ausländischen Küstenmeer, in einem ausländischen Hafen von Arbeitnehmern ausgeübt wird, die weder einen Wohnsitz noch ihren gewöhnlichen Aufenthalt im Inland haben. ⁴Unerheblich ist, ob der Arbeitslohn zu Lasten eines inländischen Arbeitgebers gezahlt wird. ⁵Arbeitgeber i. S. d. Satzes 2 ist die Stelle im Inland, z. B. eine Betriebsstätte oder der inländische Vertreter eines ausländischen Arbeitgebers, die unbeschadet des formalen Vertragsverhältnisses zu einem möglichen ausländischen Arbeitgeber die wesentlichen Rechte und Pflichten eines Arbeitgebers tatsächlich wahrnimmt; inländischer Arbeitgeber ist auch ein inländisches Unternehmen bezüglich der Arbeitnehmer, die bei rechtlich unselbständigen Betriebsstätten, Filialen oder Außenstellen im Ausland beschäftigt sind.

Befreiung von der beschränkten Einkommensteuerpflicht

(3) Einkünfte aus der Verwertung einer außerhalb des Geltungsbereichs des EStG ausgeübten nichtselbständigen Arbeit bleiben bei der Besteuerung außer Ansatz,

1. wenn zwischen der Bundesrepublik Deutschland und dem Wohnsitzstaat ein Doppelbesteuerungsabkommen besteht und nach R 39b.10 der Lohnsteuerabzug unterbleiben darf oder

2. in anderen Fällen, wenn nachgewiesen oder glaubhaft gemacht wird, dass von diesen Einkünften in dem Staat, in dem die Tätigkeit ausgeübt worden ist, eine der deutschen Einkommensteuer entsprechende Steuer tatsächlich erhoben wird. ²Auf diesen Nachweis ist zu verzichten bei Arbeitnehmern, bei denen die Voraussetzungen des Auslandstätigkeitserlasses vorliegen.

Künstler, Berufssportler, unterhaltend und ähnlich darbietende Personen sowie Artisten

(4) ¹Bezüge von beschränkt einkommensteuerpflichtigen Berufssportlern, darbietenden Künstlern (z. B. Musikern), werkschaffenden Künstlern (z. B. Schriftstellern, Journalisten und Bildberichterstattern), anderen unterhaltend oder ähnlich Darbietenden sowie Artisten unterliegen dem Lohnsteuerabzug, wenn sie zu den Einkünften aus nichtselbständiger Arbeit gehören und von einem inländischen Arbeitgeber i. S. d. § 38 Abs. 1 Satz 1 Nr. 1 EStG gezahlt werden. ²Von den Vergütungen der Berufssportler, darbietenden Künstler, Artisten und unterhaltend oder ähnlich darbietenden Personen (§ 50a Abs. 1 Nr. 1 EStG) wird die Einkommensteuer nach Maßgabe der §§ 50a, 50d EStG erhoben, wenn diese nicht von einem inländischen Arbeitgeber gezahlt werden.

Hinweise

Arbeitnehmer mit Wohnsitz

- **in Belgien**
  → Grenzgängerregelung nach dem Zusatzabkommen zum DBA Belgien (BGBl. 2003 II S. 1615)

- **in Frankreich**
  → Zur Verständigungsvereinbarung zur 183-Tage-Regelung und zur Anwendung der Grenzgängerregelung→ BMF vom 3. 4. 2006 (BStBl I S. 304)

- **in Luxemburg**
  → Verständigungsvereinbarung betreffend die Besteuerung von Berufskraftfahrern; Erweiterung der Verständigungsvereinbarung auf Lokomotivführer und Begleitpersonal → BMF vom 19. 9. 2011 (BStBl I S. 849)

- **in den Niederlanden**
  → *Zur steuerlichen Behandlung von Alterseinkünften → BMF vom 24. 1. 2017 (BStBl I S. 147)*

- **in der Schweiz**
  → Artikel 3 des Zustimmungsgesetzes vom 30. 9. 1993 (BStBl I S. 927)
  → Einführungsschreiben zur Neuregelung der Grenzgängerbesteuerung vom 19. 9. 1994 (BStBl I S. 683) unter Berücksichtigung der Änderungen durch BMF vom 18. 12. 2014 (BStBl 2015 I S. 22). → DBA – Schweiz

→ BMF vom 7. 7. 1997 (BStBl I S. 723) unter Berücksichtigung der Änderungen durch BMF vom 30. 9. 2008 (BStBl I S. 935) → DBA – Schweiz

→ Zur Verständigungsvereinbarung zur Behandlung von Arbeitnehmern im internationalen Transportgewerbe → BMF vom 29. 6. 2011 (BStBl I S. 621)

→ Zur Verständigungsvereinbarung zur Behandlung über die Besteuerung von fliegendem Personal → BMF vom 23. 7. 2012 (BStBl I S. 863)

– **in der Türkei**

→ zur steuerlichen Behandlung von Alterseinkünften → BMF vom 11. 12. 2014 (BStBl 2015 I S. 92) → Anhang 43

Arbeitslohn nach DBA

→ BMF vom 12. 11. 2014 (BStBl I 2006 S. 1467)

Arbeitnehmerentsendung

Grundsätze für die Prüfung der Einkunftsabgrenzung zwischen international verbundenen Unternehmen in Fällen der Arbeitnehmerentsendung

(BMF-Schreiben vom 9. 11. 2001, BStBl I S. 796)

Unter Bezugnahme auf das Ergebnis der Erörterung mit den Vertretern der obersten Finanzbehörden der Länder gilt für die Prüfung der Einkunftsabgrenzung zwischen international verbundenen Unternehmen in Fällen der grenzüberschreitenden Arbeitnehmerentsendung im Unternehmensverbund Folgendes:

Inhaltsangabe

1. Ausgangslage und Zielsetzung
2. Begriffe
2.1 Arbeitnehmerentsendung
2.2 Arbeitgeber
2.3 Aufwand der Arbeitnehmerentsendung
3. Beurteilungskriterien für die Einkunftsabgrenzung
3.1 Veranlassungsprinzip und Fremdvergleich
3.1.1 Interesse des entsendenden Unternehmens
3.1.2 Interesse des aufnehmenden Unternehmens
3.2 Fremdvergleichsmethoden
3.2.1 Betriebsinterner Fremdvergleich
3.2.2 Betriebsexterner Fremdvergleich
3.2.3 Hypothetischer Fremdvergleich
3.3 Indizien für die Feststellung der Interessenlage
3.4 Besondere Fallgestaltungen
3.4.1 Expertenentsendung
3.4.2 Rotationsverfahren
3.4.3 Entsendung zu Ausbildungs- oder Fortbildungszwecken
3.5 Einheitlicher Aufteilungsmaßstab
4. Steuerliche Behandlung
4.1 Unzutreffende Einkunftsabgrenzung
4.2 Know-how-Transfer
4.3 Vorteilsausgleich
4.4 Hinweise zur Besteuerung der Einkünfte aus unselbständiger Arbeit
5. Verfahren, Mitwirkung und Nachweise
6. Anwendung bei der Einkunftsaufteilung zwischen Betriebsstätten
7. Anwendungsvorschriften

1. Ausgangslage und Zielsetzung

Die zunehmende industrielle Verflechtung und Globalisierung führen dazu, dass zwischen international verbundenen Unternehmen in großem Umfang Arbeitnehmer entsendet werden.

Hierdurch kann z. B. ein Mangel an qualifizierten Fachkräften behoben, die einheitliche Unternehmenspolitik vor Ort durchgesetzt, der internationale Erfahrungsaustausch gefördert und Auslandserfahrung gesammelt werden. Das Interesse kann sowohl von dem entsendenden, als auch von dem aufnehmenden Unternehmen ausgehen. Zeitraum und Zweck einer Arbeitnehmerentsendung variieren in der Praxis erheblich.

Der Personalpolitik einer multinationalen Unternehmensgruppe kann es entsprechen, dass auch ein übergeordnetes Konzernunternehmen ein eigenes betriebliches Interesse an der Entsendung von Arbeitnehmern zu verbundenen Unternehmen hat. Dieses Eigeninteresse spiegelt sich in zahlreichen Tätigkeitserwartungen und ggf. in zusätzlichen Berichtpflichten wider und dokumentiert sich darüber hinaus häufig auch darin, dass den Wünschen der Arbeitnehmer nachgegeben wird, die Arbeitsverträge während der Zeit der Entsendung nicht aufzulösen, sondern aufrecht zu erhalten, auch wenn sie während dieser Zeit üblicherweise ruhen.

Für die Arbeitnehmer ist eine Auslandstätigkeit regelmäßig mit finanziellen und persönlichen Belastungen verbunden. Um sie dennoch zu einer Auslandstätigkeit zu bewegen, werden an sie daher neben der bisherigen Entlohnung und ggf. Altersversorgung zusätzliche Zahlungen geleistet, wie z. B. erhöhtes Grundgehalt, Ersatz der Mehraufwendungen für doppelte Haushaltsführung, Umzugskostenerstattung, Auslandszulagen.

Ziel dieses Schreibens ist es, Regelungen zur Anwendung des Grundsatzes des Fremdvergleichs bei der Prüfung von inländischen bzw. im Inland tätigen verbundenen Unternehmen in den Fällen der grenzüberschreitenden Arbeitnehmerentsendung zu treffen. Anhand der Regelungen soll bestimmbar sein, ob und in welchem Umfang das entsendende und/oder das aufnehmende Unternehmen jeweils ein betriebliches Interesse an der Arbeitnehmerentsendung hat und demzufolge den Aufwand bzw. Teile davon für den entsandten Arbeitnehmer tragen muss.

2. Begriffe

2.1 Arbeitnehmerentsendung

Eine Arbeitnehmerentsendung im Sinne dieses Schreibens liegt grundsätzlich dann vor, wenn ein Arbeitnehmer mit seinem bisherigen Arbeitgeber (entsendendes Unternehmen) vereinbart, für eine befristete Zeit bei einem verbundenen Unternehmen (aufnehmendes Unternehmen) tätig zu werden und das aufnehmende Unternehmen entweder eine arbeitsrechtliche Vereinbarung mit dem Arbeitnehmer abschließt oder als wirtschaftlicher Arbeitgeber anzusehen ist.

Keine Arbeitnehmerentsendung im Sinne dieses Schreibens liegt demnach vor, wenn ein Arbeitnehmer zur Erfüllung einer Dienst- oder Werkleistungsverpflichtung des entsendenden Unternehmens bei einem anderen verbundenen Unternehmen tätig wird und sein Arbeitslohn Preisbestandteil der Dienst- bzw. Werkleistung ist (z. B. beim gewerblichen Arbeitnehmerverleih oder beim Anlagenbau). In diesen Fällen ist zu prüfen, ob die Leistungen des entsendenden Unternehmens zu marktüblichen Preisen, d. h. regelmäßig unter Einschluss einer Gewinnkomponente vergütet worden sind und ob durch die Tätigkeit des Arbeitnehmers eine Betriebsstätte des entsendenden Unternehmens begründet worden ist.

2.2 Arbeitgeber

Der Arbeitgeberbegriff wird im Abkommensrecht, Lohnsteuerrecht, Arbeitsrecht, Zivil- und Sozialversicherungsrecht unterschiedlich definiert. Auf diese Unterschiede ist bei der Anwendung dieses Schreibens zu achten. Für Zwecke dieses Schreibens ist vom Arbeitgeberbegriff im arbeitsrechtlichen bzw. wirtschaftlichen Sinne auszugehen.

Demnach ist – u. U. neben dem entsendenden Unternehmen – als Arbeitgeber anzusehen, wer entweder eine arbeitsrechtliche Vereinbarung mit dem Arbeitnehmer abschließt oder den Arbeitnehmer in seinen Geschäftsbetrieb integriert, weisungsbefugt ist und die Vergütungen für die ihm geleistete unselbständige Arbeit wirtschaftlich trägt, sei es, dass er die Vergütung unmittelbar dem betreffenden Arbeitnehmer auszahlt oder dass ein anderes Unternehmen für ihn mit der Arbeitsvergütung in Vorlage tritt.[1]

Bei einer Entsendung von mehr als drei Monaten ist regelmäßig von einer Integration in das aufnehmende Unternehmen auszugehen.

Ist der Arbeitnehmer zwar weniger als drei Monate für das aufnehmende Unternehmen tätig, wiederholt sich dies aber mehrfach, wird das aufnehmende Unternehmen für diese Zeiten ebenfalls regelmäßig zum wirtschaftlichen Arbeitgeber.

Ist das aufnehmende Unternehmen nicht als Arbeitgeber anzusehen, ist zu prüfen, ob eine Dienstleistung seitens des entsendenden Unternehmens vorliegt.

---

[1] → BFH vom 21. 8. 1985, BStBl 1986 II S. 4.

2.3 Aufwand der Arbeitnehmerentsendung

Der Arbeitnehmerentsendung sind alle direkten und indirekten Aufwendungen zuzuordnen, soweit sie das Ergebnis des aufnehmenden und/oder des entsendenden Unternehmens gemindert haben und im wirtschaftlichen Zusammenhang mit der Tätigkeit im Entsendezeitraum stehen. Dies gilt unabhängig davon, ob sie zum steuerpflichtigen Lohn des Arbeitnehmers gehören oder nicht. Zum Aufwand gehört z. B.:

– Grundgehalt,
– laufende und einmalige Bezüge des Arbeitnehmers (z. B. Abfindungen, Boni),
– Prämien, Urlaubs- und Weihnachtsgeld,
– übernommene Steuern,
– Zuführungen zur Pensionsrückstellung,
– Sozialversicherungsbeiträge im Tätigkeitsstaat und im Heimatstaat,
– Auslandszulagen,
– Sachbezüge und sonstige Anreize (z. B. Firmenwagen, Aktienoptionen),
– Ausgleichszahlungen für höhere Lebenshaltungskosten und höhere Abgaben,
– Umzugs- und Reisebeihilfen (einschließlich Beihilfen für Angehörige),
– Ersatz der Aufwendungen im Rahmen der doppelten Haushaltsführung, Schulgeld und Internatskosten.

Da bei einer Arbeitnehmerentsendung im Sinne dieses Schreibens der Aufwand der Arbeitnehmerentsendung nach dem Veranlassungsprinzip originären Aufwand des jeweiligen wirtschaftlichen Arbeitgebers bildet, sind Gewinnzuschläge hierauf steuerlich nicht zulässig.

3. Beurteilungskriterien für die Einkunftsabgrenzung

3.1 Veranlassungsprinzip und Fremdvergleich

Ausgangspunkt für die zutreffende Einkunftsabgrenzung ist die Frage, ob die Übernahme des Aufwands für den jeweiligen Arbeitnehmer dem Fremdvergleich entspricht.

Danach ist der Aufwand von dem Unternehmen zu tragen, in dessen Interesse die Entsendung erfolgt.

Zu prüfen ist

a. dem Grunde nach die Frage, ob die Tätigkeit im ausschließlichen betrieblichen Interesse des aufnehmenden Unternehmens liegt oder ob die Tätigkeit des entsandten Arbeitnehmers ganz oder teilweise durch das Interesse des entsendenden oder eines übergeordneten Unternehmens verursacht ist, und

b. der Höhe nach die Frage, ob der ordentliche und gewissenhafte Geschäftsleiter eines unabhängigen Unternehmens für einen vergleichbaren Arbeitnehmer Aufwendungen in gleicher Höhe getragen hätte.

3.1.1 Interesse des entsendenden Unternehmens

Bei der Prüfung eines entsendenden Unternehmens ist regelmäßig davon auszugehen, dass der Arbeitnehmer im Interesse und für Rechnung des aufnehmenden Unternehmens tätig wird (BFH, Urt. v. 3. 2. 1993 – I R 80–81/91, BStBl II 1993, 462 – FR 1993, 336).

Es bleibt aber zu berücksichtigen, dass auch ein Interesse des entsendenden Unternehmens bestehen kann, insbesondere dann, wenn dem betreffenden Arbeitnehmer eine Vergütung gezahlt wird, die über dem Lohnniveau im Ansässigkeitsstaat des aufnehmenden Unternehmens liegt. Dieses Interesse kann sich z. B. darin zeigen, dass der entsandte Arbeitnehmer Planungs-, Koordinierungs- oder Kontrollfunktionen für das entsendende Unternehmen wahrnimmt und diese nicht gesondert abgegolten werden oder nach Rückkehr des Arbeitnehmers dessen gesammelte Auslandserfahrungen im Rahmen seiner weiteren Beschäftigung beim entsendenden Unternehmen genutzt oder Arbeitsplätze bei Tochtergesellschaften im Rotationsverfahren ständig mit Arbeitnehmern der Konzernobergesellschaft besetzt werden.

Für die Berücksichtigung von Aufwendungen beim entsendenden inländischen Unternehmen ist es erforderlich, dass es sein wirtschaftliches Interesse (siehe Tz. 3.3) für die Entsendung nachweist.

3.1.2 Interesse des aufnehmenden Unternehmens

Bei der Prüfung eines inländischen bzw. im Inland tätigen aufnehmenden verbundenen Unternehmens ist zu berücksichtigen, dass der ordentliche und gewissenhafte Geschäftsleiter eines unabhängigen Unternehmens nur Personal beschäftigen würde, das er für seinen Betrieb benötigt und nur den Aufwand tragen würde, der ihm für die Beschäftigung eines vergleichbaren Arbeitnehmers bei sonst gleichen Verhältnissen entstehen würde.

Abzustellen ist auf den gesamten Aufwand, der das Ergebnis des aufnehmenden Unternehmens gemindert hat, unabhängig davon, ob und inwieweit der Arbeitnehmer selbst von der Entsendung einen finanziellen Vorteil hat. Die ausschließliche Tätigkeit eines entsandten Arbeitnehmers für das aufnehmende verbundene Unternehmen bedeutet nicht notwendigerweise, dass stets der volle Aufwand (Tz. 2.3) als Betriebsausgabe des aufnehmenden Unternehmens zu behandeln ist.

Verursacht der entsandte Arbeitnehmer beim aufnehmenden Unternehmen höhere Aufwendungen als lokale Arbeitnehmer mit vergleichbaren Funktionen und Aufgaben, so hat das aufnehmende Unternehmen nachzuweisen, dass der höhere Teil des Gesamtaufwands in seinem Interesse gezahlt wird, z. B. weil der Arbeitnehmer über Spezialwissen verfügt, das es dem aufnehmenden Unternehmen ermöglicht, über den Ausgleich des Mehraufwands hinausgehende höhere Erlöse zu erzielen (siehe auch Tz. 3.2.3). Kann dieser Nachweis nicht geführt werden, ist davon auszugeben, dass der gesamte Mehraufwand durch das Nahestehen veranlasst und vom entsendenden Unternehmen zu tragen ist.

3.2 Fremdvergleichsmethoden

Der Fremdvergleich ist vorrangig nach der Preisvergleichsmethode vorzunehmen. Hierbei wird der angemessene Aufwand durch betriebsinternen oder betriebsexternen Fremdvergleich ermittelt. Sind keine Vergleichsdaten verfügbar, ist ein hypothetischer Fremdvergleich durchzuführen.

3.2.1 Betriebsinterner Fremdvergleich

Beim betriebsinternen Fremdvergleich wird auf der Ebene des aufnehmenden Unternehmens untersucht, welchen Aufwand dieses für vergleichbare, nicht entsandte Arbeitnehmer trägt.

3.2.2 Betriebsexterner Fremdvergleich

Beim betriebsexternen Fremdvergleich wird untersucht, welchen Aufwand unabhängige Unternehmen, die unter gleichen Bedingungen in demselben Staat wie das aufnehmende Unternehmen tätig sind, für einen vergleichbaren Arbeitnehmer tragen.

3.2.3 Hypothetischer Fremdvergleich

Beim hypothetischen Fremdvergleich ist festzustellen, ob der ordentliche und gewissenhafte Geschäftsleiter eines unabhängigen Unternehmens bei gleichen Geschäftsbedingungen den Aufwand für den entsandten Arbeitnehmer überhaupt oder in vollem Umfang allein getragen oder ob er eine Kostenbeteiligung des entsendenden Unternehmens gefordert hätte. Dabei ist zu berücksichtigen, dass ein Unternehmen beispielsweise wegen der Eigenart seines Geschäftsbetriebes speziell ausgebildete Arbeitnehmer mit besonderen Kenntnissen benötigen kann. Sind diese Arbeitnehmer auf seinem lokalen Arbeitsmarkt nicht verfügbar, würde ein ordentlicher und gewissenhafter Geschäftsleiter die mit einer Arbeitnehmerentsendung regelmäßig einhergehenden Mehraufwendungen gleichwohl nur dann übernehmen, wenn er hierdurch in einem überschaubaren Zeitraum einen wirtschaftlich nachweisbaren höheren Nutzen erwarten kann (z. B. weil er aufgrund der besonderen Eigenart der von den entsandten Arbeitnehmern geschaffenen Produkte bzw. erbrachten Leistungen die notwendigen Mehraufwendungen über entsprechend höhere Erlöse mehr als ausgleichen kann). Ein Zeitraum von drei Jahren kann regelmäßig als überschaubar angesehen werden.

Bei dem Vergleich mit fremdüblichem Verhalten sind die Möglichkeiten einer Direktanwerbung von Arbeitnehmern aus dem Entsendestaat oder die Ausbildung von Ortskräften in Betracht zu ziehen.

3.3 Indizien für die Feststellung der Interessenlage

Beurteilungskriterien für die Interessenlage bei der Arbeitnehmerentsendung sind z. B.:

- die ausgeübte Funktion,
- die benötigten Kenntnisse,
- die üblichen Aufwendungen im Arbeitsmarkt des Tätigkeitsstaats für einen vergleichbaren Arbeitnehmer,
- der Zusammenhang zwischen den Aufwendungen für den entsandten Arbeitnehmer und seinem Beitrag zum wirtschaftlichen Erfolg des Unternehmens,
- der Tätigkeitsort,
- von welchem Unternehmen die Initiative für die Arbeitnehmerentsendung ausging,

- ob die Tätigkeit des entsandten Arbeitnehmers einzelprojektbezogen ist,
- ob im Arbeitsmarkt des aufnehmenden Unternehmens ein Angebot an Arbeitskräften mit der nach objektiven Maßstäben erforderlichen Qualifikation nicht vorhanden und auch nicht im Rahmen betrieblicher Ausbildung oder Qualifizierung zu schaffen ist,
- ob gleichwertig qualifizierte Arbeitnehmer im lokalen Arbeitsmarkt des aufnehmenden Unternehmens verfügbar sind und einen geringeren Aufwand verursachen,
- ob der Arbeitnehmer Koordinierungs- bzw. Kontrolltätigkeiten ausübt,
- ob der Arbeitnehmer im Rahmen eines Rotationssystems entsandt worden ist,
- der prozentuale Anteil der entsandten Arbeitnehmer an der Gesamtbelegschaft,
- objektives Erfordernis von Sprachkenntnissen oder persönlichen Beziehungen in Verbindung mit der ausgeübten Funktion.

3.4 Besondere Fallgestaltungen

3.4.1 Expertenentsendung

Im Einzelfall kommt es, insbesondere bei projektbezogener Entsendung, dem anfordernden Unternehmen auf das besondere Fachwissen des entsandten Arbeitnehmers an. Ist ein vergleichbarer Arbeitnehmer nicht oder nur mit erheblichem Aufwand zu rekrutieren, so ist davon auszugehen, dass das aufnehmende Unternehmen den gesamten Aufwand für den Arbeitnehmer zu tragen hat.

3.4.2 Rotationsverfahren

Besetzt das entsendende Unternehmen ständig Arbeitsplätze beim aufnehmenden Unternehmen im Rotationsverfahren, so ist davon auszugehen, dass die Entsendung auch den Interessen des entsendenden Unternehmens dient und es deshalb den Aufwand, der über den für einen vergleichbaren heimischen Arbeitnehmer des aufnehmenden Unternehmens hinausgeht, zu tragen hat. Dies kann auch bei Expertenentsendung der Fall sein.

Ein so genanntes Rotationssystem liegt typischerweise vor, wenn ein Personaleinsatz- und Entwicklungskonzept der Konzernspitze dergestalt zugrunde liegt, dass das aufnehmende Unternehmen bei Stellenbesetzungen nicht frei entscheiden kann, sondern bestimmte Positionen mit Arbeitnehmern des entsendenden Unternehmens zu besetzen hat. Ob ein solches Rotationssystem vorliegt, entscheidet sich nach dem Gesamtbild der Verhältnisse. Anhaltspunkte für das Vorliegen eines derartigen Rotationssystems sind u. a.:

- die Entsendungen erfolgen einseitig von der Konzernobergesellschaft an nachgeordnete Gesellschaften, nicht aber wechselseitig zwischen den verbundenen Unternehmen,
- die Entsendungen sind von typischer Dauer (3 bis 5 Jahre),
- bestimmte Führungspositionen oder technische Schlüsselfunktionen bei der aufnehmenden Gesellschaft werden ständig mit Arbeitnehmern anderer Konzerngesellschaften besetzt,
- die aufnehmende Gesellschaft unternimmt keine ernsthaften Versuche (z. B. durch Schaltung von Stellenanzeigen), diese Arbeitsplätze mit Arbeitnehmern des lokalen Stellenmarktes, einschließlich selbst ausgebildeten Personals, zu besetzen.

3.4.3 Entsendung zu Ausbildungs- oder Fortbildungszwecken

Werden Arbeitnehmer ausschließlich zu Aus- oder Fortbildungszwecken entsandt, hat das entsendende Unternehmen den Mehraufwand (siehe Tz. 3.1.2) zu tragen.

3.5 Einheitlicher Aufteilungsmaßstab

Wird im Rahmen einer Außenprüfung festgestellt, dass die Entsendung zahlreicher Arbeitnehmer sowohl den Interessen des aufnehmenden, als auch des entsendenden Unternehmens dient, kann ein in Zusammenarbeit mit dem Steuerpflichtigen nach einer Funktionsanalyse für die entsandten Arbeitnehmer gefundener sachgerechter einheitlicher Aufteilungsmaßstab für alle Arbeitnehmerentsendungen im Rahmen einer typisierenden Betrachtung angewandt werden. Dieser Aufteilungsmaßstab kann von den Finanzbehörden in Abstimmung mit dem Unternehmen der steuerlichen Beurteilung im Prüfungszeitraum und für alle bis zum Prüfungsende abgelaufenen Wirtschaftsjahre zugrunde gelegt werden, wenn keine wesentliche Änderung der Verhältnisse eingetreten ist.

Auf Antrag des Steuerpflichtigen kann dieser einheitliche Aufteilungsmaßstab auch für künftige Wirtschaftsjahre angewendet werden. Die Angemessenheit des einheitlichen Aufteilungsmaßstabs ist in regelmäßigen Abständen zu überprüfen und bei Veränderungen der maßgeblichen Verhältnisse unverzüglich anzupassen.

Die Zugrundelegung eines einheitlichen Aufteilungsmaßstabs sollte mit der oder den ausländischen Finanzverwaltung(en) abgestimmt werden.

4. Steuerliche Behandlung

4.1 Unzutreffende Einkunftsabgrenzung

Sind die Aufwendungen einer Arbeitnehmerentsendung den beteiligten Unternehmen nicht sachgerecht, d. h. nicht der jeweiligen betrieblichen Interessenlage folgend zugeordnet worden, sind die Einkünfte nach den maßgeblichen Vorschriften zu berichtigen.

4.2 Know-how-Transfer

Durch die Tätigkeit entsandter Experten werden dem aufnehmenden Unternehmen regelmäßig auch Kenntnisse und Erfahrungen dieser Personen übermittelt.

Soweit dem aufnehmenden Unternehmen durch die bloße Tätigkeit der an sie entsandten Experten Kenntnisse und Erfahrungen vermittelt werden (z. B. durch Vorbildwirkung), ist dies Bestandteil und Grund der Entsendung und üblicherweise nicht gesondert zu vergüten.

Es ist jedoch zu beachten, dass darüber hinaus auch noch ein mit der Einräumung von Nutzungsrechten verbundener konkreter Transfer von Know-how (Pläne, Muster, Verfahren, Formeln, Patente, etc.) stattfinden kann, der zwischen fremden Dritten gesondert vergütet würde.

4.3 Vorteilsausgleich

Macht ein Unternehmen geltend, dass die Aufwendungen für entsandte Arbeitnehmer bei der Verrechnungspreisbildung, z. B. für den konzerninternen Warenverkehr, berücksichtigt worden sind, ist für die steuerliche Anerkennung eines Vorteilsausgleichs zu prüfen, ob die hierfür erforderlichen Voraussetzungen erfüllt sind. Tz. 2.3 der Verwaltungsgrundsätze 1983 ist zu beachten.

4.4 Hinweise zur Besteuerung der Einkünfte aus unselbständiger Arbeit

Falls der Fremdvergleich ergibt, dass der Aufwand für den entsandten Arbeitnehmer zwischen dem entsendenden und dem aufnehmenden Unternehmen aufzuteilen ist, hat nach den DBA in der Regel der Staat, in dem sich der Arbeitnehmer zur Ausführung seiner Tätigkeit persönlich aufhält, das Besteuerungsrecht für den auf diese Zeit entfallenden vollen Arbeitslohn.

Das Besteuerungsrecht für den Arbeitslohn der Arbeitnehmer richtet sich nach den einschlägigen Bestimmungen der jeweiligen DBA entsprechend Art. 15 OECD-Musterabkommen und den nationalen Vorschriften. Zu den näheren Einzelheiten wird insbesondere auf die BMF-Schreiben vom 31. Oktober 1983,[1]) vom 5. Januar 1994,[2]) vom 5. Juli 1995[3]) und vom 20. April 2000[4]) hingewiesen.

5. Verfahren, Mitwirkung und Nachweise

Bei einer grenzüberschreitenden Arbeitnehmerentsendung im Unternehmensverbund beziehen sich die Auskunfts- und Beweismittelbeschaffungspflichten im Sinne des § 90 Abs. 2 AO auf den Gesamtaufwand (siehe Tz. 2.3) und auf die Interessenlage, nach der sich die Zuordnung der Tätigkeit des entsandten Arbeitnehmers sowie eine ggf. vorzunehmende Aufteilung des Gesamtaufwandes richtet.

Die Interessenlage ist vom Steuerpflichtigen darzulegen und durch geeignete Nachweise zu belegen. Hierfür kommen z. B. in Betracht:

– Entsendevertrag,

– zusätzlicher Dienstleistungsvertrag,

– Beschreibung der Tätigkeit des aufnehmenden Unternehmens sowie seiner Produkte bzw. Dienstleistungen,

– Schriftverkehr zur Begründung der Entsendung,

– Tätigkeitsbeschreibungen für die entsandten Arbeitnehmer,

– konkrete Tätigkeitsnachweise, z. B. Berichte, Protokolle, die der entsandte Arbeitnehmer für das entsendende Unternehmen angefertigt hat,

– Stellenanzeigen,

– Untersuchungen über Vergleichsgehälter im lokalen Arbeitsmarkt,

---

[1]) → BMF v. 31. 10. 1983, BStBl I S. 470 (Auslandstätigkeitserlass).
[2]) → BMF v. 5. 1. 1994, BStBl I S. 11 (DBA 183-Tage-Klausel).
[3]) → BMF v. 5. 7. 1995, BStBl I S. 373 (DBA Organe einer Kapitalgesellschaft).
[4]) → BMF v. 20. 4. 2000, BStBl I S. 483 (DBA 183-Tage-Klausel).

- Gewinnprognosen des aufnehmenden Unternehmens,

- Arbeitsverträge des Arbeitnehmers mit dem entsendenden und aufnehmenden Unternehmen,

- Nachweis über die Höhe der Lohnaufwendungen vor der Entsendung,

- Kosten/Nutzen-Analyse (benefit test) bezüglich Lohnaufwand und Erfolgsbeitrag des entsandten Arbeitnehmers,

- Zeitnachweise für Art und Umfang der Tätigkeit,

- Reisekostenabrechnungen,

- funktionsorientiertes Arbeitnehmerorganigramm oder ähnliche Unterlagen.

6. Anwendung bei der Einkunftsaufteilung zwischen Betriebsstätten

Die vorstehenden Grundsätze gelten sinngemäß bei Prüfung der Aufteilung der Einkünfte bei Betriebsstätten international tätiger Unternehmen.

7. Anwendungsvorschriften

Dieses Schreiben ergänzt das Schreiben v. 23. 2. 1983[1]) und ist in allen noch offenen Fällen anzuwenden.

Steuerliche Behandlung der Familienmitglieder von Angehörigen ausländischer Streitkräfte

(Verfügung des BayLfSt vom 23. 6. 2006 – S 2363-9 St 32/St 33 –)

Zur Ausstellung einer Lohnsteuerkarte und zur Bescheinigung der Steuerklasse wegen der Aufnahme einer Tätigkeit des o. a. Personenkreises bei Arbeitgebern im Inland gilt folgendes:

Nach Art. X Abs. 1 Satz 2 des NATO-Truppenstatuts – NTS – (BGBl 1961 II S. 1183) und Art. 68 Abs. 4 des Zusatzabkommens zum NTS (BGBl 1961 II S. 1218) begründen die nichtdeutschen Mitglieder und technischen Fachkräfte der ausländischen Streitkräfte und deren nichtdeutsche Ehegatten und Kinder in der Bundesrepublik Deutschland keinen Wohnsitz oder gewöhnlichen Aufenthalt, wenn ihre Anwesenheit in der Bundesrepublik Deutschland allein auf dem Umstand beruht, dass einer der Ehegatten bei den Streitkräften beschäftigt ist. Entsprechendes gilt für die Mitglieder der sowjetischen Streitkräfte und deren Familienangehörigen nach Art. 16 Abs. 6 des Vertrags zwischen der Bundesrepublik Deutschland und der Union der Sozialistischen Sowjetrepubliken über die Bedingungen des befristeten Aufenthalts und die Modalitäten des planmäßigen Abzugs der sowjetischen Truppen aus dem Gebiet der Bundesrepublik Deutschland vom 12. 10. 1990 (BGBl 1991 II S. 256), der nach der Verordnung zur Inkraftsetzung des Notenwechsels vom 26. 09. 1990 (BGBl 1990 II S. 1254) seit dem 03. 10. 1990 vorläufig angewandt wird. Hieraus folgt, dass dieser Personenkreis als beschränkt einkommensteuerpflichtig anzusehen ist, soweit Einkünfte im Sinne des § 49 EStG bezogen werden. Dem nichtdeutschen Ehegatten ist deshalb für die Durchführung des Lohnsteuer-Abzugs auf Antrag eine Bescheinigung nach § 39d Abs. 1 EStG mit der Steuerklasse I zu erteilen.

Diese Regelung gilt nicht für Familienangehörige der ausländischen Streitkräfte, wenn sie die deutsche Staatsangehörigkeit besitzen (vgl. Art. X Abs. 4 NTS). Ehepartner und Kinder eines Mitglieds der ausländischen Streitkräfte unterliegen somit der unbeschränkten Steuerpflicht, wenn sie deutsche Staatsbürger sind und die Voraussetzungen des § 1 Abs. 1 EStG erfüllen. Dem deutschen Ehegatten bzw. dem Ehegatten, der neben der ausländischen seine deutsche Staatsangehörigkeit beibehalten hat, ist deshalb auf Antrag eine Lohnsteuerkarte mit der Steuerklasse I oder, wenn ihm der Haushaltsfreibetrag (§ 32 Abs. 7 EStG) zusteht, mit der Steuerklasse II auszustellen (* vgl. nachstehenden Hinweis).

Die familiengerechte Steuerklasse kann nur bescheinigt werden, wenn beide Ehegatten aufgrund anderer Tatsachen ihren Wohnsitz in der Bundesrepublik Deutschland begründet haben und damit unbeschränkt einkommensteuerpflichtig sind. *Hiervon ist z. B. bei einem Mitglied der ausländischen Streitkräfte auszugehen, das zusammen mit seinem Ehegatten, der die deutsche Staatsangehörigkeit besitzt, und ggf. seinen Kindern außerhalb des Kasernenbereichs eine gemeinsame inländische Familienwohnung bezogen hat* (** vgl. nachstehenden Hinweis).

Dieses Schreiben tritt an die Stelle meines Schreibens vom 29. 01. 1992 Az.: 32 – S 2363 – 49/8 – 535 – nicht abgedruckt –. Es ergeht im Einvernehmen mit dem Bundesminister der Finanzen und den obersten Finanzbehörden der anderen Länder.

---

[1]) BStBl I S. 218.

Hinweise:

* Ab dem VZ 2004 kommt die Steuerklasse II (bzw. der Entlastungsbetrag für Alleinerziehende) nur noch für Alleinerziehende in Betracht. Nicht dauernd getrennt lebenden Ehegatten, bei denen keine Ehegattenbesteuerung in Betracht kommt (z. B. deutschen Ehegatten von Angehörigen der US-Streitkräfte) kann die Steuerklasse II wegen Vorliegens einer Haushaltsgemeinschaft nicht gewährt werden.

** Die kursiv gekennzeichnete Aussage im o. g. FMS ist im Hinblick auf das BFH-Urteil vom 09. 11. 2005 (BStBl 2006 II S. 374) nicht mehr uneingeschränkt zutreffend. Die o. g. Personen sind, auch wenn sie im Inland einen Wohnsitz oder gewöhnlichen Aufenthalt haben, nicht unbeschränkt einkommensteuerpflichtig, soweit sie sich nur in dieser Eigenschaft in Deutschland aufhalten. Dies ist der Fall, wenn nach den gesamten Lebensumständen erkennbar ist, dass sie nach Beendigung ihres Dienstes in den Ausgangsstaat oder in ihren Heimatstaat zurückkehren werden (Rückkehrwille). Maßgeblich sind insoweit die Verhältnisse aus der Sicht des jeweiligen Besteuerungszeitraums.

Auslandstätigkeitserlass

→ BMF vom 31. 10. 1983 (BStBl I S. 470)

Steuerliche Behandlung von Arbeitnehmereinkünften bei Auslandtätigkeiten (Auslandstätigkeitserlaß)

(BMF-Schreiben vom 31. 10. 1983, BStBl I S. 470)

Im Einvernehmen mit den obersten Finanzbehörden der Länder gilt auf Grund des § 34c Abs. 5 und des § 50 Abs. 7 EStG folgendes:

Bei Arbeitnehmern eines inländischen Arbeitgebers (Abschnitt 72 LStR[1])) wird von der Besteuerung des Arbeitslohns abgesehen, den der Arbeitnehmer auf Grund eines gegenwärtigen Dienstverhältnisses für eine begünstigte Tätigkeit im Ausland erhält.

I. Begünstigte Tätigkeit

Begünstigt ist die Auslandstätigkeit für einen inländischen Lieferanten, Hersteller, Auftragnehmer oder Inhaber ausländischer Mineralaufsuchungs- oder -gewinnungsrechte im Zusammenhang mit

1. der Planung, Errichtung, Einrichtung, Inbetriebnahme, Erweiterung, Instandsetzung, Modernisierung, Überwachung oder Wartung von Fabriken, Bauwerken, ortsgebundenen großen Maschinen oder ähnlichen Anlagen sowie dem Einbau, der Aufstellung oder Instandsetzung sonstiger Wirtschaftsgüter; außerdem ist das Betreiben der Anlagen bis zur Übergabe an den Auftraggeber begünstigt,

2. dem Aufsuchen oder der Gewinnung von Bodenschätzen,

3. der Beratung (Consulting) ausländischer Auftraggeber oder Organisationen im Hinblick auf Vorhaben im Sinne der Nummern 1 oder 2 oder

4. der deutschen öffentlichen Entwicklungshilfe im Rahmen der technischen oder finanziellen Zusammenarbeit.

Nicht begünstigt sind die Tätigkeit des Bordpersonals auf Seeschiffen und die Tätigkeit von Leiharbeitnehmern, für deren Arbeitgeber die Arbeitnehmerüberlassung Unternehmenszweck ist, sowie die finanzielle Beratung mit Ausnahme der Nummer 4. Nicht begünstigt ist ferner das Einholen von Aufträgen (Akquisition), ausgenommen die Beteiligung an Ausschreibungen.

II. Dauer der begünstigten Tätigkeit

Die Auslandstätigkeit muß mindestens drei Monate ununterbrochen in Staaten ausgeübt werden, mit denen kein Abkommen zur Vermeidung der Doppelbesteuerung besteht, in das Einkünfte aus nichtselbständiger Arbeit einbezogen sind.

Sie beginnt mit Antritt der Reise ins Ausland und endet mit der endgültigen Rückkehr ins Inland. Eine vorübergehende Rückkehr ins Inland oder ein kurzer Aufenthalt in einem Staat, mit dem ein Abkommen zur Vermeidung der Doppelbesteuerung besteht, in das Einkünfte aus nichtselbständiger Arbeit einbezogen sind, gelten bis zu einer Gesamtaufenthaltsdauer von zehn vollen Kalendertagen innerhalb der Mindestfrist nicht als Unterbrechung der Auslandstätigkeit, wenn sie zur weiteren Durchführung oder Vorbereitung eines begünstigten Vorhabens notwendig sind. Dies gilt bei längeren Auslandstätigkeiten entsprechend für die jeweils letzten drei Monate.

---

[1]) Jetzt: → R 38.3 LStR.

Eine Unterbrechung der Tätigkeit im Falle eines Urlaubs oder einer Krankheit ist unschädlich, unabhängig davon, wo sich der Arbeitnehmer während der Unterbrechung aufhält. Zeiten der unschädlichen Unterbrechung sind bei der Dreimonatsfrist nicht mitzurechnen.

III. Begünstigter Arbeitslohn

Zum begünstigten Arbeitslohn gehören auch folgende steuerpflichtige Einnahmen, soweit sie für eine begünstigte Auslandstätigkeit gezahlt werden:

1. Zulagen, Prämien oder Zuschüsse des Arbeitgebers für Aufwendungen des Arbeitnehmers, die durch eine begünstigte Auslandstätigkeit veranlaßt sind, oder die entsprechende unentgeltliche Ausstattung oder Bereitstellung durch den Arbeitgeber,

2. Weihnachtszuwendungen, Erfolgsprämien oder Tantiemen,

3. Arbeitslohn, der auf den Urlaub – einschließlich eines angemessenen Sonderurlaubs auf Grund einer begünstigten Tätigkeit – entfällt, Urlaubsgeld oder Urlaubsabgeltung,

4. Lohnfortzahlung auf Grund einer Erkrankung während einer begünstigten Auslandstätigkeit bis zur Wiederaufnahme dieser oder einer anderen begünstigten Tätigkeit oder bis zur endgültigen Rückkehr ins Inland.

Werden solche Zuwendungen nicht gesondert für die begünstigte Tätigkeit geleistet, so sind sie im Verhältnis der Kalendertage aufzuteilen[1]).

Der begünstigte Arbeitslohn ist steuerfrei im Sinne der §§ 3c, 10 Abs. 2 Nr. 2 EStG und des § 28 Abs. 2 BerlinFG.

IV. Progressionsvorbehalt für unbeschränkt steuerpflichtige Arbeitnehmer

Auf das nach § 32a Abs. 1 EStG zu versteuernde Einkommen ist der Steuersatz anzuwenden, der sich ergibt, wenn die begünstigten Einkünfte aus nichtselbständiger Arbeit bei der Berechnung der Einkommensteuer einbezogen werden. Bei der Ermittlung der begünstigten Einkünfte ist der Arbeitslohn um die Freibeträge nach § 19 Abs. 3 und 4 EStG und um den Werbungskosten-Pauschbetrag nach § 9a Nr. 1 EStG[2]) zu kürzen, soweit sie nicht bei der Ermittlung der Einkünfte aus nicht begünstigter nichtselbständiger Arbeit berücksichtigt worden sind.

V. Nichtanwendung

Diese Regelung gilt nicht, wenn

1. der Arbeitslohn aus inländischen öffentlichen Kassen – einschließlich der Kassen der Deutschen Bundesbahn[3]) und der Deutschen Bundesbank – gezahlt wird,

2. die Tätigkeit in einem Staat ausgeübt wird, mit dem ein Abkommen zur Vermeidung der Doppelbesteuerung besteht, in das Einkünfte aus nichtselbständiger Arbeit einbezogen sind; ist ein Abkommen für die Zeit vor seinem Inkrafttreten anzuwenden, so verbleibt es bis zum Zeitpunkt des Inkrafttretens bei den vorstehenden Regelungen, soweit sie für den Arbeitnehmer günstiger sind, oder

3. es sich um eine Tätigkeit in der Deutschen Demokratischen Republik oder Berlin (Ost) handelt.[4])

VI. Verfahrensvorschriften

1. Der Verzicht auf die Besteuerung im Steuerabzugsverfahren (Freistellungsbescheinigung) ist vom Arbeitgeber oder Arbeitnehmer beim Betriebsstättenfinanzamt zu beantragen. Ein Nachweis, daß von dem Arbeitslohn in dem Staat, in dem die Tätigkeit ausgeübt wird, eine der deutschen Lohnsteuer (Einkommensteuer) entsprechende Steuer erhoben wird, ist nicht erforderlich.

   Ist glaubhaft gemacht worden, daß die in Abschnitt I und II bezeichneten Voraussetzungen vorliegen, so kann die Freistellungsbescheinigung erteilt werden, solange dem Arbeitgeber eine Änderung des Lohnsteuerabzugs möglich ist (§ 41c EStG). Außerdem muß sich der Arbeitgeber verpflichten, das folgende Verfahren einzuhalten:

   a) Der begünstigte Arbeitslohn ist im Lohnkonto, auf der Lohnsteuerkarte, der besonderen Lohnsteuerbescheinigung sowie dem Lohnzettel getrennt von dem übrigen Arbeitslohn anzugeben.

   b) Die Freistellungsbescheinigung ist als Beleg zum Lohnkonto des Arbeitnehmers zu nehmen.

---

[1]) Ersetzt durch Rdnr. 26 und 27 BMF vom 14. 3. 2017 (BStBl I S. 473) → Anhang 9 II
[2]) § 19 Abs. 3 und 4 EStG entfallen, Kürzung um Arbeitnehmer-Pauschbetrag nach § 9a Nr. 1a EStG.
[3]) Jetzt Bundeseisenbahnvermögen.
[4]) Gegenstandslos.

c) Für Arbeitnehmer, die während des Kalenderjahrs begünstigten Arbeitslohn bezogen haben, darf der Arbeitgeber weder die Lohnsteuer nach dem voraussichtlichen Jahresarbeitslohn (sog. permanenter Jahresausgleich) ermitteln noch einen Lohnsteuer-Jahresausgleich durchführen.

Der Arbeitgeber ist bis zur Ausschreibung der Lohnsteuerbescheinigung sowie des Lohnzettels berechtigt, bei der jeweils nächstfolgenden Lohnzahlung bisher noch nicht erhobene Lohnsteuer nachträglich einzubehalten, wenn er erkennt, daß die Voraussetzungen für den Verzicht auf die Besteuerung nicht vorgelegen haben. Macht er von dieser Berechtigung keinen Gebrauch oder kann die Lohnsteuer nicht nachträglich einbehalten werden, so ist er zu einer Anzeige an das Betriebsstättenfinanzamt verpflichtet.

2. Soweit nicht bereits vom Steuerabzug abgesehen worden ist, hat der Arbeitnehmer den Verzicht auf die Besteuerung bei seinem Wohnsitzfinanzamt zu beantragen.

VII. Anwendungszeitraum, Übergangsregelung

Diese Regelung gilt ab 1. Januar 1984. Sie ersetzt die bisher hierzu ergangenen Verwaltungsbestimmungen.

Eine vor dem 1. Januar 1984 geleistete und nach den vorstehenden Bestimmungen begünstigte Tätigkeit ist bei der Dreimonatsfrist mitzurechnen.

Bescheinigung nach dem Auslandstätigkeitserlass

Vordruckmuster Antrag auf Erteilung einer Bescheinigung nach dem Auslandstätigkeits-erlass über die Freistellung des Arbeitslohns vom Steuerabzug

Antrag auf Erteilung einer Bescheinigung nach dem Auslandstätigkeitserlass

über die Freistellung des Arbeitslohns vom Steuerabzug

Bitte dem Finanzamt mit zwei Durchschriften einreichen

Weiße Felder bitte ausfüllen.

Hinweise

Der Antrag kann vom Arbeitgeber oder vom Arbeitnehmer bei dem für den Arbeitgeber zuständigen Finanzamt (Betriebsstättenfinanzamt) gestellt werden. Die Voraussetzungen für den Verzicht auf den Steuerabzug ergeben sich aus dem Auslandstätigkeitserlass (BMF-Schreiben vom 31. Oktober 1983, Bundessteuerblatt Teil I S. 470).

Die begünstigten Einkünfte sind bei der Ermittlung des Steuersatzes für andere zu versteuernde Einkünfte unbeschränkt Einkommensteuerpflichtiger zu berücksichtigen (Progressionsvorbehalt). Der Arbeitnehmer ist daher verpflichtet, bei seinem Wohnsitzfinanzamt eine Einkommensteuererklärung abzugeben.

Bescheinigungen werden für die Dauer der begünstigten Tätigkeit, längstens für drei Jahre erteilt; danach ist eine neue Bescheinigung zu beantragen.

Bescheinigungen können rückwirkend nur erteilt werden, solange der Arbeitgeber den Lohnsteuerabzug ändern darf (§ 41c des Einkommensteuergesetzes - EStG -). Sind von begünstigtem Arbeitslohn Steuerabzugsbeträge einbehalten worden, kann der Arbeitnehmer den Verzicht auf die Besteuerung bei seiner Veranlagung zur Einkommensteuer beantragen.

Nach den Vorschriften der Datenschutzgesetze wird darauf hingewiesen, dass die Angabe der Telefonnummer freiwillig im Sinne dieser Gesetze ist und im Übrigen die mit der Steuererklärung angeforderten Daten auf Grund der §§ 149 ff. der Abgabenordnung und des § 34c Abs. 5 EStG erhoben werden.

Name, Vorname des Arbeitnehmers	Identifikationsnummer	Geburtsdatum

Anschrift (Straße, Hausnummer, Postleitzahl, Ort) - Auslandsanschrift, wenn kein Wohnsitz im Inland besteht -

Wirtschaftszweig des Arbeitgebers

Land

Erste Auslandstätigkeit in

Art des begünstigten Vorhabens des Arbeitgebers

Art der Auslandstätigkeit des Arbeitnehmers	vom - bis

Land

Zweite Auslandstätigkeit in

Art des begünstigten Vorhabens des Arbeitgebers

Art der Auslandstätigkeit des Arbeitnehmers	vom - bis

Bei der Ausfertigung dieses Antrags hat mitgewirkt

Herr/Frau/Firma	in	Telefonnummer

Bei der Auslandstätigkeit handelt es sich nicht um

- eine Tätigkeit von Bordpersonal auf Seeschiffen,
- eine finanzielle Beratung außerhalb der deutschen öffentlichen Entwicklungshilfe,
- das Einholen von Aufträgen (Akquisition) außerhalb von Ausschreibungen.

(Datum)

Name und Anschrift des Antragstellers

(Unterschrift des Antragstellers)

Falls der Antrag vom Arbeitgeber gestellt wird:
Steuernummer des Arbeitgebers

Falls der Antrag vom Arbeitnehmer gestellt wird:
Es wird bestätigt, dass die Angaben zur Auslandstätigkeit richtig sind.

(Firmenstempel, Steuernummer, Unterschrift des Arbeitgebers)

3.12

Lohnsteuerliche Zweifelsfragen zum Auslandstätigkeitserlass vom 31. Oktober 1983 (BStBl I S. 470)

(Verfügung der Thüringer Landesfinanzdirektion vom 25. 1. 2017 – S 2293 A-04-A 3.12)

Die obersten Finanzbehörden des Bundes und der Länder haben sich in jüngster Vergangenheit mit verschiedenen Auslegungsfragen hinsichtlich des Auslandstätigkeitserlasses vom 31. Oktober 1983 (BStBl I S. 470) befasst. ...

Der Auslandstätigkeitserlass (ATE) gilt für:

– Arbeitnehmer eines inländischen Arbeitgebers und

– Arbeitnehmer eines Arbeitgebers, der seinen Sitz in einem Mitgliedstaat der Europäischen Union oder einem Staat hat, auf den das Abkommen über den Europäischen Wirtschaftsraum anwendbar ist,

und soweit die übrigen Voraussetzungen des Auslandstätigkeitserlasses gegeben sind.

Auf Arbeitgeber, die ihren Sitz außerhalb der Europäischen Union oder eines Staates haben, auf den das Abkommen über den Europäischen Wirtschaftsraum anwendbar ist, ist das o. a. EuGH-Urteil nicht übertragbar. Eine Steuerbefreiung nach dem Auslandstätigkeitserlass kommt in diesen Fällen weiterhin nicht in Betracht.

I. Begünstigte Tätigkeit

a) Begünstigt ist eine Auslandstätigkeit nur für einen inländischen Lieferanten, Hersteller, Auftragnehmer oder Inhaber ausländischer Mineralaufsuchungs- oder -gewinnungsrechte. Dies gilt entsprechend bei Sitz in einem Mitgliedstaat der EU oder des EWR (s. o.).

b) Nach Tz. I Nr. 1 des ATE ist auch die Wartung sonstiger Wirtschaftsgüter begünstigt. Sonstige Wirtschaftsgüter in diesem Sinne sind solche, die ausschließlich von Arbeitnehmern inländischer Unternehmen hergestellt und gewartet werden, somit auch von inländischen Unternehmen produzierte Militärfahrzeuge. Bei der Wartung sonstiger Wirtschaftsgüter kommt es nicht mehr darauf an, dass das gewartete Wirtschaftsgut im Inland hergestellt worden ist. Nicht begünstigt ist hingegen die Produktion von Schiffen im Ausland.

c) Eine begünstigte Tätigkeit im Sinne von Tz. I. Nr. 4. des ATE setzt voraus, dass der Arbeitslohn im Rahmen einer Projektförderung mindestens zu 75 % durch das Bundesministerium für wirtschaftliche Zusammenarbeit und Entwicklung (ggf. auch über die Deutsche Gesellschaft für Internationale Zusammenarbeit GmbH [GIZ] – vormals Förderung über die Deutsche Gesellschaft für technische Zusammenarbeit [GTZ]) getragen wird.

Gelingt es einer Hilfsorganisation für ein entsprechend finanziertes Projekt eine durch europäische Fördergelder unterstützte Anschlussfinanzierung zu bekommen, kann ab diesem Zeitpunkt der ATE nicht mehr angewandt werden.

Darüber hinaus sind entsandte Mitarbeiter deutscher Nichtregierungsorganisationen, insbesondere wenn keine Projektförderung über die GIZ erfolgt, von Tz. I Nr. 4 des ATE nicht erfasst.

Eine Steuerfreistellung kann zudem grundsätzlich nicht gewährt werden, wenn kein Projekt der Entwicklungszusammenarbeit, sondern ein Projekt der humanitären Hilfe vorliegt.

d) Auslandstätigkeiten im Rahmen von Leiharbeitsverhältnissen sollen entgegen Tz. I Satz 2 des ATE nicht von der Begünstigung ausgenommen sein.

II. Dauer der begünstigten Tätigkeit

Als unschädliche Unterbrechung gelten auch Freizeitblöcke (inklusive eingeschlossener arbeitsfreier Wochenenden und Feiertage) während einer begünstigten Auslandstätigkeit, sofern die Arbeitnehmertätigkeit zusammengenommen mindestens drei Monate in einem Staat ausgeübt wird, mit dem kein DBA besteht, in das Einkünfte aus nichtselbständiger Arbeit einbezogen sind.

III. Begünstigter Arbeitslohn

Für Aufwendungen, die mit dem begünstigten Arbeitslohn im Zusammenhang stehen, gelten die Abzugsverbote nach § 3c Abs. 1 und § 10 Abs. 2 Satz 1 Nr. 1 EStG.

IV. Progressionsvorbehalt für unbeschränkt steuerpflichtige Arbeitnehmer

Die nach dem ATE begünstigten Einkünfte aus nichtselbständiger Arbeit unterliegen dem Progressionsvorbehalt gemäß § 32b EStG.

V. Nichtanwendung

An die Stelle der in Tz. V. Nr. 1 des ATE genannten Kassen der Deutschen Bundesbahn sind die Kassen des Bundeseisenbahnvermögens getreten.

Besonderheiten bei der Freistellung der in das Ausland entsandten Fachkräfte im Rahmen der Entwicklungszusammenarbeit ab 2014

Im Ergebnis einer bundeseinheitlichen Abstimmung ist für laufenden Arbeitslohn, der für einen nach dem 31. Dezember 2013 endenden Lohnzahlungszeitraum gezahlt wird, und sonstige Bezüge, die nach dem 31. Dezember 2013 zufließen, folgende einheitliche Auffassung zu vertreten:

Arbeitslohn aus einer inländischen öffentlichen Kasse im Sinne der Tz. V. Nr. 1 des ATE liegt auch dann vor, wenn die auszahlende Stelle zwar eine juristische Person des Privatrechts (z. B. eine parteinahe Stiftung privaten Rechts oder GIZ) ist, diese aber hinsichtlich ihres Finanzgebarens der Aufsicht oder Prüfung durch die öffentliche Hand unterliegt und die gezahlte Vergütung überwiegend (zu mehr als 50 %) aus öffentlichen Mitteln finanziert wird. Eine juristische Person des Privatrechts unterliegt z. B. dann hinsichtlich ihres Finanzgebarens der Aufsicht oder Prüfung durch die öffentliche Hand, wenn sich eine Prüfungsbefugnis des Bundesrechnungshofs aus §§ 91 oder 92 Bundeshaushaltsordnung (BHO) ergibt.

Folglich fallen auch Zahlungen von privaten Trägerorganisationen (etwa der staatlichen Entwicklungszusammenarbeit) unter Tz. V. Nr. 1 ATE, soweit diese als Unternehmen des privaten Rechts wegen der mittelbaren oder unmittelbaren Beteiligung der öffentlichen Hand deren Kontrolle oder nach Maßgabe der BHO der Prüfung durch den Bundesrechnungshof unterliegen und deren Aufgaben aus öffentlichen Mitteln finanziert werden.

Die Vorschrift dient dem Zweck, Besteuerungslücken zu verhindern, soweit die Vergütung des Arbeitnehmers aus öffentlichen Mitteln finanziert wird. Für die Anwendung des ATE ist es deswegen schon dann schädlich, wenn zwar kein Dienstverhältnis zum Kassenträger besteht, letztlich aber – wie etwa in dem Fall, der der BFH-Entscheidung vom 13. August 1997 – I R 65/95 zugrunde lag – eine öffentliche Kasse (dort das Bundesverwaltungsamt) für den Steuerpflichtigen, der einen Dienstvertrag mit einem Dritten geschlossen hat (dort der ausländische Schulträger), die Vergütung trägt.

Die Tz. V. Nr. 1 des ATE ist im Ergebnis dahingehend auszulegen, dass mittelbare Zahlungen aus inländischen öffentlichen Kassen für die Anwendung der Norm ausreichend sind.

Sofern in anhängigen Rechtsbehelfs- oder Klageverfahren bisher eine andere Auffassung vertreten worden ist, bitte ich nunmehr um Beachtung der zeitlichen Anwendungsregelung (s. o.). D. h. laufender Arbeitslohn, der für einen bis zum 31. Dezember 2013 endenden Lohnzahlungszeitraum gezahlt wird, und sonstige Bezüge, die vor dem 01. Januar 2014 zugeflossen sind, können auch bei überwiegender Finanzierung des Arbeitslohns aus einer öffentlichen Kasse nach dem ATE freigestellt werden, wenn die übrigen Voraussetzungen vorliegen.

Den Einsprüchen kann diesbezüglich abgeholfen werden. Evtl. ergangene Haftungs- und Nachforderungsbescheide sind aufzuheben.

VI. Verfahrensvorschriften

1. Der Verzicht auf die Besteuerung im Steuerabzugsverfahren ist vom Arbeitgeber oder Arbeitnehmer beim Betriebsstättenfinanzamt zu beantragen (Freistellungsbescheinigung). Ist glaubhaft gemacht worden, dass die in Abschnitt I und II des ATE bezeichneten Voraussetzungen vorliegen, so kann die Freistellungsbescheinigung erteilt werden, solange dem Arbeitgeber eine Änderung des Lohnsteuerabzugs möglich ist (§ 41c EStG, R 41c.1 LStR). Außerdem ist der Arbeitgeber verpflichtet, das folgende Verfahren einzuhalten:

   a) Der begünstigte Arbeitslohn ist im Lohnkonto gesondert aufzuzeichnen und in der elektronischen Lohnsteuerbescheinigung, ggf. der besonderen Lohnsteuerbescheinigung, sowie der Gehaltsbescheinigung, dem Entgeltnachweis, dem Lohnzettel etc. jeweils getrennt von dem übrigen Arbeitslohn anzugeben.

   b) Die Freistellungsbescheinigung ist als Beleg zum Lohnkonto des Arbeitnehmers zu nehmen.

   c) Für Arbeitnehmer, die während des Kalenderjahrs begünstigten Arbeitslohn bezogen haben, darf der Arbeitgeber weder die Lohnsteuer nach dem voraussichtlichen Jahresarbeitslohn ermitteln (§ 39b Abs. 2 Satz 12 EStG, sog. permanenter Jahresausgleich) noch einen Lohnsteuer-Jahresausgleich nach § 42b EStG durchführen.

   Die Berechtigung oder Verpflichtung zur Änderung des Lohnsteuerabzugs und eine verpflichtende Anzeige gegenüber dem Betriebsstättenfinanzamt richten sich nach § 41c EStG und R 41c.1 LStR. § 42d EStG bleibt unberührt (siehe auch R 42d.1 LStR und H 42d.1 LStH).

2. Soweit nicht bereits von der Besteuerung des begünstigten Arbeitslohns im Rahmen des Lohnsteuerabzugsverfahrens abgesehen wurde, kann eine Steuerfreistellung im Rahmen der Veranlagung zur Einkommensteuer erfolgen.

Arbeitslohn von Berufskraftfahrern im internationalen Verkehr nach den Doppelbesteuerungsabkommen

(Verfügung der OFD Frankfurt vom 14. 8. 1996 – S 2293 A – 76 – St II 2a –)

Im Hinblick auf die bei Ressortprüfungen festgestellte hohe Fehlerquote bei der Besteuerung des Arbeitslohns grenzüberschreitend eingesetzter Berufskraftfahrer wird bei der künftigen Bearbeitung einschlägiger Fälle um genaue Beachtung der nachfolgend dargestellten Besteuerungsgrundsätze gebeten.

1. Allgemeines

Auch bei Berufskraftfahrern, zu denen auch Auslieferungsfahrer, nicht aber Reisevertreter zählen, richtet sich die eventuelle Steuerfreistellung des Arbeitslohns, der auf Auslandstätigkeiten in DBA-Staaten entfällt, nach der sog. „183-Tage-Klausel", die in allen von Deutschland abgeschlossenen DBA enthalten ist. Einzelheiten hierzu, insbesondere zur Ermittlung der 183 Tage und der Höhe des ggf. freizustellenden anteiligen Arbeitslohns, ergeben sich aus dem „Leitfaden zur Besteuerung ausländischer Einkünfte bei unbeschränkt steuerpflichtigen natürlichen Personen".

2. Besonderheiten bei Ermittlung der 183 Tage

Zur Ermittlung der 183 Tage kommt es bei der Anwendung von DBA, die – wie es weitaus überwiegend der Fall ist – eine dem Art. 15 des OECD-Musterabkommens (MA) entsprechende Regelung enthalten, darauf an, in welchem Staat die nichtselbständige Tätigkeit tatsächlich ausgeübt wird. Entscheidend ist die – durch die berufliche Tätigkeit veranlaßte – körperliche Anwesenheit (Aufenthaltstage). Mehrere Aufenthalte im gleichen Tätigkeitsstaat innerhalb eines Steuerjahrs sind für die Überprüfung der 183-Tage-Grenze zusammenzurechnen. Ganz und nicht nur zeitanteilig mitzuzählen sind dabei – in der Regel – auch Tage bloßer Teilanwesenheit, d. h. Tage, an denen der Berufskraftfahrer nur kurzfristig im Tätigkeitsstaat anwesend ist. Ohne Belang ist es, wo der wirtschaftliche Erfolg der Tätigkeit eintritt.

Hinsichtlich der Bestimmung des Tätigkeitsstaates sind bei Berufskraftfahrern folgende Besonderheiten zu beachten:

Ein Berufskraftfahrer hat seine (regelmäßige) Arbeitsstätte in seinem Fahrzeug. Der Ort der Arbeitsausübung liegt demzufolge zwangsläufig dort, wo er sich mit seinem Fahrzeug gerade aufhält bzw. fortbewegt. Ob es sich dabei um reine Transitstrecken handelt, weil der Endpunkt des Transports in einem anderen Staat liegt, ist dabei ohne Bedeutung. Nach den für die Auslegung von DBA geltenden Grundsätzen erfordert das „Arbeitsortprinzip" grundsätzlich keine Verwurzelung der Arbeitseinkünfte mit der Wirtschaft des Tätigkeits-/Quellenstaats (BFH vom 28. 9. 1990, BStBl II 1991, 86). Das bedeutet, daß bei Berufskraftfahrern die An- und Abreisetage bei Fahrten durch mehrere Staaten nicht allein dem jeweiligen Zielstaat, sondern jedem durchfahrenen Staat und dem Zielstaat gesondert zuzuordnen sind. Fährt ein im Inland ansässiger Berufskraftfahrer beispielsweise im maßgeblichen Steuerjahr in regelmäßigen Abständen (etwa 2 × wöchentlich) nach England, sind für die Frage der Zuweisung des Besteuerungsrechts neben dem DBA-Großbritannien die DBA der Staaten maßgeblich, durch die der Kraftfahrer fährt, um nach England zu gelangen (z. B. Frankreich, Belgien, Niederlande), und zwar jeweils für den Zeitraum, den der Kraftfahrer zur Fahrt durch das jeweilige Land benötigt. Deshalb kann im Beispielsfall davon ausgegangen werden, daß sich der Kraftfahrer in keinem der einzelnen Vertragsstaaten mehr als 183 Tage im Steuerjahr aufgehalten hat.

Der 183-Tage-Zeitraum ist für jedes Steuerjahr gesondert zu prüfen. Bei einem vom Kalenderjahr abweichenden Steuerjahr ist das Steuerjahr des Tätigkeitsstaates maßgeblich.

Das DBA-Türkei enthält in Art. 8 Abs. 1, 15 Abs. 3 eine Sonderregelung für Straßenfahrzeuge im internationalen Verkehr. Danach ist sowohl der Gewinn aus dem Betrieb des Fahrzeugs als auch die dem Kraftfahrer bezahlte Vergütung in dem Vertragsstaat zu versteuern, in dem sich der Sitz des Unternehmens befindet.

3. Der Sitz des Arbeitgebers als Kriterium der Zuweisung des Besteuerungsrechts

Unabhängig von der 183-Tage-Aufenthaltsdauer kann die Zuweisung des Besteuerungsrechts auch allein vom Sitz des Arbeitgebers des Kraftfahrers abhängig sein. Infolge des berufstypischen Tangierens zahlreicher Staaten ist dieses Abgrenzungskriterium bei Berufskraftfahrern von besonderer Wichtigkeit. Folgende Fallgestaltungen sind zu unterscheiden:

a) Der Arbeitgeber hat seinen Sitz im Wohnsitzstaat des Kraftfahrers

Bei dieser Konstellation hängt die Zuweisung des Besteuerungsrechts i. d. R. allein davon ab, ob sich der Berufskraftfahrer länger als 183 Tage im Steuerjahr des Tätigkeitsstaates dort aufgehalten hat. Weitergehende Besonderheiten bestehen nicht.

b) Der Arbeitgeber hat seinen Sitz im Tätigkeitsstaat des Kraftfahrers

Bei dieser Fallgestaltung bleibt der 183-Tage-Zeitraum ohne Bedeutung. Soweit der Kraftfahrer seine Tätigkeit im Staat des Arbeitgebersitzes ausübt, steht diesem Staat ohne weitere Voraussetzung das Besteuerungsrecht für den auf diesen Zeitraum entfallenden Arbeitslohn zu (Art. 15 Abs. 1 Satz 2 MA); soweit die Tätigkeit im Wohnsitzstaat ausgeübt wird, hat dieser das Besteuerungsrecht (Art. 15 Abs. 1 Satz 1 MA).

c) Der Arbeitgeber hat seinen Sitz in einem Drittstaat

Soweit sich der Kraftfahrer in Ausübung seiner Tätigkeit weder im Wohnsitzstaat noch im Staat des Arbeitgebersitzes aufhält, greift die Regelung des Art. 21 MA. Hiernach werden u. a. Einkünfte, die nicht in einem der beiden Vertragsstaaten erzielt werden, grundsätzlich dem Besteuerungsrecht des Wohnsitzstaates zugewiesen. Davon unabhängig gelten aber die Bestimmungen eines ggf. zwischen diesem Tätigkeitsstaat und Deutschland (als Wohnsitzstaat) abgeschlossenen DBA.

Insoweit ist allerdings zu beachten, daß einige DBA (Österreich, Ägypten, Indien, Norwegen, Pakistan) von der Regelung des Art. 15 Abs. 2 Buchst. b MA abweichen, die besagt, daß der Arbeitgeber – soll das Besteuerungsrecht bei einem Auslandsaufenthalt von weniger als 183 Tagen im Steuerjahr beim Wohnsitzstaat verbleiben – nicht im Tätigkeitsstaat ansässig sein darf; ob er im Wohnsitzstaat oder in einem Drittstaat ansässig ist, hat keine Bedeutung. Bei der hier angesprochenen DBA-Variante ist die Aufrechterhaltung des Besteuerungsrechts des Wohnsitzstaates vielmehr an die Voraussetzung geknüpft, daß der Arbeitgeber im Wohnsitzstaat des Arbeitnehmers ansässig ist.

4. Zahlung des Arbeitslohns zu Lasten einer Betriebsstätte des Arbeitgebers im Tätigkeitsstaat

Auch in diesem Fall, der in bezug auf Berufskraftfahrer nur selten anzutreffen ist, hat der Tätigkeitsstaat das Besteuerungsrecht, ohne daß es auf den 183-Tage-Zeitraum ankommt.

5. Anwendung von sog. Rückfallklauseln in den DBA; Auskunftsaustausch unter den EU-Mitgliedstaaten

Die Steuerfreistellung nach einem DBA gilt grundsätzlich unabhängig davon, ob der ausländische Staat von seinem Besteuerungsrecht Gebrauch macht oder nicht (Verbot der virtuellen Besteuerung). In einigen neueren DBA ist allerdings geregelt, daß die Freistellung von der deutschen Einkommensteuer nur dann greift, wenn die Einkünfte im Ausland tatsächlich besteuert werden. Solche Rückfallklauseln sind z. B. in Art. 23 Abs. 3 DBA-Norwegen und in Abs. 16d des Schlußprotokolls zum DBA-Italien enthalten. In diesen Fällen ist es Sache des Stpfl., die Besteuerung im Ausland nachzuweisen. Wird der Nachweis nicht erbracht, sind die ausländischen Einkünfte in die deutsche Einkommensbesteuerung einzubeziehen.

Wird Arbeitslohn von mehr als 20 000 DM nach einem mit einem anderen EU-Mitgliedstaat abgeschlossenen DBA von der deutschen Einkommensteuer freigestellt, ist das zuständige deutsche Finanzamt verpflichtet, hierüber das Bundesamt für Finanzen zu unterrichten, das diese Information wiederum an den betreffenden EU-Mitgliedstaat zwecks dessen Unterstützung bei der Durchsetzung seines durch das DBA zugewiesenen Besteuerungsrechts weiterleitet.

6. Progressionsvorbehalt, Abzug von Werbungskosten und Sonderausgaben

Bei Freistellung des Arbeitslohns nach einem DBA sind die freigestellten Einkünfte ausnahmslos für die Anwendung des Progressionsvorbehalts zu berücksichtigen.

Werbungskosten, die in wirtschaftlichem Zusammenhang mit dem freigestellten Arbeitslohn stehen, sind bei der Ermittlung der im Inland zu besteuernden Einkünfte nicht abzugsfähig (§ 3c EStG). Sie mindern jedoch den dem Progressionsvorbehalt zu unterwerfenden Teil der Einkünfte. Für Veranlagungszeiträume bis 1995 ist insoweit H 185 „Besteuerungsgrundlage" EStH 1995 zu beachten.

Auch der Abzug der mit dem steuerfreien Arbeitslohn in Zusammenhang stehenden Vorsorgeaufwendungen als Sonderausgaben ist ausgeschlossen (§ 10 Abs. 2 Nr. 1 EStG, H 87a „Nichtabziehbare Vorsorgeaufwendungen", Nr. 1 EStH). Hinsichtlich des Vorwegabzugs nach § 10 Abs. 3 Nr. 2 EStG hat die (teilweise) Steuerfreistellung des Arbeitslohns jedoch keine Auswirkung auf den pauschalen Kürzungsbetrag.

DBA – 183-Tage-Klausel

→ Anhang 9

DBA – Schweiz

Deutsch-schweizerisches Doppelbesteuerungsabkommen vom 11. August 1971; Einführungsschreiben zur Neuregelung der Grenzgängerbesteuerung

(BMF-Schreiben vom 19. 9. 1994, BStBl I S. 683 unter Berücksichtigung der Änderungen durch BMF-Schreiben vom 18. 12. 2014, BStBl I 2015 S. 22)

3 Anlagen[1])

Zur einheitlichen Anwendung und Auslegung des Art. 15a des deutsch-schweizerischen Doppelbesteuerungsabkommens (DBA) in der Fassung des Protokolls vom 21. Dezember 1992 (BStBl I 1993 S. 927) haben die zuständigen Behörden, gestützt auf Art. 26 Abs. 3 und Art. 15a Abs. 4 DBA, das nachstehende Einführungsschreiben vereinbart, das hiermit veröffentlicht wird:

Einführungsschreiben zur Grenzgängerbesteuerung Schweiz

---

[1]) Anm.: Hier nicht beigefügt.

Ansässigkeit und Arbeitsort

Grundzüge der Ansässigkeit

01 Nach Art. 15a Abs. 1 Satz 1 DBA werden Gehälter, Löhne und ähnliche Vergütungen bei unselbständiger Tätigkeit des Grenzgängers in dem Staat besteuert, in dem er ansässig ist. Der Ansässigkeitsstaat ist nach Art. 4 Abs. 1 und 2 DBA zu bestimmen. Die in Art. 15a Abs. 2 Satz 1 DBA enthaltene Definition des Grenzgängerbegriffes schränkt den Begriff der Ansässigkeit nicht ein. Die Ansässigkeit ergibt sich in den nachfolgenden Randziffern (Rz) durch die Voranstellung „schweizerischer" oder „deutscher" Grenzgänger.

02 Ist eine Person in beiden Staaten unbeschränkt steuerpflichtig, kann die in Art. 15a Abs. 2 Satz 1 DBA genannte Grenzgängereigenschaft nur gegeben sein, wenn Ansässigkeitsstaat und Tätigkeitsstaat nicht zusammenfallen.

> **Beispiel:**
>
> Eine Person besitzt in beiden Staaten eine Wohnung. Der Arbeitsort befindet sich in der Schweiz.
>
> a) Der Mittelpunkt der Lebensinteressen liegt in der Bundesrepublik Deutschland.
>
>   Da Ansässigkeits- und Tätigkeitsstaat auseinanderfallen, kann die Person grundsätzlich Grenzgänger sein.
>
> b) Der Mittelpunkt der Lebensinteressen liegt in der Schweiz.
>
>   Art. 15a DBA ist nicht anwendbar.

03 Sind in einem Ansässigkeitsstaat mehrere Wohnsitze bzw. mehrere Orte des gewöhnlichen Aufenthalts gegeben, bleibt die Grenzgängereigenschaft erhalten, gleichgültig zu welchem Wohnsitz/Ort des gewöhnlichen Aufenthalts die regelmäßige Rückkehr erfolgt.

> **Beispiel:**
>
> Eine Person hat den Familienwohnsitz in Hamburg, daneben besitzt sie einen weiteren Wohnsitz in Deutschland in der Nähe der Grenze, von dem sie regelmäßig zu ihrem Arbeitsort in der Schweiz pendelt. Lediglich an den Wochenenden kehrt sie an den Familienwohnsitz zurück.
>
> Die Grenzgängereigenschaft ist gegeben.

Ansässigkeitsbescheinigung

04 Der Tätigkeitsstaat kann von den Vergütungen eine Quellensteuer erheben (Art. 15a Abs. 1 Satz 2 DBA). Diese Steuer darf 4,5 v.H. des Bruttobetrags der Vergütungen nicht übersteigen, wenn die Ansässigkeit durch eine amtliche Bescheinigung der zuständigen Finanzbehörde des Ansässigkeitsstaats nachgewiesen wird (Art. 15a Abs. 1 Satz 3 DBA). Die Quellensteuer wird nicht begrenzt, wenn dem Arbeitgeber eine solche Bescheinigung nicht vorgelegt wird. Handelt es sich in diesem Fall jedoch um einen Grenzgänger im Sinne des Art. 15a Abs. 2 DBA, erfolgt die Besteuerung im Ansässigkeitsstaat unabhängig von der Erhebung der Abzugsteuer nach Art. 15a Abs. 3 DBA (vgl. Rz 22).

05 Handelt es sich bei dem Grenzgänger um eine in der Schweiz ansässige natürliche Person, die nicht die schweizerische Staatsangehörigkeit besitzt und die in der Bundesrepublik Deutschland insgesamt mindestens fünf Jahre unbeschränkt steuerpflichtig war (sog. Abwanderer), ist Art. 4 Abs. 4 DBA zu beachten (vgl. Rz 41).

06 Über die amtliche Bescheinigung haben sich die zuständigen Behörden der Vertragsstaaten zu verständigen (Art. 15a Abs. 4 DBA, Verhandlungsprotokoll vom 18. Dezember 1991 zu Art. 15a DBA, Tz. I). Die derzeit gültige Fassung des Vordrucks (Gre-1) ist als Anlage 11[1]) abgedruckt. Der Antrag auf Erteilung einer Ansässigkeitsbescheinigung ist vom Grenzgänger persönlich zu unterschreiben.

07 Die Ansässigkeitsbescheinigung gilt jeweils für ein Kalenderjahr, bei Beschäftigungsaufnahme während des Jahres bis zum Ablauf des jeweiligen Kalenderjahrs. Die Bescheinigung für das jeweilige Folgejahr (Gre-2 in der derzeit gültigen Fassung vgl. Anlage 21) wird dem Grenzgänger ohne Antrag von der zuständigen Steuerbehörde erteilt. Bei Arbeitgeberwechsel ist eine neue Bescheinigung zu beantragen.

---

1) Anm.: Hier nicht beigefügt.

Der Ansässigkeitsstaat kann die Erteilung der Ansässigkeitsbescheinigung nur dann verweigern, wenn die Person die Voraussetzungen des Art. 15a DBA nicht erfüllt.

Beispiel:

Eine in Deutschland wohnende Person arbeitet in Frankreich für einen schweizerischen Arbeitgeber. Die Zahlung des Arbeitslohns erfolgt durch den Arbeitgeber.

Eine Ansässigkeitsbescheinigung ist nicht zu erteilen.

Arbeitsort 08

Arbeitsort ist regelmäßig der Ort, an dem der Arbeitnehmer in den Betrieb seines Arbeitgebers eingegliedert ist. Übt der Arbeitnehmer nicht nur an diesem Ort seine Tätigkeit aus (z. B. Berufskraftfahrer, Außendienstmitarbeiter), sind die Tage der auswärtigen Tätigkeit als Geschäftsreisen im Rahmen der Ermittlung der Nichtrückkehrtage zu würdigen (vgl. Rz 11 ff.). Ist der Arbeitnehmer nach seinem Arbeitsvertrag in mehr als einem Betrieb seines Arbeitgebers eingegliedert, so ist Arbeitsort der Ort, an dem er seine Arbeit überwiegend auszuüben hat.

Beispiel:

Ein in Deutschland ansässiger Arbeitnehmer ist nach seinem Arbeitsvertrag verpflichtet, seine Arbeit an drei Wochen pro Monat in der Schweiz und eine Woche pro Monat in Deutschland/in einem Drittstaat auszuüben.

Sein Arbeitsort ist in der Schweiz. Liegt eine regelmäßige Rückkehr im Sinne der Rz 09 vor, sind die Arbeitstage außerhalb der Schweiz als Geschäftsreisen im Rahmen der Nichtrückkehrtage zu würdigen (vgl. Rz 11 ff.).

Regelmäßige Rückkehr

Grundfall 09

Nach Art. 15a Abs. 2 DBA hängt die Grenzgängereigenschaft davon ab, daß der Arbeitnehmer regelmäßig von seinem Arbeitsort an seinen Wohnsitz zurückkehrt. Dabei bleibt eine Nichtrückkehr aus beruflichen Gründen an höchstens 60 Arbeitstagen unbeachtlich (60-Tage-Grenze, vgl. Rz 11 ff.).

Geringfügige Arbeitsverhältnisse 10

Eine regelmäßige Rückkehr in diesem Sinne liegt auch noch vor, wenn sich der Arbeitnehmer aufgrund eines Arbeitsvertrages oder mehrerer Arbeitsverträge mindestens an einem Tag pro Woche oder mindestens an fünf Tagen pro Monat von seinem Wohnsitz an seinen Arbeitsort und zurück begibt. Sind die genannten Voraussetzungen nicht erfüllt (geringfügige Arbeitsverhältnisse), wird eine regelmäßige Rückkehr nicht angenommen.

Die Regelung über die Nichtrückkehrtage gemäß Art. 15a Abs. 2 Satz 2 DBA bleibt vorbehalten.

Beispiel 1:

Eine Arbeitnehmerin, die einmal pro Woche (aufgrund eines oder mehrerer Arbeitsverhältnisse) im anderen Vertragsstaat ihrer Arbeit nachgeht, ist Grenzgängerin.

Beispiel 2:

Ein Arbeitnehmer, der im Monat nur an drei Tagen seiner Arbeit im anderen Staat nachgeht, ist nicht Grenzgänger.

Nichtrückkehr/60-Tage-Grenze

Nichtrückkehrtage

Als Nichtrückkehrtage kommen nur Arbeitstage, die im persönlichen Arbeitsvertrag des Arbeitnehmers vereinbart sind, in Betracht. 11

Samstage, Sonn- und Feiertage können daher nur in Ausnahmefällen zu den maßgeblichen Arbeitstagen zählen. Dies käme z. B. in Frage, wenn der Arbeitgeber die Arbeit an diesen Tagen ausdrücklich anordnet und hieran anknüpfend in der Regel entweder einen Freizeitausgleich oder zusätzliche Bezahlung dafür gewährt.

Ein Nichtrückkehrtag ist nicht schon deshalb anzunehmen, weil sich die Arbeitszeit des einzelnen an seinem Arbeitsort entweder bedingt durch die Anfangszeiten oder durch die Dauer der Arbeitszeit über mehr als einen Kalendertag erstreckt. So sind Schichtarbeiter, Personal mit 12

Nachtdiensten und Krankenhauspersonal mit Bereitschaftsdienst nicht schon aufgrund ihrer spezifischen Arbeitszeiten von der Grenzgängerregelung ausgeschlossen (Verhandlungsprotokoll, Tz. II Nr. 1). Bei den im Verhandlungsprotokoll aufgelisteten Berufsgruppen handelt es sich jedoch um keine abschließende Aufzählung. Kurzfristige Arbeitszeitunterbrechungen von weniger als vier Stunden beenden den Arbeitstag nicht.

13 **Nichtrückkehr aufgrund der Arbeitsausübung**

Tage der Nichtrückkehr sind nur dann zu berücksichtigen, wenn – wie in Art. 15a Abs. 2 Satz 2 DBA bestimmt – diese Nichtrückkehr aufgrund der Arbeitsausübung (aus beruflichen Gründen) erfolgt. Eine Nichtrückkehr aufgrund der Arbeitsausübung liegt namentlich dann vor, wenn die Rückkehr an den Wohnsitz aus beruflichen Gründen nicht möglich oder nicht zumutbar ist.

Bei einer Arbeitsunterbrechung von vier bis sechs Stunden ist eine Rückkehr an den Wohnsitz zumutbar, wenn die für die Wegstrecke von der Arbeitsstätte zur Wohnstätte benötigte Zeit (hin und zurück) mit den in der Regel benutzten Transportmitteln nicht mehr als 20 v. H. der Zeit der Arbeitsunterbrechung beträgt.

Krankheits- und unfallbedingte Abwesenheiten gelten nicht als Tage der Nichtrückkehr. Die Tage der Nichtrückkehr bestimmen sich nach der Anzahl der beruflich bedingten Übernachtungen bzw. der beruflich bedingten Nichtrückkehr bei Arbeitsunterbrechung von mindestens vier Stunden.

Beispiel:

Ein Grenzgänger unternimmt eine Geschäftsreise, die eine auswärtige Übernachtung im Tätigkeitsstaat oder Ansässigkeitsstaat bedingt.

Es liegt ein Tag der Nichtrückkehr vor.

14 Eintägige Geschäftsreisen (ohne Übernachtung)

Eintägige Geschäftsreisen im Vertragsstaat des Arbeitsorts und im Ansässigkeitsstaat zählen nicht zu den Nichtrückkehrtagen. Eintägige Geschäftsreisen in Drittstaaten zählen stets zu den Nichtrückkehrtagen.

Berechnung/Kürzung der 60-Tages-Grenze

15 **Arbeitgeberwechsel**

Findet ein Arbeitgeberwechsel innerhalb eines Kalenderjahres im Tätigkeitsstaat statt, so ist die Grenzgängereigenschaft insgesamt für alle Arbeitsverhältnisse des Arbeitnehmers in diesem Kalenderjahr im Tätigkeitsstaat einheitlich zu beurteilen (einheitliche arbeitnehmerbezogene Betrachtungsweise). Zur Überprüfung, ob die jeweils maßgebliche Grenze der Nichtrückkehrtage in dem zu beurteilenden Kalenderjahr überschritten wurde, sind die Nichtrückkehrtage aus den jeweiligen Arbeitsverhältnissen daher zusammenzurechnen.

Davon unberührt bleibt eine Kürzung der 60-Tages-Grenze entsprechend Tz. II Nr. 3 des Verhandlungsprotokolls vom 18. Dezember 1991 bei Zeiten der Nichtbeschäftigung oder der Beschäftigung im Ansässigkeitsstaat oder in einem Drittstaat.

Beispiel:

Ein Arbeitnehmer, wohnhaft in Deutschland, arbeitet in der Schweiz vom 1. Januar bis 30. Juni 01 für Arbeitgeber A, vom 1. Juli bis 31. Dezember 01 für Arbeitgeber B.

a) Während der Tätigkeit für A hat er 25, während der Tätigkeit für B 20 Nichtrückkehrtage.

b) Während der Tätigkeit für A hat er 25, während der Tätigkeit für B 50 Nichtrückkehrtage.

c) Während der Tätigkeit für A hat er 25, während der Tätigkeit für B 35 Nichtrückkehrtage.

d) Gleicher Sachverhalt wie unter b), jedoch liegt der Arbeitsort des Arbeitgebers B in Deutschland.

Lösung der Fallvarianten:

a) Wegen des Unterschreitens der 60-Tages-Grenze bei insgesamt 45 Nichtrückkehrtagen ist der Arbeitnehmer das gesamte Kalenderjahr über als Grenzgänger zu betrachten.

b) Wegen der Überschreitung der 60-Tages-Grenze bei insgesamt 75 Nichtrückkehrtagen ist der Arbeitnehmer das gesamte Kalenderjahr über nicht als Grenzgänger zu betrachten.

c) Weil die 60-Tages-Grenze insgesamt nicht überschritten wird, ist der Arbeitnehmer das gesamte Kalenderjahr über als Grenzgänger zu betrachten.

d) Bezogen auf den Zeitraum vom 1. Januar bis 30. Juni 01 erfolgt eine Kürzung der 60-Tages-Grenze entsprechend Tz. II Nr. 3 des Verhandlungsprotokolls vom 18. Dezember 1991. Wegen Unterschreitens der 30-Tages-Grenze bei 25 Tagen ist der Angestellte als Grenzgänger anzusehen.

Bezogen auf den Zeitraum vom 1. Juli bis 31. Dezember 01 stellt sich die Frage nach der Grenzgängereigenschaft nicht, da sich der Ansässigkeitsort und der Arbeitsort im selben Staat befinden.

Tageweise Teilzeitbeschäftigte 16

Bei einem Teilzeitbeschäftigten, der nur tageweise im anderen Staat beschäftigt ist, ist die Anzahl von 60 unschädlichen Tagen durch proportionale Kürzung herabzusetzen (Verhandlungsprotokoll, Tz. II Nr. 4). Bezugsgrößen sind hierbei die im jeweiligen Arbeitsvertrag vereinbarten Arbeitstage zu den bei Vollzeitbeschäftigung betriebsüblichen Arbeitstagen. Bei einer 5-Tage-Woche ist von 250 betriebsüblichen Arbeitstagen, bei einer 6-Tage-Woche von 300 betriebsüblichen Arbeitstagen auszugehen. Urlaubstage sind bei beiden Rechengrößen aus Vereinfachungsgründen nicht abzuziehen.

Beispiel:

Eine Person, wohnhaft in Deutschland, arbeitet ganzjährig zwei Tage pro Woche in der Schweiz. An 23 Tagen kehrt sie aus beruflichen Gründen nicht an ihren Wohnsitz zurück.

a) Im Betrieb ist eine 5-Tage-Woche üblich.

b) Im Betrieb ist eine 6-Tage-Woche üblich.

Unschädlich sind bei a) 25, bei b) 21 Rückkehrtage.

Die Person ist daher bei a) Grenzgänger, bei b) nicht mehr Grenzgänger.

Arbeitnehmer mit mehreren Arbeitsverhältnissen im anderen Vertragsstaat 17

Die Berechnung der 60 Tage ist ebenso bei Arbeitnehmern, die im anderen Vertragsstaat bei mehreren Arbeitgebern angestellt sind, vorzunehmen.

Nachweis der Nichtrückkehrtage

Bescheinigung über die Nichtrückkehrtage 18

Stellt der Arbeitgeber am Ende des Jahres oder bei Beendigung des Arbeitsverhältnisses während des Kalenderjahrs fest, daß die Grenzgängereigenschaft aufgrund der entsprechenden Nichtrückkehrtage entfällt, hat er die Nichtrückkehrtage mit dem Vordruck Gre-3 (in der derzeit gültigen Fassung vgl. Anlage 31[1])) zu bescheinigen. Der Vordruck ist jeweils unaufgefordert der für den Einbehalt der Abzugsteuer zuständigen Steuerbehörde zuzuleiten, die diese Bescheinigung nach Überprüfung mit einem Sichtvermerk versehen an den Arbeitgeber zur Weiterleitung an den Grenzgänger zurückgibt. Es bleibt dem Ansässigkeitsstaat unbenommen, die bescheinigten Nichtrückkehrtage zu überprüfen und entsprechende Nachweise zu verlangen. Solche Nachweise sollen nur ausnahmsweise und namentlich dann verlangt werden, wenn ein begründeter Anlaß besteht. Die Vertragsstaaten haben sich verpflichtet, entsprechende Auskünfte zu erteilen (Art. 27 Abs. 1 Satz 2 DBA, vgl. auch Rz 37).

Voraussichtliche Nichtrückkehr 19

Ist für den Arbeitgeber voraussehbar, daß der Grenzgänger bei ganzjähriger Beschäftigung an mehr als 60 Tagen pro Kalenderjahr – bei zeitweiser Beschäftigung während des Kalenderjahrs nach entsprechender Kürzung – aus beruflichen Gründen nicht an seinen Wohnsitz zurückkehren wird, ist der Tätigkeitsstaat vorläufig berechtigt, Quellensteuern entsprechend seinem nationalen Recht zu erheben. Der Arbeitgeber hat dies dem Grenzgänger formlos zu bescheinigen mit dem Hinweis, daß die detaillierte Aufstellung der Tage der Nichtrückkehr nach Ablauf des Kalenderjahrs oder, wenn das Arbeitsverhältnis früher beendet wird, zum Ende des Arbeitsverhältnisses mit dem Vordruck Gre-3 zur Vorlage bei der Steuerbehörde bescheinigt wird (vgl. Rz 18).

---

[1]) Anm.: Hier nicht beigefügt.

Diesem Umstand ist im Ansässigkeitsstaat durch einen Aufschub der Besteuerung bzw. Anpassung der Einkommensteuer-Vorauszahlungen Rechnung zu tragen.

Abzugsteuer

20 **Bemessungsgrundlage/-zeitraum**

Bei Vorliegen der Ansässigkeitsbescheinigung bzw. der Verlängerung darf die Abzugsteuer 4,5 v. H. des Bruttobetrags der Vergütungen nicht überschreiten. Für die Berechnung ist der Lohnzahlungszeitraum (i. d. R. Kalendermonat) maßgebend. Die Bemessungsgrundlage (Bruttobetrag der Vergütungen) bestimmt sich nach dem jeweiligen nationalen Steuerrecht. Die Qualifikation durch den Tätigkeitsstaat bindet den Ansässigkeitsstaat für Zwecke der Steueranrechnung. Soweit die Grenzgängereigenschaft vorliegt, erstreckt sich der Quellensteuerabzug auf alle Vergütungen, unabhängig davon, wo die Arbeit ausgeübt wird.

Beseitigung der Doppelbesteuerung

21 **Ansässigkeitsstaat Deutschland**

Liegen die Voraussetzungen des Art. 15a Abs. 2 DBA vor, ist die Abzugsteuer höchstens mit 4,5 v. H. der Bruttovergütungen anzurechnen (Art. 15a Abs. 3 Buchst. a DBA).

Die Anrechnung von Abzugsteuer bei der Veranlagung erfolgt jedoch nur dann, wenn eine gesonderte Steuerbescheinigung oder ein Steuerausweis auf dem Lohnausweis über die einbehaltene Abzugsteuer vorgelegt wird. Dieser Nachweis ist auf Verlangen des Arbeitnehmers vom Arbeitgeber auszustellen (Verhandlungsprotokoll Tz. III). Ohne eine solche Bescheinigung kann auch bei Schätzungsveranlagungen eine Abzugsteuer nicht berücksichtigt werden.

22 Behält der Arbeitgeber bei einem Grenzgänger Quellensteuer von mehr als 4,5 v. H. der Bruttovergütungen ein (Nichtvorlage der Ansässigkeitsbescheinigung durch den Arbeitnehmer vgl. Rz 04, unzutreffende Beurteilung der voraussichtlichen Nichtrückkehrtage durch den Arbeitgeber vgl. Rz 18/19, Rechenfehler), erfolgt nur eine Anrechnung der Abzugsteuer in Höhe von 4,5 vom Hundert der Bruttovergütungen. Auch in diesen Fällen ist eine Steuerbescheinigung vorzulegen. Stellt sich heraus, daß die schweizerische Steuer, vom Lohn des deutschen Grenzgängers einbehalten wurde, in Abweichung von den Bestimmungen des Art. 15a DBA zu hoch war, ist die Erstattung der Differenz in der Schweiz zu beantragen, vgl. Rz 33.

23 **Ansässigkeitsstaat Schweiz**

Bei schweizerischen Grenzgängern in Deutschland, die dort mit der nach Art. 15a Abs. 1 DBA auf 4,5 v. H. begrenzten Steuer belegt werden, wird der Bruttobetrag der Arbeitsvergütungen für die Zwecke der Steuerbemessung in der Schweiz um ein Fünftel herabgesetzt. Dabei gilt als Bruttolohn der Betrag, der demjenigen in Ziffer 1 B des eidgenössischen Lohnausweises Form. 11 EDP entspricht. Da gewisse Einkünfte, die nach dem eidgenössischen Lohnausweis zum Bruttolohn gehören, in Deutschland steuerfrei sind und daher im deutschen Lohnsteuerformular nicht erscheinen, werden solche Einkünfte in der deutschen Lohnsteuerbescheinigung für schweizerische Grenzgänger zusätzlich aufgeführt. Es handelt sich dabei um Abfindungen nach § 3 Nr. 9 sowie um Zuschläge für Sonntags-, Feiertags- oder Nachtarbeiten nach § 3b des deutschen Einkommensteuergesetzes (EStG). Nicht in der Schweiz besteuert werden solche Einkünfte von Grenzgängern, die eine Ansässigkeitsbescheinigung (Formular Gre-1) in Verbindung mit der Arbeitgeberbescheinigung (Formular Gre-3) vorlegen. Diese Einkünfte können in Deutschland voll besteuert werden und sind von der schweizerischen Steuer befreit.

Steuerberechnung

24 **Deutsche Arbeitgeber**

Schweizerische Arbeitnehmer, die die Grenzgängereigenschaft im Sinne des Art. 15a Abs. 2 DBA erfüllen (vgl. Rz 01 ff.), sind im Regelfall beschränkt einkommensteuerpflichtig. Abweichend von § 39d EStG bedingen die zwischenstaatlichen Vereinbarungen hier ein eigenständiges Lohnsteuerabzugsverfahren (Art. 3 des Zustimmungsgesetzes vom 30. September 1993, BStBl I S. 927). Der abweichende Lohnsteuerabzug gilt auch dann, wenn der schweizerische Grenzgänger ausnahmsweise (erweitert) unbeschränkt einkommensteuerpflichtig ist, weil eine

Doppelansässigkeit vorliegt und Art. 4 Abs. 3 DBA nicht anzuwenden ist oder unter den übrigen Voraussetzungen des § 1 Abs. 3 EStG der Arbeitslohn aus einer deutschen öffentlichen Kasse bezogen wird (vgl. Rz 43).

Regelfall: Steuerabzug von 4,5 v. H. 25

Die Lohnsteuer des schweizerischen Grenzgängers darf in all diesen Fällen höchstens 4,5 v. H. des im jeweiligen Lohnzahlungszeitraum bezogenen steuerpflichtigen Bruttoarbeitslohns betragen. Hierunter ist der nach innerstaatlichen Vorschriften lohnsteuerpflichtige Arbeitslohn zu verstehen. Für den Begriff des Arbeitslohns gilt § 2 der Lohnsteuer-Durchführungsverordnung. Persönliche Abzüge, wie Werbungskosten, Sonderausgaben und außergewöhnliche Belastungen, für die in anderen Fällen eine Freibetragseintragung in Frage kommt (§§ 39a, 39d Abs. 2 EStG), dürfen die Bemessungsgrundlage für die ermäßigte Lohnsteuer nicht kürzen.

> **Beispiel:**
> Der Arbeitslohn eines schweizerischen Grenzgängers setzt sich für den Lohnzahlungszeitraum Januar 1994 wie folgt zusammen
>
> | | |
> |---|---:|
> | – Grundlohn | 3 500 DM |
> | – Mehrarbeitsvergütung | 500 DM |
> | – Steuerfreie Nachtarbeitszuschläge | 300 DM |
> | – Vermögenswirksame Leistungen | 78 DM |
> | – Sonstiger Bezug – Urlaubsentschädigung 1993 | 500 DM |
> | insgesamt | 4 878 DM. |
>
> Die Lohnsteuer für den Monat Januar berechnet sich mit 4,5 v. H. von 4 578 DM. Steuerfreier Arbeitslohn bleibt außer Ansatz.

Die Regelung, daß für schweizerische Grenzgänger die Lohnsteuer höchstens 4,5 v. H. des steuerpflichtigen Arbeitslohnes betragen darf, gilt auch für die Fälle der pauschalen Lohnsteuer. Der nach dem EStG maßgebliche Pauschsteuersatz von 15 v. H. bzw. 25 v. H. wird durch die zwischenstaatliche Vereinbarung ebenfalls erfaßt und entsprechend ermäßigt. Dies gilt unabhängig davon, ob eine pauschale Lohnsteuer – wie bei Aushilfs- oder Teilzeitkräften für den gesamten Arbeitslohn oder wie bei Zukunftssicherungsleistungen neben dem übrigen Arbeitslohn – in Frage kommt.

Sonderfälle

Keine Begrenzung des Steuerabzugs auf 4,5 v. H. 26

Liegt dem Arbeitgeber keine Ansässigkeitsbescheinigung bzw. keine Verlängerung vor oder ist der Arbeitnehmer aufgrund seiner Nichtrückkehrtage an den Wohnsitz kein Grenzgänger, ist die Lohnsteuer ausschließlich nach innerstaatlichen Vorschriften zu berechnen.

Steuer nach Tabelle ist niedriger als 4,5 v. H. 27

Der Steuersatz von 4,5 v. H. ist auch dann ohne Bedeutung, wenn der schweizerische Grenzgänger eine Ansässigkeitsbescheinigung bzw. eine Verlängerung vorgelegt hat, aber ein Abgleich zwischen der Lohnsteuer nach den Lohnsteuer-Tabellen und der ermäßigten Abzugsteuer ausnahmsweise ergibt, daß die normale Lohnsteuer weniger als 4,5 v. H. des gesamten steuerpflichtigen Arbeitslohns des jeweiligen Lohnzahlungszeitraums beträgt. Um eine Benachteiligung schweizerischer Grenzgänger gegenüber anderen beschränkt steuerpflichtigen Arbeitnehmern zu vermeiden, hat der deutsche Arbeitgeber insbesondere bei geringen Lohnbezügen eine Vergleichsberechnung durchzuführen.

> **Beispiel:**
> Eine in Basel wohnhafte Halbtagskraft ist in Lörrach beschäftigt. Der monatliche Bruttoarbeitslohn beträgt 1 000 DM zuzüglich einer monatlichen Zukunftssicherungsleistung von 100 DM, für die die Voraussetzungen der Lohnsteuer-Pauschalierung nach den Regeln der Direktversicherung erfüllt sind. Der Firma liegt sowohl eine Ansässigkeitsbescheinigung als auch eine besondere Bescheinigung des Betriebsstättenfinanzamts nach § 39d Abs. 2 EStG vor, aus der sich für die Arbeitnehmerin die Steuerklasse I sowie ein monatlicher Freibetrag für persönliche Abzüge in Höhe von 100 DM ergibt.

Lösung:

Der Arbeitgeber hat folgende Vergleichsberechnung durchzuführen

– Ermäßigte Abzugsteuer

1 100 DM (1 000 DM + 100 DM) × 4,5 v. H. =	49,50 DM

(Maßgebliche Berechnungsgrundlage ist der gesamte steuerpflichtige Arbeitslohn einschl. pauschalbesteuerungsfähiger Bezüge ohne Kürzung um persönliche Abzüge.)

– Lohnsteuer nach allgemeinen Grundsätzen

Lohnsteuer lt. A-Tabelle

(Die Anwendung der Lohnsteuer-Zusatztabelle für Geringverdiener ist bei beschränkt steuerpflichtigen Arbeitnehmern nicht zulässig.)

900 DM (1 000 DM abzügl. bescheinigtem Monatsfreibetrag) =	17,08 DM
pauschale Lohnsteuer von 100 DM × 15 v. H. =	15,00 DM
insgesamt	32,08 DM

Die Lohnsteuerberechnung nach allgemeinen Grundsätzen führt zu einer geringeren Steuer als die höchstens zulässige Abzugsteuer von 4,5 v. H. Die Firma hat deshalb nur 32,08 DM an Steuern für die schweizerische Teilzeitkraft einzubehalten.

Bei Arbeitnehmern mit doppeltem Wohnsitz bzw. mit Zahlungen aus öffentlichen Kassen ist zu beachten, daß auf sie die Lohnsteuer-Zusatztabellen Anwendung finden, da sie (ggf. erweitert) unbeschränkt steuerpflichtig sind. Für sie wird daher häufiger der Fall eintreten, daß die nach allgemeinen Grundsätzen ermittelte Lohnsteuer niedriger als die Abzugsteuer von 4,5 v. H. ist.

Eine Vergleichsberechnung erübrigt sich jedoch für den Arbeitgeber, wenn er einen Steuerabzug nach der Steuerklasse VI vornehmen muß, weil ihm die entsprechenden Bescheinigungen bzw. Lohnsteuerkarten nach den §§ 39d, 39c oder 39b EStG vom Arbeitnehmer nicht vorgelegt wurden. In diesen Fällen ist die nach den Steuertabellen berechnete Lohnsteuer immer höher als die nach dem ermäßigten Steuersatz von 4,5 v. H. höchstens zulässige Lohnsteuer.

Schweizerische Arbeitgeber

28 **Regelfall: Steuerabzug von 4,5 v. H.**

Der Arbeitgeber hat vom Bruttolohn der deutschen Grenzgänger grundsätzlich 4,5 v. H. Steuer einzubehalten (zum Begriff des Bruttolohnes vgl. Ziff. 1 B des eidgenössischen Lohnausweises Form. 11 EDP). Der Steuerabzug darf allerdings nur dann auf 4,5 v. H. begrenzt werden, wenn der Grenzgänger dem Arbeitgeber eine vom deutschen Wohnsitzfinanzamt ausgestellte Ansässigkeitsbescheinigung bzw. Verlängerung vorlegt.

Sonderfälle: Keine Begrenzung des Steuerabzugs auf 4,5 v. H.

29 **Die Ansässigkeitsbescheinigung liegt nicht vor**

Wenn dem Arbeitgeber im Zeitpunkt der Lohnzahlung keine gültige Ansässigkeitsbescheinigung bzw. Verlängerung vorliegt, muß er die volle Steuer und nicht nur 4,5 v. H. einbehalten.

30 **Nichtrückkehr an den Wohnsitz**

Wenn der Arbeitgeber während des gesamten Kalenderjahrs an mehr als 60 Tagen aufgrund seiner Arbeitsausübung nicht an den Wohnsitz zurückkehrt, ist die volle Steuer einzubehalten (vgl. Rz 33). Dies gilt auch dann, wenn der Arbeitgeber erkennt, daß der Arbeitnehmer die 60 Tage voraussichtlich überschreiten wird. Beginnt oder endet die Beschäftigung in der Schweiz im Laufe des Kalenderjahrs oder liegt eine Teilzeitbeschäftigung an bestimmten Tagen vor, sind die 60 Tage entsprechend zu kürzen.

31 **Steuer nach Tarif ist niedriger als 4,5 v. H.**

Wenn die Steuer nach dem kantonalen Quellensteuertarif (einschließlich Bundes- und Gemeindesteuer) unter 4,5 v. H. des Bruttolohnes liegt, ist die niedrigere Steuer einzubehalten.

Verpflichtung zur Änderung der Abzugsteuer

Deutsche Arbeitgeber   32

Das abweichende Steuerabzugsverfahren, nach dem die Lohnsteuer höchstens 4,5 v. H. des steuerpflichtigen Arbeitslohns betragen darf, ist nur solange zulässig, wie der Arbeitgeber erkennt, daß die Voraussetzungen der Grenzgängereigenschaft erfüllt sind. Ist der Arbeitnehmer wegen Überschreitens der 60-Tage-Grenze voraussichtlich oder tatsächlich (vgl. Rz 19) nicht mehr Grenzgänger, so ist der Arbeitgeber bereits während des Jahres verpflichtet, bei der jeweils nächstfolgenden Lohnzahlung die für die vergangenen Lohnzahlungszeiträume dieses Kalenderjahrs noch nicht erhobene Lohnsteuer nachträglich einzubehalten (Art. 3 Abs. 3 des Zustimmungsgesetzes).

Diese Verpflichtung zur Lohnsteuer-Nacherhebung bleibt auch nach Ablauf des Kalenderjahrs erhalten. Abweichend von § 41c Abs. 3 EStG ist bei schweizerischen Grenzgängern eine Änderung des Lohnsteuerabzugs für das vergangene Jahr über den Zeitpunkt der Ausschreibung der Lohnsteuerbescheinigung hinaus bei der jeweils nächstfolgenden Lohnzahlung durchzuführen. Ergibt sich im umgekehrten Fall nachträglich, daß die Voraussetzungen der Grenzgängereigenschaft vorliegen, ist der Arbeitgeber nur bis zur Ausstellung der besonderen Lohnsteuerbescheinigung berechtigt (vgl. Rz 35), die zuviel einbehaltene Lohnsteuer zu korrigieren. Das Zustimmungsgesetz sieht hier keine entsprechende Ausnahmeregelung vor. Nach diesem Zeitpunkt kann der schweizerische Grenzgänger zuviel einbehaltene Lohnsteuer beim jeweiligen Betriebsstättenfinanzamt nur noch durch einen öffentlich-rechtlichen Erstattungsanspruch nach den Vorschriften der Abgabenordnung (§ 37 Abs. 2) geltend machen.

Schweizerische Arbeitgeber   33

Stellt sich heraus, daß der Arbeitgeber zuviel Steuern einbehalten hat (z. B. wegen Unterschreitens der 60 Tage schädlicher Nichtrückkehr), so hat er diesem Umstand bei den nächsten Lohnzahlungen Rechnung zu tragen. Dies gilt umgekehrt auch im Fall, in dem er zuwenig Steuern einbehalten hat. Im letzteren Fall hat der Arbeitgeber für das jeweilige Arbeitsverhältnis die volle Steuer rückwirkend auf den Beginn des betreffenden Kalenderjahrs zu erheben.

Sofern eine in Abzug gebrachte zu hohe Steuer in Rechtskraft erwachsen ist, sind die Kantone berechtigt, ohne Einleitung des Verständigungsverfahrens im Einzelfall eine abkommenswidrige Besteuerung zu beseitigen. Zu beachten sind die in den Art. 147 Abs. 2 und 148 des Bundesgesetzes über die direkte Bundessteuer bzw. in Art. 51 Abs. 2 und 3 des Steuerharmonisierungsgesetzes genannten Einschränkungen. Danach kommt eine Erstattung namentlich dann nicht in Betracht, wenn der Grenzgänger die Ansässigkeitsbescheinigung bzw. die Verlängerung bei der ihm zumutbaren Sorgfalt vor Eintritt der Rechtskraft der Steuer dem Arbeitgeber hätte vorlegen können.

Nachweis der Bruttovergütungen

Für einen deutschen Grenzgänger hat der Lohnausweis (Bruttobetrag der Vergütungen) auf   34
amtlichem Vordruck der schweizerischen Steuerverwaltung zu erfolgen, wobei Spesenvergütungen durch den Arbeitgeber stets im Detail aufzuführen sind (Verhandlungsprotokoll Tz. III).

Für einen schweizerischen Grenzgänger ergibt sich der Inhalt des auszustellenden Lohn-   35
ausweises zusätzlich aus Art. 3 Abs. 2 des Zustimmungsgesetzes. Danach hat der deutsche Arbeitgeber bei Beendigung des Dienstverhältnisses, spätestens am Ende des Kalenderjahrs auf Antrag des Grenzgängers eine besondere Lohnsteuerbescheinigung nach amtlichem Vordruck zu erteilen (Vordruck LSt 6). Dabei ist abweichend von § 41b EStG eine Lohnsteuerbescheinigung auch für den pauschal besteuerten Arbeitslohn auszustellen. Im amtlichen Vordruck ist deshalb nicht nur der normal besteuerte Arbeitslohn, sondern auch der pauschal besteuerte Arbeitslohn entweder gesondert oder in einer Summe mit dem übrigen Arbeitslohn zu bescheinigen. Zulässig ist auch die Bescheinigung des pauschal besteuerten Arbeitslohns in einer angefügten Erklärung; entsprechendes gilt für den Ausweis der Lohnsteuer, die auf diesen Arbeitslohn entfällt. Zusätzlich hat der Arbeitgeber steuerfreie Entlassungsentschädigungen (§ 3 Nr. 9 EStG) sowie steuerfreie Zuschläge für Sonntags-, Feiertags- oder Nachtarbeit (§ 3b EStG) zu bescheinigen. Die Eintragungen sind im amtlichen Vordruck in einem freien Feld vorzunehmen und als solche kenntlich zu machen.

36   Die Ausstellung falscher Lohnausweise sowie falscher Bescheinigungen über die erhobene Abzugsteuer kann den Tatbestand des Abgabenbetrugs erfüllen, für den der Rechtshilfeweg möglich ist.

Auskunftsklausel

37   Die zuständigen Behörden können Auskünfte austauschen, die zur Feststellung der Voraussetzungen für die Besteuerung nach Art. 15a DBA notwendig sind (Art. 27 Abs. 1 Sätze 1 und 2 DBA). Hierunter fallen Auskünfte zur Feststellung der Grenzgängereigenschaft, insbesondere hinsichtlich der Überprüfung von Bescheinigungen, Bewilligungen und sonstiger Belege oder Unterlagen.

Sonderfälle

38   **Drittstaateneinkünfte**

Grenzgänger nach Art. 15a DBA sind mit ihren gesamten Einkünften aus nichtselbständiger Tätigkeit im Wohnsitzstaat steuerpflichtig. Zur Abzugsteuer vgl. Rz 20.

39   **Leitende Angestellte**

Wie bisher geht die Grenzgängerregelung des Art. 15a DBA der Regelung der leitenden Angestellten in Art. 15 Abs. 4 DBA vor. Die bisherigen Verständigungsvereinbarungen zu leitenden Angestellten als Grenzgänger werden aufgehoben (vgl. Rz 46); es gelten daher die allgemeinen Ausführungen.

40   Schweizerische Grenzgänger mit ständiger Wohnstätte oder gewöhnlichem Aufenthalt in Deutschland (Art. 4 Abs. 3 DBA)

Unterliegt der Steuerpflichtige der überdachenden Besteuerung nach Art. 4 Abs. 3 DBA, entfällt die Beschränkung der Abzugsteuer. Daneben behält die Schweiz jedoch das Besteuerungsrecht nach Art. 15a DBA für den Grenzgänger. Die Doppelbesteuerung wird durch Steueranrechnung vermieden (Art. 4 Abs. 3 DBA in Verbindung mit § 34c EStG).

41   **Abwanderer in die Schweiz (Art. 4 Abs. 4 DBA)**

Art. 15a Abs. 1 Satz 4 DBA bekräftigt, daß die Regelung des Art. 4 Abs. 4 DBA den Regelungen über die Grenzgängerbesteuerung vorgeht. Eine Änderung gegenüber der bisherigen Rechtslage ergibt sich hieraus nicht.

Somit entfällt bei Grenzgänger-Abwanderern auch die Beschränkung des Tätigkeitsstaats Deutschland auf eine Abzugsteuer von 4,5 v. H. des Bruttobetrags der Vergütungen. Eine teilweise Freistellung von Abzugsteuern nach § 39b Abs. 6 EStG bei Arbeitslöhnen kommt bei Abwanderern so lange nicht in Betracht, wie Art. 4 Abs. 4 DBA anzuwenden ist.

Die Regelung des Art. 4 Abs. 4 DBA ist nicht anzuwenden, wenn der Wegzug in die Schweiz wegen Heirat mit einer Person schweizerischer Staatsangehörigkeit erfolgt.

Für die Anrechnung schweizerischer Steuern im Lohnsteuerabzugsverfahren gilt:

In entsprechender Anwendung des § 39b Abs. 6 EStG rechnet der Arbeitgeber aufgrund einer Anrechnungsbescheinigung des Betriebsstättenfinanzamts einen bestimmten Betrag als schweizerische Steuer vorläufig auf die 4,5 v. H. des Bruttobetrages der Vergütungen übersteigende deutsche Lohnsteuer an. Der Grenzgänger-Abwanderer hat die Anrechnungsbescheinigung beim Betriebsstättenfinanzamt zu beantragen. Dem Antrag hat er seinen letzten schweizerischen Steuer- oder Vorauszahlungsbescheid beizufügen. Nach Ablauf des Kalenderjahrs wird zur endgültigen Anrechnung der schweizerischen Steuer auf Antrag des Grenzgänger-Abwanderers eine Veranlagung durchgeführt. Der Antrag auf Durchführung der Veranlagung ist gleichzeitig mit dem Antrag auf Erteilung der Anrechnungsbescheinigung zu stellen.

42   **Künstler, Musiker, Sportler und Artisten (Art. 17 DBA)**

Bei dem oben genannten Personenkreis geht die Grenzgängerregelung des Art. 15a DBA dem Art. 17 Abs. 1 DBA vor. Dies bedeutet, daß Art. 15a DBA künftig auch bei angestellten Künstlern anwendbar ist, die in einem Arbeitsverhältnis zu einem privaten Arbeitgeber stehen.

Der Steuerabzug ist nicht nach § 39d EStG, sondern nach § 50a Abs. 4 Satz 1 Nr. 2 und Satz 3 EStG durchzuführen. Er ist für den genannten Personenkreis aber ebenfalls auf 4,5 v. H. der Bruttovergütungen beschränkt. § 50d EStG bleibt unberührt. Entsprechende Freistellungs- bescheinigungen sind beim Bundesamt für Finanzen, Friedhofstr. 1, 53225 Bonn mit dem Vor- druck R-D 3 unter Beifügung des Vordrucks Gre-1 zu beantragen.

Grenzgänger im öffentlichen Dienst (Art. 19 DBA) 43

Grenzgänger im öffentlichen Dienst sind wie bisher den bei privaten Arbeitgebern beschäftig- ten Grenzgängern gleichgestellt (Art. 19 Abs. 5 DBA).

Handelt es sich bei den Grenzgängern im öffentlichen Dienst um die in Rz 42 genannte Per- sonengruppe, ist auch hier der Steuerabzug nach § 50a Abs. 4 Satz 1 Nr. 2 und Satz 3 EStG auf 4,5 v. H. der Bruttovergütungen beschränkt. § 50d EStG bleibt unberührt. Zum Verfahren vgl. Rz 42.

Ruhegehälter aus öffentlichen Kassen 44

Das Besteuerungsrecht für Ruhegehälter von Grenzgängern aus öffentlichen Kassen steht wei- terhin dem Ansässigkeitsstaat zu. Der Kassenstaat hat den Steuerabzug nach Art. 15a Abs. 1 DBA zu beschränken, wenn eine Ansässigkeitsbescheinigung vorliegt. Die vor Eintritt des Ver- sorgungsfalls vorgelegte Ansässigkeitsbescheinigung gilt ohne zeitliche Beschränkung weiter, es sei denn, es findet ein Wohnungswechsel statt.

Tätigkeitsvergütungen für einen Gesellschafter einer Personengesellschaft (Art. 7 Abs. 7 DBA) 45

Erhält ein Gesellschafter einer Personengesellschaft Tätigkeitsvergütungen als Arbeitneh- mer, richtet sich das Besteuerungsrecht nach Art. 7 Abs. 7 DBA ungeachtet des Art. 7 Abs. 8 DBA. Falls nach dem jeweiligen nationalen Steuerrecht die Tätigkeitsvergütungen dem Gewinn der Personengesellschaft nicht hinzugerechnet werden, ist Art. 15a DBA an- wendbar.

Aufhebung bisheriger Verständigungsvereinbarungen 46

Die Ausführungen zu Art. 15 Abs. 4 DBA (alt) im Verhandlungsprotokoll vom 18. Juni 1971 und in der Verständigungsvereinbarung vom 26. November 1971 (Nr. 6) sind letztmals bei vor dem 1. Januar 1994 zugeflossenen Vergütungen anzuwenden.

DBA-Schweiz

Deutsch-schweizerisches Doppelbesteuerungsabkommen vom 11. August 1971 (DBA); Grenzgängerbesteuerung, leitende Angestellte, Arbeitnehmer mit Drittstaateneinkünften

(BMF-Schreiben vom 7. 7. 1997, BStBl I S. 723)

Gestützt auf Artikel 26 Abs. 3 DBA haben die zuständigen Behörden folgende Verständigungs- vereinbarungen getroffen:

1. Grenzgängerbesteuerung

– Einführungsschreiben vom 19. September 1994 –

a) Die Randziffern (Rz.) 11 und 12 des Einführungsschreibens werden wie folgt gefaßt (Er- gänzungen sind unterstrichen):

Rz. 11:

Als Nichtrückkehrtage kommen nur Arbeitstage, die im persönlichen Arbeitsvertrag des Arbeitnehmers erfaßt sind, in Betracht.

Samstage, Sonn- und Feiertage können daher nur in Ausnahmefällen zu den maßgeb- lichen Arbeitstagen zählen. Dies käme z. B. in Frage, wenn der Arbeitgeber die Arbeit an diesen Tagen ausdrücklich anordnet und hieran anknüpfend in der Regel entweder Freizeitausgleich oder zusätzliche Bezahlung dafür gewährt. Trägt der Arbeitgeber die Reisekosten, so werden bei mehrtägigen Geschäftsreisen alle Wochenend- und Feier- tage als Nichtrückkehrtage angesehen.

Rz. 12:

Ein Nichtrückkehrtag ist nicht schon deshalb anzunehmen, weil sich die Arbeitszeit des einzelnen an seinem Arbeitsort entweder bedingt durch die Anfangszeiten oder durch die Dauer der Arbeitszeit über mehr als einen Kalendertag erstreckt. So sind Schichtarbeiter, Personal mit Nachtdiensten und Krankenhauspersonal mit Bereitschaftsdienst nicht schon aufgrund ihrer spezifischen Arbeitszeiten von der Grenzgängerregelung ausgeschlossen (Verhandlungsprotokoll, Tz. II Nr. 1). Bei den im Verhandlungsprotokoll aufgelisteten Berufsgruppen handelt es sich jedoch um keine abschließende Aufzählung. Als Arbeitsausübung im Sinne der Tz. II Nr. 1 des Verhandlungsprotokolls sind daher allgemein alle Zeiten anzusehen, für die aufgrund des Arbeitsverhältnisses eine Verpflichtung des Arbeitnehmers zur Anwesenheit am Arbeitsort besteht. Kurzfristige Arbeitszeitunterbrechungen von weniger als vier Stunden beenden den Arbeitstag nicht.

b) Nach Rz. 38 wird folgende neue Rz. 38a mit der Überschrift „Bordpersonal" eingefügt:

Rz. 38a:

Bei den unter Artikel 15 Abs. 3 DBA fallenden Arbeitnehmern an Bord von Seeschiffen oder Luftfahrzeugen im internationalen Verkehr ist Artikel 15a DBA nicht anzuwenden.

2. **Leitende Angestellte von Kapitalgesellschaften (Art. 15 Abs. 4 DBA)**

[1])a) **Begriff**

Es besteht Einvernehmen, daß zu den in Artikel 15 Abs. 4 DBA genannten Direktoren auch stellvertretende Direktoren oder Vizedirektoren und Generaldirektoren gehören. In der Regel sind die in Artikel 15 Abs. 4 DBA genannten Personenkategorien im Handelsregister eingetragen. Da das schweizerische wie auch das deutsche Recht die Eintragung der Vertretung im Handelsregister nicht zwingend vorschreibt, ist Artikel 15 Abs. 4 DBA nicht nur auf Personen anwendbar, die im Handelsregister namentlich eingetragen sind. Bei nicht im Handelsregister eingetragenen Personen wird aber verlangt, daß sie entweder die Prokura oder weitergehende Vertretungsbefugnisse, wie z. B. die Zeichnungsberechtigung, haben. In diesem Fall hat der leitende Angestellte eine Bestätigung seines Arbeitgebers über seine Vertretungsbefugnisse vorzulegen.

b) **Besteuerung im Staat des Arbeitgebers**

Für Einkünfte leitender Angestellter von Kapitalgesellschaften, die keine Grenzgänger im Sinne von Art. 15a DBA sind, hat der Staat der Ansässigkeit des Arbeitgebers (Kapitalgesellschaft) nach Art. 15 Abs. 4 DBA auch insoweit ein Besteuerungsrecht, als die Einkünfte auf Tätigkeiten im Staat der Ansässigkeit des leitenden Angestellten und in Drittstaaten entfallen. Dies folgt aus Sinn und Wortlaut des Artikel 15 Abs. 4 DBA, wonach dem Staat der Ansässigkeit des Arbeitgebers das Besteuerungsrecht für sämtliche Erwerbseinkünfte aus dieser leitenden Tätigkeit zusteht, sofern die Tätigkeit des leitenden Angestellten nicht so abgegrenzt ist, daß sie lediglich Aufgaben außerhalb des Staates der Ansässigkeit des Arbeitgebers umfaßt. Das Besteuerungsrecht des Staates der Ansässigkeit des leitenden Angestellten bleibt unberührt.

c) **Vermeidung der Doppelbesteuerung in Deutschland**

Bei leitenden Angestellten von schweizerischen Kapitalgesellschaften ist eine Doppelbesteuerung bei Einkünften, die durch Tätigkeiten in der Schweiz erzielt werden, in Deutschland als Ansässigkeitsstaat durch Steuerfreistellung zu beseitigen. Demgegenüber kann eine Doppelbesteuerung bei Einkünften aus Inlands- oder Drittstaatentätigkeiten nach dem eindeutigen Wortlaut in Art. 24 Abs. 1 Nr. 1d DBA nur durch Anrechnung der schweizerischen Steuern vermieden werden. Die bisher angewandte Befreiungsmethode ist ab dem Veranlagungszeitraum 1996 nicht mehr anzuwenden. Die schweizerische Seite kann sich dieser Auffassung nicht anschließen und behält sich vor, die Frage bei einer Abkommensrevision erneut anzusprechen.

d) **Sogenannte Management-Dienstleistungsverträge**

Die Erörterungen mit der Eidgenössischen Steuerverwaltung hierüber sind noch nicht abgeschlossen.

3. **Arbeitnehmer mit Einkünften aus Drittstaaten**

An der mit BMF-Schreiben vom 18. Dezember 1985 bekanntgegebenen Verständigungsvereinbarung zu Arbeitnehmereinkünften aus Tätigkeiten in Drittstaaten wird festgehalten. Danach können Arbeitseinkünfte eines Arbeitnehmers, der in der Bundesrepublik Deutschland wohnt und bei einem schweizerischen Arbeitgeber beschäftigt ist, nach Artikel 15 Abs. 1 DBA nur insoweit in der Schweiz besteuert werden, als die Arbeit dort

---

[1]) Keine Anwendung Ziffer 2 Buchstabe a → BMF vom 30. 9. 2008 (BStBl I S. 935)

tatsächlich ausgeübt wird. Der Ort der Arbeitsausübung ist dort anzunehmen, wo sich der Arbeitnehmer zur Ausführung seiner Tätigkeit persönlich (körperlich) aufhält. Ist zum Beispiel ein Arbeitnehmer mit Wohnsitz in der Bundesrepublik Deutschland für seinen schweizerischen Arbeitgeber 70 Tage in der Schweiz (Grenzgängereigenschaft fehlt), 120 Tage in Großbritannien und 30 Tage in Saudi-Arabien tätig, dann sind seine Einkünfte für die Tätigkeit in Großbritannien und in Saudi-Arabien in der Bundesrepublik Deutschland zu versteuern.

Das BMF-Schreiben vom 18. Dezember 1985 ist in allen noch offenen Fällen nicht mehr anzuwenden.

Arbeitnehmer mit gelegentlichem Bereitschaftsdienst als Grenzgänger

(BFH-Urteil vom 16. 5. 2001 – I R 100/00 –)

Ein Arbeitnehmer mit Wohnsitz im Inland und Arbeitsort in der Schweiz, der an mehr als 60 Arbeitstagen nicht an seinen Wohnsitz zurückkehrt, unterliegt dennoch als Grenzgänger gemäß Art. 15a DBA-Schweiz der deutschen Besteuerung, wenn die Nichtrückkehr auf die Wahrnehmung eines gelegentlichen Nachtbereitschaftsdienstes zurückzuführen ist.

DBA – Arbeitslohn

→ BMF vom 12. 11. 2014 (BStBl I S. 1467) und BMF vom 14. 3. 2017 (BStBl I S. 473) Anhang 9

Vordruckmuster Antrag für unbeschränkt einkommensteuerpflichtige Arbeitnehmer auf Erteilung einer Bescheinigung über die Freistellung des Arbeitslohns vom Steuerabzug auf Grund eines Abkommens zur Vermeidung der Doppelbesteuerung

Antrag für unbeschränkt einkommensteuerpflichtige Arbeitnehmer auf Erteilung einer Bescheinigung über die Freistellung des Arbeitslohns vom Steuerabzug auf Grund eines Abkommens zur Vermeidung der Doppelbesteuerung

Bitte dem Finanzamt mit drei Durchschriften einreichen   Weiße Felder ausfüllen oder ☒ ankreuzen.

Hinweise

Ist nach einem Doppelbesteuerungsabkommen (DBA) die Steuerbefreiung von einem Antrag abhängig, darf der Lohnsteuerabzug nur dann unterbleiben, wenn das Betriebsstättenfinanzamt bescheinigt, dass der Arbeitslohn nicht der deutschen Lohnsteuer unterliegt. Entsprechende DBA-Regelungen bestehen u. a. mit Frankreich, Österreich, Italien, Schweden, USA. Ist die Steuerbefreiung nach einem DBA antragsunabhängig, hat das Betriebsstättenfinanzamt gleichwohl auf Antrag eine Freistellungsbescheinigung zu erteilen.

Dieser Vordruck gilt nur für **unbeschränkt einkommensteuerpflichtige Arbeitnehmer.** Dazu gehören auch im Inland vorübergehend beschäftigte Arbeitnehmer (z. B. Hochschullehrer, Studenten und Lehrlinge), sofern sie im Inland einen Wohnsitz oder gewöhnlichen Aufenthalt haben. Der Antrag kann vom Arbeitgeber oder vom Arbeitnehmer bei dem für den Arbeitgeber zuständigen Finanzamt (Betriebsstättenfinanzamt) gestellt werden.

Die Voraussetzungen für den Verzicht auf den Steuerabzug ergeben sich aus dem jeweiligen DBA. Die nach einem DBA freigestellten ausländischen Einkünfte sind bei der Ermittlung des Steuersatzes für andere zu versteuernde Einkünfte unbeschränkt Einkommensteuerpflichtiger zu berücksichtigen (Progressionsvorbehalt). Der Arbeitnehmer ist daher verpflichtet, bei seinem Wohnsitzfinanzamt eine Einkommensteuererklärung abzugeben. Bescheinigungen werden für die Dauer der begünstigten Tätigkeit, längstens für drei Jahre erteilt; danach ist eine neue Bescheinigung zu beantragen.

Bescheinigungen können rückwirkend nur erteilt werden, solange der Arbeitgeber den Lohnsteuerabzug ändern darf (§ 41c Einkommensteuergesetz - EStG -). Sind von begünstigtem Arbeitslohn Steuerabzugsbeträge einbehalten worden, kann der Arbeitnehmer den Verzicht auf die Besteuerung bei seiner Veranlagung zur Einkommensteuer beantragen.

Nach den Vorschriften der Datenschutzgesetze wird darauf hingewiesen, dass die Angabe der Telefonnummer freiwillig im Sinne dieser Gesetze ist und im Übrigen die mit der Steuererklärung angeforderten Daten auf Grund der §§ 149, 150 der Abgabenordnung und des § 39 Abs. 4 Nr. 5 i. V. m. § 52 Abs. 36 EStG erhoben werden.

Die in diesem Antrag enthaltenen Angaben können nach dem EG-Amtshilfe-Gesetz/EU-Amtshilfegesetz (EUAHiG) oder nach der Auskunftsklausel des jeweiligen DBA den Finanzbehörden des anderen Staates mitgeteilt werden.

Name, Vorname des Arbeitnehmers	Identifikationsnummer

Geburtsdatum	Tag	Monat	Jahr	Familienstand	Ausgeübter Beruf

Wohnsitz im Inland (Straße, Hausnummer, Postleitzahl, Ort)

Vollständige Anschrift im Ausland (Straße, Hausnummer, Postleitzahl, Ort, Staat)

Bei Zuzug aus dem Ausland: Aufenthalt im Inland	von - bis
Für den Arbeitnehmer zuständiges Finanzamt, Steuernummer im Inland	im anderen Staat - soweit vorhanden -
Tätigkeit des Arbeitnehmers in (Staat)	von - bis	voraussichtlicher Arbeitslohn €

Wird der Arbeitslohn von einer Betriebsstätte oder festen Einrichtung des (wirtschaftlichen) Arbeitgebers im o. a. Staat getragen?	☐ Nein	☐ Ja	Bitte ggf. Bescheinigung des Arbeitgebers beifügen

Arbeitgeber (Name und Anschrift im Inland)

Vollständige Anschrift/Betriebsstätte des (wirtschaftlichen) Arbeitgebers/verbundenen Unternehmens im anderen Staat (Straße, Hausnummer, Postleitzahl, Ort, Staat)

Ich bin Empfänger von Versorgungsleistungen i. S. d. § 19 EStG, die nach § 39 Abs. 4 Nr. 5 EStG und dem DBA mit

in begrenzter Höhe im Inland dem Steuerabzug unterliegen.

Name und Anschrift des Antragstellers ▼

(Datum)

(Unterschrift des Antragstellers)

Falls der Antrag vom Arbeitgeber gestellt wird:
Steuernummer des Arbeitgebers im Inland

Finanzamt, Steuernummer des Arbeitgebers im anderen Staat

06.17

DBA – Übersicht

Stand der Doppelbesteuerungsabkommen und anderer Abkommen im Steuerbereich sowie der Abkommensverhandlungen am 1. Januar 2018

(BMF-Schreiben vom 17. 1. 2018, BStBl I S. 239)

Hiermit übersende ich eine Übersicht über den gegenwärtigen Stand der Doppelbesteuerungsabkommen (DBA) und anderer Abkommen im Steuerbereich sowie der Abkommensverhandlungen.

Wie die Übersicht zeigt, werden verschiedene der angeführten Abkommen nach ihrem Inkrafttreten rückwirkend anzuwenden sein. In geeigneten Fällen sind Steuerfestsetzungen vorläufig durchzuführen, wenn ungewiss ist, wann ein unterzeichnetes Abkommen in Kraft treten wird, das sich zugunsten des Steuerschuldners auswirken wird. Umfang und Grund der Vorläufigkeit sind im Bescheid anzugeben. Ob bei vorläufiger Steuerfestsetzung der Inhalt eines unterzeichneten Abkommens bereits berücksichtigt werden soll, ist nach den Gegebenheiten des einzelnen Falles zwischen BMF und Ländern abgestimmt zu entscheiden.

Zur Rechtslage nach dem **Zerfall der Sozialistischen Föderativen Republik Jugoslawien (SFRJ)** ist auf Folgendes hinzuweisen:

Vereinbarungen über die Fortgeltung des DBA mit der SFRJ vom 26. März 1987 wurden geschlossen mit:

Republik Bosnien und Herzegowina (BGBl. 1992 II S. 1196),
Republik Serbien (Namensänderung; ehem. Bundesrepublik Jugoslawien BGBl. 1997 II S. 961),
Republik Kosovo (BGBl. 2011 II S. 748) und
Montenegro (BGBl. 2011 II S. 745).

Zur Rechtslage nach dem **Zerfall der Sowjetunion** ist auf Folgendes hinzuweisen:
Vereinbarungen über die Fortgeltung des DBA mit der UdSSR vom 24. November 1981 wurden geschlossen mit der Republik Moldau (BGBl. 1996 II S. 768).

Zur Rechtslage nach der **Teilung der Tschechoslowakei** ist auf Folgendes hinzuweisen:

Vereinbarungen über die Fortgeltung des DBA mit der Tschechoslowakischen Sozialistischen Republik vom 19. Dezember 1980 wurden mit der Slowakischen Republik und mit der Tschechischen Republik getroffen (BGBl. 1993 II S. 762).

Hongkong wurde mit Wirkung ab 1. Juli 1997 ein besonderer Teil der VR China (Hongkong Special Administrative Region). Das allgemeine Steuerrecht der VR China gilt dort nicht. Damit ist das zwischen der Bundesrepublik Deutschland und der VR China abgeschlossene DBA vom 28. März 2014 in Hongkong nicht anwendbar. Vorgenannte Ausführungen zu Hongkong (außer Luftfahrtunternehmen) gelten in entsprechender Weise auch für **Macau** nach dessen Übergabe am 20. Dezember 1999 an die VR China (Macau Special Administrative Region).

Aufgrund des besonderen völkerrechtlichen Status von **Taiwan** wurde ein Steuerabkommen nur von den Leitern des Deutschen Instituts in Taipeh und der Taipeh Vertretung in der Bundesrepublik Deutschland unterzeichnet. Das Gesetz vom 2. Oktober 2012 zum diesbezüglichen Abkommen vom 19. und 28. Dezember 2011 zwischen dem Deutschen Institut in Taipeh und der Taipeh Vertretung in der Bundesrepublik Deutschland zur Vermeidung der Doppelbesteuerung und zur Verhinderung der Steuerverkürzung hinsichtlich der Steuern vom Einkommen und vom Vermögen ist veröffentlicht (BGBl. 2012 I S. 2079; BStBl 2013 I S. 20). Das Abkommen ist am 7. November 2012 in Kraft getreten (BGBl. 2012 I S. 2461; BStBl 2013 I S. 33) und damit grundsätzlich ab 1. Januar 2013 anzuwenden.

Stand der Doppelbesteuerungsabkommen und anderer Abkommen im Steuerbereich
1. Januar 2018
I. Geltende Abkommen

Abkommen mit	vom	Fundstelle BGBl. II Jg.	S.	BStBl I Jg.	S.	Inkrafttreten BGBl. II Jg.	S.	BStBl I Jg.	S.	Anwendung grundsätzlich ab
1. Abkommen auf dem Gebiet der Steuern vom Einkommen und vom Vermögen										
Ägypten	08.12.1987	1990	278	1990	280	1991	1 042	1992	7	01.01.1992
Albanien	06.04.2010	2011	1 186	2012	292	2012	145	2012	305	01.01.2012
Algerien	12.11.2007	2008	1 188	2009	382	2009	136	2009	396	01.01.2009
Argentinien	13.07.1978/	1979	585	1979	326	1979	1 332	1980	51	01.01.1976
	16.09.1996	1998	18	1998	187	2001	694	2001	540	01.01.1996
Armenien	24.11.1981	1983	2	1983	90	1983	427	1983	352	01.01.1980
(DBA mit UdSSR gilt fort , BGBl. 1993 II S. 169)										
	29.06.2016	2017	1 077			2017	1560			01.01.2018
Aserbaidschan	25.08.2004	2005	1 146	2006	291	2006	120	2006	304:1	01.01.2006
Australien	24.11.1972	1974	337	1974	423	1975	216	1975	386	01.01.1971
	12.11.2015	2016	1.114	2017	121	2017	48	2017	139	01.01.2017
Bangladesch[1]	29.05.1990	1991	1 410	1992	34	1993	847	1993	466	01.01.1990
Belarus (Weißrussland)	30.09.2005	2006	1 042	2007	276	2007	287	2007	290	01.01.2007
Belgien	11.04.1967/	1969	17	1969	38	1969	1 465	1969	468	01.01.1966
	05.11.2002	2003	1 615	2005	346	2003	1 744	2005	348	01.01.2004
Bolivien	30.09.1992	1994	1 086	1994	575	1995	907	1995	758	01.01.1991
Bosnien und Herzegowina	26.03.1987	1988	744	1988	372	1988	1 179	1989	35	01.01.1989
(DBA mit SFR Jugoslawien gilt fort, BGBl. 1992 II S. 1 196)										
Bulgarien	25.01.2010	2010	1 286	2011	543	2011	584	2011	558	01.01.2011
China	10.06.1985	1986	446	1986	329	1986	731	1986	339	01.01.1985
(ohne Hongkong und Macau)	28.03.2014	2015	1 647	2016	1 130	2016	1 005	2016	1 144	01.01.2017
Costa Rica	13.02.2014	2014	917	2016	1 169	2016	1 159	2016	1 182	01.01.2017
Côte d'Ivoire	03.07.1979	1982	153	1982	357	1982	637	1982	628	01.01.1982
Dänemark	22.11.1995	1996	2 565	1996	1 219	1997	728	1997	624	01.01.1997
Ecuador	07.12.1982	1984	466	1984	339	1986	781	1986	358	01.01.1987
Estland	29.11.1996	1998	547	1998	543	1999	84	1999	269	01.01.1994
Finnland	05.07.1979	1981	1 164	1982	201	1982	577	1982	587	01.01.1981
	19.02.2016	2017	466	2017	1 527	2017	1 369	2017	1 539	01.01.2018
Frankreich	21.07.1959/	1961	397	1961	342	1961	1 659	1961	712	01.01.1957
	09.06.1969/	1970	717	1970	900	1970	1 189	1970	1 072	01.01.1968
	28.09.1989/	1990	770	1990	413	1991	387	1991	93	01.01.1990
	20.12.2001/	2002	2 370	2002	891	2003	542	2003	383	01.01.2002
	31.03.2015	2015	1 332	2016	515	2016	227	2016	526	01.01.2016
Georgien	01.06.2006/	2007	1 034	2008	467	2008	521	2008	494	01.01.2008
	11.03.2014	2014	940	2015	177, 178	2015	62	2015	181	01.01.2015
Ghana	12.08.2004	2006	1 018	2008	467	2008	51	2008	481	01.01.2008
Griechenland	18.04.1966	1967	852	1967	50	1968	30	1968	296	01.01.1964
Indien	19.06.1995	1996	706	1996	599	1997	751	1997	363	01.01.1997
Indonesien	30.10.1990	1991	1 086	1991	1 001	1991	1 401	1992	186	01.01.1992
Iran, Islamische Republik	20.12.1968	1969	2 133	1970	768	1969	2 288	1970	777	01.01.1970
						1970	282			
Irland	30.03.2011/	2011	1 042	2013	471	2013	332	2013	487	01.01.2013
	03.12.2014	2015	1 322	2016	196	2016	135	2016	199	01.01.2016
Island	18.03.1971	1973	357	1973	504	1973	1 567	1973	730	01.01.1968
Israel	09.07.1962/	1966	329	1966	700	1966	767	1966	946	01.01.1961
	20.07.1977	1979	181	1979	124	1979	1 031	1979	603	01.01.1970
	21.08.2014	2015	1 301	2016	1 116	2016	1 160	2016	1 129	01.01.2017
Italien	18.10.1989	1990	742	1990	396	1993	59	1993	172	01.01.1993
Jamaika	08.10.1974	1976	1 194	1976	407	1976	1 703	1976	632	01.01.1973
Japan	22.04.1966/	1967	871	1967	58	1967	2 028	1967	336	01.01.1967
	17.04.1979/	1980	1 182	1980	649	1980	1 426	1980	772	01.01.1977
	17.02.1983	1984	194	1984	216	1984	567	1984	388	01.01.1981
	17.12.2015	2016	956	2016	1 306	2016	1 230	2016	1 323	01.01.2017
Jersey	04.07.2008	2009	589	2010	174	2010	38	2010	178	01.01.2010
	07.05.2015	2015	1 326	2016	272	2016	227	2016	276	29.08.2014
Kanada	19.04.2001	2002	671	2002	505	2002	962	2002	521	01.01.2001
Kasachstan	26.11.1997	1998	1 592	1998	1 029	1999	86	1999	269	01.01.1996
Kenia	17.05.1977	1979	606	1979	337	1980	1 357	1980	792	01.01.1980
Kirgisistan	01.12.2005	2006	1 066	2007	233	2007	214	2007	246	01.01.2007
Korea, Republik	10.03.2000	2002	1 630	2003	24	2002	2 855	2003	36	01.01.2003
Kosovo	26.03.1987	1988	744	1988	372	1988	1 179	1989	35	01.01.1989
(DBA mit SFR Jugoslawien gilt fort, BGBl. 2011 II S. 748)										
Kroatien	06.02.2006	2006	1 112	2007	247	2007	213	2007	260	01.01.2007
Kuwait	04.12.1987/	1989	354	1989	150	1989	637	1989	268	01.01.84–31.12.97
	18.05.1999	2000	390	2000	439	2000	1 156	2000	1 383	01.01.1998
Lettland	21.02.1997	1998	330	1998	531	1998	2 630	1998	1 219	01.01.1996
Liberia	25.11.1970	1973	1 285	1973	615	1975	916	1975	943	01.01.1970
Liechtenstein	17.11.2011	2012	1 462	2013	488	2013	332	2013	507	01.01.2013
Litauen	22.07.1997	1998	1 571	1998	1 016	1998	2 962	1999	121	01.01.1995

Änderungen sind durch seitliche Striche gekennzeichnet

Fortsetzung siehe nächste Seite

[1] Gilt nicht für die VSt

Abkommen		Fundstelle				Inkrafttreten				Anwendung grundsätzlich ab
		BGBl. II		BStBl I		BGBl. II		BStBl I		
mit	vom	Jg.	S.	Jg.	S.	Jg.	S.	Jg.	S.	
(noch 1. Abkommen auf dem Gebiet der Steuern vom Einkommen und vom Vermögen)										
Luxemburg	23.04.2012	2012	1 403	2015	7	2014	728	2015	21	01.01.2014
Malaysia	08.04.1977	1978	925	1978	324	1979	288	1979	196	01.01.1971
	23.02.2010	2010	1 310	2011	329	2011	464	2011	344	01.01.2011
Malta	08.03.2001/	2001	1 297	2002	76	2002	320	2002	240	01.01.2002
	17.06.2010	2011	275	2011	742	2011	640	2011	745	01.01.2002
Marokko	07.06.1972	1974	21	1974	59	1974	1 325	1974	1 009	01.01.1974
Mauritius	15.03.1978	1980	1 261	1980	667	1981	8	1981	34	01.01.1979
	07.10.2011	2012	1 050	2013	388	2013	331	2013	402	01.01.2013
Mazedonien	13.07.2006	2010	1 153	2011	313	2011	462	2011	327	01.01.2011
Mexiko	23.02.1993/	1993	1 966	1993	964	1994	617	1994	310	01.01.1994
	09.07.2008	2009	746	2014	1.223	2010	62	2014	1.238	01.01.2010
Moldau, Republik	24.11.1981	1983	2	1983	90	1983	427	1983	352	01.01.1980
(DBA mit UdSSR gilt fort, BGBl. 1996 II S. 768)										
Mongolei	22.08.1994	1995	818	1995	607	1996	1 220	1996	1 135	01.01.1997
Montenegro	26.03.1987	1988	744	1988	372	1988	1 179	1989	35	01.01.1989
(DBA mit SFR Jugoslawien gilt fort, BGBl. 2011 II S. 745)										
Namibia	02.12.1993	1994	1 262	1994	673	1995	770	1995	678	01.01.1993
Neuseeland	20.10.1978	1980	1 222	1980	654	1980	1 485	1980	787	01.01.1978
Niederlande	12.04.2012/	2012	1 414	2016	47	2015	1 674	2016	75	01.01.2016
	11.01.2016	2016	866	2017	69	2016	1 352	2017	72	01.01.2017
Norwegen	04.10.1991/	1993	970	1993	655	1993	1 895	1993	926	01.01.1991
	24.06.2013	2014	906	2015	245	2015	346	2015	252	01.01.2015
Österreich	24.08.2000/	2002	734	2002	584	2002	2 435	2002	958	01.01.2003
	29.12.2010	2011	1 209	2012	366	2012	146	2012	369	01.01.2011
Pakistan[2]	14.07.1994	1995	836	1995	617	1996	467	1996	445	01.01.1995
Philippinen	22.07.1983	1984	878	1984	544	1984	1 008	1984	612	01.01.1985
	09.09.2013	2014	822	2016	252	2016	262	2016	266	01.01.2016
Polen	14.05.2003	2004	1 304	2005	349	2005	55	2005	363	01.01.2005
Portugal	15.07.1980	1982	129	1982	347	1982	861	1982	763	01.01.1983
Rumänien	04.07.2001	2003	1 594	2004	273	2004	102	2004	286	01.01.2004
Russische Föderation	29.05.1996/	1996	2 710	1996	1 490	1997	752	1997	363	01.01.1997
	15.10.2007	2008	1 398	2009	831	2009	820	2009	834	01.01.2010
Sambia	30.05.1973	1975	661	1975	688	1975	2 204	1976	7	01.01.1971
Schweden	14.07.1992	1994	686	1994	422	1995	29	1995	88	01.01.1995
Schweiz	11.08.1971/	1972	1 021	1972	518	1973	74	1973	61	01.01.1972
	30.11.1978/	1980	751	1980	398	1980	1 281	1980	678	01.01.1977
	17.10.1989/	1990	766	1990	409	1990	1 698	1991	93	01.01.1990
	21.12.1992/	1993	1 886	1993	927	1994	21	1994	110	01.01.1994
	12.03.2002/	2003	67	2003	165	2003	436	2003	329	01.01.02/01.01.04
	27.10.2010	2011	1 090	2012	512	2012	279	2012	516	01.01.11/01.01.12
Serbien	26.03.1987	1988	744	1988	372	1988	1 179	1989	35	01.01.1989
(Namensänderung; ehem. Bundesrepublik Jugoslawien), (DBA mit SFR Jugoslawien gilt fort, BGBl. 1997 II S. 961)										
Simbabwe	22.04.1988	1989	713	1989	310	1990	244	1990	178	01.01.1987
Singapur	28.06.2004	2006	930	2007	157	2007	24	2007	171	01.01.2007
Slowakei	19.12.1980	1982	1 022	1982	904	1983	692	1983	486	01.01.1984
(DBA mit Tschechoslowakei gilt fort, BGBl. 1993 II S. 762)										
Slowenien	03.05.2006/	2006	1 091	2007	171	2007	213	2007	183	01.01.2007
	17.05.2011	2012	154	2013	369	2013	330	2013	372	30.07.2012
Spanien	03.02.2011	2012	18	2013	349	2013	329	2013	363	01.01.2013
Sri Lanka	13.09.1979	1981	630	1981	610	1982	185	1982	373	01.01.1983
Südafrika	25.01.1973	1974	1 185	1974	850	1975	440	1975	640	01.01.1965
Syrien	17.02.2010	2010	1 359	2011	345	2011	463	2011	358	01.01.2011
Tadschikistan	27.03.2003	2004	1 034	2005	15	2004	1 565	2005	27	01.01.2005
Thailand	10.07.1967	1968	589	1968	1 046	1968	1 104	1969	18	01.01.1967
Trinidad und Tobago	04.04.1973	1975	679	1975	697	1977	263	1977	192	01.01.1972
Tschechien	19.12.1980	1982	1 022	1982	904	1983	692	1983	486	01.01.1984
(DBA mit Tschechoslowakei gilt fort, BGBl. 1993 II S. 762)										
Tunesien	23.12.1975	1976	1 653	1976	498	1976	1 927	1977	4	01.01.1976
Türkei	16.04.1985	1989	866	1989	471	1989	1 066	1989	482	01.01.1990
	19.09.2011	2012	526	2013	373	2013	329	2013	387	01.01.2011

Änderungen sind durch seitliche Striche gekennzeichnet

Fortsetzung siehe nächste Seite

---

[2] Gilt nicht für die VSt

Abkommen		Fundstelle				Inkrafttreten				Anwendung
		BGBl. II		BStBl I		BGBl. II		BStBl I		grundsätzlich
mit	vom	Jg.	S.	Jg.	S.	Jg.	S.	Jg.	S.	ab
(noch 1. Abkommen auf dem Gebiet der Steuern vom Einkommen und vom Vermögen)										
Turkmenistan	24.11.1981	1983	2	1983	90	1983	427	1983	352	01.01.1980
(DBA mit UdSSR gilt fort, Bericht der Botschaft Aschgabat vom 11. August 1999 – Nr. 377/99)										
	25.08.2016	2017	573			2017	1 559			01.01.2018
Ukraine	03.07.1995	1996	498	1996	675	1996	2 609	1996	1 421	01.01.1997
Ungarn	28.02.2011	2011	919	2012	155	2012	47	2012	168	01.01.2012
Uruguay	05.05.1987	1988	1 060	1988	531	1990	740	1990	365	01.01.1991
	09.03.2010	2011	954	2012	350	2012	131	2012	365	01.01.2012
Usbekistan	07.09.1999/	2001	978	2001	765	2002	269	2002	239	01.01.2002
	14.10.2014	2015	1 198	2016	267	2016	263	2016	271	01.01.2016
Venezuela	08.02.1995	1996	727	1996	611	1997	1 809	1997	938	01.01.1997
Vereinigte Arab. Emirate	01.07.2010	2011	538	2011	942	2011	873	2011	955	01.01.2009
Vereinigtes Königreich	30.03.2010/	2010	1 333	2011	469	2011	536	2011	485	01.01.2011
	17.03.2014	2015	1 297	2016	192	2016	136	2016	195	01.01.2016
Vereinigte Staaten	29.08.1989/	1991	354	1991	94	1992	235	1992	262	01.01.1990
	01.06.2006	2006	1 184	2008	766	2008	117	2008	782	01.01.07/01.01.08
(Bekanntmachung der Neufassung 04.06.2008)		2008	611/851	2008	783					
Vietnam	16.11.1995	1996	2 622	1996	1 422	1997	752	1997	364	01.01.1997
Zypern	18.02.2011	2011	1 068	2012	222	2012	117	2012	235	01.01.2012

Änderungen sind durch seitliche Striche gekennzeichnet

Fortsetzung siehe nächste Seite

| Abkommen | | Fundstelle | | | | Inkrafttreten | | | | Anwendung grundsätzlich ab |
| | | BGBl. II | | BStBl I | | BGBl. II | | BStBl I | | |
mit	vom	Jg.	S.	Jg.	S.	Jg.	S.	Jg.	S.	
2. Abkommen auf dem Gebiet der Erbschaft- und Schenkungsteuern										
Dänemark[3]	22.11.1995	1996	2 565	1996	1 219	1997	728	1997	624	01.01.1997
Frankreich	12.10.2006	2007	1 402	2009	1 258	2009	596	2009	1 266	03.04.2009
Griechenland	18.11.1910/	1912	173[4]			1953	525	1953	377	01.01.1953
	01.12.1910									
Schweden[3]	14.07.1992	1994	686	1994	422	1995	29	1995	88	01.01.1995
Schweiz	30.11.1978	1980	594	1980	243	1980	1 341	1980	786	28.09.1980
Vereinigte Staaten	03.12.1980/	1982	847	1982	765	1986	860	1986	478	01.01.1979
	14.12.1998	2000	1 170	2001	110	2001	62	2001	114	15.12.2000
(Bekanntmachung der Neufassung 21.12.2000)		2001	65	2001	114					
3. Sonderabkommen betreffend Einkünfte und Vermögen von Schifffahrt (S)- und Luftfahrt (L)-Unternehmen[5]										
Brasilien (S) (Protokoll)	17.08.1950	1951	11			1952	604			10.05.1952
Chile (S) (Handelsvertrag)	02.02.1951	1952	325			1953	128			08.01.1952
Hongkong (L)	08.05.1997	1998	2 064	1998	1 156	1999	26	2000	1 554	01.01.1998
Hongkong (S)	13.01.2003	2004	34	2005	610	2005	332	2005	613	01.01.1998
Insel Man (S)	02.03.2009	2010	968	2011	510	2011	534	2011	511	01.01.2010
Jemen (L)	02.03.2005	2006	538	2006	229	2007	214	2007	231	01.01.1982
Kolumbien (S, L)	10.09.1965	1967	762	1967	24	1971	855	1971	340	01.01.1962
Panama (S,L)	21.11.2016	2017	1 072			2017	1 511			01.01.2017
Paraguay (L)	27.01.1983	1984	644	1984	456	1985	623	1985	222	01.01.1979
Saudi-Arabien (L)	08.11.2007	2008	782	2009	866	2009	1 027	2009	869	01.01.1967
Venezuela (S, L)	23.11.1987	1989	373	1989	161	1989	1 065	1990	2	01.01.1990
4. Abkommen auf dem Gebiet der Rechts- und Amtshilfe und des Informationsaustauschs										
Andorra	25.11.2010	2011	1 223	2017	81	2012	146	2017	88	01.01.2013
Anguilla	19.03.2010	2010	1 381	2012	100	2011	948	2012	107	01.01.2012
Antigua und Barbuda	19.10.2010	2011	1 212	2017	388	2012	737	2017	395	01.01.2013
Bahamas	09.04.2010	2011	642	2012	267	2012	63	2012	274	01.01.2012
Bermuda	03.07.2009	2012	1 306	2013	692	2013	330	2013	702	01.01.2013
Britische Jungferninseln	05.10.2010	2011	895	2012	283	2012	53	2012	291	01.01.2012
Cookinseln	03.04.2012	2013	665	2017	289	2014	102	2017	296	01.01.2014
Dänemark[3]	22.11.1995	1996	2 565	1996	1 219	1997	728	1997	624	01.01.1997
Gibraltar	13.08.2009	2010	984	2011	521	2011	535	2011	527	01.01.2011
Grenada	03.02.2011	2013	654	2017	405	2013	1 649	2017	412	01.01.2014
Guernsey	26.03.2009	2010	973	2011	514	2011	535	2011	520	01.01.2011
Insel Man	02.03.2009	2010	957	2011	504	2011	534	2011	509	01.01.2011
Italien	09.06.1938	1939	124[4]	1939	377[4]	1956	2 154	1957	142	23.01.1939
Jersey	04.07.2008	2009	578	2010	166	2010	38	2010	177	01.01.2010
Kaimaninseln	27.05.2010	2011	664	2011	841	2011	823	2011	848	01.01.2012
Liechtenstein	02.09.2009	2010	950	2011	286	2011	326	2011	292	01.01.2010
Monaco	27.07.2010	2011	653	2017	73	2012	92	2017	80	01.01.2012
Montserrat	28.10.2011	2012	1 321	2017	396	2014	517	2017	404	01.01.2015
Niederlande	21.05.1999	2001	2	2001	66	2001	691	2001	539	23.06.2001
Österreich	04.10.1954	1955	833	1955	434	1955	926	1955	743	26.11.1955
San Marino	21.06.2010	2011	908	2013	684	2012	147	2013	691	01.01.2012
Schweden[3]	14.07.1992	1994	686	1994	422	1995	29	1995	88	01.01.1995
St.Kitts und Nevis	19.10.2010	2015	1 286	2017	297	2016	1 242	2017	304	01.01.2017
St. Lucia	07.06.2010	2011	264	2013	760	2013	559	2013	767	01.01.2014
St. Vincent und Grenadinen	29.03.2010	2011	253	2011	777	2011	696	2011	784	01.01.2012
Turks und Caicos Inseln	04.06.2010	2011	882	2012	275	2012	116	2012	282	01.01.2012
Vereinigte Staaten	31.05.2013	2013	1 362	2014	242	2014	111	2014	264	11.12.2013

Änderungen sind durch seitliche Striche gekennzeichnet

Fortsetzung siehe nächste Seite

[3] Die Erbschaftsteuer bzw. Vorschriften zur Rechts- und Amtshilfe sind in den unter I.1. bzw. II.1 aufgeführten Abkommen enthalten.

[4] Angabe bezieht sich auf RGBl bzw. RStBl.

[5] Siehe auch Bekanntmachungen über die Steuerbefreiungen nach § 49 Abs. 4 EStG (und § 2 Abs. 3 VStG):

Äthiopien L (BStBl 1962 I S. 536),
Afghanistan L (BStBl 1964 I S. 411),
Brasilien S, L (BStBl 2006 I S. 216),
Chile L (BStBl 1977 I S. 350),
Fidschi S (BStBl 2015 I S. 1087)
Irak S, L (BStBl 1972 I S. 490),
Jordanien L (BStBl 1976 I S. 278),
Katar L (BStBl 2006 I S. 3)
Libanon S, L (BStBl 1959 I S. 198),
Malediven L (BStBl 2015 I S. 675),
Papua-Neuguinea L (BStBl 1989 I S. 115),),
Seychellen L (BStBl 1998 I S. 582
Sudan L (BStBl 1983 I S. 370) und
Zaire S, L (BStBl 1990 I S. 178).

II. Künftige Abkommen und laufende Verhandlungen

Abkommen mit	Art des Abkommens[6]	Sachstand[7]		Geltung für		Bemerkungen
				Veranlagungs-steuern[8] ab	Abzug-steuern[9] ab	
1. Abkommen auf dem Gebiet der Steuern vom Einkommen und vom Vermögen						
Ägypten	R-A	P:	09.11.2012	KR	KR	
Angola	A	V:				
Äthopien	A	V:				
Argentinien	R-A	V:				
Bangladesch	R-A	V:				
Belgien	R-A	P:	11.12.2013	KR		
Bolivien	R-A	V:				
Botsuana	A	V:				
Bulgarien	R-P	V:		KR	KR	
Costa Rica	R-P	V:				
Dänemark	R-P	P:	14.12.2017	KR	KR	
Ecuador	R-A	P:	19.10.2012	KR	KR	
Finnland	R-P	P:	29.11.2017	KR	KR	
Griechenland	R-A	V:		KR	KR	
Hongkong	A	V:				
Indien	R-P	V:				
Iran	R-A	V:				
Island	R-A	V:		KR	KR	
Irland	R-P	V:		KR	KR	
Israel	R-P	V:				
Jordanien	A	V:				
Kanada	R-P	V:				
Katar	A	V:				
Kirgisistan	R-P	V:				
Kolumbien	A	V:				
Korea, Republik	R-P	V:				
Kosovo	A	V:				
Kroatien	R-P	P:	11.06.2013	KR	KR	
Kuba	A					
Kuwait	R-P	V:				
Lettland	R-P	V:				
Liberia	R-P	V:				
Maurutius	R-P	V:				
Mazedonien	R-P	U:	14.11.2016	KR	KR	
Mexico	R-P	V:				
Namibia	R-P	V:				
Nigeria	A	V:				
Norwegen	R-P	V:		KR	KR	
Oman	A	U:	15.08.2012	KR	KR	ab 1985 für int. Verkehr
	R-P	V:				
Polen	R-P	P:	27.11.2017	KR	KR	
Portugal	R-A	P:	26.10.2017			
Ruanda	A	V:				
Rumänien	R-P	V:		KR	KR	
Russische Föderation	R-P	V:				
Schweden	R-P	V:				
Schweiz	R-A/P	V:				
Senegal	A	V:				
Serbien	A	V:				
Singapur	R-P	P:	27.09.2012	KR	KR	
Slowenien	R-P	V:		KR	KR	
Sri Lanka	R-A	P:	24.08.2012	KR	KR	
Südafrika	R-A	U:	09.09.2008	KR	KR	
Tadschikistan	R-P	V:				
Tansania	A	V:				
Trinidad und Tobago	R-A	P:	16.01.2015			
Tschechien	R-A	V:				
Tunesien	R-A	P:	04.06.2010	KR	KR	
Ukraine	R-P	V:				
Vereinigtes Königreich	R-P	V:		KR	KR	
Vietnam	R-P	V:				
Zypern	R-P	V:		KR	KR	

Änderungen sind durch seitliche Striche gekennzeichnet

Fortsetzung siehe nächste Seite

[6]
A   Erstmaliges Abkommen
R-A: Revisionsabkommen als Ersatz eines bestehenden Abkommens
R-P: Revisionsprotokoll zu einem bestehenden Abkommen
E-P: Ergänzungsprotokoll zu einem bestehenden Abkommen
[7]
V: Verhandlung
P: Paraphierung
U: Unterzeichnung hat stattgefunden, Gesetzgebungs- oder Ratifikationsverfahren noch nicht abgeschlossen
[8] Einkommen-, Körperschaft-, Gewerbe- und Vermögensteuer   KR: Keine Rückwirkung vorgesehen
[9] Abzugsteuern von Dividenden, Zinsen und Lizenzgebühren   KR: Keine Rückwirkung vorgesehen

Abkommen mit	Art des Abkommens[10]	Sachstand[11]	Geltung für Veranlagungssteuern[12] ab	Abzugsteuern[13] ab	Bemerkungen
2. Abkommen auf dem Gebiet der Erbschaft- und Schenkungsteuern					
3. Sonderabkommen betreffend Einkünfte und Vermögen von Schifffahrt (S)- und Luftfahrt (L)-Unternehmen					
Bahrain	A (L)	P: 08.07.2010	KR	KR	
Brasilien	A (L/S)	V:			
Kamerun	A (L)	U: 24.08.2017	KR	KR	
4. Abkommen auf dem Gebiet der Amtshilfe und des Informationsaustauschs					
Aruba	A	U: 29.06.2017	KR	KR	
Bahamas	E-P	V:			
Bahrain	A	P: 08.07.2010	KR	KR	
Barbados	A	P: 30.11.2011	KR	KR	
Brasilien	A	V:			
Brunei	A	V:			
Dominica	A	U: 21.09.2010	KR	KR	
Macau	A	V:			
Panama	A	P: 13.05.2013	KR	KR	

Änderungen sind durch seitliche Striche gekennzeichnet

---

[10] A: Erstmaliges Abkommen
R-A: Revisionsabkommen als Ersatz eines bestehenden Abkommens
R-P: Revisionsprotokoll zu einem bestehenden Abkommen
E-P: Ergänzungsprotokoll zu einem bestehenden Abkommen
[11] V: Verhandlung
P: Paraphierung
U: Unterzeichnung hat stattgefunden, Gesetzgebungs- oder Ratifizierungsverfahren noch nicht abgeschlossen
[12] Einkommen-, Körperschaft-, Gewerbe- und Vermögensteuer   KR: Keine Rückwirkung vorgesehen
[13] Abzugsteuern von Dividenden, Zinsen und Lizenzgebühren   KR: Keine Rückwirkung vorgesehen

Entschädigung

→ BMF vom 12. 11. 2014 (BStBl I S. 1467), Tz. 5.5.   Anhang 9

EU/EWR-Staatsangehörige

→ H 1 (Staatsangehörige EU/EWR)

Europäische Union

EU-Tagegelder

Steuerliche Behandlung des von Organen der Europäischen Union gezahlten Tagegeldes für in ihrem Bereich verwendete Beamte

(BMF-Schreiben vom 12. 4. 2006 – IV B 3 – S 1311 – 75/06 –, BStBl I S. 340)

Unter Bezugnahme auf das Ergebnis der Erörterungen mit den obersten Finanzbehörden der Länder gilt für die steuerliche Behandlung des von den Organen der EU gezahlten Tagegeldes für in ihrem Geschäftsbereich verwendete Beamtinnen und Beamte Folgendes:

1. Allgemeines

   Die EU zahlt an ihren Organen zugewiesene nationale Sachverständige (Beamte) ein Tagegeld (EU-Tagegeld). Darüber hinaus erhält der Beamte während der Zuweisung bei der EU die ihm aus seinem Amt zustehende Besoldung von seiner Herkunftsdienststelle.

2. Steuerliche Behandlung nach nationalem deutschen Recht

   Wird der Beamte nach § 123a Abs. 1 Beamtenrechtsrahmengesetz (BRRG) zugewiesen und wird die Zuweisung einer Abordnung i. S. des § 58 Abs. 1 Satz 2 Bundesbesoldungsgesetz (BBesG) gleich gestellt, erhält der Beamte neben den Inlandsdienstbezügen bei Vorliegen der sonstigen Voraussetzungen von seinem deutschen Dienstherrn (steuerfreie) Auslandsdienstbezüge nach § 52 Abs. 1 BBesG.

Das EU-Tagegeld ist Arbeitslohn, weil es auf Grund des vorübergehenden Dienstverhältnisses mit der EU gezahlt wird. Es bleibt jedoch steuerfrei, soweit es auf steuerfreie Auslandsdienstbezüge angerechnet wird (§ 3 Nr. 64 EStG i. V. m. § 9a Abs. 2 BBesG), siehe auch Nr. 5.

3. Keine Steuerbefreiung nach Art. 13 des Protokolls über die Vorrechte und Befreiungen der Europäischen Gemeinschaft vom 8. April 1965

Die EU ist für die ihr zugewiesenen Beamten zwar auch als Arbeitgeberin i. S. des Art. 15 Abs. 2 Nr. 2 Doppelbesteuerungsabkommen-Belgien (DBA-Belgien) anzusehen, die betroffenen Personen sind aber trotzdem keine Beamten oder sonstigen Bediensteten der EU. Die vergüteten Tagegelder unterliegen daher nicht Art. 13 des Protokolls über die Vorrechte und Befreiungen der Europäischen Gemeinschaft vom 8. April 1965 und sind daher nicht steuerbefreit.

4. Zuordnung des Besteuerungsrechts nach den DBA

Für die dem Beamten gewährten Inlandsdienstbezüge steht nach den Vorschriften des jeweils einschlägigen DBA über die Bezüge aus öffentlichen Kassen der Vertragsstaaten (z. B. Art. 19 DBA-Belgien, Art. 11 DBA-Luxemburg) Deutschland als Kassenstaat das Besteuerungsrecht zu. Der inländische Dienstherr bleibt weiterhin Arbeitgeber im abkommensrechtlichen Sinne.

Für das EU-Tagegeld ist die Vorschrift über Einkünfte aus nichtselbständiger Arbeit des jeweiligen DBA anzuwenden (z. B. Art. 15 DBA-Belgien, Art. 10 DBA-Luxemburg); die Kassenstaatsklauseln finden keine Anwendung. Danach hat der Staat das Besteuerungsrecht, in dem die nichtselbständige Arbeit ausgeübt wird. Der Ort der Arbeitsausübung befindet sich grundsätzlich dort, wo sich der Arbeitnehmer zur Ausführung seiner Tätigkeit persönlich aufhält. In der Regel steht daher den Tätigkeitsstaaten (z. B. Belgien, Luxemburg) das Besteuerungsrecht zu. Das die EU-Tagegelder zahlende und wirtschaftlich tragende EU-Organ ist während der Tätigkeit des Beamten bei diesem Organ – neben dem inländischen Dienstherrn – (partiell) auch dessen Arbeitgeber im abkommensrechtlichen Sinne (BFH vom 15. März 2000, BStBl 2002 II S. 238).

Ist der Beamte (weiterhin) in Deutschland ansässig und übt er seine Tätigkeit bei einem Organ der EU (in dem maßgebenden Veranlagungszeitraum) nicht länger als 183 Tage aus, wird das EU-Tagegeld grundsätzlich in Deutschland besteuert. Dies gilt jedoch nicht, wenn das die EU-Tagegelder zahlende und wirtschaftlich tragende Organ der EU seinen Sitz im Tätigkeitsstaat hat und somit i. S. des DBA ansässig ist.

Beispiel 1:

Zuweisung des Beamten zur Europäischen Kommission, Tätigkeit in Brüssel.

Die EU-Kommission (Arbeitgeberin) hat ihren Sitz in Brüssel; sie ist damit in Belgien ansässig i. S. des Art. 4 Abs. 1 DBA-Belgien. Das Besteuerungsrecht für das EU-Tagegeld steht somit Belgien zu (Art. 15 Abs. 1 DBA-Belgien).

Beispiel 2:

Zuweisung des Beamten zur Europäischen Kommission, Tätigkeit in Luxemburg.

Die EU-Kommission (Arbeitgeberin) ist in Belgien ansässig, der Beamte ist aber in Luxemburg tätig. Das Besteuerungsrecht für die EU-Tagegelder steht Luxemburg zu, wenn sich der Beamte mehr als 183 Tage in Luxemburg aufhält (Art. 10 Abs. 1 DBA-Luxemburg; die Voraussetzungen des Art. 10 Abs. 2 Nr. 1 DBA-Luxemburg sind nicht erfüllt). Hält sich der Beamte nicht mehr als 183 Tage in Luxemburg auf, steht das Besteuerungsrecht für die EU-Tagegelder Deutschland zu, weil die Arbeitgeberin des Beamten nicht in Luxemburg ansässig ist (Art. 10 Abs. 2 Nr. 2 DBA-Luxemburg).

Wird das EU-Tagegeld nach einem DBA von der deutschen Steuer freigestellt, ist gem. § 32b Abs. 1 Nr. 2 und 3 EStG bei unbeschränkter Steuerpflicht der Steuersatz anzuwenden, der sich unter Berücksichtigung des EU-Tagegeldes ergibt (Progressionsvorbehalt). Dies gilt nicht, soweit das EU-Tagegeld gem. § 9a Abs. 2 BBesG auf steuerfreie Auslandsdienstbezüge angerechnet wird (vgl. Nr. 5).

5. Anrechnung des EU-Tagegeldes auf steuerfreie Auslandsdienstbezüge

Steuerfreie Auslandsdienstbezüge und das EU-Tagegeld werden auf Grund der besoldungsrechtlich vorgeschriebenen Anrechnung grundsätzlich nicht in voller Höhe nebeneinander gezahlt (§ 9a Abs. 2 BBesG).

Bei der Besteuerung nach dem Einkommen ist nur der Teil des EU-Tagegeldes zu berücksichtigen, der die steuerfreien Auslandsdienstbezüge, die dem Steuerpflichtigen gezahlt würden, wenn er kein EU-Tagegeld erhalten hätte, übersteigt. Bei der Berechnung dieses Teils des EU-Tagegeldes ist die Höhe der steuerfreien Auslandsdienstbezüge, die dem Steuerpflichtigen ohne Zahlung von EU-Tagegeld zustehen würden, zu ermitteln und von dem insgesamt gezahlten EU-Tagegeld abzuziehen, auch wenn der Steuerpflichtige tatsächlich keine steuerfreien Auslandsdienstbezüge erhält (fiktive Anrechnung).

Beispiel:

Ein Steuerpflichtiger übt während des gesamten Kalenderjahrs eine Tätigkeit als nationaler Sachverständiger (Beamter) bei einem Organ der EU aus. Er erhält hierfür neben seinen Inlandsdienstbezügen ein EU-Tagegeld in Höhe von 3 000 € monatlich. Würde ihm kein EU-Tagegeld gezahlt werden, hätte er steuerfreie Auslandsdienstbezüge in Höhe von insgesamt 2 500 € monatlich erhalten. Der bei der Besteuerung zu berücksichtigende Teil des EU-Tagegeldes berechnet sich wie folgt:

Jahresbetrag des EU-Tagegeldes

(12 × 3 000 EUR) 36 000 EUR

abzüglich

Jahresbetrag der steuerfreien Auslandsdienstbezüge,

die dem Steuerpflichtigen ohne Zahlung von EU-

Tagegeld zustehen würden (12 × 2 500 EUR) = 30 000 EUR

Übersteigender Betrag des EU-Tagegeldes 6 000 EUR

Bei der Besteuerung nach dem Einkommen ist das EU-Tagegeld in Höhe von 6 000 € zu berücksichtigen.

Die steuerfreien Auslandsdienstbezüge sind geregelt in §§ 52 ff. BBesG in der Fassung der Bekanntmachung vom 6. August 2002 (BGBl. I S. 3020), zuletzt geändert durch Artikel 3 Abs. 10 des Gesetzes vom 7. Juli 2005 (BGBl. I S. 1970) und durch Artikel 2 des Gesetzes vom 22. September 2005 (BGBl. I S. 2809). Bei Zweifelsfragen empfiehlt es sich, die für die Besoldung des Steuerpflichtigen zuständige Dienststelle um Amtshilfe zu bitten.

Dieses Schreiben tritt an die Stelle des BMF-Schreibens vom 12. März 2002 – IV B 6 – S 1300–157/01 – (BStBl I S. 483), welches hiermit aufgehoben wird. Es ist in allen noch offenen Fällen anzuwenden.

Gastlehrkräfte

Besteuerung von Gastlehrkräften
nach den Doppelbesteuerungsabkommen (DBA)

(BMF-Schreiben vom 10. 1. 1994, BStBl I S. 14)

Unter Bezugnahme auf das Ergebnis der Erörterungen mit den obersten Finanzbehörden der Länder gilt für die Besteuerung der Gastlehrkräfte nach den Doppelbesteuerungsabkommen (DBA) folgendes:

1. Die DBA enthalten unterschiedliche Regelungen zur Befreiung von Lehrtätigkeitsvergütungen bei Gastlehrkräften. Die Befreiung von der deutschen Steuer kann davon abhängen, daß der Gastlehrer im Entsendestaat im Sinne des DBA ansässig bleibt oder daß er zumindest unmittelbar vor Aufnahme der Tätigkeit dort ansässig war. Nach einigen Abkommen setzt die Steuerfreiheit voraus, daß die Vergütungen aus Quellen außerhalb des Tätigkeitsstaats stammen. Die Besonderheiten des jeweiligen Abkommens sind zu beachten. Wird die Lehrkraft aus öffentlichen Kassen des ausländischen Entsendestaats besoldet, sind die Bestimmungen des Abkommens über Zahlungen aus öffentlichen Kassen anzuwenden.

2. Nach mehreren DBA sind die Lehrkräfte aus dem jeweiligen Partnerstaat mit ihren Einkünften aus der Lehrtätigkeit in Deutschland von der deutschen Einkommensteuer befreit, wenn sie sich hier vorübergehend für höchstens zwei Jahre zu Unterrichtszwecken aufhalten (z. B. Artikel XIII DBA-Großbritannien). Bei längerem Aufenthalt tritt für in den ersten beiden Aufenthaltsjahren erzielte Einkünfte aus Lehrtätigkeit auch dann keine Steuerbefreiung ein (wie bisher schon im Verhältnis zu Großbritannien), wenn ursprünglich eine kürzere Verweildauer geplant war und der Aufenthalt später verlängert wurde; es ist auf die objektiv feststellbare Verweildauer abzustellen (BFH-Urteil vom 22. Juli 1987, BStBl II S. 842).

Liegt ein Zeitraum von mehr als 6 Monaten zwischen zwei Aufenthalten, so gelten die Aufenthalte nicht als zusammenhängend. Beträgt der Zeitraum weniger als 6 Monate, so gilt der Aufenthalt als nicht unterbrochen, es sei denn, aus den Umständen des Einzelfalls ergibt sich, daß die beiden Aufenthalte völlig unabhängig voneinander sind.

Ist nach einem Doppelbesteuerungsabkommen die Steuerbefreiung von einem Antrag abhängig, darf der Lohnsteuerabzug nur dann unterbleiben, wenn das Betriebsstättenfinanzamt bescheinigt, daß der Arbeitslohn nicht der deutschen Lohnsteuer unterliegt (vgl. BFH-Urteil vom 10. Mai 1989 – BStBl II S. 755). Ist die Steuerbefreiung nach einem Doppelbesteuerungsabkommen antragsunabhängig, hat das Betriebsstättenfinanzamt gleichwohl auf Antrag eine Freistellungsbescheinigung zu erteilen. Wird nach einem Doppelbesteuerungsabkommen zulässigerweise kein Antrag gestellt, kann die Überprüfung der für die

Lohnsteuerbefreiung maßgebenden 2-Jahresfrist im Rahmen einer Lohnsteuer-Außenprüfung und unter Umständen die Inanspruchnahme des Arbeitgebers als Haftungsschuldner in Frage kommen.

Ist zweifelhaft, ob es bei einer ursprünglich vorgesehenen längstens zweijährigen Aufenthaltsdauer bleibt, können Freistellungsbescheinigungen unter dem Vorbehalt der Nachprüfung (§ 164 AO) erteilt werden und Steuerfestsetzungen nach § 165 AO insoweit vorläufig erfolgen oder ausgesetzt werden.

3. Unabhängig von dem in Nummer 2 dargestellten Grundsatz kann im Einzelfall nach Maßgabe der allgemeinen Vorschriften eine Billigkeitsmaßnahme in Betracht kommen, z. B. bei Verlängerung des Aufenthalts einer Gastlehrkraft im Falle einer Schwangerschaft. Ebenso kann in Fällen, in denen der vorübergehende Aufenthalt der Gastlehrkraft durch Heirat mit einem hier Ansässigen und Begründung des Familienwohnsitzes im Inland beendet wird, von einer Nachversteuerung der bis zum Zeitpunkt der Eheschließung bezogenen Bezüge abgesehen werden, sofern die bis dahin ausgeübte Gastlehrtätigkeit den Zeitraum von höchstens zwei Jahren nicht überschreitet.

4. Lehranstalten im Sinne dieser Regelungen können neben Universitäten, Schulen und anderen Lehranstalten des jeweiligen Staates auch private Institute sein. Voraussetzung ist, daß sie nach Struktur und Zielsetzung mit öffentlichen Lehranstalten, gleich welchen Typs, vergleichbar sind. Insbesondere müssen sie einen ständigen Lehrkörper besitzen, der nach einem festen Lehrplan Unterricht mit einem genau umrissenen Ziel erteilt, das auch von vergleichbaren öffentlichen Lehranstalten verfolgt wird. Das Vorliegen dieser Voraussetzungen kann im allgemeinen bei privaten Lehranstalten unterstellt werden, soweit ihnen Umsatzsteuerfreiheit nach § 4 Nr. 21 Buchstabe a oder b UStG gewährt wird. Nicht erfüllt werden diese Voraussetzungen z. B. von Fernkursveranstaltern und anderen Einrichtungen, bei denen nur ein sehr loses Verhältnis zwischen Lehranstalt und Schülern besteht oder bei denen die Lehrkräfte ihre Tätigkeit in der Hauptsache nebenberuflich ausüben.

Forschungsinstitutionen mit mehreren Instituten können nicht in ihrer Gesamtheit als Lehranstalt im Sinne der Doppelbesteuerungsabkommen anerkannt werden. Eine Anerkennung ist nur für die einzelnen Institute möglich, sofern diese die Voraussetzungen hierfür nachweisen oder sich durch Bescheinigungen der zuständigen Kultusministerien als Lehranstalten ausweisen.

5. Als Lehrer ist jede Person anzusehen, die an einer Lehranstalt eine Lehrtätigkeit hauptberuflich ausübt. Ein besonderer Nachweis der Qualifikation ist nicht zu fordern.

6. Soweit aufgrund der Nummer 2 für die ersten beiden Aufenthaltsjahre keine Steuerfreiheit eintritt, ist das BFH-Urteil vom 22. Juli 1987 (BStBl II S. 842) für Veranlagungszeiträume vor 1988 in noch offenen Fällen nicht über den entschiedenen Einzelfall hinaus anzuwenden.

7. Dieses Schreiben tritt an die Stelle meiner Schreiben vom 8. April 1953 – IV – S 2227 – 14/53 –, 4. September 1975 – IV C 5 – S 1300 – 343/75 –, 5. April 1976 – V C 5 – S 1301 Gr Br – 43/76 –, 15. Juli 1980 – IV C 5 – S 1300 – 242/80 –, 23. August 1985 – IV C 6 – S 1301 SAf – 6/85 – und 18. August 1986 – IV C 5 – S 1301 GB – 35/86 –.

Grenzpendler

innerhalb der EU/EWR und außerhalb der EU/EWR
→ H 1 (Antrag zur unbeschränkten Steuerpflicht)

→ Anhang 9

→ Anhang 40

Künstler

→ BMF vom 31. 7. 2002 (BStBl I S. 707) unter Berücksichtigung der Änderungen durch BMF vom 28. 3. 2013 (BStBl I S. 443).

Besteuerung der Einkünfte aus nichtselbständiger Arbeit bei beschränkt einkommensteuerpflichtigen Künstlern[1]

(BMF-Schreiben vom 31. 7. 2002 – IV C 5 – S 2369 – 5/02 –, BStBl I S. 707
– unter Berücksichtigung der Änderungen durch BMF vom 28. 3. 2013 (BStBl I S. 443) –

Unter Bezugnahme auf das Ergebnis der Erörterung mit den obersten Finanzbehörden der Länder gilt für die Besteuerung der Einkünfte aus nichtselbständiger Arbeit bei beschränkt einkommensteuerpflichtigen Künstlern Folgendes:

---

[1] Die nachfolgenden Regelungen gelten grundsätzlich auch im ELStAM-Verfahren.

1. Abgrenzung der nichtselbständigen Arbeit

Für die Abgrenzung zwischen selbständiger Tätigkeit und nichtselbständiger Tätigkeit bei beschränkter Einkommensteuerpflicht sind die Regelungen maßgebend, die für unbeschränkt einkommensteuerpflichtige Künstler in Tz. 1, insbesondere in Tz. 1.1.2, des BMF-Schreibens vom 5. Oktober 1990 (BStBl I S. 638) getroffen worden sind.

2. Steuerabzug vom Arbeitslohn

2.1 Verpflichtung zum Lohnsteuerabzug

Die Einkünfte der beschränkt einkommensteuerpflichtigen Künstler aus nichtselbständiger Arbeit unterliegen ab 1996 nicht mehr der Abzugssteuer nach § 50a Abs. 4 EStG, sondern der Lohnsteuer, wenn der Arbeitgeber ein inländischer Arbeitgeber im Sinne des § 38 Abs. 1 Satz 1 Nr. 1 EStG ist, der den Lohnsteuerabzug durchzuführen hat.

2.2 Freistellung vom Lohnsteuerabzug

Der Lohnsteuerabzug darf nur dann unterbleiben, wenn der Arbeitslohn nach den Vorschriften eines Doppelbesteuerungsabkommens von der deutschen Lohnsteuer freizustellen ist. Dies ist vielfach für künstlerische Tätigkeiten im Rahmen eines Kulturaustausches vorgesehen. Das Betriebsstättenfinanzamt hat auf Antrag des Arbeitnehmers oder des Arbeitgebers (im Namen des Arbeitnehmers) eine entsprechende Freistellungsbescheinigung nach R 123 LStR[1] zu erteilen (§ 39b Abs. 6 in Verbindung mit § 39d Abs. 3 Satz 4 EStG).

3. Erhebung der Lohnsteuer nach den Regelvorschriften

3.1 Bescheinigung des Betriebsstättenfinanzamts

Zur Durchführung des Lohnsteuerabzugs hat das Betriebsstättenfinanzamt auf Antrag des Arbeitnehmers oder des Arbeitgebers (im Namen des Arbeitnehmers) eine Bescheinigung über die maßgebende Steuerklasse und den vom Arbeitslohn ggf. abzuziehenden Freibetrag zu erteilen (§ 39d Abs. 1 Satz 3 und Abs. 2 EStG). Dabei kommt ein Freibetrag nur in Betracht, soweit die Werbungskosten, die im wirtschaftlichen Zusammenhang mit der im Inland ausgeübten künstlerischen Tätigkeit stehen, den zeitanteiligen Arbeitnehmer-Pauschbetrag (§ 9a Satz 1 Nr. 1 EStG) und die abziehbaren Ausgaben für steuerbegünstigte Zwecke im Sinne des § 10b EStG den zeitanteiligen Sonderausgaben-Pauschbetrag (§ 10c Abs. 1 EStG) übersteigen (§ 50 Abs. 1 Satz 6 EStG[2]).

Der Zeitanteil des Arbeitnehmer-Pauschbetrags und des Sonderausgaben-Pauschbetrags bestimmt sich nach der (voraussichtlichen) Dauer des jeweiligen Dienstverhältnisses. Dabei ist der Beginn des Dienstverhältnisses besonders anzugeben. Auf Antrag kann der Beginn des Dienstverhältnisses zurückdatiert werden, soweit glaubhaft gemacht ist, dass der Künstler in der Zwischenzeit nicht bereits für einen anderen inländischen Arbeitgeber als Arbeitnehmer beschäftigt war. Dabei gilt jedoch die Einschränkung, dass für je zwei Tage der tatsächlichen Beschäftigungsdauer nur eine Zurückdatierung um eine Woche, insgesamt jedoch höchstens um einen Monat zulässig ist. Tz. 2.2.1 des BMF-Schreibens vom 5. Oktober 1990 (BStBl I S. 638) ist sinngemäß anzuwenden.

Der ermittelte Freibetrag ist durch Aufteilung in Monatsbeträge, erforderlichenfalls auch in Wochen- und Tagesbeträge, ebenfalls auf die (voraussichtliche) Dauer des Dienstverhältnisses zu verteilen; auf Antrag des Künstlers kann nach R 125 Abs. 8 LStR[3] auch die restliche Dauer des Dienstverhältnisses zu Grunde gelegt werden.

Die Bescheinigung ist vom Arbeitgeber als Beleg zum Lohnkonto aufzubewahren (§ 39d Abs. 3 Satz 2 EStG). Für Künstler, die bei mehreren inländischen Arbeitgebern beschäftigt werden, sind entsprechend viele Bescheinigungen zu erteilen; R 125 Abs. 7 Satz 2 LStR[4] ist zu beachten.

3.2 Ermittlung der Lohnsteuer

Der Arbeitgeber hat die Lohnsteuer nach Maßgabe des § 39b Abs. 2 bis 6 und § 39c Abs. 1 und 2[5] in Verbindung mit § 39d Abs. 3 Satz 4 EStG zu ermitteln. Der Ermittlung ist der steuerpflichtige Arbeitslohn und die Vorsorgepauschale nach § 10c Abs. 2 EStG[6] zu Grunde zu legen.

---

[1] Jetzt → R 39b.10 LStR.
[2] Jetzt → § 50 Abs. 1 Satz 5 EStG.
[3] Jetzt: → R 39.4 Abs. 1 Satz 2 LStR.
[4] Jetzt: → R 39.3 Satz 3 LStR.
[5] Ab VZ 2004 → § 39c Abs. 1, 2 und 5 EStG.
[6] Jetzt: → § 39b Abs. 2 Satz 5 Nr. 3 und Abs. 4 EStG.

Zum steuerpflichtigen Arbeitslohn gehören nicht die steuerfreien Bezüge im Sinne des § 3 EStG, insbesondere die steuerfreien Reisekostenvergütungen nach § 3 Nr. 13 und 16 EStG.

Bei täglicher Lohnzahlung ist nach den Regelungen des § 39b Abs. 2 Sätze 5 bis 12 EStG zu verfahren. Stellt sich die tägliche Lohnzahlung lediglich als Abschlagszahlung dar, kann der Lohnabrechnungszeitraum als Lohnzahlungszeitraum behandelt werden (§ 39b Abs. 5 in Verbindung mit § 39d Abs. 3 Satz 4 EStG). Auf Lohnzahlungen, die nicht als Abschlagszahlungen angesehen werden können, kann der Arbeitgeber eines der Verfahren im Sinne der Tz. 2.2.1 bis 2.2.3 des BMF-Schreibens vom 5. Oktober 1990 (BStBl I S. 638[1])) anwenden. Dabei tritt anstelle des Zeitraumes, der nach der Lohnsteuerbescheinigung nicht belegt ist, der Zeitraum, um den der Beginn des Dienstverhältnisses vom Betriebsstättenfinanzamt nach Tz. 3.1 dieses Schreibens zurückdatiert worden ist.

3.3 Lohnsteuerbescheinigung

Eine Lohnsteuerbescheinigung ist vom Arbeitgeber nur auf besonderen Antrag des Künstlers zu erteilen (§ 39d Abs. 3 Satz 5 EStG). Sie ist erforderlich, wenn der Künstler Staatsangehöriger eines Mitgliedstaates der Europäischen Union oder von Island, Liechtenstein oder Norwegen ist, in einem dieser Staaten ansässig ist und eine Veranlagung zur Einkommensteuer beantragen will (vgl. § 50 Abs. 5 Satz 2 Nr. 2 EStG[2])).

4. Pauschale Erhebung der Lohnsteuer

4.1 Vereinfachungsmaßnahme

Wegen der besonderen Schwierigkeiten, die mit der Anwendung der Regelvorschriften nach Tz. 3.1 und 3.2 zur steuerlichen Erfassung der Einkünfte bei nur kurzfristig beschäftigten Künstlern verbunden sind, wird zugelassen, dass die Lohnsteuer nach Maßgabe folgender Regelungen pauschal erhoben wird. Der Arbeitgeber hat jedoch die Regelvorschriften anzuwenden, wenn der Arbeitnehmer dies verlangt.

4.2 Pauschal zu besteuernder Personenkreis

Der inländische Arbeitgeber kann die Lohnsteuer pauschal erheben bei beschränkt einkommensteuerpflichtigen Künstlern, die

– als gastspielverpflichtete Künstler bei Theaterbetrieben,

– als freie Mitarbeiter für den Hör- oder Fernsehfunk oder als

– Mitarbeiter in der Film- und Fernsehproduktion

nach Tz. 1.1.2, Tz. 1.3.1 (Tz. 1.3.7) bzw. Tz. 1.4 des BMF-Schreibens vom 5. Oktober 1990 (BStBl I S. 638[3])) nichtselbständig tätig sind und von dem Arbeitgeber nur kurzfristig, höchstens für sechs zusammenhängende Monate, beschäftigt werden.

4.3 Höhe der pauschalen Lohnsteuer[4])

Die pauschale Lohnsteuer bemisst sich nach den gesamten Einnahmen des Künstlers einschließlich der Beträge im Sinne des § 3 Nr. 13 und 16 EStG. Abzüge, z. B. für Werbungskosten, Sonderausgaben und Steuern, sind nicht zulässig. Die pauschale Lohnsteuer beträgt 20 % der Einnahmen, wenn der Künstler die Lohnsteuer trägt. Übernimmt der Arbeitgeber die Lohnsteuer und den Solidaritätszuschlag von 5,5 % der Lohnsteuer, so beträgt die Lohnsteuer 25,35 % der Einnahmen; sie beträgt 20,22 % der Einnahmen, wenn der Arbeitgeber nur den Solidaritätszuschlag übernimmt. Der Solidaritätszuschlag beträgt zusätzlich jeweils 5,5 % der Lohnsteuer.

4.4 Lohnsteuerbescheinigung

Die Verpflichtung des Arbeitgebers, auf Verlangen des Künstlers eine Lohnsteuerbescheinigung zu erteilen (§ 39d Abs. 3 Satz 5 EStG), wird durch die pauschale Lohnsteuererhebung nicht berührt. Dasselbe gilt für das Veranlagungswahlrecht bestimmter Staatsangehöriger nach § 50 Abs. 5 Satz 2 Nr. 2 EStG[5]). In die Lohnsteuerbescheinigung sind aber die Einnahmen im Sinne des § 3 Nr. 13 und 16 EStG nicht einzubeziehen. Die pauschale Lohnsteuer ist nach § 36 Abs. 2 Satz 2 Nr. 2 EStG[6]) auf die veranlagte Einkommensteuer anzurechnen.

---

[1]) → H 39.4 (Künstler).

[2]) Jetzt → § 50 Abs. 2 EStG.

[3]) → H 39.4 (Künstler).

[4]) Tz. 4.3 wurde durch BMF vom 28. 3. 2013 (BStBl I S. 443) geändert und ist erstmals anzuwenden für Einnahmen, die nach dem 30. 6. 2013 zufließen.

[5]) Jetzt → § 50 Abs. 2 EStG.

[6]) Jetzt: → § 36 Abs. 2 Nr. 2 EStG.

Dieses Schreiben tritt an die Stelle der BMF-Schreiben vom 15. Januar 1996 (BStBl I S. 55) und vom 3. März 1998 (BStBl I S. 261).

OECD-Musterabkommen 2003

→ BStBl I 2004 S. 287

→ Arbeitslohn nach DBA

Öffentliche Kassen

→ H 3.11

Ruhegehaltszahlungen

Einkommensteuerliche Behandlung der Pensionen ehemaliger Bediensteter der koordinierten Organisationen und der Europäischen Patentorganisation

→ BMF vom 3. 8. 1998 (BStBl I S. 1042), teilweise geändert durch BMF vom 3. 2. 2000 (BStBl I S. 331)

Steuerliche Behandlung von Ruhegehaltszahlungen deutscher Arbeitgeber an ehemalige Arbeitnehmer mit Wohnsitz im Ausland

(Verfügung der OFD Frankfurt/Main vom 14. 9. 2015 – S 2533 A-35-St 222 –)

Eine Freistellung von Ruhegehaltszahlungen an im Ausland wohnhafte ehemalige Arbeitnehmer nach dem jeweils einschlägigen DBA kommt grundsätzlich nur dann in Betracht, wenn der Arbeitnehmer eine Ansässigkeitsbescheinigung des ausländischen Wohnsitzfinanzamts vorlegt.

Es bestehen jedoch keine Bedenken, wenn von dem vorstehenden Grundsatz in bestimmten Fällen aus Vereinfachungsgründen abgewichen wird. Die betroffenen Fälle und die dabei vom Steuerpflichtigen bzw. dem Arbeitgeber vorzulegenden Unterlagen ergeben sich aus den nachfolgenden Ausführungen. Die Vereinfachungen gelten auch, wenn in dem mit dem Wohnsitzstaat des Arbeitnehmers geschlossenen DBA Regelungen enthalten sind, die die Steuerfreistellung im Quellenstaat von einem Antrag abhängig machen (antragsgebundene Freistellung). Dies gilt jedoch nicht für die Freistellungen nach dem DBA mit der Republik Südafrika, Art. 16 („umgekehrte Rückfallklausel").

Wenn die nachstehenden Vereinfachungen angewendet werden sollen, sind dem Finanzamt von den betroffenen Arbeitgebern nach dem Ansässigkeitsstaat sortierte Listen, aus denen Versorgungsempfänger, Geburtsdaten, Leistungsart, Betrag und Auszahlungsjahr hervorgehen, zu übersenden und gleichzeitig zu erklären, dass gegen eine Weiterleitung der Listen an die betreffenden ausländischen Finanzbehörden keine Einwendungen erhoben werden. Ein Beispiel für eine solche Liste ist als Anlage 1[1]) beigefügt. Diese Listen sind – anstelle der Unterrichtung der ausländischen Finanzbehörden im Einzelfall mittels Antrag auf Erteilung einer Ansässigkeitsbescheinigung – den ausländischen Finanzbehörden im Rahmen des Auskunftsaustauschs zu übermitteln.

...

Sind die o. g. Voraussetzungen erfüllt, so gelten für die Freistellung von Ruhegehaltszahlungen an ehemalige Arbeitnehmer mit Wohnsitz im Ausland folgende Vereinfachungen:

Fallgruppe 1

Die Ruhegehaltszahlung (Betriebsrente) an die im Ausland lebenden Empfänger erfolgt nicht unmittelbar von der Firma, sondern wird durch den Postrentendienst vorgenommen (aufgrund eines Firmenabkommens mit dem Postrentendienst).

Der Postrentendienst holt vor Auszahlung der Rente einmal jährlich eine Lebensbescheinigung des Rentenempfängers ein. Sofern die jährliche Lebensbescheinigung dem Postrentendienst nicht vorliegt, wird weder eine Sozialversicherungsrente noch eine Betriebsrente ins Ausland überwiesen. Die Firma wird hierüber vom Postrentendienst informiert.

Bei Vorliegen folgender Unterlagen kann von einer Ansässigkeit im Ausland ausgegangen werden:

• Abmeldebescheinigung des Versorgungsempfängers bei der inländischen Ordnungsbehörde und

• Erklärung des Versorgungsempfängers zum Wohnsitz

---

[1]) Nicht beigefügt.

Fallgruppe 2

Zahlung von Ruhegehältern an Personen, die nach dem jeweiligen DBA „Grenzgänger" gewesen sind.

Bereits während der aktiven Tätigkeit musste der Grenzgänger – für die Inanspruchnahme der Grenzgängerregelung des DBA – eine Bescheinigung der ausländischen Steuerbehörde darüber, dass er dort steuerlich geführt wird, vorlegen. Durch die Bestätigung der ausländischen Finanzbehörde zur steuerlichen Erfassung des Versorgungsempfängers während der aktiven Tätigkeit ist bereits hinreichend dokumentiert, dass er im ausländischen Wohnsitzstaat steuerlich erfasst ist. Eine nochmalige Bestätigung der ausländischen Finanzbehörde zur Ansässigkeit im Ausland nach Eintritt in den Ruhestand ist daher – soweit der ausländische Wohnsitz im Grenzgebiet auch nach Beendigung der (aktiven) Tätigkeit aufrechterhalten wird – nicht erforderlich.

Fallgruppe 3

Zahlung von Ruhegehältern an Hinterbliebene, die ständig (bereits vor Zahlungsanspruch) ihren ausschließlichen Wohnsitz im DBA-Ausland (Heimatland) hatten.

In solchen Fällen ist die Vorlage einer Lebensbescheinigung der ausländischen Meldebehörde für die rentenberechtigte Person ausreichend, weil eine Wohnsitzverlegung nach Deutschland unwahrscheinlich ist.

Fallgruppe 4

Zahlung von Ruhegehältern an ehemalige Mitarbeiter, die nach Beendigung ihrer Tätigkeit im Inland ihren Wohnsitz in ihr Heimatland (DBA-Staat) verlegen.

Der Nachweis der Ansässigkeit im DBA-Ausland ist mit folgenden Unterlagen zu führen:

- Abmeldebescheinigung bei der inländischen Ordnungsbehörde und

- Anmeldebescheinigung durch die ausländische Meldebehörde bzw. gültige Lebensbescheinigung und

- Nachweis der Überweisung auf das Bankkonto des Versorgungsempfängers im Wohnsitzstaat und

- Erklärung des Versorgungsempfängers zum Wohnsitz

Darüber hinaus ist in diesen Fällen auf Antrag der betroffenen Arbeitgeber auch das folgende vereinfachte Verfahren zuzulassen:

Fallgruppe A: Der ehemalige Arbeitnehmer hat bereits vor dem 1. 1. 2001 seinen Wohnsitz in seinen Heimatstaat zurückverlegt:

Für die Steuerfreistellung ist es ausreichend, wenn der Arbeitgeber dem Finanzamt entsprechend der Anlage 1 jährlich die nach Staaten sortierten Listen der Versorgungsempfänger übersendet, die anschließend an die betreffenden Wohnsitzstaaten weitergeleitet werden. Eines besonderen Ansässigkeitsnachweises bedarf es in diesen Fällen nicht.

Fallgruppe B: Der ehemalige Arbeitnehmer hat nach dem 31. 12. 2000 seinen Wohnsitz in seinen Heimatstaat zurückverlegt:

Die ehemaligen Arbeitnehmer haben nur im Jahr ihres Wegzugs aus Deutschland eine Ansässigkeitsbescheinigung des ausländischen Wohnsitzfinanzamts vorzulegen. In den Folgejahren reicht es dann ebenfalls aus, wenn der Arbeitgeber beim Finanzamt die nach Staaten sortierten Listen der Versorgungsempfänger zwecks Weiterleitung an die Wohnsitzstaaten einreicht.

Verwertungstatbestand

- → BFH vom 12. 11. 1986 (BStBl 1987 II S. 377, 379, 381, 383)
- **Beispiel:**

    Ein lediger Wissenschaftler wird im Rahmen eines Forschungsvorhabens in Südamerika tätig. Seinen inländischen Wohnsitz hat er aufgegeben. Er übergibt entsprechend den getroffenen Vereinbarungen seinem inländischen Arbeitgeber einen Forschungsbericht. Der Arbeitgeber sieht von einer kommerziellen Auswertung der Forschungsergebnisse ab.

    Der Wissenschaftler ist mit den Bezügen, die er für die Forschungstätigkeit von seinem Arbeitgeber erhält, beschränkt einkommensteuerpflichtig nach § 1 Abs. 4 i. V. m. § 49 Abs. 1 Nr. 4 Buchstabe a EStG; sie unterliegen deshalb dem Lohnsteuerabzug.

Vorruhestandsgelder

→ BMF vom 12. 11. 2014 (BStBl I S. 1411), Tz. 6.3

§ 39a Freibetrag und Hinzurechnungsbetrag

(1) [1]Auf Antrag des unbeschränkt einkommensteuerpflichtigen Arbeitnehmers ermittelt das Finanzamt die Höhe eines vom Arbeitslohn insgesamt abzuziehenden Freibetrags aus der Summe der folgenden Beträge:

1. Werbungskosten, die bei den Einkünften aus nichtselbständiger Arbeit anfallen, soweit sie den Arbeitnehmer-Pauschbetrag (§ 9a Satz 1 Nummer 1 Buchstabe a) oder bei Versorgungsbezügen den Pauschbetrag (§ 9a Satz 1 Nummer 1 Buchstabe b) übersteigen,

2. Sonderausgaben im Sinne des § des § 10 Absatz 1 Nummer 4, 5, 7 und 9 sowie Absatz 1a und des § 10b, soweit sie den Sonderausgaben-Pauschbetrag von 36 Euro übersteigen,

3. der Betrag, der nach den §§ 33, 33a und 33b Absatz 6 wegen außergewöhnlicher Belastungen zu gewähren ist,

4. die Pauschbeträge für behinderte Menschen und Hinterbliebene (§ 33b Absatz 1 bis 5),

4a. der Erhöhungsbetrag nach § 24b Absatz 2 Satz 2,

5. die folgenden Beträge, wie sie nach § 37 Absatz 3 bei der Festsetzung von Einkommensteuer-Vorauszahlungen zu berücksichtigen sind:

  a) die Beträge, die nach § 10d Absatz 2, §§ 10e, 10f, 10g, 10h, 10i, nach § 15b des Berlinförderungsgesetzes abgezogen werden können,

  b) die negative Summe der Einkünfte im Sinne des § 2 Absatz 1 Satz 1 Nummer 1 bis 3, 6 und 7 und der negativen Einkünfte im Sinne des § 2 Absatz 1 Satz 1 Nummer 5,

  c) das Vierfache der Steuerermäßigung nach den §§ 34f und 35a,

6. die Freibeträge nach § 32 Absatz 6 für jedes Kind im Sinne des § 32 Absatz 1 bis 4, für das kein Anspruch auf Kindergeld besteht. [2]Soweit für diese Kinder Kinderfreibeträge nach § 38b Absatz 2 berücksichtigt worden sind, ist die Zahl der Kinderfreibeträge entsprechend zu vermindern. [3]Der Arbeitnehmer ist verpflichtet, den nach Satz 1 ermittelten Freibetrag ändern zu lassen, wenn für das Kind ein Kinderfreibetrag nach § 38b Absatz 2 berücksichtigt wird,

7. ein Betrag für ein zweites oder ein weiteres Dienstverhältnis insgesamt bis zur Höhe des auf volle Euro abgerundeten zu versteuernden Jahresbetrags nach § 39b Absatz 2 Satz 5, bis zu dem nach der Steuerklasse des Arbeitnehmers, die für den Lohnsteuerabzug vom Arbeitslohn aus dem ersten Dienstverhältnis anzuwenden ist, Lohnsteuer nicht zu erheben ist. [2]Voraussetzung ist, dass

  a) der Jahresarbeitslohn aus dem ersten Dienstverhältnis geringer ist als der nach Satz 1 maßgebende Eingangsbetrag und

  b) in Höhe des Betrags für ein zweites oder ein weiteres Dienstverhältnis zugleich für das erste Dienstverhältnis ein Betrag ermittelt wird, der dem Arbeitslohn hinzuzurechnen ist (Hinzurechnungsbetrag).

[3]Soll für das erste Dienstverhältnis auch ein Freibetrag nach den Nummern 1 bis 6 und 8 ermittelt werden, ist nur der diesen Freibetrag übersteigende Betrag als Hinzurechnungsbetrag zu berücksichtigen. [4]Ist der Freibetrag höher als der Hinzurechnungsbetrag, ist nur der den Hinzurechnungsbetrag übersteigende Freibetrag zu berücksichtigen.

8. der Entlastungsbetrag für Alleinerziehende (§ 24b) bei Verwitweten, die nicht in Steuerklasse II gehören.

[2]Der insgesamt abzuziehende Freibetrag und der Hinzurechnungsbetrag gelten mit Ausnahme von Satz 1 Nummer 4 und vorbehaltlich der Sätze 3 bis 5 für das gesamte Dauer eines Kalenderjahres. [3]Die Summe der nach Satz 1 Nummer 1 bis 3 sowie 4a bis 8 ermittelten Beträge wird längstens für einen Zeitraum von zwei Kalenderjahren ab Beginn des Kalenderjahres, für das der Freibetrag erstmals gilt oder geändert wird, berücksichtigt. [4]Der Arbeitnehmer kann eine Änderung des Freibetrags innerhalb dieses Zeitraums beantragen, wenn sich die Verhältnisse zu seinen Gunsten ändern. [5]Ändern sich die Verhältnisse zu seinen Ungunsten, ist er verpflichtet, dies dem Finanzamt umgehend anzuzeigen.

(2) [1]Der Antrag nach Absatz 1 ist nach amtlich vorgeschriebenem Vordruck zu stellen und vom Arbeitnehmer eigenhändig zu unterschreiben. [2]Die Frist für die Antragstellung beginnt am 1. Oktober des Vorjahres, für das der Freibetrag gelten soll. [3]Sie endet am 30. November des Kalenderjahres, in dem der Freibetrag gilt. [4]Der Antrag ist hinsichtlich eines Freibetrags aus der Summe der nach Absatz 1 Satz 1 Nummer 1 bis 3 und 8 in Betracht kommenden Aufwendungen und Beträge unzulässig, wenn die Aufwendungen im Sinne des § 9, soweit sie den

1)

---

1) Zu Absatz 1 Satz 3 bis 5 ab dem Kalenderjahr 2016 → § 52 Abs. 37 EStG und BMF vom 21. 5. 2015 (BStBl I S. 488) → Anhang 44 I. Das BMF kann im Einvernehmen mit den obersten Finanzbehörden der Länder in einem Schreiben mitteilen, ab wann die Regelungen in Absatz 1 Satz 3 bis 5 erstmals anzuwenden sind. Dieses Schreiben ist im BStBl zu veröffentlichen. → § 52 Abs. 37 EStG.

Arbeitnehmer-Pauschbetrag übersteigen, die Aufwendungen im Sinne des § 10 Absatz 1 Nummer 4, 5, 7 und 9 sowie Absatz 1a, der §§ 10b und 33 sowie die abziehbaren Beträge den §§ 24b, 33a und 33b Absatz 6 insgesamt 600 Euro nicht übersteigen. [5]Das Finanzamt kann auf nähere Angaben des Arbeitnehmers verzichten, wenn er

1. höchstens den Freibetrag beantragt, der für das vorangegangene Kalenderjahr ermittelt wurde, und

2. versichert, dass sich die maßgebenden Verhältnisse nicht wesentlich geändert haben.

[6]Das Finanzamt hat den Freibetrag durch Aufteilung in Monatsfreibeträge, falls erforderlich in Wochen- und Tagesfreibeträge, jeweils auf die der Antragstellung folgenden Monate des Kalenderjahres gleichmäßig zu verteilen. [7]Abweichend hiervon darf ein Freibetrag, der im Monat Januar eines Kalenderjahres beantragt wird, mit Wirkung vom 1. Januar dieses Kalenderjahres an berücksichtigt werden. [8]Ist der Arbeitnehmer beschränkt einkommensteuerpflichtig, hat das Finanzamt den nach Absatz 4 ermittelten Freibetrag durch Aufteilung in Monatsbeträge, falls erforderlich in Wochen- und Tagesbeträge, jeweils auf die voraussichtliche Dauer des Dienstverhältnisses im Kalenderjahr gleichmäßig zu verteilen. [9]Die Sätze 5 bis 8 gelten für den Hinzurechnungsbetrag nach Absatz 1 Satz 1 Nummer 7 entsprechend.

(3) [1]Für Ehegatten, die beide unbeschränkt einkommensteuerpflichtig sind und nicht dauernd getrennt leben, ist jeweils die Summe der nach Absatz 1 Satz 1 Nummer 2 bis 4 und 5 in Betracht kommenden Beträge gemeinsam zu ermitteln; der in Absatz 1 Satz 1 Nummer 2 genannte Betrag ist zu verdoppeln. [2]Für die Anwendung des Absatzes 2 Satz 4 ist die Summe der für beide Ehegatten in Betracht kommenden Aufwendungen im Sinne des § 9, soweit sie jeweils den Arbeitnehmer-Pauschbetrag übersteigen, und der Aufwendungen im Sinne des § 10 Absatz 1 Nummer 4, 5, 7 und 9 sowie Absatz 1a, der §§ 10b und 33 sowie die abziehbaren Beträge nach §§ 24b, 33a und 33b Absatz 6 maßgebend. [3]Die nach Satz 1 ermittelte Summe ist je zur Hälfte auf die Ehegatten aufzuteilen, wenn für jeden Ehegatten Lohnsteuerabzugsmerkmale gebildet werden und die Ehegatten keine andere Aufteilung beantragen. [4]Für eine andere Aufteilung gilt Absatz 1 Satz 2 entsprechend. [5]Für einen Arbeitnehmer, dessen Ehe in dem Kalenderjahr, für das der Freibetrag gilt, aufgelöst worden ist und dessen bisheriger Ehegatte in demselben Kalenderjahr wieder geheiratet hat, sind die nach Absatz 1 in Betracht kommenden Beträge ausschließlich auf Grund der in seiner Person erfüllten Voraussetzungen zu ermitteln. [6]Satz 1 zweiter Halbsatz ist auch anzuwenden, wenn die tarifliche Einkommensteuer nach § 32a Absatz 6 zu ermitteln ist.

S 2364   (4) [1]Für einen beschränkt einkommensteuerpflichtigen Arbeitnehmer, für den § 50 Absatz 1 Satz 4 anzuwenden ist, ermittelt das Finanzamt auf Antrag einen Freibetrag, der vom Arbeitslohn insgesamt abzuziehen ist, aus der Summe der folgenden Beträge:

1. Werbungskosten, die bei den Einkünften aus nichtselbständiger Arbeit anfielen, soweit sie den Arbeitnehmer-Pauschbetrag (§ 9a Satz 1 Nummer 1 Buchstabe a) oder bei Versorgungsbezügen den Pauschbetrag (§ 9a Satz 1 Nummer 1 Buchstabe b) übersteigen,

2. Sonderausgaben im Sinne des § 10b, soweit sie den Sonderausgaben-Pauschbetrag (§ 10c) übersteigen, und die wie Sonderausgaben abziehbaren Beträge nach § 10e oder § 10i, jedoch erst nach Fertigstellung oder Anschaffung des begünstigten Objekts oder nach Fertigstellung der begünstigten Maßnahme,

3. den Freibetrag oder den Hinzurechnungsbetrag nach Absatz 1 Satz 1 Nummer 7.

[2]Der Antrag kann nur nach amtlich vorgeschriebenem Vordruck bis zum Ablauf des Kalenderjahres gestellt werden, für das die Lohnsteuerabzugsmerkmale gelten.

(5) Ist zu wenig Lohnsteuer erhoben worden, weil ein Freibetrag unzutreffend als Lohnsteuerabzugsmerkmal ermittelt worden ist, hat das Finanzamt den Fehlbetrag vom Arbeitnehmer nachzufordern, wenn er 10 Euro übersteigt.

R 39a.1   **Verfahren bei der Bildung eines Freibetrags oder eines Hinzurechnungsbetrags**

Allgemeines

S 2365   (1) Soweit die Gewährung eines Freibetrags wegen der Aufwendungen für ein Kind davon abhängt, dass der Arbeitnehmer für dieses Kind einen Anspruch auf einen Freibetrag nach § 32 Abs. 6 EStG oder auf Kindergeld erhält, ist diese Voraussetzung auch erfüllt, wenn dem Arbeitnehmer im Lohnsteuer-Abzugsverfahren ein Kinderfreibetrag zusteht, er aber auf die an sich mögliche Bildung einer Kinderfreibetragszahl für dieses Kind verzichtet hat oder Anspruch auf einen ermäßigten Freibetrag nach § 32 Abs. 6 EStG besteht.

Antragsgrenze

(2) Für die Feststellung, ob die Antragsgrenze nach § 39a Abs. 2 Satz 4 EStG überschritten wird, gilt Folgendes:

1. Soweit für Werbungskosten bestimmte Beträge gelten, z. B. für Verpflegungsmehraufwendungen und pauschale Kilometersätze bei Auswärtstätigkeit, für Wege zwischen Wohnung und erster Tätigkeitsstätte (→ § 9 EStG), sind diese maßgebend.

2. [1]Bei Sonderausgaben i. S. d. § 10 Abs. 1 Nr. 1a, 1b und 4 EStG[1]) sind die tatsächlichen Aufwendungen anzusetzen, auch wenn diese Aufwendungen geringer sind als der Pauschbetrag. [2]Für Sonderausgaben i. S. d. § 10 Abs. 1 Nr. 1, 5, 7 und 9 EStG[2]) sind höchstens die nach diesen Vorschriften berücksichtigungsfähigen Aufwendungen anzusetzen.

3. Zuwendungen an politische Parteien sind als Sonderausgaben auch zu berücksichtigen, soweit eine Steuerermäßigung nach § 34g Satz 1 Nr. 1 EStG in Betracht kommt, nicht hingegen Zuwendungen an Vereine i. S. d. § 34g Satz 1 Nr. 2 EStG.

4. Bei außergewöhnlichen Belastungen nach § 33 ist von den dem Grunde und der Höhe nach anzuerkennenden Aufwendungen auszugehen; bei außergewöhnlicher Belastung nach § 33a und § 33b Abs. 6 EStG sind dagegen nicht die Aufwendungen, sondern die wegen dieser Aufwendungen abziehbaren Beträge maßgebend.

5. Vorsorgeaufwendungen (§ 10 Abs. 1 Nr. 2 3 und 3a EStG) bleiben in jedem Fall außer Betracht, auch soweit sie die Vorsorgepauschale (§ 39b Abs. 2 Satz 5 Nr. 3 EStG) übersteigen.

6. [1]Bei Anträgen von Ehegatten, die beide unbeschränkt einkommensteuerpflichtig sind und nicht dauernd getrennt leben, ist die Summe der für beide Ehegatten in Betracht kommenden Aufwendungen und abziehbaren Beträge zugrunde zu legen. [2]Die Antragsgrenze ist bei Ehegatten nicht zu verdoppeln.

7. Ist für beschränkt antragsfähige Aufwendungen bereits ein Freibetrag gebildet worden, ist bei einer Änderung dieses Freibetrags die Antragsgrenze nicht erneut zu prüfen.

(3) Die Antragsgrenze gilt nicht, soweit es sich um die Bildung eines Freibetrags für die in § 39a Abs. 1 Satz 1 Nr. 4 bis 7 EStG bezeichneten Beträge handelt.

(4) [1]Wird die Antragsgrenze überschritten oder sind Beträge i. S. d. Absatzes 3 zu berücksichtigen, hat das Finanzamt den Jahresfreibetrag . [2]Bei der Berechnung des Jahresfreibetrags sind Werbungskosten nur zu berücksichtigen, soweit sie den maßgebenden Pauschbetrag für Werbungskosten nach § 9a Satz 1 Nr. 1 EStG übersteigen, Sonderausgaben mit Ausnahme der Vorsorgeaufwendungen nur anzusetzen, soweit sie den Sonderausgaben-Pauschbetrag (§ 10c EStG) übersteigen, und außergewöhnliche Belastungen (§ 33 EStG) nur einzubeziehen, soweit sie die zumutbare Belastung (→ Absatz 5) übersteigen. [3]Zuwendungen an politische Parteien sind auch zu berücksichtigen, soweit eine Steuerermäßigung nach § 34g Satz 1 Nr. 1 EStG in Betracht kommt, nicht hingegen Zuwendungen an Vereine i. S. d. § 34g Satz 1 Nr. 2 EStG.

Freibetrag wegen außergewöhnlicher Belastung

(5) [1]Die zumutbare Belastung ist vom voraussichtlichen Jahresarbeitslohn des Arbeitnehmers und ggf. seines von ihm nicht dauernd getrennt lebenden, unbeschränkt einkommensteuerpflichtigen Ehegatten gekürzt um den Altersentlastungsbetrag (§ 24a EStG), die Freibeträge für Versorgungsbezüge (§ 19 Abs. 2 EStG) und die Werbungskosten (§§ 9, 9a und 9c[3]) EStG) zu berechnen. [2]Steuerfreie Einnahmen sowie alle Bezüge, für die die Lohnsteuer mit einem Pauschsteuersatz nach den §§ 37a, 37b, 40 bis 40b EStG erhoben wird, und etwaige weitere Einkünfte des Arbeitnehmers und seines Ehegatten bleiben außer Ansatz. [3]Bei der Anwendung der Tabelle in § 33 Abs. 3 EStG zählen als Kinder des Stpfl. die Kinder, für die er einen Anspruch auf einen Freibetrag nach § 32 Abs. 6 EStG oder auf Kindergeld erhält. [4]Bei der zumutbaren Belastung sind auch Kinder zu berücksichtigen, für die der Arbeitnehmer auf die Bildung einer Kinderfreibetragszahl verzichtet hat oder Anspruch auf einen ermäßigten Freibetrag nach § 32 Abs. 6 EStG besteht. [5]Ist im Kalenderjahr eine unterschiedliche Zahl von Kindern zu berücksichtigen, ist von der höheren Zahl auszugehen.

Freibetrag und Hinzurechnungsbetrag nach § 39a Abs. 1 Nr. 7 EStG

(6) [1]Arbeitnehmer mit mehr als einem Dienstverhältnis, deren Arbeitslohn aus dem ersten Dienstverhältnis niedriger ist als der Betrag, bis zu dem nach der Steuerklasse des ersten Dienstverhältnisses keine Lohnsteuer zu erheben ist, können die Übertragung bis zur Höhe dieses Betrags als Freibetrag im zweiten Dienstverhältnis mit der Steuerklasse VI beantragen. [2]Dabei kann der Arbeitnehmer den zu übertragenden Betrag selbst bestimmen. [3]Eine Verteilung auf mehrere weitere Dienstverhältnisse des Arbeitnehmers ist zulässig. [4]Für das erste Dienstverhält-

---

[1]) Jetzt § 10 Abs. 1 Nr. 4 EStG und § 10 Abs. 1a Nr. 2 bis 4 EStG.
[2]) Jetzt § 10 Abs. 1 Nr. 5, 7 und 9 EStG sowie § 10 Abs. 1a Nr. 1 EStG.
[3]) § 9c EStG ist aufgehoben worden.

nis wird in diesen Fällen ein Hinzurechnungsbetrag in Höhe der abgerufenen Freibeträge nach den Sätzen 1 bis 3 eingetragen oder ggf. mit einem Freibetrag nach § 39a Abs. 1 Satz 1 Nr. 1 bis 6 und 8 EStG verrechnet.

Umrechnung des Jahresfreibetrags oder des Jahreshinzurechnungsbetrags

(7) ¹Für die Umrechnung des Jahresfreibetrags in einen Freibetrag für monatliche Lohnzahlung ist der Jahresfreibetrag durch die Zahl der in Betracht kommenden Kalendermonate zu teilen. ²Der Wochenfreibetrag ist mit $^7/_{30}$ und der Tagesfreibetrag mit $^1/_{30}$ des Monatsbetrags anzusetzen. ³Der sich hiernach ergebende Monatsbetrag ist auf den nächsten vollen Euro-Betrag, der Wochenbetrag auf den nächsten durch 10 teilbaren Centbetrag und der Tagesbetrag auf den nächsten durch 5 teilbaren Centbetrag aufzurunden. ⁴Die Sätze 1 bis 3 gelten für die Umrechnung des Jahreshinzurechnungsbetrags entsprechend.

Änderung eines gebildeten Freibetrags oder Hinzurechnungsbetrags

(8) ¹Ist bereits ein Jahresfreibetrag gebildet worden und beantragt der Arbeitnehmer im Laufe des Kalenderjahres die Berücksichtigung weiterer Aufwendungen oder abziehbarer Beträge, wird der Jahresfreibetrag unter Berücksichtigung der gesamten Aufwendungen und abziehbaren Beträge des Kalenderjahres neu festgestellt; für die Berechnung des Monatsfreibetrags, Wochenfreibetrags usw. ist der Freibetrag um den Teil des bisherigen Freibetrags zu kürzen, der für den Zeitraum bis zur Wirksamkeit des neuen Freibetrags zu berücksichtigen war. ²Der verbleibende Betrag ist auf die Zeit vom Beginn des auf die Antragstellung folgenden Kalendermonats bis zum Schluss des Kalenderjahrs gleichmäßig zu verteilen. ³Die Sätze 1 und 2 gelten für den Hinzurechnungsbetrag entsprechend.

Hinweise

Allgemeines

Lohnsteuerabzug im Verfahren der elektronischen Lohnsteuerabzugsmerkmale → BMF vom 7. 8. 2013 (BStBl I S. 951).

Altersvorsorgeaufwendungen

Für Einzahlungen in einen Basisrentenvertrag (Rürup-Vertrag) kann kein Freibetrag gebildet werden (→ BFH vom 10. 11. 2016 – BStBl 2017 II S. 715).

Beispiele

– **Umrechnung des Jahresfreibetrags**

Ein monatlich entlohnter Arbeitnehmer beantragt am 2. 5. die Berücksichtigung eines Freibetrags. Es wird vom Finanzamt ein Freibetrag von 1 555 € festgestellt, der auf die Monate Juni bis Dezember (7 Monate) zu verteilen ist. Außer dem Jahresfreibetrag von 1 555 € ist ab 1. 6. ein Monatsfreibetrag von 223 € zu berücksichtigen.

– **Erhöhung eines eingetragenen Freibetrags**

Ein monatlich entlohnter Arbeitnehmer, für den mit Wirkung vom 1.1. an ein Freibetrag von 2 400 € (monatlich 200 €) berücksichtigt worden ist, macht am 10.3. weitere Aufwendungen von 963 € geltend. Es ergibt sich ein neuer Jahresfreibetrag von (2 400 € + 963 € =) 3 363 €. Für die Berechnung des neuen Monatsfreibetrags ab April ist der Jahresfreibetrag um die bei der Lohnsteuerberechnung bisher zu berücksichtigenden Monatsfreibeträge Januar bis März von (3 × 200 € =) 600 € zu kürzen. Der verbleibende Betrag von (3 363 € ./. 600 € =) 2 763 € ist auf die Monate April bis Dezember zu verteilen, so dass ab 1.4. ein Monatsfreibetrag von 307 € zu berücksichtigen ist. Für die abgelaufenen Lohnzahlungszeiträume Januar bis März bleibt der Monatsfreibetrag von 200 € unverändert.

– **Herabsetzung eines Freibetrags**

Ein monatlich entlohnter Arbeitnehmer, für den mit Wirkung vom 1.1. an ein Freibetrag von 4 800 € (monatlich 400 €) berücksichtigt worden ist, teilt dem Finanzamt am 10.3. mit, dass sich die Aufwendungen um 975 € vermindern. Es ergibt sich ein neuer Jahresfreibetrag von (4 800 € ./. 975 € =) 3 825 €. Für die Berechnung des neuen Monatsfreibetrags ab April ist der Jahresfreibetrag um die bei der Lohnsteuerberechnung bisher zu berücksichtigenden Monatsfreibeträge Januar bis März von (3 × 400 € =) 1 200 € zu kürzen. Der verbleibende Betrag von (3 825 € ./. 1 200 € =) 2 625 € ist auf die Monate April bis Dezember zu verteilen, so dass ab 1.4.ein Monatsfreibetrag von 292 € zu berücksichtigen ist. Für die abgelaufenen Lohnzahlungszeiträume Januar bis März bleibt der Monatsfreibetrag von 400 € unverändert.

– **Zweijährige Geltungsdauer des Freibetrags**

Ein monatlich entlohnter Arbeitnehmer beantragt im Februar **2018** die Berücksichtigung eines Freibetrags für die Dauer von zwei Jahren. Es wird vom Finanzamt ein Freibetrag von 3 000 € ermittelt, der für die Kalenderjahre **2018** und **2019** wie folgt zu verteilen ist:

Für **2018** ergibt sich für die Monate März bis Dezember ein Monatsfreibetrag von 300 € (3 000 € verteilt auf zehn Monate) und für **2019** ergibt sich für die Monate Januar bis Dezember ein Monatsfreibetrag von 250 € (3 000 € verteilt auf zwölf Monate).

Im Februar **2019** teilt der Arbeitnehmer dem Finanzamt pflichtgemäß mit, dass sich für das Kalenderjahr **2019** der Freibetrag auf 2 500 € verringert. Das Finanzamt ändert daraufhin den Jahresfreibetrag für **2019** auf 2 500 €. Für die Berechnung des neuen Monatsfreibetrags ab März **2019** ist der Jahresfreibetrag um die bei der Lohnsteuerberechnung bisher zu berücksichtigenden Monatsfreibeträge für Januar und Februar **2019** von (2x 250 €=) 500 € zu kürzen. Der verbleibende Betrag von (2 500 € ./. 500 € =) 2 000 € ist auf die Monate März bis Dezember **2019** zu verteilen, so dass sich nunmehr ein herabgesetzter Monatsfreibetrag von 200 € ergibt (2 000 € verteilt auf zehn Monate). Für die abgelaufenen Lohnzahlungszeiträume Januar und Februar **2019** bleibt der Monatsfreibetrag von 250 € unverändert.

– **Entlastungsbetrag für Alleinerziehende**

Eine Alleinerziehende hat drei zu ihrem Haushalt gehörende minderjährige Kinder und beantragt im Januar den Entlastungsbetrag nach § 24b EStG für ihre drei Kinder.

Für den Entlastungsbetrag für das erste Kind in Höhe von 1 908 € wird die Steuerklasse II gebildet. Für die beiden weiteren Kinder ist jeweils ein Erhöhungsbetrag von 240 € als Freibetrag zu berücksichtigen. Es ergibt sich somit ein Jahresfreibetrag von 480 € (2x 240 €), der auf die Monate Januar bis Dezember zu verteilen ist, so dass ein Monatsbetrag von 40 € (480 € verteilt auf zwölf Monate) zu berücksichtigen ist. Die Antragsgrenze von 600 € ist insoweit nicht zu beachten (§ 39a Abs. 2 Satz 4 EStG).

Lohnsteuer-Ermäßigungsverfahren 2018

→ Anhang 44 II

Zweijährige Gültigkeit von Freibeträgen → BMF vom 21. 5. 2015 (BStBl I S. 488)

→ Anhang 44 I

Freibetrag für Fahrten zwischen Wohnung und erster Tätigkeitsstätte

→ Anhang 18

Freibeträge für Kinder

→ R 39.2 Abs. 3, H 39.2, H 32

Steuerliche Berücksichtigung volljähriger Kinder → BMF vom 8. 2. 2016 (BStBl I S. 226)

Freibetrag wegen haushaltsnaher Beschäftigungsverhältnisse und haushaltsnaher Dienstleistungen

→ BMF vom 9. 11. 2016 (BStBl I S. 1213)

→ H 35a

Freibetrag wegen negativer Einkünfte

→ R 39a.2

Freibetrag wegen negativer Einkünfte

R 39a.2

S 2365

[1]In die Ermittlung eines Freibetrags wegen negativer Einkünfte sind sämtliche Einkünfte aus Land- und Forstwirtschaft, Gewerbebetrieb, selbständiger Arbeit, Vermietung und Verpachtung und die sonstigen Einkünfte einzubeziehen, die der Arbeitnehmer und sein von ihm nicht dauernd getrennt lebender unbeschränkt einkommensteuerpflichtiger Ehegatte voraussichtlich erzielen werden; negative Einkünfte aus Kapitalvermögen werden nur berücksichtigt, wenn sie nicht unter das Verlustausgleichsverbot des § 20 Abs. 6 Satz 2 EStG fallen (→ § 32d Abs. 2 EStG). [2]Das bedeutet, dass sich der Betrag der negativen Einkünfte des Arbeitnehmers z. B. um die positiven Einkünfte des Ehegatten vermindert. [3]Außer Betracht bleiben stets die Einkünfte aus nichtselbständiger Arbeit und positive Einkünfte aus Kapitalvermögen.

H 39a.2   **Hinweise**

Vermietung und Verpachtung

Negative Einkünfte aus Vermietung und Verpachtung eines Gebäudes können grundsätzlich erstmals für das Kalenderjahr berücksichtigt werden, das auf das Kalenderjahr der Fertigstellung oder der Anschaffung des Gebäudes folgt (§ 39a Abs. 1 Nr. 5 i. V. m. § 37 Abs. 3 EStG). Das Objekt ist angeschafft, wenn der Kaufvertrag abgeschlossen worden ist und Besitz, Nutzungen, Lasten und Gefahr auf den Erwerber übergegangen sind. Das Objekt ist fertiggestellt, wenn es nach Abschluss der wesentlichen Bauarbeiten bewohnbar ist; die Bauabnahme ist nicht erforderlich (→ H 7.4 (Fertigstellung) EStH). Wird ein Objekt vor der Fertigstellung angeschafft, ist der Zeitpunkt der Fertigstellung maßgebend.

R 39a.3   **Freibeträge bei Ehegatten**

Werbungskosten

S 2365   (1) ¹Werbungskosten werden für jeden Ehegatten gesondert ermittelt. ²Von den für den einzelnen Ehegatten ermittelten Werbungskosten ist jeweils der maßgebende Pauschbetrag für Werbungskosten nach § 9a Satz 1 Nr. 1 EStG abzuziehen.

Sonderausgaben

(2) ¹Sonderausgaben i. S. d. § 10 Abs. 1 Nr. 1, 1a, 1b, 4, 5, 7 und 9 EStG und des § 10b EStG¹) sind bei Ehegatten, die beide unbeschränkt einkommensteuerpflichtig sind und nicht dauernd getrennt leben, einheitlich zu ermitteln. ²Hiervon ist der Sonderausgaben-Pauschbetrag für Ehegatten abzuziehen.

Außergewöhnliche Belastungen

(3) Bei Ehegatten, die beide unbeschränkt einkommensteuerpflichtig sind und nicht dauernd getrennt leben, genügt es für die Anwendung der §§ 33, 33a und 33b Abs. 6 EStG (außergewöhnliche Belastungen), dass die Voraussetzungen für die Eintragung eines Freibetrags in der Person eines Ehegatten erfüllt sind.

Behinderten-Pauschbetrag

(4) ¹Für die Gewährung eines Behinderten-Pauschbetrags nach § 33b EStG ist es bei Ehegatten, die beide unbeschränkt einkommensteuerpflichtig sind und nicht dauernd getrennt leben, unerheblich, wer von ihnen die Voraussetzungen erfüllt. ²Liegen bei beiden Ehegatten die Voraussetzungen für die Gewährung eines Behinderten-Pauschbetrags vor, ist für jeden Ehegatten der in Betracht kommende Pauschbetrag zu gewähren; dies gilt auch, wenn nur einer von ihnen Arbeitnehmer ist.

Aufteilung des Freibetrags

(5) ¹Bei Ehegatten, die beide unbeschränkt einkommensteuerpflichtig sind und nicht dauernd getrennt leben, ist der Freibetrag grundsätzlich je zur Hälfte aufzuteilen; auf Antrag der Ehegatten ist aber eine andere Aufteilung vorzunehmen (§ 39a Abs. 3 Satz 3 EStG). ²Eine Ausnahme gilt für einen Freibetrag wegen erhöhter Werbungskosten; dieser darf bei dem Ehegatten berücksichtigt werden, dem die Werbungskosten entstanden sind. ³Pauschbeträge für behinderte Menschen und Hinterbliebene dürfen abweichend von Satz 1 bei demjenigen als Freibetrag gebildet werden, der die Voraussetzungen für den Pauschbetrag erfüllt. ⁴Der Freibetrag bei Ehegatten ist vor der Berücksichtigung des Hinzurechnungsbetrags nach § 39a Abs. 1 Satz 1 Nr. 7 EStG aufzuteilen; der Hinzurechnungsbetrag selbst darf nicht aufgeteilt werden.

H 39a.3   **Hinweise**

Pauschbeträge für behinderte Kinder

Anhang 30   Wegen der Übertragung der Pauschbeträge für behinderte Kinder auf deren Eltern → R 33b EStR, H 33b EStH.

---

1) Jetzt § 10 Abs. 1 Nr. 4, 5, 7 und 9 EStG, § 10 Abs. 1a EStG und § 10b EStG.

§ 39b Einbehaltung der Lohnsteuer

(1) Bei unbeschränkt und beschränkt einkommensteuerpflichtigen Arbeitnehmern hat der Arbeitgeber den Lohnsteuerabzug nach Maßgabe der Absätze 2 bis 6 durchzuführen.

(2) ¹Für die Einbehaltung der Lohnsteuer vom laufenden Arbeitslohn hat der Arbeitgeber die Höhe des laufenden Arbeitslohns im Lohnzahlungszeitraum festzustellen und auf einen Jahresarbeitslohn hochzurechnen. ²Der Arbeitslohn eines monatlichen Lohnzahlungszeitraums ist mit zwölf, der Arbeitslohn eines wöchentlichen Lohnzahlungszeitraums mit 360/7 und der Arbeitslohn eines täglichen Lohnzahlungszeitraums mit 360 zu vervielfältigen. ³Von dem hochgerechneten Jahresarbeitslohn sind ein etwaiger Versorgungsfreibetrag (§ 19 Absatz 2) und Altersentlastungsbetrag (§ 24a) abzuziehen. ⁴Außerdem ist der hochgerechnete Jahresarbeitslohn um einen etwaigen als Lohnsteuerabzugsmerkmal für den Lohnzahlungszeitraum mitgeteilten Freibetrag (§ 39a Absatz 1) oder Hinzurechnungsbetrag (§ 39a Absatz 1 Satz 1 Nummer 7), vervielfältigt unter sinngemäßer Anwendung von Satz 2, zu vermindern oder zu erhöhen. ⁵Der so verminderte oder erhöhte hochgerechnete Jahresarbeitslohn, vermindert um

1. den Arbeitnehmer-Pauschbetrag (§ 9a Satz 1 Nummer 1 Buchstabe a) oder bei Versorgungsbezügen den Pauschbetrag (§ 9a Satz 1 Nummer 1 Buchstabe b) und den Zuschlag zum Versorgungsfreibetrag (§ 19 Absatz 2) in den Steuerklassen I bis V,

2. den Sonderausgaben-Pauschbetrag (§ 10c Satz 1) in den Steuerklassen I bis V,

3. eine Vorsorgepauschale aus den Teilbeträgen

   a) für die Rentenversicherung bei Arbeitnehmern, die in der gesetzlichen Rentenversicherung pflichtversichert oder von der gesetzlichen Rentenversicherung nach § 6 Absatz 1 Nummer 1 des Sechsten Buches Sozialgesetzbuch befreit sind, in den Steuerklassen I bis VI in Höhe des Betrags, der bezogen auf den Arbeitslohn 50 Prozent des Beitrags in der allgemeinen Rentenversicherung unter Berücksichtigung der jeweiligen Beitragsbemessungsgrenzen entspricht,

   b) für die Krankenversicherung bei Arbeitnehmern, die in der gesetzlichen Krankenversicherung versichert sind, in den Steuerklassen I bis VI in Höhe des Betrags, der bezogen auf den Arbeitslohn unter Berücksichtigung der Beitragsbemessungsgrenze, den ermäßigten Beitragssatz (§ 243 des Fünften Buches Sozialgesetzbuch) und den Zusatzbeitragssatz der Krankenkasse (§ 242 des Fünften Buches Sozialgesetzbuch) dem Arbeitnehmeranteil eines pflichtversicherten Arbeitnehmers entspricht,

   c) für die Pflegeversicherung bei Arbeitnehmern, die in der sozialen Pflegeversicherung versichert sind, in den Steuerklassen I bis VI in Höhe des Betrags, der bezogen auf den Arbeitslohn unter Berücksichtigung der Beitragsbemessungsgrenze und den bundeseinheitlichen Beitragssatz dem Arbeitnehmeranteil eines pflichtversicherten Arbeitnehmers entspricht, erhöht um den Beitragszuschlag des Arbeitnehmers nach § 55 Absatz 3 des Elften Buches Sozialgesetzbuch, wenn die Voraussetzungen dafür vorliegen,

   d) für die Krankenversicherung und für die private Pflege-Pflichtversicherung bei Arbeitnehmern, die nicht unter Buchstabe b und c fallen, in den Steuerklassen I bis V in Höhe der dem Arbeitgeber mitgeteilten Beiträge im Sinne des § 10 Absatz 1 Nummer 3, etwaig vervielfältigt unter sinngemäßer Anwendung von Satz 2 auf einen Jahresbetrag, vermindert um den Betrag, der bezogen auf den Arbeitslohn unter Berücksichtigung der Beitragsbemessungsgrenze und den ermäßigten Beitragssatz in der gesetzlichen Krankenversicherung sowie den bundeseinheitlichen Beitragssatz in der sozialen Pflegeversicherung dem Arbeitgeberanteil für einen pflichtversicherten Arbeitnehmer entspricht, wenn der Arbeitgeber gesetzlich verpflichtet ist, Zuschüsse zu den Kranken- und Pflegeversicherungsbeiträgen des Arbeitnehmers zu leisten;

   Entschädigungen im Sinne des § 24 Nummer 1 sind bei Anwendung der Buchstaben a bis c nicht zu berücksichtigen; mindestens ist für die Summe der Teilbeträge nach den Buchstaben b und c oder für den Teilbetrag nach Buchstabe d ein Betrag in Höhe von 12 Prozent des Arbeitslohns, höchstens 1 900 Euro in den Steuerklassen I, II, IV, V, VI und höchstens 3 000 Euro in der Steuerklasse III anzusetzen,

4. den Entlastungsbetrag für Alleinerziehende für ein Kind (§ 24b Absatz 2 Satz 1) in der Steuerklasse II,

ergibt den zu versteuernden Jahresbetrag. ⁶Für den zu versteuernden Jahresbetrag ist die Jahreslohnsteuer in den Steuerklassen I, II und IV nach § 32a Absatz 1 sowie in der Steuerklasse III nach § 32a Absatz 5 zu berechnen. ⁷In den Steuerklassen V und VI ist die Jahreslohnsteuer zu berechnen, die sich aus dem Zweifachen des Unterschiedsbetrags zwischen dem Steuerbetrag für das Einviertelfache und dem Dreiviertelfache des zu versteuernden Jahresbetrags nach § 32a Absatz 1 ergibt; die Jahreslohnsteuer beträgt jedoch mindestens 14 Prozent des zu versteuernden Jahresbetrags, für den *10 440* Euro übersteigenden Teil des zu versteuernden Jahresbetrags höchstens 42 Prozent, für den *27 475* Euro übersteigenden Teil des zu versteuernden Jahresbetrags 42 Prozent und für den *208 426* Euro übersteigenden

1) Teil des zu versteuernden Jahresbetrags 45 Prozent. [8]Für die Lohnsteuerberechnung ist die als Lohnsteuerabzugsmerkmal mitgeteilte oder die nach § 39c Absatz 1 oder Absatz 2 oder nach § 39e Absatz 5a oder Absatz 6 Satz 8 anzuwendende Steuerklasse maßgebend. [9]Die monatliche Lohnsteuer ist $^1/_{12}$, die wöchentliche Lohnsteuer sind $^7/_{360}$ und die tägliche Lohnsteuer $^1/_{360}$ der Jahreslohnsteuer. [10]Bruchteile eines Cents, die sich bei der Berechnung nach den Sätzen 2 und 9 ergeben, bleiben jeweils außer Ansatz. [11]Die auf den Lohnzahlungszeitraum entfallende Lohnsteuer ist vom Arbeitslohn einzubehalten. [12]Das Betriebsstättenfinanzamt kann allgemein oder auf Antrag zulassen, dass die Lohnsteuer unter den Voraussetzungen des § 42b Absatz 1 nach dem voraussichtlichen Jahresarbeitslohn ermittelt wird, wenn gewährleistet ist,

2) *dass die zutreffende Jahreslohnsteuer (§ 38a Absatz 2) nicht unterschritten wird. [13]Darüber hinaus kann das Betriebsstättenfinanzamt auf Antrag zulassen, dass bei nach § 1 Absatz 1 unbeschränkt einkommensteuerpflichtigen Arbeitnehmern mit Steuerklasse VI und ohne Freibetrag nach § 39a, die bei dem Arbeitgeber gelegentlich, nicht regelmäßig wiederkehrend beschäftigt werden und deren Dauer der Beschäftigung 24 zusammenhängende Arbeitstage nicht übersteigt, der während der Beschäftigung erzielte Arbeitslohn auf einen Jahresbetrag hochgerechnet und die sich ergebende Lohnsteuer auf den Lohnabrechnungszeitraum zurückgerechnet wird, wobei als Lohnabrechnungszeitraum der Zeitraum vom Beginn des Kalenderjahres bis zum Ende der Beschäftigung gilt. [14]Bei Anwendung des Satzes 13 sind auch der im Kalenderjahr in etwaigen vorangegangenen und beendeten weiteren Dienstverhältnissen in der Steuerklasse VI bezogene Arbeitslohn und die darauf erhobene Lohnsteuer einzubeziehen, soweit dort bereits Satz 13 angewandt wurde. [15]Voraussetzung für die Anwendung des Verfahrens nach Satz 13 ist zudem, dass der Arbeitnehmer vor Aufnahme der Beschäftigung*

1. *unter Angabe seiner Identifikationsnummer gegenüber dem Arbeitgeber schriftlich zustimmt,*

2. *mit der Zustimmung den nach Satz 14 einzubeziehenden Arbeitslohn und die darauf erhobene Lohnsteuer erklärt und*

3. *mit der Zustimmung versichert, dass ihm der Pflichtveranlagungstatbestand nach § 46 Absatz 2 Nummer 2 und 3a bekannt ist.*

[16]*Die Zustimmungserklärung des Arbeitnehmers ist zum Lohnkonto zu nehmen.*

S 2368 (3) [1]Für die Einbehaltung der Lohnsteuer von einem sonstigen Bezug hat der Arbeitgeber den voraussichtlichen Jahresarbeitslohn ohne den sonstigen Bezug festzustellen. [2]Hat der Arbeitnehmer Lohnsteuerbescheinigungen aus früheren Dienstverhältnissen des Kalenderjahres nicht vorgelegt, so ist bei der Ermittlung des voraussichtlichen Jahresarbeitslohns der Arbeitslohn für Beschäftigungszeiten bei früheren Arbeitgebern mit dem Betrag anzusetzen, der sich ergibt, wenn der laufende Arbeitslohn im Monat der Zahlung des sonstigen Bezugs entsprechend der Beschäftigungsdauer bei früheren Arbeitgebern hochgerechnet wird. [3]Der voraussichtliche Jahresarbeitslohn ist um den Versorgungsfreibetrag (§ 19 Absatz 2) und den Altersentlastungsbetrag (§ 24a), wenn die Voraussetzungen für den Abzug dieser Beträge jeweils erfüllt sind, sowie um einen etwaigen als Lohnsteuerabzugsmerkmal mitgeteilten Jahresfreibetrag zu vermindern und um einen etwaigen Jahreshinzurechnungsbetrag zu erhöhen. [4]Für den so ermittelten Jahresarbeitslohn (maßgebender Jahresarbeitslohn) ist die Lohnsteuer nach Maßgabe des Absatzes 2 Satz 5 bis 7 zu ermitteln. [5]Außerdem ist die Jahreslohnsteuer für den maßgebenden Jahresarbeitslohn unter Einbeziehung des sonstigen Bezugs zu ermitteln. [6]Dabei ist der sonstige Bezug, um den Versorgungsfreibetrag und den Altersentlastungsbetrag zu vermindern, wenn die Voraussetzungen für den Abzug dieser Beträge jeweils erfüllt sind und soweit sie nicht bei der Steuerberechnung für den maßgebenden Jahresarbeitslohn berücksichtigt worden sind. [7]Für die Lohnsteuerberechnung ist die als Lohnsteuerabzugsmerkmal mitgeteilte oder die nach § 39c Absatz 1 oder Absatz 2 oder nach § 39e Absatz 5a oder Absatz 6 Satz 8 anzuwendende Steuerklasse maßgebend. [8]Der Unterschiedsbetrag zwischen den ermittelten Jahreslohnsteuerbeträgen ist die Lohnsteuer, die vom sonstigen Bezug einzubehalten ist. [9]Die Lohnsteuer ist bei einem sonstigen Bezug im Sinne des § 34 Absatz 1 und Nummer 2 und 4 in der Weise zu ermäßigen, dass der sonstige Bezug bei der Anwendung des Satzes 5 mit einem Fünftel anzusetzen und der Unterschiedsbetrag im Sinne des Satzes 8 zu verfünffachen ist; § 34 Absatz 1 Satz 3 ist sinngemäß anzuwenden. [10]Ein sonstiger Bezug im Sinne des § 34 Absatz 1 und 2 Nummer 4 ist bei der Anwendung des Satzes 4 in die Bemessungsgrundlage für die Vorsorgepauschale nach Absatz 2 Satz 5 Nummer 3 einzubeziehen.

(4) In den Kalenderjahren 2010 bis 2024 ist Absatz 2 Satz 5 Nummer 3 Buchstabe a mit der Maßgabe anzuwenden, dass im Kalenderjahr 2010 der ermittelte Betrag auf 40 Prozent begrenzt und dieser Prozentsatz in jedem folgenden Kalenderjahr um je 4 Prozentpunkte erhöht wird.

---

1) *Absatz 2 Satz 7 wurde durch Artikel 9 des Gesetzes zur Umsetzung der Änderungen der EU-Amtshilferichtlinie und von weiteren Maßnahmen gegen Gewinnkürzungen und -verlagerungen ab VZ 2018 geändert.*

2) *Absatz 2 Satz 13 bis 16 wurde durch Artikel 7 des StUmgBG ab VZ 2018 angefügt.*

(5) [1]Wenn der Arbeitgeber für den Lohnzahlungszeitraum lediglich Abschlagszahlungen leistet und eine Lohnabrechnung für einen längeren Zeitraum (Lohnabrechnungszeitraum) vornimmt, kann er den Lohnabrechnungszeitraum als Lohnzahlungszeitraum behandeln und die Lohnsteuer abweichend von § 38 Absatz 3 bei der Lohnabrechnung einbehalten. [2]Satz 1 gilt nicht, wenn der Lohnabrechnungszeitraum fünf Wochen übersteigt oder die Lohnabrechnung nicht innerhalb von drei Wochen nach dessen Ablauf erfolgt. [3]Das Betriebsstättenfinanzamt kann anordnen, dass die Lohnsteuer von den Abschlagszahlungen einzubehalten ist, wenn die Erhebung der Lohnsteuer sonst nicht gesichert erscheint. [4]Wenn wegen einer besonderen Entlohnungsart weder ein Lohnzahlungszeitraum noch ein Lohnabrechnungszeitraum festgestellt werden kann, gilt als Lohnzahlungszeitraum die Summe der tatsächlichen Arbeitstage oder Arbeitswochen.

(6) [1]Das Bundesministerium der Finanzen hat im Einvernehmen mit den obersten Finanzbehörden der Länder auf der Grundlage der Absätze 2 und 3 einen Programmablaufplan für die maschinelle Berechnung der Lohnsteuer aufzustellen und bekannt zu machen. [2]Im Programmablaufplan kann von den Regelungen in den Absätzen 2 und 3 abgewichen werden, wenn sich das Ergebnis der maschinellen Berechnung der Lohnsteuer an das Ergebnis einer Veranlagung zur Einkommensteuer anlehnt.

Laufender Arbeitslohn und sonstige Bezüge

R 39b.2

(1) Laufender Arbeitslohn ist der Arbeitslohn, der dem Arbeitnehmer regelmäßig fortlaufend zufließt, insbesondere: S 2367

1. Monatsgehälter,
2. Wochen- und Tagelöhne,
3. Mehrarbeitsvergütungen,
4. Zuschläge und Zulagen,
5. geldwerte Vorteile aus der ständigen Überlassung von Dienstwagen zur privaten Nutzung,
6. Nachzahlungen und Vorauszahlungen, wenn sich diese ausschließlich auf Lohnzahlungszeiträume beziehen, die im Kalenderjahr der Zahlung enden,
7. Arbeitslohn für Lohnzahlungszeiträume des abgelaufenen Kalenderjahres, der innerhalb der ersten drei Wochen des nachfolgenden Kalenderjahres zufließt.

(2) [1]Ein sonstiger Bezug ist der Arbeitslohn, der nicht als laufender Arbeitslohn gezahlt wird. [2]Zu den sonstigen Bezügen gehören insbesondere einmalige Arbeitslohnzahlungen, die neben dem laufenden Arbeitslohn gezahlt werden, z. B.:

1. dreizehnte und vierzehnte Monatsgehälter,
2. einmalige Abfindungen und Entschädigungen,
3. Gratifikationen und Tantiemen, die nicht fortlaufend gezahlt werden,
4. Jubiläumszuwendungen,
5. Urlaubsgelder, die nicht fortlaufend gezahlt werden, und Entschädigungen zur Abgeltung nicht genommenen Urlaubs,
6. Vergütungen für Erfindungen,
7. Weihnachtszuwendungen,
8. [1]Nachzahlungen und Vorauszahlungen, wenn sich der Gesamtbetrag oder ein Teilbetrag der Nachzahlung oder Vorauszahlung auf Lohnzahlungszeiträume bezieht, die in einem anderen Jahr als dem der Zahlung enden, **oder**, wenn Arbeitslohn für Lohnzahlungszeiträume des abgelaufenen Kalenderjahres später als drei Wochen nach Ablauf dieses Jahres zufließt,
9. Ausgleichszahlungen für die in der Arbeitsphase erbrachten Vorleistungen auf Grund eines Altersteilzeitverhältnisses im Blockmodell, das vor Ablauf der vereinbarten Zeit beendet wird,
10. Zahlungen innerhalb eines Kalenderjahres als viertel- oder halbjährliche Teilbeträge.

Freibeträge für Versorgungsbezüge

R 39b.3

(1) [1]Werden Versorgungsbezüge als sonstige Bezüge gezahlt, ist § 39b Abs. 3 EStG anzuwenden. [2]Danach dürfen die Freibeträge für Versorgungsbezüge von dem sonstigen Bezug nur abgezogen werden, soweit sie bei der Feststellung des maßgebenden Jahresarbeitslohns nicht verbraucht sind. [3]Werden laufende Versorgungsbezüge erstmals gezahlt, nachdem im selben Kalenderjahr bereits Versorgungsbezüge als sonstige Bezüge gewährt worden sind, darf der Arbeitgeber die maßgebenden Freibeträge für Versorgungsbezüge bei den laufenden Bezügen nur   S 2345

berücksichtigen, soweit sie sich bei den sonstigen Bezügen nicht ausgewirkt haben. [4]Von Arbeitslohn, von dem die Lohnsteuer nach §§ 40 bis 40b EStG mit Pauschsteuersätzen erhoben wird, dürfen die Freibeträge für Versorgungsbezüge nicht abgezogen werden.

(2) Durch die Regelungen des Absatzes 1 wird die steuerliche Behandlung der Versorgungsbezüge beim Lohnsteuer-Jahresausgleich durch den Arbeitgeber oder bei einer Veranlagung zur Einkommensteuer nicht berührt.

R 39b.4   Altersentlastungsbetrag beim Lohnsteuerabzug

S 2365

(1) [1]Der Altersentlastungsbetrag ist auch bei beschränkt einkommensteuerpflichtigen Arbeitnehmern abzuziehen (→ § 50 Abs. 1 Satz 3 EStG).

(2) [1]Wird Arbeitslohn als sonstiger Bezug gezahlt, ist § 39b Abs. 3 EStG anzuwenden. [2]Danach darf der Altersentlastungsbetrag von dem sonstigen Bezug nur abgezogen werden, soweit er bei der Feststellung des maßgebenden Jahresarbeitslohns nicht verbraucht ist. [3]Wird laufender Arbeitslohn erstmals gezahlt, nachdem im selben Kalenderjahr ein Altersentlastungsbetrag bereits bei sonstigen Bezügen berücksichtigt worden ist, darf der Arbeitgeber den maßgebenden steuerfreien Höchstbetrag bei den laufenden Bezügen nur berücksichtigen, soweit er sich bei den sonstigen Bezügen nicht ausgewirkt hat. [4]Von Arbeitslohn, von dem die Lohnsteuer nach §§ 40 bis 40b EStG mit Pauschsteuersätzen erhoben wird, darf der Altersentlastungsbetrag nicht abgezogen werden.

(3) Durch die Regelungen der Absätze 1 und 2 wird die steuerliche Behandlung des Altersentlastungsbetrags beim Lohnsteuer-Jahresausgleich durch den Arbeitgeber oder bei einer Veranlagung zur Einkommensteuer nicht berührt.

R 39b.5   Einbehaltung der Lohnsteuer vom laufenden Arbeitslohn

Allgemeines

S 2367

(1) [1]Der Arbeitgeber hat die Lohnsteuer grundsätzlich bei jeder Zahlung vom Arbeitslohn einzubehalten (→ § 38 Abs. 3 EStG). [2]Reichen die dem Arbeitgeber zur Verfügung stehenden Mittel zur Zahlung des vollen vereinbarten Arbeitslohns nicht aus, hat er die Lohnsteuer von dem tatsächlich zur Auszahlung gelangenden niedrigeren Betrag zu berechnen und einzubehalten. [3]Der Lohnsteuerermittlung sind jeweils die Lohnsteuerabzugsmerkmale (→ § 39 EStG) zugrunde zu legen, die für den Tag gelten, an dem der Lohnzahlungszeitraum endet; dies gilt auch bei einem Wechsel des ersten Arbeitgebers (Hauptarbeitgeber) im Laufe des Lohnzahlungszeitraums. [4]Für Lohnzahlungen vor Ende des betreffenden Lohnzahlungszeitraums sind zunächst die zu diesem Zeitpunkt bereitgestellten Lohnsteuerabzugsmerkmale (§ 39e Abs. 5 EStG) zugrunde zu legen. [5]Werden nach einer solchen Lohnzahlung Lohnsteuerabzugsmerkmale bekannt, die auf den Lohnzahlungszeitraum zurückwirken, ist § 41c Abs. 1 Satz 1 Nr. 1 EStG anzuwenden.

Lohnzahlungszeitraum

(2) [1]Der Zeitraum, für den jeweils der laufende Arbeitslohn gezahlt wird, ist der Lohnzahlungszeitraum. [2]Ist ein solcher Zeitraum nicht feststellbar, tritt an seine Stelle die Summe der tatsächlichen Arbeitstage oder der tatsächlichen Arbeitswochen (→ § 39b Abs. 5 Satz 4 EStG). [3]Solange das Dienstverhältnis fortbesteht, sind auch solche in den Lohnzahlungszeitraum fallende Arbeitstage mitzuzählen, für die der Arbeitnehmer keinen steuerpflichtigen Arbeitslohn bezogen hat.

(3) [1]Wird der Arbeitslohn für einen Lohnzahlungszeitraum gezahlt, für den der steuerfreie Betrag oder der Hinzurechnungsbetrag den Lohnsteuerabzugsmerkmalen nicht unmittelbar entnommen werden kann, hat der Arbeitgeber für diesen Lohnzahlungszeitraum den zu berücksichtigenden Betrag selbst zu berechnen. [2]Er hat dabei von dem für den monatlichen Lohnzahlungszeitraum geltenden – also aufgerundeten – steuerfreien Betrag auszugehen.

Nachzahlungen, Vorauszahlungen

(4) [1]Stellen Nachzahlungen oder Vorauszahlungen laufenden Arbeitslohn dar (→ R 39b.2 Abs. 1), ist die Nachzahlung oder Vorauszahlung für die Berechnung der Lohnsteuer den Lohnzahlungszeiträumen zuzurechnen, für die sie geleistet werden. [2]Es bestehen jedoch keine Bedenken, diese Nachzahlungen und Vorauszahlungen als sonstige Bezüge nach R 39b.6 zu behandeln, wenn nicht der Arbeitnehmer die Besteuerung nach Satz 1 verlangt; die Pauschalierung nach § 40 Abs. 1 Satz 1 Nr. 1 EStG ist nicht zulässig.

Abschlagszahlungen

(5) ¹Zahlt der Arbeitgeber den Arbeitslohn für den üblichen Lohnzahlungszeitraum nur in ungefähter Höhe (Abschlagszahlung) und nimmt er eine genaue Lohnabrechnung für einen längeren Zeitraum vor, braucht er nach § 39b Abs. 5 EStG die Lohnsteuer erst bei der Lohnabrechnung einzubehalten, wenn der Lohnabrechnungszeitraum fünf Wochen nicht übersteigt und die Lohnabrechnung innerhalb von drei Wochen nach Ablauf des Lohnabrechnungszeitraums erfolgt. ²Die Lohnabrechnung gilt als abgeschlossen, wenn die Zahlungsbelege den Bereich des Arbeitgebers verlassen haben; auf den zeitlichen Zufluss der Zahlung beim Arbeitnehmer kommt es nicht an.³Wird die Lohnabrechnung für den letzten Abrechnungszeitraum des abgelaufenen Kalenderjahres erst im nachfolgenden Kalenderjahr, aber noch innerhalb der 3-Wochen-Frist vorgenommen, handelt es sich um Arbeitslohn und einbehaltene Lohnsteuer dieses Lohnabrechnungszeitraums; der Arbeitslohn und die Lohnsteuer sind deshalb im Lohnkonto und in den Lohnsteuerbelegen des abgelaufenen Kalenderjahres zu erfassen. ⁴Die einbehaltene Lohnsteuer ist aber für die Anmeldung und Abführung als Lohnsteuer des Kalendermonats bzw. Kalendervierteljahres zu erfassen, in dem die Abrechnung tatsächlich vorgenommen wird.

Hinweise

H 39b.5

Abschlagszahlungen

Beispiele zum Zeitpunkt der Lohnsteuereinbehaltung:

A. Ein Arbeitgeber mit monatlichen Abrechnungszeiträumen leistet jeweils am 20. eines Monats eine Abschlagszahlung. Die Lohnabrechnung wird am 10. des folgenden Monats mit der Auszahlung von Spitzenbeträgen vorgenommen.

Der Arbeitgeber ist berechtigt, auf eine Lohnsteuereinbehaltung bei der Abschlagszahlung zu verzichten und die Lohnsteuer erst bei der Schlussabrechnung einzubehalten.

B. Ein Arbeitgeber mit monatlichen Abrechnungszeiträumen leistet jeweils am 28. für den laufenden Monat eine Abschlagszahlung und nimmt die Lohnabrechnung am 28. des folgenden Monats vor.

Die Lohnsteuer ist bereits von der Abschlagszahlung einzubehalten, da die Abrechnung nicht innerhalb von drei Wochen nach Ablauf des Lohnabrechnungszeitraums erfolgt.

C. Auf den Arbeitslohn für Dezember werden Abschlagszahlungen geleistet. Die Lohnabrechnung erfolgt am 15. 1.

Die dann einzubehaltende Lohnsteuer ist spätestens am 10. 2. als Lohnsteuer des Monats Januar anzumelden und abzuführen. Sie gehört gleichwohl zum Arbeitslohn des abgelaufenen Kalenderjahres und ist in die Lohnsteuerbescheinigung für das abgelaufene Kalenderjahr aufzunehmen.

Nachzahlungen

Beispiel zur Berechnung der Lohnsteuer:

Ein Arbeitnehmer mit einem laufenden Bruttoarbeitslohn von 2 000 € monatlich erhält im September eine Nachzahlung von 400 € für die Monate Januar bis August.

Von dem Monatslohn von 2 000 € ist nach der maßgebenden Steuerklasse eine Lohnsteuer von 100 € einzubehalten. Von dem um die anteilige Nachzahlung erhöhten Monatslohn von 2 050 € ist eine Lohnsteuer von 115 € einzubehalten. Auf die anteilige monatliche Nachzahlung von 50 € entfällt mithin eine Lohnsteuer von 15 €. Dieser Betrag, vervielfacht mit der Zahl der in Betracht kommenden Monate, ergibt dann die Lohnsteuer für die Nachzahlung (15 € × 8 =) 120 €.

PAP

Geänderte Programmablaufpläne für den Lohnsteuerabzug 2018

(BMF-Schreiben vom 23. 11. 2017, BStBl I S. 1548)

Vor dem Hintergrund der von der Bundesregierung am 22. November 2017 beschlossenen Absenkung des Beitragssatzes in der allgemeinen Rentenversicherung auf 18,6 % durch die Beitragssatzverordnung 2018¹) werden hiermit im Einvernehmen mit den obersten Finanzbehörden der Länder

---

¹) → vom 18. 12. 2017 (BGBl. I S. 3976)

– der geänderte Programmablaufplan für die maschinelle Berechnung der vom Arbeitslohn einzubehaltenden Lohnsteuer, des Solidaritätszuschlags und der Maßstabsteuer für die Kirchenlohnsteuer für 2018 – Anlage 1 – sowie

– der geänderte Programmablaufplan für die Erstellung von Lohnsteuertabellen für 2018 zur manuellen Berechnung der Lohnsteuer (einschließlich der Berechnung des Solidaritätszuschlags und der Bemessungsgrundlage für die Kirchenlohnsteuer) – Anlage 2 –

bekannt gemacht (§ 39b Absatz 6 und § 51 Absatz 4 Nummer 1a EStG). Die Bekanntmachung vom 10. November 2017 (BStBl I Seite 1466) wird gleichzeitig aufgehoben.

Die Programmablaufpläne berücksichtigen die ab 2018 geltenden Anpassungen des Einkommensteuertarifs (einschließlich Anhebung des Grundfreibetrags auf 9 000 Euro), der Zahlenwerte in § 39b Absatz 2 Satz 7 EStG und der Freibeträge für Kinder (Anhebung auf 3 714 Euro bzw. 7 428 Euro). Im Übrigen wird auf die Erläuterungen unter „1. Gesetzliche Grundlagen/ Allgemeines" hingewiesen. (Der Programmablaufplan (Anlage 1 und 2) ist hier nicht abgedruckt.)

R 39b.6   ### Einbehaltung der Lohnsteuer von sonstigen Bezügen

Allgemeines

S 2368 (1) ¹Von einem sonstigen Bezug ist die Lohnsteuer stets in dem Zeitpunkt einzubehalten, in dem er zufließt. ²Der Lohnsteuerermittlung sind die Lohnsteuerabzugsmerkmale zugrunde zu legen, zum Ende des Kalendermonats des Zuflusses gelten. ³Der maßgebende Arbeitslohn (§ 39b Abs. 1 EStG) kann nach Abzug eines Freibetrags auch negativ sein.

Voraussichtlicher Jahresarbeitslohn

(2) ¹Zur Ermittlung der von einem sonstigen Bezug einzubehaltenden Lohnsteuer ist jeweils der voraussichtliche Jahresarbeitslohn des Kalenderjahres zugrunde zu legen, in dem der sonstige Bezug dem Arbeitnehmer zufließt. ²Dabei sind der laufende Arbeitslohn, der für die im Kalenderjahr bereits abgelaufenen Lohnzahlungszeiträume zugeflossen ist, und die in diesem Kalenderjahr bereits gezahlten sonstigen Bezüge mit dem laufenden Arbeitslohn zusammenzurechnen, der sich voraussichtlich für die Restzeit des Kalenderjahres ergibt. ³Statt dessen kann der voraussichtlich für die Restzeit des Kalenderjahres zu zahlende laufende Arbeitslohn durch Umrechnung des bisher zugeflossenen laufenden Arbeitslohns ermittelt werden. ⁴Künftige sonstige Bezüge, deren Zahlung bis zum Ablauf des Kalenderjahres zu erwarten ist, sind nicht zu erfassen.

Sonstige Bezüge nach Ende des Dienstverhältnisses

(3) ¹Werden sonstige Bezüge gezahlt, nachdem der Arbeitnehmer aus dem Dienstverhältnis ausgeschieden ist, sind der Lohnsteuerermittlung die Lohnsteuerabzugsmerkmale zugrunde zu legen, die zum Ende des Kalendermonats des Zuflusses gelten. ²Der voraussichtliche Jahresarbeitslohn ist dann auf der Grundlage der Angaben des Arbeitnehmers zu ermitteln. ³Macht der Arbeitnehmer keine Angaben, ist der beim bisherigen Arbeitgeber zugeflossene Arbeitslohn auf einen Jahresbetrag hochzurechnen. ⁴Eine Hochrechnung ist nicht erforderlich, wenn mit dem Zufließen von weiterem Arbeitslohn im Laufe des Kalenderjahres, z. B. wegen Alters oder Erwerbsunfähigkeit, nicht zu rechnen ist.

Zusammentreffen regulär und ermäßigt besteuerter sonstiger Bezüge

(4) Trifft ein sonstiger Bezug i. S. v. § 39b Abs. 3 Satz 1 bis 7 EStG mit einem sonstigen Bezug i. S. d. § 39b Abs. 3 Satz 9 EStG zusammen, ist zunächst die Lohnsteuer für den sonstigen Bezug i. S. d. § 39b Abs. 3 Satz 1 bis 7 EStG und danach die Lohnsteuer für den anderen sonstigen Bezug zu ermitteln.

Regulär zu besteuernde Entschädigungen

(5) ¹Liegen bei einer Entschädigung im Sinne des § 24 Nr. 1 EStG die Voraussetzungen für die Steuerermäßigung nach § 34 EStG nicht vor, ist die Entschädigung als regulär zu besteuernder sonstiger Bezug zu behandeln. ²Es ist aus Vereinfachungsgründen nicht zu beanstanden, wenn dieser sonstige Bezug bei der Anwendung des § 39b Abs. 2 Satz 5 Nr. 3 Buchstabe a bis c EStG berücksichtigt wird.

Hinweise

Beispiele:

A. Berechnung des voraussichtlichen Jahresarbeitslohnes

Ein Arbeitgeber X zahlt im September einen sonstigen Bezug von 1 200 € an einen Arbeitnehmer. Der Arbeitnehmer hat seinem Arbeitgeber zwei Ausdrucke der elektronischen Lohnsteuerbescheinigungen seiner vorigen Arbeitgeber vorgelegt:

a) Dienstverhältnis beim Arbeitgeber A vom 1. 1. bis 31. 3., Arbeitslohn   8 400 €,

b) Dienstverhältnis beim Arbeitgeber B vom 1. 5. bis 30. 6., Arbeitslohn   4 200 €.

Der Arbeitnehmer war im April arbeitslos. Beim Arbeitgeber X steht der Arbeitnehmer seit dem 1.7. in einem Dienstverhältnis; er hat für die Monate Juli und August ein Monatsgehalt von 2 400 € bezogen, außerdem erhielt er am 20.8. einen sonstigen Bezug von 500 €. Vom ersten September an erhält er ein Monatsgehalt von 2 800 € zuzüglich eines weiteren halben (13.) Monatsgehalts am 1.12.

Der vom Arbeitgeber im September zu ermittelnde voraussichtliche Jahresarbeitslohn (ohne den sonstigen Bezug, für den die Lohnsteuer ermittelt werden soll) beträgt hiernach:

Arbeitslohn 1. 1. bis 30. 6. (8 400 € + 4 200 €)	12 600 €
Arbeitslohn 1. 7. bis 31. 8. (2 × 2 400 € + 500 €)	5 300 €
Arbeitslohn 1. 9. bis 31. 12. (voraussichtlich 4 × 2 800 €)	11 200 €
	29 100 €

Das halbe 13. Monatsgehalt ist ein zukünftiger sonstiger Bezug und bleibt daher außer Betracht.

Abwandlung 1:

Legt der Arbeitnehmer seinem Arbeitgeber X zwar den Nachweis über seine Arbeitslosigkeit im April, nicht aber die Ausdrucke der elektronischen Lohnsteuerbescheinigungen der Arbeitgeber A und B vor, ergibt sich folgender voraussichtliche Jahresarbeitslohn:

Arbeitslohn 1. 1. bis 30. 6. (5 × 2 800 €)	14 000 €
Arbeitslohn 1. 7. bis 31. 8. (2 × 2 400 € + 500 €)	5 300 €
Arbeitslohn 1. 9. bis 31. 12. (voraussichtlich 4 × 2 800 €)	11 200 €
	30 500 €

Abwandlung 2:

Ist dem Arbeitgeber X nicht bekannt, dass der Arbeitnehmer im April arbeitslos war, ist der Arbeitslohn für die Monate Januar bis Juni mit 6 × 2 800 € = 16 800 € zu berücksichtigen.

B. Berechnung des voraussichtlichen Jahresarbeitslohns bei Versorgungsbezügen i. V. m. einem sonstigen Bezug

Ein Arbeitgeber zahlt im April einem 65jährigen Arbeitnehmer einen sonstigen Bezug (Umsatzprovision für das vorangegangene Kalenderjahr) in Höhe von 5 000 €. Der Arbeitnehmer ist am 28. 2. *2018* in den Ruhestand getreten. Der Arbeitslohn betrug bis dahin monatlich 2 300 €. Seit dem 1. 3. *2018* erhält der Arbeitnehmer neben dem Altersruhegeld aus der gesetzlichen Rentenversicherung Versorgungsbezüge i. S. d. § 19 Abs. 2 EStG von monatlich 900 €. Außerdem hat das Finanzamt einen Jahresfreibetrag von 750 € festgesetzt.

Der maßgebende Jahresarbeitslohn, der zu versteuernde Teil des sonstigen Bezugs und die einzubehaltende Lohnsteuer sind wie folgt zu ermitteln:

I. Neben dem Arbeitslohn für die Zeit vom 1. 1. bis 28.2. von

(2 × 2 300 € =)	4 600 €
gehören zum voraussichtlichen Jahresarbeitslohn die Versorgungsbezüge vom 1. 3. an mit monatlich 900 €; voraussichtlich werden gezahlt (10 × 900 €)	9 000 €
Der voraussichtliche Jahresarbeitslohn beträgt somit	13 600 €

II. Vom voraussichtlichen Jahresarbeitslohn sind folgende Beträge abzuziehen (→ § 39b Abs. 3 S. 3 EStG):

a) der zeitanteilige Versorgungsfreibetrag und der Zuschlag zum Versorgungsfreibetrag, unabhängig von der Höhe der bisher berücksichtigten Freibeträge für Versorgungsbezüge

    (*19,2* % von 10 800 €[1]) = *2 073,60* € höchstens *1 440* €

    zuzüglich *432* € = *1 872* €, davon 10/12)   *1 560*,00 €

---

[1] Maßgebend ist der erste Versorgungsbezug (900 €) × 12 Monate → § 19 Abs. 2 Satz 4 EStG.

b) der Altersentlastungsbetrag unabhängig von der
Höhe des bisher berücksichtigten Betrags
(**19,2** % von 4 600 € = **883,20** € höchstens **912** €) **883,20 €**

c) vom Finanzamt festgesetzter Freibetrag von jährlich 750,00 €
Gesamtabzugsbetrag somit **3 193,20 €**

III. Der maßgebende Jahresarbeitslohn beträgt
somit (13 600 € ./. **3 193,20** €) **10 406,80 €.**

IV. Von dem sonstigen Bezug in Höhe von 5 000,00 €
ist der Altersentlastungsbetrag in Höhe von **19,2** %, höchstens jedoch
der Betrag, um den der Jahreshöchstbetrag von **912** € den bei
Ermittlung des maßgebenden Jahresarbeitslohns abgezogenen
Betrag überschreitet, abzuziehen. (**19,2** % von 5 000 € = **960** €,
höchstens **912** € abzüglich **883,20** €) **28,80 €**
Der zu versteuernde Teil des sonstigen Bezugs beträgt somit **4 971,20 €.**

V. Der maßgebende Jahresarbeitslohn einschließlich des
sonstigen Bezugs beträgt somit (**10 406,80** € + **4 971,20** € =) **15 378,00 €**

C. Berechnung der Lohnsteuer beim gleichzeitigen Zufluss eines regulär und eines ermäßigt besteuerten sonstigen Bezugs

Ein Arbeitgeber zahlt seinem Arbeitnehmer, dessen Jahresarbeitslohn 40 000 € beträgt,
im Dezember einen sonstigen Bezug (Weihnachtsgeld) in Höhe von 3 000 € und daneben
eine Jubiläumszuwendung von 2 500 €, von dem die Lohnsteuer nach § 39b Abs. 3 Satz 9
i. V. m. § 34 EStG einzubehalten ist.

Die Lohnsteuer ist wie folgt zu ermitteln:

darauf entfallende Lohnsteuer

Jahresarbeitslohn	40 000 €	9 000 €	
zzgl. Weihnachtsgeld	3 000 €		
	43 000 €	10 000 € = LSt auf das Weihnachtsgeld	1 000 €
zzgl. ¹/₅ der Jubiläumszuwendung	500 €		
=	43 500 €	10 150 € = LSt auf ¹/₅ der Jubiläumszuwendung	
		= 150 € × 5	750 €
Lohnsteuer auf beide sonstigen Bezüge =			1 750 €

D. Berechnung der Lohnsteuer bei einem ermäßigt besteuerten sonstigen Bezug im Zusammenspiel mit einem Freibetrag

Ein Arbeitgeber zahlt seinem ledigen Arbeitnehmer, dessen Jahresarbeitslohn
78 000 Euro beträgt, im Dezember eine steuerpflichtige Abfindung von 62 000 Euro, von
der die Lohnsteuer nach § 39b Abs. 3 Satz 9 i. V. m. § 34 EStG einzubehalten ist. Das
Finanzamt hat einen ein Freibetrag (Verlust V+V) i. H. v. 80 000 Euro festgesetzt.

Die Lohnsteuer ist wie folgt zu ermitteln:

Jahresarbeitslohn	78 000 €
abzüglich Freibetrag	80 000 €
	./. 2 000 €
zuzüglich Abfindung	62 000 €
Zwischensumme	60 000 €
Davon 1/5	12 000 €
darauf entfallende Lohnsteuer	200 €
Lohnsteuer auf die Abfindung (5 × 200 €)	1 000 €

Fünftelungsregelung

Anhang 27 – → BMF vom 1. 11. 2013 (BStBl I S. 1326) geändert durch BMF vom 4. 3. 2016 (BStBl I S. 277).

– Die Fünftelungsregelung ist nicht anzuwenden, wenn sie zu einer höheren Steuer führt als
die Besteuerung als nicht begünstigter sonstiger Bezug (→ BMF vom 10. 1. 2000 – BStBl I
S. 138). → H 40.2

– Bei Jubiläumszuwendungen kann der Arbeitgeber im Lohnsteuerabzugsverfahren eine
Zusammenballung unterstellen, wenn die Zuwendung an einen Arbeitnehmer gezahlt wird,
der voraussichtlich bis Ende des Kalenderjahres nicht aus dem Dienstverhältnis ausscheidet
(→ BMF vom 10. 1. 2000 – BStBl I S. 138). → H 40.2

– Bei Aktienoptionsprogrammen kann die Fünftelungsregelung angewendet werden, wenn die Laufzeit zwischen Einräumung und Ausübung der Optionsrechte mehr als 12 Monate beträgt und der Arbeitnehmer in dieser Zeit auch bei seinem Arbeitgeber beschäftigt ist. Dies gilt auch dann, wenn dem Arbeitnehmer wiederholt Aktienoptionen eingeräumt worden sind und die jeweilige Option nicht in vollem Umfang in einem Kalenderjahr ausgeübt worden ist (→ BFH vom 18. 12. 2007 – BStBl 2008 II S. 294).

PAP

→ H 39b.5

Vergütung für eine mehrjährige Tätigkeit

→ R 34.4 EStR und H 34.4 EStH   Anhang 30

Wechsel der Art der Steuerpflicht

Bei der Berechnung der Lohnsteuer für einen sonstigen Bezug, der einem (ehemaligen) Arbeitnehmer nach einem Wechsel von der unbeschränkten in die beschränkte Steuerpflicht in diesem Kalenderjahr zufließt, ist der während der Zeit der unbeschränkten Steuerpflicht gezahlte Arbeitslohn im Jahresarbeitslohn zu berücksichtigen (→ BFH vom 25. 8. 2009 – BStBl 2010 II S. 150).

– unbesetzt –   **R 39b.7**

Hinweise   H 39b.7
                                                                                  S 2367
Ermittlung der Vorsorgepauschale im Lohnsteuerabzugsverfahren

→ BMF vom 26. 11. 2013 (BStBl I S. 1532)

Vorsorgepauschale im Lohnsteuerabzugsverfahren
(§ 39b Absatz 2 Satz 5 Nummer 3 und Absatz 4 EStG)

(BMF-Schreiben vom 26. 11. 2013, BStBl I S. 1532[1]))

Im Einvernehmen mit den obersten Finanzbehörden der Länder gilt hinsichtlich der Vorsorgepauschale im Lohnsteuerabzugsverfahren (§ 39b Absatz 2 Satz 5 Nummer 3 und Absatz 4 EStG) Folgendes:

1. Allgemeines

Eine Vorsorgepauschale **wird ausschließlich** im Lohnsteuerabzugsverfahren berücksichtigt (§ 39b Absatz 2 Satz 5 Nummer 3 und Absatz 4 EStG).

Über die Vorsorgepauschale hinaus werden im Lohnsteuerabzugsverfahren keine weiteren Vorsorgeaufwendungen **berücksichtigt**. **Eine** Vorsorgepauschale wird grundsätzlich in allen Steuerklassen berücksichtigt.

2. Bemessungsgrundlage für die Berechnung der Vorsorgepauschale (§ 39b Absatz 2 Satz 5 Nummer 3 EStG)

Die beim Lohnsteuerabzug zu berücksichtigende Vorsorgepauschale setzt sich aus folgenden Teilbeträgen zusammen:

– Teilbetrag für die Rentenversicherung (§ 39b Absatz 2 Satz 5 Nummer 3 Buchstabe a EStG),

– Teilbetrag für die gesetzliche Kranken- und soziale Pflegeversicherung (§ 39b Absatz 2 Satz 5 Nummer 3 Buchstabe b und c EStG) und

– Teilbetrag für die private Basiskranken- und Pflege-Pflichtversicherung (§ 39b Absatz 2 Satz 5 Nummer 3 Buchstabe d EStG).

Ob die Voraussetzungen für den Ansatz der einzelnen Teilbeträge vorliegen, ist jeweils gesondert zu prüfen; hierfür ist immer der Versicherungsstatus am Ende des jeweiligen Lohnzah-

---

[1]) Die Änderungen gegenüber dem → BMF-Schreiben vom 22. 10. 2010 (BStBl I S. 1254) sind durch Fettdruck hervorgehoben. Die Überschriften zu den Tz. 6.2 und 8 wurden geändert.

lungszeitraums maßgebend und das Dienstverhältnis nicht auf Teilmonate aufzuteilen. **Die Teilbeträge sind getrennt zu berechnen; die auf volle Euro aufgerundete Summe der Teilbeträge ergibt die anzusetzende Vorsorgepauschale.**

Bemessungsgrundlage für die Berechnung der Teilbeträge für die Rentenversicherung und die gesetzliche Kranken- und soziale Pflegeversicherung ist der Arbeitslohn. Entschädigungen i. S. d. § 24 Nummer 1 EStG sind nicht als Arbeitslohnbestandteil zu berücksichtigen (§ 39b Absatz 2 Satz 5 Nummer 3 zweiter Teilsatz EStG); aus Vereinfachungsgründen ist es aber nicht zu beanstanden, wenn regulär zu besteuernde Entschädigungen bei der Bemessungsgrundlage für die Berechnung der Vorsorgepauschale berücksichtigt werden. Steuerfreier Arbeitslohn gehört ebenfalls nicht zur Bemessungsgrundlage für die Berechnung der entsprechenden Teilbeträge (BFH-Urteil vom 18. März 1983, BStBl II S. 475). Dies gilt auch bei der Mindestvorsorgepauschale für die Kranken- und Pflegeversicherung (§ 39b Absatz 2 Satz 5 Nummer 3 dritter Teilsatz EStG, Tz. 7).

Der Arbeitslohn ist für die Berechnung der Vorsorgepauschale und der Mindestvorsorgepauschale (Tz. 7) **nicht um** den Versorgungsfreibetrag (§ 19 Absatz 2 EStG) und den Altersentlastungsbetrag (§ 24a EStG) zu **vermindern**.

Die jeweilige Beitragsbemessungsgrenze ist bei allen Teilbeträgen der Vorsorgepauschale zu beachten. Bei den Rentenversicherungsbeiträgen gilt – abhängig vom Beschäftigungsort i. S. d. § 9 SGB IV – die allgemeine Beitragsbemessungsgrenze (BBG West) und die Beitragsbemessungsgrenze Ost (BBG Ost). Dies gilt auch bei einer Versicherung in der knappschaftlichen Rentenversicherung; deren besondere Beitragsbemessungsgrenze ist hier nicht maßgeblich. In Fällen, in denen die Verpflichtung besteht, Beiträge zur Alterssicherung an ausländische Sozialversicherungsträger abzuführen (Tz. 3), bestimmt sich die maßgebliche Beitragsbemessungsgrenze nach dem Ort der lohnsteuerlichen Betriebsstätte des Arbeitgebers (§ 41 Absatz 2 EStG). Die Gleitzone in der Sozialversicherung (Arbeitslöhne von **450,01** Euro bis **850** Euro) ist steuerlich unbeachtlich. Ebenfalls unbeachtlich ist die Verminderung der Beitragsbemessungsgrenzen beim Zusammentreffen mehrerer Versicherungsverhältnisse (§ 22 Absatz 2 SGB IV).

Die Bemessungsgrundlage für die Ermittlung der Vorsorgepauschale (Arbeitslohn) und für die Berechnung der Sozialabgaben (Arbeitsentgelt) kann unterschiedlich sein. Für die Berechnung der Vorsorgepauschale ist das sozialversicherungspflichtige Arbeitsentgelt nicht maßgeblich.

> **Beispiel:**
>
> Ein Arbeitnehmer mit einem Jahresarbeitslohn von 60 000 Euro wandelt im Jahr 2014 einen Betrag von 4 000 Euro bei einer Beitragsbemessungsgrenze in der allgemeinen Rentenversicherung von 71 400 Euro zugunsten einer betrieblichen Altersversorgung im Durchführungsweg Direktzusage um.
>
> Bemessungsgrundlage für die Berechnung des Teilbetrags der Vorsorgepauschale für die Rentenversicherung ist der steuerpflichtige Arbeitslohn i. H. v. 56 000 Euro. Das sozialversicherungspflichtige Arbeitsentgelt beträgt hingegen 57 144 Euro, weil 4 % der Beitragsbemessungsgrenze (2 856 Euro) nicht als Arbeitsentgelt i. S. d. Sozialversicherung gelten (§ 14 Absatz SGB IV).

3. Teilbetrag für die Rentenversicherung (§ 39b Absatz 2 Satz 5 Nummer 3 Buchstabe a und Absatz 4 EStG)

Auf Grundlage des steuerlichen Arbeitslohns wird unabhängig von der Berechnung der tatsächlich abzuführenden Rentenversicherungsbeiträge typisierend ein Arbeitnehmeranteil für die Rentenversicherung eines pflichtversicherten Arbeitnehmers berechnet, wenn der Arbeitnehmer in der gesetzlichen Rentenversicherung pflichtversichert ist und ein Arbeitnehmeranteil zu entrichten ist. Das gilt auch bei der Versicherung in einer berufsständischen Versorgungseinrichtung bei Befreiung von der gesetzlichen Rentenversicherung (§ 6 Absatz 1 Nummer 1 SGB VI). Das Steuerrecht folgt insoweit der sozialversicherungsrechtlichen Beurteilung, so dass der Arbeitgeber hinsichtlich der maßgeblichen Vorsorgepauschale keinen zusätzlichen Ermittlungsaufwand anstellen muss, sondern auf die ihm insoweit bekannten Tatsachen bei der Abführung der Rentenversicherungsbeiträge – bezogen auf das jeweilige Dienstverhältnis – zurückgreifen kann.

Der Teilbetrag der Vorsorgepauschale für die Rentenversicherung gilt daher bezogen auf das jeweilige Dienstverhältnis beispielsweise nicht bei

– Beamten,

– beherrschenden Gesellschafter-Geschäftsführern einer GmbH,

– Vorstandsmitgliedern von Aktiengesellschaften (§ 1 Satz 3 SGB VI),

– weiterbeschäftigten Beziehern einer Vollrente wegen Alters oder vergleichbaren Pensionsempfängern, selbst wenn gemäß § 172 Absatz 1 SGB VI ein Arbeitgeberanteil zur gesetzlichen Rentenversicherung zu entrichten ist,[1])

– Arbeitnehmern, die von ihrem Arbeitgeber nur Versorgungsbezüge i. S. d. § 19 Absatz 2 Satz 2 Nummer 2 EStG erhalten (Werkspensionäre),

– geringfügig beschäftigten Arbeitnehmern, bei denen die Lohnsteuer nach den **individuellen Lohnsteuerabzugsmerkmalen** erhoben wird und für die nur der pauschale Arbeitgeberbeitrag zur gesetzlichen Rentenversicherung entrichtet wird (**Übergangsregelung und Befreiung von der Rentenversicherungspflicht**),

– nach § 8 Absatz 1 Nummer 2 SGB IV geringfügig beschäftigten Arbeitnehmern (versicherungsfreie kurzfristige Beschäftigung), bei denen die Lohnsteuer **nach den individuellen Lohnsteuerabzugsmerkmalen** erhoben wird,

– anderen Arbeitnehmern, die nicht in der gesetzlichen Rentenversicherung pflichtversichert sind und deshalb auch keinen Arbeitnehmerbeitrag zur gesetzlichen Rentenversicherung zu leisten haben (z. B. als Praktikanten oder aus anderen Gründen).

– Arbeitnehmern, wenn der Arbeitgeber nach § 20 Absatz 3 Satz 1 SGB IV den Gesamtsozialversicherungsbeitrag allein trägt (u. a. Auszubildende mit einem Arbeitsentgelt von bis zu monatlich 325 Euro).

Bei Befreiung von der Versicherungspflicht in der gesetzlichen Rentenversicherung auf eigenen Antrag aufgrund einer der in R 3.62 Absatz 3 LStR genannten Vorschriften ist der Teilbetrag für die Rentenversicherung nur in den Fällen des § 3 Nummer 62 Satz 2 Buchstabe b (gesetzliche Rentenversicherung) und c (berufsständische Versorgungseinrichtung) EStG, nicht jedoch in den Fällen des § 3 Nummer 62 Satz 2 Buchstabe a EStG (Lebensversicherung) anzusetzen.

In Fällen, in denen die Verpflichtung besteht, Beiträge zur Alterssicherung an ausländische Sozialversicherungsträger abzuführen, hat der Arbeitgeber bei der Berechnung der Vorsorgepauschale einen Teilbetrag für die Rentenversicherung nur zu berücksichtigen, wenn der abzuführende Beitrag – zumindest teilweise – einen Arbeitnehmeranteil enthält und dem Grunde nach zu einem Sonderausgabenabzug führen kann (§ 10 Absatz 1 Nummer 2 Buchstabe a EStG). Es ist nicht erforderlich, dass die Bundesrepublik Deutschland über das Gemeinschaftsrecht der Europäischen Union mit dem anderen Staat auf dem Gebiet der Sozialversicherung verbunden oder dass ein Sozialversicherungsabkommen mit dem anderen Staat geschlossen worden ist. Besteht Sozialversicherungspflicht im Inland und parallel im Ausland, bleiben im Lohnsteuerabzugsverfahren die Beiträge an den ausländischen Sozialversicherungsträger unberücksichtigt.

4. Teilbetrag für die gesetzliche Krankenversicherung (§ 39b Absatz 2 Satz 5 Nummer 3 Buchstabe b EStG)

Auf Grundlage des steuerlichen Arbeitslohns wird unabhängig von der Berechnung der tatsächlich abzuführenden Krankenversicherungsbeiträge typisierend ein Arbeitnehmeranteil für die Krankenversicherung eines pflichtversicherten Arbeitnehmers berechnet, wenn der Arbeitnehmer in der gesetzlichen Krankenversicherung pflichtversichert oder freiwillig versichert ist (z. B. bei höher verdienenden Arbeitnehmern). Der typisierte Arbeitnehmeranteil ist auch anzusetzen bei in der gesetzlichen Krankenversicherung versicherten Arbeitnehmern, die die anfallenden Krankenversicherungsbeiträge in voller Höhe allein tragen müssen (z. B. freiwillig versicherte Beamte, Empfänger von Versorgungsbezügen). Der entsprechende Teilbetrag ist jedoch nur zu berücksichtigen, wenn der Arbeitnehmer Beiträge zur inländischen gesetzlichen Krankenversicherung leistet; andernfalls ist für Kranken- und Pflegeversicherungsbeiträge immer die Mindestvorsorgepauschale (Tz. 7) anzusetzen. Besteht Sozialversicherungspflicht im Inland und parallel im Ausland, bleiben im Lohnsteuerabzugsverfahren die Beiträge an den ausländischen Sozialversicherungsträger unberücksichtigt. Den Arbeitnehmeranteil für die Versicherung in der gesetzlichen Krankenversicherung darf der Arbeitgeber nur ansetzen, wenn er von einer entsprechenden Versicherung Kenntnis hat (z. B. bei Zahlung eines steuerfreien Zuschusses oder nach Vorlage eines geeigneten Nachweises durch den Arbeitnehmer).

Beispiel:

Lediglich der Beihilfestelle, nicht jedoch der Besoldungsstelle ist bekannt, dass ein Beamter freiwillig gesetzlich krankenversichert ist.

Die Besoldungsstelle berücksichtigt beim Lohnsteuerabzug die Mindestvorsorgepauschale (Tz. 7).

---

[1]) Nach den Änderungen durch das Flexirentengesetz vom 8. 12. 2016 (BGBl. I S. 2838) können diese Arbeitnehmer ab/seit dem 1. 1. 2017 auf die Versicherungsfreiheit in der gesetzlichen Rentenversicherung verzichten. Da sie dann Arbeitnehmeranteile zur gesetzlichen Rentenversicherung entrichten müssen, ist in den entsprechenden Fällen auch der Teilbetrag der Vorsorgepauschale für die Rentenversicherung zu berücksichtigen.

Für geringfügig beschäftigte Arbeitnehmer (geringfügig entlohnte Beschäftigung sowie kurzfristige Beschäftigung), bei denen die Lohnsteuer **nach den individuellen Lohnsteuerabzugsmerkmalen** erhoben wird, ist kein Teilbetrag für die gesetzliche Krankenversicherung anzusetzen, wenn kein Arbeitnehmeranteil für die Krankenversicherung zu entrichten ist. Entsprechendes gilt für andere Arbeitnehmer, wenn kein Arbeitnehmeranteil zu entrichten ist; dies ist regelmäßig bei Schülern und Studenten der Fall. In den entsprechenden Fällen ist in den Lohnsteuerberechnungsprogrammen **(siehe z. B. Bekanntmachung des BMF vom** 20. Februar 2013, **betreffend** den geänderten **Programmablaufplan für die maschinelle Berechnung der vom Arbeitslohn einzubehaltenden Lohnsteuer etc.** für 2013, BStBl I S. 221 unter dem Eingangsparameter „PKV" der Wert „1" einzugeben. Zum Ansatz der Mindestvorsorgepauschale vergleiche Tz. 7.

5. Teilbetrag für die soziale Pflegeversicherung (§ 39b Absatz 2 Satz 5 Nummer 3 Buchstabe c EStG)

Der Teilbetrag für die soziale Pflegeversicherung wird bei Arbeitnehmern angesetzt, die in der inländischen sozialen Pflegeversicherung versichert sind. Der Teilbetrag ist unter Berücksichtigung des Grundsatzes „Pflegeversicherung folgt Krankenversicherung" auch dann anzusetzen, wenn der Arbeitnehmer gesetzlich krankenversichert, jedoch privat pflegeversichert ist. Besteht Sozialversicherungspflicht im Inland und parallel im Ausland, bleiben im Lohnsteuerabzugsverfahren die Beiträge an den ausländischen Sozialversicherungsträger unberücksichtigt.

Länderspezifische Besonderheiten bei den Beitragssätzen sind zu berücksichtigen (höherer Arbeitnehmeranteil in Sachsen [zzt. **1,525** % statt **1,025** %]).[1]

Der Beitragszuschlag für Arbeitnehmer ohne Kinder ist ebenfalls zu berücksichtigen (§ 55 Absatz 3 SGB XI [zzt. 0,25 %]).

6. Teilbetrag für die private Basiskranken- und Pflege-Pflichtversicherung (§ 39b Absatz 2 Satz 5 Nummer 3 Buchstabe d EStG)

Der Teilbetrag für die private Basiskranken- und Pflege-Pflichtversicherung wird bei Arbeitnehmern angesetzt, die nicht in der gesetzlichen Krankenversicherung und sozialen Pflegeversicherung versichert sind (z. B. privat versicherte Beamte, beherrschende Gesellschafter-Geschäftsführer und höher verdienende Arbeitnehmer).

In den Steuerklassen I bis V können die dem Arbeitgeber mitgeteilten privaten Basiskranken- und Pflege-Pflichtversicherungsbeiträge berücksichtigt werden (Tz. 6.1 und 6.2). Hiervon ist ein – unabhängig vom tatsächlich zu zahlenden Zuschuss – typisierend berechneter Arbeitgeberzuschuss abzuziehen, wenn der Arbeitgeber nach § 3 Nummer 62 EStG steuerfreie Zuschüsse zu einer privaten Kranken- und Pflegeversicherung des Arbeitnehmers zu leisten hat. Die Beitragsbemessungsgrenze und landesspezifische Besonderheiten bei der Verteilung des Beitragssatzes für die Pflegeversicherung auf Arbeitgeber und Arbeitnehmer (niedrigerer Arbeitgeberanteil in Sachsen [zzt. **0,525** % statt **1,025** %][2]) sind zu beachten.

6.1 Mitteilung der privaten Basiskranken- und Pflege-Pflichtversicherungsbeiträge durch den Arbeitnehmer

Es ist die Mindestvorsorgepauschale (Tz. 7) zu berücksichtigen, wenn der Arbeitnehmer dem Arbeitgeber die abziehbaren privaten Basiskranken- und Pflege-Pflichtversicherungsbeiträge nicht mitteilt (Beitragsbescheinigung des Versicherungsunternehmens). Die mitgeteilten Beiträge sind maßgebend, wenn sie höher sind als die Mindestvorsorgepauschale. Beitragsbescheinigungen ausländischer Versicherungsunternehmen darf der Arbeitgeber nicht berücksichtigen. Gesetzlich versicherte Arbeitnehmer können im Lohnsteuerabzugsverfahren keine Beiträge für eine private Basiskranken- und Pflege-Pflichtversicherung nachweisen; dies gilt auch hinsichtlich der Beiträge eines privat versicherten Ehegatten **oder Lebenspartners** des Arbeitnehmers (siehe unten).

Die mitgeteilten Beiträge privat versicherter Arbeitnehmer hat der Arbeitgeber im Rahmen des Lohnsteuerabzugs zu berücksichtigen. Einbezogen werden können Beiträge für die eigene private Basiskranken- und Pflege-Pflichtversicherung des Arbeitnehmers einschließlich der entsprechenden Beiträge für den mitversicherten, nicht dauernd getrennt lebenden, unbeschränkt einkommensteuerpflichtigen Ehegatten und **für Lebenspartner** und für mitversicherte Kinder, für die der Arbeitnehmer einen Anspruch auf einen Freibetrag für Kinder (§ 32 Absatz 6 EStG) oder auf Kindergeld hat. Über diesen Weg sind auch private Versicherungsbeiträge eines selbst versicherten, nicht dauernd getrennt lebenden, unbeschränkt einkommensteuerpflichtigen Ehegatten **oder Lebenspartners** des Arbeitnehmers zu berücksichtigen, sofern dieser keine Einkünfte i. S. d. § 2 Absatz 1 Nummer 1 bis 4 EStG (Einkünfte aus Land- und Forstwirtschaft,

---

[1] Für 2018: 1,775 % statt 1,275 %.
[2] Für 2018: 0,775 % statt 1,275 %.

Gewerbebetrieb, selbständiger Arbeit und nichtselbständiger Arbeit) erzielt. Der Arbeitgeber hat nicht zu prüfen, ob die Voraussetzungen für die Berücksichtigung der Versicherungsbeiträge des selbst versicherten Ehegatten **oder Lebenspartners** bei der Vorsorgepauschale des Arbeitnehmers erfüllt sind. Eine ggf. erforderliche Korrektur bleibt einer Pflichtveranlagung (§ 46 Absatz 2 Nummer 3 EStG, Tz. 9) vorbehalten. **Versicherungsbeiträge selbst** versicherter Kinder sind nicht zu berücksichtigen.

Der Arbeitgeber kann die Beitragsbescheinigung oder die geänderte Beitragsbescheinigung entsprechend ihrer zeitlichen Gültigkeit beim Lohnsteuerabzug – auch rückwirkend – berücksichtigen. Bereits abgerechnete Lohnabrechnungszeiträume müssen nicht nachträglich geändert werden. Dies gilt nicht nur, wenn die Beiträge einer geänderten Beitragsbescheinigung rückwirkend höher sind, sondern auch im Falle niedrigerer Beiträge. Im Hinblick auf die Bescheinigungspflicht des Arbeitgebers nach § 41b Absatz 1 Satz 2 Nummer 15 EStG und die ggf. bestehende Veranlagungspflicht nach § 46 Absatz 2 Nummer 3 EStG (Tz. 9) ist keine Anzeige i. S. d. § 41c Absatz 4 EStG erforderlich.

Der Arbeitgeber hat folgende Beitragsbescheinigungen des Versicherungsunternehmens im Rahmen des Lohnsteuerabzugs zu berücksichtigen:

– **eine bis zum 31. März des Kalenderjahres vorgelegte Beitragsbescheinigung über die voraussichtlichen privaten Basiskranken- und Pflege-Pflichtversicherungsbeiträge des Vorjahres,**

– **eine Beitragsbescheinigung über die voraussichtlichen privaten Basiskranken- und Pflege-Pflichtversicherungsbeiträge des laufenden Kalenderjahres oder**

– **eine Beitragsbescheinigung über die nach § 10 Absatz 2a Satz 4 Nummer 2 EStG übermittelten Daten für das Vorjahr.**

Eine dem Arbeitgeber vorliegende Beitragsbescheinigung ist auch im Rahmen des Lohnsteuerabzugs der Folgejahre (weiter) zu berücksichtigen, wenn keine neue Beitragsbescheinigung vorgelegt wird.

Sind die als Sonderausgaben abziehbaren privaten Kranken- und Pflege-Pflichtversicherungsbeiträge höher als die im Lohnsteuerabzugsverfahren berücksichtigten Beiträge, kann der Arbeitnehmer die tatsächlich gezahlten Beiträge bei der Veranlagung zur Einkommensteuer geltend machen. Sind die Beiträge niedriger, kommt eine Pflichtveranlagung in Betracht, **wenn die entsprechenden Arbeitslohngrenzen überschritten werden** (§ 46 Absatz 2 Nummer 3 EStG, Tz. 9).

6.2 Mitteilung der privaten Basiskranken- und Pflege-Pflichtversicherungsbeiträge mittels ELStAM (§ 39 Absatz 4 Nummer 4 i. V. m. § 52 Absatz 50g EStG)

Im Rahmen des ELStAM-Verfahrens (Elektronische LohnSteuerAbzugsMerkmale) wird das Mitteilungsverfahren (Tz. 6.1) abgelöst durch eine elektronische Bereitstellung der privaten Basiskranken- und Pflege-Pflichtversicherungsbeiträge (§ 39 Absatz 4 Nummer 4 EStG). Der Verfahrenseinsatz wird durch BMF-Schreiben mitgeteilt (§ 52 Absatz 50g EStG[1]).

6.3 Bescheinigung der Beiträge des Arbeitnehmers zur gesetzlichen Krankenversicherung und zur sozialen Pflegeversicherung (§ 41b Absatz 1 Satz 2 Nummer 13 EStG)

Unter Nummer 25 und 26 der Lohnsteuerbescheinigung **(siehe z. B. BMF-Schreiben 28. August 2013,** BStBl I S. 1132) sind Beiträge des Arbeitnehmers zur inländischen gesetzlichen Krankenversicherung und zur inländischen sozialen Pflegeversicherung zu bescheinigen. Beiträge an ausländische Sozialversicherungsträger sind nicht zu bescheinigen.

7. Mindestvorsorgepauschale für Kranken- und Pflegeversicherungsbeiträge (§ 39b Absatz 2 Satz 5 Nummer 3 dritter Teilsatz EStG)

Die Mindestvorsorgepauschale (§ 39b Absatz 2 Satz 5 Nummer 3 dritter Teilsatz EStG) in Höhe von 12 % des Arbeitslohns mit einem Höchstbetrag von jährlich 1 900 Euro (in Steuerklasse III 3 000 Euro) ist anzusetzen, wenn sie höher ist als die Summe der Teilbeträge für die gesetzliche Krankenversicherung (Tz. 4) und die soziale Pflegeversicherung (Tz. 5) oder die private Basiskranken- und Pflege-Pflichtversicherung (Tz. 6). Die Mindestvorsorgepauschale ist auch dann anzusetzen, wenn für den entsprechenden Arbeitslohn kein Arbeitnehmeranteil zur **inländischen** gesetzlichen Kranken- und sozialen Pflegeversicherung zu entrichten ist (z. B. bei geringfügig beschäftigten Arbeitnehmern, deren Arbeitslohn **nicht nach** § 40a EStG pauschaliert wird, und bei Arbeitnehmern, die Beiträge zu einer ausländischen Kranken- und Pflegeversicherung leisten). Die Mindestvorsorgepauschale ist in allen Steuerklassen zu berücksichtigen.

Neben der Mindestvorsorgepauschale wird der Teilbetrag der Vorsorgepauschale für die Rentenversicherung berücksichtigt, wenn eine Pflichtversicherung in der gesetzlichen Rentenver-

---

1) Jetzt: § 52 Abs. 36 EStG

sicherung oder wegen der Versicherung in einer berufsständischen Versorgungseinrichtung eine Befreiung von der gesetzlichen Rentenversicherungspflicht vorliegt (Tz. 3).

8. Lohnsteuer-Jahresausgleich durch den Arbeitgeber (§ 42b Absatz 1 Satz 3 Nummer 5 und § 39b Absatz 2 Satz 12 EStG)

Über die in § 42b Absatz 1 Satz 3 Nummer 5 EStG genannten Ausschlusstatbestände hinaus ist ein Lohnsteuer-Jahresausgleich durch den Arbeitgeber auch dann ausgeschlossen, wenn – bezogen auf den Teilbetrag der Vorsorgepauschale für die Rentenversicherung – der Arbeitnehmer innerhalb des Kalenderjahres nicht durchgängig zum Anwendungsbereich nur einer Beitragsbemessungsgrenze (West oder Ost) gehörte oder wenn – bezogen auf den Teilbetrag der Vorsorgepauschale für die Rentenversicherung oder die gesetzliche Kranken- und soziale Pflegeversicherung – innerhalb des Kalenderjahres nicht durchgängig ein Beitragssatz anzuwenden war. Für den permanenten Lohnsteuer-Jahresausgleich (§ 39b Absatz 2 Satz 12 EStG) gilt dies entsprechend.

9. Pflichtveranlagungstatbestand (§ 46 Absatz 2 Nummer 3 EStG)

Es besteht eine Pflicht zur Veranlagung zur Einkommensteuer, wenn bei einem Steuerpflichtigen die Summe der beim Lohnsteuerabzug berücksichtigten Teilbeträge der Vorsorgepauschale für die gesetzliche und private Kranken- und Pflegeversicherung höher ist als die bei der Veranlagung als Sonderausgaben abziehbaren Vorsorgeaufwendungen nach § 10 Absatz 1 Nummer 3 und 3a in Verbindung mit Absatz 4 EStG **und die entsprechenden Arbeitslohngrenzen überschritten werden**.

Dies gilt auch, wenn die beim Lohnsteuerabzug berücksichtigte Mindestvorsorgepauschale (Tz. 7) höher ist als die bei der Veranlagung zur Einkommensteuer als Sonderausgaben abziehbaren Vorsorgeaufwendungen.

10. Lohnsteuertabellen zur manuellen Berechnung der Lohnsteuer (§ 51 Absatz 4 Nummer 1a EStG)

Aus Vereinfachungsgründen wird bei der Erstellung der Lohnsteuertabellen – bezogen auf die Berücksichtigung der Vorsorgepauschale – der Beitragszuschlag für Kinderlose (§ 55 Absatz 3 SGB XI) nicht berücksichtigt **(siehe z. B. Bekanntmachung des BMF** vom 20. Februar 2013, betreffend **den geänderten Programmablaufplan für die Erstellung von Lohnsteuertabellen für 2013**, BStBl I S. 221. Die länderspezifische Besonderheit bei der sozialen Pflegeversicherung (Tz. 5, höherer Arbeitnehmeranteil in Sachsen [zzt. **1,525** % statt **1,025** %][1]) ist jedoch bei der Erstellung von Lohnsteuertabellen zu beachten. Es bestehen keine Bedenken, wenn die Lohnsteuer mittels einer Lohnsteuertabelle berechnet wird, die die Besonderheit nicht berücksichtigt, wenn der Arbeitnehmer einer entsprechenden Lohnsteuerberechnung nicht widerspricht.

Bei geringfügig beschäftigten Arbeitnehmern (geringfügig entlohnte Beschäftigung sowie kurzfristige Beschäftigung), bei denen die Lohnsteuer nach den **individuellen Lohnsteuerabzugsmerkmalen** erhoben wird und der Arbeitnehmer keinen eigenen Beitrag zur Rentenversicherung und Kranken-/Pflegeversicherung zahlt, ist die Lohnsteuer mit der „Besonderen Lohnsteuertabelle" zu berechnen **(siehe z. B. Bekanntmachung des BMF vom 20. Februar 2013, a. a. O.)**.

11. Pauschalierung der Lohnsteuer in besonderen Fällen (§ 40 Absatz 1 EStG)

Bei der Berechnung des durchschnittlichen Steuersatzes kann aus Vereinfachungsgründen davon ausgegangen werden, dass die betroffenen Arbeitnehmer in allen Zweigen der Sozialversicherung versichert sind und keinen Beitragszuschlag für Kinderlose (§ 55 Absatz 3 SGB XI) leisten. Die individuellen Verhältnisse aufgrund des Faktorverfahrens nach § 39f EStG bleiben unberücksichtigt.

12. Anwendungsregelung

Die Regelungen dieses Schreibens sind spätestens ab Veröffentlichung im Bundessteuerblatt Teil I zu beachten.

Das BMF-Schreiben **22. Oktober 2010** – IV C 5 – S 2367/09/10002 – / – 2010/0801807 – (BStBl I S. 1254) wird hiermit **aufgehoben**.

---

1) Für 2018: 1,775 % statt 1,275 %.

Permanenter Lohnsteuer-Jahresausgleich[1]

R 39b.8

S 2367

[1]Nach § 39b Abs. 2 Satz 12 EStG darf das Betriebsstättenfinanzamt zulassen, dass die Lohnsteuer nach dem voraussichtlichen Jahresarbeitslohn ermittelt wird (sogenannter permanenter Lohnsteuer-Jahresausgleich). [2]Voraussetzung für den permanenten Lohnsteuer-Jahresausgleich ist, dass

1. der Arbeitnehmer unbeschränkt einkommensteuerpflichtig ist,

2. der Arbeitnehmer seit Beginn des Kalenderjahres ständig in einem Dienstverhältnis gestanden hat,

3. die zutreffende Jahreslohnsteuer (→ § 38a Abs. 2 EStG) nicht unterschritten wird,

4. bei der Lohnsteuerberechnung kein Freibetrag oder Hinzurechnungsbetrag zu berücksichtigen war,

5. das Faktorverfahren nicht angewandt wurde,

6. der Arbeitnehmer kein Kurzarbeitergeld einschl. Saison-Kurzarbeitergeld, keinen Zuschuss zum Mutterschaftsgeld nach dem Mutterschutzgesetz oder § 3 der Mutterschutz- und Elternzeitverordnung oder einer entsprechenden Landesregelung, keine Entschädigung für Verdienstausfall nach dem Infektionsschutzgesetz, keine Aufstockungsbeträge nach dem AltTZG und keine Zuschläge auf Grund § 6 Abs. 2 des Bundesbesoldungsgesetzes (BBesG) bezogen hat,

7. im Lohnkonto oder in der Lohnsteuerbescheinigung kein Großbuchstabe U eingetragen ist,

8. im Kalenderjahr im Rahmen der Vorsorgepauschale jeweils nicht nur zeitweise Beträge nach § 39b Abs. 2 Satz 5 Nr. 3 Buchstabe a bis d EStG oder der Beitragszuschlag nach § 39b Abs. 2 Satz 5 Nr. 3 Buchstabe c EStG berücksichtigt wurden und – bezogen auf den Teilbetrag der Vorsorgepauschale für die Rentenversicherung – der Arbeitnehmer innerhalb des Kalenderjahres durchgängig zum Anwendungsbereich nur einer Beitragsbemessungsgrenze (West oder Ost) gehörte und – bezogen auf den Teilbetrag der Vorsorgepauschale für die Rentenversicherung oder die gesetzliche Kranken- und soziale Pflegeversicherung – innerhalb des Kalenderjahres durchgängig ein Beitragssatz anzuwenden war,

9. der Arbeitnehmer keinen Arbeitslohn bezogen hat, der nach einem Doppelbesteuerungsabkommen oder nach dem Auslandstätigkeitserlass von der deutschen Lohnsteuer freigestellt ist.

[3]Auf die Steuerklasse des Arbeitnehmers kommt es nicht an. [4]Sind die in Satz 2 bezeichneten Voraussetzungen erfüllt, gilt die Genehmigung des Betriebsstättenfinanzamts grundsätzlich als erteilt, wenn sie nicht im Einzelfall widerrufen wird. [5]Die besondere Lohnsteuerermittlung nach dem voraussichtlichen Jahresarbeitslohn beschränkt sich im Übrigen auf den laufenden Arbeitslohn; für die Lohnsteuerermittlung von sonstigen Bezügen sind stets § 39b Abs. 3 EStG und R 39b.6 anzuwenden. [6]Zur Anwendung des besonderen Verfahrens nach Ablauf eines jeden Lohnzahlungszeitraums oder – in den Fällen des § 39b Abs. 5 EStG – Lohnabrechnungszeitraums der laufende Arbeitslohn der abgelaufenen Lohnzahlungs- oder Lohnabrechnungszeiträume auf einen Jahresbetrag hochzurechnen, z. B. der laufende Arbeitslohn für die Monate Januar bis April × 3. [7]Von dem Jahresbetrag sind die Freibeträge für Versorgungsbezüge (→ § 19 Abs. 2 EStG) und der Altersentlastungsbetrag (→ § 24a EStG) abzuziehen, wenn die Voraussetzungen für den Abzug jeweils erfüllt sind. [8]Für den verbleibenden Jahreslohn ist die Jahreslohnsteuer zu ermitteln. [9]Dabei ist die für den Lohnzahlungszeitraum geltende Steuerklasse maßgebend. [10]Sodann ist der Teilbetrag der Jahreslohnsteuer zu ermitteln, der auf die abgelaufenen Lohnzahlungs- oder Lohnabrechnungszeiträume entfällt. [11]Von diesem Steuerbetrag ist die Lohnsteuer abzuziehen, die von dem laufenden Arbeitslohn der abgelaufenen Lohnzahlungs- oder Lohnabrechnungszeiträume bereits erhoben worden ist; der Restbetrag ist die Lohnsteuer, die für den zuletzt abgelaufenen Lohnzahlungs- oder Lohnabrechnungszeitraum zu erheben ist. [12]In den Fällen, in denen die maßgebende Steuerklasse während des Kalenderjahres gewechselt hat, ist anstelle der Lohnsteuer, die vom laufenden Arbeitslohn der abgelaufenen Lohnzahlungs- oder Lohnabrechnungszeiträume erhoben worden ist, die Lohnsteuer abzuziehen, die nach der zuletzt maßgebenden Steuerklasse vom laufenden Arbeitslohn bis zum vorletzten abgelaufenen Lohnzahlungs- oder Lohnabrechnungszeitraum zu erheben gewesen wäre.

Besteuerung des Nettolohns

R 39b.9

S 2367

(1) [1]Will der Arbeitgeber auf Grund einer Nettolohnvereinbarung die auf den Arbeitslohn entfallende Lohnsteuer, den Solidaritätszuschlag, die Kirchensteuer und den Arbeitnehmeranteil am Gesamtsozialversicherungsbeitrag selbst tragen, sind die von ihm übernommenen Abzugs-

---

1) *Zum permanenten Lohnsteuer-Jahresausgleich bei kurzfristig Beschäftigten in Steuerklasse VI → § 39b Abs. 2 Satz 13 ff. EStG.*

beträge Teile des Arbeitslohns, die dem Nettolohn zur Steuerermittlung hinzugerechnet werden müssen. [2]Die Lohnsteuer ist aus dem Bruttoarbeitslohn zu berechnen, der nach Minderung um die übernommenen Abzugsbeträge den Nettolohn ergibt. [3]Dies gilt sinngemäß, wenn der Arbeitgeber nicht alle Abzugsbeträge übernehmen will. [4]Ein beim Lohnsteuerabzug zu berücksichtigender Freibetrag, die Freibeträge für Versorgungsbezüge, der Altersentlastungsbetrag und ein Hinzurechnungsbetrag sind beim Bruttoarbeitslohn zu berücksichtigen. [5]Führen mehrere Bruttoarbeitslöhne zum gewünschten Nettolohn, kann der niedrigste Bruttoarbeitslohn zugrunde gelegt werden.

(2) [1]Sonstige Bezüge, die netto gezahlt werden, z. B. Nettogratifikationen, sind nach § 39b Abs. 3 EStG zu besteuern. [2]R 39b.6 ist mit der Maßgabe anzuwenden, dass bei der Ermittlung des maßgebenden Jahresarbeitslohns der voraussichtliche laufende Jahresarbeitslohn und frühere, netto gezahlte sonstige Bezüge mit den entsprechenden Bruttobeträgen nach Absatz 1 anzusetzen sind. [3]Diese Bruttobeträge sind auch bei späterer Zahlung sonstiger Bezüge im selben Kalenderjahr bei der Ermittlung des maßgebenden Jahresarbeitslohns zugrunde zu legen.

(3) [1]Bei der manuellen Berechnung der Lohnsteuer anhand von Lohnsteuertabellen wird eine Nettolohnvereinbarung mit steuerlicher Wirkung nur anerkannt, wenn sich gegenüber der maschinellen Lohnsteuerberechnung keine Abweichungen ergeben. [2]Geringfügige Abweichungen auf Grund des Lohnstufenabstands (§ 51 Abs. 4 Nr. 1a EStG) sind hier jedoch unbeachtlich.

(4) [1]Im Lohnkonto und in den Lohnsteuerbescheinigungen sind die nach den Absätzen 1 und 2 ermittelten Bruttoarbeitslöhne anzugeben.

H 39b.9   Hinweise

Allgemeines

→ Anhang 32

Anerkennung einer Nettolohnvereinbarung

Eine Nettolohnvereinbarung mit steuerlicher Wirkung kann nur bei einwandfreier Gestaltung anerkannt werden (→ BFH vom 18. 1. 1957 – BStBl III S. 116, vom 18. 5. 1972 – BStBl II S. 816, vom 12. 12. 1979 – BStBl 1980 II S. 257 und vom 28. 2. 1992 – BStBl II S. 733).

Einkommensteuernachzahlung bei Nettolohnvereinbarung

Leistet der Arbeitgeber bei einer Nettolohnvereinbarung für den Arbeitnehmer eine Einkommensteuernachzahlung für einen vorangegangenen VZ, wendet er dem Arbeitnehmer Arbeitslohn zu, der dem Arbeitnehmer als sonstiger Bezug im Zeitpunkt der Zahlung zufließt. Der in der Tilgung der persönlichen Einkommensteuerschuld des Arbeitnehmers durch den Arbeitgeber liegende Vorteil unterliegt der Einkommensteuer. Er ist deshalb auf einen Bruttobetrag hochzurechnen (→ BFH vom 3. 9. 2015 – BStBl 2016 II S. 31).

Finanzrechtsweg bei Nettolohnvereinbarung

Bei einer Nettolohnvereinbarung ist für Streitigkeiten über die Höhe des in der Lohnsteuerbescheinigung auszuweisenden Bruttoarbeitslohns der Finanzrechtsweg gegeben. Ein unzutreffender Lohnsteuerabzug kann durch Einwendungen gegen die Lohnsteuerbescheinigung nicht berichtigt werden (→ BFH vom 13. 12. 2007 – BStBl 2008 II S. 434).

Steuerschuldner bei Nettolohnvereinbarung

bleibt der Arbeitnehmer (→ BFH vom 19. 12. 1960 – BStBl 1961 III S. 170)

R 39b.10   Anwendung von Doppelbesteuerungsabkommen

S 2366   [1]Ist die Steuerbefreiung nach einem Doppelbesteuerungsabkommen antragsunabhängig, hat das Betriebsstättenfinanzamt gleichwohl auf Antrag eine Freistellungsbescheinigung zu erteilen. [2]Das Finanzamt hat in der Bescheinigung den Zeitraum anzugeben, für den sie gilt. [3]Dieser Zeitraum darf grundsätzlich drei Jahre nicht überschreiten und soll mit Ablauf eines Kalenderjahres enden. [4]Die Bescheinigung ist vom Arbeitgeber als Beleg zum Lohnkonto aufzubewahren. [5]Der Verzicht auf den Lohnsteuerabzug schließt die Berücksichtigung des Progressionsvorbehalts (→ § 32b EStG) bei einer Veranlagung des Arbeitnehmers zur Einkommensteuer nicht aus. [6]Die Nachweispflicht nach § 50d Abs. 8 EStG betrifft nicht das Lohnsteuerabzugsverfahren.

Hinweise

Abfindungen

→ *§ 50d Abs. 12 EStG*

Antragsabhängige Steuerbefreiung nach DBA

Der Lohnsteuerabzug darf nur dann unterbleiben, wenn das Betriebsstättenfinanzamt bescheinigt, dass der Arbeitslohn nicht der deutschen Lohnsteuer unterliegt (→ BFH vom 10. 5. 1989 – BStBl II S. 755).

→ H 39.4

→ Antrag Bescheinigung

Anwendung der 183-Tage-Klausel

→ BMF vom 12. 11. 2014 (BStBl I S. 1467)

Anhang 9

Aufteilung des Arbeitslohns

→ *BMF vom 14. 3. 2017 (BStBl I S. 473) zur Ermittlung des steuerfreien und steuerpflichtigen Arbeitslohns nach den DBA und dem Auslandstätigkeitserlass*

Anhang 9II

Doppelbesteuerungsabkommen

Stand 1. 1. 2017 → BMF vom 18. 1 2017 (BStBl I S. 140) → *H 39.4* (DBA Übersicht)
Stand 1. 1. 2018 → *BMF vom* 17. 1. 2018 (*BStBl I S.* 239)

EU-Tagegeld

→ BMF vom 12. 4. 2006 (BStBl I S. 340)

→ H 39.4 (DBA – Übersicht)

Gastlehrkräfte

→ BMF vom 10. 1. 1994 (BStBl I S. 14)

→ H 39.4 (Europäische Union)

Kassenstaatsprinzip

Anwendung des Kassenstaatsprinzips auf Beamte, die an eine privatisierte, vormals öffentliche Einrichtung „verliehen" werden

(Erlass des FinMin Hessen vom 31. 8. 1999 – S 2102 A – 28 – II B 2a –)

Der BFH hat in seinem Urteil vom 17. 12. 1997, I R 60 – 61/97 (BStBl 1999 II S. 13) entschieden, dass ein Beamter seine Tätigkeit nicht „in der Verwaltung" ausübt, wenn er seine Dienste aufgrund einer Dienstleistungsüberlassung tatsächlich in einem privatwirtschaftlich strukturierten Unternehmen erbringt.

Die Erörterung zwischen den obersten Finanzbehörden des Bundes und der Länder ergab, dass aufgrund der vorgenannten Entscheidung des BFH an der im Erlaß vom 23. 8. 1995 (S 2102 – A – 28 – II B 21) vertretenen Rechtsauffassung nicht mehr festgehalten werden kann.

Für die Anwendung des Kassenstaatsprinzips reicht es nicht aus, wenn dem Staat oder einer seiner Gebietskörperschaften die formale Arbeitgeberstellung verbleibt, im übrigen jedoch die gesamten Dienste des Beamten dem privaten Unternehmen zur Verfügung gestellt und auch die wesentlichen Rechte des Dienstherrn aus dem Dienstverhältnis dem privaten Unternehmen zur Ausübung überlassen werden. In einem derartigen Fall liegt keine Dienstleistung mehr vor, die „in der Verwaltung" erbracht wird. Die dem Beamten zufließenden Bezüge stellen daher keine Zahlungen aus einer öffentlichen Kasse, sondern Arbeitslohn i. S. des DBA dar.

Dieser Erlaß ergeht im Einvernehmen mit dem BMF und den obersten Finanzbehörden der anderen Länder.

Organe einer Kapitalgesellschaft

→ BMF vom 12. 11. 2014 (BStBl I S. 1467)

Anhang 9

Rückfallklausel

– Die Rückfallklausel nach § 50d Abs. 8 EStG *ist* für das Lohnsteuerabzugsverfahren und die Fälle des Auslandstätigkeitserlasses *nicht anzuwenden* (→ BMF vom 21. 7. 2005 – BStBl I S. 821). *Das gilt auch für die Anwendung des § 50d Abs. 9 EStG (→ BMF vom 14. 3. 2017 – BStBl I S. 473, Rdnr. 27).*

Steuerabzugsrecht trotz DBA

Nach Art. 29 Abs. 1 DBA-USA wird das deutsche Recht zur Vornahme des Lohnsteuerabzugs nach innerstaatlichem Recht nicht berührt. Gemäß Art. 29 Abs. 2 DBA-USA ist die im Abzugsweg erhobene Steuer auf Antrag zu erstatten (→ H 41c.1 Erstattungsantrag), soweit das DBA-USA ihre Erhebung einschränkt. Daher kann der Arbeitgeber ohne eine Freistellungsbescheinigung des Betriebsstättenfinanzamts nicht vom Steuereinbehalt absehen. Das gilt entsprechend für alle anderen DBA, die vergleichbare Regelungen enthalten (→ BMF vom 25. 6. 2012 – BStBl I S. 692).

Deutsch-amerikanisches Doppelbesteuerungsabkommen (DBA-USA);

BFH-Urteil vom 21. Oktober 2009 – I R 70/08 – (BStBl 2012 II S. 493)

BMF- Schreiben vom 25. 6. 2012, BStBl I S. 692

Unter Bezugnahme auf das Ergebnis der Erörterung mit den obersten Finanzbehörden der Länder ist im Zusammenhang mit der Anwendung des BFH-Urteils vom 21. Oktober 2009 – I R 70/08 – (BStBl 2012 II S. 493) Folgendes zu beachten:

In materiell-rechtlicher Hinsicht betrifft das Urteil die Zahlung solcher Erfindervergütungen, die nach Beendigung des Arbeitsverhältnisses für während des Arbeitsverhältnisses gemachte Erfindungen geleistet werden. Der Arbeitnehmer war nach Beendigung des Arbeitsverhältnisses und zum Zeitpunkt der Zahlung der Erfindervergütung in den USA ansässig. Für diesen Fall hat der BFH entschieden, dass Deutschland kein Besteuerungsrecht nach dem DBA-USA zusteht, weil es sich nicht um ein zusätzliches Entgelt für eine frühere Tätigkeit im Sinne des Artikels 15 Absatz 1 Satz 2 OECD-Musterabkommen handelt.

Klarstellend wird in verfahrensrechtlicher Hinsicht darauf hingewiesen, dass das Recht des Quellenstaats zur Vornahme des Steuerabzugs nach seinem innerstaatlichen Recht gemäß Artikel 29 DBA-USA nicht berührt wird. Nach dieser Vorschrift ist die im Abzugsweg erhobene Steuer auf Antrag zu erstatten, soweit ihre Erhebung durch das Doppelbesteuerungsabkommen eingeschränkt ist. Daher kann der Arbeitgeber ohne eine Freistellungsbescheinigung des Betriebsstättenfinanzamts nicht vom Steuereinbehalt absehen. Das gilt entsprechend für alle anderen Doppelbesteuerungsabkommen, die vergleichbare Regelungen enthalten.

Das Erfordernis einer Freistellungsbescheinigung als Voraussetzung für den Verzicht auf den Steuerabzug entspricht auch der Rechtsprechung des BFH (Urteile vom 10. Mai 1989 – I R 50/85 –, BStBl 1989 II S. 755 Rz. 17; vom 16. Februar 1996 – I R 64/95 –, BFHE 180, 104; vom 12. Juni 1997 – I R 72/96 –, BStBl 1997 II S. 660).

EStG   **§ 39c Einbehaltung der Lohnsteuer ohne Lohnsteuerabzugsmerkmale**

(1) [1]Solange der Arbeitnehmer dem Arbeitgeber zum Zweck des Abrufs der elektronischen Lohnsteuerabzugsmerkmale (§ 39e Absatz 4 Satz 1) die ihm zugeteilte Identifikationsnummer sowie den Tag der Geburt schuldhaft nicht mitteilt oder das Bundeszentralamt für Steuern die Mitteilung elektronischer Lohnsteuerabzugsmerkmale ablehnt, hat der Arbeitgeber die Lohnsteuer nach Steuerklasse VI zu ermitteln. [2]Kann der Arbeitgeber die elektronischen Lohnsteuerabzugsmerkmale wegen technischer Störungen nicht abrufen oder hat der Arbeitnehmer die fehlende Mitteilung der ihm zuzuteilenden Identifikationsnummer nicht zu vertreten, hat der Arbeitgeber für die Lohnsteuerberechnung die voraussichtlichen Lohnsteuerabzugsmerkmale im Sinne des § 38b längstens für die Dauer von drei Kalendermonaten zu Grunde zu legen. [3]Hat nach Ablauf der drei Kalendermonate der Arbeitnehmer die Identifikationsnummer sowie den Tag der Geburt nicht mitgeteilt, ist rückwirkend Satz 1 anzuwenden. [4]Sobald dem Arbeitgeber in den Fällen des Satzes 2 die elektronischen Lohnsteuerabzugsmerkmale vorliegen, sind die Lohnsteuerermittlungen für die vorangegangenen Monate zu überprüfen und, falls erforderlich, zu ändern. [5]Die zu wenig oder zu viel einbehaltene Lohnsteuer ist jeweils bei der nächsten Lohnabrechnung auszugleichen.

(2) [1]Ist ein Antrag nach § 39 Absatz 3 Satz 1 oder § 39e Absatz 8 nicht gestellt, hat der Arbeitgeber die Lohnsteuer nach Steuerklasse VI zu ermitteln. [2]Legt der Arbeitnehmer binnen sechs

Wochen nach Eintritt in das Dienstverhältnis oder nach Beginn des Kalenderjahres eine Bescheinigung für den Lohnsteuerabzug vor, ist Absatz 1 Satz 4 und 5 sinngemäß anzuwenden.

(3) [1]In den Fällen des § 38 Absatz 3a Satz 1 kann der Dritte die Lohnsteuer für einen sonstigen Bezug mit 20 Prozent unabhängig von den Lohnsteuerabzugsmerkmalen des Arbeitnehmers ermitteln, wenn der maßgebende Jahresarbeitslohn nach § 39b Absatz 3 zuzüglich des sonstigen Bezugs 10 000 Euro nicht übersteigt. [2]Bei der Feststellung des maßgebenden Jahresarbeitslohns sind nur die Lohnzahlungen des Dritten zu berücksichtigen.

Lohnsteuerabzug durch Dritte ohne Lohnsteuerabzugsmerkmale

[1]Ist ein Dritter zum Lohnsteuerabzug verpflichtet, weil er tarifvertragliche Ansprüche eines Arbeitnehmers eines anderen Arbeitgebers unmittelbar zu erfüllen hat (§ 38 Abs. 3a Satz 1 EStG), kann der Dritte die Lohnsteuer für einen sonstigen Bezug unter den Voraussetzungen des § 39c Abs. 3 EStG mit 20 % unabhängig von den für den Arbeitnehmer geltenden Lohnsteuerabzugsmerkmalen ermitteln. [2]Es handelt sich dabei nicht um eine pauschale Lohnsteuer i. S. d. §§ 40 ff. EStG. [3]Schuldner der Lohnsteuer bleibt im Falle des § 39c Abs. 3 EStG der Arbeitnehmer. [4]Der versteuerte Arbeitslohn ist im Rahmen einer Einkommensteuerveranlagung des Arbeitnehmers zu erfassen und die pauschal erhobene Lohnsteuer auf die Einkommensteuerschuld anzurechnen. [5]Der Dritte hat daher dem Arbeitnehmer eine besondere Lohnsteuerbescheinigung auszustellen und die einbehaltene Lohnsteuer zu bescheinigen (§ 41b EStG).

Hinweise

Fehlerhafte Bescheinigung

→ H 41c.3 (Einzelfälle)

Grenzpendler

Ein Arbeitnehmer, der im Inland keinen Wohnsitz oder gewöhnlichen Aufenthalt hat, wird auf Antrag nach § 1 Abs. 3 EStG als unbeschränkt einkommensteuerpflichtig behandelt, wenn seine Einkünfte **zu mindestens 90 %** der deutschen Einkommensteuer unterliegen oder die nicht der deutschen Einkommensteuer unterliegenden Einkünfte **höchstens 9 000 Euro**[1]) betragen.

Ein Grenzpendler, der als Staatsangehöriger eines EU/EWR-Mitgliedstaates nach § 1 Abs. 3 EStG als unbeschränkt einkommensteuerpflichtig behandelt wird, ist auf Antrag in die **Steuerklasse III** einzuordnen, wenn der Ehegatte des Arbeitnehmers in einem EU/EWR-Mitgliedstaat oder in der Schweiz lebt (→ § 1a Abs. 1 Nr. 2 EStG). Es ist nicht erforderlich, dass der Ehegatte ebenfalls Staatsangehöriger eines EU/EWR-Mitgliedstaats ist. Voraussetzung ist jedoch, dass die Einkünfte beider Ehegatten zu mindestens 90 % der deutschen Einkommensteuer unterliegen oder ihre nicht der deutschen Einkommensteuer unterliegenden Einkünfte höchstens **18 000** Euro[2]) betragen. Die Steuerklasse ist in der Bescheinigung[3]) vom Betriebsstättenfinanzamt anzugeben.

Bei Grenzpendlern i. S. d. § 1 Abs. 3 EStG, die nicht Staatsangehörige eines EU/EWR-Mitgliedstaates sind, kann der Ehegatte steuerlich nicht berücksichtigt werden. Für diese Arbeitnehmer ist in der zu erteilenden Bescheinigung[2]) die **Steuerklasse I** oder für das zweite oder jedes weitere Dienstverhältnis die Steuerklasse VI anzugeben; in den Fällen des § 32a Abs. 6 EStG (= Witwensplitting) Steuerklasse III.

Die nicht der deutschen Einkommensteuer unterliegenden Einkünfte sind jeweils durch eine **Bescheinigung** der zuständigen ausländischen Steuerbehörde nachzuweisen.

Die Erteilung der Bescheinigung[2]) führt zur **Veranlagungspflicht** nach § 46 Abs. 2 Nr. 7 Buchstabe b EStG.

Für Arbeitnehmer, die im Ausland ansässig sind und nicht die Voraussetzungen des § 1 Abs. 2 oder § 1 Abs. 3 EStG erfüllen, ist weiterhin das **Bescheinigungsverfahren**[2]) anzuwenden.(→ BMF vom 29. 9. 1995 – BStBl I S. 429, Tz. 1 unter Berücksichtigung der zwischenzeitlich eingetretenen Rechtsänderungen)

---

[1]) Die Ländergruppeneinteilung ist zu beachten, wonach eine Verringerung der Beträge in Betracht kommen kann → BMF vom 20. 10. 2016 (BStBl I S. 1183). → H 33a (Ländergruppeneinteilung)

[2]) Die Ländergruppeneinteilung ist zu beachten, wonach eine Verringerung der Beträge in Betracht kommen kann → BMF vom 20. 10. 2016 (BStBl I S. 1183). → H 33a (Ländergruppeneinteilung)

[3]) Zur Erteilung von Bescheinigungen für diesen Personenkreis → § 39 Abs. 3 EStG.

Lohnsteuerabzug

Antrag einer Bescheinigung für Lohnsteuerabzug bei erweiterter unbeschränkter Einkommensteuerpflicht und für Arbeitslohn aus inländischen öffentlichen Kassen → Anhang 40

Lohnsteuer-Ermäßigungsverfahren

Im Lohnsteuer-Ermäßigungsverfahren kann auf die Bestätigung der ausländischen Steuerbehörde in der Anlage Grenzpendler EU/EWR bzw. Anlage Grenzpendler außerhalb EU/EWR verzichtet werden, wenn für einen der beiden vorangegangenen Veranlagungszeiträume bereits eine von der ausländischen Steuerbehörde bestätigte Anlage vorliegt und sich die Verhältnisse nach Angaben des Steuerpflichtigen nicht geändert haben (BMF vom 25. 11. 1999 – BStBl I S. 990). → H 1

Öffentlicher Dienst

Anhang 40

Bei Angehörigen des öffentlichen Dienstes i. S. d. § 1 Abs. 2 Satz 1 Nr. 1 und 2 EStG ohne diplomatischen oder konsularischen Status, die nach § 1 Abs. 3 EStG auf Antrag als unbeschränkt einkommensteuerpflichtig behandelt werden und an einem ausländischen Dienstort tätig sind, sind die unter dem Stichwort → Grenzpendler genannten Regelungen zur Eintragung der Steuerklasse III auf Antrag entsprechend anzuwenden (→ § 1a Abs. 2 EStG). Dabei muss auf den Wohnsitz, den gewöhnlichen Aufenthalt, die Wohnung oder den Haushalt im Staat des ausländischen Dienstortes abgestellt werden. Danach kann auch bei außerhalb von EU/EWR-Mitgliedstaaten tätigen Beamten weiterhin die Steuerklasse III in Betracht kommen. Dagegen erfüllen ein pensionierter Angehöriger des öffentlichen Dienstes und ein im Inland tätiger Angehöriger des öffentlichen Dienstes, die ihren Wohnsitz außerhalb eines EU/EWR-Mitgliedstaates oder in der Schweiz haben, nicht die Voraussetzungen des § 1a Abs. 2 EStG. Sie können aber ggf. als Grenzpendler in die Steuerklasse III eingeordnet werden, wenn der Ehegatte in einem EU/EWR-Mitgliedstaat oder in der Schweiz lebt (→ BMF vom 29. 9. 1995 – BStBl I S. 429, Tz. 1.4 unter Berücksichtigung der zwischenzeitlich eingetretenen Rechtsänderungen).

→ H 1 (Staatsangehörige EU/EWR).

→ H 1 (Steuerpflicht, Steuerklassen).

EStG
S 2369

§ 39d (weggefallen)

EStG
S 2363

§ 39e Verfahren zur Bildung und Anwendung der elektronischen Lohnsteuerabzugsmerkmale

(1) [1]Das Bundeszentralamt für Steuern bildet für jeden Arbeitnehmer grundsätzlich automatisiert die Steuerklasse und für die bei den Steuerklassen I bis IV zu berücksichtigenden Kinder die Zahl der Kinderfreibeträge nach § 38b Absatz 2 Satz 1 als Lohnsteuerabzugsmerkmale (§ 39 Absatz 4 Satz 1 Nummer 1 und 2); für Änderungen gilt § 39 Absatz 2 entsprechend. [2]Soweit das Finanzamt Lohnsteuerabzugsmerkmale nach § 39 bildet, teilt es sie dem Bundeszentralamt für Steuern zum Zweck der Bereitstellung für den automatisierten Abruf durch den Arbeitgeber mit. [3]Lohnsteuerabzugsmerkmale sind frühestens bereitzustellen mit Wirkung von Beginn des Kalenderjahres an, für das sie anzuwenden sind, jedoch nicht für einen Zeitpunkt vor Beginn des Dienstverhältnisses.

(2) Das Bundeszentralamt für Steuern speichert zum Zweck der Bereitstellung automatisiert abrufbarer Lohnsteuerabzugsmerkmale für den Arbeitgeber die Lohnsteuerabzugsmerkmale unter Angabe der Identifikationsnummer sowie für jeden Steuerpflichtigen folgende Daten zu den in § 139b Absatz 3 der Abgabenordnung genannten Daten hinzu:

1. rechtliche Zugehörigkeit zu einer steuererhebenden Religionsgemeinschaft sowie Datum des Eintritts und Austritts,

2. melderechtlicher Familienstand sowie der Tag der Begründung oder Auflösung des Familienstands und bei Verheirateten die Identifikationsnummer des Ehegatten,

3. Kinder mit ihrer Identifikationsnummer.

[2]Die nach Landesrecht für das Meldewesen zuständigen Behörden (Meldebehörden) haben dem Bundeszentralamt für Steuern unter Angabe der Identifikationsnummer und des Tages der Geburt die in Satz 1 Nummer 1 bis 3 bezeichneten Daten und deren Änderungen im Melderegister mitzuteilen. [3]In den Fällen des Satzes 1 Nummer 3 besteht die Mitteilungspflicht nur,

wenn das Kind mit Hauptwohnsitz oder alleinigem Wohnsitz im Zuständigkeitsbereich der Meldebehörde gemeldet ist und solange das Kind das 18. Lebensjahr noch nicht vollendet hat. [4]Sofern die Identifikationsnummer noch nicht zugeteilt wurde, teilt die Meldebehörde die Daten unter Angabe des Vorläufigen Bearbeitungsmerkmals nach § 139b Absatz 6 Satz 2 der Abgabenordnung mit. [5]Für die Datenübermittlung gelten die §§ 2 und 3 der Zweiten Bundesmeldedatenübermittlungsverordnung vom 1. Dezember 2014 (BGBl. I S. 1950) in der jeweils geltenden Fassung entsprechend.

(3) [1]Das Bundeszentralamt für Steuern hält die Identifikationsnummer, den Tag der Geburt, Merkmale für den Kirchensteuerabzug und die Lohnsteuerabzugsmerkmale des Arbeitnehmers nach § 39 Absatz 4 zum unentgeltlichen automatisierten Abruf durch den Arbeitgeber nach amtlich vorgeschriebenem Datensatz bereit (elektronische Lohnsteuerabzugsmerkmale). [2]Bezieht ein Arbeitnehmer nebeneinander von mehreren Arbeitgebern Arbeitslohn, sind für jedes weitere Dienstverhältnis elektronische Lohnsteuerabzugsmerkmale zu bilden. [3]*Bei Eheschließung wird für jeden Ehegatten automatisiert die Steuerklasse IV gebildet, wenn zum Zeitpunkt der Eheschließung die Voraussetzungen des § 38b Absatz 1 Satz 2 Nummer 4 vorliegen.* [4]Das 1) Bundeszentralamt für Steuern führt die elektronischen Lohnsteuerabzugsmerkmale des Arbeitnehmers zum Zweck ihrer Bereitstellung nach Satz 1 mit der Wirtschafts-Identifikationsnummer (§ 139c der Abgabenordnung) des Arbeitgebers zusammen.

(4) [1]Der Arbeitnehmer hat jedem seiner Arbeitgeber bei Eintritt in das Dienstverhältnis zum Zweck des Abrufs der Lohnsteuerabzugsmerkmale mitzuteilen,

1. wie die Identifikationsnummer sowie der Tag der Geburt lauten,

2. ob es sich um das erste oder ein weiteres Dienstverhältnis handelt (§ 38b Absatz 1 Satz 2 Nummer 6) und

3. ob und in welcher Höhe ein nach § 39a Absatz 1 Satz 1 Nummer 7 festgestellter Freibetrag abgerufen werden soll.

[2]Der Arbeitgeber hat bei Beginn des Dienstverhältnisses die elektronischen Lohnsteuerabzugsmerkmale für den Arbeitnehmer beim Bundeszentralamt für Steuern durch Datenfernübertragung abzurufen und sie in das Lohnkonto für den Arbeitnehmer zu übernehmen. [3]Für den Abruf der elektronischen Lohnsteuerabzugsmerkmale hat sich der Arbeitgeber zu authentifizieren und seine Wirtschafts-Identifikationsnummer, die Daten des Arbeitnehmers nach Satz 1 Nummer 1 und 2, den Tag des Beginns des Dienstverhältnisses und etwaige Angaben nach Satz 1 Nummer 3 mitzuteilen. [4]Zur Plausibilitätsprüfung der Identifikationsnummer hält das Bundeszentralamt für Steuern für den Arbeitgeber entsprechende Regeln bereit. [5]Der Arbeitgeber hat den Tag der Beendigung des Dienstverhältnisses unverzüglich dem Bundeszentralamt für Steuern durch Datenfernübertragung mitzuteilen. [6]Beauftragt der Arbeitgeber einen Dritten mit der Durchführung des Lohnsteuerabzugs, hat sich der Dritte für den Datenabruf zu authentifizieren und zusätzlich seine Wirtschafts-Identifikationsnummer mitzuteilen. [7]Für die Verwendung der elektronischen Lohnsteuerabzugsmerkmale gelten die Schutzvorschriften des § 39 Absatz 8 und 9 sinngemäß.

(5) [1]Die abgerufenen elektronischen Lohnsteuerabzugsmerkmale sind vom Arbeitgeber für die Durchführung des Lohnsteuerabzugs des Arbeitnehmers anzuwenden, bis

1. ihm das Bundeszentralamt für Steuern geänderte elektronische Lohnsteuerabzugsmerkmale zum Abruf bereitstellt oder

2. der Arbeitgeber dem Bundeszentralamt für Steuern die Beendigung des Dienstverhältnisses mitteilt.

[2]Sie sind in der üblichen Lohnabrechnung anzugeben. [3]Der Arbeitgeber ist verpflichtet, die vom Bundeszentralamt für Steuern bereitgestellten Mitteilungen und elektronischen Lohnsteuerabzugsmerkmale monatlich anzufragen und abzurufen. [4]Kommt der Arbeitgeber seinen Verpflichtungen nach den Sätzen 1 und 3 sowie nach Absatz 4 Satz 2, 3 und 5 nicht nach, ist das Betriebsstättenfinanzamt für die Aufforderung zum Abruf und zur Anwendung der Lohnsteuerabzugsmerkmale sowie zur Mitteilung der Beendigung des Dienstverhältnisses und für die Androhung und Festsetzung von Zwangsmitteln zuständig.

(5a) [1]Zahlt der Arbeitgeber, ein von diesem beauftragter Dritter in dessen Namen oder ein Dritter im Sinne des § 38 Absatz 3a verschiedenartige Bezüge als Arbeitslohn, kann der Arbeitgeber oder der Dritte die Lohnsteuer für den zweiten und jeden weiteren Bezug abweichend von Absatz 5 ohne Abruf weiterer elektronischer Lohnsteuerabzugsmerkmale nach der Steuerklasse VI einbehalten. [2]Verschiedenartige Bezüge liegen vor, wenn der Arbeitnehmer vom Arbeitgeber folgenden Arbeitslohn bezieht:

1. neben dem Arbeitslohn für ein aktives Dienstverhältnis auch Versorgungsbezüge,

---

1) Absatz 3 Satz 3 wurde durch Artikel 7 des StUmgBG ab VZ 2018 neu gefasst.

2. neben Versorgungsbezügen, Bezügen und Vorteilen aus seinem früheren Dienstverhältnis auch andere Versorgungsbezüge oder

3. neben Bezügen und Vorteilen während der Elternzeit oder vergleichbaren Unterbrechungszeiten des aktiven Dienstverhältnisses auch Arbeitslohn für ein weiteres befristetes aktives Dienstverhältnis.

[3]§ 46 Absatz 2 Nummer 2 ist entsprechend anzuwenden.

(6) [1]Gegenüber dem Arbeitgeber gelten die Lohnsteuerabzugsmerkmale (§ 39 Absatz 4) mit dem Abruf der elektronischen Lohnsteuerabzugsmerkmale als bekannt gegeben. [2]Einer Rechtsbehelfsbelehrung bedarf es nicht. [3]Die Lohnsteuerabzugsmerkmale gelten gegenüber dem Arbeitnehmer als bekannt gegeben, sobald der Arbeitgeber dem Arbeitnehmer den Ausdruck der Lohnabrechnung mit den nach Absatz 5 Satz 2 darin ausgewiesenen elektronischen Lohnsteuerabzugsmerkmalen ausgehändigt oder elektronisch bereitgestellt hat. [4]Die elektronischen Lohnsteuerabzugsmerkmale sind dem Steuerpflichtigen auf Antrag vom zuständigen Finanzamt mitzuteilen oder elektronisch bereitzustellen. [5]Wird dem Arbeitnehmer bekannt, dass die elektronischen Lohnsteuerabzugsmerkmale zu seinen Gunsten von den nach § 39 zu bildenden Lohnsteuerabzugsmerkmalen abweichen, ist er verpflichtet, dies dem Finanzamt unverzüglich mitzuteilen. [6]Der Steuerpflichtige kann beim zuständigen Finanzamt

1. den Arbeitgeber benennen, der zum Abruf von elektronischen Lohnsteuerabzugsmerkmalen berechtigt ist (Positivliste) oder nicht berechtigt ist (Negativliste). [2]Hierfür hat der Arbeitgeber dem Arbeitnehmer seine Wirtschafts-Identifikationsnummer mitzuteilen. [3]Für die Verwendung der Wirtschafts-Identifikationsnummer gelten die Schutzvorschriften des § 39 Absatz 8 und 9 sinngemäß; oder

2. die Bildung oder die Bereitstellung der elektronischen Lohnsteuerabzugsmerkmale allgemein sperren oder allgemein freischalten lassen.

[7]Macht der Steuerpflichtige von seinem Recht nach Satz 6 Gebrauch, hat er die Positivliste, die Negativliste, die allgemeine Sperrung oder die allgemeine Freischaltung in einem bereitgestellten elektronischen Verfahren oder nach amtlich vorgeschriebenem Vordruck dem Finanzamt zu übermitteln. [8]Werden wegen einer Sperrung nach Satz 6 einem Arbeitgeber, der Daten abrufen möchte, keine elektronischen Lohnsteuerabzugsmerkmale bereitgestellt, wird dem Arbeitgeber die Sperrung mitgeteilt und dieser hat die Lohnsteuer nach Steuerklasse VI zu ermitteln.

(7) [1]Auf Antrag des Arbeitgebers kann das Betriebsstättenfinanzamt zur Vermeidung unbilliger Härten zulassen, dass er nicht am Abrufverfahren teilnimmt. [2]Dem Antrag eines Arbeitgebers ohne maschinelle Lohnabrechnung, der ausschließlich Arbeitnehmer im Rahmen einer geringfügigen Beschäftigung in seinem Privathaushalt im Sinne des § 8a des Vierten Buches Sozialgesetzbuch beschäftigt, ist stattzugeben. [3]Der Arbeitgeber hat dem Antrag unter Angabe seiner Wirtschafts-Identifikationsnummer ein Verzeichnis der beschäftigten Arbeitnehmer mit Angabe der jeweiligen Identifikationsnummer und des Tages der Geburt des Arbeitnehmers beizufügen. [4]Der Antrag ist nach amtlich vorgeschriebenem Vordruck jährlich zu stellen und vom Arbeitgeber zu unterschreiben. [5]Das Betriebsstättenfinanzamt übermittelt dem Arbeitgeber für die Durchführung des Lohnsteuerabzugs für ein Kalenderjahr eine arbeitgeberbezogene Bescheinigung mit den Lohnsteuerabzugsmerkmalen des Arbeitnehmers (Bescheinigung für den Lohnsteuerabzug) sowie etwaige Änderungen. [6]Diese Bescheinigung sowie die Änderungsmitteilungen sind als Belege zum Lohnkonto zu nehmen und bis zum Ablauf des Kalenderjahres aufzubewahren. [7]Absatz 5 Satz 1 und 2 sowie Absatz 6 Satz 3 gelten entsprechend. [8]Der Arbeitgeber hat den Tag der Beendigung des Dienstverhältnisses unverzüglich dem Betriebsstättenfinanzamt mitzuteilen.

(8) [1]Ist einem nach § 1 Absatz 1 unbeschränkt einkommensteuerpflichtigen Arbeitnehmer keine Identifikationsnummer zugeteilt, hat das Wohnsitzfinanzamt auf Antrag eine Bescheinigung für den Lohnsteuerabzug für die Dauer eines Kalenderjahres auszustellen. [2]Diese Bescheinigung ersetzt die Verpflichtung und Berechtigung des Arbeitgebers zum Abruf der elektronischen Lohnsteuerabzugsmerkmale (Absätze 4 und 6). [3]In diesem Fall tritt an die Stelle der Identifikationsnummer das lohnsteuerliche Ordnungsmerkmal nach § 41b Absatz 2 Satz 1 und 2. [4]Für die Durchführung des Lohnsteuerabzugs hat der Arbeitnehmer seinem Arbeitgeber vor Beginn des Kalenderjahres oder bei Eintritt in das Dienstverhältnis die nach Satz 1 ausgestellte Bescheinigung für den Lohnsteuerabzug vorzulegen. [5]§ 39c Absatz 1 Satz 2 bis 5 ist sinngemäß anzuwenden. [6]Der Arbeitgeber hat die Bescheinigung für den Lohnsteuerabzug entgegenzunehmen und während des Dienstverhältnisses, längstens bis zum Ablauf des jeweiligen Kalenderjahres, aufzubewahren.

(9) Ist die Wirtschafts-Identifikationsnummer noch nicht oder nicht vollständig eingeführt, tritt an ihre Stelle die Steuernummer der Betriebsstätte oder des Teils des Betriebs des Arbeitgebers, in dem der für den Lohnsteuerabzug maßgebende Arbeitslohn des Arbeitnehmers ermittelt wird (§ 41 Absatz 2).

(10) Die beim Bundeszentralamt für Steuern nach Absatz 2 Satz 1 gespeicherten Daten können auch zur Prüfung und Durchführung der Einkommensbesteuerung (§ 2) des Steuerpflichtigen für Veranlagungszeiträume ab 2005 verwendet werden.

Hinweise

H 39e

Allgemeines

Anhang 17 III

Lohnsteuerabzug im Verfahren der elektronischen Lohnsteuerabzugsmerkmale → BMF vom 7. 8. 2013 (BStBl I S. 951)

Antragsfrist

→ R 39.3 Satz 1

§ 39f   Faktorverfahren anstelle Steuerklassenkombination III/V

EStG

(1) ¹Bei Ehegatten, die in die Steuerklasse IV gehören *(§ 38b Absatz 1 Satz 2 Nummer 4)*, hat das Finanzamt auf Antrag beider Ehegatten nach § 39a anstelle der Steuerklassenkombination III/V (§ 38b Absatz 1 Satz 2 Nummer 5) als Lohnsteuerabzugsmerkmal jeweils die Steuerklasse IV in Verbindung mit einem Faktor zur Ermittlung der Lohnsteuer zu bilden, wenn der Faktor kleiner als 1 ist. ²Der Faktor ist Y : X und vom Finanzamt mit drei Nachkommastellen ohne Rundung zu berechnen. ³„Y" ist die voraussichtliche Einkommensteuer für beide Ehegatten nach dem Splittingverfahren (§ 32a Absatz 5) unter Berücksichtigung der in § 39b Absatz 2 genannten Abzugsbeträge. ⁴„X" ist die Summe der voraussichtlichen Lohnsteuer bei Anwendung der Steuerklasse IV für jeden Ehegatten. ⁵Maßgeblich sind die Steuerbeträge des Kalenderjahres, für das der Faktor erstmals gelten soll. ⁶In die Bemessungsgrundlage für Y werden jeweils neben den Jahresarbeitslöhnen der ersten Dienstverhältnisse zusätzlich nur Beträge einbezogen, die nach § 39a Absatz 1 Satz 1 Nummer 1 bis 6 als Freibetrag ermittelt und als Lohnsteuerabzugsmerkmal gebildet werden könnten; Freibeträge werden neben dem Faktor nicht als Lohnsteuerabzugsmerkmal gebildet. ⁷In den Fällen des § 39a Absatz 1 Satz 1 Nummer 7 sind bei der Ermittlung von Y und X die Hinzurechnungsbeträge zu berücksichtigen; die Hinzurechnungsbeträge sind zusätzlich als Lohnsteuerabzugsmerkmal für die erste Dienstverhältnis zu bilden. ⁸Arbeitslöhne aus zweiten und weiteren Dienstverhältnissen (Steuerklasse VI) sind im Faktorverfahren nicht zu berücksichtigen. ⁹Der nach Satz 1 gebildete Faktor gilt bis zum Ablauf des Kalenderjahres, das auf das Kalenderjahr folgt, in dem der Faktor erstmals gilt oder zuletzt geändert worden ist. ¹⁰Die Ehegatten können eine Änderung des Faktors beantragen, wenn sich die für die Ermittlung des Faktors maßgeblichen Jahresarbeitslöhne im Sinne des Satzes 6 ändern. ¹¹Besteht eine Anzeigepflicht nach § 39a Absatz 1 Satz 5 oder wird eine Änderung des Freibetrags nach § 39a Absatz 1 Satz 4 beantragt, gilt die Anzeige oder der Antrag auf Änderung des Freibetrags zugleich als Antrag auf Anpassung des Faktors.

1)

(2) Für die Einbehaltung der Lohnsteuer vom Arbeitslohn hat der Arbeitgeber Steuerklasse IV und den Faktor anzuwenden.

(3) ¹§ 39 Absatz 6 Satz 3 und 5 gilt mit der Maßgabe, dass die Änderungen nach Absatz 1 Satz 10 und 11 keine Änderungen im Sinne des § 39 Absatz 6 Satz 3 sind. ²§ 39a ist anzuwenden mit der Maßgabe, dass ein Antrag nach amtlich vorgeschriebenem Vordruck (§ 39a Absatz 2) nur erforderlich ist, wenn bei der Faktorermittlung zugleich Beträge nach § 39a Absatz 1 Satz 1 Nummer 1 bis 6 berücksichtigt werden sollen.

2)

---

¹⁾ *Absatz 1 Satz 9 bis 11 ist erstmals für den VZ 2019 anzuwenden → § 52 Abs. 37a EStG i. d. F. des Artikels 7 des StUmgBG.*
Satz 9 bis 11 in der für den VZ 2019 geltenden Fassung lauten:
„⁹Der nach Satz 1 gebildete Faktor gilt bis zum Ablauf des Kalenderjahres, das auf das Kalenderjahr folgt, in dem der Faktor erstmals gilt oder zuletzt geändert worden ist. ¹⁰Die Ehegatten können eine Änderung des Faktors beantragen, wenn sich die für die Ermittlung des Faktors maßgeblichen Jahresarbeitslöhne im Sinne des Satzes 6 ändern. ¹¹Besteht eine Anzeigepflicht nach § 39a Absatz 1 Satz 5 oder wird eine Änderung des Freibetrags nach § 39a Absatz 1 Satz 4 beantragt, gilt die Anzeige oder der Antrag auf Änderung des Freibetrags zugleich als Antrag auf Anpassung des Faktors."

²⁾ *Absatz 3 Satz 1 ist erstmals für den VZ 2019 anzuwenden → § 52 Abs. 37a EStG i. d. F. des Artikels 7 des StUmgBG.*
Satz 1 in der für den VZ 2019 geltenden Fassung lautet:
„§ 39 Absatz 6 Satz 3 und 5 gilt mit der Maßgabe, dass die Änderungen nach Absatz 1 Satz 10 und 11 keine Änderungen im Sinne des § 39 Absatz 6 Satz 3 sind."

(4) Das Faktorverfahren ist im Programmablaufplan für die maschinelle Berechnung der Lohnsteuer (§ 39b Absatz 6) zu berücksichtigen.

H 39f

Hinweise

Faktorverfahren

→ H 39.1 (Merkblatt zur Steuerklassenwahl bei Arbeitnehmer-Ehegatten für das Jahr 2018)

EStG

§ 40   Pauschalierung der Lohnsteuer in besonderen Fällen

S 2370

(1) [1]Das Betriebsstättenfinanzamt (§ 41a Absatz 1 Satz 1 Nummer 1) kann auf Antrag des Arbeitgebers zulassen, dass die Lohnsteuer mit einem unter Berücksichtigung der Vorschriften des § 38a zu ermittelnden Pauschsteuersatz erhoben wird, soweit

1. von dem Arbeitgeber sonstige Bezüge in einer größeren Zahl von Fällen gewährt werden oder

2. in einer größeren Zahl von Fällen Lohnsteuer nachzuerheben ist, weil der Arbeitgeber die Lohnsteuer nicht vorschriftsmäßig einbehalten hat.

[2]Bei der Ermittlung des Pauschsteuersatzes ist zu berücksichtigen, dass die in Absatz 3 vorgeschriebene Übernahme der pauschalen Lohnsteuer durch den Arbeitgeber für den Arbeitnehmer eine in Geldeswert bestehende Einnahme im Sinne des § 8 Absatz 1 darstellt (Nettosteuersatz). [3]Die Pauschalierung ist in den Fällen des Satz 1 Nummer 1 ausgeschlossen, soweit der Arbeitgeber einem Arbeitnehmer sonstige Bezüge von mehr als 1 000 Euro im Kalenderjahr gewährt. [4]Der Arbeitgeber hat dem Antrag eine Berechnung beizufügen, aus der sich der durchschnittliche Steuersatz unter Zugrundelegung der durchschnittlichen Jahresarbeitslöhne und der durchschnittlichen Jahreslohnsteuer in jeder Steuerklasse für diejenigen Arbeitnehmer ergibt, denen die Bezüge gewährt werden sollen oder gewährt worden sind.

S 2371

(2) [1]Abweichend von Absatz 1 kann der Arbeitgeber die Lohnsteuer mit einem Pauschsteuersatz von 25 Prozent erheben, soweit er

1. arbeitstäglich Mahlzeiten im Betrieb an die Arbeitnehmer unentgeltlich oder verbilligt abgibt oder Barzuschüsse an ein anderes Unternehmen leistet, das arbeitstäglich Mahlzeiten an die Arbeitnehmer unentgeltlich oder verbilligt abgibt. [2]Voraussetzung ist, dass die Mahlzeiten nicht als Lohnbestandteile vereinbart sind,

1a. oder auf seine Veranlassung ein Dritter den Arbeitnehmern anlässlich einer beruflichen Tätigkeit außerhalb seiner Wohnung und ersten Tätigkeitsstätte Mahlzeiten zur Verfügung stellt, die nach § 8 Absatz 2 Satz 8 und 9 mit dem Sachbezugswert anzusetzen sind,

2. Arbeitslohn aus Anlass von Betriebsveranstaltungen zahlt,

3. Erholungsbeihilfen gewährt, wenn diese zusammen mit Erholungsbeihilfen, die in demselben Kalenderjahr früher gewährt worden sind, 156 Euro für den Arbeitnehmer, 104 Euro für dessen Ehegatten und 52 Euro für jedes Kind nicht übersteigen und der Arbeitgeber sicherstellt, dass die Beihilfen zu Erholungszwecken verwendet werden,

4. Vergütungen für Verpflegungsmehraufwendungen anlässlich einer Tätigkeit im Sinne des § 9 Absatz 4a Satz 2 oder Satz 4 zahlt, soweit die Vergütungen die nach § 9 Absatz 4a Satz 3, 5 und 6 zustehenden Pauschalen um nicht mehr als 100 Prozent übersteigen,

5. den Arbeitnehmern zusätzlich zum ohnehin geschuldeten Arbeitslohn unentgeltlich oder verbilligt Datenverarbeitungsgeräte übereignet; das gilt auch für Zubehör und Internetzugang. [2]Das Gleiche gilt für Zuschüsse des Arbeitgebers, die zusätzlich zum ohnehin geschuldeten Arbeitslohn zu den Aufwendungen des Arbeitnehmers für die Internetnutzung gezahlt werden,

¹⁾ 6. den Arbeitnehmern zusätzlich zum ohnehin geschuldeten Arbeitslohn unentgeltlich oder verbilligt die Ladevorrichtung für Elektrofahrzeuge oder Hybridelektrofahrzeuge im Sinne des § 6 Absatz 1 Nummer 4 Satz 2 zweiter Halbsatz übereignet. Das Gleiche gilt für Zuschüsse des Arbeitgebers, die zusätzlich zum ohnehin geschuldeten Arbeitslohn zu den

---

1) Absatz 2 Satz 1 Nr. 6 in der am 7. 11. 2016 geltenden Fassung ist erstmals anzuwenden auf Vorteile, die in einem nach dem 31. 12. 2016 endenden Lohnzahlungszeitraum oder als sonstige Bezüge nach dem 31. 12. 2016 zugewendet werden, und letztmals anzuwenden auf Vorteile, die in einem vor dem 1. 1. 2021 endenden Lohnzahlungszeitraum oder als sonstige Bezüge vor dem 1. 1. 2021 zugewendet werden → § 52 Abs. 37c EStG.

Aufwendungen des Arbeitnehmers für den Erwerb und die Nutzung dieser Ladevorrichtung gezahlt werden. [2]Der Arbeitgeber kann die Lohnsteuer mit einem Pauschsteuersatz von 15 Prozent für Sachbezüge in Form der unentgeltlichen oder verbilligten Beförderung eines Arbeitnehmers zwischen Wohnung und erster Tätigkeitsstätte sowie Fahrten nach § 9 Absatz 1 Satz 3 Nummer 4a Satz 3 und für zusätzlich zum ohnehin geschuldeten Arbeitslohn geleistete Zuschüsse zu den Aufwendungen des Arbeitnehmers für Fahrten zwischen Wohnung und erster Tätigkeitsstätte erheben, soweit diese Bezüge den Betrag nicht übersteigen, den der Arbeitnehmer nach § 9 Absatz 1 Satz 3 Nummer 4 und Absatz 2 als Werbungskosten geltend machen könnte, wenn die Bezüge nicht pauschal besteuert würden. [3]Die nach Satz 2 pauschal besteuerten Bezüge mindern die nach § 9 Absatz 1 Satz 3 Nummer 4 und Absatz 2 abziehbaren Werbungskosten; sie bleiben bei der Anwendung des § 40a Absatz 1 bis 4 außer Ansatz.

(3) [1]Der Arbeitgeber hat die pauschale Lohnsteuer zu übernehmen. [2]Er ist Schuldner der pauschalen Lohnsteuer; auf den Arbeitnehmer abgewälzte pauschale Lohnsteuer gilt als zugeflossener Arbeitslohn und mindert nicht die Bemessungsgrundlage. [3]Der pauschal besteuerte Arbeitslohn und die pauschale Lohnsteuer bleiben bei einer Veranlagung zur Einkommensteuer und beim Lohnsteuer-Jahresausgleich außer Ansatz. [4]Die pauschale Lohnsteuer ist weder auf die Einkommensteuer noch auf die Jahreslohnsteuer anzurechnen.

Bemessung der Lohnsteuer nach besonderen Pauschsteuersätzen (§ 40 Abs. 1 EStG)

Größere Zahl von Fällen

(1) [1]Eine größere Zahl von Fällen ist ohne weitere Prüfung anzunehmen, wenn gleichzeitig mindestens 20 Arbeitnehmer in die Pauschalbesteuerung einbezogen werden. [2]Wird ein Antrag auf Lohnsteuerpauschalierung für weniger als 20 Arbeitnehmer gestellt, kann unter Berücksichtigung der besonderen Verhältnisse des Arbeitgebers und der mit der Pauschalbesteuerung angestrebten Vereinfachung eine größere Zahl von Fällen auch bei weniger als 20 Arbeitnehmern angenommen werden.

S 2370

Beachtung der Pauschalierungsgrenze

(2) [1]Der Arbeitgeber hat anhand der Aufzeichnungen im Lohnkonto (→ § 4 Abs. 2 Nr. 8 Satz 1 LStDV) vor jedem Pauschalierungsantrag zu prüfen, ob die Summe aus den im laufenden Kalenderjahr bereits gezahlten sonstigen Bezügen, für die die Lohnsteuer mit einem besonderen Steuersatz erhoben worden ist, und aus dem sonstigen Bezug, der nunmehr an den einzelnen Arbeitnehmer gezahlt werden soll, die Pauschalierungsgrenze nach § 40 Abs. 1 Satz 3 EStG übersteigt. [2]Wird die Pauschalierungsgrenze durch den sonstigen Bezug überschritten, ist der übersteigende Teil nach § 39b Abs. 3 EStG zu besteuern. [3]Hat der Arbeitgeber die Pauschalierungsgrenze mehrfach nicht beachtet, sind Anträge auf Lohnsteuerpauschalierung nach § 40 Abs. 1 Satz 1 Nr. 2 EStG nicht zu genehmigen.

Anhang 7

Berechnung des durchschnittlichen Steuersatzes

(3) [1]Die Verpflichtung, den durchschnittlichen Steuersatz zu errechnen, kann der Arbeitgeber dadurch erfüllen, dass er

1. den Durchschnittsbetrag der pauschal zu versteuernden Bezüge,
2. die Zahl der betroffenen Arbeitnehmer nach Steuerklassen getrennt in folgenden drei Gruppen:
   a) Arbeitnehmer in den Steuerklassen I, II und IV,
   b) Arbeitnehmer in der Steuerklasse III und
   c) Arbeitnehmer in den Steuerklassen V und VI sowie
3. die Summe der Jahresarbeitslöhne der betroffenen Arbeitnehmer, gemindert um die nach § 39b Abs. 3 Satz 3 EStG abziehbaren Freibeträge und den Entlastungsbetrag für Alleinerziehende bei der Steuerklasse II[1]), erhöht um den Hinzurechnungsbetrag,

ermittelt. [2]Hierbei kann aus Vereinfachungsgründen davon ausgegangen werden, dass die betroffenen Arbeitnehmer in allen Zweigen der Sozialversicherung versichert sind und keinen Beitragszuschlag für Kinderlose (§ 55 Abs. 3 SGB XI) leisten; die individuellen Verhältnisse auf Grund des Faktorverfahrens nach § 39f EStG bleiben unberücksichtigt. [3]Außerdem Vereinfachungsgründen kann für die Ermittlungen nach Satz 1 Nr. 2 und 3 eine repräsentative Auswahl der betroffenen Arbeitnehmer zugrunde gelegt werden. [4]Zur Festsetzung eines Pauschsteuersat-

---

[1]) Ab 2015 = 1 908 Euro (ohne Erhöhungsbeträge für weitere Kinder).

zes für das laufende Kalenderjahr können für die Ermittlung nach Satz 1 Nr. 3 auch die Verhältnisse des Vorjahrs zugrunde gelegt werden. [5]Aus dem nach Satz 1 Nr. 3 ermittelten Betrag hat der Arbeitgeber den durchschnittlichen Jahresarbeitslohn der erfassten Arbeitnehmer zu berechnen. [6]Für jede der in Satz 1 Nr. 2 bezeichneten Gruppen hat der Arbeitgeber sodann den Steuerbetrag zu ermitteln, dem der Durchschnittsbetrag der pauschal zu versteuernden Bezüge unterliegt, wenn er dem durchschnittlichen Jahresarbeitslohn hinzugerechnet wird. [7]Dabei ist für die Gruppe nach Satz 1 Nr. 2 Buchstabe a die Steuerklasse I, für die Gruppe nach Satz 1 Nr. 2 Buchstabe b die Steuerklasse III und für die Gruppe nach Satz 1 Nr. 2 Buchstabe c die Steuerklasse V maßgebend; der Durchschnittsbetrag der pauschal zu besteuernden Bezüge ist auf den nächsten durch 216 ohne Rest teilbaren Euro-Betrag aufzurunden. [8]Durch Multiplikation der Steuerbeträge mit der Zahl der in der entsprechenden Gruppe erfassten Arbeitnehmer und Division der sich hiernach ergebenden Summe der Steuerbeträge durch die Gesamtzahl der Arbeitnehmer und den Durchschnittsbetrag der pauschal zu besteuernden Bezüge ist hiernach die durchschnittliche Steuerbelastung zu berechnen, der die pauschal zu besteuernden Bezüge unterliegen. [9]Das Finanzamt hat den Pauschsteuersatz nach dieser Steuerbelastung so zu berechnen, dass unter Berücksichtigung der Übernahme der pauschalen Lohnsteuer durch den Arbeitgeber insgesamt nicht zu wenig Lohnsteuer erhoben wird. [10]Die Prozentsätze der durchschnittlichen Steuerbelastung und des Pauschsteuersatzes sind mit einer Dezimalstelle anzusetzen, die nachfolgenden Dezimalstellen sind fortzulassen.

H 40.1

Hinweise

Berechnung des durchschnittlichen Steuersatzes

Die in R 40.1 Abs. 3 dargestellte Berechnung des durchschnittlichen Steuersatzes ist nicht zu beanstanden (→ BFH vom 11. 3. 1988 – BStBl II S. 726). Die auf der Lohnsteuerkarte eingetragenen Kinderfreibeträge sind nicht zu berücksichtigen (→ BFH vom 26. 7. 2007 – BStBl II S. 844).

Beispiel:

1. Der Arbeitgeber ermittelt für rentenversicherungspflichtige Arbeitnehmer

   a) den durchschnittlichen Betrag der pauschal zu besteuernden Bezüge mit 550 €,

   b) die Zahl der betroffenen Arbeitnehmer

      – in den Steuerklassen I, II und IV mit 20,

      – in der Steuerklasse III mit 12 und

      – in den Steuerklassen V und VI mit 3,

   c) die Summe der Jahresarbeitslöhne der betroffenen Arbeitnehmer nach Abzug aller Freibeträge mit 610 190 €; dies ergibt einen durchschnittlichen Jahresarbeitslohn von (610 190 € : 35 =) 17 434 €.

2. Die Erhöhung des durchschnittlichen Jahresarbeitslohns um den auf 648 € aufgerundeten Durchschnittsbetrag (→ R 40.1 Abs. 3 Satz 7 zweiter Halbsatz) der pauschal zu besteuernden Bezüge ergibt für diesen Betrag folgende Jahreslohnsteuerbeträge:

– in der Steuerklasse I	=	160 €,
– in der Steuerklasse III	=	80 €,
– in der Steuerklasse V	=	180 €.

3. Die durchschnittliche Steuerbelastung der pauschal zu besteuernden Bezüge ist hiernach wie folgt zu berechnen:

$$\frac{20 \times 160 + 12 \times 80 + 3 \times 180}{35 \times 648} = 20{,}7\ \%$$

4. Der Pauschsteuersatz beträgt demnach

$$\frac{100 \times 20{,}7}{(100 - 20{,}7)} = 26{,}1\ \%$$

Bindung des Arbeitgebers an den Pauschalierungsbescheid

Der Arbeitgeber ist an seinen rechtswirksam gestellten Antrag auf Pauschalierung der Lohnsteuer gebunden, sobald der Lohnsteuer-Pauschalierungsbescheid wirksam wird (→ BFH vom 5. 3. 1993 – BStBl II S. 692).

Bindung des Finanzamts an den Pauschalierungsbescheid

Wird auf den Einspruch des Arbeitgebers ein gegen ihn ergangener Lohnsteuer-Pauschalierungsbescheid aufgehoben, so kann der dort berücksichtigte Arbeitslohn bei der Veranlagung des Arbeitnehmers erfasst werden (→ BFH vom 18. 1. 1991 – BStBl II S. 309).

Bindung des Finanzamts an eine Anrufungsauskunft

Hat der Arbeitgeber eine Anrufungsauskunft eingeholt und ist er danach verfahren, ist das Betriebsstättenfinanzamt im Lohnsteuer-Abzugsverfahren daran gebunden. Eine Nacherhebung der Lohnsteuer ist auch dann nicht zulässig, wenn der Arbeitgeber nach einer Lohnsteuer-Außenprüfung einer Pauschalierung nach § 40 Abs. 1 Satz 1 Nr. 2 EStG zugestimmt hat (→ BFH vom 16. 11. 2005 – BStBl 2006 II S. 210).

Entstehung der pauschalen Lohnsteuer

In den Fällen des § 40 Abs. 1 Satz 1 Nr. 2 EStG ist der geldwerte Vorteil aus der Steuerübernahme des Arbeitgebers nicht nach den Verhältnissen im Zeitpunkt der Steuernachforderung zu versteuern. Vielmehr muss der für die pauschalierten Löhne nach den Verhältnissen der jeweiligen Zuflussjahre errechnete Bruttosteuersatz (→ Beispiel Nr. 1 bis 3) jeweils auf den Nettosteuersatz (→ Beispiel Nr. 4) der Jahre hochgerechnet werden, in denen die pauschalierten Löhne zugeflossen sind und in denen die pauschale Lohnsteuer entsteht (→ BFH vom 6. 5. 1994 – BStBl II S. 715).

Kirchensteuer bei Pauschalierung der Lohnsteuer- und Einkommensteuer

→ Gleichlautender Ländererlass vom 8. 8. 2016 (BStBl I S. 773)

→ H 40.2

Pauschalierungsantrag

Derjenige, der für den Arbeitgeber im Rahmen der Lohnsteuer-Außenprüfung auftritt, ist in der Regel dazu befugt, einen Antrag auf Lohnsteuer-Pauschalierung zu stellen (→ BFH vom 10. 10. 2002 – BStBl 2003 II S. 156).

Pauschalierungsbescheid

Die pauschalen Steuerbeträge sind im Pauschalierungsbescheid auf die einzelnen Jahre aufzuteilen (→ BFH vom 18. 7. 1985 – BStBl 1986 II S. 152).

Pauschalierungsvoraussetzungen

Die pauschalierte Lohnsteuer darf nur für solche Einkünfte aus nichtselbstständiger Arbeit erhoben werden, die dem Lohnsteuerabzug unterliegen, wenn der Arbeitgeber keinen Pauschalierungsantrag gestellt hätte (→ BFH vom 10. 5. 2006 – BStBl II 2006 S. 669).

Wirkung einer fehlerhaften Pauschalbesteuerung

Eine fehlerhafte Pauschalbesteuerung ist für die Veranlagung zur Einkommensteuer nicht bindend (→ BFH vom 10. 6. 1988 – BStBl II S. 981).

Bemessung der Lohnsteuer nach einem festen Pauschsteuersatz (§ 40 Abs. 2 EStG) R 40.2

Allgemeines

(1) Die Lohnsteuer kann mit einem Pauschsteuersatz von 25 % erhoben werden S 2371

1. nach § 40 Abs. 2 Satz 1 Nr. 1 EStG für den Unterschiedsbetrag zwischen dem amtlichen Sachbezugswert und dem niedrigeren Entgelt, das der Arbeitnehmer für die Mahlzeiten entrichtet (→ R 8.1 Abs. 7 Nr. 1 bis 3); gegebenenfalls ist der nach R 8.1 Abs. 7 Nr. 5 ermittelte Durchschnittswert der Besteuerung zugrunde zu legen. [2]Bei der Ausgabe von Essenmarken ist die Pauschalversteuerung nur zulässig, wenn die Mahlzeit mit dem maßgebenden Sachbezugswert zu bewerten ist (→ R 8.1 Abs. 7 Nr. 4 Buchstabe a) oder der Verrechnungswert der Essenmarke nach R 8.1 Abs. 7 Nr. 4 Buchstabe b anzusetzen ist;

1a. nach § 40 Abs. 2 Satz 1 Nr. 1a EStG für Mahlzeiten, die der Arbeitgeber oder auf seine Veranlassung ein Dritter den Arbeitnehmern bei einer Auswärtstätigkeit zur Verfügung stellt, wenn die Mahlzeit mit dem Sachbezugswert anzusetzen ist, z. B., weil die Abwesenheit von mehr als 8 Stunden nicht erreicht oder nicht dokumentiert wird (eintägige Auswärtstätigkeit) oder der Dreimonatszeitraum abgelaufen ist;

2. nach § 40 Abs. 2 Satz 1 Nr. 2 EStG für Zuwendungen bei Betriebsveranstaltungen, wenn die Betriebsveranstaltung oder die Zuwendung nicht üblich ist (→ R 19.5)[1]);

3. nach § 40 Abs. 2 Satz 1 Nr. 3 EStG für Erholungsbeihilfen, soweit sie nicht ausnahmsweise als steuerfreie Unterstützungen anzusehen sind und wenn sie nicht die in § 40 Abs. 2 Satz 1 Nr. 3 EStG genannten Grenzen übersteigen;

4. nach § 40 Abs. 2 Satz 1 Nr. 4 EStG für Vergütungen für Verpflegungsmehraufwendungen, die anlässlich einer Auswärtstätigkeit mit einer Abwesenheitsdauer von mehr als 8 Stunden oder für den An- und Abreisetag einer mehrtägigen Auswärtstätigkeit mit Übernachtung gezahlt werden, soweit die Vergütungen die § 9 Abs. 4a Satz 3 bis 6 EStG bezeichneten ungekürzten Pauschbeträge um nicht mehr als 100 % übersteigen; die Pauschalversteuerung gilt nicht für die Erstattung von Verpflegungsmehraufwendungen wegen einer doppelten Haushaltsführung;

5. nach § 40 Abs. 2 Satz 1 Nr. 5 EStG für zusätzlich zum ohnehin geschuldeten Arbeitslohn unentgeltlich oder verbilligt übereignete Datenverarbeitungsgeräte, Zubehör und Internetzugang sowie für zusätzlich zum ohnehin geschuldeten Arbeitslohn gezahlte Zuschüsse des Arbeitgebers zu den Aufwendungen des Arbeitnehmers für die Internetnutzung.

Verhältnis zur Pauschalierung nach § 40 Abs. 1 Satz 1 Nr. 1

(2) Die nach § 40 Abs. 2 EStG pauschal besteuerten sonstigen Bezüge werden nicht auf die Pauschalierungsgrenze (→ R 40.1 Abs. 2) angerechnet.

Erholungsbeihilfen

(3) [1]Bei der Feststellung, ob die im Kalenderjahr gewährten Erholungsbeihilfen zusammen mit früher gewährten Erholungsbeihilfen die in § 40 Abs. 2 Satz 1 Nr. 3 EStG bezeichneten Beträge übersteigen, ist von der Höhe der Zuwendungen im Einzelfall auszugehen. [2]Die Jahreshöchstbeträge für den Arbeitnehmer, seinen Ehegatten und seine Kinder sind jeweils gesondert zu betrachten. [3]Die Erholungsbeihilfen müssen für die Erholung dieser Personen bestimmt sein und verwendet werden. [4]Davon kann in der Regel ausgegangen werden, wenn die Erholungsbeihilfe im zeitlichen Zusammenhang mit einem Urlaub des Arbeitnehmers gewährt wird. [5]Übersteigen die Erholungsbeihilfen im Einzelfall den maßgebenden Jahreshöchstbetrag, ist auf sie insgesamt entweder § 39b Abs. 3 EStG mit Ausnahme des Satzes 9 oder § 40 Abs. 1 Satz 1 Nr. 1 EStG anzuwenden.

Reisekosten

(4) [1]Die Pauschalversteuerung mit einem Pauschsteuersatz von 25 % nach § 40 Abs. 2 Satz 1 Nr. 4 EStG ist auf einen Vergütungsbetrag bis zur Summe der ungekürzten Verpflegungspauschalen nach § 9 Abs. 4a Satz 3 bis 6 EStG begrenzt. [2]Für den darüber hinausgehenden Vergütungsbetrag kann weiterhin eine Pauschalversteuerung mit einem besonderen Pauschsteuersatz nach § 40 Abs. 1 Satz 1 Nr. 1 EStG in Betracht kommen. [3]Zur Ermittlung des steuerfreien Vergütungsbetrags dürfen die einzelnen Aufwendungsarten zusammengefasst werden (→ R 3.16 Satz 1). [4]Aus Vereinfachungsgründen bestehen auch keine Bedenken, den Betrag, der den steuerfreien Vergütungsbetrag übersteigt, einheitlich als Vergütung für Verpflegungsmehraufwendungen zu behandeln, die in den Grenzen des § 40 Abs. 2 Satz 1 Nr. 4 EStG mit 25 % pauschal versteuert werden kann.

Datenverarbeitungsgeräte und Internet

(5) [1]Die Pauschalierung nach § 40 Abs. 2 Satz 1 Nr. 5 Satz 1 EStG kommt bei Sachzuwendungen des Arbeitgebers in Betracht. [2]Hierzu rechnet die Übereignung von Hardware einschließlich technischem Zubehör und Software als Erstausstattung oder als Ergänzung, Aktualisierung und Austausch vorhandener Bestandteile. [3]Die Pauschalierung ist auch möglich, wenn der Arbeitgeber ausschließlich technisches Zubehör oder Software übereignet. [4]Telekommunikationsgeräte, die nicht Zubehör eines Datenverarbeitungsgerätes sind oder nicht für die Internetnutzung verwendet werden können, sind von der Pauschalierung ausgeschlossen. [5]Hat der Arbeitnehmer einen Internetzugang, sind die Barzuschüsse des Arbeitgebers für die Internetnutzung des Arbeitnehmers nach § 40 Abs. 2 Satz 1 Nr. 5 Satz 2 EStG pauschalierungsfähig. [6]Zu den Aufwendungen für die Internetnutzung in diesem Sinne gehören sowohl die laufenden Kosten (z. B. Grundgebühr für den Internetzugang, laufende Gebühren für die Internetnutzung, Flatrate) als auch die Kosten der Einrichtung des Internetzugangs (z. B. Anschluss, Modem, Personalcomputer). [7]Aus Vereinfachungsgründen kann der Arbeitgeber den vom Arbeitnehmer erklärten Betrag für die laufende Internetnutzung (Gebühren) pauschal versteuern, soweit dieser 50 Euro im Monat nicht übersteigt. [8]Der Arbeitgeber hat diese Erklärung als Beleg zum Lohnkonto aufzubewahren. [9]Bei höheren Zuschüssen zur Internetnutzung und zur Änderung der Verhältnisse gilt R 3.50 Abs. 2 sinn-

[1]) Überholt → BMF vom 14. 10. 2015 (BStBl I S. 832), Tz. 5; → Anhang 41.

gemäß. [10]Soweit die pauschal besteuerten Bezüge auf Werbungskosten entfallen, ist der Werbungskostenabzug grundsätzlich ausgeschlossen. [11]Zu Gunsten des Arbeitnehmers sind die pauschal besteuerten Zuschüsse zunächst auf den privat veranlassten Teil der Aufwendungen anzurechnen. [12]Aus Vereinfachungsgründen unterbleibt zu Gunsten des Arbeitnehmers eine Anrechnung auf seine Werbungskosten bei Zuschüssen bis zu 50 € im Monat.

Fahrten zwischen Wohnung und erster Tätigkeitsstätte

(6) [1]Die Lohnsteuer kann nach § 40 Abs. 2 Satz 2 EStG mit einem Pauschsteuersatz von 15 % erhoben werden. [2]Maßgeblich für die Höhe des pauschalierbaren Betrages sind die tatsächlichen Aufwendungen des Arbeitnehmers für die Fahrten zwischen Wohnung und erster Tätigkeitsstätte oder Fahrten nach § 9 Abs. 1 Satz 3 Nr. 4a Satz 3 EStG, jedoch höchstens der Betrag, den der Arbeitnehmer nach § 9 Abs. 1 Satz 3 Nr. 4, Abs. 2 EStG als Werbungskosten geltend machen könnte.

Hinweise

Abwälzung der pauschalen Lohnsteuer

– bei bestimmten Zukunftssicherungsleistungen → H 40b.1 (Abwälzung der pauschalen Lohnsteuer)

– bei Fahrtkosten (→ BMF vom 10. 1. 2000 – BStBl I S. 138)

   Beispiel:

   Ein Arbeitnehmer hat Anspruch auf einen Zuschuss zu seinen Pkw-Kosten für Fahrten zwischen Wohnung und regelmäßiger erster Tätigkeitsstätte in Höhe der gesetzlichen Entfernungspauschale, so dass sich für den Lohnabrechnungszeitraum ein Fahrtkostenzuschuss von insgesamt 210 € ergibt. Arbeitgeber und Arbeitnehmer haben vereinbart, dass diese Arbeitgeberleistung pauschal besteuert werden und der Arbeitnehmer die pauschale Lohnsteuer tragen soll.

   Bemessungsgrundlage für die Anwendung des gesetzlichen Pauschsteuersatzes von 15 % ist der Bruttobetrag von 210 €.

   Als pauschal besteuerte Arbeitgeberleistung ist der Betrag von 210 € zu bescheinigen. Dieser Betrag mindert den nach § 9 Abs. 1 Satz 3 Nr. 4 EStG wie Werbungskosten abziehbaren Betrag von 210 € auf 0 €.

– bei Teilzeitbeschäftigten → H 40.1 (Abwälzung der pauschalen Lohnsteuer)

Gesetz zur Neuregelung der geringfügigen Beschäftigungsverhältnisse und Steuerentlastungsgesetz 1999/2000/2002; Anwendung von Vorschriften zum Lohnsteuerabzugsverfahren

(BMF-Schreiben vom 10. 1. 2000, BStBl I S. 138)

Unter Bezugnahme auf das Ergebnis der Erörterung mit den obersten Finanzbehörden der Länder nehme ich zu Fragen der Anwendung von Vorschriften des Lohnsteuerabzugsverfahrens, die durch das Gesetz zur Neuregelung der geringfügigen Beschäftigungsverhältnisse vom 24. März 1999 (BGBl. I S. 388; BStBl I S. 302) und das Steuerentlastungsgesetz 1999/2000/2002 vom 24. März 1999 (BGBl. I S. 402; BStBl I S. 304) geändert worden sind, wie folgt Stellung:

Gesetz zur Neuregelung der geringfügigen Beschäftigungsverhältnisse

...

Steuerentlastungsgesetz 1999/2000/2002

1. Abwälzung von pauschaler Lohnsteuer und Annexsteuern auf Arbeitnehmer

Nach § 40 Abs. 3 Satz 2 EStG in der Fassung des Steuerentlastungsgesetzes 1999/2000/2002 gilt die auf den Arbeitnehmer abgewälzte pauschale Lohnsteuer als zugeflossener Arbeitslohn; sie darf die Bemessungsgrundlage nicht mindern. Dies entspricht dem in § 12 Nr. 3 EStG zum Ausdruck kommenden allgemeinen Grundsatz, dass Personensteuern nur abzugsfähig sind, wenn sie die Voraussetzungen als Betriebsausgaben oder Werbungskosten erfüllen oder ihre steuermindernde Berücksichtigung ausdrücklich zugelassen ist. Die Neuregelung gilt aufgrund von Verweisungen auch für §§ 40a und 40b EStG.

a) Abwälzung von Lohnsteuer

   Im Fall der Abwälzung bleibt zwar der Arbeitgeber Schuldner der pauschalen Lohnsteuer, im wirtschaftlichen Ergebnis wird sie jedoch vom Arbeitnehmer getragen. Die

Verlagerung der Belastung darf weder zu einer Minderung des individuell nach den Merkmalen der Lohnsteuerkarte zu versteuernden Arbeitslohns noch zu einer Minderung der Bemessungsgrundlage für die pauschale Lohnsteuer führen. Eine Abwälzung kann sich beispielsweise aus dem Arbeitsvertrag selbst, aus einer Zusatzvereinbarung zum Arbeitsvertrag ergeben oder aus dem wirtschaftlichen Ergebnis einer Gehaltsumwandlung oder Gehaltsänderungsvereinbarung. Das ist der Fall, wenn die pauschale Lohnsteuer als Abzugsbetrag in der Gehaltsabrechnung ausgewiesen wird. Dies gilt auch, wenn zur Abwälzung zwar in arbeitsrechtlich zulässiger Weise eine Gehaltsminderung vereinbart wird, der bisherige ungekürzte Arbeitslohn aber weiterhin für die Bemessung künftiger Erhöhungen des Arbeitslohns oder anderer Arbeitgeberleistungen (z. B. Weihnachtsgeld, Tantieme, Jubiläumszuwendungen) maßgebend bleibt. Eine Abwälzung der pauschalen Lohnsteuer ist hingegen nicht anzunehmen, wenn eine Gehaltsänderungsvereinbarung zu einer Neufestsetzung künftigen Arbeitslohns führt, aus der alle rechtlichen und wirtschaftlichen Folgerungen gezogen werden, also insbesondere der geminderte Arbeitslohn Bemessungsgrundlage für künftige Erhöhungen des Arbeitslohns oder andere Arbeitgeberleistungen wird. Dies gilt auch dann, wenn die Gehaltsminderung in Höhe der Pauschalsteuer vereinbart wird.

b) Abwälzung von Annexsteuern (Kirchensteuer, Solidaritätszuschlag)

Für im Zusammenhang mit der Pauschalierung der Lohnsteuer ebenfalls pauschal erhobene und auf den Arbeitnehmer abgewälzte Annexsteuern (Kirchensteuer, Solidaritätszuschlag) gelten die Ausführungen unter Buchstabe a entsprechend. Daher ist auch hinsichtlich der abgewälzten Annexsteuern von zugeflossenem Arbeitslohn auszugehen, der die Bemessungsgrundlage für die Lohnsteuer nicht mindert.

c) Übergangsregelung

...

2. Anwendung der Fünftelungsregelung nach § 39b Abs. 3 Satz 9 EStG bei außerordentlichen Einkünften nach § 34 Abs. 2 Nr. 4 EStG im Lohnsteuerabzugsverfahren

...

Bescheinigungspflicht für Fahrgeldzuschüsse

→ § 41b Abs. 1 Satz 2 Nr. 7 EStG

Betriebsveranstaltung

Anhang 41   – Zum Begriff → BMF vom 14.10.2015 (BStBl I S. 832).

Anhang 41   – Zur Pauschalversteuerung → BMF vom 14.10.2015 (BStBl I S. 832), Tz. 5

– Eine nur Führungskräften eines Unternehmens vorbehaltene Abendveranstaltung ist mangels Offenheit des Teilnehmerkreises keine Betriebsveranstaltung i. S. d. § 40 Abs. 2 Satz 1 Nr. 2 EStG (→ BFH vom 15. 1. 2009 – BStBl II S. 476).

– Im Rahmen einer Betriebsveranstaltung an alle Arbeitnehmer überreichte Goldmünzen unterliegen nicht der Pauschalierungsmöglichkeit des § 40 Abs. 2 Satz 1 Nr. 2 EStG (→ BFH vom 7. 11. 2006 – BStBl 2007 II S. 128).

– Während einer Betriebsveranstaltung überreichte Geldgeschenke, die kein zweckgebundenes Zehrgeld sind, können nicht nach § 40 Abs. 2 EStG pauschal besteuert werden (→ BFH vom 7. 2. 1997 – BStBl II S. 365).

Erholungsbeihilfen

→ H 3.11 (Erholungsbeihilfen und andere Beihilfen)

Fahrten zwischen Wohnung und erster Tätigkeitsstätte

Anhang 25 II   → BMF vom 1. 4. 2011 BStBl I S. 301; → Anhang 18 Tz. 5

Fahrtkostenzuschüsse

H 3.33   – als zusätzlich erbrachte Leistung → R 3.33 Abs. 5 → BMF vom 22. 5. 2013 (BStBl I S. 728)

– können auch bei Anrechnung auf andere freiwillige Sonderzahlungen pauschal versteuert werden (→ BFH vom 1. 10. 2009 – BStBl 2010 II S. 487)

– sind auch bei Teilzeitbeschäftigten im Sinne des § 40a EStG unter Beachtung der Abzugsbeschränkung bei der Entfernungspauschale nach § 40 Abs. 2 Satz 2 EStG pauschalierbar. Die pauschal besteuerten Beförderungsleistungen und Fahrtkostenzuschüsse sind in die Prüfung der Arbeitslohngrenzen des § 40a EStG nicht einzubeziehen (→ § 40 Abs. 2 Satz 3 EStG).

– Zur Pauschalbesteuerung von Fahrtkostenzuschüssen → BMF vom 31. 10. 2013 (BStBl I S. 1376).

Fehlerhafte Pauschalversteuerung Anhang 18

→ H 40a.1 (Fehlerhafte Pauschalversteuerung)

Gestellung von Kraftfahrzeugen

Die Vereinfachungsregelung von 15 Arbeitstagen monatlich gilt nicht bei der Einzelbewertung Anhang 25 II einer Kraftfahrzeuggestellung nach der sog. 0,002 %-Methode → BMF vom 1. 4. 2011 (BStBl I S. 301), Rdnr. 13.

Geldgeschenke, Goldmünzen

→ Betriebsveranstaltung

Kirchensteuer bei Pauschalierung der Lohnsteuer- und Einkommensteuer

→ Gleichlautender Ländererlass vom 8. 8. 2016 (BStBl I S. 773)

Gleich lautende Erlasse
der obersten Finanzbehörden der Länder

Kirchensteuer bei Pauschalierung der Lohn- und Einkommensteuer
vom 8. August 2016

Erlasse vom 28. 12. 2006 (BStBl 2007 I S. 76) und vom 23. 10. 2012 (BStBl I S. 1083)

Bei der Erhebung der Kirchensteuer kann in den Fällen der Pauschalierung

- der Lohnsteuer nach Maßgabe der § 40, § 40a Abs. 1, 2a und 3 und § 40b EStG der Arbeitgeber,
- der Einkommensteuer nach Maßgabe des § 37a das Unternehmen, das Sachprämien im Sinne des § 3 Nummer 38 EStG gewährt,
- der Einkommensteuer nach Maßgabe des § 37b EStG der Steuerpflichtige, der Sachzuwendungen gewährt,

jeweils zwischen einem vereinfachten Verfahren und einem Nachweisverfahren wählen. Die Wahl zwischen diesen Verfahren kann der Pauschalierende sowohl für jeden Lohnsteuer-Anmeldungszeitraum als auch für die jeweils angewandte Pauschalierungsvorschrift und darüber hinaus für die in den einzelnen Rechtsvorschriften aufgeführten Pauschalierungstatbestände unterschiedlich treffen. Im Einzelnen gilt Folgendes:

1. Vereinfachtes Verfahren

Entscheidet sich der Pauschalierende für das vereinfachte Verfahren, hat er in allen Fällen der Pauschalierung für sämtliche Arbeitnehmer, für sämtliche Empfänger von Sachprämien oder für sämtliche Empfänger von Sachzuwendungen (nachf.: Empfänger) Kirchensteuer zu entrichten. Dabei ist ein ermäßigter Steuersatz anzuwenden, der in pauschaler Weise dem Umstand Rechnung trägt, dass nicht alle Empfänger Angehörige einer steuererhebenden Religionsgemeinschaft sind.

Die im vereinfachten Verfahren ermittelten Kirchensteuern sind in der Lohnsteuer-Anmeldung unter der Kirchensteuer-Kennzahl 47 anzugeben. Die Aufteilung auf die steuererhebenden Religionsgemeinschaften wird von der Finanzverwaltung übernommen.

2. Nachweisverfahren

a) Macht der Pauschalierende keinen Gebrauch vom vereinfachten Verfahren, hat er grundsätzlich für alle Empfänger die Zugehörigkeit zu einer steuererhebenden Religionsgemeinschaft festzustellen (Nachweisverfahren). Für Empfänger, die keiner steuererhebenden Religionsgemeinschaft angehören, ist keine Kirchensteuer auf die pauschale Steuer zu entrichten; für die übrigen Empfänger gilt der allgemeine Kirchensteuersatz.

b) Als Beleg für die Zugehörigkeit oder Nichtzugehörigkeit zu einer steuererheben-den Religionsgemeinschaft dienen in den Fällen der §§ 40 und 40b EStG grundsätzlich die vom Arbeitgeber beim Bundeszentralamt für Steuern abgerufenen elektronischen Lohnsteuerabzugsmerkmale (ELStAM) oder ein Vermerk des Arbeitgebers, dass der Arbeitnehmer seine Zugehörigkeit oder Nichtzugehörigkeit zu einer steuererhebenden Religionsgemeinschaft mit der vom Finanzamt ersatzweise ausgestellten Bescheinigung für den Lohnsteuerabzug nachgewiesen hat. Liegen dem Arbeitgeber diese amtlichen Nachweise nicht vor, bedarf es einer schriftlichen Erklärung des Arbeitnehmers nach beigefügtem Muster; insbesondere in den Fällen des § 40a Abs. 1, 2a und 3 EStG genügt als Nachweis eine Erklärung nach beigefügtem Muster. Die Erklärung des Arbeitnehmers muss als Beleg zum Lohnkonto aufbewahrt werden.

c) Als Beleg für die Zugehörigkeit oder Nichtzugehörigkeit zu einer steuererhebenden Religionsgemeinschaft genügt in den Fällen der §§ 37a und 37b EStG eine Erklärung nach beigefügtem Muster. Die Erklärung des Empfängers von Sachprämien oder Sachzuwendungen muss vom Pauschalierenden aufbewahrt werden. Bei Arbeitnehmern des Pauschalierenden ist zur Ermittlung der Zugehörigkeit zu einer steuererhebenden Religionsgemeinschaft Buchstabe b entsprechend anzuwenden.

d) Die auf die jeweiligen Empfänger entfallende pauschale Steuer hat der Pauschalierende entsprechend deren Zugehörigkeit oder Nichtzugehörigkeit zu einer steuererhebenden Religionsgemeinschaft zuzuordnen; führt der Arbeitgeber ein Sammelkonto (§ 4 Abs. 2 Nr. 8 Satz 2 LStDV) oder in den Fällen des § 40a EStG entsprechende Aufzeichnungen, hat er dort die Zugehörigkeit oder Nichtzugehörigkeit zu einer steuererhebenden Religionsgemeinschaft der jeweiligen Arbeitnehmer anzugeben.

Kann der Pauschalierende die auf den einzelnen Empfänger entfallende pauschale Steuer nicht ermitteln, ist aus Vereinfachungsgründen die gesamte pauschale Steuer im Verhältnis der kirchensteuerpflichtigen zu den nicht kirchensteuerpflichtigen Empfängern aufzuteilen; der auf die kirchensteuerpflichtigen Empfänger entfallende Anteil ist Bemessungsgrundlage für die Anwendung des allgemeinen Kirchensteuersatzes. Die so ermittelte Kirchensteuer ist auf die Empfänger gleichmäßig zu verteilen und entsprechend deren Zugehörigkeit zu einer steuererhebenden Religionsgemeinschaft zuzuordnen.

Die im Nachweisverfahren ermittelten Kirchensteuern sind in der Lohnsteuer-Anmeldung in der Regel unter der jeweiligen Kirchensteuer-Kennzahl (z. B. 61, 62) anzugeben.

Kann der Pauschalierende bei einzelnen Empfängern die Zugehörigkeit zu einer steuererhebenden Religionsgemeinschaft nicht ermitteln und deshalb eine Zuordnung zur jeweiligen steuererhebenden Religionsgemeinschaft nicht vornehmen, gilt ebenfalls der allgemeine Kirchensteuersatz. Die auf diese Empfänger entfallende pauschale Steuer ist Bemessungsgrundlage für die Anwendung des allgemeinen Kirchensteuersatzes. Die so ermittelte Kirchensteuer ist vereinfachungshalber in der Lohnsteuer-Anmeldung unter der Kirchensteuer-Kennzahl 47 anzugeben. Die Aufteilung auf die steuererhebenden Religionsgemeinschaften wird von der Finanzverwaltung übernommen.

3. Kirchensteuersätze

Die Höhe der Kirchensteuersätze ergibt sich sowohl bei Anwendung des vereinfachten Verfahrens (Nr. 1) als auch des Nachweisverfahrens (Nr. 2) aus den Kirchensteuerbeschlüssen der steuererhebenden Religionsgemeinschaften. Die in den jeweiligen Ländern geltenden Regelungen werden im Bundessteuerblatt Teil I veröffentlicht.

4. Anwendungsregelung

Die Regelungen unter Nr. 1 bis 3 sind erstmals anzuwenden bei

– laufendem Arbeitslohn, der für einen nach dem 31. Dezember 2016 endenden Lohnzahlungszeitraum gezahlt wird,

– sonstigen Bezügen, die nach dem 31. Dezember 2016 zufließen, und

– Sachprämien und Sachzuwendungen, die nach dem 31. Dezember 2016 zufließen.

Dieser Erlass ersetzt die Erlasse vom 28. Dezember 2006 (BStBl 2007 I S. 76) und vom 23. Oktober 2012 (BStBl I S. 1083).[1]

---

[1] Für Rheinland-Pfalz: vom 29. 10. 2008 (BStBl 2009 I S. 332) und vom 23. 10. 2012 (BStBl I S. 1083).

Anlage

Muster

Erklärung gegenüber dem Betriebsstättenfinanzamt zur Religionszugehörigkeit für die Erhebung der pauschalen Lohnsteuer nach §§ 40, 40a Abs. 1, 2a und 3 und § 40b EStG und der pauschalen Einkommensteuer nach §§ 37a und 37b EStG

Finanzamt ....

Arbeitgeber/Unternehmen/Steuerpflichtiger:

Name der Firma ....

Anschrift: ....

Arbeitnehmer/Empfänger der Sachprämien oder Sachzuwendungen:

Name, Vorname ....

Anschrift: ....

Ich, der vorbezeichnete Arbeitnehmer/Empfänger der Sachprämien oder Sachzuwendungen, erkläre, dass ich

☐   keiner Religionsgemeinschaft angehöre, die Kirchensteuer erhebt, und zwar

    a)   ☐   seit Beginn meines Beschäftigungsverhältnisses mit dem oben genannten Arbeitgeber.

    b)   ☐   im Zeitpunkt der Gewährung (bitte Datum oder Zeitraum angeben:...................) der Sachprämie oder Sachzuwendung.

    c)   ☐   seit dem .... (bei Änderungen nach dem unter Buchstabe a bzw. b genannten Zeitpunkt).

☐   einer Religionsgemeinschaft angehöre, die Kirchensteuer erhebt

    ☐ evangelisch   ☐ römisch-katholisch

    ☐ alt-katholisch   ☐ jüdisch/israelitisch   ☐ freireligiös

    und zwar seit dem.......................................*.

* Datumsangabe nur erforderlich, wenn Sie gegenüber dem o. g. Arbeitgeber/Unternehmen/Steuerpflichtigen früher erklärt haben, dass Sie keiner Religionsgemeinschaft angehören, die Kirchensteuer erhebt, und zwischenzeitlich in eine solche Religionsgemeinschaft eingetreten sind oder Sie zu einer anderen Kirchensteuer erhebenden Religionsgemeinschaft gewechselt sind.

Ich versichere, die Angaben in dieser Erklärung wahrheitsgemäß nach bestem Wissen und Gewissen gemacht zu haben. Mir ist bekannt, dass die Erklärung als Grundlage für das Besteuerungsverfahren dient.

....

Ort, Datum   Unterschrift des Arbeitnehmers/Empfängers der Sachprämien oder Sachzuwendungen

Diese Erklärung ist vom Arbeitgeber/Unternehmen/Steuerpflichtigen aufzubewahren.

Ladevorrichtung

Anhang 25 IX Zur Pauschalversteuerung → BMF vom 14. 12. 2016 (BStBl I S. 1446)

→ *BMF vom 26. 10. 2017 (BStBl I S. 1439)*

Anhang 25 IX **Pauschalierungsbescheid**

Ein Lohnsteuer-Pauschalierungsbescheid ist dann inhaltlich hinreichend bestimmt, wenn in seinem Tenor oder in seinen Anlagen der Sachkomplex bezeichnet ist, auf dem die Erhebung der pauschalen Lohnsteuer beruht (→ BFH vom 28. 11. 1990 – BStBl 1991 II S. 488).

Pauschalversteuerung von Reisekosten

Anhang 38 ⟶ BMF vom 24. 10. 2014 (BStBl I S. 1412) Rz. 58 ff.

Beispiel:

Ein Arbeitnehmer erhält wegen einer Auswärtstätigkeit von Montag 11 Uhr bis Mittwoch 20 Uhr mit kostenloser Übernachtung mit Frühstück lediglich pauschalen Fahrtkostenersatz von 250 €, dem eine Fahrstrecke mit eigenem Pkw von 500 km zugrunde liegt.

Steuerfrei sind

–	eine Fahrtkostenvergütung von (500 × 0,30 € =)	150 €
–	Verpflegungspauschalen von	
	(12 € + 19,20 € [24 € ./. 4,80 €] + 7,20 € [12 € ./. 4,80 €] =)	38,40 €
insgesamt		188,40 €.

Der Mehrbetrag von (250 € ./. 188,40 € =) 61,60 € kann mit einem Teilbetrag von 48 € pauschal mit 25 % versteuert werden. Bei einer Angabe in der Lohnsteuerbescheinigung sind 48 € einzutragen (→ § 41b Abs. 1 Satz 2 Nr. 10 EStG).

Wahlrecht

Das Wahlrecht des Arbeitgebers, die Lohnsteuer für geldwerte Vorteile bei Fahrten zwischen Wohnung und erster Tätigkeitsstätte nach § 40 Abs. 2 Satz 2 EStG zu pauschalieren, wird nicht durch einen Antrag, sondern durch Anmeldung der mit einem Pauschsteuersatz erhobenen Lohnsteuer ausgeübt. Ein dahingehender Antrag, der im finanzgerichtlichen Verfahren gestellt wird, ist unbeachtlich (→ BFH vom 24. 9. 2015 – BStBl 2016 II S. 176).

EStG

§ 40a Pauschalierung der Lohnsteuer für Teilzeitbeschäftigte und geringfügig Beschäftigte

S 2372

(1) ¹Der Arbeitgeber kann unter Verzicht auf den Abruf von elektronischen Lohnsteuerabzugsmerkmalen (§ 39e Absatz 4 Satz 2) oder die Vorlage einer Bescheinigung für den Lohnsteuerabzug (§ 39 Absatz 3 oder § 39e Absatz 7 oder Absatz 8) bei Arbeitnehmern, die nur kurzfristig beschäftigt werden, die Lohnsteuer mit einem Pauschsteuersatz von 25 Prozent des Arbeitslohns erheben. ²Eine kurzfristige Beschäftigung liegt vor, wenn der Arbeitnehmer bei dem Arbeitgeber gelegentlich, nicht regelmäßig wiederkehrend beschäftigt wird, die Dauer der Beschäftigung 18 zusammenhängende Arbeitstage nicht übersteigt und

1) 1. der Arbeitslohn während der Beschäftigungsdauer 72 Euro durchschnittlich je Arbeitstag nicht übersteigt oder

2. die Beschäftigung zu einem unvorhersehbaren Zeitpunkt sofort erforderlich wird.

(2) Der Arbeitgeber kann unter Verzicht auf den Abruf von elektronischen Lohnsteuerabzugsmerkmalen (§ 39e Absatz 4 Satz 2) oder die Vorlage einer Bescheinigung für den Lohnsteuerabzug (§ 39 Absatz 3 oder § 39e Absatz 7 oder Absatz 8) die Lohnsteuer einschließlich Solidaritätszuschlag und Kirchensteuern (einheitliche Pauschsteuer) für das Arbeitsentgelt aus geringfügigen Beschäftigungen im Sinne des § 8 Absatz 1 Nummer 1 oder des § 8a des Vierten Buches Sozialgesetzbuch, für das er Beiträge nach § 168 Absatz 1 Nummer 1b oder 1c (geringfügig versicherungspflichtig Beschäftigte) oder nach § 172 Absatz 3 oder 3a (versicherungsfrei oder von der Versicherungspflicht befreite geringfügig Beschäftigte) oder nach § 276a Absatz 1 (versicherungsfrei geringfügig Beschäftigte) des Sechsten Buches Sozialgesetzbuch zu entrichten hat, mit einem einheitlichen Pauschsteuersatz in Höhe von insgesamt 2 Prozent des Arbeitsentgelts erheben.

(2a) Hat der Arbeitgeber in den Fällen des Absatzes 2 keine Beiträge nach § 168 Absatz 1 Nummer 1b oder 1c oder nach § 172 Absatz 3 oder 3a oder nach § 276a Absatz 1 des Sechsten Buches Sozialgesetzbuch zu entrichten, kann er unter Verzicht auf den Abruf von elektronischen Lohnsteuerabzugsmerkmalen (§ 39e Absatz 4 Satz 2) oder die Vorlage einer Bescheini-

---

1) *Absatz 1 Satz 1 Nr. 1 wurde durch das Zweite Bürokratieentlastungsgesetz ab VZ 2017 geändert.*

gung für den Lohnsteuerabzug (§ 39 Absatz 3 oder § 39e Absatz 7 oder Absatz 8) die Lohnsteuer mit einem Pauschsteuersatz in Höhe von 20 Prozent des Arbeitsentgelts erheben.

(3) [1]Abweichend von den Absätzen 1 und 2a kann der Arbeitgeber unter Verzicht auf den Abruf von elektronischen Lohnsteuerabzugsmerkmalen (§ 39e Absatz 4 Satz 2) oder die Vorlage einer Bescheinigung für den Lohnsteuerabzug (§ 39 Absatz 3 oder § 39e Absatz 7 oder Absatz 8) bei Aushilfskräften, die in Betrieben der Land- und Forstwirtschaft im Sinne des § 13 Absatz 1 Nummer 1 bis 4 ausschließlich mit typisch land- oder forstwirtschaftlichen Arbeiten beschäftigt werden, die Lohnsteuer mit einem Pauschsteuersatz von 5 Prozent des Arbeitslohns erheben. [2]Aushilfskräfte im Sinne dieser Vorschrift sind Personen, die für die Ausführung und für die Dauer von Arbeiten, die nicht ganzjährig anfallen, beschäftigt werden; eine Beschäftigung mit anderen land- und forstwirtschaftlichen Arbeiten ist unschädlich, wenn deren Dauer 25 Prozent der Gesamtbeschäftigungsdauer nicht überschreitet. [3]Aushilfskräfte sind nicht Arbeitnehmer, die zu den land- und forstwirtschaftlichen Fachkräften gehören oder die der Arbeitgeber mehr als 180 Tage im Kalenderjahr beschäftigt.

(4) Die Pauschalierungen nach den Absätzen 1 und 3 sind unzulässig

1. bei Arbeitnehmern, deren Arbeitslohn während der Beschäftigungsdauer durchschnittlich je Arbeitsstunde 12 Euro übersteigt,

2. bei Arbeitnehmern, die für eine andere Beschäftigung von demselben Arbeitgeber Arbeitslohn beziehen, der nach den § 39b oder § 39c dem Lohnsteuerabzug unterworfen wird.

(5) Auf die Pauschalierungen nach den Absätzen 1 bis 3 ist § 40 Absatz 3 anzuwenden.

(6) [1]Für die Erhebung der einheitlichen Pauschsteuer nach Absatz 2 ist die Deutsche Rentenversicherung Knappschaft-Bahn-See zuständig. [2]Die Regelungen zum Steuerabzug vom Arbeitslohn sind entsprechend anzuwenden. [3]Für die Anmeldung, Abführung und Vollstreckung der einheitlichen Pauschsteuer sowie die Erhebung eines Säumniszuschlags und das Mahnverfahren für die einheitliche Pauschsteuer gelten dabei die Regelungen für die Beiträge nach § 168 Absatz 1 Nummer 1b oder 1c oder nach § 172 Absatz 3 oder 3a oder nach § 276a Absatz 1 des Sechsten Buches Sozialgesetzbuch. [4]Die Deutsche Rentenversicherung Knappschaft-Bahn-See hat die einheitliche Pauschsteuer auf die erhebungsberechtigten Körperschaften aufzuteilen; dabei entfallen aus Vereinfachungsgründen 90 Prozent der einheitlichen Pauschsteuer auf die Lohnsteuer, 5 Prozent auf den Solidaritätszuschlag und 5 Prozent auf die Kirchensteuern. [5]Die erhebungsberechtigten Kirchen haben sich auf eine Aufteilung des Kirchensteueranteils zu verständigen und diesen der Deutschen Rentenversicherung Knappschaft-Bahn-See mitzuteilen. [6]Die Deutsche Rentenversicherung Knappschaft-Bahn-See ist berechtigt, die einheitliche Pauschsteuer nach Absatz 2 zusammen mit den Sozialversicherungsbeiträgen beim Arbeitgeber einzuziehen.

Kurzfristig Beschäftigte und Aushilfskräfte in der Land- und Forstwirtschaft

R 40a.1

Allgemeines

(1) [1]Die Pauschalierung der Lohnsteuer nach § 40a Abs. 1 und 3 EStG ist sowohl für unbeschränkt als auch für beschränkt einkommensteuerpflichtige Aushilfskräfte zulässig. [2]Bei der Prüfung der Voraussetzungen für die Pauschalierung ist von den Merkmalen auszugehen, die sich für das einzelne Dienstverhältnis ergeben. [3]Es ist nicht zu prüfen, ob die Aushilfskraft noch in einem Dienstverhältnis zu einem anderen Arbeitgeber steht. [4]Der Arbeitgeber darf die Pauschalbesteuerung nachholen, solange keine Lohnsteuerbescheinigung ausgeschrieben ist, eine Lohnsteuer-Anmeldung noch berichtigt werden kann und noch keine Festsetzungsverjährung eingetreten ist. [5]Der Arbeitnehmer kann Aufwendungen, die mit dem pauschal besteuerten Arbeitslohn zusammenhängen, nicht als Werbungskosten abziehen.

S 2372

Gelegentliche Beschäftigung

(2) [1]Als gelegentliche, nicht regelmäßig wiederkehrende Beschäftigung ist eine ohne feste Wiederholungsabsicht ausgeübte Tätigkeit anzusehen. [2]Tatsächlich kann es zu Wiederholungen der Tätigkeit kommen. [3]Entscheidend ist, dass die erneute Tätigkeit nicht bereits von vornherein vereinbart worden ist. [4]Es kommt dann nicht darauf an, wie oft die Aushilfskräfte tatsächlich im Laufe des Jahres tätig werden. [5]Ob sozialversicherungsrechtlich eine kurzfristige Beschäftigung vorliegt oder nicht, ist für die Pauschalierung nach § 40a Abs. 1 EStG ohne Bedeutung.

Unvorhersehbarer Zeitpunkt

(3) [1]§ 40a Abs. 1 Satz 2 Nr. 2 EStG setzt voraus, dass das Dienstverhältnis dem Ersatz einer ausgefallenen oder dem akuten Bedarf einer zusätzlichen Arbeitskraft dient. [2]Die Beschäftigung von Aushilfskräften, deren Einsatzzeitpunkt längere Zeit vorher feststeht, z. B. bei Volksfesten oder Messen, kann grundsätzlich nicht als unvorhersehbar und sofort erforderlich angesehen werden;

eine andere Beurteilung ist aber z. B. hinsichtlich solcher Aushilfskräfte möglich, deren Einstellung entgegen dem vorhersehbaren Bedarf an Arbeitskräften notwendig geworden ist.

Bemessungsgrundlage für die pauschale Lohnsteuer

(4) ¹Zur Bemessungsgrundlage der pauschalen Lohnsteuer gehören alle Einnahmen, die dem Arbeitnehmer aus der Aushilfsbeschäftigung zufließen (→ § 2 LStDV). ²Steuerfreie Einnahmen bleiben außer Betracht. ³Der Arbeitslohn darf für die Ermittlung der pauschalen Lohnsteuer nicht um den Altersentlastungsbetrag (§ 24a EStG) gekürzt werden.

Pauschalierungsgrenzen

(5) ¹Bei der Prüfung der Pauschalierungsgrenzen des § 40a Abs. 1 und 3 EStG ist Absatz 4 entsprechend anzuwenden. ²Pauschal besteuerte Bezüge mit Ausnahme des § 40 Abs. 2 Satz 2 EStG sind bei der Prüfung der Pauschalierungsgrenzen zu berücksichtigen. ³Zur Beschäftigungsdauer gehören auch solche Zeiträume, in denen der Arbeitslohn wegen Urlaubs, Krankheit oder gesetzlicher Feiertage fortgezahlt wird.

Aushilfskräfte in der Land- und Forstwirtschaft

(6) ¹Eine Pauschalierung der Lohnsteuer nach § 40a Abs. 3 EStG für Aushilfskräfte in der Land- und Forstwirtschaft ist nur zulässig, wenn die Aushilfskräfte in einem Betrieb i. S. d. § 13 Abs. 1 EStG beschäftigt werden. ²Für Aushilfskräfte, die in einem Gewerbebetrieb i. S. d. § 15 EStG tätig sind, kommt die Pauschalierung nach § 40a Abs. 3 EStG selbst dann nicht in Betracht, wenn sie mit typischen land- und forstwirtschaftlichen Arbeiten beschäftigt werden; eine Pauschalierung der Lohnsteuer ist grundsätzlich zulässig, wenn ein Betrieb, der Land- und Forstwirtschaft betreibt, nur wegen seiner Rechtsform oder der Abfärbetheorie (§ 15 Abs. 3 Nr. 1 EStG) als Gewerbebetrieb gilt. ³Werden die Aushilfskräfte zwar in einem land- und forstwirtschaftlichen Betrieb i. S. d. § 13 Abs. 1 EStG beschäftigt, üben sie aber keine typische land- und forstwirtschaftliche Tätigkeit aus, z. B. Blumenbinder, Verkäufer, oder sind sie abwechselnd mit typisch land- und forstwirtschaftlichen und anderen Arbeiten betraut, z. B. auch im Gewerbebetrieb oder Nebenbetrieb desselben Arbeitgebers tätig, ist eine Pauschalierung der Lohnsteuer nach § 40a Abs. 3 EStG nicht zulässig.

H 40a.1 **Hinweise**

Abwälzung der pauschalen Lohnsteuer

→ BMF vom 10. 1. 2000 (BStBl I S. 138)

→ H 40.2

Arbeitstag

Als Arbeitstag i. S. d. § 40a Abs. 1 Satz 2 Nr. 1 EStG ist grundsätzlich der Kalendertag zu verstehen. Arbeitstag kann jedoch auch eine auf zwei Kalendertage fallende Nachtschicht sein (→ BFH vom 28. 1. 1994 – BStBl II S. 421).

Arbeitsstunde

Arbeitsstunde i. S. d. § 40a Abs. 4 Nr. 1 EStG ist die Zeitstunde. Wird der Arbeitslohn für kürzere Zeiteinheiten gezahlt, z. B. für 45 Minuten, ist der Lohn zur Prüfung der Pauschalierungsgrenze nach § 40a Abs. 4 Nr. 1 EStG entsprechend umzurechnen (→ BFH vom 10. 8. 1990 – BStBl II S. 1092).

Aufzeichnungspflichten

Anhang 7

– → § 4 Abs. 2 Nr. 8 vorletzter Satz LStDV

– Als Beschäftigungsdauer ist jeweils die Zahl der tatsächlichen Arbeitsstunden (= 60 Minuten) in dem jeweiligen Lohnzahlungs- oder Lohnabrechnungszeitraum aufzuzeichnen (→ BFH vom 10. 9. 1976 – BStBl 1977 II S. 17).

– Bei fehlenden oder fehlerhaften Aufzeichnungen ist die Lohnsteuerpauschalierung zulässig, wenn die Pauschalierungsvoraussetzungen auf andere Weise, z. B. durch Arbeitsnachweise, Zeitkontrollen, Zeugenaussagen, nachgewiesen oder glaubhaft gemacht werden (→ BFH vom 12. 6. 1986 – BStBl II S. 681).

Beschränkung auf einzelne Arbeitnehmer

Die Pauschalierung der Lohnsteuer muss nicht einheitlich für alle in Betracht kommenden Arbeitnehmer durchgeführt werden; der Arbeitgeber kann die Pauschalierung auf bestimmte Arbeitnehmer beschränken (→ BFH vom 3. 6. 1982 – BStBl II S. 710).

Fehlerhafte Pauschalversteuerung

– Eine fehlerhafte Pauschalbesteuerung ist für die Veranlagung zur Einkommensteuer nicht bindend. Das Veranlagungs-Finanzamt kann deshalb bei Verneinung der Pauschalierungsvoraussetzungen auch den pauschal besteuerten Arbeitslohn in die Veranlagung einbeziehen, ohne dass es einer vorherigen Änderung der Lohnsteueranmeldung bedarf (→ BFH vom 10. 6. 1988 – BStBl II S. 981).

– 1. Im Rahmen der Einkommensteuerveranlagung ist das Wohnsitz-FA nicht gehindert, die Zulässigkeit einer pauschalen Besteuerung vom Arbeitslohn für Teilzeitbeschäftigte nach § 40a EStG zu überprüfen und die unzutreffend pauschal besteuerten Lohnteile in die Veranlagung einzubeziehen (Anschluss an BFH-Urteil vom 10. Juni 1988 III R 232/84, BFHE 154, 68, BStBl II 1988, 981).

2. Bei der Prüfung, ob die Pauschalierungsgrenzen des § 40a EStG eingehalten worden sind, sind auch Zukunftssicherungsleistungen des Arbeitgebers im Sinne des § 40b EStG einzubeziehen.

3. Sonderzahlungen des Arbeitgebers sind bei der Berechnung der Wochenlohngrenze den Wochen zuzuordnen, für die sie erbracht worden sind

(→ BFH vom 13. 1. 1989 – BStBl 1989 II S. 1030).

Kirchensteuer bei Pauschalierung der Lohn- und Einkommensteuer

→ Gleichlautende Ländererlasse vom 8. 8. 2016 (BStBl I S. 773)

→ H 40.2

Land- und Forstwirtschaft

– Abgrenzung Gewerbebetrieb – Betrieb der Land- und Forstwirtschaft → R 15.5 EStR

– Die Pauschalierung nach § 40a Abs. 3 EStG ist zulässig, wenn ein Betrieb, der Land- und Forstwirtschaft betreibt, ausschließlich wegen seiner Rechtsform als Gewerbebetrieb gilt (→ BFH vom 5. 9. 1980 – BStBl 1981 II S. 76). Entsprechendes gilt, wenn der Betrieb nur wegen § 15 Abs. 3 Nr. 1 EStG (Abfärbetheorie) als Gewerbebetrieb anzusehen ist (→ BFH vom 14. 9. 2005 – BStBl 2006 II S. 92).

– Die Pauschalierung der Lohnsteuer nach § 40a Abs. 3 EStG ist nicht zulässig, wenn der Betrieb infolge erheblichen Zukaufs fremder Erzeugnisse aus dem Tätigkeitsbereich des § 13 Abs. 1 EStG ausgeschieden und einheitlich als Gewerbebetrieb zu beurteilen ist. Etwas anderes gilt auch nicht für Neben- oder Teilbetriebe, die für sich allein die Merkmale eines land- und forstwirtschaftlichen Betriebs erfüllen (→ BFH vom 3. 8. 1990 – BStBl II S. 1002).

– Auch der Wegebau kann zu den typisch land- oder forstwirtschaftlichen Arbeiten i. S. des § 40a EStG gehören ... (→ BFH vom 12. 6. 1986 – BStBl 1986 II S. 681)

Land- und forstwirtschaftliche Arbeiten

Das Schälen von Spargel durch Aushilfskräfte eines landwirtschaftlichen Betriebs zählt nicht zu den typisch land- und forstwirtschaftlichen Arbeiten i. S. d. § 40a Abs. 3 Satz 1 EStG (→ BFH vom 8. 5. 2008 – BStBl 2009 II S. 40.

Land- und forstwirtschaftliche Fachkraft

– Ein Arbeitnehmer, der die Fertigkeiten für eine land- oder forstwirtschaftliche Tätigkeit im Rahmen einer Berufsausbildung erlernt hat, gehört zu den Fachkräften, ohne dass es darauf ankommt, ob die durchgeführten Arbeiten den Einsatz einer Fachkraft erfordern (→ BFH vom 25. 10. 2005 – BStBl 2006 II S. 208).

– Hat ein Arbeitnehmer die erforderlichen Fertigkeiten nicht im Rahmen einer Berufsausbildung erworben, gehört er nur dann zu den land- und forstwirtschaftlichen Fachkräften, wenn er anstelle einer Fachkraft eingesetzt ist (→ BFH vom 25. 10. 2005 – BStBl 2006 II S. 208).

– Ein Arbeitnehmer ist anstelle einer land- und forstwirtschaftlichen Fachkraft eingesetzt, wenn mehr als 25 % der zu beurteilenden Tätigkeit Fachkraft-Kenntnisse erfordern (→ BFH vom 25. 10. 2005 – BStBl 2006 II S. 208).

– Traktorführer sind jedenfalls dann als Fachkräfte und nicht als Aushilfskräfte zu beurteilen, wenn sie den Traktor als Zugfahrzeug mit landwirtschaftlichen Maschinen führen (→ BFH vom 25. 10. 2005 – BStBl 2006 II S. 204).

Land- und forstwirtschaftliche Saisonarbeiten

– Land- und forstwirtschaftliche Arbeiten fallen nicht ganzjährig an, wenn sie wegen der Abhängigkeit vom Lebensrhythmus der produzierten Pflanzen oder Tiere einen erkennbaren Abschluss in sich tragen. Dementsprechend können darunter auch Arbeiten fallen, die im Zusammenhang mit der Viehhaltung stehen (→ BFH vom 25. 10. 2005 – BStBl 2006 II S. 206).

– Wenn die Tätigkeit des Ausmistens nicht laufend, sondern nur im Zusammenhang mit dem einmal jährlich erfolgenden Vieh-Austrieb auf die Weide möglich ist, handelt es sich um eine nicht ganzjährig anfallende Arbeit. Unschädlich ist, dass ähnliche Tätigkeiten bei anderen Bewirtschaftungsformen ganzjährig anfallen können (→ BFH vom 25. 10. 2005 – BStBl 2006 II S. 206).

– Reinigungsarbeiten, die ihrer Art nach während des ganzen Jahres anfallen (hier: Reinigung der Güllekanäle und Herausnahme der Güllespalten), sind nicht vom Lebensrhythmus der produzierten Pflanzen oder Tiere abhängig und sind daher keine saisonbedingten Arbeiten (→ BFH vom 25. 10. 2005 – BStBl 2006 II S. 204).

– Die Unschädlichkeitsgrenze von 25 % der Gesamtbeschäftigungsdauer bezieht sich auf ganzjährig anfallende land- und forstwirtschaftliche Arbeiten. Für andere land- und forstwirtschaftliche Arbeiten gilt sie nicht (→ BFH vom 25. 10. 2005 – BStBl 2006 II S. 206).

Minijob und Kurzarbeit

Minijob und Kurzarbeit: Anrechnung auf Kurzarbeitergeld möglich

(OFD Koblenz, Pressemitteilung v. 29. 10. 2009) Die OFD Koblenz weist im Rahmen einer Pressemitteilung darauf hin, dass Einkünfte aus einem sog. Minijob auf das Kurzarbeitergeld angerechnet werden können.

Hintergrund: Rund 32000 Arbeitnehmer sind allein in Rheinland-Pfalz im Zuge der Wirtschaftskrise von Kurzarbeit betroffen. Um die dadurch entstandene finanzielle Lücke zu schließen, scheint für Viele ein Minijob der Ausweg. Hierbei kann monatlich bis zu 400 Euro dazu verdient werden, ohne dass Abgaben oder Steuern anfallen. Bei einem Minijob trägt der Arbeitgeber sämtliche Abgaben wie Unfall- und Sozialversicherungsbeiträge sowie eine Pauschalsteuer, so dass dem Minijobber „Brutto für Netto" bleiben und er bis zu 400 Euro auch tatsächlich ausgezahlt bekommt.

Doch Achtung! Der Minijob kann auf das Kurzarbeitergeld angerechnet werden. Entscheidend ist hier, wann der Nebenjob angetreten wurde: War dies erst nach Beginn der Kurzarbeit der Fall, so rechnet die Arbeitsagentur einen Teil dieser zusätzlichen Einkünfte auf das Kurzarbeitergeld an. Besser dran sind dagegen diejenigen, die bereits vor Beginn der Kurzarbeit einen Nebenjob aufgenommen haben. Die Einkünfte daraus werden nämlich nicht auf das Kurzarbeitergeld angerechnet.

Muss Kurzarbeitergeld versteuert werden? Nicht direkt. Kurzarbeitergeld ist zwar steuerfrei, erhöht jedoch den Steuersatz für die übrigen steuerpflichtigen Einkünfte (sogenannter Progressionsvorbehalt, der vom Finanzamt bei der Einkommensteuerveranlagung berücksichtigt wird). Zahlt der Arbeitgeber allerdings einen Zuschuss zum Kurzarbeitergeld, so ist dieser Zuschuss steuerpflichtig.

Nachforderung pauschaler Lohnsteuer

Die Nachforderung pauschaler Lohnsteuer beim Arbeitgeber setzt voraus, dass dieser der Pauschalierung zustimmt (→ BFH vom 20. 11. 2008 – BStBl 2009 II S. 374).

Nebenbeschäftigung für denselben Arbeitgeber

Übt der Arbeitnehmer für denselben Arbeitgeber neben seiner Haupttätigkeit eine Nebentätigkeit mit den Merkmalen einer kurzfristigen Beschäftigung oder Aushilfskraft aus, ist die Pauschalierung der Lohnsteuer nach § 40a Abs. 1 und 3 EStG ausgeschlossen (→ § 40a Abs. 4 Nr. 2 EStG).

Nettolohnvereinbarung

Bei einer fehlgeschlagenen Pauschalierung nach § 40a Abs. 2 EStG kann keine Nettolohnvereinbarung zwischen Arbeitgeber und Aushilfskraft unterstellt werden (→ BFH vom 13. 10. 1989 – BStBl 1990 II S. 30).

Rückzahlung von Arbeitslohn

→ H 11

Ruhegehalt neben kurzfristiger Beschäftigung
In einer kurzfristigen Beschäftigung kann die Lohnsteuer auch dann pauschaliert werden, wenn der Arbeitnehmer vom selben Arbeitgeber ein betriebliches Ruhegeld bezieht, das dem normalen Lohnsteuerabzug unterliegt (→ BFH vom 27. 7. 1990 – BStBl II S. 931).

Geringfügig entlohnte Beschäftigte

¹Die Erhebung der einheitlichen Pauschsteuer nach § 40a Abs. 2 EStG knüpft allein an die sozialversicherungsrechtliche Beurteilung als geringfügige Beschäftigung an und kann daher nur dann erfolgen, wenn der Arbeitgeber einen pauschalen Beitrag zur gesetzlichen Rentenversicherung von 15 % bzw. 5 % (geringfügig Beschäftigte im Privathaushalt) zu entrichten hat. ²Die Pauschalierung der Lohnsteuer nach § 40a Abs. 2a EStG kommt in Betracht, wenn der Arbeitgeber für eine geringfügig Beschäftigten nach §§ 8 Abs. 1 Nr. 1, 8a SGB IV keinen pauschalen Beitrag zur gesetzlichen Rentenversicherung zu entrichten hat (z. B. auf Grund der Zusammenrechnung mehrerer geringfügiger Beschäftigungsverhältnisse). ³Bemessungsgrundlage für die einheitliche Pauschsteuer (§ 40a Abs. 2 EStG) und den Pauschsteuersatz nach § 40a Abs. 2a EStG ist das sozialversicherungsrechtliche Arbeitsentgelt, unabhängig davon, ob es steuerpflichtiger oder steuerfreier Arbeitslohn ist. ⁴Für Lohnbestandteile, die nicht zum sozialversicherungsrechtlichen Arbeitsentgelt gehören, ist die Lohnsteuerpauschalierung nach § 40a Abs. 2 und 2a EStG nicht zulässig; sie unterliegen der Lohnsteuererhebung nach den allgemeinen Regelungen.

Hinweise

Arbeitsentgelt, Maßgeblichkeit, Zufluss

1. Ob ein nach § 3 Nr. 39 EStG steuerfreies Arbeitsentgelt aus einer geringfügigen Beschäftigung erzielt wird, beurteilt sich ausschließlich nach sozialversicherungsrechtlichen Maßstäben. Die Geringfügigkeitsgrenze ist auch unter Einbeziehung tariflich geschuldeter, aber tatsächlich nicht ausgezahlter Löhne zu bestimmen (sozialversicherungsrechtliches „Entstehungsprinzip").

2. Der Einkommensteuer unterliegt auch bei einer geringfügigen Beschäftigung nur der tatsächlich zugeflossene Arbeitslohn („Zuflussprinzip").

(→ BFH vom 29. 5. 2008 – BStBl 2009 II S. 147).

Geringfügige Beschäftigung

für ehrenamtliche Feuerwehrleute → Anhang 39

Wechsel zwischen Pauschalversteuerung und Regelbesteuerung

– Es ist nicht zulässig, im Laufe eines Kalenderjahres zwischen der Regelbesteuerung und der Pauschalbesteuerung zu wechseln, wenn dadurch allein die Ausnutzung der mit Einkünften aus nichtselbständiger Arbeit verbundenen Frei- und Pauschbeträge erreicht werden soll (→ BFH vom 20. 12. 1991 – BStBl 1992 II S. 695).

– Ein Arbeitgeber ist weder unter dem Gesichtspunkt des Rechtsmissbrauchs noch durch die Zielrichtung des § 40a EStG gehindert, nach Ablauf des Kalenderjahres die Pauschalversteuerung des Arbeitslohnes für die in seinem Betrieb angestellte Ehefrau rückgängig zu machen und zur Regelbesteuerung überzugehen (→ BFH vom 26. 11. 2003 – BStBl 2004 II S. 195).

§ 40b Pauschalierung der Lohnsteuer bei bestimmten Zukunftssicherungsleistungen

(1) Der Arbeitgeber kann die Lohnsteuer von den Zuwendungen zum Aufbau einer nicht kapitalgedeckten betrieblichen Altersversorgung an eine Pensionskasse mit einem Pauschsteuersatz von 20 Prozent der Zuwendungen erheben. ¹⁾

---

¹⁾ Absatz 1 und 2 in der am 31. 12. 2004 geltenden Fassung sind weiter anzuwenden auf Beiträge für eine Direktversicherung des Arbeitnehmers und Zuwendungen an eine Pensionskasse, **wenn vor dem 1. 1. 2018 mindestens ein Beitrag nach § 40b Abs. 1 und 2 EStG in der am 31. 12. 2004 geltenden Fassung pauschal besteuert wurde.** Sofern die Beiträge für eine Direktversicherung die Voraussetzungen des § 3 Nr. 63 erfüllen, gilt dies nur, wenn der Arbeitnehmer nach Absatz 4 gegenüber dem Arbeitgeber für diese Beiträge auf die Anwendung des § 3 Nr. 63 verzichtet hat → § 52 Abs. 40 EStG.

(2) ¹Absatz 1 gilt nicht, soweit die zu besteuernden Zuwendungen des Arbeitgebers für den Arbeitnehmer 1 752 Euro im Kalenderjahr übersteigen oder nicht aus seinem ersten Dienstverhältnis bezogen werden. ²Sind mehrere Arbeitnehmer gemeinsam in der Pensionskasse versichert, so gilt als Zuwendung für den einzelnen Arbeitnehmer der Teilbetrag, der sich bei einer Aufteilung der gesamten Zuwendungen durch die Zahl der begünstigten Arbeitnehmer ergibt, wenn dieser Teilbetrag 1 752 Euro nicht übersteigt; hierbei sind Arbeitnehmer, für die Zuwendungen von mehr als 2 148 Euro im Kalenderjahr geleistet werden, nicht einzubeziehen. ³Für Zuwendungen, die der Arbeitgeber für den Arbeitnehmer aus Anlass der Beendigung des Dienstverhältnisses erbracht hat, vervielfältigt sich der Betrag von 1 752 Euro mit der Anzahl der Kalenderjahre, in denen das Dienstverhältnis des Arbeitnehmers zu dem Arbeitgeber bestanden hat; in diesem Fall ist Satz 2 nicht anzuwenden. ⁴Der vervielfältigte Betrag vermindert sich um die nach Absatz 1 pauschal besteuerten Zuwendungen, die der Arbeitgeber in dem Kalenderjahr, in dem das Dienstverhältnis beendet wird, und in den sechs vorangegangenen Kalenderjahren erbracht hat.

(3) Von den Beiträgen für eine Unfallversicherung des Arbeitnehmers kann der Arbeitgeber die Lohnsteuer mit einem Pauschsteuersatz von 20 Prozent der Beiträge erheben, wenn mehrere Arbeitnehmer gemeinsam in einem Unfallversicherungsvertrag versichert sind und der Teilbetrag, der sich bei einer Aufteilung der gesamten Beiträge nach Abzug der Versicherungssteuer durch die Zahl der begünstigten Arbeitnehmer ergibt, 62 Euro im Kalenderjahr nicht übersteigt.

(4) In den Fällen des § 19 Abs. 1 Satz 1 Nr. 3 Satz 2 hat der Arbeitgeber die Lohnsteuer mit einem Pauschsteuersatz in Höhe von 15 Prozent der Sonderzahlungen zu erheben.

(5) ¹§ 40 Abs. 3 ist anzuwenden. ²Die Anwendung des § 40 Abs. 1 Satz 1 Nr. 1 auf Bezüge im Sinne des Absatzes 1, des Absatzes 3 und des Absatzes 4 ist ausgeschlossen.

R 40b.1   Pauschalierung der Lohnsteuer bei Beiträgen zu Direktversicherungen und Zuwendungen an Pensionskassen für Versorgungszusagen, die vor dem 1. Januar 2005 erteilt wurden

Direktversicherung

S 2373

(1) ¹Eine Direktversicherung ist eine Lebensversicherung auf das Leben des Arbeitnehmers, die durch den Arbeitgeber bei einem inländischen oder ausländischen Versicherungsunternehmen abgeschlossen worden ist und bei der der Arbeitnehmer oder seine Hinterbliebenen hinsichtlich der Versorgungsleistungen des Versicherers ganz oder teilweise bezugsberechtigt sind

Anhang 2 I

(→ § 1b Abs. 2 Satz 1 BetrAVG). ²Dasselbe gilt für eine Lebensversicherung auf das Leben des Arbeitnehmers, die nach Abschluss durch den Arbeitnehmer vom Arbeitgeber übernommen worden ist. ³Der Abschluss einer Lebensversicherung durch eine mit dem Arbeitgeber verbundene Konzerngesellschaft schließt die Anerkennung als Direktversicherung nicht aus, wenn der Anspruch auf die Versicherungsleistungen durch das Dienstverhältnis veranlasst ist und der Arbeitgeber die Beitragslast trägt. ⁴Als Versorgungsleistungen können Leistungen der Alters-, Invaliditäts- oder Hinterbliebenenversorgung in Betracht kommen.

(2) ¹Es ist grundsätzlich gleichgültig, ob es sich um Kapitalversicherungen einschl. Risikoversicherungen, um Rentenversicherungen oder fondsgebundene Lebensversicherungen handelt. ²Kapitallebensversicherungen mit steigender Todesfallleistung sind als Direktversicherung anzuerkennen, wenn zu Beginn der Versicherung eine Todesfallleistung von mindestens 10 % der Kapitalleistung im Erlebensfall vereinbart wurde und der Versicherungsvertrag vor dem 1. 8. 1994 abgeschlossen worden ist. ³Bei einer nach dem 31. 7. 1994 abgeschlossenen Kapitallebensversicherung ist Voraussetzung für die Anerkennung, dass die Todesfallleistung über die gesamte Versicherungsdauer mindestens 50 % der für den Erlebensfall vereinbarten Kapitalleistung beträgt. ⁴Eine nach dem 31. 12. 1996 abgeschlossene Kapitallebensversicherung ist als Direktversicherung anzuerkennen, wenn die Todesfallleistung während der gesamten Laufzeit des Versicherungsvertrags mindestens 60 % der Summe der Beiträge beträgt, die nach dem Versicherungsvertrag für die gesamte Vertragsdauer zu zahlen sind. ⁵Kapitalversicherungen mit einer Vertragsdauer von weniger als 5 Jahren können nicht anerkannt werden, es sei denn, dass sie im Rahmen einer Gruppenversicherung aus arbeitsrechtlichen Grundsatz der Gleichbehandlung abgeschlossen worden sind. ⁶Dasselbe gilt für Rentenversicherungen mit Kapitalwahlrecht, bei denen das Wahlrecht innerhalb von fünf Jahren nach Vertragsabschluss wirksam werden kann, und für Beitragserhöhungen bei bereits bestehenden Kapitalversicherungen mit einer Restlaufzeit von weniger als fünf Jahren; aus Billigkeitsgründen können Beitragserhöhungen anerkannt werden, wenn sie im Zusammenhang mit der Anhebung der Pauschalierungsgrenzen durch das Steuer-Euroglättungsgesetz erfolgt sind. ⁷Unfallversicherungen sind keine Lebensversicherungen, auch wenn bei Unfall mit Todesfolge eine Leistung vorgesehen ist. ⁸Dagegen gehören Unfallzusatzversicherungen und

Berufsunfähigkeitszusatzversicherungen, die im Zusammenhang mit Lebensversicherungen abgeschlossen werden, sowie selbständige Berufsunfähigkeitsversicherungen und Unfallversicherungen mit Prämienrückgewähr, bei denen der Arbeitnehmer Anspruch auf die Prämienrückgewähr hat, zu den Direktversicherungen. [9]Die Bezugsberechtigung des Arbeitnehmers oder seiner Hinterbliebenen muss vom Versicherungsnehmer (Arbeitgeber) der Versicherungsgesellschaft gegenüber erklärt werden (→ § 159 des Versicherungsvertragsgesetzes – VVG). [10]Die Bezugsberechtigung kann widerruflich oder unwiderruflich sein; bei widerruflicher Bezugsberechtigung sind die Bedingungen eines Widerrufs steuerlich unbeachtlich. [11]Unbeachtlich ist auch, ob die Anwartschaft des Arbeitnehmers arbeitsrechtlich bereits unverfallbar ist.

Rückdeckungsversicherung

(3) [1]Für die Abgrenzung zwischen einer Direktversicherung und einer Rückdeckungsversicherung, die vom Arbeitgeber abgeschlossen wird und die nur dazu dient, dem Arbeitgeber die Mittel zur Leistung einer dem Arbeitnehmer zugesagten Versorgung zu verschaffen, sind regelmäßig die zwischen Arbeitgeber und Arbeitnehmer getroffenen Vereinbarungen (Innenverhältnis) maßgebend und nicht die Abreden zwischen Arbeitgeber und Versicherungsunternehmen (Außenverhältnis). [2]Deshalb kann eine Rückdeckungsversicherung steuerlich grundsätzlich nur anerkannt werden, wenn die nachstehenden Voraussetzungen sämtlich erfüllt sind:

1. Der Arbeitgeber hat dem Arbeitnehmer eine Versorgung aus eigenen Mitteln zugesagt, z. B. eine Werkspension.

2. Zur Gewährleistung der Mittel für diese Versorgung hat der Arbeitgeber eine Versicherung abgeschlossen, zu der der Arbeitnehmer keine eigenen Beiträge i. S. d. § 2 Abs. 2 Nr. 2 Satz 2 LStDV leistet.   Anhang 7

3. [1]Nur der Arbeitgeber, nicht aber der Arbeitnehmer erlangt Ansprüche gegen die Versicherung. [2]Unschädlich ist jedoch die Verpfändung der Ansprüche aus der Rückdeckungsversicherung an den Arbeitnehmer, weil dieser bei einer Verpfändung gegenwärtig keine Rechte erwirbt, die ihm einen Zugriff auf die Versicherung und die darin angesammelten Werte ermöglichen. [3]Entsprechendes gilt für eine aufschiebend bedingte Abtretung des Rückdeckungsanspruchs, da die Abtretung rechtlich erst wirksam wird, wenn die Bedingung eintritt (§ 158 Abs. 1 des Bürgerlichen Gesetzbuches – BGB), und für die Abtretung des Rückdeckungsanspruchs zahlungshalber im Falle der Liquidation oder der Vollstreckung in die Versicherungsansprüche durch Dritte.

[3]Wird ein Anspruch aus einer Rückdeckungsversicherung ohne Entgelt auf den Arbeitnehmer übertragen oder eine bestehende Rückdeckungsversicherung in eine Direktversicherung umgewandelt, fließt dem Arbeitnehmer im Zeitpunkt der Übertragung bzw. Umwandlung ein lohnsteuerpflichtiger geldwerter Vorteil zu, der grundsätzlich dem geschäftsplanmäßigen Deckungskapital zuzüglich einer bis zu diesem Zeitpunkt zugeteilten Überschussbeteiligung i. S. d. § 153 VVG der Versicherung entspricht; § 3 Nr. 65 Satz 1 Buchstabe c EStG ist nicht anwendbar. [4]Entsprechendes gilt, wenn eine aufschiebend bedingte Abtretung rechtswirksam wird (→ Satz 2 Nr. 3).

Pensionskasse

(4) [1]Als Pensionskassen sind sowohl rechtsfähige Versorgungseinrichtungen i. S. d. § 1b Abs. 3 Satz 1 BetrAVG als auch nichtrechtsfähige Zusatzversorgungseinrichtungen des öffentlichen Dienstes i. S. d. § 18 BetrAVG anzusehen, die den Leistungsberechtigten, insbesondere Arbeitnehmern und deren Hinterbliebenen, auf ihre Versorgungsleistungen einen Rechtsanspruch gewähren. [2]Es ist gleichgültig, ob die Kasse ihren Sitz oder ihre Geschäftsleitung innerhalb oder außerhalb des Geltungsbereichs des Einkommensteuergesetzes hat. [3]Absatz 1 Satz 4 gilt sinngemäß.   Anhang 2 I

Barlohnkürzung

(5) Für die Lohnsteuerpauschalierung nach § 40b EStG kommt es nicht darauf an, ob die Beiträge oder Zuwendungen zusätzlich zu dem ohnehin geschuldeten Arbeitslohn oder auf Grund einer Vereinbarung mit dem Arbeitnehmer durch Herabsetzung des individuell zu besteuernden Arbeitslohns erbracht werden.

Voraussetzungen der Pauschalierung

(6) [1]Die Lohnsteuerpauschalierung setzt bei Beiträgen für eine Direktversicherung voraus, dass

1. die Versicherung nicht auf den Erlebensfall eines früheren als des 60. Lebensjahrs des Arbeitnehmers abgeschlossen,

2. die Abtretung oder Beleihung eines dem Arbeitnehmer eingeräumten unwiderruflichen Bezugsrechts in dem Versicherungsvertrag ausgeschlossen und

3. eine vorzeitige Kündigung des Versicherungsvertrags durch den Arbeitnehmer ausgeschlossen

worden ist. [2]Der Versicherungsvertrag darf keine Regelung enthalten, nach der die Versicherungsleistung für den Erlebensfall vor Ablauf des 59. Lebensjahrs fällig werden könnte. [3]Lässt der Versicherungsvertrag z. B. die Möglichkeit zu, Gewinnanteile zur Abkürzung der Versicherungsdauer zu verwenden, so muss die Laufzeitverkürzung bis zur Vollendung des 59. Lebensjahrs begrenzt sein. [4]Der Ausschluss einer vorzeitigen Kündigung des Versicherungsvertrags ist anzunehmen, wenn in dem Versicherungsvertrag zwischen dem Arbeitgeber als Versicherungsnehmer und dem Versicherer folgende Vereinbarung getroffen worden ist:

„Es wird unwiderruflich vereinbart, dass während der Dauer des Dienstverhältnisses eine Übertragung der Versicherungsnehmer-Eigenschaft und eine Abtretung von Rechten aus diesem Vertrag auf den versicherten Arbeitnehmer bis zu dem Zeitpunkt, in dem der versicherte Arbeitnehmer sein 59. Lebensjahr vollendet, insoweit ausgeschlossen ist, als die Beiträge vom Versicherungsnehmer (Arbeitgeber) entrichtet worden sind."

[5]Wird anlässlich der Beendigung des Dienstverhältnisses die Direktversicherung auf den ausscheidenden Arbeitnehmer übertragen, bleibt die Pauschalierung der Direktversicherungsbeiträge in der Vergangenheit hiervon unberührt. [6]Das gilt unabhängig davon, ob der Arbeitnehmer den Direktversicherungsvertrag auf einen neuen Arbeitgeber überträgt, selbst fortführt oder kündigt. [7]Es ist nicht Voraussetzung, dass die Zukunftssicherungsleistungen in einer größeren Zahl von Fällen erbracht werden.

Bemessungsgrundlage der pauschalen Lohnsteuer

(7) [1]Die pauschale Lohnsteuer bemisst sich grundsätzlich nach den tatsächlichen Leistungen, die der Arbeitgeber für den einzelnen Arbeitnehmer erbringt. [2]Bei einer Verrechnung des Tarifbeitrags mit Überschussanteilen stellt deshalb der ermäßigte Beitrag die Bemessungsgrundlage für die pauschale Lohnsteuer dar. [3]Wird für mehrere Arbeitnehmer gemeinsam eine pauschale Leistung erbracht, bei der Teil, der auf den einzelnen Arbeitnehmer entfällt, nicht festgestellt werden kann, so ist dem einzelnen Arbeitnehmer der Teil der Leistung zuzurechnen, der sich bei einer Aufteilung der Leistung nach der Zahl der begünstigten Arbeitnehmer ergibt (→ § 2 Abs. 2 Nr. 3 Satz 3 LStDV). [4]Werden Leistungen des Arbeitgebers für die tarifvertragliche Zusatzversorgung der Arbeitnehmer mit einem Prozentsatz der Bruttolohnsumme des Betriebs erbracht, ist die Arbeitgeberleistung Bemessungsgrundlage der pauschalen Lohnsteuer. [5]Für die Feststellung der Pauschalierungsgrenze (→ Absatz 8) bei zusätzlichen pauschal besteuerbaren Leistungen für einzelne Arbeitnehmer ist die Arbeitgeberleistung auf die Zahl der durch die tarifvertragliche Zusatzversorgung begünstigten Arbeitnehmer aufzuteilen.

Anhang 7

Pauschalierungsgrenze

(8) [1]Die Pauschalierungsgrenze von 1 752 Euro nach § 40b Abs. 2 Satz 1 EStG i. d. F. am 31. 12. 2004 kann auch in den Fällen voll ausgeschöpft werden, in denen feststeht, dass dem Arbeitnehmer bereits aus einem vorangegangenen Dienstverhältnis im selben Kalenderjahr pauschal besteuerte Zukunftssicherungsleistungen zugeflossen sind. [2]Soweit pauschal besteuerbare Leistungen den Grenzbetrag von 1 752 Euro überschreiten, müssen sie dem normalen Lohnsteuerabzug unterworfen werden.

Durchschnittsberechnung

(9) [1]Wenn mehrere Arbeitnehmer gemeinsam in einem Direktversicherungsvertrag oder in einer Pensionskasse versichert sind, ist für die Feststellung der Pauschalierungsgrenze eine Durchschnittsberechnung anzustellen. [2]Ein gemeinsamer Direktversicherungsvertrag liegt außer bei einer Gruppenversicherung auch dann vor, wenn in einem Rahmenvertrag mit einem oder mehreren Versicherern sowohl die versicherten Personen als auch die versicherten Wagnisse bezeichnet werden und die Einzelheiten in Zusatzvereinbarungen geregelt sind. [3]Ein Rahmenvertrag, der z. B. nur den Beitragseinzug und die Beitragsabrechnung regelt, stellt keinen gemeinsamen Direktversicherungsvertrag dar. [4]Bei der Durchschnittsberechnung bleiben Beiträge des Arbeitgebers unberücksichtigt, die nach § 3 Nr. 63 EStG steuerfrei sind oder wegen der Ausübung des Wahlrechts nach § 3 Nr. 63 Satz 2 zweite Alternative EStG individuell besteuert werden. [5]Im Übrigen ist wie folgt zu verfahren:

1. [1]Sind in der Direktversicherung oder in der Pensionskasse Arbeitnehmer versichert, für die pauschalbesteuerungsfähige Leistungen von jeweils insgesamt mehr als 2 148 Euro (§ 40b Abs. 2 Satz 2 EStG i. d. F. am 31. 12. 2004) jährlich erbracht werden, so scheiden die Leistungen für diese Arbeitnehmer aus der Durchschnittsberechnung aus. [2]Das gilt z. B. auch dann, wenn mehrere Direktversicherungsverträge bestehen und die Beitragsanteile für den einzel-

nen Arbeitnehmer insgesamt 2 148 Euro übersteigen. [3]Die Erhebung der Lohnsteuer auf diese Leistungen richtet sich nach Absatz 8 Satz 2.

2. [1]Die Leistungen für die übrigen Arbeitnehmer sind zusammenzurechnen und durch die Zahl der Arbeitnehmer zu teilen, für die sie erbracht worden sind. [2]Bei einem konzernumfassenden gemeinsamen Direktversicherungsvertrag ist der Durchschnittsbetrag durch Aufteilung der Beitragszahlungen des Arbeitgebers auf die Zahl seiner begünstigten Arbeitnehmer festzustellen; es ist nicht zulässig, den Durchschnittsbetrag durch Aufteilung des Konzernbeitrags auf alle Arbeitnehmer des Konzerns zu ermitteln.

   a) [1]Übersteigt der so ermittelte Durchschnittsbetrag nicht 1 752 Euro, ist dieser für jeden Arbeitnehmer der Pauschalbesteuerung zugrunde zu legen. [2]Werden für den einzelnen Arbeitnehmer noch weitere pauschal besteuerbare Leistungen erbracht, dürfen aber insgesamt nur 1 752 Euro pauschal besteuert werden; im Übrigen gilt Absatz 8 Satz 2.

   b) [1]Übersteigt der Durchschnittsbetrag 1 752 Euro, kommt er als Bemessungsgrundlage für die Pauschalbesteuerung nicht in Betracht. [2]Der Pauschalbesteuerung sind die tatsächlichen Leistungen zugrunde zu legen, soweit sie für den einzelnen Arbeitnehmer 1 752 Euro nicht übersteigen; im Übrigen gilt Absatz 8 Satz 2.

3. [1]Ist ein Arbeitnehmer

   a) in mehreren Direktversicherungsverträgen gemeinsam mit anderen Arbeitnehmern,

   b) in mehreren Pensionskassen oder

   c) in Direktversicherungsverträgen gemeinsam mit anderen Arbeitnehmern und in Pensionskassen

versichert, so ist jeweils der Durchschnittsbetrag aus der Summe der Beiträge für mehrere Direktversicherungen, aus der Summe der Zuwendungen an mehrere Pensionskassen oder aus der Summe der Beiträge zu Direktversicherungen und der Zuwendungen an Pensionskassen zu ermitteln. [2]In diese gemeinsame Durchschnittsbildung dürfen jedoch solche Verträge nicht einbezogen werden, bei denen wegen der 2 148-Euro-Grenze (→ Nummer 1) nur noch ein Arbeitnehmer übrig bleibt; in diesen Fällen liegt eine gemeinsame Versicherung, die in die Durchschnittsberechnung einzubeziehen ist, nicht vor.

(10) Werden die pauschal besteuerbaren Leistungen nicht in einem Jahresbetrag erbracht, gilt Folgendes:

1. Die Einbeziehung der auf den einzelnen Arbeitnehmer entfallenden Leistungen in die Durchschnittsberechnung nach § 40b Abs. 2 Satz 2 EStG entfällt von dem Zeitpunkt an, in dem sich ergibt, dass die Leistungen für diesen Arbeitnehmer voraussichtlich insgesamt 2 148 Euro im Kalenderjahr übersteigen werden.

2. Die Lohnsteuerpauschalierung auf der Grundlage des Durchschnittsbetrags entfällt von dem Zeitpunkt an, in dem sich ergibt, dass der Durchschnittsbetrag voraussichtlich 1 752 Euro im Kalenderjahr übersteigen wird.

3. [1]Die Pauschalierungsgrenze von 1 752 Euro ist jeweils insoweit zu vermindern, als sie bei der Pauschalbesteuerung von früheren Leistungen im selben Kalenderjahr bereits ausgeschöpft worden ist. [2]Werden die Leistungen laufend erbracht, so darf die Pauschalierungsgrenze mit dem auf den jeweiligen Lohnzahlungszeitraum entfallenden Anteil berücksichtigt werden.

Vervielfältigungsregelung

(11) [1]Die Vervielfältigung der Pauschalierungsgrenze nach § 40b Abs. 2 Satz 3 EStG steht in Zusammenhang mit der Beendigung des Dienstverhältnisses; ein solcher Zusammenhang ist insbesondere dann zu vermuten, wenn der Direktversicherungsbeitrag innerhalb von 3 Monaten vor dem Auflösungszeitpunkt geleistet wird. [2]Die Vervielfältigungsregelung gilt auch bei der Umwandlung von Arbeitslohn (→ Absatz 5); nach Auflösung des Dienstverhältnisses kann sie ohne zeitliche Beschränkung angewendet werden, wenn sie spätestens bis zum Zeitpunkt der Auflösung des Dienstverhältnisses vereinbart wird. [3]Die Gründe, aus denen das Dienstverhältnis beendet wird, sind für die Vervielfältigung der Pauschalierungsgrenze unerheblich. [4]Die Vervielfältigungsregelung kann daher auch in den Fällen angewendet werden, in denen ein Arbeitnehmer wegen Erreichens der Altersgrenze aus dem Dienstverhältnis ausscheidet. [5]Auf die vervielfältigte Pauschalierungsgrenze sind die für den einzelnen Arbeitnehmer in dem Kalenderjahr, in dem das Dienstverhältnis beendet wird, und in den sechs vorangegangenen Kalenderjahren tatsächlich entrichteten Beiträge und Zuwendungen anzurechnen, die nach § 40b Abs. 1 EStG pauschal besteuert wurden. [6]Dazu gehören auch die 1 752 Euro übersteigenden personenbezogenen Beiträge, wenn sie nach § 40b Abs. 2 Satz 2 EStG in die Bemessungsgrundlage für die Pauschsteuer einbezogen worden sind. [7]Ist bei Pauschalzuweisungen ein personenbezogener Beitrag nicht feststellbar, so ist als tatsächlicher Beitrag für den einzelnen Arbeitnehmer der Durchschnittsbetrag aus der Pauschalzuweisung anzunehmen.

Rückzahlung pauschal besteuerbarer Leistungen

(12) – unbesetzt –

(13) [1]Eine Arbeitslohnrückzahlung (negative Einnahme) ist anzunehmen, wenn der Arbeitnehmer sein Bezugsrecht aus einer Direktversicherung (z. B. bei vorzeitigem Ausscheiden aus dem Dienstverhältnis) ganz oder teilweise ersatzlos verliert und das Versicherungsunternehmen als Arbeitslohn versteuerte Beiträge an den Arbeitgeber zurückzahlt. [2]Zahlungen des Arbeitnehmers zum Wiedererwerb des verlorenen Bezugsrechts sind der Vermögenssphäre zuzurechnen; sie stellen keine Arbeitslohnrückzahlung dar.

(14) [1]Sind nach Absatz 13 Arbeitslohnrückzahlungen aus pauschal versteuerten Beitragsleistungen anzunehmen, mindern sie die gleichzeitig (im selben Kalenderjahr) anfallenden pauschal besteuerbaren Beitragsleistungen des Arbeitgebers. [2]Übersteigen in einem Kalenderjahr die Arbeitslohnrückzahlungen betragsmäßig die Beitragsleistungen des Arbeitgebers, ist eine Minderung der Beitragsleistungen im selben Kalenderjahr nur bis auf Null möglich. [3]Eine Minderung von Beitragsleistungen des Arbeitgebers aus den Vorjahren ist nicht möglich. [4]Der Arbeitnehmer kann negative Einnahmen aus pauschal versteuerten Beitragsleistungen nicht geltend machen.

(15) [1]Wenn Arbeitslohnrückzahlungen nach Absatz 13 aus teilweise individuell und teilweise pauschal versteuerten Beitragsleistungen herrühren, ist der Betrag entsprechend aufzuteilen. [2]Dabei kann aus Vereinfachungsgründen das Verhältnis zugrunde gelegt werden, das sich nach den Beitragsleistungen in den vorangegangenen fünf Kalenderjahren ergibt. [3]Maßgebend sind die tatsächlichen Beitragsleistungen; § 40b Abs. 2 Satz 2 EStG ist nicht anzuwenden. [4]Die lohnsteuerliche Berücksichtigung der dem Arbeitnehmer zuzurechnenden Arbeitslohnzahlung richtet sich nach folgenden Grundsätzen:

1. Besteht im Zeitpunkt der Arbeitslohnrückzahlung noch das Dienstverhältnis zu dem Arbeitgeber, der die Versicherungsbeiträge geleistet hat, kann der Arbeitgeber die Arbeitslohnrückzahlung mit dem Arbeitslohn des Kalenderjahres der Rückzahlung verrechnen und den so verminderten Arbeitslohn der Lohnsteuer unterwerfen.

2. [1]Soweit der Arbeitgeber von der vorstehenden Möglichkeit nicht Gebrauch macht oder machen kann, kann der Arbeitnehmer die Arbeitslohnrückzahlung wie Werbungskosten – ohne Anrechnung des maßgebenden Pauschbetrags für Werbungskosten nach § 9a Satz 1 Nr. 1 EStG – als Freibetrag (→ § 39a EStG) bilden lassen oder bei der Veranlagung zur Einkommensteuer geltend machen. [2]Erzielt der Arbeitnehmer durch die Arbeitslohnrückzahlung bei seinen Einkünften aus nichtselbständiger Arbeit einen Verlust, kann er diesen mit Einkünften aus anderen Einkunftsarten ausgleichen oder unter den Voraussetzungen des § 10d EStG den Verlustabzug beanspruchen.

(16) Die Absätze 13 bis 15 gelten für Zuwendungen an Pensionskassen sinngemäß.

Hinweise

§ 40b Abs. 1 und Abs. 2 in der am 31. 12. 2004 geltenden Fassung:

Zur Anwendungsregelung → § 52 Abs. 40 EStG

(1) [1]Der Arbeitgeber kann die Lohnsteuer von den Beiträgen für eine Direktversicherung des Arbeitnehmers und von den Zuwendungen an eine Pensionskasse mit einem Pauschsteuersatz von 20 vom Hundert der Beiträge und Zuwendungen erheben. [2]Die pauschale Erhebung der Lohnsteuer von Beiträgen für eine Direktversicherung ist nur zulässig, wenn die Versicherung nicht auf den Erlebensfall eines früheren als des 60. Lebensjahres abgeschlossen und eine vorzeitige Kündigung des Versicherungsvertrags durch den Arbeitnehmer ausgeschlossen worden ist.

(2) [1]Absatz 1 gilt nicht, soweit die zu besteuernden Beiträge und Zuwendungen des Arbeitgebers für den Arbeitnehmer 1 752 Euro im Kalenderjahr übersteigen oder nicht aus seinem ersten Dienstverhältnis bezogen werden. [2]Sind mehrere Arbeitnehmer gemeinsam in einem Direktversicherungsvertrag oder in einer Pensionskasse versichert, so gilt als Beitrag oder Zuwendung für den einzelnen Arbeitnehmer der Teilbetrag, der sich bei einer Aufteilung der gesamten Beiträge oder der gesamten Zuwendungen durch die Zahl der begünstigten Arbeitnehmer ergibt, wenn dieser Teilbetrag 1 752 Euro nicht übersteigt; hierbei sind Arbeitnehmer, für die Beiträge und Zuwendungen von mehr als 2 148 Euro im Kalenderjahr geleistet werden, nicht einzubeziehen. [3]Für Beiträge und Zuwendungen, die der Arbeitgeber für den Arbeitnehmer aus Anlass der Beendigung des Dienstverhältnisses erbracht hat, vervielfältigt sich der Betrag von 1 752 Euro mit der Anzahl der Kalenderjahre, in denen das Dienstverhältnis des Arbeitnehmers mit dem Arbeitgeber bestanden hat; in diesem Fall ist Satz 2 nicht anzuwenden. [4]Der vervielfältigte Betrag vermindert sich um die nach Absatz 1 pauschal besteuerten Beiträge und Zuwendungen, die der Arbeitgeber in dem Kalenderjahr, in dem das Dienstverhältnis beendet wird, und in den sechs vorangegangenen Kalenderjahren erbracht hat.

44-Euro-Freigrenze

Die 44-Euro-Freigrenze ist auf Zukunftssicherungsleistungen nicht anwendbar (→ BMF vom 10. 10. 2013 – BStBl I S. 1301). → H 8.1 (1 – 4) Zukunftssicherungsleistungen

Abwälzung der pauschalen Lohnsteuer

→ BMF vom 10. 1. 2000 (BStBl I S. 138) → H 40.2 (Abwälzung der pauschalen Lohnsteuer)

Beispiel

Der Arbeitnehmer erhält eine Sonderzuwendung von 2 500 €. Er vereinbart mit dem Arbeitgeber, dass hiervon 1 752 € für eine vor 2005 abgeschlossene Direktversicherung verwendet werden, die eine Kapitalauszahlung vorsieht. Der Direktversicherungsbeitrag soll pauschal versteuert werden. Der Arbeitnehmer trägt die pauschale Lohnsteuer.

Sonderzuwendung	2 500 €
abzüglich Direktversicherungsbeitrag	1 752 €
nach den Lohnsteuerabzugsmerkmalen als sonstiger Bezug zu besteuern	748 €
Bemessungsgrundlage für die pauschale Lohnsteuer	1 752 €

Allgemeines

– Der Lohnsteuerpauschalierung unterliegen nur die Arbeitgeberleistungen i. S. d. § 40b EStG zugunsten von Arbeitnehmern oder früheren Arbeitnehmern und deren Hinterbliebenen (→ BFH vom 7. 7. 1972 – BStBl II S. 890).

– Die Pauschalierung der Lohnsteuer nach § 40b EStG ist auch dann zulässig, wenn die Zukunftssicherungsleistung erst nach Ausscheiden des Arbeitnehmers aus dem Betrieb erbracht wird und er bereits in einem neuen Dienstverhältnis steht (→ BFH vom 18. 12. 1987 – BStBl 1988 II S. 554).

– Pauschalbesteuerungsfähig sind jedoch nur Zukunftssicherungsleistungen, die der Arbeitgeber auf Grund ausschließlich eigener rechtlicher Verpflichtung erbringt (→ BFH vom 29. 4. 1991 – BStBl II S. 647).

– Die Pauschalierung der Lohnsteuer nach § 40b EStG ist ausgeschlossen, wenn der Arbeitgeber für den Ehegatten eines verstorbenen früheren Arbeitnehmers eine Lebensversicherung abschließt oder wenn bei einer Versicherung das typische Todesfallwagnis und – bereits bei Vertragsabschluss – das Rentenwagnis ausgeschlossen worden sind. Hier liegt begrifflich keine Direktversicherung i. S. d. § 40b EStG vor (→ BFH vom 9. 11. 1990 – BStBl 1991 II S. 189).

– Die Pauschalierung setzt allgemein voraus, dass die Zukunftssicherungsleistungen aus einem ersten Dienstverhältnis bezogen werden. Sie ist demnach bei Arbeitnehmern nicht anwendbar, bei denen der Lohnsteuerabzug nach der Steuerklasse VI vorgenommen wird (→ BFH vom 12. 8. 1996 – BStBl 1997 II S. 143). Bei pauschal besteuerten Teilzeitarbeitsverhältnissen (→ § 40a EStG) ist die Pauschalierung zulässig, wenn es sich dabei um das erste Dienstverhältnis handelt (→ BFH vom 8. 12. 1989 – BStBl 1990 II S. 398).

– Für Zukunftssicherungsleistungen i. S. d. § 40b EStG kann die Lohnsteuerpauschalierung nach § 40 Abs. 1 Satz 1 Nr. 1 EStG nicht vorgenommen werden, selbst wenn sie als sonstige Bezüge gewährt werden (§ 40b Abs. 5 Satz 2 EStG).

– Zum Zeitpunkt der Beitragsleistung des Arbeitgebers für eine Direktversicherung → H 38.2 (Zufluss von Arbeitslohn).

– Die Pauschalierung setzt voraus, dass es sich bei den Beiträgen um Arbeitslohn handelt, der den Arbeitnehmern im Zeitpunkt der Abführung durch den Arbeitgeber an die Versorgungseinrichtung zufließt (→ BFH vom 12. 4. 2007 – BStBl II S. 619).

– Eine Pauschalierung der Lohnsteuer bei bestimmten Zukunftssicherungsleistungen nach § 40b EStG kann nicht im Rahmen der Einkommensteuerveranlagung des Arbeitnehmers erfolgen (→ BFH vom 15. 12. 1989, BStBl 1990 II S. 344).

Arbeitnehmerfinanzierte betriebliche Altersversorgung

→ **BMF vom** 6. 12. 2017 **(BStBl** 2018 **I S.** 147**)**, Rz 1 ff.   Anhang 2 IV

Ausscheiden des Arbeitgebers aus der VBL

Das Ausscheiden des Arbeitgebers aus der Versorgungsanstalt des Bundes und der Länder (VBL) und die damit verbundenen Folgen für die Zusatzversorgung des Arbeitnehmers führen nicht zur Rückzahlung von Arbeitslohn und damit weder zu negativem Arbeitslohn noch zu Werbungskosten bei den Einkünften aus nichtselbständiger Arbeit (→ BFH vom 7. 5. 2009 – BStBl 2010 II S. 133 und S. 135).

Barlohnkürzung

Beispiel:

Der Anspruch auf das 13. Monatsgehalt entsteht gemäß Tarifvertrag zeitanteilig nach den vollen Monaten der Beschäftigung im Kalenderjahr und ist am 1. 12. fällig. Die Barlohnkürzung vom 13. Monatsgehalt zu Gunsten eines Direktversicherungsbeitrags wird im November des laufenden Kalenderjahrs vereinbart.

Der Barlohn kann vor Fälligkeit, also bis spätestens 30. 11., auch um den Teil des 13. Monatsgehalts, der auf bereite abgelaufene Monate entfällt, steuerlich wirksam gekürzt werden. Auf den Zeitpunkt der Entstehung kommt es nicht an (→ R 40b.1 Abs. 5).

Beendigung einer betrieblichen Altersversorgung

Anhang 2 IV   → **BMF vom** 6. 12. 2017 **(BStBl** 2018 **I S.** 147**), Rz.** 166

Dienstverhältnis zwischen Ehegatten[1])

– Zur Anerkennung von Zukunftssicherungsleistungen bei Dienstverhältnissen zwischen Ehegatten → H 6a (9) EStH.

– → H 3.63 (Ehegatten-Arbeitsverhältnis)

Durchschnittsberechnung nach § 40b Abs. 2 Satz 2 EStG:

– „Eigenbeiträge" des Arbeitnehmers, die aus versteuertem Arbeitslohn stammen, sind in die Durchschnittsberechnung nicht einzubeziehen (→ BFH vom 12. 4. 2007 – BStBl II S. 619).

– Beiträge zu Direktversicherungen können nur dann in die Durchschnittsberechnung einbezogen werden, wenn ein gemeinsamer Versicherungsvertrag vorliegt. Direktversicherungen, die nach einem Wechsel des Arbeitgebers beim neuen Arbeitgeber als Einzelversicherungen fortgeführt werden, erfüllen diese Voraussetzung nicht (→ BFH vom 11. 3. 2010 – BStBl II S. 183).

– **Beispiel:**

Es werden ganzjährig laufend monatliche Zuwendungen an eine Pensionskasse (Altverträge mit Kapitalauszahlung)

a)	für 2 Arbeitnehmer je 250 € =	500 €
b)	für 20 Arbeitnehmer je 175 € =	3 500 €
c)	für 20 Arbeitnehmer je 125 € =	2 500 €
insgesamt		6 500 € geleistet.

Die Leistungen für die Arbeitnehmer zu a) betragen jeweils mehr als 2 148 € jährlich; sie sind daher in eine Durchschnittsberechnung nicht einzubeziehen. Die Leistungen für die Arbeitnehmer zu b) und c) übersteigen jährlich jeweils nicht 2 148 €; es ist daher der Durchschnittsbetrag festzustellen. Der Durchschnittsbetrag beträgt 150 € monatlich; er übersteigt hiernach 1 752 € jährlich und kommt deshalb als Bemessungsgrundlage nicht in Betracht. Der Pauschalbesteuerung sind also in allen Fällen die tatsächlichen Leistungen zugrunde zu legen. Der Arbeitgeber kann dabei

in den Fällen zu a)	im 1. bis 7. Monat je 250 € und im 8. Monat noch 2 € oder monatlich je 146 €,
in den Fällen zu b)	im 1. bis 10. Monat je 175 € und im 11. Monat noch 2 € oder monatlich je 146 €,
in den Fällen zu c)	monatlich je 125 €

pauschal versteuern.

Gewinnausschüttungen

→ Rückzahlung von Arbeitslohn

Kirchensteuer bei Pauschalierung der Lohn- und Einkommensteuer

→ Gleich lautende Ländererlasse vom 8. 8. 2016 (BStBl I S. 773), → H 40.2 (Kirchensteuer bei Pauschalierung der Lohn- und Einkommensteuer)

Mindesttodesfallschutz

→ R 40b.1 Abs. 2

→ BMF-Schreiben vom 22. 8. 2002 (BStBl I S. 827, Rdnr. 23 – 30, → H 10 (Vertragsänderungen bei Lebensversicherungen)

---

[1]) Die dort aufgeführten Grundsätze gelten bei Lebenspartnern entsprechend (→ § 2 Abs. 8 EStG).

Negative pauschale Lohnsteuer

Die Festsetzung einer negativen Einkommensteuer und damit auch einer negativen pauschalen Lohnsteuer ist gesetzlich nicht vorgesehen (→ BFH vom 28. 4. 2016 – BStBl II S. 898). Bei Rückzahlung pauschal versteuerter Leistungen → R 40b.1 Abs. 13 ff. LStR.

Rückdeckungsversicherung

– R 40b.1 Abs. 3

– Verzichtet der frühere Arbeitnehmer auf seine Rechte aus einer Versorgungszusage des Arbeitgebers, tritt im Gegenzug der Arbeitgeber sämtliche Rechte aus der zur Absicherung der Versorgungszusage abgeschlossenen Rückdeckungsversicherung an den vom Arbeitnehmer nunmehr getrennt lebenden Ehegatten/Lebenspartner ab und zahlt die Versicherung daraufhin das angesammelte Kapital an den Ehegatten/Lebenspartner aus, beinhaltet dies einen den früheren Arbeitnehmer bereichernden Lohnzufluss (→ BFH vom 9. 10. 2002 – BStBl II S. 884).

– Tritt ein Arbeitgeber Ansprüche aus einer von ihm mit einem Versicherer abgeschlossenen Rückdeckungsversicherung an den Arbeitnehmer ab und leistet der Arbeitgeber im Anschluss hieran Beiträge an den Versicherer, sind diese Ausgaben Arbeitslohn (→ BFH vom 5. 7. 2012 – BStBl 2013 II S. 190).

Sicherstellung der Besteuerung des Lohnzuflusses bei Übertragung von Rückdeckungsversicherungen

(Vfg. der OFD Rheinland vom 21. 07. 2006 – S 2332–1001 – St 2 –)

Rückdeckungsversicherungen, die Pensionszusagen einer Kapitalgesellschaft gegenüber ihren Arbeitnehmern (regelmäßig Gesellschafter-Geschäftsführer) absichern, werden regelmäßig zugunsten des pensionsberechtigten Arbeitnehmers verpfändet oder mit aufschiebender Bedingung an ihn abgetreten. Hierin liegt noch kein Zufluss von Arbeitslohn, weil der Arbeitnehmer gegenwärtig noch keine unmittelbaren Ansprüche aus der Versicherung erwirbt (R 129 Abs. 3 Satz 2 Nr. 3 LStR)[1].

Im Zuge der Insolvenz der Kapitalgesellschaft werden solche Rückdeckungsversicherungen vielfach auf die pensionsberechtigten Arbeitnehmer übertragen. Im Zeitpunkt der Übertragung fließt dem Arbeitnehmer ein lohnsteuerpflichtiger geldwerter Vorteil zu, der regelmäßig dem geschäftsplanmäßigen Deckungskapital der Versicherung entspricht (R 129 Abs. 3 Satz 3 LStR)[2].

Nach den Feststellungen des LRH NRW ist die Besteuerung dieser Lohnzuflüsse nicht immer gewährleistet, weil der Arbeitgeber keinen Lohnsteuerabzug vornimmt und die für die Besteuerung der Arbeitnehmer zuständigen Stellen von diesem Sachverhalt keine Kenntnis erlangen. Zur Sicherstellung der Besteuerung bittet die OFD, wie folgt zu verfahren:

- Die für die Kapitalgesellschaft zuständige VST, der die Existenz der rückgedeckten Pensionszusage aus den ihr vorliegenden Verträgen und Jahresabschlüssen bekannt ist, sendet unmittelbar nach Kenntnis der Insolvenz Kontrollmitteilungen

- an die für den Arbeitnehmer zuständige VST und

- an die für die Kapitalgesellschaft zuständige AGST.

In die Kontrollmitteilungen sind folgende Angaben aufzunehmen:

- Eintritt der Insolvenz (Datum des Insolvenzantrags),

- Erteilung der Pensionszusage,

- Abschluss der Rückdeckungsversicherung unter Angabe des zuletzt aktivierten Deckungskapitals,

- Verpfändung bzw. Abtretung der Ansprüche aus der Rückdeckungsversicherung.

Vorliegende Verträge und Unterlagen sind in Kopie beizufügen.

- Die für die Kapitalgesellschaft zuständige AGST überprüft den Verbleib der Rückdeckungsversicherung. Sie weist den Insolvenzverwalter für den Fall der Übertragung der Rückdeckungsversicherung auf den pensionsberechtigten Arbeitnehmer auf seine Verpflichtung zum Lohnsteuerabzug und ggf. seine Anzeigepflicht nach § 38 Abs. 4 Satz 2 EStG hin und prüft, ob die Lohnsteuer durch Erlass eines Nachforderungsbescheides gegen den Arbeitnehmer zu erheben ist (R 139 Abs. 2 LStR)[3]. Über das Ergebnis ihrer Feststellungen unterrichtet die AGST die für den Arbeitnehmer zuständige VST.

---

[1]) Jetzt: → R 40b.1 Abs. 3 Satz 2 Nr. 3 LStR.
[2]) Jetzt: → R 40b.1 Abs. 3 Satz 2 Nr. 3 LStR.
[3]) Jetzt: → R 41c.3 Abs. 2 LStR.

- Die für den Arbeitnehmer zuständige VST vermerkt die Kontrollmitteilung im Sachbereich 05 und überprüft im Rahmen der Einkommensteuerveranlagung den Verbleib der Rückdeckungsversicherung, sofern ihr bis dahin von der AGST keine weiteren Informationen zugegangen sind.

Rückzahlung von Arbeitslohn

– Der Verlust des durch eine Direktversicherung eingeräumten Bezugsrechts bei Insolvenz des Arbeitgebers führt wegen des Ersatzanspruchs nicht zu einer Arbeitslohnrückzahlung (→ BFH vom 5. 7. 2007 – BStBl II S. 774)

– → R 40b.1 Abs. 13 ff. und → Ausscheiden des Arbeitgebers aus der VBL

– Arbeitslohnrückzahlungen setzen voraus, dass Güter in Geld oder Geldeswert beim Arbeitnehmer abfließen; schüttet eine Versorgungskasse an ihren Träger, den Arbeitgeber, Gewinne aus, wird damit kein Arbeitslohn zurückgezahlt; Gewinnausschüttungen einer Versorgungskasse können daher weder pauschal besteuerbare Beitragsleistungen des Arbeitgebers mindern noch einen Anspruch auf Lohnsteuererstattung begründen – entgegen Abschn. 129 Abs. 14, 16 LStR 1999[1]) – (→ BFH vom 12. 11. 2009, BStBl 2010 II S. 845). Für alle bis zum 31. 12. 2010 beim Arbeitgeber zugeflossenen Gewinnausschüttungen einer betrieblichen Versorgungseinrichtung wurde es aber nicht beanstandet, wenn weiter nach den Grundsätzen von R 40b.1 Absatz 12 ff. LStR 2008 verfahren worden ist (→ BMF vom 28. 9. 2010[2]) – BStBl I S. 760).

– → H 11 (Rückzahlung von Arbeitslohn)

Sonderzahlungen

Es wird die Entscheidung des BVerfG darüber eingeholt, ob § 40b Abs. 4, Abs. 5 Satz 1 EStG i. d. F. des JStG 2007 vom 13. Dezember 2006 (BGBl. I 2006, 2878, BStBl I 2007, 28), Letzterer i. V. m. § 40 Abs. 3 Satz 1 EStG, insoweit mit Art. 3 Abs. 1 GG unvereinbar ist, als danach der Arbeitgeber auf Sonderzahlungen i. S. des § 19 Abs. 1 Satz 1 Nr. 3 Satz 2 EStG i. d. F. des JStG 2007 zwangsweise pauschale Lohnsteuer zu zahlen hat, durch die er selbst definitiv belastet wird (BFH vom 14. 11. 2013 – VI R 49/12 und VI R 50/12 –).

Verhältnis von § 3 Nr. 63 EStG und § 40b EStG

Anhang 2 IV → **BMF vom** 6. 12. 2017 **(BStBl** 2018 **I S.** 147**)**, Rz. 94 ff

Vervielfältigungsregelung

Die Beendigung des Dienstverhältnisses i. S. d. § 40b Abs. 2 Satz 3 1. Halbsatz EStG ist die nach bürgerlichem (Arbeits-)Recht wirksame Beendigung. Ein Dienstverhältnis kann daher auch dann beendet sein, wenn der Arbeitnehmer und sein bisheriger Arbeitgeber im Anschluss an das bisherige Dienstverhältnis ein neues vereinbaren, sofern es sich nicht als Fortsetzung des bisherigen erweist. Es liegt keine solche Beendigung vor, wenn das neue Dienstverhältnis mit demselben Arbeitgeber in Bezug auf den Arbeitsbereich, die Entlohnung und die sozialen Besitzstände im Wesentlichen dem bisherigen Dienstverhältnis entspricht (→ BFH vom 30. 10. 2008 – BStBl 2009 II S. 162).

Wahlrecht

Anhang 2 IV → **BMF vom** 6. 12. 2017 **(BStBl** 2018 **I S.** 147**)**, Rz. 89 – 93

Wirkung einer fehlerhaften Pauschalbesteuerung

Eine fehlerhafte Pauschalbesteuerung ist für die Veranlagung zur Einkommensteuer nicht bindend (→ BFH vom 10. 6. 1988 – BStBl II S. 981).

Zukunftssicherungsleistungen i. S. d. § 40b EStG n. F.

Anhang 2 IV → **BMF vom** 6. 12. 2017 **(BStBl I** 2018 **S.** 147**)**, Rz. 83 – 84

R 40b.2 Pauschalierung der Lohnsteuer bei Beiträgen zu einer Gruppenunfallversicherung

[1]Die Lohnsteuerpauschalierung nach § 40b Abs. 3 EStG ist nicht zulässig, wenn der steuerpflichtige Durchschnittsbeitrag – ohne Versicherungsteuer – 62 Euro jährlich übersteigt; in die-

---

1) → R 40b.1 Abs. 14,16 LStR 2015.
2) Zwischenzeitlich aufgehoben.

sem Fall ist der steuerpflichtige Durchschnittsbeitrag dem normalen Lohnsteuerabzug zu unterwerfen. [2]Bei konzernumfassenden Gruppenunfallversicherungen ist der Durchschnittsbeitrag festzustellen, der sich bei Aufteilung der Beitragszahlungen des Arbeitgebers auf die Zahl seiner begünstigten Arbeitnehmer ergibt; es ist nicht zulässig, den Durchschnittsbeitrag durch Aufteilung des Konzernbeitrags auf alle Arbeitnehmer des Konzerns zu ermitteln. [3]Ein gemeinsamer Unfallversicherungsvertrag i. S. d. § 40b Abs. 3 EStG liegt außer bei einer Gruppenversicherung auch dann vor, wenn in einem Rahmenvertrag mit einem oder mehreren Versicherern sowohl die versicherten Personen als auch die versicherten Wagnisse bezeichnet werden und die Einzelheiten in Zusatzvereinbarungen geregelt sind. [4]Ein Rahmenvertrag, der z. B. nur den Beitragseinzug und die Beitragsabrechnung regelt, stellt keinen gemeinsamen Unfallversicherungsvertrag dar.

Hinweise

Allgemeine Grundsätze

Zur Ermittlung des steuerpflichtigen Beitrags für Unfallversicherungen, die das Unfallrisiko sowohl im beruflichen als auch im außerberuflichen Bereich abdecken → BMF vom 28. 10. 2009 (BStBl I S. 1275). → H 19.3 (Unfallversicherung)

§ 41   Aufzeichnungspflichten beim Lohnsteuerabzug

(1) [1]Der Arbeitgeber hat am Ort der Betriebsstätte (Absatz 2) für jeden Arbeitnehmer und jedes Kalenderjahr ein Lohnkonto zu führen. [2]In das Lohnkonto sind die nach § 39e Absatz 4 Satz 2 und Absatz 5 Satz 3 abgerufenen elektronischen Lohnsteuerabzugsmerkmale sowie die für den Lohnsteuerabzug erforderlichen Merkmale aus der vom Finanzamt ausgestellten Bescheinigung für den Lohnsteuerabzug (§ 39 Absatz 3 oder § 39e Absatz 7 oder Absatz 8) zu übernehmen. [3]Bei jeder Lohnzahlung für das Kalenderjahr, für das das Lohnkonto gilt, sind im Lohnkonto die Art und Höhe des gezahlten Arbeitslohns einschließlich der steuerfreien Bezüge sowie die einbehaltene oder übernommene Lohnsteuer einzutragen; an die Stelle der Lohnzahlung tritt in den Fällen des § 39b Absatz 5 Satz 1 die Lohnabrechnung. [4]Ferner sind das Kurzarbeitergeld, das Schlechtwettergeld, das Winterausfallgeld, der Zuschuss zum Mutterschaftsgeld nach dem Mutterschutzgesetz, der Zuschuss bei Beschäftigungsverboten für die Zeit vor oder nach einer Entbindung sowie für den Entbindungstag während einer Elternzeit nach beamtenrechtlichen Vorschriften, die Entschädigungen für Verdienstausfall nach dem Infektionsschutzgesetz vom 20. Juli 2000 (BGBl. I S. 1045) sowie die nach § 3 Nummer 28 steuerfreien Aufstockungsbeträge oder Zuschläge einzutragen. [5]Ist während der Dauer des Dienstverhältnisses in anderen Fällen als in denen des Satzes 4 der Anspruch auf Arbeitslohn für mindestens fünf aufeinander folgende Arbeitstage im Wesentlichen weggefallen, so ist dies jeweils durch Eintragung des Großbuchstabens U zu vermerken. [6]Hat der Arbeitgeber die Lohnsteuer von einem sonstigen Bezug im ersten Dienstverhältnis berechnet und ist dabei der Arbeitslohn aus früheren Dienstverhältnissen des Kalenderjahres außer Betracht geblieben, so ist dies durch Eintragung des Großbuchstabens S zu vermerken. [7]Die Bundesregierung wird ermächtigt, durch Rechtsverordnung mit Zustimmung des Bundesrates vorzuschreiben, welche Einzelangaben im Lohnkonto aufzuzeichnen sind und Einzelheiten für eine elektronische Bereitstellung dieser Daten im Rahmen einer Lohnsteuer-Außenprüfung oder einer Lohnsteuer-Nachschau durch die Einrichtung einer einheitlichen digitalen Schnittstelle zu regeln. [8]Dabei können für Arbeitnehmer mit geringem Arbeitslohn und für die Fälle der §§ 40 bis 40b Aufzeichnungserleichterungen sowie für steuerfreie Bezüge Aufzeichnungen außerhalb des Lohnkontos zugelassen werden. [9]Die Lohnkonten sind bis zum Ablauf des sechsten Kalenderjahres, das auf die zuletzt eingetragene Lohnzahlung folgt, aufzubewahren. [10]Die Aufbewahrungsfrist nach Satz 9 gilt abweichend von § 93c Absatz 1 Nummer 4 der Abgabenordnung auch für die dort genannten Aufzeichnungen und Unterlagen.

(2) [1]Betriebsstätte ist der Betrieb oder Teil des Betriebs des Arbeitgebers, in dem der für die Durchführung des Lohnsteuerabzugs maßgebende Arbeitslohn ermittelt wird. [2]Wird der maßgebende Arbeitslohn nicht in dem Betrieb oder einem Teil des Betriebs des Arbeitgebers oder nicht im Inland ermittelt, so gilt als Betriebsstätte der Mittelpunkt der geschäftlichen Leitung des Arbeitgebers im Inland; im Fall des § 38 Absatz 1 Satz 1 Nummer 2 gilt als Betriebsstätte der Ort im Inland, an dem die Arbeitsleistung ganz oder vorwiegend stattfindet. [3]Als Betriebsstätte gilt auch der inländische Heimathafen deutscher Handelsschiffe, wenn die Reederei im Inland keine Niederlassung hat.

§ 4 Lohnkonto

(1) Der Arbeitgeber hat im Lohnkonto des Arbeitnehmers Folgendes aufzuzeichnen:

1. *den Vornamen, den Familiennamen, den Tag der Geburt, den Wohnort, die Wohnung sowie die in einer vom Finanzamt ausgestellten Bescheinigung für den Lohnsteuerabzug eingetragenen allgemeinen Besteuerungsmerkmale. Ändern sich im Laufe des Jahres die in einer Bescheinigung für den Lohnsteuerabzug eingetragenen allgemeinen Besteuerungsmerkmale, so ist auch der Zeitpunkt anzugeben, von dem an die Änderungen gelten;*

2. *den Jahresfreibetrag oder den Jahreshinzurechnungsbetrag sowie den Monatsbetrag, Wochenbetrag oder Tagesbetrag, der in einer vom Finanzamt ausgestellten Bescheinigung für den Lohnsteuerabzug eingetragen ist, und den Zeitraum, für den der Betrag gilt;*

3. *bei einem Arbeitnehmer, der dem Arbeitgeber eine Bescheinigung nach § 39b Abs. 6 des Einkommensteuergesetzes in der am 31. Dezember 2010 geltenden Fassung (Freistellungsbescheinigung) vorgelegt hat, einen Hinweis darauf, dass eine Bescheinigung vorliegt, den Zeitraum, für den die Lohnsteuerbefreiung gilt, das Finanzamt, das die Bescheinigung ausgestellt hat, und den Tag der Ausstellung;*

4. *in den Fällen des § 19 Abs. 2 des Einkommensteuergesetzes die für die zutreffende Berechnung des Versorgungsfreibetrags und des Zuschlags zum Versorgungsfreibetrag erforderlichen Angaben.*

(2) Bei jeder Lohnabrechnung ist im Lohnkonto Folgendes aufzuzeichnen:

1. *der Tag der Lohnzahlung und der Lohnzahlungszeitraum;*

2. *in den Fällen des § 41 Abs. 1 Satz 5 des Einkommensteuergesetzes jeweils der Großbuchstabe U;*

3. *der Arbeitslohn, getrennt nach Barlohn und Sachbezügen, und die davon einbehaltene Lohnsteuer. Dabei sind die Sachbezüge einzeln zu bezeichnen und – unter Angabe des Abgabetags oder bei laufenden Sachbezügen des Abgabezeitraums, des Abgabeorts und des Entgelts – mit dem nach § 8 Abs. 2 oder 3 des Einkommensteuergesetzes maßgebenden und um das Entgelt geminderten Wert zu erfassen. Sachbezüge im Sinne des § 8 Abs. 3 des Einkommensteuergesetzes und Versorgungsbezüge sind jeweils als solche kenntlich zu machen und ohne Kürzung um Freibeträge nach § 8 Abs. 3 oder § 19 Abs. 2 des Einkommensteuergesetzes einzutragen. Trägt der Arbeitgeber im Falle der Nettolohnzahlung die auf den Arbeitslohn entfallende Steuer selbst, ist in jedem Fall der Bruttoarbeitslohn einzutragen, die nach den Nummern 4 bis 8 gesondert aufzuzeichnenden Beträge sind nicht mitzuzählen;*

4. *steuerfreie Bezüge mit Ausnahme der Vorteile im Sinne des § 3 Nr. 45 des Einkommensteuergesetzes und der Trinkgelder. Das Betriebsstättenfinanzamt kann zulassen, dass auch andere nach § 3 des Einkommensteuergesetzes steuerfreie Bezüge nicht angegeben werden, wenn es sich um Fälle von geringer Bedeutung handelt oder wenn die Möglichkeit zur Nachprüfung in anderer Weise sichergestellt ist;*

5. *Bezüge, die nach einem Abkommen zur Vermeidung der Doppelbesteuerung oder unter Progressionsvorbehalt nach § 34c Abs. 5 des Einkommensteuergesetzes von der Lohnsteuer freigestellt sind;*

6. *außerordentliche Einkünfte im Sinne des § 34 Abs. 1 und Abs. 2 Nr. 2 und 4 des Einkommensteuergesetzes und die davon nach § 39b Abs. 3 Satz 9 des Einkommensteuergesetzes einbehaltene Lohnsteuer;*

7. **das Vorliegen der Voraussetzungen für den Förderbetrag nach § 100 des Einkommensteuergesetzes;**[1]

8. *Bezüge, die nach den §§ 40 bis 40b des Einkommensteuergesetzes pauschal besteuert worden sind, und die darauf entfallende Lohnsteuer. Lassen sich in den Fällen des § 40 Abs. 1 Nr. 2 und Abs. 2 des Einkommensteuergesetzes die auf den einzelnen Arbeitnehmer entfallenden Beträge nicht ohne weiteres ermitteln, so sind sie in einem Sammelkonto anzuschreiben. Das Sammelkonto muss die folgenden Angaben enthalten: Tag der Zahlung, Zahl der bedachten Arbeitnehmer, Summe der insgesamt gezahlten Bezüge, Höhe der Lohnsteuer sowie Hinweise auf die als Belege zum Sammelkonto aufzubewahrenden Unterlagen, insbesondere Zahlungsnachweise, Bestätigung des Finanzamts über die Zulassung der Lohnsteuerpauschalierung. In den Fällen des § 40a des Einkommensteuergesetzes genügt es, wenn der Arbeitgeber Aufzeichnungen führt, aus denen sich für die einzelnen Arbeitnehmer Name und Anschrift, Dauer der Beschäftigung, Tag der Zahlung, Höhe des Arbeitslohns und in den Fällen des § 40a Abs. 3 des Einkommensteuergesetzes auch die Art der Beschäftigung ergeben. Sind in den Fällen der Sätze 3 und 4 Bezüge nicht mit dem ermäßigten Kirchensteuersatz besteuert worden, so ist zusätzlich der fehlende Kirchensteuerabzug aufzuzeichnen und auf die als Beleg aufzubewahrende Unterlage hinzuweisen, aus der hervorgeht, dass der Arbeitnehmer keiner Religionsgemeinschaft angehört, für die die Kirchensteuer von den Finanzbehörden erhoben wird.*

---

[1] *§ 4 Abs. 2 Nr. 7 LStDV wurde durch das Betriebsrentenstärkungsgesetz ab VZ 2018 eingefügt.*

[1](2a) Der Arbeitgeber hat die nach den Absätzen 1 und 2 sowie die nach § 41 des Einkommensteuergesetzes aufzuzeichnenden Daten der Finanzbehörde nach einer amtlich vorgeschriebenen einheitlichen Form über eine digitale Schnittstelle elektronisch bereitzustellen. Auf Antrag des Arbeitgebers kann das Betriebsstättenfinanzamt zur Vermeidung unbilliger Härten zulassen, dass der Arbeitgeber die in Satz 1 genannten Daten in anderer auswertbarer Form bereitstellt.*

(3) Das Betriebsstättenfinanzamt kann bei Arbeitgebern, die für die Lohnabrechnung ein maschinelles Verfahren anwenden, Ausnahmen von den Vorschriften der Absätze 1 und 2 zulassen, wenn die Möglichkeit zur Nachprüfung in anderer Weise sichergestellt ist. Das Betriebsstättenfinanzamt soll zulassen, dass Sachbezüge im Sinne des § 8 Absatz 2 Satz 11 und Absatz 3 des Einkommensteuergesetzes für solche Arbeitnehmer nicht aufzuzeichnen sind, für die durch betriebliche Regelungen und entsprechende Überwachungsmaßnahmen gewährleistet ist, dass die in § 8 Absatz 2 Satz 11 und Absatz 3 des Einkommensteuergesetzes genannten Beträge nicht überschritten werden.

(4) In den Fällen des § 38 Abs. 3a des Einkommensteuergesetzes ist ein Lohnkonto vom Dritten zu führen. In den Fällen des § 38 Abs. 3a Satz 2 ist der Arbeitgeber anzugeben und auch der Arbeitslohn einzutragen, der nicht vom Dritten, sondern vom Arbeitgeber selbst gezahlt wird. In den Fällen des § 38 Abs. 3a Satz 7 ist der Arbeitslohn für jedes Dienstverhältnis gesondert aufzuzeichnen.

§ 5   Besondere Aufzeichnungs- und Mitteilungspflichten im Rahmen der betrieblichen Altersversorgung

LStDV
Anhang 7

[2](1) Der Arbeitgeber hat bei der Durchführung einer kapitalgedeckten betrieblichen Altersversorgung über einen Pensionsfonds, eine Pensionskasse oder eine Direktversicherung ergänzend zu den **Aufzeichnungen nach § 4 Absatz 2 Nummer 8** Folgendes aufzuzeichnen:*

1. **im Fall des § 52 Absatz 4 Satz 12 des Einkommensteuergesetzes die erforderliche Verzichtserklärung eines Arbeitnehmers und**

2. **im Fall des § 52 Absatz 40 Satz 1 des Einkommensteuergesetzes die Tatsache, dass vor dem 1. Januar 2018 mindestens ein Beitrag nach § 40b Absatz 1 und 2 des Einkommensteuergesetzes in der am 31. Dezember 2004 geltenden Fassung pauschal besteuert wurde.**

(2) [3]Der Arbeitgeber hat der Versorgungseinrichtung (Pensionsfonds, Pensionskasse, Direktversicherung), die für ihn die betriebliche Altersversorgung durchführt, spätestens zwei Monate nach Ablauf des Kalenderjahres oder nach Beendigung des Dienstverhältnisses im Laufe des Kalenderjahres die für den einzelnen Arbeitnehmer geleisteten und

[4]*1. nach § 3 **Nummer** 56 und 63 **sowie nach § 100 Absatz 6 Satz 1** des Einkommensteuergesetzes steuerfrei belassen,*

2. *nach § 40b des Einkommensteuergesetzes in der am 31. Dezember 2004 geltenden Fassung pauschal besteuerten oder*

3. *individuell besteuerten*

Beiträge mitzuteilen. Ferner hat der Arbeitgeber oder die Unterstützungskasse die nach § 3 Nr. 66 des Einkommensteuergesetzes steuerfrei belassenen Leistungen mitzuteilen. Die Mitteilungspflicht des Arbeitgebers oder der Unterstützungskasse kann durch einen Auftragnehmer wahrgenommen werden.

(3) Eine Mitteilung nach Absatz 2 kann unterbleiben, wenn die Versorgungseinrichtung die steuerliche Behandlung der für den einzelnen Arbeitnehmer im Kalenderjahr geleisteten Beiträge bereits kennt oder aus den bei ihr vorhandenen Daten feststellen kann, und dieser Umstand dem Arbeitgeber mitgeteilt worden ist. Unterbleibt die Mitteilung des Arbeitgebers, ohne dass ihm eine entsprechende Mitteilung der Versorgungseinrichtung vorliegt, so hat die Versorgungseinrichtung davon auszugehen, dass es sich insgesamt bis zu den in § 3 Nr. 56 oder 63 des Einkommensteuergesetzes genannten Höchstbeträgen um steuerbegünstigte Beiträge handelt, die in der Auszahlungsphase als Leistungen im Sinne von § 22 Nr. 5 Satz 1 des Einkommensteuergesetzes zu besteuern sind.

---

1) *§ 4 Abs. 2a LStDV wurde durch das Gesetz zur Modernisierung des Besteuerungsverfahrens eingefügt und ist für ab dem 1.1.2018 im Lohnkonto aufzuzeichnende Daten anzuwenden → § 8 Abs. 3 LStDV.*
2) *§ 5 Abs. 1 LStDV wurde durch das Betriebsrentenstärkungsgesetz ab VZ 2018 neu gefasst.*
3) *§ 5 Abs. 2 Satz 1 LStDV wurde durch das Betriebsrentenstärkungsgesetz ab VZ 2018 geändert.*
4) *§ 5 Abs. 2 Satz 1 Nr. 1 LStDV wurde durch das Betriebsrentenstärkungsgesetz ab VZ 2018 geändert.*

R 41.1   Aufzeichnungserleichterungen, Aufzeichnung der Religionsgemeinschaft

S 2375

(1) ¹Die nach § 40 Abs. 1 Satz 1 Nr. 1 und § 40b EStG pauschal besteuerten Bezüge und die darauf entfallende pauschale Lohnsteuer sind grundsätzlich in dem für jeden Arbeitnehmer zu führenden Lohnkonto aufzuzeichnen. ²Soweit die Lohnsteuerpauschalierung nach § 40b EStG auf der Grundlage des Durchschnittsbetrags durchgeführt wird (→ § 40b Abs. 2 Satz 2 EStG), ist dieser aufzuzeichnen.

(2) ¹Das Betriebsstättenfinanzamt kann nach § 4 Abs. 3 Satz 1 LStDV Ausnahmen von der Aufzeichnung im Lohnkonto zulassen, wenn die Möglichkeit zur Nachprüfung in anderer Weise sichergestellt ist. ²Die Möglichkeit zur Nachprüfung ist in den bezeichneten Fällen nur dann gegeben, wenn die Zahlung der Bezüge und die Art ihrer Aufzeichnung im Lohnkonto vermerkt werden.

(3) ¹Das Finanzamt hat Anträgen auf Befreiung von der Aufzeichnungspflicht nach § 4 Abs. 3 Satz 2 LStDV im Allgemeinen zu entsprechen, wenn es im Hinblick auf die betrieblichen Verhältnisse nach der Lebenserfahrung so gut wie ausgeschlossen ist, dass der Rabattfreibetrag (→ § 8 Abs. 3 EStG) oder die Freigrenze nach § 8 Abs. 2 Satz 11 EStG im Einzelfall überschritten wird. ²Zusätzlicher Überwachungsmaßnahmen durch den Arbeitgeber bedarf es in diesen Fällen nicht.

(4) ¹Der Arbeitgeber hat die Religionsgemeinschaft im Lohnkonto aufzuzeichnen (§ 4 Abs. 1 Nr. 1 LStDV). ²Erhebt der Arbeitgeber von pauschal besteuerten Bezügen (§§ 37b, 40, 40a Abs. 1, 2a und 3, § 40b EStG) keine Kirchensteuer, weil der Arbeitnehmer keiner Religionsgemeinschaft angehört, für die von den Finanzbehörden Kirchensteuer erhoben wird, so hat er die Unterlage hierüber als Beleg zu den nach § 4 Abs. 2 Nr. 8 Satz 3 und 4 LStDV zu führenden Unterlagen zu nehmen (§ 4 Abs. 2 Nr. 8 Satz 5 LStDV). ³In den Fällen des § 37b EStG und des § 40a Abs. 1, 2a und 3 EStG kann der Arbeitgeber auch eine Erklärung zur Religionszugehörigkeit nach amtlichem Muster als Beleg verwenden.

R 41.2   Aufzeichnung des Großbuchstabens U

S 2375

¹Der Anspruch auf Arbeitslohn ist im Wesentlichen weggefallen, wenn z. B. lediglich vermögenswirksame Leistungen oder Krankengeldzuschüsse gezahlt werden, oder wenn während unbezahlter Fehlzeiten (z. B. Elternzeit) eine Beschäftigung mit reduzierter Arbeitszeit aufgenommen wird. ²Der Großbuchstabe U ist je Unterbrechung einmal im Lohnkonto einzutragen. ³Wird Kurzarbeitergeld einschl. Saison-Kurzarbeitergeld, der Zuschuss zum Mutterschaftsgeld nach dem Mutterschutzgesetz, der Zuschuss nach § 3 der Mutterschutz- und Elternzeitverordnung oder einer entsprechenden Landesregelung, die Entschädigung für Verdienstausfall nach dem Infektionsschutzgesetz oder werden Aufstockungsbeträge nach dem AltTZG gezahlt, ist kein Großbuchstabe U in das Lohnkonto einzutragen.

R 41.3   Betriebsstätte

S 2376

¹Die lohnsteuerliche Betriebsstätte ist der im Inland gelegene Betrieb oder Betriebsteil des Arbeitgebers, an dem der Arbeitslohn insgesamt ermittelt wird, d. h. wo die einzelnen Lohnbestandteile oder bei maschineller Lohnabrechnung die Eingabewerte zu dem für die Durchführung des Lohnsteuerabzugs maßgebenden Arbeitslohn zusammengefasst werden. ²Es kommt nicht darauf an, wo einzelne Lohnbestandteile ermittelt, die Berechnung der Lohnsteuer vorgenommen wird und die für den Lohnsteuerabzug maßgebenden Unterlagen aufbewahrt werden. ³Bei einem ausländischen Arbeitgeber mit Wohnsitz und Geschäftsleitung im Ausland, der im Inland einen ständigen Vertreter (§ 13 AO) hat, aber keine Betriebsstätte unterhält, gilt als Mittelpunkt der geschäftlichen Leitung der Wohnsitz oder der gewöhnliche Aufenthalt des ständigen Vertreters. ⁴Ein selbständiges Dienstleistungsunternehmen, das für einen Arbeitgeber tätig wird, kann nicht als Betriebsstätte dieses Arbeitgebers angesehen werden. ⁵Bei einer Arbeitnehmerüberlassung (→ R 42d.2) kann nach § 41 Abs. 2 Satz 2 EStG eine abweichende lohnsteuerliche Betriebsstätte in Betracht kommen. ⁶Erlangt ein Finanzamt von Umständen Kenntnis, die auf eine Zentralisierung oder Verlegung von lohnsteuerlichen Betriebsstätten in seinem Zuständigkeitsbereich hindeuten, hat es vor einer Äußerung gegenüber dem Arbeitgeber die anderen betroffenen Finanzämter unverzüglich hierüber zu unterrichten und sich mit ihnen abzustimmen.

Hinweise

Betriebsstätte

Lohnsteuerliche Betriebsstätte bei Wohnungseigentümergemeinschaften

(Verfügung OFD Bremen vom 28. 7. 1997 – S 2376 – St 22 –)

Lohnsteuerliche Betriebsstätte ist der Betrieb oder Teil des Betriebes des Arbeitgebers, in dem der für die Durchführung des Lohnsteuer-Abzugs maßgebende Arbeitslohn ermittelt wird (§ 41 Abs. 2 Satz 1 EStG). Ist – wie bei Wohnungseigentümergemeinschaften – ein Betrieb im vorstehenden Sinne nicht vorhanden, gilt der Mittelpunkt der geschäftlichen Leitung des Arbeitgebers im Inland als Betriebsstätte (§ 41 Abs. 2 Satz 2 EStG).

Erfüllt bei einer Wohnungseigentümergemeinschaft der Verwalter sämtliche die Gemeinschaft betreffenden Arbeitgeberpflichten (Einstellung bzw. Entlassung des Personals, Zusammenstellung der für den Lohnsteuer-Abzug maßgebenden Lohnteile, Abgabe der Lohnsteuer-Anmeldungen und Abführung der Lohnsteuer-Abzugsbeträge), so befindet sich der Mittelpunkt der geschäftlichen Leitung am Sitz des Verwalters. Hat der Verwalter die Rechtsform einer juristischen Person, so ist das für die juristische Person zuständige Finanzamt auch Betriebsstätten-Finanzamt für die Wohnungseigentümergemeinschaft. Somit ist das für die Verwaltungsfirma zuständige Finanzamt zugleich Betriebsstätten-Finanzamt für die Wohnungseigentümergemeinschaft.

Zu beachten ist, daß für jede vom Verwalter betreute Wohnungseigentümergemeinschaft eine gesonderte Lohnsteuer-Anmeldung abzugeben ist und daß auch ggf. Prüfungsanordnungen nur für die einzelne Wohnungseigentümergemeinschaft ergehen dürfen.

→ H 19.1 (Hausverwaltungen) LStH

Zuständige Finanzämter für ausländische Bauunternehmer

Für ausländische Bauunternehmer sind die in der Umsatzsteuerzuständigkeitsverordnung genannten Finanzämter für die Verwaltung der Lohnsteuer zuständig (→ BMF vom 27. 12. 2002 – BStBl I S. 1399, Tz. 100).

Ansässigkeitsstaat	Finanzamt	Adresse
Belgien	Trier	Hubert-Neuerburg-Straße 1 54290 Trier
Bulgarien	Neuwied	Augustastraße 54 56564 Neuwied
Dänemark	Flensburg	Duburger Straße 58 – 64 24939 Flensburg
Estland	Rostock	Möllner Straße 13 18109 Rostock
Finnland	Bremen-Mitte	Rudolf-Hilferding-Platz 1 28195 Bremen
Frankreich *und Monaco*	Offenburg	Zeller Straße 1 – 3 77654 Offenburg
Großbritannien (einschließlich Nordirland *sowie Insel Man)*	Hannover-Nord	Vahrenwalder Straße 206 30165 Hannover
Griechenland	Neukölln	Thiemannstraße 1 12059 Berlin
Irland	Hamburg-Nord	Borsteler Chaussee 45 22453 Hamburg
Italien	München II	Finanzamt München Abteilung Körperschaften 80275 München
Kroatien	Kassel II – Hofgeismar	Altmarkt 1 34125 Kassel

Ansässigkeitsstaat	Finanzamt	Adresse
Lettland	Bremen-Mitte	Rudolf-Hilferding-Platz 1 28195 Bremen
Liechtenstein	Konstanz	Byk-Gulden-Str. 2a 78467 Konstanz
Litauen	Mühlhausen	Martinistraße 22 99974 Mühlhausen
Luxemburg	Saarbrücken	Am Stadtgraben 2–4 66111 Saarbrücken
Mazedonien	Neukölln	Thiemannstraße 1 12059 Berlin
Niederlande	Kleve	Emmericher Straße 182 47533 Kleve
Norwegen	Bremen-Mitte	Rudolf-Hilferding-Platz 1 28195 Bremen
Österreich	München II	Finanzamt München Abteilung *IV* 80275 München
Polen*1)*	*Hameln* *(Nach- bzw. Firmenname* *A bis G)*	*Süntelstraße 2* *31785 Hameln*
	Oranienburg (Nach- bzw. Firmenname *H* bis M)	Heinrich-Grüber-Platz 3 16515 Oranienburg
	Cottbus (Nach- bzw. Firmenname N bis Z)	Vom-Stein-Straße 29 03050 Cottbus
Portugal	Kassel II – Hofgeismar	Altmarkt 1 34125 Kassel
Rumänien	Chemnitz-Süd	Paul-Bertz-Straße 1 09120 Chemnitz
Russland	Magdeburg	Tessenowstraße 10 39114 Magdeburg
Schweden	Hamburg-Nord	Borsteler Chaussee 45 22453 Hamburg
Schweiz	Konstanz	Byk-Gulden-Str. 2a 78467 Konstanz
Slowakei	Chemnitz-Süd	Paul-Bertz-Straße 1 09120 Chemnitz
Spanien	Kassel II – Hofgeismar	Altmarkt 1 34125 Kassel
Slowenien	Oranienburg	Heinrich-Grüber-Platz 3 16515 Oranienburg
Tschechische Republik	Chemnitz-Süd	Paul-Bertz-Straße 1 09120 Chemnitz
Türkei	Dortmund-Unna	Trakehnerweg 4 44143 Dortmund
Ukraine	Magdeburg	Tessenowstraße 10 39114 Magdeburg
Ungarn	Zentralfinanzamt Nürnberg	Thomas-Mann-Straße 50 90471 Nürnberg

1) Stand 1. 1. 2018. Änderungen frühestens zum 1. 6. 2018 → Artikel 6 und 11 Abs. 4 der Dritten Verord-nung zur Änderung steuerlicher Verordnungen vom 18. 7. 2016 (BGBl. I S. 1722).

Ansässigkeitsstaat	Finanzamt	Adresse
Vereinigte Staaten von Amerika	Bonn-Innenstadt	Welschnonnenstraße 15 53111 Bonn
Weißrussland	Magdeburg	Tessenowstraße 10 39114 Magdeburg
Übriges Ausland	Neukölln	Thiemannstraße 1 12059 Berlin

Zuständige Finanzämter für ausländische Verleiher

Die Zuständigkeit für ausländische Verleiher (ohne Bauunternehmen) ist in den Ländern bei folgenden Finanzämtern zentralisiert:

Land	Finanzamt	Adresse
Baden-Württemberg	Offenburg	Zeller Straße 1 – 3 77654 Offenburg
Bayern	München	Finanzamt München Abteilung Körperschaften 80275 München
	Zentralfinanzamt Nürnberg	Thomas-Mann-Straße 50 90471 Nürnberg
Berlin	für Körperschaften III	Volkmarstraße 13 12099 Berlin
Brandenburg	Oranienburg	Heinrich-Grüber-Platz 3 16515 Oranienburg
Bremen	Bremen Mitte	Rudolf-Hilferding-Platz 1 28195 Bremen
Hamburg	Hamburg-Eimsbüttel	Hugh-Greene-Weg 6 22529 Hamburg
Hessen	Kassel II – Hofgeismar	Altmarkt 1 34125 Kassel
Mecklenburg-Vorpommern	Greifswald	Am Gorzberg Haus 11 17489 Greifswald
Niedersachsen	Bad Bentheim	Heinrich-Böll-Straße 2 48455 Bad Bentheim
Nordrhein-Westfalen	Düsseldorf Altstadt	Kaiserstraße 52 40479 Düsseldorf
Rheinland-Pfalz	Kaiserslautern	Eisenbahnstraße 56 67655 Kaiserslautern
Saarland	Saarbrücken	Am Stadtgraben 2-4 66111 Saarbrücken
Sachsen	Chemnitz-Süd	Paul-Bertz-Straße 1 09120 Chemnitz
Sachsen-Anhalt	Magdeburg	Tersenowstraße 10 39114 Magdeburg
Schleswig-Holstein	Kiel	Feldstraße 23 24105 Kiel
Thüringen	Mühlhausen	Martinistraße 22 99974 Mühlhausen

Zuständige Finanzämter für ausländische Werkvertragsunternehmer

Die Zuständigkeit für ausländische Werkvertragsunternehmer ist in den Ländern bei folgenden Finanzämtern zentralisiert:

Land	Finanzamt	Adresse
Baden-Württemberg	Finanzamt Offenburg Außenstelle Kehl für die Finanzämter: Baden-Baden, Bruchsal, Calw, Emmendingen, Ettlingen, Freiburg-Land, Freiburg-Stadt, Freudenstadt, Heidelberg, Karlsruhe-Durlach, Karlsruhe Stadt, Konstanz, Lahr, Lörrach, Mannheim-Neckarstadt, Mannheim-Stadt, Mosbach, Mühlacker, Müllheim, Pforzheim, Rastatt, Rottweil, Schwetzingen, Singen, Sinsheim, Tuttlingen, Villingen-Schwenningen, Waldshut-Tiengen und Weinheim	Ludwig-Trick-Str. 1 77694 Kehl
	Finanzamt Stuttgart-Körperschaften für die Finanzämter: Aalen, Backnang, Bad Urach, Balingen, Biberach, Bietigheim-Bissingen, Böblingen, Ehingen, Esslingen, Friedrichshafen, Göppingen, Heidenheim, Heilbronn, Leonberg, Ludwigsburg, Nürtingen, Öhringen, Ravensburg, Reutlingen, Schorndorf, Schwäbisch Gmünd, Schwäbisch Hall, Sigmaringen, Stuttgart I, Stuttgart II, Stuttgart III, Tauberbischofsheim, Tübingen, Überlingen, Ulm, Waiblingen und Wangen.	Paulinenstr. 44 70178 Stuttgart
Bayern	Finanzamt München für die Regierungsbezirke: Oberbayern, Niederbayern und Schwaben Zentralfinanzamt Nürnberg für die Regierungsbezirke: Oberpfalz, Mittel-, Ober- und Unterfranken	Deroystr. 20 80335 München Thomas-Mann-Str. 50 90471 Nürnberg

Berlin	Finanzamt für Körperschaften III	Volkmarstraße 13 12099 Berlin
Brandenburg	Oranienburg	Heinrich-Grüber-Platz 3 16515 Oranienburg
Bremen	Finanzamt für Außenprüfung Bremen – Zentrale Arbeitgeberstelle –	Rudolf-Hilferding-Platz 1 28195 Bremen
Hamburg	Finanzamt Hamburg-Eimsbüttel	Hugh-Greene-Weg 6 22529 Hamburg
Hessen	Finanzamt Kassel II – Hofgeismar	Altmarkt 1 34125 Kassel
Mecklenburg-Vorpommern	Finanzamt Greifswald	Am Gorzberg Haus 11 17489 Greifswald
Niedersachsen		keine zentrale Zuständigkeit
Nordrhein-Westfalen	Oberfinanzbezirk Düsseldorf: Finanzamt Kleve für die Bezirke aller Finanzämter des Oberfinanzbezirks Düsseldorf	Emmericher Str. 182 47533 Kleve
	Oberfinanzbezirk Köln: Finanzamt Bonn-Innenstadt für die Bezirke aller Finanzämter des Oberfinanzbezirks Köln	Welschnonnenstraße 15 53111 Bonn
	Oberfinanzbezirk Münster: Finanzamt Dortmund-Unna für die Bezirke aller Finanzämter des Oberfinanzbezirks Münster	Trakehnerweg 4 44143 Dortmund
Rheinland-Pfalz		keine zentrale Zuständigkeit
Saarland	Finanzamt Saarbrücken	Am Stadtgraben 2-4 66111 Saarbrücken
Sachsen	Finanzamt Chemnitz-Süd	Paul-Bertz-Straße 1 09120 Chemnitz
Sachsen-Anhalt	Finanzamt Magdeburg	Tersenowstraße 10 39114 Magdeburg
Schleswig-Holstein		keine zentrale Zuständigkeit
Thüringen	Finanzamt Mühlhausen	Martinistraße 22 99974 Mühlhausen

§ 41a Anmeldung und Abführung der Lohnsteuer

EStG
S 2377

(1) [1]Der Arbeitgeber hat spätestens am zehnten Tag nach Ablauf eines jeden Lohnsteuer-Anmeldungszeitraums

1. dem Finanzamt, in dessen Bezirk sich die Betriebsstätte (§ 41 Absatz 2) befindet (Betriebsstättenfinanzamt), eine Steuererklärung einzureichen, in der er die Summen der im Lohnsteuer-Anmeldungszeitraum einzubehaltenden und zu übernehmenden Lohnsteuer angibt (Lohnsteuer-Anmeldung),

2. die im Lohnsteuer-Anmeldungszeitraum insgesamt einbehaltene und übernommene Lohnsteuer an das Betriebsstättenfinanzamt abzuführen.

[2]Die Lohnsteuer-Anmeldung ist nach amtlich vorgeschriebenem Datensatz durch Datenfernübertragung zu übermitteln. [3]Auf Antrag kann das Finanzamt zur Vermeidung unbilliger Härten auf eine elektronische Übermittlung verzichten; in diesem Fall ist die Lohnsteuer-Anmeldung nach amtlich vorgeschriebenem Vordruck abzugeben und vom Arbeitgeber oder von einer zu seiner Vertretung berechtigten Person zu unterschreiben. [4]Der Arbeitgeber wird von der Verpflichtung zur Abgabe weiterer Lohnsteuer-Anmeldungen befreit, wenn er Arbeitnehmer, für die er Lohnsteuer einzubehalten oder zu übernehmen hat, nicht mehr beschäftigt und das dem Finanzamt mitteilt.

(2) [1]Lohnsteuer-Anmeldungszeitraum ist grundsätzlich der Kalendermonat. [2]Lohnsteuer-Anmeldungszeitraum ist das Kalendervierteljahr, wenn die abzuführende Lohnsteuer für das vorangegangene Kalenderjahr mehr als 1 080 Euro, aber nicht mehr als *5 000* Euro betragen hat; Lohnsteuer-Anmeldungszeitraum ist das Kalenderjahr, wenn die abzuführende Lohnsteuer für das vorangegangene Kalenderjahr nicht mehr als 1 080 Euro betragen hat. [3]Hat die Betriebsstätte nicht während des ganzen vorangegangenen Kalenderjahres bestanden, so ist die für das vorangegangene Kalenderjahr abzuführende Lohnsteuer für die Feststellung des Lohnsteuer-Anmeldungszeitraums auf einen Jahresbetrag umzurechnen. [4]Wenn die Betriebsstätte im vorangegangenen Kalenderjahr noch nicht bestanden hat, ist die auf einen Jahresbetrag umgerechnete für den ersten vollen Kalendermonat nach der Eröffnung der Betriebsstätte abzuführende Lohnsteuer maßgebend.

(3) [1]Die oberste Finanzbehörde des Landes kann bestimmen, dass die Lohnsteuer nicht dem Betriebsstättenfinanzamt, sondern einer anderen öffentlichen Kasse anzumelden und an diese abzuführen ist; die Kasse erhält insoweit die Stellung einer Landesfinanzbehörde. [2]Das Betriebsstättenfinanzamt oder die zuständige öffentliche Kasse können anordnen, dass die Lohnsteuer abweichend von dem nach Absatz 1 maßgebenden Zeitpunkt anzumelden und abzuführen ist, wenn die Abführung der Lohnsteuer nicht gesichert erscheint.

(4) [1]Arbeitgeber, die eigene oder gecharterte Handelsschiffe betreiben, dürfen die gesamte anzumeldende und abzuführende Lohnsteuer, die auf den Arbeitslohn entfällt, der an die Besatzungsmitglieder für die Beschäftigungszeiten auf diesen Schiffen gezahlt wird, abziehen und einbehalten. [2]Die Handelsschiffe müssen in einem inländischen Seeschiffsregister eingetragen sein, die deutsche Flagge führen und zur Beförderung von Personen oder Gütern im Verkehr mit oder zwischen ausländischen Häfen, innerhalb eines ausländischen Hafens oder zwischen einem ausländischen Hafen und der Hohen See betrieben werden. [3]Die Sätze 1 und 2 sind entsprechend anzuwenden, wenn Seeschiffe im Wirtschaftsjahr überwiegend außerhalb der deutschen Hoheitsgewässer zum Schleppen, Bergen oder zur Aufsuchung von Bodenschätzen oder zur Vermessung von Energielagerstätten unter dem Meeresboden eingesetzt werden. [4]Ist für den Lohnsteuerabzug die Lohnsteuer nach der Steuerklasse V oder VI zu ermitteln, so bemisst sich der Betrag nach Satz 1 nach der Lohnsteuer der Steuerklasse I.

R 41a.1   Lohnsteuer-Anmeldung

S 2377

(1) [1]Der Arbeitgeber ist von der Verpflichtung befreit, eine weitere Lohnsteuer-Anmeldung einzureichen, wenn er dem Betriebsstättenfinanzamt mitteilt, dass er im Lohnsteuer-Anmeldungszeitraum keine Lohnsteuer einzubehalten oder zu übernehmen hat, weil der Arbeitslohn nicht steuerbelastet ist. [2]Dies gilt auch, wenn der Arbeitgeber nur Arbeitnehmer beschäftigt, für die er lediglich die Pauschsteuer nach § 40a Abs. 2 EStG an die Deutsche Rentenversicherung Knappschaft-Bahn-See entrichtet.

(2) [1]Für jede Betriebsstätte (→ § 41 Abs. 2 EStG) und für jeden Lohnsteuer-Anmeldungszeitraum ist eine einheitliche Lohnsteuer-Anmeldung einzureichen. [2]Die Abgabe mehrerer Lohnsteuer-Anmeldungen für dieselbe Betriebsstätte und denselben Lohnsteuer-Anmeldungszeitraum, etwa getrennt nach den verschiedenen Bereichen der Lohnabrechnung, z. B. gewerbliche Arbeitnehmer, Gehaltsempfänger, Pauschalierungen nach den §§ 37a, 37b, 40 bis 40b EStG, ist nicht zulässig.

(3) Der für den Lohnsteuer-Anmeldungszeitraum maßgebende Betrag der abzuführenden Lohnsteuer (→ § 41a Abs. 2 EStG) ist die Summe der nach § 38 Abs. 3 EStG im Zeitpunkt der Zahlung einbehaltenen und übernommenen Lohnsteuer ohne Kürzung um das ihr entnommene Kindergeld (→ § 72 Abs. 7 EStG).

(4) [1]Das Betriebsstättenfinanzamt hat den rechtzeitigen Eingang der Lohnsteuer-Anmeldung zu überwachen. [2]Es kann bei nicht rechtzeitigem Eingang der Lohnsteuer-Anmeldung einen Verspätungszuschlag nach § 152 AO festsetzen oder erforderlichenfalls die Abgabe der Lohnsteuer-Anmeldung mit Zwangsmitteln nach §§ 328 bis 335 AO durchsetzen. [3]Wird eine Lohnsteuer-Anmeldung nicht eingereicht, kann das Finanzamt die Lohnsteuer im Schätzungswege ermitteln

---

1) Absatz 2 Satz 2 erster Halbsatz wurde durch das Zweite Bürokratieentlastungsgesetz ab VZ 2017 geändert.

2) Fußnote zu Absatz 4 → § 52 Abs. 40a EStG

und den Arbeitgeber durch Steuerbescheid in Anspruch nehmen (→ §§ 162, 167 Abs. 1 AO). [4]Pauschale Lohnsteuer kann im Schätzungswege ermittelt und in einem Steuerbescheid festgesetzt werden, wenn der Arbeitgeber mit dem Pauschalierungsverfahren einverstanden ist.

(5) [1]Bemessungsgrundlage für den Steuereinbehalt nach § 41a Abs. 4 EStG ist die Lohnsteuer, die auf den für die Tätigkeit an Bord von Schiffen gezahlten Arbeitslohn entfällt, wenn der betreffende Arbeitnehmer mehr als 183 Tage bei dem betreffenden Reeder beschäftigt ist.[1] [2]Der Lohnsteuereinbehalt durch den Reeder nach § 41a Abs. 4 EStG gilt für den Kapitän und alle Besatzungsmitglieder – einschl. des Servicepersonals –, die über ein Seefahrtsbuch[2] verfügen und deren Arbeitgeber er ist. [3]Der Lohnsteuereinbehalt kann durch Korrespondent- oder Vertragsreeder nur vorgenommen werden, wenn diese mit der Bereederung des Schiffes in ihrer Eigenschaft als Mitgesellschafter an der Eigentümergesellschaft beauftragt sind. [4]Bei Vertragsreedern ist dies regelmäßig nicht der Fall. [5]Bei Korrespondentreedern ist der Lohnsteuereinbehalt nur für die Heuern der Seeleute zulässig, die auf den Schiffen tätig sind, bei denen der Korrespondentreeder auch Miteigentümer ist.

Hinweise

H 41a.1

Änderung der Lohnsteuer-Anmeldung durch das Finanzamt

Eine Erhöhung der Lohnsteuer-Entrichtungsschuld ist unter den Voraussetzungen des § 164 Abs. 2 Satz 1 AO auch nach Übermittlung oder Ausschreibung der Lohnsteuerbescheinigung zulässig (→ BFH vom 30. 10. 2008 – BStBl 2009 II S. 354).

Anfechtung der Lohnsteuer-Anmeldung durch den Arbeitnehmer

Ein Arbeitnehmer kann die Lohnsteuer-Anmeldung des Arbeitgebers aus eigenem Recht anfechten, soweit sie ihn betrifft (→ BFH vom 20. 7. 2005 – BStBl II S. 890).

Elektronische Abgabe der Lohnsteuer-Anmeldung

Die Verpflichtung eines Arbeitgebers, seine Steueranmeldung dem Finanzamt grundsätzlich elektronisch zu übermitteln, ist verfassungsgemäß (→ BFH vom 14. 3. 2012 – BStBl II S. 477).

Förderbetrag zur betrieblichen Altersversorgung

→ *BMF vom* 6. 12. 2017 *(BStBl* 2018 *I S.147)*

Härtefallregelung

Anhang 2 IV

Ein Härtefall liegt vor, wenn dem Arbeitgeber die elektronische Datenübermittlung wirtschaftlich oder persönlich unzumutbar ist. Dies ist z. B. der Fall, wenn ihm nicht zuzumuten ist, die technischen Voraussetzungen für die elektronische Übermittlung einzurichten (→ BFH vom 14. 3. 2012 – BStBl II S. 477).

Elektronische Kommunikation

Elektronische Steuererklärung;
Verpflichtung zur elektronischen Übermittlung von Steuererklärungen

Verfügung der OFD Niedersachsen vom 27. 3. 2014 – S 0321-35-St 142 –

1 Rechtliche Grundlagen

Die Verpflichtung, Steuer-und Feststellungserklärungen nicht mehr in Papierform mit eigenhändiger Unterschrift, sondern nach amtlich vorgeschriebenem Datensatz durch Datenfernübertragung zu übermitteln, ist durch das Gesetz zur Modernisierung und Entbürokratisierung des Steuerverfahrens (Steuerbürokratieabbaugesetz – StBürokratAbgG) vom 20. Dezember 2008 (BGBl. I 2008 S. 2850; BStBl I 2009 S. 124) erheblich erweitert worden. Die Verpflichtung zur elektronischen Übermittlung betrifft – erstmals für den Veranlagungs- bzw. Feststellungszeitraum 2011 – insbesondere

- die Einkommensteuererklärung für alle Steuerpflichtigen, die Einkünfte nach § 2 Abs. 1 Satz 1 Nr. 1 bis Nr. 3 EStG erzielen[3] (Gewerbetreibende im Sinne des § 15 EStG, Land- und Forstwirte im Sinne des § 13 EStG sowie selbständig Tätige im Sinne des § 18 EStG)

---

[1]) Überholt durch Neufassung des § 41a Abs. 4 Satz 1 EStG.
2) *jetzt: eine Dienstbescheinigung.*
[3]) Keine Pflicht zur elektronischen Übermittlung, wenn die Gewinneinkünfte nicht mehr als 410,00 EUR betragen und neben Einkünften aus nichtselbständiger Arbeit erzielt werden, § 25 Abs. 4 Satz 1 EStG i. V. m. § 52 Abs. 39 EStG.

- die Feststellungserklärung für die Fälle des § 180 Abs. 1 Nr. 2 AO

- die Körperschaftsteuererklärung und die Erklärung zur gesonderten Feststellung von Besteuerungsgrundlagen

- die Erklärung zur Festsetzung des Gewerbesteuermessbetrags sowie die Zerlegungserklärung und

- die Umsatzsteuer-Jahreserklärung (§ 18 Abs. 3 Satz 1 UStG).

In allen Fällen sehen die Steuergesetze vor, dass die Finanzbehörde zur Vermeidung unbilliger Härten (s. Nr. 2) auf Antrag auf die Übermittlung der Steuererklärung nach amtlich vorgeschriebenem Datensatz durch Datenfernübertragung verzichten kann. Die Steuererklärung ist dann weiterhin nach amtlich vorgeschriebenem Vordruck beim Finanzamt einzureichen und von dem Erklärungspflichtigen eigenhändig zu unterschreiben.

Nach amtlich vorgeschriebenem Datensatz durch Datenfernübertragung zu übermitteln sind ferner

- gem. § 5b EStG die Bilanz sowie die Gewinn- und Verlustrechnung, wenn der Gewinn nach § 4 Abs. 1 EStG, § 5 EStG oder § 5a EStG ermittelt wird (Anwendung erstmals für Wirtschaftsjahre, die nach dem 31. Dezember 2011 beginnen)[1];

- gem. § 60 Abs. 4 EStDV die Anlage EÜR (Anwendung erstmals für Wirtschaftsjahre, die nach dem 31. Dezember 2010 beginnen; formlose Gewinnermittlungen und Übersendung in Papierform werden bei Betriebseinnahmen unter 17 500,00 EUR im Wirtschaftsjahr nicht beanstandet)[2];

- gem. § 48 Abs. 1 Satz 2 UStDV der Antrag auf Dauerfristverlängerung/die Anmeldung der Sondervorauszahlung (Anwendung ab 1. Januar 2011).

Auch für diese Fälle gilt die Härtefallregelung nach § 150 Abs. 8 AO (s. Nr. 2).

Zu den weiteren gesetzlichen Verpflichtungen zur elektronischen Übermittlung, u. a. zur authentifizierten Übermittlung von Lohnsteuer-Anmeldungen und USt-Voranmeldungen und den technisch möglichen Datenübermittlungen s. auch <mailto: www.elster.de/Steuerberater/Übersicht zur elektronischen Übermittlung>. Zu fehlenden technischen Zugängen s. 2.3.

2 Unbillige Härte (§ 150 Abs. 8 AO)

2.1 Allgemeine Grundsätze

Mit Art. 10 Nr. 4 StBürokratAbG ist § 150 AO mit Wirkung zum 1. Januar 2009 Abs. 8 („Härtefallregelung") angefügt worden. Die Regelung gilt nicht nur für zukünftige, sondern auch für schon bestehende Verpflichtungen, z. B. für die elektronische Abgabe der Umsatzsteuer-Voranmeldung (§ 18 Abs. 1 UStG), der Lohnsteuer-Anmeldung (§ 41a Abs. 1 EStG) oder der Kapitalertragsteuer-Anmeldung (§ 45a Abs. 1 EStG).

§ 150 Abs. 8 AO bestimmt in Ergänzung der einzelgesetzlichen Regelungen, dass dem Antrag auf Verzicht auf eine Übermittlung der Steuererklärung nach amtlich vorgeschriebenem Datensatz durch Datenfernübertragung zu entsprechen ist, wenn die unbillige Härte darin besteht, dass dem Steuerpflichtigen die Erklärungsabgabe nach amtlich vorgeschriebenem Datensatz durch Datenfernübertragung wirtschaftlich oder persönlich unzumutbar ist. In diesen Fällen haben die Finanzbehörden abweichend von den einzelgesetzlichen Regelungen keinen Ermessensspielraum.

Einem Steuerpflichtigen ist die Erklärungsabgabe nach amtlich vorgeschriebenem Datensatz durch Datenfernübertragung insbesondere nicht zuzumuten, wenn er nicht über die erforderliche technische Ausstattung verfügt und es für ihn nur mit nicht unerheblichem finanziellen Aufwand möglich wäre, die für eine elektronische Übermittlung der Steuererklärungen nach amtlich vorgeschriebenem Datensatz mittels Datenfernübertragung erforderlichen technischen Möglichkeiten zu schaffen. Eine unbillige Härte ist darüber hinaus anzunehmen, wenn der Steuerpflichtige nach seinen individuellen Kenntnissen und Fähigkeiten nicht oder nur eingeschränkt in der Lage ist, die Möglichkeiten einer Datenfernübertragung zu nutzen. In der Praxis dürften diese Voraussetzungen insbesondere bei Kleinstbetrieben gegeben sein.

---

[1] Nach dem BMF-Schreiben vom 28. September 2011 – IV C 6 – S 2133-b/11/10009, 2011/0770620 – (BStBl I 2001, 855) wird es nicht beanstandet, wenn Bilanz und VuG-Rechnung für das erste Kalenderjahr, das nach dem 31. Dezember 2011 beginnt, noch in Papierform abgegeben wird. Dieses BMF-Schreiben enthält weitere Sonderregelungen für Spezialfälle (z. B. Auslandsbezug, jPdöR, steuerbefreite Körperschaften).

[2] → BMF-Schreiben vom 12. Oktober 2012 – IV C 6 – S 2142/11/10001:003, 2012/0877223 – (BStBl 2012 I 1003); teilweise gibt es Übergangs- und Sonderregelungen.

Der Härtefall-Antrag kann auch konkludent (z. B. in Gestalt der Abgabe einer herkömmlichen Steuer-oder Feststellungserklärung auf Papier) gestellt werden. In diesem Fall sind Sachverhaltsermittlungen der Finanzbehörde nur geboten, wenn das Vorliegen eines Härtefalls nicht als glaubhaft angesehen werden kann.

2.2 Steuerlich beratene Erklärungspflichtige

Bezüglich der Frage, wie mit nach wie vor nur in Papierform eingereichten Erklärungen verfahren werden soll, an deren Erstellung ein Angehöriger der steuerberatenden Berufe mitgewirkt hat, gilt Folgendes:

Die Steuergesetze bestimmen, wer zur Abgabe einer Steuererklärung verpflichtet ist (§ 149 Abs. 1 Satz 1 AO). Hieran ändert auch die Mitwirkung eines Angehörigen der steuerberatenden Berufe nichts. Erklärungspflichtig ist nicht der Steuerberater, sondern der Mandant (Steuerpflichtige). Daher sind auch Rechtsfolgen aus etwaigen Erklärungspflichtverletzungen (Zwangsverfahren, Festsetzung von Verspätungszuschlägen, Schätzungen) gegen den Erklärungspflichtigen, nicht gegen den Berater zu ziehen.

Das fachliche Wissen und die technische Möglichkeit des Beraters zur elektronischen Übermittlung von Steuererklärungen ist dem Erklärungspflichtigen bei der Anwendung des § 150 Abs. 8 AO grundsätzlich zuzurechnen. Dies gilt zumindest in den Fällen, in denen der Berater mit der Erstellung der wesentlichen Teile der Steuererklärung beauftragt wurde. Die sich aus den Einzelsteuergesetzen ergebenden Verpflichtungen zur elektronischen Übermittlung von Erklärungen sind nicht so eng auszulegen, dass hieraus bei persönlicher Unmöglichkeit des Erklärungspflichtigen eine Verpflichtung zur Beauftragung eines Beraters hergeleitet werden könnte. Denn damit liefe die Härtefallregelung des § 150 Abs. 8 AO ins Leere. Hat sich der Erklärungspflichtige bei der Erstellung seiner Erklärung jedoch für die Zuhilfenahme eines Beraters entschieden, so ist es ihm zumutbar, auch dessen Können zur elektronischen Übermittlung in Anspruch zu nehmen.

Dies gilt auch, soweit die elektronische Übermittlung mit weiteren Honorarkosten für den Mandanten verbunden sein sollte. Nach § 150 Abs. 8 Satz 2 AO ist der Erklärungspflichtige von der elektronischen Übermittlung u. a. befreit, wenn die Schaffung der technischen Möglichkeiten für eine elektronische Übermittlung nur mit einem nicht unerheblichen finanziellen Aufwand zur Härtefallregelung führt. Der Honorarkostenanteil für die elektronische Übermittlung kann nicht als erheblicher finanzieller Aufwand angesehen werden.

Sollte der Berater daher nicht selbst unter die Härtefallregelung fallen, was nur in besonderen Ausnahmefällen denkbar ist und was im Zweifel von ihm glaubhaft zu machen wäre, kann sich auch sein Mandant hierauf regelmäßig nicht berufen. Die Erklärung gilt damit als nicht abgegeben.

2.3 Keine Zugangseröffnung der Verwaltung

Zur Frage, welche verfahrensrechtlichen Folgen sich ergeben, wenn eine gesetzliche Verpflichtung zur elektronischen Übermittlung einer Steuererklärung besteht, die Verwaltung aber insoweit noch keinen Zugang eröffnet hat, gilt Folgendes:

Hat die Verwaltung trotz einer für den Steuerpflichtigen bestehenden gesetzlichen Verpflichtung zur elektronischen Übermittlung von Steuererklärungen keinen Zugang i. S. v. § 87a Absatz 1 Satz 1 AO eröffnet, ist es dem Steuerpflichtigen objektiv unmöglich, der gesetzlichen Verpflichtung zur elektronischen Übermittlung seiner Steuererklärung nachzukommen. Es wäre daher unverhältnismäßig, nachteilige Folgerungen (z. B. Festsetzung eines Verspätungszuschlags; Androhung und ggf. Festsetzung eines Zwangsgeldes) aus der Tatsache zu ziehen, dass die Steuererklärung in einem derartigen Fall nicht elektronisch, sondern in Papierform übersandt wird.

Es liegt dann aber kein Härtefall i. S. d. § 150 Absatz 8 AO vor. Diese Vorschrift enthält keine eigenständige Härtefallregelung, sondern bestimmt nur, dass dann, wenn die Steuergesetze eine Härtefallregelung vorsehen, einem Härtefallantrag stets zu entsprechen ist, wenn dem Steuerpflichtigen aus in seiner Person liegenden Gründen eine Erklärungsabgabe durch Datenfernübertragung nicht zugemutet werden kann (siehe hierzu auch die Randnummern 38–45 und 51 ff. des BFH-Urteils vom 14. März 2012 – XI R 33/09 – BStBl II 2012 S. 477). Hier hat aber die Verwaltung die fehlende Möglichkeit der elektronischen Übermittlung zu vertreten.

Der Steuerpflichtige hat daher in dem hier zu beurteilenden Fall eine „Papiererklärung" abzugeben. Diese ist dann eine wirksame Steuererklärung und nicht lediglich Grundlage für eine im Schätzungswege erfolgende Steuerfestsetzung.

Die aktuell eröffneten Zugänge sind zu finden unter <http://www.esteuer.de/#zugaenge (Tz. 3)>. Für die Erklärung zur gesonderten (und einheitlichen) Feststellung nach § 180 Abs. 1 Nr. 2 AO, die gem. § 181 Abs. 2a Satz 1 AO nach amtlich vorgeschriebenem Datensatz durch Datenfernübertragung zu übermitteln ist, ist der Zugang nach § 87a Abs. Satz 1 AO (bundesweit) zurzeit (Stand: März 2014) nur für **Feststellungserklärungen mit bis zu 10 Beteiligten** eröffnet.

3 Härtefallregelungen der Einzelsteuergesetze

Unter anderem nach § 25 Abs. 4 Satz 2 EStG, § 31 Abs. 1a Satz 2 KStG, § 14a Satz 2 GewStG, § 18 Abs. 3 Satz 3 UStG, § 181 Abs. 2a AO können die Finanzbehörden zur Vermeidung unbilliger Härten auf Antrag eine Übermittlung der Steuererklärung nach amtlich vorgeschriebenem Datensatz durch Datenfernübertrag verzichten.

Damit wird ein Anspruch auf eine entsprechende Ermessensentscheidung begründet. Daher ist bei entsprechenden Anträgen ggf. in zwei Stufen zu prüfen:

1. Liegt ein Fall i. S. d. § 150 Abs. 8 AO vor?
2. Wenn nein, sind die Voraussetzungen für die Härtefallregelung des jeweiligen Einzelsteuergesetzes erfüllt?

Dieses Prüfschema hat der BFH in seinem Urteil vom 14. März 2012 – XI R 33/09 –, BStBl II 2012, 477, angewandt, s. Urteilsbegründung zu (II) Nr. 4, s. auch Hübschmann, Hepp, Spitaler, AO/FGO-Kommentar zu § 150 AO, Rz. 53 ff.

Dabei handelt es sich um Einzelfallentscheidungen.

Bei einer Ablehnung des Antrags sind die Ermessenserwägungen regelmäßig spätestens in der Einspruchsentscheidung zu erläutern. In einem etwaigen Klageverfahren können diese nur eingeschränkt ergänzt werden, § 102 Satz 2 FGO (s. auch o. g. BFH-Urteil zu II Nr. 4b – zur fehlenden Darlegung der Einzelfallabwägung).

...

Lohnsteuer-Anmeldung

Abgabe durch Verwalter einer Wohnungseigentümergemeinschaft

→ H 41.3 LStH (Betriebsstätte)

Härtefallregelung

§ 150 Abs. 8 AO:

(8) [1]Ordnen die Steuergesetze an, dass die Finanzbehörde auf Antrag zur Vermeidung unbilliger Härten auf eine Übermittlung der Steuererklärung nach amtlich vorgeschriebenem Datensatz durch Datenfernübertragung verzichten kann, ist einem solchen Antrag zu entsprechen, wenn eine Erklärungsabgabe nach amtlich vorgeschriebenem Datensatz durch Datenfernübertragung für den Steuerpflichtigen wirtschaftlich oder persönlich unzumutbar ist. [2]Dies ist insbesondere der Fall, wenn die Schaffung der technischen Möglichkeiten für eine Datenfernübertragung des amtlich vorgeschriebenen Datensatzes nur mit einem nicht unerheblichen finanziellen Aufwand möglich wäre oder wenn der Steuerpflichtige nach seinen individuellen Kenntnissen und Fähigkeiten nicht oder nur eingeschränkt in der Lage ist, die Möglichkeiten der Datenfernübertragung zu nutzen.

Muster für 2018

Bekanntmachung des Musters für die Lohnsteuer-Anmeldung 2018

(Bekanntmachung vom 6. 9. 2017, BStBl I S. 1295)

Das Vordruckmuster der Lohnsteuer-Anmeldung für Lohnsteuer-Anmeldungszeiträume ab Januar 2018 ist gemäß § 51 Absatz 4 Nummer 1 Buchstabe d des Einkommensteuergesetzes bestimmt worden. Das Vordruckmuster und die „Übersicht über die länderunterschiedlichen Werte in der Lohnsteuer-Anmeldung 2018" werden hiermit bekannt gemacht. Das Vordruckmuster ist auch für die Gestaltung der Vordrucke maßgebend, die mit Hilfe automatischer Einrichtungen ausgefüllt werden (vgl. BMF-Schreiben vom 3. April 2012, BStBl I Seite 522). Abweichend vom Vordruckmuster ist in den elektronischen Formularen zusätzlich zur neuen Kennzahl 23 ein Freitextfeld für die entsprechenden Angaben vorzusehen (weitere Informationen siehe unter www.elster.de).

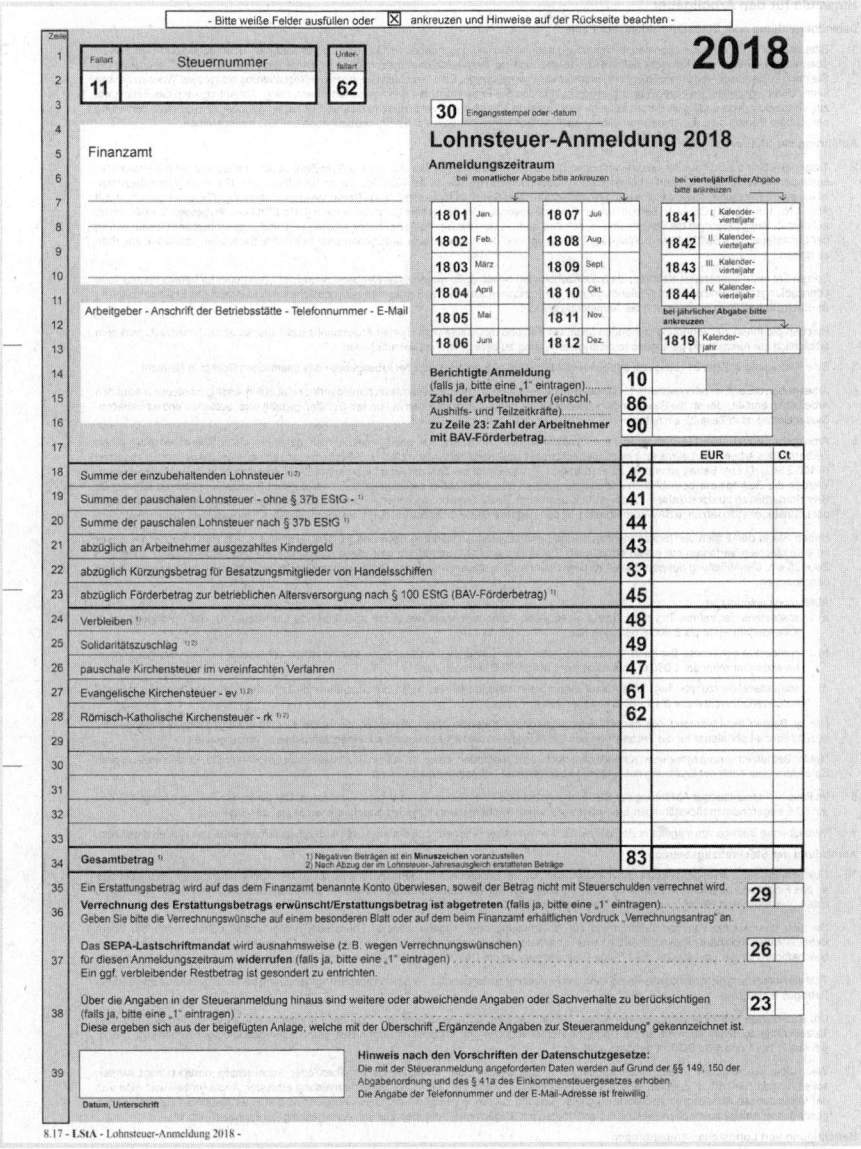

- Bitte weiße Felder ausfüllen oder ⊠ ankreuzen und Hinweise auf der Rückseite beachten -

Zeile		
1	Fallart	
2	Steuernummer	Unterfallart
	11	**62**

2018

30	Eingangsstempel oder -datum

Lohnsteuer-Anmeldung 2018

Anmeldungszeitraum

Finanzamt

bei **monatlicher** Abgabe bitte ankreuzen

bei **vierteljährlicher** Abgabe bitte ankreuzen

18 01	Jan.	18 07	Juni	18 41	I. Kalendervierteljahr
18 02	Feb.	18 08	Aug.	18 42	II. Kalendervierteljahr
18 03	März	18 09	Sept.	18 43	III. Kalendervierteljahr
18 04	April	18 10	Okt.	18 44	IV. Kalendervierteljahr
18 05	Mai	18 11	Nov.		bei **jährlicher** Abgabe bitte ankreuzen
18 06	Juni	18 12	Dez.	18 19	Kalenderjahr

Arbeitgeber - Anschrift der Betriebsstätte - Telefonnummer - E-Mail

Berichtigte Anmeldung
(falls ja, bitte eine „1" eintragen)............ **10**
Zahl der Arbeitnehmer (einschl. Aushilfs- und Teilzeitkräfte)............ **86**
zu Zeile 23: Zahl der Arbeitnehmer mit BAV-Förderbetrag............ **90**

Zeile			EUR	Ct
18	Summe der einzubehaltenden Lohnsteuer [1),2)]	**42**		
19	Summe der pauschalen Lohnsteuer - ohne § 37b EStG - [1)]	**41**		
20	Summe der pauschalen Lohnsteuer nach § 37b EStG [1)]	**44**		
21	abzüglich an Arbeitnehmer ausgezahltes Kindergeld	**43**		
22	abzüglich Kürzungsbetrag für Besatzungsmitglieder von Handelsschiffen	**33**		
23	abzüglich Förderbetrag zur betrieblichen Altersversorgung nach § 100 EStG (BAV-Förderbetrag) [1)]	**45**		
24	Verbleiben [1)]	**48**		
25	Solidaritätszuschlag [1),2)]	**49**		
26	pauschale Kirchensteuer im vereinfachten Verfahren	**47**		
27	Evangelische Kirchensteuer - ev [1),2)]	**61**		
28	Römisch-Katholische Kirchensteuer - rk [1),2)]	**62**		
29				
30				
31				
32				
33				
34	**Gesamtbetrag** [1)] 1) Negativen Beträgen ist ein Minuszeichen voranzustellen 2) Nach Abzug der im Lohnsteuer-Jahresausgleich erstatteten Beträge	**83**		

35   Ein Erstattungsbetrag wird auf das dem Finanzamt benannte Konto überwiesen, soweit der Betrag nicht mit Steuerschulden verrechnet wird.

36   **Verrechnung des Erstattungsbetrags erwünscht/Erstattungsbetrag ist abgetreten** (falls ja, bitte eine „1" eintragen)............ **29**
Geben Sie bitte die Verrechnungswünsche auf einem besonderen Blatt oder auf dem beim Finanzamt erhältlichen Vordruck „Verrechnungsantrag" an.

37   Das **SEPA-Lastschriftmandat** wird ausnahmsweise (z. B. wegen Verrechnungswünschen)
für diesen Anmeldungszeitraum **widerrufen** (falls ja, bitte eine „1" eintragen)............ **26**
Ein ggf. verbleibender Restbetrag ist gesondert zu entrichten.

38   Über die Angaben in der Steueranmeldung hinaus sind weitere oder abweichende Angaben oder Sachverhalte zu berücksichtigen
(falls ja, bitte eine „1" eintragen)............ **23**
Diese ergeben sich aus der beigefügten Anlage, welche mit der Überschrift „Ergänzende Angaben zur Steueranmeldung" gekennzeichnet ist.

39

Datum, Unterschrift

Hinweis nach den Vorschriften der Datenschutzgesetze:
Die mit der Steueranmeldung angeforderten Daten werden auf Grund der §§ 149, 150 der Abgabenordnung und des § 41a des Einkommensteuergesetzes erhoben.
Die Angabe der Telefonnummer und der E-Mail-Adresse ist freiwillig.

8.17 - LStA - Lohnsteuer-Anmeldung 2018 -

Hinweise für den Arbeitgeber

Datenübermittlung oder Steueranmeldung auf Papier?

1. Bitte beachten Sie, dass die Lohnsteuer-Anmeldung nach amtlich vorgeschriebenem Datensatz durch Datenfernübertragung authentifiziert zu übermitteln ist. Für die elektronische authentifizierte Übermittlung, die gesetzlich vorgeschrieben ist, benötigen Sie ein Zertifikat. Dieses erhalten Sie nach kostenloser Registrierung auf der Internetseite www.elster.de. Bitte beachten Sie, dass die Registrierung bis zu zwei Wochen dauern kann. Unter www.elster.de/elsterweb/softwareprodukt finden Sie Programme zur elektronischen Übermittlung. Auf Antrag kann das Finanzamt zur Vermeidung von unbilligen Härten auf eine elektronische Übermittlung verzichten; in diesem Fall haben Sie oder eine zu Ihrer Vertretung berechtigte Person die Lohnsteuer-Anmeldung nach amtlich vorgeschriebenem Vordruck abzugeben und zu unterschreiben.

Abführung der Steuerabzugsbeträge

2. Tragen Sie bitte die Summe der einzubehaltenden Steuerabzugsbeträge (§§ 39b und 39c EStG) in Zeile 18 ein. Die Summe der mit festen oder besonderen Pauschsteuersätzen erhobenen Lohnsteuer nach den §§ 37a, 40 bis 40b EStG tragen Sie bitte in Zeile 19 ein. Nicht einzubeziehen ist die an die Deutsche Rentenversicherung Knappschaft-Bahn-See abzuführende 2 %-ige Pauschsteuer für geringfügig Beschäftigte i. S. d. § 8 Abs. 1 Nr. 1 und § 8a SGB IV. In Zeile 20 tragen Sie bitte gesondert die pauschale Lohnsteuer nach § 37b EStG ein. Vergessen Sie bitte nicht, auf dem Zahlungsabschnitt die Steuernummer, den Zeitraum, in dem die Beträge einbehalten worden sind, und je gesondert den Gesamtbetrag der Lohnsteuer, des Solidaritätszuschlags zur Lohnsteuer und der Kirchensteuer anzugeben oder durch Ihre Bank oder Sparkasse angeben zu lassen.

    Sollten Sie mehr Lohnsteuer erstatten, als Sie einzubehalten haben (z. B. wegen einer Neuberechnung der Lohnsteuer für bereits abgelaufene Lohnzahlungszeiträume desselben Kalenderjahres), kennzeichnen Sie bitte den Betrag mit einem deutlichen Minuszeichen. Der Erstattungsantrag ist durch Übermittlung oder Abgabe der Anmeldung gestellt.

    Reichen die Ihnen zur Verfügung stehenden Mittel zur Zahlung des vollen vereinbarten Arbeitslohns nicht aus, so ist die Lohnsteuer von dem tatsächlich zur Auszahlung gelangenden niedrigeren Betrag zu berechnen und einzubehalten.

3. Eine Eintragung in Zeile 21 (ausgezahltes Kindergeld) kommt grundsätzlich nur bei Arbeitgebern des öffentlichen Rechts in Betracht.

4. Arbeitgeber, die eigene oder gecharterte Handelsschiffe betreiben, dürfen die gesamte anzumeldende und abzuführende Lohnsteuer, die auf den Arbeitslohn entfällt, der an die Besatzungsmitglieder für die Beschäftigungszeiten auf diesen Schiffen gezahlt wird, abziehen und einbehalten. Dieser Betrag ist in Zeile 22 einzutragen.

5. Arbeitgeber dürfen vom Gesamtbetrag der einzubehaltenden Lohnsteuer für jeden Arbeitnehmer mit einem ersten Dienstverhältnis einen Teilbetrag des Arbeitgeberbeitrags zur kapitalgedeckten betrieblichen Altersversorgung (BAV-Förderbetrag) entnehmen und gesondert absetzen (§ 100 EStG). Dieser Betrag ist in Zeile 23 einzutragen. Zusätzlich ist die Zahl der Arbeitnehmer mit BAV-Förderbetrag in Zeile 16 einzutragen. Werden die Beiträge zur betrieblichen Altersversorgung an den Arbeitgeber zurückgezahlt, ist der auf den Rückzahlungsbetrag entfallende BAV-Förderbetrag zurückzuzahlen. Ist der zurückzuzahlende BAV-Förderbetrag höher als der im Lohnzahlungszeitraum der Rückzahlung von der Lohnsteuer abzusetzende BAV-Förderbetrag, ist der „negative BAV-Förderbetrag" durch ein vorangestelltes Minuszeichen zu kennzeichnen.

6. Haben Sie in den Fällen der Einkommensteuer- und Lohnsteuerpauschalierung nach den §§ 37a, 37b, 40 bis 40b EStG die Kirchensteuer im vereinfachten Verfahren mit einem ermäßigten Steuersatz ermittelt, tragen Sie bitte diese (pauschale) Kirchensteuer in einer Summe in Zeile 26 ein. Die Aufteilung der pauschalen Kirchensteuer auf die steuererhebenden Religionsgemeinschaften wird von der Finanzverwaltung übernommen.

7. Abführungszeitpunkt ist
    a) spätestens der zehnte Tag nach Ablauf eines jeden Kalendermonats, wenn die abzuführende Lohnsteuer für das vorangegangene Kalenderjahr mehr als 5.000 € betragen hat.
    b) spätestens der zehnte Tag nach Ablauf eines jeden Kalendervierteljahres, wenn die abzuführende Lohnsteuer für das vorangegangene Kalenderjahr mehr als 1.080 €, aber nicht mehr als 5.000 € betragen hat.
    c) spätestens der zehnte Tag nach Ablauf eines jeden Kalenderjahres, wenn die abzuführende Lohnsteuer für das vorangegangene Kalenderjahr nicht mehr als 1.080 € betragen hat.

    Hat Ihr Betrieb nicht während des ganzen vorangegangenen Kalenderjahres bestanden, so ist die für das vorangegangene Kalenderjahr abzuführende Lohnsteuer für die Feststellung des Lohnsteuer-Anmeldungszeitraums auf einen Jahresbetrag umzurechnen.

    Hat Ihr Betrieb im vorangegangenen Kalenderjahr noch nicht bestanden, so ist die auf einen Jahresbetrag umgerechnete, für den ersten vollen Kalendermonat nach der Eröffnung des Betriebs abzuführende Lohnsteuer maßgebend.

8. Im Falle nicht rechtzeitiger Abführung der Steuerabzugsbeträge ist ein Säumniszuschlag zu entrichten. Der Säumniszuschlag beträgt 1 % des auf 50 € abgerundeten rückständigen Steuerbetrages (ohne Kirchensteuer) für jeden angefangenen Monat der Säumnis.

9. Verbleibende Beträge von insgesamt weniger als 1 € werden weder erhoben noch erstattet, weil dadurch unverhältnismäßige Kosten entstehen.

Anmeldung der Steuerabzugsbeträge

10. Übermitteln oder übersenden Sie bitte unabhängig davon, ob Sie Lohnsteuer einzubehalten hatten oder ob die einbehaltenen Steuerabzugsbeträge an das Finanzamt abgeführt worden sind, dem Finanzamt der Betriebsstätte spätestens bis zum Abführungszeitpunkt (siehe oben Nummer 7) eine Lohnsteuer-Anmeldung nach amtlich vorgeschriebenem Datensatz oder Vordruck.

    Sie sind aber künftig von der Verpflichtung zur Übermittlung oder Abgabe weiterer Lohnsteuer-Anmeldungen befreit, wenn Sie Ihrem Betriebsstättenfinanzamt mitteilen, dass Sie keine Lohnsteuer einzubehalten und abzuführen haben. Gleiches gilt, wenn Sie nur Arbeitnehmer beschäftigen, für die Sie lediglich die 2 %-ige Pauschsteuer an die Deutsche Rentenversicherung Knappschaft-Bahn-See abzuführen haben.

11. Trifft die Anmeldung nicht rechtzeitig ein, so kann das Finanzamt zu der Lohnsteuer einen **Verspätungszuschlag** bis zu 10 % des anzumeldenden Betrages festsetzen.

12. Um Rückfragen des Finanzamts zu vermeiden, geben Sie bitte in Zeile 15 stets die Zahl der Arbeitnehmer – einschließlich Aushilfs- und Teilzeitkräfte, zu denen auch die an die Deutsche Rentenversicherung Knappschaft-Bahn-See gemeldeten geringfügig Beschäftigten i. S. d. § 8 Abs. 1 Nr. 1 und § 8a SGB IV gehören – an.

13. Wenn über die Angaben in der Steueranmeldung hinaus weitere oder abweichende Angaben oder Sachverhalte berücksichtigt werden sollen, tragen Sie bitte in Zeile 38 eine "1" ein. Gleiches gilt, wenn bei den in der Steueranmeldung erfassten Angaben bewusst eine von der Verwaltungsauffassung abweichende Rechtsauffassung zugrunde gelegt wurde. Diese Angaben sind in einer von Ihnen zu erstellenden gesonderten Anlage zu machen, welche mit der Überschrift „Ergänzende Angaben zur Steueranmeldung" zu kennzeichnen ist.

Berichtigung von Lohnsteuer-Anmeldungen

14. Wenn Sie feststellen, dass eine bereits eingereichte Lohnsteuer-Anmeldung fehlerhaft oder unvollständig ist, so ist für den betreffenden Anmeldungszeitraum eine berichtigte Lohnsteuer-Anmeldung zu übermitteln oder einzureichen. Dabei sind Eintragungen auch in den Zeilen vorzunehmen, in denen sich keine Änderungen ergeben haben. Es ist nicht zulässig, nur Einzel- oder Differenzbeträge nachzumelden. Für die Berichtigung mehrerer Anmeldungszeiträume sind jeweils gesondert berichtigte Lohnsteuer-Anmeldungen einzureichen. Den Berichtigungsgrund teilen Sie bitte Ihrem Finanzamt gesondert mit.

Übersicht über länderunterschiedliche Werte in der Lohnsteuer-Anmeldung 2018

Land	Zeilen-Nr.	Bedeutung	Kennzahl
Baden-Württemberg	29	Kirchensteuer der Israelitischen Religionsgemeinschaft Baden – ib[1][2]	78
	30	Kirchensteuer der Freireligiösen Landesgemeinde Baden – fb[1][2]	67
	31	Kirchensteuer der Israelitischen Religionsgemeinschaft Württembergs – iw [1][2]	73
	32	Alt-Katholische Kirchensteuer – ak [1][2]	63
Bayern	29	Israelitische Bekenntnissteuer – is[1][2]	64
	30	Alt-Katholische Kirchensteuer – ak [1][2]	63
Berlin	29	Alt-Katholische Kirchensteuer – ak [1][2]	63
Brandenburg	29	Israelitische / Jüdische Kultussteuer – is/jh/jd [1][2]	64
	30	Freireligiöse Gemeinde Mainz – fm [1][2]	65
	31	Israelitische Kultussteuer der kultussteuerberechtigten Gemeinden Hessen – il[1][2]	74
	32	Alt-Katholische Kirchensteuer – ak [1][2]	63
Bremen	29	Beiträge zur Arbeitnehmerkammer	68
Hamburg	29	Jüdische Kultussteuer – jh[1][2]	64
	30	Alt-Katholische Kirchensteuer – ak [1][2]	63
Hessen	29	Freireligiöse Gemeinde Offenbach/M. – fs[1][2]	66
	30	Freireligiöse Gemeinde Mainz – fm [1][2]	65
	31	Israelitische Kultussteuer Frankfurt – is [1][2]	64
	32	Israelitische Kultussteuer der kultussteuerberechtigten Gemeinden – il[1][2]	74
	33	Alt-Katholische Kirchensteuer – ak[1][2]	63
Niedersachsen	29	Alt-Katholische Kirchensteuer – ak[1][2][3]	63
Nordrhein-Westfalen	29	Jüdische Kultussteuer – jd [1][2]	64
	30	Alt-Katholische Kirchensteuer – ak[1][2]	63
Rheinland-Pfalz	29	Jüdische Kultussteuer – is[1][2]	64
	30	Freireligiöse Landesgemeinde Pfalz – fg[1][2]	68
	31	Freireligiöse Gemeinde Mainz – fm[1][2]	65
	32	Freie Religionsgemeinschaft Alzey – fa[1][2]	72
	33	Alt-Katholische Kirchensteuer – ak [1][2]	63
Saarland	29	Israelitische Kultussteuer – issl[1][2]	64
	30	Alt-Katholische Kirchensteuer – ak[1][2]	63
	31	Beiträge zur Arbeitskammer	70
Schleswig-Holstein	29	Jüdische Kultussteuer – ih [1][2]	64
	30	Alt-Katholische Kirchensteuer – ak [1][2]	63

1) Negativen Beträgen ist ein **Minuszeichen** voranzustellen
2) Nach Abzug der im Lohnsteuer-Jahresausgleich erstatteten Beträge
3) Kann auf volle Cent zugunsten des Arbeitgebers gerundet werden

Unterschrift

Unterschriftsleistungen bei Steuererklärungen

(Verfügung der OFD Hannover vom 27. 1. 2003 – S 0321 – 3 – StH 462 –, – S 0321 – 1 – StO 321 –)

1. Allgemeines

Der Steuerpflichtige (Stpfl.) kann sich bei allen das Verwaltungsverfahren betreffenden Verfahrenshandlungen durch einen Bevollmächtigten vertreten lassen (§ 80 Abs. 1 Satz 2 AO). Zu diesen Verfahrenshandlungen gehört auch die Abgabe von Steuererklärungen, sodass der Bevollmächtigte grundsätzlich die Steuererklärung im Auftrag des Stpfl. unterzeichnen darf. Sehen jedoch die Einzelsteuergesetze die **eigenhändige** Unterschrift des Stpfl. vor, so ist die Unterzeichnung durch einen Bevollmächtigten nur unter den Voraussetzungen des § 150 Abs. 3 AO zulässig. Das Recht zur gewillkürten Vertretung (§ 80 Abs. 1 AO) wird insoweit eingeschränkt.

2. Gesetzliche Verpflichtung zur eigenhändigen Unterschrift

Die eigenhändige Unterschrift des zur Abgabe der Steuererklärung Verpflichteten ist u. a. vorgeschrieben:

a)   für die Einkommensteuererklärung (§ 25 Abs. 3 Sätze 4 und 5 EStG),

b)   für die Gewerbesteuererklärung (§ 14a Satz 3 GewStG),

c)   für die Umsatzsteuererklärung (§ 18 Abs. 3 letzter Satz UStG).

In diesen Fällen genügt die Unterschrift eines Bevollmächtigten nur dann, wenn der Stpfl. infolge seines körperlichen oder geistigen Zustandes oder durch längere Abwesenheit an der Unterschrift gehindert ist. Ein Fall der längeren Abwesenheit liegt z. B. vor, wenn der Stpfl. sich dauernd im Ausland aufhält oder in das Ausland verzogen ist. Nach Wegfall des Hinderungsgrunds kann verlangt werden, dass der Stpfl. die eigenhändige Unterschrift nachholt (§ 150 Abs. 3 AO).

Ferner ist die Bevollmächtigung offen zu legen. Die verdeckte Stellvertretung reicht nicht aus. Unterschreibt der Bevollmächtigte mit dem Namen des Stpfl., so hat er deshalb auf die Bevollmächtigung hinzuweisen.

Hat ein Bevollmächtigter die Steuererklärung unterschrieben, bestehen aber Zweifel, ob ein Verhinderungsfall des § 150 Abs. 3 AO vorliegt, so ist der Bevollmächtigte aufzufordern, entweder die Voraussetzungen für seine Unterschriftsleistung nachzuweisen oder die Unterschrift durch den Stpfl. nachholen zu lassen. Weigert sich der Stpfl. ohne zureichenden Grund, die Erklärung nachträglich zu unterzeichnen, so muss daraus geschlossen werden, dass er sie nicht abgeben will. In diesen Fällen können Zwangsgelder angedroht und festgesetzt sowie Verspätungszuschläge auferlegt werden. Ferner sind antragsgebundene Steuervergünstigungen nicht zu gewähren, wenn die Veranlagung nach den Angaben in der nicht mit rechtsgültiger Unterschrift versehenen Steuererklärung durchgeführt wird.

Bei einem Freistellungsauftrag i. S. des § 44a Abs. 2 Nr. 1 EStG handelt es sich weder um eine Steuererklärung i. S. des § 150 AO noch ergibt sich aus § 44a Abs. 2 Nr. 1 EStG eine Verpflichtung zur eigenhändigen Unterschrift eines Freistellungsauftrages. § 150 AO steht dementsprechend einer Vertretung bei der Stellung eines Freistellungsauftrages nicht entgegen.

3. Umsatzsteuer-Voranmeldungen; Lohnsteuer-Anmeldungen

Das UStG sieht nicht vor, dass der Stpfl. die Umsatzsteuer-Voranmeldung (§ 18 Abs. 1 u. 2 UStG) eigenhändig zu unterschreiben hat. Auch für die Lohnsteuer-Anmeldung wird die eigenhändige Unterschrift des Arbeitgebers nicht verlangt; die Unterschrift einer zu seiner Vertretung berechtigten Person ist ausdrücklich zugelassen (§ 41a Abs. 1 Satz 2 EStG). Danach reicht es aus, wenn die Erklärung (Anmeldung) von dem steuerlichen Vertreter unterzeichnet wird, der sie erstellt hat. Bei entsprechender Bevollmächtigung kann auch ein Angestellter des steuerlichen Vertreters die Erklärung (Anmeldung) unterzeichnen. Das gilt jedoch nur, wenn der Angestellte zu dem in § 3 StBerG bezeichneten Personenkreis gehört.

In Einzelfällen von besonderer Bedeutung (z. B. bei hohen Vorsteuerüberschüssen) bleibt es dem Finanzamt unbenommen, sich an den Stpfl. selbst zu wenden (§ 80 Abs. 3 AO).

4. Straf- und bußgeldrechtliche Verantwortung bei Unterzeichnung durch einen Bevollmächtigten

Für den Inhalt der Erklärung (Anmeldung) bleibt der Stpfl. auch dann verantwortlich, wenn er mit ihrer Erstellung einen Bevollmächtigten beauftragt hat. Zusätzlich übernimmt der Bevollmächtigte mit seiner Unterschrift die straf- und bußgeldrechtliche Verantwortung dafür, dass er die erklärten Angaben auf ihre Richtigkeit und Vollständigkeit gewissenhaft überprüft hat.

Ich bitte, diesen Gesichtspunkt besonders zu beachten, wenn in Erklärungen, die von Bevollmächtigten unterzeichnet sind, falsche oder unvollständige Angaben festgestellt werden.

...

Übermittlung von Steuererklärungen durch Telefax

Landesamt für Steuern Rheinland-Pfalz vom 24. 9. 2015 – S 0321 A-St 35 2 –

Der BFH hat mit Urteil vom 8. 10. 2014 VI R 82/13 am Beispiel einer vom Steuerpflichtigen unterschriebenen Einkommensteuererklärung entschieden, dass diese auch durch Telefax wirksam an das Finanzamt übermittelt werden kann.

Das Urteil wurde zwischenzeitlich im Bundessteuerblatt veröffentlicht (BStBl II 2015, 359) und findet damit allgemein Anwendung auf alle Arten von Steuererklärungen, für die das Gesetz die eigenhändige Unterschrift vorsieht. Das dem Urteil entgegenstehende BMF-Schreiben vom 20. 1. 2003 (BStBl I 2003, 74) wurde durch BMF-Schreiben vom 16. 4. 2015 (BStBl I 2015, 438) mit sofortiger Wirkung aufgehoben.

Vordrucke für die maschinelle Erstellung der Lohnsteuer-Anmeldungen

Grundsätze für die Verwendung von Steuererklärungsvordrucken;

Amtlich vorgeschriebene Vordrucke

(BMF-Schreiben vom 3. 4. 2012, BStBl I S. 522)

Unter Bezugnahme auf das Ergebnis der Abstimmung mit den obersten Finanzbehörden der Länder gilt Folgendes:

Soweit Steuererklärungen nicht nach Maßgabe der Steuerdaten-Übermittlungsverordnung ausschließlich elektronisch übermittelt werden, sind sie nach amtlich vorgeschriebenem Vordruck abzugeben (§ 150 Abs. 1 AO). Mehrseitige Vordrucke sind vollständig abzugeben.

1. Amtlich vorgeschriebene Vordrucke

Amtlich vorgeschriebene Vordrucke sind:

1.1 Vordrucke, die mit den von den zuständigen Finanzbehörden freigegebenen Druckvorlagen hergestellt worden sind (amtliche Vordrucke), einschließlich der Formulare, die auf den Internetseiten der Steuerverwaltungen angeboten werden (Internetformulare);

1.2 Vordrucke, die im Rahmen einer elektronischen Übermittlung von Steuererklärungsdaten nach Tz. 2 Abs. 2 Sätze 3 bis 5 des BMF-Schreibens vom 16. November 2011 (BStBl I S. 1063) erstellt und ausgefüllt worden sind (komprimierte Vordrucke);

1.3 Vordrucke, die nach dem Muster einer amtlichen Druckvorlage durch Druck, Ablichtung oder mit Hilfe von Datenverarbeitungsanlagen hergestellt worden sind (nichtamtliche Vordrucke).

2. Verwendung nichtamtlicher Vordrucke

Die Verwendung nichtamtlicher Vordrucke (Tz. 1.3) ist zulässig, wenn diese in der drucktechnischen Ausgestaltung (Layout), in der Papierqualität und in den Abmessungen den amtlichen Vordrucken entsprechen.

Die Vordrucke müssen danach insbesondere

– im Wortlaut, im Format und in der Seitenzahl sowie Seitenfolge mit den amtlichen Vordrucken übereinstimmen und

– über einen Zeitraum von mindestens 15 Jahren haltbar und gut lesbar sein.

Geringfügige Veränderungen der Zeilen- und Schreibabstände sowie des Papierformats sind zugelassen; sofern diese gleichmäßig über die ganze Seite erfolgen und das Seitenverhältnis in Längs- und in Querrichtung beibehalten wird. Der Gründruck muss durch entsprechende Graustufen ersetzt werden.

Ein doppelseitiger Druck ist nicht erforderlich und die Verbindung der Seiten mehrseitiger Vordrucke ist zu vermeiden.

Sofern der amtliche Vordruck einen Barcode enthält, ist dieser in den nichtamtlichen Vordruck nicht aufzunehmen; die Eintragung des entsprechenden Formularschlüssels ist vorzunehmen. Weitere aufzunehmende Unterscheidungsmerkmale (z. B. Kennzahl und Wert) ergeben sich aus dem jeweiligen Vordruck.

Weitere Anforderungen an Vordrucke, die mit Hilfe von Datenverarbeitungsanlagen hergestellt wurden, ergeben sich aus dem als Anlage beigefügten Merkblatt.

3. Verwendung von Internetformularen und komprimierten Vordrucken

Bei der Verwendung von Internetformularen und komprimierten Vordrucken sind die Anforderungen an die Papierqualität nichtamtlicher Vordrucke (Tz. 2) einzuhalten.

4. Grundsätze für das maschinelle Ausfüllen von Vordrucken

4.1 Die für die Bearbeitung im Finanzamt erforderlichen Ordnungsangaben sind in dem dafür vorgesehenen Bereich (Vordruckfeld) im Kopf des Vordrucks anzugeben. Die Steuernummern sind nach dem Format aufzubereiten, das für das Land vorgesehen ist, in dem die Steuererklärung abzugeben ist.

4.2 Bei negativen Beträgen ist das Minuszeichen vor den Betrag zu setzen.

4.3 Feldeinteilungen sind einzuhalten. Es ist zu gewährleisten, dass die maschinell vorgenommenen Eintragungen deutlich erkennbar sind (z. B. Fettdruck), die Zuordnung von Beträgen zu den Kennzahlen eindeutig ist und die Kennzahlen nicht überschrieben werden.

4.4 In der Fußzeile des Vordrucks ist zusätzlich der Name des Herstellers des verwendeten Computerprogramms anzugeben.

5. Schlussbestimmungen

Dieses Schreiben tritt mit Veröffentlichung im Bundessteuerblatt Teil I an die Stelle des BMF-Schreibens vom 11. März 2011, BStBl I S. 247.

Anlage

Technisches Merkblatt für Vordrucke, die mit Hilfe von Datenverarbeitungsanlagen hergestellt werden

Das technische Merkblatt richtet sich an Hersteller von Steuersoftware und Betreiber von Portalen zum Download von Steuerformularen aus dem Internet. Die nachfolgend aufgeführten Anforderungen sollen eine reibungslose maschinelle Bearbeitung von Steuererklärungen auf nichtamtlichen Vordrucken ermöglichen. Die Anbieter der Softwarepakete bzw. Portaldienste haben diese Vorgaben einzuhalten.

Ausdruck muss im Grauraster erfolgen

Bei der maschinellen Beleglesung im Finanzamt dient die grüne Farbe in den amtlichen Vordrucken als Blindfarbe. Gründruck in nichtamtlichen Vordrucken, insbesondere bei Ausdrucken aus gängigen Bürodruckern, kann diese Anforderung nicht erfüllen.

Die mit einer Steuersoftware oder mit Formularen aus dem Internet erstellten Steuererklärungen müssen daher im Grauraster ausgedruckt werden.

Technische Vorgaben:

Grüner Hintergrund: Graurasterung 15 % Deckung, 40er Auflösung.

Grüne Schrift und grüne Linien sind schwarz zu drucken.

Auf den Ausdrucken benötigte Merkmale

Keinen Barcode aufdrucken

Das für die steuerliche Beleglesung relevante Unterscheidungsmerkmal zwischen amtlichen und nichtamtlichen Vordrucken ist der Barcode, der als Erkennungsmerkmal für amtliche Vordrucke dient. Der Barcode darf nur bei amtlichen Vordrucken, nicht aber bei nichtamtlichen Vordrucken aufgebracht sein.

Formularschlüssel

Bei nichtamtlichen Vordrucken erfolgt die Identifizierung der einzelnen Anlagen über den Formularschlüssel. Bei fehlenden Formularschlüsseln kann der Vordruck nicht maschinell zugeordnet werden und muss personell bearbeitet werden.

Der Zusatz 'NET' im Formularschlüssel ist für die Internetformulare der Steuerverwaltung reserviert und darf nicht von Softwareherstellern und anderen Portalen verwendet werden.

Bei nichtamtlichen Vordrucken ist derselbe Schlüssel zu verwenden wie bei den amtlichen (grünen) Vordrucken. Der Schlüssel muss exakt an der gleichen Position erscheinen wie bei einem amtlichen Formular. Die Schlüssel müssen freistehen. Dies bedeutet, dass die Formularschlüssel keine anderen Objekte berühren dürfen. Der Abstand zur Formular-Begrenzungslinie und allen anderen Objekten muss mindestens 2 mm betragen. Die Vermaßung ist der untenstehenden Skizze „Ankerwinkel" zu entnehmen.

Name des Herstellers bzw. Formularquelle

Die Herstellerbezeichnung in der Fußzeile muss einen hinreichenden Abstand zum Formularschlüssel einhalten. Aufgrund des begrenzten Platzes ist die zusätzliche Angabe der vollständigen Herstelleranschrift nicht erforderlich.

....

Lohnsteuereinbehalt durch Reeder

– Arbeitgeber i. S. d. § 41a Abs. 4 EStG ist der zum Lohnsteuereinbehalt nach § 38 Abs. 3 EStG Verpflichtete. Dies ist regelmäßig der Vertragspartner des Arbeitnehmers aus dem Dienstvertrag (→ BFH vom 13. 7. 2011 – BStBl II S. 986).

– Zur Anwendung der Neuregelung des § 41a Abs. 4 EStG → BMF vom 18. 5. 2016 (BStBl I S. 503).

Schätzungsbescheid

Wenn ein Arbeitgeber die Lohnsteuer trotz gesetzlicher Verpflichtung nicht anmeldet und abführt, kann das Finanzamt sie durch Schätzungsbescheid festsetzen. Die Möglichkeit, einen Haftungsbescheid zu erlassen, steht dem nicht entgegen (→ BFH vom 7. 7. 2004 – BStBl II S. 1087).

Abführung der Lohnsteuer   R 41a.2

[1]Der Arbeitgeber hat die Lohnsteuer in einem Betrag an die Kasse des Betriebsstättenfinanzamts   S 2377
(→ § 41 Abs. 2 EStG) oder an eine von der obersten Finanzbehörde des Landes bestimmte öffentliche Kasse (→ § 41a Abs. 3 EStG) abzuführen. [2]Der Arbeitgeber muss auf dem Zahlungsabschnitt angeben oder durch sein Kreditinstitut angeben lassen: die Steuernummer, die Bezeichnung der Steuer und den Lohnsteuer-Anmeldungszeitraum. [3]Eine Stundung der einzubehaltenden oder einbehaltenen Lohnsteuer ist nicht möglich (→ § 222 Satz 3 und 4 AO).

Hinweis   H 41a.2

Stundung

Stundung von Steuerabzugsbeträgen

(Erlaß des FinMin Thüringen vom 14. 7. 1997–201.1 – S 0453 A – 5/97 –)

Die Referatsleiter AO hielten an ihrem Beschluß fest, wonach § 222 AO eine Verrechnungsstundung auch in den Fällen nicht erlaubt, in denen durch sie die Zahlung des Arbeitgebers an das FA und eine umgehende Rückzahlung eines Erstattungsanspruchs durch das FA vermieden werden könnte. Die Finanzämter sind anzuweisen, keine Stundungen von Steuerabzugsbeträgen durchzuführen und entsprechende Anträge abzulehnen.

Ob ein Erlaß von Säumniszuschlägen in Betracht kommt, ist in jedem Einzelfall zu prüfen.

Dieser Erlaß ergeht im Einvernehmen mit den obersten Finanzbehörden des Bundes und der anderen Länder.

§ 41b Abschluss des Lohnsteuerabzugs   EStG

(1) [1]**Bei Beendigung eines Dienstverhältnisses oder am Ende des Kalenderjahres hat der**   S 2378
Arbeitgeber das Lohnkonto des Arbeitnehmers abzuschließen. [2]**Auf Grund der Aufzeichnungen**
im Lohnkonto hat der Arbeitgeber nach Abschluss des Lohnkontos für jeden Arbeitnehmer der
für dessen Besteuerung nach dem Einkommen zuständigen Finanzbehörde nach Maßgabe
des § 93c der Abgabenordnung neben den in § 93c Absatz 1 der Abgabenordnung genannten

Daten insbesondere folgende Angaben zu übermitteln (elektronische Lohnsteuerbescheinigung):

1. die abgerufenen elektronischen Lohnsteuerabzugsmerkmale oder die auf der entsprechenden Bescheinigung für den Lohnsteuerabzug eingetragenen Lohnsteuerabzugsmerkmale sowie die Bezeichung und die Nummer des Finanzamts, an das die Lohnsteuer abgeführt worden ist,

2. die Dauer des Dienstverhältnisses während des Kalenderjahres sowie die Anzahl der nach § 41 Absatz 1 Satz 5 vermerkten Großbuchstaben U,

3. die Art und Höhe des gezahlten Arbeitslohns sowie den nach § 41 Abs. 1 Satz 6 vermerkten Großbuchstaben S,

4. die einbehaltene Lohnsteuer, den Solidaritätszuschlag und die Kirchensteuer,

5. das Kurzarbeitergeld, den Zuschuss zum Mutterschaftsgeld nach dem Mutterschutzgesetz, die Entschädigung für Verdienstausfall nach dem Infektionsschutzgesetz vom 20. Juli 2000 (BGBl. I S. 1045), zuletzt geändert durch Artikel 11 § 3 des Gesetzes vom 6. August 2002 (BGBl. I S. 3082), in der jeweils geltenden Fassung, sowie die nach § 3 Nr. 28 steuerfreien Aufstockungsbeträge oder Zuschläge,

6. die auf die Entfernungspauschale anzurechnenden steuerfreien Arbeitgeberleistungen für Fahrten zwischen Wohnung und erster Tätigkeitsstätte sowie Fahrten nach § 9 Absatz 1 Satz 3 Nummer 4a Satz 3,

7. die pauschal besteuerten Arbeitgeberleistungen für Fahrten zwischen Wohnung und erster Tätigkeitsstätte sowie Fahrten nach § 9 Absatz 1 Satz 3 Nummer 4a Satz 3,

8. für die dem Arbeitnehmer zur Verfügung gestellten Mahlzeiten nach § 8 Absatz 2 Satz 8 den Großbuchstaben M,

9. für die steuerfreie Sammelbeförderung nach § 3 Nr. 32 den Großbuchstaben F,

10. die nach § 3 Nr. 13 und 16 steuerfrei gezahlten Verpflegungszuschüsse und Vergütungen bei doppelter Haushaltsführung,

11. Beiträge zu den gesetzlichen Rentenversicherungen und an berufsständische Versorgungseinrichtungen, getrennt nach Arbeitgeber- und Arbeitnehmeranteil,

12. die nach § 3 Nr. 62 gezahlten Zuschüsse zur Kranken- und Pflegeversicherung,

13. die Beiträge des Arbeitnehmers zur gesetzlichen Krankenversicherung und zur sozialen Pflegeversicherung,

14. die Beiträge des Arbeitnehmers zur Arbeitslosenversicherung,

15. den nach § 39b Absatz 2 Satz 5 Nummer 3 Buchstabe d berücksichtigten Teilbetrag der Vorsorgepauschale.

[3]Der Arbeitgeber hat dem Arbeitnehmer die elektronische Lohnsteuerbescheinigung nach amtlich vorgeschriebenem Muster binnen angemessener Frist als Ausdruck auszuhändigen oder elektronisch bereitzustellen. [4]Soweit der Arbeitgeber nicht zur elektronischen Übermittlung nach Absatz 1 Satz 2 verpflichtet ist, hat er nach Ablauf des Kalenderjahres oder wenn das Dienstverhältnis vor Ablauf des Kalenderjahres beendet wird, eine Lohnsteuerbescheinigung nach amtlich vorgeschriebenem Muster auszustellen. [5]Er hat dem Arbeitnehmer diese Bescheinigung auszuhändigen. [6]Nicht ausgehändigte Lohnsteuerbescheinigungen hat der Arbeitgeber dem Betriebsstättenfinanzamt einzureichen.

(2) [1]Ist dem Arbeitgeber die Identifikationsnummer (§ 139b der Abgabenordnung) des Arbeitnehmers nicht bekannt, hat er für die Datenübermittlung nach Absatz 1 Satz 2 aus dem Namen, Vornamen und Geburtsdatum des Arbeitnehmers ein Ordnungsmerkmal nach amtlich festgelegter Regel für den Arbeitnehmer zu bilden und das Ordnungsmerkmal zu verwenden. [2]Er darf das lohnsteuerliche Ordnungsmerkmal nur für die Zuordnung der elektronischen Lohnsteuerbescheinigung oder sonstiger für das Besteuerungsverfahren erforderlicher Daten zu einem bestimmten Steuerpflichtigen und für Zwecke des Besteuerungsverfahrens erheben, bilden, verarbeiten oder verwenden.

(2a) [1]Ordnungswidrig handelt, wer vorsätzlich oder leichtfertig entgegen Absatz 2 Satz 2, auch in Verbindung mit § 32b Absatz 3 Satz 1 zweiter Halbsatz, das Ordnungsmerkmal verwendet. [2]Die Ordnungswidrigkeit kann mit einer Geldbuße bis zu zehntausend Euro geahndet werden.

(3) [1]Ein Arbeitgeber ohne maschinelle Lohnabrechnung, der ausschließlich Arbeitnehmer im Rahmen einer geringfügigen Beschäftigung in seinem Privathaushalt im Sinne des § 8a des Vierten Buches Sozialgesetzbuch beschäftigt und keine elektronische Lohnsteuerbescheinigung erteilt hat an Stelle der elektronischen Lohnsteuerbescheinigung eine entsprechende Lohnsteuerbescheinigung nach amtlich vorgeschriebenem Muster auszustellen. [2]Der Arbeitgeber hat dem Arbeitnehmer nach Ablauf des Kalenderjahres oder nach Beendigung des Dienstverhältnisses, wenn es vor Ablauf des Kalenderjahres beendet wird, die Lohnsteuer-

bescheinigung auszuhändigen. ³Nicht ausgehändigte Lohnsteuerbescheinigungen hat der Arbeitgeber dem Betriebsstättenfinanzamt einzureichen.

(4) ¹In den Fällen des Absatzes 1 ist für die Anwendung des § 72a Absatz 4 und des § 93c Absatz 4 Satz 1 der Abgabenordnung sowie für die Anwendung des Absatzes 2a das Betriebsstättenfinanzamt des Arbeitgebers zuständig. ²Sind für einen Arbeitgeber mehrere Betriebsstättenfinanzämter zuständig, so ist das Finanzamt zuständig, in dessen Bezirk sich die Geschäftsleitung des Arbeitgebers im Inland befindet. ³Ist dieses Finanzamt kein Betriebsstättenfinanzamt, so ist das Finanzamt zuständig, in dessen Bezirk sich die Betriebsstätte mit den meisten Arbeitnehmern befindet.

(5) ¹Die nach Absatz 1 übermittelten Daten können durch das nach Absatz 4 zuständige Finanzamt zum Zweck der Anwendung des § 72a Absatz 4 und des § 93c Absatz 4 Satz 1 der Abgabenordnung verwendet werden. ²Zur Überprüfung der Ordnungsmäßigkeit der Einbehaltung und Abführung der Lohnsteuer können diese Daten auch von den hierfür zuständigen Finanzbehörden bei den für die Besteuerung der Arbeitnehmer nach dem Einkommen zuständigen Finanzbehörden erhoben, abgerufen, verarbeitet und genutzt werden.

(6) Die Absätze 1 bis 5 gelten nicht für Arbeitnehmer, soweit sie Arbeitslohn bezogen haben, der nach den §§ 40 bis 40b pauschal besteuert worden ist.

Abschluss des Lohnsteuerabzugs R 41b

Lohnsteuerbescheinigungen

(1) Die Lohnsteuerbescheinigung richtet sich nach § 41b EStG und der im Bundessteuerblatt Teil I bekannt gemachten Datensatzbeschreibung für die elektronische Übermittlung sowie dem entsprechenden Vordruckmuster. S 2378

Lohnsteuerbescheinigungen von öffentlichen Kassen

(2) ¹Wird ein Arbeitnehmer, der den Arbeitslohn im Voraus für einen Lohnzahlungszeitraum erhalten hat, während dieser Zeit einer anderen Dienststelle zugewiesen und geht die Zahlung des Arbeitslohns auf die Kasse dieser Dienststelle über, hat die früher zuständige Kasse in der Lohnsteuerbescheinigung (→ Absatz 1) den vollen von ihr gezahlten Arbeitslohn und die davon einbehaltene Lohnsteuer auch dann aufzunehmen, wenn ihr ein Teil des Arbeitslohns von der nunmehr zuständigen Kasse erstattet wird; der Arbeitslohn darf nicht um die Freibeträge für Versorgungsbezüge (→ § 19 Abs. 2 EStG) und den Altersentlastungsbetrag (→ § 24a EStG gekürzt werden. ²Die nunmehr zuständige Kasse hat den der früher zuständigen Kasse erstatteten Teil des Arbeitslohns nicht in die Lohnsteuerbescheinigung aufzunehmen.

Hinweise H 41b

Ausstellung von elektronischen Lohnsteuerbescheinigungen für Kalenderjahre ab *2018*;

Ausstellung von Besonderen Lohnsteuerbescheinigungen durch den Arbeitgeber ohne maschinelle Lohnabrechnung für Kalenderjahre ab *2018*

– → BMF vom *27. 9. 2017 (BStBl I S. 1339)*
– Zum Grenzgängerfiskalausgleich nach Artikel 13a DBA Frankreich → BMF vom *30. 3. 2017* (BStBl I *S. 753*)

Ausstellung von elektronischen Lohnsteuerbescheinigungen für Kalenderjahre ab 2018;¹)
Ausstellung von Besonderen Lohnsteuerbescheinigungen durch den Arbeitgeber ohne maschinelle Lohnabrechnung für Kalenderjahre ab 2018

(BMF vom 27. 9. 2017 – IV C 5 – S 2378/17/10001 – BStBl I S. 1339)

Im Einvernehmen mit den obersten Finanzbehörden der Länder wird auf Folgendes hingewiesen:

Auf Grund der Aufzeichnungen im Lohnkonto hat der Arbeitgeber nach Abschluss des Lohnkontos für jeden Arbeitnehmer der zuständigen Finanzbehörde nach Maßgabe des § 93c der

---

¹) Die Änderungen gegenüber dem BMF-Schreiben vom 30. 7. 2015 (BStBl I S. 614) sind durch Fett- und Kursivdruck hervorgehoben.

Abgabenordnung – AO – bis zum letzten Tag des Monats Februar des folgenden Jahres eine elektronische Lohnsteuerbescheinigung zu übermitteln (§ 41b Absatz 1 Satz 2 des Einkommensteuergesetzes – EStG – i. V. m. **§ 93c Absatz 1 Nummer 1 AO**). Die Datenübermittlung ist nach amtlich vorgeschriebenem Datensatz **durch Datenfernübertragung über die amtlich bestimmte Schnittstelle (§ 93c Absatz 1 Nummer 1 AO)** authentifiziert vorzunehmen. Das für die Authentifizierung erforderliche Zertifikat muss vom Datenübermittler einmalig im ElsterOnline-Portal (www.elster.de) beantragt werden. Ohne Authentifizierung ist eine elektronische Übermittlung der Lohnsteuerbescheinigung nicht möglich.

Für jede elektronische Lohnsteuerbescheinigung ist eine eindeutige, durch den Datenlieferanten zu vergebende ID (KmId) zu erstellen, deren Zusammensetzung in der technischen Schnittstellenbeschreibung zur elektronischen Lohnsteuerbescheinigung dokumentiert ist. Einzelheiten zum amtlich vorgeschriebenen Datensatz sind unter www.elster.de abrufbar.

Davon abweichend können insbesondere Arbeitgeber ohne maschinelle Lohnabrechnung, die ausschließlich Arbeitnehmer im Rahmen einer geringfügigen Beschäftigung in ihren Privathaushalten im Sinne des § 8a SGB IV beschäftigen, anstelle der elektronischen Lohnsteuerbescheinigung eine entsprechende manuelle Lohnsteuerbescheinigung (Besondere Lohnsteuerbescheinigung) erteilen.

Für die elektronische Lohnsteuerbescheinigung und die Ausschreibung von Besonderen Lohnsteuerbescheinigungen sind § 41b EStG sowie die Anordnungen in R 41b der Lohnsteuer-Richtlinien (LStR) maßgebend. Lohnsteuerbescheinigungen sind hiernach sowohl für unbeschränkt als auch für beschränkt einkommensteuerpflichtige Arbeitnehmer zu erstellen.

Das Muster des Ausdrucks der elektronischen Lohnsteuerbescheinigung wird jährlich im Bundessteuerblatt Teil I gesondert bekannt gemacht.

Für Arbeitnehmer, für die der Arbeitgeber die Lohnsteuer ausschließlich nach den §§ 40 bis 40b EStG pauschal erhoben hat, ist keine Lohnsteuerbescheinigung zu erstellen.

I. Ausstellung von elektronischen Lohnsteuerbescheinigungen ab 2018

Dem Arbeitnehmer ist ein nach amtlich vorgeschriebenem Muster gefertigter Ausdruck der elektronischen Lohnsteuerbescheinigung mit Angabe der Identifikationsnummer (IdNr.) auszuhändigen oder elektronisch bereitzustellen (§ 41b Absatz 1 Satz 3 EStG). Sofern für den Arbeitnehmer keine IdNr. vergeben wurde oder der Arbeitnehmer diese dem Arbeitgeber nicht mitgeteilt hat, ist weiter die elektronische Übermittlung der Lohnsteuerbescheinigung mit der eTIN (= elektronische Transfer-Identifikations-Nummer) zulässig.

Es sind die abgerufenen elektronischen Lohnsteuerabzugsmerkmale (ELStAM) oder die auf der entsprechenden Bescheinigung für den Lohnsteuerabzug eingetragenen Lohnsteuerabzugsmerkmale vollständig zu übermitteln. Dabei ist im elektronischen Datensatz neben den ELStAM auch das Datum „gültig ab" zu übermitteln. Hiervon abweichend sind im Muster des Ausdrucks der elektronischen Lohnsteuerbescheinigung aus Vereinfachungsgründen nur die im letzten Lohnzahlungszeitraum zugrunde gelegten Lohnsteuerabzugsmerkmale – ohne „gültig ab" – zu bescheinigen.

Außerdem gilt Folgendes:

1. Unter Nummer 1 des Ausdrucks ist die Dauer des Dienstverhältnisses während des Kalenderjahres oder der Monat der Auszahlung bei sonstigen Bezügen, die nach Beendigung des Dienstverhältnisses gezahlt werden, zu bescheinigen.

2. Unter **Nummer 2** des Ausdrucks **ist in dem Feld Anzahl „U" die Anzahl der Unterbrechungszeiträume zu bescheinigen, in denen an mindestens 5 aufeinander folgenden Arbeitstagen der Anspruch auf Arbeitslohn im Wesentlichen weggefallen ist (z. B. wegen Krankheit). Nicht zu bescheinigen sind Zeiträume, in denen der Arbeitnehmer Lohnersatzleistungen im Sinne des § 41 Absatz 1 Satz 4 EStG erhalten hat (z. B. Kurzarbeitergeld, Schlechtwettergeld). Weiterhin** sind in dem dafür vorgesehenen Feld die nachfolgenden Großbuchstaben zu bescheinigen:

   „S" ist einzutragen, wenn die Lohnsteuer von einem sonstigen Bezug im ersten Dienstverhältnis berechnet wurde und dabei der Arbeitslohn aus früheren Dienstverhältnissen des Kalenderjahres außer Betracht geblieben ist.

   „M" ist grundsätzlich einzutragen, wenn der Arbeitnehmer anlässlich oder während einer beruflichen Auswärtstätigkeit oder im Rahmen einer beruflichen doppelten Haushaltsführung vom Arbeitgeber oder auf dessen Veranlassung von einem Dritten eine nach § 8 Absatz 2 Satz 8 EStG mit dem amtlichen Sachbezugswert zu bewertende Mahlzeit zur Verfügung gestellt wurde. Die Eintragung hat unabhängig davon zu erfolgen, ob die Besteuerung der Mahlzeit nach § 8 Absatz 2 Satz 9 EStG unterbleibt, der Arbeitgeber die Mahlzeit individuell oder nach § 40 Absatz 2 Satz 1 Nummer 1a EStG pauschal besteuert hat.

Im Übrigen sind für die Bescheinigung des Großbuchstaben „M" auch die Ausführungen der Rz. 90 ff. im Ergänzten BMF-Schreiben zur Reform des steuerlichen Reisekostenrechts ab 1. Januar 2014 vom 24. Oktober 2014 (BStBl I Seite 1412) zu beachten. *Die zur programmtechnischen Umsetzung gewährte Übergangsregelung in Rz. 92 des o. g. BMF-Schreibens läuft endgültig zum 31. Dezember 2018 aus. Ab 1. Januar 2019 ist „M" entsprechend der oben dargestellten Ausführungen einzutragen.*

„F" ist einzutragen, wenn eine steuerfreie Sammelbeförderung eines Arbeitnehmers zwischen Wohnung und erster Tätigkeitsstätte sowie bei Fahrten nach § 9 Absatz 1 Satz 3 Nummer 4a Satz 3 EStG nach § 3 Nummer 32 EStG erfolgte.

„FR" ist einzutragen bei französischen Grenzgängern, bei denen aufgrund einer Bescheinigung nach § 39 Absatz 4 Nummer 5 i. V. m. § 52 Absatz 36 EStG vom Lohnsteuerabzug abzusehen ist. Der Großbuchstabe „FR" ist um das Land zu ergänzen, in dem der Grenzgänger im Bescheinigungszeitraum zuletzt tätig war. Für Baden-Württemberg ist der Großbuchstabe „FR" ohne Leerzeichen um die Ziffer 1 („FR1"), für Rheinland-Pfalz um die Ziffer 2 („FR2") und für das Saarland um die Ziffer 3 („FR3") zu ergänzen. Für die Bescheinigung des Großbuchstabens „FR" gelten die Ausführungen im BMF-Schreiben zur Durchführung des Grenzgängerfiskalausgleichs vom 30. März 2017 (BStBl I Seite 753).

3. Unter **Nummer 3** des Ausdrucks ist der Gesamtbetrag des steuerpflichtigen Bruttoarbeitslohns – einschließlich des Werts der Sachbezüge – zu bescheinigen, den der Arbeitnehmer aus dem Dienstverhältnis im Kalenderjahr bezogen hat. Bruttoarbeitslohn ist die Summe aus dem laufenden Arbeitslohn, der für Lohnzahlungszeiträume gezahlt worden ist, die im Kalenderjahr geendet haben, und den sonstigen Bezügen, die dem Arbeitnehmer im Kalenderjahr zugeflossen sind. Netto gezahlter Arbeitslohn ist mit dem hochgerechneten Bruttobetrag anzusetzen. Zum Bruttoarbeitslohn rechnen auch die laufend und einmalig gezahlten Versorgungsbezüge einschließlich Sterbegelder und Abfindungen/Kapitalauszahlungen solcher Ansprüche (Nummer 8 und Nummer 32 des Ausdrucks). Versorgungsbezüge für mehrere Jahre, die ermäßigt besteuert wurden, sind ausschließlich in **Nummer 9** zu bescheinigen. Der Bruttoarbeitslohn darf nicht um die Freibeträge für Versorgungsbezüge (§ 19 Absatz 2 EStG) und den Altersentlastungsbetrag (§ 24a EStG) gekürzt werden. Andere Freibeträge sind gleichfalls nicht abzuziehen und Hinzurechnungsbeträge nicht hinzuzurechnen. Arbeitslöhne im Sinne des § 8 Absatz 3 EStG sind um den Rabatt-Freibetrag nach § 8 Absatz 3 Satz 2 EStG zu kürzen.

Hat der Arbeitgeber steuerpflichtigen Arbeitslohn zurückgefordert, ist unter Nummer 3 bei fortbestehendem Dienstverhältnis nur der gekürzte steuerpflichtige Bruttoarbeitslohn zu bescheinigen. Dies gilt auch für zurückgeforderten Arbeitslohn, der im Zuflussjahr ermäßigt besteuert worden ist. Ergibt die Verrechnung von ausgezahltem und zurückgefordertem Arbeitslohn einen negativen Betrag, so ist dieser Betrag mit einem Minuszeichen zu versehen.

Nicht zum steuerpflichtigen Bruttoarbeitslohn gehören steuerfreie Bezüge, z. B. steuerfreie Zuschläge für Sonntags-, Feiertags- und Nachtarbeit, steuerfreie Umzugskostenvergütungen, steuerfreier Reisekostenersatz, steuerfreier Auslagenersatz, die nach § 3 Nummer 56 und 63 EStG steuerfreien Beiträge des Arbeitgebers an einen Pensionsfonds, eine Pensionskasse oder für eine Direktversicherung sowie Bezüge, für die die Lohnsteuer nach §§ 37b, 40 bis 40b EStG pauschal erhoben wurde. Nicht unter Nummer 3, sondern gesondert zu bescheinigen sind insbesondere ermäßigt besteuerte Entschädigungen, ermäßigt besteuerter Arbeitslohn für mehrere Kalenderjahre sowie die auf Grund eines Doppelbesteuerungsabkommens oder des Auslandstätigkeitserlasses von der Lohnsteuer freigestellten Bezüge.

4. Unter **Nummer 4** bis **6** des Ausdrucks sind die Lohnsteuer, der Solidaritätszuschlag und die Kirchensteuer zu bescheinigen, die der Arbeitgeber vom bescheinigten Bruttoarbeitslohn einbehalten hat. Wurden Lohnsteuer, Solidaritätszuschlag oder Kirchensteuer nicht einbehalten, ist das jeweilige Eintragungsfeld durch einen waagerechten Strich auszufüllen.

5. Bei konfessionsverschiedenen Ehen / konfessionsverschiedenen Lebenspartnerschaften (z. B. ein Ehegatte / Lebenspartner ev, der andere rk) ist sowohl bei Haupt- als auch bei Nebenarbeitsverhältnissen der auf den Ehegatten / Lebenspartner entfallende Teil der Kirchensteuer unter **Nummer 7** oder **14** des Ausdrucks anzugeben (Halbteilung der Kirchensteuer nach den Kirchensteuergesetzen der Länder). Diese Halbteilung der Kirchensteuer kommt in Bayern, Bremen und Niedersachsen nicht in Betracht. Deshalb ist in diesen Ländern die einbehaltene Kirchensteuer immer nur unter Nummer 6 oder 13 einzutragen.

6. Unter **Nummer 8** des Ausdrucks sind die in Nummer 3 enthaltenen Versorgungsbezüge nach § 19 Absatz 2 EStG (z. B. auch regelmäßige Anpassungen von Versorgungsbezügen nach § 19 Absatz 2 Satz 9 EStG) einzutragen.

Werden einem Versorgungsempfänger zusätzlich zum laufenden Versorgungsbezug weitere Zuwendungen und geldwerte Vorteile (z. B. steuerpflichtige Fahrtkostenzuschüsse, Freifahrtberechtigungen, Kontoführungsgebühren) gewährt, zählen diese ebenfalls zu den unter Nummer 8 zu bescheinigenden Versorgungsbezügen.

7. Im Lohnsteuerabzugsverfahren ermäßigt besteuerte Entschädigungen (z. B. Abfindungen) und ermäßigt besteuerter Arbeitslohn für mehrere Kalenderjahre (z. B. Jubiläumszuwendungen) sind in einer Summe unter **Nummer 10** des Ausdrucks gesondert zu bescheinigen.

Entschädigungen und Arbeitslohn für mehrere Kalenderjahre, die nicht ermäßigt besteuert wurden, können unter **Nummer 19** eingetragen werden; diese Beträge müssen in dem unter Nummer 3 bescheinigten Bruttoarbeitslohn enthalten sein.

Gesondert zu bescheinigen sind unter **Nummer 11** bis **14** des Ausdrucks die Lohnsteuer, der Solidaritätszuschlag und die Kirchensteuer, die der Arbeitgeber von ermäßigt besteuerten Versorgungsbezügen für mehrere Kalenderjahre, Entschädigungen und Vergütungen für eine mehrjährige Tätigkeit im Sinne des § 34 EStG einbehalten hat.

8. Das Kurzarbeitergeld einschließlich Saison-Kurzarbeitergeld, der Zuschuss zum Mutterschaftsgeld, der Zuschuss bei Beschäftigungsverbot für die Zeit vor oder nach einer Entbindung sowie für den Entbindungstag während der Elternzeit nach beamtenrechtlichen Vorschriften, die Verdienstausfallentschädigung nach dem Infektionsschutzgesetz, Aufstockungsbeträge und Altersteilzeitzuschläge sind in einer Summe unter **Nummer 15** des Ausdrucks zu bescheinigen. Hat der Arbeitgeber Kurzarbeitergeld zurückgefordert, sind nur die so gekürzten Beträge zu bescheinigen. Ergibt die Verrechnung von ausgezahlten und zurückgeforderten Beträgen einen negativen Betrag, so ist dieser Betrag mit einem Minuszeichen zu bescheinigen. Wurde vom Arbeitgeber in Fällen des § 47b Absatz 4 SGB V Krankengeld in Höhe des Kurzarbeitergeldes gezahlt, ist dieses nicht unter Nummer 15 des Ausdrucks anzugeben.

9. Unter **Nummer 16a)** des Ausdrucks ist der nach Doppelbesteuerungsabkommen und unter **Nummer 16b)** der nach dem Auslandstätigkeitserlass steuerfreie Arbeitslohn auszuweisen.

10. Unter **Nummer 17** des Ausdrucks sind die steuerfreien Sachbezüge für Fahrten zwischen Wohnung und erster Tätigkeitsstätte (§ 8 Absatz 2 Satz 11 EStG – Job-Ticket – oder § 8 Absatz 3 EStG – Verkehrsträger –) betragsmäßig zu bescheinigen.

Bei steuerfreier Sammelbeförderung nach § 3 Nummer 32 EStG ist der Großbuchstabe „F" unter Nummer 2 des Ausdrucks einzutragen; vgl. Textziffer II. 2 des BMF-Schreibens vom 27. Januar 2004 (BStBl I Seite 173).

11. Unter **Nummer 18** des Ausdrucks sind pauschal besteuerte Arbeitgeberleistungen für Fahrten zwischen Wohnung und erster Tätigkeitsstätte zu bescheinigen.

12. Unter **Nummer 20** des Ausdrucks sind die nach § 3 Nummer 13 oder 16 EStG steuerfrei gezahlten Vergütungen für Verpflegung bei beruflich veranlassten Auswärtstätigkeiten zu bescheinigen.

Sofern das Betriebsstättenfinanzamt nach § 4 Absatz 2 Nummer 4 Satz 2 der Lohnsteuer-Durchführungsverordnung – LStDV – für steuerfreie Vergütung für Verpflegung eine andere Aufzeichnung als im Lohnkonto zugelassen hat, ist eine Bescheinigung dieser Beträge nicht zwingend erforderlich.

Steuerfreie Vergütungen bei doppelter Haushaltsführung sind unter **Nummer 21** des Ausdrucks zu bescheinigen.

13. Bei der Bescheinigung von Zukunftssicherungsleistungen ist Folgendes zu beachten:

a) Beiträge und Zuschüsse zur Alterssicherung

Der **Arbeitgeber**anteil der Beiträge zu den gesetzlichen Rentenversicherungen und der Arbeitgeberzuschuss an berufsständische Versorgungseinrichtungen, die den gesetzlichen Rentenversicherungen vergleichbare Leistungen erbringen (vgl. BMF-Schreiben vom 8. Juli 2014, BStBl I Seite 1098), ist **getrennt** unter **Nummer 22a)** und **b)** des Ausdrucks auszuweisen, der entsprechende **Arbeitnehmer**anteil unter **Nummer 23a)** und **b)**. Gleiches gilt für Beiträge zur Alterssicherung, wenn darin zumindest teilweise ein Arbeitnehmeranteil enthalten ist, die auf Grund einer nach ausländischen Gesetzen bestehenden Verpflichtung an ausländische Sozialversicherungsträger, die den inländischen Sozialversicherungsträgern vergleichbar sind, geleistet werden. Beiträge zur Alterssicherung an ausländische Versicherungsunternehmen sind nicht zu bescheinigen.

Werden von ausländischen Sozialversicherungsträgern Globalbeiträge erhoben, ist eine Aufteilung vorzunehmen. In diesen Fällen ist unter Nummer 22a) und Nummer 23a) der auf die Rentenversicherung entfallende Teilbetrag zu bescheinigen. Die für die Aufteilung maßgebenden staatenbezogenen Prozentsätze werden für jeden Veranlagungszeitraum durch ein gesondertes BMF-Schreiben bekannt gegeben.

In Fällen, in denen der Arbeitgeber die Beiträge unmittelbar an eine berufsständische Versorgungseinrichtung abführt (sog. Firmenzahler), ist der Arbeitgeberzuschuss unter Nummer 22b) und der Arbeitnehmeranteil unter Nummer 23b) zu bescheinigen. Führt der Arbeitnehmer den gesamten Beitrag selbst an die berufsständische Versorgungseinrichtung ab (sog. Selbstzahler) und zahlt der Arbeitgeber dem Arbeitnehmer hierfür einen zweckgebundenen Zuschuss, ist unter Nummer 22b) der Zuschuss zu bescheinigen. Eine Eintragung unter Nummer 23b) ist in diesen Fällen nicht vorzunehmen.

Unter Nummer 22a) und Nummer 23a) sind auch Beiträge zur umlagefinanzierten Hüttenknappschaftlichen Zusatzversicherung im Saarland zu bescheinigen. Das Gleiche gilt für Rentenversicherungsbeiträge bei geringfügiger Beschäftigung, wenn die Lohnsteuer nicht pauschal erhoben wurde (der Arbeitgeberbeitrag in Höhe von 15 % oder 5 % und der Arbeitnehmerbeitrag). Dies gilt für den Arbeitgeberbeitrag auch dann, wenn kein Arbeitnehmeranteil zur Rentenversicherung gezahlt wurde.

Arbeitgeberbeiträge zur gesetzlichen Rentenversicherung für Beschäftigte nach § 172 Absatz 1 SGB VI (z. B. bei weiterbeschäftigten Rentnern) gehören nicht zum steuerpflichtigen Arbeitslohn; sie sind nicht als steuerfreie Arbeitgeberanteile im Sinne des § 3 Nummer 62 EStG unter Nummer 22a) zu bescheinigen. Dies gilt auch, wenn dieser Arbeitnehmerkreis geringfügig beschäftigt ist (§ 172 Absatz 3 und 3a SGB VI). *Hat der Beschäftigte jedoch auf die Versicherungsfreiheit verzichtet (§ 5 Absatz 4 Satz 2 SGB VI), sind die Arbeitgeberanteile/-zuschüsse und Arbeitnehmeranteile nach den allgemeinen Regelungen zu bescheinigen.*

Arbeitgeberbeiträge zur Rentenversicherung und an berufsständische Versorgungseinrichtungen, die im Zusammenhang mit nach § 3 Nummer 2 EStG steuerfreiem Kurzarbeitergeld stehen, *sind nicht* zu bescheinigen.

Zahlt der Arbeitgeber steuerfreie Beiträge zur gesetzlichen Rentenversicherung im Sinne des § 3 Nummer 28 EStG (z. B. bei Altersteilzeit), können diese nicht als Sonderausgaben berücksichtigt werden und sind daher nicht in der Bescheinigung anzugeben. Werden darüber hinaus steuerpflichtige Beiträge zum Ausschluss einer Minderung der Altersrente gezahlt, sind diese an die gesetzliche Rentenversicherung abgeführten Beiträge als Sonderausgaben abziehbar und deshalb unter Nummer 23a) zu bescheinigen.

b) Zuschüsse zur Kranken- und Pflegeversicherung

Steuerfreie Zuschüsse des Arbeitgebers zur gesetzlichen Krankenversicherung bei freiwillig in der gesetzlichen Krankenversicherung versicherten Arbeitnehmern, soweit der Arbeitgeber zur Zuschussleistung gesetzlich verpflichtet ist, sind unter **Nummer 24a)** des Ausdrucks einzutragen. Entsprechende Zuschüsse zu privaten Krankenversicherungen sind unter **Nummer 24b)** zu bescheinigen. Unter **Nummer 24c)** sind steuerfreie Zuschüsse des Arbeitgebers zu gesetzlichen Pflegeversicherungen (soziale Pflegeversicherung und private Pflege-Pflichtversicherung) einzutragen. Bei freiwillig in der gesetzlichen Krankenversicherung versicherten oder privat versicherten Arbeitnehmern, die Kurzarbeitergeld beziehen, sind unter **Nummer 24a) bis c)** die gesamten vom Arbeitgeber gewährten Zuschüsse zu bescheinigen.

Zu bescheinigen sind auch Zuschüsse des Arbeitgebers zur Kranken- und Pflegeversicherung bei ausländischen Versicherungsunternehmen und bei ausländischen Sozialversicherungsträgern. Nicht einzutragen ist der Arbeitgeberanteil zur gesetzlichen Kranken- und sozialen Pflegeversicherung bei pflichtversicherten Arbeitnehmern.

c) Beiträge zur gesetzlichen Kranken- und sozialen Pflegeversicherung

Der Arbeitnehmerbeitrag zur inländischen **gesetzlichen** Krankenversicherung einschließlich des einkommensabhängigen Zusatzbeitrags nach § 242 SGB V ist bei pflichtversicherten Arbeitnehmern unter **Nummer 25** einzutragen. Es sind die an die Krankenkasse abgeführten Beiträge zu bescheinigen, d. h. ggf. mit Beitragsanteilen für Krankengeld.

Die Beiträge des **Arbeitnehmers** zur **inländischen** sozialen Pflegeversicherung sind unter **Nummer 26** des Ausdrucks zu bescheinigen.

Bei **freiwillig** in der gesetzlichen Krankenversicherung versicherten Arbeitnehmern ist unter Nummer 25 und 26 der **gesamte** Beitrag einschließlich des einkommensabhängigen Zusatzbeitrags nach § 242 SGB V zu bescheinigen, wenn der Arbeitgeber die Beiträge an die Krankenkasse abführt (sog. **Firmenzahler**). Dies gilt auch in den Fällen des Bezugs von Kurzarbeitergeld. Arbeitgeberzuschüsse sind **nicht** von den Arbeitnehmerbeiträgen abzuziehen, sondern gesondert unter Nummer 24 zu bescheinigen.

In Fällen, in denen der **freiwillig** in der gesetzlichen Krankenversicherung versicherte Arbeitnehmer und nicht der Arbeitgeber die Beiträge an die Krankenkasse abführt (sog. **Selbstzahler**), sind unter Nummer 25 und 26 keine Eintragungen vorzunehmen. Dies gilt auch in den Fällen des Bezugs von Kurzarbeitergeld. Arbeitgeberzuschüsse sind unabhängig davon ungekürzt unter Nummer 24 zu bescheinigen.

Die vom Arbeitnehmer allein zu tragenden Beiträge aus Versorgungsbezügen an die gesetzliche Kranken- und soziale Pflegeversicherung sind ebenfalls unter Nummer 25 und 26 zu bescheinigen. Dies gilt für pflichtversicherte Arbeitnehmer und für freiwillig in der gesetzlichen Krankenversicherung versicherte Arbeitnehmer, wenn der Arbeitgeber die Beiträge an die Krankenkasse abführt (sog. Firmenzahler).

Beiträge zur Kranken- und Pflegeversicherung an ausländische Sozialversicherungsträger sind nicht zu bescheinigen.

d) Beiträge zur Arbeitslosenversicherung

Arbeitnehmerbeiträge zur Arbeitslosenversicherung sind unter **Nummer 27** des Ausdrucks zu bescheinigen; dies gilt auch bei Beitragszahlungen an ausländische Sozialversicherungsträger.

e) Bescheinigung bei steuerfreiem oder pauschal besteuertem Arbeitslohn

Unter Nummer 22 bis 27 des Ausdrucks dürfen keine Beträge bescheinigt werden, die mit steuerfreiem Arbeitslohn (z. B. nach dem Auslandstätigkeitserlass oder auf Grund eines Doppelbesteuerungsabkommens) in unmittelbarem wirtschaftlichen Zusammenhang stehen[1]). Danach sind z. B. nicht zu bescheinigen:

- bei pflichtversicherten Arbeitnehmern die gesetzlichen Arbeitgeber- und Arbeitnehmeranteile, die auf steuerfreien Arbeitslohn entfallen (zur Aufteilung siehe unten),
- Beiträge, die auf den nach § 3 Nummer 63 EStG steuerfreien Arbeitslohn oder auf den im Zusammenhang mit nach § 3 Nummer 56 EStG steuerfreiem Arbeitslohn stehenden Hinzurechnungsbetrag nach § 1 Absatz 1 Satz 3 und 4 der Sozialversicherungs-Entgeltverordnung – SvEV – entfallen und nicht als Sonderausgaben abziehbar sind,
- Beiträge oder Zuschüsse des Arbeitgebers, die nicht nach § 3 Nummer 62 EStG, sondern nach einer anderen Vorschrift steuerfrei sind,

Hingegen sind z. B. zu bescheinigen:

- in voller Höhe auf steuerfreien Arbeitslohn entfallende Zuschüsse und Beiträge für freiwillig in der gesetzlichen Kranken-/sozialen Pflegeversicherung Versicherte und privat Kranken-/Pflegeversicherte (Nummer 24 bis 26),
- die Beiträge im Fall der beitragspflichtigen Umwandlung von Arbeitslohn zugunsten einer Direktzusage oberhalb von 4 % der Beitragsbemessungsgrenze in der allgemeinen Rentenversicherung (Nummer 22 bis 27; § 14 Absatz 1 Satz 2 SGB IV),
- Beiträge von pauschal besteuertem Arbeitslohn (z. B. nach § 37b Absatz 2, § 40b EStG ggf. i. V. m. § 1 Absatz 1 Satz 3 und 4 SvEV), die bei einem sozialversicherungspflichtigen Arbeitnehmer erhoben werden (Nummer 22 bis 27; zur Aufteilung siehe unten).

Bei steuerfreien und steuerpflichtigen Arbeitslohnteilen im Bescheinigungszeitraum ist nur der Anteil der Sozialversicherungsbeiträge zu bescheinigen, der sich nach dem Verhältnis des steuerpflichtigen Arbeitslohns zum gesamten Arbeitslohn des Bescheinigungszeitraums (höchstens maßgebende Beitragsbemessungsgrenze) ergibt. Hierbei sind steuerpflichtige Arbeitslohnanteile, die nicht der Sozialversicherungspflicht unterliegen (z. B. Entlassungsabfindungen), nicht in die Verhältnisrechnung einzubeziehen. Erreicht der steuerpflichtige Arbeitslohn im Bescheinigungszeitraum die für die Beitragsberechnung maßgebende Beitragsbemessungsgrenze, sind die Sozialversicherungsbeiträge des Bescheinigungszeitraums folglich insgesamt dem steuerpflichtigen Arbeitslohn zuzuordnen und in vollem Umfang zu bescheinigen.

Auf den Hinzurechnungsbetrag nach § 1 Absatz 1 Satz 3 und 4 SvEV entfallende Vorsorgeaufwendungen sind nur insoweit zu bescheinigen, als sie auf den Teil des Hinzurechnungsbetrags entfallen, der dem Anteil der pauschal besteuerten Umlagen an der Summe aus pauschal besteuerten und steuerfreien Umlagen entspricht (quotale Aufteilung nach dem Verhältnis der Beiträge im Bescheinigungszeitraum).

Werden Sozialversicherungsbeiträge erstattet, sind unter Nummer 22 bis 27 nur die gekürzten Beiträge zu bescheinigen.

---

[1]) Der EUGH hat entschieden, dass das Sonderausgabenabzugsverbot nach § 10 Abs. 2 Satz 1 Nummer 1 EStG für Sozialversicherungsbeiträge, die im unmittelbaren Zusammenhang mit nach DBA steuerfreien Einnahmen aus nichtselbständiger Arbeit stehen, unionsrechtswidrig ist (C-20/16 „Bechtel und Bechtel"). Zur Umsetzung dieses Urteils wird die Verwaltung in einem BMF-Schreiben zu der geänderten Rechtslage Stellung nehmen. Soweit der Sonderausgabenabzug zu gewähren ist, sind die Beträge zu bescheinigen.

f) Teilbeträge der Vorsorgepauschale für die private Basis-Kranken- und private Pflege-Pflichtversicherung

Unter **Nummer 28** des Ausdrucks ist der tatsächlich im Lohnsteuerabzugsverfahren berücksichtigte Teilbetrag der Vorsorgepauschale nach § 39b Absatz 2 Satz 5 Nummer 3 Buchstabe d EStG (Beiträge zur privaten Basis-Krankenversicherung und privaten Pflege-Pflichtversicherung) zu bescheinigen (z. B. bei Arbeitnehmern ohne Arbeitgeberzuschuss mit einem nachgewiesenen Monatsbeitrag von 500 €, Beschäftigungsdauer drei Monate, Bescheinigung 1 500 €). Wurde beim Lohnsteuerabzug die Mindestvorsorgepauschale berücksichtigt (ggf. auch nur in einzelnen Lohnzahlungszeiträumen), ist auch diese zu bescheinigen (z. B. Ansatz der Mindestvorsorgepauschale für zwei Monate, Bescheinigung von 2/12 der Mindestvorsorgepauschale).

Bei geringfügig Beschäftigten, bei denen die Lohnsteuer nach den Lohnsteuerabzugsmerkmalen des Arbeitnehmers erhoben wird und kein Arbeitnehmeranteil für die Krankenversicherung zu entrichten ist, ist an Stelle des Teilbetrags für die gesetzliche Krankenversicherung die Mindestvorsorgepauschale anzusetzen und unter Nummer 28 des Ausdrucks zu bescheinigen. Entsprechendes gilt für andere Arbeitnehmer, z. B. Praktikanten, Schüler, Studenten. Siehe auch Programmablaufplan für den Lohnsteuerabzug zu „VKVLZZ" und „VKVSONST". Ist der berechnete Betrag negativ, ist der Wert mit einem deutlichen Minuszeichen zu versehen.

Beiträge zur Kranken- und Pflegeversicherung an ausländische Versicherungsunternehmen sind nicht zu bescheinigen.

Werden vom Arbeitnehmer Beiträge zur privaten Krankenversicherung und Pflege-Pflichtversicherung nachgewiesen, wird jedoch kein Arbeitslohn gezahlt, ist keine Lohnsteuerbescheinigung auszustellen.

14. Für die Ermittlung des bei Versorgungsbezügen nach § 19 Absatz 2 EStG zu berücksichtigenden Versorgungsfreibetrags sowie des Zuschlags zum Versorgungsfreibetrag (Freibeträge für Versorgungsbezüge) sind die Bemessungsgrundlage des Versorgungsfreibetrags, das Jahr des Versorgungsbeginns und die unterjähriger Zahlung von Versorgungsbezügen der erste und letzte Monat, für den Versorgungsbezüge gezahlt werden, maßgebend.

Folgt ein Hinterbliebenenbezug einem Versorgungsbezug, bestimmen sich der Prozentsatz, der Höchstbetrag des Versorgungsfreibetrags und der Zuschlag zum Versorgungsfreibetrag für den Hinterbliebenenbezug nach dem Jahr des Beginns des Versorgungsbezugs des Verstorbenen (§ 19 Absatz 2 Satz 7 EStG). Unabhängig davon ist bei erstmaliger Zahlung dieses Hinterbliebenenbezugs im laufenden Kalenderjahr unter Nummer 31 des Ausdrucks eine unterjährige Zahlung zu bescheinigen.

Sterbegelder und Kapitalauszahlungen/Abfindungen von Versorgungsbezügen sowie Nachzahlungen von Versorgungsbezügen, die sich ganz oder teilweise auf vorangegangene Kalenderjahre beziehen, sind als eigenständige zusätzliche Versorgungsbezüge zu behandeln. Für diese Bezüge sind die Höhe des gezahlten Bruttobetrags im Kalenderjahr und das maßgebende Kalenderjahr des Versorgungsbeginns anzugeben. In diesen Fällen sind die maßgebenden Freibeträge für Versorgungsbezüge in voller Höhe und nicht zeitanteilig zu berücksichtigen (Rz. 184 bis 187 des BMF-Schreibens vom 19. August 2013 BStBl I S. 1087, geändert durch die BMF-Schreiben vom 10. Januar 2014, BStBl I Seite 70, 10. April 2015, BStBl I Seite 256, 1. Juni 2015, BStBl I Seite 475, 4. Juli 2016, BStBl I Seite 645, 6. Dezember 2016, BStBl I Seite 1426, 19. Dezember 2016, BStBl I Seite 1433 und vom 24. Mai 2017, BStBl I Seite 820).

Der Arbeitgeber ist verpflichtet, die für die Berechnung der Freibeträge für Versorgungsbezüge erforderlichen Angaben zum Versorgungsbezug gesondert im Lohnkonto aufzuzeichnen (§ 4 Absatz 1 Nummer 4 LStDV i. V. m. Rz. 189 des BMF-Schreibens vom 19. August 2013 in der aktuellen Fassung). Die hiernach im Lohnkonto aufgezeichneten Angaben zu Versorgungsbezügen sind in den Ausdruck wie folgt zu übernehmen (§ 41b Absatz 1 Satz 2 EStG):

a) Versorgungsbezug, der laufenden Arbeitslohn darstellt

Unter **Nummer 29** des Ausdrucks ist die nach § 19 Absatz 2 Satz 4 bis 11 EStG ermittelte Bemessungsgrundlage für den Versorgungsfreibetrag (das Zwölffache des Versorgungsbezugs für den ersten vollen Monat zuzüglich voraussichtlicher Sonderzahlungen) einzutragen. In die Bemessungsgrundlage sind auch zusätzlich zu den laufenden Versorgungsbezügen gewährte weitere Zuwendungen und geldwerte Vorteile (z. B. steuerpflichtige Fahrtkostenzuschüsse, Freifahrtberechtigungen, Kontoführungsgebühren) einzubeziehen.

Unter **Nummer 30** ist das maßgebende Kalenderjahr des Versorgungsbeginns (vierstellig) zu bescheinigen.

Unter **Nummer 31** ist **nur bei unterjähriger Zahlung** eines laufenden Versorgungsbezugs der erste und letzte Monat (zweistellig mit Bindestrich, z. B. „02 – 12" oder „01–08"), für den Versorgungsbezüge gezahlt wurden, einzutragen. Dies gilt auch bei unterjährigem Wechsel des Versorgungsträgers.

b) Versorgungsbezug, der einen sonstigen Bezug darstellt

Sterbegelder, Kapitalauszahlungen/Abfindungen von Versorgungsbezügen und die als sonstige Bezüge zu behandelnden Nachzahlungen von Versorgungsbezügen, die in Nummer 3 und 8 des Ausdrucks enthalten sind, sind unter Nummer 32 gesondert zu bescheinigen.

Nach § 34 EStG ermäßigt zu besteuernde Versorgungsbezüge für mehrere Kalenderjahre sind dagegen nur unter Nummer 9 des Ausdrucks zu bescheinigen. Zusätzlich ist zu den in Nummer 9 oder 32 bescheinigten Versorgungsbezügen jeweils unter Nummer 30 des Ausdrucks das Kalenderjahr des Versorgungsbeginns anzugeben.

c) Mehrere Versorgungsbezüge

Fällt der maßgebende Beginn mehrerer laufender Versorgungsbezüge in dasselbe Kalenderjahr (Nummer 30 des Ausdrucks), kann der Arbeitgeber unter Nummer 29 des Ausdrucks die zusammengerechneten Bemessungsgrundlagen dieser Versorgungsbezüge in einem Betrag bescheinigen (Rz. 177 des BMF-Schreibens vom 19. August 2013 in der aktuellen Fassung). In diesem Fall sind auch die unter Nummer 8 zu bescheinigenden Versorgungsbezüge zusammenzufassen.

Bei mehreren als sonstige Bezüge gezahlten Versorgungsbezügen mit maßgebendem Versorgungsbeginn in demselben Kalenderjahr können die Nummer 8 und/oder Nummer 9 sowie Nummer 30 und 32 zusammengefasst werden. Gleiches gilt, wenn der Versorgungsbeginn laufender Versorgungsbezüge und als sonstige Bezüge gezahlter Versorgungsbezüge in dasselbe Kalenderjahr fällt.

Bei mehreren laufenden Versorgungsbezügen und als sonstige Bezüge gezahlten Versorgungsbezügen mit unterschiedlichen Versorgungsbeginnen nach § 19 Absatz 2 Satz 3 EStG sind die Angaben zu Nummer 8 und/oder Nummer 9 sowie Nummer 29 bis 32 jeweils **getrennt** zu bescheinigen (Rz. 177 des BMF-Schreibens vom 19. August 2013 in der aktuellen Fassung).

15. Unter Nummer 33 des Ausdrucks ist die Summe des vom Arbeitgeber an Angehörige des öffentlichen Dienstes im Kalenderjahr ausgezahlten Kindergeldes zu bescheinigen, wenn es zusammen mit den Bezügen oder dem Arbeitsentgelt ausgezahlt wird (§ 72 Absatz 7 Satz 1 EStG).

16. Unter Nummer 34 des Ausdrucks ist der beim Lohnsteuerabzug verbrauchte Betrag nach Artikel 18 Absatz 2 des Abkommens zwischen der Bundesrepublik Deutschland und der Republik Türkei zur Vermeidung der Doppelbesteuerung und der Steuerverkürzung auf dem Gebiet der Steuern vom Einkommen zu bescheinigen (Rz. 17 des BMF-Schreibens vom 11. Dezember 2014, BStBl I 2015 Seite 92). Hierfür wird ein entsprechender Programmablaufplan in einem entsprechenden Ausgangsparameter bekannt gemacht.

17. In der letzten Zeile des Ausdrucks ist stets das Finanzamt, an das die Lohnsteuer abgeführt wurde, und dessen vierstellige Nummer einzutragen. Bei Finanzamtsaußenstellen mit eigener Nummer ist diese Nummer einzutragen.

In den nicht amtlich belegten Zeilen des Ausdrucks sind freiwillig vom Arbeitgeber übermittelte Daten zu bescheinigen, z. B.

– „Arbeitnehmerbeitrag zur Winterbeschäftigungs-Umlage",

– bei Arbeitgeberbeiträgen zur Zusatzversorgung, die nach den Lohnsteuerabzugsmerkmalen versteuert wurden: „Steuerpflichtiger Arbeitgeberbeitrag zur Zusatzversorgung",

– „Arbeitnehmerbeitrag/-anteil zur Zusatzversorgung",

– bei Fahrten zwischen Wohnung und erster Tätigkeitsstätte: „Anzahl der Arbeitstage",

– bei steuerfreiem Fahrtkostenersatz für beruflich veranlasste Auswärtstätigkeiten: „Steuerfreie Fahrtkosten bei beruflich veranlasster Auswärtstätigkeit",

– „Versorgungsbezüge für mehrere Kalenderjahre, die nicht ermäßigt besteuert wurden – in 3. und 8. enthalten".

Außerdem sind weitere, nicht der Finanzverwaltung übermittelte Angaben zulässig (betriebsinterne, für den Arbeitnehmer bestimmte Informationen); dies ist entsprechend zu kennzeichnen.

Die Anschrift des Arbeitnehmers kann im Ausdruck – abweichend von der im Datensatz elektronisch übermittelten Adresse – so gestaltet sein, dass sie den Gegebenheiten des Unternehmens entspricht (z. B. Übermittlung durch Hauspost, Auslandszustellung). Eintragungsfelder (Tabellen) mit zeitraumbezogenen Angaben (Historie) können variabel – je nach Füllungsgrad – ausgedruckt werden. Es ist darauf zu achten, dass die IdNr./eTIN bei Benutzung von Fensterbriefumhüllungen im Adressfeld nicht sichtbar ist.

Neben der Anschrift des Arbeitgebers ist die **Steuernummer seiner lohnsteuerlichen Betriebsstätte** anzugeben. Hat ein Dritter für den Arbeitgeber die lohnsteuerlichen Pflichten übernommen (§ 38 Absatz 3a EStG), ist die Anschrift und **Steuernummer des Dritten** anzugeben.

Damit gewährleistet ist, dass die Daten der elektronischen Lohnsteuerbescheinigung(en) der Finanzverwaltung vollständig zur Verfügung stehen, muss nach der elektronischen Übermittlung das Verarbeitungsprotokoll abgerufen werden. Im Ausdruck der elektronischen Lohnsteuerbescheinigung ist als Transferticket die elektronisch vergebene Quittungsnummer des Verarbeitungsprotokolls anzugeben, soweit dies technisch möglich ist.

II. Korrektur- und Stornierungsverfahren

Stellt der Arbeitgeber bis zum Ablauf des siebten auf den Besteuerungszeitraum folgenden Kalenderjahres fest, dass die übermittelten Daten unzutreffend waren, so hat er die Lohnsteuerbescheinigung vorbehaltlich der Regelungen des § 41c Absatz 3 und 4 EStG durch - Übermittlung eines weiteren Datensatzes zu korrigieren oder zu stornieren (§ 93c Absatz 3 Satz 1 AO).

Gemäß § 41c Absatz 3 Satz 1 EStG ist eine Änderung des Lohnsteuerabzugs grundsätzlich nur bis zur Übermittlung der elektronischen Lohnsteuerbescheinigung zulässig. Lediglich in dem Sonderfall des § 41c Absatz 3 Satz 4 EStG ist eine Minderung der einzubehaltenden und zu übernehmenden Lohnsteuer zulässig. In diesem Fall ist der Arbeitgeber verpflichtet, eine bereits an die Finanzverwaltung übermittelte oder ausgestellte Lohnsteuerbescheinigung zu berichtigen (§ 41c Absatz 3 Satz 5 EStG). Im Übrigen können Erstattungsansprüche wegen zu Unrecht einbehaltener Lohnsteuer nach Ablauf des Kalenderjahres und nach Übermittlung der Lohnsteuerbescheinigung lediglich im Rahmen einer Veranlagung zur Einkommensteuer geltend gemacht werden, H 41c.1 „Erstattungsantrag" LStH.

Wird eine Zahlung des Arbeitgebers zu Unrecht dem Lohnsteuerabzug unterworfen, weil die Besteuerung abkommensrechtlich dem Wohnsitzstaat des Arbeitnehmers zugewiesen ist, besteht daneben die Möglichkeit, einen Erstattungsantrag in analoger Anwendung des § 50d Absatz 1 Satz 2 EStG zu stellen, soweit die entsprechenden Einkünfte aus nichtselbständiger Arbeit nicht bereits im Rahmen einer Veranlagung nach § 50 Absatz 2 Satz 2 Nummer 4 Buchstabe b i. V. m. Satz 7 EStG erfasst wurden (H 41c.1 „Erstattungsantrag" LStH).

Wurde der Lohnsteuerabzug in zu geringer Höhe vorgenommen, hat der Arbeitgeber dies dem Betriebsstättenfinanzamt anzuzeigen (§ 41c Absatz 4 EStG).

Eine Korrektur oder Stornierung nach § 93c Absatz 3 Satz 1 AO kommt in Betracht, wenn es sich um eine bloße Berichtigung eines zunächst unrichtig übermittelten Datensatzes handelt (R 41c.1 Absatz 7 LStR). Eine solche Korrektur oder Stornierung unzutreffend bescheinigter Angaben bzw. Lohnsteuerdaten (z. B. einbehaltene Lohnsteuer oder einbehaltener Solidaritätszuschlag) ist der Finanzverwaltung durch Übermittlung einer berichtigten Lohnsteuerbescheinigung mitzuteilen, soweit sie nicht im Widerspruch zur maßgebenden bereits bestandskräftigen Lohnsteuer-Anmeldung steht.

Korrigierte Lohnsteuerbescheinigungen sind mit dem Merker „Korrektur" zu versehen.

Eine Stornierung von bereits übermittelten Lohnsteuerbescheinigungen kommt insbesondere in Betracht, wenn

– ein falsches Kalenderjahr angegeben wurde,

– kennzeichnende Daten zu einer Person (IdNr., eTIN, Name, Vorname und Geburtsdatum) falsch übermittelt wurden oder

– mehrere Einzel-Bescheinigungen zu einem Arbeitsverhältnis durch eine zusammenfassende Bescheinigung ersetzt werden.

Eine Stornierungsmitteilung storniert über die eindeutige verfahrensweite Kennzeichnung genau eine Lohnsteuerbescheinigung.

Eine detaillierte Beschreibung der technischen Umsetzung des Korrektur- und Stornierungsverfahrens ist in der technischen Schnittstellenbeschreibung zur elektronischen Lohnsteuerbescheinigung dokumentiert.

Wird eine Lohnsteuerbescheinigung korrigiert oder storniert, ist der Arbeitnehmer hierüber zu informieren (§ 93c Absatz 3 Satz 2 i. V. m. § 93c Absatz 1 Nummer 3 AO).

III. Nachzahlungen

Stellen Nachzahlungen laufenden Arbeitslohn dar, sind diese für die Berechnung der Lohnsteuer den Lohnzahlungszeiträumen zuzurechnen, für die sie geleistet werden (R 39b.5 Absatz 4 Satz 1 LStR). Wird eine solche Nachzahlung nach Beendigung des Dienstverhältnisses im selben Kalenderjahr für Lohnzahlungszeiträume bis zur Beendigung des Dienstverhältnisses geleistet, ist die bereits erteilte und übermittelte Lohnsteuerbescheinigung zu korrigieren. Die berichtigte Lohnsteuerbescheinigung ist mit dem Merker „Korrektur" zu versehen. Sonstige Bezüge, die nach Beendigung des Dienstverhältnisses oder in folgenden Kalenderjahren gezahlt werden, sind gesondert zu bescheinigen; als Dauer des Dienstverhältnisses ist in diesen Fällen der Monat der Zahlung anzugeben.

IV. Ausstellung von Besonderen Lohnsteuerbescheinigungen durch den Arbeitgeber ohne maschinelle Lohnabrechnung

Die unter I. Nummer 1 bis 17 aufgeführten Regelungen für den Ausdruck der elektronischen Lohnsteuerbescheinigung gelten für die Ausschreibung von Besonderen Lohnsteuerbescheinigungen entsprechend. In den Fällen des § 39c Absatz 3 EStG ist eine Besondere Lohnsteuerbescheinigung auszustellen (R 39c Satz 5 LStR). Eine Besondere Lohnsteuerbescheinigung kann von Arbeitgebern ausgestellt werden, für die das Betriebsstättenfinanzamt zugelassen hat, dass diese nicht am elektronischen Abrufverfahren teilnehmen (§§ 39e Absatz 7, 41b Absatz 1 Satz 4 bis 6 EStG). Dies gilt insbesondere für Arbeitgeber ohne maschinelle Lohnabrechnung, die ausschließlich Arbeitnehmer im Rahmen einer geringfügigen Beschäftigung nach § 8a SGB IV im Privathaushalt beschäftigen und die Lohnsteuerbescheinigung nicht elektronisch an die Finanzverwaltung übermitteln.

Der Vordruck wird dem Arbeitgeber auf Anforderung kostenlos vom Finanzamt zur Verfügung gestellt.

Bekanntmachung des Musters für den Ausdruck der elektronischen Lohnsteuerbescheinigung 2018

→ *BMF vom 27. 9. 2017 (BStBl I S. 1346)*

Bekanntmachung des Musters für den Ausdruck der elektronischen Lohnsteuerbescheinigung 2018

BMF vom 27. 9. 2017 (BStBl I S. 1346)

1 Anlage

Gemäß § 51 Absatz 4 Nummer 1 des Einkommensteuergesetzes ist das Bundesministerium der Finanzen ermächtigt, das Muster für den Ausdruck der elektronischen Lohnsteuerbescheinigung zu bestimmen. Im Einvernehmen mit den obersten Finanzbehörden der Länder wird hiermit das Muster für den Ausdruck der elektronischen Lohnsteuerbescheinigung für das Kalenderjahr 2018 bekannt gemacht (siehe Anlage).

Der Ausdruck hat das Format DIN A 4.

Der Ausdruck der elektronischen Lohnsteuerbescheinigung kann vom amtlichen Muster abweichen, wenn er sämtliche Angaben in gleicher Reihenfolge enthält und in Format und Aufbau dem bekannt gemachten Muster entspricht.

Bei der Ausstellung des Ausdrucks der elektronischen Lohnsteuerbescheinigung sind die Vorgaben im BMF-Schreiben vom 27. 9. 2017 (BStBl I Seite 1339), zu beachten.

Ausdruck der elektronischen Lohnsteuerbescheinigung für 2018

Nachstehende Daten wurden maschinell an die Finanzverwaltung übertragen.

		vom - bis	
1. Bescheinigungszeitraum			
2. Zeiträume ohne Anspruch auf Arbeitslohn		Anzahl „U"	
Großbuchstaben (S, M, F, FR)			
		EUR	Ct
3. Bruttoarbeitslohn einschl. Sachbezüge ohne 9. und 10.			
4. Einbehaltene Lohnsteuer von 3.			
5. Einbehaltener Solidaritätszuschlag von 3.			
6. Einbehaltene Kirchensteuer des Arbeitnehmers von 3.			
7. Einbehaltene Kirchensteuer des Ehegatten/Lebenspartners von 3. (nur bei Konfessionsverschiedenheit)			
8. In 3. enthaltene Versorgungsbezüge			
9. Ermäßigt besteuerte Versorgungsbezüge für mehrere Kalenderjahre			
10. Ermäßigt besteuerter Arbeitslohn für mehrere Kalenderjahre (ohne 9.) und ermäßigt besteuerte Entschädigungen			
11. Einbehaltene Lohnsteuer von 9. und 10.			
12. Einbehaltener Solidaritätszuschlag von 9. und 10.			
13. Einbehaltene Kirchensteuer des Arbeitnehmers von 9. und 10.			
14. Einbehaltene Kirchensteuer des Ehegatten/Lebenspartners von 9. und 10. (nur bei Konfessionsverschiedenheit)			
15. (Saison-)Kurzarbeitergeld, Zuschuss zum Mutterschaftsgeld, Verdienstausfallentschädigung (Infektionsschutzgesetz), Aufstockungsbetrag und Altersteilzeitzuschlag			
16. Steuerfreier Arbeitslohn nach	a) Doppelbesteuerungsabkommen (DBA)		
	b) Auslandstätigkeitserlass		
17. Steuerfreie Arbeitgeberleistungen für Fahrten zwischen Wohnung und erster Tätigkeitsstätte			
18. Pauschal besteuerte Arbeitgeberleistungen für Fahrten zwischen Wohnung und erster Tätigkeitsstätte			
19. Steuerpflichtige Entschädigungen und Arbeitslohn für mehrere Kalenderjahre, die nicht ermäßigt besteuert wurden - in 3. enthalten			
20. Steuerfreie Verpflegungszuschüsse bei Auswärtstätigkeit			
21. Steuerfreie Arbeitgeberleistungen bei doppelter Haushaltsführung			
22. Arbeitgeber-anteil/-zuschuss	a) zur gesetzlichen Rentenversicherung		
	b) an berufsständische Versorgungs-einrichtungen		
23. Arbeitnehmer-anteil	a) zur gesetzlichen Rentenversicherung		
	b) an berufsständische Versorgungs-einrichtungen		
24. Steuerfreie Arbeitgeber-zuschüsse	a) zur gesetzlichen Krankenversicherung		
	b) zur privaten Krankenversicherung		
	c) zur gesetzlichen Pflegeversicherung		
25. Arbeitnehmerbeiträge zur gesetzlichen Krankenversicherung			
26. Arbeitnehmerbeiträge zur sozialen Pflegeversicherung			
27. Arbeitnehmerbeiträge zur Arbeitslosenversicherung			
28. Beiträge zur privaten Kranken- und Pflege-Pflichtversicherung oder Mindestvorsorgepauschale			
29. Bemessungsgrundlage für den Versorgungsfreibetrag zu 8.			
30. Maßgebendes Kalenderjahr des Versorgungsbeginns zu 8. und/oder 9.			
31. Zu 8. bei unterjähriger Zahlung: Erster und letzter Monat, für den Versorgungsbezüge gezahlt wurden			
32. Sterbegeld; Kapitalauszahlungen/Abfindungen und Nach-zahlungen von Versorgungsbezügen - in 3. und 8. enthalten			
33. Ausgezahltes Kindergeld			—
34. Freibetrag DBA Türkei			
Finanzamt, an das die Lohnsteuer abgeführt wurde (Name und vierstellige Nr.)			

Korrektur/Stornierung

Datum:

eTIN:

Identifikationsnummer:

Personalnummer:

Geburtsdatum:

Transferticket:

Dem Lohnsteuerabzug wurden im letzten Lohnzahlungszeitraum zugrunde gelegt:

Steuerklasse/Faktor

Zahl der Kinderfreibeträge

Steuerfreier Jahresbetrag

Jahreshinzurechnungsbetrag

Kirchensteuermerkmale

Anschrift und Steuernummer des Arbeitgebers:

3.17

Vorsorgeaufwendungen

Aufteilung eines einheitlichen Sozialversicherungsbeitrags (Globalbeitrag);

Anpassung der Aufteilungsmaßstäbe für den Veranlagungszeitraum 2018

(BMF-Schreiben vom 9. 10. 2017 – BStBl I S. 1326)

Im Einvernehmen mit den obersten Finanzbehörden der Länder sind zur Ermittlung der steuerlich berücksichtigungsfähigen Vorsorgeaufwendungen die vom Steuerpflichtigen geleisteten einheitlichen Sozialversicherungsbeiträge (Globalbeiträge) staatenbezogen wie folgt aufzuteilen:[1])

Vorsorgeaufwendungen nach	Belgien	Irland	Lettland	Malta	Norwegen
§ 10 Absatz 1 Nummer 2 Buchstabe a EStG	51,65 %	75,2 %	78,73 %	51,65 %	57,32 %
§ 10 Absatz 1 Nummer 3 Satz 1 Buchstabe a und b EStG (ohne Krankengeldanteil)	38,46 %	10,40 %	–	38,46 %	42,68 %
§ 10 Absatz 1 Nummer 3a EStG	9,89 %	14,40 %	17,22 %	9,89 %	–
(Anteil vom Globalbeitrag für Krankengeld)	(1,65 %)	(2,40 %)	(10,24 %)	(1,65 %)	
Gesamtaufwand	100,00 %	100,00 %	95,95 % (4,05 % sonstige nicht Abziehbare)	100,00 %	100,00 %
Für Höchstbetragsberechnung gemäß § 10 Absatz 3 EStG anzusetzender Arbeitgeberanteil	89,51 %	159,80 %	176,88 %	51,65 %	98,56 %

Vorsorgeaufwendungen nach	Portugal	Spanien	Verein. Königreich (GB)	Zypern
§ 10 Absatz 1 Nummer 2 Buchstabe a EStG	83,93 %	96,91 %	83,93 %	82,62 %
§ 10 Absatz 1 Nummer 3 Satz 1 Buchstabe a und b EStG (ohne Krankengeldanteil)	–	–	–	–
§ 10 Absatz 1 Nummer 3a EStG	16,07 %	3,09 %	16,07 %	17,38 %
(Anteil vom Globalbeitrag für Krankengeld)	(2,68 %)	(3,09 %)	(2,68 %)	(2,64 %)
Gesamtaufwand	100,00 %	100,00 %	100,00 %	100,00 %
Für Höchstbetragsberechnung gemäß § 10 Absatz 3 EStG anzusetzender Arbeitgeberanteil	177,40 %	486,61 %	96,52 %	82,62 %

Anwendungsbeispiel:

Der ledige Arbeitnehmer A leistet für das Jahr 2018 in Belgien einen Globalbeitrag i. H. v. 1 000 Euro.

---

[1]) Angaben in Prozent des vom Arbeitnehmer geleisteten Globalbeitrags.

Lösung:

A kann an Vorsorgeaufwendungen geltend machen:

– Altersvorsorgeaufwendungen i. S. d. § 10 Absatz 1 Nummer 2 Buchstabe a EStG i. H. v. 516,50 Euro (= 51,65 % von 1 000 Euro),

– Beiträge zur Basiskranken- und gesetzlichen Pflegeversicherung i. S. d. § 10 Absatz 1 Nummer 3 Satz 1 Buchstabe a und Buchstabe b EStG i. H. v. 384,60 Euro (= 38,46 % von 1 000 Euro),

– Beiträge für sonstige Vorsorgeaufwendungen i. S. d. § 10 Absatz 1 Nummer 3a EStG i. H. v. 98,90 Euro (= 9,89 % von 1 000 Euro, darin enthalten 16,50 Euro = 1,65 % von 1 000 Euro für Krankengeld und 82,40 Euro = 8,24 % von 1 000 Euro für die weiteren sonstigen Vorsorgeaufwendungen).

Im Rahmen der Höchstbetragsberechnung gemäß § 10 Absatz 3 EStG ist ein Arbeitgeberanteil i. H. v. 895,10 Euro (= 89,51 % von 1 000 Euro) anzusetzen.

Eine entsprechende Aufteilung ist hinsichtlich der Altersvorsorgeaufwendungen auch bei der Ausstellung von Lohnsteuerbescheinigungen und Besonderen Lohnsteuerbescheinigungen durch den Arbeitgeber für das Kalenderjahr 2018 vorzunehmen (s. Abschnitt I Tz. 13 Buchstabe a des BMF-Schreibens vom 27. September 2017, BStBl I Seite 1339).

Die Tabellen sind für den Veranlagungszeitraum 2018 anzuwenden. Sie gelten für den gesamten Veranlagungszeitraum.

Die Aufteilung von Globalbeiträgen, die an Sozialversicherungsträger in Ländern außerhalb Europas geleistet werden, ist nach den Umständen des Einzelfalls vorzunehmen.

Berichtigung der Lohnsteuerbescheinigung

– Der Arbeitnehmer kann nach Übermittlung oder Ausschreibung der Lohnsteuerbescheinigung deren Berichtigung nicht mehr verlangen (→ BFH vom 13. 12. 2007 – BStBl 2008 II S. 434).

– Zur Berichtigung der Lohnsteuerbescheinigung bei Änderung der Lohnsteuer-Anmeldung zu Gunsten des Arbeitgebers → § 41c Abs. 3 Satz 4 und 5 EStG

Bescheinigung zu Unrecht einbehaltener Lohnsteuer

Wird von steuerfreien Einnahmen aus nichtselbständiger Arbeit (zu Unrecht) Lohnsteuer einbehalten und an ein inländisches Finanzamt abgeführt, so ist auch diese Lohnsteuer in der Lohnsteuerbescheinigung einzutragen und auf die für den Veranlagungszeitraum festgesetzte Einkommensteuerschuld des Arbeitnehmers anzurechnen (→ BFH vom 23. 5. 2000 – BStBl II S. 581).

→ Korrektur elektronisch übermittelter Daten

Finanzamtsverzeichnis

Eine Liste der Finanzämter mit den bundeseinheitlichen Finanzamtnummern kann im Internet-Angebot des Bundeszentralamts für Steuern eingesehen und abgerufen werden.

Suchfunktion zur Ermittlung der örtlich und sachlich zuständigen Finanzämter:

Das System GEMFA ist ein Auskunftssystem, mit dessen Hilfe die örtlich und sachlich zuständigen Finanzämter ermittelt werden können. Die Abkürzung GEMFA steht für Gemeinde und Finanzamt. Es werden Daten des Statistischen Bundesamtes, der Deutschen Post AG und der Finanzverwaltung der Länder und des Bundes verwendet.

Neben einem Gemeinde- und Finanzamtsverzeichnis bietet das Bundeszentralamt für Steuern an folgender Stelle auch ein Download an:

http://www.bzst.bund.de/

unter „Online Dienste", „Finanzamtssuche".

Finanzrechtsweg

Bei einer Nettolohnvereinbarung ist für Streitigkeiten über die Höhe des in der Lohnsteuerbescheinigung auszuweisenden Bruttoarbeitslohns der Finanzrechtsweg nicht gegeben (→ BFH vom 13. 12. 2007 – BStBl 2008 II S. 434).

Unzutreffender Steuerabzug

Ein unzutreffender Lohnsteuerabzug kann durch Einwendungen gegen die Lohnsteuerbescheinigung nicht berichtigt werden (→ BFH vom 13. 12. 2007 – BStBl 2008 II S. 434).

§ 41c Änderung des Lohnsteuerabzugs

(1) [1]Der Arbeitgeber ist berechtigt, bei der jeweils nächstfolgenden Lohnzahlung bisher erhobene Lohnsteuer zu erstatten oder noch nicht erhobene Lohnsteuer nachträglich einzubehalten,

1. wenn ihm elektronische Lohnsteuerabzugsmerkmale zum Abruf zur Verfügung gestellt werden oder ihm der Arbeitnehmer eine Bescheinigung für den Lohnsteuerabzug mit Eintragungen vorlegt, die auf einen Zeitpunkt vor Abruf der Lohnsteuerabzugsmerkmale oder vor Vorlage der Bescheinigung für den Lohnsteuerabzug zurückwirken, oder

2. wenn er erkennt, dass er die Lohnsteuer bisher nicht vorschriftsmäßig einbehalten hat; dies gilt auch bei rückwirkender Gesetzesänderung.

[2]In den Fällen des Satzes 1 Nummer 2 ist der Arbeitgeber jedoch verpflichtet, wenn ihm dies wirtschaftlich zumutbar ist.

(2) [1]Die zu erstattende Lohnsteuer ist dem Betrag zu entnehmen, den der Arbeitgeber für seine Arbeitnehmer insgesamt an Lohnsteuer einbehalten oder übernommen hat. [2]Wenn die zu erstattende Lohnsteuer aus dem Betrag nicht gedeckt werden kann, der insgesamt an Lohnsteuer einzubehalten oder zu übernehmen ist, wird der Fehlbetrag dem Arbeitgeber auf Antrag vom Betriebsstättenfinanzamt ersetzt.

(3) [1]Nach Ablauf des Kalenderjahres oder, wenn das Dienstverhältnis vor Ablauf des Kalenderjahres endet, nach Beendigung des Dienstverhältnisses, ist die Änderung des Lohnsteuerabzugs nur bis zur Übermittlung oder Ausschreibung der Lohnsteuerbescheinigung zulässig. [2]Bei Änderung des Lohnsteuerabzugs nach Ablauf des Kalenderjahres ist die nachträglich einzubehaltende Lohnsteuer nach dem Jahresarbeitslohn zu ermitteln. [3]Eine Erstattung von Lohnsteuer ist nach Ablauf des Kalenderjahres nur im Wege des Lohnsteuer-Jahresausgleichs nach § 42b zulässig. [4]Eine Minderung der einzubehaltenden und zu übernehmenden Lohnsteuer (§ 41a Absatz 1 Satz 1 Nummer 1) nach § 164 Absatz 2 Satz 1 der Abgabenordnung ist nach der Übermittlung oder Ausschreibung der Lohnsteuerbescheinigung nur dann zulässig, wenn sich der Arbeitnehmer ohne vertraglichen Anspruch und gegen den Willen des Arbeitgebers Beträge verschafft hat, für die Lohnsteuer einbehalten wurde. [5]In diesem Fall hat der Arbeitgeber die bereits übermittelte oder ausgestellte Lohnsteuerbescheinigung zu berichtigen und sie als geändert gekennzeichnet an die Finanzverwaltung zu übermitteln; § 41b Absatz 1 gilt entsprechend. [6]Der Arbeitgeber hat seinen Antrag zu begründen und die Lohnsteuer-Anmeldung (§ 41a Absatz 1 Satz 1) zu berichtigen.

(4) [1]Der Arbeitgeber hat die Fälle, in denen er die Lohnsteuer nach Absatz 1 nicht nachträglich einbehält oder die Lohnsteuer nicht nachträglich einbehalten kann, weil

1. der Arbeitnehmer vom Arbeitgeber Arbeitslohn nicht mehr bezieht oder

2. der Arbeitgeber nach Ablauf des Kalenderjahres bereits die Lohnsteuerbescheinigung übermittelt oder ausgeschrieben hat,

dem Betriebsstättenfinanzamt unverzüglich anzuzeigen. [2]Das Finanzamt hat die zu wenig erhobene Lohnsteuer vom Arbeitnehmer nachzufordern, wenn der nachzufordernde Betrag 10 Euro übersteigt. [3]§ 42d bleibt unberührt.

R 41c.1

Änderung des Lohnsteuerabzugs

(1) [1]Unabhängig von der Verpflichtung des Arbeitgebers, nach § 39c Abs. 1 und 2 EStG den Lohnsteuerabzug für den vorangegangene Monate zu überprüfen und erforderlichenfalls zu ändern, ist der Arbeitgeber in den in § 41c Abs. 1 EStG bezeichneten Fällen zu einer Änderung des Lohnsteuerabzugs bei der jeweils nächstfolgenden Lohnzahlung berechtigt. [2]Die Änderung ist zugunsten oder zuungunsten des Arbeitnehmers zulässig, ohne dass es dabei auf die Höhe der zu erstattenden oder nachträglich einzubehaltenden Steuer ankommt. [3]Für die nachträgliche Einbehaltung durch den Arbeitgeber gilt der Mindestbetrag für die Nachforderung durch das Finanzamt (§ 41c Abs. 4 Satz 2 EStG) nicht.

(2) [1]Der Arbeitgeber ist zur Änderung des Lohnsteuerabzugs nur berechtigt, soweit die Lohnsteuer von ihm einbehalten worden ist oder einzubehalten war. [2]Bei Nettolöhnen (→ R 39b.9) gilt dies für die zu übernehmende Steuer.

(3) [1]Die Änderung des Lohnsteuerabzugs auf Grund rückwirkender Lohnsteuerabzugsmerkmale ist nicht auf die Fälle beschränkt, in denen das Finanzamt die Lohnsteuerabzugsmerkmale - mit Wirkung von einem zurückliegenden Zeitpunkt an ändert oder ergänzt. [2]Die Änderung des Lohnsteuerabzugs ist ebenso zulässig, wenn der Arbeitgeber wegen fehlender Lohnsteuerabzugsmerkmale den Lohnsteuerabzug gemäß § 39c Abs. 1 Satz 1 bis 3 oder Abs. 2 Satz 1 EStG vorgenommen hat und dem Arbeitgeber erstmals Lohnsteuerabzugsmerkmale zur Verfügung gestellt werden bzw. der Arbeitnehmer erstmals eine Bescheinigung für den Lohnsteuerabzug

vorlegt oder wenn bei Vorauszahlung des Arbeitslohns der Geltungsbeginn der Lohnsteuerabzugsmerkmale in einen bereits abgerechneten Lohnzahlungszeitraum fällt.

(4) ¹Die Änderung des Lohnsteuerabzugs ist, sofern der Arbeitgeber von seiner Berechtigung hierzu Gebrauch macht, bei der nächsten Lohnzahlung vorzunehmen, die dem Abruf von rückwirkenden Lohnsteuerabzugsmerkmalen oder auf die Vorlage einer Bescheinigung für den Lohnsteuerabzug mit den rückwirkenden Eintragungen oder dem Erkennen einer nicht vorschriftsmäßigen Lohnsteuereinbehaltung folgt. ²Der Arbeitgeber darf in Fällen nachträglicher Einbehaltung von Lohnsteuer die Einbehaltung nicht auf mehrere Lohnzahlungen verteilen. ³Die nachträgliche Einbehaltung ist auch insoweit zulässig, als dadurch die Pfändungsfreigrenzen unterschritten werden; wenn die nachträglich einzubehaltende Lohnsteuer den auszuzahlenden Barlohn übersteigt, ist die nachträgliche Einbehaltung in Höhe des auszuzahlenden Barlohns vorzunehmen und dem Finanzamt für den übersteigenden Betrag eine Anzeige nach § 41c Abs. 4 EStG zu erstatten.

(5) ¹Im Falle der Erstattung von Lohnsteuer hat der Arbeitgeber die zu erstattende Lohnsteuer dem Gesamtbetrag der von ihm abzuführenden Lohnsteuer zu entnehmen. ²Als Antrag auf Ersatz eines etwaigen Fehlbetrags reicht es aus, wenn in der Lohnsteuer-Anmeldung der Erstattungsbetrag kenntlich gemacht wird. ³Macht der Arbeitgeber von seiner Berechtigung zur Lohnsteuererstattung nach § 41c Abs. 1 und 2 EStG keinen Gebrauch, kann der Arbeitnehmer die Erstattung beim Finanzamt beantragen.

(6) ¹Nach Ablauf des Kalenderjahres ist eine Änderung des Lohnsteuerabzugs in der Weise vorzunehmen, dass die Jahreslohnsteuer festzustellen und durch Gegenüberstellung mit der insgesamt einbehaltenen Lohnsteuer der nachträglich einzubehaltende oder zu erstattende Steuerbetrag zu ermitteln ist. ²Eine Erstattung darf aber nur im Lohnsteuer-Jahresausgleich unter den Voraussetzungen des § 42b EStG vorgenommen werden. ³Wenn der Arbeitgeber nach § 42b Abs. 1 EStG den Lohnsteuer-Jahresausgleich nicht durchführen darf, ist auch eine Änderung des Lohnsteuerabzugs mit Erstattungsfolge nicht möglich; der Arbeitnehmer kann in diesen Fällen die Erstattung im Rahmen einer Veranlagung zur Einkommensteuer erreichen. ⁴Soweit der Arbeitgeber auf Grund einer Änderung des Lohnsteuerabzugs nach Ablauf des Kalenderjahres nachträglich Lohnsteuer einbehält, handelt es sich um Lohnsteuer des abgelaufenen Kalenderjahres, die zusammen mit der übrigen einbehaltenen Lohnsteuer des abgelaufenen Kalenderjahres in einer Summe in der Lohnsteuerbescheinigung zu übermitteln oder anzugeben ist. ⁵Die nachträglich einbehaltene Lohnsteuer ist für den Anmeldungszeitraum anzugeben und abzuführen, in dem sie einbehalten wurde.

(7) ¹Hat der Arbeitgeber die Lohnsteuerbescheinigung übermittelt oder ausgestellt, ist eine Änderung des Lohnsteuerabzuges nicht mehr möglich. ²Die bloße Korrektur eines zunächst unrichtig übermittelten Datensatzes ist zulässig. ³Die Anzeigeverpflichtung nach § 41c Abs. 4 Satz 1 Nr. 2 EStG bleibt unberührt.

(8) ¹Bei beschränkt Stpfl. ist auch nach Ablauf des Kalenderjahres eine Änderung des Lohnsteuerabzugs nur für die Lohnzahlungszeiträume vorzunehmen, auf die sich die Änderungen beziehen. ²Eine Änderung mit Erstattungsfolge kann in diesem Falle nur das Finanzamt durchführen.

Hinweise

Änderung der Festsetzung

–   Eine Erhöhung der Lohnsteuer-Entrichtungsschuld ist unter den Voraussetzungen des § 164 Abs. 2 Satz 1 AO auch nach Übermittlung oder Ausschreibung der Lohnsteuerbescheinigung zulässig (→ BFH vom 30. 10. 2008 – BStBl 2009 II S. 354).

Erstattungsantrag

–   Erstattungsansprüche des Arbeitnehmers wegen zu Unrecht einbehaltener Lohnsteuer sind nach Ablauf des Kalenderjahres im Rahmen einer Veranlagung zur Einkommensteuer geltend zu machen. Darüber hinaus ist ein Erstattungsantrag gemäß § 37 AO nicht zulässig (→ BFH vom 20. 5. 1983 – BStBl II S. 584). Dies gilt auch für zu Unrecht angemeldete und abgeführte Lohnsteuerbeträge, wenn der Lohnsteuerabzug nach § 41c Abs. 3 EStG nicht mehr geändert werden kann (→ BFH vom 17. 6. 2009 – BStBl 2010 II S. 72).

–   Wird eine Zahlung des Arbeitgebers dem Lohnsteuerabzug unterworfen, *obwohl* die Besteuerung abkommensrechtlich dem Wohnsitzstaat des Arbeitnehmers zugewiesen ist, besteht die Möglichkeit, einen Erstattungsantrag in analoger Anwendung des § 50d Abs. 1 Satz 2 EStG zu stellen, soweit die entsprechenden Einkünfte aus nichtselbständiger Arbeit nicht bereits im Rahmen einer Veranlagung nach § 50 Abs. 2 Satz 2 Nr. 4 Buchstabe b i. V. m. Satz 7 EStG erfasst wurden. Der Erstattungsanspruch ist dabei gegen das Betriebsstättenfinanzamt des Arbeitgebers zu richten (→ BFH vom 21. 10. 2009 – BStBl 2012 II S. 493). *Gegebenenfalls sind für den Erstattungsantrag besondere formelle Anforderungen (z. B. Fristen), die in den jeweiligen DBA geregelt sind, zu beachten (→ auch BMF vom 25. 6. 2012 – BStBl I S. 692).*

R 41c.2   Anzeigepflichten des Arbeitgebers

S 2379   (1) ¹Der Arbeitgeber hat die Anzeigepflichten nach § 38 Abs. 4, § 41c Abs. 4 EStG unverzüglich zu erfüllen. ²Sobald der Arbeitgeber erkennt, dass der Lohnsteuerabzug in zu geringer Höhe vorgenommen worden ist, hat er dies dem Betriebsstättenfinanzamt anzuzeigen, wenn er die Lohnsteuer nicht nachträglich einbehalten kann oder von seiner Berechtigung hierzu keinen Gebrauch macht; dies gilt auch bei rückwirkender Gesetzesänderung. ³Der Arbeitgeber hat die Anzeige über die zu geringe Einbehaltung der Lohnsteuer ggf. auch für die zurückliegenden vier Kalenderjahre zu erstatten. ⁴Die Anzeigepflicht besteht unabhängig von dem Mindestbetrag (§ 41c Abs. 4 Satz 2 EStG) für die Nachforderung durch das Finanzamt.

(2) ¹Die Anzeige ist schriftlich zu erstatten. ²In ihr sind der Name, Anschrift, Geburtsdatum und Identifikationsnummer des Arbeitnehmers, seine Lohnsteuerabzugsmerkmale, nämlich Steuerklasse/Faktor, Zahl der Kinderfreibeträge, Kirchensteuermerkmal sowie ein Freibetrag oder Hinzurechnungsbetrag, sowie der Anzeigegrund und die für die Berechnung einer Lohnsteuer-Nachforderung erforderlichen Mitteilungen über Höhe und Art des Arbeitslohns, z. B. Auszug aus dem Lohnkonto, anzugeben.

(3) ¹Das Betriebsstättenfinanzamt hat die Anzeige an das für die Einkommensbesteuerung des Arbeitnehmers zuständige Finanzamt weiterzuleiten, wenn es zweckmäßig erscheint, die Lohnsteuer-Nachforderung nicht sofort durchzuführen, z. B. weil es wahrscheinlich ist, dass der Arbeitnehmer zur Einkommensteuer veranlagt wird. ²Das ist auch angebracht in Fällen, in denen bei Eingang der Anzeige nicht abzusehen ist, ob sich bei Änderung des Lohnsteuerabzugs nach Ablauf des Kalenderjahres (→ § 41c Abs. 3 Satz 2 EStG) eine Lohnsteuer-Nachforderung ergeben wird.

R 41c.3   Nachforderung von Lohnsteuer

S 2379   (1) In den Fällen des § 38 Abs. 4 und des § 41c Abs. 4 EStG ist das Betriebsstättenfinanzamt für die Nachforderung dann zuständig, wenn die zuwenig erhobene Lohnsteuer bereits im Laufe des Kalenderjahres nachgefordert werden soll.

(2) ¹Im Falle des § 41c Abs. 4 EStG gilt für die Berechnung der nachzufordernden Lohnsteuer nach Ablauf des Kalenderjahres R 41c.1 Abs. 6 Satz 1 und Abs. 8 Satz 1 entsprechend. ²In allen anderen Fällen ist die Jahreslohnsteuer wie folgt zu ermitteln:

1		Bruttoarbeitslohn
2	+	ermäßigt besteuerte Entschädigungen und ermäßigt besteuerte Vergütungen für mehrjährige Tätigkeit i. S. d. § 34 EStG
3	=	Jahresarbeitslohn
4	–	Freibeträge für Versorgungsbezüge (§ 19 Abs. 2 EStG)
5	–	Werbungskosten, maßgebender Pauschbetrag für Werbungskosten (§§ 9, 9a EStG)
6	–	Altersentlastungsbetrag (§ 24a EStG)
7	–	Entlastungsbetrag für Alleinerziehende (§ 24b EStG)¹)
8	=	Gesamtbetrag der Einkünfte (§ 2 Abs. 3 EStG)
9	–	Sonderausgaben (§§ 10, 10b, 10c, 39b Abs. 2 Satz 5 Nr. 3 EStG)
10	–	außergewöhnliche Belastungen (§§ 33 bis 33b EStG)
11	=	Einkommen (§ 2 Abs. 4 EStG)
12	–	Freibeträge für Kinder (nur für Kinder, für die kein Anspruch auf Kindergeld besteht; § 39a Abs. 1 Nr. 6 EStG)
13	=	zu versteuerndes Einkommen (§ 2 Abs. 5 EStG)
14	–	Entschädigungen und Vergütungen i. S. d. § 34 EStG (Zeile 2)
15	=	verbleibendes zu versteuerndes Einkommen
16	+	ein Fünftel der Entschädigungen und Vergütungen i. S. d. § 34 EStG (Zeile 2)
17	=	Summe
18	=	Steuerbetrag für die Summe (Zeile 17) laut Grundtarif/Splittingtarif
19	=	Steuerbetrag für das verbleibende zu versteuernde Einkommen (Zeile 15) laut Grundtarif/Splittingtarif
20	=	Unterschiedsbetrag

---

¹) Ab 2015 die Summe der Beträge nach § 24b Abs. 2 EStG.

[3]Hat der Arbeitnehmer keine Entschädigungen und Vergütungen i. S. d. § 34 EStG bezogen, ist der für das zu versteuernde Einkommen (Zeile 13) nach dem Grundtarif/Splittingtarif ermittelte Steuerbetrag die Jahreslohnsteuer (tarifliche Einkommensteuer – § 32a Abs. 1, 5 EStG). [4]Hat der Arbeitnehmer Entschädigungen und Vergütungen i. S. d. § 34 EStG bezogen, ist der Steuerbetrag für das verbleibende zu versteuernde Einkommen (Zeile 19) zuzüglich des Fünffachen des Unterschiedsbetrags (Zeile 20) die Jahreslohnsteuer (tarifliche Einkommensteuer – § 32a Abs. 1, 5 EStG).

(3) [1]Will das Finanzamt zu wenig einbehaltene Lohnsteuer vom Arbeitnehmer nachfordern, erlässt es gegen diesen einen Steuerbescheid. [2]Nach Ablauf des Kalenderjahres kommt eine Nachforderung von Lohnsteuer oder Einkommensteuer ggf. auch durch erstmalige oder geänderte Veranlagung zur Einkommensteuer in Betracht. [3]Die Nachforderung von Lohnsteuer oder Einkommensteuer erfolgt durch erstmalige oder geänderte Veranlagung zur Einkommensteuer, wenn ein Hinzurechnungsbetrag als Lohnsteuerabzugsmerkmal gebildet wurde (→ § 46 Abs. 2 Nr. 2 EStG).

(4) [1]Außer im Falle des § 38 Abs. 4 EStG unterbleibt die Nachforderung, wenn die nachzufordernde Lohnsteuer den Mindestbetrag nach § 41c Abs. 4 Satz 2 EStG nicht übersteigt. [2]Bezieht sich die Nachforderung auf mehrere Kalenderjahre, ist für jedes Kalenderjahr gesondert festzustellen, ob der Mindestbetrag überschritten wird. [3]Treffen in einem Kalenderjahr mehrere Nachforderungsgründe zusammen, gilt der Mindestbetrag für die insgesamt nachzufordernde Lohnsteuer.

Hinweise

H 41c.3

Einzelfälle

Das Finanzamt hat die zu wenig einbehaltene Lohnsteuer vom Arbeitnehmer nachzufordern, wenn

- der Barlohn des Arbeitnehmers zur Deckung der Lohnsteuer nicht ausreicht und die Steuer weder aus zurückbehaltenen anderen Bezügen des Arbeitnehmers noch durch einen entsprechenden Barzuschuss des Arbeitnehmers aufgebracht werden kann (→ § 38 Abs. 4 EStG),
- eine Änderung der Lohnsteuerabzugsmerkmale erforderlich war, diese aber unterblieben ist,
- in den Fällen des § 39a Abs. 5 EStG ein Freibetrag rückwirkend herabgesetzt worden ist und der Arbeitgeber die zu wenig erhobene Lohnsteuer nicht nachträglich einbehalten kann,
- die rückwirkende Änderung eines Pauschbetrags für behinderte Menschen und Hinterbliebene (→ § 33b EStG) wegen der bereits erteilten Lohnsteuerbescheinigung nicht zu einer Nacherhebung von Lohnsteuer durch den Arbeitgeber führen kann (→ BFH vom 24. 9. 1982 – BStBl 1983 II S. 60),
- der Arbeitgeber dem Finanzamt angezeigt hat, dass er von seiner Berechtigung, Lohnsteuer nachträglich einzubehalten, keinen Gebrauch macht, oder die Lohnsteuer nicht nachträglich einbehalten kann (→ § 41c Abs. 4 EStG),
- der Arbeitnehmer in den Fällen des § 42d Abs. 3 Satz 4 EStG für die nicht vorschriftsmäßig einbehaltene oder angemeldete Lohnsteuer in Anspruch zu nehmen ist; wegen der Wahl der Inanspruchnahme → R 42d.1 Abs. 3 und 4 oder
- die Voraussetzungen der unbeschränkten Einkommensteuerpflicht nach § 1 Abs. 3 EStG nicht vorgelegen haben und dies bereits bei Erteilung der Bescheinigung hätte bemerken können (→ § 50 Abs. 2 Satz 2 Nr. 2 EStG); auch bei einer fehlerhaft erteilten Bescheinigung kann das Finanzamt die zu wenig erhobene Lohnsteuer nachfordern (→ BFH vom 23. 9. 2008 → BStBl 2009 II S. 666).

Erkenntnisse aus rechtswidriger Außenprüfung

→ BFH vom 9. 11. 1984 (BStBl 1985 II S. 191).

Festsetzungsfrist gegenüber dem Arbeitnehmer

Durch eine Anzeige des Arbeitgebers nach § 41c Abs. 4 Satz 1 Nr. 1 EStG wird der Anlauf der Festsetzungsfrist für die Lohnsteuer gegenüber dem Arbeitnehmer gemäß § 170 Abs. 2 Satz 1 Nr. 1 AO gehemmt (→ BFH vom 5. 7. 2012 – BStBl 2013 II S. 190).

Freibeträge, rückwirkende Änderung

Wird Lohnsteuer nach Ablauf des Kalenderjahres wegen der rückwirkenden Änderung eines Pauschbetrags für behinderte Menschen und Hinterbliebene (→ § 33b EStG) und einer bereits erteilten Lohnsteuerbescheinigung nachgefordert, bedarf es keiner förmlichen Berichtigung des

Freibetrags; es genügt, wenn die Inanspruchnahme des Arbeitnehmers ausdrücklich mit der rückwirkenden Änderung des Freibetrags begründet wird (→ BFH vom 24. 9. 1982 – BStBl 1983 II S. 60).

Zuständigkeit

Für die Nachforderung ist im Allgemeinen das für die Einkommensbesteuerung des Arbeitnehmers zuständige Finanzamt zuständig. Ist keine Pflicht- oder Antragsveranlagung nach § 46 Abs. 2 EStG durchzuführen, ist die Nachforderung vom Betriebsstättenfinanzamt vorzunehmen (→ BFH vom 21. 2. 1992 – BStBl II S. 565); Entsprechendes gilt, wenn zu wenig erhobene Lohnsteuer nach §§ 38 Abs. 4 und 41c Abs. 4 EStG bereits im Laufe des Kalenderjahres nachgefordert werden soll. Für die Nachforderung zu wenig einbehaltener Lohnsteuer von beschränkt einkommensteuerpflichtigen Arbeitnehmern ist stets das Betriebsstättenfinanzamt zuständig (→ BFH vom 20. 6. 1990 – BStBl 1992 II S. 43).

EStG

§§ 42 und 42a (weggefallen)

EStG
S 2381

§ 42b Lohnsteuer-Jahresausgleich durch den Arbeitgeber

(1) [1]Der Arbeitgeber ist berechtigt, seinen unbeschränkt einkommensteuerpflichtigen Arbeitnehmern, die während des abgelaufenen Kalenderjahres (Ausgleichsjahr) ständig in einem zu ihm bestehenden Dienstverhältnis gestanden haben, die für das Ausgleichsjahr einbehaltene Lohnsteuer insoweit zu erstatten, als sie die auf den Jahresarbeitslohn entfallende Jahreslohnsteuer übersteigt (Lohnsteuer-Jahresausgleich). [2]Er ist zur Durchführung des Lohnsteuer-Jahresausgleichs verpflichtet, wenn er am 31. Dezember des Ausgleichsjahres mindestens zehn Arbeitnehmer beschäftigt. [3]Der Arbeitgeber darf den Lohnsteuer-Jahresausgleich nicht durchführen, wenn

1. der Arbeitnehmer es beantragt oder

2. der Arbeitnehmer für das Ausgleichsjahr oder für einen Teil des Ausgleichsjahres nach den Steuerklassen V oder VI zu besteuern war oder

3. der Arbeitnehmer für einen Teil des Ausgleichsjahres nach den Steuerklassen II, III oder IV zu besteuern war oder

3a. bei der Lohnsteuerberechnung ein Freibetrag oder Hinzurechnungsbetrag zu berücksichtigen war oder

3b. das Faktorverfahren angewandt wurde oder

4. der Arbeitnehmer im Ausgleichsjahr Kurzarbeitergeld, Schlechtwettergeld, Winterausfallgeld, Zuschuss zum Mutterschaftsgeld nach dem Mutterschutzgesetz, Zuschuss bei Beschäftigungsverboten für die Zeit vor oder nach einer Entbindung sowie für den Entbindungstag während einer Elternzeit nach beamtenrechtlichen Vorschriften, Entschädigungen für Verdienstausfall nach dem Infektionsschutzgesetz vom 20. Juli 2000 (BGBl. I S. 1045) oder nach § 3 Nummer 28 steuerfreie Aufstockungsbeträge oder Zuschläge bezogen hat oder

Anhang 1

4a. die Anzahl der im Lohnkonto oder in der Lohnsteuerbescheinigung eingetragenen Großbuchstaben U mindestens eins beträgt oder

5. für den Arbeitnehmer im Ausgleichsjahr im Rahmen der Vorsorgepauschale jeweils nur zeitweise Beträge nach § 39b Absatz 2 Satz 5 Nummer 3 Buchstabe a bis d oder der Beitragszuschlag nach § 39b Absatz 2 Satz 5 Nummer 3 Buchstabe c berücksichtigt wurden oder sich im Ausgleichsjahr der Zusatzbeitragssatz (§ 39b Absatz 2 Satz 5 Nummer 3 Buchstabe b) geändert hat oder

6. der Arbeitnehmer im Ausgleichsjahr ausländische Einkünfte aus nichtselbständiger Arbeit bezogen hat, die nach einem Abkommen zur Vermeidung der Doppelbesteuerung oder unter Progressionsvorbehalt nach § 34c Absatz 5 von der Lohnsteuer freigestellt waren.

(2) [1]Für den Lohnsteuer-Jahresausgleich hat der Arbeitgeber den Jahresarbeitslohn aus dem zu ihm bestehenden Dienstverhältnis festzustellen. [2]Dabei bleiben Bezüge im Sinne des § 34 Absatz 1 und 2 Nummer 2 und 4 außer Ansatz, wenn der Arbeitnehmer nicht jeweils die Einbeziehung in den Lohnsteuer-Jahresausgleich beantragt. [3]Vom Jahresarbeitslohn sind der etwa in Betracht kommende Versorgungsfreibetrag und Zuschlag zum Versorgungsfreibetrag und der etwa in Betracht kommende Altersentlastungsbetrag abzuziehen. [4]Für den so geminderten Jahresarbeitslohn ist die Jahreslohnsteuer nach § 39b Absatz 2 Satz 6 und 7 zu ermitteln nach Maßgabe der Steuerklasse, die für den letzten Lohnzahlungszeitraum des Ausgleichsjahres als elektronisches Lohnsteuerabzugsmerkmal abgerufen oder auf der Bescheinigung für den Lohn-

steuerabzug oder etwaigen Mitteilungen über Änderungen zuletzt eingetragen wurde. [5]Den Betrag, um den die sich hiernach ergebende Jahreslohnsteuer die Lohnsteuer unterschreitet, die von dem zugrunde gelegten Jahresarbeitslohn insgesamt erhoben worden ist, hat der Arbeitgeber dem Arbeitnehmer zu erstatten. [6]Bei der Ermittlung der insgesamt erhobenen Lohnsteuer ist die Lohnsteuer auszuscheiden, die von den nach Satz 2 außer Ansatz gebliebenen Bezügen einbehalten worden ist.

(3) [1]Der Arbeitgeber darf den Lohnsteuer-Jahresausgleich frühestens bei der Lohnabrechnung für den letzten im Ausgleichsjahr endenden Lohnzahlungszeitraum, spätestens bei der Lohnabrechnung für den letzten Lohnzahlungszeitraum, der im Monat Februar des dem Ausgleichsjahr folgenden Kalenderjahres endet, durchführen. [2]Die zu erstattende Lohnsteuer ist dem Betrag zu entnehmen, den der Arbeitgeber für seine Arbeitnehmer für den Lohnzahlungszeitraum insgesamt an Lohnsteuer erhoben hat. [3]§ 41c Absatz 2 Satz 2 ist anzuwenden.

(4) [1]Im Lohnkonto für das Ausgleichsjahr ist die im Lohnsteuer-Jahresausgleich erstattete Lohnsteuer gesondert einzutragen. [2]In der Lohnsteuerbescheinigung für das Ausgleichsjahr ist der sich nach Verrechnung der erhobenen Lohnsteuer mit der erstatteten Lohnsteuer ergebende Betrag als erhobene Lohnsteuer einzutragen.

Durchführung des Lohnsteuer-Jahresausgleichs durch den Arbeitgeber

R 42b

(1) [1]Der Arbeitgeber darf den Lohnsteuer-Jahresausgleich nur für unbeschränkt einkommensteuerpflichtige Arbeitnehmer durchführen,   S 2381

1. die während des Ausgleichsjahrs ständig in einem zu ihm bestehenden Dienstverhältnis gestanden haben,

2. die am 31. Dezember des Ausgleichsjahres in seinen Diensten stehen oder zu diesem Zeitpunkt von ihm Arbeitslohn aus einem früheren Dienstverhältnis beziehen und

3. bei denen kein Ausschlusstatbestand nach § 42b Abs. 1 Satz 3 EStG vorliegt.

[2]Beginnt oder endet die unbeschränkte Einkommensteuerpflicht im Laufe des Kalenderjahres, darf der Arbeitgeber den Lohnsteuer-Jahresausgleich nicht durchführen.

(2) Beantragt der Arbeitnehmer, Entschädigungen oder Vergütungen für mehrjährige Tätigkeit im Sinne des § 34 EStG in den Lohnsteuer-Jahresausgleich einzubeziehen (→ § 42b Abs. 2 Satz 2 EStG), gehören die Entschädigungen und Vergütungen zum Jahresarbeitslohn, für den die Jahreslohnsteuer zu ermitteln ist.

(3) [1]Bei Arbeitnehmern, für die der Arbeitgeber nach § 42b Abs. 1 EStG einen Lohnsteuer-Jahresausgleich durchführen darf, darf der Arbeitgeber den Jahresausgleich mit der Ermittlung der Lohnsteuer für den letzten im Ausgleichsjahr endenden Lohnzahlungszeitraum zusammenfassen (→ § 42b Abs. 3 Satz 1 EStG). [2]Hierbei ist die Jahreslohnsteuer nach § 42b Abs. 2 Satz 1 bis 3 EStG zu ermitteln und der Lohnsteuer, die von dem Jahresarbeitslohn erhoben worden ist, gegenüberzustellen. [3]Übersteigt die ermittelte Jahreslohnsteuer die erhobene Lohnsteuer, ist der Unterschiedsbetrag die Lohnsteuer, die für den letzten Lohnzahlungszeitraum des Ausgleichsjahres einzubehalten ist. [4]Übersteigt die erhobene Lohnsteuer die ermittelte Jahreslohnsteuer, ist der Unterschiedsbetrag dem Arbeitnehmer zu erstatten; § 42b Abs. 3 Satz 2 und 3 sowie Abs. 4 EStG ist hierbei anzuwenden.

Hinweise

H 42b

Lohnsteuer-Jahresausgleich bei Nettolohnvereinbarung

→ Anhang 32

Vorsorgepauschale

Zum Ausschluss des Lohnsteuer-Jahresausgleichs → § 42b Abs. 1 Satz 3 Nr. 5 EStG und → BMF vom 26. 11. 2013 (BStBl I S. 1532), Tz. 8 → H 39b.7

§ 42c   (weggefallen)

EStG

EStG
S 2383

§ 42d   Haftung des Arbeitgebers und Haftung bei Arbeitnehmerüberlassung

(1) Der Arbeitgeber haftet

1. für die Lohnsteuer, die er einzubehalten und abzuführen hat,

2. für die Lohnsteuer, die er beim Lohnsteuer-Jahresausgleich zu Unrecht erstattet hat,

3. für die Einkommensteuer (Lohnsteuer), die auf Grund fehlerhafter Angaben im Lohnkonto oder in der Lohnsteuerbescheinigung verkürzt wird,

4. für die Lohnsteuer, die in den Fällen des § 38 Absatz 3a der Dritte zu übernehmen hat.

(2) Der Arbeitgeber haftet nicht, soweit Lohnsteuer nach § 39 Absatz 5 oder § 39a Absatz 5 nachzufordern ist und in den vom Arbeitgeber angezeigten Fällen des § 38 Absatz 4 Satz 2 und 3 und des § 41c Absatz 4.

(3) ¹Soweit die Haftung des Arbeitgebers reicht, sind der Arbeitgeber und der Arbeitnehmer Gesamtschuldner. ²Das Betriebsstättenfinanzamt kann die Steuerschuld oder Haftungsschuld nach pflichtgemäßem Ermessen gegenüber jedem Gesamtschuldner geltend machen. ³Der Arbeitgeber kann auch dann in Anspruch genommen werden, wenn der Arbeitnehmer zur Einkommensteuer veranlagt wird. ⁴Der Arbeitnehmer kann im Rahmen der Gesamtschuldnerschaft nur in Anspruch genommen werden,

1. wenn der Arbeitgeber die Lohnsteuer nicht vorschriftsmäßig vom Arbeitslohn einbehalten hat,

2. wenn der Arbeitnehmer weiß, dass der Arbeitgeber die einbehaltene Lohnsteuer nicht vorschriftsmäßig angemeldet hat. ²Dies gilt nicht, wenn der Arbeitnehmer den Sachverhalt dem Finanzamt unverzüglich mitgeteilt hat.

(4) ¹Für die Inanspruchnahme des Arbeitgebers bedarf es keines Haftungsbescheids und keines Leistungsgebots, soweit der Arbeitgeber

1. die einzubehaltende Lohnsteuer angemeldet hat oder

2. nach Abschluss einer Lohnsteuer-Außenprüfung seine Zahlungsverpflichtung schriftlich anerkennt.

²Satz 1 gilt entsprechend für die Nachforderung zu übernehmender pauschaler Lohnsteuer.

(5) Von der Geltendmachung der Steuernachforderung oder Haftungsforderung ist abzusehen, wenn diese insgesamt 10 Euro nicht übersteigt.

S 2384

1)

(6) ¹Soweit einem Dritten (Entleiher) Arbeitnehmer im Sinne des § 1 Absatz 1 Satz 1 des Arbeitnehmerüberlassungsgesetzes in der Fassung der Bekanntmachung vom 3. Februar 1995 (BGBl. I S. 158), das zuletzt durch Artikel 26 des Gesetzes vom 20. Dezember 2011 (BGBl. I S. 2854) geändert worden ist, zur Arbeitsleistung überlassen werden, haftet er mit Ausnahme der Fälle, in denen eine Arbeitnehmerüberlassung nach § 1 Absatz 3 des Arbeitnehmerüberlassungsgesetzes vorliegt, neben dem Arbeitgeber. ²Der Entleiher haftet nicht, wenn der Überlassung eine Erlaubnis nach § 1 des Arbeitnehmerüberlassungsgesetzes, in der jeweils geltenden Fassung zugrunde liegt und soweit er nachweist, dass er den nach § 51 Absatz 1 Nummer 2 Buchstabe d vorgesehenen Mitwirkungspflichten nachgekommen ist. ³Der Entleiher haftet ferner nicht, wenn er über das Vorliegen einer Arbeitnehmerüberlassung ohne Verschulden irrte. ⁴Die Haftung beschränkt sich auf die Lohnsteuer für die Zeit, für die ihm der Arbeitnehmer überlassen worden ist. ⁵Soweit die Haftung des Entleihers reicht, sind der Arbeitgeber, der Entleiher und der Arbeitnehmer Gesamtschuldner. ⁶Der Entleiher darf auf Zahlung nur in Anspruch genommen werden, soweit die Vollstreckung in das inländische bewegliche Vermögen des Arbeitgebers fehlgeschlagen ist oder keinen Erfolg verspricht; § 219 Satz 2 der Abgabenordnung ist entsprechend anzuwenden. ⁷Ist durch die Umstände der Arbeitnehmerüberlassung die Lohnsteuer schwer zu ermitteln, so ist die Haftungsschuld mit 15 Prozent des zwischen Verleiher und Entleiher vereinbarten Entgelts ohne Umsatzsteuer anzunehmen, solange der Entleiher nicht glaubhaft macht, dass die Lohnsteuer, für die er haftet, niedriger ist. ⁸Die Absätze 1 bis 5 sind entsprechend anzuwenden. ⁹Die Zuständigkeit des Finanzamts richtet sich nach dem Ort der Betriebsstätte des Verleihers.

(7) Soweit der Entleiher Arbeitgeber ist, haftet der Verleiher wie ein Entleiher nach Absatz 6.

(8) ¹Das Finanzamt kann hinsichtlich der Lohnsteuer der Leiharbeitnehmer anordnen, dass der Entleiher einen bestimmten Teil des mit dem Verleiher vereinbarten Entgelts einzubehalten und abzuführen hat, wenn dies zur Sicherung des Steueranspruchs notwendig ist; Absatz 6 Satz 4 ist anzuwenden. ²Der Verwaltungsakt kann auch mündlich erlassen werden. ³Die Höhe des einzubehaltenden und abzuführenden Teiles des Entgelts bedarf keiner Begründung, wenn der in Absatz 6 Satz 7 genannte Prozentsatz nicht überschritten wird.

---

¹⁾ Das Arbeitnehmerüberlassungsgesetz wurde zuletzt durch *Artikel 1 des Gesetzes zur Änderung des Arbeitnehmerüberlassungsgesetzes und anderer Gesetze vom 21. 2. 2017 (BGBl. I S. 258)* geändert.

(9) ¹Der Arbeitgeber haftet auch dann, wenn ein Dritter nach § 38 Absatz 3a dessen Pflichten trägt. ²In diesen Fällen haftet der Dritte neben dem Arbeitgeber. ³Soweit die Haftung des Dritten reicht, sind der Arbeitgeber, der Dritte und der Arbeitnehmer Gesamtschuldner. ⁴Absatz 3 Satz 2 bis 4 ist anzuwenden; Absatz 4 gilt auch für die Inanspruchnahme des Dritten. ⁵Im Fall des § 38 Absatz 3a Satz 2 beschränkt sich die Haftung des Dritten auf die Lohnsteuer, die für die Zeit zu erheben ist, für die er sich gegenüber dem Arbeitgeber zur Vornahme des Lohnsteuerabzugs verpflichtet hat; der maßgebende Zeitraum endet nicht, bevor der Dritte seinem Betriebsstättenfinanzamt die Beendigung seiner Verpflichtung gegenüber dem Arbeitgeber angezeigt hat. ⁶In den Fällen des § 38 Absatz 3a Satz 7 ist als Haftungsschuld der Betrag zu ermitteln, um den die Lohnsteuer, die für den gesamten Arbeitslohn des Lohnzahlungszeitraums zu berechnen und einzubehalten ist, die insgesamt tatsächlich einbehaltene Lohnsteuer übersteigt. ⁷Betrifft die Haftungsschuld mehrere Arbeitgeber, so ist sie bei fehlerhafter Lohnsteuerberechnung nach dem Verhältnis der Arbeitslöhne und bei nachträglich zu erfassende Arbeitslohnbeträge nach dem Verhältnis dieser Beträge auf die Arbeitgeber aufzuteilen. ⁸In den Fällen des § 38 Absatz 3a ist das Betriebsstättenfinanzamt des Dritten für die Geltendmachung der Steuer- oder Haftungsschuld zuständig.

Inanspruchnahme des Arbeitgebers

Allgemeines

(1) ¹Der Arbeitnehmer ist – vorbehaltlich § 40 Abs. 3 EStG – Schuldner der Lohnsteuer (§ 38 Abs. 2 EStG); dies gilt auch für den Fall einer Nettolohnvereinbarung (→ R 39b.9). ²Für diese Schuld kann der Arbeitgeber als Haftender in Anspruch genommen werden, soweit seine Haftung reicht (§ 42d Abs. 1 und 2 EStG); die Haftung entfällt auch in den vom Arbeitgeber angezeigten Fällen des § 38 Abs. 4 Satz 3 EStG. ³Dies gilt auch bei Lohnzahlung durch Dritte, soweit der Arbeitgeber zur Einbehaltung der Lohnsteuer verpflichtet ist (§ 38 Abs. 1 Satz 3 EStG), und in Fällen des § 38 Abs. 3a EStG.

Haftung anderer Personen

(2) ¹Soweit Dritte für Steuerleistungen in Anspruch genommen werden können, z. B. gesetzliche Vertreter juristischer Personen, Vertreter, Bevollmächtigte, Vermögensverwalter, Rechtsnachfolger, haften sie als Gesamtschuldner neben dem Arbeitgeber als weiterem Haftenden und neben dem Arbeitnehmer als Steuerschuldner (§ 44 AO). ²Die Haftung kann sich z. B. aus §§ 69 bis 77 AO ergeben.

Gesamtschuldner

(3) ¹Soweit Arbeitgeber, Arbeitnehmer und ggf. andere Personen Gesamtschuldner sind, schuldet jeder die gesamte Leistung (§ 44 Abs. 1 Satz 2 AO). ²Das Finanzamt muss die Wahl, an welchen Gesamtschuldner es sich halten will, nach pflichtgemäßem Ermessen unter Beachtung der durch Recht und Billigkeit gezogenen Grenzen und unter verständiger Abwägung der Interessen aller Beteiligten treffen.

Ermessensprüfung

(4) ¹Die Haftung des Arbeitgebers ist von einem Verschulden grundsätzlich nicht abhängig. ²Ein geringfügiges Verschulden oder ein schuldloses Verhalten des Arbeitgebers ist aber bei der Frage zu würdigen, ob eine Inanspruchnahme des Arbeitgebers im Rahmen des Ermessens liegt. ³Die Frage, ob der Arbeitgeber vor dem Arbeitnehmer in Anspruch genommen werden darf, hängt wesentlich von den Gesamtumständen des Einzelfalles ab, wobei von dem gesetzgeberischen Zweck des Lohnsteuerverfahrens, durch den Abzug an der Quelle den schnellen Eingang der Lohnsteuer in einem vereinfachten Verfahren sicherzustellen, auszugehen ist. ⁴Die Inanspruchnahme des Arbeitgebers kann ausgeschlossen sein, wenn er den individuellen Lohnsteuerabzug ohne Berücksichtigung von Gesetzesänderungen durchgeführt hat, soweit es ihm in der kurzen Zeit zwischen der Verkündung des Gesetzes und den folgenden Lohnabrechnungen bei Anwendung eines strengen Maßstabs nicht zumutbar war, die Gesetzesänderungen zu berücksichtigen.

Haftungsbescheid

(5) ¹Wird der Arbeitgeber nach § 42d EStG als Haftungsschuldner in Anspruch genommen, ist, vorbehaltlich § 42d Abs. 4 Nr. 1 und 2 EStG, ein Haftungsbescheid zu erlassen. ²Darin sind die für das Entschließungs- und Auswahlermessen maßgebenden Gründe anzugeben. ³Hat

der Arbeitgeber nach Abschluss einer Lohnsteuer-Außenprüfung eine Zahlungsverpflichtung schriftlich anerkannt, steht die Anerkenntniserklärung einer Lohnsteuer-Anmeldung gleich (§ 167 Abs. 1 Satz 3 AO). [4]Ein Haftungsbescheid lässt die Lohnsteuer-Anmeldungen unberührt.

Nachforderungsbescheid

(6) [1]Wird pauschale Lohnsteuer nacherhoben, die der Arbeitgeber zu übernehmen hat (§ 40 Abs. 3 EStG), ist ein Nachforderungsbescheid (Steuerbescheid) zu erlassen; Absatz 5 Satz 3 und 4 gilt entsprechend. [2]Der Nachforderungsbescheid bezieht sich auf bestimmte steuerpflichtige Sachverhalte. [3]Die Änderung ist hinsichtlich der ihm zugrunde liegenden Sachverhalte – außer in den Fällen der §§ 172 und 175 AO – wegen der Änderungssperre des § 173 Abs. 2 AO nur bei Steuerhinterziehung oder leichtfertiger Steuerverkürzung möglich.

Zahlungsfrist

(7) Für die durch Haftungsbescheid (→ Absatz 5) oder Nachforderungsbescheid (→ Absatz 6) angeforderten Steuerbeträge ist eine Zahlungsfrist von einem Monat zu setzen.

H 42d.1   **Hinweise**

Allgemeines zur Arbeitgeberhaftung

– Wegen der Einschränkung der Haftung in den Fällen, in denen sich der Arbeitgeber und der Arbeitnehmer über die Zugehörigkeit von Bezügen zum Arbeitslohn und damit auch über die Notwendigkeit der Eintragung der mit diesen Bezügen zusammenhängenden Werbungskosten irrten und irren konnten, → BFH vom 5. 11. 1971 (BStBl 1972 II S. 137).

– Die Lohnsteuer ist nicht vorschriftsmäßig einbehalten, wenn der Arbeitgeber im Lohnsteuer-Jahresausgleich eine zu hohe Lohnsteuer erstattet (→ BFH vom 24. 1. 1975 – BStBl II S. 420).

– Wurde beim Arbeitgeber eine Lohnsteuer-Außenprüfung durchgeführt, bewirkt dies zugleich eine Hemmung der Verjährungsfrist in Bezug auf den Steueranspruch gegen den Arbeitnehmer (→ § 171 Abs. 15 AO); dies gilt für alle Fälle, in denen die Festsetzungsfrist für den Arbeitnehmer am 30. 6. 2013 noch nicht abgelaufen war (→ Artikel 97 § 10 Abs. 11 EGAO).

– Der Arbeitgeber hat den Arbeitslohn vorschriftsmäßig gekürzt, wenn er die Lohnsteuer entsprechend den Lohnsteuerabzugsmerkmalen berechnet hat und wenn er der Berechnung der Lohnsteuer die für das maßgebende Jahr gültigen Lohnsteuertabellen zugrunde gelegt hat (→ BFH vom 9. 3. 1990 – BStBl II S. 608).

– Die Lohnsteuer ist dann vorschriftsmäßig einbehalten, wenn in der betreffenden Lohnsteuer-Anmeldung die mit dem Zufluss des Arbeitslohns entstandene Lohnsteuer des Anmeldungszeitraums erfasst wurde. Maßgebend für das Entstehen der Lohnsteuer sind dabei nicht die Kenntnisse und Vorstellungen des Arbeitgebers, sondern die Verwirklichung des Tatbestandes, an den das Gesetz die Besteuerung knüpft. (→ BFH vom 4. 6. 1993 – BStBl II S. 687).

– Bei einer fehlerhaft ausgestellten Lohnsteuerbescheinigung beschränkt sich die Haftung des Arbeitgebers auf die Lohnsteuer, die sich bei der Einkommensteuerveranlagung des Arbeitnehmers ausgewirkt hat (→ BFH vom 22. 7. 1993 – BStBl II S. 775).

– Führt der Arbeitgeber trotz fehlender Kenntnis der individuellen Lohnsteuerabzugsmerkmale des Arbeitnehmers den Lohnsteuerabzug nicht nach der Steuerklasse VI, sondern nach der Steuerklasse I bis V durch, kann der Arbeitgeber auch nach Ablauf des Kalenderjahrs grundsätzlich nach Steuerklasse VI (§ 42d Abs. 1 Nr. 1 EStG) in Haftung genommen werden (→ BFH vom 12. 1. 2001 – BStBl 2003 II S. 151).

– Die Anzeige des Arbeitgebers nach § 38 Abs. 4 Satz 2 EStG ersetzt die Erfüllung der Einbehaltungspflichten. Bei unterlassener Anzeige hat der Arbeitgeber die Lohnsteuer mit den Haftungsfolgen nicht ordnungsgemäß einbehalten (→ BFH vom 9. 10. 2002 – BStBl II S. 884).

– Hat der Arbeitgeber auf Grund unrichtiger Angaben in den Lohnkonten oder den Lohnsteuerbescheinigungen vorsätzlich Lohnsteuer verkürzt, ist ihm als Steuerstraftäter der Einwand verwehrt, das Finanzamt hätte statt seiner die Arbeitnehmer in Anspruch nehmen müssen (→ BFH vom 12. 2. 2009 – BStBl II S. 478).

Aufhebung des Vorbehalts der Nachprüfung

Aufhebung des Vorbehalts der Nachprüfung nach einer Lohnsteuer-Außenprüfung

(Verfügung der OFD Cottbus vom 17. 6. 1999 – S 0337 – 1 – St 212 –)

Hebt das Finanzamt im Anschluss an eine Lohnsteuer-Außenprüfung den Vorbehalt der Nachprüfung für die Lohnsteuer-Anmeldungen des Prüfungszeitraumes ohne jede Bedingung und Einschränkung" auf, darf es nach dem BFH-Urteil vom 17. 02. 1995 (BFH, Urteil vom 17. 02. 1995, VI R 52/94, BStBl II 1995, 555) aufgrund der Änderungssperre des § 173 Abs. 2 AO den Arbeitgeber selbst dann nicht mehr als Haftungsschuldner in Anspruch nehmen, wenn im Prüfungsbericht auf die Möglichkeit einer späteren Inanspruchnahme für den Fall hingewiesen wird, dass die Lohnsteuer von den Arbeitnehmern nicht gezahlt wird.

Um in derartigen Fällen den Eintritt der Änderungssperre verfahrensrechtlich auszuschließen, bitte ich künftig wie folgt zu verfahren:

Sollen vorrangig Arbeitnehmer für Teile der nachzufordernden Lohnsteuer in Anspruch genommen werden, so ist

1. ein Haftungsbescheid (mit Leistungsgebot) über die unstreitig beim Arbeitgeber anzufordernden Beträge zu erlassen und

2. ein weiterer – zunächst nicht mit einem Leistungsgebot versehener – Haftungsbescheid über diejenigen Beträge zu erlassen, die vorerst bei den Arbeitnehmern angefordert werden.

In dem zweiten Haftungsbescheid ist der Arbeitgeber darauf hinzuweisen, dass er diese festgesetzte Haftungsforderung vorerst nicht zu begleichen hat, weil insoweit vorrangig die Arbeitnehmer in Anspruch zu nehmen sind. Dieser Hinweis ist als abweichende Fälligkeitsbestimmung im Sinne des § 220 Abs. 2 Satz 1, 2. Halbsatz AO anzusehen, so dass die Haftungsforderung nicht bereits nach § 220 Abs. 2 Satz 1, 1. Halbsatz und Satz 2 AO mit Bekanntgabe des Haftungsbescheides fällig wird. Im Erhebungsverfahren unterbleibt deshalb zunächst die Sollstellung dieses Betrages beim Arbeitgeber.

Die Nachholung des Leistungsgebots ist innerhalb der fünfjährigen Zahlungsverjährung möglich. Die Zahlungsverjährung beginnt mit Ablauf des Jahres, in dem der Haftungsbescheid bekanntgegeben wird (§ 229 Abs. 2 AO).

Es ist darauf zu achten, dass bei Aufhebung des Vorbehalts der Nachprüfung für die Lohnsteuer-Anmeldungen beide Haftungsbescheide bekanntgegeben worden sind. Die Aufhebung des Vorbehalts der Nachprüfung sollte daher mit dem zuletzt ergehenden Haftungs- und Nachforderungsbescheid erfolgen.

Innerhalb der Zahlungsverjährungsfrist ist zu überwachen, ob die Steuererhebung bei den Arbeitnehmern erfolgreich verläuft.

Soweit nur ein Teil der betroffenen Arbeitnehmer die festgesetzten Steuerbeträge gezahlt hat, ist der unter 2. gegen den Arbeitgeber ergangene Haftungsbescheid nach § 130 AO zu ändern und mit einem Leistungsgebot zu versehen. Im geänderten Haftungsbescheid sind nur noch die Steuerabzugsbeträge aufzunehmen, die durch den Arbeitnehmer nicht gezahlt wurden. Die Sollstellung in Höhe dieses Betrages ist von der LSt-Arbeitgeberstelle über die Buchhaltung 1 der Finanzkasse der Datenerfassung zuzuleiten.

Werden die festgesetzten Steuerbeträge von keinem der betroffenen Arbeitnehmer gezahlt, ist dem Arbeitgeber über den im Haftungsbescheid zu 2. enthaltenen Gesamtbetrag ein Leistungsgebot zu erteilen und zum Soll zu stellen.

Im Falle eines Einspruchs des Arbeitgebers gegen den unter 2. ergangenen Haftungsbescheid ist dieser gemäß § 361 Abs. 2 AO von der Vollziehung auszusetzen, bis ermittelt ist, ob die Arbeitnehmer ihre Lohnsteuer selbst zahlen können.

Sollte im Verlauf des Einspruchsverfahrens bekannt werden, dass für einen oder mehrere Arbeitnehmer keine Lohnsteuer nachzuerheben ist, ist der Haftungsbescheid spätestens im Rahmen der Einspruchsentscheidung insoweit zu ändern, da der Arbeitgeber für diese Beträge nicht haftet.

Die im BFH-Urteil vom 17. 02. 1995 aufgezeigte erste Variante, wonach der gegenüber dem Arbeitgeber ergehende Haftungsbescheid zunächst nicht die bei den Arbeitnehmern angeforderten Steuerbeträge umfassen und die Lohnsteuer-Außenprüfung erst abgeschlossen werden soll, wenn feststeht, ob die bei den Arbeitnehmern angeforderten Beträge gezahlt werden, wird rechtlich nicht für zulässig angesehen, weil die Lohnsteuer-Außenprüfung grundsätzlich spätestens mit Erlass der auf den Prüfungsergebnissen beruhenden Nachforderungs- und Haftungsbescheide abgeschlossen ist.

Ermessensausübung

- Die Grundsätze von Recht und Billigkeit verlangen keine vorrangige Inanspruchnahme des Arbeitnehmers (→ BFH vom 6. 5. 1959 – BStBl III S. 292).

- Eine vorrangige Inanspruchnahme des Arbeitgebers vor dem Arbeitnehmer kann unzulässig sein, wenn die Lohnsteuer ebenso schnell und ebenso einfach vom Arbeitnehmer nacherhoben werden kann, weil z. B. der Arbeitnehmer ohnehin zu veranlagen ist (→ BFH vom 30. 11. 1966 – BStBl 1967 III S. 331 und vom 12. 1. 1968 – BStBl II S. 324); das gilt insbesondere dann, wenn der Arbeitnehmer inzwischen aus dem Betrieb ausgeschieden ist (→ BFH vom 10. 1. 1964 – BStBl III S. 213).

- Zur Ermessensprüfung bei geringfügigem Verschulden → BFH vom 21. 1. 1972 (BStBl II S. 364).

- Der Inanspruchnahme des Arbeitgebers steht nicht entgegen, dass das Finanzamt über einen längeren Zeitraum von seinen Befugnissen zur Überwachung des Lohnsteuerabzugs und zur Beitreibung der Lohnabzugsbeträge keinen Gebrauch gemacht hat (→ BFH vom 11. 8. 1978 – BStBl II S. 683).

- War die Inanspruchnahme des Arbeitgebers nach der Ermessensprüfung unzulässig, so kann er trotzdem in Anspruch genommen werden, wenn der Versuch des Finanzamts, die Lohnsteuer beim Arbeitnehmer nachzuerheben, erfolglos verlaufen ist (→ BFH vom 18. 7. 1958 – BStBl III S. 384) und § 173 Abs. 2 AO dem Erlass eines Haftungsbescheids nicht entgegensteht (→ BFH vom 17. 2. 1995 – BStBl II S. 555).

    → Aufhebung des Vorbehalts der Nachprüfung

- Eine vorsätzliche Steuerstraftat prägt das Auswahlermessen für die Festsetzung der Lohnsteuerhaftungsschuld; eine besondere Begründung der Ermessensentscheidung ist entbehrlich (→ BFH vom 12. 2. 2009 – BStBl II S. 478).

Eine Inanspruchnahme des Arbeitgebers kann ausgeschlossen sein, wenn z. B.

- der Arbeitgeber eine bestimmte Methode der Steuerberechnung angewendet und das Finanzamt hiervon Kenntnis erlangt und nicht beanstandet hat oder wenn der Arbeitgeber durch Prüfung und Erörterung einer Rechtsfrage durch das Finanzamt in einer unrichtigen Rechtsauslegung bestärkt wurde (→ BFH vom 20. 7. 1962 – BStBl 1963 III S. 23),

- der Arbeitgeber einem entschuldbaren Rechtsirrtum unterlegen ist, weil das Finanzamt eine unklare oder falsche Auskunft gegeben hat (→ BFH vom 24. 11. 1961 – BStBl 1962 III S. 37) oder weil er den Angaben in einem Manteltarifvertrag über die Steuerfreiheit vertraut hat (→ BFH vom 18. 9. 1981 – BStBl II S. 801),

- der Arbeitgeber den Lohnsteuerabzug entsprechend der von einer vorgesetzten Landesfinanzbehörde in einem Erlass oder einer Verfügung geäußerten Auffassung durchführt, auch wenn er die Verwaltungsanweisung nicht gekannt hat (→ BFH vom 25. 10. 1985 – BStBl 1986 II S. 98); das gilt aber nicht, wenn dem Arbeitgeber bekannt war, dass das für ihn zuständige Betriebsstättenfinanzamt eine andere Auffassung vertritt.

- der Arbeitgeber entsprechend einer Billigkeitsregelung der Finanzbehörden Lohnsteuer materiell unzutreffend einbehält (→ BFH vom 13. 6. 2013 – BStBl 2014 II S. 340).

Die Inanspruchnahme des Arbeitgebers ist in aller Regel ermessensfehlerfrei, wenn

- die Einbehaltung der Lohnsteuer in einem rechtlich einfach und eindeutig vorliegenden Fall nur deshalb unterblieben ist, weil der Arbeitgeber sich über seine Verpflichtungen nicht hinreichend unterrichtet hat (→ BFH vom 5. 2. 1971 – BStBl II S. 353),

- das Finanzamt auf Grund fehlerhaften Unterlassung des Arbeitgebers aus tatsächlichen Gründen nicht in der Lage ist, die Arbeitnehmer als Schuldner der Lohnsteuer heranzuziehen (→ BFH vom 7. 12. 1984 – BStBl 1985 II S. 164),

- im Falle einer Nettolohnvereinbarung der Arbeitnehmer nicht weiß, dass der Arbeitgeber die Lohnsteuer nicht angemeldet hat (→ BFH vom 8. 11. 1985 – BStBl 1986 II S. 186),

- sie der Vereinfachung dient, weil gleiche oder ähnliche Berechnungsfehler bei einer größeren Zahl von Arbeitnehmern gemacht worden sind (→ BFH vom 16. 3. 1962 – BStBl III S. 282, vom 6. 3. 1980 – BStBl II S. 289 und vom 24. 1. 1992 – BStBl II S. 696: regelmäßig bei mehr als 40 Arbeitnehmern),

- die individuelle Ermittlung der Lohnsteuer schwierig ist und der Arbeitgeber bereit ist, die Lohnsteuerschulden seiner Arbeitnehmer endgültig zu tragen und keinen Antrag auf Pauschalierung stellt. In diesen und vergleichbaren Fällen kann die nachzufordernde Lohnsteuer unter Anwendung eines durchschnittlichen Bruttosteuersatzes – ggf. im Schätzungswege – ermittelt werden (→ BFH vom 7. 12. 1984 – BStBl 1985 II S. 170, vom 12. 6. 1986 – BStBl II S. 681 und vom 29. 10. 1993 – BStBl 1994 II S. 197),

    → Nettosteuersatz

– der Arbeitgeber in schwierigen Fällen, in denen bei Anwendung der gebotenen Sorgfalt Zweifel über die Rechtslage kommen müssen, einem Rechtsirrtum unterliegt, weil er von der Möglichkeit der Anrufungsauskunft (§ 42e EStG) keinen Gebrauch gemacht hat (→ BFH vom 18. 8. 2005 – BStBl 2006 II S. 30 und vom 29. 5. 2008 – BStBl II S. 933).

Ermessensbegründung

– Die Ermessensentscheidung des Finanzamts muss im Haftungsbescheid, spätestens aber in der Einspruchsentscheidung begründet werden, andernfalls ist sie im Regelfall fehlerhaft. Dabei müssen die bei der Ausübung des Verwaltungsermessens angestellten Erwägungen – die Abwägung des Für und Wider der Inanspruchnahme des Haftungsschuldners – aus der Entscheidung erkennbar sein. Insbesondere muss zum Ausdruck kommen, warum der Haftungsschuldner anstatt des Steuerschuldners oder an Stelle anderer ebenfalls für die Haftung in Betracht kommender Personen in Anspruch genommen wird (→ BFH vom 8. 11. 1988 – BStBl 1989 II S. 219).

– Enthält der Haftungsbescheid keine Aufgliederung des Haftungsbetrags auf die Anmeldungszeiträume, so ist er nicht deshalb nichtig (→ BFH vom 22. 11. 1988 – BStBl 1989 II S. 220).

– Nimmt das Finanzamt sowohl den Arbeitgeber nach § 42d EStG als auch den früheren Gesellschafter-Geschäftsführer u. a. wegen Lohnsteuer-Hinterziehung nach § 71 AO in Haftung, so hat es insoweit eine Ermessensentscheidung nach § 191 Abs. 1 i. V. m. § 5 AO zu treffen und die Ausübung dieses Ermessens regelmäßig zu begründen (→ BFH vom 9. 8. 2002 – BStBl 2003 II S. 160).

Haftung anderer Personen

– Zur Frage der Pflichtverletzung bei der Abführung von Lohnsteuer durch den Geschäftsführer einer GmbH → BFH vom 20. 4. 1982 (BStBl II S. 521).

– Zur Frage der Pflichtverletzung des Geschäftsführers bei Zahlung von Arbeitslohn aus dem eigenen Vermögen → BFH vom 22. 11. 2005 (BStBl 2006 II S. 397).

– Die steuerrechtlich und die insolvenzrechtlich unterschiedliche Bewertung der Lohnsteuer-Abführungspflicht des Arbeitgebers in insolvenzreifer Zeit kann zu einer Pflichtenkollision führen. Eine solche steht der Haftung des Geschäftsführers wegen Nichtabführung der Lohnsteuer aber jedenfalls dann nicht entgegen, wenn der Insolvenzverwalter die Beträge im gedachten Falle der pflichtgemäßen Zahlung der Lohnsteuer vom FA deshalb nicht herausverlangen kann, weil die Anfechtungsvoraussetzungen nach §§ 129 ff. InsO nicht vorliegen (→ BFH vom 27. 2. 2007 – BStBl 2009 II S. 348).

– Der Geschäftsführer einer GmbH kann als Haftungsschuldner für die von der GmbH nicht abgeführte Lohnsteuer auch insoweit in Anspruch genommen werden, als die Steuer auf seinen eigenen Arbeitslohn entfällt (→ BFH vom 15. 4. 1987 – BStBl 1988 II S. 167).

– Zu den Anforderungen an die inhaltliche Bestimmtheit von Lohnsteuerhaftungsbescheiden bei der Haftung von Vertretern → BFH vom 8. 3. 1988 (BStBl II S. 480).

– Zum Umfang der Haftung bei voller Auszahlung der Nettolöhne → BFH vom 26. 7. 1988 (BStBl II S. 859).

– Durch privatrechtliche Vereinbarungen im Gesellschaftsvertrag kann die Haftung der Gesellschafter einer Gesellschaft bürgerlichen Rechts nicht auf das Gesellschaftsvermögen beschränkt werden (→ BFH vom 27. 3. 1990 – BStBl II S. 939).

– Das Auswahlermessen für die Inanspruchnahme eines von zwei jeweils alleinvertretungsberechtigten GmbH-Geschäftsführern als Haftungsschuldner ist in der Regel nicht sachgerecht ausgeübt, wenn das Finanzamt hierfür allein auf die Beteiligungsverhältnisse der Geschäftsführer am Gesellschaftskapital abstellt (→ BFH vom 29. 5. 1990 – BStBl II S. 1008).

– Zum Zeitpunkt der Anmeldung und Fälligkeit der einzubehaltenden Lohnsteuer und seine Auswirkung auf die Geschäftsführerhaftung → BFH vom 17. 11. 1992 (BStBl 1993 II S. 471).

– Ein ehrenamtlich und unentgeltlich tätiger Vorsitzender eines Vereins, der sich als solcher wirtschaftlich betätigt und zur Erfüllung seiner Zwecke Arbeitnehmer beschäftigt, haftet für die Erfüllung der steuerlichen Verbindlichkeiten des Vereins grundsätzlich nach denselben Grundsätzen wie ein Geschäftsführer einer GmbH (→ BFH vom 23. 6. 1998 – BStBl II S. 761).

– Eine unzutreffende, jedoch bestandskräftig gewordene Lohnsteuer-Anmeldung muss sich der als Haftungsschuldner in Anspruch genommene Geschäftsführer einer GmbH dann nicht nach § 166 AO entgegenhalten lassen, wenn er nicht während der gesamten Dauer der Rechtsbehelfsfrist Vertretungsmacht und damit das Recht hatte, namens der GmbH zu handeln (→ BFH vom 24. 8. 2004 – BStBl 2005 II S. 127).

Haftungsbefreiende Anzeige

– Die haftungsbefreiende Wirkung der Anzeige nach § 41c Abs. 4 EStG setzt voraus, dass die nicht vorschriftsmäßige Einbehaltung der Lohnsteuer vom Arbeitgeber erkannt worden ist. Weicht der Arbeitgeber von einer erteilten Anrufungsauskunft ab, kann er nicht dadurch einen Haftungsausschluss bewirken, indem er die Abweichung dem Betriebsstättenfinanzamt anzeigt (→ BFH vom 4. 6. 1993 – BStBl II S. 687).

– Der Haftungsausschluss nach § 42d Abs. 2 i. V. m. § 41c Abs. 4 EStG setzt stets eine Korrekturberechtigung i. S. d. § 41c Abs. 1 EStG voraus. Daran fehlt es, wenn eine Lohnsteuer-Anmeldung vorsätzlich fehlerhaft abgegeben worden war und dies dem Arbeitgeber zuzurechnen ist (→ BFH vom 21. 4. 2010 – BStBl II S. 833).

Haftungsverfahren

– Wurde nach einer ergebnislosen Lohnsteuer-Außenprüfung der Vorbehalt der Nachprüfung aufgehoben, steht einer Änderung der Lohnsteuer-Anmeldung nach § 173 Abs. 1 AO durch Erlass eines Lohnsteuer-Haftungsbescheides die Änderungssperre des § 173 Abs. 2 AO entgegen, es sei denn, es liegt eine Steuerhinterziehung oder eine leichtfertige Steuerverkürzung vor (→ BFH vom 15. 5. 1992 – BStBl 1993 II S. 840 und vom 7. 2. 2008 – BStBl II 2009 S. 703 –). Gleiches gilt, wenn nach einer Lohnsteuer-Außenprüfung bereits ein Lohnsteuer-Haftungsbescheid ergangen ist und der Vorbehalt der Nachprüfung für die betreffenden Lohnsteuer-Anmeldungen aufgehoben worden ist (→ BFH vom 15. 5. 1992 – BStBl 1993 II S. 829).

– Wird im Anschluss an eine Außenprüfung pauschale Lohnsteuer fälschlicherweise durch einen Haftungsbescheid geltend gemacht, kann mit der Aufhebung des Haftungsbescheides die Unanfechtbarkeit i. S. des § 171 Abs. 4 Satz 1 AO und damit das Ende der Ablaufhemmung für die Festsetzungsfrist eintreten. Der Eintritt der Festsetzungsverjährung kann nur vermieden werden, wenn der inkorrekte Haftungsbescheid erst dann aufgehoben wird, nachdem zuvor der formell korrekte Nachforderungsbescheid erlassen worden ist (→ BFH vom 6. 5. 1994 – BStBl II S. 715).

– Wird vom Arbeitgeber Lohnsteuer in einer Vielzahl von Fällen nachgefordert, so ist die Höhe der Lohnsteuer trotz des damit verbundenen Arbeitsaufwands grundsätzlich individuell zu ermitteln. Etwas anderes gilt dann, wenn entweder die Voraussetzungen des § 162 AO für eine Schätzung der Lohnsteuer vorliegen oder der Arbeitgeber der Berechnung der Haftungsschuld mit einem durchschnittlichen Steuersatz zugestimmt hat (→ BFH vom 17. 3. 1994 – BStBl II S. 536).

– Auch die Ansprüche gegenüber dem Haftenden unterliegen der Verjährung (→ § 191 Abs. 3 AO). Die Festsetzungsfrist für einen Lohnsteuer-Haftungsbescheid endet nicht vor Ablauf der Festsetzungsfrist für die Lohnsteuer (§ 191 Abs. 3 Satz 4 1. Halbsatz AO). Der Beginn der Festsetzungsfrist für die Lohnsteuer richtet sich nach § 170 Abs. 2 Satz 1 Nr. 1 AO. Für den Beginn der die Lohnsteuer betreffenden Festsetzungsfrist ist die Lohnsteuer-Anmeldung (Steueranmeldung) und nicht die Einkommensteuererklärung der betroffenen Arbeitnehmer maßgebend (→ BFH vom 6. 3. 2008 – BStBl II S. 597). Bei der Berechnung der für die Lohnsteuer maßgebenden Festsetzungsfrist sind Anlauf- und Ablaufhemmungen nach §§ 170, 171 AO zu berücksichtigen, soweit sie gegenüber dem Arbeitgeber wirken (→ AEAO § 191 Nr. 9).

– Wenn ein Arbeitgeber die Lohnsteuer trotz gesetzlicher Verpflichtung nicht anmeldet und abführt, kann das Finanzamt sie durch Schätzungsbescheid festsetzen. Die Möglichkeit, einen Haftungsbescheid zu erlassen, steht dem nicht entgegen (→ BFH vom 7. 7. 2004 – BStBl II S. 1087).

– Hat das Finanzamt einen Haftungsbescheid erlassen, darf das Finanzgericht diesen Bescheid nicht aufheben und stattdessen einen (niedrigeren) Nachforderungsbetrag festsetzen (→ BFH vom 24. 9. 2015 – BStBl 2016 II S. 176).

Inanspruchnahme des Arbeitnehmers

– Die Beschränkung der Inanspruchnahme des Arbeitnehmers innerhalb des Lohnsteuerabzugsverfahrens nach § 42d Abs. 3 Satz 4 EStG steht einer uneingeschränkten Inanspruchnahme im Einkommensteuerveranlagungsverfahren nicht entgegen (→ BFH vom 13. 1. 2011 – BStBl II S. 479).

– Im Rahmen des Lohnsteuerabzugsverfahrens kann das Wohnsitzfinanzamt die vom Arbeitgeber auf Grund einer (unrichtigen) Anrufungsauskunft nicht einbehaltene und abgeführte Lohnsteuer vom Arbeitnehmer nicht nach § 42d Abs. 3 Satz 4 Nr. 1 EStG nachfordern (→ BFH vom 17. 10. 2013 – BStBl 2014 II S. 892).

– Wurde beim Arbeitgeber eine Lohnsteuer-Außenprüfung durchgeführt, bewirkt dies zugleich eine Hemmung der Verjährungsfrist in Bezug auf den Steueranspruch gegen den Arbeitnehmer (→ § 171 Abs. 15 AO); dies gilt für alle Fälle, in denen die Festsetzungsfrist für den Arbeitnehmer am 30. 6. 2013 noch nicht abgelaufen war (→ Artikel 97 § 10 Abs. 11 EGAO).

§ 171 Abs. 15 AO

(15) Soweit ein Dritter Steuern für Rechnung des Steuerschuldners einzubehalten und abzuführen oder für Rechnung des Steuerschuldners zu entrichten hat, endet die Festsetzungsfrist gegenüber dem Steuerschuldner nicht vor Ablauf der gegenüber dem Steuerentrichtungspflichtigen geltenden Festsetzungsfrist.

Nachforderungsverfahren

– Hat der Arbeitgeber Arbeitslohn nach § 40a Abs. 3 EStG pauschal versteuert, obwohl nicht die Voraussetzungen dieser Vorschrift, sondern die des § 40a Abs. 2 EStG erfüllt sind, so kann ein Nachforderungsbescheid nur erlassen werden, wenn sich der Arbeitgeber eindeutig zu einer Pauschalierung nach § 40a Abs. 2 EStG bereit erklärt hat (→ BFH vom 25. 5. 1984 – BStBl II S. 569).

– Wird Lohnsteuer für frühere Kalenderjahre nachgefordert, so braucht die Steuerschuld nur nach Kalenderjahren aufgegliedert zu werden (→ BFH vom 18. 7. 1985 – BStBl 1986 II S. 152).

– Die Nachforderung pauschaler Lohnsteuer beim Arbeitgeber setzt voraus, dass der Arbeitgeber der Pauschalierung zustimmt (→ BFH vom 20. 11. 2008 – BStBl 2009 II S. 374).

Nettosteuersatz

Haftung des Arbeitgebers: Nachzuerhebende Lohnsteuer nach dem Nettosteuersatz

(Verfügung der OFD Cottbus vom 19. 7. 1996 – S 2383 – 3 – St 117 –)

Nach dem BFH-Urteil vom 29. 10. 1993 (BStBl II 1994, 197) ist die Haftungsschuld grundsätzlich mit dem Bruttosteuersatz und nicht mit dem Nettosteuersatz zu berechnen, es sei denn, daß für den nachzuversteuernden Arbeitslohn eine Nettolohnvereinbarung getroffen wurde. Nach Auffassung des BFH bleibt es dem Finanzamt unbenommen, nach der Zahlung der Haftungsschuld durch den Arbeitgeber zu prüfen, ob durch die Übernahme der Lohnsteuer durch den Arbeitgeber weiterer Arbeitslohn zugeflossen ist und ggf. ein weiterer Haftungsbescheid zu erteilen ist.

Die strikte Anwendung des o. g. BFH-Urteils würde sowohl bei den Finanzämtern als auch bei den Arbeitgebern einen nicht unerheblichen Arbeitsaufwand nach sich ziehen. Die Finanzämter hätten zu überwachen oder zu überprüfen, ob für die übernommene Lohnsteuer weitere Lohnsteuer angemeldet worden ist, und bei Nichtanmeldung ggf. einen weiteren Haftungsbescheid zu erteilen. Für die Arbeitgeber wären die Folgerungen aus den Prüfungsfeststellungen mit der Erteilung des Haftungsbescheids nicht abgeschlossen, sondern eine Berechnung und Anmeldung weiterer Lohnsteuer zu einem späteren Zeitpunkt erforderlich.

Aus diesem Grund halte ich es für vertretbar, daß in den Haftungsbescheiden aufgrund einer Lohnsteuer-Außenprüfung der Nettosteuersatz in den Fällen anzuwenden ist, in denen der Arbeitgeber die Lohnsteuer übernehmen will und der Anwendung des Nettosteuersatzes ausdrücklich zustimmt.

Alternativ wäre auch denkbar, daß der Arbeitgeber sowohl für die auf die Prüfungsfeststellungen entfallende Lohnsteuer als auch für die auf die Übernahme dieser Lohnsteuer entfallende Lohnsteuer seine Zahlungsverpflichtung und den Nettosteuersatz gemäß § 42d Abs. 4 Nr. 2 EStG anerkennt. Weiterhin hat der Arbeitgeber die Möglichkeit, die Erhebung der Lohnsteuer mit einem Pauschsteuersatz zu beantragen (§ 40 Abs. 1 Nr. 2 EStG). Da die in § 40 Abs. 3 EStG vorgeschriebene Übernahme einen geldwerten Vorteil darstellt, handelt es sich bei dem Pauschsteuersatz regelmäßig um einen Nettosteuersatz.

Erklärt sich der Arbeitgeber nicht von vornherein bereit, die Lohnsteuer zu übernehmen, oder ist er mit keinem der o. g. Verfahren einverstanden, so ist ein Haftungsbescheid entsprechend dem BFH-Urteil auf der Grundlage des Bruttosteuersatzes zu erteilen. In dem neu aufgelegten Vordruck "Bericht über die Lohnsteuer-Außenprüfung" ist im Abschnitt V der Arbeitgeber durch Ankreuzen des ersten Auswahlfeldes auf die lohnsteuerlichen Konsequenzen der Zahlung der Haftungsschuld in Verbindung mit einem Regreßverzicht hinzuweisen. Durch diesen Hinweis kann ggf. auch erreicht werden, daß sich die Verjährungsfrist für die anzumeldende Lohnsteuer auf fünf oder zehn Jahre verlängert (§ 169 Abs. 2 Satz 2 AO), wenn der Arbeitgeber trotz Hinweises auf die Rechtslage keine weitere Lohnsteuer anmeldet. ...

Pauschalierung der Lohnsteuer

Geschäftsführerhaftung nach § 69 AO – Pauschalierung der Lohnsteuer im Rahmen einer Lohnsteuer-Außenprüfung

(Verfügung der OFD Erfurt vom 26. 2. 1996 – S 0151 A – 04 – St 223 –)

Eine Pauschalierung der LSt. kommt unter den Voraussetzungen des § 40 EStG bzw. des § 40a EStG in Betracht. Dies ist unter anderem dann gegeben, wenn in einer größeren Zahl von Fällen LSt. nachzuerheben ist, weil der Arbeitgeber die LSt. nicht vorschriftsmäßig einbehalten hat (§ 40 Abs. 1 Nr. 2 EStG). Die LSt. wird hierbei mit einem unter Berücksichtigung der Vorschriften des § 38a EStG zu ermittelnden Pauschsteuersatz erhoben.

Im Urteil vom 3. 5. 1990 (BStBl II 1990 S. 767) vertrat der BFH die Auffassung, daß sich die Pflichtverletzung und das Verschulden des Geschäftsführers bei der Haftungsinanspruchnahme gem. § 69 AO nach dem Zeitpunkt der Fälligkeit der pauschalen Lohnsteuer richte. Bei Pauschalierungen im Anschluß an eine LSt.-Außenprüfung sei dies der Zeitpunkt der Fälligkeit des Nachforderungs-(Steuer-)bescheids, da die LSt.-Schuld des Arbeitgebers erst mit der Durchführung der Pauschalierung, d. h. mit dem Erlaß des Nachforderungsbescheids entstehe (BFH-Urteil vom 5. 11. 1982, BStBl II 1983 S. 91]92[).

Abweichend von dieser Rechtsprechung vertritt der BFH nunmehr die Meinung, daß die pauschale LSt. sowie die nach einer Außenprüfung zu erhebende Pauschalsteuer bereits im Zeitpunkt des Zuflusses des Lohns beim Arbeitnehmer entsteht (BFH-Urteil vom 6. 5. 1994, BStBl II 1994 S. 715), da es sich bei der pauschalen LSt. materiell-rechtlich um die vom Arbeitgeber übernommene LSt. des Arbeitnehmers handelt.

Der Tatbestand der Pflichtverletzung und des Verschuldens des Haftungsschuldners richten sich somit auch in den Fällen der LSt.-Pauschalierung – wie in Fällen der Haftung des Geschäftsführers für die individuelle LSt. – nach dem in § 41a Abs. 1 EStG geregelten Zeitpunkt der Anmeldung und Abführung der LSt. (bei nicht ausreichenden Zahlungsmitteln ggf. sogar rückbezogen auf den Zeitpunkt der Lohnzahlung).

Rechtsbehelf gegen den Haftungsbescheid

– Der Arbeitnehmer hat gegen diesen Haftungsbescheid insoweit ein Einspruchsrecht, als er persönlich für die nachgeforderte Lohnsteuer in Anspruch genommen werden kann (→ BFH vom 29. 6. 1973 – BStBl II S. 780).

– Wird der Arbeitgeber nach dem Entscheidungssatz des Bescheids als Haftender in Anspruch genommen, so ist der Bescheid unwirksam, wenn nach seiner Begründung pauschale Lohnsteuer nachgefordert wird (→ BFH vom 15. 3. 1985 – BStBl II S. 581).

– Wird Lohnsteuer für frühere Kalenderjahre nachgefordert, so braucht der Haftungsbetrag nur nach Kalenderjahren aufgegliedert zu werden (→ BFH vom 18. 7. 1985 – BStBl 1986 II S. 152).

– Der Haftungsbetrag ist grundsätzlich auf die einzelnen Arbeitnehmer aufzuschlüsseln; wegen der Ausnahmen → BFH vom 8. 11. 1985 (BStBl 1986 II S. 274) und die dort genannten Urteile.

– Werden zu verschiedenen Zeiten und auf Grund unterschiedlicher Tatbestände entstandene Haftungsschulden in einem Haftungsbescheid festgesetzt und ficht der Haftungsschuldner diesen Sammelhaftungsbescheid nur hinsichtlich ganz bestimmter Haftungsfälle an, so erwächst der restliche Teil des Bescheids in Bestandskraft (→ BFH vom 4. 7. 1986 – BStBl II S. 921).

– Der Arbeitnehmer kann sich als Steuerschuldner nicht darauf berufen, dass die haftungsweise Inanspruchnahme des Arbeitgebers wegen Nichtbeanstandung seines Vorgehens bei einer vorangegangenen Außenprüfung gegen Treu und Glauben verstoßen könnte (→ BFH vom 27. 3. 1991 – BStBl II S. 720).

– In einem allein vom Arbeitnehmer veranlassten Einspruchsverfahren ist der Arbeitgeber hinzuzuziehen (→ § 360 AO).

Zusammengefasster Steuer- und Haftungsbescheid

– Steuerschuld und Haftungsschuld können äußerlich in einer Verfügung verbunden werden (→ BFH vom 16. 11. 1984 – BStBl 1985 II S. 266).

– Wird vom Arbeitgeber pauschale Lohnsteuer nacherhoben und wird er zugleich als Haftungsschuldner in Anspruch genommen, so ist die Steuerschuld von der Haftungsschuld zu trennen. Dies kann im Entscheidungssatz des zusammengefassten Steuer- und Haftungsbescheids, in der Begründung dieses Bescheids oder in dem dem Arbeitgeber bereits bekannten oder beigefügten Bericht einer Lohnsteuer-Außenprüfung, auf den zur Begründung Bezug genommen ist, geschehen (→ BFH vom 1. 8. 1985 – BStBl II S. 664).

Haftung bei Arbeitnehmerüberlassung

Allgemeines

(1) [1]Bei Arbeitnehmerüberlassung ist steuerrechtlich grundsätzlich der Verleiher Arbeitgeber der Leiharbeitnehmer (→ R 19.1 Satz 5). [2]Dies gilt für einen ausländischen Verleiher (→ R 38.3 Abs. 1 Satz 2) selbst dann, wenn der Entleiher Arbeitgeber im Sinne eines Doppelbesteuerungsabkommens ist; die Arbeitgebereigenschaft des Entleihers nach einem Doppelbesteuerungsabkommen hat nur Bedeutung für die Zuweisung des Besteuerungsrechts. [3]Wird der Entleiher als Haftungsschuldner in Anspruch genommen, ist wegen der unterschiedlichen Voraussetzungen und Folgen stets danach zu unterscheiden, ob er als Arbeitgeber der Leiharbeitnehmer oder als Dritter nach § 42d Abs. 6 EStG neben dem Verleiher als dem Arbeitgeber der Leiharbeitnehmer haftet.

S 2384

Inanspruchnahme des Entleihers nach § 42d Abs. 6 EStG

(2) [1]Der Entleiher haftet nach § 42d Abs. 6 EStG wie der Verleiher (Arbeitgeber), jedoch beschränkt auf die Lohnsteuer für die Zeit, für die ihm der Leiharbeitnehmer überlassen worden ist. [2]Die Haftung des Entleihers richtet sich deshalb nach denselben Grundsätzen wie die Haftung des Arbeitgebers. [3]Sie scheidet aus, wenn der Verleiher als Arbeitgeber nicht haften würde. [4]Die Haftung des Entleihers kommt nur bei Arbeitnehmerüberlassung nach § 1 des Arbeitnehmerüberlassungsgesetzes (AÜG) in Betracht. [5]Arbeitnehmerüberlassung liegt nicht vor, wenn das Überlassen von Arbeitnehmern als Nebenleistung zu einer anderen Leistung anzusehen ist, wenn z. B. im Falle der Vermietung von Maschinen und Überlassung des Bedienungspersonals der wirtschaftliche Wert der Vermietung überwiegt. [6]In den Fällen des § 1 Abs. 1 Satz 3 und Abs. 3 AÜG ist ebenfalls keine Arbeitnehmerüberlassung anzunehmen.

Anhang 3

Anhang 3

(3) [1]Zur rechtlichen Würdigung eines Sachverhalts mit drittbezogener Tätigkeit als Arbeitnehmerüberlassung und ihre Abgrenzung insbesondere gegenüber einem Werkvertrag ist entscheidend auf das Gesamtbild der Tätigkeit abzustellen. [2]Auf die Bezeichnung des Rechtsgeschäfts, z. B. als Werkvertrag, kommt es nicht entscheidend an. [3]Auf Arbeitnehmerüberlassung weisen z. B. folgende Merkmale hin:

1. Der Inhaber der Drittfirma (Entleiher) nimmt im Wesentlichen das Weisungsrecht des Arbeitgebers wahr;
2. der mit dem Einsatz des Arbeitnehmers verfolgte Leistungszweck stimmt mit dem Betriebszweck der Drittfirma überein;
3. das zu verwendende Werkzeug wird im Wesentlichen von der Drittfirma gestellt, es sei denn auf Grund von Sicherheitsvorschriften;
4. die mit anderen Vertragstypen, insbesondere Werkvertrag, verbundenen Haftungsrisiken sind ausgeschlossen oder beschränkt worden;
5. die Arbeit des eingesetzten Arbeitnehmers gegenüber dem entsendenden Arbeitgeber wird auf der Grundlage von Zeiteinheiten vergütet.

[4]Bei der Prüfung der Frage, ob Arbeitnehmerüberlassung vorliegt, ist die Auffassung der Bundesagentur für Arbeit zu berücksichtigen. [5]Eine Inanspruchnahme des Entleihers kommt regelmäßig nicht in Betracht, wenn die Bundesagentur für Arbeit gegenüber dem Entleiher die Auffassung geäußert hat, bei dem verwirklichten Sachverhalt liege Arbeitnehmerüberlassung.

(4) [1]Ausnahmen von der Entleiherhaftung enthält § 42d Abs. 6 Satz 2 und 3 EStG. [2]Der Überlassung liegt eine Erlaubnis nach § 1 AÜG i. S. d. § 42d Abs. 6 Satz 2 EStG immer dann zugrunde, wenn der Verleiher eine Erlaubnis nach § 1 AÜG zur Zeit des Verleihs besessen hat oder die Erlaubnis in dieser Zeit nach § 2 Abs. 4 AÜG als fortbestehend gilt, d. h. bis zu zwölf Monaten nach Erlöschen der Erlaubnis für die Abwicklung der erlaubt abgeschlossenen Verträge. [3]Der Überlassung liegt jedoch keine Erlaubnis zugrunde, wenn Arbeitnehmer im Rahmen einer wirtschaftlichen Tätigkeit an Betriebe des Baugewerbes für Arbeiten überlassen werden, die üblicherweise von Arbeitern verrichtet werden, weil dies nach § 1b AÜG unzulässig ist und sich die Erlaubnis nach § 1 AÜG auf solchen Verleih nicht erstreckt, es sei denn, die Überlassung erfolgt zwischen Betrieben des Baugewerbes, die von denselben Rahmen- und Sozialkassentarifverträgen oder von der Allgemeinverbindlichkeit erfasst werden. [4]Bei erlaubtem Verleih durch einen inländischen Verleiher haftet der Entleiher nicht. [5]Der Entleiher trägt die Feststellungslast, wenn er sich darauf beruft, dass er über das Vorliegen einer Arbeitnehmerüberlassung ohne Verschulden irrte (§ 42d Abs. 6 Satz 3 EStG). [6]Bei der Inanspruchnahme des Entleihers ist Absatz 3 zu berücksichtigen. [7]Im Bereich unzulässiger Arbeitnehmerüberlassung sind wegen des Verbots in § 1b AÜG strengere Maßstäbe anzulegen, wenn sich der Entleiher darauf beruft, ohne Verschulden einem Irrtum erlegen zu sein. [8]Dies gilt insbesondere, wenn die Überlassungsentgelt deutlich günstiger ist als dasjenige von anderen Anbietern. [9]Ob der Verleiher eine Erlaubnis nach § 1 AÜG hat, muss der Verleiher in dem schriftlichen Überlassungsvertrag nach § 12 Abs. 1 AÜG erklären und kann der Entleiher selbst oder das Finanzamt durch Anfrage bei der Regionaldirektion der Bundesagentur für Arbeit erfahren oder überprüfen.

Anhang 3

(5) [1]Die Höhe des Haftungsbetrags ist auf die Lohnsteuer begrenzt, die vom Verleiher ggf. anteilig für die Zeit einzubehalten war, für die der Leiharbeitnehmer dem Entleiher überlassen war. [2]Hat der Verleiher einen Teil der von ihm insgesamt einbehaltenen und angemeldeten Lohnsteuer für den entsprechenden Lohnsteuer-Anmeldungszeitraum gezahlt, wobei er auch die Lohnsteuer des dem Entleiher überlassenen Leiharbeitnehmers berücksichtigt hat, mindert sich der Haftungsbetrag im Verhältnis von angemeldeter zu gezahlter Lohnsteuer.

(6) [1]Der Haftungsbescheid kann gegen den Entleiher ergehen, wenn die Voraussetzungen der Haftung erfüllt sind. [2]Auf Zahlung darf er jedoch erst in Anspruch genommen werden nach einem fehlgeschlagenen Vollstreckungsversuch in das inländische bewegliche Vermögen des Verleihers oder wenn die Vollstreckung keinen Erfolg verspricht (§ 42d Abs. 6 Satz 6 EStG). [3]Eine vorherige Zahlungsaufforderung an den Arbeitnehmer oder ein Vollstreckungsversuch bei diesem ist nicht erforderlich (entsprechende Anwendung des § 219 Satz 2 AO).

Inanspruchnahme des Verleihers nach § 42d Abs. 7 EStG

(7) [1]Nach § 42d Abs. 7 EStG kann der Verleiher, der steuerrechtlich nicht als Arbeitgeber zu behandeln ist, wie ein Entleiher nach § 42d Abs. 6 EStG als Haftender in Anspruch genommen werden. [2]Insoweit kann er erst nach dem Entleiher auf Zahlung in Anspruch genommen werden. [3]Davon zu unterscheiden ist der Erlass des Haftungsbescheids, der vorher ergehen kann. [4]Gegen den Haftungsbescheid kann sich der Verleiher deswegen nicht mit Erfolg darauf berufen, der Entleiher sei auf Grund der tatsächlichen Abwicklung einer unerlaubten Arbeitnehmerüberlassung als Arbeitgeber aller oder eines Teils der überlassenen Leiharbeitnehmer zu behandeln.

Sicherungsverfahren nach § 42d Abs. 8 EStG

(8) [1]Als Sicherungsmaßnahme kann das Finanzamt den Entleiher verpflichten, einen bestimmten Euro-Betrag oder einen als Prozentsatz bestimmten Teil des vereinbarten Überlassungsentgelts einzubehalten und abzuführen. [2]Hat der Entleiher bereits einen Teil der geschuldeten Überlassungsvergütung an den Verleiher geleistet, kann der Sicherungsbetrag mit einem bestimmten Euro-Betrag oder als Prozentsatz bis zur Höhe des Restentgelts festgesetzt werden. [3]Die Sicherungsmaßnahme ist nur anzuordnen in Fällen, in denen eine Haftung in Betracht kommen kann. [4]Dabei darf berücksichtigt werden, dass sie den Entleiher im Ergebnis weniger belasten kann als die nachfolgende Haftung, wenn er z. B. einen Rückgriffsanspruch gegen den Verleiher nicht durchsetzen kann.

Haftungsverfahren

(9) Wird der Entleiher oder Verleiher als Haftungsschuldner in Anspruch genommen, ist ein Haftungsbescheid zu erlassen (→ R 42d.1 Abs. 5).

Zuständigkeit

(10) [1]Zuständig für den Haftungsbescheid gegen den Entleiher oder Verleiher ist das Betriebsstättenfinanzamt des Verleihers (§ 42d Abs. 6 Satz 9 EStG). [2]Wird bei einem Entleiher festgestellt, dass seine Inanspruchnahme als Haftungsschuldner nach § 42d Abs. 6 EStG in Betracht kommt, ist das Betriebsstättenfinanzamt des Verleihers einzuschalten. [3]Bei Verleih durch einen ausländischen Verleiher (→ § 38 Abs. 1 Satz 1 Nr. 2 EStG) ist das Betriebsstättenfinanzamt des Entleihers zuständig, wenn dem Finanzamt keine andere Überlassung des Verleihers im Inland bekannt ist, da es zugleich Betriebsstättenfinanzamt des Verleihers nach § 41 Abs. 2 Satz 2 EStG ist. [4]Dies gilt grundsätzlich auch für eine Sicherungsmaßnahme nach § 42d Abs. 8 EStG. [5]Darüber hinaus ist für eine Sicherungsmaßnahme jedes Finanzamt zuständig, in dessen Bezirk der Anlass für die Amtshandlung hervortritt, insbesondere bei Gefahr im Verzug (§§ 24, 29 AO).

H 42d.2

Hinweise

Abgrenzungsfragen

Zur Abgrenzung zwischen Arbeitnehmerüberlassung und Werk- oder Dienstverträgen bei Einsatz hochqualifizierter Mitarbeiter des Auftragnehmers → BFH vom 18. 1. 1991 (BStBl II S. 409).

Arbeitnehmerüberlassung im Baugewerbe

Die Haftung des Entleihers nach § 42d Abs. 6 EStG sowie die Anordnung einer Sicherungsmaßnahme nach § 42d Abs. 8 EStG sind ausgeschlossen, soweit der zum Steuerabzug nach § 48 Abs. 1 EStG verpflichtete Leistungsempfänger den Abzugsbetrag einbehalten und abgeführt hat bzw. dem Leistungsempfänger im Zeitpunkt der Abzugsverpflichtung eine Freistellungsbescheinigung des Leistenden vorliegt, auf deren Rechtmäßigkeit er vertrauen durfte (→ §§ 48 Abs. 4 Nr. 2, 48b Abs. 5 EStG).

Arbeitnehmerüberlassung im Konzern

Überlässt eine im Ausland ansässige Kapitalgesellschaft von ihr eingestellte Arbeitnehmer an eine inländische Tochtergesellschaft gegen Erstattung der von ihr gezahlten Lohnkosten, so ist die inländische Tochtergesellschaft nicht Arbeitgeber im lohnsteuerlichen Sinne. Sie haftet daher für nicht einbehaltene Lohnsteuer nur unter den Voraussetzungen des § 42d Abs. 6 EStG (→ BFH vom 24. 3. 1999 – BStBl 2000 II S. 41).

Steuerrechtlicher Arbeitgeber

Der Verleiher ist grundsätzlich auch bei unerlaubter Arbeitnehmerüberlassung Arbeitgeber der Leiharbeitnehmer, da § 10 Abs. 1 AÜG, der den Entleiher bei unerlaubter Arbeitnehmerüberlassung als Arbeitgeber der Leiharbeitnehmer bestimmt, steuerrechtlich nicht maßgebend ist. Der Entleiher kann jedoch nach dem Gesamtbild der tatsächlichen Gestaltung der Beziehungen zu den für ihn tätigen Leiharbeitnehmern und zum Verleiher, insbesondere bei Entlohnung der Leiharbeitnehmer, steuerrechtlich Arbeitgeber sein (→ BFH vom 2. 4. 1982 – BStBl II S. 502).

Zuständige Finanzämter für ausländische Verleiher

→ H 41.3

Haftung bei Lohnsteuerabzug durch einen Dritten

R 42d.3

[1]In den Fällen der Lohnzahlung durch Dritte haftet der Dritte in beiden Fallgestaltungen des § 38 Abs. 3a EStG neben dem Arbeitgeber (§ 42d Abs. 9 EStG). [2]Es besteht eine Gesamtschuldnerschaft zwischen Arbeitgeber, dem Dritten und dem Arbeitnehmer. [3]Das Finanzamt muss die Wahl, an welchen Gesamtschuldner es sich halten will, nach pflichtgemäßem Ermessen unter Beachtung der durch Recht und Billigkeit gezogenen Grenzen und unter verständiger Abwägung der Interessen aller Beteiligten treffen. [4]Eine Haftungsinanspruchnahme des Arbeitgebers unterbleibt, wenn beim Arbeitnehmer selbst eine Nachforderung unzulässig ist, weil der Mindestbetrag nach § 42d Abs. 5 EStG nicht überschritten wird. [5]Für die durch Haftungsbescheid angeforderten Steuerbeträge ist eine Zahlungsfrist von einem Monat zu setzen.

Hinweise

H 42d.3

Ermessensausübung

Eine Haftung des Arbeitgebers bei einer Lohnsteuerabzugspflicht Dritter kommt nach § 42d Abs. 9 Satz 4 i. V. m. Abs. 3 Satz 4 Nr. 1 EStG nur in Betracht, wenn der Dritte die Lohnsteuer für den Arbeitnehmer nicht vorschriftsmäßig vom Arbeitslohn einbehalten hat. An einem derartigen Fehlverhalten fehlt es, wenn beim Lohnsteuerabzug entsprechend einer Lohnsteueranrufungsauskunft oder in Übereinstimmung mit den Vorgaben der zuständigen Finanzbehörden der Länder oder des Bundes verfahren wird (→ BFH vom 20. 3. 2014 – BStBl II S. 592).

§ 42e   Anrufungsauskunft

EStG
S 2388

[1]Das Betriebsstättenfinanzamt hat auf Anfrage eines Beteiligten darüber Auskunft zu geben, ob und inwieweit im einzelnen Fall die Vorschriften über die Lohnsteuer anzuwenden sind. [2]Sind für einen Arbeitgeber mehrere Betriebsstättenfinanzämter zuständig, so erteilt das Finanzamt die Auskunft, in dessen Bezirk sich die Geschäftsleitung (§ 10 der Abgabenordnung) des Arbeitgebers im Inland befindet. [3]Ist dieses Finanzamt kein Betriebsstättenfinanzamt, so ist das Finanzamt zuständig, in dessen Bezirk sich die Betriebsstätte mit den meisten Arbeitnehmern befindet. [4]In den Fällen der Sätze 2 und 3 hat der Arbeitgeber sämtliche Betriebsstättenfinanzämter, das Finanzamt der Geschäftsleitung und erforderlichenfalls die Betriebsstätte mit den meisten Arbeitnehmern anzugeben sowie zu erklären, für welche Betriebsstätten die Auskunft von Bedeutung ist.

R 42e

Anrufungsauskunft

S 2388

(1) [1]Einen Anspruch auf gebührenfreie Auskunft haben sowohl der Arbeitgeber, der die Pflichten des Arbeitgebers erfüllende Dritte i. S. d. § 38 Abs. 3a EStG als auch der Arbeitnehmer. [2]In beiden Fällen ist das Betriebsstättenfinanzamt für die Erteilung der Auskunft zuständig; bei Anfragen eines Arbeitnehmers soll es jedoch seine Auskunft mit dessen Wohnsitzfinanzamt abstimmen. [3]Das Finanzamt soll die Auskunft unter ausdrücklichem Hinweis auf § 42e EStG schriftlich erteilen und kann sie befristen; das gilt auch, wenn der Beteiligte die Auskunft nur formlos erbeten hat.

(2) [1]Hat ein Arbeitgeber mehrere Betriebsstätten, hat das zuständige Finanzamt seine Auskunft mit den anderen Betriebsstättenfinanzämtern abzustimmen, soweit es sich um einen Fall von einigem Gewicht handelt und die Auskunft auch für die anderen Betriebsstätten von Bedeutung ist. [2]Bei Anrufungsauskünften grundsätzlicher Art informiert das zuständige Finanzamt die übrigen betroffenen Finanzämter.

(3) [1]Sind mehrere Arbeitgeber unter einer einheitlichen Leitung zusammengefasst (Konzernunternehmen), bleiben für den einzelnen Arbeitgeber entsprechend der Regelung des § 42e Satz 1 und 2 EStG das Betriebsstättenfinanzamt bzw. das Finanzamt der Geschäftsleitung für die Erteilung der Anrufungsauskunft zuständig. [2]Sofern es sich bei einer Anrufungsauskunft um einen Fall von einigem Gewicht handelt und erkennbar ist, dass die Auskunft auch für andere Arbeitgeber des Konzerns von Bedeutung ist oder bereits Entscheidungen anderer Finanzämter vorliegen, ist insbesondere auf Antrag des Auskunftsersuchenden die zu erteilende Auskunft mit den übrigen betroffenen Finanzämtern abzustimmen. [3]Dazu informiert das für die Auskunftserteilung zuständige Finanzamt das Finanzamt der Konzernzentrale. [4]Dieses koordiniert daraufhin die Abstimmung mit den Finanzämtern der anderen Arbeitgeber des Konzerns, die von der zu erteilenden Auskunft betroffen sind. [5]Befindet sich die Konzernzentrale im Ausland, koordiniert das Finanzamt die Abstimmung, das als erstes mit der Angelegenheit betraut war.

(4) [1]In Fällen der Lohnzahlung durch Dritte, in denen der Dritte die Pflichten des Arbeitgebers trägt, ist die Anrufungsauskunft bei dem Betriebsstättenfinanzamt des Dritten zu stellen. [2]Fasst der Dritte die dem Arbeitnehmer in demselben Lohnzahlungszeitraum aus mehreren Dienstverhältnissen zufließenden Arbeitslöhne zusammen, ist die Anrufungsauskunft bei dem Betriebsstättenfinanzamt des Dritten zu stellen. [3]Dabei hat das Betriebsstättenfinanzamt seine Auskunft in Fällen von einigem Gewicht mit den anderen Betriebsstättenfinanzämtern abzustimmen.

H 42e

Hinweise

Allgemeines

– Eine dem Arbeitgeber erteilte Anrufungsauskunft stellt nicht nur eine Wissenserklärung (unverbindliche Rechtsauskunft) des Betriebsstättenfinanzamts dar, sondern ist ein feststellender Verwaltungsakt i. S. d. § 118 Satz 1 AO, mit dem sich das Finanzamt selbst bindet. Der Arbeitgeber hat ein Recht auf förmliche Bescheidung seines Antrags und kann eine ihm erteilte Anrufungsauskunft im Klageweg inhaltlich überprüfen lassen. (→ BFH vom 30. 4. 2010 – BStBl II S. 996 und vom 2. 9. 2010 – BStBl 2011 II S. 233).

– BMF vom 18. 2. 2011 (BStBl I S. 213),[1] → auch zur Aufhebung/Änderung einer erteilten Anrufungsauskunft → BMF vom 12. 12. 2017 (BStBl I S. 1656)

Anrufungsauskunft nach § 42e EStG

(BMF-Schreiben vom 12. 12. 2017 – IV C 5 – S 2388/14/10001; 2017/0888392)

Im Einvernehmen mit den obersten Finanzbehörden der Länder gilt zur Anrufungsauskunft Folgendes:

1. Berechtigte Personen

1

Mögliche Antragsteller einer Anrufungsauskunft (Beteiligte im Sinne von § 42e Satz 1 Einkommensteuergesetz – EStG) sind der Arbeitgeber, der die Pflichten des Arbeitgebers erfüllende Dritte im Sinne von § 38 Absatz 3a EStG und der Arbeitnehmer. Eine Anrufungsauskunft können auch Personen beantragen, die nach Vorschriften außerhalb des EStG für Lohnsteuer haften, z. B. gesetzliche Vertreter, Vermögensverwalter und Verfügungsberechtigte i. S. d. §§ 34 und 35 Abgabenordnung (AO). Die Anrufungsauskunft ist stets gebührenfrei. Im Auskunftsantrag sind konkrete Rechtsfragen darzulegen, die für den Einzelfall von Bedeutung sind.

1) Das BMF-Schreiben wird derzeit überarbeitet.

2. Zuständigkeit

Das Betriebsstättenfinanzamt, § 41 Absatz 2 EStG, ist für die Erteilung der Anrufungsauskunft zuständig. 2

Hat ein Arbeitgeber mehrere Betriebsstätten, so hat das zuständige Finanzamt seine Auskunft mit den anderen Betriebsstättenfinanzämtern abzustimmen, soweit es sich um einen Fall von einigem Gewicht handelt und die Auskunft auch für die anderen Betriebsstätten von Bedeutung ist. Bei Anrufungsauskünften grundsätzlicher Art informiert das zuständige Finanzamt die übrigen betroffenen Finanzämter. 3

Sind mehrere Arbeitgeber unter einer einheitlichen Leitung zusammengefasst (Konzernunternehmen), bleiben für den einzelnen Arbeitgeber entsprechend der Regelung des § 42e Sätze 1 und 2 EStG das Betriebsstättenfinanzamt bzw. das Finanzamt der Geschäftsleitung für die Erteilung der Anrufungsauskunft zuständig. Sofern es sich bei einer Anrufungsauskunft um einen Fall von einigem Gewicht handelt und erkennbar ist, dass die Auskunft auch für andere Arbeitgeber des Konzerns von Bedeutung ist oder bereits Entscheidungen anderer Finanzämter vorliegen, ist insbesondere auf Antrag des Auskunftsersuchenden die zu erteilende Auskunft mit den übrigen betroffenen Finanzämtern abzustimmen. Dazu informiert das für die Auskunftserteilung zuständige Finanzamt das Finanzamt der Konzernzentrale. Dieses koordiniert daraufhin die Abstimmung mit den Finanzämtern der anderen Arbeitgeber des Konzerns, die von der zu erteilenden Auskunft betroffen sind. Befindet sich die Konzernzentrale im Ausland, koordiniert das Finanzamt die Abstimmung, das als erstes mit der Angelegenheit betraut war. 4

In Fällen der Lohnzahlung durch Dritte, in denen der Dritte die Pflichten des Arbeitgebers trägt, ist die Anrufungsauskunft bei dem Betriebsstättenfinanzamt des Dritten zu stellen. Fasst dieser die dem Arbeitnehmer in demselben Lohnzahlungszeitraum aus mehreren Dienstverhältnissen zufließenden Arbeitslöhne zusammen, ist die Anrufungsauskunft bei dem Betriebsstättenfinanzamt des Dritten zu stellen. Dabei hat das Betriebsstättenfinanzamt seine Auskunft in Fällen von einigem Gewicht mit den anderen Betriebsstättenfinanzämtern abzustimmen. 5

Ist eine öffentliche Kasse einer juristischen Person des öffentlichen Rechts berechtigt eine Anrufungsauskunft zu beantragen, hat das Betriebsstättenfinanzamt eine Auskunft zu erteilen, in dessen Bezirk die lohnsteuerliche Betriebsstätte des Arbeitgebers liegt. Die Zuständigkeit richtet sich sinngemäß nach § 42e Sätze 2 bis 4 EStG. 6

3. Form

Für den Antrag nach § 42e EStG ist eine bestimmte Form nicht vorgeschrieben. 7

Das Betriebsstättenfinanzamt soll die Anrufungsauskunft unter ausdrücklichem Hinweis auf § 42e EStG schriftlich erteilen. Dies gilt auch, wenn der Beteiligte die Auskunft nur formlos erbeten hat. Wird eine Anrufungsauskunft abgelehnt oder abweichend vom Antrag erteilt, hat die Auskunft oder die Ablehnung der Erteilung schriftlich zu erfolgen. 8

Das Betriebsstättenfinanzamt kann die Auskunft befristen. 9

4. Anwendbare Rechtsvorschriften

Für die Anrufungsauskunft nach § 42e EStG gelten die Regelungen in §§ 118 ff. AO unmittelbar, und zwar insbesondere: 10

– die Anforderungen an Bestimmtheit und Form gemäß § 119 AO,

– die Regelungen über mögliche Nebenbestimmungen gemäß § 120 AO,

– die Regelungen über die Bekanntgabe gemäß § 122 AO,

– die Regelungen über die Berichtigung offenbarer Unrichtigkeiten gemäß § 129 AO.

Die Anrufungsauskunft kann mit Wirkung für die Zukunft aufgehoben oder geändert werden; § 207 Absatz 2 AO ist sinngemäß anzuwenden. Hierbei handelt es sich um eine Ermessensentscheidung, die zu begründen ist (vgl. BFH vom 2. September 2010, BStBl 2011 II Seite 233). 11

Im Falle einer zeitlichen Befristung der Anrufungsauskunft endet die Wirksamkeit des Verwaltungsaktes durch Zeitablauf (§ 124 Absatz 2 AO). 12

Außerdem tritt eine Anrufungsauskunft außer Kraft, wenn die Rechtsvorschriften, auf denen die Entscheidung beruht, geändert werden (analoge Anwendung des § 207 Absatz 1 AO). Die Anweisungen im Anwendungserlass zu § 207 AO sind sinngemäß anzuwenden. 13

Die Regelungen über das außergerichtliche Rechtsbehelfsverfahren (§§ 347 ff. AO) sind anzuwenden. Im Falle der Ablehnung, Aufhebung (Rücknahme, Widerruf) oder Änderung einer Anrufungsauskunft nach § 42e EStG kommt eine Aussetzung der Vollziehung allerdings nicht in Betracht, da es sich nicht um einen vollziehbaren Verwaltungsakt handelt (BFH vom 15. Januar 2015, BStBl II Seite 447). 14

5. Bindungswirkung und gerichtliche Überprüfung

15 Die Erteilung und die Aufhebung (Rücknahme und Widerruf) einer Anrufungsauskunft stellt nicht nur eine Wissenserklärung (unverbindliche Rechtsauskunft) des Betriebsstättenfinanzamts dar, sondern ist ein feststellender, aber nicht vollziehbarer Verwaltungsakt im Sinne des § 118 Satz 1 AO, mit dem sich das Finanzamt selbst bindet. Der Arbeitgeber hat ein Recht auf förmliche Bescheidung seines Antrags und kann eine ihm erteilte Anrufungsauskunft im Rechtsbehelfsverfahren inhaltlich überprüfen lassen (BFH vom 30. April 2009, BStBl 2010 II Seite 996 und vom 2. September 2010, BStBl 2011 II Seite 233).

16 Die Anrufungsauskunft trifft eine Regelung dahin, wie die Finanzbehörde den vom Antragsteller dargestellten Sachverhalt gegenwärtig beurteilt (BFH vom 30. April 2009, BStBl 2010 II Seite 996 und vom 27. Februar 2014, BStBl II Seite 894).

17 Das Finanzgericht überprüft die Auskunft sachlich nur daraufhin, ob der von dem Antragsteller dargestellte Sachverhalt zutreffend erfasst und die rechtliche Beurteilung nicht evident fehlerhaft ist (BFH vom 27. Februar 2014, BStBl II Seite 894).

18 Erteilt das Betriebsstättenfinanzamt eine Anrufungsauskunft, sind die Finanzbehörden im Rahmen des Lohnsteuerabzugsverfahrens an diese gegenüber allen Beteiligten gebunden (BFH vom 17. Oktober 2013, BStBl 2014 II Seite 892). Das Betriebsstättenfinanzamt kann daher die vom Arbeitgeber aufgrund einer (unrichtigen) Anrufungsauskunft nicht einbehaltene und abgeführte Lohnsteuer vom Arbeitnehmer nicht nach § 42d Absatz 3 Satz 4 Nummer 1 EStG nachfordern.

19 Hat der Arbeitgeber eine Anrufungsauskunft eingeholt und ist er danach verfahren, ist eine Nacherhebung der Lohnsteuer auch dann nicht zulässig, wenn der Arbeitgeber nach einer Lohnsteuer-Außenprüfung einer Pauschalierung nach § 40 Absatz 1 Satz 1 Nummer 2 EStG zugestimmt hat (BFH vom 16. November 2005, BStBl 2006 II Seite 210).

20 Die Bindungswirkung einer Anrufungsauskunft erstreckt sich – unabhängig davon, ob sie dem Arbeitgeber oder dem Arbeitnehmer erteilt wurde – nicht auf das Veranlagungsverfahren. Das Wohnsitzfinanzamt kann daher bei der Einkommensteuerveranlagung des Arbeitnehmers einen anderen Rechtsstandpunkt als das Betriebsstättenfinanzamt einnehmen (BFH vom 17. Oktober 2013, BStBl 2014 II Seite 892).

6. Zeitliche Anwendung

21 Dieses Schreiben ersetzt das BMF-Schreiben vom 18. Februar 2011, BStBl I Seite 213.

Aussetzung der Vollziehung

Der Widerruf einer Lohnsteueranrufungsauskunft ist ein feststellender, aber nicht vollziehbarer Verwaltungsakt. Ein Antrag auf Aussetzung der Vollziehung ist deshalb nicht statthaft (→ BFH vom 15. 1. 2015 – BStBl II S. 447).

Bindungswirkung im Lohnsteuerabzugsverfahren

– Erteilt das Betriebsstättenfinanzamt eine Anrufungsauskunft, sind die Finanzbehörden im Rahmen des Lohnsteuerabzugsverfahrens an diese gegenüber allen Beteiligten gebunden (→ BFH vom 17. 10. 2013 – BStBl 2014 S. 892 und vom 20. 3. 2014 – BStBl II S. 592).

– Hat der Arbeitgeber eine Anrufungsauskunft eingeholt und ist er danach verfahren, ist eine Nacherhebung der Lohnsteuer auch dann nicht zulässig, wenn der Arbeitgeber nach einer Lohnsteuer-Außenprüfung einer Pauschalierung nach § 40 Abs. 1 Satz 1 Nr. 2 EStG zugestimmt hat (→ BFH vom 16. 11. 2005 – BStBl 2006 II S. 210).

Keine Bindungswirkung bei der Einkommensteuerveranlagung

Die Bindungswirkung einer Anrufungsauskunft erstreckt sich – unabhängig davon, ob sie dem Arbeitgeber oder dem Arbeitnehmer erteilt wurde –nicht auf das Veranlagungsverfahren. Das Wohnsitzfinanzamt kann daher bei der Einkommensteuerveranlagung einen für den Arbeitnehmer ungünstigeren Rechtsstandpunkt als das Betriebsstättenfinanzamt einnehmen (→ BFH vom 9. 10. 1992 – BStBl 1993 II S. 166 und vom 17. 10. 2013 – BStBl 2014 II S. 892).

Überprüfung durch das Finanzgericht

Die Anrufungsauskunft trifft eine Regelung dahin, wie die Finanzbehörde den vom Antragsteller dargestellten Sachverhalt gegenwärtig beurteilt. Das Finanzgericht überprüft die Auskunft sachlich nur daraufhin, ob der Sachverhalt zutreffend erfasst und die rechtliche Beurteilung nicht evident fehlerhaft ist (→ BFH vom 27. 2. 2014 – BStBl II S. 894).

§ 42f Lohnsteuer-Außenprüfung

(1) Für die Außenprüfung der Einbehaltung oder Übernahme und Abführung der Lohnsteuer ist das Betriebsstättenfinanzamt zuständig.

(2) [1]Für die Mitwirkungspflicht des Arbeitgebers bei der Außenprüfung gilt § 200 der Abgabenordnung. [2]Darüber hinaus haben die Arbeitnehmer des Arbeitgebers dem mit der Prüfung Beauftragten jede gewünschte Auskunft über Art und Höhe ihrer Einnahmen zu geben und auf Verlangen die etwa in ihrem Besitz befindlichen Bescheinigungen für den Lohnsteuerabzug sowie die Belege über bereits entrichtete Lohnsteuer vorzulegen. [3]Dies gilt auch für Personen, bei denen es streitig ist, ob sie Arbeitnehmer des Arbeitgebers sind oder waren.

(3) [1]In den Fällen des § 38 Absatz 3a ist für die Außenprüfung das Betriebsstättenfinanzamt des Dritten zuständig; § 195 Satz 2 der Abgabenordnung bleibt unberührt. [2]Die Außenprüfung ist auch beim Arbeitgeber zulässig; dessen Mitwirkungspflichten bleiben neben den Pflichten des Dritten bestehen.

(4) Auf Verlangen des Arbeitgebers können die Außenprüfung und die Prüfungen durch die Träger der Rentenversicherung (§ 28p des Vierten Buches Sozialgesetzbuch) zur gleichen Zeit durchgeführt werden.

Lohnsteuer-Außenprüfung

(1) [1]Für die Lohnsteuer-Außenprüfung gelten die §§ 193 bis 207 AO. [2]Die §§ 5 bis 12, 20 bis 24, 29 und 30 Betriebsprüfungsordnung sind mit Ausnahme des § 5 Abs. 4 Satz 2 sinngemäß anzuwenden.

(2) [1]Der Lohnsteuer-Außenprüfung unterliegen sowohl private als auch öffentlich-rechtliche Arbeitgeber. [2]Prüfungen eines öffentlich-rechtlichen Arbeitgebers durch die zuständige Aufsichts- und Rechnungsprüfungsbehörde stehen der Zulässigkeit einer Lohnsteuer-Außenprüfung nicht entgegen.

(3) [1]Die Lohnsteuer-Außenprüfung hat sich hauptsächlich darauf zu erstrecken, ob sämtliche Arbeitnehmer, auch die nicht ständig beschäftigten, erfasst wurden und alle zum Arbeitslohn gehörigen Einnahmen, gleichgültig in welcher Form sie gewährt wurden, dem Steuerabzug unterworfen wurden und ob bei der Berechnung der Lohnsteuer von der richtigen Lohnhöhe ausgegangen wurde. [2]Privathaushalte, in denen nur gering entlohnte Hilfen beschäftigt werden, sind in der Regel nicht zu prüfen.

(4) [1]Über das Ergebnis der Außenprüfung ist dem Arbeitgeber ein Prüfungsbericht zu übersenden (→ § 202 Abs. 1 AO). [2]Führt die Außenprüfung zu keiner Änderung der Besteuerungsgrundlagen, genügt es, wenn dies dem Arbeitgeber schriftlich mitgeteilt wird (→ § 202 Abs. 1 Satz 3 AO). [3]In den Fällen, in denen ein Nachforderungsbescheid oder ein Haftungsbescheid nicht zu erteilen ist (→ § 42d Abs. 4 EStG), kann der Arbeitgeber auf die Übersendung eines Prüfungsberichts verzichten.

(5) Das Recht auf Anrufungsauskunft nach § 42e EStG steht dem Recht auf Erteilung einer verbindlichen Zusage auf Grund einer Außenprüfung nach § 204 AO nicht entgegen.

Hinweise

Aufhebung des Vorbehalts der Nachprüfung

→ § 164 Abs. 3 Satz 3 AO.

→ H 42d.1

Digitale LohnSchnittstelle

Nach § 41 Abs. 1 Satz 7 EStG i. V. m. § 4 Abs. 2a LStDV haben Arbeitgeber die ab dem 1. 1. 2018 aufzuzeichnenden lohnsteuerrelevanten Daten der Finanzbehörde nach einer amtlich vorgeschriebenen einheitlichen digitalen Schnittstelle elektronisch bereitzustellen. Dies gilt unabhängig von dem vom Arbeitgeber eingesetzten Lohnabrechnungsprogramm. Zur Vermeidung unbilliger Härten können in begründeten Fällen die lohnsteuerlichen Daten auch in einer anderen auswertbaren Form bereitgestellt werden. Die amtlich vorgeschriebene Digitale Lohn-Schnittstelle (DLS) ist ein Standarddatensatz mit einer einheitlichen Strukturierung und Bezeichnung von elektronischen Dateien und Datenfeldern. Die jeweils aktuelle Version der DLS mit weitergehenden Informationen steht auf der Internetseite des Bundeszentralamts für Steuern unter www.bzst.bund.de zum Download bereit. Das Datenzugriffsrecht nach § 147

Abs. 6 Satz 2 AO auf prüfungsrelevante steuerliche Daten bleibt von der Anwendung der DLS unberührt (→ BMF vom 26. 5. 2017 – BStBl I S. 789).

Festsetzungsverjährung

Wurde beim Arbeitgeber eine Lohnsteuer-Außenprüfung durchgeführt, bewirkt dies nicht zugleich eine Hemmung der Verjährungsfrist in Bezug auf den Steueranspruch gegen den Arbeitnehmer (→ § 171 Abs. 15 AO); dies gilt für alle Fälle, in denen die Festsetzungsfrist für den Arbeitnehmer am 30. 6. 2013 noch nicht abgelaufen war (→ Artikel 97 § 10 Abs. 11 EGAO).

Rechte und Mitwirkungspflichten des Arbeitgebers

→ BMF vom 24. 10. 2013 (BStBl I S. 1264)

Mitwirkungspflichten des Arbeitgebers

Hinweise auf die wesentlichen Rechte und Mitwirkungspflichten des Steuerpflichtigen bei der Außenprüfung (§ 5 Abs. 2 Satz 2 BpO 2000)

(BMF-Schreiben vom 24. 10. 2013, BStBl I S. 1264)

1 Anlage

Unter Bezugnahme auf das Ergebnis der Erörterungen mit den obersten Finanzbehörden der Länder sind der Prüfungsanordnung (§ 196 AO) die anliegenden Hinweise beizufügen.

Dieses Schreiben tritt an die Stelle des BMF-Schreibens vom 20. Juli 2001 – IV D 2 – S 0403–3/01 – (BStBl I S. 502). Es steht ab sofort für eine Übergangszeit auf den Internetseiten des Bundesministeriums der Finanzen (http://www.bundesfinanzministerium.de) unter der Rubrik Themen – Steuern – Steuerarten – Weitere Steuerthemen – Betriebsprüfung zum Herunterladen bereit.

Anlage

Ihre wesentlichen Rechte und Mitwirkungspflichten bei der Außenprüfung

Die Außenprüfung soll dazu beitragen, dass die Steuergesetze gerecht und gleichmäßig angewendet werden; deshalb ist auch zu Ihren Gunsten zu prüfen (§ 199 Abs. 1 Abgabenordnung – AO –).

Beginn der Außenprüfung

Wenn Sie wichtige Gründe gegen den vorgesehenen Zeitpunkt der Prüfung haben, können Sie beantragen, dass ihr Beginn hinausgeschoben wird (§ 197 Abs. 2 AO). Wollen Sie wegen der Prüfungsanordnung Rückfragen stellen, wenden Sie sich bitte an die prüfende Stelle und geben Sie hierbei den Namen des Prüfers an. Über den Prüfungsbeginn sollten Sie ggf. Ihren Steuerberater unterrichten.

Der Prüfer wird sich bei Erscheinen unter Vorlage seines Dienstausweises bei Ihnen vorstellen (§ 198 AO).

Die Außenprüfung beginnt grundsätzlich in dem Zeitpunkt, in dem der Prüfer nach Bekanntgabe der Prüfungsanordnung konkrete Ermittlungshandlungen vornimmt. Bei einer Datenträgerüberlassung beginnt die Außenprüfung spätestens mit der Auswertung der Daten (AEAO zu § 198).

Ablauf der Außenprüfung

Haben Sie bitte Verständnis dafür, dass Sie für einen reibungslosen Ablauf der Prüfung zur Mitwirkung verpflichtet sind. Aus diesem Grunde sollten Sie Ihren nachstehenden Mitwirkungspflichten unverzüglich nachkommen. Sie können darüber hinaus auch sachkundige Auskunftspersonen benennen.

Stellen Sie dem Prüfer zur Durchführung der Außenprüfung bitte einen geeigneten Raum oder Arbeitsplatz sowie die erforderlichen Hilfsmittel unentgeltlich zur Verfügung (§ 200 Abs. 2 AO).

Legen Sie ihm bitte Ihre Aufzeichnungen, Bücher, Geschäftspapiere und die sonstigen Unterlagen vor, die er benötigt, erteilen Sie ihm die erbetenen Auskünfte, erläutern Sie ggf. die Aufzeichnungen und unterstützen Sie ihn beim Datenzugriff (§ 200 Abs. 1 AO).

Werden die Unterlagen in Form der Wiedergabe auf einem Bildträger oder auf anderen Datenträgern aufbewahrt, kann der Prüfer verlangen, dass Sie auf Ihre Kosten diejenigen Hilfsmittel zur Verfügung stellen, die zur Lesbarmachung erforderlich sind, bzw. dass Sie auf Ihre Kosten die Unterlagen unverzüglich ganz oder teilweise ausdrucken oder ohne Hilfsmittel lesbare Reproduktionen beibringen (§ 147 Abs. 5 AO).

Sind Unterlagen und sonstige Aufzeichnungen mit Hilfe eines DV-Systems erstellt worden, hat der Prüfer das Recht, Einsicht in die gespeicherten Daten zu nehmen und das DV-System zur Prüfung dieser Unterlagen zu nutzen (unmittelbarer Datenzugriff). Dazu kann er verlangen, dass Sie ihm die dafür erforderlichen Geräte und sonstigen Hilfsmittel zur Verfügung stellen. Dies umfasst unter Umständen die Einweisung in das DV-System und die Bereitstellung von fachkundigem Personal zur Auswertung der Daten. Auf Anforderung sind dem Prüfer die Daten auf maschinell auswertbaren Datenträgern zur Verfügung zu stellen (Datenträgerüberlassung) oder nach seinen Vorgaben maschinell auszuwerten (mittelbarer Datenzugriff); § 147 Abs. 6 AO.

Über alle Feststellungen von Bedeutung wird Sie der Prüfer während der Außenprüfung unterrichten, es sei denn, Zweck und Ablauf der Prüfung werden dadurch beeinträchtigt (§ 199 Abs. 2 AO).

Ergebnis der Außenprüfung

Wenn sich die Besteuerungsgrundlagen durch die Prüfung ändern, haben Sie das Recht auf eine Schlussbesprechung. Sie erhalten dabei Gelegenheit, einzelne Prüfungsfeststellungen nochmals zusammenfassend zu erörtern (§ 201 AO).

Über das Ergebnis der Außenprüfung ergeht bei Änderung der Besteuerungsgrundlagen ein schriftlicher Prüfungsbericht, der Ihnen auf Antrag vor seiner Auswertung übersandt wird. Zu diesem Bericht können Sie Stellung nehmen (§ 202 AO).

Rechtsbehelfe können Sie allerdings nicht gegen den Prüfungsbericht, sondern nur gegen die aufgrund der Außenprüfung ergehenden Steuerbescheide einlegen.

Wird bei Ihnen eine abgekürzte Außenprüfung (§ 203 AO) durchgeführt, findet keine Schlussbesprechung statt. Die steuerlich erheblichen Prüfungsfeststellungen werden Ihnen in diesem Fall spätestens mit den Steuer-/Feststellungsbescheiden schriftlich mitgeteilt.

Ablauf der Außenprüfung beim Verdacht einer Steuerstraftat oder einer Steuerordnungswidrigkeit

Ergibt sich während der Außenprüfung der Verdacht einer Steuerstraftat oder einer Steuerordnungswidrigkeit gegen Sie, so dürfen hinsichtlich des Sachverhalts, auf den sich der Verdacht bezieht, die Ermittlungen bei Ihnen erst fortgesetzt werden, wenn Ihnen die Einleitung eines Steuerstraf- oder Bußgeldverfahrens mitgeteilt worden ist (vgl. § 397 AO). Soweit die Prüfungsfeststellungen auch für Zwecke eines Steuerstraf- oder Bußgeldverfahrens verwendet werden können, darf Ihre Mitwirkung bei der Aufklärung der Sachverhalte nicht erzwungen werden (§ 393 Abs. 1 Satz 2 AO). Wirken Sie bei der Aufklärung der Sachverhalte nicht mit (vgl. §§ 90, 93 Abs. 1, 200 Abs. 1 AO), können daraus allerdings im Besteuerungsverfahren für Sie nachteilige Folgerungen gezogen werden; ggf. sind die Besteuerungsgrundlagen zu schätzen, wenn eine zutreffende Ermittlung des Sachverhalts deswegen nicht möglich ist (§ 162 AO).

...

Ort der Lohnsteuer-Außenprüfung

Ort der Lohnsteuer-Außenprüfung

(Verfügung der OFD Bremen vom 31. 8. 1995 – S 2386 – St 2000 –)[1]

1. Prüfungen im Büro des Steuerberaters

Der BFH hat zwar in einem besonders gelagerten Fall durch Beschluß vom 30. 11. 1988 I B 73/88, BStBl II 1989, 256, entschieden, daß auf Antrag des Arbeitgebers auch eine Prüfung im Büro des Steuerberaters in Betracht kommen kann, wenn der Prüfung dort keine zumindest gleichwertigen Verwaltungsinteressen entgegenstehen.

Ich halte indes an meiner wiederholt vertretenen Auffassung fest, daß eine Lohnsteueraußenprüfung im Regelfall in den Geschäftsräumen des Arbeitgebers und nur unter bestimmten Voraussetzungen im Büro des steuerlichen Beraters durchzuführen ist, wenn z. B. der Arbeitgeber keinen geeigneten Raum oder Arbeitsplatz für die Prüfungsdurchführung zur Verfügung stellen kann. Bei Abwägung der Interessen von Verwaltung und Arbeitgeber wird zugunsten der Verwaltung immer zu berücksichtigen sein, daß eine Prüfung in den Geschäftsräumen des Arbeitgebers dem Zweck der Lohnsteueraußenprüfung am besten gerecht wird. Insbesondere lassen sich vor Ort eher die folgenden gesetzlich vorgesehenen Ermittlungen anstellen:

---

[1] Zum Ort der Außenprüfung → § 6 der Betriebsprüfungsordnung (BpO 2000) → Anhang 6.

– Auskunftserteilung durch den Arbeitgeber (§ 200 Abs. 1 Satz 2 AO);

– Auskunftserteilung durch andere Betriebsangehörige z. B. Arbeitnehmer (§ 200 Abs. 1 Satz 3 AO);

– Besichtigung von Grundstücken und Betriebsräumen (§ 200 Abs. 3 Satz 2 AO).

Sofern doch ausnahmsweise eine Prüfung im Büro des Steuerberaters in Betracht kommt, sollte von der Möglichkeit einer Besichtigung des Betriebs gleichwohl in der Regel nicht abgesehen werden. Bei der Abwägung für oder gegen eine Besichtigung wird der Betriebsart und -größe sowie der Anzahl von Arbeitnehmern immer besonderes Gewicht beizumessen sein.

2. Prüfung an Amtsstelle

Die nach § 200 Abs. 2 AO vorgesehene Prüfung an Amtsstelle wird – wegen der eingeschränkten Ermittlungsmöglichkeiten – Ausnahmefällen vorbehalten bleiben müssen, z. B. wenn der Arbeitgeber keinen geeigneten Platz zur Verfügung stellen kann und das Steuerberatungsbüro sich außerhalb des Finanzamtsbezirks bzw. des Bezirks der stadtbremischen Finanzämter befindet.

Außenprüfung: Mitwirkungspflichten des Steuerpflichtigen

(Verfügung der OFD Hannover vom 2. 1. 2006 – S 1400 – 12 – StO 121 –)

...

2. Eine Außenprüfung in den Geschäftsräumen des Stpfl. [Steuerpflichtigen] verstößt nicht gegen Art. 13 GG (BFH-Urteil vom 20. 10. 1988, BStBl 1989 II S. 180). Ist ein geeigneter Geschäftsraum vorhanden, so muss die Außenprüfung dort stattfinden. Der Vorrang der Geschäftsräume vor allen anderen Orten ergibt sich aus dem Wortlaut des § 200 Abs. 2 und aus dem Sinn und Zweck der Außenprüfung. Sind keine geeigneten Geschäftsräume vorhanden, ist in den Wohnräumen oder an Amtsstelle zu prüfen. Nur im Ausnahmefall und nur auf Antrag kommen andere Prüfungsorte in Betracht, wenn schützenswerte Interessen des Stpfl. von besonders großem Gewicht die Interessen der Finanzbehörden an einem effizienten Prüfungsablauf in den Geschäftsräumen verdrängen.

EStG

§ 42g   Lohnsteuer-Nachschau

(1) [1]Die Lohnsteuer-Nachschau dient der Sicherstellung einer ordnungsgemäßen Einbehaltung und Abführung der Lohnsteuer. [2]Sie ist ein besonderes Verfahren zur zeitnahen Aufklärung steuererheblicher Sachverhalte.

(2) [1]Eine Lohnsteuer-Nachschau findet während der üblichen Geschäfts- und Arbeitszeiten statt. [2]Dazu können die mit der Nachschau Beauftragten ohne vorherige Ankündigung und außerhalb einer Lohnsteuer-Außenprüfung Grundstücke und Räume von Personen, die eine gewerbliche oder berufliche Tätigkeit ausüben, betreten. [3]Wohnräume dürfen gegen den Willen des Inhabers nur zur Verhütung dringender Gefahren für die öffentliche Sicherheit und Ordnung betreten werden.

(3) [1]Die von der Lohnsteuer-Nachschau betroffenen Personen haben dem mit der Nachschau Beauftragten auf Verlangen Lohn- und Gehaltsunterlagen, Aufzeichnungen, Bücher, Geschäftspapiere und andere Urkunden über die der Lohnsteuer-Nachschau unterliegenden Sachverhalte vorzulegen und Auskünfte zu erteilen, soweit dies zur Feststellung einer steuerlichen Erheblichkeit zweckdienlich ist. [2]§ 42f Absatz 2 Satz 2 und 3 gilt sinngemäß.

(4) [1]Wenn die bei der Lohnsteuer-Nachschau getroffenen Feststellungen hierzu Anlass geben, kann ohne vorherige Prüfungsanordnung (§ 196 der Abgabenordnung) zu einer Lohnsteuer-Außenprüfung nach § 42f übergegangen werden. [2]Auf den Übergang zur Außenprüfung wird schriftlich hingewiesen.

(5) Werden anlässlich einer Lohnsteuer-Nachschau Verhältnisse festgestellt, die für die Festsetzung und Erhebung anderer Steuern erheblich sein können, so ist die Auswertung der Feststellungen insoweit zulässig, als ihre Kenntnis für die Besteuerung der in Absatz 2 genannten Personen oder anderer Personen von Bedeutung sein kann.

Hinweise

Allgemeines

→ BMF vom 16. 10. 2014 (BStBl I S. 1408)

Lohnsteuer-Nachschau

(BMF vom 16. 10. 2014 – IV C 5 – S 2386/09/10002 :001, 2014/0890135 – BStBl I S. 1408)

Mit § 42g EStG ist durch das Amtshilferichtlinie-Umsetzungsgesetz vom 26. Juni 2013 (BGBl. I Seite 1809) eine Regelung zur Lohnsteuer-Nachschau neu in das EStG eingefügt worden. Die Vorschrift ist zum 30. Juni 2013 in Kraft getreten. Im Einvernehmen mit den obersten Finanzbehörden der Länder gilt zur Anwendung der Vorschrift Folgendes: **1**

1. Allgemeines

Die Lohnsteuer-Nachschau ist ein besonderes Verfahren zur zeitnahen Aufklärung möglicher steuererheblicher Sachverhalte. Steuererheblich sind Sachverhalte, die eine Lohnsteuerpflicht begründen oder zu einer Änderung der Höhe der Lohnsteuer oder der Zuschlagsteuern führen können. Das für die Lohnsteuer-Nachschau zuständige Finanzamt kann das Finanzamt, in dessen Bezirk der steuererhebliche Sachverhalt verwirklicht wird, mit der Nachschau beauftragen. Die Lohnsteuer-Nachschau ist keine Außenprüfung i. S. d. §§ 193 ff. AO. Die Vorschriften für eine Außenprüfung sind nicht anwendbar, insbesondere gelten die §§ 146 Absatz 2b, 147 Absatz 6, 201, 202 AO und § 42d Absatz 4 Satz 1 Nummer 2 EStG nicht. Es bedarf weder einer Prüfungsanordnung i. S. d. § 196 AO noch einer Schlussbesprechung oder eines Prüfungsberichts. Im Anschluss an eine Lohnsteuer-Nachschau ist ein Antrag auf verbindliche Zusage (§ 204 AO) nicht zulässig. **2**

2. Zweck der Lohnsteuer-Nachschau

Die Lohnsteuer-Nachschau dient der Sicherstellung einer ordnungsgemäßen Einbehaltung und Abführung der Lohnsteuer, des Solidaritätszuschlags, der Kirchenlohnsteuer oder von Pflichtbeiträgen zu einer Arbeits- oder Arbeitnehmerkammer. Ziel der Lohnsteuer-Nachschau ist es, einen Eindruck von den räumlichen Verhältnissen, dem tatsächlich eingesetzten Personal und dem üblichen Geschäftsbetrieb zu gewinnen. **3**

Eine Lohnsteuer-Nachschau kommt insbesondere in Betracht: **4**

– bei Beteiligung an Einsätzen der Finanzkontrolle Schwarzarbeit,

– zur Feststellung der Arbeitgeber- oder Arbeitnehmereigenschaft,

– zur Feststellung der Anzahl der insgesamt beschäftigten Arbeitnehmer,

– bei Aufnahme eines neuen Betriebs,

– zur Feststellung, ob der Arbeitgeber eine lohnsteuerliche Betriebsstätte unterhält,

– zur Feststellung, ob eine Person selbständig oder als Arbeitnehmer tätig ist,

– zur Prüfung der steuerlichen Behandlung von sog. Minijobs (vgl. § 8 Absatz 1 und 2 SGB IV), ausgenommen Beschäftigungen in Privathaushalten,

– zur Prüfung des Abrufs und der Anwendung der elektronischen Lohnsteuerabzugsmerkmale (ELStAM) und

– zur Prüfung der Anwendung von Pauschalierungsvorschriften, z. B. § 37b Absatz 2 EStG.

Nicht Gegenstand der Lohnsteuer-Nachschau sind: **5**

– Ermittlungen der individuellen steuerlichen Verhältnisse der Arbeitnehmer, soweit sie für den Lohnsteuer-Abzug nicht von Bedeutung sind,

– die Erfüllung der Pflichten des Arbeitgebers nach dem Fünften Vermögensbildungsgesetz und

– Beschäftigungen in Privathaushalten.

3. Durchführung der Lohnsteuer-Nachschau

Die Lohnsteuer-Nachschau muss nicht angekündigt werden (§ 42g Absatz 2 Satz 2 EStG). Die Anordnung der Nachschau erfolgt in der Regel mündlich und zu Beginn der Lohnsteuer-Nachschau. Dem Arbeitgeber soll zu Beginn der Lohnsteuer-Nachschau der Vordruck „Durchführung einer Lohnsteuer-Nachschau"[1]) übergeben werden. Der mit der Lohnsteuer-Nachschau beauftragte Amtsträger hat sich auszuweisen. **6**

---

[1]) Bundeseinheitlicher Vordruck.

7 Zum Zweck der Lohnsteuer-Nachschau können die mit der Lohnsteuer-Nachschau beauftragten Amtsträger Grundstücke und Räume von Personen, die eine gewerbliche oder berufliche Tätigkeit ausüben, betreten (§ 42g Absatz 2 Satz 2 EStG). Die Grundstücke und Räume müssen nicht im Eigentum der gewerblich oder beruflich tätigen Person stehen. Die Lohnsteuer-Nachschau kann sich auch auf gemietete oder gepachtete Grundstücke und Räume sowie auf andere Orte, an denen steuererhebliche Sachverhalte verwirklicht werden (z. B. Baustellen), erstrecken.

8 Wohnräume dürfen gegen den Willen des Inhabers nur zur Verhütung dringender Gefahren für die öffentliche Sicherheit und Ordnung betreten werden (§ 42g Absatz 2 Satz 3 EStG).

9 Häusliche Arbeitszimmer oder Büros, die innerhalb einer ansonsten privat genutzten Wohnung belegen sind, dürfen auch dann betreten bzw. besichtigt werden, wenn sie nur durch die ausschließlich privat genutzten Wohnräume erreichbar sind.

10 Ein Betreten der Grundstücke und Räume ist während der üblichen Geschäfts- und Arbeitszeiten zulässig. Die Nachschau kann auch außerhalb der Geschäftszeiten vorgenommen werden, wenn dort Arbeitnehmer anzutreffen sind.

11 Das Betreten muss dazu dienen, Sachverhalte festzustellen oder zu überprüfen, die für den Steuerabzug vom Arbeitslohn erheblich sein können. Ein Durchsuchungsrecht gewährt die Lohnsteuer-Nachschau nicht. Das bloße Betreten oder Besichtigen von Geschäftsräumen, Betriebsräumen oder Grundstücken ist noch kein Durchsuchen.

4. Mitwirkungspflicht

12 Der Arbeitgeber hat dem mit der Lohnsteuer-Nachschau beauftragten Amtsträger auf Verlangen Lohn- und Gehaltsunterlagen, Aufzeichnungen, Bücher, Geschäftspapiere und andere Urkunden vorzulegen und Auskünfte zu erteilen, soweit dies zur Feststellung steuerlich erheblicher Sachverhalte zweckdienlich ist (§ 42g Absatz 3 Satz 1 EStG).

13 Darüber hinaus haben die Arbeitnehmer dem mit der Lohnsteuer-Nachschau beauftragten Amtsträger jede gewünschte Auskunft über Art und Höhe ihrer Einnahmen zu geben und auf Verlangen in ihrem Besitz befindliche Bescheinigungen über den Lohnsteuerabzug sowie Belege über bereits entrichtete Lohnsteuer vorzulegen (§ 42g Absatz 3 Satz 2 i. V. m. § 42f Absatz 2 Satz 2 EStG). Diese Pflichten gelten auch für Personen, bei denen es streitig ist, ob sie Arbeitnehmer sind oder waren. Die Auskunftspflicht erstreckt sich auf alle Fragen, die für die Beurteilung von Bedeutung sind, ob und in welcher Höhe eine Pflicht zum Abzug von Lohnsteuer und Zuschlagsteuern besteht.

5. Recht auf Datenzugriff

14 Der mit der Lohnsteuer-Nachschau beauftragte Amtsträger darf nur dann auf elektronische Daten des Arbeitgebers zugreifen, wenn der Arbeitgeber zustimmt. Stimmt der Arbeitgeber dem Datenzugriff nicht zu, kann der mit der Lohnsteuer-Nachschau beauftragte Amtsträger verlangen, dass ihm die erforderlichen Unterlagen in Papierform vorgelegt werden. Sollten diese nur in elektronischer Form existieren, kann er verlangen, dass diese unverzüglich ausgedruckt werden (vgl. § 147 Absatz 5 zweiter Halbsatz AO).

6. Übergang zu einer Lohnsteuer-Außenprüfung

15 Geben die bei der Lohnsteuer-Nachschau getroffenen Feststellungen hierzu Anlass, kann ohne vorherige Prüfungsanordnung (§ 196 AO) zu einer Lohnsteuer-Außenprüfung nach § 42f EStG übergegangen werden (§ 42g Absatz 4 Satz 1 EStG). Auf den Übergang zur Außenprüfung ist schriftlich hinzuweisen (§ 42g Absatz 4 Satz 2 EStG). Die allgemeinen Grundsätze über den notwendigen Inhalt von Prüfungsanordnungen gelten entsprechend. Insbesondere sind der Prüfungszeitraum und der Prüfungsumfang festzulegen. Der Beginn einer Lohnsteuer-Außenprüfung nach erfolgter Lohnsteuer-Nachschau ist unter Angabe von Datum und Uhrzeit aktenkundig zu machen. Für die Durchführung der nachfolgenden Lohnsteuer-Außenprüfung gelten die §§ 199 ff. AO. Die Entscheidung zum Übergang zu einer Lohnsteuer-Außenprüfung ist eine Ermessensentscheidung der Finanzbehörde (§ 5 AO).

16 Der Übergang zu einer Lohnsteuer-Außenprüfung nach § 42f EStG kann insbesondere angezeigt sein:
– wenn bei der Lohnsteuer-Nachschau erhebliche Fehler beim Steuerabzug vom Arbeitslohn festgestellt wurden,
– wenn der für die Besteuerung maßgebliche Sachverhalt im Rahmen der Lohnsteuer-Nachschau nicht abschließend geprüft werden kann und weitere Ermittlungen erforderlich sind,
– wenn der Arbeitgeber seinen Mitwirkungspflichten im Rahmen der Lohnsteuer-Nachschau nicht nachkommt oder
– wenn die Ermittlung von Sachverhalten aufgrund des fehlenden Datenzugriffs nicht oder nur erschwert möglich ist.

7. Auswertungsmöglichkeiten

Der Arbeitgeber kann aufgrund der im Rahmen der Lohnsteuer-Nachschau gewonnenen Erkenntnisse durch Lohnsteuer-Nachforderungsbescheid oder Lohnsteuer-Haftungsbescheid in Anspruch genommen werden. Die Lohnsteuer-Nachschau kann auch zu einer nachträglichen oder geänderten Lohnsteuer-Anmeldung führen. Soll auf Grund der Lohnsteuer-Nachschau der Arbeitgeber in Haftung genommen oder bei ihm Lohnsteuer nachgefordert werden, ist ihm rechtliches Gehör zu gewähren (§ 91 AO).   17

Ebenso kann der jeweilige Arbeitnehmer im Rahmen der allgemeinen gesetzlichen Regelungen in Anspruch genommen werden (§ 42d Absatz 3 EStG). Erkenntnisse der Lohnsteuer-Nachschau können auch im Veranlagungsverfahren des Arbeitnehmers berücksichtigt werden.   18

Feststellungen, die während einer Lohnsteuer-Nachschau getroffen werden und die für die Festsetzung und Erhebung anderer Steuern des Betroffenen oder anderer Personen erheblich sein können, können ausgewertet werden (§ 42g Absatz 5 EStG). Zu diesem Zweck können Kontrollmitteilungen erstellt werden.   19

8. Rechtsfolgen

Der Beginn der Lohnsteuer-Nachschau hemmt nicht den Ablauf der Festsetzungsfrist nach § 171 Absatz 4 AO. Die Änderungssperre des § 173 Absatz 2 AO findet keine Anwendung. Soweit eine Steuer gemäß § 164 AO unter dem Vorbehalt der Nachprüfung festgesetzt worden ist, muss dieser nach Durchführung der Lohnsteuer-Nachschau nicht aufgehoben werden.   20

9. Zwangsmittel

Im Rahmen einer Lohnsteuer-Nachschau erlassene Verwaltungsakte sind grundsätzlich mit Zwangsmitteln (§§ 328 ff. AO) durchsetzbar. Ein Verwaltungsakt liegt dann vor, wenn der mit der Lohnsteuer-Nachschau beauftragte Amtsträger Maßnahmen ergreift, die den Steuerpflichtigen zu einem bestimmten Tun, Dulden oder Unterlassen verpflichten sollen. Ein Verwaltungsakt liegt insbesondere vor, wenn der Amtsträger den Steuerpflichtigen auffordert,   21

– das Betreten der nicht öffentlich zugänglichen Geschäftsräume zu dulden,

– Aufzeichnungen, Bücher, Geschäftspapiere und andere lohnsteuerlich relevante Urkunden vorzulegen oder

– Auskunft zu erteilen.

10. Rechtsbehelf

Gegen schlichtes Verwaltungshandeln (z. B. Betreten von Grundstücken und Räume zur Durchführung einer Lohnsteuer-Nachschau) ist kein Einspruch gegeben. Im Rahmen der Lohnsteuer-Nachschau ergangene Verwaltungsakte (vgl. Rz. 21) können gemäß § 347 AO mit Einspruch angefochten werden. Der Amtsträger ist berechtigt und verpflichtet, den Einspruch entgegenzunehmen. Der Einspruch hat keine aufschiebende Wirkung und hindert daher nicht die Durchführung der Lohnsteuer-Nachschau, es sei denn, die Vollziehung des angefochtenen Verwaltungsakts wurde ausgesetzt (§ 361 AO, § 69 FGO). Mit Beendigung der Lohnsteuer- Nachschau sind oder werden Einspruch und Anfechtungsklage gegen die Anordnung der Lohnsteuer-Nachschau unzulässig; insoweit kommt lediglich eine Fortsetzungs- Feststellungsklage (§ 100 Absatz 1 Satz 4 FGO) in Betracht. Wurden die Ergebnisse der Lohnsteuer-Nachschau in einem Steuer- oder Haftungsbescheid berücksichtigt, muss auch dieser Bescheid angefochten werden, um ein steuerliches Verwertungsverbot zu erlangen.   22

Für die Anfechtung der Mitteilung des Übergangs zur Außenprüfung (§ 42g Absatz 4 EStG) gelten die Grundsätze für die Anfechtung einer Prüfungsanordnung entsprechend (vgl. AEAO zu § 196).   23

3. Steuerabzug vom Kapitalertrag (Kapitalertragsteuer)

§ 43   Kapitalerträge mit Steuerabzug

EStG
S 2400

(1) ¹Bei den folgenden inländischen und in den Fällen der *Nummern 5 bis 7* Buchstabe a und Nummern 8 bis 12 sowie Satz 2 auch ausländischen Kapitalerträgen wird die Einkommensteuer durch Abzug vom Kapitalertrag (Kapitalertragsteuer) erhoben: *1)*

---

1) Absatz 1 Satz 1 wurde durch Artikel 3 des InvStRefG geändert und ist erstmals ab dem 1. 1. 2018 anzuwenden → § 52 Abs. 42 Satz 3 EStG i. d. F. des InvStRefG, geändert durch Artikel 18 des Gesetzes zur Umsetzung der Änderungen der EU-Amtshilferichtlinie und von weiteren Maßnahmen gegen Gewinnkürzungen und -verlagerungen (Inkrafttreten 24. 12. 2016).

1. Kapitalerträgen im Sinne des § 20 Absatz 1 Nummer 1, soweit diese nicht nachfolgend in Nummer 1a gesondert genannt sind, und Kapitalerträgen im Sinne des § 20 Absatz 1 Nummer 2. ²Entsprechendes gilt für Kapitalerträge im Sinne des § 20 Absatz 2 Satz 1 Nummer 2 Buchstabe a und Nummer 2 Satz 2;

1a. Kapitalerträgen im Sinne des § 20 Absatz 1 Nummer 1 aus Aktien und Genussscheinen, die entweder gemäß § 5 des Depotgesetzes zur Sammelverwahrung durch eine Wertpapiersammelbank zugelassen sind und dieser zur Sammelverwahrung im Inland anvertraut wurden, bei denen eine Sonderverwahrung gemäß § 2 Satz 1 des Depotgesetzes erfolgt oder bei denen die Erträge gegen Aushändigung der Dividendenscheine oder sonstigen Erträgnisscheine ausgezahlt oder gutgeschrieben werden;

2. Zinsen aus Teilschuldverschreibungen, bei denen neben der festen Verzinsung ein Recht auf Umtausch in Gesellschaftsanteile (Wandelanleihen) oder eine Zusatzverzinsung, die sich nach der Höhe der Gewinnausschüttungen des Schuldners richtet (Gewinnobligationen), eingeräumt ist, und Zinsen aus Genussrechten, die nicht in § 20 Absatz 1 Nummer 1 genannt sind. ²Zu den Gewinnobligationen gehören nicht solche Teilschuldverschreibungen, bei denen der Zinsfuß nur vorübergehend herabgesetzt und gleichzeitig eine von dem jeweiligen Gewinnergebnis des Unternehmens abhängige Zusatzverzinsung bis zur Höhe des ursprünglichen Zinsfußes festgelegt worden ist. ³Zu den Kapitalerträgen im Sinne des Satzes 1 gehören nicht die Bundesbankgenussrechte im Sinne des § 3 Absatz 1 des Gesetzes über die Liquidation der Deutschen Reichsbank und der Deutschen Golddiskontbank in der im Bundesgesetzblatt Teil III, Gliederungsnummer 7620-6, veröffentlichten bereinigten Fassung, das zuletzt durch das Gesetz vom 17. Dezember 1975 (BGBl. I S. 3123) geändert worden ist. ⁴Beim Steuerabzug auf Kapitalerträge sind die für den Steuerabzug nach Nummer 1a geltenden Vorschriften entsprechend anzuwenden, wenn

   a) die Teilschuldverschreibungen und Genussrechte gemäß § 5 des Depotgesetzes zur Sammelverwahrung durch eine Wertpapiersammelbank zugelassen sind und dieser zur Sammelverwahrung im Inland anvertraut wurden,

   b) die Teilschuldverschreibungen und Genussrechte gemäß § 2 Satz 1 des Depotgesetzes gesondert aufbewahrt werden oder

   c) die Erträge der Teilschuldverschreibungen und Genussrechte gegen Aushändigung der Erträgnisscheine ausgezahlt oder gutgeschrieben werden;

3. Kapitalerträgen im Sinne des § 20 Absatz 1 Nummer 4;

4. Kapitalerträgen im Sinne des § 20 Absatz 1 Nummer 6 Satz 1 bis 6; § 20 Absatz 1 Nummer 6 Satz 2 und 3 in der am 1. Januar 2008 anzuwendenden Fassung bleiben für Zwecke der Kapitalertragsteuer unberücksichtigt. ²Der Steuerabzug vom Kapitalertrag ist in den Fällen des § 20 Absatz 1 Nummer 6 Satz 4 in der am 31. Dezember 2004 geltenden Fassung nur vorzunehmen, wenn das Versicherungsunternehmen auf Grund einer Mitteilung des Finanzamts weiß oder infolge der Verletzung eigener Anzeigeverpflichtungen nicht weiß, dass die Kapitalerträge nach dieser Vorschrift zu den Einkünften aus Kapitalvermögen gehören;

5. *Kapitalerträgen im Sinne des § 20 Absatz 1 Nummer 3 mit Ausnahme der Gewinne aus der Veräußerung von Anteilen an Investmentfonds im Sinne des § 16 Absatz 1 Nummer 3 in Verbindung mit § 2 Absatz 13 des Investmentsteuergesetzes;* [1]

S 2405 6. ausländischen Kapitalerträgen im Sinne der Nummern 1 und 1a;

7. Kapitalerträgen im Sinne des § 20 Absatz 1 Nummer 7 außer bei Kapitalerträgen im Sinne der Nummer 2, wenn

   a) es sich um Zinsen aus Anleihen und Forderungen handelt, die in ein öffentliches Schuldbuch oder in ein ausländisches Register eingetragen oder über die Sammelurkunden im Sinne des § 9a des Depotgesetzes oder Teilschuldverschreibungen ausgegeben sind;

   b) der Schuldner der nicht in Buchstabe a genannten Kapitalerträge ein inländisches Kreditinstitut oder ein inländisches Finanzdienstleistungsinstitut im Sinne des Gesetzes über das Kreditwesen ist. ²Kreditinstitut in diesem Sinne ist auch die Kreditanstalt für Wiederaufbau, eine Bausparkasse, ein Versicherungsunternehmen für Erträge aus Kapitalanlagen, die mit Einlagegeschäften bei Kreditinstituten vergleichbar sind, die Deutsche Postbank AG, die Deutsche Bundesbank bei Geschäften mit jedermann einschließlich ihrer Betriebsangehörigen im Sinne der §§ 22 und 25 des Gesetzes über die Deutsche Bundesbank und eine inländische Zweigstelle oder Zweigniederlassung eines ausländischen Unternehmens im Sinne der §§ 53 und 53b des Gesetzes über das Kreditwesen, nicht aber eine ausländische Zweigstelle eines inländischen Kreditinstituts oder eines inländischen Finanzdienstleistungsinstituts. ³Die inländische Zweigstelle oder

---

¹⁾ Absatz 1 Satz 1 Nr. 5 wurde durch Artikel 3 des InvStRefG eingefügt und ist erstmals ab dem 1. 1. 2018 anzuwenden → § 52 Abs. 42 Satz 3 EStG i. d. F. des Artikels 3 des InvStRefG, geändert durch Artikel 18 des Gesetzes zur Umsetzung der Änderungen der EU-Amtshilferichtlinie und von weiteren Maßnahmen gegen Gewinnkürzungen und -verlagerungen (Inkrafttreten 24. 12. 2016).

Zweigniederlassung gilt anstelle des ausländischen Unternehmens als Schuldner der Kapitalerträge;

7a. Kapitalerträgen im Sinne des § 20 Absatz 1 Nummer 9;

7b. Kapitalerträgen im Sinne des § 20 Absatz 1 Nummer 10 Buchstabe a;

7c. Kapitalerträgen im Sinne des § 20 Absatz 1 Nummer 10 Buchstabe b;

8. Kapitalerträgen im Sinne des § 20 Absatz 1 Nummer 11;

9. Kapitalerträgen im Sinne des § 20 Absatz 2 Satz 1 Nummer 1 *und Gewinnen aus der Veräußerung von Anteilen an Investmentfonds im Sinne des § 16 Absatz 1 Nummer 3 in Verbindung mit § 2 Absatz 13 des Investmentsteuergesetzes;* [1]

10. Kapitalerträgen im Sinne des § 20 Absatz 2 Satz 1 Nummer 2 Buchstabe b und Nummer 7;

11. Kapitalerträgen im Sinne des § 20 Absatz 2 Satz 1 Nummer 3;

12. Kapitalerträgen im Sinne des § 20 Absatz 2 Satz 1 Nummer 8.

[2]Dem Steuerabzug unterliegen auch Kapitalerträge im Sinne des § 20 Absatz 3, die neben den in den Nummern 1 bis 12 bezeichneten Kapitalerträgen oder an deren Stelle gewährt werden. [3]Der Steuerabzug ist ungeachtet des § 3 Nummer 40 und des § 8b des Körperschaftsteuergesetzes vorzunehmen. [4]Für Zwecke des Kapitalertragsteuerabzugs gilt die Übertragung eines von einer auszahlenden Stelle verwahrten oder verwalteten Wirtschaftsguts im Sinne des § 20 Absatz 2 auf einen anderen Gläubiger als Veräußerung des Wirtschaftsguts. [5]Satz 4 gilt nicht, wenn der Steuerpflichtige der auszahlenden Stelle unter Benennung der in Satz 6 Nummer 4 bis 6 bezeichneten Daten mitteilt, dass es sich um eine unentgeltliche Übertragung handelt. [6]Die auszahlende Stelle hat in den Fällen des Satzes 5 folgende Daten dem für sie zuständigen Betriebsstättenfinanzamt bis zum 31. Mai des jeweiligen Folgejahres nach Maßgabe des § 93c der Abgabenordnung mitzuteilen: [2]

1. Bezeichnung der auszahlenden Stelle,

2. das zuständige Betriebsstättenfinanzamt,

3. das übertragene Wirtschaftsgut, den Übertragungszeitpunkt, den Wert zum Übertragungszeitpunkt und die Anschaffungskosten des Wirtschaftsguts,

4. Name, Geburtsdatum, Anschrift und Identifikationsnummer des Übertragenden,

5. Name, Geburtsdatum, Anschrift und Identifikationsnummer des Empfängers, sowie die Bezeichnung des Kreditinstituts, der Nummer des Depots, des Kontos oder des Schuldbuchkontos,

6. soweit bekannt, das persönliche Verhältnis (Verwandtschaftsverhältnis, Ehe, Lebenspartnerschaft) zwischen Übertragendem und Empfänger.

[7]§ 72a Absatz 4, § 93c Absatz 4 und § 203a der Abgabenordnung finden keine Anwendung.

(2) [1]Der Steuerabzug ist außer in den Fällen des Absatzes 1 Satz 1 Nummer 1a und 7c nicht vorzunehmen, wenn Gläubiger und Schuldner der Kapitalerträge (Schuldner) oder die auszahlende Stelle im Zeitpunkt des Zufließens dieselbe Person sind. [2]Der Steuerabzug ist außerdem nicht vorzunehmen, wenn in den Fällen des Absatzes 1 Satz 1 *Nummer 5 bis 7* und 8 bis 12 Gläubiger der Kapitalerträge ein inländisches Kreditinstitut oder inländisches Finanzdienstleistungsinstitut nach Absatz 1 Satz 1 Nummer 7 Buchstabe b oder eine inländische Kapitalverwaltungsgesellschaft ist. [3]Bei Kapitalerträgen im Sinne des Absatzes 1 Satz 1 Nummer 6 und 8 bis 12 ist ebenfalls kein Steuerabzug vorzunehmen, wenn [3]

1. eine unbeschränkt steuerpflichtige Körperschaft, Personenvereinigung oder Vermögensmasse, die nicht unter Satz 2 oder § 44a Absatz 4 Satz 1 fällt, Gläubigerin der Kapitalerträge ist, oder

2. die Kapitalerträge Betriebseinnahmen eines inländischen Betriebs sind und der Gläubiger der Kapitalerträge dies gegenüber der auszahlenden Stelle nach amtlich vorgeschriebenem Muster erklärt; dies gilt entsprechend für Kapitalerträge aus Options- und Termingeschäften im Sinne des Absatzes 1 Satz 1 Nummer 8 und 11, wenn sie zu den Einkünften aus Vermietung und Verpachtung gehören.

---

1) *Absatz 1 Satz 1 Nr. 9 wurde durch Artikel 3 des InvStRefG neu gefasst und ist erstmals ab dem 1. 1. 2018 anzuwenden → § 52 Abs. 42 Satz 3 EStG i. d. F. des Artikels 3 des InvStRefG, geändert durch Artikel 18 des Gesetzes zur Umsetzung der Änderungen der EU-Amtshilferichtlinie und von weiteren Maßnahmen gegen Gewinnkürzungen und -verlagerungen (Inkrafttreten 24. 12. 2016).*

2) Absatz 1 Satz 6 in der am 1. 1. 2017 geltenden Fassung ist erstmals anzuwenden auf Kapitalerträge, die dem Gläubiger nach dem 31. 12. 2016 zufließen → § 52 Abs. 42 Satz 2 EStG.

3) *Absatz 2 Satz 2 wurde durch Artikel 3 des InvStRefG geändert und ist erstmals ab dem 1. 1. 2018 anzuwenden → § 52 Abs. 42 Satz 3 EStG i. d. F. des Artikels 3 des InvStRefG, geändert durch Artikel 18 des Gesetzes zur Umsetzung der Änderungen der EU-Amtshilferichtlinie und von weiteren Maßnahmen gegen Gewinnkürzungen und -verlagerungen (Inkrafttreten 24. 12. 2016).*

⁴Im Fall des § 1 Absatz 1 Nummer 4 und 5 des Körperschaftsteuergesetzes ist Satz 3 Nummer 1 nur anzuwenden, wenn die Körperschaft, Personenvereinigung oder Vermögensmasse durch eine Bescheinigung des für sie zuständigen Finanzamts ihre Zugehörigkeit zu dieser Gruppe von Steuerpflichtigen nachweist. ⁵Die Bescheinigung ist unter dem Vorbehalt des Widerrufs auszustellen. ⁶Die Fälle des Satzes 3 Nummer 2 hat die auszahlende Stelle gesondert aufzuzeichnen und die Erklärung der Zugehörigkeit der Kapitalerträge zu den Betriebseinnahmen oder zu den Einnahmen aus Vermietung und Verpachtung sechs Jahre aufzubewahren; die Frist beginnt mit dem Schluss des Kalenderjahres, in dem die Freistellung letztmalig berücksichtigt wird. ⁷Die auszahlende Stelle hat in den Fällen des Satzes 3 Nummer 2 der Finanzbehörde, die für die Besteuerung des Einkommens des Gläubigers der Kapitalerträge zuständig ist, nach Maßgabe des § 93c der Abgabenordnung neben den in § 93c Absatz 1 der Abgabenordnung genannten Angaben auch die Konto- oder Depotbezeichnung oder die sonstige Kennzeichnung des Geschäftsvorgangs zu übermitteln. ⁸§ 72a Absatz 4, § 93c Absatz 1 Nummer 3 und Absatz 4 sowie § 203a der Abgabenordnung finden keine Anwendung.

(3) ¹Kapitalerträge im Sinne des Absatzes 1 Satz 1 Nummer 1 Satz 1 sowie Nummer 1a bis 4 sind inländische, wenn der Schuldner Wohnsitz, Geschäftsleitung oder Sitz im Inland hat; Kapitalerträge im Sinne des Absatzes 1 Satz 1 Nummer 4 sind auch dann inländische, wenn der Schuldner eine Niederlassung im Sinne der §§ 61, 65 oder des § 68 des Versicherungsaufsichtsgesetzes im Inland hat. ²Kapitalerträge im Sinne des Absatzes 1 Satz 1 Nummer 1 Satz 2 sind inländische, wenn der Schuldner der veräußerten Ansprüche die Voraussetzungen des Satzes 1 erfüllt. ³Kapitalerträge im Sinne des § 20 Absatz 1 Nummer 1 Satz 4 sind inländische, wenn der Emittent der Aktien Geschäftsleitung oder Sitz im Inland hat. ⁴Kapitalerträge im Sinne des Absatzes 1 Satz 1 Nummer 6 sind ausländische, wenn weder die Voraussetzungen nach Satz 1 noch nach Satz 2 vorliegen.

(4) Der Steuerabzug ist auch dann vorzunehmen, wenn die Kapitalerträge beim Gläubiger zu den Einkünften aus Land- und Forstwirtschaft, aus Gewerbebetrieb, aus selbständiger Arbeit oder aus Vermietung und Verpachtung gehören.

(5) ¹Für Kapitalerträge im Sinne des § 20, soweit sie der Kapitalertragsteuer unterlegen haben, ist die Einkommensteuer mit dem Steuerabzug abgegolten; die Abgeltungswirkung des Steuerabzugs tritt nicht ein, wenn der Gläubiger nach § 44 Absatz 1 *Satz 10 und 11* und Absatz 5 in Anspruch genommen werden kann. ²Dies gilt nicht in Fällen des § 32d Absatz 2 und für Kapitalerträge, die zu den Einkünften aus Land- und Forstwirtschaft, aus Gewerbebetrieb, aus selbständiger Arbeit oder aus Vermietung und Verpachtung gehören. ³Auf Antrag des Gläubigers werden Kapitalerträge im Sinne des Satzes 1 in die besondere Besteuerung von Kapitalerträgen nach § 32d einbezogen. ⁴Eine vorläufige Festsetzung der Einkommensteuer im Sinne des § 165 Absatz 1 Satz 2 Nummer 2 bis 4 der Abgabenordnung umfasst auch Einkünfte im Sinne des Satzes 1, für die der Antrag nach Satz 3 nicht gestellt worden ist.

EStG
S 2406

§ 43a Bemessung der Kapitalertragsteuer

(1) ¹Die Kapitalertragsteuer beträgt

1. in den Fällen des § 43 Absatz 1 Satz 1 Nummer 1 bis 7a und 8 bis 12 sowie Satz 2:

   25 Prozent des Kapitalertrags;

2. in den Fällen des § 43 Absatz 1 Satz 1 Nummer 7b und 7c:

   15 Prozent des Kapitalertrags.

²Im Fall einer Kirchensteuerpflicht ermäßigt sich die Kapitalertragsteuer um 25 Prozent der auf die Kapitalerträge entfallenden Kirchensteuer. ³§ 32d Absatz 1 Satz 4 und 5 gilt entsprechend.

(2) ¹Dem Steuerabzug unterliegen die vollen Kapitalerträge ohne Abzug; *dies gilt nicht für Erträge aus Investmentfonds nach § 16 Absatz 1 des Investmentsteuergesetzes, auf die*

---

1) Absatz 2 Satz 7 und 8 in der am 1. 1. 2017 geltenden Fassung ist erstmals anzuwenden auf Kapitalerträge, die dem Gläubiger nach dem 31. 12. 2016 zufließen → § 52 Abs. 42 Satz 2 EStG.
2) *Absatz 5 Satz 1 wurde durch Artikel 3 des InvStRefG geändert und ist erstmals ab dem 1. 1. 2018 anzuwenden → § 52 Abs. 42 Satz 3 EStG i. d. F. des Artikels 3 des InvStRefG, geändert durch Artikel 18 des Gesetzes zur Umsetzung der Änderungen der EU-Amtshilferichtlinie und von weiteren Maßnahmen gegen Gewinnkürzungen und -verlagerungen (Inkrafttreten 24. 12. 2016).*
3) *Absatz 1 Satz 1 Nr. 1 wurde durch Artikel 3 des InvStRefG geändert und ist erstmals ab dem 1. 1. 2018 anzuwenden → § 52 Abs. 42a EStG i. d. F. des Artikels 3 des InvStRefG, geändert durch Artikel 18 des Gesetzes zur Umsetzung der Änderungen der EU-Amtshilferichtlinie und von weiteren Maßnahmen gegen Gewinnkürzungen und -verlagerungen (Inkrafttreten 24. 12. 2016).*
4) *Absatz 2 Satz 1 und 2 wurde durch Artikel 3 des InvStRefG geändert und ist erstmals ab dem 1. 1. 2018 anzuwenden → § 52 Abs. 42a EStG i. d. F. des Artikels 3 des InvStRefG, geändert durch Artikel 18 des Gesetzes zur Umsetzung der Änderungen der EU-Amtshilferichtlinie und von weiteren Maßnahmen gegen Gewinnkürzungen und -verlagerungen (Inkrafttreten 24. 12. 2016).*

nach § 20 des Investmentsteuergesetzes eine Teilfreistellung anzuwenden ist; § 20 Absatz 1 Satz 2 bis 4 des Investmentsteuergesetzes sind beim Steuerabzug nicht anzuwenden. [2]In den Fällen des § 43 Absatz 1 Satz 1 Nummer 9 bis 12 bemisst sich der Steuerabzug

1. *bei Gewinnen aus der Veräußerung von Anteilen an Investmentfonds im Sinne des § 16 Absatz 1 Nummer 3 in Verbindung mit § 2 Absatz 13 des Investmentsteuergesetzes nach § 19 des Investmentsteuergesetzes und*

2. *in allen übrigen Fällen nach § 20 Absatz 4 und 4a,*

wenn die Wirtschaftsgüter von der die Kapitalerträge auszahlenden Stelle erworben oder veräußert und seitdem verwahrt oder verwaltet worden sind. [3]Überträgt der Steuerpflichtige die Wirtschaftsgüter auf ein anderes Depot, hat die abgebende inländische auszahlende Stelle der übernehmenden inländischen auszahlenden Stelle die Anschaffungsdaten mitzuteilen. [4]Satz 3 gilt in den Fällen des § 43 Absatz 1 Satz 5 entsprechend. [5]Handelt es sich bei der abgebenden auszahlenden Stelle um ein Kreditinstitut oder Finanzdienstleistungsinstitut mit Sitz in einem anderen Mitgliedstaat der Europäischen Union, in einem anderen Vertragsstaat des EWR-Abkommens vom 3. Januar 1994 (ABl. EG Nr. L 1 S. 3) in der jeweils geltenden Fassung oder in einem anderen Vertragsstaat nach Artikel 17 Absatz 2 Ziffer i der Richtlinie 2003/48/EG vom 3. Juni 2003 im Bereich der Besteuerung von Zinserträgen (ABl. EU Nr. L 157 S. 38), kann der Steuerpflichtige den Nachweis nur durch eine Bescheinigung des ausländischen Instituts führen; dies gilt entsprechend für eine in diesem Gebiet belegene Zweigstelle eines inländischen Kreditinstituts oder Finanzdienstleistungsinstituts. [6]In allen anderen Fällen ist ein Nachweis der Anschaffungsdaten nicht zulässig. [7]Sind die Anschaffungsdaten nicht nachgewiesen, bemisst sich der Steuerabzug nach 30 Prozent der Einnahmen aus der Veräußerung oder Einlösung der Wirtschaftsgüter. [8]In den Fällen des § 43 Absatz 1 Satz 4 gelten der Börsenpreis zum Zeitpunkt der Übertragung zuzüglich Stückzinsen als Einnahmen aus der Veräußerung und die mit dem Depotübertrag verbundenen Kosten als Veräußerungskosten im Sinne des § 20 Absatz 4 Satz 1. [9]Zur Ermittlung des Börsenpreises ist der niedrigste am Vortag der Übertragung im regulierten Markt notierte Kurs anzusetzen; liegt am Vortag eine Notierung nicht vor, so werden die Wirtschaftsgüter mit dem letzten innerhalb von 30 Tagen vor dem Übertragungstag im regulierten Markt notierten Kurs angesetzt; Entsprechendes gilt für Wertpapiere, die im Inland in den Freiverkehr einbezogen sind oder in einem anderen Staat des Europäischen Wirtschaftsraums zum Handel an einem geregelten Markt im Sinne des Artikels 1 Nummer 13 der Richtlinie 93/22/EWG des Rates vom 10. Mai 1993 über Wertpapierdienstleistungen (ABl. EG Nr. L 141 S. 27) zugelassen sind. [10]Liegt ein Börsenpreis nicht vor, bemisst sich der Steuer nach 30 Prozent der Anschaffungskosten. [11]Die übernehmende auszahlende Stelle hat als Anschaffungskosten den von der abgebenden Stelle angesetzten Börsenpreis anzusetzen und die bei der Übertragung als Einnahmen aus der Veräußerung angesetzten Stückzinsen nach Absatz 3 zu berücksichtigen. [12]Satz 9 gilt entsprechend. [13]Liegt ein Börsenpreis nicht vor, bemisst sich der Steuerabzug nach 30 Prozent der Einnahmen aus der Veräußerung oder Einlösung der Wirtschaftsgüter. [14]Hat die auszahlende Stelle die Wirtschaftsgüter vor dem 1. Januar 1994 erworben oder veräußert und seitdem verwahrt oder verwaltet, kann sie den Steuerabzug nach 30 Prozent der Einnahmen aus der Veräußerung oder Einlösung der Wertpapiere und Kapitalforderungen bemessen. [15]Abweichend von den Sätzen 2 bis 14 bemisst sich der Steuerabzug bei Kapitalerträgen aus nicht für einen marktmäßigen Handel bestimmten schuldbuchfähigen Wertpapieren des Bundes und der Länder oder bei Kapitalerträgen im Sinne des § 43 Absatz 1 Satz 1 Nummer 7 Buchstabe b aus nicht in Inhaber- oder Orderschuldverschreibungen verbrieften Kapitalforderungen nach dem vollen Kapitalertrag ohne jeden Abzug.

(3) [1]Die auszahlende Stelle hat ausländische Steuern auf Kapitalerträge nach Maßgabe des § 32d Absatz 5 zu berücksichtigen. [2]Sie hat unter Berücksichtigung des § 20 Absatz 6 Satz 4 im Kalenderjahr negative Kapitalerträge einschließlich gezahlter Stückzinsen bis zur Höhe der positiven Kapitalerträge auszugleichen; liegt ein gemeinsamer Freistellungsauftrag im Sinne des § 44a Absatz 2 Satz 1 Nummer 1 in Verbindung mit § 20 Absatz 9 Satz 2 vor, erfolgt ein gemeinsamer Ausgleich. [3]Der nicht ausgeglichene Verlust ist auf das nächste Kalenderjahr zu übertragen. [4]Auf Verlangen des Gläubigers der Kapitalerträge hat sie über die Höhe eines nicht ausgeglichenen Verlusts eine Bescheinigung nach amtlich vorgeschriebenem Muster zu erteilen; der Verlustübertrag entfällt in diesem Fall. [5]Der unwiderrufliche Antrag auf Erteilung der Bescheinigung muss bis zum 15. Dezember des laufenden Jahres der auszahlenden Stelle zugehen. [6]Überträgt der Gläubiger der Kapitalerträge seine im Depot befindlichen Wirtschaftsgüter vollständig auf ein anderes Depot, hat die abgebende auszahlende Stelle der übernehmenden auszahlenden Stelle auf Verlangen des Gläubigers der Kapitalerträge die Höhe des nicht ausgeglichenen Verlusts mitzuteilen; eine Bescheinigung nach Satz 4 darf in diesem Fall nicht erteilt werden. [7]Erfährt die auszahlende Stelle nach Ablauf des Kalenderjahres von der Veränderung einer Bemessungsgrundlage oder einer zu erhebenden Kapitalertragsteuer, hat sie die entsprechende Korrektur erst zu dem Zeitpunkt ihrer Kenntnisnahme vorzunehmen; § 44 Absatz 5 bleibt unberührt. [8]Die vorstehenden Sätze gelten nicht in den Fällen des § 20 Absatz 8 und des § 44 Absatz 1 Satz 4 Nummer 1 Buchstabe a Doppelbuchstabe bb sowie bei Körperschaften, Personenvereinigungen oder Vermögensmassen.

(4) ¹Die Absätze 2 und 3 gelten entsprechend für die das Bundesschuldbuch führende Stelle oder eine Landesschuldenverwaltung als auszahlende Stelle. ²Werden die Wertpapiere oder Forderungen von einem Kreditinstitut oder einem Finanzdienstleistungsinstitut mit der Maßgabe der Verwahrung und Verwaltung durch die das Bundesschuldbuch führende Stelle oder eine Landesschuldenverwaltung erworben, hat das Kreditinstitut oder das Finanzdienstleistungsinstitut der das Bundesschuldbuch führenden Stelle oder einer Landesschuldenverwaltung zusammen mit den im Schuldbuch einzutragenden Wertpapieren und Forderungen den Erwerbszeitpunkt und die Anschaffungsdaten sowie in Fällen des Absatzes 2 den Erwerbspreis der für einen marktmäßigen Handel bestimmten schuldbuchfähigen Wertpapiere des Bundes oder der Länder und außerdem mitzuteilen, dass es diese Wertpapiere und Forderungen erworben oder veräußert und seitdem verwahrt oder verwaltet hat.

EStG   ## § 43b   Bemessung der Kapitalertragsteuer bei bestimmten Gesellschaften

(1) ¹Auf Antrag wird die Kapitalertragsteuer für Kapitalerträge im Sinne des § 20 Absatz 1 Nummer 1, die einer Muttergesellschaft, die weder ihren Sitz noch ihre Geschäftsleitung im Inland hat, oder einer in einem anderen Mitgliedstaat der Europäischen Union gelegenen Betriebsstätte dieser Muttergesellschaft, aus Ausschüttungen einer Tochtergesellschaft zufließen, nicht erhoben. ²Satz 1 gilt auch für Ausschüttungen einer Tochtergesellschaft, die einer in einem anderen Mitgliedstaat der Europäischen Union gelegenen Betriebsstätte einer unbeschränkt steuerpflichtigen Muttergesellschaft zufließen. ³Ein Zufluss an die Betriebsstätte liegt nur vor, wenn die Beteiligung an der Tochtergesellschaft tatsächlich zu dem Betriebsvermögen der Betriebsstätte gehört. ⁴Die Sätze 1 bis 3 gelten nicht für Kapitalerträge im Sinne des § 20 Absatz 1 Nummer 1, die anlässlich der Liquidation oder Umwandlung einer Tochtergesellschaft zufließen.

(2) ¹Muttergesellschaft im Sinne des Absatzes 1 ist jede Gesellschaft, die

1. die in der Anlage 2 zu diesem Gesetz bezeichneten Voraussetzungen erfüllt und

2. nach Artikel 3 Absatz 1 Buchstabe a der Richtlinie 2011/96/EU des Rates vom 30. November 2011 über das gemeinsame Steuersystem der Mutter- und Tochtergesellschaften verschiedener Mitgliedstaaten (ABl. L 345 vom 29. 12. 2011, S. 8), die zuletzt durch die Richtlinie 2014/86/EU (ABl. L 219 vom 25. 7. 2014, S. 40) geändert worden ist, zum Zeitpunkt der Entstehung der Kapitalertragsteuer gemäß § 44 Absatz 1 Satz 2 nachweislich mindestens zu 10 Prozent unmittelbar am Kapital der Tochtergesellschaft beteiligt ist (Mindestbeteiligung).

²Ist die Mindestbeteiligung zu diesem Zeitpunkt nicht erfüllt, ist der Zeitpunkt des Gewinnverteilungsbeschlusses maßgeblich. ³Tochtergesellschaft im Sinne des Absatzes 1 sowie des Satzes 1 ist jede unbeschränkt steuerpflichtige Gesellschaft, die die in der Anlage 2 zu diesem Gesetz und in Artikel 3 Absatz 1 Buchstabe b der Richtlinie 2011/96/EU bezeichneten Voraussetzungen erfüllt. ⁴Weitere Voraussetzung ist, dass die Beteiligung nachweislich ununterbrochen zwölf Monate besteht. ⁵Wird dieser Beteiligungszeitraum nach dem Zeitpunkt der Entstehung der Kapitalertragsteuer gemäß § 44 Absatz 1 Satz 2 vollendet, ist die einbehaltene und abgeführte Kapitalertragsteuer nach § 50d Absatz 1 zu erstatten; das Freistellungsverfahren nach § 50d Absatz 2 ist ausgeschlossen.

(2a) Betriebsstätte im Sinne der Absätze 1 und 2 ist eine feste Geschäftseinrichtung in einem anderen Mitgliedstaat der Europäischen Union, durch die die Tätigkeit der Muttergesellschaft ganz oder teilweise ausgeübt wird, wenn das Besteuerungsrecht für die Gewinne dieser Geschäftseinrichtung nach dem jeweils geltenden Abkommen zur Vermeidung der Doppelbesteuerung dem Staat, in dem sie gelegen ist, zugewiesen wird und diese Gewinne in diesem Staat der Besteuerung unterliegen.

Anlage 2   (zu § 43b)

Gesellschaften im Sinne der Richtlinie Nr. 2011/96/EU

Gesellschaft im Sinne der genannten Richtlinie ist jede Gesellschaft, die

1. eine der aufgeführten Formen aufweist:

    a) eine Gesellschaft, die gemäß der Verordnung (EG) Nr. 2157/2001 des Rates vom 8. Oktober 2001 über das Statut der Europäischen Gesellschaft (SE) und der Richtlinie 2001/86/EG des Rates vom 8. Oktober 2001 zur Ergänzung des Statuts der Europäischen Gesellschaft hinsichtlich der Beteiligung der Arbeitnehmer gegründet wurde, sowie eine Genossenschaft, die gemäß der Verordnung (EG) Nr. 1435/2003 des Rates vom

22. Juli 2003 über das Statut der Europäischen Genossenschaft (SCE) und gemäß der Richtlinie 2003/72/EG des Rates vom 22. Juli 2003 zur Ergänzung des Statuts der Europäischen Genossenschaft hinsichtlich der Beteiligung der Arbeitnehmer gegründet wurde,

b) Gesellschaften belgischen Rechts mit der Bezeichnung „société anonyme"/„naamloze vennootschap", „société en commandite par actions"/„commandidaire vennootschap op aandelen", „société privée à responsabilité limitée"/„besloten vennootschap met beperkte aansprakelijkheid", „société coopérative à responsabilité limitée"/„coöperatieve vennootschap met beperkte aansprakelijkheid", „société coopérative à responsabilité illimitée"/„coöperatieve vennootschap met onbeperkte aansprakelijkheid", „société en nom collectif"/„vennootschap onder firma" oder „société en commandite simple"/„gewone commanditaire vennootschap", öffentliche Unternehmen, die eine der genannten Rechtsformen angenommen haben, und andere nach belgischem Recht gegründete Gesellschaften, die der belgischen Körperschaftsteuer unterliegen,

c) Gesellschaften bulgarischen Rechts mit der Bezeichnung „събирателно дружество", „командитно дружество", „дружество с ограничена отговорност", „акционерно дружество", „командитно дружество с акции", „неперсонифицирано дружество", „кооперации", „кооперативни съюзи" oder „държавни предприятия", die nach bulgarischem Recht gegründet wurden und gewerbliche Tätigkeiten ausüben,

d) Gesellschaften tschechischen Rechts mit der Bezeichnung „akciová společnost" oder „společnost s ručením omezeným",

e) Gesellschaften dänischen Rechts mit der Bezeichnung „aktieselskab" oder „anpartsselskab" und weitere nach dem Körperschaftsteuergesetz steuerpflichtige Gesellschaften, soweit ihr steuerbarer Gewinn nach den allgemeinen steuerrechtlichen Bestimmungen für die „aktieselskaber" ermittelt und besteuert wird,

f) Gesellschaften deutschen Rechts mit der Bezeichnung „Aktiengesellschaft", „Kommanditgesellschaft auf Aktien", „Gesellschaft mit beschränkter Haftung", „Versicherungsverein auf Gegenseitigkeit", „Erwerbs- und Wirtschaftsgenossenschaft" oder „Betrieb gewerblicher Art von juristischen Personen des öffentlichen Rechts" und andere nach deutschem Recht gegründete Gesellschaften, die der deutschen Körperschaftsteuer unterliegen,

g) Gesellschaften estnischen Rechts mit der Bezeichnung „täisühing", „usaldusühing", „osaühing", „aktsiaselts" oder „tulundusühistu",

h) nach irischem Recht gegründete oder eingetragene Gesellschaften, gemäß dem Industrial and Provident Societies Act eingetragene Körperschaften, gemäß dem Building Societies Act gegründete „building societies" und „trustee savings banks" im Sinne des Trustee Savings Banks Act von 1989,

i) Gesellschaften griechischen Rechts mit der Bezeichnung „ανώνυμη εταιρεία" oder „εται ρεία περιωρισμένης ευθύνης (E.Π.E.)" und andere nach griechischem Recht gegründete Gesellschaften, die der griechischen Körperschaftsteuer unterliegen,

j) Gesellschaften spanischen Rechts mit der Bezeichnung „sociedad anónima", „sociedad comanditaria por acciones" oder „sociedad de responsabilidad limitada" und die öffentlich-rechtlichen Körperschaften, deren Tätigkeit unter das Privatrecht fällt sowie andere nach spanischem Recht gegründete Körperschaften, die der spanischen Körperschaftsteuer („impuesto sobre sociedades") unterliegen,

k) Gesellschaften französischen Rechts mit der Bezeichnung „société anonyme", „société en commandite par actions", „société à responsabilité limitée", „sociétés par actions simplifiées", „sociétés d'assurances mutuelles", „caisses d'épargne et de prévoyance", „sociétés civiles", die automatisch der Körperschaftsteuer unterliegen, „coopératives" „unions de coopératives", die öffentlichen Industrie- und Handelsbetriebe, die öffentlichen Industrie- und Handelsunternehmen und andere nach französischem Recht gegründete Gesellschaften, die der französischen Körperschaftsteuer unterliegen,

l) Gesellschaften kroatischen Rechts mit der Bezeichnung „dioničko društvo" oder „društvo s ograničenom odgovornošću" und andere nach kroatischem Recht gegründete Gesellschaften, die der kroatischen Gewinnsteuer unterliegen,

m) Gesellschaften italienischen Rechts mit der Bezeichnung „società per azioni", „società in accomandita per azioni", „società a responsabilità limitata", „società cooperative" oder „società di mutua assicurazione" sowie öffentliche und private Körperschaften, deren Tätigkeit ganz oder überwiegend handelsgewerblicher Art ist,

n) Gesellschaften zyprischen Rechts mit der Bezeichnung „εταιρείες" im Sinne der Einkommensteuergesetze,

o) Gesellschaften lettischen Rechts mit der Bezeichnung „akciju sabiedrība" oder „sabiedrība ar ierobežotu atbildību",

p) Gesellschaften litauischen Rechts,

q) Gesellschaften luxemburgischen Rechts mit der Bezeichnung „société anonyme", „société en commandite par actions", „société à responsabilité limitée", „société coopérative", „société coopérative organisée comme une société anonyme", „association d'assurances mutuelles", „association d'épargne-pension" oder „entreprise de nature commerciale, industrielle ou minière de l'Etat, des communes, des syndicats de communes, des établissements publics et des autres personnes morales de droit public" sowie andere nach luxemburgischem Recht gegründete Gesellschaften, die der luxemburgischen Körperschaftsteuer unterliegen,

r) Gesellschaften ungarischen Rechts mit der Bezeichnung: „közkereseti társaság", „betéti társaság", „közös vállalat", „korlátolt felelősségű társaság", „részvénytársaság", „egyesülés" oder „szövetkezet",

s) Gesellschaften maltesischen Rechts mit der Bezeichnung: „Kumpaniji ta' Responsabilta' Limitata" oder „Soċjetajiet en commandite li l-kapital tagħhom maqsum f'azzjonijiet",

t) Gesellschaften niederländischen Rechts mit der Bezeichnung „naamloze vennootschap", „besloten vennootschap met beperkte aansprakelijkheid", „open commanditaire vennootschap", „coöperatie", „onderlinge waarborgmaatschappij", „fonds voor gemene rekening", „vereniging op coöperatieve grondslag" oder „vereniging welke op onderlinge grondslag als verzekeraar of keredietinstelling optreedt" und andere nach niederländischem Recht gegründete Gesellschaften, die der niederländischen Körperschaftsteuer unterliegen,

u) Gesellschaften österreichischen Rechts mit der Bezeichnung „Aktiengesellschaft", „Gesellschaft mit beschränkter Haftung", „Versicherungsvereine auf Gegenseitigkeit", „Erwerbs- und Wirtschaftsgenossenschaften", „Betriebe gewerblicher Art von Körperschaften des öffentlichen Rechts" oder „Sparkassen" sowie andere nach österreichischem Recht gegründete Gesellschaften, die der österreichischen Körperschaftsteuer unterliegen,

v) Gesellschaften polnischen Rechts mit der Bezeichnung „spółka akcyjna", „spółka z ograniczoną odpowiedzialnością" oder „spółka komandytowo-akcyjna",

w) Gesellschaften portugiesischen Rechts in Form von Handelsgesellschaften oder zivilrechtlichen Handelsgesellschaften sowie Genossenschaften und öffentliche Unternehmen,

x) Gesellschaften rumänischen Rechts mit der Bezeichnung „societăţi pe acţiuni", „societăţi în comandită pe acţiuni", „societăţi cu răspundere limitată", „societăţi în nume colectiv" oder „societăţi în comandită simplă",

y) Gesellschaften slowenischen Rechts mit der Bezeichnung „delniška družba", „komanditna družba" oder „družba z omejeno odgovornostjo",

z) Gesellschaften slowakischen Rechts mit der Bezeichnung „akciová spoločnosť", „spoločnosť s ručením obmedzeným" oder „komanditná spoločnosť",

aa) Gesellschaften finnischen Rechts mit der Bezeichnung „osakeyhtiö"/„aktiebolag", „osuuskunta"/„andelslag", „säästöpankki"/„sparbank" oder „vakuutusyhtiö"/„försäkringsbolag",

bb) Gesellschaften schwedischen Rechts mit der Bezeichnung „aktiebolag", „försäkringsaktiebolag", „ekonomiska föreningar", „sparbanker", „ömsesidiga försäkringsbolag" oder „försäkringsföreningar",

cc) nach dem Recht des Vereinigten Königreichs gegründete Gesellschaften;

2. nach dem Steuerrecht eines Mitgliedstaates in Bezug auf den steuerlichen Wohnsitz als in diesem Staat ansässig betrachtet wird und auf Grund eines mit einem dritten Staat geschlossenen Doppelbesteuerungsabkommens in Bezug auf den steuerlichen Wohnsitz nicht als außerhalb der Gemeinschaft ansässig betrachtet wird und

3. ohne Wahlmöglichkeit einer der folgenden Steuern oder irgendeiner Steuer, die eine dieser Steuern ersetzt, unterliegt, ohne davon befreit zu sein:

– vennootschapsbelasting/impôt des sociétés in Belgien,

– корпоративен данък in Bulgarien,

– daň z příjmů právnických osob in der Tschechischen Republik,

– selskabsskat in Dänemark,

– Körperschaftsteuer in Deutschland,

– tulumaks in Estland,

– corporation tax in Irland,

– φόρος εισοδήματος νομικών προσώπων κερδοσκοπικού χαρακτήρα in Griechenland,

- impuesto sobre sociedades in Spanien,
- impôt sur les sociétés in Frankreich,
- porez na dobit in Kroatien,
- imposta sul reddito delle persone giuridiche in Italien,
- φόρος εισοδήματος in Zypern,
- uzņēmumu ienākuma nodoklis in Lettland,
- pelno mokestis in Litauen,
- impôt sur le revenu des collectivités in Luxemburg,
- társasági adó, osztalékadó in Ungarn,
- taxxa fuq l-income in Malta,
- vennootschapsbelasting in den Niederlanden,
- Körperschaftsteuer in Österreich,
- podatek dochodowy od osób prawnych in Polen,
- imposto sobre o rendimento das pessoas colectivas in Portugal,
- impozit pe profit in Rumänien,
- davek od dobička pravnih oseb in Slowenien,
- daň z príjmov právnických osôb in der Slowakei,
- yhteisöjen tulovero/inkomstskatten för samfund in Finnland,
- statlig inkomstskatt in Schweden,
- corporation tax im Vereinigten Königreich.

§ 44   Entrichtung der Kapitalertragsteuer

EStG

(1) ¹Schuldner der Kapitalertragsteuer ist in den Fällen des § 43 Absatz 1 Satz 1 Nummer 1 bis 7b und 8 bis 12 sowie Satz 2 der Gläubiger der Kapitalerträge. ²Die Kapitalertragsteuer entsteht in dem Zeitpunkt, in dem die Kapitalerträge dem Gläubiger zufließen. ³In diesem Zeitpunkt haben in den Fällen des § 43 Absatz 1 Satz 1 Nummer 1, 2 bis 4 sowie 7a und 7b der Schuldner der Kapitalerträge, jedoch in den Fällen des § 43 Absatz 1 Satz 1 Nummer 1 Satz 2 die für den Verkäufer der Wertpapiere den Verkaufsauftrag ausführende Stelle im Sinne des Satzes 4 Nummer 1, und in den Fällen des § 43 Absatz 1 Nummer 1a, *5 bis 7* und 8 bis 12 sowie Satz 2 die die Kapitalerträge auszahlende Stelle den Steuerabzug unter Beachtung der im Bundessteuerblatt veröffentlichten Auslegungsvorschriften der Finanzverwaltung für Rechnung des Gläubigers der Kapitalerträge vorzunehmen. ⁴Die die Kapitalerträge auszahlende Stelle ist

1. in den Fällen des § 43 Absatz 1 Satz 1 *Nummer 5 bis* 7 Buchstabe a und Nummer 8 bis 12 sowie Satz 2

   a) das inländische Kreditinstitut oder das inländische Finanzdienstleistungsinstitut im Sinne des § 43 Absatz 1 Satz 1 Nummer 7 Buchstabe b, das inländische Wertpapierhandelsunternehmen oder die inländische Wertpapierhandelsbank,

      aa) das die Teilschuldverschreibungen, die Anteile an einer Sammelschuldbuchforderung, die Wertrechte, die Zinsscheine, *die Anteile an Investmentfonds im Sinne des Investmentsteuergesetzes* oder sonstigen Wirtschaftsgüter verwahrt oder verwaltet oder deren Veräußerung durchführt und die Kapitalerträge auszahlt oder gutschreibt oder in den Fällen des § 43 Absatz 1 Satz 1 Nummer 8 und 11 die Kapitalerträge auszahlt oder gutschreibt,

S 2407

1)

2)

3)

1) *Absatz 1 Satz 3 wurde durch Artikel 3 des InvStRefG geändert und ist erstmals ab dem 1. 1. 2018 anzuwenden → § 52 Abs. 44 Satz 2 EStG i. d. F. des Artikels 3 des InvStRefG, geändert durch Artikel 18 des Gesetzes zur Umsetzung der Änderungen der EU-Amtshilferichtlinie und von weiteren Maßnahmen gegen Gewinnkürzungen und -verlagerungen (Inkrafttreten 24. 12. 2016).*
2) *Absatz 1 Satz 4 Nr. 1 wurde durch Artikel 3 des InvStRefG geändert und ist erstmals ab dem 1. 1. 2018 anzuwenden → § 52 Abs. 44 Satz 2 EStG i. d. F. des Artikels 3 des InvStRefG, geändert durch Artikel 18 des Gesetzes zur Umsetzung der Änderungen der EU-Amtshilferichtlinie und von weiteren Maßnahmen gegen Gewinnkürzungen und -verlagerungen (Inkrafttreten 24. 12. 2016).*
3) *Absatz 1 Satz 4 Nr. 1 Buchstabe a Doppelbuchstabe aa wurde durch Artikel 3 des InvStRefG geändert und ist erstmals ab dem 1. 1. 2018 anzuwenden → § 52 Abs. 44 Satz 2 EStG i. d. F. des Artikels 3 des InvStRefG, geändert durch Artikel 18 des Gesetzes zur Umsetzung der Änderungen der EU-Amtshilferichtlinie und von weiteren Maßnahmen gegen Gewinnkürzungen und -verlagerungen (Inkrafttreten 24. 12. 2016).*

bb) das die Kapitalerträge gegen Aushändigung der Zinsscheine oder der Teilschuldverschreibungen einem anderen als einem ausländischen Kreditinstitut oder einem ausländischen Finanzdienstleistungsinstitut auszahlt oder gutschreibt;

b) der Schuldner der Kapitalerträge in den Fällen des § 43 Absatz 1 Satz 1 Nummer 7 Buchstabe a und Nummer 10 unter den Voraussetzungen des Buchstabens a, wenn kein inländisches Kreditinstitut oder kein inländisches Finanzdienstleistungsinstitut die die Kapitalerträge auszahlende Stelle ist;

2. in den Fällen des § 43 Absatz 1 Satz 1 Nummer 7 Buchstabe b das inländische Kreditinstitut oder das inländische Finanzdienstleistungsinstitut, das die Kapitalerträge als Schuldner auszahlt oder gutschreibt;

3. in den Fällen des § 43 Absatz 1 Satz 1 Nummer 1a

a) das inländische Kredit- oder Finanzdienstleistungsinstitut im Sinne des § 43 Absatz 1 Satz 1 Nummer 7 Buchstabe b, das inländische Wertpapierhandelsunternehmen oder die inländische Wertpapierhandelsbank, welche die Anteile verwahrt oder verwaltet und die Kapitalerträge auszahlt oder gutschreibt oder die Kapitalerträge gegen Aushändigung der Dividendenscheine auszahlt oder gutschreibt oder die Kapitalerträge an eine ausländische Stelle auszahlt,

b) die Wertpapiersammelbank, der die Anteile zur Sammelverwahrung anvertraut wurden, wenn sie die Kapitalerträge an eine ausländische Stelle auszahlt,

c) der Schuldner der Kapitalerträge, soweit die Wertpapiersammelbank, der die Anteile zur Sammelverwahrung anvertraut wurden, keine Dividendenregulierung vornimmt; die Wertpapiersammelbank hat dem Schuldner der Kapitalerträge den Umfang der Bestände ohne Dividendenregulierung mitzuteilen,

1) *4. in den Fällen des § 43 Absatz 1 Satz 1 Nummer 5, soweit es sich um die Vorabpauschale nach § 16 Absatz 1 Nummer 2 des Investmentsteuergesetzes handelt, das inländische Kredit- oder Finanzdienstleistungsinstitut im Sinne des § 43 Absatz 1 Satz 1 Nummer 7 Buchstabe b, das inländische Wertpapierhandelsunternehmen oder die inländische Wertpapierhandelsbank, welches oder welche die Anteile an dem Investmentfonds im Sinne des Investmentsteuergesetzes verwahrt oder verwaltet.*

⁵Die innerhalb eines Kalendermonats einbehaltene Steuer ist jeweils bis zum zehnten des folgenden Monats an das Finanzamt abzuführen, das für die Besteuerung

1. des Schuldners der Kapitalerträge,

2. der den Verkaufsauftrag ausführenden Stelle oder

3. der die Kapitalerträge auszahlenden Stelle

nach dem Einkommen zuständig ist; bei Kapitalerträgen im Sinne des § 43 Absatz 1 Satz 1 Nummer 1 ist die einbehaltene Steuer, soweit es sich nicht um Kapitalerträge im Sinne des § 20 Absatz 1 Nummer 1 Satz 4 handelt, in dem Zeitpunkt abzuführen, in dem die Kapitalerträge dem Gläubiger zufließen. ⁶Dabei ist die Kapitalertragsteuer, die zu demselben Zeitpunkt abzuführen ist, jeweils auf den nächsten vollen Eurobetrag abzurunden. ⁷Wenn Kapitalerträge ganz oder teilweise nicht in Geld bestehen (§ 8 Absatz 2) und der in Geld geleistete Kapitalertrag nicht zur Deckung der Kapitalertragsteuer ausreicht, hat der Gläubiger der Kapitalerträge dem *2)* zum Steuerabzug Verpflichteten den Fehlbetrag zur Verfügung zu stellen. *⁸Zu diesem Zweck kann der zum Steuerabzug Verpflichtete den Fehlbetrag von einem bei ihm unterhaltenen und auf den Namen des Gläubigers der Kapitalerträge lautenden Konto, ohne Einwilligung des Gläubigers, einziehen. ⁹Soweit der Gläubiger nicht vor Zufluss der Kapitalerträge widerspricht, darf der zum Steuerabzug Verpflichtete auch insoweit die Geldbeträge von einem auf den Namen des Gläubigers der Kapitalerträge lautenden Konto einziehen, wie ein mit dem Gläubiger vereinbarter Kontokorrentkredit für dieses Konto nicht in Anspruch genommen wurde.* ¹⁰Soweit der Gläubiger seiner Verpflichtung nicht nachkommt, hat der zum Steuerabzug Verpflichtete dies dem für ihn zuständigen Betriebsstättenfinanzamt anzuzeigen. ¹¹Das Finanzamt hat die zu wenig erhobene Kapitalertragsteuer vom Gläubiger der Kapitalerträge nachzufordern.

(1a) ¹Werden inländische Aktien über eine ausländische Stelle mit Dividendenberechtigung erworben, aber ohne Dividendenanspruch geliefert und leitet die ausländische Stelle auf die Erträge im Sinne des § 20 Absatz 1 Nummer 1 Satz 4 einen einbehaltenen Steuerbetrag im

---

1) Absatz 1 Satz 4 Nr. 4 wurde durch Artikel 3 des InvStRefG eingefügt und ist erstmals ab dem 1. 1. 2018 anzuwenden → § 52 Abs. 44 Satz 2 EStG i. d. F. des Artikels 3 des InvStRefG, geändert durch Artikel 18 des Gesetzes zur Umsetzung der Änderungen der EU-Amtshilferichtlinie und von weiteren Maßnahmen gegen Gewinnkürzungen und -verlagerungen (Inkrafttreten 24. 12. 2016).

2) Absatz 1 Satz 8 und 9 wurde durch Artikel 3 des InvStRefG eingefügt und die bisherigen Sätze 8 und 9 wurden dadurch die Sätze 10 und 11; die Änderung ist erstmals ab dem 1. 1. 2018 anzuwenden → § 52 Abs. 44 Satz 2 EStG i. d. F. des Artikels 3 des InvStRefG, geändert durch Artikel 18 des Gesetzes zur Umsetzung der Änderungen der EU-Amtshilferichtlinie und von weiteren Maßnahmen gegen Gewinnkürzungen und -verlagerungen (Inkrafttreten 24. 12. 2016).

Sinne des § 43a Absatz 1 Satz 1 Nummer 1 an eine inländische Wertpapiersammelbank weiter, ist diese zur Abführung der einbehaltenen Steuer verpflichtet. ²Bei Kapitalerträgen im Sinne des § 43 Absatz 1 Satz 1 Nummer 1 und 2 gilt Satz 1 entsprechend.

(1b) Bei inländischen und ausländischen Investmentfonds ist für die Vorabpauschale nach § 16 Absatz 1 Nummer 2 des Investmentsteuergesetzes Absatz 1 Satz 7 bis 11 entsprechend anzuwenden. ¹⁾

(2) ¹Gewinnanteile (Dividenden) und andere Kapitalerträge im Sinne des § 43 Absatz 1 Satz 1 Nummer 1, deren Ausschüttung von einer Körperschaft beschlossen wird, fließen dem Gläubiger der Kapitalerträge an dem Tag zu (Absatz 1), der im Beschluss als Tag der Auszahlung bestimmt worden ist. ²Ist die Ausschüttung nur festgesetzt, ohne dass über den Zeitpunkt der Auszahlung ein Beschluss gefasst worden ist, so gilt als Zeitpunkt des Zufließens der Tag nach der Beschlussfassung; ist durch Gesetz eine abweichende Fälligkeit des Auszahlungsanspruchs bestimmt oder lässt das Gesetz eine abweichende Bestimmung der Fälligkeit durch Satzungsregelung zu, gilt als Zeitpunkt des Zufließens der Tag der Fälligkeit. ³Für Kapitalerträge im Sinne des § 20 Absatz 1 Nummer 1 Satz 4 gelten diese Zuflusszeitpunkte entsprechend. | S 2408

(3) ¹Ist bei Einnahmen aus der Beteiligung an einem Handelsgewerbe als stiller Gesellschafter in dem Beteiligungsvertrag über den Zeitpunkt der Ausschüttung keine Vereinbarung getroffen, so gilt der Kapitalertrag am Tag nach der Aufstellung der Bilanz oder einer sonstigen Feststellung des Gewinnanteils des stillen Gesellschafters, spätestens jedoch sechs Monate nach Ablauf des Wirtschaftsjahres, für das der Kapitalertrag ausgeschüttet oder gutgeschrieben werden soll, als zugeflossen. ²Bei Zinsen aus partiarischen Darlehen gilt Satz 1 entsprechend. | S 2408

(4) Haben Gläubiger und Schuldner der Kapitalerträge vor dem Zufließen ausdrücklich Stundung des Kapitalertrags vereinbart, weil der Schuldner vorübergehend zur Zahlung nicht in der Lage ist, so ist der Steuerabzug erst mit Ablauf der Stundungsfrist vorzunehmen. | S 2408

(5) ¹Die Schuldner der Kapitalerträge, die den Verkaufsauftrag ausführenden Stellen oder die die Kapitalerträge auszahlenden Stellen haften für die Kapitalertragsteuer, die sie einzubehalten und abzuführen haben, es sei denn, sie weisen nach, dass sie die ihnen auferlegten Pflichten weder vorsätzlich noch grob fahrlässig verletzt haben. ²Der Gläubiger der Kapitalerträge wird nur in Anspruch genommen, wenn | S 2408a

1. der Schuldner, die den Verkaufsauftrag ausführende Stelle oder die die Kapitalerträge auszahlende Stelle die Kapitalerträge nicht vorschriftsmäßig gekürzt hat,

2. der Gläubiger weiß, dass der Schuldner, die den Verkaufsauftrag ausführende Stelle oder die die Kapitalerträge auszahlende Stelle die einbehaltene Kapitalertragsteuer nicht vorschriftsmäßig abgeführt hat, und dies dem Finanzamt nicht unverzüglich mitteilt oder

3. das die Kapitalerträge auszahlende inländische Kreditinstitut oder das inländische Finanzdienstleistungsinstitut die Kapitalerträge zu Unrecht ohne Abzug der Kapitalertragsteuer ausgezahlt hat.

³Für die Inanspruchnahme des Schuldners der Kapitalerträge, der den Verkaufsauftrag ausführenden Stelle und der die Kapitalerträge auszahlenden Stelle bedarf es keines Haftungsbescheids, soweit der Schuldner, die den Verkaufsauftrag ausführende Stelle oder die die Kapitalerträge auszahlende Stelle die einbehaltene Kapitalertragsteuer richtig angemeldet hat oder soweit sie ihre Zahlungsverpflichtungen gegenüber dem Finanzamt oder dem Prüfungsbeamten des Finanzamts schriftlich anerkennen.

(6) ¹In den Fällen des § 43 Absatz 1 Satz 1 Nummer 7c gilt die juristische Person des öffentlichen Rechts und die von der Körperschaftsteuer befreite Körperschaft, Personenvereinigung oder Vermögensmasse als Gläubiger und der Betrieb gewerblicher Art und der wirtschaftliche Geschäftsbetrieb als Schuldner der Kapitalerträge. ²Die Kapitalertragsteuer entsteht, auch soweit sie auf verdeckte Gewinnausschüttungen entfällt, im abgelaufenen Wirtschaftsjahr vorgenommen worden sind, im Zeitpunkt der Bilanzstellung; sie entsteht spätestens acht Monate nach Ablauf des Wirtschaftsjahres; in den Fällen des § 20 Absatz 1 Nummer 10 Buchstabe b Satz 2 am Tag nach der Beschlussfassung über die Verwendung und in den Fällen des § 22 Absatz 4 des Umwandlungssteuergesetzes am Tag nach der Veräußerung. ³Die Kapitalertragsteuer entsteht in den Fällen des § 20 Absatz 1 Nummer 10 Buchstabe b Satz 3 zum Ende des Wirtschaftsjahres. ⁴Die Absätze 1 bis 4 und 5 Satz 2 sind entsprechend anzuwenden. ⁵Der Schuldner der Kapitalerträge haftet für die Kapitalertragsteuer, soweit sie auf verdeckte Gewinnausschüttungen und auf Veräußerungen im Sinne des § 22 Absatz 4 des Umwandlungssteuergesetzes entfällt. | S 2408

(7) ¹In den Fällen des § 14 Absatz 3 des Körperschaftsteuergesetzes entsteht die Kapitalertragsteuer in dem Zeitpunkt der Feststellung der Handelsbilanz der Organgesellschaft; sie entsteht | S 2408 ²⁾

---

¹⁾ *Absatz 1b wurde durch Artikel 3 des InvStRefG eingefügt und ist erstmals ab dem 1. 1. 2018 anzuwenden → § 52 Abs. 44 Satz 2 EStG i. d. F. des Artikels 3 des InvStRefG, geändert durch Artikel 18 des Gesetzes zur Umsetzung der Änderungen der EU-Amtshilferichtlinie und von weiteren Maßnahmen gegen Gewinnkürzungen und -verlagerungen (Inkrafttreten 24. 12. 2016).*

²⁾ Zur zeitlichen Anwendung von Absatz 7 → BMF vom 5. 4. 2005 (BStBl I S. 617).

spätestens acht Monate nach Ablauf des Wirtschaftsjahrs der Organgesellschaft. [2]Die entstandene Kapitalertragsteuer ist an dem auf den Entstehungszeitpunkt nachfolgenden Werktag an das Finanzamt abzuführen, das für die Besteuerung der Organgesellschaft nach dem Einkommen zuständig ist. [3]Im Übrigen sind die Absätze 1 bis 4 entsprechend anzuwenden.

EStG
S 2404

§ 44a   Abstandnahme vom Steuerabzug

(1) [1]Soweit die Kapitalerträge, die einem unbeschränkt einkommensteuerpflichtigen Gläubiger zufließen, zusammen mit den Kapitalerträgen, für die die Kapitalertragsteuer nach § 44b zu erstatten ist oder nach Absatz 10 kein Steuerabzug vorzunehmen ist, den Sparer-Pauschbetrag nach § 20 Absatz 9 nicht übersteigen, ist ein Steuerabzug nicht vorzunehmen bei Kapitalerträgen im Sinne des

1. § 43 Absatz 1 Satz 1 Nummer 1 und 2 aus Genussrechten oder

2. § 43 Absatz 1 Satz 1 Nummer 1 und 2 aus Anteilen, die von einer Kapitalgesellschaft ihren Arbeitnehmern überlassen worden sind und von ihr, einem von der Kapitalgesellschaft bestellten Treuhänder, einem inländischen Kreditinstitut oder einer inländischen Zweigniederlassung einer der in § 53b Absatz 1 oder 7 des Kreditwesengesetzes genannten verwahrt werden, und

3. § 43 Absatz 1 Satz 1 Nummer 3 bis 7 und 8 bis 12 sowie Satz 2.

[2]Den Arbeitnehmern im Sinne des Satzes 1 stehen Arbeitnehmer eines mit der Kapitalgesellschaft verbundenen Unternehmens nach § 15 des Aktiengesetzes sowie frühere Arbeitnehmer der Kapitalgesellschaft oder eines mit ihr verbundenen Unternehmens gleich. [3]Den von der Kapitalgesellschaft überlassenen Anteilen stehen Aktien gleich, die den Arbeitnehmern bei einer Kapitalerhöhung auf Grund ihres Bezugsrechts aus den von der Kapitalgesellschaft überlassenen Aktien zugeteilt worden sind oder die den Arbeitnehmern auf Grund einer Kapitalerhöhung aus Gesellschaftsmitteln gehören. [4]Bei Kapitalerträgen im Sinne des § 43 Absatz 1 Satz 1 Nummer 1, 2 bis 7 und 8 bis 12 sowie Satz 2, die einem unbeschränkt einkommensteuerpflichtigen Gläubiger zufließen, ist der Steuerabzug nicht vorzunehmen, wenn anzunehmen ist, dass auch für Fälle der Günstigerprüfung nach § 32d Absatz 6 keine Steuer entsteht.

(2) [1]Voraussetzung für die Abstandnahme vom Steuerabzug nach Absatz 1 ist, dass dem nach § 44 Absatz 1 zum Steuerabzug Verpflichteten in den Fällen

1. des Absatzes 1 Satz 1 ein Freistellungsauftrag des Gläubigers der Kapitalerträge nach amtlich vorgeschriebenem Muster oder

2. des Absatzes 1 Satz 4 eine Nichtveranlagungs-Bescheinigung des für den Gläubiger zuständigen Wohnsitzfinanzamts

vorliegt. [2]In den Fällen des Satzes 1 Nummer 2 ist die Bescheinigung unter dem Vorbehalt des Widerrufs auszustellen. [3]Ihre Geltungsdauer darf höchstens drei Jahre betragen und muss am Schluss eines Kalenderjahres enden. 4Fordert das Finanzamt die Bescheinigung zurück oder erkennt der Gläubiger, dass die Voraussetzungen für ihre Erteilung weggefallen sind, so hat er dem Finanzamt die Bescheinigung zurückzugeben.

(2a) [1]Ein Freistellungsauftrag kann nur erteilt werden, wenn der Gläubiger der Kapitalerträge seine Identifikationsnummer (§ 139b der Abgabenordnung) und bei gemeinsamen Freistellungsaufträgen auch die Identifikationsnummer des Ehegatten mitteilt. [2]Ein Freistellungsauftrag ist ab dem 1. Januar 2016 unwirksam, wenn der Meldestelle im Sinne des § 45d Absatz 1 Satz 1 keine Identifikationsnummer des Gläubigers der Kapitalerträge und bei gemeinsamen Freistellungsaufträgen auch keine des Ehegatten vorliegt. [3]Sofern der Meldestelle im Sinne des § 45d Absatz 1 Satz 1 die Identifikationsnummer nicht bereits bekannt ist, kann sie diese beim Bundeszentralamt für Steuern abfragen. [4]In der Anfrage dürfen nur die in § 139b Absatz 3 der Abgabenordnung genannten Daten des Gläubigers der Kapitalerträge und bei gemeinsamen Freistellungsaufträgen auch die des Ehegatten angegeben werden, soweit sie der Meldestelle bekannt sind. [5]Die Anfrage hat nach amtlich vorgeschriebenem Datensatz durch Datenfernübertragung zu erfolgen. [6]Das Bundeszentralamt für Steuern teilt der Meldestelle die Identifikationsnummer mit, sofern die übermittelten Daten mit den nach § 139b Absatz 3 der Abgabenordnung beim Bundeszentralamt für Steuern gespeicherten Daten übereinstimmen. [7]Die Meldestelle darf die Identifikationsnummer nur verwenden, soweit dies zur Erfüllung von steuerlichen Pflichten erforderlich ist.

(3) Der nach § 44 Absatz 1 zum Steuerabzug Verpflichtete hat in seinen Unterlagen das Finanzamt, das die Bescheinigung erteilt hat, den Tag der Ausstellung der Bescheinigung und die in der Bescheinigung angegebene Steuer- und Listennummer zu vermerken sowie die Freistellungsaufträge aufzubewahren.

(4) ¹Ist der Gläubiger

1. eine von der Körperschaftsteuer befreite inländische Körperschaft, Personenvereinigung oder Vermögensmasse oder

2. eine inländische juristische Person des öffentlichen Rechts,

so ist der Steuerabzug bei Kapitalerträgen im Sinne des § 43 Absatz 1 Satz 1 Nummer 4*bis* 7 und 8 bis 12 sowie Satz 2 nicht vorzunehmen. ²Dies gilt auch, wenn es sich bei den Kapitalerträgen um Bezüge im Sinne des § 20 Absatz 1 Nummer 1 und 2 handelt, die der Gläubiger von einer von der Körperschaftsteuer befreiten Körperschaft bezieht. ³Voraussetzung ist, dass der Gläubiger dem Schuldner oder dem die Kapitalerträge auszahlenden inländischen Kreditinstitut oder inländischen Finanzdienstleistungsinstitut durch eine Bescheinigung des für seine Geschäftsleitung oder seinen Sitz zuständigen Finanzamts nachweist, dass er eine Körperschaft, Personenvereinigung oder Vermögensmasse im Sinne des Satzes 1 Nummer 1 oder 2 ist. ⁴Absatz 2 Satz 2 bis 4 und Absatz 3 gelten entsprechend. ⁵Die in Satz 3 bezeichnete Bescheinigung wird nicht erteilt, wenn die Kapitalerträge in den Fällen des Satzes 1 Nummer 1 in einem wirtschaftlichen Geschäftsbetrieb anfallen, für den die Befreiung von der Körperschaftsteuer ausgeschlossen ist, oder wenn sie in den Fällen des Satzes 1 Nummer 2 in einem nicht von der Körperschaftsteuer befreiten Betrieb gewerblicher Art anfallen. ⁶Ein Steuerabzug ist auch nicht vorzunehmen bei Kapitalerträgen im Sinne des § 49 Absatz 1 Nummer 5 Buchstabe c und d, die einem Anleger zufließen, der eine nach den Rechtsvorschriften eines Mitgliedstaates der Europäischen Union oder des Europäischen Wirtschaftsraums gegründete Gesellschaft im Sinne des Artikels 54 des Vertrags über die Arbeitsweise der Europäischen Union oder des Artikels 34 des Abkommens über den Europäischen Wirtschaftsraum mit Sitz und Ort der Geschäftsleitung innerhalb des Hoheitsgebietes eines dieser Staaten ist, und der einer Körperschaft im Sinne des § 5 Absatz 1 Nummer 3 des Körperschaftsteuergesetzes vergleichbar ist; soweit es sich um eine nach den Rechtsvorschriften eines Mitgliedstaates des Europäischen Wirtschaftsraums gegründete Gesellschaft oder eine Gesellschaft mit Ort und Geschäftsleitung in diesem Staat handelt, ist zusätzlich Voraussetzung, dass mit diesem Staat ein Amtshilfeabkommen besteht.

(4a) Absatz 4 ist entsprechend auf Personengesellschaften im Sinne des § 212 Absatz 1 des Fünften Buches Sozialgesetzbuch anzuwenden. Dabei tritt die Personengesellschaft an die Stelle des Gläubigers der Kapitalerträge.

(4b) ¹Werden Kapitalerträge im Sinne des § 43 Absatz 1 Satz 1 Nummer 1 von einer Genossenschaft an ihre Mitglieder gezahlt, hat sie den Steuerabzug nicht vorzunehmen, wenn ihr für das jeweilige Mitglied

1. eine Nichtveranlagungs-Bescheinigung nach Absatz 2 Satz 1 Nummer 2,

2. eine Bescheinigung nach Absatz 5 Satz 4,

3. eine Bescheinigung nach Absatz 7 Satz 4 oder

4. eine Bescheinigung nach Absatz 8 Satz 3 vorliegt; in diesen Fällen ist ein Steuereinbehalt in Höhe von drei Fünfteln vorzunehmen.

²Eine Genossenschaft hat keinen Steuerabzug vorzunehmen, wenn ihr ein Freistellungsauftrag erteilt wurde, der auch Kapitalerträge im Sinne des Satzes 1 erfasst, soweit die Kapitalerträge zusammen mit den Kapitalerträgen, für die nach Absatz 1 kein Steuerabzug vorzunehmen ist oder für die die Kapitalertragsteuer nach § 44b zu erstatten ist, den mit dem Freistellungsauftrag beantragten Freibetrag nicht übersteigen. ³Dies gilt auch, wenn die Genossenschaft einen Verlustausgleich nach § 43a Absatz 3 Satz 2 unter Einbeziehung von Kapitalerträgen im Sinne des Satzes 1 durchgeführt hat.

(5) ¹Bei Kapitalerträgen im Sinne des § 43 Absatz 1 Satz 1 Nummer 1, 2, *5 bis* 7 und 8 bis 12 sowie Satz 2, die einem unbeschränkt oder beschränkt einkommensteuerpflichtigen Gläubiger zufließen, ist der Steuerabzug nicht vorzunehmen, wenn die Kapitalerträge Betriebseinnahmen des Gläubigers sind und die Kapitalertragsteuer bei ihm auf Grund der Art seiner Geschäfte auf Dauer höher wäre als die gesamte festzusetzende Einkommensteuer oder Körperschaftsteuer. ²Ist der Gläubiger ein Lebens- oder Krankenversicherungsunternehmen als Organgesellschaft, ist für die Anwendung des Satzes 1 eine bestehende Organschaft im Sinne des § 14 des Körperschaftsteuergesetzes nicht zu berücksichtigen, wenn die beim Organträger anzurechnende Kapitalertragsteuer, einschließlich der Kapitalertragsteuer des Lebens- oder Krankenversicherungsunternehmens, die auf Grund von § 19 Absatz 5 des Körperschaftsteuergesetzes anzurechnen wäre, höher wäre, als die gesamte festzusetzende Körperschaftsteuer. ³Für die Prüfung der Voraussetzung des Satzes 2 ist auf die Verhältnisse der dem Antrag auf Erteilung einer Bescheinigung im Sinne des Satzes 4 vorangehenden drei Veranlagungszeiträume abzustellen. ⁴Die Voraussetzung des Satzes 1 ist durch eine Bescheinigung des für den Gläubiger zuständigen

---

¹⁾ Absatz 4 Satz 1 wurde durch das InvStRefG ab VZ 2018 geändert.

²⁾ Richtig: Satz 2.

³⁾ Richtig: Satz 2.

⁴⁾ Absatz 5 Satz 1 wurde durch das InvStRefG ab VZ 2018 geändert.

S 2405
¹⁾

2)

3)

S 2404a
⁴⁾

Finanzamts nachzuweisen. [5]Die Bescheinigung ist unter dem Vorbehalt des Widerrufs auszustellen. [6]Die Voraussetzung des Satzes 2 ist gegenüber dem für den Gläubiger zuständigen Finanzamt durch eine Bescheinigung des für den Organträger zuständigen Finanzamts nachzuweisen.

S 2405

(6) [1]Voraussetzung für die Abstandnahme vom Steuerabzug nach den Absätzen 1, 4 und 5 bei Kapitalerträgen im Sinne des § 43 Absatz 1 Satz 1 Nummer 6, 7 und 8 bis 12 sowie Satz 2 ist, dass die Teilschuldverschreibungen, die Anteile an der Sammelschuldbuchforderung, die Wertrechte, die Einlagen und Guthaben oder sonstigen Wirtschaftsgüter im Zeitpunkt des Zufließens der Einnahmen unter dem Namen des Gläubigers der Kapitalerträge bei der die Kapitalerträge auszahlenden Stelle verwahrt oder verwaltet werden. [2]Ist dies nicht der Fall, ist die Bescheinigung nach § 45a Absatz 2 durch einen entsprechenden Hinweis zu kennzeichnen. [3]Wird bei einem inländischen Kredit- oder Finanzdienstleistungsinstitut im Sinne des § 43 Absatz 1 Satz 1 Nummer 7 Buchstabe b ein Konto oder Depot für eine gemäß § 5 Absatz 1 Nummer 9 des Körperschaftsteuergesetzes befreite Stiftung im Sinne des § 1 Absatz 1 Nummer 5 des Körperschaftsteuergesetzes auf den Namen eines anderen Berechtigten geführt und ist das Konto oder Depot durch einen Zusatz zur Bezeichnung eindeutig sowohl vom übrigen Vermögen des anderen Berechtigten zu unterscheiden als auch steuerlich der Stiftung zuzuordnen, so gilt es für die Anwendung des Absatzes 4, des Absatzes 7, des Absatzes 10 Satz 1 Nummer 3 und des § 44b Absatz 6 in Verbindung mit Absatz 7 als im Namen der Stiftung geführt.

S 2405

(7) [1]Ist der Gläubiger eine inländische

1. Körperschaft, Personenvereinigung oder Vermögensmasse im Sinne des § 5 Absatz 1 Nummer 9 des Körperschaftsteuergesetzes oder

2. Stiftung des öffentlichen Rechts, die ausschließlich und unmittelbar gemeinnützigen oder mildtätigen Zwecken dient, oder

3. juristische Person des öffentlichen Rechts, die ausschließlich und unmittelbar kirchlichen Zwecken dient,

so ist der Steuerabzug bei Kapitalerträgen im Sinne des § 43 Absatz 1 Satz 1 Nummer 1, 2, 3 und 7a bis 7c nicht vorzunehmen. [2]Voraussetzung für die Anwendung des Satzes 1 ist, dass der Gläubiger durch eine Bescheinigung des für seine Geschäftsleitung oder seinen Sitz zuständigen Finanzamts nachweist, dass er eine Körperschaft, Personenvereinigung oder Vermögensmasse nach Satz 1 ist. [3]Absatz 4 gilt entsprechend.

S 2405

(8) [1]Ist der Gläubiger

1. eine nach § 5 Absatz 1 mit Ausnahme der Nummer 9 des Körperschaftsteuergesetzes oder nach anderen Gesetzen von der Körperschaftsteuer befreite Körperschaft, Personenvereinigung oder Vermögensmasse oder

2. eine inländische juristische Person des öffentlichen Rechts, die nicht in Absatz 7 bezeichnet ist,

so ist der Steuerabzug bei Kapitalerträgen im Sinne des § 43 Absatz 1 Satz 1 Nummer 1, 2, 3 und 7a nur in Höhe von drei Fünfteln vorzunehmen. [2]Voraussetzung für die Anwendung des Satzes 1 ist, dass der Gläubiger durch eine Bescheinigung des für seine Geschäftsleitung oder seinen Sitz zuständigen Finanzamts nachweist, dass er eine Körperschaft, Personenvereinigung oder Vermögensmasse im Sinne des Satzes 1 ist. [3]Absatz 4 gilt entsprechend.

(8a) [1]Absatz 8 ist entsprechend auf Personengesellschaften im Sinne des § 212 Absatz 1 des Fünften Buches Sozialgesetzbuch anzuwenden. [2]Dabei tritt die Personengesellschaft an die Stelle des Gläubigers der Kapitalerträge.

S 2405

(9) [1]Ist der Gläubiger der Kapitalerträge im Sinne des § 43 Absatz 1 eine beschränkt steuerpflichtige Körperschaft im Sinne des § 2 Nummer 1 des Körperschaftsteuergesetzes, so werden zwei Fünftel der einbehaltenen und abgeführten Kapitalertragsteuer erstattet. [2]§ 50d Absatz 1 Satz 3 bis 12, Absatz 3 und 4 ist entsprechend anzuwenden. [3]Der Anspruch auf eine weitergehende Freistellung und Erstattung nach § 50d Absatz 1 in Verbindung mit § 43b oder § 50g oder nach einem Abkommen zur Vermeidung der Doppelbesteuerung bleibt unberührt. [4]Verfahren nach den vorstehenden Sätzen und nach § 50d Absatz 1 soll das Bundeszentralamt für Steuern verbinden.

S 2405

(10) [1]Werden Kapitalerträge im Sinne des § 43 Absatz 1 Satz 1 Nummer 1a gezahlt, hat die auszahlende Stelle keinen Steuerabzug vorzunehmen, wenn

1. der auszahlenden Stelle eine Nichtveranlagungs-Bescheinigung nach Absatz 2 Satz 1 Nummer 2 für den Gläubiger vorgelegt wird,

2. der auszahlenden Stelle eine Bescheinigung nach Absatz 5 für den Gläubiger vorgelegt wird,

3. der auszahlenden Stelle eine Bescheinigung nach Absatz 7 Satz 2 für den Gläubiger vorgelegt wird oder

4. der auszahlenden Stelle eine Bescheinigung nach Absatz 8 Satz 2 für den Gläubiger vorgelegt wird; in diesen Fällen ist ein Steuereinbehalt in Höhe von drei Fünfteln vorzunehmen.

[2]Wird der auszahlenden Stelle ein Freistellungsauftrag erteilt, der auch Kapitalerträge im Sinne des Satzes 1 erfasst, oder führt diese einen Verlustausgleich nach § 43a Absatz 3 Satz 2 unter Einbeziehung von Kapitalerträgen im Sinne des Satzes 1 durch, so hat sie den Steuerabzug nicht vorzunehmen, soweit die Kapitalerträge zusammen mit den Kapitalerträgen, für die nach Absatz 1 kein Steuerabzug vorzunehmen ist oder die Kapitalertragsteuer nach § 44b zu erstatten ist, den mit dem Freistellungsauftrag beantragten Freistellungsbetrag nicht übersteigen. [3]Absatz 6 ist entsprechend anzuwenden. [4]Werden Kapitalerträge im Sinne des § 43 Absatz 1 Satz 1 Nummer 1a von einer auszahlenden Stelle im Sinne des § 44 Absatz 1 Satz 4 Nummer 3 an eine ausländische Stelle ausgezahlt, hat diese auszahlende Stelle über den von ihr vor der Zahlung in das Ausland von diesen Kapitalerträgen vorgenommenen Steuerabzug der letzten inländischen auszahlenden Stelle in der Wertpapierverwahrkette, welche die Kapitalerträge auszahlt oder gutschreibt, auf deren Antrag eine Sammel-Steuerbescheinigung für die Summe der eigenen und der für Kunden verwahrten Aktien nach amtlich vorgeschriebenem Muster auszustellen. [5]Der Antrag darf nur für Aktien gestellt werden, die mit Dividendenberechtigung erworben und mit Dividendenanspruch geliefert wurden. [6]Wird eine solche Sammel-Steuerbescheinigung beantragt, ist die Ausstellung von Einzel-Steuerbescheinigungen oder die Weiterleitung eines Antrags auf Ausstellung einer Einzel-Steuerbescheinigung über den Steuerabzug von denselben Kapitalerträgen ausgeschlossen; die Sammel-Steuerbescheinigung ist als solche zu kennzeichnen. [7]Auf die ihr ausgestellte Sammel-Steuerbescheinigung wendet die letzte inländische auszahlende Stelle § 44b Absatz 6 mit der Maßgabe an, dass sie von den ihr nach dieser Vorschrift eingeräumten Möglichkeiten Gebrauch zu machen hat.

Hinweise H 44a

Freistellungsauftrag

→ BMF vom 18. 1. 2016 (BStBl I S. 85)

Muster

- Freistellungsauftrag für Kapitalerträge und Antrag auf ehegattenübergreifende/lebenspartnerübergreifende Verlustverrechnung -

(Gilt nicht für Betriebseinnahmen und Einnahmen aus Vermietung und Verpachtung)

_____   _____
(Name, abweichender Geburtsname, Vorname,   (Straße, Hausnummer)
Geburtsdatum des Gläubigers der Kapitalerträge)

_____
(Identifikationsnummer des Gläubigers)

☐ Gemeinsamer Freistellungsauftrag*)

_____   _____
(ggf. Name, abweichender Geburtsname, Vorname,   (Postleitzahl, Ort)
Geburtsdatum des Ehegatten/des Lebenspartners)

_____
(Identifikationsnummer des Ehegatten/des Lebenspartners bei gemeinsamem Freistellungsauftrag)

An

_____

_____
(z. B. Kreditinstitut/Bausparkasse/Lebensversicherungsunternehmen/Bundes-/Landesschuldenverwaltung)

_____   _____
(Straße, Hausnummer)   (Postleitzahl, Ort)

Hiermit erteile ich/erteilen wir**) Ihnen den Auftrag, meine/unsere**) bei Ihrem Institut anfallenden Kapitalerträge vom Steuerabzug freizustellen und/oder bei Dividenden und ähnlichen Kapitalerträgen die Erstattung von Kapitalertragsteuer zu beantragen, und zwar

☐ bis zu einem Betrag von .... € (bei Verteilung des Sparer-Pauschbetrages auf mehrere Kreditinstitute).

☐ bis zur Höhe des für mich/uns**) geltenden Sparer-Pauschbetrages von insgesamt 801 €/1 602 €**).

☐ über 0 €***) (sofern lediglich eine ehegattenübergreifende/lebenspartnerübergreifende Verlustverrechnung beantragt werden soll).

Dieser Auftrag gilt ab dem 1.1.XXXX bzw. ab Beginn der Geschäftsverbindung

☐ so lange, bis Sie einen anderen Auftrag von mir/uns**) erhalten.

☐ bis zum 31.12.XXXX

Die in dem Auftrag enthaltenen Daten und freigestellten Beträge werden dem Bundeszentralamt für Steuern (BZSt) übermittelt. Sie dürfen zur Durchführung eines Verwaltungsverfahrens oder eines gerichtlichen Verfahrens in Steuersachen oder eines Strafverfahrens wegen einer Steuerstraftat oder eines Bußgeldverfahrens wegen einer Steuerordnungswidrigkeit verwendet sowie vom BZSt den Sozialleistungsträgern übermittelt werden, soweit dies zur Überprüfung des bei der Sozialleistung zu berücksichtigenden Einkommens oder Vermögens erforderlich ist (§ 45d EStG).

Ich versichere/Wir versichern**), dass mein/unser**) Freistellungsauftrag zusammen mit Freistellungsaufträgen an andere Kreditinstitute, Bausparkassen, das BZSt usw. den für mich/uns**) geltenden Höchstbetrag von insgesamt 801 €/1 602 €**) nicht übersteigt. Ich versichere/Wir versichern**) außerdem, dass ich/wir**) mit allen für das Kalenderjahr erteilten Freistellungsaufträgen für keine höheren Kapitalerträge als insgesamt 801 €/1 602 €**) im Kalenderjahr die Freistellung oder Erstattung von Kapitalertragsteuer in Anspruch nehme(n)**).

Die mit dem Freistellungsauftrag angeforderten Daten werden auf Grund von § 44a Absatz 2 und 2a, § 45b Absatz 1 und § 45d Absatz 1 EStG erhoben. Die Angabe der steuerlichen Identifikationsnummer ist für die Übermittlung der Freistellungsdaten an das BZSt erforderlich. Die Rechtsgrundlagen für die Erhebung der Identifikationsnummer ergeben sich aus § 139a Absatz 1 Satz 1 2. Halbsatz AO, § 139b Absatz 2 AO und § 45d EStG. Die Identifikationsnummer darf nur für Zwecke des Besteuerungsverfahrens verwendet werden.

(Datum)   (Unterschrift)   (ggf. Unterschrift Ehegatte, Lebenspartner,
                                          gesetzliche(r) Vertreter)

☐ Zutreffendes bitte ankreuzen

*) Angaben zum Ehegatten/Lebenspartner und dessen Unterschrift sind nur bei einem gemeinsamen Freistellungsauftrag erforderlich

**) Nichtzutreffendes bitte streichen

***) Möchten Sie mit diesem Antrag lediglich eine ehegattenübergreifende/lebenspartnerübergreifende Verlustverrechnung beantragen, so kreuzen Sie bitte dieses Feld an

Der Höchstbetrag von 1 602 € gilt nur bei Ehegatten/Lebenspartnern, die einen gemeinsamen Freistellungsauftrag erteilen und bei denen die Voraussetzungen einer Zusammenveranlagung i. S. des § 26 Absatz 1 Satz 1 EStG vorliegen. Der gemeinsame Freistellungsauftrag ist z. B. nach Auflösung der Ehe/Lebenspartnerschaft oder bei dauerndem Getrenntleben zu ändern. Erteilen Ehegatten/Lebenspartner einen gemeinsamen Freistellungsauftrag, führt dies am Jahresende zu einer Verrechnung der Verluste des einen Ehegatten/Lebenspartners mit den Gewinnen und Erträgen des anderen Ehegatten/Lebenspartners. Freistellungsaufträge können nur mit Wirkung zum Kalenderjahresende befristet werden. Eine Herabsetzung bis zu dem im Kalenderjahr bereits ausgenutzten Betrag ist jedoch zulässig. Sofern ein Freistellungsauftrag im laufenden Jahr noch nicht genützt wurde, kann er bis zum 1. Januar des laufenden Jahres widerrufen werden. Der Freistellungsauftrag kann nur für sämtliche Depots oder Konten bei einem Kreditinstitut oder einem anderen Auftragnehmer gestellt werden.

EStG
S 2410

§ 44b   Erstattung der Kapitalertragsteuer

[1] *(1) Nach Ablauf eines Kalenderjahres hat der zum Steuerabzug Verpflichtete die im voran-gegangenen Kalenderjahr abgeführte Steuer auf Ausschüttungen eines Investmentfonds zu erstatten, soweit die Ausschüttungen nach § 17 des Investmentsteuergesetzes nicht als Ertrag gelten.*

(2) bis (4) (weggefallen)

(5) [1]Ist Kapitalertragsteuer einbehalten oder abgeführt worden, obwohl eine Verpflichtung hierzu nicht bestand, oder hat der Gläubiger dem nach § 44 Absatz 1 zum Steuerabzug Verpflichteten die Bescheinigung nach § 43 Absatz 2 Satz 4, den Freistellungsauftrag, die Nichtver-anlagungs-Bescheinigung oder die Bescheinigungen nach § 44a Absatz 4 oder Absatz 5 erst zu einem Zeitpunkt vorgelegt, zu dem die Kapitalertragsteuer bereits abgeführt war, oder nach diesem Zeitpunkt erst die Erklärung nach § 43 Absatz 2 Satz 3 Nummer 2 abgegeben, ist auf Antrag des nach § 44 Absatz 1 zum Steuerabzug Verpflichteten die Steueranmeldung (§ 45a Absatz 1) insoweit zu ändern; stattdessen kann der zum Steuerabzug Verpflichtete bei der fol-genden Steueranmeldung die abzuführende Kapitalertragsteuer entsprechend kürzen. [2]Erstat-tungsberechtigt ist der Antragsteller. [3]Solange noch keine Steuerbescheinigung nach § 45a erteilt ist, hat der zum Steuerabzug Verpflichtete das Verfahren nach Satz 1 zu betreiben. [4]Die vorstehenden Sätze sind in den Fällen des Absatzes 6 nicht anzuwenden.

(6) [1]Werden Kapitalerträge im Sinne des § 43 Absatz 1 Satz 1 Nummer 1 und 2 durch ein inlän-disches Kredit- oder Finanzdienstleistungsinstitut im Sinne des § 43 Absatz 1 Satz 1 Nummer 7 Buchstabe b, das die Wertpapiere, Wertrechte oder sonstigen Wirtschaftsgüter unter dem Namen des Gläubigers verwahrt oder verwaltet, als Schuldner der Kapitalerträge oder für Rechnung des Schuldners gezahlt, kann das Kredit- oder Finanzdienstleistungsinstitut die ein-behaltene und abgeführte Kapitalertragsteuer dem Gläubiger der Kapitalerträge bis zur Aus-stellung einer Steuerbescheinigung, längstens bis zum 31. März des auf den Zufluss der Kapital-erträge folgenden Kalenderjahres, unter den folgenden Voraussetzungen erstatten:

1. dem Kredit- oder Finanzdienstleistungsinstitut wird eine Nichtveranlagungs-Bescheinigung nach § 44a Absatz 2 Satz 1 Nummer 2 für den Gläubiger vorgelegt,

2. dem Kredit- oder Finanzdienstleistungsinstitut wird eine Bescheinigung nach § 44a Absatz 5 für den Gläubiger vorgelegt,

3. dem Kredit- oder Finanzdienstleistungsinstitut wird eine Bescheinigung nach § 44a Absatz 7 Satz 2 für den Gläubiger vorgelegt und eine Abstandnahme war nicht möglich oder

4. dem Kredit- oder Finanzdienstleistungsinstitut wird eine Bescheinigung nach § 44a Absatz 8 Satz 2 für den Gläubiger vorgelegt und die teilweise Abstandnahme war nicht möglich; in diesen Fällen darf die Kapitalertragsteuer nur in Höhe von zwei Fünfteln erstattet werden.

[2]Das erstattende Kredit- oder Finanzdienstleistungsinstitut haftet in sinngemäßer Anwendung des § 44 Absatz 5 für zu Unrecht vorgenommene Erstattungen; für die Zahlungsaufforderung gilt § 219 Satz 2 der Abgabenordnung entsprechend. [3]Das Kredit- oder Finanzdienstleistungs-institut hat die Summe der Erstattungsbeträge in der Steueranmeldung gesondert anzugeben und von der von ihm abzuführenden Kapitalertragsteuer abzusetzen. [4]Wird dem Kredit- oder Finanzdienstleistungsinstitut ein Freistellungsauftrag erteilt, der auch Kapitalerträge im Sinne des Satzes 1 erfasst, oder führt das Institut einen Verlustausgleich nach § 43a Absatz 3 Satz 2 unter Einbeziehung von Kapitalerträgen im Sinne des Satzes 1 aus, so hat es bis zur Ausstellung der Steuerbescheinigung, längstens bis zum 31. März des auf den Zufluss der Kapitalerträge folgenden Kalenderjahres, die einbehaltene und abgeführte Kapitalertragsteuer auf diese Kapi-talerträge zu erstatten; Satz 2 ist entsprechend anzuwenden.

(7) [1]Eine Gesamthandsgemeinschaft kann für ihre Mitglieder im Sinne des § 44a Absatz 7 oder Absatz 8 eine Erstattung der Kapitalertragsteuer bei dem für die gesonderte Feststellung ihrer Einkünfte zuständigen Finanzamt beantragen. [2]Die Erstattung ist unter den Voraussetzun-gen des § 44a Absatz 4, 7 oder Absatz 8 und in dem dort bestimmten Umfang zu gewähren.

EStG
S 2401a

§ 45   Ausschluss der Erstattung von Kapitalertragsteuer

[1]In den Fällen, in denen die Dividende an einen anderen als an den Anteilseigner ausgezahlt wird, ist die Erstattung von Kapitalertragsteuer an den Zahlungsempfänger ausgeschlossen. [2]Satz 1 gilt nicht für den Erwerber eines Dividendenscheines oder sonstigen Anspruches in den Fällen des § 20 Absatz 2 Satz 1 Nummer 2 Buchstabe a. [3]In den Fällen des § 20 Absatz 2 Satz 1 Nummer 2 Buchstabe b ist die Erstattung von Kapitalertragsteuer an den Erwerber von Zinsscheinen nach § 37 Absatz 2 der Abgabenordnung ausgeschlossen.

---

1) Absatz 1 wurde durch das InvStRefG ab VZ 2018 eingefügt.

§ 45a Anmeldung und Bescheinigung der Kapitalertragsteuer

(1) [1]Die Anmeldung der einbehaltenen Kapitalertragsteuer ist dem Finanzamt innerhalb der in § 44 Absatz 1 oder Absatz 7 bestimmten Frist nach amtlich vorgeschriebenem Vordruck auf elektronischem Weg zu übermitteln; die auszahlende Stelle hat die Kapitalertragsteuer auf die Erträge im Sinne des § 43 Absatz 1 Satz 1 Nummer 1a jeweils gesondert für das Land, in dem sich der Ort der Geschäftsleitung des Schuldners der Kapitalerträge befindet, anzugeben. [2]Satz 1 gilt entsprechend, wenn ein Steuerabzug nicht oder nicht in voller Höhe vorzunehmen ist. [3]Der Grund für die Nichtabführung ist anzugeben. [4]Auf Antrag kann das Finanzamt zur Vermeidung unbilliger Härten auf eine elektronische Übermittlung verzichten; in diesem Fall ist die Kapitalertragsteuer- Anmeldung von dem Schuldner, der den Verkaufsauftrag ausführenden Stelle, der auszahlenden Stelle oder einer vertretungsberechtigten Person zu unterschreiben.

(2) [1]Folgende Stellen sind verpflichtet, dem Gläubiger der Kapitalerträge auf Verlangen eine Bescheinigung nach amtlich vorgeschriebenem Muster auszustellen, die die nach § 32d erforderlichen Angaben enthält; bei Vorliegen der Voraussetzungen des

1. § 43 Absatz 1 Satz 1 Nummer 1, 2 bis 4, 7a und 7b der Schuldner der Kapitalerträge,

2. § 43 Absatz 1 Satz 1 Nummer 1a, 6, 7 und 8 bis 12 sowie Satz 2 die die Kapitalerträge auszahlende Stelle vorbehaltlich des Absatzes 3 und

3. § 44 Absatz 1a die zur Abführung der Steuer verpflichtete Stelle.

[2]Die Bescheinigung kann elektronisch übermittelt werden; auf Anforderung des Gläubigers der Kapitalerträge ist sie auf Papier zu übersenden. [3]Die Bescheinigung braucht nicht unterschrieben zu werden, wenn sie in einem maschinellen Verfahren ausgedruckt worden ist und den Aussteller erkennen lässt. [4]§ 44a Absatz 6 gilt sinngemäß; über die zu kennzeichnenden Bescheinigungen haben die genannten Institute und Unternehmen Aufzeichnungen zu führen. [5]Diese müssen einen Hinweis auf den Buchungsbeleg über die Auszahlung an den Empfänger der Bescheinigung enthalten.

(3) [1]Werden Kapitalerträge für Rechnung des Schuldners durch ein inländisches Kreditinstitut oder ein inländisches Finanzdienstleistungsinstitut gezahlt, so hat anstelle des Schuldners das Kreditinstitut oder das Finanzdienstleistungsinstitut die Bescheinigung zu erteilen, sofern nicht die Voraussetzungen des Absatzes 2 Satz 1 erfüllt sind.[2]Satz 1 gilt in den Fällen des § 20 Absatz 1 Nummer 1 Satz 4 entsprechend; der Emittent der Aktien gilt insoweit als Schuldner der Kapitalerträge.

(4) [1]Eine Bescheinigung nach Absatz 2 oder Absatz 3 ist auch zu erteilen, wenn in Vertretung des Gläubigers ein Antrag auf Erstattung der Kapitalertragsteuer nach § 44b gestellt worden ist oder gestellt wird. [2]Satz 1 gilt entsprechend, wenn nach § 44a Absatz 8 Satz 1 der Steuerabzug nur nicht in voller Höhe vorgenommen worden ist. [1)]

(5) [1]Eine Ersatzbescheinigung darf nur ausgestellt werden, wenn die Urschrift oder die elektronisch übermittelten Daten nach den Angaben des Gläubigers abhandengekommen oder vernichtet sind. [2]Die Ersatzbescheinigung muss als solche gekennzeichnet sein. [3]Über die Ausstellung von Ersatzbescheinigungen hat der Aussteller Aufzeichnungen zu führen.

(6) [1]Eine Bescheinigung, die den Absätzen 2 bis 5 nicht entspricht, hat der Aussteller durch eine berichtigte Bescheinigung zu ersetzen und im Fall der Übermittlung in Papierform zurückzufordern. [2]Die berichtigte Bescheinigung ist als solche zu kennzeichnen. [3]Wird die zurückgeforderte Bescheinigung nicht innerhalb eines Monats nach Zusendung der berichtigten Bescheinigung an den Aussteller zurückgegeben, hat der Aussteller das nach seinen Unterlagen für den Empfänger zuständige Finanzamt schriftlich zu benachrichtigen.

(7) [1]Der Aussteller einer Bescheinigung, die den Absätzen 2 bis 5 nicht entspricht, haftet für die auf Grund der Bescheinigung verkürzten Steuern oder zu Unrecht gewährten Steuervorteile. [2]Ist die Bescheinigung nach Absatz 3 durch ein inländisches Kreditinstitut oder ein inländisches Finanzdienstleistungsinstitut auszustellen, so haftet der Schuldner auch, wenn er zum Zweck der Bescheinigung unrichtige Angaben macht. [3]Der Aussteller haftet nicht

1. in den Fällen des Satzes 2,

2. wenn er die ihm nach Absatz 6 obliegenden Verpflichtungen erfüllt hat.

§§ 45b und 45c (weggefallen)

[1)] Das Wort „nur" ist durch ein Redaktionsversehen nicht gestrichen worden.

EStG
S 2409a

§ 45d Mitteilungen an das Bundeszentralamt für Steuern

1)

(1) ¹Wer nach § 44 Absatz 1 dieses Gesetzes und § 7 des Investmentsteuergesetzes zum Steuerabzug verpflichtet ist, hat dem Bundeszentralamt für Steuern nach Maßgabe des § 93c der Abgabenordnung neben den in § 93c Absatz 1 der Abgabenordnung genannten Angaben folgende Daten zu übermitteln:

1. bei den Kapitalerträgen, für die ein Freistellungsauftrag erteilt worden ist,

    a) die Kapitalerträge, bei denen vom Steuerabzug Abstand genommen worden ist oder bei denen Kapitalertragsteuer auf Grund des Freistellungsauftrags gemäß § 44b Absatz 6 Satz 4 dieses Gesetzes oder gemäß § 7 Absatz 5 Satz 1 des Investmentsteuergesetzes - erstattet wurde,

    b) die Kapitalerträge, bei denen die Erstattung von Kapitalertragsteuer beim Bundeszentralamt für Steuern beantragt worden ist,

2. die Kapitalerträge, bei denen auf Grund einer Nichtveranlagungs-Bescheinigung einer natürlichen Person nach § 44a Absatz 2 Satz 1 Nummer 2 vom Steuerabzug Abstand genommen oder eine Erstattung vorgenommen wurde,

²Bei einem gemeinsamen Freistellungsauftrag sind die Daten beider Ehegatten zu übermitteln. ³§ 72a Absatz 4, § 93c Absatz 1 Nummer 3 und § 203a der Abgabenordnung finden keine Anwendung.

(2) ¹Das Bundeszentralamt für Steuern darf den Sozialleistungsträgern die Daten nach Absatz 1 mitteilen, soweit dies zur Überprüfung des bei der Sozialleistung zu berücksichtigenden Einkommens oder Vermögens erforderlich ist oder der Betroffene zustimmt. ²Für Zwecke des Satzes 1 ist das Bundeszentralamt für Steuern berechtigt, die ihm von den Sozialleistungsträgern übermittelten Daten mit den vorhandenen Daten nach Absatz 1 im Wege des automatisierten Datenabgleichs zu überprüfen und das Ergebnis den Sozialleistungsträgern mitzuteilen.

2)

(3) ¹Ein inländischer Versicherungsvermittler im Sinne des § 59 Absatz 1 des Versicherungsvertragsgesetzes hat das Zustandekommen eines Vertrages im Sinne des § 20 Absatz 1 Nummer 6 zwischen einer im Inland ansässigen Person und einem Versicherungsunternehmen mit Sitz und Geschäftsleitung im Ausland nach Maßgabe des § 93c der Abgabenordnung dem Bundeszentralamt für Steuern mitzuteilen. ²Dies gilt nicht, wenn das Versicherungsunternehmen eine Niederlassung im Inland hat oder das Versicherungsunternehmen dem Bundeszentralamt für Steuern bis zu diesem Zeitpunkt das Zustandekommen eines Vertrages angezeigt und den Versicherungsvermittler hierüber in Kenntnis gesetzt hat. ³Neben den in § 93c Absatz 1 der Abgabenordnung genannten Daten sind folgende Daten zu übermitteln:

1. Name und Anschrift des Versicherungsunternehmens sowie Vertragsnummer oder sonstige Kennzeichnung des Vertrages,

2. Laufzeit und garantierte Versicherungssumme oder Beitragssumme für die gesamte Laufzeit,

3. Angabe, ob es sich um einen konventionellen, einen fondsgebundenen oder einen vermögensverwaltenden Versicherungsvertrag handelt.

⁴Ist mitteilungspflichtige Stelle nach Satz 1 das ausländische Versicherungsunternehmen und verfügt dieses weder über ein Identifikationsmerkmal nach den §§ 139a bis 139c der Abgabenordnung noch über eine Steuernummer oder ein sonstiges Ordnungsmerkmal, so kann abweichend von § 93c Absatz 1 Nummer 2 Buchstabe a der Abgabenordnung auf diese Angaben verzichtet werden. ⁵Der Versicherungsnehmer gilt als Steuerpflichtiger im Sinne des § 93c Absatz 1 Nummer 2 Buchstabe c der Abgabenordnung. ⁶§ 72a Absatz 4 und § 203a der Abgabenordnung finden keine Anwendung.

EStG
S 2402

§ 45e Ermächtigung für Zinsinformationsverordnung

¹Die Bundesregierung wird ermächtigt, durch Rechtsverordnung mit Zustimmung des Bundesrates die Richtlinie 2003/48/EG des Rates vom 3. Juni 2003 (ABl. EU Nr. L 157 S. 38) in der jeweils geltenden Fassung im Bereich der Besteuerung von Zinserträgen umzusetzen. ²§ 45d Absatz 1 Satz 2 und Absatz 2 ist entsprechend anzuwenden.

---

1) Absatz 1 in der am 1. 1. 2017 geltenden Fassung ist erstmals anzuwenden auf Kapitalerträge, die dem Gläubiger nach dem 31. 12. 2016 zufließen → § 52 Abs. 45 Satz 2 EStG.
2) Absatz 3 in der am 1. 1. 2017 geltenden Fassung ist für Versicherungsverträge anzuwenden, die nach dem 31. 12. 2016 abgeschlossen werden → § 52 Abs. 45 Satz 3 EStG.

4. Veranlagung von Steuerpflichtigen mit steuerabzugspflichtigen Einkünften

§ 46 Veranlagung bei Bezug von Einkünften aus nichtselbständiger Arbeit

(1) (weggefallen)

(2) Besteht das Einkommen ganz oder teilweise aus Einkünften aus nichtselbständiger Arbeit, von denen ein Steuerabzug vorgenommen worden ist, so wird eine Veranlagung nur durchgeführt,

1. wenn die positive Summe der einkommensteuerpflichtigen Einkünfte, die nicht dem Steuerabzug vom Arbeitslohn zu unterwerfen waren, vermindert um die darauf entfallenden Beträge nach § 13 Absatz 3 und § 24a, oder die positive Summe der Einkünfte und Leistungen, die dem Progressionsvorbehalt unterliegen, jeweils mehr als 410 Euro beträgt;

2. wenn der Steuerpflichtige nebeneinander von mehreren Arbeitgebern Arbeitslohn bezogen hat; das gilt nicht, soweit nach § 38 Absatz 3a Satz 7 Arbeitslohn von mehreren Arbeitgebern für den Lohnsteuerabzug zusammengerechnet worden ist;

3. wenn bei einem Steuerpflichtigen die Summe der beim Steuerabzug vom Arbeitslohn nach § 39b Absatz 2 Satz 5 Nummer 3 Buchstabe b bis d berücksichtigten Teilbeträge der Vorsorgepauschale größer ist als die abziehbaren Vorsorgeaufwendungen nach § 10 Absatz 1 Nummer 3 und Nummer 3a in Verbindung mit Absatz 4 und der im Kalenderjahr insgesamt erzielte Arbeitslohn *11 400* Euro übersteigt, oder bei Ehegatten, die die Voraussetzungen des § 26 Absatz 1 erfüllen, der im Kalenderjahr von den Ehegatten insgesamt erzielte Arbeitslohn *21 650* Euro übersteigt; [1]

3a. wenn von Ehegatten, die nach den §§ 26, 26b zusammen zur Einkommensteuer zu veranlagen sind, beide Arbeitslohn bezogen haben und einer für den Veranlagungszeitraum oder einen Teil davon nach der Steuerklasse V oder VI besteuert oder bei Steuerklasse IV der Faktor (§ 39f) eingetragen worden ist;

4. wenn für einen Steuerpflichtigen ein Freibetrag im Sinne des § 39a Absatz 1 Nummer 1 bis 3, 5 oder Nummer 6 ermittelt worden ist und der im Kalenderjahr insgesamt erzielte Arbeitslohn *11 400* Euro übersteigt oder bei Ehegatten, die die Voraussetzungen des § 26 Absatz 1 erfüllen, der im Kalenderjahr von den Ehegatten insgesamt erzielte Arbeitslohn *21 650* Euro übersteigt; dasselbe gilt für einen Steuerpflichtigen, der zum Personenkreis des § 1 Absatz 2 gehört oder für einen beschränkt einkommensteuerpflichtigen Arbeitnehmer, wenn diese Eintragungen auf einer Bescheinigung für den Lohnsteuerabzug (§ 39 Absatz 3 Satz 1) erfolgt sind; [2]

4a. wenn bei einem Elternpaar, bei dem die Voraussetzungen des § 26 Absatz 1 Satz 1 nicht vorliegen

   a) bis c) (weggefallen)

   d) im Fall des § 33a Absatz 2 Satz 5 das Elternpaar gemeinsam eine Aufteilung des Abzugsbetrags in einem anderen Verhältnis als je zur Hälfte beantragt oder

   e) im Fall des § 33b Absatz 5 Satz 3 das Elternpaar gemeinsam eine Aufteilung des Pauschbetrags für behinderte Menschen oder des Pauschbetrags für Hinterbliebene in einem anderen Verhältnis als je zur Hälfte beantragt.

   [2]Die Veranlagungspflicht besteht für jeden Elternteil, der Einkünfte aus nichtselbständiger Arbeit bezogen hat;

5. wenn bei einem Steuerpflichtigen die Lohnsteuer für einen sonstigen Bezug im Sinne des § 34 Absatz 1 und 2 Nummer 2 und 4 nach § 39b Absatz 3 Satz 9 oder für einen sonstigen Bezug nach § 39c Absatz 3 ermittelt wurde;

5a. wenn der Arbeitgeber die Lohnsteuer von einem sonstigen Bezug berechnet hat und dabei der Arbeitslohn aus früheren Dienstverhältnissen des Kalenderjahres außer Betracht geblieben ist (§ 39b Absatz 3 Satz 2, § 41 Absatz 1 Satz 6, Großbuchstabe S);

6. wenn die Ehe des Arbeitnehmers im Veranlagungszeitraum durch Tod, Scheidung oder Aufhebung aufgelöst worden ist und er oder sein Ehegatte der aufgelösten Ehe im Veranlagungszeitraum wieder geheiratet hat;

---

[1] Absatz 2 Nr. 3 und 4 wurde durch Artikel 9 des Gesetzes zur Umsetzung der Änderungen der EU-Amtshilferichtlinie und von weiteren Maßnahmen gegen Gewinnkürzungen und -verlagerungen ab VZ 2018 geändert.
[2] Absatz 2 Nr. 3 und 4 wurde durch Artikel 9 des Gesetzes zur Umsetzung der Änderungen der EU-Amtshilferichtlinie und von weiteren Maßnahmen gegen Gewinnkürzungen und -verlagerungen ab VZ 2018 geändert.

7. wenn

   a) für einen unbeschränkt Steuerpflichtigen im Sinne des § 1 Absatz 1 bei der Bildung der Lohnsteuerabzugsmerkmale (§ 39) ein Ehegatte im Sinne des § 1a Absatz 1 Nummer 2 berücksichtigt worden ist oder

   b) für einen Steuerpflichtigen, der zum Personenkreis des § 1 Absatz 3 oder des § 1a gehört, Lohnsteuerabzugsmerkmale nach § 39 Absatz 2 gebildet worden sind; das nach § 39 Absatz 2 Satz 2 bis 4 zuständige Betriebsstättenfinanzamt ist dann auch für die Veranlagung zuständig.

8. wenn die Veranlagung beantragt wird, insbesondere zur Anrechnung von Lohnsteuer auf die Einkommensteuernummer ²Der Antrag ist durch Abgabe einer Einkommensteuererklärung zu stellen.

(3) ¹In den Fällen des Absatzes 2 ist ein Betrag in Höhe der einkommensteuerpflichtigen Einkünfte, von denen der Steuerabzug vom Arbeitslohn nicht vorgenommen worden ist und die nicht nach § 32d Absatz 6 der tariflichen Einkommensteuer unterworfen wurden, vom Einkommen abzuziehen, wenn diese Einkünfte insgesamt nicht mehr als 410 Euro betragen. ²Der Betrag nach Satz 1 vermindert sich um den Altersentlastungsbetrag, soweit dieser den unter Verwendung des nach § 24a Satz 5 maßgebenden Prozentsatzes zu ermittelnden Anteil des Arbeitslohns mit Ausnahme der Versorgungsbezüge im Sinne des § 19 Absatz 2 übersteigt, und um den nach § 13 Absatz 3 zu berücksichtigenden Betrag.

(4) ¹Kommt nach Absatz 2 eine Veranlagung zur Einkommensteuer nicht in Betracht, so gilt die Einkommensteuer, die auf die Einkünfte aus nichtselbständiger Arbeit entfällt, für den Steuerpflichtigen durch den Lohnsteuerabzug als abgegolten, soweit er nicht für zu wenig erhobene Lohnsteuer in Anspruch genommen werden kann. ²§ 42b bleibt unberührt.

(5) Durch Rechtsverordnung kann in den Fällen des Absatzes 2 Nummer 1, in denen die einkommensteuerpflichtigen Einkünfte, von denen der Steuerabzug vom Arbeitslohn nicht vorgenommen worden ist und die nicht nach § 32d Absatz 6 der tariflichen Einkommensteuer unterworfen wurden, den Betrag von 410 Euro übersteigen, die Besteuerung so gemildert werden, dass auf die volle Besteuerung dieser Einkünfte stufenweise übergeleitet wird.

EStDV

§ 56 Steuererklärungspflicht

¹*Unbeschränkt Steuerpflichtige haben eine jährliche Einkommensteuererklärung für das abgelaufene Kalenderjahr (Veranlagungszeitraum) in den folgenden Fällen abzugeben:*

1. *Ehegatten, bei denen im Veranlagungszeitraum die Voraussetzungen des § 26 Abs. 1 des Gesetzes vorgelegen haben und von denen keiner die getrennte Veranlagung nach § 26a des Gesetzes wählt,*

   a) *wenn keiner der Ehegatten Einkünfte aus nichtselbständiger Arbeit, von denen ein Steuerabzug vorgenommen worden ist, bezogen und der Gesamtbetrag der Einkünfte mehr als das Zweifache des Grundfreibetrages nach § 32a Absatz 1 Satz 2 Nummer 1 des Gesetzes in der jeweils geltenden Fassung betragen hat,*

   b) *wenn mindestens einer der Ehegatten Einkünfte aus nichtselbständiger Arbeit, von denen ein Steuerabzug vorgenommen worden ist, bezogen hat und eine Veranlagung nach § 46 Abs. 2 Nr. 1 bis 7 des Gesetzes in Betracht kommt,*

2. *Personen, bei denen im Veranlagungszeitraum die Voraussetzungen des § 26 Abs. 1 des Gesetzes nicht vorgelegen haben,*

   a) *wenn der Gesamtbetrag der Einkünfte den Grundfreibetrag nach § 32a Absatz 1 Satz 2 Nummer 1 des Gesetzes in der jeweils geltenden Fassung überstiegen hat und darin keine Einkünfte aus nichtselbständiger Arbeit, von denen ein Steuerabzug vorgenommen worden ist, enthalten sind,*

   b) *wenn in dem Gesamtbetrag der Einkünfte Einkünfte aus nichtselbständiger Arbeit, von denen ein Steuerabzug vorgenommen worden ist, enthalten sind und eine Veranlagung nach § 46 Abs. 2 Nr. 1 bis 6 und 7 Buchstabe b des Gesetzes in Betracht kommt.*

²*Eine Steuererklärung ist außerdem abzugeben, wenn zum Schluss des vorangegangenen Veranlagungszeitraums ein verbleibender Verlustabzug festgestellt worden ist.*

§ 70 Ausgleich von Härten in bestimmten Fällen

¹*Betragen in den Fällen des § 46 Abs. 2 Nr. 1 bis 7 des Gesetzes die einkommensteuerpflichtigen Einkünfte, von denen der Steuerabzug vom Arbeitslohn nicht vorgenommen worden ist und die nicht nach § 32d Absatz 6 des Gesetzes der tariflichen Einkommensteuer unterworfen wurden, insgesamt mehr als 410 Euro, so ist vom Einkommen der Betrag abzuziehen, um den die bezeichneten Einkünfte, vermindert um den auf sie entfallenden Altersentlastungsbetrag (§ 24a des Gesetzes) und den nach § 13 Abs. 3 des Gesetzes zu berücksichtigenden Betrag, niedriger*

als 820 Euro sind (Härteausgleichsbetrag). [2]*Der Härteausgleichsbetrag darf nicht höher sein als die nach Satz 1 verminderten Einkünfte.*

Hinweise

H 46

Abtretung/Verpfändung

§ 46 Abtretung, Verpfändung, Pfändung

AO

(1) Ansprüche auf Erstattung von Steuern, Haftungsbeträgen, steuerlichen Nebenleistungen und auf Steuervergütungen können abgetreten, verpfändet und gepfändet werden.

(2) Die Abtretung wird jedoch erst wirksam, wenn sie der Gläubiger in der nach Absatz 3 vorgeschriebenen Form der zuständigen Finanzbehörde nach Entstehung des Anspruchs anzeigt.

(3) [1]Die Abtretung ist der zuständigen Finanzbehörde unter Angabe des Abtretenden, des Abtretungsempfängers sowie der Art und Höhe des abgetretenen Anspruchs und des Abtretungsgrundes auf einem amtlich vorgeschriebenen Vordruck anzuzeigen. [2]Die Anzeige ist vom Abtretenden und vom Abtretungsempfänger zu unterschreiben.

(4) [1]Der geschäftsmäßige Erwerb von Erstattungs- oder Vergütungsansprüchen zum Zweck der Einziehung oder sonstigen Verwertung auf eigene Rechnung ist nicht zulässig. [2]Dies gilt nicht für die Fälle der Sicherungsabtretung. [3]Zum geschäftsmäßigen Erwerb und zur geschäftsmäßigen Einziehung der zur Sicherung abgetretenen Ansprüche sind nur Unternehmen befugt, denen das Betreiben von Bankgeschäften erlaubt ist.

(5) Wird der Finanzbehörde die Abtretung angezeigt, so müssen Abtretender und Abtretungsempfänger der Finanzbehörde gegenüber die angezeigte Abtretung gegen sich gelten lassen, auch wenn sie nicht erfolgt oder nicht wirksam oder wegen Verstoßes gegen Absatz 4 nichtig ist.

(6) [1]Ein Pfändungs- und Überweisungsbeschluss oder eine Pfändungs- und Einziehungsverfügung dürfen nicht erlassen werden, bevor der Anspruch entstanden ist. [2]Ein entgegen diesem Verbot erwirkter Pfändungs- und Überweisungsbeschluss oder erwirkte Pfändungs- und Einziehungsverfügung sind nichtig. [3]Die Vorschriften der Absätze 2 bis 5 sind auf die Verpfändung sinngemäß anzuwenden.

(7) Bei Pfändung eines Erstattungs- oder Vergütungsanspruchs gilt die Finanzbehörde, die über den Anspruch entschieden oder zu entscheiden hat, als Drittschuldner im Sinne der §§ 829, 845 der Zivilprozessordnung.

Anwendungserlass zur Abgabenordnung (AEAO)
– Auszug –

AEAO

(BMF-Schreiben vom 31. 1. 2014, BStBl I S. 290)

Zu § 46 – Abtretung, Verpfändung, Pfändung:

1. Der Gläubiger kann die Abtretung oder Verpfändung der zuständigen Finanzbehörde wirksam nur nach Entstehung des Anspruchs anzeigen. Die Anzeige wirkt nicht auf den Zeitpunkt des Abtretungs- oder Verpfändungsvertrages zurück. Vor Entstehung des Steueranspruchs sind Pfändungen wirkungslos; sie werden auch nicht mit Entstehung des Anspruchs wirksam. Da z. B. der Einkommensteuererstattungsanspruch aus überzahlter Lohnsteuer grundsätzlich mit Ablauf des für die Steuerfestsetzung maßgebenden Erhebungszeitraums entsteht (§ 38 AO i. V. m. § 36 Abs. 1 EStG), sind während des betreffenden Erhebungszeitraums (bis 31.12.) angezeigte Lohnsteuer-Abtretungen bzw. Verpfändungen oder ausgebrachte Pfändungen wirkungslos. Ein auf einem Verlustrücktrag nach § 10d Abs. 1 EStG beruhender Erstattungsanspruch ist nur dann wirksam abgetreten, gepfändet oder verpfändet, wenn die Abtretung, Verpfändung oder Pfändung erst nach Ablauf des Verlustentstehungsjahres angezeigt bzw. ausgebracht worden ist (vgl. AEAO zu § 38, Nr. 1 Satz 3). Der Anspruch auf Erstattungszinsen nach § 233a AO entsteht erst, wenn eine Steuerfestsetzung zu einer Steuererstattung führt und die übrigen Voraussetzungen des § 233a AO in diesem Zeitpunkt erfüllt sind. Eine vor der Steuerfestsetzung angezeigte Abtretung des Anspruchs auf Erstattungszinsen ist unwirksam (BFH-Urteil vom 14. 5. 2002, VII R 6/01, BStBl II S. 677).

2. Der geschäftsmäßige Erwerb und die geschäftsmäßige Einziehung von Erstattungs- oder Vergütungsansprüchen ist nach § 46 Abs. 4 AO nur bei Sicherungsabtretungen und dabei

auch nur Bankunternehmen gestattet (BFH-Urteil vom 23. 10. 1985, VII R 196/82, BStBl 1986 II S. 124).

2.1 Geschäftsmäßig i. S. v. § 46 Abs. 4 AO handelt, wer die Tätigkeit – Erwerb von Erstattungs- oder Vergütungsansprüchen – selbständig und in Wiederholungsabsicht ausübt. Dafür getroffene organisatorische Vorkehrungen indizieren die Wiederholungsabsicht, sie sind indes für deren Annahme keine notwendige Voraussetzung (vgl. BFH-Urteil vom 13. 10. 1994, VII R 3/94, BFH/NV 1995 S. 473). Eine entscheidende Rolle bei der Beurteilung der Geschäftsmäßigkeit kann die Zahl der Erwerbsfälle und der Zeitraum ihres Vorkommens spielen.

Allgemeine Festlegungen oder Beurteilungsmaßstäbe lassen sich hierzu aber nicht aufstellen; insoweit kommt es immer auf die Verhältnisse des Einzelfalls an (vgl. u. a. BFH-Urteile vom 13. 10. 1994, VII R 3/94, a. a. O., und vom 4. 2. 2005, VII R 54/04, BStBl II 2006 S. 348, jeweils m. w. N.). Für die Annahme der Geschäftsmäßigkeit reicht es indes nicht aus, dass die – vereinzelte – Abtretung im Rahmen eines Handelsgeschäfts vorgenommen wurde.

2.2 Die Abtretung eines Erstattungs- oder Vergütungsanspruchs erfolgt nur dann zur bloßen Sicherung, wenn für beide Beteiligten der Sicherungszweck im Vordergrund steht. Eine Sicherungsabtretung ist daher grundsätzlich dadurch gekennzeichnet, dass der Abtretungsempfänger die Forderung nicht behalten darf. Er soll sie nur vorübergehend für den Abtretenden als Sicherheit für einen Anspruch gegen den Abtretenden innehaben.

Deshalb kann eine Sicherungsabtretung regelmäßig nur dann vorliegen, wenn der Inhaber des Pfandrechts bei Fälligkeit seines Anspruchs zunächst versuchen muss, Befriedigung aus seinem Anspruch selbst zu suchen. Erst wenn dies nicht gelingt, darf er auf die Sicherheit zurückgreifen. Eine Abtretung zur Sicherung ist dagegen nicht gegeben, wenn der Abtretende seine Einwirkungsmöglichkeiten auf die abgetretene Forderung weitgehend aufgibt (vgl. BFH-Urteil vom 3. 2. 1984, VII R 72/82, BStBl II S. 411).

Haben Abtretender und Abtretungsempfänger eine direkte Begleichung der Forderung des Abtretungsempfängers durch die Finanzbehörde vereinbart, liegt eine Sicherungsabtretung nur vor, wenn der Sicherungszweck in einem solchen Maß überwiegt, dass andere Beweggründe für die gewählte rechtliche Gestaltung ausscheiden. Die gesamten Umstände des Einzelfalles, unter denen die Geschäftsbeziehung begründet worden ist, sind für die Beurteilung heranzuziehen (vgl. BFH-Urteil vom 21. 2. 1989, VII R 7/86, BFH/NV S. 555 m. w. N.).

2.3 Eine Sicherungsabtretung liegt nicht vor, wenn der Abtretende den Abtretungsempfänger ermächtigt hat, einen Steuerberater oder Lohnsteuerhilfeverein mit der Einlegung von Rechtsbehelfen zu beauftragen und den Anspruch gegen den Steuerberater bzw. Lohnsteuerhilfeverein auf Herausgabe der Steuerunterlagen an den Abtretungsempfänger ebenfalls abgetreten hat (vgl. BFH-Urteil vom 21. 2. 1989, VII R 7/86, a. a. O.). Gegen eine Sicherungsabtretung kann z. B. auch sprechen, dass der Abtretende im Zeitpunkt der Abtretung arbeitslos ist und der Abtretungsempfänger nicht mit einer Zahlung des Abtretenden aus anderen Mitteln rechnen kann.

Eine Sicherungsabtretung liegt auch dann nicht vor, wenn die der Abtretung zugrunde liegende Geschäftsbeziehung zwischen einem Steuerpflichtigen und einem Kreditinstitut nur zum Zweck der Kreditgewährung begründet wurde und das Kreditinstitut die Erstattungsbeträge aufgrund des Darlehensvertrages nach Eingang der Beträge ohne Einwirkungsmöglichkeit des Steuerpflichtigen verrechnen und auf diese Weise das Darlehen tilgen darf. In diesen Fällen liegt eine Abtretung bzw. Verpfändung erfüllungshalber vor.

2.4 Auskünfte darüber, inwieweit einem Unternehmen das Betreiben von Bankgeschäften nach § 32 Abs. 1 KWG erlaubt worden ist, können bei der Bundesanstalt für Finanzdienstleistungsaufsicht (BAFin) oder auch bei der Deutschen Bundesbank und ihren Hauptverwaltungen eingeholt werden.

2.5 Verstöße gegen § 46 Abs. 4 AO können als Steuerordnungswidrigkeit geahndet werden (§ 383 AO).

3. Auch bei einem Verstoß gegen § 46 Abs. 4 Satz 1 AO oder bei sonstiger Unwirksamkeit des der Abtretung oder Verpfändung zugrunde liegenden Rechtsgeschäfts kann die Finanzbehörde nach erfolgter Anzeige mit befreiender Wirkung an den Abtretungsempfänger zahlen, soweit nicht Rechte anderer Gläubiger entgegenstehen.

4. Mit der wirksam angezeigten Abtretung oder Verpfändung (bzw. ausgebrachten Pfändung) geht nicht die gesamte Rechtsstellung über den Steuerpflichtigen über (BFH-Urteile vom 21. 3. 1975, VI R 238/71, BStBl II S. 669, vom 15. 5. 1975, V R 84/70, BStBl 1976 II S. 41, vom 25. 4. 1978, VII R 2/75, BStBl II S. 465, und vom 27. 1. 1993, II S 10/92, BFH/NV S. 350). Übertragen wird nur der Zahlungsanspruch. Auch nach einer Abtretung, Pfändung oder Verpfändung ist der Steuerbescheid nur dem Steuerpflichtigen bekannt zu geben. Der neue Gläubiger des Erstattungsanspruchs kann nicht den Steuerbescheid anfechten. Dem neuen Gläubiger des Erstattungsanspruchs muss nur mitgeteilt werden, ob und ggf. in welcher

Höhe sich aus der Veranlagung ein Erstattungsanspruch ergeben hat und ob und ggf. in welcher Höhe aufgrund der Abtretung, Pfändung oder Verpfändung an ihn zu leisten ist. Über Streitigkeiten hierüber ist durch Verwaltungsakt nach § 218 Abs. 2 AO zu entscheiden. Der neue Gläubiger des Erstattungsanspruchs ist nicht befugt, einen Antrag auf Einkommensteuerveranlagung gem. § 46 Abs. 2 Nr. 8 EStG zu stellen (vgl. BFH-Urteil vom 18. 8. 1998, VII R 114/97, BStBl 1999 II S. 84). Die vorstehenden Sätze gelten entsprechend für Fälle einer Überleitung von Steuererstattungsansprüchen gem. § 93 SGB XII. Für die Überleitung von Steuererstattungsansprüchen nach dem Asylbewerberleistungsgesetz ist § 93 SGB XII entsprechend anzuwenden (§ 7 Abs. 3 AsylbLG). Für Fälle des Übergangs von Steuererstattungsansprüchen im Wege des gesetzlichen Forderungsübergangs im Rahmen der Leistungen zur Grundsicherung für Arbeitsuchende nach § 33 SGB II gelten die vorstehenden Sätze entsprechend. Dieser Antrag ist ein von den Rechtswirkungen des § 46 AO nicht erfasstes höchstpersönliches steuerliches Gestaltungsrecht. Die vorstehenden Sätze gelten entsprechend für Fälle einer Überleitung von Steuererstattungsansprüchen gem. § 90 BSHG.

5. Fehlt in der Abtretungsanzeige, nach der die Erstattungsansprüche aus der Zusammenveranlagung abgetreten worden sind, die Unterschrift eines Ehegatten oder Lebenspartners, so wird dadurch die Wirksamkeit der Abtretung des Anspruchs, soweit er auf den Ehegatten bzw. Lebenspartner entfällt, der die Anzeige unterschrieben hat, nicht berührt (BFH-Urteil vom 13. 3. 1997, VII R 39/96, BStBl II S. 522). Zum Erstattungsanspruch bei zusammenveranlagten Ehegatten oder Lebenspartnern vgl. AEAO zu § 37, Nr. 2.6.Für die Anzeige der Abtretung oder Verpfändung eines Erstattungs- oder Vergütungsanspruches wird der in der Anlage abgedruckte Vordruck bestimmt. Die mit BMF-Schreiben vom 23. 7. 2013, BStBl I S. 933, veröffentlichte Fassung des Vordrucks kann weiterhin verwendet werden. 7.Die auf einem vollständig ausgefüllten amtlichen Vordruck erklärte, vom Abtretenden und vom Abtretungsempfänger jeweils eigenhändig unterschriebene Abtretungsanzeige kann der zuständigen Finanzbehörde auch per Telefax übermittelt werden (vgl. BFH-Urteil vom 8. 6. 2010, VII R 39/09, BStBl II S. 839). Dies gilt entsprechend, wenn eine Abtretungsanzeige i. S. d. Satzes 1 eingescannt per E-Mail übermittelt wird. Die Anzeige der Abtretung wird wirksam, sobald die Kenntnisnahme durch die Finanzbehörde möglich und nach der Verkehrsanschauung zu erwarten ist (§ 130 Abs. 1 Satz 1 BGB). Dies bedeutet: Eintritt der Wirksamkeit bei Übermittlung

– während der üblichen Dienststunden der Finanzbehörde im Zeitpunkt der vollständigen Übermittlung;

– außerhalb der üblichen Dienststunden der Finanzbehörde zum Zeitpunkt des Dienstbeginns am nächsten Arbeitstag.

6.[1])Für die Anzeige der Abtretung oder Verpfändung eines Erstattungs- oder Vergütungsanspruches wird der in der Anlage abgedruckte Vordruck bestimmt.

---

[1]) Mit BMF-Schreiben vom 7. 8. 2017 wurde Satz 2 der Nummer 6 des AEAO zu § 46 gestrichen.

ACHTUNG

Beachten Sie unbedingt die Hinweise in Abschnitt V. des Formulars!
Zutreffendes bitte ankreuzen bzw. leserlich ausfüllen!

Eingangsstempel

Finanzamt

Raum für Bearbeitungsvermerke

☐ **Abtretungsanzeige**

☐ **Verpfändungsanzeige**

I. Abtretende(r) / Verpfänder(in)

Familienname bzw. Firma (bei Gesellschaften)	Vorname	Geburtsdatum
	Steuernummer	
Ehegatte/Lebenspartner: Familienname	Vorname	Geburtsdatum
Anschrift(en)		

II. Abtretungsempfänger(in) / Pfandgläubiger(in)

Name / Firma und Anschrift

III. Anzeige

Folgender Erstattungs- bzw. Vergütungsanspruch ist abgetreten / verpfändet worden:

1. Bezeichnung des Anspruchs:

☐ Einkommensteuer-Veranlagung Für ___ Kalenderjahr

☐ Umsatzsteuerfestsetzung für ___ Kalenderjahr

☐ _____ Für ___ Zeitraum

☐ Umsatzsteuervoranmeldung für ___ Monat bzw. Quartal / Jahr

☐ _____ Für ___ Kalenderjahr

☐ _____

2. Umfang der Abtretung bzw. Verpfändung:

☐ VOLL-Abtretung / Verpfändung

Hinweis: Die Vollabtretung umfasst auch Erstattungsansprüche aufgrund künftiger Änderungen der Steuerfestsetzung(en), die nicht auf Verlustrückträgen (§ 10d EStG) oder rückwirkenden Ereignissen (§ 175 AO) aus Zeiträumen nach Eingang der Abtretungsanzeige / Verpfändungsanzeige bei der Finanzbehörde beruhen.

☐ TEIL-Abtretung / Verpfändung in Höhe von _____ Euro

3. Grund der Abtretung / Verpfändung:

(kurze stichwortartige Kennzeichnung des der Abtretung zugrunde liegenden schuldrechtlichen Lebenssachverhaltes)

4. a) Es handelt sich um eine Sicherungsabtretung oder Verpfändung als Sicherheit:

☐ Ja   ☐ Nein

b) Die Abtretung / Verpfändung erfolgte geschäftsmäßig:

☐ Ja   ☐ Nein

Abtretungsanzeige BMF 07/2015

Seite 2

5. Der Abtretungsempfänger / Pfandgläubiger ist ein Unternehmen, dem das Betreiben von Bankgeschäften erlaubt ist:

☐ Ja ☐ Nein

IV. Überweisung / Verrechnung

Der abgetretene / verpfändete Betrag soll ausgezahlt werden durch:

☐ **Überweisung** auf Konto IBAN (International Bank Account Number; internationale Kontonummer) BIC (Business Identifier Code; Internationale Bankleitzahl)

Geldinstitut (Zweigstelle) und Ort

Kontoinhaber, wenn abweichend von Abschnitt II.

☐ **Verrechnung** mit Steuerschulden des / der Abtretungsempfängers(in) / Pfandgläubigers(in)

beim Finanzamt _____ Steuernummer _____

Steuerart _____ Zeitraum _____

(für genauere Anweisungen bitte einen gesonderten Verrechnungsantrag beifügen!)

V. Wichtige Hinweise

Unterschreiben Sie bitte kein Formular, das nicht ausgefüllt ist oder dessen Inhalt Sie nicht verstehen!

Prüfen Sie bitte sorgfältig, ob sich eine Abtretung für Sie überhaupt lohnt! Denn das Finanzamt bemüht sich, Erstattungs- und Vergütungsansprüche schnell zu bearbeiten.

Vergleichen Sie nach Erhalt des Steuerbescheids den Erstattungsbetrag mit dem Betrag, den Sie gegebenenfalls im Wege der Vorfinanzierung erhalten haben.

Denken Sie daran, dass die Abtretung aus unterschiedlichen Gründen unwirksam sein kann, dass das Finanzamt dies aber nicht zu prüfen braucht! Der geschäftsmäßige Erwerb von Steuererstattungsansprüchen ist nur Kreditinstituten (Banken und Sparkassen) im Rahmen von Sicherungsabtretungen gestattet. Die Abtretung an andere Unternehmen und Privatpersonen ist nur zulässig, wenn diese nicht geschäftsmäßig handeln. Haben Sie z.B. Ihren Anspruch an eine Privatperson abgetreten, die den Erwerb von Steuererstattungsansprüchen geschäftsmäßig betreibt, dann ist die Abtretung unwirksam. Hat aber das Finanzamt den Erstattungsbetrag bereits an den / die von Ihnen angegebenen neuen Gläubiger ausgezahlt, dann kann es nicht mehr in Anspruch genommen werden, das heißt: Sie haben selbst dann keinen Anspruch mehr gegen das Finanzamt auf den Erstattungsanspruch, wenn die Abtretung nicht wirksam ist.

Abtretungen / Verpfändungen können gem. § 46 Abs. 2 AO dem Finanzamt erst dann wirksam angezeigt werden, wenn der abgetretene / verpfändete Erstattungsanspruch entstanden ist. Der Erstattungsanspruch entsteht nicht vor Ablauf des Besteuerungszeitraums (bei der Einkommensteuer / Lohnsteuer: grundsätzlich Kalenderjahr; bei der Umsatzsteuer: Monat, Kalendervierteljahr bzw. Kalenderjahr).

Die Anzeige ist an das für die Besteuerung des / der Abtretenden / Verpfändenden zuständige Finanzamt zu richten. So ist z.B. für den Erstattungsanspruch aus der Einkommensteuer-Veranlagung das Finanzamt zuständig, in dessen Bereich der / die Abtretende / Verpfändende seinen / ihren Wohnsitz hat.

Bitte beachten Sie, dass neben den beteiligten Personen bzw. Gesellschaften auch der abgetretene / verpfändete Erstattungsanspruch für die Finanzbehörde zweifelsfrei erkennbar sein muss. Die Angaben in Abschnitt III. der Anzeige dienen dazu, die gewünschte Abtretung / Verpfändung schnell und problemlos ohne weitere Rückfragen erledigen zu können!

Die Abtretungs- / Verpfändungsanzeige ist sowohl von dem / der Abtretenden / Verpfändenden als auch von dem / der Abtretungsempfänger(in) / Pfandgläubiger(in) zu unterschreiben. Dies gilt z.B. auch, wenn der / die zeichnungsberechtigte Vertreter(in) einer abtretenden juristischen Person (z.B. GmbH) oder sonstigen Gesellschaft und der / die Abtretungsempfänger(in) / Pfandgläubiger(in) personengleich sind (2 Unterschriften).

VI. Unterschriften

1. Abtretende(r) / Verpfänder(in) lt. Abschnitt I. – Persönliche Unterschrift –
   Ort, Datum

   (Werden bei der **Einkommensteuer-Zusammenveranlagung** die Ansprüche beider Ehegatten/Lebenspartner abgetreten, ist unbedingt erforderlich, dass **beide Ehegatten/Lebenspartner** persönlich unterschreiben.)

2. Abtretungsempfänger(in) / Pfandgläubiger(in) lt. Abschnitt II. – Unterschrift unbedingt erforderlich –
   Ort, Datum

Antragsveranlagung

→ R 46.2 EStR, → H 46.2 EStH

Anhang 30

Arbeitnehmerveranlagung

Veranlagung bei Bezug von Einkünften aus nichtselbständiger Tätigkeit

1. Pflichtveranlagung nach § 46 Abs. 2 Nr. 1 EStG – 410 €-Grenze

2. Antragsveranlagung nach § 46 Abs. 2 Nr. 8 EStG

Nichtannahmebeschluss zur Verfassungsbeschwerde vor dem Bundesverfassungsgericht (Az. 1 BvR 924/12)

(Thüringer Landesfinanzdirektion vom 23. 10. 2013 – S 2270 A-01-A 3.13 –)

1. Pflichtveranlagung nach § 46 Abs. 2 Nr. 1 EStG

Nach § 46 Abs. 2 Nr. 1 EStG i. d. F. d. JStG 2007 sind Arbeitnehmer verpflichtet, eine Einkommensteuererklärung abzugeben, wenn die positive Summe der einkommensteuerpflichtigen Einkünfte, die nicht dem Steuerabzug vom Arbeitslohn zu unterwerfen waren, vermindert um die darauf entfallenden Beträge nach § 13 Abs. 3 und § 24a, oder die positive Summe der Einkünfte und Leistungen, die dem Progressionsvorbehalt unterliegen, jeweils mehr als 410 Euro beträgt. Nach § 52 Abs. 55j S. 1 EStG ist die Neufassung auch auf Veranlagungszeiträume vor 2006 anzuwenden.

Diese klarstellende Gesetzesänderung wurde auf Grund des BFH-Urteils vom 21. 09. 2006, Az. VI R 52/04, BStBl 2007 II S. 45 erforderlich. Der BFH vertrat darin die Auffassung, dass auch bei einer negativen Summe der Einkünfte, die nicht dem Steuerabzug vom Arbeitslohn unterliegen, von mehr als 410 Euro eine Veranlagung nach § 46 Abs. 2 Nr. 1 EStG von Amts wegen durchzuführen sei.

Mit Urteil vom 31. 01. 2012 hat das Niedersächsische FG (Az. 8 K 196/10) zwar entschieden, dass auch für die Jahre 2002–2004 innerhalb der Festsetzungsfrist eine Veranlagung durchzuführen ist, wenn die negative Summe der Einkünfte neben den Einkünften aus nichtselbständiger Arbeit mehr als 410 Euro beträgt. Dieses Urteil wurde jedoch durch den BFH mit Urteil vom 17. 01. 2013, Az. VI R 32/12, BStBl 2013 I S. 439 aufgehoben. Danach verstößt die Regelung zur rückwirkenden Anwendung des § 46 Abs. 2 Nr. 1 EStG i. d. F. d. JStG 2007 nicht gegen das rechtsstaatliche Rückwirkungsverbot.

2. Antragsveranlagung nach § 46 Abs. 2 Nr. 8 EStG

Allgemeines / Anwendungsregelung § 52 Abs. 55j S. 4 EStG

Mit dem JStG 2008 (BGBl. 2007 I, S. 3150) ist die zweijährige Antragsfrist des § 46 Abs. 2 Nr. 8 EStG aufgehoben worden. Gem. § 52 Abs. 55j S. 2 EStG i. d. F. des JStG 2008 ist diese Gesetzesfassung erstmals für den VZ 2005 anzuwenden und in Fällen, in denen am 28. 12. 2007 (= Datum der Verkündung im BGBl.) über einen Antrag auf Veranlagung zur Einkommensteuer noch nicht bestandskräftig entschieden worden ist.

Nach dem BFH-Urteil vom 12. 11. 2009, Az. VI R 1/09, BStBl II 2010 S. 406 ist über einen Antrag auf Veranlagung am 28. 12. 2007 auch dann nicht bestandskräftig entschieden, wenn der Antrag auf Veranlagung erst nach dem 28. 12. 2007 beim Finanzamt eingegangen ist. Ein Steuerpflichtiger, der ausschließlich Arbeitslohn bezieht und den Antrag auf Veranlagung für Veranlagungszeiträume vor 2005 erst nach dem 28. 12. 2007 stellt, ist somit nach der BFH-Rechtsprechung zur Einkommensteuer zu veranlagen, soweit Verjährungsfristen nicht entgegenstehen.

Festsetzungsverjährung

Mit Urteil vom 18. 10. 2012, Az. VI R 16/11, BFH/NV 2013 S. 340 – hat der BFH entschieden, dass eine Anlaufhemmung gem. § 170 Abs. 2 Satz 1 Nr. 1 AO in Fällen des § 46 Abs. 2 Nr. 8 EStG (Antragsveranlagung) nicht in Betracht kommt (vgl. auch BFH vom 14. 04. 2011, Az. VI R 53/10, BStBl 2011 II S. 746). Zwischen Pflichtveranlagung und Antragsveranlagung bestehen Sachunterschiede, die eine unterschiedliche Behandlung im Hinblick auf eine Anlaufhemmung rechtfertigen. Diese Rechtsauffassung des BFH entspricht den Ausführungen im AEAO zu § 170, Nr. 3.

Die Festsetzungsfrist für die Einkommensteuer beträgt in Fällen der Antragsveranlagung somit 4 Jahre (§ 169 Abs. 2 Nr. 2 AO).

Die beim Bundesverfassungsgericht anhängige Verfassungsbeschwerde (Az. des BVerfG: 1 BvR 924/12) hat sich durch Nichtannahmebeschluss vom 18. 09. 2013 erledigt. Es verstößt daher nicht gegen den allgemeinen Gleichheitssatz des Art. 3 Abs. 1 GG, dass bei der einkommensteuerlichen Antragsveranlagung nach § 46 Abs. 2 Nr. 8 EStG anders als in Fällen der Pflichtveranlagung nach § 46 Abs. 2 Nr. 1 bis 7 EStG die Anlaufhemmung nach § 170 Abs. 2 Satz 1 Nr. 1 AO nicht zu Anwendung kommt. Auf den Nichtannahmebeschluss – abrufbar in juris – wird verwiesen.

...

Härteausgleich

→ H 46.3 EStH

Anhang 30

→ Der Härteausgleich nach § 46 Abs. 3 EStG ist nicht auf dem Progressionsvorbehalt unterliegende Lohnersatzleistungen anzuwenden (→ BFH vom 5. 5. 1994 – BStBl II S. 654).

Örtliche Zuständigkeit für Arbeitnehmer

Arbeitnehmer-Zuständigkeitsverordnung-Bau
Örtliche Zuständigkeit für die Einkommensteuer bei Angehörigen
der Bundeswehr

Anhang 16 I

(Verfügung der OFD Münster vom 20. 6. 1994 – S 0122 – 28 – St 31 – 34 –)

Nach einer bundeseinheitlichen Vereinfachungsregelung ist hinsichtlich der örtlichen Zuständigkeit für die Einkommensteuer bei Angehörigen der Bundeswehr wie folgt zu verfahren:

1. Für nicht verheiratete Soldaten ist das Finanzamt des Wohnsitzes örtlich zuständig, den der Soldat in seinem Antrag oder seiner Steuererklärung angibt.

2. Für verheiratete Soldaten ist das Finanzamt des Familienwohnsitzes zuständig.

Diese Regelung gilt sinngemäß auch für Angehörige des Bundesgrenzschutzes und Angehörige der Polizei, die in Kasernen oder ähnlichen Unterkünften zusammengezogen sind.

Die Verfügung vom 7. 7. 1992 (S 2380 – 38 – St 15 – 31, StEK EStG § 46 Nr. 61) wird aufgehoben.

→ Umsatzsteuerzuständigkeitsverordnung

Anhang 16 II

Ausländische Werkvertragsunternehmer, zentrale Zuständigkeit

(Verfügung des LfSt Bayern vom 6. 5. 2011 – S 0123.2.1-2/3 St42 –)

1. Werkvertragsunternehmer und deren Arbeitnehmer

1.1. Baubereich

– Unternehmer

...

– Arbeitnehmer

Die Einkommensbesteuerung der mit einem Wohnsitz im Ausland ansässigen Werkvertragsarbeitnehmer des Baugewerbes richtet sich nach der umsatzsteuerlichen Zuständigkeit (§ 20a Abs. 3 AO i. V. m. der Arbeitnehmer-Zuständigkeitsverordnung-Bau, BStBl I S. 605, im amtlichen AO-Handbuch abgedruckt zu § 20a).

Zur Frage, in welchen Fällen eine abweichende Zuständigkeitsvereinbarung nach § 27 AO herbeigeführt werden soll, wird auf AEAO zu § 20a, Nr. 2 verwiesen.

1.2. Nichtbaubereich

– Unternehmer

...

– Arbeitnehmer

Für die Besteuerung ausländischer Werkvertragsunternehmer und deren Arbeitnehmer, die nicht unter Tz. 1.1 fallen, gilt diese nach Herkunftsländern gegliederte Zuständigkeit nach § 21 AO nicht. Hier greift die zentrale bayerische Zuständigkeit aufgrund der Verordnung über Organisation und Zuständigkeiten in der Bayer. Steuerverwaltung (ZustVSt; AIS: AO/Zuständigkeit). Danach sind das Finanzamt München bzw. das Zentralfinanzamt Nürnberg für diese Werkvertragsunternehmer und deren Arbeitnehmer zuständig.

2. Ausländische Arbeitnehmerverleiher und deren Arbeitnehmer

2.1. Einkommensbesteuerung (ESt, KSt) der ausländischen Verleiher

Die Zuständigkeit in Bayern richtet sich für diesen Personenkreis ausschließlich nach den §§ 19, 20 AO und den hierfür in Betracht kommenden Finanzämtern, weil der Verleiher nicht unter den Personenkreis des § 20a Abs. 1 Satz 1 AO (Einbringung von Bauleistungen) fällt.

2.2. Umsatzbesteuerung der ausländischen Verleiher

Die Zuständigkeit bestimmt sich nach § 21 Abs. 1 Satz 2 AO i. V. m. der UStZustV.

2.3. Lohnsteuererhebung (§ 38 EStG) durch den ausländischen Verleiher

2.3.1 Arbeitnehmerüberlassung im Baubereich

...

2.3.2 Arbeitnehmerüberlassung im Nichtbaubereich

Die Zuständigkeit ergibt sich aus der bayerischen ZustVSt (s. Tz. 1.2). Die Regelung des § 20a Abs. 2 Satz 1 AO wird durch Satz 2 für den Nichtbaubereich ausgeschlossen. Danach obliegt die Durchführung des Steuerabzugs nach § 38 Abs. 1 Satz 2 EStG dem Finanzamt München und dem Zentralfinanzamt Nürnberg.

2.4. Einkommensbesteuerung der ausländischen Leiharbeitnehmer

2.4.1 im Baubereich

Die Zuständigkeit richtet sich ausschließlich nach der umsatzsteuerlichen Zuständigkeit (§ 20a Abs. 3 AO und UStZustV i. V. m. der Arbeitnehmer-Zuständigkeitsverordnung-Bau, BStBl 2001 I S. 605, im amtlichen AO-Handbuch abgedruckt zu § 20a).

2.4.2. im Nichtbaubereich

Es besteht keine zentrale Zuständigkeit, weil § 20a Abs. 2 und 3 AO und die Arbeitnehmer-Zuständigkeitsverordnung-Bau für den Nichtbaubereich keine Anwendung finden. Die Zuständigkeit bestimmt sich daher nach § 19 AO, insbesondere nach § 19 Abs. 2 Satz 2 AO. Es kann jedoch auch eine Zuständigkeitsvereinbarung nach § 27 AO mit dem nach Tz. 2.3.2 zuständigen Arbeitgeberfinanzamt geschlossen werden, wenn dies zweckmäßig ist und der Arbeitnehmer nicht widerspricht.

Hinweis:

Bezüglich der Zuständigkeit für Arbeitnehmer ohne Wohnsitz oder gewöhnlichen Aufenthalt im Inland, die bei einem inländischen Arbeitgeber beschäftigt werden, wird auf Karte 2 zu § 19 AO verwiesen.

EStG

§ 47   (weggefallen)

VII. Steuerabzug bei Bauleistungen

EStG
S 2272

§ 48   Steuerabzug

(1) [1]Erbringt jemand im Inland eine Bauleistung (Leistender) an einen Unternehmer im Sinne des § 2 des Umsatzsteuergesetzes oder an eine juristische Person des öffentlichen Rechts (Leistungsempfänger), ist der Leistungsempfänger verpflichtet, von der Gegenleistung einen Steuerabzug in Höhe von 15 Prozent für Rechnung des Leistenden vorzunehmen. [2]Vermietet der Leistungsempfänger Wohnungen, so ist Satz 1 nicht auf Bauleistungen für diese Wohnungen anzuwenden, wenn er nicht mehr als zwei Wohnungen vermietet. [3]Bauleistungen sind alle Leistungen, die der Herstellung, Instandsetzung, Instandhaltung, Änderung oder Beseitigung von Bauwerken dienen. [4]Als Leistender gilt auch derjenige, der über eine Leistung abrechnet, ohne sie erbracht zu haben.

(2) [1]Der Steuerabzug muss nicht vorgenommen werden, wenn der Leistende dem Leistungsempfänger eine im Zeitpunkt der Gegenleistung gültige Freistellungsbescheinigung nach § 48b Absatz 1 Satz 1 vorlegt oder die Gegenleistung im laufenden Kalenderjahr den folgenden Betrag voraussichtlich nicht übersteigen wird:

1. 15 000 Euro, wenn der Leistungsempfänger ausschließlich steuerfreie Umsätze nach § 4 Nummer 12 Satz 1 des Umsatzsteuergesetzes ausführt,

2. 5 000 Euro in den übrigen Fällen.

[2]Für die Ermittlung des Betrags sind die für denselben Leistungsempfänger erbrachten und voraussichtlich zu erbringenden Bauleistungen zusammenzurechnen.

(3) Gegenleistung im Sinne des Absatzes 1 ist das Entgelt zuzüglich Umsatzsteuer.

(4) Wenn der Leistungsempfänger den Steuerabzugsbetrag angemeldet und abgeführt hat,

1. ist § 160 Absatz 1 Satz 1 der Abgabenordnung nicht anzuwenden,

2. sind § 42d Absatz 6 und 8 und § 50a Absatz 7 nicht anzuwenden.

§ 48a   Verfahren

(1) [1]Der Leistungsempfänger hat bis zum zehnten Tag nach Ablauf des Monats, in dem die Gegenleistung im Sinne des § 48 erbracht wird, eine Anmeldung nach amtlich vorgeschriebenem Vordruck abzugeben, in der er den Steuerabzug für den Anmeldungszeitraum selbst zu berechnen hat. [2]Der Abzugsbetrag ist am zehnten Tag nach Ablauf des Anmeldungszeitraums fällig und an das für den Leistenden zuständige Finanzamt für Rechnung des Leistenden abzuführen. [3]Die Anmeldung des Abzugsbetrags steht einer Steueranmeldung gleich.

(2) Der Leistungsempfänger hat mit dem Leistenden unter Angabe

1. des Namens und der Anschrift des Leistenden,

2. des Rechnungsbetrags, des Rechnungsdatums und des Zahlungstags,

3. der Höhe des Steuerabzugs und

4. des Finanzamts, bei dem der Abzugsbetrag angemeldet worden ist,

über den Steuerabzug abzurechnen.

(3) [1]Der Leistungsempfänger haftet für einen nicht oder zu niedrig abgeführten Abzugsbetrag. [2]Der Leistungsempfänger haftet nicht, wenn ihm im Zeitpunkt der Gegenleistung eine Freistellungsbescheinigung (§ 48b) vorgelegen hat, auf deren Rechtmäßigkeit er vertrauen konnte. [3]Er darf insbesondere dann nicht auf eine Freistellungsbescheinigung vertrauen, wenn diese durch unlautere Mittel oder durch falsche Angaben erwirkt wurde und ihm dies bekannt oder infolge grober Fahrlässigkeit nicht bekannt war. [4]Den Haftungsbescheid erlässt das für den Leistenden zuständige Finanzamt.

(4) § 50b gilt entsprechend.

§ 48b   Freistellungsbescheinigung

(1) [1]Auf Antrag des Leistenden hat das für ihn zuständige Finanzamt, wenn der zu sichernde Steueranspruch nicht gefährdet erscheint und ein inländischer Empfangsbevollmächtigter bestellt ist, eine Bescheinigung nach amtlich vorgeschriebenem Vordruck zu erteilen, die den Leistungsempfänger von der Pflicht zum Steuerabzug befreit. [2]Eine Gefährdung kommt insbesondere dann in Betracht, wenn der Leistende

1. Anzeigepflichten nach § 138 der Abgabenordnung nicht erfüllt,

2. seiner Auskunfts- und Mitwirkungspflicht nach § 90 der Abgabenordnung nicht nachkommt,

3. den Nachweis der steuerlichen Ansässigkeit durch Bescheinigung der zuständigen ausländischen Steuerbehörde nicht erbringt.

(2) Eine Bescheinigung soll erteilt werden, wenn der Leistende glaubhaft macht, dass keine zu sichernden Steueransprüche bestehen.

(3) In der Bescheinigung sind anzugeben:

1. Name, Anschrift und Steuernummer des Leistenden,

2. Geltungsdauer der Bescheinigung,

3. Umfang der Freistellung sowie der Leistungsempfänger, wenn sie nur für bestimmte Bauleistungen gilt,

4. das ausstellende Finanzamt.

(4) Wird eine Freistellungsbescheinigung aufgehoben, die nur für bestimmte Bauleistungen gilt, ist dies den betroffenen Leistungsempfängern mitzuteilen.

(5) Wenn eine Freistellungsbescheinigung vorliegt, gilt § 48 Absatz 4 entsprechend.

(6) [1]Das Bundeszentralamt für Steuern erteilt dem Leistungsempfänger im Sinne des § 48 Absatz 1 Satz 1 im Wege einer elektronischen Abfrage Auskunft über die beim Bundeszentralamt für Steuern gespeicherten Freistellungsbescheinigungen. [2]Mit dem Antrag auf die Erteilung einer Freistellungsbescheinigung stimmt der Antragsteller zu, dass seine Daten nach § 48b Absatz 3 beim Bundeszentralamt für Steuern gespeichert werden und dass über die gespeicherten Daten an die Leistungsempfänger Auskunft gegeben wird.

§ 48c   Anrechnung

(1) [1]Soweit der Abzugsbetrag einbehalten und angemeldet worden ist, wird er auf vom Leistenden zu entrichtende Steuern nacheinander wie folgt angerechnet:

1. die nach § 41a Absatz 1 einbehaltene und angemeldete Lohnsteuer,

2. die Vorauszahlungen auf die Einkommen- oder Körperschaftsteuer,

3. die Einkommen- oder Körperschaftsteuer des Besteuerungs- oder Veranlagungszeitraums, in dem die Leistung erbracht worden ist, und

4. die vom Leistenden im Sinne der §§ 48, 48a anzumeldenden und abzuführenden Abzugsbeträge.

²Die Anrechnung nach Satz 1 Nummer 2 kann nur für Vorauszahlungszeiträume innerhalb des Besteuerungs- oder Veranlagungszeitraums erfolgen, in dem die Leistung erbracht worden ist. ³Die Anrechnung nach Satz 1 Nummer 2 darf nicht zu einer Erstattung führen.

(2) ¹Auf Antrag des Leistenden erstattet das nach § 20a Absatz 1 der Abgabenordnung zuständige Finanzamt den Abzugsbetrag. ²Die Erstattung setzt voraus, dass der Leistende nicht zur Abgabe von Lohnsteueranmeldungen verpflichtet ist und eine Veranlagung zur Einkommen- oder Körperschaftsteuer nicht in Betracht kommt oder der Leistende glaubhaft macht, dass im Veranlagungszeitraum keine zu sichernden Steueransprüche entstehen werden. ³Der Antrag ist nach amtlich vorgeschriebenem Muster bis zum Ablauf des zweiten Kalenderjahres zu stellen, das auf das Jahr folgt, in dem der Abzugsbetrag angemeldet worden ist; weitergehende Fristen nach einem Abkommen zur Vermeidung der Doppelbesteuerung bleiben unberührt.

(3) Das Finanzamt kann die Anrechnung ablehnen, soweit der angemeldete Abzugsbetrag nicht abgeführt worden ist und Anlass zu der Annahme besteht, dass ein Missbrauch vorliegt.

EStG
S 2272d

§ 48d   Besonderheiten im Fall von Doppelbesteuerungsabkommen

(1) ¹Können Einkünfte, die dem Steuerabzug nach § 48 unterliegen, nach einem Abkommen zur Vermeidung der Doppelbesteuerung nicht besteuert werden, so sind die Vorschriften über die Einbehaltung, Abführung und Anmeldung der Steuer durch den Schuldner der Gegenleistung ungeachtet des Abkommens anzuwenden. ²Unberührt bleibt der Anspruch des Gläubigers der Gegenleistung auf Erstattung der einbehaltenen und abgeführten Steuer. ³Der Anspruch ist durch Antrag nach § 48c Absatz 2 geltend zu machen. ⁴Der Gläubiger der Gegenleistung hat durch eine Bestätigung der für ihn zuständigen Steuerbehörde des anderen Staates nachzuweisen, dass er dort ansässig ist. ⁵§ 48b gilt entsprechend. ⁶Der Leistungsempfänger kann sich im Haftungsverfahren nicht auf die Rechte des Gläubigers aus dem Abkommen berufen.

(2) Unbeschadet des § 5 Absatz 1 Nummer 2 des Finanzverwaltungsgesetzes liegt die Zuständigkeit für Entlastungsmaßnahmen nach Absatz 1 bei dem nach § 20a der Abgabenordnung zuständigen Finanzamt.

VIII. Besteuerung beschränkt Steuerpflichtiger

EStG
S 2300

§ 49   Beschränkt steuerpflichtige Einkünfte

(1) Inländische Einkünfte im Sinne der beschränkten Einkommensteuerpflicht (§ 1 Absatz 4) sind

1. Einkünfte aus einer im Inland betriebenen Land- und Forstwirtschaft (§§ 13, 14);

2. Einkünfte aus Gewerbebetrieb (§§ 15 bis 17),

   a) für den im Inland eine Betriebsstätte unterhalten wird oder ein ständiger Vertreter bestellt ist,

   b) die durch den Betrieb eigener oder gecharterter Seeschiffe oder Luftfahrzeuge aus Beförderungen zwischen inländischen und von inländischen zu ausländischen Häfen erzielt werden, einschließlich der Einkünfte aus anderen mit solchen Beförderungen zusammenhängenden, sich auf das Inland erstreckenden Beförderungsleistungen,

   c) die von einem Unternehmen im Rahmen einer internationalen Betriebsgemeinschaft oder eines Pool-Abkommens, bei denen ein Unternehmen mit Sitz oder Geschäftsleitung im Inland die Beförderung durchführt, aus Beförderungen und Beförderungsleistungen nach Buchstabe b erzielt werden,

   d) die, soweit sie nicht zu den Einkünften im Sinne der Nummern 3 und 4 gehören, durch im Inland ausgeübte oder verwertete künstlerische, sportliche, artistische, unterhaltende oder ähnliche Darbietungen erzielt werden, einschließlich der Einkünfte aus anderen mit diesen Leistungen zusammenhängenden Leistungen, unabhängig davon, wem die Einnahmen zufließen,

   e) die unter den Voraussetzungen des § 17 erzielt werden, wenn es sich um Anteile an einer Kapitalgesellschaft handelt, aa) die ihren Sitz oder ihre Geschäftsleitung im Inland hat oder

bb) bei deren Erwerb auf Grund eines Antrags nach § 13 Absatz 2 oder § 21 Absatz 2 Satz 3 Nummer 2 des Umwandlungssteuergesetzes nicht der gemeine Wert der eingebrachten Anteile angesetzt worden ist oder auf die § 17 Absatz 5 Satz 2 anzuwenden war,

f) die, soweit sie nicht zu den Einkünften im Sinne des Buchstaben a gehören, durch

aa) Vermietung und Verpachtung oder

bb) Veräußerung

von inländischem unbeweglichem Vermögen, von Sachinbegriffen oder Rechten, die im Inland belegen oder in ein inländisches öffentliches Buch oder Register eingetragen sind oder deren Verwertung in einer inländischen Betriebsstätte oder anderen Einrichtung erfolgt, erzielt werden. ²§ 23 Absatz 1 Satz 4 gilt entsprechend. ³Als Einkünfte aus Gewerbebetrieb gelten auch die Einkünfte aus Tätigkeiten im Sinne dieses Buchstabens, die von einer Körperschaft im Sinne des § 2 Nummer 1 des Körperschaftsteuergesetzes erzielt werden, die mit einer Kapitalgesellschaft oder sonstigen juristischen Person im Sinne des § 1 Absatz 1 Nummer 1 bis 3 des Körperschaftsteuergesetzes vergleichbar ist oder

g) die aus der Verschaffung der Gelegenheit erzielt werden, einen Berufssportler als solchen im Inland vertraglich zu verpflichten; dies gilt nur, wenn die Gesamteinnahmen 10 000 Euro übersteigen;

3. Einkünfte aus selbständiger Arbeit (§ 18), die im Inland ausgeübt oder verwertet wird oder worden ist, oder für die im Inland eine feste Einrichtung oder eine Betriebsstätte unterhalten wird;

4. Einkünfte aus nichtselbständiger Arbeit (§ 19), die

a) im Inland ausgeübt oder verwertet wird oder worden ist,

b) aus inländischen öffentlichen Kassen einschließlich der Kassen des Bundeseisenbahnvermögens und der Deutschen Bundesbank mit Rücksicht auf ein gegenwärtiges oder früheres Dienstverhältnis gewährt werden, ohne dass ein Zahlungsanspruch gegenüber der inländischen öffentlichen Kasse bestehen muss,

c) als Vergütung für eine Tätigkeit als Geschäftsführer, Prokurist oder Vorstandsmitglied einer Gesellschaft mit Geschäftsleitung im Inland bezogen werden,

d) als Entschädigung im Sinne des § 24 Nummer 1 für die Auflösung eines Dienstverhältnisses gezahlt werden, soweit die für die zuvor ausgeübte Tätigkeit bezogenen Einkünfte der inländischen Besteuerung unterlegen haben,

e) an Bord eines im internationalen Luftverkehr eingesetzten Luftfahrzeugs ausgeübt wird, das von einem Unternehmen mit Geschäftsleitung im Inland betrieben wird;

5. Einkünfte aus Kapitalvermögen im Sinne des   1)

a) § 20 Absatz 1 Nummer 1, 2, 4, 6 und 9, wenn der Schuldner Wohnsitz, Geschäftsleitung   2)
oder Sitz im Inland hat oder wenn es sich um Fälle des § 44 Absatz 1 Satz 4 Nummer 1 Buchstabe a Doppelbuchstabe bb handelt; dies gilt auch für Erträge aus Wandelanleihen und Gewinnobligationen,

b) (weggefallen)   3)

c) § 20 Absatz 1 Nummer 5 und 7, wenn

aa) das Kapitalvermögen durch inländischen Grundbesitz, durch inländische Rechte, die den Vorschriften des bürgerlichen Rechts über Grundstücke unterliegen, oder durch Schiffe, die in ein inländisches Schiffsregister eingetragen sind, unmittelbar oder mittelbar gesichert ist. ²Ausgenommen sind Zinsen aus Anleihen und Forderungen, die in ein öffentliches Schuldbuch eingetragen oder über die Sammelurkunden im Sinne des § 9a des Depotgesetzes oder Teilschuldverschreibungen ausgegeben sind, oder

bb) das Kapitalvermögen aus Genussrechten besteht, die nicht in § 20 Absatz 1 Nummer 1 genannt sind, oder

---

1) Absatz 1 Nr. 5 in der am 27. 7. 2016 geltenden Fassung ist erstmals auf Kapitalerträge anzuwenden, die ab dem 1. 1. 2018 zufließen → § 52 Abs. 45a Satz 1 EStG.
2) Absatz 1 Nr. 5 Satz 1 Buchstabe a wurde durch das InvStRefG geändert. Absatz 1 Nr. 5 Satz 1 Buchstabe a in der am 26. 7. 2016 geltenden Fassung ist letztmals anzuwenden bei Erträgen, die vor dem 1. 1. 2018 zufließen oder als zugeflossen gelten → § 52 Abs. 45a Satz 2 EStG.
3) Absatz 1 Nr. 5 Satz 1 Buchstabe b wurde durch das InvStRefG aufgehoben. Absatz 1 Nr. 5 Satz 1 Buchstabe b in der am 26. 7. 2016 geltenden Fassung ist letztmals anzuwenden bei Erträgen, die vor dem 1. 1. 2018 zufließen oder als zugeflossen gelten → § 52 Abs. 45a Satz 2 EStG.

d) § 43 Absatz 1 Satz 1 Nummer 7 Buchstabe a, Nummer 9 und 10 sowie Satz 2, wenn sie von einem Schuldner oder von einem inländischen Kreditinstitut oder einem inländischen Finanzdienstleistungsinstitut im Sinne des § 43 Absatz 1 Satz 1 Nummer 7 Buchstabe b einem anderen als einem ausländischen Kreditinstitut oder einem ausländischen Finanzdienstleistungsinstitut

aa) gegen Aushändigung der Zinsscheine ausgezahlt oder gutgeschrieben werden und die Teilschuldverschreibungen nicht von dem Schuldner, dem inländischen Kreditinstitut oder dem inländischen Finanzdienstleistungsinstitut verwahrt werden oder

bb) gegen Übergabe der Wertpapiere ausgezahlt oder gutgeschrieben werden und diese vom Kreditinstitut weder verwahrt noch verwaltet werden.

²§ 20 Absatz 2 gilt entsprechend;

6. Einkünfte aus Vermietung und Verpachtung (§ 21), soweit sie nicht zu den Einkünften im Sinne der Nummern 1 bis 5 gehören, wenn das unbewegliche Vermögen, die Sachinbegriffe oder Rechte im Inland belegen oder in ein inländisches öffentliches Buch oder Register eingetragen sind oder in einer inländischen Betriebsstätte oder in einer anderen Einrichtung verwertet werden;

7. sonstige Einkünfte im Sinne des § 22 Nummer 1 Satz 3 Buchstabe a, die von den inländischen gesetzlichen Rentenversicherungsträgern, der inländischen landwirtschaftlichen Alterskasse, den inländischen berufsständischen Versorgungseinrichtungen, den inländischen Versicherungsunternehmen oder sonstigen inländischen Zahlstellen gewährt werden; dies gilt entsprechend für Leibrenten und andere Leistungen ausländischer Zahlstellen, wenn die Beiträge, die den Leistungen zugrunde liegen, nach § 10 Absatz 1 Nummer 2 ganz oder teilweise bei der Ermittlung der Sonderausgaben berücksichtigt wurden;

8. sonstige Einkünfte im Sinne des § 22 Nummer 2, soweit es sich um private Veräußerungsgeschäfte handelt, mit

a) inländischen Grundstücken,

b) inländischen Rechten, die den Vorschriften des bürgerlichen Rechts über Grundstücke unterliegen;

c) (weggefallen)

8a. sonstige Einkünfte im Sinne des § 22 Nummer 4;

9. sonstige Einkünfte im Sinne des § 22 Nummer 3, auch wenn sie bei Anwendung dieser Vorschrift einer anderen Einkunftsart zuzurechnen wären, soweit es sich um Einkünfte aus inländischen unterhaltenden Darbietungen, aus der Nutzung beweglicher Sachen im Inland oder aus der Überlassung der Nutzung oder des Rechts auf Nutzung von gewerblichen, technischen, wissenschaftlichen und ähnlichen Erfahrungen, Kenntnissen und Fertigkeiten, zum Beispiel Plänen, Mustern und Verfahren, handelt, die im Inland genutzt werden oder worden sind; dies gilt nicht, soweit es sich um steuerpflichtige Einkünfte im Sinne der Nummern 1 bis 8 handelt;

10. sonstige Einkünfte im Sinne des § 22 Nummer 5; dies gilt auch für Leistungen ausländischer Zahlstellen, soweit die Leistungen bei einem unbeschränkt Steuerpflichtigen zu Einkünften nach § 22 Nummer 5 Satz 1 führen würden oder wenn die Beiträge, die den Leistungen zugrunde liegen, nach § 10 Absatz 1 Nummer 2 ganz oder teilweise bei der Ermittlung der Sonderausgaben berücksichtigt wurden.

(2) Im Ausland gegebene Besteuerungsmerkmale bleiben außer Betracht, soweit bei ihrer Berücksichtigung inländische Einkünfte im Sinne des Absatzes 1 nicht angenommen werden könnten.

S 1302

(3) ¹Bei Schifffahrt- und Luftfahrtunternehmen sind die Einkünfte im Sinne des Absatzes 1 Nummer 2 Buchstabe b mit 5 Prozent der für diese Beförderungsleistungen vereinbarten Entgelte anzusetzen. ²Das gilt auch, wenn solche Einkünfte durch eine inländische Betriebsstätte oder einen inländischen ständigen Vertreter erzielt werden (Absatz 1 Nummer 2 Buchstabe a). ³Das gilt nicht in den Fällen des Absatzes 1 Nummer 2 Buchstabe c oder soweit das deutsche Besteuerungsrecht nach einem Abkommen zur Vermeidung der Doppelbesteuerung ohne Begrenzung des Steuersatzes aufrechterhalten bleibt.

(4) ¹Abweichend von Absatz 1 Nummer 2 sind Einkünfte steuerfrei, die ein beschränkt Steuerpflichtiger mit Wohnsitz oder gewöhnlichem Aufenthalt in einem ausländischen Staat durch den Betrieb eigener oder gecharterter Schiffe oder Luftfahrzeuge aus einem Unternehmen bezieht, dessen Geschäftsleitung sich in dem ausländischen Staat befindet. ²Voraussetzung für die Steuerbefreiung ist, dass dieser ausländische Staat Steuerpflichtigen mit Wohnsitz oder gewöhnlichem Aufenthalt im Geltungsbereich dieses Gesetzes eine entsprechende Steuerbefreiung für derartige Einkünfte gewährt und dass das Bundesministerium für Verkehr und digitale Infrastruktur die Steuerbefreiung nach Satz 1 für verkehrspolitisch unbedenklich erklärt hat.

Hinweise

Definition des Begriffs der öffentlichen Kasse i. S. d. § 49 Abs. 1 Nr. 4 Buchst. b EStG

Oberfinanzdirektion Frankfurt am Main vom 5. 9. 2016 – S 2300 A-044-St 514 –

Gegenstand der Erörterung auf Bund-Länder-Ebene war die Frage, unter welchen Voraussetzungen eine öffentliche Kasse i. S. d. § 49 Abs. 1 Nr. 4 Buchst. b EStG vorliegt.

Hierzu bitte ich folgende Auffassung zu vertreten:

Öffentliche Kassen sind die Kassen der juristischen Personen des öffentlichen Rechts.

Eine öffentliche Kasse liegt jedoch auch vor, wenn die auszahlende Stelle zwar eine juristische Person des privaten Rechts ist,

- diese aber hinsichtlich ihres Finanzgebarens der Aufsicht oder Prüfung durch die öffentliche Hand unterliegt und
- die gezahlte Vergütung überwiegend aus öffentlichen Mitteln finanziert wird.

Eine Aufsicht oder Prüfung des Finanzgebarens durch die öffentliche Hand liegt nur dann vor, wenn es sich um ein Prüfungsrecht nach § 91 Abs. 1 Nr. 4 i. V. m. Abs. 4 BHO oder einer dieser Vorschriften vergleichbaren landesrechtlichen Regelung (z. B. in Hessen: § 92 LHO) handelt.

Nach § 91 Abs. 1 Nr. 4 BHO erstreckt sich das Prüfungsrecht des Bundesrechnungshofs auf juristische Personen des privaten Rechts, an denen der Bund einschließlich seiner Sondervermögen unmittelbar oder mittelbar mit Mehrheit beteiligt ist, nicht im Wettbewerb stehen, bestimmungsgemäß ganz oder überwiegend öffentliche Aufgaben erfüllen oder diesem Zweck dienen und hierfür Haushaltsmittel oder Gewährleistungen des Bundes oder eines seiner Sondervermögen erhalten. Das Prüfungsrecht umfasst dabei gemäß § 91 Abs. 4 BHO die gesamte Haushalts- und Wirtschaftsführung.

Die Frage, ob der Tatbestand der Finanzierung aus öffentlichen Mitteln auch dann erfüllt ist, wenn die Finanzierung nur mittelbar erfolgt (Beispiel: die aus öffentlichen Mitteln finanzierte GmbH beauftragt zur Umsetzung eines Projekts eine andere GmbH), ist zurzeit noch nicht abschließend geklärt.

Das FG Berlin-Brandenburg hat zur Frage der Finanzierung aus öffentlichen Mitteln mit Urteil vom 12. 05. 2016, Az. 5 K 11136/13, entschieden, dass die Einschaltung einer privatrechtlichen Gesellschaft in staatlich finanzierte Projekte durch eine aus öffentlichen Mitteln finanzierte bundeseigene Gesellschaft (= öffentliche Kasse i. S. d. § 49 Abs. 1 Nr. 4 Buchst. b EStG) dazu führe, dass der Zusammenhang zwischen der Bereitstellung der staatlichen Mittel und dem von der eingeschalteten Gesellschaft an ihren im Ausland eingesetzten Arbeitnehmer gezahlten Arbeitslohn derart „lose" sei, dass nicht mehr von einer Vergütung aus öffentlichen Kassen ausgegangen werden könne.

Auf die sich darüber hinaus stellende Frage, ob (auch) eine – ggf. nur mittelbare – Aufsicht oder Prüfung des Finanzgebarens der eingeschalteten Gesellschaft durch die öffentliche Hand vorliegt, wenn – wie im Streitfall – keine Beteiligung des Bundes an der eingeschalteten Gesellschaft besteht, die bundeseigene Gesellschaft aber vertraglich die Kontrolle der tatsächlichen Verwendung der ausgegebenen Fördermittel obliegt, ist das Finanzgericht in seiner Entscheidung nicht eingegangen.

---

§ 50 Sondervorschriften für beschränkt Steuerpflichtige

(1) [1]Beschränkt Steuerpflichtige dürfen Betriebsausgaben (§ 4 Absatz 4 bis 8) oder Werbungskosten (§ 9) nur insoweit abziehen, als sie mit inländischen Einkünften in wirtschaftlichem Zusammenhang stehen. [2]§ 32a Absatz 1 ist mit der Maßgabe anzuwenden, dass das zu versteuernde Einkommen um den Grundfreibetrag des § 32a Absatz 1 Satz 2 Nummer 1 erhöht wird; dies gilt bei Einkünften nach § 49 Absatz 1 Nummer 4 nur in Höhe des diese Einkünfte abzüglich der nach Satz 4 abzuziehenden Aufwendungen übersteigenden Teils des Grundfreibetrags. [3]§ 10 Absatz 1, 1a Nummer 1, 3 und 4, Absatz 2 bis 6, die §§ 10a, 10c, 16 Absatz 4, die §§ 24b, 32, 32a Absatz 6, die §§ 33, 33a, 33b und 35a sind nicht anzuwenden. [4]Hiervon abweichend sind bei Arbeitnehmern, die Einkünfte aus nichtselbständiger Arbeit im Sinne des § 49 Absatz 1 Nummer 4 beziehen, § 10 Absatz 1 Nummer 2 Buchstabe a, Nummer 3 und Absatz 3 sowie § 10c anzuwenden, soweit die Aufwendungen auf die Zeit entfallen, in der Einkünfte im Sinne des § 49 Absatz 1 Nummer 4 erzielt wurden und die Einkünfte nach § 49 Absatz 1 Nummer 4 nicht über-

1)

---

1) Absatz 1 Satz 3 wurde durch Artikel 8 des Gesetzes zur Umsetzung der Änderungen der EU-Amtshilferichtlinie und von weiteren Maßnahmen gegen Gewinnkürzungen und -verlagerungen geändert und ist erstmals für Versorgungsleistungen anzuwenden, die nach dem 31. 12. 2016 geleistet werden → § 52 Abs. 46 Satz 1 EStG.

steigen. [5]Die Jahres- und Monatsbeträge der Pauschalen nach § 9a Satz 1 Nummer 1 und § 10c ermäßigen sich zeitanteilig, wenn Einkünfte im Sinne des § 49 Absatz 1 Nummer 4 nicht während eines vollen Kalenderjahres oder Kalendermonats zugeflossen sind.

[1)] **(2)** [1]Die Einkommensteuer für Einkünfte, die dem Steuerabzug vom Arbeitslohn oder vom Kapitalertrag oder dem Steuerabzug auf Grund des § 50a unterliegen, gilt bei beschränkt Steuerpflichtigen durch den Steuerabzug als abgegolten. [2]Satz 1 gilt nicht

1. für Einkünfte eines inländischen Betriebs;
2. wenn nachträglich festgestellt wird, dass die Voraussetzungen der unbeschränkten Einkommensteuerpflicht im Sinne des § 1 Absatz 2 oder Absatz 3 oder des § 1a nicht vorgelegen haben; § 39 Absatz 7 ist sinngemäß anzuwenden;
3. in Fällen des § 2 Absatz 7 Satz 3;
4. für Einkünfte aus nichtselbständiger Arbeit im Sinne des § 49 Absatz 1 Nummer 4,
   a) wenn als Lohnsteuerabzugsmerkmal ein Freibetrag nach § 39a Absatz 4 gebildet worden ist oder
   b) wenn die Veranlagung zur Einkommensteuer beantragt wird (§ 46 Absatz 2 Nummer 8);
5. für Einkünfte im Sinne des § 50a Absatz 1 Nummer 1, 2 und 4, wenn die Veranlagung zur Einkommensteuer beantragt wird.

[3]In den Fällen des Satzes 2 Nummer 4 erfolgt die Veranlagung durch das Betriebsstättenfinanzamt, das nach § 39 Absatz 2 Satz 2 oder Satz 4 für die Bildung und die Änderung der Lohnsteuerabzugsmerkmale zuständig ist. [4]Bei mehreren Betriebsstättenfinanzämtern ist das Betriebsstättenfinanzamt zuständig, in dessen Bezirk der Arbeitnehmer zuletzt beschäftigt war. [5]Bei Arbeitnehmern mit Steuerklasse VI ist das Betriebsstättenfinanzamt zuständig, in dessen Bezirk der Arbeitnehmer zuletzt unter Anwendung der Steuerklasse I beschäftigt war. [6]Hat der Arbeitgeber für den Arbeitnehmer keine elektronischen Lohnsteuerabzugsmerkmale (§ 39e Absatz 4 Satz 2) abgerufen und wurde keine Bescheinigung für den Lohnsteuerabzug nach § 39 Absatz 3 Satz 1 oder § 39e Absatz 7 Satz 5 ausgestellt, ist das Betriebsstättenfinanzamt zuständig, in dessen Bezirk der Arbeitnehmer zuletzt beschäftigt war. [7]Satz 2 Nummer 4 Buchstabe b und Nummer 5 gilt nur für Staatsangehörige eines Mitgliedstaats der Europäischen Union oder eines anderen Staates, auf den das Abkommen über den Europäischen Wirtschaftsraum Anwendung findet, die im Hoheitsgebiet eines dieser Staaten ihren Wohnsitz oder gewöhnlichen Aufenthalt haben. [8]In den Fällen des Satzes 2 Nummer 5 erfolgt die Veranlagung durch das Bundeszentralamt für Steuern.

(3) § 34c Absatz 1 bis 3 ist bei Einkünften aus Land- und Forstwirtschaft, Gewerbebetrieb oder selbständiger Arbeit, für die im Inland ein Betrieb unterhalten wird, entsprechend anzuwenden, soweit darin nicht Einkünfte aus einem ausländischen Staat enthalten sind, mit denen der beschränkt Steuerpflichtige dort in einem der unbeschränkten Steuerpflicht ähnlichen Umfang zu einer Steuer vom Einkommen herangezogen wird.

S 2302
[2)] **(4)** Die obersten Finanzbehörden der Länder oder die von ihnen beauftragten Finanzbehörden können mit Zustimmung des Bundesministeriums der Finanzen die Einkommensteuer bei beschränkt Steuerpflichtigen ganz oder zum Teil erlassen oder in einem Pauschbetrag festsetzen, wenn dies im besonderen öffentlichen Interesse liegt; ein besonderes öffentliches Interesse besteht

1. an der inländischen Veranstaltung international bedeutsamer kultureller und sportlicher Ereignisse, um deren Ausrichtung ein internationaler Wettbewerb stattfindet, oder
2. am inländischen Auftritt einer ausländischen Kulturvereinigung, wenn ihr Auftritt wesentlich aus öffentlichen Mitteln gefördert wird.

EStG
S 2303

§ 50a Steuerabzug bei beschränkt Steuerpflichtigen

S 2411
(1) Die Einkommensteuer wird bei beschränkt Steuerpflichtigen im Wege des Steuerabzugs erhoben

1. bei Einkünften, die durch im Inland ausgeübte künstlerische, sportliche, artistische, unterhaltende oder ähnliche Darbietungen erzielt werden, einschließlich der Einkünfte aus ande-

---

1) Der Zeitpunkt der erstmaligen Anwendung von Absatz 2 in der am 18. 8. 2009 geltenden Fassung wird durch eine Rechtsverordnung der Bundesregierung bestimmt, die der Zustimmung des Bundesrates bedarf; dieser Zeitpunkt darf nicht vor dem 31. 12. 2011 liegen → § 52 Abs. 46 Satz 1 EStG. Nach der Verordnung zur Übertragung der Zuständigkeit für das Steuerabzugs- und Veranlagungsverfahren nach den §§ 50 und 50a des EStG auf das BZSt und zur Regelung verschiedener Anwendungszeitpunkte und weiterer Vorschriften vom 24. 6. 2013 (BGBl. I S. 1679) ist Absatz 2 erstmals für Vergütungen anzuwenden, die nach dem 31. 12. 2013 zufließen.

2) Absatz 4 i. d. F. des Steueränderungsgesetzes 2015 ist in allen offenen Fällen anzuwenden → § 52 Abs. 46 *Satz 3* EStG.

ren mit diesen Leistungen zusammenhängenden Leistungen, unabhängig davon, wem die Einkünfte zufließen (§ 49 Absatz 1 Nummer 2 bis 4 und 9), es sei denn, es handelt sich um Einkünfte aus nichtselbständiger Arbeit, die bereits dem Steuerabzug vom Arbeitslohn nach § 38 Absatz 1 Satz 1 Nummer 1 unterliegen,

2. bei Einkünften aus der inländischen Verwertung von Darbietungen im Sinne der Nummer 1 (§ 49 Absatz 1 Nummer 2 bis 4 und 6),

3. bei Einkünften, die aus Vergütungen für die Überlassung der Nutzung oder des Rechts auf Nutzung von Rechten, insbesondere von Urheberrechten und gewerblichen Schutzrechten, von gewerblichen, technischen, wissenschaftlichen und ähnlichen Erfahrungen, Kenntnissen und Fertigkeiten, zum Beispiel Plänen, Mustern und Verfahren, herrühren, sowie bei Einkünften, die aus der Verschaffung der Gelegenheit erzielt werden, einen Berufssportler über einen begrenzten Zeitraum vertraglich zu verpflichten (§ 49 Absatz 1 Nummer 2, 3, 6 und 9),

4. bei Einkünften, die Mitgliedern des Aufsichtsrats, Verwaltungsrats, Grubenvorstands oder anderen mit der Überwachung der Geschäftsführung von Körperschaften, Personenvereinigungen und Vermögensmassen im Sinne des § 1 des Körperschaftsteuergesetzes beauftragten Personen sowie von anderen inländischen Personenvereinigungen des privaten und öffentlichen Rechts, bei denen die Gesellschafter nicht als Unternehmer (Mitunternehmer) anzusehen sind, für die Überwachung der Geschäftsführung gewährt werden (§ 49 Absatz 1 Nummer 3). `S 2412`

(2) ¹Der Steuerabzug beträgt 15 Prozent, in den Fällen des Absatzes 1 Nummer 4 beträgt er 30 Prozent der gesamten Einnahmen. ²Vom Schuldner der Vergütung ersetzte oder übernommene Reisekosten gehören nur insoweit zu den Einnahmen, als die Fahrt- und Übernachtungsauslagen die tatsächlichen Kosten und die Vergütungen für Verpflegungsmehraufwand die Pauschbeträge nach § 4 Absatz 5 Satz 1 Nummer 5 übersteigen. ³Bei Einkünften im Sinne des Absatzes 1 Nummer 1 wird ein Steuerabzug nicht erhoben, wenn die Einnahmen je Darbietung 250 Euro nicht übersteigen. `S 2411 S 2412`

(3) ¹Der Schuldner der Vergütung kann von den Einnahmen in den Fällen des Absatzes 1 Nummer 1, 2 und 4 mit ihnen in unmittelbarem wirtschaftlichem Zusammenhang stehende Betriebsausgaben oder Werbungskosten abziehen, die ihm ein beschränkt Steuerpflichtiger in einer für das Bundeszentralamt für Steuern nachprüfbaren Form nachgewiesen hat oder die vom Schuldner der Vergütung übernommen worden sind. ²Das gilt nur, wenn der beschränkt Steuerpflichtige Staatsangehöriger eines Mitgliedstaats der Europäischen Union oder eines anderen Staates ist, auf den das Abkommen über den Europäischen Wirtschaftsraum Anwendung findet, und im Hoheitsgebiet eines dieser Staaten seinen Wohnsitz oder gewöhnlichen Aufenthalt hat. ³Es gilt entsprechend bei einer beschränkt steuerpflichtigen Körperschaft, Personenvereinigung oder Vermögensmasse im Sinne des § 32 Absatz 4 des Körperschaftsteuergesetzes. ⁴In diesen Fällen beträgt der Steuerabzug von den nach Abzug der Betriebsausgaben oder Werbungskosten verbleibenden Einnahmen (Nettoeinnahmen), wenn `1)`

1. Gläubiger der Vergütung eine natürliche Person ist, 30 Prozent,

2. Gläubiger der Vergütung eine Körperschaft, Personenvereinigung oder Vermögensmasse ist, 15 Prozent.

(4) ¹Hat der Gläubiger einer Vergütung seinerseits Steuern für Rechnung eines anderen beschränkt steuerpflichtigen Gläubigers einzubehalten (zweite Stufe), kann er vom Steuerabzug absehen, wenn seine Einnahmen bereits dem Steuerabzug nach Absatz 2 unterlegen haben. ²Wenn der Schuldner der Vergütung auf zweiter Stufe Betriebsausgaben oder Werbungskosten nach Absatz 3 geltend macht, die Veranlagung nach § 50 Absatz 2 Satz 2 Nummer 5 beantragt oder die Erstattung der Abzugsteuer nach § 50d Absatz 1 oder einer anderen Vorschrift beantragt, hat er die sich nach Absatz 2 oder Absatz 3 ergebende Steuer zu diesem Zeitpunkt zu entrichten; Absatz 5 gilt entsprechend.

(5) ¹Die Steuer entsteht in dem Zeitpunkt, in dem die Vergütung dem Gläubiger zufließt. ²In diesem Zeitpunkt hat der Schuldner der Vergütung den Steuerabzug für Rechnung des Gläubi- `S 2411 S 2412 2)`

---

¹) Der Zeitpunkt der erstmaligen Anwendung des Absatzes 3 in der am 18.8.2009 geltenden Fassung wird durch eine Rechtsverordnung der Bundesregierung bestimmt, die der Zustimmung des Bundesrates bedarf; dieser Zeitpunkt darf nicht vor dem 31.12.2011 liegen → § 52 Abs. 47 Satz 1 EStG. Nach der Verordnung zur Übertragung der Zuständigkeit für das Steuerabzugs- und Veranlagungsverfahren nach den §§ 50 und 50a des EStG auf das BZSt und zur Regelung verschiedener Anwendungszeitpunkte und weiterer Vorschriften vom 24.6.2013 (BGBl. I S. 1679) sind die Absätze 3 und 5 erstmals für Vergütungen anzuwenden, die nach dem 31.12.2013 zufließen.

²) Der Zeitpunkt der erstmaligen Anwendung des Absatzes 5 in der am 18.8.2009 geltenden Fassung wird durch eine Rechtsverordnung der Bundesregierung bestimmt, die der Zustimmung des Bundesrates bedarf; dieser Zeitpunkt darf nicht vor dem 31.12.2011 liegen → § 52 Abs. 47 Satz 1 EStG. Nach der Verordnung zur Übertragung der Zuständigkeit für das Steuerabzugs- und Veranlagungsverfahren nach den §§ 50 und 50a des EStG auf das BZSt und zur Regelung verschiedener Anwendungszeitpunkte und weiterer Vorschriften vom 24.6.2013 (BGBl. I S. 1679) sind die Absätze 3 und 5 erstmals für Vergütungen anzuwenden, die nach dem 31.12.2013 zufließen.

gers (Steuerschuldner) vorzunehmen. [3]Er hat die innerhalb eines Kalendervierteljahres einbehaltene Steuer jeweils bis zum zehnten des dem Kalendervierteljahr folgenden Monats an das für ihn zuständige Bundeszentralamt für Steuern abzuführen. [4]Der Schuldner der Vergütung haftet für die Einbehaltung und Abführung der Steuer [5]Der Steuerschuldner kann in Anspruch genommen werden, wenn der Schuldner der Vergütung den Steuerabzug nicht vorschriftsmäßig vorgenommen hat. [6]Der Schuldner der Vergütung ist verpflichtet, dem Gläubiger auf Verlangen die folgenden Angaben nach amtlich vorgeschriebenem Muster zu bescheinigen:

1. den Namen und die Anschrift des Gläubigers,
2. die Art der Tätigkeit und Höhe der Vergütung in Euro,
3. den Zahlungstag,
4. den Betrag der einbehaltenen und abgeführten Steuer nach Absatz 2 oder Absatz 3,
5. das Finanzamt, an das die Steuer abgeführt worden ist.

(6) Die Bundesregierung kann durch Rechtsverordnung mit Zustimmung des Bundesrates bestimmen, dass bei Vergütungen für die Nutzung oder das Recht auf Nutzung von Urheberrechten (Absatz 1 Nummer 3), die nicht unmittelbar an den Gläubiger, sondern an einen Beauftragten geleistet werden, anstelle des Schuldners der Vergütung der Beauftragte die Steuer einzubehalten und abzuführen hat und für die Einbehaltung und Abführung haftet.

S 2411 (7) [1]Das Finanzamt des Vergütungsgläubigers kann anordnen, dass der Schuldner der Vergütung für Rechnung des Gläubigers (Steuerschuldner) die Einkommensteuer von beschränkt steuerpflichtigen Einkünften, soweit diese nicht bereits dem Steuerabzug unterliegen, im Wege des Steuerabzugs einzubehalten und abzuführen hat, wenn dies zur Sicherung des Steueranspruchs zweckmäßig ist. [2]Der Steuerabzug beträgt 25 Prozent der gesamten Einnahmen, bei Körperschaften, Personenvereinigungen oder Vermögensmassen 15 Prozent der gesamten Einnahmen; das Finanzamt kann die Höhe des Steuerabzugs hiervon abweichend an die voraussichtlich geschuldete Steuer anpassen. [3]Absatz 5 gilt entsprechend mit der Maßgabe, dass die Steuer bei dem Finanzamt anzumelden und abzuführen ist, das den Steuerabzug angeordnet hat; das Finanzamt kann anordnen, dass die innerhalb eines Monats einbehaltene Steuer jeweils bis zum zehnten des Folgemonats anzumelden und abzuführen ist. [4]§ 50 Absatz 2 Satz 1 ist nicht anzuwenden.

H 50a **Hinweise**

Allgemeines

→ R 50a.2 EStR, H 50a.2 EStH

Neuregelung Steuerabzug

Beschränkt Steuerpflichtige, Steuerabzug, Neuregelung

(Verfügung der OFD Karlsruhe vom 14. 1. 2009 – S 230.3/48 – St 111/St 142 –)

Nachfolgend erhalten Sie einen Überblick zu den Rechtsänderungen beim Steuerabzug nach § 50a EStG bei Zahlungen an beschränkt steuerpflichtige Personen ab dem VZ 2009. Die Änderungen sind aufgrund der Rechtsprechung des EuGH vom 3. 10. 2006 in der Rs C-290/04, FKP Scorpio Konzertproduktionen GmbH, notwendig und durch das JStG 2009 umgesetzt worden.

1. Neustrukturierung von § 50a EStG ab VZ 2009

Bislang waren die einzelnen Tatbestände für die Verpflichtung zum Steuerabzug nach § 50a EStG auf die Abs. 1 und 4 verteilt. Nunmehr werden alle Tatbestände in Abs. 1 zusammengefasst, die Unterteilung wird durch Nummerierung vorgenommen:

Die Einkommensteuer wird bei beschränkt Steuerpflichtigen im Wege des Steuerabzugs erhoben

Nr. 1 bei Einkünften durch im Inland ausgeübte künstlerische, sportliche, artistische, unterhaltende oder ähnliche Darbietungen, einschließlich aus damit usw. zusammenhängenden Leistungen (§ 49 Abs. 1 Nrn. 2 bis 4 und Nr. 9 EStG), unabhängig davon, wem die Einnahmen zufließen und soweit es sich nicht um Einkünfte aus nichtselbstständiger Arbeit, die dem Lohnsteuerabzug unterliegen, handelt.

Nr. 2 bei Einkünften aus der inländischen Verwertung der vorstehenden Darbietungen (§ 49 Abs. 1 Nrn. 2 bis 4 und 6 EStG).

Nr. 3 bei Einkünften aus Vergütungen für die Überlassung der Nutzung oder des Rechts auf Nutzung von Rechte, insbesondere von Urheberrechten und gewerblichen Schutzrechten, von gewerblichen, technischen, wissenschaftlichen und ähnlichen Erfahrungen, Kenntnissen und Fertigkeiten, z. B. Plänen, Mustern, Verfahren (§ 49 Abs. 1 Nrn. 2, 3, 6 und 9 EStG).

Nr. 4 bei Einkünften, die Mitgliedern des Aufsichtsrats, Verwaltungsrats, Grubenvorstands und anderen mit der Überwachung der Geschäftsführung von Körperschaften, Personenvereinigungen und Vermögensmassen beauftragten Personen sowie von anderen inländischen Personenvereinigungen des privaten und öffentlichen Rechts, bei denen die Gesellschafter nicht als Unternehmer (Mitunternehmer) anzusehen sind, für die Überwachung der Geschäftsführung gewährt werden (§ 49 Abs. 1 Nr. 3 EStG).

2. Wegfall bzw. Erweiterung von Tatbeständen ab VZ 2009

Dem Steuerabzug unterliegen auch weiterhin Einkünfte aus im Inland ausgeübten, sportlichen, artistischen oder ähnlichen Darbietungen.

Allerdings wurde in § 50a Abs. 1 Nr. 1 EStG auch das Merkmal „unterhaltende" Tätigkeit aufgenommen, um hier den Steuerabzug mit den einschlägigen DBA-Regelungen möglichst konform gehen zu lassen. Nach den DBA kommt es nämlich weniger auf den Status als Künstler, Sportler oder Artist der auftretenden Person an, als auf den unterhaltenden Charakter der Darbietung. Entsprechend wurde auch § 49 Abs. 1 Nr. 2 Buchst. d und Nr. 9 EStG angepasst, um diese Tatbestände auch der beschränkten Steuerpflicht zu unterwerfen.

Die Einkünfte sog. werkschaffender Künstler unterliegen nicht mehr dem Steuerabzug nach § 50a Abs. 1 Nr. 2 EStG. Dies waren Künstler, die keine Darbietung im Inland erbracht haben, aber z. B. ein Bild/eine Statue ins Inland verkauft haben (bis 2008 konnten derartige Einkünfte bei bestehender beschränkter Steuerpflicht aufgrund § 50a Abs. 4 Nr. 2 EStG a. F. dem Steuerabzug unterliegen).

Ebenso fallen die Einkünfte bestimmter Berufsgruppen (z. B. Schriftsteller, Journalisten oder Bildberichterstatter) ab 2009 nicht mehr unter den Steuerabzug nach § 50a Abs. 1 Nr. 2 EStG (bis 2008 erfolgte der Steuerabzug aufgrund § 50a Abs. 4 Nr. 2 EStG a. F. beim Vorliegen einer beschränkten Steuerpflicht). Dies trägt nach der Gesetzesbegründung dem Umstand Rechnung, dass nach den einschlägigen DBA das Besteuerungsrecht nur dem Quellenstaat zusteht, wenn die Vergütung aufgrund einer persönlich im Inland ausgeübten Tätigkeit bezahlt wird. Daher wird zukünftig – vorbehaltlich § 50a Abs. 1 Nr. 3 EStG – der Steuerabzug nur noch auf die Verwertung inländischer Tätigkeiten beschränkt.

§ 50a Abs. 1 Nr. 2 EStG enthält keine Ausweitung mehr auf die selbstständigen Einkünfte, da bereits § 50a Abs. 1 Nr. 1 EStG ohne Beschränkung auf die (gewerbliche) Einkunftsart abgefasst ist.

Die Veräußerung von Rechten, die ab VZ 2007 durch eine Änderung in § 50a Abs. 4 Nr. 3 EStG a. F. dem Steuerabzug unterlegen hatte, ist ab VZ 2009 wieder aus dem Gesetz gestrichen worden (§ 50a Abs. 1 Nr. 3 EStG). Auch hier hat Deutschland aufgrund der abgeschlossenen DBA grundsätzlich kein Besteuerungsrecht, was zu einem hohen administrativen Aufwand geführt hat (entweder Erteilung einer Freistellungsbescheinigung oder aber Erstattung der Steuern durch das Bundeszentralamt für Steuern).

Die zeitlich befristete Überlassung von Rechten unterliegt dagegen grundsätzlich weiterhin dem Steuerabzug nach § 50a Abs. 1 Nr. 3 EStG, da für derartige Einkünfte Deutschland häufig in den DBA ein Quellensteuereinbehalt zugestanden wird.

Der Steuerabzug bei Einkünften aus Aufsichtsratsvergütungen bleibt unverändert erhalten (§ 50a Abs. 1 Nr. 4 EStG).

3. Änderungen beim Steuersatz (§ 50a Abs. 2 EStG)

Der Steuersatz für Einkünfte, die dem Steuerabzug nach § 50a Abs. 1 Nrn. 1 bis 3 EStG unterliegen, beträgt künftig 15 % der gesamten Einnahmen (bis 2008: 20 %). Die Absenkung berücksichtigt, dass ein Abzug von Betriebsausgaben/Werbungskosten auch weiterhin nicht möglich ist (§ 50a Abs. 2 EStG). Nicht zu den Einnahmen gehören die tatsächlichen Übernachtungskosten sowie Kosten i.H. der abzugsfähigen Verpflegungsmehraufwandspauschalen i. S. von § 4 Abs. 5 Nr. 5 EStG. Höhere Beträge zählen aber zu den Einnahmen, die dem Steuerabzug unterliegen.

Der bisherige Staffeltarif (§ 50a Abs. 4 Satz 4 Nrn. 1 bis 4 EStG a. F.) entfällt ab VZ 2009, dafür wird eine neue Geringfügigkeitsgrenze eingeführt. Bei Einkünften, die dem Steuerabzug nach § 50a Abs. 1 Nr. 1 EStG unterliegen, wird auf den Steuerabzug verzichtet, wenn die Einnahmen aus der einzelnen Darbietung 250 Euro nicht übersteigen.

Für Einkünfte aus Aufsichtsratsvergütungen beträgt der Steuersatz unverändert 3 % der Einnahmen: 30 %.

4. Betriebsausgaben-/Werbungskostenabzug (§ 50a Abs. 3 EStG)

Wenn der Vergütungsgläubiger Angehöriger eines EU-/EWR-Staates ist und auch in einem EU-/EWR-Staat seinen Wohnsitz/gewöhnlichen Aufenthalt unterhält, ist ein Betriebsausgaben- bzw. Werbungskostenabzug zulässig.

Bei Einkünften, die dem Steuerabzug nach § 50a Abs. 1 Nrn. 1, 2 und 4 EStG unterliegen, kann der Vergütungsschuldner die damit in unmittelbarem Zusammenhang stehenden Betriebsausgaben/Werbungskosten abziehen, die der Vergütungsgläubiger in vom FA nachprüfbarer Form nachweist oder die der Vergütungsschuldner übernimmt.

In diesen Fällen beträgt der Steuersatz für Vergütungen an natürliche Personen und Personenvereinigungen 30 % (statt 15 %) bei Körperschaften u.ä. bleibt es beim Steuersatz von 15 %.

Für Einkünfte aus Lizenzvergütungen usw. ist eine Berücksichtigung von Betriebsausgaben/Werbungskosten bei Vornahme des Steuerabzugs weiterhin ausgeschlossen.

5. Änderungen beim Steuerabzug auf der zweiten Stufe (§ 50a Abs. 4 EStG)

Bei Vornahme des Steuerabzugs von der Bruttovergütung entfällt zukünftig die Verpflichtung zur nochmaligen Vornahme des Steuerabzugs auf der zweiten Stufe.

Praxis-Beispiele

Beispiel 1:

Der inländische Konzertveranstalter A engagiert über eine beschränkt steuerpflichtige Konzertagentur B einen beschränkt steuerpflichtigen Künstler C.

Inland 1. Stufe Ausland 2. Stufe

A →   Vergütung B → Vergütung C

Lösung:

Der Steuerabzug nach § 50a EStG ist nur noch für die Zahlung von A an B vorzunehmen, bei der Zahlung von B an C ist kein Steuerabzug mehr vorzunehmen. Der Verzicht auf die Vornahme des Steuerabzugs auf der zweiten Stufe ist gerechtfertigt, um zu hohe Steuerabzugsbeträge zu vermeiden. Der Verzicht auf den Steuerabzug auf der zweiten Stufe ist nicht möglich, wenn bereits bei Vornahme des Steuerabzugs nach § 50a EStG auf der ersten Stufe Betriebsausgaben/Werbungskosten berücksichtigt werden, eine Veranlagung zur beschränkten Steuerpflicht oder eine Erstattung der Abzugsteuer beantragt wird (§ 50a Abs. 4 EStG).

Beispiel 2:

Der inländische Konzertveranstalter A engagiert über eine beschränkt steuerpflichtige Konzertagentur B (Einzelunternehmen mit Sitz im EU-/EWR-Ausland, B hat eine EU-/EWR-Staatsangehörigkeit) einen beschränkt steuerpflichtigen Künstler C. B macht gegenüber dem A Betriebsausgaben im Zusammenhang mit der inländischen Tätigkeit geltend.

Inland 1. Stufe EU-/EWR Ausland 2. Stufe

A →   Vergütung B → Vergütung C

Lösung:

Der Steuerabzug nach § 50a EStG ist nun sowohl für die Zahlung von A an B als auch bei der Zahlung von B an C vorzunehmen. Der Steuersatz für die Zahlung von A an B erhöht sich auf 30 % (Empfänger der Zahlung = natürliche Person). Wenn der C gegenüber dem B keine Betriebsausgaben geltend macht, beträgt der Steuersatz auf der zweiten Stufe 15 %.

6. Sonstige Änderungen

Die verfahrensrechtlichen Vorschriften in § 50a Abs. 5 EStG sind – bis auf redaktionelle Anpassungen – unverändert.

§ 50a Abs. 6 EStG wurde nur redaktionell an die Änderungen angepasst. Weiterhin können Institutionen, wie die GEMA u. a., den Steuerabzug für den Vergütungsschuldner vornehmen, vgl. auch die entsprechenden Änderungen in §§ 73 ff. EStDV.

§ 50a Abs. 7 EStG ist – bis auf die Anpassung des Steuersatzes – unverändert.

Die Steueranmeldung ist ab 2009 grundsätzlich elektronisch an die Finanzverwaltung zu übermitteln, vgl. § 73e EStDV.

Die Vorschriften zum Freistellungs-, Erstattungs- bzw. Kontrollmeldeverfahren in § 50d EStG wurden gleichfalls nur redaktionell angepasst.

7. Änderungen in § 50 EStG mit Auswirkungen auf den Steuerabzug

Zusätzlich zu den bisherigen Möglichkeiten, eine Freistellung vom Steuerabzug vor Zahlung der Vergütung bzw. eine Erstattung des einbehaltenen Steuerabzugsbetrages nach Zahlung der Vergütung zu beantragen, besteht ab VZ 2009 die Möglichkeit, eine Veranlagung zur beschränkten Steuerpflicht zu beantragen. Voraussetzung dafür ist, dass Einkünfte dem Steuerabzug nach § 50a Abs. 1 Nrn. 1, 2 und 4 EStG unterlegen haben (§ 50 Abs. 2 Nr. 5 EStG), und dass der Vergütungsgläubiger Staatsangehöriger eines EU-/EWR-Staates ist und auch in einem EU-/EWR-Staat seinen Wohnsitz/gewöhnlichen Aufenthalt hat. Die Regelungen waren bis VZ 2008 in § 50 Abs. 5 EStG enthalten und enthielten weitere Voraussetzungen, die ab VZ 2009 entfallen sind.

8. Abstandnahme vom Steuerabzug nach § 50 Abs. 4 EStG

Die bis VZ 2008 in § 50 Abs. 7 EStG enthaltene Ermächtigung, wonach die obersten Finanzbehörden der Länder mit Zustimmung des BMF aus volkswirtschaftlichen Gründen und, wenn dies im öffentlichen Interesse liegt, auf die Erhebung der Einkommensteuer bei beschränkt Steuerpflichtigen verzichten konnten, wird konkreter formuliert. Ein besonderes öffentliches Interesse ist gegeben

1. im Zusammenhang mit der inländischen Veranstaltung international bedeutsamer kultureller und sportlicher Ereignisse, um deren Ausrichtung ein internationaler Wettbewerb stattfindet, oder

2. im Zusammenhang mit dem inländischen Auftritt einer ausländischen Kulturvereinigung, wenn ihr Auftritt wesentlich aus öffentlichen Mitteln gefördert wird.

9. Neue Vordrucke/neues Merkblatt

...

IX. Sonstige Vorschriften, Bußgeld-, Ermächtigungs- und Schlussvorschriften

§ 50b Prüfungsrecht

EStG
S 2409

[1]Die Finanzbehörden sind berechtigt, Verhältnisse, die für die Anrechnung oder Vergütung von Körperschaftsteuer, für die Anrechnung oder Erstattung von Kapitalertragsteuer, für die Nichtvornahme des Steuerabzugs, für die Ausstellung der Jahresbescheinigung nach § 24c oder für die Mitteilungen an das Bundeszentralamt für Steuern nach § 45e von Bedeutung sind oder der Aufklärung bedürfen, bei den am Verfahren Beteiligten zu prüfen. [2]Die §§ 193 bis 203 der Abgabenordnung gelten sinngemäß.

§ 50c (weggefallen)

EStG
S 2189

§ 50d Besonderheiten im Fall von Doppelbesteuerungsabkommen und der §§ 43b und 50g

EStG

(1) [1]Können Einkünfte, die dem Steuerabzug vom Kapitalertrag oder dem Steuerabzug auf Grund des § 50a unterliegen, nach den §§ 43b, 50g oder nach einem Abkommen zur Vermeidung der Doppelbesteuerung nicht oder nur nach einem niedrigeren Steuersatz besteuert werden, so sind die Vorschriften über die Einbehaltung, Abführung und Anmeldung der Steuer ungeachtet der §§ 43b und 50g sowie des Abkommens anzuwenden. [2]Unberührt bleibt der Anspruch des Gläubigers der Kapitalerträge oder Vergütungen auf völlige oder teilweise Erstattung der einbehaltenen und abgeführten oder der auf Grund Haftungsbescheid oder Nachforderungsbescheid entrichteten Steuer. [3]Die Erstattung erfolgt auf Antrag des Gläubigers der Kapitalerträge oder Vergütungen auf der Grundlage eines Freistellungsbescheids; der Antrag ist nach amtlich vorgeschriebenem Vordruck bei dem Bundeszentralamt für Steuern zu stellen. [4]Dem Vordruck ist in den Fällen des § 43 Absatz 1 Satz 1 Nummer 1a eine Bescheinigung nach § 45a Absatz 2 beizufügen. [5]Der zu erstattende Betrag wird nach Bekanntgabe des Freistellungsbescheids ausgezahlt. [6]Hat der Gläubiger der Vergütungen im Sinne des § 50a nach § 50a Absatz 5 Steuern für Rechnung beschränkt

steuerpflichtiger Gläubiger einzubehalten, kann die Auszahlung des Erstattungsanspruchs davon abhängig gemacht werden, dass er die Zahlung der von ihm einzubehaltenden Steuer nachweist, hierfür Sicherheit leistet oder unwiderruflich die Zustimmung zur Verrechnung seines Erstattungsanspruchs mit seiner Steuerzahlungsschuld erklärt. [7]Das Bundeszentralamt für Steuern kann zulassen, dass Anträge auf maschinell verwertbaren Datenträgern gestellt werden. [8]Der Antragsteller hat in den Fällen des § 43 Absatz 1 Satz 1 Nummer 1a zu versichern, dass ihm eine Bescheinigung im Sinne des § 45a Absatz 2 vorliegt oder, soweit er selbst die Kapitalerträge als auszahlende Stelle dem Steuerabzug unterworfen hat, nicht ausgestellt wurde; er hat die Bescheinigung zahn Jahre nach Antragstellung aufzubewahren. [9]Die Frist für den Antrag auf Erstattung beträgt vier Jahre nach Ablauf des Kalenderjahres, in dem die Kapitalerträge oder Vergütungen bezogen worden sind. [10]Die Frist nach Satz 9 endet nicht vor Ablauf von sechs Monaten nach dem Zeitpunkt der Entrichtung der Steuer. [11]Ist der Gläubiger der Kapitalerträge oder Vergütungen eine Person, der die Kapitaler träge oder Vergütungen nach diesem Gesetz oder nach dem Steuerrecht des anderen Vertragsstaats nicht zugerechnet werden, steht der Anspruch auf völlige oder teilweise Erstattung des Steuerabzugs vom Kapitalertrag oder nach § 50a auf Grund eines Abkommens zur Vermeidung der Doppelbesteuerung nur der Person zu, der die Kapitalerträge oder Vergütungen nach den Steuergesetzen des anderen Vertragsstaats als Einkünfte oder Gewinne einer ansässigen Person zugerechnet werden. [12]Für die Erstattung der Kapitalertragsteuer gilt § 45 entsprechend. [13]Der Schuldner der Kapitalerträge oder Vergütungen kann sich vorbehaltlich des Absatzes 2 nicht auf die Rechte des Gläubigers aus dem Abkommen berufen.

(1a) [1]Der nach Absatz 1 in Verbindung mit § 50g zu erstattende Betrag ist zu verzinsen. [2]Der Zinslauf beginnt zwölf Monate nach Ablauf des Monats, in dem der Antrag auf Erstattung und alle für die Entscheidung erforderlichen Nachweise vorliegen, frühestens am Tag der Entrichtung der Steuer durch den Schuldner der Kapitalerträge oder Vergütungen. [3]Er endet mit Ablauf des Tages, an dem der Freistellungsbescheid wirksam wird. [4]Wird der Freistellungsbescheid aufgehoben, geändert oder nach § 129 der Abgabenordnung berichtigt, ist die bisherige Zinsfestsetzung zu ändern. [5]§ 233a Absatz 5 der Abgabenordnung gilt sinngemäß. [6]Für die Höhe und Berechnung der Zinsen gilt § 238 der Abgabenordnung. [7]Auf die Festsetzung der Zinsen ist § 239 der Abgabenordnung sinngemäß anzuwenden. [8]Die Vorschriften dieses Absatzes sind nicht anzuwenden, wenn der Steuerabzug keine abgeltende Wirkung hat (§ 50 Absatz 2).

(2) [1]In den Fällen der § 43b, § 50a Absatz 1, § 50g kann der Schuldner der Kapitalerträge oder Vergütungen den Steuerabzug nach Maßgabe von § 43b oder § 50g oder des Abkommens unterlassen oder nach einem niedrigeren Steuersatz vornehmen, wenn das Bundeszentralamt für Steuern dem Gläubiger auf Grund eines von ihm nach amtlich vorgeschriebenem Vordruck gestellten Antrags bescheinigt, dass die Voraussetzungen dafür vorliegen (Freistellung im Steuerabzugsverfahren); dies gilt auch bei Kapitalerträgen, die einer nach einem Abkommen zur Vermeidung der Doppelbesteuerung im anderen Vertragsstaat ansässigen Kapitalgesellschaft, die am Nennkapital einer unbeschränkt steuerpflichtigen Kapitalgesellschaft im Sinne des § 1 Absatz 1 Nummer 1 des Körperschaftsteuergesetzes zu mindestens einem Zehntel unmittelbar beteiligt ist und im Staat ihrer Ansässigkeit den Steuern vom Einkommen oder Gewinn unterliegt, ohne davon befreit zu sein, von der unbeschränkt steuerpflichtigen Kapitalgesellschaft zufließen. [2]Die Freistellung kann unter dem Vorbehalt des Widerrufs erteilt und von Auflagen oder Bedingungen abhängig gemacht werden. [3]Sie kann in den Fällen des § 50a Absatz 1 von der Bedingung abhängig gemacht werden, dass die Erfüllung der Verpflichtungen nach § 50a Absatz 5 nachgewiesen werden, soweit die Vergütungen an andere beschränkt Steuerpflichtige weitergeleitet werden. [4]Die Geltungsdauer der Bescheinigung nach Satz 1 beginnt frühestens an dem Tag, an dem der Antrag beim Bundeszentralamt für Steuern eingeht; sie beträgt mindestens ein Jahr und darf drei Jahre nicht überschreiten; der Gläubiger der Kapitalerträge oder der Vergütungen ist verpflichtet, den Wegfall der Voraussetzungen für die Freistellung unverzüglich dem Bundeszentralamt für Steuern mitzuteilen. [5]Voraussetzung für die Abstandnahme vom Steuerabzug ist, dass dem Schuldner der Kapitalerträge oder Vergütungen die Bescheinigung nach Satz 1 vorliegt. [6]Über den Antrag ist innerhalb von drei Monaten zu entscheiden. [7]Die Frist beginnt mit der Vorlage aller für die Entscheidung erforderlichen Nachweise. [8]Bestehende Anmeldeverpflichtungen bleiben unberührt.

(3) [1]Eine ausländische Gesellschaft hat keinen Anspruch auf völlige oder teilweise Entlastung nach Absatz 1 oder Absatz 2, soweit Personen an ihr beteiligt sind, denen die Erstattung oder Freistellung nicht zustände, wenn sie die Einkünfte unmittelbar erzielten, und die von der ausländischen Gesellschaft im betreffenden Wirtschaftsjahr erzielten Bruttoerträge nicht aus eigener Wirtschaftstätigkeit stammen, sowie

1. in Bezug auf diese Erträge für die Einschaltung der ausländischen Gesellschaft wirtschaftliche oder sonst beachtliche Gründe fehlen oder

2. die ausländische Gesellschaft nicht mit einem für ihren Geschäftszweck angemessen eingerichteten Geschäftsbetrieb am allgemeinen wirtschaftlichen Verkehr teilnimmt.

[2]Maßgebend sind ausschließlich die Verhältnisse der ausländischen Gesellschaft; organisatorische, wirtschaftliche oder sonst beachtliche Merkmale der Unternehmen, die der ausländischen

Gesellschaft nahe stehen (§ 1 Absatz 2 des Außensteuergesetzes), bleiben außer Betracht. ³An einer eigenen Wirtschaftstätigkeit fehlt es, soweit die ausländische Gesellschaft ihre Bruttoerträge aus der Verwaltung von Wirtschaftsgütern erzielt oder ihre wesentlichen Geschäftstätigkeiten auf Dritte überträgt. ⁴Die Feststellungslast für das Vorliegen wirtschaftlicher oder sonst beachtlicher Gründe im Sinne von Satz 1 Nummer 1 sowie des Geschäftsbetriebs im Sinne von Satz 1 Nummer 2 obliegt der ausländischen Gesellschaft. ⁵Die Sätze 1 bis 3 sind nicht anzuwenden, wenn mit der Hauptgattung der Aktien der ausländischen Gesellschaft ein wesentlicher und regelmäßiger Handel an einer anerkannten Börse stattfindet oder für die ausländische Gesellschaft die Vorschriften des Investmentsteuergesetzes gelten.

(4) ¹Der Gläubiger der Kapitalerträge oder Vergütungen im Sinne des § 50a hat nach amtlich vorgeschriebenem Vordruck durch eine Bestätigung der für ihn zuständigen Steuerbehörde des anderen Staates nachzuweisen, dass er dort ansässig ist oder die Voraussetzungen des § 50g Absatz 3 Nummer 5 Buchstabe c erfüllt sind ²Das Bundesministerium der Finanzen kann im Einvernehmen mit den obersten Finanzbehörden der Länder erleichterte Verfahren oder vereinfachte Nachweise zulassen.

(5) ¹Abweichend von Absatz 2 kann das Bundeszentralamt für Steuern in den Fällen des § 50a Absatz 1 Nummer 3 den Schuldner der Vergütung auf Antrag allgemein ermächtigen, den Steuerabzug zu unterlassen oder nach einem niedrigeren Steuersatz vorzunehmen (Kontrollmeldeverfahren). ²Die Ermächtigung kann in Fällen geringer steuerlicher Bedeutung erteilt und mit Auflagen verbunden werden. ³Einer Bestätigung nach Absatz 4 Satz 1 bedarf es im Kontrollmeldeverfahren nicht. ⁴Inhalt der Auflage kann die Angabe des Namens, des Wohnortes oder des Ortes des Sitzes oder der Geschäftsleitung des Schuldners und des Gläubigers, der Art der Vergütung, des Bruttobetrags und des Zeitpunkts der Zahlungen sowie des einbehaltenen Steuerbetrags sein. ⁵Mit dem Antrag auf Teilnahme am Kontrollmeldeverfahren gilt die Zustimmung des Gläubigers und des Schuldners zur Weiterleitung der Angaben des Schuldners an den Wohnsitz- oder Sitzstaat des Gläubigers als erteilt. ⁶Die Ermächtigung ist als Beleg aufzubewahren. ⁷Absatz 2 Satz 8 gilt entsprechend.

(6) Soweit Absatz 2 nicht anwendbar ist, gilt Absatz 5 auch für Kapitalerträge im Sinne des § 43 Absatz 1 Satz 1 Nummer 1 und 4, wenn sich im Zeitpunkt der Zahlung des Kapitalertrags der Anspruch auf Besteuerung nach einem niedrigeren Steuersatz ohne nähere Ermittlung feststellen lässt.

(7) Werden Einkünfte im Sinne des § 49 Absatz 1 Nummer 4 aus einer Kasse einer juristischen Person des öffentlichen Rechts im Sinne der Vorschrift eines Abkommens zur Vermeidung der Doppelbesteuerung über den öffentlichen Dienst gewährt, so ist diese Vorschrift bei Bestehen eines Dienstverhältnisses mit einer anderen Person in der Weise auszulegen, dass die Vergütungen für die erstgenannte Person geleistete Dienste gezahlt werden, wenn sie ganz oder im Wesentlichen aus öffentlichen Mitteln aufgebracht werden.

(8) ¹Sind Einkünfte eines unbeschränkt Steuerpflichtigen aus nichtselbständiger Arbeit (§ 19) nach einem Abkommen zur Vermeidung der Doppelbesteuerung von der Bemessungsgrundlage der deutschen Steuer auszunehmen, wird die Freistellung bei der Veranlagung ungeachtet des Abkommens nur gewährt, soweit der Steuerpflichtige nachweist, dass der Staat, dem nach dem Abkommen das Besteuerungsrecht zusteht, auf dieses Besteuerungsrecht verzichtet hat oder dass die in diesem Staat auf die Einkünfte festgesetzten Steuern entrichtet wurden. ²Wird ein solcher Nachweis erst geführt, nachdem die Einkünfte in eine Veranlagung zur Einkommensteuer einbezogen wurden, ist der Steuerbescheid insoweit zu ändern. ³§ 175 Absatz 1 Satz 2 der Abgabenordnung ist entsprechend anzuwenden.

(9) ¹Sind Einkünfte eines unbeschränkt Steuerpflichtigen nach einem Abkommen zur Vermeidung der Doppelbesteuerung von der Bemessungsgrundlage der deutschen Steuer auszunehmen, so wird die Freistellung der Einkünfte ungeachtet des Abkommens nicht gewährt, *soweit*   *1)*

1. der andere Staat die Bestimmungen des Abkommens so anwendet, dass die Einkünfte in diesem Staat von der Besteuerung auszunehmen sind oder nur zu einem durch das Abkommen begrenzten Steuersatz besteuert werden können, oder

2. die Einkünfte in dem anderen Staat nur deshalb nicht steuerpflichtig sind, weil sie von einer Person bezogen werden, die in diesem Staat nicht auf Grund ihres Wohnsitzes, ständigen Aufenthalts, des Ortes ihrer Geschäftsleitung, des Sitzes oder eines ähnlichen Merkmals unbeschränkt steuerpflichtig ist.

²Nummer 2 gilt nicht für Dividenden, die nach einem Abkommen zur Vermeidung der Doppelbesteuerung von der Bemessungsgrundlage der deutschen Steuer auszunehmen sind, es sei denn, die Dividenden sind bei der Ermittlung des Gewinns der ausschüttenden Gesellschaft abgezogen worden. ³Bestimmungen eines Abkommens zur Vermeidung der Doppelbesteuerung, sowie Absatz 8 und § 20 Absatz 2 des Außensteuergesetzes bleiben unberührt, soweit sie jeweils die

1) Absatz 9 Satz 1 wurde durch Artikel 8 des Gesetzes zur Umsetzung der Änderungen der EU-Amtshilferichtlinie und von weiteren Maßnahmen gegen Gewinnkürzungen und -verlagerungen ab VZ 2017geändert und Satz 4 angefügt.

Freistellung von Einkünften in einem weitergehenden Umfang einschränken. *⁴Bestimmungen eines Abkommens zur Vermeidung der Doppelbesteuerung, nach denen Einkünfte aufgrund ihrer Behandlung im anderen Vertragsstaat nicht von der Bemessungsgrundlage der deutschen Steuer ausgenommen werden, sind auch auf Teile von Einkünften anzuwenden, soweit die Voraussetzungen der jeweiligen Bestimmung des Abkommens hinsichtlich dieser Einkunftsteile erfüllt sind.*

(10) ¹Sind auf eine Vergütung im Sinne des § 15 Absatz 1 Satz 1 Nummer 2 Satz 1 zweiter Halbsatz und Nummer 3 zweiter Halbsatz die Vorschriften eines Abkommens zur Vermeidung der Doppelbesteuerung anzuwenden und enthält das Abkommen keine solche Vergütungen betreffende ausdrückliche Regelung, gilt die Vergütung für Zwecke der Anwendung des Abkommens zur Vermeidung der Doppelbesteuerung ausschließlich als Teil des Unternehmensgewinns des vergütungsberechtigten Gesellschafters. ²Satz 1 gilt auch für die durch das Sonderbetriebsvermögen veranlassten Erträge und Aufwendungen. ³Die Vergütung des Gesellschafters ist ungeachtet der Vorschriften eines Abkommens zur Vermeidung der Doppelbesteuerung über die Zuordnung von Vermögenswerten zu einer Betriebsstätte derjenigen Betriebsstätte der Gesellschaft zuzurechnen, der der Aufwand für die der Vergütung zugrunde liegende Leistung zuzuordnen ist; die in Satz 2 genannten Erträge und Aufwendungen sind der Betriebsstätte zuzurechnen, der die Vergütung zuzuordnen ist. ⁴Die Sätze 1 bis 3 gelten auch in den Fällen des § 15 Absatz 1 Satz 1 Nummer 2 Satz 2 sowie in den Fällen des § 15 Absatz 1 Satz 2 entsprechend. ⁵Sind Einkünfte im Sinne der Sätze 1 bis 4 einer Person zuzurechnen, die nach einem Abkommen zur Vermeidung der Doppelbesteuerung als im anderen Staat ansässig gilt, und weist der Steuerpflichtige nach, dass der andere Staat die Einkünfte besteuert, ohne die darauf entfallende deutsche Steuer anzurechnen, ist die in diesem Staat nachweislich auf diese Einkünfte festgesetzte und gezahlte und um einen entstandenen Ermäßigungsanspruch gekürzte, der deutschen Einkommensteuer entsprechende, anteilige ausländische Steuer bis zur Höhe der anteilig auf diese Einkünfte entfallenden deutschen Einkommensteuer anzurechnen. ⁶Satz 5 gilt nicht, wenn das Abkommen zur Vermeidung der Doppelbesteuerung eine ausdrückliche Regelung für solche Einkünfte enthält. ⁷Die Sätze 1 bis 6

1. sind nicht auf Gesellschaften im Sinne des § 15 Absatz 3 Nummer 2 anzuwenden;

2. gelten entsprechend, wenn die Einkünfte zu den Einkünften aus selbständiger Arbeit im Sinne des § 18 gehören; dabei tritt der Artikel über die selbständige Arbeit an die Stelle des Artikels über die Unternehmenseinkünfte, wenn das Abkommen zur Vermeidung der Doppelbesteuerung einen solchen Artikel enthält.

⁸Absatz 9 Satz 1 Nummer 1 bleibt unberührt.

(11) ¹Sind Dividenden beim Zahlungsempfänger nach einem Abkommen zur Vermeidung der Doppelbesteuerung von der Bemessungsgrundlage der deutschen Steuer auszunehmen, wird die Freistellung ungeachtet des Abkommens nur insoweit gewährt, als die Dividenden nach deutschem Steuerrecht nicht einer anderen Person zuzurechnen sind. ²Soweit die Dividenden nach deutschem Steuerrecht einer anderen Person zuzurechnen sind, werden sie bei dieser Person freigestellt, wenn sie bei ihr als Zahlungsempfänger nach Maßgabe des Abkommens freigestellt würden.

¹⁾ (12) *¹Abfindungen, die anlässlich der Beendigung eines Dienstverhältnisses gezahlt werden, gelten für Zwecke der Anwendung eines Abkommens zur Vermeidung der Doppelbesteuerung als für frühere Tätigkeit geleistetes zusätzliches Entgelt. ²Dies gilt nicht, soweit das Abkommen in einer gesonderten, ausdrücklich solche Abfindungen betreffenden Vorschrift eine abweichende Regelung trifft. ³§ 50d Absatz 9 Satz 1 Nummer 1 sowie Rechtsverordnungen gemäß § 2 Absatz 2 Satz 1 der Abgabenordnung bleiben unberührt.*

EStG **§ 50e Bußgeldvorschriften; Nichtverfolgung von Steuerstraftaten bei geringfügiger Beschäftigung in Privathaushalten**

(1) ¹Ordnungswidrig handelt, wer vorsätzlich oder leichtfertig entgegen § 45d Absatz 1 Satz 1, § 45d Absatz 3 Satz 1, der nach § 45e erlassenen Rechtsverordnung oder den unmittelbar geltenden Verträgen mit den in Artikel 17 der Richtlinie 2003/48/EG genannten Staaten und Gebieten eine Mitteilung nicht, nicht richtig, nicht vollständig oder nicht rechtzeitig abgibt. ²Die Ordnungswidrigkeit kann mit einer Geldbuße bis zu fünftausend Euro geahndet werden.

(1a) Verwaltungsbehörde im Sinne des § 36 Absatz 1 Nummer 1 des Gesetzes über Ordnungswidrigkeiten ist in den Fällen des Absatzes 1 Satz 1 das Bundeszentralamt für Steuern.

(2) ¹Liegen die Voraussetzungen des § 40a Absatz 2 vor, werden Steuerstraftaten (§§ 369 bis 376 der Abgabenordnung) als solche nicht verfolgt, wenn der Arbeitgeber in den Fällen des § 8a des Vierten Buches Sozialgesetzbuch entgegen § 41a Absatz 1 Nummer 1, auch in Verbindung mit Abs. 2 und 3 und § 51a, und § 40a Absatz 6 Satz 3 dieses Gesetzes in Verbindung

---

1) *Absatz 12 wurde durch Artikel 8 des Gesetzes zur Umsetzung der Änderungen der EU-Amtshilferichtlinie und von weiteren Maßnahmen gegen Gewinnkürzungen und -verlagerungen ab VZ 2017 angefügt.*

mit § 28a Absatz 7 Satz 1 des Vierten Buches Sozialgesetzbuch für das Arbeitsentgelt die Lohnsteuer-Anmeldung und die Anmeldung der einheitlichen Pauschsteuer nicht oder nicht rechtzeitig durchführt und dadurch Steuern verkürzt oder für sich oder einen anderen nicht gerechtfertigte Steuervorteile erlangt. ²Die Freistellung von der Verfolgung nach Satz 1 gilt auch für den Arbeitnehmer einer in Satz 1 genannten Beschäftigung, der die Finanzbehörde pflichtwidrig über steuerlich erhebliche Tatsachen aus dieser Beschäftigung in Unkenntnis lässt. ³Die Bußgeldvorschriften der §§ 377 bis 384 der Abgabenordnung bleiben mit der Maßgabe anwendbar, dass § 378 der Abgabenordnung auch bei vorsätzlichem Handeln anwendbar ist.

§ 50f Bußgeldvorschriften

EStG
S 2257c

(1) Ordnungswidrig handelt, wer vorsätzlich oder leichtfertig

1. entgegen § 22a Absatz 1 Satz 1 dort genannte Daten nicht, nicht richtig, nicht vollständig oder nicht rechtzeitig übermittelt oder eine Mitteilung nicht, nicht richtig, nicht vollständig oder nicht rechtzeitig macht oder | [1]

2.¹ entgegen § 22a Absatz 2 *Satz 8* die Identifikationsnummer für andere als die dort genannten Zwecke verwendet.

(2) Die Ordnungswidrigkeit kann in den Fällen des Absatzes 1 Nummer 1 mit einer Geldbuße bis zu fünfzigtausend Euro und in den übrigen Fällen mit einer Geldbuße bis zu zehntausend Euro geahndet werden.

(3) Verwaltungsbehörde im Sinne des § 36 Absatz 1 Nummer 1 des Gesetzes über Ordnungswidrigkeiten ist die zentrale Stelle nach § 81.

§ 50g Entlastung vom Steuerabzug bei Zahlungen von Zinsen und Lizenzgebühren zwischen verbundenen Unternehmen verschiedener Mitgliedstaaten der Europäischen Union

EStG

(1) ¹Auf Antrag werden die Kapitalertragsteuer für Zinsen und die Steuer auf Grund des § 50a für Lizenzgebühren, die von einem Unternehmen der Bundesrepublik Deutschland oder einer dort gelegenen Betriebsstätte eines Unternehmens eines anderen Mitgliedstaates der Europäischen Union als Schuldner an ein Unternehmen eines anderen Mitgliedstaates der Europäischen Union oder an eine in einem anderen Mitgliedstaat der Europäischen Union gelegene Betriebsstätte eines Unternehmens eines Mitgliedstaates der Europäischen Union als Gläubiger gezahlt werden, nicht erhoben. ²Erfolgt die Besteuerung durch Veranlagung, werden die Zinsen und Lizenzgebühren bei der Ermittlung der Einkünfte nicht erfasst. ³Voraussetzung für die Anwendung der Sätze 1 und 2 ist, dass der Gläubiger der Zinsen oder Lizenzgebühren ein mit dem Schuldner verbundenes Unternehmen oder dessen Betriebsstätte ist. ⁴Die Sätze 1 bis 3 sind nicht anzuwenden, wenn die Zinsen oder Lizenzgebühren an eine Betriebsstätte eines Unternehmens eines Mitgliedstaates der Europäischen Union als Gläubiger gezahlt werden, die in einem Staat außerhalb der Europäischen Union oder im Inland gelegen ist und in der die Tätigkeit des Unternehmens ganz oder teilweise ausgeübt wird.

(2) Absatz 1 ist nicht anzuwenden auf die Zahlung von

1. Zinsen,

   a) die nach deutschem Recht als Gewinnausschüttung behandelt werden (§ 20 Absatz 1 Nummer 1 Satz 2) oder

   b) die auf Forderungen beruhen, die einen Anspruch auf Beteiligung am Gewinn des Schuldners begründen,

2. Zinsen oder Lizenzgebühren, die den Betrag übersteigen, den der Schuldner und der Gläubiger ohne besondere Beziehungen, die zwischen den beiden oder einem von ihnen und einem Dritten auf Grund von Absatz 3 Nummer 5 Buchstabe b bestehen, vereinbart hätten.

(3) Für die Anwendung der Absätze 1 und 2 gelten die folgenden Begriffsbestimmungen und Beschränkungen:

1. Der Gläubiger muss der Nutzungsberechtigte sein. Nutzungsberechtigter ist

   a) ein Unternehmen, wenn es die Einkünfte im Sinne von § 2 Absatz 1 erzielt;

   b) eine Betriebsstätte, wenn

---

1) Absatz 1 Nr. 1 und 2 wurde durch das Betriebsrentenstärkungsgesetz ab VZ 2018 geändert.

aa) die Forderung, das Recht oder der Gebrauch von Informationen, auf Grund derer/ dessen Zahlungen von Zinsen oder Lizenzgebühren geleistet werden, tatsächlich zu der Betriebsstätte gehört und

bb) die Zahlungen der Zinsen oder Lizenzgebühren Einkünfte darstellen, auf Grund derer die Gewinne der Betriebsstätte in dem Mitgliedstaat der Europäischen Union, in dem sie gelegen ist, zu einer der in Nummer 5 Satz 1 Buchstabe a Doppelbuchstabe cc genannten Steuern beziehungsweise im Fall Belgiens dem „impôt des non-résidents / belasting der nietverblijfhouders" beziehungsweise im Fall Spaniens dem „Impuesto sobre la Renta de no Residentes oder zu einer mit diesen Steuern identischen oder weitgehend ähnlichen Steuer herangezogen werden, die nach dem jeweiligen Zeitpunkt des Inkrafttretens der Richtlinie 2003/49/EG des Rates vom 3. Juni 2003 über eine gemeinsame Steuerregelung für Zahlungen von Zinsen und Lizenzgebühren zwischen verbundenen Unternehmen verschiedener Mitgliedstaaten (ABl. EU Nr. L 157 vom 26.6.2003, S. 49), die zuletzt durch die Richtlinie 2013/13/EU (ABl. L 141 vom 28.5.2013, S. 30) geändert worden ist, anstelle der bestehenden Steuern oder ergänzend zu ihnen eingeführt wird.

2. Eine Betriebsstätte gilt nur dann als Schuldner der Zinsen oder Lizenzgebühren, wenn die Zahlung bei der Ermittlung des Gewinns der Betriebsstätte eine steuerlich abzugsfähige Betriebsausgabe ist.

3. Gilt eine Betriebsstätte eines Unternehmens eines Mitgliedstaats der Europäischen Union als Schuldner oder Gläubiger von Zinsen oder Lizenzgebühren, so wird kein anderer Teil des Unternehmens als Schuldner oder Gläubiger der Zinsen oder Lizenzgebühren angesehen.

4. Im Sinne des Absatzes 1 sind

a) „Zinsen" Einkünfte aus Forderungen jeder Art, auch wenn die Forderungen durch Pfandrechte an Grundstücken gesichert sind, insbesondere Einkünfte aus öffentlichen Anleihen und aus Obligationen einschließlich der damit verbundenen Aufgelder und der Gewinne aus Losanleihen; Zuschläge für verspätete Zahlung und die Rückzahlung von Kapital gelten nicht als Zinsen;

b) „Lizenzgebühren" Vergütungen jeder Art, die für die Nutzung oder für das Recht auf Nutzung von Urheberrechten an literarischen, künstlerischen oder wissenschaftlichen Werken, einschließlich kinematografischer Filme und Software, von Patenten, Marken, Mustern oder Modellen, Plänen, geheimen Formeln oder Verfahren oder für die Mitteilung gewerblicher, kaufmännischer oder wissenschaftlicher Erfahrungen gezahlt werden; Zahlungen für die Nutzung oder das Recht auf Nutzung gewerblicher, kaufmännischer oder wissenschaftlicher Ausrüstungen gelten als Lizenzgebühren.

5. Die Ausdrücke „Unternehmen eines Mitgliedstaates der Europäischen Union", „verbundenes Unternehmen" und „Betriebsstätte" bedeuten:

a) „Unternehmen eines Mitgliedstaates der Europäischen Union" jedes Unternehmen, das

aa) eine der in Anlage 3 Nummer 1 zu diesem Gesetz aufgeführten Rechtsformen aufweist und

bb) nach dem Steuerrecht eines Mitgliedstaates in diesem Mitgliedstaat ansässig ist und nicht nach einem zwischen dem betreffenden Staat und einem Staat außerhalb der Europäischen Union geschlossenen Abkommen zur Vermeidung der Doppelbesteuerung von Einkünften für steuerliche Zwecke als außerhalb der Gemeinschaft ansässig gilt und

cc) einer der in Anlage 3 Nummer 2 zu diesem Gesetz aufgeführten Steuern unterliegt und nicht von ihr befreit ist. [2]Entsprechendes gilt für eine mit diesen Steuern identische oder weitgehend ähnliche Steuer, die nach dem jeweiligen Zeitpunkt des Inkrafttretens der Richtlinie 2003/49/EG des Rates vom 3. Juni 2003 (ABl. Nr. L 157 vom 26.6.2003, S. 49), zuletzt geändert durch die Richtlinie 2013/13/EU (ABl. L 141 vom 28.5.2013, S. 30), anstelle der bestehenden Steuern oder ergänzend zu ihnen eingeführt wird.

[2]Ein Unternehmen ist im Sinne von Doppelbuchstabe bb in einem Mitgliedstaat der Europäischen Union ansässig, wenn es der unbeschränkten Steuerpflicht im Inland oder einer vergleichbaren Besteuerung in einem anderen Mitgliedstaat der Europäischen Union nach dessen Rechtsvorschriften unterliegt.

b) „Verbundes Unternehmen" jedes Unternehmen, das dadurch mit einem zweiten Unternehmen verbunden ist, dass

aa) das erste Unternehmen unmittelbar mindestens zu 25 Prozent an dem Kapitel des zweiten Unternehmens beteiligt ist oder

bb) das zweite Unternehmen unmittelbar mindestens zu 25 Prozent an dem Kapital des ersten Unternehmens beteiligt ist oder

cc) ein drittes Unternehmen unmittelbar mindestens zu 25 Prozent an dem Kapital des ersten Unternehmens und dem Kapital des zweiten Unternehmens beteiligt ist.

Die Beteiligungen dürfen nur an Unternehmen bestehen, die in einem Mitgliedstaat der Europäischen Union ansässig sind.

c) „Betriebsstätte" eine feste Geschäftseinrichtung in einem Mitgliedstaat der Europäischen Union, in der die Tätigkeit eines Unternehmens eines anderen Mitgliedstaates der Europäischen Union ganz oder teilweise ausgeübt wird.

(4) Die Entlastung nach Absatz 1 ist zu versagen oder zu entziehen, wenn der hauptsächliche Beweggrund oder einer der hauptsächlichen Beweggründe für Geschäftsvorfälle die Steuervermeidung oder der Missbrauch sind. § 50d Absatz 3 bleibt unberührt.

(5) Entlastungen von der Kapitalertragsteuer für Zinsen und der Steuer auf Grund des § 50a nach einem Abkommen zur Vermeidung der Doppelbesteuerung, die weiter gehen als die nach Absatz 1 gewährten, werden durch Absatz 1 nicht eingeschränkt.

(6) [1]Ist im Fall des Absatzes 1 Satz 1 eines der Unternehmen ein Unternehmen der Schweizerischen Eidgenossenschaft oder ist eine in der Schweizerischen Eidgenossenschaft gelegene Betriebsstätte eines Unternehmens eines anderen Mitgliedstaats der Europäischen Union Gläubiger der Zinsen oder Lizenzgebühren, gelten die Absätze 1 bis 5 entsprechend mit der Maßgabe, dass die Schweizerische Eidgenossenschaft insoweit einem Mitgliedstaat der Europäischen Union gleichgestellt ist. [2]Absatz 3 Nummer 5 Buchstabe a gilt entsprechend mit der Maßgabe, dass ein Unternehmen der Schweizerischen Eidgenossenschaft jedes Unternehmen ist, das

1. eine der folgenden Rechtsformen aufweist:
   – Aktiengesellschaft/société anonyme/società anonima;
   – Gesellschaft mit beschränkter Haftung/société à responsabilité limitée/società à responsabilità limitata;
   – Kommanditaktiengesellschaft/société en commandite par actions/società in accomandita per azioni, und

2. nach dem Steuerrecht der Schweizerischen Eidgenossenschaft dort ansässig ist und nicht nach einem zwischen der Schweizerischen Eidgenossenschaft und einem Staat außerhalb der Europäischen Union geschlossenen Abkommen zur Vermeidung der Doppelbesteuerung von Einkünften für steuerliche Zwecke als außerhalb der Gemeinschaft oder der Schweizerischen Eidgenossenschaft ansässig gilt, und

3. unbeschränkt der schweizerischen Körperschaftsteuer unterliegt, ohne von ihr befreit zu sein.

Anlage 3
(zu § 50g)

1. Unternehmen im Sinne von § 50g Absatz 3 Nummer 5 Buchstabe a Doppelbuchstabe aa sind:

   a) Gesellschaften belgischen Rechts mit der Bezeichnung

   „naamloze vennootschap"/„société anonyme", „commanditaire vennootschap op aandelen"/„société en commandite par actions" oder „besloten vennootschap met beperkte aansprakelijkheid"/„société privée à responsabilité limitée" sowie öffentlich-rechtliche Körperschaften, deren Tätigkeit unter das Privatrecht fällt;

   b) Gesellschaften dänischen Rechts mit der Bezeichnung

   „aktieselskab" und „anpartsselskab";

   c) Gesellschaften deutschen Rechts mit der Bezeichnung

   „Aktiengesellschaft", „Kommanditgesellschaft auf Aktien" oder „Gesellschaft mit beschränkter Haftung";

   d) Gesellschaften griechischen Rechts mit der Bezeichnung

   „ανώνυμη εταιρία";

   e) Gesellschaften spanischen Rechts mit der Bezeichnung

   „sociedad anónima", „sociedad comanditaria por acciones" oder „sociedad de responsabilidad limitada" sowie öffentlich-rechtliche Körperschaften, deren Tätigkeit unter das Privatrecht fällt;

   f) Gesellschaften französischen Rechts mit der Bezeichnung

   „société anonyme", „société en commandite par actions" oder „société à responsabilité limitée" sowie die staatlichen Industrie- und Handelsbetriebe und Unternehmen;

   g) Gesellschaften irischen Rechts mit der Bezeichnung

   „public companies limited by shares or by guarantee", „private companies limited by shares or by guarantee", gemäß den „Industrial and Provident Societies Acts" eingetragene Einrichtungen oder gemäß den „Building Societies Acts" eingetragene „building societies";

   h) Gesellschaften italienischen Rechts mit der Bezeichnung

„società per azioni", „società in accomandita per azioni" oder „società a responsabilità limitata" sowie staatliche und private Industrie- und Handelsunternehmen;

i) Gesellschaften luxemburgischen Rechts mit der Bezeichnung

„société anonyme", „société en commandite par actions" oder „société à responsabilité limitée";

j) Gesellschaften niederländischen Rechts mit der Bezeichnung

„naamloze vennootschap" oder „besloten vennootschap met beperkte aansprakelijkheid";

k) Gesellschaften österreichischen Rechts mit der Bezeichnung

„Aktiengesellschaft" oder „Gesellschaft mit beschränkter Haftung";

l) Gesellschaften portugiesischen Rechts in Form von Handelsgesellschaften oder zivilrechtlichen Handelsgesellschaften sowie Genossenschaften und öffentliche Unternehmen;

m) Gesellschaften finnischen Rechts mit der Bezeichnung

„osakeyhtiö/aktiebolag", „osuuskunta/andelslag", „säästöpankki/sparbank" oder „vakuutusyhtiö/försäkringsbolag";

n) Gesellschaften schwedischen Rechts mit der Bezeichnung

„aktiebolag" oder „försäkringsaktiebolag";

o) nach dem Recht des Vereinigten Königreichs gegründete Gesellschaften;

p) Gesellschaften tschechischen Rechts mit der Bezeichnung

„akciová společnost", „společnost s ručením omezeným", „veřejná obchodní společnost", „komanditní společnost" oder „družstvo";

q) Gesellschaften estnischen Rechts mit der Bezeichnung

„täisühing", „usaldusühing", „osaühing", „aktsiaselts" oder „tulundusühistu";

r) Gesellschaften zyprischen Rechts, die nach dem Gesellschaftsrecht als Gesellschaften bezeichnet werden, Körperschaften des öffentlichen Rechts und sonstige Körperschaften, die als Gesellschaft im Sinne der Einkommensteuergesetze gelten;

s) Gesellschaften lettischen Rechts mit der Bezeichnung

„akciju sabiedrība" oder „sabiedrība ar ierobežotu atbildību";

t) nach dem Recht Litauens gegründete Gesellschaften;

u) Gesellschaften ungarischen Rechts mit der Bezeichnung

„közkereseti társaság", „betéti társaság", „közös vállalat", „korlátolt felelősségű társaság", „részvénytársaság", „egyesülés", „közhasznú társaság" oder „szövetkezet";

v) Gesellschaften maltesischen Rechts mit der Bezeichnung

„Kumpaniji ta' Responsabilita' Limitata" oder „Soċjetajiet in akkomandita li l-kapital taghhom maqsum f'azzjonijiet";

w) Gesellschaften polnischen Rechts mit der Bezeichnung

„spółka akcyjna" oder „spółka z ograniczoną odpowiedzialnością";

x) Gesellschaften slowenischen Rechts mit der Bezeichnung

„delniška družba", „komanditna delniška družba", „komanditna družba", „družba z omejeno odgovornostjo" oder „družba z neomejeno odgovornostjo";

y) Gesellschaften slowakischen Rechts mit der Bezeichnung

„akciová spoločnos", „spoločnos; s ručením obmedzeným", „komanditná spoločnos", „verejná obchodná spoločnos" oder „družstvo";

aa) Gesellschaften bulgarischen Rechts mit der Bezeichnung

„събирателното дружество", „командитното дружество", „дружеството с ограничена отговорност", „акционерното дружество", „командитното дружество с акции", „кооперации", „кооперативни съюзи" oder „държавни предприятия", die nach bulgarischem Recht gegründet wurden und gewerbliche Tätigkeiten ausüben;

bb) Gesellschaften rumänischen Rechts mit der Bezeichnung

„societăți pe acțiuni", „societăți în comandită pe acțiuni" oder „societăți cu răspundere limitată";

cc) Gesellschaften kroatischen Rechts mit der Bezeichnung

„dioničko društvo" oder „društvo s ograničenom odgovor-nošću" und andere nach kroatischem Recht gegründete Gesellschaften, die der kroatischen Gewinnsteuer unterliegen.

2. Steuern im Sinne von § 50g Absatz 3 Nummer 5 Buchstabe a Doppelbuchstabe cc sind:

– impôt des sociétés/vennootschapsbelasting in Belgien,

– selskabsskat in Dänemark,

- Körperschaftsteuer in Deutschland,
- Φόρος εισοδήματος νομικών προσώπων in Griechenland,
- impuesto sobre sociedades in Spanien,
- impôt sur les sociétés in Frankreich,
- corporation tax in Irland,
- imposta sul reddito delle persone giuridiche in Italien,
- impôt sur le revenu des collectivités in Luxemburg,
- vennootschapsbelasting in den Niederlanden,
- Körperschaftsteuer in Österreich,
- imposto sobre o rendimento da pessoas colectivas in Portugal,
- yhteisöjen tulovero/inkomstskatten för samfund in Finnland,
- statlig inkomstskatt in Schweden,
- corporation tax im Vereinigten Königreich,
- Daň z příjmů právnických osob in der Tschechischen Republik,
- Tulumaks in Estland,
- Φόρος εισοδήματος in Zypern,
- Uzņēmumu ienākuma nodoklis in Lettland,
- Pelno mokestis in Litauen,
- Társasági adó in Ungarn,
- Taxxa fuq l-income in Malta,
- Podatek dochodowy od osób prawnych in Polen,
- Davek od dobička pravnih oseb in Slowenien,
- Daň z príjmov právnických osôb in der Slowakei,
- корпоративен данък in Bulgarien,
- impozit pe profit, impozitul pe veniturile obţinute din România de nerezidenţi in Rumänien,
- porez na dobit in Kroatien.

§ 50h   Bestätigung für Zwecke der Entlastung von Quellensteuern in einem anderen Mitgliedstaat der Europäischen Union oder der Schweizerischen Eidgenossenschaft

EStG

Auf Antrag hat das Finanzamt, das für die Besteuerung eines Unternehmens der Bundesrepublik Deutschland oder einer dort gelegenen Betriebsstätte eines Unternehmens eines anderen Mitgliedstaats der Europäischen Union im Sinne des § 50g Absatz 3 Nummer 5 oder eines Unternehmens der Schweizerischen Eidgenossenschaft im Sinne des § 50g Absatz 6 Satz 2 zuständig ist, für die Entlastung von der Quellensteuer dieses Staats auf Zinsen oder Lizenzgebühren im Sinne des § 50g zu bescheinigen, dass das empfangende Unternehmen steuerlich im Inland ansässig ist oder die Betriebsstätte im Inland gelegen ist.

§ 50i   Besteuerung bestimmter Einkünfte und Anwendung von Doppelbesteuerungsabkommen

EStG

(1) [1]Sind Wirtschaftsgüter des Betriebsvermögens oder sind Anteile im Sinne des § 17 [1]

1. vor dem 29. Juni 2013 in das Betriebsvermögen einer Personengesellschaft im Sinne des § 15 Absatz 3 übertragen oder überführt worden,

2. ist eine Besteuerung der stillen Reserven im Zeitpunkt der Übertragung oder Überführung unterblieben, *und*

3. *ist das Recht der Bundesrepublik Deutschland hinsichtlich der Besteuerung des Gewinns aus der Veräußerung oder Entnahme dieser Wirtschaftsgüter oder Anteile ungeachtet der Anwendung dieses Absatzes vor dem 1. Januar 2017 ausgeschlossen oder beschränkt worden,*

---

[1] *Absatz 1 Satz 1 und 2 wurden durch Artikel 7 des Gesetzes zur Umsetzung der Änderungen der EU-Amtshilferichtlinie und von weiteren Maßnahmen gegen Gewinnkürzungen und -verlagerungen ab VZ 2016 neu gefasst.*

so ist der Gewinn, den ein Steuerpflichtiger, der im Sinne eines Abkommens zur Vermeidung der Doppelbesteuerung im anderen Vertragsstaat ansässig ist, aus der späteren Veräußerung oder Entnahme dieser Wirtschaftsgüter oder Anteile erzielt, ungeachtet entgegenstehender Bestimmungen des Abkommens zur Vermeidung der Doppelbesteuerung zu versteuern. ²Als Übertragung oder Überführung von Anteilen im Sinne des § 17 in das Betriebsvermögen einer Personengesellschaft gilt auch die Gewährung neuer Anteile an eine Personengesellschaft, die bisher auch eine Tätigkeit im Sinne des § 15 Absatz 1 Satz 1 Nummer 1 ausgeübt hat oder gewerbliche Einkünfte im Sinne des § 15 Absatz 1 Satz 1 Nummer 2 bezogen hat, im Rahmen der Einbringung eines Betriebs oder Teilbetriebs oder eines Mitunternehmeranteils dieser Personengesellschaft in eine Körperschaft nach § 20 des Umwandlungssteuergesetzes, wenn

1. der Einbringungszeitpunkt vor dem 29. Juni 2013 liegt

2. die Personengesellschaft nach der Einbringung als Personengesellschaft im Sinne des § 15 Absatz 3 fortbesteht *und*

3. *das Recht der Bundesrepublik Deutschland hinsichtlich der Besteuerung des Gewinns aus der Veräußerung oder Entnahme der neuen Anteile ungeachtet der Anwendung dieses Absatzes bereits im Einbringungszeitpunkt ausgeschlossen oder beschränkt ist oder vor dem 1. Januar 2017 ausgeschlossen oder beschränkt worden ist.*

³Auch die laufenden Einkünfte aus der Beteiligung an der Personengesellschaft, auf die die in Satz 1 genannten Wirtschaftsgüter oder Anteile übertragen oder überführt oder der im Sinne des Satzes 2 neue Anteile gewährt wurden, sind ungeachtet entgegenstehender Bestimmungen des Abkommens zur Vermeidung der Doppelbesteuerung zu versteuern. ⁴Die Sätze 1 und 3 gelten sinngemäß, wenn Wirtschaftsgüter vor dem 29. Juni 2013 Betriebsvermögen eines Einzelunternehmens oder einer Personengesellschaft geworden sind, die deswegen Einkünfte aus Gewerbebetrieb erzielen, weil der Steuerpflichtige sowohl im überlassenden Betrieb als auch im nutzenden Betrieb allein oder zusammen mit anderen Gesellschaftern einen einheitlichen geschäftlichen Betätigungswillen durchsetzen kann und dem nutzenden Betrieb eine wesentliche Betriebsgrundlage zur Nutzung überlässt.

¹⁾ (2) *Bei Einbringung nach § 20 des Umwandlungssteuergesetzes sind* die Wirtschaftsgüter und Anteile im Sinne des Absatzes 1 abweichend von *§ 20 Absatz 2 Satz 2* des Umwandlungssteuergesetzes, stets mit dem gemeinen Wert anzusetzen, *soweit das Recht der Bundesrepublik Deutschland hinsichtlich der Besteuerung des Gewinns aus der Veräußerung der erhaltenen Anteile oder hinsichtlich der mit diesen im Zusammenhang stehenden Anteile im Sinne des § 22 Absatz 7 des Umwandlungssteuergesetzes ausgeschlossen oder beschränkt ist.*

EStG ²⁾ ## § 50j *Versagung der Entlastung von Kapitalertragsteuern in bestimmten Fällen*

(1) ¹Ein Gläubiger von Kapitalerträgen im Sinne des § 43 Absatz 1 Satz 1 Nummer 1a, die nach einem Abkommen zur Vermeidung der Doppelbesteuerung nicht oder nur nach einem Steuersatz unterhalb des Steuersatzes des § 43a Absatz 1 Satz 1 Nummer 1 besteuert werden, hat ungeachtet dieses Abkommens nur dann Anspruch auf völlige oder teilweise Entlastung nach § 50d Absatz 1, wenn er

1. *während der Mindesthaltedauer nach Absatz 2 hinsichtlich der diesen Kapitalerträgen zugrunde liegenden Anteile oder Genussscheine ununterbrochen wirtschaftlicher Eigentümer ist,*

2. *während der Mindesthaltedauer nach Absatz 2 ununterbrochen das Mindestwertänderungsrisiko nach Absatz 3 trägt und*

3. *nicht verpflichtet ist, die Kapitalerträge im Sinne des § 43 Absatz 1 Satz 1 Nummer 1a ganz oder überwiegend, unmittelbar oder mittelbar anderen Personen zu vergüten.*

²Satz 1 gilt entsprechend für Anteile oder Genussscheine, die zu inländischen Kapitalerträgen im Sinne des § 43 Absatz 3 Satz 1 führen und einer Wertpapiersammelbank im Ausland zur Verwahrung anvertraut sind.

(2) ¹Die Mindesthaltedauer umfasst 45 Tage und muss innerhalb eines Zeitraums von 45 Tagen vor und 45 Tagen nach der Fälligkeit der Kapitalerträge erreicht werden. ²Bei Anschaffungen und Veräußerungen ist zu unterstellen, dass die zuerst angeschafften Anteile oder Genussscheine zuerst veräußert wurden.

---

1) *Absatz 2 wurde durch Artikel 7 des Gesetzes zur Umsetzung der Änderungen der EU-Amtshilferichtlinie und von weiteren Maßnahmen gegen Gewinnkürzungen und -verlagerungen neu gefasst und ist erstmals für Einbringungen anzuwenden, bei denen der Einbringungsvertrag nach dem 31. 12. 2013 geschlossen worden ist → § 52 Abs. 48 Satz 4 EStG.*
2) *§ 50j EStG wurde durch Artikel 8 des Gesetzes zur Umsetzung der Änderungen der EU-Amtshilferichtlinie und von weiteren Maßnahmen gegen Gewinnkürzungen und -verlagerungen ab VZ 2017 eingefügt.*

(3) ¹Der Gläubiger der Kapitalerträge muss unter Berücksichtigung von gegenläufigen Ansprüchen und Ansprüchen nahe stehender Personen das Risiko aus einem sinkenden Wert der Anteile oder Genussscheine im Umfang von mindestens 70 Prozent tragen (Mindestwertänderungsrisiko). ²Kein hinreichendes Mindestwertänderungsrisiko liegt insbesondere dann vor, wenn der Gläubiger der Kapitalerträge oder eine ihm nahe stehende Person Kurssicherungsgeschäfte abgeschlossen hat, die das Wertänderungsrisiko der Anteile oder Genussscheine unmittelbar oder mittelbar um mehr als 30 Prozent mindern.

(4) ¹Die Absätze 1 bis 3 sind nur anzuwenden, wenn

1. *die Steuer auf die dem Antrag zu Grunde liegenden Kapitalerträge nach einem Abkommen zur Vermeidung der Doppelbesteuerung 15 Prozent des Bruttobetrags der Kapitalerträge im Sinne des § 43 Absatz 1 Satz 1 Nummer 1a und des Absatzes 1 Satz 2 unterschreitet und*

2. *es sich nicht um Kapitalerträge handelt, die einer beschränkt steuerpflichtigen Kapitalgesellschaft, die am Nennkapital einer unbeschränkt steuerpflichtigen Kapitalgesellschaft im Sinne des § 1 Absatz 1 Nummer 1 des Körperschaftsteuergesetzes zu mindestens einem Zehntel unmittelbar beteiligt ist und im Staat ihrer Ansässigkeit den Steuern vom Einkommen oder Gewinn unterliegt, ohne davon befreit zu sein, von der unbeschränkt steuerpflichtigen Kapitalgesellschaft zufließen.*

²Die Absätze 1 bis 3 sind nicht anzuwenden, wenn der Gläubiger der Kapitalerträge im Sinne des § 43 Absatz 1 Satz 1 Nummer 1a und des Absatzes 1 Satz 4 bei Zufluss seit mindestens einem Jahr ununterbrochen wirtschaftlicher Eigentümer der Aktien oder Genussscheine ist; Absatz 2 Satz 2 gilt entsprechend.*

(5) Bestimmungen eines Abkommens zur Vermeidung der Doppelbesteuerung, § 42 der Abgabenordnung und andere steuerliche Vorschriften bleiben unberührt, soweit sie jeweils die Entlastung in einem weitergehenden Umfang einschränken.

§ 51 Ermächtigungen EStG

(1) Die Bundesregierung wird ermächtigt, mit Zustimmung des Bundesrates

1. zur Durchführung dieses Gesetzes Rechtsverordnungen zu erlassen, soweit dies zur Wahrung der Gleichmäßigkeit bei der Besteuerung, zur Beseitigung von Unbilligkeiten in Härtefällen, zur Steuerfreistellung des Existenzminimums oder zur Vereinfachung des Besteuerungsverfahrens erforderlich ist, und zwar:

    a) über die Abgrenzung der Steuerpflicht, die Beschränkung der Steuererklärungspflicht auf die Fälle, in denen eine Veranlagung in Betracht kommt, über die den Einkommensteuererklärungen beizufügenden Unterlagen und über die Beistandspflichten Dritter;

    b) über die Ermittlung der Einkünfte und die Feststellung des Einkommens einschließlich der abzugsfähigen Beträge;

    c) über die Höhe von besonderen Betriebsausgaben-Pauschbeträgen für Gruppen von Betrieben, bei denen hinsichtlich der Besteuerungsgrundlagen annähernd gleiche Verhältnisse vorliegen, wenn der Steuerpflichtige Einkünfte aus Gewerbebetrieb (§ 15) oder selbständiger Arbeit (§ 18) erzielt, in Höhe eines Prozentsatzes der Umsätze im Sinne des § 1 Absatz 1 Nummer 1 des Umsatzsteuergesetzes; Umsätze aus der Veräußerung von Wirtschaftsgütern des Anlagevermögens sind nicht zu berücksichtigen. ²Einen besonderen Betriebsausgaben-Pauschbetrag dürfen nur Steuerpflichtige in Anspruch nehmen, die ihren Gewinn durch Einnahme-Überschussrechnung nach § 4 Absatz 3 ermitteln. ³Bei der Festlegung der Höhe des besonderen Betriebsausgaben-Pauschbetrags ist der Zuordnung der Betriebe entsprechend der Klassifikation der Wirtschaftszweige, Fassung für Steuerstatistiken, Rechnung zu tragen. ⁴Bei der Ermittlung der besonderen Betriebsausgaben-Pauschbeträge sind alle Betriebsausgaben mit Ausnahme der an das Finanzamt gezahlten Umsatzsteuer zu berücksichtigen. ⁵Bei der Veräußerung oder Entnahme von Wirtschaftsgütern des Anlagevermögens sind die Anschaffungs- oder Herstellungskosten, vermindert um die Absetzungen für Abnutzung nach § 7 Absatz 1 oder 4 sowie die Veräußerungskosten neben dem besonderen Betriebsausgaben-Pauschbetrag abzugsfähig. ⁶Der Steuerpflichtige kann im folgenden Veranlagungszeitraum zur Ermittlung der tatsächlichen Betriebsausgaben übergehen. ⁷Wechselt der Steuerpflichtige zur Ermittlung der tatsächlichen Betriebsausgaben, sind die abnutzbaren Wirtschaftsgüter des Anlagevermögens mit ihren Anschaffungs- oder Herstellungskosten, vermindert um die Absetzungen für Abnutzung nach § 7 Absatz 1 oder 4, in ein laufend zu führendes Verzeichnis aufzunehmen. ⁸§ 4 Absatz 3 Satz 5 bleibt unberührt. ⁹Nach dem Wechsel zur Ermittlung der tatsächlichen Betriebsausgaben ist eine erneute Inanspruchnahme des besonderen Betriebsausgaben-Pauschbetrags erst nach Ablauf der folgenden vier Veranlagungszeiträume zulässig; die §§ 140 und 141 der Abgabenordnung bleiben unberührt;

d) über die Veranlagung, die Anwendung der Tarifvorschriften und die Regelung der Steuerentrichtung einschließlich der Steuerabzüge;

e) über die Besteuerung der beschränkt Steuerpflichtigen einschließlich eines Steuerabzugs;

f) in Fällen, in denen ein Sachverhalt zu ermitteln und steuerrechtlich zu beurteilen ist, der sich auf Vorgänge außerhalb des Geltungsbereichs dieses Gesetzes bezieht, und außerhalb des Geltungsbereichs dieses Gesetzes ansässige Beteiligte oder andere Personen nicht wie bei Vorgängen innerhalb des Geltungsbereichs dieses Gesetzes zur Mitwirkung bei der Ermittlung des Sachverhalts herangezogen werden können, zu bestimmen,

aa) in welchem Umfang Aufwendungen im Sinne des § 4 Absatz 4 oder des § 9 den Gewinn oder den Überschuss der Einnahmen über die Werbungskosten nur unter Erfüllung besonderer Mitwirkungs- und Nachweispflichten mindern dürfen. [2]Die besonderen Mitwirkungs- und Nachweispflichten können sich erstrecken auf

aaa) die Angemessenheit der zwischen nahestehenden Personen im Sinne des § 1 Absatz 2 des Außensteuergesetzes in ihren Geschäftsbeziehungen vereinbarten Bedingungen,

bbb) die Angemessenheit der Gewinnabgrenzung zwischen unselbständigen Unternehmensteilen,

ccc) die Pflicht zur Einhaltung von für nahestehende Personen geltenden Dokumentations- und Nachweispflichten auch bei Geschäftsbeziehungen zwischen nicht nahestehenden Personen,

ddd) die Bevollmächtigung der Finanzbehörde durch den Steuerpflichtigen, in seinem Namen mögliche Auskunftsansprüche gegenüber den von der Finanzbehörde benannten Kreditinstituten außergerichtlich und gerichtlich geltend zu machen;

bb) dass eine ausländische Gesellschaft ungeachtet des § 50d Absatz 3 nur dann einen Anspruch auf völlige oder teilweise Entlastung vom Steuerabzug nach § 50d Absatz 1 und 2 oder § 44a Absatz 9 hat, soweit sie die Ansässigkeit der an ihr unmittelbar oder mittelbar beteiligten natürlichen Personen, deren Anteil unmittelbar oder mittelbar 10 Prozent übersteigt, darlegt und nachweisen kann;

cc) dass § 2 Absatz 5b Satz 1, § 32d Absatz 1 und § 43 Absatz 5 in Bezug auf Einkünfte im Sinne des § 20 Absatz 1 Nummer 1 und die steuerfreien Einnahmen nach § 3 Nummer 40 Satz 1 und 2 nur dann anzuwenden sind, wenn die Finanzbehörde bevollmächtigt wird, im Namen des Steuerpflichtigen mögliche Auskunftsansprüche gegenüber den von der Finanzbehörde benannten Kreditinstituten außergerichtlich und gerichtlich geltend zu machen.

[2]Die besonderen Nachweis- und Mitwirkungspflichten auf Grund dieses Buchstabens gelten nicht, wenn die außerhalb des Geltungsbereichs dieses Gesetzes ansässigen Beteiligten oder andere Personen in einem Staat oder Gebiet ansässig sind, mit dem ein Abkommen besteht, das die Erteilung von Auskünften entsprechend Artikel 26 des Musterabkommens der OECD zur Vermeidung der Doppelbesteuerung auf dem Gebiet der Steuern vom Einkommen und vom Vermögen in der Fassung von 2005 vorsieht oder der Staat oder das Gebiet Auskünfte in einem vergleichbaren Umfang erteilt oder die Bereitschaft zu einer entsprechenden Auskunftserteilung besteht;

2. Vorschriften durch Rechtsverordnung zu erlassen

a) über die sich aus der Aufhebung oder Änderung von Vorschriften dieses Gesetzes ergebenden Rechtsfolgen, soweit dies zur Wahrung der Gleichmäßigkeit bei der Besteuerung oder zur Beseitigung von Unbilligkeiten in Härtefällen erforderlich ist;

b) (weggefallen);

c) über den Nachweis von Zuwendungen im Sinne des § 10b einschließlich erleichterter Nachweisanforderungen;

d) über Verfahren, die in den Fällen des § 38 Absatz 1 Nummer 2 den Steueranspruch der Bundesrepublik Deutschland sichern oder die sicherstellen, dass bei Befreiungen im Ausland ansässiger Leiharbeitnehmer von der Steuer der Bundesrepublik Deutschland auf Grund von Abkommen zur Vermeidung der Doppelbesteuerung die ordnungsgemäße Besteuerung im Ausland gewährleistet ist. [2]Hierzu kann nach Maßgabe zwischenstaatlicher Regelungen bestimmt werden, dass

aa) der Entleiher in dem hierzu notwendigen Umfang an derartigen Verfahren mitwirkt,

bb) er sich im Haftungsverfahren nicht auf die Freistellungsbestimmungen des Abkommens berufen kann, wenn er seine Mitwirkungspflichten verletzt;

e) bis m) (weggefallen);

n) über Sonderabschreibungen

aa) im Tiefbaubetrieb des Steinkohlen-, Pechkohlen-, Braunkohlen- und Erzbergbaues bei Wirtschaftsgütern des Anlagevermögens unter Tage und bei bestimmten mit dem Grubenbetrieb unter Tage in unmittelbarem Zusammenhang stehenden, der Förderung, Seilfahrt, Wasserhaltung und Wetterführung sowie der Aufbereitung des Minerals dienenden Wirtschaftsgütern des Anlagevermögens über Tage, soweit die Wirtschaftsgüter

für die Errichtung von neuen Förderschachtanlagen, auch in Form von Anschlussschachtanlagen,

für die Errichtung neuer Schächte sowie die Erweiterung des Grubengebäudes und den durch Wasserzuflüsse aus stillliegenden Anlagen bedingten Ausbau der Wasserhaltung bestehender Schachtanlagen,

für Rationalisierungsmaßnahmen in der Hauptschacht-, Blindschacht-, Streckenund Abbauförderung, im Streckenvortrieb, in der Gewinnung, Versatzwirtschaft, Seilfahrt, Wetterführung und Wasserhaltung sowie in der Aufbereitung,

für die Zusammenfassung von mehreren Förderschachtanlagen zu einer einheitlichen Förderschachtanlage und

für den Wiederaufschluss stillliegender Grubenfelder und Feldesteile,

bb) im Tagebaubetrieb des Braunkohlen- und Erzbergbaues bei bestimmten Wirtschaftsgütern des beweglichen Anlagevermögens (Grubenaufschluss, Entwässerungsanlagen, Großgeräte sowie Einrichtungen des Grubenrettungswesens und der ersten Hilfe und im Erzbergbau auch Aufbereitungsanlagen), die

für die Erschließung neuer Tagebaue, auch in Form von Anschlusstagebauen, für Rationalisierungsmaßnahmen bei laufenden Tagebauen,

beim Übergang zum Tieftagebau für die Freilegung und Gewinnung der Lagerstätte und

für die Wiederinbetriebnahme stillgelegter Tagebaue

von Steuerpflichtigen, die den Gewinn nach § 5 ermitteln, vor dem 1. Januar 1990 angeschafft oder hergestellt werden. [2]Die Sonderabschreibungen können bereits für Anzahlungen auf Anschaffungskosten und für Teilherstellungskosten zugelassen werden. [3]Hat der Steuerpflichtige vor dem 1. Januar 1990 die Wirtschaftsgüter bestellt oder mit ihrer Herstellung begonnen, so können die Sonderabschreibungen auch für nach dem 31. Dezember 1989 und vor dem 1. Januar 1991 angeschaffte oder hergestellte Wirtschaftsgüter sowie für vor dem 1. Januar 1991 geleistete Anzahlungen auf Anschaffungskosten und entstandene Teilherstellungskosten in Anspruch genommen werden. [4]Voraussetzung für die Inanspruchnahme der Sonderabschreibungen ist, dass die Förderungswürdigkeit der bezeichneten Vorhaben von der obersten Landesbehörde für Wirtschaft im Einvernehmen mit dem Bundesministerium für Wirtschaft und Energie bescheinigt worden ist. [5]Die Sonderabschreibungen können im Wirtschaftsjahr der Anschaffung oder Herstellung und in den vier folgenden Wirtschaftsjahren in Anspruch genommen werden, und zwar bei beweglichen Wirtschaftsgütern des Anlagevermögens bis zu insgesamt 50 Prozent, bei unbeweglichen Wirtschaftsgütern des Anlagevermögens bis zu insgesamt 30 Prozent der Anschaffungs- oder Herstellungskosten. [6]Bei den begünstigten Vorhaben im Tagebaubetrieb des Braunkohlen- und Erzbergbaues kann außerdem zugelassen werden, dass die vor dem 1. Januar 1991 aufgewendeten Kosten für den Vorabraum bis zu 50 Prozent als sofort abzugsfähige Betriebsausgaben behandelt werden;

o) (weggefallen);

p) über die Bemessung der Absetzungen für Abnutzung oder Substanzverringerung bei nicht zu einem Betriebsvermögen gehörenden Wirtschaftsgütern, die vor dem 21. Juni 1948 angeschafft oder hergestellt oder die unentgeltlich erworben sind. [2]Hierbei kann bestimmt werden, dass die Absetzungen für Abnutzung oder Substanzverringerung nicht nach den Anschaffungs- oder Herstellungskosten, sondern nach Hilfswerten (am 21. Juni 1948 maßgebender Einheitswert, Anschaffungs- oder Herstellungskosten des Rechtsvorgängers abzüglich der von ihm vorgenommenen Absetzungen, fiktive Anschaffungskosten an einem noch zu bestimmenden Stichtag) zu bemessen sind. [3]Zur Vermeidung von Härten kann zugelassen werden, dass anstelle der Absetzungen für Abnutzung, die nach dem am 21. Juni 1948 maßgebenden Einheitswert zu bemessen sind, der Betrag abgezogen wird, der für das Wirtschaftsgut in dem Veranlagungszeitraum 1947 als Absetzung für Abnutzung geltend gemacht werden konnte. [4]Für das Land Berlin tritt in den Sätzen 1 bis 3 an die Stelle des 21. Juni 1948 jeweils der 1. April 1949;   S 2190

q) über erhöhte Absetzungen bei Herstellungskosten   S 2198

aa) für Maßnahmen, die für den Anschluss eines im Inland belegenen Gebäudes an eine Fernwärmeversorgung einschließlich der Anbindung an das Heizsystem erforderlich sind, wenn die Fernwärmeversorgung überwiegend aus Anlagen der Kraft-Wärme-

Kopplung, zur Verbrennung von Müll oder zur Verwertung von Abwärme gespeist wird,

bb) für den Einbau von Wärmepumpenanlagen, Solaranlagen und Anlagen zur Wärmerückgewinnung in einem im Inland belegenen Gebäude einschließlich der Anbindung an das Heizsystem,

cc) für die Errichtung von Windkraftanlagen, wenn die mit diesen Anlagen erzeugte Energie überwiegend entweder unmittelbar oder durch Verrechnung mit Elektrizitätsbezügen des Steuerpflichtigen von einem Elektrizitätsversorgungsunternehmen zur Versorgung eines im Inland belegenen Gebäudes des Steuerpflichtigen verwendet wird, einschließlich der Anbindung an das Versorgungssystem des Gebäudes,

dd) für die Errichtung von Anlagen zur Gewinnung von Gas, das aus pflanzlichen oder tierischen Abfallstoffen durch Gärung unter Sauerstoffabschluss entsteht, wenn dieses Gas zur Beheizung eines im Inland belegenen Gebäudes des Steuerpflichtigen oder zur Warmwasserbereitung in einem solchen Gebäude des Steuerpflichtigen verwendet wird, einschließlich der Anbindung an das Versorgungssystem des Gebäudes,

ee) für den Einbau einer Warmwasseranlage zur Versorgung von mehr als einer Zapfstelle und einer zentralen Heizungsanlage oder bei einer zentralen Heizungs- und Warmwasseranlage für den Einbau eines Heizkessels, eines Brenners, einer zentralen Steuerungseinrichtung, einer Wärmeabgabeeinrichtung und eine Änderung der Abgasanlage in einem im Inland belegenen Gebäude oder in einer im Inland belegenen Eigentumswohnung, wenn mit dem Einbau nicht vor Ablauf von zehn Jahren seit Fertigstellung dieses Gebäudes begonnen worden ist und der Einbau nach dem 30. Juni 1985 fertig gestellt worden ist; Entsprechendes gilt bei Anschaffungskosten für neue Einzelöfen, wenn keine Zentralheizung vorhanden ist.

[2]Voraussetzung für die Gewährung der erhöhten Absetzungen ist, dass die Maßnahmen vor dem 1. Januar 1992 fertig gestellt worden sind; in den Fällen des Satzes 1 Doppelbuchstabe aa müssen die Gebäude vor dem 1. Juli 1983 fertig gestellt worden sein, es sei denn, dass der Anschluss nicht schon im Zusammenhang mit der Errichtung des Gebäudes möglich war. [3]Die erhöhten Absetzungen dürfen jährlich 10 Prozent der Aufwendungen nicht übersteigen. [4]Sie dürfen nicht gewährt werden, wenn für dieselbe Maßnahme eine Investitionszulage in Anspruch genommen wird. [5]Sind die Aufwendungen Erhaltungsaufwand und entstehen sie bei einer zu eigenen Wohnzwecken genutzten Wohnung im eigenen Haus, für die der Nutzungswert nicht mehr besteuert wird und liegen in den Fällen des Satzes 1 Doppelbuchstabe aa die Voraussetzungen des Satzes 2 zweiter Halbsatz vor, so kann der Abzug dieser Aufwendungen wie Sonderausgaben mit gleichmäßiger Verteilung auf das Kalenderjahr, in dem die Arbeiten abgeschlossen worden sind, und die neun folgenden Kalenderjahre zugelassen werden, wenn die Maßnahme vor dem 1. Januar 1992 abgeschlossen worden ist;

S 2211   r) nach denen Steuerpflichtige größere Aufwendungen

aa) für die Erhaltung von nicht zu einem Betriebsvermögen gehörenden Gebäuden, die überwiegend Wohnzwecken dienen,

bb) zur Erhaltung eines Gebäudes in einem förmlich festgelegten Sanierungsgebiet oder städtebaulichen Entwicklungsbereich, die für Maßnahmen im Sinne des § 177 des Baugesetzbuchs sowie für bestimmte Maßnahmen, die der Erhaltung, Erneuerung und funktionsgerechten Verwendung eines Gebäudes dienen, das wegen seiner geschichtlichen, künstlerischen oder städtebaulichen Bedeutung erhalten bleiben soll, und zu deren Durchführung sich der Eigentümer neben bestimmten Modernisierungsmaßnahmen gegenüber der Gemeinde verpflichtet hat, aufgewendet worden sind,

cc) zur Erhaltung von Gebäuden, die nach den jeweiligen landesrechtlichen Vorschriften Baudenkmale sind, soweit die Aufwendungen nach Art und Umfang zur Erhaltung des Gebäudes als Baudenkmal und zu seiner sinnvollen Nutzung erforderlich sind,

auf zwei bis fünf Jahre gleichmäßig verteilen können. [2]In den Fällen der Doppelbuchstaben bb und cc ist Voraussetzung, dass der Erhaltungsaufwand vor dem 1. Januar 1990 entstanden ist. [3]In den Fällen von Doppelbuchstabe cc sind die Denkmaleigenschaft des Gebäudes und die Voraussetzung, dass die Aufwendungen nach Art und Umfang zur Erhaltung des Gebäudes als Baudenkmal und zu seiner sinnvollen Nutzung erforderlich sind, durch eine Bescheinigung der nach Landesrecht zuständigen oder von der Landesregierung bestimmten Stelle nachzuweisen;

S 2185   s) nach denen bei Anschaffung oder Herstellung von abnutzbaren beweglichen und bei Herstellung von abnutzbaren unbeweglichen Wirtschaftsgütern des Anlagevermögens auf Antrag ein Abzug von der Einkommensteuer für den Veranlagungszeitraum der Anschaffung oder Herstellung bis zur Höhe von 7,5 Prozent der Anschaffungs- oder Herstellungskosten dieser Wirtschaftsgüter vorgenommen werden kann, wenn eine Störung des gesamtwirtschaftlichen Gleichgewichts eingetreten ist oder sich abzeichnet, die eine nachhaltige Verringerung der Umsätze oder der Beschäftigung zur Folge hatte oder erwarten lässt, insbesondere bei einem erheblichen Rückgang der Nachfrage nach Investitionsgütern oder Bauleistungen. [2]Bei der Bemessung des von der Einkommensteuer abzugsfähigen Betrags dürfen nur berücksichtigt werden

aa) die Anschaffungs- oder Herstellungskosten von beweglichen Wirtschaftsgütern, die innerhalb eines jeweils festzusetzenden Zeitraums, der ein Jahr nicht übersteigen darf (Begünstigungszeitraum), angeschafft oder hergestellt werden,

bb) die Anschaffungs- oder Herstellungskosten von beweglichen Wirtschaftsgütern, die innerhalb des Begünstigungszeitraums bestellt und angezahlt werden oder mit deren Herstellung innerhalb des Begünstigungszeitraums begonnen wird, wenn sie innerhalb eines Jahres, bei Schiffen innerhalb zweier Jahre nach Ablauf des Begünstigungszeitraums geliefert oder fertig gestellt werden. [2]Soweit bewegliche Wirtschaftsgüter im Sinne des Satzes 1 mit Ausnahme von Schiffen nach Ablauf eines Jahres, aber vor Ablauf zweier Jahre nach dem Ende des Begünstigungszeitraums geliefert oder fertig gestellt werden, dürfen bei Bemessung des Abzugs von der Einkommensteuer die bis zum Ablauf eines Jahres nach dem Ende des Begünstigungszeitraums aufgewendeten Anzahlungen und Teilherstellungskosten berücksichtigt werden,

cc) die Herstellungskosten von Gebäuden, bei denen innerhalb des Begünstigungszeitraums der Antrag auf Baugenehmigung gestellt wird, wenn sie bis zum Ablauf von zwei Jahren nach dem Ende des Begünstigungszeitraums fertig gestellt werden;

dabei scheiden geringwertige Wirtschaftsgüter im Sinne des § 6 Absatz 2 und Wirtschaftsgüter, die in gebrauchtem Zustand erworben werden, aus. [3]Von der Begünstigung können außerdem Wirtschaftsgüter ausgeschlossen werden, für die Sonderabschreibungen, erhöhte Absetzungen oder die Investitionszulage nach § 19 des Berlinförderungsgesetzes in Anspruch genommen werden. [4]In den Fällen des Satzes 2 Doppelbuchstaben bb und cc können bei Bemessung des von der Einkommensteuer abzugsfähigen Betrags bereits die im Begünstigungszeitraum, im Fall des Satzes 2 Doppelbuchstaben bb Satz 2 auch die bis zum Ablauf eines Jahres nach dem Ende des Begünstigungszeitraums aufgewendeten Anzahlungen und Teilherstellungskosten berücksichtigt werden; der Abzug von der Einkommensteuer kann insoweit schon für den Veranlagungszeitraum vorgenommen werden, in dem die Anzahlungen oder Teilherstellungskosten aufgewendet worden sind. [5]Übersteigt der von der Einkommensteuer abzugsfähige Betrag die für den Veranlagungszeitraum der Anschaffung oder Herstellung geschuldete Einkommensteuer, so kann der übersteigende Betrag von der Einkommensteuer für den darauf folgenden Veranlagungszeitraum abgezogen werden. [6]Entsprechendes gilt, wenn in den Fällen des Satzes 2 Doppelbuchstaben bb und cc der Abzug von der Einkommensteuer bereits für Anzahlungen oder Teilherstellungskosten geltend gemacht wird. [7]Der Abzug von der Einkommensteuer darf jedoch die für den Veranlagungszeitraum der Anschaffung oder Herstellung und den folgenden Veranlagungszeitraum insgesamt zu entrichtende Einkommensteuer nicht übersteigen. [8]In den Fällen des Satzes 2 Doppelbuchstaben bb Satz 2 gilt dies mit der Maßgabe, dass an die Stelle des Veranlagungszeitraums der Anschaffung oder Herstellung der Veranlagungszeitraum tritt, in dem zuletzt Anzahlungen oder Teilherstellungskosten aufgewendet worden sind. [9]Werden begünstigte Wirtschaftsgüter von Gesellschaften im Sinne des § 15 Absatz 1 Satz 1 Nummer 2 und 3 angeschafft oder hergestellt, so ist der abzugsfähige Betrag nach dem Verhältnis der Gewinnanteile einschließlich der Vergütungen aufzuteilen. [10]Die Anschaffungs- oder Herstellungskosten der Wirtschaftsgüter, die bei Bemessung des von der Einkommensteuer abzugsfähigen Betrags berücksichtigt worden sind, werden durch den Abzug von der Einkommensteuer nicht gemindert. [11]Rechtsverordnungen auf Grund dieser Ermächtigung bedürfen der Zustimmung des Bundestages. [12]Die Zustimmung gilt als erteilt, wenn der Bundestag nicht binnen vier Wochen nach Eingang der Vorlage der Bundesregierung die Zustimmung verweigert hat;

t) (weggefallen);

u) über Sonderabschreibungen bei abnutzbaren Wirtschaftsgütern des Anlagevermögens, die der Forschung oder Entwicklung dienen und nach dem 18. Mai 1983 und vor dem 1. Januar 1990 angeschafft oder hergestellt werden. [2]Voraussetzung für die Inanspruchnahme der Sonderabschreibungen ist, dass die beweglichen Wirtschaftsgüter ausschließlich und die unbeweglichen Wirtschaftsgüter zu mehr als 33 1/3 Prozent der Forschung oder Entwicklung dienen. [3]Die Sonderabschreibungen können auch für Ausbauten und Erweiterungen an bestehenden Gebäuden, Gebäudeteilen, Eigentumswohnungen oder im Teileigentum stehenden Räumen zugelassen werden, wenn die ausgebauten oder neu hergestellten Gebäudeteile zu mehr als 33 1/3 Prozent der Forschung oder Entwicklung dienen. [4]Die Wirtschaftsgüter dienen der Forschung oder Entwicklung, wenn sie verwendet werden

aa) zur Gewinnung von neuen wissenschaftlichen oder technischen Erkenntnissen und Erfahrungen allgemeiner Art (Grundlagenforschung) oder

S 2185

bb) zur Neuentwicklung von Erzeugnissen oder Herstellungsverfahren oder

cc) zur Weiterentwicklung von Erzeugnissen oder Herstellungsverfahren, soweit wesentliche Änderungen dieser Erzeugnisse oder Verfahren entwickelt werden.

[5]Die Sonderabschreibungen können im Wirtschaftsjahr der Anschaffung oder Herstellung und in den vier folgenden Wirtschaftsjahren in Anspruch genommen werden, und zwar

aa) bei beweglichen Wirtschaftsgütern des Anlagevermögens bis zu insgesamt 40 Prozent,

bb) bei unbeweglichen Wirtschaftsgütern des Anlagevermögens, die zu mehr als 66 2/3 Prozent der Forschung oder Entwicklung dienen, bis zu insgesamt 15 Prozent, die nicht zu mehr als 66 2/3 Prozent, aber zu mehr als 33 1/3 Prozent der Forschung oder Entwicklung dienen, bis zu insgesamt 10 Prozent,

cc) bei Ausbauten und Erweiterungen an bestehenden Gebäuden, Gebäudeteilen, Eigentumswohnungen oder im Teileigentum stehenden Räumen, wenn die ausgebauten oder neu hergestellten Gebäudeteile zu mehr als 66 2/3 Prozent der Forschung oder Entwicklung dienen, bis zu insgesamt 15 Prozent, zu nicht mehr als 66 2/3 Prozent, aber zu mehr als 33 1/3 Prozent der Forschung oder Entwicklung dienen, bis zu insgesamt 10 Prozent

der Anschaffungs- oder Herstellungskosten. [6]Sie können bereits für Anzahlungen auf Anschaffungskosten und für Teilherstellungskosten zugelassen werden. [7]Die Sonderabschreibungen sind nur unter der Bedingung zuzulassen, dass die Wirtschaftsgüter und die ausgebauten oder neu hergestellten Gebäudeteile mindestens drei Jahre nach ihrer Anschaffung oder Herstellung in dem erforderlichen Umfang der Forschung oder Entwicklung in einer inländischen Betriebsstätte des Steuerpflichtigen dienen;

v) (weggefallen);

S 2185   w) über Sonderabschreibungen bei Handelsschiffen, die auf Grund eines vor dem 25. April 1996 abgeschlossenen Schiffbauvertrags hergestellt, in einem inländischen Seeschiffsregister eingetragen und vor dem 1. Januar 1999 von Steuerpflichtigen angeschafft oder hergestellt worden sind, die den Gewinn nach § 5 ermitteln. [2]Im Fall der Anschaffung eines Handelsschiffes ist weitere Voraussetzung, dass das Schiff vor dem 1. Januar 1996 in ungebrauchtem Zustand vom Hersteller oder nach dem 31. Dezember 1995 auf Grund eines vor dem 25. April 1996 abgeschlossenen Kaufvertrags bis zum Ablauf des vierten auf das Jahr der Fertigstellung folgenden Jahres erworben worden ist. [3]Bei Steuerpflichtigen, die in eine Gesellschaft im Sinne des § 15 Absatz 1 Satz 1 Nummer 2 und Absatz 3 nach Abschluss des Schiffbauvertrags (Unterzeichnung des Hauptvertrags) eingetreten sind, dürfen Sonderabschreibungen nur zugelassen werden, wenn sie der Gesellschaft vor dem 1. Januar 1999 beitreten. [4]Die Sonderabschreibungen können im Wirtschaftsjahr der Anschaffung oder Herstellung und in den vier folgenden Wirtschaftsjahren bis zu insgesamt 40 Prozent der Anschaffungs- oder Herstellungskosten in Anspruch genommen werden. [5]Sie können bereits für Anzahlungen auf Anschaffungskosten und für Teilherstellungskosten zugelassen werden. [6]Die Sonderabschreibungen sind nur unter der Bedingung zuzulassen, dass die Handelsschiffe innerhalb eines Zeitraums von acht Jahren nach ihrer Anschaffung oder Herstellung nicht veräußert werden; für Anteile an einem Handelsschiff gilt dies entsprechend. [7]Die Sätze 1 bis 6 gelten für Schiffe, die der Seefischerei dienen, entsprechend. [8]Für Luftfahrzeuge, die vom Steuerpflichtigen hergestellt oder in ungebrauchtem Zustand vom Hersteller erworben worden sind und die zur gewerbsmäßigen Beförderung von Personen oder Sachen im internationalen Luftverkehr oder zur Verwendung zu sonstigen gewerblichen Zwecken im Ausland bestimmt sind, gelten die Sätze 1 bis 4 und 6 mit der Maßgabe entsprechend, dass an die Stelle der Eintragung in ein inländisches Seeschiffsregister die Eintragung in die deutsche Luftfahrzeugrolle, an die Stelle des Höchstsatzes von 40 Prozent ein Höchstsatz von 30 Prozent und bei der Vorschrift des Satzes 6 an die Stelle des Zeitraums von acht Jahren ein Zeitraum von sechs Jahren treten;

S 2198a   x) über erhöhte Absetzungen bei Herstellungskosten für Modernisierungs- und Instandsetzungsmaßnahmen im Sinne des § 177 des Baugesetzbuchs sowie für bestimmte Maßnahmen, die der Erhaltung, Erneuerung und funktionsgerechten Verwendung eines Gebäudes dienen, das wegen seiner geschichtlichen, künstlerischen oder städtebaulichen Bedeutung erhalten bleiben soll, und zu deren Durchführung sich der Eigentümer neben bestimmten Modernisierungsmaßnahmen gegenüber der Gemeinde verpflichtet hat, die für Gebäude in einem förmlich festgelegten Sanierungsgebiet oder städtebaulichen Entwicklungsbereich aufgewendet worden sind; Voraussetzung ist, dass die Maßnahmen vor dem 1. Januar 1991 abgeschlossen worden sind. [2]Die erhöhten Absetzungen dürfen jährlich 10 Prozent der Aufwendungen nicht übersteigen;

S 2198b   y) über erhöhte Absetzungen für Herstellungskosten an Gebäuden, die nach den jeweiligen landesrechtlichen Vorschriften Baudenkmale sind, soweit die Aufwendungen nach Art und Umfang zur Erhaltung des Gebäudes als Baudenkmal und zu seiner sinnvollen Nutzung erforderlich sind; Voraussetzung ist, dass die Maßnahmen vor dem 1. Januar 1991 abgeschlossen worden sind. [2]Die Denkmaleigenschaft des Gebäudes und die Voraussetzung, dass die Aufwendungen nach Art und Umfang zur Erhaltung des Gebäudes als Baudenkmal und zu seiner sinnvollen Nutzung erforderlich sind, sind durch eine Bescheinigung der nach Landesrecht zuständigen oder von der Landesregierung bestimmten Stelle nachzuweisen. [3]Die erhöhten Absetzungen dürfen jährlich 10 Prozent der Aufwendungen nicht übersteigen;

3. die in § 4a Absatz 1 Satz 2 Nummer 1, § 10 Absatz 5, § 22 Nummer 1 Satz 3 Buchstabe a, § 26a Absatz 3, § 34c Absatz 7, § 46 Absatz 5 und § 50a Absatz 6 vorgesehenen Rechtsverordnungen zu erlassen.

(2) [1]Die Bundesregierung wird ermächtigt, durch Rechtsverordnung Vorschriften zu erlassen, nach denen die Inanspruchnahme von Sonderabschreibungen und erhöhten Absetzungen sowie die Bemessung der Absetzung für Abnutzung in fallenden Jahresbeträgen ganz oder teilweise ausgeschlossen werden können, wenn eine Störung des gesamtwirtschaftlichen Gleichgewichts eingetreten ist oder sich abzeichnet, die erhebliche Preissteigerungen mit sich gebracht hat oder erwarten lässt, insbesondere, wenn die Inlandsnachfrage nach Investitionsgütern oder Bauleistungen das Angebot wesentlich übersteigt. [2]Die Inanspruchnahme von Sonderabschreibungen und erhöhten Absetzungen sowie die Bemessung der Absetzung für Abnutzung in fallenden Jahresbeträgen darf nur ausgeschlossen werden

S 1987

1. für bewegliche Wirtschaftsgüter, die innerhalb eines jeweils festzusetzenden Zeitraums, der frühestens mit dem Tage beginnt, an dem die Bundesregierung ihren Beschluss über die Verordnung bekanntgibt, und der ein Jahr nicht übersteigen darf, angeschafft oder hergestellt werden. [2]Für bewegliche Wirtschaftsgüter, die vor Beginn dieses Zeitraums bestellt und angezahlt worden sind oder mit deren Herstellung vor Beginn dieses Zeitraums angefangen worden ist, darf jedoch die Inanspruchnahme von Sonderabschreibungen und erhöhten Absetzungen sowie die Bemessung der Absetzung für Abnutzung in fallenden Jahresbeträgen nicht ausgeschlossen werden;

2. für bewegliche Wirtschaftsgüter und für Gebäude, die in dem in Nummer 1 bezeichneten Zeitraum bestellt werden oder mit deren Herstellung in diesem Zeitraum begonnen wird. [2]Als Beginn der Herstellung gilt bei Gebäuden der Zeitpunkt, in dem der Antrag auf Baugenehmigung gestellt wird.

[3]Rechtsverordnungen auf Grund dieser Ermächtigung bedürfen der Zustimmung des Bundestages und des Bundesrates. [4]Die Zustimmung gilt als erteilt, wenn der Bundesrat nicht binnen drei Wochen, der Bundestag nicht binnen vier Wochen nach Eingang der Vorlage der Bundesregierung die Zustimmung verweigert hat.

(3) [1]Die Bundesregierung wird ermächtigt, durch Rechtsverordnung mit Zustimmung des Bundesrates Vorschriften zu erlassen, nach denen die Einkommensteuer einschließlich des Steuerabzugs vom Arbeitslohn, des Steuerabzugs vom Kapitalertrag und des Steuerabzugs bei beschränkt Steuerpflichtigen

1. um höchstens 10 Prozent herabgesetzt werden kann. [2]Der Zeitraum, für den die Herabsetzung gilt, darf ein Jahr nicht übersteigen; er soll sich mit dem Kalenderjahr decken. [3]Voraussetzung ist, dass eine Störung des gesamtwirtschaftlichen Gleichgewichts eingetreten ist oder sich abzeichnet, die eine nachhaltige Verringerung der Umsätze oder der Beschäftigung zur Folge hatte oder erwarten lässt, insbesondere bei einem erheblichen Rückgang der Nachfrage nach Investitionsgütern und Bauleistungen oder Verbrauchsgütern;

2. um höchstens 10 Prozent erhöht werden kann. [2]Der Zeitraum, für den die Erhöhung gilt, darf ein Jahr nicht übersteigen; er soll sich mit dem Kalenderjahr decken. [3]Voraussetzung ist, dass eine Störung des gesamtwirtschaftlichen Gleichgewichts eingetreten ist oder sich abzeichnet, die erhebliche Preissteigerungen mit sich gebracht hat oder erwarten lässt, insbesondere, wenn die Nachfrage nach Investitionsgütern und Bauleistungen oder Verbrauchsgütern das Angebot wesentlich übersteigt.

[2]Rechtsverordnungen auf Grund dieser Ermächtigung bedürfen der Zustimmung des Bundestages.

(4) Das Bundesministerium der Finanzen wird ermächtigt,

1. im Einvernehmen mit den obersten Finanzbehörden der Länder die Vordrucke für
   a) (weggefallen),
   b) die Erklärungen zur Einkommensbesteuerung,
   c) die Anträge nach § 38b Absatz 2, nach § 39a Absatz 2, in dessen Vordrucke der Antrag nach § 39f einzubeziehen ist, die Anträge nach § 39a Absatz 4 sowie die Anträge zu den elektronischen Lohnsteuerabzugsmerkmalen (§ 38b Absatz 3 und § 39e Absatz 6 Satz 7),
   d) die Lohnsteuer-Anmeldung (§ 41a Absatz 1),
   e) die Anmeldung der Kapitalertragsteuer (§ 45a Absatz 1) und den Freistellungsauftrag nach § 44a Absatz 2 Satz 1 Nummer 1,
   f) die Anmeldung des Abzugsbetrags (§ 48a),
   g) die Erteilung der Freistellungsbescheinigung (§ 48b),

h) die Anmeldung der Abzugsteuer (§ 50a),

i) die Entlastung von der Kapitalertragsteuer und vom Steuerabzug nach § 50a auf Grund von Abkommen zur Vermeidung der Doppelbesteuerung

und die Muster der Bescheinigungen für den Lohnsteuerabzug nach § 39 Absatz 3 Satz 1 und § 39e Absatz 7 Satz 5, des Ausdrucks der elektronischen Lohnsteuerbescheinigung (§ 41b Absatz 1), das Muster der Lohnsteuerbescheinigung nach § 41b Absatz 3 Satz 1, der Anträge auf Erteilung einer Bescheinigung für den Lohnsteuerabzug nach § 39 Absatz 3 Satz 1 und § 39e Absatz 7 Satz 1 sowie die in § 45a Absatz 2 und 3 und § 50a Absatz 5 Satz 6 vorgesehenen Bescheinigungen zu bestimmen;

1a. im Einvernehmen mit den obersten Finanzbehörden der Länder auf der Basis der §§ 32a und 39b einen Programmablaufplan für die Herstellung von Lohnsteuertabellen zur manuellen Berechnung der Lohnsteuer aufzustellen und bekannt zu machen. ²Der Lohnstufenabstand beträgt bei den Jahrestabellen 36. ³Die in den Tabellenstufen auszuweisende Lohnsteuer ist aus der Obergrenze der Tabellenstufen zu berechnen und muss an der Obergrenze mit der maschinell berechneten Lohnsteuer übereinstimmen. ⁴Die Monats-, Wochen- und Tagestabellen sind aus den Jahrestabellen abzuleiten;

1b. im Einvernehmen mit den obersten Finanzbehörden der Länder den Mindestumfang der nach § 5b elektronisch zu übermittelnden Bilanz und Gewinn- und Verlustrechnung zu bestimmen;

1c. durch Rechtsverordnung zur Durchführung dieses Gesetzes mit Zustimmung des Bundesrates Vorschriften über einen von dem vorgesehenen erstmaligen Anwendungszeitpunkt gemäß § 52 Absatz 15a in der Fassung des Artikels 1 des Gesetzes vom 20. Dezember 2008 (BGBl. I S. 2580) abweichenden späteren Anwendungszeitpunkt zu erlassen, wenn bis zum 31. Dezember 2010 erkennbar ist, dass die technischen oder organisatorischen Voraussetzungen für eine Umsetzung der in § 5b Absatz 1 in der Fassung des Artikels 1 des Gesetzes vom 20. Dezember 2008 (BGBl. I S. 2580) vorgesehenen Verpflichtung nicht ausreichen.

2. den Wortlaut dieses Gesetzes und der zu diesem Gesetz erlassenen Rechtsverordnungen in der jeweils geltenden Fassung satzweise nummeriert mit neuem Datum und in neuer Paragraphenfolge bekanntzumachen und dabei Unstimmigkeiten im Wortlaut zu beseitigen.

EStG
S 2444

§ 51a   Festsetzung und Erhebung von Zuschlagsteuern

(1) Auf die Festsetzung und Erhebung von Steuern, die nach der Einkommensteuer bemessen werden (Zuschlagsteuern), sind die Vorschriften dieses Gesetzes entsprechend anzuwenden.

(2) ¹Bemessungsgrundlage ist die Einkommensteuer, die abweichend von § 2 Absatz 6 unter Berücksichtigung von Freibeträgen nach § 32 Absatz 6 in allen Fällen des § 32 festzusetzen wäre. ²Zur Ermittlung der Einkommensteuer im Sinne des Satzes 1 ist das zu versteuernde Einkommen um die nach § 3 Nummer 40 steuerfreien Beträge zu erhöhen und um die nach § 3c Absatz 2 nicht abziehbaren Beträge zu mindern. ³§ 35 ist bei der Ermittlung der festzusetzenden Einkommensteuer nach Satz 1 nicht anzuwenden.

¹⁾ (2a) ¹Vorbehaltlich des § 40a Absatz 2 ist beim Steuerabzug vom Arbeitslohn Bemessungsgrundlage die Lohnsteuer; beim Steuerabzug vom laufenden Arbeitslohn und beim Jahresausgleich ist die Lohnsteuer maßgebend, die sich ergibt, wenn der nach § 39b Absatz 2 Satz 5 zu versteuernde Jahresbetrag für die Steuerklassen I, II und III um den Kinderfreibetrag von 4 788 Euro sowie den Freibetrag für den Betreuungs- und Erziehungs- oder Ausbildungsbedarf von 2 640 Euro und für die Steuerklasse IV um den Kinderfreibetrag von 2 394 Euro sowie den Freibetrag für den Betreuungs- und Erziehungs- oder Ausbildungsbedarf von 1 320 Euro für jedes Kind vermindert wird, für das eine Kürzung der Freibeträge für Kinder nach § 32 Absatz 6 Satz 4 nicht in Betracht kommt. ²Bei der Anwendung des § 39b für die Ermittlung der Zuschlagsteuern ist die als Lohnsteuerabzugsmerkmal gebildete Zahl der Kinderfreibeträge maßgebend. ³Bei Anwendung des § 39f ist beim Steuerabzug vom laufenden Arbeitslohn die Lohnsteuer maßgebend, die sich bei Anwendung des nach § 39f Absatz 1 ermittelten Faktors auf den nach den Sätzen 1 und 2 ermittelten Betrag ergibt.

(2b) Wird die Einkommensteuer nach § 43 Absatz 1 durch Abzug vom Kapitalertrag (Kapitalertragsteuer) erhoben, wird die darauf entfallende Kirchensteuer nach dem Kirchensteuersatz der Religionsgemeinschaft, der der Kirchensteuerpflichtige angehört, als Zuschlag zur Kapitalertragsteuer erhoben.

---

¹⁾ *Absatz 2a Satz 1 wurde durch Artikel 9 des Gesetzes zur Umsetzung der Änderungen der EU-Amtshilferichtlinie und von weiteren Maßnahmen gegen Gewinnkürzungen und -verlagerungen ab VZ 2018 geändert.*

(2c) [1]Der zur Vornahme des Steuerabzugs vom Kapitalertrag Verpflichtete (Kirchensteuer-abzugsverpflichteter) hat die auf die Kapitalertragsteuer nach Absatz 2b entfallende Kirchen-steuer nach folgenden Maßgaben einzubehalten:

1. Das Bundeszentralamt für Steuern speichert unabhängig von und zusätzlich zu den in § 139b Absatz 3 der Abgabenordnung genannten und nach § 39e gespeicherten Daten des Steuerpflichtigen den Kirchensteuersatz der steuererhebenden Religionsgemeinschaft des Kirchensteuerpflichtigen sowie die ortsbezogenen Daten, mit deren Hilfe der Kirchensteu-erpflichtige seiner Religionsgemeinschaft zugeordnet werden kann. [2]Die Daten werden als automatisiert abrufbares Merkmal für den Kirchensteuerabzug bereitgestellt;

2. sofern dem Kirchensteuerabzugsverpflichteten die Identifikationsnummer des Schuldners der Kapitalertragsteuer nicht bereits bekannt ist, kann er sie beim Bundeszentralamt für Steuern anfragen. [2]In der Anfrage dürfen nur die in § 139b Absatz 3 der Abgabenordnung genannten Daten des Schuldners der Kapitalertragsteuer angegeben werden, soweit sie dem Kirchensteuerabzugsverpflichteten bekannt sind. [3]Die Anfrage hat nach amtlich vor-geschriebenem Datensatz durch Datenfernübertragung zu erfolgen. [4]Das Bundeszentralamt für Steuern teilt dem Kirchensteuerabzugsverpflichteten die Identifikationsnummer mit, sofern die übermittelten Daten mit den nach § 139b Absatz 3 der Abgabenordnung beim Bundeszentralamt für Steuern gespeicherten Daten übereinstimmen;

3. der Kirchensteuerabzugsverpflichtete hat unter Angabe der Identifikationsnummer und des Geburtsdatums des Schuldners der Kapitalertragsteuer einmal jährlich im Zeitraum vom 1. September bis 31. Oktober beim Bundeszentralamt für Steuern anzufragen, ob der Schuldner der Kapitalertragsteuer am 31. August des betreffenden Jahres (Stichtag) kir-chensteuerpflichtig ist (Regelabfrage). [2]Für Kapitalerträge im Sinne des § 43 Absatz 1 Num-mer 4 aus Versicherungsverträgen hat der Kirchensteuerabzugsverpflichtete eine auf den Zuflusszeitpunkt der Kapitalerträge bezogene Abfrage (Anlassabfrage) an das Bundeszen-tralamt für Steuern zu richten. [3]Im Übrigen kann der Kirchensteuerabzugsverpflichtete eine Anlassabfrage bei Begründung einer Geschäftsbeziehung oder auf Veranlassung des Kun-den an das Bundeszentralamt für Steuern richten. [4]Auf die Anfrage hin teilt das Bundeszen-tralamt für Steuern dem Kirchensteuerabzugsverpflichteten die rechtliche Zugehörigkeit zu einer steuererhebenden Religionsgemeinschaft und den für die Religionsgemeinschaft gel-tenden Kirchensteuersatz zum Zeitpunkt der Anfrage als automatisiert abrufbares Merkmal nach Nummer 1 mit. [5]Während der Dauer der rechtlichen Verbindung ist der Schuldner der Kapitalertragsteuer zumindest einmal vom Kirchensteuerabzugsverpflichteten auf die Datenabfrage sowie das gegenüber dem Bundeszentralamt für Steuern bestehende Wider-spruchsrecht, das sich auf die Übermittlung von Daten zur Religionszugehörigkeit bezieht (Absatz 2e Satz 1), schriftlich oder in geeigneter Form hinzuweisen. [6]Anträge auf das Setzen der Sperrvermerke, die im aktuellen Kalenderjahr für eine Regelabfrage berücksichtigt werden sollen, müssen bis zum 30. Juni beim Bundeszentralamt für Steuern eingegangen sein. [7]Alle übrigen Sperrvermerke können nur berücksichtigt werden, wenn sie spätestens zwei Monate vor der Abfrage des Kirchensteuerabzugsverpflichteten eingegangen sind. [8]Dies gilt für den Widerruf entsprechend. [9]Der Hinweis nach Satz 5 hat rechtzeitig vor der Regel- oder Anlassabfrage zu erfolgen. [10]Gehört der Schuldner der Kapitalertragsteuer kei-ner steuererhebenden Religionsgemeinschaft an oder hat er dem Abruf von Daten zur Reli-gionszugehörigkeit widersprochen (Sperrvermerk), so teilt das Bundeszentralamt für Steu-ern dem Kirchensteuerabzugsverpflichteten zur Religionszugehörigkeit einen neutralen Wert (Nullwert) mit. [11]Der Kirchensteuerabzugsverpflichtete hat die vorhandenen Daten zur Religionszugehörigkeit unverzüglich zu löschen, wenn ein Nullwert übermittelt wurde;

4. im Falle einer am Stichtag oder im Zuflusszeitpunkt bestehenden Kirchensteuerpflicht hat der Kirchensteuerabzugsverpflichtete den Kirchensteuerabzug für die steuererhebende Religionsgemeinschaft durchzuführen und den Kirchensteuerbetrag an das für ihn zustän-dige Finanzamt abzuführen. [2]§ 45a Absatz 1 gilt entsprechend; in der Steueranmeldung sind die nach Satz 1 einbehaltenen Kirchensteuerbeträge für jede steuererhebende Religions-gemeinschaft jeweils als Summe anzumelden. [3]Die auf Grund der Regelabfrage vom Bun-deszentralamt für Steuern bestätigte Kirchensteuerpflicht hat der Kirchensteuerabzugsver-pflichtete dem Kirchensteuerabzug des auf den Stichtag folgenden Kalenderjahres zu Grunde zu legen. [4]Das Ergebnis einer Anlassabfrage wirkt anlassbezogen.

[2]Die Daten gemäß Nummer 3 sind nach amtlich vorgeschriebenem Datensatz durch Daten-fernübertragung zu übermitteln. [3]Die Verbindung der Anfrage nach Nummer 2 mit der Anfrage nach Nummer 3 zu einer Anfrage ist zulässig. [4]Auf Antrag kann das Bundeszentralamt für Steu-ern zur Vermeidung unbilliger Härten auf eine elektronische Übermittlung verzichten. [5]§ 44 Absatz 5 ist mit der Maßgabe anzuwenden, dass der Haftungsbescheid von dem für den Kir-chensteuerabzugsverpflichteten zuständigen Finanzamt erlassen wird. [6]§ 45a Absatz 2 ist mit der Maßgabe anzuwenden, dass die steuererhebende Religionsgemeinschaft angegeben wird. [7]Sind an den Kapitalerträgen ausschließlich Ehegatten beteiligt, wird der Anteil an der Kapital-ertragsteuer hälftig ermittelt. [8]Der Kirchensteuerabzugsverpflichtete darf die von ihm für die

Durchführung des Kirchensteuerabzugs erhobenen Daten ausschließlich für diesen Zweck verwenden. [9]Er hat organisatorisch dafür Sorge zu tragen, dass ein Zugriff auf diese Daten für andere Zwecke gesperrt ist. [10]Für andere Zwecke dürfen der Kirchensteuerabzugsverpflichtete und die beteiligte Finanzbehörde die Daten nur verwenden, soweit der Kirchensteuerpflichtige zustimmt oder dies gesetzlich zugelassen ist.

(2d) [1]Wird die nach Absatz 2b zu erhebende Kirchensteuer nicht nach Absatz 2c als Kirchensteuerabzug vom Kirchensteuerabzugsverpflichteten einbehalten, wird sie nach Ablauf des Kalenderjahres nach dem Kapitalertragsteuerbetrag veranlagt, der sich ergibt, wenn die Steuer auf Kapitalerträge nach § 32d Absatz 1 Satz 4 und 5 errechnet wird; wenn Kirchensteuer als Kirchensteuerabzug nach Absatz 2c erhoben wurde, wird eine Veranlagung nur auf Antrag des Steuerpflichtigen durchgeführt. [2]Der Abzugsverpflichtete hat dem Kirchensteuerpflichtigen auf dessen Verlangen hin eine Bescheinigung über die einbehaltene Kapitalertragsteuer zu erteilen. [3]Der Kirchensteuerpflichtige hat die erhobene Kapitalertragsteuer zu erklären und die Bescheinigung nach Satz 2 oder nach § 45a Absatz 2 oder 3 vorzulegen.

(2e) [1]Der Schuldner der Kapitalertragsteuer kann unter Angabe seiner Identifikationsnummer nach amtlich vorgeschriebenem Vordruck schriftlich beim Bundeszentralamt für Steuern beantragen, dass der automatisierte Datenabruf seiner rechtlichen Zugehörigkeit zu einer steuererhebenden Religionsgemeinschaft bis auf schriftlichen Widerruf unterbleibt (Sperrvermerk). [2]Das Bundeszentralamt für Steuern kann für die Abgabe der Erklärungen nach Satz 1 ein anderes sicheres Verfahren zur Verfügung stellen. [3]Der Sperrvermerk verpflichtet den Kirchensteuerpflichtigen für jeden Veranlagungszeitraum, in dem Kapitalertragsteuer einbehalten worden ist, zur Abgabe einer Steuererklärung zum Zwecke der Veranlagung nach Absatz 2d Satz 1. [4]Das Bundeszentralamt für Steuern übermittelt für jeden Veranlagungszeitraum, in dem der Sperrvermerk abgerufen worden ist, an das Wohnsitzfinanzamt Name und Anschrift des Kirchensteuerabzugsverpflichteten, an den im Fall des Absatzes 2c Nummer 3 auf Grund des Sperrvermerks ein Nullwert im Sinne des Absatzes 2c Satz 1 Nummer 3 Satz 6 mitgeteilt worden ist. [5]Das Wohnsitzfinanzamt fordert den Kirchensteuerpflichtigen zur Abgabe einer Steuererklärung nach § 149 Absatz 1 Satz 1 und 2 der Abgabenordnung auf.

(3) Ist die Einkommensteuer für Einkünfte, die dem Steuerabzug unterliegen, durch den Steuerabzug abgegolten oder werden solche Einkünfte bei der Veranlagung zur Einkommensteuer oder beim Lohnsteuer-Jahresausgleich nicht erfasst, gilt dies für die Zuschlagsteuer entsprechend.

(4) [1]Die Vorauszahlungen auf Zuschlagsteuern sind gleichzeitig mit den festgesetzten Vorauszahlungen auf die Einkommensteuer zu entrichten; § 37 Absatz 5 ist nicht anzuwenden. [2]Solange ein Bescheid über die Vorauszahlungen auf Zuschlagsteuern nicht erteilt worden ist, sind die Vorauszahlungen ohne besondere Aufforderung nach Maßgabe der für die Zuschlagsteuern geltenden Vorschriften zu entrichten. [3]§ 240 Absatz 1 Satz 3 der Abgabenordnung ist insoweit nicht anzuwenden; § 254 Absatz 2 der Abgabenordnung gilt insoweit sinngemäß.

(5) [1]Mit einem Rechtsbehelf gegen die Zuschlagsteuer kann weder die Bemessungsgrundlage noch die Höhe des zu versteuernden Einkommens angegriffen werden. [2]Wird die Bemessungsgrundlage geändert, ändert sich die Zuschlagsteuer entsprechend.

(6) Die Absätze 1 bis 5 gelten für die Kirchensteuern nach Maßgabe landesrechtlicher Vorschriften.

EStG
S 2259

[1)]

§ 52 Anwendungsvorschriften

(1) [1]Diese Fassung des Gesetzes ist, soweit in den folgenden Absätzen nichts anderes bestimmt ist, erstmals für den *Veranlagungszeitraum 2018* anzuwenden. [2]Beim Steuerabzug vom Arbeitslohn gilt Satz 1 mit der Maßgabe, dass diese Fassung erstmals auf den laufenden Arbeitslohn anzuwenden ist, der für einen nach dem *31. Dezember 2017* endenden Lohnzahlungszeitraum gezahlt wird, und auf sonstige Bezüge, die nach dem *31. Dezember 2017* zufließen. [3]Beim Steuerabzug vom Kapitalertrag gilt Satz 1 mit der Maßgabe, dass diese Fassung des Gesetzes erstmals auf Kapitalerträge anzuwenden ist, die dem Gläubiger nach dem *31. Dezember 2017* zufließen.

(2) [1]§ 2a Absatz 1 Satz 1 Nummer 6 Buchstabe b in der am 1. Januar 2000 geltenden Fassung ist erstmals auf negative Einkünfte eines Steuerpflichtigen anzuwenden, die er aus einer entgeltlichen Überlassung von Schiffen auf Grund eines nach dem 31. Dezember 1999 rechtswirksam abgeschlossenen obligatorischen Vertrags oder gleichstehenden Rechtsakts erzielt. [2]Bei negative Einkünfte im Sinne des § 2a Absatz 1 und 2 in der am 24. Dezember 2008 geltenden

1) Absatz 1 wurde durch Artikel 9 des Gesetzes zur Umsetzung der Änderungen der EU-Amtshilferichtlinie und von weiteren Maßnahmen gegen Gewinnkürzungen und -verlagerungen (Inkrafttreten 1. 1. 2018) geändert.

Fassung, die vor dem 25. Dezember 2008 nach § 2a Absatz 1 Satz 5 bestandskräftig gesondert festgestellt wurden, ist § 2a Absatz 1 Satz 3 bis 5 in der am 24. Dezember 2008 geltenden Fassung weiter anzuwenden. ³§ 2a Absatz 3 Satz 3, 5 und 6 in der am 29. April 1997 geltenden Fassung ist für Veranlagungszeiträume ab 1999 weiter anzuwenden, soweit sich ein positiver Betrag im Sinne des § 2a Absatz 3 Satz 3 in der am 29. April 1997 geltenden Fassung ergibt oder soweit eine in einem ausländischen Staat belegene Betriebsstätte im Sinne des § 2a Absatz 4 in der Fassung des § 52 Absatz 3 Satz 8 in der am 30. Juli 2014 geltenden Fassung in eine Kapitalgesellschaft umgewandelt, übertragen oder aufgegeben wird. ⁴Insoweit ist in § 2a Absatz 3 Satz 5 letzter Halbsatz in der am 29. April 1997 geltenden Fassung die Angabe „§ 10d Absatz 3" durch die Angabe „§ 10d Absatz 4" zu ersetzen.

(3) § 2b in der Fassung der Bekanntmachung vom 19. Oktober 2002 (BGBl. I S. 4210; 2003 I S. 179) ist weiterhin für Einkünfte aus einer Einkunftsquelle im Sinne des § 2b anzuwenden, die der Steuerpflichtige nach dem 4. März 1999 und vor dem 11. November 2005 rechtswirksam erworben oder begründet hat.

(4) ¹§ 3 Nummer 5 in der am 30. Juni 2013 geltenden Fassung ist vorbehaltlich des Satzes 2 erstmals für den Veranlagungszeitraum 2013 anzuwenden. ²§ 3 Nummer 5 in der am 29. Juni 2013 geltenden Fassung ist weiterhin anzuwenden für freiwillig Wehrdienst Leistende, die das Dienstverhältnis vor dem 1. Januar 2014 begonnen haben. ³§ 3 Nummer 10 in der am 31. Dezember 2005 geltenden Fassung ist weiter anzuwenden für ausgezahlte Übergangsbeihilfen an Soldatinnen auf Zeit und Soldaten auf Zeit, wenn das Dienstverhältnis vor dem 1. Januar 2006 begründet worden ist. ⁴Auf fortlaufende Leistungen nach dem Gesetz über die Heimkehrerstiftung vom 21. Dezember 1992 (BGBl. I S. 2094, 2101), das zuletzt durch Artikel 1 des Gesetzes vom 10. Dezember 2007 (BGBl. I S. 2830) geändert worden ist, in der jeweils geltenden Fassung ist § 3 Nummer 19 in der am 31. Dezember 2010 geltenden Fassung weiter anzuwenden. ⁵§ 3 Nummer 40 ist erstmals anzuwenden für

1. Gewinnausschüttungen, auf die der ausschüttenden Körperschaft der nach Artikel 3 des Gesetzes vom 23. Oktober 2000 (BGBl. I S. 1433) aufgehobene Vierte Teil des Körperschaftsteuergesetzes nicht mehr anzuwenden ist; für die übrigen in § 3 Nummer 40 genannten Erträge im Sinne des § 20 gilt Entsprechendes;

2. Erträge im Sinne des § 3 Nummer 40 Satz 1 Buchstabe a, b, c und j nach Ablauf des ersten Wirtschaftsjahres der Gesellschaft, an der die Anteile bestehen, für das das Körperschaftsteuergesetz in der Fassung des Artikels 3 des Gesetzes vom 23. Oktober 2000 (BGBl. I S. 1433) erstmals anzuwenden ist.

⁶§ 3 Nummer 40 Satz 3 und 4 in der am 12. Dezember 2006 geltenden Fassung ist für Anteile, die einbringungsgeboren im Sinne des § 21 des Umwandlungssteuergesetzes in der am 12. Dezember 2006 geltenden Fassung sind, weiter anzuwenden. ⁷*§ 3 Nummer 40 Satz 3 erster Halbsatz in der am 1. Januar 2017 geltenden Fassung ist erstmals für den Veranlagungszeitraum 2017 anzuwenden; der zweite Halbsatz ist anzuwenden auf Anteile, die nach dem 31. Dezember 2016 dem Betriebsvermögen zugehen.* ⁸Bei vom Kalenderjahr abweichenden Wirtschaftsjahren ist § 3 Nummer 40 Buchstabe d Satz 2 in der am 30. Juni 2013 geltenden Fassung erstmals für den Veranlagungszeitraum anzuwenden, in dem das Wirtschaftsjahr endet, das nach dem 31. Dezember 2013 begonnen hat. ⁹§ 3 Nummer 40a in der am 6. August 2004 geltenden Fassung ist auf Vergütungen im Sinne des § 18 Absatz 1 Nummer 4 anzuwenden, wenn die vermögensverwaltende Gesellschaft oder Gemeinschaft nach dem 31. März 2002 und vor dem 1. Januar 2009 gegründet worden ist oder soweit die Vergütungen in Zusammenhang mit der Veräußerung von Anteilen an Kapitalgesellschaften stehen, die nach dem 7. November 2003 und vor dem 1. Januar 2009 erworben worden sind. ¹⁰§ 3 Nummer 40a in der am 19. August 2008 geltenden Fassung ist erstmals auf Vergütungen im Sinne des § 18 Absatz 1 Nummer 4 anzuwenden, wenn die vermögensverwaltende Gesellschaft oder Gemeinschaft nach dem 31. Dezember 2008 gegründet worden ist. ¹¹§ 3 Nummer 46 in der am 17. November 2016 geltenden Fassung ist erstmals anzuwenden auf Vorteile, die in einem nach dem 31. Dezember 2016 endenden Lohnzahlungszeitraum oder als sonstige Bezüge nach dem 31. Dezember 2016 zugewendet werden, und letztmals anzuwenden auf Vorteile, die in einem vor dem 1. Januar 2021 endenden Lohnzahlungszeitraum oder als sonstige Bezüge vor dem 1. Januar 2021 zugewendet werden. ¹²§ 3 Nummer 63 ist bei Beiträgen für eine Direktversicherung nicht anzuwenden, wenn der Arbeitnehmer gegenüber dem Arbeitgeber für diese Beiträge auf die Anwendung des § 3 Nummer 63 verzichtet hat. ¹³Der Verzicht gilt für die Dauer des Dienstverhältnisses; er ist bei einem Arbeitgeberwechsel bis zur ersten Beitragsleistung zu erklären. ¹⁴*Der Höchstbetrag nach § 3 Nummer 63 Satz 1 verringert sich um Zuwendungen, auf die § 40b Absatz 1 und 2 Satz 1 und 2 in der am 31. Dezember 2004 geltenden Fassung*

---

1) *Absatz 4 Satz 7 wurde durch Artikel 8 des Gesetzes zur Umsetzung der Änderungen der EU-Amtshilferichtlinie und von weiteren Maßnahmen gegen Gewinnkürzungen und -verlagerungen (Inkrafttreten 1. 1. 2017) eingefügt und dadurch wurden die bisherigen Sätze 7 bis 14 die Sätze 8 bis 15.*
2) *Absatz 4 Satz 12 bis 14 wurde durch das Betriebsrentenstärkungsgesetz (Inkrafttreten 1. 1. 2018) geändert.*

1) angewendet wird. [15]*§ 3 Nummer 63 Satz 3 in der ab dem 1. Januar 2018 geltenden Fassung ist nicht anzuwenden, soweit § 40b Absatz 1 und 2 Satz 3 und 4 in der am 31. Dezember 2004 geltenden Fassung angewendet wird.* [16]§ 3 Nummer 71 in der am 31. Dezember 2014 geltenden Fassung

2) ist erstmals für den Veranlagungszeitraum 2013 anzuwenden. [17]*§ 3 Nummer 71 in der Fassung des Artikels 1 des Gesetzes vom 27. Juni 2017 (BGBl. I S. 2074) ist erstmals für den Veranlagungszeit-*

3) *raum 2017 anzuwenden.*

(5) [1]§ 3c Absatz 2 Satz 3 und 4 in der am 12. Dezember 2006 geltenden Fassung ist für Anteile, die einbringungsgeboren im Sinne des § 21 des Umwandlungssteuergesetzes in der am 12. Dezember 2006 geltenden Fassung sind, weiter anzuwenden. [2]§ 3c Absatz 2 in der am 31. Dezember 2014 geltenden Fassung ist erstmals für Wirtschaftsjahre anzuwenden, die nach dem 31. De-

4) zember 2014 beginnen.

(6) [1]§ 4 Absatz 1 Satz 4 in der Fassung des Artikels 1 des Gesetzes vom 8. Dezember 2010 (BGBl. I S. 1768) gilt in allen Fällen, in denen § 4 Absatz 1 Satz 3 anzuwenden ist. [2]§ 4 Absatz 3 Satz 4 ist nicht anzuwenden, soweit die Anschaffungs- oder Herstellungskosten vor dem 1. Januar 1971 als Betriebsausgaben abgesetzt worden sind. [3]§ 4 Absatz 3 Satz 4 und 5 in der Fassung des Artikels 1 des Gesetzes vom 28. April 2006 (BGBl. I S. 1095) ist erstmals für Wirtschaftsgüter anzuwenden, die nach dem 5. Mai 2006 angeschafft, hergestellt oder in das Betriebsvermögen eingelegt werden. [4]Die Anschaffungs- oder Herstellungskosten für nicht abnutzbare Wirtschaftsgüter des Anlagevermögens, die vor dem 5. Mai 2006 angeschafft, hergestellt oder in das Betriebsvermögen eingelegt wurden, sind erst im Zeitpunkt des Zuflusses des Veräußerungserlöses oder im Zeitpunkt der Entnahme als Betriebsausgaben zu berücksichtigen. [5]§ 4 Absatz 4a in der Fassung des Gesetzes vom 22. Dezember 1999 (BGBl. I S. 2601) ist erstmals für das Wirtschaftsjahr anzuwenden, das nach dem 31. Dezember 1998 endet. [6]Über- und Unterentnahmen vorangegangener Wirtschaftsjahre bleiben unberücksichtigt. [7]Bei vor dem 1. Januar 1999 eröffneten Betrieben sind im Fall der Betriebsaufgabe bei der Überführung von Wirtschaftsgütern aus dem Betriebsvermögen in das Privatvermögen die Buchwerte nicht als Entnahme anzusetzen; im Fall der Betriebsveräußerung ist nur der Veräußerungsgewinn als Entnahme anzusetzen. [8]§ 4 Absatz 5 Satz 1 Nummer 5 in der Fassung des Artikels 1 des Gesetzes vom 20. Februar 2013 (BGBl. I S. 285) ist erstmals ab dem 1. Januar 2014 anzuwenden. [9]§ 4 Absatz 5 Satz 1 Nummer 6a in der Fassung des Artikels 1 des Gesetzes vom 20. Februar 2013 (BGBl. I S. 285) ist erstmals ab dem 1. Januar 2014 anzuwenden.

5) (7) *(weggefallen)*

(8) § 4f in der Fassung des Gesetzes vom 18. Dezember 2013 (BGBl. I S. 4318) ist erstmals für Wirtschaftsjahre anzuwenden, die nach dem 28. November 2013 enden.

6) *(8a) § 4j in der Fassung des Artikels 1 des Gesetzes vom 27. Juni 2017 (BGBl. I S. 2074) ist erstmals für Aufwendungen anzuwenden, die nach dem 31. Dezember 2017 entstehen.*

[1) *Absatz 4 Satz 15 wurde durch das Betriebsrentenstärkungsgesetz (Inkrafttreten 1. 1. 2018) eingefügt und dadurch wurden die bisherigen Sätze 15 und 16 die Sätze 16 und 17.*

2) *Absatz 4 Satz 16 (jetzt Satz 17) wurde durch das Gesetz gegen schädliche Steuerpraktiken im Zusammenhang mit Rechteüberlassungen (Inkrafttreten 5. 7. 2017) angefügt.*

3) *Folgender Absatz 4a wird durch Artikel 2 des Gesetzes gegen schädliche Steuerpraktiken im Zusammenhang mit Rechteüberlassungen eingefügt:*

„*(4a)* [1]*§ 3a in der Fassung des Artikels 2 des Gesetzes vom 27. Juni 2017 (BGBl. I S. 2074) ist erstmals in den Fällen anzuwenden, in denen die Schulden ganz oder teilweise nach dem 8. Februar 2017 erlassen wurden.* [2]*Satz 1 gilt bei einem Schuldenerlass nach dem 8. Februar 2017 nicht, wenn dem Steuerpflichtigen auf Antrag Billigkeitsmaßnahmen aus Gründen des Vertrauensschutzes für einen Sanierungsertrag auf Grundlage des § 163 Absatz 1 Satz 2 und den §§ 222, 227 der Abgabenordnung zu gewähren sind.*"
Nach Artikel 6 Abs. 2 des Gesetzes gegen schädliche Steuerpraktiken im Zusammenhang mit Rechteüberlassungen tritt der Artikel 2 an dem Tag in Kraft, an dem die Europäische Kommission durch Beschluss feststellt, dass die Regelungen des Artikels 2 entweder keine staatliche Beihilfen i. S. der Artikels 107 Abs. 1 des Vertrags über die Arbeitsweise der EU oder mit dem Binnenmarkt vereinbare Beihilfen darstellen. Der Tag des Beschlusses der Europäischen Kommission sowie der Tag des Inkrafttretens werden vom BMF gesondert im BGBl. bekanntgemacht.

4) *Folgender Absatz 5 Satz 3 wird durch Artikel 2 des Gesetzes gegen schädliche Steuerpraktiken im Zusammenhang mit Rechteüberlassungen angefügt:*

„[3]*§ 3c Absatz 4 in der Fassung des Artikels 2 des Gesetzes vom 27. Juni 2017 (BGBl. I S. 2074) ist für Betriebsvermögensminderungen oder Betriebsausgaben in unmittelbarem wirtschaftlichem Zusammenhang mit einem Schuldenerlass nach dem 8. Februar 2017 anzuwenden, für den § 3a angewendet wird.*"
Nach Artikel 6 Abs. 2 des Gesetzes gegen schädliche Steuerpraktiken im Zusammenhang mit Rechteüberlassungen tritt der Artikel 2 an dem Tag in Kraft, an dem die Europäische Kommission durch Beschluss feststellt, dass die Regelungen des Artikels 2 entweder keine staatliche Beihilfen i. S. der Artikels 107 Abs. 1 des Vertrags über die Arbeitsweise der EU oder mit dem Binnenmarkt vereinbare Beihilfen darstellen. Der Tag des Beschlusses der Europäischen Kommission sowie der Tag des Inkrafttretens werden vom BMF gesondert im BGBl. bekanntgemacht.

5) *Absatz 7 wurde durch das Gesetz zur Umsetzung der EU-Mobilitäts-Richtlinie (Inkrafttreten 1. 1. 2018) aufgehoben.*

6) *Absatz 8a wurde durch das Gesetz gegen schädliche Steuerpraktiken im Zusammenhang mit Rechteüberlassungen (Inkrafttreten 5. 7. 2017) eingefügt.*]

(9) [1]§ 5 Absatz 7 in der Fassung des Gesetzes vom 18. Dezember 2013 (BGBl. I S. 4318) ist erstmals für Wirtschaftsjahre anzuwenden, die nach dem 28. November 2013 enden. [2]Auf Antrag kann § 5 Absatz 7 auch für frühere Wirtschaftsjahre angewendet werden. [3]Bei Schuldübertragungen, Schuldbeitritten und Erfüllungsübernahmen, die vor dem 14. Dezember 2011 vereinbart wurden, ist § 5 Absatz 7 Satz 5 mit der Maßgabe anzuwenden, dass für einen Gewinn, der sich aus der Anwendung von § 5 Absatz 7 Satz 1 bis 3 ergibt, jeweils in Höhe von 19 Zwanzigsteln eine gewinnmindernde Rücklage gebildet werden kann, die in den folgenden 19 Wirtschaftsjahren jeweils mit mindestens einem Neunzehntel gewinnerhöhend aufzulösen ist.

(10) [1]§ 5a Absatz 3 in der Fassung des Artikels 9 des Gesetzes vom 29. Dezember 2003 (BGBl. I S. 3076) ist erstmals für das Wirtschaftsjahr anzuwenden, das nach dem 31. Dezember 2005 endet. [2]§ 5a Absatz 3 Satz 1 in der am 31. Dezember 2003 geltenden Fassung ist weiterhin anzuwenden, wenn der Steuerpflichtige im Fall der Anschaffung das Handelsschiff auf Grund eines vor dem 1. Januar 2006 rechtswirksam abgeschlossenen schuldrechtlichen Vertrags oder gleichgestellten Rechtsakts angeschafft oder im Fall der Herstellung mit der Herstellung des Handelsschiffs vor dem 1. Januar 2006 begonnen hat. [3]In Fällen des Satzes 2 muss der Antrag auf Anwendung des § 5a Absatz 1 spätestens bis zum Ablauf des Wirtschaftsjahres gestellt werden, das vor dem 1. Januar 2008 endet. [4]Soweit Ansparabschreibungen im Sinne des § 7g Absatz 3 in der am 17. August 2007 geltenden Fassung zum Zeitpunkt des Übergangs zur Gewinnermittlung nach § 5a Absatz 1 noch nicht gewinnerhöhend aufgelöst worden sind, ist § 5a Absatz 5 Satz 3 in der am 17. August 2007 geltenden Fassung weiter anzuwenden.

(11) § 5b in der Fassung des Artikels 1 des Gesetzes vom 20. Dezember 2008 (BGBl. I S. 2850) ist erstmals für Wirtschaftsjahre anzuwenden, die nach dem 31. Dezember 2010 beginnen.

(12) [1]§ 6 Absatz 1 Nummer 1b kann auch für Wirtschaftsjahre angewendet werden, die vor dem 23. Juli 2016 enden. [2]§ 6 Absatz 1 Nummer 4 Satz 2 und 3 in der am 1. Januar 2016 geltenden Fassung ist für Fahrzeuge mit Antrieb ausschließlich durch Elektromotoren, die ganz oder überwiegend aus mechanischen oder elektrochemischen Energiespeichern oder aus emissionsfrei betriebenen Energiewandlern gespeist werden (Elektrofahrzeuge), oder für extern aufladbare Hybridelektrofahrzeuge anzuwenden, die vor dem 1. Januar 2023 angeschafft werden. *[3]§ 6 Absatz 2 Satz 4 in der Fassung des Artikels 4 des Gesetzes vom 30. Juni 2017 (BGBl. I S. 2143) ist erstmals bei Wirtschaftsgütern anzuwenden, die nach dem 31. Dezember 2017 angeschafft, hergestellt oder in das Betriebsvermögen eingelegt werden. [4]§ 6 Absatz 2 Satz 1 in der Fassung des Artikels 1 des Gesetzes vom 27. Juni 2017 (BGBl. I S. 2074) ist erstmals bei Wirtschaftsgütern anzuwenden, die nach dem 31. Dezember 2017 angeschafft, hergestellt oder in das Betriebsvermögen eingelegt werden.* [5]§ 6 Absatz 5 Satz 1 zweiter Halbsatz in der am 14. Dezember 2010 geltenden Fassung gilt in allen Fällen, in denen § 4 Absatz 1 Satz 3 anzuwenden ist. *[6]§ 6 Absatz 2a in der Fassung des Artikels 1 des Gesetzes vom 27. Juni 2017 (BGBl. I S. 2074) ist erstmals bei Wirtschaftsgütern anzuwenden, die nach dem 31. Dezember 2017 angeschafft, hergestellt oder in das Betriebsvermögen eingelegt werden.*

1)

2)

3)

(13) *(weggefallen)* 4)

(14) [1]§ 6b Absatz 2a in der am 6. November 2015 geltenden Fassung ist auch auf Gewinne im Sinne des § 6b Absatz 2 anzuwenden, die vor dem 6. November 2015 entstanden sind. [2]§ 6b Absatz 10 Satz 11 in der am 12. Dezember 2006 geltenden Fassung ist für Anteile, die einbringungsgeboren im Sinne des § 21 des Umwandlungssteuergesetzes in der am 12. Dezember 2006 geltenden Fassung sind, weiter anzuwenden.

(15) [1]Bei Wirtschaftsgütern, die vor dem 1. Januar 2001 angeschafft oder hergestellt worden sind, ist § 7 Absatz 2 Satz 2 in der Fassung des Gesetzes vom 22. Dezember 1999 (BGBl. I S. 2601) weiter anzuwenden. [2]Bei Gebäuden, soweit sie zu einem Betriebsvermögen gehören und nicht Wohnzwecken dienen, ist § 7 Absatz 4 Satz 1 und 2 in der am 31. Dezember 2000 geltenden Fassung weiter anzuwenden, wenn der Steuerpflichtige im Fall der Herstellung vor dem 1. Januar 2001 mit der Herstellung des Gebäudes begonnen hat oder im Fall der Anschaffung das Objekt auf Grund eines vor dem 1. Januar 2001 rechtswirksam abgeschlossenen obligatorischen Vertrags oder gleichstehenden Rechtsakts angeschafft hat. [3]Als Beginn der Herstellung gilt bei Gebäuden, für die eine Baugenehmigung erforderlich ist, der Zeitpunkt, in dem

---

1) Absatz 12 Satz 3 wurde durch das Zweite Bürokratieentlastungsgesetz (Inkrafttreten 1. 1. 2017) eingefügt.

2) Absatz 12 Satz 3 (jetzt Satz 4) wurde durch das Gesetz gegen schädliche Steuerpraktiken im Zusammenhang mit Rechteüberlassungen (Inkrafttreten 5. 7. 2017) eingefügt und der bisherige Satz 3 wurde dadurch Satz 5.

3) Absatz 12 Satz 6 wurde durch das Gesetz gegen schädliche Steuerpraktiken im Zusammenhang mit Rechteüberlassungen (Inkrafttreten 5. 7. 2017) angefügt.

4) Absatz 13 wurde durch das Gesetz zur Umsetzung der EU-Mobilitäts-Richtlinie (Inkrafttreten 1. 1. 2018) aufgehoben.

der Bauantrag gestellt wird; bei baugenehmigungsfreien Gebäuden, für die Bauunterlagen einzureichen sind, der Zeitpunkt, in dem die Bauunterlagen eingereicht werden.

(16) [1]§ 7g Absatz 1 bis 4 in der am 1. Januar 2016 geltenden Fassung ist erstmals für Investitionsabzugsbeträge anzuwenden, die in nach dem 31. Dezember 2015 endenden Wirtschaftsjahren in Anspruch genommen werden. [2]Bei Investitionsabzugsbeträgen, die in vor dem 1. Januar 2016 endenden Wirtschaftsjahren in Anspruch genommen wurden, ist § 7g Absatz 1 bis 4 in der am 31. Dezember 2015 geltenden Fassung weiter anzuwenden. [3]Soweit vor dem 1. Januar 2016 beanspruchte Investitionsabzugsbeträge noch nicht hinzugerechnet oder rückgängig gemacht worden sind, vermindert sich der Höchstbetrag von 20 000 Euro nach § 7g Absatz 1 Satz 4 in der am 1. Januar 2016 geltenden Fassung entsprechend. [4]In Wirtschaftsjahren, die nach dem 31. Dezember 2008 und vor dem 1. Januar 2011 enden, ist § 7g Absatz 1 Satz 2 Nummer 1 mit der Maßgabe anzuwenden, dass bei Gewerbebetrieben oder der selbständigen Arbeit dienenden Betrieben, die ihren Gewinn nach § 4 Absatz 1 oder § 5 ermitteln, ein Betriebsvermögen von 335 000 Euro, bei Betrieben der Land- und Forstwirtschaft ein Wirtschaftswert oder Ersatzwirtschaftswert von 175 000 Euro und bei Betrieben, die ihren Gewinn nach § 4 Absatz 3 ermitteln, ohne Berücksichtigung von Investitionsabzugsbeträgen ein Gewinn von 200 000 Euro nicht überschritten wird. [5]Bei Wirtschaftsgütern, die nach dem 31. Dezember 2008 und vor dem 1. Januar 2011 angeschafft oder hergestellt worden sind, ist § 7g Absatz 6 Nummer 1 mit der Maßgabe anzuwenden, dass der Betrieb zum Schluss des Wirtschaftsjahres, das der Anschaffung oder Herstellung vorangeht, die Größenmerkmale des Satzes 1 nicht überschreitet.

[1] *(16a) § 9 Absatz 5 Satz 2 in der Fassung des Artikels 1 des Gesetzes vom 27. Juni 2017 (BGBl. I S. 2074) ist erstmals für Aufwendungen im Sinne des § 4j in der Fassung des Artikels 1 des Gesetzes vom 27. Juni 2017 (BGBl. I S. 2074) anzuwenden, die nach dem 31. Dezember 2017 entstehen.*

(17) § 9b Absatz 2 in der Fassung des Artikels 11 des Gesetzes vom 18. Dezember 2013 (BGBl. I S. 4318) ist auf Mehr- und Minderbeträge infolge von Änderungen der Verhältnisse im Sinne von § 15a des Umsatzsteuergesetzes anzuwenden, die nach dem 28. November 2013 eingetreten sind.

(18) [1]§ 10 Absatz 1a Nummer 2 in der am 1. Januar 2015 geltenden Fassung ist auf alle Versorgungsleistungen anzuwenden, die auf Vermögensübertragungen beruhen, die nach dem 31. Dezember 2007 vereinbart worden sind. [2]Für Versorgungsleistungen, die auf Vermögensübertragungen beruhen, die vor dem 1. Januar 2008 vereinbart worden sind, gilt dies nur, wenn das übertragene Vermögen nur deshalb einen ausreichenden Ertrag bringt, weil ersparte Aufwendungen, mit Ausnahme des Nutzungsvorteils eines vom Vermögensübernehmer zu eigenen Zwecken genutzten Grundstücks, zu den Erträgen des Vermögens gerechnet werden. [3]§ 10 Absatz 1 Nummer 5 in der am 1. Januar 2012 geltenden Fassung gilt auch für Kinder, die wegen einer vor dem 1. Januar 2007 in der Zeit ab Vollendung des 25. Lebensjahres und vor Vollendung des 27. Lebensjahres eingetretenen körperlichen, geistigen oder seelischen Behinderung außerstande sind, sich selbst zu unterhalten. [4]§ 10 Absatz 4b Satz 4 bis 6 in der am 30. Juni 2013 geltenden Fassung ist erstmals für die Übermittlung der Daten des Veranlagungszeitraums 2016 anzuwenden. [5]§ 10 Absatz 5 in der am 31. Dezember 2009 geltenden Fassung ist auf Beiträge zu Versicherungen im Sinne des § 10 Absatz 1 Nummer 2 Buchstabe b Doppelbuchstabe bb bis dd in der am 31. Dezember 2004 geltenden Fassung weiterhin anzuwenden, wenn die Laufzeit dieser Versicherungen vor dem 1. Januar 2005 begonnen hat und ein Versicherungsbeitrag bis zum 31. Dezember 2004 entrichtet wurde.

(19) [1]Für nach dem 31. Dezember 1986 und vor dem 1. Januar 1991 hergestellte oder angeschaffte Wohnungen im eigenen Haus oder Eigentumswohnungen sowie in diesem Zeitraum fertiggestellte Ausbauten oder Erweiterungen ist § 10e in der am 30. Dezember 1989 geltenden Fassung weiter anzuwenden. [2]Für nach dem 31. Dezember 1990 hergestellte oder angeschaffte Wohnungen im eigenen Haus oder Eigentumswohnungen sowie in diesem Zeitraum fertiggestellte Ausbauten oder Erweiterungen ist § 10e in der am 28. Juni 1991 geltenden Fassung weiter anzuwenden. [3]Abweichend von Satz 2 ist § 10e Absatz 1 bis 5 und 6 bis 7 in der am 28. Juni 1991 geltenden Fassung erstmals für den Veranlagungszeitraum 1991 bei Objekten im Sinne des § 10e Absatz 1 und 2 anzuwenden, wenn im Fall der Herstellung der Steuerpflichtige nach dem 30. September 1991 den Bauantrag gestellt oder mit der Herstellung des Objekts begonnen hat oder im Fall der Anschaffung der Steuerpflichtige das Objekt nach dem 30. September 1991 auf Grund eines nach diesem Zeitpunkt rechtswirksam abgeschlossenen obligatorischen Vertrags oder gleichstehenden Rechtsakts angeschafft hat oder mit der Herstellung des Objekts nach dem 30. September 1991 begonnen worden ist. [4]§ 10e Absatz 5a ist erstmals bei den in § 10e Absatz 1 und 2 bezeichneten Objekten anzuwenden, wenn im Fall der Herstellung der Steuerpflichtige den Bauantrag nach dem 31. Dezember 1991 gestellt oder, falls ein solcher nicht erforderlich ist, mit der Herstellung nach diesem Zeitpunkt begonnen hat, oder

---

[1] *Absatz 16a wurde durch das Gesetz gegen schädliche Steuerpraktiken im Zusammenhang mit Rechteüberlassungen (Inkrafttreten 5. 7. 2017) eingefügt.*

im Fall der Anschaffung der Steuerpflichtige das Objekt auf Grund eines nach dem 31. Dezember 1991 rechtswirksam abgeschlossenen obligatorischen Vertrags oder gleichstehenden Rechtsakts angeschafft hat. [5]§ 10e Absatz 1 Satz 4 in der am 27. Juni 1993 geltenden Fassung und § 10e Absatz 6 Satz 3 in der am 30. Dezember 1993 geltenden Fassung sind erstmals anzuwenden, wenn der Steuerpflichtige das Objekt auf Grund eines nach dem 31. Dezember 1993 rechtswirksam abgeschlossenen obligatorischen Vertrags oder gleichstehenden Rechtsakts angeschafft hat. [6]§ 10e ist letztmals anzuwenden, wenn der Steuerpflichtige im Fall der Herstellung vor dem 1. Januar 1996 mit der Herstellung des Objekts begonnen hat oder im Fall der Anschaffung das Objekt auf Grund eines vor dem 1. Januar 1996 rechtswirksam abgeschlossenen obligatorischen Vertrags oder gleichstehenden Rechtsakts angeschafft hat. [7]Als Beginn der Herstellung gilt bei Objekten, für die eine Baugenehmigung erforderlich ist, der Zeitpunkt, in dem der Bauantrag gestellt wird; bei baugenehmigungsfreien Objekten, für die Bauunterlagen einzureichen sind, gilt als Beginn der Herstellung der Zeitpunkt, in dem die Bauunterlagen eingereicht werden.

(20) (weggefallen)

(21) (weggefallen)

(22) Für die Anwendung des § 13 Absatz 7 in der am 31. Dezember 2005 geltenden Fassung gilt Absatz 25 entsprechend.

(22a) [1]§ 13a in der am 31. Dezember 2014 geltenden Fassung ist letztmals für das Wirtschaftsjahr anzuwenden, das vor dem 31. Dezember 2015 endet. [2]§ 13a in der am 1. Januar 2015 geltenden Fassung ist erstmals für das Wirtschaftsjahr anzuwenden, das nach dem 30. Dezember 2015 endet. [3]Die Bindungsfrist auf Grund des § 13a Absatz 2 Satz 1 in der am 31. Dezember 2014 geltenden Fassung bleibt bestehen.

(23) § 15 Absatz 4 Satz 2 und 7 in der am 30. Juni 2013 geltenden Fassung ist in allen Fällen anzuwenden, in denen am 30. Juni 2013 die Feststellungsfrist noch nicht abgelaufen ist.

(24) [1]§ 15a ist nicht auf Verluste anzuwenden, soweit sie

1. durch Sonderabschreibungen nach § 82f der Einkommensteuer-Durchführungsverordnung,

2. durch Absetzungen für Abnutzung in fallenden Jahresbeträgen nach § 7 Absatz 2 von den Herstellungskosten oder von den Anschaffungskosten von in ungebrauchtem Zustand vom Hersteller erworbenen Seeschiffen, die in einem inländischen Seeschiffsregister eingetragen sind,

entstehen; Nummer 1 gilt nur bei Schiffen, deren Anschaffungs- oder Herstellungskosten zu mindestens 30 Prozent durch Mittel finanziert werden, die weder unmittelbar noch mittelbar in wirtschaftlichem Zusammenhang mit der Aufnahme von Krediten durch den Gewerbebetrieb stehen, zu dessen Betriebsvermögen das Schiff gehört. [2]§ 15a ist in diesen Fällen erstmals anzuwenden auf Verluste, die in nach dem 31. Dezember 1999 beginnenden Wirtschaftsjahren entstehen, wenn der Schiffbauvertrag vor dem 25. April 1996 abgeschlossen worden ist und der Gesellschafter der Gesellschaft vor dem 1. Januar 1999 beigetreten ist; soweit Verluste, die in dem Betrieb der Gesellschaft entstehen und nach Satz 1 oder nach § 15a Absatz 1 Satz 1 ausgleichsfähig oder abzugsfähig sind, zusammen das Eineinviertelfache der insgesamt geleisteten Einlage übersteigen, ist § 15a auf Verluste anzuwenden, die in nach dem 31. Dezember 1994 beginnenden Wirtschaftsjahren entstehen. [3]Scheidet ein Kommanditist oder ein anderer Mitunternehmer, dessen Haftung der eines Kommanditisten vergleichbar ist und dessen Kapitalkonto in der Steuerbilanz der Gesellschaft auf Grund von ausgleichs- oder abzugsfähigen Verlusten negativ geworden ist, aus der Gesellschaft aus oder wird in einem solchen Fall die Gesellschaft aufgelöst, so gilt der Betrag, den der Mitunternehmer nicht ausgleichen muss, als Veräußerungsgewinn im Sinne des § 16. [4]In Höhe des nach Satz 3 als Gewinn zuzurechnenden Betrags sind bei den anderen Mitunternehmern unter Berücksichtigung der für die Zurechnung von Verlusten geltenden Grundsätze Verlustanteile anzusetzen. [5]Bei der Anwendung des § 15a Absatz 3 sind nur Verluste zu berücksichtigen, auf die § 15a Absatz 1 anzuwenden ist.

(25) [1]§ 15b in der Fassung des Artikels 1 des Gesetzes vom 22. Dezember 2005 (BGBl. I S. 3683) ist nur auf Verluste der dort bezeichneten Steuerstundungsmodelle anzuwenden, denen der Steuerpflichtige nach dem 10. November 2005 beigetreten ist oder für die nach dem 10. November 2005 mit dem Außenvertrieb begonnen wurde. [2]Der Außenvertrieb beginnt in dem Zeitpunkt, in dem die Voraussetzungen für die Veräußerung der konkret bestimmbaren Fondsanteile erfüllt sind und die Gesellschaft selbst oder über ein Vertriebsunternehmen mit Außenwirkung an den Markt herangetreten ist. [3]Dem Beginn des Außenvertriebs stehen der Beschluss von Kapitalerhöhungen und die Reinvestition von Erlösen in neue Projekte gleich. [4]Besteht das Steuerstundungsmodell nicht im Erwerb eines Anteils an einem geschlossenen Fonds, ist § 15b in der Fassung des Artikels 1 des Gesetzes vom 22. Dezember 2005 (BGBl. I S. 3683) anzuwenden, wenn die Investition nach dem 10. November 2005 rechtsverbindlich getätigt wurde. [5]§ 15b Absatz 3a ist erstmals auf Verluste der dort bezeichneten Steuerstundungsmodelle anzuwenden, bei denen Wirtschaftsgüter des Umlaufvermögens nach dem 28. November 2013 angeschafft, hergestellt oder in das Betriebsvermögen eingelegt werden.

(26) Für die Anwendung des § 18 Absatz 4 Satz 2 in der Fassung des Artikels 1 des Gesetzes vom 22. Dezember 2005 (BGBl. I S. 3683) gilt Absatz 25 entsprechend.

(26a) § 19 Absatz 1 Satz 1 Nummer 3 Satz 2 und 3 in der am 31. Dezember 2014 geltenden Fassung gilt für alle Zahlungen des Arbeitgebers nach dem 30. Dezember 2014.

(27) § 19a in der am 31. Dezember 2008 geltenden Fassung ist weiter anzuwenden, wenn

1. die Vermögensbeteiligung vor dem 1. April 2009 überlassen wird oder

2. auf Grund einer am 31. März 2009 bestehenden Vereinbarung ein Anspruch auf die unentgeltliche oder verbilligte Überlassung einer Vermögensbeteiligung besteht sowie die Vermögensbeteiligung vor dem 1. Januar 2016 überlassen wird

und der Arbeitgeber bei demselben Arbeitnehmer im Kalenderjahr nicht § 3 Nummer 39 anzuwenden hat.

(28) ¹Für die Anwendung des § 20 Absatz 1 Nummer 4 Satz 2 in der am 31. Dezember 2005 geltenden Fassung gilt Absatz 25 entsprechend. ²Für die Anwendung von § 20 Absatz 1 Nummer 4 Satz 2 und Absatz 2b in der am 1. Januar 2007 geltenden Fassung gilt Absatz 25 entsprechend. ³§ 20 Absatz 1 Nummer 6 in der Fassung des Gesetzes vom 7. September 1990 (BGBl. I S. 1898) ist erstmals auf nach dem 31. Dezember 1974 zugeflossene Zinsen aus Versicherungsverträgen anzuwenden, die nach dem 31. Dezember 1973 abgeschlossen worden sind. ⁴§ 20 Absatz 1 Nummer 6 in der Fassung des Gesetzes vom 20. Dezember 1996 (BGBl. I S. 2049) ist erstmals auf Zinsen aus Versicherungsverträgen anzuwenden, bei denen die Ansprüche nach dem 31. Dezember 1996 entgeltlich erworben worden sind. ⁵Für Kapitalerträge aus Versicherungsverträgen, die vor dem 1. Januar 2005 abgeschlossen worden sind, ist § 20 Absatz 1 Nummer 6 in der am 31. Dezember 2004 geltenden Fassung mit der Maßgabe weiterhin anzuwenden, dass in Satz 3 die Wörter „§ 10 Absatz 1 Nummer 2 Buchstabe b Satz 5" durch die Wörter „§ 10 Absatz 1 Nummer 2 Buchstabe b Satz 6" ersetzt werden. ⁶§ 20 Absatz 1 Nummer 6 Satz 3 in der Fassung des Artikels 1 des Gesetzes vom 13. Dezember 2006 (BGBl. I S. 2878) ist erstmals anzuwenden auf Versicherungsleistungen im Erlebensfall bei Versicherungsverträgen, die nach dem 31. Dezember 2006 abgeschlossen werden, und auf Versicherungsleistungen bei Rückkauf eines Vertrages nach dem 31. Dezember 2006. ⁷§ 20 Absatz 1 Nummer 6 Satz 2 ist für Vertragsabschlüsse nach dem 31. Dezember 2011 mit der Maßgabe anzuwenden, dass die Versicherungsleistung nach Vollendung des 62. Lebensjahres des Steuerpflichtigen ausgezahlt wird. ⁸§ 20 Absatz 1 Nummer 6 Satz 6 in der Fassung des Artikels 1 des Gesetzes vom 19. Dezember 2008 (BGBl. I S. 2794) ist für alle Versicherungsverträge anzuwenden, die nach dem 31. März 2009 abgeschlossen werden oder bei denen die erstmalige Beitragsleistung nach dem 31. März 2009 erfolgt. ⁹Wird auf Grund einer internen Teilung nach § 10 des Versorgungsausgleichsgesetzes oder einer externen Teilung nach § 14 des Versorgungsausgleichsgesetzes ein Anrecht in Form eines Versicherungsvertrags zugunsten der ausgleichsberechtigten Person begründet, so gilt dieser Vertrag insoweit zu dem gleichen Zeitpunkt als abgeschlossen wie derjenige der ausgleichspflichtigen Person. ¹⁰§ 20 Absatz 1 Nummer 6 Satz 7 und 8 ist auf Versicherungsleistungen anzuwenden, die auf Grund eines nach dem 31. Dezember 2014 eingetretenen Versicherungsfalles ausgezahlt werden. ¹¹§ 20 Absatz 2 Satz 1 Nummer 1 in der am 18. August 2007 geltenden Fassung ist erstmals auf Gewinne aus der Veräußerung von Anteilen anzuwenden, die nach dem 31. Dezember 2008 erworben wurden. ¹²§ 20 Absatz 2 Satz 1 Nummer 3 in der am 18. August 2007 geltenden Fassung ist erstmals auf Gewinne aus Termingeschäften anzuwenden, bei denen der Rechtserwerb nach dem 31. Dezember 2008 stattgefunden hat. ¹³§ 20 Absatz 2 Satz 1 Nummer 4, 5 und 8 in der am 18. August 2007 geltenden Fassung ist erstmals auf Gewinne anzuwenden, bei denen die zugrunde liegenden Wirtschaftsgüter, Rechte oder Rechtspositionen nach dem 31. Dezember 2008 erworben oder geschaffen wurden. ¹⁴§ 20 Absatz 2 Satz 1 Nummer 6 in der am 18. August 2007 geltenden Fassung ist erstmals auf die Veräußerung von Ansprüchen nach dem 31. Dezember 2008 anzuwenden, bei denen der Versicherungsvertrag nach dem 31. Dezember 2004 abgeschlossen wurde; dies gilt auch für Versicherungsverträge, die vor dem 1. Januar 2005 abgeschlossen wurden, sofern bei einem Rückkauf zum Veräußerungszeitpunkt die Erträge nach § 20 Absatz 1 Nummer 6 in der am 31. Dezember 2004 geltenden Fassung steuerpflichtig wären. ¹⁵§ 20 Absatz 2 Satz 1 Nummer 7 in der Fassung des Artikels 1 des Gesetzes vom 14. August 2007 (BGBl. I S. 1912) ist erstmals auf nach dem 31. Dezember 2008 zufließende Kapitalerträge aus der Veräußerung sonstiger Kapitalforderungen anzuwenden. ¹⁶Für Kapitalerträge aus Kapitalforderungen, die zum Zeitpunkt des vor dem 1. Januar 2009 erfolgten Erwerbs zwar Kapitalforderungen im Sinne des § 20 Absatz 1 Nummer 7 in der am 31. Dezember 2008 anzuwendenden Fassung, aber nicht Kapitalforderungen im Sinne des § 20 Absatz 2 Satz 1 Nummer 4 in der am 31. Dezember 2008 anzuwendenden Fassung sind, ist § 20 Absatz 2 Satz 1 Nummer 7 nicht anzuwenden; für die bei der Veräußerung in Rechnung gestellten Stückzinsen ist Satz 15 anzuwenden; Kapitalforderungen im Sinne des § 20 Absatz 2 Satz 1 Nummer 4 in der am 31. Dezember 2008 anzuwendenden Fassung liegen auch vor, wenn die Rückzahlung nur teilweise garantiert ist oder wenn eine Trennung zwischen Ertrags- und Vermögensebene möglich erscheint. ¹⁷Bei Kapitalforderungen, die

zwar nicht die Voraussetzungen von § 20 Absatz 1 Nummer 7 in der am 31. Dezember 2008 geltenden Fassung, aber die Voraussetzungen von § 20 Absatz 1 Nummer 7 in der am 18. August 2007 geltenden Fassung erfüllen, ist § 20 Absatz 2 Satz 1 Nummer 7 in Verbindung mit § 20 Absatz 1 Nummer 7 vorbehaltlich der Regelung in Absatz 31 Satz 2 und 3 auf alle nach dem 30. Juni 2009 zufließenden Kapitalerträge anzuwenden, es sei denn, die Kapitalforderung wurde vor dem 15. März 2007 angeschafft. [18]§ 20 Absatz 4a Satz 3 in der Fassung des Artikels 1 des Gesetzes vom 8. Dezember 2010 (BGBl. I S. 1768) ist erstmals für Wertpapiere anzuwenden, die nach dem 31. Dezember 2009 geliefert wurden, sofern für die Lieferung § 20 Absatz 4 anzuwenden ist. [19]§ 20 Absatz 2 und 4 in der am 27. Juli 2016 geltenden Fassung ist erstmals ab dem 1. Januar 2017 anzuwenden. [20]§ 20 Absatz 1 in der am 27. Juli 2016 geltenden Fassung ist erstmals ab dem 1. Januar 2018 anzuwenden. [21]Investmenterträge nach § 20 Absatz 1 Nummer 6 Satz 9 sind

1. die nach dem 31. Dezember 2017 zugeflossenen Ausschüttungen nach § 2 Absatz 11 des Investmentsteuergesetzes,

2. die realisierten oder unrealisierten Wertveränderungen aus Investmentanteilen nach § 2 Absatz 4 Satz 1 des Investmentsteuergesetzes, die das Versicherungsunternehmen nach dem 31. Dezember 2017 dem Sicherungsvermögen zur Sicherung der Ansprüche des Steuerpflichtigen zugeführt hat, und

3. die realisierten oder unrealisierten Wertveränderungen aus Investmentanteilen nach § 2 Absatz 4 Satz 1 des Investmentsteuergesetzes, die das Versicherungsunternehmen vor dem 1. Januar 2018 dem Sicherungsvermögen zur Sicherung der Ansprüche des Steuerpflichtigen zugeführt hat, soweit Wertveränderungen gegenüber dem letzten im Kalenderjahr 2017 festgesetzten Rücknahmepreis des Investmentanteils eingetreten sind.

[22]Wird kein Rücknahmepreis festgesetzt, tritt der Börsen- oder Marktpreis an die Stelle des Rücknahmepreises.

(29) Für die Anwendung des § 21 Absatz 1 Satz 2 in der am 31. Dezember 2005 geltenden Fassung gilt Absatz 25 entsprechend.

(30) Für die Anwendung des § 22 Nummer 1 Satz 1 zweiter Halbsatz in der am 31. Dezember 2005 geltenden Fassung gilt Absatz 25 entsprechend.

(30a) § 22a Absatz 2 Satz 2 in der am 1. Januar 2017 geltenden Fassung ist erstmals für die Übermittlung von Daten ab dem 1. Januar 2019 anzuwenden.

(31) [1]§ 23 Absatz 1 Satz 1 Nummer 2 in der am 18. August 2007 geltenden Fassung ist erstmals auf Veräußerungsgeschäfte anzuwenden, bei denen die Wirtschaftsgüter nach dem 31. Dezember 2008 auf Grund eines nach diesem Zeitpunkt rechtswirksam abgeschlossenen obligatorischen Vertrags oder gleichstehenden Rechtsakts angeschafft wurden; § 23 Absatz 1 Satz 1 Nummer 2 Satz 2 in der am 14. Dezember 2010 geltenden Fassung ist erstmals auf Veräußerungsgeschäfte anzuwenden, bei denen die Gegenstände des täglichen Gebrauchs auf Grund eines nach dem 13. Dezember 2010 rechtskräftig abgeschlossenen Vertrags oder gleichstehenden Rechtsakts angeschafft wurden. [2]§ 23 Absatz 1 Satz 1 Nummer 2 in der am 1. Januar 1999 geltenden Fassung ist letztmals auf Veräußerungsgeschäfte anzuwenden, bei denen die Wirtschaftsgüter vor dem 1. Januar 2009 erworben wurden. [3]*§ 23 Absatz 1 Satz 1 Nummer 3 in der Fassung des Artikels 7 des Gesetzes vom 20. Dezember 2016 (BGBl. I S. 3000) ist erstmals auf Veräußerungsgeschäfte anzuwenden, bei denen die Veräußerung auf einem nach dem 23. Dezember 2016 rechtswirksam abgeschlossenen obligatorischen Vertrag oder gleichstehenden Rechtsakt beruht.* [4]§ 23 Absatz 1 Satz 1 Nummer 4 ist auf Termingeschäfte anzuwenden, bei denen der Erwerb des Rechts auf einen Differenzausgleich, Geldbetrag oder Vorteil nach dem 31. Dezember 1998 und vor dem 1. Januar 2009 erfolgt. [5]§ 23 Absatz 3 Satz 4 in der am 1. Januar 2000 geltenden Fassung ist auf Veräußerungsgeschäfte anzuwenden, bei denen der Steuerpflichtige das Wirtschaftsgut nach dem 31. Juli 1995 und vor dem 1. Januar 2009 angeschafft oder nach dem 31. Dezember 1998 und vor dem 1. Januar 2009 fertiggestellt hat; § 23 Absatz 3 Satz 4 in der am 1. Januar 2009 geltenden Fassung ist auf Veräußerungsgeschäfte anzuwenden, bei denen der Steuerpflichtige das Wirtschaftsgut nach dem 31. Dezember 2008 angeschafft oder fertiggestellt hat. [6]§ 23 Absatz 1 Satz 2 und 3 sowie Absatz 3 Satz 3 in der am 12. Dezember 2006 geltenden Fassung sind für Anteile, die einbringungsgeboren im Sinne des § 21 des Umwandlungssteuergesetzes in der am 12. Dezember 2006 geltenden Fassung sind, weiter anzuwenden.

(32) [1]§ 32 Absatz 4 Satz 1 Nummer 3 in der Fassung des Artikels 1 des Gesetzes vom 19. Juli 2006 (BGBl. I S. 1652) ist erstmals für Kinder anzuwenden, die im Veranlagungszeitraum 2007 wegen einer vor Vollendung des 25. Lebensjahres eingetretenen körperlichen, geistigen oder seelischen Behinderung außerstande sind, sich selbst zu unterhalten; für Kinder, die

---

1) Absatz 31 Satz 3 wurde durch Artikel 7 des Gesetzes zur Umsetzung der Änderungen der EU-Amtshilferichtlinie und von weiteren Maßnahmen gegen Gewinnkürzungen und -verlagerungen (Inkrafttreten 24. 12. 2016) eingefügt und die bisherigen Sätze 3 bis 5 wurden die Sätze 4 bis 6.

wegen einer vor dem 1. Januar 2007 in der Zeit ab der Vollendung des 25. Lebensjahres und vor Vollendung des 27. Lebensjahres eingetretenen körperlichen, geistigen oder seelischen Behinderung außerstande sind, sich selbst zu unterhalten, ist § 32 Absatz 4 Satz 1 Nummer 3 weiterhin in der bis zum 31. Dezember 2006 geltenden Fassung anzuwenden. [2]§ 32 Absatz 5 ist nur noch anzuwenden, wenn das Kind den Dienst oder die Tätigkeit vor dem 1. Juli 2011 angetreten hat. [3]Für die nach § 10 Absatz 1 Nummer 2 Buchstabe b und den §§ 10a, 82 begünstigten Verträge, die vor dem 1. Januar 2007 abgeschlossen wurden, gelten für das Vorliegen einer begünstigten Hinterbliebenenversorgung die Altersgrenzen des § 32 in der am 31. Dezember 2006 geltenden Fassung. [4]Dies gilt entsprechend für die Anwendung des § 93 Absatz 1 Satz 3 Buchstabe b.

(32a) [1]§ 32a Absatz 1 und § 51a Absatz 2a Satz 1 in der am 23. Juli 2015 geltenden Fassung sind beim Steuerabzug vom Arbeitslohn erstmals anzuwenden auf laufenden Arbeitslohn, der für einen nach dem 30. November 2015 endenden Lohnzahlungszeitraum gezahlt wird, und auf sonstige Bezüge, die nach dem 30. November 2015 zufließen. [2]Bei der Lohnsteuerberechnung auf laufenden Arbeitslohn, der für einen nach dem 30. November 2015, aber vor dem 1. Januar 2016 endenden täglichen, wöchentlichen und monatlichen Lohnzahlungszeitraum gezahlt wird, ist zu berücksichtigen, dass § 32a Absatz 1 und § 51a Absatz 2a Satz 1 in der am 23. Juli 2015 geltenden Fassung bis zum 30. November 2015 nicht angewandt wurden (Nachholung). [3]Das Bundesministerium der Finanzen hat im Einvernehmen mit den obersten Finanzbehörden der Länder entsprechende Programmablaufpläne aufzustellen und bekannt zu machen (§ 39b Absatz 6 und § 51 Absatz 4 Nummer 1a).

(33) [1]§ 32b Absatz 2 Satz 1 Nummer 2 Satz 2 Buchstabe c ist erstmals auf Wirtschaftsgüter des Umlaufvermögens anzuwenden, die nach dem 28. Februar 2013 angeschafft, hergestellt oder in das Betriebsvermögen eingelegt werden. [2]§ 32b Absatz 1 Satz 3 in der Fassung des Artikels 11 des Gesetzes vom 18. Dezember 2013 (BGBl. I S. 4318) ist in allen offenen Fällen anzuwenden. [3]§ 32b Absatz 3 bis 5 in der am 1. Januar 2017 geltenden Fassung ist erstmals für ab dem 1. Januar 2018 gewährte Leistungen anzuwenden.

[1] [2] *(33a) § 32d Absatz 2 Satz 1 Nummer 3 Buchstabe b in der Fassung des Artikels 7 des Gesetzes vom 20. Dezember 2016 (BGBl. I S. 3000) ist erstmals auf Anträge für den Veranlagungszeitraum 2017 anzuwenden.*

[3] (34) [1]*§ 34a in der Fassung des Artikels 1 des Gesetzes vom 19. Dezember 2008 (BGBl. I S. 2794) ist erstmals für den Veranlagungszeitraum 2008 anzuwenden.* [2]*§ 34a Absatz 6 Satz 1 Nummer 3 und Satz 2 in der Fassung des Artikels 1 des Gesetzes vom 27. Juni 2017 (BGBl. I S. 2074) ist erstmals für unentgeltliche Übertragungen nach dem 5. Juli 2017 anzuwenden.*

(34a) Für Veranlagungszeiträume bis einschließlich 2014 ist § 34c Absatz 1 Satz 2 in der bis zum 31. Dezember 2014 geltenden Fassung in allen Fällen, in denen die Einkommensteuer noch nicht bestandskräftig festgesetzt ist, mit der Maßgabe anzuwenden, dass an die Stelle der Wörter „Summe der Einkünfte" die Wörter „Summe der Einkünfte abzüglich des Altersentlastungsbetrages (§ 24a), des Entlastungsbetrages für Alleinerziehende (§ 24b), der Sonderausgaben (§§ 10, 10a, 10b, 10c), der außergewöhnlichen Belastungen (§§ 33 bis 33b), der berück-

---

[1] *Absatz 33a wurde durch Artikel 7 des Gesetzes zur Umsetzung der Änderungen der EU-Amtshilferichtlinie und von weiteren Maßnahmen gegen Gewinnkürzungen und -verlagerungen (Inkrafttreten 24. 12. 2016) eingefügt.*

[2] *Folgender weiterer Absatz 33a wird durch Artikel 3 des Gesetzes zum Erlass und zur Änderung marktordnungsrechtlicher Vorschriften sowie zur Änderung des Einkommensteuergesetzes eingefügt:*
„(33a) [1]§ 32c in der Fassung des Artikels 3 des Gesetzes vom 20. Dezember 2016 (BGBl. I S. 3045) ist erstmals für den Veranlagungszeitraum 2016 anzuwenden. [2]§ 32c ist im Veranlagungszeitraum 2016 mit der Maßgabe anzuwenden, dass der erste Betrachtungszeitraum die Veranlagungszeiträume 2014 bis 2016 umfasst. [3]Die weiteren Betrachtungszeiträume erfassen die Veranlagungszeiträume 2017 bis 2019 und 2020 bis 2022. [4]§ 32c ist letztmalig für den Veranlagungszeitraum 2022 anzuwenden. [5]Hat ein land- und forstwirtschaftlicher Betrieb im gesamten Jahr 2014 noch nicht bestanden, beginnt für diesen Betrieb der erste Betrachtungszeitraum im Sinne des § 32c Absatz 1 Satz 2 mit dem Veranlagungszeitraum 1 und 2 mit dem Veranlagungszeitraum, in dem erstmals Einkünfte aus Land- und Forstwirtschaft aus diesem Betrieb der Besteuerung zugrunde gelegt werden. [6]Satz 4 findet auch in den Fällen des Satzes 5 Anwendung. [7]Für den letzten Betrachtungszeitraum gilt in den Fällen des Satzes 5 § 32c Absatz 5 Satz 1 entsprechend."
Nach Artikel 5 Abs. 2 des Gesetzes zum Erlass und zur Änderung marktordnungsrechtlicher Vorschriften sowie zur Änderung des Einkommensteuergesetzes tritt Absatz 33a an dem Tag in Kraft, an dem die Europäische Kommission durch Beschluss feststellt, dass die Regelung entweder keine Beihilfen oder mit dem Binnenmarkt vereinbare Beihilfen darstellen. Der Tag des Beschlusses der Europäischen Kommission sowie der Tag des Inkrafttretens werden vom Bundesministerium für Ernährung und Landwirtschaft gesondert im BGBl. bekannt gemacht.

[3] *Absatz 34 Satz 2 wurde durch das Gesetz gegen schädliche Steuerpraktiken im Zusammenhang mit Rechteüberlassungen (Inkrafttreten 5. 7. 2017) angefügt.*

sichtigten Freibeträge für Kinder (§§ 31, 32 Absatz 6) und des Grundfreibetrages (§ 32a Absatz 1 Satz 2 Nummer 1)" treten.

(35) [1]§ 34f Absatz 3 und 4 Satz 2 in der Fassung des Gesetzes vom 25. Februar 1992 (BGBl. I S. 297) ist erstmals anzuwenden bei Inanspruchnahme der Steuerbegünstigung nach § 10e Absatz 1 bis 5 in der Fassung des Gesetzes vom 25. Februar 1992 (BGBl. I S. 297). [2]§ 34f Absatz 4 Satz 1 ist erstmals anzuwenden bei Inanspruchnahme der Steuerbegünstigung nach § 10e Absatz 1 bis 5 oder nach § 15b des Berlinförderungsgesetzes für nach dem 31. Dezember 1991 hergestellte oder angeschaffte Objekte.

(35a) § 36a in der am 27. Juli 2016 geltenden Fassung ist erstmals auf Kapitalerträge anzuwenden, die ab dem 1. Januar 2016 zufließen.

(36) [1]Das Bundesministerium der Finanzen kann im Einvernehmen mit den obersten Finanzbehörden der Länder in einem Schreiben mitteilen, wann die in § 39 Absatz 4 Nummer 4 und 5 genannten Lohnsteuerabzugsmerkmale erstmals abgerufen werden können (§ 39e Absatz 3 Satz 1). [2]Dieses Schreiben ist im Bundessteuerblatt zu veröffentlichen.

(37) [1]Das Bundesministerium der Finanzen kann im Einvernehmen mit den obersten Finanzbehörden der Länder in einem Schreiben mitteilen, ab wann die Regelungen in § 39a Absatz 1 Satz 3 bis 5 erstmals anzuwenden sind. [2]Dieses Schreiben ist im Bundessteuerblatt zu veröffentlichen.

(37a) § 39f Absatz 1 Satz 9 bis 11 und Absatz 3 Satz 1 ist erstmals für den Veranlagungszeitraum *2019* anzuwenden.

(37b) [1]§ 39b Absatz 2 Satz 5 Nummer 4 in der am 23. Juli 2015 geltenden Fassung ist erstmals anzuwenden auf laufenden Arbeitslohn, der für einen nach dem 30. November 2015 endenden Lohnzahlungszeitraum gezahlt wird, und auf sonstige Bezüge, die nach dem 30. November 2015 zufließen. [2]Bei der Lohnsteuerberechnung auf laufenden Arbeitslohn, der für einen nach dem 30. November 2015, aber vor dem 1. Januar 2016 endenden täglichen, wöchentlichen und monatlichen Lohnzahlungszeitraum gezahlt wird, ist zu berücksichtigen, dass § 39b Absatz 2 Satz 5 Nummer 4 in der am 23. Juli 2015 geltenden Fassung bis zum 30. November 2015 nicht angewandt wurde (Nachholung). [3]Das Bundesministerium der Finanzen hat dies im Einvernehmen mit den obersten Finanzbehörden der Länder bei der Aufstellung und Bekanntmachung der geänderten Programmablaufpläne für 2015 zu berücksichtigen (§ 39b Absatz 6 und § 51 Absatz 4 Nummer 1a). [4]In den Fällen des § 24b Absatz 4 ist für das Kalenderjahr 2015 eine Veranlagung durchzuführen, wenn die Nachholung nach Satz 2 durchgeführt wurde.

(37c) § 40 Absatz 2 Satz 1 Nummer 6 in der am 17. November 2016 geltenden Fassung ist erstmals anzuwenden auf Vorteile, die in einem nach dem 31. Dezember 2016 endenden Lohnzahlungszeitraum oder als sonstige Bezüge nach dem 31. Dezember 2016 zugewendet werden, und letztmals anzuwenden auf Vorteile, die in einem vor dem 1. Januar 2021 endenden Lohnzahlungszeitraum oder als sonstige Bezüge vor dem 1. Januar 2021 zugewendet werden.

(38) § 40a Absatz 2, 2a und 6 in der am 31. Juli 2014 geltenden Fassung ist erstmals ab dem Kalenderjahr 2013 anzuwenden.

(39) *(weggefallen)*

(40) [1]§ 40b Absatz 1 und 2 in der am 31. Dezember 2004 geltenden Fassung ist weiter anzuwenden auf Beiträge für eine Direktversicherung des Arbeitnehmers und Zuwendungen an eine Pensionskasse, *wenn vor dem 1. Januar 2018 mindestens ein Beitrag nach § 40b Absatz 1 und 2 in der am 31. Dezember 2004 geltenden Fassung pauschal besteuert wurde.* [2]Sofern die Beiträge für eine Direktversicherung die Voraussetzungen des § 3 Nummer 63 erfüllen, gilt dies nur, wenn der Arbeitnehmer nach Absatz 4 gegenüber dem Arbeitgeber für diese Beiträge auf die Anwendung des § 3 Nummer 63 verzichtet hat.

---

1) Absatz 35a wurde durch Artikel 3 des InvStRefG (Inkrafttreten 27. 7. 2016) eingefügt.
2) *Folgender weiterer Absatz 35a wird durch Artikel 3 des Gesetzes zum Erlass und zur Änderung marktordnungsrechtlicher Vorschriften sowie zur Änderung des Einkommensteuergesetzes eingefügt:*
   „(35a) § 36 Absatz 2 Nummer 3 in der Fassung des Artikels 3 des Gesetzes vom 20. Dezember 2016 (BGBl. I S. 3045) ist erstmals für den Veranlagungszeitraum 2016 und letztmalig für den Veranlagungszeitraum 2022 anzuwenden."
   Nach Artikel 5 Abs. 2 des Gesetzes zum Erlass und zur Änderung marktordnungsrechtlicher Vorschriften sowie zur Änderung des Einkommensteuergesetzes tritt Absatz 35a an dem Tag in Kraft, an dem die Europäische Kommission durch Beschluss feststellt, dass die Regelung entweder keine Beihilfen oder mit dem Binnenmarkt vereinbare Beihilfen darstellen. Der Tag des Beschlusses der Europäischen Kommission sowie der Tag des Inkrafttretens werden vom Bundesministerium für Ernährung und Landwirtschaft gesondert im BGBl. bekannt gemacht. (Der bisherige Absatz 35a wird dann Absatz 35b.)
3) *Absatz 37a wurde durch Artikel 7 des StUmgBG (Inkrafttreten 1. 1. 2018) neu gefasst.*
4) *Absatz 39 wurde durch Artikel 7 des StUmgBG (Inkrafttreten 1. 1. 2018) aufgehoben.*
5) *Absatz 40 Satz 1 wurde durch das Betriebsrentenstärkungsgesetz (Inkrafttreten 1. 1. 2018) geändert.*

[1] **(40a)** [1]§ 41a Absatz 4 Satz 1 in der Fassung des Artikels 1 des Gesetzes vom 24. Februar 2016 (BGBl. I S. 310) gilt für eine Dauer von 60 Monaten und ist erstmals für laufenden Arbeitslohn anzuwenden, der für den Lohnzahlungszeitraum gezahlt wird, der nach dem Kalendermonat folgt, in dem die Europäische Kommission die Genehmigung zu diesem Änderungsgesetz erteilt hat; die Regelung ist erstmals für sonstige Bezüge anzuwenden, die nach dem Monat zufließen, in dem die Europäische Kommission die Genehmigung zu diesem Änderungsgesetz erteilt hat. [2]Das Bundesministerium der Finanzen gibt den Tag der erstmaligen Anwendung im Bundesgesetzblatt bekannt. [3]Nach Ablauf der 60 Monate ist wieder § 41a Absatz 4 Satz 1 in der Fassung der Bekanntmachung des Einkommensteuergesetzes vom 8. Oktober 2009 (BGBl. I S. 3366, 3862) anzuwenden.

(41) Bei der Veräußerung oder Einlösung von Wertpapieren und Kapitalforderungen, die von der das Bundesschuldbuch führenden Stelle oder einer Landesschuldenverwaltung verwahrt oder verwaltet werden können, bemisst sich der Steuerabzug nach den bis zum 31. Dezember 1993 geltenden Vorschriften, wenn die Wertpapier- und Kapitalforderungen vor dem 1. Januar 1994 emittiert worden sind; dies gilt nicht für besonders in Rechnung gestellte Stückzinsen.

(42) [1]§ 43 Absatz 1 Satz 1 Nummer 7 Buchstabe b Satz 2 in der Fassung des Artikels 1 des Gesetzes vom 13. Dezember 2006 (BGBl. I S. 2878) ist erstmals auf Verträge anzuwenden, die nach dem 31. Dezember 2006 abgeschlossen werden. [2]§ 43 Absatz 1 Satz 6 und Absatz 2 Satz 7 und 8 in der am 1. Januar 2017 geltenden Fassung ist erstmals anzuwenden auf Kapitalerträge, [2] die dem Gläubiger nach dem 31. Dezember 2016 zufließen. [3]*§ 43 in der Fassung des Artikels 3 des Gesetzes vom 19. Juli 2016 (BGBl. I S. 1730) ist erstmals ab dem 1. Januar 2018 anzuwenden.*

[3] **(42a)** *§ 43a in der Fassung des Artikels 3 des Gesetzes vom 19. Juli 2016 (BGBl. I S. 1730) ist erstmals ab dem 1. Januar 2018 anzuwenden.*

[4] [34] **(42b)** § 43b und Anlage 2 (zu § 43b) in der am 1. Januar 2016 geltenden Fassung sind erstmals auf Ausschüttungen anzuwenden, die nach dem 31. Dezember 2015 zufließen.

(43) [1]Ist ein Freistellungsauftrag im Sinne des § 44a vor dem 1. Januar 2007 unter Beachtung des § 20 Absatz 4 in der bis dahin geltenden Fassung erteilt worden, darf der nach § 44 Absatz 1 zum Steuerabzug Verpflichtete den angegebenen Freistellungsbetrag nur zu 56,37 Prozent berücksichtigen. [2]Sind in dem Freistellungsauftrag der gesamte Sparer-Freibetrag nach § 20 Absatz 4 in der Fassung des Artikels 1 des Gesetzes vom 19. Juli 2006 (BGBl. I S. 1652) und der gesamte Werbungskosten-Pauschbetrag nach § 9a Satz 1 Nummer 2 in der Fassung des Artikels 1 des Gesetzes vom 19. Juli 2006 (BGBl. I S. 1652) angegeben, ist der Werbungskosten-Pauschbetrag in voller Höhe zu berücksichtigen.

---

1) Absatz 40a wurde durch das Gesetz zur Änderung des Einkommensteuergesetzes zur Erhöhung des Lohnsteuereinbehalts in der Seeschifffahrt eingefügt und ist erstmals für laufenden Arbeitslohn anzuwenden, der – bei einem monatlichen Lohnzahlungszeitraum – für den Lohnzahlungszeitraum Juni 2016 gezahlt wird, oder für sonstige Bezüge, die nach dem 31. 5. 2016 zufließen.
Das Inkrafttreten des Gesetzes zur Änderung des Einkommensteuergesetzes zur Erhöhung des Lohnsteuereinbehalts in der Seeschifffahrt vom 18. 5. 2016 wurde am 18. 5. 2016 bekannt gemacht (BStBl I S. 503).
Nach Artikel 2 des Gesetzes zur Änderung des EStG zur Erhöhung des Lohnsteuereinbehalts in der Seeschifffahrt vom 24. 2. 2016 (BGBl. I S. 310, 502) wird hiermit bekannt gegeben, dass dieses Gesetz nach seinem Artikel 2 mit der Genehmigung der Europäischen Kommission vom 3. 5. 2016 in Kraft getreten ist.
Im Rahmen der Genehmigung weist die Europäische Kommission auf folgende Sachverhalte hin, die nach § 41a Abs. 4 EStG nur mit Einschränkungen begünstigt sind:
1. Bei Seeleuten, die ausschließlich (einschließlich Ro-Ro-Fahrgastschiffen) arbeiten, die im regelmäßigen Personenbeförderungsdienst zwischen Häfen der Gemeinschaft eingesetzt werden, darf Lohnsteuer nach § 41a Abs. 4 EStG nur einbehalten werden, wenn die Seeleute Gemeinschafts-/EWR-Bürger sind.
2. § 41a Abs. 4 EStG gilt hinsichtlich der Seeschiffe, die für Schlepp- und Baggerarbeiten genutzt werden, mit der Einschränkung, dass es sich um seetüchtige Schlepper und Baggerschiffe mit Eigenantrieb handeln muss sowie dass die Schiffe während mindestens 50 Prozent ihrer Betriebszeit für Tätigkeiten auf See eingesetzt werden.
→ Bekanntmachung über das Inkrafttreten des Gesetzes zur Änderung des Einkommensteuergesetzes zur Erhöhung des Lohnsteuereinbehalts in der Seeschifffahrt vom 18. 5. 2016 (BGBl. I S. 1248, BStBl I S. 503)

2) *Absatz 42 Satz 3 wurde durch Artikel 3 des InvStRefG (Inkrafttreten 1. 1. 2018) angefügt und durch Artikel 18 des Gesetzes zur Umsetzung der Änderungen der EU-Amtshilferichtlinie und von weiteren Maßnahmen gegen Gewinnkürzungen und -verlagerungen (Inkrafttreten 24. 12. 2016) geändert.*

3) *Absatz 42a wurde durch Artikel 3 des InvStRefG (Inkrafttreten 1. 1. 2018) eingefügt und durch Artikel 18 des Gesetzes zur Umsetzung der Änderungen der EU-Amtshilferichtlinie und von weiteren Maßnahmen gegen Gewinnkürzungen und -verlagerungen (Inkrafttreten 24. 12. 2016) geändert und der bisherige Absatz 42a wurde Absatz 42b.*

4) § 52 Abs. 55a Satz 2 EStG i. d. F. des Artikels 1 des Gesetzes zur Anpassung des nationalen Steuerrechts an den Beitritt Kroatiens zur EU und zur Änderung weiterer steuerlicher Vorschriften lautet:
„[2]§ 43b und die Anlage 2 (zu § 43b) in der am 1. Juli 2013 geltenden Fassung sind erstmals auf Ausschüttungen anzuwenden, die nach dem 30. Juni 2013 zufließen.“

(44) ^{1}§ 44 Absatz 6 Satz 2 und 5 in der am 12. Dezember 2006 geltenden Fassung ist für Anteile, die einbringungsgeboren im Sinne des § 21 des Umwandlungssteuergesetzes in der am 12. Dezember 2006 geltenden Fassung sind, weiter anzuwenden. ^{2}*§ 44 in der Fassung des Artikels 3 des Gesetzes vom 19. Juli 2016 (BGBl. I S. 1730) ist erstmals ab dem 1. Januar 2018 anzuwenden.* [1]

(45) ^{1}§ 45d Absatz 1 in der am 14. Dezember 2010 geltenden Fassung ist erstmals für Kapitalerträge anzuwenden, die ab dem 1. Januar 2013 zufließen; eine Übermittlung der Identifikationsnummer hat für Kapitalerträge, die vor dem 1. Januar 2016 zufließen, nur zu erfolgen, wenn die Identifikationsnummer der Meldestelle vorliegt. ^{2}§ 45d Absatz 1 in der am 1. Januar 2017 geltenden Fassung ist erstmals anzuwenden auf Kapitalerträge, die dem Gläubiger nach dem 31. Dezember 2016 zufließen. ^{3}§ 45d Absatz 3 in der am 1. Januar 2017 geltenden Fassung ist für Versicherungsverträge anzuwenden, die nach dem 31. Dezember 2016 abgeschlossen werden.

(45a) ^{1}§ 49 Absatz 1 Nummer 5 in der am 27. Juli 2016 geltenden Fassung ist erstmals auf Kapitalerträge anzuwenden, die ab dem 1. Januar 2018 zufließen. ^{2}*§ 49 Absatz 1 Nummer 5 Satz 1 Buchstabe a und b in der am 26. Juli 2016 geltenden Fassung ist letztmals anzuwenden bei Erträgen, die vor dem 1. Januar 2018 zufließen oder als zugeflossen gelten.* [2]

(46) ^{1}*§ 50 Absatz 1 Satz 3 in der Fassung des Artikels 8 des Gesetzes vom 20. Dezember 2016 (BGBl. I S. 3000) ist erstmals für Versorgungsleistungen anzuwenden, die nach dem 31. Dezember 2016 geleistet werden.* ^{2}Der Zeitpunkt der erstmaligen Anwendung des § 50 Absatz 2 in der am 18. August 2009 geltenden Fassung wird durch eine Rechtsverordnung der Bundesregierung bestimmt, die der Zustimmung des Bundesrates bedarf; dieser Zeitpunkt darf nicht vor dem 31. Dezember 2011 liegen. ^{3}§ 50 Absatz 4 in der am 1. Januar 2016 geltenden Fassung ist in allen offenen Fällen anzuwenden. [3] [4]

(47) ^{1}Der Zeitpunkt der erstmaligen Anwendung des § 50a Absatz 3 und 5 in der am 18. August 2009 geltenden Fassung wird durch eine Rechtsverordnung der Bundesregierung bestimmt, die der Zustimmung des Bundesrates bedarf; dieser Zeitpunkt darf nicht vor dem 31. Dezember 2011 liegen. ^{2}§ 50a Absatz 7 in der am 31. Juli 2014 geltenden Fassung ist erstmals auf Vergütungen anzuwenden, für die der Steuerabzug nach dem 31. Dezember 2014 angeordnet worden ist. [5]

(48) ^{1}§ 50i Absatz 1 Satz 1 und 2 ist auf die Veräußerung oder Entnahme von Wirtschaftsgütern oder Anteilen anzuwenden, die nach dem 29. Juni 2013 stattfindet. ^{2}Hinsichtlich der laufenden Einkünfte aus der Beteiligung an der Personengesellschaft ist die Vorschrift in allen Fällen anzuwenden, in denen die Einkommensteuer noch nicht bestandskräftig festgesetzt worden ist. ^{3}§ 50i Absatz 1 Satz 4 in der am 31. Juli 2014 geltenden Fassung ist erstmals auf die Veräußerung oder Entnahme von Wirtschaftsgütern oder Anteilen anzuwenden, die nach dem 31. Dezember 2013 stattfindet. ^{4}*§ 50i Absatz 2 in der Fassung des Artikels 7 des Gesetzes vom 20. Dezember 2016 (BGBl. I S. 3000) ist erstmals für Einbringungen anzuwenden, bei denen der Einbringungsvertrag nach dem 31. Dezember 2013 geschlossen worden ist.* [7]

(49) ^{1}§ 51a Absatz 2c und 2e in der am 30. Juni 2013 geltenden Fassung ist erstmals auf nach dem 31. Dezember 2014 zufließende Kapitalerträge anzuwenden.

(49a) ^{1}Die §§ 62, 63 und 67 in der am 9. Dezember 2014 geltenden Fassung sind für Kindergeldfestsetzungen anzuwenden, die Zeiträume betreffen, die nach dem 31. Dezember 2015 beginnen. ^{2}Die §§ 62, 63 und 67 in der am 9. Dezember 2014 geltenden Fassung sind auch für

---

1) Absatz 44 Satz 2 wurde durch Artikel 3 des InvStRefG (Inkrafttreten 1. 1. 2018) angefügt und durch Artikel 18 des Gesetzes zur Umsetzung der Änderungen der EU-Amtshilferichtlinie und von weiteren Maßnahmen gegen Gewinnkürzungen und -verlagerungen (Inkrafttreten 24. 12. 2016) geändert.

2) Absatz 45a Satz 2 wurde durch Artikel 7 des Gesetzes zur Umsetzung der Änderungen der EU-Amtshilferichtlinie und von weiteren Maßnahmen gegen Gewinnkürzungen und -verlagerungen (Inkrafttreten 24. 12. 2016) geändert.

3) Nach der Verordnung zur Übertragung der Zuständigkeit für das Steuerabzugs- und Veranlagungsverfahren nach den §§ 50 und 50a des EStG auf das BZSt und zur Regelung verschiedener Anwendungszeitpunkte und weiterer Vorschriften vom 24. 6. 2013 (BGBl. I S. 1679) ist § 50 Absatz 2 Satz 8 des EStG erstmals für Vergütungen anzuwenden, die nach dem 31. Dezember 2013 zufließen.

4) Absatz 46 Satz 1 wurde durch Artikel 8 des Gesetzes zur Umsetzung der Änderungen der EU-Amtshilferichtlinie und von weiteren Maßnahmen gegen Gewinnkürzungen und -verlagerungen (Inkrafttreten 1. 1. 2017) eingefügt und dadurch wurden die bisherigen Sätze 1 und 2 die Sätze 2 und 3.

5) Nach der Verordnung zur Übertragung der Zuständigkeit für das Steuerabzugs- und Veranlagungsverfahren nach den §§ 50 und 50a des EStG auf das BZSt und zur Regelung verschiedener Anwendungszeitpunkte und weiterer Vorschriften vom 24. 6. 2013 (BGBl. I S. 1679) ist § 50 Absatz 2 Satz 3 des EStG erstmals für Vergütungen anzuwenden, die nach dem 31. Dezember 2013 zufließen.

6) § 52 Abs. 59c Satz 2 EStG i. d. F. des Artikels 1 des Gesetzes zur Anpassung des nationalen Steuerrechts an den Beitritt Kroatiens zur EU und zur Änderung weiterer steuerlicher Vorschriften lautet: „^{2}§ 50g und die Anlage 3 (zu § 50g) in der am 1. Juli 2013 geltenden Fassung sind erstmals auf Zahlungen anzuwenden, die nach dem 30. Juni 2013 erfolgen."

7) Absatz 48 Satz 4 und 5 wurde durch Artikel 7 des Gesetzes zur Umsetzung der Änderungen der EU-Amtshilferichtlinie und von weiteren Maßnahmen gegen Gewinnkürzungen und -verlagerungen (Inkrafttreten 24. 12. 2016) durch Satz 4 ersetzt.

Kindergeldfestsetzungen anzuwenden, die Zeiträume betreffen, die vor dem 1. Januar 2016 liegen, der Antrag auf Kindergeld aber erst nach dem 31. Dezember 2015 gestellt wird. [3]§ 66 Absatz 1 in der am 23. Juli 2015 geltenden Fassung ist für Kindergeldfestsetzungen anzuwenden, die Zeiträume betreffen, die nach dem 31. Dezember 2014 beginnen. [4]§ 66 Absatz 1 in der am 1. Januar 2016 geltenden Fassung ist für Kindergeldfestsetzungen anzuwenden, die Zeiträume betreffen, die nach dem 31. Dezember 2015 beginnen. [5]*§ 66 Absatz 1 in der am 1. Januar 2017 geltenden Fassung ist für Kindergeldfestsetzungen anzuwenden, die Zeiträume betreffen, die nach dem 31. Dezember 2016 beginnen.* [6]*§ 66 Absatz 1 in der am 1. Januar 2018 geltenden Fassung ist für Kindergeldfestsetzungen anzuwenden, die Zeiträume betreffen, die nach dem 31. Dezember 2017 beginnen.* [7]*§ 66 Absatz 3 ist auf Anträge anzuwenden, die nach dem 31. Dezember 2017 eingehen.* [8]*§ 69 in der am 1. Januar 2018 geltenden Fassung ist erstmals am 1. November 2019 anzuwenden.*

(50) § 70 Absatz 4 in der am 31. Dezember 2011 geltenden Fassung ist weiter für Kindergeldfestsetzungen anzuwenden, die Zeiträume betreffen, die vor dem 1. Januar 2012 enden.

(51) § 89 Absatz 2 Satz 1 in der am 1. Januar 2017 geltenden Fassung ist erstmals für die Übermittlung von Daten ab dem 1. Januar 2017 anzuwenden.

EStG

§ 52a (weggefallen)

EStG

§ 52b Übergangsregelung bis zur Anwendung der elektronischen Lohnsteuerabzugsmerkmale

(1) [1]Die Lohnsteuerkarte 2010 und die Bescheinigung für den Lohnsteuerabzug (Absatz 3) gelten mit den eingetragenen Lohnsteuerabzugsmerkmalen auch für den Steuerabzug vom Arbeitslohn ab dem 1. Januar 2011 bis zur erstmaligen Anwendung der elektronischen Lohnsteuerabzugsmerkmale durch den Arbeitgeber (Übergangszeitraum). [2]Voraussetzung ist, dass dem Arbeitgeber entweder die Lohnsteuerkarte 2010 oder die Bescheinigung für den Lohnsteuerabzug vorliegt. [3]In diesem Übergangszeitraum hat der Arbeitgeber die Lohnsteuerkarte 2010 und die Bescheinigung für den Lohnsteuerabzug

1. während des Dienstverhältnisses aufzubewahren, er darf sie nicht vernichten;

2. dem Arbeitnehmer zur Vorlage beim Finanzamt vorübergehend zu überlassen sowie

3. nach Beendigung des Dienstverhältnisses innerhalb einer angemessenen Frist herauszugeben.

[4]Nach Ablauf des auf den Einführungszeitraum (Absatz 5 Satz 2) folgenden Kalenderjahres darf der Arbeitgeber die Lohnsteuerkarte 2010 und die Bescheinigung für den Lohnsteuerabzug vernichten. [5]Ist auf der Lohnsteuerkarte 2010 eine Lohnsteuerbescheinigung erteilt und ist die Lohnsteuerkarte an den Arbeitnehmer herausgegeben worden, kann der Arbeitgeber bei fortbestehendem Dienstverhältnis die Lohnsteuerabzugsmerkmale der Lohnsteuerkarte 2010 im Übergangszeitraum weiter anwenden, wenn der Arbeitnehmer schriftlich erklärt, dass die Lohnsteuerabzugsmerkmale der Lohnsteuerkarte 2010 weiterhin zutreffend sind.

(2) [1]Für Eintragungen auf der Lohnsteuerkarte 2010 und in der Bescheinigung für den Lohnsteuerabzug im Übergangszeitraum ist das Finanzamt zuständig. [2]Der Arbeitnehmer ist verpflichtet, die Eintragung der Steuerklasse und der Zahl der Kinderfreibeträge auf der Lohnsteuerkarte 2010 und in der Bescheinigung für den Lohnsteuerabzug umgehend durch das Finanzamt ändern zu lassen, wenn die Eintragung von den Verhältnissen zu Beginn des jeweiligen Kalenderjahres im Übergangszeitraum zu seinen Gunsten abweicht. [3]Diese Verpflichtung gilt auch in den Fällen, in denen die Steuerklasse II bescheinigt ist und die Voraussetzungen für die Berücksichtigung des Entlastungsbetrags für Alleinerziehende (§ 24b) im Laufe des Kalenderjahres entfallen. [4]Kommt der Arbeitnehmer seiner Verpflichtung nicht nach, so hat das Finanzamt die Eintragung von Amts wegen zu ändern; der Arbeitnehmer hat die Lohnsteuerkarte 2010 und die Bescheinigung für den Lohnsteuerabzug dem Finanzamt auf Verlangen vorzulegen.

---

[1] *Absatz 49a Satz 5 wurde durch Artikel 8 des Gesetzes zur Umsetzung der Änderungen der EU-Amtshilferichtlinie und von weiteren Maßnahmen gegen Gewinnkürzungen und -verlagerungen (Inkrafttreten 1. 1. 2017) angefügt.*

[2] *Absatz 49a Satz 6 wurde durch Artikel 9 des Gesetzes zur Umsetzung der Änderungen der EU-Amtshilferichtlinie und von weiteren Maßnahmen gegen Gewinnkürzungen und -verlagerungen (Inkrafttreten 1. 1. 2018) angefügt.*

[3] *Absatz 49a Satz 7 und 8 wurde durch Artikel 7 des StUmgBG (Inkrafttreten 1. 1. 2018) angefügt.*

(3) [1]Hat die Gemeinde für den Arbeitnehmer keine Lohnsteuerkarte für das Kalenderjahr 2010 ausgestellt oder ist die Lohnsteuerkarte 2010 verloren gegangen, unbrauchbar geworden oder zerstört worden, hat das Finanzamt im Übergangszeitraum auf Antrag des Arbeitnehmers eine Bescheinigung für den Lohnsteuerabzug nach amtlich vorgeschriebenem Muster (Bescheinigung für den Lohnsteuerabzug) auszustellen. [2]Diese Bescheinigung tritt an die Stelle der Lohnsteuerkarte 2010.

(4) [1]Beginnt ein nach § 1 Absatz 1 unbeschränkt einkommensteuerpflichtiger lediger Arbeitnehmer im Übergangszeitraum ein Ausbildungsdienstverhältnis als erstes Dienstverhältnis, kann der Arbeitgeber auf die Vorlage einer Bescheinigung für den Lohnsteuerabzug verzichten. [2]In diesem Fall hat der Arbeitgeber die Lohnsteuer nach der Steuerklasse I zu ermitteln; der Arbeitnehmer hat dem Arbeitgeber seine Identifikationsnummer sowie den Tag der Geburt und die rechtliche Zugehörigkeit zu einer steuererhebenden Religionsgemeinschaft mitzuteilen und schriftlich zu bestätigen, dass es sich um das erste Dienstverhältnis handelt. [3]Der Arbeitgeber hat die Erklärung des Arbeitnehmers bis zum Ablauf des Kalenderjahres als Beleg zum Lohnkonto aufzubewahren.

(5) [1]Das Bundesministerium der Finanzen hat im Einvernehmen mit den obersten Finanzbehörden der Länder den Zeitpunkt der erstmaligen Anwendung der ELStAM für die Durchführung des Lohnsteuerabzugs ab dem Kalenderjahr 2013 oder einem späteren Anwendungszeitpunkt sowie den Zeitpunkt des erstmaligen Abrufs der ELStAM durch den Arbeitgeber (Starttermin) in einem Schreiben zu bestimmen, das im Bundessteuerblatt zu veröffentlichen ist. [2]Darin ist für die Einführung des Verfahrens der elektronischen Lohnsteuerabzugsmerkmale ein Zeitraum zu bestimmen (Einführungszeitraum). [3]Der Arbeitgeber oder sein Vertreter (§ 39e Absatz 4 Satz 6) hat im Einführungszeitraum die nach § 39e gebildeten ELStAM abzurufen und für die auf den Abrufzeitpunkt folgende nächste Lohnabrechnung anzuwenden. [4]Für den Abruf der ELStAM hat sich der Arbeitgeber oder sein Vertreter zu authentifizieren und die Steuernummer der Betriebsstätte oder des Teils des Betriebs des Arbeitgebers, in dem der für die Durchführung des Lohnsteuerabzugs maßgebende Arbeitslohn des Arbeitnehmers ermittelt wird (§ 41 Absatz 2), die Identifikationsnummer und den Tag der Geburt des Arbeitnehmers sowie, ob es sich um das erste oder ein weiteres Dienstverhältnis handelt, mitzuteilen. [5]Er hat ein erstes Dienstverhältnis mitzuteilen, wenn auf der Lohnsteuerkarte 2010 oder der Bescheinigung für den Lohnsteuerabzug eine der Steuerklassen I bis V (§ 38b Absatz 1 Satz 2 Nummer 1 bis 5) eingetragen ist oder wenn die Lohnsteuerabzugsmerkmale nach Absatz 4 gebildet worden sind. [6]Ein weiteres Dienstverhältnis (§ 38b Absatz 1 Satz 2 Nummer 6) ist mitzuteilen, wenn die Voraussetzungen des Satzes 5 nicht vorliegen. [7]Der Arbeitgeber hat die ELStAM in das Lohnkonto zu übernehmen und gemäß der übermittelten zeitlichen Gültigkeitsangabe anzuwenden.

(5a) [1]Nachdem der Arbeitgeber die ELStAM für die Durchführung des Lohnsteuerabzugs angewandt hat, sind die Übergangsregelungen in Absatz 1 Satz 1 und in den Absätzen 2 bis 5 nicht mehr anzuwenden. [2]Die Lohnsteuerabzugsmerkmale der vorliegenden Lohnsteuerkarte 2010 und der Bescheinigung für den Lohnsteuerabzug gelten nicht mehr. [3]Wenn die nach § 39e Absatz 1 Satz 1 gebildeten Lohnsteuerabzugsmerkmale den tatsächlichen Verhältnissen des Arbeitnehmers nicht entsprechen, hat das Finanzamt auf dessen Antrag eine besondere Bescheinigung für den Lohnsteuerabzug (Besondere Bescheinigung für den Lohnsteuerabzug) mit den Lohnsteuerabzugsmerkmalen des Arbeitnehmers auszustellen sowie etwaige Änderungen einzutragen (§ 39 Absatz 1 Satz 2) und die Abrufberechtigung des Arbeitgebers auszusetzen. [4]Die Gültigkeit dieser Bescheinigung ist auf längstens zwei Kalenderjahre zu begrenzen. [5]§ 39e Absatz 5 Satz 1 und Absatz 7 Satz 6 gilt entsprechend. [6]Die Lohnsteuerabzugsmerkmale der Besonderen Bescheinigung für den Lohnsteuerabzug sind für die Durchführung des Lohnsteuerabzugs nur dann für den Arbeitgeber maßgebend, wenn ihm gleichzeitig die Lohnsteuerkarte 2010 vorliegt oder unter den Voraussetzungen des Absatzes 1 Satz 5 vorgelegen hat oder eine Bescheinigung für den Lohnsteuerabzug für das erste Dienstverhältnis des Arbeitnehmers vorliegt. [7]Abweichend von Absatz 5 Satz 3 und 7 kann der Arbeitgeber nach dem erstmaligen Abruf der ELStAM die Lohnsteuer im Einführungszeitraum längstens für die Dauer von sechs Kalendermonaten weiter nach den Lohnsteuerabzugsmerkmalen der Lohnsteuerkarte 2010, der Bescheinigung für den Lohnsteuerabzug oder den nach Absatz 4 maßgebenden Lohnsteuerabzugsmerkmalen erheben, wenn der Arbeitnehmer zustimmt. [8]Dies gilt auch, wenn der Arbeitgeber die ELStAM im Einführungszeitraum erstmals angewandt hat.

(6) bis (8) (weggefallen)

(9) Ist der unbeschränkt einkommensteuerpflichtige Arbeitnehmer seinen Verpflichtungen nach Absatz 2 Satz 2 und 3 nicht nachgekommen und kommt eine Veranlagung zur Einkommensteuer nach § 46 Absatz 2 Nummer 1 bis 7 nicht in Betracht, kann das Finanzamt den Arbeitnehmer zur Abgabe einer Einkommensteuererklärung auffordern und eine Veranlagung zur Einkommensteuer durchführen.

H 52b

Allgemeines

Anhang 17 Lohnsteuerabzug ab dem Kalenderjahr 2013 im Verfahren der elektronischen Lohnsteuerabzugs-merkmale → BMF vom 7. 8. 2013 (BStBl I S. 951).

EStG
S 2282a

§§ 53 und 54 (weggefallen)

EStG
S 2188

**§ 55 Schlussvorschriften
(Sondervorschriften für die Gewinnermittlung nach § 4 oder nach
Durchschnittssätzen bei vor dem 1. Juli 1970 angeschafftem
Grund und Boden)**

(1) ¹Bei Steuerpflichtigen, deren Gewinn für das Wirtschaftsjahr, in das der 30. Juni 1970 fällt, nicht nach § 5 zu ermitteln ist, gilt bei Grund und Boden, der mit Ablauf des 30. Juni 1970 zu ihrem Anlagevermögen gehört hat, als Anschaffungs- oder Herstellungskosten (§ 4 Absatz 3 Satz 4 und § 6 Absatz 1 Nummer 2 Satz 1) das Zweifache des nach den Absätzen 2 bis 4 zu ermittelnden Ausgangsbetrags. ²Zum Grund und Boden im Sinne des Satzes 1 gehören nicht die mit ihm in Zusammenhang stehenden Wirtschaftsgüter und Nutzungsbefugnisse.

(2) ¹Bei der Ermittlung des Ausgangsbetrags des zum land- und forstwirtschaftlichen Vermögen (§ 33 Absatz 1 Satz 1 des Bewertungsgesetzes in der Fassung der Bekanntmachung vom 10. Dezember 1965 – BGBl. I S. 1861 –, zuletzt geändert durch das Bewertungsänderungsgesetz 1971 vom 27. Juli 1971 – BGBl. I S. 1157) gehörenden Grund und Bodens ist seine Zuordnung zu den Nutzungen und Wirtschaftsgütern (§ 34 Absatz 2 des Bewertungsgesetzes) am 1. Juli 1970 maßgebend; dabei sind die Hof- und Gebäudeflächen sowie die Hausgärten im Sinne des § 40 Absatz 3 des Bewertungsgesetzes nicht in die einzelne Nutzung einzubeziehen. ²Es sind anzusetzen:

1. bei Flächen, die nach dem Bodenschätzungsgesetz vom 20. Dezember 2007 (BGBl. I S. 3150, 3176) in der jeweils geltenden Fassung zu schätzen sind, für jedes katastermäßig abgegrenzte Flurstück der Betrag in Deutsche Mark, der sich ergibt, wenn die für das Flurstück am 1. Juli 1970 im amtlichen Verzeichnis nach § 2 Absatz 2 der Grundbuchordnung (Liegenschaftskataster) ausgewiesene Ertragsmesszahl vervierfacht wird. ²Abweichend von Satz 1 sind für Flächen der Nutzungsteile

   a) Hopfen, Spargel, Gemüsebau und Obstbau

      2,05 Euro je Quadratmeter,

   b) Blumen- und Zierpflanzenbau sowie Baumschulen

      2,56 Euro je Quadratmeter

   anzusetzen, wenn der Steuerpflichtige dem Finanzamt gegenüber bis zum 30. Juni 1972 eine Erklärung über die Größe, Lage und Nutzung der betreffenden Flächen abgibt,

2. für Flächen der forstwirtschaftlichen Nutzung
   je Quadratmeter 0,51 Euro,

3. für Flächen der weinbaulichen Nutzung der Betrag, der sich unter Berücksichtigung der maßgebenden Lagenvergleichszahl (Vergleichszahl der einzelnen Weinbaulage, § 39 Absatz 1 Satz 3 und § 57 Bewertungsgesetz), die für ausbauende Betriebsweise mit Fassweinerzeugung anzusetzen ist, aus der nachstehenden Tabelle ergibt:

Lagenvergleichszahl	Ausgangsbetrag je Quadratmeter in Euro
bis 20	1,28
21 bis 30	1,79
31 bis 40	2,56
41 bis 50	3,58
51 bis 60	4,09
61 bis 70	4,60
71 bis 100	5,11
über 100	6,39

4. für Flächen der sonstigen land- und forstwirtschaftlichen Nutzung, auf die Nummer 1 keine Anwendung findet,
   je Quadratmeter 0,51 Euro,

5. für Hofflächen, Gebäudeflächen und Hausgärten im Sinne des § 40 Absatz 3
   des Bewertungsgesetzes
   je Quadratmeter 2,56 Euro,

6. für Flächen des Geringstlandes
   je Quadratmeter 0,13 Euro,

7. für Flächen des Abbaulandes
   je Quadratmeter 0,26 Euro,

8. für Flächen des Unlandes
   je Quadratmeter 0,05 Euro.

(3) ¹Lag am 1. Juli 1970 kein Liegenschaftskataster vor, in dem Ertragsmesszahlen ausgewiesen sind, so ist der Ausgangsbetrag in sinngemäßer Anwendung des Absatzes 2 Satz 2 Nummer 1 Satz 1 auf der Grundlage der durchschnittlichen Ertragsmesszahl der landwirtschaftlichen Nutzung eines Betriebs zu ermitteln, die die Grundlage für die Hauptfeststellung des Einheitswerts auf den 1. Januar 1964 bildet. ²Absatz 2 Satz 2 Nummer 1 Satz 2 bleibt unberührt.

(4) Bei nicht zum land- und forstwirtschaftlichen Vermögen gehörendem Grund und Boden ist als Ausgangsbetrag anzusetzen:

1. Für unbebaute Grundstücke der auf den 1. Januar 1964 festgestellte Einheitswert. ²Wird auf den 1. Januar 1964 kein Einheitswert festgestellt oder hat sich der Bestand des Grundstücks nach dem 1. Januar 1964 und vor dem 1. Juli 1970 verändert, so ist der Wert maßgebend, der sich ergeben würde, wenn das Grundstück nach seinem Bestand vom 1. Juli 1970 und nach den Wertverhältnissen vom 1. Januar 1964 zu bewerten wäre;

2. für bebaute Grundstücke der Wert, der sich nach Nummer 1 ergeben würde, wenn das Grundstück unbebaut wäre.

(5) ¹Weist der Steuerpflichtige nach, dass der Teilwert für Grund und Boden im Sinne des Absatzes 1 am 1. Juli 1970 höher ist als das Zweifache des Ausgangsbetrags, so ist auf Antrag des Steuerpflichtigen der Teilwert als Anschaffungs- oder Herstellungskosten anzusetzen. ²Der Antrag ist bis zum 31. Dezember 1975 bei dem Finanzamt zu stellen, das für die Ermittlung des Gewinns aus dem Betrieb zuständig ist. ³Der Teilwert ist gesondert festzustellen. ⁴Vor dem 1. Januar 1974 braucht diese Feststellung nur zu erfolgen, wenn ein berechtigtes Interesse des Steuerpflichtigen gegeben ist. ⁵Die Vorschriften der Abgabenordnung und der Finanzgerichtsordnung über die gesonderte Feststellung von Besteuerungsgrundlagen gelten entsprechend.

(6) ¹Verluste, die bei der Veräußerung oder Entnahme von Grund und Boden im Sinne des Absatzes 1 entstehen, dürfen bei der Ermittlung des Gewinns in Höhe des Betrags nicht berücksichtigt werden, um den der ausschließlich auf den Grund und Boden entfallende Veräußerungspreis oder der an dessen Stelle tretende Wert nach Abzug der Veräußerungskosten unter dem Zweifachen des Ausgangsbetrags liegt. ²Entsprechendes gilt bei Anwendung des § 6 Absatz 1 Nummer 2 Satz 2.

(7) Grund und Boden, der nach § 4 Absatz 1 Satz 5 des Einkommensteuergesetzes 1969 nicht anzusetzen war, ist wie eine Einlage zu behandeln; er ist dabei mit dem nach Absatz 1 oder Absatz 5 maßgebenden Wert anzusetzen.

§ 56 Sondervorschriften für Steuerpflichtige in dem in Artikel 3 des Einigungsvertrages genannten Gebiet

EStG
S 2259a

Bei Steuerpflichtigen, die am 31. Dezember 1990 einen Wohnsitz oder ihren gewöhnlichen Aufenthalt in dem in Artikel 3 des Einigungsvertrages genannten Gebiet und im Jahre 1990 keinen Wohnsitz oder gewöhnlichen Aufenthalt im bisherigen Geltungsbereich dieses Gesetzes hatten, gilt Folgendes:

§ 7 Absatz 5 ist auf Gebäude anzuwenden, die in dem Artikel 3 des Einigungsvertrages genannten Gebiet nach dem 31. Dezember 1990 angeschafft oder hergestellt worden sind.

§ 57 Besondere Anwendungsregeln aus Anlass der Herstellung der Einheit Deutschlands

EStG
S 2259b

(1) Die §§ 7c, 7f, 7g, 7k und 10e dieses Gesetzes, die §§ 76, 78, 82a und 82f der Einkommensteuer-Durchführungsverordnung sowie die §§ 7 und 12 Absatz 3 des Schutzbaugesetzes sind auf Tatbestände anzuwenden, die in dem in Artikel 3 des Einigungsvertrages genannten Gebiet nach dem 31. Dezember 1990 verwirklicht worden sind.

(2) Die §§ 7b und 7d dieses Gesetzes sowie die §§ 81, 82d, 82g und 82i der Einkommensteuer-Durchführungsverordnung sind nicht auf Tatbestände anzuwenden, die in dem in Artikel 3 des Einigungsvertrages genannten Gebiet verwirklicht worden sind.

(3) Bei der Anwendung des § 7g Absatz 2 Nummer 1, und des § 14a Absatz 1 ist in dem in Artikel 3 des Einigungsvertrages genannten Gebiet anstatt vom maßgebenden Einheitswert des Betriebs der Land- und Forstwirtschaft und den darin ausgewiesenen Werten vom Ersatzwirtschaftswert nach § 125 des Bewertungsgesetzes auszugehen.

(4) [1]§ 10d Absatz 1 ist mit der Maßgabe anzuwenden, dass der Sonderausgabenabzug erstmals von dem für die zweite Hälfte des Veranlagungszeitraums 1990 ermittelten Gesamtbetrag der Einkünfte vorzunehmen ist. [2]§ 10d Absatz 2 und 3 ist auch für Verluste anzuwenden, die in dem in Artikel 3 des Einigungsvertrages genannten Gebiet im Veranlagungszeitraum 1990 entstanden sind.

(5) § 22 Nummer 4 ist auf vergleichbare Bezüge anzuwenden, die auf Grund des Gesetzes über Rechtsverhältnisse der Abgeordneten der Volkskammer der Deutschen Demokratischen Republik vom 31. Mai 1990 (GBl. I Nr. 30 S. 274) gezahlt worden sind.

(6) § 34f Absatz 3 Satz 3 ist erstmals auf die in dem in Artikel 3 des Einigungsvertrags genannten Gebiet für die zweite Hälfte des Veranlagungszeitraums 1990 festgesetzte Einkommensteuer anzuwenden.

§ 58   Weitere Anwendung von Rechtsvorschriften, die vor Herstellung der Einheit Deutschlands in dem in Artikel 3 des Einigungsvertrages genannten Gebiet gegolten haben

(1) Die Vorschriften über Sonderabschreibungen nach § 3 Absatz 1 des Steueränderungsgesetzes vom 6. März 1990 (GBl. I Nr. 17 S. 136) in Verbindung mit § 7 der Durchführungsbestimmung zum Gesetz zur Änderung der Rechtsvorschriften über die Einkommen-, Körperschaft- und Vermögensteuer – Steueränderungsgesetz – vom 16. März 1990 (GBl. I Nr. 21 S. 195) sind auf Wirtschaftsgüter weiter anzuwenden, die nach dem 31. Dezember 1989 und vor dem 1. Januar 1991 in dem in Artikel 3 des Einigungsvertrages genannten Gebiet angeschafft oder hergestellt worden sind.

(2) [1]Rücklagen nach § 3 Absatz 2 des Steueränderungsgesetzes vom 6. März 1990 (GBl. I Nr. 17 S. 136) in Verbindung mit § 8 der Durchführungsbestimmung zum Gesetz zur Änderung der Rechtsvorschriften über die Einkommen-, Körperschaft- und Vermögensteuer – Steueränderungsgesetz – vom 16. März 1990 (GBl. I Nr. 21 S. 195) dürfen, soweit sie zum 31. Dezember 1990 zulässigerweise gebildet worden sind, auch nach diesem Zeitpunkt fortgeführt werden. [2]Sie sind spätestens im Veranlagungszeitraum 1995 gewinn- oder sonst einkünfteerhöhend aufzulösen. [3]Sind vor dieser Auflösung begünstigte Wirtschaftsgüter angeschafft oder hergestellt worden, sind die in Rücklage eingestellten Beträge von den Anschaffungs- oder Herstellungskosten abzuziehen; die Rücklage ist in Höhe des abgezogenen Betrags im Veranlagungszeitraum der Anschaffung oder Herstellung gewinn- oder sonst einkünfteerhöhend aufzulösen.

(3) Die Vorschrift über den Steuerabzugsbetrag nach § 9 Absatz 1 der Durchführungsbestimmung zum Gesetz zur Änderung der Rechtsvorschriften über die Einkommen-, Körperschaft- und Vermögensteuer – Steueränderungsgesetz – vom 16. März 1990 (GBl. I Nr. 21 S. 195) ist für Steuerpflichtige weiter anzuwenden, die vor dem 1. Januar 1991 in dem in Artikel 3 des Einigungsvertrages genannten Gebiet eine Betriebsstätte begründet haben, wenn sie von dem Tag der Begründung der Betriebsstätte an zwei Jahre lang die Tätigkeit ausüben, die Gegenstand der Betriebsstätte ist.

§§ 59 bis 61   (weggefallen)

X. Kindergeld

§ 62   Anspruchsberechtigte

(1) [1]Für Kinder im Sinne des § 63 hat Anspruch auf Kindergeld nach diesem Gesetz, wer

1. im Inland einen Wohnsitz oder seinen gewöhnlichen Aufenthalt hat oder

2. ohne Wohnsitz oder gewöhnlichen Aufenthalt im Inland

   a) nach § 1 Absatz 2 unbeschränkt einkommensteuerpflichtig ist oder

   b) nach § 1 Absatz 3 als unbeschränkt einkommensteuerpflichtig behandelt wird.

[2]Voraussetzung für den Anspruch nach Satz 1 ist, dass der Berechtigte durch die an ihn vergebene Identifikationsnummer (§ 139b der Abgabenordnung) identifiziert wird. [3]Die nachträgliche Vergabe der Identifikationsnummer wirkt auf Monate zurück, in denen die Voraussetzungen des Satzes 1 vorliegen.

(2) Ein nicht freizügigkeitsberechtigter Ausländer erhält Kindergeld nur, wenn er

1. eine Niederlassungserlaubnis besitzt,

2. eine Aufenthaltserlaubnis besitzt, die zur Ausübung einer Erwerbstätigkeit berechtigt oder berechtigt hat, es sei denn, die Aufenthaltserlaubnis wurde

   a) nach § 16 oder § 17 des Aufenthaltsgesetzes erteilt,

   b) nach § 18 Absatz 2 des Aufenthaltsgesetzes erteilt und die Zustimmung der Bundesagentur für Arbeit darf nach der Beschäftigungsverordnung nur für einen bestimmten Höchstzeitraum erteilt werden,

   c) nach § 23 Absatz 1 des Aufenthaltsgesetzes wegen eines Krieges in seinem Heimatland oder nach den §§ 23a, 24, 25 Absatz 3 bis 5 des Aufenthaltsgesetzes erteilt

   oder

3. eine in Nummer 2 Buchstabe c genannte Aufenthaltserlaubnis besitzt und

   a) sich seit mindestens drei Jahren rechtmäßig, gestattet oder geduldet im Bundesgebiet aufhält und

   b) im Bundesgebiet berechtigt erwerbstätig ist, laufende Geldleistungen nach dem Dritten Buch Sozialgesetzbuch bezieht oder Elternzeit in Anspruch nimmt.

§ 63   Kinder

(1) [1]Als Kinder werden berücksichtigt

1. Kinder im Sinne des § 32 Absatz 1,

2. vom Berechtigten in seinen Haushalt aufgenommene Kinder seines Ehegatten,

3. vom Berechtigten in seinen Haushalt aufgenommene Enkel.

[2]§ 32 Absatz 3 bis 5 gilt entsprechend. [3]Voraussetzung für die Berücksichtigung ist die Identifizierung des Kindes durch die an dieses Kind vergebene Identifikationsnummer (§ 139b der Abgabenordnung). [4]Ist das Kind nicht nach einem Steuergesetz steuerpflichtig (§ 139a Absatz 2 der Abgabenordnung), ist es in anderer geeigneter Weise zu identifizieren. [5]Die nachträgliche Identifizierung oder nachträgliche Vergabe der Identifikationsnummer wirkt auf Monate zurück, in denen die Voraussetzungen der Sätze 1 bis 4 vorliegen. [6]Kinder, die weder einen Wohnsitz noch ihren gewöhnlichen Aufenthalt im Inland, in einem Mitgliedstaat der Europäischen Union oder in einem Staat, auf den das Abkommen über den Europäischen Wirtschaftsraum Anwendung findet, haben, werden nicht berücksichtigt, es sei denn, sie leben im Haushalt eines Berechtigten im Sinne des § 62 Absatz 1 Satz 1 Nummer 2 Buchstabe a. [7]Kinder im Sinne von § 2 Absatz 4 Satz 2 des Bundeskindergeldgesetzes werden nicht berücksichtigt.

(2) Die Bundesregierung wird ermächtigt, durch Rechtsverordnung, die nicht der Zustimmung des Bundesrates bedarf, zu bestimmen, dass einem Berechtigten, der im Inland erwerbstätig ist oder sonst seine hauptsächlichen Einkünfte erzielt, für seine in Absatz 1 Satz 3 erster Halbsatz bezeichneten Kinder Kindergeld ganz oder teilweise zu leisten ist, soweit dies mit

---

1) § 62 EStG in der am 9. 12. 2014 geltenden Fassung ist für Kindergeldfestsetzungen anzuwenden, die Zeiträume betreffen, die nach dem 31. 12. 2015 beginnen. § 62 EStG in der am 9. 12. 2014 geltenden Fassung ist auch für Kindergeldfestsetzungen anzuwenden, die Zeiträume betreffen, die vor dem 1. 1. 2016 liegen, der Antrag auf Kindergeld aber erst nach dem 31. 12. 2015 gestellt wird → § 52 Abs. 49a **Satz 1 und 2** EStG.

2) § 63 EStG in der am 9. 12. 2014 geltenden Fassung ist für Kindergeldfestsetzungen anzuwenden, die Zeiträume betreffen, die nach dem 31. 12. 2015 beginnen. § 63 EStG in der am 9. 12. 2014 geltenden Fassung ist auch für Kindergeldfestsetzungen anzuwenden, die Zeiträume betreffen, die vor dem 1. 1. 2016 liegen, der Antrag auf Kindergeld aber erst nach dem 31. 12. 2015 gestellt wird → § 52 Abs. 49a **Satz 1 und 2** EStG.

Rücksicht auf die durchschnittlichen Lebenshaltungskosten für Kinder in deren Wohnsitzstaat und auf die dort gewährten dem Kindergeld vergleichbaren Leistungen geboten ist.

EStG
S 2472

§ 64 Zusammentreffen mehrerer Ansprüche

(1) Für jedes Kind wird nur einem Berechtigten Kindergeld gezahlt.

(2) ¹Bei mehreren Berechtigten wird das Kindergeld demjenigen gezahlt, der das Kind in seinen Haushalt aufgenommen hat. ²Ist ein Kind in den gemeinsamen Haushalt von Eltern, einem Elternteil und dessen Ehegatten, Pflegeeltern oder Großeltern aufgenommen worden, so bestimmen diese untereinander den Berechtigten. ³Wird eine Bestimmung nicht getroffen, so bestimmt das Familiengericht auf Antrag den Berechtigten. ⁴Den Antrag kann stellen, wer ein berechtigtes Interesse an der Zahlung des Kindergeldes hat. ⁵Lebt ein Kind im gemeinsamen Haushalt von Eltern und Großeltern, so wird das Kindergeld vorrangig einem Elternteil gezahlt; es wird an einen Großelternteil gezahlt, wenn der Elternteil gegenüber der zuständigen Stelle auf seinen Vorrang schriftlich verzichtet hat.

(3) ¹Ist das Kind nicht in den Haushalt eines Berechtigten aufgenommen, so erhält das Kindergeld derjenige, der dem Kind eine Unterhaltsrente zahlt. ²Zahlen mehrere Berechtigte dem Kind Unterhaltsrenten, so erhält das Kindergeld derjenige, der dem Kind die höchste Unterhaltsrente zahlt. ³Werden gleich hohe Unterhaltsrenten gezahlt oder zahlt keiner der Berechtigten dem Kind Unterhalt, so bestimmen die Berechtigten untereinander, wer das Kindergeld erhalten soll. ⁴Wird eine Bestimmung nicht getroffen, so gilt Absatz 2 Satz 3 und 4 entsprechend.

EStG
S 2473

§ 65 Andere Leistungen für Kinder

(1) ¹Kindergeld wird nicht für ein Kind gezahlt, für das eine der folgenden Leistungen zu zahlen ist oder bei entsprechender Antragstellung zu zahlen wäre:

1. Kinderzulagen aus der gesetzlichen Unfallversicherung oder Kinderzuschüsse aus den gesetzlichen Rentenversicherungen,

2. Leistungen für Kinder, die im Ausland gewährt werden und dem Kindergeld oder einer der unter Nummer 1 genannten Leistungen vergleichbar sind,

3. Leistungen für Kinder, die von einer zwischen- oder überstaatlichen Einrichtung gewährt werden und dem Kindergeld vergleichbar sind.

²Soweit es für die Anwendung von Vorschriften dieses Gesetzes auf den Erhalt von Kindergeld ankommt, stehen die Leistungen nach Satz 1 dem Kindergeld gleich. ³Steht ein Berechtigter in einem Versicherungspflichtverhältnis zur Bundesagentur für Arbeit nach § 24 des Dritten Buches Sozialgesetzbuch oder ist er versicherungsfrei nach § 28 Absatz 1 Nummer 1 des Dritten Buches Sozialgesetzbuch oder steht er im Inland in einem öffentlich-rechtlichen Dienst- oder Amtsverhältnis, so wird sein Anspruch auf Kindergeld für ein Kind nicht nach Satz 1 Nummer 3 mit Rücksicht darauf ausgeschlossen, dass sein Ehegatte als Beamter, Ruhestandsbeamter oder sonstiger Bediensteter der Europäischen Union für das Kind Anspruch auf Kinderzulage hat.

(2) Ist in den Fällen des Absatzes 1 Satz 1 Nummer 1 der Bruttobetrag der anderen Leistung niedriger als das Kindergeld nach § 66, wird Kindergeld in Höhe des Unterschiedsbetrags gezahlt, wenn er mindestens 5 Euro beträgt.

EStG
S 2474

§ 66 Höhe des Kindergeldes, Zahlungszeitraum

1) (1) Das Kindergeld beträgt monatlich für erste und zweite Kinder jeweils *194* Euro, für dritte Kinder *200* Euro und für das vierte und jedes weitere Kind jeweils *225* Euro.

(2) Das Kindergeld wird monatlich vom Beginn des Monats an gezahlt, in dem die Anspruchsvoraussetzungen erfüllt sind, bis zum Ende des Monats, in dem die Anspruchsvoraussetzungen wegfallen.

2) *(3) Das Kindergeld wird rückwirkend nur für die letzten sechs Monate vor Beginn des Monats gezahlt, in dem der Antrag auf Kindergeld eingegangen ist.*

---

1) *Absatz 1 wurde durch Artikel 9 des Gesetzes zur Umsetzung der Änderungen der EU-Amtshilferichtlinie und von weiteren Maßnahmen gegen Gewinnkürzungen und -verlagerungen geändert. Absatz 1 in der am 1. 1. 2018 geltenden Fassung ist für Kindergeldfestsetzungen anzuwenden, die Zeiträume betreffen, die nach dem 31. 12. 2017 beginnen. → § 52 Abs. 49a Satz 6 EStG i. d. F. des Artikels 9 des Gesetzes zur Umsetzung der Änderungen der EU-Amtshilferichtlinie und von weiteren Maßnahmen gegen Gewinnkürzungen und -verlagerungen.*

2) *Absatz 3 wurde durch Artikel 7 des StUmgBG angefügt und ist auf Anträge anzuwenden, die nach dem 31. 12. 2017 eingehen → § 52 Abs. 49a Satz 7 EStG.*

§ 67 Antrag

[1]Das Kindergeld ist bei der zuständigen Familienkasse schriftlich zu beantragen. [2]Den Antrag kann außer dem Berechtigten auch stellen, wer ein berechtigtes Interesse an der Leistung des Kindergeldes hat. [3]In Fällen des Satzes 2 ist § 62 Absatz 1 Satz 2 bis 3 anzuwenden. [4]Der Berechtigte ist zu diesem Zweck verpflichtet, demjenigen, der ein berechtigtes Interesse an der Leistung des Kindergeldes hat, seine an ihn vergebene Identifikationsnummer (§ 139b der Abgabenordnung) mitzuteilen. [5]Kommt der Berechtigte dieser Verpflichtung nicht nach, teilt die zuständige Familienkasse demjenigen, der ein berechtigtes Interesse an der Leistung des Kindergeldes hat, auf seine Anfrage die Identifikationsnummer des Berechtigten mit.

§ 68 Besondere Mitwirkungspflichten

(1) [1]Wer Kindergeld beantragt oder erhält, hat Änderungen in den Verhältnissen, die für die Leistung erheblich sind oder über die im Zusammenhang mit der Leistung Erklärungen abgegeben worden sind, unverzüglich der zuständigen Familienkasse mitzuteilen. [2]Ein Kind, das das 18. Lebensjahr vollendet hat, ist auf Verlangen der Familienkasse verpflichtet, an der Aufklärung des für die Kindergeldzahlung maßgebenden Sachverhalts mitzuwirken; § 101 der Abgabenordnung findet insoweit keine Anwendung.

(2) (weggefallen)

(3) Auf Antrag des Berechtigten erteilt die das Kindergeld auszahlende Stelle eine Bescheinigung über das für das Kalenderjahr ausgezahlte Kindergeld.

(4) [1]Die Familienkassen dürfen den *Stellen, die* die Bezüge im öffentlichen Dienst *anweisen,* den für die jeweilige Kindergeldzahlung maßgebenden Sachverhalt *durch automatisierte Abrufverfahren übermitteln oder Auskunft über diesen Sachverhalt* erteilen. [2]*Das Bundesministerium der Finanzen wird ermächtigt, durch Rechtsverordnung ohne Zustimmung des Bundesrates zur Durchführung von automatisierten Abrufen nach Satz 1 die Voraussetzungen, unter denen ein Datenabruf erfolgen darf, festzulegen.*

§ 69 (weggefallen)

§ 70 Festsetzung und Zahlung des Kindergeldes

(1) Das Kindergeld nach § 62 wird von den Familienkassen durch Bescheid festgesetzt und ausgezahlt.

(2) Soweit in den Verhältnissen, die für den Anspruch auf Kindergeld erheblich sind, Änderungen eintreten, ist die Festsetzung des Kindergeldes mit Wirkung vom Zeitpunkt der Änderung der Verhältnisse aufzuheben oder zu ändern. [2]Ist die Änderung einer Kindergeldfestsetzung nur wegen einer Anhebung der in § 66 Absatz 1 genannten Kindergeldbeträge erforderlich, kann von der Erteilung eines schriftlichen Änderungsbescheides abgesehen Absatz 3 wurde durch das Gesetz zur Anpassung der Abgabenordnung an den Zollkodex der Union und zur Änderung weiterer steuerlicher Vorschriften ab VZ 2015 neu gefasst.

---

1) § 67 EStG in der am 9. 12. 2014 geltenden Fassung ist für Kindergeldfestsetzungen anzuwenden, die Zeiträume betreffen, die nach dem 31. 12. 2015 beginnen. § 67 EStG in der am 9. 12. 2014 geltenden Fassung ist auch für Kindergeldfestsetzungen anzuwenden, die Zeiträume betreffen, die vor dem 1. 1. 2016 liegen, der Antrag auf Kindergeld aber erst nach dem 31. 12. 2015 gestellt wird → § 52 Abs. 49a *Satz 1 und 2* EStG.
2) *Absatz 4 wurde durch das Gesetz zur Beendigung der Sonderzuständigkeit der Familienkassen des öffentlichen Dienstes im Bereich des Bundes ab VZ 2016 neu gefasst.*
3) § 69 EStG wurde durch Artikel 7 des StUmgBG eingefügt. § 69 EStG in der am 1. 1. 2018 geltenden Fassung ist erstmals ab 1. 11. 2019 anzuwenden → § 52 Abs. 49a Satz 8 EStG.
   § 69 EStG in der am 1. 1. 2018 geltenden Fassung lautet:
   „§ 69 Datenübermittlung an die Familienkassen
   Erfährt das Bundeszentralamt für Steuern, dass ein Kind, für das Kindergeld gezahlt wird, ins Ausland verzogen ist oder von Amts wegen von der Meldebehörde abgemeldet wurde, hat es der zuständigen Familienkasse unverzüglich die in § 139b Absatz 3 Nummer 1, 3, 5, 8 und 14 der Abgabenordnung genannten Daten zum Zweck der Prüfung der Rechtmäßigkeit des Bezugs von Kindergeld zu übermitteln."

(3) ¹Materielle Fehler der letzten Festsetzung können durch Aufhebung oder Änderung der Festsetzung mit Wirkung ab dem auf die Bekanntgabe der Aufhebung oder Änderung der Festsetzung folgenden Monat beseitigt werden. ²Bei der Aufhebung oder Änderung der Festsetzung nach Satz 1 ist § 176 der Abgabenordnung entsprechend anzuwenden; dies gilt nicht für Monate, die nach der Verkündung der maßgeblichen Entscheidung eines obersten Bundesgerichts beginnen.

EStG

§ 71 (weggefallen)

EStG
S 2479

§ 72 Festsetzung und Zahlung des Kindergeldes an Angehörige des öffentlichen Dienstes

¹⁾ (1) ¹Steht Personen, die

1. in einem öffentlich-rechtlichen Dienst-, Amts- oder Ausbildungsverhältnis stehen, mit Ausnahme der Ehrenbeamten,

2. Versorgungsbezüge nach beamten- oder soldatenrechtlichen Vorschriften oder Grundsätzen erhalten oder

3. Arbeitnehmer einer Körperschaft, einer Anstalt oder einer Stiftung des öffentlichen Rechts sind, einschließlich der zu ihrer Berufsausbildung Beschäftigten,

Kindergeld nach Maßgabe dieses Gesetzes zu, wird es von den Körperschaften, Anstalten oder Stiftungen des öffentlichen Rechts *als Familienkassen* festgesetzt und ausgezahlt. *²Das Bundeszentralamt für Steuern erteilt den Familienkassen ein Merkmal zu ihrer Identifizierung (Familienkassenschlüssel). ³Satz 1 ist nicht anzuwenden, wenn die Körperschaften, Anstalten oder Stiftungen des öffentlichen Rechts gegenüber dem Bundeszentralamt für Steuern auf ihre Zuständigkeit zur Festsetzung und Auszahlung des Kindergeldes schriftlich oder elektronisch verzichtet haben und dieser Verzicht vom Bundeszentralamt für Steuern schriftlich oder elektronisch bestätigt worden ist. ⁴Die Bestätigung des Bundeszentralamts für Steuern darf erst erfolgen, wenn die haushalterischen Voraussetzungen für die Übernahme der Festsetzung und Auszahlung des Kindergeldes durch die Bundesagentur für Arbeit vorliegen. ⁵Das Bundeszentralamt für Steuern veröffentlicht die Namen und die Anschriften der Körperschaften, Anstalten oder Stiftungen des öffentlichen Rechts, die nach Satz 3 auf die Zuständigkeit verzichtet haben, sowie den jeweiligen Zeitpunkt, zu dem der Verzicht wirksam geworden ist, im Bundessteuerblatt. ⁶Hat eine Körperschaft, Anstalt oder Stiftung des öffentlichen Rechts die Festsetzung des Kindergeldes auf eine Bundes- oder Landesfamilienkasse im Sinne des § 5 Absatz 1 Nummer 11 Satz 6 bis 9 des Finanzverwaltungsgesetzes übertragen, kann ein Verzicht nach Satz 3 nur durch die Bundes- oder Landesfamilienkasse im Einvernehmen mit der auftraggebenden Körperschaft, Anstalt oder Stiftung wirksam erklärt werden.*

²⁾ (2) Der Deutschen Post AG, der Deutschen Postbank AG und der Deutschen Telekom AG obliegt die Durchführung dieses Gesetzes für ihre jeweiligen Beamten und Versorgungsempfänger in Anwendung des Absatzes 1.

³⁾ (3) Absatz 1 gilt nicht für Personen, die ihre Bezüge oder Arbeitsentgelt

1. von einem Dienstherrn oder Arbeitgeber im Bereich der Religionsgesellschaften des öffentlichen Rechts oder

---

¹⁾ *Absatz 1 wurde durch Artikel 1 des Gesetzes zur Beendigung der Sonderzuständigkeit der Familienkassen des öffentlichen Dienstes im Bereich des Bundes ab VZ 2016 neu gefasst.*

²⁾ *Absatz 2 wurde durch Artikel 3 des Gesetzes zur Beendigung der Sonderzuständigkeit der Familienkassen des öffentlichen Dienstes im Bereich des Bundes ab VZ 2022 aufgehoben.*

³⁾ *In Absatz 3 wurde durch Artikel 3 des Gesetzes zur Beendigung der Sonderzuständigkeit der Familienkassen des öffentlichen Dienstes im Bereich des Bundes ab VZ 2022 in dem Satzteil vor Nummer 1 vor dem Wort „Arbeitsentgelt" das Wort „ihr" eingefügt, in Nummer 1 das Wort „oder" am Ende durch ein Komma ersetzt., der Nummer 2 das Wort „oder" angefügt und Nummer 3 eingefügt. Nummer 3 in der ab VZ 2022 geltenden Fassung lautet:*
„3. von einem Dienstherrn oder Arbeitgeber im Bereich des Bundes mit Ausnahme der Nachrichtendienste des Bundes, des Bundesverwaltungsamtes sowie derjenigen Behörden, Körperschaften, Anstalten und Stiftungen des öffentlichen Rechts, die die Festsetzung und Auszahlung des Kindergeldes auf das Bundesverwaltungsamt übertragen haben,"

2. von einem Spitzenverband der Freien Wohlfahrtspflege, einem diesem unmittelbar oder mittelbar angeschlossenen Mitgliedsverband oder einer einem solchen Verband angeschlossenen Einrichtung oder Anstalt

erhalten.

(4) Die Absätze 1 und 2 gelten nicht für Personen, die voraussichtlich nicht länger als sechs Monate in den Kreis der in Absatz 1 Satz 1 Nummer 1 bis 3 und Absatz 2 Bezeichneten eintreten.   *1)*

(5) Obliegt mehreren Rechtsträgern die Zahlung von Bezügen oder Arbeitsentgelt (Absatz 1 Satz 1) gegenüber einem Berechtigten, so ist für die Durchführung dieses Gesetzes zuständig:

1. bei Zusammentreffen von Versorgungsbezügen mit anderen Bezügen oder Arbeitsentgelt der Rechtsträger, dem die Zahlung der anderen Bezüge oder des Arbeitsentgelts obliegt;

2. bei Zusammentreffen mehrerer Versorgungsbezüge der Rechtsträger, dem die Zahlung der neuen Versorgungsbezüge im Sinne der beamtenrechtlichen Ruhensvorschriften obliegt;

3. bei Zusammentreffen von Arbeitsentgelt (Absatz 1 Satz 1 Nummer 3) mit Bezügen aus einem der in Absatz 1 Satz 1 Nummer 1 bezeichneten Rechtsverhältnisse der Rechtsträger, dem die Zahlung dieser Bezüge obliegt;

4. bei Zusammentreffen mehrerer Arbeitsentgelte (Absatz 1 Satz 1 Nr. 3) der Rechtsträger, dem die Zahlung des höheren Arbeitsentgelts obliegt, oder – falls die Arbeitsentgelte gleich hoch sind – der Rechtsträger, zu dem das zuerst begründete Arbeitsverhältnis besteht.

(6) ¹Scheidet ein Berechtigter im Laufe eines Monats aus dem Kreis der in Absatz 1 Satz 1 Nummer 1 bis 3 Bezeichneten aus oder tritt er im Laufe eines Monats in diesen Kreis ein, so wird das Kindergeld für diesen Monat von der Stelle gezahlt, die bis zum Ausscheiden oder Eintritt des Berechtigten zuständig war. ²Dies gilt nicht, soweit die Zahlung von Kindergeld für ein Kind in Betracht kommt, das erst nach dem Ausscheiden oder Eintritt bei dem Berechtigten nach § 63 zu berücksichtigen ist. ³Ist in einem Fall des Satzes 1 das Kindergeld bereits für einen folgenden Monat gezahlt worden, so muss der für diesen Monat Berechtigte die Zahlung gegen sich gelten lassen.

(7) ¹In den Abrechnungen der Bezüge und des Arbeitsentgelts ist das Kindergeld gesondert auszuweisen, wenn es zusammen mit den Bezügen oder dem Arbeitsentgelt ausgezahlt wird. ²Der Rechtsträger hat die Summe des von ihm für alle Berechtigten ausgezahlten Kindergeldes dem Betrag, den er insgesamt an Lohnsteuer einzubehalten hat, zu entnehmen und bei der nächsten Lohnsteuer-Anmeldung gesondert abzusetzen. ³Übersteigt das insgesamt ausgezahlte Kindergeld den Betrag, den er insgesamt an Lohnsteuer abzuführen hat, so wird der übersteigende Betrag dem Rechtsträger auf Antrag von dem Finanzamt, an das die Lohnsteuer abzuführen ist, aus den Einnahmen der Lohnsteuer ersetzt.   *2)*

(8) ¹Abweichend von Absatz 1 Satz 1 werden Kindergeldansprüche auf Grund über- oder zwischenstaatlicher Rechtsvorschriften durch die Familienkassen der Bundesagentur für Arbeit festgesetzt und ausgezahlt. ²Dies gilt auch für Fälle, in denen Kindergeldansprüche sowohl nach Maßgabe dieses Gesetzes als auch auf Grund über- oder zwischenstaatlicher Rechtsvorschriften bestehen.   *3)*

---

§ 73   (weggefallen)

EStG
S 2480

§ 74   Zahlung des Kindergeldes in Sonderfällen

EStG
S 2486

(1) ¹Das für ein Kind festgesetzte Kindergeld nach § 66 Absatz 1 kann an das Kind ausgezahlt werden, wenn der Kindergeldberechtigte ihm gegenüber seiner gesetzlichen Unterhaltspflicht nicht nachkommt. ²Kindergeld kann an Kinder, die bei der Festsetzung des Kindergeldes

---

1) In Absatz 4 wurden durch Artikel 3 des Gesetzes zur Beendigung der Sonderzuständigkeit der Familienkassen des öffentlichen Dienstes im Bereich des Bundes ab VZ 2022 die Wörter „Die Absätze 1 und 2 gelten" durch die Wörter „Absatz 1 gilt" ersetzt und die Wörter „und Absatz 2" gestrichen.
2) In Absatz 7 Satz 2 wurde durch Artikel 2 des Gesetzes zur Beendigung der Sonderzuständigkeit der Familienkassen des öffentlichen Dienstes im Bereich des Bundes ab VZ 2019 nach den Wörtern „zu entnehmen und" die Wörter „unter Angabe des in Absatz 1 genannten Familienkassenschlüssels" eingefügt.
3) Absatz 8 Satz 3 wurde durch Artikel 3 des Gesetzes zur Beendigung der Sonderzuständigkeit der Familienkassen des öffentlichen Dienstes im Bereich des Bundes ab VZ 2022 angefügt.
Satz 3 in der ab VZ 2022 geltenden Fassung lautet:
„³Die Sätze 1 und 2 sind auf Kindergeldansprüche von Angehörigen der Nachrichtendienste des Bundes nicht anzuwenden."

berücksichtigt werden, bis zur Höhe des Betrags, der sich bei entsprechender Anwendung des § 76 ergibt, ausgezahlt werden. [3]Dies gilt auch, wenn der Kindergeldberechtigte mangels Leistungsfähigkeit nicht unterhaltspflichtig ist oder nur Unterhalt in Höhe eines Betrags zu leisten braucht, der geringer ist als das für die Auszahlung in Betracht kommende Kindergeld. [4]Die Auszahlung kann auch an die Person oder Stelle erfolgen, die dem Kind Unterhalt gewährt.

(2) Für Erstattungsansprüche der Träger von Sozialleistungen gegen die Familienkasse gelten die §§ 102 bis 109 und 111 bis 113 des Zehnten Buches Sozialgesetzbuch entsprechend.

EStG
S 2487

§ 75 Aufrechnung

(1) Mit Ansprüchen auf Erstattung von Kindergeld kann die Familienkasse gegen Ansprüche auf Kindergeld bis zu deren Hälfte aufrechnen, wenn der Leistungsberechtigte nicht nachweist, dass er dadurch hilfebedürftig im Sinne der Vorschriften des Bundessozialhilfegesetzes über die Hilfe zum Lebensunterhalt oder im Sinne der Vorschriften des Zweiten Buches Sozialgesetzbuch über die Leistungen zur Sicherung des Lebensunterhalts wird.

(2) Absatz 1 gilt für die Aufrechnung eines Anspruchs auf Erstattung von Kindergeld gegen einen späteren Kindergeldanspruch eines mit dem Erstattungspflichtigen in Haushaltsgemeinschaft lebenden Berechtigten entsprechend, soweit es sich um laufendes Kindergeld für ein Kind handelt, das bei beiden berücksichtigt werden kann oder konnte.

EStG
S 2487

§ 76 Pfändung

[1]Der Anspruch auf Kindergeld kann nur wegen gesetzlicher Unterhaltsansprüche eines Kindes, das bei der Festsetzung des Kindergeldes berücksichtigt wird, gepfändet werden. [2]Für die Höhe des pfändbaren Betrags gilt:

1. [1]Gehört das unterhaltsberechtigte Kind zum Kreis der Kinder, für die dem Leistungsberechtigten Kindergeld gezahlt wird, so ist eine Pfändung bis zu dem Betrag möglich, der bei gleichmäßiger Verteilung des Kindergeldes auf jedes dieser Kinder entfällt. [2]Ist das Kindergeld durch die Berücksichtigung eines weiteren Kindes erhöht, für das einer dritten Person Kindergeld oder dieser oder dem Leistungsberechtigten eine andere Geldleistung für Kinder zusteht, so bleibt der Erhöhungsbetrag bei der Bestimmung des pfändbaren Betrags des Kindergeldes nach Satz 1 außer Betracht;

2. der Erhöhungsbetrag nach Nummer 1 Satz 2 ist zugunsten jedes bei der Festsetzung des Kindergeldes berücksichtigten unterhaltsberechtigten Kindes zu dem Anteil pfändbar, der sich bei gleichmäßiger Verteilung auf alle Kinder, die bei der Festsetzung des Kindergeldes zugunsten des Leistungsberechtigten berücksichtigt werden, ergibt.

EStG
S 2488

§ 77 Erstattung von Kosten im Vorverfahren

(1) [1]Soweit der Einspruch gegen die Kindergeldfestsetzung erfolgreich ist, hat die Familienkasse demjenigen, der den Einspruch erhoben hat, die zur zweckentsprechenden Rechtsverfolgung oder Rechtsverteidigung notwendigen Aufwendungen zu erstatten. [2]Dies gilt auch, wenn der Einspruch nur deshalb keinen Erfolg hat, weil die Verletzung einer Verfahrens- oder Formvorschrift nach § 126 der Abgabenordnung unbeachtlich ist. [3]Aufwendungen, die durch das Verschulden eines Erstattungsberechtigten entstanden sind, hat dieser selbst zu tragen; das Verschulden eines Vertreters ist dem Vertretenen zuzurechnen.

(2) Die Gebühren und Auslagen eines Bevollmächtigten oder Beistandes, der nach den Vorschriften des Steuerberatungsgesetzes zur geschäftsmäßigen Hilfeleistung in Steuersachen befugt ist, sind erstattungsfähig, wenn dessen Zuziehung notwendig war.

(3) [1]Die Familienkasse setzt auf Antrag den Betrag der zu erstattenden Aufwendungen fest. [2]Die Kostenentscheidung bestimmt auch, ob die Zuziehung eines Bevollmächtigten oder Beistandes im Sinne des Absatzes 2 notwendig war.

EStG
S 2489

§ 78 Übergangsregelungen

(1) bis (4) (weggefallen)

(5) [1]Abweichend von § 64 Absatz 2 und 3 steht Berechtigten, die für Dezember 1990 für ihre Kinder Kindergeld in dem in Artikel 3 des Einigungsvertrages genannten Gebiet bezogen

haben, das Kindergeld für diese Kinder auch für die folgende Zeit zu, solange sie ihren Wohnsitz oder gewöhnlichen Aufenthalt in diesem Gebiet beibehalten und die Kinder die Voraussetzungen ihrer Berücksichtigung weiterhin erfüllen. [2]§ 64 Absatz 2 und 3 ist insoweit erst für die Zeit vom Beginn des Monats an anzuwenden, in dem ein hierauf gerichteter Antrag bei der zuständigen Stelle eingegangen ist; der hiernach Berechtigte muss die nach Satz 1 geleisteten Zahlungen gegen sich gelten lassen.

XI. Altersvorsorgezulage

§ 79 Zulageberechtigte

[1]Die in § 10a Absatz 1 genannten Personen haben Anspruch auf eine Altersvorsorgezulage (Zulage). [2]Ist nur ein Ehegatte nach Satz 1 begünstigt, so ist auch der andere Ehegatte zulageberechtigt, wenn

1. beide Ehegatten nicht dauernd getrennt leben (§ 26 Absatz 1),

2. beide Ehegatten ihren Wohnsitz oder gewöhnlichen Aufenthalt in einem Mitgliedstaat der Europäischen Union oder einem Staat haben, auf den das Abkommen über den Europäischen Wirtschaftsraum anwendbar ist,

3. ein auf den Namen des anderen Ehegatten lautender Altersvorsorgevertrag besteht,

4. der andere Ehegatte zugunsten des Altersvorsorgevertrags nach Nummer 3 im jeweiligen Beitragsjahr mindestens 60 Euro geleistet hat und

5. die Auszahlungsphase des Altersvorsorgevertrags nach Nummer 3 noch nicht begonnen hat.

[3]Satz 1 gilt entsprechend für die in § 10a Absatz 6 Satz 1 und 2 genannten Personen, sofern sie unbeschränkt steuerpflichtig sind oder für das Beitragsjahr nach § 1 Absatz 3 als unbeschränkt steuerpflichtig behandelt werden.

§ 80 Anbieter

Anbieter im Sinne des Gesetzes sind Anbieter von Altersvorsorgeverträgen gemäß § 1 Absatz 2 des Altersvorsorgeverträge-Zertifizierungsgesetzes sowie die in § 82 Absatz 2 genannten Versorgungseinrichtungen.

§ 81 Zentrale Stelle

Zentrale Stelle im Sinne dieses Gesetzes ist die Deutsche Rentenversicherung Bund.

§ 81a Zuständige Stelle

[1]Zuständige Stelle ist bei einem

1. Empfänger von Besoldung nach dem Bundesbesoldungsgesetz oder einem Landesbesoldungsgesetz die die Besoldung anordnende Stelle,

2. Empfänger von Amtsbezügen im Sinne des § 10a Absatz 1 Satz 1 Nummer 2 die die Amtsbezüge anordnende Stelle,

3. versicherungsfrei Beschäftigten sowie bei einem von der Versicherungspflicht befreiten Beschäftigten im Sinne des § 10a Absatz 1 Satz 1 Nummer 3 der die Versorgung gewährleistende Arbeitgeber der rentenversicherungsfreien Beschäftigung,

4. Beamten, Richter, Berufssoldaten und Soldaten auf Zeit im Sinne des § 10a Absatz 1 Satz 1 Nummer 4 der zur Zahlung des Arbeitsentgelts verpflichtete Arbeitgeber und

5. Empfänger einer Versorgung im Sinne des § 10a Absatz 1 Satz 4 die die Versorgung anordnende Stelle.

[2]Für die in § 10a Absatz 1 Satz 1 Nummer 5 genannten Steuerpflichtigen gilt Satz 1 entsprechend.

§ 82 Altersvorsorgebeiträge

(1) [1]Geförderte Altersvorsorgebeiträge sind im Rahmen des in § 10a Absatz 1 Satz 1 genannten Höchstbetrags

1. Beiträge,

2. Tilgungsleistungen,

die der Zulageberechtigte (§ 79) bis zum Beginn der Auszahlungsphase zugunsten eines auf seinen Namen lautenden Vertrags leistet, der nach § 5 des Altersvorsorgeverträge-Zertifizierungsgesetzes zertifiziert ist. [2]Die Zertifizierung ist Grundlagenbescheid im Sinne des § 171 Absatz 10 der Abgabenordnung. [3]Als Tilgungsleistungen gelten auch Beiträge, die vom Zulageberechtigten zugunsten eines auf seinen Namen lautenden Altersvorsorgevertrags im Sinne des § 1 Absatz 1a Satz 1 Nummer 3 des Altersvorsorgeverträge-Zertifizierungsgesetzes erbracht wurden und die zur Tilgung eines im Rahmen des Altersvorsorgevertrags abgeschlossenen Darlehens abgetreten wurden. [4]Im Fall der Übertragung von gefördertem Altersvorsorgevermögen nach § 1 Absatz 1 Satz 1 Nummer 10 Buchstabe b des Altersvorsorgeverträge-Zertifizierungsgesetzes in einen Altersvorsorgevertrag im Sinne des § 1 Absatz 1a Satz 1 Nummer 3 des Altersvorsorgeverträge-Zertifizierungsgesetzes gelten die Beiträge nach Satz 1 Nummer 1 ab dem Zeitpunkt der Übertragung als Tilgungsleistungen nach Satz 3; eine erneute Förderung nach § 10a oder Abschnitt XI erfolgt insoweit nicht. [5]Tilgungsleistungen nach Satz 1 und Satz 3 werden nur berücksichtigt, wenn das zugrunde liegende Darlehen für eine nach dem 31. Dezember 2007 vorgenommene wohnungswirtschaftliche Verwendung im Sinne des § 92a Absatz 1 Satz 1 eingesetzt wurde. [6]Bei einer Aufgabe der Selbstnutzung nach § 92a Absatz 3 Satz 1 gelten im Beitragsjahr der Aufgabe der Selbstnutzung auch die nach der Aufgabe der Selbstnutzung geleisteten Beiträge oder Tilgungsleistungen als Altersvorsorgebeiträge nach Satz 1. [7]Bei einer Reinvestition nach § 92a Absatz 3 Satz 9 Nummer 1 gelten im Beitragsjahr der Reinvestition auch die davor geleisteten Beiträge oder Tilgungsleistungen als Altersvorsorgebeiträge nach Satz 1. [8]Bei einem beruflich bedingten Umzug nach § 92a Absatz 4 gelten

1. im Beitragsjahr des Wegzugs auch die nach dem Wegzug und

2. im Beitragsjahr des Wiedereinzugs auch die vor dem Wiedereinzug

geleisteten Beiträge und Tilgungsleistungen als Altersvorsorgebeiträge nach Satz 1.

(2) [1]Zu den Altersvorsorgebeiträgen gehören auch

a) die aus dem individuell versteuerten Arbeitslohn des Arbeitnehmers geleisteten Beiträge an einen Pensionsfonds, eine Pensionskasse oder eine Direktversicherung zum Aufbau einer kapitalgedeckten betrieblichen Altersversorgung und

b) Beiträge des Arbeitnehmers und des ausgeschiedenen Arbeitnehmers, die dieser im Fall der zunächst durch Entgeltumwandlung (§ 1a des Betriebsrentengesetzes) finanzierten und nach § 3 Nummer 63 oder § 10a und diesem Abschnitt geförderten kapitalgedeckten betrieblichen Altersversorgung nach Maßgabe des § 1a Absatz 4 und § 1b Absatz 5 Satz 1 Nummer 2 des Betriebsrentengesetzes selbst erbringt,

wenn eine Auszahlung der zugesagten Altersversorgungsleistung in Form einer Rente oder eines Auszahlungsplans (§ 1 Absatz 1 Satz 1 Nummer 4 des Altersvorsorgeverträge-Zertifizierungsgesetzes) vorgesehen ist. [2]Die §§ 3 und 4 des Betriebsrentengesetzes stehen dem vorbehaltlich des § 93 nicht entgegen.

(3) Zu den Altersvorsorgebeiträgen gehören auch die Beitragsanteile, die zur Absicherung der verminderten Erwerbsfähigkeit des Zulageberechtigten und zur Hinterbliebenenversorgung verwendet werden, wenn in der Leistungsphase die Auszahlung in Form einer Rente erfolgt.

(4) Nicht zu den Altersvorsorgebeiträgen zählen

1. Aufwendungen, die vermögenswirksame Leistungen nach dem Fünften Vermögensbildungsgesetz in der jeweils geltenden Fassung darstellen,

2. prämienbegünstigte Aufwendungen nach dem Wohnungsbau-Prämiengesetz in der Fassung der Bekanntmachung vom 30. Oktober 1997 (BGBl. I S. 2678), zuletzt geändert durch Artikel 5 des Gesetzes vom 29. Juli 2008 (BGBl. I S. 1509), in der jeweils geltenden Fassung,

3. Aufwendungen, die im Rahmen des § 10 als Sonderausgaben geltend gemacht werden,

4. Zahlungen nach § 92a Absatz 2 Satz 4 Nummer 1 und Absatz 3 Satz 9 Nummer 2 oder

5. Übertragungen im Sinne des § 3 Nummer 55 bis 55c.

(5) [1]Der Zulageberechtigte kann für ein abgelaufenes Beitragsjahr bis zum Beitragsjahr 2011 Altersvorsorgebeiträge auf einen auf seinen Namen lautenden Altersvorsorgevertrag leisten, wenn

1. der Anbieter des Altersvorsorgevertrags davon Kenntnis erhält, in welcher Höhe und für welches Beitragsjahr die Altersvorsorgebeiträge berücksichtigt werden sollen,

2. in dem Beitragsjahr, für das die Altersvorsorgebeiträge berücksichtigt werden sollen, ein Altersvorsorgevertrag bestanden hat,

3. im fristgerechten Antrag auf Zulage für dieses Beitragsjahr eine Zulageberechtigung nach § 79 Satz 2 angegeben wurde, aber tatsächlich eine Zulageberechtigung nach § 79 Satz 1 vorliegt,

4. die Zahlung der Altersvorsorgebeiträge für abgelaufene Beitragsjahre bis zum Ablauf von zwei Jahren nach Erteilung der Bescheinigung nach § 92, mit der zuletzt Ermittlungsergebnisse für dieses Beitragsjahr bescheinigt wurden, längstens jedoch bis zum Beginn der Auszahlungsphase des Altersvorsorgevertrages erfolgt und

5. der Zulageberechtigte vom Anbieter in hervorgehobener Weise darüber informiert wurde oder dem Anbieter seine Kenntnis darüber versichert, dass die Leistungen aus diesen Altersvorsorgebeiträgen der vollen nachgelagerten Besteuerung nach § 22 Nummer 5 Satz 1 unterliegen.

²Wurden die Altersvorsorgebeiträge dem Altersvorsorgevertrag gutgeschrieben und sind die Voraussetzungen nach Satz 1 erfüllt, so hat der Anbieter der zentralen Stelle (§ 81) die entsprechenden Daten nach § 89 Absatz 2 Satz 1 für das zurückliegende Beitragsjahr nach einem mit der zentralen Stelle abgestimmten Verfahren mitzuteilen. ³Die Beträge nach Satz 1 gelten für die Ermittlung der zu zahlenden Altersvorsorgezulage nach § 83 als Altersvorsorgebeiträge für das Beitragsjahr, für das sie gezahlt wurden. ⁴Für die Anwendung des § 10a Absatz 1 Satz 1 sowie bei der Ermittlung der dem Steuerpflichtigen zustehenden Zulage im Rahmen des § 2 Absatz 6 und des § 10a sind die nach Satz 1 gezahlten Altersvorsorgebeiträge weder für das Beitragsjahr nach Satz 1 Nummer 2 noch für das Beitragsjahr der Zahlung zu berücksichtigen.

§ 83   Altersvorsorgezulage
EStG
S 2492

In Abhängigkeit von den geleisteten Altersvorsorgebeiträgen wird eine Zulage gezahlt, die sich aus einer Grundzulage (§ 84) und einer Kinderzulage (§ 85) zusammensetzt.

§ 84   Grundzulage
EStG
S 2492
1)

¹Jeder Zulageberechtigte erhält eine Grundzulage; diese beträgt *ab dem Beitragsjahr 2018* jährlich *175* Euro. ²Für Zulageberechtigte nach § 79 Satz 1, die zu Beginn des Beitragsjahres (§ 88) das 25. Lebensjahr noch nicht vollendet haben, erhöht sich die Grundzulage nach Satz 1 um einmalig 200 Euro. ³Die Erhöhung nach Satz 2 ist für das erste nach dem 31. Dezember 2007 beginnende Beitragsjahr zu gewähren, für das eine Altersvorsorgezulage beantragt wird.

§ 85   Kinderzulage
EStG
S 2492
2)

(1) ¹Die Kinderzulage beträgt für jedes Kind, für das *gegenüber* dem Zulageberechtigten Kindergeld *festgesetzt* wird, jährlich 185 Euro. ²Für ein nach dem 31. Dezember 2007 geborenes Kind erhöht sich die Kinderzulage nach Satz 1 auf 300 Euro. ³Der Anspruch auf Kinderzulage entfällt für den Veranlagungszeitraum, für den das Kindergeld insgesamt zurückgefordert wird. ⁴Erhalten mehrere Zulageberechtigte für dasselbe Kind Kindergeld, steht die Kinderzulage demjenigen zu, dem *gegenüber* für den ersten Anspruchszeitraum (§ 66 Absatz 2) im Kalenderjahr Kindergeld *festgesetzt* worden ist.

(2) ¹Bei Eltern, die miteinander verheiratet sind, nicht dauernd getrennt leben (§ 26 Absatz 1) und ihren Wohnsitz oder gewöhnlichen Aufenthalt in einem Mitgliedstaat der Europäischen Union oder einem Staat haben, auf den das Abkommen über den Europäischen Wirtschaftsraum (EWR-Abkommen) anwendbar ist, wird die Kinderzulage der Mutter zugeordnet, auf Antrag beider Eltern dem Vater. ²Bei Eltern, die miteinander eine Lebenspartnerschaft führen, nicht dauernd getrennt leben (§ 26 Absatz 1) und ihren Wohnsitz oder gewöhnlichen Aufenthalt in einem Mitgliedstaat der Europäischen Union oder einem Staat haben, auf den das EWR-Abkommen anwendbar ist, ist die Kinderzulage dem Lebenspartner zuzuordnen, dem *gegenüber* das Kindergeld *festgesetzt* wird, auf Antrag beider Eltern dem anderen Lebenspartner. ³Der Antrag kann für ein abgelaufenes Beitragsjahr nicht zurückgenommen werden.
3)

---

1) *§ 84 Satz 1 zweiter Halbsatz wurde durch das Betriebsrentenstärkungsgesetz ab VZ 2018 geändert.*
2) *§ 85 Absatz 1 Satz 1 und 4 wurde durch das Betriebsrentenstärkungsgesetz ab VZ 2018 geändert.*
3) *§ 85 Absatz 2 Satz 2 wurde durch das Betriebsrentenstärkungsgesetz ab VZ 2018 geändert.*

§ 86 Mindesteigenbeitrag

(1) [1]Die Zulage nach den §§ 84 und 85 wird gekürzt, wenn der Zulageberechtigte nicht den Mindesteigenbeitrag leistet. [2]Dieser beträgt jährlich 4 Prozent der Summe der in dem dem Kalenderjahr vorangegangenen Kalenderjahr

1. erzielten beitragspflichtigen Einnahmen im Sinne des Sechsten Buches Sozialgesetzbuch,

2. bezogenen Besoldung und Amtsbezüge,

3. in den Fällen des § 10a Absatz 1 Satz 1 Nummer 3 und Nummer 4 erzielten Einnahmen, die beitragspflichtig waren, wenn die Versicherungsfreiheit in der gesetzlichen Rentenversicherung nicht bestehen würde und

4. bezogenen Rente wegen voller Erwerbsminderung oder Erwerbsunfähigkeit oder bezogenen Versorgungsbezüge wegen Dienstunfähigkeit in den Fällen des § 10a Absatz 1 Satz 4,

jedoch nicht mehr als der in § 10a Absatz 1 Satz 1 genannte Höchstbetrag, vermindert um die Zulage nach den §§ 84 und 85; gehört der Ehegatte zum Personenkreis nach § 79 Satz 2, berechnet sich der Mindesteigenbeitrag des nach § 79 Satz 1 Begünstigten unter Berücksichtigung der den Ehegatten insgesamt zustehenden Zulagen. [3]Auslandsbezogene Bestandteile nach den §§ 52 ff. des Bundesbesoldungsgesetzes oder entsprechender Regelungen eines Landesbesoldungsgesetzes bleiben unberücksichtigt. [4]Als Sockelbetrag sind ab dem Jahr 2005 jährlich 60 Euro zu leisten. [5]Ist der Sockelbetrag höher als der Mindesteigenbeitrag nach Satz 2, so ist der Sockelbetrag als Mindesteigenbeitrag zu leisten. [6]Die Kürzung der Zulage ermittelt sich nach dem Verhältnis der Altersvorsorgebeiträge zum Mindesteigenbeitrag.

(2) [1]Ein nach § 79 Satz 2 begünstigter Ehegatte hat Anspruch auf eine ungekürzte Zulage, wenn der zum begünstigten Personenkreis nach § 79 Satz 1 gehörende Ehegatte seinen geförderten Mindesteigenbeitrag unter Berücksichtigung der den Ehegatten insgesamt zustehenden Zulagen erbracht hat. [2]Werden bei einer in der gesetzlichen Rentenversicherung pflichtversicherten Person beitragspflichtige Einnahmen zu Grunde gelegt, die höher sind als das tatsächlich erzielte Entgelt oder die Entgeltersatzleistung, ist das tatsächlich erzielte Entgelt oder der Zahlbetrag der Entgeltersatzleistung für die Berechnung des Mindesteigenbeitrags zu berücksichtigen. [3]Für die nicht erwerbsmäßig ausgeübte Pflegetätigkeit einer nach § 3 Satz 1 Nummer 1a des Sechsten Buches Sozialgesetzbuch rentenversicherungspflichtigen Person ist für die Berechnung des Mindesteigenbeitrags ein tatsächlich erzieltes Entgelt von 0 Euro zu berücksichtigen.

(3) [1]Für Versicherungspflichtige nach dem Gesetz über die Alterssicherung der Landwirte ist Absatz 1 mit der Maßgabe anzuwenden, dass auch die Einkünfte aus Land- und Forstwirtschaft im Sinne des § 13 des zweiten dem Beitragsjahr vorangegangenen Veranlagungszeitraums als beitragspflichtige Einnahmen des vorangegangenen Kalenderjahres gelten. [2]Negative Einkünfte im Sinne des Satzes 1 bleiben unberücksichtigt, wenn weitere nach Absatz 1 oder Absatz 2 zu berücksichtigende Einnahmen erzielt werden.

(4) Wird nach Ablauf des Beitragsjahres festgestellt, dass die Voraussetzungen für die Gewährung einer Kinderzulage nicht vorgelegen haben, ändert sich dadurch die Berechnung des Mindesteigenbeitrags für dieses Beitragsjahr nicht.

(5) Bei den in § 10a Absatz 6 Satz 1 und 2 genannten Personen ist der Summe nach Absatz 1 Satz 2 die Summe folgender Einnahmen und Leistungen aus dem dem Kalenderjahr vorangegangenen Kalenderjahr hinzuzurechnen:

1. die erzielten Einnahmen aus der Tätigkeit, die die Zugehörigkeit zum Personenkreis des § 10a Absatz 6 Satz 1 begründet, und

2. die bezogenen Leistungen im Sinne des § 10a Absatz 6 Satz 2 Nummer 1.

§ 87 Zusammentreffen mehrerer Verträge

(1) [1]Zahlt der nach § 79 Satz 1 Zulageberechtigte Altersvorsorgebeiträge zugunsten mehrerer Verträge, so wird die Zulage nur für zwei dieser Verträge gewährt. [2]Der insgesamt nach § 86 zu leistende Mindesteigenbeitrag muss zugunsten dieser Verträge geleistet worden sein. [3]Die Zulage ist entsprechend dem Verhältnis der auf diese Verträge geleisteten Beiträge zu verteilen.

(2) [1]Der nach § 79 Satz 2 Zulageberechtigte kann die Zulage für das jeweilige Beitragsjahr nicht auf mehrere Altersvorsorgeverträge verteilen. [2]Es ist nur der Altersvorsorgevertrag begünstigt, für den zuerst die Zulage beantragt wird.

§ 88   Entstehung des Anspruchs auf Zulage

Der Anspruch auf die Zulage entsteht mit Ablauf des Kalenderjahres, in dem die Altersvorsorgebeiträge geleistet worden sind (Beitragsjahr).

§ 89   Antrag

(1) ¹Der Zulageberechtigte hat den Antrag auf Zulage nach amtlich vorgeschriebenem Vordruck bis zum Ablauf des zweiten Kalenderjahres, das auf das Beitragsjahr (§ 88) folgt, bei dem Anbieter seines Vertrages einzureichen. ²Hat der Zulageberechtigte im Beitragsjahr Altersvorsorgebeiträge für mehrere Verträge gezahlt, so hat er mit dem Zulageantrag zu bestimmen, auf welche Verträge die Zulage überwiesen werden soll. ³Beantragt der Zulageberechtigte die Zulage für mehr als zwei Verträge, so wird die Zulage nur für die zwei Verträge mit den höchsten Altersvorsorgebeiträgen gewährt. ⁴Sofern eine Zulagenummer (§ 90 Absatz 1 Satz 2) durch die zentrale Stelle (§ 81) oder eine Versicherungsnummer nach § 147 des Sechsten Buches Sozialgesetzbuch für den nach § 79 Satz 2 berechtigten Ehegatten noch nicht vergeben ist, hat dieser über seinen Anbieter eine Zulagenummer bei der zentralen Stelle zu beantragen. ⁵Der Antragsteller ist verpflichtet, dem Anbieter unverzüglich eine Änderung der Verhältnisse mitzuteilen, die zu einer Minderung oder zum Wegfall des Zulageanspruchs führt.

(1a) ¹Der Zulageberechtigte kann den Anbieter seines Vertrages schriftlich bevollmächtigen, für ihn abweichend von Absatz 1 die Zulage für jedes Beitragsjahr zu beantragen. ²Absatz 1 Satz 5 gilt mit Ausnahme der Mitteilung geänderter beitragspflichtiger Einnahmen entsprechend. ³Ein Widerruf der Vollmacht ist bis zum Ablauf des Beitragsjahres, für das der Anbieter keinen Antrag auf Zulage stellen soll, gegenüber dem Anbieter zu erklären.

(2) ¹Der Anbieter ist verpflichtet,

a) die Vertragsdaten,

b) die Identifikationsnummer, die Versicherungsnummer nach § 147 des Sechsten Buches Sozialgesetzbuch oder die Zulagenummer des Zulageberechtigten und dessen Ehegatten, oder einen Antrag auf Vergabe einer Zulagenummer eines nach § 79 Satz 2 berechtigten Ehegatten,

c) die vom Zulageberechtigten mitgeteilten Angaben zur Ermittlung des Mindesteigenbeitrages (§ 86),

d) die für die Gewährung der Kinderzulage erforderlichen Daten,

e) die Höhe der geleisteten Altersvorsorgebeiträge und

f) das Vorliegen einer nach Absatz 1a erteilten Vollmacht

als die für die Ermittlung und Überprüfung des Zulagenanspruchs und Durchführung des Zulageverfahrens erforderlichen Daten zu erfassen. ²Er hat die Daten der bei ihm im Laufe eines Kalendervierteljahres eingegangenen Anträge bis zum Ende des folgenden Monats nach amtlich vorgeschriebenem Datensatz durch amtlich bestimmte Datenfernübertragung an die zentrale Stelle zu übermitteln. ³Dies gilt auch im Fall des Absatzes 1 Satz 5.

(3) ¹Ist der Anbieter nach Absatz 1a Satz 1 bevollmächtigt worden, hat er der zentralen Stelle die nach Absatz 2 Satz 1 erforderlichen Angaben für jedes Kalenderjahr bis zum Ablauf des auf das Beitragsjahr folgenden Kalenderjahrs zu übermitteln. ²Liegt die Bevollmächtigung erst nach dem im Satz 1 genannten Meldetermin vor, hat der Anbieter die Angaben bis zum Ende des folgenden Kalendervierteljahres nach der Bevollmächtigung, spätestens jedoch bis zum Ablauf der in Absatz 1 Satz 1 genannten Antragsfrist, zu übermitteln. Absatz 2 Satz 2 und 3 gilt sinngemäß.

¹⁾

§ 90   Verfahren

(1) ¹Die zentrale Stelle ermittelt auf Grund der von ihr erhobenen oder der ihr übermittelten Daten, ob und in welcher Höhe ein Zulageanspruch besteht. ²Soweit der zuständige Träger der Rentenversicherung keine Versicherungsnummer vergeben hat, vergibt die zentrale Stelle zur Erfüllung der ihr nach diesem Abschnitt zugewiesenen Aufgaben eine Zulagenummer. ³Die zentrale Stelle teilt im Fall eines Antrags nach § 10a Absatz 1a der zuständigen Stelle, im Fall eines Antrags nach § 89 Absatz 1 Satz 4 dem Anbieter die Zulagenummer mit; von dort wird sie an den Antragsteller weitergeleitet.

---

¹⁾ § 89 Absatz 2 Satz 1 in der am 1. 1. 2017 geltenden Fassung ist erstmals für die Übermittlung von Daten ab dem 1. 1. 2017 anzuwenden → § 52 Abs. 51 EStG.

(2) ¹Die zentrale Stelle veranlasst die Auszahlung an den Anbieter zugunsten der Zulageberechtigten durch die zuständige Kasse. ²Ein gesonderter Zulagenbescheid ergeht vorbehaltlich des Absatzes 4 nicht. ³Der Anbieter hat die erhaltenen Zulagen unverzüglich den begünstigten Verträgen gutzuschreiben. ⁴Zulagen, die nach Beginn der Auszahlungsphase für das Altersvorsorgevermögen von der zentralen Stelle an den Anbieter überwiesen werden, können vom Anbieter an den Anleger ausgezahlt werden. ⁵Besteht kein Zulageanspruch, so teilt die zentrale Stelle dies dem Anbieter durch Datensatz mit. ⁶Die zentrale Stelle teilt dem Anbieter die Altersvorsorgebeiträge im Sinne des § 82, auf die § 10a oder dieser Abschnitt angewendet wurden, durch Datensatz mit.

(3) ¹Erkennt die zentrale Stelle nachträglich, dass der Zulageanspruch ganz oder teilweise nicht besteht oder weggefallen ist, so hat sie zu Unrecht gutgeschriebene oder ausgezahlte Zulagen zurückzufordern und dies dem Anbieter durch Datensatz mitzuteilen. ²Bei bestehendem Vertragsverhältnis hat der Anbieter das Konto zu belasten. ³Die ihm im Kalendervierteljahr mitgeteilten Rückforderungsbeträge hat er bis zum zehnten Tag des dem Kalendervierteljahr folgenden Monats in einem Betrag bei der zentralen Stelle anzumelden und an diese abzuführen. ⁴Die Anmeldung nach Satz 3 ist nach amtlich vorgeschriebenem Vordruck abzugeben. ⁵Sie gilt als Steueranmeldung im Sinne der Abgabenordnung.

(3a) ¹Erfolgt nach der Durchführung einer versorgungsrechtlichen Teilung eine Rückforderung von zu Unrecht gezahlten Zulagen, setzt die zentrale Stelle den Rückforderungsbetrag nach Absatz 3 unter Anrechnung bereits vom Anbieter einbehaltener und abgeführter Beträge gegenüber dem Zulageberechtigten fest, soweit

1. das Guthaben auf dem Vertrag des Zulageberechtigten zur Zahlung des Rückforderungsbetrags nach § 90 Absatz 3 Satz 1 nicht ausreicht und

2. im Rückforderungsbetrag ein Zulagebetrag enthalten ist, der in der Ehe- oder Lebenspartnerschaftszeit ausgezahlt wurde.

²Erfolgt nach einer Inanspruchnahme eines Altersvorsorge-Eigenheimbetrags im Sinne des § 92a Absatz 1 oder während einer Darlehenstilgung bei Altersvorsorgeverträgen nach § 1 Absatz 1a des Altersvorsorgeverträge-Zertifizierungsgesetzes eine Rückforderung zu Unrecht gezahlter Zulagen, setzt die zentrale Stelle den Rückforderungsbetrag nach Absatz 3 unter Anrechnung bereits vom Anbieter einbehaltener und abgeführter Beträge gegenüber dem Zulageberechtigten fest, soweit das Guthaben auf dem Altersvorsorgevertrag des Zulageberechtigten zur Zahlung des Rückforderungsbetrags nicht ausreicht. ³Der Anbieter hat in diesen Fällen der zentralen Stelle die nach Absatz 3 einbehaltenen und abgeführten Beträge nach amtlich vorgeschriebenem Datensatz durch amtlich bestimmte Datenfernübertragung mitzuteilen.

(4) ¹Eine Festsetzung der Zulage erfolgt nur auf besonderen Antrag des Zulageberechtigten. ²Der Antrag ist schriftlich innerhalb eines Jahres vom Antragsteller an den Anbieter zu richten; die Frist beginnt mit der Erteilung der Bescheinigung nach § 92, die die Ermittlungsergebnisse für das Beitragsjahr enthält, für das eine Festsetzung der Zulage erfolgen soll. ³Der Anbieter leitet den Antrag der zentralen Stelle zur Festsetzung zu. ⁴Er hat dem Antrag eine Stellungnahme und die zur Festsetzung erforderlichen Unterlagen beizufügen. ⁵Die zentrale Stelle teilt die Festsetzung auch dem Anbieter mit. ⁶Im Übrigen gilt Absatz 3 entsprechend.

EStG
S 2495

§ 91 Datenerhebung und Datenabgleich

(1) ¹Für die Berechnung und Überprüfung der Zulage sowie die Überprüfung des Vorliegens der Voraussetzungen des Sonderausgabenabzugs nach § 10a übermitteln die Träger der gesetzlichen Rentenversicherung, die landwirtschaftliche Alterskasse, die Bundesagentur für Arbeit,

---

1) *Absatz 3 Satz 1 wurde durch das Betriebsrentenstärkungsgesetz ab VZ 2019 geändert.*
Satz 1 in der ab VZ 2019 geltenden Fassung lautet:
„¹Erkennt die zentrale Stelle **bis zum Ende des zweiten auf die Ermittlung der Zulage folgenden Jahres** nachträglich, dass der Zulageanspruch ganz oder teilweise nicht besteht oder weggefallen ist, so hat sie zu Unrecht gutgeschriebene oder ausgezahlte Zulagen **bis zum Ablauf eines Jahres nach der Erkenntnis** zurückzufordern und dies dem Anbieter durch Datensatz mitzuteilen."
2) *Absatz 3a wurde durch das Betriebsrentenstärkungsgesetz ab VZ 2018 eingefügt.*
3) *Absatz 5 wurde durch das Betriebsrentenstärkungsgesetz ab VZ 2019 angefügt.*
Absatz 5 in der ab VZ 2019 geltenden Fassung lautet:
„(5) ¹Im Rahmen des Festsetzungsverfahrens kann der Zulageberechtigte bis zum rechtskräftigen Abschluss des Festsetzungsverfahrens eine nicht fristgerecht abgegebene Einwilligung nach § 10a Absatz 1 Satz 1 Halbsatz 2 gegenüber der zuständigen Stelle nachholen. ²Über die Nachholung hat er die zentrale Stelle unter Angabe des Datums der Erteilung der Einwilligung unmittelbar zu informieren. ³Hat der Zulageberechtigte im Rahmen des Festsetzungsverfahrens eine wirksame Einwilligung gegenüber der zuständigen Stelle erteilt, wird er so gestellt, als hätte er die Einwilligung innerhalb der Frist nach § 10a Absatz 1 Satz 1 Halbsatz 2 wirksam gestellt."

die Meldebehörden, die Familienkassen und die Finanzämter der zentralen Stelle auf Anforderung die bei ihnen vorhandenen Daten nach § 89 Absatz 2 durch Datenfernübertragung; für Zwecke der Berechnung des Mindesteigenbeitrags für ein Beitragsjahr darf die zentrale Stelle bei den Trägern der gesetzlichen Rentenversicherung und der landwirtschaftlichen Alterskasse die bei ihnen vorhandenen Daten zu den beitragspflichtigen Einnahmen sowie in den Fällen des § 10a Absatz 1 Satz 4 zur Höhe der bezogenen Rente wegen voller Erwerbsminderung oder Erwerbsunfähigkeit erheben, sofern diese nicht vom Anbieter nach § 89 übermittelt worden sind. [2]Für Zwecke der Überprüfung nach Satz 1 darf die zentrale Stelle die ihr nach Satz 1 übermittelten Daten mit den ihr nach § 89 Absatz 2 übermittelten Daten automatisiert abgleichen. [3]Führt die Überprüfung zu einer Änderung der ermittelten oder festgesetzten Zulage, ist dies dem Anbieter mitzuteilen. [4]Ergibt die Überprüfung eine Abweichung von dem in der Steuerfestsetzung berücksichtigten Sonderausgabenabzug nach § 10a oder der gesonderten Feststellung nach § 10a Absatz 4, ist dies dem Finanzamt mitzuteilen; die Steuerfestsetzung oder die gesonderte Feststellung ist insoweit zu ändern.

(2) [1]Die zuständige Stelle hat der zentralen Stelle die Daten nach § 10a Absatz 1 Satz 1 zweiter Halbsatz bis zum 31. März des dem Beitragsjahr folgenden Kalenderjahres durch Datenfernübertragung zu übermitteln. [2]Liegt die Einwilligung nach § 10a Absatz 1 Satz 1 zweiter Halbsatz erst nach dem im Satz 1 genannten Meldetermin vor, hat die zuständige Stelle die Daten spätestens bis zum Ende des folgenden Kalendervierteljahres nach Erteilung der Einwilligung nach Maßgabe von Satz 1 zu übermitteln.

§ 92 Bescheinigung

EStG
S 2495
1)

[1]Der Anbieter hat dem Zulageberechtigten jährlich *bis zum Ablauf des auf das Beitragsjahr folgenden Jahres* eine Bescheinigung nach amtlich vorgeschriebenem Muster zu erteilen über

1. die Höhe der im abgelaufenen Beitragsjahr geleisteten Altersvorsorgebeiträge (Beiträge und Tilgungsleistungen),
2. die im abgelaufenen Beitragsjahr getroffenen, aufgehobenen oder geänderten Ermittlungsergebnisse (§ 90),
3. die Summe der bis zum Ende des abgelaufenen Beitragsjahres dem Vertrag gutgeschriebenen Zulagen,
4. die Summe der bis zum Ende des abgelaufenen Beitragsjahres geleisteten Altersvorsorgebeiträge (Beiträge und Tilgungsleistungen),
5. den Stand des Altersvorsorgevermögens,
6. den Stand des Wohnförderkontos (§ 92a Absatz 2 Satz 1), sofern er diesen von der zentralen Stelle mitgeteilt bekommen hat, und
7. die Bestätigung der durch den Anbieter erfolgten Datenübermittlung an die zentrale Stelle im Fall des § 10a Absatz 5 Satz 1.

[2]Einer jährlichen Bescheinigung bedarf es nicht, wenn zu Satz 1 Nummer 1, 2, 6 und 7 keine Angaben erforderlich sind und sich zu Satz 1 Nummer 3 bis 5 keine Änderungen gegenüber der zuletzt erteilten Bescheinigung ergeben. [3]Liegen die Voraussetzungen des Satzes 2 nur hinsichtlich der Angabe nach Satz 1 Nummer 6 nicht vor und wurde die Geschäftsbeziehung im Hinblick auf den jeweiligen Altersvorsorgevertrag zwischen Zulageberechtigtem und Anbieter beendet, weil

1. das angesparte Kapital vollständig aus dem Altersvorsorgevertrag entnommen wurde oder
2. das gewährte Darlehen vollständig getilgt wurde,

bedarf es keiner jährlichen Bescheinigung, wenn der Anbieter dem Zulageberechtigten in einer Bescheinigung im Sinne dieser Vorschrift Folgendes mitteilt: „Das Wohnförderkonto erhöht sich bis zum Beginn der Auszahlungsphase jährlich um 2 Prozent, solange Sie keine Zahlungen zur Minderung des Wohnförderkontos leisten." [4]Der Anbieter kann dem Zulageberechtigten mit dessen Einverständnis die Bescheinigung auch elektronisch bereitstellen.

§ 92a Verwendung für eine selbst genutzte Wohnung

EStG
S 2496

(1) [1]Der Zulageberechtigte kann das in einem Altersvorsorgevertrag gebildete und nach § 10a oder nach diesem Abschnitt geförderte Kapital in vollem Umfang oder, wenn das verbleibende geförderte Restkapital mindestens 3 000 Euro beträgt, teilweise wie folgt verwenden (Altersvorsorge-Eigenheimbetrag):

---

1) Satz 1 wurde durch das Betriebsrentenstärkungsgesetz ab VZ 2018 geändert.

1. bis zum Beginn der Auszahlungsphase unmittelbar für die Anschaffung oder Herstellung einer Wohnung oder zur Tilgung eines zu diesem Zweck aufgenommenen Darlehens, wenn das dafür entnommene Kapital mindestens 3 000 Euro beträgt, oder

2. bis zum Beginn der Auszahlungsphase unmittelbar für den Erwerb von Pflicht-Geschäftsanteilen an einer eingetragenen Genossenschaft für die Selbstnutzung einer Genossenschaftswohnung oder zur Tilgung eines zu diesem Zweck aufgenommenen Darlehens, wenn das dafür entnommene Kapital mindestens 3 000 Euro beträgt, oder

3. bis zum Beginn der Auszahlungsphase unmittelbar für die Finanzierung eines Umbaus einer Wohnung, wenn

   a) das dafür entnommene Kapital

      aa) mindestens 6 000 Euro beträgt und für einen innerhalb eines Zeitraums von drei Jahren nach der Anschaffung oder Herstellung der Wohnung vorgenommenen Umbau verwendet wird oder

      bb) mindestens 20 000 Euro beträgt,

   b) das dafür entnommene Kapital zu mindestens 50 Prozent auf Maßnahmen entfällt, die die Vorgaben der DIN 18040 Teil 2, Ausgabe September 2011, soweit baustrukturell möglich, erfüllen, und der verbleibende Teil der Kosten der Reduzierung von Barrieren in oder an der Wohnung dient; die zweckgerechte Verwendung ist durch einen Sachverständigen zu bestätigen; und

   c) der Zulageberechtigte oder ein Mitnutzer der Wohnung für die Umbaukosten weder eine Förderung durch Zuschüsse noch eine Steuerermäßigung nach § 35a in Anspruch nimmt oder nehmen wird noch die Berücksichtigung als außergewöhnliche Belastung nach § 33 beantragt hat oder beantragen wird und dies schriftlich bestätigt. [2]Diese Bestätigung ist bei der Antragstellung nach § 92b Absatz 1 Satz 1 gegenüber der zentralen Stelle abzugeben. [3]Bei der Inanspruchnahme eines Darlehens im Rahmen eines Altersvorsorgevertrags nach § 1 Absatz 1a des Altersvorsorgeverträge-Zertifizierungsgesetzes hat der Zulageberechtigte die Bestätigung gegenüber seinem Anbieter abzugeben.

[2]Die DIN 18040 ist im Beuth-Verlag GmbH, Berlin und Köln, erschienen und beim Deutschen Patent- und Markenamt in München archivmäßig gesichert niedergelegt. [3]Die technischen Mindestanforderungen für die Reduzierung von Barrieren in oder an der Wohnung nach Satz 1 Nummer 3 Buchstabe b werden durch das Bundesministerium für Umwelt, Naturschutz, Bau und Reaktorsicherheit im Einvernehmen mit dem Bundesministerium der Finanzen festgelegt und im Bundesbaublatt veröffentlicht. [4]Sachverständige im Sinne dieser Vorschrift sind nach Landesrecht Bauvorlageberechtigte sowie nach § 91 Absatz 1 Nummer 8 der Handwerksordnung öffentlich bestellte und vereidigte Sachverständige, die für ein Sachgebiet bestellt sind, das die Barrierefreiheit und Barrierereduzierung in Wohngebäuden umfasst, und die eine besondere Sachkunde oder ergänzende Fortbildung auf diesem Gebiet nachweisen. [5]Eine nach Satz 1 begünstigte Wohnung ist

1. eine Wohnung in einem eigenen Haus oder

2. eine eigene Eigentumswohnung oder

3. eine Genossenschaftswohnung einer eingetragenen Genossenschaft,

wenn diese Wohnung in einem Mitgliedstaat der Europäischen Union oder in einem Staat, auf den das Abkommen über den Europäischen Wirtschaftsraum (EWR-Abkommen) anwendbar ist, belegen ist und die Hauptwohnung oder den Mittelpunkt der Lebensinteressen des Zulageberechtigten darstellt. [6]Einer Wohnung im Sinne des Satzes 5 steht ein eigentumsähnliches oder lebenslanges Dauerwohnrecht nach § 33 des Wohnungseigentumsgesetzes gleich, soweit Vereinbarungen nach § 39 des Wohnungseigentumsgesetzes getroffen werden. [7]Bei der Ermittlung des Restkapitals nach Satz 1 ist auf den Stand des geförderten Altersvorsorgevermögens zum Ablauf des Tages abzustellen, an dem die zentrale Stelle den Bescheid nach § 92b ausgestellt hat. [8]Der Altersvorsorge-Eigenheimbetrag gilt nicht als Leistung aus einem Altersvorsorgevertrag, die dem Zulageberechtigten im Zeitpunkt der Auszahlung zufließt.

(2) [1]Der Altersvorsorge-Eigenheimbetrag, die Tilgungsleistungen im Sinne des § 82 Absatz 1 Satz 1 Nummer 2 und die hierfür gewährten Zulagen sind durch die zentrale Stelle in Bezug auf den zugrunde liegenden Altersvorsorgevertrag gesondert zu erfassen (Wohnförderkonto); die zentrale Stelle teilt für jeden Altersvorsorgevertrag, für den sie ein Wohnförderkonto (Altersvorsorgevertrag mit Wohnförderkonto) führt, dem Anbieter jährlich den Stand des Wohnförderkontos nach amtlich vorgeschriebenem Datensatz durch Datenfernübertragung mit. [2]Beiträge, die nach § 82 Absatz 1 Satz 3 wie Tilgungsleistungen behandelt wurden, sind im Zeitpunkt der unmittelbaren Darlehenstilgung einschließlich der zur Tilgung eingesetzten Zulagen und Erträge in das Wohnförderkonto aufzunehmen; zur Tilgung eingesetzte ungeförderte Beiträge einschließlich der darauf entfallenden Erträge fließen dem Zulageberechtigten in diesem Zeitpunkt zu. [3]Nach Ablauf eines Beitragsjahres, letztmals für das Beitragsjahr des Beginns der

Auszahlungsphase, ist der sich aus dem Wohnförderkonto ergebende Gesamtbetrag um 2 Prozent zu erhöhen. ⁴Das Wohnförderkonto ist zu vermindern um

1. Zahlungen des Zulageberechtigten auf einen auf seinen Namen lautenden zertifizierten Altersvorsorgevertrag nach § 1 Absatz 1 des Altersvorsorgeverträge-Zertifizierungsgesetzes bis zum Beginn der Auszahlungsphase zur Minderung der in das Wohnförderkonto eingestellten Beträge; der Anbieter, bei dem die Einzahlung erfolgt, hat die Einzahlung der zentralen Stelle nach amtlich vorgeschriebenem Datensatz durch Datenfernübertragung mitzuteilen; erfolgt die Einzahlung nicht auf den Altersvorsorgevertrag mit Wohnförderkonto, hat der Zulageberechtigte dem Anbieter, bei dem die Einzahlung erfolgt, die Vertragsdaten des Altersvorsorgevertrags mit Wohnförderkonto mitzuteilen; diese hat der Anbieter der zentralen Stelle zusätzlich mitzuteilen;

2. den Verminderungsbetrag nach Satz 5.

⁵Verminderungsbetrag ist der sich mit Ablauf des Kalenderjahres des Beginns der Auszahlungsphase ergebende Stand des Wohnförderkontos dividiert durch die Anzahl der Jahre bis zur Vollendung des 85. Lebensjahres des Zulageberechtigten; als Beginn der Auszahlungsphase gilt der vom Zulageberechtigten und Anbieter vereinbarte Zeitpunkt, der zwischen der Vollendung des 60. Lebensjahres und des 68. Lebensjahres des Zulageberechtigten liegen muss; ist ein Auszahlungszeitpunkt nicht vereinbart, so gilt die Vollendung des 67. Lebensjahres als Beginn der Auszahlungsphase; *die Verschiebung des Beginns der Auszahlungsphase über das 68. Lebensjahr des Zulageberechtigten hinaus ist unschädlich, sofern es sich um eine Verschiebung im Zusammenhang mit der Abfindung einer Kleinbetragsrente auf Grund der Regelung nach § 1 Satz 1 Nummer 4 Buchstabe a des Altersvorsorgeverträge-Zertifizierungsgesetzes handelt.* ⁶Anstelle einer Verminderung nach Satz 5 kann der Zulageberechtigte jederzeit in der Auszahlungsphase von der zentralen Stelle die Auflösung des Wohnförderkontos verlangen (Auflösungsbetrag). ⁷Der Anbieter hat im Zeitpunkt der unmittelbaren Darlehenstilgung die Beträge nach Satz 2 erster Halbsatz und der Anbieter eines Altersvorsorgevertrags mit Wohnförderkonto hat zu Beginn der Auszahlungsphase den Zeitpunkt des Beginns der Auszahlungsphase der zentralen Stelle nach amtlich vorgeschriebenem Datensatz durch Datenfernübertragung *spätestens bis zum Ablauf des Monats, der auf den Monat der unmittelbaren Darlehenstilgung oder des Beginns der Auszahlungsphase folgt*, mitzuteilen. ⁸Wird gefördertes Altersvorsorgevermögen nach § 93 Absatz 2 Satz 1 von einem Anbieter auf einen anderen auf den Namen des Zulageberechtigten lautenden Altersvorsorgevertrag vollständig übertragen und hat die zentrale Stelle für den bisherigen Altersvorsorgevertrag ein Wohnförderkonto geführt, so schließt sie das Wohnförderkonto des bisherigen Vertrags und führt es zu dem neuen Altersvorsorgevertrag fort. ⁹Erfolgt eine Zahlung nach Satz 4 Nummer 1 oder nach Absatz 3 Satz 9 Nummer 2 auf einen anderen Altersvorsorgevertrag als auf den Altersvorsorgevertrag mit Wohnförderkonto, schließt die zentrale Stelle das Wohnförderkonto des bisherigen Vertrags und führt es ab dem Zeitpunkt der Einzahlung für den Altersvorsorgevertrag fort, auf den die Einzahlung erfolgt ist. ¹⁰Die zentrale Stelle teilt die Schließung des Wohnförderkontos dem Anbieter des bisherigen Altersvorsorgevertrags mit Wohnförderkonto mit.

(2a) ¹Geht im Rahmen der Regelung von Scheidungsfolgen der Eigentumsanteil des Zulageberechtigten an der Wohnung im Sinne des Absatzes 1 Satz 5 ganz oder teilweise auf den anderen Ehegatten über, geht das Wohnförderkonto in Höhe des Anteils, der dem Verhältnis des übergegangenen Eigentumsanteils zum *ursprünglichen* Eigentumsanteil entspricht, mit allen Rechten und Pflichten auf den anderen Ehegatten über; dabei ist auf das Lebensalter des anderen Ehegatten abzustellen. ²Hat der andere Ehegatte das Lebensalter für den vertraglich vereinbarten Beginn der Auszahlungsphase oder, soweit kein Beginn der Auszahlungsphase vereinbart wurde, das 67. Lebensjahr im Zeitpunkt des Übergangs des Wohnförderkontos bereits überschritten, so gilt als Beginn der Auszahlungsphase der Zeitpunkt des Übergangs des Wohnförderkontos. ³Der Zulageberechtigte hat den Übergang des Eigentumsanteils der zentralen Stelle nachzuweisen. ⁴Dazu hat er die für die Anlage eines Wohnförderkontos erforderlichen Daten des anderen Ehegatten mitzuteilen. ⁵Die Sätze 1 bis 4 gelten entsprechend für Ehegatten, die im Zeitpunkt des Todes des Zulageberechtigten

1. nicht dauernd getrennt gelebt haben (§ 26 Absatz 1) und

2. ihren Wohnsitz oder gewöhnlichen Aufenthalt in einem Mitgliedstaat der Europäischen Union oder einem Staat hatten, auf den das Abkommen über den Europäischen Wirtschaftsraum anwendbar ist.

(3) ¹Nutzt der Zulageberechtigte die Wohnung im Sinne des Absatzes 1 Satz 5, für die ein Altersvorsorge-Eigenheimbetrag verwendet oder für die eine Tilgungsförderung im Sinne

1) Absatz 2 Satz 5 wurde durch das Betriebsrentenstärkungsgesetz ab VZ 2018 geändert.
2) Absatz 2 Satz 7 wurde durch das Betriebsrentenstärkungsgesetz ab VZ 2018 geändert.
3) Absatz 2a Satz 1 wurde durch das Betriebsrentenstärkungsgesetz ab VZ 2018 geändert.
4) Absatz 3 wurde durch das Betriebsrentenstärkungsgesetz ab VZ 2018 geändert.

des § 82 Absatz 1 in Anspruch genommen worden ist, nicht nur vorübergehend nicht mehr zu eigenen Wohnzwecken, hat er dies dem Anbieter, in der Auszahlungsphase der zentralen Stelle, unter Angabe des Zeitpunkts der Aufgabe der Selbstnutzung *anzuzeigen*. [2]Eine Aufgabe der Selbstnutzung liegt auch vor, soweit der Zulageberechtigte das Eigentum an der Wohnung aufgibt. [3]Die *Anzeigepflicht* gilt entsprechend für den Rechtsnachfolger der begünstigten Wohnung, wenn der Zulageberechtigte stirbt. [4]Die Anzeigepflicht entfällt, wenn das Wohnförderkonto vollständig zurückgeführt worden ist, es sei denn, es liegt ein Fall des § 22 Nummer 5 Satz 6 vor. [5]Im Fall des Satzes 1 gelten die im Wohnförderkonto erfassten Beträge als Leistungen aus einem Altersvorsorgevertrag, die dem Zulageberechtigten nach letztmaliger Erhöhung des Wohnförderkontos nach Absatz 2 Satz 3 zum Ende des Veranlagungszeitraums, in dem die Selbstnutzung aufgegeben wurde, zufließen; das Wohnförderkonto ist aufzulösen (Auflösungsbetrag). [6]Verstirbt der Zulageberechtigte, ist der Auflösungsbetrag ihm noch zuzurechnen. [7]Der Anbieter hat der zentralen Stelle den Zeitpunkt der Aufgabe nach amtlich vorgeschriebenem Datensatz durch Datenfernübertragung *spätestens bis zum Ablauf des zweiten Monats, der auf den Monat der Anzeige des Zulageberechtigten folgt*, mitzuteilen. [8]Wurde im Falle des Satzes 1 eine Tilgungsförderung nach § 82 Absatz 1 Satz 3 in Anspruch genommen und erfolgte keine Einstellung in das Wohnförderkonto nach Absatz 2 Satz 2, sind die Beiträge, die nach § 82 Absatz 1 Satz 3 wie Tilgungsleistungen behandelt wurden, sowie die darauf entfallenden Zulagen und Erträge in ein Wohnförderkonto aufzunehmen und anschließend die weiteren Regelungen dieses Absatzes anzuwenden; Absatz 2 Satz 2 zweiter Halbsatz und Satz 7 gilt entsprechend. [9]Die Sätze 5 bis 7 sowie § 20 gelten nicht anzuwenden, wenn

1. der Zulageberechtigte einen Betrag in Höhe des noch nicht zurückgeführten Betrags im Wohnförderkonto innerhalb von zwei Jahren vor dem Veranlagungszeitraum und von fünf Jahren nach Ablauf des Veranlagungszeitraums, in dem er die Wohnung letztmals zu eigenen Wohnzwecken genutzt hat, für eine weitere Wohnung im Sinne des Absatzes 1 Satz 5 verwendet,

2. der Zulageberechtigte einen Betrag in Höhe des noch nicht zurückgeführten Betrags im Wohnförderkonto innerhalb eines Jahres nach Ablauf des Veranlagungszeitraums, in dem er die Wohnung letztmals zu eigenen Wohnzwecken genutzt hat, auf einen auf seinen Namen lautenden zertifizierten Altersvorsorgevertrag zahlt; Absatz 2 Satz 4 Nummer 1 sind entsprechend anzuwenden,

3. die Ehewohnung auf Grund einer richterlichen Entscheidung nach § 1361b des Bürgerlichen Gesetzbuchs oder nach der Verordnung über die Behandlung der Ehewohnung und des Hausrats dem anderen Ehegatten zugewiesen wird,

4. der Zulageberechtigte krankheits- oder pflegebedingt die Wohnung nicht mehr bewohnt, sofern er Eigentümer dieser Wohnung bleibt, sie ihm weiterhin zur Selbstnutzung zur Verfügung steht und sie nicht von Dritten, mit Ausnahme seines Ehegatten, genutzt wird *oder*

5. *der Zulageberechtigte innerhalb von fünf Jahren nach Ablauf des Veranlagungszeitraums, in dem er die Wohnung letztmals zu eigenen Wohnzwecken genutzt hat, die Selbstnutzung dieser Wohnung wieder aufnimmt.*

[10]*Satz 9 Nummer 1 und 2 setzt voraus, dass der* Zulageberechtigte dem Anbieter, in der Auszahlungsphase der zentralen Stelle, die *fristgemäße* Reinvestitionsabsicht im Rahmen der *Anzeige* nach Satz 1 *und den Zeitpunkt der Reinvestition* oder die Aufgabe der Reinvestitionsabsicht *anzeigt*; in den Fällen des Absatzes 2a und des Satzes 9 Nummer 3 gelten die Sätze 1 bis 9 entsprechend für den anderen, geschiedenen oder überlebenden Ehegatten, wenn er die Wohnung nicht nur vorübergehend nicht mehr zu eigenen Wohnzwecken nutzt. [11]Satz 5 ist mit der Maßgabe anzuwenden, dass der Eingang der *Anzeige* der aufgegebenen Reinvestitionsabsicht, spätestens jedoch der 1. Januar

1. des sechsten Jahres nach dem Jahr der Aufgabe der Selbstnutzung bei einer Reinvestitionsabsicht nach Satz 9 Nummer 1 oder

2. des zweiten Jahres nach dem Jahr der Aufgabe der Selbstnutzung bei einer Reinvestitionsabsicht nach Satz 9 Nummer 2

als Zeitpunkt der Aufgabe gilt. [12]*Satz 9 Nummer 5 setzt voraus, dass bei einer beabsichtigten Wiederaufnahme der Selbstnutzung der Zulageberechtigte dem Anbieter, in der Auszahlungsphase der zentralen Stelle, die Absicht der fristgemäßen Wiederaufnahme der Selbstnutzung im Rahmen der Anzeige nach Satz 1 und den Zeitpunkt oder die Aufgabe der Reinvestitionsabsicht nach Satz 10 anzeigt.* [13]*Satz 10 zweiter Halbsatz und Satz 11 gelten für die Anzeige der Absicht der fristgemäßen Wiederaufnahme der Selbstnutzung entsprechend.*

(4) [1]Absatz 3 sowie § 20 sind auf Antrag des Steuerpflichtigen nicht anzuwenden, wenn er

1. die Wohnung im Sinne des Absatzes 1 Satz 5 auf Grund eines beruflich bedingten Umzugs für die Dauer der beruflich bedingten Abwesenheit nicht selbst nutzt; wird während dieser Zeit mit einer anderen Person ein Nutzungsrecht für diese Wohnung vereinbart, ist diese Vereinbarung von vornherein entsprechend zu befristen,

2. beabsichtigt, die Selbstnutzung wieder aufzunehmen und

3. die Selbstnutzung spätestens mit der Vollendung seines 67. Lebensjahres des Steuerpflichtigen aufnimmt. [2]Der Steuerpflichtige hat den Antrag bei der zentralen Stelle zu stellen und dabei die notwendigen Nachweise zu erbringen. [3]Die zentrale Stelle erteilt dem Steuerpflichtigen einen Bescheid über die Bewilligung des Antrags und informiert den Anbieter des Altersvorsorgevertrags mit Wohnförderkonto des Zulageberechtigten über die Bewilligung, eine Wiederaufnahme der Selbstnutzung nach einem beruflich bedingten Umzug und den Wegfall der Voraussetzungen nach diesem Absatz; die Information hat nach amtlich vorgeschriebenem Datensatz durch Datenfernübertragung zu erfolgen. [4]Entfällt eine der in Satz 1 genannten Voraussetzungen, ist Absatz 3 mit der Maßgabe anzuwenden, dass bei einem Wegfall der Voraussetzung nach Satz 1 Nummer 1 als Zeitpunkt der Aufgabe der Zeitpunkt des Wegfalls der Voraussetzung und bei einem Wegfall der Voraussetzung nach Satz 1 Nummer 2 oder Nummer 3 der Eingang der Mitteilung des Steuerpflichtigen nach Absatz 3 als Zeitpunkt der Aufgabe gilt, spätestens jedoch die Vollendung des 67. Lebensjahres des Steuerpflichtigen.

§ 92b Verfahren bei Verwendung für eine selbst genutzte Wohnung

EStG
S 2496

(1) [1]Der Zulageberechtigte hat die Verwendung des Kapitals nach § 92a Absatz 1 Satz 1 spätestens zehn Monate vor dem Beginn der Auszahlungsphase des Altersvorsorgevertrags im Sinne des § 1 Absatz 1 Nummer 2 des Altersvorsorgeverträge-Zertifizierungsgesetzes bei der zentralen Stelle zu beantragen und dabei die notwendigen Nachweise zu erbringen. [2]Er hat zu bestimmen, aus welchen Altersvorsorgeverträgen der Altersvorsorge-Eigenheimbetrag ausgezahlt werden soll. [3]Die zentrale Stelle teilt dem Zulageberechtigten durch Bescheid und den Anbietern der in Satz 2 genannten Altersvorsorgeverträge nach amtlich vorgeschriebenem Datensatz durch Datenfernübertragung mit, bis zu welcher Höhe eine wohnungswirtschaftliche Verwendung im Sinne des § 92a Absatz 1 Satz 1 vorliegen kann.

(2) [1]Die Anbieter der in Absatz 1 Satz 2 genannten Altersvorsorgeverträge dürfen den Altersvorsorge-Eigenheimbetrag auszahlen, sobald sie die Mitteilung nach Absatz 1 Satz 3 erhalten haben. [2]Sie haben der zentralen Stelle nach amtlich vorgeschriebenem Datensatz durch Datenfernübertragung Folgendes *spätestens bis zum Ablauf des zweiten Monats, der auf den Monat der Auszahlung folgt,* anzuzeigen:

1) *)

1. den Auszahlungszeitpunkt und den Auszahlungsbetrag,

2. die Summe der bis zum Auszahlungszeitpunkt dem Altersvorsorgevertrag gutgeschriebenen Zulagen,

3. die Summe der bis zum Auszahlungszeitpunkt geleisteten Altersvorsorgebeiträge und

4. den Stand des geförderten Altersvorsorgevermögens im Zeitpunkt der Auszahlung.

(3) [1]Die zentrale Stelle stellt zu Beginn der Auszahlungsphase und in den Fällen des § 92a Absatz 2 und 3 Satz 5 den Stand des Wohnförderkontos, soweit für die Besteuerung erforderlich, den Verminderungsbetrag und den Auflösungsbetrag von Amts wegen gesondert fest. [2]Die zentrale Stelle teilt die Feststellung dem Zulageberechtigten, in den Fällen des § 92a Absatz 2a Satz 1 auch dem anderen Ehegatten, durch Bescheid und den Anbieter nach amtlich vorgeschriebenem Datensatz durch Datenfernübertragung mit. [3]Der Anbieter hat auf Anforderung der zentralen Stelle die zur Feststellung erforderlichen Unterlagen vorzulegen. [4]Auf Antrag des Zulageberechtigten stellt die zentrale Stelle den Stand des Wohnförderkontos gesondert fest. [5]§ 90 Absatz 4 Satz 2 bis 5 gilt entsprechend.

§ 93 Schädliche Verwendung

EStG
S 2497

(1) [1]Wird gefördertes Altersvorsorgevermögen nicht unter den in § 1 Absatz 1 Satz 1 Nr. 4, 5 und 10 Buchstabe c des Altersvorsorgeverträge-Zertifizierungsgesetzes oder § 1 Absatz 1 Nummer 4, 5 und 10 Buchstabe c des Altersvorsorgeverträge-Zertifizierungsgesetzes in der bis zum 31. Dezember 2004 geltenden Fassung genannten Voraussetzungen an den Zulageberechtigten ausgezahlt (schädliche Verwendung), sind die auf das ausgezahlte geförderte Altersvorsorgevermögen entfallenden Zulagen und die nach § 10a Absatz 4 gesondert festgestellten Beträge (Rückzahlungsbetrag) zurückzuzahlen. [2]Dies gilt auch bei einer Auszahlung nach Beginn der Auszahlungsphase (§ 1 Absatz 1 Nummer 2 des Altersvorsorgeverträge-Zertifizierungsgesetzes) und bei Auszahlungen im Falle des Todes des Zulageberechtigten. [3]Hat der Zulageberechtigte Zahlungen im Sinne des § 92a Absatz 2 Satz 4 Nummer 1 oder § 92a Absatz 3 Satz 9 Num-

mer 2 geleistet, dann handelt es sich bei dem hierauf beruhenden Altersvorsorgevermögen um gefördertes Altersvorsorgevermögen im Sinne des Satzes 1, der Rückzahlungsbetrag bestimmt sich insoweit nach der für die in das Wohnförderkonto eingestellten Beträge gewährten Förderung. [4]Eine Rückzahlungsverpflichtung besteht nicht für den Teil der Zulagen und der Steuerermäßigung,

a) der auf nach § 1 Absatz 1 Nr. 6 des Altersvorsorgeverträge-Zertifizierungsgesetzes angespartes gefördertes Altersvorsorgevermögen entfällt, wenn es in Form einer Hinterbliebenenrente an die dort genannten Hinterbliebenen ausgezahlt wird. Dies gilt auch für Leistungen im Sinne des § 82 Absatz 3 an Hinterbliebene des Steuerpflichtigen;

b) der den Beitragsanteilen zuzuordnen ist, die für die zusätzliche Absicherung der verminderten Erwerbsfähigkeit und eine zusätzliche Hinterbliebenenabsicherung ohne Kapitalbildung verwendet worden sind;

c) der auf gefördertes Altersvorsorgevermögen entfällt, das im Falle des Todes des Zulageberechtigten auf einen auf den Namen des Ehegatten lautenden Altersvorsorgevertrag übertragen wird, wenn die Ehegatten im Zeitpunkt des Todes des Zulageberechtigten die Voraussetzungen des § 26 Absatz 1 erfüllt haben;

d) der auf den Altersvorsorge-Eigenheimbetrag entfällt.

(1a) [1]Eine schädliche Verwendung liegt nicht vor, wenn gefördertes Altersvorsorgevermögen auf Grund einer internen Teilung nach § 10 des Versorgungsausgleichsgesetzes oder auf Grund einer externen Teilung nach § 14 des Versorgungsausgleichsgesetzes auf einen zertifizierten Altersvorsorgevertrag oder eine nach § 82 Absatz 2 begünstigte betriebliche Altersversorgung übertragen wird; die auf das übertragene Anrecht entfallende steuerliche Förderung geht mit allen Rechten und Pflichten auf die ausgleichsberechtigte Person über. [2]Eine schädliche Verwendung liegt ebenfalls nicht vor, wenn gefördertes Altersvorsorgevermögen auf Grund einer externen Teilung nach § 14 des Versorgungsausgleichsgesetzes auf die Versorgungsausgleichskasse oder die gesetzliche Rentenversicherung übertragen wird; die Rechte und Pflichten der ausgleichsberechtigten Person aus der steuerlichen Förderung des übertragenen Anteils entfallen. [3]In den Fällen der Sätze 1 und 2 teilt die zentrale Stelle der ausgleichspflichtigen Person die Höhe der auf die Ehezeit im Sinne des § 3 Absatz 1 des Versorgungsausgleichsgesetzes oder die Lebenspartnerschaftszeit im Sinne des § 20 Absatz 2 des Lebenspartnerschaftsgesetzes entfallenden gesondert festgestellten Beträge nach § 10a Absatz 4 und die ermittelten Zulagen mit. [4]Die entsprechenden Beträge sind monatsweise zuzuordnen. [5]Die zentrale Stelle teilt die geänderte Zuordnung der gesondert festgestellten Beträge nach § 10a Absatz 4 sowie der ermittelten Zulagen der ausgleichspflichtigen und in den Fällen des Satzes 1 auch der ausgleichsberechtigten Person durch Feststellungsbescheid mit. [6]Nach Eintritt der Unanfechtbarkeit dieses Feststellungsbescheids informiert die zentrale Stelle den Anbieter durch einen Datensatz über die geänderte Zuordnung.

(2) [1]Die Übertragung von gefördertem Altersvorsorgevermögen auf einen anderen auf den Namen des Zulageberechtigten lautenden Altersvorsorgevertrag (§ 1 Absatz 1 Satz 1 Nr. 10 Buchstabe b des Altersvorsorgeverträge-Zertifizierungsgesetzes) stellt keine schädliche Verwendung dar. [2]Dies gilt sinngemäß in den Fällen des § 4 Absatz 2 und 3 des Betriebsrentengesetzes, wenn das geförderte Altersvorsorgevermögen auf eine der in § 82 Absatz 2 Buchstabe a genannten Einrichtungen der betrieblichen Altersversorgung zum Aufbau einer kapitalgedeckten betrieblichen Altersversorgung übertragen und eine lebenslange Altersversorgung im Sinne des § 1 Absatz 1 Satz 1 Nummer 4 des Altersvorsorgeverträge-Zertifizierungsgesetzes oder § 1 Absatz 1 Satz 1 Nr. 4 und 5 des Altersvorsorgeverträge-Zertifizierungsgesetzes in der bis zum 31. Dezember 2004 geltenden Fassung vorgesehen wird. [3]In den übrigen Fällen der Abfindung von Anwartschaften der betrieblichen Altersversorgung gilt dies, soweit das geförderte Altersvorsorgevermögen zugunsten eines auf den Namen des Zulageberechtigten lautenden Altersvorsorgevertrages geleistet wird. [4]*Auch keine schädliche Verwendung sind der gesetzliche Forderungs- und Vermögensübergang nach § 9 des Betriebsrentengesetzes und die gesetzlich vorgesehene schuldbefreiende Übertragung nach § 8 Absatz 1 des Betriebsrentengesetzes.*

(3) [1]Auszahlungen zur Abfindung einer Kleinbetragsrente zu Beginn der Auszahlungsphase *oder im darauffolgenden Jahr* gelten nicht als schädliche Verwendung. [2]Eine Kleinbetragsrente ist eine Rente, die bei gleichmäßiger Verrentung des gesamten zu Beginn der Auszahlungsphase zur Verfügung stehenden Kapitals eine monatliche Rente ergibt, die 1 Prozent der monatlichen Bezugsgröße nach § 18 des Vierten Buches Sozialgesetzbuch nicht übersteigt. [3]Bei der Berechnung dieses Betrags sind alle bei einem Anbieter bestehenden Verträge des Zulageberechtigten insgesamt zu berücksichtigen, auf die nach diesem Abschnitt geförderte Altersvorsorgebeiträge geleistet wurden. [4]*Die Sätze 1 bis 3 gelten entsprechend, wenn*

---

1) *Absatz 2 Satz 4 wurde durch das Betriebsrentenstärkungsgesetz ab VZ 2018 angefügt.*

2) *Absatz 3 Satz 1 wurde durch das Betriebsrentenstärkungsgesetz ab VZ 2018 geändert und Satz 4 angefügt.*

1. nach dem Beginn der Auszahlungsphase ein Versorgungsausgleich durchgeführt wird und

2. sich dadurch die Rente verringert.

(4) ¹Wird bei einem einheitlichen Vertrag nach § 1 Absatz 1a Satz 1 Nummer 2 zweiter Halbsatz des Altersvorsorgeverträge-Zertifizierungsgesetzes das Darlehen nicht wohnungswirtschaftlich im Sinne des § 92a Absatz 1 Satz 1 verwendet, liegt zum Zeitpunkt der Darlehensauszahlung eine schädliche Verwendung des geförderten Altersvorsorgevermögens vor, es sei denn, das geförderte Altersvorsorgevermögen wird innerhalb eines Jahres nach Ablauf des Veranlagungszeitraums, in dem das Darlehen ausgezahlt wurde, auf einen anderen zertifizierten Altersvorsorgevertrag übertragen, der auf den Namen des Zulageberechtigten lautet. ²Der Zulageberechtigte hat dem Anbieter die Absicht zur Kapitalübertragung, den Zeitpunkt der Kapitalübertragung bis zum Zeitpunkt der Darlehensauszahlung und die Aufgabe der Absicht zur Kapitalübertragung mitzuteilen. ³Wird die Absicht zur Kapitalübertragung aufgegeben, tritt die schädliche Verwendung zu dem Zeitpunkt ein, zu dem die Mitteilung des Zulageberechtigten hierzu beim Anbieter eingeht, spätestens aber am 1. Januar des zweiten Jahres nach dem Jahr, in dem das Darlehen ausgezahlt.

§ 94   Verfahren bei schädlicher Verwendung

EStG
S 2497

(1) ¹In den Fällen des § 93 Absatz 1 hat der Anbieter der zentralen Stelle vor der Auszahlung des geförderten Altersvorsorgevermögens die schädliche Verwendung nach amtlich vorgeschriebenem Datensatz durch amtlich bestimmte Datenfernübertragung anzuzeigen. ²Die zentrale Stelle ermittelt den Rückzahlungsbetrag und teilt diesen dem Anbieter durch Datensatz mit. ³Der Anbieter hat den Rückzahlungsbetrag einzubehalten, mit der nächsten Anmeldung nach § 90 Absatz 3 anzumelden und an die zentrale Stelle abzuführen. ⁴Der Anbieter hat die einbehaltenen und abgeführten Beträge der zentralen Stelle nach amtlich vorgeschriebenem Datensatz durch amtlich bestimmte Datenfernübertragung mitzuteilen und diese Beträge sowie die dem Vertrag bis zur schädlichen Verwendung gutgeschriebenen Erträge dem Zulageberechtigten zu bescheinigen. ⁵In den Fällen des § 93 Absatz 3 gilt Satz 1 entsprechend.

(2) ¹Eine Festsetzung des Rückzahlungsbetrags erfolgt durch die zentrale Stelle auf besonderen Antrag des Zulageberechtigten oder sofern die Rückzahlung nach Absatz 1 ganz oder teilweise nicht möglich oder nicht erfolgt ist. ²§ 90 Absatz 4 Satz 2 bis 6 gilt entsprechend; § 90 Absatz 4 Satz 5 gilt nicht, wenn die Geschäftsbeziehung im Hinblick auf den jeweiligen Altersvorsorgevertrag zwischen dem Zulageberechtigten und dem Anbieter beendet wurde. ³Im Rückforderungsbescheid sind auf den Rückzahlungsbetrag die vom Anbieter bereits einbehaltenen und abgeführten Beträge nach Maßgabe der Bescheinigung nach Absatz 1 Satz 4 anzurechnen. ⁴Der Zulageberechtigte hat den verbleibenden Rückzahlungsbetrag innerhalb eines Monats nach Bekanntgabe des Rückforderungsbescheids an die zuständige Kasse zu entrichten. ⁵Die Frist für die Festsetzung des Rückzahlungsbetrags beträgt vier Jahre und beginnt mit Ablauf des Kalenderjahres, in dem die Auszahlung im Sinne des § 93 Absatz 1 erfolgt ist.

¹⁾

§ 95   Sonderfälle der Rückzahlung

EStG

S 2498

(1) Die §§ 93 und 94 gelten entsprechend, wenn

1. sich der Wohnsitz oder gewöhnliche Aufenthalt des Zulageberechtigten außerhalb der Mitgliedstaaten der Europäischen Union und der Staaten befindet, auf die das Abkommen über den Europäischen Wirtschaftsraum (EWR-Abkommen) anwendbar ist, oder wenn der Zulageberechtigte ungeachtet eines Wohnsitzes oder gewöhnlichen Aufenthaltes in einem dieser Staaten nach einem Abkommen zur Vermeidung der Doppelbesteuerung mit einem dritten Staat als außerhalb des Hoheitsgebiets dieser Staaten ansässig gilt und

2. entweder keine Zulageberechtigung besteht oder der Vertrag in der Auszahlungsphase ist.

---

¹⁾ *Absatz 3 wurde durch das Betriebsrentenstärkungsgesetz ab VZ 2019 angefügt.*
Absatz 3 in der ab VZ 2019 geltenden Fassung lautet:
„(3) ¹Sofern der zentralen Stelle für den Zulageberechtigten im Zeitpunkt der schädlichen Verwendung eine Meldung nach § 118 Absatz 1a des Zwölften Buches Sozialgesetzbuch zum erstmaligen Bezug von Hilfe zum Lebensunterhalt und von Grundsicherung im Alter und bei Erwerbsminderung vorliegt, teilt die zentrale Stelle zum Zeitpunkt der Mitteilung nach Absatz 1 Satz 2 der Datenstelle der Rentenversicherungsträger als Vermittlungsstelle die schädliche Verwendung durch Datenfernübertragung mit. ²Dies gilt nicht, wenn das Ausscheiden aus diesem Hilfebezug nach § 118 Absatz 1a des Zwölften Buches Sozialgesetzbuch angezeigt wurde."

(2) ¹Auf Antrag des Zulageberechtigten ist der Rückzahlungsbetrag im Sinne des § 93 Absatz 1 Satz 1 zunächst bis zum Beginn der Auszahlung zu stunden. ²Die Stundung ist zu verlängern, wenn der Rückzahlungsbetrag mit mindestens 15 Prozent der Leistungen aus dem Vertrag getilgt wird. ³Die Stundung endet, wenn das geförderte Altersvorsorgevermögen nicht unter den in § 1 Absatz 1 Satz 1 Nummer 4 des Altersvorsorgeverträge-Zertifizierungsgesetzes genannten Voraussetzungen an den Zulageberechtigten ausgezahlt wird. ⁴Der Stundungsantrag ist über den Anbieter an die zentrale Stelle zu richten. ⁵Die zentrale Stelle teilt ihre Entscheidung auch dem Anbieter mit.

(3) Wurde der Rückzahlungsbetrag nach Absatz 2 gestundet und

1. verlegt der ehemals Zulageberechtigte seinen ausschließlichen Wohnsitz oder gewöhnlichen Aufenthalt in einen Mitgliedstaat der Europäischen Union oder einen Staat, auf den das Abkommen über den Europäischen Wirtschaftsraum (EWR-Abkommen) anwendbar ist, oder

2. wird der ehemals Zulageberechtigte erneut zulageberechtigt,

sind der Rückzahlungsbetrag und die bereits entstandenen Stundungszinsen von der zentralen Stelle zu erlassen.

EStG

§ 96 Anwendung der Abgabenordnung, allgemeine Vorschriften

S 2499

(1) ¹Auf die Zulagen und die Rückzahlungsbeträge sind die für Steuervergütungen geltenden Vorschriften der Abgabenordnung entsprechend anzuwenden. ²Dies gilt nicht für § 163 der Abgabenordnung.

¹⁾

(2) ¹Hat der Anbieter vorsätzlich oder grob fahrlässig

1. unrichtige oder unvollständige Daten übermittelt oder

2. Daten pflichtwidrig nicht übermittelt,

obwohl der Zulageberechtigte seiner Informationspflicht gegenüber dem Anbieter zutreffend und rechtzeitig nachgekommen ist, haftet der Anbieter für die entgangene Steuer und die zu Unrecht gewährte Steuervergünstigung. ²Dies gilt auch, wenn im Verhältnis zum Zulageberechtigten Festsetzungsverjährung eingetreten ist. ³Der Zulageberechtigte haftet als Gesamtschuldner neben dem Anbieter, wenn er weiß, dass der Anbieter unrichtige oder unvollständige Daten übermittelt oder Daten pflichtwidrig nicht übermittelt hat. ⁴Für die Inanspruchnahme des Anbieters ist die zentrale Stelle zuständig.

(3) Die zentrale Stelle hat auf Anfrage des Anbieters Auskunft über die Anwendung des Abschnitts XI zu geben.

(4) ¹Die zentrale Stelle kann beim Anbieter ermitteln, ob er seine Pflichten erfüllt hat. ²Die §§ 193 bis 203 der Abgabenordnung gelten sinngemäß. ³Auf Verlangen der zentralen Stelle hat der Anbieter ihr Unterlagen, soweit sie im Ausland geführt und aufbewahrt werden, verfügbar zu machen.

(5) Der Anbieter erhält vom Bund oder den Ländern keinen Ersatz für die ihm aus diesem Verfahren entstehenden Kosten.

(6) ¹Der Anbieter darf die im Zulageverfahren bekannt gewordenen Verhältnisse der Beteiligten nur für das Verfahren verwerten. ²Er darf sie ohne Zustimmung der Beteiligten nur offenbaren, soweit dies gesetzlich zugelassen ist.

(7) ¹Für die Zulage gelten die Strafvorschriften des § 370 Absatz 1 bis 4, der §§ 371, 375 Absatz 1 und des § 376 sowie die Bußgeldvorschriften der §§ 378, 379 Absatz 1 und 4 und der §§ 383 und 384 der Abgabenordnung entsprechend. ²Für das Strafverfahren wegen einer Straftat nach Satz 1 sowie der Begünstigung einer Person, die eine solche Tat begangen hat, gelten die §§ 385 bis 408, für das Bußgeldverfahren wegen einer Ordnungswidrigkeit nach Satz 1 die §§ 409 bis 412 der Abgabenordnung entsprechend.

EStG

§ 97 Übertragbarkeit

S 2499

¹Das nach § 10a oder Abschnitt XI geförderte Altersvorsorgevermögen einschließlich seiner Erträge, die geförderten laufenden Altersvorsorgebeiträge und der Anspruch auf die Zulage sind nicht übertragbar. ²§ 93 Absatz 1a und § 4 des Betriebsrentengesetzes bleiben unberührt.

---

1) Absatz 2 wurde durch das Betriebsrentenstärkungsgesetz ab VZ 2018 neu gefasst.

§ 98   Rechtsweg

In öffentlich-rechtlichen Streitigkeiten über die auf Grund des Abschnitts XI ergehenden Verwaltungsakte ist der Finanzrechtsweg gegeben.

§ 99   Ermächtigung

(1) Das Bundesministerium der Finanzen wird ermächtigt, die Vordrucke für die Anträge nach § 89, für die Anmeldung nach § 90 Absatz 3 und für die in den §§ 92 und 94 Absatz 1 Satz 4 vorgesehenen Bescheinigungen und im Einvernehmen mit den obersten Finanzbehörden der Länder den Vordruck für die nach § 22 Nummer 5 Satz 7 vorgesehene Bescheinigung und den Inhalt und Aufbau der für die Durchführung des Zulageverfahrens zu übermittelnden Datensätze zu bestimmen.

(2) ¹Das Bundesministerium der Finanzen wird ermächtigt, im Einvernehmen mit dem Bundesministerium für Arbeit und Soziales und dem Bundesministerium des Innern durch Rechtsverordnung mit Zustimmung des Bundesrates Vorschriften zur Durchführung dieses Gesetzes über das Verfahren für die Ermittlung, Festsetzung, Auszahlung, Rückzahlung und Rückforderung der Zulage sowie die Rückzahlung und Rückforderung der nach § 10a Absatz 4 festgestellten Beträge zu erlassen. ²Hierzu gehören insbesondere

1. Vorschriften über Aufzeichnungs-, Aufbewahrungs-, Bescheinigungs- und Anzeigepflichten des Anbieters,

2. Grundsätze des vorgesehenen Datenaustausches zwischen den Anbietern, der zentralen Stelle, den Trägern der gesetzlichen Rentenversicherung, der Bundesagentur für Arbeit, den Meldebehörden, den Familienkassen, den zuständigen Stellen und den Finanzämtern und

3. Vorschriften über Mitteilungspflichten, die für die Erteilung der Bescheinigungen nach § 22 Nummer 5 Satz 7 und § 92 erforderlich sind.

XII. Förderbetrag zur betrieblichen Altersversorgung

§ 100   Förderbetrag zur betrieblichen Altersversorgung

(1) ¹Arbeitgeber im Sinne des § 38 Absatz 1 dürfen vom Gesamtbetrag der einzubehaltenden Lohnsteuer für jeden Arbeitnehmer mit einem ersten Dienstverhältnis einen Teilbetrag des Arbeitgeberbeitrags zur kapitalgedeckten betrieblichen Altersversorgung (Förderbetrag) entnehmen und bei der nächsten Lohnsteuer-Anmeldung gesondert absetzen. ²Übersteigt der insgesamt zu gewährende Förderbetrag den Betrag, der insgesamt an Lohnsteuer abzuführen ist, so wird der übersteigende Betrag dem Arbeitgeber auf Antrag von dem Finanzamt, an das die Lohnsteuer abzuführen ist, aus den Einnahmen der Lohnsteuer ersetzt.

(2) ¹Der Förderbetrag beträgt im Kalenderjahr 30 Prozent des zusätzlichen Arbeitgeberbeitrags nach Absatz 3, höchstens 144 Euro. ²In Fällen, in denen der Arbeitgeber bereits im Jahr 2016 einen zusätzlichen Arbeitgeberbeitrag an einen Pensionsfonds, eine Pensionskasse oder für eine Direktversicherung geleistet hat, ist der jeweilige Förderbetrag auf den Betrag beschränkt, den der Arbeitgeber darüber hinaus leistet.

(3) Voraussetzung für die Inanspruchnahme des Förderbetrags nach den Absätzen 1 und 2 ist, dass

1. *der Arbeitslohn des Arbeitnehmers im Lohnzahlungszeitraum, für den der Förderbetrag geltend gemacht wird, im Inland dem Lohnsteuerabzug unterliegt;*

2. *der Arbeitgeber für den Arbeitnehmer zusätzlich zum ohnehin geschuldeten Arbeitslohn im Kalenderjahr mindestens einen Betrag in Höhe von 240 Euro an einen Pensionsfonds, eine Pensionskasse oder für eine Direktversicherung zahlt;*

3. *im Zeitpunkt der Beitragsleistung der laufende Arbeitslohn (§ 39b Absatz 2 Satz 1 und 2), der pauschal besteuerte Arbeitslohn (§ 40a Absatz 1 und 3) oder das pauschal besteuerte Arbeitsentgelt (§ 40a Absatz 2 und 2a) nicht mehr beträgt als*

   a) *73,34 Euro bei einem täglichen Lohnzahlungszeitraum,*

   b) *513,34 Euro bei einem wöchentlichen Lohnzahlungszeitraum,*

   c) *2 200 Euro bei einem monatlichen Lohnzahlungszeitraum oder*

---

1) *Abschnitt XII und § 100 EStG wurden durch das Betriebsrentenstärkungsgesetz ab VZ 2018 angefügt.*
2) *Vorläufig.*

d) *26 400 Euro bei einem jährlichen Lohnzahlungszeitraum;*

4. *eine Auszahlung der zugesagten Alters-, Invaliditäts- oder Hinterbliebenenversorgungsleistungen in Form einer Rente oder eines Auszahlungsplans (§ 1 Absatz 1 Satz 1 Nummer 4 des Altersvorsorgeverträge-Zertifizierungsgesetzes) vorgesehen ist;*

5. *sichergestellt ist, dass von den Beiträgen jeweils derselbe prozentuale Anteil zur Deckung der Vertriebskosten herangezogen wird; der Prozentsatz kann angepasst werden, wenn die Kalkulationsgrundlagen geändert werden, darf die ursprüngliche Höhe aber nicht überschreiten.*

(4) ¹Für die Inanspruchnahme des Förderbetrags sind die Verhältnisse im Zeitpunkt der Beitragsleistung maßgeblich; spätere Änderungen der Verhältnisse sind unbeachtlich. ²Abweichend davon sind die für den Arbeitnehmer nach Absatz 1 geltend gemachten Förderbeträge zurückzugewähren, wenn eine Anwartschaft auf Leistungen aus einer nach Absatz 1 geförderten betrieblichen Altersversorgung später verfällt und sich daraus eine Rückzahlung an den Arbeitgeber ergibt. ³Der Förderbetrag ist nur zurückzugewähren, soweit er auf den Rückzahlungsbetrag entfällt. ⁴Der Förderbetrag ist in der Lohnsteuer-Anmeldung für den Lohnzahlungszeitraum, in dem die Rückzahlung zufließt, der an das Betriebsstättenfinanzamt abzuführenden Lohnsteuer hinzuzurechnen.

(5) Für den Förderbetrag gelten entsprechend:

1. *die §§ 41, 41a, 42e, 42f und 42g,*

2. *die für Steuervergütungen geltenden Vorschriften der Abgabenordnung mit Ausnahme des § 163 der Abgabenordnung und*

3. *die §§ 195 bis 203 der Abgabenordnung, die Strafvorschriften des § 370 Absatz 1 bis 4, der §§ 371, 375 Absatz 1 und des § 376, die Bußgeldvorschriften der §§ 378, 379 Absatz 1 und 4 und der §§ 383 und 384 der Abgabenordnung, die §§ 385 bis 408 für das Strafverfahren und die §§ 409 bis 412 der Abgabenordnung für das Bußgeldverfahren.*

(6) ¹Der Arbeitgeberbeitrag im Sinne des Absatzes 3 Nummer 2 ist steuerfrei, soweit er im Kalenderjahr 480 Euro nicht übersteigt. ²Die Steuerfreistellung des § 3 Nummer 63 bleibt hiervon unberührt.

Hinweise

Allgemeines

→ *BMF vom* 6. 12. 2017 *(BStBl* 2018 *I S.* 147)

Anlage 1 zum Einkommensteuergesetz
(zu § 4d Absatz 1)

Tabelle für die Errechnung des Deckungskapitals für lebenslänglich laufende Leistungen von Unterstützungskassen

Erreichtes Alter des Leistungsempfängers (Jahre)	Die Jahresbeträge der laufenden Leistungen sind zu vervielfachen bei Leistungen	
	an männliche Leistungs-empfänger mit	an weibliche Leistungs-empfänger mit
1	2	3
bis 26	11	17
27 bis 29	12	17
30	13	17
31 bis 35	13	16
36 bis 39	14	16
40 bis 46	14	15
47 und 48	14	14
49 bis 52	13	14
53 bis 56	13	13
57 und 58	13	12
59 und 60	12	12
61 bis 63	12	11
64	11	11
65 bis 67	11	10
68 bis 71	10	9
72 bis 74	9	8
75 bis 77	8	7
78	8	6
79 bis 81	7	6
82 bis 84	6	5
85 bis 87	5	4
88	4	4
89 und 90	4	3
91 bis 93	3	3
94	3	2
95 und älter	2	2

Anlage 1a zum Einkommensteuergesetz
(zu § 13a)

Ermittlung des Gewinns aus Land- und Forstwirtschaft nach Durchschnittssätzen

Für ein Wirtschaftsjahr betragen

1. der Grundbetrag und die Zuschläge für Tierzucht und Tierhaltung der landwirtschaftlichen Nutzung (§ 13a Absatz 4):

Gewinn pro Hektar selbst bewirtschafteter Fläche	350 EUR
bei Tierbeständen für die ersten 25 Vieheinheiten	0 EUR/Vieheinheit
bei Tierbeständen für alle weiteren Vieheinheiten	300 EUR/Vieheinheit

Angefangene Hektar und Vieheinheiten sind anteilig zu berücksichtigen.

2. die Grenzen und Gewinne der Sondernutzungen (§ 13a Absatz 6):

Nutzung	Grenze	Grenze
1	2	3
Weinbauliche Nutzung	0,66 ha	0,16 ha
Nutzungsteil Obstbau	1,37 ha	0,34 ha
Nutzungsteil Gemüsebau		
Freilandgemüse	0,67 ha	0,06 ha
Unterglas Gemüse	0,17 ha	0,015 ha
Nutzungsteil Blumen/Zierpflanzenbau		
Freiland Zierpflanzen	0,23 ha	0,05 ha
Unterglas Zierpflanzen	0,04 ha	0,01 ha
Nutzungsteil Baumschulen	0,15 ha	0,04 ha
Sondernutzung Spargel	0,42 ha	0,1 ha
Sondernutzung Hopfen	0,78 ha	0,19 ha
Binnenfischerei	2 000 kg Jahresfang	500 kg Jahresfang
Teichwirtschaft	1,6 ha	0,4 ha
Fischzucht	0,2 ha	0,05 ha
Imkerei	70 Völker	30 Völker
Wanderschäfereien	120 Mutterschafe	30 Mutterschafe
Weihnachtsbaumkulturen	0,4 ha	0,1 ha

3. in den Fällen des § 13a Absatz 7 Satz 1 Nummer 3 die Betriebsausgaben 60 Prozent der Betriebseinnahmen.

B.

Anhänge

I.
Altersteilzeitgesetz

(Art. 1 des Gesetzes zur Förderung eines gleitenden Übergangs in den Ruhestand)

vom 23. 7. 1996 (BGBl. I S. 1078),

zuletzt geändert durch *Artikel 151 des Gesetzes zum Abbau verzichtbarer Anordnungen der Schriftform im Verwaltungsrecht des Bundes vom 29. 3. 2017 (BGBl. I S. 626)*

§ 1 Grundsatz

(1) Durch Altersteilzeitarbeit soll älteren Arbeitnehmern ein gleitender Übergang vom Erwerbsleben in die Altersrente ermöglicht werden.

(2) Die Bundesagentur für Arbeit (Bundesagentur) fördert durch Leistungen nach diesem Gesetz die Teilzeitarbeit älterer Arbeitnehmer, die ihre Arbeitszeit ab Vollendung des 55. Lebensjahres spätestens ab 31. Dezember 2009 vermindern und damit die Einstellung eines sonst arbeitslosen Arbeitnehmers ermöglichen.

(3) Altersteilzeit im Sinne dieses Gesetzes liegt unabhängig von einer Förderung durch die Bundesagentur auch vor bei einer Teilzeitarbeit älterer Arbeitnehmer, die ihre Arbeitszeit ab Vollendung des 55. Lebensjahres nach dem 31. Dezember 2009 vermindern. Für die Anwendung des § 3 Nr. 28 des Einkommensteuergesetzes kommt es nicht darauf an, dass die Altersteilzeit vor dem 1. Januar 2010 begonnen wurde und durch die Bundesagentur nach § 4 gefördert wird.

§ 2 Begünstigter Personenkreis

(1) Leistungen werden für Arbeitnehmer gewährt, die

1. das 55. Lebensjahr vollendet haben,

2. nach dem 14. Februar 1996 auf Grund einer Vereinbarung mit ihrem Arbeitgeber, die sich zumindest auf die Zeit erstrecken muß, bis eine Rente wegen Alters beansprucht werden kann, ihre Arbeitszeit auf die Hälfte der bisherigen wöchentlichen Arbeitszeit vermindert haben, und versicherungspflichtig beschäftigt im Sinne des Dritten Buches Sozialgesetzbuch sind (Altersteilzeitarbeit) und

3. innerhalb der letzten fünf Jahre vor Beginn der Altersteilzeitarbeit mindestens 1080 Kalendertage in einer versicherungspflichtigen Beschäftigung nach dem Dritten Buch Sozialgesetzbuch oder nach den Vorschriften eines Mitgliedstaates, der Europäischen Union, eines Vertragsstaates des Abkommens über den Europäischen Wirtschaftsraum oder der Schweiz, gestanden haben. Zeiten mit Anspruch auf Arbeitslosengeld oder Arbeitslosenhilfe, Zeiten des Bezugs von Arbeitslosengeld II sowie Zeiten, in denen Versicherungspflicht nach § 26 Abs. 2 des Dritten Buches Sozialgesetzbuch bestand, stehen der versicherungspflichtigen Beschäftigung gleich.

(2) Sieht die Vereinbarung über die Altersteilzeitarbeit unterschiedliche wöchentliche Arbeitszeiten oder eine unterschiedliche Verteilung der wöchentlichen Arbeitszeit vor, ist die Voraussetzung nach Absatz 1 Nr. 2 auch erfüllt, wenn

1. die wöchentliche Arbeitszeit im Durchschnitt eines Zeitraums von bis zu drei Jahren oder bei Regelung in einem Tarifvertrag, auf Grund eines Tarifvertrages in einer Betriebsvereinbarung oder in einer Regelung der Kirchen und der öffentlich-rechtlichen Religionsgesellschaften im Durchschnitt eines Zeitraums von bis zu sechs Jahren die Hälfte der bisherigen wöchentlichen Arbeitszeit nicht überschreitet und der Arbeitnehmer versicherungspflichtig beschäftigt im Sinne des Dritten Buches Sozialgesetzbuch ist und

2. das Arbeitsentgelt für die Altersteilzeitarbeit sowie der Aufstockungsbetrag nach § 3 Abs. 1 Nr. 1 Buchstabe a fortlaufend gezahlt werden.

Im Geltungsbereich eines Tarifvertrages nach Satz 1 Nr. 1 kann die tarifvertragliche Regelung im Betrieb eines nicht tarifgebundenen Arbeitgebers durch Betriebsvereinbarung oder, wenn ein Betriebsrat nicht besteht, durch schriftliche Vereinbarung zwischen dem Arbeitgeber und dem Arbeitnehmer übernommen werden. Können auf Grund eines solchen Tarifvertrages abweichende Regelungen in einer Betriebsvereinbarung getroffen werden, kann auch in Betrieben eines nicht tarifgebundenen Arbeitgebers davon Gebrauch gemacht werden. Satz 1 Nr. 1, 2. Alternative gilt entsprechend. In einem Bereich, in dem tarifvertragliche Regelungen zur Verteilung der Arbeitszeit nicht getroffen sind oder üblicherweise nicht getroffen werden, kann eine Regelung im Sinne des Satzes 1 Nr. 1, 2. Alternative auch durch Betriebsvereinbarung oder, wenn ein Betriebsrat nicht besteht, durch schriftliche Vereinbarung zwischen Arbeitgeber und Arbeitnehmer getroffen werden.

(3) Sieht die Vereinbarung über die Altersteilzeitarbeit unterschiedliche wöchentliche Arbeitszeiten oder eine unterschiedliche Verteilung der wöchentlichen Arbeitszeit über einen Zeitraum von mehr als sechs Jahren vor, ist die Voraussetzung nach Absatz 1 Nr. 2 auch erfüllt, wenn die wöchentliche Arbeitszeit im Durchschnitt eines Zeitraums von sechs Jahren, der innerhalb des Gesamtzeitraums der vereinbarten Altersteilzeitarbeit liegt, die Hälfte der bisherigen wöchentlichen Arbeitszeit nicht überschreitet, der Arbeitnehmer versicherungspflichtig beschäftigt im Sinne des Dritten Buches Sozialgesetzbuch ist und die weiteren Voraussetzungen des Absatzes 2 vorliegen. Die Leistungen nach § 3 Abs. 1 Nr. 1 sind nur in dem in Satz 1 genannten Zeitraum von sechs Jahren zu erbringen.

§ 3 Anspruchsvoraussetzungen

(1) Der Anspruch auf die Leistungen nach § 4 setzt voraus, daß

1. der Arbeitgeber auf Grund eines Tarifvertrages, einer Regelung der Kirchen und der öffentlich-rechtlichen Religionsgesellschaften, einer Betriebsvereinbarung oder einer Vereinbarung mit dem Arbeitnehmer

   a) das Regelarbeitsentgelt für die Altersteilzeit um mindestens 20 vom Hundert aufgestockt hat, wobei die Aufstockung auch weitere Entgeltbestandteile umfassen kann, und

   b) für den Arbeitnehmer zusätzlich Beiträge zur gesetzlichen Rentenversicherung mindestens in Höhe des Beitrags entrichtet hat, der auf 80 vom Hundert des Regelarbeitsentgelts für die Altersteilzeitarbeit, begrenzt auf den Unterschiedsbetrag zwischen 90 vom Hundert der monatlichen Beitragsbemessungsgrenze und dem Regelarbeitsentgelt, entfällt, höchstens bis zur Beitragsbemessungsgrenze, sowie

2. der Arbeitgeber aus Anlass des Übergangs des Arbeitnehmers in die Altersteilzeitarbeit

   a) einen bei einer Agentur für Arbeit arbeitslos gemeldeten Arbeitnehmer, einen Bezieher von Arbeitslosengeld II oder einen Arbeitnehmer nach Abschluss der Ausbildung auf dem freigemachten oder auf einem in diesem Zusammenhang durch Umsetzung freigewordenen Arbeitsplatz versicherungspflichtig im Sinne des Dritten Buches Sozialgesetzbuch beschäftigt; bei Arbeitgebern, die in der Regel nicht mehr als 50 Arbeitnehmer beschäftigen, wird unwiderleglich vermutet, dass der Arbeitnehmer auf dem freigemachten oder auf einem in diesem Zusammenhang durch Umsetzung frei gewordenen Arbeitsplatz beschäftigt wird, oder

   b) einen Auszubildenden versicherungspflichtig im Sinne des Dritten Buches Sozialgesetzbuch beschäftigt, wenn der Arbeitgeber in der Regel nicht mehr als 50 Arbeitnehmer beschäftigt und

3. die freie Entscheidung des Arbeitgebers bei einer über fünf vom Hundert der Arbeitnehmer des Betriebes hinausgehenden Inanspruchnahme sichergestellt ist oder eine Ausgleichskasse der Arbeitgeber oder eine gemeinsame Einrichtung der Tarifvertragsparteien besteht, wobei beide Voraussetzungen in Tarifverträgen verbunden werden können.

(1a) Die Voraussetzungen des Absatzes 1 Nr. 1 Buchstabe a sind auch erfüllt, wenn Bestandteile des Arbeitsentgelts, die für den Zeitraum der vereinbarten Altersteilzeitarbeit vermindert worden sind, bei der Aufstockung außer Betracht bleiben.

(2) Für die Zahlung der Beiträge nach Absatz 1 Nr. 1 Buchstabe b gelten die Bestimmungen des Sechsten Buches Sozialgesetzbuch über die Beitragszahlung aus dem Arbeitsentgelt.

(3) Hat der in Altersteilzeitarbeit beschäftigte Arbeitnehmer die Arbeitsleistung oder Teile der Arbeitsleistung im voraus erbracht, so ist die Voraussetzung nach Absatz 1 Nr. 2 bei Arbeitszeiten nach § 2 Abs. 2 und 3 erfüllt, wenn die Beschäftigung eines bei einer Agentur für Arbeit arbeitslos gemeldeten Arbeitnehmers oder eines Arbeitnehmers nach Abschluß der Ausbildung auf dem freigemachten oder durch Umsetzung freigewordenen Arbeitsplatz erst nach Erbringung der Arbeitsleistung erfolgt.

§ 4   Leistungen

(1) Die Bundesagentur erstattet dem Arbeitgeber für längstens sechs Jahre

1. den Aufstockungsbetrag nach § 3 Abs. 1 Nr. 1 Buchstabe a in Höhe von 20 vom Hundert des für die Altersteilzeitarbeit gezahlten Regelarbeitsentgelts und

2. den Betrag, der nach § 3 Abs. 1 Nr. 1 Buchstabe b in Höhe des Beitrags geleistet worden ist, der auf den Betrag entfällt, der sich aus 80 vom Hundert des Regelarbeitsentgeltes für die Altersteilzeitarbeit ergibt, jedoch höchstens des auf den Unterschiedsbetrag zwischen 90 vom Hundert der monatlichen Beitragsbemessungsgrenze und dem Regelarbeitsentgelt entfallenden Beitrages.

(2) Bei Arbeitnehmern, die nach § 6 Abs. 1 Satz 1 Nr. 1 oder § 231 Abs. 1 und 2 des Sechsten Buches Sozialgesetzbuch von der Versicherungspflicht befreit sind, werden Leistungen nach Absatz 1 auch erbracht, wenn die Voraussetzung des § 3 Abs. 1 Nr. 1 Buchstabe b nicht erfüllt ist. Dem Betrag nach Absatz 1 Nr. 2 stehen in diesem Fall vergleichbare Aufwendungen des Arbeitgebers bis zur Höhe des Beitrags gleich, den die Bundesagentur nach Absatz 1 Nr. 2 zu tragen hätte, wenn der Arbeitnehmer nicht von der Versicherungspflicht befreit wäre.

§ 5   Erlöschen und Ruhen des Anspruchs

(1) Der Anspruch auf die Leistungen nach § 4 erlischt

1. mit Ablauf des Kalendermonats, in dem der Arbeitnehmer die Altersteilzeitarbeit beendet hat,

2. mit Ablauf des Kalendermonats vor dem Kalendermonat, für den der Arbeitnehmer eine Rente wegen Alters oder, wenn er von der Versicherungspflicht in der gesetzlichen Rentenversicherung befreit ist, das 65. Lebensjahr vollendet hat oder eine der Rente vergleichbare Leistung einer Versicherungs- oder Versorgungseinrichtung oder eines Versicherungsunternehmens beanspruchen kann; dies gilt nicht für Renten, die vor dem für den Versicherten maßgebenden Rentenalter in Anspruch genommen werden können oder

3. mit Beginn des Kalendermonats, für den der Arbeitnehmer eine Rente wegen Alters, eine Knappschaftsausgleichsleistung, eine ähnliche Leistung öffentlich-rechtlicher Art oder, wenn er von der Versicherungspflicht in der gesetzlichen Rentenversicherung befreit ist, eine vergleichbare Leistung einer Versicherungs- oder Versorgungseinrichtung oder eines Versicherungsunternehmens bezieht.

(2) Der Anspruch auf die Leistungen besteht nicht, solange der Arbeitgeber auf dem freigemachten oder durch Umsetzung freigewordenen Arbeitsplatz keinen Arbeitnehmer mehr beschäftigt, der bei Beginn der Beschäftigung die Voraussetzungen des § 3 Abs. 1 Nr. 2 erfüllt hat. Dies gilt nicht, wenn der Arbeitsplatz mit einem Arbeitnehmer, der diese Voraussetzungen erfüllt, innerhalb von drei Monaten erneut wiederbesetzt wird oder der Arbeitgeber insgesamt für vier Jahre die Leistungen erhalten hat.

(3) Der Anspruch auf die Leistungen ruht während der Zeit, in der der Arbeitnehmer neben seiner Altersteilzeitarbeit Beschäftigungen oder selbständige Tätigkeiten ausübt, die die Geringfügigkeitsgrenze des § 8 des Vierten Buches Sozialgesetzbuch überschreiten oder auf Grund solcher Beschäftigungen eine Entgeltersatzleistung erhält. Der Anspruch auf die Leistungen erlischt, wenn er mindestens 150 Kalendertage geruht hat. Mehrere Ruhenszeiträume sind zusammenzurechnen. Beschäftigungen oder selbständige Tätigkeiten bleiben unberücksichtigt, soweit der altersteilzeitarbeitende Arbeitnehmer sie bereits innerhalb der letzten fünf Jahre vor Beginn der Altersteilzeitarbeit ständig ausgeübt hat.

(4) Der Anspruch auf die Leistungen ruht während der Zeit, in der der Arbeitnehmer über die Altersteilzeitarbeit hinaus Mehrarbeit leistet, die den Umfang der Geringfügigkeitsgrenze des § 8 des Vierten Buches Sozialgesetzbuch überschreitet. Absatz 3 Satz 2 und 3 gilt entsprechend.

(5) § 48 Abs. 1 Nr. 3 des Zehnten Buches Sozialgesetzbuch findet keine Anwendung.

§ 6   Begriffsbestimmungen

(1) Das Regelarbeitsentgelt für die Altersteilzeit im Sinne dieses Gesetzes ist das auf einen Monat entfallende vom Arbeitgeber regelmäßig zu zahlende sozialversicherungspflichtige Arbeitsentgelt, soweit es die Beitragsbemessungsgrenze des Dritten Buches Sozialgesetzbuch nicht überschreitet. Entgeltbestandteile, die nicht laufend gezahlt werden, sind nicht berücksichtigungsfähig.

(2) Als bisherige wöchentliche Arbeitszeit ist die wöchentliche Arbeitszeit zugrunde zu legen, die mit dem Arbeitnehmer vor dem Übergang in die Altersteilzeitarbeit vereinbart war. Zugrunde zu legen ist höchstens die Arbeitszeit, die im Durchschnitt der letzten 24 Monate vor dem Über-

gang in die Altersteilzeit vereinbart war. Die ermittelte durchschnittliche Arbeitszeit kann auf die nächste volle Stunde gerundet werden.

(3) (weggefallen)

§ 7 Berechnungsvorschriften

(1) Ein Arbeitgeber beschäftigt in der Regel nicht mehr als 50 Arbeitnehmer, wenn er in dem Kalenderjahr, das demjenigen, für das die Feststellung zu treffen ist, vorausgegangen ist, für einen Zeitraum von mindestens acht Kalendermonaten nicht mehr als 50 Arbeitnehmer beschäftigt hat. Hat das Unternehmen nicht während des ganzen nach Satz 1 maßgebenden Kalenderjahrs bestanden, so beschäftigt der Arbeitgeber in der Regel nicht mehr als 50 Arbeitnehmer, wenn er während des Zeitraums des Bestehens des Unternehmens in der überwiegenden Zahl der Kalendermonate nicht mehr als 50 Arbeitnehmer beschäftigt hat. Ist das Unternehmen im Laufe des Kalenderjahrs errichtet worden, in dem die Feststellung nach Satz 1 zu treffen ist, so beschäftigt der Arbeitgeber in der Regel nicht mehr als 50 Arbeitnehmer, wenn nach der Art des Unternehmens anzunehmen ist, dass die Zahl der beschäftigten Arbeitnehmer während der überwiegenden Kalendermonate dieses Kalenderjahrs 50 nicht überschreiten wird.

(2) Für die Berechnung der Zahl der Arbeitnehmer nach § 3 Abs. 1 Nr. 3 ist der Durchschnitt der letzten zwölf Kalendermonate vor dem Beginn der Altersteilzeitarbeit des Arbeitnehmers maßgebend. Hat ein Betrieb noch nicht zwölf Monate bestanden, ist der Durchschnitt der Kalendermonate während des Zeitraums des Bestehens des Betriebes maßgebend.

(3) Bei der Feststellung der Zahl der beschäftigten Arbeitnehmer nach Absatz 1 und 2 bleiben schwerbehinderte Menschen und Gleichgestellte im Sinne des Neunten Buches Sozialgesetzbuch sowie Auszubildende außer Ansatz. Teilzeitbeschäftigte Arbeitnehmer mit einer regelmäßigen wöchentlichen Arbeitszeit von nicht mehr als 20 Stunden sind mit 0,5 und mit einer regelmäßigen wöchentlichen Arbeitszeit von nicht mehr als 30 Stunden mit 0,75 zu berücksichtigen.

(4) Bei der Ermittlung der Zahl der in Altersteilzeit beschäftigten Arbeitnehmer nach § 3 Abs. 1 Nr. 3 sind schwerbehinderte Menschen und Gleichgestellte im Sinne des Neunten Buches Sozialgesetzbuch zu berücksichtigen.

§ 8 Arbeitsrechtliche Regelungen

(1) Die Möglichkeit eines Arbeitnehmers zur Inanspruchnahme von Altersteilzeitarbeit gilt nicht als eine die Kündigung des Arbeitsverhältnisses durch den Arbeitgeber begründende Tatsache im Sinne des § 1 Abs. 2 Satz 1 des Kündigungsschutzgesetzes; sie kann auch nicht bei der sozialen Auswahl nach § 1 Abs. 3 Satz 1 des Kündigungsschutzgesetzes zum Nachteil des Arbeitnehmers berücksichtigt werden.

(2) Die Verpflichtung des Arbeitgebers zur Zahlung von Leistungen nach § 3 Abs. 1 Nr. 1 kann nicht für den Fall ausgeschlossen werden, daß der Anspruch des Arbeitgebers auf die Leistungen nach § 4 nicht besteht, weil die Voraussetzung des § 3 Abs. 1 Nr. 2 nicht vorliegt. Das gleiche gilt für den Fall, daß der Arbeitgeber die Leistungen nur deshalb nicht erhält, weil er den Antrag nach § 12 nicht, nicht richtig, nicht vollständig oder nicht rechtzeitig gestellt hat oder seinen Mitwirkungspflichten nicht nachgekommen ist, ohne daß dafür eine Verletzung der Mitwirkungspflichten des Arbeitnehmers ursächlich war.

(3) Eine Vereinbarung zwischen Arbeitnehmer und Arbeitgeber über die Altersteilzeitarbeit, die die Beendigung des Arbeitsverhältnisses ohne Kündigung zu einem Zeitpunkt vorsieht, in dem der Arbeitnehmer Anspruch auf eine Rente wegen Alters hat, ist zulässig.

§ 8a Insolvenzsicherung

(1) Führt eine Vereinbarung über die Altersteilzeitarbeit im Sinne von § 2 Abs. 2 zum Aufbau eines Wertguthabens, das den Betrag des Dreifachen des Regelarbeitsentgelts nach § 6 Abs. 1 einschließlich des darauf entfallenden Arbeitgeberanteils am Gesamtsozialversicherungsbeitrag übersteigt, ist der Arbeitgeber verpflichtet, das Wertguthaben einschließlich des darauf entfallenden Arbeitgeberanteils am Gesamtsozialversicherungsbeitrag mit der ersten Gutschrift in geeigneter Weise gegen das Risiko seiner Zahlungsunfähigkeit abzusichern. § 7e des Vierten Buches Sozialgesetzbuch findet keine Anwendung. Bilanzielle Rückstellungen sowie zwischen Konzernunternehmen (§ 18 Aktiengesetz) begründete Einstandspflichten, insbesondere Bürgschaften, Patronatserklärungen oder Schuldbeitritte, gelten nicht als geeignete Sicherungsmittel im Sinne des Satzes 1.

(2) Bei der Ermittlung der Höhe des zu sichernden Wertguthabens ist eine Anrechnung der Leistungen nach § 3 Abs. 1 Nr. 1 Buchstabe a und b und § 4 Abs. 2 sowie der Zahlungen des Arbeitgebers zur Übernahme der Beiträge im Sinne des § 187a des Sechsten Buches Sozialgesetzbuch unzulässig.

(3) Der Arbeitgeber hat dem Arbeitnehmer die zur Sicherung des Wertguthabens ergriffenen Maßnahmen mit der ersten Gutschrift und danach alle sechs Monate in Textform nachzuweisen. Die Betriebsparteien können eine andere gleichwertige Art und Form des Nachweises vereinbaren; Absatz 4 bleibt hiervon unberührt.

(4) Kommt der Arbeitgeber seiner Verpflichtung nach Absatz 3 nicht nach oder sind die nachgewiesenen Maßnahmen nicht geeignet und weist er auf schriftliche Aufforderung des Arbeitnehmers nicht innerhalb eines Monats eine geeignete Insolvenzsicherung des bestehenden Wertguthabens in Textform nach, kann der Arbeitnehmer verlangen, dass Sicherheit in Höhe des bestehenden Wertguthabens geleistet wird. Die Sicherheitsleistung kann nur erfolgen durch Stellung eines tauglichen Bürgen oder Hinterlegung von Geld oder solchen Wertpapieren, die nach § 234 Abs. 1 und 3 des Bürgerlichen Gesetzbuchs zur Sicherheitsleistung geeignet sind. Die Vorschriften der §§ 233, 234 Abs. 2, §§ 235 und 239 des Bürgerlichen Gesetzbuchs sind entsprechend anzuwenden.

(5) Vereinbarungen über den Insolvenzschutz, die zum Nachteil des in Altersteilzeitarbeit beschäftigten Arbeitnehmers von den Bestimmungen dieser Vorschrift abweichen, sind unwirksam.

(6) Die Absätze 1 bis 5 finden keine Anwendung gegenüber dem Bund, den Ländern, den Gemeinden, Körperschaften, Stiftungen und Anstalten des öffentlichen Rechts, über deren Vermögen die Eröffnung eines Insolvenzverfahrens nicht zulässig ist sowie solchen juristischen Personen des öffentlichen Rechts, bei denen der Bund, ein Land oder eine Gemeinde kraft Gesetzes die Zahlungsfähigkeit sichert.

§ 9 Ausgleichskassen, gemeinsame Einrichtungen

(1) Werden die Leistungen nach § 3 Abs. 1 Nr. 1 auf Grund eines Tarifvertrages von einer Ausgleichskasse der Arbeitgeber erbracht oder dem Arbeitgeber erstattet, gewährt die Bundesagentur auf Antrag der Tarifvertragsparteien die Leistungen nach § 4 der Ausgleichskasse.

(2) Für gemeinsame Einrichtungen der Tarifvertragsparteien gilt Absatz 1 entsprechend.

§ 10 Soziale Sicherung des Arbeitnehmers

(1) Beansprucht ein Arbeitnehmer, der Altersteilzeitarbeit (§ 2) geleistet hat und für den der Arbeitgeber Leistungen nach § 3 Abs. 1 Nr. 1 erbracht hat, Arbeitslosengeld oder Arbeitslosenhilfe, erhöht sich das Bemessungsentgelt, das sich nach den Vorschriften des Dritten Buches Sozialgesetzbuch ergibt, bis zu dem Betrag, der als Bemessungsentgelt zugrunde zu legen wäre, wenn der Arbeitnehmer seine Arbeitszeit nicht im Rahmen der Altersteilzeit vermindert hätte. Kann der Arbeitnehmer eine Rente wegen Alters in Anspruch nehmen, ist von dem Tage an, an dem die Rente erstmals beansprucht werden kann, das Bemessungsentgelt maßgebend, das ohne die Erhöhung nach Satz 1 zugrunde zu legen gewesen wäre. Änderungsbescheide werden mit dem Tag wirksam, an dem die Altersrente erstmals beansprucht werden konnte.

(2) Bezieht ein Arbeitnehmer, für den die Bundesagentur Leistungen nach § 4 erbracht hat, Krankengeld, Versorgungskrankengeld, Verletztengeld oder Übergangsgeld und liegt der Bemessung dieser Leistungen ausschließlich die Altersteilzeit zugrunde, oder bezieht der Arbeitnehmer Krankentagegeld von einem privaten Krankenversicherungsunternehmen erbringt die Bundesagentur anstelle des Arbeitgebers die Leistungen nach § 3 Abs. 1 Nr. 1 in Höhe der Erstattungsleistungen nach § 4. Durch diese Leistungen darf der Höchstförderzeitraum nach § 4 Abs. 1 nicht überschritten werden. Satz 1 gilt soweit und solange nicht, als Leistungen nach § 3 Abs. 1 Nr. 1 vom Arbeitgeber erbracht werden. § 5 Abs. 1 gilt entsprechend.

(3) Absatz 2 gilt entsprechend für Arbeitnehmer, die nur wegen Inanspruchnahme der Altersteilzeit nach § 2 Abs. 1 Nr. 1 und 2 des Zweiten Gesetzes über die Krankenversicherung der Landwirte versicherungspflichtig in der Krankenversicherung der Landwirte sind, soweit und solange ihnen Krankengeld gezahlt worden wäre, falls sie nicht Mitglied der landwirtschaftlichen Krankenkasse geworden wären.

(4) Bezieht der Arbeitnehmer Kurzarbeitergeld, gilt für die Berechnung der Leistungen des § 3 Abs. 1 Nr. 1 und des § 4 das Entgelt für die vereinbarte Arbeitszeit als Arbeitsentgelt für die Altersteilzeitarbeit.

(5) Sind für den Arbeitnehmer Aufstockungsleistungen nach § 3 Abs. 1 Nr. 1 Buchstaben a und b gezahlt worden, gilt in den Fällen der nicht zweckentsprechenden Verwendung von Wertguthaben für die Berechnung der Beiträge zur gesetzlichen Rentenversicherung der Unterschiedsbetrag zwischen dem Betrag, den der Arbeitgeber der Berechnung der Beiträge nach § 3 Abs. 1 Nr. 1 Buchstabe b zugrunde gelegt hat, und dem Doppelten des Regelarbeitsentgelts zum Zeitpunkt der nicht zweckentsprechenden Verwendung, höchstens bis zur Beitragsbemessungsgrenze, als beitragspflichtige Einnahme aus dem Wertguthaben; für die Beiträge zur Krankenver-

sicherung, Pflegeversicherung oder nach dem Recht der Arbeitsförderung gilt § 23b Abs. 2 bis 3 des Vierten Buches Sozialgesetzbuch. Im Falle der Zahlungsunfähigkeit des Arbeitgebers gilt Satz 1 entsprechend, soweit Beiträge gezahlt werden.

§ 11 Mitwirkungspflichten des Arbeitnehmers

(1) Der Arbeitnehmer hat Änderungen der ihn betreffenden Verhältnisse, die für die Leistungen nach § 4 erheblich sind, dem Arbeitgeber unverzüglich mitzuteilen. Werden im Fall des § 9 die Leistungen von der Ausgleichskasse der Arbeitgeber oder der gemeinsamen Einrichtung der Tarifvertragsparteien erbracht, hat der Arbeitnehmer Änderungen nach Satz 1 diesen gegenüber unverzüglich mitzuteilen.

(2) Der Arbeitnehmer hat der Bundesagentur die dem Arbeitgeber zu Unrecht gezahlten Leistungen zu erstatten, wenn der Arbeitnehmer die unrechtmäßige Zahlung dadurch bewirkt hat, daß er vorsätzlich oder grob fahrlässig

1. Angaben gemacht hat, die unrichtig oder unvollständig sind, oder

2. der Mitteilungspflicht nach Absatz 1 nicht nachgekommen ist.

Die zu erstattende Leistung ist durch schriftlichen Verwaltungsakt festzusetzen. Eine Erstattung durch den Arbeitgeber kommt insoweit nicht in Betracht.

§ 12 Verfahren

(1) [1)]Die Agentur für Arbeit entscheidet auf Antrag des Arbeitgebers, ob die Voraussetzungen für die Erbringung von Leistungen nach § 4 vorliegen. Der Antrag wirkt vom Zeitpunkt des Vorliegens der Anspruchsvoraussetzungen, wenn er innerhalb von drei Monaten nach deren Vorliegen gestellt wird, andernfalls wirkt er vom Beginn des Monats der Antragstellung. In den Fällen des § 3 Abs. 3 kann die Agentur für Arbeit auch vorab entscheiden, ob die Voraussetzungen des § 2 vorliegen. Mit dem Antrag sind die Namen, Anschriften und Versicherungsnummern der Arbeitnehmer mitzuteilen, für die Leistungen beantragt werden. Zuständig ist die Agentur für Arbeit, in dessen Bezirk der Betrieb liegt, in dem der Arbeitnehmer beschäftigt ist. Die Bundesagentur erklärt eine andere Agentur für Arbeit für zuständig, wenn der Arbeitgeber dafür ein berechtigtes Interesse glaubhaft macht.

(2) Die Höhe der Leistungen nach § 4 wird zu Beginn des Erstattungsverfahrens in monatlichen Festbeträgen für die gesamte Förderdauer festgelegt. Die monatlichen Festbeträge werden nur angepasst, wenn sich das berücksichtigungsfähige Regelarbeitsentgelt um mindestens zehn Euro verringert. Leistungen nach § 4 werden auf Antrag erbracht und nachträglich jeweils für den Kalendermonat ausgezahlt, in dem die Anspruchsvoraussetzungen vorgelegen haben. Leistungen nach § 10 Abs. 2 werden auf Antrag des Arbeitnehmers oder, im Falle einer Leistungserbringung des Arbeitgebers an den Arbeitnehmer gemäß § 10 Abs. 2 Satz 2, auf Antrag des Arbeitgebers monatlich nachträglich ausgezahlt.

(3) In den Fällen des § 3 Abs. 3 werden dem Arbeitgeber die Leistungen nach Absatz 1 erst von dem Zeitpunkt an ausgezahlt, in dem der Arbeitgeber auf dem freigemachten oder durch Umsetzung freigewordenen Arbeitsplatz einen Arbeitnehmer beschäftigt, der bei Beginn der Beschäftigung die Voraussetzungen des § 3 Abs. 1 Nr. 2 erfüllt hat. Endet die Altersteilzeitarbeit in den Fällen des § 3 Abs. 3 vorzeitig, erbringt die Agentur für Arbeit dem Arbeitgeber die Leistungen für zurückliegende Zeiträume nach Satz 3, solange die Voraussetzungen des § 3 Abs. 1 Nr. 2 erfüllt sind und soweit dem Arbeitgeber entsprechende Aufwendungen für Aufstockungsleistungen nach § 3 Abs. 1 Nr. 1 und § 4 Abs. 2 verblieben sind. Die Leistungen für zurückliegende Zeiten werden zusammen mit den laufenden Leistungen jeweils in monatlichen Teilbeträgen ausgezahlt. Die Höhe der Leistungen für zurückliegende Zeiten bestimmt sich nach der Höhe der laufenden Leistungen.

(4) Über die Erbringung von Leistungen kann die Agentur für Arbeit vorläufig entscheiden, wenn die Voraussetzungen für den Anspruch mit hinreichender Wahrscheinlichkeit vorliegen und zu ihrer Feststellung voraussichtlich längere Zeit erforderlich ist. Aufgrund der vorläufigen Entscheidung erbrachte Leistungen sind auf die zustehende Leistung anzurechnen. Sie sind zu erstatten, soweit mit der abschließenden Entscheidung ein Anspruch nicht oder nur in geringerer Höhe zuerkannt wird.

---

1) § 12 Abs. 1 Satz 1 Altersteilzeitgesetz wurde durch das Gesetz zum Abbau verzichtbarer Anordnungen der Schriftform im Verwaltungsrecht des Bundes (Inkrafttreten 5. 4. 2017) geändert.

§ 13 Auskünfte und Prüfung

Die §§ 315 und 319 des Dritten Buches und das Zweite Kapitel des Zehnten Buches Sozialgesetzbuch gelten entsprechend. § 2 Abs. 1 Nr. 3 des Schwarzarbeitsbekämpfungsgesetzes bleibt unberührt.

§ 14 Bußgeldvorschriften

(1) Ordnungswidrig handelt, wer vorsätzlich oder fahrlässig

1. entgegen § 11 Abs. 1 oder als Arbeitgeber entgegen § 60 Abs. 1 Nr. 2 des Ersten Buches Sozialgesetzbuch eine Mitteilung nicht, nicht richtig, nicht vollständig oder nicht rechtzeitig macht,

2. entgegen § 13 Satz 1 in Verbindung mit § 315 Abs. 1, 2 Satz 1, Abs. 3 oder 5 Satz 1 und 2 des Dritten Buches Sozialgesetzbuch eine Auskunft nicht, nicht richtig, nicht vollständig oder nicht rechtzeitig erteilt,

3. entgegen § 13 Satz 1 in Verbindung mit § 319 Abs. 1 Satz 1 des Dritten Buches Sozialgesetzbuch Einsicht oder Zutritt nicht gewährt oder

4. entgegen § 13 Satz 1 in Verbindung mit § 319 Abs. 2 Satz 1 des Dritten Buches Sozialgesetzbuch Daten nicht, nicht richtig, nicht vollständig, nicht in der vorgeschriebenen Weise oder nicht rechtzeitig zur Verfügung stellt.

(2) Die Ordnungswidrigkeit kann in den Fällen des Absatzes 1 Nr. 4 mit einer Geldbuße bis zu dreißigtausend Euro, in den übrigen Fällen mit einer Geldbuße bis zu tausend Euro geahndet werden.

(3) Verwaltungsbehörden im Sinne des § 36 Abs. 1 Nr. 1 des Gesetzes über Ordnungswidrigkeiten sind die Agenturen für Arbeit.

(4) Die Geldbußen fließen in die Kasse der Bundesagentur. § 66 des Zehnten Buches Sozialgesetzbuch gilt entsprechend.

(5) Die notwendigen Auslagen trägt abweichend von § 105 Abs. 2 des Gesetzes über Ordnungswidrigkeiten die Bundesagentur; diese ist auch ersatzpflichtig im Sinne des § 110 Abs. 4 des Gesetzes über Ordnungswidrigkeiten.

§ 15 Verordnungsermächtigung

Das Bundesministerium für Arbeit und Soziales kann durch Rechtsverordnungen die Mindestnettobeträge nach § 3 Abs. 1 Nr. 1 Buchstabe a in der bis zum 30. Juni 2004 gültigen Fassung bestimmen. Die Vorschriften zum Leistungsentgelt des Dritten Buches Sozialgesetzbuch gelten entsprechend. Das bisherige Arbeitsentgelt im Sinne des § 6 Abs. 1 in der bis zum 30. Juni 2004 gültigen Fassung ist auf den nächsten durch fünf teilbaren Euro-Betrag zu runden. Der Kalendermonat ist mit 30 Tagen anzusetzen.[1]

§ 15a Übergangsregelung nach dem Gesetz zur Reform der Arbeitsförderung

Haben die Voraussetzungen für die Erbringung von Leistungen nach § 4 vor dem 1. April 1997 vorgelegen, erbringt die Bundesagentur die Leistungen nach § 4 auch dann, wenn die Voraussetzungen des § 2 Abs. 1 Nr. 2 und Abs. 2 Nr. 1 in der bis zum 31. März 1997 geltenden Fassung vorliegen.

§ 15b Übergangsregelung nach dem Gesetz zur Reform der gesetzlichen Rentenversicherung

Abweichend von § 5 Abs. 1 Nr. 2 erlischt der Anspruch auf die Leistungen nach § 4 nicht, wenn mit der Altersteilzeit vor dem 1. Juli 1998 begonnen worden ist und Anspruch auf eine ungeminderte Rente wegen Alters besteht, weil 45 Jahre mit Pflichtbeiträgen für eine versicherte Beschäftigung oder Tätigkeit vorliegen.

§ 15c Übergangsregelung nach dem Gesetz zur Fortentwicklung der Altersteilzeit

Ist eine Vereinbarung über Altersteilzeitarbeit vor dem 1. Januar 2000 abgeschlossen worden, erbringt die Bundesagentur die Leistungen nach § 4 auch dann, wenn die Voraussetzungen des § 2 Abs. 1 Nr. 2 und 3 in der bis zum 1. Januar 2000 geltenden Fassung vorliegen.

---

[1] § 15 des Altersteilzeitgesetzes wurde durch das Gesetz (AWStG) vom 18. 7. 2016 mit Wirkung ab 1. 1. 2020 aufgehoben.

§ 15d Übergangsregelung zum Zweiten Gesetz zur Fortentwicklung der Altersteilzeit

Ist eine Vereinbarung über Altersteilzeitarbeit vor dem 1. Juli 2000 abgeschlossen worden, gelten § 5 Abs. 2 Satz 2 und § 6 Abs. 2 Satz 2 in der bis zum 1. Juli 2000 geltenden Fassung. Sollen bei einer Vereinbarung nach Satz 1 Leistungen nach § 4 für einen Zeitraum von länger als fünf Jahren beansprucht werden, gilt § 5 Abs. 2 Satz 2 in der ab dem 1. Juli 2000 geltenden Fassung.

§ 15e Übergangsregelung nach dem Gesetz zur Reform der Renten wegen verminderter Erwerbsfähigkeit

Abweichend von § 5 Abs. 1 Nr. 2 erlischt der Anspruch auf die Leistungen nach § 4 nicht, wenn mit der Altersteilzeit vor dem 17. November 2000 begonnen worden ist und Anspruch auf eine ungeminderte Rente wegen Alters besteht, weil die Voraussetzungen nach § 236a Satz 5 Nr. 1 des Sechsten Buches Sozialgesetzbuch vorliegen.

§ 15f Übergangsregelung nach dem Zweiten Gesetz für moderne Dienstleistungen am Arbeitsmarkt

Wurde mit der Altersteilzeit vor dem 1. Januar 2003 begonnen, gelten Arbeitnehmer, die bis zu diesem Zeitpunkt in einer versicherungspflichtigen Beschäftigung nach dem Dritten Buch Sozialgesetzbuch gestanden haben, auch nach dem 1. Januar 2003 als versicherungspflichtig beschäftigt, wenn sie die bis zum 31. Dezember 2002 geltenden Voraussetzungen für das Vorliegen einer versicherungspflichtigen Beschäftigung weiterhin erfüllen.

§ 15g Übergangsregelung zum Dritten Gesetz für moderne Dienstleistungen am Arbeitsmarkt

Wurde mit der Altersteilzeit vor dem 1. Juli 2004 begonnen, sind die Vorschriften in der bis zum 30. Juni 2004 geltenden Fassung mit Ausnahme des § 15 weiterhin anzuwenden. Auf Antrag des Arbeitgebers erbringt die Bundesagentur abweichend von Satz 1 Leistungen nach § 4 in der ab dem 1. Juli 2004 geltenden Fassung, wenn die hierfür ab dem 1. Juli 2004 maßgebenden Voraussetzungen erfüllt sind.

§ 15h Übergangsregelung zum Gesetz über Leistungsverbesserungen in der gesetzlichen Rentenversicherung)

Abweichend von § 5 Absatz 1 Nummer 2 erlischt der Anspruch auf die Leistungen nach § 4 nicht, wenn mit der Altersteilzeit vor dem 1. Januar 2010 begonnen worden ist und die Voraussetzungen für einen Anspruch auf eine Rente für besonders langjährig Versicherte nach § 236b des Sechsten Buches Sozialgesetzbuch erfüllt sind.

§ 15i Übergangsregelung zum Gesetz zu Änderungen im Bereich der geringfügigen Beschäftigung

Wurde mit der Altersteilzeit vor dem 1. Januar 2013 begonnen, gelten Arbeitnehmerinnen und Arbeitnehmer, die bis zu diesem Zeitpunkt in einer versicherungspflichtigen Beschäftigung nach dem Dritten Buch Sozialgesetzbuch gestanden haben, auch nach dem 31. Dezember 2012 als versicherungspflichtig beschäftigt, wenn sie die bis zum 31. Dezember 2012 geltenden Voraussetzungen für das Vorliegen einer versicherungspflichtigen Beschäftigung weiterhin erfüllen.

§ 16 Befristung der Förderungsfähigkeit

Für die Zeit ab dem 1. Januar 2010 sind Leistungen nach § 4 nur noch zu erbringen, wenn die Voraussetzungen des § 2 erstmals vor diesem Zeitpunkt vorgelegen haben.

II.
Verordnung über die Gewährung eines Zuschlags bei Altersteilzeit (Altersteilzeitzuschlagsverordnung – ATZV)

vom 23. 8. 2001 (BGBl. I S. 2239),
zuletzt geändert durch Artikel 15 Abs. 38 des Gesetzes zur Neuordnung und Modernisierung des Bundesdienstrechts (Dienstrechtsneuordnungsgesetz – DNeuG)
vom 5. 2. 2009 (BGBl. I S. 160)

§ 1 Gewährung eines Altersteilzeitzuschlags

Den in § 6 Abs. 2 des Bundesbesoldungsgesetzes genannten Beamten und Richtern wird ein nichtruhegehaltfähiger Altersteilzeitzuschlag gewährt, soweit die Altersteilzeit mindestens mit der Hälfte der bisherigen Arbeitszeit, die für die Bemessung der ermäßigten Arbeitszeit während der Altersteilzeit zugrunde gelegt worden ist, durchgeführt wird.

§ 2 Höhe und Berechnung

(1) Der Zuschlag wird gewährt in Höhe des Unterschiedsbetrages zwischen der Nettobesoldung, die sich aus dem Umfang der Teilzeitbeschäftigung ergibt, und 83 vom Hundert der Nettobesoldung, die nach der bisherigen Arbeitszeit, die für die Bemessung der ermäßigten Arbeitszeit während der Altersteilzeit zugrunde gelegt worden ist, bei Beamten mit begrenzter Dienstfähigkeit (§ 45 des Bundesbeamtengesetzes oder entsprechendes Landesrecht) unter Berücksichtigung des § 72a des Bundesbesoldungsgesetzes, zustehen würde. Zur Ermittlung dieser letztgenannten Nettobesoldung ist die Bruttobesoldung um die Lohnsteuer entsprechend der individuellen Steuerklasse (§§ 38a, 38b des Einkommensteuergesetzes), den Solidaritätszuschlag (§ 4 Satz 1 des Solidaritätszuschlaggesetzes 1995) und um einen Abzug in Höhe von 8 vom Hundert der Lohnsteuer zu vermindern; Freibeträge (§ 39a des Einkommensteuergesetzes) oder sonstige individuelle Merkmale bleiben unberücksichtigt.

(2) Brutto- und Nettobesoldung im Sinne des Absatzes 1 sind das Grundgehalt, der Familienzuschlag, Amtszulagen, Stellenzulagen, Zuschüsse zum Grundgehalt für Professoren an Hochschulen und die bei der Deutschen Bundesbank gewährte Bankzulage, Überleitungszulagen und Ausgleichszulagen, die wegen des Wegfalls oder der Verminderung solcher Bezüge zustehen, sowie die jährlichen Sonderzahlungen.

(3) Für Beamte im Geschäftsbereich des Bundesministeriums der Verteidigung, deren Dienstposten durch Auflösung oder Verkleinerung von Dienststellen oder durch eine wesentliche Änderung des Aufbaus oder der Aufgaben einer Dienststelle einschließlich der damit verbundenen Umgliederung oder Verlegung auf Grund der Neuausrichtung der Bundeswehr wegfallen, gelten die Absätze 1 bis 3 mit der Maßgabe, dass der Zuschlag auf der Grundlage von 88 vom Hundert der maßgebenden Nettobesoldung bemessen wird. Dies gilt entsprechend für Beamte, deren Dienstposten mit Beamten nach Satz 1 neu besetzt werden.

§ 2a Ausgleich bei vorzeitiger Beendigung der Altersteilzeit

Wenn die Altersteilzeit mit ungleichmäßiger Verteilung der Arbeitszeit (Blockmodell) vorzeitig endet und die insgesamt gezahlten Altersteilzeitbezüge geringer sind als die Besoldung, die nach der tatsächlichen Beschäftigung ohne Altersteilzeit zugestanden hätte, ist ein Ausgleich in Höhe des Unterschiedsbetrages zu gewähren. Dabei bleiben Zeiten ohne Dienstleistung in der Arbeitsphase, soweit sie insgesamt sechs Monate überschreiten, unberücksichtigt. Abweichendes Landesrecht bleibt unberührt.

§ 3 (Inkrafttreten)

Übersicht

I.
Gesetz zur Verbesserung der betrieblichen Altersversorgung (Betriebsrentengesetz – BetrAVG)

vom 19. 12. 1974 (BGBl. I S. 3610, BStBl 1975 I S. 22),
zuletzt geändert durch **Artikel 1 des Gesetzes zur Stärkung der betrieblichen Altersversorgung und zur Änderung anderer Gesetze (Betriebsrentenstärkungsgesetz) vom 17. 8. 2017 (BGBl. I S. 3214)**

– Auszug –

§ 1   Zusage des Arbeitgebers auf betriebliche Altersversorgung

(1) Werden einem Arbeitnehmer Leistungen der Alters-, Invaliditäts- oder Hinterbliebenenversorgung aus Anlass seines Arbeitsverhältnisses vom Arbeitgeber zugesagt (betriebliche Altersversorgung), gelten die Vorschriften dieses Gesetzes. Die Durchführung der betrieblichen Altersversorgung kann unmittelbar über den Arbeitgeber oder über einen der in § 1b Abs. 2 bis 4 genannten Versorgungsträger erfolgen. Der Arbeitgeber steht für die Erfüllung der von ihm zugesagten Leistungen auch dann ein, wenn die Durchführung nicht unmittelbar über ihn erfolgt.

(2) Betriebliche Altersversorgung liegt auch vor, wenn

1. der Arbeitgeber sich verpflichtet, bestimmte Beiträge in eine Anwartschaft auf Alters-, Invaliditäts- oder Hinterbliebenenversorgung umzuwandeln (beitragsorientierte Leistungszusage),

2. der Arbeitgeber sich verpflichtet, Beiträge zur Finanzierung von Leistungen der betrieblichen Altersversorgung an einen Pensionsfonds, eine Pensionskasse oder eine Direktversicherung zu zahlen und für Leistungen zur Altersversorgung das planmäßig zuzurechnende Versorgungskapital auf der Grundlage der gezahlten Beiträge (Beiträge und die daraus erzielten Erträge), mindestens die Summe der zugesagten Beiträge, soweit sie nicht rechnungsmäßig für einen biometrischen Risikoausgleich verbraucht wurden, hierfür zur Verfügung zu stellen (Beitragszusage mit Mindestleistung),

2a. *der Arbeitgeber durch Tarifvertrag oder auf Grund eines Tarifvertrages in einer Betriebs- oder Dienstvereinbarung verpflichtet wird, Beiträge zur Finanzierung von Leistungen der betrieblichen Altersversorgung an einen Pensionsfonds, eine Pensionskasse oder eine Direktversicherung nach § 22 zu zahlen; die Pflichten des Arbeitgebers nach Absatz 1 Satz 3, § 1a Absatz 4 Satz 2, den §§ 1b bis 6 und 16 sowie die Insolvenzsicherungspflicht nach dem Vierten Abschnitt bestehen nicht (reine Beitragszusage),*[1]

3. künftige Entgeltansprüche in eine wertgleiche Anwartschaft auf Versorgungsleistungen umgewandelt werden (Entgeltumwandlung) oder

4. der Arbeitnehmer Beiträge aus seinem Arbeitsentgelt zur Finanzierung von Leistungen der betrieblichen Altersversorgung an einen Pensionsfonds, eine Pensionskasse oder eine Direktversicherung leistet und die Zusage des Arbeitgebers auch die Leistungen aus diesen Beiträgen umfasst; die Regelungen für Entgeltumwandlung sind hierbei entsprechend anzuwenden, soweit die zugesagten Leistungen aus diesen Beiträgen im Wege der Kapitaldeckung finanziert werden.

§ 1a   Anspruch auf betriebliche Altersversorgung durch Entgeltumwandlung

(1) Der Arbeitnehmer kann vom Arbeitgeber verlangen, dass von seinen künftigen Entgeltansprüchen bis zu 4 vom Hundert der jeweiligen Beitragsbemessungsgrenze in der allgemeinen Rentenversicherung durch Entgeltumwandlung für seine betriebliche Altersversorgung verwendet werden. Die Durchführung des Anspruchs des Arbeitnehmers wird durch Vereinbarung geregelt. Ist der Arbeitgeber zu einer Durchführung über einen Pensionsfonds oder eine Pensionskasse (§ 1b Abs. 3) *oder über eine Versorgungseinrichtung nach § 22* bereit, ist die betriebliche Altersversorgung dort durchzuführen; andernfalls kann der Arbeitnehmer verlangen, dass der Arbeitgeber für ihn eine Direktversicherung (§ 1b Abs. 2) abschließt.[2] Soweit der Anspruch geltend gemacht wird, muss der Arbeitnehmer jährlich einen Betrag in Höhe von mindestens einem Hundertsechzigstel der Bezugsgröße nach § 18 Abs. 1 des Vierten Buches Sozialgesetzbuch für seine betriebliche Altersversorgung verwenden. Soweit der Arbeitnehmer Teile seines regelmäßigen Entgelts für betriebliche Altersversorgung verwendet, kann der Arbeitgeber verlangen, dass während eines laufenden Kalenderjahres gleich bleibende monatliche Beträge verwendet werden.

(2) Soweit eine durch Entgeltumwandlung finanzierte betriebliche Altersversorgung besteht, ist der Anspruch des Arbeitnehmers auf Entgeltumwandlung ausgeschlossen.

(3) Soweit der Arbeitnehmer einen Anspruch auf Entgeltumwandlung für betriebliche Altersversorgung nach Abs. 1 hat, kann er verlangen, dass die Voraussetzungen für eine Förderung nach den §§ 10a, 82 Abs. 2 des Einkommensteuergesetzes erfüllt werden, wenn die betriebliche Altersversorgung über einen Pensionsfonds, eine Pensionskasse oder eine Direktversicherung durchgeführt wird.

(4) Falls der Arbeitnehmer bei fortbestehendem Arbeitsverhältnis kein Entgelt erhält, hat er das Recht, die Versicherung oder Versorgung mit eigenen Beiträgen fortzusetzen. Der Arbeitgeber steht auch für die Leistungen aus diesen Beiträgen ein. Die Regelungen über Entgeltumwandlung gelten entsprechend.

§ 1b   Unverfallbarkeit und Durchführung der betrieblichen Altersversorgung

(1) Einem Arbeitnehmer, dem Leistungen aus der betrieblichen Altersversorgung zugesagt worden sind, bleibt die Anwartschaft erhalten, wenn das Arbeitsverhältnis vor Eintritt des Versorgungsfalls, jedoch nach Vollendung des 25. Lebensjahres endet und die Versorgungszusage zu

---

1) *§ 1 Abs. 2 Nr. 2a BetrAVG wurde durch das Betriebsrentenstärkungsgesetz (Inkrafttreten 1. 1. 2018) eingefügt.*

2) *§ 1a Abs. 1 Satz 3 BetrAVG wurde durch das Betriebsrentenstärkungsgesetz (Inkrafttreten 1. 1. 2018) geändert.*

diesem Zeitpunkt mindestens **drei** Jahre bestanden hat (unverfallbare Anwartschaft).[1] Ein Arbeitnehmer behält seine Anwartschaft auch dann, wenn er aufgrund einer Vorruhestandsregelung ausscheidet und ohne das vorherige Ausscheiden die Wartezeit und die sonstigen Voraussetzungen für den Bezug von Leistungen der betrieblichen Altersversorgung hätte erfüllen können. Eine Änderung der Versorgungszusage oder ihre Übernahme durch eine andere Person unterbricht nicht den Ablauf der Fristen nach Satz 1. Der Verpflichtung aus einer Versorgungszusage stehen Versorgungsverpflichtungen gleich, die auf betrieblicher Übung oder dem Grundsatz der Gleichbehandlung beruhen. Der Ablauf einer vorgesehenen Wartezeit wird durch die Beendigung des Arbeitsverhältnisses nach Erfüllung der Voraussetzungen der Sätze 1 und 2 nicht berührt. Wechselt ein Arbeitnehmer vom Geltungsbereich dieses Gesetzes in einen anderen Mitgliedstaat der Europäischen Union, bleibt die Anwartschaft in gleichem Umfange wie für Personen erhalten, die auch nach Beendigung eines Arbeitsverhältnisses innerhalb des Geltungsbereichs dieses Gesetzes verbleiben.[2]

(2) Wird für die betriebliche Altersversorgung eine Lebensversicherung auf das Leben des Arbeitnehmers durch den Arbeitgeber abgeschlossen und sind der Arbeitnehmer oder seine Hinterbliebenen hinsichtlich der Leistungen des Versicherers ganz oder teilweise bezugsberechtigt (Direktversicherung), so ist der Arbeitgeber verpflichtet, wegen Beendigung des Arbeitsverhältnisses nach Erfüllung der in Absatz 1 Satz 1 und 2 genannten Voraussetzungen das Bezugsrecht nicht mehr zu widerrufen. Eine Vereinbarung, nach der das Bezugsrecht durch die Beendigung des Arbeitsverhältnisses nach Erfüllung der in Absatz 1 Satz 1 und 2 genannten Voraussetzungen auflösend bedingt ist, ist unwirksam. Hat der Arbeitgeber die Ansprüche aus dem Versicherungsvertrag abgetreten oder beliehen, so ist er verpflichtet, den Arbeitnehmer, dessen Arbeitsverhältnis nach Erfüllung der in Absatz 1 Satz 1 und 2 genannten Voraussetzungen geendet hat, bei Eintritt des Versicherungsfalles so zu stellen, als ob die Abtretung oder Beleihung nicht erfolgt wäre. Als Zeitpunkt der Erteilung der Versorgungszusage im Sinne des Absatzes 1 gilt der Versicherungsbeginn, frühestens jedoch der Beginn der Betriebszugehörigkeit.

(3) Wird die betriebliche Altersversorgung von einer rechtsfähigen Versorgungseinrichtung durchgeführt, die dem Arbeitnehmer oder seinen Hinterbliebenen auf ihre Leistungen einen Rechtsanspruch gewährt (Pensionskasse und Pensionsfonds), so gilt Absatz 1 entsprechend. Als Zeitpunkt der Erteilung der Versorgungszusage im Sinne des Absatzes 1 gilt der Versicherungsbeginn, frühestens jedoch der Beginn der Betriebszugehörigkeit.

(4) Wird die betriebliche Altersversorgung von einer rechtsfähigen Versorgungseinrichtung durchgeführt, die auf ihre Leistungen keinen Rechtsanspruch gewährt (Unterstützungskasse), so sind die nach Erfüllung der in Absatz 1 Satz 1 und 2 genannten Voraussetzungen und vor Eintritt des Versorgungsfalles aus dem Unternehmen ausgeschiedenen Arbeitnehmer und ihre Hinterbliebenen den bis zum Eintritt des Versorgungsfalles dem Unternehmen angehörenden Arbeitnehmern und deren Hinterbliebenen gleichgestellt. Die Versorgungszusage gilt in dem Zeitpunkt als erteilt im Sinne des Absatzes 1, von dem an der Arbeitnehmer zum Kreis der Begünstigten der Unterstützungskasse gehört.

(5) Soweit betriebliche Altersversorgung durch Entgeltumwandlung **einschließlich eines möglichen Arbeitgeberzuschusses nach § 1a Absatz 1a** erfolgt, behält der Arbeitnehmer seine Anwartschaft, wenn sein Arbeitsverhältnis vor Eintritt des Versorgungsfalles endet; in den Fällen der Absätze 2 und 3[3]

1. dürfen die Überschussanteile nur zur Verbesserung der Leistung verwendet,

2. muss dem ausgeschiedenen Arbeitnehmer das Recht zur Fortsetzung der Versicherung oder Versorgung mit eigenen Beiträgen eingeräumt und

3. muss das Recht zur Verpfändung, Abtretung oder Beleihung durch den Arbeitgeber ausgeschlossen werden.

Im Fall einer Direktversicherung ist dem Arbeitnehmer darüber hinaus mit Beginn der Entgeltumwandlung ein unwiderrufliches Bezugsrecht einzuräumen.

---

[1] § 1b Abs. 1 Satz 1 BetrAVG wurde durch Artikel 1 des Gesetzes zur Umsetzung der EU-Mobilitäts-Richtlinie vom 21. 12. 2015 (BGBl. I S. 2553) geändert (Inkrafttreten 1. 1. 2018).

[2] § 1a Abs. 1a BetrAVG wurde durch das Betriebsrentenstärkungsgesetz (Inkrafttreten 1. 1. 2019) eingefügt.
Absatz 1a in der ab 1. 1. 2019 geltenden Fassung lautet:
„(1a) Der Arbeitgeber muss 15 Prozent des umgewandelten Entgelts zusätzlich als Arbeitgeberzuschuss an den Pensionsfonds, die Pensionskasse oder die Direktversicherung weiterleiten, soweit er durch die Entgeltumwandlung Sozialversicherungsbeiträge einspart."

[3] § 1b Abs. 5 Satz 1 BetrAVG wurde durch das Betriebsrentenstärkungsgesetz (Inkrafttreten 1. 1. 2018) geändert.

§ 2 Höhe der unverfallbaren Anwartschaft

(1) Bei Eintritt des Versorgungsfalles wegen Erreichens der Altersgrenze, wegen Invalidität oder Tod haben ein vorher ausgeschiedener Arbeitnehmer, dessen Anwartschaft nach § 1b fortbesteht, und seine Hinterbliebenen einen Anspruch mindestens in Höhe des Teiles der ohne das vorherige Ausscheiden zustehenden Leistung, der dem Verhältnis der Dauer der Betriebszugehörigkeit zu der Zeit vom Beginn der Betriebszugehörigkeit bis zum Erreichen der Regelaltersgrenze in der gesetzlichen Rentenversicherung entspricht; an die Stelle des Erreichens der Regelaltersgrenze tritt ein früherer Zeitpunkt, wenn dieser in der Versorgungsregelung als feste Altersgrenze vorgesehen ist, spätestens der Zeitpunkt der Vollendung des 65. Lebensjahrs, falls der Arbeitnehmer ausscheidet und gleichzeitig eine Altersrente aus der gesetzlichen Rentenversicherung für besonders langjährig Versicherte in Anspruch nimmt. Der Mindestanspruch auf Leistungen wegen Invalidität oder Tod vor Erreichen der Altersgrenze ist jedoch nicht höher als der Betrag, den der Arbeitnehmer oder seine Hinterbliebenen erhalten hätten, wenn im Zeitpunkt des Ausscheidens der Versorgungsfall eingetreten wäre und die sonstigen Leistungsvoraussetzungen erfüllt gewesen wären.

(2) Ist bei einer Direktversicherung der Arbeitnehmer nach Erfüllung der Voraussetzungen des § 1b Abs. 1 und 5 vor Eintritt des Versorgungsfalls ausgeschieden, so gilt Absatz 1 mit der Maßgabe, daß sich der vom Arbeitgeber zu finanzierende Teilanspruch nach Absatz 1, soweit er über die von dem Versicherer nach dem Versicherungsvertrag auf Grund der Beiträge des Arbeitgebers zu erbringende Versicherungsleistung hinausgeht, gegen den Arbeitgeber richtet. An die Stelle der Ansprüche nach Satz 1 tritt auf Verlangen des Arbeitgebers die von dem Versicherer auf Grund des Versicherungsvertrags zu erbringende Versicherungsleistung, wenn

1. spätestens nach 3 Monaten seit dem Ausscheiden des Arbeitnehmers das Bezugsrecht unwiderruflich ist und eine Abtretung oder Beleihung des Rechts aus dem Versicherungsvertrag durch den Arbeitgeber und Beitragsrückstände nicht vorhanden sind,

2. vom Beginn der Versicherung, frühestens jedoch vom Beginn der Betriebszugehörigkeit an nach dem Versicherungsvertrag die Überschußanteile nur zur Verbesserung der Versicherungsleistung zu verwenden sind und

3. der ausgeschiedene Arbeitnehmer nach dem Versicherungsvertrag das Recht zur Fortsetzung der Versicherung mit eigenen Beiträgen hat.

Der Arbeitgeber kann sein Verlangen nach Satz 2 nur innerhalb von 3 Monaten seit dem Ausscheiden des Arbeitnehmers diesem und dem Versicherer mitteilen. Der ausgeschiedene Arbeitnehmer darf die Ansprüche aus dem Versicherungsvertrag in Höhe des durch Beitragszahlungen des Arbeitgebers gebildeten geschäftsplanmäßigen Deckungskapitals oder, soweit die Berechnung des Deckungskapitals nicht zum Geschäftsplan gehört, *des* nach § 169 Abs. 3 und 4 des Versicherungsvertragsgesetzes berechneten Wertes weder abtreten noch beleihen.[1] In dieser Höhe darf der Rückkaufswert auf Grund einer Kündigung des Versicherungsvertrags nicht in Anspruch genommen werden; im Falle einer Kündigung wird die Versicherung in eine prämienfreie Versicherung umgewandelt. § 169 Abs. 1 des Versicherungsvertragsgesetzes findet insoweit keine Anwendung. Eine Abfindung des Anspruchs nach § 3 ist weiterhin möglich.

(3) Für Pensionskassen gilt Absatz 1 mit der Maßgabe, daß sich der vom Arbeitgeber zu finanzierende Teilanspruch nach Absatz 1, soweit er über die von der Pensionskasse nach dem aufsichtsbehördlich genehmigten Geschäftsplan oder, soweit eine aufsichtsbehördliche Genehmigung nicht vorgeschrieben ist, nach den allgemeinen Versicherungsbedingungen und den fachlichen Geschäftsunterlagen im Sinne des § 9 Absatz 2 Nummer 2 in Verbindung mit § 234 Absatz 3 Nummer 1 des Versicherungsaufsichtsgesetzes (Geschäftsunterlagen) auf Grund der Beiträge des Arbeitgebers zu erbringende Leistung hinausgeht, gegen den Arbeitgeber richtet. An die Stelle der Ansprüche nach Satz 1 tritt auf Verlangen des Arbeitgebers die von der Pensionskasse auf Grund des Geschäftsplans oder der Geschäftsunterlagen zu erbringende Leistung, wenn nach dem aufsichtsbehördlich genehmigten Geschäftsplan oder den Geschäftsunterlagen

1. vom Beginn der Versicherung, frühestens jedoch vom Beginn der Betriebszugehörigkeit an, Überschußanteile, die auf Grund des Finanzierungsverfahrens regelmäßig entstehen, nur zur Verbesserung der Versicherungsleistung zu verwenden sind oder die Steigerung der Versorgungsanwartschaften des Arbeitnehmers der Entwicklung seines Arbeitsentgelts, soweit es unter den jeweiligen Beitragsbemessungsgrenzen der gesetzlichen Rentenversicherungen liegt, entspricht und

2. der ausgeschiedene Arbeitnehmer das Recht zur Fortsetzung der Versicherung mit eigenen Beiträgen hat.

Absatz 2 Satz 3 bis 7 gilt entsprechend.

---

1) *§ 2 Abs. 2 Satz 4 BetrAVG wurde durch das Betriebsrentenstärkungsgesetz (Inkrafttreten 1. 1. 2018) geändert.*

(3a) Für Pensionsfonds gilt Absatz 1 mit der Maßgabe, dass sich der vom Arbeitgeber zu finanzierende Teilanspruch, soweit er über die vom Pensionsfonds auf der Grundlage der nach dem geltenden Pensionsplan im Sinne des § 237 Absatz 3 Nummer 2 und 3 des *Versicherungsaufsichtsgesetzes* berechnete Deckungsrückstellung hinausgeht, gegen den Arbeitgeber richtet.

(4) Eine Unterstützungskasse hat bei Eintritt des Versorgungsfalls einem vorzeitig ausgeschiedenen Arbeitnehmer, der nach § 1b Abs. 4 gleichgestellt ist, und seinen Hinterbliebenen mindestens den nach Absatz 1 berechneten Teil der Versorgung zu gewähren.

(5)[1] Bei einer unverfallbaren Anwartschaft aus Entgeltumwandlung tritt an die Stelle der Ansprüche nach Absatz 1, 3a oder 4 die vom Zeitpunkt der Zusage auf betriebliche Altersversorgung bis zum Ausscheiden des Arbeitnehmers erreichte Anwartschaft auf Leistungen aus den bis dahin umgewandelten Entgeltbestandteilen; dies gilt entsprechend für eine unverfallbare Anwartschaft aus Beiträgen im Rahmen einer beitragsorientierten Leistungszusage.

(6)[2] An die Stelle der Ansprüche nach den Absätzen 2, 3, 3a und 5a tritt bei einer Beitragszusage mit Mindestleistung das dem Arbeitnehmer planmäßig zuzurechnende Versorgungskapital auf der Grundlage der bis zu seinem Ausscheiden geleisteten Beiträge (Beiträge und die bis zum Eintritt des Versorgungsfalls erzielten Erträge), mindestens die Summe der bis dahin zugesagten Beiträge, soweit sie nicht rechnungsmäßig für einen biometrischen Risikoausgleich verbraucht wurden.

§ 2a[3] Berechnung und Wahrung des Teilanspruchs

(1) Bei der Berechnung des Teilanspruchs eines mit unverfallbarer Anwartschaft ausgeschiedenen Arbeitnehmers nach § 2 sind die Versorgungsregelung und die Bemessungsgrundlagen im Zeitpunkt des Ausscheidens zugrunde zu legen; Veränderungen, die nach dem Ausscheiden eintreten, bleiben außer Betracht.

(2) Abweichend von Absatz 1 darf ein ausgeschiedener Arbeitnehmer im Hinblick auf den Wert seiner unverfallbaren Anwartschaft gegenüber vergleichbaren nicht ausgeschiedenen Arbeitnehmern nicht benachteiligt werden. Eine Benachteiligung gilt insbesondere als ausgeschlossen, wenn

1. *die Anwartschaft*

   a) *als nominales Anrecht festgelegt ist,*

   b) *eine Verzinsung enthält, die auch dem ausgeschiedenen Arbeitnehmer zugutekommt, oder*

   c) *über einen Pensionsfonds, eine Pensionskasse oder eine Direktversicherung durchgeführt wird und die Erträge auch dem ausgeschiedenen Arbeitnehmer zugutekommen, oder*

2. *die Anwartschaft angepasst wird*

   a) *um 1 Prozent jährlich,*

   b) *wie die Anwartschaften oder die Nettolöhne vergleichbarer nicht ausgeschiedener Arbeitnehmer,*

   c) *wie die laufenden Leistungen, die an die Versorgungsempfänger des Arbeitgebers erbracht werden, oder*

   d) *entsprechend dem Verbraucherpreisindex für Deutschland.*

(3) Ist bei der Berechnung des Teilanspruchs eine Rente der gesetzlichen Rentenversicherung zu berücksichtigen, so kann bei einer unmittelbaren oder über eine Unterstützungskasse durchgeführten Versorgungszusage das bei der Berechnung von Pensionsrückstellungen allgemein zulässige Verfahren zugrunde gelegt werden, es sei denn, der ausgeschiedene Arbeitnehmer weist die bei der gesetzlichen Rentenversicherung im Zeitpunkt des Ausscheidens erreichten Entgeltpunkte nach. Bei einer Versorgungszusage, die über eine Pensionskasse oder einen Pensionsfonds durchgeführt wird, sind der aufsichtsbehördlich genehmigte Geschäftsplan, der Pensionsplan oder die sonstigen Geschäftsunterlagen zugrunde zu legen.

(4) Versorgungsanwartschaften, die der Arbeitnehmer nach seinem Ausscheiden erwirbt, dürfen nicht zu einer Kürzung des Teilanspruchs führen.

---

1) § 2 Abs. 5 BetrAVG wurde durch Artikel 1 des Gesetzes zur Umsetzung der EU-Mobilitäts-Richtlinie vom 21. 12. 2015 (BGBl. I S. 2553) aufgehoben (Inkrafttreten 1. 1. 2018) und dadurch wurden die bisherigen Absätze 5a und 5b die Absätze 5 und 6.

2) § 2 Abs. 5 BetrAVG wurde durch Artikel 1 des Gesetzes zur Umsetzung der EU-Mobilitäts-Richtlinie vom 21. 12. 2015 (BGBl. I S. 2553) aufgehoben (Inkrafttreten 1. 1. 2018) und dadurch wurden die bisherigen Absätze 5a und 5b die Absätze 5 und 6.

3) § 2a BetrAVG wurde durch Artikel 1 des Gesetzes zur Umsetzung der EU-Mobilitäts-Richtlinie vom 21. 12. 2015 (BGBl. I S. 2553) eingefügt (Inkrafttreten 1. 1. 2018).

§ 3 Abfindung

(1) Unverfallbare Anwartschaften im Falle der Beendigung des Arbeitsverhältnisses und laufende Leistungen dürfen nur unter den Voraussetzungen der folgenden Absätze abgefunden werden.

(2) Der Arbeitgeber kann eine Anwartschaft ohne Zustimmung des Arbeitnehmers abfinden, wenn der Monatsbetrag der aus der Anwartschaft resultierenden laufenden Leistung bei Erreichen der vorgesehenen Altersgrenze 1 vom Hundert, bei Kapitalleistungen zwölf Zehntel der monatlichen Bezugsgröße nach § 18 des Vierten Buches Sozialgesetzbuch nicht übersteigen würde. Dies gilt entsprechend für die Abfindung einer laufenden Leistung. *Die Abfindung einer Anwartschaft bedarf der Zustimmung des Arbeitnehmers, wenn dieser nach Beendigung des Arbeitsverhältnisses ein neues Arbeitsverhältnis in einem anderen Mitgliedstaat der Europäischen Union begründet und dies innerhalb von drei Monaten nach Beendigung des Arbeitsverhältnisses seinem ehemaligen Arbeitgeber mitteilt.[1]* Die Abfindung ist unzulässig, wenn der Arbeitnehmer von seinem Recht auf Übertragung der Anwartschaft Gebrauch macht.

(3) Die Anwartschaft ist auf Verlangen des Arbeitnehmers abzufinden, wenn die Beiträge zur gesetzlichen Rentenversicherung erstattet worden sind.

(4) Der Teil der Anwartschaft, der während eines Insolvenzverfahrens erdient worden ist, kann ohne Zustimmung des Arbeitnehmers abgefunden werden, wenn die Betriebstätigkeit vollständig eingestellt und das Unternehmen liquidiert wird.

(5) Für die Berechnung des Abfindungsbetrages gilt § 4 Abs. 5 entsprechend.

(6) Die Abfindung ist gesondert auszuweisen und einmalig zu zahlen.

§ 4 Übertragung

(1) Unverfallbare Anwartschaften und laufende Leistungen dürfen nur unter den Voraussetzungen der folgenden Absätze übertragen werden.

(2) Nach Beendigung des Arbeitsverhältnisses kann im Einvernehmen des ehemaligen mit dem neuen Arbeitgeber sowie dem Arbeitnehmer

1. die Zusage vom neuen Arbeitgeber übernommen werden oder

2. der Wert der vom Arbeitnehmer erworbenen unverfallbaren Anwartschaft auf betriebliche Altersversorgung (Übertragungswert) auf den neuen Arbeitgeber übertragen werden, wenn dieser eine wertgleiche Zusage erteilt; für die neue Anwartschaft gelten die Regelungen über Entgeltumwandlung entsprechend.

(3) Der Arbeitnehmer kann innerhalb eines Jahres nach Beendigung des Arbeitsverhältnisses von seinem ehemaligen Arbeitgeber verlangen, dass der Übertragungswert auf den neuen Arbeitgeber *oder auf die Versorgungseinrichtung nach § 22 des neuen Arbeitgebers* übertragen wird, wenn[2]

1. die betriebliche Altersversorgung über einen Pensionsfonds, eine Pensionskasse oder eine Direktversicherung durchgeführt worden ist und

2. der Übertragungswert die Beitragsbemessungsgrenze in der allgemeinen Rentenversicherung nicht übersteigt.

Der Anspruch richtet sich gegen den Versorgungsträger, wenn der ehemalige Arbeitgeber die versicherungsförmige Lösung nach § 2 Abs. 2 oder 3 gewählt hat oder soweit der Arbeitnehmer die Versicherung oder Versorgung mit eigenen Beiträgen fortgeführt hat. Der neue Arbeitgeber ist verpflichtet, eine dem Übertragungswert wertgleiche Zusage zu erteilen und über einen Pensionsfonds, eine Pensionskasse oder eine Direktversicherung durchzuführen. Für die neue Anwartschaft gelten die Regelungen über Entgeltumwandlung entsprechend. *Ist der neue Arbeitgeber zu einer Durchführung über eine Versorgungseinrichtung nach § 22 bereit, ist die betriebliche Altersversorgung dort durchzuführen; die Sätze 3 und 4 sind in diesem Fall nicht anzuwenden.[3]*

(4) Wird die Betriebstätigkeit eingestellt und das Unternehmen liquidiert, kann eine Zusage von einer Pensionskasse oder einem Unternehmen der Lebensversicherung ohne Zustimmung des Arbeitnehmers oder Versorgungsempfängers übernommen werden, wenn sichergestellt ist,

---

[1] *§ 3 Abs. 2 Satz 3 BetrAVG wurde durch Artikel 1 des Gesetzes zur Umsetzung der EU-Mobilitäts-Richtlinie vom 21. 12. 2015 (BGBl. I S. 2553) eingefügt (Inkrafttreten 1. 1. 2018) und der bisherige Satz 3 wurde dadurch Satz 4.*
[2] *§ 4 Abs. 3 Satz 1 BetrAVG wurde durch das Betriebsrentenstärkungsgesetz (Inkrafttreten 1. 1. 2018) geändert.*
[3] *§ 4 Abs. 3 Satz 5 BetrAVG wurde durch das Betriebsrentenstärkungsgesetz (Inkrafttreten 1. 1. 2018) angefügt.*

dass die Überschussanteile ab Rentenbeginn entsprechend § 16 Abs. 3 Nr. 2 verwendet werden. § 2 Abs. 2 Satz 4 bis 6 gilt entsprechend.

(5) Der Übertragungswert entspricht bei einer unmittelbar über den Arbeitgeber oder über eine Unterstützungskasse durchgeführten betrieblichen Altersversorgung dem Barwert der nach § 2 bemessenen künftigen Versorgungsleistung im Zeitpunkt der Übertragung; bei der Berechnung des Barwerts sind die Rechnungsgrundlagen sowie die anerkannten Regeln der Versicherungsmathematik maßgebend. Soweit die betriebliche Altersversorgung über einen Pensionsfonds, eine Pensionskasse oder eine Direktversicherung durchgeführt worden ist, entspricht der Übertragungswert dem gebildeten Kapital im Zeitpunkt der Übertragung.

(6) Mit der vollständigen Übertragung des Übertragungswerts erlischt die Zusage des ehemaligen Arbeitgebers.

§ 4a   Auskunftsanspruch[1]

(1) Der Arbeitgeber oder der Versorgungsträger hat dem Arbeitnehmer auf dessen Verlangen mitzuteilen,

1. *ob und wie eine Anwartschaft auf betriebliche Altersversorgung erworben wird,*

2. *wie hoch der Anspruch auf betriebliche Altersversorgung aus der bisher erworbenen Anwartschaft ist und bei Erreichen der in der Versorgungsregelung vorgesehenen Altersgrenze voraussichtlich sein wird,*

3. *wie sich eine Beendigung des Arbeitsverhältnisses auf die Anwartschaft auswirkt und*

4. *wie sich die Anwartschaft nach einer Beendigung des Arbeitsverhältnisses entwickeln wird.*

(2) Der Arbeitgeber oder der Versorgungsträger hat dem Arbeitnehmer oder dem ausgeschiedenen Arbeitnehmer auf dessen Verlangen mitzuteilen, wie hoch bei einer Übertragung der Anwartschaft nach § 4 Absatz 3 der Übertragungswert ist. Der neue Arbeitgeber oder der Versorgungsträger hat dem Arbeitnehmer auf dessen Verlangen mitzuteilen, in welcher Höhe aus dem Übertragungswert ein Anspruch auf Altersversorgung bestehen würde und ob eine Invaliditäts- oder Hinterbliebenenversorgung bestehen würde.

(3) Der Arbeitgeber oder der Versorgungsträger hat dem ausgeschiedenen Arbeitnehmer auf dessen Verlangen mitzuteilen, wie hoch die Anwartschaft auf betriebliche Altersversorgung ist und wie sich die Anwartschaft künftig entwickeln wird. Satz 1 gilt entsprechend für Hinterbliebene im Versorgungsfall.

(4) Die Auskunft muss verständlich, in Textform und in angemessener Frist erteilt werden.

§ 5   Auszehrung und Anrechnung

(1) Die bei Eintritt des Versorgungsfalls festgesetzten Leistungen der betrieblichen Altersversorgung dürfen nicht mehr dadurch gemindert oder entzogen werden, daß Beträge, um die sich andere Versorgungsbezüge nach diesem Zeitpunkt durch Anpassung an die wirtschaftliche Entwicklung erhöhen, angerechnet oder bei der Begrenzung der Gesamtversorgung auf einen Höchstbetrag berücksichtigt werden.

(2) Leistungen der betrieblichen Altersversorgung dürfen durch Anrechnung oder Berücksichtigung anderer Versorgungsbezüge, soweit sie auf eigenen Beiträgen des Versorgungsempfängers beruhen, nicht gekürzt werden. Dies gilt nicht für Renten aus den gesetzlichen Rentenversicherungen, soweit sie auf Pflichtbeiträgen beruhen, sowie für sonstige Versorgungsbezüge, die mindestens zur Hälfte auf Beiträgen oder Zuschüssen des Arbeitgebers beruhen.

§ 6   Vorzeitige Altersleistung

Einem Arbeitnehmer, der die Altersrente aus der gesetzlichen Rentenversicherung als Vollrente in Anspruch nimmt, sind auf sein Verlangen nach Erfüllung der Wartezeit und sonstiger Leistungsvoraussetzungen Leistungen der betrieblichen Altersversorgung zu gewähren. Fällt die Altersrente aus der gesetzlichen Rentenversicherung wieder weg oder wird sie auf einen Teilbetrag beschränkt, so können auch die Leistungen der betrieblichen Altersversorgung eingestellt werden. Der ausgeschiedene Arbeitnehmer ist verpflichtet, die Aufnahme oder Ausübung einer Beschäftigung oder Erwerbstätigkeit, die zu einem Wegfall oder zu einer Beschränkung der Altersrente aus der gesetzlichen Rentenversicherung führt, dem Arbeitgeber oder sonstigen Versorgungsträger unverzüglich anzuzeigen.

---

[1] *§ 4a BetrAVG wurde durch Artikel 1 des Gesetzes zur Umsetzung der EU-Mobilitäts-Richtlinie vom 21. 12. 2015 (BGBl. I S. 2553) neu gefasst (Inkrafttreten 1. 1. 2018).*

§ 7 Umfang des Versicherungsschutzes

(1) Versorgungsempfänger, deren Ansprüche aus einer unmittelbaren Versorgungszusage des Arbeitgebers nicht erfüllt werden, weil über das Vermögen des Arbeitgebers oder über seinen Nachlaß das Insolvenzverfahren eröffnet worden ist, und ihre Hinterbliebenen haben gegen den Träger der Insolvenzsicherung einen Anspruch in Höhe der Leistung, die der Arbeitgeber aufgrund der Versorgungszusage zu erbringen hätte, wenn das Insolvenzverfahren nicht eröffnet worden wäre. Satz 1 gilt entsprechend,

1. wenn Leistungen aus einer Direktversicherung aufgrund der in § 1b Abs. 2 Satz 3 genannten Tatbestände nicht gezahlt werden und der Arbeitgeber seiner Verpflichtung nach § 1b Abs. 2 Satz 3 wegen der Eröffnung des Insolvenzverfahrens nicht nachkommt,

2. wenn eine Unterstützungskasse oder ein Pensionsfonds die nach ihrer Versorgungsregelung vorgesehene Versorgung nicht erbringt, weil über das Vermögen oder den Nachlass eines Arbeitgebers, der der Unterstützungskasse oder dem Pensionsfonds Zuwendungen leistet (Trägerunternehmen), das Insolvenzverfahren eröffnet worden ist.

§ 14 des Versicherungsvertragsgesetzes findet entsprechende Anwendung. Der Eröffnung des Insolvenzverfahrens stehen bei der Anwendung der Sätze 1 bis 3 gleich

1. die Abweisung des Antrags auf Eröffnung des Insolvenzverfahrens mangels Masse,

2. der außergerichtliche Vergleich (Stundungs-, Quoten- oder Liquidationsvergleich) des Arbeitgebers mit seinen Gläubigern zur Abwendung eines Insolvenzverfahrens, wenn ihm der Träger der Insolvenzsicherung zustimmt,

3. die vollständige Beendigung der Betriebstätigkeit im Geltungsbereich dieses Gesetzes, wenn ein Antrag auf Eröffnung des Insolvenzverfahrens nicht gestellt worden ist und ein Insolvenzverfahren offensichtlich mangels Masse nicht in Betracht kommt.

(1a) Der Anspruch gegen den Träger der Insolvenzsicherung entsteht mit dem Beginn des Kalendermonats, der auf den Eintritt des Sicherungsfalles folgt. Der Anspruch endet mit Ablauf des Sterbemonats des Begünstigten, soweit in der Versorgungszusage des Arbeitgebers nicht etwas anderes bestimmt ist. In den Fällen des Absatzes 1 Satz 1 und 4 Nr. 1 und 3 umfaßt der Anspruch auch rückständige Versorgungsleistungen, soweit diese bis zu zwölf Monaten vor Entstehen der Leistungspflicht des Trägers der Insolvenzsicherung entstanden sind.

(2)[J] Personen, die bei Eröffnung des Insolvenzverfahrens oder bei Eintritt der nach Absatz 1 Satz 4 gleichstehenden Voraussetzungen (Sicherungsfall) eine nach § 1b unverfallbare Versorgungsanwartschaft haben, und ihre Hinterbliebenen haben bei Eintritt des Versorgungsfalls einen Anspruch gegen den Träger der Insolvenzsicherung, wenn die Anwartschaft beruht

1. auf einer unmittelbaren Versorgungszusage des Arbeitgebers oder

2. auf einer Direktversicherung und der Arbeitnehmer hinsichtlich der Leistungen des Versicherers widerruflich bezugsberechtigt ist oder die Leistungen aufgrund der in § 1b Abs. 2 Satz 3 genannten Tatbestände nicht gezahlt werden und der Arbeitgeber seiner Verpflichtung aus § 1b Abs. 2 Satz 3 wegen der Eröffnung des Insolvenzverfahrens nicht nachkommt.

Satz 1 gilt entsprechend für Personen, die zum Kreis der Begünstigten einer Unterstützungskasse oder eines Pensionsfonds gehören, wenn der Sicherungsfall bei einem Trägerunternehmen eingetreten ist. Die Höhe des Anspruchs richtet sich nach der Höhe der Leistungen **nach § 2 Absatz 1 und 2 Satz 2**, gemäß § 2 Abs. 1, 2 Satz 2 und Abs. 5, bei Unterstützungskassen nach dem Teil der nach der Versorgungsregelung vorgesehenen Versorgung, der dem Verhältnis der Dauer der Betriebszugehörigkeit zu der Zeit vom Beginn der Betriebszugehörigkeit bis zum Erreichen der in der Versorgungsregelung vorgesehenen festen Altersgrenze entspricht, es sei denn, § 2 Abs. 5a ist anwendbar. Für die Berechnung der Höhe des Anspruchs nach Satz 3 wird die Betriebszugehörigkeit bis zum Eintritt des Sicherungsfalles berücksichtigt. Bei Pensionsfonds mit Leistungszusagen gelten für die Höhe des Anspruchs die Bestimmungen für unmittelbare Versorgungszusagen entsprechend, bei Beitragszusagen mit Mindestleistung gilt für die Höhe des Anspruchs § 2 **Absatz 6. Bei der Berechnung der Höhe des Anspruchs sind Veränderungen der Versorgungsregelung und der Bemessungsgrundlagen, die nach dem Eintritt des Sicherungsfalles eintreten, nicht zu berücksichtigen; § 2a Absatz 2 findet keine Anwendung.**

(3) Ein Anspruch auf laufende Leistungen gegen den Träger der Insolvenzsicherung beträgt jedoch im Monat höchstens das Dreifache der im Zeitpunkt der ersten Fälligkeit maßgebenden monatlichen Bezugsgröße gemäß § 18 des Vierten Buches Sozialgesetzbuch. Satz 1 gilt entsprechend bei einem Anspruch auf Kapitalleistungen mit der Maßgabe, daß zehn vom Hundert der Leistung als Jahresbetrag einer laufenden Leistung anzusetzen sind.

---

[1] § 7 Abs. 2 BetrAVG wurde durch Artikel 1 des Gesetzes zur Umsetzung der EU-Mobilitäts-Richtlinie vom 21. 12. 2015 (BGBl. I S. 2553) geändert (Inkrafttreten 1. 1. 2018).

(4) Ein Anspruch auf Leistungen gegen den Träger der Insolvenzsicherung vermindert sich in dem Umfang, in dem der Arbeitgeber oder sonstige Träger der Versorgung die Leistungen der betrieblichen Altersversorgung erbringt. Wird im Insolvenzverfahren ein Insolvenzplan bestätigt, vermindert sich der Anspruch auf Leistungen gegen den Träger der Insolvenzsicherung insoweit, als nach dem Insolvenzplan der Arbeitgeber oder sonstige Träger der Versorgung einen Teil der Leistungen selbst zu erbringen hat. Sieht der Insolvenzplan vor, daß der Arbeitgeber oder sonstige Träger der Versorgung die Leistungen der betrieblichen Altersversorgung von einem bestimmten Zeitpunkt an selbst zu erbringen hat, so entfällt der Anspruch auf Leistungen gegen den Träger der Insolvenzsicherung von diesem Zeitpunkt an. Die Sätze 2 und 3 sind für den außergerichtlichen Vergleich nach Absatz 1 Satz 4 Nr. 2 entsprechend anzuwenden. Im Insolvenzplan soll vorgesehen werden, daß bei einer nachhaltigen Besserung der wirtschaftlichen Lage des Arbeitgebers die vom Träger der Insolvenzsicherung zu erbringenden Leistungen ganz oder zum Teil vom Arbeitgeber oder sonstigen Träger der Versorgung wieder übernommen werden.

(5) Ein Anspruch gegen den Träger der Insolvenzsicherung besteht nicht, soweit nach den Umständen des Falles die Annahme gerechtfertigt ist, daß es der alleinige oder überwiegende Zweck der Versorgungszusage oder ihre Verbesserung oder der für die Direktversicherung in § 1b Abs. 2 Satz 3 genannten Tatbestände gewesen ist, den Träger der Insolvenzsicherung in Anspruch zu nehmen. Diese Annahme ist insbesondere dann gerechtfertigt, wenn bei Erteilung oder Verbesserung der Versorgungszusage wegen der wirtschaftlichen Lage des Arbeitgebers zu erwarten war, daß die Zusage nicht erfüllt werde. Ein Anspruch auf Leistungen gegen den Träger der Insolvenzsicherung besteht bei Zusagen und Verbesserungen von Zusagen, die in den beiden letzten Jahren vor dem Eintritt des Sicherungsfalls erfolgt sind, nur

1. für ab dem 1. Januar 2002 gegebene Zusagen, soweit bei Entgeltumwandlung Beträge von bis zu 4 vom Hundert der Beitragsbemessungsgrenze in der allgemeinen Rentenversicherung für eine betriebliche Altersversorgung verwendet werden oder

2. für im Rahmen von Übertragungen gegebene Zusagen, soweit der Übertragungswert die Beitragsbemessungsgrenze in der allgemeinen Rentenversicherung nicht übersteigt.

(6) Ist der Sicherungsfall durch kriegerische Ereignisse, innere Unruhen, Naturkatastrophen oder Kernenergie verursacht worden, kann der Träger der Insolvenzsicherung mit Zustimmung der Bundesanstalt für Finanzdienstleistungsaufsicht die Leistungen nach billigem Ermessen abweichend von den Absätzen 1 bis 5 festsetzen.

§ 8[1] Übertragung der Leistungspflicht

(1) Ein Anspruch gegen den Träger der Insolvenzsicherung auf Leistungen nach § 7 besteht nicht, wenn eine Pensionskasse oder ein Unternehmen der Lebensversicherung sich dem Träger der Insolvenzsicherung gegenüber verpflichtet, diese Leistungen zu erbringen, und die nach § 7 Berechtigten ein unmittelbares Recht erwerben, die Leistungen zu fordern.

(1a) Der Träger der Insolvenzsicherung hat die gegen ihn gerichteten Ansprüche auf den Pensionsfonds, dessen Trägerunternehmen die Eintrittspflicht nach § 7 ausgelöst hat, im Sinne von Absatz 1 zu übertragen, wenn die Bundesanstalt für Finanzdienstleistungsaufsicht hierzu die Genehmigung erteilt. Die Genehmigung kann nur erteilt werden, wenn durch Auflagen der Bundesanstalt für Finanzdienstleistungsaufsicht die dauernde Erfüllbarkeit der Leistungen aus dem Pensionsplan sichergestellt werden kann. Die Genehmigung der Bundesanstalt für Finanzdienstleistungsaufsicht kann der Pensionsfonds nur innerhalb von drei Monaten nach Eintritt des Sicherungsfalles beantragen.

(2) Der Träger der Insolvenzsicherung kann eine Anwartschaft ohne Zustimmung des Arbeitnehmers abfinden, wenn der Monatsbetrag der aus der Anwartschaft resultierenden laufenden Leistung bei Erreichen der vorgesehenen Altersgrenze 1 vom Hundert, bei Kapitalleistungen zwölf Zehntel der monatlichen Bezugsgröße nach § 18 des Vierten Buches Sozialgesetzbuch nicht übersteigen würde oder wenn dem Arbeitnehmer die Beiträge zur gesetzlichen Rentenversicherung erstattet worden sind. Dies gilt entsprechend für die Abfindung einer laufenden Leistung. Die Abfindung ist darüber hinaus möglich, wenn sie an ein Unternehmen der Lebensversicherung gezahlt wird, bei dem der Versorgungsberechtigte im Rahmen einer Direktversicherung versichert ist. § 2 Abs. 2 Satz 4 bis 6 und § 3 Abs. 5 gelten entsprechend.

(3) An die Stelle des Anspruchs gegen den Träger der Insolvenzsicherung nach § 7 tritt auf Verlangen des Berechtigten die Versicherungsleistung aus einer auf sein Leben abgeschlossenen Rückdeckungsversicherung, wenn die Versorgungszusage auf die Leistungen der Rückdeckungsversicherung verweist. Das Wahlrecht des Berechtigten nach Satz 1 besteht nicht, sofern die Rückdeckungsversicherung in die Insolvenzmasse des Arbeitgebers fällt oder eine Übertragung des Anspruchs durch den Träger der Insolvenzsicherung nach Absatz 2

---

1) § 8 BetrAVG wurde durch das Betriebsrentenstärkungsgesetz (Inkrafttreten 1. 1. 2018) neu gefasst.

erfolgt. Der Berechtigte hat das Recht, als Versicherungsnehmer in die Versicherung einzutreten und die Versicherung mit eigenen Beiträgen fortzusetzen; § 1b Absatz 5 Satz 1 Nummer 1 und § 2 Absatz 2 Satz 4 bis 6 gelten entsprechend. Der Träger der Insolvenzsicherung informiert den Berechtigten über sein Wahlrecht nach Satz 1 und über die damit verbundenen Folgen für den Insolvenzschutz. Das Wahlrecht erlischt sechs Monate nach Information durch den Träger der Insolvenzsicherung. Der Versicherer informiert den Träger der Insolvenzsicherung unverzüglich über den Versicherungsnehmerwechsel.

§ 8a[1] *Abfindung durch den Träger der Insolvenzsicherung*

Der Träger der Insolvenzsicherung kann eine Anwartschaft ohne Zustimmung des Arbeitnehmers abfinden, wenn der Monatsbetrag der aus der Anwartschaft resultierenden laufenden Leistung bei Erreichen der vorgesehenen Altersgrenze 1 vom Hundert, bei Kapitalleistungen zwölf Zehntel der monatlichen Bezugsgröße nach § 18 des Vierten Buches Sozialgesetzbuch nicht übersteigen würde oder wenn dem Arbeitnehmer die Beiträge zur gesetzlichen Rentenversicherung erstattet worden sind. Dies gilt entsprechend für die Abfindung einer laufenden Leistung. Die Abfindung ist darüber hinaus möglich, wenn sie an ein Unternehmen der Lebensversicherung gezahlt wird, bei dem der Versorgungsberechtigte im Rahmen einer Direktversicherung versichert ist. § 2 Abs. 2 Satz 4 bis 6 und § 3 Abs. 5 gelten entsprechend.

§ 9 Mitteilungspflicht, Forderungs- und Vermögensübergang

(1) Der Träger der Insolvenzsicherung teilt dem Berechtigten die ihm nach § 7 oder § 8 zustehenden Ansprüche oder Anwartschaften schriftlich mit. Unterbleibt die Mitteilung, so ist der Anspruch oder die Anwartschaft spätestens ein Jahr nach dem Sicherungsfall bei dem Träger der Insolvenzsicherung anzumelden; erfolgt die Anmeldung später, so beginnen die Leistungen frühestens mit dem Ersten des Monats der Anmeldung, es sei denn, daß der Berechtigte an der rechtzeitigen Anmeldung ohne sein Verschulden verhindert war.

(2) Ansprüche oder Anwartschaften des Berechtigten gegen den Arbeitgeber auf Leistungen der betrieblichen Altersversorgung, die den Anspruch gegen den Träger der Insolvenzsicherung begründen, gehen im Falle eines Insolvenzverfahrens mit dessen Eröffnung, in den übrigen Sicherungsfällen dann auf den Träger der Insolvenzsicherung über, wenn dieser nach Absatz 1 Satz 1 dem Berechtigten die ihm zustehenden Ansprüche oder Anwartschaften mitteilt. Der Übergang kann nicht zum Nachteil des Berechtigten geltend gemacht werden. Die mit der Eröffnung des Insolvenzverfahrens übergegangenen Anwartschaften werden im Insolvenzverfahren als unbedingte Forderungen nach § 45 der Insolvenzordnung geltend gemacht.

(3) Ist der Träger der Insolvenzsicherung zu Leistungen verpflichtet, die ohne den Eintritt des Sicherungsfalls eine Unterstützungskasse erbringen würde, geht deren Vermögen einschließlich der Verbindlichkeiten auf ihn über; die Haftung für die Verbindlichkeiten beschränkt sich auf das übergegangene Vermögen. Wenn die übergegangenen Vermögenswerte den Barwert der Ansprüche und Anwartschaften gegen den Träger der Insolvenzsicherung übersteigen, hat dieser den übersteigenden Teil entsprechend der Satzung der Unterstützungskasse zu verwenden. Bei einer Unterstützungskasse mit mehreren Trägerunternehmen hat der Träger der Insolvenzsicherung einen Anspruch gegen die Unterstützungskasse auf einen Betrag, der dem Teil des Vermögens der Kasse entspricht, der auf das Unternehmen entfällt, bei dem der Sicherungsfall eingetreten ist. Die Sätze 1 bis 3 gelten nicht, wenn der Sicherungsfall auf den in § 7 Abs. 1 Satz 4 Nr. 2 genannten Gründen beruht, es sei denn, daß das Trägerunternehmen seine Betriebstätigkeit nach Eintritt des Sicherungsfalls nicht fortsetzt und aufgelöst wird (Liquidationsvergleich).

(3a)[2] Absatz 3 findet entsprechende Anwendung auf einen Pensionsfonds, wenn die Bundesanstalt für Finanzdienstleistungsaufsicht die Genehmigung für die Übertragung der Leistungspflicht durch den Träger der Insolvenzsicherung nach § 8 *Absatz 2* nicht erteilt.

(4) In einem Insolvenzplan, der die Fortführung des Unternehmens oder eines Betriebes vorsieht, kann für den Träger der Insolvenzsicherung eine besondere Gruppe gebildet werden. Sofern im Insolvenzplan nichts anderes vorgesehen ist, kann der Träger der Insolvenzsicherung, wenn innerhalb von drei Jahren nach der Aufhebung des Insolvenzverfahrens ein Antrag auf Eröffnung eines neuen Insolvenzverfahrens über das Vermögen des Arbeitgebers gestellt wird, in diesem Verfahren als Insolvenzgläubiger Erstattung der von ihm erbrachten Leistungen verlangen.

(5) Dem Träger der Insolvenzsicherung steht gegen den Beschluß, durch den das Insolvenzverfahren eröffnet wird, die sofortige Beschwerde zu.

---

1) *§ 8a BetrAVG wurde durch das Betriebsrentenstärkungsgesetz (Inkrafttreten 1. 1. 2018) eingefügt.*
2) *§ 9 Abs. 3a BetrAVG wurde durch das Betriebsrentenstärkungsgesetz (Inkrafttreten 1. 1. 2018) geändert.*

§ 10 Beitragspflicht und Beitragsbemessung

(1) Die Mittel für die Durchführung der Insolvenzsicherung werden auf Grund öffentlich-rechtlicher Verpflichtung durch Beiträge aller Arbeitgeber aufgebracht, die Leistungen der betrieblichen Altersversorgung unmittelbar zugesagt haben oder eine betriebliche Altersversorgung über eine Unterstützungskasse, eine Direktversicherung der in § 7 Abs. 1 Satz 2 und Absatz 2 Satz 1 Nr. 2 bezeichneten Art oder einen Pensionsfonds durchführen.

(2) Die Beiträge müssen den Barwert der im laufenden Kalenderjahr entstehenden Ansprüche auf Leistungen der Insolvenzsicherung decken zuzüglich eines Betrages für die aufgrund eingetretener Insolvenzen zu sichernden Anwartschaften, der sich aus dem Unterschied der Barwerte dieser Anwartschaften am Ende des Kalenderjahres und am Ende des Vorjahres bemisst. Der Rechnungszinsfuß bei der Berechnung des Barwerts der Ansprüche auf Leistungen der Insolvenzsicherung bestimmt sich nach § 235 *Absatz 1 Satz 1* Nummer 4 des Versicherungsaufsichtsgesetzes; soweit keine Übertragung nach § 8 Abs. 1 stattfindet, ist der Rechnungszinsfuß bei der Berechnung des Barwerts der Anwartschaften um ein Drittel höher.[1] Darüber hinaus müssen die Beiträge die im gleichen Zeitraum entstehenden Verwaltungskosten und sonstigen Kosten, die mit der Gewährung der Leistungen zusammenhängen, und die Zuführung zu einem von der Bundesanstalt für Finanzdienstleistungsaufsicht festgesetzten Ausgleichsfonds decken; § 193 des Versicherungsaufsichtsgesetzes bleibt unberührt. Auf die am Ende des Kalenderjahres fälligen Beiträge können Vorschüsse erhoben werden. In Jahren, in denen sich außergewöhnlich hohe Beiträge ergeben würden, kann zu deren Ermäßigung der Ausgleichsfonds in einem von der Bundesanstalt für Finanzdienstleistungsaufsicht zu genehmigenden Umfang herangezogen werden; außerdem können die nach den Sätzen 1 bis 3 erforderlichen Beiträge auf das laufende und die bis zu vier folgenden Kalenderjahre verteilt werden.

(3) Die nach Absatz 2 erforderlichen Beiträge werden auf die Arbeitgeber nach Maßgabe der nachfolgenden Beträge umgelegt, soweit sie sich auf die laufenden Versorgungsleistungen und die nach § 1b unverfallbaren Versorgungsanwartschaften beziehen (Beitragsbemessungsgrundlage); diese Beträge sind festzustellen auf den Schluß des Wirtschaftsjahrs des Arbeitgebers, das im abgelaufenen Kalenderjahr geendet hat:

1. Bei Arbeitgebern, die Leistungen der betrieblichen Altersversorgung unmittelbar zugesagt haben, ist Beitragsbemessungsgrundlage der Teilwert der Pensionsverpflichtung (§ 6a Abs. 3 des Einkommensteuergesetzes).

2. Bei Arbeitgebern, die eine betriebliche Altersversorgung über eine Direktversicherung mit widerruflichem Bezugsrecht durchführen, ist Beitragsbemessungsgrundlage das geschäftsplanmäßige Deckungskapital oder, soweit die Berechnung des Deckungskapitals nicht zum Geschäftsplan gehört, die Deckungsrückstellung. Für Versicherungen, bei denen der Versicherungsfall bereits eingetreten ist, und für Versicherungsanwartschaften, für die ein unwiderrufliches Bezugsrecht eingeräumt ist, ist das Deckungskapital oder die Deckungsrückstellung nur insoweit zu berücksichtigen, als die Versicherungen abgetreten oder beliehen sind.

3. Bei Arbeitgebern, die eine betriebliche Altersversorgung über eine Unterstützungskasse durchführen, ist Beitragsbemessungsgrundlage das Deckungskapital für die laufenden Leistungen (§ 4d Abs. 1 Nr. 1 Buchstabe a des Einkommensteuergesetzes) zuzüglich des Zwanzigfachen der nach § 4d Abs. 1 Nr. 1 Buchstabe b Satz 1 des Einkommensteuergesetzes errechneten jährlichen Zuwendungen für Leistungsanwärter im Sinne von § 4d Abs. 1 Nr. 1 Buchstabe b Satz 2 des Einkommensteuergesetzes.

4. Bei Arbeitgebern, soweit sie betriebliche Altersversorgung über einen Pensionsfonds durchführen, ist Beitragsbemessungsgrundlage 20 vom Hundert des entsprechend Nummer 1 ermittelten Betrages.

(4) Aus den Beitragsbescheiden des Trägers der Insolvenzsicherung findet die Zwangsvollstreckung in entsprechender Anwendung der Vorschriften der Zivilprozeßordnung statt. Die vollstreckbare Ausfertigung erteilt der Träger der Insolvenzsicherung.

§ 10a Säumniszuschläge, Zinsen, Verjährung

(1) Für Beiträge, die wegen Verstoßes des Arbeitgebers gegen die Meldepflicht erst nach Fälligkeit erhoben werden, kann der Träger der Insolvenzsicherung für jeden angefangenen Monat vom Zeitpunkt der Fälligkeit an einen Säumniszuschlag in Höhe von bis zu eins vom Hundert der nacherhobenen Beiträge erheben.

(2) Für festgesetzte Beiträge und Vorschüsse, die der Arbeitgeber nach Fälligkeit zahlt, erhebt der Träger der Insolvenzsicherung für jeden Monat Verzugszinsen in Höhe von 0,5 vom Hundert der rückständigen Beiträge. Angefangene Monate bleiben außer Ansatz.

---

[1] *§ 10 Abs. 2 Satz 2 BetrAVG wurde durch das Betriebsrentenstärkungsgesetz (Inkrafttreten 1. 1. 2018) geändert.*

(3) Vom Träger der Insolvenzsicherung zu erstattende Beiträge werden vom Tage der Fälligkeit oder bei Feststellung des Erstattungsanspruchs durch gerichtliche Entscheidung vom Tage der Rechtshängigkeit an für jeden Monat mit 0,5 vom Hundert verzinst. Angefangene Monate bleiben außer Ansatz.

(4) Ansprüche auf Zahlung der Beiträge zur Insolvenzsicherung gemäß § 10 sowie Erstattungsansprüche nach Zahlung nicht geschuldeter Beiträge zur Insolvenzsicherung verjähren in sechs Jahren. Die Verjährungsfrist beginnt mit Ablauf des Kalenderjahres, in dem die Beitragspflicht entstanden oder der Erstattungsanspruch fällig geworden ist. Auf die Verjährung sind die Vorschriften des Bürgerlichen Gesetzbuchs anzuwenden.

§ 11 Melde-, Auskunfts- und Mitteilungspflichten

(1) Der Arbeitgeber hat dem Träger der Insolvenzsicherung eine betriebliche Altersversorgung nach § 1b Abs. 1, 2 und 4 für seine Arbeitnehmer innerhalb von 3 Monaten nach Erteilung der unmittelbaren Versorgungszusage, dem Abschluß einer Direktversicherung oder der Errichtung einer Unterstützungskasse oder eines Pensionsfonds mitzuteilen. Der Arbeitgeber, der sonstige Träger der Versorgung, der Insolvenzverwalter und die nach § 7 Berechtigten sind verpflichtet, dem Träger der Insolvenzsicherung alle Auskünfte zu erteilen, die zur Durchführung der Vorschriften dieses Abschnitts erforderlich sind, sowie Unterlagen vorzulegen, aus denen die erforderlichen Angaben ersichtlich sind.

(2) Ein beitragspflichtiger Arbeitgeber hat dem Träger der Insolvenzsicherung spätestens bis zum 30. September eines jeden Kalenderjahrs die Höhe des nach § 10 Abs. 3 für die Bemessung des Beitrages maßgebenden Betrages bei unmittelbaren Versorgungszusagen und Pensionsfonds auf Grund eines versicherungsmathematischen Gutachtens, bei Direktversicherungen auf Grund einer Bescheinigung des Versicherers und bei Unterstützungskassen auf Grund einer nachprüfbaren Berechnung mitzuteilen. Der Arbeitgeber hat die in Satz 1 bezeichneten Unterlagen mindestens 6 Jahre aufzubewahren.

(3) Der Insolvenzverwalter hat dem Träger der Insolvenzsicherung die Eröffnung des Insolvenzverfahrens, Namen und Anschriften der Versorgungsempfänger und die Höhe ihrer Versorgung nach § 7 unverzüglich mitzuteilen. Er hat zugleich Namen und Anschriften der Personen, die bei Eröffnung des Insolvenzverfahrens eine § 1 unverfallbare Versorgungsanwartschaft haben, sowie die Höhe ihrer Anwartschaft nach § 7 mitzuteilen.

(4) Der Arbeitgeber, der sonstige Träger der Versorgung und die nach § 7 Berechtigten sind verpflichtet, dem Insolvenzverwalter Auskünfte über alle Tatsachen zu erteilen, auf die sich die Mitteilungspflicht nach Absatz 3 bezieht.

(5) In den Fällen, in denen ein Insolvenzverfahren nicht eröffnet wird (§ 7 Abs. 1 Satz 4) oder nach § 207 der Insolvenzordnung eingestellt worden ist, sind die Pflichten des Insolvenzverwalters nach Absatz 3 vom Arbeitgeber oder dem sonstigen Träger der Versorgung zu erfüllen.

(6) Kammern und andere Zusammenschlüsse von Unternehmern oder anderen selbständigen Berufstätigen, die als Körperschaften des öffentlichen Rechts errichtet sind, ferner Verbände und andere Zusammenschlüsse, denen Unternehmer oder andere selbständige Berufstätige kraft Gesetzes angehören oder anzugehören haben, haben den Träger der Insolvenzsicherung bei der Ermittlung der nach § 10 beitragspflichtigen Arbeitgeber zu unterstützen.

(7) Die nach den Absätzen 1 bis 3 und 5 zu Mitteilungen und Auskünften und die nach Absatz 6 zur Unterstützung Verpflichteten haben die vom Träger der Insolvenzsicherung vorgesehenen Vordrucke zu verwenden.

(8) Zur Sicherung der vollständigen Erfassung der nach § 10 beitragspflichtigen Arbeitgeber können die Finanzämter dem Träger der Insolvenzsicherung mitteilen, welche Arbeitgeber für die Beitragspflicht in Betracht kommen. Die Bundesregierung wird ermächtigt, durch Rechtsverordnung mit Zustimmung des Bundesrates das Nähere zu bestimmen und Einzelheiten des Verfahrens zu regeln.

§ 12 Ordnungswidrigkeiten

(1) Ordnungswidrig handelt, wer vorsätzlich oder fahrlässig

1. entgegen § 11 Abs. 1 Satz 1, Abs. 2, Satz 1, Abs. 3 oder Abs. 5 eine Mitteilung nicht, nicht richtig, nicht vollständig oder nicht rechtzeitig vornimmt,

2. entgegen § 11 Abs. 1 Satz 2 oder Abs. 4 eine Auskunft nicht, nicht richtig, nicht vollständig oder nicht rechtzeitig erteilt oder

3. entgegen § 11 Abs. 1 Satz 2 Unterlagen nicht, nicht richtig, nicht vollständig oder nicht rechtzeitig vorlegt oder entgegen § 11 Abs. 2 Satz 2 Unterlagen nicht aufbewahrt.

(2) Die Ordnungswidrigkeit kann mit einer Geldbuße bis zu zweitausendfünfhundert Euro geahndet werden.

(3) Verwaltungsbehörde im Sinne des § 36 Abs. 1 Nr. 1 des Gesetzes über Ordnungswidrigkeiten ist die Bundesanstalt für Finanzdienstleistungsaufsicht.

§ 13

(weggefallen)

§ 14   Träger der Insolvenzsicherung

(1) Träger der Insolvenzsicherung ist der Pensions-Sicherungs-Verein Versicherungsverein auf Gegenseitigkeit. Er ist zugleich Träger der Insolvenzsicherung von Versorgungszusagen Luxemburger Unternehmen nach Maßgabe des Abkommens vom 22. September 2000 zwischen der Bundesrepublik Deutschland und dem Großherzogtum Luxemburg über Zusammenarbeit im Bereich der Insolvenzsicherung betrieblicher Altersversorgung.

(2) Der Pensions-Sicherungs-Verein Versicherungsverein auf Gegenseitigkeit unterliegt der Aufsicht durch die Bundesanstalt für Finanzdienstleistungsaufsicht. Soweit dieses Gesetz nichts anderes bestimmt, gelten für ihn die Vorschriften für kleine Versicherungsunternehmen nach den §§ 212 bis 216 des Versicherungsaufsichtsgesetzes und die auf Grund des § 217 des Versicherungsaufsichtsgesetzes erlassenen Rechtsverordnungen entsprechend. Die folgenden Vorschriften gelten mit folgenden Maßgaben:

1. § 212 Absatz 2 Nummer 1 des Versicherungsaufsichtsgesetzes gilt mit der Maßgabe, dass § 30 des Versicherungsaufsichtsgesetzes Anwendung findet;

2. § 212 Absatz 3 Nummer 6 des Versicherungsaufsichtsgesetzes gilt ohne Maßgabe; § 212 Absatz 3 Nummer 7, 10 und 12 des Versicherungsaufsichtsgesetzes gilt mit der Maßgabe, dass die dort genannten Vorschriften auch auf die interne Revision Anwendung finden; § 212 Absatz 3 Nummer 13 des Versicherungsaufsichtsgesetzes gilt mit der Maßgabe, dass die Bundesanstalt für Finanzdienstleistungsaufsicht bei Vorliegen der gesetzlichen Tatbestandsmerkmale die Erlaubnis zum Geschäftsbetrieb widerrufen kann;

3. § 214 Absatz 1 des Versicherungsaufsichtsgesetzes gilt mit der Maßgabe, dass grundsätzlich die Hälfte des Ausgleichsfonds den Eigenmitteln zugerechnet werden kann. Auf Antrag des Pensions-Sicherungs-Vereins Versicherungsverein auf Gegenseitigkeit kann die Bundesanstalt für Finanzdienstleistungsaufsicht im Fall einer Inanspruchnahme des Ausgleichsfonds nach § 10 Absatz 2 Satz 5 festsetzen, dass der Ausgleichsfonds vorübergehend zu einem hierüber hinausgehenden Anteil den Eigenmitteln zugerechnet werden kann; § 214 Absatz 1 Satz 2 des Versicherungsaufsichtsgesetzes findet keine Anwendung;

4. der Umfang des Sicherungsvermögens muss mindestens der Summe aus den Bilanzwerten der in § 125 Absatz 2 des Versicherungsaufsichtsgesetzes genannten Beträge und dem nicht den Eigenmitteln zuzurechnenden Teil des Ausgleichsfonds entsprechen;

5. § 134 Absatz 3 Satz 2 des Versicherungsaufsichtsgesetzes gilt mit der Maßgabe, dass die Aufsichtsbehörde die Frist für Maßnahmen des Pensions-Sicherungs-Vereins Versicherungsverein auf Gegenseitigkeit um einen angemessenen Zeitraum verlängern kann; § 134 Absatz 6 Satz 1 des Versicherungsaufsichtsgesetzes ist entsprechend anzuwenden;

6. § 135 Absatz 2 Satz 2 des Versicherungsaufsichtsgesetzes gilt mit der Maßgabe, dass die Aufsichtsbehörde die genannte Frist um einen angemessenen Zeitraum verlängern kann.

(3) Der Bundesminister für Arbeit und Sozialordnung weist durch Rechtsverordnung mit Zustimmung des Bundesrates die Stellung des Trägers der Insolvenzsicherung der Kreditanstalt für Wiederaufbau zu, bei der ein Fonds zur Insolvenzsicherung der betrieblichen Altersversorgung gebildet wird, wenn

1. bis zum 31. Dezember 1974 nicht nachgewiesen worden ist, daß der in Absatz 1 genannte Träger die Erlaubnis der Aufsichtsbehörde zum Geschäftsbetrieb erhalten hat,

2. der in Absatz 1 genannte Träger aufgelöst worden ist oder

3. die Aufsichtsbehörde den Geschäftsbetrieb des in Absatz 1 genannten Trägers untersagt oder die Erlaubnis zum Geschäftsbetrieb widerruft.

In den Fällen der Nummern 2 und 3 geht das Vermögen des in Absatz 1 genannten Trägers einschließlich der Verbindlichkeiten auf die Kreditanstalt für Wiederaufbau über, die es dem Fonds zur Insolvenzsicherung der betrieblichen Altersversorgung zuweist.

(4) Wird die Insolvenzsicherung von der Kreditanstalt für Wiederaufbau durchgeführt, gelten die Vorschriften dieses Abschnittes mit folgenden Abweichungen:

1. In § 7 Abs. 6 entfällt die Zustimmung der Bundesanstalt für Finanzdienstleistungsaufsicht.

2. § 10 Abs. 2 findet keine Anwendung. Die von der Kreditanstalt für Wiederaufbau zu erhebenden Beiträge müssen den Bedarf für die laufenden Leistungen der Insolvenzsicherung im laufenden Kalenderjahr und die im gleichen Zeitraum entstehenden Verwaltungskosten und sonstigen Kosten, die mit der Gewährung der Leistungen zusammenhängen, decken. Bei einer Zuweisung nach Absatz 2 Nr. 1 beträgt der Beitrag für die ersten 3 Jahre mindestens 0,1 vom Hundert der Beitragsbemessungsgrundlage gemäß § 10 Abs. 3; der nicht benötigte Teil dieses Beitragsaufkommens wird einer Betriebsmittelreserve zugeführt. Bei einer Zuweisung nach Absatz 2 Nr. 2 oder 3 wird in den ersten 3 Jahren zu dem Beitrag nach Nummer 2 Satz 2 ein Zuschlag von 0,08 vom Hundert der Beitragsbemessungsgrundlage gemäß § 10 Abs. 3 zur Bildung einer Betriebsmittelreserve erhoben. Auf die Beiträge können Vorschüsse erhoben werden.

3. In § 12 Abs. 3 tritt an die Stelle der Bundesanstalt für Finanzdienstleistungsaufsicht die Kreditanstalt für Wiederaufbau.

Die Kreditanstalt für Wiederaufbau verwaltet den Fonds im eigenen Namen. Für Verbindlichkeiten des Fonds haftet sie nur mit dem Vermögen des Fonds. Dieser haftet nicht für die sonstigen Verbindlichkeiten der Bank. § 11 Abs. 1 Satz 1 des Gesetzes über die Kreditanstalt für Wiederaufbau in der Fassung der Bekanntmachung vom 23. Juni 1969 (BGBl. I S. 573), das zuletzt durch Artikel 14 des Gesetzes vom 21. Juni 2002 (BGBl. I S. 2010) geändert worden ist, ist in der jeweils geltenden Fassung auch für den Fonds anzuwenden.

§ 15 Verschwiegenheitspflicht

Personen, die bei dem Träger der Insolvenzsicherung beschäftigt oder für ihn tätig sind, dürfen fremde Geheimnisse, insbesondere Betriebs- oder Geschäftsgeheimnisse, nicht unbefugt offenbaren oder verwerten. Sie sind nach dem Gesetz über die förmliche Verpflichtung nichtbeamteter Personen vom 2. März 1974 (Bundesgesetzblatt I S. 469, 547) von der Bundesanstalt für Finanzdienstleistungsaufsicht auf die gewissenhafte Erfüllung ihrer Obliegenheiten zu verpflichten.

§ 16 Anpassungsprüfungspflicht

(1) Der Arbeitgeber hat alle drei Jahre eine Anpassung der laufenden Leistungen der betrieblichen Altersversorgung zu prüfen und hierüber nach billigem Ermessen zu entscheiden; dabei sind insbesondere die Belange des Versorgungsempfängers und die wirtschaftliche Lage des Arbeitgebers zu berücksichtigen.

(2) Die Verpflichtung nach Absatz 1 gilt als erfüllt, wenn die Anpassung nicht geringer ist als der Anstieg

1. des Verbraucherpreisindexes für Deutschland oder

2. der Nettolöhne vergleichbarer Arbeitnehmergruppen des Unternehmens

im Prüfungszeitraum.

(3) Die Verpflichtung nach Absatz 1 entfällt wenn

1. der Arbeitgeber sich verpflichtet, die laufenden Leistungen jährlich um wenigstens eins vom Hundert anzupassen,

2. die betriebliche Altersversorgung über eine Direktversicherung im Sinne des § 1b Abs. 2 oder über eine Pensionskasse im Sinne des § 1b Abs. 3 durchgeführt wird und ab Rentenbeginn sämtliche auf den Rentenbestand entfallende Überschußanteile zur Erhöhung der laufenden Leistungen verwendet werden oder

3. eine Beitragszusage mit Mindestleistung erteilt wurde; Absatz 5 findet insoweit keine Anwendung.

(4) Sind laufende Leistungen nach Absatz 1 nicht oder nicht in vollem Umfang anzupassen (zu Recht unterbliebene Anpassung), ist der Arbeitgeber nicht verpflichtet, die Anpassung zu einem späteren Zeitpunkt nachzuholen. Eine Anpassung gilt als zu Recht unterblieben, wenn der Arbeitgeber dem Versorgungsempfänger die wirtschaftliche Lage des Unternehmens schriftlich dargelegt, der Versorgungsempfänger nicht binnen drei Kalendermonaten nach Zugang der Mitteilung schriftlich widersprochen hat und er auf die Rechtsfolgen eines nicht fristgemäßen Widerspruchs hingewiesen wurde.

(5) Soweit betriebliche Altersversorgung durch Entgeltumwandlung finanziert wird, ist der Arbeitgeber verpflichtet, die Leistungen mindestens entsprechend Absatz 3 Nr. 1 anzupassen oder im Falle der Durchführung über eine Direktversicherung oder eine Pensionskasse sämtliche Überschussanteile entsprechend Absatz 3 Nr. 2 zu verwenden.

(6) Eine Verpflichtung zur Anpassung besteht nicht für monatliche Raten im Rahmen eines Auszahlungsplans sowie für Renten ab Vollendung des 85. Lebensjahres im Anschluss an einen Auszahlungsplan.

§ 17[1] Persönlicher Geltungsbereich

(1) Arbeitnehmer im Sinne der §§ 1 bis 16 sind Arbeiter und Angestellte einschließlich der zu ihrer Berufsausbildung Beschäftigten; ein Berufsausbildungsverhältnis steht einem Arbeitsverhältnis gleich. Die §§ 1 bis 16 gelten entsprechend für Personen, die nicht Arbeitnehmer sind, wenn ihnen Leistungen der Alters-, Invaliditäts- oder Hinterbliebenenversorgung aus Anlaß ihrer Tätigkeit für ein Unternehmen zugesagt worden sind. Arbeitnehmer im Sinne von § 1a Abs. 1 sind nur Personen nach den Sätzen 1 und 2, soweit sie aufgrund der Beschäftigung oder Tätigkeit bei dem Arbeitgeber, gegen den sich der Anspruch nach § 1a richten würde, in der gesetzlichen Rentenversicherung pflichtversichert sind.

(2) Die §§ 7 bis 15 gelten nicht für den Bund, die Länder, die Gemeinden sowie die Körperschaften, Stiftungen und Anstalten des öffentlichen Rechts, bei denen das Insolvenzverfahren nicht zulässig ist, und solche juristische Personen des öffentlichen Rechts, bei denen der Bund, ein Land oder eine Gemeinde kraft Gesetzes die Zahlungsfähigkeit sichert.

(3) Gesetzliche Regelungen über Leistungen der betrieblichen Altersversorgung werden unbeschadet des § 18 durch die §§ 1 bis 16 und 26 bis 30 nicht berührt.

§ 18 Sonderregelungen für den öffentlichen Dienst

(1) Für Personen, die

1. bei der Versorgungsanstalt des Bundes und der Länder (VBL) bei einer kommunalen oder kirchlichen Zusatzversorgungseinrichtung *versichert* sind, oder[2]

2. bei einer anderen Zusatzversorgungseinrichtung *versichert* sind, die mit einer der Zusatzversorgungseinrichtungen nach Nummer 1 ein Überleitungsabkommen abgeschlossen hat oder aufgrund satzungsrechtlicher Vorschriften von Zusatzversorgungseinrichtungen nach Nummer 1 ein solches Abkommen abschließen kann, oder[3]

3. unter das *Hamburgische Zusatzversorgungsgesetz* oder unter das Bremische Ruhelohngesetz in ihren jeweiligen Fassungen fallen oder auf die diese Gesetze sonst Anwendung finden,[4]

gelten die §§ 2, *2a Absatz 1, 3 und 4 sowie die §§* 5, 16, 27 und 28 nicht, soweit sich aus den nachfolgenden Regelungen nichts Abweichendes ergibt; § 4 gilt nicht, wenn die Anwartschaft oder die laufende Leistung ganz oder teilweise umlage- oder haushaltsfinanziert ist.[5]

(2) Bei Eintritt des Versorgungsfalles *vor dem 2. Januar 2002* erhalten die in Absatz 1 *Nummer 1* und 2 bezeichneten Personen, deren Anwartschaft nach § 1b fortbesteht und deren Arbeitsverhältnis vor Eintritt des Versorgungsfalles geendet hat, von der Zusatzversorgungseinrichtung eine Zusatzrente nach folgenden Maßgaben:[6]

1. Der monatliche Betrag der Zusatzrente beträgt für jedes Jahr der aufgrund des Arbeitsverhältnisses bestehenden Pflichtversicherung bei einer Zusatzversorgungseinrichtung 2,25 vom Hundert, höchstens jedoch 100 vom Hundert der Leistung, die bei dem höchstmöglichen Versorgungssatz zugestanden hätte (Voll-Leistung). Für die Berechnung der Voll-Leistung

   a) ist der Versicherungsfall der Regelaltersrente maßgebend,

   b) ist das Arbeitsentgelt maßgebend, das nach der Versorgungsregelung für die Leistungsbemessung maßgebend wäre, wenn im Zeitpunkt des Ausscheidens der Versicherungsfall im Sinne der Versorgungsregelung eingetreten wäre,

   c) *findet § 2a Absatz 1 entsprechend Anwendung,*[7]

   d) ist im Rahmen einer Gesamtversorgung der im Falle einer Teilzeitbeschäftigung oder Beurlaubung nach der Versorgungsregelung für die gesamte Dauer des Arbeitsverhältnisses maßgebliche Beschäftigungsquotient nach der Versorgungsregelung als Beschäftigungsquotient auch für die übrige Zeit maßgebend,

---

[1] *§ 17 BetrAVG wurde durch das Betriebsrentenstärkungsgesetz (Inkrafttreten 1. 1. 2018) neu gefasst.*

[2] *§ 18 Abs. 1 Nr. 1 und 2 BetrAVG wurde durch das Betriebsrentenstärkungsgesetz (Inkrafttreten 1. 1. 2002) geändert und Nummer 3 wurde neu gefasst.*

[3] *§ 18 Abs. 1 Nr. 1 und 2 BetrAVG wurde durch das Betriebsrentenstärkungsgesetz (Inkrafttreten 1. 1. 2002) geändert und Nummer 3 wurde neu gefasst.*

[4] *§ 18 Abs. 1 Nr. 1 und 2 BetrAVG wurde durch das Betriebsrentenstärkungsgesetz (Inkrafttreten 1. 1. 2002) geändert und Nummer 3 wurde neu gefasst.*

[5] *§ 18 Abs. 1 BetrAVG wurde durch Artikel 1 des Gesetzes zur Umsetzung der EU-Mobilitäts-Richtlinie vom 21. 12. 2015 (BGBl. I S. 2553) geändert (Inkrafttreten 1. 1. 2018).*

[6] *§ 18 Abs. 2 Satz 1 BetrAVG wurde durch das Betriebsrentenstärkungsgesetz (Inkrafttreten 1. 1. 2002) geändert.*

[7] *§ 18 Abs. 2 Nr. 1 Satz 2 Buchstabe c BetrAVG wurde durch Artikel 1 des Gesetzes zur Umsetzung der EU-Mobilitäts-Richtlinie vom 21. 12. 2015 (BGBl. I S. 2553) neu gefasst (Inkrafttreten 1. 1. 2018).*

e) finden die Vorschriften der Versorgungsregelung über eine Mindestleistung keine Anwendung und

f) ist eine anzurechnende Grundversorgung nach dem bei der Berechnung von Pensionsrückstellungen für die Berücksichtigung von Renten aus der gesetzlichen Rentenversicherung allgemein zulässigen Verfahren zu ermitteln. Hierbei ist das Arbeitsentgelt nach Buchstabe b zugrunde zu legen und – soweit während der Pflichtversicherung Teilzeitbeschäftigung bestand – diese nach Maßgabe der Versorgungsregelung zu berücksichtigen.

2. Die Zusatzrente vermindert sich um 0,3 vom Hundert für jeden vollen Kalendermonat, den der Versorgungsfall vor Vollendung des 65. Lebensjahres eintritt, höchstens jedoch um den in der Versorgungsregelung für die Voll-Leistung vorgesehenen Vomhundertsatz.

3. Übersteigt die Summe der Vomhundertsätze nach Nummer 1 aus unterschiedlichen Arbeitsverhältnissen 100, sind die einzelnen Leistungen im gleichen Verhältnis zu kürzen.

4. Die Zusatzrente muss monatlich mindestens den Betrag erreichen, der sich aufgrund des Arbeitsverhältnisses nach der Versorgungsregelung als Versicherungsrente aus den jeweils maßgeblichen Vomhundertsätzen der zusatzversorgungspflichtigen Entgelte oder der gezahlten Beiträge und Erhöhungsbeträge ergibt.

5. Die Vorschriften der Versorgungsregelung über das Erlöschen, das Ruhen und die Nichtleistung der Versorgungsrente gelten entsprechend. Soweit die Versorgungsregelung eine Mindestleistung in Ruhensfällen vorsieht, gilt dies nur, wenn die Mindestleistung der Leistung im Sinne der Nummer 4 entspricht.

6. Verstirbt die in Absatz 1 genannte Person **und beginnt die Hinterbliebenenrente vor dem 2. Januar 2002**, erhält eine Witwe oder ein Witwer 60 vom Hundert, eine Witwe oder ein Witwer im Sinne des § 46 Abs. 1 des Sechsten Buches Sozialgesetzbuch 42 vom Hundert, eine Halbwaise 12 vom Hundert und eine Vollwaise 20 vom Hundert der unter Berücksichtigung der in diesem Absatz genannten Maßgaben zu berechnenden Zusatzrente; die §§ 46, 48, 103 bis 105 des Sechsten Buches Sozialgesetzbuch sind entsprechend anzuwenden[1]). Die Leistungen an mehrere Hinterbliebene dürfen den Betrag der Zusatzrente nicht übersteigen; gegebenenfalls sind die Leistungen im gleichen Verhältnis zu kürzen.

7. Versorgungsfall ist der Versicherungsfall im Sinne der Versorgungsregelung.

(2a)[2] **Bei Eintritt des Versorgungsfalles oder bei Beginn der Hinterbliebenenrente nach dem 1. Januar 2002 erhalten die in Absatz 1 Nummer 1 und 2 genannten Personen, deren Anwartschaft nach § 1b fortbesteht und deren Arbeitsverhältnis vor Eintritt des Versorgungsfalles geendet hat, von der Zusatzversorgungseinrichtung die nach der jeweils maßgebenden Versorgungsregelung vorgesehenen Leistungen.**

(3)[3] Personen, auf die bis zur Beendigung ihres Arbeitsverhältnisses die Regelungen des **Hamburgischen Zusatzversorgungsgesetzes** oder des Bremischen Ruhelohngesetzes in ihren jeweiligen Fassungen Anwendung gefunden haben, haben Anspruch gegenüber ihrem ehemaligen Arbeitgeber auf Leistungen in sinngemäßer Anwendung des Absatzes 2 mit Ausnahme von Absatz 2 **Nummer 3** und 4 sowie **Nummer 5** Satz 2; bei Anwendung des **Hamburgischen Zusatzversorgungsgesetz** bestimmt sich der monatliche Betrag der Zusatzrente abweichend von Absatz 2 nach der nach dem **Hamburgischen Zusatzversorgungsgesetzes** maßgebenden Berechnungsweise. **An die Stelle des Stichtags 2. Januar 2002 tritt im Bereich des Hamburgischen Zusatzversorgungsgesetzes der 1. August 2003 und im Bereich des Bremischen Ruhelohngesetzes der 1. März 2007.**

(4) [4]Die Leistungen nach den Absätzen 2, 2a und 3 werden **in der Pflichtversicherung** jährlich zum 1. Juli um 1 **Prozent** erhöht. **In der freiwilligen Versicherung bestimmt sich die Anpassung der Leistungen nach der jeweils maßgebenden Versorgungsregelung.**

(5) Besteht bei Eintritt des Versorgungsfalles neben dem Anspruch auf Zusatzrente oder auf die in Absatz 3 oder Absatz 7 bezeichneten Leistungen auch Anspruch auf eine Versorgungsrente oder Versicherungsrente der in Absatz 1 Satz 1 Nr. 1 und 2 bezeichneten Zusatzversorgungseinrichtungen oder Anspruch auf entsprechende Versorgungsleistungen der Versorgungsanstalt der deutschen Kulturorchester oder der Versorgungsanstalt der deutschen Bühnen oder nach den Regelungen des Ersten Ruhegeldgesetzes, des Zweiten Ruhegeldgesetzes oder des Bremischen

---

[1]) § 18 Abs. 2 Satz 1 Nr. 6 Satz 1 BetrAVG wurde durch das Betriebsrentenstärkungsgesetz (Inkrafttreten 1. 1. 2002) geändert.
[2]) § 18 Abs. 2a BetrAVG wurde durch das Betriebsrentenstärkungsgesetz (Inkrafttreten 1. 1. 2002) eingefügt.
[3]) § 18 Abs. 3 und 4 BetrAVG wurde durch das Betriebsrentenstärkungsgesetz (Inkrafttreten 1. 1. 2002) neu gefasst.
[4]) § 18 Abs. 3 und 4 BetrAVG wurde durch das Betriebsrentenstärkungsgesetz (Inkrafttreten 1. 1. 2002) neu gefasst.

Ruhelohngesetzes, in deren Berechnung auch die der Zusatzrente zugrunde liegenden Zeiten berücksichtigt sind, ist nur die im Zahlbetrag höhere Rente zu leisten.

(6)[1] Eine Anwartschaft auf *Versorgungsleistungen* kann bei Übertritt der anwartschaftsberechtigten Person in ein Versorgungssystem einer überstaatlichen Einrichtung in das Versorgungssystem dieser Einrichtung übertragen werden, wenn ein entsprechendes Abkommen zwischen der Zusatzversorgungseinrichtung oder der Freien und Hansestadt Hamburg oder der Freien Hansestadt Bremen und der überstaatlichen Einrichtung besteht.

(7) Für Personen, die bei der Versorgungsanstalt der deutschen Kulturorchester oder der Versorgungsanstalt der deutschen Bühnen pflichtversichert sind, gelten die §§ 2 bis 5, 16, 27 und 28 nicht. Bei Eintritt des Versorgungsfalles treten an die Stelle der Zusatzrente und der Leistungen an Hinterbliebene nach Absatz 2 und an die Stelle der Regelung in Absatz 4 die satzungsgemäß vorgesehenen Leistungen; Absatz 2 Nr. 5 findet entsprechend Anwendung. Die Höhe der Leistungen kann nach dem Ausscheiden aus dem Beschäftigungsverhältnis nicht mehr geändert werden. Als pflichtversichert gelten auch die freiwillig Versicherten der Versorgungsanstalt der deutschen Kulturorchester und der Versorgungsanstalt der deutschen Bühnen.

(8) Gegen Entscheidungen der Zusatzversorgungseinrichtungen über Ansprüche nach diesem Gesetz ist der Rechtsweg gegeben, der für Versicherte der Einrichtung gilt.

(9) Bei Personen, die aus einem Arbeitsverhältnis ausscheiden, in dem sie nach § 5 Abs. 1 Satz 1 Nr. 2 des Sechsten Buches Sozialgesetzbuch versicherungsfrei waren, dürfen die Ansprüche nach § 2 Abs. 1 Satz 1 und 2 nicht hinter dem Rentenanspruch zurückbleiben, der sich ergeben hätte, wenn der Arbeitnehmer für die Zeit der versicherungsfreien Beschäftigung in der gesetzlichen Rentenversicherung nachversichert worden wäre; die Vergleichsberechnung ist im Versorgungsfall aufgrund einer Auskunft der Deutschen Rentenversicherung Bund vorzunehmen.

§ 18a   Verjährung

Der Anspruch auf Leistungen aus der betrieblichen Altersversorgung verjährt in 30 Jahren. Ansprüche auf regelmäßig wiederkehrende Leistungen unterliegen der regelmäßigen Verjährungsfrist nach den Vorschriften des Bürgerlichen Gesetzbuchs.

§ 30b

§ 4 Abs. 3 gilt nur für Zusagen, die nach dem 31. Dezember 2004 erteilt wurden.

§ 30c

(1) § 16 Abs. 3 Nr. 1 gilt nur für laufende Leistungen, die auf Zusagen beruhen, die nach dem 31. Dezember 1998 erteilt werden.

(1a)[2] § 16 Absatz 3 Nummer 2 gilt auch für Anpassungszeiträume, die vor dem 1. Januar 2016 liegen; in diesen Zeiträumen bereits erfolgte Anpassungen oder unterbliebene Anpassungen, gegen die der Versorgungsberechtigte vor dem 1. Januar 2016 Klage erhoben hat, bleiben unberührt.

(2) § 16 Abs. 4 gilt nicht für vor dem 1. Januar 1999 zu Recht unterbliebene Anpassungen.

(3) § 16 Abs. 5 gilt nur für laufende Leistungen, die auf Zusagen beruhen, die nach dem 31. Dezember 2000 erteilt werden.

(4) Für die Erfüllung der Anpassungsprüfungspflicht für Zeiträume vor dem 1. Januar 2003 gilt § 16 Abs. 2 Nr. 1 mit der Maßgabe, dass an die Stelle des Verbraucherpreisindexes für Deutschland der Preisindex für die Lebenshaltung von 4-Personen-Haushalten von Arbeitern und Angestellten mit mittlerem Einkommen tritt.

§ 30d   Übergangsregelung zu § 18

(1) Ist der Versorgungsfall vor dem 1. Januar 2001 eingetreten oder ist der Arbeitnehmer vor dem 1. Januar 2001 aus dem Beschäftigungsverhältnis bei einem öffentlichen Arbeitgeber ausgeschieden und der Versorgungsfall nach dem 31. Dezember 2000 *und vor dem 2. Januar 2002* eingetreten, sind für die Berechnung der Voll-Leistung die Regelungen der Zusatzversorgungseinrichtungen nach § 18 Abs. 1 Satz 1 Nr. 1 und 2 oder die Gesetze im Sinne des § 18 Abs. 1 Satz 1 Nr. 3 sowie die weiteren Berechnungsfaktoren jeweils in der am 31. Dezember 2000 gelten-

---

[1] *§ 18 Abs. 6 BetrAVG wurde durch das Betriebsrentenstärkungsgesetz (Inkrafttreten 1. 1. 2002) geändert.*

[2] *§ 30c Abs. 1a BetrAVG wurde durch das Betriebsrentenstärkungsgesetz (Inkrafttreten 24. 8. 2017) eingefügt.*

den Fassung maßgebend; § 18 Abs. 2 Nr. 1 Buchstabe b bleibt unberührt.[1] Die Steuerklasse III/O ist zugrunde zu legen. Ist der Versorgungsfall vor dem 1. Januar 2001 eingetreten, besteht der Anspruch auf Zusatzrente mindestens in der Höhe, wie er sich aus § 18 in der Fassung vom 16. Dezember 1997 (BGBl. I S. 2998) ergibt.

(2) Die Anwendung des § 18 ist in den Fällen des Absatzes 1 ausgeschlossen, soweit eine Versorgungsrente der in § 18 Abs. 1 Satz 1 Nr. 1 und 2 bezeichneten Zusatzversorgungseinrichtungen oder eine entsprechende Leistung aufgrund der Regelungen des Ersten Ruhegeldgesetzes, des Zweiten Ruhegeldgesetzes oder des Bremischen Ruhelohngesetzes bezogen wird, oder eine Versicherungsrente abgefunden wurde.

(2a)[2] Für Personen, deren Beschäftigungsverhältnis vor dem 1. Januar 2002 vor Eintritt des Versorgungsfalls geendet hat und deren Anwartschaft nach § 1b fortbesteht, haben die in § 18 Absatz 1 Satz 1 Nummer 1 und 2 bezeichneten Zusatzversorgungseinrichtungen bei Eintritt des Versorgungsfalls nach dem 1. Januar 2002 die Anwartschaft für Zeiten bis zum 1. Januar 2002 nach § 18 Absatz 2 unter Berücksichtigung des § 18 Absatz 5 zu ermitteln.

(3) Für Arbeitnehmer im Sinne des § 18 Abs. 1 Satz 1 Nr. 4, 5 und 6 in der bis zum 31. Dezember 1998 geltenden Fassung, für die bis zum 31. Dezember 1998 ein Anspruch auf Nachversicherung nach § 18 Abs. 6 entstanden ist, gilt Absatz 1 Satz 1 für die aufgrund der Nachversicherung zu ermittelnde Voll-Leistung entsprechend mit der Maßgabe, dass sich der nach § 2 zu ermittelnde Anspruch gegen den ehemaligen Arbeitgeber richtet. Für den nach § 2 zu ermittelnden Anspruch gilt § 18 Abs. 2 Nr. 1 Buchstabe b entsprechend; für die übrigen Bemessungsfaktoren ist auf die Rechtslage am 31. Dezember 2000 abzustellen. Leistungen der gesetzlichen Rentenversicherung, die auf einer Nachversicherung wegen Ausscheidens aus einem Dienstordnungsverhältnis beruhen, und Leistungen, die die zuständige Versorgungseinrichtung aufgrund von Nachversicherungen im Sinne des § 18 Abs. 6 in der am 31. Dezember 1998 geltenden Fassung gewährt, werden auf den Anspruch nach § 2 angerechnet. Hat das Arbeitsverhältnis im Sinne des § 18 Abs. 9 bereits am 31. Dezember 1998 bestanden, ist in die Vergleichsberechnung nach § 18 Abs. 9 auch die Zusatzrente nach § 18 in der bis zum 31. Dezember 1998 geltenden Fassung einzubeziehen.

§ 30e

(1) § 1 Abs. 2 Nr. 4 zweiter Halbsatz gilt für Zusagen, die nach dem 31. Dezember 2002 erteilt werden.

(2) § 1 Abs. 2 Nr. 4 zweiter Halbsatz findet auf Pensionskassen, deren Leistungen der betrieblichen Altersversorgung durch Beiträge der Arbeitnehmer und Arbeitgeber gemeinsam finanziert und die als beitragsorientierte Leistungszusage oder als Leistungszusage durchgeführt werden, mit der Maßgabe Anwendung, dass dem ausgeschiedenen Arbeitnehmer das Recht zur Fortführung mit eigenen Beiträgen nicht eingeräumt werden und eine Überschussverwendung gemäß § 1b Abs. 5 Nr. 1 nicht erfolgen muss. Wird dem ausgeschiedenen Arbeitnehmer ein Recht zur Fortführung nicht eingeräumt, gilt für die Höhe der unverfallbaren Anwartschaft § 2 *Absatz 5* entsprechend.[3] Für die Anpassung laufender Leistungen gelten die Regelungen nach § 16 Abs. 1 bis 4. Die Regelung in Absatz 1 bleibt unberührt.

§ 30f

(1) Wenn Leistungen der betrieblichen Altersversorgung vor dem 1. Januar 2001 zugesagt worden sind, ist § 1b Abs. 1 mit der Maßgabe anzuwenden, dass die Anwartschaft erhalten bleibt, wenn das Arbeitsverhältnis vor Eintritt des Versorgungsfalles, jedoch nach Vollendung des 35. Lebensjahres endet und die Versorgungszusage zu diesem Zeitpunkt

1. mindestens zehn Jahre oder

2. bei mindestens zwölfjähriger Betriebszugehörigkeit mindestens drei Jahre

bestanden hat; in diesen Fällen bleibt die Anwartschaft auch erhalten, wenn die Zusage ab dem 1. Januar 2001 fünf Jahre bestanden hat und bei Beendigung des Arbeitsverhältnisses das 30. Lebensjahr vollendet ist. § 1b Abs. 5 findet für Anwartschaften aus diesen Zusagen keine Anwendung.

(2) Wenn Leistungen der betrieblichen Altersversorgung vor dem 1. Januar 2009 und nach dem 31. Dezember 2000 zugesagt worden sind, ist § 1b Abs. 1 Satz 1 mit der Maßgabe anzuwenden,

---

1) *§ 30d Abs. 1 Satz 1 BetrAVG wurde durch das Betriebsrentenstärkungsgesetz (Inkrafttreten 1. 1. 2002) geändert.*
2) *§ 30d Abs. 2a BetrAVG wurde durch das Betriebsrentenstärkungsgesetz (Inkrafttreten 1. 1. 2002) eingefügt*
3) *§ 30e Abs. 2 Satz 2 BetrAVG wurde durch Artikel 1 des Gesetzes zur Umsetzung der EU-Mobilitäts-Richtlinie vom 21. 12. 2015 (BGBl. I S. 2553) geändert (Inkrafttreten 1. 1. 2018).*

dass die Anwartschaft erhalten bleibt, wenn das Arbeitsverhältnis vor Eintritt des Versorgungs-falls, jedoch nach Vollendung des 30. Lebensjahres endet und die Versorgungszusage zu diesem Zeitpunkt fünf Jahre bestanden hat; in diesen Fällen bleibt die Anwartschaft auch erhalten, wenn die Zusage ab dem 1. Januar 2009 fünf Jahre bestanden hat und bei Beendigung des Arbeitsver-hältnisses das 25. Lebensjahr vollendet ist.

(3) Wenn Leistungen der betrieblichen Altersversorgung vor dem 1. Januar 2018 und nach dem 31. Dezember 2008 zugesagt worden sind, ist § 1b Absatz 1 Satz 1 mit der Maßgabe anzu-wenden, dass die Anwartschaft erhalten bleibt, wenn das Arbeitsverhältnis vor Eintritt des Ver-sorgungsfalls, jedoch nach Vollendung des 25. Lebensjahres endet und die Versorgungszusage zu diesem Zeitpunkt fünf Jahre bestanden hat; in diesen Fällen bleibt die Anwartschaft auch erhalten, wenn die Zusage ab dem 1. Januar 2018 drei Jahre bestanden hat und bei Beendigung des Arbeitsverhältnisses das 21. Lebensjahr vollendet ist.[1]

§ 30g[2]

(1) § 2a Absatz 2 gilt nicht für Beschäftigungszeiten vor dem 1. Januar 2018. Für Beschäfti-gungszeiten nach dem 31. Dezember 2017 gilt § 2a Absatz 2 nicht, wenn das Versorgungssys-tem vor dem 20. Mai 2014 für neue Arbeitnehmer geschlossen war.

(2) § 2 Absatz 5 gilt nur für Anwartschaften, die auf Zusagen beruhen, die nach dem 31. De-zember 2000 erteilt worden sind. Im Einvernehmen zwischen Arbeitgeber und Arbeitnehmer kann § 2 Abs. 5a auch auf Anwartschaften angewendet werden, die auf Zusagen beruhen, die vor dem 1. Januar 2001 erteilt worden sind.

(3) § 3 findet keine Anwendung auf laufende Leistungen, die vor dem 1. Januar 2005 erstmals gezahlt worden sind.

§ 30h

§ 20 Absatz 1 gilt für Entgeltumwandlungen, die auf Zusagen beruhen, die nach dem 29. Juni 2001 erteilt werden.[3]

§ 30i

(1) Der Barwert der bis zum 31. Dezember 2005 aufgrund eingetretener Insolvenzen zu sichern-den Anwartschaften wird einmalig auf die beitragspflichtigen Arbeitgeber entsprechend § 10 Abs. 3 umgelegt und vom Träger der Insolvenzsicherung nach Maßgabe der Beträge zum Schluss des Wirtschaftsjahres, das im Jahr 2004 geendet hat, erhoben. Der Rechnungsinsfuß bei der Berechnung des Barwerts beträgt 3,67 vom Hundert.

(2) Der Betrag ist in 15 gleichen Raten fällig. Die erste Rate wird am 31. März 2007 fällig, die weiteren zum 31. März der folgenden Kalenderjahre. Bei vorfälliger Zahlung erfolgt eine Diskon-tierung der einzelnen Jahresraten mit dem zum Zeitpunkt der Zahlung um ein Drittel erhöhten Rechnungsinsfuß nach der nach § 235 Nummer 4 des Versicherungsaufsichtsgesetzes erlasse-nen Rechtsverordnung, wobei nur volle Monate berücksichtigt werden.

(3) Der abgezinste Gesamtbetrag ist gemäß Absatz 2 am 31. März 2007 fällig, wenn die sich ergebende Jahresrate nicht höher als 50 Euro ist.

(4) Insolvenzbedingte Zahlungsausfälle von ausstehenden Raten werden im Jahr der Insolvenz in die erforderlichen jährlichen Beiträge gemäß § 10 Abs. 2 eingerechnet.

§ 30j[4] Übergangsregelung zu § 20 Absatz 2

§ 20 Absatz 2 gilt nicht für Optionssysteme, die auf der Grundlage von Betriebs- oder Dienst-vereinbarungen vor dem 1. Juni 2017 eingeführt worden sind.

§ 31

Auf Sicherungsfälle, die vor dem 1. Januar 1999 eingetreten sind, ist dieses Gesetz in der bis zu diesem Zeitpunkt geltenden Fassung anzuwenden.

---

[1] *§ 30f Abs. 3 BetrAVG wurde durch Artikel 1 des Gesetzes zur Umsetzung der EU-Mobilitäts-Richtlinie vom 21. 12. 2015 (BGBl. I S. 2553) angefügt (Inkrafttreten 1. 1. 2018).*
[2] *§ 30g BetrAVG wurde durch Artikel 1 des Gesetzes zur Umsetzung der EU-Mobilitäts-Richtlinie vom 21. 12. 2015 (BGBl. I S. 2553) geändert (Inkrafttreten 1. 1. 2018).*
[3] *§ 30h BetrAVG wurde durch das Betriebsrentenstärkungsgesetz (Inkrafttreten 1. 1. 2018) geändert.*
[4] *§ 30j BetrAVG wurde durch das Betriebsrentenstärkungsgesetz (Inkrafttreten 1. 1. 2018) eingefügt.*

II.
Gesetz über die Zertifizierung von Altersvorsorge- und Basisrentenverträgen
(Altersvorsorgeverträge-Zertifizierungsgesetz – AltZertG)[1])

vom 26. 6. 2001 (BGBl. I S. 1310, 1322)
zuletzt geändert durch Artikel 14 des Gesetzes zur Stärkung der betrieblichen Altersversorgung
und zur Änderung anderer Gesetze (Betriebsrentenstärkungsgesetz) vom 17. 8. 2017
(BGBl. I S. 3214)

– Auszug –

§ 1 Begriffsbestimmungen zum Altersvorsorgevertrag

(1) Ein Altersvorsorgevertrag im Sinne dieses Gesetzes liegt vor, wenn zwischen dem Anbieter und einer natürlichen Person (Vertragspartner) eine Vereinbarung in deutscher Sprache geschlossen wird,

1. (weggefallen)
2. die für den Vertragspartner eine lebenslange und unabhängig vom Geschlecht berechnete Altersversorgung vorsieht, die nicht vor Vollendung des 62. Lebensjahres oder einer vor Vollendung des 62. Lebensjahres beginnenden Leistung aus einem gesetzlichen Alterssicherungssystem des Vertragspartners (Beginn der Auszahlungsphase) gezahlt werden darf; Leistungen aus einer ergänzenden Absicherung der verminderten Erwerbsfähigkeit oder Dienstunfähigkeit und einer zusätzlichen Absicherung der Hinterbliebenen können vereinbart werden; Hinterbliebene in diesem Sinne sind der Ehegatte, der Lebenspartner und die Kinder, für die dem Vertragspartner zum Zeitpunkt des Eintritts des Versorgungsfalles ein Anspruch auf Kindergeld oder ein Freibetrag nach § 32 Abs. 6 des Einkommensteuergesetzes zugestanden hätte; der Anspruch auf Waisenrente oder Waisengeld darf längstens für den Zeitraum bestehen, in dem der Rentenberechtigte die Voraussetzungen für die Berücksichtigung als Kind im Sinne des § 32 des Einkommensteuergesetzes erfüllt;
3. in welcher der Anbieter zusagt, dass zu Beginn der Auszahlungsphase zumindest die eingezahlten Altersvorsorgebeiträge für die Auszahlungsphase zur Verfügung stehen und für die Leistungserbringung genutzt werden; sofern Beitragsanteile zur Absicherung der verminderten Erwerbsfähigkeit oder Dienstunfähigkeit oder zur Hinterbliebenenabsicherung verwendet werden, sind bis zu 20 Prozent der Gesamtbeiträge in diesem Zusammenhang nicht zu berücksichtigen; das gilt auch für den Fall, dass das gebildete Kapital zu Beginn der Auszahlungsphase nach Nummer 10 Buchstabe b auf einen anderen Altersvorsorgevertrag übertragen wird;
4. die monatliche Leistungen für den Vertragspartner in Form einer
   a) lebenslangen Leibrente oder Ratenzahlungen im Rahmen eines Auszahlungsplans mit einer anschließenden Teilkapitalverrentung ab spätestens dem 85. Lebensjahr vorsieht; die Leistungen müssen während der gesamten Auszahlungsphase gleich bleiben oder steigen; Anbieter und Vertragspartner können vereinbaren, dass bis zu zwölf Monatsleistungen in einer Auszahlung zusammengefasst werden oder eine Kleinbetragsrente nach § 93 Abs. 3 des Einkommensteuergesetzes abgefunden wird, wenn die Vereinbarungen vorsehen, dass der Vertragspartner bis vier Wochen nach der Mitteilung des Anbieters darüber, dass die Auszahlung in Form einer Kleinbetragsrentenabfindung erfolgen wird, den Beginn der Auszahlungsphase auf den 1. Januar des darauffolgenden Jahres verschieben kann;[2]) bis zu 30 Prozent des zu Beginn der Auszahlungsphase zur Verfügung stehenden Kapitals kann an den Vertragspartner außerhalb der monatlichen Leistungen ausgezahlt werden; die gesonderte Auszahlung der in der Auszahlungsphase anfallenden Zinsen und Erträge ist zulässig;
   b) lebenslangen Verminderung des monatlichen Nutzungsentgelts für eine vom Vertragspartner selbst genutzte Genossenschaftswohnung vorsieht oder eine zeitlich befristete Verminderung mit einer anschließenden Teilkapitalverrentung ab spätestens dem 85. Lebensjahr vorsieht; die Leistungen müssen während der gesamten Auszahlungsphase gleich bleiben oder steigen; die Ansparleistung muss in diesem Fall durch die Einzahlung auf weitere Geschäftsanteile an einer eingetragenen Genossenschaft erfolgen; die weiteren Geschäftsanteile gelten mit Beginn der Auszahlungsphase als gekündigt; Buchstabe a Teilsatz 3 bis 5 gilt entsprechend;
5. die einen Erwerb weiterer Geschäftsanteile an einer eingetragenen Genossenschaft nur zulässt, wenn der Vertragspartner im Zeitpunkt des Abschlusses des Altersvorsorgevertrags sowie in den neun Monaten davor eine Genossenschaftswohnung des Anbieters durch-

---

1) → u. a. § 3 Nr. 55c, 56 und 63 sowie § 82 Abs. 2 Satz 1 EStG.
2) Durch das Betriebsrentenstärkungsgesetz wurde § 1 Abs. 1 Satz 1 Nr. 4 Buchstabe a geändert (Inkrafttreten 1. 1. 2018).

gehend selbst genutzt hat und bei Erwerb weiterer Geschäftsanteile an einer eingetragenen Genossenschaft vorsieht, dass

a) im Fall der Aufgabe der Selbstnutzung der Genossenschaftswohnung, des Ausschlusses, des Ausscheidens des Mitglieds oder der Auflösung der Genossenschaft die Möglichkeit eingeräumt wird, dass mindestens die eingezahlten Altersvorsorgebeiträge und die gutgeschriebenen Erträge auf einen vom Vertragspartner zu bestimmenden Altersvorsorgevertrag übertragen werden, und

b) die auf die weiteren Geschäftsanteile entfallenden Erträge nicht ausgezahlt, sondern für den Erwerb weiterer Geschäftsanteile verwendet werden;

6. (weggefallen)
7. (weggefallen)
8. die vorsieht, dass die angesetzten Abschluss- und Vertriebskosten gleichmäßig mindestens auf die ersten fünf Vertragsjahre verteilt werden, soweit sie nicht als Prozentsatz von den Altersvorsorgebeiträgen abgezogen werden;
9. (weggefallen)
10. die dem Vertragspartner bis zum Beginn der Auszahlungsphase einen Anspruch gewährt,
    a) den Vertrag ruhen zu lassen,
    b) den Vertrag mit einer Frist von drei Monaten zum Ende eines Kalendervierteljahres oder zum Beginn der Auszahlungsphase zu kündigen, um das gebildete Kapital auf einen anderen auf seinen Namen lautenden Altersvorsorgevertrag mit einer Vertragsgestaltung nach diesem Absatz desselben oder eines anderen Anbieters übertragen zu lassen, oder
    c) mit einer Frist von drei Monaten zum Ende eines Kalendervierteljahres die Auszahlung des gebildeten Kapitals für eine Verwendung im Sinne des § 92a des Einkommensteuergesetzes zu verlangen;
    soweit es sich um den Erwerb weiterer Geschäftsanteile an einer Genossenschaft handelt, gilt der erste Halbsatz mit der Maßgabe, dass die weiteren Geschäftsanteile mit einer Frist von drei Monaten zum Ende des Geschäftsjahres gekündigt werden können und die Auszahlung des auf die weiteren Geschäftsanteile entfallenden Geschäftsguthabens binnen sechs Monaten nach Wirksamwerden der Kündigung verlangt werden kann;
11. die im Fall der Verminderung des monatlichen Nutzungsentgelts für eine vom Vertragspartner selbst genutzte Genossenschaftswohnung dem Vertragspartner bei Aufgabe der Selbstnutzung der Genossenschaftswohnung in der Auszahlungsphase einen Anspruch gewährt, den Vertrag mit einer Frist von nicht mehr als drei Monaten zum Ende des Geschäftsjahres zu kündigen, um spätestens sechs Monaten nach Wirksamwerden der Kündigung das noch nicht verbrauchte Kapital auf einen anderen auf seinen Namen lautenden Altersvorsorgevertrag desselben oder eines anderen Anbieters übertragen zu lassen.

Ein Altersvorsorgevertrag im Sinne dieses Gesetzes kann zwischen dem Anbieter und dem Vertragspartner auch auf Grundlage einer rahmenvertraglichen Vereinbarung mit einer Vereinigung geschlossen werden, wenn der begünstigte Personenkreis die Voraussetzungen des § 10a des Einkommensteuergesetzes erfüllt. Bei einer Übertragung nach Satz 1 Nummer 10 Buchstabe b gekündigten Kapitals ist es unzulässig, dass der Anbieter des bisherigen Altersvorsorgevertrags dem Vertragspartner Kosten in Höhe von mehr als 150 Euro in Rechnung stellt. Bei der Berechnung der Abschluss- und Vertriebskosten sind vom Anbieter des neuen Altersvorsorgevertrags maximal 50 Prozent des übertragenen, im Zeitpunkt der Übertragung des nach § 10a oder Abschnitt XI des Einkommensteuergesetzes geförderten Kapitals zu berücksichtigen.

(1a) Als Altersvorsorgevertrag gilt auch ein Vertrag,
1. der für den Vertragspartner einen Rechtsanspruch auf Gewährung eines Darlehens vorsieht,
2. der dem Vertragspartner einen Rechtsanspruch auf Gewährung eines Darlehens einräumt, sowie der darauf beruhende Darlehensvertrag; der Vertrag kann auch mit einer Vertragsgestaltung nach Absatz 1 zu einem einheitlichen Vertrag zusammengefasst werden,
3. der dem Vertragspartner einen Rechtsanspruch auf Gewährung eines Darlehens einräumt und bei dem unwiderruflich vereinbart wird, dass dieses Darlehen durch Altersvorsorgevermögen getilgt wird, welches in einem Altersvorsorgevertrag nach Absatz 1 oder Nummer 2 gebildet wird; beide Vertragsbestandteile (Darlehensvertrag und Altersvorsorgevertrag nach Absatz 1 oder Nummer 2) gelten als einheitlicher Vertrag.

Das Darlehen ist für eine wohnungswirtschaftliche Verwendung im Sinne des § 92a Abs. 1 Satz 1 des Einkommensteuergesetzes einzusetzen und ist spätestens bis zur Vollendung des 68. Lebensjahres des Vertragspartners zu tilgen. Absatz 1 Satz 1 Nr. 8 gilt entsprechend.

(2) Anbieter eines Altersvorsorgevertrages im Sinne dieses Gesetzes sind
1. mit Sitz im Inland:
    a) Lebensversicherungsunternehmen, soweit ihnen hierfür eine Erlaubnis nach dem Versicherungsaufsichtsgesetz vom 1. April 2015 (BGBl. I S. 434) in der jeweils geltenden Fassung erteilt worden ist,
    b) Kreditinstitute, die eine Erlaubnis zum Betreiben des Einlagengeschäfts im Sinne des § 1 Abs. 1 Satz 2 Nr. 1 des Kreditwesengesetzes haben,

c) Bausparkassen im Sinne des Gesetzes über Bausparkassen in der Fassung der Bekanntmachung vom 15. Februar 1991 (BGBl. I S. 454), zuletzt geändert durch Artikel 13a Nr. 3 des Gesetzes vom 16. Juli 2007 (BGBl. I S. 1330), in der jeweils geltenden Fassung,

d) externe Kapitalverwaltungsgesellschaften im Sinne des § 17 Absatz 2 Nummer 1 des Kapitalanlagegesetzbuchs;

2. mit Sitz in einem anderen Staat des Europäischen Wirtschaftsraums:

a) Lebensversicherungsunternehmen im Sinne der Richtlinie 2009/138/EG des Europäischen Parlaments und des Rates vom 25. November 2009 betreffend die Aufnahme und Ausübung der Versicherungs- und der Rückversicherungstätigkeit (Solvabilität II) (ABl. L 335 vom 17. 12. 2009, S. 1), die zuletzt durch die Richtlinie 2014/51/EU (ABl. L 153 vom 22. 5. 2014, S. 1) geändert worden ist, in der jeweils geltenden Fassung, soweit sie nach § 61 Absatz 2 und 3 des Versicherungsaufsichtsgesetzes entsprechende Geschäfte im Inland betreiben dürfen,

b) Kreditinstitute im Sinne der Richtlinie 2006/48/EG des Europäischen Parlaments und des Rates vom 14. Juni 2006 über die Aufnahme und Ausübung der Tätigkeit der Kreditinstitute (ABl. EU Nr. L 177 S. 1), zuletzt geändert durch die Richtlinie 2007/64/EG des Europäischen Parlaments und des Rates vom 13. November 2007 (ABl. EU Nr. L 319 S. 1), soweit sie nach § 53b Abs. 1 Satz 1 des Kreditwesengesetzes entsprechende Geschäfte im Inland betreiben dürfen,

c) Verwaltungs- oder Investmentgesellschaften im Sinne der Richtlinie 85/611/EWG des Rates vom 20. Dezember 1985 zur Koordinierung der Rechts- und Verwaltungsvorschriften betreffend bestimmte Organismen für gemeinsame Anlagen in Wertpapieren (OGAW) (ABl. EG Nr. L 375 S. 3), zuletzt geändert durch die Richtlinie 2005/1/EG des Europäischen Parlaments und des Rates vom 9. März 2005 (ABl. EU Nr. L 79 S. 9);

3. mit Sitz außerhalb des Europäischen Wirtschaftsraums, soweit die Zweigstellen die Voraussetzungen des § 67 des Versicherungsaufsichtsgesetzes oder des § 53, auch in Verbindung mit § 53c, des Kreditwesengesetzes erfüllen, inländische Zweigstellen von Lebensversicherungsunternehmen oder Kreditinstituten, die eine Erlaubnis zum Betreiben des Einlagengeschäfts im Sinne von § 1 Abs. 1 Satz 2 Nr. 1 des Kreditwesengesetzes haben;

4. in das Genossenschaftsregister eingetragene Genossenschaften,

a) bei denen nach einer gutachterlichen Äußerung des Prüfungsverbands, von dem die Genossenschaft geprüft wird, keine Feststellungen zur Einschränkung der Ordnungsmäßigkeit der Geschäftsführung zu treffen sind, keine Tatsachen vorliegen, die den Bestand der Genossenschaft gefährden oder ihre Entwicklung wesentlich beeinträchtigen könnten und keine Anhaltspunkte dafür vorliegen, dass die von der Genossenschaft abgeschlossenen Altersvorsorgeverträge nicht ordnungsgemäß erfüllt werden,

b) die entweder eine Erlaubnis nach dem Kreditwesengesetz besitzen oder wenn sie Leistungen nach Absatz 1 Satz 1 Nr. 4 Buchstabe b anbieten, deren Satzungszweck ist, ihren Mitgliedern Wohnraum zur Verfügung zu stellen, und die Erfüllung der Verpflichtungen nach Absatz 1 Satz 1 Nr. 3 und 10 durch eine Versicherung bei einem im Geltungsbereich dieses Gesetzes zum Geschäftsbetrieb befugten Versicherungsunternehmen oder durch ein Zahlungsversprechen eines im Geltungsbereich dieses Gesetzes zum Geschäftsbetrieb befugten Kreditinstituts oder durch eine Sicherung nach § 7d Satz 5 gesichert ist; die Sicherung kann auf 20 000 Euro pro Vertrag begrenzt werden; und

c) deren Satzung zum einen eine Beteiligung mit mehreren Geschäftsanteilen erlaubt und zum anderen für Mitglieder, die weitere Geschäftsanteile zum Zwecke der Durchführung eines Altersvorsorgevertrages angeschafft haben, hinsichtlich dieser weiteren Geschäftsanteile keine Verpflichtung zur Nachschüssen zur Insolvenzmasse oder zu weiteren Einzahlungen nach § 87a Abs. 2 des Genossenschaftsgesetzes oder zur Verlustzuschreibung im Sinne des § 19 Absatz 1 des Genossenschaftsgesetzes sowie keine längere Kündigungsfrist als die des § 65 Abs. 2 Satz 1 des Genossenschaftsgesetzes und keine abweichenden Regelungen für die Auszahlung des Auseinandersetzungsguthabens im Sinne des § 73 Abs. 4 des Genossenschaftsgesetzes vorsieht; das Vorliegen dieser Voraussetzungen ist durch den Prüfungsverband, von dem die Genossenschaft geprüft wird, zu bestätigen.

Finanzdienstleistungsinstitute sowie Kreditinstitute mit Sitz im Inland, die keine Erlaubnis zum Betreiben des Einlagengeschäfts im Sinne des § 1 Abs. 1 Satz 2 Nr. 1 des Kreditwesengesetzes haben, und Wertpapierdienstleistungsunternehmen im Sinne der Richtlinie 2004/39/EG des Europäischen Parlaments und des Rates vom 21. April 2004 über Märkte für Finanzinstrumente, zur Änderung der Richtlinien 85/611/EWG und 93/6/EWG des Rates und der Richtlinie 2000/12/EG des Europäischen Parlaments und des Rates und zur Aufhebung der Richtlinie 93/22/EWG des Rates (ABl. EU Nr. L 145 S. 1, 2005 Nr. L 45 S. 18), zuletzt geändert durch die Richtlinie 2007/44/EG des Europäischen Parlaments und des Rates vom 5. September 2007 (ABl. EU Nr. L 247 S. 1), mit Sitz in einem anderen Staat des Europäischen Wirtschaftsraums können Anbieter sein, wenn sie

1. nach ihrem Erlaubnisumfang nicht unter die Ausnahmeregelungen nach § 2 Absatz 7, 7a oder 8 des Kreditwesengesetzes fallen oder im Fall von Wertpapierdienstleistungsunternehmen vergleichbaren Einschränkungen der Solvenzaufsicht in dem anderen Staat des Europäischen Wirtschaftsraums unterliegen,

2. ein Anfangskapital im Sinne des Artikels 4 Absatz 1 Nummer 51 der Verordnung (EU) Nr. 575/2013 des Europäischen Parlaments und des Rates vom 26. Juni 2013 über Aufsichtsanforderungen an Kreditinstitute und Wertpapierfirmen und zur Änderung der Verordnung (EU) Nr. 646/2012 (ABl. L 176 vom 27. 6. 2013, S. 1) (Anfangskapital) in Höhe von mindestens 730 000 Euro nachweisen und

3. nach den Bedingungen des Altersvorsorgevertrages die Gelder nur anlegen bei Kreditinstituten im Sinne des Satzes 1.

(3) Die Zertifizierung eines Altersvorsorgevertrages nach diesem Gesetz ist die Feststellung, dass die Vertragsbedingungen des Altersvorsorgevertrages dem Absatz 1, 1a oder beiden Absätzen sowie dem § 2a entsprechen und der Anbieter den Anforderungen des Absatzes 2 entspricht. Eine Zertifizierung im Sinne des § 4 Abs. 2 Satz 1 stellt ausschließlich die Übereinstimmung des Vertrages mit den Anforderungen des Absatzes 1 oder 1a oder beiden sowie des § 2a fest.[1]

(4) (weggefallen)

(5) Gebildetes Kapital im Sinne dieses Gesetzes ist

a) bei Versicherungsverträgen das nach den anerkannten Regeln der Versicherungsmathematik mit den Rechnungsgrundlagen der Beitragskalkulation berechnete Deckungskapital der Versicherung zuzüglich bereits zugeteilter Überschussanteile, des übertragungsfähigen Werts aus Schlussüberschussanteilen sowie der nach § 153 Abs. 1 und 3 des Versicherungsvertragsgesetzes zuzuteilenden Bewertungsreserven, § 169 Abs. 6 des Versicherungsvertragsgesetzes gilt entsprechend; bei fondsgebundenen Versicherungen und anderen Versicherungen, die Leistungen der in § 124 Absatz 2 des Versicherungsaufsichtsgesetzes bezeichneten Art vorsehen, abweichend hiervon die Summe aus dem vorhandenen Wert der Anteilseinheiten und der im sonstigen Vermögen angelegten verzinsten Beitrags- und Zulagenteile, abzüglich der tariflichen Kosten, zuzüglich zugeteilter Überschussanteile, des übertragungsfähigen Werts aus Schlussüberschussanteilen und der nach § 153 Abs. 1 und 3 des Versicherungsvertragsgesetzes zuzuteilenden Bewertungsreserven,

b) bei Investmentsparverträgen der Wert der Fondsanteile zum Stichtag,

c) bei Sparverträgen der Wert des Guthabens einschließlich der bis zum Stichtag entstandenen, aber noch nicht fälligen Zinsen,

d) bei Geschäftsanteilen an einer Genossenschaft der jeweilige Anschaffungspreis; bei Verträgen nach Absatz 1a Satz 1 Nummer 3 jeweils abzüglich des Darlehens, soweit es noch nicht getilgt ist.

Abzüge, soweit sie nicht in diesem Gesetz vorgesehen sind, sind nicht zulässig. In Bezug auf § 2a Satz 1 Nummer 1 Buchstabe b ist nur das für die Leistungserbringung unwiderruflich zugeteilte Kapital zu berücksichtigen.

III.

Verordnung zur Durchführung der steuerlichen Vorschriften des Einkommensteuergesetzes zur Altersvorsorge und zum Rentenbezugsmitteilungsverfahren sowie zum weiteren Datenaustausch mit der zentralen Stelle (Altersvorsorge-Durchführungsverordnung – AltvDV)

vom 28. 2. 2005 (BGBl. I S. 487, BStBl I S. 452),
zuletzt geändert durch *Artikel 11 des Gesetzes zur Stärkung der betrieblichen Altersversorgung und zur Änderung anderer Gesetze (Betriebsrentenstärkungsgesetz) vom 17. 8. 2017 (BGBl. I S. 3214)*

Abschnitt 1
Grundsätze der Datenübermittlung

§ 1   Datensätze

(1) Eine Übermittlung von Daten nach

1. § 10 Absatz 2a und 4b, den §§ 10a, 22a oder Abschnitt XI des Einkommensteuergesetzes,

2. § 32b Absatz 3 des Einkommensteuergesetzes, soweit auf § 22a des Einkommensteuergesetzes verwiesen wird, oder

3. dieser Verordnung

---

[1] Durch das Betriebsrentenstärkungsgesetz wurde § 1 Abs. 3 Satz 2 geändert (Inkrafttreten 1. 1. 2018).

sowie eine nach diesen Vorschriften bestehende Anzeige- und Mitteilungspflicht zwischen den am Verfahren Beteiligten erfolgen in Form eines amtlich vorgeschriebenen Datensatzes.

(2) Absatz 1 gilt nicht für

1. Mitteilungen an den Zulageberechtigten,
2. Mitteilungen des Zulageberechtigten nach § 10a oder Abschnitt XI des Einkommensteuergesetzes,
3. Anzeigen nach den §§ 5 und 13 oder
4. Mitteilungen nach den §§ 6, 10 Absatz 2 Satz 2 und § 11 Absatz 1 und 3.

Wird die Mitteilung nach § 11 Abs. 1 und 3 über die zentrale Stelle übermittelt, ist Absatz 1 anzuwenden. Die Mitteilung des Anbieters an den Zulageberechtigten nach § 90 Abs. 1 Satz 3 des Einkommensteuergesetzes kann mit der Bescheinigung nach § 92 des Einkommensteuergesetzes erfolgen.

§ 2 Technisches Übermittlungsformat

(1) Die Datensätze sind im XML-Format zu übermitteln.

(2)[j] Der codierte Zeichensatz für eine nach den § 10a oder Abschnitt XI des Einkommensteuergesetzes oder nach einer im Abschnitt 2 dieser Verordnung vorzunehmenden Datenübermittlung hat **vorbehaltlich der Sätze 2 und 3** den Anforderungen der DIN 66303, Ausgabe Juni 2000, zu entsprechen. **Die zentrale Stelle kann für einzelne oder alle Datensätze die Verwendung eines anderen Zeichensatzes und die dafür erforderliche Codierung bestimmen. [3]Der Zeitpunkt der erstmaligen Verwendung wird mindestens sechs Monate vorher durch das Bundesministerium der Finanzen im Bundessteuerblatt bekannt gegeben.**

(3) Der codierte Zeichensatz für eine Datenübermittlung nach

1. § 10 Absatz 2a und 4b oder § 22a des Einkommensteuergesetzes,
2. § 32b Absatz 3 des Einkommensteuergesetzes, soweit auf § 22a des Einkommensteuergesetzes verwiesen wird, oder
3. den Abschnitten 3 und 4 dieser Verordnung

hat **vorbehaltlich des Satzes 2** den Anforderungen der ISO/IEC 8859-15, Ausgabe März 1999, zu entsprechen. Absatz 2 Satz 2 **und 3** gilt entsprechend.[2]

§ 2a DIN- und ISO/IEC-Normen

DIN- und ISO/IEC-Normen DIN- und ISO/IEC-Normen, auf die in dieser Verordnung verwiesen wird, sind im Beuth-Verlag GmbH, Berlin und Köln, erschienen und beim Deutschen Patent- und Markenamt in München archivmäßig gesichert niedergelegt.

§ 3 Verfahren der Datenübermittlung, Schnittstellen

(1) Die Übermittlung der Datensätze hat durch Datenfernübertragung zu erfolgen.

(1a) Bei der elektronischen Übermittlung sind die für den jeweiligen Besteuerungszeitraum oder -zeitpunkt bestimmten Schnittstellen ordnungsgemäß zu bedienen. Die für die Datenübermittlung erforderlichen Schnittstellen und die dazugehörige Dokumentation werden über das Internet in einem geschützten Bereich der zentralen Stelle zur Verfügung gestellt.

(2) Werden Mängel festgestellt, die eine ordnungsgemäße Übernahme der Daten beeinträchtigen, kann die Übernahme der Daten abgelehnt werden. Der Absender ist über die Mängel zu unterrichten.

(3) Die technischen Einrichtungen für die Datenübermittlung stellt jede übermittelnde Stelle für ihren Bereich bereit.

§ 4 Übermittlung durch Datenfernübertragung

(1) Bei der Datenfernübertragung sind dem jeweiligen Stand der Technik entsprechende Maßnahmen zur Sicherstellung von Datenschutz und Datensicherheit zu treffen, die insbesondere die Vertraulichkeit und Unversehrtheit der Daten sowie die Authentifizierung der übermittelnden und empfangenden Stelle gewährleisten. Bei der Nutzung allgemein zugänglicher Netze sind Verschlüsselungsverfahren zu verwenden. Die zentrale Stelle bestimmt das einzusetzende Verschlüsselungsverfahren, das dem jeweiligen Stand der Technik entsprechen muss.

---

1) **§ 2 Abs. 2 AltvDV wurde durch das Betriebsrentenstärkungsgesetz (Inkrafttreten 1. 1. 2018) neu gefasst.**
2) **§ 2 Abs. 3 Satz 1 und 2 AltvDV wurde durch das Betriebsrentenstärkungsgesetz (Inkrafttreten 1. 1. 2018) geändert.**

(2) Die zentrale Stelle bestimmt den zu nutzenden Übertragungsweg. Hierbei soll der Übertragungsweg zugelassen werden, der von den an der Datenübermittlung Beteiligten gewünscht wird.

(3) Die erforderlichen Daten können **unter den Voraussetzungen der Artikel 28 und 29 der Verordnung (EU) 2016/679 des Europäischen Parlaments und des Rates vom 27. April 2016 zum Schutz natürlicher Personen bei der Verarbeitung personenbezogener Daten, zum freien Datenverkehr und zur Aufhebung der Richtlinie 95/46/EG (Datenschutz-Grundverordnung; ABl. L 119 vom 4. 5. 2016, S. 1, L 314, S. 72) in der in der jeweils geltenden Fassung** durch einen Auftragnehmer der übermittelnden Stelle an die zentrale Stelle übertragen werden.[1] Geeignet ist ein Auftragnehmer, der die Anforderungen an den Datenschutz und die Datensicherheit gemäß dieser Verordnung erfüllt.

(4) Der nach Absatz 3 mit der Datenfernübertragung beauftragte Auftragnehmer gilt als Empfangsbevollmächtigter für Mitteilungen der zentralen Stelle an den Auftraggeber, solange dieser nicht widerspricht.

§ 5 Identifikation der am Verfahren Beteiligten

(1) Der Anbieter, die zuständige Stelle und die Familienkassen haben der zentralen Stelle auf Anforderung anzuzeigen:

1. die Kundenart,
2. den Namen und die Anschrift,
3. soweit erforderlich die E-Mail-Adresse,
4. die Telefon- und soweit vorhanden die Telefaxnummer,
5. die Betriebsnummer und
6. die Art der Verbindung.

(2) Der Anbieter hat zusätzlich zu den in Absatz 1 aufgeführten Angaben eine Zertifizierungsnummer sowie die Bankverbindung, über welche die Zulagenzahlungen abgewickelt werden sollen, anzuzeigen. Hat der Anbieter ausschließlich Daten nach § 10 Absatz 2a und 4b des Einkommensteuergesetzes zu übermitteln, ist die Angabe der Bankverbindung nicht erforderlich.

(2a) Die Familienkassen haben zusätzlich zu den in Absatz 1 aufgeführten Angaben eine von ihnen im Außenverhältnis gegenüber dem Kindergeldempfänger verwendete Kurzbezeichnung der Familienkasse anzuzeigen.

(3) Im Fall der Beauftragung eines Auftragnehmers (§ 4 Abs. 3) hat der Auftraggeber der zentralen Stelle auch die in Absatz 1 genannten Daten des Auftragnehmers anzuzeigen. Eine Mandanten- oder Institutionsnummer des Beteiligten beim Auftragnehmer ist ebenfalls anzuzeigen.

(4) Die am Verfahren Beteiligten (übermittelnde Stellen und ihre Auftragnehmer) erhalten von der zentralen Stelle eine Kundennummer und ein Passwort, die den Zugriff auf den geschützten Bereich des Internets der zentralen Stelle ermöglichen.

(5) Jede Änderung der in den Absätzen 1 bis 3 genannten Daten ist der zentralen Stelle von dem am Verfahren Beteiligten unter Angabe der Kundennummer (Absatz 4) unverzüglich anzuzeigen.

(6) Die Absätze 1 und 3 bis 5 gelten für die mitteilungspflichtigen Stellen im Sinne des § 10 Absatz 2a und 4b, § 22a Absatz 1 Satz 1 und § 32b Absatz 3 des Einkommensteuergesetzes entsprechend.

Abschnitt 2
Vorschriften zur Altersvorsorge
nach § 10a oder Abschnitt XI des Einkommensteuergesetzes

Unterabschnitt 1
Mitteilungs- und Anzeigepflichten

§ 6 Mitteilungspflichten des Arbeitgebers

(1) Der Arbeitgeber hat der Versorgungseinrichtung (Pensionsfonds, Pensionskasse, Direktversicherung), die für ihn die betriebliche Altersversorgung durchführt, spätestens zwei Monate nach Ablauf des Kalenderjahres oder nach Beendigung des Dienstverhältnisses im Laufe des Kalenderjahres mitzuteilen, in welcher Höhe die für den einzelnen Arbeitnehmer geleisteten Beiträge individuell besteuert wurden.[2] Die Mitteilungspflicht des Arbeitgebers kann durch einen Auftragnehmer wahrgenommen werden.

---

[1] *§ 4 Abs. 3 Satz 1 AltvDV wurde durch Artikel 11 der Vierten Verordnung zur Änderung steuerlicher Verordnungen vom 12. 7. 2017 (BGBl. I S. 2360) neu gefasst (Inkrafttreten 25. 5. 2018).*

[2] *§ 6 Abs. 1 Satz 1 AltvDV wurde durch das Betriebsrentenstärkungsgesetz (Inkrafttreten 1. 1. 2018) geändert.*

(2) Eine Mitteilung nach Absatz 1 kann unterbleiben, wenn die Versorgungseinrichtung dem Arbeitgeber mitgeteilt hat, dass

1. sie die Höhe der individuell besteuerten Beiträge bereits kennt oder aus den bei ihr vorhandenen Daten feststellen kann oder

2. eine Förderung nach § 10a oder Abschnitt XI des Einkommensteuergesetzes nicht möglich ist.

(3) Der Arbeitnehmer kann gegenüber der Versorgungseinrichtung für die individuell besteuerten Beiträge insgesamt auf die Förderung nach § 10a oder Abschnitt XI des Einkommensteuergesetzes verzichten; der Verzicht kann für die Zukunft widerrufen werden.

(4) Soweit eine Mitteilung nach Absatz 1 unterblieben ist und die Voraussetzungen des Absatzes 2 Nr. 1 nicht vorliegen oder der Arbeitnehmer nach Absatz 3 verzichtet hat, hat die Versorgungseinrichtung davon auszugehen, dass es sich nicht um Altersvorsorgebeiträge im Sinne des § 82 Abs. 2 des Einkommensteuergesetzes handelt.

§ 7 Besondere Mitteilungspflichten der zuständigen Stelle

(1) Beantragt ein Steuerpflichtiger, der zu dem in § 10a Abs. 1 Satz 1 zweiter Halbsatz des Einkommensteuergesetzes bezeichneten Personenkreis gehört, über die für ihn zuständige Stelle (§ 81a des Einkommensteuergesetzes) eine Zulagenummer (§ 10a Abs. 1a des Einkommensteuergesetzes), übermittelt die zuständige Stelle die Angaben des Steuerpflichtigen an die zentrale Stelle. Für Empfänger einer Versorgung im Sinne des § 10a Abs. 1 Satz 4 des Einkommensteuergesetzes gilt Satz 1 entsprechend.

(2) Hat der Steuerpflichtige die nach § 10a Abs. 1 Satz 1 zweiter Halbsatz des Einkommensteuergesetzes erforderliche Einwilligung erteilt, hat die zuständige Stelle die Zugehörigkeit des Steuerpflichtigen zum begünstigten Personenkreis für das Beitragsjahr zu bestätigen und die für die Ermittlung des Mindesteigenbeitrags für die Gewährung der Kinderzulage erforderlichen Daten an die zentrale Stelle zu übermitteln. Sind für ein Beitragsjahr oder für das vorangegangene Kalenderjahr mehrere zuständige Stellen nach § 91 Abs. 2 des Einkommensteuergesetzes zur Meldung der Daten nach § 10a Abs. 1 Satz 1 zweiter Halbsatz des Einkommensteuergesetzes verpflichtet, meldet jede zuständige Stelle die Daten für den Zeitraum, für den jeweils das Beschäftigungs-, Amts- oder Dienstverhältnis bestand und auf den sich jeweils die zu übermittelnden Daten beziehen. Gehört der Steuerpflichtige im Beitragsjahr nicht mehr zum berechtigten Personenkreis im Sinne des § 10a Abs. 1 Satz 1 zweiter Halbsatz des Einkommensteuergesetzes oder ist er nicht mehr Empfänger einer Versorgung im Sinne des § 10a Abs. 1 Satz 4 des Einkommensteuergesetzes oder hat er im Beitragsjahr erstmalig einen Altersvorsorgevertrag (§ 82 Abs. 1 des Einkommensteuergesetzes) abgeschlossen, hat die zuständige Stelle die für die Ermittlung des Mindesteigenbeitrags erforderlichen Daten an die zentrale Stelle zu übermitteln, wenn ihr eine Einwilligung des Steuerpflichtigen vorliegt. Sind die zuständige Stelle und die Familienkasse verschiedene juristische Personen zugeordnet, entfällt die Meldung der kinderbezogenen Daten nach Satz 1. In den anderen Fällen kann eine Übermittlung der Kinderdaten durch die zuständige Stelle entfallen, wenn sichergestellt ist, dass die Familienkasse die für die Gewährung der Kinderzulage erforderlichen Daten an die zentrale Stelle übermittelt oder ein Datenabgleich (§ 91 Abs. 1 Satz 1 erster Halbsatz des Einkommensteuergesetzes) erfolgt.

(3) Hat die zuständige Stelle die für die Gewährung der Kinderzulage erforderlichen Daten an die zentrale Stelle übermittelt (§ 91 Abs. 2 des Einkommensteuergesetzes) und wird für diesen gemeldeten Zeitraum das Kindergeld insgesamt zurückgefordert, hat die zuständige Stelle dies der zentralen Stelle bis zum 31. März des Kalenderjahres, das dem Kalenderjahr der Rückforderung folgt, mitzuteilen.

§ 8
(weggefallen)

§ 9 Besondere Mitteilungspflicht der Familienkasse

Hat die zuständige Familienkasse der zentralen Stelle die Daten für die Gewährung der Kinderzulage übermittelt und wird für diesen gemeldeten Zeitraum das Kindergeld insgesamt zurückgefordert, hat die Familienkasse dies der zentralen Stelle unverzüglich mitzuteilen.

§ 10 Besondere Mitteilungspflichten des Anbieters

(1) Der Anbieter hat die vom Antragsteller im Zulageantrag anzugebenden Daten sowie die Mitteilungen nach § 89 Abs. 1 Satz 5 des Einkommensteuergesetzes zu erfassen und an die zentrale

Stelle zu übermitteln. Erfolgt eine Datenübermittlung nach § 89 Abs. 3 des Einkommensteuergesetzes, gilt Satz 1 entsprechend.

(2) Der Anbieter hat einen ihm bekannt gewordenen Tatbestand des § 95 Absatz 1 des Einkommensteuergesetzes der zentralen Stelle mitzuteilen. Wenn dem Anbieter ausschließlich eine Anschrift des Zulageberechtigten außerhalb der Mitgliedstaaten der Europäischen Union und der Staaten, auf die das Abkommen über den Europäischen Wirtschaftsraum (EWR-Abkommen) anwendbar ist, bekannt ist, teilt er dies der zentralen Stelle mit.

(3) Der Anbieter hat der zentralen Stelle die Zahlung des nach § 90 Abs. 3 Satz 3 des Einkommensteuergesetzes abzuführenden Rückforderungsbetrages und des nach § 94 Abs. 1 Satz 3 des Einkommensteuergesetzes abzuführenden Rückzahlungsbetrages, jeweils bezogen auf den Zulageberechtigten, sowie die Zahlung von ihm geschuldeter Verspätungs- oder Säumniszuschläge mitzuteilen.

§ 11   Anbieterwechsel

(1) Im Fall der Übertragung von Altersvorsorgevermögen nach § 1 Abs. 1 Satz 1 Nr. 10 Buchstabe b des Altersvorsorgeverträge-Zertifizierungsgesetzes sowie in den Fällen des § 93 Abs. 1 Satz 4 Buchstabe c, Abs. 1a Satz 1 oder Abs. 2 Satz 2 und 3 des Einkommensteuergesetzes hat der Anbieter des bisherigen Vertrags dem Anbieter des neuen Vertrags die in § 92 des Einkommensteuergesetzes genannten Daten einschließlich der auf den Zeitpunkt der Übertragung fortgeschriebenen Beträge im Sinne des § 19 Abs. 1 und 2 mitzuteilen. Dies gilt auch bei einer Übertragung von ausschließlich ungefördertem Altersvorsorgevermögen, die mit einer Übertragung nach § 93 Absatz 1a Satz 1 des Einkommensteuergesetzes vergleichbar ist. Bei der Übermittlung hat er die bisherige Vertragsnummer, die Zertifizierungsnummer und die Anbieternummer anzugeben. Der Anbieter des bisherigen Vertrags kann die Mitteilung nach Satz 1 über die zentrale Stelle dem Anbieter des neuen Vertrags übermitteln. Die zentrale Stelle leitet die Mitteilung ohne inhaltliche Prüfung an den Anbieter des neuen Vertrags. Der Anbieter des bisherigen Vertrags hat den Anbieter des neuen Vertrags über eine Abweisung eines Datensatzes nach § 12 Abs. 1 Satz 3 oder 4 unverzüglich zu unterrichten.

(2) Wird das Altersvorsorgevermögen im laufenden Beitragsjahr vollständig auf einen neuen Anbieter übertragen, ist dieser Anbieter zur Ausstellung der Bescheinigung nach § 92 des Einkommensteuergesetzes sowie zur Übermittlung der Daten nach § 10a Abs. 5 des Einkommensteuergesetzes an die zentrale Stelle für das gesamte Beitragsjahr verpflichtet.

(3) Bei Übertragungen von Altersvorsorgevermögen nach Absatz 1 Satz 1 oder Satz 2 haben der Anbieter des bisherigen Vertrags sowie der Anbieter des neuen Vertrags die Übertragung der zentralen Stelle mitzuteilen. Bei einer Übertragung von gefördertem Altersvorsorgevermögen nach § 82 Absatz 1 Satz 4 des Einkommensteuergesetzes hat der Anbieter des neuen Vertrags dies der zentralen Stelle ergänzend mitzuteilen. Bei einer Übertragung von Altersvorsorgevermögen nach § 93 Absatz 1a Satz 2 des Einkommensteuergesetzes oder bei einer Übertragung von ausschließlich ungefördertem Altersvorsorgevermögen, die mit einer Übertragung nach § 93 Absatz 1a Satz 2 des Einkommensteuergesetzes vergleichbar ist, hat der Anbieter des bisherigen Vertrags die Übertragung der zentralen Stelle mitzuteilen. Bei einer Übertragung nach § 93 Absatz 1a Satz 1 oder Satz 2 des Einkommensteuergesetzes oder bei einer Übertragung von ausschließlich ungefördertem Altersvorsorgevermögen, die mit einer Übertragung nach § 93 Absatz 1a Satz 1 oder Satz 2 des Einkommensteuergesetzes vergleichbar ist, hat der Anbieter des bisherigen Vertrags der zentralen Stelle außerdem die vom Familiengericht angegebene Ehezeit oder die Lebenspartnerschaftszeit mitzuteilen.

(4) Wird Altersvorsorgevermögen auf Grund vertraglicher Vereinbarung nur teilweise auf einen anderen Vertrag übertragen, gehen Zulagen, Beiträge und Erträge anteilig auf den neuen Vertrag über. Die Absätze 1 und 3 gelten entsprechend.

§ 12   Besondere Mitteilungspflichten der zentralen Stelle gegenüber dem Anbieter

(1) Die zentrale Stelle hat dem Anbieter das Ermittlungsergebnis (§ 90 Abs. 1 Satz 1 des Einkommensteuergesetzes) mitzuteilen. Die Mitteilung steht unter dem Vorbehalt der Nachprüfung (§ 164 der Abgabenordnung). Das Ermittlungsergebnis kann auch durch Abweisung des nach § 89 Abs. 2 des Einkommensteuergesetzes übermittelten Datensatzes, der um eine in dem vom Bundesministerium der Finanzen veröffentlichten Fehlerkatalog besonders gekennzeichnete Fehlermeldung ergänzt wird, übermittelt werden. Ist der Datensatz nach § 89 Abs. 2 des Einkommensteuergesetzes auf Grund von unzureichenden oder fehlerhaften Angaben des Zulageberechtigten abgewiesen sowie um eine Fehlermeldung ergänzt worden und werden die Angaben innerhalb der Antragsfrist des § 89 Abs. 1 Satz 1 des Einkommensteuergesetzes von dem Zulageberechtigten an den Anbieter nicht nachgereicht, gilt auch diese Abweisung des Datensatzes als Übermittlung des Ermittlungsergebnisses.

(2) Die zentrale Stelle hat dem Anbieter die Auszahlung der Zulage nach § 90 Abs. 2 Satz 1 des Einkommensteuergesetzes und § 15, jeweils bezogen auf den Zulageberechtigten, mitzuteilen. Mit Zugang der Mitteilung nach Satz 1 entfällt der Vorbehalt der Nachprüfung der Mitteilung nach Absatz 1 Satz 2. Die zentrale Stelle kann eine Mahnung (§ 259 der Abgabenordnung) nach amtlich vorgeschriebenem Datensatz an den Anbieter übermitteln.

(3) Wird der Rückzahlungsbetrag nach § 95 Abs. 3 Satz 1 des Einkommensteuergesetzes erlassen, hat die zentrale Stelle dies dem Anbieter mitzuteilen.

§ 13   Anzeigepflichten des Zulageberechtigten

(1) (weggefallen)

(2) Liegt ein Tatbestand des § 95 Absatz 1 des Einkommensteuergesetzes vor, hat der Zulageberechtigte dies dem Anbieter auch dann anzuzeigen, wenn aus dem Vertrag bereits Leistungen bezogen werden.

Unterabschnitt 2
Ermittlung, Festsetzung, Auszahlung, Rückforderung und Rückzahlung der Zulagen

§ 14   Nachweis der Rentenversicherungspflicht und der Höhe der maßgebenden Einnahmen

(1) Weichen die Angaben des Zulageberechtigten zur Rentenversicherungspflicht oder zu den beitragspflichtigen Einnahmen oder zu der bezogenen Rente wegen voller Erwerbsminderung oder Erwerbsunfähigkeit im Sinne des Sechsten Buches Sozialgesetzbuch – Gesetzliche Rentenversicherung – in der Fassung der Bekanntmachung vom 19. Februar 2002 (BGBl. I S. 754, 1404, 3384), zuletzt geändert durch Artikel 5 des Gesetzes vom 23. Juli 2002 (BGBl. I S. 2787), in der jeweils geltenden Fassung von den nach § 91 Abs. 1 Satz 1 des Einkommensteuergesetzes übermittelten Angaben des zuständigen Sozialversicherungsträgers ab, sind für den Nachweis der Rentenversicherungspflicht oder die Berechnung des Mindesteigenbeitrags die Angaben des zuständigen Sozialversicherungsträgers maßgebend. Für die von der landwirtschaftlichen Alterskasse übermittelten Angaben gilt Satz 1 entsprechend. Wird abweichend vom tatsächlich erzielten Entgelt oder vom Zahlbetrag der Entgeltersatzleistung ein höherer Betrag als beitragspflichtige Einnahmen im Sinne des § 86 Abs. 1 Satz 2 Nr. 1 des Einkommensteuergesetzes berücksichtigt und stimmen der vom Zulageberechtigten angegebene und der bei dem zuständigen Sozialversicherungsträger ermittelte Zeitraum überein, ist Satz 1 insoweit nicht anzuwenden. Im Festsetzungsverfahren ist dem Zulageberechtigten Gelegenheit zu geben, eine Klärung mit dem Sozialversicherungsträger herbeizuführen.

(2) Liegt der zentralen Stelle eine Bestätigung der zuständigen Stelle über die Zugehörigkeit des Zulageberechtigten zu dem in § 10a Abs. 1 Satz 1 Nr. 1 bis 5 und Satz 4 des Einkommensteuergesetzes genannten Personenkreis vor, gilt Absatz 1 entsprechend.

§ 15   Auszahlung der Zulage

Die Zulagen werden jeweils am 15. der Monate Februar, Mai, August und November eines Jahres zur Zahlung angewiesen. Zum jeweiligen Auszahlungstermin werden angewiesen:

a) Zulagen, die bis zum Ablauf des dem Auszahlungstermin vorangegangenen Kalendervierteljahres über den Anbieter beantragt worden sind und von der zentralen Stelle bis zum Ablauf des dem Auszahlungstermin vorangehenden Kalendermonats ermittelt wurden,

b) Erhöhungen von Zulagen, die bis zum Ablauf des dem Auszahlungstermin vorangehenden Kalendervierteljahres ermittelt oder festgesetzt wurden.

§ 16   Kleinbetragsgrenze für Rückforderungen gegenüber dem Zulageberechtigten

Ein Rückzahlungsbetrag nach § 94 Abs. 2 des Einkommensteuergesetzes, der nicht über den Anbieter zurückgefordert werden kann, wird nur festgesetzt, wenn die Rückforderung mindestens 10 Euro beträgt.

§ 17   Vollstreckung von Bescheiden über Forderungen der zentralen Stelle

Bescheide über Forderungen der zentralen Stelle werden von den Hauptzollämtern vollstreckt. Zuständig ist das Hauptzollamt, in dessen Vollstreckungsbezirk der Schuldner oder die Schuldnerin einen Wohnsitz oder gewöhnlichen Aufenthalt hat. Mangelt es an einem Wohnsitz oder gewöhnlichen Aufenthalt im Inland, ist das Hauptzollamt Potsdam zuständig. Über die Niederschlagung (§ 261 der Abgabenordnung) entscheidet die zentrale Stelle.

Unterabschnitt 3

Bescheinigungs-, Aufzeichnungs- und Aufbewahrungspflichten

§ 18   Erteilung der Anbieterbescheinigungen

(1) Werden Bescheinigungen nach § 22 Nr. 5 Satz 7, § 92 oder § 94 Abs. 1 Satz 4 des Einkommensteuergesetzes mit Hilfe automatischer Einrichtungen erstellt, können Unterschrift und Namenswiedergabe des Anbieters oder des Vertretungsberechtigten fehlen.

(2) Wird die Bescheinigung nach § 92 oder § 94 Abs. 1 Satz 4 des Einkommensteuergesetzes durch die Post übermittelt, ist das Datum der Aufgabe zur Post auf der Bescheinigung anzugeben. Für die Berechnung der Frist nach § 90 Abs. 4 Satz 2 des Einkommensteuergesetzes ist § 122 Abs. 2 und 2a der Abgabenordnung sinngemäß anzuwenden.

§ 19   Aufzeichnungs- und Aufbewahrungspflichten

(1) Der Anbieter nach § 1 Abs. 2 des Altersvorsorgeverträge-Zertifizierungsgesetzes hat für jedes Kalenderjahr Aufzeichnungen zu führen über

1. Name und Anschrift des Anlegers,

2. Vertragsnummer und Vertragsdatum,

3. Altersvorsorgebeiträge, auf die § 10a oder Abschnitt XI des Einkommensteuergesetzes angewendet wurde,

4. dem Vertrag gutgeschriebene Zulagen,

5. dem Vertrag insgesamt gutgeschriebene Erträge,

6. Beiträge, auf die § 10a oder Abschnitt XI des Einkommensteuergesetzes nicht angewendet wurde,

7. Beiträge und Zulagen, die zur Absicherung der verminderten Erwerbsfähigkeit verwendet wurden,

8. Beiträge und Zulagen, die zur Hinterbliebenenabsicherung im Sinne des § 1 Abs. 1 Satz 1 Nr. 2 des Altersvorsorgeverträge-Zertifizierungsgesetzes oder § 1 Abs. 1 Satz 1 Nr. 6 des Altersvorsorgeverträge-Zertifizierungsgesetzes in der bis zum 31. Dezember 2004 geltenden Fassung verwendet wurden, und

9. die im Wohnförderkonto (§ 92a Abs. 2 Satz 1 des Einkommensteuergesetzes) zu berücksichtigenden Beträge.

Werden zugunsten des Altersvorsorgevertrags auch nicht geförderte Beiträge geleistet, sind die Erträge anteilig den geförderten und den nicht geförderten Beiträgen zuzuordnen und entsprechend aufzuzeichnen. Die auf den 31. Dezember des jeweiligen Kalenderjahres fortgeschriebenen Beträge sind gesondert aufzuzeichnen.

(2) Für einen Anbieter nach § 80 zweite Alternative des Einkommensteuergesetzes gilt Absatz 1 sinngemäß.

Darüber hinaus hat er Aufzeichnungen zu führen über

1. Beiträge, auf die § 3 Nr. 63 des Einkommensteuergesetzes angewendet wurde; hierzu gehören auch die Beiträge im Sinne des § 5 Abs. 3 Satz 2 der Lohnsteuer-Durchführungsverordnung,

2. Beiträge, auf die § 40b des Einkommensteuergesetzes in der am 31. Dezember 2004 geltenden Fassung angewendet wurde, und

3. Leistungen, auf die § 3 Nr. 66 des Einkommensteuergesetzes angewendet wurde.

(3) Für die Aufbewahrung der Aufzeichnungen nach den Absätzen 1 und 2, der Mitteilungen nach § 5 Abs. 2 der Lohnsteuer-Durchführungsverordnung und des Antrags auf Altersvorsorgezulage oder der einer Antragstellung nach § 89 Abs. 3 des Einkommensteuergesetzes zugrunde liegenden Unterlagen gilt § 147 Abs. 3 der Abgabenordnung entsprechend. Die Unterlagen sind spätestens am Ende des zehnten Kalenderjahres zu löschen oder zu vernichten, das auf die Mitteilung nach § 22 Nr. 5 Satz 7 des Einkommensteuergesetzes folgt. Satz 2 gilt nicht, soweit die Löschung oder Vernichtung schutzwürdige Interessen des Anlegers oder die Wahrnehmung von Aufgaben oder berechtigten Interessen des Anbieters beeinträchtigen würde.

(3a) Unterlagen über die Auszahlung des Altersvorsorge-Eigenheimbetrages im Sinne des § 92a Absatz 1 Satz 1 des Einkommensteuergesetzes sowie Unterlagen, die eine wohnungswirtschaftliche Verwendung im Sinne des § 92a Absatz 1 Satz 1 des Einkommensteuergesetzes nach dem 31. Dezember 2007 eines Darlehens im Sinne des § 1 Absatz 1a des Altersvorsorgeverträge-Zertifizierungsgesetzes nachweisen, sind für die Dauer von zehn Jahren nach der Auflösung oder der Schließung des für den Altersvorsorgevertrag geführten Wohnförderkontos (§ 92a Absatz 2 Satz 1 des Einkommensteuergesetzes) aufzubewahren.

(4) Nach Absatz 3 Satz 1 und Absatz 3a aufzubewahrende schriftliche Unterlagen können als Wiedergabe auf einem Bild- oder anderen dauerhaften Datenträger aufbewahrt werden, wenn sichergestellt ist, dass

1. die Wiedergabe während der Dauer der Aufbewahrungsfrist verfügbar bleibt und innerhalb angemessener Zeit lesbar gemacht werden kann und

2. die lesbar gemachte Wiedergabe mit der schriftlichen Unterlage bildlich und inhaltlich übereinstimmt.

Das Vorliegen der Voraussetzung nach Satz 1 Nr. 2 ist vor der Vernichtung der schriftlichen Unterlage zu dokumentieren.

(5) Sonstige Vorschriften über Aufzeichnungs- und Aufbewahrungspflichten bleiben unberührt.

(6) Der Anbieter hat der zentralen Stelle auf Anforderung den Inhalt der Aufzeichnungen mitzuteilen und die für die Überprüfung der Zulage erforderlichen Unterlagen zur Verfügung zu stellen.

Abschnitt 3
Vorschriften zu Rentenbezugsmitteilungen

§ 20 (weggefallen)

§ 20a Vollstreckung von Bescheiden über Forderungen der zentralen Stelle

§ 17 gilt für Bescheide über Forderungen der zentralen Stelle im Rahmen des Rentenbezugsmitteilungsverfahrens nach § 22a des Einkommensteuergesetzes entsprechend.

§ 21 Erprobung des Verfahrens

(1) Die zentrale Stelle kann bei den mitteilungspflichtigen Stellen Daten nach § 22a Abs. 1 Satz 1 des Einkommensteuergesetzes erheben zum Zweck der Erprobung

1. des Verfahrens der Datenübermittlung von den mitteilungspflichtigen Stellen an die zentrale Stelle,

2. der bei der zentralen Stelle einzusetzenden Programme,

3. der Weiterleitung an die Finanzverwaltung und

4. der Weiterverarbeitung der Daten in der Finanzverwaltung.

(2) Das Bundeszentralamt für Steuern kann bei den mitteilungspflichtigen Stellen Daten nach § 22a Abs. 2 Satz 3 des Einkommensteuergesetzes in Verbindung mit § 139b Abs. 3 der Abgabenordnung erheben zum Zweck der Erprobung

1. des Verfahrens der Datenübermittlung von den mitteilungspflichtigen Stellen an das Bundeszentralamt für Steuern,

2. des Verfahrens der Datenübermittlung von dem Bundeszentralamt für Steuern an die mitteilungspflichtigen Stellen,

3. der vom Bundeszentralamt für Steuern und der zentralen Stelle einzusetzenden Programme, mit denen den mitteilungspflichtigen Stellen die Daten zur Verfügung gestellt werden.

(3) Die Datenübermittlung erfolgt durch Datenfernübertragung; § 4 Abs. 1 gilt entsprechend.

(4) Die Daten dürfen nur für die in den Absätzen 1 und 2 genannten Zwecke verwendet werden. Sie sind unmittelbar nach Beendigung der Erprobung, spätestens am 31. Dezember 2009, zu löschen.

Abschnitt 4
Vorschriften zum weiteren Datenaustausch
mit der zentralen Stelle

§ 22 (weggefallen)

§ 23 Erprobung des Verfahrens

§ 21 Absatz 1 dieser Verordnung gilt für die Erprobung des Verfahrens nach § 10 Absatz 2a und 4b des Einkommensteuergesetzes entsprechend mit der Maßgabe, dass die zentrale Stelle bei den mitteilungspflichtigen Stellen die Daten nach § 10 Absatz 2a und 4b des Einkommensteuergesetzes erheben kann.

§ 24 Mitteilungspflichten nach § 10 Absatz 4b des Einkommensteuergesetzes

Die in § 10 Absatz 4b Satz 4 des Einkommensteuergesetzes genannten mitteilungspflichtigen Stellen haben der zentralen Stelle folgende Daten zu übermitteln:

1. die Höhe der im jeweiligen Zahlungsjahr geleisteten und zurückgeforderten steuerfreien Zuschüsse und der erstatteten Vorsorgeaufwendungen, jeweils gesondert betragsmäßig nach Art der Vorsorgeaufwendungen ausgewiesen,

2. den Beginn und das Ende des Zeitraums, für den der steuerfreie Zuschuss und die Erstattung der Vorsorgeaufwendungen erfolgt sind, und

3. das Jahr des Zuflusses oder Abflusses.

Eine Mitteilungspflicht nach Satz 1 besteht nicht, wenn die mitteilungspflichtige Stelle der Finanzverwaltung die Zahlung der geleisteten und zurückgeforderten steuerfreien Zuschüsse und der erstatteten Vorsorgeaufwendungen bereits auf Grund anderer Vorschriften elektronisch mitzuteilen hat.

IV.
Steuerliche Förderung der betrieblichen Altersversorgung[1])

BMF vom 6. 12. 2017 (BStBl 2018 I S. 147)
IV C 5 – S 2333/17/10002
2017/0989084

Vor dem Hintergrund der Änderungen durch das Gesetz zur Stärkung der betrieblichen Altersversorgung und zur Änderung anderer Gesetze (Betriebsrentenstärkungsgesetz) vom 17. August 2017 (BGBl. I S. 3214, BStBl I S. 1278) nehme ich im Einvernehmen mit den obersten Finanzbehörden der Länder zur steuerlichen Förderung der betrieblichen Altersversorgung wie folgt Stellung:[1]

Inhaltsübersicht

---

[1]) Die Änderungen gegenüber Teil B des BMF-Schreibens vom 24. 7. 2013 (BStBl I S. 1022) in seiner zuletzt gültigen Fassung sind durch Fettdruck hervorgehoben.

I. Allgemeines

1   Betriebliche Altersversorgung liegt vor, wenn dem Arbeitnehmer aus Anlass seines Arbeitsverhältnisses vom Arbeitgeber Leistungen **oder Beiträge** zur Absicherung mindestens eines biometrischen Risikos (Alter, Tod, Invalidität) zugesagt werden und Ansprüche auf diese Leistungen erst mit dem Eintritt des biologischen Ereignisses fällig werden (§ 1 **des Betriebsrentengesetzes – BetrAVG**). Werden mehrere biometrische Risiken abgesichert, ist aus steuerrechtlicher Sicht die gesamte Vereinbarung/Zusage nur dann als betriebliche Altersversorgung anzuerkennen, wenn für alle Risiken die Vorgaben der Rz. **1** bis **7** beachtet werden. Keine betriebliche Altersversorgung in diesem Sinne liegt vor, wenn vereinbart ist, dass ohne Eintritt eines biometrischen Risikos die Auszahlung an beliebige Dritte (z. B. die Erben) erfolgt. Dies gilt für alle Auszahlungsformen (z. B. lebenslange Rente, Auszahlungsplan mit Restkapitalverrentung, Einmalkapitalauszahlung und ratenweise Auszahlung). Als Durchführungswege der betrieblichen Altersversorgung kommen die Direktzusage (§ 1 Abs. 1 Satz 2 BetrAVG), die Unterstützungskasse (§ 1b Abs. 4 BetrAVG), die Direktversicherung (§ 1b Abs. 2 BetrAVG), die Pensionskasse (§ 1b Abs. 3 BetrAVG, **§ 232 des Versicherungsaufsichtsgesetzes – VAG**) oder der Pensionsfonds (§ 1b Abs. 3 BetrAVG, **§ 236 VAG**) in Betracht.

2   Nicht um betriebliche Altersversorgung handelt es sich, wenn der Arbeitgeber oder eine Versorgungseinrichtung dem nicht bei ihm beschäftigten Ehegatten eines Arbeitnehmers eigene Versorgungsleistungen zur Absicherung seiner biometrischen Risiken (Alter, Tod, Invalidität) verspricht, da hier keine Versorgungszusage aus Anlass eines Arbeitsverhältnisses zwischen dem Arbeitgeber und dem Ehegatten vorliegt (§ 1 BetrAVG).

3   Das biologische Ereignis ist bei der Altersversorgung das altersbedingte Ausscheiden aus dem Erwerbsleben, bei der Hinterbliebenenversorgung der Tod des Arbeitnehmers und bei der Invaliditätsversorgung der Invaliditätseintritt, **ohne dass es auf den Invaliditätsgrad ankommt**. Als Untergrenze für betriebliche Altersversorgungsleistungen bei altersbedingtem Ausscheiden aus dem Erwerbsleben gilt im Regelfall das 60. Lebensjahr. In Ausnahmefällen können betriebliche Altersversorgungsleistungen auch schon vor dem 60. Lebensjahr gewährt werden, so z. B. bei Berufsgruppen wie Piloten, bei denen schon vor dem 60. Lebensjahr Versorgungsleistungen üblich sind. Ob solche Ausnahmefälle (berufsspezifische Besonderheiten) vorliegen, ergibt sich aus Gesetz, Tarifvertrag oder Betriebsvereinbarung. Erreicht der Arbeitnehmer im Zeitpunkt der Auszahlung das 60. Lebensjahr, hat aber seine berufliche Tätigkeit noch nicht beendet, so ist dies bei den Durchführungswegen Direktversicherung, Pensionskasse und Pensionsfonds unschädlich. **Zur bilanzsteuerrechtlichen Berücksichtigung von Versorgungsleistungen, die ohne die Voraussetzung des Ausscheidens aus dem Dienstverhältnis gewährt werden,** siehe BMF-Schreiben vom **18. September 2017** (BStBl I S. 1293). Für Versorgungszusagen, die nach dem 31. Dezember 2011 erteilt werden, tritt an die Stelle des 60. Lebensjahres regelmäßig das 62. Lebensjahr (siehe auch BT-Drucksache 16/3794 vom 12. Dezember 2006, S. 31 unter „IV. Zusätzliche Altersvorsorge" zum RV-Altersgrenzenanpassungsgesetz vom 20. April 2007, BGBl. I S. 554). Bei der für die steuerrechtliche Beurteilung maßgeblichen Frage, zu welchem Zeitpunkt eine Versorgungszusage erteilt wurde, **ist grundsätzlich die zu einem Rechtsanspruch führende arbeitsrechtliche bzw. betriebsrentenrechtliche Verpflichtungs-**

erklärung des Arbeitgebers maßgebend (z. B. Einzelvertrag, Betriebsvereinbarung oder Tarifvertrag). Entscheidend ist danach nicht, wann Mittel an die Versorgungseinrichtung fließen. Bei kollektiven, rein arbeitgeberfinanzierten Versorgungsregelungen ist die Zusage daher in der Regel mit Abschluss der Versorgungsregelung bzw. mit Beginn des Dienstverhältnisses des Arbeitnehmers erteilt. Ist die erste Dotierung durch den Arbeitgeber erst nach Ablauf einer von vornherein arbeitsrechtlich festgelegten Wartezeit vorgesehen, so wird der Zusagezeitpunkt dadurch nicht verändert. Im Fall der ganz oder teilweise durch Entgeltumwandlung finanzierten Zusage gilt diese regelmäßig mit Abschluss der erstmaligen Gehaltsänderungsvereinbarung (vgl. auch Rz. 9 ff.) als erteilt. Liegen zwischen der Gehaltsänderungsvereinbarung und der erstmaligen Herabsetzung des Arbeitslohns mehr als 12 Monate, gilt die Versorgungszusage erst im Zeitpunkt der erstmaligen Herabsetzung als erteilt.

Eine Hinterbliebenenversorgung im steuerlichen Sinne darf nur Leistungen an die Witwe/**den Witwer der Arbeitnehmerin/**des Arbeitnehmers, die Kinder im Sinne des § 32 Abs. 3, 4 Satz 1 Nr. 1 bis 3 und Abs. 5 EStG, den früheren Ehegatten oder die Lebensgefährtin/den Lebensgefährten vorsehen. Der Arbeitgeber hat bei Erteilung oder Änderung der Versorgungszusage zu prüfen, ob die Versorgungsvereinbarung insoweit generell diese Voraussetzungen erfüllt; ob im Einzelfall Hinterbliebene in diesem Sinne vorhanden sind, ist letztlich vom Arbeitgeber/Versorgungsträger erst im Zeitpunkt der Auszahlung der Hinterbliebenenleistung zu prüfen. Als Kind kann auch ein im Haushalt des Arbeitnehmers auf Dauer aufgenommenes Kind begünstigt werden, welches in einem Obhuts- und Pflegeverhältnis zu ihm steht und nicht die Voraussetzungen des § 32 EStG zu ihm erfüllt (Pflegekind/Stiefkind und faktisches Stiefkind). Dabei ist es – anders als bei der Gewährung von staatlichen Leistungen – unerheblich, ob noch ein Obhuts- und Pflegeverhältnis zu einem leiblichen Elternteil des Kindes besteht, der ggf. ebenfalls im Haushalt des Arbeitnehmers lebt. Es muss jedoch spätestens zu Beginn der Auszahlungsphase der Hinterbliebenenleistung eine schriftliche Versicherung des Arbeitnehmers vorliegen, in der, neben der geforderten namentlichen Benennung des Pflegekindes/Stiefkindes und faktischen Stiefkindes, bestätigt wird, dass ein entsprechendes Kindschaftsverhältnis besteht. Entsprechendes gilt, wenn ein Enkelkind auf Dauer im Haushalt der Großeltern aufgenommen und versorgt wird. Bei Versorgungszusagen, die vor dem 1. Januar 2007 erteilt wurden, sind für das Vorliegen einer begünstigten Hinterbliebenenversorgung die Altersgrenzen des § 32 EStG in der bis zum 31. Dezember 2006 geltenden Fassung (27. Lebensjahr) maßgebend. Der Begriff des/der Lebensgefährten/in ist als Oberbegriff zu verstehen, der auch die gleichgeschlechtliche Lebenspartnerschaft mit erfasst. Ob eine gleichgeschlechtliche Lebenspartnerschaft eingetragen wurde oder nicht, ist dabei zunächst unerheblich. Für Partner einer eingetragenen Lebenspartnerschaft besteht allerdings die Besonderheit, dass sie einander nach § 5 Lebenspartnerschaftsgesetz zum Unterhalt verpflichtet sind. Insoweit liegt eine mit der zivilrechtlichen Ehe vergleichbare Partnerschaft vor. Handelt es sich dagegen um eine andere Form der nicht ehelichen Lebensgemeinschaft, muss anhand der im BMF-Schreiben vom 25. Juli 2002 (BStBl I S. 706) genannten Voraussetzungen geprüft werden, ob diese als Hinterbliebenenversorgung anerkannt werden kann. Ausreichend ist dabei regelmäßig, dass spätestens zu Beginn der Auszahlungsphase der Hinterbliebenenleistung **eine Versicherung** des Arbeitnehmers **in Textform** vorliegt, in der neben der geforderten namentlichen Benennung des/der Lebensgefährten/in bestätigt wird, dass eine gemeinsame Haushaltsführung besteht.

Die Möglichkeit, andere als die in Rz. 4 genannten Personen als Begünstigte für den Fall des Todes des Arbeitnehmers zu benennen, führt steuerrechtlich dazu, dass es sich nicht mehr um eine Hinterbliebenenversorgung handelt, sondern von einer Vererblichkeit der Anwartschaften auszugehen ist. Gleiches gilt, wenn z. B. bei einer vereinbarten Rentengarantiezeit die Auszahlung auch an andere als die in Rz. 4 genannten Personen möglich ist. Ist die Auszahlung der garantierten Leistungen nach dem Tod des Berechtigten hingegen ausschließlich an Hinterbliebene im engeren Sinne (Rz. 4) möglich, ist eine vereinbarte Rentengarantiezeit ausnahmsweise unschädlich. Ein Wahlrecht des Arbeitnehmers zur Einmal- oder Teilkapitalauszahlung ist in diesem Fall nicht zulässig. Es handelt sich vielmehr nur dann um unschädliche Zahlungen nach dem Tod des Berechtigten, wenn die garantierte Rente in unveränderter Höhe (einschließlich Dynamisierung) an die versorgungsberechtigten Hinterbliebenen im engeren Sinne weiter gezahlt wird. Dabei ist zu beachten, dass die Zahlungen einerseits durch die garantierte Zeit und andererseits durch das Vorhandensein von entsprechenden Hinterbliebenen begrenzt werden. Die Zusammenfassung von bis zu zwölf Monatsleistungen in einer Auszahlung sowie die gesonderte Auszahlung der zukünftig in der Auszahlungsphase anfallenden Zinsen und Erträge sind dabei unschädlich.

Im Fall **der Witwe/des Witwers** oder der Lebensgefährtin/des Lebensgefährten wird dabei nicht beanstandet, wenn anstelle der Zahlung der garantierten Rentenleistung in unveränderter Höhe das im Zeitpunkt des Todes des Berechtigten noch vorhandene „Restkapital" ausnahmsweise lebenslang verrentet wird. Die Möglichkeit, ein einmaliges angemessenes Sterbegeld an andere Personen als die in Rz. 4 genannten Hinterbliebenen auszuzahlen, führt nicht zur Versagung der Anerkennung als betriebliche Altersversorgung; bei Auszahlung ist das Sterbegeld

4

5

gem. § 19 EStG oder § 22 Nr. 5 EStG zu besteuern (vgl. Rz. **145** ff.). Im Fall der Pauschalbesteuerung von Beiträgen für eine Direktversicherung nach § 40b EStG in der am 31. Dezember 2004 geltenden Fassung (§ 40b EStG a. F.) ist es ebenfalls unschädlich, wenn eine beliebige Person als Bezugsberechtigte für den Fall des Todes des Arbeitnehmers benannt wird. **Zur bilanzsteuerrechtlichen Berücksichtigung von vererblichen Versorgungsanwartschaften und Versorgungsleistungen siehe Rz. 11 des BMF-Schreibens vom 18. September 2017 (BStBl I S. 1293).**

6   Keine betriebliche Altersversorgung liegt vor, wenn zwischen Arbeitnehmer und Arbeitgeber die Vererblichkeit von Anwartschaften vereinbart ist. Auch Vereinbarungen, nach denen Arbeitslohn gutgeschrieben und ohne Abdeckung eines biometrischen Risikos zu einem späteren Zeitpunkt (z. B. bei Ausscheiden aus dem Dienstverhältnis) ggf. mit Wertsteigerung ausgezahlt wird, sind nicht dem Bereich der betrieblichen Altersversorgung zuzuordnen. Gleiches gilt, wenn von vornherein eine Abfindung der Versorgungsanwartschaft, z. B. zu einem bestimmten Zeitpunkt oder bei Vorliegen bestimmter Voraussetzungen, vereinbart ist und dadurch nicht mehr von der Absicherung eines biometrischen Risikos ausgegangen werden kann. Demgegenüber führt allein die Möglichkeit einer Beitragserstattung einschließlich der gutgeschriebenen Erträge bzw. einer entsprechenden Abfindung für den Fall des Ausscheidens aus dem Dienstverhältnis vor Erreichen der gesetzlichen Unverfallbarkeit und/oder für den Fall des Todes vor Ablauf einer arbeitsrechtlich vereinbarten Wartezeit sowie der Abfindung einer Witwenrente/Witwerrente für den Fall der Wiederheirat noch nicht zur Versagung der Anerkennung als betriebliche Altersversorgung. Ebenfalls unschädlich für das Vorliegen von betrieblicher Altersversorgung ist die Abfindung vertraglich unverfallbarer Anwartschaften; dies gilt sowohl bei Beendigung als auch während des bestehenden Arbeitsverhältnisses. Zu den steuerlichen Folgen im Auszahlungsfall siehe Rz. **145** ff.

7   Bei Versorgungszusagen, die vor dem 1. Januar 2005 erteilt **wurden, ist** es nicht zu beanstanden, wenn in den Versorgungsordnungen in Abweichung von **den** Rz. **1** ff. die Möglichkeit einer Elternrente oder der Beitragserstattung einschließlich der gutgeschriebenen Erträge an die in Rz. **4** genannten Personen im Fall des Versterbens vor Erreichen der Altersgrenze und in Abweichung von Rz. **34** lediglich für die zugesagte Altersversorgung, nicht aber für die Hinterbliebenen- oder Invaliditätsversorgung die Auszahlung in Form einer Rente oder eines Auszahlungsplans vorgesehen ist. Dagegen sind Versorgungszusagen, die nach dem 31. Dezember **2004 aufgrund** von Versorgungsordnungen erteilt werden, die die Voraussetzungen dieses Schreibens nicht erfüllen, aus steuerlicher Sicht nicht mehr als betriebliche Altersversorgung anzuerkennen; eine steuerliche Förderung ist hierfür nicht mehr möglich. Im Fall der nach § 40b EStG a. F. pauschal besteuerten (Alt-)Direktversicherungen gilt nach Rz. **5** weiterhin keine Begrenzung bezüglich des Kreises der Bezugsberechtigten.

II. Lohnsteuerliche Behandlung von Zusagen auf Leistungen der betrieblichen Altersversorgung

1. Allgemeines

8   Der Zeitpunkt des Zuflusses von Arbeitslohn richtet sich bei einer durch Beiträge des Arbeitgebers (einschließlich Entgeltumwandlung oder anderer Finanzierungsanteile des Arbeitnehmers, vgl. Rz. **26**) finanzierten betrieblichen Altersversorgung nach dem Durchführungsweg der betrieblichen Altersversorgung (vgl. auch R 40b.1 LStR zur Abgrenzung). Bei der Versorgung über eine Direktversicherung, eine Pensionskasse oder einen Pensionsfonds liegt Zufluss von Arbeitslohn im Zeitpunkt der Zahlung der Beiträge durch den Arbeitgeber an die entsprechende Versorgungseinrichtung vor. Erfolgt die Beitragszahlung durch den Arbeitgeber vor „Versicherungsbeginn", liegt ein Zufluss von Arbeitslohn jedoch erst im Zeitpunkt des „Versicherungsbeginns" vor. Die Einbehaltung der Lohnsteuer richtet sich nach § 38a Abs. 1 und 3 EStG (vgl. auch R 39b.2, 39b.5 und 39b.6 LStR). Bei der Versorgung über eine Direktzusage oder Unterstützungskasse fließt der Arbeitslohn erst im Zeitpunkt der Zahlung der Altersversorgungsleistungen an den Arbeitnehmer zu.

2. Entgeltumwandlung zugunsten betrieblicher Altersversorgung

9   Um durch Entgeltumwandlung finanzierte betriebliche Altersversorgung handelt es sich, wenn Arbeitgeber und Arbeitnehmer vereinbaren, künftige Arbeitslohnansprüche zugunsten einer betrieblichen Altersversorgung herabzusetzen in eine wertgleiche Anwartschaft auf Versorgungsleistungen – Entgeltumwandlung – § 1 Abs. 2 Nr. 3 BetrAVG).

10   Davon zu unterscheiden sind die eigenen Beiträge des Arbeitnehmers, zu deren Leistung er aufgrund einer eigenen vertraglichen Vereinbarung mit der Versorgungseinrichtung originär selbst verpflichtet ist. Diese eigenen Beiträge des Arbeitnehmers zur betrieblichen Altersversorgung werden aus dem bereits zugeflossenen und versteuerten Arbeitsentgelt geleistet (vgl. auch Rz. **26**).

Eine Herabsetzung von Arbeitslohnansprüchen zugunsten betrieblicher Altersversorgung ist steuerlich als Entgeltumwandlung auch dann anzuerkennen, wenn die in § 1 Abs. 2 Nr. 3 BetrAVG geforderte Wertgleichheit außerhalb versicherungsmathematischer Grundsätze berechnet wird. Entscheidend ist allein, dass die Versorgungsleistung zur Absicherung mindestens eines biometrischen Risikos (Alter, Tod, Invalidität) zugesagt und erst bei Eintritt des biologischen Ereignisses fällig wird. **11**

Die Herabsetzung von Arbeitslohn (laufender Arbeitslohn, Einmal- und Sonderzahlungen) zugunsten der betrieblichen Altersversorgung wird aus Vereinfachungsgründen grundsätzlich auch dann als Entgeltumwandlung steuerlich anerkannt, wenn die Gehaltsänderungsvereinbarung bereits erdiente, aber noch nicht fällig gewordene Anteile umfasst. Dies gilt auch, wenn eine Einmal- oder Sonderzahlung einen Zeitraum von mehr als einem Jahr betrifft. **12**

Bei einer Herabsetzung laufenden Arbeitslohns zugunsten einer betrieblichen Altersversorgung hindert es die Annahme einer Entgeltumwandlung nicht, wenn der bisherige ungekürzte Arbeitslohn weiterhin Bemessungsgrundlage für künftige Erhöhungen des Arbeitslohns oder andere Arbeitgeberleistungen (wie z. B. Weihnachtsgeld, Tantieme, Jubiläumszuwendungen, betriebliche Altersversorgung) bleibt, die Gehaltsminderung zeitlich begrenzt oder vereinbart wird, dass der Arbeitnehmer oder der Arbeitgeber sie für künftigen Arbeitslohn einseitig ändern können. **13**

3. Behandlung laufender Zuwendungen und Sonderzahlungen des Arbeitgebers an einen Pensionsfonds, eine Pensionskasse oder für eine Direktversicherung (§ 19 Abs. 1 Satz 1 Nr. 3 EStG)

a) Sonderzahlungen und Sanierungsgelder an umlagefinanzierte Pensionskassen

Laufende Zuwendungen sind regelmäßig fortlaufend geleistete Zahlungen des Arbeitgebers für eine betriebliche Altersversorgung an eine Pensionskasse, die nicht im Kapitaldeckungsverfahren, sondern im Umlageverfahren finanziert wird. Hierzu gehören insbesondere Umlagen an die Versorgungsanstalt des Bundes und der Länder – VBL – bzw. an eine kommunale Zusatzversorgungskasse. **14**

Sonderzahlungen des Arbeitgebers sind insbesondere Zahlungen, die an die Stelle der bei regulärem Verlauf zu entrichtenden laufenden Zuwendungen treten oder neben laufenden Beiträgen oder Zuwendungen entrichtet werden und zur Finanzierung des nicht kapitalgedeckten Versorgungssystems dienen. Hierzu gehören beispielsweise Zahlungen, die der Arbeitgeber anlässlich seines Ausscheidens aus einem umlagefinanzierten Versorgungssystem, des Wechsels von einem umlagefinanzierten zu einem anderen umlagefinanzierten Versorgungssystem oder der Zusammenlegung zweier nicht kapitalgedeckter Versorgungssysteme zu leisten hat. **Keine Sonderzahlungen des Arbeitgebers sind hingegen Zahlungen, die der Arbeitgeber wirtschaftlich nicht trägt, sondern die mittels Entgeltumwandlung finanziert, als Eigenanteil des Arbeitnehmers oder Ähnliches erbracht werden.** **15**

Beispiel zum Wechsel der Zusatzversorgungskasse (ZVK): **16**

Die ZVK A wird auf die ZVK B überführt. Der Umlagesatz der ZVK A betrug bis zur Überführung 6 % vom zusatzversorgungspflichtigen Entgelt. Die ZVK B erhebt nur 4 % vom zusatzversorgungspflichtigen Entgelt. Der Arbeitgeber zahlt nach der Überführung auf die ZVK B für seine Arbeitnehmer zusätzlich zu den 4 % Umlage einen festgelegten Betrag, durch den die Differenz bei der Umlagenhöhe (6 % zu 4 % vom zusatzversorgungspflichtigen Entgelt) ausgeglichen wird.

Bei dem Differenzbetrag, den der Arbeitgeber nach der Überführung auf die ZVK B zusätzlich leisten muss, handelt es sich um eine steuerpflichtige Sonderzahlung gem. § 19 Abs. 1 Satz 1 Nr. 3 Satz 2 Halbsatz 2 Buchstabe b EStG, die mit 15 % gem. § 40b Abs. 4 EStG pauschal zu besteuern ist.

Zu den nicht zu besteuernden Sanierungsgeldern gehören die Sonderzahlungen des Arbeitgebers, die er anlässlich der Umstellung der Finanzierung des Versorgungssystems von der Umlagefinanzierung auf die Kapitaldeckung für die bis zur Umstellung bereits entstandenen Versorgungsverpflichtungen oder -anwartschaften noch zu leisten hat. Gleiches gilt für die Zahlungen, die der Arbeitgeber im Fall der Umstellung auf der Leistungsseite für diese vor Umstellung bereits entstandenen Versorgungsverpflichtungen und -anwartschaften in das Versorgungssystem leistet. Davon ist z. B. **auszugehen, wenn** **17**

– eine deutliche Trennung zwischen bereits entstandenen und neu entstehenden Versorgungsverpflichtungen sowie -anwartschaften sichtbar wird,

– der finanzielle Fehlbedarf zum Zeitpunkt der Umstellung hinsichtlich der bereits entstandenen Versorgungsverpflichtungen sowie -anwartschaften ermittelt wird und

– dieser Betrag ausschließlich vom Arbeitgeber als Zuschuss geleistet wird.

18   Beispiel zum Sanierungsgeld:

Die ZVK A stellt ihre betriebliche Altersversorgung auf der Finanzierungs- und Leistungsseite um. Bis zur Systemumstellung betrug die Umlage 6,2 % vom zusatzversorgungspflichtigen Entgelt. Nach der Systemumstellung beträgt die Zahlung insgesamt 7,7 % vom zusatzversorgungspflichtigen Entgelt. Davon werden 4 % zugunsten der nun im Kapitaldeckungsverfahren finanzierten Neuanwartschaften und 3,7 % für die weiterhin im Umlageverfahren finanzierten Anwartschaften einschließlich eines Sanierungsgeldes geleistet.

Die Ermittlung des nicht zu besteuernden Sanierungsgeldes erfolgt nach § 19 Abs. 1 Satz 1 Nr. 3 Satz 4 Halbsatz 2 EStG. Ein solches nicht zu besteuerndes Sanierungsgeld liegt nur vor, soweit der bisherige Umlagesatz überstiegen wird.

Zahlungen nach der Systemumstellung insgesamt	7,7 %
Zahlungen vor der Systemumstellung	6,2 %
nicht zu besteuerndes Sanierungsgeld	1,5 %

Ermittlung der weiterhin nach § 19 Abs. 1 Satz 1 Nr. 3 Satz 1 EStG grundsätzlich zu besteuernden Umlagezahlung:

nach der Systemumstellung geleistete Zahlung für das Umlageverfahren einschließlich des Sanierungsgeldes	3,7 %
nicht zu besteuerndes Sanierungsgeld	1,5 %
grundsätzlich zu besteuernde Umlagezahlung	2,2 %

Eine Differenzrechnung nach § 19 Abs. 1 Satz 1 Nr. 3 Satz 4 Halbsatz 2 EStG entfällt, wenn es an laufenden und wiederkehrenden Zahlungen entsprechend dem periodischen Bedarf fehlt, also das zu erbringende Sanierungsgeld als Gesamtfehlbetrag feststeht und lediglich ratierlich getilgt wird.

b) Sonstige Sonderzahlungen des Arbeitgebers

19   **Nicht zu besteuernder Arbeitslohn nach § 19 Abs. 1 Satz 1 Nr. 3 Satz 2 Halbsatz 1 Buchstabe b EStG sind Sonderzahlungen des Arbeitgebers an eine externe Versorgungseinrichtung (Pensionsfonds, Pensionskasse oder Direktversicherung), die neben den laufenden Beiträgen und Zuwendungen erbracht werden und**

–   **der Wiederherstellung einer angemessenen Kapitalausstattung nach unvorhersehbaren Verlusten oder**

–   **der Finanzierung der Verstärkung der Rechnungsgrundlagen aufgrund einer unvorhersehbaren und nicht nur vorübergehenden Änderung der Verhältnisse dienen.**

Dabei dürfen die Sonderzahlungen nicht zu einer Absenkung des laufenden Beitrags führen oder durch eine Absenkung des laufenden Beitrags ausgelöst werden.

Die vorstehenden Voraussetzungen sind insbesondere beim Vorliegen folgender Sachverhalte dem Grunde nach erfüllt:

–   **Einbruch am Kapitalmarkt,**

–   **Anstieg der Invaliditätsfälle,**

–   **gestiegene Lebenserwartung,**

–   **Niedrigzinsumfeld.**

20   **Um steuerpflichtigen Arbeitslohn handelt es sich hingegen bei Sonderzahlungen, die der Arbeitgeber an eine externe Versorgungseinrichtung der betrieblichen Altersversorgung erbringt**

–   **wegen Verlusten aus Einzelgeschäften oder**

–   **bei Fehlbeträgen, die durch früher gesetzte Risiken verursacht worden sind (z. B. Kalkulationsfehler, Insolvenzrisiken).**

21   **Die konkrete Höhe der nicht als Arbeitslohn zu besteuernden Sonderzahlungen des Arbeitgebers ist im jeweiligen Einzelfall unter Beachtung der versicherungsaufsichtsrechtlichen Vorgaben durch einen Aktuar festzustellen.**

22   **Für die Anwendung des § 19 Abs. 1 Satz 1 Nr. 3 Satz 2 Halbsatz 1 Buchstabe b EStG ist es unerheblich, ob es sich bei der Sonderzahlung des Arbeitgebers um eine einmalige Kapitalzahlung oder um eine regelmäßige Zahlungen (z. B. einen satzungsmäßig vorgesehenen Sonderzuschlag) neben den laufenden Beiträgen und Zuwendungen handelt.**

4. Steuerfreiheit nach § 3 Nr. 63 EStG

a) Steuerfreiheit nach § 3 Nr. 63 Satz 1 EStG

aa) Begünstigter Personenkreis

Zu dem durch § 3 Nr. 63 EStG begünstigten Personenkreis gehören alle Arbeitnehmer (§ 1   **23**
LStDV), unabhängig davon, ob sie in der gesetzlichen Rentenversicherung pflichtversichert
sind oder nicht (z. B. beherrschende Gesellschafter-Geschäftsführer, geringfügig Beschäftigte,
in einem berufsständischen Versorgungswerk Versicherte).

Die Steuerfreiheit setzt lediglich ein bestehendes erstes Dienstverhältnis voraus. Diese Voraus-   **24**
setzung kann auch erfüllt sein, wenn es sich um **ein weiterbestehendes Dienstverhältnis ohne
Anspruch auf Arbeitslohn (z. B. während der Elternzeit, der Pflegezeit, des Bezugs von Krankengeld) oder** ein geringfügiges Beschäftigungsverhältnis oder eine Aushilfstätigkeit handelt**,
bei der die Möglichkeit der Pauschalbesteuerung nach § 40a EStG in Anspruch genommen
wird. In diesen Fällen ist, da die elektronischen Lohnsteuerabzugsmerkmale (ELStAM-Daten)
nicht abgerufen werden, mittels Erklärung des Arbeitnehmers zu dokumentieren, dass es sich
um ein erstes Dienstverhältnis handelt.** Die Steuerfreiheit **ist nicht** bei Arbeitnehmern zulässig,
bei denen der Arbeitgeber den Lohnsteuerabzug nach der Steuerklasse VI vorgenommen hat.

bb) Begünstigte Aufwendungen

Zu den nach § 3 Nr. 63 EStG begünstigten Aufwendungen gehören nur Beiträge an Pensions-   **25**
fonds, Pensionskassen und Direktversicherungen, die zum Aufbau einer betrieblichen Altersversorgung **(Rz. 1 ff.)** im Kapitaldeckungsverfahren erhoben werden. Für Umlagen, die vom Arbeitgeber an eine Versorgungseinrichtung entrichtet werden, kommt die Steuerfreiheit nach § 3
Nr. 63 EStG dagegen nicht in Betracht (siehe aber § 3 Nr. 56 EStG, Rz. **76** ff.). Werden sowohl
Umlagen als auch Beiträge im Kapitaldeckungsverfahren erhoben, gehören Letztere nur dann
zu den begünstigten Aufwendungen, wenn eine getrennte Verwaltung und Abrechnung beider
Vermögensmassen erfolgt (Trennungsprinzip).

Steuerfrei sind nur Beiträge des Arbeitgebers. Das sind diejenigen Beiträge, die vom Arbeit-   **26**
geber als Versicherungsnehmer **(bzw. im Fall des § 21 Abs. 4 BetrAVG von einer gemeinsamen
Einrichtung nach § 4 des Tarifvertragsgesetzes)** selbst geschuldet und an die Versorgungseinrichtung geleistet werden. Dazu gehören

– die Beiträge des Arbeitgebers, die zusätzlich zum ohnehin geschuldeten Arbeitslohn erbracht werden (rein arbeitgeberfinanzierte Beiträge) , sowie

– alle im Gesamtversicherungsbeitrag des Arbeitgebers enthaltenen Finanzierungsanteile des
  Arbeitnehmers (BFH-Urteil vom 9. Dezember 2010 – VI R 57/08 –, BStBl II 2011 S. 978**) wie**
  z. B.

    – eine Eigenbeteiligung des Arbeitnehmers oder

    – die mittels Entgeltumwandlung finanzierten Beiträge (vgl. Rz. **9** ff.) **einschließlich der
    Leistungen des Arbeitgebers im Sinne des § 1a Abs. 2 BetrAVG[1]), die
    er als Ausgleich für die ersparten Sozialversicherungsbeiträge in Folge einer Entgelt-
    umwandlung erbringt**. Im Fall der Finanzierung der Beiträge durch eine Entgelt-
    umwandlung ist die Beachtung des Mindestbetrags gem. § 1a BetrAVG für die Inan-
    spruchnahme der Steuerfreiheit nicht erforderlich.

Beiträge des Arbeitnehmers, zu deren Leistung er aufgrund einer eigenen vertraglichen Vereinbarung mit der Versorgungseinrichtung originär selbst verpflichtet ist (sog. eigene Beiträge des
Arbeitnehmers), sind dagegen vom Anwendungsbereich des § 3 Nr. 63 EStG ausgeschlossen,
auch wenn sie vom Arbeitgeber an die Versorgungseinrichtung abgeführt werden.

---

[1] **Das Bundesministerium für Arbeit und Soziales weist in diesem Zusammenhang auf Folgendes hin:**
§ 1a Abs. 1a und § 23 Abs. 2 BetrAVG sehen ausdrücklich vor, dass der Arbeitgeberzuschuss nur zu leisten ist, „soweit der Arbeitgeber durch die Entgeltumwandlung Sozialversicherungsbeiträge einspart“.
Ist das nicht der Fall, etwa wenn oberhalb einer Beitragsbemessungsgrenze umgewandelt wird,
ist insoweit auch kein Arbeitgeberzuschuss fällig. Wird Entgelt bspw. im Bereich zwischen der Beitragsbemessungsgrenze in der gesetzlichen Krankenversicherung und der Beitragsbemessungsgrenze
in der gesetzlichen Rentenversicherung umgewandelt, kann der Arbeitgeber „spitz“ abrechnen, er
kann aber auch 15 % des umgewandelten Beitrags an die Versorgungseinrichtung weiterleiten. Wie die
Weiterleitung des Arbeitgeberzuschusses an die Versorgungseinrichtung technisch umgesetzt wird, obliegt den Beteiligten. So kann der Arbeitgeberzuschuss zusätzlich zum dem umgewandelten Entgelt-
umwandlungsbetrag an die Versorgungseinrichtung weitergeleitet werden. Sofern die Versorgungseinrichtung nicht bereit ist, den Vertrag entsprechend anzupassen, kommt der Neuabschluss eines Vertrages nur für den Arbeitgeberzuschuss in Betracht. Denkbar ist aber auch z. B. eine Vereinbarung
zwischen Arbeitgeber und Arbeitnehmer, wonach der an die Versorgungseinrichtung abzuführende
Betrag gleich bleibt und künftig neben einem entsprechend verminderten umgewandelten Entgelt den
Arbeitgeberzuschuss enthält.

27   Die Steuerfreiheit nach § 3 Nr. 63 EStG kann nur dann in Anspruch genommen werden, wenn der vom Arbeitgeber zur Finanzierung der zugesagten Versorgungsleistung gezahlte Beitrag nach bestimmten individuellen Kriterien dem einzelnen Arbeitnehmer zugeordnet wird. Allein die Verteilung eines vom Arbeitgeber gezahlten Gesamtbeitrags nach der Anzahl der begünstigten Arbeitnehmer genügt hingegen für die Anwendung des § 3 Nr. 63 EStG nicht. Für die Anwendung des § 3 Nr. 63 EStG ist nicht Voraussetzung, dass sich die Höhe der zugesagten Versorgungsleistung an der Höhe des eingezahlten Beitrags des Arbeitgebers orientiert, da der Arbeitgeber nach § 1 BetrAVG nicht nur **eine reine Beitragszusage,** eine Beitragszusage mit Mindestleistung oder eine beitragsorientierte Leistungszusage, sondern auch eine Leistungszusage erteilen kann.

28   Maßgeblich für die betragsmäßige Begrenzung der Steuerfreiheit auf **8 %** der Beitragsbemessungsgrenze in der allgemeinen Rentenversicherung ist auch bei einer Beschäftigung in den neuen Ländern oder Berlin (Ost) die in dem Kalenderjahr gültige Beitragsbemessungsgrenze (West). **Bei dem Höchstbetrag** des § 3 Nr. 63 Satz 1 EStG handelt es **sich um einen Jahresbetrag.** Eine zeitanteilige Kürzung **des Höchstbetrags** ist daher nicht vorzunehmen, wenn das Arbeitsverhältnis nicht während des ganzen Jahres besteht oder nicht für das ganze Jahr Beiträge gezahlt werden. **Der Höchstbetrag kann** erneut in Anspruch genommen werden, wenn der Arbeitnehmer **ihn** in einem vorangegangenen Dienstverhältnis bereits ausgeschöpft hat. Im Fall der Gesamtrechtsnachfolge und des Betriebsübergangs nach § 613a BGB kommt dies dagegen nicht in Betracht.

29   Soweit die Beiträge **den steuerfreien Höchstbetrag (8 % der Beitragsbemessungsgrenze in der allgemeinen Rentenversicherung [West] abzüglich der tatsächlich nach § 40b EStG a. F. pauschal besteuerten Beiträge; vgl. Rz. 85 ff.)** übersteigen, sind sie individuell zu besteuern. Für die individuell besteuerten Beiträge kann eine Förderung durch Sonderausgabenabzug nach § 10a und Zulage nach Abschnitt XI EStG in Betracht kommen (vgl. Rz. 66 ff.). Zur Übergangsregelung des § 52 Abs. 4 Satz 12 ff. EStG siehe **Rz. 85** ff.

30   Bei monatlicher Zahlung der Beiträge bestehen keine Bedenken, wenn **der Höchstbetrag** in gleichmäßige monatliche Teilbeträge aufgeteilt **wird.** Stellt der Arbeitgeber vor Ablauf des Kalenderjahres, z. B. bei Beendigung des Dienstverhältnisses fest, dass die Steuerfreiheit im Rahmen der monatlichen Teilbeträge nicht in vollem Umfang ausgeschöpft worden ist oder werden kann, muss eine ggf. vorgenommene Besteuerung der Beiträge rückgängig gemacht (spätester Zeitpunkt hierfür ist die Übermittlung oder Erteilung der Lohnsteuerbescheinigung) oder der monatliche Teilbetrag künftig so geändert werden, dass **der Höchstbetrag** ausgeschöpft **wird.**

31   Rein arbeitgeberfinanzierte Beiträge sind steuerfrei, soweit sie **den Höchstbetrag (8 % der Beitragsbemessungsgrenze in der allgemeinen Rentenversicherung [West] abzüglich der tatsächlich nach § 40b EStG a. F. pauschal besteuerten Beiträge; vgl. Rz. 85 ff.)** nicht übersteigen. **Der steuerfreie Höchstbetrag wird** zunächst durch diese Beiträge ausgefüllt.

      Soweit der steuerfreie Höchstbetrag dadurch nicht ausgeschöpft worden **ist,** sind die verbleibenden, auf den verschiedenen Finanzierungsanteilen des Arbeitnehmers beruhenden Beiträge des Arbeitgebers **zu berücksichtigen** (vgl. Rz. 26; **Leistungen des Arbeitgebers im Sinne des § 1a Abs. 1a und § 23 Abs. 2 BetrAVG, die er als Ausgleich für die ersparten Sozialversicherungsbeiträge infolge einer Entgeltumwandlung erbringt, sind dabei Teil der Entgeltumwandlung).**

32   Beispiel:

steuerfreier Höchstbetrag (8 % BBG RV [West], angenommen 78 000 €)	**6 240 €**
abzgl. tatsächlich pauschal besteuerte Beiträge (angenommen Höchstbetrag)	**./. 1 752 €**
verbleiben als steuerfreies Volumen= 4 488 €	
abzüglich rein arbeitgeberfinanzierte Beiträge (angenommen)	**./. 3 000 €**
verbleiben als steuerfreies Volumen für Entgeltumwandlung =	**1 488 €**

33   **Die Anwendung der Pauschalbesteuerung nach § 40b EStG a. F. für Beiträge an Pensionskassen und für Direktversicherungen (siehe Rz. 85 ff.) ist nicht erst nach Übersteigen des steuerfreien Höchstbetrages von 8 % möglich, sondern mindert das maximal steuerfreie Volumen (§ 52 Abs. 4 Satz 14 EStG).**

cc) Begünstigte Auszahlungsformen

34   Voraussetzung für die Steuerfreiheit ist, dass die Auszahlung der zugesagten Alters-, Invaliditäts- oder Hinterbliebenenversorgungsleistungen in Form einer lebenslangen Rente oder eines Auszahlungsplans mit anschließender lebenslanger Teilkapitalverrentung (§ 1 Abs. 1 Satz 1 Nr. 4 Buchstabe a AltZertG) vorgesehen ist. **Davon ist auch bei einer betrieblichen Altersversorgung in Form der reinen Beitragszusage (§§ 21 ff. BetrAVG) auszugehen.** Im Hinblick auf die entfallende Versorgungsbedürftigkeit z. B. für den Fall der Vollendung des 25. Lebensjahres der Kinder (siehe auch Rz. 4; bei Versorgungszusagen, die vor dem 1. Januar 2007 erteilt wur-

den, ist grundsätzlich das 27. Lebensjahr maßgebend), der Wiederheirat der Witwe/des Witwers, dem Ende der Erwerbsminderung durch Wegfall der Voraussetzungen für den Bezug (insbesondere bei Verbesserung der Gesundheitssituation oder Erreichen der Altersgrenze) ist es nicht zu beanstanden, wenn eine Rente oder ein Auszahlungsplan zeitlich befristet ist. Von einer Rente oder einem Auszahlungsplan ist auch noch auszugehen, wenn bis zu 30 % des zu Beginn der Auszahlungsphase zur Verfügung stehenden Kapitals außerhalb der monatlichen Leistungen ausgezahlt werden. Die zu Beginn der Auszahlungsphase zu treffende Entscheidung und Entnahme des Teilkapitalbetrags aus diesem Vertrag (Rz. 210 **des BMF-Schreibens vom 21. Dezember 2017,** BStBl 2018 I S. 93) führt zur Besteuerung nach § 22 Nr. 5 EStG. Allein die Möglichkeit, anstelle dieser Auszahlungsformen eine Einmalkapitalauszahlung (100 % des zu Beginn der Auszahlungsphase zur Verfügung stehenden Kapitals) zu wählen, steht der Steuerfreiheit noch nicht entgegen; **hieran wird ungeachtet des BFH-Urteils vom 20. September 2016 – X R 23/15 – (BStBl 2017 II S. 347) festgehalten.** Die Möglichkeit, eine Einmalkapitalauszahlung anstelle einer Rente oder eines Auszahlungsplans zu wählen, gilt nicht nur für Altersversorgungsleistungen, sondern auch für Invaliditäts- oder Hinterbliebenenversorgungsleistungen. Entscheidet sich der Arbeitnehmer zugunsten einer Einmalkapitalauszahlung, so sind von diesem Zeitpunkt an die Voraussetzungen des § 3 Nr. 63 EStG nicht mehr erfüllt und die Beitragsleistungen zu besteuern. Erfolgt die Ausübung des Wahlrechts innerhalb des letzten Jahres vor dem altersbedingten Ausscheiden aus dem Erwerbsleben, so ist es aus Vereinfachungsgründen nicht zu beanstanden, wenn die Beitragsleistungen weiterhin nach § 3 Nr. 63 EStG steuerfrei belassen werden. Für die Berechnung der Jahresfrist ist dabei auf das im Zeitpunkt der Ausübung des Wahlrechts vertraglich vorgesehene Ausscheiden aus dem Erwerbsleben (vertraglich vorgesehener Beginn der Altersversorgungsleistung) abzustellen. Da die Auszahlungsphase bei der Hinterbliebenenleistung erst mit dem Zeitpunkt des Todes des ursprünglich Berechtigten beginnt, ist es in diesem Fall aus steuerlicher Sicht nicht zu beanstanden, wenn das Wahlrecht im zeitlichen Zusammenhang mit dem Tod des ursprünglich Berechtigten ausgeübt wird. Bei Auszahlung oder anderweitiger wirtschaftlicher Verfügung ist der Einmalkapitalbetrag gem. § 22 Nr. 5 EStG zu besteuern (siehe dazu Rz. **148** ff.).

dd) Sonstiges

Eine Steuerfreiheit der Beiträge kommt nicht in Betracht, soweit es sich hierbei nicht um Arbeitslohn im Rahmen eines Dienstverhältnisses, sondern um eine verdeckte Gewinnausschüttung im Sinne des § 8 Abs. 3 Satz 2 KStG handelt. Die allgemeinen Grundsätze zur Abgrenzung zwischen verdeckter Gewinnausschüttung und Arbeitslohn sind hierbei zu beachten.   35

Bei Beiträgen an ausländische betriebliche Altersversorgungssysteme ist zu entscheiden, ob das ausländische Altersversorgungssystem mit einem Durchführungsweg der betrieblichen Altersversorgung nach dem deutschen Betriebsrentengesetz vergleichbar ist bzw. einem der Durchführungswege als vergleichbar zugeordnet werden kann. Entsprechende Beiträge sind steuerfrei nach § 3 Nr. 63 EStG, wenn   36

- das ausländische betriebliche Altersversorgungssystem vergleichbar mit dem Pensionsfonds, der Pensionskasse oder der Direktversicherung ist und
- auch die weiteren wesentlichen Kriterien für die steuerliche Anerkennung einer betrieblichen Altersversorgung im Inland erfüllt werden (u. a. Absicherung mindestens eines biometrischen Risikos – vgl. Rz. **1** –, enger Hinterbliebenenbegriff – vgl. Rz. **4** –, keine Vererblichkeit – vgl. Rz. **6** –, begünstigte Auszahlungsformen – vgl. Rz. **34**) und
- die ausländische Versorgungseinrichtung in vergleichbarer Weise den für inländische Versorgungseinrichtungen maßgeblichen Aufbewahrungs-, Mitteilungs- und Bescheinigungspflichten nach dem Einkommensteuergesetz und der Altersvorsorge- Durchführungsverordnung zur Sicherstellung der Besteuerung der Versorgungsleistungen im Wesentlichen nachkommt.

Darüber hinaus kann sich die unmittelbare Anwendbarkeit des § 3 Nr. 63 EStG aus einer völkerrechtlichen Vereinbarung ergeben (z. B. Nr. 16 des Protokolls zum Doppelbesteuerungsabkommens [DBA] USA).   37

In Entsendungsfällen hat für die Beiträge des Arbeitgebers zur kapitalgedeckten betrieblichen Altersversorgung die Regelung des § 3 Nr. 63 EStG gegenüber den Regelungen eines DBA Vorrang.   38

Unter den Voraussetzungen der Rz. **23** bis **35** sind auch die vom Arbeitgeber zusätzlich zum ohnehin geschuldeten Arbeitslohn erbrachten Beiträge an eine Zusatzversorgungskasse (wie z. B. zur Versorgungsanstalt der deutschen Bühnen – VddB –, zur Versorgungsanstalt der deutschen Kulturorchester – VddKO – oder zum Zusatzversorgungswerk für Arbeitnehmer in der Land- und Forstwirtschaft – ZLF –), die er nach der jeweiligen Satzung der Versorgungseinrichtung als Pflichtbeiträge für die Altersversorgung seiner Arbeitnehmer zusätzlich zu den nach § 3 Nr. 62 EStG steuerfreien Beiträgen zur gesetzlichen Rentenversicherung zu erbringen hat, ebenfalls im Rahmen des § 3 Nr. 63 EStG steuerfrei. Die Steuerfreiheit nach § 3 Nr. 62 Satz 1   39

EStG kommt für diese Beiträge nicht in Betracht. Die Steuerbefreiung des § 3 Nr. 63 (und auch Nr. 56) EStG ist nicht nur der Höhe, sondern dem Grunde nach vorrangig anzuwenden; die Steuerbefreiung nach § 3 Nr. 62 EStG ist bei Vorliegen von Zukunftssicherungsleistungen im Sinne des § 3 Nr. 63 (und auch Nr. 56) EStG daher auch dann ausgeschlossen, wenn die Höchstbeträge des § 3 Nr. 63 (und Nr. 56) EStG bereits voll ausgeschöpft werden.

b) Ausschluss der Steuerfreiheit nach § 3 Nr. 63 Satz 2 EStG

aa) Personenkreis

40   Auf die Steuerfreiheit können grundsätzlich nur Arbeitnehmer verzichten, die in der gesetzlichen Rentenversicherung pflichtversichert sind (§§ 1a, 17 Abs. 1 Satz 3 BetrAVG). Alle anderen Arbeitnehmer können von dieser Möglichkeit nur dann Gebrauch machen, wenn der Arbeitgeber zustimmt.

bb) Höhe und Zeitpunkt der Ausübung des Wahlrechts

41   Soweit der Arbeitnehmer einen Anspruch auf Entgeltumwandlung nach § 1a BetrAVG hat oder andere Finanzierungsanteile (vgl. Rz. 26) zur betrieblichen Altersversorgung erbringt, ist eine individuelle Besteuerung dieser Beiträge auf Verlangen des Arbeitnehmers durchzuführen; die Beiträge sind dabei gleichrangig zu behandeln. **Der Arbeitnehmer kann sein Verlangen nach individueller Besteuerung (Verzicht auf die Steuerfreiheit) betragsmäßig oder prozentual begrenzen.** In allen anderen Fällen der Entgeltumwandlung (z. B. Entgeltumwandlungsvereinbarung aus dem Jahr 2001 oder früher) ist die individuelle Besteuerung der Beiträge hingegen nur aufgrund einvernehmlicher Vereinbarung zwischen Arbeitgeber und Arbeitnehmer möglich. Bei rein arbeitgeberfinanzierten Beiträgen kann auf die Steuerfreiheit nicht verzichtet werden (vgl. Rz. 31).

42   Die Ausübung des Wahlrechts nach § 3 Nr. 63 Satz 2 EStG muss bis zu dem Zeitpunkt erfolgen, zu dem die entsprechende Gehaltsänderungsvereinbarung steuerlich noch anzuerkennen ist (vgl. Rz. 12). Eine nachträgliche Änderung der steuerlichen Behandlung der im Wege der Entgeltumwandlung finanzierten Beiträge ist nicht zulässig.

c) Vervielfältigungsregelung nach § 3 Nr. 63 Satz 3 EStG

43   Beiträge an einen Pensionsfonds, eine Pensionskasse oder für eine Direktversicherung, die der Arbeitgeber aus Anlass der Beendigung des Dienstverhältnisses leistet, können im Rahmen des § 3 Nr. 63 Satz 3 EStG – **zusätzlich zu den Beiträgen nach § 3 Nr. 63 Satz 1 EStG** – steuerfrei belassen werden. **Ein Zusammenhang mit der Beendigung des Dienstverhältnisses ist insbesondere dann zu vermuten, wenn der Beitrag innerhalb von drei Monaten vor dem Beendigungs-/Auflösungszeitpunkt geleistet wird. Die Vervielfältigungsregelung kann auch nach Beendigung des Dienstverhältnisses angewendet werden, wenn die Beitragsleistung oder Entgeltumwandlung spätestens bis zum Zeitpunkt der Beendigung des Dienstverhältnisses vereinbart wird.**

44   **Die Höhe der Steuerfreiheit ist begrenzt auf den Betrag, der sich ergibt aus 4 % der Beitragsbemessungsgrenze in der allgemeinen Rentenversicherung (West) vervielfältigt mit der Anzahl der Kalenderjahre, in denen das Dienstverhältnis des Arbeitnehmers zu dem Arbeitgeber bestanden hat, höchstens zehn Kalenderjahre.**

45   Die Vervielfältigungsregelung steht jedem Arbeitnehmer aus demselben Dienstverhältnis insgesamt nur einmal zu. Werden die Beiträge statt als Einmalbeitrag in Teilbeträgen geleistet, sind diese so lange steuerfrei, bis der für den Arbeitnehmer maßgebende Höchstbetrag ausgeschöpft ist. Eine Anwendung der Vervielfältigungsregelung des § 3 Nr. 63 Satz 3 EStG ist nicht möglich, **soweit** die Vervielfältigungsregelung des § 40b Abs. 2 Satz 3 und 4 EStG a. F. auf die Beiträge, die der Arbeitgeber aus Anlass der Beendigung des Dienstverhältnisses leistet, angewendet wird (vgl. Rz. 94 f.). **Die hiernach pauschal besteuerten Beiträge und Zuwendungen sind folglich auf das steuerfreie Volumen anzurechnen.**

d) Nachholung der Steuerfreiheit nach § 3 Nr. 63 Satz 4 EStG

46   **Beiträge im Sinne des § 3 Nr. 63 Satz 1 EStG, die für Kalenderjahre nachgezahlt werden, in denen das erste Dienstverhältnis ruhte, vom Arbeitgeber im Inland kein steuerpflichtiger Arbeitslohn bezogen wurde und in diesen Zeiten keine Beiträge im Sinne des § 3 Nr. 63 Satz 1 EStG geleistet wurden, sind steuerfrei, soweit sie 8 Prozent der Beitragsbemessungsgrenze in der allgemeinen Rentenversicherung (West), vervielfältigt mit der Anzahl dieser Kalenderjahre, höchstens jedoch zehn Kalenderjahre, nicht übersteigen. Eine Nachzahlung kommt bei-**

spielsweise in Betracht für Zeiten einer Entsendung ins Ausland, während der Elternzeit oder eines Sabbatjahres. Für die Berechnung des maximalen steuerfreien Volumens wird auf die Beitragsbemessungsgrenze des Jahres der Nachzahlung abgestellt und diese mit der Anzahl der zu berücksichtigenden Jahre multipliziert.

Im Zeitraum des Ruhens und im Zeitpunkt der Nachzahlung muss ein erstes Dienstverhältnis vorliegen (§ 3 Nr. 63 Satz 4 EStG). Der Nachweis, dass ein erstes Dienstverhältnis vorliegt, ist vom Arbeitgeber zu führen. Dieser kann z. B. über die abgerufenen ELStAM-Daten, eine Bescheinigung für den Lohnsteuerabzug oder eine schriftliche Bestätigung des Arbeitnehmers erfolgen (siehe dazu auch Rz. 24).   47

Die Nachholungsregelung ist eine Jahres-Regelung, d. h., es sind nur solche Kalenderjahre zu berücksichtigen, in denen vom 1. Januar bis zum 31. Dezember vom Arbeitgeber im Inland kein steuerpflichtiger Arbeitslohn bezogen wurde. Berücksichtigt werden dabei auch Kalenderjahre vor 2018, sofern die Nachzahlung ab dem 1. Januar 2018 erfolgt. Arbeitslöhne aus anderen Dienstverhältnissen (Steuerklasse VI oder pauschal besteuert) bleiben unberücksichtigt.   48

Die Nachholung muss im Zusammenhang mit dem Ruhen des Dienstverhältnisses stehen. Von einem solchen Zusammenhang kann ausgegangen werden, wenn die Beiträge spätestens bis zum Ende des Kalenderjahres, das auf das Ende der Ruhensphase folgt, nachgezahlt werden. Die Nachholung kann in einem Betrag oder in mehreren Teilbeträgen erfolgen. Bei Teilbeträgen gilt die Beitragsbemessungsgrenze des Jahres der ersten Teilzahlung. In dem Kalenderjahr, das auf das Ende der Ruhensphase folgt, können die Steuerbefreiungen nach § 3 Nr. 63 Satz 1 und 4 EStG nebeneinander in Anspruch genommen werden.   49

Übersteigen die nachgezahlten Beiträge das steuerfreie Volumen nach § 3 Nr. 63 Satz 4 EStG, können die übersteigenden Beiträge nach § 3 Nr. 63 Satz 1 EStG steuerfrei belassen werden, soweit der Höchstbetrag nach § 3 Nr. 63 Satz 1 EStG durch die laufenden Beiträge für das entsprechende Kalenderjahr noch nicht verbraucht ist. Für Beiträge an eine Pensionskasse oder für eine Direktversicherung kommt ggf. auch die Pauschalbesteuerung nach § 40b Abs. 1 und Abs. 2 Satz 1 und 2 EStG a. F. in Betracht, sofern die Voraussetzungen für die Anwendung des § 40b EStG a. F. vorliegen (vgl. Rz. 85 bis 99).   50

5. Steuerfreiheit für Sicherungsbeiträge des Arbeitgebers nach § 3 Nr. 63a EStG

§ 3 Nr. 63a EStG gilt für Zusatzbeiträge des Arbeitgebers im Sinne des § 23 Abs. 1 BetrAVG, die den einzelnen Arbeitnehmern nicht unmittelbar gutgeschrieben oder zugerechnet, sondern zunächst zur Absicherung der reinen Beitragszusage genutzt werden. Diese Zusatzbeiträge bleiben im Zeitpunkt der Dotierung/Leistung des Arbeitgebers an die Versorgungseinrichtung steuerfrei. Soweit aus den nach § 3 Nr. 63a EStG steuerfreien Beiträgen dem Arbeitnehmer später Versorgungsleistungen oder andere Vorteile zufließen, sind diese vollständig nach § 22 Nr. 5 Satz 1 EStG zu besteuern (vgl. Rz. 148 ff.).   51

Für Zusatzbeiträge des Arbeitgebers, die den einzelnen Arbeitnehmern direkt gutgeschrieben bzw. zugerechnet werden, gelten hingegen die gleichen steuerlichen Regelungen wie für die übrigen Beiträge des Arbeitgebers im Rahmen des Kapitaldeckungsverfahrens an einen Pensionsfonds, eine Pensionskasse oder für eine Direktversicherung zum Aufbau einer betrieblichen Altersversorgung (z. B. Steuerfreiheit nach § 3 Nr. 63 EStG, Förderung nach § 10a/Abschnitt XI EStG beim Arbeitnehmer).   52

6. Steuerfreiheit nach § 3 Nr. 65 EStG

Die sich aus § 3 Nr. 65 Satz 2 bis 4 EStG ergebenden Rechtsfolgen treten auch dann ein, wenn die Auszahlungen unmittelbar vom Träger der Insolvenzsicherung an den Versorgungsberechtigten oder seine Hinterbliebenen vorgenommen werden. In diesem Fall ist der Träger der Insolvenzsicherung Dritter im Sinne des § 3 Nr. 65 Satz 4 EStG und daher zum Lohnsteuereinbehalt verpflichtet.   53

Nach § 8 Abs. 3 BetrAVG hat der Arbeitnehmer im Insolvenzfall des Arbeitgebers das Recht, in eine für ihn abgeschlossene Rückdeckungsversicherung des Arbeitgebers oder der Unterstützungskasse als Versicherungsnehmer einzutreten und die Versicherung mit eigenen Beiträgen fortzusetzen. Macht der Arbeitnehmer von diesem Recht Gebrauch und tritt in die Versicherung ein, ist der Erwerb der Ansprüche aus der Rückdeckungsversicherung steuerfrei nach § 3 Nr. 65 Satz 1 Buchstabe d EStG. Die späteren Versorgungsleistungen aus der Rückdeckungsversicherung, in die der Arbeitnehmer nach § 3 Nr. 65 Satz 1 Buchstabe d EStG eingetreten ist, gehören insgesamt zu den sonstigen Einkünften nach § 22 Nr. 5 Satz 1 EStG (§ 3 Nr. 65 Satz 5 Halbsatz 1 EStG). Das Versicherungsunternehmen muss keinen Lohnsteuerabzug durchführen, sondern lediglich – wie sonst auch – die Rentenbezugsmitteilung an die zentrale   54

Stelle übermitteln (§ 22a EStG). Dies gilt auch für beherrschende Gesellschafter-Geschäftsführer einer GmbH.

55   **Führt der Arbeitnehmer die nach § 8 Abs. 3 BetrAVG übernommene Rückdeckungsversicherung mit eigenen Beiträgen fort, sind die späteren Versorgungsleistungen nach § 22 Nr. 5 Satz 1 oder 2 EStG zu versteuern (§ 3 Nr. 65 Satz 5 Halbsatz 2 EStG). Die Leistungen, die auf geförderten Beiträgen beruhen, sind nach § 22 Nr. 5 Satz 1 EStG voll zu versteuern. Die Leistungen, die auf nicht geförderten Beiträgen beruhen, sind nach § 22 Nr. 5 Satz 2 Buchstabe a EStG entweder mit dem Ertragsanteil (lebenslangen Rentenleistungen sowie Berufsunfähigkeits-, Erwerbsminderungs- und Hinterbliebenenrenten) oder ggf. nach § 22 Nr. 5 Satz 2 Buchstabe b i. V. m. § 20 Abs. 1 Nr. 6 EStG (Kapitalleistungen) zu versteuern.**

7. Steuerfreiheit nach § 3 Nr. 66 EStG

56   Voraussetzung für die Steuerfreiheit nach § 3 Nr. 66 EStG ist, dass vom Arbeitgeber ein Antrag nach § 4d Abs. 3 EStG oder § 4e Abs. 3 EStG gestellt worden ist. Die Steuerfreiheit nach § 3 Nr. 66 EStG gilt auch dann, wenn beim übertragenden Unternehmen keine Zuwendungen i. S. v. § 4d Abs. 3 EStG oder Leistungen im Sinne des § 4e Abs. 3 EStG im Zusammenhang mit der Übernahme einer Versorgungsverpflichtung durch einen Pensionsfonds anfallen. Bei einer entgeltlichen Übertragung von Versorgungsanwartschaften aktiver Beschäftigter kommt die Anwendung von § 3 Nr. 66 EStG nur für Zahlungen an den Pensionsfonds in Betracht, die für die bis zum Zeitpunkt der Übertragung bereits erdienten Versorgungsanwartschaften geleistet werden (sog. „Past-Service"); Zahlungen an den Pensionsfonds für zukünftig noch zu erdienende Anwartschaften (sog. „Future-Service") sind ausschließlich in dem begrenzten Rahmen des § 3 Nr. 63 EStG lohnsteuerfrei; zu weiteren Einzelheiten, insbesondere zur Abgrenzung von „Past-" und „Future-Service", siehe BMF-Schreiben vom 26. Oktober 2006 (BStBl I S. 709) **und vom 10. Juli 2015 (BStBl I S. 544)**. Erfolgt im Rahmen eines Gesamtplans zunächst eine nach § 3 Nr. 66 EStG begünstigte Übertragung der erdienten Anwartschaften auf einen Pensionsfonds und werden anschließend regelmäßig wiederkehrend (z. B. jährlich) die dann neu erdienten Anwartschaften auf den Pensionsfonds übertragen, sind die weiteren Übertragungen auf den Pensionsfonds nicht nach § 3 Nr. 66 EStG begünstigt, sondern nur im Rahmen des § 3 Nr. 63 EStG steuerfrei. Hinsichtlich des durch die Steuerbefreiungsvorschrift begünstigten Personenkreises vgl. Rz. 23.

8. Steuerfreiheit nach § 3 Nr. 55 EStG

57   Gem. § 4 Abs. 2 Nr. 2 BetrAVG kann nach Beendigung des Arbeitsverhältnisses im Einvernehmen des ehemaligen mit dem neuen Arbeitgeber sowie dem Arbeitnehmer der Wert der vom Arbeitnehmer erworbenen Altersversorgung (Übertragungswert nach § 4 Abs. 5 BetrAVG) auf den neuen Arbeitgeber übertragen werden, wenn dieser eine wertgleiche Zusage erteilt. § 4 Abs. 3 BetrAVG gibt dem Arbeitnehmer für Versorgungszusagen, die nach dem 31. Dezember 2004 erteilt werden, das Recht, innerhalb eines Jahres nach Beendigung des Arbeitsverhältnisses von seinem ehemaligen Arbeitgeber zu verlangen, dass der Übertragungswert auf den neuen Arbeitgeber übertragen wird, wenn die betriebliche Altersversorgung beim ehemaligen Arbeitgeber über einen Pensionsfonds, eine Pensionskasse oder eine Direktversicherung durchgeführt worden ist und der Übertragungswert die im Zeitpunkt der Übertragung maßgebliche Beitragsbemessungsgrenze in der allgemeinen Rentenversicherung **(West)** nicht übersteigt.

58   Die Anwendung der Steuerbefreiungsvorschrift des § 3 Nr. 55 EStG setzt aufgrund des Verweises auf die Vorschriften des Betriebsrentengesetzes die Beendigung des bisherigen Dienstverhältnisses und ein anderes Dienstverhältnis voraus. Die Übernahme der Versorgungszusage durch einen Arbeitgeber, bei dem der Arbeitnehmer bereits beschäftigt ist, ist betriebsrentenrechtlich unschädlich und steht daher der Anwendung der Steuerbefreiungsvorschrift nicht entgegen. § 3 Nr. 55 EStG und Rz. **57** gelten entsprechend für Arbeitnehmer, die nicht in der gesetzlichen Rentenversicherung pflichtversichert sind (z. B. beherrschende Gesellschafter-Geschäftsführer oder geringfügig Beschäftigte).

59   **Die Steuerfreiheit gilt sowohl für Versorgungszusagen, die gesetzlich unverfallbar sind, als auch für Versorgungszusagen, die aufgrund vertraglicher Vereinbarungen mit oder ohne Fristerfordernis unverfallbar sind (§ 3 Nr. 55 Satz 1 Halbsatz 2 EStG).**

60   Der geleistete Übertragungswert ist nach § 3 Nr. 55 Satz 1 EStG steuerfrei, wenn die betriebliche Altersversorgung sowohl beim ehemaligen Arbeitgeber als auch beim neuen Arbeitgeber über einen Pensionsfonds, eine Pensionskasse oder eine Direktversicherung durchgeführt wird. Es ist nicht Voraussetzung, dass beide Arbeitgeber auch den gleichen Durchführungsweg gewählt haben. Um eine Rückabwicklung der steuerlichen Behandlung der Beitragsleistungen an einen Pensionsfonds, eine Pensionskasse oder eine Direktversicherung vor der Übertragung (Steuerfreiheit nach § 3 Nr. 63, 66 EStG, individuelle Besteuerung, Besteue-

rung nach § 40b EStG) zu verhindern, bestimmt § 3 Nr. 55 Satz 3 EStG, dass die auf dem Übertragungsbetrag beruhenden Versorgungsleistungen weiterhin zu den Einkünften gehören, zu denen sie gehört hätten, wenn eine Übertragung nach § 4 BetrAVG nicht stattgefunden hätte. Der Übertragungswert ist gem. § 3 Nr. 55 Satz 2 EStG auch steuerfrei, wenn er vom ehemaligen Arbeitgeber oder von einer Unterstützungskasse an den neuen Arbeitgeber oder an eine andere Unterstützungskasse geleistet wird.

Die Steuerfreiheit des § 3 Nr. 55 EStG kommt jedoch nicht in Betracht, wenn die betriebliche Altersversorgung beim ehemaligen Arbeitgeber als Direktzusage oder mittels einer Unterstützungskasse ausgestaltet war, während sie beim neuen Arbeitgeber über einen Pensionsfonds, eine Pensionskasse oder eine Direktversicherung abgewickelt wird. Dies gilt auch für den umgekehrten Fall. Ebenso kommt die Steuerfreiheit nach § 3 Nr. 55 EStG bei einem Betriebsübergang nach § 613a BGB nicht in Betracht, da in einem solchen Fall die Regelung des § 4 BetrAVG keine Anwendung findet.   61

Wird die betriebliche Altersversorgung sowohl beim alten als auch beim neuen Arbeitgeber über einen Pensionsfonds, eine Pensionskasse oder eine Direktversicherung abgewickelt, liegt im Fall der Übernahme der Versorgungszusage nach § 4 Abs. 2 Nr. 1 BetrAVG lediglich ein Schuldnerwechsel und damit für den Arbeitnehmer kein lohnsteuerlich relevanter Vorgang vor. Entsprechendes gilt im Fall der Übernahme der Versorgungszusage nach § 4 Abs. 2 Nr. 1 BetrAVG, wenn die betriebliche Altersversorgung sowohl beim alten als auch beim neuen Arbeitgeber über eine Direktzusage oder Unterstützungskasse durchgeführt **wird.**   62

9. Steuerfreiheit nach § 3 Nr. 55c Satz 2 Buchstabe a EStG

Steuerfrei nach § 3 Nr. 55c Satz 2 Buchstabe a EStG ist die bei einem fortbestehenden Dienstverhältnis vorgenommene Übertragung von Anwartschaften aus einer betrieblichen Altersversorgung, die über einen Pensionsfonds, eine Pensionskasse oder ein Unternehmen der Lebensversicherung (Direktversicherung) durchgeführt wird, wenn die Anwartschaft lediglich auf einen anderen Träger einer betrieblichen Altersversorgung in Form eines Pensionsfonds, einer Pensionskasse oder eines Unternehmens der Lebensversicherung (Direktversicherung) übertragen wird. Dies gilt nicht für Zahlungen, die unmittelbar an den Arbeitnehmer erfolgen. Die Übertragung führt zu keiner Novation (§ 20 Abs. 1 Nr. 6 EStG), wenn sich im Zusammenhang mit der Übertragung die vertraglichen Hauptpflichten (insbesondere die Versicherungslaufzeit, die Versicherungssumme, der Versicherungsbeitrag, die Beitragszahlungsdauer oder die abgesicherten biometrischen Risiken) nicht ändern.   63

10. Übernahme von Pensionsverpflichtungen gegen Entgelt durch Beitritt eines Dritten in eine Pensionsverpflichtung (Schuldbeitritt) oder Ausgliederung/Abspaltung von Pensionsverpflichtungen

Bei der Übernahme von Pensionsverpflichtungen gegen Entgelt durch Beitritt eines Dritten in eine Pensionsverpflichtung (Schuldbeitritt) oder durch Ausgliederung von Pensionsverpflichtungen – ohne inhaltliche Veränderung der Zusage – handelt es sich weiterhin um eine Direktzusage des Arbeitgebers. Aus lohnsteuerlicher Sicht bleibt es folglich bei den für eine Direktzusage geltenden steuerlichen Regelungen, d. h., es liegen erst bei Auszahlung der Versorgungsleistungen – durch den Dritten bzw. durch die Pensionsgesellschaft anstelle des Arbeitgebers – Einkünfte im Sinne des § 19 EStG vor. Der Lohnsteuerabzug kann in diesem Fall mit Zustimmung des Finanzamts anstelle vom Arbeitgeber auch von dem Dritten bzw. der Pensionsgesellschaft vorgenommen werden (§ 38 Abs. 3a Satz 2 EStG). **Die vorstehenden Ausführungen gelten entsprechend, wenn es sich nach dem Umwandlungsgesetz nicht um eine Ausgliederung, sondern um eine Abspaltung handelt.**   64

Zu den lohnsteuerlichen Folgerungen der Übernahme der Pensionszusage eines beherrschenden Gesellschafter-Geschäftsführers gegen eine Ablösungszahlung und zum Wechsel des Durchführungswegs siehe aber BMF-Schreiben vom 4. Juli 2017 (BStBl I S. 883).   65

11. Förderung durch Sonderausgabenabzug nach § 10a EStG und Zulage nach Abschnitt XI EStG

Zahlungen **des Arbeitgebers** im Rahmen der betrieblichen Altersversorgung an einen Pensionsfonds, eine Pensionskasse oder eine Direktversicherung können als Altersvorsorgebeiträge durch Sonderausgabenabzug nach § 10a EStG und Zulage nach Abschnitt XI EStG gefördert werden (§ 82 Abs. 2 EStG). Die zeitliche Zuordnung der Altersvorsorgebeiträge im Sinne des § 82 Abs. 2 EStG richtet sich grundsätzlich nach den für die Zuordnung des Arbeitslohns geltenden Vorschriften (§ 38a Abs. 3 EStG; R 39b.2, 39b.5 und 39b.6 LStR).   66

67   Um Beiträge im Rahmen der betrieblichen Altersversorgung handelt es sich nur, wenn die Beiträge für eine vom Arbeitgeber aus Anlass des Arbeitsverhältnisses zugesagte Versorgungsleistung erbracht werden (§ 1 BetrAVG). Dies gilt unabhängig davon, ob die Beiträge

–   ausschließlich vom Arbeitgeber finanziert werden,

–   auf einer Entgeltumwandlung beruhen,

–   andere im Gesamtversicherungsbeitrag des Arbeitgebers enthaltene Finanzierungsanteile des Arbeitnehmers sind (BFH-Urteil vom 9. Dezember 2010 – VI R 57/08 –, BStBl II 2011 S. 978**) oder**

–   eigene Beiträge des Arbeitnehmers sind, die er aus seinem bereits zugeflossenen und versteuerten Arbeitsentgelt zur Finanzierung der betrieblichen Altersversorgung leistet.

Im Übrigen sind **die** Rz. **2** ff. zu beachten.

68   Voraussetzung für die steuerliche Förderung ist neben der individuellen Besteuerung der Beiträge, dass die Auszahlung der zugesagten Altersversorgungsleistung in Form einer lebenslangen Rente oder eines Auszahlungsplans mit anschließender lebenslanger Teilkapitalverrentung (§ 1 Abs. 1 Satz 1 Nr. 4 Buchstabe a AltZertG) vorgesehen ist. **Davon ist auch bei einer betrieblichen Altersversorgung in Form der reinen Beitragszusage (§§ 21 ff. BetrAVG) auszugehen.** Die steuerliche Förderung von Beitragsteilen, die zur Absicherung einer Invaliditäts- oder Hinterbliebenenversorgung verwendet werden, kommt nur dann in Betracht, wenn die Auszahlung in Form einer Rente (§ 1 Abs. 1 Satz 1 Nr. 4 Buchstabe a AltZertG; vgl. Rz. **34**) vorgesehen ist. Rente oder Auszahlungsplan in diesem Sinne liegt auch dann vor, wenn bis zu 30 % des zu Beginn der Auszahlungsphase zur Verfügung stehenden Kapitals außerhalb der monatlichen Leistungen ausgezahlt werden. Die zu Beginn der Auszahlungsphase zu treffende Entscheidung und Entnahme des Teilkapitalbetrags aus diesem Vertrag (Rz. 210 **des BMF-Schreibens vom 21. Dezember 2017,** BStBl 2018 I S. 93) führt zur Besteuerung nach § 22 Nr. 5 EStG. Allein die Möglichkeit, anstelle dieser Auszahlungsformen eine Einmalkapitalauszahlung (100 % des zu Beginn der Auszahlungsphase zur Verfügung stehenden Kapitals) zu wählen, steht der Förderung noch nicht entgegen. Die Möglichkeit, eine Einmalkapitalauszahlung anstelle einer Rente oder eines Auszahlungsplans zu wählen, gilt nicht nur für Altersversorgungsleistungen, sondern auch für Invaliditäts- oder Hinterbliebenenversorgungsleistungen. Entscheidet sich der Arbeitnehmer zugunsten einer Einmalkapitalauszahlung, so sind von diesem Zeitpunkt an die Voraussetzungen des § 10a und Abschnitts XI EStG nicht mehr erfüllt und die Beitragsleistungen können nicht mehr gefördert werden. Erfolgt die Ausübung des Wahlrechtes innerhalb des letzten Jahres vor dem altersbedingten Ausscheiden aus dem Erwerbsleben, so ist es aus Vereinfachungsgründen nicht zu beanstanden, wenn die Beitragsleistungen weiterhin nach § 10a/Abschnitt XI EStG gefördert werden. Für die Berechnung der Jahresfrist ist dabei auf das im Zeitpunkt der Ausübung des Wahlrechts vertraglich vorgesehene Ausscheiden aus dem Erwerbsleben (vertraglich vorgesehener Beginn der Altersversorgungsleistung) abzustellen. Da die Auszahlungsphase bei der Hinterbliebenenleistung erst mit dem Zeitpunkt des Todes des ursprünglich Berechtigten beginnt, ist es in diesem Fall aus steuerlicher Sicht nicht zu beanstanden, wenn das Wahlrecht zu diesem Zeitpunkt ausgeübt wird. Bei Auszahlung des Einmalkapitalbetrags handelt es sich um eine schädliche Verwendung im Sinne des § 93 EStG (vgl. Rz. **167** f.), soweit sie auf steuerlich gefördertem Altersvorsorgevermögen beruht. Da es sich bei der Teil- bzw. Einmalkapitalauszahlung nicht um außerordentliche Einkünfte im Sinne des § 34 Abs. 2 EStG **handelt,** kommt eine Anwendung der Fünftelungsregelung des § 34 EStG auf diese Zahlungen nicht in Betracht **(BFH vom 20. September 2016 – X R 23/15 –, BStBl 2017 II S. 347, vgl. auch Rz. 149)**.

69   Die aus bereits zugeflossenem Arbeitslohn des Arbeitnehmers geleisteten Beiträge an einen Pensionsfonds, eine Pensionskasse oder eine Direktversicherung zum Aufbau einer kapitalgedeckten betrieblichen Altersversorgung, bei der eine Auszahlung der zugesagten Altersversorgungsleistung in Form einer Rente oder eines Auszahlungsplans (§ 1 Abs. 1 Satz 1 Nr. 4 AltZertG) vorgesehen ist, zählen auch dann zu den Altersvorsorgebeiträgen im Sinne von § 82 Abs. 2 EStG, wenn der Arbeitslohn aufgrund eines **DBA** nicht in Deutschland, sondern in einem anderen Land der inländischen individuellen Besteuerung vergleichbar versteuert wird.

70   Beitragsleistungen, die aus nach § 40a EStG pauschal versteuertem Arbeitslohn erbracht werden, gehören nicht zu den Altersvorsorgebeiträgen nach § 82 Abs. 2 Satz 1 Buchstabe a EStG.

71   Altersvorsorgebeiträge im Sinne des § 82 Abs. 2 EStG sind auch die Beiträge des ehemaligen Arbeitnehmers, die dieser im Fall einer zunächst ganz oder teilweise durch Entgeltumwandlung finanzierten und nach § 3 Nr. 63 oder § 10a/Abschnitt XI EStG geförderten betrieblichen Altersversorgung nach der Beendigung des Arbeitsverhältnisses nach Maßgabe des § 1b Abs. 5 **Satz 1** Nr. 2 BetrAVG selbst erbringt. Dies gilt entsprechend in den Fällen der Finanzierung durch eigene Beiträge des Arbeitnehmers (vgl. Rz. **26**).

72   Die vom Steuerpflichtigen nach Maßgabe des § 1b Abs. 5 Satz 1 Nr. 2 BetrAVG selbst zu erbringenden Beiträge müssen nicht aus individuell versteuertem Arbeitslohn stammen (z. B. Finanzierung aus steuerfreiem Arbeitslosengeld). Gleiches gilt, soweit der Arbeitnehmer trotz eines

weiter bestehenden Arbeitsverhältnisses keinen Anspruch auf Arbeitslohn mehr hat und die Beiträge nun selbst erbringt (z. B. während der Schutzfristen des § 3 Abs. 2 und § 6 Abs. 1 des Mutterschutzgesetzes, der Elternzeit, des Bezugs von Krankengeld oder auch § 1a Abs. 4 BetrAVG) oder aufgrund einer gesetzlichen Verpflichtung Beiträge zur betrieblichen Altersversorgung entrichtet werden (z. B. nach §§ 14a und 14b des Arbeitsplatzschutzgesetzes).

Voraussetzung für die Förderung durch Sonderausgabenabzug nach § 10a EStG und Zulage nach Abschnitt XI EStG ist in den Fällen der Rz. 71 f., dass der Steuerpflichtige zum begünstigten Personenkreis gehört. Die zeitliche Zuordnung dieser Altersvorsorgebeiträge richtet sich grundsätzlich nach § 11 Abs. 2 EStG.   73

Zu den begünstigten Altersvorsorgebeiträgen gehören nur Beiträge, die zum Aufbau einer betrieblichen Altersversorgung im Kapitaldeckungsverfahren erhoben werden. Für Umlagen, die an eine Versorgungseinrichtung gezahlt werden, kommt die Förderung dagegen nicht in Betracht. Werden sowohl Umlagen als auch Beiträge im Kapitaldeckungsverfahren erhoben, gehören Letztere nur dann zu den begünstigten Aufwendungen, wenn eine getrennte Verwaltung und Abrechnung beider Vermögensmassen erfolgt (Trennungsprinzip).   74

Die Versorgungseinrichtung hat dem Zulageberechtigten jährlich eine Bescheinigung zu erteilen (§ 92 EStG). Diese Bescheinigung muss u. a. den Stand des Altersvorsorgevermögens ausweisen (§ 92 Nr. 5 EStG). **Altersvorsorgevermögen kann immer nur dann vorliegen, wenn sich der Steuerpflichtige bewusst für die Förderung nach § 10a EStG und Abschnitt XI EStG entschieden hat. Dies ist dann der Fall, wenn der Steuerpflichtige seiner Versorgungseinrichtung in der Vergangenheit mitgeteilt hat oder mit Wirkung für die Zukunft mitteilt, dass er diese Förderung in Anspruch nehmen möchte und die Versorgungseinrichtung daraufhin ihre Pflichten als Anbieter nach § 80 EStG wahrnimmt. Ein Zulagenantrag muss nicht gestellt werden.** Bei einer Leistungszusage (§ 1 Abs. 1 Satz 2 Halbsatz 2 BetrAVG) und einer beitragsorientierten Leistungszusage (§ 1 Abs. 2 Nr. 1 BetrAVG) kann stattdessen der Barwert der erdienten Anwartschaft bescheinigt werden.   75

12. Steuerfreiheit nach § 3 Nr. 56 EStG

a) Begünstigter Personenkreis

Die Rz. 23 f. gelten entsprechend.   76

b) Begünstigte Aufwendungen

Zu den nach § 3 Nr. 56 EStG begünstigten Aufwendungen gehören nur laufende Zuwendungen des Arbeitgebers für eine betriebliche Altersversorgung an eine Pensionskasse, die nicht im Kapitaldeckungsverfahren, sondern im Umlageverfahren finanziert wird (wie z. B. Umlagen an die Versorgungsanstalt des Bundes und der Länder – VBL – bzw. an eine kommunale oder kirchliche Zusatzversorgungskasse). Soweit diese Zuwendungen nach § 3 Nr. 56 EStG steuerfrei bleiben, können sie individuell oder nach § 40b Abs. 1 und 2 EStG pauschal besteuert werden. Im Übrigen gelten **die Rz. 27 f. und die** Rz. 30 bis 34 entsprechend. Danach sind z. B. der Arbeitnehmereigenanteil an einer Umlage und die sog. eigenen Beiträge des Arbeitnehmers nicht steuerfrei nach § 3 Nr. 56 EStG.   77

Werden von der Versorgungseinrichtung sowohl Zuwendungen/Umlagen als auch Beiträge im Kapitaldeckungsverfahren erhoben, ist § 3 Nr. 56 EStG auch auf die im Kapitaldeckungsverfahren erhobenen Beiträge anwendbar, wenn eine getrennte Verwaltung und Abrechnung beider Vermögensmassen (Trennungsprinzip, **Rz. 25**) nicht erfolgt.   78

Erfolgt eine getrennte Verwaltung und Abrechnung beider Vermögensmassen, ist die Steuerfreiheit nach § 3 Nr. 63 EStG für die im Kapitaldeckungsverfahren erhobenen Beiträge vorrangig zu berücksichtigen. Dies gilt unabhängig davon, ob diese Beiträge rein arbeitgeberfinanziert sind, auf einer Entgeltumwandlung oder anderen im Gesamtversicherungsbeitrag des Arbeitgebers enthaltenen Finanzierungsanteilen des Arbeitnehmers beruhen. Die nach § 3 Nr. 63 EStG steuerfreien Beträge mindern den Höchstbetrag des § 3 Nr. 56 EStG (§ 3 Nr. 56 Satz 3 EStG). Zuwendungen nach § 3 Nr. 56 EStG sind daher nur steuerfrei, soweit die nach § 3 Nr. 63 EStG steuerfreien Beiträge den Höchstbetrag des § 3 Nr. 56 EStG unterschreiten. Eine Minderung nach § 3 Nr. 56 Satz 3 EStG ist immer nur in dem jeweiligen Dienstverhältnis vorzunehmen; die Steuerfreistellung nach § 3 Nr. 56 EStG bleibt somit unberührt, wenn z. B. erst in einem späteren ersten Dienstverhältnis Beiträge nach § 3 Nr. 63 EStG steuerfrei bleiben.   79

Beispiel: 80

Arbeitgeber A **zahlt an** seine Zusatzversorgungskasse einen Betrag i. H. v.:

– 240 € (12 × 20 €) zugunsten einer getrennt verwalteten und abgerechneten kapitalgedeckten betrieblichen Altersversorgung und

– 1 680 € (12 × 140 €) zugunsten einer umlagefinanzierten betrieblichen Altersversorgung.

Der Beitrag i. H. v. 240 € ist steuerfrei gem. § 3 Nr. 63 EStG, denn der entsprechende Höchstbetrag wird nicht überschritten.

Von der Umlage sind **(bei einer angenommenen Beitragsbemessungsgrenze in der allgemeinen Rentenversicherung [West] i. H. v. 78 000 €)** 1 320 € steuerfrei gem. § 3 Nr. 56 Satz 1 und 3 EStG (grundsätzlich 1 680 €, aber maximal **2 %** der

Beitragsbemessungsgrenze in der allgemeinen Rentenversicherung **[West]** i. H. v. **1 560 €** abzüglich 240 €). Die verbleibende Umlage i. H. v. **360 €** (1 680 € abzüglich **1 320 €**) ist individuell oder gem. § 40b Abs. 1 und 2 EStG pauschal zu besteuern.

81   Es bestehen keine Bedenken gegen eine auf das Kalenderjahr bezogene Betrachtung hinsichtlich der gem. § 3 Nr. 56 Satz 3 EStG vorzunehmenden Verrechnung, wenn sowohl nach § 3 Nr. 63 EStG steuerfreie Beiträge als auch nach § 3 Nr. 56 EStG steuerfreie Zuwendungen erbracht werden sollen. Stellt der Arbeitgeber vor Übermittlung der elektronischen Lohnsteuerbescheinigung fest (z. B. wegen einer erst im Laufe des Kalenderjahres vereinbarten nach § 3 Nr. 63 EStG steuerfreien Entgeltumwandlung aus einer Sonderzuwendung), dass die ursprüngliche Betrachtung nicht mehr zutreffend ist, hat er eine Korrektur vorzunehmen.

82   Beispiel:

Arbeitgeber A zahlt ab dem **1. Januar monatlich** an eine Zusatzversorgungskasse 140 € zugunsten einer umlagefinanzierten betrieblichen Altersversorgung; nach § 3 Nr. 63 EStG steuerfreie Beiträge werden nicht entrichtet. Aus dem Dezembergehalt (Gehaltszahlung **15. Dezember)** wandelt der Arbeitnehmer einen Betrag i. H. v. 240 € zugunsten einer kapitalgedeckten betrieblichen Altersversorgung um (wobei die Mitteilung an den Arbeitgeber am **5. Dezember erfolgt).**

Der Beitrag i. H. v. 240 € ist vorrangig steuerfrei nach § 3 Nr. 63 EStG.

Von der Umlage wurde bisher ein Betrag i. H. v. **1 430 €** (= 11x **130 €** [2 % der angenommenen Beitragsbemessungsgrenze in der allgemeinen Rentenversicherung {West} i. H. v. **78 000 € = 1 560 €**, verteilt auf 12 Monate]) nach § 3 Nr. 56 EStG steuerfrei belassen.

Im Monat **Dezember ist** die steuerliche Behandlung der Umlagezahlung zu korrigieren, denn nur ein Betrag i. H. v. **1 320 €** (1 560 € abzüglich 240 €) kann **maximal im Kalenderjahr** steuerfrei **nach § 3 Nr. 56 EStG** gezahlt werden. Ein Betrag i. H. v. **110 €** (1 430 € abzüglich 1 320 €) ist noch individuell oder pauschal zu besteuern. Der Arbeitgeber kann wahlweise den Lohnsteuerabzug der Monate **Januar bis November** korrigieren oder im **Dezember den** Betrag als sonstigen Bezug behandeln. Der Betrag für den Monat **Dezember i. H. v. 140 €** ist **vollständig** individuell oder pauschal zu besteuern.

13. Anwendung des § 40b EStG in der geltenden Fassung

83   § 40b EStG erfasst nur noch Zuwendungen des Arbeitgebers für eine betriebliche Altersversorgung an eine Pensionskasse, die nicht im Kapitaldeckungsverfahren, sondern im Umlageverfahren finanziert wird (wie z. B. Umlagen an die Versorgungsanstalt des Bundes und der Länder – VBL – bzw. an eine kommunale oder kirchliche Zusatzversorgungskasse). Werden für den Arbeitnehmer solche Zuwendungen laufend geleistet, bleiben **diese zunächst** im Rahmen des § 3 Nr. 56 EStG steuerfrei. Die den Rahmen des § 3 Nr. 56 EStG übersteigenden Zuwendungen können dann nach § 40b Abs. 1 und 2 EStG pauschal besteuert **werden (zur Anwendung der Pauschalbesteuerung nach § 40b EStG a. F. für den Bereich der kapitalgedeckten betrieblichen Altersversorgung vgl. Rz. 85 ff.). Werden** von einer Versorgungseinrichtung sowohl Umlagen als auch Beiträge im Kapitaldeckungsverfahren erhoben, ist § 40b EStG auch auf die im Kapitaldeckungsverfahren erhobenen Beiträge anwendbar, wenn eine getrennte Verwaltung und Abrechnung beider Vermögensmassen (Trennungsprinzip, Rz. 25) nicht erfolgt.

84   Zuwendungen des Arbeitgebers im Sinne des § 19 Abs. 1 Satz 1 Nr. 3 Satz 2 EStG an eine Pensionskasse sind in voller Höhe pauschal nach § 40b Abs. 4 EStG mit 15 % zu besteuern. Dazu gehören z. B. Gegenwertzahlungen **und Zahlungen im Erstattungsmodell** nach § 23a **und § 23c** der Satzung der Versorgungsanstalt des Bundes und der Länder – VBL – **oder nach § 15a und § 15b der AKA-Mustersatzung für die kommunalen und kirchlichen Zusatzversorgungskassen**. Für die Anwendung des § 40b Abs. 4 EStG ist es unerheblich, wenn an die Versorgungseinrichtung keine weiteren laufenden Beiträge oder Zuwendungen geleistet werden.

14. Übergangsregelungen § 52 Abs. 4 Satz 12 ff. und Abs. 40 EStG zur Anwendung des § 3 Nr. 63 EStG sowie des § 40b EStG a. F.

a) Mindestens eine pauschal besteuerte Beitragsleistung vor dem 1. Januar 2018

Für die weitere Anwendung von § 40b Abs. 1 und 2 EStG a. F. ist als grundlegende personen-bezogene Voraussetzung zunächst entscheidend, ob vor dem 1. Januar 2018 mindestens ein Beitrag des Arbeitgebers zum Aufbau einer kapitalgedeckten Altersversorgung an eine Pensionskasse oder Direktversicherung rechtmäßig nach § 40b Abs. 1 und 2 EStG a. F. pauschal besteuert wurde, weil die entsprechenden Beiträge aufgrund einer Versorgungszusage geleistet werden, die vor dem 1. Januar 2005 erteilt wurde (lediglich für die Frage der zulässigen Anwendung der Pauschalbesteuerung vor 2018 sind daher die Regelungen in den Rz. 349 ff. des BMF-Schreibens vom 24. Juli 2013 (BStBl I S. 1022), unter Berücksichtigung der Änderungen durch das BMF-Schreiben vom 13. Januar 2014 (BStBl I S. 97) und das BMF-Schreiben vom 13. März 2014 (BStBl I S. 554) weiter von Bedeutung). — 85

Wurde für einen Arbeitnehmer vor dem 1. Januar 2018 mindestens ein Beitrag rechtmäßig nach § 40b EStG a. F. pauschal besteuert, liegen für diesen Arbeitnehmer die persönlichen Voraussetzungen für die weitere Anwendung des § 40b EStG a. F. sein ganzes Leben lang vor. Vertragsänderungen (z. B. Beitragserhöhungen), Neuabschlüsse, Änderungen der Versorgungszusage, Arbeitgeberwechsel etc. sind unbeachtlich. Im Fall eines Arbeitgeberwechsels genügt es, wenn der Arbeitnehmer gegenüber dem neuen Arbeitgeber nachweist, dass vor dem 1. Januar 2018 mindestens ein Beitrag an eine Pensionskasse oder eine Direktversicherung nach § 40b EStG a. F. pauschal besteuert wurde (beispielsweise durch eine Gehaltsabrechnung oder eine Bescheinigung eines Vorarbeitgebers bzw. des Versorgungsträgers). Der neue Arbeitgeber kann dann die in Betracht kommenden Beiträge zugunsten einer kapitalgedeckten Pensionskasse oder Direktversicherung im Sinne des R 40b.1 LStR ebenfalls weiterhin nach § 40b EStG a. F. pauschal besteuern. Übersteigen die Beiträge des Arbeitgebers den Pauschalierungshöchstbetrag von 1 752 €, sind diese unter den Voraussetzungen des § 3 Nr. 63 Satz 1 EStG i. V. m. § 52 Abs. 4 Satz 14 EStG steuerfrei (vgl. Rz. 31). Die Anwendung der Pauschalbesteuerung nach § 40b EStG a. F. für Beiträge an Pensionskassen und für Direktversicherungen ist somit nicht erst nach Übersteigen des steuerfreien Höchstbetrages von 8 % möglich, sondern mindert das maximal steuerfreie Volumen (§ 52 Abs. 4 Satz 14 EStG). — 86

Beispiel 1: — 87

Dem Arbeitnehmer A wurde vom Arbeitgeber B im Jahr 2000 eine Versorgungszusage über eine Pensionskasse und im Jahr 2010 in Form einer Direktversicherung erteilt. Die Beiträge für die Pensionskasse wurden – soweit sie die Steuerfreiheit nach § 3 Nr. 63 EStG überstiegen – bis zur Beendigung des Dienstverhältnisses am 30. Juni 2017 nach § 40b EStG a. F. pauschal besteuert. Die Beiträge für die Direktversicherung wurden aus individuell versteuertem Arbeitslohn geleistet. Nach einer Zeit der Arbeitslosigkeit (1. Juli 2017 bis 31. März 2018) nimmt A zum 1. April 2018 ein neues Beschäftigungsverhältnis beim Arbeitgeber C auf. C erteilt A eine neue Versorgungszusage über eine Pensionsfonds und übernimmt die Direktversicherung. A weist dem C nach, dass die Beiträge für die Pensionskasse in 2017 nach § 40b EStG a. F. pauschal besteuert wurden (Vorlage einer Gehaltsabrechnung).

Arbeitgeber C kann die Beiträge für die Direktversicherung bis zur Höhe von maximal 1 752 € nach § 40b EStG a. F. pauschal besteuern. Der Zeitpunkt der Erteilung der Versorgungszusage für die Direktversicherung ist ohne Bedeutung. Die Beiträge an den Pensionsfonds sind nach Maßgabe des § 3 Nr. 63 EStG steuerfrei.

Beispiel 2: — 88

Dem Arbeitnehmer A wurde vom Arbeitgeber B im Jahr 2006 eine Versorgungszusage in Form einer Direktversicherung erteilt. Die Beiträge für die Direktversicherung waren bis zum 30. Juni 2017 steuerfrei nach § 3 Nr. 63 EStG. Nach einer Zeit der Arbeitslosigkeit (1. Juli 2017 bis 31. März 2018) nimmt A zum 1. April 2018 ein neues Beschäftigungsverhältnis beim Arbeitgeber C auf. C übernimmt die Direktversicherung und führt sie fort.

Arbeitgeber C kann die Beiträge für die Direktversicherung nicht nach § 40b EStG a. F. pauschal besteuern, da vor dem 1. Januar 2018 kein Beitrag nach § 40b Abs. 1 und 2 EStG a. F. pauschal besteuert wurde.

b) Weiteranwendung des § 40b Abs. 1 und 2 EStG a. F.

Neben diesen Vorgaben (s. Rz. 85 f.) ist Folgendes zu beachten: — 89

Im Fall der Durchschnittsberechnung nach § 40b Abs. 2 Satz 2 EStG a. F. sind zur Ermittlung des verbleibenden steuerfreien Volumens nach § 3 Nr. 63 Satz 1 EStG grundsätzlich die auf den einzelnen Arbeitnehmer entfallenden Leistungen des Arbeitgebers mindernd anzurech- — 90 nen. Hat der Arbeitgeber keine individuelle Zuordnung der auf den einzelnen Arbeitnehmer entfallenden Leistungen vorgenommen, bestehen keine Bedenken, wenn der Arbeitgeber aus Vereinfachungsgründen einheitlich für alle Arbeitnehmer den nach § 40b EStG a. F. pauschal besteuerten Durchschnittsbetrag berücksichtigt.

91   **Beispiel 1:**

Der Arbeitgeber zahlt in einen Gruppendirektversicherungsvertrag 600 € jährlich für den Arbeitnehmer A und 2 000 € jährlich für den Arbeitnehmer B ein. Der Durchschnittsbetrag von 1 300 € (600 € zuzüglich 2 000 € : 2 Arbeitnehmer) wird mit 20 % pauschal besteuert.

Das steuerfreie Volumen von 8 % der Beitragsbemessungsgrenze in der allgemeinen Rentenversicherung (West) ist beim Arbeitnehmer A um 600 € und beim Arbeitnehmer B um 2 000 € zu vermindern.

92   **Beispiel 2:**

Der Arbeitgeber zahlt an seine Pensionskasse 3 % seiner Bruttolohnsumme als Beitrag für alle Arbeitnehmer. Der mit 20 % pauschal besteuerte auf jeden Arbeitnehmer entfallende Durchschnittsbetrag nach § 40b Abs. 2 Satz 2 EStG a. F. beträgt 1 500 €.

Das steuerfreie Volumen von 8 % der Beitragsbemessungsgrenze in der allgemeinen Rentenversicherung (West) wird bei allen Arbeitnehmern um 1 500 € gemindert.

93   Beiträge für eine Direktversicherung, die auch die Voraussetzungen des § 3 Nr. 63 EStG erfüllen, können nach § 40b Abs. 1 und 2 EStG a. F. pauschal besteuert werden, soweit der Arbeitnehmer zuvor gegenüber dem Arbeitgeber für diese Beiträge auf die Anwendung des § 3 Nr. 63 EStG verzichtet hat (§ 52 Abs. 40 Satz 2 EStG); der Verzicht gilt für die Dauer des jeweiligen Dienstverhältnisses. Im Fall eines späteren Arbeitgeberwechsels ist in den Fällen des § 4 Abs. 2 Nr. 1 und 2 BetrAVG die Weiteranwendung des § 40b EStG a. F. möglich, wenn der Arbeitnehmer dem Angebot des Arbeitgebers, die Beiträge weiterhin nach § 40b EStG a. F. pauschal zu versteuern, spätestens bis zur ersten Beitragsleistung zustimmt.

c) Verhältnis von § 3 Nr. 63 Satz 3 EStG und § 40b Abs. 1, Abs. 2 Satz 3 und 4 EStG a. F.

94   Begünstigte Aufwendungen (Rz. 25 ff.), die der Arbeitgeber aus Anlass der Beendigung des Dienstverhältnisses leistet, können nach § 3 Nr. 63 Satz 3 EStG steuerfrei belassen oder nach § 40b Abs. 2 Satz 3 und 4 EStG a. F. pauschal besteuert werden.

95   Das steuerfreie Volumen von § 3 Nr. 63 Satz 3 EStG wird gemindert, soweit § 40b Abs. 1 und Abs. 2 Satz 3 und 4 EStG a. F. auf die Beiträge, die der Arbeitgeber aus Anlass der Beendigung des Dienstverhältnisses leistet, angewendet wird (§ 52 Abs. 4 Satz 15 EStG). Die Pauschalbesteuerung nach § 40b Abs. 2 Satz 1 und 2 EStG a. F. berührt hingegen das steuerfreie Volumen des § 3 Nr. 63 Satz 3 EStG nicht.

96   **Beispiel:**

steuerfreier Höchstbetrag

(maximal 10 Jahre × 4 % BBG RV [West], angen. 78 000 €)**31 200 €**

abzgl. nach § 40b Abs. 2 Satz 3 und 4 EStG a. F. tatsächlich pauschal besteuerte Beiträge z. B../. 26 280 €

verbleiben als steuerfreies Volumen nach § 3 Nr. 63 Satz 3 EStG= 4 920 €

97   Eine Anwendung von § 3 Nr. 63 Satz 3 EStG ist allerdings nicht möglich, soweit der Arbeitnehmer bei Beiträgen für eine Direktversicherung auf die Anwendung der Steuerfreiheit nach § 3 Nr. 63 EStG für diese Beiträge zugunsten der Weiteranwendung des § 40b EStG a. F. verzichtet hatte (vgl. Rz. 93).

d) Verhältnis von § 3 Nr. 63 Satz 4 EStG und § 40b Abs. 1 und 2 Satz 1 und 2 EStG a. F.

98   Begünstigte Aufwendungen (Rz. 46), die der Arbeitgeber für Kalenderjahre nachzahlt, in denen das erste Dienstverhältnis ruhte, können nach § 3 Nr. 63 Satz 4 EStG sowie ggf. nach § 3 Nr. 63 Satz 1 EStG steuerfrei belassen oder nach § 40b Abs. 2 Satz 1 und 2 EStG a. F. pauschal besteuert werden (Rz. 50).

e) Verhältnis von § 3 Nr. 63 EStG und § 40b EStG a. F., wenn die betriebliche Altersversorgung nebeneinander bei verschiedenen Versorgungseinrichtungen durchgeführt wird

99   Leistet der Arbeitgeber nach § 3 Nr. 63 Satz 1 EStG begünstigte Beiträge an verschiedene Versorgungseinrichtungen, kann er § 40b EStG a. F. auf Beiträge an Pensionskassen und Direktversicherungen unabhängig von der zeitlichen Reihenfolge der Beitragszahlung anwenden, wenn die Voraussetzungen für die weitere Anwendung der Pauschalbesteuerung vorliegen.

15. BAV-Förderbetrag

a) Allgemeines

Mit § 100 EStG wird zum 1. Januar 2018 durch das Gesetz zur Stärkung der betrieblichen Altersversorgung und zur Änderung anderer Gesetze (Betriebsrentenstärkungsgesetz) vom 17. August 2017 (BGBl. I S. 3214, BStBl I S. 1278) ein neues Fördermodell zur betrieblichen Altersversorgung mittels BAV-Förderbetrag eingeführt. Der BAV-Förderbetrag ist ein staatlicher Zuschuss zu einem vom Arbeitgeber zusätzlich zum ohnehin geschuldeten Arbeitslohn geleisteten Beitrag zur betrieblichen Altersversorgung von Arbeitnehmern mit geringem Einkommen (Bruttoarbeitslohn von monatlich nicht mehr als 2 200 €). Gefördert werden Beiträge von mindestens 240 € bis höchstens 480 € im Kalenderjahr. Der staatliche Zuschuss beträgt 30 % des gesamten zusätzlichen Arbeitgeberbeitrags, also mindestens 72 € bis höchstens 144 € im Kalenderjahr. Er wird dem Arbeitgeber im Wege der Verrechnung mit der von ihm abzuführenden Lohnsteuer gewährt, grundsätzlich für den Lohnsteuer-Anmeldungszeitraum, dem der jeweilige Beitrag des Arbeitgebers zuzuordnen ist. | 100

b) Grundlegende Voraussetzungen und Abwicklung (§ 100 Abs. 1 EStG)

Arbeitgeber im Sinne des § 38 Abs. 1 EStG dürfen für jeden begünstigten Arbeitnehmer (vgl. Rz. 106 ff.) mit einem ersten Dienstverhältnis vom Gesamtbetrag der einzubehaltenden Lohnsteuer einen Teilbetrag des Arbeitgeberbeitrags zur kapitalgedeckten betrieblichen Altersversorgung (BAV-Förderbetrag) entnehmen und bei der nächsten Lohnsteuer-Anmeldung gesondert absetzen. | 101

Ist keine Lohnsteuer einzubehalten (weil der Arbeitslohn nicht steuerbelastet ist oder lediglich die Pauschalsteuer an die Deutsche Rentenversicherung Knappschaft/Bahn/See zu entrichten ist) oder ist die vom Arbeitgeber einzubehaltende Lohnsteuer geringer als der BAV-Förderbetrag, kommt es mit der Lohnsteuer-Anmeldung zu einer Erstattung durch das Betriebsstättenfinanzamt. | 102

Die Förderung beanspruchen kann somit nur ein Arbeitgeber, der dem Grunde nach zum Lohnsteuerabzug verpflichtet ist. Das sind inländische Arbeitgeber (§ 38 Abs. 1 Satz 1 Nr. 1 EStG), ausländische Verleiher (§ 38 Abs. 1 Satz 1 Nr. 2 EStG) und in den Fällen der Arbeitnehmerentsendung das in Deutschland ansässige aufnehmende Unternehmen, das den Arbeitslohn für die geleistete Arbeit wirtschaftlich trägt (§ 38 Abs. 1 Satz 2 EStG). | 103

Der BAV-Förderbetrag setzt ein erstes Dienstverhältnis voraus (Steuerklassen I bis V oder die Bestimmung durch den Arbeitnehmer bei pauschal besteuertem Arbeitslohn; vgl. auch Rz. 24). Hierzu zählt auch ein weiterbestehendes Dienstverhältnis ohne Anspruch auf Arbeitslohn (z. B. während der Elternzeit, der Pflegezeit, des Bezugs von Krankengeld). Bei einem Arbeitgeberwechsel im Laufe des Jahres kann jeder Arbeitgeber den BAV-Förderbetrag jeweils bis zum Höchstbetrag ausschöpfen. | 104

Durch den BAV-Förderbetrag wird die kapitalgedeckte betriebliche Altersversorgung bezuschusst. Werden sowohl Umlagen als auch Beiträge im Kapitaldeckungsverfahren erhoben, gehören Letztere nur dann zu den begünstigten Aufwendungen, wenn eine getrennte Verwaltung und Abrechnung beider Vermögensmassen erfolgt (Trennungsprinzip); s. Rz. 25. | 105

c) Begünstigte Personen, Einkommensgrenze (§ 100 Abs. 3 Nr. 3 EStG)

Begünstigt sind alle Arbeitnehmer (§ 1 LStDV, also auch Auszubildende, Teilzeitbeschäftigte oder geringfügig Beschäftigte), deren laufender steuerpflichtiger Arbeitslohn im Zeitpunkt der Beitragsleistung innerhalb der von § 100 Abs. 3 Nr. 3 EStG festgelegten Einkommensgrenze (2 200 € monatlich, 73,34 € täglich, 513,34 € wöchentlich und 26 400 € bei jährlicher Lohnzahlung) liegt. Maßgebend ist dabei der laufende Arbeitslohn des Arbeitnehmers im jeweiligen Lohnabrechnungszeitraum, der Berechnungsgrundlage für die Lohnsteuerberechnung gem. § 39b Abs. 2 Satz 1 EStG ist. Bei einem täglichen (z. B. untermonatiger Eintritt in das Dienstverhältnis), wöchentlichen oder monatlichem Lohnzahlungszeitraum ist der Lohn daher nicht auf einen voraussichtlichen Jahresarbeitslohn hochzurechnen. Ergibt sich z. B. aufgrund einer rechtlich fehlerhaften Lohnabrechnung oder einer Lohnsteuer-Außenprüfung nachträglich eine Korrektur des laufenden Arbeitslohns mit der Folge, dass die Voraussetzungen für die Gewährung des BAV-Förderbetrags im jeweiligen Lohnzahlungszeitraum nicht vorlagen, sind die entsprechenden Lohnsteuer-Anmeldungen zu ändern (vgl. Rz. 114 und 142). | 106

Beispiel: | 107

Ein Arbeitnehmer ist seit 1. Januar beim Arbeitgeber A beschäftigt (Monatsarbeitslohn 4 000 €). Ab 16. April ist er im Ausland tätig und bezieht seitdem nach DBA steuerfreien

Arbeitslohn. Im April betragen der steuerpflichtige und der steuerfreie Arbeitslohn jeweils 2 000 €.

Der Lohnzahlungszeitraum im April ist der Kalendermonat (R 39b.5 Abs. 2 Satz 3 LStR). Im April beträgt das maßgebliche Einkommen 2 000 €. Die Einkommensgrenze des § 100 Abs. 3 Nr. 3 EStG wird nicht überschritten.

108   Steuerfreie Lohnbestandteile (z. B. nach § 3 Nr. 63 EStG steuerfreie Beiträge zur betrieblichen Altersversorgung, steuerfreie Arbeitslohnteile nach DBA), sonstige Bezüge (§ 39b Abs. 3 EStG, auch R 39b.5 Abs. 4 Satz 2 LStR), unter die 44 €-Freigrenze oder den Rabattfreibetrag fallende Sachbezüge (§ 8 Abs. 2 Satz 11 und § 8 Abs. 3 EStG) oder nach den §§ 37a, 37b, 40, 40b EStG oder § 40b EStG a. F. pauschal besteuerter Arbeitslohn bleiben bei der Prüfung der Einkommensgrenze unberücksichtigt.

109   Bei Teilzeitbeschäftigten und geringfügig Beschäftigten, bei denen die Lohnsteuer pauschal erhoben wird, gibt es keinen laufenden Arbeitslohn im Sinne des § 39b Abs. 2 Satz 1 und 2 EStG. Hier wird auf den pauschal besteuerten Arbeitslohn oder das pauschal besteuerte Arbeitsentgelt für den entsprechenden Lohnzahlungszeitraum abgestellt. Als sonstige Bezüge einzuordnende Arbeitsentgelt-/Arbeitslohnteile bleiben hier ebenfalls unberücksichtigt.

110   Zu dem durch den BAV-Förderbetrag begünstigten Personenkreis gehören alle Arbeitnehmer (§ 1 LStDV), unabhängig davon, ob sie in der gesetzlichen Rentenversicherung pflichtversichert sind oder nicht (z. B. beherrschende Gesellschafter-Geschäftsführer, geringfügig Beschäftigte, in einem berufsständischen Versorgungswerk Versicherte).

d) Begünstigte Aufwendungen, zusätzlicher Arbeitgeberbeitrag (§ 100 Abs. 3 Nr. 2 EStG)

111   Nach § 100 Abs. 3 Nr. 2 EStG kann der BAV-Förderbetrag nur für einen vom Arbeitgeber zusätzlich zum ohnehin geschuldeten Arbeitslohn erbrachten Beitrag zur betrieblichen Altersversorgung an einen Pensionsfonds, eine Pensionskasse oder für eine Direktversicherung beansprucht werden. Die zusätzlichen Beiträge können z. B. tarifvertraglich, durch eine Betriebsvereinbarung oder auch einzelvertraglich festgelegt sein. Im Gesamtversicherungsbeitrag des Arbeitgebers enthaltene Finanzierungsanteile des Arbeitnehmers sowie die mittels Entgeltumwandlung finanzierten Beiträge oder Eigenbeteiligungen des Arbeitnehmers sind – anders als bei § 3 Nr. 63 und § 10a/Abschnitt XI EStG (s. Rz. 26 und 67) – daher nicht begünstigt.

112   Nicht begünstigt sind auch die Leistungen des Arbeitgebers im Sinne des § 1a Abs. 1a und § 23 Abs. 2 BetrAVG, die er als Ausgleich für die ersparten Sozialversicherungsbeiträge infolge einer Entgeltumwandlung erbringt. Diese Beiträge werden steuerlich wie die zu Grunde liegende Entgeltumwandlung behandelt (s. a. Einzelbegründung zu § 1a Abs. 1a BetrAVG in der BT-Drs. 18/12612 und Einzelbegründung zu § 23 Abs. 2 BetrAVG in der BT-Drs. 18/11286). Nicht begünstigt sind ferner Leistungen des Arbeitgebers im Sinne des § 23 Abs. 1 BetrAVG, die dem einzelnen Arbeitnehmer unmittelbar gutgeschrieben oder zugerechnet werden.

113   Die Förderung setzt des Weiteren voraus, dass der Arbeitgeber einen Mindestbetrag i. H. v. 240 € im Kalenderjahr geleistet hat. Wird der jährliche Mindestbetrag aus Gründen nicht erreicht, die zum Zeitpunkt der Inanspruchnahme des BAV-Förderbetrags nicht absehbar waren, beispielsweise weil der Arbeitgeber einen Monatsbetrag leistet und der Arbeitnehmer unerwartet aus dem Unternehmen ausscheidet, bevor der Mindestbetrag erreicht werden kann, ist der BAV-Förderbetrag nicht rückgängig zu machen (s. § 100 Abs. 4 Satz 1 EStG). Maximal begünstigt ist ein zusätzlicher Beitrag des Arbeitgebers i. H. v. 480 € im Kalenderjahr.

e) Verhältnisse im Zeitpunkt der Beitragsleistung

114   Für die Prüfung der Voraussetzungen des BAV-Förderbetrags sind immer nur die Verhältnisse im Zeitpunkt der Beitragsleistung maßgeblich (§ 100 Abs. 4 Satz 1 EStG). Sich nachträglich ergebende, rückwirkende Änderungen der Verhältnisse sind unbeachtlich. Die Regelung betrifft insbesondere Fälle mit schwankendem oder steigendem Arbeitslohn, rückwirkende Erhöhungen des Arbeitslohns sowie Fälle, in denen der Mindestbetrag nach § 100 Abs. 3 Nr. 2 EStG unvorhergesehen nicht erreicht wird. Etwas anderes gilt, wenn z. B. aufgrund einer rechtlich fehlerhaften Lohnabrechnung oder im Rahmen einer Lohnsteuer-Außenprüfung nachträglich festgestellt wird, dass der für die Einkommensgrenze nach § 100 Abs. 3 Nr. 3 EStG maßgebliche laufende Arbeitslohn unzutreffend ermittelt wurde.

115   Beispiel 1:

Bei einem Arbeitnehmer beträgt im Januar der laufende Arbeitslohn 2 150 €. Der Arbeitgeber zahlt monatlich zum 10. des Monats einen zusätzlichen Arbeitgeberbeitrag von 40 € und nimmt mit der Lohnsteuer-Anmeldung für Januar den BAV-Förderbetrag in Anspruch. Im August wird eine Gehaltserhöhung von 3 % vereinbart, und zwar rückwirkend ab Juni. Der laufende Arbeitslohn beträgt daher ab Juni 2 214,50 €. Der Arbeitgeber zahlt weiterhin monatlich den zusätzlichen Arbeitgeberbeitrag.

Ab August kann der BAV-Förderbetrag nicht mehr in Anspruch genommen werden. Das Überschreiten der Einkommensgrenze ab August hat aber keinen Einfluss auf den bereits in den Monaten Januar bis Juli zulässigerweise in Anspruch genommenen BAV-Förderbetrag.

Beispiel 2:   116

Bei einem Arbeitnehmer beträgt der laufende Arbeitslohn 2 150 €. Zusätzlich erhält der Arbeitnehmer steuerfreien Arbeitslohn von 200 €. Der Arbeitgeber zahlt monatlich zum 10. des Monats einen zusätzlichen Arbeitgeberbeitrag von 40 € und nimmt mit der Lohnsteuer-Anmeldung jeweils den BAV-Förderbetrag in Anspruch. Im Rahmen einer Lohnsteuer-Außenprüfung wird im folgenden Jahr festgestellt, dass die Voraussetzungen für die Steuerfreiheit im August nicht erfüllt sind.

Der BAV-Förderbetrag kann nicht in Anspruch genommen werden und ist zurückzuzahlen, weil der laufende Arbeitslohn unzutreffend ermittelt wurde. Die Lohnsteuer-Anmeldung für den Anmeldungszeitraum August des Vorjahres ist zu korrigieren.

Beispiel 3:   117

Der Arbeitgeber zahlt bei einem unbefristet beschäftigten Arbeitnehmer monatlich zum 10. des Monats einen zusätzlichen Arbeitgeberbeitrag i. H. v. 30 €. Der Arbeitgeber nimmt mit der Lohnsteuer-Anmeldung den BAV-Förderbetrag in Anspruch. Zum 1. Mai verlässt der Arbeitnehmer unerwartet das Unternehmen. Hierüber hat er den Arbeitgeber am 20. April informiert. Vom Arbeitgeber kann der zu zahlende Mindestbetrag von 240 € nicht mehr erreicht werden.

Das unerwartete Ausscheiden des Arbeitnehmers hat keinen Einfluss auf den bereits in den Monaten Januar bis April in Anspruch genommenen BAV-Förderbetrag (keine rückwirkende Korrektur).

Beispiel 4:   118

Der Arbeitgeber zahlt bei einem unbefristet beschäftigten Arbeitnehmer monatlich zum 10. des Monats einen zusätzlichen Arbeitgeberbeitrag i. H. v. 30 €. Der Arbeitgeber nimmt mit der Lohnsteuer-Anmeldung den BAV-Förderbetrag in Anspruch. Der Arbeitnehmer informiert seinen Arbeitgeber am 20. Januar über seine fristgemäße Kündigung zum 30. April des Jahres.

Das Ausscheiden des Arbeitnehmers hat keinen Einfluss auf den bereits im Monat Januar in Anspruch genommenen BAV-Förderbetrag (keine rückwirkende Korrektur). Ab Februar kann der BAV-Förderbetrag nicht mehr in Anspruch genommen werden, da der vom Arbeitgeber zu zahlende Mindestbetrag von 240 € (bei unveränderter Beitragszahlung) nicht mehr erreicht werden kann.

f) Höhe des BAV-Förderbetrags (§ 100 Abs. 2 EStG)

aa) Neue Vereinbarungen ab 2018

Der BAV-Förderbetrag beträgt im Kalenderjahr 30 % des begünstigten Arbeitgeberbeitrags,   119
also mindestens 72 € bis höchstens 144 € (§ 100 Abs. 2 Satz 1 EStG). Der BAV-Förderbetrag ist ein Jahresbetrag. Für die Gewährung des BAV-Förderbetrags spielt es grundsätzlich keine Rolle, ob der zusätzliche Arbeitgeberbeitrag als Jahresbetrag, halb-, vierteljährlich, monatlich oder unregelmäßig gezahlt wird. Bei laufender oder unregelmäßiger Zahlung der Beiträge kann der BAV-Förderbetrag in entsprechenden Teilbeträgen bei der jeweiligen Lohnsteuer-Anmeldung geltend gemacht werden.

Beispiel: 120

Der Arbeitgeber zahlt vierteljährlich jeweils am 15. Januar, 15. April, 15. Juli und 15. Oktober einen zusätzlichen Arbeitgeberbeitrag i. H. v. 150 €.

Am 15. Januar, 15. April und 15. Juli beträgt der BAV-Förderbetrag jeweils 45 € (30 % von 150 €). Am 15. Oktober beträgt der BAV-Förderbetrag nur noch 9 €, denn bis dahin wurde der Höchstbetrag von 144 € bereits mit 135 € ausgeschöpft.

Wird der BAV-Förderbetrag dabei ganz oder teilweise unberechtigterweise in Anspruch ge-   121
nommen, z. B. weil sich aufgrund eines nachträglich festgestellten Fehlers (Rz. 114 ff.) herausstellt, dass die Einkommensgrenze überschritten ist, sind die jeweiligen Lohnsteuer-Anmeldungen zu ändern. Um solche Änderungen infolge nachträglich festgestellter Fehler zu vermeiden, bestehen keine Bedenken, wenn der auf die laufend oder unregelmäßig gezahlten Beiträge entfallende, rechtmäßig zustehende BAV-Förderbetrag in einer Summe spätestens

bei der letzten Lohnsteuer-Anmeldung für das entsprechende Kalenderjahr geltend gemacht wird.

122   **Beispiel 1:**

Der Arbeitgeber zahlt monatlich jeweils am 15. einen zusätzlichen Arbeitgeberbeitrag i. H. v. 40 €. Der laufende Arbeitslohn für Arbeitnehmer A beträgt 2 150 €. Der Arbeitgeber macht den BAV-Förderbetrag von 12 € (30 % von 40 €) monatlich bei seiner Lohnsteuer-Anmeldung geltend. Im Oktober stellt er fest, dass der für August zu berücksichtigende laufende Arbeitslohn des A zutreffend 2 250 € betragen hat.

Der BAV-Förderbetrag durfte für August nicht in Anspruch genommen werden. Die entsprechende Lohnsteuer-Anmeldung für August ist zu korrigieren und der BAV-Förderbetrag i. H. v. 12 € zurückzuzahlen, weil der laufende Arbeitslohn für August unzutreffend ermittelt wurde.

123   **Beispiel 2:**

Der Arbeitgeber zahlt monatlich jeweils am 15. einen zusätzlichen Arbeitgeberbeitrag i. H. v. 40 €. Der laufende Arbeitslohn für Arbeitnehmer A beträgt 2 150 €. Er macht vorerst den BAV-Förderbetrag nicht geltend. Im Oktober stellt er fest, dass der für August zu berücksichtigende laufende Arbeitslohn des A zutreffend 2 250 € beträgt und korrigiert die Lohnabrechnung. Für den Monat August liegen die Voraussetzungen für den BAV-Förderbetrag wegen Überschreitens der Einkommensgrenze somit nicht vor.

Der Arbeitgeber kann den ihm insgesamt zustehenden BAV-Förderbetrag i. H. v. 132 € (11x 12 €) bei der Lohnsteuer-Anmeldung für Dezember in einer Summe geltend machen.

124   Wird der entsprechende Arbeitgeberbeitrag als Einmalbetrag im Kalenderjahr geleistet, müssen nur einmal (im Lohnzahlungszeitraum der Beitragsentrichtung) die Einkommensgrenze sowie die Erreichung des Mindestbetrags geprüft werden.

125   Stellt der Arbeitgeber vor Ablauf des Kalenderjahres fest, dass die Förderung nach § 100 EStG nicht vollständig beansprucht worden ist, muss eine anderweitige steuerliche Behandlung der Beiträge des Arbeitgebers zur betrieblichen Altersversorgung (z. B. § 3 Nr. 63 EStG oder § 40b EStG a. F.) rückgängig gemacht werden (spätester Zeitpunkt hierfür ist die Übermittlung oder Erteilung der Lohnsteuerbescheinigung) oder der monatliche Teilbetrag künftig so geändert werden, dass der BAV-Förderbetrag voll ausgeschöpft wird.

bb) Anwendung bei bereits bestehenden Vereinbarungen

126   In Fällen, in denen der Arbeitgeber bereits im Jahr 2016 einen zusätzlichen Arbeitgeberbeitrag an einen Pensionsfonds, eine Pensionskasse oder für eine Direktversicherung geleistet hat, ist der jeweilige BAV-Förderbetrag auf den Betrag beschränkt, den der Arbeitgeber über den bisherigen Beitrag hinaus leistet (§ 100 Abs. 2 Satz 2 EStG).

127   **Beispiel 1:**

Der Arbeitgeber zahlt seit mehreren Jahren einen zusätzlichen Arbeitgeberbeitrag i. H. v. jährlich 200 €. Er erhöht den Arbeitgeberbeitrag ab dem Jahr 2018 auf 240 €, um den Mindestbetrag zu erreichen.

Der BAV-Förderbetrag beträgt grundsätzlich 30 % von 240 € (= 72 €), wegen der Begrenzung nach § 100 Abs. 2 Satz 2 EStG jedoch nur 40 € (Erhöhung des Arbeitgeberbeitrags). Im Ergebnis wird trotz der Begrenzung also der Aufstockungsbetrag in vollem Umfang über den BAV-Förderbetrag finanziert. Der Beitrag des Arbeitgebers ist i. H. v. 240 € nach § 100 Abs. 6 EStG steuerfrei.

128   **Beispiel 2:**

Der Arbeitgeber zahlt seit mehreren Jahren einen zusätzlichen Arbeitgeberbeitrag i. H. v. jährlich 200 €. Er erhöht den Arbeitgeberbeitrag ab dem Jahr 2018 auf 300 €. Der BAV-Förderbetrag beträgt 30 % von 300 € (= 90 €). Es erfolgt keine Begrenzung nach § 100 Abs. 2 Satz 2 EStG, da der Arbeitgeberbeitrag um 100 € (also um mehr als 90 €) erhöht wird. Der Beitrag des Arbeitgebers ist i. H. v. 300 € nach § 100 Abs. 6 EStG steuerfrei.

129   **Beispiel 3:**

Der Arbeitgeber zahlt seit mehreren Jahren einen zusätzlichen Arbeitgeberbeitrag i. H. v. jährlich 350 €. Er erhöht den Arbeitgeberbeitrag ab dem Jahr 2018 um 144 € auf 494 €.

Der BAV-Förderbetrag beträgt 30 % von 480 € (= 144 €). Es erfolgt keine Begrenzung nach § 100 Abs. 2 Satz 2 EStG, da der Arbeitgeberbeitrag um 144 € erhöht wird. Im Ergebnis wird trotz der Begrenzung also der Aufstockungsbetrag in vollem Umfang über den BAV-Förderbetrag finanziert. Der Beitrag des Arbeitgebers ist i. H. v. 480 € nach § 100 Abs. 6 EStG steuerfrei. Für den den Höchstbetrag von 480 € übersteigenden Arbeitgeberbeitrag i. H. v. 14 € kommt die Steuerfreiheit nach § 3 Nr. 63 EStG in Betracht.

Beispiel 4: 130

Der Arbeitgeber zahlt seit mehreren Jahren einen zusätzlichen Arbeitgeberbeitrag i. H. v. jährlich 500 €. Er erhöht den Arbeitgeberbeitrag ab dem Jahr 2018 um 144 € auf 644 €.

Der BAV-Förderbetrag beträgt 30 % von 480 € (= 144 €). Es erfolgt keine Begrenzung nach § 100 Abs. 2 Satz 2 EStG, da der Arbeitgeberbeitrag um 144 € erhöht wird. Im Ergebnis wird trotz der Begrenzung also der Aufstockungsbetrag in vollem Umfang über den BAV-Förderbetrag finanziert. Der Beitrag des Arbeitgebers ist i. H. v. 480 € nach § 100 Abs. 6 EStG steuerfrei. Für den den Höchstbetrag von 480 € übersteigenden Arbeitgeberbeitrag i. H. v. 164 € kommt die Steuerfreiheit nach § 3 Nr. 63 EStG in Betracht.

Für die Begrenzung des BAV-Förderbetrags bei bereits bestehenden Versorgungsverein- 131 barungen wird auf das Referenzjahr 2016 abgestellt. Dadurch greift bei einer erst ab 2017 bestehenden betrieblichen Altersversorgung (z. B. Neueinstellung in 2017) die Begrenzung des § 100 Abs. 2 Satz 2 EStG nicht. Dies gilt entsprechend für alle Erhöhungen der zusätzlichen Arbeitgeberbeiträge ab 2017.

Beispiel 1: 132

Der Arbeitgeber zahlte in 2016 einen zusätzlichen Arbeitgeberbeitrag i. H. v. jährlich 180 €. Er erhöht den Arbeitgeberbeitrag ab dem Jahr 2017 auf 240 €. In 2017 stellt er außerdem Arbeitnehmer A, B und C neu ein.

Der BAV-Förderbetrag beträgt grundsätzlich 30 % von 240 € (= 72 €). Für die neu eingestellten Arbeitnehmer A, B und C kann der Arbeitgeber den BAV-Förderbetrag in der vollen Höhe von 72 € beanspruchen. Für die restlichen Arbeitnehmer kann der Arbeitgeber wegen § 100 Abs. 2 Satz 2 EStG den BAV-Förderbetrag i. H. v. 60 € (Erhöhung des Arbeitgeberbeitrags) beanspruchen. Der Beitrag des Arbeitgebers ist bei allen Arbeitnehmern i. H. v. 240 € nach § 100 Abs. 6 EStG steuerfrei.

Beispiel 2: 133

Der Arbeitgeber zahlte in 2016 einen zusätzlichen Arbeitgeberbeitrag i. H. v. jährlich 210 €. Er erhöht den Arbeitgeberbeitrag ab 2017 auf 300 €.

Der BAV-Förderbetrag beträgt 30 % von 300 € (= 90 €). Es erfolgt keine Begrenzung nach § 100 Abs. 2 Satz 2 EStG, da der Arbeitgeberbeitrag ab 2017 um 90 € erhöht wird. Im Ergebnis wird damit ab 2018 der Aufstockungsbetrag in vollem Umfang über den BAV-Förderbetrag finanziert. Der Beitrag des Arbeitgebers ist i. H. v. 300 € nach § 100 Abs. 6 EStG steuerfrei.

g) Weitere Voraussetzungen für die Inanspruchnahme (§ 100 Abs. 3 EStG)

aa) Lohnsteuerabzug im Inland (§ 100 Abs. 3 Nr. 1 EStG)

Nach § 100 Abs. 3 Nr. 1 EStG setzt die Inanspruchnahme des BAV-Förderbetrags zudem vo- 134 raus, dass der Arbeitslohn des Arbeitnehmers im Lohnzahlungszeitraum, für den der BAV-Förderbetrag geltend gemacht wird, im Inland dem Lohnsteuerabzug unterliegt. Hiervon ist beispielsweise auch während der Eltern- und Pflegezeit, des Bezugs von Krankengeld auszugehen, obgleich der zu besteuernde Arbeitslohn 0 € beträgt. Auf die Art der Steuerpflicht des Arbeitnehmers (unbeschränkt oder beschränkt einkommensteuerpflichtig bzw. als unbeschränkt einkommensteuerpflichtig zu behandeln) kommt es nicht an.

Eine Förderung ist hingegen ausgeschlossen für Arbeitnehmer, die ausschließlich nach einem 135 DBA steuerfreien Arbeitslohn beziehen. Nicht ausgeschlossen ist hingegen die Förderung für Arbeitnehmer, bei denen aufgrund eines DBA der Lohnsteuerabzug im Inland begrenzt ist (beispielsweise bei Grenzgängern aus der Schweiz auf 4,5 % des Bruttobetrags der Vergütungen).

bb) Auszahlungsform (§ 100 Abs. 3 Nr. 4 EStG)

Nach § 100 Abs. 3 Nr. 4 EStG setzt die Förderung mittels BAV-Förderbetrag zudem voraus, 136 dass die Auszahlung der Versorgungsleistungen in Form einer Rente oder eines Auszahlungsplans vorgesehen sein muss. Davon ist auch bei einer betrieblichen Altersversorgung in Form der reinen Beitragszusage (§§ 21 ff. BetrAVG) auszugehen. Allein die Möglichkeit, anstelle lebenslanger Altersversorgungsleistungen eine Kapitalauszahlung zu wählen, steht der Förderung über § 100 EStG noch nicht entgegen. Die Möglichkeit, eine Einmalkapitalauszahlung anstelle einer Rente oder eines Auszahlungsplans zu wählen, gilt auch für Invaliditäts- oder Hinterbliebenenversorgungsleistungen. Entscheidet sich der Arbeitnehmer zugunsten einer Einmalkapitalauszahlung, so sind von diesem Zeitpunkt an die Voraussetzungen des § 100 EStG nicht mehr erfüllt, d. h., die Förderung entfällt und die Beitragsleistungen sind zu besteuern. Erfolgt die Ausübung des Wahlrechtes innerhalb des letzten Jahres vor dem altersbedingten Ausscheiden aus dem Erwerbsleben, so ist es aus Vereinfachungsgründen nicht zu beanstanden, wenn die Beitragsleistungen weiterhin nach § 100 EStG gefördert werden. Für die Berechnung der Jahresfrist ist dabei auf das im Zeitpunkt der Ausübung des Wahlrechts vertraglich vorgesehene Ausscheiden aus dem Erwerbsleben (vertraglich vorgesehener Beginn der Altersversorgungsleistung) abzustellen. Da die Auszahlungsphase bei der Hinterbliebenenleistung erst mit dem Zeitpunkt des Todes des ursprünglich Berechtigten beginnt, ist es in diesem Fall aus steuerlicher Sicht nicht zu beanstanden, wenn das Wahlrecht im zeitlichen Zusammenhang mit dem Tod des ursprünglich Berechtigten ausgeübt wird. Bei Auszahlung oder anderweitiger wirtschaftlicher Verfügung ist der Einmalkapitalbetrag gem. § 22 Nr. 5 Satz 1 EStG zu besteuern (siehe dazu Rz. 148 f.).

cc) Keine „Zillmerung" (§ 100 Abs. 3 Nr. 5 EStG)

137   Nach § 100 Abs. 3 Nr. 5 EStG kommt die steuerliche Förderung nur in Betracht, wenn sichergestellt ist, dass die Abschluss- und Vertriebskosten des Vertrages über die betriebliche Altersversorgung nur als fester Anteil der laufenden Beiträge einbehalten werden; die Finanzierung der Abschluss- und Vertriebskosten zulasten der ersten Beiträge („Zillmerung") ist förderschädlich. Bei am 1. Januar 2018 bereits bestehenden Verträgen kann die steuerliche Förderung ausnahmsweise in Anspruch genommen werden, sobald für die Restlaufzeit des Vertrages sichergestellt ist, dass
– die verbliebenen Abschluss- und Vertriebskosten und
– die ggf. neu anfallenden Abschluss- und Vertriebskosten

jeweils als fester Anteil der ausstehenden laufenden Beiträge einbehalten werden.

h) Rückgewährung des BAV-Förderbetrags (§ 100 Abs. 4 Satz 2 bis 4 EStG)

138   Verfällt die Anwartschaft auf Leistungen aus einer geförderten betrieblichen Altersversorgung, z. B. wenn das Dienstverhältnis zum Arbeitnehmer vor Ablauf der Unverfallbarkeitsfrist von drei Jahren endet (§ 1b Abs. 1 BetrAVG in der ab 1. Januar 2018 geltenden Fassung), und ergibt sich daraus eine ganz oder teilweise Rückzahlung der Beiträge an den Arbeitgeber, sind die entsprechende BAV-Förderbeträge zurück zu gewähren (§ 100 Abs. 4 Satz 2 bis 4 EStG).

139   Eine Verpflichtung zur Rückgewährung des BAV-Förderbetrages ergibt sich jedoch nur, soweit er auf den Rückzahlungsbetrag an den Arbeitgeber entfällt (§ 100 Abs. 4 Satz 3 EStG). Dies trägt dem Umstand Rechnung, dass nicht in allen Fällen mit der Verfallbarkeit der Anwartschaft Rückflüsse an den Arbeitgeber erfolgen. Dies kann z. B. der Fall sein bei einer verfallenen Invaliditäts- und Hinterbliebenenversorgung im Zusammenhang mit der Beitragszusage im Sinne des § 1 Abs. 2 Nr. 2a und § 21 ff. BetrAVG, bei der alle Beiträge im Kollektiv verbleiben.

140   Die Rückgewährung des BAV-Förderbetrages erfolgt über die Lohnsteuer-Anmeldung für den Lohnzahlungszeitraum, in dem die Rückzahlung zufließt. Der zurückzugewährende Förderbetrag ist der an das Betriebsstättenfinanzamt abzuführenden Lohnsteuer hinzuzurechnen.

i) Anwendbarkeit anderer Vorschriften (§ 100 Abs. 5 EStG)

141   Nach § 100 Abs. 5 EStG gelten beispielsweise die Regelungen zur Lohnsteuer-Außenprüfung und zur lohnsteuerlichen Anrufungsauskunft entsprechend. Aber auch bestimmte Regelungen der AO sind entsprechend beim BAV-Förderbetrag anzuwenden. Das sind insbesondere die für Steuervergütungen geltenden Vorschriften und die Straf- und Bußgeldvorschriften der AO.

142   Wird bei einer Lohnsteuer-Außenprüfung festgestellt, dass bei einem Arbeitgeber die Voraussetzungen für den BAV-Förderbetrag und die Absetzung der an das Finanzamt abzuführenden Lohnsteuer nicht vorgelegen haben, werden die entsprechenden Lohnsteuer-Anmeldungen geändert (denn die Lohnsteuer-Anmeldungen stehen als Steueranmeldungen einer Steuerfestsetzung unter dem Vorbehalt der Nachprüfung gleich, § 169i. V. m. § 164 AO).

j) Steuerfreiheit des zusätzlich geleisteten Arbeitgeberbeitrags (§ 100 Abs. 6 EStG)

143   Liegen sämtliche Fördervoraussetzungen des § 100 EStG für den zusätzlichen Arbeitgeberbeitrag zur betrieblichen Altersversorgung vor, ist der Betrag maximal bis zum förderfähigen Höchstbetrag i. H. v. 480 € steuerfrei nach § 100 Abs. 6 EStG. Liegen die Fördervoraussetzungen des § 100 EStG nicht vor, greift auch die Steuerfreiheit nach § 100 Abs. 6 EStG nicht.

144   Die Steuerfreiheit nach § 100 Abs. 6 EStG hat Vorrang gegenüber der Steuerfreiheit nach § 3 Nr. 63 EStG. Ein über den förderfähigen Höchstbetrag nach § 100 Abs. 6 EStG hinaus gezahlter zusätzlicher Arbeitgeberbeitrag ist somit in der Regel nach § 3 Nr. 63 EStG steuerfrei, sofern das entsprechende Volumen des § 3 Nr. 63 EStG noch nicht anderweitig ausgeschöpft wurde.

III. Steuerliche Behandlung der Versorgungsleistungen

1. Allgemeines

Die Leistungen aus einer Versorgungszusage des Arbeitgebers können Einkünfte aus nichtselbständiger Arbeit oder sonstige Einkünfte sein oder nicht der Besteuerung unterliegen.

145

2. Direktzusage und Unterstützungskasse

Versorgungsleistungen des Arbeitgebers aufgrund einer Direktzusage und Versorgungsleistungen einer Unterstützungskasse führen zu Einkünften aus nichtselbständiger Arbeit (§ 19 EStG).

146

Werden solche Versorgungsleistungen nicht fortlaufend, sondern in einer Summe gezahlt, handelt es sich um Vergütungen (Arbeitslohn) für mehrjährige Tätigkeiten im Sinne des § 34 Abs. 2
Nr. 4 EStG (vgl. BFH-Urteil vom 12. April 2007 – VI R 6/02 –, BStBl II S. 581), die bei Zusammenballung als außerordentliche Einkünfte nach § 34 Abs. 1 EStG zu besteuern sind. Die Gründe
für eine Kapitalisierung von Versorgungsbezügen sind dabei unerheblich. Im Fall von Teilkapi-
talauszahlungen **in mehreren Kalenderjahren** ist dagegen der Tatbestand der Zusammenballung nicht erfüllt; eine Anwendung des § 34 EStG kommt daher für diese Zahlungen nicht in
Betracht.

147

3. Direktversicherung, Pensionskasse und Pensionsfonds

a) Allgemeines

Die steuerliche Behandlung der Leistungen aus einer Direktversicherung, Pensionskasse und
Pensionsfonds in der Auszahlungsphase erfolgt nach § 22 Nr. 5 EStG (lex specialis, vgl.
Rz. 126 ff. **des BMF-Schreibens vom 21. Dezember 2017**, BStBl 2018 I S. 93). Der Umfang der
Besteuerung hängt davon ab, inwieweit die Beiträge in der Ansparphase durch die Steuerfrei-
heit nach § 3 Nr. 63 EStG (vgl. Rz. 23 ff.), **nach § 3 Nr. 63a EStG (vgl. Rz. 51 f.),** nach § 3 Nr. 66
EStG (vgl. Rz. 56), **nach § 100 EStG (vgl. Rz. 100 ff.)** oder durch Sonderausgabenabzug
nach § 10a EStG und Zulage nach Abschnitt XI EStG (vgl. Rz. 66 ff.) gefördert wurden oder die
Leistungen auf steuerfreien Zuwendungen nach § 3 Nr. 56 EStG **oder auf der nach § 3 Nr. 55b
Satz 1 oder § 3 Nr. 55c EStG steuerfreien Leistung aus einem neu begründeten Anrecht** basieren. Dies gilt auch für Leistungen aus einer ergänzenden Absicherung der Invalidität oder von
Hinterbliebenen. Dabei ist grundsätzlich von einer einheitlichen Versorgungszusage und somit
für den Aufteilungsmaßstab von einer einheitlichen Behandlung der Beitragskomponenten für
Alter und Zusatzrisiken auszugehen. Ist nur die Absicherung von Zusatzrisiken Gegenstand
einer Versorgungszusage, ist für den Aufteilungsmaßstab auf die gesamte Beitragsphase und
nicht allein auf den letzten geleisteten Beitrag abzustellen. Zu den nicht geförderten Beiträgen
gehören insbesondere die nach § 40b EStG a. F. pauschal besteuerten sowie die vor dem 1. Januar 2002 erbrachten Beiträge an eine Pensionskasse oder für eine Direktversicherung. Die Besteuerung erfolgt auch dann nach § 22 Nr. 5 EStG, wenn ein Direktversicherungsvertrag ganz
oder teilweise privat fortgeführt wird.

148

Im Fall von Teil- bzw. Einmalkapitalauszahlungen handelt es sich nicht um außerordentliche
Einkünfte im Sinne des § 34 Abs. 2 EStG. **Daher** kommt eine Anwendung der Fünftelungsregelung des § 34 EStG auf diese Zahlungen nicht in Betracht **(BFH vom 20. September 2016 – X R
23/15 –, BStBl 2017 II S. 347)**.

149

b) Leistungen, die ausschließlich auf nicht geförderten Beiträgen beruhen

Leistungen, die ausschließlich auf nicht geförderten Beiträgen beruhen, sind, wenn es sich um
eine lebenslange Rente, eine Berufsunfähigkeits-, Erwerbsminderungs- oder um eine Hinterbliebenenrente handelt, als sonstige Einkünfte gem. § 22 Nr. 5 Satz 2 Buchstabe a i. V. m. § 22
Nr. 1 Satz 3 Buchstabe a Doppelbuchstabe bb EStG mit dem Ertragsanteil zu besteuern.

150

Handelt es sich um Renten im Sinne der **Rz. 150, die** die Voraussetzungen des § 10 Abs. 1 Nr. 2
Satz 1 Buchstabe b EStG erfüllen, sind diese als sonstige Einkünfte gem. § 22 Nr. 5 Satz 2 Buchstabe a i. V. m. § 22 Nr. 1 Satz 3 Buchstabe a Doppelbuchstabe aa EStG zu besteuern. Liegen die
Voraussetzungen des § 10 Abs. 1 Nr. 2 Satz 1 Buchstabe b EStG nicht vor, erfolgt die Besteuerung gem. § 22 Nr. 5 Satz 2 Buchstabe a i. V. m. § 22 Nr. 1 Satz 3 Buchstabe a Doppelbuchstabe bb EStG mit dem Ertragsanteil.

151

Auf andere als die in **den Rz. 150** f. genannten Leistungen (z. B. Kapitalauszahlungen, Teilraten
aus Auszahlungsplänen, Abfindungen) sind die Regelungen in Rz. 145 **des BMF-Schreibens
vom 21. Dezember 2017 (BStBl 2018 I S. 93)** entsprechend anzuwenden. Wird bei einem vor
dem 1. Januar 2012 abgeschlossenen Vertrag die Untergrenze für betriebliche Altersversorgungsleistungen bis auf das 62. Lebensjahr oder der Zeitpunkt des erstmaligen Bezugs von Al-

152

tersversorgungsleistungen bei altersbedingtem Ausscheiden aus dem Erwerbsleben auf das 67. Lebensjahr erhöht (vgl. Rz. 3) und dadurch die Laufzeit des Vertrages verlängert, führt dies allein zu keiner nachträglichen Vertragsänderung, wenn die Verlängerung einen Zeitraum von höchstens zwei Jahren umfasst. Eine entsprechende Verlängerung der Beitragszahlungsdauer ist zulässig. Eine Verlängerung der Laufzeit bzw. der Beitragszahlungsdauer infolge der Anhebung der Altersgrenze kann nur einmalig vorgenommen werden.

153   Zu Leistungen aus einer reinen Risikoversicherung vgl. insoweit Rz. 7 des BMF-Schreibens vom 1. Oktober 2009 (BStBl I S. 1172), **geändert durch die BMF-Schreiben vom 6. März 2012 (BStBl I S. 238), vom 18. Juni 2013 (BStBl I S. 768), vom 11. November 2016 (BStBl I S. 1238) und vom 29. September 2017 (BStBl I S. 1314).**

c) Leistungen, die ausschließlich auf geförderten Beiträgen beruhen

154   Leistungen, die ausschließlich auf geförderten Beiträgen beruhen, unterliegen als sonstige Einkünfte nach § 22 Nr. 5 Satz 1 EStG in vollem Umfang der Besteuerung (vgl. auch Rz. 137 **f. des BMF-Schreibens vom 21. Dezember 2017,** BStBl 2018 I S. 93).

d) Leistungen, die auf geförderten und nicht geförderten Beiträgen beruhen

155   Beruhen die Leistungen sowohl auf geförderten als auch auf nicht geförderten Beiträgen, müssen die Leistungen in der Auszahlungsphase aufgeteilt werden (vgl. Rz. 139 **ff. des BMF-Schreibens vom 21. Dezember 2017,** BStBl 2018 I S. 93). Für die Frage des Aufteilungsmaßstabs ist das BMF-Schreiben vom 11. November 2004 (BStBl I S. 1061) unter Berücksichtigung der Änderungen durch das BMF-Schreiben vom 14. März 2012 (BStBl I S. 311) anzuwenden.

156   Soweit die Leistungen auf geförderten Beiträgen beruhen, unterliegen sie als sonstige Einkünfte nach § 22 Nr. 5 Satz 1 EStG in vollem Umfang der Besteuerung. Dies gilt unabhängig davon, ob sie in Form der Rente oder als Kapitalauszahlung geleistet werden.

157   Soweit die Leistungen auf nicht geförderten Beiträgen beruhen, gelten die Regelungen in **den** Rz. **150** bis 153 entsprechend.

e) Sonderzahlungen des Arbeitgebers nach § 19 Abs. 1 Satz 1 Nr. 3 EStG

158   Sonderzahlungen des Arbeitgebers im Sinne des § 19 Abs. 1 Satz 1 Nr. 3 Satz 2 EStG einschließlich der Zahlungen des Arbeitgebers zur **erstmaligen Bereitstellung der Kapitalausstattung zur** Erfüllung der Solvabilitätsvorschriften nach den §§ **89, 213 auch i. V. m. den §§ 234 und 238 VAG, zur Wiederherstellung einer angemessenen Kapitalausstattung nach unvorhersehbaren Verlusten oder zur Finanzierung der Verstärkung der Rechnungsgrundlagen aufgrund einer unvorhersehbaren und nicht nur vorübergehenden Änderung der Verhältnisse,** der Zahlungen des Arbeitgebers in der Rentenbezugszeit nach § 236 Abs. 2 VAG und der Sanierungsgelder sind bei der Ermittlung des Aufteilungsmaßstabs nicht zu berücksichtigen. **Siehe im Übrigen Rz. 14 ff.**

f) Bescheinigungspflicht

159   Nach § 22 Nr. 5 Satz 7 EStG hat der Anbieter beim erstmaligen Bezug von Leistungen sowie bei Änderung der im Kalenderjahr auszuzahlenden Leistungen dem Steuerpflichtigen nach amtlich vorgeschriebenem **Muster** den Betrag der im abgelaufenen Kalenderjahr zugeflossenen Leistungen zu bescheinigen. In dieser Bescheinigung sind die Leistungen entsprechend den Grundsätzen in **den** Rz. 137 **ff. des BMF-Schreibens vom 21. Dezember 2017 (BStBl 2018 I S. 93)** gesondert auszuweisen.

g) Sonderregelungen

aa) Leistungen aus einem Pensionsfonds aufgrund der Übergangsregelung nach § 22 Nr. 5 Satz 11 EStG

160   Haben Arbeitnehmer schon von ihrem Arbeitgeber aufgrund einer Direktzusage oder von einer Unterstützungskasse laufende Versorgungsleistungen erhalten und ist diese Versorgungsverpflichtung nach § 3 Nr. 66 EStG auf einen Pensionsfonds übertragen worden, werden bei den Leistungsempfängern nach § 22 Nr. 5 Satz 11 EStG weiterhin der Arbeitnehmer-Pauschbetrag i. H. v. 1 000 € (§ 9a Satz 1 Nr. 1 Buchstabe a EStG) bzw. der Pauschbetrag für Werbungskosten

i. H. v. 102 € nach § 9a Satz 1 Nr. 1 Buchstabe b EStG und der Versorgungsfreibetrag sowie der Zuschlag zum Versorgungsfreibetrag (§ 19 Abs. 2 EStG) berücksichtigt. Dies gilt auch, wenn der Zeitpunkt des erstmaligen Leistungsbezugs und der Zeitpunkt der Übertragung der Versorgungsverpflichtung auf den Pensionsfonds in denselben Monat fallen. Die Leistungen unterliegen unabhängig davon als sonstige Einkünfte nach § 22 Nr. 5 Satz 1 EStG der Besteuerung. Die vorstehenden Ausführungen zur Berücksichtigung des Versorgungsfreibetrags und des Zuschlags zum Versorgungsfreibetrag gelten entsprechend für einen Hinterbliebenenbezug, der auf den Versorgungsbezug folgt.

Handelt es sich bereits beim erstmaligen Bezug der Versorgungsleistungen um Versorgungsbezüge im Sinne des § 19 Abs. 2 EStG, wird der Pauschbetrag nach § 9a Satz 1 Nr. 1 Buchstabe b EStG abgezogen; zusätzlich werden der Versorgungsfreibetrag und der Zuschlag zum Versorgungsfreibetrag mit dem für das Jahr des Versorgungsbeginns maßgebenden **Prozentsatz** und Beträgen berücksichtigt. Handelt es sich beim erstmaligen Bezug der Versorgungsleistungen nicht um Versorgungsbezüge im Sinne des § 19 Abs. 2 EStG, weil z. B. keine der Altersgrenzen in § 19 Abs. 2 EStG erreicht sind, ist lediglich der Arbeitnehmer-Pauschbetrag (§ 9a Satz 1 Nr. 1 Buchstabe a EStG) abzuziehen. Wird eine der Altersgrenzen in § 19 Abs. 2 EStG erst zu einem späteren Zeitpunkt erreicht, sind ab diesem Zeitpunkt der für dieses Jahr maßgebende Versorgungsfreibetrag und der Zuschlag zum Versorgungsfreibetrag abzuziehen sowie anstelle des Arbeitnehmer-Pauschbetrags der Pauschbetrag nach § 9a Satz 1 Nr. 1 Buchstabe b EStG. Ein Abzug des Versorgungsfreibetrags nach § 19 Abs. 2 EStG in der bis zum 31. Dezember 2004 geltenden Fassung kommt nach dem 31. Dezember 2004 nicht mehr in Betracht. Dies gilt unabhängig vom Zeitpunkt der Übertragung der Versorgungsverpflichtung auf den Pensionsfonds. Folgt ein Hinterbliebenenbezug einem Versorgungsbezug, sind die Rz. 180 ff. des BMF-Schreibens vom 19. August 2013 (BStBl I S. 1087) **in der jeweils aktuell gültigen Fassung** entsprechend anzuwenden.

161

bb) Arbeitgeberzahlungen infolge der Anpassungsprüfungspflicht nach § 16 BetrAVG

Leistungen des Arbeitgebers aufgrund der Anpassungsprüfungspflicht nach § 16 Abs. 1 BetrAVG, mit der die Leistungen einer Versorgungseinrichtung ergänzt werden, gehören zu den Einkünften nach § 19 Abs. 1 Satz 1 Nr. 2 EStG. Rz. **161** gilt entsprechend. Als Versorgungsbeginn im Sinne des § 19 Abs. 2 EStG ist der Beginn der Zahlung durch den Arbeitgeber anzusehen.

162

Erhöhen sich die Zahlungen des Arbeitgebers infolge der Anpassungsprüfungspflicht nach § 16 BetrAVG, liegt eine regelmäßige Anpassung vor, die nicht zu einer Neuberechnung des Versorgungsfreibetrags und des Zuschlags zum Versorgungsfreibetrag führen.

163

Ändert sich die Höhe der Arbeitgeberzahlung unabhängig von der Anpassungsprüfungspflicht, gilt Folgendes:

164

Übernimmt die Versorgungseinrichtung die Arbeitgeberzahlung nur zum Teil, ist dies als Anrechnungs-/Ruhensregelung im Sinne des § 19 Abs. 2 Satz 10 EStG anzusehen und führt zu einer Neuberechnung. Gleiches gilt für den Fall, dass die Versorgungseinrichtung die Zahlungen nicht mehr erbringen kann und sich die Arbeitgeberzahlung wieder erhöht.

Kann die Versorgungseinrichtung die Arbeitgeberzahlungen zunächst vollständig übernehmen und stellt diese später (z. B. wegen Liquiditätsproblemen) wieder ein, so dass der Arbeitgeber die Zahlungsverpflichtung wieder vollständig erfüllen muss, lebt der Anspruch wieder auf. Dies führt nicht zu einem neuen Versorgungsbeginn, so dass für die (Neu-)Berechnung des Versorgungsfreibetrags und des Zuschlags zum Versorgungsfreibetrag die „alte" Kohorte maßgebend ist.

165

cc) Beendigung einer betrieblichen Altersversorgung

Bei Beendigung einer nach § 3 Nr. 63 **oder** § 100 EStG geförderten betrieblichen Altersversorgung gilt Folgendes:

166

Liegt eine betriebliche Altersversorgung im Sinne des BetrAVG vor und wird diese lediglich mit Wirkung für die Zukunft beendet, z. B. durch eine Abfindung (ggf. auch in Form der Beitragsrückerstattung), dann handelt es sich bei der Zahlung der Versorgungseinrichtung an den Arbeitnehmer um sonstige Einkünfte im Sinne des § 22 Nr. 5 EStG und nicht um Einkünfte nach § 19 EStG.

Im Fall einer kompletten Rückabwicklung des Vertragsverhältnisses mit Wirkung für die Vergangenheit handelt es sich bei der Zahlung der Versorgungseinrichtung an den Arbeitnehmer um eine Arbeitslohnzahlung im Sinne des § 19 Abs. 1 EStG, die im Zeitpunkt des Zuflusses nach den allgemeinen lohnsteuerlichen Grundsätzen behandelt wird.

Kündigt der Arbeitgeber vorzeitig einen nach § 40b EStG **a. F.** begünstigten Direktversicherungsvertrag und wird der Rückkaufswert im Hinblick auf ein unwiderrufliches bzw. unverfallbares Bezugsrecht an den Arbeitnehmer ausgezahlt, ergeben sich aus diesem Vorgang keine lohnsteuerlichen Konsequenzen.

Im Gegensatz zur rückwirkenden Aufhebung einer Vereinbarung mit der Rechtsfolge, dass der Anspruch auf betriebliche Altersversorgung gänzlich untergeht, bewirkt die Abfindung des Anspruchs lediglich einen Rechtsverlust ab dem Zeitpunkt des Wirksamwerdens der Vereinbarung. Der Pauschalierung nach § 40b EStG a. F. steht die vorzeitige Kündigung durch den Arbeitnehmer entgegen. Eine Kündigung durch den Arbeitgeber ist dagegen unschädlich. Von einer Kündigung durch den Arbeitgeber ist auszugehen, wenn betriebliche Gründe (z. B. Liquiditätsschwierigkeiten) maßgebend waren oder die Kündigung durch den Arbeitgeber auf Wunsch des Arbeitnehmers erfolgt ist. Die Kündigung hat keine Auswirkung auf eine bis zu diesem Zeitpunkt erfolgte Pauschalierung nach § 40b EStG a. F.

IV. Schädliche Auszahlung von gefördertem Altersvorsorgevermögen

1. Allgemeines

167   Wird das nach § 10a/Abschnitt XI EStG steuerlich geförderte Altersvorsorgevermögen an den Arbeitnehmer nicht als Rente oder im Rahmen eines Auszahlungsplans ausgezahlt, handelt es sich grundsätzlich um eine schädliche Verwendung (§ 93 Abs. 1 EStG; Rz. 195 **ff. des BMF-Schreibens vom 21. Dezember 2017,** BStBl 2018 I S. 93). Im Bereich der betrieblichen Altersversorgung kann eine solche schädliche Verwendung dann gegeben sein, wenn Versorgungsanwartschaften abgefunden oder übertragen werden. Entsprechendes gilt, wenn der Arbeitnehmer im Versorgungsfall ein bestehendes Wahlrecht auf Einmalkapitalauszahlung ausübt (vgl. Rz. **68**).

168   Liegt eine schädliche Verwendung von gefördertem Altersvorsorgevermögen vor, gelten **die** Rz. **202 ff. sowie 216 bis 239 des BMF-Schreibens vom 21. Dezember 2017 (BStBl 2018 I S. 93).**

2. Abfindungen von Anwartschaften, die auf nach § 10a/Abschnitt XI EStG geförderten Beiträgen beruhen

169   Im Fall der Abfindung von Anwartschaften der betrieblichen Altersversorgung gem. § 3 BetrAVG handelt es sich gem. § 93 Abs. 2 Satz 3 EStG um keine schädliche Verwendung, soweit das nach § 10a/Abschnitt XI EStG geförderte Altersvorsorgevermögen zugunsten eines auf den Namen des Zulageberechtigten lautenden zertifizierten privaten Altersvorsorgevertrags geleistet wird. Der Begriff der Abfindung umfasst außerdem auch Abfindungen, die in arbeitsrechtlich zulässiger Weise außerhalb des Regelungsbereiches des § 3 BetrAVG erfolgen, wie z. B. den Fall der Abfindung ohne Ausscheiden aus dem Arbeitsverhältnis. Liegen die übrigen Voraussetzungen des § 93 Abs. 2 Satz 3 EStG vor, kann somit auch in anderen Abfindungsfällen als denen des § 3 BetrAVG gefördertes Altersvorsorgevermögen aus der betrieblichen Altersversorgung auf einen zertifizierten privaten Altersvorsorgevertrag übertragen werden, ohne dass eine schädliche Verwendung vorliegt.

3. Abfindungen von Anwartschaften, die auf steuerfreien oder nicht geförderten Beiträgen beruhen

170   Wird eine Anwartschaft der betrieblichen Altersversorgung abgefunden, die ganz oder teilweise auf nach § 3 Nr. 63, **63a, 66 oder** § 100 EStG steuerfreien oder nicht geförderten Beiträgen beruht und zugunsten eines auf den Namen des Steuerpflichtigen lautenden zertifizierten Altersvorsorgevertrags geleistet wird, unterliegt der Abfindungsbetrag im Zeitpunkt der Abfindung nicht der Besteuerung (§ 3 Nr. 55c Satz 2 Buchstabe b EStG; Rz. 150 f. **des BMF-Schreibens vom 21. Dezember 2017,** BStBl 2018 I S. 93). Die Rz. 152 **ff. des BMF-Schreibens vom 21. Dezember 2017 (BStBl 2018 I S. 93)** gelten entsprechend.

171   Wird der Abfindungsbetrag nicht entsprechend der Rz. **170** verwendet, erfolgt eine Besteuerung des Abfindungsbetrags im Zeitpunkt der Abfindung entsprechend den Grundsätzen der Rz. **150** bis **157**.

4. Portabilität

172   Bei einem Wechsel des Arbeitgebers kann der Arbeitnehmer für Versorgungszusagen, die nach dem 31. Dezember 2004 erteilt werden, gem. § 4 Abs. 3 BetrAVG verlangen, dass der bisherige Arbeitgeber den Übertragungswert (§ 4 Abs. 5 BetrAVG) auf eine Versorgungseinrichtung des neuen Arbeitgebers überträgt. Die Übertragung ist gem. § 93 Abs. 2 Satz 2 EStG dann keine

schädliche Verwendung, wenn auch nach der Übertragung eine lebenslange Altersversorgung des Arbeitnehmers im Sinne des § 1 Abs. 1 Satz 1 Nr. 4 Buchstabe a AltZertG gewährleistet wird. Dies gilt auch, wenn der alte und neue Arbeitgeber sowie der Arbeitnehmer sich gem. § 4 Abs. 2 Nr. 2 BetrAVG freiwillig auf eine Übertragung der Versorgungsanwartschaften mittels Übertragungswert von einer Versorgungseinrichtung im Sinne des § 82 Abs. 2 EStG auf eine andere Versorgungseinrichtung im Sinne des § 82 Abs. 2 EStG verständigen.

Erfüllt die Versorgungseinrichtung des neuen Arbeitgebers nicht die Voraussetzungen des § 1 Abs. 1 Satz 1 Nr. 4 Buchstabe a AltZertG, gelten Rz. **150** bis **157** entsprechend.   173

5. Entschädigungsloser Widerruf eines noch verfallbaren Bezugsrechts

Hat der Arbeitnehmer für arbeitgeberfinanzierte Beiträge an eine Direktversicherung, eine Pensionskasse oder einen Pensionsfonds die Förderung durch Sonderausgabenabzug nach § 10a EStG und Zulage nach Abschnitt XI EStG erhalten und verliert er vor Eintritt der Unverfallbarkeit sein Bezugsrecht durch einen entschädigungslosen Widerruf des Arbeitgebers, handelt es sich um eine schädliche Verwendung im Sinne des § 93 Abs. 1 EStG. Das **Versicherungsunternehmen, die** Pensionskasse **oder der Pensionsfonds** hat der ZfA die schädliche Verwendung nach § 94 Abs. 1 EStG anzuzeigen. Die gutgeschriebenen Zulagen sind vom Anbieter einzubehalten. Darüber hinaus hat die ZfA den steuerlichen Vorteil aus dem Sonderausgabenabzug nach § 10a EStG beim Arbeitnehmer nach § 94 Abs. 2 EStG zurückzufordern. Der maßgebliche Zeitpunkt für die Rückforderung der Zulagen und des steuerlichen Vorteils ist der Zeitpunkt, in dem die den Verlust des Bezugsrechts begründenden Willenserklärungen (z. B. Kündigung oder Widerruf) wirksam geworden sind. Im Übrigen gilt R 40b.1 Abs. 13 ff. LStR.   174

Zahlungen, die das Versicherungsunternehmen, die Pensionskasse oder der Pensionsfonds an den Arbeitgeber leistet, weil der Arbeitnehmer für eine arbeitgeberfinanzierte betriebliche Altersversorgung vor Eintritt der Unverfallbarkeit sein Bezugsrecht verloren hat (z. B. bei vorzeitigem Ausscheiden aus dem Dienstverhältnis), stellen Betriebseinnahmen dar. **Die §§ 43 EStG ff. sind** in diesem Fall zu beachten.   175

V. Anwendungsregelung

Dieses BMF-Schreiben ist mit Wirkung ab 1. Januar 2018 anzuwenden. Es wird im Bundessteuerblatt Teil I veröffentlicht und steht für eine Übergangszeit auf den Internet-Seiten des Bundesministeriums der Finanzen (www.bundesfinanzministerium.de) unter der Rubrik Themen – Steuern – Steuerarten – Lohnsteuer – BMF-Schreiben/Allgemeines und unter der Rubrik Themen – Steuern – Steuerarten – Einkommensteuer zur Ansicht und zum Abruf bereit.   176

Das BMF-Schreiben vom 25. November 2011 (BStBl I S. 1250) und Teil B des BMF-Schreibens vom 24. Juli 2013 (BStBl I S. 1022), geändert durch das BMF-Schreiben vom 13. Januar 2014 (BStBl I S. 97) und das BMF-Schreiben vom 13. März 2014 (BStBl I S. 554) werden zum 31. Dezember 2017 aufgehoben. Die Regelungen des BMF-Schreibens vom 24. Juli 2013 (a. a. O.) sind weiter zu beachten, wenn sie auch für Zeiträume ab dem 1. Januar 2018 Bedeutung haben.   177

V.
Zusagen auf Leistungen der betrieblichen Altersversorgung;
Hinterbliebenenversorgung für die Lebensgefährtin oder den Lebensgefährten

BMF-Schreiben vom 25. 7. 2002 (BStBl I S. 706)

Zur Frage der steuerrechtlichen Anerkennung von Zusagen auf Hinterbliebenenversorgung für den in eheähnlicher Gemeinschaft lebenden Partner des versorgungsberechtigten Arbeitnehmers nehme ich nach Abstimmung mit den obersten Finanzbehörden der Länder wie folgt Stellung:

Aufwendungen für Versorgungszusagen an Arbeitnehmer, die eine Hinterbliebenenversorgung für den in eheähnlicher Gemeinschaft lebenden Partner des Versorgungsberechtigten vorsehen, können nur dann nach Maßgabe von § 4 Abs. 4, § 4c, § 4d oder § 4e EStG als Betriebsausgaben abgezogen werden, wenn die in Aussicht gestellten Leistungen betrieblich veranlasst sind. Die Zusage auf eine Hinterbliebenenversorgung ist als Pensionsrückstellung nach § 6a EStG zu passivieren und darf nur angesetzt werden, wenn die übrigen Voraussetzungen für die Bildung von Rückstellungen (R 31c Abs. 2 EStR) vorliegen.

Die betriebliche Veranlassung dieser Hinterbliebenenzusagen und die Wahrscheinlichkeit der Inanspruchnahme aus der Verpflichtung ist unter Berücksichtigung der Umstände des jeweiligen Einzelfalls zu prüfen. Anhaltspunkte können beispielsweise eine von der Lebenspartnerin oder dem Lebenspartner schriftlich bestätigte Kenntnisnahme der in Aussicht gestellten Versorgungsleistungen, eine zivilrechtliche Unterhaltspflicht des Arbeitnehmers gegenüber dem Lebenspartner oder eine gemeinsame Haushaltsführung sein.

Die versorgungsberechtigte Lebenspartnerin oder der versorgungsberechtigte Lebenspartner muss in der schriftlich erteilten Zusage namentlich mit Anschrift und Geburtsdatum genannt werden.

Pensionsrückstellungen nach § 6a EStG sind entsprechend dem Geschlecht des begünstigten Hinterbliebenen zu bewerten. Soweit der Berechnung die „Richttafeln 1998" von Prof. Klaus Heubeck zu Grunde gelegt werden, hat die Bewertung anhand des Hinterbliebenenbestandes zu erfolgen.

Die Grundsätze zur steuerlichen Anerkennung von Versorgungszusagen gegenüber dem Arbeitgeber nahestehenden Personen (z. B. beherrschende Gesellschafter-Geschäftsführer, nahe Familienangehörige) bleiben unberührt.

VI.
1.
Einkommensteuerrechtliche Behandlung von Vorsorgeaufwendungen

BMF vom 24. 5. 2017 (BStBl I S. 820)

IV C 3 – S 2221/16/10001 :004 – 2017/0392623

unter Berücksichtigung der Ergänzung durch

BMF vom 6. 11. 2017 (BStBl I S. 1455)

IV C 3 – S 2221/17/10006 :001 – 2017/0905493

Zum Sonderausgabenabzug für Beiträge nach § 10 Absatz 1 Nummer 2, 3 und 3a Einkommensteuergesetz (EStG) gilt im Einvernehmen mit den obersten Finanzbehörden der Länder Folgendes:

Inhaltsübersicht

---

¹) Rz. 57a wurde durch BMF vom 6. 11. 2017 (BStBl I S. 1455) eingefügt. Dieses Schreiben ist ab dem Zeitpunkt seiner Bekanntgabe im BStBl auf alle offenen Fälle anzuwenden.
²) Der Begriff „Lebenspartner" bezeichnet in diesem BMF-Schreiben Lebenspartner einer eingetragenen Lebenspartnerschaft.

A. Abzug von Vorsorgeaufwendungen – § 10 EStG –

I. Sonderausgabenabzug für Altersvorsorgeaufwendungen nach § 10 Absatz 1 Nummer 2 EStG (Basisversorgung)

1. Begünstigte Beiträge

1.1 Beiträge i. S. d. § 10 Absatz 1 Nummer 2 Satz 1 Buchstabe a EStG (gesetzliche Altersvorsorge)

1.1.1 Beiträge zu den gesetzlichen Rentenversicherungen

1   Begünstigt sind nach § 10 Absatz 1 Nummer 2 Satz 1 Buchstabe a EStG Beiträge an folgende Träger der gesetzlichen Rentenversicherung (RV):

– Deutsche Rentenversicherung Bund,

– Deutsche Rentenversicherung Knappschaft-Bahn-See,

– Deutsche Rentenversicherung Regionalträger.

Die Künstlersozialkasse fungiert dagegen nicht als Träger der gesetzlichen RV, sondern lediglich als Einzugsstelle der Beiträge. 2

Die Beiträge können wie folgt erbracht und nachgewiesen werden:

Art der Beitragsleistung	Nachweis durch
Pflichtbeiträge aufgrund einer abhängigen Beschäftigung einschließlich des nach § 3 Nummer 62 EStG steuerfreien Arbeitgeberanteils	Lohnsteuerbescheinigung
Pflichtbeiträge aufgrund einer selbständigen Tätigkeit	Beitragsbescheinigung des Rentenversicherungsträgers oder der Künstlersozialkasse
freiwillige Beiträge	Beitragsbescheinigung des Rentenversicherungsträgers
Nachzahlung von freiwilligen Beiträgen	Beitragsbescheinigung des Rentenversicherungsträgers
freiwillige Zahlung von Beiträgen zum Ausgleich einer Rentenminderung (bei vorzeitiger Inanspruchnahme einer Altersrente) § 187a des Sechsten Buches Sozialgesetzbuch – SGB VI –	Beitragsbescheinigung des Rentenversicherungsträgers
freiwillige Zahlung von Beiträgen zum Auffüllen von Rentenanwartschaften, die durch einen Versorgungsausgleich gemindert worden sind § 187 SGB VI	Besondere Beitragsbescheinigung des Rentenversicherungsträgers
Abfindung von Anwartschaften auf betriebliche Altersversorgung § 187b SGB VI	Besondere Beitragsbescheinigung des Rentenversicherungsträgers

Selbständige Künstler und Publizisten, die nach dem Künstlersozialversicherungsgesetz versicherungspflichtig sind, entrichten die Hälfte des zu entrichtenden Gesamtbeitrags an die Künstlersozialkasse. Dieser Anteil am Gesamtbeitrag ist als Beitrag zur gesetzlichen RV nach § 10 Absatz 1 Nummer 2 EStG zu berücksichtigen. Der übrige Beitragsanteil wird in der Regel von der Künstlersozialkasse aufgebracht und setzt sich aus der Künstlersozialabgabe und einem Zuschuss des Bundes zusammen. Dieser von der Künstlersozialkasse gezahlte Beitragsanteil ist nicht als Beitrag des Steuerpflichtigen i. S. d. § 10 Absatz 1 Nummer 2 EStG zu berücksichtigen. 3

Zu den Beiträgen nach § 10 Absatz 1 Nummer 2 Satz 1 Buchstabe a EStG gehören auch Beiträge an ausländische gesetzliche Rentenversicherungsträger (vgl. BFH vom 24. Juni 2009, BStBl II 2009, S. 1000); die inländischen Beitragsbemessungsgrenzen zur gesetzlichen RV sind insoweit nicht maßgebend. Zur Aufteilung von Globalbeiträgen wird auf Rz. 205 verwiesen. Der Beitrag eines inländischen Arbeitgebers an eine ausländische RV ist dem Arbeitnehmer zuzurechnen, wenn die Abführung auf vertraglicher und nicht auf gesetzlicher Grundlage erfolgte (BFH vom 18. Mai 2004, BStBl II 2004, S. 1014). § 3 Nummer 62 EStG greift in diesen Fällen nicht. 4

Die Übertragung von Anrechten auf eine zwischen- oder überstaatliche Einrichtung aufgrund eines Abkommens zur Begründung von Anrechten auf Altersversorgung ist steuerfrei nach § 3 Nummer 55e EStG. Das übertragene Vermögen ist nicht als Beitrag nach § 10 Absatz 1 Nummer 2 Satz 1 Buchstabe a EStG zu berücksichtigen. 5

1.1.2 Beiträge zur landwirtschaftlichen Alterskasse

In der Alterssicherung der Landwirte können der Landwirt, sein Ehegatte, sein Lebenspartner oder in bestimmten Fällen mitarbeitende Familienangehörige versichert sein. 6

Beiträge zur landwirtschaftlichen Alterskasse können, soweit sie zum Aufbau einer eigenen Altersversorgung führen, von dem zur Zahlung Verpflichteten als Beiträge i. S. d. § 10 Absatz 1 Nummer 2 Satz 1 Buchstabe a EStG geltend gemacht werden. 7

1.1.3 Beiträge zu berufsständischen Versorgungseinrichtungen

Berufsständische Versorgungseinrichtungen im steuerlichen Sinne sind öffentlich-rechtliche Versicherungs- oder Versorgungseinrichtungen für Beschäftigte und selbständig tätige Angehörige der kammerfähigen freien Berufe, die den gesetzlichen RV vergleichbare Leistungen erbringen. Welche berufsständischen Versorgungseinrichtungen diese Voraussetzung erfüllen, wird jeweils 8 durch gesondertes BMF-Schreiben bekannt gegeben (vgl. zuletzt BMF-Schreiben vom 8. Juli 2014, BStBl I 2014, S. 1098).

9   Die Mitgliedschaft in der berufsständischen Versorgungseinrichtung ist bei Aufnahme der betreffenden Berufstätigkeit gesetzlich verpflichtend. Sie führt in den in § 6 Absatz 1 SGB VI genannten Fällen auf Antrag zu einer Befreiung von der gesetzlichen Rentenversicherungspflicht.

1.2 Beiträge i. S. d. § 10 Absatz 1 Nummer 2 Satz 1 Buchstabe b EStG (private Basisrente)

a) Allgemeines

10 Eine Basisrente i. S. d. § 10 Absatz 1 Nummer 2 Satz 1 Buchstabe b EStG i. V. m. dem Altersvorsorgeverträge-Zertifizierungsgesetz (AltZertG) liegt vor bei einem Vertrag zum Aufbau einer eigenen kapitalgedeckten Altersversorgung (Basisrente-Alter), ggf. ergänzt um eine Absicherung des Eintritts der verminderten Erwerbsfähigkeit, der Berufsunfähigkeit oder von Hinterbliebenen oder zur Absicherung gegen den Eintritt der verminderten Erwerbsfähigkeit im Versicherungsfall (Basisrente-Erwerbsminderung), ggf. verbunden mit einer Absicherung gegen den Eintritt der Berufsunfähigkeit.

11 Nach § 10 Absatz 1 Nummer 2 Satz 1 Buchstabe b EStG sind nur die eigenen Beiträge des Versicherten abziehbar. Dies setzt Personenidentität zwischen dem Beitragszahler, der versicherten Person und dem Leistungsempfänger voraus (bei Ehegatten siehe R 10.1 EStR 2016 – bei Lebenspartnern entsprechend). Dies gilt nicht für Beiträge zu einer die Basisrente-Alter ergänzenden Hinterbliebenenabsicherung; insoweit ist ein abweichender Leistungsempfänger zulässig.

12 Der Anbieter kann davon ausgehen, dass die zugunsten des Vertrags geleisteten Beiträge der Person zuzurechnen sind, die einen vertraglichen Anspruch auf die Leistung hat. Ihn trifft keine Verpflichtung zur Feststellung der Mittelherkunft.

13 Auch Beiträge an Pensionsfonds, Pensionskassen und für Direktversicherungen, die im Rahmen der betrieblichen Altersversorgung erbracht werden, können nach § 10 Absatz 1 Nummer 2 Satz 1 Buchstabe b EStG begünstigt sein, sofern es sich um Beiträge zu einem zertifizierten Vertrag handelt (vgl. Rz. 15). Nicht zu berücksichtigen sind dagegen steuerfreie Beiträge, pauschal besteuerte Beiträge und Beiträge, die aufgrund einer Altzusage geleistet werden (vgl. Rz. 349 ff., 374 und 376 des BMF-Schreibens vom 24. Juli 2013, BStBl I 2013, S. 1022, geändert durch BMF-Schreiben vom 13. Januar 2014, BStBl I 2014, S. 97 und BMF-Schreiben vom 13. März 2014, BStBl I 2014, S. 554).

14 Beinhaltet ein Vorsorgevertrag u. a. folgende Möglichkeiten, liegen keine Beiträge nach § 10 Absatz 1 Nummer 2 Satz 1 Buchstabe b EStG vor:

– Kapitalwahlrecht,

– Anspruch bzw. Optionsrecht auf (Teil-)Auszahlung nach Eintritt des Versorgungsfalls,

– Zahlung eines Sterbegeldes,

– Abfindung einer Rente – Abfindungsansprüche und Beitragsrückerstattungen im Fall einer Kündigung des Vertrags; dies gilt nicht für gesetzliche Abfindungsansprüche (z. B. § 3 Betriebsrentengesetz – BetrAVG) oder die Abfindung einer Kleinbetragsrente (vgl. Rz. 34).

15 Voraussetzung für den Sonderausgabenabzug nach § 10 Absatz 1 Nummer 2 Satz 1 Buchstabe b EStG ist u. a., dass

– die Beiträge zugunsten eines Vertrags geleistet wurden, der nach § 5a AltZertG zertifiziert ist (Grundlagenbescheid i. S. d. § 171 Absatz 10 Abgabenordnung

  – AO), und

– der Steuerpflichtige gegenüber dem Anbieter in die Datenübermittlung nach § 10 Absatz 2a EStG eingewilligt hat (vgl. Rz. 186 ff.).

b) Voraussetzungen der vertraglichen Vereinbarungen

aa) Monatliche Zahlung

16 Der Vertrag darf nur die Zahlung einer monatlichen Leibrente vorsehen. Abweichend hiervon ist eine vertragliche Vereinbarung, wonach bis zu zwölf Monatsleistungen in einer Auszahlung zusammengefasst werden können, zulässig.

bb) Gleichbleibende oder steigende Leibrente

17 Der Vertrag darf nur die Zahlung einer gleichbleibenden oder steigenden Leibrente vorsehen.

18 Ein planmäßiges Sinken der Rentenhöhe ist nicht zulässig. Geringfügige Schwankungen in der Rentenhöhe sind jedoch unschädlich, sofern diese Schwankungen auf in einzelnen Jahren unterschiedlich hohen Überschussanteilen während der Rentenzahlung beruhen, die für die ab Leis-

tungsbeginn garantierten Rentenleistungen gewährt werden. Für die Basisrente-Alter bedeutet dies z. B., dass der auf Basis des zu Beginn der Auszahlungsphase garantierten Kapitals zzgl. der unwiderruflich zugeteilten Überschüsse zu errechnende Rentenbetrag während der gesamten Auszahlungsphase nicht unterschritten werden darf.

Um das Vorliegen der Voraussetzungen für eine Leibrente i. S. d. § 10 Absatz 1 Nummer 2 Satz 1   **19** Buchstabe b Doppelbuchstabe aa EStG sicherzustellen, insbesondere dass die Rente während ihrer Laufzeit nicht sinken kann, muss der Vertrag die Verpflichtung des Anbieters enthalten, vor Rentenbeginn die Leibrente auf Grundlage einer anerkannten Sterbetafel zu berechnen und dabei den während der Laufzeit der Rente geltenden Zinsfaktor festzulegen.

cc) Lebenslange Leibrente

Der Vertrag darf nur die Zahlung einer lebenslangen Leibrente vorsehen.   **20**

Eine Auszahlung durch die regelmäßige Gutschrift einer gleichbleibenden oder steigenden   **21** Anzahl von Investmentanteilen sowie die Auszahlung von regelmäßigen Raten im Rahmen eines Auszahlungsplans sind keine lebenslange Leibrente i. S. d. § 10 Absatz 1 Nummer 2 Satz 1 Buchstabe b EStG.

Hierbei wird nur ein bestimmtes Kapital über eine gewisse Laufzeit verteilt. Nach Laufzeitende   **22** ist das Kapital aufgebraucht, so dass die Zahlungen dann enden. Insoweit ist eine lebenslange Auszahlung nicht gewährleistet. Eine andere Wertung ergibt sich auch nicht durch eine Kombination eines Auszahlungsplans mit einer sich anschließenden Teilkapitalverrentung. Begrifflich ist die „Teilverrentung" zwar eine Leibrente, allerdings wird der Auszahlungsplan durch die Verknüpfung mit einer Rente nicht selbst zu einer Leibrente.

dd) Nichtvererblichkeit

Die Vertragsbedingungen dürfen eine Auszahlung an die Erben im Todesfall nicht vorsehen. Das   **23** vorhandene Vermögen kommt dann der Versichertengemeinschaft bzw. der Gemeinschaft der verbleibenden Vorsorgesparer zugute.

Die Nichtvererblichkeit wird nicht berührt durch gesetzlich zugelassene Hinterbliebenenleistun-   **24** gen im Rahmen der ergänzenden Hinterbliebenenabsicherung (Rz. 37 ff.) bei der Basisrente-Alter oder durch Rentenzahlungen an die Erben für den Zeitraum bis zum Ablauf des Todesmonats der versicherten Person.

Eine Rentengarantiezeit – also die Vereinbarung, dass die Rente unabhängig vom Tod der ver-   **25** sicherten Person mindestens bis zum Ablauf einer vereinbarten Garantiezeit gezahlt wird – widerspricht der im EStG geforderten Nichtvererblichkeit.

Im Rahmen von Fondsprodukten (Publikumsfonds) kann die Nichtvererblichkeit bei der Basis-   **26** rente-Alter dadurch sichergestellt werden, dass keine erbrechtlich relevanten Vermögenswerte aufgrund des Basisrentenvertrags beim Steuerpflichtigen vorhanden sind. Diese Voraussetzung kann entweder über eine auflösend bedingte Ausgestaltung des schuldrechtlichen Leistungsanspruchs („Treuhandlösung") oder im Wege spezieller Sondervermögen erfüllt werden, deren Vertragsbedingungen vorsehen, dass im Falle des Todes des Anlegers dessen Anteile zugunsten des Sondervermögens eingezogen werden („Fondslösung"). Ebenso kann diese Voraussetzung durch eine vertragliche Vereinbarung zwischen dem Anbieter und dem Steuerpflichtigen erfüllt werden, nach der im Falle des Todes des Steuerpflichtigen der Gegenwert seiner Fondsanteile der Sparergemeinschaft zugutekommt („vertragliche Lösung").

Für die bei einem fondsbasierten Basis-/Rürup-Rentenprodukt im Rahmen der „vertraglichen   **27** Lösung" anfallenden „Sterblichkeitsgewinne" sowie für den Einzug der Anteile am Sondervermögen und die anschließende Verteilung bei der „Treuhandlösung" fällt mit Blick auf die persönlichen Freibeträge der Erwerber keine Erbschaftsteuer an.

ee) Nichtübertragbarkeit

Der Vertrag muss die Möglichkeit zur Übertragung der Ansprüche des Leistungsempfängers auf   **28** eine andere Person (z. B. im Wege der Schenkung) ausschließen; die Pfändbarkeit nach den Vorschriften der Zivilprozessordnung (ZPO) steht dem nicht entgegen.

Der Vertrag darf zulassen, dass die Ansprüche des Leistungsempfängers aus dem Vertrag unmit-   **29** telbar auf einen nach § 5a AltZertG zertifizierten Vertrag (vgl. Rz. 15) des Leistungsempfängers auch bei einem anderen Unternehmen übertragen werden. Dabei ist lediglich die Übertragung innerhalb der jeweiligen Produktgruppe (Basisrente-Alter oder Basisrente-Erwerbsminderung) zulässig. Dieser Vorgang ist steuerfrei nach § 3 Nummer 55d EStG. Das übertragene Vermögen ist nicht als Beitrag nach § 10 Absatz 1 Nummer 2 Satz 1 Buchstabe b EStG zu berücksichtigen.

30 Die Übertragung von Anrechten aus einem Basisrentenvertrag i. S. d. § 10 Absatz 1 Nummer 2 Satz 1 Buchstabe b Doppelbuchstabe aa EStG zur Regelung von Scheidungsfolgen nach dem Versorgungsausgleichsgesetz (VersAusglG) vom 3. April 2009 (BGBl. I 2009, S. 700), insbesondere im Rahmen einer internen (§ 10 VersAusglG) oder externen Teilung (§ 14 VersAusglG), ist unschädlich.

ff) Nichtbeleihbarkeit

31 Es muss vertraglich ausgeschlossen sein, dass die Ansprüche – z. B. sicherungshalber – abgetreten oder verpfändet werden können.

gg) Nichtveräußerbarkeit

32 Der Vertrag muss so gestaltet sein, dass die Ansprüche nicht an einen Dritten veräußert werden können.

hh) Nichtkapitalisierbarkeit

33 Vertraglich darf kein Recht auf Kapitalisierung des Rentenanspruchs vorgesehen sein.

34 Eine Ausnahme gilt bei der Abfindung einer Kleinbetragsrente in Anlehnung an § 93 Absatz 3 Satz 2 und 3 EStG. Die Abfindungsmöglichkeit besteht bei einer Altersrente i. S. d. § 10 Absatz 1 Nummer 2 Satz 1 Buchstabe b Doppelbuchstabe aa EStG erst mit dem Beginn der Auszahlungsphase, frühestens mit Vollendung des 62. Lebensjahres des Leistungsempfängers (bei vor dem 1. Januar 2012 abgeschlossenen Verträgen ist grundsätzlich die Vollendung des 60. Lebensjahres maßgebend, vgl. Rz. 35). Bei Renten aus einem Basisrentenvertrag (Basisrente-Alter oder Basisrente-Erwerbs-minderung) wegen Berufsunfähigkeit, verminderter Erwerbsfähigkeit und an Hinterbliebene ist die Abfindung einer Kleinbetragsrente schon im Versicherungsfall möglich.

1.2.1 Beiträge i. S. d. § 10 Absatz 1 Nummer 2 Satz 1 Buchstabe b Doppelbuchstabe aa EStG (Basisrente-Alter)

a) Allgemeines

35 Beiträge zur Basisrente-Alter können nur berücksichtigt werden, wenn die Laufzeit des Vertrags nach dem 31. Dezember 2004 beginnt (zu Laufzeitbeginn und mindestens einer Beitragsleistung vor dem 1. Januar 2005 vgl. Rz. 122) und der Vertrag eine Leibrente vorsieht, die nicht vor Vollendung des 62. Lebensjahres des Steuerpflichtigen beginnt (bei vor dem 1. Januar 2012 abgeschlossenen Verträgen ist regelmäßig die Vollendung des 60. Lebensjahres maßgebend).

36 Voraussetzung für den Abzug nach § 10 Absatz 1 Nummer 2 Satz 1 Buchstabe b Doppelbuchstabe aa EStG ist seit dem Veranlagungszeitraum (VZ) 2010, dass der Vertrag zertifiziert ist (vgl. Rz. 15).

b) Ergänzende Absicherung von Berufsunfähigkeit, verminderter Erwerbsfähigkeit und Hinterbliebenen

37 Bei der Basisrente-Alter können ergänzend der Eintritt der Berufsunfähigkeit, der verminderten Erwerbsfähigkeit oder auch Hinterbliebene abgesichert werden, wenn die Zahlung einer Rente vorgesehen ist. Eine zeitliche Befristung einer Berufsunfähigkeits- oder Erwerbsminderungsrente ist ausschließlich im Hinblick auf die entfallende Versorgungsbedürftigkeit (Verbesserung der Gesundheitssituation oder Erreichen der Altersgrenze für den Bezug der Altersrente aus dem entsprechenden Vertrag) nicht zu beanstanden. Ebenso ist es unschädlich, wenn der Vertrag bei Eintritt der Berufsunfähigkeit oder der verminderten Erwerbsfähigkeit anstelle oder ergänzend zu einer Rentenzahlung eine Beitragsfreistellung vorsieht.

38 Die ergänzende Absicherung ist nur dann unschädlich, wenn mehr als 50 % der Beiträge auf die eigene Altersversorgung des Steuerpflichtigen entfallen. Für das Verhältnis der Beitragsanteile zueinander ist regelmäßig auf den konkret vom Steuerpflichtigen zu zahlenden (Gesamt-)Beitrag abzustellen. Dabei dürfen die Überschussanteile aus den entsprechenden Risiken die darauf entfallenden Beiträge mindern.

39 Sieht der Basisrentenvertrag vor, dass der Steuerpflichtige bei Eintritt der Berufsunfähigkeit oder einer verminderten Erwerbsfähigkeit von der Verpflichtung zur Beitragszahlung für diesen Vertrag – vollständig oder teilweise – freigestellt wird, sind die insoweit auf die Absicherung dieses Risikos entfallenden Beitragsanteile der Altersvorsorge zuzuordnen. Das gilt jedoch nur, wenn sie der Finanzierung der vertraglich vereinbarten lebenslangen Leibrente i. S. d. § 10 Absatz 1 Nummer 2 Satz 1 Buchstabe b Doppelbuchstabe aa EStG dienen und aus diesen Beitragsanteilen keine Leistungen wegen Berufsunfähigkeit oder verminderter Erwerbsfähigkeit gezahlt werden, d. h., es wird lediglich der Anspruch auf eine Altersversorgung weiter aufgebaut. Eine Zuord-

nung zur Altersvorsorge erfolgt jedoch nicht, wenn der Steuerpflichtige vertragsgemäß wählen kann, ob er eine Rente wegen Berufsunfähigkeit oder verminderter Erwerbsfähigkeit erhält oder die Beitragsfreistellung in Anspruch nimmt.

Sieht der Basisrentenvertrag vor, dass der Steuerpflichtige eine Altersrente und nach seinem **40** Tode der überlebende Ehegatte oder Lebenspartner seinerseits eine lebenslange gleichbleibende oder steigende Leibrente i. S. d. § 10 Absatz 1 Nummer 2 Satz 1 Buchstabe b Doppelbuchstabe aa EStG (insbesondere nicht vor Vollendung seines 62. bzw. 60. Lebensjahres; vgl. Rz. 35) erhält, handelt es sich nicht um eine ergänzende Hinterbliebenenabsicherung, sondern insgesamt um eine Altersvorsorge. Der Beitrag ist in diesen Fällen in vollem Umfang der Altersvorsorge zuzurechnen. Erfüllt dagegen die zugesagte Rente für den hinterbliebenen Ehegatten oder Lebenspartner nicht die Voraussetzungen des § 10 Absatz 1 Nummer 2 Satz 1 Buchstabe b Doppelbuchstabe aa EStG (insbesondere im Hinblick auf das Mindestalter für den Beginn der Rentenzahlung), liegt eine ergänzende Hinterbliebenenabsicherung vor. Die Beitragsanteile, die nach versicherungsmathematischen Grundsätzen auf das Risiko der Rentenzahlung an den hinterbliebenen Ehegatten oder Lebenspartner entfallen, sind daher der ergänzenden Hinterbliebenenabsicherung zuzuordnen.

Wird die Hinterbliebenenversorgung ausschließlich aus dem bei Tod des Steuerpflichtigen vorhandenen Altersvorsorge-(Rest)kapitals finanziert, ist die Hinterbliebenenabsicherung keine **41** Risikoabsicherung und der Beitrag ist insoweit der Altersvorsorge zuzurechnen. Das gilt auch, wenn der Steuerpflichtige eine entsprechend gestaltete Absicherung des Ehegatten oder Lebenspartners als besondere Komponente im Rahmen seines (einheitlichen) Basisrentenvertrags hinzu- oder später wieder abwählen kann (z. B. bei Scheidung, Wiederheirat etc.).

Sowohl die Altersversorgung als auch die ergänzenden Absicherungen müssen in einem einheit- **42** lichen Vertrag geregelt sein. Andernfalls handelt es sich nicht um ergänzende Absicherungen zu einem Basisrentenvertrag, sondern um eigenständige Versicherungen. Die Aufwendungen hierfür sind bei Vorliegen der Voraussetzungen nach § 10 Absatz 1 Nummer 3a EStG als sonstige Vorsorgeaufwendungen zu berücksichtigen (Rz. 121 ff.). Erfüllt die Absicherung der verminderten Erwerbsfähigkeit jedoch die Voraussetzungen des § 10 Absatz 1 Nummer 2 Satz 1 Buchstabe b Doppelbuchstabe bb EStG, ist auch ein Abzug der Aufwendungen nach § 10 Absatz 1 Nummer 2 Satz 1 Buchstabe b EStG möglich.

Bei einem Basisrentenvertrag auf Grundlage von Investmentfonds kann der Einschluss einer **43** ergänzenden Absicherung des Eintritts der Berufsunfähigkeit, der verminderten Erwerbsfähigkeit oder einer zusätzlichen Hinterbliebenenrente im Wege eines einheitlichen Vertrags zugunsten Dritter gem. §§ 328 ff. des Bürgerlichen Gesetzbuchs (BGB) erfolgen. Hierbei ist die Kapitalanlagegesellschaft Versicherungsnehmer (VN), während der Steuerpflichtige die versicherte Person ist und den eigentlichen (Renten-)Anspruch gegen das entsprechende Versicherungsunternehmen erhält. Dies wird im Fall der Vereinbarung einer Berufsunfähigkeits- bzw. Erwerbsunfähigkeitsrente in den Vertragsbedingungen durch Abtretung des Bezugsrechts an den Steuerpflichtigen ermöglicht. Im Falle der Vereinbarung einer zusätzlichen Hinterbliebenenrente erfolgt die Abtretung des Bezugsrechts an den privilegierten Hinterbliebenen. Die Kapitalanlagegesellschaft leitet die Beiträge des Steuerpflichtigen, soweit sie für die ergänzende Absicherung bestimmt sind, an den Versicherer weiter.

Zu den Hinterbliebenen, die zusätzlich abgesichert werden können, gehören nur der Ehegatte **44** oder der Lebenspartner des Steuerpflichtigen und Kinder i. S. d. § 32 EStG. Der Anspruch auf Waisenrente ist dabei auf den Zeitraum zu begrenzen, in dem das Kind die Voraussetzungen des § 32 EStG erfüllt. Es ist nicht zu beanstanden, wenn die Waisenrente auch für den Zeitraum gezahlt wird, in dem das Kind nur die Voraussetzungen nach § 32 Absatz 4 Satz 1 EStG erfüllt. Für die vor dem 1. Januar 2007 abgeschlossenen Verträge gilt für das Vorliegen einer begünstigten Hinterbliebenenversorgung die Altersgrenze des § 32 EStG in der bis zum 31. Dezember 2006 geltenden Fassung (§ 52 Absatz 32 Satz 3 EStG). In diesen Fällen können z. B. Kinder in Berufsausbildung in der Regel bis zur Vollendung des 27. Lebensjahres berücksichtigt werden.

1.2.2 Beiträge i. S. d. § 10 Absatz 1 Nummer 2 Satz 1 Buchstabe b Doppelbuchstabe bb EStG i. V. m. § 2 Absatz 1a AltZertG (Basisrente-Erwerbsminderung)

Beiträge zur Basisrente-Erwerbsminderung können nur berücksichtigt werden, wenn diese auf **45** einen nach § 5a AltZertG zertifizierten Vertrag eingezahlt werden (vgl. Rz. 15). Zertifizierungen können auf Antrag des Anbieters erstmalig mit Wirkung zum 1. Januar 2014 erteilt werden. Demnach sind Beiträge zur Basisrente-Erwerbsminderung grundsätzlich ab dem VZ 2014 abziehbar.

Der Vertrag muss nach § 2 Absatz 1a Nummer 1 AltZertG zwingend eine Absicherung gegen den **46** Eintritt der teilweisen oder vollen Erwerbsminderung vorsehen. Eine Erwerbsminderung liegt vor, wenn der VN voraussichtlich für mindestens zwölf Monate aufgrund von Krankheit, Körperverletzung oder Behinderung nicht in der Lage ist, unter den üblichen Bedingungen des allgemeinen Arbeitsmarktes voll erwerbstätig zu sein. Dabei ist von einer teilweisen Erwerbsminderung auszugehen, wenn der VN nicht imstande ist, mindestens sechs Stunden täglich erwerbstätig zu sein. Eine volle Erwerbsminderung liegt dagegen vor, wenn er hierzu nicht mindestens drei Stunden täglich in der Lage ist. Für die Beurteilung, ob eine Beschäftigung unter den üblichen Bedingungen des allgemeinen Arbeitsmarktes möglich und zumutbar ist, kommt es ausschließlich auf die gesundheitlichen Einschränkungen des Versicherten an. Die allgemeine Arbeitsmarktlage ist nicht zu beachten.

47 Neben der Absicherung gegen den Eintritt der verminderten Erwerbsfähigkeit darf ein Basisrentenvertrag-Erwerbsminderung zusätzlich auch die Absicherung gegen den Eintritt der Berufsunfähigkeit enthalten. Es handelt sich in diesen Fällen weiterhin um einen einheitlichen Vertrag. Die verschiedenen Vertragskomponenten können versicherungsrechtlich sowohl der Haupt- als auch der Zusatzversicherung zugeordnet werden. Tritt der Versicherungsfall (Erwerbsminderung oder ggf. Berufsunfähigkeit) im versicherten Zeitraum, spätestens bis zur Vollendung des 67. Lebensjahres ein, hat der Anbieter eine lebenslange gleichbleibende oder steigende Leibrente vorzusehen.

48 Eine zeitliche Befristung der Erwerbsminderungs- oder Berufsunfähigkeitsrente ist nur dann nicht zu beanstanden, wenn die Erwerbsminderung oder Berufsunfähigkeit bis zur Vollendung des 67. Lebensjahres weggefallen ist. Der Wegfall ist medizinisch zu begründen. Ein medizinisch begründeter Wegfall der Berufsunfähigkeit kann – wenn dies vereinbart wurde – auch dann vorliegen, wenn der VN eine andere Tätigkeit ausübt oder ausüben kann, die zu übernehmen er aufgrund seiner Ausbildung und Fähigkeiten in der Lage ist und die seiner bisherigen Lebensstellung entspricht.

49 Sofern der Steuerpflichtige bei Eintritt des Versicherungsfalls das 55. Lebensjahr vollendet hat, darf die zugesagte Rente in ihrer Höhe vom Alter des Steuerpflichtigen bei Eintritt des Versicherungsfalls abhängig gemacht werden. Es muss allerdings auch bei Eintritt des Versicherungsfalls zwischen dem 55. und 67. Lebensjahr eine gleichbleibende oder steigende lebenslange Leibrente (> 0 €) gezahlt werden (vgl. aber Rz. 33 f.).

50 Für die Absicherung gegen den Eintritt der Berufsunfähigkeit sind die allgemeinen versicherungsvertraglichen Grundsätze zu beachten. Daneben müssen für die Absicherung gegen den Eintritt der verminderten Erwerbsfähigkeit folgende Regelungen nach § 2 Absatz 1a AltZertG im Vertrag vorgesehen werden:

51 – Leistungsumfang:

Sieht der Vertrag sowohl eine Absicherung des Eintritts der vollen als auch teilweisen Erwerbsminderung vor, hat der Anbieter bei Eintritt der teilweisen Erwerbsminderung mindestens die Hälfte der versicherten Leistung zu gewähren.

52 – Leistungsbeginn:

Die Leistung ist spätestens ab Beginn des Kalendermonats zu gewähren, der dem Kalendermonat folgt, in dem die teilweise oder volle Erwerbsminderung eingetreten ist. Dies gilt, wenn die Leistung bis zum Ende des 36. Kalendermonats nach Ablauf des Monats des Eintritts der teilweisen oder vollen Erwerbsminderung beantragt wird. Wird der Antrag zu einem späteren Zeitpunkt gestellt, hat der Anbieter spätestens ab Beginn des Kalendermonats zu leisten, der 36 Monate vor dem Monat der Beantragung liegt, frühestens jedoch ab Vertragsbeginn.

53 – Beitragsstundung:

Die Beiträge (Beitragsanteile) zur Absicherung des Risikos „verminderte Erwerbsfähigkeit" sind auf Antrag des Steuerpflichtigen ab dem Zeitpunkt der Rentenantragstellung wegen teilweiser oder voller Erwerbsminderung bis zur endgültigen Entscheidung über die Leistungspflicht zinslos und ohne andere Auflagen zu stunden.

54 – Kündigungs- und Abänderungsverzicht:

Verletzt der Steuerpflichtige (Vertragspartner) schuldlos seine Pflicht, ihm bekannte erhebliche Gefahrumstände anzuzeigen, die für den Versicherer hinsichtlich der Entscheidung zum Abschluss des Vertrags entscheidend sein können, hat der Anbieter auf sein Kündigungsrecht nach § 19 Absatz 3 Satz 2 Versicherungsvertragsgesetz (VVG) und das Abänderungsrecht nach § 19 Absatz 4 VVG zu verzichten.

55 – Begrenzung der medizinischen Mitwirkungspflicht des Steuerpflichtigen:

Die Verpflichtung des Steuerpflichtigen zur medizinischen Mitwirkung muss nicht nur auf medizinisch indizierte, sondern auch auf zumutbare ärztliche Untersuchungs- und Behandlungsleistungen begrenzt sein. Dies gilt sowohl zur als auch nach der Feststellung der teilweisen oder vollen Erwerbsminderung.

1.3 Steuerfreie Zuschüsse und Beitragsrückerstattungen

Steuerfreie Beitragszuschüsse und Beitragsrückerstattungen mindern den Sonderausgabenabzug für Altersvorsorgeaufwendungen, z. B. bei   56

– steuerfrei gezahlten Zuschüssen zum Beitrag nach § 32 des Gesetzes über die Alterssicherung der Landwirte (§ 3 Nummer 17 EStG),

– steuerfreien Zuschüssen und geleisteten Erstattungen von Behörden i. S. d. § 6 Absatz 1 AO und anderen öffentlichen Stellen (z. B. vom Jugendamt; § 23 Absatz 2 Satz 1 Nummer 3 des Achten Buches Sozialgesetzbuch – SGB VIII – i. V. m. § 3 Nummer 9 EStG).

Auch bei Rückzahlung von zu Unrecht geleisteten Beiträgen infolge einer rückwirkenden Vertragsänderung oder aufgrund einer Erstattung nach § 26 SGB IV, mindern diese als Beitragsrückerstattung die im Jahr des Zuflusses geleisteten Rentenversicherungsbeiträge und sind nach § 10 Absatz 4b Satz 4 EStG zu melden. Für unterjährige Beitragsrückerstattungen, die Beiträge desselben VZ betreffen, ist in der Beitragsbescheinigung der saldierte Wert anzugeben.   57

[1])Abweichend von Rz. 57 kann es bei Basisrenten nicht zu einer Beitragsrückerstattung kommen, da eine Kapitalisierung nicht zulässig ist (vgl. Rz. 33). Soweit zu Unrecht geleistete bzw. zivilrechtlich nicht geschuldete Beträge (z. B. bei einem Widerruf des Vertrages) zurückgezahlt werden, hat die mitteilungspflichtige Stelle eine Datensatzstornierung bzw. -korrektur der betreffenden Jahre vorzunehmen.   57a

1.4 Beitragsempfänger

Zu den Beitragsempfängern i. S. d. § 10 Absatz 2 Satz 1 Nummer 2 EStG gehören auch Pensionsfonds, die wie Versicherungsunternehmen den aufsichtsrechtlichen Regelungen des Versicherungsaufsichtsgesetzes (VAG) unterliegen und – seit 1. Januar 2006 – Anbieter i. S. d. § 80 EStG. Die Produktvoraussetzungen für das Vorliegen einer Basisrente (§ 10 Absatz 1 Nummer 2 Satz 1 Buchstabe b EStG) werden dadurch nicht erweitert.   58

2. Ermittlung des Abzugsbetrags nach § 10 Absatz 3 EStG

2.1 Höchstbetrag

Die begünstigten Beiträge sind nach § 10 Absatz 3 EStG bis zu dem Höchstbeitrag zur knappschaftlichen RV (West) – aufgerundet auf einen vollen Betrag in Euro – als Sonderausgaben abziehbar (gültig ab VZ 2015: 22 172 €; für VZ 2016: 22 767 €[2])). Dieser ergibt sich aus der von der Bundesregierung zu erlassenen Verordnung über maßgebende Rechengrößen der Sozialversicherung und der Verordnung zur Bestimmung der Beitragssätze in der gesetzlichen RV unter Anwendung des jeweiligen Beitragssatzes auf die Beitragsbemessungsgrenze der knappschaftlichen RV (West).   59

Im Falle der Zusammenveranlagung von Ehegatten oder Lebenspartnern verdoppelt sich der Betrag nach Rz. 59, unabhängig davon, wer von den Ehegatten oder Lebenspartnern die begünstigten Beiträge entrichtet hat.   60

2.2 Kürzung des Höchstbetrags nach § 10 Absatz 3 Satz 3 EStG

Der Höchstbetrag nach § 10 Absatz 3 Satz 1 EStG ist bei Steuerpflichtigen, die zum Personenkreis des § 10 Absatz 3 Satz 3 Nummer 1 oder 2 EStG gehören, um den Betrag zu kürzen, der dem (fiktiven) Gesamtbeitrag (Arbeitgeber- und Arbeitnehmeranteil) zur allgemeinen RV entspricht.   61

Der (fiktive) Gesamtbeitrag ist anhand der erzielten steuerpflichtigen Einnahmen aus der Tätigkeit zu ermitteln, die die Zugehörigkeit zum genannten Personenkreis begründen (Bemessungsgrundlage für den Kürzungsbetrag). Dabei ist unerheblich, ob die Zahlungen insgesamt beitragspflichtig gewesen wären, wenn Versicherungspflicht in der gesetzlichen RV bestanden hätte.   62

Bei der Berechnung des Kürzungsbetrags ist einheitlich höchstens auf die Beitragsbemessungsgrenze (Ost) in der allgemeinen RV abzustellen.   63

Für die Berechnung des Kürzungsbetrags ist der zu Beginn des jeweiligen Kalenderjahres geltende Beitragssatz in der allgemeinen RV maßgebend.   64

---

[1]) Rz. 57a wurde durch BMF vom 6. 11. 2017 (BStBl I S. 1455) eingefügt. Dieses Schreiben ist ab dem Zeitpunkt seiner Bekanntgabe im BStBl auf alle offenen Fälle anzuwenden.
[2]) Für den VZ 2017 23 362 €.

2.2.1 Kürzung des Höchstbetrags beim Personenkreis des § 10 Absatz 3 Satz 3 Nummer 1 Buchstabe a EStG

65   Zum Personenkreis des § 10 Absatz 3 Satz 3 Nummer 1 Buchstabe a EStG gehören u. a.:

– Beamte, Richter, Berufssoldaten, Soldaten auf Zeit, Amtsträger,

– Arbeitnehmer, die nach § 5 Absatz 1 Satz 1 Nummer 2 und 3 SGB VI oder § 230 SGB VI versicherungsfrei sind (z. B. Beschäftigte bei Trägern der Sozialversicherung, Geistliche der als öffentlich-rechtliche Körperschaften anerkannten Religionsgemeinschaften),

– Arbeitnehmer, die auf Antrag des Arbeitgebers von der gesetzlichen Rentenversicherungspflicht befreit worden sind, z. B. eine Lehrkraft an nicht öffentlichen Schulen, bei der eine Altersversorgung nach beamtenrechtlichen oder entsprechenden kirchenrechtlichen Grundsätzen gewährleistet ist.

2.2.2 Kürzung des Höchstbetrags beim Personenkreis des § 10 Absatz 3 Satz 3 Nummer 1 Buchstabe b EStG

66   Zum Personenkreis des § 10 Absatz 3 Satz 3 Nummer 1 Buchstabe b EStG gehören seit dem VZ 2008 Arbeitnehmer, die während des ganzen oder eines Teils des Kalenderjahres nicht der gesetzlichen Rentenversicherungspflicht unterliegen und denen eine betriebliche Altersversorgung im Zusammenhang mit einem im betreffenden VZ bestehenden Dienstverhältnis zugesagt worden ist. Hierzu können insbesondere beherrschende Gesellschafter-Geschäftsführer einer GmbH oder Vorstandsmitglieder einer Aktiengesellschaft gehören (für VZ 2005 bis 2007 vgl. BMF-Schreiben vom 22. Mai 2007, BStBl I 2007, S. 493).

67   Für die Beurteilung der Zugehörigkeit zum Personenkreis sind alle Formen der betrieblichen Altersversorgung zu berücksichtigen. Ohne Bedeutung sind dabei die Art der Finanzierung, die Höhe der Versorgungszusage und die Art des Durchführungswegs. Ebenso ist unerheblich, ob im betreffenden VZ Beiträge erbracht wurden oder die Versorgungsanwartschaft angewachsen ist.

68   Für die Beurteilung, ob eine Kürzung vorzunehmen ist, ist auf das konkrete Dienstverhältnis in dem jeweiligen VZ abzustellen. Nicht einzubeziehen sind Anwartschaftsrechte aus einer im gesamten VZ privat fortgeführten Direktversicherung, bei der der Arbeitnehmer selbst VN ist.

2.2.3 Kürzung des Höchstbetrags beim Personenkreis des § 10 Absatz 3 Satz 3 Nummer 2 EStG

69   Zu den Steuerpflichtigen mit Einkünften nach § 22 Nummer 4 EStG gehören u. a.

– Bundestagsabgeordnete,

– Landtagsabgeordnete,

– Abgeordnete des Europaparlaments.

70   Nicht zu diesem Personenkreis gehören z. B.

– ehrenamtliche Mitglieder kommunaler Vertretungen,

– kommunale Wahlbeamte wie Landräte und Bürgermeister.

71   Eine Kürzung des Höchstbetrags nach § 10 Absatz 3 Satz 3 Nummer 2 EStG ist vorzunehmen, wenn der Steuerpflichtige zum genannten Personenkreis gehört und ganz oder teilweise ohne eigene Beitragsleistung einen Anspruch auf Altersversorgung nach dem Abgeordnetengesetz, dem Europaabgeordnetengesetz oder entsprechenden Gesetzen der Länder erwirbt.

2.3 Kürzung des Höchstbetrags bei Ehegatten und Lebenspartnern

72   Bei Ehegatten ist jeweils gesondert zu prüfen, ob und in welcher Höhe der gemeinsame Höchstbetrag nach § 10 Absatz 3 Satz 2 EStG zu kürzen ist (Rz. 61 ff.). Dies gilt für Lebenspartner entsprechend.

2.4 Übergangsregelung (bis 2024)

73   Bis 2024 sind die nach Rz. 1 bis 42 und 44 bis 72 zu berücksichtigenden Aufwendungen mit dem sich aus § 10 Absatz 3 Satz 4 und 6 EStG ergebenden Prozentsatz anzusetzen:

Jahr	Prozentsatz
2012	74
2013	76
2014	78
2015	80
2016	82

Jahr	Prozentsatz
2017	84
2018	86
2019	88
2020	90
2021	92
2022	94
2023	96
2024	98
ab 2025	100

2.5 Kürzung des Abzugsbetrags bei Arbeitnehmern nach § 10 Absatz 3 Satz 5 EStG

Bei Arbeitnehmern, die steuerfreie Arbeitgeberleistungen nach § 3 Nummer 62 EStG oder diesen   74
gleichgestellte steuerfreie Zuschüsse des Arbeitgebers erhalten haben, ist der sich nach Rz. 73
ergebende Abzugsbetrag um diese Beträge zu kürzen (maximal bis 0 €). Haben beide Ehegatten
oder beide Lebenspartner steuerfreie Arbeitgeberleistungen erhalten, ist der Abzugsbetrag um
beide Beträge zu kürzen.

2.6 Beispiele

Bei der Berechnung der Beispiele wurde ein Beitragssatz zur allgemeinen RV i. H. v. 18,7 %   75
herangezogen.

Beispiel 1:   76

Ein lediger Arbeitnehmer zahlt im Jahr 2016 einen Arbeitnehmeranteil zur allgemeinen RV
i. H. v. 4 000 €. Zusätzlich wird ein steuerfreier Arbeitgeberanteil in gleicher Höhe gezahlt.
Daneben hat der Arbeitnehmer noch Beiträge in einen Basisrentenvertrag i. S. d. § 10
Absatz 1 Nummer 2 Satz 1 Buchstabe b EStG i. H. v. 3 000 € eingezahlt.

Im Jahr 2016 können Altersvorsorgeaufwendungen i. H. v. 5 020 € als Sonderausgaben
nach § 10 Absatz 1 Nummer 2 i. V. m. Absatz 3 EStG abgezogen werden:

Arbeitnehmerbeitrag	4 000 €
Arbeitgeberbeitrag	4 000 €
Basisrentenvertrag	3 000 €
insgesamt	11 000 €
Höchstbetrag (91 800 € × 24,8 %)	22 767 €
82 % des geringeren Betrags	9 020 €
abzügl. steuerfreier Arbeitgeberanteil	4 000 €
verbleibender Betrag	5 020 €

Zusammen mit dem steuerfreien Arbeitgeberbeitrag werden Altersvorsorgeaufwendungen
i. H. v. 9 020 € von der Besteuerung freigestellt. Dies entspricht 82 % der insgesamt geleisteten Beiträge.

Beispiel 2:   77

Ein lediger Beamter zahlt 3 000 € in einen begünstigten Basisrentenvertrag i. S. d. § 10
Absatz 1 Nummer 2 Satz 1 Buchstabe b EStG, um zusätzlich zu seinem Pensionsanspruch
eine Altersversorgung zu erwerben. Seine Einnahmen aus dem Beamtenverhältnis betragen
42 781 €.

Im Jahr 2016 können Altersvorsorgeaufwendungen i. H. v. 2 460 € als Sonderausgaben abgezogen werden:

Basisrentenvertrag		3 000 €
Höchstbetrag (91 800 € × 24,8 %)	22 767 €	
abzügl. fiktiver Gesamtbetrag RV (42 781 € × 18,7 %)	8 000 €	
gekürzter Höchstbetrag		14 767 €
82 % des geringeren Betrags		2 460 €

Damit werden 82 % der Beiträge des Steuerpflichtigen von der Besteuerung freigestellt.

Beispiel 3:   78

Die Eheleute A und B zahlen im Jahr 2016 jeweils 8 000 € für einen Basisrentenvertrag
i. S. d. § 10 Absatz 1 Nummer 2 Satz 1 Buchstabe b EStG. A ist im Jahr 2016 selbständiger
Steuerberater tätig und zahlt darüber hinaus 15 000 € in die berufsständische Versorgungseinrichtung der Steuerberater, die der gesetzlichen RV vergleichbare Leistungen erbringt.
B ist Beamtin ohne eigene Aufwendungen für ihre künftige Pension. Ihre Einnahmen aus
dem Beamtenverhältnis betragen 42 781 €.

Im Jahr 2016 können Altersvorsorgeaufwendungen i. H. v. 25 420 € als Sonderausgaben abgezogen werden:

berufsständische Versorgungseinrichtung	15 000 €	
Basisrentenverträge	16 000 €	
insgesamt		31 000 €
Höchstbetrag	45 534 €	
abzügl. fiktiver Gesamtbeitrag RV (42 781 € × 18,7 %)	8 000 €	
gekürzter Höchstbetrag		37 534 €
82 % des geringeren Betrags		25 420 €

79   Die Beiträge nach § 168 Absatz 1 Nummer 1b oder 1c SGB VI (geringfügig versicherungspflichtig Beschäftigte) oder nach § 172 Absatz 3 oder 3a SGB VI (versicherungsfrei geringfügig Beschäftigte) vermindern den abziehbaren Betrag nur, wenn der Steuerpflichtige die Hinzurechnung dieser Beiträge zu den Vorsorgeaufwendungen nach § 10 Absatz 1 Nummer 2 Satz 7 EStG beantragt hat. Dies gilt, obwohl der Arbeitgeberbeitrag nach § 3 Nummer 62 EStG steuerfrei ist.

II. Sonderausgabenabzug für sonstige Vorsorgeaufwendungen nach § 10 Absatz 1 Nummer 3 und 3a EStG

1. Allgemeines

80   Mit dem Gesetz zur verbesserten steuerlichen Berücksichtigung von Vorsorgeaufwendungen (Bürgerentlastungsgesetz Krankenversicherung vom 16. Juli 2009) hat der Gesetzgeber die steuerliche Berücksichtigung von Kranken- und Pflegeversicherungsbeiträgen zum 1. Januar 2010 neu geregelt. Die vom Steuerpflichtigen tatsächlich geleisteten Beiträge für eine Absicherung auf sozialhilfegleichem Versorgungsniveau (Basisabsicherung) zur privaten und gesetzlichen Krankenversicherung und zur gesetzlichen Pflegeversicherung werden in vollem Umfang steuerlich berücksichtigt. Ab dem VZ 2010 ist deshalb innerhalb der sonstigen Vorsorgeaufwendungen zwischen den Basiskrankenversicherungsbeiträgen (Rz. 83 ff.) und den Beiträgen zur gesetzlichen Pflegeversicherung in § 10 Absatz 1 Nummer 3 EStG (Rz. 117 ff.) sowie den weiteren sonstigen Vorsorgeaufwendungen in § 10 Absatz 1 Nummer 3a EStG (Rz. 121 ff.) zu unterscheiden.

81   Die Beiträge zur Basisabsicherung können grundsätzlich bei der Veranlagung des wirtschaftlich belasteten VN (Beitragsschuldner) als Sonderausgaben berücksichtigt werden, unabhängig davon, wer die versicherte Person ist. In den Fällen des § 10 Absatz 1 Nummer 3 Satz 2 EStG können sie abweichend aber auch vom Unterhaltsverpflichteten geltend gemacht werden, wenn dieser die eigenen Beiträge eines Kindes, für das ein Anspruch auf einen Kinderfreibetrag oder auf Kindergeld besteht, wirtschaftlich getragen hat. Hierbei kommt es nicht darauf an, ob die Beiträge in Form von Bar- oder Sachunterhaltsleistungen getragen wurden. Die Beiträge können zwischen den Eltern und dem Kind aufgeteilt, im Ergebnis aber nur einmal – entweder bei den Eltern oder beim Kind – als Vorsorgeaufwendungen berücksichtigt werden (Grundsatz der Einmalberücksichtigung). Die Einkünfte und Bezüge des Kindes haben keinen Einfluss auf die Höhe der bei den Eltern zu berücksichtigenden Vorsorgeaufwendungen. Die Berücksichtigung der Kranken- und Pflegeversicherungsbeiträge des Kindes bei der Grenzbetragsprüfung nach § 32 Absatz 4 Satz 2 EStG in der bis zum VZ 2012 geltenden Fassung steht einer Berücksichtigung der Beiträge zur Basisabsicherung als Sonderausgaben bei den Eltern nicht entgegen.

82   Keine Beiträge i. S. d. § 10 Absatz 1 Nummer 3 und 3a EStG sind

–   Prämienzuschläge nach § 193 Absatz 4 VVG. Diese werden erhoben, wenn sich Personen nicht bereits bei Eintritt der Versicherungspflicht, sondern verspätet versichern. Sie sind ein reines Sanktionsmittel, welches dem Ausgleich materieller Vorteile dient. Durch die Zahlung des Prämienzuschlags wird rückwirkend kein Versicherungsschutz begründet.

–   selbst getragene Eigenleistungen für Vorsorgeuntersuchungen.

–   selbst getragene Krankheitskosten aufgrund eines tariflichen Selbstbehalts oder wegen der Wahl einer Beitragsrückerstattung (BFH vom 1. Juni 2016, BStBl II 2017, S. 55).

2. Sonstige Vorsorgeaufwendungen

2.1 Beiträge zur Basiskrankenversicherung (§ 10 Absatz 1 Nummer 3 Satz 1 Buchstabe a EStG)

a) Allgemeines

83   Begünstigt sind nach § 10 Absatz 1 Nummer 3 Satz 1 Buchstabe a EStG Beiträge zur Krankenversicherung, soweit diese zur Erlangung eines durch das Zwölfte Buch Sozialgesetzbuch (SGB XII) bestimmten sozialhilfegleichen Versorgungsniveaus erforderlich sind (Basiskrankenversicherung) und sofern auf die Leistungen ein (Rechts-)Anspruch besteht:

–   Für Beiträge zur gesetzlichen Krankenversicherung (GKV) sind dies die nach dem Dritten Titel des Ersten Abschnitts des Achten Kapitels des Fünften Buches Sozialgesetzbuch

(SGB V) oder die nach dem Sechsten Abschnitt des Zweiten Gesetzes über die Krankenversicherung der Landwirte festgesetzten Beiträge. Soweit sich aus den Beiträgen ein Anspruch auf Krankengeld oder ein Anspruch auf eine Leistung, die anstelle von Krankengeld gewährt wird, ergeben kann, sind diese für die Ermittlung der Basisabsicherung um 4 % zu mindern.

– Für Beiträge zu einer privaten Krankenversicherung (PKV) sind dies die Beitragsanteile, die auf Vertragsleistungen entfallen, die – mit Ausnahme der auf das Krankengeld entfallenden Beitragsanteile – in Art, Umfang und Höhe den Leistungen nach dem Dritten Kapitel des SGB V vergleichbar sind, auf die ein Anspruch besteht (vgl. Rz. 110 ff.).

– Bei einer bestehenden Basisabsicherung durch die GKV ist eine zeitgleiche zusätzliche private Krankheitskostenvollversicherung zur Basisabsicherung nicht erforderlich. In diesen Fällen sind bei Pflichtversicherten ausschließlich die Beiträge zur GKV und bei freiwillig Versicherten die höheren Beiträge als Beiträge für eine Basisabsicherung anzusetzen. Aus verwaltungsökonomischen Gründen ist der Sonderausgabenabzug für Beiträge an eine PKV als Basisabsicherung zu gewähren, wenn zeitgleich eine beitragsfreie Familienversicherung in der GKV gegeben ist. Werden Beiträge zu einer Anwartschaftsversicherung in der PKV neben den Beiträgen zu einer bestehenden Versicherung in der GKV geleistet, sind sowohl die Beiträge zur GKV als auch die Beiträge zur Anwartschaftsversicherung nach § 10 Absatz 1 Nummer 3 Satz 1 Buchstabe a EStG abziehbar, soweit diese nach Rz. 114 einer Basisabsicherung dienen.

Keine Beiträge i. S. d. § 10 Absatz 1 Nummer 3 Satz 1 Buchstabe a EStG sind Beiträge zu einer Auslandskrankenversicherung (Reisekrankenversicherung), die zusätzlich zu einem bestehenden Versicherungsschutz in der GKV oder PKV ohne eingehende persönliche Risikoprüfung abgeschlossen wird (vgl. Rz. 121).　84

Die im einkommensteuerrechtlichen Zusammenhang verwendeten Begriffe Basisabsicherung und Basiskrankenversicherung sind vom Basistarif i. S. d. § 152 Absatz 1 VAG (vormals § 12 Absatz 1a VAG) abzugrenzen. Der Basistarif wurde zum 1. Januar 2009 eingeführt und ist ein besonders gestalteter Tarif. Dieser muss grundsätzlich von jedem privaten Krankenversicherungsunternehmen angeboten werden. Die Leistungen des Basistarifs entsprechen den Pflichtleistungen der GKV. Die so genannte Basisabsicherung i. S. d. Einkommensteuerrechts ist jedoch kein spezieller Tarif, sondern die Absicherung der Leistungen auf dem Niveau der GKV (mit Ausnahme des Krankengeldes), die auch in jedem anderen Tarif als dem Basistarif enthalten sein kann. Für die Absicherung solcher Leistungen gezahlte Beitragsanteile können nach § 10 Absatz 1 Nummer 3 Satz 1 Buchstabe a EStG steuerlich geltend gemacht werden.　85

b) Steuerfreie Zuschüsse und Beitragsrückerstattungen

Steuerfreie Beitragszuschüsse zur Krankenversicherung mindern den als Sonderausgaben abzugsfähigen Betrag, z. B. bei　86

– steuerfrei gezahlten Arbeitgeberzuschüssen (§ 3 Nummer 62 EStG; Rz. 115),

– von der Künstlersozialkasse (an Stelle eines steuerfreien Arbeitgeberanteils) gewährten Zuschüssen (§ 3 Nummer 57 EStG),

– steuerfrei gezahlten Zuschüssen des Rentenversicherungsträgers (§ 3 Nummer 14 EStG),

– steuerfreien Zuschüssen und geleisteten Erstattungen von Behörden i. S. d. § 6 Absatz 1 AO und anderen öffentlichen Stellen (z. B. Zuschüsse des Jugendamtes zu Vorsorgeaufwendungen von Tagespflegepersonen; § 3 Nummer 9 EStG),

– steuerfreien Zuschüssen aufgrund des Abgeordnetengesetzes oder entsprechender Gesetze der Länder (§ 22 Nummer 4 Satz 4 Buchstabe a EStG).

Beitragsrückerstattungen mindern soweit sie auf die Basisabsicherung entfallen– unabhängig von ihrer Bezeichnung, z. B. als Pauschalleistung – die nach § 10 Absatz 1 Nummer 3 Satz 1 Buchstabe a EStG abziehbaren Krankenversicherungsbeiträge in dem Jahr, in dem sie zufließen. Die Minderung erfolgt unabhängig davon, ob oder in welcher Höhe sich die Beiträge im Abflussjahr steuerlich ausgewirkt haben (BFH vom 6. Juli 2016, BStBl II 2016, S. 933). Zur Ermittlung der auf die Basisabsicherung entfallenden Höhe der Beitragsrückerstattung ist der Vertragsstand zugrunde zu legen, der den erstatteten Beitragszahlungen zugrunde lag, unabhängig vom Vertragsstand zum Zuflusszeitpunkt der Beitragsrückerstattung (zu Erstattungsüberhängen vgl. Rz. 203 f.). Aus Vereinfachungsgründen kann auf den Vertragsstand zum 31. Dezember des Jahres abgestellt werden, welcher der erstatteten Beitragszahlung zugrunde lag.　87

Beitragsrückerstattungen in diesem Sinne z. B. auch Prämienzahlungen nach § 53 SGB V und Bonusleistungen nach § 65a SGB V, soweit diese Bonusleistungen nicht lediglich eine Erstattung tatsächlich entstandener Aufwendungen gem. Rz. 89 darstellen. Beitragsrückerstattungen aus Bonusprogrammen sind zu dem Zeitpunkt zu melden, zu dem der Vorteil aus der Bonusleistung dem Grunde nach verfügbar ist (Zufluss). Als Zufluss gilt bei　88

– Geldprämien der Zeitpunkt der Auszahlung des Geldbetrags,

– Sachprämien der Zeitpunkt der Ausgabe der Sachprämie,

– einer Gutschrift auf dem Bonuskonto der Zeitpunkt der Gutschrift,

– Verzicht auf eine Bonusleistung der Zeitpunkt des Verzichts.

Wird der Vorteil z. B. in Form von Bonuspunkten gewährt, sind diese in Euro umzurechnen und als Beitragsrückerstattung zu melden. Boni für familienversicherte Bonusprogrammteilnehmer sind dem Stammversicherten zuzurechnen. Aus Vereinfachungsgründen kann die Beitragsrückerstattung aus Bonusprogrammen, bei denen der Bonuskontoinhaber erst mit dem Erfüllen bestimmter Mindestvoraussetzungen – z. B. nach einem gewissen Zeitablauf oder nach Erreichen einer bestimmten Anzahl von Bonuspunkten – über fortlaufend angesammelte und dem Bonuskonto gutgeschriebene Bonuspunkte verfügen kann, erst in dem Jahr gemeldet werden, in dem die Bonuspunkte in Form einer Sach- oder Geldprämie an den Versicherten ausgezahlt bzw. ausgegeben werden oder auf die Bonusleistung verzichtet wird. Die Meldung hat in den Fällen, in denen die Versicherten ein Wahlrecht haben, ob sie eine Geldprämie, eine Sachprämie oder der Erstattung von zusätzlichen Kosten (i. S. d. Rz. 89) – wie z. B. für eine vom Versicherungsschutz nicht umfasste Impfung – in Anspruch nehmen, erst für das Jahr der Ausübung des Wahlrechts zu erfolgen.

89 Werden von der GKV im Rahmen eines Bonusprogramms zur Förderung gesundheitsbewussten Verhaltens (nach § 65a SGB V) Kosten für Gesundheitsmaßnahmen erstattet, die nicht im regulären Versicherungsumfang enthalten und damit von den Versicherten vorab privat finanziert worden sind, handelt es sich bei dieser Kostenerstattung um eine Leistung der Krankenkasse und nicht um eine Beitragsrückerstattung (BFH vom 1. Juni 2016, BStBl II 2016, S. 989). Die als Sonderausgaben abziehbaren Krankenversicherungsbeiträge sind daher nicht um den Betrag der Kostenerstattung zu mindern. Eine solche Leistung der Krankenkasse liegt nur in den Fällen vor, bei denen nach den konkreten Bonusmodellbestimmungen durch die Versicherten vorab Kosten für zusätzliche Gesundheitsmaßnahmen aufgewendet werden müssen, die anschließend aufgrund eines Kostennachweises erstattet werden. Nicht davon umfasst sind dagegen Programme, die lediglich die Durchführung bestimmter Gesundheitsmaßnahmen oder ein bestimmtes Handeln der Versicherten als Voraussetzung für eine Bonusleistung vorsehen, selbst wenn diese Maßnahmen mit Aufwand beim Versicherten verbunden sind.

90 Auch bei Rückzahlung von zu Unrecht oder rechtsgrundlos geleisteten Beiträgen aus Vorjahren, z. B. infolge einer rückwirkenden Vertragsänderung oder aufgrund einer Erstattung nach § 26 des Vierten Buches Sozialgesetzbuch (SGB IV), mindern diese als Beitragsrückerstattung die im Jahr des Zuflusses geleisteten Kranken- und Pflegeversicherungsbeiträge. Unerheblich ist, auf welcher Rechtsgrundlage die Erstattung beruht und/oder ob der der Erstattung zugrundeliegende Beitrag materiell zu Recht oder zu Unrecht geleistet wurde (BFH vom 28. Mai 1998, BStBl II 1999, S. 95; bestätigt durch BFH vom 3. August 2016, NV).

91 Beispiel 1:

Eine Steuerpflichtige ist grundsätzlich über ihren Ehemann beihilfeberechtigt und privat krankenversichert. Sie war im VZ 00 zeitweise als Geringverdienerin nichtselbständig tätig und damit in der GKV pflichtversichert. Auf Antrag kann die Steuerpflichtige die an die PKV geleisteten Beiträge, die auf Zeiträume der nichtselbständigen Tätigkeit entfallen, anteilig erstattet bekommen, indem der bisherige Tarif Vollversicherung auf den Tarif Anwartschaftsversicherung umgestellt wird. Werden diese anteiligen Beiträge von der PKV für 00 im Kalenderjahr 01 erstattet, handelt es sich um eine Rückzahlung von zu Unrecht geleisteten Beiträgen aus dem Vorjahr infolge einer rückwirkenden Vertragsänderung und damit um eine Beitragsrückerstattung.

Abwandlung zu Beispiel 1:

Der sich aufgrund der Umstellung des Tarifs ergebende Erstattungsanspruch der Ehefrau wird durch eine Verrechnung mit dem laufenden Krankenversicherungsbeitrag 01 anstelle einer

Auszahlung des Guthabens beglichen. Entsprechend der Lösung zum Beispiel 1 veranlasst auch die Abwicklung über eine Ver-/Aufrechnung die Meldung einer Beitragsrückerstattung in 01.

92 Beispiel 2:

Aufgrund einer gerichtlich festgestellten Scheinselbständigkeit wurden Beiträge zur freiwilligen Kranken- und Pflegeversicherung an die GKV für die Jahre 00 bis 05 in 06 erstattet. Die Steuerpflichtige sei laut Gerichtsurteil seit 00 nicht (mehr) freiwillig krankenversichert, sondern pflichtversichert. Werden die Beiträge für 00 bis 05 in 06 erstattet, handelt es sich um eine Rückzahlung wegen zu Unrecht geleisteter Beiträge nach § 26 SGB IV und damit um eine Beitragsrückerstattung.

Beispiel 3:   93

Ein gesetzlich Krankenversicherter erhält von der GKV in 01 eine Erstattung zu viel gezahlter Beiträge für 00, da aufgrund des Zusammentreffens mehrerer Einnahmearten insgesamt beitragspflichtige Einnahmen über der Beitragsbemessungsgrenze hinaus zu Beiträgen herangezogen worden sind (§ 231 SGB V). In Höhe des Auszahlungsbetrags handelt es sich um eine Rückzahlung von zu Unrecht geleisteten Beiträgen und damit um eine Beitragsrückerstattung.

Keine Beitragsrückerstattung ist das sog. „Ersatz"-Krankenhaustagegeld. Diese Leistung erhält   94
der Versicherte aufgrund vertraglicher Vereinbarungen, wenn während eines Krankenhausaufenthaltes auf die Inanspruchnahme bestimmter Wahlleistungen verzichtet wird.

c) Beiträge an ausländische Versicherungsunternehmen (§ 10 Absatz 2 Satz 1 Nummer 2 Buchstabe a EStG)

Bei Versicherungsunternehmen innerhalb eines Mitgliedstaates der Europäischen Union bzw.   95
eines Vertragsstaates des Abkommens über den Europäischen Wirtschaftsraum kann regelmäßig davon ausgegangen werden, dass deren Erlaubnis für das Gebiet aller Mitglied- und Vertragsstaaten – und damit zum Geschäftsbetrieb im Inland – gilt. Welche Unternehmen eine Erlaubnis besitzen, notifiziert sind oder eine Repräsentanz in Deutschland unterhalten, kann unter folgendem Link ermittelt werden:

https://portal.mvp.bafin.de/database/InstInfo/.

§ 10 Absatz 2 Satz 1 Nummer 2 Buchstabe a Satz 2 EStG gilt rückwirkend ab dem VZ 2010.   96

Wird durch eine Bestätigung des jeweiligen Staates oder eine andere geeignete Quelle (z. B.   97
Dachverband der Versicherungen im jeweiligen Land) nachgewiesen, dass es sich beim Empfänger der Beiträge um einen ausländischen Sozialversicherungsträger handelt, sind diese Beiträge für eine Absicherung im Krankheitsfall nach § 10 Absatz 1 Nummer 3 Satz 1 Buchstabe a EStG bzw. § 10 Absatz 1 Nummer 3a EStG i. V. m. § 10 Absatz 2 Satz 1 Nummer 2 Buchstabe c EStG als Sonderausgaben abziehbar

(http://ec.europa.eu/employment_social/social-security-directory/welcome.seam?langId=de&cid=109205).

Beiträge in ausländischer Währung sind nach dem Jahresdurchschnitt der monatlich festgesetz-   98
ten und im BStBl I veröffentlichten Umsatzsteuer-Umrechnungskurse zu berechnen. Zur Aufteilung von Globalbeiträgen wird auf Rz. 205 verwiesen.

2.1.1 Beiträge zur gesetzlichen Krankenversicherung

a) Allgemeines

Beiträge zur GKV sowie Beiträge zur landwirtschaftlichen Krankenkasse gehören grundsätzlich   99
zu den Beiträgen für eine Basiskrankenversicherung. Hierzu zählt auch ein eventuell von der Krankenkasse erhobener kassenindividueller Zusatzbeitrag i. S. d. § 242 SGB V. Seit dem 1. Januar 2015 wird der Zusatzbeitrag von der Krankenkasse anstelle eines bisher einkommensunabhängigen Beitrags, als Prozentsatz der beitragspflichtigen Einnahmen (einkommensabhängig) erhoben. Dieser ist kein vom Hauptbeitrag unabhängig erhobener Geldbetrag mehr, sondern originärer Bestandteil des Krankenversicherungsbeitrags (vgl. § 220 Absatz 1 Satz 1 zweiter Halbsatz SGB V – „Nebenleistung" teilt Schicksal der „Hauptleistung"). Soweit im Folgenden auf den „GKV-Beitrag" Bezug genommen wird, umfasst dieser sowohl den allgemeinen Beitrag zur Krankenversicherung nach §§ 241 und 243 ff. SGB V als auch den ab 1. Januar 2015 gültigen Zusatzbeitrag nach § 242 SGB V n. F.

Beiträge, die über die Pflichtleistungen der GKV hinausgehende Leistungen absichern, sind   100
nicht der Basisabsicherung i. S. d. § 10 Absatz 1 Nummer 3 Satz 1 EStG zuzurechnen, da sie nicht zur Erlangung des sozialhilfegleichen Versorgungsniveaus erforderlich sind. Hierzu gehören Beiträge für Wahl- und Zusatztarife, die z. B. Leistungen wie Chefarztbehandlung oder Einbettzimmer abdecken.

b) Kürzung der Beiträge bei Anspruch auf Krankengeld

Auch nicht der Basisabsicherung zuzurechnen ist der Beitragsanteil, der der Finanzierung des   101
Krankengeldes dient. Dieser Anteil wird mit einem pauschalen Abschlag i. H. v. 4 % bemessen und von der Finanzverwaltung von den – ggf. um steuerfreie Beitragszuschüsse und Beitragsrückerstattungen geminderten – übermittelten Beträgen abgezogen.

102   Der ab 1. Januar 2015 erhobene Zusatzbeitrag i. S. d. § 242 SGB V ist in die Bemessungsgrundlage für die Ermittlung des 4 % Abschlags einzubeziehen. Vom kassenindividuellen Zusatzbeitrag i. S. d. § 242 SGB V in der bis 31. Dezember 2014 geltenden Fassung war hingegen kein Abschlag vorzunehmen.

103   Der Abschlag ist allerdings nur dann vorzunehmen, wenn sich aus dem GKV-Beitrag für den Steuerpflichtigen im Krankheitsfall ein Anspruch auf Krankengeldzahlung oder ein Anspruch auf eine Leistung ergeben kann, die anstelle von Krankengeld gewährt wird.

104   Der GKV-Beitrag eines pflichtversicherten Arbeitnehmers ist grundsätzlich um 4 % zu mindern, es sei denn, der Finanzverwaltung ist bekannt, dass sich im Einzelfall aus den Beiträgen kein Anspruch auf Krankengeld bzw. auf eine Leistung, die anstelle von Krankengeld gewährt wird, ergeben kann.

105   Der GKV-Beitrag ist auch um 4 % zu mindern

       a)   bei freiwillig gesetzlich versicherten Arbeitnehmern (Firmenzahler und Selbstzahler), Versorgungsempfängern, Selbständigen oder Künstlern und Publizisten,

       b)   bei pflichtversicherten selbständigen Künstlern und Publizisten,

       wenn sich grundsätzlich ein Anspruch auf Krankengeld oder auf eine Leistung ergeben kann, die anstelle von Krankengeld gewährt wird.

106   Bezieht ein gesetzlich versicherter Teilrentner (Teilrente wegen Alters, teilweiser Erwerbsminderung oder Berufsunfähigkeit) neben der Rente noch andere Einkünfte und kann sich im Zusammenhang mit diesen anderen Einkünften ein Anspruch auf Krankengeld oder ein Anspruch auf eine Leistung ergeben, die anstelle von Krankengeld gewährt wird, ist der GKV-Beitrag um 4 % zu mindern.

107   Der von pflichtversicherten Rentnern im Rahmen der Krankenversicherung der Rentner (KVdR) erhobene Beitrag ist nicht um 4 % zu mindern.

108   Bezieht ein gesetzlich versicherter Vollrentner (Rente wegen Alters, voller Erwerbsminderung oder Erwerbsunfähigkeit und Ruhegehalt) neben der Rente noch andere Einkünfte, ist der GKV-Beitrag ebenfalls nicht um 4 % zu mindern, da sich im Zusammenhang mit diesen anderen Einkünften kein Anspruch auf Krankengeld oder ein Anspruch auf eine Leistung, die anstelle von Krankengeld gewährt wird, ergeben kann.

109   Ermittelt sich bei einem freiwillig Versicherten der Beitrag unter Berücksichtigung mehrerer Einkunftsarten nach einem einheitlichen Beitragssatz, ist die Kürzung um 4 % für den gesamten GKV-Beitrag vorzunehmen, auch wenn nur ein Teil der Einkünfte bei der Bemessung der Höhe des Krankengeldes berücksichtigt wird.

2.1.2 Beiträge zur privaten Krankenversicherung

110   Der Basisabsicherung in einer PKV dienen die jeweiligen Beitragsanteile, mit denen Versicherungsleistungen finanziert werden, die in Art, Umfang und Höhe den Leistungen nach dem Dritten Kapitel des SGB V – also den Pflichtleistungen der GKV – vergleichbar sind und auf die ein Anspruch besteht. Nicht zur Basisabsicherung gehören – wie bei der GKV – Beitragsanteile, die der Finanzierung von Wahlleistungen i. S. d. §§ 1 Absatz 1 i. V. m. 2 Absatz 1 der Verordnung zur tarifbezogenen Ermittlung der steuerlich berücksichtigungsfähigen Beiträge zum Erwerb eines Krankenversicherungsschutzes i. S. d. § 10 Absatz 1 Nummer 3 Satz 1 Buchstabe a des Einkommensteuergesetzes (Krankenversicherungsbeitragsanteil-Ermittlungsverordnung; KVBEVO; BGBl. I 2009, S. 2730; z. B. Chefarztbehandlung, Einbettzimmer), des Krankenhaustagegeldes oder des Krankentagegeldes dienen.

111   Sind in einem Versicherungstarif sowohl begünstigte als auch nicht begünstigte Versicherungsleistungen abgesichert, muss der vom VN geleistete Beitrag durch das Krankenversicherungsunternehmen aufgeteilt werden. Wie diese Aufteilung in typisierender Weise zu erfolgen hat, wird durch die KVBEVO geregelt. Die wesentlichen Grundsätze der Beitragsaufteilung lassen sich wie folgt zusammenfassen:

       –   Enthält ein Tarif nur Leistungen, mit denen eine Basisabsicherung gewährleistet wird, ist eine tarifbezogene Beitragsaufteilung nicht erforderlich. Der für diesen Tarif geleistete Beitrag ist insgesamt abziehbar. Dies gilt auch für Beiträge zum Basistarif i. S. d. § 152 Absatz 1 VAG (vormals § 12 Absatz 1a VAG). Kann sich im Rahmen des Basistarifs ein Anspruch auf Krankengeld ergeben, ist vom Beitrag ein Abschlag von 4 % vorzunehmen.

- Enthält ein Tarif nur Wahlleistungen, ist eine tarifbezogene Beitragsaufteilung nicht durchzuführen. Der für diesen Tarif geleistete Beitrag ist insgesamt nicht nach § 10 Absatz 1 Nummer 3 EStG abziehbar.

- Enthält ein Tarif sowohl Leistungen, mit denen eine Basisabsicherung gewährleistet wird, als auch solche, die darüber hinausgehen, hat das Krankenversicherungsunternehmen nach den Vorschriften der KVBEVO den nicht nach § 10 Absatz 1 Nummer 3 EStG abziehbaren Beitragsanteil zu ermitteln.

- Enthält ein erstmals nach dem 1. Mai 2009 für das Neugeschäft angebotener Tarif nur in geringerem Umfang Leistungen, mit denen eine Basisabsicherung gewährleistet wird, und im Übrigen Leistungen, die diesem Niveau nicht entsprechen, hat das Krankenversicherungsunternehmen vom geleisteten Beitrag einen Abschlag i. H. v. 99 % vorzunehmen. Gleiches gilt, wenn – mit Ausnahme des Basistarifs i. S. d. § 152 Absatz 1 VAG (vormals § 12 Absatz 1a VAG) – Krankentagegeld oder Krankenhaustagegeld zusammen mit anderen Leistungen in einem Tarif abgesichert ist. Bei der zum 21. Dezember 2012 eingeführten verpflichtenden Umstellung eines Bisextarifs auf einen Unisextarif, handelt es sich nicht um einen für das Neugeschäft angebotenen Tarif, wenn das Leistungsversprechen tariflich unverändert geblieben ist.

Zur Vorsorge für die mit dem Alter steigende Inanspruchnahme von Gesundheitskosten wird von den Krankenkassen ein Zuschlag auf die Tarifprämie des Versicherten erhoben und als sog. Alterungsrückstellung nach § 149 VAG (vormals § 12 Absatz 4a VAG) angelegt. Der für die Bildung der Alterungsrückstellung abgeführte Beitragsanteil ist – soweit auf die Basisabsicherung entfallend – nach § 10 Absatz 1 Nummer 3 Satz 1 Buchstabe a EStG in Einheit mit dem regulären Versicherungsbeitrag abziehbar. 112

Zahlt der Versicherte im Rahmen eines freiwillig vertraglich vereinbarten sog. Beitragsentlastungstarifs einen erhöhten Beitrag, um ab einem bestimmten Alter eine zuvor vereinbarte zeitlich unbefristete Beitragsentlastung für seine Basisabsicherung zu erhalten, ist der auf die Basisabsicherung entfallende Beitragsanteil nach § 10 Absatz 1 Nummer 3 Satz 1 Buchstabe a EStG abziehbar. 113

Mit Beiträgen zugunsten einer sog. Anwartschaftsversicherung erwirbt der VN den Anspruch, zu einem späteren Zeitpunkt eine PKV zu einem ermäßigten Beitrag zu erhalten. Der VN wird dabei hinsichtlich seines der Beitragsbemessung zugrunde gelegten Gesundheitszustands und ggf. auch hinsichtlich der Alterungsrückstellung so gestellt, als sei der Krankenversicherungsvertrag bereits zu einem früheren Zeitpunkt abgeschlossen worden. Bis zu einem Betrag von 100 € jährlich sind Beiträge für eine Anwartschaftsversicherung aus Billigkeitsgründen insgesamt wie Beiträge zu einer Basiskrankenversicherung zu behandeln. Darüber hinaus sind sie nur insoweit wie Beiträge zu einer Basiskrankenversicherung zu behandeln, als sie auf die Minderung von Beitragsbestandteilen gerichtet sind, die der Basiskrankenversicherung zuzurechnen sind. 114

Hat ein Arbeitnehmer mit dem Lohn einen steuerfreien Zuschuss für seine Krankenversicherung erhalten, steht dieser insgesamt in unmittelbarem Zusammenhang mit den Vorsorgeaufwendungen i. S. d. § 10 Absatz 1 Nummer 3 EStG (§ 10 Absatz 2 Satz 1 Nummer 1 EStG). Dies gilt auch, wenn der Arbeitnehmer Wahlleistungen abgesichert hat. Der Zuschuss mindert in vollem Umfang die Beiträge zur Basisabsicherung (BFH vom 2. September 2014, BStBl II 2015, S. 257). 115

Beispiel: 116

A ist privat krankenversicherter Arbeitnehmer und hat für seine Krankenversicherung einen Beitrag i. H. v. insgesamt 6 000 € jährlich zu leisten. Darin enthalten sind 500 € für einen Tarif, der ausschließlich Wahlleistungen abdeckt und ein Beitrag i. H. v. 5 500 € für einen Tarif, der sowohl Leistungen abdeckt, die der Basisabsicherung dienen, als auch darüber hinausgehende Leistungen. A erhält von seinem Arbeitgeber jährlich einen steuerfreien Zuschuss i. H. v. 3 000 € zu seinem Krankenversicherungsbeitrag.

Der Beitrag i. H. v. 5 500 € ist durch das Versicherungsunternehmen nach der KVBEVO aufzuteilen. Nach der Aufteilung ergibt sich für die Absicherung von Leistungen, die der Basisabsicherung dienen, ein Beitragsanteil i. H. v. 4 500 € und für die Absicherung von Leistungen, die nicht der Basisabsicherung dienen, ein Beitragsanteil i. H. v. 1 000 €. Das Versicherungsunternehmen übermittelt einen Beitrag für die Basisabsicherung i. H. v. 4 500 € an die Finanzverwaltung.

Der übermittelte Beitrag wird von der Finanzverwaltung um den vom Arbeitgeber steuerfrei gezahlten Zuschuss i. H. v. 3 000 € vermindert. Es verbleibt danach ein Beitrag i. H. v. 1 500 €, der als Vorsorgeaufwendungen i. S. d. § 10 Absatz 1 Nummer 3 EStG in vollem Umfang abzugsfähig ist. Die nicht nach § 10 Absatz 1 Nummer 3 EStG abzugsfähigen Beiträge sind als Vorsorgeaufwendungen nach § 10 Absatz 1 Nummer 3a EStG bis zum Höchstbetrag nach § 10 Absatz 4 EStG zu berücksichtigen.

2.2 Beiträge zur gesetzlichen Pflegeversicherung (§ 10 Absatz 1 Nummer 3 Satz 1 Buchstabe b EStG)

a) Allgemeines

117   Begünstigt sind nach § 10 Absatz 1 Nummer 3 Satz 1 Buchstabe b EStG Beiträge zur gesetzlichen Pflegeversicherung, d. h. zur sozialen Pflegeversicherung und zur privaten Pflege-Pflichtversicherung.

118   Für Beiträge zugunsten einer Anwartschaftsversicherung zur Pflegeversicherung gilt Rz. 114 entsprechend.

b) Steuerfreie Zuschüsse und Beitragsrückerstattungen

119   Die Beiträge zur gesetzlichen Pflegeversicherung sind nach Abzug des steuerfreien Arbeitgeberzuschusses (§ 3 Nummer 62 EStG) bzw. des an Stelle des steuerfreien Arbeitgeberzuschusses gezahlten Betrags, z. B. von der Künstlersozialkasse, ungekürzt anzusetzen.

120   Beitragsrückerstattungen mindern die nach § 10 Absatz 1 Nummer 3 Satz 1 Buchstabe b EStG abziehbaren Pflegeversicherungsbeiträge in dem Jahr, in dem sie zufließen.

2.3 Weitere sonstige Vorsorgeaufwendungen (§ 10 Absatz 1 Nummer 3a EStG)

121   Begünstigt sind nach § 10 Absatz 1 Nummer 3a EStG Beiträge zu

– gesetzlichen oder privaten Kranken- und Pflegeversicherungen, soweit diese nicht nach § 10 Absatz 1 Nummer 3 EStG zu berücksichtigen sind; hierzu zählen z. B. Beitragsanteile, die auf Wahlleistungen entfallen oder der Finanzierung des Krankengeldes dienen, Beiträge zu einer Reisekrankenversicherung (vgl. Rz. 84), Beiträge zur freiwilligen privaten Pflegeversicherung oder Basiskrankenversicherungsbeiträge und Beiträge zur gesetzlichen Pflegeversicherung bei fehlender Einwilligung nach § 10 Absatz 2a EStG (vgl. Rz. 186 ff.),

– Versicherungen gegen Arbeitslosigkeit (gesetzliche Beiträge an die Bundesagentur für Arbeit und Beiträge zu privaten Versicherungen),

– Erwerbs- und Berufsunfähigkeitsversicherungen, die nicht Bestandteil einer Versicherung i. S. d. § 10 Absatz 1 Nummer 2 Satz 1 Buchstabe b EStG sind; dies gilt auch für Beitragsbestandteile einer kapitalbildenden Lebensversicherung i. S. d. § 20 Absatz 1 Nummer 6 EStG, die bei der Ermittlung des steuerpflichtigen Ertrags nicht abgezogen werden dürfen,

– Unfallversicherungen, wenn es sich nicht um eine Unfallversicherung mit garantierter Beitragsrückzahlung handelt, die insgesamt als RV oder Kapitalversicherung behandelt wird,

– Haftpflichtversicherungen,

– Lebensversicherungen, die nur für den Todesfall eine Leistung vorsehen (Risikolebensversicherung).

122   Beiträge zu nachfolgenden Versicherungen sind ebenfalls nach § 10 Absatz 1 Nummer 3a EStG begünstigt, wenn die Laufzeit dieser Versicherungen vor dem 1. Januar 2005 begonnen hat und mindestens ein Versicherungsbeitrag bis zum 31. Dezember 2004 entrichtet wurde; auf den Zeitpunkt des Vertragsabschlusses kommt es insoweit nicht an:

– RV ohne Kapitalwahlrecht, die die Voraussetzungen des § 10 Absatz 1 Satz 1 Nummer 2 EStG nicht erfüllen,

– RV mit Kapitalwahlrecht gegen laufende Beitragsleistungen, wenn das Kapitalwahlrecht nicht vor Ablauf von zwölf Jahren seit Vertragsabschluss ausgeübt werden kann,

– Kapitalversicherungen gegen laufende Beitragsleistungen mit Sparanteil, wenn der Vertrag für die Dauer von mindestens zwölf Jahren abgeschlossen worden ist.

123   Ein Versicherungsbeitrag ist bis zum 31. Dezember 2004 entrichtet, wenn nach § 11 Absatz 2 EStG der Beitrag einem Kalenderjahr vor 2005 zuzuordnen ist. Für Beiträge im Rahmen der betrieblichen Altersversorgung an einen Pensionsfonds, an eine Pensionskasse oder für eine Direktversicherung gilt Rz. 330 des BMF-Schreibens vom 24. Juli 2013, BStBl I 2013, S. 1022, geändert durch BMF-Schreiben vom 13. Januar 2014, BStBl I 2014, S. 97 und BMF-Schreiben vom 13. März 2014, BStBl I 2014, S. 554.

124   Für die Berücksichtigung von diesen Beiträgen (Rz. 122) gelten außerdem die bisherigen Regelungen des § 10 Absatz 1 Nummer 2 Buchstabe b Satz 2 bis 6 und Absatz 2 Satz 2 EStG in der am 31. Dezember 2004 geltenden Fassung.

3. Ermittlung des Abzugsbetrags

3.1 Höchstbetrag nach § 10 Absatz 4 EStG

Vorsorgeaufwendungen i. S. d. § 10 Absatz 1 Nummer 3 und Nummer 3a EStG können vorbehaltlich des Mindestansatzes (siehe Rz. 129) und der Günstigerprüfung (siehe Rz. 207 ff.) gem. § 10 Absatz 4 EStG grundsätzlich bis zur Höhe von 2 800 € abgezogen werden.   **125**

Bei einem Steuerpflichtigen, der ganz oder teilweise ohne eigene Aufwendungen einen Anspruch auf vollständige oder teilweise Erstattung oder Übernahme von Krankheitskosten hat oder für dessen Krankenversicherung Leistungen i. S. d. § 3 Nummer 9, 14, 57 oder 62 EStG erbracht werden, vermindert sich der Höchstbetrag auf 1 900 €. Dies gilt auch, wenn die Voraussetzungen dafür nur in einem Teil des Kalenderjahres vorliegen. Ohne Bedeutung ist hierbei, ob aufgrund eines Anspruchs tatsächlich Leistungen erbracht werden und wie hoch der Anspruch ist. Ein vom Arbeitgeber im Rahmen einer geringfügigen Beschäftigung erbrachter pauschaler Beitrag zur GKV führt nicht zum Ansatz des verminderten Höchstbetrags.   **126**

Der verminderte Höchstbetrag i. H. v. 1 900 € gilt z. B. für   **127**

– sozialversicherungspflichtige Arbeitnehmer, für die der Arbeitgeber nach § 3 Nummer 62 EStG steuerfreie Beiträge zur Krankenversicherung leistet; das gilt auch dann, wenn der Arbeitslohn aus einer Auslandstätigkeit aufgrund eines Doppelbesteuerungsabkommens (DBA) steuerfrei gestellt wird,

– Besoldungsempfänger oder gleichgestellte Personen, die von ihrem Arbeitgeber nach § 3 Nummer 11 EStG steuerfreie Beihilfen zu Krankheitskosten erhalten,

– Rentner, die aus der gesetzlichen RV nach § 3 Nummer 14 EStG steuerfreie Zuschüsse zu den Krankenversicherungsbeiträgen erhalten,

– Rentner, bei denen der Träger der gesetzlichen RV Beiträge an die GKV zahlt,

– den Ehegatten oder Lebenspartner des Arbeitnehmers, wenn der Arbeitgeber Leistungen i. S. d. § 3 Nummer 62 EStG für Ehegatten oder Lebenspartner erbringt (BFH vom 23. Januar 2013, BStBl II 2013, S. 608),

– im VZ beihilfeberechtigt berücksichtigungsfähige Ehegatten oder Lebenspartner (BFH vom 23. Januar 2013, BStBl II 2013, S. 608),

– Beamte, die in der GKV freiwillig versichert sind und deshalb keine Beihilfe zu ihren Krankheitskosten – trotz eines grundsätzlichen Anspruchs – erhalten,

– Versorgungsempfänger im öffentlichen Dienst mit Beihilfeanspruch oder gleichgestellte Personen,

– in der GKV ohne eigene Beiträge familienversicherte Angehörige,

– Personen, für die steuerfreie Leistungen der Künstlersozialkasse nach § 3 Nummer 57 EStG erbracht werden,

– Beamte, bei denen der Dienstherr seine Fürsorgeverpflichtung dadurch erfüllt, dass er statt der Gewährung eines Beihilfeanspruchs einen Zuschuss zur Krankenversorgung leistet.

Der nach § 3 Nummer 62 EStG steuerfreie Arbeitgeberanteil zur gesetzlichen Kranken- und Pflegeversicherung ist bei der Ermittlung des Höchstbetrags nach § 10 Absatz 4 EStG nicht zu berücksichtigen. Dies gilt auch für den von der Künstlersozialkasse getragenen steuerfreien Beitragsanteil (§ 3 Nummer 57 EStG).   **128**

3.2 Mindestansatz

Übersteigen die vom Steuerpflichtigen geleisteten Beiträge für die Basisabsicherung (Basiskrankenversicherung – Rz. 83 ff. – und gesetzliche Pflegeversicherung– Rz. 117 ff. –) den Höchstbetrag von 2 800 €/1 900 €, sind diese Beiträge als Sonderausgaben anzusetzen. Eine betragsmäßige Deckelung auf den Höchstbetrag erfolgt in diesen Fällen nicht. Ein zusätzlicher Abzug von Beiträgen nach § 10 Absatz 1 Nummer 3a EStG ist daneben nicht möglich (vorbehaltlich der Günstigerprüfung, Rz. 207 ff.).   **129**

3.3 Abzugsbetrag bei Ehegatten und Lebenspartnern

a) Zusammenveranlagung nach § 26b EStG

Bei zusammen veranlagten Ehegatten oder Lebenspartnern ist zunächst für jeden Ehegatten oder Lebenspartner nach dessen persönlichen Verhältnissen der ihm zustehende Höchstbetrag zu bestimmen. Die Summe der beiden Höchstbeträge ist der gemeinsame Höchstbetrag (§ 10 Absatz 4 Satz 3 EStG). Übersteigen die von den Ehegatten oder Lebenspartnern geleisteten Beiträge für die Basisabsicherung in der Summe den gemeinsamen Höchstbetrag, sind diese Beiträge als Sonderausgaben zu berücksichtigen. Eine betragsmäßige Deckelung auf den gemeinsamen Höchstbetrag erfolgt in diesen Fällen nicht. Ein zusätzlicher Abzug von Beiträgen   **130** nach § 10 Absatz 1 Nummer 3a EStG ist – vorbehaltlich der Günstigerprüfung (Rz. 207 ff.) – daneben nicht möglich.

b) Einzelveranlagung nach § 26a EStG und „Patchwork-Familien"

131 Wird von den Ehegatten oder Lebenspartnern die Einzelveranlagung beantragt, wird der Höchstbetrag sowie der Mindestansatz für jeden Ehegatten oder Lebenspartner gesondert ermittelt. Für die Berechnung des Mindestansatzes ist bei jedem Ehegatten oder Lebenspartner der von ihm als VN geleistete Beitrag zur Basisabsicherung anzusetzen. Ist ein Kind VN (vgl. Rz. 81), werden die Beiträge zur Kranken- und Pflegeversicherung i. S. d. § 10 Absatz 1 Nummer 3 Satz 2 EStG jedoch von Unterhaltsverpflichteten getragen, sind die Beiträge von dem jeweiligen unterhaltsverpflichteten Elternteil zu beantragen und anzusetzen, der sie wirtschaftlich getragen hat (Grundsatz der Einmalberücksichtigung). Innerhalb der Ehe bzw. Lebenspartnerschaft folgt die weitere Zuordnung den Regelungen des § 26a Absatz 2 EStG.

132 Beispiel 1:

Ehemann A ist selbständig tätig und privat versichert. Er leistet als VN für seine Basiskrankenversicherung einen Jahresbeitrag i. H. v. 6 000 € bei Versicherung X. Seine Ehefrau B ist Beamtin und privat versichert bei Versicherung Y. Der von B als VN zu leistende Jahresbeitrag zur Basiskrankenversicherung beträgt 3 500 €. Der gemeinsame Sohn S ist im Vertrag von B mitversichert. Der hierfür zu leistende und von B getragene Jahresbeitrag zur Basiskrankenversicherung beträgt 1 000 €. Die Tochter T – steuerlich als Kind i. S. d. § 10 Absatz 1 Nummer 3 Satz 2 EStG zu berücksichtigen – ist in der studentischen Krankenversicherung (KVdS) versichert und zahlt als VN einen Jahresbeitrag zu ihrer Basiskrankenversicherung i. H. v. 2 000 €. A und B erstatten T den von ihr geleisteten Jahresbeitrag im Rahmen ihrer Unterhaltsverpflichtung. Die Eheleute A und B beantragen die Einzelveranlagung, wobei § 26a Absatz 2 Satz 1 EStG Anwendung finden soll.

Nach § 10 Absatz 4 Satz 1 EStG kann A Vorsorgeaufwendungen grundsätzlich bis zu einem Höchstbetrag von 2 800 € abziehen, da er seine Krankenversicherung vollständig aus eigenen Mitteln finanziert und auch keine steuerfreien Leistungen zu seinen Krankheitskosten erhält. Für B mindert sich der Höchstbetrag nach § 10 Absatz 4 Satz 2 EStG auf 1 900 €, da B einen Anspruch auf steuerfreie Beihilfen zu ihren Krankheitskosten hat. Dem für jeden Ehegatten gesondert ermittelten Höchstbetrag sind die jeweils von A bzw. von B als VN geleisteten Jahresbeiträge zur Basiskrankenversicherung gegenüberzustellen. Sowohl bei A als auch bei B übersteigen die als VN geleisteten Jahresbeiträge zur Basiskrankenversicherung die Höchstbeträge nach § 10 Absatz 4 EStG. Daher sind jeweils die Beiträge zur Basiskrankenversicherung anzusetzen (Mindestansatz, vgl. Rz. 129).

A kann seinen Beitrag i. H. v. 6 000 € geltend machen. B kann in ihrer Veranlagung den von ihr als VN geleisteten Beitrag i. H. v. 3 500 € zzgl. des von ihr getragenen Beitrags für S i. H. v. 1 000 € (= 4 500 €) ansetzen. Den von A und B an T erstatteten Krankenversicherungsbeitrag i. H. v. 2 000 € können A und B jeweils zu 1 000 € im Rahmen der Sonderausgaben geltend machen.

133 Beispiel 2:

A und B sind verheiratet. B ist die leibliche Mutter des Kindes K. Der Kindesvater ist C. K ist selbst VN seiner Kranken- und Pflegeversicherung. Im Rahmen ihrer Unterhaltspflicht haben C und B die Beiträge des K wirtschaftlich getragen – C zu 20 % und B zu 80 %. A und B beantragen die Einzelveranlagung nach § 26a EStG, wobei § 26a Absatz 2 Satz 2 EStG Anwendung finden soll.

Gem. § 10 Absatz 1 Nummer 3 Satz 2 EStG werden entsprechend der wirtschaftlichen Belastung 20 % bei C und 80 % bei B der jeweils für K getragenen Krankenversicherungsbeiträge wie eigene Beiträge behandelt. Nach der Verteilungsregelung des § 26a Absatz 2 Satz 2 EStG werden bei A und B sämtliche Sonderausgaben – und damit auch die der B nach § 10 Absatz 1 Nummer 3 Satz 2 EStG zugewiesenen Beiträge des K – jeweils hälftig abgezogen, so dass im Ergebnis A und B jeweils 40 % der Beiträge des K absetzen können. Dass bei A keine Unterhaltsverpflichtung gegenüber K besteht, da es sich nicht um sein leibliches Kind handelt, ist für die Verteilung durch § 26a Absatz 2 Satz 2 EStG ohne Belang.

4. Beitragsvorauszahlungen

4.1 Anwendungsbereich

134 § 10 Absatz 1 Nummer 3 Satz 4 EStG begrenzt ab dem VZ 2011 die innerhalb eines VZ als Sonderausgaben abziehbaren Basiskranken- und gesetzlichen Pflegeversicherungsbeiträge, soweit diese für nach Ablauf des VZ beginnende Beitragsjahre geleistet werden (Beitragsvorauszahlungen). Beitragsvorauszahlungen, die in der Summe das Zweieinhalbfache der im VZ vertraglich geschuldeten Beiträge überschreiten, sind nicht im Jahr der Verausgabung, sondern in dem VZ

anzusetzen, für den sie geleistet wurden (Einschränkung des Abflussprinzips gem. § 11 Absatz 2 Satz 1 EStG). Die Einhaltung der Regelung wird durch die Finanzverwaltung überprüft.

Soweit Basiskranken- und gesetzliche Pflegeversicherungsbeiträge im Rahmen eines freiwillig vertraglich vereinbarten sog. Beitragsentlastungstarifs zur unbefristeten Beitragsminderung frühestens nach Vollendung des 62. Lebensjahres (Rz. 113) für nach Ablauf des VZ beginnende Beitragsjahre gezahlt werden, stellen diese keine Vorauszahlungen i. S. d. § 10 Absatz 1 Nummer 3 Satz 4 EStG dar. Sie sind gem. § 10 Absatz 1 Nummer 3 Satz 4 zweiter Halbsatz EStG stets im VZ der Zahlung abziehbar.   135

Die Vorschrift gilt für Beiträge zur freiwilligen gesetzlichen und zur privaten Kranken- und Pflegeversicherung gleichermaßen. Für die Beiträge zur Pflegeversicherung und für die Beiträge zur Krankenversicherung sind jeweils getrennte Berechnungen durchzuführen.   136

4.2 Zeitliche Zuordnung der Beitragsvorauszahlungen

Die zeitliche Zuordnung der geleisteten Beiträge ist in Abhängigkeit von zwei Berechnungsgrößen zu ermitteln: 137

– das Zweieinhalbfache der im VZ vertraglich geschuldeten Beiträge (zulässiges Vorauszahlungsvolumen) und
– die Summe der für nach Ablauf des VZ beginnende Beitragsjahre geleisteten Beiträge (Summe der geleisteten Beitragsvorauszahlungen).

In den Fällen des § 10 Absatz 1 Nummer 3 Satz 2 und Satz 3 EStG ist für die Ermittlung des zulässigen Vorauszahlungsvolumens und die Summe der geleisteten Beitragsvorauszahlungen auf die Verhältnisse des VN abzustellen.   138

a) Ermittlung des zulässigen Vorauszahlungsvolumens

Zunächst sind die für den VZ der Zahlung vertraglich geschuldeten Beiträge zur Basiskranken- bzw. zur gesetzlichen Pflegeversicherung – jeweils gesondert – zu ermitteln. Auf die tatsächlich gezahlten Beiträge kommt es hierbei nicht an. Das Ergebnis ist jeweils mit 2,5 zu multiplizieren.   139

Wird das Versicherungsunternehmen im Laufe eines VZ gewechselt, sind die für den VZ vertraglich geschuldeten Basiskranken- bzw. gesetzlichen Pflegeversicherungsbeiträge aller betroffenen Versicherungsunternehmen einzubeziehen.   140

Schuldet der Steuerpflichtige für den VZ keine eigenen Beiträge, z. B. weil er als Kind in einer Familienversicherung mitversichert war, beträgt das zulässige Vorauszahlungsvolumen 0 €. Dagegen erhöht der von den Eltern im laufenden VZ letztmalig für das Kind geleistete Beitrag deren zulässiges Vorauszahlungsvolumen, obwohl insoweit die Beitragsverpflichtung im Folge-VZ nicht mehr besteht.   141

Steuerfreie Zuschüsse und Beitragsrückerstattungen bleiben bei der Ermittlung des zulässigen Vorauszahlungsvolumens außer Betracht. Auch die in einem späteren VZ zufließenden Beitragsrückerstattungen oder die dann gewährten steuerfreien Zuschüsse ändern nicht das zulässige Vorauszahlungsvolumen.   142

Beitragsanteile aufgrund eines freiwillig vertraglich vereinbarten sog. Beitragsentlastungstarifs zur unbefristeten Beitragsminderung frühestens nach Vollendung des 62. Lebensjahres (Rz. 113, 135) sind bei der Ermittlung der vertraglich geschuldeten Beiträge nicht zu berücksichtigen. Dagegen erhöhen die Beitragsanteile, die der sog. Alterungsrückstellung nach § 149 VAG (vormals § 12 Absatz 4a VAG) (Rz. 112) zugeführt werden, in Einheit mit dem Gesamtversicherungsbeitrag die vertraglich geschuldeten Beiträge.   143

b) Summe der geleisteten Beitragsvorauszahlungen

In die Summe der Beitragsvorauszahlungen sind sämtliche im VZ abgeflossenen Basiskranken- bzw. gesetzlichen Pflegeversicherungsbeiträge – jeweils gesondert – einzubeziehen, die für nach dem VZ beginnende Beitragsjahre geleistet werden.   144

Keine Vorauszahlungen und somit nicht einzubeziehen sind jedoch Beiträge, die entsprechend ihrer wirtschaftlichen Zugehörigkeit gem. § 11 Absatz 2 Satz 2 EStG ohnehin erst im folgenden VZ anzusetzen sind (vgl. Beispiele 3 und 4, Rz. 157 f.; Rz. 195 ff.).   145

Beitragsanteile aufgrund eines sog. Beitragsentlastungstarifs zur unbefristeten Beitragsminderung frühestens nach Vollendung des 62. Lebensjahres (Rz. 113, 135) sind bei der Ermittlung der geleisteten Beitragsvorauszahlungen nicht zu berücksichtigen. Dagegen erhöhen die Beitragsanteile, die der sog. Alterungsrückstellung nach § 149 VAG (vormals § 12 Absatz 4a VAG) (Rz. 112) zugeführt werden, in Einheit mit dem Gesamtversicherungsbeitrag die geleisteten Beitragsvorauszahlungen.   146

4.3 Rechtsfolge

a) Allgemein

147 Basiskranken- und Pflegeversicherungsbeiträge, die der Steuerpflichtige als Vorauszahlungen leistet, sind im VZ der Zahlung abziehbar, soweit sie das Zweieinhalbfache der für das Zahlungsjahr geschuldeten Beiträge nicht übersteigen.

148 Abweichend vom Jahr der Zahlung sind die das Zweieinhalbfache übersteigenden Beiträge in dem VZ anzusetzen, für den sie geleistet wurden. Die Zuordnung der vorausbezahlten Beiträge zu den Zeiträumen, für die sie geleistet wurden, erfolgt gemäß ihrer zeitlichen Abfolge. Vom zulässigen Vorauszahlungsvolumen sind dabei die Beiträge für jene VZ gedeckt, die zeitlich am nächsten am Kalenderjahr der Zahlung liegen.

149 Beispiel 1:

Der für das Kalenderjahr 00 zu leistende Beitrag beträgt 1 000 €. Der Steuerpflichtige leistet am 10. Dezember 00 für die Jahre 01 bis 04 jeweils 1 000 € im Voraus.

Das zulässige Vorauszahlungsvolumen für 00 ist mit 2,5x 1 000 € = 2 500 € zu bemessen. Die geleisteten Beitragsvorauszahlungen betragen in der Summe 4x 1 000 € = 4 000 €. Der in 00 absetzbare Teil der Vorauszahlungen i. H. v. 2 500 € ist den Jahren 01, 02 (jeweils i. H. v. 1 000 €) und i. H. v. 500 € 03 chronologisch zuzuordnen. Der verbleibende Betrag i. H. v. 1 500 € ist mit 500 € in 03 und mit 1 000 € in 04 anzusetzen.

150 Abwandlung 1 zu Beispiel 1:

In dem Beitrag i. H. v. 1 000 € sind 100 € für einen Beitragsentlastungstarif zur unbefristeten Beitragsminderung frühestens nach Vollendung des 62. Lebensjahres enthalten.

Die Vorauszahlungen auf den Beitragsentlastungstarif i. H. v. 400 € sind im VZ der Zahlung (00) anzusetzen. Für die übrigen Vorauszahlungen i. H. v. 3 600 € gilt:

Das zulässige Vorauszahlungsvolumen für 00 ist mit 2,5x 900 € = 2 250 € zu bemessen. Der in 00 absetzbare Teil der Vorauszahlungen i. H. v. 2 250 € ist den Jahren 01, 02 (jeweils i. H. v. 900 €) und i. H. v. 450 € dem Jahr 03 chronologisch zuzuordnen. Der verbleibende Betrag i. H. v. 1 350 € ist mit 450 € in 03 und mit 900 € in 04 anzusetzen.

151 Abwandlung 2 zu Beispiel 1:

Im Beitrag i. H. v. 1 000 € sind 100 € für einen Beitragsentlastungstarif zur unbefristeten Beitragsminderung frühestens nach Vollendung des 60. Lebensjahres enthalten.

Lösung wie zu Beispiel 1.

152 Für die vom VN vorausbezahlten Beiträge findet die Rechtsfolge des § 10 Absatz 1 Nummer 3 Satz 4 EStG in den Fällen des § 10 Absatz 1 Nummer 3 Satz 2 EStG beim unterhaltsverpflichteten Steuerpflichtigen und in den Fällen des § 10 Absatz 1 Nummer 3 Satz 3 EStG beim Unterhaltsberechtigten Anwendung.

b) Vorauszahlungen vs. regelmäßig wiederkehrende Zahlungen (vgl. Rz. 195 ff.)

153 Regelmäßig wiederkehrende Ausgaben, die kurze Zeit vor Beginn oder kurze Zeit nach Beendigung des Kalenderjahres, zu dem sie wirtschaftlich gehören, abgeflossen und fällig geworden sind, werden dem Kalenderjahr zugeordnet, zu dem sie wirtschaftlich gehören (§ 11 Absatz 2 Satz 2 i. V. m. Absatz 1 Satz 2 EStG). Für im Voraus entrichtete Beiträge bedeutet „kurze Zeit", dass die Zahlung innerhalb des Zeitraums vom 22. Dezember bis 31. Dezember vorgenommen wird und die Beiträge entsprechend der vertraglichen Vereinbarung innerhalb des Zeitraums vom 22. Dezember bis 10. Januar fällig werden.

154 Rz. 153 gilt auch für Kranken- und Pflegeversicherungsbeiträge, die kumuliert für mehrere Monate oder Jahre in einer Zahlung geleistet werden. Sind die Voraussetzungen des § 11 Absatz 2 Satz 2 i. V. m. Absatz 1 Satz 2 EStG erfüllt, wird der für das folgende Jahr geleistete Beitrag steuerlich im Folgejahr berücksichtigt.

155 § 10 Absatz 1 Nummer 3 Satz 4 EStG greift nicht, soweit aufgrund der Anwendbarkeit des § 11 Absatz 2 Satz 2 i. V. m. Absatz 1 Satz 2 EStG keine Vorauszahlungen i. S. d. Rz. 144 vorliegen (vgl. auch Rz. 145).

156 Beispiel 2:

Am 28. Dezember 00 leistet der Steuerpflichtige in einer Zahlung die Beiträge für die Jahre 01 und 02. Der Jahresbeitrag ist regelmäßig am 1. Januar des jeweiligen Beitragsjahres fällig. Insgesamt überschreitet die Summe der geleisteten Beitragsvorauszahlungen das Zweieinhalbfache der für den VZ 00 geschuldeten Beiträge nicht.

Der in 00 geleistete Beitrag für das Beitragsjahr 01 ist gem. § 11 Absatz 2 Satz 2 i. V. m. Absatz 1 Satz 2 EStG abweichend vom Zahlungsjahr im Jahr der wirtschaftlichen Zugehörigkeit – 01 – zu berücksichtigen. Insoweit liegen keine Vorauszahlungen i. S. d. § 10 Absatz 1

Nummer 3 Satz 4 EStG vor. Der vorausgezahlte Betrag für das Beitragsjahr 02 ist im Jahr 00 anzusetzen.

Beispiel 3:   157

Am 28. Dezember 00 leistet der Steuerpflichtige in einer Zahlung die Beiträge für die Jahre 01 bis 04. Der Jahresbeitrag ist regelmäßig am 1. Januar des jeweiligen Beitragsjahres fällig. Für das Kalenderjahr 00 bis 04 beträgt der zu leistende Beitrag jeweils 1 000 €.

Der zum Jahreswechsel geleistete Beitrag für das Jahr 01 i. H. v. 1 000 € ist gem. § 11 Absatz 2 Satz 2 i. V. m. Absatz 1 Satz 2 EStG im VZ 01 zu berücksichtigen. Insoweit liegen keine Vorauszahlungen i. S. d. § 10 Absatz 1 Nummer 3 Satz 4 EStG vor.

Die Summe der geleisteten Beitragsvorauszahlungen i. H. v. 3 000 € für die Jahre 02 bis 04 überschreitet das zulässige Vorauszahlungsvolumen von 2 500 € um 500 €. Die Vorauszahlungen sind somit aufzuteilen und soweit das zulässige Vorauszahlungsvolumen überschritten ist, den künftigen VZ chronologisch zuzuordnen. Bis zur Höhe des zulässigen Vorauszahlungsvolumens i. H. v. 2 500 € ist der Beitrag für 02, 03 und ein Betrag i. H. v. 500 € für das Kalenderjahr 04 in 00 anzusetzen. Der das zulässige Vorauszahlungsvolumen überschreitende Betrag von 500 € ist gem. § 10 Absatz 1 Nummer 3 Satz 4 EStG im VZ 04 anzusetzen.

Beispiel 4:   158

Der Steuerpflichtige leistet regelmäßig zum Monatsende den für den Folgemonat geschuldeten Beitrag, der jeweils am ersten Tag des Monats fällig ist. Am 28. Dezember 00 leistet er die Beiträge für die Jahre 01 bis 06 im Voraus. Der monatlich zu leistende Beitrag beträgt in allen Kalenderjahren 100 € (Jahresbeitrag jeweils 1 200 €).

Der Beitrag für Januar 01 ist nach der Regelung in § 11 Absatz 2 Satz 2 i. V. m. Absatz 1 Satz 2 EStG abweichend vom Zahlungsjahr 00 im Jahr 01 zu berücksichtigen. Somit ist dieser nicht in die Summe der geleisteten Beitragsvorauszahlungen mit einzubeziehen.

Die Summe der geleisteten Beitragsvorauszahlungen (Februar bis Dezember 01: 1 100 € + 02 bis 06: 6 000 € = 7 100 €) überschreitet das zulässige Vorauszahlungsvolumen von 3 000 € (= 2,5 × 1 200 €) um 4 100 €. Bis zur Höhe des zulässigen Vorauszahlungsvolumens i. H. v. 3 000 € können die Beiträge für Februar 01 bis Juli 03 (1 100 € für 01, 1 200 € für 02, 700 € für 03) in 00 als Sonderausgaben angesetzt werden. Der das zulässige Vorauszahlungsvolumen überschreitende Betrag i. H. v. 4 100 € ist aufzuteilen und gem. § 10 Absatz 1 Nummer 3 Satz 4 EStG im jeweiligen Kalenderjahr, für das er gezahlt wurde, abzuziehen. In 03 sind daher 500 €, in 04 bis 06 jeweils 1 200 € als Sonderausgaben anzusetzen.

5. Verfahren

Die mitteilungspflichtigen Stellen haben die geleisteten und erstatteten Beiträge i. S. d. § 10   159
Absatz 1 Nummer 3 EStG sowie die weiteren nach § 10 Absatz 2a Satz 4 EStG erforderlichen Daten an die Finanzverwaltung (Zentrale Zulagenstelle für Altersvermögen – ZfA) zu übermitteln; wegen Einzelheiten vgl. die Ausführungen unter Rz. 181 ff.

Der Abzug der steuerfreien Zuschüsse zu den Kranken- und Pflegeversicherungsbeiträgen (vgl.   160
Rz. 86) sowie die Minderung um 4 % bei den Beiträgen zur GKV (im Einzelnen vgl. Rz. 101 ff.) werden von der Finanzverwaltung vorgenommen. Die Beiträge zu einer PKV werden bereits durch das Versicherungsunternehmen um einen Beitragsanteil, der auf Krankentagegeld entfällt, gemindert, so dass die Finanzverwaltung hier nur noch ggf. gewährte Zuschüsse abziehen muss.

Werden Beitragsvorauszahlungen (siehe Rz. 134) geleistet, sind die vertraglich geschuldeten Bei-   161
träge zur Basiskranken- und gesetzlichen Pflegeversicherung des Beitragsjahres als Bestandteil der Vertrags- bzw. Versicherungsdaten i. S. d. § 10 Absatz 2a Satz 4 EStG in den Datensatz aufzunehmen. Nicht dazu gehören Beiträge, die der unbefristeten Beitragsminderung frühestens ab Vollendung des 62. Lebensjahres im Rahmen eines freiwillig vertraglich vereinbarten sog. Beitragsentlastungstarifs dienen (Rz. 113). Eine Übermittlung der vertraglich geschuldeten Beiträge ist aus Vereinfachungsgründen nicht erforderlich, sofern es sich lediglich um eine Vorauszahlung für den Monat Januar des Folgejahres handelt. Im Datensatz ist anzugeben, ob sich aus den Beiträgen ein Anspruch auf Krankengeld oder ein Anspruch auf eine Leistung ergeben kann, die anstelle von Krankengeld gewährt wird. Auf der Grundlage der übermittelten Daten ermittelt die Finanzverwaltung die sofort abziehbaren Vorauszahlungen nach § 10 Absatz 1 Nummer 3 Satz 4 EStG.

5.1 Gesetzlich Versicherte

Bei Vorliegen einer Familienversicherung i. S. d. § 10 SGB V ist für die mitversicherte Person   162
mangels eigener Beitragsleistung kein Datensatz zu übermitteln.

163   Kann sich für

      – einen freiwillig gesetzlich versicherten Arbeitnehmer (Selbstzahler), Selbständigen, Künstler oder Publizisten,

      – einen pflichtversicherten selbständigen Künstler und Publizisten

      aus der GKV ein Anspruch auf Krankengeld bzw. eine Leistung ergeben, die anstelle von Krankengeld gewährt wird, ist dies bei der Übermittlung der Daten anzugeben.

164   Falls die Kranken- und Pflegeversicherungsbeiträge von einem Dritten, der nicht zur Datenübermittlung mittels elektronischer Lohnsteuerbescheinigung oder im Rentenbezugsmitteilungsverfahren verpflichtet ist, einbehalten und per Sammelüberweisung an die Krankenkassen überwiesen werden, ist – mit Ausnahme der in Rz. 184 geregelten Fälle – grundsätzlich die GKV zur Datenübermittlung verpflichtet.

165   Beispiel 1:

      Selbständig tätige Knappschaftsärzte, die im Rahmen ihrer Berufstätigkeit auch für die Knappschaft-Bahn-See tätig sind, beziehen aus der gesamten Tätigkeit Einkünfte aus selbständiger Tätigkeit nach § 18 EStG. Die Alters- und Hinterbliebenenbezüge, die nach Abschluss der aktiven selbständigen Tätigkeit von der Knappschaft-Bahn-See an die Knappschaftsärzte geleistet werden, sind als betriebliche Versorgungsrenten in voller Höhe nach § 24 Nummer 2 EStG als nachträgliche Einkünfte aus der selbständigen Tätigkeit zu erfassen. Die Knappschaft behält Beiträge zur gesetzlichen Kranken- und Pflegeversicherung ein und führt diese im sog. Zahlstellenverfahren (§ 256 SGB V) an den Träger der GKV ab.

      Nach § 10 Absatz 2a Satz 4 EStG ist die GKV zur Datenübermittlung der Basiskranken- und gesetzlichen Pflegeversicherungsbeiträge i. S. d. § 10 Absatz 1 Nummer 3 Satz 1 EStG an die Finanzverwaltung verpflichtet. Gründe, aus denen die Daten bereits mit der elektronischen Lohnsteuerbescheinigung oder im Rentenbezugsmitteilungsverfahren zu melden sind (vgl. Rz. 183), liegen nicht vor. Eine Verpflichtung zur Datenübermittlung aufgrund des Einbehaltens der Sozialversicherungsbeiträge und anschließender Sammelüberweisung an die Krankenkasse ergibt sich für die Knappschaft-Bahn-See („Dritter") nicht.

166   Beispiel 2:

      Honorare der freien Mitarbeiter des Hessischen Rundfunks (und auch der Synchronsprecher) sind einkommensteuerrechtlich im Einzelfall als Einkünfte aus selbstständiger Tätigkeit nach § 18 Absatz 1 Nummer 1 EStG zu beurteilen. Sozialversicherungsrechtlich können die freien Mitarbeiter jedoch als sozialversicherungspflichtige abhängig Beschäftigte eingestuft werden. Entsprechend behält der Hessische Rundfunk dann die Kranken- und Pflegeversicherungsbeiträge von den Honoraren ein und führt sie an den Träger der GKV ab.

      Aufgrund der steuerrechtlichen Qualifikation als Einkünfte aus selbständiger Tätigkeit werden die von den Einkünften aus der sozialversicherungspflichtigen abhängigen Beschäftigung einbehaltenen Kranken- und Pflegeversicherungsbeiträge nicht im Lohnsteuerbescheinigungsverfahren übermittelt. Der Hessische Rundfunk ist keine Einrichtung i. S. d. § 10 Absatz 2a Satz 1 EStG und somit keine mitteilungspflichtige Stelle. Nach § 10 Absatz 2a Satz 4 EStG ist daher die GKV zur Datenübermittlung der Basiskranken- und gesetzlichen Pflegeversicherungsbeiträge i. S. d. § 10 Absatz 1 Nummer 3 Satz 1 EStG an die Finanzverwaltung verpflichtet.

a) Pflichtversicherte Arbeitnehmer

167   Der vom Arbeitgeber einbehaltene und abgeführte GKV- und Pflegeversicherungsbeitrag des Arbeitnehmers wird im Rahmen der elektronischen Lohnsteuerbescheinigung an die Finanzverwaltung übermittelt. Erstattet die GKV Beiträge, sind diese – sofern sie auf die Basisabsicherung entfallen – unmittelbar von der GKV an die Finanzverwaltung zu übermitteln.

168   Der vom Arbeitgeber einbehaltene und abgeführte GKV- und Pflegeversicherungsbeitrag des Arbeitnehmers, welcher nicht im Rahmen der elektronischen Lohnsteuerbescheinigung an die Finanzverwaltung übermittelt wird (z. B. Fälle der Pauschalbesteuerung nach § 40a Absatz 2a EStG), ist von der GKV an die Finanzverwaltung zu übermitteln. Erstattet die GKV Beiträge, sind diese – sofern sie auf die Basisabsicherung entfallen – ebenfalls unmittelbar von der GKV an die Finanzverwaltung zu übermitteln.

b) Freiwillig gesetzlich versicherte Arbeitnehmer

169   Für Arbeitnehmer, bei denen der Arbeitgeber den Gesamtbeitrag zur Kranken- und Pflegeversicherung an die GKV abführt (Firmenzahler), hat der Arbeitgeber in der elektronischen Lohnsteuerbescheinigung der Finanzverwaltung den abgeführten GKV-Beitrag und den geleisteten steuerfreien Arbeitgeberzuschuss (§ 3 Nummer 62 EStG) mitzuteilen. Erstattet die GKV Beiträge,

sind diese – sofern sie auf die Basisabsicherung entfallen – unmittelbar von der GKV an die Finanzverwaltung zu übermitteln.

Für Arbeitnehmer, bei denen der Kranken- und Pflegeversicherungsbeitrag an die GKV vom Arbeitnehmer selbst gezahlt wird (Selbstzahler), hat der Arbeitgeber in der elektronischen Lohnsteuerbescheinigung den geleisteten steuerfreien Arbeitgeberzuschuss (§ 3 Nummer 62 EStG) mitzuteilen. Die vom Arbeitnehmer unmittelbar an die GKV geleisteten oder von der GKV erstatteten Beiträge sind – sofern sie auf die Basisabsicherung entfallen – von der GKV an die Finanzverwaltung zu übermitteln.   170

c) Freiwillig gesetzlich versicherte Selbständige

An die GKV geleistete oder von der GKV erstattete Beiträge sind – sofern sie auf die Basisabsicherung entfallen – von der GKV an die Finanzverwaltung zu übermitteln.   171

d) Pflichtversicherte selbständige Künstler und Publizisten

Die Künstlersozialkasse übermittelt nach § 10 Absatz 2a Satz 4 Nummer 2 EStG die Höhe des eigenen Anteils des Künstlers oder Publizisten am GKV- und Pflegeversicherungsbeitrag, nicht aber die von der Künstlersozialkasse getragenen steuerfreien Beitragsanteile an die Finanzverwaltung. Erstattet die GKV Beiträge, sind diese – sofern sie auf die Basisabsicherung entfallen – als Beitragsrückerstattung von der GKV an die Finanzverwaltung zu übermitteln.   172

e) Freiwillig gesetzlich versicherte Künstler und Publizisten

An die GKV geleistete oder von der GKV erstattete Beiträge sind – sofern sie auf die Basisabsicherung entfallen – von der GKV an die Finanzverwaltung zu übermitteln. Die Künstlersozialkasse übermittelt zudem die Höhe des an den Künstler oder Publizisten steuerfrei gezahlten Beitragszuschusses.   173

f) Pflichtversicherte Rentner

Bei den Empfängern einer Rente aus der gesetzlichen RV oder aus einer betrieblichen Altersversorgung wird in der Regel der GKV- und Pflegeversicherungsbeitrag unmittelbar vom Rentenversicherungs-/Versorgungsträger einbehalten und abgeführt. Die entsprechenden Daten werden zusammen mit der Rentenbezugsmitteilung vom Träger der gesetzlichen RV bzw. vom Versorgungsträger an die Finanzverwaltung übermittelt. Erstattet die GKV Beiträge, sind diese – sofern sie auf die Basisabsicherung entfallen – unmittelbar von der GKV an die Finanzverwaltung zu übermitteln.   174

g) Pflichtversicherte Empfänger einer Kapitalleistung aus der betrieblichen Altersversorgung

Die vom Empfänger einer Kapitalleistung aus der betrieblichen Altersversorgung unmittelbar an die GKV geleisteten oder von der GKV erstatteten Kranken- und Pflegeversicherungsbeiträge sind von der GKV an die Finanzverwaltung zu übermitteln.   175

h) Freiwillig gesetzlich versicherte Rentner

An die GKV geleistete oder von der GKV erstattete GKV- und Pflegeversicherungsbeiträge sind – sofern sie auf die Basisabsicherung entfallen – von der GKV an die Finanzverwaltung zu übermitteln. Die Höhe des von der mitteilungspflichtigen Stelle i. S. d. § 22a Absatz 1 Satz 1 EStG (z. B. Träger der gesetzlichen RV) gewährten steuerfreien Zuschusses zu den Krankenversicherungsbeiträgen ist im Rahmen der Rentenbezugsmitteilung an die Finanzverwaltung zu übermitteln.   176

5.2 Privat Versicherte

a) Privat versicherte Arbeitnehmer

Das Versicherungsunternehmen übermittelt die Höhe der geleisteten und erstatteten Beiträge zur Basiskrankenversicherung und zur privaten Pflege-Pflichtversicherung an die Finanzverwaltung.   177

Bei Arbeitnehmern, denen mit dem Lohn ein steuerfreier Zuschuss gezahlt wird, hat der Arbeitgeber in der elektronischen Lohnsteuerbescheinigung die Höhe des geleisteten steuerfreien Arbeitgeberzuschusses mitzuteilen.   178

b) Privat versicherte Künstler und Publizisten

Unmittelbar an die PKV geleistete oder von der PKV erstattete Kranken- und Pflegeversicherungsbeiträge sind von der PKV an die Finanzverwaltung zu übermitteln. Bei Künstlern und   179

Publizisten, für die von der Künstlersozialkasse ein Zuschuss zur Krankenversicherung abgeführt wird, hat die Künstlersozialkasse der Finanzverwaltung die Höhe des Zuschusses mitzuteilen.

c) Privat versicherte Rentner

180 Unmittelbar an die PKV geleistete oder von der PKV erstattete Kranken- und Pflegeversicherungsbeiträge sind von der PKV an die Finanzverwaltung zu übermitteln. Der von der mitteilungspflichtigen Stelle i. S. d. § 22a Absatz 1 Satz 1 EStG (z. B. Träger der gesetzlichen RV) gewährte steuerfreie Zuschuss zu den Krankenversicherungsbeiträgen ist im Rahmen der Rentenbezugsmitteilung an die Finanzverwaltung zu übermitteln.

III. Gemeinsame Regelungen

1. Datenübermittlung

181 Die erforderlichen Daten nach § 10 Absatz 1 Nummer 2 Satz 1 Buchstabe b und Nummer 3 EStG sowie § 10 Absatz 4b Satz 4 EStG (ab VZ 2016) werden von den mitteilungspflichtigen Stellen nach amtlich vorgeschriebenem Datensatz durch Datenfernübertragung unter Angabe der steuerlichen Identifikationsnummer (§ 139b AO) und der Vertragsdaten an die ZfA (§ 81 EStG) übermittelt.

182 Mitteilungspflichtige Stellen sind in den Fällen des

– § 10 Absatz 1 Nummer 2 Satz 1 Buchstabe b EStG der Anbieter,

– § 10 Absatz 1 Nummer 3 EStG das Versicherungsunternehmen, der Träger der gesetzlichen Kranken- und Pflegeversicherung, die Künstlersozialkasse und Einrichtungen i. S. d. § 10 Absatz 2 Satz 1 Nummer 2 Buchstabe a Satz 2 EStG,

– § 10 Absatz 4b Satz 4 EStG die Behörden i. S. d. § 6 Absatz 1 AO und andere öffentliche Stellen, die entsprechende Zuschüsse/Erstattungen gewährt haben.

183 In den Fällen des § 10 Absatz 1 Nummer 3 EStG ist eine Datenübermittlung durch die mitteilungspflichtigen Stellen nicht vorzunehmen, soweit die Daten bereits mit der elektronischen Lohnsteuerbescheinigung oder der Rentenbezugsmitteilung übermittelt werden. Wurden die auf eine Rente entfallenden Beiträge i. S. d. § 10 Absatz 1 Satz 1 Nummer 3 Buchstabe a Satz 1 und 2 und Buchstabe b EStG bereits mit einer elektronischen Lohnsteuerbescheinigung übermittelt, sind diese insoweit nicht in die Rentenbezugsmitteilung nach § 22a Absatz 1 Satz 1 EStG aufzunehmen (vgl. Rz. 97 des BMF-Schreibens vom 7. Dezember 2011, BStBl I 2011, S. 1223). In den Fällen des § 10 Absatz 4b Satz 4 EStG besteht eine Mitteilungspflicht nicht, wenn die mitteilungspflichtige Stelle der Finanzverwaltung die Zahlung der geleisteten und zurückgeforderten steuerfreien Zuschüsse und der erstatteten Vorsorgeaufwendungen bereits aufgrund anderer Vorschriften elektronisch mitzuteilen hat (§ 24 Satz 2 Altersvorsorge-Durchführungsverordnung – AltvDV).

184 Abweichend vom allgemeingültigen Verfahren zur Datenübermittlung gilt folgende Ausnahmeregelung:

Werden Kranken- und Pflegeversicherungsbeiträge aufgrund unterschiedlicher Einkunftsarten insgesamt an eine Zahlstelle entrichtet, welche eine mitteilungspflichtige Stelle i. S. d. § 22a Absatz 1 Satz 1 EStG darstellt und welche den Gesamtbeitrag im sog. Zahlstellenverfahren (§ 256 SGB V) an den Träger der GKV abzuführen hat, erfolgt die Datenübermittlung für den Gesamtbeitrag insgesamt durch diese Zahlstelle. Eine Datenübermittlung nach § 10 Absatz 2a Satz 4 EStG durch die GKV darf insoweit nicht zusätzlich vorgenommen werden.

185 Beispiel:

Ein ehemals selbständiger Versicherungsmakler der X-AG erhält vom Vertreterversorgungswerk sowohl Versorgungsleistungen, die nach §§ 15, 24 Nummer 2 EStG als nachträgliche gewerbliche Einkünfte zu versteuern sind als auch eine nach § 22 EStG zu erfassende Leibrente. Die X-AG (= hier mitteilungspflichtige Stelle nach § 22a Absatz 1 Satz 1 EStG) ermittelt anhand der gesamten erzielten Einkünfte die zu entrichtenden Kranken- und Pflegeversicherungsbeiträge, behält diese ein und führt sie im sog. Zahlstellenverfahren an den Träger der GKV (= hier mitteilungspflichtige Stelle nach § 10 Absatz 2a Satz 1 EStG) ab.

Ohne Berücksichtigung der Rz. 184 würde die X-AG nur in Bezug auf die Leibrente eine Rentenbezugsmitteilung nach § 22a EStG übermitteln, in der die anteilig auf die Einnahmen aus § 22 EStG entfallenden und geleisteten Kranken- und Pflegeversicherungsbeiträge mitgeteilt werden. Für die Versicherungsbeiträge, die auf dem Teil der Vertreterversorgung basieren, müsste der Träger der GKV – bei Vorliegen einer entsprechenden Einwilligung – die Beiträge an die Finanzverwaltung übermitteln.

Unter Berücksichtigung der Vereinfachungsregelung in Rz. 184 sind der Finanzverwaltung die gesamten von der X-AG abgeführten Kranken- und Pflegeversicherungsbeiträge durch sie als Zahlstelle mitzuteilen. Eine teilweise Datenübermittlung nach § 10 Absatz 2a Satz 4 EStG durch den Träger der GKV ist insoweit nicht zusätzlich vorzunehmen (vgl. Rz. 183).

2. Einwilligung in die Datenübermittlung

a) Allgemeines

Voraussetzung für den Sonderausgabenabzug nach § 10 Absatz 1 Nummer 2 Satz 1 Buchstabe b und Nummer 3 EStG ist, dass der Steuerpflichtige (= VN) gegenüber der mitteilungspflichtigen Stelle in die Übermittlung der erforderlichen Daten schriftlich einwilligt bzw. nicht widersprochen hat, als die mitteilungspflichtige Stelle ihn informierte, dass sie von seinem Einverständnis ausgeht (§ 10 Absatz 6 Satz 2 EStG). Die Einwilligung in die Übermittlung der Beiträge umfasst die das gesamte Versicherungsverhältnis betreffenden Daten aller mitversicherten Personen sowie Beitragsrückerstattungen. **186**

Der VN kann die Entscheidung, ob die Datenübermittlung erfolgen darf, nur einheitlich für ein Beitragsjahr treffen. Die Einwilligung muss der mitteilungspflichtigen Stelle spätestens bis zum Ablauf des zweiten Kalenderjahres vorliegen, das auf das Beitragsjahr folgt. Die Einwilligung gilt auch für die folgenden Beitragsjahre, wenn der Steuerpflichtige sie nicht gegenüber der mitteilungspflichtigen Stelle schriftlich widerruft. **187**

Widerruft der Steuerpflichtige seine Einwilligung, so muss der Widerruf der mitteilungspflichtigen Stelle vor Beginn des Beitragsjahres, für das die Einwilligung erstmals nicht mehr gelten soll, vorliegen. **188**

Wurde eine Einwilligung erteilt (oder gilt diese nach § 10 Absatz 6 Satz 2 EStG als erteilt) und wurde diese nicht widerrufen, hat ein zwischenzeitlicher Statuswechsel (z. B. ein privat krankenversicherter Selbständiger ist vorübergehend als gesetzlich Versicherter Arbeitnehmer tätig) auf den Sonderausgabenabzug von Basiskranken- und gesetzlichen Pflegeversicherungsbeiträgen keinen Einfluss. **189**

Die mitteilungspflichtige Stelle hat die Daten auch dann zu übermitteln, wenn die Einwilligung offenbar verspätet erteilt wurde. Ob die Frist eingehalten wurde, ist vom Finanzamt als materiellrechtliche Grundlage für den Sonderausgabenabzug zu prüfen. **190**

b) Einwilligungsfiktion bei Kranken- und Pflegeversicherungsbeiträgen

Im Lohnsteuerabzugs- und Rentenbezugsmitteilungsverfahren gilt für den Zeitraum der Datenübermittlung im Rahmen dieser Verfahren die Einwilligung für alle sich aus dem Versicherungsverhältnis ergebenden Zahlungsverpflichtungen (einschließlich Beitragsrückerstattungen) als erteilt. **191**

Bei Beiträgen an ein ausländisches Versicherungsunternehmen oder den Träger einer ausländischen GKV ist die Einwilligung mangels Datenübermittlung irrelevant. Hat der Steuerpflichtige seine Beiträge in geeigneter Form nachgewiesen, werden die nach § 10 Absatz 1 Nummer 3 Buchstabe a EStG abziehbaren Beiträge nach den Regelungen der KVBEVO ermittelt. **192**

3. Nachweis bei fehlgeschlagener Datenübermittlung

a) Kranken- und Pflegeversicherungsbeiträge

Werden die erforderlichen Daten aus Gründen, die der Steuerpflichtige nicht zu vertreten hat (z. B. technische Probleme), von der mitteilungspflichtigen Stelle nach § 10 Absatz 2a Satz 1 EStG und nach § 22a Absatz 1 Satz 1 EStG oder dem Arbeitgeber nicht übermittelt, kann der Steuerpflichtige den Nachweis über die geleisteten und erstatteten Beiträge im Sinne von § 10 Absatz 1 Nummer 3 EStG auch in anderer Weise erbringen. Die mitteilungspflichtigen Stellen haben die Datenübermittlung gleichwohl unverzüglich nachzuholen. **193**

b) Beiträge zur Basisrente

Liegen die in § 10 Absatz 2 Satz 2 EStG genannten Voraussetzungen vor und kann der vorgegebene Übermittlungstermin durch den Anbieter, z. B. wegen technischer Probleme, nicht eingehalten werden, hat er dem Steuerpflichtigen die für den Sonderausgabenabzug erforderlichen Daten nach dem mit BMF-Schreiben vom 18. August 2011 (BStBl I 2011, S. 788) bekannt gegebenen Vordruckmuster grundsätzlich bis zum 31. März des dem Beitragsjahr folgenden Kalenderjahres zu bescheinigen. Die Bescheinigung entbindet den Anbieter nicht von seiner Verpflich- **194** tung zur Datenübermittlung. Er hat diese unverzüglich nachzuholen. Bei fristgerechter Daten-übermittlung hat der Anbieter keine solche Bescheinigungspflicht, selbst wenn dem Finanzamt im Zeitpunkt der Veranlagung die erforderlichen Daten für den Sonderausgabenabzug (noch) nicht vorliegen.

4. Zufluss- und Abflussprinzip (§ 11 EStG)

195   Regelmäßig wiederkehrende Ausgaben (z. B. Versicherungsbeiträge) sind im Rahmen des Son-derausgabenabzugs grundsätzlich in dem Kalenderjahr anzusetzen, in dem sie geleistet wurden (allgemeines Abflussprinzip des § 11 Absatz 2 Satz 1 EStG). Eine Ausnahme von diesem Grund-satz wird durch § 11 Absatz 2 Satz 2 EStG normiert. Danach sind regelmäßig wiederkehrende Ausgaben, die kurze Zeit (Zeitraum von bis zu 10 Tagen) vor oder nach Beendigung des Kalen-derjahres geleistet werden, abweichend vom Jahr des tatsächlichen Abflusses dem Jahr der wirt-schaftlichen Zugehörigkeit zuzuordnen, wenn die Ausgaben kurze Zeit vor oder nach dem Jah-reswechsel fällig werden (vgl. H 11 EStH „Allgemeines", Rz. 153 ff.).

196   Beispiel 1:

Der am 1. Januar 01 fällige Beitrag für den Monat Dezember 00 wird am 10. Januar 01 geleis-tet.

Grundsätzlich wäre der Beitrag im Kalenderjahr 01 (Zahlung im Jahr 01) anzusetzen. Da die laufenden Beitragszahlungen aber regelmäßig wiederkehrend sind und die hier aufgeführte Zahlung innerhalb des Zeitraums vom 22. Dezember bis 10. Januar fällig war und geleistet wurde, ist sie abweichend vom Jahr der Zahlung (01) dem Jahr der wirtschaftlichen Zugehö-rigkeit 00 zuzuordnen.

197   Beispiel 2:

Der am 15. Januar 01 fällige Beitrag für den Monat Dezember 00 wird am 5. Januar 01 geleis-tet.

Da die Fälligkeit des Dezemberbeitrags außerhalb des sog. „10-Tageszeitraums" liegt, ist die Zahlung vom 5. Januar 01 steuerlich dem Jahr 01 zuzuordnen.

198   Bei Erstellung der Datensätze haben die mitteilungspflichtigen Stellen für die zeitliche Zuord-nung § 11 EStG zu beachten (vgl. in diesem Zusammenhang auch H 11 EStH).

5. Zusammenhang mit steuerfreien Einnahmen

199   Voraussetzung für die Berücksichtigung von Vorsorgeaufwendungen i. S. d. § 10 EStG ist, dass sie nicht in unmittelbarem wirtschaftlichen Zusammenhang mit steuerfreien Einnahmen stehen. Dieser Zusammenhang ist z. B. in folgenden Fällen gegeben:

–   Gesetzliche Arbeitnehmeranteile, die auf steuerfreien Arbeitslohn entfallen (z. B. nach dem Auslandtätigkeitserlass, aufgrund eines DBA oder aufgrund des zusätzlichen Höchstbetrags von 1 800 € nach § 3 Nummer 63 Satz 3 EStG),

–   Aufwendungen aus Mitteln, die nach ihrer Zweckbestimmung zur Leistung der Vorsorgeauf-wendungen dienen:

–   Steuerfreie Zuschüsse zur Krankenversicherung der Rentner, z. B. nach § 106 SGB VI,

–   Steuerfreie Beträge, die Land- und Forstwirte nach dem Gesetz über die Alterssicherung der Landwirte zur Entlastung von Vorsorgeaufwendungen i. S. d. § 10 Absatz 1 Nummer 2 Satz 1 Buchstabe a EStG erhalten,

–   Krankenversicherungsbeiträge, soweit sie auf steuerfrei ausgezahlte Erträge einer Kapital-leistung aus der betrieblichen Altersversorgung entfallen. Ausgenommen sind Beitrags-anteile, soweit sie auf die Rückzahlung der eingezahlten Beiträge in die betriebliche Alters-versorgung entfallen. Die Kapitalauszahlung unterliegt insgesamt nicht der Besteuerung, wenn diese nach Ablauf von 12 Jahren seit Vertragsabschluss eines vor dem 1. Januar 2005 abgeschlossenen Versicherungsvertrags erfolgt und der Vertrag die weiteren Vorausset-zungen des § 10 Absatz 1 Nummer 2 EStG in der am 31. Dezember 2004 geltenden Fassung erfüllt (§ 52 Absatz 28 Satz 5 EStG).

Beiträge in unmittelbarem wirtschaftlichen Zusammenhang mit steuerfreiem Arbeitslohn sind nicht als Sonderausgaben abziehbar (BFH vom 18. April 2012, BStBl II 2012, S. 721). Dies gilt nicht, wenn der Arbeitslohn nicht zum Zufluss von Arbeitslohn führt, jedoch beitragspflichtig ist (z. B. Umwandlung zugunsten einer Direktzusage oberhalb von 4 % der Beitragsbemessungs-grenze in der allgemeinen RV). Die Hinzurechnung des nach § 3 Nummer 62 EStG steuerfreien Arbeitgeberanteils zur gesetzlichen RV oder eines gleichgestellten steuerfreien Zuschusses des Arbeitgebers nach § 10 Absatz 1 Nummer 2 Satz 2 EStG und die Verminderung um denselben nach § 10 Absatz 3 Satz 5 EStG bleiben hiervon unberührt; dies gilt nicht, soweit der steuerfreie Arbeitgeberanteil auf steuerfreien Arbeitslohn entfällt.

Die von einem Rentner gezahlten Kranken- und Pflegeversicherungsbeiträge sind– trotz der nur anteiligen steuerlichen Erfassung der Rente im Rahmen der Kohortenbesteuerung – ungekürzt bei den Sonderausgaben zu berücksichtigen.   **200**

Beispiel 1:   **201**

Der alleinstehende 57-jährige Steuerpflichtige ist arbeitslos und bezieht Arbeitslosengeld i. H. v. 1 150 € monatlich. Da der Steuerpflichtige freiwillig in der gesetzlichen RV und privat kranken- und pflegeversichert ist, übernimmt die Bundesagentur für Arbeit während des Bezugs des Arbeitslosengelds seine freiwillig an die gesetzliche RV gezahlten Beiträge i. H. v. 130 € und seine Beiträge zur privaten Kranken- und Pflegeversicherung i. H. v. 270 €.

Die von der Bundesagentur für Arbeit übernommenen freiwilligen Beiträge zur gesetzlichen RV sowie die Beiträge zur privaten Kranken- und Pflegeversicherung stehen mit dem nach § 3 Nummer 2 EStG steuerfreien Arbeitslosengeld in einem unmittelbaren wirtschaftlichen Zusammenhang. Daher sind diese Beiträge nicht als Sonderausgaben nach § 10 Absatz 1 Nummer 2, 3 und 3a EStG zu berücksichtigen.

Beispiel 2:   **202**

Der Steuerpflichtige erhält im Jahr 2016 nach Ablauf von 22 Jahren eine Kapitalauszahlung aus einer pauschal besteuerten Direktversicherung i. H. v. 50 000 €. Die pauschal besteuerten Beiträge betragen 40 000 €. Zur Berechnung der Kranken- und Pflegeversicherungsbeiträge wird die Kapitalleistung auf 120 Monate verteilt. Es ergibt sich eine jährliche Bemessungsgrundlage von 5 000 € (416,67 € × 12 Monate). Die Kranken- und Pflegeversicherungsbeiträge betragen hierfür für das Jahr 2 016 902,50 € (Krankenversicherung: 14,6 % zzgl. – angenommen – 1,1 % und Pflegeversicherung 2,35 % = 18,05 % von 5 000 €).

Die Kranken- und Pflegeversicherungsbeiträge sind i. H. v. 722 € jährlich als Sonderausgaben abziehbar (entspricht dem Verhältnis der eingezahlten Beiträge zur Kapitalleistung = 4/5 von 902,50 €, 1/5 beruht auf „steuerfreien" Erträgen).

6. Erstattungsüberhänge

Übersteigen die vom Steuerpflichtigen erhaltenen Erstattungen zzgl. steuerfreier Zuschüsse die im VZ geleisteten Aufwendungen i. S. d. § 10 Absatz 1 Nummer 2 bis 3a EStG sind die Aufwendungen mit Null anzusetzen und es entsteht ein Erstattungsüberhang. Bezüglich dieses Erstattungsüberhangs ist entsprechend § 10 Absatz 4b Satz 2 und 3 EStG zu verfahren (gültig ab VZ 2012). Dagegen ist ein Erstattungsüberhang, der sich bei den Aufwendungen nach § 10 Absatz 1 Nummer 2 und 3a EStG ergibt, in den VZ der Zahlung zurückzutragen (§ 175 Absatz 1 Satz 1 Nummer 2 AO).   **203**

Beispiel: **204**

A ist nichtselbständig tätig und privat krankenversichert. Folgende Beiträge hat A im Jahr 01 entrichtet:

– Krankenversicherung	1 500 €
davon für Basisabsicherung	1 200 €
davon für Wahlleistungen	300 €
– Pflege-Pflichtversicherung	300 €
– gesetzliche RV	800 €
– Kirchensteuer	200 €

Für das Vorjahr 00 erhält er folgende Beitragsrückerstattungen:

– Krankenversicherung	2 000 €
davon für Basisabsicherung	1 600 €
– gesetzliche RV	500 €
– Kirchensteuer	1 500 €

Die im VZ erhaltenen Erstattungen sind mit den geleisteten Zahlungen wie folgt zu verrechnen:

	Zahlungen im VZ 01	Erstattungen im VZ 01	Erstattungs- bzw. Zahlungsüberhang	Verrechnung innerhalb der Nummern (§ 10 Abs. 4b S. 2 EStG)	Hinzurechnung des Erstattungsüberhangs zum Gesamtbetrag der Einkünfte (§ 10 Abs. 4b S. 3 EStG)
Rentenversicherung § 10 Abs. 1 Nr. 2 S. 1 Buchst. a EStG	800 €	500 €	+ 300 €	–	–
Krankenversicherung § 10 Abs. 1 Nr. 3 S. 1 Buchst. a EStG	1 200 €	1 600 €	– 400 €		100 €
Gesetzliche Pflegeversicherung § 10 Abs. 1 Nr. 3 S. 1 Buchst. b EStG	300 €	0 €	+ 300 €	– 400 € + 300 € =– 100 €	
Krankenversicherung § 10 Abs. 1 Nr. 3a EStG	300 €	400 €	– 100 €	Keine Verrechnung	Keine Hinzurechnung
Kirchensteuer § 10 Abs. 1 Nr. 4 EStG	200 €	1 500 €	– 1 300 €	Keine Verrechnung	1 300 €

Gem. § 10 Absatz 4b Satz 2 EStG ist ein Erstattungsüberhang bei den Sonderausgaben nach § 10 Absatz 1 Nummer 2 bis 3a EStG im Rahmen der jeweiligen Nummer zu verrechnen. Daher ist der Erstattungsüberhang aus den Krankenversicherungsbeiträgen zur Absicherung von Basisleistungen mit den Beiträgen zur gesetzlichen Pflegeversicherung zu verrechnen. Eine Verrechnung des Erstattungsüberhangs aus den Krankenversicherungsbeiträgen für die Absicherung von Wahlleistungen ist mangels anderer Beiträge nach § 10 Absatz 1 Nummer 3a EStG nicht möglich. Für die Kirchensteuer sieht § 10 Absatz 4b Satz 2 EStG keine Verrechnungsmöglichkeit mit Sonderausgaben nach § 10 Absatz 1 Nummer 2 bis 3a EStG vor (BFH vom 21. Juli 2009, BStBl II 2010, S. 38).

Nach § 10 Absatz 4b Satz 3 EStG ist ein sich aus § 10 Absatz 1 Nummer 3 und 4 EStG ergebender Erstattungsüberhang dem Gesamtbetrag der Einkünfte (§ 2 Absatz 3 EStG) hinzuzurechnen. Deshalb sind die Erstattungsüberhänge aus den Krankenversicherungsbeiträgen zur Absicherung von Basisleistungen und aus der Kirchensteuer dem Gesamtbetrag der Einkünfte hinzuzurechnen. Der Erstattungsüberhang aus den Krankenversicherungsbeiträgen für die Absicherung von Wahlleistungen nach § 10 Absatz 1 Nummer 3a EStG ist dagegen mit den entsprechenden Beiträgen im VZ 00 zu verrechnen. Der Bescheid für den VZ 00 ist diesbezüglich nach § 175 Absatz 1 Satz 1 Nummer 2 AO zu ändern.

7. Globalbeiträge

205   Anders als bei der inländischen gesetzlichen Sozialversicherung gibt es einige ausländische Sozialversicherungen, in denen – bezogen auf die Beitragsleistung – nicht nach den verschiedenen Sozialversicherungszweigen unterschieden und ein einheitlicher Sozialversicherungsbeitrag (Globalbeitrag) erhoben wird. Mit dem Globalbeitrag werden Leistungen u. a. bei Arbeitslosigkeit, Krankheit, Mutterschutz, Invalidität, Alter und Tod finanziert. Wie die vom Steuerpflichtigen geleisteten Globalbeiträge zur Ermittlung der steuerlich berücksichtigungsfähigen Vorsorgeaufwendungen (u. a. Beiträge an einen ausländischen gesetzlichen Rentenversicherungsträger) aufzuteilen sind, wird für jeden VZ durch gesondertes BMF-Schreiben bekannt gegeben:

– für den VZ 2011 und früher:

    BMF-Schreiben vom 5. Juli 2011, BStBl I 2011, S. 711,

– für den VZ 2012 und teilweise auch für den VZ 2011:

    BMF-Schreiben vom 26. Januar 2012, BStBl I 2012, S. 169,

- für den VZ 2013:

BMF-Schreiben vom 29. Oktober 2012, BStBl I 2012, S. 1013,

- für den VZ 2014:

BMF-Schreiben vom 8. Oktober 2013, BStBl I 2013, S. 1266,

- für den VZ 2015:

BMF-Schreiben vom 3. Dezember 2014, BStBl I 2014, S. 1606,

- für den VZ 2016:

BMF-Schreiben vom 28. August 2015, BStBl I 2015, S. 632,

- für den VZ 2017:

BMF-Schreiben vom 22. August 2016, BStBl I 2016, S. 805[1]).

8. Änderungsnorm

Ein Steuerbescheid ist nach § 10 Absatz 2a Satz 8 EStG zu ändern, soweit Daten bis einschließlich **206** VZ 2016 betroffen sind. Ab VZ 2017 enthält § 175b AO die im Grundsatz bislang in § 10 Absatz 2a Satz 8 EStG verortete Änderungsvorschrift, welche für alle Fälle gilt, in denen sich die Datenübermittlung nach § 93c Absatz 1 AO richtet.

IV. Günstigerprüfung nach § 10 Absatz 4a EStG

Die Regelungen zum Abzug von Vorsorgeaufwendungen nach § 10 Absatz 1 Nummer 2, 3 und 3a **207** EStG sind in bestimmten Fällen ungünstiger als nach der für das Kalenderjahr 2004 geltenden Fassung des § 10 Absatz 3 EStG. Zur Vermeidung einer Schlechterstellung wird in diesen Fällen der höhere Betrag berücksichtigt. Die Überprüfung erfolgt von Amts wegen. Einbezogen in die Überprüfung werden nur Vorsorgeaufwendungen, die nach dem ab 2005 geltenden Recht abziehbar sind. Hierzu gehört nicht der nach § 10 Absatz 1 Nummer 2 Satz 2 EStG hinzuzurechnende Betrag (steuerfreier Arbeitgeberanteil zur gesetzlichen RV und ein diesem gleichgestellter steuerfreier Zuschuss des Arbeitgebers).

Für die Jahre bis 2019 werden bei der Anwendung des § 10 Absatz 3 EStG in der für das Kalen- **208** derjahr 2004 geltenden Fassung die Höchstbeträge für den Vorwegabzug schrittweise gekürzt; Einzelheiten ergeben sich aus der Tabelle zu § 10 Absatz 4a EStG.

In die Günstigerprüfung nach § 10 Absatz 4a Satz 1 EStG werden zunächst nur die Vorsorgeauf- **209** wendungen ohne die Beiträge nach § 10 Absatz 1 Nummer 2 Satz 1 Buchstabe b EStG einbezogen. Die Beiträge zu einer eigenen kapitalgedeckten Altersversorgung i. S. d. § 10 Absatz 1 Nummer 2 Satz 1 Buchstabe b EStG (siehe Rz. 10 bis 55) werden gesondert, und zwar stets mit dem sich aus § 10 Absatz 3 Satz 4 und 6 EStG ergebenden Prozentsatz berücksichtigt. Hierfür erhöhen sich die nach der Günstigerprüfung als Sonderausgaben zu berücksichtigenden Beträge um einen Erhöhungsbetrag (§ 10 Absatz 4a Satz 1 und 3 EStG) für Beiträge nach § 10 Absatz 1 Nummer 2 Satz 1 Buchstabe b EStG. Es ist jedoch im Rahmen der Günstigerprüfung mindestens der Betrag anzusetzen, der sich ergibt, wenn auch die Beiträge nach § 10 Absatz 1 Nummer 2 Satz 1 Buchstabe b EStG in die Günstigerprüfung nach § 10 Absatz 4a EStG einbezogen werden, allerdings ohne Hinzurechnung des Erhöhungsbetrags nach § 10 Absatz 4a Satz 1 und 3 EStG. Der jeweils höhere Betrag (Vorsorgeaufwendungen nach dem seit 2010 geltenden Recht, Vorsorgeaufwendungen nach dem für das Jahr 2004 geltenden Recht zzgl. Erhöhungsbetrag oder Vorsorgeaufwendungen nach dem für das Jahr 2004 geltenden Recht einschließlich Beiträge nach § 10 Absatz 1 Nummer 2 Satz 1 Buchstabe b EStG) wird dann als Sonderausgaben berücksichtigt.

Beispiel: **210**

Die Eheleute A (Gewerbetreibender) und B (Hausfrau) zahlen im Jahr 2016 folgende Versicherungsbeiträge:

Basisrente (§ 10 Absatz 1 Nummer 2 Satz 1 Buchstabe b EStG)	2 000 €
PKV (Basisabsicherung – § 10 Absatz 1 Nummer 3 Satz 1 Buchstabe a EStG)	5 000 €
PKV (Wahlleistungen – § 10 Absatz 1 Nummer 3a EStG)	500 €
Beiträge zur gesetzlichen Pflegeversicherung	500 €
Haftpflichtversicherungen	1 200 €
Kapitalversicherung (Versicherungsbeginn 1995, Laufzeit 25 Jahre)	3 600 €
Kapitalversicherung (Versicherungsbeginn 2005, Laufzeit 20 Jahre)	2 400 €
Insgesamt	15 200 €

---

[1]) → Anhang 1a IV EStH 2017.

Die Beiträge zu der Kapitalversicherung mit Versicherungsbeginn im Jahr 2005 sind nicht zu berücksichtigen, weil sie nicht die Voraussetzungen des § 10 Absatz 1 Nummer 2 und 3a EStG erfüllen.

Abziehbar nach § 10 Absatz 1 Nummer 2 EStG i. V. m. § 10 Absatz 3 EStG und § 10 Absatz 1 Nummer 3 und 3a EStG i. V. m. § 10 Absatz 4 EStG (abziehbare Vorsorgeaufwendungen nach dem seit 2010 geltenden Recht):

a)	Beiträge zur Altersversorgung:	2 000 €	
	Höchstbetrag (ungekürzt)	45 534 €	
	zu berücksichtigen	2 000 €	
	davon 82 %		1 640 €
b)	sonstige Vorsorgeaufwendungen:		
	PKV (Basisabsicherung – § 10 Absatz 1 Nummer 3 Satz 1 Buchstabe a EStG)	5 000 €	
	PKV (Wahlleistungen – § 10 Absatz 1 Nummer 3a EStG)	500 €	
	Gesetzliche Pflegepflichtversicherung	500 €	
	Haftpflichtversicherungen	1 200 €	
	Kapitalversicherung (88 % von 3 600 €)	3 168 €	
	Zwischensumme	10 368 €	
	Höchstbetrag nach § 10 Absatz 4 EStG:	5 600 €	
	Beiträge nach § 10 Absatz 1 Nummer 3 EStG (Basisabsicherung + gesetzliche Pflegeversicherung)	5 500 €	
	anzusetzen somit		5 600 €
c)	abziehbar insgesamt		7 240 €

Günstigerprüfung nach § 10 Absatz 4a Satz 1 EStG:

Abziehbare Vorsorgeaufwendungen in der für das Kalenderjahr 2004 geltenden Fassung des § 10 Absatz 3 EStG (ohne Beiträge i. S. d. § 10 Absatz 1 Nummer 2 Satz 1 Buchstabe b EStG) zzgl. Erhöhungsbetrag nach § 10 Absatz 4a Satz 3 EStG:

a)	PKV (Basisabsicherung – § 10 Absatz 1 Nummer 3 Satz 1 Buchstabe a EStG)	5 000 €	
	PKV (Wahlleistungen – § 10 Absatz 1 Nummer 3a EStG)	500 €	
	Gesetzliche Pflegepflichtversicherung	500 €	
	Haftpflichtversicherungen	1 200 €	
	Kapitalversicherung	3 168 €	
	Summe	10 368 €	
	davon abziehbar:		
	Vorwegabzug	2 400 €	2 400 €
	verbleibende Aufwendungen	7 968 €	
	Grundhöchstbetrag	2 668 €	2 668 €
	verbleibende Aufwendungen	5 300 €	
	hälftige Aufwendungen	2 650 €	
	hälftiger Höchstbetrag	1 334 €	1 334 €
	Zwischensumme		6 402 €
b)	zzgl. Erhöhungsbetrag nach § 10 Absatz 4a Satz 3 EStG/Basisrente (§ 10 Absatz 1 Nummer 2 Satz 1 Buchstabe b EStG)	2 000 €	
	davon 82 %	1 640 €	
	Erhöhungsbetrag		1 640 €
c)	Abzugsvolumen nach § 10 Absatz 4a Satz 1 EStG somit:		8 042 €

Ermittlung des Mindestbetrags nach § 10 Absatz 4a Satz 2 EStG:

Nach § 10 Absatz 4a Satz 2 EStG ist bei Anwendung der Günstigerprüfung aber mindestens der Betrag anzusetzen, der sich ergibt, wenn auch die Beiträge zur Basisrente (§ 10 Absatz 1 Nummer 2 Satz 1 Buchstabe b EStG) in die Berechnung des Abzugsvolumens nach dem bis 2004 geltenden Recht einbezogen werden.

a)	Basisrente	2 000 €	
	PKV (Basisabsicherung – § 10 Absatz 1 Nummer 3 Satz 1 Buchstabe a EStG)	5 000 €	
	PKV (Wahlleistungen – § 10 Absatz 1 Nummer 3a EStG)	500 €	
	Gesetzliche Pflegepflichtversicherung	500 €	
	Haftpflichtversicherungen	1 200 €	
	Kapitalversicherung	3 168 €	
	Summe	12 368 €	
	davon abziehbar:		
	Vorwegabzug	2 400 €	2 400 €
	verbleibende Aufwendungen	9 968 €	
	Grundhöchstbetrag	2 668 €	2 668 €
	verbleibende Aufwendungen	7 300 €	
	hälftige Aufwendungen	3 650 €	
	hälftiger Höchstbetrag	1 334 €	1 334 €
	Zwischensumme		6 402 €
b)	Mindestabzugsvolumen nach § 10 Absatz 4a Satz 2 EStG		6 402 €

Zusammenstellung:

Abzugsvolumen nach neuem Recht	7 240 €
Günstigerprüfung nach § 10 Absatz 4a Satz 1 EStG	8 042 €
Mindestabzugsvolumen nach § 10 Absatz 4a Satz 2 EStG	6 402 €

Die Eheleute können somit für das Jahr 2016 einen Betrag von 8 042 € als Vorsorgeaufwendungen abziehen.

B. Anwendungsregelung

Dieses Schreiben ist ab dem Zeitpunkt seiner Bekanntgabe im Bundessteuerblatt auf alle offenen Fälle anzuwenden. Abweichend hiervon gelten die Rz. 57, 90 und 184 erstmals für den VZ 2017.　　211

Teil A des BMF-Schreibens vom 19. August 2013 – IV C 3 – S 2221/12/10010:004/IV C 5 – S 2345/08/0001, DOK 2013/0760735 (BStBl I 2013, S. 1087) –, geändert durch BMF-Schreiben vom 10. Januar 2014 (BStBl I 2014, S. 70), durch BMF-Schreiben vom 10. April 2015 (BStBl I 2015, S. 256), durch BMF-Schreiben vom 1. Juni 2015 (BStBl I 2015, S. 475), durch BMF-Schreiben vom 4. Juli 2016 (BStBl I 2016, S. 645), durch BMF-Schreiben vom 6. Dezember 2016 (BStBl I 2016, S. 1426) und durch das BMF-Schreiben vom 19. Dezember 2016 (BStBl I 2016, S. 1433) wird zum Zeitpunkt der Bekanntgabe dieses Schreibens im Bundessteuerblatt aufgehoben.　　212

2.
Einkommensteuerrechtliche Behandlung von Vorsorgeaufwendungen und Altersbezügen

BMF vom 19. 8. 2013 (BStBl I S. 1087)
IV C 3 – S 2221/12/10010 :004
IV C 5 – S 2345/08/0001
2013/0760735

unter Berücksichtigung der Änderungen durch
BMF vom 10. 1. 2014 (BStBl I S. 70),
vom 10. 4. 2015 (BStBl I S. 256),
vom 1. 6. 2015 (BStBl I S. 475),
vom 4. 7. 2016 (BStBl I S. 645),
vom 19. 12. 2016 (BStBl I S. 1433) und
vom 24. 5. 2017 (BStBl I S. 820)

Zum Sonderausgabenabzug für Beiträge nach § 10 Absatz 1 und zur Besteuerung von Versorgungsbezügen nach § 19 Absatz 2 sowie von Einkünften nach § 22 Nummer 1 Satz 3 Buchstabe a des Einkommensteuergesetzes (EStG) gilt im Einvernehmen mit den obersten Finanzbehörden der Länder Folgendes:[1])

---

[1]) Im Fettdruck sind grundsätzlich die Änderungen gegenüber dem BMF-Schreiben vom 13. 9. 2010 (BStBl I S. 681) dargestellt.

Inhaltsübersicht

---

[1] Teil A neugefasst durch BMF vom 24. 5. 2017 (BStBl I S. 820) → Anhang 2 VI 1.

[2] Rz. 171a wurde durch BMF-Schreiben vom 10. 4. 2015 (BStBl I S. 256) eingefügt und ist auf alle offenen Fälle anzuwenden.

A. Abzug von Altersvorsorgeaufwendungen – § 10 EStG –[1])

B. Besteuerung von Versorgungsbezügen – § 19 Absatz 2 EStG –

I. Von internationalen Organisationen gezahlte Pensionen

[2])Bei von folgenden internationalen Organisationen gezahlten Pensionen einschl. der Zulagen (Steuerausgleichszahlung, Familienzulagen und andere) handelt es sich um Versorgungsbezüge i. S. d. § 19 Absatz 2 EStG: 168

– **Koordinierte Organisationen:**

– **Europäische Weltraumorganisation (ESA),**

– **Europarat,**

– **Nordatlantikvertragsorganisation (NATO),**

– **Organisation für wirtschaftliche Zusammenarbeit und Entwicklung (OECD),**

– **Westeuropäische Union (WEU),**

– **Europäisches Zentrum für mittelfristige Wettervorhersage (EZMV, engl. ECWMF),**

– **Europäische Organisation zur Sicherung der Luftfahrt (EUROCONTROL),**

---

1) Teil A neugefasst durch BMF vom 24. 5. 2017 (BStBl I S. 820) → Anhang 2 VI 1.
2) Rz. 168 wurde durch BMF-Schreiben vom 1. 6. 2015 (BStBl I S. 475) neu gefasst und ist auf alle offenen Fälle anzuwenden.

- Europäische Patentorganisation (EPO) einschließlich der Dienststellen des Europäischen Patentamts (EPA)[1],

- Europäisches Hochschulinstitut (EHI),

- Europäische Organisation für die Nutzung meteorologischer Satelliten (EUMETSAT).[2]

Die Zulässigkeit der Besteuerung von an ehemalige Bedienstete internationaler Organisationen gezahlten Pensionen und Ruhegehältern in Deutschland ist davon abhängig, welche Bestimmungen das für die jeweilige internationale Organisation geltende Abkommen oder Privilegienprotokoll enthält. In der Regel lässt dieses Abkommen bzw. Privilegienprotokoll das deutsche Besteuerungsrecht für die Pensionen oder Ruhegehälter unberührt. Eine Ausnahme hiervon stellt das Protokoll über die Vorrechte und Befreiungen der Europäischen Union (ABl. EU 2008 Nr. C 115 S. 266 vom 9. Mai 2008) dar, d. h., Pensionen und Gehälter ehemaliger Bediensteter von Organisationen, auf die dieses Protokoll anzuwenden ist, unterliegen ausschließlich der EU-internen Besteuerung. Eine Zusammenstellung der internationalen Organisationen einschließlich der Fundstellen der zwischenstaatlichen Vereinbarungen, Zustimmungsgesetze und Rechtsverordnungen, aufgrund derer Personen, Personenvereinigungen, Körperschaften, internationalen Organisationen oder ausländischen Staaten Befreiungen von deutschen Steuern vom Einkommen und vom Vermögen gewährt werden (ausgenommen Abkommen zur Vermeidung der Doppelbesteuerung), enthält das BMF-Schreiben vom 18. März 2013 (BStBl I S. 404).

II. Arbeitnehmer-/Werbungskosten-Pauschbetrag/Zuschlag zum Versorgungsfreibetrag

169   Ab 2005 ist der Arbeitnehmer-Pauschbetrag (**§ 9a** Satz 1 Nummer 1 Buchstabe a EStG) bei Versorgungsbezügen i. S. d. **§ 19 Absatz 2 EStG** nicht mehr anzuwenden. Stattdessen wird – wie auch bei den Renten – ein Werbungskosten-Pauschbetrag von 102 € berücksichtigt (**§ 9a** Satz 1 Nummer 1 Buchstabe b EStG). Als Ausgleich für den Wegfall des Arbeitnehmer-Pauschbetrags wird dem Versorgungsfreibetrag ein Zuschlag von zunächst 900 € hinzugerechnet, der für jeden ab 2006 neu in den Ruhestand tretenden Jahrgang abgeschmolzen wird (**§ 19 Absatz 2 Satz 3 EStG**). **Werden neben** Versorgungsbezügen i. S. d. **§ 19 Absatz 2 EStG** auch **Einnahmen aus nichtselbständiger Arbeit i. S. d. § 19 Absatz 1 EStG bezogen**, kommen der Arbeitnehmer-Pauschbetrag und der Werbungskosten-Pauschbetrag nebeneinander zur Anwendung. **Bei den Versorgungsbezügen i. S. d. § 19 Absatz 2 EStG ist** der Werbungskosten-Pauschbetrag auch **dann** zu berücksichtigen, wenn bei Einnahmen aus nichtselbständiger Arbeit i. S. d. **§ 19 Absatz 1 EStG** höhere Werbungskosten **als der Arbeitnehmer-Pauschbetrag** anzusetzen sind.

III. Versorgungsfreibetrag/Zuschlag zum Versorgungsfreibetrag

1. Allgemeines

170   Der maßgebende Prozentsatz für den steuerfreien Teil der Versorgungsbezüge und der Höchstbetrag des Versorgungsfreibetrags sowie der Zuschlag zum Versorgungsfreibetrag bestimmen sich ab 2005 nach dem Jahr des Versorgungsbeginns (§ 19 Absatz 2 Satz 3 EStG). Sie werden für jeden ab 2006 neu in den Ruhestand tretenden Jahrgang abgeschmolzen.

2. Berechnung des Versorgungsfreibetrags und des Zuschlags zum Versorgungsfreibetrag

171   Der Versorgungsfreibetrag und der Zuschlag zum Versorgungsfreibetrag (Freibeträge für Versorgungsbezüge) berechnen sich auf der Grundlage des Versorgungsbezugs für Januar 2005 bei Versorgungsbeginn vor 2005 bzw. des Versorgungsbezugs für den ersten vollen Monat bei Versorgungsbeginn ab 2005; wird der Versorgungsbezug insgesamt nicht für einen vollen Monat gezahlt (z. B. wegen Todes des Versorgungsempfängers), ist der Bezug des Teilmonats zu einem Monatsbetrag hochzurechnen. Bei einer nachträglichen Festsetzung von Versorgungsbezügen ist der Monat maßgebend, für den die Versorgungsbezüge erstmals festgesetzt werden; auf den Zahlungstermin kommt es nicht an. Bei Bezügen und Vorteilen aus früheren Dienstleistungen i. S. d. § 19 Absatz 2 Satz 2 Nummer 2 EStG, die wegen Erreichens einer Altersgrenze gezahlt werden, ist der Monat maßgebend, in dem der Steuerpflichtige das 63. Lebensjahr oder, wenn er schwerbehindert ist, das 60. Lebensjahr vollendet hat, da die Bezüge erst mit Erreichen dieser Altersgrenzen als Versorgungsbezüge gelten. Der maßgebende Monatsbetrag ist jeweils mit zwölf zu vervielfältigen und um Sonderzahlungen zu erhöhen, auf die zu diesem Zeitpunkt (erster voller Monat bzw. Januar 2005) ein Rechtsanspruch besteht (§ 19 Absatz 2 Satz 4 EStG). Die Sonderzahlungen (z. B. Urlaubs- oder Weihnachtsgeld) sind mit dem Betrag anzusetzen, auf den bei einem Bezug von Versorgungsbezügen für das ganze Jahr des Versorgungsbeginns ein Rechtsanspruch besteht. Bei Versorgungsempfängern, die schon vor dem 1. Januar 2005 in Ruhestand

---

1) Bestätigt durch BFH vom 23. 2. 2017 (BStBl II S. 636).
2) Rz. 168 Satz 1 wurde durch BMF-Schreiben vom 19. 12. 2016 (BStBl I S. 1433) geändert. Die Regelungen dieses BMF-Schreibens sind aus Vertrauensschutzgründen ab dem VZ 2017 anzuwenden.

gegangen sind, können aus Vereinfachungsgründen die Sonderzahlungen 2004 berücksichtigt werden.

Das Jahr des Versorgungsbeginns (§ 19 Absatz 2 Satz 3 EStG) ist grundsätzlich das Jahr, in dem der Anspruch auf die Versorgungsbezüge (§ 19 Absatz 2 Satz 2 EStG) entstanden ist.   171a[1])

Bei Bezügen wegen Erreichens einer Altersgrenze im Sinne des § 19 Absatz 2 Satz 2 Nummer 2 EStG ist das Jahr des Versorgungsbeginns das Jahr, in dem erstmals zum einen der Anspruch auf die Bezüge besteht und zum anderen das 60. bzw. 63. Lebensjahr vollendet ist. Der Versorgungsbeginn tritt dagegen nicht ein, solange der Arbeitnehmer von einer bloßen Option, Versorgungsleistungen für einen Zeitraum ab dem Erreichen der maßgeblichen Altersgrenze zu beanspruchen, tatsächlich keinen Gebrauch macht, z. B. weil er die Leistungen erst ab einem späteren Zeitpunkt in Anspruch nehmen will.

3. Festschreibung des Versorgungsfreibetrags und des Zuschlags zum Versorgungsfreibetrag

Der nach Rz. **171** ermittelte Versorgungsfreibetrag und der Zuschlag zum Versorgungsfreibetrag   172
gelten grundsätzlich für die gesamte Laufzeit des Versorgungsbezugs (**§ 19 Absatz 2 Satz 8 EStG**).

4. Neuberechnung des Versorgungsfreibetrags und des Zuschlags zum Versorgungsfreibetrag

Regelmäßige Anpassungen des Versorgungsbezugs (laufender Bezug und Sonderzahlungen)   173
führen nicht zu einer Neuberechnung (**§ 19 Absatz 2 Satz 9 EStG**). Zu einer Neuberechnung führen nur Änderungen des Versorgungsbezugs, die ihre Ursache in der Anwendung von Anrechnungs-, Ruhens-, Erhöhungs- oder Kürzungsregelungen haben (**§ 19 Absatz 2 Satz 10 EStG**), z. B. Wegfall, Hinzutreten oder betragsmäßige Änderungen. Dies ist insbesondere der Fall, wenn der Versorgungsempfänger neben seinen Versorgungsbezügen

– Erwerbs- oder Erwerbsersatzeinkommen (§ 53 des Beamtenversorgungsgesetzes – BeamtVG –),

– andere Versorgungsbezüge (§ 54 BeamtVG),

– Renten (§ 55 BeamtVG) oder

– Versorgungsbezüge aus zwischenstaatlicher und überstaatlicher Verwendung (§ 56 BeamtVG)

erzielt, wenn sich die Voraussetzungen für die Gewährung des Familienzuschlags oder des Unterschiedsbetrags nach § 50 BeamtVG ändern oder wenn ein Witwen- oder Waisengeld nach einer Unterbrechung der Zahlung wieder bewilligt wird **(zur Neuberechnung beim Versorgungsausgleich siehe Rz. 288).** Gleiches gilt für entsprechende Leistungen aufgrund landesrechtlicher Beamtenversorgungsgesetze. Ändert sich der anzurechnende Betrag aufgrund einer einmaligen Sonderzahlung und hat dies nur eine einmalige Minderung des Versorgungsbezugs zur Folge, so kann auf eine Neuberechnung verzichtet werden. Auf eine Neuberechnung kann aus Vereinfachungsgründen auch verzichtet werden, wenn der Versorgungsbezug, der bisher Bemessungsgrundlage für den Versorgungsfreibetrag war, vor und nach einer Anpassung aufgrund von Anrechnungs-, Ruhens-, Erhöhungs- und Kürzungsregelungen mindestens 7 500 € jährlich/625 € monatlich beträgt, also die Neuberechnung zu keiner Änderung der Freibeträge für Versorgungsbezüge führen würde.

In den Fällen einer Neuberechnung ist der geänderte Versorgungsbezug, ggf. einschließlich zwischenzeitlicher Anpassungen, Bemessungsgrundlage für die Berechnung der Freibeträge für Versorgungsbezüge (§ 19 Absatz 2 Satz 11 EStG).   174

Bezieht ein Steuerpflichtiger zunächst Versorgungsbezüge wegen verminderter Erwerbsfähigkeit, bestimmen sich der Prozentsatz, der Höchstbetrag des Versorgungsfreibetrags und der Zuschlag zum Versorgungsfreibetrag nach dem Jahr des Beginns dieses Versorgungsbezugs. Wird der Versorgungsbezug wegen verminderter Erwerbsfähigkeit mit Vollendung des 63. Lebensjahres des Steuerpflichtigen oder, wenn er schwerbehindert ist, mit Vollendung des 60. Lebensjahres, in einen Versorgungsbezug wegen Erreichens der Altersgrenze umgewandelt, bestimmen sich der Prozentsatz, der Höchstbetrag des Versorgungsfreibetrags und der Zuschlag zum Versorgungsfreibetrag weiterhin nach dem Jahr des Beginns des Versorgungsbezugs wegen verminderter Erwerbsfähigkeit. Da es sich bei der Umwandlung des Versorgungsbezugs nicht um eine regelmäßige Anpassung handelt, ist eine Neuberechnung des Versorgungsfreibetrags erforderlich.   175

---

[1]) Rz. 171a wurde durch BMF-Schreiben vom 10. 4. 2015 (BStBl I S. 256) eingefügt und ist auf alle offenen Fälle anzuwenden.

5. Zeitanteilige Berücksichtigung des Versorgungsfreibetrags und des Zuschlags zum Versorgungsfreibetrag

176 Werden Versorgungsbezüge nur für einen Teil des Kalenderjahres gezahlt, so ermäßigen sich der Versorgungsfreibetrag und der Zuschlag zum Versorgungsfreibetrag für jeden vollen Kalendermonat, für den keine Versorgungsbezüge geleistet werden, in diesem Kalenderjahr um ein Zwölftel (§ 19 Absatz 2 Satz 12 EStG). Bei Zahlung mehrerer Versorgungsbezüge erfolgt eine Kürzung nur für Monate, für die keiner der Versorgungsbezüge geleistet wird. Ändern sich der Versorgungsfreibetrag und/oder der Zuschlag zum Versorgungsfreibetrag im Laufe des Kalenderjahrs aufgrund einer Neuberechnung nach Rz. 173 f., sind in diesem Kalenderjahr die höchste Freibeträge für Versorgungsbezüge maßgebend (§ 19 Absatz 2 Satz 11 2. Halbsatz EStG); eine zeitanteilige Aufteilung ist nicht vorzunehmen. Die Änderung der Freibeträge für Versorgungsbezüge kann im Lohnsteuerabzugsverfahren berücksichtigt werden.

6. Mehrere Versorgungsbezüge

177 Bei mehreren Versorgungsbezügen bestimmen sich der maßgebende **Prozentsatz** für den steuerfreien Teil der Versorgungsbezüge und der Höchstbetrag des Versorgungsfreibetrags sowie der Zuschlag zum Versorgungsfreibetrag nach dem Beginn des jeweiligen Versorgungsbezugs. Die Summe aus den jeweiligen Freibeträgen für Versorgungsbezüge wird nach § 19 Absatz 2 Satz 6 EStG auf den Höchstbetrag des Versorgungsfreibetrags und den Zuschlag zum Versorgungsfreibetrag nach dem Beginn des ersten Versorgungsbezugs begrenzt. Fällt der maßgebende Beginn mehrerer laufender Versorgungsbezüge in dasselbe Kalenderjahr, können die Bemessungsgrundlagen aller Versorgungsbezüge zusammengerechnet werden, da in diesen Fällen für sie jeweils dieselben Höchstbeträge gelten.

178 Werden mehrere Versorgungsbezüge von unterschiedlichen Arbeitgebern gezahlt, ist die Begrenzung der Freibeträge für Versorgungsbezüge im Lohnsteuerabzugsverfahren nicht anzuwenden; die Gesamtbetrachtung und ggf. die Begrenzung erfolgt im Veranlagungsverfahren. Treffen mehrere Versorgungsbezüge bei demselben Arbeitgeber zusammen, ist die Begrenzung auch im Lohnsteuerabzugsverfahren zu beachten.

179 **Beispiel:**

Zwei Ehegatten erhalten jeweils eigene Versorgungsbezüge. Der Versorgungsbeginn des einen Ehegatten liegt im Jahr **2008**, der des anderen im Jahr **2009**. Im Jahr **2013** verstirbt der Ehegatte, der bereits seit **2008** Versorgungsbezüge erhalten hatte. Dem überlebenden Ehegatten werden ab **2013** zusätzlich zu seinen eigenen Versorgungsbezügen i. H. v. monatlich 400 € Hinterbliebenenbezüge i. H. v. monatlich 250 € gezahlt.

Für die eigenen Versorgungsbezüge des überlebenden Ehegatten berechnen sich die Freibeträge für Versorgungsbezüge nach dem Jahr des Versorgungsbeginns **2009**. Der Versorgungsfreibetrag beträgt demnach **33,6 %** von 4 800 € (= 400 € Monatsbezug × 12) = **1 613 €** (aufgerundet); der Zuschlag zum Versorgungsfreibetrag beträgt **756 €**.

Für den Hinterbliebenenbezug sind mit Versorgungsbeginn im Jahr **2013** die Freibeträge für Versorgungsbezüge nach § 19 Absatz 2 Satz 7 EStG unter Zugrundelegung des maßgeblichen Prozentsatzes, des Höchstbetrags und des Zuschlags zum Versorgungsfreibetrag des verstorbenen Ehegatten zu ermitteln (siehe dazu Rz. **180** bis **183**). Für die Berechnung sind also die Beträge des maßgebenden Jahres **2008** zugrunde zu legen. Der Versorgungsfreibetrag für die Hinterbliebenenbezüge beträgt demnach **35,2 %** von 3 000 € (= 250 € Monatsbezug × 12) = **1 056 €**; der Zuschlag zum Versorgungsfreibetrag beträgt **792 €**.

Die Summe der Versorgungsfreibeträge ab **2013** beträgt (1 613 € zuzügl. 1 056 €) **2 669 €**. Der insgesamt berücksichtigungsfähige Höchstbetrag bestimmt sich nach dem Jahr des Beginns des ersten Versorgungsbezugs (2008: 2 640 €). Da der Höchstbetrag überschritten ist, ist der Versorgungsfreibetrag auf insgesamt 2 640 € zu begrenzen. Auch die Summe der Zuschläge zum Versorgungsfreibetrag (756 € zuzügl. 792 €) 1 548 € ist nach dem maßgebenden Jahr des Versorgungsbeginns (2008) auf insgesamt 792 € zu begrenzen.

7. Hinterbliebenenversorgung

180 Folgt ein Hinterbliebenenbezug einem Versorgungsbezug, bestimmen sich der Prozentsatz, der Höchstbetrag des Versorgungsfreibetrags und der Zuschlag zum Versorgungsfreibetrag für den Hinterbliebenenbezug nach dem Jahr des Beginns des Versorgungsbezugs des Verstorbenen (§ 19 Absatz 2 Satz 7 EStG). Bei Bezug von Witwen- oder Waisengeld ist für die Berechnung der Freibeträge für Versorgungsbezüge das Jahr des Versorgungsbeginns des Verstorbenen maßgebend, der diesen Versorgungsanspruch zuvor begründete.

Beispiel: 181

Im Oktober **2012** verstirbt ein 67-jähriger Ehegatte, der seit dem 63. Lebensjahr Versorgungsbezüge erhalten hat. Der überlebende Ehegatte erhält ab November **2012** Hinterbliebenenbezüge.

Für den verstorbenen Ehegatten sind die Freibeträge für Versorgungsbezüge bereits mit der
Pensionsabrechnung für Januar **2008** (35,2 % der voraussichtlichen Versorgungsbezüge
2008, maximal **2 640 €** zuzügl. **792 €** Zuschlag) festgeschrieben worden. Im Jahr **2012** sind die
Freibeträge für Versorgungsbezüge des verstorbenen Ehegatten mit zehn Zwölfteln zu
berücksichtigen. Für den überlebenden Ehegatten sind mit der Pensionsabrechnung für
November **2012** eigene Freibeträge für Versorgungsbezüge zu ermitteln. Zugrunde gelegt
werden dabei die hochgerechneten Hinterbliebenenbezüge (einschl. Sonderzahlungen).
Darauf sind nach **§ 19 Absatz 2 Satz 7 EStG** der maßgebliche Prozentsatz, der Höchstbetrag
und der Zuschlag zum Versorgungsfreibetrag des verstorbenen Ehegatten (**35,2 %**, maximal
2 640 € zuzügl. **792 €** Zuschlag) anzuwenden. Im Jahr **2012** sind die Freibeträge für Versorgungsbezüge des überlebenden Ehegatten mit zwei Zwölfteln zu berücksichtigen.

Erhält ein Hinterbliebener Sterbegeld, stellt dieses gem. **R 19.8 Absatz 1** Nummer 1 und **R 19.9** 182
Absatz 3 Nummer 3 LStR ebenfalls einen Versorgungsbezug dar. Für das Sterbegeld gelten zur
Berechnung der Freibeträge für Versorgungsbezüge ebenfalls der Prozentsatz, der Höchstbetrag
und der Zuschlag zum Versorgungsfreibetrag des Verstorbenen. Das Sterbegeld darf als Leistung
aus Anlass des Todes die Berechnung des Versorgungsfreibetrags für etwaige sonstige Hinterbliebenenbezüge nicht beeinflussen und ist daher nicht in deren Berechnungsgrundlage einzubeziehen. Das Sterbegeld ist vielmehr als eigenständiger – zusätzlicher – Versorgungsbezug zu
behandeln. Die Zwölftelungsregelung ist für das Sterbegeld nicht anzuwenden. Als Bemessungsgrundlage für die Freibeträge für Versorgungsbezüge ist die Höhe des Sterbegeldes im Kalenderjahr anzusetzen, unabhängig von der Zahlungsweise und Berechnungsart.

Beispiel: 183

Im April **2012** verstirbt ein Ehegatte, der zuvor seit **2007** Versorgungsbezüge i. H. v. **1 500 €**
monatlich erhalten hat. Der überlebende Ehegatte erhält ab Mai **2012** laufende Hinterblie-
nenbezüge i. H. v. **1 200 €** monatlich. Daneben wird ihm einmalig Sterbegeld i. H. v. zwei
Monatsbezügen des verstorbenen Ehegatten, also 3 000 € gezahlt.

Laufender Hinterbliebenenbezug:

Monatsbetrag 1 200 € × 12 = 14 400 €. Auf den hochgerechneten Jahresbetrag werden der
für den Verstorbenen maßgebende **Prozentsatz** und Höchstbetrag des Versorgungsfreibetrags (**2007**), zuzügl. des Zuschlags von **828 €** angewandt. Das bedeutet im vorliegenden
Fall 14 400 € × 36,8 % = 5 300 € **(aufgerundet)**, höchstens **2 760 €**. Da der laufende Hinterbliebenenbezug nur für acht Monate gezahlt wurde, erhält der überlebende Ehegatte **8/12** dieses
Versorgungsfreibetrags, **2 760 €**: 12 = 230 € × 8 = **1 840 €**. Der Versorgungsfreibetrag für den
laufenden Hinterbliebenenbezug beträgt somit **1 840 €**, der Zuschlag zum Versorgungsfreibetrag **552 €** (**8/12** von **828 €**).

Sterbegeld:

Gesamtbetrag des Sterbegelds 2 × 1 500 € = 3 000 €. Auf diesen Gesamtbetrag von 3 000 €
werden ebenfalls der für den Verstorbenen maßgebende Prozentsatz und Höchstbetrag des
Versorgungsfreibetrags (**2007**), zuzügl. des Zuschlags von **828 €** angewandt, 3 000 € × 36,8 %
= **1 104 €**. Der Versorgungsfreibetrag für das Sterbegeld beträgt **1 104 €**, der Zuschlag zum
Versorgungsfreibetrag **828 €**.

Beide Versorgungsfreibeträge ergeben zusammen einen Betrag von **2 944 €**, auf den der insgesamt berücksichtigungsfähige Höchstbetrag nach dem maßgebenden Jahr **2007** anzuwenden ist. Der Versorgungsfreibetrag für den laufenden Hinterbliebenenbezug und das Sterbegeld zusammen beträgt damit **2 760 €**. Dazu kommt der Zuschlag zum Versorgungsfreibetrag von insgesamt **828 €**.

8. Berechnung des Versorgungsfreibetrags im Falle einer Kapitalauszahlung/Abfindung

Wird anstelle eines monatlichen Versorgungsbezugs eine Kapitalauszahlung/Abfindung an den 184
Versorgungsempfänger gezahlt, so handelt es sich um einen sonstigen Bezug. Für die Ermittlung
der Freibeträge für Versorgungsbezüge ist das Jahr des Versorgungsbezugs zugrunde zu legen,
die Zwölftelungsregelung ist für diesen sonstigen Bezug nicht anzuwenden. Bemessungsgrundlage ist der Betrag der Kapitalauszahlung/Abfindung im Kalenderjahr.

Beispiel 1: 185

Dem Versorgungsempfänger wird im Jahr **2012** eine Abfindung i. H. v. 10 000 € gezahlt. Der
Versorgungsfreibetrag beträgt (**28,8 %** von 10 000 € = **2 880 €**, höchstens) **2 160 €**; der Zuschlag
zum Versorgungsfreibetrag beträgt **648 €**.

Beispiel 2:[1])

Der Versorgungsempfänger vollendet sein 63. Lebensjahr am 1. September 2015. Bereits seit August 2012 bezieht er Versorgungsleistungen des Arbeitgebers aus einer Direktzusage. Die Versorgungsbezüge werden als (Teil-)Kapitalauszahlungen in jährlichen Raten von 4 800 € gewährt, erstmals am 1. August 2012.

Das Jahr des Versorgungsbeginns ist das Jahr 2015, denn erstmals in 2015 besteht kumulativ ein Anspruch auf die Bezüge und das 63. Lebensjahr ist vollendet (vgl. Rz. 171a). Für 2015 sind jedoch keine Freibeträge für Versorgungsbezüge zu berücksichtigen, da die Ratenzahlung am 1. August 2015 vor Vollendung des 63. Lebensjahres geleistet wird. Der nach dem Versorgungsbeginn in 2015 maßgebende und ab 2016 zu berücksichtigende Versorgungsfreibetrag beträgt 1 152 € (24,0 % von 4 800 €, höchstens 1 800 €); der ab 2016 zu berücksichtigende Zuschlag zum Versorgungsfreibetrag beträgt 540 €; eine Zwölftelung ist nicht vorzunehmen, da es sich bei den Versorgungsbezügen um (Teil-)Kapitalauszahlungen handelt (vgl. Rz. 184). In den Jahren 2012 bis 2015 werden keine Freibeträge für Versorgungsbezüge berücksichtigt, da der Versorgungsempfänger erst im Jahr 2016 im Zeitpunkt der Zahlung der Ratenzahlung am 1. August 2016 sein 63. Lebensjahr vollendet hat.

Beispiel 3:

Der Versorgungsempfänger vollendet sein 63. Lebensjahr am 1. August 2014. Er könnte ab diesem Zeitpunkt monatliche Versorgungsleistungen des Arbeitgebers aus einer Direktzusage beziehen. Der Versorgungsempfänger entscheidet sich stattdessen für jährliche (Teil-)Kapitalauszahlungen von 4 800 €. Die erste Rate wird am 1. Februar 2015 ausgezahlt.

Das Jahr des Versorgungsbeginns ist das Jahr 2014, denn erstmals in 2014 besteht kumulativ ein Anspruch auf die Bezüge und das 63. Lebensjahr ist vollendet (vgl. Rz. 171a). Der ab 2015 zu berücksichtigende Versorgungsfreibetrag beträgt aufgerundet 1 229 € (25,6 % von 4 800 €, höchstens 1 920 €); der ab 2015 zu berücksichtigende Zuschlag zum Versorgungsfreibetrag beträgt 576 €; eine Zwölftelung ist nicht vorzunehmen, da es sich bei den Versorgungsbezügen um (Teil-)Kapitalauszahlungen handelt (vgl. Rz. 184). Im Jahr 2014 werden mangels Zuflusses keine Freibeträge für Versorgungsbezüge berücksichtigt.

Beispiel 4:

Der Versorgungsempfänger vollendet sein 63. Lebensjahr am 1. August 2014. Er könnte ab diesem Zeitpunkt monatliche Versorgungsleistungen des Arbeitgebers aus einer Direktzusage beziehen. Der Versorgungsempfänger entscheidet sich jedoch dafür, die Versorgungsleistungen erst ab dem 1. August 2015 in Anspruch zu nehmen, um höhere Versorgungsleistungen zu erhalten. Er wählt dabei jährliche (Teil-)Kapitalauszahlungen von 4 800 €. Die erste Rate wird am 1. Februar 2016 ausgezahlt.

Das Jahr des Versorgungsbeginns ist das Jahr 2015, denn erstmals im Jahr 2015 besteht kumulativ ein Anspruch auf die Bezüge und das 63. Lebensjahr ist vollendet (vgl. Rz. 171a). Der ab 2016 zu berücksichtigende Versorgungsfreibetrag beträgt aufgerundet 1 152 € (24 % von 4 800 €, höchstens 1 800 €); der ab 2016 zu berücksichtigende Zuschlag zum Versorgungsfreibetrag beträgt 540 €; eine Zwölftelung ist nicht vorzunehmen, da es sich bei den Versorgungsbezügen um (Teil-)Kapitalauszahlung handelt (vgl. Rz. 184). Im Jahr 2015 werden mangels Zuflusses keine Freibeträge für Versorgungsbezüge berücksichtigt.

186   Bei Zusammentreffen mit laufenden Bezügen darf der Höchstbetrag, der sich nach dem Jahr des Versorgungsbeginns bestimmt, nicht überschritten werden (siehe dazu Beispiele in Rz. **181** und **183** zum Sterbegeld).

187   Die gleichen Grundsätze gelten auch, wenn Versorgungsbezüge in einem späteren Kalenderjahr nachgezahlt oder berichtigt werden.

9. Zusammentreffen von Versorgungsbezügen (§ 19 EStG) und Rentenleistungen (§ 22 EStG)

188   Die Frei- und Pauschbeträge sind für jede Einkunftsart gesondert zu berechnen. Ein Lohnsteuerabzug ist nur für Versorgungsbezüge vorzunehmen.

IV. Aufzeichnungs- und Bescheinigungspflichten

189   Nach **§ 4 Absatz 1** Nummer 4 LStDV hat der Arbeitgeber im Lohnkonto des Arbeitnehmers in den Fällen des **§ 19 Absatz 2 EStG** die für die zutreffende Berechnung des Versorgungsfreibetrags und des Zuschlags zum Versorgungsfreibetrag erforderlichen Angaben aufzuzeichnen. Aufzuzeichnen sind die Bemessungsgrundlage für den Versorgungsfreibetrag (Jahreswert, Rz. **171**), das Jahr des Versorgungsbeginns und die Zahl der Monate (Zahl der Zwölftel), für die Versorgungsbezüge gezahlt werden. Bei mehreren Versorgungsbezügen sind die Angaben für

---

[1]) In Rz. 185 wurden durch BMF-Schreiben vom 10. 4. 2015 (BStBl I S. 256) die Beispiele 2 bis 4 eingefügt und sind auf alle offenen Fälle anzuwenden.

jeden Versorgungsbezug getrennt aufzuzeichnen, soweit die maßgebenden Versorgungsbeginne in unterschiedliche Kalenderjahre fallen (vgl. Rz. **177**). Demnach können z. B. alle Versorgungsbezüge mit Versorgungsbeginn bis zum Jahre 2005 zusammengefasst werden. Zu den Bescheinigungspflichten wird auf die jährlichen BMF-Schreiben zu den Lohnsteuerbescheinigungen hingewiesen.

C. Besteuerung von Einkünften gem. § 22 Nummer 1 Satz 3 Buchstabe a EStG

I. Allgemeines

Leibrenten und andere Leistungen aus den gesetzlichen Rentenversicherungen, **der** landwirtschaftlichen Alterskasse, den berufsständischen Versorgungseinrichtungen und aus Leibrentenversicherungen i. S. d. § 10 Absatz 1 Nummer 2 Satz 1 Buchstabe b EStG (vgl. Rz. 8 bis **31**) werden innerhalb eines bis in das Jahr 2039 reichenden Übergangszeitraums in die vollständige nachgelagerte Besteuerung überführt (§ 22 Nummer 1 Satz 3 Buchstabe a Doppelbuchstabe aa EStG). Diese Regelung gilt sowohl für Leistungen von inländischen als auch von ausländischen Versorgungsträgern[1]).

Eine Nachzahlung aus der gesetzlichen Rentenversicherung, die dem Empfänger nach dem 31. Dezember 2004 zufließt, wird nach § 22 Nummer 1 Satz 3 Buchstabe a Doppelbuchstabe aa EStG mit dem Besteuerungsanteil besteuert, auch wenn sie für einen Zeitraum vor dem 1. Januar 2005 gezahlt wird (BFH vom 13. April 2011, BStBl II S. 915). Dies gilt entsprechend für eine Nachzahlung aus der landwirtschaftlichen Alterskasse und den berufsständischen Versorgungseinrichtungen. Es ist zu prüfen, ob § 34 Absatz 1 EStG Anwendung findet. Die Tarifermäßigung ist grundsätzlich auch auf Nachzahlungen von Renten i. S. d. § 22 Nummer 1 EStG anwendbar, soweit diese nicht auf den laufenden VZ entfallen (R 34.4 Absatz 1 EStR 2012).

[2])Ist wegen rückwirkender Zubilligung einer Rente der Anspruch auf eine bisher gewährte Sozialleistung (z. B. auf Krankengeld, Arbeitslosengeld oder Sozialhilfe) ganz oder teilweise weggefallen und steht dem Leistenden deswegen gegenüber dem Rentenversicherungsträger (z. B. nach § 103 des Zehnten Buches Sozialgesetzbuch) ein Erstattungsanspruch zu, sind die bisher gezahlten Sozialleistungen in Höhe dieses Erstattungsanspruchs als Rentenzahlungen anzusehen. Die Rente ist dem Leistungsempfänger insoweit im Zeitpunkt der Zahlung dieser Sozialleistungen zugeflossen. Die Besteuerungsgrundsätze des § 22 Nummer 1 Satz 3 Buchstabe a EStG gelten hierbei entsprechend. Sofern die Sozialleistungen dem Progressionsvorbehalt nach § 32b EStG unterlegen haben, ist dieser rückgängig zu machen, soweit die Beträge zu einer Rente umgewidmet werden (R 32b Absatz 4 EStR).

Bei den übrigen Leibrenten erfolgt die Besteuerung auch weiterhin mit dem Ertragsanteil (§ 22 Nummer 1 Satz 3 Buchstabe a Doppelbuchstabe bb EStG ggf. i. V. m. § 55 Absatz 2 EStDV; vgl. Rz. **236** und **237**), es sei denn, es handelt sich um nach dem 31. Dezember 2004 abgeschlossene Rentenversicherungen, bei denen keine lebenslange Rentenzahlung vereinbart und erbracht wird. In diesen Fällen wird die Besteuerung im Wege der Ermittlung des Unterschiedsbetrags nach § 20 Absatz 1 Nummer 6 EStG **vorgenommen.** Die Regelungen in § 22 Nummer 5 EStG bleiben unberührt (vgl. insoweit auch BMF-Schreiben vom **24. Juli 2013,** BStBl I S. 1022).

Für Leibrenten und andere Leistungen im Sinne von § 22 Nummer 1 Satz 3 Buchstabe a EStG sind nach § 22a EStG Rentenbezugsmitteilungen zu übermitteln. Einzelheiten hierzu sind durch BMF-Schreiben vom 7. Dezember 2011, BStBl I S. 1223, geregelt.

II. Leibrenten und andere Leistungen i. S. d. § 22 Nummer 1 Satz 3 Buchstabe a Doppelbuchstabe aa EStG

1. Leistungen aus den gesetzlichen Rentenversicherungen, aus der landwirtschaftlichen Alterskasse und aus den berufsständischen Versorgungseinrichtungen

§ 22 Nummer 1 Satz 3 Buchstabe a Doppelbuchstabe aa EStG erfasst alle Leistungen unabhängig davon, ob sie als Rente oder Teilrente (z. B. Altersrente, Erwerbsminderungsrente, Hinterbliebenenrente als Witwen- oder Witwerrente, Waisenrente oder Erziehungsrente) oder als einmalige Leistung (z. B. Sterbegeld oder Abfindung von Kleinbetragsrenten) ausgezahlt werden.

190

191

192

193

194

195

---

1) Zur einkommensteuerlichen Behandlung von Leistungen aus Vorsorgeeinrichtungen nach der zweiten Säule der schweizerischen Altersvorsorge → BMF vom 27. 7. 2016 (BStBl I S. 759) → Anhang 2 X.
2) Bestätigt durch BFH vom 9. 12. 2015 (BStBl 2016 II S. 624).

a) Besonderheiten bei Leibrenten und anderen Leistungen aus den gesetzlichen Rentenversicherungen

196[1] Zu den Leistungen i. S. d. § 22 Nummer 1 Satz 3 Buchstabe a Doppelbuchstabe aa EStG gehören auch Zusatzleistungen und andere Leistungen. Dazu zählen nicht Zinsen auf Rentennachzahlungen. Diese gehören gemäß § 20 Absatz 1 Nummer 7 EStG zu den Einkünften aus Kapitalvermögen (BFH vom 9. Juni 2015, VIII R 18/12)[2].

197 § 22 Nummer 1 Satz 3 Buchstabe a Doppelbuchstabe aa EStG gilt nicht für Einnahmen i. S. d. § 3 EStG wie z. B.

– Leistungen aus der gesetzlichen Unfallversicherung wie z. B. Berufsunfähigkeits- oder Erwerbsminderungsrenten der Berufsgenossenschaft (§ 3 Nummer 1 Buchstabe a EStG),

– Sachleistungen und Kinderzuschüsse (§ 3 Nummer 1 Buchstabe b EStG),

– Übergangsgelder nach dem Sechsten Buch Sozialgesetzbuch – SGB VI – (§ 3 Nummer 1 Buchstabe c EStG),

– den Abfindungsbetrag einer Witwen- oder Witwerrente wegen Wiederheirat des Berechtigten nach **§ 107 SGB VI** (§ 3 Nummer 3 Buchstabe a EStG),

– die Erstattung von Versichertenbeiträgen, in Fällen, in denen das mit der Einbeziehung in die Rentenversicherung verfolgte Ziel eines Rentenanspruchs nicht oder voraussichtlich nicht erreicht oder nicht vollständig erreicht werden kann (§§ 210 und 286d SGB VI), die Erstattung von freiwilligen Beiträgen im Zusammenhang mit Nachzahlungen von Beiträgen in besonderen Fällen (§§ 204, 205 und 207 des SGB VI) sowie die Erstattung der vom Versicherten zu Unrecht geleisteten Beiträge nach § 26 SGB IV (§ 3 Nummer 3 Buchstabe b EStG),

– Ausgleichszahlungen nach § 86 Bundesversorgungsgesetz (§ 3 Nummer 6 EStG),

– Renten, die als Entschädigungsleistungen aufgrund gesetzlicher Vorschriften – insbesondere des Bundesentschädigungsgesetzes – zur Wiedergutmachung nationalsozialistischen Unrechts gewährt werden (§ 3 Nummer 8 EStG),

– **Renten wegen Alters und wegen verminderter Erwerbsfähigkeit aus der gesetzlichen Rentenversicherung, die an Verfolgte i. S. d. § 1 des Bundesentschädigungsgesetzes gezahlt werden, wenn rentenrechtliche Zeiten aufgrund der Verfolgung in der Rente enthalten sind. Renten wegen Todes aus der gesetzlichen Rentenversicherung, wenn der verstorbene Versicherte Verfolgter i. S. d. § 1 des Bundesentschädigungsgesetzes war und wenn rentenrechtliche Zeiten aufgrund der Verfolgung in dieser Rente enthalten sind (§ 3 Nummer 8a EStG),**

– Zuschüsse zur freiwilligen oder privaten Krankenversicherung (§ 3 Nummer 14 EStG),

– **die aufgrund eines Abkommens mit einer zwischen- oder überstaatlichen Einrichtung zur Begründung von Anrechten auf Altersversorgung übertragenen Werte bei einer zwischen- oder überstaatlichen Einrichtung (§ 3 Nummer 55e EStG),**

– Leistungen nach den §§ 294 bis 299 SGB VI für Kindererziehung an Mütter der Geburtsjahrgänge vor 1921 (§ 3 Nummer 67 EStG); aus Billigkeitsgründen gehören dazu auch Leistungen nach § 294a Satz 2 SGB VI für Kindererziehung an Mütter der Geburtsjahrgänge vor 1927, die am 18. Mai 1990 ihren gewöhnlichen Aufenthalt im Beitrittsgebiet und am 31. Dezember 1991 keinen eigenen Anspruch auf Rente aus eigener Versicherung hatten.

198 Renten i. S. d. § 9 Anspruchs- und Anwartschaftsüberführungsgesetz (AAÜG) werden zwar von der Deutschen Rentenversicherung Bund ausgezahlt, es handelt sich jedoch nicht um Leistungen aus der gesetzlichen Rentenversicherung. Die Besteuerung erfolgt nach § 22 Nummer 1 Satz 3 Buchstabe a Doppelbuchstabe bb EStG ggf. i. V. m. § 55 Absatz 2 EStDV, soweit die Rente nicht nach § 3 Nummer 6 EStG steuerfrei ist.

199 **Die Ruhegehälter, die ehemaligen Bediensteten in internationalen Organisationen gezahlt werden, unterliegen der Besteuerung nach § 22 Nummer 1 Satz 3 Buchstabe a Doppelbuchstabe aa EStG, sofern es sich bei dem Alterssicherungssystem der jeweiligen Organisation um ein System handelt, das mit der inländischen gesetzlichen Rentenversicherung vergleichbar ist. Hierzu gehören z. B.:**

– **Bank für Internationalen Zahlungsausgleich (BIZ),**

– **Europäische Investitionsbank (EIB),**

– **Europäische Organisation für astronomische Forschung in der südlichen Hemisphäre (ESO),**

---

[1] Rz. 196 wurde durch BMF-Schreiben vom 4. 7. 2016 (BStBl I S. 645) ab VZ 2016 geändert und kann in VZ vor 2016 auf Antrag in noch offenen Fällen angewendet werden.
[2] BFH vom 9. 6. 2015 (BStBl 2016 II S. 523).

¹)– **Europäische Organisation für Kernforschung (CERN),**
– **Europäisches Laboratorium für Molekularbiologie (EMBL),**
– **Vereinte Nationen (VN)².**

b) Besonderheiten bei Leibrenten und anderen Leistungen aus der landwirtschaftlichen Alters-
   kasse

Die Renten wegen Alters, wegen Erwerbsminderung und wegen Todes nach dem Gesetz über   200
die Alterssicherung der Landwirte – ALG – gehören zu den Leistungen i. S. d. § 22 Nummer 1
Satz 3 Buchstabe a Doppelbuchstabe aa EStG.

Steuerfrei sind z. B. Sachleistungen nach dem ALG (§ 3 Nummer 1 Buchstabe b EStG), Geldleis-   201
tungen nach den §§ 10, 36 bis 39 ALG (§ 3 Nummer 1 Buchstabe c EStG) sowie Beitragserstattungen nach den §§ 75 und 117 ALG (§ 3 Nummer 3 Buchstabe b EStG).

c) Besonderheiten bei Leibrenten und anderen Leistungen aus den berufsständischen Versor-
   gungseinrichtungen

Leistungen aus berufsständischen Versorgungseinrichtungen werden nach § 22 Nummer 1 Satz 3   202
Buchstabe a Doppelbuchstabe aa EStG besteuert, unabhängig davon, ob die Beiträge als Sonder-
ausgaben nach § 10 Absatz 1 Nummer 2 Satz 1 Buchstabe a EStG berücksichtigt wurden. Die
Besteuerung erfolgt auch dann nach § 22 Nummer 1 Satz 3 Buchstabe a Doppelbuchstabe aa
EStG, wenn die berufsständische Versorgungseinrichtung keine den gesetzlichen Rentenver-
sicherungen vergleichbaren Leistungen erbringt.

Unselbständige Bestandteile der Rente (z. B. Kinderzuschüsse) werden zusammen mit der Rente   203
nach § 22 Nummer 1 Satz 3 Buchstabe a Doppelbuchstabe aa EStG besteuert **(vgl. BFH vom**
13. August 2011³), BStBl II 2012 S. 312).

⁴)Einmalige Leistungen (z. B. Kapitalauszahlungen, Sterbegeld, Abfindung von Kleinbetragsren-   204
ten) unterliegen ebenfalls der Besteuerung nach § 22 Nummer 1 Satz 3 Buchstabe a Doppelbuchstabe aa EStG. Das gilt auch für Kapitalauszahlungen, bei denen die erworbenen Anwartschaften
auf Beiträgen beruhen, die vor dem 1. Januar 2005 erbracht worden sind. **Es ist zu prüfen, ob**
unter Berücksichtigung der vom BFH aufgestellten Grundsätze (Urteile vom 23. Oktober 2013 –
X R 33/10 und X R 3/12 –) § 34 Absatz 1 EStG Anwendung findet.

Entsprechend den Regelungen zur gesetzlichen Rentenversicherung sind ab dem VZ 2007 fol-   205
gende Leistungen nach § 3 Nummer 3 Buchstabe c EStG i. V. m. § 3 Nummer 3 Buchstabe a und
b EStG steuerfrei:

– Witwen- und Witwerrentenabfindungen (§ 3 Nummer 3 Buchstabe c EStG i. V. m. § 3 Nummer 3 Buchstabe a EStG) bei der ersten Wiederheirat, wenn der Abfindungsbetrag das 60-fa-
  che der abzufindenden Monatsrente nicht übersteigt. Übersteigt die Abfindung den genannten Betrag, dann handelt es sich bei der Zahlung insgesamt nicht um eine dem § 3 Nummer 3
  Buchstabe a EStG entsprechende Abfindung.

– Beitragserstattungen (§ 3 Nummer 3 Buchstabe c EStG i. V. m. § 3 Nummer 3 Buchstabe b
  EStG), wenn nicht mehr als 59 Beitragsmonate und höchstens die Beiträge abzügl. des steuerfreien Arbeitgeberanteils bzw. -zuschusses (§ 3 Nummer 62 EStG) nominal erstattet werden.
  Werden bis zu 60 % der für den Versicherten geleisteten Beiträge erstattet, handelt es sich
  aus Vereinfachungsgründen insgesamt um eine steuerfreie Beitragserstattung.

  Die Möglichkeit der steuerfreien Erstattung von Beiträgen, die nicht Pflichtbeiträge sind,
  besteht für den Versicherten insgesamt nur einmal. Eine bestimmte Wartefrist – vgl. § 210
  Absatz 2 SGB VI – ist insoweit nicht zu beachten. Damit die berufsständische Versorgungseinr-
  richtung erkennen kann, ob es sich um eine steuerfreie Beitragserstattung oder steuerpflichtige Leistung handelt, hat derjenige, der die Beitragserstattung beantragt, gegenüber der
  berufsständischen Versorgungseinrichtung zu versichern, dass er eine entsprechende Beitragserstattung bisher noch nicht beantragt hat.

  Wird die Erstattung von Pflichtbeiträgen beantragt, ist eine steuerfreie Beitragserstattung erst
  möglich, wenn nach dem Ausscheiden aus der Versicherungspflicht mindestens 24 Monate
  vergangen sind und nicht erneut eine Versicherungspflicht eingetreten ist. Unter diesen
  Voraussetzungen kann eine steuerfreie Beitragserstattung auch mehrmals in Betracht kommen, wenn nach einer Beitragserstattung für den Steuerpflichtigen erneut eine Versiche-

---

1) Rz. 199 wurde durch BMF-Schreiben vom 19. 12. 2016 (BStBl I S. 1433) geändert. Die Regelungen dieses
   BMF-Schreibens sind aus Vertrauensschutzgründen ab dem VZ 2017 anzuwenden.
2) Bestätigt durch BFH vom 5. 4. 2017 (BStBl II S. 1187).
3) Richtig: BFH vom 31. August 2011.
4) Rz. 204 wurde durch BMF-Schreiben vom 10. 1. 2014 (BStBl I S. 70) geändert und findet auf alle offenen
   Fälle Anwendung.

rungspflicht in einer berufsständischen Versorgungseinrichtung begründet wird und diese zu einem späteren Zeitpunkt wieder erlischt. Beantragt der Steuerpflichtige somit aufgrund seines Ausscheidens aus der Versicherungspflicht erneut eine Beitragserstattung, dann handelt es sich nur dann um eine steuerfreie Beitragserstattung, wenn lediglich die geleisteten Pflichtbeiträge erstattet werden. Erfolgt eine darüber hinausgehende Erstattung, handelt es sich insgesamt um eine nach § 22 Nummer 1 Satz 3 Buchstabe a Doppelbuchstabe aa EStG steuerpflichtige Leistung. Damit die berufsständische Versorgungseinrichtung die Leistungen zutreffend zuordnen kann, hat derjenige, der die Beitragserstattung beantragt, in den Fällen des Ausscheidens aus der Versicherungspflicht auch im Falle der Erstattung von Pflichtbeiträgen gegenüber der berufsständischen Versorgungseinrichtung zu erklären, ob er bereits eine Beitragserstattung aus einer berufsständischen Versorgungseinrichtung in Anspruch genommen hat.

Nach § 3 Nummer 3 Buchstabe b EStG sind auch Beitragserstattungen nach den §§ 204, 205, 207, 286d SGB VI, § 26 SGB IV steuerfrei. Liegen die in den Vorschriften genannten Voraussetzungen auch bei der von einer berufsständischen Versorgungseinrichtung durchgeführten Beitragserstattung vor, handelt es sich insoweit um eine steuerfreie Leistung.

2. Leibrenten und andere Leistungen aus Rentenversicherungen i. S. d. § 10 Absatz 1 Nummer 2 Satz 1 Buchstabe b EStG

206   Leistungen aus Rentenversicherungen i. S. d. § 10 Absatz 1 Nummer 2 Satz 1 Buchstabe b EStG (vgl. Rz. 8 ff.) unterliegen der nachgelagerten Besteuerung gem. § 22 Nummer 1 Satz 3 Buchstabe a Doppelbuchstabe aa EStG.

207   Für Renten aus Rentenversicherungen, die nicht den Voraussetzungen des § 10 Absatz 1 Nummer 2 Satz 1 Buchstabe b EStG entsprechen – insbesondere für Renten aus Verträgen i. S. d. § 10 Absatz 1 Nummer 3a EStG – bleibt es bei der Ertragsanteilsbesteuerung (vgl. insoweit Rz. **212** ff.), es sei denn, es handelt sich um nach dem 31. Dezember 2004 abgeschlossene Rentenversicherungen, bei denen keine lebenslange Rentenzahlung vereinbart und erbracht wird. Dann erfolgt die Besteuerung nach § 20 Absatz 1 Nummer 6 EStG im Wege der Ermittlung des Unterschiedsbetrags. Die Regelungen in § 22 Nummer 5 EStG bleiben unberührt (vgl. BMF-Schreiben vom **24. Juli 2013,** BStBl I S. 1022).

208   Wird ein Rentenversicherungsvertrag mit Versicherungsbeginn nach dem 31. Dezember 2004, der die Voraussetzungen des § 10 Absatz 1 Nummer 2 Satz 1 Buchstabe b EStG nicht erfüllt, in einen zertifizierten Basisrentenvertrag umgewandelt, führt dies zur Beendigung des bestehenden Vertrags – mit den entsprechenden steuerlichen Konsequenzen – und zum Abschluss eines neuen Basisrentenvertrags im Zeitpunkt der Umstellung. Die Beiträge einschließlich des aus dem Altvertrag übertragenen Kapitals können im Rahmen des Sonderausgabenabzugs nach § 10 Absatz 1 Nummer 2 Satz 1 Buchstabe b EStG berücksichtigt werden. Die sich aus dem Basisrentenvertrag ergebenden Leistungen unterliegen insgesamt der Besteuerung nach § 22 Nummer 1 Satz 3 Buchstabe a Doppelbuchstabe aa EStG.

209   Wird ein Kapitallebensversicherungsvertrag in einen **zertifizierten Basisrentenvertrag** umgewandelt, führt auch dies zur Beendigung des bestehenden Vertrags – mit den entsprechenden steuerlichen Konsequenzen – und zum Abschluss eines neuen Basisrentenvertrags im Zeitpunkt der Umstellung. Die Beiträge einschließlich des aus dem Altvertrag übertragenen Kapitals können im Rahmen des Sonderausgabenabzugs nach § 10 Absatz 1 Nummer 2 Satz 1 Buchstabe b EStG berücksichtigt werden. Die sich aus dem Basisrentenvertrag ergebenden Leistungen unterliegen insgesamt der Besteuerung nach § 22 Nummer 1 Satz 3 Buchstabe a Doppelbuchstabe aa EStG.

210   Wird entgegen der ursprünglichen vertraglichen Vereinbarung (vgl. Rz. 9 **und 14**) ein zertifizierter Basisrentenvertrag in einen Vertrag umgewandelt, der die Voraussetzungen des § 10 Absatz 1 Nummer 2 Satz 1 Buchstabe b EStG nicht erfüllt, ist steuerlich von einem neuen Vertrag auszugehen. Wird dabei die auf den „alten" Vertrag entfallende Versicherungsleistung ganz oder teilweise auf den „neuen" Vertrag angerechnet, fließt die angerechnete Versicherungsleistung dem Versicherungsnehmer zu und unterliegt im Zeitpunkt der Umwandlung des Vertrags der Besteuerung nach § 22 Nummer 1 Satz 3 Buchstabe a Doppelbuchstabe aa EStG. Ist die Umwandlung als Missbrauch von rechtlichen Gestaltungsmöglichkeiten (§ 42 AO) anzusehen, z. B. Umwandlung innerhalb kurzer Zeit nach Vertragsabschluss ohne erkennbaren sachlichen Grund, ist für die vor der Umwandlung geleisteten Beiträge der Sonderausgabenabzug nach § 10 Absatz 1 Nummer 2 Satz 1 Buchstabe b EStG zu versagen oder rückgängig zu machen.

211   Werden Ansprüche des Leistungsempfängers aus einem Versicherungsvertrag mit Versicherungsbeginn nach dem 31. Dezember 2004, der die Voraussetzungen des § 10 Absatz 1 Nummer 2 **Satz 1** Buchstabe b EStG erfüllt, unmittelbar auf einen **anderen** Vertrag **des Leistungsempfängers** bei einem anderen Unternehmen übertragen, gilt die Versicherungsleistung nicht als dem Leistungsempfänger zugeflossen, wenn der neue Vertrag **nach § 5a AltZertG zertifiziert ist.**

Sie unterliegt daher im Zeitpunkt der Übertragung nicht der Besteuerung (§ 3 Nummer 55d EStG).

III. Leibrenten und andere Leistungen i. S. d. § 22 Nummer 1 Satz 3 Buchstabe a Doppelbuchstabe bb EStG

Der Anwendungsbereich des § 22 Nummer 1 Satz 3 Buchstabe a Doppelbuchstabe bb EStG umfasst diejenigen Leibrenten und anderen Leistungen, die nicht bereits unter Doppelbuchstabe aa der Vorschrift (vgl. Rz. 195 ff.) oder § 22 Nummer 5 EStG einzuordnen sind, wie Renten aus   212

– Rentenversicherungen, die nicht den Voraussetzungen des § 10 Absatz 1 Nummer 2 Satz 1 Buchstabe b EStG entsprechen, weil sie z. B. eine Teilkapitalisierung oder Einmalkapitalauszahlung (Kapitalwahlrecht) oder einen Rentenbeginn vor Vollendung des 62. Lebensjahres vorsehen (bei **vor** dem 1. Januar **2012** abgeschlossenen Verträgen ist regelmäßig die Vollendung des **60.** Lebensjahres maßgebend) oder die Laufzeit der Versicherung vor dem 1. Januar 2005 begonnen hat, oder

– Verträgen i. S. d. § 10 Absatz 1 Nummer 3a Buchstabe b EStG.

Bei nach dem 31. Dezember 2004 abgeschlossenen Rentenversicherungen muss eine lebenslange Rentenzahlung vereinbart und erbracht werden.

Werden neben einer Grundrente Überschussbeteiligungen in Form einer Bonusrente gezahlt, so   213
ist der gesamte Auszahlungsbetrag mit einem einheitlichen Ertragsanteil der Besteuerung zu unterwerfen. Mit der Überschussbeteiligung in Form einer Bonusrente **wird** kein neues Rentenrecht begründet (R 22.4 Absatz 1 Satz 2 EStR; **BFH vom 22. August 2012**, BStBl II 2013 S. 158). In der Mitteilung nach § 22a EStG (bei Leistungen i. S. d. § 22 Nummer 5 Satz 2 Buchstabe a EStG in der Mitteilung nach § 22 Nummer 5 Satz 7 EStG) ist der Betrag von Grund- und Bonusrente in einer Summe auszuweisen.

Dem § 22 Nummer 1 Satz 3 Buchstabe a Doppelbuchstabe bb EStG zuzuordnen sind auch abgekürzte Leibrenten, die nicht unter § 22 Nummer 1 Satz 3 Buchstabe a Doppelbuchstabe aa EStG   214
fallen (z. B. private selbständige Erwerbsminderungsrente, Waisenrente aus einer privaten Versicherung, wenn die Voraussetzungen des § 10 Absatz 1 Nummer 2 Satz 1 Buchstabe b EStG nicht erfüllt). Dies gilt bei Rentenversicherungen (vgl. Rz. 19 des BMF-Schreibens vom 1. Oktober 2009, BStBl I S. 1172)[1] nur, wenn sie vor dem 1. Januar 2005 abgeschlossen wurden.

Auf Antrag des Steuerpflichtigen sind unter bestimmten Voraussetzungen auch Leibrenten und   215
andere Leistungen i. S. d. § 22 Nummer 1 Satz 3 Buchstabe a Doppelbuchstabe aa EStG nach § 22 Nummer 1 Satz 3 Buchstabe a Doppelbuchstabe bb EStG zu versteuern (sog. Öffnungsklausel). Wegen der Einzelheiten hierzu vgl. die Ausführungen unter Rz. 238 ff.

IV. Besonderheiten bei der betrieblichen Altersversorgung

Die Versorgungsleistungen einer Pensionskasse, eines Pensionsfonds oder aus einer Direktver-   216
sicherung (z. B. Rente, Auszahlungsplan, Teilkapitalauszahlung, Einmalkapitalauszahlung) unterliegen der Besteuerung nach § 22 Nummer 5 EStG. Einzelheiten zur Besteuerung von Leistungen aus der betrieblichen Altersversorgung sind im BMF-Schreiben vom **24. Juli 2013**, BStBl I S. 1022, **Rz. 369 ff.** geregelt.

V. Durchführung der Besteuerung

1. Leibrenten und andere Leistungen i. S. d. § 22 Nummer 1 Satz 3 Buchstabe a Doppelbuchstabe aa EStG

a) Allgemeines

In der Übergangszeit bis zur vollständigen nachgelagerten Besteuerung unterliegt nur ein Teil   217
der Leibrenten und anderen Leistungen der Besteuerung. In Abhängigkeit vom Jahresbetrag der Rente und dem Jahr des Rentenbeginns wird der steuerfreie Teil der Rente ermittelt, der grundsätzlich für die gesamte Laufzeit der Rente gilt. Diese Regelung bewirkt, dass Rentenerhöhungen, die auf einer regelmäßigen Rentenanpassung beruhen, vollständig nachgelagert besteuert werden.

b) Jahresbetrag der Rente

Bemessungsgrundlage für die Ermittlung des der Besteuerung unterliegenden Anteils der   218
Rente ist der Jahresbetrag der Rente (§ 22 Nummer 1 Satz 3 Buchstabe a Doppelbuchstabe aa Satz 2 EStG). Jahresbetrag der Rente ist die Summe der im Kalenderjahr zugeflossenen Rentenbeträge einschließlich der bei Auszahlung einbehaltenen eigenen Beitragsanteile zur Kranken-

---

[1] Abgedruckt zu → H 20 (Versicherungsverträge).

und Pflegeversicherung. Steuerfreie Zuschüsse zu den Krankenversicherungsbeiträgen sind nicht Bestandteil des Jahresbetrags der Rente. Zum Jahresbetrag der Rente gehören auch die im Kalenderjahr zugeflossenen anderen Leistungen. Bei rückwirkender Zubilligung der Rente ist ggf. Rz. **192 dieses Schreibens und Rz. 48 des BMF-Schreibens vom 7. Dezember 2011** (BStBl I S. 1223) zu beachten. Eine Pfändung der Rente hat keinen Einfluss auf die Höhe des nach § 22 EStG zu berücksichtigenden Jahresbetrags der Rente. **Dies gilt auch für Abtretungen.**

c) Bestimmung des Prozentsatzes

aa) Allgemeines

219 Der **Prozentsatz** in der Tabelle in § 22 Nummer 1 Satz 3 Buchstabe a Doppelbuchstabe aa Satz 3 EStG bestimmt sich grundsätzlich nach dem Jahr des Rentenbeginns.

220 Unter Beginn der Rente ist der Zeitpunkt zu verstehen, ab dem die Rente (ggf. nach rückwirkender Zubilligung) tatsächlich bewilligt wird (siehe Rentenbescheid).

221 Wird die bewilligte Rente bis auf 0 € gekürzt, z. B. weil eigene Einkünfte anzurechnen sind, steht dies dem Beginn der Rente nicht entgegen und unterbricht die Laufzeit der Rente nicht. Verzichtet der Rentenberechtigte in Kenntnis der Kürzung der Rente auf die Beantragung, beginnt die Rente jedoch nicht zu laufen, solange sie mangels Beantragung nicht dem Grunde nach bewilligt wird.

222 Fließt eine andere Leistung vor dem Beginn der Leibrente zu, bestimmt sich der **Prozentsatz** für die Besteuerung der anderen Leistung nach dem Jahr ihres Zuflusses, andernfalls nach dem Jahr des Beginns der Leibrente.

bb) Erhöhung oder Herabsetzung der Rente

223 Soweit Renten i. S. d. § 22 Nummer 1 Satz 3 Buchstabe a Doppelbuchstabe aa EStG später z. B. wegen Anrechnung anderer Einkünfte erhöht oder herabgesetzt werden, ist keine neue Rente anzunehmen. Gleiches gilt, wenn eine Teil-Altersrente in eine volle Altersrente oder eine volle Altersrente in eine Teil-Altersrente umgewandelt wird (§ 42 SGB VI). Für den erhöhten oder verminderten Rentenbetrag bleibt der ursprünglich ermittelte Prozentsatz maßgebend (zur Neuberechnung des Freibetrags vgl. Rz. **232 ff.**).

cc) Besonderheiten bei Folgerenten aus derselben Versicherung oder demselben Vertrag

224 Renten aus derselben Versicherung oder demselben Vertrag liegen vor, wenn Renten auf ein und demselben Rentenrecht beruhen. Das ist beispielsweise der Fall, wenn eine Rente wegen voller Erwerbsminderung einer Rente wegen teilweiser Erwerbsminderung folgt oder umgekehrt, bei einer Altersrente, der eine (volle oder teilweise) Erwerbsminderungsrente vorherging, oder wenn eine kleine Witwen- oder Witwerrente einer großen Witwen- oder Witwerrente folgt und umgekehrt oder eine Altersrente einer Erziehungsrente folgt. Das gilt auch dann, wenn die Rentenempfänger nicht identisch sind wie z. B. bei einer Altersrente mit nachfolgender Witwen- oder Witwerrente oder Waisenrente. Leistungen aus Anrechten, die im Rahmen des Versorgungsausgleichs durch interne Teilung auf die ausgleichsberechtigte Person übertragen wurden oder die zu Lasten der Anrechte der ausgleichspflichtigen Person für die ausgleichsberechtigte Person durch externe Teilung begründet wurden, stellen einen eigenen Rentenanspruch der ausgleichsberechtigten Person dar. Die Rente der ausgleichsberechtigten Person ist daher keine Rente aus der Versicherung oder dem Vertrag der ausgleichspflichtigen Person.

225 Folgen nach dem 31. Dezember 2004 Renten aus derselben Versicherung oder demselben Vertrag einander nach, wird bei der Ermittlung des Prozentsatzes nicht der tatsächliche Beginn der Folgerente herangezogen. Vielmehr wird ein fiktives Jahr des Rentenbeginns ermittelt, indem vom tatsächlichen Rentenbeginn der Folgerente die Laufzeiten vorhergehender Renten abgezogen werden. Dabei darf der Prozentsatz von 50 % nicht unterschritten werden.

226 **Beispiel:**

A bezieht von Oktober 2003 bis Dezember 2006 (= 3 Jahre und 3 Monate) eine Erwerbsminderungsrente i. H. v. 1 000 €. Anschließend ist er wieder erwerbstätig. Ab Februar 2013 erhält er seine Altersrente i. H. v. 2 000 €.

In 2003 und 2004 ist die Erwerbsminderungsrente gem. **§ 55 Absatz 2 EStDV** mit einem Ertragsanteil von 4 % zu versteuern, in 2005 und 2006 gem. **§ 22** Nummer 1 Satz 3 Buchstabe a Doppelbuchstabe aa EStG mit einem Besteuerungsanteil von 50 %. Der der Besteuerung unterliegende Teil für die ab Februar 2013 gewährte Altersrente ermittelt sich wie folgt:

Rentenbeginn der Altersrente	Februar 2013
abzgl. der Laufzeit der Erwerbsminderungsrente (3 Jahre und 3 Monate)	
= fiktiver Rentenbeginn	November 2009
Besteuerungsanteil lt. Tabelle	58 %
Jahresbetrag der Rente in 2013: 11 × 2 000 €	22 000 €
Betragsmäßiger Besteuerungsanteil (58 % von 22 000 €)	12 760 €

Renten, die vor dem 1. Januar 2005 geendet haben, werden nicht als vorhergehende Renten berücksichtigt und wirken sich daher auf die Höhe des Prozentsatzes für die Besteuerung der nachfolgenden Rente nicht aus.   227

Abwandlung des Beispiels in Rz. 226:   228

Die Erwerbsminderungsrente wurde von Oktober 2000 bis Dezember 2004 bezogen.

In diesem Fall folgen nicht nach dem 31. Dezember 2004 mehrere Renten aus derselben Versicherung einander nach mit der Folge, dass für die Ermittlung des Besteuerungsanteils für die Altersrente das Jahr 2013 maßgebend ist und folglich ein Besteuerungsanteil von 66 %.

Lebt eine wegen Wiederheirat des Berechtigten weggefallene Witwen- oder Witwerrente wegen   229
Auflösung oder Nichtigerklärung der erneuten Ehe oder der erneuten Lebenspartnerschaft wieder auf (§ 46 Absatz 3 SGB VI), ist bei Wiederaufleben der Witwen- oder Witwerrente für die Ermittlung des Prozentsatzes nach § 22 Nummer 1 Satz 3 Buchstabe a Doppelbuchstabe aa Satz 3 EStG der Rentenbeginn des erstmaligen Bezugs maßgebend.

d) Ermittlung des steuerfreien Teils der Rente

aa) Allgemeines

Nach § 22 Nummer 1 Satz 3 Buchstabe a Doppelbuchstabe aa Satz 4 und 5 EStG gilt der steuer-   230
freie Teil der Rente für die gesamte Laufzeit des Rentenbezugs. Der steuerfreie Teil der Rente wird in dem Jahr ermittelt, das dem Jahr des Rentenbeginns folgt. Bei Renten, die vor dem 1. Januar 2005 begonnen haben, ist der steuerfreie Teil der Rente des Jahres 2005 maßgebend.

bb) Bemessungsgrundlage für die Ermittlung des steuerfreien Teils der Rente

Bemessungsgrundlage für die Ermittlung des steuerfreien Teils der Rente ist der Jahresbetrag der   231
Rente in dem Jahr, das dem Jahr des Rentenbeginns folgt. Bei Renten mit Rentenbeginn vor dem 1. Januar 2005 ist der Jahresbetrag der Rente des Jahres 2005 maßgebend. Zum Jahresbetrag der Rente vgl. Rz. 218.

cc) Neuberechnung des steuerfreien Teils der Rente

Ändert sich der Jahresbetrag der Rente und handelt es sich hierbei nicht um eine regelmäßige   232
Anpassung (z. B. jährliche Rentenerhöhung), ist der steuerfreie Teil der Rente auf der Basis des bisher maßgebenden Prozentsatzes mit der veränderten Bemessungsgrundlage neu zu ermitteln. Auch Rentennachzahlungen oder -rückzahlungen sowie der Wegfall des Kinderzuschusses zur Rente aus einer berufsständischen Versorgungseinrichtung können zu einer Neuberechnung des steuerfreien Teils der Rente führen. **Ändert sich der Jahresbetrag einer Rente in ausländischer Währung aufgrund von Währungsschwankungen, führt die sich daraus ergebende Änderung des Jahresbetrags der Rente ebenfalls zu einer Neuberechnung des steuerfreien Teils der Rente.**

Der steuerfreie Teil der Rente ist in dem Verhältnis anzupassen, in dem der veränderte Jahres-   233
betrag der Rente zum Jahresbetrag der Rente steht, der der Ermittlung des bisherigen steuerfreien Teils der Rente zugrunde gelegen hat. Regelmäßige Anpassungen des Jahresbetrags der Rente bleiben dabei außer Betracht (§ 22 Nummer 1 Satz 3 Buchstabe a Doppelbuchstabe aa Satz 7 EStG). Die für die Berechnung erforderlichen Angaben ergeben sich aus der Rentenbezugsmitteilung (vgl. **BMF-Schreiben vom 7. Dezember 2011,** BStBl I S. 1223).

Beispiel: 234

R bezieht ab Mai **2010** eine monatliche Witwenrente aus der gesetzlichen Rentenversicherung **(keine Folgerente)** i. H. v. 1 100 €. Die Rente wird aufgrund regelmäßiger Anpassungen zum 1. Juli **2010**, zum 1. Juli **2011**, zum 1. Juli **2012** und zum 1. Juli **2013** jeweils um 10 € erhöht. Wegen anderer Einkünfte wird die Rente ab August **2013** auf 830 € gekürzt.

Rentenzeitraum	Monatsbetrag	Betrag im Zahlungszeitraum
1.5.–30.6.2010	1 100,00 €	2 200,00 €
1.7.–31.12.2010	1 110,00 €	6 660,00 €
Jahresrente 2010		**8 860,00 €**
1.1. –30.6.2011	1 110,00 €	6 660,00 €
1.7. –31.12.2011	1 120,00 €	6 720,00 €
Jahresrente 2011		**13 380,00 €**
1.1. –30.6.2012	1 120,00 €	6 720,00 €
1.7. –31.12.2012	1 130,00 €	6 780,00 €
Jahresrente 2012		**13 500,00 €**
1.1. –30.6.2013	1 130,00 €	6 780,00 €
1.7. –31.7.2013	1 140,00 €	1 140,00 €
1.8. –31.12.2013	830,00 €	4 150,00 €
Jahresrente 2013		**12 070,00 €**

Dem Finanzamt liegen die folgenden Rentenbezugsmitteilungen vor:

Jahr	Leistungsbetrag	Anpassungsbetrag
2010	8 860,00 €	0,00 €
2011	13 380,00 €	0,00 €
2012	13 500,00 €	120,00 €
2013	12 070,00 €	206,00 €

Berechnung des steuerfreien Teils der Rente 2011

Jahresrente 2011	13 380,00 €
– der Besteuerung unterliegender Teil (**60 %** von 13 380,00 €) =	**– 8 028,00 €**
= steuerfreier Teil der Rente	**5 352,00 €**

Neuberechnung des steuerfreien Teils der Rente im Jahr 2013

Jahresrente 2013 ohne regelmäßige Anpassungen	
(12 070,00 € – 206,00 €) =	11 864,00 €
(11 864,00 €/13 380,00 €) × 5 352,00 € =	**4 745,60 €**

Ermittlung des der Besteuerung unterliegenden Teils der Rente in Anlehnung an den Wortlaut des § 22 Nummer 1 Satz 3 Buchstabe a Doppelbuchstabe aa Satz 3 bis 7 EStG

Jahr	Besteuerungsanteil der Rente	
2010	60 % von 8 860,00 € =	**5 316,00 €**
2011	60 % von 13 380,00 € =	**8 028,00 €**
2012	13 500,00 € – 5 353,00 € =	**8 148,00 €**
2013	12 070,00 € – 4 745,60 € =	**7 324,40 €**

Ermittlung des der Besteuerung unterliegenden Teils der Rente in Anlehnung an die Einkommensteuererklärung/die Rentenbezugsmitteilung

	2010	2011	2012	2013
Jahresrente lt. Rentenbezugsmitteilung	8 860,00 €	13 380,00 €	13 500,00 €	12 070,00 €
– Anpassungsbetrag lt. Rentenbezugsmitteilung	– 0,00 €	– 0,00 €	– 120,00 €	– 206,00 €
Zwischensumme	8 860,00 €	13 380,00 €	13 380,00 €	11 864,00 €
darauf fester Prozentsatz (hier: **06 %**)	**5 316,00 €**	**8 028,00 €**	**8 028,00 €**	**7 118,40 €**
+ Anpassungsbetrag lt. Rentenbezugsmitteilung	+ 0,00 €	+ 0,00 €	+ 120,00 €	+ 206,00 €
= der Besteuerung unterliegende Anteil der Rente	**5 316,00 €**	**8 028,00 €**	**8 148,00 €**	**7 324,40 €**

235   Folgerenten i. S. d. § 22 Nummer 1 Satz 3 Buchstabe a Doppelbuchstabe aa Satz 8 EStG (vgl. Rz. 224 ff.) werden für die Berechnung des steuerfreien Teils der Rente (§ 22 Nummer 1 Satz 3 Buchstabe a Doppelbuchstabe aa Satz 3 bis 7 EStG) als eigenständige Renten behandelt. Das gilt nicht, wenn eine wegen Wiederheirat weggefallene Witwen- oder Witwerrente (vgl. Rz. 229) wieder auflebt. In diesem Fall berechnet sich der steuerfreie Teil der Rente nach der ursprünglichen, später weggefallenen Rente (vgl. Rz. 230 und 231).

2. Leibrenten und andere Leistungen i. S. d. § 22 Nummer 1 Satz 3 Buchstabe a Doppelbuchstabe bb EStG

Leibrenten i. S. d. § 22 Nummer 1 Satz 3 Buchstabe a Doppelbuchstabe bb EStG (vgl. Rz. **212**) unterliegen auch ab dem **VZ** 2005 nur mit dem Ertragsanteil der Besteuerung. Sie ergeben sich aus der Tabelle in § 22 Nummer 1 Satz 3 Buchstabe a Doppelbuchstabe bb Satz 4 EStG. Die neuen Ertragsanteile gelten sowohl für Renten, deren Rentenbeginn vor dem 1. Januar 2005 liegt, als auch für Renten, die erst nach dem 31. Dezember 2004 zu laufen beginnen.   236

Für abgekürzte Leibrenten (vgl. Rz. **214**) – z. B. aus einer privaten selbständigen Erwerbsminderungsversicherung, die nur bis zum 65. Lebensjahr gezahlt wird – bestimmen sich die Ertragsanteile auch weiterhin nach § 55 Absatz 2 EStDV.   237

3. Öffnungsklausel

a) Allgemeines

Durch die Öffnungsklausel in § 22 Nummer 1 Satz 3 Buchstabe a Doppelbuchstabe bb Satz 2 EStG werden auf Antrag des Steuerpflichtigen Teile der Leibrenten oder anderer Leistungen, die anderenfalls der nachgelagerten Besteuerung nach § 22 Nummer 1 Satz 3 Buchstabe a Doppelbuchstabe aa EStG unterliegen würden, nach § 22 Nummer 1 Satz 3 Buchstabe a Doppelbuchstabe bb EStG besteuert.   238

b) Antrag

Der Antrag ist vom Steuerpflichtigen beim zuständigen Finanzamt in der Regel im Rahmen der Einkommensteuererklärung formlos zu stellen. Der Antrag kann nicht vor Beginn des Leistungsbezugs gestellt werden. Die Öffnungsklausel in § 22 Nummer 1 Satz 3 Buchstabe a Doppelbuchstabe bb Satz 2 EStG ist nicht von Amts wegen anzuwenden.   239

c) 10-Jahres-Grenze

Die Anwendung der Öffnungsklausel setzt voraus, dass **bis zum 31. Dezember 2004 für** mindestens zehn Jahre Beiträge oberhalb des Betrags des Höchstbetrags zur gesetzlichen Rentenversicherung gezahlt wurden. Dabei ist jedes Kalenderjahr getrennt zu betrachten. Die Jahre müssen nicht unmittelbar aufeinander folgen. Dabei sind Beiträge grundsätzlich dem Jahr zuzurechnen, in dem sie gezahlt oder für das sie bescheinigt werden. Sofern Beiträge jedoch rentenrechtlich (als Nachzahlung) in einem anderen Jahr wirksam werden, sind diese dem Jahr zuzurechnen, in dem sie rentenrechtlich wirksam werden. Für die Prüfung, ob die 10-Jahres-Grenze erfüllt ist, sind nur Zahlungen zu berücksichtigen, die bis zum 31. Dezember 2004 geleistet wurden (BFH vom 19. Januar 2010, BStBl II 2011 S. 567). Sie müssen außerdem „für" Beitragsjahre vor dem 1. Januar 2005 gezahlt worden sein. Der jährliche Höchstbetrag ist auch dann maßgebend, wenn nur für einen Teil des Jahres Versicherungspflicht bestand oder nicht während des ganzen Jahres Beiträge geleistet wurden (BFH vom 4. Februar 2010, **BStBl II 2011 S. 579)**.   240

d) Maßgeblicher Höchstbeitrag

Für die Prüfung, ob Beiträge oberhalb des Betrags des Höchstbetrags gezahlt wurden, ist grundsätzlich der Höchstbeitrag zur gesetzlichen Rentenversicherung der Angestellten und Arbeiter (West) des Jahres heranzuziehen, dem die Beiträge zuzurechnen sind. In den Jahren, in denen im gesamten Kalenderjahr eine Versicherung in der knappschaftlichen Rentenversicherung bestand, ist deren Höchstbeitrag maßgebend. Bis 1949 galten in den gesetzlichen Rentenversicherungen unterschiedliche Höchstbeiträge für Arbeiter und Angestellte. Sofern keine Versicherungspflicht in den gesetzlichen Rentenversicherungen bestand, ist stets der Höchstbeitrag für Angestellte in der gesetzlichen Rentenversicherung der Arbeiter und Angestellten zu Grunde zu legen. Höchstbeitrag ist die Summe des Arbeitgeberanteils und des Arbeitnehmeranteils zur jeweiligen gesetzlichen Rentenversicherung. Die maßgeblichen Höchstbeiträge ergeben sich für die Jahre 1927 bis 2004 aus der als Anlage beigefügten Tabelle.   241

e) Ermittlung der geleisteten Beiträge

Für die Frage, ob in einem Jahr Beiträge oberhalb des Betrags des Höchstbetrags gezahlt wurden, sind sämtliche Beiträge an gesetzliche Rentenversicherungen, an **die** landwirtschaftliche Alterskasse und an berufsständische Versorgungseinrichtungen zusammenzurechnen, die dem einzelnen Jahr zuzurechnen sind (Rz. **240**). **Dabei sind auch Beiträge zu einer ausländischen gesetzlichen Rentenversicherung (vgl. Rz. 4) sowie an Alterssicherungssysteme von internationalen Organisationen, die mit der gesetzlichen Rentenversicherung vergleichbar sind (vgl. Rz. 199), zu berücksichtigen; das gilt unabhängig davon, ob die sich daraus später ergebenden Renteneinkünfte im Inland besteuert werden können.** Beiträge zur gesetzlichen Rentenversiche-   242 rung aufgrund eines Versorgungsausgleichs (§ 187 Absatz 1 Nummer 1 SGB VI), bei vorzeitiger Inanspruchnahme einer Altersrente (§ 187a SGB VI) oder zur Erhöhung der Rentenanwartschaft (§ 187b SGB VI) sind in dem Jahr zu berücksichtigen, in dem sie geleistet wurden. Dies gilt entsprechend für Beitragszahlungen dieser Art an **die** landwirtschaftliche Alterskasse und **an** berufsständische Versorgungseinrichtungen.

243 Für die Anwendung der Öffnungsklausel werden nur Beiträge berücksichtigt, die eigene Beitragsleistungen des Steuerpflichtigen enthalten. **Bei einer Hinterbliebenenrente ist auf die Beitragsleistung des Verstorbenen abzustellen.** Bei der Ermittlung der gezahlten Beiträge kommt es nicht darauf an, ob die Beiträge vom Steuerpflichtigen vollständig oder teilweise selbst getragen wurden. Es ist auch unerheblich, ob es sich um Pflichtbeiträge, freiwillige Beiträge oder Beiträge zur Höherversicherung handelt.

244 Beiträge aufgrund von Nachversicherungen in gesetzliche Rentenversicherungen, an **die** landwirtschaftliche Alterskasse und an berufsständische Versorgungseinrichtungen sind nicht zu berücksichtigen. Eine Nachversicherung wird durchgeführt, wenn ein Beschäftigungsverhältnis, das unter bestimmten Voraussetzungen nicht der Versicherungspflicht in der gesetzlichen Rentenversicherung oder in einer berufsständischen Versorgungseinrichtung unterlag (z. B. als Beamtenverhältnis), unter Verlust der Versorgungszusage gelöst wird.

245 Zuschüsse zum Beitrag nach § 32 **ALG** werden bei der Berechnung mit einbezogen.

246 Der jährliche Höchstbeitrag ist auch dann maßgebend, wenn nur für einen Teil des Jahres eine Versicherungspflicht bestand oder nicht während des ganzen Jahres Beiträge geleistet wurden (BFH vom 4. Februar 2010, **BStBl II 2011 S. 579**). Ein anteiliger Ansatz des Höchstbeitrags erfolgt nicht.

f) Nachweis der gezahlten Beiträge

247 Der Steuerpflichtige muss einmalig nachweisen, dass er **für** einen Zeitraum von mindestens zehn Jahren vor dem 1. Januar 2005 Beiträge oberhalb des Betrags des Höchstbeitrags gezahlt hat. Der Nachweis ist durch Bescheinigungen der Versorgungsträger, an die die Beiträge geleistet wurden – bzw. von deren Rechtsnachfolgern –, zu erbringen. Aus der Bescheinigung muss sich ergeben, dass die Beiträge vor dem 1. Januar 2005 geleistet wurden und welchem Jahr sie zugerechnet wurden. Soweit der Versorgungsträger für Beiträge eine Zahlung vor dem 1. Januar 2005 nicht bescheinigen kann, hat er in der Bescheinigung ausdrücklich darauf hinzuweisen. In diesen Fällen obliegt es dem Steuerpflichtigen, den Zahlungszeitpunkt vor dem 1. Januar 2005 nachzuweisen. Wird der Nachweis nicht geführt, sind diese Beträge, **soweit es sich nicht um Pflichtbeiträge handelt**, nicht in die Berechnung einzubeziehen, Pflichtbeiträge gelten **in diesen Fällen** als in dem Jahr gezahlt, für das sie bescheinigt werden. Beiträge oberhalb des Höchstbeitrags, die nach dem 31. Dezember 2004 geleistet worden sind, bleiben für die Anwendung der Öffnungsklausel auch dann außer Betracht, wenn im Übrigen vor dem 1. Januar 2005 über einen Zeitraum von mindestens zehn Jahren Beiträge oberhalb des Betrags des Höchstbeitrags zur gesetzlichen Rentenversicherung geleistet worden sind. Wurde vom Steuerpflichtigen eine von den Grundsätzen dieses BMF-Schreibens abweichende Bescheinigung vorgelegt, ist als Folge der durch die BFH-Rechtsprechung vom 19. Januar 2010, BStBl II 2011 S. 567, geänderten Rechtslage bis spätestens für den VZ 2011 eine den Grundsätzen dieses BMF-Schreibens entsprechende neue Beitragsbescheinigung vorzulegen (vgl. auch Rz. **266 ff.**).

g) Ermittlung des auf Beiträgen oberhalb des Betrags des Höchstbeitrags beruhenden Teils der Leistung

248 Der Teil der Leibrenten oder anderen Leistungen, der auf Beiträgen oberhalb des Betrags des Höchstbeitrags beruht, ist vom Versorgungsträger nach denselben Grundsätzen zu ermitteln wie in Leistungsfällen, bei denen keine Beiträge oberhalb des Betrags des Höchstbeitrags geleistet wurden. Dieser Teil wird bezogen auf jeden einzelnen Rentenanspruch getrennt ermittelt. Dabei sind die insgesamt in den einzelnen Kalenderjahren – ggf. zu verschiedenen Versorgungsträgern – geleisteten Beiträge nach Maßgabe der Rz. **252** bis **254** zu berücksichtigen. Jedes Kalenderjahr ist getrennt zu betrachten. Für jedes Jahr ist der Teil der Leistung, der auf Beiträgen oberhalb des Betrags des Höchstbeitrags beruht, gesondert zu ermitteln. Eine Zusammenrechnung der **den** einzelnen Jahren zuzurechnenden Beiträge und eine daraus resultierende Durchschnittsbildung ist nicht zulässig. Sofern Beiträge zur gesetzlichen Rentenversicherung oberhalb des Betrags des Höchstbeitrags geleistet werden und in diesen Beiträgen Höherversicherungsbeiträge enthalten sind, sind diese vorrangig als oberhalb des Betrags des Höchstbeitrags geleistet anzusehen. Wurde vom Steuerpflichtigen eine von den Grundsätzen dieses BMF-Schreibens abweichende Bescheinigung vorgelegt, ist bis spätestens für den VZ 2011 eine den Grundsätzen dieses BMF-Schreibens entsprechende neue Beitragsbescheinigung vorzulegen (vgl. auch Rz. **266 ff.**).

249 Abweichend hiervon wird bei berufsständischen Versorgungseinrichtungen zugelassen, dass die tatsächlich geleisteten Beiträge und die den Höchstbeitrag übersteigenden Beiträge zum im entsprechenden Jahr maßgebenden Höchstbeitrag ins Verhältnis gesetzt werden. Aus dem Verhält-

nis der Summen der sich daraus ergebenden Prozentsätze ergibt sich der Prozentsatz für den Teil der Leistung, der auf Beiträge oberhalb des Betrags des Höchstbeitrags entfällt. Für Beitragszahlungen ab dem Jahr 2005 ist für übersteigende Beiträge kein Prozentsatz anzusetzen. Diese Vereinfachungsregelung ist zulässig, wenn

– alle Mitglieder der einheitlichen Anwendung der Vereinfachungsregelung zugestimmt haben oder

– die berufsständische Versorgungseinrichtung für das Mitglied den Teil der Leistung, der auf Beiträgen oberhalb des Betrags des Höchstbeitrags zur gesetzlichen Rentenversicherung beruht, nicht nach Rz. 248 ermitteln kann.Beispiel:

250

Der Versicherte V war in den Jahren 1969 bis 2005 bei einer berufsständischen Versorgungseinrichtung versichert. Die Aufteilung kann wie folgt durchgeführt werden:

Jahr	tatsächlich geleistete Beiträge in DM/€	Höchstbeitrag zur gesetzlichen Rentenversicherung (HB) in DM/€	übersteigende Beiträge in DM/€	tatsächlich geleistete Beiträge in % des HB	übersteigende Beiträge in % des HB
1969	2 321,00 DM	3 264,00 DM	0 DM	71,11 %	0,00 %
1970	3 183,00 DM	3 672,00 DM	0 DM	86,68 %	0,00 %
1971	2 832,00 DM	3 876,00 DM	0 DM	73,07 %	0,00 %
1972	10 320,00 DM	4 284,00 DM	6 036,00 DM	240,90 %	140,90 %
1973	11 520,00 DM	4 968,00 DM	6 552,00 DM	231,88 %	131,88 %
1974	12 600,00 DM	5 400,00 DM	7 200,00 DM	233,33 %	133,33 %
1975	13 632,00 DM	6 048,00 DM	7 584,00 DM	225,40 %	125,40 %
1976	15 024,00 DM	6 696,00 DM	8 328,00 DM	224,37 %	124,37 %
1977	16 344,00 DM	7 344,00 DM	9 000,00 DM	222,55 %	122,55 %
1978	14 400,00 DM	7 992,00 DM	6 408,00 DM	180,18 %	80,18 %
1979	16 830,00 DM	8 640,00 DM	8 190,00 DM	194,79 %	94,79 %
1980	12 510,00 DM	9 072,00 DM	3 438,00 DM	137,90 %	37,90 %
1981	13 500,00 DM	9 768,00 DM	3 732,00 DM	138,21 %	38,21 %
1982	12 240,00 DM	10 152,00 DM	2 268,00 DM	122,34 %	22,34 %
1983	14 670,00 DM	10 900,00 DM	3 770,00 DM	134,59 %	34,59 %
1984	19 440,00 DM	11 544,00 DM	7 896,00 DM	168,40 %	68,40 %
1985	23 400,00 DM	12 306,60 DM	11 093,40 DM	190,14 %	90,14 %
1986	18 360,00 DM	12 902,40 DM	5 457,60 DM	142,30 %	42,30 %
1987	17 730,00 DM	12 790,80 DM	4 939,20 DM	138,62 %	38,62 %
1988	12 510,00 DM	13 464,00 DM	0 DM	92,91 %	0,00 %
1989	14 310,00 DM	13 688,40 DM	621,60 DM	104,54 %	4,54 %
1990	16 740,00 DM	14 137,20 DM	2 602,80 DM	118,41 %	18,41 %
1991	18 000,00 DM	14 001,00 DM	3 999,00 DM	128,56 %	28,56 %
1992	16 110,00 DM	14 443,20 DM	1 666,80 DM	111,54 %	11,54 %
1993	16 020,00 DM	15 120,00 DM	900,00 DM	105,95 %	5,95 %
1994	17 280,00 DM	17 510,40 DM	0 DM	96,68 %	0,00 %
1995	16 020,00 DM	17 409,60 DM	0 DM	92,02 %	0,00 %
1996	20 340,00 DM	18 432,00 DM	1 908,00 DM	110,35 %	10,35 %
1997	22 140,00 DM	19 975,20 DM	2 164,80 DM	110,84 %	10,84 %
1998	23 400,00 DM	20 462,40 DM	2 937,60 DM	114,36 %	14,36 %
1999	22 500,00 DM	20 094,00 DM	2 406,00 DM	111,97 %	11,97 %
2000	24 210,00 DM	19 917,60 DM	4 292,40 DM	121,55 %	21,55 %
2001	22 230,00 DM	19 940,40 DM	2 289,60 DM	111,48 %	11,48 %
2002	12 725,00 €	10 314,00 €	2 411,00 €	123,88 %	23,38 %
2003	14 721,80 €	11 934,00 €	2 787,80 €	123,36 %	23,36 %
2004	14 447,00 €	12 051,00 €	2 396,00 €	119,88 %	19,88 %
2005	13 274,50 €	12 168,00 €	0,00 €	109,09 %	0,00 %
			Summe entspricht	**5 165,63 %** **100 %**	**1 542,07 %** **29,85 %**

Von den Leistungen unterliegt ein Anteil von 29,85 % der Besteuerung nach § 22 Nummer 1 Satz 3 Buchstabe a Doppelbuchstabe bb EStG.

h) Aufteilung bei Beiträgen an mehr als einen Versorgungsträger

251 Hat der Steuerpflichtige sowohl Beiträge zu einer inländischen als auch Beiträge zu einer ausländischen gesetzlichen Rentenversicherung geleistet, kann er bestimmen, welcher gesetzlichen Rentenversicherung die Beiträge vorrangig zuzuordnen sind. Weist der Steuerpflichtige **im Übrigen** die Zahlung von Beiträgen an mehr als einen Versorgungsträger nach, gilt Folgendes:

aa) Beiträge an mehr als eine berufsständische Versorgungseinrichtung

252 Die Beiträge bis zum jeweiligen Höchstbeitrag sind einer vom Steuerpflichtigen zu bestimmenden berufsständischen Versorgungseinrichtung vorrangig zuzuordnen. Die berufsständischen Versorgungseinrichtungen haben entsprechend dieser Zuordnung den Teil der Leistung zu ermitteln, der auf Beiträgen beruht, die jährlich isoliert betrachtet oberhalb des Betrags des Höchstbeitrags zur gesetzlichen Rentenversicherung gezahlt wurden.

bb) Beiträge an die gesetzliche Rentenversicherung und an berufsständische Versorgungseinrichtungen

253 Die Beiträge bis zum jeweiligen Höchstbeitrag sind vorrangig der gesetzlichen Rentenversicherung zuzuordnen (**beachte auch Rz. 251**). Die berufsständische Versorgungseinrichtung hat den Teil der Leistung zu ermitteln, der auf Beiträgen beruht, die jährlich isoliert betrachtet oberhalb des Betrags des Höchstbeitrags zur gesetzlichen Rentenversicherung gezahlt wurden. Dies gilt für den Träger der gesetzlichen Rentenversicherung entsprechend, wenn die Beiträge zur gesetzlichen Rentenversicherung bereits oberhalb des Höchstbeitrags zur gesetzlichen Rentenversicherung liegen.

254 Beiträge an die landwirtschaftliche Alterskasse sind für die Frage der Anwendung der Öffnungsklausel wie Beiträge zur gesetzlichen Rentenversicherung zu behandeln. Sind Beiträge an die gesetzliche Rentenversicherung und an die landwirtschaftliche Alterskasse geleistet worden, sind die Beiträge bis zum jeweiligen Höchstbeitrag vorrangig der gesetzlichen Rentenversicherung zuzuordnen.

255 **Beispiel:**

Der Steuerpflichtige N hat in den Jahren 1980 bis 1990 folgende Beiträge zur gesetzlichen Rentenversicherung der Arbeiter und Angestellten und an eine berufsständische Versorgungseinrichtung gezahlt. Im Jahr 1981 hat er i. H. v. 22 100 DM Rentenversicherungsbeiträge für die Jahre 1967 bis 1979 nachentrichtet, dabei entfielen auf jedes Jahr 1 700 DM. Im Jahr 1982 hat er neben seinem Grundbeitrag von 2 200 DM außerdem einen Höherversicherungsbeitrag nach § 11 Angestelltenversicherungsgesetz i. H. v. 8 000 DM an die gesetzliche Rentenversicherung gezahlt. Er beantragt die Anwendung der Öffnungsklausel.

Jahr	Beiträge zur gesetzlichen Rentenversicherung	Beiträge an die berufsständische Versorgungseinrichtung	Höchstbeitrag zur gesetzlichen Rentenversicherung	übersteigende Beiträge
1	2	3	4	5
1967	1 700,00 DM		2 352,00 DM	–
1968	1 700,00 DM	–	2 880,00 DM	
1969	1 700,00 DM	–	3 264,00 DM	–
1970	1 700,00 DM	–	3 672,00 DM	–
1971	1 700,00 DM	–	3 876,00 DM	–
1972	1 700,00 DM	–	4 284,00 DM	–
1973	1 700,00 DM	–	4 968,00 DM	–
1974	1 700,00 DM	–	5 400,00 DM	–
1975	1 700,00 DM	–	6 048,00 DM	–
1976	1 700,00 DM	–	6 696,00 DM	–
1977	1 700,00 DM	–	7 344,00 DM	–
1978	1 700,00 DM	–	7 992,00 DM	–
1979	1 700,00 DM	–	8 640,00 DM	–
1980	2 000,00 DM	8 000,00 DM	9 072,00 DM	928,00 DM
1981	2 100,00 DM	8 600,00 DM	9 768,00 DM	932,00 DM
1982	10 200,00 DM	8 200,00 DM	10 152,00 DM	8 248,00 DM
1983	2 300,00 DM	9 120,00 DM	10 900,00 DM	520,00 DM
1984	2 400,00 DM	9 500,00 DM	11 544,00 DM	356,00 DM

Jahr	Beiträge zur gesetzlichen Rentenversicherung	Beiträge an die berufsständische Versorgungsein-richtung	Höchstbeitrag zur gesetzlichen Renten-versicherung	übersteigende Beiträge
1	2	3	4	5
1985	2 500,00 DM	9 940,00 DM	12 306,60 DM	133,40 DM
1986	2 600,00 DM	10 600,00 DM	12 902,40 DM	297,60 DM
1987	2 700,00 DM	11 300,00 DM	12 790,80 DM	1 209,20 DM
1988	2 800,00 DM	11 800,00 DM	13 464,00 DM	1 136,00 DM
1989	2 900,00 DM	12 400,00 DM	13 688,40 DM	1 611,60 DM
1990	3 000,00 DM	12 400,00 DM	14 137,20 DM	1 262,80 DM

Die Nachzahlung im Jahr 1981 allein führt nicht zur Anwendung der Öffnungsklausel, auch wenn in diesem Jahr Beiträge oberhalb des 1981 geltenden Höchstbeitrags und **für** einen Zeitraum von mindestens zehn Jahren gezahlt wurden, da die Jahresbeiträge in den Jahren, denen die jeweiligen Nachzahlungen zuzurechnen sind, jeweils nicht oberhalb des Betrags des Höchstbeitrags liegen.

Im Beispielsfall ist die Öffnungsklausel jedoch anzuwenden, da unabhängig von der Nach-zahlung in die gesetzliche Rentenversicherung durch die zusätzliche Zahlung von Beiträgen an eine berufsständische Versorgungseinrichtung **für** einen Zeitraum von mindestens zehn Jahren Beiträge oberhalb des Betrags des Höchstbeitrags zur gesetzlichen Rentenversiche-rung geleistet wurden (Jahre 1980 bis 1990). Die Öffnungsklausel ist vorrangig auf die Rente aus der berufsständischen Versorgungseinrichtung anzuwenden. Für die Berechnung durch die berufsständische Versorgungseinrichtung, welcher Teil der Rente auf Beiträgen oberhalb des Betrags des Höchstbeitrags beruht, sind die übersteigenden Beiträge (Spalte 5 der Tabelle) – höchstens jedoch die tatsächlich an die berufsständische Versorgungseinrichtung geleisteten Beiträge – heranzuziehen. Es ist ausreichend, wenn die berufsständische Versor-gungseinrichtung dem Steuerpflichtigen den prozentualen Anteil der auf die übersteigenden Beiträge entfallenden Leistungen mitteilt. Auf dieser Grundlage hat der Steuerpflichtige selbst in der Auszahlungsphase jährlich den konkreten Anteil der Rente zu ermitteln, der nach § 22 Nummer 1 Satz 3 Buchstabe a Doppelbuchstabe bb EStG der Besteuerung unter-liegt.

Eine Besonderheit ergibt sich im Beispielsfall für das Jahr 1982. Aufgrund der Zahlung von Höherversicherungsbeiträgen im Jahr 1982 wurden auch an die gesetzliche Rentenversiche-rung Beiträge oberhalb des Höchstbeitrags zur gesetzlichen Rentenversicherung geleistet. Diese Beiträge sind der gesetzlichen Rentenversicherung zuzuordnen. Die gesetzliche Ren-tenversicherung hat auf der Grundlage der Entgeltpunkte des Jahres 1982 den Anteil der Rente aus der gesetzlichen Rentenversicherung zu ermitteln, der auf Beiträge oberhalb des Höchstbeitrags entfällt. Dabei gelten die fiktiven Entgeltpunkte für die Höherversicherungs-beiträge innerhalb der Rentenversicherung vorrangig als oberhalb des Höchstbeitrags zur gesetzlichen Rentenversicherung geleistet. Die Öffnungsklausel ist im Beispielsfall sowohl auf die Rente aus der berufsständischen Versorgungseinrichtung (8 200 DM) als auch auf die Rente aus der gesetzlichen Rentenversicherung (48 DM) anzuwenden.

Die Ermittlung des Teils der Leistung, der auf Beiträgen oberhalb des Betrags des Höchstbei-trags zur gesetzlichen Rentenversicherung (Spalte 5 der Tabelle) beruht, erfolgt durch den Versorgungsträger. Hierbei ist nach den Grundsätzen in Rz. 248 bis 250 zu verfahren.

i) Öffnungsklausel bei einmaligen Leistungen

Einmalige Leistungen unterliegen nicht der Besteuerung, soweit auf sie die Öffnungsklausel Anwendung findet.

256

Beispiel:

257

Nach der Bescheinigung der Versicherung beruhen 12 % der Leistungen auf Beiträgen, die oberhalb des Betrags des Höchstbeitrags geleistet wurden. Nach dem Tod des Steuerpflichti-gen erhält die Witwe W ein einmaliges Sterbegeld und eine monatliche Witwenrente.

Von der Witwenrente unterliegt ein Anteil von 88 % der nachgelagerten Besteuerung nach § 22 Nummer 1 Satz 3 Buchstabe a Doppelbuchstabe aa EStG und ein Anteil von 12 % der Besteuerung mit dem Ertragsanteil nach § 22 Nummer 1 Satz 3 Buchstabe a Doppelbuch-stabe bb EStG. Der Ertragsanteil bestimmt sich nach dem Lebensjahr der rentenberechtigten Witwe W bei Beginn der Witwenrente; die Regelung zur Folgerente findet bei der Ertrags-anteilsbesteuerung keine Anwendung.

Das Sterbegeld unterliegt zu einem Anteil von 88 % der nachgelagerten Besteuerung nach § 22 Nummer 1 Satz 3 Buchstabe a Doppelbuchstabe aa EStG. 12 % des Sterbegelds unterliegen nicht der Besteuerung.

j) Versorgungsausgleich unter Ehegatten oder unter Lebenspartnern

258   Anrechte, auf deren Leistungen die Öffnungsklausel anzuwenden ist, können in einen Versorgungsausgleich unter Ehegatten oder Lebenspartnern einbezogen worden sein. Soweit ein solches Anrecht auf die ausgleichsberechtigte Person übertragen bzw. soweit zu Lasten eines solchen Anrechts für die ausgleichsberechtigte Person ein Anrecht begründet wurde (§§ 10, 14 VersAusglG), kann auf Antrag der ausgleichsberechtigten Person auf die darauf beruhenden Leistungen die Öffnungsklausel ebenfalls Anwendung finden. Es besteht insoweit ein Auskunftsanspruch gegen die ausgleichspflichtige Person bzw. den Versorgungsträger (§ 4 VersAusglG). In dem Umfang, wie die ausgleichsberechtigte Person für übertragene oder begründete Anrechte die Öffnungsklausel anwenden kann, entfällt für die ausgleichspflichtige Person die Anwendbarkeit der Öffnungsklausel. Dabei kommt es nicht darauf an, ob die ausgleichsberechtigte Person tatsächlich von der Anwendbarkeit der Öffnungsklausel Gebrauch macht.

259   Die Anwendung der Öffnungsklausel bei der ausgleichsberechtigten Person setzt voraus, dass die ausgleichspflichtige Person bis zum 31. Dezember 2004 **für** einen Zeitraum von mindestens zehn Jahren Beiträge oberhalb des Betrags des Höchstbeitrags zur gesetzlichen Rentenversicherung gezahlt hat (vgl. Rz. **240**). Dabei sind sämtliche Beitragszahlungen der ausgleichspflichtigen Person ohne Beschränkung auf die Ehe- bzw. Lebenspartnerschaftszeit heranzuziehen.

260   Bei Ehen bzw. Lebenspartnerschaften, die nach dem 31. Dezember 2004 geschlossen werden, kommt die Öffnungsklausel hinsichtlich der Leistungen an die ausgleichsberechtigte Person, die auf im Wege des Versorgungsausgleichs übertragenen oder begründeten Anrechten beruhen, nicht zur Anwendung, da die während der Ehe- bzw. Lebenspartnerschaftszeit erworbenen Leistungen der ausgleichspflichtigen Person insgesamt nicht auf bis zum 31. Dezember 2004 geleisteten Beiträgen oberhalb des Höchstbeitrags beruhen.

261   Erhält die ausgleichsberechtigte Person neben der Leistung, die sich aus dem im Rahmen des Versorgungsausgleichs übertragenen oder begründeten Anrecht ergibt, noch eine auf „eigenen" Beiträgen beruhende Leistung, ist das Vorliegen der 10-Jahres-Grenze für diese Leistung gesondert zu prüfen. Die Beitragszahlungen der ausgleichspflichtigen Person sind dabei nicht zu berücksichtigen.

262   Der auf dem im Rahmen des Versorgungsausgleichs übertragenen oder begründeten Anrecht beruhende Teil der Leistung, der auf Beiträgen oberhalb des Betrags des Höchstbeitrags zur gesetzlichen Rentenversicherung beruht, ermittelt sich ehe- bzw. lebenspartnerschaftszeitbezogen. Dazu ist der Teil der Leistung, der auf in der Ehe- bzw. Lebenspartnerschaftszeit von der ausgleichspflichtigen Person geleisteten Beiträgen oberhalb des Höchstbeitrags beruht, ins Verhältnis zu der insgesamt während der Ehe- bzw. Lebenspartnerschaftszeit erworbenen Leistung der ausgleichspflichtigen Person zu setzen. Als insgesamt während der Ehe- bzw. Lebenspartnerschaftszeit erworbenes Anrecht ist stets der durch das Familiengericht dem Versorgungsausgleich zugrunde gelegte Wert maßgeblich. Abänderungsverfahren nach §§ 225, 226 des Gesetzes über das Verfahren in Familiensachen und in den Angelegenheiten der freiwilligen Gerichtsbarkeit (FamFG) oder § 51 VersAusglG sind zu berücksichtigen. Mit dem sich danach ergebenden prozentualen Anteil unterliegt die sich aus dem im Rahmen des Versorgungsausgleichs übertragenen oder begründeten Anrecht ergebende Leistung an die ausgleichsberechtigte Person der Besteuerung nach § 22 Nummer 1 Satz 3 Buchstabe a Doppelbuchstabe bb EStG. Entsprechend reduziert sich der Teil der Leistung der ausgleichspflichtigen Person, auf den die Öffnungsklausel anwendbar ist. Hierzu ist zunächst bei der ausgleichspflichtigen Person der Betrag der Leistung zu ermitteln, der sich aus allen durch eigene Versicherung erworbenen Anrechten ergibt und auf bis zum 31. Dezember 2004 gezahlten Beiträgen oberhalb des Höchstbeitrags zur gesetzlichen Rentenversicherung beruht, wenn kein Versorgungsausgleich durchgeführt worden wäre. Dabei sind auch diejenigen Anrechte, die der ausgleichspflichtigen Person infolge des durchgeführten Versorgungsausgleichs nicht mehr zustehen, weil sie übertragen worden sind bzw. zu ihren Lasten ein Anrecht für die ausgleichsberechtigte Person begründet worden ist, zu berücksichtigen. Von diesem Betrag wird der Betrag der Leistung abgezogen, der auf Anrechten beruht, die auf die ausgleichsberechtigte Person im Rahmen des Versorgungsausgleichs übertragen wurden und für die die ausgleichsberechtigte Person die Öffnungsklausel in Anspruch nehmen kann. Der verbleibende Betrag ist ins Verhältnis zu der der ausgleichspflichtigen Person nach Berücksichtigung des Versorgungsausgleichs tatsächlich verbleibenden Leistung zu setzen. Mit diesem Prozentsatz unterliegt die nach Durchführung des Versorgungsausgleichs verbleibende Leistung der ausgleichspflichtigen Person der Öffnungsklausel nach § 22 Nummer 1 Satz 3 Buchstabe a Doppelbuchstabe bb Satz 2 EStG. Diese Berechnung ist auch dann vorzunehmen, wenn die ausgleichsberechtigte Person die Anwendung der Öffnungsklausel auf das im Versorgungsausgleich übertragene oder begründete Anrecht nicht geltend macht.

263   Die Anwendung der Öffnungsklausel auf im Rahmen des Versorgungsausgleichs übertragene bzw. begründete Anrechte ist unabhängig vom Rentenbeginn der ausgleichspflichtigen Person

und unabhängig davon, ob diese für sich selbst die Öffnungsklausel beantragt. Der bei der ausgleichsberechtigten Person nach § 22 Nummer 1 Satz 3 Buchstabe a Doppelbuchstabe aa EStG anzuwendende Prozentsatz (für die Kohortenbesteuerung) bestimmt sich nach dem Jahr ihres Rentenbeginns.

Bezieht die ausgleichsberechtigte Person vom gleichen Versorgungsträger neben der Leistung, die auf dem im Rahmen des Versorgungsausgleichs übertragenen oder begründeten Anrecht beruht, eine durch eigene Versicherung erworbene Leistung, ist die Anwendung der Öffnungsklausel und deren Umfang für die Leistung aus eigener Versicherung gesondert zu ermitteln. Die Beitragszahlungen der ausgleichspflichtigen Person sind dabei nicht zu berücksichtigen. Der sich insoweit ergebende Prozentsatz kann von demjenigen abweichen, der auf das von der ausgleichspflichtigen Person auf die ausgleichsberechtigte Person übertragene bzw. begründete Anrecht anzuwenden ist. Wird vom Versorgungsträger eine einheitliche Leistung erbracht, die sich aus der eigenen und dem im Rahmen des Versorgungsausgleichs übertragenen bzw. begründeten Anrecht zusammensetzt, kann vom Versorgungsträger ein sich auf die Gesamtleistung ergebender einheitlicher Prozentsatz ermittelt werden. Dabei sind ggf. weitere Rentenanteile, die auf einem durchgeführten Versorgungsausgleich beruhen und für die die Anwendbarkeit der Öffnungsklausel nicht gegeben ist, mit einem Verhältniswert von 0 einzubringen. Solange für Rentenanteile aus dem Versorgungsausgleich die Anwendbarkeit der Öffnungsklausel und der entsprechende Verhältniswert nicht festgestellt sind, ist stets von einem Wert von 0 auszugehen. Wird kein auf die Gesamtleistung anzuwendender Wert ermittelt, sind die einzelnen Leistungsteile, auf die der/die berechnete/n Verhältniswert/e anzuwenden ist/sind, anzugeben.

264

Beispiel:

265

Berechnung für die ausgleichsberechtigte Person:

Nach dem Ausscheiden aus dem Erwerbsleben erhält A von einer berufsständischen Versorgungseinrichtung eine Rente i. H. v. monatlich 1 000 €. Diese Rente beruht zu 200 € auf im Rahmen des Versorgungsausgleichs auf A übertragenen Rentenanwartschaften von seiner geschiedenen Ehefrau. Die Voraussetzungen der Öffnungsklausel liegen vor. Nach Ermittlung der berufsständischen Versorgungseinrichtung unterliegen 25 % der übertragenen und 5 % der durch eigene Versicherung erworbenen Rentenanwartschaft des A nach § 22 Nummer 1 Satz 3 Buchstabe a Doppelbuchstabe bb Satz 2 EStG der Ertragsanteilsbesteuerung.

Weist die berufsständische Versorgungseinrichtung die Renten jährlich getrennt aus, sind die jeweiligen Prozentsätze unmittelbar auf die einzelnen Renten anzuwenden.

800 € × 12 = 9 600 €

95 % nach § 22 Nummer 1 Satz 3 Buchstabe a Doppelbuchstabe aa EStG	9 120 €
5 % nach § 22 Nummer 1 Satz 3 Buchstabe a Doppelbuchstabe bb EStG	480 €

200 € × 12 = 2 400 €

75 % nach § 22 Nummer 1 Satz 3 Buchstabe a Doppelbuchstabe aa EStG	1 800 €
25 % nach § 22 Nummer 1 Satz 3 Buchstabe a Doppelbuchstabe bb EStG	600 €

Insgesamt zu versteuern

nach § 22 Nummer 1 Satz 3 Buchstabe a Doppelbuchstabe aa EStG	10 920 €
nach § 22 Nummer 1 Satz 3 Buchstabe a Doppelbuchstabe bb EStG	1 080 €

Weist die berufsständische Versorgungseinrichtung einen einheitlichen Rentenbetrag aus, kann anstelle der Rentenaufteilung auch ein einheitlicher Prozentsatz ermittelt werden.

Der einheitliche Wert für die gesamte Leistung berechnet sich wie folgt:

[(800 € × 5 %) + (200 € × 25 %)]/1 000 € = 9 %

1 000 € × 12 = 12 000 €

91 % nach § 22 Nummer 1 Satz 3 Buchstabe a Doppelbuchstabe aa EStG	10 920 €
9 % nach § 22 Nummer 1 Satz 3 Buchstabe a Doppelbuchstabe bb EStG	1 080 €

9 % der Rente aus der berufsständischen Versorgungseinrichtung unterliegen der Besteuerung nach § 22 Nummer 1 Satz 3 Buchstabe a Doppelbuchstabe bb EStG.

Berechnung für die ausgleichspflichtige Person:

B hat Rentenanwartschaften bei einer berufsständischen Versorgungseinrichtung von insgesamt 1 500 € erworben. Davon wurden im Versorgungsausgleich 200 € auf ihren geschiedenen Ehemann A übertragen. B erfüllt die Voraussetzungen für die Anwendung der Öffnungsklausel. 35 % der gesamten Anwartschaft von 1 500 € beruhen auf bis zum 31. Dezember 2004 gezahlten Beiträgen oberhalb des Höchstbetrags zur gesetzlichen Rentenversicherung. Für die Ehezeit hat der Träger der berufsständischen Versorgungseinrichtung einen Anteil von 25 % ermittelt.

Der auf die nach Durchführung des Versorgungsausgleichs der B noch zustehende Rente von 1 300 € anwendbare Prozentsatz für die Öffnungsklausel ermittelt sich wie folgt:

Rente der ausgleichspflichtigen Person *vor* Versorgungsausgleich:
1 500 € × 12 = 18 000 €

Anteilsberechnung für Öffnungsklausel, wenn kein Versorgungsausgleich erfolgt wäre:
35 % von 18 000 € = 6 300 €;
6 300 € der insgesamt von B erworbenen Rentenanwartschaften unterliegen (auf Antrag) der Ertragsanteilsbesteuerung (§ 22 Nummer 1 Satz 3 Buchstabe a Doppelbuchstabe bb EStG), die restlichen 11 700 € sind nach § 22 Nummer 1 Satz 3 Buchstabe a Doppelbuchstabe aa EStG zu versteuern.

Im Versorgungsausgleich übertragene Rentenanwartschaft:
200 € × 12 = 2 400 €
25 % von 2 400 € = 600 €
Von den im Versorgungsausgleich auf den geschiedenen Ehemann A übertragenen Rentenanwartschaften können 600 € mit dem Ertragsanteil besteuert werden.

Verbleibender Betrag bei der ausgleichspflichtigen Person für die Anteilsberechnung im Rahmen der Öffnungsklausel:
6 300 € – 600 € = 5 700 €
Der für B verbleibende Betrag, der mit dem Ertragsanteil (§ 22 Nummer 1 Satz 3 Buchstabe a Doppelbuchstabe bb EStG) besteuert werden kann, beträgt 5 700 €.

Rente der ausgleichspflichtigen Person *nach* Versorgungsausgleich:
1 300 € × 12 = 15 600 €

Anteilsberechnung bei der ausgleichspflichtigen Person:
5 700 € von 15 600 € = 36,54 %
Dies entspricht 36,54 % der B nach Durchführung des Versorgungsausgleichs zustehenden Rente. Dieser Anteil der Rente ist nach § 22 Nummer 1 Satz 3 Buchstabe a Doppelbuchstabe bb EStG zu versteuern. Für den übrigen Anteil i. H. v. 63,46 % (9 900 € von 15 600 €) ist § 22 Nummer 1 Satz 3 Buchstabe a Doppelbuchstabe aa EStG anzuwenden.

Rechenweg für die Anteilsberechnung (Öffnungsklausel) bei der ausgleichspflichtigen Person in verkürzter Darstellung:
(18 000 € × 35 % – 2 400 € × 25 %)/15 600 € × 100 = 36,54 %

k) Bescheinigung der Leistung nach § 22 Nummer 1 Satz 3 Buchstabe a Doppelbuchstabe bb Satz 2 EStG

266   Der Versorgungsträger hat dem Steuerpflichtigen auf dessen Verlangen den prozentualen Anteil der Leistung zu bescheinigen, der auf bis zum 31. Dezember 2004 geleisteten Beiträgen beruht, die oberhalb des Betrags des Höchstbetrags zur gesetzlichen Rentenversicherung gezahlt wurden. **Wurde der Prozentsatz für die Anwendung der Öffnungsklausel einmal bescheinigt, ist eine weitere Bescheinigung weder bei einer Neufeststellung der Rente noch für Folgerenten erforderlich. Rz. 269 Satz 4 bleibt hiervon unberührt.** Im Fall der Anwendung der Vereinfachungsregelung (Rz. 249) hat der Versorgungsträger die Berechnung – entsprechend dem Beispielsfall in Rz. **250** – darzustellen.

267   Wurden Beiträge an mehr als einen Versorgungsträger gezahlt und ist der Höchstbetrag – auch unter Berücksichtigung der Zusammenrechnung nach Rz. **242** – nur bei einem Versorgungsträger überschritten, so ist nur von diesem Versorgungsträger eine Bescheinigung zur Aufteilung der Leistung auszustellen. Der dort bescheinigte Prozentsatz ist nur auf die Leistung dieses Versorgungsträgers anzuwenden. Für die Leistungen der übrigen Versorgungsträger kommt die Öffnungsklausel nicht zur Anwendung. Diese unterliegen in vollem Umfang der Besteuerung nach § 22 Nummer 1 Satz 3 Buchstabe a Doppelbuchstabe aa EStG.

268   Stellt die gesetzliche Rentenversicherung fest, dass geleistete Beiträge zur gesetzlichen Rentenversicherung mindestens einem Jahr zugerechnet wurden, für welches die geleisteten Beiträge oberhalb des Betrags des Höchstbetrags lagen, so stellt sie – unabhängig davon, ob die Voraussetzungen für die Öffnungsklausel erfüllt sind – eine Mitteilung aus, in der bescheinigt wird, welcher Teil der Leistung auf Beiträgen oberhalb des Betrags des Höchstbetrags beruht. Für die Frage, welchem Jahr die geleisteten Beiträge zuzurechnen sind, ist Rz. **240** zu beachten. In dieser Bescheinigung wird ausdrücklich darauf hingewiesen, über wie viele Jahre der Betrag des Höchstbetrags überschritten wurde und dass die Öffnungsklausel nur zur Anwendung kommt, wenn bis zum 31. Dezember 2004 **für** einen Zeitraum von mindestens zehn Jahren Beiträge oberhalb des Betrags des Höchstbetrags geleistet wurden. Sind die Voraussetzungen der Öffnungsklausel durch Beiträge an weitere Versorgungsträger erfüllt, dient diese Mitteilung der gesetzlichen Rentenversicherung als Bescheinigung zur Aufteilung der Leistung. Der darin mitgeteilte Prozentsatz ist in diesem Fall auf die Leistung der gesetzlichen Rentenversicherung anzuwenden; eine weitere Bescheinigung ist nicht erforderlich.

269   Die endgültige Entscheidung darüber, ob die Öffnungsklausel zur Anwendung kommt, obliegt ausschließlich der Finanzverwaltung und nicht der die Rente auszahlenden Stelle. Der Steuer-

pflichtige muss deshalb die Anwendung der Öffnungsklausel beim Finanzamt und nicht beim Versorgungsträger beantragen. Der Versorgungsträger ermittelt hierfür den Teil der Leistung, der auf Beiträgen oberhalb des Betrags des Höchstbeitrags beruht und bescheinigt diesen. Für VZ ab 2011 kommt die Öffnungsklausel nur dann zur Anwendung, wenn der Steuerpflichtige das Vorliegen der Voraussetzungen (vgl. Rz. **240** und **242)** nachweist. Der Versorgungsträger erstellt ihm hierfür auf Antrag eine entsprechende Bescheinigung. Wenn bei einer vorangegangenen Bescheinigung von den Grundsätzen dieses BMF-Schreibens nicht abgewichen wurde, genügt eine Bestätigung des Versorgungsträgers, dass die vorangegangene Bescheinigung den Grundsätzen dieses BMF-Schreibens entspricht.

D. Besonderheiten beim Versorgungsausgleich

I. Allgemeines

1. Gesetzliche Neuregelung des Versorgungsausgleichs

Mit dem VersAusglG wurden die Vorschriften zum Versorgungsausgleich grundlegend geändert. Es gilt künftig für alle ausgleichsreifen Anrechte auf Altersversorgung der Grundsatz der internen Teilung, der bisher schon bei der gesetzlichen Rentenversicherung zur Anwendung kam. Bisher wurden alle von den Ehegatten während der Ehe **bzw. von den Lebenspartnern während der Lebenspartnerschaftszeit** erworbenen Anrechte auf eine Versorgung wegen Alter und Invalidität bewertet und im Wege eines Einmalausgleichs ausgeglichen, vorrangig über die gesetzliche Rentenversicherung.   270

Das neue VersAusglG sieht dagegen die interne Teilung als Grundsatz des Versorgungsausgleichs auch für alle Systeme der betrieblichen Altersversorgung und privaten Altersvorsorge vor. Hierbei werden die von den Ehegatten **oder Lebenspartnern (§ 20 des Lebenspartnerschaftsgesetzes)** in den unterschiedlichen Altersversorgungssystemen erworbenen Anrechte zum Zeitpunkt der Scheidung innerhalb des jeweiligen Systems geteilt und für den ausgleichsberechtigten Ehegatten **oder Lebenspartner** eigenständige Versorgungsanrechte geschaffen, die unabhängig von den Versorgungsanrechten des ausgleichspflichtigen Ehegatten **oder Lebenspartner** im jeweiligen System gesondert weitergeführt werden.   271

Zu einem Ausgleich über ein anderes Versorgungssystem (externe Teilung) kommt es nur noch in den in §§ 14 bis 17 VersAusglG geregelten Ausnahmefällen. Bei einer externen Teilung entscheidet die ausgleichsberechtigte Person über die Zielversorgung. Sie bestimmt also, in welches Versorgungssystem der Ausgleichswert zu transferieren ist (ggf. Aufstockung einer bestehenden Anwartschaft, ggf. Neubegründung einer Anwartschaft). Dabei darf die Zahlung des Kapitalbetrags an die gewählte Zielversorgung nicht zu nachteiligen steuerlichen Folgen bei der ausgleichspflichtigen Person führen, es sei denn, sie stimmt der Wahl der Zielversorgung zu.   272

Die gesetzliche Rentenversicherung ist Auffang-Zielversorgung, wenn die ausgleichsberechtigte Person ihr Wahlrecht nicht ausübt und es sich nicht um eine betriebliche Altersversorgung handelt. Bei einer betrieblichen Altersversorgung wird bei fehlender Ausübung des Wahlrechts ein Anspruch in der Versorgungsausgleichskasse begründet.   273

Verbunden ist die externe Teilung mit der Leistung eines Kapitalbetrags in Höhe des Ausgleichswerts, der vom Versorgungsträger der ausgleichspflichtigen Person an den Versorgungsträger der ausgleichsberechtigten Person gezahlt wird. (Ausnahme: Externe Teilung von Beamtenversorgungen nach § 16 VersAusglG; hier findet wie nach dem bisherigen Quasi-Splitting zwischen der gesetzlichen Rentenversicherung und dem Träger der Beamtenversorgung ein Erstattungsverfahren im Leistungsfall statt).   274

Kommt in Einzelfällen weder die interne Teilung noch die externe Teilung in Betracht, etwa weil ein Anrecht zum Zeitpunkt des Versorgungsausgleichs nicht ausgleichsreif ist (§ 19 VersAusglG), z. B. ein Anrecht bei einem ausländischen, zwischenstaatlichen oder überstaatlichen Versorgungsträger oder ein Anrecht i. S. d. Betriebsrentengesetzes, das noch verfallbar ist, kommt es zu Ausgleichsansprüchen nach der Scheidung (§§ 20 ff. VersAusglG). Zur steuerlichen Behandlung der Ausgleichsansprüche nach der Scheidung vgl. BMF-Schreiben vom **9. April** 2010, **BStBl I S. 323.**   275

2. Besteuerungszeitpunkte

Bei der steuerlichen Beurteilung des Versorgungsausgleichs ist zwischen dem Zeitpunkt der Teilung eines Anrechts im Versorgungsausgleich durch gerichtliche Entscheidung und dem späteren Zufluss der Leistungen aus den unterschiedlichen Versorgungssystemen zu unterscheiden.   276

Bei der internen Teilung wird die Übertragung der Anrechte auf die ausgleichsberechtigte Person zum Zeitpunkt des Versorgungsausgleichs für beide Ehegatten **oder Lebenspartner** nach § 3 Nummer 55a EStG steuerfrei gestellt, weil auch bei den im Rahmen eines Versorgungsausgleichs   277 übertragenen Anrechten auf eine Alters- und Invaliditätsversorgung das Prinzip der nachgelagerten Besteuerung eingehalten wird. Die Besteuerung erfolgt erst während der Auszahlungsphase. Die später zufließenden Leistungen gehören dabei bei beiden Ehegatten **oder Lebenspartnern** zur gleichen Einkunftsart, da die Versorgungsanrechte innerhalb des jeweiligen Systems geteilt wurden. Ein Wechsel des Versorgungssystems und ein damit möglicherweise verbundener Wechsel der Besteuerung weg von der nachgelagerten Besteuerung hat nicht stattgefunden. Lediglich die individuellen Merkmale für die Besteuerung sind bei jedem Ehegatten **oder Lebenspartner** gesondert zu ermitteln.

278   Bei einer externen Teilung kann dagegen die Übertragung der Anrechte zu einer Besteuerung führen, da sie mit einem Wechsel des Versorgungsträgers und damit regelmäßig mit einem Wechsel des Versorgungssystems verbunden ist. § 3 Nummer 55b Satz 1 EStG stellt deshalb die Leistung des Ausgleichswerts in den Fällen der externen Teilung für beide Ehegatten **oder Lebenspartner** steuerfrei, soweit das Prinzip der nachgelagerten Besteuerung insgesamt eingehalten wird. Soweit die späteren Leistungen bei der ausgleichsberechtigten Person jedoch nicht der nachgelagerten Besteuerung unterliegen werden (z. B. Besteuerung nach § 20 Absatz 1 Nummer 6 EStG oder nach § 22 Nummer 1 Satz 3 Buchstabe a Doppelbuchstabe bb EStG mit dem Ertragsanteil), greift die Steuerbefreiung gem. § 3 Nummer 55b Satz 2 EStG nicht, und die Leistung des Ausgleichswerts ist bereits im Zeitpunkt der Übertragung beim ausgleichspflichtigen Ehegatten **oder Lebenspartner** zu besteuern. Die Besteuerung der später zufließenden Leistungen erfolgt bei jedem Ehegatten **oder Lebenspartner** unabhängig davon, zu welchen Einkünften die Leistungen beim jeweils anderen Ehegatten **oder Lebenspartner** führen, und richtet sich danach, aus welchem Versorgungssystem sie jeweils geleistet werden.

II. Interne Teilung (§ 10 VersAusglG)

1. Steuerfreiheit des Teilungsvorgangs nach § 3 Nummer 55a EStG

279   § 3 Nummer 55a EStG stellt klar, dass die aufgrund einer internen Teilung durchgeführte Übertragung von Anrechten steuerfrei ist; dies gilt sowohl für die ausgleichspflichtige als auch für die ausgleichsberechtigte Person.

2. Besteuerung bei der ausgleichsberechtigten Person

280   Die Leistungen aus den übertragenen Anrechten gehören bei der ausgleichsberechtigten Person zu den Einkünften, zu denen die Leistungen bei der ausgleichspflichtigen Person gehören würden, wenn die interne Teilung nicht stattgefunden hätte. Die (späteren) Versorgungsleistungen sind daher (weiterhin) Einkünfte aus nichtselbständiger Arbeit (§ 19 EStG) oder aus Kapitalvermögen (§ 20 EStG) oder sonstige Einkünfte (§ 22 EStG). Ausgleichspflichtige und ausgleichsberechtigte Person versteuern beide die ihnen jeweils zufließenden Leistungen.

281   Für die Ermittlung des Versorgungsfreibetrags und des Zuschlags zum Versorgungsfreibetrag nach § 19 Absatz 2 EStG, des Besteuerungsanteils nach § 22 Nummer 1 Satz 3 Buchstabe a Doppelbuchstabe aa EStG sowie des Ertragsanteils nach § 22 Nummer 1 Satz 3 Buchstabe a Doppelbuchstabe bb EStG bei der ausgleichsberechtigten Person ist auf deren Versorgungsbeginn, deren Rentenbeginn bzw. deren Lebensalter abzustellen.

282   Zu Besonderheiten bei der Öffnungsklausel s. Rz. **258 ff.**

III. Externe Teilung (§ 14 VersAusglG)

1. Steuerfreiheit nach § 3 Nummer 55b EStG

283   Nach § 3 Nummer 55b Satz 1 EStG ist der aufgrund einer externen Teilung an den Träger der Zielversorgung geleistete Ausgleichswert grundsätzlich steuerfrei, soweit die späteren Leistungen aus den dort begründeten Anrechten zu steuerpflichtigen Einkünften bei der ausgleichsberechtigten Person führen würden. Soweit die Übertragung von Anrechten im Rahmen des Versorgungsausgleichs zu keinen Einkünften i. S. d. EStG führt, bedarf es keiner Steuerfreistellung nach § 3 Nummer 55b EStG. Die Steuerfreiheit nach § 3 Nummer 55b Satz 1 EStG greift gem. § 3 Nummer 55b Satz 2 EStG nicht, soweit Leistungen, die auf dem begründeten Anrecht beruhen, bei der ausgleichsberechtigten Person zu Einkünften nach § 20 Absatz 1 Nummer 6 EStG oder § 22 Nummer 1 Satz 3 Buchstabe a Doppelbuchstabe bb EStG führen würden.

2. Besteuerung bei der ausgleichsberechtigten Person

284   Für die Besteuerung bei der ausgleichsberechtigten Person ist unerheblich, zu welchen Einkünften die Leistungen aus den übertragenen Anrechten bei der ausgleichspflichtigen Person geführt hätten, da mit der externen Teilung ein neues Anrecht begründet wird.

3. Beispiele

Beispiel 1:
285

Im Rahmen einer externen Teilung zahlt das Versicherungsunternehmen X, bei dem der ausgleichspflichtige Ehegatte A eine private Rentenversicherung mit Kapitalwahlrecht abgeschlossen hat, einen Ausgleichswert an das Versicherungsunternehmen Y zugunsten des ausgleichsberechtigten Ehegatten B in eine private Rentenversicherung, die dieser als Zielversorgung gewählt hat.

Der Ausgleichswert ist nicht steuerfrei nach § 3 Nummer 55b Satz 1 EStG, da sich aus der Übertragung keine Einkünfte i. S. d. EStG ergeben (kein Fall des § 20 Absatz 1 Nummer 6 EStG, da es sich weder um einen Erlebensfall noch um einen Rückkauf handelt); mangels Anwendbarkeit von § 3 Nummer 55b Satz 1 EStG kann auch kein Fall des Satzes 2 dieser Vorschrift vorliegen. Bei Ausübung des Kapitalwahlrechts unterliegt die spätere geminderte Kapitalleistung bei A der Besteuerung nach § 20 Absatz 1 Nummer 6 EStG (ggf. keine Besteuerung wegen § 52 Absatz 36 EStG[1]); Rentenleistungen sind bei A steuerpflichtig nach § 22 Nummer 1 Satz 3 Buchstabe a Doppelbuchstabe bb EStG. Die Leistungen werden bei B in gleicher Weise besteuert.

Beispiel 2:
286

Im Rahmen einer externen Teilung zahlt das Versicherungsunternehmen X, bei dem der ausgleichspflichtige Ehegatte A eine Basisrentenversicherung (§ 10 Absatz 1 Nummer 2 Satz 1 Buchstabe b EStG) abgeschlossen hat, mit Zustimmung des A einen Ausgleichswert an das Versicherungsunternehmen Y zugunsten des ausgleichsberechtigten Ehegatten B in eine private Rentenversicherung, die dieser als Zielversorgung gewählt hat.

Der Ausgleichswert ist nicht steuerfrei nach § 3 Nummer 55b Satz 2 EStG, denn die Leistungen, die auf dem begründeten Anrecht beruhen, würden bei der ausgleichsberechtigten Person zu Einkünften nach § 20 Absatz 1 Nummer 6 EStG (bei Ausübung eines Kapitalwahlrechts) oder nach § 22 Nummer 1 Satz 3 Buchstabe a Doppelbuchstabe bb EStG (bei Rentenzahlungen) führen. A hat im Zeitpunkt der Zahlung durch das Versicherungsunternehmen X einen Betrag in Höhe des Ausgleichswerts nach § 22 Nummer 1 Satz 3 Buchstabe a Doppelbuchstabe aa EStG zu versteuern. Die späteren durch den Versorgungsausgleich gekürzten Leistungen unterliegen bei A ebenfalls der Besteuerung nach § 22 Nummer 1 Satz 3 Buchstabe a Doppelbuchstabe aa EStG. Bei Ausübung des Kapitalwahlrechts unterliegt die spätere Kapitalleistung bei B der Besteuerung nach § 20 Absatz 1 Nummer 6 EStG; Rentenleistungen sind bei B steuerpflichtig nach § 22 Nummer 1 Satz 3 Buchstabe a Doppelbuchstabe bb EStG.

4. Verfahren

Der Versorgungsträger der ausgleichspflichtigen Person hat grundsätzlich den Versorgungsträger der ausgleichsberechtigten Person über die für die Besteuerung der Leistungen erforderlichen Grundlagen zu informieren. Andere Mitteilungs-, Informations- und Aufzeichnungspflichten bleiben hiervon unberührt.
287

IV. Neuberechnung des Versorgungsfreibetrags und des Zuschlags zum Versorgungsfreibetrag

Werden im Zeitpunkt der Wirksamkeit der Teilung bereits Versorgungsbezüge bezogen, erfolgt bei der ausgleichspflichtigen Person eine Neuberechnung des Versorgungsfreibetrags und des Zuschlags zum Versorgungsfreibetrag entsprechend § 19 Absatz 2 Satz 10 EStG. Bei der ausgleichsberechtigten Person sind der Versorgungsfreibetrag und der Zuschlag zum Versorgungsfreibetrag erstmals zu berechnen, da es sich um einen neuen Versorgungsbezug handelt. Dabei bestimmen sich der Prozentsatz, der Höchstbetrag des Versorgungsfreibetrags und der Zuschlag zum Versorgungsfreibetrag nach dem Jahr, für das erstmals Anspruch auf den Versorgungsbezug aufgrund der internen oder externen Teilung besteht.
288

E. Anwendungsregelung[2]

Vorbehaltlich besonderer Regelungen in den einzelnen Randziffern ist dieses Schreiben ab dem Zeitpunkt seiner Bekanntgabe im Bundessteuerblatt anzuwenden.
289

Das BMF-Schreiben vom 13. September 2010 – IV C 3 – S 2222/09/10041/IV C 5 – S 2345/08/0001 (2010/0628045) –, BStBl I S. 681[3] wird zum Zeitpunkt der Bekanntgabe dieses Schreibens im Bundessteuerblatt aufgehoben.
290

---

[1] Jetzt § 52 Abs. 28 Satz 5 EStG.
[2] Die Regelungen des BMF-Schreibens vom 10. 4. 2015 (BStBl I S. 256) und des BMF-Schreibens vom 1. 6. 2015 (BStBl I S. 475) sind auf alle offenen Fälle anzuwenden. Die Regelung in der Rz. 196 des BMF-Schreibens vom 4. 7. 2016 (BStBl I S. 645) gilt ab dem VZ 2016. Auf Antrag kann eine Anwendung in noch offenen Fällen erfolgen. Die Regelung des BMF-Schreibens vom 19. 12. 2016 (BStBl I S. 2433) sind aus Vertrauensschutzgründen ab dem VZ 2017 anzuwenden.
[3] Abgedruckt in der Lohnsteuer Handausgabe 2013.

Anlage

Zusammenstellung der Höchstbeiträge in der gesetzlichen Rentenversicherung der Arbeiter und Angestellten und in der knappschaftlichen Rentenversicherung (jeweils Arbeitgeber- und Arbeitnehmeranteil) für die Jahre 1927 bis 2004

Jahr	Gesetzliche Rentenversicherung der Arbeiter und Angestellten		Knappschaftliche Rentenversicherung	
	Arbeiter	Angestellte	Arbeiter	Angestellte
1927	83,43 RM	240,00 RM	383,67 RM	700,00 RM
1928	104,00 RM	280,00 RM	371,25 RM	816,00 RM
1929	104,00 RM	360,00 RM	355,50 RM	901,60 RM
1930	104,00 RM	360,00 RM	327,83 RM	890,40 RM
1931	104,00 RM	360,00 RM	362,48 RM	915,60 RM
1932	104,00 RM	360,00 RM	405,40 RM	940,80 RM
1933	104,00 RM	360,00 RM	405,54 RM	940,80 RM
1934	124,80 RM	300,00 RM	456,00 RM	806,40 RM
1935	124,80 RM	300,00 RM	456,00 RM	806,40 RM
1936	124,80 RM	300,00 RM	456,00 RM	806,40 RM
1937	124,80 RM	300,00 RM	456,00 RM	806,40 RM
1938	136,37 RM	300,00 RM	461,93 RM	1 767,60 RM
1939	140,40 RM	300,00 RM	471,90 RM	1 771,20 RM
1940	140,40 RM	300,00 RM	471,90 RM	1 771,20 RM
1941	140,40 RM	300,00 RM	472,73 RM	1 767,60 RM
1942	171,00 RM	351,60 RM	478,50 RM	1 764,00 RM
1943	201,60 RM	403,20 RM	888,00 RM	1 032,00 RM
1944	201,60 RM	403,20 RM	888,00 RM	1 032,00 RM
1945	201,60 RM	403,20 RM	888,00 RM	1 032,00 RM
1946	201,60 RM	403,20 RM	888,00 RM	1 032,00 RM
1947	201,60 RM	403,20 RM	888,00 RM	1 462,00 RM
1948	201,60 DM[1])	403,20 DM[2])	888,00 DM[2])	1 548,00 DM[2])
1949	504,00 DM	588,00 DM	1 472,50 DM	1 747,50 DM
1950	720,00 DM		1 890,00 DM	
1951	720,00 DM		1 890,00 DM	
1952	780,00 DM		2 160,00 DM	
1953	900,00 DM		2 700,00 DM	
1954	900,00 DM		2 700,00 DM	
1955	967,50 DM		2 700,00 DM	
1956	990,00 DM		2 700,00 DM	
1957	1 215,00 DM		2 770,00 DM	
1958	1 260,00 DM		2 820,00 DM	
1959	1 344,00 DM		2 820,00 DM	
1960	1 428,00 DM		2 820,00 DM	
1961	1 512,00 DM		3 102,00 DM	
1962	1 596,00 DM		3 102,00 DM	
1963	1 680,00 DM		3 384,00 DM	
1964	1 848,00 DM		3 948,00 DM	
1965	2 016,00 DM		4 230,00 DM	
1966	2 184,00 DM		4 512,00 DM	
1967	2 352,00 DM		4 794,00 DM	
1968	2 880,00 DM		5 358,00 DM	
1969	3 264,00 DM		5 640,00 DM	
1970	3 672,00 DM		5 922,00 DM	
1971	3 876,00 DM		6 486,00 DM	
1972	4 284,00 DM		7 050,00 DM	

[1]) Die im Jahr 1948 vor der Währungsreform geltenden Höchstbeiträge wurden entsprechend der Umstellung der Renten im Verhältnis 1:1 von Reichsmark (RM) in Deutsche Mark (DM) umgerechnet.

Jahr	Gesetzliche Rentenversicherung der Arbeiter und Angestellten		Knappschaftliche Rentenversicherung	
	Arbeiter	Angestellte	Arbeiter	Angestellte
1973	4 968,00 DM		7 896,00 DM	
1974	5 400,00 DM		8 742,00 DM	
1975	6 048,00 DM		9 588,00 DM	
1976	6 696,00 DM		10 716,00 DM	
1977	7 344,00 DM		11 844,00 DM	
1978	7 992,00 DM		12 972,00 DM	
1979	8 640,00 DM		13 536,00 DM	
1980	9 072,00 DM		14 382,00 DM	
1981	9 768,00 DM		15 876,00 DM	
1982	10 152,00 DM		16 356,00 DM	
1983	10 900,00 DM		17 324,00 DM	
1984	11 544,00 DM		18 624,00 DM	
1985	12 306,60 DM		19 892,30 DM	
1986	12 902,40 DM		20 658,60 DM	
1987	12 790,80 DM		20 831,40 DM	
1988	13 464,00 DM		21 418,20 DM	
1989	13 688,40 DM		22 005,00 DM	
1990	14 137,20 DM		22 885,20 DM	
1991	14 001,00 DM		22 752,00 DM	
1992	14 443,20 DM		23 637,60 DM	
1993	15 120,00 DM		24 831,00 DM	
1994	17 510,40 DM		28 764,00 DM	
1995	17 409,60 DM		28 454,40 DM	
1996	18 432,00 DM		29 988,00 DM	
1997	19 975,20 DM		32 602,80 DM	
1998	20 462,40 DM		33 248,40 DM	
1999	20 094,00 DM		32 635,20 DM	
2000	19 917,60 DM		32 563,20 DM	
2001	19 940,40 DM		32 613,60 DM	
2002	10 314,00 Euro		16 916,40 Euro	
2003	11 934,00 Euro		19 425,00 Euro	
2004	12 051,00 Euro		19 735,80 Euro	

VII.
Vorgezogene Leistungen in Form eines Übergangsgelds vor dem 60. Lebensjahr

BMF-Schreiben vom 26. 1. 2006 – IV C 5 – S 2333 – 2/06 –

In Ihrer Eingabe war darauf hingewiesen worden, dass in einzelnen Versorgungssystemen vorgesehen ist, bereits vor dem 60. Lebensjahr vorgezogene Leistungen in Form eines Übergangsgelds zu zahlen. Es stellt sich die Frage nach der Bildung von Pensionsrückstellungen sowie der lohnsteuerlichen Anerkennung, insbesondere vor dem Hintergrund, dass nach dem BMF-Schreiben vom 17. November 2004 (BStBl I S. 1065) als Untergrenze bei altersbedingtem Ausscheiden im Regelfall das 60. Lebensjahr gilt.

Nach Abstimmung mit dem für das Betriebsrentengesetz zuständigen Bundesministerium für Arbeit und Soziales und den obersten Finanzbehörden der Länder wird als Antwort auf die Eingabe Folgendes mitgeteilt:

Überbrückungshilfen oder Übergangsleistungen sind keine Leistungen der betrieblichen Altersversorgung und stehen damit nicht unter dem Schutz des Betriebsrentengesetzes. Es handelt sich dabei um Übergangsgelder, wenn die Regelung der konkreten betrieblichen Altersversorgung bezweckt, den Einkommensverlust des vorzeitig ausgeschiedenen Arbeitnehmers bis zum Eintritt in den Ruhestand auszugleichen.

Wenn man im Einzelfall zu dem Ergebnis gelangt, dass eine Zusage des Arbeitsgebers in „Übergangsleistungen" und „Leistungen der betrieblichen Altersversorgung" aufzusplitten ist, so ist dies für letztere betriebsrentenrechtlich unschädlich. Die Folge ist lediglich eine Aufteilung in Arbeitgeberleistungen, die nicht dem Schutz des Betriebsrentengesetzes unterliegen, und Leistungen der betrieblichen Altersversorgung, für die die Regelungen des Betriebsrentengesetzes gelten.

Berücksichtigt man die betriebsrentenrechtliche Behandlung bei der lohnsteuerlichen Beurteilung, gelangt man zu dem Ergebnis, dass die Zahlung von vorgezogenen Leistungen in Form eines Übergangsgelds vor dem 60. Lebensjahr dann lohnsteuerlich unschädlich ist, wenn im Einzelfall eine Trennung der vorgezogenen Leistungen in Form eines Übergangsgelds von den Leistungen der betrieblichen Altersversorgung möglich ist. Ein Anhaltspunkt hierfür kann sein, dass sich die zugesagte Altersleistung lediglich durch das vorgezogene Ausscheiden des Arbeitnehmers aus dem Arbeitsverhältnis gemäß § 2 Abs. 1 des Betriebsrentengesetzes, nicht aber durch die als „Übergangsgeld" erbrachten Leistungen verringert. Bei einer Trennung der Leistungen ist für den Teil „Übergangsgeld" in der Regel ebenfalls erst bei Auszahlung ein Lohnzufluss anzunehmen. Ist eine Trennung nicht möglich, ist die gesamte Vereinbarung aus lohnsteuerlicher Sicht nicht als betriebliche Altersversorgung anzuerkennen. Siehe dazu Rz. 154 ff. des BMF-Schreibens vom 17. November 2004 (a. a. O.).

Hinsichtlich der Bildung von Pensionsrückstellungen nach § 6a des Einkommensteuergesetzes ist R 6a Abs. 2 Satz 3 EStR einschlägig, d. h. das Einkommensteuerrecht folgt dem Betriebsrentenrecht. Für den Teil „Übergangsgeld" ist eine allgemeine Rückstellung zu bilden.

VIII.
Steuerliche Behandlung einer selbständigen Berufsunfähigkeitsversicherung als Direktversicherung

BMF-Schreiben vom 1. 8. 2006 – IV C 5 – S 2333 – 87/06 –

Auf eine Anfrage hin hat das BMF Folgendes mitgeteilt:

Voraussetzung für die Steuerfreiheit nach § 3 Nr. 63 EStG ist, dass die Auszahlung der zugesagten Versorgungsleistung in Form einer lebenslangen Rente oder eines Auszahlungsplans mit anschließender lebenslanger Teilkapitalverrentung (Anhang 2 II§ 1 Abs. 1 Satz 1 Nr. 4 des Altersvorsorgeverträge-Zertifizierungsgesetzes) vorgesehen ist. Liegt diese Voraussetzung bei einer selbständigen Berufsunfähigkeitsversicherung vor, wird auch diese vom Anwendungsbereich des § 3 Nr. 63 EStG erfasst.

Im Hinblick auf die entfallende Versorgungsbedürftigkeit, z. B. für den Fall der Vollendung des 27. Lebensjahres der Kinder, der Wiederheirat der Witwe/des Witwers, des Endes der Erwerbsminderung durch Wegfall der Voraussetzungen für den Bezug (insbesondere bei Verbesserung der Gesundheitssituation oder Erreichen der Altersgrenze), wird es von der Verwaltung nicht beanstandet, wenn eine Rente oder ein Auszahlungsplan zeitlich befristet ist (Rz. 177 Satz 2 des BMF-Schreibens vom 17. November 2004, BStBl I S. 1065). Somit ist es unschädlich, wenn z. B. eine Berufsunfähigkeitsrente lediglich bis zum Beginn des Bezugs einer Altersrente aus der gesetzlichen Rentenversicherung gezahlt wird.

Eine laufende Verrechnung von Überschussanteilen steht der Steuerfreiheit nach § 3 Nr. 63 EStG grundsätzlich nicht entgegen. Vor diesem Hintergrund können die verzinslich angesammelten Überschüsse einer Berufsunfähigkeitsversicherung auch am Ende der Laufzeit der Versicherung oder nach Eintritt des Versicherungsfalls als einmalige Kapitalsumme ausbezahlt werden. Eine unzulässige Beitragserstattung liegt nicht vor, denn es wird praktisch nur eine Überzahlung (zuviel gezahlte Risikoprämien) korrigiert. Die Auszahlung der Überschüsse unterliegt dann der Besteuerung nach § 22 Nr. 5 EStG (d. h., bei Anwendung von § 3 Nr. 63 EStG vollständige Besteuerung der Auszahlung nach § 22 Nr. 5 Satz 1 EStG).

IX.
Anhebung der Altersgrenzen;
Erhöhungen im Bereich Versicherungen im Sinne des § 20 Absatz 1 Nummer 6 EStG, Altersvorsorgeverträge, Basisrentenverträge,
betriebliche Altersversorgung

BMF-Schreiben vom 6. 3. 2012 (BStBl I S. 238)

$$\frac{\text{IV C 3 } - \text{S 2220/11/10002}}{\text{IV C 1 } - \text{S 2252/07/0001:005}} \text{ 2012/0186064}$$

In Abstimmung mit den obersten Finanzbehörden der Länder gilt im Hinblick auf die steuerlichen Auswirkungen einer Anpassung von Vorsorgeverträgen an die Anhebung des Mindestrentenalters vom 60. auf das 62. Lebensjahr Folgendes:

I. Versicherungsleistungen, die nach § 20 Absatz 1 Nummer 6 EStG zu versteuern sind

Bei Versicherungsverträgen, die nach dem 31. Dezember 2011 abgeschlossen werden, ist der hälftige Unterschiedsbetrag nach § 20 Absatz 1 Nummer 6 Satz 2 EStG mit der Maßgabe anzuwenden, dass die Versicherungsleistung nach Vollendung des 62. Lebensjahres des Steuerpflichtigen ausgezahlt wird.

Werden wesentliche Vertragsmerkmale einer Versicherung (Versicherungslaufzeit, Versicherungssumme, Beitragshöhe, Beitragszahlungsdauer), die vor dem 1. Januar 2012 abgeschlossen wurde, geändert **und** führt dies nach den Ausführungen im BMF-Schreiben vom 22. August 2002[1]) (BStBl I S. 827) und den Rz. 67 ff. des BMF-Schreibens vom 1. Oktober 2009[2]) (BStBl I S. 1172) zu einem Neubeginn der Mindestvertragsdauer, dann ist **bei** Vertragsänderung nach dem 31. Dezember 2011 der hälftige Unterschiedsbetrag nur dann anzusetzen, wenn

– die Versicherungsleistungen nach Vollendung des 62. Lebensjahres des Steuerpflichtigen und

– nach Ablauf von zwölf Jahren seit der Vertragsänderung ausgezahlt werden.

Soweit nachträglich vereinbarte Beitragserhöhungen oder Erhöhungen der Versicherungssumme im Umfang der Erhöhung steuerlich zu einem gesonderten neuen Vertrag führen, gelten die v. g. Regelungen nur für diesen neuen Vertrag.

Führt die Vertragsänderung bei vor dem 1. Januar 2012 abgeschlossenen Versicherungsverträgen nicht zu einem Neubeginn der Mindestvertragsdauer, bspw. weil sie bereits beim Vertragsabschluss vereinbart wurde, kommt es für die Anwendung des § 20 Absatz 1 Nummer 6 Satz 2 EStG nicht zu einer Anhebung der Altersgrenze auf das 62. Lebensjahr. Der Zeitpunkt der Vertragsänderung ist insoweit ohne Bedeutung.

Darüber hinaus werden Rz. 71 und Rz. 92 des BMF-Schreibens vom 1. Oktober 2009[3]) (BStBl I S. 1172) um folgende Sätze ergänzt:

„Im Hinblick auf die gesetzliche Anhebung des Rentenalters von 65 auf 67 Jahre gilt Folgendes:

Die Verlängerung der Laufzeit eines Vertrages, der bisher einen Auszahlungszeitpunkt im 65. oder 66. Lebensjahr zum Inhalt hatte, führt nicht zu einer nachträglichen Vertragsänderung, wenn die Verlängerung einen Zeitraum von höchstens zwei Jahren umfasst. Eine entsprechende Verlängerung der Beitragszahlungsdauer ist zulässig. Eine solche Verlängerung der Laufzeit bzw. der Beitragszahlungsdauer infolge der Anhebung der Altersgrenze kann nur einmalig vorgenommen werden."

II. Zertifizierte Altersvorsorgeverträge

Bei Altersvorsorgeverträgen, die nach dem 31. Dezember 2011 abgeschlossen werden, dürfen die sich ergebenden Altersleistungen nicht vor Vollendung des 62. Lebensjahres oder einer vor Vollendung des 62. Lebensjahres beginnenden Leistung aus einem gesetzlichen Alterssicherungssystem des Anlegers ausgezahlt werden.

---

[1]) Abgedruckt in → H 10 LStH (Vertragsänderungen bei Lebensversicherungen).
[2]) Abgedruckt in → H 20 LStH (Versicherungserträge).
[3]) Abgedruckt in → H 20 LStH (Versicherungserträge).

Bei Altersvorsorgeverträgen ist im Hinblick auf die **Förderbarkeit der Beiträge** (§ 10a Abschnitt XI EStG) insgesamt auf das Datum des ursprünglichen Vertragsabschlusses und das dem Vertragsabschluss zugrunde liegende Vertragsmuster abzustellen. D. h., wurde der Altersvorsorgevertrag vor dem 1. Januar 2012 abgeschlossen und sieht dieser für den Beginn der Altersleistungen ein Mindestrentenalter von 60 Jahren vor, dann gilt dies auch für eine nach dem 31. Dezember 2011 vorgenommene Erhöhung des Beitrags bzw. der Versicherungssumme.

Die sich aus den geförderten Beträgen ergebenden Leistungen unterliegen der **nachgelagerten Besteuerung** nach § 22 Nummer 5 Satz 1 EStG. Der Zeitpunkt der Beitragserhöhung ist insoweit ohne Bedeutung.

Für die Besteuerung von Leistungen aus Altersvorsorgeverträgen, die auf ungeförderten Beiträgen beruhen, ist § 22 Nummer 5 Satz 2 EStG anzuwenden. Im Hinblick auf den Ansatz des hälftigen Unterschiedsbetrags nach § 20 Absatz 1 Nummer 6 Satz 2 EStG gelten für Versicherungsverträge die unter I. genannten Grundsätze. Für die Frage der anwendbaren Altersgrenze kommt es somit auf den Zeitpunkt des Vertragsabschlusses an. Für Altersvorsorgeverträge, deren Leistungen nach § 22 Nummer 5 Satz 2 Buchstabe c EStG besteuert werden, gelten die oben genannten Grundsätze entsprechend.

III. Basisrentenverträge

Bei Basisrentenverträgen, die nach dem 31. Dezember 2011 abgeschlossen werden, dürfen die sich ergebenden Altersleistungen nicht vor Vollendung des 62. Lebensjahres des Anlegers ausgezahlt werden.

Wurde der Basisrentenvertrag vor dem 1. Januar 2012 abgeschlossen, dann führt die Erhöhung der Versicherungssumme bzw. der Beiträge nicht zu einer steuerlichen Aufteilung des Vertrags. Die zugunsten des Basisrentenvertrags geleisteten Beiträge sind nach § 10 Absatz 1 Nummer 2 Buchstabe b EStG begünstigt, da sie zugunsten eines zertifizierten Basisrentenvertrags gezahlt werden.

Die sich aus dem Basisrentenvertrag ergebenden Leistungen sind nach § 22 Nummer 1 Satz 3 Buchstabe a Doppelbuchstabe aa EStG nachgelagert zu versteuern. Der Zeitpunkt der Beitragserhöhung ist insoweit ohne Bedeutung.

IV. Betriebliche Altersversorgung

Im Bereich der betrieblichen Altersversorgung gilt als Untergrenze für betriebliche Altersversorgungsleistungen bei altersbedingtem Ausscheiden aus dem Erwerbsleben im Regelfall das 60. Lebensjahr. Für Versorgungszusagen, die nach dem 31. Dezember 2011 erteilt werden, tritt an die Stelle des 60. Lebensjahres regelmäßig das 62. Lebensjahr (Rz. 249 des BMF-Schreibens vom 31. März 2010, BStBl I S. 270).

Wird in einer vor dem 1. Januar 2012 erteilten Zusage die Untergrenze für betriebliche Altersversorgungsleistungen bei altersbedingtem Ausscheiden aus dem Erwerbsleben entsprechend erhöht, führt dies allein nicht zu einer Neuzusage (s. auch Rz. 306 ff. des BMF-Schreibens vom 31. März 2010). Dabei ist es unerheblich, ob dies zusammen mit einer Verlängerung der Beitragszahlungsdauer erfolgt oder nicht.

Hinsichtlich der Besteuerung der Leistungen aus einer betrieblichen Altersversorgung in den Durchführungswegen Direktversicherung, Pensionskasse und Pensionsfonds gelten die Ausführungen unter Abschnitt I. bis III. entsprechend. Wird bei einem vor dem 1. Januar 2012 abgeschlossenen Vertrag die Untergrenze für betriebliche Altersversorgungsleistungen bis auf das 62. Lebensjahr erhöht und dadurch die Laufzeit des Vertrages verlängert, führt auch dies allein zu keiner nachträglichen Vertragsänderung, wenn die Verlängerung einen Zeitraum von höchstens zwei Jahren umfasst. Eine entsprechende Verlängerung der Beitragszahlungsdauer ist zulässig. Eine Verlängerung der Laufzeit bzw. der Beitragszahlungsdauer infolge der Anhebung der Altersgrenze kann nur einmalig vorgenommen werden.

X.
Vorsorgeeinrichtungen nach der zweiten Säule der schweizerischen Altersvorsorge (berufliche Vorsorge);

Einkommensteuerliche Behandlung der Beiträge und Leistungen

BMF vom 27. 7. 2016 (BStBl I S. 759)

IV C 3 – S 2255/07/10005 :004

IV C 5 – S 2333/13/10003
– 2015/1102102

Anwendung der BFH-Entscheidungen vom 13. 11. 2012 – VI R 20/10 – (BStBl 2013 II S. 405),
vom 24. September 2013 – VI R 6/11 – (BStBl 2016 II S. 650),
vom 23. Oktober 2013 – X R 33/10 – (BStBl 2014 II S. 103),
vom 26. November 2014 – VIII R 31/10 – (BStBl 2016 II S. 653),
– VIII R 38/10 – (BStBl 2016 II S. 657),
– VIII R 39/10 – (BStBl 2016 II S. 665),
vom 2. Dezember 2014 – VIII R 40/11 – (BStBl 2016 II S. 675),
vom 16. September 2015 – I R 83/11 – (BStBl 2016 II S. 681)
und vom 1. Oktober 2015 – X R 43/11 – (BStBl 2016 II S. 685)

Inhaltsübersicht

I. Allgemeines

1 Leibrenten und andere Leistungen aus der gesetzlichen Rentenversicherung, aus der landwirtschaftlichen Alterskasse, aus den berufsständischen Versorgungseinrichtungen und aus Basisrentenverträgen unterliegen seit 2005 in Deutschland grundsätzlich der nachgelagerten Besteuerung. Hierzu gehören auch Leibrenten und andere Leistungen aus vergleichbaren ausländischen Versorgungseinrichtungen.

2 Bei der Anwendung des deutschen Steuerrechts ist eine rechtsvergleichende Qualifizierung der ausländischen Einkünfte nach deutschem Recht vorzunehmen. Eine Vergleichbarkeit von ausländischen Alterseinkünften mit inländischen Alterseinkünften ist dann anzunehmen, wenn die ausländische Leistung in ihrem Kerngehalt den gemeinsamen und typischen Merkmalen der inländischen Leistung entspricht.

3 Einkünfte des § 22 Nummer 1 Satz 3 Buchstabe a Doppelbuchstabe aa EStG dienen der Basisversorgung des Versicherten. Wesentliche Merkmale der Basisversorgung sind die Zahlung der Renten erst bei Erreichen einer bestimmten Altersgrenze bzw. bei Erwerbsunfähigkeit und die Funktion als Entgeltersatzleistung in der Grundkonzeption der Lebensunterhaltssicherung. Die tatsächliche Verwendung als Altersversorgung wird grundsätzlich dadurch sichergestellt, dass die Rentenversicherungsansprüche nicht beleihbar, nicht vererblich, nicht veräußerbar, nicht übertragbar und nicht kapitalisierbar sind. Weitere Merkmale sind, dass die Beitragszahlungen auf einer gesetzlichen Anordnung beruhen, die Versicherung für den betroffenen Personenkreis obligatorisch ist und die Leistungen als Leistungen öffentlich-rechtlicher Art zu erbringen sind.

II. Schweizerisches Altersvorsorgesystem

4 Das schweizerische Altersvorsorgesystem beruht auf folgenden drei Säulen (sog. „Drei-Säulen-System"):
– Erste Säule: die staatliche Vorsorge (AHV, IV),
– Zweite Säule: die berufliche Vorsorge (Pensionskassen) und
– Dritte Säule: die private Vorsorge.

1. Säule 1: Staatliche Vorsorge

5 Die staatliche Vorsorge dient der Deckung des Existenzbedarfs. Darunter fallen die Alters- und Hinterlassenenversicherung (AHV) und die Invalidenversicherung (IV). Rentenleistungen bzw. Einmalauszahlungen aus der schweizerischen AHV und der IV gehören zur Basisversorgung im schweizerischen Drei-Säulen-System. Sie sind mit der deutschen gesetzlichen Sozialversicherungsrente vergleichbar. Die Aufwendungen für die AHV und IV werden daher steuerlich wie Beiträge in die deutsche Rentenversicherung (§ 10 Absatz 1 Nummer 2 Satz 1 Buchstabe a EStG) behandelt und ihre Leistungen unterliegen der nachgelagerten Besteuerung nach § 22 Nummer 1 Satz 3 Buchstabe a Doppelbuchstabe aa EStG.

2. Säule 2: Berufliche Vorsorge

6 Die berufliche Vorsorge erfolgt über eine in das Register für die berufliche Vorsorge eingetragene Vorsorgeeinrichtung (z. B. Pensionskasse, Stiftung oder Freizügigkeitskonto). Ziel der zweiten Säule ist es, die Leistungen der AHV so zu ergänzen, dass die Fortsetzung der gewohnten Lebenshaltung im Rentenalter in angemessener Weise ermöglicht wird. Im Rahmen einer nichtselbständigen Erwerbstätigkeit leisten sowohl Arbeitnehmer als auch Arbeitgeber Beiträge an die Vorsorgeeinrichtung.

7 Innerhalb der beruflichen Vorsorge wird zwischen einer gesetzlichen Mindestversicherung nach dem Bundesgesetz über die berufliche Alters-, Hinterlassenen- und Invalidenvorsorge vom 25. Juni 1982 (BVG) durch die Vorsorgeeinrichtung (dem „Obligatorium" – Säule 2a) und einer weitergehenden Vorsorgeverpflichtung aufgrund Reglement (dem „Überobligatorium" – Säule 2b) unterschieden.

8 Die Beitragszahlung des Arbeitgebers und des Arbeitnehmers an eine Vorsorgeeinrichtung erfolgt durch den Arbeitgeber für das Obligatorium und Überobligatorium im Regelfall in einem Betrag. Die Vorsorgeeinrichtungen führen für ihre Versicherten individuelle Alterskonten nach den BVG-Normen. Diese sog. „Schattenrechnungen" ermöglichen für die steuerliche Beurteilung eine Aufschlüsselung der Beiträge.

2.1 Säule 2a: Obligatorium

9 Das BVG sieht vor, dass Arbeitnehmer, die in der Schweiz beschäftigt sind, das 17. Lebensjahr vollendet haben und einen Jahreslohn von mehr als 21 150 CHF[1]) beziehen, in einer Personal-

---

[1]) Wert ab 2015 gemäß Artikel 7 BVG.

vorsorgeeinrichtung zu versichern sind. Die notwendigen Rechtsbeziehungen zwischen einem Arbeitnehmer und einer Vorsorgeeinrichtung entstehen mit dem Abschluss eines Arbeitsvertrags. Der Arbeitgeber, der obligatorisch zu versichernde Arbeitnehmer beschäftigt, ist nach BVG gesetzlich verpflichtet, eine in das Register für die berufliche Vorsorge eingetragene Vorsorgeeinrichtung zu errichten oder sich einer bereits bestehenden anzuschließen. Jedem Versicherten wird jährlich ein bestimmter Prozentsatz des versicherten Arbeitslohns[1]) für die Vorsorge im Alter gutgeschrieben. Diese Altersgutschriften sind von der Vorsorgeeinrichtung zu einem vom Bundesrat festgelegten Mindestsatz zu verzinsen. Die Altersgutschriften samt Zinsen ergeben das Altersguthaben. Dieses steht dem Versicherten ab Erreichen des ordentlichen Rentenalters[2]) zur Finanzierung seines Lebensunterhalts zur Verfügung. Bei einem Arbeitgeberwechsel innerhalb der Schweiz erfolgt in der Regel auch ein Wechsel von einer Vorsorgeeinrichtung zur anderen – das bis dahin aufgebaute Altersguthaben wird dabei unmittelbar zwischen den beiden Vorsorgeeinrichtungen übertragen.

Das Obligatorium ist grundsätzlich für alle Arbeitnehmer gesetzlich verpflichtend und besitzt einen öffentlich-rechtlich festgelegten Leistungsumfang. In der Regel wird die Leistung hieraus in Form einer Rentenzahlung bezogen. Eine (teilweise) Kapitalabfindung des obligatorischen Altersguthabens ist aber (frühestens fünf Jahre vor Erreichen des AHV-Alters) möglich. Seit dem 1. Juni 2007 ist die Kapitalabfindung in Form einer Austrittsleistung, sofern das Pensionskassenreglement nichts Weitergehendes regelt, nur unter folgenden Voraussetzungen möglich: 10

a) der Steuerpflichtige nimmt eine selbständige Tätigkeit auf (Artikel 5 Satz 1 Buchstabe b Bundesgesetz über die Freizügigkeit in der beruflichen Alters-, Hinterlassenen- und Invalidenvorsorge),

b) die Austrittsleistung beträgt weniger als einen Jahresbeitrag,

c) die Leistung wird für Wohneigentum (bei über 50-Jährigen nur zu 50 v. H. des Kapitals) verwendet oder

d) der Steuerpflichtige bezieht eine Invalidenrente (bei dauernder Erwerbslosigkeit).

Das Obligatorium ist mit der deutschen gesetzlichen Rentenversicherung vergleichbar.   11

2.2 Säule 2b: Überobligatorium

Bei dem Überobligatorium handelt es sich um eine weitergehende Vorsorge, wobei es der Vorsorgeeinrichtung obliegt, nach Abschätzung der Risikofaktoren das Überobligatorium zu gewähren und den Leistungsumfang entsprechend festzusetzen. Die Verpflichtung zur Beitragszahlung entsteht durch den Abschluss des Arbeitsvertrags; eine gesetzliche Verpflichtung zur Beitragszahlung gibt es in diesem Bereich nicht. Somit liegt eine privatrechtliche Rechtsbeziehung vor, die nicht mit der deutschen gesetzlichen Rentenversicherung vergleichbar ist. Für Arbeitnehmer, die oberhalb des koordinierten Lohns verdienen, zahlen Arbeitnehmer und Arbeitgeber entsprechend den reglementarischen Bestimmungen Beiträge.   12

Im Gegensatz zum Obligatorium ist das Überobligatorium ohne Einschränkungen kapitalisierbar. Die Auszahlung einer Kapitalabfindung aus dem Überobligatorium ist neben den für das Obligatorium bestehenden Möglichkeiten (Rz. 10) auch bei einem endgültigen Verlassen der Schweiz möglich. Die Kapitalisierbarkeit des Überobligatoriums wurde zum 1. Juni 2007 nicht eingeschränkt. Bei einer solchen Kapitalabfindung handelt es sich um eine Kapitalleistung aus einer Rentenversicherung mit Kapitalwahlrecht.   13

3. Säule 3: Private Vorsorge

Die private Vorsorge dient der Deckung weiterer individueller Bedürfnisse im Alter. Sie ist nicht mit der deutschen Sozialversicherungsrente vergleichbar.   14

III. Einkommensteuerliche Behandlung der Beiträge in und Leistungen aus einer schweizerischen Vorsorgeeinrichtung der Säule 2

Unter Bezugnahme auf das Ergebnis der Erörterung mit den obersten Finanzbehörden der Länder gelten für die Beiträge in eine schweizerische Vorsorgeeinrichtung der Säule 2 der Schweizer Altersvorsorge und für die Leistungen aus dieser unter Anwendung der eingangs genannten Entscheidungen des BFH abweichend von der bisherigen Verwaltungsauffassung nachfolgende Rechtsgrundsätze.   15

---

[1]) Zu versichern ist der Teil des Jahreslohns von 24 675 bis 84 600 CHF. Dieser Teil wird koordinierter Lohn genannt (Artikel 8 BVG).
[2]) Artikel 13 BVG.

1. Einheitliche Behandlung öffentlich-rechtlicher und privatrechtlicher Vorsorgeeinrichtungen – unterschiedliche Behandlung von Obligatorium und Überobligatorium

16   Bei der inländischen steuerlichen Behandlung von Beiträgen in und Leistungen aus einer o. g. schweizerischen Vorsorgeeinrichtung wird nicht zwischen öffentlich-rechtlichen und privatrechtlichen Vorsorgeeinrichtungen unterschieden. Beide Rechtsformen bieten für die Versicherten dieselben Möglichkeiten des Aufbaus der Altersvorsorge.

17   Bei der steuerlichen Behandlung ist zwischen der nach der schweizerischen Altersvorsorge gesetzlich vorgeschriebenen Mindestabsicherung (Obligatorium – Säule 2a) und der zusätzlichen Absicherung (Überobligatorium – Säule 2b) zu unterscheiden („Zweiteilungsgrundsatz"). Daraus folgt, dass sowohl die Beiträge als auch die Leistungen in einen obligatorischen und einen überobligatorischen Teil aufzuteilen sind.

2. Steuerliche Behandlung des Obligatoriums (Säule 2a)

2.1 Einzahlungsphase

18   Beiträge des Arbeitgebers in das Obligatorium sind Zukunftssicherungsleistungen (§ 2 Absatz 2 Nummer 3 LStDV 1990), zu deren Zahlung der Arbeitgeber durch das BVG gesetzlich verpflichtet ist. Sie sind in vollem Umfang nach § 3 Nummer 62 Satz 1 EStG steuerfrei. Insoweit ist die inländische Beitragsbemessungsgrenze zur Altersvorsorge nicht zu beachten. § 3 Nummer 56 und Nummer 63 EStG sind nicht einschlägig.

19   Beiträge des Arbeitnehmers in das Obligatorium stellen Sonderausgaben nach § 10 Absatz 1 Nummer 2 Satz 1 Buchstabe a EStG i. V. m. § 10 Absatz 2 Satz 1 Nummer 2 Buchstabe c EStG dar und sind bis zum Höchstbetrag nach § 10 Absatz 3 EStG abziehbar. Der steuerfreie Arbeitgeberanteil ist im Rahmen der Berechnung der abziehbaren Sonderausgaben ebenfalls zu berücksichtigen (§ 10 Absatz 1 Nummer 2 Satz 6 EStG).

2.2 Auszahlungsphase

2.2.1 Steuerliche Behandlung der Leibrenten

20   Leistungen aus dem Obligatorium, die als Leibrenten erbracht werden, sind als Einkünfte nach § 22 Nummer 1 Satz 3 Buchstabe a Doppelbuchstabe aa EStG mit dem maßgebenden Besteuerungsanteil anzusetzen.

21   Hat der Steuerpflichtige vor 2005 für mindestens zehn Jahre Beiträge oberhalb der jeweils gültigen Beitragsbemessungsgrenze geleistet, wird die auf diese Beiträge entfallende Rente auf Antrag nur mit dem Ertragsanteil nach § 22 Nummer 1 Satz 3 Buchstabe a Doppelbuchstabe bb EStG besteuert (sog. Öffnungsklausel).

2.2.2 Steuerliche Behandlung der Kapitalabfindungen

22   Leistungen aus dem Obligatorium in Form von Kapitalabfindungen stellen andere Leistungen im Sinne von § 22 Nummer 1 Satz 3 Buchstabe a Doppelbuchstabe aa EStG dar. Sie sind mit dem maßgebenden Besteuerungsanteil der Besteuerung zu unterwerfen.

23   Auf Antrag unterliegt der Teil der Kapitalabfindung, für den die Voraussetzungen zur Anwendung der Öffnungsklausel erfüllt sind (§ 22 Nummer 1 Satz 3 Buchstabe a Doppelbuchstabe bb EStG), nicht der Besteuerung. Für den darüber hinausgehenden Teil der Kapitalabfindung gilt Rz. 22.

24   Kapitalabfindungen können als Vergütung für eine mehrjährige Tätigkeit nach § 34 Absatz 1 i. V. m. Absatz 2 Nummer 4 EStG ermäßigt besteuert werden, soweit die Voraussetzungen erfüllt sind.

25   In den Veranlagungszeiträumen 2005 und 2006 werden Kapitalabfindungen gemäß § 3 Nummer 3 EStG in der bis 2006 geltenden Fassung steuerfrei gestellt, wenn ein bestehender Rentenanspruch abgefunden wird. Das ist der Fall, wenn der Steuerpflichtige im Zeitpunkt des Bezugs der Kapitalabfindung das gesetzliche Rentenalter in der Schweiz bereits erreicht hatte. Insbesondere Leistungen für Wohneigentum sind daher im Regelfall nicht nach § 3 Nummer 3 EStG in der bis 2006 geltenden Fassung steuerfrei.

3. Steuerliche Behandlung des Überobligatoriums (Säule 2b)

3.1 Einzahlungsphase

26   Beiträge des Arbeitgebers in das Überobligatorium sind Zukunftssicherungsleistungen (§ 2 Absatz 2 Nummer 3 LStDV). Da der Arbeitgeber nicht gesetzlich zur Zahlung verpflichtet ist, sind

sie nach § 3 Nummer 62 Satz 4 1. Halbsatz EStG in den Grenzen des § 3 Nummer 62 Satz 3 EStG steuerfrei. Danach sind diese Beiträge nur insoweit steuerfrei, als sie insgesamt die Hälfte der Gesamtaufwendungen des Arbeitnehmers nicht übersteigen und nicht höher sind als der Betrag, der als Arbeitgeberanteil bei Versicherungspflicht in der allgemeinen inländischen Rentenversicherung zu zahlen wäre. Auf die danach steuerfreien Arbeitgeberleistungen sind die gemäß § 3 Nummer 62 Satz 1 EStG steuerfreien Zukunftsleistungen des Arbeitgebers zur AHV/IV und zum Obligatorium anzurechnen. § 3 Nummer 56 und Nummer 63 EStG sind nicht einschlägig.

Die Beiträge des Arbeitnehmers und die steuerpflichtigen Beiträge des Arbeitgebers in das Überobligatorium sind nicht als Sonderausgaben abzugsfähig. Die Voraussetzungen des § 10 Absatz 2 Satz 1 Nummer 2 Buchstabe c EStG sind nicht erfüllt und den Schweizer Vorsorgeeinrichtungen fehlt die notwendige Erlaubnis zum Geschäftsbetrieb im Inland (§ 10 Absatz 2 Satz 1 Nummer 2 Buchstabe a Doppelbuchstabe bb EStG).   27

3.2 Auszahlungsphase

3.2.1 Steuerliche Behandlung der Leibrenten

Leistungen aus dem Überobligatorium, die als Leibrenten erbracht werden, sind nach § 22 Nummer 1 Satz 3 Buchstabe a Doppelbuchstabe bb EStG mit dem maßgebenden Ertragsanteil anzusetzen.   28

3.2.2 Steuerliche Behandlung der Kapitalabfindungen

Die Besteuerung von Leistungen in Form von Kapitalabfindungen richtet sich nach den allgemeinen Regelungen zur Besteuerung von Versicherungsverträgen nach § 20 Absatz 1 Nummer 6 EStG in der jeweils anzuwendenden Fassung.   29

4. Besonderheiten

4.1 Todesfallkapital

Das Todesfallkapital nach schweizerischem Recht wird nicht durch einen gesetzlichen Anspruch nach dem BVG begründet; das Reglement der Vorsorgeeinrichtung kann einen solchen Anspruch vorsehen. Die Auszahlung des Todesfallkapitals an den reglementarisch vorgesehenen Leistungsberechtigten kann sowohl aus dem Obligatorium als auch aus dem Überobligatorium erfolgen und ist daher entsprechend bei der Auszahlung in Leistungen aus dem Obligatorium und Leistungen aus dem Überobligatorium aufzuteilen. Die o. g. Grundsätze zur steuerlichen Behandlung von Kapitalabfindungen gemäß Rz. 22–25 und 29 gelten entsprechend.   30

Hiervon abzugrenzen sind die durch das BVG gesetzlich vorgesehenen Leistungen der Vorsorgeeinrichtung an die Hinterbliebenen in Form einer Witwen- oder Waisenrente (Hinterlassenenrente). Die o. g. Grundsätze zur steuerlichen Behandlung von Leibrenten gemäß Rz. 20–21 und 28 gelten entsprechend.   31

4.2 Anlagestiftungen

Anlagestiftungen sind Vorsorgeeinrichtungen, die bei der beruflichen Vorsorge Leistungen ausschließlich im überobligatorischen Bereich (Säule 2b) versichern. Die o. g. Grundsätze zum Überobligatorium (Rz. 26–29) gelten daher entsprechend.   32

5. Übertragung von Austrittsleistungen (Freizügigkeitsleistung) von einer Vorsorgeeinrichtung auf eine andere Vorsorgeeinrichtung

Die Übertragung von Austrittsleistungen zwischen schweizerischen Vorsorgeeinrichtungen (Rz. 9) führt beim Steuerpflichtigen mangels Zu- bzw. Abfluss weder zu steuerpflichtigen Einnahmen noch zu Sonderausgaben.   33

6. Anwendung

Dieses Schreiben ist vorbehaltlich der Regelungen in den Rz. 35–37 in allen noch offenen Fällen anzuwenden.   34

Die Rz. 28–32 dieses Schreibens sind für Leistungen aus öffentlich-rechtlichen Vorsorgeeinrichtungen erstmals ab dem Veranlagungszeitraum 2015 anzuwenden. Bis zum Veranlagungszeitraum 2014 sind die Grundsätze des BFH-Urteils vom 23. Oktober 2013 – X R 33/10 – (BStBl 2014 II S. 103) zu beachten.

36   Die Rz. 28 – 32 dieses Schreibens sind für Leistungen aus privatrechtlichen Vorsorgeeinrichtungen in allen offenen Fällen anzuwenden.

37   Die Rz. 26 – 27 sind für öffentlich-rechtliche und privatrechtliche Vorsorgeeinrichtungen ab dem Veranlagungszeitraum 2016 anzuwenden.

XI.

Betriebliche Altersversorgung;

Lohnsteuerliche Folgerungen der Übernahme der Pensionszusage eines beherrschenden Gesellschafter-Geschäftsführers gegen eine Ablösungszahlung und Wechsel des Durchführungswegs

BMF vom 4. 7. 2017 (BStBl I S. 883)

IV C 5 – S 2333/16/10002 – 2017/0581849

Der Bundesfinanzhof (BFH) hat mit Urteil vom 18. August 2016 – VI R 18/13 – (BStBl 2017 II Seite 730) seine Rechtsprechung bestätigt, nach der im Fall eines beherrschenden Gesellschafter-Geschäftsführers die Ablösung einer vom Arbeitgeber erteilten Pensionszusage beim Arbeitnehmer dann zum Zufluss von Arbeitslohn führt, wenn der Ablösungsbetrag auf Verlangen des Arbeitnehmers zur Übernahme der Pensionsverpflichtung an einen Dritten gezahlt wird (BFH-Urteil vom 12. April 2007 – VI R 6/02 –, BStBl II Seite 581). Hat der Arbeitnehmer kein Wahlrecht, den Ablösungsbetrag alternativ an sich auszahlen zu lassen, wird mit der Zahlung des Ablösungsbetrags an den die Pensionsverpflichtung übernehmenden Dritten der Anspruch des Arbeitnehmers auf die künftigen Pensionszahlungen (noch) nicht wirtschaftlich erfüllt. Zufluss von Arbeitslohn liegt in diesem Fall nicht vor.

Nach dem Ergebnis der Erörterung mit den obersten Finanzbehörden der Länder ist Folgendes zu beachten:

1.   Das o. g. BFH-Urteil vom 18. August 2016 ist zum speziellen Fall der Ablösung einer vom Arbeitgeber erteilten Pensionszusage eines beherrschenden Gesellschafter-Geschäftsführers, der nicht unter das Betriebsrentengesetz fällt, ergangen. Es ist in gleichgelagerten Fällen anzuwenden. Führt danach die Zahlung des Ablösungsbetrags an den die Pensionsverpflichtung übernehmenden Dritten nicht zu einem Zufluss von Arbeitslohn beim Gesellschafter-Geschäftsführer, liegt Zufluss von Arbeitslohn im Zeitpunkt der Auszahlung der späteren (Versorgungs-)Leistungen vor (§ 24 Nummer 2, § 2 Absatz 1 Satz 1 Nummer 4 und § 19 Absatz 1 Satz 1 Nummer 2 EStG). Der übernehmende Dritte hat die Lohnsteuer dann einzubehalten und alle anderen lohnsteuerlichen Arbeitgeberpflichten zu erfüllen.

2.   Anders als in dem mit o. g. BFH-Urteil vom 18. August 2016 entschiedenen Fall fließt einem Arbeitnehmer allerdings dann Arbeitslohn zu, wenn der Durchführungsweg nach dem Betriebsrentengesetz von einer Pensions-/Direktzusage oder von einer Versorgungszusage über eine Unterstützungskasse auf einen Pensionsfonds, eine Pensionskasse oder eine Direktversicherung gewechselt wird und der Arbeitgeber in diesem Zusammenhang einen Ablösungsbetrag zahlt (§ 19 EStG). Dies steht im Einklang mit der ständigen Rechtsprechung des BFH, wonach bei Zukunftssicherungsleistungen dann von Arbeitslohn auszugehen ist, wenn die Leistung des Arbeitgebers an einen Dritten (Versicherer) erfolgt und sich der Vorgang – wirtschaftlich betrachtet – so darstellt, als ob der Arbeitgeber dem Arbeitnehmer die Mittel zur Verfügung gestellt und der Arbeitnehmer sie zum Zweck seiner Zukunftssicherung verwendet hat (u. a. BFH-Urteil vom 5. Juli 2012 – VI R 11/11 –, BStBl 2013 II Seite 190). Der Ablösungsbetrag kann in diesem Fall nur unter den entsprechenden Voraussetzungen des § 3 Nummer 66 oder § 3 Nummer 63 EStG steuerfrei bleiben. Von einem steuerpflichtigen Ablösungsbetrag hat der Arbeitgeber Lohnsteuer einzubehalten (§ 38 EStG).

Dieses Schreiben ist in allen offenen Fällen anzuwenden.

Gesetz zur Regelung der Arbeitnehmerüberlassung
(Arbeitnehmerüberlassungsgesetz – AÜG)

vom 3. 2. 1995 (BGBl. I S. 158)

zuletzt geändert durch **Artikel 1 des Gesetzes zur Änderung des Arbeitnehmerüberlassungsgesetzes und anderer Gesetze vom 21. 2. 2017 (BGBl. I S. 258)**

§ 1 *Arbeitnehmerüberlassung, Erlaubnispflicht[1)]*

(1) *[1]Arbeitgeber, die als Verleiher Dritten (Entleihern) Arbeitnehmer (Leiharbeitnehmer) im Rahmen ihrer wirtschaftlichen Tätigkeit zur Arbeitsleistung überlassen (Arbeitnehmerüberlassung) wollen, bedürfen der Erlaubnis. [2]Arbeitnehmer werden zur Arbeitsleistung überlassen, wenn sie in die Arbeitsorganisation des Entleihers eingegliedert sind und seinen Weisungen unterliegen. [3]Die Überlassung und das Tätigwerdenlassen von Arbeitnehmern als Leiharbeitnehmer ist nur zulässig, soweit zwischen dem Verleiher und dem Leiharbeitnehmer ein Arbeitsverhältnis besteht. [4]Die Überlassung von Arbeitnehmern ist vorübergehend bis zu einer Überlassungshöchstdauer nach Absatz 1b zulässig. [5]Verleiher und Entleiher haben die Überlassung von Leiharbeitnehmern in ihrem Vertrag ausdrücklich als Arbeitnehmerüberlassung zu bezeichnen, bevor sie den Leiharbeitnehmer überlassen oder tätig werden lassen. [6]Vor der Überlassung haben sie die Person des Leiharbeitnehmers unter Bezugnahme auf diesen Vertrag zu konkretisieren.*

(1a) *[1]Die Abordnung von Arbeitnehmern zu einer zur Herstellung eines Werkes gebildeten Arbeitsgemeinschaft ist keine Arbeitnehmerüberlassung, wenn der Arbeitgeber Mitglied der Arbeitsgemeinschaft ist, für alle Mitglieder der Arbeitsgemeinschaft Tarifverträge desselben Wirtschaftszweiges gelten und alle Mitglieder auf Grund des Arbeitsgemeinschaftsvertrages zur selbständigen Erbringung von Vertragsleistungen verpflichtet sind. [2]Für einen Arbeitgeber mit Geschäftssitz in einem anderen Mitgliedstaat des Europäischen Wirtschaftsraumes ist die Abordnung von Arbeitnehmern zu einer zur Herstellung eines Werkes gebildeten Arbeitsgemeinschaft auch dann keine Arbeitnehmerüberlassung, wenn für ihn keine deutsche Tarifverträge desselben Wirtschaftszweiges wie für die anderen Mitglieder der Arbeitsgemeinschaft nicht gelten, er aber die übrigen Voraussetzungen des Satzes 1 erfüllt.*

(1b) *[1]Der Verleiher darf denselben Leiharbeitnehmer nicht länger als 18 aufeinander folgende Monate demselben Entleiher überlassen; der Entleiher darf denselben Leiharbeitnehmer nicht länger als 18 aufeinander folgende Monate tätig werden lassen. [2]Der Zeitraum vorheriger Überlassungen durch denselben oder einen anderen Verleiher an denselben Entleiher ist vollständig anzurechnen, wenn zwischen den Einsätzen jeweils nicht mehr als drei Monate liegen. [3]In einem Tarifvertrag von Tarifvertragsparteien der Einsatzbranche kann eine von Satz 1 abweichende Überlassungshöchstdauer festgelegt werden. [4]Im Geltungsbereich eines Tarifvertrages nach Satz 3 können abweichende tarifvertragliche Regelungen im Betrieb eines nicht tarifgebundenen Entleihers durch Betriebs- oder Dienstvereinbarung übernommen werden. [5]In einer auf Grund eines Tarifvertrages von Tarifvertragsparteien der Einsatzbranche getroffenen Betriebs- oder Dienstvereinbarung kann eine von Satz 1 abweichende Überlassungshöchstdauer festgelegt werden. [6]Können auf Grund eines Tarifvertrages nach Satz 3 abweichende Regelungen in einer Betriebs- oder Dienstvereinbarung getroffen werden, kann auch in Betrieben eines nicht tarifgebundenen Entleihers bis zu einer Überlassungshöchstdauer von 24 Monaten davon Gebrauch gemacht werden, soweit nicht durch diesen Tarifvertrag eine von Satz 1 abweichende Überlassungshöchstdauer für Betriebs- oder Dienstvereinbarungen festgelegt ist. [7]Unterfällt der Betrieb des nicht tarifgebundenen Entleihers bei Abschluss einer Betriebs- oder Dienstvereinbarung nach Satz 4 oder Satz 6 den Geltungsbereichen mehrerer Tarifverträge, ist auf den für die Branche des Entleihers repräsentativen Tarifvertrag abzustellen. [8]Die Kirchen und die öffentlich-rechtlichen Religionsgesellschaften können von Satz 1 abweichende Überlassungshöchstdauern in ihren Regelungen vorsehen.*

(2) Werden Arbeitnehmer Dritten zur Arbeitsleistung überlassen und übernimmt der Überlassende nicht die üblichen Arbeitgeberpflichten oder das Arbeitgeberrisiko (§ 3 Abs. 1 Nr. 1 bis 3), so wird vermutet, daß der Überlassende Arbeitsvermittlung betreibt.

[2)] (3) Dieses Gesetz ist mit Ausnahme des § 1b Satz 1, des **§ 16 Absatz 1 Nummer 1f und Absatz 2 bis 5** sowie der §§ 17 und 18 nicht anzuwenden auf die Arbeitnehmerüberlassung

1. zwischen Arbeitgebern desselben Wirtschaftszweiges zur Vermeidung von Kurzarbeit oder Entlassungen, wenn ein für den Entleiher und Verleiher geltender Tarifvertrag dies vorsieht,

---

[1)] *Die Überschrift in § 1 AÜG und § 1 Abs. 1 AÜG wurde durch das Gesetz zur Änderung des Arbeitnehmerüberlassungsgesetzes und anderer Gesetze (Inkrafttreten 1. 4. 2017) neu gefasst und Absatz 1a und 1b eingefügt.*

[2)] *§ 1 Abs. 3 AÜG wurde durch das Gesetz zur Änderung des Arbeitnehmerüberlassungsgesetzes und anderer Gesetze (Inkrafttreten 1. 4. 2017) geändert.*

2. zwischen Konzernunternehmen im Sinne des § 18 des Aktiengesetzes, wenn der Arbeitnehmer nicht zum Zweck der Überlassung eingestellt und beschäftigt wird,

2a. zwischen Arbeitgebern, wenn die Überlassung nur gelegentlich erfolgt und der Arbeitnehmer nicht zum Zweck der Überlassung eingestellt und beschäftigt wird,

2b. zwischen Arbeitgebern, wenn Aufgaben eines Arbeitnehmers von dem bisherigen zu dem anderen Arbeitgeber verlagert werden und auf Grund eines Tarifvertrages des öffentlichen Dienstes

a) das Arbeitsverhältnis mit dem bisherigen Arbeitgeber weiter besteht und

b) die Arbeitsleistung zukünftig bei dem anderen Arbeitgeber erbracht wird,

2c. zwischen Arbeitgebern, wenn diese juristische Personen des öffentlichen Rechts sind und Tarifverträge des öffentlichen Dienstes oder Regelungen der öffentlich-rechtlichen Religionsgesellschaften anwenden, oder

3. in das Ausland, wenn der Leiharbeitnehmer in ein auf der Grundlage zwischenstaatlicher Vereinbarungen begründetes deutsch-ausländisches Gemeinschaftsunternehmen verliehen wird, an dem der Verleiher beteiligt ist.

§ 1a   Anzeige der Überlassung

(1) Keiner Erlaubnis bedarf ein Arbeitgeber mit weniger als 50 Beschäftigten, der zur Vermeidung von Kurzarbeit oder Entlassungen an einen Arbeitgeber einen Arbeitnehmer, der nicht zum Zweck der Überlassung eingestellt und beschäftigt wird, bis zur Dauer von zwölf Monaten überläßt, wenn er die Überlassung vorher schriftlich der Bundesagentur für Arbeit angezeigt hat.

(2) In der Anzeige sind anzugeben

1. Vor- und Familiennamen, Wohnort und Wohnung, Tag und Ort der Geburt des Leiharbeitnehmers,

2. Art der vom Leiharbeitnehmer zu leistenden Tätigkeit und etwaige Pflicht zur auswärtigen Leistung,

3. Beginn und Dauer der Überlassung,

4. Firma und Anschrift des Entleihers.

§ 1b   Einschränkungen im Baugewerbe

[1]Arbeitnehmerüberlassung nach § 1 in Betriebe des Baugewerbes für Arbeiten, die üblicherweise von Arbeitern verrichtet werden, ist unzulässig. [2]Sie ist gestattet

a) zwischen Betrieben des Baugewerbes und anderen Betrieben, wenn diese Betriebe erfassende, für allgemein verbindlich erklärte Tarifverträge dies bestimmen,

b) zwischen Betrieben des Baugewerbes, wenn der verleihende Betrieb nachweislich seit mindestens drei Jahren von denselben Rahmen- und Sozialkassentarifverträgen oder von deren Allgemeinverbindlichkeit erfasst wird.

Abweichend von Satz 2 ist für Betriebe des Baugewerbes mit Geschäftssitz in einem anderen Mitgliedstaat des Europäischen Wirtschaftsraumes Arbeitnehmerüberlassung auch gestattet, wenn die ausländischen Betriebe nicht von deutschen Rahmen- und Sozialkassentarifverträgen oder für allgemeinverbindlich erklärten Tarifverträgen erfasst werden, sie aber nachweislich seit mindestens drei Jahren überwiegend Tätigkeiten ausüben, die unter den Geltungsbereich derselben Rahmen- und Sozialkassentarifverträge fallen, von denen der Betrieb des Entleihers erfasst wird.

§ 2   Erteilung und Erlöschen der Erlaubnis

(1) Die Erlaubnis wird auf schriftlichen Antrag erteilt.

(2) [1]Die Erlaubnis kann unter Bedingungen erteilt und mit Auflagen verbunden werden, um sicherzustellen, daß keine Tatsachen eintreten, die nach § 3 die Versagung der Erlaubnis rechtfertigen. [2]Die Aufnahme, Änderung oder Ergänzung von Auflagen sind auch nach Erteilung der Erlaubnis zulässig.

(3) Die Erlaubnis kann unter dem Vorbehalt des Widerrufs erteilt werden, wenn eine abschließende Beurteilung des Antrags noch nicht möglich ist.

(4) [1]Die Erlaubnis ist auf ein Jahr zu befristen. [2]Der Antrag auf Verlängerung der Erlaubnis ist spätestens drei Monate vor Ablauf des Jahres zu stellen. [3]Die Erlaubnis verlängert sich um ein weiteres Jahr, wenn die Erlaubnisbehörde die Verlängerung nicht vor Ablauf des Jahres ablehnt. [4]Im Fall der Ablehnung gilt die Erlaubnis für die Abwicklung der nach § 1 erlaubt abgeschlossenen Verträge als fortbestehend, jedoch nicht länger als zwölf Monate.

(5) ¹Die Erlaubnis kann unbefristet erteilt werden, wenn der Verleiher drei aufeinanderfolgende Jahre lang nach § 1 erlaubt tätig war. ²Sie erlischt, wenn der Verleiher von der Erlaubnis drei Jahre lang keinen Gebrauch gemacht hat.

§ 2a Gebühren und Auslagen¹)

(1) Für die Bearbeitung von Anträgen auf Erteilung und Verlängerung der Erlaubnis werden vom Antragsteller Gebühren und Auslagen erhoben.

(2) ¹Die Bundesregierung wird ermächtigt, durch Rechtsverordnung die gebührenpflichtigen Tatbestände näher zu bestimmen und dabei feste Sätze und Rahmensätze vorzusehen. ²Die Gebühr darf im Einzelfall 2 500 Euro nicht überschreiten.

§ 3 Versagung

(1) Die Erlaubnis oder ihre Verlängerung ist zu versagen, wenn Tatsachen die Annahme rechtfertigen, daß der Antragsteller

1.²⁾ die für die Ausübung der Tätigkeit nach § 1 erforderliche Zuverlässigkeit nicht besitzt, insbesondere weil er die Vorschriften des Sozialversicherungsrechts, über die Einbehaltung und Abführung der Lohnsteuer, über die Arbeitsvermittlung, über die Anwerbung im Ausland oder über die Ausländerbeschäftigung, *über die Überlassungshöchstdauer nach § 1 Absatz 1b,* die Vorschriften des Arbeitsschutzrechts oder die arbeitsrechtlichen Pflichten nicht einhält;

2. nach der Gestaltung seiner Betriebsorganisation nicht in der Lage ist, die üblichen Arbeitgeberpflichten ordnungsgemäß zu erfüllen;

3.³⁾ *dem Leiharbeitnehmer die ihm nach § 8 zustehenden Arbeitsbedingungen einschließlich des Arbeitsentgelts nicht gewährt.*

4. – 6. (weggefallen)

(2) Die Erlaubnis oder ihre Verlängerung ist ferner zu versagen, wenn für die Ausübung der Tätigkeit nach § 1 Betriebe, Betriebsteile oder Nebenbetriebe vorgesehen sind, die nicht in einem Mitgliedstaat der Europäischen Wirtschaftsgemeinschaft oder einem anderen Vertragsstaat des Abkommens über den Europäischen Wirtschaftsraum liegen.

(3) Die Erlaubnis kann versagt werden, wenn der Antragsteller nicht Deutscher im Sinne des Artikels 116 des Grundgesetzes ist oder wenn eine Gesellschaft oder juristische Person den Antrag stellt, die entweder nicht nach deutschem Recht gegründet ist oder die weder ihren satzungsmäßigen Sitz noch ihre Hauptverwaltung noch ihre Hauptniederlassung im Geltungsbereich dieses Gesetzes hat.

(4) ¹Staatsangehörige der Mitgliedstaaten der Europäischen Wirtschaftsgemeinschaft oder eines anderen Vertragsstaates des Abkommens über den Europäischen Wirtschaftsraum erhalten die Erlaubnis unter den gleichen Voraussetzungen wie deutsche Staatsangehörige. ²Den Staatsangehörigen dieser Staaten stehen gleich Gesellschaften und juristische Personen, die nach den Rechtsvorschriften dieser Staaten gegründet sind und ihren satzungsmäßigen Sitz, ihre Hauptverwaltung oder ihre Hauptniederlassung innerhalb dieser Staaten haben. ³Soweit diese Gesellschaften oder juristischen Personen zwar ihren satzungsmäßigen Sitz, jedoch weder ihre Hauptverwaltung noch ihre Hauptniederlassung innerhalb dieser Staaten haben, gilt Satz 2 nur, wenn ihre Tätigkeit in tatsächlicher und dauerhafter Verbindung mit der Wirtschaft eines Mitgliedstaates oder eines Vertragsstaates des Abkommens über den Europäischen Wirtschaftsraum steht.

(5) ¹Staatsangehörige anderer als der in Absatz 4 genannten Staaten, die sich aufgrund eines internationalen Abkommens im Geltungsbereich dieses Gesetzes niederlassen und hierbei sowie bei ihrer Geschäftstätigkeit nicht weniger günstig behandelt werden dürfen als deutsche Staatsangehörige, erhalten die Erlaubnis unter den gleichen Voraussetzungen wie deutsche Staatsangehörige. ²Den Staatsangehörigen nach Satz 1 stehen gleich Gesellschaften, die nach den Rechtsvorschriften des anderen Staates gegründet sind.

§ 3a Lohnuntergrenze

(1) ¹Gewerkschaften und Vereinigungen von Arbeitgebern, die zumindest auch für ihre jeweiligen in der Arbeitnehmerüberlassung tätigen Mitglieder zuständig sind (vorschlagsberechtigte

---

¹) § 2a AÜG wurde durch das Gesetz zur Aktualisierung der Strukturreform des Gebührenrechts des Bundes (Inkrafttreten 1. 10. 2021) aufgehoben.
²⁾ *§ 3 Abs. 1 Nr. 1 AÜG wurde durch das Gesetz zur Änderung des Arbeitnehmerüberlassungsgesetzes und anderer Gesetze (Inkrafttreten 1. 4. 2017) geändert.*
³⁾ *§ 3 Abs. 1 Nr. 3 AÜG wurde durch das Gesetz zur Änderung des Arbeitnehmerüberlassungsgesetzes und anderer Gesetze (Inkrafttreten 1. 4. 2017) geändert.*

Tarifvertragsparteien) und bundesweit tarifliche Mindeststundenentgelte im Bereich der Arbeitnehmerüberlassung miteinander vereinbart haben, können dem Bundesministerium für Arbeit und Soziales gemeinsam vorschlagen, diese als Lohnuntergrenze in einer Rechtsverordnung verbindlich festzusetzen; die Mindeststundenentgelte können nach dem jeweiligen Beschäftigungsort differenzieren und auch Regelungen zur Fälligkeit entsprechender Ansprüche einschließlich hierzu vereinbarter Ausnahme und deren Voraussetzungen umfassen. [2]Der Vorschlag muss für Verleihzeiten und verleihfreie Zeiten einheitliche Mindeststundenentgelte sowie eine Laufzeit enthalten. [3]Der Vorschlag ist schriftlich zu begründen.

(2) [1]Das Bundesministerium für Arbeit und Soziales kann, wenn dies im öffentlichen Interesse geboten erscheint, in einer Rechtsverordnung ohne Zustimmung des Bundesrates bestimmen, dass die vorgeschlagenen tariflichen Mindeststundenentgelte nach Absatz 1 als verbindliche Lohnuntergrenze auf alle in den Geltungsbereich der Verordnung fallenden Arbeitgeber sowie Leiharbeitnehmer Anwendung findet. [2]Der Verordnungsgeber kann den Vorschlag nur inhaltlich unverändert in die Rechtsverordnung übernehmen.

(3) [1]Der Verordnungsgeber hat bei seiner Entscheidung nach Absatz 2 im Rahmen einer Gesamtabwägung neben den Zielen dieses Gesetzes zu prüfen, ob eine Rechtsverordnung nach Absatz 2 insbesondere geeignet ist, die finanzielle Stabilität der sozialen Sicherungssysteme zu gewährleisten. [2]Der Verordnungsgeber hat zu berücksichtigen

1. die bestehenden bundesweiten Tarifverträge in der Arbeitnehmerüberlassung und

2. die Repräsentativität der vorschlagenden Tarifvertragsparteien.

(4) [1]Liegen mehrere Vorschläge nach Absatz 1 vor, hat der Verordnungsgeber bei seiner Entscheidung nach Absatz 2 im Rahmen der nach Absatz 3 erforderlichen Gesamtabwägung die Repräsentativität der vorschlagenden Tarifvertragsparteien besonders zu berücksichtigen. [2]Bei der Feststellung der Repräsentativität ist vorrangig abzustellen auf

1. die Zahl der jeweils in den Geltungsbereich einer Rechtsverordnung nach Absatz 2 fallenden Arbeitnehmer, die bei Mitgliedern der vorschlagenden Arbeitgebervereinigung beschäftigt sind;

2. die Zahl der jeweils in den Geltungsbereich einer Rechtsverordnung nach Absatz 2 fallenden Mitglieder der vorschlagenden Gewerkschaften.

(5) [1]Vor Erlass ist ein Entwurf der Rechtsverordnung im Bundesanzeiger bekannt zu machen. [2]Das Bundesministerium für Arbeit und Soziales gibt Verleihern und Leiharbeitnehmern sowie den Gewerkschaften und Vereinigungen von Arbeitgebern, die im Geltungsbereich der Rechtsverordnung zumindest teilweise tarifzuständig sind, Gelegenheit zur schriftlichen Stellungnahme innerhalb von drei Wochen ab dem Tag der Bekanntmachung des Entwurfs der Rechtsverordnung im Bundesanzeiger. [3]Nach Ablauf der Stellungnahmefrist wird der in § 5 Absatz 1 Satz 1 des Tarifvertragsgesetzes genannte Ausschuss mit dem Vorschlag befasst.

(6) [1]Nach Absatz 1 vorschlagsberechtigte Tarifvertragsparteien können gemeinsam die Änderung einer nach Absatz 2 erlassenen Rechtsverordnung vorschlagen. [2]Die Absätze 1 bis 5 finden entsprechend Anwendung.

§ 4 Rücknahme

(1) [1]Eine rechtswidrige Erlaubnis kann mit Wirkung für die Zukunft zurückgenommen werden. [2]§ 2 Abs. 4 Satz 4 gilt entsprechend.

(2) [1]Die Erlaubnisbehörde hat dem Verleiher auf Antrag den Vermögensnachteil auszugleichen, den dieser dadurch erleidet, daß er auf den Bestand der Erlaubnis vertraut hat, soweit sein Vertrauen unter Abwägung mit dem öffentlichen Interesse schutzwürdig ist. [2]Auf Vertrauen kann sich der Verleiher nicht berufen, wenn er

1. die Erlaubnis durch arglistige Täuschung, Drohung oder eine strafbare Handlung erwirkt hat;

2. die Erlaubnis durch Angaben erwirkt hat, die in wesentlicher Beziehung unrichtig oder unvollständig waren, oder

3. die Rechtswidrigkeit der Erlaubnis kannte oder infolge grober Fahrlässigkeit nicht kannte.

[3]Der Vermögensnachteil ist jedoch nicht über den Betrag des Interesses hinaus zu ersetzen, das der Verleiher an dem Bestand der Erlaubnis hat. [4]Der auszugleichende Vermögensnachteil wird durch die Erlaubnisbehörde festgesetzt. [5]Der Anspruch kann nur innerhalb eines Jahres geltend gemacht werden; die Frist beginnt, sobald die Erlaubnisbehörde den Verleiher auf sie hingewiesen hat.

(3) Die Rücknahme ist nur innerhalb eines Jahres seit dem Zeitpunkt zulässig, in dem die Erlaubnisbehörde von den Tatsachen Kenntnis erhalten hat, die die Rücknahme der Erlaubnis rechtfertigen.

§ 5 Widerruf

(1) Die Erlaubnis kann mit Wirkung für die Zukunft widerrufen werden, wenn

1. der Widerruf bei ihrer Erteilung nach § 2 Abs. 3 vorbehalten worden ist;

2. der Verleiher eine Auflage nach § 2 nicht innerhalb einer ihm gesetzten Frist erfüllt hat;

3. die Erlaubnisbehörde aufgrund nachträglich eingetretener Tatsachen berechtigt wäre, die Erlaubnis zu versagen, oder

4. die Erlaubnisbehörde aufgrund einer geänderten Rechtslage berechtigt wäre, die Erlaubnis zu versagen; § 4 Abs. 2 gilt entsprechend.

(2) [1]Die Erlaubnis wird mit dem Wirksamwerden des Widerrufs unwirksam. [2]§ 2 Abs. 4 Satz 4 gilt entsprechend.

(3) Der Widerruf ist unzulässig, wenn eine Erlaubnis gleichen Inhalts erneut erteilt werden müßte.

(4) Der Widerruf ist nur innerhalb eines Jahres seit dem Zeitpunkt zulässig, in dem die Erlaubnisbehörde von den Tatsachen Kenntnis erhalten hat, die den Widerruf der Erlaubnis rechtfertigen.

§ 6 Verwaltungszwang

Werden Leiharbeitnehmer von einem Verleiher ohne die erforderliche Erlaubnis überlassen, so hat die Erlaubnisbehörde dem Verleiher dies zu untersagen und das weitere Überlassen nach den Vorschriften des Verwaltungsvollstreckungsgesetzes zu verhindern.

§ 7 Anzeigen und Auskünfte

(1) [1]Der Verleiher hat der Erlaubnisbehörde nach Erteilung der Erlaubnis unaufgefordert die Verlegung, Schließung und Errichtung von Betrieben, Betriebsteilen oder Nebenbetrieben vorher anzuzeigen, soweit diese die Ausübung der Arbeitnehmerüberlassung zum Gegenstand haben. [2]Wenn die Erlaubnis Personengesamtheiten, Personengesellschaften oder juristischen Personen erteilt ist und nach ihrer Erteilung eine andere Person zur Geschäftsführung oder Vertretung nach Gesetz, Satzung oder Gesellschaftsvertrag berufen wird, ist auch dies unaufgefordert anzuzeigen.

(2) [1]Der Verleiher hat der Erlaubnisbehörde auf Verlangen die Auskünfte zu erteilen, die zur Durchführung des Gesetzes erforderlich sind. [2]Die Auskünfte sind wahrheitsgemäß, vollständig, fristgemäß und unentgeltlich zu erteilen. [3]Auf Verlangen der Erlaubnisbehörde hat der Verleiher die geschäftlichen Unterlagen vorzulegen, aus denen sich die Richtigkeit seiner Angaben ergibt, oder seine Angaben auf sonstige Weise glaubhaft zu machen. [4]Der Verleiher hat seine Geschäftsunterlagen drei Jahre lang aufzubewahren.

(3) [1]In begründeten Einzelfällen sind die von der Erlaubnisbehörde beauftragten Personen befugt, Grundstücke und Geschäftsräume des Verleihers zu betreten und dort Prüfungen vorzunehmen. [2]Der Verleiher hat die Maßnahmen nach Satz 1 zu dulden. [3]Das Grundrecht der Unverletzlichkeit der Wohnung (Artikel 13 des Grundgesetzes) wird insoweit eingeschränkt.

(4) [1]Durchsuchungen können nur auf Anordnung des Richters bei dem Amtsgericht, in dessen Bezirk die Durchsuchung erfolgen soll, vorgenommen werden. [2]Auf die Anfechtung dieser Anordnung finden die §§ 304 bis 310 der Strafprozeßordnung entsprechende Anwendung. [3]Bei Gefahr im Verzug können die von der Erlaubnisbehörde beauftragten Personen während der Geschäftszeit die erforderlichen Durchsuchungen ohne richterliche Anordnung vornehmen. [4]An Ort und Stelle ist eine Niederschrift über die Durchsuchung und ihr wesentliches Ergebnis aufzunehmen, aus der sich, falls keine richterliche Anordnung ergangen ist, auch die Tatsachen ergeben, die zur Annahme einer Gefahr im Verzug geführt haben.

(5) Der Verleiher kann die Auskunft auf solche Fragen verweigern, deren Beantwortung ihn selbst oder einen der in § 383 Abs. 1 Nr. 1 bis 3 der Zivilprozeßordnung bezeichneten Angehörigen der Gefahr strafgerichtlicher Verfolgung oder eines Verfahrens nach dem Gesetz über Ordnungswidrigkeiten aussetzen würde.

§ 8[1] *Grundsatz der Gleichstellung*

(1) [1]Der Verleiher ist verpflichtet, dem Leiharbeitnehmer für die Zeit der Überlassung an den Entleiher die im Betrieb des Entleihers für einen vergleichbaren Arbeitnehmer des Entleihers geltenden wesentlichen Arbeitsbedingungen einschließlich des Arbeitsentgelts zu gewähren

---

1) *§ 8 AÜG wurde durch das Gesetz zur Änderung des Arbeitnehmerüberlassungsgesetzes und anderer Gesetze (Inkrafttreten 1. 4. 2017) neu gefasst.*

(Gleichstellungsgrundsatz). *²Erhält der Leiharbeitnehmer das für einen vergleichbaren Arbeitnehmer des Entleihers im Entleihbetrieb geschuldete tarifvertragliche Arbeitsentgelt oder in Ermangelung eines solchen ein für vergleichbare Arbeitnehmer in der Einsatzbranche geltendes tarifvertragliches Arbeitsentgelt, wird vermutet, dass der Leiharbeitnehmer hinsichtlich des Arbeitsentgelts im Sinne von Satz 1 gleichgestellt ist. ³Werden im Betrieb des Entleihers Sachbezüge gewährt, kann ein Wertausgleich in Euro erfolgen.*

(2) ¹Ein Tarifvertrag kann vom Gleichstellungsgrundsatz abweichen, soweit er nicht die in einer Rechtsverordnung nach § 3a Absatz 2 festgesetzten Mindeststundenentgelte unterschreitet. ²Soweit ein solcher Tarifvertrag vom Gleichstellungsgrundsatz abweicht, hat der Verleiher dem Leiharbeitnehmer die nach diesem Tarifvertrag geschuldeten Arbeitsbedingungen zu gewähren. ³Im Geltungsbereich eines solchen Tarifvertrages können nicht tarifgebundene Arbeitgeber und Arbeitnehmer die Anwendung des Tarifvertrages vereinbaren. ⁴Soweit ein solcher Tarifvertrag die in einer Rechtsverordnung nach § 3a Absatz 2 festgesetzten Mindeststundenentgelte unterschreitet, hat der Verleiher dem Leiharbeitnehmer für jede Arbeitsstunde das im Betrieb des Entleihers für einen vergleichbaren Arbeitnehmer des Entleihers für eine Arbeitsstunde zu zahlende Arbeitsentgelt zu gewähren.

(3) Eine abweichende tarifliche Regelung im Sinne von Absatz 2 gilt nicht für Leiharbeitnehmer, die in den letzten sechs Monaten vor der Überlassung an den Entleiher aus einem Arbeitsverhältnis bei diesem oder einem Arbeitgeber, der mit dem Entleiher einen Konzern im Sinne des § 18 des Aktiengesetzes bildet, ausgeschieden sind.

(4) ¹Ein Tarifvertrag im Sinne des Absatzes 2 kann hinsichtlich des Arbeitsentgelts vom Gleichstellungsgrundsatz für die ersten neun Monate einer Überlassung an einen Entleiher abweichen. ²Eine längere Abweichung durch Tarifvertrag ist nur zulässig, wenn

1. *nach spätestens 15 Monaten einer Überlassung an einen Entleiher mindestens ein Arbeitsentgelt erreicht wird, das in dem Tarifvertrag als gleichwertig mit dem tarifvertraglichen Arbeitsentgelt vergleichbarer Arbeitnehmer in der Einsatzbranche festgelegt ist, und*

2. *nach einer Einarbeitungszeit von längstens sechs Wochen eine stufenweise Heranführung an dieses Arbeitsentgelt erfolgt.*

³Im Geltungsbereich eines solchen Tarifvertrages können nicht tarifgebundene Arbeitgeber und Arbeitnehmer die Anwendung der tariflichen Regelungen vereinbaren. ⁴Der Zeitraum vorheriger Überlassungen durch denselben oder einen anderen Verleiher an denselben Entleiher ist vollständig anzurechnen, wenn zwischen den Einsätzen jeweils nicht mehr als drei Monate liegen.

(5) Der Verleiher ist verpflichtet, dem Leiharbeitnehmer mindestens das in einer Rechtsverordnung nach § 3a Absatz 2 für die Zeit der Überlassung und für Zeiten ohne Überlassung festgesetzte Mindeststundenentgelt zu zahlen.

§ 9[1] Unwirksamkeit

(1) Unwirksam sind:

1. *Verträge zwischen Verleihern und Entleihern sowie zwischen Verleihern und Leiharbeitnehmern, wenn der Verleiher nicht die nach § 1 erforderliche Erlaubnis hat; der Vertrag zwischen Verleiher und Leiharbeitnehmer wird nicht unwirksam, wenn der Leiharbeitnehmer schriftlich bis zum Ablauf eines Monats nach dem zwischen Verleiher und Entleiher für den Beginn der Überlassung vorgesehenen Zeitpunkt gegenüber dem Verleiher oder dem Entleiher erklärt, dass er an dem Arbeitsvertrag mit dem Verleiher festhält; tritt die Unwirksamkeit erst nach Aufnahme der Tätigkeit beim Entleiher ein, so beginnt die Frist mit Eintritt der Unwirksamkeit,*

1a. *Arbeitsverträge zwischen Verleihern und Leiharbeitnehmern, wenn entgegen § 1 Absatz 1 Satz 5 und 6 die Arbeitnehmerüberlassung nicht ausdrücklich als solche bezeichnet und die Person des Leiharbeitnehmers nicht konkretisiert worden ist, es sei denn, der Leiharbeitnehmer erklärt schriftlich bis zum Ablauf eines Monats nach dem zwischen Verleiher und Entleiher für den Beginn der Überlassung vorgesehenen Zeitpunkt gegenüber dem Verleiher oder dem Entleiher, dass er an dem Arbeitsvertrag mit dem Verleiher festhält,*

1b. *Arbeitsverträge zwischen Verleihern und Leiharbeitnehmern mit dem Überschreiten der zulässigen Überlassungshöchstdauer nach § 1 Absatz 1b, es sei denn, der Leiharbeitnehmer erklärt schriftlich bis zum Ablauf eines Monats nach Überschreiten der zulässigen Überlassungshöchstdauer gegenüber dem Verleiher oder dem Entleiher, dass er an dem Arbeitsvertrag mit dem Verleiher festhält,*

2. *Vereinbarungen, die für den Leiharbeitnehmer schlechtere als die ihm nach § 8 zustehenden Arbeitsbedingungen einschließlich des Arbeitsentgelts vorsehen,*

---

[1] *§ 9 AÜG wurde durch das Gesetz zur Änderung des Arbeitnehmerüberlassungsgesetzes und anderer Gesetze (Inkrafttreten 1. 4. 2017) neu gefasst.*

2a. Vereinbarungen, die den Zugang des Leiharbeitnehmers zu den Gemeinschaftseinrichtungen oder -diensten im Unternehmen des Entleihers entgegen § 13b beschränken,

3. Vereinbarungen, die dem Entleiher untersagen, den Leiharbeitnehmer zu einem Zeitpunkt einzustellen, in dem dessen Arbeitsverhältnis zum Verleiher nicht mehr besteht; dies schließt die Vereinbarung einer angemessenen Vergütung zwischen Verleiher und Entleiher für die nach vorangegangenem Verleih oder mittels vorangegangenem Verleih erfolgte Vermittlung nicht aus,

4. Vereinbarungen, die dem Leiharbeitnehmer untersagen, mit dem Entleiher zu einem Zeitpunkt, in dem das Arbeitsverhältnis zwischen Verleiher und Leiharbeitnehmer nicht mehr besteht, ein Arbeitsverhältnis einzugehen,

5. Vereinbarungen, nach denen der Leiharbeitnehmer eine Vermittlungsvergütung an den Verleiher zu zahlen hat.

(2) Die Erklärung nach Absatz 1 Nummer 1, 1a oder 1b (Festhaltenserklärung) ist nur wirksam, wenn

1. *der Leiharbeitnehmer diese vor ihrer Abgabe persönlich in einer Agentur für Arbeit vorlegt,*

2. *die Agentur für Arbeit die abzugebende Erklärung mit dem Datum des Tages der Vorlage und dem Hinweis versieht, dass sie die Identität des Leiharbeitnehmers festgestellt hat, und*

3. *die Erklärung spätestens am dritten Tag nach der Vorlage in der Agentur für Arbeit dem Ver- oder Entleiher zugeht.*

(3) ¹Eine vor Beginn einer Frist nach Absatz 1 Nummer 1 bis 1b abgegebene Festhaltenserklärung ist unwirksam. ²Wird die Überlassung nach der Festhaltenserklärung fortgeführt, gilt Absatz 1 Nummer 1 bis 1b. ³Eine erneute Festhaltenserklärung ist unwirksam. ⁴§ 28e Absatz 2 Satz 4 des Vierten Buches Sozialgesetzbuch gilt unbeschadet der Festhaltenserklärung.

§ 10[1] Rechtsfolgen bei Unwirksamkeit

(1) ¹Ist der Vertrag zwischen einem Verleiher und einem Leiharbeitnehmer nach § 9 unwirksam, so gilt ein Arbeitsverhältnis zwischen Entleiher und Leiharbeitnehmer zu dem zwischen dem Entleiher und dem Verleiher für den Beginn der Tätigkeit vorgesehenen Zeitpunkt als zustande gekommen; tritt die Unwirksamkeit erst nach Aufnahme der Tätigkeit beim Entleiher ein, so gilt das Arbeitsverhältnis zwischen Entleiher und Leiharbeitnehmer mit dem Eintritt der Unwirksamkeit als zustande gekommen. ²Das Arbeitsverhältnis nach Satz 1 gilt als befristet, wenn die Tätigkeit des Leiharbeitnehmers bei dem Entleiher nur befristet vorgesehen war und ein die Befristung des Arbeitsverhältnisses sachlich rechtfertigender Grund vorliegt. ³Für das Arbeitsverhältnis nach Satz 1 gilt die zwischen dem Verleiher und dem Entleiher vorgesehene Arbeitszeit als vereinbart. ⁴Im übrigen bestimmen sich Inhalt und Dauer dieses Arbeitsverhältnisses nach den für den Betrieb des Entleihers geltenden Vorschriften und sonstigen Regelungen; sind solche nicht vorhanden, gelten diejenigen vergleichbarer Betriebe. ⁵Der Leiharbeitnehmer hat gegen den Entleiher mindestens Anspruch auf das mit dem Verleiher vereinbarte Arbeitsentgelt.

(2) ¹Der Leiharbeitnehmer kann im Fall der Unwirksamkeit seines Vertrags mit dem Verleiher nach § 9 von diesem Ersatz des Schadens verlangen, den er dadurch erleidet, daß er auf die Gültigkeit des Vertrags vertraut. ²Die Ersatzpflicht tritt nicht ein, wenn der Leiharbeitnehmer den Grund der Unwirksamkeit kannte.

(3) ¹Zahlt der Verleiher das vereinbarte Arbeitsentgelt oder Teile des Arbeitsentgelts an den Leiharbeitnehmer, obwohl der Vertrag nach § 9 unwirksam ist, so hat er auch sonstige Teile des Arbeitsentgelts, die bei einem wirksamen Arbeitsvertrag für den Leiharbeitnehmer an einen anderen zu zahlen wären, an den anderen zu zahlen. ²Hinsichtlich dieser Zahlungspflicht gilt der Verleiher neben dem Entleiher als Arbeitgeber; beide haften insoweit als Gesamtschuldner.

§ 10a[2] Rechtsfolgen bei Überlassung durch eine andere Person als den Arbeitgeber

Werden Arbeitnehmer entgegen § 1 Absatz 1 Satz 3 von einer anderen Person überlassen und verstößt diese Person hierbei gegen § 1 Absatz 1 Satz 1, 5 und 6 oder Absatz 1b, gelten für das Arbeitsverhältnis des Leiharbeitnehmers § 9 Absatz 1 Nummer 1 bis 1b und § 10 entsprechend.

---

[1] *§ 10 AÜG wurde durch das Gesetz zur Änderung des Arbeitnehmerüberlassungsgesetzes und anderer Gesetze (Inkrafttreten 1. 4. 2017) geändert.*

[2] *§ 10a AÜG wurde durch das Gesetz zur Änderung des Arbeitnehmerüberlassungsgesetzes und anderer Gesetze (Inkrafttreten 1. 4. 2017) eingefügt.*

§ 11   Sonstige Vorschriften über das Leiharbeitsverhältnis

(1) ¹Der Nachweis der wesentlichen Vertragsbedingungen des Leiharbeitsverhältnisses richtet sich nach den Bestimmungen des Nachweisgesetzes. ²Zusätzlich zu den in § 2 Abs. 1 des Nachweisgesetzes genannten Angaben sind in die Niederschrift aufzunehmen:

1. Firma und Anschrift des Verleihers, die Erlaubnisbehörde sowie Ort und Datum der Erteilung der Erlaubnis nach § 1,

2. Art und Höhe der Leistungen für Zeiten, in denen der Leiharbeitnehmer nicht verliehen ist.

(2) ¹Der Verleiher ist ferner verpflichtet, dem Leiharbeitnehmer bei Vertragsschluß ein Merkblatt der Erlaubnisbehörde über den wesentlichen Inhalt dieses Gesetzes auszuhändigen. ²Nichtdeutsche Leiharbeitnehmer erhalten das Merkblatt und den Nachweis (BGBl. 2002 I S. 4619) nach Absatz 1 auf Verlangen in ihrer Muttersprache. ³Die Kosten des Merkblatts trägt der Verleiher. *¹⁴Der Verleiher hat den Leiharbeitnehmer vor jeder Überlassung darüber zu informieren, dass er als Leiharbeitnehmer tätig wird.*

(3) ¹Der Verleiher hat den Leiharbeitnehmer unverzüglich über den Zeitpunkt des Wegfalls der Erlaubnis zu unterrichten. ²In den Fällen der Nichtverlängerung (§ 2 Abs. 4 Satz 3), der Rücknahme (§ 4) oder des Widerrufs (§ 5) hat er ihn ferner auf das voraussichtliche Ende der Abwicklung (§ 2 Abs. 4 Satz 4) und die gesetzliche Abwicklungsfrist (§ 2 Abs. 4 Satz 4 letzter Halbsatz) hinzuweisen.

(4) ¹§ 622 Abs. 5 Nr. 1 des Bürgerlichen Gesetzbuchs ist nicht auf Arbeitsverhältnisse zwischen Verleihern und Leiharbeitnehmern anzuwenden. ²Das Recht des Leiharbeitnehmers auf Vergütung bei Annahmeverzug des Verleihers (§ 615 Satz 1 des Bürgerlichen Gesetzbuchs) kann nicht durch Vertrag aufgehoben oder beschränkt werden; § 615 Satz 2 des Bürgerlichen Gesetzbuchs bleibt unberührt. ³Das Recht des Leiharbeitnehmers auf Vergütung kann durch Vereinbarung von Kurzarbeit für die Zeit aufgehoben werden, für die dem Leiharbeitnehmer Kurzarbeitergeld nach dem Dritten Buch Sozialgesetzbuch gezahlt wird; eine solche Vereinbarung kann das Recht des Leiharbeitnehmers auf Vergütung bis längstens zum 31. Dezember 2011ausschließen.

²⁾ (5) *¹Der Entleiher darf Leiharbeitnehmer nicht tätig werden lassen, wenn sein Betrieb unmittelbar durch einen Arbeitskampf betroffen ist. ²Satz 1 gilt nicht, wenn der Entleiher sicherstellt, dass Leiharbeitnehmer keine Tätigkeiten übernehmen, die bisher von Arbeitnehmern erledigt wurden, die*

1. sich im Arbeitskampf befinden oder

2. ihrerseits Tätigkeiten von Arbeitnehmern, die sich im Arbeitskampf befinden, übernommen haben.

³Der Leiharbeitnehmer ist nicht verpflichtet, bei einem Entleiher tätig zu sein, soweit dieser durch einen Arbeitskampf unmittelbar betroffen ist. ⁴In den Fällen eines Arbeitskampfes hat der Verleiher den Leiharbeitnehmer auf das Recht, die Arbeitsleistung zu verweigern, hinzuweisen.

(6) ¹Die Tätigkeit des Leiharbeitnehmers bei dem Entleiher unterliegt den für den Betrieb des Entleihers geltenden öffentlich-rechtlichen Vorschriften des Arbeitsschutzrechts; die hieraus sich ergebenden Pflichten für den Arbeitgeber obliegen dem Entleiher unbeschadet der Pflichten des Verleihers. ²Insbesondere hat der Entleiher den Leiharbeitnehmer vor Beginn der Beschäftigung und bei Veränderungen in seinem Arbeitsbereich über Gefahren für Sicherheit und Gesundheit, denen er bei der Arbeit ausgesetzt sein kann, sowie über die Maßnahmen und Einrichtungen zur Abwendung dieser Gefahren zu unterrichten. ³Der Entleiher hat den Leiharbeitnehmer zusätzlich über die Notwendigkeit besonderer Qualifikationen oder beruflicher Fähigkeiten oder einer besonderen ärztlichen Überwachung sowie über erhöhte besondere Gefahren des Arbeitsplatzes zu unterrichten.

(7) Hat der Leiharbeitnehmer während der Dauer der Tätigkeit bei dem Entleiher eine Erfindung oder einen technischen Verbesserungsvorschlag gemacht, so gilt der Entleiher als Arbeitgeber im Sinne des Gesetzes über Arbeitnehmererfindungen.

§ 12   Rechtsbeziehungen zwischen Verleiher und Entleiher

³⁾ (1) ¹Der Vertrag zwischen dem Verleiher und dem Entleiher bedarf der Schriftform. ²Wenn der *Vertrag und seine tatsächliche Durchführung einander widersprechen, ist für die rechtliche Einordnung des Vertrages die tatsächliche Durchführung maßgebend.* ³In der Urkunde hat der Ver-

---

1) § 11 Abs. 2 Satz 4 AÜG wurde durch das Gesetz zur Änderung des Arbeitnehmerüberlassungsgesetzes und anderer Gesetze (Inkrafttreten 1. 4. 2017) eingefügt.

2) § 11 Abs. 5 AÜG wurde durch das Gesetz zur Änderung des Arbeitnehmerüberlassungsgesetzes und anderer Gesetze (Inkrafttreten 1. 4. 2017) neu gefasst.

3) § 12 Abs. 1 AÜG wurde durch das Gesetz zur Änderung des Arbeitnehmerüberlassungsgesetzes und anderer Gesetze (Inkrafttreten 1. 4. 2017) geändert.

leiher anzugeben, ob er die Erlaubnis nach § 1 besitzt. [4]Der Entleiher hat in der Urkunde anzugeben, welche besonderen Merkmale die für den Leiharbeitnehmer vorgesehene Tätigkeit hat und welche berufliche Qualifikation dafür erforderlich ist sowie welche im Betrieb des Entleihers für einen vergleichbaren Arbeitnehmer des Entleihers wesentlichen Arbeitsbedingungen einschließlich des Arbeitsentgelts gelten; Letzeres gilt nicht, soweit die Voraussetzungen der in *§ 8 Absatz 2 und 4 Satz 2* genannten Ausnahme vorliegen.

(2) [1]Der Verleiher hat den Entleiher unverzüglich über den Zeitpunkt des Wegfalls der Erlaubnis zu unterrichten. [2]In den Fällen der Nichtverlängerung (§ 2 Abs. 4 Satz 3), der Rücknahme (§ 4) oder des Widerrufs (§ 5) hat er ihn ferner auf das voraussichtliche Ende der Abwicklung (§ 2 Abs. 4 Satz 4) und die gesetzliche Abwicklungsfrist (§ 2 Abs. 4 Satz 4 letzter Halbsatz) hinzuweisen.

(3) (weggefallen)

§ 13 Auskunftsanspruch des Leiharbeitnehmers

[1)] Der Leiharbeitnehmer kann im Fall der Überlassung von seinem Entleiher Auskunft über die im Betrieb des Entleihers für einen vergleichbaren Arbeitnehmer des Entleihers geltenden wesentlichen Arbeitsbedingungen einschließlich des Arbeitsentgelts verlangen; dies gilt nicht, soweit die Voraussetzungen der in *§ 8 Absatz 2 und 4 Satz 2* genannten Ausnahme vorliegen.

§ 13a Informationspflicht des Entleihers über freie Arbeitsplätze

[1]Der Entleiher hat den Leiharbeitnehmer über Arbeitsplätze des Entleihers, die besetzt werden sollen, zu informieren. [2]Die Information kann durch allgemeine Bekanntgabe an geeigneter, dem Leiharbeitnehmer zugänglicher Stelle im Betrieb und Unternehmen des Entleihers erfolgen.

§ 13b Zugang des Leiharbeitnehmers zu Gemeinschaftseinrichtungen oder -diensten

[1]Der Entleiher hat dem Leiharbeitnehmer Zugang zu den Gemeinschaftseinrichtungen und -diensten im Unternehmen unter den gleichen Bedingungen zu gewähren wie vergleichbaren Arbeitnehmern in dem Betrieb, in dem der Leiharbeitnehmer seine Arbeitsleistung erbringt, es sei denn, eine unterschiedliche Behandlung ist aus sachlichen Gründen gerechtfertigt. [2]Gemeinschaftseinrichtungen oder -dienste im Sinne des Satzes 1 sind insbesondere Kinderbetreuungseinrichtungen, Gemeinschaftsverpflegung und Beförderungsmittel.

§ 14 Mitwirkungs- und Mitbestimmungsrechte

(1) Leiharbeitnehmer bleiben auch während der Zeit ihrer Arbeitsleistung bei einem Entleiher Angehörige des entsendenden Betriebs des Verleihers.

(2) [1]Leiharbeitnehmer sind bei der Wahl der Arbeitnehmervertreter in den Aufsichtsrat im Entleiherunternehmen und bei der Wahl der betriebsverfassungsrechtlichen Arbeitnehmervertretungen im Entleiherbetrieb nicht wählbar. [2]Sie sind berechtigt, die Sprechstunden dieser Arbeitnehmervertretungen aufzusuchen und an den Betriebs- und Jugendversammlungen im Entleiherbetrieb teilzunehmen. [3]Die §§ 81, 82 Abs. 1 und die §§ 84 bis 86 des Betriebsverfassungsgesetzes gelten im Entleiherbetrieb auch in bezug auf die dort tätigen Leiharbeitnehmer. [2)4]*Soweit Bestimmungen des Betriebsverfassungsgesetzes mit Ausnahme des § 112a, des Europäische Betriebsräte-Gesetzes oder der auf Grund der jeweiligen Gesetze erlassenen Wahlordnungen eine bestimmte Anzahl oder einen bestimmten Anteil von Arbeitnehmern voraussetzen, sind Leiharbeitnehmer auch im Entleiherbetrieb zu berücksichtigen. [5]Soweit Bestimmungen des Mitbestimmungsgesetzes, des Montan-Mitbestimmungsgesetzes, des Mitbestimmungsergänzungsgesetzes, des Drittelbeteiligungsgesetzes, des Gesetzes über die Mitbestimmung der Arbeitnehmer bei einer grenzüberschreitenden Verschmelzung, des SE- und des SCE-Beteiligungsgesetzes oder der auf Grund der jeweiligen Gesetze erlassenen Wahlordnungen eine bestimmte Anzahl oder einen bestimmten Anteil von Arbeitnehmern voraussetzen, sind Leiharbeitnehmer auch im Entleiherunternehmen zu berücksichtigen. [6]Soweit die Anwendung der in Satz 5 genannten Gesetze eine bestimmte Anzahl oder einen bestimmten Anteil von Arbeitnehmern erfordert, sind Leiharbeitnehmer im Entleiherunternehmen nur zu berücksichtigen, wenn die Einsatzdauer sechs Monate übersteigt.*

(3) [1]Vor der Übernahme eines Leiharbeitnehmers zur Arbeitsleistung ist der Betriebsrat des Entleiherbetriebs nach § 99 des Betriebsverfassungsgesetzes zu beteiligen. [2]Dabei hat der Entleiher dem Betriebsrat auch die schriftliche Erklärung des Verleihers nach § 12 Abs. 1 Satz 2 vor-

---

[1)] § 13 AÜG wurde durch das Gesetz zur Änderung des Arbeitnehmerüberlassungsgesetzes und anderer Gesetze (Inkrafttreten 1. 4. 2017) geändert.
[2)] § 14 Abs. 2 Satz 4 bis 6 AÜG wurde durch das Gesetz zur Änderung des Arbeitnehmerüberlassungsgesetzes und anderer Gesetze (Inkrafttreten 1. 4. 2017) angefügt.

zulegen. [3]Er ist ferner verpflichtet, Mitteilungen des Verleihers nach § 12 Abs. 2 unverzüglich dem Betriebsrat bekanntzugeben.

(4) Die Absätze 1 und 2 Satz 1 und 2 sowie Absatz 3 gelten für die Anwendung des Bundespersonalvertretungsgesetzes sinngemäß.

§ 15 Ausländische Leiharbeitnehmer ohne Genehmigung

(1) Wer als Verleiher einen Ausländer, der einen erforderlichen Aufenthaltstitel nach § 4 Abs. 3 des Aufenthaltsgesetzes, eine Aufenthaltsgestattung oder eine Duldung, die zur Ausbildung der Beschäftigung berechtigen, oder eine Genehmigung nach § 284 Abs. 1 des Dritten Buches Sozialgesetzbuch nicht besitzt, entgegen § 1 einem Dritten ohne Erlaubnis überlässt, wird mit Freiheitsstrafe bis zu drei Jahren oder mit Geldstrafe bestraft.

(2) [1]In besonders schweren Fällen ist die Strafe Freiheitsstrafe von sechs Monaten bis zu fünf Jahren. [2]Ein besonders schwerer Fall liegt in der Regel vor, wenn der Täter gewerbsmäßig oder aus grobem Eigennutz handelt.

§ 15a Entleih von Ausländern ohne Genehmigung

(1) [1]Wer als Entleiher einen ihm überlassenen Ausländer, der einen erforderlichen Aufenthaltstitel nach § 4 Abs. 3 des Aufenthaltsgesetzes, eine Aufenthaltsgestattung oder eine Duldung, die zur Ausbildung der Beschäftigung berechtigen, oder eine Genehmigung nach § 284 Abs. 1 des Dritten Buches Sozialgesetzbuch nicht besitzt, zu Arbeitsbedingungen des Leiharbeitsverhältnisses tätig werden läßt, die in einem auffälligen Mißverhältnis zu den Arbeitsbedingungen deutscher Leiharbeitnehmer stehen, die die gleiche oder eine vergleichbare Tätigkeit ausüben, wird mit Freiheitsstrafe bis zu drei Jahren oder mit Geldstrafe bestraft. [2]In besonders schweren Fällen ist die Strafe Freiheitsstrafe von sechs Monaten bis zu fünf Jahren; ein besonders schwerer Fall liegt in der Regel vor, wenn der Täter gewerbsmäßig oder aus grobem Eigennutz handelt.

(2) Wer als Entleiher

1. gleichzeitig mehr als fünf Ausländer, die einen erforderlichen Aufenthaltstitel nach § 4 Abs. 3 des Aufenthaltsgesetzes, eine Aufenthaltsgestattung oder eine Duldung, die zur Ausbildung der Beschäftigung berechtigen, oder eine Genehmigung nach § 284 Abs. 1 des Dritten Buches Sozialgesetzbuch nicht besitzen, tätig werden lässt oder

2. eine in § 16 Abs. 1 Nr. 2 bezeichnete vorsätzliche Zuwiderhandlung beharrlich wiederholt,

wird mit Freiheitsstrafe bis zu einem Jahr oder mit Geldstrafe bestraft. Handelt der Täter aus grobem Eigennutz, ist die Strafe Freiheitsstrafe bis zu drei Jahren oder Geldstrafe.

§ 16[1)] Ordnungswidrigkeiten

(1) Ordnungswidrig handelt, wer vorsätzlich oder fahrlässig

1. entgegen § 1 einen Leiharbeitnehmer einem Dritten ohne Erlaubnis überläßt,

1a. einen ihm von einem Verleiher ohne Erlaubnis überlassenen Leiharbeitnehmer tätig werden läßt,

1b. entgegen § 1 Absatz 1 Satz 3 einen Arbeitnehmer überlässt oder tätig werden lässt,

1c. entgegen § 1 Absatz 1 Satz 5 eine dort genannte Überlassung nicht, nicht richtig oder nicht rechtzeitig bezeichnet,

1d. entgegen § 1 Absatz 1 Satz 6 die Person nicht, nicht richtig oder nicht rechtzeitig konkretisiert,

1e. entgegen § 1 Absatz 1b Satz 1 einen Leiharbeitnehmer überlässt,

1f. entgegen § 1b Satz 1 Arbeitnehmer überläßt oder tätig werden läßt,

2. einen ihm überlassenen ausländischen Leiharbeitnehmer, der einen erforderlichen Aufenthaltstitel nach § 4 Abs. 3 des Aufenthaltsgesetzes, eine Aufenthaltsgestattung oder eine Duldung, die zur Ausbildung der Beschäftigung berechtigen, oder eine Genehmigung nach § 284 Abs. 1 des Dritten Buches Sozialgesetzbuch nicht besitzt, tätig werden lässt,

2a. eine Anzeige nach § 1a nicht richtig, nicht vollständig oder nicht rechtzeitig erstattet,

3. einer Auflage nach § 2 Abs. 2 nicht, nicht vollständig oder nicht rechtzeitig nachkommt,

4. eine Anzeige nach § 7 Abs. 1 nicht, nicht richtig, nicht vollständig oder nicht rechtzeitig erstattet,

5. eine Auskunft nach § 7 Abs. 2 Satz 1 nicht, nicht richtig, nicht vollständig oder nicht rechtzeitig erteilt,

---

1) § 16 AÜG wurde durch das Gesetz zur Änderung des Arbeitnehmerüberlassungsgesetzes und anderer Gesetze (Inkrafttreten 1. 4. 2017) geändert.

6. seiner Aufbewahrungspflicht nach § 7 Abs. 2 Satz 4 nicht nachkommt,

6a. entgegen § 7 Abs. 3 Satz 2 eine dort genannte Maßnahme nicht duldet,

7. *aufgehoben*

7a. entgegen *§ 8 Absatz 1 Satz 1 oder Absatz 2 Satz 2 oder 4* eine Arbeitsbedingung nicht gewährt,

7b. entgegen *§ 8 Absatz 5* in Verbindung mit einer Rechtsverordnung nach § 3a Absatz 2 Satz 1 das dort genannte Mindeststundenentgelt nicht oder nicht rechtzeitig zahlt,

8. einer Pflicht nach § 11 Abs. 1 oder Abs. 2 nicht nachkommt,

8a. entgegen § 11 Absatz 5 Satz 1 einen Leiharbeitnehmer tätig werden lässt,

9. entgegen § 13a Satz 1 den Leiharbeitnehmer nicht, nicht richtig oder nicht vollständig informiert,

10. entgegen § 13b Satz 1 Zugang nicht gewährt,

11. entgegen § 17a in Verbindung mit § 5 Absatz 1 Satz 1 des Schwarzarbeitsbekämpfungsgesetzes eine Prüfung nicht duldet oder bei dieser Prüfung nicht mitwirkt,

12. entgegen § 17a in Verbindung mit § 5 Absatz 1 Satz 2 des Schwarzarbeitsbekämpfungsgesetzes das Betreten eines Grundstücks oder Geschäftsraums nicht duldet,

13. entgegen § 17a in Verbindung mit § 5 Absatz 3 Satz 1 des Schwarzarbeitsbekämpfungsgesetzes Daten nicht, nicht richtig, nicht vollständig, nicht in der vorgeschriebenen Weise oder nicht rechtzeitig übermittelt,

14. entgegen § 17b Absatz 1 Satz 1 eine Anmeldung nicht, nicht richtig, nicht vollständig, nicht in der vorgeschriebenen Weise oder nicht rechtzeitig zuleitet,

15. entgegen § 17b Absatz 1 Satz 2 eine Änderungsmeldung nicht, nicht richtig, nicht vollständig, nicht in der vorgeschriebenen Weise oder nicht rechtzeitig macht,

16. entgegen § 17b Absatz 2 eine Versicherung nicht beifügt,

17. entgegen § 17c Absatz 1 eine Aufzeichnung nicht, nicht richtig, nicht vollständig oder nicht rechtzeitig erstellt oder nicht mindestens zwei Jahre aufbewahrt oder

18. entgegen § 17c Absatz 2 eine Unterlage nicht, nicht richtig, nicht vollständig oder nicht in der vorgeschriebenen Weise bereithält.

(2) Die Ordnungswidrigkeit nach Absatz 1 Nummer 1 bis *1f*, 6 und 11 bis 18 kann mit einer Geldbuße bis zu dreißigtausend Euro, die Ordnungswidrigkeit nach Absatz 1 Nummer 2, 7a und *7b und 8a* mit einer Geldbuße bis zu fünfhunderttausend Euro, die Ordnungswidrigkeit nach Absatz 1 Nummer 2a, 3, 9 und 10 mit einer Geldbuße bis zu zweitausendfünfhundert Euro, die Ordnungswidrigkeit nach Absatz 1 Nummer 4, 5, 6a und 8 mit einer Geldbuße bis zu tausend Euro geahndet werden.

(3) *Verwaltungsbehörden im Sinne des § 36 Absatz 1 Nummer 1 des Gesetzes über Ordnungswidrigkeiten sind in den Fällen des Absatzes 1 Nummer 1, 1a, 1c, 1d, 1f, 2, 2a und 7b sowie 11 bis 18 die Behörden der Zollverwaltung jeweils für ihren Geschäftsbereich, in den Fällen des Absatzes 1 Nummer 1b, 1e, 3 bis 7a sowie 8 bis 10 die Bundesagentur für Arbeit.*

(4) §§ 66 des Zehnten Buches Sozialgesetzbuch gilt entsprechend.

(5) ¹Die Geldbußen fließen in die Kasse der zuständigen Verwaltungsbehörde. ²Sie trägt abweichend von § 105 Abs. 2 des Gesetzes über Ordnungswidrigkeiten die notwendigen Auslagen und ist auch ersatzpflichtig im Sinne des § 110 Abs. 4 des Gesetzes über Ordnungswidrigkeiten.

§ 17 Durchführung

(1) ¹Die Bundesagentur für Arbeit führt dieses Gesetz nach fachlichen Weisungen des Bundesministeriums für Arbeit und Soziales durch. ²Verwaltungskosten werden nicht erstattet.

¹⁾ (2) Die Prüfung der Arbeitsbedingungen nach *§ 8 Absatz 5* obliegt zudem den Behörden der Zollverwaltung nach Maßgabe der §§ 17a bis 18a.

§ 17a Befugnisse der Behörden der Zollverwaltung

²⁾ Die §§ 2, 3 bis 6 und 14 bis 20, 22, 23 des Schwarzarbeitsbekämpfungsgesetzes sind entsprechend anzuwenden mit der Maßgabe, dass die dort genannten Behörden auch Einsicht in Arbeitsverträge, Niederschriften nach § 2 des Nachweisgesetzes und andere Geschäftsunterla-

---

¹⁾ *§ 17 Abs. 2 AÜG wurde durch das Gesetz zur Änderung des Arbeitnehmerüberlassungsgesetzes und anderer Gesetze (Inkrafttreten 1. 4. 2017) geändert.*
²⁾ *§ 17a AÜG wurde durch das Gesetz zur Änderung des Arbeitnehmerüberlassungsgesetzes und anderer Gesetze (Inkrafttreten 1. 4. 2017) geändert.*

gen nehmen können, die mittelbar oder unmittelbar Auskunft über die Einhaltung der Arbeits-bedingungen nach *§ 8 Absatz 5* geben.

§ 17b Meldepflicht

(1) [1]Überlässt ein Verleiher mit Sitz im Ausland einen Leiharbeitnehmer zur Arbeitsleistung einem Entleiher, hat der Entleiher, sofern eine Rechtsverordnung nach § 3a auf das Arbeitsver-hältnis Anwendung findet, vor Beginn jeder Überlassung der zuständigen Behörde der Zollver-waltung eine schriftliche Anmeldung in deutscher Sprache mit folgenden Angaben zuzuleiten:

1. Familienname, Vornamen und Geburtsdatum des überlassenen Leiharbeitnehmers,

2. Beginn und Dauer der Überlassung,

3. Ort der Beschäftigung,

4. Ort im Inland, an dem die nach § 17c erforderlichen Unterlagen bereitgehalten werden,

5. Familienname, Vornamen und Anschrift in Deutschland eines oder einer Zustellungsbevoll-mächtigten des Verleihers,

6. Branche, in die die Leiharbeitnehmer überlassen werden sollen, und

7. Familienname, Vornamen oder Firma sowie Anschrift des Verleihers.

[2]Änderungen bezüglich dieser Angaben hat der Entleiher unverzüglich zu melden.

[1)] (2) Der Entleiher hat der Anmeldung eine Versicherung des Verleihers beizufügen, dass dieser seine Verpflichtungen nach *§ 8 Absatz 5* einhält.

(3) Das Bundesministerium der Finanzen kann durch Rechtsverordnung im Einvernehmen mit dem Bundesministerium für Arbeit und Soziales ohne Zustimmung des Bundesrates bestimmen,

1. dass, auf welche Weise und unter welchen technischen und organisatorischen Voraussetzun-gen eine Anmeldung, Änderungsmeldung und Versicherung abweichend von den Absätzen 1 und 2 elektronisch übermittelt werden kann,

2. unter welchen Voraussetzungen eine Änderungsmeldung ausnahmsweise entfallen kann und

3. wie das Meldeverfahren vereinfacht oder abgewandelt werden kann.

(4) Das Bundesministerium der Finanzen kann durch Rechtsverordnung ohne Zustimmung des Bundesrates die zuständige Behörde nach Absatz 1 Satz 1 bestimmen.

§ 17c Erstellen und Bereithalten von Dokumenten

(1) Sofern eine Rechtsverordnung nach § 3a auf ein Arbeitsverhältnis Anwendung findet, ist der Entleiher verpflichtet, Beginn, Ende und Dauer der täglichen Arbeitszeit des Leiharbeitneh-mers spätestens bis zum Ablauf des siebten auf den Tag der Arbeitsleistung folgenden Kalender-tages aufzuzeichnen und diese Aufzeichnungen mindestens zwei Jahre beginnend ab dem für die Aufzeichnung maßgeblichen Zeitpunkt aufzubewahren.

(2) [1]Jeder Verleiher ist verpflichtet, die für die Kontrolle der Einhaltung einer Rechtsverordnung nach § 3a erforderlichen Unterlagen im Inland für die gesamte Dauer der tatsächlichen Beschäfti-gung des Leiharbeitnehmers im Geltungsbereich dieses Gesetzes, insgesamt jedoch nicht länger als zwei Jahre, in deutscher Sprache bereitzuhalten. [2]Auf Verlangen der Prüfbehörde sind die Unterlagen auch am Ort der Beschäftigung bereitzuhalten.

§ 18   Zusammenarbeit mit anderen Behörden

(1) Zur Verfolgung und Ahndung der Ordnungswidrigkeiten nach § 16 arbeiten die Bundes-agentur für Arbeit und die Behörden der Zollverwaltung insbesondere mit folgenden Behörden zusammen:

1. den Trägern der Krankenversicherung als Einzugsstellen für die Sozialversicherungsbeiträge,

2. den in § 71 des Aufenthaltsgesetzes genannten Behörden,

3. den Finanzbehörden,

4. den nach Landesrecht für die Verfolgung und Ahndung von Ordnungswidrigkeiten nach dem Schwarzarbeitsbekämpfungsgesetz zuständigen Behörden,

5. den Trägern der Unfallversicherung,

6. den für den Arbeitsschutz zuständigen Landesbehörden,

7. den Rentenversicherungsträgern,

8. den Trägern der Sozialhilfe.

---

1) § 17b Abs. 2 AÜG wurde durch das Gesetz zur Änderung des Arbeitnehmerüberlassungsgesetzes und anderer Gesetze (Inkrafttreten 1. 4. 2017) geändert.

(2) Ergeben sich für die Bundesagentur für Arbeit oder die Behörden der Zollverwaltung bei der Durchführung dieses Gesetzes im Einzelfall konkrete Anhaltspunkte für

1. Verstöße gegen das Schwarzarbeitsbekämpfungsgesetz,

2. eine Beschäftigung oder Tätigkeit von Ausländern ohne erforderlichen Aufenthaltstitel nach § 4 Abs. 3 des Aufenthaltsgesetzes, eine Aufenthaltsgestattung oder eine Duldung, die zur Ausbildung oder Beschäftigung berechtigen, oder eine Genehmigung nach § 284 Abs. 1 des Dritten Buches Sozialgesetzbuch,

3. Verstöße gegen die Mitwirkungspflicht nach § 60 Abs. 1 Satz 1 Nr. 2 des Ersten Buches Sozialgesetzbuch gegenüber einer Dienststelle der Bundesagentur für Arbeit, einem Träger der gesetzlichen Kranken-, Pflege-, Unfall- oder Rentenversicherung oder einem Träger der Sozialhilfe oder gegen die Meldepflicht nach § 8a des Asylbewerberleistungsgesetzes,

4. Verstöße gegen die Vorschriften des Vierten und Siebten Buches Sozialgesetzbuch über die Verpflichtung zur Zahlung von Sozialversicherungsbeiträgen, soweit sie im Zusammenhang mit den in den Nummern 1 bis 3 genannten Verstößen sowie mit Arbeitnehmerüberlassung entgegen § 1 stehen,

5. Verstöße gegen die Steuergesetze,

6. Verstöße gegen das Aufenthaltsgesetz,

unterrichten sie die für die Verfolgung und Ahndung zuständigen Behörden, die Träger der Sozialhilfe sowie die Behörden nach § 71 des Aufenthaltsgesetzes.

(3) [1]In Strafsachen, die Straftaten nach den §§ 15 und 15a zum Gegenstand haben, sind der Bundesagentur für Arbeit und den Behörden der Zollverwaltung zur Verfolgung von Ordnungswidrigkeiten

1. bei Einleitung des Strafverfahrens die Personendaten des Beschuldigten, der Straftatbestand, die Tatzeit und der Tatort,

2. im Falle der Erhebung der öffentlichen Klage die das Verfahren abschließende Entscheidung mit Begründung

zu übermitteln. [2]Ist mit der in Nummer 2 genannten Entscheidung ein Rechtsmittel verworfen worden oder wird darin auf die angefochtene Entscheidung Bezug genommen, so ist auch die angefochtene Entscheidung zu übermitteln. [3]Die Übermittlung veranlaßt die Strafvollstreckungs- oder die Strafverfolgungsbehörde. [4]Eine Verwendung

1. der Daten der Arbeitnehmer für Maßnahmen zu ihren Gunsten,

2. der Daten des Arbeitgebers zur Besetzung seiner offenen Arbeitsplätze, die im Zusammenhang mit dem Strafverfahren bekanntgeworden sind,

3. der in den Nummern 1 und 2 genannten Daten für Entscheidungen über die Einstellung oder Rückforderung von Leistungen der Bundesagentur für Arbeit

ist zulässig.

(4) (weggefallen)

(5) Die Behörden der Zollverwaltung unterrichten die zuständigen örtlichen Landesfinanzbehörden über den Inhalt von Meldungen nach § 17b.

(6) [1]Die Behörden der Zollverwaltung und die übrigen in § 2 des Schwarzarbeitsbekämpfungsgesetzes genannten Behörden dürfen nach Maßgabe der jeweils einschlägigen datenschutzrechtlichen Bestimmungen auch mit Behörden anderer Vertragsstaaten des Abkommens über den Europäischen Wirtschaftsraum zusammenarbeiten, die dem § 17 Absatz 2 entsprechende Aufgaben durchführen oder für die Bekämpfung illegaler Beschäftigung zuständig sind oder Auskünfte geben können, ob ein Arbeitgeber seine Verpflichtungen nach *§ 8 Absatz 5* erfüllt. [2]Die Regelungen über die internationale Rechtshilfe in Strafsachen bleiben hiervon unberührt.

§ 18a (weggefallen)

§ 19[2) Übergangsvorschrift

(1) *§ 8 Absatz 3 findet* keine Anwendung auf Leiharbeitsverhältnisse, die vor dem 15. Dezember 2010 begründet worden sind. |

[1)] *§ 18 Abs. 6 Satz 1 AÜG wurde durch das Gesetz zur Änderung des Arbeitnehmerüberlassungsgesetzes und anderer Gesetze (Inkrafttreten 1. 4. 2017) geändert.*
[2)] *§ 19 AÜG wurde durch das Gesetz zur Änderung des Arbeitnehmerüberlassungsgesetzes und anderer Gesetze (Inkrafttreten 1. 4. 2017) neu gefasst.*

(2) Überlassungszeiten vor dem 1. April 2017 werden bei der Berechnung der Überlassungshöchstdauer nach § 1 Absatz 1b und der Berechnung der Überlassungszeiten nach § 8 Absatz 4 Satz 1 nicht berücksichtigt.

§ 20[1]   Evaluation

Die Anwendung dieses Gesetzes ist im Jahr 2020 zu evaluieren.

---

[1] § 20 AÜG wurde durch das Gesetz zur Änderung des Arbeitnehmerüberlassungsgesetzes und anderer Gesetze (Inkrafttreten 1. 4. 2017) angefügt.

Verordnung über die sozialversicherungsrechtliche Beurteilung von Zuwendungen des Arbeitgebers als Arbeitsentgelt (Sozialversicherungsentgeltverordnung – SvEV)

vom 21. 12. 2006 (BGBl. I S. 3385, BStBl I 2006 S. 782)

zuletzt geändert durch *Artikel 1 der Verordnung zur Änderung der Sozialversicherungs-entgeltverordnung und anderer Verordnungen vom 7. 12. 2017 (BGBl. I S. 3906)*

§ 1 Dem sozialversicherungspflichtigen Arbeitsentgelt nicht zuzurechnende Zuwendungen

(1) [1]Dem Arbeitsentgelt sind nicht zuzurechnen:

1. einmalige Einnahmen, laufende Zulagen, Zuschläge, Zuschüsse sowie ähnliche Einnahmen, die zusätzlich zu Löhnen oder Gehältern gewährt werden, soweit sie lohnsteuerfrei sind; dies gilt nicht für Sonntags-, Feiertags- und Nachtarbeitszuschläge, soweit das Entgelt, auf dem sie berechnet werden, mehr als 25 Euro für jede Stunde beträgt,

2. sonstige Bezüge nach § 40 Abs. 1 Satz 1 Nr. 1 des Einkommensteuergesetzes, die nicht einmalig gezahltes Arbeitsentgelt nach § 23a des Vierten Buches Sozialgesetzbuch sind,

3. Einnahmen nach § 40 Abs. 2 des Einkommensteuergesetzes,

4. Beiträge, nach § 40b des Einkommensteuergesetzes in der am 31. Dezember 2004 geltenden Fassung, die zusätzlich zu Löhnen und Gehältern gewährt werden; dies gilt auch für darin enthaltene Beiträge, die aus einer Entgeltumwandlung (§ 1 Abs. 2 Nr. 3 des Betriebsrentenge-setzes) stammen,

4a. Zuwendungen nach § 3 Nr. 56 und § 40b des Einkommensteuergesetzes, die zusätzlich zu Löhnen und Gehältern gewährt werden und für die Satz 3 und 4 nichts Abweichendes bestimmen,

5. Beträge nach § 10 des Entgeltfortzahlungsgesetzes,

6.[1] Zuschüsse zum Mutterschaftsgeld nach **§ 20** des Mutterschutzgesetzes,

7. in den Fällen des § 3 Abs. 3 der vom Arbeitgeber insoweit übernommene Teil des Gesamtsozi-alversicherungsbeitrags,

8. Zuschüsse des Arbeitgebers zum Kurzarbeitergeld und Saison-Kurzarbeitergeld, soweit sie zusammen mit dem Kurzarbeitergeld 80 Prozent des Unterschiedsbetrages zwischen dem Sollentgelt und dem Ist-Entgelt nach § 106 des Dritten Buches Sozialgesetzbuch nicht über-steigen,

9.[2] steuerfreie Zuwendungen an Pensionskassen, Pensionsfonds oder Direktversicherungen nach § 3 Nr. 63 Satz 1 und 2 **sowie § 100 Absatz 6 Satz 1** des Einkommensteuergesetzes im Kalenderjahr bis zur Höhe von insgesamt 4 Prozent der Beitragsbemessungsgrenze in der all-gemeinen Rentenversicherung; dies gilt auch für darin enthaltene Beträge, die aus einer Ent-geltumwandlung (§ 1 Abs. 2 Nr. 3 des Betriebsrentengesetzes) stammen,

10. Leistungen eines Arbeitgebers oder einer Unterstützungskasse an einen Pensionsfonds zur Ü-bernahme bestehender Versorgungsverpflichtungen oder Versorgungsanwartschaften durch den Pensionsfonds, soweit diese nach § 3 Nr. 66 des Einkommensteuergesetzes steuerfrei sind,

11. steuerlich nicht belastete Zuwendungen des Beschäftigten zugunsten von durch Naturkata-strophen im Inland Geschädigten aus Arbeitsentgelt einschließlich Wertguthaben,

12. Sonderzahlungen nach § 19 Absatz 1 Satz 1 Nummer 3 Satz 2 bis 4 des Einkommensteuerge-setzes der Arbeitgeber zur Deckung eines finanziellen Fehlbetrages an die Einrichtungen, für die Satz 3 gilt,

13. Sachprämien nach § 37a des Einkommensteuergesetzes,

14. Zuwendungen nach § 37b Abs. 1 des Einkommensteuergesetzes, soweit die Zuwendungen an Arbeitnehmer eines Dritten erbracht werden und diese Arbeitnehmer nicht Arbeitnehmer eines mit dem Zuwendenden verbundenen Unternehmens sind,

15. vom Arbeitgeber getragene oder übernommene Studiengebühren für ein Studium des Beschäftigten, soweit sie steuerrechtlich kein Arbeitslohn sind,

16. steuerfreie Aufwandsentschädigungen und die in § 3 Nummer 26 und 26a des Einkommen-steuergesetzes genannten steuerfreien Einnahmen.

---

[1] *§ 1 Abs. 1 Satz 1 Nr. 6 SvEV wurde durch Artikel 6 Abs. 4 des Gesetzes zur Neuregelung des Mutter-schutzrechts vom 23. 5. 2017 (BGBl. I S. 1228) geändert (Inkrafttreten 1. 1. 2018).*

[2] *§ 1 Abs. 1 Satz 1 Nr. 9 SvEV wurde durch Artikel 12 des Betriebsrentenstärkungsgesetzes vom 17. 8. 2017 (BGBl. I S. 3214) geändert (Inkrafttreten 1. 1. 2018).*

²Dem Arbeitsentgelt sind die in Satz 1 Nummer 1 bis 4a, 9 bis 11, 13, 15 und 16 genannten Einnahmen, Zuwendungen und Leistungen nur dann nicht zuzurechnen, soweit diese vom Arbeitgeber oder von einem Dritten mit der Entgeltabrechnung für den jeweiligen Abrechnungszeitraum lohnsteuerfrei belassen oder pauschal besteuert werden. ³Die Summe der in Satz 1 Nr. 4a genannten Zuwendungen nach § 3 Nr. 56 und § 40b des Einkommensteuergesetzes, die vom Arbeitgeber oder von einem Dritten mit der Entgeltabrechnung für den jeweiligen Abrechnungszeitraum lohnsteuerfrei belassen oder pauschal besteuert werden, höchstens jedoch monatlich 100 Euro, sind bis zur Höhe von 2,5 Prozent des für ihre Bemessung maßgebenden Entgelts dem Arbeitsentgelt zuzurechnen, wenn die Versorgungsregelung mindestens bis zum 31. 12. 2000 vor der Anwendung etwaiger Nettobegrenzungsregelungen eine allgemein erreichbare Gesamtversorgung von mindestens 75 Prozent des gesamtversorgungsfähigen Entgelts und nach dem Eintritt des Versorgungsfalles eine Anpassung nach Maßgabe der Entwicklung der Arbeitsentgelte im Bereich der entsprechenden Versorgungsregelung oder gesetzlicher Versorgungsbezüge vorsieht; die dem Arbeitsentgelt zuzurechnenden Beiträge und Zuwendungen vermindern sich um monatlich 13,30 Euro. ⁴Satz 3 gilt mit der Maßgabe, dass die Zuwendungen nach § 3 Nr. 56 und § 40b des Einkommensteuergesetzes dem Arbeitsentgelt insoweit zugerechnet werden, als sie in der Summe monatlich 100 Euro übersteigen.

(2) In der gesetzlichen Unfallversicherung und in der Seefahrt sind auch lohnsteuerfreie Zuschläge für Sonntags-, Feiertags- und Nachtarbeit dem Arbeitsentgelt zuzurechnen; dies gilt in der Unfallversicherung nicht für Erwerbseinkommen, das bei einer Hinterbliebenenrente zu berücksichtigen ist.

§ 2 Verpflegung, Unterkunft und Wohnung als Sachbezug

(1)¹⁾ ¹Der Wert der als Sachbezug zur Verfügung gestellten Verpflegung wird auf monatlich **246** Euro festgesetzt. ²Dieser Wert setzt sich zusammen aus dem Wert für

1. Frühstück von **52** Euro,
2. Mittagessen von **97** Euro und
3. Abendessen von **97** Euro.

(2) ¹Für Verpflegung, die nicht nur dem Beschäftigten, sondern auch seinen nicht bei demselben Arbeitgeber beschäftigten Familienangehörigen zur Verfügung gestellt wird, erhöhen sich die nach Absatz 1 anzusetzenden Werte je Familienangehörigen,

1. der das 18. Lebensjahr vollendet hat, um 100 Prozent,
2. der das 14., aber noch nicht das 18. Lebensjahr vollendet hat, um 80 Prozent,
3. der das 7., aber noch nicht das 14. Lebensjahr vollendet hat, um 40 Prozent und
4. der das 7. Lebensjahr noch nicht vollendet hat, um 30 Prozent.

²Bei der Berechnung des Wertes ist das Lebensalter des Familienangehörigen im ersten Entgeltabrechnungszeitraum des Kalenderjahres maßgebend. ³Sind Ehegatten bei demselben Arbeitgeber beschäftigt, sind die Erhöhungswerte nach Satz 1 für Verpflegung der Kinder beiden Ehegatten je zur Hälfte zuzurechnen.

(3)²⁾ ¹Der Wert einer als Sachbezug zur Verfügung gestellten Unterkunft wird auf monatlich **226** Euro festgesetzt. ²Der Wert der Unterkunft nach Satz 1 vermindert sich

1. bei Aufnahme des Beschäftigten in den Haushalt des Arbeitgebers oder bei Unterbringung in einer Gemeinschaftsunterkunft um 15 Prozent,
2. für Jugendliche bis zur Vollendung des 18. Lebensjahres und Auszubildende um 15 Prozent und
3. bei der Belegung
   a) mit zwei Beschäftigten um 40 Prozent,
   b) mit drei Beschäftigten um 50 Prozent und
   c) mit mehr als drei Beschäftigten um 60 Prozent.

³Ist es nach Lage des einzelnen Falles unbillig, den Wert einer Unterkunft nach Satz 1 zu bestimmen, kann die Unterkunft mit dem ortsüblichen Mietpreis bewertet werden; Absatz 4 Satz 2 gilt entsprechend.

---

1) In § 2 Abs. 1 SvEV wurden die Werte mit Wirkung ab 1. 1. 2018 gemäß Artikel 1 der Verordnung zur Änderung der Sozialversicherungsentgeltverordnung und anderer Verordnungen vom 7. 12. 2017 (BGBl. I S. 3906) geändert.
2) In § 2 Abs. 3 SvEV wurde der Wert mit Wirkung ab 1. 1. 2018 gemäß Artikel 1 der Verordnung zur Änderung der Sozialversicherungsentgeltverordnung und anderer Verordnungen vom 7. 12. 2017 (BGBl. I S. 3906) geändert.

(4) [1]Für eine als Sachbezug zur Verfügung gestellte Wohnung ist als Wert der ortsübliche Mietpreis unter Berücksichtigung der sich aus der Lage der Wohnung zum Betrieb ergebenden Beeinträchtigungen anzusetzen. [1/2]Ist im Einzelfall die Feststellung des ortsüblichen Mietpreises mit außergewöhnlichen Schwierigkeiten verbunden, kann die Wohnung mit **3,97** Euro je Quadratmeter monatlich, bei einfacher Ausstattung (ohne Sammelheizung oder ohne Bad oder Dusche) mit **3,24** Euro je Quadratmeter monatlich bewertet werden. [3]Bestehen gesetzliche Mietpreisbeschränkungen, sind die durch diese Beschränkungen festgelegten Mietpreise als Werte anzusetzen. [4]Dies gilt auch für die vertraglichen Mietpreisbeschränkungen im sozialen Wohnungsbau, die nach den jeweiligen Förderrichtlinien des Landes für den betreffenden Förderjahrgang sowie für die mit Wohnungsfürsorgemitteln aus öffentlichen Haushalten geförderten Wohnungen vorgesehen sind. [5]Für Energie, Wasser und sonstige Nebenkosten ist der übliche Preis am Abgabeort anzusetzen.

(5) Werden Verpflegung, Unterkunft oder Wohnung verbilligt als Sachbezug zur Verfügung gestellt, ist der Unterschiedsbetrag zwischen dem vereinbarten Preis und dem Wert, der sich bei freiem Bezug nach den Absätzen 1 bis 4 ergeben würde, dem Arbeitsentgelt zuzurechnen.

(6) [1]Bei der Berechnung des Wertes für kürzere Zeiträume als einen Monat ist für jeden Tag ein Dreißigstel der Werte nach den Absätzen 1 bis 5 zugrunde zu legen. [2]Die Prozentsätze der Absätze 2 und 3 sind auf den Tageswert nach Satz 1 anzuwenden. [3]Die Berechnungen werden jeweils auf 2 Dezimalstellen durchgeführt; die zweite Dezimalstelle wird um 1 erhöht, wenn sich in der dritten Dezimalstelle eine der Zahlen 5 bis 9 ergibt.

§ 3 Sonstige Sachbezüge

(1) [1]Werden Sachbezüge, die nicht von § 2 erfasst werden, unentgeltlich zur Verfügung gestellt, ist als Wert für diese Sachbezüge der um übliche Preisnachlässe geminderte übliche Endpreis am Abgabeort anzusetzen. [2]Sind auf Grund des § 8 Absatz 2 Satz 10 des Einkommensteuergesetzes Durchschnittswerte festgesetzt worden, sind diese Werte maßgebend. [3]Findet § 8 Abs. 2 Satz 2, 3, 4 oder 5 oder Abs. 3 Satz 1 des Einkommensteuergesetzes Anwendung, sind die dort genannten Werte maßgebend. [4]§ 8 Absatz 2 Satz 11 des Einkommensteuergesetzes gilt entsprechend.

(2) Werden Sachbezüge, die nicht von § 2 erfasst werden, verbilligt zur Verfügung gestellt, ist als Wert für diese Sachbezüge der Unterschiedsbetrag zwischen dem vereinbarten Preis und dem Wert, der sich bei freiem Bezug nach Absatz 1 ergeben würde, dem Arbeitsentgelt zuzurechnen.

(3) [1]Waren und Dienstleistungen, die vom Arbeitgeber nicht überwiegend für den Bedarf seiner Arbeitnehmer hergestellt, vertrieben oder erbracht werden und die nach § 40 Abs. 1 Satz 1 Nr. 1 des Einkommensteuergesetzes pauschal versteuert werden, können mit dem Durchschnittsbetrag der pauschal versteuerten Waren und Dienstleistungen angesetzt werden; dabei kann der Durchschnittsbetrag des Vorjahres angesetzt werden. [2]Besteht das Beschäftigungsverhältnis nur während eines Teils des Kalenderjahres, ist für jeden Tag des Beschäftigungsverhältnisses der dreihundertsechzigste Teil des Durchschnittswertes nach Satz 1 anzusetzen. [3]Satz 1 gilt nur, wenn der Arbeitgeber den von dem Beschäftigten zu tragenden Teil des Gesamtsozialversicherungsbeitrags übernimmt. [4]Die Sätze 1 bis 3 gelten entsprechend für Sachzuwendungen im Wert von nicht mehr als 80,00 Euro, die der Arbeitnehmer für Verbesserungsvorschläge sowie für Leistungen in der Unfallverhütung und im Arbeitsschutz erhält. [5]Die mit einem Durchschnittswert angesetzten Sachbezüge, die in einem Kalenderjahr gewährt werden, sind insgesamt dem letzten Entgeltabrechnungszeitraum in diesem Kalenderjahr zuzuordnen.

§ 4 Übergangsregelungen

(weggefallen)

---

[1]) In § 2 Abs. 4 Satz 2 SvEV wurden die Werte mit Wirkung ab 1. 1. 2018 gemäß Artikel 1 der Verordnung zur Änderung der Sozialversicherungsentgeltverordnung und anderer Verordnungen vom 7. 12. 2017 (BGBl. I S. 3906) geändert.

Steuerermäßigung bei Aufwendungen für haushaltsnahe Beschäftigungsverhältnisse und für die Inanspruchnahme haushaltsnaher Dienstleistungen (§ 35a EStG); Überarbeitung des BMF-Schreibens vom 10. Januar 2014 (BStBl I 2014 Seite 75)

BMF vom 9. 11. 2016 (BStBl I S. 1213)
IV C 8 – S 2296-b/07/10003 :008 – 2016/1021450

Unter Bezugnahme auf das Ergebnis der Erörterungen mit den obersten Finanzbehörden der Länder gilt für die Anwendung des § 35a EStG Folgendes:

I. Haushalt

1. Allgemeines

1 Das haushaltsnahe Beschäftigungsverhältnis, die haushaltsnahe Dienstleistung oder die Handwerkerleistung müssen in einem inländischen oder in einem anderen in der Europäischen Union oder im Europäischen Wirtschaftsraum liegenden Haushalt des Steuerpflichtigen ausgeübt oder erbracht werden. Unter einem Haushalt im Sinne des § 35a EStG ist die Wirtschaftsführung mehrerer zusammenlebender Personen oder einer einzelnen Person in einer Wohnung oder in einem Haus einschließlich des dazu gehörenden Grund und Bodens zu verstehen. Zum Haushalt gehört auch das Bewirtschaften von Zubehörräumen und Außenanlagen. Maßgeblich ist, dass der Steuerpflichtige den ggf. gemeinschaftlichen Besitz über diesen Bereich ausübt und für Dritte dieser Bereich nach der Verkehrsanschauung als der Ort, an dem der Steuerpflichtige seinen Haushalt betreibt, anzusehen ist. Dabei können auch mehrere, räumlich voneinander getrennte Orte dem Haushalt des Steuerpflichtigen zuzuordnen sein. Dies gilt insbesondere für eine vom Steuerpflichtigen tatsächlich zu eigenen Wohnzwecken genutzte Zweit-, Wochenend- oder Ferienwohnung, für eine Wohnung, die dieser einem bei ihm zu berücksichtigenden Kind (§ 32 EStG) zur unentgeltlichen Nutzung überlässt, sowie eine tatsächlich zu eigenen Wohnzwecken genutzte geerbte Wohnung. Die Steuerermäßigung wird – auch bei Vorhandensein mehrerer Wohnungen – insgesamt nur einmal bis zu den jeweiligen Höchstbeträgen gewährt (BFH-Urteil vom 29. Juli 2010, BStBl 2014 II S. 151).

2. Räumlicher Zusammenhang

2 Der räumliche Bereich, in dem sich der Haushalt entfaltet, wird regelmäßig durch die Grundstücksgrenzen abgesteckt. Ausnahmsweise können auch Leistungen, die jenseits der Grundstücksgrenzen auf fremdem, beispielsweise öffentlichem Grund erbracht werden, begünstigt sein. Es muss sich dabei allerdings um Leistungen handeln, die in unmittelbarem räumlichen Zusammenhang zum Haushalt durchgeführt werden und diesem dienen (BFH-Urteile vom 20. März 2014, BStBl II S. 880 und S. 882). Ein solcher unmittelbarer räumlicher Zusammenhang liegt nur vor, wenn beide Grundstücke eine gemeinsame Grenze haben oder dieser durch eine Grunddienstbarkeit vermittelt wird.

3. Wohnungswechsel, Umzug

3 Der Begriff „im Haushalt" ist nicht in jedem Fall mit „tatsächlichem Bewohnen" gleichzusetzen. Beabsichtigt der Steuerpflichtige umzuziehen und hat er für diesen Zweck bereits eine Wohnung oder ein Haus gemietet oder gekauft, gehört auch diese Wohnung oder dieses Haus zu seinem Haushalt, wenn er tatsächlich dorthin umzieht. Hat der Steuerpflichtige seinen Haushalt durch Umzug in eine andere Wohnung oder ein anderes Haus verlegt, gelten Maßnahmen zur Beseitigung der durch die bisherige Haushaltsführung veranlassten Abnutzung (z. B. Renovierungsarbeiten eines ausziehenden Mieters) noch als im Haushalt erbracht. Voraussetzung ist, dass die Maßnahmen in einem engen zeitlichen Zusammenhang zu dem Umzug stehen. Für die Frage, ab wann oder bis wann es sich um einen Haushalt des Steuerpflichtigen handelt, kommt es grundsätzlich auf das wirtschaftliche Eigentum an. Bei einem Mietverhältnis ist der im Mietvertrag vereinbarte Beginn des Mietverhältnisses oder bei Beendigung der Zeitpunkt, auf den die Kündigung erfolgt, und bei einem Kauf der Übergang von Nutzen und Lasten entscheidend. Ein früherer oder späterer Zeitpunkt für den Ein- oder Auszug ist durch geeignete Unterlagen (z. B. Meldebestätigung der Gemeinde, Bestätigung des Vermieters) nachzuweisen. In Zweifelsfällen kann auf das in der Regel anzufertigende Übergabe-/Übernahmeprotokoll abgestellt werden.

4. Wohnen in einem Alten(wohn)heim, einem Pflegeheim oder einem Wohnstift

Eine Inanspruchnahme der Steuerermäßigung nach § 35a Absatz 1 bis 3 EStG ist auch möglich, wenn sich der eigenständige und abgeschlossene Haushalt in einem Heim, wie z. B. einem Altenheim, einem Altenwohnheim, einem Pflegeheim oder einem Wohnstift befindet. Ein Haushalt in einem Heim ist gegeben, wenn die Räumlichkeiten des Steuerpflichtigen nach ihrer Ausstattung für eine Haushaltsführung geeignet sind (Bad, Küche, Wohn- und Schlafbereich), individuell genutzt werden können (Abschließbarkeit) und eine eigene Wirtschaftsführung des Steuerpflichtigen nachgewiesen oder glaubhaft gemacht wird.

II. Haushaltsnahe Beschäftigungsverhältnisse oder Dienstleistungen

1. Haushaltsnahe Beschäftigungsverhältnisse

Der Begriff des haushaltsnahen Beschäftigungsverhältnisses ist gesetzlich nicht definiert. Im Rahmen eines solchen Beschäftigungsverhältnisses werden Tätigkeiten ausgeübt, die einen engen Bezug zum Haushalt haben. Zu diesen Tätigkeiten gehören u. a. die Zubereitung von Mahlzeiten im Haushalt, die Reinigung der Wohnung des Steuerpflichtigen, die Gartenpflege und die Pflege, Versorgung und Betreuung von Kindern sowie von kranken, alten oder pflegebedürftigen Personen. Die Erteilung von Unterricht (z. B. Sprachunterricht), die Vermittlung besonderer Fähigkeiten sowie sportliche und andere Freizeitbetätigungen fallen nicht darunter.

2. Geringfügige Beschäftigung im Sinne des § 8a SGB IV

Die Steuerermäßigung nach § 35a Absatz 1 EStG kann der Steuerpflichtige nur beanspruchen, wenn es sich bei dem haushaltsnahen Beschäftigungsverhältnis um eine geringfügige Beschäftigung im Sinne des § 8a SGB IV handelt. Es handelt sich nur dann um ein geringfügiges Beschäftigungsverhältnis im Sinne dieser Vorschrift, wenn der Steuerpflichtige am Haushaltsscheckverfahren teilnimmt und die geringfügige Beschäftigung in seinem inländischen oder in einem anderen Mitgliedstaat der Europäischen Union oder im Europäischen Wirtschaftsraum liegenden Haushalt ausgeübt wird.

Wohnungseigentümergemeinschaften und Vermieter können im Rahmen ihrer Vermietertätigkeit nicht am Haushaltsscheckverfahren teilnehmen. Die von ihnen eingegangenen geringfügigen Beschäftigungsverhältnisse sind nicht nach § 35a Absatz 1 EStG begünstigt. Sie fallen unter die haushaltsnahen Dienstleistungen. Zur Berücksichtigung der Aufwendungen s. Rdnr. 11.

3. Beschäftigungsverhältnisse in nicht inländischen Haushalten

Bei einem nicht inländischen Haushalt, der in einem Staat liegt, der der Europäischen Union oder dem Europäischen Wirtschaftsraum angehört, setzt die Inanspruchnahme der Steuerermäßigung nach § 35a Absatz 1 EStG voraus, dass das monatliche Arbeitsentgelt 450 Euro nicht übersteigt, die Sozialversicherungsbeiträge ausschließlich von dem Arbeitgeber zu entrichten sind und von ihm auch entrichtet werden. Bei anderen haushaltsnahen Beschäftigungsverhältnissen ist für die Gewährung einer Steuerermäßigung nach § 35a Absatz 2 Satz 1 Alternative 1 EStG Voraussetzung, dass aufgrund des Beschäftigungsverhältnisses Arbeitgeber- und Arbeitnehmerbeiträge an die Sozialversicherung in dem jeweiligen Staat der Europäischen Union oder des Europäischen Wirtschaftsraums entrichtet werden.

4. Beschäftigungsverhältnisse zwischen Ehegatten, Partnern einer Lebenspartnerschaft bzw. einer nicht ehelichen Lebensgemeinschaft oder zwischen nahen Angehörigen

Da familienrechtliche Verpflichtungen grundsätzlich nicht Gegenstand eines steuerlich anzuerkennenden Vertrags sein können, sind entsprechende Vereinbarungen zwischen in einem Haushalt zusammenlebenden Ehegatten (§§ 1360, 1356 Absatz 1 BGB) oder zwischen Eltern und in deren Haushalt lebenden Kindern (§ 1619 BGB) nicht begünstigt. Entsprechendes gilt für die Partner einer Lebenspartnerschaft. Auch bei in einem Haushalt zusammenlebenden Partnern einer nicht ehelichen Lebensgemeinschaft oder einer Lebenspartnerschaft, die nicht unter das Lebenspartnerschaftsgesetz fällt, kann regelmäßig nicht von einem begünstigten Beschäftigungsverhältnis ausgegangen werden, weil jeder Partner auch seinen eigenen Haushalt führt und es deshalb an dem für Beschäftigungsverhältnisse typischen Über- und Unterordnungsverhältnis fehlt. Ein steuerlich nicht begünstigtes Vertragsverhältnis liegt darüber hinaus auch dann vor, wenn der Vertragspartner eine zwischengeschaltete Person (z. B. GmbH) ist und die Arbeiten im Namen dieser zwischengeschalteten Person von einer im Haushalt lebenden Person ausgeführt werden. Zur haushaltsbezogenen Inanspruchnahme der Steuerermäßigung vgl. Rdnrn. 53 bis 55.

10   Haushaltsnahe Beschäftigungsverhältnisse mit Angehörigen, die nicht im Haushalt des Steuerpflichtigen leben (z. B. mit Kindern, die in einem eigenen Haushalt leben), können steuerlich nur anerkannt werden, wenn die Verträge zivilrechtlich wirksam zustande gekommen sind, inhaltlich dem zwischen Fremden Üblichen entsprechen und tatsächlich auch so durchgeführt werden.

5. Haushaltsnahe Dienstleistungen

Grundsatz

11   Unter haushaltsnahen Dienstleistungen im Sinne des § 35a Absatz 2 Satz 1 Alternative 2 EStG werden Leistungen verstanden, die eine hinreichende Nähe zur Haushaltsführung aufweisen oder damit im Zusammenhang stehen (BFH-Urteil vom 20. März 2014, BStBl II S. 880). Das sind Tätigkeiten, die gewöhnlich Mitglieder des privaten Haushalts erledigen und für die fremde Dritte beschäftigt werden oder für die eine Dienstleistungsagentur oder ein selbstständiger Dienstleister in Anspruch genommen wird. Zu den haushaltsnahen Dienstleistungen gehören auch geringfügige Beschäftigungsverhältnisse, die durch Wohnungseigentümergemeinschaften und Vermieter im Rahmen ihrer Vermietertätigkeit eingegangen werden. Keine haushaltsnahen Dienstleistungen sind solche, die zwar im Haushalt des Steuerpflichtigen ausgeübt werden, jedoch keinen Bezug zur Hauswirtschaft haben (BFH-Urteil vom 1. Februar 2007, BStBl II S. 760). Ebenfalls nicht zu den haushaltsnahen Dienstleistungen gehören die handwerklichen Leistungen im Sinne des § 35a Absatz 3 EStG. Keine begünstigte haushaltsnahe Dienstleistung ist die als eigenständige Leistung vergütete Bereitschaft auf Erbringung einer Leistung im Bedarfsfall. Etwas anderes gilt nur dann, wenn der Bereitschaftsdienst Nebenleistung einer ansonsten begünstigten Hauptleistung oder im Fall eines Hausnotrufsystems innerhalb des sog. „Betreuten Wohnens" in einer Seniorenwohneinrichtung ist; s. auch Rdnrn. 17 und 28. Eine beispielhafte Aufzählung begünstigter und nicht begünstigter haushaltsnaher Dienstleistungen enthält Anlage 1.

Personenbezogene Dienstleistungen

12   Personenbezogene Dienstleistungen (z. B. Frisör- oder Kosmetikerleistungen) sind keine haushaltsnahen Dienstleistungen, selbst wenn sie im Haushalt des Steuerpflichtigen erbracht werden. Diese Leistungen können jedoch zu den Pflege- und Betreuungsleistungen im Sinne der Rdnr. 13 gehören, wenn sie im Leistungskatalog der Pflegeversicherung aufgeführt sind.

Pflege- und Betreuungsleistungen

13   Die Feststellung und der Nachweis einer Pflegebedürftigkeit oder der Bezug von Leistungen der Pflegeversicherung sowie eine Unterscheidung nach Pflegestufen bzw. Pflegegraden sind nicht erforderlich. Es reicht aus, wenn Dienstleistungen zur Grundpflege, d. h. zur unmittelbaren Pflege am Menschen (Körperpflege, Ernährung und Mobilität) oder zur Betreuung in Anspruch genommen werden. Die Steuerermäßigung steht neben der pflegebedürftigen Person auch anderen Personen zu, wenn diese für Pflege- oder Betreuungsleistungen aufkommen, die in ihrem inländischen oder in einem anderen Mitgliedstaat der Europäischen Union oder im Europäischen Wirtschaftsraum liegenden Haushalt bzw. im Haushalt der gepflegten oder betreuten Person durchgeführt werden. Die Steuerermäßigung ist haushaltsbezogen. Werden z. B. zwei pflegebedürftige Personen in einem Haushalt gepflegt, kann die Steuerermäßigung nur einmal in Anspruch genommen werden.

Aufwendungen für Dienstleistungen, die mit denen einer Hilfe im Haushalt vergleichbar sind (§ 35a Absatz 2 Satz 2 EStG)

14   Voraussetzung für die Gewährung einer Steuerermäßigung für Aufwendungen, die mit denen einer Hilfe im Haushalt vergleichbar sind, ist, dass das Heim oder der Ort der dauernden Pflege in der Europäischen Union oder dem Europäischen Wirtschaftsraum liegt (§ 35a Absatz 4 Satz 2 EStG). Das Vorhandensein eines eigenen Haushalts im Heim oder am Ort der dauernden Pflege ist nicht erforderlich. Zum Wohnen in einem eigenständigen und abgeschlossenen Haushalt in einem Alten(wohn)heim, einem Pflegeheim oder einem Wohnstift vgl. Rdnrn. 4, 17 und 28.

15   Begünstigt sind Aufwendungen, die einem Steuerpflichtigen wegen der Unterbringung in einem Heim oder zur dauernden Pflege erwachsen, soweit darin – die allgemeinen Unterbringungskosten übersteigende – Aufwendungen für Dienstleistungen enthalten sind, die mit denen einer Hilfe im Haushalt vergleichbar sind (§ 35a Absatz 2 Satz 2 EStG). In Frage kommen die (anteiligen) Aufwendungen für

- die Reinigung des Zimmers oder des Appartements,
- die Reinigung der Gemeinschaftsflächen,
- das Zubereiten der Mahlzeiten in dem Heim oder an dem Ort der dauernden Pflege,
- das Servieren der Mahlzeiten in dem Heim oder an dem Ort der dauernden Pflege,
- den Wäscheservice, soweit er in dem Heim oder an dem Ort der dauernden Pflege erfolgt.

Nicht begünstigt sind   16

- Mietzahlungen, wie z. B. die allgemeinen Aufwendungen für die Unterbringung in einem Alten(wohn)heim, einem Pflegeheim oder einem Wohnstift,
- die Aufwendungen für den Hausmeister, den Gärtner sowie sämtliche Handwerkerleistungen.

Nicht mit einer Hilfe im Haushalt vergleichbar sind Pflege- und Betreuungsleistungen (s. Rdnr. 13).

Wohnen in einem Alten(wohn)heim, einem Pflegeheim oder einem Wohnstift

Zu den begünstigten haushaltsnahen Dienstleistungen bei einer Heimunterbringung gehören   17
neben den in dem eigenständigen und abgeschlossenen Haushalt des Steuerpflichtigen durchgeführten und individuell abgerechneten Leistungen (z. B. Reinigung des Appartements, Pflege- oder Handwerkerleistungen im Appartement) u. a. die Hausmeisterarbeiten, die Gartenpflege sowie kleinere Reparaturarbeiten, die Dienstleistungen des Haus- und Etagenpersonals sowie die Reinigung der Gemeinschaftsflächen, wie Flure, Treppenhäuser und Gemeinschaftsräume (BFH-Urteil vom 29. Januar 2009, BStBl 2010 II S. 166). Aufwendungen für die Zubereitung von Mahlzeiten in der hauseigenen Küche eines Alten(wohn)heims, Pflegeheims oder Wohnstifts und das Servieren der Speisen in dem zur Gemeinschaftsfläche rechnenden Speisesaal sind ebenfalls als haushaltsnahe Dienstleistungen begünstigt. Die Tätigkeit von Haus- und Etagenpersonal, dessen Aufgabe neben der Betreuung des Bewohners noch zusätzlich in der Begleitung des Steuerpflichtigen, dem Empfang von Besuchern und der Erledigung kleiner Botengänge besteht, ist grundsätzlich den haushaltsnahen Dienstleistungen zuzurechnen. Zur Anspruchsberechtigung im Einzelnen s. Rdnr. 28.

6. Beschäftigungsverhältnisse und Dienstleistungen außerhalb des Haushalts des Steuerpflichtigen

Beschäftigungsverhältnisse oder Dienstleistungen, die ausschließlich Tätigkeiten zum Gegen-   18
stand haben, die außerhalb des Haushalts des Steuerpflichtigen ausgeübt oder erbracht werden, sind nicht begünstigt. Die Begleitung von Kindern, kranken, alten oder pflegebedürftigen Personen bei Einkäufen und Arztbesuchen sowie kleine Botengänge usw. sind nur dann begünstigt, wenn sie zu den Nebenpflichten der Haushaltshilfe, des Pflegenden oder Betreuenden im Haushalt gehören. Pflege- und Betreuungsleistungen sind auch begünstigt, wenn die Pflege und Betreuung im Haushalt der gepflegten oder betreuten Person durchgeführt wird. In diesem Fall ist Voraussetzung, dass der Haushalt der gepflegten oder betreuten Person im Inland, in einem anderen Mitgliedstaat der Europäischen Union oder im Europäischen Wirtschaftsraum liegt (§ 35a Absatz 4 EStG).

III. Inanspruchnahme von Handwerkerleistungen

1. Begünstigte Handwerkerleistung

§ 35a Absatz 3 EStG gilt für alle handwerklichen Tätigkeiten für Renovierungs-, Erhaltungs-   19
und Modernisierungsmaßnahmen, die in einem inländischen, in der Europäischen Union oder dem Europäischen Wirtschaftsraum liegenden Haushalt des Steuerpflichtigen erbracht werden, unabhängig davon, ob es sich um regelmäßig vorzunehmende Renovierungsarbeiten oder kleine Ausbesserungsarbeiten handelt, die gewöhnlich durch Mitglieder des privaten Haushalts erledigt werden, oder um Erhaltungs- und Modernisierungsmaßnahmen, die im Regelfall nur von Fachkräften durchgeführt werden. Ob es sich bei den Aufwendungen für die einzelne Maßnahme ertragsteuerrechtlich um Erhaltungs- oder Herstellungsaufwand handelt, ist nicht ausschlaggebend. Die sachliche Begrenzung der begünstigten Maßnahme ist vielmehr aus dem Tatbestandsmerkmal „im Haushalt" zu bestimmen (BFH-Urteil vom 6. November 2014, BStBl 2015 II S. 481). Maßnahmen im Zusammenhang mit neuer Wohn- bzw. Nutzflächenschaffung in einem vorhandenen Haushalt sind begünstigt (BFH-Urteil vom 13. Juli 2011, BStBl 2012 II S. 232), vgl. auch Rdnr. 21. Eine – nachhaltige – Erhöhung des Gebrauchswerts der Immobilie ist kein Kriterium und führt nicht zum Ausschluss der Gewährung der Steuerermäßigung.

Die Erhebung des unter Umständen mangelfreien Istzustands, z. B. die Prüfung der ordnungs-   20
gemäßen Funktion einer Anlage, ist ebenso eine Handwerkerleistung wie die Beseitigung eines

bereits eingetretenen Schadens oder Maßnahmen zur vorbeugenden Schadensabwehr. Das gilt auch dann, wenn der Handwerker über den ordnungsgemäßen Istzustand eines Gewerkes oder einer Anlage eine Bescheinigung „für amtliche Zwecke" erstellt. Es ist nicht erforderlich, dass eine etwaige Reparatur- oder Instandhaltungsmaßnahme zeitlich unmittelbar nachfolgt. Sie kann auch durch einen anderen Handwerksbetrieb durchgeführt werden (BFH-Urteil vom 6. November 2014, BStBl 2015 II S. 481). Handelt es sich dagegen bei der gutachterlichen Tätigkeit weder um eine Handwerkerleistung noch um eine haushaltsnahe Dienstleistung, kommt die Steuerermäßigung nach § 35a EStG nicht in Betracht. Weder zu den haushaltsnahen Dienstleistungen noch zu den Handwerkerleistungen gehören beispielsweise

- Tätigkeiten, die der Wertermittlung dienen,
- die Erstellung eines Energiepasses,
- Tätigkeiten im Zusammenhang mit einer Finanzierung (z. B. zur Erlangung einer KfW-Förderung).

2. Nicht begünstigte Handwerkerleistungen

21 Handwerkliche Tätigkeiten im Rahmen einer Neubaumaßnahme sind nicht begünstigt. Als Neubaumaßnahmen gelten alle Maßnahmen, die im Zusammenhang mit der Errichtung eines Haushalts bis zu dessen Fertigstellung (vgl. H 7.4 „Fertigstellung" EStH) anfallen. Rdnr. 3 ist für Dienstleistungen im Zusammenhang mit dem Bezug der Wohnung anwendbar. Eine beispielhafte Aufzählung begünstigter und nicht begünstigter handwerklicher Tätigkeiten enthält Anlage 1.

3. Beauftragtes Unternehmen und Maßnahmen der öffentlichen Hand

22 Das beauftragte Unternehmen muss nicht in die Handwerksrolle eingetragen sein. Auch Kleinunternehmer im Sinne des § 19 Absatz 1 UStG oder die öffentliche Hand können steuerbegünstigte Handwerkerleistungen erbringen (BFH-Urteil vom 6. November 2014, BStBl 2015 II S. 481). Maßnahmen, die von der öffentlichen Hand oder einem von ihr beauftragten Dritten auf gesetzlicher Grundlage erbracht und mit dem Hauseigentümer nach öffentlich-rechtlichen Kriterien abgerechnet werden, sind jedoch nicht im Rahmen des § 35a EStG begünstigt.

4. Öffentlich geförderte Maßnahmen

23 Unter einer Maßnahme im Sinne des § 35a Absatz 3 Satz 2 EStG ist die (Einzel-)Maßnahme zu verstehen, für die eine öffentliche Förderung in der Form eines zinsverbilligten Darlehens oder steuerfreier Zuschüsse in Anspruch genommen wird. Wird für diese Maßnahme die öffentliche Förderung bewilligt, schließt dies die Möglichkeit der Inanspruchnahme einer Steuerermäßigung nach § 35a Absatz 3 EStG auch für den Teil der mit dieser Maßnahme verbundenen Aufwendungen aus, die sich – z. B. weil sie den Förderhöchstbetrag übersteigen – im Rahmen der öffentlichen Förderung nicht auswirken. Eine Aufteilung der Aufwendungen für eine öffentlich geförderte (Einzel-)Maßnahme mit dem Ziel, für einen Teil der Aufwendungen die Steuerermäßigung nach § 35a Absatz 3 EStG in Anspruch zu nehmen, ist nicht möglich.

24 Werden im Rahmen von Renovierungs-, Erhaltungs- und Modernisierungsmaßnahmen mehrere (Einzel-)Maßnahmen durchgeführt, von denen einzelne öffentlich gefördert werden, ist die Inanspruchnahme der Steuerermäßigung für (Einzel-)Maßnahmen, die nicht unter diese öffentliche Förderung fallen, möglich.

> Beispiel 1:
>
> Der Eigentümer E saniert sein Einfamilienhaus. Er lässt von einer Heizungsfirma eine neue energieeffiziente Heizungsanlage einbauen und beantragt dafür öffentliche Fördergelder mit der Folge, dass die Inanspruchnahme der Steuerermäßigung nach § 35a EStG für diese Maßnahme ausgeschlossen ist. Gleichzeitig lässt er an den Außenwänden eine Wärmedämmung anbringen. Hierfür beantragt er keine öffentliche Förderung, sondern macht für die darauf entfallenden Arbeitskosten die ihm für diese Maßnahme auch zu gewährende Steuerermäßigung nach § 35a Absatz 3 EStG geltend.

IV. Anspruchsberechtigte

1. Arbeitgeber, Auftraggeber, Grundsatz

25 Der Steuerpflichtige kann die Steuerermäßigung nach § 35a EStG grundsätzlich nur in Anspruch nehmen, wenn er entweder Arbeitgeber des haushaltsnahen Beschäftigungsverhältnisses oder Auftraggeber der haushaltsnahen Dienstleistung oder Handwerkerleistung ist.

2. Wohnungseigentümergemeinschaften

Besteht ein Beschäftigungsverhältnis zu einer Wohnungseigentümergemeinschaft (z. B. bei Reinigung und Pflege von Gemeinschaftsräumen) oder ist eine Wohnungseigentümergemeinschaft Auftraggeber der haushaltsnahen Dienstleistung bzw. der handwerklichen Leistung, kommt für den einzelnen Wohnungseigentümer eine Steuerermäßigung in Betracht, wenn in der Jahresabrechnung | 26

- die im Kalenderjahr unbar gezahlten Beträge nach den begünstigten haushaltsnahen Beschäftigungsverhältnissen, Dienstleistungen und Handwerkerleistungen jeweils gesondert aufgeführt sind (zur Berücksichtigung von geringfügigen Beschäftigungsverhältnissen s. Rdnr. 11),
- der Anteil der steuerbegünstigten Kosten ausgewiesen ist (Arbeits- und Fahrtkosten, s. auch Rdnr. 39) und
- der Anteil des jeweiligen Wohnungseigentümers individuell errechnet wurde.

Hat die Wohnungseigentümergemeinschaft zur Wahrnehmung ihrer Aufgaben und Interessen einen Verwalter bestellt und ergeben sich die Angaben nicht aus der Jahresabrechnung, ist der Nachweis durch eine Bescheinigung des Verwalters über den Anteil des jeweiligen Wohnungseigentümers zu führen. Ein Muster für eine derartige Bescheinigung ist als Anlage 2 beigefügt. Das Datum über die Beschlussfassung der Jahresabrechnung kann formlos bescheinigt oder auf der Bescheinigung vermerkt werden.

3. Mieter/unentgeltliche Nutzer

Auch der Mieter einer Wohnung kann die Steuerermäßigung nach § 35a EStG beanspruchen, wenn die von ihm zu zahlenden Nebenkosten Beträge umfassen, die für ein haushaltsnahes Beschäftigungsverhältnis, für haushaltsnahe Dienstleistungen oder für handwerkliche Tätigkeiten geschuldet werden und sein Anteil an den vom Vermieter unbar gezahlten Aufwendungen entweder aus der Jahresabrechnung hervorgeht oder durch eine Bescheinigung (vgl. Rdnr. 26 und Anlage 2) des Vermieters oder seines Verwalters nachgewiesen wird. Das gilt auch für den Fall der unentgeltlichen Überlassung einer Wohnung, wenn der Nutzende die entsprechenden Aufwendungen getragen hat. | 27

4. Wohnen in einem Alten(wohn)heim, einem Pflegeheim oder einem Wohnstift

Für Bewohner eines Altenheims, eines Altenwohnheims, eines Pflegeheims oder eines Wohnstiftes (vgl. Rdnr. 4) gilt nach Abschluss eines sog. Heimvertrages Folgendes: Aufwendungen für Dienstleistungen, die innerhalb des Appartements erbracht werden, wie z. B. die Reinigung des Appartements oder die Pflege und Betreuung des Heimbewohners, sind begünstigt. Aufwendungen für Dienstleistungen, die außerhalb des Appartements erbracht werden, sind im Rahmen der Rdnrn. 4, 14, 15 und 17 begünstigt. Das gilt jeweils auch für die von dem Heimbetreiber pauschal erhobenen Kosten, sofern die damit abgegoltene Dienstleistung gegenüber dem einzelnen Heimbewohner nachweislich tatsächlich erbracht worden ist. Darüber hinausgehende Dienstleistungen fallen grundsätzlich nicht unter die Steuerermäßigungsregelung des § 35a EStG, es sei denn, es wird nachgewiesen, dass die jeweilige haushaltsnahe Dienstleistung im Bedarfsfall von dem Heimbewohner abgerufen worden ist. Das gilt sowohl für Dienstleistungen des Heimbetreibers selbst, ggf. mittels eigenen Personals, als auch für Dienstleistungen eines externen Anbieters. Rdnrn. 26 und 27 gelten sinngemäß. Aufwendungen für die Möglichkeit, bei Bedarf bestimmte Pflege- oder Betreuungsleistungen in Anspruch zu nehmen, sind begünstigt. Aufwendungen für Pflegekostenergänzungsregelungen oder Beiträge an Einrichtungen (z. B. Solidarkassen), durch welche der Heimbewohner ähnlich einer Versicherung Ansprüche erwirbt, in vertraglich definierten Sachverhalten (z. B. bei Eintritt der Pflegebedürftigkeit) eine Kostenfreistellung oder eine Kostenerstattung zu erhalten, sind nicht begünstigt. | 28

5. Arbeitgeber-Pool

Schließen sich mehrere Steuerpflichtige als Arbeitgeber für ein haushaltsnahes Beschäftigungsverhältnis zusammen (sog. Arbeitgeber-Pool), kann jeder Steuerpflichtige die Steuerermäßigung für seinen Anteil an den Aufwendungen in Anspruch nehmen, wenn für die an dem Arbeitgeber-Pool Beteiligten eine Abrechnung über die im jeweiligen Haushalt ausgeführten Arbeiten vorliegt. Wird der Gesamtbetrag der Aufwendungen für das Beschäftigungsverhältnis durch ein Pool-Mitglied überwiesen, gelten die Regelungen für Wohnungseigentümer und Mieter (vgl. Rdnrn. 26 und 27) entsprechend. | 29

6. Erben

30   Gehört zum Haushalt des Steuerpflichtigen eine zu eigenen Wohnzwecken genutzte geerbte Wohnung (s. Rdnr. 1), kann er für Leistungen, die in dieser Wohnung durchgeführt wurden, bei Vorliegen der sonstigen Voraussetzungen die Steuerermäßigung nach § 35a EStG in Anspruch nehmen. Das gilt auch, wenn die Leistungen für diese Wohnung noch vom Erblasser in Anspruch genommen und die Rechnungsbeträge vom Erben überwiesen worden sind.

> Beispiel 2:
>
> Ein Steuerpflichtiger erbt Anfang des Jahres 2015 eine Wohnung von seinem verstorbenen Vater (Erblasser). Er zieht umgehend in die Wohnung ein und nutzt sie zu eigenen Wohnzwecken. Der Vater hatte Ende 2014 das Bad von einem Handwerksbetrieb sanieren lassen und hierfür eine Rechnung erhalten. Der Steuerpflichtige begleicht die Rechnung in Höhe von 5 000 € (darin enthaltene Arbeits- und Fahrtkosten in Höhe von 2 000 €) im Jahr 2015 durch Banküberweisung. Der Steuerpflichtige kann für die begünstigten Handwerkerleistungen (Arbeits- und Fahrtkosten) die Steuerermäßigung nach § 35a Absatz 3 EStG in Anspruch nehmen (20 % von 2 000 € = 400 €).

V. Begünstigte Aufwendungen

1. Ausschluss der Steuerermäßigung bei Betriebsausgaben oder Werbungskosten

31   Die Steuerermäßigung für Aufwendungen ist ausgeschlossen, soweit diese Betriebsausgaben oder Werbungskosten darstellen. Gemischte Aufwendungen (z. B. für eine Reinigungskraft, die auch das beruflich genutzte Arbeitszimmer reinigt) sind unter Berücksichtigung des zeitlichen Anteils der zu Betriebsausgaben oder Werbungskosten führenden Tätigkeiten an der Gesamtarbeitszeit sachgerecht aufzuteilen.

2. Ausschluss der Steuerermäßigung bei Berücksichtigung der Aufwendungen als Sonderausgaben oder außergewöhnliche Belastungen; Aufwendungen für Kinderbetreuung

Sonderausgaben, außergewöhnliche Belastungen

32   Eine Steuerermäßigung nach § 35a EStG kommt nur in Betracht, soweit die Aufwendungen nicht vorrangig als Sonderausgaben (z. B. Erhaltungsmaßnahmen nach § 10f EStG oder Kinderbetreuungskosten – vgl. Rdnr. 34) oder als außergewöhnliche Belastungen berücksichtigt worden sind. Für den Teil der Aufwendungen, der durch den Ansatz der zumutbaren Belastung nach § 33 Absatz 3 EStG oder wegen der Gegenrechnung von Pflegegeld oder Pflegetagegeld nicht als außergewöhnliche Belastung berücksichtigt wird, kann der Steuerpflichtige die Steuerermäßigung nach § 35a EStG in Anspruch nehmen. Werden im Rahmen des § 33 EStG Aufwendungen geltend gemacht, die dem Grunde nach sowohl bei § 33 EStG als auch bei § 35a EStG berücksichtigt werden können, ist davon auszugehen, dass die zumutbare Belastung vorrangig auf die nach § 35a EStG begünstigten Aufwendungen entfällt.

Behinderten-Pauschbetrag

33   Nimmt die pflegebedürftige Person einen Behinderten-Pauschbetrag nach § 33b Absatz 1 Satz 1 in Verbindung mit Absatz 3 Satz 2 oder 3 EStG in Anspruch, schließt dies eine Berücksichtigung dieser Pflegeaufwendungen nach § 35a EStG bei ihr aus (BFH-Urteil vom 5. Juni 2014, BStBl II S. 970). Das gilt nicht, wenn der einem Kind zustehende Behinderten-Pauschbetrag nach § 33b Absatz 5 EStG auf den Steuerpflichtigen übertragen wird (BFH-Urteil vom 11. Februar 2010, BStBl II S. 621) und dieser für Pflege- und Betreuungsaufwendungen des Kindes aufkommt (vgl. Rdnr. 13).

Kinderbetreuungskosten

34   Fallen Kinderbetreuungskosten dem Grunde nach unter die Regelung des § 10 Absatz 1 Nummer 5 EStG, kommt ein Abzug nach § 35a EStG nicht in Betracht (§ 35a Absatz 5 Satz 1 EStG). Dies gilt sowohl für den Betrag, der zwei Drittel der Aufwendungen für Dienstleistungen übersteigt, als auch für alle Aufwendungen, die den Höchstbetrag von 4 000 Euro je Kind übersteigen.

Au-pair

35   Bei Aufnahme eines Au-pairs in eine Familie fallen in der Regel neben den Aufwendungen für die Betreuung der Kinder auch Aufwendungen für leichte Hausarbeiten an, die im Einzelnen in der Rechnung oder im Au-pair-Vertrag aufzuführen sind. Wird der Umfang der einzelnen Leis-

tungen nicht nachgewiesen, kann ein Anteil von 50 % der Gesamtaufwendungen im Rahmen der Steuerermäßigung für haushaltsnahe Dienstleistungen nach § 35a Absatz 2 Satz 1 EStG berücksichtigt werden, wenn die übrigen Voraussetzungen des § 35a EStG (insbesondere die Zahlung auf ein Konto des Au-pairs) vorliegen (vgl. auch Rdnrn. 5, 7 des BMF-Schreibens vom 14. März 2012, BStBl I S. 307).

3. Umfang der begünstigten Aufwendungen

Arbeitsentgelt

Zu den begünstigten Aufwendungen des Steuerpflichtigen nach § 35a Absatz 1 und 2 Alternative 1 EStG gehört der Bruttoarbeitslohn oder das Arbeitsentgelt (bei Anwendung des Haushaltsscheckverfahrens und geringfügiger Beschäftigung im Sinne des § 8a SGB IV) sowie die vom Steuerpflichtigen getragenen Sozialversicherungsbeiträge, die Lohnsteuer ggf. zuzüglich Solidaritätszuschlag und Kirchensteuer, die Umlagen nach dem Aufwendungsausgleichsgesetz (U 1 und U 2) und die Unfallversicherungsbeiträge, die an den Gemeindeunfallversicherungsverband abzuführen sind.   36

Nachweis des Arbeitsentgelts

Als Nachweis dient bei geringfügigen Beschäftigungsverhältnissen (s. Rdnr. 6), für die das Haushaltsscheckverfahren Anwendung findet, die dem Arbeitgeber von der Einzugsstelle (Minijob-Zentrale) zum Jahresende erteilte Bescheinigung nach § 28h Absatz 4 SGB IV. Diese enthält den Zeitraum, für den Beiträge zur Rentenversicherung gezahlt wurden, die Höhe des Arbeitsentgelts sowie die vom Arbeitgeber getragenen Gesamtsozialversicherungsbeiträge und Umlagen. Zusätzlich wird in der Bescheinigung die Höhe der einbehaltenen Pauschsteuer beziffert. Die Leistung des Arbeitslohns ist mit sämtlichen Zahlungsmitteln möglich und für die Gewährung der Steuerermäßigung nach § 35a Absatz 1 EStG nicht schädlich.   37

Bei sozialversicherungspflichtigen haushaltsnahen Beschäftigungsverhältnissen, für die das allgemeine Beitrags- und Meldeverfahren zur Sozialversicherung gilt und bei denen die Lohnsteuer pauschal oder nach Maßgabe der persönlichen Lohnsteuerabzugsmerkmale erhoben wird, sowie bei geringfügigen Beschäftigungsverhältnissen ohne Haushaltsscheckverfahren gelten für die Steuerermäßigung die allgemeinen Nachweisregeln (Rdnrn. 49 ff.).   38

Arbeitskosten, Materialkosten

Begünstigt sind generell nur die Arbeitskosten für Leistungen, die im Haushalt des Steuerpflichtigen erbracht worden sind (Rdnrn. 1 bis 4). Arbeitskosten sind die Aufwendungen für die Inanspruchnahme der haushaltsnahen Tätigkeit selbst, für Pflege- und Betreuungsleistungen bzw. für Handwerkerleistungen einschließlich der in Rechnung gestellten Maschinen- und Fahrtkosten. Arbeitskosten für Leistungen, die außerhalb des Haushalts des Steuerpflichtigen erbracht wurden, sind in der Rechnung entsprechend zu kennzeichnen. Materialkosten oder sonstige im Zusammenhang mit der Dienstleistung, den Pflege- und Betreuungsleistungen bzw. den Handwerkerleistungen gelieferte Waren bleiben mit Ausnahme von Verbrauchsmitteln außer Ansatz.   39

Aufteilung

Der Anteil der Arbeitskosten muss grundsätzlich anhand der Angaben in der Rechnung gesondert ermittelt werden können. Auch eine prozentuale Aufteilung des Rechnungsbetrages in Arbeitskosten und Materialkosten durch den Rechnungsaussteller ist zulässig. Eine Schätzung des Anteils der Arbeitskosten durch den Steuerpflichtigen ist nicht zulässig und kann auch nicht auf die Entscheidung des BFH vom 20. März 2014 (BStBl II S. 882) gestützt werden. Bei Wartungsverträgen ist es nicht zu beanstanden, wenn der Anteil der Arbeitskosten, der sich auch pauschal aus einer Mischkalkulation ergeben kann, aus einer Anlage zur Rechnung hervorgeht. Leistungen, die sowohl im als auch außerhalb des räumlichen Bereichs des Haushalts (Rdnr. 2) durchgeführt werden, sind entsprechend aufzuteilen. Zur Aufteilung der Aufwendungen bei Wohnungseigentümergemeinschaften genügt eine Jahresbescheinigung des Grundstücksverwalters. Entsprechendes gilt für die Nebenkostenabrechnung der Mieter. Abschlagszahlungen können nur dann berücksichtigt werden, wenn hierfür eine entsprechende Aufteilung vorgenommen worden ist und eine Rechnung vorliegt, welche die Voraussetzungen des § 35a EStG erfüllt (vgl. Rdnr. 49). Ein gesonderter Ausweis der auf die Arbeitskosten entfallenden Mehrwertsteuer ist nicht erforderlich.   40

Versicherungsleistungen

41 Aufwendungen für haushaltsnahe Dienstleistungen oder Handwerkerleistungen, die im Zusammenhang mit Versicherungsschadensfällen entstehen, können nur berücksichtigt werden, soweit sie nicht von der Versicherung erstattet werden. Dabei sind nicht nur erhaltene, sondern auch in späteren Veranlagungszeiträumen zu erwartende Versicherungsleistungen zu berücksichtigen. Das gilt auch für Versicherungsleistungen, die zur medizinischen Rehabilitation erbracht werden, wie z. B. für Haushaltshilfen nach § 10 Absatz 2 Satz 2, § 36 Absatz 1 Satz 2, § 37 Absatz 1 Satz 2, § 39 Absatz 1 Satz 2 des Gesetzes über die Alterssicherung der Landwirte, § 10 des Zweiten Gesetzes über die Krankenversicherung der Landwirte, § 38 Absatz 4 Satz 1 Alternative 2 SGB V, § 54 Absatz 2, § 55 SGB VII, § 54 SGB IX. In solchen Fällen ist nur die Selbstbeteiligung nach § 35a EStG begünstigt.

42 Empfangene Leistungen der Pflegeversicherung des Steuerpflichtigen sowie die Leistungen im Rahmen des Persönlichen Budgets im Sinne des § 17 SGB IX sind anzurechnen, soweit sie ausschließlich und zweckgebunden für Pflege- und Betreuungsleistungen sowie für haushaltsnahe Dienstleistungen im Sinne des § 35a Absatz 2 in Verbindung mit Absatz 5 EStG, die keine Handwerkerleistungen im Sinne des § 35a Absatz 3 EStG sind, gewährt werden. Danach sind Pflegesachleistungen nach § 36 SGB XI und der Kostenersatz für zusätzliche Betreuungsleistungen nach § 45b SGB XI auf die entstandenen Aufwendungen anzurechnen. Leistungen der Pflegeversicherung im Sinne des § 37 SGB XI (sog. Pflegegeld) sind dagegen nicht anzurechnen, weil sie nicht zweckgebunden für professionelle Pflegedienste bestimmt sind, die die Voraussetzungen des § 35a Absatz 5 EStG erfüllen (Ausstellung einer Rechnung, Überweisung auf ein Konto des Empfängers).

Beispiel 3:

Ein pflegebedürftiger Steuerpflichtiger der Pflegestufe II mit dauerhafter erheblicher Einschränkung seiner Alltagskompetenz erhält im Veranlagungszeitraum 2015 in seinem eigenen Haushalt Pflegesachleistungen in der Form einer häuslichen Pflegehilfe sowie zusätzliche Betreuung. Er nimmt dafür einen professionellen Pflegedienst in Anspruch. Die monatlichen Aufwendungen betragen 1 500 €. Die Pflegeversicherung übernimmt die Aufwendungen in Höhe von monatlich 1 144 € (§ 36 Absatz 3 Nummer 2 Buchstabe d SGB XI). Darüber hinaus erhält der Steuerpflichtige einen zusätzlichen Kostenersatz nach § 45b SGB XI in Höhe von monatlich 104 €.

Es handelt sich um die Inanspruchnahme von Pflege- und Betreuungsleistungen im Sinne des § 35a Absatz 2 Satz 2 EStG, für die der Steuerpflichtige eine Steuerermäßigung in Anspruch nehmen kann. Die Beträge nach § 36 SGB XI sowie der Kostenersatz nach § 45b SGB XI sind anzurechnen.

Die Steuerermäßigung für die Pflege- und Betreuungsleistungen wird für den Veranlagungszeitraum 2015 wie folgt berechnet:

1 500 € × 12 Monate	18 000 €
− (1 144 € + 104 €) × 12 Monate	− 14 976 €
verbleibende Eigenleistung	3 024 €

Davon 20 % = 604,80 €. Der Steuerpflichtige kann 605 € als Steuerermäßigung in Anspruch nehmen.

Beispiel 4:

Eine pflegebedürftige Steuerpflichtige der Pflegestufe I beantragt anstelle der häuslichen Pflegehilfe (§ 36 SGB XI) ein Pflegegeld nach § 37 SGB XI. Im Veranlagungszeitraum 2015 erhält sie monatlich 244 €. Die Steuerpflichtige nimmt zur Deckung ihres häuslichen Pflege- und Betreuungsbedarfs zusätzlich einzelne Pflegesätze eines professionellen Pflegedienstes in Anspruch. Die Aufwendungen dafür betragen jährlich 2 400 €.

Es handelt sich um die Inanspruchnahme von Pflege- und Betreuungsleistungen im Sinne des § 35a Absatz 2 Satz 2 EStG, für die die Steuerpflichtige eine Steuerermäßigung in Anspruch nehmen kann. Das Pflegegeld ist nicht anzurechnen.

Die Steuerermäßigung für die Pflege- und Betreuungsleistungen wird für den Veranlagungszeitraum 2015 wie folgt berechnet:

20 % von 2 400 € = 480 €. Die Steuerpflichtige kann 480 € als Steuerermäßigung in Anspruch nehmen.

Beispiel 5:

Ein pflegebedürftiger Steuerpflichtiger der Pflegestufe II nimmt im Veranlagungszeitraum 2015 die ihm nach § 36 Absatz 3 Nummer 2 Buchstabe d SGB XI zustehende Sachleistung nur zur Hälfte in Anspruch (572 €/Monat). Er erhält daneben ein anteiliges Pflegegeld (§ 38 in Verbindung mit § 37 SGB XI) in Höhe von monatlich 229 €. Die durch die Pflegeversicherung im Wege der Sachleistung zur Verfügung gestellten regelmäßigen professionellen

Pflegeeinsätze werden durch den Steuerpflichtigen durch gelegentliche zusätzliche Beauftragungen eines Pflegedienstes ergänzt. Die Aufwendungen hierfür betragen jährlich 2 400 €; hierfür werden keine Pflegesachleistungen gewährt. Die weiteren Pflege- und Betreuungsdienstleistungen erfolgen durch Freunde des Steuerpflichtigen, von denen eine Person im Rahmen einer geringfügigen Beschäftigung im Sinne des § 8a SGB IV zu einem Monatslohn einschließlich der pauschalen Abgaben in Höhe von 420 € beschäftigt wird. Einen Teil des Pflegegeldes leitet der Steuerpflichtige an die anderen Hilfspersonen weiter.

Die Inanspruchnahme des Pflegedienstes ist nach § 35a Absatz 2 Satz 2 EStG begünstigt. Das Pflegegeld nach § 37 SGB XI ist nicht anzurechnen. Das geringfügige Beschäftigungsverhältnis fällt unter § 35a Absatz 1 EStG.

Die Steuerermäßigung für das geringfügige Beschäftigungsverhältnis wird für den Veranlagungszeitraum 2015 wie folgt berechnet:

420 € × 12 Monate	5 040 €

Davon 20 % = 1 008 €. Der Steuerpflichtige kann 510 € (= Höchstbetrag) als Steuerermäßigung in Anspruch nehmen.

Die Steuerermäßigung für die zusätzlich zu den Sachleistungen der Pflegeversicherung selbst finanzierten externen Pflegeeinsätze wird für den Veranlagungszeitraum 2015 wie folgt berechnet:

20 % von 2 400 € = 480 €. Der Steuerpflichtige kann (510 € + 480 € =) 990 € als Steuerermäßigung in Anspruch nehmen.

Wird die Steuerermäßigung für Pflege- und Betreuungsaufwendungen von einem Angehörigen oder einer anderen Person geltend gemacht, ist Rdnr. 42 entsprechend anzuwenden, wenn das Pflegegeld an diese Person weitergeleitet wird. 43

Beispiel 6:

Eine pflegebedürftige Person der Pflegestufe II nimmt im Veranlagungszeitraum 2015 in ihrem eigenen Haushalt einen professionellen Pflegedienst in Anspruch. Die monatlichen Gesamtaufwendungen hierfür betragen 1 800 €. Durch die Pflegeversicherung werden Pflegesachleistungen nach § 36 Absatz 3 Nummer 2d SGB XI in Höhe von 1 144 € monatlich übernommen. Die darüber hinausgehenden Aufwendungen trägt der Sohn in Höhe von monatlich 656 €.

Es handelt sich um die Inanspruchnahme von Pflege- und Betreuungsleistungen im Sinne des § 35a Absatz 2 Satz 2 EStG, für die der Sohn eine Steuerermäßigung in Anspruch nehmen kann. Die Beträge nach § 36 SGB XI sind anzurechnen.

Die Steuerermäßigung für die Pflege- und Betreuungsleistungen wird für den Veranlagungszeitraum 2015 wie folgt berechnet:

Steuerpflichtiger:	
1 800 € × 12 Monate	21 600 €
− 1 144 € × 12 Monate	13 728 €
Eigenleistung des Sohnes	7 872 €

Davon 20 % = 1 574,40 €. Der Sohn kann 1 575 € als Steuerermäßigung in Anspruch nehmen.

Beispiel 7:

Ein pflegebedürftiger Steuerpflichtiger der Pflegestufe II (Schwerbehindertenausweis mit Merkzeichen „H") beantragt anstelle der häuslichen Pflegehilfe (§ 36 SGB XI) ein Pflegegeld nach § 37 SGB XI. Im Veranlagungszeitraum 2015 erhält er monatlich 458 €. Der Steuerpflichtige wird grundsätzlich von seiner Tochter betreut und gepflegt. Er reicht das Pflegegeld an die Tochter weiter. Zu ihrer Unterstützung beauftragt die Tochter gelegentlich zusätzlich einen professionellen Pflegedienst. Die Aufwendungen hierfür haben 2015 insgesamt 2 400 € betragen. Diese Kosten hat die Tochter getragen.

Bei der Beauftragung des Pflegedienstes handelt es sich um die Inanspruchnahme von Pflege- und Betreuungsleistungen im Sinne des § 35a Absatz 2 Satz 2 EStG, für die die Tochter eine Steuerermäßigung in Anspruch nehmen kann. Die an sie weitergeleiteten Beträge nach § 37 SGB XI sind nicht anzurechnen.

Die Steuerermäßigung für die Pflege- und Betreuungsleistungen wird bei der Tochter für den Veranlagungszeitraum 2015 wie folgt berechnet:

20 % von 2 400 € = 480 €. Die Tochter kann 480 € als Steuerermäßigungsbetrag in Anspruch nehmen.

Den Pflege-Pauschbetrag nach § 33b Absatz 6 Satz 1 EStG kann die Tochter nicht in Anspruch nehmen, da sie, durch Weiterleitung des Pflegegeldes durch den Vater an sie, Einnahmen im Sinne des § 33b Absatz 6 Satz 1 und 2 EStG erhält und sie das Pflegegeld nicht nur treuhänderisch für den Vater verwaltet, um daraus Aufwendungen des Pflegebedürftigen zu bestreiten (vgl. H 33b „Pflege-Pauschbetrag" EStH).

Beispiel 8:

Ein pflegebedürftiges Ehepaar lebt mit seiner Tochter in einem Haushalt. Der Vater hat Pflegestufe II, die Mutter Pflegestufe I. Der Vater wird täglich durch einen professionellen Pflegedienst gepflegt und betreut. Die Aufwendungen wurden 2015 von der Pflegeversicherung als Pflegesachleistung in Höhe von monatlich 1 144 € übernommen (§ 36 Absatz 3 Nummer 2 Buchstabe d SGB XI). Die Mutter hat 2015 Pflegegeld nach § 37 SGB XI in Höhe von monatlich 244 € bezogen. Bei ihrer Pflege hilft die Tochter. Sie erhält als Anerkennung das Pflegegeld von der Mutter.

Die monatlichen Aufwendungen für den Pflegedienst des Vaters betragen nach Abzug der Leistungen der Pflegeversicherung 440 €. Zu ihrer Unterstützung beauftragt die Tochter gelegentlich zusätzlich einen Pflegedienst für die Mutter. Die Aufwendungen hierfür haben 2015 insgesamt 1 800 € betragen. Diese Kosten hat die Tochter getragen.

Es handelt sich um die Inanspruchnahme von Pflege- und Betreuungsleistungen im Sinne des § 35a Absatz 2 Satz 2 EStG, für die die Eltern und die Tochter eine Steuerermäßigung in Anspruch nehmen können. Die Beträge nach § 37 SGB XI sind nicht anzurechnen.

Die Steuerermäßigung für die Pflege- und Betreuungsleistungen wird für den Veranlagungszeitraum 2015 wie folgt berechnet:

Eltern: Eigenleistung 440 € × 12 Monate   5 280 €

Davon 20 % = 1 056 €. Die Eltern können 1 056 € als Steuerermäßigungsbetrag in Anspruch nehmen.

Tochter: Eigenleistung   1 800 €

Davon 20 % = 360 €. Die Tochter kann 360 € als Steuerermäßigung in Anspruch nehmen.

Zahlungszeitpunkt

44 Für die Inanspruchnahme der Steuerermäßigung ist auf den Veranlagungszeitraum der Zahlung abzustellen (§ 11 Absatz 2 EStG). Bei regelmäßig wiederkehrenden Ausgaben (z. B. nachträgliche monatliche Zahlung oder monatliche Vorauszahlung einer Pflegeleistung), die innerhalb eines Zeitraums von bis zu zehn Tagen nach Beendigung bzw. vor Beginn eines Kalenderjahres fällig und geleistet worden sind, werden die Ausgaben dem Kalenderjahr zugerechnet, zu dem sie wirtschaftlich gehören. Bei geringfügigen Beschäftigungsverhältnissen gehören die Abgaben für das in den Monaten Juli bis Dezember erzielte Arbeitsentgelt, die erst am 31. Januar des Folgejahres fällig werden, noch zu den begünstigten Aufwendungen des Vorjahres.

Dienst- oder Werkswohnung

45 Für vom Arbeitnehmer bewohnte Dienst- oder Werkswohnungen gilt Folgendes: Lässt der Arbeitgeber haushaltsnahe Dienstleistungen oder Handwerkerleistungen von einem (fremden) Dritten durchführen und trägt er hierfür die Aufwendungen, kann der Arbeitnehmer die Steuerermäßigung nach § 35a EStG nur in Anspruch nehmen, wenn er die Aufwendungen – neben dem Mietwert der Wohnung – als Arbeitslohn (Sachbezug) versteuert und der Arbeitgeber eine Bescheinigung erteilt hat, aus der eine Aufteilung der Aufwendungen nach haushaltsnahen Dienstleistungen und Handwerkerleistungen, jeweils unterteilt nach Arbeitskosten und Materialkosten, hervorgeht. Zusätzlich muss aus der Bescheinigung hervorgehen, dass die Leistungen durch (fremde) Dritte ausgeführt worden sind und zu welchem Wert sie zusätzlich zum Mietwert der Wohnung als Arbeitslohn versteuert worden sind. Die Steuerermäßigung kann nicht in Anspruch genommen werden, wenn die haushaltsnahen Dienstleistungen oder Handwerkerleistungen durch eigenes Personal des Arbeitgebers durchgeführt worden sind. Auch pauschale Zahlungen des Mieters einer Dienstwohnung an den Vermieter für die Durchführung von Schönheitsreparaturen sind nicht begünstigt, wenn die Zahlungen unabhängig davon erfolgen, ob und ggf. in welcher Höhe der Vermieter tatsächlich Reparaturen an der Wohnung des Mieters in Auftrag gibt (BFH-Urteil vom 5. Juli 2012, BStBl 2013 II S. 14).

Altenteilerwohnung

46 Für empfangene Sachleistungen, die ein Altenteiler als wiederkehrende Bezüge versteuert, kann er die Steuerermäßigung für Handwerkerleistungen im Haushalt in Anspruch nehmen, soweit sie auf seinen Haushalt entfallen und in der Person des die Sachleistungen erbringenden Altenteilsverpflichteten alle Voraussetzungen für die Gewährung der Steuerermäßigung vorliegen.

Wohnungseigentümer und Mieter

Bei Wohnungseigentümern und Mietern ist erforderlich, dass die auf den einzelnen Wohnungs-   47
eigentümer und Mieter entfallenden Aufwendungen für haushaltsnahe Beschäftigungsverhältnisse und Dienstleistungen sowie für Handwerkerleistungen entweder in der Jahresabrechnung gesondert aufgeführt oder durch eine Bescheinigung des Verwalters oder Vermieters
nachgewiesen sind. Aufwendungen für regelmäßig wiederkehrende Dienstleistungen (wie z. B.
Reinigung des Treppenhauses, Gartenpflege, Hausmeister) werden grundsätzlich anhand der
geleisteten Vorauszahlungen im Jahr der Vorauszahlungen berücksichtigt, einmalige Aufwendungen (wie z. B. Handwerkerrechnungen) dagegen erst im Jahr der Genehmigung der Jahresabrechnung. Soweit einmalige Aufwendungen durch eine Entnahme aus der Instandhaltungsrücklage finanziert werden, können die Aufwendungen erst im Jahr des Abflusses aus der
Instandhaltungsrücklage oder im Jahr der Genehmigung der Jahresabrechnung, die den Abfluss aus der Instandhaltungsrücklage beinhaltet, berücksichtigt werden. Wird eine Jahresabrechnung von einer Verwaltungsgesellschaft mit abweichendem Wirtschaftsjahr erstellt, gilt
nichts anderes. Es ist aber auch nicht zu beanstanden, wenn Wohnungseigentümer die gesamten Aufwendungen erst in dem Jahr geltend machen, in dem die Jahresabrechnung im Rahmen
der Eigentümerversammlung genehmigt worden ist. Für die zeitliche Berücksichtigung von Nebenkosten bei Mietern gelten die vorstehenden Ausführungen entsprechend.

Die Entscheidung, die Steuerermäßigung hinsichtlich der Aufwendungen für die regelmäßig   48
wiederkehrenden Dienstleistungen im Jahr der Vorauszahlung und für die einmaligen Aufwendungen im Jahr der Beschlussfassung oder für die gesamten Aufwendungen die Steuerermäßigung erst im Jahr der Beschlussfassung in Anspruch zu nehmen, hat jeder einzelne Eigentümer
bzw. Mieter im Rahmen seiner Einkommensteuererklärung zu treffen. Zur Bescheinigung des
Datums über die Beschlussfassung s. Rdnr. 26 und Anlage 2. Hat sich der Wohnungseigentümer
bei einer Abrechnung mit einem abweichenden Wirtschaftsjahr dafür entschieden, die gesamten Aufwendungen erst in dem Jahr geltend zu machen, in dem die Jahresabrechnung im Rahmen der Eigentümerversammlung genehmigt worden ist, hat das zur Folge, dass hinsichtlich
der regelmäßig wiederkehrenden Dienstleistungen die Aufwendungen des abweichenden
Wirtschaftsjahres maßgebend sind. Eine davon abweichende andere zeitanteilige Aufteilung
der Aufwendungen ist nicht möglich. Auch für den Fall, dass die Beschlussfassungen über die
Jahresabrechnung für zwei Kalenderjahre in einem Kalenderjahr getroffen werden, kann die
Entscheidung für alle in einem Jahr genehmigten Abrechnungen, die Steuerermäßigung im
Jahr der Vorauszahlung oder in dem der Beschlussfassung in Anspruch zu nehmen, nur einheit-
lich getroffen werden.

4. Nachweis

Die Steuerermäßigung ist davon abhängig, dass der Steuerpflichtige für die Aufwendungen   49
eine Rechnung erhalten hat und die Zahlung auf das Konto des Erbringers der haushaltsnahen
Dienstleistung, der Handwerkerleistung oder der Pflege- oder Betreuungsleistung erfolgt ist
(§ 35a Absatz 5 Satz 3 EStG). Dies gilt auch für Abschlagszahlungen (vgl. Rdnr. 40). Bei Wohnungseigentümern und Mietern müssen die sich aus Rdnr. 47 ergebenden Nachweise vorhanden sein. Es ist ausreichend, wenn der Steuerpflichtige die Nachweise auf Verlangen des Finanzamtes vorlegen kann.

Zahlungsarten

Die Zahlung auf das Konto des Erbringers der Leistung erfolgt in der Regel durch Überweisung.   50
Beträge, für deren Begleichung ein Dauerauftrag eingerichtet worden ist, die durch eine Ein-
zugsermächtigung oder im SEPA-Lastschriftverfahren abgebucht oder im Wege des Online-
Bankings überwiesen wurden, können in Verbindung mit dem Kontoauszug, der die Abbuchung ausweist, anerkannt werden. Das gilt auch bei Übergabe eines Verrechnungsschecks
oder der Teilnahme am Electronic-Cash-Verfahren oder am elektronischen Lastschriftverfahren.
Barzahlungen, Baranzahlungen oder Barteilzahlungen können nicht anerkannt werden (BFH-
Urteil vom 20. November 2008, BStBl 2009 II S. 307). Das gilt selbst dann, wenn die Barzahlung
von dem Erbringer der haushaltsnahen Dienstleistung, der Pflege- und Betreuungsleistung
oder der Handwerkerleistung tatsächlich ordnungsgemäß verbucht worden ist und der Steuerpflichtige einen Nachweis über die ordnungsgemäße Verbuchung erhalten hat oder wenn eine
Barzahlung durch eine später veranlasste Zahlung auf das Konto des Erbringers der Leistung
ersetzt wird.

Konto eines Dritten

Die Inanspruchnahme der Steuerermäßigung durch den Steuerpflichtigen ist auch möglich,   51
wenn die Aufwendungen für die haushaltsnahe Dienstleistung, Pflege- oder Betreuungsleis-

tung oder die Handwerkerleistung, für die der Steuerpflichtige eine Rechnung erhalten hat, von dem Konto eines Dritten bezahlt worden sind.

Vermittlung von Dienst- und Handwerkerleistungen (insbesondere Online-Portale)

52 Dienst- und Handwerkerleistungen werden auch über Vermittlungsportale angeboten. Diese treten dabei regelmäßig als Vermittler für die ausführenden Leistungskräfte, wie z. B. Reinigungskräfte oder Handwerker auf. Die Leistungskräfte stehen zu den Portalen nicht in einem abhängigen Arbeitsverhältnis. Die Leistungskräfte sind eigenverantwortlich, also gewerblich tätig. Es bestehen keine Bedenken, eine Rechnung, die das Portal im Auftrag der jeweiligen Leistungskraft erstellt, als Nachweis nach § 35a Absatz 5 Satz 3 EStG anzuerkennen, wenn die nachfolgenden Voraussetzungen erfüllt sind. Aus der Rechnung müssen sich der Erbringer und der Empfänger der Leistung, ihre Art, der Zeitpunkt der Erbringung und der Inhalt der Leistung sowie die dafür vom Empfänger der Leistung jeweils geschuldeten Entgelte, ggf. aufgeteilt nach Arbeitszeit und Material, ergeben (BFH-Urteil vom 29. Januar 2009, BStBl 2010 II S. 166). Der Erbringer oder die Erbringerin der Leistung ist mindestens mit Name, Anschrift und Steuernummer zu bezeichnen. Erfolgt die – unbare – Bezahlung der Rechnung nach Maßgabe der Rdnr. 50 an den Betreiber des Portals, steht dies einer Anerkennung der Zahlung gemäß § 35a Absatz 5 Satz 3 EStG nicht entgegen.

VI. Haushaltsbezogene Inanspruchnahme der Höchstbeträge

1. Ganzjährig ein gemeinsamer Haushalt

53 Die Höchstbeträge nach § 35a EStG können nur haushaltsbezogen in Anspruch genommen werden (§ 35a Absatz 5 Satz 4 EStG). Leben z. B. zwei Alleinstehende im gesamten Veranlagungszeitraum in einem Haushalt, kann jeder seine tatsächlichen Aufwendungen grundsätzlich nur bis zur Höhe des hälftigen Abzugshöchstbetrages geltend machen. Das gilt auch, wenn beide Arbeitgeber im Rahmen eines haushaltsnahen Beschäftigungsverhältnisses oder Auftraggeber haushaltsnaher Dienstleistungen, von Pflege- und Betreuungsleistungen oder von Handwerkerleistungen sind. Eine andere Aufteilung des Höchstbetrages ist zulässig, wenn beide Steuerpflichtige einvernehmlich eine andere Aufteilung wählen und dies gegenüber dem Finanzamt anzeigen.

> Beispiel 9:
>
> Das Ehepaar A und B beschäftigt eine Haushaltshilfe im Rahmen einer geringfügigen Beschäftigung im Sinne des § 8a SGB IV. Die Aufwendungen im Veranlagungszeitraum 2015 betragen einschließlich Abgaben 2 800 €. Darüber hinaus sind Aufwendungen für die Inanspruchnahme von Handwerkerleistungen in Höhe von 4 500 € (Arbeitskosten einschließlich Fahrtkosten) angefallen. Das Ehepaar wird zusammenveranlagt.
>
> Die Steuerermäßigung nach § 35a EStG wird für den Veranlagungszeitraum 2015 wie folgt berechnet:
>
> | | |
> |---|---:|
> | 20 % von 2 800 € (§ 35a Absatz 1 EStG) = 560 €, höchstens | 510 € |
> | 20 % von 4 500 € (§ 35a Absatz 3 EStG) | 900 € |
> | Steuerermäßigung 2015 | 1 410 € |
>
> Für die Steuerermäßigung ist es unerheblich, welcher Ehegatte die Aufwendungen bezahlt hat.

> Beispiel 10:
>
> C und D sind alleinstehend und leben im gesamten Veranlagungszeitraum 2015 in einem gemeinsamen Haushalt. Sie beschäftigen eine Haushaltshilfe im Rahmen einer geringfügigen Beschäftigung im Sinne des § 8a SGB IV. Dabei tritt D gegenüber der Minijob-Zentrale als Arbeitgeberin auf. Sie bezahlt den Lohn der Haushaltshilfe, und von ihrem Konto werden die Abgaben durch die Minijob-Zentrale abgebucht. Die Aufwendungen im Veranlagungszeitraum 2015 betragen einschließlich Abgaben 2 500 €.
>
> Darüber hinaus sind Aufwendungen für die Inanspruchnahme von Handwerkerleistungen wie folgt angefallen:
>
> | | |
> |---|---:|
> | Schornsteinfegerkosten | 180 € |
> | Tapezieren und Streichen der Wohnräume (Arbeitskosten einschließlich Fahrtkosten) | 2 400 € |
> | Reparatur der Waschmaschine vor Ort (Arbeitskosten einschließlich Fahrtkosten) | 500 € |
> | | 3 080 € |
>
> Das Tapezieren und Streichen der Wohnräume haben C und D je zur Hälfte bezahlt. Beide sind gegenüber dem Handwerksbetrieb als Auftraggeber aufgetreten.

Die Schornsteinfegerkosten hat C, die Waschmaschinenreparatur hat D bezahlt.

Die Steuerermäßigung nach § 35a EStG wird für den Veranlagungszeitraum 2015 für die jeweilige Einzelveranlagung wie folgt berechnet:

C:20 % von (1/2 von 2 400 € =) 1 200 € (§ 35a Absatz 3 EStG)	240 €
20 % von 180 € (§ 35a Absatz 3 EStG)	36 €
Steuerermäßigung 2015 für C	276 €
D:20 % von 2 500 € (§ 35a Absatz 1 EStG)	500 €
20 % von (1/2 von 2 400 € =) 1 200 € (§ 35a Absatz 3 EStG)	240 €
20 % von 500 € (§ 35a Absatz 3 EStG)	100 €
Steuerermäßigung 2015 für D	840 €

C und D zeigen die abweichende Aufteilung gegenüber dem Finanzamt an.

Beispiel 11:

E und F sind allein stehend und leben im gesamten Veranlagungszeitraum 2015 in einem gemeinsamen Haushalt in einem Haus, das der F gehört. Von Juni bis September wird das Haus aufwendig renoviert. Für den Austausch der Fenster und Türen, das Tapezieren und Streichen der Wände, die Renovierung des Badezimmers und das Austauschen der Küche bezahlen sie an die Handwerker insgesamt 30 000 €. Auf Arbeitskosten einschließlich Fahrtkosten entfallen davon 10 000 €. E und F treten gegenüber den Handwerkern gemeinsam als Auftraggeber auf.

a) E und F teilen sich die Aufwendungen hälftig.

Die Steuerermäßigung nach § 35a EStG wird für den Veranlagungszeitraum 2015 für die jeweilige Einzelveranlagung wie folgt berechnet:

E: 20 % von (1/2 von 10 000 € =) 5 000 € (§ 35a Absatz 3 EStG), = 1 000 €, höchstens 1/2 von 1 200 € =	600 €
F: Die Steuerermäßigung für F wird ebenso berechnet	600 €

Damit beträgt der haushaltsbezogene in Anspruch genommene Höchstbetrag für die Steuerermäßigung für Handwerkerleistungen 1 200 €.

b) E bezahlt 80 %, F bezahlt 20 % der Aufwendungen.

Die Steuerermäßigung nach § 35a EStG wird für den Veranlagungszeitraum 2015 für die jeweilige Einzelveranlagung grundsätzlich wie folgt berechnet:

E: 20 % von (80 % von 10 000 € =) 8 000 € (§ 35a Absatz 3 EStG), = 1 600 €, höchstens 1/2 von 1 200 € =	600 €
F: 20 % von (20 % von 10 000 € =) 2 000 € (§ 35a Absatz 3 EStG)	400 €

E und F wählen eine andere Aufteilung des Höchstbetrages, und zwar nach dem Verhältnis, wie sie die Aufwendungen tatsächlich getragen haben. Sie zeigen dies auch gegenüber dem Finanzamt einvernehmlich an.

Die Steuerermäßigung nach § 35a EStG wird für den Veranlagungszeitraum 2015 für die jeweilige Einzelveranlagung wie folgt berechnet:

E: 20 % von (80 % von 10 000 € =) 8 000 € (§ 35a Absatz 3 EStG), = 1 600 €, höchstens 80 % von 1 200 € =	960 €
F: 20 % von (20 % von 10 000 € =) 2 000 € (§ 35a Absatz 3 EStG), = 400 €, höchstens 20 % von 1 200 € =	240 €

Damit beträgt der haushaltsbezogene in Anspruch genommene Höchstbetrag für die Steuerermäßigung für Handwerkerleistungen 1 200 €.

c) F bezahlt als Hauseigentümerin die gesamten Aufwendungen.

Die Steuerermäßigung nach § 35a EStG wird für den Veranlagungszeitraum 2015 für die Einzelveranlagung der F grundsätzlich wie folgt berechnet:

20 % von 10 000 € (§ 35a Absatz 3 EStG) = 2 000 €, höchstens 1/2 von 1 200 € (= hälftiger Höchstbetrag)	600 €

E und F haben jedoch die Möglichkeit, eine andere Aufteilung des Höchstbetrags zu wählen, und zwar nach dem Verhältnis, wie sie die Aufwendungen tatsächlich getragen haben (also zu 100 % auf F und zu 0 % auf E). Sie zeigen dies auch gegenüber dem Finanzamt einvernehmlich an.

Die Steuerermäßigung nach § 35a EStG wird für den Veranlagungszeitraum 2015 für die Einzelveranlagung der F nunmehr wie folgt berechnet:

20 % von 10 000 €
(§ 35a Absatz 3 EStG) = 2 000 €,
höchstens   1 200 €

E hat keinen Anspruch auf die Steuerermäßigung, da er keine eigenen Aufwendungen getragen hat.

2. Unterjährige Begründung oder Beendigung eines gemeinsamen Haushalts

54   Begründen zwei bisher alleinstehende Steuerpflichtige mit eigenem Haushalt im Laufe des Veranlagungszeitraums einen gemeinsamen Haushalt oder wird der gemeinsame Haushalt zweier Steuerpflichtiger während des Veranlagungszeitraums aufgelöst und es werden wieder zwei getrennte Haushalte begründet, kann bei Vorliegen der übrigen Voraussetzungen jeder Steuerpflichtige die vollen Höchstbeträge in diesem Veranlagungszeitraum in Anspruch nehmen. Das gilt unabhängig davon, ob im Veranlagungszeitraum der Begründung oder Auflösung des Haushalts auch die Eheschließung bzw. die Begründung der Lebenspartnerschaft, die Trennung oder die Ehescheidung bzw. die Auflösung der Lebenspartnerschaft erfolgt. Grundsätzlich kann jeder Steuerpflichtige seine tatsächlichen Aufwendungen im Rahmen des Höchstbetrags geltend machen. Darauf, in welchem der beiden Haushalte in diesem Veranlagungszeitraum die Aufwendungen angefallen sind, kommt es nicht an. Für die Inanspruchnahme des vollen Höchstbetrages pro Steuerpflichtigen ist maßgebend, dass von dem jeweiligen Steuerpflichtigen zumindest für einen Teil des Veranlagungszeitraums ein alleiniger Haushalt unterhalten worden ist.

Beispiel 12:

G und H begründen im Laufe des Veranlagungszeitraums 2016 einen gemeinsamen Haushalt. Vorher hatten beide jeweils einen eigenen Haushalt. Im Laufe des Jahres sind die folgenden Aufwendungen im Sinne des § 35a EStG angefallen:

Einzelhaushalt des G: Aufwendungen für Renovierungsarbeiten der alten Wohnung im zeitlichen Zusammenhang mit dem Umzug (vgl. Rdnr. 3) in Höhe von 12 000 €. Davon entfallen auf Arbeitskosten einschließlich Fahrtkosten 6 000 €.

Einzelhaushalt der H: Aufwendungen für Renovierungsarbeiten der alten Wohnung im zeitlichen Zusammenhang mit dem Umzug (vgl. Rdnr. 3) in Höhe von 2 500 €. Davon entfallen auf Arbeitskosten einschließlich Fahrtkosten 1 000 €.

Gemeinsamer Haushalt: Handwerkerkosten (Arbeitskosten) für die Montage der neuen Möbel 500 €, für das Verlegen von Elektroanschlüssen 200 €, für den Einbau der neuen Küche 400 €. Für Wohnungsreinigungsarbeiten haben sie ein Dienstleistungsunternehmen beauftragt. Die Aufwendungen betragen (ohne Materialkosten) bis Jahresende 800 €. G und H treten gegenüber den jeweiligen Firmen gemeinsam als Auftraggeber auf. Die Kosten teilen sie sich zu gleichen Teilen.

a) Die Steuerermäßigung nach § 35a EStG wird für den Veranlagungszeitraum 2016 für die jeweilige Einzelveranlagung wie folgt berechnet:

G: 20 % von 6 000 € (§ 35a Absatz 3 EStG)   1 200 €
    20 % von (1/2 von 800 € =) 400 €
    (§ 35a Absatz 2 EStG)   80 €
                                                                   1 280 €

Durch die Handwerkerkosten für den Einzelhaushalt hat G seinen Höchstbetrag nach § 35a Absatz 3 EStG ausgeschöpft. Die weiteren Handwerkerkosten in der neuen Wohnung bleiben bei ihm unberücksichtigt. Eine Übertragung des nicht ausgeschöpften Höchstbetrages von H ist nicht möglich.

H: 20 % von 1 000 € (§ 35a Absatz 3 EStG)   200 €
    20 % von (1/2 von 1 100 € =) 550 €
    (§ 35a Absatz 3 EStG)   110 €
    20 % von (1/2 von 800 € =) 400 €
    (§ 35a Absatz 2 EStG)   80 €
                                                                     390 €

H kann die durch G nicht nutzbare Steuerermäßigung nicht geltend machen, da sie insoweit nicht die Aufwendungen getragen hat.

b) G und H heiraten im November 2016. Sie beantragen die Zusammenveranlagung.

Die Steuerermäßigung nach § 35a EStG wird für 2016 wie folgt berechnet:

20 % von 800 € (§ 35a Absatz 2 EStG)	160 €
20 % von 6 000 € – Einzelhaushalt des G (§ 35a Absatz 3 EStG)	1 200 €
20 % von 1 000 € – Einzelhaushalt der H (§ 35a Absatz 3 EStG)	200 €
20 % von 1 100 € – gemeinsamer Haushalt (Höchstbetrag für Handwerkerkosten ist bei H noch nicht ausgeschöpft; darauf, wer von beiden die Aufwendungen tatsächlich getragen hat, kommt es nicht an)	220 €
	1 780 €

55 Wird unmittelbar nach Auflösung eines gemeinsamen Haushalts ein gemeinsamer Haushalt mit einer anderen Person begründet, kann derjenige Steuerpflichtige, der ganzjährig in gemeinsamen Haushalten gelebt hat, seine tatsächlichen Aufwendungen nur bis zur Höhe des hälftigen Abzugshöchstbetrages geltend machen. Hat für die andere Person für einen Teil des Veranlagungszeitraums ein alleiniger Haushalt bestanden, ist die Regelung der Rdnr. 54 sinngemäß anzuwenden mit der Folge, dass diese Person den vollen Höchstbetrag beanspruchen kann. Auch in diesen Fällen gilt, dass jeder Steuerpflichtige nur seine tatsächlichen Aufwendungen im Rahmen seines Höchstbetrages geltend machen kann. Etwas anderes gilt nur dann, wenn Steuerpflichtige, die zumindest für einen Teil des Veranlagungszeitraums zusammen einen Haushalt unterhalten haben, einvernehmlich eine andere Aufteilung des Höchstbetrages wählen und dies gegenüber dem Finanzamt anzeigen. Dabei kann für einen Steuerpflichtigen maximal der volle Höchstbetrag berücksichtigt werden.

Beispiel 13:

K und L leben seit Jahren zusammen, sind aber nicht verheiratet. Im Laufe des Veranlagungszeitraums 2016 zieht K aus der gemeinsamen Wohnung aus und zieht in den Haushalt von M ein.

Für den Haushalt von K und L sind die folgenden Aufwendungen angefallen:

Haushaltsnahe Dienstleistungen nach § 35a Absatz 2 EStG in Höhe von 800 €, Aufwendungen für Renovierung und Erhaltung des Haushalts in Höhe von 8 000 €. Es handelt sich jeweils um Arbeitskosten. K und L waren beide Auftraggeber und haben sich die Kosten geteilt.

Für den Haushalt von L sind nach dem Auszug von K die folgenden Aufwendungen angefallen:

Haushaltsnahes Beschäftigungsverhältnis nach § 35a Absatz 1 EStG in Höhe von 700 €, Aufwendungen für Renovierung (Arbeitskosten) 900 €.

Für den Haushalt von M sind bis zum Einzug von K die folgenden Aufwendungen angefallen:

Reparaturkosten der Spülmaschine (Arbeitskosten und Fahrtkostenpauschale) in Höhe von 100 €, Schornsteinfegerkosten (Schornstein-Kehrarbeiten einschließlich Reparatur- und Wartungsaufwand) in Höhe von 120 €.

Für den Haushalt von K und M sind die folgenden Aufwendungen angefallen:

Haushaltsnahe Dienstleistungen nach § 35a Absatz 2 EStG in Höhe von 1 000 € (Arbeitskosten). Die Aufwendungen trägt nur M.

Die Steuerermäßigung nach § 35a EStG wird für den Veranlagungszeitraum 2016 für die jeweilige Einzelveranlagung wie folgt berechnet:

K: 20 % von (1/2 von 800 € =) 400 € (§ 35a Absatz 2 EStG)	80 €
20 % von (1/2 von 8 000 € =) 4 000 € (§ 35a Absatz 3 EStG) = 800 €, höchstens 1/2 von 1 200 €	600 €
Steuerermäßigung 2016 für K	680 €

Durch die Handwerkerkosten für den Haushalt mit L hat K seinen Höchstbetrag nach § 35a Absatz 3 EStG ausgeschöpft.

L: 20 % von (1/2 von 800 € =) 400 € (§ 35a Absatz 2 EStG)	80 €
20 % von (1/2 von 8 000 € =) 4 000 € (§ 35a Absatz 3 EStG)	800 €

20 % von 900 € (§ 35a Absatz 3 EStG)	180 €

(Keine Begrenzung auf den hälftigen Höchstbetrag von
600 €, da L ab dem Auszug von K alleine einen eigenen
Haushalt hat.)

20 % von 700 € (§ 35a Absatz 1 EStG)	140 €
Steuerermäßigung 2016 für L	1 200 €

L kann die Aufwendungen in Höhe von 1 000 € für Handwerkerleistungen, die sich bei K nicht als Steuerermäßigung ausgewirkt haben, auch mit dessen Zustimmung nicht geltend machen, da L insoweit die Aufwendungen nicht getragen hat.

M: 20 % von 220 € (§ 35a Absatz 3 EStG)	44 €
20 % von 1 000 € (§ 35a Absatz 2 EStG)	200 €
Steuerermäßigung 2016 für M	244 €

Beispiel 14:

N und O leben seit Jahren zusammen, sind aber nicht verheiratet. Im Laufe des Veranlagungszeitraums 2016 zieht N aus der gemeinsamen Wohnung aus und zieht in den Haushalt von P.

Für den Haushalt von N und O sind die folgenden Aufwendungen angefallen:

Aufwendungen für Renovierung und Erhaltung des Haushalts in Höhe von 5 000 €. Es handelt sich jeweils um Arbeitskosten. N und O waren beide Auftraggeber. Die Kosten wurden zu 80 % von N getragen, 20 % von O.

Für den Haushalt von O sind nach dem Auszug von N die folgenden Aufwendungen angefallen: Aufwendungen für Renovierung (Arbeitskosten) 3 000 €.

a) Die Steuerermäßigung nach § 35a EStG wird für den Veranlagungszeitraum 2016 für die jeweilige Einzelveranlagung wie folgt berechnet:

N: 20 % von (80 % von 5 000 € =) 4 000 € (§ 35a Absatz 3 EStG) = 800 €, höchstens 1/2 von 1 200 €	600 €

Durch die Handwerkerkosten hat N seinen Höchstbetrag nach § 35a Absatz 3 EStG ausgeschöpft.

O: 20 % von (20 % von 5 000 € =) 1 000 € (§ 35a Absatz 3 EStG)	200 €
20 % von 3 000 € (§ 35a Absatz 3 EStG)	600 €
Steuerermäßigung 2016 für O	800 €

(Keine Begrenzung auf den hälftigen Höchstbetrag, da O ab dem Auszug von N einen eigenen Haushalt hat. Allerdings beträgt der Höchstbetrag nach § 35a Absatz 3 EStG für O insgesamt 1 200 €, dieser ist nicht überschritten.)

O kann die durch N nicht nutzbare Steuerermäßigung nicht geltend machen, da sie für ihren Aufwendungsteil die Steuerermäßigung ausgeschöpft hat und darüber hinaus die Aufwendungen nicht getragen hat.

b) N und O wählen eine andere Aufteilung des Höchstbetrages, und zwar nach dem Verhältnis, wie sie die Aufwendungen tatsächlich getragen haben. Sie zeigen dies auch gegenüber dem Finanzamt einvernehmlich an.

Die Steuerermäßigung nach § 35a EStG wird für den Veranlagungszeitraum 2016 für die jeweilige Einzelveranlagung wie folgt berechnet:

N: 20 % von (80 % von 5 000 € =) 4 000 €, höchstens von (80 % von 6 000 € =) 4 800 € (§ 35a Absatz 3 EStG)	800 €

N kann seine vollen Aufwendungen nach § 35a Absatz 3 EStG geltend machen.

O: 20 % von (20 % von 5 000 € =) 1 000 € (§ 35a Absatz 3 EStG)	200 €
20 % von 3 000 € (§ 35a Absatz 3 EStG)	600 €
	800 €

(Keine Begrenzung auf den hälftigen Höchstbetrag, da O ab dem Auszug von N einen eigenen Haushalt hat. Allerdings reduziert sich der Höchstbetrag nach § 35a Absatz 3 EStG für O um den auf N übertragenen Anteil von (20 % von 1 000 € =) 200 € auf (20 % von 5 000 € =) 1 000 €. Dieser ist nicht überschritten.)

VII. Anrechnungsüberhang

Entsteht bei einem Steuerpflichtigen infolge der Inanspruchnahme der Steuerermäßigung nach § 35a EStG ein sog. Anrechnungsüberhang, kann der Steuerpflichtige weder die Festsetzung einer negativen Einkommensteuer in Höhe dieses Anrechnungsüberhangs noch die Feststellung einer rück- oder vortragsfähigen Steuerermäßigung beanspruchen (BFH-Urteil vom 29. Januar 2009, BStBl II S. 411).   56

VIII. Anwendungsregelung

Dieses Schreiben ersetzt das BMF-Schreiben vom 10. Januar 2014 (BStBl I S. 75) sowie das BMF-Schreiben vom 10. November 2015 (BStBl I S. 876) und ist vorbehaltlich der Rdnr. 58 in allen noch offenen Fällen anzuwenden.   57

Rdnrn. 14 bis 16 sind in allen noch offenen Fällen ab dem Veranlagungszeitraum 2009 anzuwenden. Rdnrn. 23 und 24 sind in allen noch offenen Fällen ab dem Veranlagungszeitraum 2011 anzuwenden.   58

Anlagen

Anlage 1

Beispielhafte Aufzählung begünstigter und nicht begünstigter haushaltsnaher Dienstleistungen und Handwerkerleistungen

(zu Rdnrn. 1, 2, 11, 19 bis 22)

Maßnahme	begünstigt	nicht begünstigt	Haushaltsnahe Dienstleistung	Handwerkerleistung
Abfallmanagement („Vorsortierung")	Kosten der Maßnahmen innerhalb des Haushalts	Kosten der Maßnahmen außerhalb des Haushalts	X	
Abflussrohrreinigung	X			X
Ablesedienste und Abrechnung bei Verbrauchszählern (Strom, Gas, Wasser, Heizung usw.)		X		
Abriss eines baufälligen Gebäudes mit anschließendem Neubau		X		
Abwasserentsorgung	Kosten der Maßnahmen (Wartung und Reinigung) innerhalb des Haushalts	Kosten der Maßnahmen außerhalb des Haushalts		X
Arbeiten 1. am Dach	X			X
2. an Bodenbelägen	X			X
3. an der Fassade	X			X
4. an Garagen	X			X
5. an Innen- und Außenwänden	X			X
6. an Zu- und Ableitungen	X			X

Maßnahme	begünstigt	nicht begünstigt	Haus-haltsnahe Dienst-leistung	Hand-werker-leistung
Architektenleistung		X		
Asbestsanierung	X			X
Aufstellen eines Baugerüstes	Arbeitskosten	Kosten der Miete und des Materials		X
Aufzugnotruf		X		
Außenanlagen, Errichtung von , wie z. B. Wege, Zäune	Arbeitskosten der Maßnahmen innerhalb des Haushalts	– Kosten der Maßnahmen außerhalb des Haushalts oder – im Rahmen einer Neubaumaßnahme (Rdnr. 21) und – Materialkosten		X
Austausch oder Modernisierung 1. der Einbauküche 2. von Bodenbelägen (z. B. Teppichboden, Parkett, Fliesen) 3. von Fenstern und Türen	 X, Rdnr. 39 X, Rdnr. 39 X, Rdnr. 39	 – Kosten der Maßnahmen außerhalb des Haushalts und – Materialkosten		 X X X
Beprobung des Trinkwassers	X			X
Bereitschaft der Erbringung einer ansonsten begünstigten Leistung im Bedarfsfall	als Nebenleistung einer ansonsten begünstigten Hauptleistung	nur Bereitschaft	Abgrenzung im Einzelfall	Abgrenzung im Einzelfall
Brandschadensanierung	soweit nicht Versicherungsleistung	soweit Versicherungsleistung		X
Breitbandkabelnetz	Installation, Wartung und Reparatur innerhalb des Grundstücks	alle Maßnahmen außerhalb des Grundstücks		X
Carport, Terrassenüberdachung	Arbeitskosten	– Materialkosten sowie – Kosten der Errichtung im Rahmen einer Neubaumaßnahme (Rdnr. 21)		X

Maßnahme	begünstigt	nicht begünstigt	Haushaltsnahe Dienstleistung	Handwerkerleistung
Chauffeur		X		
Dachgeschossausbau	Arbeitskosten	– Materialkosten sowie – Kosten der Errichtung im Rahmen einer Neubaumaßnahme (Rdnr. 21)		X
Dachrinnenreinigung	X			X
Datenverbindungen	s. Hausanschlüsse	s. Hausanschlüsse		X
Deichabgaben		X		
Dichtheitsprüfung von Abwasseranlagen	X			X
Elektroanlagen	Kosten der Wartung und der Reparatur			X
Energiepass		X, Rdnr. 20		
Entsorgungsleistung	als Nebenleistung, (z. B. Bauschutt, Fliesenabfuhr bei Neuverfliesung eines Bades, Grünschnittabfuhr bei Gartenpflege)	als Hauptleistung	Abgrenzung im Einzelfall	Abgrenzung im Einzelfall
Erhaltungsmaßnahmen	Arbeitskosten für Maßnahmen auf privatem Grundstück	– Kosten der Maßnahmen außerhalb des Haushalts sowie – Materialkosten		X
Erstellung oder Hilfe bei der Erstellung der Steuererklärung		X		
„Essen auf Rädern"		X		
Fäkalienabfuhr		X		
Fahrstuhlkosten	Kosten der Wartung und der Reparatur	Betriebskosten		X

Maßnahme	begünstigt	nicht begünstigt	Haushaltsnahe Dienstleistung	Handwerkerleistung
Fertiggaragen	Arbeitskosten	– Kosten der Errichtung im Rahmen einer Neubaumaßnahme (Rdnr. 21) sowie – Materialkosten		X
Feuerlöscher	Kosten der Wartung			X
Feuerstättenschau – s. auch Schornsteinfeger	X			X
Finanzierungsgutachten		X, Rdnr. 20		
Fitnesstrainer		X		
Friseurleistungen	nur soweit sie zu den Pflege- und Betreuungsleistungen gehören, wenn sie im Leistungskatalog der Pflegeversicherung aufgeführt sind und der Behinderten-Pauschbetrag nicht geltend gemacht wird (Rdnrn. 12, 13, 32, 33)	alle anderen Friseurleistungen	X	
Fußbodenheizung	Kosten der Wartung, Spülung, Reparatur und des nachträglichen Einbaus	Materialkosten		X
Gärtner	Kosten der Maßnahmen innerhalb des Haushalts	Kosten der Maßnahmen außerhalb des Haushalts	Abgrenzung im Einzelfall	Abgrenzung im Einzelfall
Gartengestaltung	Arbeitskosten	– Kosten der erstmaligen Anlage im Rahmen einer Neubaumaßnahme (Rdnr. 21) sowie – Materialkosten		X
Gartenpflegearbeiten (z. B. Rasen mähen, Hecken schneiden)	Kosten der Maßnahmen innerhalb des Haushalts einschließlich Grünschnittentsorgung als Nebenleistung	Kosten der Maßnahmen außerhalb des Haushalts	X	

Maßnahme	begünstigt	nicht begünstigt	Haus-haltsnahe Dienst-leistung	Hand-werker-leistung
Gemeinschaftsma-schinen bei Mietern (z. B. Wasch-maschine, Trockner)	Kosten der Reparatur und der Wartung	Miete		X
Gewerbeabfallent-sorgung		X		
Grabpflege		X		
Graffitibeseitigung	X			X
Gutachtertätigkei-ten	Abgrenzung im Ein-zelfall (Rdnr. 20)	Abgrenzung im Einzelfall (Rdnr. 20)		X
Hand- und Fuß-pflege	nur soweit sie zu den Pflege- und Betreu-ungsleistungen gehö-ren, wenn sie im Leis-tungskatalog der Pfle-geversicherung auf-geführt sind und der Behinderten-Pausch-betrag nicht geltend gemacht wird (Rdnrn. 12, 13, 32, 33)	alle anderen Kos-ten	X	
Hausanschlüsse	z. B. Arbeitskosten für den Anschluss an das Trink- und Abwasser-netz, der stromführen-den Leitungen im Haus oder für das Ermöglichen der Nut-zung des Fernsehens und des Internets sowie die Kosten der Weiterführung der An-schlüsse, jeweils in-nerhalb des Haushalts	– Kosten der erstmaligen Anschlüsse im Rahmen einer Neubaumaß-nahme (Rdnr. 21) und – die Kosten der Maßnahmen außerhalb des Haushalts sowie – Materialkos-ten		X
Hausarbeiten, wie Reinigen, Fenster putzen, Bügeln usw. (Rdnr. 5)	X		X	
Haushaltsauflösung		X		
Hauslehrer		X		
Hausmeister, Haus-wart	X		X	

Maßnahme	begünstigt	nicht begünstigt	Haus-haltsnahe Dienst-leistung	Hand-werker-leistung
Hausnotrufsystem	Kosten innerhalb des sog. „Betreuten Wohnens" im Rahmen einer Seniorenwohn-einrichtung	Kosten für Haus-notrufsysteme au-ßerhalb des sog. „Betreuten Wohnens" im Rahmen einer Se-niorenwohnein-richtung	X	
Hausreinigung	X		X	
Hausschwammbe-seitigung	X			X
Hausverwalterkos-ten oder -gebühren		X		
Heizkosten: 1. Verbrauch		X		
2. Gerätemiete für Zähler		X		
3. Garantiewar-tungsgebühren	X			X
4. Heizungswar-tung und Repa-ratur	X			X
5. Austausch der Zähler nach dem Eichgesetz	X			X
6. Schornsteinfeger	X			X
7. Kosten des Able-sedienstes		X		
8. Kosten der Ab-rechnung an sich		X		
Hilfe im Haushalt (Rdnrn. 14–16) – s. Hausarbeiten				
Insektenschutzgitter	Kosten der Montage und der Reparatur	Materialkosten		X
Kamin-Einbau	Arbeitskosten	– Kosten der Er-richtung im Rahmen einer Neubaumaß-nahme (Rdnr. 21) sowie – Materialkos-ten		X
Kaminkehrer – s. Schornsteinfeger				

Maßnahme	begünstigt	nicht begünstigt	Haushaltsnahe Dienstleistung	Handwerkerleistung
Kellerausbau	Arbeitskosten	– Kosten der Errichtung im Rahmen einer Neubaumaßnahme (Rdnr. 21) sowie – Materialkosten		X
Kellerschachtabdeckungen	Kosten der Montage und der Reparatur	Materialkosten		X
Kfz. – s. Reparatur		X		
Kinderbetreuungskosten	soweit sie nicht unter § 10 Absatz 1 Nummer 5 EStG fallen und für eine Leistung im Haushalt des Steuerpflichtigen anfallen	im Sinne von § 10 Absatz 1 Nummer 5 EStG (Rdnr. 34)	X	
Klavierstimmer	X			X
Kleidungs- und Wäschepflege und -reinigung	Kosten der Maßnahmen innerhalb des Haushalts	Kosten der Maßnahmen außerhalb des Haushalts (Rdnr. 39)	X	
Kontrollmaßnahmen des TÜV, z. B. für den Fahrstuhl oder den Treppenlift	X, Rdnr. 20			
Kosmetikleistungen	nur soweit sie zu den Pflege- und Betreuungsleistungen gehören, wenn sie im Leistungskatalog der Pflegeversicherung aufgeführt sind und der Behinderten-Pauschbetrag nicht geltend gemacht wird (Rdnrn. 12, 13, 32, 33)	alle anderen	X	
Laubentfernung	Kosten der Maßnahmen innerhalb des Haushalts	Kosten der Maßnahmen außerhalb des Haushalts	X	
Legionellenprüfung	X, Rdnr. 20			X
Leibwächter		X		

Maßnahme	begünstigt	nicht begünstigt	Haushaltsnahe Dienstleistung	Handwerkerleistung
Material und sonstige im Zusammenhang mit der Leistung gelieferte Waren einschließlich darauf entfallende Umsatzsteuer		z. B. Farbe, Fliesen, Pflastersteine, Mörtel, Sand, Tapeten, Teppichboden und andere Fußbodenbeläge, Waren, Stützstrümpfe usw. (Rdnr. 39)		
Mauerwerksanierung	X			X
Miete von Verbrauchszählern (Strom, Gas, Wasser, Heizung usw.)		X		
Modernisierungsmaßnahmen (z. B. Erneuerung des Badezimmers oder der Küche)	X, Rdnr. 39	– Kosten der Maßnahmen außerhalb des Haushalts sowie – Materialkosten		X
Montageleistungen im Haushalt, z. B. beim Erwerb neuer Möbel	X			X
Müllabfuhr		X		
Müllentsorgungsanlage (Müllschlucker)	Kosten der Wartung und der Reparatur			X
Müllschränke	Kosten der Anlieferung und der Aufstellung	Materialkosten		X
Nebenpflichten der Haushaltshilfe, wie kleine Botengänge oder Begleitung von Kindern, kranken, alten oder pflegebedürftigen Personen bei Einkäufen oder zum Arztbesuch	X		X	
Neubaumaßnahmen		Rdnr. 21		
Notbereitschaft / Notfalldienste	soweit es sich um eine nicht gesondert berechnete Nebenleistung z. B. im Rahmen eines Wartungsvertrages handelt	alle anderen reinen Bereitschaftsdienste	X	

Maßnahme	begünstigt	nicht begünstigt	Haushaltsnahe Dienstleistung	Handwerkerleistung
Öffentlich-rechtlicher Erschließungsbeitrag		X		
Öffentlich-rechtlicher Straßenausbaubeitrag/-rückbaubeitrag		X		
Pflasterarbeiten	Kosten der Maßnahmen innerhalb des Haushalts	– Materialkosten sowie – alle Maßnahmen außerhalb des Haushalts		X
Pflegebett		X		
Pflege der Außenanlagen	innerhalb des Haushalts	Kosten der Maßnahmen außerhalb des Haushalts	X	
Pilzbekämpfung	X			X
Prüfdienste / Prüfleistung (z. B. bei Aufzügen)	X, Rdnr. 20	X		X
Rechtsberatung		X		
Reinigung des Haushalts	X			X
Reparatur, Wartung und Pflege 1. von Bodenbelägen (z. B. Teppichboden, Parkett, Fliesen)	X		Pflege	Reparatur und Wartung
2. von Fenstern und Türen (innen und außen)	X, Rdnr. 39		Pflege	Reparatur und Wartung
3. von Gegenständen im Haushalt des Steuerpflichtigen (z. B. Waschmaschine, Geschirrspüler, Herd, Fernseher, Personalcomputer und andere)	soweit es sich um Gegenstände handelt, die in der Hausratversicherung mitversichert werden können (Rdnr. 39)	Kosten der Maßnahmen außerhalb des Haushalts	Pflege im Haushalt	Reparatur und Wartung im Haushalt
4. von Heizungsanlagen, Elektro-, Gas- und Wasserinstallationen	Kosten der Maßnahmen innerhalb des Haushalts	Kosten der Maßnahmen außerhalb des Haushalts		X
5. von Kraftfahrzeugen (einschließlich TÜV-Gebühren)		X		

Maßnahme	begünstigt	nicht begünstigt	Haushaltsnahe Dienstleistung	Handwerkerleistung
6. von Wandschränken	X			X
Schadensfeststellung, Ursachenfeststellung (z. B. bei Wasserschaden, Rohrbruch usw.)	X			X
Schadstoffsanierung	X			X
Schädlings- und Ungezieferbekämpfung	X		Abgrenzung im Einzelfall	Abgrenzung im Einzelfall
Schornsteinfeger	X			X
Sekretär; hierunter fallen auch Dienstleistungen in Form von Büroarbeiten (z. B. Ablageorganisation, Erledigung von Behördengängen, Stellen von Anträgen bei Versicherungen und Banken usw.)		X		
Sperrmüllabfuhr		X		
Statiker		X		
Straßenreinigung	bei Straßenreinigungspflicht des Steuerpflichtigen	Öffentlich-rechtliche Straßenreinigungsgebühren	X	
Tagesmutter bei Betreuung im Haushalt des Steuerpflichtigen	soweit es sich bei den Aufwendungen nicht um Kinderbetreuungskosten (Rdnr. 34) handelt	Kinderbetreuungskosten (Rdnr. 34)	X	
Taubenabwehr	X		Abgrenzung im Einzelfall	Abgrenzung im Einzelfall
Technische Prüfdienste (z. B. bei Aufzügen)	X, Rdnr. 20			X
Terrassenüberdachung	Arbeitskosten	– Kosten der Errichtung im Rahmen einer Neubaumaßnahme (Rdnr. 21) sowie – Materialkosten		X

Maßnahme	begünstigt	nicht begünstigt	Haushaltsnahe Dienstleistung	Handwerkerleistung
Tierbetreuungs- oder -pflegekosten	Kosten der Maßnahmen innerhalb des Haushalts (z. B. Fellpflege, Ausführen, Reinigungsarbeiten)	Kosten der Maßnahmen außerhalb des Haushalts, z. B. Tierpensionen	X	
Trockeneisreinigung	X			X
Trockenlegung von Mauerwerk	Kosten der Maßnahmen innerhalb des Haushalts (Arbeiten mit Maschinen vor Ort)	Kosten, die durch die ausschließliche Maschinenanmietung entstehen		X
Überprüfung von Anlagen (z. B. Gebühr für den Schornsteinfeger oder für die Kontrolle von Blitzschutzanlagen)	X, Rdnr. 20			X
Umzäunung, Stützmauer o.Ä.	Arbeitskosten für Maßnahmen innerhalb des Haushalts	– Kosten der Maßnahmen außerhalb des Haushalts oder – Kosten der Errichtung im Rahmen einer Neubaumaßnahme (Rdnr. 21) sowie – Materialkosten		X
Umzugsdienstleistungen	für Privatpersonen (Rdnrn. 3, 31)		Abgrenzung im Einzelfall	Abgrenzung im Einzelfall
Verarbeitung von Verbrauchsgütern im Haushalt des Steuerpflichtigen	X		X	
Verbrauchsmittel, wie z. B. Schmier-, Reinigungs- oder Spülmittel sowie Streugut	X		als Nebenleistung (Rdnr. 39) – Abgrenzung im Einzelfall	als Nebenleistung (Rdnr. 39) – Abgrenzung im Einzelfall
Verwaltergebühr		X		
Wachdienst	Kosten der Maßnahmen innerhalb des Haushalts	Kosten der Maßnahmen außerhalb des Haushalts	X	

Maßnahme	begünstigt	nicht begünstigt	Haus-haltsnahe Dienst-leistung	Hand-werker-leistung
Wärmedämmmaß-nahmen	X			X
Wartung: 1. Aufzug 2. Heizung und Öl-tankanlagen (einschließlich Tankreinigung) 3. Feuerlöscher 4. CO_2-Warngeräte 5. Pumpen 6. Abwasser-Rückstau-Sicherungen	X X X X X X			X X X X X X
Wasserschadensanierung	X	soweit Versiche-rungsleistung		X
Wasserversorgung	Kosten der Wartung und der Reparatur			X
Wertermittlung		X, Rdnr. 20		
Winterdienst	Kosten der Maßnah-men innerhalb des Haushalts	Kosten der Maß-nahmen außer-halb des Haus-halts	X	
Zubereitung von Mahlzeiten im Haus-halt des Steuer-pflichtigen	X		X	

Anlage 2

Muster für eine Bescheinigung

(zu Rdnr. 26)

_____	_____
_____	_____
(Name und Anschrift des Verwalters/ Vermieters)	(Name und Anschrift des Eigentümers/ Mieters)

Anlage zur Jahresabrechnung für das Jahr / Wirtschaftsjahr . . . .

Ggf. Datum der Beschlussfassung der Jahresabrechnung: _____

In der Jahresabrechnung für das nachfolgende Objekt

_____

(Ort, Straße, Hausnummer und ggf. genaue Lagebezeichnung der Wohnung)

sind Ausgaben im Sinne des § 35a Einkommensteuergesetz (EStG) enthalten, die wie folgt zu verteilen sind:

A) Aufwendungen für sozialversicherungspflichtige Beschäftigungen

(§ 35a Absatz 2 Satz 1 Alternative 1 EStG)

Bezeichnung	Gesamtbetrag (in Euro)	Anteil des Miteigentümers / des Mieters

B) Aufwendungen für die Inanspruchnahme von haushaltsnahen Dienstleistungen

(§ 35a Absatz 2 Satz 1 Alternative 2 EStG)

Bezeichnung	Gesamtbetrag (in Euro)	nicht zu berück-sichtigende Materialkosten (in Euro)	Aufwendungen bzw. Arbeits-kosten (Rdnrn. 39, 40) (in Euro)	Anteil des Miteigen-tümers / des Mieters

C) Aufwendungen für die Inanspruchnahme von Handwerkerleistungen für Renovierungs-, Erhaltungs- und Modernisierungsmaßnahmen

(§ 35a Absatz 3 EStG)

Bezeichnung	Gesamtbetrag (in Euro)	nicht zu berück-sichtigende Materialkosten (in Euro)	Aufwendungen bzw. Arbeits-kosten (Rdnrn. 39, 40) (in Euro)	Anteil des Miteigen-tümers / des Mieters

_____	_____
(Ort und Datum)	(Unterschrift des Verwalters oder Vermieters)

Hinweis: Die Entscheidung darüber, welche Positionen im Rahmen der Einkommensteuererklärung berücksichtigt werden können, obliegt ausschließlich der zuständigen Finanzbehörde.

Allgemeine Verwaltungsvorschrift für die Betriebsprüfung (Betriebsprüfungsordnung – BpO 2000)

vom 15. 3. 2000 (BStBl I S. 368)
zuletzt geändert durch die Allgemeine Verwaltungsvorschrift zur Änderung
der Betriebsprüfungsordnung vom 20. 7. 2011 (BStBl I S. 710)
– Auszug –

I. Allgemeine Vorschriften

§ 1 Anwendungsbereich der Betriebsprüfungsordnung

(1) Diese Verwaltungsvorschrift gilt für Außenprüfungen der Landesfinanzbehörden und des Bundeszentralamtes für Steuern.

(2) Für besondere Außenprüfungen der Landesfinanzbehörden und des Bundeszentralamtes für Steuern (z. B. Lohnsteueraußenprüfung und Umsatzsteuersonderprüfung) sind die §§ 5 bis 12, 20 bis 24, 29 und 30 mit Ausnahme des § 5 Abs. 4 Satz 2 sinngemäß anzuwenden.

§ 2 Aufgaben der Betriebsprüfungsstellen

(1) Zweck der Außenprüfung ist die Ermittlung und Beurteilung der steuerlich bedeutsamen Sachverhalte, um die Gleichmäßigkeit der Besteuerung sicherzustellen (§§ 85, 199 Abs. 1 AO). Bei der Anordnung und Durchführung von Prüfungsmaßnahmen sind im Rahmen der Ermessensausübung die Grundsätze der Verhältnismäßigkeit der Mittel und des geringstmöglichen Eingriffs zu beachten.

(2) Den Betriebsprüfungsstellen können auch Außenprüfungen im Sinne des § 193 Abs. 2 AO, Sonderprüfungen sowie andere Tätigkeiten mit Prüfungscharakter, zum Beispiel Liquiditätsprüfungen, übertragen werden; dies gilt nicht für Steuerfahndungsprüfungen.

(3) Die Finanzbehörde entscheidet nach pflichtgemäßem Ermessen, ob und wann eine Außenprüfung durchgeführt wird. Dies gilt auch, wenn der Steuerpflichtige eine baldige Außenprüfung begehrt.

§ 3 Größenklassen[1])

Steuerpflichtige, die der Außenprüfung unterliegen, werden in die Größenklassen

– Großbetriebe (G)

– Mittelbetriebe (M)

– Kleinbetriebe (K) und

– Kleinstbetriebe (Kst)

eingeordnet. Der Stichtag, der maßgebende Besteuerungszeitraum und die Merkmale für diese Einordnung werden jeweils von den obersten Finanzbehörden der Länder im Benehmen mit dem Bundesministerium der Finanzen festgelegt.

II. Durchführung der Außenprüfung

§ 4 Umfang der Außenprüfung

(1) Die Finanzbehörde bestimmt den Umfang der Außenprüfung nach pflichtgemäßem Ermessen.

(2) Bei Großbetrieben und Unternehmen im Sinne der §§ 13 und 19 soll der Prüfungszeitraum an den vorhergehenden Prüfungszeitraum anschließen. Eine Anschlussprüfung ist auch in den Fällen des § 18 möglich.

(3) Bei anderen Betrieben soll der Prüfungszeitraum in der Regel nicht mehr als drei zusammenhängende Besteuerungszeiträume umfassen. Der Prüfungszeitraum kann insbesondere dann drei Besteuerungszeiträume übersteigen, wenn mit nicht unerheblichen Änderungen der Besteuerungsgrundlagen zu rechnen ist oder wenn der Verdacht einer Steuerstraftat oder einer Steuerordnungswidrigkeit besteht. Anschlussprüfungen sind zulässig.

---

[1]) Einordnung in Größenklassen gem. § 3 BpO 2000:
Festlegung neuer Abgrenzungsmerkmale zum 1. 1. 2016 BMF vom 9. 6. 2015 (BStBl I S. 504)

(4) Für die Entscheidung, ob ein Betrieb nach Absatz 2 oder Absatz 3 geprüft wird, ist grundsätzlich die Größenklasse maßgebend, in die der Betrieb im Zeitpunkt der Bekanntgabe der Prüfungsanordnung eingeordnet ist.

(5) Hält die Finanzbehörde eine umfassende Ermittlung der steuerlichen Verhältnisse im Einzelfall nicht für erforderlich, kann sie eine abgekürzte Außenprüfung (§ 203 AO) durchführen. Diese beschränkt sich auf die Prüfung einzelner Besteuerungsgrundlagen eines Besteuerungszeitraums oder mehrere Besteuerungszeiträume.

§ 4a Zeitnahe Betriebsprüfung

(1) Die Finanzbehörde kann Steuerpflichtige unter den Voraussetzungen des Absatzes 2 für eine zeitnahe Betriebsprüfung auswählen. Eine Betriebsprüfung ist zeitnah, wenn der Prüfungszeitraum einen oder mehrere gegenwartsnahe Besteuerungszeiträume umfasst.

(2) Grundlage zeitnaher Betriebsprüfungen sind die Steuererklärungen im Sinne des § 150 der Abgabenordnung der zu prüfenden Besteuerungszeiträume (Absatz 1 Satz 2). Zur Sicherstellung der Mitwirkungsrechte des Bundeszentralamtes für Steuern ist der von der Finanzbehörde ausgewählte Steuerpflichtige dem Bundeszentralamt für Steuern abweichend von der Frist des § 21 Absatz 1 Satz 1 unverzüglich zu benennen.

(3) Über das Ergebnis der zeitnahen Betriebsprüfung ist ein Prüfungsbericht oder eine Mitteilung über die ergebnislose Prüfung anzufertigen (§ 202 der Abgabenordnung).

§ 5 Anordnung der Außenprüfung

(1) Die für die Besteuerung zuständige Finanzbehörde ordnet die Außenprüfung an. Die Befugnis zur Anordnung kann auch der beauftragten Finanzbehörde übertragen werden.

(2) Die Prüfungsanordnung hat die Rechtsgrundlage der Außenprüfung, die zu prüfenden Steuerarten, Steuervergütungen, Prämien, Zulagen, gegebenenfalls zu prüfende bestimmte Sachverhalte sowie den Prüfungszeitraum zu enthalten. Ihr sind Hinweise auf die wesentliche Rechte und Pflichten des Steuerpflichtigen bei der Außenprüfung beizufügen. Die Mitteilung über den voraussichtlichen Beginn und die Festlegung des Ortes der Außenprüfung kann mit der Prüfungsanordnung verbunden werden. Handelt es sich um eine abgekürzte Außenprüfung nach § 203 AO, ist die Prüfungsanordnung um diese Rechtsgrundlage zu ergänzen. Soll der Umfang einer Außenprüfung nachträglich erweitert werden, ist eine ergänzende Prüfungsanordnung zu erlassen.

(3) Der Name des Betriebsprüfers, eines Betriebsprüfungshelfers und andere prüfungsleitende Bestimmungen können in die Prüfungsanordnung aufgenommen werden.

(4) Die Prüfungsanordnung und die Mitteilungen nach den Absätzen 2 und 3 sind dem Steuerpflichtigen angemessene Zeit vor Beginn der Prüfung bekanntzugeben, wenn der Prüfungszweck dadurch nicht gefährdet wird. In der Regel sind bei Großbetrieben 4 Wochen und in anderen Fällen 2 Wochen angemessen.

(5) Wird beantragt, den Prüfungsbeginn zu verlegen, können als wichtige Gründe zum Beispiel Erkrankung des Steuerpflichtigen, seines steuerlichen Beraters oder eines für Auskünfte maßgeblichen Betriebsangehörigen, beträchtliche Betriebsstörungen durch Umbau oder höhere Gewalt anerkannt werden. Dem Antrag des Steuerpflichtigen kann auch unter Auflage, zum Beispiel Erledigung von Vorbereitungsarbeiten für die Prüfung, stattgegeben werden.

(6) Werden die steuerlichen Verhältnisse von Gesellschaftern und Mitgliedern sowie von Mitgliedern der Überwachungsorgane in die Außenprüfung einbezogen, so ist für jeden Beteiligten eine Prüfungsanordnung unter Beachtung der Voraussetzungen des § 193 AO zu erteilen.

§ 6 Ort der Außenprüfung

Die Außenprüfung ist in den Geschäftsräumen des Steuerpflichtigen durchzuführen. Ist ein geeigneter Geschäftsraum nachweislich nicht vorhanden und kann die Außenprüfung nicht in den Wohnräumen des Steuerpflichtigen stattfinden, ist an Amtsstelle zu prüfen (§ 200 Abs. 2 AO). Ein anderer Prüfungsort kommt nur ausnahmsweise in Betracht.

§ 7 Prüfungsgrundsätze

Die Außenprüfung ist auf das Wesentliche abzustellen. Ihre Dauer ist auf das notwendige Maß zu beschränken. Sie hat sich in erster Linie auf solche Sachverhalte zu erstrecken, die zu endgültigen Steuerausfällen oder Steuererstattungen oder -vergütungen oder zu nicht unbedeutenden Gewinnverlagerungen führen können.

§ 8 Mitwirkungspflichten

(1) Der Steuerpflichtige ist zu Beginn der Prüfung darauf hinzuweisen, dass er Auskunftspersonen benennen kann. Ihre Namen sind aktenkundig zu machen. Die Auskunfts- und sonstigen Mitwirkungspflichten des Steuerpflichtigen erlöschen nicht mit der Benennung von Auskunftspersonen.

(2) Der Betriebsprüfer darf im Rahmen seiner Ermittlungsbefugnisse unter den Voraussetzungen des § 200 Abs. 1 Sätze 3 und 4 AO auch Betriebsangehörige um Auskunft ersuchen, die nicht als Auskunftspersonen benannt worden sind.

(3) Die Vorlage von Büchern, Aufzeichnungen, Geschäftspapieren und anderen Unterlagen, die nicht unmittelbar den Prüfungszeitraum betreffen, kann ohne Erweiterung des Prüfungszeitraums verlangt werden, wenn dies zur Feststellung von Sachverhalten des Prüfungszeitraums für erforderlich gehalten wird.

§ 9 Kontrollmitteilungen

Feststellungen, die nach § 194 Abs. 3 AO für die Besteuerung anderer Steuerpflichtiger ausgewertet werden können, sollen der zuständigen Finanzbehörde mitgeteilt werden. Kontrollmaterial über Auslandsbeziehungen ist auch dem Bundeszentralamt für Steuern zur Auswertung zu übersenden.

§ 10 Verdacht einer Steuerstraftat oder -ordnungswidrigkeit

(1) Ergeben sich während einer Außenprüfung zureichende tatsächliche Anhaltspunkte für eine Straftat (§ 152 Abs. 2 StPO), deren Ermittlung der Finanzbehörde obliegt, so ist die für die Bearbeitung dieser Straftat zuständige Stelle unverzüglich zu unterrichten. Dies gilt auch, wenn lediglich die Möglichkeit besteht, dass ein Strafverfahren durchgeführt werden muss. Richtet sich der Verdacht gegen den Steuerpflichtigen, dürfen hinsichtlich des Sachverhalts, auf den sich der Verdacht bezieht, die Ermittlungen (§ 194 AO) bei ihm erst fortgesetzt werden, wenn ihm die Einleitung des Strafverfahrens mitgeteilt worden ist. Der Steuerpflichtige ist dabei, soweit die Feststellungen auch für Zwecke des Strafverfahrens verwendet werden können, darüber zu belehren, dass seine Mitwirkung im Besteuerungsverfahren nicht mehr erzwungen werden kann (§ 393 Abs. 1 AO). Die Belehrung ist unter Angabe von Datum und Uhrzeit aktenkundig zu machen und auf Verlangen schriftlich zu bestätigen (§ 397 Abs. 2 AO).

(2) Absatz 1 gilt beim Verdacht einer Ordnungswidrigkeit sinngemäß.

§ 11 Schlussbesprechung

(1) Findet eine Schlussbesprechung statt, so sind die Besprechungspunkte und der Termin der Schlussbesprechung dem Steuerpflichtigen angemessene Zeit vor der Besprechung bekannt zu geben. Diese Bekanntgabe bedarf nicht der Schriftform.

(2) Hinweise nach § 201 Abs. 2 AO sind aktenkundig zu machen.

§ 12 Prüfungsbericht und Auswertung der Prüfungsfeststellungen

(1) Wenn zu einem Sachverhalt mit einem Rechtsbehelf oder mit einem Antrag auf verbindliche Zusage zu rechnen ist, soll der Sachverhalt umfassend im Prüfungsbericht dargestellt werden.

(2) Ist bei der Auswertung des Prüfungsberichts oder im Rechtsbehelfsverfahren beabsichtigt, von den Feststellungen der Außenprüfung abzuweichen, so ist der Betriebsprüfungsstelle Gelegenheit zur Stellungnahme zu geben. Dies gilt auch für die Erörterung des Sach- und Rechtsstandes gemäß § 364a AO. Bei wesentlichen Abweichungen zuungunsten des Steuerpflichtigen soll auch diesem Gelegenheit gegeben werden, sich hierzu zu äußern.

(3) In dem durch die Prüfungsordnung vorgegebenen Rahmen muss die Außenprüfung entweder durch Steuerfestsetzung oder durch Mitteilung über eine ergebnislose Prüfung abgeschlossen werden.

IV. Mitwirkung des Bundes an Außenprüfungen der Landesfinanzbehörden

§ 20   Art der Mitwirkung

(1) Das Bundeszentralamt für Steuern wirkt an Außenprüfungen der Landesfinanzbehörden durch Prüfungstätigkeit und Beteiligung an Besprechungen mit.

(2) Art und Umfang der Mitwirkung werden jeweils von den beteiligten Behörden im gegenseitigen Einvernehmen festgelegt.

(3) Die Landesfinanzbehörde bestimmt den für den Ablauf der Außenprüfung verantwortlichen Prüfer.

§ 21   Auswahl der Betriebe und Unterrichtung über die vorgesehene Mitwirkung

(1) Die Landesfinanzbehörden stellen dem Bundeszentralamt für Steuern die Prüfungsgeschäftspläne für Großbetriebe spätestens 10 Tage vor dem Beginn des Zeitraums, für den sie aufgestellt worden sind, zur Verfügung. Betriebe, bei deren Prüfung eine Mitwirkung des Bundeszentralamtes für Steuern von den Landesfinanzbehörden für zweckmäßig gehalten wird, sollen kenntlich gemacht werden. Das Bundeszentralamt für Steuern teilt den Landesfinanzbehörden unverzüglich die Betriebe mit, an deren Prüfung es mitwirken will.

(2) Sobald die Landesfinanzbehörde den Prüfungsbeginn mitgeteilt hat, wird sie vom Bundeszentralamt für Steuern über die vorgesehene Mitwirkung unterrichtet.

§ 22   Mitwirkung durch Prüfungstätigkeit

(1) Wirkt das Bundeszentralamt für Steuern durch Prüfungstätigkeit mit, so hat der Bundesbetriebsprüfer regelmäßig in sich geschlossene Prüfungsfelder zu übernehmen und diesen Teil des Prüfungsberichts zu entwerfen. Der Prüfungsstoff wird im gegenseitigen Einvernehmen auf die beteiligten Betriebsprüfer aufgeteilt.

(2) Hat das Bundeszentralamt für Steuern an einer Außenprüfung mitgewirkt, so erhält es eine Ausfertigung des Prüfungsberichts.

§ 23   (weggefallen)

§ 24   Verfahren bei Meinungsverschiedenheiten zwischen dem Bundeszentralamt für Steuern und der Landesfinanzbehörde

Soweit Meinungsverschiedenheiten, die sich bei der Mitwirkung an Außenprüfungen zwischen dem Bundeszentralamt für Steuern und der Landesfinanzbehörde ergeben, von den Beteiligten nicht ausgeräumt werden können, ist den obersten Finanzbehörden des Bundes und des Landes zu berichten und die Entscheidung abzuwarten.

§ 29   Prüferausweis

Für Sachgebietsleiter für Betriebsprüfung und Betriebsprüfer ist jeweils ein Ausweis auszustellen. Der Ausweis hat zu enthalten:
1. die Bezeichnung der ausstellenden Landesfinanzverwaltung oder der ausstellenden Finanzbehörde
2. das Lichtbild des Inhabers
3. den Vor- und Familiennamen
4. die laufende Nummer
5. die Gültigkeitsdauer und
6. die Befugnisse des Inhabers.

§ 30   Prüferbesprechungen

Die Sachgebietsleiter für Betriebsprüfung sollen mit den Prüfern ihrer Sachgebiete, die zuständigen vorgesetzten Finanzbehörden mit den Sachgebietsleitern für Betriebsprüfung oder mit den Betriebsprüfern ihrer Oberfinanzbezirke regelmäßig Zweifelsfragen aus der Prüfungstätigkeit erörtern, sie über neuere Rechtsprechung und neueres Schrifttum unterrichten sowie Richtlinien und Anregungen für ihre Arbeit geben.

IX. Inkrafttreten

§ 39   Inkrafttreten

Diese allgemeine Verwaltungsvorschrift tritt am Tage nach der Veröffentlichung im Bundesanzeiger in Kraft. Gleichzeitig tritt die Allgemeine Verwaltungsvorschrift für die Betriebsprüfung – Betriebsprüfungsordnung – vom 17. Dezember 1987 (BAnz. Nr. 241a vom 24. Dezember 1987) außer Kraft.

Lohnsteuer-Durchführungsverordnung 1990 (LStDV 1990)

i. d. F. der Bekanntmachung vom 10. 10. 1989 (BGBl. I S. 1848, BStBl I S. 405)
zuletzt geändert durch *Artikel 10 des Gesetzes zur Stärkung der betrieblichen Altersversorgung und zur Änderung anderer Gesetze (Betriebsrentenstärkungsgesetz) vom 17. 8. 2017, BStBl I S. 3214*

S 2331

§ 1 Arbeitnehmer, Arbeitgeber

(1) [1]Arbeitnehmer sind Personen, die in öffentlichem oder privatem Dienst angestellt oder beschäftigt sind oder waren und die aus diesem Dienstverhältnis oder einem früheren Dienstverhältnis Arbeitslohn beziehen. [2]Arbeitnehmer sind auch die Rechtsnachfolger dieser Personen, soweit sie Arbeitslohn aus dem früheren Dienstverhältnis ihres Rechtsvorgängers beziehen.

(2) [1]Ein Dienstverhältnis (Absatz 1) liegt vor, wenn der Angestellte (Beschäftigte) dem Arbeitgeber (öffentliche Körperschaft, Unternehmer, Haushaltsvorstand) seine Arbeitskraft schuldet. [2]Dies ist der Fall, wenn die tätige Person in der Betätigung ihres geschäftlichen Willens unter der Leitung des Arbeitgebers steht oder im geschäftlichen Organismus des Arbeitgebers dessen Weisungen zu folgen verpflichtet ist.

(3) Arbeitnehmer ist nicht, wer Lieferungen und sonstige Leistungen innerhalb der von ihm selbständig ausgeübten gewerblichen oder beruflichen Tätigkeit im Inland gegen Entgelt ausführt, soweit es sich um die Entgelte für diese Lieferungen und sonstigen Leistungen handelt.

S 2332

§ 2 Arbeitslohn

(1) Arbeitslohn sind alle Einnahmen, die dem Arbeitnehmer aus dem Dienstverhältnis zufließen. Es ist unerheblich, unter welcher Bezeichnung oder in welcher Form die Einnahmen gewährt werden.

(2) Zum Arbeitslohn gehören auch

1. Einnahmen im Hinblick auf ein künftiges Dienstverhältnis;

2. Einnahmen aus einem früheren Dienstverhältnis, unabhängig davon, ob sie dem zunächst Bezugsberechtigten oder seinem Rechtsnachfolger zufließen. Bezüge, die ganz oder teilweise auf früheren Beitragsleistungen des Bezugsberechtigten oder seines Rechtsvorgängers beruhen, gehören nicht zum Arbeitslohn, es sei denn, daß die Beitragsleistungen Werbungskosten gewesen sind;

3. Ausgaben, die ein Arbeitgeber leistet, um einen Arbeitnehmer oder diesem nahestehende Personen für den Fall der Krankheit, des Unfalls, der Invalidität, des Alters oder des Todes abzusichern (Zukunftssicherung). Voraussetzung ist, daß der Arbeitnehmer der Zukunftssicherung ausdrücklich oder stillschweigend zustimmt. Ist bei einer Zukunftssicherung für mehrere Arbeitnehmer oder diesen nahestehende Personen in Form einer Gruppenversicherung oder Pauschalversicherung der für den einzelnen Arbeitnehmer geleistete Teil der Ausgaben nicht in anderer Weise zu ermitteln, so sind die Ausgaben nach der Zahl der gesicherten Arbeitnehmer auf diese aufzuteilen. Nicht zum Arbeitslohn gehören Ausgaben, die nur dazu dienen, dem Arbeitgeber die Mittel zur Leistung einer dem Arbeitnehmer zugesagten Versorgung zu verschaffen;

4. Entschädigungen, die dem Arbeitnehmer oder seinem Rechtsnachfolger als Ersatz für entgangenen oder entgehenden Arbeitslohn oder für die Aufgabe oder Nichtausübung einer Tätigkeit gewährt werden;

5. besondere Zuwendungen, die auf Grund des Dienstverhältnisses oder eines früheren Dienstverhältnisses gewährt werden, zum Beispiel Zuschüsse im Krankheitsfall;

6. besondere Entlohnungen für Dienste, die über die regelmäßige Arbeitszeit hinaus geleistet werden, wie Entlohnung für Überstunden, Überschichten, Sonntagsarbeit;

7. Lohnzuschläge, die wegen der Besonderheit der Arbeit gewährt werden;

8. Entschädigungen für Nebenämter und Nebenbeschäftigungen im Rahmen eines Dienstverhältnisses.

§ 3

(weggefallen)

S 2375

§ 4 Lohnkonto

(1) Der Arbeitgeber hat im Lohnkonto des Arbeitnehmers Folgendes aufzuzeichnen:

1. den Vornamen, den Familiennamen, den Tag der Geburt, den Wohnort, die Wohnung, sowie die in einer ausgestellten Bescheinigung für den Lohnsteuerabzug eingetragenen allgemeinen Besteuerungsmerkmale. Ändern sich im Laufe des Jahres die in einer Bescheinigung für

den Lohnsteuerabzug eingetragenen allgemeinen Besteuerungsmerkmale, so ist auch der Zeitpunkt anzugeben, von dem an die Änderungen gelten;

2. den Jahresfreibetrag oder den Jahreshinzurechnungsbetrag sowie den Monatsbetrag, Wochenbetrag oder Tagesbetrag, der in einer vom Finanzamt ausgestellten Bescheinigung für den Lohnsteuerabzug eingetragen ist, und den Zeitraum, für den die Eintragungen gelten;

3. bei einem Arbeitnehmer, der dem Arbeitgeber eine Bescheinigung nach § 39b Abs. 6 des Einkommensteuergesetzes in der am 31. Dezember 2010 geltenden Fassung (Freistellungsbescheinigung) vorgelegt hat, einen Hinweis darauf, daß eine Bescheinigung vorliegt, den Zeitraum, für den die Lohnsteuerbefreiung gilt, das Finanzamt, das die Bescheinigung ausgestellt hat, und den Tag der Ausstellung;

4. in den Fällen des § 19 Abs. 2 des Einkommensteuergesetzes die für die zutreffende Berechnung des Versorgungsfreibetrags und des Zuschlags zum Versorgungsfreibetrag erforderlichen Angaben.

(2) Bei jeder Lohnabrechnung ist im Lohnkonto folgendes aufzuzeichnen:

1. der Tag der Lohnzahlung und der Lohnzahlungszeitraum;

2. in den Fällen des § 41 Absatz 1 Satz 5 des Einkommensteuergesetzes jeweils der Großbuchstabe U;

3. der Arbeitslohn, getrennt nach Barlohn und Sachbezügen, und die davon einbehaltene Lohnsteuer. Dabei sind die Sachbezüge einzeln zu bezeichnen und – unter Angabe des Abgabetags oder bei laufenden Sachbezügen des Abgabezeitraums, des Abgabeorts und des Entgelts – mit dem nach § 8 Abs. 2 oder 3 des Einkommensteuergesetzes maßgebenden und um das Entgelt geminderten Wert zu erfassen. Sachbezüge im Sinne des § 8 Abs. 3 des Einkommensteuergesetzes und Versorgungsbezüge sind jeweils als solche kenntlich zu machen und ohne Kürzung um Freibeträge nach § 8 Abs. 3 oder § 19 Abs. 2 des Einkommensteuergesetzes einzutragen. Trägt der Arbeitgeber im Falle der Nettolohnzahlung die auf den Arbeitslohn entfallende Steuer selbst, ist in jedem Fall der Bruttoarbeitslohn einzutragen, die nach den Nummern 4 bis 8 gesondert aufzuzeichnenden Beträge sind nicht mitzuzählen;

4. steuerfreie Bezüge mit Ausnahme der Vorteile im Sinne des § 3 Nr. 45 des Einkommensteuergesetzes und der Trinkgelder. Das Betriebsstättenfinanzamt kann zulassen, daß auch andere nach § 3 des Einkommensteuergesetzes steuerfreie Bezüge nicht angegeben werden, wenn es sich um Fälle von geringer Bedeutung handelt oder wenn die Möglichkeit zur Nachprüfung in anderer Weise sichergestellt ist;

5. Bezüge, die nach einem Abkommen zur Vermeidung der Doppelbesteuerung oder unter Progressionsvorbehalt nach § 34c Abs. 5 des Einkommensteuergesetzes von der Lohnsteuer freigestellt sind;

6. außerordentliche Einkünfte im Sinne des § 34 Abs. 1 und Abs. 2 Nr. 2 und 4 des Einkommensteuergesetzes und die davon nach § 39b Abs. 3 Satz 9 des Einkommensteuergesetzes einbehaltene Lohnsteuer;

[1] **7. das Vorliegen der Voraussetzungen für den Förderbetrag nach § 100 des Einkommensteuergesetzes;**

8. Bezüge, die nach den §§ 40 bis 40b des Einkommensteuergesetzes pauschal besteuert worden sind, und die darauf entfallende Lohnsteuer. Lassen sich in den Fällen des § 40 Absatz 1 Satz 1 Nummer 2 und Absatz 2 des Einkommensteuergesetzes die auf den einzelnen Arbeitnehmer entfallenden Beträge nicht ohne weiteres ermitteln, so sind sie in einem Sammelkonto anzuschreiben. Das Sammelkonto muß die folgenden Angaben enthalten: Tag der Zahlung, Zahl der bedachten Arbeitnehmer, Summe der insgesamt gezahlten Bezüge, Höhe der Lohnsteuer sowie Hinweis auf die als Beleg zum Sammelkonto aufzubewahrenden Unterlagen, insbesondere Zahlungsnachweise, Bestätigung des Finanzamts über die Zulassung der Lohnsteuerpauschalierung. In den Fällen des § 40a des Einkommensteuergesetzes genügt es, wenn der Arbeitgeber Aufzeichnungen führt, aus denen sich für die einzelnen Arbeitnehmer Name und Anschrift, Dauer der Beschäftigung, Tag der Zahlung, Höhe des Arbeitslohns und in den Fällen des § 40a Abs. 3 des Einkommensteuergesetzes auch die Art der Beschäftigung ergeben. Sind in den Fällen der Sätze 3 und 4 Bezüge nicht mit dem ermäßigten Kirchensteuersatz besteuert worden, so ist zusätzlich der fehlende Kirchensteuerabzug aufzuzeichnen und auf die als Beleg aufzubewahrende Unterlage hinzuweisen, aus der hervorgeht, daß der Arbeitnehmer keiner Religionsgemeinschaft angehört, für die die Kirchensteuer von den Finanzbehörden erhoben wird.

[2] **(2a) Der Arbeitgeber hat die nach den Absätzen 1 und 2 sowie die nach § 41 des Einkommensteuergesetzes aufzuzeichnenden Daten der Finanzbehörde nach einer amtlich vor-**

---

1) § 4 Abs. 2 Nr. 7 LStDV wurde durch das Betriebsrentenstärkungsgesetz (Inkrafttreten 1. 1. 2018) eingefügt.

2) § 4 Abs. 2a LStDV wurde durch das Gesetz zur Modernisierung des Besteuerungsverfahrens eingefügt und ist für ab dem 1. 1. 2018 im Lohnkonto aufzuzeichnende Daten anzuwenden → § 8 Abs. 3 LStDV.

geschriebenen einheitlichen Form über eine digitale Schnittstelle elektronisch bereitzustellen. Auf Antrag des Arbeitgebers kann das Betriebsstättenfinanzamt zur Vermeidung unbilliger Härten zulassen, dass der Arbeitgeber die in Satz 1 genannten Daten in anderer auswertbarer Form bereitstellt.

(3) Das Betriebsstättenfinanzamt kann bei Arbeitgebern, die für die Lohnabrechnung ein maschinelles Verfahren anwenden, Ausnahmen von den Vorschriften der Absätze 1 und 2 zulassen, wenn die Möglichkeit zur Nachprüfung in anderer Weise sichergestellt ist. Das Betriebsstättenfinanzamt soll zulassen, daß Sachbezüge im Sinne des § 8 Absatz 2 Satz 11 und Abs. 3 des Einkommensteuergesetzes für solche Arbeitnehmer nicht aufzuzeichnen sind, für die durch betriebliche Regelungen und entsprechende Überwachungsmaßnahmen gewährleistet ist, daß die in § 8 Absatz 2 Satz 11 oder Abs. 3 des Einkommensteuergesetzes genannten Beträge nicht überschritten werden.

(4) In den Fällen des § 38 Abs. 3a des Einkommensteuergesetzes ist ein Lohnkonto vom Dritten zu führen. In den Fällen des § 38 Abs. 3a Satz 2 ist der Arbeitgeber anzugeben und auch der Arbeitslohn einzutragen, der nicht vom Dritten, sondern vom Arbeitgeber selbst gezahlt wird. In den Fällen des § 38 Abs. 3a Satz 7 ist der Arbeitslohn für jedes Dienstverhältnis gesondert aufzuzeichnen.

S 2375

§ 5 Besondere Aufzeichnungs- und Mitteilungspflichten im Rahmen der betrieblichen Altersversorgung

[1](1) Der Arbeitgeber hat bei der Durchführung einer kapitalgedeckten betrieblichen Altersversorgung über einen Pensionsfonds, eine Pensionskasse oder eine Direktversicherung ergänzend zu den Aufzeichnungen nach § 4 Absatz 2 Nummer 8 Folgendes aufzuzeichnen:

1. *im Fall des § 52 Absatz 4 Satz 12 des Einkommensteuergesetzes die erforderliche Verzichtserklärung eines Arbeitnehmers und*

2. *im Fall des § 52 Absatz 40 Satz 1 des Einkommensteuergesetzes die Tatsache, dass vor dem 1. Januar 2018 mindestens ein Beitrag nach § 40b Absatz 1 und 2 des Einkommensteuergesetzes in der am 31. Dezember 2004 geltenden Fassung pauschal besteuert wurde.*

[2](2) [1]Der Arbeitgeber hat der Versorgungseinrichtung (Pensionsfonds, Pensionskasse, Direktversicherung), die für die betriebliche Altersversorgung durchführt, spätestens zwei Monate nach Ablauf des Kalenderjahres oder nach Beendigung des Dienstverhältnisses im Laufe des Kalenderjahres die für den einzelnen Arbeitnehmer geleisteten und

1. nach *§ 3 Nummer 56 und 63 sowie nach § 100 Absatz 6 Satz 1* des Einkommensteuergesetzes steuerfrei belassenen,

2. nach § 40b des Einkommensteuergesetzes in der am 31. Dezember 2004 geltenden Fassung pauschal besteuerten oder

3. individuell besteuerten

Beiträge mitzuteilen. [2]Ferner hat der Arbeitgeber oder die Unterstützungskasse die nach § 3 Nr. 66 des Einkommensteuergesetzes steuerfrei belassenen Leistungen mitzuteilen. [3]Die Mitteilungspflicht des Arbeitgebers oder der Unterstützungskasse kann durch einen Auftragnehmer wahrgenommen werden.

(3) [1]Eine Mitteilung nach Absatz 2 kann unterbleiben, wenn die Versorgungseinrichtung die steuerliche Behandlung der für den einzelnen Arbeitnehmer im Kalenderjahr geleisteten Beiträge bereits kennt oder aus den bei ihr vorhandenen Daten feststellen kann, und dieser Umstand dem Arbeitgeber mitgeteilt worden ist. [2]Unterbleibt die Mitteilung des Arbeitgebers, ohne dass eine entsprechende Mitteilung der Versorgungseinrichtung vorliegt, so hat die Versorgungseinrichtung davon auszugehen, dass es sich insgesamt bis zu den in § 3 Nr. 56 oder 63 des Einkommensteuergesetzes genannten Höchstbeträgen um steuerbegünstigte Beiträge handelt, die in der Auszahlungsphase als Leistungen im Sinne von § 22 Nr. 5 Satz 1 des Einkommensteuergesetzes zu besteuern sind.

§§ 6–7

(weggefallen)

§ 8 Anwendungszeitraum

(1) Die Vorschriften dieser Verordnung in der Fassung des Artikels 2 des Gesetzes vom 13. Dezember 2006 (BGBl. I S. 2878) sind erstmals anzuwenden auf laufenden Arbeitslohn, der für einen

---

1) § 5 Abs. 1 LStDV wurde durch das Betriebsrentenstärkungsgesetz (Inkrafttreten 1. 1. 2018) neu gefasst.
2) § 5 Abs. 2 Satz 1 LStDV und § 5 Abs. 2 Satz 1 Nr. 1 LStDV wurden durch das Betriebsrentenstärkungsgesetz (Inkrafttreten 1. 1. 2018) geändert.

nach dem 31. Dezember 2006 endenden Lohnzahlungszeitraum gezahlt wird und auf sonstige Bezüge, die nach dem 31. Dezember 2006 zufließen.

(2) § 6 Abs. 3 und 4 sowie § 7 in der am 31. Dezember 2001 geltenden Fassung sind weiter anzuwenden im Falle einer schädlichen Verfügung vor dem 1. Januar 2002. Die Nachversteuerung nach § 7 Abs. 1 Satz 1 unterbleibt, wenn der nachzufordernde Betrag 10 Euro nicht übersteigt.

(3) § 4 Absatz 2a ist für ab dem 1. Januar 2018 im Lohnkonto aufzuzeichnende Daten anzuwenden.

Übersicht

I. Gesetz über die Umzugskostenvergütung für die Bundesbeamten, Richter im Bundesdienst und Soldaten (Bundesumzugskostengesetz – BUKG)

II. Allgemeine Verwaltungsvorschrift zum Bundesumzugskostengesetz (BUKGVwV) – Auszug –

III. Verordnung über die Umzugskostenvergütung bei Auslandsumzügen (Auslandsumzugskostenverordnung – AUV) – Auszug –

IV. Steuerliche Anerkennung von Umzugskosten nach R 9.9 Absatz 2 LStR 2015;
Änderung der maßgebenden Beträge für umzugsbedingte Unterrichtskosten und sonstige Umzugsauslagen ab 1. März 2016 und 1. Februar 2017
BMF vom 18. 10. 2016 (BStBl I S. 1147)

I.
Gesetz über die Umzugskostenvergütung für die Bundesbeamten, Richter im Bundesdienst und Soldaten (Bundesumzugskostengesetz – BUKG)

vom 11. 12. 1990 (BGBl. I S. 2682)
zuletzt geändert durch Artikel 7 des Gesetzes zur Änderung des Versorgungsrücklagegesetzes und weiterer dienstrechtlicher Vorschriften vom 5. 1. 2017 (BGBl. I S. 17)

§ 1   Anwendungsbereich

(1) Dieses Gesetz regelt Art und Umfang der Erstattung von Auslagen aus Anlaß der in den §§ 3 und 4 bezeichneten Umzüge und der in § 12 genannten Maßnahmen. Berechtigte sind:

1. Bundesbeamte und in den Bundesdienst abgeordnete Beamte,

2. Richter im Bundesdienst und in den Bundesdienst abgeordnete Richter,

3. Berufssoldaten und Soldaten auf Zeit,

4. Beamte und Richter (Nummern 1 und 2) und Berufssoldaten im Ruhestand,

5. frühere Beamte und Richter (Nummern 1 und 2) und Berufssoldaten, die wegen Dienstunfähigkeit oder Erreichens der Altersgrenze entlassen worden sind,

6. Hinterbliebene der in den Nummern 1 bis 5 bezeichneten Personen.

(2) Hinterbliebene sind der Ehegatte, Lebenspartner, Verwandte bis zum vierten Grade, Verschwägerte bis zum zweiten Grade, Pflegekinder und Pflegeeltern, wenn diese Personen zur Zeit des Todes zur häuslichen Gemeinschaft des Verstorbenen gehört haben.

(3) Eine häusliche Gemeinschaft im Sinne dieses Gesetzes setzt ein Zusammenleben in gemeinsamer Wohnung oder in enger Betreuungsgemeinschaft in demselben Hause voraus.

§ 2   Anspruch auf Umzugskostenvergütung

(1) Voraussetzung für den Anspruch auf Umzugskostenvergütung ist die schriftliche oder elektronische Zusage. Sie soll gleichzeitig mit der den Umzug veranlassenden Maßnahme erteilt werden. In den Fällen des § 4 Abs. 3 muß die Umzugskostenvergütung vor dem Umzug zugesagt werden.

(2) Die Umzugskostenvergütung wird nach Beendigung des Umzuges gewährt. Sie ist innerhalb einer Ausschlußfrist von einem Jahr bei der Beschäftigungsbehörde, in den Fällen des § 4 Abs. 3 bei der letzten Beschäftigungsbehörde, schriftlich oder elektronisch zu beantragen. Die Frist beginnt mit dem Tage nach Beendigung des Umzuges, in den Fällen des § 11 Abs. 3 Satz 1 mit der Bekanntgabe des Widerrufs.

(3) Umzugskostenvergütung wird nicht gewährt, wenn nicht innerhalb von fünf Jahren nach Wirksamwerden der Zusage der Umzugskostenvergütung umgezogen wird. Die oberste Dienstbehörde kann diese Frist in besonders begründeten Ausnahmefällen um längstens zwei Jahre verlängern. § 4 Abs. 3 Satz 2 bleibt unberührt.

§ 3   Zusage der Umzugskostenvergütung

(1) Die Umzugskostenvergütung ist zuzusagen für Umzüge

1. aus Anlaß der Versetzung aus dienstlichen Gründen an einen anderen Ort als den bisherigen Dienstort, es sei denn, daß

   a) mit einer baldigen weiteren Versetzung an einen anderen Dienstort zu rechnen ist,

   b) der Umzug aus besonderen Gründen nicht durchgeführt werden soll,

c) die Wohnung auf einer üblicherweise befahrenen Strecke weniger als 30 Kilometer von der neuen Dienststätte entfernt ist oder im neuen Dienstort liegt (Einzugsgebiet) oder

d) der Berechtigte auf die Zusage der Umzugskostenvergütung unwiderruflich verzichtet und dienstliche Gründe den Umzug nicht erfordern,

2. auf Anweisung des Dienstvorgesetzten, die Wohnung innerhalb bestimmter Entfernung von der Dienststelle zu nehmen oder eine Dienstwohnung zu beziehen,

3. aus Anlaß der Räumung einer Dienstwohnung auf dienstliche Weisung,

4. aus Anlaß der Aufhebung einer Versetzung nach einem Umzug mit Zusage der Umzugskostenvergütung.

(2) Absatz 1 Nr. 1 gilt entsprechend für Umzüge aus Anlaß

1. der Verlegung der Beschäftigungsbehörde,

2. der nicht nur vorübergehenden Zuteilung aus dienstlichen Gründen zu einem anderen Teil der Beschäftigungsbehörde,

3. der Übertragung eines anderen Richteramtes nach § 32 Abs. 2 des Deutschen Richtergesetzes oder eines weiteren Richteramtes nach § 27 Abs. 2 des vorgenannten Gesetzes.

(3)[1] Die oberste Dienstbehörde kann festlegen, dass die Zusage der Umzugskostenvergütung erst drei Jahre nach der Personalmaßnahme wirksam wird; dies gilt nicht für Ledige ohne eigene Wohnung. Voraussetzung ist, dass

1. der festgelegte Bereich

   a) eine besondere Versetzungshäufigkeit aufweist oder

   b) von wesentlichen Restrukturierungen betroffen ist und

2. es sich nicht um Auslandsumzüge nach § 13 handelt.

Die Festlegung nach Satz 1 bedarf des Einvernehmens des Bundesministeriums der Finanzen insbesondere im Hinblick auf dessen Gesamtverantwortung für die Ausführung des Haushaltsplans. Erklärt der Berechtigte innerhalb von drei Jahren nach dem Wirksamwerden der Personalmaßnahme schriftlich oder elektronisch, dass er umzugswillig ist, wird die Zusage der Umzugskostenvergütung mit dem Zeitpunkt des Zugangs der Erklärung wirksam, wenn die Voraussetzungen nach den Absätzen 1 und 2 noch gegeben sind.

(4)[2] Absatz 3 gilt auch im Falle einer erneuten Personalmaßnahme ohne Dienstortwechsel, bei der der Verbleib am Dienstort aus zwingenden dienstlichen Gründen notwendig ist.

§ 4 Zusage der Umzugskostenvergütung in besonderen Fällen

(1) Die Umzugskostenvergütung kann in entsprechender Anwendung des § 3 Abs. 1 Nr. 1 zugesagt werden für Umzüge aus Anlaß

1. der Einstellung,

2. der Abordnung oder Kommandierung,

3. der vorübergehenden Zuteilung aus dienstlichen Gründen zu einem anderen Teil der Beschäftigungsbehörde,

4. der vorübergehenden dienstlichen Tätigkeit bei einer anderen Stelle als einer Dienststelle.

(2) Die Umzugskostenvergütung kann ferner zugesagt werden für Umzüge aus Anlaß

1. der Aufhebung oder Beendigung einer Maßnahme nach Absatz 1 Nr. 2 bis 4 nach einem Umzug mit Zusage der Umzugskostenvergütung,

2. der Räumung einer bundeseigenen oder im Besetzungsrecht des Bundes stehenden Mietwohnung, wenn sie auf Veranlassung der obersten Dienstbehörde oder der von ihr ermächtigten Behörde im dienstlichen Interesse geräumt werden soll,

3. einer Versetzung oder eines Wohnungswechsels wegen des Gesundheitszustandes des Berechtigten, des mit ihm in häuslicher Gemeinschaft lebenden Ehegatten oder Lebenspartners oder der mit ihm in häuslicher Gemeinschaft lebenden, beim Familienzuschlag nach dem Bundesbesoldungsgesetz berücksichtigungsfähigen Kinder, wobei die Notwendigkeit des Umzuges amts- oder vertrauensärztlich bescheinigt sein muß,

4. eines Wohnungswechsels, der notwendig ist, weil die Wohnung wegen der Zunahme der Zahl der zur häuslichen Gemeinschaft gehörenden, beim Familienzuschlag nach dem Bundesbesoldungsgesetz berücksichtigungsfähigen Kinder unzureichend geworden ist. Unzureichend ist eine Wohnung, wenn die Zimmerzahl der bisherigen Wohnung um mindestens zwei

---

[1] § 3 Abs. 3 BUKG wurde durch Artikel 7 des Gesetzes zur Änderung des Versorgungsrücklagegesetzes und weiterer dienstrechtlicher Vorschriften (Inkrafttreten 11. 1. 2017) angefügt.

[2] § 3 Abs. 4 BUKG wurde durch Artikel 7 des Gesetzes zur Änderung des Versorgungsrücklagegesetzes und weiterer dienstrechtlicher Vorschriften (Inkrafttreten 11. 1. 2017) angefügt.

hinter der zustehenden Zimmerzahl zurückbleibt. Dabei darf für jede vor und nach dem Umzug zur häuslichen Gemeinschaft des Berechtigten gehörende Person (§ 6 Abs. 3 Satz 2 und 3) nur ein Zimmer zugebilligt werden.

(3) Die Umzugskostenvergütung kann ferner für Umzüge aus Anlaß der Beendigung des Dienstverhältnisses Berechtigten nach § 1 Abs. 1 Satz 2 Nr. 4 bis 6 zugesagt werden, wenn

1. ein Verbleiben an Grenzorten, kleineren abgelegenen Plätzen oder Inselorten nicht zumutbar ist oder

2. in den vorausgegangenen zehn Jahren mindestens ein Umzug mit Zusage der Umzugskostenvergütung an einen anderen Ort durchgeführt wurde.

Die Umzugskostenvergütung wird nur gewährt, wenn innerhalb von zwei Jahren nach Beendigung des Dienstverhältnisses umgezogen wird. Sie wird nicht gewährt, wenn das Dienstverhältnis aus Disziplinargründen oder zur Aufnahme einer anderen Tätigkeit beendet wurde.

(4) Der Abordnung nach Absatz 1 Nr. 2 stehen die Zuweisung nach § 29 des Bundesbeamtengesetzes oder nach § 20 Beamtenstatusgesetzes gleich.

§ 5 Umzugskostenvergütung

(1) Die Umzugskostenvergütung umfaßt

1. Beförderungsauslagen (§ 6),
2. Reisekosten (§ 7),
3. Mietentschädigung (§ 8),
4. andere Auslagen (§ 9),
5. Pauschvergütung für sonstige Umzugsauslagen (§ 10),
6. Auslagen nach § 11.

(2) Zuwendungen, die für denselben Umzug von einer anderen Dienst- oder Beschäftigungsstelle gewährt werden, sind auf die Umzugskostenvergütung insoweit anzurechnen, als für denselben Zweck Umzugskostenvergütung nach diesem Gesetz gewährt wird.

(3) Die aufgrund einer Zusage nach § 4 Abs. 1 Nr. 1 oder Abs. 2 Nr. 3 oder 4 gewährte Umzugskostenvergütung ist zurückzuzahlen, wenn der Berechtigte vor Ablauf von zwei Jahren nach Beendigung des Umzuges aus einem von ihm zu vertretenden Grunde aus dem Bundesdienst ausscheidet. Die oberste Dienstbehörde kann hiervon Ausnahmen zulassen, wenn der Berechtigte unmittelbar in ein Dienst- oder Beschäftigungsverhältnis zu einem anderen öffentlich-rechtlichen Dienstherrn im Geltungsbereich dieses Gesetzes oder zu einer in § 40 Abs. 6 Satz 2 und 3 des Bundesbesoldungsgesetzes bezeichneten Einrichtung übertritt.

§ 6 Beförderungsauslagen

(1) Die notwendigen Auslagen für das Befördern des Umzugsgutes von der bisherigen zur neuen Wohnung werden erstattet. Liegt die neue Wohnung im Ausland, so werden in den Fällen des § 3 Abs. 1 Nr. 3, § 4 Abs. 2 Nr. 2 und Abs. 3 Satz 1 die Beförderungsauslagen bis zum inländischen Grenzort erstattet.

(2) Auslagen für das Befördern von Umzugsgut, das sich außerhalb der bisherigen Wohnung befindet, werden höchstens insoweit erstattet, als sie beim Befördern mit dem übrigen Umzugsgut erstattungsfähig wären.

(3) Umzugsgut sind die Wohnungseinrichtung und in angemessenem Umfang andere bewegliche Gegenstände und Haustiere, die sich am Tage vor dem Einladen des Umzugsgutes im Eigentum, Besitz oder Gebrauch des Berechtigten oder anderer Personen befinden, die mit ihm in häuslicher Gemeinschaft leben. Andere Personen im Sinne des Satzes 1 sind der Ehegatte, der Lebenspartner sowie die ledigen Kinder, Stief- und Pflegekinder. Es gehören ferner dazu die nicht ledigen in Satz 2 genannten Kinder und Verwandte bis zum vierten Grade, Verschwägerte bis zum zweiten Grade und Pflegeeltern, wenn der Berechtigte diesen Personen aus gesetzlicher oder sittlicher Verpflichtung nicht nur vorübergehend Unterkunft und Unterhalt gewährt, sowie Hausangestellte und solche Personen, deren Hilfe der Berechtigte aus beruflichen oder gesundheitlichen Gründen nicht nur vorübergehend bedarf.

§ 7 Reisekosten

(1) Die Auslagen für die Reise des Berechtigten und der zur häuslichen Gemeinschaft gehörenden Personen (§ 6 Abs. 3 Satz 2 und 3) von der bisherigen zur neuen Wohnung werden wie bei Dienstreisen des Berechtigten erstattet, in den Fällen des § 4 Abs. 3 Satz 1 Nr. 1 wie sie bei Dienstreisen im letzten Dienstverhältnis zu erstatten wären. Tagegeld wird vom Tage des Einladens des Umzugsgutes an bis zum Tage des Ausladens mit der Maßgabe gewährt, daß auch

diese beiden Tage als volle Reisetage gelten. Übernachtungsgeld wird für den Tag des Ausladens des Umzugsgutes nur gewährt, wenn eine Übernachtung außerhalb der neuen Wohnung notwendig gewesen ist.

(2) Absatz 1 Satz 1 gilt entsprechend für zwei Reisen einer Person oder eine Reise von zwei Personen zum Suchen oder Besichtigen einer Wohnung mit der Maßgabe, daß die Fahrkosten bis zur Höhe der billigsten Fahrkarte der allgemein niedrigsten Klasse eines regelmäßig verkehrenden Beförderungsmittels erstattet werden. Tage- und Übernachtungsgeld wird je Reise für höchstens zwei Reise- und zwei Aufenthaltstage gewährt.

(3) Für eine Reise des Berechtigten zur bisherigen Wohnung zur Vorbereitung und Durchführung des Umzuges werden Fahrkosten gemäß Absatz 2 Satz 1 erstattet. Die Fahrkosten einer anderen Person für eine solche Reise werden im gleichen Umfang erstattet, wenn sich zur Zeit des Umzugs am bisherigen Wohnort weder der Berechtigte noch eine andere Person (§ 6 Abs. 3 Satz 2 und 3) befunden hat, der die Vorbereitung und Durchführung des Umzuges zuzumuten war. Wird der Umzug vor dem Wirksamwerden einer Maßnahme nach den §§ 3, 4 Abs. 1 durchgeführt, so werden die Fahrkosten für die Rückreise von der neuen Wohnung zum Dienstort, in den Fällen des § 4 Abs. 1 Nr. 1 zur bisherigen Wohnung, gemäß Absatz 2 Satz 1 erstattet.

(4) § 6 Abs. 1 Satz 2 gilt entsprechend.

§ 8   Mietentschädigung

(1) Miete für die bisherige Wohnung wird bis zu dem Zeitpunkt, zu dem das Mietverhältnis frühestens gelöst werden konnte, längstens jedoch für sechs Monate, erstattet, wenn für dieselbe Zeit Miete für die neue Wohnung gezahlt werden mußte. Ferner werden die notwendigen Auslagen für das Weitervermieten der Wohnung innerhalb der Vertragsdauer bis zur Höhe der Miete für einen Monat erstattet. Die Sätze 1 und 2 gelten auch für die Miete einer Garage.

(2) Miete für die neue Wohnung, die nach Lage des Wohnungsmarktes für eine Zeit gezahlt werden mußte, während der die Wohnung noch nicht benutzt werden konnte, wird längstens für drei Monate erstattet, wenn für dieselbe Zeit Miete für die bisherige Wohnung gezahlt werden mußte. Entsprechendes gilt für die Miete einer Garage.

(3) Die bisherige Wohnung im eigenen Haus oder die Eigentumswohnung steht der Mietwohnung gleich mit der Maßgabe, daß die Mietentschädigung längstens für ein Jahr gezahlt wird. Die oberste Dienstbehörde kann diese Frist in besonders begründeten Ausnahmefällen um längstens sechs Monate verlängern. An die Stelle der Miete tritt der ortsübliche Mietwert der Wohnung. Entsprechendes gilt für die eigene Garage. Für die neue Wohnung im eigenen Haus oder die neue Eigentumswohnung wird Mietentschädigung nicht gewährt.

(4) Miete nach den Absätzen 1 bis 3 wird nicht für eine Zeit erstattet, in der die Wohnung oder die Garage ganz oder teilweise anderweitig vermietet oder benutzt worden ist.

§ 9   Andere Auslagen

(1) Die notwendigen ortsüblichen Maklergebühren für die Vermittlung einer Mietwohnung und einer Garage oder die entsprechenden Auslagen bis zu dieser Höhe für eine eigene Wohnung werden erstattet.

(2) Die Auslagen für einen durch den Umzug bedingten zusätzlichen Unterricht der Kinder des Berechtigten (§ 6 Abs. 3 Satz 2) werden bis zu vierzig vom Hundert des im Zeitpunkt der Beendigung des Umzuges maßgebenden Endgrundgehaltes der Besoldungsgruppe A 12 des Bundesbesoldungsgesetzes für jedes Kind erstattet, und zwar bis zu fünfzig vom Hundert dieses Betrages voll und darüber hinaus zu drei Vierteln.

(3) Die Auslagen für einen Kochherd werden bis zu einem Betrag von **230 Euro** erstattet, wenn seine Beschaffung beim Bezug der neuen Wohnung notwendig ist. Sofern die neue Wohnung eine Mietwohnung ist, werden unter den gleichen Voraussetzungen auch die Auslagen für Öfen bis zu einem Betrag von **164 Euro**[1] für jedes Zimmer erstattet.

§ 10   Pauschvergütung für sonstige Umzugsauslagen

(1) Berechtigte, die am Tage vor dem Einladen des Umzugsgutes eine Wohnung hatten und nach dem Umzug wieder eingerichtet haben, erhalten eine Pauschvergütung für sonstige Umzugsauslagen. Sie beträgt für verheiratete oder in einer Lebenspartnerschaft lebende Angehörige der Besoldungsgruppen B 3 bis B 11, C 4 sowie R 3 bis R 10 28,6, der Besoldungsgruppen B 1 und B 2, A 13 bis A 16, C 1 bis C 3 sowie R 1 und R 2 24,1, der Besoldungsgruppen A

---

[1] *Durch Artikel 7 des Gesetzes zur Änderung des Versorgungsrücklagegesetzes und weiterer dienstrechtlicher Vorschriften wurden in § 9 Abs. 3 BUKG die DM-Beträge durch Euro-Beträge ersetzt (Inkrafttreten 11. 1. 2017).*

9 bis A 12 21,4 sowie der Besoldungsgruppen A 1 bis A 8 20,2 Prozent des Endgrundgehaltes der Besoldungsgruppe A 13 nach Anlage IV des Bundesbesoldungsgesetzes. Ledige erhalten 50 Prozent des Betrages nach Satz 2. Die Beträge nach den Sätzen 2 und 3 erhöhen sich für jede in § 6 Abs. 3 Satz 2 und 3 bezeichnete Person mit Ausnahme des Ehegatten oder Lebenspartners um 6,3 Prozent des Endgrundgehaltes der Besoldungsgruppe A 13 nach Anlage IV des Bundesbesoldungsgesetzes, wenn sie auch nach dem Umzug mit dem Umziehenden in häuslicher Gemeinschaft lebt.

(2) Dem Verheirateten stehen gleich der Verwitwete und der Geschiedene sowie derjenige, dessen Ehe aufgehoben oder für nichtig erklärt ist, ferner der Ledige, der auch in der neuen Wohnung Verwandten bis zum vierten Grade, Verschwägerten bis zum zweiten Grade, Pflegekindern oder Pflegeeltern aus gesetzlicher oder sittlicher Verpflichtung nicht nur vorübergehend Unterkunft und Unterhalt gewährt, sowie der Ledige, der auch in der neuen Wohnung eine andere Person aufgenommen hat, deren Hilfe er aus beruflichen oder gesundheitlichen Gründen nicht nur vorübergehend bedarf. Dem in einer Lebenspartnerschaft Lebenden stehen gleich derjenige, der seinen Lebenspartner überlebt hat, und derjenige, dessen Lebenspartnerschaft aufgehoben wurde.

(3) Eine Wohnung im Sinne des Absatzes 1 besteht aus einer geschlossenen Einheit von mehreren Räumen, in der ein Haushalt geführt werden kann, darunter stets eine Küche oder ein Raum mit Kochgelegenheit. Zu einer Wohnung gehören außerdem Wasserversorgung, Ausguß und Toilette.

(4) Sind die Voraussetzungen des Absatzes 1 Satz 1 nicht gegeben, so beträgt die Pauschvergütung bei Verheirateten 30 vom Hundert, bei Ledigen 20 vom Hundert des Betrages nach Absatz 1 Satz 2 oder 3. Die volle Pauschvergütung wird gewährt, wenn das Umzugsgut aus Anlaß einer vorangegangenen Auslandsverwendung untergestellt war.

(5) In den Fällen des § 11 Abs. 3 werden die nachgewiesenen notwendigen Auslagen bis zur Höhe der Pauschvergütung erstattet.

(6) Ist innerhalb von fünf Jahren ein Umzug mit Zusage der Umzugskostenvergütung nach den §§ 3, 4 Abs. 1 Nr. 2 bis 4 oder Abs. 2 Nr. 1 vorausgegangen, so wird ein Häufigkeitszuschlag in Höhe von 50 vom Hundert der Pauschvergütung nach Absatz 1 gewährt, wenn beim vorausgegangenen und beim abzurechnenden Umzug die Voraussetzungen des Absatzes 1 Satz 1 vorgelegen haben.

(7) Stehen für denselben Umzug mehrere Pauschvergütungen zu, wird nur eine davon gewährt; sind die Pauschvergütungen unterschiedlich hoch, so wird die höhere gewährt.

§ 11 Umzugskostenvergütung in Sonderfällen

(1) Ein Beamter mit Wohnung im Sinne des § 10 Abs. 3, dem Umzugskostenvergütung für einen Umzug nach § 3 Abs. 1 Nr. 1, 3 oder 4, § 4 Abs. 1 Nr. 1 bis 4, Abs. 2 Nr. 1 zugesagt ist, kann für den Umzug in eine vorläufige Wohnung Umzugskostenvergütung erhalten, wenn die zuständige Behörde diese Wohnung vorher schriftlich oder elektronisch als vorläufige Wohnung anerkannt hat. Bis zum Umzug in die endgültige Wohnung darf eine Wohnung nur einmal als vorläufige Wohnung anerkannt werden.

(2) In den Fällen des § 4 Abs. 2 Nr. 3 und 4 werden höchstens die Beförderungsauslagen (§ 6) und die Reisekosten (§ 7) erstattet, die bei einem Umzug über eine Entfernung von fünfundzwanzig Kilometern entstanden wären. Im Falle des § 4 Abs. 3 Satz 1 Nr. 2 werden nur die Beförderungsauslagen (§ 6) erstattet. Satz 2 gilt auch für das Befördern des Umzugsgutes des Ehegatten oder Lebenspartners, wenn der Berechtigte innerhalb von sechs Monaten nach dem Tag geheiratet oder die Lebenspartnerschaft begründet hat, an dem die Umzugskostenvergütung nach § 3 Abs. 1 Nr. 1 oder 2 oder Abs. 2 oder § 4 Abs. 1 oder Abs. 2 Nr. 1 zugesagt worden ist.

(3) Wird die Zusage der Umzugskostenvergütung aus von dem Berechtigten nicht zu vertretenden Gründen widerrufen, so werden die durch die Vorbereitung des Umzuges entstandenen notwendigen, nach diesem Gesetz erstattungsfähigen Auslagen erstattet. Muß in diesem Fall ein anderer Umzug durchgeführt werden, so wird dafür Umzugskostenvergütung gewährt; Satz 1 bleibt unberührt. Die Sätze 1 und 2 gelten entsprechend, wenn die Zusage der Umzugskostenvergütung zurückgenommen, anderweitig aufgehoben wird oder sich auf andere Weise erledigt.

§ 12 Trennungsgeld

(1) Trennungsgeld wird gewährt

1. in den Fällen des § 3 Abs. 1 Nr. 1, 3 und 4 sowie Abs. 2, ausgenommen bei Vorliegen der Voraussetzungen des § 3 Abs. 1 Nr. 1 Buchstaben c und d,

2. *wenn eine Festlegung nach § 3 Absatz 3 Satz 1 erfolgt ist und der Berechtigte die Umzugs-willigkeit nicht erklärt hat,*[1)]

3. in den Fällen des § 4 Abs. 1 Nr. 2 bis 4 und Abs. 2 Nr. 1 oder 3, soweit der Berechtigte an einen anderen Ort als den bisherigen Dienstort versetzt wird, und

4. bei der Einstellung mit Zusage der Umzugskostenvergütung

für die dem Berechtigten durch die getrennte Haushaltsführung, das Beibehalten der Wohnung oder der Unterkunft am bisherigen Wohnort oder das Unterstellen des zur Führung eines Haushalts notwendigen Teils der Wohnungseinrichtung entstehenden notwendigen Auslagen unter Berücksichtigung der häuslichen Ersparnis.

(2) Ist dem Berechtigten die Umzugskostenvergütung zugesagt worden, so darf Trennungsgeld nur gewährt werden, wenn er uneingeschränkt umzugswillig ist und nachweislich wegen Wohnungsmangels am neuen Dienstort einschließlich des Einzugsgebietes (§ 3 Abs. 1 Nr. 1 Buchstabe c) nicht umziehen kann. Diese Voraussetzungen müssen seit dem Tage erfüllt sein, an dem die Umzugskostenvergütung zugesagt worden oder, falls für den Berechtigten günstiger, die Maßnahme wirksam geworden oder die Dienstwohnung geräumt worden ist.

(3) Nach Wegfall des Wohnungsmangels darf Trennungsgeld nur weitergewährt werden, wenn und solange dem Umzug des umzugswilligen Berechtigten einer der folgenden Hinderungsgründe entgegensteht:

1. Vorübergehende schwere Erkrankung des Berechtigten oder eines seiner Familienangehörigen (§ 6 Abs. 3 Satz 2 und 3) bis zur Dauer von einem Jahr;

2. Beschäftigungsverbote für die Berechtigte oder eine Familienangehörige (§ 6 Abs. 3 Satz 2 und 3) für die Zeit vor oder nach einer Entbindung nach mutterschutzrechtlichen Vorschriften;

3. Schul- oder Berufsausbildung eines Kindes (§ 6 Abs. 3 Satz 2 und 3) bis zum Ende des Schul- oder Ausbildungsjahres. Befindet sich das Kind im Jahrgangsstufe 12 einer Schule, so verlängert sich die Gewährung des Trennungsgeldes bis zum Ende des folgenden Schuljahres; befindet sich das Kind im vorletzten Ausbildungsjahr eines Berufsausbildungsverhältnisses, so verlängert sich die Gewährung des Trennungsgeldes bis zum Ende des folgenden Ausbildungsjahres;

4. Schul- oder Berufsausbildung eines schwerbehinderten Kindes (§ 6 Abs. 3 Satz 2 und 3). Trennungsgeld wird bis zur Beendigung der Ausbildung gewährt, solange diese am neuen Dienst- oder Wohnort oder in erreichbarer Entfernung davon wegen der Behinderung nicht fortgesetzt werden kann;

5. Akute lebensbedrohende Erkrankung eines Elternteiles des Berechtigten oder seines Ehegatten oder Lebenspartners, wenn dieser in hohem Maße Hilfe des Ehegatten, Lebenspartners oder Familienangehörigen des Berechtigten erhält;

6. Schul- oder erste Berufsausbildung des Ehegatten oder Lebenspartners in entsprechender Anwendung der Nummer 3.

Trennungsgeld darf auch gewährt werden, wenn zum Zeitpunkt des Wirksamwerdens der dienstlichen Maßnahme kein Wohnungsmangel, aber einer dieser Hinderungsgründe vorliegt. Liegt bei Wegfall des Hinderungsgrundes ein neuer Hinderungsgrund vor, kann mit Zustimmung der obersten Dienstbehörde Trennungsgeld bis zu längstens einem Jahr weiterbewilligt werden. Nach Wegfall des Hinderungsgrundes darf Trennungsgeld auch bei erneutem Wohnungsmangel nicht mehr gewährt werden.

(4) Im Anschluss an die Zeit, für die Trennungsgeld nach Absatz 1 Nummer 2 gewährt worden ist, wird auf Antrag des Berechtigten für weitere fünf Jahre Trennungsgeld gewährt. Der Antrag ist vor Ablauf des Zeitraums nach § 3 Absatz 3 Satz 1 zu stellen. Die Zusage der Umzugskostenvergütung erlischt bei Gewährung des Trennungsgeldes nach Satz 1 und kann nicht erneut erteilt werden.[2)]

(5) Der Bundesminister des Innern wird ermächtigt, durch Rechtsverordnung Vorschriften über die Gewährung des Trennungsgeldes zu erlassen. Dabei kann bestimmt werden, daß Trennungsgeld auch bei der Einstellung ohne Zusage der Umzugskostenvergütung gewährt wird und daß in den Fällen des § 3 Abs. 1 Nr. 1 Buchstabe d der Berechtigte für längstens ein Jahr Reisebeihilfen für Heimfahrten erhält.

[1)] § 12 Abs. 1 Nr. 2 BUKG wurde durch Artikel 7 des Gesetzes zur Änderung des Versorgungsrücklagegesetzes und weiterer dienstrechtlicher Vorschriften (Inkrafttreten 11. 1. 2017) eingefügt und dadurch wurden die bisherigen Nummern 2 und 3 die Nummern 3 und 4.

[2)] § 12 Abs. 4 BUKG wurde durch Artikel 7 des Gesetzes zur Änderung des Versorgungsrücklagegesetzes und weiterer dienstrechtlicher Vorschriften (Inkrafttreten 11. 1. 2017) eingefügt und der bisherige Absatz 4 wurde dadurch Absatz 5.

§ 13 Auslandsumzüge

(1) Auslandsumzüge sind Umzüge zwischen Inland und Ausland sowie im Ausland.

(2) Als Auslandsumzüge gelten nicht die Umzüge

1. der im Grenzverkehr tätigen Beamten, und zwar auch dann nicht, wenn sie im Anschluß an die Tätigkeit im Grenzverkehr in das Inland oder in den Fällen des § 3 Abs. 1 Nr. 3, § 4 Abs. 2 Nr. 2 bis 4, Abs. 3 Satz 1 im Ausland umziehen,

2. in das Ausland in den Fällen des § 3 Abs. 1 Nr. 3, § 4 Abs. 2 Nr. 2 bis 4, Abs. 3 Satz 1,

3. in das Inland in den Fällen des § 3 Abs. 1 Nr. 2 und 3,

4. aus Anlaß einer Einstellung, Versetzung, Abordnung oder Kommandierung und der in § 3 Abs. 2, § 4 Abs. 1 Nr. 3, Abs. 2 Nr. 2 bis 4 bezeichneten Maßnahmen im Inland einschließlich ihrer Aufhebung, wenn die bisherige oder die neue Wohnung im Ausland liegt.

In den Fällen des Satzes 1 Nr. 2 bis 4 wird für die Umzugsreise (§ 7 Abs. 1) Tage- und Übernachtungsgeld nur für die notwendige Reisedauer gewährt; § 7 Abs. 2 und 3 findet keine Anwendung.

§ 14 Sondervorschriften für Auslandsumzüge

(1) Der Bundesminister des Auswärtigen wird ermächtigt, im Einvernehmen mit dem Bundesminister des Innern, dem Bundesminister der Verteidigung und dem Bundesminister der Finanzen für Auslandsumzüge durch Rechtsverordnungen nähere Vorschriften über die notwendige Umzugskostenvergütung (Auslandsumzugskostenverordnung, Absatz 2) sowie das notwendige Trennungsgeld (Auslandstrennungsgeldverordnung, Absatz 3) zu erlassen, soweit die besonderen Bedürfnisse im Ausland es erfordern. Soweit aufgrund dieser Ermächtigung keine Sonderregelungen ergangen sind, finden auch auf Auslandsumzüge die §§ 6 bis 12 Anwendung.

(2) In der Auslandsumzugskostenverordnung sind insbesondere zu regeln:

1. Erstattung der Auslagen für Umzugsvorbereitungen einschließlich Wohnungsbesichtigungsreisen,

2. Erstattung der Beförderungsauslagen,

3. Berücksichtigung bis zu 50 vom Hundert der eingesparten Beförderungsauslagen für zurückgelassene Personenkraftfahrzeuge,

4. Erstattung der Auslagen für die Umzugsreise des Berechtigten und der zu seiner häuslichen Gemeinschaft gehörenden Personen,

5. Gewährung von Beihilfen zu den Fahrkosten von Personen, die mit der Reise in die häusliche Gemeinschaft aufgenommen werden, und zu den Kosten des Beförderns des Heiratsgutes an den Auslandsdienstort, wenn der Anspruchsberechtigte nach seinem Umzug in das Ausland heiratet,

6. Gewährung von Beihilfen zu den Fahrkosten sowie zu den Kosten der Beförderung des anteiligen Umzugsgutes eines Mitglieds der häuslichen Gemeinschaft, wenn es sich vom Berechtigten während seines Auslandsdienstes auf Dauer trennt, bis zur Höhe der Kosten für eine Rückkehr an den letzten Dienstort im Inland,

7. Gewährung der Mietentschädigung,

8. Gewährung der Pauschvergütung für sonstige Umzugsauslagen und Aufwand,

9. Erstattung der nachgewiesenen sonstigen Umzugsauslagen,

10. Erstattung der Lagerkosten oder der Auslagen für das Unterstellen zurückgelassenen Umzugsgutes,

11. Berücksichtigung bis zu 50 vom Hundert der eingesparten Lagerkosten für zurückgelassenes Umzugsgut,

12. Erstattung der Kosten für das Beibehalten der Wohnung im Inland in den Fällen des Absatzes 5,

13. Erstattung der Auslagen für umzugsbedingten zusätzlichen Unterricht,

14. Erstattung der Mietvertragsabschluß-, Gutachter-, Makler- oder vergleichbarer Kosten für die eigene Wohnung,

15. Beiträge zum Beschaffen oder Instandsetzen von Wohnungen,

16. Beiträge zum Beschaffen technischer Geräte und Einrichtungen, die aufgrund der örtlichen Gegebenheiten notwendig sind,

17. Beitrag zum Beschaffen klimabedingter Kleidung,

18. Ausstattungsbeitrag bei Auslandsverwendung,

19. Einrichtungsbeitrag für Leiter von Auslandsvertretungen und funktionell selbständigen Delegationen, die von Botschaftern geleitet werden, sowie für ständige Vertreter und Leiter von Außenstellen von Auslandsvertretungen,

20. Erstattung der Auslagen für die Rückführung von Personen und Umzugsgut aus Sicherheitsgründen,

21. Erstattung der Auslagen für Umzüge in besonderen Fällen,

22. Erstattung der Auslagen für Umzüge in eine vorläufige Wohnung,

23. Erstattung der Umzugsauslagen beim Ausscheiden aus dem Dienst im Ausland.

(3) In der Auslandstrennungsgeldverordnung sind insbesondere zu regeln:

1. Entschädigung für getrennte Haushaltsführung,

2. Entschädigung für getrennte Haushaltsführung aus zwingenden persönlichen Gründen,

3. Entschädigung bei täglicher Rückkehr zum Wohnort,

4. Mietersatz,

5. Gewährung von Trennungsgeld, wenn keine Auslandsdienstbezüge gewährt werden,

6. Gewährung von Trennungsgeld im Einzelfall aus Sicherheitsgründen oder wegen anderer außergewöhnlicher Verhältnisse im Ausland (Trennungsgeld in Krisenfällen),

7. Gewährung von Reisebeihilfen für Heimfahrten für je drei Monate, in besonderen Fällen für je zwei Monate der Trennung. Dies gilt auch für längstens ein Jahr, wenn der Berechtigte auf die Zusage der Umzugskostenvergütung unwiderruflich verzichtet und dienstliche Gründe den Umzug nicht erfordern.

(4) Abweichend von § 2 Abs. 2 Satz 1 entsteht der Anspruch auf die Pauschvergütung, den Beitrag zum Beschaffen klimabedingter Kleidung, den Ausstattungsbeitrag und den Einrichtungsbeitrag zu dem Zeitpunkt, an dem die Umzugskostenvergütung nach § 3 oder § 4 zugesagt wird.

(5) Abweichend von den §§ 3 und 4 kann die Umzugskostenvergütung auch in Teilen zugesagt werden, wenn dienstliche Gründe es erfordern.

(6) Abweichend von § 2 Abs. 2 Satz 2 beträgt die Ausschlußfrist bei Auslandsumzügen zwei Jahre. Wird in den Fällen des Absatzes 2 Nr. 16 die Beitragsfähigkeit erst nach Beendigung des Umzuges anerkannt, beginnt die Ausschlußfrist mit der Anerkennung. In den Fällen des Absatzes 2 Nr. 5 und 6 beginnt sie mit dem Eintreffen am beziehungsweise der Abreise vom Dienstort. Bei laufenden Zahlungen muß die erste Zahlung innerhalb der Frist geleistet werden. Auf einen vor Fristablauf gestellten Antrag können in besonderen Fällen auch später geleistete Zahlungen berücksichtigt werden.

(7) Die oberste Dienstbehörde kann die Umzugskostenvergütung allgemein oder im Einzelfall ermäßigen, soweit besondere Verhältnisse es rechtfertigen.

§ 15 Dienstortbestimmung, Verwaltungsvorschriften

(1) Die oberste Dienstbehörde wird ermächtigt, im Einvernehmen mit dem Bundesminister des Innern benachbarte Gemeinden zu einem Dienstort zu bestimmen, wenn sich Liegenschaften derselben Dienststelle über das Gebiet mehrerer Gemeinden erstrecken.

(2) Die allgemeinen Verwaltungsvorschriften zu diesem Gesetz erläßt der Bundesminister des Innern im Einvernehmen mit dem Bundesminister der Justiz und für Verbraucherschutz und dem Bundesminister der Verteidigung.

§ 16 Übergangsvorschrift

Ist ein Mietbeitrag vor der Verkündung dieses Gesetzes bewilligt worden, wird er nach bisherigem Recht weiter gewährt.

II.
Allgemeine Verwaltungsvorschrift zum Bundesumzugskostengesetz
(BUKGVwV)

vom 2. 1. 1991 (GMBl 1991 S. 66)
i. d. F. der Verwaltungsvorschrift vom 25. 10. 1999 (GMBl S. 787); GMBl 2000 S. 306
geändert durch die Sechste Verwaltungsvorschrift zur Änderung der Allgemeinen
Verwaltungsvorschrift zum Bundesumzugskostengesetz (BUKGVwV)
vom 25. 11. 2004 (GMBl S. 1076)

– Auszug –

. . .

5.	**Zu § 5**
5.1	**Zu Absatz 1** (bleibt frei)
5.2	**Zu Absatz 2**

Zuwendungen im Sinne des § 5 Abs. 2 sind sowohl Geldbeträge als auch Sachleistungen.

Beschäftigungsstelle kann auch eine Stelle außerhalb des öffentlichen Dienstes sein.

5.3   **Zu Absatz 3**

Die Vorschrift des § 5 Abs. 3 setzt nicht voraus, dass die Umzugskostenvergütung während des Beamtenverhältnisses gewährt worden ist; sie erfasst auch die Umzugskostenvergütung aus der Zeit eines vorausgegangenen Arbeitsverhältnisses. Bei Anwendung der Vorschrift sind das Arbeitsverhältnis und das sich anschließende Beamtenverhältnis als eine Einheit anzusehen.

Ein Statuswechsel ist kein vom Berechtigten zu vertretender Grund im Sinne der genannten Vorschrift.

6.   **Zu § 6**

6.1   **Zu Absatz 1**

6.1.1   Für die Erstattung der Beförderungsauslagen sind die Textziffern 6.1.2 bis 6.1.7 maßgebend.

6.1.2   Wird zur Durchführung des Umzuges ein Speditionsunternehmen in Anspruch genommen, ist zur Ermittlung der notwendigen Auslagen für das Befördern des Umzugsgutes wie folgt zu verfahren:

Der Berechtigte ist in der Wahl des Möbelspediteurs grundsätzlich frei. Zur Ermittlung der notwendigen Beförderungsauslagen hat er vor Durchführung des Umzuges mindestens zwei rechtlich und wirtschaftlich selbständige Spediteure unabhängig voneinander und ohne gegenseitige Kenntnis mit der Besichtigung des Umzugsgutes und der Abgabe je eines vollständigen und umfassenden Kostenvoranschlages zu beauftragen. Es ist nicht zulässig, dass der Spediteur für den Berechtigten ein Konkurrenzangebot einholt. Die Besichtigung des Umzugsgutes ist vom Berechtigten im Antrag auf Abschlag und in der Umzugskostenrechnung zu bestätigen.

Die Kostenvoranschläge müssen einen verbindlichen Höchstpreis enthalten, der bei der Abrechnung des tatsächlichen erbrachten Leistungsumfangs auf der Grundlage der in dem Kostenvoranschlag ausgewiesenen Einheitspreise für die Beförderungsleistung und Nebenleistungen nicht überschritten werden darf.

Erstattet werden die Beförderungsauslagen nach dem Kostenvoranschlag mit dem niedrigsten Höchstpreis, und zwar auf der Grundlage einer Abrechnung der tatsächlichen erbrachten Beförderungsleistung und Nebenleistungen zu den Einheitspreisen im Kostenvoranschlag. Ist der Umfang des Umzugsgutes oder der Zeitaufwand größer als im Kostenvoranschlag angegeben, ist jedoch nur der vereinbarte Höchstpreis erstattungsfähig.

Bei einem Umzug aus Anlass einer personellen Maßnahme im Zusammenhang mit dem Beschluss des Deutschen Bundestages vom 20. Juni 1991 zur Vollendung der Einheit Deutschlands (§ 1 des Dienstrechtlichen Begleitgesetzes vom 30. Juli 1996, BGBl. I S. 1183) hat der Berechtigte keinen zweiten Kostenvoranschlag vorzulegen, falls er einen Möbelspediteur wählt, mit dem der Rahmenvertrag für Umzüge von Bediensteten anlässlich der Umsetzung des Berlin/Bonn-Gesetzes abgeschlossen worden ist. Falls kein Rahmenvertragspartner gewählt wird, sind die Beförderungsauslagen nach dem Rahmenvertrag erstattungsfähige Höchstbetrag.

Der Berechtigte hat die Kostenvoranschläge so rechtzeitig vorzulegen, dass eine Kostenprüfung vor Auftragserteilung erfolgen kann. Zum Preisvergleich können in Zweifelsfällen weitere Vergleichsangebote eingeholt werden; dies könnte etwa erforderlich werden, wenn Anlass zu der Annahme besteht, dass die beiden vorgelegten Kostenvoranschläge abgesprochen sind.

Sobald die zuständige Dienststelle die Kostenvoranschläge geprüft und mitgeteilt hat, welches Angebot erstattungsfähig ist, kann der Berechtigte mit dem Umzug beginnen.

6.1.3 Zu den Beförderungsauslagen gehören auch die Auslagen für die Versicherung des Umzugsgutes gegen Transport- und Bruchschäden. Über die Haftung des Unternehmens nach § 451 in Verbindung mit §§ 425 ff., §§ 451d bis 451g HGB hinaus können Transportversicherungsauslagen oder Prämien zur Haftungserweiterung für diejenige Versicherungssumme erstattet werden, die der privaten Hausrat- oder Feuerversicherungssumme entspricht. Eine höhere Versicherungssumme kann berücksichtigt werden, wenn sie durch eine Umzugsgutliste nach dem Muster der Anlage zu Textziffer 6.1.2 mit jeweiligen Wertangaben (Zeitwert) nachgewiesen wird. Als notwendige Auslagen für die Transportversicherung können bis zu 2,5v. T. der maßgebenden Versicherungssumme erstattet werden.

Hat die Behörde für Umzüge ihrer Bediensteten mit bestimmten Versicherungsunternehmen Rahmenverträge abgeschlossen, ist die Transportversicherungsprämie nach dem Rahmenvertrag gleichzeitig der erstattungsfähige Höchstbetrag.

6.1.4 Bei Umzügen vom Inland an einen Ort außerhalb eines EU-Mitgliedstaates und umgekehrt ist für den Möbeltransport insgesamt grundsätzlich keine Umsatzsteuer zu entrichten. Das gilt auch für die mit dem Umzug notwendigerweise verbundenen Nebenleistungen (z. B. Ein- und Auspacken des Umzugsgutes, Gestellung von Packmaterial), wenn diese Nebenleistungen von demselben Unternehmer bewirkt werden, der auch den Möbeltransport durchführt. Umsatzsteuerbeträge, die bei diesen Umzügen den Umziehenden vom Unternehmer für die Beförderung des Umzugsgutes und für die bezeichneten Nebenleistungen in Rechnung gestellt werden, sind deshalb nicht erstattungsfähig.

Die Beförderung von Umzugsgut, die in dem Gebiet von zwei verschiedenen Mitgliedstaaten der Europäischen Union beginnt und endet (innergemeinschaftliche Umzüge), wird an dem Ort ausgeführt, an dem die Beförderung beginnt. Demnach unterliegen innergemeinschaftliche Umzüge der deutschen Umsatzsteuer, wenn die Beförderung im Bundesgebiet beginnt. Beginnt die Beförderung des Umzugsgutes in einem anderen Mitgliedstaat, unterliegt sie der Umsatzbesteuerung dieses Mitgliedstaates. Es kommt nicht darauf an, ob der Beförderungsunternehmer im Mitgliedstaat, in dem die Beförderung beginnt, ansässig ist.

Bei innergemeinschaftlichen Umzügen von Mitgliedern einer in dem Gebiet eines anderen EU-Mitgliedstaates ansässigen ständigen diplomatischen Mission oder berufskonsularischen Vertretung an einen Ort außerhalb des Bundesgebietes wird nach Regelungen des Gemeinschaftsrechts Umsatzsteuerbefreiung gewährt, wenn die genannten Personen im Zeitpunkt der Inanspruchnahme der Speditionsleistung bereits Mitglied der im Gastmitgliedstaat ansässigen Auslandsvertretung sind und die Voraussetzungen und Beschränkungen des Gastmitgliedstaates für die Steuerbefreiung erfüllen bzw. einhalten. Bei Umzügen des vorgenannten Personenkreises von einem anderen EU-Mitgliedstaat in das Bundesgebiet richtet sich die umsatzsteuerliche Behandlung nach dem Recht des Mitgliedstaates, in dem die Beförderung beginnt. Dies gilt auch für Umzüge, die für deutsche Truppenangehörige, die in anderen Mitgliedstaaten stationiert sind, oder für Mitglieder einer im Gebiet eines anderen Mitgliedstaates ansässigen zwischenstaatlichen Einrichtung durchgeführt werden. Mitgliedern einer im Bundesgebiet ansässigen zwischenstaatlichen Einrichtung werden jedoch nach dem geltenden Privilegienübereinkommen und Sitzstaatabkommen grundsätzlich keine umsatzsteuerlichen Privilegien eingeräumt.

Vom Spediteur in Rechnung gestellte Versicherungsbeiträge unterliegen als Teil seiner Gesamtleistung der Umsatzsteuer, die jedoch umzugskostenrechtlich nicht als notwendig und erstattungsfähig anerkannt werden kann.

6.1.5 Bei Umzügen ohne Inanspruchnahme eines Spediteurs (z. B. Umzüge in Eigenregie) werden die nachgewiesenen notwendigen Auslagen erstattet. Das gilt nicht, wenn die Arbeiten vom Berechtigten selbst oder von mit ihm in häuslicher Gemeinschaft lebenden Personen (§ 6 Abs. 3 Satz 2 und 3) durchgeführt werden.

6.1.6 Auslagen für das Befördern eines Kraftfahrzeugs durch einen Spediteur sind keine notwendigen Beförderungsauslagen im Sinne des § 6 Abs. 1. Für das Überführen des zum Umzugsgut gehörenden privaten Kraftfahrzeugs durch den Bediensteten oder einen Angehörigen vom bisherigen zum neuen Wohnort wird eine Entschädigung nach § 6 Abs. 1 Satz 1 BRKG gewährt.

Für die Überführung eines zum Umzugsgut gehörenden Wohnwagenanhängers oder eines anderen im Straßenverkehr zugelassenen Pkw-Anhängers von der bisherigen zur neuen Wohnung wird unabhängig von dessen Größe daneben eine Entschädigung von 0,12 DM/km[1]) gewährt.

---

[1]) BMI-Schreiben vom 6. 6. 2001 (GMBl S. 415): 0,06 €/km.

6.1.7   Maßstab für die Angemessenheit sind die Transportmittel, die üblicherweise für einen Umzug benötigt werden. Üblich sind Möbelwagen und selbständig zu überführende eigene Kraftfahrzeuge, Wohnwagenanhänger oder andere im Straßenverkehr zugelassene Pkw-Anhänger. Ein unverhältnismäßig großer Möbelwagenraum übersteigt die Grenze der Angemessenheit. Dies ist auch der Fall, wenn für den Transport andere als die genannten Fahrzeuge benötigt werden. Ein oder zwei Pferde gehören daher zum Umzugsgut, wenn sie als Anhängerlast mit einem Personenkraftwagen transportiert werden (BVerwG, Urteil v. 17. 9. 1987–6 C 28.86 – Buchholz 261 § 4 Nr. 2).

6.2   **Zu Absatz 2**

Die Kosten für das Einlagern von Umzugsgut werden nicht berücksichtigt.

7.   **Zu § 7**

7.1   **Zu Absatz 1**

7.1.1   Wenn einem ledigen Berechtigten ohne Wohnung im Sinne des § 10 Abs. 3 die Zusage der Umzugskostenvergütung aus Anlass der Einstellung (§ 4 Abs. 1 Nr. 1), Abordnung (§ 4 Abs. 1 Nr. 2) oder Versetzung (§ 3 Abs. 1 Nr. 1) erteilt wird, ist die Einstellungs-, Dienstantritts- oder Versetzungsreise als Umzugsreise nach § 7 Abs. 1 mit der Folge abzurechnen, dass in diesen Fällen kein Anspruch auf Erstattung der Auslagen für eine Reise zur Vorbereitung und Durchführung des Umzugs besteht. Auf den Umfang des Umzugsgutes kommt es dabei nicht an.

Voraussetzung hierfür ist, dass dem Berechtigten die Zusage der Umzugskostenvergütung vor Antritt der Reise bekanntgegeben wurde und dass er sein gesamtes Umzugsgut (§ 6 Abs. 3) auf der Reise mit sich führt; der Umzug gilt sodann als beendet. Eine entsprechende Erklärung ist von dem Berechtigten bei Abrechnung der Reisekostenvergütung abzugeben.

7.1.2   Benutzt ein Berechtigter bei Durchführung der Umzugsreise sein privateigenes Kraftfahrzeug, so ist bei der Festsetzung der Reisekostenvergütung von der Einschränkung des § 6 Abs. 1 Satz 2 BRKG aus triftigen Gründen abzusehen, sofern nicht bereits Wegstreckenentschädigung für dieses Kraftfahrzeug gewährt worden ist.

7.2   **Zu Absatz 2** (bleibt frei)

7.3   **Zu Absatz 3**

§ 7 Abs. 3 Satz 3 behandelt den Fall des Vorwegumzugs. Die Vorschrift geht davon aus, dass die Reise vom bisherigen zum neuen Wohnort die Umzugsreise (§ 7 Abs. 1) und die spätere Reise aus Anlass des Dienstantritts eine Dienstreise (§ 16 Abs. 1 Satz 1 BRKG) ist.

8.   **Zu § 8**

8.0   **Allgemeines**

8.0.1   Mietentschädigung kommt nur in Betracht, wenn für dieselbe Zeit Miete aus zwei Mietverhältnissen zu zahlen ist. In diesem Fall wird eine Miete erstattet.

Der Zwang zur doppelten Mietzahlung besteht im Regelfalle erst von dem Zeitpunkt an, zu dem die dienstliche Maßnahme mit Zusage der Umzugskostenvergütung wirksam wird. Er kann jedoch auch vorliegen, wenn der Umzug vor dem Wirksamwerden der dienstlichen Maßnahme (sog. Vorwegumzug) aus Fürsorge- oder fiskalischen Gründen (z. B. zur Einsparung von Trennungsgeld) als notwendig anerkannt werden kann. Solche Gründe können z. B. der Schulbesuch eines Kindes zum Beginn eines Schuljahres sein.

8.0.2   Die Miete wird ohne Rücksicht auf die Größe der Wohnung erstattet. Die Erstattung ist jedoch in offenkundigen Missbrauchsfällen einzuschränken, z. B. bei außergewöhnlich luxuriösen Wohnungen.

8.0.3   Nach Lage des Einzelfalles kann eine Mietentschädigung nach § 8 Abs. 2 von einer Mietentschädigung nach § 8 Abs. 1 innerhalb eines Monats abgelöst werden. Steht Mietentschädigung nicht für einen vollen Kalendermonat zu, ist die Entschädigung in Anlehnung an § 3 Abs. 4 BBesG tageweise festzusetzen.

8.1   **Zu Absatz 1**

Mietentschädigung wird für die bisherige Wohnung im eigenen Haus oder die Eigentumswohnung nach § 8 Abs. 1 in Verbindung mit § 8 Abs. 3 auch erstattet, wenn die neue Wohnung ein eigenes Haus oder eine Eigentumswohnung ist.

8.2   **Zu Absatz 2**

Die neue Wohnung kann noch nicht benutzt werden, wenn noch notwendige umfangreiche Instandsetzungsarbeiten oder Schönheitsreparaturen durchzuführen sind und für diese Zeit bereits Miete gezahlt werden muss.

9. **Zu § 9**

9.1 **Zu Absatz 1**

Entsprechende Auslagen für eine eigene Wohnung sind auch die Maklergebühren für den Erwerb eines Grundstücks, auf dem die eigene Wohnung errichtet wird. Ein Einstellplatz o. Ä. ist wie eine Garage zu behandeln.

9.2 **Zu Absatz 2**

Ob der zusätzliche Unterricht durch den Umzug bedingt ist, hat der Berechtigte in geeigneter Weise nachzuweisen, z. B. durch eine Bescheinigung der Schule.

9.3 **Zu Absatz 3**

9.3.1 Zu den Auslagen für einen Kochherd bzw. für Öfen gehören die Anschaffungskosten, die evtl. anfallenden Auslagen für die Anlieferung der Gegenstände und ggf. anfallende Kosten für das Anschließen der Geräte. Bei den Anschlusskosten handelt es sich um Auslagen, die für die notwendige Verbindung der Geräte an das vorhandene Energienetz bzw. an vorhandene Schornsteine anfallen, um sie gebrauchsfertig zu machen. Reichen die vorhandenen Anschlüsse nicht aus und werden deshalb zusätzliche Arbeiten für die Verlegung von Anschlussleitungen oder ähnlichem erforderlich, bleiben die dadurch entstehenden Auslagen unberücksichtigt.

9.3.2 Die Worte „unter den gleichen Voraussetzungen" in § 9 Abs. 3 Satz 2 bedeuten, dass auch die Erstattung von Auslagen für Öfen in Mietwohnungen davon abhängt, dass die Ofenbeschaffung beim Bezug der neuen Wohnung notwendig ist.

10. **Zu § 10**

10.0 **Allgemeines**

Mit der Pauschvergütung werden alle sonstigen, nicht in den §§ 6 bis 9 bezeichneten Umzugsauslagen pauschal abgegolten.

10.1 **Zu Absatz 1**

Maßgebend ist die Besoldungsgruppe, in der sich der Berechtigte am Tag vor dem Einladen des Umzugsgutes befindet, für Beamte auf Widerruf im Vorbereitungsdienst die Eingangsbesoldungsgruppe ihrer Laufbahn. Bei Berechtigten nach § 1 Abs. 1 Satz 2 Nr. 4 und 5 ist die Besoldungsgruppe maßgebend, der sie bei Beendigung des Dienstverhältnisses angehört haben oder, wenn dies günstiger ist, nach der ihre Versorgungsbezüge berechnet sind. Bei Berechtigten nach § 1 Abs. 1 Satz 2 Nr. 6 ist die Besoldungsgruppe maßgebend, der der Verstorbene zuletzt angehört hat oder, wenn dies günstiger ist, nach der ihre Versorgungsbezüge berechnet sind. Die Rückwirkung der Einweisung in eine Planstelle bleibt unberücksichtigt.

Der Tag vor dem Einladen des Umzugsgutes ist auch für die Bestimmung des Familienstandes maßgebend.

10.2 **Zu Absatz 2** (bleibt frei)

10.3 **Zu Absatz 3**

Die volle Pauschvergütung wird gewährt, wenn vor und nach dem Umzug eine Wohnung vorhanden ist. Der Wohnungsbegriff ergibt sich aus § 10 Abs. 3. Ein einzelner Raum ist hiernach keine Wohnung, auch wenn er mit einer Kochgelegenheit und den zur Führung eines Haushalts notwendigen Einrichtungen ausgestattet ist. Ist nur ein Raum gemietet und wird daneben das Bad, die Küche und die Toilette mitbenutzt, so ist der Wohnungsbegriff des § 10 Abs. 3 ebenfalls nicht erfüllt. Den Wohnungsbegriff erfüllt jedoch ein Einzimmerappartement mit Kochgelegenheit und Toilette als Nebenraum. Die Voraussetzungen sind auch erfüllt, wenn bei Altbauwohnungen die sanitären Anlagen außerhalb der Wohnung liegen.

Für die Erfüllung des Wohnungsbegriffs kommt es nicht darauf an, ob der Berechtigte das ausschließliche (alleinige) Verfügungsrecht über die Wohnung hat oder sie mit anderen Personen gemeinsam gemietet hat, z. B. im Rahmen einer Wohngemeinschaft.

Die Wohnungsvoraussetzungen sind in geeigneter Weise, z. B. durch Vorlage des Mietvertrags, nachzuweisen.

10.4 **Zu Absatz 4** (bleibt frei)

10.5 **Zu Absatz 5**

§ 10 Abs. 5 stellt klar, dass für Umzugsvorbereitungen (§ 11 Abs. 3) eine Pauschvergütung für sonstige Umzugsauslagen nicht gewährt wird, dass aber die sonstigen notwendigen Umzugsauslagen bis zur Höhe der Pauschvergütung erstattet werden. Andere nach dem Gesetz erstattungsfähige Umzugsauslagen (§§ 6 bis 9) werden daneben erstattet.

10.6 **Zu Absatz 6**

Wenn der vorausgegangene Umzug ein Umzug aus Anlass der Einstellung (§ 4 Abs. 1 Nr. 1) oder der Räumung einer Mietwohnung auf dienstliche Veranlassung (§ 4 Abs. 2 Nr. 2) war, wird ein Häufigkeitszuschlag nicht gewährt.

10.7 **Zu Absatz 7**

Um denselben Umzug handelt es sich immer dann, wenn neben dem Berechtigten weitere nach § 6 Abs. 3 berücksichtigungsfähige Personen mit jeweils eigener Zusage der Umzugskostenvergütung aus einer gemeinsame bisherigen Wohnung in eine gemeinsame neue Wohnung umziehen. In allen anderen Fällen handelt es sich nicht um denselben Umzug, so dass jedem Berechtigten die jeweilige Pauschvergütung zusteht.

11. **Zu § 11**

11.1 **Zu Absatz 1**

11.1.1 Die Gründe für die Anerkennung als vorläufige Wohnung können z. B. in der weiten Entfernung zum Dienstort, in der Größe oder der Beschaffenheit der Wohnung oder in der Höhe der Miete liegen.

11.1.2 Eine Anerkennung als vorläufige Wohnung kann bezüglich der Höhe der Miete erfolgen, wenn die Nettokaltmiete der neuen Wohnung die der bisherigen um mindestens zehn Prozent übersteigt. Befindet sich die bisherige Wohnung im eigenen Haus oder ist sie eine Eigentumswohnung, tritt an die Stelle der Miete der ortsübliche Mietwert der Wohnung.

11.1.3 Hinsichtlich des Umfangs der Umzugskostenvergütung gibt es zwischen dem Umzug in eine vorläufige Wohnung und dem Umzug in eine endgültige Wohnung keinen Unterschied. Für den Umzug in eine vorläufige Wohnung kann daher ein Häufigkeitszuschlag nach § 10 Abs. 6 gewährt werden.

11.1.4 Das Erfordernis der vorherigen Anerkennung ist erfüllt, wenn eine zeitgerechte Entscheidung aus Gründen verzögert worden ist, die der Berechtigte nicht zu vertreten hat.

11.1.5 Der Widerruf der Zusage der Umzugskostenvergütung erstreckt sich sowohl auf den Umzug in die vorläufige als auch auf den Umzug in die endgültige Wohnung, wenn die vorläufige Wohnung noch nicht bezogen worden ist. Evtl. Auslagen für Umzugsvorbereitungen werden nach § 11 Abs. 3 erstattet.

11.1.6 Wird die vorläufige Wohnung zur endgültigen Wohnung, ist die Anerkennung zu widerrufen.

11.2 **Zu Absatz 2** (bleibt frei)

11.3 **Zu Absatz 3**

11.3.1 Nach § 11 Abs. 3 können die Auslagen, die durch die Vorbereitung des Umzugs entstanden sind, nur insoweit erstattet werden, als sie bei durchgeführtem Umzug zu erstatten wären. Erstattet werden in der Regel nur durch Belege nachgewiesene notwendige und nach diesem Gesetz erstattungsfähige Auslagen für Umzugsvorbereitungen (§§ 6 bis 9). In Betracht kommen z. B. Auslagen für Reisen zum Suchen oder Besichtigen einer Wohnung und Maklergebühren. Sonstige mit der Umzugsvorbereitung zusammenhängende Auslagen werden nach § 10 Abs. 5 bis zur Höhe der Pauschvergütung erstattet, z. B. Zeitungsanzeigen zum Vermieten der alten und Suchen einer neuen Wohnung.

11.3.2 Die Durchführung eines anderen Umzugs kann in Betracht kommen, wenn das Mietverhältnis der alten Wohnung gekündigt und ein neuer Vertragsabschluss mit dem Vermieter der alten Wohnung nicht möglich ist. Ein anderer Umzug kann auch ein Vorwegumzug sein.

III.
Verordnung über die Umzugskostenvergütung bei Auslandsumzügen (Auslandsumzugskostenverordnung – AUV)

vom 26. 11. 2012 (BGBl. I S. 2349)

zuletzt geändert durch *Artikel 38 des Gesetzes zum Abbau verzichtbarer Anordnungen der Schriftform im Verwaltungsrecht des Bundes vom 29. 3. 2017 (BGBl. I S. 626)*

– Auszug –

§ 1 Anwendungsbereich

Diese Verordnung regelt die bei Auslandsumzügen geltenden Abweichungen von den allgemeinen Vorschriften des Bundesumzugskostenrechts.

§ 2 Begriffsbestimmungen

(1) Berücksichtigungsfähige Personen sind:

1. die Ehegattin oder der Ehegatte der berechtigten Person,

2. die Lebenspartnerin oder der Lebenspartner der berechtigten Person,

3. Kinder der berechtigten Person oder der berücksichtigungsfähigen Person nach Nummer 1 oder Nummer 2., die beim Auslandszuschlag berücksichtigungsfähig sind oder spätestens 40 Wochen nach dem Einladen des Umzugsguts geboren worden sind,

4. der gemeinsam mit der berechtigten Person sorgeberechtigte Elternteil eines eigenen Kindes der berechtigten Person,

5. pflegebedürftige Eltern der berechtigten Person oder der berücksichtigungsfähigen Person nach Nummer 1 oder Nummer 2 (mindestens Pflegestufe I nach § 15 des Elften Buches Sozialgesetzbuch); alle weiteren Maßnahmen, die der Gesundheitszustand dieser Personen erfordert, sind im Rahmen der Umzugskosten nicht berücksichtigungsfähig, sowie

6. im Einzelfall weitere Personen, die nach § 6 Absatz 3 des Bundesumzugskostengesetzes berücksichtigungsfähig sind, soweit ihre Berücksichtigung im Einzelfall nach pflichtgemäßem Ermessen geboten ist, insbesondere, weil die berechtigte Person ihnen aufgrund gesetzlicher oder sittlicher Verpflichtung nicht nur vorübergehend Unterkunft und Unterhalt gewährt,

soweit sie nach dem Umzug zur häuslichen Gemeinschaft der berechtigten Person gehören. Die Personen nach Satz 1 Nummer 4 und 6 sind nur berücksichtigungsfähig, wenn sie auch vor dem Umzug zur häuslichen Gemeinschaft der berechtigten Person gehören.

(2) Eine eigene Wohnung ist eine Wohnung, deren Eigentümerin oder Eigentümer oder Hauptmieterin oder Hauptmieter die berechtigte Person oder eine berücksichtigungsfähige Person ist.

§ 3 Antrag und Anzeigepflicht

(1) Die Ausschlussfrist für die Beantragung der Umzugskostenvergütung nach § 14 Absatz 6 Satz 1 des Bundesumzugskostengesetzes beginnt mit Beendigung des Umzugs.

(2) Die berechtigte Person hat jede Änderung der tatsächlichen Verhältnisse, die die Höhe der Umzugskostenvergütung beeinflussen kann, unverzüglich anzuzeigen. Entsprechendes gilt für Rabatte, Geld- und Sachzuwendungen sowie für unentgeltliche Leistungen. Leistungen von dritter Seite sind anzurechnen.

§ 4 Bemessung der Umzugskostenvergütung, berücksichtigungsfähige Kosten

(1) Die Bemessung der Umzugskostenvergütung richtet sich nach den persönlichen Verhältnissen der berechtigten Person am Tag des Dienstantritts am neuen Dienstort. Bei Umzügen aus dem Ausland ins Inland und bei Umzügen aus Anlass der Beendigung des Dienstverhältnisses (§ 28) sind die persönlichen Verhältnisse an dem Tag, für den zuletzt Auslandsdienstbezüge gewährt worden sind, maßgeblich.

(2) Wenn bei einem Umzug aus dem Ausland ins Inland die berechtigte Person den Wohnort so wählt, dass sie in der ordnungsgemäßen Wahrnehmung ihrer Dienstgeschäfte beeinträchtigt ist, werden höchstens die Umzugskosten erstattet, die bei einem Umzug an den neuen Dienstort entstanden wären; Maklerkosten werden nicht erstattet; Mietentschädigung wird nicht gewährt. Wird ein Umzug ins Ausland oder im Ausland an einen anderen Ort als den neuen Dienstort oder dessen Einzugsgebiet durchgeführt, werden keine Umzugskosten erstattet. Die oberste Dienstbehörde oder die von ihr bestimmte Behörde kann Ausnahmen in besonderen Fällen zulassen.

(3) Wird eine eigene Wohnung nicht innerhalb eines Jahres nach dem Dienstantritt der berechtigten Person am neuen Dienstort bezogen, kann eine solche Wohnung im Rahmen der Umzugskostenvergütung nicht berücksichtigt werden. In den Fällen des § 28 Absatz 1 und 2 tritt der Tag nach dem Eintritt des maßgeblichen Ereignisses an die Stelle des Tages des Dienstantritts. Wird die Umzugskostenvergütung erst nach dem Dienstantritt zugesagt, tritt der Tag des Zugangs der Zusage an die Stelle des Tages des Dienstantritts. Ist die Wohnung wegen Wohnungsmangels oder aus anderen von der obersten Dienstbehörde als zwingend anerkannten Gründen erst nach Ablauf eines Jahres bezogen worden, kann sie berücksichtigt werden, wenn die berechtigte Person den Antrag auf Fristverlängerung vor Ablauf der Jahresfrist stellt.

(4) Leistungen nach den §§ 18 bis 21, die vor dem Umzug gewährt werden, stehen unter dem Vorbehalt, dass zu viel erhaltene Beträge zurückgefordert werden können, wenn der Umzug anders als zunächst geplant durchgeführt wird.

(5) Kosten werden nur berücksichtigt, soweit sie notwendig und nachgewiesen sind.

(6) Bei einer Beurlaubung im anerkannt dienstlichen Interesse unter Wegfall der Besoldung kann mit Zustimmung der obersten Dienstbehörde Umzugskostenvergütung zugesagt werden. Die oberste Dienstbehörde kann die Befugnis zur Erteilung der Zustimmung auf eine andere Behörde übertragen.

Abschnitt 2

Erstattungsfähige Kosten

Unterabschnitt 1

Beförderung und Lagerung des Umzugsguts

§ 5 Umzugsgut

(1) Die Auslagen für die Beförderung des Umzugsguts (Beförderungsauslagen) von der bisherigen zur neuen Wohnung werden erstattet.

(2) Zu den Beförderungsauslagen gehören auch:

1. die Kosten für das Ein- und Auspacken des Umzugsguts, die Montage und Installation der üblichen Haushaltsgeräte, das Zwischenlagern (§ 9) und die Transportversicherung sowie

2. Gebühren und Abgaben, die bei der Beförderung des Umzugsguts anfallen.

(3) Wird das Umzugsgut getrennt befördert, ohne dass die oberste Dienstbehörde die Gründe dafür vorher als zwingend anerkannt hat, werden höchstens die Beförderungsauslagen erstattet, die bei nicht getrennter Beförderung entstanden wären.

(4) Bei Umzügen im oder ins Ausland gehören zum Umzugsgut auch Einrichtungsgegenstände und Personenkraftfahrzeuge, für die die berechtigte Person innerhalb von drei Monaten nach dem Bezug der neuen Wohnung den Lieferauftrag erteilt hat; Absatz 3 gilt entsprechend.

(5) Hat die berechtigte Person nach einer Auslandsverwendung mit ausgestatteter Dienstwohnung beim Umzug im Ausland mit Zusage der Umzugskostenvergütung den Lieferauftrag für Einrichtungsgegenstände innerhalb der in Absatz 4 genannten Frist erteilt, um mit diesen Einrichtungsgegenständen eine nicht ausgestattete Wohnung beziehen zu können, werden die Beförderungsauslagen erstattet.

§ 6 Umzugsvolumen

(1) Der berechtigten Person werden Beförderungsauslagen für ein Umzugsvolumen von bis zu 100 Kubikmetern erstattet. Zieht eine berücksichtigungsfähige Person mit um, werden die Auslagen für die Beförderung weiterer 30 Kubikmeter erstattet; für jede weitere mitumziehende berücksichtigungsfähige Person werden die Auslagen für die Beförderung weiterer 10 Kubikmeter erstattet.

(2) Bei Leiterinnen und Leitern von Auslandsvertretungen kann die oberste Dienstbehörde in Einzelfällen der Erstattung der Auslagen für die Beförderung weiterer 50 Kubikmeter zustimmen. Dies gilt im Geschäftsbereich des Bundesministeriums der Verteidigung nach näherer Bestimmung durch die oberste Dienstbehörde auch für sonstige Berechtigte in vergleichbaren Dienststellungen.

(3) Wird der berechtigten Person eine voll oder teilweise ausgestattete Dienstwohnung zugewiesen, kann die oberste Dienstbehörde die Volumengrenzen nach Absatz 1 herabsetzen.

(4) Der Dienstherr kann eine amtliche Vermessung des Umzugsguts veranlassen.

§ 7 Personenkraftfahrzeuge

(1) Die Kosten der Beförderung eines Personenkraftfahrzeugs werden erstattet.

(2) Kosten der Beförderung eines zweiten Personenkraftfahrzeugs mit bis zu 1,8 Litern Hubraum und einem Volumen von höchstens 11 Kubikmetern werden nur erstattet, wenn zum Haushalt am neuen Dienstort mindestens eine berücksichtigungsfähige Person gehört. Innerhalb Europas werden nur die Kosten der Selbstüberführung eines zweiten Personenkraftfahrzeugs bis zur Höhe der Beförderungsauslagen nach dem Bundesreisekostengesetz erstattet; die Kosten der Beförderung eines zweiten Personenkraftfahrzeugs nach Island, Malta, in die Russische Föderation, die Türkei, die Ukraine, nach Weißrussland und Zypern werden jedoch nach Satz 1 erstattet.

(3) Personenkraftfahrzeuge, die beim Umzug berücksichtigt werden, werden nicht in die Berechnung des Umzugsvolumens einbezogen.

(4) Bei einem Umzug im Ausland kann die oberste Dienstbehörde Auslagen für die Beförderung des am bisherigen Dienstort genutzten Personenkraftfahrzeugs nach Deutschland und für die Beförderung eines Fahrzeugs aus Deutschland zum neuen Dienstort erstatten, wenn bezüg-

lich des bisher genutzten Fahrzeugs sowohl die Einfuhr am neuen Dienstort als auch der Verkauf am bisherigen Dienstort verboten sind.

§ 8 Tiere

Beförderungsauslagen für bis zu zwei Haustiere werden erstattet, soweit diese üblicherweise in der Wohnung gehalten werden. Kosten für Transportbehältnisse, Tierheime, Quarantäne und andere Nebenkosten werden nicht erstattet.

§ 9 Zwischenlagern von Umzugsgut

(1) Auslagen für das Zwischenlagern einschließlich der Lagerversicherung sind nur erstattungsfähig, wenn die berechtigte Person den Grund für das Zwischenlagern nicht zu vertreten hat oder wenn die berechtigte Person vorübergehend keine angemessene Leerraumwohnung am neuen Dienstort beziehen kann.

(2) Diese Auslagen werden für die Zeit vom Tag des Einladens des Umzugsguts bis zum Tag des Ausladens des Umzugsguts in der endgültigen Wohnung erstattet.

§ 10 Lagern von Umzugsgut

(1) Zieht die berechtigte Person in eine ganz oder teilweise ausgestattete Dienstwohnung, werden ihr die Auslagen für das Verpacken, Versichern und Lagern des Umzugsguts erstattet, das nicht in die neue Wohnung mitgenommen wird. Daneben werden die notwendigen Auslagen für die Beförderung zum Lagerort erstattet, höchstens jedoch bis zur Höhe der Auslagen für die Beförderung bis zum Sitz der obersten Dienstbehörde (erster Dienstsitz) oder bis zu einem anderen Ort im Inland mit unentgeltlicher Lagermöglichkeit. Bezüglich des berücksichtigungsfähigen Volumens sind Absatz 6 Satz 2 und § 6 Absatz 1 entsprechend anzuwenden.

(2) Wird das nach Absatz 1 eingelagerte Umzugsgut bei einem folgenden Umzug wieder hinzugezogen und ist für diesen Umzug Umzugskostenvergütung zugesagt, werden die Beförderungsauslagen erstattet.

(3) Die Absätze 1 und 2 gelten entsprechend, wenn

1. die Mitnahme des Umzugsguts an den neuen Dienstort aus besonderen Gründen, insbesondere aus klimatischen oder Sicherheitsgründen, nicht zumutbar ist oder

2. während der Dauer der Verwendung an diesem Ort keine Möglichkeit besteht, eine Leerraumwohnung zu mieten, in der das Umzugsgut untergebracht werden kann.

(4) Absatz 1 gilt entsprechend, wenn die berechtigte Person bei einem Umzug ins Ausland einen Teil des Umzugsguts nicht mitnehmen möchte. Kosten für das Lagern werden nur für die Zeit bis zur nächsten Inlandsverwendung übernommen. Kosten für das Hinzuziehen des Lagerguts während einer Auslandsverwendung werden nicht übernommen.

(5) Ist die Verwendung im Inland von vornherein voraussichtlich auf weniger als ein Jahr beschränkt, können Kosten für das Lagern des Umzugsguts erstattet werden.

(6) Kann bei einem Umzug ins Ausland aufgrund der Beschränkung des Umzugsvolumens nach § 6 ein Teil des Umzugsguts nicht mitgeführt werden, gilt Absatz 4 entsprechend. Kosten für das Lagern des Umzugsguts, das die Volumengrenzen nach § 6 Absatz 1 übersteigt, können nur für ein Volumen von bis zu 20 Kubikmetern für die berechtigte Person und von 10 Kubikmetern für jede mitumziehende berücksichtigungsfähige Person erstattet werden. Insgesamt können bei Übersteigen der Volumengrenzen nach § 6 Absatz 1 Kosten für das Lagern von bis zu 50 Kubikmetern Umzugsgut erstattet werden.

Unterabschnitt 2

Reisen

§ 11 Wohnungsbesichtigungsreise, Umzugsabwicklungsreise

(1) Die Auslagen für eine gemeinsame Reise der berechtigten Person und einer berücksichtigungsfähigen Person nach § 2 Absatz 1 Satz 1 Nummer 1, 2 oder 4 vom bisherigen an den neuen Dienstort zur Wohnungssuche (Wohnungsbesichtigungsreise) oder für eine Reise einer dieser Personen vom neuen zum bisherigen Dienstort zur Vorbereitung und Durchführung des Umzugs (Umzugsabwicklungsreise) werden mit der Maßgabe erstattet, dass gezahlt werden:

1. die Kosten der billigsten Fahrkarte für ein regelmäßig verkehrendes Beförderungsmittel und

2. Tage- und Übernachtungsgeld wie bei Dienstreisen der berechtigten Person für höchstens vier Aufenthaltstage sowie für die notwendigen Reisetage.

(2) Mehreren berechtigten Personen, denen jeweils eine eigene Umzugskostenvergütung zugesagt wurde und die am neuen Dienstort eine gemeinsame Wohnung suchen, stehen die Ansprüche nach Absatz 1 nur für eine gemeinsame Reise zu.

(3) Auslagen für eine Wohnungsbesichtigungsreise zu einer Dienstwohnung werden nicht erstattet.

§ 12 Umzugsreise

(1) Die Auslagen für die Umzugsreise vom bisherigen zum neuen Dienstort werden unter Berücksichtigung der notwendigen Reisedauer nach Maßgabe der folgenden Absätze erstattet.

(2) Die Auslagen für die Umzugsreise der berechtigten Person und der berücksichtigungsfähigen Personen werden wie bei Dienstreisen erstattet. Für die Berechnung des Tagesgelds gelten die Abreise- und Ankunftstage als volle Reisetage.

(3) Die Reisekosten für einen dienstlich angeordneten Umweg der berechtigten Person werden auch für die berücksichtigungsfähigen Personen erstattet, wenn sie mit der berechtigten Person gemeinsam reisen und ihr Verbleib am bisherigen Dienstort unzumutbar ist oder Mietzuschuss nach § 54 des Bundesbesoldungsgesetzes eingespart wird.

(4) Für eine angestellte Betreuungsperson werden die Kosten der billigsten Fahrkarte für ein regelmäßig verkehrendes Beförderungsmittel erstattet, wenn die berechtigte Person betreuungsbedürftig ist oder zum Haushalt der berechtigten Person am neuen Dienstort eine berücksichtigungsfähige Person gehört, die minderjährig, schwerbehindert oder pflegebedürftig (mindestens Pflegestufe I nach § 15 des Elften Buches Sozialgesetzbuch) ist; der Antrag muss spätestens drei Monate nach dem Bezug der neuen Wohnung gestellt werden. Für eine angestellte Betreuungsperson, die im Ausland aus wichtigem Grund aus dem Arbeitsverhältnis ausscheidet, können Fahrtkosten bis zur Höhe der Kosten der billigsten Fahrkarte für ein regelmäßig verkehrendes Beförderungsmittel zum Sitz der obersten Bundesbehörde erstattet werden, auch wenn die Fahrtkosten nach Ablauf der Frist nach § 3 Absatz 1 entstanden sind; der Antrag muss innerhalb von sechs Monaten nach dem Ausscheiden gestellt werden. Für eine Ersatzperson können Fahrtkosten erstattet werden, wenn zum Zeitpunkt ihrer Ankunft die Voraussetzungen nach Satz 1 erfüllt sind; der Erstattungsantrag muss innerhalb von drei Monaten nach Ausscheiden der vorherigen Betreuungsperson, für die Reisekosten erstattet worden sind, gestellt werden.

(5) Verbindet eine berechtigte oder eine berücksichtigungsfähige Person die Umzugsreise mit Urlaub, werden die Auslagen für die Reise zum neuen Dienstort abweichend von § 13 des Bundesreisekostengesetzes bis zu der Höhe erstattet, bis zu der sie erstattet würden, wenn die Umzugsreise unmittelbar vom bisherigen zum neuen Dienstort erfolgt wäre.

(6) Wird die berechtigte Person im Anschluss an einen Heimaturlaub an einen anderen Dienstort versetzt oder abgeordnet, erhält sie für die Reise vom bisherigen Dienstort zum Sitz der für sie zuständigen Dienststelle im Inland (Heimaturlaubsreise) und für die Reise von dort zum neuen Dienstort Reisekostenvergütung wie bei einer Umzugsreise. Dabei werden im anzuwendenden Kostenrahmen die fiktiven Fahrtkosten der Heimaturlaubsreise berücksichtigt, der Anspruch auf Fahrtkostenzuschuss nach der Heimaturlaubsverordnung entfällt. Die Auslagen für die Versicherung des Reisegepäcks werden für die Dauer des Heimaturlaubs erstattet, höchstens jedoch für die Zeit von der Abreise vom bisherigen Dienstort bis zur Ankunft am neuen Dienstort.

(7) Für die berücksichtigungsfähigen Personen gilt Absatz 6 entsprechend.

§ 13 Reisegepäck

(1) Die Auslagen für die Beförderung unbegleiteten Reisegepäcks anlässlich der Umzugsreise vom bisherigen zum neuen Dienstort werden erstattet bis zu einem Gewicht des Reisegepäcks von 200 Kilogramm. Die Obergrenze erhöht sich

1. um 100 Kilogramm für die mitumziehende berücksichtigungsfähige Person nach § 2 Absatz 1 Satz 1 Nummer 1 oder Nummer 2,

2. um 50 Kilogramm für jede mitumziehende berücksichtigungsfähige Person nach § 2 Absatz 1 Satz 1 Nummer 3 bis 6 und in den Fällen des § 12 Absatz 4 für die angestellte Betreuungsperson oder Ersatzkraft.

(2) Bei Flugreisen werden die Auslagen für die Beförderung unbegleiteten Luftgepäcks nach Maßgabe des Absatzes 1 erstattet. Auslagen für die Beförderung begleiteten Luftgepäcks werden bis zu 50 Prozent der Gewichtsgrenzen nach Absatz 1 erstattet, wenn

1. es aus Sicherheitsgründen notwendig ist, das Gepäck als begleitetes Luftgepäck mitzuführen, oder nicht gewährleistet ist, dass das Gepäck in einem zumutbaren Zeitraum ausgelöst werden kann, und

2. vor der Aufgabe des Gepäcks die oberste Dienstbehörde oder die von ihr ermächtigte Behörde der Erstattung zugestimmt hat.

Unterabschnitt 3

Wohnung

§ 14 Vorübergehende Unterkunft

(1) Auslagen für eine vorübergehende Unterkunft am bisherigen und am neuen Dienstort werden für die Zeit vom letzten Tag des Einladens des Umzugsgutes bis zum ersten Tag des Ausladens des Umzugsgutes in der endgültigen Wohnung auf Antrag gegen Nachweis erstattet, soweit sie 25 Prozent der Bezüge übersteigen, die für die Berechnung des Mietzuschusses nach § 54 des Bundesbesoldungsgesetzes maßgeblich sind. Wird als vorübergehende Unterkunft leerer Wohnraum angemietet, werden die notwendigen Auslagen erstattet, soweit sie 18 Prozent der Bezüge übersteigen, die für die Berechnung des Mietzuschusses nach § 54 des Bundesbesoldungsgesetzes maßgeblich sind; die §§ 18 und 19 dieser Verordnung sind anzuwenden. Bei Umzügen mit Umzugskostenvergütung nach § 26 gilt Satz 1 für die Zeit vom Tag nach Beendigung der Hinreise bis zum Tag vor Antritt der Rückreise. In diesen Fällen werden auch die notwendigen Auslagen nach dem Tag des Ausladens bis zum Tag vor Antritt der Rückreise erstattet.

(2) Zum Ausgleich des Mehraufwands für die Verpflegung der berechtigten Person und der berücksichtigungsfähigen Personen während des in Absatz 1 genannten Zeitraums wird ohne Vorlage von Einzelnachweisen ein Zuschuss gezahlt. Der Zuschuss beträgt für die ersten 14 Tage des Aufenthalts

1. am ausländischen Wohn- oder Dienstort 75 Prozent des Auslandstagegelds nach § 3 der Auslandsreisekostenverordnung,

2. am inländischen Wohn- oder Dienstort 75 Prozent des Inlandstagegelds nach § 6 Absatz 1 des Bundesreisekostengesetzes.

Vom 15. Tag an wird der Zuschuss auf 50 Prozent des Auslands- oder Inlandstagegelds gesenkt.

(3) Ist die Unterkunft mit einer Kochgelegenheit ausgestattet, werden 50 Prozent der Beträge nach Absatz 2 Satz 2 und 3 gezahlt. Handelt es sich um eine Wohnung mit ausgestatteter Küche oder halten sich die in Absatz 2 Satz 1 genannten Personen bei Verwandten oder Bekannten auf, wird kein Zuschuss gezahlt. Werden nach Absatz 1 Kosten für eine Unterkunft übernommen, in denen Kosten für ein Frühstück enthalten sind, ist der Mehraufwand für Verpflegung um 20 Prozent zu kürzen.

(4) Die Zahlungen nach den Absätzen 1 bis 3 werden nicht für die Tage geleistet, an denen die berechtigte Person

1. Heimaturlaub hat,

2. Urlaub an einem anderen als dem bisherigen oder neuen Wohn- oder Dienstort verbringt oder

3. Auslandstrennungsgeld oder vergleichbare Leistungen erhält.

§ 15 Mietentschädigung

(1) Muss für dieselbe Zeit sowohl für die bisherige als auch für die neue eigene Wohnung der berechtigten Person Miete gezahlt werden, wird die Miete für die bisherige Wohnung bis zu dem Zeitpunkt erstattet, zu dem das Mietverhältnis frühestens gelöst werden kann, höchstens jedoch für drei Monate für eine Wohnung im Inland und für neun Monate für eine Wohnung im Ausland (Mietentschädigung). Die oberste Dienstbehörde kann die Frist für eine Wohnung im Ausland um höchstens ein Jahr verlängern, wenn dies wegen der ortsüblichen Verhältnisse erforderlich ist. Ausgaben für das Weitervermieten der Wohnung innerhalb der Vertragsdauer und für Maßnahmen, durch die Mietentschädigung eingespart wird, werden erstattet. Die Sätze 1 bis 3 gelten entsprechend für die Miete für eine Garage.

(2) Abweichend von § 8 Absatz 4 des Bundesumzugskostengesetzes wird Mietentschädigung auch nicht gewährt

1. für eine Zeit, für die die berechtigte Person Auslandstrennungsgeld oder vergleichbare Leistungen erhält,

2. für eine Wohnung oder Garage, für die Mietzuschuss (§ 54 des Bundesbesoldungsgesetzes) gewährt wird.

(3) Muss die berechtigte Person aufgrund der Lage des Wohnungsmarktes eine Wohnung am neuen Dienstort oder in dessen Einzugsgebiet mieten, die sie noch nicht nutzen kann, und muss

für dieselbe Zeit für die bisherige eigene Wohnung der berechtigten Person oder für eine vorübergehende Unterkunft am neuen Dienstort Miete gezahlt werden, wird die Miete für die endgültige Wohnung höchstens für drei Monate erstattet. Wenn die im oder ins Ausland versetzte berechtigte Person eine Wohnung nach Satz 1 schon vor Dienstantritt nutzt und noch keine Auslandsdienstbezüge für den neuen Dienstort erhält, kann mit Zustimmung der obersten Dienstbehörde oder der von ihr ermächtigten Behörde ein Zuschuss gewährt werden, für dessen Höhe § 54 Absatz 1 des Bundesbesoldungsgesetzes entsprechend gilt.

(4) Zu der Miete für die bisherige Wohnung im Ausland kann auch ohne Anmietung einer neuen Wohnung ein Zuschuss für die Zeit gewährt werden, für die die berechtigte Person weder Auslandstrennungsgeld noch vergleichbare Leistungen erhält. Für die Höhe des Zuschusses gilt § 54 Absatz 1 des Bundesbesoldungsgesetzes entsprechend.

(5) Die oberste Dienstbehörde kann einer berechtigten Person, die im Ausland aus dem Dienst ausgeschieden ist, einen Mietzuschuss nach Absatz 1 bis zur frühesten Kündigungsmöglichkeit, höchstens drei Monate, auch dann bewilligen, wenn sie die Wohnung noch nutzt und keine neue Wohnung gemietet hat. Für die Höhe des Zuschusses gilt § 54 des Bundesbesoldungsgesetzes entsprechend.

(6) Die bisherige Wohnung im eigenen Haus oder die Eigentumswohnung steht der Mietwohnung in Bezug auf Mietentschädigung gleich, sofern eine Vermietung nicht möglich ist; in diesem Fall wird die Mietentschädigung längstens für ein Jahr gezahlt. An die Stelle der Miete tritt der ortsübliche Mietwert der Wohnung. Entsprechendes gilt für die eigene Garage. Für die neue Wohnung im eigenen Haus oder die neue Eigentumswohnung wird keine Mietentschädigung gewährt.

§ 16 Wohnungsbeschaffungskosten

(1) Gutachterkosten, Maklerkosten, ortsübliche Mietvertragsabschlussgebühren, Kosten für Garantieerklärungen und Bürgschaften sowie vergleichbare Kosten, die beim Auszug aus der Wohnung am ausländischen Dienstort oder bei der Beschaffung einer neuen angemessenen Wohnung am ausländischen Dienstort anfallen, werden erstattet.

(2) Wird dem Vermieter einer Wohnung am neuen ausländischen Dienstort eine Kaution geleistet, wird ein unverzinslicher Gehaltsvorschuss bis zum Dreifachen der Mieteigenbelastung der berechtigten Person gewährt, die sich bei entsprechender Anwendung des § 54 des Bundesbesoldungsgesetzes ergibt. Der Vorschuss ist in höchstens 20 gleichen Monatsraten zurückzuzahlen. Die Raten werden von den Dienstbezügen der berechtigten Person einbehalten. Bei vorzeitiger Versetzung oder Beendigung des Dienstverhältnisses ist der Rest des Vorschusses in einer Summe zurückzuzahlen. Soweit die ortsübliche Kaution den Gehaltsvorschuss übersteigt, wird sie erstattet.

(3) Rückzahlungsansprüche gegenüber der Vermieterin oder dem Vermieter sind an den Dienstherrn abzutreten. Soweit die Kaution von der Vermieterin oder vom Vermieter berechtigterweise in Anspruch genommen wird, ist die berechtigte Person zur Rückzahlung des Erstattungsbetrags an den Dienstherrn verpflichtet.

(4) Bei Umzügen aus dem Ausland ins Inland ist § 9 Absatz 1 des Bundesumzugskostengesetzes anzuwenden.

(5) Soweit die Verhältnisse im Zusammenhang mit dem Bezug oder dem Auszug aus einer Wohnung am Auslandsdienstort von im Ausland typischen Verhältnissen abweichen und dies zu einer außergewöhnlichen, von der berechtigten Person nicht zu vertretenden Härte führt, kann die oberste Dienstbehörde eine Leistung zur Milderung der Härte gewähren. Die Entscheidung ist besonders zu begründen und zu dokumentieren.

§ 17 Technische Geräte

(1) Müssen beim Bezug der neuen Wohnung aufgrund der örtlichen Verhältnisse Klimageräte oder Notstromerzeuger beschafft werden, werden die Auslagen für das Beschaffen und den Einbau dieser Geräte sowie die Kosten für die bauliche Herrichtung der betreffenden Räume erstattet.

(2) Die berechtigte Person hat die Geräte auf ihre Kosten regelmäßig zu warten.

(3) Beim Auszug hat die berechtigte Person die Geräte dem Dienstherrn zur Verfügung zu stellen oder den nach Absatz 1 erstatteten Betrag zurückzuzahlen.

(4) Werden anlässlich des Umzugs an einen Dienstort mit besonderer gesundheitlicher Belastung durch hohe Luftverschmutzung Luftreiniger angeschafft, so wird auf Antrag ein Zuschuss zu den Anschaffungskosten der Geräte gewährt. Der Zuschuss beträgt 80 Prozent des Anschaf-

fungspreises einschließlich eventuell anfallender Transportkosten. Bei Versetzung an einen anderen Ort verbleibt das Gerät bei der berechtigten Person.

Unterabschnitt 4

Pauschalen und zusätzlicher Unterricht

§ 18 Umzugspauschale

(1) Eine berechtigte Person, die eine eigene Wohnung einrichtet, erhält für sich und die berücksichtigungsfähigen Personen eine Pauschale für sonstige Umzugskosten (Umzugspauschale), die sich aus Teilbeträgen nach den folgenden Absätzen zusammensetzt.

(2) Bei einem Auslandsumzug innerhalb der Europäischen Union erhält die berechtigte Person einen Betrag in Höhe von 20 Prozent des Grundgehalts der Stufe 8 der Besoldungsgruppe A 13. Für berücksichtigungsfähige Personen erhält die berechtigte Person zusätzlich folgende Beträge:

1. für eine Person nach § 2 Absatz 1 Satz 1 Nummer 1 oder Nummer 2 einen Betrag in Höhe von 19 Prozent des Grundgehalts der Stufe 8 der Besoldungsgruppe A 13,

2. für eine Person nach § 2 Absatz 1 Satz 1 Nummer 4 bis 6 einen Betrag in Höhe von 7 Prozent des Grundgehalts der Stufe 8 der Besoldungsgruppe A 13,

3. für ein Kind nach § 2 Absatz 1 Satz 1 Nummer 3 einen Betrag in Höhe von 10 Prozent des Grundgehalts der Stufe 8 der Besoldungsgruppe A 13,

4. für ein Kind nach § 2 Absatz 1 Satz 1 Nummer 3, für das ein Auslandszuschlag gezahlt wird, das aber nicht mitumzieht, einen Betrag in Höhe von 10 Prozent des Grundgehalts der Stufe 8 der Besoldungsgruppe A 13,

5. für ein Kind nach § 2 Absatz 1 Satz 1 Nummer 3, für das ein Auslandszuschlag gezahlt wird, das aber im Inland bleibt, einen Betrag in Höhe von 7 Prozent des Grundgehalts der Stufe 8 der Besoldungsgruppe A 13.

(3) Bei einem Umzug außerhalb der Europäischen Union, aus einem Mitgliedstaat der Europäischen Union in einen Staat außerhalb der Europäischen Union oder aus einem Staat außerhalb der Europäischen Union in einen Mitgliedstaat der Europäischen Union erhält die berechtigte Person einen Betrag in Höhe von 21 Prozent des Grundgehalts der Stufe 8 der Besoldungsgruppe A 13. Für berücksichtigungsfähige Personen erhält die berechtigte Person zusätzlich folgende Beträge:

1. für eine Person nach § 2 Absatz 1 Satz 1 Nummer 1 oder Nummer 2 einen Betrag in Höhe von 21 Prozent des Grundgehalts der Stufe 8 der Besoldungsgruppe A 13,

2. für eine Person nach § 2 Absatz 1 Satz 1 Nummer 4 bis 6 einen Betrag in Höhe von 10,5 Prozent des Grundgehalts der Stufe 8 der Besoldungsgruppe A 13,

3. für ein Kind nach § 2 Absatz 1 Satz 1 Nummer 3 einen Betrag in Höhe von 14 Prozent des Grundgehalts der Stufe 8 der Besoldungsgruppe A 13,

4. für ein Kind nach § 2 Absatz 1 Satz 1 Nummer 3, für das ein Auslandszuschlag gezahlt wird, das aber nicht mitumzieht, einen Betrag in Höhe von 14 Prozent des Grundgehalts der Stufe 8 der Besoldungsgruppe A 13,

5. für ein Kind nach § 2 Absatz 1 Satz 1 Nummer 3, für das ein Auslandszuschlag gezahlt wird, das aber im Inland bleibt, einen Betrag in Höhe von 7 Prozent des Grundgehalts der Stufe 8 der Besoldungsgruppe A 13.

(4) Bei einem Umzug aus einem anderen Mitgliedstaat der Europäischen Union ins Inland erhält die berechtigte Person 80 Prozent der Beträge nach Absatz 2, bei einem Umzug aus einem Staat außerhalb der Europäischen Union ins Inland erhält die berechtigte Person 80 Prozent der Beträge nach Absatz 3.

(5) Bei einem Umzug am Wohnort oder in dessen Einzugsgebiet nach § 23 erhält die berechtigte Person 60 Prozent der Beträge nach den Absätzen 2 und 3.

(6) Eine berechtigte Person, die keine Wohnung einrichtet oder eine ausgestattete Wohnung bezieht, erhält 25 Prozent der Beträge nach den Absätzen 2 und 3 für sich und die Person nach § 2 Absatz 1 Satz 1 Nummer 1 oder Nummer 2. Ist nur ein Teil der Privaträume ausgestattet, wird der Betrag nach Satz 1 verhältnismäßig erhöht.

(7) Ist innerhalb der letzten fünf Jahre ein Umzug mit Zusage der Umzugskostenvergütung nach § 3 oder § 4 Absatz 1 Nummer 2 bis 4 oder Absatz 2 des Bundesumzugskostengesetzes zu einen anderen Wohnort durchgeführt worden und ist auch bei diesem Umzug eine eigene Wohnung für die Berechnung der pauschalen Vergütung berücksichtigt worden, wird ein Zuschlag in Höhe von 50 Prozent der Beträge nach den Absätzen 2 bis 6 gezahlt.

(8) Besteht am neuen Wohnort eine andere Netzspannung oder Netzfrequenz als am bisherigen Wohnort und ist die neue Wohnung nicht mit einer der bisherigen Wohnung entsprechenden Stromversorgung oder nicht mit den notwendigen elektrischen Geräten ausgestattet, wird ein Zuschlag in Höhe von 13 Prozent des Grundgehalts der Stufe 8 der Besoldungsgruppe A 13 gewährt. Besteht am neuen Wohnort eine andere Fernsehnorm als am bisherigen Wohnort, wird ein weiterer Zuschlag in Höhe von 10 Prozent des Grundgehalts der Stufe 8 der Besoldungsgruppe A 13 gewährt.

(9) Berechtigten Personen, die jeweils eine eigene Zusage der Umzugskostenvergütung erhalten haben und die eine gemeinsame Wohnung beziehen, wird insgesamt nur eine Umzugspauschale gewährt. In diesem Fall gilt eine der beiden Personen als berücksichtigungsfähige Person nach § 2 Absatz 1 Nummer 1 oder Nummer 2. Sind die Pauschalen der berechtigten Personen unterschiedlich hoch, wird die höhere gezahlt.

§ 19 Ausstattungspauschale

(1) Bei der ersten Verwendung im Ausland erhält die verheiratete oder in einer Lebenspartnerschaft lebende berechtigte Person eine Ausstattungspauschale in Höhe von 70 Prozent des Grundgehalts der Stufe 8 der Besoldungsgruppe A 13, zuzüglich des Grundgehalts der Stufe 8 der jeweiligen Besoldungsgruppe, mindestens der Besoldungsgruppe A 5, höchstens der Besoldungsgruppe B 3. Eine berechtigte Person, die weder verheiratet ist noch in einer Lebenspartnerschaft lebt, und die berechtigte Person, deren Ehegattin oder Ehegatte oder Lebenspartnerin oder Lebenspartner nicht an den neuen Dienstort umzieht, erhält 90 Prozent des sich nach Satz 1 ergebenden Betrages. Für jedes Kind, für das ihr Auslandskinderzuschlag zusteht, erhält die berechtigte Person einen Betrag in Höhe von 14 Prozent des Grundgehalts der Stufe 8 der Besoldungsgruppe A 13. Soweit die oberste Dienstbehörde besondere Verpflichtungen der dienstlichen Repräsentation anerkennt, erhöht sich die Ausstattungspauschale nach Satz 1 oder Satz 2 um 30 Prozent; dies gilt nicht für Empfängerinnen oder Empfänger einer Einrichtungspauschale nach § 20.

(2) Die berechtigte Person, die am neuen Dienstort keine Wohnung einrichtet oder eine ausgestattete Wohnung bezieht, erhält eine Ausstattungspauschale in Höhe von 50 Prozent der Beträge nach Absatz 1. Ist nur ein Teil der Privaträume einer Dienstwohnung ausgestattet, wird die Ausstattungspauschale nach Satz 1 verhältnismäßig erhöht.

(3) Bei einer weiteren Verwendung im Ausland wird eine Ausstattungspauschale gezahlt, wenn die berechtigte Person

1. innerhalb der letzten drei Jahre vor der neuen Verwendung nicht oder nur vorübergehend Dienstbezüge im Ausland oder entsprechende von einer zwischen- oder überstaatlichen Organisation gezahlte Bezüge erhalten hat,

2. bei vorausgegangenen Umzügen innerhalb der letzten drei Jahre keine Ausstattungspauschale aufgrund des § 14 Absatz 7 des Bundesumzugskostengesetzes erhalten hat oder

3. bei vorausgegangenen Umzügen innerhalb der letzten drei Jahre eine verminderte Ausstattungspauschale aufgrund des § 14 Absatz 7 des Bundesumzugskostengesetzes oder nach § 26 Absatz 1 Nummer 9 oder Absatz 5 Nummer 2 dieser Verordnung erhalten hat; in diesem Fall sind die Beträge anzurechnen, die bei den vorausgegangenen Umzügen gezahlt worden sind.

(4) Berechtigte Personen, denen bereits anlässlich einer Verwendung in einem Mitgliedstaat der Europäischen Union eine Ausstattungspauschale gewährt wurde, erhalten bei einem erneuten Umzug in einen Mitgliedstaat der Europäischen Union keine weitere Ausstattungspauschale.

(5) Berechtigte Personen, die eine Gemeinschaftsunterkunft beziehen, erhalten keine Ausstattungspauschale.

(6) § 18 Absatz 9 gilt entsprechend.

§ 20 Einrichtungspauschale

(1) Bei der Bestellung zur Leiterin oder zum Leiter einer Auslandsvertretung erhält die berechtigte Person, die eine ausgestattete Dienstwohnung bezieht oder eine möblierte Wohnung mietet, eine Einrichtungspauschale in Höhe von 140 Prozent des Grundgehalts der Stufe 1 ihrer jeweiligen Besoldungsgruppe. Berechtigte Personen, die einer Besoldungsgruppe der Bundesbesoldungsordnung B angehören, erhalten eine Einrichtungspauschale in Höhe von 120 Prozent des jeweiligen Grundgehalts. Für zusätzliche Einrichtungsgegenstände im Zusammenhang mit der Anwesenheit der Ehegattin oder des Ehegatten oder der Lebenspartnerin oder des Lebenspartners am Dienstort erhöht sich die Einrichtungspauschale um 10 Prozent.

(2) Bezieht die berechtigte Person eine Leerraumwohnung, erhöht sich die Pauschale nach Absatz 1 für die Einrichtung der Empfangsräume und der privaten Wohn- und Esszimmer jeweils um 50 Prozent. Ist die Wohnung teilweise ausgestattet, verringert sich der Prozentsatz verhältnismäßig.

(3) Die ständige Vertreterin oder der ständige Vertreter der Leiterin oder des Leiters einer Auslandsvertretung sowie die Leiterin oder der Leiter einer Außenstelle einer Auslandsvertretung erhalten bei ihrer Bestellung eine Einrichtungspauschale in Höhe von 50 Prozent der Pauschale nach Absatz 1. Bezieht die berechtigte Person eine Leerraumwohnung, erhält sie 75 Prozent der Pauschale nach Absatz 1. Absatz 2 Satz 2 gilt entsprechend.

(4) Früher gezahlte Einrichtungspauschalen sind anzurechnen. Übersteigen diese 80 Prozent der neuen Einrichtungspauschale, wird eine Einrichtungspauschale in Höhe von 20 Prozent gezahlt.

(5) Einer berechtigten Person, die während einer Auslandsverwendung zur Leiterin oder zum Leiter einer Auslandsvertretung bestellt wird, wird die Einrichtungspauschale nur gezahlt, wenn ihr aus Anlass der Bestellung die Umzugskostenvergütung zugesagt worden ist.

(6) Eine berechtigte Person, deren neuer Dienstort in einem Mitgliedstaat der Europäischen Union liegt, ist verpflichtet, die zweckentsprechende Verwendung der Einrichtungspauschale, die aus Anlass des Umzugs an diesen Dienstort gewährt worden ist, der obersten Dienstbehörde auf Verlangen nachzuweisen. Die dafür erforderlichen Belege sind für die Dauer des Verbleibs an diesem Dienstort aufzubewahren und der obersten Dienstbehörde auf Verlangen vorzulegen.

(7) § 18 Absatz 9 gilt entsprechend. (8) Das Bundesministerium der Verteidigung kann bestimmen, dass die Absätze 1 bis 7 in seinem Geschäftsbereich auch für sonstige berechtigte Personen in vergleichbaren Dienststellungen gelten.

§ 21 Pauschale für klimagerechte Kleidung

(1) Bei der ersten Verwendung an einem Auslandsdienstort mit einem Klima, das vom mitteleuropäischen Klima erheblich abweicht, wird eine Pauschale für das Beschaffen klimagerechter Kleidung gezahlt, die sich aus folgenden Teilbeträgen zusammensetzt:
1. an einem Dienstort mit extrem niedrigen Temperaturen
   a) für die berechtigte Person und die berücksichtigungsfähige Person nach § 2 Absatz 1 Satz 1 Nummer 1 oder Nummer 2 jeweils 30 Prozent des Grundgehalts der Stufe 8 der Besoldungsgruppe A 13,
   b) für jedes mitumziehende berücksichtigungsfähige Kind 15 Prozent des Grundgehalts der Stufe 8 der Besoldungsgruppe A 13,
2. an einem Dienstort mit extrem hohen Temperaturen für die berechtigte Person und die berücksichtigungsfähige Person nach § 2 Absatz 1 Satz 1 Nummer 1 oder Nummer 2 jeweils 15 Prozent des Grundgehalts der Stufe 8 der Besoldungsgruppe A 13.

Wird klimagerechte Kleidung von Amts wegen bereitgestellt, ist die Pauschale um 25 Prozent zu kürzen.

(2) Das Auswärtige Amt stellt im Einvernehmen mit dem Bundesministerium der Verteidigung durch Allgemeinverfügung die Auslandsdienstorte fest, deren Klima vom mitteleuropäischen Klima erheblich abweicht.

(3) Bei einer weiteren Verwendung an einem Auslandsdienstort nach Absatz 1 wird eine weitere Pauschale gezahlt, wenn
1. die berechtigte Person innerhalb der letzten drei Jahre vor der neuen Verwendung nicht an einem solchen Dienstort Auslandsdienstbezüge oder entsprechende von einer zwischen- oder überstaatlichen Organisation gezahlte Bezüge erhalten hat,
2. am neuen Dienstort Klimaverhältnisse herrschen, die denen am vorigen Dienstort entgegengesetzt sind, oder
3. die berechtigte Person bei den vorausgegangenen Umzügen innerhalb der letzten drei Jahre eine ermäßigte Pauschale aufgrund des § 26 Absatz 1 Nummer 10 oder Absatz 5 Nummer 3 erhalten hat und beim neuen Umzug keine Gründe für eine Ermäßigung vorliegen; in diesem Fall ist die bei den vorausgegangenen Umzügen gezahlte Pauschale anzurechnen.

(4) Gibt es am Dienstort während der Verwendung sowohl Zeiträume mit extrem niedrigen als auch Zeiträume mit extrem hohen Temperaturen, wird sowohl der Teilbetrag für Dienstorte mit extrem niedrigen Temperaturen als auch der Teilbetrag für Dienstorte mit extrem hohen Temperaturen gewährt.

(5) Ergeht die Feststellung nach Absatz 2 erst nach dem Dienstantritt der berechtigten Person, beginnt die Ausschlussfrist nach § 3 Absatz 1 für den Antrag auf Gewährung der Pauschale für das Beschaffen klimagerechter Kleidung mit der Feststellung der erheblichen Abweichung vom mitteleuropäischen Klima nach Absatz 2, sofern die berechtigte Person zum Zeitpunkt der Antragstellung noch für diesen Dienstort Auslandsdienstbezüge erhält.

(6) § 18 Absatz 9 gilt entsprechend.

§ 22 Zusätzlicher Unterricht

(1) Benötigt ein berücksichtigungsfähiges Kind aufgrund des Umzugs zusätzlichen Unterricht, werden die Unterrichtskosten für höchstens ein Jahr zu 90 Prozent erstattet. Die Frist beginnt spätestens ein Jahr nach Beendigung des Umzugs des Kindes.

(2) Insgesamt wird für jedes berücksichtigungsfähige Kind höchstens ein Betrag in Höhe des zum Zeitpunkt der Beendigung des Umzugs maßgeblichen Grundgehalts der Stufe 1 der Besoldungsgruppe A 14 erstattet. Mit Zustimmung der obersten Dienstbehörde können höhere Kosten erstattet werden, wenn die Anwendung des Satzes 1 für eine berechtigte Person mit häufigen Auslandsverwendungen eine unzumutbare Härte bedeuten würde.

Abschnitt 3

Sonderfälle

§ 23 Umzug am ausländischen Dienstort

(1) Für einen Umzug am ausländischen Dienstort kann Umzugskostenvergütung zugesagt werden, wenn die Gesundheit oder die Sicherheit der berechtigten Person oder der berücksichtigungsfähigen Personen erheblich gefährdet sind oder wenn ein Umzug aus anderen zwingenden Gründen, die sich aus dem Auslandsdienst und den besonderen Verhältnissen im Ausland ergeben, erforderlich ist. In diesen Fällen werden neben den Beförderungsauslagen nach § 5 Absatz 1 bis 3 auch die Auslagen für Wohnungsbeschaffungskosten nach § 16 sowie die Umzugspauschale nach § 18 Absatz 5 gezahlt. Soweit erforderlich, können auch Auslagen nach § 17 erstattet werden.

(2) Bei Umzügen nach Absatz 1 aus gesundheitlichen Gründen kann die Umzugskostenvergütung nur zugesagt werden, wenn die Notwendigkeit amts- oder vertrauensärztlich bescheinigt worden ist.

(3) Die Umzugskostenvergütung ist so rechtzeitig zu beantragen, dass über sie vor Beginn des geplanten Umzugs entschieden werden kann.

(4) Die berechtigte Person, der die Umzugskostenvergütung für einen Umzug nach § 3 Absatz 1 Nummer 1, 3 oder Nummer 4, nach § 4 Absatz 1 Nummer 2 bis 4 des Bundesumzugskostengesetzes oder in den Fällen des § 28 Absatz 1 und 2 dieser Verordnung zugesagt worden ist, erhält für den Umzug in eine vorläufige Wohnung Umzugskostenvergütung, wenn der Dienstherr die neue Wohnung vorher schriftlich *oder elektronisch* als vorläufige Wohnung anerkannt hat.[1]

§ 24 Umzugsbeihilfe

(1) Wenn einer berechtigten Person mit Dienstbezügen die Umzugskostenvergütung zugesagt worden ist und sie nach dem Dienstantritt am neuen ausländischen Dienstort heiratet oder eine Lebenspartnerschaft begründet, können ihr für die Umzugsreise ihrer Ehegattin oder ihres Ehegatten oder ihrer Lebenspartnerin oder ihres Lebenspartners und der zu deren oder dessen häuslicher Gemeinschaft gehörenden minderjährigen Kinder, die durch die Reise in die häusliche Gemeinschaft der berechtigten Person aufgenommen werden, die notwendigen Fahrtkosten erstattet werden. Fahrtkosten werden nur erstattet bis zur Höhe der Kosten der billigsten Fahrkarte für ein regelmäßig verkehrendes Beförderungsmittel für eine Reise vom Wohnort der Ehegattin oder des Ehegatten oder der Lebenspartnerin oder des Lebenspartners zum Dienstort der berechtigten Person, höchstens jedoch für eine solche Reise vom letzten inländischen Dienstort der berechtigten Person an deren neuen ausländischen Dienstort. Die notwendigen Auslagen für das Befördern des Umzugsguts der Ehegattin oder des Ehegatten oder der Lebenspartnerin oder des Lebenspartners und des Umzugsguts ihrer oder seiner Kinder an den ausländischen Dienstort können bis zur Höhe der Auslagen erstattet werden, die entstanden wären, wenn das Umzugsgut vom letzten inländischen an den ausländischen Dienstort befördert worden wäre. § 6 Absatz 1 und § 10 Absatz 6 sind entsprechend anzuwenden.

(2) Bei dauerhafter Trennung im Ausland und bei Beendigung der Beurlaubung der berücksichtigungsfähigen Person nach § 2 Absatz 1 Satz 1 Nummer 1 oder Nummer 2 nach § 24 Absatz 2 des Gesetzes über den Auswärtigen Dienst auf Betreiben des Dienstherrn der berücksichtigungsfähigen Person ist Absatz 1 entsprechend anzuwenden, wenn die berücksichtigungsfähige Person bis zur Trennung zur häuslichen Gemeinschaft der berechtigten Person gehört hat. Die Auslagen werden für die Reise und die Beförderungskosten vom ausländischen Wohnort zum neuen Wohnort entsprechend erstattet, höchstens jedoch bis zur Höhe der Kosten für eine Rückkehr an den letzten inländischen Dienstort der berechtigten Person. Mehrkosten für das

---

[1] *§ 23 Abs. 4 AUV wurde durch Artikel 38 des Gesetzes zum Abbau verzichtbarer Anordnungen der Schriftform im Verwaltungsrecht des Bundes (Inkrafttreten 30. 3. 2017) geändert.*

getrennte Versenden von Umzugsgut (§ 5 Absatz 3) werden nicht erstattet, wenn die berechtigte Person innerhalb von drei Monaten ins Inland versetzt wird.

(3) Die Absätze 1 und 2 gelten entsprechend für minderjährige Kinder, die erstmals zu dem in einem anderen Staat lebenden anderen Elternteil übersiedeln, sowie einmalig für Kinder der berechtigten Person, für die ein Anspruch auf Kindergeld besteht, bis längstens drei Monate nach Wegfall des Anspruchs für einen Umzug vom Inland ins Ausland oder im Ausland.

(4) Absatz 2 gilt entsprechend für berücksichtigungsfähige Kinder bei

1. Rückkehr ins Inland innerhalb von 18 Monaten nach Abschluss der Schulausbildung am ausländischen Dienstort,

2. Rückkehr ins Inland zur Fortsetzung der Schulausbildung, sofern es am Dienstort keine geeignete Schule gibt, oder

3. erstmaliger Aufnahme einer Berufsausbildung oder eines Studiums im Ausland innerhalb von 18 Monaten nach Abschluss der Schulausbildung am ausländischen Dienstort bis zur Höhe der Kosten für eine Rückkehr an den letzten inländischen Dienstort.

§ 25 Widerruf der Zusage der Umzugskostenvergütung

(1) Die Zusage der Umzugskostenvergütung kann ganz oder teilweise widerrufen werden, wenn

1. mit einer baldigen weiteren Versetzung an einen anderen Dienstort zu rechnen ist,

2. der Umzug aus besonderen Gründen nicht durchgeführt werden soll oder

3. die berechtigte Person stirbt, bevor sie an den neuen Dienstort umgezogen ist.

(2) Die Zusage der Umzugskostenvergütung gilt als ganz widerrufen, wenn vor dem Bezug der neuen Wohnung die Umzugskostenvergütung für einen anderen Umzug zugesagt worden ist.

(3) Wird die Zusage der Umzugskostenvergütung ganz oder teilweise widerrufen, hat die berechtigte Person

1. die Pauschalen nach den §§ 18 bis 21 zurückzuzahlen, soweit sie bis zur Bekanntgabe des Widerrufs nicht bestimmungsgemäß verbraucht worden sind;

2. alle Möglichkeiten zur Vermeidung von Kosten für Umzugsvorbereitungen zu nutzen. Andere notwendige Auslagen, die der berechtigten Person im Zusammenhang mit dem erwarteten Umzug entstanden sind, und Schäden, die als unmittelbare Folge des Widerrufs entstanden sind, können erstattet werden.

(4) Wird innerhalb von sechs Monaten nach dem Widerruf der Zusage die Umzugskostenvergütung für einen Umzug an einen anderen Ort zugesagt, werden die Pauschalen nach den §§ 18 bis 21, die die berechtigte Person aufgrund der ersten Zusage erhalten hat, auf die Beträge angerechnet, die ihr aufgrund der neuen Zusage gewährt werden. Die Anrechnung unterbleibt, soweit die berechtigte Person die Pauschalen bis zur Bekanntgabe des Widerrufs der ersten Zusage bestimmungsgemäß verbraucht hat und die daraus beschafften Gegenstände am neuen Dienstort nicht verwendbar sind.

(5) Wird die Zusage der Umzugskostenvergütung aus Gründen widerrufen, die die berechtigte Person zu vertreten hat, hat sie abweichend von den Absätzen 3 und 4 die schon erhaltene Umzugskostenvergütung insoweit zurückzuzahlen, als die Zusage widerrufen worden ist.

(6) Bei Rücknahme, Aufhebung oder Erledigung der Zusage der Umzugskostenvergütung auf andere Weise gelten die Absätze 3 bis 5 entsprechend.

§ 26 Umzugskostenvergütung bei einer Auslandsverwendung von bis zu zwei Jahren

(1) Soweit von vornherein feststeht, dass die berechtigte Person für nicht mehr als zwei Jahre ins Ausland oder im Ausland versetzt, abgeordnet oder abkommandiert wird, wird für den Hin- und Rückumzug Umzugskostenvergütung höchstens in folgendem Umfang gewährt:

1. Erstattung der Auslagen für die Umzugsreise nach § 12,

2. Erstattung der Auslagen für die Beförderung von Reisegepäck nach § 13,

3. Erstattung der Auslagen für eine vorübergehende Unterkunft nach § 14,

4. Erstattung der Beförderungsauslagen für bis zu 200 Kilogramm Umzugsgut für die berechtigte Person und jede mitumziehende berücksichtigungsfähige Person,

5. Erstattung der notwendigen Auslagen für das Beibehalten der bisherigen Wohnung im Inland, und zwar in voller Höhe, wenn diese aufgrund der dienstlichen Maßnahme nicht mehr bewohnt wird, im Übrigen anteilig entsprechend der Zahl der Personen, die die Wohnung aufgrund der dienstlichen Maßnahme nicht mehr nutzen, oder Erstattung der notwendigen Auslagen für das Lagern des Umzugsguts,

6. Erstattung der notwendigen Garagenmiete für ein am bisherigen Dienst- oder Wohnort zurückgelassenes Personenkraftfahrzeug, sofern weder das Fahrzeug noch die Garage anderweitig genutzt wird,

7. Mietentschädigung nach § 15,

8. Erstattung der Wohnungsbeschaffungskosten nach § 16,

9. 40 Prozent der Umzugspauschale nach § 18 sowie 40 Prozent der Ausstattungspauschale nach § 19,

10. die Pauschale für klimagerechte Kleidung nach § 21; für jede mitumziehende berücksichtigungsfähige Person 40 Prozent dieser Pauschale.

(2) Leistungen nach Absatz 1 Nummer 5 und 6 werden nicht für Tage gewährt, für die die berechtigte Person Auslandstrennungsgeld oder vergleichbare Leistungen erhält. Leistungen nach Absatz 1 Nummer 9 und 10 werden für den Hin- und Rückumzug nur einmal gewährt.

(3) Anstelle der Erstattung der Auslagen nach Absatz 1 Nummer 5 können für die Beförderung des Umzugsguts an den ausländischen Dienstort Auslagen bis zur Höhe der Kosten erstattet werden, die durch eine Einlagerung im Inland entstanden wären, höchstens jedoch bis zur Höhe der Kosten für das Beibehalten der bisherigen Wohnung. Kann das Umzugsgut an einem anderen Ort im Inland unentgeltlich gelagert werden, können anstelle der Erstattung der Auslagen nach Absatz 1 Nummer 5 die Beförderungsauslagen nach § 10 Absatz 1 erstattet werden.

(4) Die oberste Dienstbehörde kann im Einzelfall aus dienstlichen Gründen

1. die Umzugskostenvergütung erweitern,

2. insbesondere aus Gründen der Sicherheit oder aus fiskalischen Gründen die Zusage der Umzugskostenvergütung auf die berechtigte Person beschränken.

(5) Bei einer Auslandsverwendung mit einer vorgesehenen Dauer von bis zu acht Monaten wird Umzugskostenvergütung nur gewährt, wenn Auslandsdienstbezüge (§ 52 des Bundesbesoldungsgesetzes) gezahlt werden. Die Absätze 1 bis 4 gelten in diesem Fall mit folgenden Maßgaben:

1. für die berechtigte Person und jede berücksichtigungsfähige Person, die an der Umzugsreise teilnimmt, werden die Auslagen für die Beförderung von bis zu 100 Kilogramm Umzugsgut erstattet;

2. 20 Prozent der Umzugspauschale nach § 18 sowie 10 Prozent der Ausstattungspauschale nach § 19 werden gezahlt,

3. für die berechtigte Person werden 50 Prozent und für jede mitumziehende berücksichtigungsfähige Person werden 20 Prozent der Pauschale für klimagerechte Kleidung nach § 21 gezahlt.

(6) Dauert die Auslandsverwendung nach Absatz 5 länger als ursprünglich vorgesehen, kann die Umzugskostenvergütung gezahlt werden, die für die längere Verwendungsdauer zusteht. In diesem Fall beginnt die Ausschlussfrist nach § 3 Absatz 1 für die Zahlung der zusätzlichen Umzugskostenvergütung an dem Tag, an dem der berechtigten Person die Verlängerung ihrer Verwendung bekannt gegeben wird.

§ 27 Rückführung aus Gefährdungsgründen

(1) Sind an einem ausländischen Dienstort Leben oder Gesundheit der berechtigten Person oder der zu ihrer häuslichen Gemeinschaft gehörenden berücksichtigungsfähigen Personen und von Betreuungspersonen, für die Kosten nach § 12 Absatz 4 erstattet wurden, erheblich gefährdet, kann die oberste Dienstbehörde Umzugskostenvergütung für die Rückführung oder den Umzug der berechtigten Person oder der zu ihrer häuslichen Gemeinschaft gehörenden berücksichtigungsfähigen Personen und der Betreuungspersonen sowie von Umzugsgut zusagen.

(2) Ist an einem ausländischen Dienstort das Eigentum der berechtigten Person oder der zu ihrer häuslichen Gemeinschaft gehörenden berücksichtigungsfähigen Personen erheblich gefährdet, kann die oberste Dienstbehörde Umzugskostenvergütung für die Rückführung von Umzugsgut zusagen.

(3) Die Zusage kann für eine Rückführung oder einen Umzug ins Inland oder im Ausland erteilt werden. Die Umzugskostenvergütung darf jedoch nur in dem Umfang zugesagt werden, wie es den Umständen nach notwendig ist. Die Sätze 1 und 2 gelten entsprechend für die Rückkehr zum Dienstort.

(4) Die oberste Dienstbehörde bestimmt im Einzelfall, in welchem Umfang Umzugskosten erstattet werden, wenn wegen erheblicher Gefährdung des Lebens, der Gesundheit oder des Eigentums oder wegen anderer außergewöhnlicher Verhältnisse im Ausland andere als die im Bundesumzugskostengesetz vorgesehenen dienstlichen Maßnahmen erforderlich sind. Dabei

berücksichtigt sie die nach § 12 Absatz 8 der Auslandstrennungsgeldverordnung getroffenen Regelungen. Werden für einen Dienstort, an dem sich eine Auslandsvertretung befindet, Maßnahmen nach Satz 1 erforderlich, bestimmt das Auswärtige Amt den Umfang der Umzugskostenvergütung für alle an diesem Dienstort tätigen und von der Maßnahme betroffenen berechtigten Personen.

(5) Die berechtigte Person erhält eine pauschale Vergütung nach § 18 Absatz 6, wenn außer dem Reisegepäck Teile des Hausrats zurückgeführt werden müssen und sich die Zusage der Umzugskostenvergütung hierauf erstreckt.

§ 28 Umzug bei Beendigung des Dienstverhältnisses

(1) Einer berechtigten Person mit Dienstort im Ausland, die in den Ruhestand tritt oder deren Dienstverhältnis auf Zeit endet, ist Umzugskostenvergütung für einen Umzug an einen Ort ihrer Wahl im Inland zuzusagen. Umzugskostenvergütung wird nur gezahlt, wenn der Umzug spätestens zwei Jahre nach der Beendigung des Dienstverhältnisses durchgeführt wird. Die oberste Dienstbehörde kann diese Frist in Ausnahmefällen um ein Jahr verlängern.

(2) Absatz 1 gilt nach dem Tod einer berechtigten Person, deren letzter Dienstort im Ausland liegt, entsprechend für berücksichtigungsfähige Personen, die am Todestag der berechtigten Person zu deren häuslicher Gemeinschaft gehört haben. Gibt es keine solchen berücksichtigungsfähigen Personen oder ziehen diese berücksichtigungsfähigen Personen nicht ins Inland um, können den Erbinnen und Erben die notwendigen Auslagen für das Befördern beweglicher Nachlassgegenstände an einen Ort im Inland sowie sonstige berücksichtigungsfähige Auslagen, die durch den Umzug nachweislich entstanden sind, erstattet werden, wenn die Auslagen innerhalb der in Absatz 1 genannten Frist entstanden sind. Für angestellte Betreuungspersonen gilt § 12 Absatz 4 entsprechend.

(3) Soweit in den Fällen der Absätze 1 und 2 Satz 1 Umzüge im Ausland durchgeführt werden, können die notwendigen Umzugsauslagen erstattet werden, höchstens jedoch in dem Umfang, in dem Auslagen bei einem Umzug an den Sitz der obersten Dienstbehörde entstanden wären. Wird später, jedoch noch innerhalb der Frist nach Absatz 1, ein Umzug ins Inland durchgeführt, ist der nach Satz 1 erstattete Betrag auf die nach Absatz 1 oder Absatz 2 zustehende Umzugskostenvergütung anzurechnen.

(4) Endet das Dienstverhältnis einer berechtigten Person mit Dienstort im Ausland aus einem von ihr zu vertretenden Grund und zieht diese Person spätestens sechs Monate danach ins Inland um, können ihr und den berücksichtigungsfähigen Personen für diesen Umzug die Beförderungsauslagen und Fahrtkosten bis zur Höhe der Kosten der billigsten Fahrkarte für ein regelmäßig verkehrendes Beförderungsmittel erstattet werden, höchstens jedoch die Beförderungsauslagen und Fahrtkosten, die durch einen Umzug an den Sitz der obersten Dienstbehörde entstanden wären.

Abschnitt 4

Schlussvorschriften

§ 29 Übergangsregelungen

(1) Die Kosten für die Beförderung und die Einlagerung von Umzugsgut werden der berechtigten Person, die bereits vor dem 1. Dezember 2012 über höheres Umzugsvolumen verfügt als nach dieser Verordnung berücksichtigt werden kann, bis zum nächsten Umzug ins Inland mit Zusage der Umzugskostenvergütung nach § 3 Absatz 1 Nummer 1 des Bundesumzugskostengesetzes in dem Umfang erstattet, in dem sie vor Inkrafttreten dieser Verordnung erstattungsfähig waren. Reisekosten für Hausangestellte, deren Kosten für die Reise zum bisherigen Dienstort im Rahmen der Auslandsumzugskostenverordnung vor dem 1. Dezember 2012 erstattet wurden, können beim nächsten Umzug mit Zusage der Umzugskostenvergütung nach § 3 Absatz 1 Nummer 1 des Bundesumzugskostengesetzes im Rahmen der Kosten einer Reise ins Inland geltend gemacht werden.

(2) Hat die berechtigte Person den Dienst am neuen Dienstort infolge einer Maßnahme, für die Umzugskostenvergütung zugesagt worden ist, nach dem 30. Juni 2010, aber vor dem 1. Dezember 2012 angetreten, bemisst sich die Höhe des Ausstattungs- und des Einrichtungsbeitrags nach den §§ 12 und 13 der Auslandsumzugskostenverordnung in der am 30. Juni 2010 geltenden Fassung und dem Bundesbesoldungsgesetz.

§ 30 Inkrafttreten, Außerkrafttreten

Diese Verordnung tritt am 1. Dezember 2012 in Kraft. Gleichzeitig tritt die Auslandsumzugskostenverordnung in der Fassung der Bekanntmachung vom 25. November 2003 (BGBl. I S. 2360), die zuletzt durch Artikel 15 Absatz 44 des Gesetzes vom 5. Februar 2009 (BGBl. I S. 160) geändert worden ist, außer Kraft.

IV.
Steuerliche Anerkennung von Umzugskosten nach
R 9.9 Absatz 2 LStR 2015;
Änderung der maßgebenden Beträge für umzugsbedingte Unterrichtskosten und
sonstige Umzugsauslagen ab 1. März 2016 und 1. Februar 2017

BMF vom 18. 10. 2016 (BStBl I S. 1147)
IV C 5 – S 2353/16/10005 – 2016/0892361

Im Einvernehmen mit den obersten Finanzbehörden der Länder gilt zur Anwendung der §§ 6 bis 10 des Bundesumzugskostengesetzes (BUKG) für Umzüge ab 1. März 2016 und ab 1. Februar 2017 jeweils Folgendes:

1. Der Höchstbetrag, der für die Anerkennung umzugsbedingter Unterrichtskosten für ein Kind nach § 9 Absatz 2 BUKG maßgebend ist, beträgt bei Beendigung des Umzugs ab

    - 1. März 2016   1 882 Euro;
    - 1. Februar 2017   1 926 Euro.

2. Der Pauschbetrag für sonstige Umzugsauslagen nach § 10 Absatz 1 BUKG beträgt

    a) für Verheiratete, Lebenspartner und Gleichgestellte i. S. d. § 10 Absatz 2 BUKG bei Beendigung des Umzugs

    - ab 1. März 2016   1 493 Euro;
    - ab 1. Februar 2017   1 528 Euro.

    b) für Ledige, die die Voraussetzungen des § 10 Absatz 2 BUKG nicht erfüllen, bei Beendigung des Umzugs

    - ab 1. März 2016   746 Euro;
    - ab 1. Februar 2017   764 Euro.

Der Pauschbetrag erhöht sich für jede in § 6 Absatz 3 Satz 2 und 3 BUKG bezeichnete weitere Person mit Ausnahme des Ehegatten oder Lebenspartners:

- zum 1. März 2016 um   329 Euro;
- zum 1. Februar 2017 um   337 Euro.

Das BMF-Schreiben vom 6. Oktober 2014 – IV C 5 – S 2353/08/10007; DOK: 2014/0838465 – (BStBl I Seite 1342) ist auf Umzüge, die nach dem 29. Februar 2016 beendet werden, nicht mehr anzuwenden.

Übersicht

I. Steuerliche Behandlung des Arbeitslohns nach den Doppelbesteuerungsabkommen
BMF-Schreiben vom 12. 11. 2014 (BStBl I S. 1467)

II. Ermittlung des steuerfreien und steuerpflichtigen Arbeitslohns nach den Doppelbesteue-
rungsabkommen sowie nach dem Auslandstätigkeitserlass im Lohnsteuerabzugsverfahren
und Änderung des Auslandstätigkeitserlasses
BMF-Schreiben vom 12. November 2014 (BStBl I S. 1467) sowie vom 31. Oktober 1983
(BStBl I S. 470)
BMF vom 14. 3. 2017 (BStBl I S. 473)

I.
Steuerliche Behandlung des Arbeitslohns nach den
Doppelbesteuerungsabkommen[1])

BMF-Schreiben vom 12. 11. 2014 (BStBl I S. 1467)

IV B 2 – S 1300/08/10027 – 2014/0971694

Unter Bezugnahme auf das Ergebnis der Erörterungen mit den obersten Finanzbehörden der
Länder gilt für die Besteuerung der Einkünfte aus nichtselbständiger Arbeit nach den DBA Folgendes:

Inhaltsübersicht

---

[1]) Das BMF-Schreiben vom 18. 1. 2017 (BStBl I S. 140) zum Stand der Doppelbesteuerungsabkommen und
anderer Abkommen im Steuerbereich sowie der Abkommensverhandlungen am 1. Januar 2017 ist abgedruckt zu → H 39.4 (DBA – Übersicht) LStH; das BMF-Schreiben vom 10. 1. 1994 (BStBl I S. 14) zur Besteuerung von Gastlehrkräften nach den Doppelbesteuerungsabkommen (DBA) ist abgedruckt zu H 39.4
(Gastlehrkräfte) LStH.

Abkürzungsverzeichnis

a. a. O.	am angegebenen Ort
Abs.	Absatz/Absätze
AO	Abgabenordnung
Art.	Artikel
BFH	Bundesfinanzhof
BMF	Bundesministerium der Finanzen
BGBl.	Bundesgesetzblatt
BStBl	Bundessteuerblatt
DBA	Doppelbesteuerungsabkommen
d. h.	das heißt
EStG	Einkommensteuergesetz
EU	Europäische Union
EWR	Europäischer Wirtschaftsraum
ggf.	gegebenenfalls
GmbH	Gesellschaft mit beschränkter Haftung
i. d. F.	in der Fassung
i. d. R.	in der Regel
i. H.	In Höhe
i. H. v.	in Höhe von
i. S.	im Sinne
i. V. m.	in Verbindung mit
LStR	Lohnsteuerrichtlinien
NATO	North Atlantic Treaty Organization (Organisation des Nordatlantikvertrags)
Nr.	Nummer
OECD	Organisation für wirtschaftliche Zusammenarbeit und Entwicklung (Organisation for Economic Co-operation and Development)
OECD-MA	OECD-Musterabkommen
OECD-MK	OECD-Musterkommentar
R	Richtlinie
S.	Seite
s.	siehe
sog.	so genannte/so genannten
Tz.	Textziffer/Textziffern
u. a.	unter anderem
UNO	United Nations Organization (Organisation)
z. B.	zum Beispiel

1 Allgemeines

1.1 Regelungsbereich eines DBA/des OECD-MA

1 Die DBA enthalten Regelungen für die Zuweisung des Besteuerungsrechts sowie zur Vermeidung einer Doppelbesteuerung im Verhältnis der beiden vertragsschließenden Staaten zueinander. Sie begründen selbst keinen Besteuerungsanspruch. Die Abkommen werden durch Protokolle, die Denkschrift, Briefwechsel oder andere Dokumente ergänzt und erläutert. Diese Dokumente sind Bestandteile des Abkommens und in gleicher Weise verbindlich

2 Im Nachfolgenden wird die abkommensrechtliche Behandlung der Vergütungen aus unselbständiger Arbeit anhand des OECD-MA dargestellt. Sowohl das OECD-MA als auch der OECD-MK werden vom Steuerausschuss der OECD laufend weiterentwickelt. Das OECD-MA entfaltet selbst keine rechtliche Bindungswirkung; die von Deutschland abgeschlossenen und rechtlich wirksamen DBA orientieren sich jedoch nach Inhalt und Aufbau am OECD-MA. Im konkreten Einzelfall sind die jeweiligen Vorschriften des anzuwendenden DBA maßgeblich, nicht das OECD-MA. Soweit im Einzelfall Anknüpfungspunkte zu mehreren Staaten bestehen, können verschiedene DBA nebeneinander zu beachten sein (z. B. bei Berufskraftfahrern, s. Tz. 7).

1.2 OECD-Musterabkommen

3 Bei der steuerlichen Beurteilung von Vergütungen aus unselbständiger Arbeit sind daher insbesondere die Bestimmungen des nationalen Rechts und die des jeweils einschlägigen DBA zu beachten. Die Regelungen des OECD-MA, als auch des OECD-MK, sind unter Berücksichtigung der nachfolgenden Grundsätze bei der Auslegung zu berücksichtigen.

4 **Beispiel 1: Wohnsitz in Deutschland**

Der Arbeitnehmer ist nur in Deutschland unbeschränkt steuerpflichtig. Er ist in Österreich und Belgien tätig.

Es sind die DBA zwischen Deutschland und dem jeweiligen Tätigkeitsstaat (DBA-Österreich und DBA-Belgien) zu prüfen

5 **Beispiel 2: kein Wohnsitz in Deutschland**

Der Arbeitnehmer ist nur in Österreich unbeschränkt steuerpflichtig. Er ist in Deutschland und zusätzlich in Belgien tätig. Er erstellt Marktanalysen und erzielt daraus Vergütungen, die insgesamt nach § 1 Abs. 4 EStG i. V. m. § 49 Abs. 1 Nr. 4 Buchstabe a EStG beschränkt steuerpflichtig sind (BFH-Urteil vom 12. November 1986, BStBl 1987 II S. 379).

Es ist ausschließlich das DBA zwischen Österreich und Deutschland zu prüfen, da nur für dieses DBA eine Abkommensberechtigung nach Art. 4 Abs. 1 i. V. m. Art. 1 DBA-Österreich vorliegt. Soweit die Vergütungen auf die in Belgien ausgeübte Tätigkeit entfallen, sind sie grundsätzlich nach Art. 15 Abs. 1 Satz 1 DBA-Österreich in Österreich als Ansässigkeitsstaat zu besteuern.

1.2 OECD-Musterabkommen

1.2.1 Bestimmung der Ansässigkeit – Art. 4 OECD-MA

6 Für die Anwendung eines DBA ist der Staat zu bestimmen, in dem der Arbeitnehmer und ggf. der Arbeitgeber entsprechend Art. 1 i. V. m. Art. 4 OECD-MA ansässig sind. Der abkommensrechtliche Begriff der Ansässigkeit entspricht nicht dem im innerstaatlichen Recht verwendeten Begriff der unbeschränkten Steuerpflicht.

7 Während die unbeschränkte Steuerpflicht eine umfassende Steuerpflicht begründet, führt die Ansässigkeit einer Person in einem der Vertragsstaaten zu ihrer Abkommensberechtigung (Art. 1 OECD-MA). Zugleich wird mit der Bestimmung der Ansässigkeit einer Person in einem Vertragsstaat dieser Staat für die Anwendung des Abkommens zum Ansässigkeitsstaat; der andere Vertragsstaat ist Quellenstaat. Eine Person kann zwar in beiden Vertragsstaaten (z. B. aufgrund doppelten Wohnsitzes) unbeschränkt steuerpflichtig sein, dagegen kann sie nur in einem der beiden Vertragsstaaten als ansässig i. S. eines DBA gelten.

8 Eine natürliche Person ist nach Art. 4 Abs. 1 Satz 1 OECD-MA in einem Staat ansässig, wenn sie dort aufgrund ihres Wohnsitzes, ihres ständigen Aufenthalts oder eines anderen ähnlichen Merkmals steuerpflichtig ist (s. Tz. 2.1 zur Steuerpflicht nach dem EStG). Zu berücksichtigen ist jedoch, dass nach Art. 4 Abs. 1 Satz 2 OECD-MA eine Ansässigkeit in einem Staat nicht begründet wird, wenn die Person in diesem Staat nur mit Einkünften aus Quellen in diesem Staat oder mit in diesem Staat gelegenem Vermögen steuerpflichtig ist, die Person nach deutschem Rechtsverständnis dort also nur der beschränkten Steuerpflicht unterliegt. Die Ansässigkeit nach Art. 4 Abs. 1 OECD-MA im Inland setzt damit eine unbeschränkte Steuerpflicht im Inland voraus

9 Ist die Person nach Art. 4 Abs. 1 Satz 1 OECD-MA in beiden Vertragsstaaten ansässig (sog. doppelte Ansässigkeit), ist nach der im Art. 4 Abs. 2 OECD-MA festgelegten Prüfungsreihenfolge

festzustellen, in welchem Vertragsstaat die Person als ansässig gilt. Verfügt die Person nur in einem Staat über eine ständige Wohnstätte, so gilt sie als nur in diesem Staat ansässig. Unter einer ständigen Wohnstätte sind Räumlichkeiten zu verstehen, die nach Art und Einrichtung zum Wohnen geeignet sind, die ständig genutzt werden können und die tatsächlich regelmäßig genutzt werden. Es handelt sich um eine in den allgemeinen Lebensrhythmus der Person einbezogene Anlaufstelle (s. BFH-Urteile vom 23. Oktober 1985, BStBl 1986 II S. 133, vom 16. Dezember 1998, BStBl 1999 II S. 207 und vom 5. Juni 2007, BStBl II S. 812). Verfügt die Person in beiden Staaten über eine ständige Wohnstätte, so gilt sie als nur in dem Staat ansässig, zu dem sie die engeren persönlichen und wirtschaftlichen Beziehungen hat (Mittelpunkt der Lebensinteressen). Dabei sind ihre familiären und gesellschaftlichen Beziehungen, ihre berufliche, politische, kulturelle und sonstige Tätigkeit, der Ort ihrer Geschäftstätigkeit, der Ort, von wo aus sie ihr Vermögen verwaltet, und Ähnliches zu berücksichtigen. Die Umstände sind als Ganzes zu prüfen. Lässt sich die Ansässigkeit nach diesen Kriterien nicht bestimmen, sind als Hilfsmerkmale zunächst der gewöhnliche Aufenthalt und danach die Staatsangehörigkeit heranzuziehen. Kann die Ansässigkeit auch nach dem letztgenannten Kriterium nicht bestimmt werden, weil die Person Staatsangehöriger beider Staaten oder keines der Staaten ist, regeln die betreffenden Staaten die Frage in gegenseitigem Einvernehmen nach Art. 25 OECD-MA (s. Tz. 10).

Beziehungen hat (Mittelpunkt der Lebensinteressen). Dabei sind ihre familiären und gesellschaftlichen Beziehungen, ihre berufliche, politische, kulturelle und sonstige Tätigkeit, der Ort ihrer Geschäftstätigkeit, der Ort, von wo aus sie ihr Vermögen verwaltet, und Ähnliches zu berücksichtigen. Die Umstände sind als Ganzes zu prüfen. Lässt sich die Ansässigkeit nach diesen Kriterien nicht bestimmen, sind als Hilfsmerkmale zunächst der gewöhnliche Aufenthalt und danach die Staatsangehörigkeit heranzuziehen. Kann die Ansässigkeit auch nach dem letztgenannten Kriterium nicht bestimmt werden, weil die Person Staatsangehöriger beider Staaten oder keines der Staaten ist, regeln die betreffenden Staaten die Frage in gegenseitigem Einvernehmen nach Art. 25 OECD-MA (s. Tz. 10). 10

Beispiel 1: 11

Der Arbeitnehmer begründet während seines Aufenthalts im ausländischen Tätigkeitsstaat einen Wohnsitz. Die Familie ist dem Arbeitnehmer nicht in den Tätigkeitsstaat gefolgt.

Der Mittelpunkt der Lebensinteressen des Arbeitnehmers befindet sich i. d. R. auch während seines Aufenthalts im ausländischen Tätigkeitsstaat weiterhin in dem bisherigen Ansässigkeitsstaat (kein Ansässigkeitswechsel). Insbesondere hat der Arbeitnehmer nach wie vor persönliche Beziehungen zu seiner Familie im bisherigen Ansässigkeitsstaat. Demgegenüber treten die persönlichen Beziehungen, die der Arbeitnehmer im Tätigkeitsstaat unterhält, in aller Regel stark zurück. Zudem verfügt der Arbeitnehmer häufig auch im bisherigen Ansässigkeitsstaat über wirtschaftliche Beziehungen (z. B. Grundbesitz, Kapitalvermögen, Arbeitgeber ist in diesem Staat ansässig), während die wirtschaftlichen Beziehungen zum Tätigkeitsstaat i. d. R. nur vorübergehender Natur sind.

Beispiel 2: 12

Der Arbeitnehmer begründet während seines auf 9 Monate befristeten Aufenthalts im ausländischen Tätigkeitsstaat einen Wohnsitz. Die Wohnung im bisherigen Ansässigkeitsstaat steht ihm und ggf. seiner Familie jederzeit zur Nutzung zur Verfügung. Das Arbeitsverhältnis zum bisherigen Arbeitgeber besteht fort.

a) Der Arbeitnehmer ist alleinstehend.

b) Die Familie ist dem Arbeitnehmer in den Tätigkeitsstaat gefolgt.

Der Mittelpunkt der Lebensinteressen befindet sich – unabhängig vom Familienstand – in aller Regel weiterhin im bisherigen Ansässigkeitsstaat (s. BFH-Urteil vom 23. Oktober 1985, a. a. O.), da bei einem auf kurze Zeit befristeten Aufenthalt im Tätigkeitsstaat und dem Fortbestehen des bisherigen Arbeitsverhältnisses die persönlichen und wirtschaftlichen Beziehungen zum bisherigen Ansässigkeitsstaat zumeist gewichtiger sind als die zum anderen Staat. Dies bedeutet jedoch nicht, dass sich der Mittelpunkt der Lebensinteressen bei einem vorübergehenden Aufenthalt von über einem Jahr zwangsläufig in den anderen Staat verlagern muss. Vielmehr ist stets das Gesamtbild der Verhältnisse zu würdigen.

Beispiel 3: 13

Der Arbeitnehmer begründet während seines mehrjährigen oder unbefristeten Aufenthalts im ausländischen Tätigkeitsstaat einen Wohnsitz. Die Familie ist dem Arbeitnehmer in den Tätigkeitsstaat gefolgt. Die Wohnung im bisherigen Ansässigkeitsstaat steht der Familie jederzeit zur Nutzung zur Verfügung.

Der Mittelpunkt der Lebensinteressen befindet sich in diesem Fall i. d. R. im Tätigkeitsstaat.

1.2.2 Vergütungen aus unselbständiger Arbeit

1.2.2.1 Artikel 15 OECD-MA

14 Nach Art. 15 Abs. 1 OECD-MA können die Vergütungen aus unselbständiger Arbeit nur im Ansässigkeitsstaat des Arbeitnehmers besteuert werden, es sei denn, die Tätigkeit wird im anderen Staat ausgeübt. Wird die unselbständige Arbeit im anderen Staat (Tätigkeitsstaat) ausgeübt, steht grundsätzlich diesem Staat das Besteuerungsrecht für die bezogenen Vergütungen (sog. Arbeitsortprinzip) zu. Die bloße Verwertung stellt keine Tätigkeit i. S. der DBA dar (§ 49 Abs. 1 Nr. 4 Buchstabe a 2. Alternative EStG).

15 Abweichend hiervon steht unter den Voraussetzungen des Art. 15 Abs. 2 OECD-MA (sog. 183-Tage-Klausel) das Besteuerungsrecht für solche Vergütungen nur dem Ansässigkeitsstaat des Arbeitnehmers zu.

16 Art. 15 Abs. 3 OECD-MA enthält eine gesonderte Bestimmung für die Besteuerung der Vergütungen des Bordpersonals von Seeschiffen und Luftfahrzeugen im internationalen Verkehr und des Bordpersonals von Schiffen im Binnenverkehr (s. Tz. 4.3.4.2 und Tz. 8).

1.2.2.2 Grenzgängerregelung

17 Grenzgänger sind Arbeitnehmer, die i. d. R. im Grenzbereich des einen Staates arbeiten und täglich zu ihrem Wohnsitz im Grenzbereich des anderen Staates zurückkehren. Das OECD-MA sieht für Grenzgänger keine spezielle Regelung vor. Für diese Arbeitnehmer gelten Besonderheiten nach den DBA mit Frankreich (Art. 13 Abs. 5 – i. d. R. Besteuerung im Wohnsitzstaat), Österreich (Art. 15 Abs. 6 – i. d. R. Besteuerung im Wohnsitzstaat) und der Schweiz (Art. 15a – begrenzte Besteuerung im Tätigkeitsstaat und Wohnsitzbesteuerung mit Anrechnungssystem). Die Grenzgängerregelung im Verhältnis zu Belgien ist zum 1. Januar 2004 weggefallen. Besonderheiten bei Grenzpendlern nach Luxemburg sind in der Verständigungsvereinbarung vom 26. Mai 2011 (KonsVerLUXV vom 9. Juli 2012, BGBl. I S. 1484) geregelt.

1.2.2.3 Besondere Regelungen bezüglich der Zuweisung des Besteuerungsrechts

18 Das OECD-MA bzw. die einzelnen DBA enthalten von Art. 15 OECD-MA abweichende Regelungen für bestimmte Arbeitnehmer, insbesondere für das für die Geschäftsführung eines Unternehmens verantwortliche Personal (s. Tz. 6.1), für Künstler und Sportler (Art. 17 OECD-MA), für Ruhegehaltsempfänger (Art. 18 OECD-MA), für die Arbeitnehmer der Gebietskörperschaften, teilweise auch für weitere öffentlich-rechtliche Körperschaften sowie für Vergütungen, die im Rahmen eines Entwicklungshilfeprogramms eines Vertragsstaates gezahlt werden (Art. 19 OECD-MA), für Studenten, Schüler, Lehrlinge und sonstige Auszubildende (Art. 20 OECD-MA), für Hochschullehrer und Lehrer (z. B. Art. 21 DBA-Italien; Art. 20 Abs. 1 DBA-Österreich; Art. 20 Abs. 1 DBA-USA) sowie für Mitglieder diplomatischer Missionen und konsularischer Vertretungen (Art. 28 OECD-MA).

1.2.3 Vermeidung der Doppelbesteuerung – Artikel 23 OECD-MA

19 Deutschland als Ansässigkeitsstaat vermeidet bei Einkünften aus unselbständiger Arbeit die Doppelbesteuerung regelmäßig durch Freistellung der Einkünfte (Anwendung der Freistellungsmethode entsprechend Art. 23 A OECD-MA) unter Berücksichtigung des § 32b Abs. 1 Satz 1 Nr. 3 EStG (Progressionsvorbehalt). Die Steuerfreistellung setzt allerdings i. d. R. die ausländische Besteuerung voraus; diesbezüglich wird auf die Ausführungen zu § 50d Abs. 8 bzw. 9 EStG und zu den Rückfallklauseln in den DBA verwiesen (s. Tz. 2.3, 2.4 und 9).

20 Nach einzelnen DBA-Bestimmungen werden die Einkünfte nicht von der Besteuerung ausgenommen; vielmehr wird, die Doppelbesteuerung durch Steueranrechnung nach Maßgabe des § 34c EStG vermieden (Anwendung der Anrechnungsmethode). Dies gilt u. a. für Fälle der gewerbsmäßigen Arbeitnehmerüberlassung (z. B. DBA mit Dänemark, Frankreich, Italien, Norwegen, Polen oder Schweden) oder für Vergütungen des Bordpersonals von Schiffen und Luftfahrzeugen (s. Tz. 8.2). In einigen Fällen sehen DBA die Anrechnungsmethode grundsätzlich vor (z. B. Art. 22 Abs. 1 DBA-VAE; Art. 23 Abs. 1 Buchstabe b Doppelbuchstabe ee DBA-Liechtenstein; Art. 22 Abs. 1 DBA-Zypern; Art. 23 Abs. 2 Buchstabe a DBA-Mauritius). Die vollständige Anrechnung ausländischer Steuern i. S. des § 36 EStG stellt eine seltene Ausnahme dar (z. B. Art. 15a Abs. 3 Buchstabe a DBA-Schweiz, Grenzgängerregelung). Es ist jedoch zu beachten, dass die Doppelbesteuerung stets durch die Freistellungsmethode (mit Progressionsvorbehalt) vermieden wird, wenn im einschlägigen DBA-Artikel dem anderen Staat ein sog. ausschließliches Besteuerungsrecht zugewiesen wird (z. B. Art. 22 Abs. 2 i. V. m. Art. 14 Abs. 4 DBA-Zypern).

21 Eine besondere Regelung enthält Punkt 11 des Schlussprotokolls zu Art. 23 DBA-Belgien i. d. F. des Zusatzabkommens von 2002. Danach rechnet Deutschland die von belgischen Gemeinden

erhobene Zusatzsteuer pauschal i. H. v. 8 % der deutschen Steuer an. Die danach verbleibende deutsche Einkommensteuer ist Bemessungsgrundlage für die Kirchensteuer und den Solidaritätszuschlag. Die pauschale Anrechnung erfolgt nur, soweit Belgien als Ansässigkeitsstaat des Arbeitnehmers anzusehen ist und Deutschland als Quellenstaat für die der deutschen Steuer zugrundeliegenden Einkünfte nach Art. 15 DBA-Belgien das Besteuerungsrecht hat und Belgien diese Einkünfte grundsätzlich nach Art. 23 Abs. 2 Nr. 1 DBA-Belgien freistellt.

1.2.4 Abgrenzung zu anderen Abkommen und Bestimmungen

Neben den DBA sind weitere zwischenstaatliche Abkommen bzw. Vereinbarungen zu beachten, nach denen u. a. Arbeitnehmer von deutschen Steuern befreit sind (z. B. bei Tätigkeiten für die EU, UNO oder NATO). Eine Zusammenstellung der einzelnen Fundstellen zum 1. Januar 2013 ist dem BMF-Schreiben vom 18. März 2013 (BStBl I S. 404) zu entnehmen.   22

Nach dem Protokoll über die Vorrechte und Befreiungen der Europäischen Union (Abl. EU C 326, S. 266 – EU-Privilegienprotokoll) unterliegen z. B. Gehälter, Löhne und andere Bezüge, welche die EU ihren eigenen Beamten und sonstigen Bediensteten zahlt, nicht der nationalen Steuer in den EU-Mitgliedstaaten. Soweit Einkünfte aufgrund dessen in Deutschland freizustellen sind, unterliegen sie nicht dem Progressionsvorbehalt gemäß § 32b Abs. 1 Satz 1 Nr. 4 EStG, weil das EU-Privilegienprotokoll keinen entsprechenden Vorbehalt vorsieht. Vergütungen für eine Tätigkeit bei einem Organ bzw. einer Einrichtung der EU oder im Rahmen eines EU-Projektes, die an Personen gezahlt werden, die keine EU-Beamten oder sonstigen Bediensteten der EU sind (z. B. nationale Sachverständige), fallen i. d. R. nicht unter eine unionsrechtliche Befreiungsvorschrift. Hier ist ggf. die Anwendung eines DBA zu prüfen (s. BMF-Schreiben vom 12. April 2006, BStBl I S. 340, zur steuerlichen Behandlung des EU-Tagesgeldes).   23

2 Besteuerung im Inland

2.1 Steuerpflicht nach dem EStG

Steuerliche Sachverhalte mit Auslandsbezug, die nach dem nationalen Recht der Besteuerung im Inland unterliegen, können im Verhältnis zu DBA-Staaten nur besteuert werden, wenn das jeweils anzuwendende DBA das deutsche Besteuerungsrecht nicht ausschließt.   24

Hat ein Arbeitnehmer einen Wohnsitz oder seinen gewöhnlichen Aufenthalt im Inland, unterliegt er als unbeschränkt Steuerpflichtiger grundsätzlich mit seinem gesamten Welteinkommen der inländischen Besteuerung (§ 1 Abs. 1 i. V. m. § 2 Abs. 1 EStG).   25

Fehlt es sowohl an einem solchen Wohnsitz als auch an einem gewöhnlichen Aufenthalt, ist ein Arbeitnehmer, der inländische Einkünfte i. S. des § 49 Abs. 1 Nr. 4 EStG erzielt, grundsätzlich nach § 1 Abs. 4 EStG beschränkt einkommensteuerpflichtig. Die Erzielung inländischer Einkünfte nach § 49 Abs. 1 Nr. 4 EStG ist allein vom dort definierten inländischen Anknüpfungspunkt und nicht von einem Mindestaufenthalt im Inland abhängig.   26

Auf die unbeschränkte Steuerpflicht nach § 1 Abs. 2 und 3 EStG sowie § 1a EStG, wird hingewiesen. Für EU-/EWR-Staatsangehörige mit Wohnsitz in der Schweiz wird auf das BMF-Schreiben vom 16. September 2013, BStBl I S. 1325, verwiesen.   27

Beispiel: 28

Der in den Niederlanden wohnhafte Arbeitnehmer A ist für den in Aachen ansässigen Arbeitgeber B tätig. A übt seine Tätigkeit zu 60 % in Deutschland und zu 40 % in den Niederlanden aus.

Soweit A seine Tätigkeit im Inland ausübt, erzielt er inländische Einkünfte i. S. des § 49 Abs. 1 Nr. 4 Buchstabe a EStG. Nur für den auf diese Tätigkeit entfallenden Arbeitslohn besteht eine beschränkte Steuerpflicht nach § 1 Abs. 4 EStG.

Besteht eine beschränkte Steuerpflicht i. S. des § 1 Abs. 4 EStG, kann der Arbeitnehmer bei Vorliegen bestimmter Voraussetzungen nach § 1 Abs. 3 EStG als unbeschränkt Steuerpflichtiger behandelt werden und ggf. zusätzlich Vergünstigungen gemäß § 1a EStG in Anspruch nehmen.

Besteht während eines Kalenderjahres sowohl unbeschränkte als auch beschränkte Einkommensteuerpflicht, so sind die während der beschränkten Einkommensteuerpflicht erzielten inländischen Einkünfte in eine Veranlagung zur unbeschränkten Einkommensteuerpflicht einzubeziehen (§ 2 Abs. 7 Satz 3 EStG). Die materiell-rechtliche Behandlung bleibt hiervon unberührt.   29

2.2 Progressionsvorbehalt

Ist nach nationalem Recht zeitweise oder ganzjährig eine unbeschränkte Steuerpflicht gegeben, sind aber die Einkünfte nach einem DBA in Deutschland freizustellen, unterliegen die in Deutschland freigestellten Einkünfte dem Progressionsvorbehalt nach § 32b Abs. 1 Satz 1 Nr. 3 EStG.   30

31 Zu beachten ist, dass der ab dem Veranlagungszeitraum 2008 nach § 32b Abs. 1 Satz 2 EStG angeordnete Ausschluss des Progressionsvorbehalts für Fälle des § 32b Abs. 1 Satz 1 Nr. 3 EStG nicht Einkünfte aus unselbständiger Arbeit betrifft und nicht für den Progressionsvorbehalt nach § 32b Abs. 1 Satz 1 Nr. 2 EStG gilt.

32 Bei einer im Veranlagungszeitraum nur zeitweise bestehenden unbeschränkten Steuerpflicht sind die ausländischen Einkünfte, die bereits vom nationalen deutschen Steuerrecht nicht erfasst werden und damit im Veranlagungszeitraum nicht der deutschen Einkommensteuer unterlegen haben, ebenfalls in den Progressionsvorbehalt einzubeziehen (§ 32b Abs. 1 Satz 1 Nr. 2 EStG).

33 Bei Arbeitnehmern, die im Inland weder einen Wohnsitz noch ihren gewöhnlichen Aufenthalt haben, ist in den Fällen der Veranlagung gemäß § 1 Abs. 3, § 1a und § 50 Abs. 2 Satz 2 Nr. 4 EStG zu beachten, dass die nicht der deutschen Einkommensteuer oder dem Steuerabzug unterliegenden Einkünfte grundsätzlich dem Progressionsvorbehalt zu unterwerfen sind (§ 32b Abs. 1 Satz 1 Nr. 5 EStG).

34 Einkünfte, die nach einem sonstigen zwischenstaatlichen Übereinkommen steuerfrei sind, werden nach § 32b Abs. 1 Satz 1 Nr. 4 EStG in den Progressionsvorbehalt einbezogen, wenn in dem jeweiligen Übereinkommen die Anwendung des Progressionsvorbehalts ausdrücklich zugelassen worden ist.

35 Die Höhe der Einkünfte, die dem Progressionsvorbehalt unterliegen, ist nach deutschem Steuerrecht zu ermitteln (s. BFH-Urteil vom 20. September 2006, BStBl II S. 56). Dies bedeutet, dass beispielsweise ausländische Werbungskostenpauschalen oder Steuerbefreiungsvorschriften nicht zu berücksichtigen sind. Die steuerfreien ausländischen Einkünfte aus unselbständiger Arbeit i. S. des § 32b Abs. 1 Satz 1 Nr. 2 bis 5 EStG sind als Überschuss der Einnahmen über die Werbungskosten zu berechnen.

36 Bei der Ermittlung der Einkünfte i. S. des § 32b Abs. 1 Satz 1 Nr. 2 bis 5 EStG

– ist der Arbeitnehmer-Pauschbetrag abzuziehen, soweit er nicht schon bei der Ermittlung der Einkünfte aus nichtselbständiger Arbeit abgezogen wurde (§ 32b Abs. 2 Satz 1 Nr. 2 Satz 2 Buchstabe a EStG);

– sind Werbungskosten nur insoweit zu berücksichtigen, als sie zusammen mit den bei der Ermittlung der Einkünfte aus unselbständiger Arbeit abziehbaren Werbungskosten den Arbeitnehmer-Pauschbetrag übersteigen (§ 32b Abs. 2 Satz 1 Nr. 2 Satz 2 Buchstabe b EStG, s. H 32b „Ausländische Einkünfte" – EStH).

37 **Beispiel 1:**

Der inländische steuerpflichtige Arbeitslohn im Kalenderjahr beträgt 20 000 €; die Werbungskosten betragen 500 €. Der nach DBA unter Progressionsvorbehalt steuerfreie Arbeitslohn beträgt 10 000 €; im Zusammenhang mit der Erzielung des steuerfreien Arbeitslohns sind Werbungskosten in Höhe von 400 € tatsächlich angefallen.

Inländischer steuerpflichtiger Arbeitslohn	20 000 €
./. Werbungskosten im Zusammenhang mit steuerpflichtigem Arbeitslohn, mindestens Arbeitnehmer-Pauschbetrag (§ 9a Satz 1 Nr. 1 Buchstabe a EStG)	./. 1 000 €
Steuerpflichtige Einkünfte gemäß § 19 EStG	19 000 €
Ausländische Progressionseinnahmen	10 000 €
./. Gesamtwerbungskosten abzgl. bereits in Anspruch genommener Arbeitnehmer-Pauschbetrag oder abzgl. tatsächliche inländische Werbungskosten, sofern diese höher sind als der Arbeitnehmer-Pauschbetrag	0 €
Maßgebende Progressionseinkünfte (§ 32b Abs. 2 Satz 1 Nr. 2 Satz 2 EStG)	10 000 €

38 **Beispiel 2:**

Sachverhalt wie Beispiel 1, jedoch sind im Zusammenhang mit der Erzielung des steuerfreien Arbeitslohns tatsächlich Werbungskosten in Höhe von 600 € angefallen.

Inländischer steuerpflichtiger Arbeitslohn	20 000 €
./. Werbungskosten im Zusammenhang mit steuerpflichtigem Arbeitslohn, mindestens Arbeitnehmer-Pauschbetrag (§ 9a Satz 1 Nr. 1 Buchstabe a EStG)	./. 1 000 €
Steuerpflichtige Einkünfte gemäß § 19 EStG	19 000 €
Ausländische Progressionseinnahmen	10 000 €
./. Gesamtwerbungskosten	1 100 €
abzgl. bereits bei den stpfl. Einkünften in Anspruch genommener Arbeitnehmer-Pauschbetrag	./. 1 000 €
oder abzgl. tatsächlicher inländischer Werbungskosten, sofern diese höher sind als der Arbeitnehmer-Pauschbetrag	100 €
Maßgebende Progressionseinkünfte (§ 32b Abs. 2 Satz 1 Nr. 2 Satz 2 EStG)	9 900 €

2.3 Anwendung des § 50d Abs. 9 EStG

Nach § 50d Abs. 8 EStG ist zu beachten, dass die in einem DBA vereinbarte Freistellung der   39
Einkünfte eines unbeschränkt Steuerpflichtigen aus unselbständiger Arbeit nur zu gewähren ist,
soweit der Steuerpflichtige nachweist, dass der Staat, dem nach dem DBA das Besteuerungsrecht
zusteht, auf dieses Besteuerungsrecht verzichtet hat oder dass die in diesem Staat auf die
Einkünfte festgesetzten Steuern entrichtet wurden. Die Anwendung des § 50d Abs. 8 EStG erfordert nicht, dass Deutschland als Ansässigkeitsstaat anzusehen ist.

Als ausländische Besteuerungsnachweise gelten ausländische Steuerbescheide mit ausländi-   40
schen Zahlungsbelegen (über ausländische Steuerzahlungen) sowie auch ausländische Gehalts-
abrechnungen (mit Ausweis der abgeführten Quellensteuern).

Des Weiteren wird auf die Ausführungen im BMF-Schreiben vom 21. Juli 2005, BStBl I S. 821,   41
verwiesen.

2.4 Anwendung des § 50d Abs. 9 EStG

Soweit ein DBA nicht bereits eine entsprechende Regelung enthält, sind nach § 50d Abs. 9 Satz 1   42
Nr. 1 EStG Einkünfte nicht freizustellen, wenn die Nichtbesteuerung oder niedrige Besteuerung
im anderen Staat die Folge eines Qualifikationskonfliktes ist. Qualifikationskonflikte haben ihre
Ursache in einer nicht übereinstimmenden Anwendung der Vorschriften eines DBA durch die
Vertragsstaaten, weil sie

– von unterschiedlichen Sachverhalten ausgehen,

– die Abkommensbestimmungen unterschiedlich auslegen oder

– Abkommensbegriffe, die im DBA nicht definiert sind, nach ihrem nationalen Recht unterschiedlich auslegen (s. Art. 3 Abs. 2 OECD-MA).

Soweit ein DBA nicht bereits eine entsprechende Regelung enthält (vgl. Tz. 9), sind Einkünfte   43
nach § 50d Abs. 9 Satz 1 Nr. 2 EStG nicht von der Besteuerung auszunehmen, wenn die Nichtbesteuerung darauf zurückzuführen ist, dass sich der andere Vertragsstaat an der Ausübung seines DBA-Besteuerungsrechts durch sein innerstaatliches Recht, das diese Einkünfte ganz oder
teilweise im Rahmen der beschränkten Steuerpflicht nicht erfasst, gehindert sieht. Als Nichtbesteuerung gilt auch, wenn die Einkünfte nur deshalb im anderen Vertragsstaat besteuert werden, weil der Steuerpflichtige es versäumt, einen Antrag auf Erstattung der erstattungsfähigen
Steuer zu stellen.

Auf das BMF-Schreiben vom 12. November 2008, BStBl I S. 988, und vom 5. Dezember 2012,   44
BStBl I S. 1248, zur Besteuerung von in Deutschland ansässigem Flugpersonal britischer und iri-
scher Fluggesellschaften wird hingewiesen. § 50d Abs. 9 Satz 1 Nr. 2 EStG greift aber nicht,
wenn im anderen DBA-Staat der vorliegende steuerliche Tatbestand auch bei unbeschränkter
Steuerpflicht nicht besteuert wird.

§ 50d Abs. 9 EStG kann auch dann zur Besteuerung von Einkünften aus unselbständiger Arbeit   45
führen, wenn die Einkünfte nach § 50d Abs. 8 EStG steuerfrei belassen werden können. Die
Regelungen des § 50d Abs. 8 und 9 EStG sind insoweit nebeneinander anzuwenden (§ 50d Abs. 9
Satz 3 EStG i. d. F. des AmtshilfeRLUmsG, BGBl. 2013 I S. 1809).

Beispiel: 46

K ist in Deutschland ansässig und sowohl bei seinem Arbeitgeber in Deutschland als auch bei
einer Schwestergesellschaft in Schweden tätig. Im Jahr 01 hält sich K an 150 Tagen in Schwe-
den auf. Der Arbeitslohn wird vom deutschen Arbeitgeber bezahlt und – soweit er auf die
Tätigkeit in Schweden entfällt – der schwedischen Schwestergesellschaft weiterberechnet.
Der Steuerberater beantragt die Freistellung des Arbeitslohns, der auf die Tätigkeit in
Schweden entfällt, unter Hinweis auf Art. 15 Abs. 2 Buchstabe b DBA-Schweden (wirtschaft-
licher Arbeitgeber, s. Tz. 4.3.3.1). Die schwedische Einkommensteuer wird mit 0 € festgesetzt.
Der Steuerberater weist nach, dass es in Schweden das Rechtsinstitut des wirtschaftlichen
Arbeitgebers i. S. des DBA nicht gibt.

Die Höhe der in Schweden festgesetzten Steuer beträgt 0 €. Der Steuerpflichtige hat somit
nachgewiesen, dass die festgesetzte Steuer „entrichtet" wurde (§ 50d Abs. 8 Satz 1 zweite
Alternative EStG). Nach § 50d Abs. 9 Satz 1 Nr. 1 EStG kann die Steuerfreistellung in
Deutschland dann nicht gewährt werden, wenn der andere Staat (hier: Schweden) die
Bestimmungen des DBA so anwendet, dass die Einkünfte in diesem Staat von der Besteue-
rung auszunehmen sind.

Da die Nichtbesteuerung in Schweden ihre Ursache in einer nicht übereinstimmenden
Anwendung von DBA-Bestimmungen hat (Qualifikationskonflikt), entfällt nach § 50d Abs. 9
Satz 1 Nr. 1 EStG die Freistellung des Arbeitslohns.

2.5 Abzugsbeschränkungen

47   Gemäß § 3c Abs. 1 EStG dürfen Ausgaben, die mit steuerfreien Einnahmen in unmittelbarem wirtschaftlichen Zusammenhang stehen, nicht als Werbungskosten abgezogen werden. Sind Einkünfte aufgrund eines DBA freizustellen, sind regelmäßig nicht nur die Einnahmen, sondern auch die damit zusammenhängenden Werbungskosten von der Bemessungsgrundlage der deutschen Steuer auszunehmen (s. BFH-Urteil vom 11. Februar 2009, BStBl 2010 II S. 536). Darunter fallen sowohl laufende Werbungskosten, die durch steuerfreie Auslandseinkünfte veranlasst sind, als auch vorweggenommene Werbungskosten, die sich auf steuerfreie Auslandseinkünfte beziehen (s. BFH-Urteil vom 20. September 2006, BStBl 2007 II S. 756). Gleiches gilt für nachträgliche Werbungskosten

48   Lassen sich die Werbungskosten nicht eindeutig zuordnen, sind diese nach den zu § 3c Abs. 1 EStG entwickelten Kriterien aufzuteilen. Hierbei sind die Werbungskosten den steuerfreien Einkünften in dem Verhältnis zuzuordnen, in dem die steuerfreien Einnahmen zu den gesamten Einnahmen stehen, die der Steuerpflichtige im betreffenden Zeitraum bezogen hat (s. BFH-Urteil vom 26. März 2002, BStBl II S. 823).

49   Vorsorgeaufwendungen, die mit steuerfreien Einnahmen in unmittelbarem wirtschaftlichen Zusammenhang stehen, sind grundsätzlich nicht als Sonderausgaben abziehbar (s. § 10 Abs. 2 Satz 1 Nr. 1 EStG und das jährliche BMF-Schreiben zur Ausstellung der elektronischen Lohnsteuerbescheinigung); aktuell ist dies das BMF-Schreiben vom 15. September 2014, BStBl I S. 1244.

3 Besteuerung im Tätigkeitsstaat – Artikel 15 Abs. 1 OECD-MA

50   Nach Art. 15 Abs. 1 OECD-MA können die Vergütungen aus unselbständiger Arbeit ausschließlich im Ansässigkeitsstaat des Arbeitnehmers besteuert werden, es sei denn, die Tätigkeit wird im anderen Staat ausgeübt. Wird die unselbständige Arbeit im anderen Staat ausgeübt, steht grundsätzlich diesem Staat (Tätigkeitsstaat) das Besteuerungsrecht für die bezogenen Vergütungen zu.

51   Der Ort der Arbeitsausübung ist grundsätzlich der Ort, an dem sich der Arbeitnehmer zur Ausführung seiner Tätigkeit persönlich aufhält. Unerheblich ist, woher oder wohin die Zahlung des Arbeitslohns geleistet wird oder wo der Arbeitgeber ansässig ist.

4 Besteuerung im Ansässigkeitsstaat – Artikel 15 Abs. 2 OECD-MA (183-Tage-Klausel)

4.1 Voraussetzungen

52   Abweichend von Art. 15 Abs. 1 OECD-MA steht dem Ansässigkeitsstaat des Arbeitnehmers das ausschließliche Besteuerungsrecht für eine nicht in diesem Staat ausgeübte unselbständige Arbeit zu, wenn

–   der Arbeitnehmer sich insgesamt nicht länger als 183 Tage innerhalb eines im jeweiligen Abkommen näher beschriebenen Zeitraums im Tätigkeitsstaat aufgehalten oder die Tätigkeit dort ausgeübt hat (s. Tz. 4.2) und

–   der Arbeitgeber, der die Vergütungen wirtschaftlich trägt oder hätte tragen müssen, nicht im Tätigkeitsstaat ansässig ist (s. Tz. 4.3) und

–   der Arbeitslohn nicht von einer Betriebsstätte oder einer festen Einrichtung, die der Arbeitgeber im Tätigkeitsstaat hat, wirtschaftlich getragen wurde oder zu tragen gewesen wäre (s. Tz. 4.4).

53   Nach dem DBA-Norwegen ist weitere Voraussetzung, dass der Arbeitgeber im selben Staat wie der Arbeitnehmer ansässig ist (Art. 15 Abs. 2 Buchstabe b DBA-Norwegen).

54   Nur wenn alle drei Voraussetzungen zusammen vorliegen, steht dem Ansässigkeitsstaat des Arbeitnehmers das Besteuerungsrecht für Vergütungen, die für eine im Ausland ausgeübte Tätigkeit gezahlt werden, zu. Liegen dagegen nicht sämtliche Voraussetzungen des Art. 15 Abs. 2 OECD-MA zusammen vor, steht nach Art. 15 Abs. 1 OECD-MA dem Tätigkeitsstaat das Besteuerungsrecht für die Einkünfte aus der vom Arbeitnehmer dort ausgeübten unselbständigen Arbeit zu.

55   Steht in einem solchen Fall dem ausländischen Staat das Besteuerungsrecht zu, sind die Vergütungen i. d. R. unter Beachtung einer etwaigen Rückfallklausel im DBA oder des § 50d Abs. 8 bzw. 9 EStG im Inland freizustellen und nur im Rahmen des Progressionsvorbehalts zu berücksichtigen.

56   Ist Deutschland der Tätigkeitsstaat, ist nach den einkommensteuerrechtlichen Vorschriften zu prüfen, ob die Vergütungen des Arbeitnehmers aus seiner im Inland ausgeübten Tätigkeit im Wege der unbeschränkten oder der beschränkten Steuerpflicht der inländischen Besteuerung unterliegen.

4.2 Aufenthalt bis zu 183 Tagen – Art. 15 Abs. 2 Buchstabe a OECD-MA

4.2.1 Ermittlung der Aufenthalts-/Ausübungstage

Die in den DBA genannte 183-Tage-Frist bezieht sich häufig auf den Aufenthalt im Tätigkeits- 57
staat. Nach einigen DBA ist jedoch die Dauer der Ausübung der unselbständigen Arbeit im Tätigkeitsstaat maßgebend.

Die genannte 183-Tage-Frist kann sich entweder auf das Steuerjahr oder auf das Kalenderjahr 58
oder auch auf einen Zeitraum von zwölf Monaten beziehen.

4.2.2 183-Tage-Frist – Dauer des Aufenthalts im Tätigkeitsstaat

Wird in einem DBA zur Ermittlung der Aufenthalts-/Ausübungstage auf den Aufenthalt im Tätig- 59
keitsstaat abgestellt (z. B. Art. 13 Abs. 4 Nr. 1 DBA-Frankreich; Art. 15 Abs. 2 Buchstabe a DBA-
Italien; Art. 15 Abs. 2 Buchstabe a DBA-Österreich), so ist hierbei nicht die Dauer der beruflichen
Tätigkeit maßgebend, sondern allein die körperliche Anwesenheit im Tätigkeitsstaat. Es kommt
darauf an, ob der Arbeitnehmer an mehr als 183 Tagen im Tätigkeitsstaat anwesend war. Dabei
ist auch eine nur kurzfristige Anwesenheit an einem Tag als voller Aufenthaltstag im Tätigkeitsstaat zu berücksichtigen. Es muss sich nicht um einen zusammenhängenden Aufenthalt im Tätigkeitsstaat handeln; mehrere Aufenthalte im selben Tätigkeitsstaat sind zusammenzurechnen.

Als volle Tage des Aufenthalts im Tätigkeitsstaat werden u. a. mitgezählt: 60

– der Ankunfts- und Abreisetag,

– alle Tage der Anwesenheit im Tätigkeitsstaat unmittelbar vor, während und unmittelbar nach
  der Tätigkeit, z. B. Samstage, Sonntage, gesetzliche Feiertage,

– Tage der Anwesenheit im Tätigkeitsstaat während Arbeitsunterbrechungen, z. B. bei Streik,
  Aussperrung, Ausbleiben von Lieferungen oder Krankheit, es sei denn, die Krankheit steht
  der Abreise des Arbeitnehmers entgegen und er hätte ohne sie die Voraussetzungen für die
  Steuerbefreiung im Tätigkeitsstaat erfüllt,

– Urlaubstage, die unmittelbar vor, während und nach oder in einem engen zeitlichen Zusammenhang mit der Tätigkeit im Tätigkeitsstaat verbracht werden (s. Beispiel 3).

Tage, die ausschließlich außerhalb des Tätigkeitsstaats verbracht werden, unabhängig davon, ob 61
aus beruflichen oder privaten Gründen, werden nicht mitgezählt. Auch Tage des Transits in
einem Durchreisestaat zählen nicht als Aufenthaltstage für diesen Staat (s. Beispiel 4). Eine Ausnahme hiervon gilt für Berufskraftfahrer (s. Tz. 7.2).

Kehrt der Arbeitnehmer täglich zu seinem Wohnsitz im Ansässigkeitsstaat zurück, so ist er täglich 62
im Tätigkeitsstaat anwesend (s. BFH-Urteil vom 10. Juli 1996, BStBl 1997 II S. 15).

Zur Ermittlung der Aufenthaltstage nach dem DBA-Frankreich wird auf die Verständigungsver- 63
einbarung mit Frankreich vom 16. Februar 2006 (s. BMF-Schreiben vom 3. April 2006, BStBl I
S. 304; s. KonsVerFRAV vom 20. Dezember 2010 – BStBl 2011 I S. 104) verwiesen, wonach unter
bestimmten Voraussetzungen bei mehrtägigen Dienstreisen grundsätzlich auch Sonn- und Feiertage, Urlaubs- und Krankheitstage sowie kurze Unterbrechungen im Zusammenhang mit Reisen
in den Heimatstaat oder in Drittstaaten als Tage des Aufenthalts im Tätigkeitsstaat mitgezählt
werden. Bei Arbeitnehmern, die – ohne Grenzgänger i. S. des Art. 13 Abs. 5 DBA-Frankreich zu
sein – arbeitstäglich in den Tätigkeitsstaat fahren und nach Erbringung der Arbeitsleistung wieder in den Wohnsitzstaat zurückkehren (sog. Grenzpendler), ist jedoch auf die tatsächlich im
anderen Staat verbrachten Tage abzustellen (s. BFH-Urteil vom 12. Oktober 2011, BStBl II S. 548).

Beispiel 1 – Zu Wochenendheimfahrt: 64

A ist für seinen deutschen Arbeitgeber mehrere Monate lang jeweils von Montag bis Freitag
in den Niederlanden tätig. Seine Wochenenden verbringt er bei seiner Familie in Deutschland. Dazu fährt er an jedem Freitag nach Arbeitsende nach Deutschland. Er verlässt
Deutschland jeweils am Montagmorgen, um in den Niederlanden seiner Berufstätigkeit
nachzugehen.

Die Tage von Montag bis Freitag sind jeweils als volle Anwesenheitstage in den Niederlanden zu berücksichtigen, weil sich A dort zumindest zeitweise aufgehalten hat. Dagegen
können die Samstage und Sonntage mangels Aufenthalts in den Niederlanden nicht als
Anwesenheitstage i. S. der 183-Tage-Klausel berücksichtigt werden.

Beispiel 2 – Zu Wochenendheimfahrt: 65

Wie Fall 1, jedoch fährt A an jedem Samstagmorgen von den Niederlanden nach Deutschland
und an jedem Sonntagabend zurück in die Niederlande.

Bei diesem Sachverhalt sind auch die Samstage und Sonntage als volle Anwesenheitstage in
den Niederlanden i. S. der 183-Tage-Klausel zu berücksichtigen, weil sich A an diesen Tagen
zumindest zeitweise dort aufgehalten hat.

66   **Beispiel 3 – Berechnung der Urlaubstage:**

B ist für seinen deutschen Arbeitgeber vom 1. Januar bis 15. Juni in Schweden tätig. Im Anschluss hieran hielt er sich zu Urlaubszwecken bis einschließlich 24. Juni in Deutschland auf. Vom 25. Juni bis 24. Juli verbringt er seinen weiteren Urlaub in Schweden.

Das Besteuerungsrecht für den Arbeitslohn hat Schweden, weil sich B länger als 183 Tage im Kalenderjahr in Schweden aufgehalten hat (Art. 15 DBA-Schweden), denn die Urlaubstage, die B im Anschluss an seine Tätigkeit in Schweden verbringt, stehen in einem engen zeitlichen Zusammenhang mit dieser Tätigkeit und werden daher für die Aufenthaltsdauer berücksichtigt.

67   **Beispiel 4 – Transittage:**

C (kein Berufskraftfahrer) fährt für seinen deutschen Arbeitgeber an einem Montag mit dem Pkw von Hamburg nach Mailand, um dort eine Montagetätigkeit auszuüben. Er unterbricht seine Fahrt in Österreich, wo er übernachtet. Am folgenden Tag fährt C weiter nach Mailand. Am Freitag fährt C von Mailand über Österreich nach Hamburg zurück.

C durchquert Österreich lediglich für Zwecke des Transits. Zur Berechnung der Aufenthaltstage in Österreich werden daher die Tage, die C auf seiner Fahrt von und nach Mailand in Österreich verbringt, nicht gezählt; damit sind für Italien vier Tage zu zählen, für Österreich ist kein Tag zu berücksichtigen.

4.2.3 183-Tage-Frist – Dauer der Ausübung der unselbständigen Arbeit im Tätigkeitsstaat

68   Wird in einem DBA zur Ermittlung der Aufenthalts-/Ausübungstage auf die Dauer der Ausübung der unselbständigen Arbeit im Tätigkeitsstaat abgestellt (z. B. Art. 15 Abs. 2 Buchstabe a DBA-Dänemark), so ist hierbei jeder Tag zu berücksichtigen, an dem sich der Arbeitnehmer, sei es auch nur für kurze Zeit, in dem anderen Vertragsstaat zur Arbeitsausübung tatsächlich aufgehalten hat.

69   Tage der Anwesenheit im Tätigkeitsstaat, an denen eine Ausübung der beruflichen Tätigkeit ausnahmsweise nicht möglich ist, werden mitgezählt, z. B. bei Streik, Aussperrung, Ausbleiben von Lieferungen oder Krankheit, es sei denn, die Krankheit steht der Abreise des Arbeitnehmers entgegen und er hätte ohne sie die Voraussetzungen für die Steuerbefreiung im Tätigkeitsstaat erfüllt. Abweichend von Tz. 4.2.2 sind alle arbeitsfreien Tage der Anwesenheit im Tätigkeitsstaat vor, während und nach der Tätigkeit, z. B. Samstage, Sonntage, öffentliche Feiertage, Urlaubstage, nicht zu berücksichtigen (s. Beispiel 1).

70   **Beispiel 1 – Wochenendheimfahrten:**

A ist für seinen deutschen Arbeitgeber mehrere Monate lang jeweils von Montag bis Freitag in Dänemark tätig. Seine Wochenenden verbringt er bei seiner Familie in Deutschland. Dazu fährt er an jedem Samstagmorgen von Dänemark nach Deutschland und an jedem Sonntagabend zurück nach Dänemark.

Die Tage von Montag bis Freitag sind jeweils als volle Tage in Dänemark zu berücksichtigen, weil A an diesen Tagen dort seine berufliche Tätigkeit ausgeübt hat. Dagegen können die Samstage und Sonntage mangels Ausübung der Tätigkeit in Dänemark nicht als Tage i. S. der 183-Tage-Klausel berücksichtigt werden.

71   Im Verhältnis zu Belgien (Art. 15 Abs. 2 Nr. 1 DBA-Belgien) gilt die Besonderheit, dass für die Berechnung der 183-Tage-Frist Tage der Arbeitsausübung und übliche Arbeitsunterbrechungen auch dann mitgezählt werden, wenn sie nicht im Tätigkeitsstaat verbracht werden, z. B. Tage wie Samstage, Sonntage, Krankheits- und Urlaubstage, soweit sie auf den Zeitraum der Auslandstätigkeit entfallen (Art. 15 Abs. 2 Nr. 1 DBA-Belgien, s. Beispiel 2).

72   Dies gilt aber nicht für den Anreise- und Abreisetag, wenn an diesen Tagen nicht gearbeitet wird. Insofern handelt es sich nicht um Arbeitsunterbrechungen.

73   **Beispiel 2 – Besonderheiten Belgien:**

B ist für seinen deutschen Arbeitgeber zwei Wochen in Belgien tätig. Hierzu reist B am Sonntag nach Brüssel und nimmt dort am Montag seine Tätigkeit auf. Am folgenden arbeitsfreien Wochenende fährt B am Samstag nach Deutschland und kehrt am Montagmorgen zurück nach Brüssel. Nach Beendigung seiner Tätigkeit am darauf folgenden Freitag kehrt B am Samstag nach Deutschland zurück.

Der Anreisetag sowie der Abreisetag werden nicht als Tage der Arbeitsausübung in Belgien berücksichtigt, weil B an diesen Tagen dort seine berufliche Tätigkeit nicht ausgeübt hat und eine Arbeitsunterbrechung nicht gegeben ist. Die Tage von Montag bis Freitag sind jeweils als Tage der Arbeitsausübung in Belgien zu berücksichtigen, weil B an diesen Tagen dort seine berufliche Tätigkeit ausgeübt hat. Das dazwischen liegende Wochenende wird unabhängig vom Aufenthaltsort als Tage der Arbeitsausübung in Belgien berücksichtigt, weil eine übliche Arbeitsunterbrechung vorliegt. Somit sind für die 183-Tage-Frist 12 Tage zu berücksichtigen.

Eine dem DBA-Belgien ähnliche Regelung ist in den Abkommen mit der Elfenbeinküste (Art. 15   74
Abs. 2 Buchstabe a), Marokko (Art. 15 Abs. 2 Nr. 1) und Tunesien (Art. 15 Abs. 2 Buchstabe a) vereinbart. Diese Abkommen beziehen sich zwar auf die Dauer des Aufenthalts, jedoch werden
auch hier gewöhnliche Arbeitsunterbrechungen bei der Berechnung der 183-Tage-Frist berücksichtigt.

4.2.4 Anwendung der 183-Tage-Frist auf einen 12-Monats-Zeitraum

Wird in einem DBA zur Ermittlung der Aufenthalts-/Ausübungstage entsprechend dem aktuellen   75
OECD-Standard (Art. 15 Abs. 2 OECD-MA) auf einen „Zeitraum von zwölf Monaten" abgestellt,
so sind hierbei alle denkbaren 12-Monats-Zeiträume in Betracht zu ziehen, auch wenn sie sich
zum Teil überschneiden. Wenn sich der Arbeitnehmer in einem beliebigen 12-Monats-Zeitraum
an mehr als 183 Tagen in dem anderen Vertragsstaat aufhält, steht diesem für die Einkünfte, die
auf diese Tage entfallen, das Besteuerungsrecht zu. Mit jedem Aufenthaltstag des Arbeitnehmers
in dem anderen Vertragsstaat ergeben sich somit neue zu beachtende 12-Monats-Zeiträume.

Ein 12-Monats-Zeitraum wurde z. B. mit folgenden Staaten vereinbart (Stand: 1. Januar 2014):   76

Albanien (ab 1. Januar 2012),

Algerien (ab 1. Januar 2009),

Aserbaidschan (ab 1. Januar 2006),

Bulgarien (ab 1. Januar 2011),

Belarus (Weißrussland) (ab 1. Januar 2007),

Georgien (ab 1. Januar 2008),

Ghana (ab 1. Januar 2008),

Großbritannien (ab 1. Januar 2011),

Kanada (ab 1. Januar 2011),

Kasachstan (ab 1. Januar 1996),

Kirgisistan (ab 1. Januar 2007),

Korea (ab 1. Januar 2003),

Kroatien (ab 1. Januar 2007),

Liechtenstein (ab 1. Januar 2013),

Liberia (ab 1. Januar 1970),

Luxemburg (ab 1. Januar 2014),

Malaysia (ab 1. Januar 2011),

Malta (ab 1. Januar 2002),

Mazedonien (ab 1. Januar 2011),

Mexiko (ab 1. Januar 1993),

Norwegen (ab 1. Januar 1991),

Polen (ab 1. Januar 2005),

Rumänien (ab 1. Januar 2004),

Russland (ab 1. Januar 1997),

Singapur (ab 1. Januar 2007),

Slowenien (ab 1. Januar 2007),

Spanien (ab 1. Januar 2013),

Syrien (ab 1. Januar 2011),

Tadschikistan (ab 1. Januar 2005),

Ungarn (ab 1. Januar 2012),

Uruguay (ab 1. Januar 2012),

Usbekistan (ab 1. Januar 2002),

Zypern (ab 1. Januar 2012).

77   **Beispiel 1:**

A ist für seinen deutschen Arbeitgeber vom 1. April bis 20. April 01 für 20 Tage, zwischen dem 1. August 01 und dem 31. März 02 für 90 Tage sowie vom 25. April 02 bis zum 31. Juli 02 für 97 Tage in Norwegen tätig.

Für die Vergütungen, die innerhalb des Zeitraums 1. August 01 bis 31. Juli 02 auf Tage entfallen, an denen sich A in Norwegen aufhält, hat Norwegen das Besteuerungsrecht, da sich A innerhalb eines 12 Monats-Zeitraums dort an insgesamt mehr als 183 Tagen (insgesamt 187 Tage) aufgehalten hat. Das Besteuerungsrecht für die Einkünfte, die auf den Zeitraum 1. bis 20. April 01 entfallen, steht dagegen Deutschland zu, da sich A in allen auf diesen Zeitraum bezogenen denkbaren 12-Monats-Zeiträumen an nicht mehr als 183 Tagen in Norwegen aufgehalten hat.

78   **Beispiel 2:**

B ist für seinen deutschen Arbeitgeber zwischen dem 1. Januar 01 und dem 28. Februar 01 sowie vom 1. Mai 01 bis zum 30. April 02 für jeweils monatlich 20 Tage in Norwegen tätig.

Das Besteuerungsrecht für die Vergütungen, die innerhalb des Zeitraums 1. Mai 01 bis 30. April 02 auf Tage entfallen, an denen sich B in Norwegen aufhält, hat Norwegen, da sich B innerhalb eines 12 Monats-Zeitraums dort an insgesamt mehr als 183 Tagen (insgesamt = 240 Tage) aufgehalten hat. Gleiches gilt für den Zeitraum 1. Januar 01 bis 28. Februar 01, da sich B auch innerhalb des 12 Monats-Zeitraums 1. Januar 01 bis 31. Dezember 01 an insgesamt mehr als 183 Tagen (insgesamt = 200 Tage) in Norwegen aufgehalten hat.

4.2.5 Anwendung der 183-Tage-Frist auf das Steuerjahr/Kalenderjahr

79   Wird in einem DBA zur Ermittlung der Aufenthalts-/Ausübungstage anstelle eines 12-Monats-Zeitraums auf das Steuerjahr oder Kalenderjahr abgestellt, so sind die Aufenthalts-/Ausübungstage für jedes Steuer- oder Kalenderjahr gesondert zu ermitteln. Weicht das Steuerjahr des anderen Vertragsstaats vom Steuerjahr Deutschlands (= Kalenderjahr) ab, ist jeweils das Steuerjahr des Vertragsstaats maßgebend, in dem die Tätigkeit ausgeübt wird.

80   Folgende Vertragsstaaten haben z. B. ein vom Kalenderjahr abweichendes Steuerjahr

(Stand: 1. Januar 2014):

Australien 1. Juli bis 30. Juni

Bangladesch 1. Juli bis 30. Juni

Großbritannien 6. April bis 5. April (s. u.)

Indien 1. April bis 31. März

Iran 21. März bis 20. März

Namibia 1. März bis 28./29. Februar

Neuseeland 1. April bis 31. März

Pakistan 1. Juli bis 30. Juni

Sri Lanka 1. April bis 31. März

Südafrika 1. März bis 28./29. Februar

81   In Bezug auf Großbritannien ist zu beachten, dass in Art. 14 Abs. 2 Buchstabe a des DBA-Großbritannien vom 30. März 2010 (gültig ab 1. Januar 2011) nicht mehr auf das Steuerjahr abgestellt wird, sondern auf einen Zeitraum von 12 Monaten (zur Berechnung s. Tz. 4.2.4)

82   **Beispiel 1:**

A ist vom 1. Oktober 01 bis 31. Mai 02 für seinen deutschen Arbeitgeber in Schweden tätig.

Die Aufenthaltstage sind für jedes Kalenderjahr getrennt zu ermitteln. A hält sich weder im Kalenderjahr 01 (92 Tage) noch im Kalenderjahr 02 (151 Tage) länger als 183 Tage in Schweden auf.

83   **Beispiel 2:**

B ist für seinen deutschen Arbeitgeber vom 1. Januar 02 bis 31. Juli 02 in Indien (Steuerjahr 1. April bis 31. März) tätig.

Die Aufenthaltstage sind für jedes Steuerjahr getrennt zu ermitteln. Maßgeblich ist das Steuerjahr des Tätigkeitsstaates. Da das Steuerjahr 01/02 in Indien am 31. März 02 endet, hält sich B weder im Steuerjahr 01/02 (90 Tage) noch im Steuerjahr 02/03 (122 Tage) länger als 183 Tage in Indien auf.

4.2.6 Besonderheiten beim Wechsel des Bezugszeitraums im DBA und Wechsel der Ansässigkeit

Bei Umstellung eines DBA vom Steuerjahr auf einen 12-Monats-Zeitraum ist – soweit im DBA nichts anderes vereinbart ist – ab Anwendbarkeit des neuen DBA auch dann ein 12-Monats-Zeitraum zu betrachten, wenn dessen Beginn in den Anwendungszeitraum des alten DBA hineinreicht.   84

Beispiel 1:   85

Ein deutscher Arbeitgeber entsendet einen in Deutschland ansässigen Mitarbeiter A vom 15. November 2010 bis 31. Mai 2011 (insgesamt 198 Tage) nach Großbritannien.

Das DBA-Großbritannien 2010 ist nach Art. 32 Abs. 2 Buchstabe a Doppelbuchstabe bb ab 1. Januar 2011 anzuwenden und enthält als maßgeblichen Bezugszeitraum einen 12-Monats-Zeitraum, der während des bestehenden Steuerjahres (6. April bis 5. April) beginnt bzw. endet. Für den Veranlagungszeitraum 2010 bedeutet das, dass zur Ermittlung der Aufenthaltstage nach Art. XI Abs. 2 DBA-Großbritannien 1964 auf das britische Steuerjahr (6. April 2010 bis 5. April 2011) abzustellen ist. In diesem Zeitraum hielt sich A an 142 Tagen und somit nicht länger als 183 Tage in Großbritannien auf. In 2010 verbleibt somit das Besteuerungsrecht für die in 2010 erhaltenen Einkünfte des A in Deutschland. Für den Veranlagungszeitraum 2011 ist allerdings nach Art. 14 Abs. 2 des DBA-Großbritannien 2010 zu prüfen, ob sich A insgesamt länger als 183 Tage innerhalb eines 12-Monats-Zeitraums, der in 2010 beginnt und im Steuerjahr 2011 endet, in Großbritannien aufgehalten hat. A hat sich 198 Tage in Großbritannien aufgehalten. In 2011 erhält somit Großbritannien das Besteuerungsrecht für die vom 1. Januar 2011 bis 31. Mai 2011 vereinnahmten Einkünfte des A.

Seit der Aktualisierung des OECD-MK im Jahr 2008 (s. OECD-MK Punkt 5.1 zu Art. 15 OECD-MA) ist bei der Ermittlung der Aufenthalts-/Ausübungstage ein Wechsel der Ansässigkeit innerhalb der vorgenannten Bezugszeiträume zu beachten. Tage, an denen der Steuerpflichtige im Tätigkeitsstaat ansässig ist, sind bei der Berechnung der 183 Tage nicht zu berücksichtigen.   86

Beispiel 2: (s. OECD-MK 2010 Punkt 5.1)   87

Vom 1. Januar 01 bis 31. Dezember 01 ist A in Polen ansässig. Am 1. Januar 02 wird A von einem in Deutschland ansässigen Arbeitgeber eingestellt und ab diesem Zeitpunkt in Deutschland ansässig. A wird vom 15. bis 31. März 02 von seinem deutschen Arbeitgeber nach Polen entsandt.

In diesem Fall hält sich A zwischen dem 1. April 01 und dem 31. März 02 insgesamt 292 Tage in Polen auf. Da er aber zwischen dem 1. April 01 und dem 31. Dezember 01 in Polen ansässig war, kann dieser Zeitraum für die Berechnung der 183 Tage nicht berücksichtigt werden. Das DBA-Polen 2003 (Anwendung ab 01. 01. 2005) sieht als maßgeblichen Bezugszeitraum für die 183-Tage-Frist den 12-Monats-Zeitraum vor.

A hat sich somit zwischen dem 1. April 01 und 31. März 02 nur 17 Tage (15. März 02 bis 31. März 02) in Polen aufgehalten, ohne zugleich dort ansässig zu sein.

Beispiel 3: (s. OECD-MK 2010 Punkt 5.1)   88

Vom 15. bis 31. Oktober 01 hält sich A, der in Polen ansässig ist, in Deutschland auf, um dort die Erweiterung der Geschäftstätigkeit der X-AG, die in Polen ansässig ist, vorzubereiten. Am 1. Mai 02 zieht A nach Deutschland, wo er ansässig wird und für eine in Deutschland neu gegründete Tochtergesellschaft der X-AG arbeitet.

In diesem Fall hält sich A zwischen dem 15. Oktober 01 und dem 14. Oktober 02 insgesamt 184 Tage in Deutschland auf. Da er aber zwischen dem 1. Mai und dem 14. Oktober 02 in Deutschland ansässig war, wird dieser letztere Zeitraum für die Berechnung der nach Art. 15 Abs. 2 Buchstabe a genannten Zeiträume nicht berücksichtigt.

A hat sich somit zwischen dem 15. Oktober 01 und dem 14. Oktober 02 nur 16 Tage (15. Oktober 01 bis 31. Oktober 01) in Deutschland aufgehalten, ohne zugleich dort ansässig zu sein.

Beispiel 4:   89

Vom 1. Januar 01 bis 30. April 01 war A in Deutschland und vom 1. Mai 01 bis 31. Dezember 01 in den USA ansässig.

Bis zum 30. April 01 war A bei einem deutschen Arbeitgeber beschäftigt. Vom 1. März bis 6. März 01 war A für seinen deutschen Arbeitgeber in den USA tätig. Der deutsche Arbeitgeber hatte in den USA keine Betriebsstätte.

Deutschland hat für den Zeitraum bis zum 30. April 01 das Besteuerungsrecht, weil Deutschland der Ansässigkeitsstaat war, sich A nicht mehr als 183 Tage in den USA aufgehalten hat (der Zeitraum 1. Mai 01 bis 31. Dezember 01 wird insoweit nicht mitgerechnet, weil A in diesem Zeitraum in den USA ansässig war), und der Arbeitslohn nicht von einem US-amerikanischen Arbeitgeber oder einer US-amerikanischen Betriebsstätte getragen wurde.

4.3 Zahlung durch einen oder für einen im Tätigkeitsstaat ansässigen Arbeitgeber – Art. 15 Abs. 2 Buchstabe b OECD-MA –

4.3.1 Allgemeines

90   Erfolgt die Zahlung durch einen oder für einen im Tätigkeitsstaat ansässigen Arbeitgeber, sind die Voraussetzungen für die Besteuerung im Ansässigkeitsstaat nach Art. 15 Abs. 2 Buchstabe b OECD-MA nicht erfüllt.

91   Die im Ausland ausgeübte unselbständige Tätigkeit eines Arbeitnehmers kann für seinen zivilrechtlichen Arbeitgeber (s. Tz. 4.3.2), für seinen wirtschaftlichen Arbeitgeber im Rahmen einer Arbeitnehmerentsendung zwischen verbundenen Unternehmen (s. Tz. 4.3.3) oder aber für einen nicht verbundenen Unternehmer (s. Tz. 4.3.4 und 4.3.5) erfolgen.

92   Ist eine Personengesellschaft Arbeitgeberin, bestimmt sich deren Ansässigkeit für Zwecke des Art. 15 Abs. 2 Buchstabe b OECD-MA grundsätzlich nach dem Ort der Geschäftsleitung. Entsprechendes gilt für eine Personengesellschaft, die im anderen Staat wie eine Kapitalgesellschaft besteuert wird.

93   Eine Betriebsstätte kommt zivilrechtlich nicht als Arbeitgeberin i. S. des DBA in Betracht (s. BFH-Urteile vom 29. Januar 1986, BStBl II S. 442 und BStBl II S. 513), s. aber Tz. 4.4.

94   **Beispiel:**

A ist Arbeitnehmer eines britischen Unternehmens B. Er wohnt seit Jahren in Deutschland und ist bei einer deutschen Betriebsstätte des B in Hamburg beschäftigt. Im Jahr 01 befindet er sich an fünf Arbeitstagen bei Kundenbesuchen in der Schweiz und an fünf Arbeitstagen bei Kundenbesuchen in Norwegen.

Aufenthalt in der Schweiz: Maßgeblich ist das DBA-Schweiz, da A in Deutschland ansässig ist (Art. 1, 4 Abs. 1 DBA-Schweiz) und die „Quelle" der Einkünfte aus unselbständiger Arbeit in dem Staat liegt, in dem die Tätigkeit ausgeübt wird. Nach Art. 15 Abs. 2 DBA-Schweiz hat Deutschland das Besteuerungsrecht, da neben der Erfüllung der weiteren Voraussetzungen dieser Vorschrift A von einem Arbeitgeber entlohnt wird, der nicht in der Schweiz ansässig ist.

Aufenthalt in Norwegen: Maßgeblich ist das DBA-Norwegen. Deutschland hat kein Besteuerungsrecht für die Vergütungen aus der Tätigkeit in Norwegen. Zwar hält sich A nicht länger als 183 Tage in Norwegen auf. Das Besteuerungsrecht steht Deutschland nach Art. 15 Abs. 2 Buchstabe b DBA-Norwegen aber nur dann zu, wenn der Arbeitgeber in dem Staat ansässig ist, in dem auch der Arbeitnehmer ansässig ist. Arbeitgeber ist hier das britische Unternehmen B; die inländische Betriebsstätte kann nicht Arbeitgeber i. S. des DBA sein.

4.3.2 Auslandstätigkeit für den zivilrechtlichen Arbeitgeber

95   Sofern der im Inland ansässige Arbeitnehmer für seinen zivilrechtlichen Arbeitgeber (z. B. im Rahmen einer Lieferung oder Werk-/Dienstleistung) bei einem nicht verbundenen Unternehmen im Ausland tätig ist, ist regelmäßig davon auszugehen, dass der zivilrechtliche Arbeitgeber auch der Arbeitgeber i. S. des DBA ist. Sofern in diesem Fall auch keine Betriebsstätte des Arbeitgebers vorliegt, die die Vergütungen wirtschaftlich trägt, fällt das Besteuerungsrecht erst dann an den Tätigkeitsstaat, wenn die 183-Tage-Frist überschritten ist (s. dazu Art. 15 Abs. 2 Buchstabe a und c OECD-MA).

96   Entsprechendes gilt für einen im Ausland ansässigen Arbeitnehmer, der für seinen zivilrechtlichen Arbeitgeber im Inland tätig ist.

97   **Beispiel: Werkleistungsverpflichtung**

Das ausschließlich in Spanien ansässige Unternehmen S ist spezialisiert auf die Installation von Computeranlagen. Das in Deutschland ansässige, nicht mit S verbundene Unternehmen D hat kürzlich eine neue Computeranlage angeschafft und schließt für die Durchführung der Installation dieser Anlage einen Werkleistungsvertrag mit S ab. X, ein in Spanien ansässiger Angestellter von S, wird für vier Monate an den Firmensitz von D im Inland gesandt, um die vereinbarte Installation durchzuführen. S berechnet D für die Installationsleistungen (einschließlich Reisekosten des X, Gewinnaufschlag etc.) einen pauschalen Betrag. Der Arbeitslohn des X ist dabei lediglich ein nicht gesondert ausgewiesener Preisbestandteil im Rahmen der Preiskalkulation des S.

X wird im Rahmen einer Werkleistungsverpflichtung und nicht im Rahmen einer Arbeitnehmerentsendung des S bei D tätig. Vorausgesetzt, X hält sich nicht mehr als 183 Tage während des betreffenden 12-Monats-Zeitraums in Deutschland auf und S hat in Deutschland keine Betriebsstätte, der die Gehaltszahlungen an X zuzurechnen sind, weist Art. 14 Abs. 2 DBA-Spanien das Besteuerungsrecht für die Vergütungen aus unselbständiger Arbeit Spanien zu.

X ist in Deutschland nach nationalem Recht bereits deshalb beschränkt steuerpflichtig, weil die Tätigkeit in Deutschland ausgeübt wurde (s. § 49 Abs. 1 Nr. 4 Buchstabe a EStG). Da

Deutschland für den entsprechenden Arbeitslohn nach Art. 14 Abs. 2 DBA-Spanien kein Besteuerungsrecht hat, ergibt sich für X insoweit keine Einkommensteuer. Der Lohnsteuerabzug für die in Deutschland ausgeübte Tätigkeit kann bereits deshalb unterbleiben, weil in Deutschland kein inländischer Arbeitgeber vorliegt und darüber hinaus auch auf der Abkommensebene Deutschland kein Besteuerungsrecht zusteht. S ist kein in § 38 Abs. 1 Satz 1 Nr. 1 und 2 EStG genannter inländischer abzugspflichtiger Arbeitgeber. Eine Abzugsverpflichtung ergibt sich für Deutschland auch nicht nach § 38 Abs. 1 Satz 2 EStG, weil X im Rahmen einer Werkleistungsverpflichtung tätig wird. Für den Fall, dass S und D verbundene Unternehmen sind, ergibt sich keine abweichende Lösung.

4.3.3 Grenzüberschreitende Arbeitnehmerentsendung zwischen verbundenen Unternehmen

4.3.3.1 Wirtschaftlicher Arbeitgeber

Arbeitgeber i. S. des DBA kann nicht nur der zivilrechtliche Arbeitgeber, sondern auch eine andere natürliche oder juristische Person sein, die die Vergütung für die ihr geleistete unselbständige Tätigkeit wirtschaftlich trägt (s. BFH-Urteil vom 23. Februar 2005, BStBl II S. 547). Entsprechendes gilt für Personengesellschaften (s. Tz. 4.3.1). Wird die unselbständige Tätigkeit eines im Inland ansässigen Arbeitnehmers bei einem im Ausland ansässigen verbundenen Unternehmen (Art. 9 OECD-MA) ausgeübt, ist zu prüfen, welches dieser Unternehmen als Arbeitgeber i. S. des DBA und damit als wirtschaftlicher Arbeitgeber anzusehen ist. Hierbei ist auf den wirtschaftlichen Gehalt und die tatsächliche Durchführung der zugrunde liegenden Vereinbarungen abzustellen. Entsprechendes gilt, wenn ein im Ausland ansässiger Arbeitnehmer bei einem im Inland ansässigen verbundenen Unternehmen (Art. 9 OECD-MA) tätig ist. | 98

In den Fällen der Arbeitnehmerentsendung ist der wirtschaftliche Arbeitgeber i. S. des Abkommensrechts auch der zum Lohnsteuerabzug verpflichtete inländische Arbeitgeber i. S. des § 38 Abs. 1 Satz 2 EStG, s. BMF-Schreiben vom 27. Januar 2004, BStBl I S. 173, Tz. III.1. | 99

Die Grundsätze des BMF-Schreibens vom 9. November 2001, BStBl I S. 796, (Grundsätze für die Prüfung der Einkunftsabgrenzung zwischen international verbundenen Unternehmen in Fällen der Arbeitnehmerentsendung – Verwaltungsgrundsätze-Arbeitnehmerentsendung) sind bei der Abgrenzung zu beachten. Einzeln abgrenzbare Leistungen sind gesondert zu betrachten. | 100

Wird der Arbeitnehmer im Rahmen einer Arbeitnehmerentsendung zur Erfüllung einer Lieferungs- oder Werk-/Dienstleistungsverpflichtung des entsendenden Unternehmens bei einem verbundenen Unternehmen tätig und ist sein Arbeitslohn Preisbestandteil der Lieferung oder Werkleistung, ist der zivilrechtliche Arbeitgeber (= entsendendes Unternehmen) auch Arbeitgeber i. S. des DBA. | 101

Dagegen wird das aufnehmende verbundene Unternehmen zum Arbeitgeber im abkommensrechtlichen Sinne (wirtschaftlicher Arbeitgeber), wenn | 102

– der Arbeitnehmer in das aufnehmende Unternehmen eingebunden ist und

– das aufnehmende Unternehmen den Arbeitslohn (infolge seines eigenen betrieblichen Interesses an der Entsendung des Arbeitnehmers) wirtschaftlich trägt oder nach dem Fremdvergleichsgrundsatz hätte tragen müssen. Hierbei ist es unerheblich, ob die Vergütungen unmittelbar dem betreffenden Arbeitnehmer ausgezahlt werden, oder ein anderes Unternehmen mit diesen Arbeitsvergütungen in Vorlage tritt (s. Verwaltungsgrundsätze-Arbeitnehmerentsendung, a. a. O.). Eine „willkürliche" Weiterbelastung des Arbeitslohns führt nicht zur Begründung der Arbeitgebereigenschaft, ebenso wie eine unterbliebene Weiterbelastung die Arbeitgebereigenschaft beim aufnehmenden Unternehmen nicht verhindern kann.

Für die Entscheidung, ob der Arbeitnehmer in das aufnehmende Unternehmen eingebunden ist, ist das Gesamtbild der Verhältnisse maßgebend. Hierbei ist insbesondere zu berücksichtigen, ob | 103

– das aufnehmende Unternehmen die Verantwortung oder das Risiko für die durch die Tätigkeit des Arbeitnehmers erzielten Ergebnisse trägt und

– der Arbeitnehmer den fachlichen Weisungen des aufnehmenden Unternehmens unterworfen ist.

Darüber hinaus kann für die vorgenannte Entscheidung u. a. zu berücksichtigen sein, wer über Art und Umfang der täglichen Arbeit, die Höhe der Bezüge, die Teilnahme an einem etwaigen Erfolgsbonus- und Aktienerwerbsplan des Konzerns oder die Urlaubsgewährung entscheidet, wer die Arbeitsmittel stellt, das Risiko für eine Lohnzahlung im Nichtleistungsfall trägt, das Recht der Entscheidung über Kündigung oder Entlassung hat, wer für die Sozialversicherungsbelange des Arbeitnehmers verantwortlich ist, in wessen Räumlichkeiten die Arbeit erbracht wird, welchen Zeitraum das Tätigwerden im aufnehmenden Unternehmen umfasst, wem gegenüber Abfindungs- und Pensionsansprüche erwachsen und mit wem der Arbeitnehmer Meinungsverschiedenheiten aus dem Arbeitsvertrag auszutragen hat. | 104

105   Nach diesen Grundsätzen wird z. B. bei Entsendung eines Arbeitnehmers von einer Muttergesellschaft zu ihrer Tochtergesellschaft das aufnehmende Unternehmen nicht zum wirtschaftlichen Arbeitgeber, wenn der Arbeitnehmer nicht in dessen Hierarchie eingebunden ist. In diesem Fall wird der Arbeitnehmer ausschließlich als Vertreter der Muttergesellschaft tätig, während im Verhältnis zur Tochtergesellschaft die für ein Arbeitsverhältnis kennzeichnende Abhängigkeit fehlt. Hier bleibt selbst dann, wenn die Tochtergesellschaft der Muttergesellschaft den Arbeitslohn ersetzt, letztere Arbeitgeberin im abkommensrechtlichen Sinne (s. BFH-Urteil vom 23. Februar 2005, BStBl II S. 547).

106   Zu einem Wechsel der wirtschaftlichen Arbeitgeberstellung bedarf es weder einer förmlichen Änderung des Arbeitsvertrages zwischen dem Arbeitnehmer und dem entsendenden Unternehmen noch ist der Abschluss eines zusätzlichen Arbeitsvertrages zwischen dem Arbeitnehmer und dem aufnehmenden Unternehmen oder eine im Vorhinein getroffene Verrechnungspreisabrede zwischen den betroffenen verbundenen Unternehmen erforderlich (s. BFH-Urteil vom 23. Februar 2005, a. a. O.).

107   Auf den Sonderfall eines Arbeitnehmers, der im Interesse seines inländischen Arbeitgebers die Funktion als Verwaltungsratsmitglied oder -beirat bei einem ausländischen verbundenen Unternehmen wahrnimmt, wird hingewiesen (s. BFH-Urteil vom 23. Februar 2005, a. a. O.).

108   In den Fällen der internationalen Arbeitnehmerentsendung ist das in Deutschland ansässige aufnehmende Unternehmen, das den Arbeitslohn für die ihm geleistete Arbeit wirtschaftlich trägt, zum Steuerabzug verpflichtet (§ 38 Abs. 1 Satz 2 EStG). Der wirtschaftliche Arbeitgeberbegriff ist damit auch für Zwecke des Lohnsteuerabzugs zu beachten. Nicht erforderlich ist hierfür, dass das deutsche Unternehmen den Arbeitslohn im eigenen Namen und für eigene Rechnung, beispielsweise aufgrund eigener arbeitsrechtlicher Verpflichtung, auszahlt. Die Lohnsteuerabzugsverpflichtung des inländischen Unternehmens entsteht bereits im Zeitpunkt der Auszahlung des Arbeitslohns an den Arbeitnehmer, sofern es aufgrund einer Vereinbarung mit dem ausländischen, entsendenden Unternehmen mit einer Weiterbelastung rechnen kann (R 38.3 Abs. 5 LStR).

109   Zum Umfang der Abzugsverpflichtung durch das inländische Unternehmen ist darauf hinzuweisen, dass sämtliche Gehaltsbestandteile für im Inland ausgeübte Tätigkeiten – auch die von anderen konzernverbundenen Unternehmen gezahlten Bonuszahlungen oder gewährten Aktienoptionen – grundsätzlich dem inländischen Lohnsteuerabzug unterliegen (§ 38 Abs. 1 Satz 3 EStG).

110   **Beispiel 1 – Entsendung im Interesse des entsendenden verbundenen Unternehmens:**

    Das ausschließlich in Spanien ansässige Unternehmen S ist die Muttergesellschaft einer Firmengruppe. Zu dieser Gruppe gehört auch D, ein in Deutschland ansässiges Unternehmen, das Produkte der Gruppe verkauft. S hat eine neue weltweite Marktstrategie für die Produkte der Gruppe entwickelt. Um sicherzustellen, dass diese Strategie von D richtig verstanden und umgesetzt wird, wird X, ein in Spanien ansässiger Angestellter von S, der an der Entwicklung der Marktstrategie mitgearbeitet hat, für vier Monate an den Firmensitz von D gesandt. Das Gehalt von X wird ausschließlich von S getragen.

    D ist nicht als wirtschaftlicher Arbeitgeber des X anzusehen, denn S trägt allein die Gehaltsaufwendungen des X. Zudem übt X seine Tätigkeit im alleinigen Interesse von S aus. Eine Eingliederung in die organisatorischen Strukturen des D erfolgt nicht. Das Besteuerungsrecht für die Vergütungen des X wird Spanien zugewiesen (Art. 14 Abs. 2 DBA-Spanien). Deutschland stellt die Vergütungen steuerfrei.

    X ist in Deutschland nach nationalem Recht bereits deshalb beschränkt steuerpflichtig, weil die Tätigkeit in Deutschland ausgeübt wurde (s. § 49 Abs. 1 Nr. 4 Buchstabe a EStG). Da Deutschland für den entsprechenden Arbeitslohn nach Art. 14 Abs. 2 DBA-Spanien kein Besteuerungsrecht hat, ergibt sich für X insoweit keine Einkommensteuer.

    S und D sind keine inländischen Arbeitgeber i. S. des § 38 Abs. 1 EStG des X und daher auch nicht zum Lohnsteuerabzug verpflichtet.

111   **Beispiel 2: Arbeitnehmerentsendung im Interesse des aufnehmenden Unternehmens**

    Ein internationaler Hotelkonzern betreibt durch eine Anzahl von Tochtergesellschaften weltweit Hotels. S, eine in Spanien ansässige Tochtergesellschaft, betreibt in Spanien ein Hotel. D, eine weitere Tochtergesellschaft der Gruppe, betreibt ein Hotel in Deutschland. D benötigt für fünf Monate einen Arbeitnehmer mit spanischen Sprachkenntnissen. Aus diesem Grund wird X, ein in Spanien ansässiger Angestellter der S, zu D entsandt, um während dieser Zeit an der Rezeption im Inland tätig zu sein. X bleibt während dieser Zeit bei S angestellt und wird auch weiterhin von S bezahlt. D übernimmt die Reisekosten von X und bezahlt an S eine Gebühr, die auf dem Gehalt, den Sozialabgaben und weiteren Vergütungen des X für diese Zeit basiert.

    Für den Zeitraum der Tätigkeit des X im Inland ist D als wirtschaftlicher Arbeitgeber des X anzusehen. Die Entsendung des X zwischen den international verbundenen Unternehmen erfolgt im Interesse des aufnehmenden Unternehmens D. X ist in dem genannten Zeitraum in den Geschäftsbetrieb des D eingebunden. Zudem trägt D wirtschaftlich die Arbeitsvergütungen. Die Tatbestandsvoraussetzung des Art. 14 Abs. 2 Buchstabe b DBA-Spanien sind damit nicht gegeben. Obwohl X weniger als 183 Tage in Deutschland tätig ist, wird Deutschland gemäß Art. 14 Abs. 1 DBA-Spanien das Besteuerungsrecht für die Vergütungen des X für den genannten Zeitraum zugewiesen.

X ist in Deutschland nach nationalem Recht bereits deshalb beschränkt steuerpflichtig, weil die Tätigkeit in Deutschland ausgeübt wurde (s. § 49 Abs. 1 Nr. 4 Buchstabe a EStG).

D ist inländischer Arbeitgeber i. S. des § 38 Abs. 1 Satz 2 EStG. D zahlt den Arbeitslohn zwar nicht an X aus, trägt ihn aber wirtschaftlich und ist daher zum Lohnsteuerabzug verpflichtet (R 38.3 Abs. 5 LStR). Der Lohnsteuerabzug für X ist durchzuführen.

4.3.3.2 Vereinfachungsregelung

Bei einer Arbeitnehmerentsendung zwischen international verbundenen Unternehmen von nicht mehr als drei Monaten (auch jahresübergreifend für sachlich zusammenhängende Tätigkeiten) spricht eine widerlegbare Anscheinsvermutung dafür, dass das aufnehmende Unternehmen mangels Einbindung des Arbeitnehmers nicht als wirtschaftlicher Arbeitgeber anzusehen ist. Die Anscheinsvermutung kann im Einzelfall unter Beachtung der Kriterien in der Tz. 4.3.3.1 entkräftet werden. Die Grundsätze des BMF-Schreibens vom 9. November 2001, BStBl I S. 796, (Verwaltungsgrundsätze-Arbeitnehmerentsendung) sind zu beachten. | 112

4.3.3.3 Entsendendes und aufnehmendes Unternehmen sind Arbeitgeber

Ist ein Arbeitnehmer abwechselnd sowohl für seinen inländischen zivilrechtlichen Arbeitgeber als auch für ein weiteres im Ausland ansässiges verbundenes Unternehmen tätig (z. B. ein Arbeitnehmer einer deutschen Muttergesellschaft wird abgrenzbar in Spanien und/oder in Deutschland sowohl im Interesse der spanischen aufnehmenden Gesellschaft als auch im Interesse der entsendenden deutschen Gesellschaft tätig), können abkommensrechtlich beide Unternehmen „Arbeitgeber" des betreffenden Arbeitnehmers sein. Voraussetzung ist, dass nach den vorgenannten Grundsätzen beide Unternehmen für die jeweils anteiligen Vergütungen als Arbeitgeber i. S. des DBA anzusehen sind. Dies kann z. B. der Fall sein, wenn sowohl das entsendende als auch das aufnehmende Unternehmen ein Interesse an der Entsendung haben, weil der Arbeitnehmer Planungs-, Koordinierungs- oder Kontrollfunktionen für das entsendende Unternehmen ausübt (s. Tz. 3.1.1 der Verwaltungsgrundsätze-Arbeitnehmerentsendung, a. a. O.). Die Tätigkeiten für das entsendende und für das aufnehmende Unternehmen sind mit ihrer (zeit-)anteiligen Vergütung jeweils getrennt zu beurteilen. Zunächst spricht eine widerlegbare Vermutung dafür, dass der entsandte Arbeitnehmer mit seiner Tätigkeit beim aufnehmenden Unternehmen in dessen Interesse tätig wird. Anhand von nachvollziehbaren Aufzeichnungen und Beschreibungen über die einzelnen abgrenzbaren Tätigkeiten kann aber dargelegt werden, dass im beschriebenen Umfang die Tätigkeit im Interesse des entsendenden Unternehmens erfolgt und insoweit diesem zuzuordnen ist. | 113

Erhält der Arbeitnehmer seine Vergütungen aus unselbständiger Tätigkeit in vollem Umfang von seinem zivilrechtlichen Arbeitgeber und trägt das im Ausland ansässige verbundene Unternehmen wirtschaftlich die an den Arbeitnehmer gezahlten (zeit-)anteiligen Vergütungen für die in diesem Unternehmen ausgeübte Tätigkeit, indem die (zeit-)anteiligen Vergütungen zwischen den verbundenen Unternehmen verrechnet werden, ist zu prüfen, ob der Betrag dieser (zeit-)anteiligen Vergütungen höher ist, als sie ein anderer Arbeitnehmer unter gleichen oder ähnlichen Bedingungen für diese Tätigkeit in diesem anderen Staat erhalten hätte. Der übersteigende Betrag stellt keine Erstattung von Arbeitslohn dar, sondern ist Ausfluss des Verhältnisses der beiden verbundenen Unternehmen zueinander. Der übersteigende Betrag gehört nicht zum Arbeitslohn für die Auslandstätigkeit. Das Besteuerungsrecht steht insoweit dem Ansässigkeitsstaat des Arbeitnehmers zu. | 114

Beispiel: | 115

Ein in Deutschland ansässiger Arbeitnehmer wird vom 15. August 01 bis 31. Dezember 01 (80 Arbeitstage) an eine chinesische Tochtergesellschaft entsandt. Der Arbeitslohn in Höhe von 110 000 € wird weiterhin vom deutschen Unternehmen bezahlt. Davon werden (nach Fremdvergleichsgrundsätzen zutreffend) jedoch 80 000 € an die chinesische Tochtergesellschaft weiterbelastet, da der Arbeitnehmer nicht nur im Interesse der aufnehmenden Tochtergesellschaft, sondern auch im Interesse der entsendenden Muttergesellschaft (z. B. Aufsichtsfunktion zur Umsetzung eines von der Muttergesellschaft vorgegebenen Konzeptes) entsendet wird. Der Arbeitnehmer hält sich während des gesamten Zeitraums (80 Arbeitstage) stets im Interesse beider Arbeitgeber an 20 Arbeitstagen in Deutschland und an 60 Arbeitstagen in China auf. Folglich nimmt er zu jeder Zeit in beiden Staaten jeweils Aufgaben sowohl von der deutschen Muttergesellschaft als auch von der chinesischen Tochtergesellschaft wahr.

Nach Art. 15 Abs. 1 DBA-China können Vergütungen nur im Ansässigkeitsstaat besteuert werden, es sei denn die Tätigkeit wird im anderen Vertragsstaat ausgeübt. Wird die Arbeit dort ausgeübt, so können die dafür bezogenen Vergütungen im anderen Staat besteuert werden. Soweit die Voraussetzungen des Art. 15 Abs. 2 DBA-China erfüllt sind, bleibt es jedoch beim ausschließlichen Besteuerungsrecht des Ansässigkeitsstaates.

Behandlung der nicht weiterbelasteten Lohnbestandteile:

Da der Arbeitnehmer auch im Interesse des entsendenden Unternehmens (deutsche Muttergesellschaft) in China tätig war, entfallen die nicht an die chinesische Tochtergesellschaft weiterbelasteten Lohnbestandteile in Höhe von 30 000 € nach Art. 15 Abs. 1 DBA-China auf die in China ausgeübte Tätigkeit. Insoweit liegen die Voraussetzung des Art. 15 Abs. 2 DBA-China vor. Der Arbeitnehmer hat sich im Jahr 01 nicht länger als 183 Tage im Tätigkeitsstaat aufgehalten und die Vergütung wurde in dieser Höhe (zutreffend) nicht von einem im Tätigkeitsstaat ansässigen Arbeitgeber oder einer dort gelegenen Betriebsstätte bezahlt. Das ausschließliche Besteuerungsrecht an diesem Vergütungsbestandteil verbleibt deshalb im Ansässigkeitsstaat Deutschland. Das deutsche Unternehmen kann die entsprechenden Lohnkosten als Betriebsausgaben geltend machen.

Behandlung der weiterbelasteten Lohnbestandteile:

Der übrige Lohnanteil (80 000 €) ist anhand der auf diesen Zeitraum entfallenden tatsächlichen Arbeitstage (80) auf die in Deutschland und die in China ausgeübte Tätigkeit aufzuteilen.

Der Arbeitslohn entfällt in Höhe von 80 000 € × 20/80 = 20 000 € auf die im Inland ausgeübte Tätigkeit. Das Besteuerungsrecht steht gemäß Art. 15 Abs. 1 Satz 1 1. Halbsatz DBA-China ausschließlich dem Ansässigkeitsstaat Deutschland zu.

Für den auf die Tätigkeit in China entfallenden Arbeitslohn in Höhe von 80 000 € × 60/80 = 60 000 € hat hingegen China gemäß Art. 15 Abs. 1 Satz 2 DBA-China das Besteuerungsrecht. Insbesondere sind aufgrund der nach Fremdvergleichsgrundsätzen zutreffenden Weiterbelastung der Lohnkosten an die chinesische Tochtergesellschaft in dieser Höhe die Voraussetzungen des Art. 15 Abs. 2 DBA-China nicht erfüllt. Der Arbeitslohn ist folglich in Höhe von 60 000 € unter Beachtung der nationalen Rückfallklauseln des § 50d Abs. 8 und 9 EStG und des Progressionsvorbehalts von der deutschen Besteuerung auszunehmen (Art. 24 Abs. 2 Buchstabe a DBA-China).

116 **Abwandlung:**

Sachverhalt wie im Beispiel 1, jedoch entfallen die nicht an die Tochtergesellschaft weiterbelasteten Lohnbestandteile i. H. v. 30 000 € lediglich auf die 20 in Deutschland verbrachten Arbeitstage. Gleichwohl führt der Arbeitnehmer während seines Aufenthalts in Deutschland auch Aufgaben im Interesse der chinesischen Tochtergesellschaft aus.

Behandlung der nicht weiterbelasteten Lohnbestandteile:

Die nicht an die chinesische Tochtergesellschaft weiterbelasteten Lohnbestandteile i. H. v. 30 000 € entfallen auf eine ausschließlich in Deutschland ausgeübte Tätigkeit. Damit steht dem Ansässigkeitsstaat Deutschland gemäß Art. 15 Abs. 1 Satz 1 1. Halbsatz DBA-China das ausschließliche Besteuerungsrecht zu.

Behandlung der weiterbelasteten Lohnbestandteile:

Die Behandlung der an die chinesische Tochtergesellschaft nach Fremdvergleichsgrundsätzen zutreffend weiterbelasteten Lohnbestandteile entspricht der Lösung im obigen Beispiel.

4.3.3.4 Geschäftsführer, Vorstände und Prokuristen

117 Wenn lediglich das im Ausland ansässige verbundene Unternehmen den formellen Anstellungsvertrag mit der natürlichen Person schließt und diese im Rahmen eines Managementvertrags an das inländische verbundene Unternehmen überlässt und die natürliche Person in das deutsche Handelsregister einträgt, ist das deutsche aufnehmende Unternehmen dann als wirtschaftlicher Arbeitgeber anzusehen, wenn die Person in das deutsche aufnehmende Unternehmen eingegliedert ist. Die auf diese Tätigkeit entfallenden Vergütungen sind nach den Fremdvergleichsgrundsätzen dem aufnehmenden Unternehmen (als wirtschaftlichem Arbeitgeber) zuzurechnen. Dies gilt allerdings nicht, wenn die o. g. leitende Person zur Erfüllung einer Dienstleistungsverpflichtung des entsendenden Unternehmens bei einem verbundenen Unternehmen tätig wird und sein Arbeitslohn Preisbestandteil der Dienstleistung ist. In diesem Fall wäre zu prüfen, ob durch die Tätigkeit dieser Person eine Betriebsstätte begründet wurde (s. BMF-Schreiben vom 9. November 2001, BStBl I S. 796, Tz. 2.1).

118 Gleiches gilt in Fällen, in denen für die Tätigkeit als leitende Person beim inländischen verbundenen Unternehmen keine gesonderte Vergütung vereinbart wird oder die Tätigkeit für das deutsche Unternehmen ausdrücklich unentgeltlich erfolgen soll, da der auf die leitende Tätigkeit entfallende Lohnanteil bereits in dem insgesamt im Ausland geschuldeten Arbeitslohn enthalten ist.

Das Besteuerungsrecht für den Arbeitslohn, der dem deutschen verbundenen Unternehmen zuzurechnen ist, steht nach den allgemeinen Grundsätzen des Art. 15 OECD-MA Deutschland zu. Soweit die natürliche Person im Ausland ansässig ist, gilt dies nur insoweit, als die Tätigkeit in Deutschland ausgeübt wird.

Sondervorschriften in einzelnen DBA zu Geschäftsführern, Vorständen oder anderen leitenden Angestellten wie z. B. Art. 16 DBA-Österreich und Art. 15 Abs. 4 DBA-Schweiz sind jedoch stets vorrangig anzuwenden. In diesen Sonderfällen ist der Ort, an dem die Tätigkeit für das inländische Unternehmen ausgeübt wird, für die Zuteilung des Besteuerungsrechts der Einkünfte aus unselbständiger Arbeit unbeachtlich. Die Sondervorschriften gelten jedoch nur, wenn die Gesellschaft nicht im gleichen Staat ansässig ist wie die vorgenannte leitende Person. | 119

4.3.3.5 Gestaltungsmissbrauch i. S. des § 42 AO

Dient eine Arbeitnehmerentsendung ausschließlich oder fast ausschließlich dazu, die deutsche Besteuerung zu vermeiden, ist im Einzelfall zu prüfen, ob ein Missbrauch rechtlicher Gestaltungsmöglichkeiten nach § 42 AO vorliegt. | 120

Beispiel: | 121

Ein in der Schweiz ansässiger Gesellschafter-Geschäftsführer einer inländischen Kapitalgesellschaft unterlag in der Vergangenheit der inländischen Besteuerung nach Art. 15 Abs. 4 DBA-Schweiz. Die Grenzgängereigenschaft des Art. 15a DBA-Schweiz war bei ihm nicht gegeben. Er legt diese Beteiligung in eine Schweizer AG ein, an der er ebenfalls als Gesellschafter-Geschäftsführer wesentlich beteiligt ist. Dieser Ertrag ist nach Art. 13 Abs. 3 i. V. m. Abs. 4 DBA-Schweiz in Deutschland steuerfrei. Sein inländischer Anstellungsvertrag wird aufgelöst, er wird ab der Umstrukturierung als Arbeitnehmer der neuen Muttergesellschaft im Rahmen eines Managementverleihvertrags für die deutsche Tochtergesellschaft tätig.

Dient die gewählte Gestaltung nur dazu, die Anwendung des Art. 15 Abs. 4 DBA-Schweiz zu vermeiden, ist die Gestaltung ungeachtet der ggf. erfüllten Kriterien der Tz. 4.3.3.1 nach § 42 AO nicht anzuerkennen.

4.3.3.6 Arbeitgeber im Rahmen einer Poolvereinbarung

Schließen sich verbundene Unternehmen zu einem Pool zusammen, handelt es sich steuerlich um eine Innengesellschaft (Verwaltungsgrundsätze-Umlageverträge, s. BMF-Schreiben vom 30. Dezember 1999, BStBl I S. 1122). Das gegebene zivilrechtliche Arbeitsverhältnis bleibt in diesen Fällen unverändert bestehen. Maßgeblich für die Anwendung des DBA ist dieses Arbeitsverhältnis. | 122

Beispiel: | 123

Fünf europäische Landesgesellschaften eines international tätigen Maschinenbau-Konzerns schließen sich zusammen, um eine Einsatzgruppe von Technikern zu bilden, die je nach Bedarf in Notfällen für die Landesgesellschaften in den einzelnen Ländern tätig werden sollen. Jede Landesgesellschaft stellt hierfür drei Techniker; die Kosten der Gruppe werden nach einem Umsatzschlüssel auf die Gesellschaften verteilt.

Arbeitgeber i. S. des DBA ist der jeweilige zivilrechtliche Arbeitgeber (die jeweilige Landesgesellschaft) des Technikers.

4.3.4 Gewerbliche Arbeitnehmerüberlassung

Gewerbliche Arbeitnehmerüberlassung liegt bei Unternehmen (Verleiher) vor, die Dritten (Entleiher) gewerbsmäßig Arbeitnehmer (Leiharbeitnehmer) zur Arbeitsleistung überlassen. | 124

4.3.4.1 Beurteilung einer gewerblichen Arbeitnehmerüberlassung nach Art. 15 Abs. 1 und 2 OECD-MA entsprechenden Vorschriften

Bei einer grenzüberschreitenden Arbeitnehmerüberlassung nimmt grundsätzlich der Entleiher die wesentlichen Arbeitgeberfunktionen wahr. Der Leiharbeitnehmer ist regelmäßig in den Betrieb des Entleihers eingebunden. Dementsprechend ist (abweichend von Tz. 4.3.3.2) bereits mit Aufnahme der Tätigkeit des Leiharbeitnehmers beim Entleiher i. d. R. dieser als Arbeitgeber i. S. des DBA anzusehen. | 125

Bei einer doppel- oder mehrstöckigen gewerblichen Arbeitnehmerüberlassung ist i. d. R. der letzte Entleiher in der Kette als wirtschaftlicher Arbeitgeber nach DBA anzusehen. | 126

Nicht selten, z. B. bei nur kurzfristiger Überlassung (s. BFH-Beschluss vom 4. September 2002, BStBl 2003 II S. 306), können auch wesentliche Arbeitgeberfunktionen beim Verleiher verbleiben. Es ist daher insbesondere anhand folgender Kriterien zu prüfen, ob nach dem Gesamtbild der Verhältnisse der Verleiher oder der Entleiher überwiegend die wesentlichen Arbeitgeberfunktionen wahrnimmt und damit als Arbeitgeber i. S. des DBA (s. auch OECD-MK, Tz. 8.14 zu Art. 15) anzusehen ist. | 127

– Wer trägt die Verantwortung oder das Risiko für die durch die Tätigkeit des Arbeitnehmers erzielten Ergebnisse? Hat der Entleiher im Falle von Beanstandungen das Recht, den Arbeitnehmer an den Verleiher zurückzuweisen?

– Wer hat das Recht, dem Arbeitnehmer Weisungen zu erteilen?

– Unter wessen Kontrolle und Verantwortung steht die Einrichtung, in der der Arbeitnehmer seine Tätigkeit ausübt?

– Wer stellt dem Arbeitnehmer im Wesentlichen die Werkzeuge und das Material zur Verfügung?

– Wer bestimmt die Zahl und die Qualifikation der Arbeitnehmer?

128   – Wer trägt das Lohnkostenrisiko im Falle der Nichtbeschäftigung?**Beispiel 1: Verleih im Inland mit anschließender grenzüberschreitender Lieferungs- oder Werkleistungsverpflichtung**

Der im Inland ansässige Verleiher überlässt den im Inland ansässigen Arbeitnehmer an ein ebenfalls im Inland ansässiges Unternehmen (Entleiher), das den Arbeitnehmer für nicht mehr als 183 Tage zur Erfüllung einer eigenen Lieferungs- oder Werkleistungsverpflichtung bei einem fremden dritten Unternehmen im Ausland einsetzt.

Das im Ausland ansässige Unternehmen nimmt keinerlei Arbeitgeberfunktionen gegenüber dem Arbeitnehmer wahr und ist damit nicht dessen Arbeitgeber im abkommensrechtlichen Sinne. Wirtschaftlicher Arbeitgeber des Arbeitnehmers ist vielmehr der im Inland ansässige Entleiher. Das Besteuerungsrecht für die vom Arbeitnehmer im Ausland ausgeübte Tätigkeit richtet sich ausschließlich nach den Art. 15 Abs. 1 und 2 OECD-MA entsprechenden Vorschriften der DBA. Da der Arbeitnehmer nicht mehr als 183 Tage im Ausland eingesetzt ist und der Entleiher dort weder ansässig ist, noch eine Betriebsstätte unterhält, steht das Besteuerungsrecht für die Vergütungen aus der Tätigkeit ausschließlich Deutschland zu.

129   **Beispiel 2: Verleih im Inland mit anschließender grenzüberschreitender Arbeitnehmerentsendung**

Der im Inland ansässige Verleiher überlässt den im Inland ansässigen Arbeitnehmer an ein ebenfalls im Inland ansässiges Unternehmen (Entleiher), das den Arbeitnehmer für nicht mehr als 183 Tage im Ausland bei einem zum Konzern gehörenden Unternehmen einsetzt.

In diesem Fall ist zu prüfen, welche der beiden Konzerngesellschaften als Arbeitgeber im Sinne des DBA anzusehen ist (s. Tz. 4.3.3). Ist der im Inland ansässige Entleiher der wirtschaftliche Arbeitgeber des Leiharbeitnehmers, entspricht die Lösung der im Beispiel 1.

Ist dagegen das im Ausland ansässige Unternehmen als wirtschaftlicher Arbeitgeber anzusehen, sind die Voraussetzungen des Art. 15 Abs. 2 OECD-MA nicht erfüllt und der ausländische Tätigkeitsstaat hat nach Art. 15 Abs. 1 OECD-MA das Besteuerungsrecht.

130   **Beispiel 3: Grenzüberschreitender Verleih mit anschließender Lieferungs- oder Werkleistungsverpflichtung im Inland**

Der im Inland ansässige Verleiher überlässt den im Inland ansässigen Arbeitnehmer an ein im Ausland ansässiges Unternehmen (Entleiher), das den Arbeitnehmer für nicht mehr als 183 Tage zur Erfüllung einer eigenen Lieferungs- oder Werkleistungsverpflichtung bei einem Unternehmen im Inland einsetzt.

Es liegt eine grenzüberschreitende gewerbliche Arbeitnehmerüberlassung vor, in deren Rahmen der Arbeitnehmer an ein im Ausland ansässiges Unternehmen verliehen wird. Der Entleiher ist auch Arbeitgeber im abkommensrechtlichen Sinne, sofern er die wesentlichen Arbeitgeberfunktionen wahrnimmt. Soweit jedoch der Arbeitnehmer seine unselbständige Arbeit im Inland ausübt, ist der Ansässigkeitsstaat des Arbeitnehmers zugleich dessen Tätigkeitsstaat. Für die auf diese Tätigkeit entfallenden Vergütungen hat Deutschland das ausschließliche Besteuerungsrecht. Allein deshalb, weil der im anderen Vertragsstaat ansässige Entleiher im abkommensrechtlichen Sinne der Arbeitgeber ist und den Arbeitslohn an den Arbeitnehmer zahlt, ist das Besteuerungsrecht nicht dem anderen Vertragsstaat zuzuweisen.

131   **Beispiel 4: Grenzüberschreitender Verleih mit anschließender Arbeitnehmerentsendung in das Inland**

Der im Inland ansässige Verleiher überlässt den im Inland ansässigen Arbeitnehmer an ein im Ausland ansässiges Unternehmen (Entleiher), das den Arbeitnehmer für nicht mehr als 183 Tage bei einem im Inland ansässigen zum Konzern gehörenden Unternehmen einsetzt.

Soweit der Arbeitnehmer seine unselbständige Arbeit im Inland ausübt, ist der Ansässigkeitsstaat des Arbeitnehmers zugleich dessen Tätigkeitsstaat. Für die auf diese Tätigkeit entfallenden Vergütungen hat Deutschland das ausschließliche Besteuerungsrecht. In diesem Fall ist (abweichend von Beispiel 2) nicht entscheidend, welche der beiden Konzerngesellschaften als Arbeitgeber i. S. des DBA anzusehen ist.

Beispiel 5: Grenzüberschreitender Verleih mit anschließender Lieferungs- oder Werkleistungsverpflichtung im gleichen ausländischen Staat 132

Der im Inland ansässige Verleiher überlässt den im Inland ansässigen Arbeitnehmer an ein im Ausland ansässiges Unternehmen (Entleiher), das den Arbeitnehmer für nicht mehr als 183 Tage zur Erfüllung einer eigenen Lieferungs- oder Werkleistungsverpflichtung bei einem dritten Unternehmen im gleichen ausländischen Staat einsetzt.

Es liegt eine grenzüberschreitende gewerbliche Arbeitnehmerüberlassung vor, in deren Rahmen der Arbeitnehmer an ein im Ausland ansässiges Unternehmen entliehen und auch in diesem ausländischen Staat tätig wird. Der Entleiher ist Arbeitgeber im abkommensrechtlichen Sinne, sofern er die wesentlichen Arbeitgeberfunktionen wahrnimmt. Die Voraussetzungen des Art. 15 Abs. 2 OECD-MA sind nicht erfüllt und der ausländische Tätigkeitsstaat hat nach Art. 15 Abs. 1 OECD-MA das Besteuerungsrecht.

Beispiel 6: Grenzüberschreitender Verleih mit anschließender Arbeitnehmerentsendung innerhalb des gleichen ausländischen Staats 133

Der im Inland ansässige Verleiher überlässt den im Inland ansässigen Arbeitnehmer an ein im Ausland ansässiges Unternehmen (Entleiher), das den Arbeitnehmer für nicht mehr als 183 Tage bei einem im gleichen ausländischen Staat ansässigen zum Konzern gehörenden Unternehmen einsetzt.

Die Voraussetzungen des Art. 15 Abs. 2 OECD-MA sind nicht erfüllt und der ausländische Tätigkeitsstaat hat nach Art. 15 Abs. 1 OECD-MA das Besteuerungsrecht für die Vergütungen, die auf diese Tätigkeit entfallen. In diesem Fall ist (abweichend von Beispiel 2) nicht entscheidend, welche der beiden Konzerngesellschaften als Arbeitgeber i. S. des DBA anzusehen ist, da beide im gleichen ausländischen Staat ansässig sind.

Beispiel 7: Grenzüberschreitender Verleih mit anschließender Lieferungs- oder Werkleistungsverpflichtung in einem weiteren ausländischen Staat 134

Der im Inland ansässige Verleiher überlässt den im Inland ansässigen Arbeitnehmer an ein im Staat X ansässiges Unternehmen (Entleiher), das den Arbeitnehmer für nicht mehr als 183 Tage zur Erfüllung einer eigenen Lieferungs- oder Werkleistungsverpflichtung bei einem dritten Unternehmen in einem dritten Staat Y einsetzt.

Es liegt eine grenzüberschreitende gewerbliche Arbeitnehmerüberlassung vor, in deren Rahmen der Arbeitnehmer an das in Staat X ansässige Unternehmen entliehen wird. Der Entleiher ist Arbeitgeber im abkommensrechtlichen Sinne, sofern er die wesentlichen Arbeitgeberfunktionen wahrnimmt. Staat X hat nach Art. 15 Abs. 1 OECD-MA dennoch kein Besteuerungsrecht für die Vergütungen, soweit diese auf die im Staat Y ausgeübte Tätigkeit des Arbeitnehmers entfallen.

Das im Staat Y ansässige Unternehmen nimmt keinerlei Arbeitgeberfunktionen gegenüber dem Arbeitnehmer wahr und ist damit nicht dessen Arbeitgeber im abkommensrechtlichen Sinne. Wenn der Arbeitnehmer weniger als 183 Tage in Staat Y eingesetzt ist und der nicht in Staat Y ansässige Arbeitgeber im abkommensrechtlichen Sinne dort keine Betriebsstätte unterhält, steht das Besteuerungsrecht für die Vergütungen aus der Tätigkeit ausschließlich Deutschland zu.

Beispiel 8: Grenzüberschreitender Verleih mit anschließender Arbeitnehmerentsendung in einen weiteren ausländischen Staat 135

Der im Inland ansässige Verleiher überlässt den im Inland ansässigen Arbeitnehmer an ein im Staat X ansässiges Unternehmen (Entleiher), das den Arbeitnehmer für nicht mehr als 183 Tage bei einem zum Konzern gehörenden, in Staat Y ansässigen Unternehmen einsetzt.

In diesem Fall ist zu prüfen, welche der beiden in ausländischen Staaten ansässigen Konzerngesellschaften als Arbeitgeber i. S. des DBA anzusehen ist (s. Tz. 4.3.3). Ist der im Staat X ansässige Entleiher der wirtschaftliche Arbeitgeber des Leiharbeitnehmers, entspricht die Lösung der im Beispiel 7.

Ist dagegen das im Staat Y ansässige Unternehmen als wirtschaftlicher Arbeitgeber anzusehen, sind die Voraussetzungen des Art. 15 Abs. 2 OECD-MA nicht erfüllt und der ausländische Tätigkeitsstaat Y hat nach Art. 15 Abs. 1 OECD-MA das Besteuerungsrecht.

Beispiel 9: Grenzüberschreitender Verleih mit anschließendem Verleih in einen weiteren ausländischen Staat 136

Der im Inland ansässige gewerbliche Verleiher überlässt den im Inland ansässigen Arbeitnehmer an ein im Staat X ansässiges Unternehmen (Entleiher), das ebenfalls ein gewerblicher Verleiher ist und den Arbeitnehmer für nicht mehr als 183 Tage einem dritten, in Staat Y ansässigen Unternehmen (Entleiher) überlässt.

Es liegt eine grenzüberschreitende gewerbliche Arbeitnehmerüberlassung vor. Als wirtschaftlicher Arbeitgeber im abkommensrechtlichen Sinne ist der letzte, in Staat Y ansässige Entleiher in der Kette anzusehen, sofern er die wesentlichen Arbeitgeberfunktionen wahrnimmt. Die Voraussetzungen des Art. 15 Abs. 2 OECD-MA sind nicht erfüllt und der ausländische Tätigkeitsstaat Y hat nach Art. 15 Abs. 1 OECD-MA das Besteuerungsrecht.

137 Die vorstehenden Grundsätze zum grenzüberschreitenden Arbeitnehmerverleih sind auch in den Fällen anzuwenden, in denen ein im Inland ansässiger Arbeitnehmer bei einem ausländischen gewerbsmäßigen Arbeitnehmerverleiher beschäftigt ist und dieser den Arbeitnehmer an ein Unternehmen im Ausland verleiht.

4.3.4.2 Besondere Regelungen in einzelnen DBA

138 Einige DBA enthalten zur Vermeidung von Missbrauch in Fällen von grenzüberschreitenden Leiharbeitsverhältnissen besondere Regelungen, nach denen die Anwendung der 183-Tage-Klausel in diesen Fällen ausgeschlossen wird – insbesondere (Stand: 1. Januar 2014):

Protokoll Ziffer 5 zu Art. 15 DBA-Albanien,

Art. 15 Abs. 3 DBA-Algerien,

Art. 15 Abs. 3 DBA-Aserbaidschan,

Art. 14 Abs. 3 DBA-Bulgarien,

Art. 15 Abs. 4 DBA-Dänemark,

Art. 15 Abs. 3 DBA-Kasachstan,

Art. 15 Abs. 3 DBA-Korea,

Art. 15 Abs. 3 DBA-Kroatien,

Art. 15 Abs. 3 DBA-Polen,

Art. 15 Abs. 3 DBA-Rumänien,

Art. 15 Abs. 4 DBA-Schweden,

Protokoll Ziffer 4 zum DBA-Slowenien,

Art. 14 Abs. 3 DBA-Tadschikistan,

Art. 14 Abs. 3 DBA-Ungarn,

Art. 14 Abs. 3 DBA-Uruguay,

Art. 14 Abs. 3 DBA-Zypern.

139 In diesen Fällen bleibt es beim Besteuerungsrecht des Tätigkeitsstaates nach den Art. 15 Abs. 1 OECD-MA entsprechenden Vorschriften der DBA, unabhängig davon, wie lange der Arbeitnehmer in diesem Staat tätig ist. Der Ansässigkeitsstaat Deutschland vermeidet die Doppelbesteuerung, die sich durch die Anwendung der oben genannten Regelungen ergibt, grundsätzlich durch Anrechnung der ausländischen Steuer (Stand: 1. Januar 2014):

Art. 23 Abs. 1 Buchstabe b Doppelbuchstabe ee DBA-Albanien,

Art. 23 Abs. 2 Buchstabe b Doppelbuchstabe ee DBA-Algerien,

Art. 23 Abs. 1 Buchstabe b Doppelbuchstabe ee DBA-Aserbaidschan,

Art. 22 Abs. 1 Buchstabe b Doppelbuchstabe ee DBA-Bulgarien,

Art. 24 Abs. 1 Buchstabe b Doppelbuchstabe bb DBA-Dänemark,

Art. 23 Abs. 2 Buchstabe b Doppelbuchstabe ee DBA-Kasachstan,

Art. 23 Abs. 1 Buchstabe b Doppelbuchstabe ee DBA-Korea,

Art. 23 Abs. 1 Buchstabe b Doppelbuchstabe ee DBA-Kroatien,

Art. 24 Abs. 1 Buchstabe b Doppelbuchstabe bb DBA-Polen,

Art. 23 Abs. 2 Buchstabe b Doppelbuchstabe ee DBA-Rumänien,

Art. 23 Abs. 1 Buchstabe b Doppelbuchstabe cc DBA-Schweden,

Art. 23 Abs. 2 Buchstabe b Doppelbuchstabe dd DBA-Slowenien,

Art. 22 Abs. 2 Buchstabe b Doppelbuchstabe dd DBA-Tadschikistan,

Art. 22 Abs. 1 Buchstabe b Doppelbuchstabe cc DBA-Ungarn,

Art. 22 Abs. 1 Buchstabe b Doppelbuchstabe ee DBA-Uruguay,

Art. 22 Abs. 1 DBA-Zypern.

Art. 13 Abs. 6 DBA-Frankreich, Protokoll Ziffer 13 zum DBA-Italien und Protokoll Ziffer 5 zum DBA-Norwegen sehen vor, dass im Fall des gewerblichen Arbeitnehmerverleihs beiden Vertragsstaaten das Besteuerungsrecht zusteht. Die Doppelbesteuerung wird hier ebenfalls durch Steueranrechnung vermieden (Art. 20 Abs. 1 Buchstabe c DBA-Frankreich, Protokoll Ziffer 13 zum DBA-Italien, Protokoll Ziffer 5 zum DBA-Norwegen).   **140**

Art. 15 Abs. 3 DBA-Österreich regelt, dass Art. 15 Abs. 2 Buchstabe b (Arbeitgeber i. S. des DBA) für den Fall der gewerblichen Arbeitnehmerüberlassung dann keine Anwendung findet, wenn sich der Arbeitnehmer nicht länger als 183 Tage im anderen Staat aufhält. Damit wird dem Ansässigkeitsstaat des Arbeitnehmers das Besteuerungsrecht auch dann zugewiesen, wenn der Entleiher seinen Sitz im Tätigkeitsstaat hat und sich der Arbeitnehmer an nicht mehr als 183-Tagen im anderen Staat aufgehalten hat. Die Regelung des DBA wird durch Nr. 6 des Protokolls dahingehend flankiert, dass die 183-Tage-Regelung nur dann nicht zur Anwendung kommt, wenn der Verleiher im anderen Staat eine Betriebsstätte unterhält, die die Vergütungen trägt. Steht nach diesen Regeln Österreich als Tätigkeitsstaat das Besteuerungsrecht zu, vermeidet Deutschland die Doppelbesteuerung durch Anwendung der Freistellungsmethode nach Art. 23 Abs. 1 Buchstabe a DBA-Österreich.   **141**

Art. 15 Abs. 3 DBA-Polen sieht unter bestimmten Voraussetzungen vor, dass die 183-Tage-Klausel in Fällen internationaler Arbeitnehmerüberlassung nicht gilt und hat den Wechsel auf die Anrechnungsmethode (Art. 24 Abs. 1 Buchstabe b Doppelbuchstabe bb) zur Folge.   **142**

In folgenden Fällen, in denen es wegen der Anwendung der Anrechnungsmethode im laufenden Kalenderjahr zu einer zeitweiligen Doppelbesteuerung kommen kann, bestehen keine Bedenken, dass aus Billigkeitsgründen entsprechend der Regelung des § 39a Abs. 1 Satz 1 Nr. 5 Buchstabe c EStG das Vierfache der voraussichtlich abzuführenden ausländischen Abzugsteuer als Freibetrag für das Lohnsteuerabzugsverfahren gebildet wird: **143**

– Anwendung des Art. 13 Abs. 6 DBA-Frankreich bzw. vergleichbarer Regelungen in anderen DBA

– Berücksichtigung ausländischer Steuern nach § 34c Abs. 1 EStG, die von Staaten erhoben werden, mit denen kein DBA besteht und der Auslandstätigkeitserlass (BMF-Schreiben vom 31. Oktober 1983, BStBl I S. 470) nicht anzuwenden ist. Es ist jedoch zu beachten, dass der Auslandstätigkeitserlass grundsätzlich auch bei Arbeitnehmerüberlassungen angewendet werden kann.

Hierzu ist es erforderlich, dass der Leiharbeitnehmer durch geeignete Unterlagen (z. B. Bestätigung des Arbeitgebers) glaubhaft macht, dass der Quellensteuerabzug im anderen Staat bereits vorgenommen wurde oder mit dem Quellensteuerabzug zumindest ernsthaft zu rechnen ist. Bei der Berechnung des Freibetrags dürfen ausländische Steuern eines Nicht-DBA-Staates nur zugrunde gelegt werden, wenn sie der deutschen Einkommensteuer entsprechen (Anhang 12 II EStH). Auf die Veranlagungsverpflichtung nach § 46 Abs. 2 Nr. 4 EStG wird hingewiesen.   **144**

4.3.5 Gelegentliche Arbeitnehmerüberlassung zwischen fremden Dritten

Sofern gelegentlich ein Arbeitnehmer bei einem fremden Dritten eingesetzt wird, kann entweder eine Arbeitnehmerüberlassung oder eine Tätigkeit zur Erfüllung einer Lieferungs- oder Werkleistungsverpflichtung vorliegen.   **145**

Eine gelegentliche Arbeitnehmerüberlassung liegt grundsätzlich dann vor, wenn der zivilrechtliche Arbeitgeber, dessen Unternehmenszweck nicht die Arbeitnehmerüberlassung ist, mit einem nicht verbundenen Unternehmen vereinbart, den Arbeitnehmer für eine befristete Zeit bei letztgenanntem Unternehmen tätig werden zu lassen und das aufnehmende Unternehmen entweder eine arbeitsrechtliche Vereinbarung (Arbeitsverhältnis) mit dem Arbeitnehmer schließt oder als wirtschaftlicher Arbeitgeber anzusehen ist.   **146**

Bezogen auf die vom Entleiher gezahlten Vergütungen ist in diesen Fällen regelmäßig der Entleiher als Arbeitgeber i. S. des DBA anzusehen.   **147**

Beispiel: Arbeitnehmerüberlassung zwischen fremden Dritten   **148**

S, ein in Spanien ansässiges Unternehmen, und D, ein in Deutschland ansässiges Unternehmen, sind ausschließlich mit der Ausübung technischer Dienstleistungen befasst. Sie sind keine verbundenen Unternehmen i. S. des Art. 9 OECD-MA. D benötigt für eine Übergangszeit die Leistungen eines Spezialisten, um eine Bauleistung im Inland fertig zu stellen und wendet sich deswegen an S. Beide Unternehmen vereinbaren, dass X, ein in Spanien ansässiger Angestellter von S, für die Dauer von vier Monaten für D unter der direkten Aufsicht von dessen erstem Ingenieur arbeiten wird. X bleibt während dieser Zeit formal weiterhin bei S angestellt. D zahlt S einen Betrag, der dem Gehalt, Sozialversicherungsabgaben, Reisekosten und anderen Vergütungen des Technikers für diesen Zeitraum entspricht. Zusätzlich wird ein Aufschlag von 5 % gezahlt. Es wurde vereinbart, dass S von allen Schadensersatzansprüchen, die in dieser Zeit aufgrund der Tätigkeit von X entstehen sollten, befreit ist.

Es liegt eine gelegentliche Arbeitnehmerüberlassung zwischen fremden Unternehmen vor. D ist während des genannten Zeitraums als wirtschaftlicher Arbeitgeber des X anzusehen. Die Tatbestandsvoraussetzungen des Art. 14 Abs. 2 Buchstabe b DBA-Spanien sind damit nicht erfüllt. Gemäß Art. 14 Abs. 1 DBA-Spanien hat somit Deutschland das Besteuerungsrecht für die Vergütungen des X für den genannten Zeitraum. Der Aufschlag in Höhe von 5 % stellt keinen Arbeitslohn des X dar.

X ist in Deutschland nach nationalem Recht bereits deshalb beschränkt steuerpflichtig, weil die Tätigkeit in Deutschland ausgeübt wurde (§ 49 Abs. 1 Nr. 4 Buchstabe a EStG).

D ist inländischer Arbeitgeber i. S. des § 38 Abs. 1 Satz 2 EStG und daher zum Lohnsteuerabzug verpflichtet.

4.4 Zahlung des Arbeitslohns zu Lasten einer Betriebsstätte des Arbeitgebers im Tätigkeitsstaat – Art. 15 Abs. 2 Buchstabe c OECD-MA

149   Erfolgt die Zahlung zu Lasten einer Betriebsstätte des Arbeitgebers im Tätigkeitsstaat, sind die Voraussetzungen für die alleinige Besteuerung im Ansässigkeitsstaat nach Art. 15 Abs. 2 Buchstabe c OECD-MA nicht erfüllt.

150   Maßgebend für den Begriff der „Betriebsstätte" ist die Definition in dem jeweiligen Abkommen (Art. 5 OECD-MA). Nach vielen DBA ist z. B. eine Bauausführung oder Montage erst ab einem Zeitraum von mehr als 12 Monaten eine Betriebsstätte (abweichend von § 12 AO, wonach bei einer Dauer von mehr als 6 Monaten eine Betriebsstätte vorliegt).

151   Der Arbeitslohn wird zu Lasten einer Betriebsstätte gezahlt, wenn die Zahlungen wirtschaftlich der Betriebsstätte zuzuordnen sind. Nicht entscheidend ist, wer die Vergütungen auszahlt oder in seiner Teilbuchführung abrechnet. Es kommt nicht darauf an, dass die Vergütungen zunächst von der Betriebsstätte ausgezahlt und später vom Stammhaus erstattet werden. Ebenso ist es nicht entscheidend, wenn eine zunächst vom Stammhaus ausgezahlte Vergütung später in der Form einer Kostenumlage auf die ausländische Betriebsstätte abgewälzt wird. Entscheidend ist allein, ob und ggf. in welchem Umfang die ausgeübte Tätigkeit des Arbeitnehmers nach dem jeweiligen DBA (s. Art. 7 OECD-MA) der Betriebsstätte zuzuordnen ist und die Vergütung deshalb wirtschaftlich zu Lasten der Betriebsstätte geht (s. BFH-Urteil vom 24. Februar 1988, BStBl II S. 819).

152   Eine selbständige Tochtergesellschaft (z. B. GmbH) ist grundsätzlich nicht Betriebsstätte der Muttergesellschaft, kann aber ggf. eine Vertreterbetriebsstätte begründen oder selbst Arbeitgeber sein.

153   Im Übrigen wird auf die „Grundsätze der Verwaltung für die Prüfung der Aufteilung der Einkünfte bei Betriebsstätten international tätiger Unternehmen" (Betriebsstätten-Verwaltungsgrundsätze; s. BMF-Schreiben vom 24. Dezember 1999, BStBl I S. 1076), unter Berücksichtigung der Änderungen durch die BMF-Schreiben vom 20. November 2000, BStBl I S. 1509, vom 29. September 2004, BStBl I S. 917, und vom 25. August 2009, BStBl I S. 888) sowie die „Verwaltungsgrundsätze-Arbeitnehmerentsendung", BMF-Schreiben vom 9. November 2001, BStBl I S. 796) verwiesen.

154   **Beispiel 1:**

Der in Deutschland ansässige A ist vom 1. Januar 01 bis 31. März 01 bei einer Betriebsstätte seines deutschen Arbeitgebers in Frankreich (nicht innerhalb der Grenzzone nach Art. 13 Abs. 5 DBA-Frankreich) tätig. Der Lohnaufwand ist der Betriebsstätte nach Art. 4 DBA-Frankreich als Betriebsausgabe zuzuordnen.

Das Besteuerungsrecht für den Arbeitslohn steht Frankreich zu. A ist zwar nicht mehr als 183 Tage in Frankreich tätig. Da der Arbeitslohn aber zu Lasten einer französischen Betriebsstätte des Arbeitgebers geht, bleibt das Besteuerungsrecht Deutschland nicht erhalten (Art. 13 Abs. 4 DBA-Frankreich). Frankreich kann als Tätigkeitsstaat den Arbeitslohn besteuern (Art. 13 Abs. 1 DBA-Frankreich). Deutschland stellt die Einkünfte unter Beachtung des § 50d Abs. 8 bzw. 9 EStG und des Progressionsvorbehalts frei (Art. 20 Abs. 1 Buchstabe a DBA-Frankreich).

155   **Beispiel 2:**

Der in Frankreich ansässige B ist bei einer deutschen Betriebsstätte seines französischen Arbeitgebers A (nicht innerhalb der Grenzzone nach Art. 13 Abs. 5 DBA-Frankreich) vom 1. Januar 01 bis 31. März 01 in Deutschland tätig. Der Lohnaufwand ist der Betriebsstätte nach Art. 4 DBA-Frankreich als Betriebsausgabe zuzuordnen.

Das Besteuerungsrecht für den Arbeitslohn hat Deutschland. B ist zwar nicht mehr als 183 Tage in Deutschland tätig, der Arbeitslohn geht aber zu Lasten einer deutschen Betriebsstätte. Deutschland kann daher als Tätigkeitsstaat den Arbeitslohn besteuern (Art. 13 Abs. 1 DBA-Frankreich i. V. m. § 1 Abs. 4 und § 49 Abs. 1 Nr. 4 Buchstabe a EStG).

A ist inländischer Arbeitgeber i. S. des § 38 Abs. 1 Satz 1 Nr. 1 EStG, weil er im Inland über eine Betriebsstätte verfügt, und deshalb zum Lohnsteuerabzug verpflichtet ist.

5 Ermittlung des steuerpflichtigen/steuerfreien Arbeitslohns[1]

5.1 Differenzierung zwischen der Anwendung der 183-Tage-Klausel und der Ermittlung des steuerpflichtigen/steuerfreien Arbeitslohns

Nach Art. 15 Abs. 1 OECD-MA können die Vergütungen aus unselbständiger Arbeit ausschließlich im Ansässigkeitsstaat des Arbeitnehmers besteuert werden, es sei denn, die Tätigkeit wird im anderen Staat ausgeübt. Wird die unselbständige Arbeit im anderen Staat ausgeübt, steht auch diesem Staat das Besteuerungsrecht für Vergütungen zu, die für die dort ausgeübte Tätigkeit gezahlt werden (s. Tz. 3). Gemäß Art. 15 Abs. 2 OECD-MA ist zu prüfen, ob trotz der Auslandstätigkeit dem Ansässigkeitsstaat des Arbeitnehmers das ausschließliche Besteuerungsrecht an den Vergütungen aus unselbständiger Arbeit verbleibt (s. Tz. 4). Im Rahmen dieser Prüfung wird u. a. eine Berechnung der nach dem jeweils anzuwendenden DBA maßgeblichen Aufenthalts- oder Ausübungstage im Ausland anhand der 183-Tage-Klausel vorgenommen. 156

Die Ermittlung des steuerpflichtigen/steuerfreien Arbeitslohns erfolgt sodann in einem weiteren gesonderten Schritt. 157

5.2 Grundsätze bei der Ermittlung des steuerpflichtigen/steuerfreien Arbeitslohns

Nach § 90 Abs. 2 AO hat der Steuerpflichtige den Nachweis über die Ausübung der Tätigkeit in dem anderen Staat und deren Zeitdauer durch Vorlage geeigneter Aufzeichnungen (z. B. Stundenprotokolle, Terminkalender, Reisekostenabrechnungen) zu führen. 158

Ist der Arbeitslohn in Deutschland nach einem DBA freizustellen, ist zunächst zu prüfen, inwieweit die Vergütungen unmittelbar der Auslandstätigkeit oder der Inlandstätigkeit zugeordnet werden können (s. Tz. 5.3). Soweit eine unmittelbare Zuordnung nicht möglich ist, ist der verbleibende tätigkeitsbezogene Arbeitslohn aufzuteilen. Die Aufteilung hat bereits der Arbeitgeber im Lohnsteuerabzugsverfahren vorzunehmen; zum Erfordernis der Freistellungsbescheinigung vgl. R 39b.10 LStR. Darüber hinaus hat er den steuerfrei belassenen Arbeitslohn in der Lohnsteuerbescheinigung anzugeben. Das Lohnsteuerabzugsverfahren ist zwar ein Vorauszahlungsverfahren, dessen Besonderheiten und Regelungen nicht in das Veranlagungsverfahren hineinwirken (s. BFH-Urteil vom 13. Januar 2011, BStBl II S. 479), jedoch ist zu berücksichtigen, dass der Arbeitgeber auch nach Erstellung der Lohnsteuerbescheinigung für die zutreffende Anmeldung und Abführung der Lohnsteuer haftet und verpflichtet ist, etwaige Änderungen nach § 41c Abs. 4 EStG anzuzeigen. Das Finanzamt ist nicht gehindert, im Einkommensteuerveranlagungsverfahren die vorgenommene Aufteilung zu überprüfen; es ist nicht an eine fehlerhaft erteilte Freistellungsbescheinigung gebunden (s. BFH-Urteil vom 13. März 1985, BStBl II S. 500). 159

5.3 Direkte Zuordnung

Gehaltsbestandteile, die unmittelbar aufgrund einer konkreten inländischen oder ausländischen Arbeitsleistung gewährt werden, sind vorab direkt zuzuordnen. Dies können z. B. Reisekosten, Überstundenvergütungen, Zuschläge für Sonntags-, Feiertags- und Nachtarbeit, Auslandszulagen, die Gestellung einer Wohnung im Tätigkeitsstaat, Kosten für Orientierungsreise, Sprachunterricht, interkulturelle Schulungen, Aufwendungen für Visa oder medizinische Untersuchungen für die Auslandstätigkeit und sonstige Auslagen oder Unterstützungsleistungen für die mitumziehende Familie sein. Daran schließt sich die Würdigung an, ob überhaupt steuerpflichtiger Arbeitslohn vorliegt oder ob nicht Leistungen im ganz überwiegend betrieblichen Interesse bzw. steuerfreie Aufwandserstattungen vorliegen. Der Gesamtarbeitslohn abzüglich der direkt zugeordneten Gehaltsbestandteile ist der verbleibende Arbeitslohn. 160

5.4 Aufteilung des verbleibenden Arbeitslohns

Der nicht direkt zuordenbare, verbleibende Arbeitslohn ist aufzuteilen. Zum verbleibenden Arbeitslohn gehören z. B. neben den laufenden Vergütungen auch Zusatzvergütungen, die auf die nichtselbständige Arbeit des Arbeitnehmers innerhalb des gesamten Berechnungszeitraums entfallen (z. B. Weihnachts- und Urlaubsgeld). Hat sich das vereinbarte Gehalt während des Kalenderjahres verändert, so ist dieser Veränderung Rechnung zu tragen. 161

Grundlage für die Berechnung des steuerfreien Arbeitslohns ist die Zahl der tatsächlichen Arbeitstage (s. Tz. 5.4.1) innerhalb eines Kalenderjahres. Den tatsächlichen Arbeitstagen ist das für die entsprechende Zeit bezogene und nicht nach Tz. 5.3 direkt zugeordnete Arbeitsentgelt gegenüberzustellen (s. Tz. 5.4.2). 162

---

[1] Zur Aufteilung des Arbeitslohns im Lohnsteuerabzugsverfahren → Anhang 9 II.

5.4.1 Definition der tatsächlichen Arbeitstage

163   Die tatsächlichen Arbeitstage sind alle Tage innerhalb eines Kalenderjahres, an denen der Arbeitnehmer seine Tätigkeit tatsächlich ausübt und für die er Arbeitslohn bezieht. Krankheitstage mit oder ohne Lohnfortzahlung, Urlaubstage und Tage des ganztägigen Arbeitszeitausgleichs sind folglich keine Arbeitstage. Dagegen können auch Wochenend- oder Feiertage grundsätzlich als tatsächliche Arbeitstage zu zählen sein, wenn der Arbeitnehmer an diesen Tagen seine Tätigkeit tatsächlich ausübt und diese durch den Arbeitgeber vergütet wird. Eine solche Vergütung liegt auch vor, wenn dem Arbeitnehmer ein entsprechender Arbeitszeitausgleich gewährt wird. Es kommt weder auf die Zahl der Kalendertage (365) noch auf die Anzahl der vertraglich vereinbarten Arbeitstage an.

164   **Beispiel 1**

Ein Arbeitnehmer (AN) ist grundsätzlich an 250 Werktagen zur Arbeit verpflichtet und verfügt über einen Anspruch von 30 Urlaubstagen (= vereinbarte Arbeitstage: 220). Die tatsächlichen Tage verändern sich wie folgt:

	220
AN überträgt 10 Urlaubstage vom Vorjahr	− 10
AN überträgt 20 Urlaubstage ins Folgejahr	+ 20
AN ist 30 Tage krank mit Lohnfortzahlung	− 30
AN ist 30 Tage krank ohne Lohnfortzahlung	− 30
Tatsächliche Arbeitstage gesamt	170

165   **Beispiel 2**

C ist laut Arbeitsvertrag von montags bis freitags verpflichtet zu arbeiten. Er macht eine Auslandsdienstreise von Freitag bis Montag, wobei C auch am Samstag und Sonntag für seinen Arbeitgeber tätig ist. Von seinem Arbeitgeber erhält C für Samstag eine Überstundenvergütung und für Sonntag einen ganztägigen Freizeitausgleich, den er bereits am Dienstag in Anspruch nimmt. Außer Dienstag sind alle Tage als Arbeitstage zu zählen, da C an diesen Tagen tatsächlich und entgeltlich gearbeitet hat. An dem Dienstag wurde jedoch tatsächlich keine Tätigkeit ausgeübt.

5.4.2 Durchführung der Aufteilung

166   Das aufzuteilende Arbeitsentgelt (Tz. 5.4) ist in Bezug zu den tatsächlichen Arbeitstagen (Tz. 5.4.1) zu setzen. Daraus ergibt sich ein Arbeitsentgelt pro tatsächlichen Arbeitstag. Das aufzuteilende Arbeitsentgelt pro tatsächlichen Arbeitstag ist mit den tatsächlichen Arbeitstagen zu multiplizieren, an denen der Arbeitnehmer seine Tätigkeit im anderen Staat ausgeübt hat.

167   **Beispiel 1 (Grundfall zur Aufteilung nach tatsächlichen Arbeitstagen)**

A ist vom 1. Januar 01 bis 31. Juli 01 für seinen deutschen Arbeitgeber in Österreich tätig. Die vereinbarten Arbeitstage des A belaufen sich auf 220 Tage. Tatsächlich hat A jedoch in Österreich an 145 Tagen und in Deutschland an 95 Tagen gearbeitet (240 Tage). Der aufzuteilende Arbeitslohn beträgt 120 000 €.

Unter Berücksichtigung der Rückfallklauseln stellt Deutschland Einkünfte i. H. v. 145/240x 120 000 € = 72 500 € unter Progressionsvorbehalt steuerfrei und unterwirft 95/240x 120 000 = 47 500 € der deutschen Besteuerung.

168   **Beispiel 2 (zweistufige Ermittlung des steuerfreien Arbeitslohns)**

A ist vom 1. Januar 01 bis 31. Juli 01 für seinen deutschen Arbeitgeber in Japan tätig. Seinen Familienwohnsitz in Deutschland behält er bei. Er erhält im Jahr 01 einen Arbeitslohn einschließlich Weihnachtsgeld und Urlaubsgeld i. H. v. 80 000 €. Für die Tätigkeit in Japan erhält er zusätzlich eine Zulage in Höhe von 30 000 €. A ist im Jahr 01 vertraglich an 200 Tagen zur Arbeit verpflichtet, übt seine Tätigkeit jedoch tatsächlich an 220 Tagen (davon 140 in Japan) aus.

Deutschland hat für den Arbeitslohn, der auf die Tätigkeit in Japan entfällt, kein Besteuerungsrecht, da sich A länger als 183 Tage (210 Tage; hier: Kalenderjahr) im Kalenderjahr 01 in Japan aufgehalten hat (Art. 15, 23 Abs. 1 Buchstabe a DBA-Japan). Der steuerfreie Arbeitslohn berechnet sich wie folgt:

Die Zulage i. H. v. 30 000 € ist der Auslandstätigkeit unmittelbar zuzuordnen und deshalb im Inland steuerfrei. Der übrige Arbeitslohn i. H. v. 80 000 € ist nach den tatsächlichen Arbeitstagen aufzuteilen. Die tatsächlichen Arbeitstage im Jahr 01 sollen hier 220 Tage betragen. Den tatsächlichen Arbeitstagen im Jahr 01 ist das im Jahr 01 aufzuteilende Arbeitsentgelt i. H. v. 80 000 € gegenüberzustellen. Es ergibt sich ein aufzuteilendes Arbeitsentgelt pro tatsächlichem Arbeitstag i. H. v. 363,64 €. Dieses Entgelt ist mit den tatsächlichen Arbeitstagen zu multiplizieren, die auf die Tätigkeit in Japan entfallen, hier 140 Tage. Von den 80 000 € Arbeitslohn sind daher 140x 363,64 € = 50 910 € im Inland steuerfrei. Der insgesamt steuerfreie Arbeitslohn i. H. v.80 910 € (30 000 € + 50 910 €) ist nach Abzug von Werbungskosten, die in unmittelbarem wirtschaftlichen Zusammenhang mit der Tätigkeit in Japan angefallen sind, freizustellen und nur im Wege des Progressionsvorbehalts zu berücksichtigen (sofern § 50d Abs. 8 oder 9 EStG nicht anzuwenden ist). Der übrige Arbeitslohn i. H. v. 29 090 € ist im Inland steuerpflichtig.

Dabei ist zu beachten, dass Vergütungen grundsätzlich dem Zeitraum zugeordnet werden müssen, in dem sie erdient bzw. für den sie gezahlt wurden. Aus Vereinfachungsgründen kann bei der Übertragung von Urlaubstagen in ein anderes Kalenderjahr von diesem Grundsatz abgewichen werden. Die Vereinfachungsregelung greift jedoch nicht bei der finanziellen Abgeltung von Urlaubsansprüchen.   169

Beispiel 3 (wirtschaftliche Zuordnung zum Erdienungszeitraum)   170

Der ausschließlich in Deutschland ansässige D übt seine Tätigkeit für einen deutschen Arbeitgeber im Rahmen einer Werkleistungsverpflichtung an 30 Tagen an Kunden in Deutschland und an 200 Tagen bei Kunden in der Schweiz aus. Im Jahr 02 wird er ausschließlich in der Schweiz tätig. Er erhält im Februar 02 eine allgemeine Prämienzahlung für das Jahr 01.

Die Prämienzahlung ist nach den Verhältnissen des Erdienungszeitraums (Jahr 01) aufzuteilen und lediglich zu 200/230 unter Progressionsvorbehalt von der deutschen Besteuerung auszunehmen.

Beispiel 4 (Aufteilung bei Urlaubsübertragung)   171

B ist in 01 und 02 für seinen deutschen Arbeitgeber sowohl im Inland als auch in Schweden tätig. Seinen Familienwohnsitz in Deutschland behält er bei. In beiden Jahren hält sich B länger als 183 Tage in Schweden auf. Die vereinbarten Arbeitstage des B belaufen sich in den Kalenderjahren 01 und 02 auf jeweils 220 Tage zuzüglich der vertraglichen Urlaubstage von je 30 Tagen. Der Urlaub von 01 und 02 wurde vollständig in 02 genommen. Die tatsächlichen Arbeitstage in 01 betrugen in Schweden 230 Tage, auf das Inland entfielen 20 Arbeitstage. In 02 entfielen 150 tatsächliche Arbeitstage auf Schweden und 40 tatsächliche Arbeitstage auf das Inland. Der aufzuteilende Arbeitslohn beträgt 50 000 € in 01 und 60 000 € in 02.

Deutschland hat für den Arbeitslohn, der auf die Tätigkeit in Schweden entfällt, kein Besteuerungsrecht, da sich B länger als 183 Tage in 01 und 02 in Schweden aufgehalten hat (Art. 15, 23 Abs. 1 Buchstabe a DBA-Schweden). Der steuerfreie Arbeitslohn berechnet sich wie folgt:

Jahr 01: Die tatsächlichen Arbeitstage (250) setzen sich aus den vertraglich vereinbarten Arbeitstagen (220) und aus den in 01 nicht genommenen Urlaubstagen (30) zusammen. Die so ermittelten 250 tatsächlichen Arbeitstage sind dem aufzuteilenden Arbeitsentgelt von 50 000 € gegenüberzustellen. Das aufzuteilende Arbeitsentgelt pro Arbeitstag beträgt 200 €. Dieser Betrag ist mit den Arbeitstagen zu multiplizieren, an denen sich B tatsächlich in Schweden aufgehalten hat. Von den 50 000 € Jahresarbeitslohn sind daher 46 000 € (230 Tage × 200 €) im Inland unter Beachtung des § 50d Abs. 8 und 9 EStG steuerfrei und nach Abzug von Werbungskosten, die im Zusammenhang mit der in Schweden ausgeübten Tätigkeit angefallen sind, beim Progressionsvorbehalt zu berücksichtigen. Der übrige Arbeitslohn in Höhe von 4 000 € ist im Inland steuerpflichtig.

Jahr 02: Wegen des aus dem Kalenderjahr 01 übertragenen Urlaubs sind nur 190 tatsächliche Arbeitstage angefallen. Aus Vereinfachungsgründen kann die wirtschaftliche Zuordnung des auf den Urlaub des Jahres 01 entfallenden Arbeitslohns verzichtet werden. Bei einem Jahresarbeitslohn von 60 000 € im Kalenderjahr 02 ergibt sich ein Arbeitslohn pro Kalendertag von 315,79 € (60.000/190). Im Kalenderjahr 02 sind danach insgesamt 47 369 € (375,79 × 150 tatsächliche Arbeitstage) im Inland unter Beachtung des § 50d Abs. 8 und 9 EStG steuerfrei und beim Progressionsvorbehalt zu berücksichtigen. Der verbleibende Betrag in Höhe von 12 631 € ist im Inland steuerpflichtig.

Beispiel 5 (finanzielle Abgeltung von Urlaubsansprüchen)   172

Sachverhalt wie Beispiel 4. Der im Jahr 01 in das Jahr 02 übertragene Urlaub wird jedoch nicht beansprucht, sondern vom Arbeitgeber im Juli 02 mit einer Einmalzahlung i. H. v. 10 000 € abgegolten. Der Arbeitnehmer übte seine Tätigkeit an 150 Arbeitstagen in Schweden und an 70 Arbeitstagen in Deutschland aus.

Jahr 01: Lösung wie in Beispiel 4

Jahr 02: B hat im Jahr 02 tatsächlich an 220 Arbeitstagen seine Tätigkeit ausgeübt. Der Urlaub, der mit der Einmalzahlung abgegolten wurde, ist wirtschaftlich dem Jahr 01 zuzuordnen. Folglich sind für diese Einmalzahlung die Verhältnisse des Jahres 01 entscheidend. Im Jahr 02 ergibt sich deshalb folgender steuerfrei zu stellender Arbeitslohn:

60 000 €	x 150/220	= 40 909 €
+ 10 000 €	x 230/250	= 9 200 €
		50 109 €

Der übrige Arbeitslohn (70 000 € – 50 109 € = 19 891 €) ist der deutschen Besteuerung zu unterwerfen.

173 Hält sich der Arbeitnehmer an einem Arbeitstag nicht ausschließlich im anderen Staat auf (z. B. an Reisetagen), so ist das Arbeitsentgelt für diesen Arbeitstag zeitanteilig aufzuteilen. Dies muss ggf. im Schätzungswege erfolgen. Hierbei ist die für diesen Tag tatsächliche Arbeitszeit zugrunde zu legen.

174 Darüber hinaus ist bei der Aufteilung zu berücksichtigen, dass tatsächliche Arbeitszeiten, die in Transitländern verbracht werden, dem Ansässigkeitsstaat zuzuordnen sind. Zu den Besonderheiten bei Berufskraftfahrern s. Tz. 7.

5.5 Beispiele für die Aufteilung bestimmter Lohnbestandteile

5.5.1 Tantiemen und andere Erfolgsvergütungen

175 Unabhängig vom Zuflusszeitpunkt ist eine zeitraumbezogene Erfolgsvergütung nach den Verhältnissen des Zeitraums zuzuordnen, für den sie gewährt wird (s. BFH-Urteil vom 27. Januar 1972, BStBl II S. 459) und ggf. unter Beachtung des § 50d Abs. 8 bzw. 9 EStG und des Progressionsvorbehalts von der inländischen Besteuerung freizustellen. Dagegen ist eine projektbezogene Erfolgsvergütung vorab direkt zuzuordnen.

5.5.2 Urlaubsentgelte, Urlaubs- und Weihnachtsgeld

176 Urlaubsentgelt (laufende Vergütung), Urlaubs- und Weihnachtsgeld (Vergütungen die auf den gesamten Berechnungszeitraum entfallen) sind in die Aufteilung einzubeziehen. Dies gilt auch für Bezüge, die für den Verzicht auf den Urlaub gezahlt werden (Urlaubsabgeltung für nicht genommenen Urlaub). Dabei ist der Teil der Urlaubsentgelte im Inland freizustellen, der auf die im Ausland ausgeübte Tätigkeit entfällt (s. Beispiel 5 zu Tz. 5.4.2).

5.5.3 Nachzahlung für eine frühere aktive Tätigkeit

177 Eine einmalige Zahlung (z. B. Jubiläumszahlung), die eine Nachzahlung für eine frühere aktive Tätigkeit darstellt und anteilig auf die Auslands- und Inlandstätigkeit entfällt, ist nach den Grundsätzen in Tz. 5.4 aufzuteilen. Für die Zuweisung des Besteuerungsrechts kommt es nicht darauf an, zu welchem Zeitpunkt und wo die Vergütung bezahlt wird, sondern allein darauf, dass sie dem Arbeitnehmer für eine Auslandtätigkeit gezahlt wird (s. BFH-Urteil vom 5. Februar 1992, BStBl II S. 660). Eine Nachzahlung für eine frühere aktive Tätigkeit liegt nicht vor, wenn die einmalige Zahlung ganz oder teilweise der Versorgung dient (s. BFH-Urteil vom 5. Februar 1992, a. a. O. und vom 12. Oktober 1978, BStBl II S. 64).

5.5.4 Abfindungen und Vergütungen für Diensterfindungen

5.5.4.1 Grundsätze zur Besteuerung von Abfindungen[1]

178 Abfindungen, die dem Arbeitnehmer anlässlich seines Ausscheidens aus dem Arbeitsverhältnis gezahlt werden, sind regelmäßig den Vergütungen aus unselbständiger Arbeit i. S. des Art. 15 Abs. 1 OECD-MA zuzuordnen. Unter Abfindungen in diesem Sinne sind Zahlungen zu verstehen, die der Arbeitnehmer als Ausgleich für die mit der Auflösung des Dienstverhältnisses verbundenen Nachteile, insbesondere für den Verlust des Arbeitsplatzes, erhält. Sie stellen jedoch kein zusätzliches Entgelt für die frühere Tätigkeit dar und werden nicht für eine konkrete im In- oder Ausland ausgeübte Tätigkeit gezahlt. Abfindungen sind daher grundsätzlich im Ansässigkeitsstaat des Arbeitnehmers (Art. 15 Abs. 1 Satz 1 erster Halbsatz OECD-MA) zu besteuern (s. BFH-Urteile vom 2. September 2009, BStBl 2010 II S. 387 und S. 394). Maßgeblich hierfür ist der Zuflusszeitpunkt i. S. des § 11 EStG i. V. m. § 38a Abs. 1 Satz 3 EStG (BFH-Urteil vom 24. Februar 1988, BStBl II S. 819 und vom 10. Juli 1996, BStBl 1997 II S. 341).

179 Ein zeitlicher Zusammenhang zwischen dem Zufluss der Abfindung und der Beendigung des Dienstverhältnisses ist nicht erforderlich. Bei einer Zahlung innerhalb eines Zeitraums von fünf Jahren vor Beendigung des Dienstverhältnisses ist zum Beispiel ein sachlicher Zusammenhang mit der Auflösung des Dienstverhältnisses anzunehmen. Ein erhebliches zeitliches Auseinanderfallen der beiden Ereignisse kann jedoch den sachlichen Zusammenhang in Frage stellen.

180 Keine Abfindungen im vorstehenden Sinne stellen Zahlungen zur Abgeltung bereits vertraglich erdienter Ansprüche (z. B. Ausgleichszahlungen für Urlaubs- oder Tantiemeansprüche) dar. Diese sind als nachträglicher Arbeitslohn anzusehen und entsprechend den Aktivbezügen zu behandeln.

---

1) → § 50d Abs. 12 EStG.

Hat eine Abfindung hingegen Versorgungscharakter, wird das Besteuerungsrecht nach Art. 18   181
OECD-MA (Ruhegehälter) zugeordnet. Ob ein solcher Versorgungscharakter vorliegt, richtet
sich stets nach dem Grund der Zahlung. Dem zeitlichen Aspekt kann jedoch indizielle Bedeutung
zukommen:

Abfindungen zur Ablösung eines Pensionsanspruchs, die während eines laufenden Arbeitsver-   182
hältnisses oder bei dessen Beendigung gezahlt werden, sind als laufende Vergütungen aus
unselbständiger Arbeit nach Art. 15 Abs. 1 OECD-MA zu behandeln und können im Tätigkeitsstaat besteuert werden. Sie können dagegen Versorgungscharakter haben, wenn der Arbeitnehmer höchstens ein Jahr vor dem Eintritt in den gesetzlichen Ruhestand steht. Ein Ruhegehalt
kann weiterhin vorliegen, wenn bereits laufende Pensionszahlungen kapitalisiert und in einem
Einmalbetrag ausgezahlt werden (BFH-Urteil vom 19. September 1975, BStBl 1976 II S. 65).

5.5.4.2 Abfindungsbesteuerung in Sonderfällen und beim Vorliegen von Konsultationsverein-
barungen

– Tz. 5.5.4.2 Rdnr. 183–187 nicht abgedruckt –[1])

Spezielle Regelungen im Verhältnis zu Liechtenstein sind in Nr. 5 des Protokolls zu Art. 14 und 17   188
des DBA vom 17. November 2011, BGBl. 2012 II S. 1462/BStBl 2013 I S. 488 enthalten.

Unter das DBA-Frankreich fallende Abfindungen, die zur Abgeltung von mit der Auflösung des   189
Dienstverhältnisses verbundenen Nachteilen gezahlt werden, sind aufgrund des besonderen
Wortlauts des Art. 13 Abs. 1 DBA-Frankreich (abweichend zu den Art. 15 OECD-MA entsprechenden Regelungen) nicht im Ansässigkeitsstaat, sondern ausschließlich im (ehemaligen) Tätigkeitsstaat zu besteuern (BFH-Urteil vom 24. Juli 2013, BStBl 2014 II S. 929).

5.5.4.3 Erfindervergütungen

Eine Vergütung für eine sog. Diensterfindung i. S. des § 9 des Gesetzes über Arbeitnehmererfin-   190
dungen (ArbnErfG) unterliegt als Arbeitslohn i. S. des § 19 EStG grundsätzlich der Steuerpflicht
nach innerstaatlichem Recht (s. BFH-Urteil vom 21. Oktober 2009, BStBl 2012 II S. 493). Dies gilt
auch dann, wenn das Arbeitsverhältnis im Augenblick der Zahlung nicht mehr besteht (§ 24 Nr. 2
EStG). Bei diesen Vergütungen liegt, ausgehend von der Qualifikation nach innerstaatlichem
Recht (s. Art. 3 Abs. 2 OECD-MA), zwar grundsätzlich Arbeitslohn i. S. des Art. 15 OECD-MA
vor. Um zusätzliches Entgelt für eine frühere Tätigkeit i. S. des Art. 15 Abs. 1 Satz 2 OECD-MA,
für das der Tätigkeitsstaat das Besteuerungsrecht hat, handelt es sich jedoch regelmäßig nicht.

Soweit aber die Vergütungen als konkrete Gegenleistung zu einer früheren Arbeitsleistung anzu-   191
sehen sind, kommt eine Besteuerung im ehemaligen Tätigkeitsstaat in Betracht; ein bloßer
Anlasszusammenhang zwischen Zahlung und Tätigkeit reicht hierfür nicht aus.

5.5.5 Optionsrechte auf den Erwerb von Aktien („Stock Options")

5.5.5.1 Allgemeines

Das Einräumen von Aktienoptionen ist häufig Bestandteil moderner Vergütungssysteme,   192
wodurch Arbeitnehmer direkt an der Steigerung des Unternehmenswertes („shareholder value")
beteiligt und gleichzeitig an den Arbeitgeber gebunden werden sollen.

Aktienoptionen im Rahmen eines Dienstverhältnisses liegen vor, wenn ein Arbeitgeber oder eine   193
Konzernobergesellschaft (Optionsgeber) seinen Beschäftigten das Recht einräumt, sich zu einem
bestimmten Übernahmepreis an einem Unternehmen zu beteiligen. Dieses Recht kann zu einem
späteren Zeitpunkt durch den Arbeitnehmer ausgeübt und die Beteiligungen damit verbilligt
bezogen werden („Stock Options"). Mitunter wird auch das Recht eingeräumt, dass der Arbeitnehmer das Optionsrecht selbst veräußern darf, ohne vorher die Beteiligung am Unternehmen
erworben zu haben.

Bezüglich des Zeitpunkts der Besteuerung und der Aufteilung des Besteuerungsrechtes existie-   194
ren aus internationaler Sicht unterschiedliche Rechtsauffassungen. Eingetretene Doppelbesteuerungen können in der Regel nur im Rahmen eines zwischenstaatlichen Verständigungsverfahrens
beseitigt werden.

5.5.5.2 Zuflusszeitpunkt und Höhe des geldwerten Vorteils nach nationalem Recht

Lohneinnahmen, die nicht als laufender Arbeitslohn gezahlt werden (sonstige Bezüge) gelten   195
nach § 38a Abs. 1 Satz 3 EStG als zugeflossen, wenn ein Arbeitnehmer wirtschaftlich über sie
verfügen kann. Dies ist regelmäßig der Fall, wenn die verbilligt überlassenen Aktien in das
Eigentum des Arbeitnehmers übergegangen sind (Einbuchung der Aktien auf das Depot des

---

1) Überholt durch BMF-Schreiben vom 31. 3. 2016 (BStBl I S. 474).

Arbeitnehmers). Folglich führt sowohl bei handelbaren als auch bei nicht handelbaren Aktien-optionen grundsätzlich erst die tatsächliche Ausübung („exercise") der Aktienoption zum Zufluss eines geldwerten Vorteils (s. BFH-Urteile vom 24. Januar 2001, BStBl II S. 509, S. 512 und vom 20. November 2008, BStBl 2009 II S. 382). Stimmt der Zeitpunkt der Optionsausübung mit dem Zeitpunkt der Gutschrift der Aktien im Depot des Arbeitnehmers nicht überein, fließt der geld-werte Vorteil erst an dem Tag zu, an dem die Aktien in das Depot des Arbeitnehmers eingebucht werden (s. BFH-Urteil vom 20. November 2008, a. a. O. und BMF-Schreiben vom 8. Dezem-ber 2009, BStBl I S. 1513, Tz 1.6).

196   Werden die Aktienoptionen in der sog. Exercise-and-Sell-Variante (Verkauf der Aktien sofort mit Ausübung des Aktienoptionsrechts) ausgeübt, erfolgt keine Einbuchung in das Depot des Arbeit-nehmers. Der Zufluss des geldwerten Vorteils gilt hier bereits grundsätzlich als im Zeitpunkt der Optionsausübung des Aktienoptionsrechts, d. h. konkret am Tag des Zugangs der Ausübungs-erklärung beim Optionsgeber, bewirkt.

197   Daneben ist ein Zufluss von Arbeitslohn auch dann zu bejahen, wenn das Optionsrecht vor der Ausübung anderweitig verwertet wird, denn der für den Zufluss von Arbeitslohn maßgebliche geldwerte Vorteil, der in dem auf die Aktien gewährten Preisnachlass besteht, wird insoweit durch den Arbeitnehmer realisiert (vgl. BFH-Urteile vom 20. November 2008, a. a. O. und vom 20. Juni 2005, BStBl II S. 770). Eine solche Verwertung liegt insbesondere vor, wenn der Arbeit-nehmer die Aktienoption auf einen Dritten überträgt (BFH vom 18. September 2012, BStBl 2013 II S. 289).

198   Voraussetzung für den Zufluss von Arbeitslohn bei Aktienoptionen ist eine verbilligte oder unent-geltliche Überlassung der Aktien (geldwerter Vorteil). Der geldwerte Vorteil errechnet sich in der Regel aus der Differenz zwischen dem Kurswert der Aktien am Zuflusszeitpunkt (§ 11 Abs. 1 BewG) und dem vom Arbeitnehmer geleisteten Übernahmepreis bzw. den Erwerbsaufwendun-gen (s. BFH-Urteile vom 20. November 2008, a. a. O. und vom 24. Januar 2001, a. a. O.). Es ist in diesem Zusammenhang nicht zu beanstanden, wenn von den Vereinfachungsregelungen nach Tz. 1.3 letzter Absatz des BMF-Schreibens vom 8. Dezember 2009, BStBl I S. 1513, zur lohnsteuer-lichen Behandlung der Überlassung von Vermögensbeteiligungen ab 2009 Gebrauch gemacht wird. Veränderungen des Kurswertes der Aktien haben auf die Höhe des geldwerten Vorteils keine Auswirkungen. In Ermangelung eines Kurswerts, z. B. bei nicht handelbaren Aktienoptio-nen, sind die Aktien am Zuflusstag mit dem gemeinen Wert anzusetzen (§ 11 Abs. 2 BewG).

199   Bei der Ermittlung des geldwerten Vorteils ist die Steuerbefreiung i. H. v. 360 € nach § 3 Nr. 39 EStG zu berücksichtigen, sofern der Arbeitnehmer die verbilligten Aktienoptionen im Rahmen eines gegenwärtigen Dienstverhältnisses erhält. Im Übrigen kommt für steuerpflichtige geld-werte Vorteile aus der Ausübung von Aktienoptionen die Tarifermäßigung des § 34 Abs. 1 EStG i. V. m. § 34 Abs. 2 Nr. 4 EStG in Betracht, wenn es sich um Vergütungen für mehrjährige Tätig-keiten handelt (s. BFH-Urteil vom 24. Januar 2001, a. a. O.). Diese liegen vor, wenn die Laufzeit zwischen Einräumung und Ausübung mehr als 12 Monate betragen hat und das Arbeitsverhält-nis nach Einräumung des Optionsrechts mindestens noch 12 Monate fortbestanden hat. Dagegen muss das Arbeitsverhältnis bei Optionsausübung nicht mehr bestehen. Maßgeblich ist alleine die Laufzeit der einzelnen Aktienoptionen von mehr als 12 Monaten bei gleichzeitiger Beschäftigung durch den Arbeitgeber. Unschädlich ist es, wenn ein Arbeitnehmer Aktienoptionen nicht voll-ständig in einem einzigen Veranlagungszeitraum ausübt (s. BFH-Urteil vom 18. Dezember 2007, BStBl 2008 II S. 294) oder wiederholt Aktienoptionen eingeräumt und die betreffenden Optionen nicht auf einmal ausgeübt werden.

5.5.5.3 Aufteilung des Besteuerungsrechtes des geldwerten Vorteils nach Abkommensrecht

200   Der geldwerte Vorteil aus der Optionsgewährung ist den Einkünften aus unselbständiger Arbeit nach Art. 15 OECD-MA zuzuordnen. Diejenigen Einkünfte, die der Arbeitnehmer in seiner Eigenschaft als Anteilseigner nach Ausübung des Optionsrechts aus dem Halten der erworbenen Aktien (z. B. Dividenden) oder ihrer späteren Veräußerung erzielt, sind hingegen Art. 10 bzw. 13 OECD-MA zuzuordnen.

201   Für die Aufteilung des Besteuerungsrechts des geldwerten Vorteils ist bei Aktienoptionen grund-sätzlich danach zu unterscheiden, ob die Option einen Vergangenheits- oder einen Zukunfts-bezug aufweist. Für den zugrunde zu legenden Aufteilungszeitraum empfiehlt es sich regelmäßig danach zu differenzieren, ob Aktienoptionen an einer Wertpapierbörse gehandelt werden können oder nicht (handelbare und nicht handelbare Aktienoptionen). Können Optionsrechte lediglich außerhalb einer Wertpapierbörse gehandelt werden, gelten sie als nicht handelbar.

202   Handelbare Aktienoptionen werden regelmäßig gewährt, um in der Vergangenheit geleistete Tätigkeiten zu honorieren. Unter Umständen können sie jedoch auch mit Blick auf die Zukunft eingeräumt werden (z. B. mit Verfügungsbeschränkungen). Der geldwerte Vorteil ist unabhängig vom Zuflusszeitpunkt nach den Verhältnissen des Zeitraums zuzuordnen, für den er gewährt wird (Erdienungszeitraum).

Nicht handelbare Aktienoptionen stellen lediglich die Einräumung einer Chance dar. Der geldwerte Vorteil ist damit bei Zufluss als Vergütung für den ganzen Erdienungszeitraum („vesting period") anzusehen. Der Erdienungszeitraum ist der Zeitraum zwischen der Optionsgewährung („grant") und der erstmalig tatsächlich möglichen Ausübung des Optionsrechts durch den Arbeitnehmer („vesting").   203

Soweit keine unmittelbare Zuordnung zu der im Inland oder im Ausland ausgeübten Tätigkeit möglich ist, ist das Besteuerungsrecht nach den in der Tz. 5.4 erläuterten Grundsätzen anhand der tatsächlichen Arbeitstage aufzuteilen und zeitanteilig unter Beachtung des § 50d Abs. 8 bzw. 9 EStG und des Progressionsvorbehalts von der inländischen Besteuerung freizustellen: 204

$$\text{steuerfreier geldwerter Vorteil} = \frac{\text{Anzahl der tatsächlichen Arbeitstage im ausländischen Staat}}{\text{Tatsächliche Arbeitstage im gesamten Erdienungszeitraum}}$$

Befindet sich der Arbeitnehmer im Zeitpunkt der Erdienung des Optionsrechts bereits im Ruhestand, ist für die Aufteilung des geldwerten Vorteils nur der Zeitraum von der Gewährung bis zur Beendigung der aktiven Tätigkeit heranzuziehen. Ist das Arbeitsverhältnis vor der Erdienung des Optionsrechts aus anderen Gründen beendet worden (z. B. Auflösung des Arbeitsverhältnisses), ist für die Aufteilung des geldwerten Vorteils der Zeitraum von der Gewährung des Optionsrechts bis zum Ausscheiden des Arbeitnehmers aus dem aktiven Arbeitsverhältnis maßgeblich. Dies gilt nicht, soweit der Arbeitnehmer weiterhin im Konzernverbund (§ 15 AktG) beschäftigt bleibt und daher das Optionsrecht weiterhin erdient wird. In diesem Fall zählt auch die Tätigkeit beim verbundenen Unternehmen zum Erdienungszeitraum.   205

Vorgenannte Ausführungen gelten unbeschadet eines Wechsels der Steuerpflicht des Arbeitnehmers während des genannten Zeitraums.   206

Sofern der Arbeitnehmer jährlich Aktienoptionsrechte erhält, sind die oben genannten Ausführungen für jedes jährlich ausgegebene Optionsrecht zu beachten.   207

Beispiel: 208

Ein in Deutschland beschäftigter Arbeitnehmer hat am 1. Juni 01 („grant") die nicht handelbare Option auf den Erwerb von 1.000 Aktien seines inländischen Arbeitgebers gewährt bekommen. Der Übernahmepreis liegt bei 10 € je Aktie. Ab dem 1. Januar 02 ist der Arbeitnehmer im Rahmen einer Arbeitnehmerentsendung in Italien tätig und dort mit seinen Arbeitseinkünften steuerpflichtig. Seinen deutschen Wohnsitz behält er während der Entsendung bei. Der Zeitpunkt der erstmalig möglichen Optionsausübung ist der 1. Juni 03 („vesting"). Am 1. September 03 übt der Arbeitnehmer die Aktienoption aus. Der Kurswert der Aktie beträgt zu diesem Zeitpunkt 15 €. Die Aktien werden noch am selben Tag auf seinem Depot gutgeschrieben. Der Arbeitnehmer ist hat 220 Tagen im Jahr seine Tätigkeit tatsächlich ausgeübt. Im Erdienungszeitraum („vesting period" 1. Juni 01 bis 1. Juni 03) hält er sich wie folgt auf:

Kalenderjahr	01	02	03
Deutschland	128 Arbeitstage	0	0
Italien	0	220 Arbeitstage	92 Arbeitstage

Gemeiner Wert der Aktien zum Zuflusszeitpunkt:	15 000 €
./. Erwerbsaufwendungen	10 000 €
= Steuerpflichtiger geldwerter Vorteil:	5 000 €*)

*) = Auf die Berechnung der Freibeträge wird aus Vereinfachungsgründen verzichtet.

Gesamtarbeitstage im Erdienungszeitraum:	440
In Italien verbrachte Arbeitstage im Erdienungszeitraum:	312

Der in Deutschland unter Beachtung von § 50d Abs. 8 EStG unter Progressionsvorbehalt steuerfrei zu stellende geldwerte Vorteil beträgt damit:

$$5\ 000\ € \times \frac{312 \text{ Arbeitstage in Italien}}{440 \text{ tatsächliche Gesamtarbeitstage}} = 3\ 546\ €$$

im Erdienungszeitraum

5.5.5.4 Weitere Aktienvergütungsmodelle

Virtuelle Aktienoptionen (Stock Appreciation Rights, Phantom Stock Awards)

Als virtuelle Variante der Stock Options wird auf die tatsächliche Ausgabe von Aktien verzichtet und die finanziellen Auswirkungen entsprechend nachgebildet. Damit werden Neuemissionen sowie die damit verbundene Verwässerung des Aktienkurses und des Stimmrechts vermieden. Im Unterschied zu realen Aktienoptionsplänen besteht im Fall von virtuellen Aktienoptionen (Stock Appreciation Rights oder Phantom Stock Awards) bei Ausübung also kein Recht auf Lieferung von Aktien, sondern ein Recht auf Auszahlung eines Geldbetrages, der sich aus der Kurs-   209 entwicklung ergibt. Wirtschaftlich betrachtet, stellen die Vergütungen aus den virtuellen Aktienoptionen ein Entgelt für die in der Vergangenheit geleistete Arbeit dar. Die vorgenannten Ausführungen bezüglich Zufluss und Aufteilung gelten entsprechend.

Aktienoptionsplan mit vorgeschaltetem Wandeldarlehen oder Wandelanleihe (Wandelschuldverschreibung)

210   Bei einem Wandeldarlehen gewährt der Darlehensgeber (hier: Arbeitnehmer) dem Darlehensnehmer (hier: Arbeitgeber) ein Darlehen, das mit einem Wandlungs- bzw. Umtauschrecht auf Aktien des Darlehensnehmers ausgestattet ist.

211   Eine Wandelanleihe (Wandelschuldverschreibung) ist ein von einer Aktiengesellschaft (hier: Arbeitgeber als Emittent) ausgegebenes verzinsliches Wertpapier, das dem Inhaber (hier: Arbeitnehmer) das Recht einräumt, die Anleihe in Aktien des Emittenten umzutauschen.

212   Bei Ausübung des Wandlungsrechtes im Rahmen des Aktienoptionsplans gelten die vorgenannten Ausführungen entsprechend (s. BFH-Urteil vom 23. Juni 2005, BStBl II S. 770). Der Zufluss des geldwerten Vorteils erfolgt also zu dem Zeitpunkt, in dem der Arbeitnehmer die wirtschaftliche Verfügungsmacht über die Aktien erhält und nicht bereits durch Hingabe des Darlehens.

Verfügungsbeschränkungen (Restrictions) für Aktien und Aktienanwartschaften

213   Im Gegensatz zu Aktienoptionen handelt es sich bei Restricted Stocks oder Restricted Shares um direkte Übertragungen von Aktien, die gewissen Verfügungsbeschränkungen unterliegen (u. a. Ausschluss von Stimm- und Dividendenbezugsrechten sowie Veräußerungsverbot für einen bestimmten Zeitraum). In vielen Fällen erfolgt die Aktienübertragung aber nicht unmittelbar, sondern den Arbeitnehmern wird zunächst in Aussicht gestellt, in einem späteren Jahr unentgeltlich Aktien ihres Arbeitgebers zu erhalten (Aktienanrechte, Stock Awards, Restricted Stock Units). Voraussetzung ist regelmäßig, dass der betreffende Arbeitnehmer zu diesem Stichtag noch bei dem Arbeitgeber (oder bei einem anderen Unternehmen im Konzernverbund) beschäftigt ist. Dabei werden häufig Sammel- oder Sperrdepots für die Mitarbeiter angelegt und eine entsprechende Anzahl an Aktien gutgeschrieben.

214   Sowohl bei direkten Aktienübertragungen als auch bei der Einräumung von Aktienanrechten setzt ein Lohnzufluss die Erlangung von wirtschaftlichem Eigentum beim Arbeitnehmer voraus. Wirtschaftliches Eigentum kann nicht unterstellt werden, wenn umfassende Verfügungsbeschränkungen (z. B. keine Stimm- und Dividendenbezugsrechte in Kombination mit einem Veräußerungsverbot) vereinbart wurden. Deshalb fließt dem Arbeitnehmer der geldwerte Vorteil erst in dem Zeitpunkt zu, in dem die Verfügungsbeschränkungen nicht mehr umfassend sind (z. B. bei Wegfall einzelner Beschränkungen). Dies gilt insbesondere auch, wenn eine Übertragung der Aktien in ihrer Wirksamkeit von der Zustimmung der Gesellschaft abhängig und eine Veräußerung der Aktien für den Arbeitnehmer rechtlich unmöglich ist (vinkulierte Namensaktien, s. BFH-Urteil vom 30. Juni 2011, BStBl II S. 923). Ein schuldrechtliches Veräußerungsverbot verhindert den Zufluss jedoch nicht, da die Veräußerung (ggf. unter Sanktionierung) rechtlich möglich ist.

215   Dagegen ist auch von wirtschaftlichem Eigentum auszugehen, wenn der Arbeitnehmer aufgrund einer Sperr- bzw. Haltefrist die Aktien lediglich für eine bestimmte Zeit nicht veräußern kann, ihm aber das Stimmrecht und der Dividendenanspruch unabhängig von der Vereinbarung einer Sperrfrist zustehen (s. BFH-Urteil vom 30. September 2008, BStBl 2009 II S. 282). Die Erlangung der wirtschaftlichen Verfügungsmacht erfordert nicht, dass der Arbeitnehmer in der Lage sein muss, den Vorteil sofort durch Veräußerung der Aktien in Bargeld umzuwandeln.

216   Wegen der Zukunftsbezogenheit bei dieser Form der Mitarbeiterbeteiligung wird das Besteuerungsrecht am geldwerten Vorteil auf den Zeitraum zwischen der Einräumung und der Erlangung der wirtschaftlichen Verfügungsmacht (i. d. R. bei Wegfall der Verfügungsbeschränkung) aufgeteilt. Dies entspricht somit dem Erdienungszeitraum.

217   Im Übrigen gelten die vorgenannten Ausführungen entsprechend.

5.5.5.5 Anwendung im Lohnsteuerabzugsverfahren

218   Die Lohnsteuer entsteht nach § 38 Abs. 2 Satz 2 EStG in dem Zeitpunkt, in dem der Arbeitslohn dem Arbeitnehmer zufließt. Der nach § 38 EStG abzugspflichtige Arbeitgeber hat grundsätzlich auch den geldwerten Vorteil aus der Optionsausübung nach den im Zuflusszeitpunkt gegebenen Verhältnissen der Lohnsteuer zu unterwerfen. Die Verpflichtung zum Lohnsteuerabzug trifft ein inländisches Konzernunternehmen als inländischen Arbeitgeber i. S. des § 38 Abs. 1 EStG nach § 38 Abs. 1 Satz 3 EStG als sog. Arbeitslohn von dritter Seite auch dann, wenn die ausländische Konzernobergesellschaft die Aktienoptionen gewährt.

5.5.6 Kaufkraftausgleich, Standortbonus und Sicherung des Wechselkurses

Gleicht der Arbeitgeber die, gegenüber dem bisherigen Ansässigkeitsstaat, höheren Lebenshaltungskosten im Tätigkeitsstaat durch Zahlung eines Auslandsverwendungszuschlags/Kaufkraftausgleiches aus und sind die in § 3 Nr. 64 EStG genannten Beträge überschritten, liegt nach nationalem Recht steuerpflichtiger Arbeitslohn vor, der nach den DBA ausschließlich der Tätigkeit im Tätigkeitsstaat zuzuordnen ist. 219

Der Standortbonus ist eine zusätzliche Vergütung, mit der die Bereitschaft eines Arbeitnehmers zu internationalen Einsätzen, insbesondere an schwierigen Standorten mit vom Wohnsitzstaat abweichenden Lebensbedingungen, gewürdigt werden soll. Auch hier handelt es sich nach nationalem Recht um Arbeitslohn, der abkommensrechtlich der Tätigkeit im Tätigkeitsstaat direkt zuzuordnen ist. 220

Wird Arbeitslohn in der Währung des Tätigkeitsstaates ausgezahlt, ist er bei Zufluss nach dem von der Europäischen Zentralbank veröffentlichten monatlichen Euro-Durchschnittsreferenzkurs umzurechnen (s. BFH-Urteil vom 3. Dezember 2009, BStBl 2010 II S. 698; H 8.1 (1-4) „Ausländische Währung" LStH). Es wird allerdings nicht beanstandet, wenn die in einer ausländischen Währung erhaltenen Lohnzahlungen auf Basis eines jährlichen Umrechnungskurses – ermittelt aus den monatlich veröffentlichten Umsatzsteuerreferenzkursen, abgerundet auf volle 50 Cent – umgerechnet werden. 221

Gleicht der Arbeitgeber Wechselkursschwankungen in gewissen Zeitabständen aus, indem er wechselkursbezogen einen Mehrbetrag ermittelt, den er an den Arbeitnehmer auszahlt oder einen Minderbetrag ermittelt, den er vom Arbeitnehmer zurückfordert, ist dieser Mehr- oder Minderbetrag in demselben Verhältnis aufzuteilen, in dem das wechselkursgesicherte Gehalt auf den Wohnsitzstaat und den Tätigkeitsstaat entfällt. 222

5.5.7 Entgeltumwandlung zugunsten eines Arbeitszeitkontos

Unter den Begriff der Arbeitszeitkonten in diesem Sinne fallen nur sog. Zeitwertkonten (Arbeitsentgeltguthaben). Hierbei vereinbaren Arbeitgeber und Arbeitnehmer, dass künftig fällig werdender Arbeitslohn anstelle einer sofortigen Auszahlung auf einem Zeitwertkonto betragsmäßig erfasst und dem Arbeitnehmer erst im Rahmen einer späteren Freistellung von der weiterhin geschuldeten Arbeitsleistung ausgezahlt wird. Der steuerliche Begriff des Zeitwertkontos entspricht insoweit einer Wertguthabenvereinbarung i. S. des § 7b SGB IV. Die Voraussetzungen für die Anerkennung einer Zeitwertkontenvereinbarung und ihre Besteuerung sind im BMF-Schreiben vom 17. Juni 2009, BStBl I S. 1286 geregelt. Das gilt auch bei einem im Ausland ansässigen Arbeitnehmer, der mit seinem dortigen Arbeitgeber eine Zeitwertkontenvereinbarung geschlossen hat und vorübergehend im Inland tätig ist. In diesem Fall wird auch im Rahmen der beschränkten Steuerpflicht (s. § 49 Abs. 1 Nr. 4 Buchstabe a EStG) der Zufluss des Arbeitslohns zu einem späteren Zeitpunkt erfasst. 223

Auf Zahlungen aus Zeitwertkonten an den Arbeitnehmer ist Art. 15 OECD-MA anzuwenden. Das Besteuerungsrecht des Ansässigkeitsstaates wird danach nur insoweit durchbrochen, als der Arbeitnehmer im anderen Vertragsstaat tätig wird und hierfür Vergütungen bezieht. Ausgehend von dem engen Veranlassungszusammenhang zwischen Auslandstätigkeit und Vergütungsbezug, hat der Tätigkeitsstaat das Besteuerungsrecht für Auszahlungen aus dem Zeitwertkonto nur insofern, als ihnen eine dort erbrachte Arbeitsleistung zugrunde liegt (Erdienungsprinzip). 224

Beispiel 1: 225
Arbeitgeber und Arbeitnehmer A sind im Inland ansässig und schließen eine Zeitwertkontenvereinbarung. In 01 wird A insgesamt für 120 (Aufenthalts- und Tätigkeits-) Tage in die ausländische Betriebsstätte seines Arbeitgebers im DBA-Staat B entsandt. Den regulären Arbeitslohn trägt die ausländische Betriebsstätte. Vereinbarungsgemäß wird A nur die Hälfte des Arbeitslohns ausgezahlt, der auf die Auslandtätigkeit entfällt. Der restliche Betrag wird seinem Zeitwertkonto gutgeschrieben; weitere Wertgutschriften erfolgen nicht. In 05 nimmt A sein Guthaben in Anspruch und wird für 60 Arbeitstage von der Verpflichtung zur Arbeitsleistung unter Fortzahlung seiner (seit 01 unveränderten) Bezüge in voller Höhe freigestellt.

Dem Staat B steht nach Art. 15 Abs. 1 Satz 2 und Abs. 2 Buchstabe c OECD-MA das Besteuerungsrecht für diejenigen Vergütungen zu, die A für seine Tätigkeit dort bezogen hat. Dies gilt unabhängig davon, ob der Betrag dem Arbeitnehmer im regulären Zahlungsturnus zufließt oder der Zuflusszeitpunkt durch die Gutschrift auf dem Zeitwertkonto wirksam in die Zukunft verlagert wird. Vorliegend steht dem Staat B das Besteuerungsrecht an den Zahlungen aus dem Zeitwertkonto im Jahr 05 zu. Deutschland stellt die Vergütungen unter Progressionsvorbehalt und Beachtung des § 50d Abs. 8 bzw. 9 EStG frei.

Das Besteuerungsrecht des Tätigkeitsstaates wird nicht dadurch berührt, dass die Voraussetzungen für die steuerliche Anerkennung der Zeitwertkontenvereinbarung später ganz oder teilweise entfallen (BMF-Schreiben vom 17. Juni 2009, BStBl I S. 1286 „planwidrige Verwendung"). Ande- 226 rerseits steht dies auch einer Berücksichtigung der Zahlungen im Rahmen des Progressionsvorbehalts zum Zuflusszeitpunkt nicht entgegen.

227   Soweit sich der Wert des Arbeitszeitguthabens aus anderen Gründen als den vereinbarten Lohngutschriften erhöht hat, z. B. infolge einer vom Arbeitgeber zugesagten Verzinsung oder aufgrund der erfolgreichen Anlage des Arbeitsentgeltguthabens am Kapitalmarkt (s. § 7d Abs. 3 SGB IV), stellt dieser Wertzuwachs keine Gegenleistung für die im anderen Staat ausgeübte Tätigkeit dar. Deshalb verbleibt das Besteuerungsrecht beim Ansässigkeitsstaat. Vorgenannte Zinsen erhöhen das Guthaben des Zeitwertkontos und sind bei tatsächlicher Auszahlung an den Arbeitnehmer als Arbeitslohn zu erfassen.

228   Bringt der Arbeitnehmer sowohl nach DBA freigestellten als auch steuerpflichtigen Arbeitslohn in sein Zeitwertkonto ein, gilt im Zeitpunkt der Auszahlung des Arbeitsentgeltguthabens stets der steuerfreie Arbeitslohn als zuerst verwandt. Ist der steuerfreie Arbeitslohn in mehreren Staaten erdient worden, ist er nach den einzelnen Tätigkeitsstaaten aufzuteilen. In diesem Fall gilt bei der Auszahlung des steuerfreien Arbeitslohns aus dem Arbeitsentgeltguthaben der zuerst erdiente steuerfreie Arbeitslohn als zuerst verwandt.

229   **Beispiel 2:**

Arbeitgeber und Arbeitnehmer A sind im Inland ansässig und schließen eine Zeitwertkontenvereinbarung. Im Jahr 01 wird A insgesamt für 40 (Aufenthalts- und Tätigkeits-) Tage in die ausländische Betriebsstätte seines Arbeitgebers im DBA-Staat B entsandt. Seinen Arbeitslohn trägt die ausländische Betriebsstätte. Vereinbarungsgemäß erhält A für die Auslandstätigkeiten einen Lohnzuschlag in Höhe von 50 %. Dieser wird seinem Zeitwertkonto gutgeschrieben. Der reguläre Lohn wird ausgezahlt. Im Jahr 02 führt A seinem Zeitwertkonto im Inland erdiente Wertgutschriften zu, die eine Freistellung von 20 Arbeitstagen unter Fortzahlung der Bezüge in voller Höhe erlauben. Im Jahr 03 wird A zu den gleichen Konditionen wie im Jahr 01 für 40 (Aufenthalts- und Tätigkeits-) Tage in die ausländische Betriebsstätte seines Arbeitgebers im DBA-Staat C entsandt. Im Jahr 05 nimmt A sein gesamtes Zeitwertguthaben in Anspruch und wird für 60 Arbeitstage von der Verpflichtung zur Arbeitsleistung unter Fortzahlung seiner Bezüge in voller Höhe freigestellt.

Die Entgeltzahlung für die ersten 20 Tage der Freistellung von der Arbeitspflicht speisen sich aus dem Staat B erdienten und unter Beachtung von § 50d Abs. 8 bzw. 9 EStG steuerfreien Arbeitslohn; der unter denselben Bedingungen steuerfreie Arbeitslohn für die folgenden 20 Tage rührt aus der Tätigkeit im Staat C her. Erst in den letzten 20 Tagen kommt das durch die Inlandstätigkeit erdiente steuerpflichtige Arbeitsentgeltguthaben zur Auszahlung.

230   Im vorstehenden Beispiel ist die Versteuerung im Veranlagungsverfahren 05 auch dann nachgewiesen, wenn der Tätigkeitsstaat den auf dem Zeitwertkonto gutgeschriebenen Lohn einer Besteuerung in 01 unterworfen hat und dies belegt wird.

231   Aufgrund der oft langen Zeitspanne zwischen dem Erwerb der Lohnforderung und ihrem Zufluss kommt in diesen Fällen den steuerlichen Nachweispflichten eine besondere Bedeutung zu. Die Feststellungslast trifft im Lohnsteuerabzugsverfahren beide Beteiligten (Arbeitgeber und Arbeitnehmer). § 90 Abs. 2 AO verankert die Verantwortung für die Aufklärung und Beweismittelvorsorge unter den dort genannten Voraussetzungen (s. auch Tz. 5.2). Soweit der Tätigkeitsstaat die Arbeitszeitkontenvereinbarung nicht anerkennt und stattdessen von einem unmittelbaren Zufluss des gutgeschriebenen Arbeitslohns ausgeht, reicht es für Zwecke des § 50d Abs. 8 EStG aus, die steuerliche Erfassung im Tätigkeitsstaat zu diesem Zeitpunkt nachzuweisen.

232   Die vorstehenden Grundsätze finden auf sog. Gleitzeitkonten keine Anwendung, die lediglich der Ansammlung von Mehr- oder Minderarbeitszeit dienen und zu einem späteren Zeitpunkt ausgeglichen werden. Der Zufluss des Arbeitslohns richtet sich nach den allgemeinen Regeln.

5.5.8 Steuerausgleichsmechanismen – Hypo-Tax

233   Schließt der Arbeitgeber mit dem Arbeitnehmer eine Vereinbarung über den Ausgleich oder Tragung von Steuern des Auslandsaufenthalts, wird bei der Berechnung des Arbeitslohns für Arbeitnehmer im internationalen Einsatz in vielen Fällen eine sog. fiktive bzw. hypothetische Steuer (auch Hypo-Tax) ausgewiesen. Hierbei handelt es sich um eine fiktive Berechnungsgröße, die den auszuzahlenden Arbeitslohn i. d. R. tatsächlich mindert. Im Gegenzug verpflichtet sich der Arbeitgeber regelmäßig, die im Ansässigkeitsstaat oder im Tätigkeitsstaat anfallende Einkommensteuer des Arbeitnehmers zu bezahlen, soweit sie dem Arbeitsverhältnis zuzurechnen ist (sog. Nettolohnvereinbarung). Die Höhe bzw. die Berechnung der Hypo-Tax ist abhängig von der zwischen Arbeitgeber und Arbeitnehmer getroffenen Vereinbarung. Insbesondere in den Fällen der Entsendung von Führungskräften nach Deutschland ist dies regelmäßig eine Nettolohnvereinbarung, wobei die Übernahme der Einkommensteuer im Lohnsteuerabzugsverfahren bereits durch Hochrechnung des Nettolohns auf den Bruttolohn berücksichtigt wird.

Soweit vom Arbeitgeber eine Hypo-Tax berücksichtigt wird, fließt kein Arbeitslohn zu. Sie ist – da die entsprechenden Beträge nicht tatsächlich zufließen – auch nicht der Besteuerung zuzuführen. Maßgebend sind die tatsächlich anfallenden und vom Arbeitgeber gezahlten Steuern. **234**

Die vom Arbeitgeber tatsächlich gezahlte Einkommensteuer ist in voller Höhe jeweils dem Staat (Ansässigkeits- oder Tätigkeitsstaat) als Arbeitslohn zuzuordnen, in dem sie anfällt. Übernimmt der Arbeitgeber darüber hinaus auch Steuern, die mit anderen Einkunftsquellen in Zusammenhang stehen, ist der hierauf entfallende Betrag abkommensrechtlich nach den allgemeinen Grundsätzen in einen auf die Tätigkeit im Ansässigkeitsstaat und in einen auf die Tätigkeit im Tätigkeitsstaat entfallenden Anteil aufzuteilen. **235**

Arbeitgeber-Bescheinigungen über den Einbehalt einer Hypo-Tax stellen keinen Besteuerungsnachweis i. S. des § 50d Abs. 8 EStG dar, da es sich bei der Hypo-Tax nicht um eine tatsächlich entrichtete Steuer handelt. **236**

In einem ersten Schritt ist zu prüfen, ob ein inländischer Arbeitgeber (§ 38 Abs. 1 EStG), der zum Lohnsteuerabzug verpflichtet ist, vorhanden ist. Im zweiten Schritt ist zu prüfen, ob eine Netto- oder Bruttolohnvereinbarung besteht. Grundsätzlich ist bei Hypo-Tax-Gestaltungen von einer Nettolohnvereinbarung auszugehen. In diesen Fällen ist der Nettolohn (= Auszahlungsbetrag) auf einen Bruttolohn „hochzurechnen". **237**

Sollte kein inländischer Arbeitgeber vorhanden sein und die Zahlung an den Arbeitnehmer in Form einer Nettolohnvereinbarung erfolgen, ist im Rahmen der Einkommensteuerveranlagung, abweichend vom Lohnsteuerabzugsverfahren, nur der Nettolohn zu versteuern (Zuflussprinzip des § 11 EStG). Erst wenn die angefallenen Steuerbeträge später vom ausländischen Arbeitgeber ersetzt werden, ist dieser Betrag erneut der Besteuerung im Rahmen der Einkommensteuerveranlagung zu unterwerfen. **238**

Da die tatsächliche Steuerbelastung in diesen Fällen regelmäßig nicht identisch mit der vom Arbeitgeber einbehaltenen Hypo-Tax ist, hat dies nachfolgend dargestellte Auswirkungen auf die steuerliche Behandlung im Inland: **239**

Beispiel 1: **240**

Ein im DBA-Ausland ansässiger Arbeitnehmer wird von seinem ausländischen Arbeitgeber nach Deutschland entsandt. Der Arbeitnehmer wird für eine im Inland ansässige Betriebsstätte des ausländischen Arbeitgebers tätig oder übernimmt die Funktion eines ständigen Vertreters i. S. des § 13 AO.

Der Arbeitgeber hat ihm für den Entsendezeitraum unter Berücksichtigung einer fiktiven ausländischen Steuer von 10 000 € einen Nettoarbeitslohn von 45 000 € zugesagt. Das Besteuerungsrecht für den Arbeitslohn in diesem Zeitraum steht Deutschland zu.

Der Nettoarbeitslohn i. H. v. 45 000 € ist in beiden Fällen unter Berücksichtigung der tatsächlichen inländischen Steuerbelastung im Jahr der Zahlung auf einen Bruttoarbeitslohn hochzurechnen.

Abwandlung: **241**

Wie Beispiel 1, jedoch existiert kein zum LSt-Abzug verpflichteter inländischer Arbeitgeber i. S. des § 38 Abs. 1 EStG.

Der Nettoarbeitslohn in Höhe von 45 000 € ist im Rahmen der Einkommensteuerveranlagung des Arbeitnehmers in Deutschland anzusetzen. Die sich ergebende deutsche Einkommensteuer, die vom ausländischen Arbeitgeber gezahlt wird, ist im Jahr der Zahlung durch den Arbeitgeber beim Arbeitnehmer als geldwerter Vorteil zu erfassen (s. BFH-Urteil vom 6. Dezember 1991, BStBl 1992 II S. 441).

Beispiel 2 **242**

Ein im Inland ansässiger Arbeitnehmer wird von seinem inländischen Arbeitgeber zu einer ausländischen Tochtergesellschaft abgeordnet, die auch die Lohnkosten wirtschaftlich trägt. Der Arbeitnehmer behält seinen inländischen Wohnsitz bei. Der Bruttolohn des Arbeitnehmers beträgt monatlich 3 000 €. Der monatliche Nettoarbeitslohn (ohne Berücksichtigung der Sozialversicherungsabzüge) vor Entsendung beträgt 2 421 €. Der Arbeitnehmer soll weiterhin den gleichen Nettobetrag erhalten. Im Ausland sind monatlich 250 € Steuern für den Arbeitslohnbezug des Arbeitnehmers fällig.

Die Lohnabrechnung sieht wie folgt aus:

Bruttoarbeitslohn	3 000 €
ausländische Steuern	– 250 €
Hypo-Tax	– 329 €
Nettoauszahlungsbetrag	2 421 €

Für Zwecke des Progressionsvorbehalts nach § 32b EStG ist der im Ausland erzielte Arbeitslohn wie folgt zu ermitteln:

Nettoauszahlungsbetrag	2 421 €
tatsächliche ausländische Steuern	+ 250 €
Bruttoarbeitslohn	2 671 €

Der Betrag von monatlich 2 671 € ist für Zwecke des Progressionsvorbehalts bei der Ermittlung der deutschen Einkommensteuer anzusetzen. Der Arbeitgeber wird für den Zeitraum der Entsendung um monatlich 329 € entlastet. Die Hypo-Tax ist völlig unbeachtlich.

243 **Abwandlung**

Wie Beispiel 2, jedoch beträgt die monatliche Steuerbelastung 800 €.

Die Lohnabrechnung sieht wie folgt aus:

Bruttoarbeitslohn	3 000 €
ausländische Steuern	– 800 €
Hypo-Tax	– 579 €
Steuerzuschuss (i. H. der ausländischen Steuer)	+ 800 €
Nettoauszahlungsbetrag	2 421 €

Für Zwecke des Progressionsvorbehalts nach § 32b EStG ist der im Ausland erzielte Arbeitslohn wie folgt zu ermitteln:

Nettoauszahlungsbetrag	2 421 €
tatsächliche ausländische Steuern	+ 800 €
Bruttoarbeitslohn	3 221 €

244 Von dem vorstehend dargestellten System zu unterscheiden sind Treuhandmodelle, bei denen die Arbeitnehmer freiwillig Beiträge in ein gemeinsames Treuhandvermögen leisten, ohne dass der Arbeitgeber eine Zuschuss- oder Insolvenzpflicht hat und aus diesem Treuhandvermögen die ausländischen Steuern beglichen werden. In diesen Fällen gelten die in das gemeinsame Treuhandvermögen (sog. Steuertopf) von den Arbeitnehmern eingebrachten Beträge, die aus dem geschuldeten Arbeitslohn finanziert werden, als sog. Einkommensverwendung. Denn der Arbeitnehmer hat mit der Einbringung der Beträge Rechtsansprüche gegenüber einem fremden Dritten (Treuhandvermögen) erworben. Damit führen die eingebrachten Beträge nicht zu einer Minderung des Bruttoarbeitslohnes. Die Aufteilung des ungekürzten Bruttoarbeitslohnes in einen steuerpflichtigen- und steuerfreien Teil erfolgt nach allgemeinen Grundsätzen. Im Gegenzug bewirkt die Finanzierung der anfallenden Steuer im Ausland oder in Deutschland aus dem Treuhandvermögen keinen Zufluss von Arbeitslohn.

5.5.9 Beiträge bzw. Zuschüsse im Rahmen der sozialen Absicherung

245 Ein Arbeitnehmer kann während seiner Auslandtätigkeit ausschließlich dem Sozialversicherungsrecht des Ansässigkeits- oder des Tätigkeitsstaates oder dem Sozialversicherungsrecht beider Staaten unterworfen sein. Hier unterliegt der von einem Arbeitgeber bezogene Arbeitslohn sowohl dem Sozialversicherungsrecht des Ansässigkeitsstaates als auch dem Sozialversicherungsrecht des Tätigkeitsstaates.

246 Dabei kann das jeweilige Sozialversicherungsrecht insbesondere eine verpflichtende Renten-, Arbeitslosen- oder Krankenversicherung, aber auch Wahlrechte und freiwillige Versicherungen umfassen.

247 Eine Liste aller Länder, mit denen Deutschland Sozialversicherungsabkommen abgeschlossen hat, ist unter www.dvka.de zu finden.

248 Vom Arbeitgeber geleistete Beiträge bzw. Zuschüsse zu einer Renten-, Arbeitslosen- oder Krankenversicherung stellen regelmäßig Arbeitslohn dar. Das Besteuerungsrecht hierfür ist nach der Prüfung der Steuerbefreiung nach § 3 Nr. 62 EStG dem Wohnsitz- und dem Tätigkeitsstaat nach den DBA ggf. anteilig zuzuordnen, und zwar regelmäßig in dem gleichen Verhältnis, in dem auch der übrige Arbeitslohn aufzuteilen ist. Bei einer Bruttolohnvereinbarung wird der Sozialversicherungsbeitrag „automatisch" zusammen mit den Lohnbestandteilen in einen DBA-rechtlich auf den Heimatstaat entfallenden und in einen DBA-rechtlich auf den Einsatzstaat entfallenden Anteil aufgeteilt.

249 **Beispiel:**

Ein im Inland wohnhafter Arbeitnehmer ist im Jahr 01 für seinen Arbeitgeber sowohl im bisherigen Ansässigkeitsstaat als auch im Tätigkeitsstaat tätig. Der auf den bisherigen Ansässigkeitsstaat entfallende Arbeitslohnanteil beträgt brutto 25 000 €. Enthalten sind sowohl direkt als auch nicht direkt zuordenbare Lohnbestandteile. Die Steuer im bisherigen Ansässigkeitsstaat beträgt 5 000 €. Sie wird vom Arbeitgeber nicht übernommen. Der auf den Tätigkeitsstaat entfallende Arbeitslohnanteil beträgt brutto 50 000 €. Enthalten sind auch hier sowohl direkt als auch nicht direkt zuordenbare Lohnbestandteile. Die hierauf entfallende Steuer beläuft sich im Tätigkeitsstaat auf 10 000 €. Sie wird vom Arbeitgeber ebenfalls nicht übernommen. Der Sozialversicherungsbeitrag beträgt – bezogen auf das Gesamtjahr – 15 000 €.

Die Lohnabrechnung sieht wie folgt aus:

Bruttoarbeitslohn bisheriger Ansässigkeitsstaat	25 000 €
Bruttoarbeitslohn Tätigkeitsstaat	50 000 €
abzüglich Steuer bisheriger Ansässigkeitsstaat	5 000 €
abzüglich Steuer Tätigkeitsstaat	10 000 €
abzüglich Sozialversicherungsbeitrag (einheitlich für das gesamte Kalenderjahr)	15 000 €
Nettoauszahlungsbetrag	45 000 €

Der Bruttoarbeitslohn wird DBA-rechtlich zu 1/3 dem bisherigen Ansässigkeitsstaat und zu 2/3 dem Tätigkeitsstaat zugerechnet. In diesem Verhältnis – 1/3 zu 2/3 – wird „automatisch" auch der Sozialversicherungsbeitrag verteilt (bezüglich der Abzugsbeschränkungen von Sonderausgaben im Zusammenhang mit steuerfreien Einkünften, s. Tz. 2.5).

Das gilt unabhängig davon, an welchen Sozialversicherungsträger im bisherigen Ansässigkeits- oder Tätigkeitsstaat die Beiträge bzw. Zuschüsse gezahlt werden. Insbesondere erfolgt keine direkte Zuordnung nach Tz. 5.3 aufgrund des Sitzes eines Sozialversicherungsträgers. **250**

5.5.10 Übernahme von bestimmten Aufwendungen durch den Arbeitgeber

Die Steuerfreiheit bestimmter Einnahmen nach § 3 EStG (hier z. B. Nr. 13 und 16) ist vorrangig zu beachten; einige nach § 3 EStG steuerfreie Einnahmen unterliegen nicht dem Progressionsvorbehalt. **251**

Zahlungen, die der Arbeitgeber im Hinblick auf einen künftigen internationalen Einsatz des Arbeitnehmers aufwendet, stellen insoweit i. d. R. Arbeitslohn dar, der nach Tz. 5.3 abkommensrechtlich direkt dem Tätigkeitsstaat zuzuordnen ist. Dies sind z. B. Kosten: **252**

– für eine Orientierungsreise, um dem Arbeitnehmer einen Einblick in die Lebensbedingungen am Einsatzort zu geben (z. B. für Unterkunft, Mietwagen, Reisekosten oder Verpflegung),

– für Visa sowie Arbeits- oder Aufenthaltsgenehmigungen,

– für Sprachunterricht oder interkulturelles Training in Bezug auf den rechtlichen, kulturellen, sozialen und wirtschaftlichen Rahmen am Einsatzort (Ausnahmen s. R 19.7 Abs. 2 Satz 4 LStR),

– für medizinische Vorsorge oder sonstige Hilfestellungen und Informationen (u. a. Eröffnung von Bankkonten, Wohnraumbeschaffung).

Das gilt auch für: **253**

– Übergangszuschüsse, die der Arbeitgeber als zusätzliche Leistung an bestimmten Einsatzorten zahlt, um höhere Kosten des Arbeitnehmers in der Orientierungsphase auszugleichen oder

– Ausgleichzahlungen des Arbeitgebers für Verluste des Arbeitnehmers aus privaten Veräußerungen im Wohnsitzstaat anlässlich des internationalen Einsatzes.

Übernimmt der Arbeitgeber während des Einsatzes Aufwendungen für den Arbeitnehmer im Tätigkeitsstaat (z. B. für die Unterbringung, die Verpflegung, den Umzug oder den Dienstwagen) oder im Wohnsitzstaat (z. B. für die Beibehaltung der bisherigen Wohnung oder deren Aufgabe) oder für Fahrten zwischen beiden Staaten und dies nur in Fällen des internationalen Einsatzes, liegt insoweit i. d. R. Arbeitslohn vor, der nach Tz. 5.3 abkommensrechtlich direkt dem Tätigkeitsstaat zuzuordnen ist. Soweit eine Leistung jedoch nicht auf Fälle des internationalen Einsatzes beschränkt ist und auch dem Wohnsitzstaat nach Tz. 5.3 nicht direkt zugeordnet werden kann, ist eine Aufteilung i. S. der Tz. 5.4 vorzunehmen. Das gilt entsprechend auch für Zuschüsse, die der Arbeitgeber zum Ausgleich für dessen Aufwendungen im Zusammenhang mit dem Einsatz zahlt (z. B. Unterstützungsleistungen für den Arbeitnehmer und dessen Familie, Zuschüsse bei Anschaffungen). **254**

Die Übernahme von Steuerberatungskosten durch den Arbeitgeber in den Fällen des internationalen Arbeitnehmereinsatzes ist grundsätzlich dergestalt direkt zuzuordnen, dass die Kosten für die Erklärungsabgabe im Heimatstaat ausschließlich der Tätigkeit im Heimatstaat und die Kosten für die Erklärungsabgabe im Einsatzstaat ausschließlich der Tätigkeit im Einsatzstaat zuzurechnen sind. Erfolgt die Übernahme der Steuerberatungskosten jedoch im ausschließlichen wirtschaftlichen Zusammenhang mit der im Inland oder im Ausland ausgeübten Tätigkeit (z. B. aufgrund ausdrücklicher und auf die Dauer der Entsendung beschränkter Vereinbarung im Entsendevertrag), so ist der hieraus resultierende Lohn ausschließlich dieser Tätigkeit zuzuordnen. **255**

Stellt der Arbeitgeber dem Arbeitnehmer einen Dienstwagen zur Verfügung, ist der hieraus resultierende geldwerte Vorteil und der für Fahrten zwischen Wohnung und erster Tätigkeits- **256** stätte entstehende geldwerte Vorteil jeweils nach Tz. 5.3 direkt der Tätigkeit im Wohnsitzstaat oder im Tätigkeitsstaat zuzuordnen.

257   Übernimmt der Arbeitgeber Aufwendungen für die Reintegration des Arbeitnehmers in den früheren Wohnsitzstaat (z. B. für die Unterbringung, die Verpflegung, den Rückumzug) und war der zurückliegende Einsatz in dem anderen Staat von vornherein befristet, liegt insoweit i. d. R. Arbeitslohn vor, der nach Tz. 5.3 abkommensrechtlich direkt dem Tätigkeitsstaat zuzuordnen ist. Erfolgte dagegen der Einsatz in dem anderen Staat unbefristet, ist die Rückkehr in den Wohnsitzstaat regelmäßig durch eine neue Tätigkeit im Wohnsitzstaat veranlasst. In diesem Fall sind die Aufwendungen des Arbeitgebers für die Reintegration des Arbeitnehmers in den Wohnsitzstaat ggf. dieser neuen Tätigkeit zuzuordnen.

6 Abkommensrechtliche Beurteilung bestimmter Auslandstätigkeiten

6.1 Organe von Kapitalgesellschaften

258   Bei der Besteuerung der Organe von Kapitalgesellschaften ist zwischen den geschäftsführenden und den überwachenden Organen zu unterscheiden.

259   Die Vergütungen von geschäftsführenden Organen (z. B. Vorstände und Geschäftsführer) von Kapitalgesellschaften fallen regelmäßig in den Anwendungsbereich des Art. 15 OECD-MA. Der Ort der Geschäftsleitung oder der Sitz der Gesellschaft ist für die Aufteilung des Besteuerungsrechts ebenso wenig relevant wie der Ort an dem die Tätigkeit „verwertet" wird, da die Mitglieder der Geschäftsleitung abkommensrechtlich ihre Tätigkeit grundsätzlich an dem Ort ausüben, an dem sie sich persönlich aufhalten (BFH-Urteil vom 5. Oktober 1994, BStBl 1995 II S. 95). Soweit das nationale Besteuerungsrecht nicht durch diese abkommensrechtliche Regelung beschränkt wird, unterliegen die Löhne innerstaatlich gemäß § 49 Abs. 1 Nr. 4 Buchstabe c EStG auch dann der beschränkten Einkommensteuerpflicht, wenn die geschäftsführenden Organe ihre Aufgaben im Ausland erfüllen.

260   Davon abzugrenzen sind jedoch die überwachenden Organe von Kapitalgesellschaften (z. B. Aufsichts- und Verwaltungsräte). Dabei handelt es sich um Einkünfte aus selbständiger Tätigkeit i. S. des § 18 EStG, die unter den Anwendungsbereich von Art. 16 OECD-MA fallen. Das Besteuerungsrecht wird regelmäßig dem Ansässigkeitsstaat der Kapitalgesellschaft zugewiesen und die Doppelbesteuerung durch die Anrechnungsmethode vermieden. Soweit das nationale Besteuerungsrecht nicht durch die abkommensrechtliche Regelung beschränkt wird, unterliegen die Vergütungen gemäß § 49 Abs. 1 Nr. 3 EStG nur dann der beschränkten Einkommensteuerpflicht, wenn die Tätigkeit im Inland ausgeübt oder verwertet wird oder worden ist oder für die Tätigkeit im Inland eine feste Einrichtung oder eine Betriebstätte unterhalten wird.

261   Hinsichtlich einiger Staaten ist es üblich, dass bestimmte Organe von Kapitalgesellschaften sowohl geschäftsführende als auch überwachende Aufgaben wahrnehmen (z. B. Schweizer Verwaltungsrat, kanadisches Board of Directors). In diesem Fall sind die Vergütungen unter Beachtung von Fremdüblichkeitsgrundsätzen aufzuteilen (vgl. BFH-Urteil vom 14. März 2011, BStBl 2013 II S. 73). Soweit die Einnahmen auf die geschäftsführenden Tätigkeiten entfallen, ist das Besteuerungsrecht nach Art. 15 OECD-MA zuzuweisen. Der übrige Teil fällt unter die Anwendung des Art. 16 OECD-MA.

262   Darüber hinaus sind auch die in einigen DBA enthaltenen Sonderregelungen über Geschäftsführervergütungen (z. B. Art. 15 Abs. 4 DBA-Schweiz, Art. 16 Abs. 2 DBA-Dänemark, Art. 16 DBA-Japan, Art. 16 Abs. 2 DBA-Kasachstan, Art. 16 DBA-Österreich, Art. 16 Abs. 2 DBA-Polen, Art. 16 DBA-Schweden, s. auch Tz. 1.2.2.3) zu beachten. Abfindungen wegen Auflösung des Arbeitsverhältnisses unterfallen ebenfalls den vorgenannten Sonderregelungen. So ist beispielsweise für die Besteuerung der Abfindung an den Geschäftsführer einer japanischen Kapitalgesellschaft Art. 16 DBA-Japan (Sonderregelung Geschäftsführervergütung) anzuwenden. Weiterhin gelten die in Tz. 4.3.3.4 dargestellten Grundsätze zum Geschäftsführer für oben genannte Organe entsprechend. Nachdem auf den tatsächlichen Geschäftsführer abzustellen ist, endet die Anwendung der in einzelnen DBA enthaltenen Sondervorschriften für Organe von Kapitalgesellschaften bereits dann, wenn die Geschäftsführertätigkeit nachweislich tatsächlich nicht mehr ausgeübt wird. Ab diesem Zeitpunkt greift der allgemeine Artikel über unselbständige Arbeit (Art. 15 OECD-MA).

6.2 Sich-zur-Verfügung-Halten

263   Soweit die Arbeitsleistung in einem Sich-zur-Verfügung-Halten (z. B. Bereitschaftsdienst, Zeiträume der Arbeitsfreistellung im Zusammenhang mit der Beendigung des Dienstverhältnisses) besteht, ohne dass es zu einer Tätigkeit kommt, wird die Arbeitsleistung dort erbracht, wo sich der Arbeitnehmer während der Dauer des Sich-zur-Verfügung-Haltens tatsächlich aufhält (s. BFH-Urteil vom 9. September 1970, BStBl II S. 867).

6.3 Vorruhestandsgelder

Laufend ausgezahlte Ruhestandsgelder haben immer Versorgungscharakter. Sie sind daher Art. 18 OECD-MA zuzuordnen und im Ansässigkeitsstaat zu besteuern. 264

Erdiente kapitalisierte Vorruhestandsgelder, bei denen ein Versorgungscharakter angenommen werden kann, weil sie kurz (maximal 1 Jahr) vor dem Eintrittsalter in die gesetzliche Rentenversicherung gezahlt werden, sind Art. 18 OECD-MA zuzuordnen. Das Besteuerungsrecht steht daher dem Ansässigkeitsstaat zu. 265

Bei Einmalzahlungen zur Ablösung eines bereits im Arbeitsvertrag vereinbarten Anspruchs auf Vorruhestandsgeld, denen kein Versorgungscharakter beigemessen werden kann, weil sie nicht in einem nahen zeitlichen Zusammenhang vor Erreichen der gesetzlichen Altersgrenze gezahlt werden, handelt es sich grundsätzlich um Vergütungen aus unselbständiger Arbeit i. S. des Art. 15 Abs. 1 OECD-MA, für die dem Tätigkeitsstaat das Besteuerungsrecht zusteht. Ein solcher naher zeitlicher Zusammenhang ist anzunehmen, wenn die Einmalzahlungen innerhalb eines Jahres vor Erreichen des gesetzlichen Renteneintrittsalters geleistet werden. Besondere Umstände für den Eintritt in den Vorruhestand (z. B. Dienstunfähigkeit) sind dabei zu berücksichtigen. 266

Ist ein Vorruhestandsgeld dagegen nicht in einem Arbeitsvertrag vereinbart und somit nicht durch eine bestimmte Tätigkeit erdient, sondern wird der Anspruch erst im Zusammenhang mit der Auflösung eines Dienstverhältnisses begründet, steht das Besteuerungsrecht nach Art. 18 OECD-MA nicht dem Tätigkeitsstaat, sondern dem Ansässigkeitsstaat zu. 267

6.4 Konkurrenz- oder Wettbewerbsverbot

Vergütungen an den Arbeitnehmer für ein Konkurrenz- oder Wettbewerbsverbot fallen unter Art. 15 OECD-MA. Es handelt sich hierbei um Vergütungen, die für eine in die Zukunft gerichtete Verpflichtung gezahlt werden und nicht der Abgeltung und Abwicklung von Interessen aus dem bisherigen Rechtsverhältnis dienen (s. BFH-Urteil vom 12. Juni 1996, BStBl II S. 516). Die Arbeitsleistung, das Nicht-Tätig-Werden, wird in dem Staat erbracht, in dem sich der Arbeitnehmer während der Dauer des Verbotes aufhält. Die Fiktion eines Tätigkeitsortes unabhängig von der körperlichen Anwesenheit, beispielsweise in dem Staat, in dem der Steuerpflichtige nicht tätig werden darf, ist nicht möglich (s. BFH-Urteil vom 5. Oktober 1994, BStBl 1995 II S. 95). Hält sich der Arbeitnehmer während dieses Zeitraums in mehreren Staaten auf, ist das Entgelt entsprechend aufzuteilen. 268

Im Verhältnis zu Österreich werden Zahlungen anlässlich eines im Rahmen der Auflösung des Dienstverhältnisses verankerten Wettbewerbsverbots (Karenzentschädigung) dem vormaligen Tätigkeitsstaat in dem Verhältnis zugewiesen, in dem die für die zuvor ausgeübte Tätigkeit bezogenen Einkünfte dort der Besteuerung unterlegen haben (s. § 5 KonsVerAUTV, a. a. O.). Im Verhältnis zur Schweiz sind die Besonderheiten der Verständigungsvereinbarung zu Abfindungen (s. KonsVerCHEV, a. a. O.) auf Zahlungen im Zusammenhang mit einem bei Auflösung eines Dienstverhältnisses vereinbarten Wettbewerbsverbot sinngemäß anzuwenden. 269

6.5 Altersteilzeit nach dem Blockmodell

Für den Arbeitnehmer besteht im Rahmen des Altersteilzeitgesetzes unter bestimmten Voraussetzungen die Möglichkeit, seine Arbeitszeit zu halbieren. Beim sog. Blockmodell schließt dabei an eine Phase der Vollzeitarbeit (Arbeitsphase) eine gleich lange Freistellungsphase an. Das Arbeitsverhältnis besteht bis zum Ende der Freistellungsphase weiter fort. Der Arbeitgeber zahlt dem Arbeitnehmer für die von ihm geleistete Tätigkeit Arbeitslohn. 270

Den Anspruch auf Zahlung des Arbeitslohns während der Freistellungsphase erwirbt der Arbeitnehmer dabei durch seine Tätigkeit in der Arbeitsphase. 271

Der Arbeitslohn in der Arbeits- und in der Freistellungsphase stellt eine Vergütung i. S. des Art. 15 OECD-MA dar. In der Freistellungphase handelt es sich dabei einheitlich um nachträglich gezahlten Arbeitslohn, der in dem Verhältnis aufzuteilen ist, das der Aufteilung der Vergütungen zwischen dem Wohnsitz- und Tätigkeitsstaat in der Arbeitsphase entspricht (s. BFH-Urteil vom 12. Januar 2011, BStBl II S. 446 zum DBA-Frankreich). 272

Der Arbeitslohn wird durch den sog. Aufstockungsbetrag erhöht. Dabei wird der Aufstockungsbetrag nicht für die im Ausland geleistete Tätigkeit gezahlt, sondern für die Bereitschaft des Mitarbeiters eine Altersteilzeitvereinbarung mit dem Arbeitgeber einzugehen. Diese ist unabhängig von der Auslandstätigkeit des Mitarbeiters vereinbart. Der Wert der Auslandsarbeit des Mitarbeiters wird durch die Zahlung des Aufstockungsbetrags nicht erhöht, da der Arbeitnehmer im Ausland keine anderswertige Tätigkeit erbringt als er ohne Altersteilzeitvereinbarung erbringen würde. Als solche Vergütung fällt der Aufstockungsbetrag als Arbeitslohn nicht in das Besteuerungsrecht des Tätigkeitsstaates, sondern steht ausschließlich dem Ansässigkeitsstaat zu. Ist 273

Deutschland der Ansässigkeitsstaat, ist eine Steuerbefreiung nach § 3 Nr. 28 EStG (s. auch R 3.28 Abs. 3 LStR) zu prüfen.

274 Dies gilt auch für Grenzgänger i. S. des Art. 13 Abs. 5 DBA-Frankreich, des Art. 15 Abs. 6 DBA-Österreich und des Art. 15a DBA-Schweiz, unabhängig davon, dass ein Grenzgänger während der Freistellungsphase nicht mehr regelmäßig über die Grenze pendelt.

275 **Beispiel 1:**

Der inländische Arbeitnehmer A ist für seinen im Inland ansässigen Arbeitgeber B tätig. Zwischen A und B ist für die Jahre 01 und 02 eine Altersteilzeit nach dem Blockmodell vereinbart, d. h. das erste Jahr umfasst die Arbeitsphase und das zweite Jahr die Freistellungsphase. A arbeitet im Jahr 01 an 60 Arbeitstagen in einer Betriebsstätte seines Arbeitgebers in Korea. Der Arbeitslohn wird während dieser Zeit von der Betriebsstätte getragen. Die übrigen 180 Arbeitstage ist A im Inland tätig. Seinen inländischen Wohnsitz behält A bei und auch die Freistellungsphase verbringt A ausschließlich im Inland.

In 01 steht Korea als Tätigkeitsstaat des A das Besteuerungsrecht anteilig für 60/240 der Vergütungen zu, da die Voraussetzung des Art. 15 Abs. 2 Buchstabe c DBA-Korea nicht erfüllt ist. Deutschland stellt die Vergütungen insoweit unter Beachtung des § 50d Abs. 8 bzw. 9 EStG und des Progressionsvorbehalts frei. Für die übrigen 180/240 der Vergütungen steht Deutschland das Besteuerungsrecht zu. Entsprechend dieser Aufteilung in der Arbeitsphase steht das Besteuerungsrecht für die Vergütungen des A in der Freistellungsphase in 02 zu 60/240 Korea und zu 180/240 Deutschland zu. Da der Aufstockungsbetrag nicht für die Tätigkeit in Korea gezahlt wird, verbleibt das Besteuerungsrecht diesbezüglich im Ansässigkeitsstaat Deutschland. Die Steuerfreiheit ist unter Beachtung von § 3 Nr. 28 EStG und R 3.28 Abs. 3 LStR zu prüfen.

276 **Beispiel 2:**

Der in Dänemark ansässige Arbeitnehmer A ist für seinen im Inland ansässigen Arbeitgeber B tätig. Zwischen A und B ist für die Jahre 01 und 02 eine Altersteilzeit nach dem Blockmodell vereinbart, d. h. das erste Jahr umfasst die Arbeitsphase und das zweite Jahr die Freistellungsphase. A arbeitet während der Arbeitsphase ausschließlich in Deutschland.

In 01 steht Deutschland als Tätigkeitsstaat des A das Besteuerungsrecht an den Vergütungen in vollem Umfang zu, da die Voraussetzungen des Art. 15 Abs. 2 Buchstabe a und b DBA-Dänemark nicht erfüllt sind. Dementsprechend steht auch das Besteuerungsrecht für die Vergütungen des A in der Freistellungsphase in 02 nur Deutschland zu. Da der Aufstockungsbetrag nicht für die Tätigkeit in Deutschland gezahlt wird, verbleibt das Besteuerungsrecht diesbezüglich im Ansässigkeitsstaat Dänemark.

277 **Beispiel 3:**

Arbeitnehmer A ist für seinen im Inland ansässigen Arbeitgeber B tätig. Zwischen A und B ist für die Jahre 01 und 02 eine Altersteilzeit nach dem Blockmodell vereinbart, d. h. das erste Jahr umfasst die Arbeitsphase und das zweite Jahr die Freistellungsphase. Im Jahr 01 hat A seinen Wohnsitz in Deutschland und arbeitet auch ausschließlich im Inland. Anfang 02 zieht A nach Spanien.

In 01 unterliegt A im Inland der unbeschränkten Steuerpflicht; ein DBA ist nicht zu beachten. In 02 unterliegt A mit den Vergütungen für die ehemals in Deutschland geleistete Tätigkeit in der Freistellungsphase der beschränkten Steuerpflicht in Deutschland, weil insoweit inländische Einkünfte i. S. des § 49 Abs. 1 Nr. 4 Buchstabe a EStG vorliegen. Nach Art. 14 Abs. 1 DBA-Spanien steht für diese Vergütungen ausschließlich Deutschland das Besteuerungsrecht zu, da die Tätigkeit in der Arbeitsphase in Deutschland ausgeübt wurde. Da der Aufstockungsbetrag nicht für eine Tätigkeit im In- oder Ausland gezahlt wird unterliegt er im Jahr 01 (Aktivphase) der Besteuerung im Ansässigkeitsstaat Deutschland und im Jahr 02 (Freistellungsphase) der Besteuerung im Ansässigkeitsstaat Spanien.

7 Besonderheiten bei Berufskraftfahrern

7.1 Allgemeines

278 Berufskraftfahrer halten sich während der Arbeitsausübung in oder bei ihrem Fahrzeug auf (s. BFH-Urteil vom 31. März 2004, BStBl II S. 936). Das Fahrzeug ist daher ihr Ort der Arbeitsausübung. Der Ort der Arbeitsausübung des Berufskraftfahrers bestimmt sich nach dem jeweiligen Aufenthalts- oder Fortbewegungsort des Fahrzeugs. Zu den Berufskraftfahrern i. S. dieses Schreibens zählen auch Auslieferungsfahrer, nicht aber Reisevertreter. Fahrten zwischen der Wohnung und dem Standort des Fahrzeugs gehören nicht zur beruflichen Tätigkeit des Berufskraftfahrers i. S. der DBA.

7.2 Arbeitgeber im Inland

Der Berufskraftfahrer und der Arbeitgeber sind im Inland ansässig und der Arbeitslohn wird nicht von einer ausländischen Betriebsstätte getragen. **279**

Soweit die Vergütungen aus unselbständiger Arbeit auf Tätigkeiten des Berufskraftfahrers in Deutschland entfallen, ist der Anwendungsbereich der DBA nicht betroffen. Diese Vergütungen unterliegen der inländischen unbeschränkten Einkommensteuerpflicht. **280**

Soweit der Berufskraftfahrer seine Tätigkeit in einem anderen Staat ausübt, ist anhand der 183 Tage-Klausel zu prüfen, welchem der beiden Vertragsstaaten das Besteuerungsrecht für die auf das Ausland entfallenden Einkünfte zusteht. **281**

Die Berechnung der 183-Tage-Frist ist dabei für jeden Vertragsstaat gesondert durchzuführen. In Abweichung von den Regelungen in Tz. 4.2.2 führt die von einem Berufskraftfahrer ausgeübte Fahrtätigkeit dazu, dass auch Anwesenheitstage der Durchreise in einem Staat bei der Ermittlung der 183-Tage-Frist als volle Tage der Anwesenheit in diesem Staat zu berücksichtigen sind. Durchquert der Fahrer an einem Tag mehrere Staaten, so zählt dieser Tag für Zwecke der Ermittlung der 183-Tage-Frist in jedem dieser Staaten als voller Anwesenheitstag. **282**

Für die Zuordnung des Arbeitslohns gelten die Ausführungen der Tz. 5.2 bis 5.5 entsprechend. **283**

Beispiel: **284**

Der in München wohnhafte Berufskraftfahrer A nimmt seine Fahrt morgens in München auf, und fährt über Österreich nach Italien. Von dort kehrt er am selben Tage über die Schweiz nach München zurück.

Bei Berufskraftfahrern sind auch Tage der Durchreise als volle Anwesenheitstage im jeweiligen Staat zu berücksichtigen. Für die Ermittlung der 183-Tage-Frist ist damit für Österreich, Italien und die Schweiz jeweils ein Tag zu zählen.

7.3 Arbeitgeber oder arbeitslohntragende Betriebsstätte im Ausland

In den Fällen, in denen der Berufskraftfahrer in Deutschland, sein Arbeitgeber aber in dem anderen Vertragsstaat ansässig ist, steht Deutschland das Besteuerungsrecht für die Vergütungen des Berufskraftfahrers aus unselbständiger Arbeit zu, soweit die Vergütungen auf Tätigkeiten des Berufskraftfahrers im Inland entfallen. **285**

Soweit der Berufskraftfahrer seine Tätigkeit in dem Staat ausübt, in dem der Arbeitgeber ansässig ist, ist die Anwendung des Art. 15 Abs. 2 OECD-MA ausgeschlossen, da die Voraussetzungen des Art. 15 Abs. 2 Buchstabe b OECD-MA nicht vorliegen. Mit jedem Tätigwerden des Berufskraftfahrers im Ansässigkeitsstaat des Arbeitgebers steht diesem als Tätigkeitsstaat das Besteuerungsrecht insoweit zu (Art. 15 Abs. 1 OECD-MA). **286**

Übt der Berufskraftfahrer seine Tätigkeit in einem Drittstaat aus, d. h. weder in Deutschland noch in dem Staat, in dem der Arbeitgeber ansässig ist, steht das Besteuerungsrecht für die auf den Drittstaat entfallenden Arbeitsvergütungen im Verhältnis zum Ansässigkeitsstaat des Arbeitgebers Deutschland als Ansässigkeitsstaat des Berufskraftfahrers zu. Besteht mit dem jeweiligen Drittstaat ein DBA, ist im Verhältnis zu diesem Staat nach diesem DBA zu prüfen, welchem Staat das Besteuerungsrecht zusteht. Soweit die Tätigkeit im jeweiligen Drittstaat an nicht mehr als 183 Tagen ausgeübt wird, verbleibt das Besteuerungsrecht regelmäßig bei Deutschland. **287**

Die vorgenannten Ausführungen gelten entsprechend für die Fälle, in denen der Arbeitgeber in Deutschland oder in einem Drittstaat ansässig ist, die Arbeitsvergütungen aber von einer Betriebsstätte im Tätigkeitsstaat getragen werden (s. Tz. 4.4). **288**

Auf die Verständigungsvereinbarungen mit Luxemburg (s. KonsVerLUXV, a. a. O.) und der Schweiz vom 9./16. Juni 2011, BStBl I S. 621, wird hingewiesen. **289**

Beispiel: **290**

A, ansässig im Inland, ist für seinen in Österreich ansässigen Arbeitgeber als Berufskraftfahrer tätig. Im Jahr 01 war A das ganze Jahr über im Inland tätig. Lediglich zwei Arbeitstage hat A in Österreich und zwei Arbeitstage in Italien verbracht. A ist kein Grenzgänger i. S. von Art. 15 Abs. 6 DBA-Österreich.

Deutschland hat als Ansässigkeitsstaat des A das Besteuerungsrecht für die Vergütungen, die auf die Arbeitstage entfallen, an denen A seine Tätigkeit in Deutschland ausgeübt hat (Art. 15 Abs. 1 DBA-Österreich). Zudem hat Deutschland das Besteuerungsrecht für die Vergütungen, die auf die in Italien verbrachten Arbeitstage entfallen, da sich A nicht mehr als 183 Tage in Italien aufgehalten hat (Art. 15 Abs. 2 DBA-Italien). Dagegen wird Österreich das Besteuerungsrecht für die Vergütungen zugewiesen, die auf die Tage entfallen, an denen A in Österreich seine Tätigkeit ausgeübt hat (Art. 15 Abs. 1 Satz 2, Abs. 2 Buchstabe b DBA-Österreich). Insoweit stellt Deutschland die Einkünfte unter Beachtung des § 50d Abs. 8 bzw. 9 EStG und des Progressionsvorbehaltes frei (Art. 23 Abs. 1 Buchstabe a DBA-Österreich).

8 Personal auf Schiffen und Flugzeugen

8.1 Allgemeines

291 Die DBA enthalten für die steuerliche Behandlung der Einkünfte des Bordpersonals von Seeschiffen und Luftfahrzeugen im internationalen Verkehr sowie des Bordpersonals von Binnenschiffen häufig gesonderte Bestimmungen. Diese orientieren sich i. d. R. an Art. 15 Abs. 3 OECD-MA. Einzelne Sonderregelungen knüpfen dagegen an Tatbestände an, die von Art. 15 Abs. 3 OECD-MA abweichen oder sehen anstelle der Freistellungsmethode die Anrechnungsmethode vor (z. B. DBA mit Griechenland, der Schweiz und Österreich). Soweit die DBA keine Sonderregelung enthalten, sind die allgemeinen Bestimmungen entsprechend Art. 15 Abs. 1 und 2 OECD-MA anzuwenden (z. B. DBA mit Liberia und Trinidad und Tobago). Mit einigen Staaten bestehen darüber hinaus Sonderabkommen betreffend die Einkünfte von Schiff- und Luftfahrtunternehmen, die auch Bestimmungen für die Vergütungen des Bordpersonals enthalten können (z. B. Abkommen mit der Insel Man und Saudi-Arabien).

292 Soweit die Regelungen dem Art. 15 Abs. 3 OECD-MA entsprechen, können Vergütungen für unselbständige Arbeit, die an Bord eines Seeschiffes oder Luftfahrzeuges, das im internationalen Verkehr betrieben wird, oder an Bord eines Binnenschiffes ausgeübt wird, in dem Vertragsstaat besteuert werden, in dem sich der Ort der tatsächlichen Geschäftsleitung des die Schifffahrt oder Luftfahrt betreibenden Unternehmens i. S. des Art. 8 OECD-MA befindet. Die Vorschrift folgt der Regelung für Unternehmensgewinne aus Schiffen und Luftfahrzeugen; insbesondere kann der Vertragsstaat die Vergütungen an das Bordpersonal besteuern, bei dem sie die Bemessungsgrundlage für die Gewinnbesteuerung mindern.

293 In Fällen der Vercharterung eines vollständig ausgerüsteten und bemannten Schiffes können sowohl der Vercharterer (unabhängig von der Nutzung durch den Charterer) als auch der Charterer Gewinne aus Beförderungsleistungen i. S. des Art. 8 OECD-MA erzielen. Auch hier ist ggf. der Vertragsstaat zur Besteuerung der Vergütungen an die Besatzungsmitglieder nach Art. 15 Abs. 3 OECD-MA berechtigt, in dem der Ort der Geschäftsleitung desjenigen Unternehmens liegt, dessen Gewinne durch die Lohnzahlung gemindert werden. Vorstehendes gilt nicht für den Vercharterer, der das Schiff leer vermietet (sog. Bare-Boat-Charter).

294 Die Anwendung der Art. 15 Abs. 3 OECD-MA entsprechenden Bestimmungen setzt außerdem voraus, dass das maßgebliche Unternehmen i. S. des Art. 8 OECD-MA zugleich abkommensrechtlicher Arbeitgeber des Besatzungsmitglieds ist. Dabei kann Arbeitgeber i. S. des Abkommens nicht nur der zivilrechtliche Arbeitgeber, sondern auch eine dritte Person sein. Dies ist im Einzelfall unter Berücksichtigung des wirtschaftlichen Gehalts und der tatsächlichen Durchführung der zugrunde liegenden Vereinbarungen zu prüfen; die Kriterien gemäß Tz. 4.3.3.1 gelten entsprechend. In den Fällen der Einschaltung von Shipmanagement- und Crewingunternehmen ist zu prüfen, ob die Voraussetzungen des Art. 15 Abs. 3 OECD-MA vorliegen (BFH-Urteile vom 10. November 1993, BStBl 1994 II S. 218 und vom 11. Februar 1997, BStBl II S. 432).

8.2 Beispiele für Abkommen, die von der Regelung des OECD-MA abweichen

8.2.1 DBA-Liberia/DBA-Trinidad und Tobago

295 Das DBA-Liberia enthält keine besondere Regelung für Vergütungen des Bordpersonals von Schiffen oder Luftfahrzeugen, daher sind die allgemeinen Regelungen des Art. 15 Abs. 1 und 2 DBA-Liberia anzuwenden. Demnach gilt Folgendes:

296 Gemäß Art. 15 Abs. 1 DBA-Liberia steht das Besteuerungsrecht dem Ansässigkeitsstaat zu, es sei denn, die Tätigkeit wird im anderen Vertragsstaat ausgeübt. Soweit in Deutschland ansässige Besatzungsmitglieder ihre Tätigkeit auf einem Schiff unter liberianischer Flagge ausüben und sich das Schiff im Hoheitsgebiet von Liberia oder auf hoher See aufhält, ist Liberia als Tätigkeitsstaat anzusehen. Nach Seerecht wird eine Tätigkeit in internationalen Gewässern dem Staat zugeordnet, dessen Flagge das Schiff trägt. Hält sich das Schiff dagegen im Hoheitsgebiet Deutschlands auf, steht das Besteuerungsrecht für die darauf entfallenden Einkünfte Deutschland zu, weil insoweit der Ansässigkeitsstaat des Arbeitnehmers zugleich dessen Tätigkeitsstaat ist. Hält sich das Schiff in den Hoheitsgewässern von Drittstaaten auf, ist zu prüfen, ob das deutsche Besteuerungsrecht aufgrund eines DBA zugunsten eines dritten Staates beschränkt wird.

297 Für den Teil der Einkünfte, für den Art. 15 Abs. 1 DBA-Liberia dem Tätigkeitsstaat Liberia das Besteuerungsrecht zuweist, fällt nach Art. 15 Abs. 2 DBA-Liberia nur dann das Besteuerungsrecht an Deutschland zurück, wenn die dort genannten Voraussetzungen gleichzeitig erfüllt sind. Dabei sind bei der Berechnung der Aufenthaltstage i. S. des Art. 15 Abs. 2 Buchstabe a DBA-Liberia auch solche Tage als volle Tage in Liberia mitzuzählen, in denen sich das Schiff nur zeitweise im Hoheitsgebiet von Liberia oder auf hoher See aufhält.

298 Die Ermittlung des steuerpflichtigen bzw. steuerfreien Arbeitslohns erfolgt in einem weiteren Schritt gemäß Tz. 5; soweit Vergütungen nicht direkt zugeordnet werden können, sind sie nach

Tz. 5.4 aufzuteilen. Hält sich der Arbeitnehmer an einem Arbeitstag nicht vollständig im Hoheitsgebiet von Liberia oder auf hoher See auf, sind nach Tz. 5.4 die Vergütungen im Wege der Schätzung zeitanteilig zuzuordnen.

Die vorstehenden Ausführungen gelten sinngemäß für die Anwendung des DBA-Trinidad und Tobago. 299

Bei einer Tätigkeit auf einem unter liberianischer Flagge fahrenden Schiff ist zu beachten, dass Liberia von seinem ihm zustehenden Besteuerungsrecht keinen Gebrauch macht. 300

Die Rückfallklausel des § 50d Abs. 8 EStG kommt demnach nicht zur Anwendung. Die Tz. 3.3 des BMF-Schreibens vom 21. Juli 2005, a. a. O. (Bescheinigung von Liberia und Arbeitgeberbescheinigung) ist hierbei zu beachten. Eine Anwendung des § 50d Abs. 9 Satz 1 Nr. 2 EStG kommt ebenfalls nicht in Betracht, weil Seeleute, die in Liberia unbeschränkt steuerpflichtig sind, dort auch nicht besteuert werden. 301

8.2.2 DBA-Schweiz

Art. 15 Abs. 3 Satz 1 DBA-Schweiz regelt die Besteuerung der Vergütungen des Bordpersonals entsprechend Art. 15 Abs. 3 OECD-MA. Art. 15 Abs. 3 Satz 2 DBA-Schweiz enthält zudem eine Rückfallklausel zugunsten des Ansässigkeitsstaates. Können nach Art. 15 Abs. 3 Satz 1 DBA-Schweiz die Vergütungen eines in Deutschland ansässigen Besatzungsmitglieds in der Schweiz besteuert werden, sind diese Vergütungen nur nach Art. 24 Abs. 1 Nr. 1 Buchstabe d i. V. m. Art. 15 Abs. 3 DBA-Schweiz von der deutschen Besteuerung auszunehmen, soweit sie auf eine Tätigkeit entfallen, die tatsächlich in der Schweiz ausgeübt wurde (s. BFH-Urteil vom 22. Oktober 2003, BStBl 2004 II S. 704). In den Fällen, in denen die Arbeit tatsächlich nicht in der Schweiz ausgeübt wurde, wird nach Art. 24 Abs. 1 Nr. 2 DBA-Schweiz die Doppelbesteuerung durch Anrechnung der anteiligen schweizerischen Quellensteuer vermieden. Eine Arbeitsortfiktion in der Schweiz wie bei den sog. leitenden Angestellten im Sinne des Art. 15 Abs. 4 DBA-Schweiz kommt nicht in Betracht (s. BFH-Urteil vom 10. Januar 2012, BFH/NV S. 1138). 302

Besonderheiten ergeben sich bei der Besteuerung des Bordpersonals von im internationalen Verkehr eingesetzten Luftfahrzeugen in den Jahren 2012 bis 2016 (s. BMF-Schreiben vom 23. Juli 2012, BStBl I S. 863). 303

8.2.3 DBA-Griechenland 1966

Art. XI Abs. 5 DBA-Griechenland enthält eine spezielle Regelung für Vergütungen des Bordpersonals von Seeschiffen, die von Art. 15 Abs. 3 OECD-MA abweicht. Entscheidend ist hier, wo sich der Registerhafen des jeweiligen Schiffes befindet. Ist Deutschland der Ansässigkeitsstaat, wird die Doppelbesteuerung nach Art. XVII Abs. 2 Nr. 2 Buchstabe a Doppelbuchstabe dd DBA-Griechenland durch die Anrechnungsmethode vermieden. 304

8.2.4 DBA-Großbritannien 2010

Nach Art. 14 Abs. 3 DBA-Großbritannien 2010 können Vergütungen, die eine Person für eine an Bord eines im internationalen Verkehr betriebenen Seeschiffs oder Luftfahrzeugs ausgeübte unselbständige Arbeit bezieht, nur im Ansässigkeitsstaat dieses Besatzungsmitglieds besteuert werden. Soweit Großbritannien als Ansässigkeitsstaat die Vergütungen besteuern kann, ist die Regelung des Art. 24 DBA-Großbritannien (sog. „Remittance-base"-Klausel; s. Tz. 9) zu beachten. 305

8.2.5 DBA-Zypern 2011

Der Wortlaut des Art. 14 Abs. 4 DBA-Zypern 2011 entspricht im Wesentlichen dem Text des Art. 15 Abs. 3 OECD-MA und beinhaltet nach dem OECD-MK auch den wirtschaftlichen Arbeitgeber. Folgerichtig kann Arbeitgeber i. S. des Abkommens nicht nur der zivilrechtliche Arbeitgeber, sondern auch eine dritte Person sein. Dies ist im Einzelfall zu prüfen; die Kriterien gemäß Tz. 4.3.3.1 gelten entsprechend. Insbesondere kann der abkommensrechtliche Arbeitgeber das Unternehmen sein, auf dessen Schiff das Besatzungsmitglied tätig wird, wenn dieses Unternehmen die wesentlichen Arbeitgeberfunktionen wahrnimmt. Die Nr. 4 des Protokolls zu Art. 14 Abs. 4 DBA-Zypern schließt die Anwendung des wirtschaftlichen Arbeitgeberbegriffs nicht aus. 306

8.2.6 DBA-Insel Man 2009

Nach Art. 3 Abs. 4 Satz 1 DBA-Insel Man können Vergütungen für eine unselbständige Arbeit an Bord eines im internationalen Verkehr betriebenen Schiffes in der Vertragspartei besteuert werden, in der sich der Ort der Geschäftsleitung des Unternehmens befindet, das die Schifffahrt betreibt (vgl. auch Art. 2 Abs. 1 Buchstaben e und j DBA-Insel Man). 307

308 Gemäß Art. 3 Abs. 4 Satz 2 DBA-Insel Man können die Vergütungen jedoch auch in der Vertragspartei besteuert werden, in der das Besatzungsmitglied ansässig ist, von dem die Vergütungen bezogen werden. Eine Doppelbesteuerung wird nach Art. 3 Abs. 4 Satz 3 DBA Insel Man in diesem Fall durch die Vertragspartei, in der das Besatzungsmitglied ansässig ist, durch Anrechnung der nach Art. 3 Abs. 4 Satz 1 DBA-Insel Man erhobenen Steuer vermieden.

9 Rückfallklauseln nach DBA

309 Um zu vermeiden, dass Vergütungen in keinem der beiden Vertragsstaaten einer Besteuerung unterliegen, enthalten einige Abkommen Klauseln, die gewährleisten sollen, dass Einkünfte nicht doppelt unbesteuert bleiben. Diese Klauseln sind in den Abkommen unterschiedlich ausgestaltet; überwiegend handelt es sich um sog. Subject-to-tax-Klauseln, Remittance-base-Klauseln oder um Switch-over-Klauseln. Nähere Ausführungen dazu enthält das BMF-Schreiben vom 20. Juni 2013, BStBl I S. 980.

10 Verständigungsvereinbarungen

310 Verständigungsvereinbarungen i. S. des Art. 25 Abs. 1 OECD-MA und Konsultationsvereinbarungen i. S. des Art. 25 Abs. 3 OECD-MA zwischen den zuständigen Behörden der Vertragsstaaten sowie Verordnungen zur Umsetzung von Konsultationsvereinbarungen i. S. des § 2 Abs. 2 AO werden durch die vorstehenden Regelungen nicht berührt.

311 Sofern sich bei der Anwendung der oben genannten Grundsätze eine Doppelbesteuerung ergibt, bleibt es dem Abkommensberechtigten vorbehalten, die Einleitung eines Verständigungsverfahrens zu beantragen (s. BMF-Schreiben vom 13. Juli 2006, BStBl I S. 461).

11 Aufhebung von Verwaltungsanweisungen

312 Das BMF-Schreiben vom 14. September 2006, BStBl I S. 532, wird aufgehoben und durch dieses Schreiben ersetzt.

12 Erstmalige Anwendung

313 Die vorstehenden Regelungen sind ab 1. Januar 2015 anzuwenden.

314 Auf Antrag des Steuerpflichtigen können die vorstehenden Regelungen in allen offenen Fällen angewendet werden.

II.

Ermittlung des steuerfreien und steuerpflichtigen Arbeitslohns nach den Doppelbesteuerungsabkommen sowie nach dem Auslandstätigkeitserlass im Lohnsteuerabzugsverfahren und Änderung des Auslandstätigkeitserlasses

BMF-Schreiben vom 12. November 2014 (BStBl I S. 1467)[1] sowie vom 31. Oktober 1983 (BStBl I S. 470)

BMF vom 14. 3. 2017 (BStBl I S. 473)
IV C 5 – S 2369/10/10002 – 2017/0204843

Inhaltsübersicht

[1] → Anhang 9 I

I. Aufteilung des Arbeitslohns nach den Doppelbesteuerungsabkommen

Nach den Rdnrn. 161 und 162 des BMF-Schreibens vom 12. November 2014 (BStBl I S. 1467) zur steuerlichen Behandlung des Arbeitslohns nach den Doppelbesteuerungsabkommen ist der nicht direkt zuordenbare, verbleibende Arbeitslohn nach der Zahl der tatsächlichen Arbeitstage innerhalb eines Kalenderjahres aufzuteilen (Jahresbetrachtung). Unter Bezugnahme auf das Ergebnis der Erörterungen der obersten Finanzbehörden des Bundes und der Länder gelten ergänzend zu Rdnr. 162 des o. g. BMF-Schreibens im Lohnsteuerabzugsverfahren für die Aufteilung des Arbeitslohns nach den Doppelbesteuerungsabkommen (DBA) in einen steuerfreien und einen steuerpflichtigen Arbeitslohnteil die folgenden Grundsätze:

1. Ermittlung des steuerfreien und des steuerpflichtigen Arbeitslohns

Zahlt der Arbeitgeber seinem Arbeitnehmer Arbeitslohn, der nach einem DBA teilweise steuerfrei und teilweise steuerpflichtig ist, so hat der Arbeitgeber für den nach § 38 Absatz 3 EStG vorzunehmenden Lohnsteuerabzug zunächst den im Lohnzahlungszeitraum direkt zuordenbaren Arbeitslohn zu ermitteln und entsprechend als steuerfrei oder steuerpflichtig zu behandeln. Sodann hat der Arbeitgeber den verbleibenden und nicht direkt zuordenbaren Arbeitslohn in einen steuerfreien und einen steuerpflichtigen Teil aufzuteilen.   1

Als unmittelbar aufgrund einer konkreten inländischen oder ausländischen Arbeitsleistung direkt zuordenbarer Arbeitslohn kommen z. B. Reisekosten, Überstundenvergütungen, Zuschläge für Sonntags-, Feiertags- und Nachtarbeit, Auslandszulagen, die Gestellung einer Wohnung im Tätigkeitstaat und Unterstützungsleistungen für die mitumziehende Familie in Betracht.   2

Der Gesamtarbeitslohn abzüglich der direkt zugeordneten Gehaltsbestandteile ist der verbleibende Arbeitslohn. Zum verbleibenden Arbeitslohn gehören z. B. neben den laufenden Vergütungen auch Zusatzvergütungen, die auf die nichtselbständige Arbeit des Arbeitnehmers innerhalb des gesamten nach dem DBA zu berücksichtigenden Zeitraums entfallen (z. B. sonstige Bezüge wie Weihnachts- und Urlaubsgeld; vgl. Rdnrn. 15 f.).   3

2. Aufteilung des verbleibenden laufenden Arbeitslohns

Nach dem BMF-Schreiben vom 12. November 2014 (a. a. O.) ist der nicht direkt zuordenbare, verbleibende Arbeitslohn bei der Veranlagung zur Einkommensteuer und im Lohnsteuerabzugsverfahren stets nach den im In- und Ausland verbrachten tatsächlichen Arbeitstagen innerhalb eines Kalenderjahres aufzuteilen.   4

Beim laufenden Lohnsteuerabzug für den einzelnen Lohnzahlungszeitraum während des Kalenderjahres werden zur Aufteilung des nicht direkt zuordenbaren Arbeitslohns im Hinblick darauf, dass die endgültigen Werte zu diesem Zeitpunkt nicht bestimmt werden können, folgende Alternativen zugelassen:

a) Aufteilung nach tatsächlichen Arbeitstagen im gesamten Beschäftigungszeitraum innerhalb eines Kalenderjahres

Anhand der am Ende des einzelnen Lohnzahlungszeitraums bekannten Tatsachen werden die voraussichtlichen tatsächlichen Tage im In- und Ausland mit einer Prognose ermittelt und ins Verhältnis zu den Gesamtarbeitstagen des gesamten Beschäftigungszeitraums innerhalb des Kalenderjahres gesetzt. Die maßgeblichen Tage können dadurch ermittelt werden, dass die möglichen   5

Arbeitstage nach Abzug der bekannten Urlaubstage sowie bereits angefallener Krankheitstage angesetzt werden. Künftige Krankheitstage sind nur dann zu berücksichtigen, wenn sie nach den bekannten Verhältnissen voraussichtlich anfallen werden, z. B. nach Angabe in einer vorliegenden Arbeitsunfähigkeitsbescheinigung. Dieser Aufteilungsmaßstab wird auf den einzelnen Lohnzahlungszeitraum angewandt.

b) Aufteilung nach tatsächlichen Arbeitstagen im einzelnen Lohnzahlungszeitraum

6   Alternativ können auch die tatsächlichen Arbeitstage des einzelnen Lohnzahlungszeitraums für die Aufteilung des Arbeitslohns herangezogen werden.

c) Aufteilung nach vereinbarten Arbeitstagen im gesamten Beschäftigungszeitraum innerhalb eines Kalenderjahres

7   Die für den gesamten Beschäftigungszeitraum innerhalb des Kalenderjahres vereinbarten Arbeitstage im In- und Ausland werden mit den tatsächlichen ausgeübten Arbeitstagen im Ausland ins Verhältnis gesetzt. Dieser Aufteilungsmaßstab wird auf den einzelnen Lohnzahlungszeitraum angewandt. Ändert sich die Prognose zu den vereinbarten Arbeitstagen (z. B. wegen Änderung der Urlaubsplanung oder Krankheitstagen nach Wegfall der Lohnfortzahlung), ist der neu ermittelte Aufteilungsmaßstab ab diesem Lohnzahlungszeitraum anzuwenden; vgl. Rdnr. 12.

8   Die vertraglich vereinbarten Arbeitstage sind die Kalendertage pro Jahr abzüglich der Tage, an denen der Arbeitnehmer laut Arbeitsvertrag nicht verpflichtet ist, zu arbeiten (z. B. Urlaubs- und Wochenendtage) oder für die ein erkrankter Arbeitnehmer keine Lohnfortzahlung erhält. Es kommt weder auf die Zahl der Kalendertage (365), noch auf die Steuertage im Kalenderjahr (360) an. In einem anderen Staat verbrachte Tage, die nicht zu den vereinbarten Arbeitstagen rechnen (z. B. Aufenthalt aus privaten Gründen), werden bei der Berechnung der steuerfreien Einkünfte nicht berücksichtigt.

d) Aufteilung nach vereinbarten Arbeitstagen im einzelnen Lohnzahlungszeitraum

9   Alternativ können auch die vereinbarten Arbeitstage des einzelnen Lohnzahlungszeitraums für die Aufteilung des Arbeitslohns herangezogen werden.

e) Abrechnung nach einheitlichen Grundsätzen

10   Innerhalb eines Dienstverhältnisses während des Kalenderjahres darf der Arbeitgeber nur nach einheitlichen Grundsätzen abrechnen. Zwischen den Alternativen a) – d) darf nicht gewechselt werden.

3. Ermittlung der Verhältnisse zur Lohnabrechnung

11   Zeitpunkt für die Ermittlung der Verhältnisse zur Lohnabrechnung ist der Tag, an dem der Lohnabrechnungszeitraum endet (R 39b.5 Absatz 1 Satz 3 LStR). Für Lohnabrechnungen vor dem Ende des betreffenden Lohnzahlungszeitraums können aus Vereinfachungsgründen die zu diesem Zeitpunkt bekannten Verhältnisse zu Grunde gelegt werden.

4. Änderung der Verhältnisse

12   Ändert sich die Prognose für die Anzahl der tatsächlichen oder vereinbarten Arbeitstage in einem folgenden Lohnzahlungszeitraum, ist der neu ermittelte Aufteilungsmaßstab ab diesem Lohnzahlungszeitraum anzuwenden. Die bisher vorgenommenen Lohnabrechnungen können unverändert bleiben.

5. Beginn und Beendigung des Dienstverhältnisses während des Kalendermonats

13   Beim Beginn oder bei einer Beendigung des Dienstverhältnisses im Laufe eines Kalendermonats ist regelmäßig ein verkürzter Lohnzahlungszeitraum zu beachten. Solange das Dienstverhältnis jedoch fortbesteht, sind bei der Bemessung des Lohnzahlungszeitraums auch solche in den Lohnzahlungszeitraum fallende Arbeitstage mitzuzählen, für die der Arbeitnehmer keinen steuerpflichtigen Arbeitslohn bezogen hat (R 39b.5 Absatz 2 Satz 3 LStR). Dies gilt unabhängig davon, ob der Arbeitnehmer der unbeschränkten oder der beschränkten Einkommensteuerpflicht unterliegt. Zu Lohnzahlungen vor Ende des Lohnzahlungszeitraumes vgl. Rdnr. 11.

14   **Beispiel**

Der übliche monatliche Bruttoarbeitslohn im Monat Mai des Kalenderjahres 01 beträgt 3 000 €. Außerdem erhält der Arbeitnehmer eine Erschwerniszulage für die Arbeitstage im Inland von 500 €. Der in Österreich ansässige Arbeitnehmer übt seine Tätigkeit im Mai des Kalenderjahres 01 an 5 Arbeitstagen im Inland aus. Die übrigen 10 Arbeitstage des Monats verrichtet er in seinem Home-Office in Österreich. Die Grenzgängerregelung findet keine Anwendung.

Lösung (nach den voraussichtlichen tatsächlichen Arbeitstagen im Lohnzahlungszeitraum)

Der Erschwerniszuschlag von 500 € ist direkt der Tätigkeit im Inland zuzurechnen.

Der nicht zuordenbare Betrag von 3 000 € wird nach dem Verhältnis der im Inland und Ausland ausgeübten Tätigkeit aufgeteilt.

Inland: 3 000 € × 5/15   = 1 000 €

Ausland: 3 000 € × 10/15   = 2 000 €

Steuerpflichtiger Gesamtlohn Inland:

500 € (direkt zugeordnet) + 1 000 € (Verhältnisrechnung)   = 1 500 €

Der Lohnzahlungszeitraum umfasst den ganzen Kalendermonat 01. Der im Inland steuerpflichtige Betrag von 1 500 € wird daher aufgrund des amtlichen Programmablaufplans einem Bemessungszeitraum von „30 Steuertagen" zugerechnet. Dies entspricht der sog. Monatstabelle.

6. Zuordnung und Aufteilung von sonstigen Bezügen

Kann ein sonstiger Bezug entweder dem steuerfreien oder dem steuerpflichtigen Teil direkt zugeordnet werden (z. B. Erfolgsprämie für die nach DBA steuerbegünstigte Tätigkeit oder eine Sonderzahlung für die Tätigkeit im Inland), erfolgt eine vollständige Steuerfreistellung (mit Progressionsvorbehalt) oder eine vollständige Besteuerung im Inland. Ist eine solche Zuordnung nicht möglich (z. B. für Urlaubs- oder Weihnachtsgeld), ist eine Aufteilung im Kalenderjahr nach den vorstehenden Rdnrn. 5 und 7 (Anteil an den Gesamtarbeitstagen im Beschäftigungszeitraum des Kalenderjahres) vorzunehmen. Die sonstigen Bezüge sind im Kalenderjahr des Zuflusses nach den Verhältnissen des Erdienungszeitraums aufzuteilen; vgl. Rdnrn. 169 und 170 des BMF-Schreibens vom 12. November 2014 (a. a. O.).   **15**

Maßgeblich für diese Aufteilung sind die dem Arbeitgeber bekannten Tatsachen zum Ende des Kalendermonats des Zuflusses (R 39b.6 Absatz 3 Satz 1 LStR). Aus Vereinfachungsgründen können jedoch auch die im Zeitpunkt der Lohnabrechnung bekannten Tatsachen zu Grunde gelegt werden.   **16**

7. Überprüfung der im Kalenderjahr durchgeführten Lohnabrechnungen

Der Arbeitgeber hat den innerhalb eines Kalenderjahres durchgeführten Lohnsteuerabzug am Ende des Kalenderjahres oder bei Beendigung des Dienstverhältnisses zu überprüfen und bei Abweichungen zu korrigieren. Ab diesem Zeitpunkt ist der Arbeitgeber in der Lage, die tatsächlichen In- und Auslandstage im Beschäftigungszeitraum des Kalenderjahres zu ermitteln, die bei der Überprüfung der Lohnabrechnungen anzusetzen sind. Ein Wahlrecht wie unter Tz. 2 Buchstaben a – d (Rdnrn. 5 – 9) dargestellt, besteht bei der (abschließenden) Überprüfung nicht.   **17**

Dabei ist die Korrektur des bisherigen Lohnsteuerabzugs im Grundsatz bei unbeschränkt sowie bei beschränkt Steuerpflichtigen für den jeweiligen Lohnzahlungszeitraum vorzunehmen. Dies gilt unabhängig davon, ob das Dienstverhältnis das ganze Kalenderjahr oder nur einen Teil des Kalenderjahres bestanden hat (zur Vereinfachungsregelung vgl. Rdnr. 19). Soweit der Lohnsteuerabzug Abgeltungswirkung nach § 50 Absatz 2 Satz 1 EStG hat, wie bei beschränkt Steuerpflichtigen, hat die Korrektur besondere Bedeutung. § 41c EStG mit Ausnahme von § 41c Absatz 3 Satz 2 und 3 EStG sowie R 41c.1 LStR mit Ausnahme von R 41c.1 Absatz 6 Satz 1 bis 3 LStR sind anzuwenden.   **18**

Bei ganzjähriger Beschäftigung von unbeschränkt Steuerpflichtigen (§ 1 Absatz 1 und 3 EStG) wird es unabhängig von dem vorstehenden Grundsatz (vgl. Rdnr. 18) aus Vereinfachungsgründen nicht beanstandet, wenn zum Ende des Kalenderjahres vor Übermittlung der Lohnsteuerbescheinigung eine einzige Korrektur nach den Berechnungsgrundsätzen des § 42b EStG bis zum Ablauf des Februars des Folgejahres vorgenommen wird. Voraussetzung ist, dass es im Laufe des Kalenderjahres nicht zu einer Änderung der Steuerklasse gekommen ist. Wenn das Dienstverhältnis das ganze Kalenderjahr bestanden hat, genügt es für die vorgenannte vereinfachende Jahresbetrachtung, wenn die unbeschränkte Steuerpflicht nach § 1 Absatz 1 EStG oder die auf Antrag unbeschränkte Steuerpflicht nach § 1 Absatz 3 EStG nur einen Teil des Kalenderjahres bestanden hat.   **19**

Der Arbeitgeber hat die zu viel erhobene Lohnsteuer an den Arbeitnehmer zu erstatten. Noch nicht erhobene Lohnsteuer hat der Arbeitgeber nachträglich einzubehalten. Soweit der Arbeitgeber auf Grund einer Änderung des Lohnsteuerabzugs nach Ablauf des Kalenderjahres nachträglich Lohnsteuer erstattet oder einbehält, handelt es sich um Lohnsteuer des abgelaufenen Kalenderjahres, die zusammen mit der übrigen einbehaltenen Lohnsteuer des abgelaufenen Kalenderjahres in einer Summe in der Lohnsteuerbescheinigung zu übermitteln oder anzugeben   **20** ist. Die nachträglich erstattete bzw. einbehaltene Lohnsteuer ist für den Anmeldungszeitraum anzugeben und abzuführen, in dem sie erstattet oder einbehalten wurde.

8. Zusammenfassendes Beispiel einer ganzjährigen Beschäftigung mit Abrechnung nach den voraussichtlichen tatsächlichen Arbeitstagen im Kalenderjahr und Überprüfung

21   **Sachverhalt**

Der in Deutschland wohnende Arbeitnehmer B arbeitet im Kalenderjahr 01 i. d. R. an 5 Tagen pro Woche und erhält einen Bruttolohn von monatlich 5 000 €. Darüber hinaus erhält er im Juli 01 eine Erfolgsprämie für das laufende Kalenderjahr von 10 000 € und im Dezember 01 ein Weihnachtsgeld von 8 000 €. Arbeitsvertraglich stehen ihm 30 Urlaubstage zu. Es ist geplant, dass B im Kalenderjahr 01 insgesamt an 60 Tagen im Ausland tätig wird.

Im Oktober 01 erkrankt B und fällt tatsächlich an 10 Arbeitstagen aus. Nach seiner Rückkehr im Oktober 01 stellt sich heraus, dass B an zusätzlichen 20 Arbeitstagen ins Ausland reisen soll, sodass im Kalenderjahr voraussichtlich 80 Auslandsarbeitstage anfallen. Um bestehende Projekte abzuschließen, entscheidet sich B im Dezember 01 dazu, 5 Urlaubstage in das Kalenderjahr 02 zu übertragen.

Der auf die Tätigkeit im Ausland entfallende Arbeitslohn ist nach dem einschlägigen DBA im Inland steuerfrei. Weil der ausgezahlte Arbeitslohn nicht direkt zugeordnet werden kann, ist er durch eine Verhältnisrechnung aufzuteilen.

Zusammenfassung für das Kalenderjahr 01

Voraussichtliche Urlaubstage nach Kenntnis des Arbeitgebers bis November: 30

voraussichtliche Urlaubstage nach Kenntnis des Arbeitgebers ab Dezember: 25

(B darf 5 Urlaubstage in das Kalenderjahr 02 übertragen)

Krankheitstage im Oktober: 10

Bruttolohn monatlich: 5 000,00 €

Erfolgsprämie für das laufende Kalenderjahr (ausgezahlt im Juli):   10 000,00 €

Weihnachtsgeld (ausgezahlt im Dezember):   8 000,00 €

voraussichtliche tatsächliche Auslandstage nach Kenntnis des Arbeitgebers bis September: 60

voraussichtliche tatsächliche Auslandstage nach Kenntnis des Arbeitgebers ab Oktober: 80

Berechnung

Ermittlung des Aufteilungsmaßstabs

Prognose- zeitpunkt	Mögliche Arbeits- tage p.a.	Voraus- sichtliche Urlaubs- tage p.a.	Tatsäch- lich ange- fallene Krank- heitstage p.a.	Verbleibe- nde tatsäch- liche Ar- beitstage p.a.	Anteil Ausland (steuer- frei)	Anteil Inland (steuer- pflichtig)
ab Januar	254	30	0	224	60/224	164/224
ab Oktober (Krankheit und Erhöhung der Auslands- tage)	254	30	10	214	80/214	134/214
ab Dezember (Übertrag Urlaub nach 02)	254	25	10	219	80/219	139/219

Ermittlung des steuerfreien und des steuerpflichtigen Bruttolohns

Monat	Bruttolohn in €	Steuerfreier Anteil	Steuerfreier Bruttolohn in €	Steuerpflichtiger Anteil	Steuerpflichtiger Bruttolohn in €
Januar	5 000,00	60/224	1 339,29	164/224	3 660,71
Februar	5 000,00	60/224	1 339,29	164/224	3 660,71
März	5 000,00	60/224	1 339,29	164/224	3 660,71
April	5 000,00	60/224	1 339,29	164/224	3 660,71
Mai	5 000,00	60/224	1 339,29	164/224	3 660,71
Juni	5 000,00	60/224	1 339,29	164/224	3 660,71
Juli lfd. Arbeitslohn	5 000,00	60/224	1 339,29	164/224	3 660,71
Juli sonst. Bezug	10 000,00	60/224	2 678,57	164/224	7 321,43
August	5 000,00	60/224	1 339,29	164/224	3 660,71
September	5 000,00	60/224	1 339,29	164/224	3 660,71
Oktober	5 000,00	80/214	1 869,16	134/214	3 130,84
November	5 000,00	80/214	1 869,16	134/214	3 130,84
Dezember lfd. Arbeitslohn	5 000,00	80/219	1 826,48	139/219	3 173,52
Dezember sonst. Bezug	8 000,00	80/219	2 922,37	139/219	5 077,63
Jahressummen der einzelnen Lohnzahlungszeiträume (LZZ)	**78 000,00**		**23 219,35**		**54 780,65**

Aufteilung des Bruttolohns mit einer Jahresbetrachtung nach den zuletzt bekannten Verhältnissen, die auch bei der Einkommensteuerveranlagung für das Kalenderjahr 01 maßgeblich sind:

Jahressummen bei abschließender Überprüfung	**78 000,00**	**80/219**	**28 493,15**	**139/219**	**49 506,85**

Der Arbeitgeber hat die auf den Differenzbetrag i. H. v. 5 273,80 € (Minderung des steuerpflichtigen Betrags) entfallende Lohnsteuer (einschließlich Solidaritätszuschlag und ggf. Kirchenlohnsteuer) an den Arbeitnehmer zu erstatten.

Die Differenz beim steuerpflichtigen Bruttolohn beruht auf den Änderungen der Verhältnisse während des Kalenderjahres. Da die Überprüfung auf Grund der Jahresbetrachtung abweichende Werte ergab, sind die einzelnen Lohnabrechnungen noch vor Übermittlung der Lohnsteuerbescheinigung durch den Arbeitgeber zu berichtigen (§ 41c Absatz 1 EStG). Aus Vereinfachungsgründen kann die Korrektur nach den Berechnungsgrundsätzen des § 42b EStG (Jahresbetrachtung) vor Übermittlung der Lohnsteuerbescheinigung bis zum Ablauf des Februars des Folgejahres vorgenommen werden, wenn die Voraussetzungen der Rdnr. 19 erfüllt sind.

9. Beispiel für eine nicht ganzjährige Beschäftigung

Sachverhalt   22

Arbeitnehmer B ist beim Arbeitgeber A im Kalenderjahr 01 vom 1. Januar bis zum 31. Oktober beschäftigt (5 Arbeitstage pro Woche) und erhält einen Bruttolohn von monatlich 5 000 €, der jeweils zum 25. eines Monats gezahlt wird. Es ist geplant, dass B im Kalenderjahr 01 vom 1. Februar bis zum 15. April an insgesamt 50 Tagen im Ausland tätig wird. Arbeitsvertraglich stehen ihm bis zum Ende des Dienstverhältnisses am 31. Oktober 01 insgesamt 25 Urlaubstage zu. B möchte vom 16. April bis 30. April 10 Arbeitstage Urlaub nehmen. Ab dem 1. Mai soll B wieder im Inland arbeiten (voraussichtlich an 20 Tagen im Monat).

Im Juli erhält B ein Urlaubsgeld (sonstiger Bezug) in Höhe von 2 000 €; am 2. September erkrankt B (19 Arbeitstage Krankheit). Vom 1. Oktober bis zum 24. Oktober nimmt B seinen Resturlaub (15 Arbeitstage). Am 25. Oktober arbeitet B im Inland. Um weitere Projekte zu betreuen, arbeitet B spontan vom 26. Oktober bis 31. Oktober im Ausland bei der ausländischen DBA-Betriebsstätte (4 Arbeitstage), sodass im Beschäftigungszeitraum insgesamt 54 Auslandsarbeitstage bei der ausländischen DBA-Betriebsstätte anfallen.

Für die Tätigkeit im Ausland hat der ausländische DBA-Staat das Besteuerungsrecht, weil der Arbeitnehmer in einer ausländischen DBA-Betriebsstätte tätig wird. Der ausgezahlte Arbeitslohn kann nicht direkt zugeordnet werden. Er ist daher durch eine Verhältnisrechnung aufzuteilen.

Der Arbeitgeber ermittelt den Aufteilungsmaßstab für die Lohnzahlungszeiträume während des Kalenderjahres nach den voraussichtlichen tatsächlichen Arbeitstagen des einzelnen Lohnzahlungszeitraums.

Zusammenfassung für den Beschäftigungszeitraum 01

Voraussichtliche Urlaubstage nach Kenntnis des Arbeitgebers bis Oktober:	25
Krankheitstage im September:	19
voraussichtliche tatsächliche Auslandstage nach Kenntnis des Arbeitgebers bis September:	50
voraussichtliche tatsächliche Auslandstage nach Kenntnis des Arbeitgebers im Oktober:	54
Bruttolohn monatlich:	5 000,00 €
Urlaubsgeld für das laufende Kalenderjahr, ausgezahlt im Juli:	2 000,00 €

9.1 Variante 1: Aufteilung nach den voraussichtlichen tatsächlichen Arbeitstagen des jeweiligen Lohnzahlungszeitraums

23 Ermittlung des Aufteilungsmaßstabs und Abrechnung nach den voraussichtlichen tatsächlichen Arbeitstagen des jeweiligen Lohnzahlungszeitraums

Prognose-zeitpunkt	Mögliche tatsächliche Arbeitstage im LZZ	Voraussichtliche Urlaubstage im LZZ	Tatsächlich angefallene Krankheitstage im LZZ	Verbleibende tatsächliche Arbeitstage im LZZ	Arbeitstage Ausland (steuerfrei)	Arbeitstage Inland (steuerpflichtig)
Januar	20	0	0	20	0	20
Februar – März	20	0	0	20	20	0
April	20	10	0	10	10	0
Mai – August	20	0	0	20	0	20
im September (Krankheit)	20	0	19	1	0	1
im Oktober (Erhöhung der Auslandstage)	20	15	0	5	4	1
Summe	200	25	19	156	54	102

Ermittlung des steuerfreien und des steuerpflichtigen Bruttolohns

Prognose- zeitpunkt	Mögliche tatsäch- liche Ar- beitstage im LZZ	Voraus- sichtliche tatsäch- liche Ar- beitstage im LZZ	Voraus- sichtliche tatsäch- liche Ar- beitstage Ausland im LZZ	Verbleibe- nde voraus- sichtliche tatsäch- liche Ar- beitstage Inland im LZZ	Bruttolohn Anteil Ausland (steuer- frei) in €	Bruttolohn Anteil Inland (steuer- pflichtig) in €
		(Nenner für Aus- land und Inland)	(Zähler für Ausland)	(Zähler für Inland)		
Januar (nur Inland)	20	20	0	20	0	5 000
Februar (nur Aus- land)	20	20	20	0	5 000	0
März (nur Aus- land)	20	20	20	0	5 000	0
April	20	10	10	0	5 000	0
Mai	20	20	0	20	0	5 000
Juni	20	20	0	20	0	5 000
Juli lfd. Arbeits- lohn	20	20	0	20	0	5 000
Juli sonst. Bezug	200	175	50	125		
(deshalb hier Prog- nose für den gesamten Beschäfti- gungszeit- raum)					2 000 × 50/175 = 571,43	2 000 × 125/175 = 1 428,57
August	20	20	0	20	0	5 000
September (1 Arbeits- tag im In- land)	20	1	0	1	0	5 000
Oktober (4 Arbeits- tage im Ausland)	20	5	4	1	4 000	1 000
Summen der einzel- nen LZZ					**19 571,43**	**32 428,57**

Im gesamten Beschäftigungszeitraum vom 1. Januar 01 bis 31. Oktober 01 errechnet sich für den insgesamt bezogenen Arbeitslohn i. H. v. 52 000 € folgender Anteil an steuerfreiem bzw. steuer- pflichtigem Arbeitslohn, der nicht direkt zuordenbar ist:

Anteil steuerfrei:	**54/156**
Anteil steuerpflichtig:	**102/156**

Mit diesem Aufteilungsmaßstab ist in jedem abgelaufenen Lohnzahlungszeitraum von Januar bis Oktober 01 für den im jeweiligen Lohnzahlungszeitraum zugeflossenen Arbeitslohn eine Berichtigung der bisherigen Lohnabrechnungen vorzunehmen. Dieser vorgenannte Aufteilungsmaßstab gilt auch für den im Juli 01 zugeflossenen sonstigen Bezug.

Die Differenz beim steuerpflichtigen Bruttolohn beruht auf den Änderungen der Verhältnisse während des Kalenderjahres, da der Arbeitgeber zunächst die voraussichtlichen tatsächlichen Arbeitstage die einzelnen Lohnzahlungszeitraums angesetzt hat. Da die Überprüfung nach den Verhältnissen des Beschäftigungszeitraums vom 1. Januar 01 bis zum 31. Oktober 01 abweichende Werte ergab, sind die einzelnen Lohnabrechnungen noch vor Übermittlung der Lohnsteuerbescheinigung durch den Arbeitgeber zu berichtigen (§ 41c Absatz 1 EStG).

9.2 Variante 2: Aufteilung nach den voraussichtlichen tatsächlichen Arbeitstagen des gesamten Beschäftigungszeitraums

24   **Ermittlung des Aufteilungsmaßstabs und Abrechnung nach den voraussichtlichen tatsächlichen Arbeitstagen des Beschäftigungszeitraums im Kalenderjahr**

Prognose-zeitpunkt	Mögliche Arbeits-tage	Voraus-sichtliche Urlaubs-tage	Tatsäch-lich ange-fallene Krankheit-stage	Verbleibe-nde tatsäch-liche Ar-beitstage	Anteil Ausland (steuer-frei)	Anteil Inland (steuer-pflichtig)
Januar bis August	200	25	0	175	50/175	125/175
September (Krank-heit)	200	25	19	156	50/156	106/156
Oktober (Erhöhung der Aus-landstage)	200	25	19	156	54/156	102/156

Ermittlung des steuerfreien und des steuerpflichtigen Bruttolohns

Monat	Bruttolohn in €	Steuerfreier Anteil	Steuerfreier Bruttolohn in €	Steuerpflich-tiger Anteil	Steuerpflich-tiger Brutto-lohn in €
Januar	5 000,00	50/175	1 428,57	125/175	3 571,43
Februar	5 000,00	50/175	1 428,57	125/175	3 571,43
März	5 000,00	50/175	1 428,57	125/175	3 571,43
April	5 000,00	50/175	1 428,57	125/175	3 571,43
Mai	5 000,00	50/175	1 428,57	125/175	3 571,43
Juni	5 000,00	50/175	1 428,57	125/175	3 571,43
Juli lfd. Arbeits-lohn	5 000,00	50/175	1 428,57	125/175	3 571,43
Juli sonst. Bezug	2 000,00	50/175	571,43	125/175	1 428,57
August	5 000,00	50/175	1 428,57	125/175	3 571,43
September	5 000,00	50/156	1 602,56	106/156	3 397,44
Oktober	5 000,00	54/156	1 730,77	102/156	3 269,23
Summen der einzelnen LZZ	**52 000,00**		**15 333,32**		**36 666,68**

Im gesamten Beschäftigungszeitraum vom 1. Januar 01 bis 31. Oktober 01 errechnet sich für den insgesamt bezogenen Arbeitslohn i. H. v. 52 000 € folgender Anteil an steuerfreiem bzw. steuerpflichtigem Arbeitslohn, der nicht direkt zuordenbar ist:

Anteil steuerfrei: **54/156**

Anteil steuerpflichtig: **102/156**

Mit diesem Aufteilungsmaßstab ist für jeden abgelaufenen Lohnzahlungszeitraum eine Überprüfung und ggf. eine Berichtigung der bisherigen Lohnabrechnung vorzunehmen. Weil für den Lohnzahlungszeitraum Oktober 01 bereits der zutreffende Aufteilungsmaßstab angesetzt wird, führt die Überprüfung zu keiner Änderung.

Die Differenz beim steuerpflichtigen Bruttolohn beruht auf den Änderungen der Verhältnisse während des Kalenderjahres. Da die vorzunehmende Überprüfung abweichende Werte ergab, sind die einzelnen Lohnabrechnungen – ohne Oktober 01 – noch vor Übermittlung der Lohnsteuerbescheinigung durch den Arbeitgeber zu berichtigen (§ 41c Absatz 1 EStG). Eine Korrektur nach den Berechnungsgrundsätzen des § 42b EStG ist nicht zulässig (Rdnr. 18).

II. Änderung des BMF-Schreibens für die steuerliche Behandlung von Arbeitnehmereinkünften bei Auslandstätigkeiten (Auslandstätigkeitserlass) und entsprechende Anwendung der vorgenannten Grundsätze zur Aufteilung des Arbeitslohns

Nach dem BMF-Schreiben für die steuerliche Behandlung von Arbeitnehmereinkünften bei Auslandstätigkeiten (Auslandstätigkeitserlass) vom 31. Oktober 1983 (BStBl I S. 470) sind Zuwendungen (Gehaltsbestandteile), die nicht gesondert für die begünstigte Tätigkeit geleistet werden, bisher im Verhältnis der Kalendertage aufzuteilen (vgl. Abschnitt III Satz 2 des Auslandstätigkeitserlasses). Diese Regelung wird durch die Rdnrn. 161 und 162 des BMF-Schreibens vom 12. November 2014 (a. a. O.) ersetzt. Danach ist der nicht direkt zuordenbare, verbleibende Arbeitslohn bei der Veranlagung zur Einkommensteuer und im Lohnsteuerabzugsverfahren nach der Zahl der tatsächlichen Arbeitstage innerhalb eines Kalenderjahres aufzuteilen; vgl. Rdnrn. 4 ff. **25**

Bei Anwendung des Abschnitts III des Auslandstätigkeitserlasses vom 31. Oktober 1983 (a. a. O.) ist Folgendes zu beachten: **26**

- Die in Abschnitt III Satz 1 Nummer 1 des Auslandstätigkeitserlasses genannten Zulagen, Prämien und Zuschüsse des Arbeitgebers für Aufwendungen des Arbeitnehmers sind regelmäßig der begünstigten Auslandstätigkeit (steuerfrei) oder der nicht begünstigten Inlandstätigkeit (steuerpflichtig) direkt zuordenbar. Können sie weder der Auslandstätigkeit noch der Inlandstätigkeit direkt zugeordnet werden, sind sie nach den in Rdnrn. 15 f. dargestellten Grundsätzen aufzuteilen.

- Bei Weihnachtszuwendungen, Urlaubsgeld und Tantiemen sowie bei dem auf Urlaubstage entfallenden Arbeitslohn (Urlaubsentgelt und Urlaubsabgeltung) handelt es sich regelmäßig um Gehaltsbestandteile, die weder der begünstigten Auslandstätigkeit noch der nicht begünstigten Inlandstätigkeit direkt zugeordnet werden können. Solche Zahlungen sind ebenfalls nach den in Rdnrn. 15 f. dargestellten Grundsätzen aufzuteilen.

III. Anwendung der Regelungen des § 50d Absatz 9 EStG

Bei Lohneinkünften, die nach einem DBA in einem ausländischen Staat besteuert werden können, wird die unter Progressionsvorbehalt (§ 32b Absatz 1 Nummer 3 EStG) erfolgende Freistellung von der deutschen Steuer eines unbeschränkt Steuerpflichtigen nur gewährt, wenn die Voraussetzungen hierfür nach § 50d Absatz 8 und Absatz 9 EStG gegeben sind. Der Steuerpflichtige muss für die Freistellung regelmäßig nachweisen, dass sämtliche seiner ausländischen Einkünfte und Einkunftsteile im ausländischen Staat besteuert wurden und er die ausländischen Steuern entrichtet hat oder dass der Staat, dem nach dem Abkommen das Besteuerungsrecht zusteht, auf dieses Besteuerungsrecht verzichtet hat. § 50d Absatz 8 EStG ist im Lohnsteuerabzugsverfahren grundsätzlich nicht anzuwenden. Auch die sich aus der Anwendung des § 50d Absatz 9 EStG ergebenden Änderungen der Bemessungsgrundlage müssen aus Vereinfachungsgründen nicht im Rahmen des Lohnsteuerabzugsverfahrens geprüft und durchgeführt werden. **27**

IV. Zahlung des Arbeitslohns in ausländischer Währung

Die einzubehaltenden sowie die beim zuständigen Betriebsstättenfinanzamt anzumeldenden und abzuführenden Lohnsteuerbeträge sind stets in Euro auszuweisen. Wird der zu besteuernde Arbeitslohn in einer ausländischen Währung gezahlt, ist dieser vor Ermittlung der Lohnsteuer in einen Euro-Betrag umzurechnen. Umrechnungsmaßstab ist – soweit vorhanden – der auf den Umrechnungszeitpunkt bezogene Euro-Referenzkurs der Europäischen Zentralbank. Lohnzahlungen sind bei Zufluss des Arbeitslohns anhand der von der Europäischen Zentralbank veröffentlichten monatlichen Euro-Durchschnittsreferenzkurse umzurechnen, denen die im BStBl I veröffentlichten Umsatzsteuer-Umrechnungskurse entsprechen (BFH vom 3. Dezember 2009, **28**

BStBl 2010 II S. 698). Der für den jeweiligen Lohnzahlungszeitraum angesetzte Referenzkurs ist auch dann beizubehalten, wenn der Arbeitslohn nach den Rdnrn. 16 f. nach einem anderen Maßstab aufgeteilt wird.

29   Die mit dem Umtausch verbundenen Kosten und Gebühren sind der privaten Lebensführung des Arbeitnehmers zuzuordnen und können daher nicht arbeitslohnmindernd oder als Werbungskosten berücksichtigt werden (BFH-Urteil vom 24. Juni 2009, BStBl II S. 1000).

V. Zeitliche Anwendungsregelungen

30   Die vorgenannten Grundsätze gelten im Lohnsteuerabzugsverfahren für die Aufteilung des Arbeitslohns nach einem DBA sowie dem Auslandstätigkeitserlass. Sie sind spätestens für den laufenden Arbeitslohn anzuwenden, der für einen nach dem 31. Dezember 2018 endenden Lohnzahlungszeitraum gezahlt wird, und für sonstige Bezüge, die nach dem 31. Dezember 2018 zufließen. Bis dahin wird es im Lohnsteuerabzugsverfahren in DBA-Fällen aus Vereinfachungsgründen nicht beanstandet, wenn die Aufteilung des verbleibenden Arbeitslohns nach den vereinbarten Arbeitstagen erfolgt. Bei Anwendung des Auslandstätigkeitserlasses vom 31. Oktober 1983 (a. a. O.) kann bis dahin das Verhältnis der Kalendertage herangezogen werden.

Übersicht

I.
Solidaritätszuschlaggesetz 1995

vom 15. 10. 2002 (BGBl. I 4131)
zuletzt geändert durch Artikel 10 und 11 des Gesetzes zur Umsetzung der Änderungen
der EU-Amtshilferichtlinie und von weiteren Maßnahmen gegen Gewinnkürzungen und
-verlagerungen vom 20. 12. 2016 (BGBl. I S. 3000)

§ 1 Erhebung eines Solidaritätszuschlags

(1) Zur Einkommensteuer und zur Körperschaftsteuer wird ein Solidaritätszuschlag als Ergänzungsabgabe erhoben.

(2) Auf die Festsetzung und Erhebung des Solidaritätszuschlags sind die Vorschriften des Einkommensteuergesetzes mit Ausnahme des § 36a des Einkommensteuergesetzes und des Körperschaftsteuergesetzes entsprechend anzuwenden.

(3) Ist die Einkommen- oder Körperschaftsteuer für Einkünfte, die dem Steuerabzug unterliegen, durch den Steuerabzug abgegolten oder werden solche Einkünfte bei der Veranlagung zur Einkommen- oder Körperschaftsteuer oder beim Lohnsteuer-Jahresausgleich nicht erfasst, gilt dies für den Solidaritätszuschlag entsprechend.

(4) Die Vorauszahlungen auf den Solidaritätszuschlag sind gleichzeitig mit den festgesetzten Vorauszahlungen auf die Einkommensteuer oder Körperschaftsteuer zu entrichten; § 37 Abs. 5 des Einkommensteuergesetzes ist nicht anzuwenden. Solange ein Bescheid über die Vorauszahlungen auf den Solidaritätszuschlag nicht erteilt worden ist, sind die Vorauszahlungen ohne besondere Aufforderung nach Maßgabe der für den Solidaritätszuschlag geltenden Vorschriften zu entrichten; § 240 Abs. 1 Satz 3 der Abgabenordnung ist insoweit nicht anzuwenden; § 254 Abs. 2 der Abgabenordnung gilt insoweit sinngemäß.

(5) Mit einem Rechtsbehelf gegen den Solidaritätszuschlag kann weder die Bemessungsgrundlage noch die Höhe des zu versteuernden Einkommens angegriffen werden. Wird die Bemessungsgrundlage geändert, ändert sich der Solidaritätszuschlag entsprechend.

§ 2 Abgabepflicht

Abgabepflichtig sind

1. natürliche Personen, die nach § 1 des Einkommensteuergesetzes einkommensteuerpflichtig sind,

2. natürliche Personen, die nach § 2 des Außensteuergesetzes erweitert beschränkt steuerpflichtig sind,

3. Körperschaften, Personenvereinigungen und Vermögensmassen, die nach § 1 oder § 2 des Körperschaftsteuergesetzes körperschaftsteuerpflichtig sind.

§ 3 Bemessungsgrundlage und zeitliche Anwendung

(1) Der Solidaritätszuschlag bemißt sich vorbehaltlich der Absätze 2 bis 5,

1. soweit eine Veranlagung zur Einkommensteuer oder Körperschaftsteuer vorzunehmen ist:

   nach der nach Absatz 2 berechneten Einkommensteuer oder der festgesetzten Körperschaftsteuer für Veranlagungszeiträume ab 1998, vermindert um die anzurechnende oder vergütete Körperschaftsteuer, wenn ein positiver Betrag verbleibt;

2. soweit Vorauszahlungen zur Einkommensteuer oder Körperschaftsteuer zu leisten sind:

   nach den Vorauszahlungen auf die Steuer für Veranlagungszeiträume ab 2002;

3. soweit Lohnsteuer zu erheben ist:

   nach der nach Absatz 2a berechneten Lohnsteuer für

   a) laufenden Arbeitslohn, der für einen nach dem 31. Dezember 1997 endenden Lohnzahlungszeitraum gezahlt wird,

   b) sonstige Bezüge, die nach dem 31. Dezember 1997 zufließen;

4. soweit ein Lohnsteuer-Jahresausgleich durchzuführen ist:

   nach der nach Absatz 2a sich ergebenden Jahreslohnsteuer für Ausgleichsjahre ab 1998;

5. soweit Kapitalertragsteuer oder Zinsabschlag zu erheben ist außer in den Fällen des § 43b des Einkommensteuergesetzes:

nach der ab 1. Januar 1998 zu erhebenden Kapitalertragsteuer oder dem ab diesem Zeitpunkt zu erhebenden Zinsabschlag;

6. soweit bei beschränkt Steuerpflichtigen ein Steuerabzugsbetrag nach § 50a des Einkommensteuergesetzes zu erheben ist:

nach dem ab 1. Januar 1998 zu erhebenden Steuerabzugsbetrag.

(2) Bei der Veranlagung zur Einkommensteuer ist Bemessungsgrundlage für den Solidaritätszuschlag die Einkommensteuer, die abweichend von § 2 Abs. 6 des Einkommensteuergesetzes unter Berücksichtigung von Freibeträgen nach § 32 Abs. 6 des Einkommensteuergesetzes in allen Fällen des § 32 des Einkommensteuergesetzes festzusetzen wäre.

(2a) [1]Vorbehaltlich des § 40a Absatz 2 des Einkommensteuergesetzes ist beim Steuerabzug vom Arbeitslohn Bemessungsgrundlage die Lohnsteuer; beim Steuerabzug vom laufenden Arbeitslohn und beim Jahresausgleich ist die Lohnsteuer maßgebend, die sich ergibt, wenn der nach § 39b Absatz 2 Satz 5 des Einkommensteuergesetzes zu versteuernde Jahresbetrag für die Steuerklassen I, II und III im Sinne des § 38b des Einkommensteuergesetzes um den Kinderfreibetrag von *4 788* Euro[1] sowie den Freibetrag für den Betreuungs- und Erziehungs- oder Ausbildungsbedarf von 2 640 Euro und für die Steuerklasse IV im Sinne des § 38b des Einkommensteuergesetzes um den Kinderfreibetrag von *2 394* Euro sowie den Freibetrag für den Betreuungs- und Erziehungs- oder Ausbildungsbedarf von 1 320 Euro für jedes Kind vermindert wird, für das eine Kürzung der Freibeträge für Kinder nach § 32 Absatz 6 Satz 4 des Einkommensteuergesetzes nicht in Betracht kommt.[2][3] [2]Bei der Anwendung des § 39b des Einkommensteuergesetzes für die Ermittlung des Solidaritätszuschlages ist die als Lohnsteuerabzugsmerkmal gebildete Zahl der Kinderfreibeträge maßgebend. [3]Bei Anwendung des § 39f des Einkommensteuergesetzes ist beim Steuerabzug vom laufenden Arbeitslohn die Lohnsteuer maßgebend, die sich bei Anwendung des nach § 39f Abs. 1 des Einkommensteuergesetzes ermittelten Faktors auf den nach den Sätzen 1 und 2 ermittelten Betrag ergibt.

(3) [1]Der Solidaritätszuschlag ist von einkommensteuerpflichtigen Personen nur zu erheben, wenn die Bemessungsgrundlage nach Absatz 1 Nummer 1 und 2, vermindert um die Einkommensteuer nach § 32d Absatz 3 und 4 des Einkommensteuergesetzes,

1. in den Fällen des § 32a Absatz 5 und 6 des Einkommensteuergesetzes 1 944 Euro,

2. in anderen Fällen 972 Euro

übersteigt. [2]Auf die Einkommensteuer nach § 32d Absatz 3 und 4 des Einkommensteuergesetzes ist der Solidaritätszuschlag ungeachtet des Satzes 1 zu erheben.

(4) Beim Abzug vom laufenden Arbeitslohn ist der Solidaritätszuschlag nur zu erheben, wenn die Bemessungsgrundlage im jeweiligen Lohnzahlungszeitraum

1. bei monatlicher Lohnzahlung
   a) in der Steuerklasse III mehr als 162 Euro und
   b) in den Steuerklassen I, II, IV bis VI mehr als 81 Euro,

2. bei wöchentlicher Lohnzahlung
   a) in der Steuerklasse III mehr als 37,80 Euro und
   b) in den Steuerklassen I, II, IV bis VI mehr als 18,90 Euro,

3. bei täglicher Lohnzahlung
   a) in der Steuerklasse III mehr als 5,40 Euro und
   b) in den Steuerklassen I, II, IV bis VI mehr als 2,70 Euro

beträgt. § 39b Abs. 4 des Einkommensteuergesetzes ist sinngemäß anzuwenden.

---

[1] *§ 3 Abs. 2a Satz 1 SolzG 1995 wurde durch Artikel 11 des Gesetzes zur Umsetzung der Änderungen der EU-Amtshilferichtlinie und von weiteren Maßnahmen gegen Gewinnkürzungen und -verlagerungen geändert. § 3 Abs. 2a SolzG 1995 in der am 1. 1. 2018 geltenden Fassung ist erstmals auf den laufenden Arbeitslohn anzuwenden, der für einen nach dem 31. 12. 2017 endenden Lohnzahlungszeitraum gezahlt wird, und auf sonstige Bezüge, die nach dem 31. 12. 2017 zufließen → § 6 Abs. 18 SolzG 1995.*

[2] *§ 3 Abs. 2a Satz 1 SolzG 1995 wurde durch Artikel 10 des Gesetzes zur Umsetzung der Änderungen der EU-Amtshilferichtlinie und von weiteren Maßnahmen gegen Gewinnkürzungen und -verlagerungen geändert. § 3 Abs. 2a SolzG 1995 in der am 1. 1. 2017 geltenden Fassung ist erstmals auf den laufenden Arbeitslohn anzuwenden, der für einen nach dem 31. 12. 2016 endenden Lohnzahlungszeitraum gezahlt wird, und auf sonstige Bezüge, die nach dem 31. 12. 2016 zufließen → § 6 Abs. 17 SolzG 1995.*

[3] *§ 3 Abs. 2a Satz 1 SolzG 1995 wurde durch Artikel 4 des Gesetzes zur Anhebung des Grundfreibetrags, des Kinderfreibetrags, des Kindergeldes und des Kinderzuschlags geändert und ist erstmals auf den laufenden Arbeitslohn anzuwenden, der für einen nach dem 31. 12. 2015 endenden Lohnzahlungszeitraum gezahlt wird, und auf sonstige Bezüge, die nach dem 31. 12. 2015 zufließen → § 6 Abs. 15 SolzG 1995.*

(5) Beim Lohnsteuer-Jahresausgleich ist der Solidaritätszuschlag nur zu ermitteln, wenn die Bemessungsgrundlage in Steuerklasse III mehr als 1 944 Euro und in den Steuerklassen I, II oder IV mehr als 972 Euro beträgt.

§ 4 Zuschlagsatz

[1]Der Solidaritätszuschlag beträgt 5,5 Prozent der Bemessungsgrundlage. [2]Er beträgt nicht mehr als 20 Prozent des Unterschiedsbetrages zwischen der Bemessungsgrundlage, vermindert um die Einkommensteuer nach § 32d Absatz 3 und 4 des Einkommensteuergesetzes, und der nach § 3 Absatz 3 bis 5 jeweils maßgebenden Freigrenze. [3]Bruchteile eines Cents bleiben außer Ansatz. [4]Der Solidaritätszuschlag auf die Einkommensteuer nach § 32d Absatz 3 und 4 des Einkommensteuergesetzes beträgt ungeachtet des Satzes 2 5,5 Prozent.

§ 5 Doppelbesteuerungsabkommen

Werden auf Grund eines Abkommens zur Vermeidung der Doppelbesteuerung im Geltungsbereich dieses Gesetzes erhobene Steuern vom Einkommen ermäßigt, so ist diese Ermäßigung zuerst auf den Solidaritätszuschlag zu beziehen.

§ 6 Anwendungsvorschrift

(1) § 2 in der Fassung des Gesetzes vom 18. Dezember 1995 (BGBl. I S. 1959) ist ab dem Veranlagungszeitraum 1995 anzuwenden.

(2) Das Gesetz in der Fassung des Gesetzes vom 11. Oktober 1995 (BGBl. I S. 1250) ist erstmals für den Veranlagungszeitraum 1996 anzuwenden.

(3) Das Gesetz in der Fassung des Gesetzes vom 21. November 1997 (BGBl. I S. 2743) ist erstmals für den Veranlagungszeitraum 1998 anzuwenden.

(4) Das Gesetz in der Fassung des Gesetzes vom 23. Oktober 2000 (BGBl. I S. 1433) ist erstmals für den Veranlagungszeitraum 2001 anzuwenden.

(5) Das Gesetz in der Fassung des Gesetzes vom 21. Dezember 2000 (BGBl. I S. 1978) ist erstmals für den Veranlagungszeitraum 2001 anzuwenden.

(6) Das Solidaritätszuschlagsgesetz 1995 in der Fassung des Artikels 6 des Gesetzes vom 19. Dezember 2000 (BGBl. I S. 1790) ist erstmals für den Veranlagungszeitraum 2002 anzuwenden.

(7) § 1 Abs. 2a in der Fassung des Gesetzes zur Regelung der Bemessungsgrundlage für Zuschlagsteuern vom 21. Dezember 2000 (BGBl. I S. 1978, 1979) ist letztmals für den Veranlagungszeitraum 2001 anzuwenden.

(8) § 3 Abs. 2a in der Fassung des Gesetzes zur Regelung der Bemessungsgrundlage für Zuschlagsteuern vom 21. Dezember 2000 (BGBl. I S. 1978, 1979) ist erstmals für den Veranlagungszeitraum 2002 anzuwenden.

(9) § 3 in der Fassung des Artikels 7 des Gesetzes vom 20. Dezember 2007 (BGBl. I S. 3150) ist erstmals für den Veranlagungszeitraum 2008 anzuwenden.

(10) § 3 in der Fassung des Artikels 5 des Gesetzes vom 22. Dezember 2008 (BGBl. I S. 2955) ist erstmals für den Veranlagungszeitraum 2009 anzuwenden.

(11) § 3 in der Fassung des Artikels 9 des Gesetzes vom 22. Dezember 2009 (BGBl. I S. 3950) ist erstmals für den Veranlagungszeitraum 2010 anzuwenden.

(12) [1]§ 3 Absatz 3 und § 4 in der Fassung des Artikels 31 des Gesetzes vom 8. Dezember 2010 (BGBl. I S. 1768) sind erstmals für den Veranlagungszeitraum 2011 anzuwenden. [2]Abweichend von Satz 1 sind § 3 Absatz 3 und § 4 in der Fassung des Artikels 31 des Gesetzes vom 8. Dezember 2010 (BGBl. I S. 1768) auch für die Veranlagungszeiträume 2009 und 2010 anzuwenden, soweit sich dies zu Gunsten des Steuerpflichtigen auswirkt.

(13) § 3 Absatz 2a Satz 2 in der Fassung des Artikels 6 des Gesetzes vom 7. Dezember 2011 (BGBl. I S. 2592) ist erstmals für den Veranlagungszeitraum 2012 anzuwenden.

(14) [1]§ 3 Absatz 2a Satz 1 in der am 23. Juli 2015 geltenden Fassung ist erstmals anzuwenden auf laufenden Arbeitslohn, der für einen nach dem 30. November 2015 endenden Lohnzahlungszeitraum gezahlt wird, und auf sonstige Bezüge, die nach dem 30. November 2015 zufließen. [2]Bei der Lohnsteuerberechnung auf laufenden Arbeitslohn, der für einen nach dem 30. November 2015 endenden und vor dem 1. Januar 2016 endenden täglichen, wöchentlichen und monatlichen Lohnzahlungszeitraum gezahlt wird, ist zu berücksichtigen, dass § 3 Absatz 2a Satz 1 in der am 23. Juli 2015 geltenden Fassung bis zum 30. November 2015 nicht angewandt wurde (Nachholung). [3]Das Bundesministerium der Finanzen hat dies im Einvernehmen mit den obersten

Finanzbehörden der Länder bei der Aufstellung und Bekanntmachung der entsprechenden Programmablaufpläne zu berücksichtigen (§ 52 Absatz 32a Satz 3 des Einkommensteuergesetzes).

(15) § 3 Absatz 2a in der am 1. Januar 2016 geltenden Fassung ist erstmals auf den laufenden Arbeitslohn anzuwenden, der für einen nach dem 31. Dezember 2015 endenden Lohnzahlungszeitraum gezahlt wird, und auf sonstige Bezüge, die nach dem 31. Dezember 2015 zufließen.

(16) Das Gesetz in der Fassung des Gesetzes vom 19. Juli 2016 (BGBl. I S. 1730) ist erstmals für den Veranlagungszeitraum 2016 anzuwenden.

(17)[1] § 3 Absatz 2a in der am 1. Januar 2017 geltenden Fassung ist erstmals auf den laufenden Arbeitslohn anzuwenden, der für einen nach dem 31. Dezember 2016 endenden Lohnzahlungszeitraumgezahlt wird, und auf sonstige Bezüge, die nach dem 31. Dezember 2016 zufließen.

(18)[2] § 3 Absatz 2a in der am 1. Januar 2018 geltenden Fassung ist erstmals auf den laufenden Arbeitslohn anzuwenden, der für einen nach dem 31. Dezember 2017 endenden Lohnzahlungszeitraum gezahlt wird, und auf sonstige Bezüge, die nach dem 31. Dezember 2017 zufließen.

II.
Merkblatt zum Solidaritätszuschlag im Lohnsteuer-Abzugsverfahren ab 1995
vom 20. 9. 1994 (BStBl I S. 757)

1   Erhebung des Solidaritätszuschlags

1.1   Zeitraum und Bemessungsgrundlage

Der Solidaritätszuschlag ist

–   vom laufenden Arbeitslohn zu erheben, der für einen nach dem 31. Dezember 1994 endenden Lohnzahlungszeitraum gezahlt wird und

–   von sonstigen Bezügen zu erheben, die nach dem 31. Dezember 1994 zufließen.

Bemessungsgrundlage des Solidaritätszuschlags ist die jeweilige Lohnsteuer.

1.2   Höhe des Solidaritätszuschlags

Der Solidaritätszuschlag ist für den Steuerabzug vom laufenden Arbeitslohn, für den Steuerabzug von sonstigen Bezügen und für die Steuerpauschalierung nach den §§ 40 bis 40b EStG jeweils gesondert zu ermitteln.

1.2.1 Für den Steuerabzug vom laufenden Arbeitslohn ist der Solidaritätszuschlag bei monatlicher Lohnzahlung aus der Tabelle in Anlage 1, bei wöchentlicher Lohnzahlung aus der Tabelle in Anlage 2 und bei täglicher Lohnzahlung aus der Tabelle in Anlage 3 zu ermitteln. Bei höheren als in den Tabellen ausgewiesenen Lohnsteuerbeträgen ist der Solidaritätszuschlag mit 7,5 v. H.[3] der Lohnsteuer zu berechnen.

1.2.2 Bei von monatlichen, wöchentlichen oder täglichen Lohnzahlungszeiträumen abweichenden Lohnzahlungszeiträumen ist die Lohnsteuer nach § 39b Abs. 4 EStG[4] unter Anwendung der Wochen- oder Tageslohnsteuertabelle zu ermitteln. Für den Wochen- oder Tageslohnsteuerbetrag ist der Solidaritätszuschlag aus den Tabellen in Anlagen 2 oder 3 zu ermitteln bzw. entsprechend Tz. 1.2.1 Satz 2 zu berechnen. Der sich ergebende Betrag ist mit der Zahl der in den abweichenden Lohnzahlungszeitraum fallenden Wochen oder Kalendertage zu vervielfältigen.

1.2.3 Für den Steuerabzug von sonstigen Bezügen und für die Steuerpauschalierung ist der Solidaritätszuschlag stets mit 7,5 v. H.[5] der entsprechenden Lohnsteuer zu berechnen.

1.3   Übernimmt der Arbeitgeber in den Fällen einer Nettolohnvereinbarung auch den Solidaritätszuschlag, so ist die Lohnsteuer nach dem Bruttoarbeitslohn zu berechnen, der nach Kürzung um die Lohnabzüge einschließlich des Solidaritätszuschlags den ausgezahlten Nettolohnbetrag ergibt. Übernimmt der Arbeitgeber den Solidaritätszuschlag nicht, so bleibt dieser bei der Berechnung des Bruttoarbeitslohns außer Betracht. Der Nettolohn ist um den Solidaritätszuschlag zu mindern.

---

[1] *§ 6 Abs. 17 SolzG 1995 wurde durch Artikel 10 des Gesetzes zur Umsetzung der Änderungen der EU-Amtshilferichtlinie und von weiteren Maßnahmen gegen Gewinnkürzungen und -verlagerungen (Inkrafttreten 1. 1. 2017) angefügt.*

[2] *§ 6 Abs. 18 SolzG 1995 wurde durch Artikel 11 des Gesetzes zur Umsetzung der Änderungen der EU-Amtshilferichtlinie und von weiteren Maßnahmen gegen Gewinnkürzungen und -verlagerungen (Inkrafttreten 1. 1. 2018) angefügt.*

[3] Jetzt: 5,5 %.

[4] Jetzt: § 39b Abs. 2 Satz 2 EStG.

[5] Jetzt: 5,5 %.

1.4 Wird die Lohnsteuer nach dem voraussichtlichen Jahresarbeitslohn des Arbeitnehmers unter Anwendung der Jahreslohnsteuertabelle berechnet (permanenter Lohnsteuer-Jahresausgleich – § 39b Abs. 2 letzter Satz EStG, Abschnitt 121 Abs. 2 LStR[1])), so ist der Solidaritätszuschlag entsprechend den für die Lohnsteuer geltenden Regeln aus der Tabelle in Anlage 4 zu ermitteln. Bei höheren Jahreslohnsteuerbeträgen ist der Solidaritätszuschlag mit 7,5 v. H.[2]) der Jahreslohnsteuer zu berechnen.

1.5 Bruchteile eines Pfennigs, die sich bei der Berechnung des Solidaritätszuschlags nach Tz. 1.2.1, 1.2.2, 1.2.3 und 1.4 ergeben, bleiben jeweils außer Betracht.

1.6 Wird die Lohnsteuer infolge rückwirkender Änderungen von Besteuerungsmerkmalen (z. B. rückwirkende Änderungen der Zahl der Kinderfreibeträge) neu ermittelt, so ist auch der Solidaritätszuschlag neu zu ermitteln; in diesen Fällen ist ein etwa zuviel einbehaltener Solidaritätszuschlag dem Arbeitnehmer zu erstatten; ein etwa zu wenig einbehaltener Solidaritätszuschlag ist nachzuerheben. Das gilt auch bei nachträglicher Eintragung von Freibeträgen auf der Lohnsteuerkarte.

2 Behandlung des Solidaritätszuschlags im Lohnsteuer-Jahresausgleich durch den Arbeitgeber

2.1 Wenn der Arbeitgeber für den Arbeitnehmer einen Lohnsteuer-Jahresausgleich durchführt, ist auch für den Solidaritätszuschlag ein Jahresausgleich durchzuführen.

2.2 Der Jahresbetrag des Solidaritätszuschlags ergibt sich aus der Tabelle in Anlage 4. Bei höheren als in der Tabelle ausgewiesenen Jahreslohnsteuerbeträgen ist der Solidaritätszuschlag mit 7,5 v. H.7 der Jahreslohnsteuer zu berechnen. Tz. 1.5 ist anzuwenden.

2.3 Übersteigt die Summe der einbehaltenen Zuschlagsbeträge den Jahresbetrag des Solidaritätszuschlags, so ist der Unterschiedsbetrag dem Arbeitnehmer vom Arbeitgeber zu erstatten. Übersteigt der Jahresbetrag des Solidaritätszuschlags die Summe der einbehaltenen Zuschlagsbeträge, so kommt eine nachträgliche Einbehaltung des Unterschiedsbetrags durch den Arbeitgeber nur nach Maßgabe des § 41c EStG in Betracht.

3 Verhältnis des Solidaritätszuschlags zur Kirchensteuer

Der Solidaritätszuschlag bezieht sich nur auf die Lohnsteuer, nicht auf die Kirchensteuer. Die Kirchensteuer bemißt sich nach der Lohnsteuer ohne den Solidaritätszuschlag.

4 Aufzeichnung, Anmeldung und Bescheinigung des Solidaritätszuschlags

Der Solidaritätszuschlag ist im Lohnkonto (§ 41 EStG), in der Lohnsteuer-Anmeldung (§ 41a EStG) und in der Lohnsteuerbescheinigung (z. B. auf der Lohnsteuerkarte – § 41b EStG) gesondert neben der Lohnsteuer und Kirchensteuer einzutragen.

5 Maschinelle Berechnung des Solidaritätszuschlags

Es wird auf den Programmablaufplan zur maschinellen Berechnung der vom laufenden Arbeitslohn einzubehaltenden Lohnsteuer hingewiesen, der mit BMF-Schreiben vom 18. August 1994 im Bundessteuerblatt Teil I S. 713 veröffentlicht worden ist.

---

[1]) Jetzt: R 39b.8 LStR.
[2]) Jetzt: 5,5 %.

Übersicht

I. Steuerbegünstigte Zwecke (§ 10b EStG);
   Gesetz zur Stärkung des Ehrenamtes (Ehrenamtsstärkungsgesetz) vom 21. März 2013; Anwendungsschreiben zu § 10b Absatz 1a EStG
   BMF vom 15. 9. 2014 (BStBl I S. 1278)

II. Muster für Zuwendungsbestätigungen (§ 10b EStG)
    BMF vom 7. 11. 2013 (BStBl I S. 1333)[1])

III. BMF vom 26. 3. 2014 (BStBl I S. 791)

IV. Steuerliche Anerkennung von Spenden durch den Verzicht auf einen zuvor vereinbarten Aufwendungsersatz (Aufwandsspende) bzw. einen sonstigen Anspruch (Rückspende)
    BMF vom 25. 11. 2014 (BStBl I S. 1584) unter Berücksichtigung der Änderungen durch BMF vom 24. 8. 2016 (BStBl I S. 994)

I.
Steuerbegünstigte Zwecke (§ 10b EStG)

Gesetz zur Stärkung des Ehrenamtes (Ehrenamtsstärkungsgesetz) vom 21. März 2013

Anwendungsschreiben zu § 10b Absatz 1a EStG

BMF vom 15. 9. 2014,
IV C 4 – S 2223/07/0006 :005 – 2014/0761691 (BStBl I S. 1278)

Unter Bezugnahme auf das Ergebnis der Erörterungen mit den obersten Finanzbehörden der Länder gilt für die Anwendung des § 10b Absatz 1a EStG ab dem Veranlagungszeitraum 2013 Folgendes:

1. Spenden in das zu erhaltende Vermögen

a) Zu erhaltendes Vermögen (Vermögensstock)

aa) Definition

Zum zu erhaltenden Vermögen einer Stiftung zählen insbesondere:
– Vermögenswerte, die anlässlich der Errichtung der Stiftung zugewendet werden und die nicht zum Verbrauch bestimmt sind,
– Zuwendungen nach Errichtung der Stiftung mit der ausdrücklichen Bestimmung, dass die Zuwendung der Vermögensausstattung zugute kommen soll (Zustiftungen).

Entscheidend ist die Zweckbestimmung zur dauerhaften Ausstattung bzw. Erhöhung des Stiftungsvermögens.

bb) Verbrauchsstiftung

Verbrauchsstiftungen verfügen nicht über zu erhaltendes Vermögen i. S. d. § 10b Absatz 1a EStG, da das Vermögen der Stiftung zum Verbrauch innerhalb eines vorgegebenen Zeitraums bestimmt ist.

Spenden in das Vermögen einer Verbrauchsstiftung sind nach den allgemeinen Grundsätzen des § 10b Absatz 1 EStG zu behandeln.

cc) Besonderheiten

Gliedert sich das Vermögen einer Stiftung in einen Teil, der zu erhalten ist und einen Teil, der verbraucht werden kann, dann gilt Folgendes:

Die Spenden in den Teil des Vermögens, der zu erhalten ist und nicht für den Verbrauch bestimmt ist, sind nach § 10b Absatz 1a EStG abziehbar. Die Spenden in den Teil des Vermögens, der verbraucht werden kann, sind dagegen nach § 10b Absatz 1 EStG abziehbar. Der Spender muss daher gegenüber der Stiftung deutlich machen, für welchen Teil des Vermögens seine Zuwendung erfolgt.

---

[1]) Ergänzt durch → BMF vom 26. 3. 2014 (BStBl I S. 791) → Anhang 11 III.

Enthält die Satzung der Stiftung eine Klausel, nach der das zu erhaltende Vermögen in Ausnahmefällen vorübergehend zur Verwirklichung der steuerbegünstigten Zwecke verwendet werden kann, aber der Betrag dem zu erhaltenden Vermögen unverzüglich wieder zugeführt werden muss, liegt kein verbrauchbares Vermögen vor. Das gilt auch dann, wenn die Stiftungsaufsicht den Verbrauch des Vermögens unter der Bedingung des unverzüglichen Wiederaufholens genehmigt.

Sind in der Stiftungssatzung Gründe verankert, die eine Auflösung der Stiftung und den anschließenden Verbrauch des Vermögens für die steuerbegünstigten satzungsmäßigen Zwecke der Stiftung bestimmen, so liegt kein verbrauchbares Vermögen vor.

b) Zuwendungen von Ehegatten/Lebenspartnern

Werden Ehegatten/Lebenspartner nach §§ 26, 26b EStG zusammenveranlagt, gilt für diese ein Höchstbetrag von 2 Mio. Euro. Es muss dabei nicht nachgewiesen werden, dass die Spende von beiden wirtschaftlich getragen wurde.

Wird innerhalb des 10 Jahreszeitraums zur Einzelveranlagung gewechselt, dann ist der verbleibende Spendenvortrag aufzuteilen. Maßgeblich ist dabei, wer die Spende wirtschaftlich getragen hat. Die bisher abgezogenen Beträge werden dem Ehegatten/Lebenspartner zugerechnet, der die Spende wirtschaftlich getragen hat. Überstieg die Spende den Höchstbetrag für Einzelveranlagte, ist der davon noch verbleibende Anteil nach § 10b Absatz 1 EStG abzuziehen.

2. Anwendungsregelung

Dieses Schreiben ist ab dem Veranlagungszeitraum 2013 anzuwenden.

II.
Muster für Zuwendungsbestätigungen (§ 10b EStG)

BMF vom 7. 11. 2013 (BStBl I S. 1333) – IV C 4 – S 2223/07/0018 :005 – 2013/0239390, BStBl I 2013, 1333[1])

Im Einvernehmen mit den obersten Finanzbehörden der Länder sind die in der Anlage beigefügten Muster für Zuwendungen an inländische Zuwendungsempfänger zu verwenden.

Für die Verwendung der aktualisierten Muster für Zuwendungsbestätigungen gilt Folgendes:

1. Die in der Anlage beigefügten Muster für Zuwendungsbestätigungen sind verbindliche Muster (vgl. § 50 Absatz 1 EStDV). Die Zuwendungsbestätigungen können vom jeweiligen Zuwendungsempfänger anhand dieser Muster selbst hergestellt werden. In einer auf einen bestimmten Zuwendungsempfänger zugeschnittenen Zuwendungsbestätigung müssen nur die Angaben aus den veröffentlichten Mustern übernommen werden, die im Einzelfall einschlägig sind. Die in den Mustern vorgesehenen Hinweise zu den haftungsrechtlichen Folgen der Ausstellung einer unrichtigen Zuwendungsbestätigung und zur steuerlichen Anerkennung der Zuwendungsbestätigung sind stets in die Zuwendungsbestätigungen zu übernehmen.

2. Die Wortwahl und die Reihenfolge der vorgegebenen Textpassagen in den Mustern sind beizubehalten, Umformulierungen sind unzulässig. Auf der Zuwendungsbestätigung dürfen weder Danksagungen an den Zuwendenden noch Werbung für die Ziele der begünstigten Einrichtung angebracht werden. Entsprechende Texte sind jedoch auf der Rückseite zulässig. Die Zuwendungsbestätigung darf die Größe einer DIN A 4 – Seite nicht überschreiten.

3. **Gegen optische Hervorhebungen von Textpassagen beispielsweise durch Einrahmungen und/oder vorangestellte Ankreuzkästchen bestehen keine Bedenken. Ebenso ist es zulässig, den Namen des Zuwendenden und dessen Adresse so untereinander anzuordnen, dass die gleichzeitige Nutzung als Anschriftenfeld möglich ist. Fortlaufende alphanumerische Zeichen mit einer oder mehreren Reihen, die zur Identifizierung der Zuwendungsbestätigung geeignet sind, können vergeben werden; die Verwendung eines Briefpapiers mit einem Logo, Emblem oder Wasserzeichen der Einrichtung ist zulässig.**

4. Es bestehen keine Bedenken, wenn der Zuwendungsempfänger in seinen Zuwendungsbestätigungen alle ihn betreffenden steuerbegünstigten Zwecke nennt. Aus steuerlichen Gründen bedarf es keiner Kenntlichmachung, für welchen konkreten steuerbegünstigten Zweck die Zuwendung erfolgt bzw. verwendet wird.

---

[1]) Ergänzt durch → BMF vom 26. 3. 2014 (BStBl I S. 791) → Anhang 11 III.

5. Der zugewendete Betrag ist sowohl in Ziffern als auch in Buchstaben zu benennen. Für die Benennung in Buchstaben ist es nicht zwingend erforderlich, dass der zugewendete Betrag in einem Wort genannt wird; ausreichend ist die Buchstabenbenennung der jeweiligen Ziffern. So kann z. B. ein Betrag in Höhe von 1 322 Euro als „eintausenddreihundertzweiundzwanzig" oder „eins – drei – zwei – zwei" bezeichnet werden. In diesen Fällen sind allerdings die Leerräume vor der Nennung der ersten Ziffer und hinter der letzten Ziffer in geeigneter Weise (z. B. durch „X") zu entwerten.

6. Handelt es sich um eine Sachspende, so sind in die Zuwendungsbestätigung genaue Angaben über den zugewendeten Gegenstand aufzunehmen (z. B. Alter, Zustand historischer Kaufpreis, usw.). Für die Sachspende zutreffende Sätze sind in den entsprechenden Mustern anzukreuzen.

Sachspende aus einem Betriebsvermögen:

Stammt die Sachzuwendung nach den Angaben des Zuwendenden aus dessen Betriebsvermögen, **bemisst sich die Zuwendungshöhe nach dem Wert, der bei der Entnahme angesetzt wurde und nach der Umsatzsteuer, die auf die Entnahme entfällt (§ 10b Absatz 3 Satz 2 EStG)**. In diesen Fällen braucht der Zuwendungsempfänger keine zusätzlichen Unterlagen in seine Buchführung aufzunehmen, ebenso sind Angaben über die Unterlagen, die zur Wertermittlung gedient haben, nicht erforderlich. Der Entnahmewert ist grundsätzlich der Teilwert. Der Entnahmewert kann auch der Buchwert sein, wenn das Wirtschaftsgut unmittelbar nach der Entnahme für steuerbegünstige Zwecke gespendet wird (sog. Buchwertprivileg § 6 Absatz 1 Nummer 4 Satz 4 und 5 EStG).

Sachspende aus dem Privatvermögen:

Handelt es sich um eine Sachspende aus dem Privatvermögen des Zuwendenden, ist der gemeine Wert des gespendeten Wirtschaftsguts maßgebend, wenn dessen Veräußerung im Zeitpunkt der Zuwendung keinen Besteuerungstatbestand erfüllen würde (§ 10b Absatz 3 Satz 3 EStG). Ansonsten sind die fortgeführten Anschaffungs- oder Herstellungskosten als Wert der Zuwendung auszuweisen. Dies gilt insbesondere bei Veräußerungstatbeständen, die unter § 17 oder § 23 EStG fallen (z. B. Zuwendung einer mindestens 1 %igen Beteiligung an einer Kapitalgesellschaft (§ 17 EStG), einer Immobilie, die sich weniger als zehn Jahre im Eigentum des Spenders befindet (§ 23 Absatz 1 Satz 1 Nummer 1 EStG), eines anderen Wirtschaftsguts im Sinne des § 23 Absatz 1 Satz 1 Nummer 2 EStG mit einer Eigentumsdauer von nicht mehr als einem Jahr). Der Zuwendungsempfänger hat anzugeben, welche Unterlagen er zur Ermittlung des angesetzten Wertes herangezogen hat. In Betracht kommt in diesem Zusammenhang z. B. ein Gutachten über den aktuellen Wert der zugewendeten Sache oder der sich aus der ursprünglichen Rechnung ergebende historische Kaufpreis unter Berücksichtigung einer Absetzung für Abnutzung. Diese Unterlagen hat der Zuwendungsempfänger zusammen mit der Zuwendungsbestätigung in seine Buchführung aufzunehmen.

7. **Die Zeile: „Es handelt sich um den Verzicht auf die Erstattung von Aufwendungen Ja 0 Nein 0" ist stets in die Zuwendungsbestätigungen über Geldzuwendungen/Mitgliedsbeiträge zu übernehmen und entsprechend anzukreuzen. Dies gilt auch für Sammelbestätigungen und in den Fällen, in denen ein Zuwendungsempfänger grundsätzlich keine Zuwendungsbestätigungen für die Erstattung von Aufwendungen ausstellt.**

8. Werden Zuwendungen an eine juristische Person des öffentlichen Rechts von dieser an andere juristische Personen des öffentlichen Rechts weitergeleitet und werden von diesen die steuerbegünstigten Zwecke verwirklicht, so hat der „Erstempfänger" die in den amtlichen Vordrucken enthaltene Bestätigung wie folgt zu fassen:

Die Zuwendung wird entsprechend den Angaben des Zuwendenden an ....
[Name des Letztempfängers verbunden mit dem Hinweis auf dessen öffentlich-rechtliche Organisationsform] weitergeleitet.

9. Erfolgt der Nachweis in Form der Sammelbestätigung, so ist der bescheinigte Gesamtbetrag auf der zugehörigen Anlage in sämtliche Einzelzuwendungen aufzuschlüsseln. Es bestehen keine Bedenken, auf der Anlage zur Sammelbestätigung entweder den Namen des Zuwendenden oder ein fortlaufendes alphanumerisches Zeichen anzubringen, um eine sichere Identifikation zu gewährleisten.

10. Für maschinell erstellte Zuwendungsbestätigungen ist R 10b.1 Absatz 4 EStR zu beachten.

11. Nach § 50 Absatz 4 EStDV hat die steuerbegünstigte Körperschaft ein Doppel der Zuwendungsbestätigung aufzubewahren. Es ist in diesem Zusammenhang zulässig, das Doppel in elektronischer Form zu speichern. Die Grundsätze ordnungsmäßiger DV-gestützter Buchführungssysteme (BMF-Schreiben vom 7. November 1995, BStBl. I Seite 738) sind zu beachten.

12. Für Zuwendungen nach dem 31. Dezember 1999 ist das Durchlaufspendenverfahren keine zwingende Voraussetzung mehr für die steuerliche Begünstigung von Spenden. Seit 1. Januar 2000 sind alle steuerbegünstigten Körperschaften im Sinne des § 5 Absatz 1 Nummer 9 KStG zum unmittelbaren Empfang und zur Bestätigung von Zuwendungen berechtigt. Dennoch dürfen juristische Personen des öffentlichen Rechts oder öffentliche Dienststellen auch weiterhin als Durchlaufstelle auftreten und Zuwendungsbestätigungen ausstellen (vgl.

R 10b.1 Absatz 2 EStR). Sie unterliegen dann aber auch – wie bisher – der Haftung nach § 10b Absatz 4 EStG. Dach- und Spitzenorganisationen können für die ihnen angeschlossenen Vereine dagegen nicht mehr als Durchlaufstelle fungieren.

13. Mit dem Gesetz zur Stärkung des Ehrenamtes vom 21. März 2013 (BGBl. I Seite 556) wurde mit § 60a AO die Feststellung der satzungsmäßigen Voraussetzungen eingeführt. Nach § 60a AO wird die Einhaltung der satzungsmäßigen Voraussetzungen gesondert vom Finanzamt festgestellt. Dieses Verfahren löst die so genannte vorläufige Bescheinigung ab. Übergangsweise bleiben die bislang ausgestellten vorläufigen Bescheinigungen weiterhin gültig und die betroffenen Körperschaften sind übergangsweise weiterhin zur Ausstellung von Zuwendungsbestätigungen berechtigt. Diese Körperschaften haben in ihren Zuwendungsbestätigungen anzugeben, dass sie durch vorläufige Bescheinigung den steuerbegünstigten Zwecken dienend anerkannt worden sind. Die Bestätigung ist wie folgt zu fassen:
Wir sind wegen Förderung (Angabe des begünstigten Zwecks/der begünstigten Zwecke) durch vorläufige Bescheinigung des Finanzamtes (Name), StNr. (Angabe) vom (Datum) ab (Datum) als steuerbegünstigten Zwecken dienend anerkannt.
Außerdem sind die Hinweise zu den haftungsrechtlichen Folgen der Ausstellung einer unrichtigen Zuwendungsbestätigung und zur steuerlichen Anerkennung der Zuwendungsbestätigung folgendermaßen zu fassen:
Wer vorsätzlich oder grob fahrlässig eine unrichtige Zuwendungsbestätigung erstellt oder veranlasst, dass Zuwendungen nicht zu den in der Zuwendungsbestätigung angegebenen steuerbegünstigten Zwecken verwendet werden, haftet für die entgangene Steuer (§ 10b Absatz 4 EStG, § 9 Absatz 3 KStG, § 9 Nummer 5 GewStG).
Diese Bestätigung wird nicht als Nachweis für die steuerliche Berücksichtigung der Zuwendung anerkannt, wenn das Datum der vorläufigen Bescheinigung länger als 3 Jahre seit Ausstellung der Bestätigung zurückliegt (BMF vom 15. 12. 1994 – BStBl I Seite 884).[1])
In Fällen, in denen juristische Personen des öffentlichen Rechts oder Stiftungen des öffentlichen Rechts Zuwendungen an Körperschaften im Sinne des § 5 Absatz 1 Nummer 9 KStG weiterleiten, ist ebenfalls anzugeben, ob die Empfängerkörperschaft durch vorläufige Bescheinigung als steuerbegünstigten Zwecken dienend anerkannt worden ist. Diese Angabe ist hierbei in den Zuwendungsbestätigungen folgendermaßen zu fassen:
entsprechend den Angaben des Zuwendenden an (Name) weitergeleitet, die/der vom Finanzamt (Name) StNr. (Angabe) mit vorläufiger Bescheinigung (gültig ab: Datum) vom (Datum) als steuerbegünstigten Zwecken dienend anerkannt ist.
Die Hinweise zu den haftungsrechtlichen Folgen der Ausstellung einer unrichtigen Zuwendungsbestätigung und zur steuerlichen Anerkennung der Zuwendungsbestätigung sind dann folgendermaßen zu fassen:
Wer vorsätzlich oder grob fahrlässig eine unrichtige Zuwendungsbestätigung erstellt oder veranlasst, dass Zuwendungen nicht zu den in der Zuwendungsbestätigung angegebenen steuerbegünstigten Zwecken verwendet werden, haftet für die entgangene Steuer (§ 10b Absatz 4 EStG, § 9 Absatz 3 KStG, § 9 Nummer 5 GewStG).
Nur in den Fällen der Weiterleitung an steuerbegünstigte Körperschaften im Sinne von § 5 Absatz 1 Nummer 9 KStG:
Diese Bestätigung wird nicht als Nachweis für die steuerliche Berücksichtigung der Zuwendung anerkannt, wenn das Datum der vorläufigen Bescheinigung länger als 3 Jahre seit Ausstellung der Bestätigung zurückliegt.

14. Ist der Körperschaft, Personenvereinigung oder Vermögensmasse bisher weder ein Freistellungsbescheid noch eine Anlage zum Körperschaftsteuerbescheid erteilt worden und sieht der Feststellungsbescheid nach § 60a AO die Steuerbefreiung erst für den nächsten Veranlagungszeitraum vor (§ 60 Absatz 2 AO), sind Zuwendungen erst ab diesem Zeitpunkt nach § 10b EStG abziehbar. Zuwendungen, die vor Beginn der Steuerbefreiung nach § 5 Absatz 1 Nummer 9 KStG erfolgen, sind steuerlich nicht nach § 10b EStG begünstigt, da die Körperschaft, Personenvereinigung oder Vermögensmasse in diesem Zeitraum nicht die Voraussetzungen des § 10b Absatz 1 Satz 2 Nummer 2 EStG erfüllt. Zuwendungsbestätigungen, die für Zeiträume vor der Steuerbefreiung ausgestellt werden, sind daher unrichtig und können – bei Vorliegen der Voraussetzungen des § 10b Absatz 4 EStG – eine Haftung des Ausstellers auslösen.

15. Die neuen Muster für Zuwendungsbestätigungen werden als ausfüllbare Formulare unter https://www.formulare-bfinv.de zur Verfügung stehen.

16. Für den Abzug steuerbegünstigter Zuwendungen an nicht im Inland ansässige Empfänger wird auf das BMF-Schreiben vom 16. Mai 2011 – IV C 4 – S 2223/07/0005 :008, 2011/0381377 –, (BStBl I Seite 559) hingewiesen.
Das BMF-Schreiben vom 30. August 2012 – IV C 4 – S 2223/07/0018 :005, 2012/0306063 –, (BStBl I Seite 884) wird hiermit aufgehoben.

---

[1]) Überholt durch § 63 Abs. 5 AO.

Es wird seitens der Finanzverwaltung nicht beanstandet, wenn bis zum 31. Dezember 2013 die bisherigen Muster für Zuwendungsbestätigungen verwendet werden.[1])

Anlagenverzeichnis:

Anlage 1: Muster für Geldzuwendungen an inländische juristische Personen des öffentlichen Rechts

Anlage 2: Muster für Sachzuwendungen an inländische juristische Personen des öffentlichen Rechts

Anlage 3: Muster für Geldzuwendungen/Mitgliedsbeitrag an eine steuerbegünstigte Einrichtung

Anlage 4: Muster für Sachzuwendungen an eine steuerbegünstigte Einrichtung

Anlage 5: Muster für Geldzuwendungen/Mitgliedsbeitrag an eine Partei

Anlage 6: Muster für Sachzuwendungen an eine Partei

Anlage 7: Muster für Geldzuwendungen/Mitgliedsbeitrag an eine unabhängige Wählervereinigung

Anlage 8: Muster für Sachzuwendungen an eine unabhängige Wählervereinigung

Anlage 9: Muster für Geldzuwendungen an eine inländische Stiftung des öffentlichen Rechts

Anlage 10: Muster für Sachzuwendungen an eine inländische Stiftung des öffentlichen Rechts

Anlage 11: Muster für Geldzuwendungen an eine inländische Stiftung des privaten Rechts

Anlage 12: Muster für Sachzuwendungen an eine inländische Stiftung des privaten Rechts

Anlage 13: Sammelbestätigung für Geldzuwendungen an inländische juristische Personen des öffentlichen Rechts

Anlage 14: Sammelbestätigung für Geldzuwendungen/Mitgliedsbeiträge an eine steuerbegünstigte Einrichtung

Anlage 15: Sammelbestätigung für Geldzuwendungen/Mitgliedsbeiträge an eine Partei

Anlage 16: Sammelbestätigung für Geldzuwendungen/Mitgliedsbeiträge an eine unabhängige Wählervereinigung

Anlage 17: Sammelbestätigung für Geldzuwendungen an eine inländische Stiftung des öffentlichen Rechts

Anlage 18: Sammelbestätigung für Geldzuwendungen an eine inländische Stiftung des privaten Rechts

---

[1]) → Anhang 11 III.

Anlage 1

Aussteller (Bezeichung und Anschrift der inländischen juristischen Person des öffentlichen Rechts oder der inländischen öffentlichen Dienststelle)

Bestätigung über Geldzuwendungen
im Sinne des § 10b des Einkommensteuergesetzes an inländische juristische Personen des öffentlichen Rechts oder inländische öffentliche Dienststellen

Name und Anschrift des Zuwendenden

Betrag der Zuwendung - in Ziffern -	- in Buchstaben -	Tag der Zuwendung:

Es wird bestätigt, dass die Zuwendung nur zur Förderung (Angabe des begünstigten Zwecks / der begünstigten Zwecke)

verwendet wird.

Es handelt sich um den Verzicht auf Erstattung von Aufwendungen   Ja ☐   Nein ☐

Die Zuwendung wird

☐   von uns unmittelbar für den angegebenen Zweck verwendet.

☐   entsprechend den Angaben des Zuwendenden an .... weitergeleitet, die/der vom Finanzamt .... StNr .... mit Freistellungsbescheid bzw. nach der Anlage zum Körperschaftsteuerbescheid vom .... von der Körperschaftsteuer und Gewerbesteuer befreit ist.

☐   entsprechend den Angaben des Zuwendenden an .... weitergeleitet, der/dem das Finanzamt .... StNr........... mit **Feststellungsbescheid** vom .... **die Einhaltung der satzungsmäßigen Voraussetzungen nach § 60a AO festgestellt hat.**

(Ort, Datum und Unterschrift des Zuwendungsempfängers)

Hinweis:
Wer vorsätzlich oder grob fahrlässig eine unrichtige Zuwendungsbestätigung erstellt oder veranlasst, dass Zuwendungen nicht zu den in der Zuwendungsbestätigung angegebenen steuerbegünstigten Zwecken verwendet werden, haftet für die entgangene Steuer (§ 10b Abs. 4 EStG, § 9 Abs. 3 KStG, § 9 Nr. 5 GewStG).

Nur in den Fällen der Weiterleitung an steuerbegünstigte Körperschaften im Sinne von § 5 Abs. 1 Nr. 9 KStG:
Diese Bestätigung wird nicht als Nachweis für die steuerliche Berücksichtigung der Zuwendung anerkannt, wenn das Datum des Freistellungsbescheides länger als 5 Jahre bzw. **das Datum der Feststellung der Einhaltung der satzungsmäßigen Voraussetzungen nach § 60a Abs. 1 AO länger als 3 Jahre seit Ausstellung des Bescheides zurückliegt (§ 63 Abs. 5 AO).**

Anlage 2

Aussteller (Bezeichnung und Anschrift der inländischen juristischen Person des öffentlichen Rechts oder der inländischen öffentlichen Dienststelle)

Bestätigung über Sachzuwendungen
im Sinne des § 10b des Einkommensteuergesetzes an inländische juristische Personen des öffentlichen Rechts oder inländische öffentliche Dienststellen

Name und Anschrift des Zuwendenden

Wert der Zuwendung - in Ziffern -	- in Buchstaben -	Tag der Zuwendung:

Genaue Bezeichnung der Sachzuwendung mit Alter, Zustand, Kaufpreis usw.

☐   Die Sachzuwendung stammt nach den Angaben des Zuwendenden aus dem Betriebsvermögen. **Die Zuwendung wurde nach dem Wert der Entnahme (ggf. mit dem niedrigeren gemeinen Wert) und nach der Umsatzsteuer, die auf die Entnahme entfällt, bewertet.**

☐   Die Sachzuwendung stammt nach den Angaben des Zuwendenden aus dem Privatvermögen.

☐   Der Zuwendende hat trotz Aufforderung keine Angaben zur Herkunft der Sachzuwendung gemacht.

☐   Geeignete Unterlagen, die zur Wertermittlung gedient haben, z. B. Rechnung, Gutachten, liegen vor.

Es wird bestätigt, dass die Zuwendung nur zur Förderung (Angabe des begünstigten Zwecks / der begünstigten Zwecke)

verwendet wird.

Die Zuwendung wird

☐   von uns unmittelbar für den angegebenen Zweck verwendet.

☐   entsprechend den Angaben des Zuwendenden an .... weitergeleitet, die/der vom Finanzamt .... StNr .... mit Freistellungsbescheid bzw. nach der Anlage zum Körperschaftsteuerbescheid vom .... von der Körperschaftsteuer und Gewerbesteuer befreit ist.

☐   entsprechend den Angaben des Zuwendenden an .... weitergeleitet, der/dem das Finanzamt .... StNr.......... mit **Festellungsbescheid** vom .... **die Einhaltung der satzungsmäßigen Voraussetzungen nach § 60a AO festgestellt hat.**

(Ort, Datum und Unterschrift des Zuwendungsempfängers)

Hinweis:
Wer vorsätzlich oder grob fahrlässig eine unrichtige Zuwendungsbestätigung erstellt oder veranlasst, dass Zuwendungen nicht zu den in der Zuwendungsbestätigung angegebenen steuerbegünstigten Zwecken verwendet werden, haftet für die entgangene Steuer (§ 10b Abs. 4 EStG, § 9 Abs. 3 KStG, § 9 Nr. 5 GewStG).

Nur in den Fällen der Weiterleitung an steuerbegünstigte Körperschaften im Sinne von § 5 Abs. 1 Nr. 9 KStG:
Diese Bestätigung wird nicht als Nachweis für die steuerliche Berücksichtigung der Zuwendung anerkannt, wenn das Datum des Freistellungsbescheides länger als 5 Jahre bzw. **das Datum der Feststellung der Einhaltung der satzungsmäßigen Voraussetzungen nach § 60a Abs. 1 AO länger als 3 Jahre seit Ausstellung des Bescheides zurückliegt (§ 63 Abs. 5 AO).**

Anlage 3

Aussteller (Bezeichnung und Anschrift der steuerbegünstigten Einrichtung)

Bestätigung über Geldzuwendungen/Mitgliedsbeitrag

im Sinne des § 10b des Einkommensteuergesetzes an eine der in § 5 Abs. 1 Nr. 9 des Körperschaftsteuergesetzes bezeichneten Körperschaften, Personenvereinigungen oder Vermögensmassen

Name und Anschrift des Zuwendenden:

Betrag der Zuwendung - in Ziffern -	- in Buchstaben -	Tag der Zuwendung:

Es handelt sich um den Verzicht auf Erstattung von Aufwendungen   Ja ☐   Nein ☐

☐ Wir sind wegen Förderung (Angabe des begünstigten Zwecks / der begünstigten Zwecke) ....
   nach dem Freistellungsbescheid bzw. nach der Anlage zum Körperschaftsteuerbescheid des Finanzamtes ....
   StNr....................., vom .... **für den letzten Veranlagungszeitraum** .... nach § 5 Abs. 1 Nr. 9 des Körperschaftsteuergesetzes von der Körperschaftsteuer und nach § 3 Nr. 6 des Gewerbesteuergesetzes von der Gewerbesteuer befreit.

☐ Die Einhaltung der satzungsmäßigen Voraussetzungen nach den §§ 51, 59, 60 und 61 AO wurde vom Finanzamt ....,
   StNr. .... mit Bescheid vom.......... nach § 60a AO gesondert festgestellt. Wir fördern nach unserer Satzung (Angabe des
   begünstigten Zwecks / der begünstigten Zwecke) ....

Es wird bestätigt, dass die Zuwendung nur zur Förderung (Angabe des begünstigten Zwecks / der begünstigten Zwecke)

verwendet wird.

Nur für steuerbegünstigte Einrichtungen, bei denen die Mitgliedsbeiträge steuerlich nicht abziehbar sind:
☐ Es wird bestätigt, dass es sich nicht um einen Mitgliedsbeitrag handelt, dessen Abzug nach § 10b Abs. 1 des Einkommensteuergesetzes
ausgeschlossen ist.

(Ort, Datum und Unterschrift des Zuwendungsempfängers)

Hinweis:
Wer vorsätzlich oder grob fahrlässig eine unrichtige Zuwendungsbestätigung erstellt oder veranlasst, dass Zuwendungen nicht zu den in der
Zuwendungsbestätigung angegebenen steuerbegünstigten Zwecken verwendet werden, haftet für die entgangene Steuer (§ 10b Abs. 4 EStG, § 9
Abs. 3 KStG, § 9 Nr. 5 GewStG).

Diese Bestätigung wird nicht als Nachweis für die steuerliche Berücksichtigung der Zuwendung anerkannt, wenn das Datum des Freistellungsbescheides länger als 5 Jahre bzw. **das Datum der Feststellung der Einhaltung der satzungsmäßigen Voraussetzungen nach § 60a Abs. 1
AO länger als 3 Jahre seit Ausstellung des Bescheides zurückliegt (§ 63 Abs. 5 AO).**

Anlage 4

Aussteller (Bezeichnung und Anschrift der steuerbegünstigten Einrichtung)

Bestätigung über Sachzuwendungen

im Sinne des § 10b des Einkommensteuergesetzes an eine der in § 5 Abs. 1 Nr. 9 des Körperschaftsteuergesetzes bezeichneten Körperschaften, Personenvereinigungen oder Vermögensmassen

Name und Anschrift des Zuwendenden:

Wert der Zuwendung - in Ziffern -	- in Buchstaben -	Tag der Zuwendung:

Genaue Bezeichnung der Sachzuwendung mit Alter, Zustand, Kaufpreis usw.

☐   Die Sachzuwendung stammt nach den Angaben des Zuwendenden aus dem Betriebsvermögen. **Die Zuwendung wurde nach dem Wert der Entnahme (ggf. mit dem niedrigeren gemeinen Wert) und nach der Umsatzsteuer, die auf die Entnahme entfällt, bewertet.**

☐   Die Sachzuwendung stammt nach den Angaben des Zuwendenden aus dem Privatvermögen.

☐   Der Zuwendende hat trotz Aufforderung keine Angaben zur Herkunft der Sachzuwendung gemacht.

☐   Geeignete Unterlagen, die zur Wertermittlung gedient haben, z. B. Rechnung, Gutachten, liegen vor.

☐   Wir sind wegen Förderung (Angabe des begünstigten Zwecks / der begünstigten Zwecke) ....
        nach dem Freistellungsbescheid bzw. nach der Anlage zum Körperschaftsteuerbescheid des Finanzamtes ....
        StNr.........................., vom .... **für den letzten Veranlagungszeitraum** .... nach § 5 Abs. 1 Nr. 9 des Körperschaft-
        steuergesetzes von der Körperschaftsteuer und nach § 3 Nr. 6 des Gewerbesteuergesetzes von der Gewerbesteuer befreit.

☐   **Die Einhaltung der satzungsmäßigen Voraussetzungen nach den §§ 51, 59, 60 und 61 AO wurde vom Finanzamt........................,
        StNr. .... mit Bescheid vom........... nach § 60a AO gesondert festgestellt. Wir fördern nach unserer Satzung (Angabe des
        begünstigten Zwecks / der begünstigten Zwecke) ....**

Es wird bestätigt, dass die Zuwendung nur zur Förderung (Angabe des begünstigten Zwecks /der begünstigten Zwecke)

verwendet wird.

_____

(Ort, Datum und Unterschrift des Zuwendungsempfängers)

Hinweis:

Wer vorsätzlich oder grob fahrlässig eine unrichtige Zuwendungsbestätigung erstellt oder veranlasst, dass Zuwendungen nicht zu den in der Zuwendungsbestätigung angegebenen steuerbegünstigten Zwecken verwendet werden, haftet für die entgangene Steuer (§ 10b Abs. 4 EStG, § 9 Abs. 3 KStG, § 9 Nr. 5 GewStG).

Diese Bestätigung wird nicht als Nachweis für die steuerliche Berücksichtigung der Zuwendung anerkannt, wenn das Datum des Freistellungsbescheides länger als 5 Jahre bzw. **das Datum der Feststellung der Einhaltung der satzungsmäßigen Voraussetzungen nach § 60a Abs. 1
AO länger als 3 Jahre seit Ausstellung des Bescheides zurückliegt (§ 63 Abs. 5 AO).**

Anlage 5

Bezeichnung und Anschrift der Partei

Bestätigung über Geldzuwendungen/Mitgliedsbeitrag
im Sinne des § 34g, § 10b des Einkommensteuergesetzes an politische Parteien im Sinne des Parteiengesetzes

Name und Anschrift des Zuwendenden:

Betrag der Zuwendung - in Ziffern -	- in Buchstaben -	Tag der Zuwendung:

Es handelt sich um den Verzicht auf die Erstattung von Aufwendungen   Ja ☐   Nein ☐

Es wird bestätigt, dass diese Zuwendung ausschließlich für die satzungsgemäßen Zwecke verwendet wird.

(Ort, Datum, Unterschrift(en) und Funktion(en))

Hinweis:
Wer vorsätzlich oder grob fahrlässig eine unrichtige Zuwendungsbestätigung erstellt oder veranlasst, dass Zuwendungen nicht zu den in der
Zuwendungsbestätigung angegebenen steuerbegünstigten Zwecken verwendet werden, haftet für die entgangene Steuer (§ 34g Satz 3, § 10b
Abs. 4 EStG).

Anlage 6

Bezeichnung und Anschrift der Partei

Bestätigung über Sachzuwendungen
im Sinne des § 34g, § 10b des Einkommensteuergesetzes an politische Parteien im Sinne des Parteiengesetzes

Name und Anschrift des Zuwendenden:

Wert der Zuwendung - in Ziffern -	- in Buchstaben -	Tag der Zuwendung:

Genaue Bezeichnung der Sachzuwendung mit Alter, Zustand, Kaufpreis usw.

☐ Die Sachzuwendung stammt nach den Angaben des Zuwendenden aus dem Betriebsvermögen. **Die Zuwendung wurde nach dem Wert der Entnahme (ggf. mit dem niedrigeren gemeinen Wert) und nach der Umsatzsteuer, die auf die Entnahme entfällt, bewertet.**

☐ Die Sachzuwendung stammt nach den Angaben des Zuwendenden aus dem Privatvermögen.

☐ Der Zuwendende hat trotz Aufforderung keine Angaben zur Herkunft der Sachzuwendung gemacht.

☐ Geeignete Unterlagen, die zur Wertermittlung gedient haben, z. B. Rechnung, Gutachten, liegen vor.

Es wird bestätigt, dass diese Zuwendung ausschließlich für die satzungsgemäßen Zwecke verwendet wird.

(Ort, Datum, Unterschrift(en) und Funktion(en))

Hinweis:
Wer vorsätzlich oder grob fahrlässig eine unrichtige Zuwendungsbestätigung erstellt oder veranlasst, dass Zuwendungen nicht zu den in der Zuwendungsbestätigung angegebenen steuerbegünstigten Zwecken verwendet werden, haftet für die entgangene Steuer (§ 34g Satz 3, § 10b Abs. 4 EStG).

Anlage 7

Bezeichnung und Anschrift der unabhängigen Wählervereinigung

Bestätigung über Geldzuwendungen/Mitgliedsbeitrag

im Sinne des § 34g des Einkommensteuergesetzes an unabhängige Wählervereinigungen

Name und Anschrift des Zuwendenden:

Betrag der Zuwendung - in Ziffern -	- in Buchstaben -	Tag der Zuwendung:

Es handelt sich um den Verzicht auf die Erstattung von Aufwendungen   Ja ☐   Nein ☐

Wir sind ein   ☐ rechtsfähiger   ☐ nichtrechtsfähiger   Verein ohne Parteicharakter

Der Zweck unseres Vereins ist ausschließlich darauf gerichtet, durch Teilnahme mit eigenen Wahlvorschlägen bei der politischen Willensbildung mitzuwirken, und zwar an Wahlen auf

☐   Bundesebene   ☐   Landesebene   ☐   Kommunalebene

Wir bestätigen, dass wir die Zuwendung nur für diesen Zweck verwenden werden.

☐   Wir sind mit mindestens einem Mandat im (Parlament/Rat) vertreten.

☐   Wir haben der Wahlbehörde / dem Wahlorgan der .... am.................................... angezeigt, dass wir uns an der.....................(folgenden Wahl)............................am .... mit eigenen Wahlvorschlägen beteiligen werden.

☐   An der letzten ....(Wahl) ....am .... haben wir uns mit eigenen Wahlvorschlägen beteiligt.

☐   An der letzten oder einer früheren Wahl haben wir uns nicht mit eigenen Wahlvorschlägen beteiligt und eine Beteiligung der zuständigen Wahlbehörde / dem zuständigen Wahlorgan auch nicht angezeigt.

☐   Wir sind beim Finanzamt .... StNr... erfasst.

☐   Wir sind steuerlich nicht erfasst.

_____

(Ort, Datum, Unterschrift(en) und Funktion(en))

Hinweis:
Wer vorsätzlich oder grob fahrlässig eine unrichtige Zuwendungsbestätigung erstellt oder veranlasst, dass Zuwendungen nicht zu den in der Zuwendungsbestätigung angegebenen steuerbegünstigten Zwecken verwendet werden, haftet für die entgangene Steuer (§ 34g Satz 3, § 10b Abs. 4 EStG).

Anlage 8

Bezeichnung und Anschrift der unabhängigen Wählervereinigung

Bestätigung über Sachzuwendungen
im Sinne des § 34g des Einkommensteuergesetzes an unabhängige Wählervereinigungen

Name und Anschrift des Zuwendenden:

Wert der Zuwendung - in Ziffern -	- in Buchstaben -	Tag der Zuwendung:

Genaue Bezeichnung der Sachzuwendung mit Alter, Zustand, Kaufpreis usw.

☐ Die Sachzuwendung stammt nach den Angaben des Zuwendenden aus dem Betriebsvermögen. **Die Zuwendung wurde nach dem Wert der Entnahme (ggf. mit dem niedrigeren gemeinen Wert) und nach der Umsatzsteuer, die auf die Entnahme entfällt, bewertet.**

☐ Die Sachzuwendung stammt nach den Angaben des Zuwendenden aus dem Privatvermögen.

☐ Der Zuwendende hat trotz Aufforderung keine Angaben zur Herkunft der Sachzuwendung gemacht.

☐ Geeignete Unterlagen, die zur Wertermittlung gedient haben, z. B. Rechnung, Gutachten, liegen vor.

Wir sind ein   ☐ rechtsfähiger   ☐ nichtrechtsfähiger   Verein ohne Parteicharakter

Der Zweck unseres Vereins ist ausschließlich darauf gerichtet, durch Teilnahme mit eigenen Wahlvorschlägen bei der politischen Willensbildung mitzuwirken, und zwar an Wahlen auf

☐   Bundesebene   ☐   Landesebene   ☐   Kommunalebene

Wir bestätigen, dass wir die Zuwendung nur für diesen Zweck verwenden werden.

☐ Wir sind mit mindestens einem Mandat im (Parlament/Rat) vertreten.

☐ Wir haben der Wahlbehörde / dem Wahlorgan der .... am.....................................
angezeigt, dass wir uns an der ....(folgenden Wahl)...........................am .... mit eigenen Wahlvorschlägen beteiligen werden.

☐ An der letzten ....(Wahl) ....am .... haben wir uns mit eigenen Wahlvorschlägen beteiligt.

☐ An der letzten oder einer früheren Wahl haben wir uns nicht mit eigenen Wahlvorschlägen beteiligt und eine Beteiligung der zuständigen Wahlbehörde / dem zuständigen Wahlorgan auch nicht angezeigt.

☐ Wir sind beim Finanzamt .... StNr... erfasst.

☐ Wir sind steuerlich nicht erfasst.

_____
(Ort, Datum, Unterschrift(en) und Funktion(en))

Hinweis:
Wer vorsätzlich oder grob fahrlässig eine unrichtige Zuwendungsbestätigung erstellt oder veranlasst, dass Zuwendungen nicht zu den in der Zuwendungsbestätigung angegebenen steuerbegünstigten Zwecken verwendet werden, haftet für die entgangene Steuer (§ 34g Satz 3, § 10b Abs. 4 EStG).

Anlage 9

Aussteller (Bezeichnung und Anschrift der inländischen Stiftung des öffentlichen Rechts)

Bestätigung über Geldzuwendungen
im Sinne des § 10b des Einkommensteuergesetzes an inländische Stiftungen des öffentlichen Rechts

Name und Anschrift des Zuwendenden:

Betrag der Zuwendung - in Ziffern -	- in Buchstaben -	Tag der Zuwendung:

Es wird bestätigt, dass die Zuwendung nur zur Förderung (Angabe des begünstigten Zwecks / der begünstigten Zwecke)

verwendet wird.

Es handelt sich um den Verzicht auf Erstattung von Aufwendungen   Ja ☐   Nein ☐

☐   Die Zuwendung erfolgte **in das zu erhaltende Vermögen (Vermögensstock)**.

☐   Es handelt sich **nicht** um Zuwendungen **in das verbrauchbare Vermögen** einer Stiftung.

Die Zuwendung wird

☐   von uns unmittelbar für den angegebenen Zweck verwendet.

☐   entsprechend den Angaben des Zuwendenden an .... weitergeleitet, die/der vom Finanzamt
.... StNr ....mit Freistellungsbescheid bzw. nach der Anlage zum Körperschaftsteuerbescheid vom
..................................von der Körperschaft- und Gewerbesteuer befreit ist.

☐   **entsprechend den Angaben des Zuwendenden an .... weitergeleitet, der/dem das Finanzamt ....
StNr............... mit Feststellungsbescheid vom .... die Einhaltung der satzungsmäßigen Voraussetzungen nach
§ 60a AO festgestellt hat.**

(Ort, Datum und Unterschrift des Zuwendungsempfängers)

Hinweis:
Wer vorsätzlich oder grob fahrlässig eine unrichtige Zuwendungsbestätigung erstellt oder veranlasst, dass Zuwendungen nicht zu den in der
Zuwendungsbestätigung angegebenen steuerbegünstigten Zwecken verwendet werden, haftet für die entgangene Steuer (§ 10b Abs. 4 EStG, § 9
Abs. 3 KStG, § 9 Nr. 5 GewStG).

Nur in Fällen der Weiterleitung an steuerbegünstigte Körperschaften im Sinne von § 5 Abs. 1 Nr. 9 KStG:
Diese Bestätigung wird nicht als Nachweis für die steuerliche Berücksichtigung der Zuwendung anerkannt, wenn das Datum des Freistellungs-
bescheides länger als 5 Jahre bzw. **das Datum der Feststellung der Einhaltung der satzungsmäßigen Voraussetzungen nach § 60a Abs. 1
AO länger als 3 Jahre seit Ausstellung des Bescheides zurückliegt (§ 63 Abs. 5 AO)**.

Anlage 10

Aussteller (Bezeichnung und Anschrift der inländischen Stiftung des öffentlichen Rechts)

Bestätigung über Sachzuwendungen
im Sinne des § 10b des Einkommensteuergesetzes an inländische Stiftungen des öffentlichen Rechts

Name und Anschrift des Zuwendenden:

Wert der Zuwendung - in Ziffern -	- in Buchstaben -	Tag der Zuwendung:

Genaue Bezeichnung der Sachzuwendung mit Alter, Zustand, Kaufpreis usw.

☐ Die Sachzuwendung stammt nach den Angaben des Zuwendenden aus dem Betriebsvermögen. **Die Zuwendung wurde nach dem Wert der Entnahme (ggf. mit dem niedrigeren gemeinen Wert) und nach der Umsatzsteuer, die auf die Entnahme entfällt, bewertet.**

☐ Die Sachzuwendung stammt nach den Angaben des Zuwendenden aus dem Privatvermögen.

☐ Der Zuwendende hat trotz Aufforderung keine Angaben zur Herkunft der Sachzuwendung gemacht.

☐ Geeignete Unterlagen, die zur Wertermittlung gedient haben, z. B. Rechnung, Gutachten, liegen vor.

Es wird bestätigt, dass die Zuwendung nur zur Förderung (Angabe des begünstigten Zwecks / der begünstigten Zwecke)

verwendet wird.

☐ Die Zuwendung erfolgte **in das zu erhaltende Vermögen (Vermögensstock).**

☐ Es handelt sich **nicht** um Zuwendungen **in das verbrauchbare Vermögen** einer Stiftung.

Die Zuwendung wird

☐ von uns unmittelbar für den angegebenen Zweck verwendet.

☐ entsprechend den Angaben des Zuwendenden an .... weitergeleitet, die/der vom Finanzamt .... StNr ....mit Freistellungsbescheid bzw. nach der Anlage zum Körperschaftsteuerbescheid vom ....von der Körperschaft- und Gewerbesteuer befreit ist.

☐ **entsprechend den Angaben des Zuwendenden an .... weitergeleitet, der/dem das Finanzamt .... StNr........... mit Feststellungsbescheid vom .... die Einhaltung der satzungsmäßigen Voraussetzungen nach § 60a AO festgestellt hat.**

_____

(Ort, Datum und Unterschrift des Zuwendungsempfängers)

Hinweis:
Wer vorsätzlich oder grob fahrlässig eine unrichtige Zuwendungsbestätigung erstellt oder veranlasst, dass Zuwendungen nicht zu den in der Zuwendungsbestätigung angegebenen steuerbegünstigten Zwecken verwendet werden, haftet für die entgangene Steuer (§ 10b Abs. 4 EStG, § 9 Abs. 3 KStG, § 9 Nr. 5 GewStG).

Nur in Fällen der Weiterleitung an steuerbegünstigte Körperschaften im Sinne von § 5 Abs. 1 Nr. 9 KStG:
Diese Bestätigung wird nicht als Nachweis für die steuerliche Berücksichtigung der Zuwendung anerkannt, wenn das Datum des Freistellungsbescheides länger als 5 Jahre bzw. **das Datum der Feststellung der Einhaltung der satzungsmäßigen Voraussetzungen nach § 60a Abs. 1 AO länger als 3 Jahre seit Ausstellung des Bescheides zurückliegt (§ 63 Abs. 5 AO).**

Anlage 11

Aussteller (Bezeichnung und Anschrift der inländischen Stiftung des privaten Rechts)

Bestätigung über Geldzuwendungen
im Sinne des § 10b des Einkommensteuergesetzes an inländische Stiftungen des privaten Rechts

Name und Anschrift des Zuwendenden:

Betrag der Zuwendung - in Ziffern -	- in Buchstaben -	Tag der Zuwendung:

Es handelt sich um den Verzicht auf Erstattung von Aufwendungen   Ja ☐   Nein ☐

☐   Wir sind wegen Förderung (Angabe des begünstigten Zwecks / der begünstigten Zwecke) ....
nach dem Freistellungsbescheid bzw. nach der Anlage zum Körperschaftsteuerbescheid des Finanzamtes ....
StNr...................., vom .... **für den letzten Veranlagungszeitraum** .... nach § 5 Abs. 1 Nr. 9 des
Körperschaftsteuergesetzes von der Körperschaftsteuer und nach § 3 Nr. 6 des Gewerbesteuergesetzes von der Gewerbesteuer befreit.

☐   **Die Einhaltung der satzungsmäßigen Voraussetzungen nach den §§ 51, 59, 60 und 61 AO wurde vom Finanzamt........................,
StNr. .... mit Bescheid vom.......... nach § 60a AO gesondert festgestellt. Wir fördern nach unserer Satzung (Angabe des
begünstigten Zwecks / der begünstigten Zwecke) ....**

Es wird bestätigt, dass die Zuwendung nur zur Förderung (Angabe des begünstigten Zwecks / der begünstigten Zwecke)

verwendet wird.

☐   **Die Zuwendung erfolgte in das zu erhaltende Vermögen (Vermögensstock).**

☐   Es handelt sich **nicht** um Zuwendungen **in das verbrauchbare Vermögen** einer Stiftung.

(Ort, Datum und Unterschrift des Zuwendungsempfängers)

Hinweis:
Wer vorsätzlich oder grob fahrlässig eine unrichtige Zuwendungsbestätigung erstellt oder veranlasst, dass Zuwendungen nicht zu den in der
Zuwendungsbestätigung angegebenen steuerbegünstigten Zwecken verwendet werden, haftet für die entgangene Steuer (§ 10b Abs. 4 EStG, § 9
Abs. 3 KStG, § 9 Nr. 5 GewStG).

Diese Bestätigung wird nicht als Nachweis für die steuerliche Berücksichtigung der Zuwendung anerkannt, wenn das Datum des Freistellungsbescheides länger als 5 Jahre bzw. **das Datum der Feststellung der Einhaltung der satzungsmäßigen Voraussetzungen nach § 60a Abs. 1
AO länger als 3 Jahre seit Ausstellung des Bescheides zurückliegt (§ 63 Abs. 5 AO).**

Anlage 12

Aussteller (Bezeichnung und Anschrift der inländischen Stiftung des privaten Rechts)

Bestätigung über Sachzuwendungen

im Sinne des § 10b des Einkommensteuergesetzes an inländische Stiftungen des privaten Rechts

Name und Anschrift des Zuwendenden:

Wert der Zuwendung - in Ziffern -	- in Buchstaben -	Tag der Zuwendung:

Genaue Bezeichnung der Sachzuwendung mit Alter, Zustand, Kaufpreis usw.

☐ Die Sachzuwendung stammt nach den Angaben des Zuwendenden aus dem Betriebsvermögen. **Die Zuwendung wurde nach dem Wert der Entnahme (ggf. mit dem niedrigeren gemeinen Wert) und nach der Umsatzsteuer, die auf die Entnahme entfällt, bewertet.**

☐ Die Sachzuwendung stammt nach den Angaben des Zuwendenden aus dem Privatvermögen.

☐ Der Zuwendende hat trotz Aufforderung keine Angaben zur Herkunft der Sachzuwendung gemacht.

☐ Geeignete Unterlagen, die zur Wertermittlung gedient haben, z. B. Rechnung, Gutachten, liegen vor.

☐ Wir sind wegen Förderung (Angabe des begünstigten Zwecks / der begünstigten Zwecke) ....
 nach dem Freistellungsbescheid bzw. nach der Anlage zum Körperschaftsteuerbescheid des Finanzamtes ....
 StNr......................., vom .... **für den letzten Veranlagungszeitraum** .... nach § 5 Abs. 1 Nr. 9 des Körperschaftsteuergesetzes von der Körperschaftsteuer und nach § 3 Nr. 6 des Gewerbesteuergesetzes von der Gewerbesteuer befreit.

☐ **Die Einhaltung der satzungsmäßigen Voraussetzungen nach den §§ 51, 59, 60 und 61 AO wurde vom Finanzamt ....,
 StNr. .... mit Bescheid vom........... nach § 60a AO gesondert festgestellt. Wir fördern nach unserer Satzung (Angabe des
 begünstigten Zwecks / der begünstigten Zwecke) ....**

Es wird bestätigt, dass die Zuwendung nur zur Förderung (Angabe des begünstigten Zwecks / der begünstigten Zwecke)

verwendet wird.

☐ Die Zuwendung erfolgte **in das zu erhaltende Vermögen (Vermögensstock).**

☐ Es handelt sich **nicht** um Zuwendungen **in das verbrauchbare Vermögen** einer Stiftung.

_____

(Ort, Datum und Unterschrift des Zuwendungsempfängers)

Hinweis:

Wer vorsätzlich oder grob fahrlässig eine unrichtige Zuwendungsbestätigung erstellt oder veranlasst, dass Zuwendungen nicht zu den in der Zuwendungsbestätigung angegebenen steuerbegünstigten Zwecken verwendet werden, haftet für die entgangene Steuer (§ 10b Abs. 4 EStG, § 9 Abs. 3 KStG, § 9 Nr. 5 GewStG).

Diese Bestätigung wird nicht als Nachweis für die steuerliche Berücksichtigung der Zuwendung anerkannt, wenn das Datum des Freistellungsbescheides länger als 5 Jahre bzw. **das Datum der Feststellung der Einhaltung der satzungsmäßigen Voraussetzungen nach § 60a Abs. 1
AO länger als 3 Jahre seit Ausstellung des Bescheides zurückliegt** (§ 63 Abs. 5 AO).

Anlage 13

Aussteller (Bezeichnung und Anschrift der inländischen juristischen Person des öffentlichen Rechts oder der inländischen öffentlichen Dienststelle)

Sammelbestätigung über Geldzuwendungen

im Sinne des § 10b des Einkommensteuergesetzes an inländische juristische Personen des öffentlichen Rechts oder inländische öffentliche Dienststellen

Name und Anschrift des Zuwendenden:

Gesamtbetrag der Zuwendung - in Ziffern -	- in Buchstaben -	Zeitraum der Sammelbestätigung:

Es wird bestätigt, dass die Zuwendung nur zur Förderung (Angabe des begünstigten Zwecks / der begünstigten Zwecke)

verwendet wird.

Die Zuwendung wird

☐   von uns unmittelbar für den angegebenen Zweck verwendet.

☐   entsprechend den Angaben des Zuwendenden an .... weitergeleitet, die/der vom Finanzamt .... StNr ....
     mit Freistellungsbescheid bzw. nach der Anlage zum Körperschaftsteuerbescheid vom .... von der Körperschaftsteuer und
     Gewerbesteuer befreit ist.

☐   **entsprechend den Angaben des Zuwendenden an .... weitergeleitet, der/dem das Finanzamt ....**
     StNr.................. mit Feststellungsbescheid vom .... die Einhaltung der satzungsmäßigen Voraussetzungen nach
     § 60a AO festgestellt hat.

Es wird bestätigt, dass über die in der Gesamtsumme enthaltenen Zuwendungen keine weiteren Bestätigungen, weder formelle
Zuwendungsbestätigungen noch Beitragsquittungen oder Ähnliches ausgestellt wurden und werden.

Ob es sich um den Verzicht auf Erstattung von Aufwendungen handelt, ist der Anlage zur Sammelbestätigung zu entnehmen.

(Ort, Datum und Unterschrift des Zuwendungsempfängers)

Hinweis:

Wer vorsätzlich oder grob fahrlässig eine unrichtige Zuwendungsbestätigung erstellt oder veranlasst, dass Zuwendungen nicht zu den in der
Zuwendungsbestätigung angegebenen steuerbegünstigten Zwecken verwendet werden, haftet für die entgangene Steuer (§ 10b Abs. 4 EStG, § 9
Abs. 3 KStG, § 9 Nr. 5 GewStG).

Nur in den Fällen der Weiterleitung an steuerbegünstigte Körperschaften im Sinne von § 5 Abs. 1 Nr. 9 KStG:

Diese Bestätigung wird nicht als Nachweis für die steuerliche Berücksichtigung der Zuwendung anerkannt, wenn das Datum des
Freistellungsbescheides länger als 5 Jahre bzw. **das Datum der Feststellung der Einhaltung der satzungsmäßigen Voraussetzungen nach**
§ 60a Abs. 1 AO länger als 3 Jahre seit Ausstellung des Bescheides zurückliegt (§ 63 Abs. 5 AO).

Anlage zur Sammelbestätigung

Datum der Zuwendung	Verzicht auf die Erstattung von Aufwendungen (ja/nein)	Betrag

Gesamtsumme   _____

Anlage 14

Aussteller (Bezeichnung und Anschrift der steuerbegünstigten Einrichtung)

Sammelbestätigung über Geldzuwendungen/Mitgliedsbeiträge

im Sinne des § 10b des Einkommensteuergesetzes an eine der in § 5 Abs. 1 Nr. 9 des Körperschaftsteuergesetzes bezeichneten Körperschaften, Personenvereinigungen oder Vermögensmassen

Name und Anschrift des Zuwendenden:

Gesamtbetrag der Zuwendung - in Ziffern -	- in Buchstaben -	Zeitraum der Sammelbestätigung:

☐ Wir sind wegen Förderung (Angabe des begünstigten Zwecks / der begünstigten Zwecke) ....
   nach dem Freistellungsbescheid bzw. nach der Anlage zum Körperschaftsteuerbescheid des Finanzamtes ....
   StNr....................., vom .... **für den letzten Veranlagungszeitraum** .... nach § 5 Abs. 1 Nr. 9 des
   Körperschaftsteuergesetzes von der Körperschaftsteuer und nach § 3 Nr. 6 des Gewerbesteuergesetzes von der Gewerbesteuer befreit.

☐ **Die Einhaltung der satzungsmäßigen Voraussetzungen nach den §§ 51, 59, 60 und 61 AO wurde vom Finanzamt.........................,
   StNr. .... mit Bescheid vom........... nach § 60a AO gesondert festgestellt. Wir fördern nach unserer Satzung (Angabe des
   begünstigten Zwecks / der begünstigten Zwecke) ....**

Es wird bestätigt, dass die Zuwendung nur zur Förderung (Angabe des begünstigten Zwecks / der begünstigten Zwecke)

verwendet wird.

Nur für steuerbegünstigte Einrichtungen, bei denen die Mitgliedsbeiträge steuerlich nicht abziehbar sind:
☐ Es wird bestätigt, dass es sich nicht um einen Mitgliedsbeitrag handelt, dessen Abzug nach § 10b Abs. 1 des Einkommensteuergesetzes
ausgeschlossen ist

Es wird bestätigt, dass über die in der Gesamtsumme enthaltenen Zuwendungen keine weiteren Bestätigungen, weder formelle
Zuwendungsbestätigungen noch Beitragsquittungen oder Ähnliches ausgestellt wurden und werden.

Ob es sich um den Verzicht auf Erstattung von Aufwendungen handelt, ist der Anlage zur Sammelbestätigung zu entnehmen.

(Ort, Datum und Unterschrift des Zuwendungsempfängers)

Hinweis:
Wer vorsätzlich oder grob fahrlässig eine unrichtige Zuwendungsbestätigung erstellt oder veranlasst, dass Zuwendungen nicht zu den in der
Zuwendungsbestätigung angegebenen steuerbegünstigten Zwecken verwendet werden, haftet für die entgangene Steuer (§ 10b Abs. 4 EStG, § 9
Abs. 3 KStG, § 9 Nr. 5 GewStG).

Diese Bestätigung wird nicht als Nachweis für die steuerliche Berücksichtigung der Zuwendung anerkannt, wenn das Datum des Freistellungsbescheides länger als 5 Jahre bzw. **das Datum der Feststellung der Einhaltung der satzungsmäßigen Voraussetzungen nach § 60a Abs. 1
AO länger als 3 Jahre seit Ausstellung des Bescheides zurückliegt (§ 63 Abs. 5 AO).**

Anlage zur Sammelbestätigung

Datum der Zuwendung	Art der Zuwendung (**Geldzuwendung/Mitgliedsbeitrag**)	Verzicht auf die Erstattung von Aufwendungen (ja/nein)	Betrag

Gesamtsumme   _____

Anlage 15

Bezeichnung und Anschrift der Partei

Sammelbestätigung über Geldzuwendungen/Mitgliedsbeiträge
im Sinne des § 34g, § 10b des Einkommensteuergesetzes an politische Parteien im Sinne des Parteiengesetzes

Name und Anschrift des Zuwendenden:

Gesamtbetrag der Zuwendung - in Ziffern -	- in Buchstaben -	Zeitraum der Sammelbestätigung:

Es wird bestätigt, dass diese Zuwendung ausschließlich für die satzungsgemäßen Zwecke verwendet wird.

Es wird bestätigt, dass über die in der Gesamtsumme enthaltenen Zuwendungen keine weiteren Bestätigungen, weder formelle Zuwendungsbestätigungen noch Beitragsquittungen oder Ähnliches ausgestellt wurden und werden.

Ob es sich um den Verzicht auf Erstattung von Aufwendungen handelt, ist der Anlage zur Sammelbestätigung zu entnehmen.

(Ort, Datum, Unterschrift(en) und Funktion(en))

Hinweis:
Wer vorsätzlich oder grob fahrlässig eine unrichtige Zuwendungsbestätigung erstellt oder veranlasst, dass Zuwendungen nicht zu den in der Zuwendungsbestätigung angegebenen steuerbegünstigten Zwecken verwendet werden, haftet für die entgangene Steuer (§ 34g Satz 3, § 10b Abs. 4 EStG).

Anlage zur Sammelbestätigung

Datum der Zuwendung	Art der Zuwendung (Geldzuwendung/Mitgliedsbeitrag)	Verzicht auf die Erstattung von Aufwendungen (ja/nein)	Betrag

Gesamtsumme   _____

Anlage 16

Bezeichnung und Anschrift der unabhängigen Wählervereinigung

Sammelbestätigung über Geldzuwendungen/Mitgliedsbeiträge
im Sinne des § 34g des Einkommensteuergesetzes an unabhängige Wählervereinigungen

Name und Anschrift des Zuwendenden:

Gesamtbetrag der Zuwendung - in Ziffern -	- in Buchstaben -	Zeitraum der Sammelbestätigung:

Wir sind ein ☐ rechtsfähiger ☐ nichtrechtsfähiger Verein ohne Parteicharakter

Der Zweck unseres Vereins ist ausschließlich darauf gerichtet, durch Teilnahme mit eigenen Wahlvorschlägen bei der politischen Willensbildung mitzuwirken, und zwar an Wahlen auf

☐ Bundesebene ☐ Landesebene ☐ Kommunalebene

Wir bestätigen, dass wir die Zuwendung nur für diesen Zweck verwenden werden.

☐ Wir sind mit mindestens einem Mandat im (Parlament/Rat) vertreten.

☐ Wir haben der Wahlbehörde / dem Wahlorgan der .... am ....
angezeigt, dass wir uns an der ....(folgenden Wahl)...........................am .... mit eigenen Wahlvorschlägen
beteiligen werden.

☐ An der letzten ....(Wahl) ....am .... haben wir uns mit eigenen Wahlvorschlägen beteiligt.

☐ An der letzten oder einer früheren Wahl haben wir uns nicht mit eigenen Wahlvorschlägen beteiligt und eine Beteiligung der zuständigen
Wahlbehörde / dem zuständigen Wahlorgan auch nicht angezeigt.

☐ Wir sind beim Finanzamt .... StNr .... erfasst.

☐ Wir sind steuerlich nicht erfasst.

Es wird bestätigt, dass über die in der Gesamtsumme enthaltenen Zuwendungen keine weiteren Bestätigungen, weder formelle
Zuwendungsbestätigungen noch Beitragsquittungen oder Ähnliches ausgestellt wurden und werden.

Ob es sich um den Verzicht auf Erstattung von Aufwendungen handelt, ist der Anlage zur Sammelbestätigung zu entnehmen.

_____
(Ort, Datum, Unterschrift(en) und Funktion(en))

Hinweis:
Wer vorsätzlich oder grob fahrlässig eine unrichtige Zuwendungsbestätigung erstellt oder veranlasst, dass Zuwendungen nicht zu den in der
Zuwendungsbestätigung angegebenen steuerbegünstigten Zwecken verwendet werden, haftet für die entgangene Steuer (§ 34g Satz 3, § 10b
Abs. 4 EStG).

Anlage zur Sammelbestätigung

Datum der Zuwendung	Art der Zuwendung (Geldzuwendung/Mitgliedsbeitrag)	Verzicht auf die Erstattung von Aufwendungen (ja/nein)	Betrag

Gesamtsumme

Anlage 17

Aussteller (Bezeichnung und Anschrift der inländischen Stiftung des öffentlichen Rechts)

Sammelbestätigung über Geldzuwendungen
im Sinne des § 10b des Einkommensteuergesetzes an inländische Stiftungen des öffentlichen Rechts

Name und Anschrift des Zuwendenden:

Gesamtbetrag der Zuwendung - in Ziffern -	- in Buchstaben -	Zeitraum der Sammelbestätigung:

Es wird bestätigt, dass die Zuwendung nur zur Förderung (Angabe des begünstigten Zwecks / der begünstigten Zwecke)

verwendet wird.

☐   Es handelt sich **nicht** um Zuwendungen **in das verbrauchbare Vermögen** einer Stiftung.

Die Zuwendung wird

☐   von uns unmittelbar für den angegebenen Zweck verwendet.

☐   entsprechend den Angaben des Zuwendenden an .... weitergeleitet, die/der vom Finanzamt .... StNr ....mit Freistellungsbescheid bzw. nach der Anlage zum Körperschaftsteuerbescheid vom ....von der Körperschaft- und Gewerbesteuer befreit ist.

☐   **entsprechend den Angaben des Zuwendenden an .... weitergeleitet, der/dem das Finanzamt .... StNr.......... mit Feststellungsbescheid vom .... die Einhaltung der satzungsmäßigen Voraussetzungen nach § 60a AO festgestellt hat.**

Es wird bestätigt, dass über die in der Gesamtsumme enthaltenen Zuwendungen keine weiteren Bestätigungen, weder formelle Zuwendungsbestätigungen noch Beitragsquittungen oder Ähnliches ausgestellt wurden und werden.

Ob es sich um den Verzicht auf Erstattung von Aufwendungen handelt, ist der Anlage zur Sammelbestätigung zu entnehmen.

Ob die Zuwendung in das zu erhaltende Vermögen (Vermögensstock) erfolgt ist, ist der Anlage zur Sammelbestätigung zu entnehmen.

(Ort, Datum und Unterschrift des Zuwendungsempfängers)

Hinweis:
Wer vorsätzlich oder grob fahrlässig eine unrichtige Zuwendungsbestätigung erstellt oder veranlasst, dass Zuwendungen nicht zu den in der Zuwendungsbestätigung angegebenen steuerbegünstigten Zwecken verwendet werden, haftet für die entgangene Steuer (§ 10b Abs. 4 EStG, § 9 Abs. 3 KStG, § 9 Nr. 5 GewStG).

Nur in den Fällen der Weiterleitung an steuerbegünstigte Körperschaften im Sinne von § 5 Abs. 1 Nr. 9 KStG:
Diese Bestätigung wird nicht als Nachweis für die steuerliche Berücksichtigung der Zuwendung anerkannt, wenn das Datum des Freistellungs-bescheides länger als 5 Jahre bzw. **das Datum der Feststellung der Einhaltung der satzungsmäßigen Voraussetzungen nach § 60a Abs. 1 AO länger als 3 Jahre seit Ausstellung des Bescheides zurückliegt (§ 63 Abs. 5 AO).**

Anlage zur Sammelbestätigung

Datum der Zuwendung	Zuwendung erfolgte in das zu erhaltende Vermögen (Vermögensstock) (ja/nein)	Verzicht auf die Erstattung von Aufwendungen (ja/nein)	Betrag

Gesamtsumme   _____

Anlage 18

Aussteller (Bezeichnung und Anschrift der inländischen Stiftung des privaten Rechts)

Sammelbestätigung über Geldzuwendungen
im Sinne des § 10b des Einkommensteuergesetzes an inländische Stiftungen des privaten Rechts

Name und Anschrift des Zuwendenden:

Gesamtbetrag der Zuwendung - in Ziffern -	- in Buchstaben -	Zeitraum der Sammelbestätigung:

☐ Wir sind wegen Förderung (Angabe des begünstigten Zwecks / der begünstigten Zwecke) ....
nach dem Freistellungsbescheid bzw. nach der Anlage zum Körperschaftsteuerbescheid des Finanzamtes ....
StNr.............................., vom ....für den letzten Veranlagungszeitraum .... nach § 5 Abs. 1 Nr. 9 des
Körperschaftsteuergesetzes von der Körperschaftsteuer und nach § 3 Nr. 6 des Gewerbesteuergesetzes von der Gewerbesteuer befreit.

☐ Die Einhaltung der satzungsmäßigen Voraussetzungen nach den §§ 51, 59, 60 und 61 AO wurde vom Finanzamt........................,
StNr. .... mit Bescheid vom.......... nach § 60a AO gesondert festgestellt. Wir fördern nach unserer Satzung (Angabe des
begünstigten Zwecks / der begünstigten Zwecke) ....

Es wird bestätigt, dass die Zuwendung nur zur Förderung (Angabe des begünstigten Zwecks / der begünstigten Zwecke)

verwendet wird.

☐   Es handelt sich **nicht** um Zuwendungen in das verbrauchbare Vermögen einer Stiftung.

Es wird bestätigt, dass über die in der Gesamtsumme enthaltenen Zuwendungen keine weiteren Bestätigungen, weder formelle
Zuwendungsbestätigungen noch Beitragsquittungen oder Ähnliches ausgestellt wurden und werden.

Ob es sich um den Verzicht auf Erstattung von Aufwendungen handelt, ist der Anlage zur Sammelbestätigung zu entnehmen.

Ob die Zuwendung in das zu erhaltende Vermögen (Vermögensstock) erfolgt ist, ist der Anlage zur Sammelbestätigung zu entnehmen.

_____
(Ort, Datum und Unterschrift des Zuwendungsempfängers)

Hinweis:
Wer vorsätzlich oder grob fahrlässig eine unrichtige Zuwendungsbestätigung erstellt oder veranlasst, dass Zuwendungen nicht zu den in der
Zuwendungsbestätigung angegebenen steuerbegünstigten Zwecken verwendet werden, haftet für die entgangene Steuer (§ 10b Abs. 4 EStG, § 9
Abs. 3 KStG, § 9 Nr. 5 GewStG).

Diese Bestätigung wird nicht als Nachweis für die steuerliche Berücksichtigung der Zuwendung anerkannt, wenn das Datum des
Freistellungsbescheides länger als 5 Jahre bzw. **das Datum der Feststellung der Einhaltung der satzungsmäßigen Voraussetzungen nach
§ 60a Abs. 1 AO länger als 3 Jahre seit Ausstellung des Bescheides zurückliegt (§ 63 Abs. 5 AO).**

Anlage zur Sammelbestätigung

Datum der Zuwendung	Zuwendung erfolgte in das zu erhaltende Vermögen (Vermögensstock) (ja/nein)	Verzicht auf die Erstattung von Aufwendungen (ja/nein)	Betrag

Gesamtsumme

III.
Übergangsfrist und Verwendung der Muster für Zuwendungsbestätigungen nach dem BMF-Schreiben vom 7. November 2013 (BStBl I S. 1333)[1])

BMF vom 26. 3. 2014, (BStBl I S. 791)
– IV C 4 – S 2223/07/0018 :005 – 2014/0288766

Die im Bundessteuerblatt (Teil I 2013 S. 1333)[2]) veröffentlichten Muster für Zuwendungsbestätigungen sind grundsätzlich für Zuwendungen ab dem 1. Januar 2014 zu verwenden. Im Einvernehmen mit den obersten Finanzbehörden der Länder bestehen jedoch keine Bedenken, wenn bis zum 31. Dezember 2014 noch die nach bisherigem Muster erstellten Zuwendungsbestätigungen (BMF-Schreiben vom 30. August 2012, BStBl I S. 884) weiter verwendet werden.

Zur Erläuterung des Haftungshinweises in den veröffentlichten Mustern für Zuwendungsbestätigungen weise ich auf Folgendes hin:

Die tatsächliche Geschäftsführung umfasst auch die Ausstellung steuerlicher Zuwendungsbestätigungen. Zuwendungsbestätigungen dürfen nur dann ausgestellt werden, wenn die Voraussetzungen des § 63 Absatz 5 Abgabenordnung (AO) vorliegen:

Die Erlaubnis wird an die Erteilung eines Feststellungsbescheides nach § 60a Absatz 1 AO, eines Freistellungsbescheides oder eine Anlage zum Körperschaftsteuerbescheid geknüpft. Ist der Bescheid nach § 60a AO älter als drei Kalenderjahre oder ist der Freistellungsbescheid – beziehungsweise sind die Anlagen zum Körperschaftsteuerbescheid – älter als fünf Jahre, darf die Körperschaft keine Zuwendungsbestätigungen mehr ausstellen (Nummer 3 des AEAO zu § 63).

Dieses Schreiben ergänzt das BMF-Schreiben vom 7. November 2013 (BStBl I S. 1333).

---

[1]) → Anhang 11 II.
[2]) → Anhang 11 II.

IV.
Steuerliche Anerkennung von Spenden durch den Verzicht auf einen zuvor vereinbarten Aufwendungsersatz (Aufwandsspende) bzw. einen sonstigen Anspruch (Rückspende)

BMF vom 25. 11. 2014 (BStBl I S. 1584)
– IV C 4 – S 2223/07/0010 :005 – 2014/0766502
unter Berücksichtigung der Änderungen durch BMF vom 24. 8. 2016 (BStBl I S. 994)
IV C 4 – S 2223/07/0010 :007 – 2016/0528723

Im Einvernehmen mit den obersten Finanzbehörden der Länder gilt zur steuerlichen Anerkennung von Aufwandsspenden und Rückspenden als Sonderausgabe nach § 10b EStG Folgendes:

1. Aufwendungsersatzansprüche können Gegenstand sogenannter Aufwandsspenden gemäß § 10b Absatz 3 Satz 5 und 6 EStG sein. Das gilt auch im Verhältnis eines Zuwendungsempfängers zu seinen ehrenamtlich tätigen Mitgliedern. Nach den Erfahrungen spricht aber eine tatsächliche Vermutung dafür, dass Leistungen ehrenamtlich tätiger Mitglieder und Förderer des Zuwendungsempfängers unentgeltlich und ohne Aufwendungsersatzanspruch erbracht werden. Diese Vermutung ist allerdings widerlegbar. Dafür ist bei vertraglichen Ansprüchen eine schriftliche Vereinbarung zwischen Zuwendendem und Zuwendungsempfänger vorzulegen, die vor der zum Aufwand führenden Tätigkeit getroffen sein muss.

2. Hat der Zuwendende einen Aufwendungsersatzanspruch gegenüber dem Zuwendungsempfänger und verzichtet er darauf, ist ein Spendenabzug nach § 10b Absatz 3 Satz 5 EStG allerdings nur dann rechtlich zulässig, wenn der entsprechende Aufwendungsersatzanspruch durch einen Vertrag oder die Satzung eingeräumt worden ist, und zwar bevor die zum Aufwand führende Tätigkeit begonnen worden ist. Die Anerkennung eines Aufwendungsersatzanspruches ist auch in den Fällen eines rechtsgültigen Vorstandsbeschlusses möglich, wenn der Vorstand dazu durch eine Regelung in der Satzung ermächtigt wurde. Eine nachträgliche rückwirkende Begründung von Ersatzpflichten des Zuwendungsempfängers, zum Beispiel durch eine rückwirkende Satzungsänderung, reicht nicht aus. Aufwendungsersatzansprüche aus einer auf einer entsprechenden Satzungsermächtigung beruhenden Vereinsordnung (z. B. Reisekostenordnung) sind Ansprüche aus einer Satzung im Sinne des § 10b Absatz 3 Satz 5 EStG. Der Verzicht auf bestehende sonstige Ansprüche (Rückspende), wie z. B. Lohn- oder Honorarforderungen oder gesetzliche Ansprüche (die keine Aufwendungsersatzansprüche sind), ist unter den nachstehend unter 3. aufgeführten Voraussetzungen als Spende im Sinne des § 10b EStG abziehbar.

3. Ansprüche auf einen Aufwendungsersatz oder auf eine Vergütung müssen ernsthaft eingeräumt sein und dürfen nicht von vornherein unter der Bedingung des Verzichts stehen. Wesentliche Indizien für die Ernsthaftigkeit von Ansprüchen auf Aufwendungsersatz oder auf eine Vergütung sind auch die zeitliche Nähe der Verzichtserklärung zur Fälligkeit des Anspruchs und die wirtschaftliche Leistungsfähigkeit des Zuwendungsempfängers. Die Verzichtserklärung ist dann noch zeitnah, wenn bei einmaligen Ansprüchen innerhalb von drei Monaten und bei Ansprüchen aus einer regelmäßigen Tätigkeit innerhalb eines Jahres nach Fälligkeit des Anspruchs der Verzicht erklärt wird. Regelmäßig ist eine Tätigkeit, wenn sie gewöhnlich monatlich ausgeübt wird. Die wirtschaftliche Leistungsfähigkeit ist anzunehmen, wenn der Zuwendungsempfänger ungeachtet eines späteren Verzichts durch den Zuwendenden bei prognostischer Betrachtung zum Zeitpunkt der Einräumung des Anspruchs auf den Aufwendungsersatz oder die Vergütung wirtschaftlich in der Lage ist, die eingegangene Verpflichtung zu erfüllen. Wird auf einen Anspruch verzichtet, muss dieser auch im Zeitpunkt des Verzichts tatsächlich werthaltig sein. Nur dann kommt ein Abzug als steuerbegünstigte Zuwendung in Betracht.
Sofern der Verein im Zeitpunkt der Einräumung des Anspruchs auf einen Aufwendungsersatz oder eine Vergütung wirtschaftlich in der Lage ist, die eingegangene Verpflichtung zu erfüllen, kann regelmäßig davon ausgegangen werden, dass der Anspruch im Zeitpunkt des Verzichts noch werthaltig ist. Etwas anderes gilt nur dann, wenn sich die finanziellen Verhältnisse des Vereins im Zeitraum zwischen der Einräumung des Anspruchs und dem Verzicht wesentlich verschlechtert haben.
Von der wirtschaftlichen Leistungsfähigkeit ist immer dann auszugehen, wenn die Körperschaft offensichtlich über genügend liquide Mittel bzw. sonstiges Vermögen verfügt, das zur Begleichung der eingegangenen Verpflichtung herangezogen wird. Dabei ist keine Differenzierung nach steuerbegünstigtem Tätigkeitsbereich (ideelle Tätigkeit, Zweckbetrieb), steuerfreier Vermögensverwaltung oder steuerpflichtigem wirtschaftlichen Geschäftsbetrieb vorzunehmen.

4. Der Abzug einer Spende gemäß § 10b EStG setzt voraus, dass die Ausgabe beim Spender zu einer endgültigen wirtschaftlichen Belastung führt. Eine endgültige wirtschaftliche Be-

lastung liegt nicht vor, soweit der Wertabgabe aus dem Vermögen des Steuerpflichtigen ein entsprechender Zufluss – im Falle der Zusammenveranlagung auch beim anderen Ehegatten/Lebenspartner – gegenübersteht (BFH-Urteil vom 20. Februar 1991, BStBl II Seite 690). Die von der spendenempfangsberechtigten Einrichtung erteilten Aufträge und die mit deren Ausführung entstehenden Aufwendungen dürfen nicht, auch nicht zum Teil, im eigenen Interesse des Zuwendenden ausgeführt bzw. getätigt werden. Die Auszahlung von Aufwendungsersatz an den Spender führt insoweit nicht zu einem schädlichen Rückfluss, als der Aufwendungsersatz aufgrund eines ernsthaft eingeräumten Ersatzanspruchs geleistet wird, der nicht unter der Bedingung einer vorhergehenden Spende steht.

5. Bei dem nachträglichen Verzicht auf den Ersatz der Aufwendungen bzw. auf einen sonstigen Anspruch handelt es sich um eine Geldspende, bei der entbehrlich ist, dass Geld zwischen dem Zuwendungsempfänger und dem Zuwendenden tatsächlich hin und her fließt. Dem Zuwendenden ist deshalb eine Zuwendungsbestätigung über eine Geldzuwendung zu erteilen, in der auch ausdrückliche Angaben darüber zu machen sind, ob es sich um den Verzicht auf die Erstattung von Aufwendungen handelt.

6. Eine Zuwendungsbestätigung darf nur erteilt werden, wenn sich der Ersatzanspruch auf Aufwendungen bezieht, die zur Erfüllung der satzungsmäßigen Zwecke des Zuwendungsempfängers erforderlich waren. Für die Höhe der Zuwendung ist der vereinbarte Ersatzanspruch maßgeblich; allerdings kann ein unangemessen hoher Ersatzanspruch zum Verlust der Gemeinnützigkeit des Zuwendungsempfängers führen (§ 55 Absatz 1 Nummer 3 AO). Der Zuwendungsempfänger muss die zutreffende Höhe des Ersatzanspruchs, über den er eine Zuwendungsbestätigung erteilt hat, durch geeignete Unterlagen im Einzelnen belegen können.

7. Dieses BMF-Schreiben ist ab 1. Januar 2015 anzuwenden.

Das BMF-Schreiben vom 7. Juni 1999 – IV C 4 – S 2223 – 111/99 – (BStBl I Seite 591) findet weiter Anwendung auf alle Zusagen auf Aufwendungsersatz sowie auf alle Zusagen auf Vergütungen, die bis zum 31. Dezember 2014 erteilt werden.

Wird bei einer Körperschaft, die vor dem 1. Januar 2015 gegründet wurde, Aufwendungsersatz lediglich aufgrund eines rechtsgültigen Vorstandsbeschlusses ohne ausdrückliche Satzungsermächtigung eingeräumt, so muss die Satzung nicht allein zur Einräumung dieser Ermächtigung geändert werden.

unbesetzt

I

Steuerliche Beurteilung gemischter Aufwendungen;
Beschluss des Großen Senats des BFH vom 21. September 2009 – GrS 1/06
(BStBl 2010 II Seite 672)

BMF vom 6. 7. 2010 (BStBl I S. 614)
– IV C 3 – S 2227/07/10003: 002 – 2010/0522213

Inhaltsverzeichnis

Der Große Senat des Bundesfinanzhofs hat mit dem o. a. Beschluss entschieden, dass § 12 Nummer 1 Satz 2 EStG kein allgemeines Aufteilungs- und Abzugsverbot für Aufwendungen normiert, die sowohl durch die Einkunftserzielung als auch privat veranlasste Teile enthalten (gemischte Aufwendungen). Unter Bezugnahme auf das Ergebnis der Erörterungen mit den obersten Finanzbehörden der Länder gelten zur steuerlichen Beurteilung gemischter Aufwendungen für alle Einkunftsarten und für die verschiedenen Arten der Gewinnermittlung die folgenden Grundsätze:

1. Allgemeines

1 Gemischte Aufwendungen eines Steuerpflichtigen können nach Maßgabe der folgenden Ausführungen grundsätzlich in als Betriebsausgaben oder Werbungskosten abziehbare sowie in privat veranlasste und damit nicht abziehbare Teile aufgeteilt werden, soweit nicht gesetzlich etwas anderes geregelt ist oder es sich um Aufwandspositionen handelt, die durch das steuerliche Existenzminimum abgegolten oder als Sonderausgaben oder als außergewöhnliche Belastungen abziehbar sind.

2 Eine Aufteilung der Aufwendungen kommt nur in Betracht, wenn der Steuerpflichtige die betriebliche oder berufliche Veranlassung im Einzelnen umfassend dargelegt und nachgewiesen hat. Bestehen gewichtige Zweifel an einer betrieblichen oder beruflichen (Mit-)Veranlassung der Aufwendungen, so kommt für die Aufwendungen schon aus diesem Grund ein Abzug insgesamt nicht in Betracht.

3 Die Aufteilung gemischt veranlasster Aufwendungen hat nach einem an objektiven Kriterien orientierten Maßstab der Veranlassungsbeiträge zu erfolgen. Ist eine verlässliche Aufteilung nur mit unverhältnismäßigem Aufwand möglich, erfolgt die Aufteilung im Wege der Schätzung. Fehlt es an einer geeigneten Schätzungsgrundlage oder sind die Veranlassungsbeiträge nicht trennbar, gelten die Aufwendungen als insgesamt privat veranlasst.

2. Nicht abziehbare Aufwendungen der Lebensführung

4 Nach § 12 Nummer 1 Satz 1 EStG sind Aufwendungen für den Haushalt des Steuerpflichtigen und für den Unterhalt seiner Familienangehörigen vollständig vom Betriebsausgaben-/Werbungskostenabzug ausgeschlossen und demzufolge nicht in einen abziehbaren und nicht abziehbaren Teil aufzuteilen. Sie sind durch die Vorschriften zur Berücksichtigung des steuerlichen Existenzminimums (Grundfreibetrag, Freibeträge für Kinder) pauschal abgegolten oder als Sonderausgaben oder als außergewöhnliche Belastungen abziehbar.

Kosten der Lebensführung in diesem Sinne sind insbesondere Aufwendungen für

– Wohnung,

– Ernährung,

– Kleidung,

– allgemeine Schulausbildung,

– Kindererziehung,

– persönliche Bedürfnisse des täglichen Lebens, z. B. Erhaltung der Gesundheit, Pflege, Hygieneartikel,

– Zeitung,

– Rundfunk oder

– Besuch kultureller und sportlicher Veranstaltungen.

[1])Vollumfänglich nicht abziehbar und demzufolge nicht aufzuteilen sind ferner Aufwendungen   5
nach § 12 Nummer 1 Satz 2 EStG. Das sind Aufwendungen für die Lebensführung, die zwar der
Förderung des Berufs oder der Tätigkeit dienen können, die aber grundsätzlich die wirtschaftliche oder gesellschaftliche Stellung des Steuerpflichtigen mit sich bringt. Hierbei handelt es sich
um Aufwendungen, die mit dem persönlichen Ansehen des Steuerpflichtigen in Zusammenhang
stehen, d. h. der Pflege der sozialen Verpflichtungen dienen (sog. Repräsentationsaufwendungen).

Ob Aufwendungen Repräsentationsaufwendungen im Sinne des § 12 Nummer 1 Satz 2 EStG
oder (zumindest teilweise) Betriebsausgaben/Werbungskosten darstellen, ist stets durch eine
Gesamtwürdigung aller Umstände des Einzelfalls festzustellen. Bei Veranstaltungen, die vom
Steuerpflichtigen ausgerichtet werden, stellt ein persönlicher Anlass (z. B. Geburtstag[2]), Trauer-
feier) regelmäßig ein bedeutendes Indiz für die Annahme nicht abziehbarer Repräsentationsaufwendungen dar. Auch Aufwendungen für gesellschaftliche Veranstaltungen fallen in der Regel
unter § 12 Nummer 1 Satz 2 EStG.

Aufwendungen nach § 12 Nummer 1 EStG sind selbst im Falle einer betrieblichen/beruflichen   6
Mitveranlassung nicht als Betriebsausgaben/Werbungskosten abziehbar.

Aufwendungen im Sinne der Rn. 4 und 5 sind Betriebsausgaben oder Werbungskosten, soweit   7
sie ausschließlich oder nahezu ausschließlich betrieblich/beruflich veranlasst sind (z. B. § 4
Absatz 5 Satz 1 Nummer 6b EStG: Arbeitszimmer; § 9 Absatz 1 Satz 3 Nummer 6 EStG: Arbeitsmittel, typische Berufskleidung) oder ein abgegrenzter betrieblicher/beruflicher Mehraufwand
gegeben ist. Die Abzugsbeschränkungen des § 4 Absatz 5 Satz 1 Nummer 5 EStG (Verpflegungsmehraufwendungen) und § 9 Absatz 1 Satz 3 Nummer 5 EStG (Doppelte Haushaltsführung) sind
zu beachten.[3])

3. Grundsätze der Aufteilung gemischter Aufwendungen

Gemäß § 4 Absatz 4 EStG (Betriebsausgaben) und § 9 Absatz 1 EStG (Werbungskosten) werden   8
bei der Ermittlung der Einkünfte nur Aufwendungen berücksichtigt, die durch die Einkunftserzielung veranlasst sind. Ein Veranlassungszusammenhang in diesem Sinne besteht, wenn die
Aufwendungen mit der Einkunfterzielung objektiv zusammenhängen und ihr subjektiv zu dienen bestimmt sind, d. h. wenn sie in unmittelbarem oder mittelbarem wirtschaftlichem Zusammenhang mit einer der Einkunftsarten des Einkommensteuergesetzes stehen.

Aufwendungen, die eindeutig und klar abgrenzbar ausschließlich betrieblich/beruflich oder pri-   9
vat veranlasst sind, sind unmittelbar dem betrieblichen/beruflichen oder privaten Teil der Aufwendungen zuzuordnen.

a) Durch die Einkunftserzielung (mit)veranlasste Aufwendungen

Nicht von § 12 Nummer 1 EStG erfasste Aufwendungen, die nicht eindeutig zugeordnet werden   10
können, aber einen nachgewiesenen abgrenzbaren betrieblichen oder beruflichen Anteil enthalten, sind nach dem jeweiligen Veranlassungsanteil in abziehbare und nicht abziehbare Aufwendungen aufzuteilen.

Bei einer untergeordneten betrieblichen/beruflichen Mitveranlassung (< 10 %) sind die Aufwen-   11
dungen in vollem Umfang nicht als Betriebsausgaben/Werbungskosten abziehbar.

Wird ein Sachverhalt insgesamt als privat veranlasst gewürdigt und werden die Aufwendungen
dementsprechend steuerlich nicht berücksichtigt, so können zusätzliche ausschließlich betrieb-
lich/beruflich veranlasste Aufwendungen für sich genommen als Betriebsausgaben oder Werbungskosten abzuziehen sein (vgl. Rn. 9).[4])

Beispiel 1:

Ein Steuerpflichtiger nimmt während seiner 14-tägigen Urlaubsreise an einem eintägigen
Fachseminar teil.

B1 Die Aufwendungen für die Urlaubsreise sind nicht abziehbar. Die Aufwendungen, die
unmittelbar mit dem Fachseminar zusammenhängen (Seminargebühren, Fahrtkosten
vom Urlaubsort zum Tagungsort, ggf. Pauschbetrag für Verpflegungsmehraufwendungen), sind als Betriebsausgaben/Werbungskosten abziehbar.

---

[1]) Nach dem BFH-Urteil vom 10. 11. 2016 – VI R 7/16 – sind Aufwendungen für eine Geburtstagsfeier i. d. R.
durch die gesellschaftliche Stellung des Arbeitnehmers veranlasst und im Allgemeinen nicht als Werbungskosten anzuerkennen. Aus den übrigen Umständen des Einzelfalles kann sich jedoch ergeben,
dass die Kosten für eine solche Feier ausnahmsweise ganz oder teilweise beruflich veranlasst sind.
[2]) → H 9.1 LStH (Gemischte Aufwendungen), 2. Tiret.
[3]) Vgl. C III. 4. a der Entscheidungsgründe des GrS.
[4]) Vgl. C. III. 3f der Entscheidungsgründe des GrS.

12   Bei einer untergeordneten privaten Mitveranlassung (< 10 %) sind die Aufwendungen in vollem Umfang als Betriebsausgaben/Werbungskosten abziehbar; die Abzugsbeschränkungen des § 4 Absatz 5 EStG und § 9 Absatz 5 EStG bleiben unberührt.

Von einer untergeordneten privaten Mitveranlassung der Kosten für die Hin- und Rückreise ist auch dann auszugehen, wenn der Reise ein eindeutiger unmittelbarer betrieblicher/beruflicher Anlass zugrunde liegt (z. B. ein Arbeitnehmer nimmt aufgrund einer Weisung seines Arbeitgebers einen ortsgebundenen Pflichttermin wahr oder ein Nichtarbeitnehmer tätigt einen ortsgebundenen Geschäftsabschluss oder ist Aussteller auf einer auswärtigen Messe), den der Steuerpflichtige mit einem vorangehenden oder nachfolgenden Privataufenthalt verbindet.

b) Höhe der abziehbaren Aufwendungen

13   Sind die Aufwendungen sowohl durch betriebliche/berufliche als auch private Gründe von jeweils nicht untergeordneter Bedeutung (vgl. Rn. 11 und 12) veranlasst, ist nach Möglichkeit eine Aufteilung der Aufwendungen nach Veranlassungsbeiträgen vorzunehmen (vgl. BFH vom 21. April 2010 VI R 66/04 – BStBl II Seite 685; siehe aber Rn. 18).

14   Es ist ein geeigneter, den Verhältnissen im Einzelfall gerecht werdender Aufteilungsmaßstab zu finden. Der Maßstab muss nach objektivierbaren – d. h. nach außen hin erkennbaren und nachvollziehbaren – Kriterien ermittelt und hinsichtlich des ihm zugrunde liegenden Veranlassungsbeitrags dokumentiert werden.

15   Der betrieblich/beruflich und privat veranlasste Teil der Aufwendungen kann beispielsweise nach folgenden Kriterien ermittelt werden: Zeit-, Mengen- oder Flächenanteile sowie Aufteilung nach Köpfen.

Beispiel 2:

An der Feier zum 30. Firmenjubiläum des Einzelunternehmens Y nehmen 100 Personen teil (80 Kunden und Geschäftsfreunde und 20 private Gäste des Firmeninhabers). Die Gesamtkosten der Feier betragen 5 000 €, auf Essen und Getränke entfallen 4 000 €.

B2   Aufgrund der Teilnahme privater Gäste handelt es sich um eine gemischt betrieblich und privat veranlasste Veranstaltung. Zwar liegt der Anlass der Veranstaltung im betrieblichen Bereich (Firmenjubiläum). Die Einladung der privaten Gäste erfolgte allerdings ausschließlich aus privaten Gründen, so dass die Kosten der Verköstigung und Unterhaltung der privaten Gäste als privat veranlasst zu behandeln sind. Sachgerechtes objektivierbares Kriterium für eine Aufteilung ist eine Aufteilung nach Köpfen. 80 Personen nehmen aus betrieblichen Gründen an dem Firmenjubiläum teil, 20 aus privaten Gründen. Damit sind 1 000 € (20 % des Gesamtkosten), die anteilig auf die privaten Gäste entfallen, nicht als Betriebsausgaben abziehbar. Von den verbleibenden betrieblich veranlassten Kosten in Höhe von 4 000 € sind unter Berücksichtigung des § 4 Absatz 5 Satz 1 Nummer 2 EStG 3 040 € (80 % von 1 000 € + 70 % von 80 % von 4 000 €) als Betriebsausgaben abziehbar.

Beispiel 3:

Ein niedergelassener Arzt besucht einen Fachkongress in London. Er reist Samstagfrüh an. Die Veranstaltung findet ganztägig von Dienstag bis Donnerstag statt. Am Sonntagabend reist er nach Hause zurück.

B3   Da Reisen nach dem Beschluss des Großen Senats des BFH entgegen der bisherigen Rechtsprechung nicht mehr in jedem Fall als Einheit zu betrachten sind, sind die Kosten für 2 Übernachtungen (von Dienstag bis Donnerstag) sowie die Kongressgebühren ausschließlich dem betrieblichen Bereich zuzuordnen und daher vollständig als Betriebsausgaben abziehbar. Die Flugkosten sind gemischt veranlasst und entsprechend den Veranlassungsbeiträgen aufzuteilen. Sachgerechter Aufteilungsmaßstab ist das Verhältnis der betrieblichen und privaten Zeitanteile der Reise (betrieblich veranlasst sind $3/_9$). Ein Abzug der Verpflegungskosten als Betriebsausgaben ist nur in Höhe der Pauschbeträge für Verpflegungsmehraufwendungen für die betrieblich veranlassten Tage zulässig.

Abwandlung:

Der Arzt fährt nicht als Zuhörer, sondern als Mitveranstalter zu dem Fachkongress.

B4   Die Kosten für die Hin- und Rückreise sind vollständig dem betrieblichen Bereich zuzurechnen und daher nicht aufzuteilen (vgl. Rn. 12).

16   Bestehen keine Zweifel daran, dass ein nach objektivierbaren Kriterien abgrenzbarer Teil der Aufwendungen betrieblich/beruflich veranlasst ist, bereitet seine Quantifizierung aber Schwierigkeiten, so ist dieser Anteil unter Berücksichtigung aller maßgeblichen Umstände zu schätzen (§ 162 AO). Ist also zweifelsfrei ein betrieblicher/beruflicher Kostenanteil entstanden, kann aber dessen jeweiliger Umfang mangels geeigneter Unterlagen nicht belegt werden, ist wie bisher eine Schätzung geboten.

c) Nicht aufteilbare gemischte Aufwendungen

Ein Abzug der Aufwendungen kommt insgesamt nicht in Betracht, wenn die – für sich gesehen   17
jeweils nicht unbedeutenden – betrieblichen/beruflichen und privaten Veranlassungsbeiträge so
ineinander greifen, dass eine Trennung nicht möglich und eine Grundlage für die Schätzung
nicht erkennbar ist. Das ist insbesondere der Fall, wenn es an objektivierbaren Kriterien für eine
Aufteilung fehlt.

Beispiel 4:

Ein Steuerberater begehrt die hälftige Anerkennung der Kosten eines Abonnements
einer überregionalen Zeitung, die er neben der regionalen Tageszeitung bezieht, als
Betriebsausgaben, weil die überregionale Zeitung umfassend auch über die steuerrechtliche
Entwicklung informiere.

B5 Die Kosten sind insgesamt nicht als Betriebsausgaben abziehbar. Die betrieblichen und
privaten Veranlassungsbeiträge greifen so ineinander, dass eine Trennung nicht möglich
ist. Soweit die Zeitung nicht bereits durch das steuerliche Existenzminimum abgegolten
ist, fehlt es an einer Aufteilbarkeit der Veranlassungsbeiträge. Denn keine Rubrik oder
Seite einer Zeitung kann ausschließlich dem betrieblichen Bereich zugeordnet werden,
sondern dient stets auch dem privaten Informationsinteresse. Es fehlt damit an einer
Möglichkeit zur Aufteilung nach objektivierbaren Kriterien.

Die für Auslandsgruppenreisen aufgestellten Abgrenzungsmerkmale gelten grundsätzlich weiter   18
(BFH vom 27. November 1978 – BStBl 1979 II Seite 213; zuletzt BFH vom 21. April 2010 VI R
5/07 – BStBl II Seite 687).[1]) Eine Aufteilung der Kosten und damit ein teilweiser Abzug als
Betriebsausgaben/Werbungskosten kommt bei solchen Reisen regelmäßig nur in Betracht, soweit
die beruflichen und privaten Veranlassungsbeiträge voneinander abgrenzbar sind (vgl. BFH vom
21. April 2010 VI R 5/07 – BStBl II Seite 687).

Soweit der BFH bisher die Abziehbarkeit anderer gemischter Aufwendungen mangels objektiver   19
Aufteilungskriterien abgelehnt hat, ist weiterhin von der Nichtabziehbarkeit auszugehen.

Beispiele:

B6 Aufwendungen für Sicherheitsmaßnahmen eines Steuerpflichtigen zum Schutz von
Leben, Gesundheit, Freiheit und Vermögen seiner Person (BFH vom 5. April 2006 –
BStBl II Seite 541),

B7 Aufwendungen eines in Deutschland lebenden Ausländers für das Erlernen der deutschen Sprache (BFH vom 15. März 2007 – BStBl II Seite 814),

B8 Aufwendungen einer Landärztin für einen Schutzhund (BFH vom 29. März 1979 –
BStBl II Seite 512),

B9 Einbürgerungskosten zum Erwerb der deutschen Staatsangehörigkeit (BFH vom
18. Mai 1984 – BStBl II Seite 588),

B10 Kosten für den Erwerb eines Führerscheins (BFH vom 8. April 1964 – BStBl III Seite 431).

4. Anwendungsregelung

Dieses Schreiben ist vorbehaltlich des § 176 Absatz 1 Satz 1 Nummer 3 AO für alle offenen Fälle   20
anzuwenden.

---

[1]) Vgl. C. III. 4e der Entscheidungsgründe des GrS.

Übersicht

I.
Fünftes Gesetz
zur Förderung der Vermögensbildung der Arbeitnehmer
(Fünftes Vermögensbildungsgesetz – 5. VermBG)

vom 4. 3. 1994 (BGBl. I S. 406, BStBl I S. 237)
zuletzt geändert durch Artikel 8 des Gesetzes zur Modernisierung des
Besteuerungsverfahrens vom 18. 7. 2016 (BGBl. I S. 1679)

§ 1 Persönlicher Geltungsbereich

(1) Die Vermögensbildung der Arbeitnehmer durch vereinbarte vermögenswirksame Leistungen der Arbeitgeber wird nach den Vorschriften dieses Gesetzes gefördert.

(2) Arbeitnehmer im Sinne dieses Gesetzes sind Arbeiter und Angestellte einschließlich der zu ihrer Berufsausbildung Beschäftigten. Als Arbeitnehmer gelten auch die in Heimarbeit Beschäftigten.

(3) Die Vorschriften dieses Gesetzes gelten nicht

1. für vermögenswirksame Leistungen juristischer Personen an Mitglieder des Organs, das zur gesetzlichen Vertretung der juristischen Person berufen ist,

2. für vermögenswirksame Leistungen von Personengesamtheiten an die durch Gesetz, Satzung oder Gesellschaftsvertrag zur Vertretung der Personengesamtheit berufenen Personen.

(4) Für Beamte, Richter, Berufssoldaten und Soldaten auf Zeit gelten die nachstehenden Vorschriften dieses Gesetzes entsprechend.

§ 2 Vermögenswirksame Leistungen, Anlageformen

(1) Vermögenswirksame Leistungen sind Geldleistungen, die der Arbeitgeber für den Arbeitnehmer anlegt

1. als Sparbeiträge des Arbeitnehmers auf Grund eines Sparvertrags über Wertpapiere oder andere Vermögensbeteiligungen (§ 4)

    a) zum Erwerb von Aktien, die vom Arbeitgeber ausgegeben werden oder an einer deutschen Börse zum regulierten Markt zugelassen oder in den Freiverkehr einbezogen sind,

    b) zum Erwerb von Wandelschuldverschreibungen, die vom Arbeitgeber ausgegeben werden oder an einer deutschen Börse zum regulierten Markt zugelassen oder in den Freiverkehr einbezogen sind, sowie von Gewinnschuldverschreibungen, die vom Arbeitgeber ausgegeben werden, zum Erwerb von Namensschuldverschreibungen des Arbeitgebers jedoch nur dann, wenn auf dessen Kosten die Ansprüche des Arbeitnehmers aus der Schuldverschreibung durch ein Kreditinstitut verbürgt oder durch ein Versicherungsunternehmen privatrechtlich gesichert sind und das Kreditinstitut oder Versicherungsunternehmen im Geltungsbereich dieses Gesetzes zum Geschäftsbetrieb befugt ist,

    c) zum Erwerb von Anteilen an OGAW-Sondervermögen sowie an als Sondervermögen aufgelegten Publikums-AIF nach den §§ 218 und 219 des Kapitalanlagegesetzbuchs sowie von Anteilen an offenen EU-Investmentvermögen und offenen ausländischen AIF, die nach dem Kapitalanlagegesetzbuch vertrieben werden dürfen, wenn nach dem Jahresbericht für das vorletzte Geschäftsjahr, das dem Kalenderjahr des Abschlusses des Vertrags im Sinne des § 4 oder des § 5 vorausgeht, der Wert der Aktien in diesem Investmentvermögen

60 Prozent des Werts dieses Investmentvermögens nicht unterschreitet; für neu aufgelegte Investmentvermögen ist für das erste und zweite Geschäftsjahr der erste Jahresbericht oder der erste Halbjahresbericht nach Auflegung des Investmentvermögens maßgebend,

d) aufgehoben,

e) aufgehoben,

f) zum Erwerb von Genußscheinen, die vom Arbeitgeber als Wertpapiere ausgegeben werden oder an einer deutschen Börse zum regulierten Markt zugelassen oder in den Freiverkehr einbezogen sind und von Unternehmen mit Sitz und Geschäftsleitung im Geltungsbereich dieses Gesetzes, die keine Kreditinstitute sind, ausgegeben werden, wenn mit den Genußscheinen das Recht am Gewinn eines Unternehmens verbunden ist und der Arbeitnehmer nicht als Mitunternehmer im Sinne des § 15 Abs. 1 Satz 1 Nr. 2 des Einkommensteuergesetzes anzusehen ist,

g) zur Begründung oder zum Erwerb eines Geschäftsguthabens bei einer Genossenschaft mit Sitz und Geschäftsleitung im Geltungsbereich dieses Gesetzes; ist die Genossenschaft nicht der Arbeitgeber, so setzt die Anlage vermögenswirksamer Leistungen voraus, daß die Genossenschaft entweder ein Kreditinstitut oder eine Bau- oder Wohnungsgenossenschaft im Sinne des § 2 Abs. 1 Nr. 2 des Wohnungsbau-Prämiengesetzes ist, die zum Zeitpunkt der Begründung oder des Erwerbs des Geschäftsguthabens seit mindestens drei Jahren im Genossenschaftsregister ohne wesentliche Änderung ihres Unternehmensgegenstandes eingetragen und nicht aufgelöst ist oder Sitz und Geschäftsleitung in dem in Artikel 3 des Einigungsvertrages genannten Gebiet hat und dort entweder am 1. Juli 1990 als Arbeiterwohnungsbaugenossenschaft, Gemeinnützige Wohnungsbaugenossenschaft oder sonstige Wohnungsbaugenossenschaft bestanden oder einen nicht unwesentlichen Teil von Wohnungen aus dem Bestand einer solchen Bau- oder Wohnungsgenossenschaft erworben hat,

h) zur Übernahme einer Stammeinlage oder zum Erwerb eines Geschäftsanteils an einer Gesellschaft mit beschränkter Haftung mit Sitz und Geschäftsleitung im Geltungsbereich dieses Gesetzes, wenn die Gesellschaft das Unternehmen des Arbeitgebers ist,

i) zur Begründung oder zum Erwerb einer Beteiligung als stiller Gesellschafter im Sinne des § 230 des Handelsgesetzbuchs am Unternehmen des Arbeitgebers mit Sitz und Geschäftsleitung im Geltungsbereich dieses Gesetzes, wenn der Arbeitnehmer nicht als Mitunternehmer im Sinne des § 15 Abs. 1 Nr. 2 des Einkommensteuergesetzes anzusehen ist,

k) zur Begründung oder zum Erwerb einer Darlehensforderung gegen den Arbeitgeber, wenn auf dessen Kosten die Ansprüche des Arbeitnehmers aus dem Darlehensvertrag durch ein Kreditinstitut verbürgt oder durch ein Versicherungsunternehmen privatrechtlich gesichert sind und das Kreditinstitut oder Versicherungsunternehmen im Geltungsbereich dieses Gesetzes zum Geschäftsbetrieb befugt ist,

l) zur Begründung oder zum Erwerb eines Genußrechts am Unternehmen des Arbeitgebers mit Sitz und Geschäftsleitung im Geltungsbereich dieses Gesetzes, wenn damit das Recht am Gewinn dieses Unternehmens verbunden ist, der Arbeitnehmer nicht als Mitunternehmer im Sinne des § 15 Abs. 1 Nr. 2 des Einkommensteuergesetzes anzusehen ist und über das Genußrecht kein Genußschein im Sinne des Buchstabens f ausgegeben wird,

2. als Aufwendungen des Arbeitnehmers auf Grund eines Wertpapier-Kaufvertrags (§ 5),

3. als Aufwendungen des Arbeitnehmers auf Grund eines Beteiligungs-Vertrags (§ 6) oder eines Beteiligungs-Kaufvertrags (§ 7),

4. als Aufwendungen des Arbeitnehmers nach den Vorschriften des Wohnungsbau-Prämiengesetzes; die Voraussetzungen für die Gewährung einer Prämie nach dem Wohnungsbau-Prämiengesetz brauchen nicht vorzuliegen; die Anlage vermögenswirksamer Leistungen als Aufwendungen nach § 2 Abs. 1 Nr. 2 des Wohnungsbau-Prämiengesetzes für den ersten Erwerb von Anteilen an Bau- und Wohnungsgenossenschaften setzt voraus, daß die Voraussetzungen der Nummer 1 Buchstabe g zweiter Halbsatz erfüllt sind,

5. als Aufwendungen des Arbeitnehmers

a) zum Bau, zum Erwerb, zum Ausbau oder zur Erweiterung eines im Inland belegenen Wohngebäudes oder einer im Inland belegenen Eigentumswohnung,

b) zum Erwerb eines Dauerwohnrechts im Sinne des Wohnungseigentumsgesetzes an einer im Inland belegenen Wohnung,

c) zum Erwerb eines im Inland belegenen Grundstücks zum Zwecke des Wohnungsbaus oder

d) zur Erfüllung von Verpflichtungen, die im Zusammenhang mit den in den Buchstaben a bis c bezeichneten Vorhaben eingegangen sind,

sofern der Anlage nicht ein von einem Dritten vorgefertigtes Konzept zu Grunde liegt, bei dem der Arbeitnehmer vermögenswirksame Leistungen zusammen mit mehr als 15 anderen

Arbeitnehmern anlegen kann; die Förderung der Aufwendungen nach den Buchstaben a bis c setzt voraus, daß sie unmittelbar für die dort bezeichneten Vorhaben verwendet werden,

6. als Sparbeiträge des Arbeitnehmers auf Grund eines Sparvertrags (§ 8),

7. als Beiträge des Arbeitnehmers auf Grund eines Kapitalversicherungsvertrags (§ 9),

8. als Aufwendungen des Arbeitnehmers, der nach § 18 Abs. 2 oder 3 die Mitgliedschaft in einer Genossenschaft oder Gesellschaft mit beschränkter Haftung gekündigt hat, zur Erfüllung von Verpflichtungen aus der Mitgliedschaft, die nach dem 31. Dezember 1994 fortbestehen oder entstehen.

(2) Aktien, Wandelschuldverschreibungen, Gewinnschuldverschreibungen oder Genußscheine eines Unternehmens, das im Sinne des § 18 Abs. 1 des Aktiengesetzes als herrschendes Unternehmen mit dem Unternehmen des Arbeitgebers verbunden ist, stehen Aktien, Wandelschuldverschreibungen, Gewinnschuldverschreibungen oder Genußscheinen im Sinne des Absatzes 1 Nr. 1 Buchstabe a, b oder f gleich, die vom Arbeitgeber ausgegeben werden. Ein Geschäftsguthaben bei einer Genossenschaft mit Sitz und Geschäftsleitung im Geltungsbereich dieses Gesetzes, die im Sinne des § 18 Abs. 1 des Aktiengesetzes als herrschendes Unternehmen mit dem Unternehmen des Arbeitgebers verbunden ist, steht einem Geschäftsguthaben im Sinne des Absatzes 1 Nr. 1 Buchstabe g bei einer Genossenschaft, die das Unternehmen des Arbeitgebers ist, gleich. Eine Stammeinlage oder ein Geschäftsanteil an einer Gesellschaft mit beschränkter Haftung mit Sitz und Geschäftsleitung im Geltungsbereich dieses Gesetzes, die im Sinne des § 18 Abs. 1 des Aktiengesetzes als herrschendes Unternehmen mit dem Unternehmen des Arbeitgebers verbunden ist, stehen einer Stammeinlage oder einem Geschäftsanteil im Sinne des Absatzes 1 Nr. 1 Buchstabe h an einer Gesellschaft, die das Unternehmen des Arbeitgebers ist, gleich. Eine Beteiligung als stiller Gesellschafter an einem Unternehmen mit Sitz und Geschäftsleitung im Geltungsbereich dieses Gesetzes, das im Sinne des § 18 Abs. 1 des Aktiengesetzes als herrschendes Unternehmen mit dem Unternehmen des Arbeitgebers verbunden ist oder das auf Grund eines Vertrags mit dem Arbeitgeber an dessen Unternehmen gesellschaftsrechtlich beteiligt ist, steht einer Beteiligung als stiller Gesellschafter im Sinne des Absatzes 1 Nr. 1 Buchstabe i gleich. Eine Darlehensforderung gegen ein Unternehmen mit Sitz und Geschäftsleitung im Geltungsbereich dieses Gesetzes, das im Sinne des § 18 Abs. 1 des Aktiengesetzes als herrschendes Unternehmen mit dem Unternehmen des Arbeitgebers verbunden ist, oder ein Genußrecht an einem solchen Unternehmen stehen einer Darlehensforderung oder einem Genußrecht im Sinne des Absatzes 1 Nr. 1 Buchstabe k oder l gleich.

(3) Die Anlage vermögenswirksamer Leistungen in Gewinnschuldverschreibungen im Sinne des Absatzes 1 Nr. 1 Buchstabe b und des Absatzes 2 Satz 1, in denen neben der gewinnabhängigen Verzinsung eine gewinnunabhängige Mindestverzinsung zugesagt ist, setzt voraus, daß

1. der Aussteller in der Gewinnschuldverschreibung erklärt, die gewinnunabhängige Mindestverzinsung werde im Regelfall die Hälfte der Gesamtverzinsung nicht überschreiten, oder

2. die gewinnunabhängige Mindestverzinsung zum Zeitpunkt der Ausgabe der Gewinnschuldverschreibung die Hälfte der Emissionsrendite festverzinslicher Wertpapiere nicht überschreitet, die in den Monatsberichten der Deutschen Bundesbank für den viertletzten Kalendermonat ausgewiesen wird, der dem Kalendermonat der Ausgabe vorausgeht.

(4) Die Anlage vermögenswirksamer Leistungen in Genußscheinen und Genußrechten im Sinne des Absatzes 1 Nr. 1 Buchstabe f und l und des Absatzes 2 Satz 1 und 5 setzt voraus, daß eine Rückzahlung zum Nennwert nicht zugesagt ist; ist neben dem Recht am Gewinn eine gewinnunabhängige Mindestverzinsung zugesagt, gilt Absatz 3 entsprechend.

(5) Der Anlage vermögenswirksamer Leistungen nach Absatz 1 Nr. 1 Buchstabe f, i bis l, Absatz 2 Satz 1, 4 und 5 sowie Absatz 4 in einer Genossenschaft mit Sitz und Geschäftsleitung im Geltungsbereich dieses Gesetzes stehen § 19 und eine Festsetzung durch Satzung gemäß § 20 des Genossenschaftsgesetzes nicht entgegen.

(5a) Der Arbeitgeber hat vor der Anlage vermögenswirksamer Leistungen im eigenen Unternehmen in Zusammenarbeit mit dem Arbeitnehmer Vorkehrungen zu treffen, die der Absicherung der angelegten vermögenswirksamen Leistungen bei einer während der Dauer der Sperrfrist eintretenden Zahlungsunfähigkeit des Arbeitgebers dienen. Das Bundesministerium für Arbeit und Sozialordnung berichtet den gesetzgebenden Körperschaften bis zum 30. Juni 2002 über die nach Satz 1 getroffenen Vorkehrungen.

(6) Vermögenswirksame Leistungen sind steuerpflichtige Einnahmen im Sinne des Einkommensteuergesetzes und Einkommen, Verdienst oder Entgelt (Arbeitsentgelt) im Sinne der Sozialversicherung und des Dritten Buches Sozialgesetzbuch. Reicht der nach Abzug der vermögenswirksamen Leistung verbleibende Arbeitslohn zur Deckung der einzubehaltenden Steuern, Sozialversicherungsbeiträge und Beiträge zur Bundesagentur für Arbeit nicht aus, so hat der Arbeitnehmer dem Arbeitgeber den zur Deckung erforderlichen Betrag zu zahlen.

(7) Vermögenswirksame Leistungen sind arbeitsrechtlich Bestandteil des Lohns oder Gehalts. Der Anspruch auf die vermögenswirksame Leistung ist nicht übertragbar.

§ 3 Vermögenswirksame Leistungen für Angehörige, Überweisung durch den Arbeitgeber, Kennzeichnungs-, Bestätigungs- und Mitteilungspflichten

(1) Vermögenswirksame Leistungen können auch angelegt werden

1. zugunsten des nicht dauernd getrennt lebenden Ehegatten oder Lebenspartners des Arbeitnehmers,

2. zugunsten der in § 32 Abs. 1 des Einkommensteuergesetzes bezeichneten Kinder, die zu Beginn des maßgebenden Kalenderjahrs das 17. Lebensjahr noch nicht vollendet hatten oder die in diesem Kalenderjahr lebend geboren wurden oder

3. zugunsten der Eltern oder eines Elternteils des Arbeitnehmers, wenn der Arbeitnehmer als Kind die Voraussetzungen der Nummer 2 erfüllt.

Dies gilt nicht für die Anlage vermögenswirksamer Leistungen auf Grund von Verträgen nach den §§ 5 bis 7.

(2) Der Arbeitgeber hat die vermögenswirksamen Leistungen für den Arbeitnehmer unmittelbar an das Unternehmen oder Institut zu überweisen, bei dem sie angelegt werden sollen. Er hat dabei gegenüber dem Unternehmen oder Institut die vermögenswirksamen Leistungen zu kennzeichnen. Das Unternehmen oder Institut hat die nach § 2 Abs. 1 Nr. 1 bis 5, Abs. 2 bis 4 angelegten vermögenswirksamen Leistungen und die Art ihrer Anlage zu kennzeichnen. Kann eine vermögenswirksame Leistung nicht oder nicht mehr die Voraussetzungen des § 2 Abs. 1 bis 4 erfüllen, so hat das Unternehmen oder Institut dies dem Arbeitgeber unverzüglich schriftlich mitzuteilen. Die Sätze 1 bis 4 gelten nicht für die Anlage vermögenswirksamer Leistungen auf Grund von Verträgen nach den §§ 5, 6 Abs. 1 und § 7 Abs. 1 mit dem Arbeitgeber.

(3) Für eine vom Arbeitnehmer gewählte Anlage nach § 2 Abs. 1 Nr. 5 hat der Arbeitgeber auf Verlangen des Arbeitnehmers die vermögenswirksamen Leistungen an den Arbeitnehmer zu überweisen, wenn dieser dem Arbeitgeber eine schriftliche Bestätigung seines Gläubigers vorgelegt hat, daß die Anlage bei ihm die Voraussetzungen des § 2 Abs. 1 Nr. 5 erfüllt; Absatz 2 gilt in diesem Falle nicht. Der Arbeitgeber hat die Richtigkeit der Bestätigung nicht zu prüfen.

§ 4 Sparvertrag über Wertpapiere oder andere Vermögensbeteiligungen

(1) Ein Sparvertrag über Wertpapiere oder andere Vermögensbeteiligungen im Sinne des § 2 Abs. 1 Nr. 1 ist ein Sparvertrag mit einem Kreditinstitut oder eine Kapitalverwaltungsgesellschaft, in dem sich der Arbeitnehmer verpflichtet, als Sparbeiträge zum Erwerb von Wertpapieren im Sinne des § 2 Abs. 1 Nr. 1 Buchstabe a bis f, Abs. 2 Satz 1, Abs. 3 und 4 oder zur Begründung oder zum Erwerb von Rechten im Sinne des § 2 Abs. 1 Nr. 1 Buchstabe g bis l, Abs. 2 Satz 2 bis 5 und Abs. 4 einmalig oder für die Dauer von sechs Jahren seit Vertragsabschluß laufend vermögenswirksame Leistungen einzahlen zu lassen oder andere Beträge einzuzahlen.

(2) Die Förderung der auf Grund eines Vertrags nach Absatz 1 angelegten vermögenswirksamen Leistungen setzt voraus, daß

1. die Leistungen eines Kalenderjahrs, vorbehaltlich des Absatzes 3, spätestens bis zum Ablauf des folgenden Kalenderjahrs zum Erwerb der Wertpapiere oder zur Begründung oder zum Erwerb der Rechte verwendet und bis zur Verwendung festgelegt werden und

2. die mit den Leistungen erworbenen Wertpapiere unverzüglich nach ihrem Erwerb bis zum Ablauf einer Frist von sieben Jahren (Sperrfrist) festgelegt werden und über die Wertpapiere oder die mit den Leistungen begründeten oder erworbenen Rechte bis zum Ablauf der Sperrfrist nicht durch Rückzahlung, Abtretung, Beleihung oder in anderer Weise verfügt wird.

Die Sperrfrist gilt für alle auf Grund des Vertrags angelegten vermögenswirksamen Leistungen und beginnt am 1. Januar des Kalenderjahrs, in dem der Vertrag abgeschlossen worden ist. Als Zeitpunkt des Vertragsabschlusses gilt der Tag, an dem die vermögenswirksame Leistung, bei Verträgen über laufende Einzahlungen die erste vermögenswirksame Leistung, beim Kreditinstitut oder bei der Kapitalverwaltungsgesellschaft eingeht.

(3) Vermögenswirksame Leistungen, die nicht bis zum Ablauf der Frist nach Absatz 2 Nr. 1 verwendet worden sind, gelten als rechtzeitig verwendet, wenn sie am Ende eines Kalenderjahrs insgesamt 150 Euro nicht übersteigen und bis zum Ablauf der Sperrfrist nach Absatz 2 verwendet oder festgelegt werden.

(4) Eine vorzeitige Verfügung ist abweichend von Absatz 2 unschädlich, wenn

1. der Arbeitnehmer oder sein von ihm nicht dauernd getrennt lebender Ehegatte oder Lebenspartners nach Vertragsabschluß gestorben oder völlig erwerbsunfähig geworden ist,

2. der Arbeitnehmer nach Vertragsabschluß, aber vor der vorzeitigen Verfügung geheiratet oder eine Lebenspartnerschaft begründet hat und im Zeitpunkt der vorzeitigen Verfügung mindestens zwei Jahre seit Beginn der Sperrfrist vergangen sind,

3. der Arbeitnehmer nach Vertragsabschluß arbeitslos geworden ist und die Arbeitslosigkeit mindestens ein Jahr lang ununterbrochen bestanden hat und im Zeitpunkt der vorzeitigen Verfügung noch besteht,

4. der Arbeitnehmer den Erlös innerhalb der folgenden drei Monate unmittelbar für die eigene Weiterbildung oder für die seines von ihm nicht dauernd getrennt lebenden Ehegatten oder Lebenspartners einsetzt und die Maßnahme außerhalb des Betriebes, dem er oder der Ehegatte oder der Lebenspartner angehört, durchgeführt wird und Kenntnisse und Fertigkeiten vermittelt werden, die dem beruflichen Fortkommen dienen und über arbeitsplatzbezogene Anpassungsfortbildungen hinausgehen; für vermögenswirksame Leistungen, die der Arbeitgeber für den Arbeitnehmer nach § 2 Absatz 1 Nummer 1 Buchstabe a, b, f bis l angelegt hat und die Rechte am Unternehmen des Arbeitgebers begründen, gilt dies nur bei Zustimmung des Arbeitgebers; bei nach § 2 Abs. 2 gleichgestellten Anlagen gilt dies nur bei Zustimmung des Unternehmens, das im Sinne des § 18 Abs. 1 des Aktiengesetzes als herrschendes Unternehmen mit dem Unternehmen des Arbeitgebers verbunden ist,

5. der Arbeitnehmer nach Vertragsabschluß unter Aufgabe der nichtselbständigen Arbeit eine Erwerbstätigkeit, die nach § 138 Abs. 1 der Abgabenordnung der Gemeinde mitzuteilen ist, aufgenommen hat oder

6. festgelegte Wertpapiere veräußert werden und der Erlös bis zum Ablauf des Kalendermonats, der dem Kalendermonat der Veräußerung folgt, zum Erwerb von in Absatz 1 bezeichneten Wertpapieren wiederverwendet wird; der bis zum Ablauf des der Veräußerung folgenden Kalendermonats nicht wiederverwendete Erlös gilt als rechtzeitig wiederverwendet, wenn er am Ende eines Kalendermonats insgesamt 150 Euro nicht übersteigt.

(5) Unschädlich ist auch, wenn in die Rechte und Pflichten des Kreditinstituts oder der Kapitalverwaltungsgesellschaft aus dem Sparvertrag an seine Stelle ein anderes Kreditinstitut oder eine andere Kapitalverwaltungsgesellschaft während der Laufzeit des Vertrags durch Rechtsgeschäft eintritt.

(6) Werden auf einen Vertrag über laufend einzuzahlende vermögenswirksame Leistungen oder andere Beträge in einem Kalenderjahr, das dem Kalenderjahr des Vertragsabschlusses folgt, weder vermögenswirksame Leistungen noch andere Beträge eingezahlt, so ist der Vertrag unterbrochen und kann nicht fortgeführt werden. Das gleiche gilt, wenn mindestens alle Einzahlungen eines Kalenderjahrs zurückgezahlt oder die Rückzahlungsansprüche aus dem Vertrag abgetreten oder beliehen werden.

§ 5 Wertpapier-Kaufvertrag

(1) Ein Wertpapier-Kaufvertrag im Sinne des § 2 Abs. 1 Nr. 2 ist ein Kaufvertrag zwischen dem Arbeitnehmer und dem Arbeitgeber zum Erwerb von Wertpapieren im Sinne des § 2 Abs. 1 Nr. 1 Buchstabe a bis f, Abs. 2 Satz 1, Abs. 3 und 4 durch den Arbeitnehmer mit der Vereinbarung, den vom Arbeitnehmer geschuldeten Kaufpreis mit vermögenswirksamen Leistungen zu verrechnen oder mit anderen Beträgen zu zahlen.

(2) Die Förderung der auf Grund eines Vertrags nach Absatz 1 angelegten vermögenswirksamen Leistungen setzt voraus, daß

1. mit den Leistungen eines Kalenderjahrs spätestens bis zum Ablauf des folgenden Kalenderjahrs die Wertpapiere erworben werden und

2. die mit den Leistungen erworbenen Wertpapiere unverzüglich nach ihrem Erwerb bis zum Ablauf einer Frist von sechs Jahren (Sperrfrist) festgelegt werden und über die Wertpapiere bis zum Ablauf der Sperrfrist nicht durch Rückzahlung, Abtretung, Beleihung oder in anderer Weise verfügt wird; die Sperrfrist beginnt am 1. Januar des Kalenderjahrs, in dem das Wertpapier erworben worden ist; § 4 Abs. 4 Nr. 1 bis 5 gilt entsprechend.

§ 6 Beteiligungs-Vertrag

(1) Ein Beteiligungs-Vertrag im Sinne des § 2 Abs. 1 Nr. 3 ist ein Vertrag zwischen dem Arbeitnehmer und dem Arbeitgeber über die Begründung von Rechten im Sinne des § 2 Abs. 1 Nr. 1 Buchstabe g bis l und Abs. 4 für den Arbeitnehmer am Unternehmen des Arbeitgebers mit der Vereinbarung, die vom Arbeitnehmer für die Begründung geschuldete Geldsumme mit vermögenswirksamen Leistungen zu verrechnen oder mit anderen Beträgen zu zahlen.

(2) Ein Beteiligungs-Vertrag im Sinne des § 2 Abs. 1 Nr. 3 ist auch ein Vertrag zwischen dem Arbeitnehmer und

1. einem Unternehmen, das nach § 2 Abs. 2 Satz 2 bis 5 mit dem Unternehmen des Arbeitgebers verbunden oder nach § 2 Abs. 2 Satz 4 an diesem Unternehmen beteiligt ist, über die Begründung von Rechten im Sinne des § 2 Abs. 1 Nr. 1 Buchstabe g bis l, Abs. 2 Satz 2 bis 5 und Abs. 4 für den Arbeitnehmer an diesem Unternehmen oder

2. einer Genossenschaft mit Sitz und Geschäftsleitung im Geltungsbereich dieses Gesetzes, die ein Kreditinstitut oder eine Bau- oder Wohnungsgenossenschaft ist, die die Voraussetzungen des § 2 Abs. 1 Nr. 1 Buchstabe g zweiter Halbsatz erfüllt, über die Begründung eines Geschäftsguthabens für den Arbeitnehmer bei dieser Genossenschaft mit der Vereinbarung, die vom Arbeitnehmer für die Begründung der Rechte oder des Geschäftsguthabens geschuldete Geldsumme mit vermögenswirksamen Leistungen zahlen zu lassen oder mit anderen Beträgen zu zahlen.

(3) Die Förderung der auf Grund eines Vertrags nach Absatz 1 oder 2 angelegten vermögenswirksamen Leistungen setzt voraus, daß

1. mit den Leistungen eines Kalenderjahrs spätestens bis zum Ablauf des folgenden Kalenderjahrs die Rechte begründet werden und

2. über die mit den Leistungen begründeten Rechte bis zum Ablauf einer Frist von sechs Jahren (Sperrfrist) nicht durch Rückzahlung, Abtretung, Beleihung oder in anderer Weise verfügt wird; die Sperrfrist beginnt am 1. Januar des Kalenderjahrs, in dem das Recht begründet worden ist; § 4 Abs. 4 Nr. 1 bis 5 gilt entsprechend.

§ 7 Beteiligungs-Kaufvertrag

(1) Ein Beteiligungs-Kaufvertrag im Sinne des § 2 Abs. 1 Nr. 3 ist ein Kaufvertrag zwischen dem Arbeitnehmer und dem Arbeitgeber zum Erwerb von Rechten im Sinne des § 2 Abs. 1 Nr. 1 Buchstabe g bis l, Abs. 2 Satz 2 bis 5 und Abs. 4 durch den Arbeitnehmer mit der Vereinbarung, den vom Arbeitnehmer geschuldeten Kaufpreis mit vermögenswirksamen Leistungen zu verrechnen oder mit anderen Beträgen zu zahlen.

(2) Ein Beteiligungs-Kaufvertrag im Sinne des § 2 Abs. 1 Nr. 3 ist auch ein Kaufvertrag zwischen dem Arbeitnehmer und einer Gesellschaft mit beschränkter Haftung, die nach § 2 Abs. 2 Satz 3 mit dem Unternehmen des Arbeitgebers verbunden ist, zum Erwerb eines Geschäftsanteils im Sinne des § 2 Abs. 1 Nr. 1 Buchstabe h an dieser Gesellschaft durch den Arbeitnehmer mit der Vereinbarung, den vom Arbeitnehmer geschuldeten Kaufpreis mit vermögenswirksamen Leistungen zahlen zu lassen oder mit anderen Beträgen zu zahlen.

(3) Für die Förderung der auf Grund eines Vertrags nach Absatz 1 oder 2 angelegten vermögenswirksamen Leistungen gilt § 6 Abs. 3 entsprechend.

§ 8 Sparvertrag

(1) Ein Sparvertrag im Sinne des § 2 Abs. 1 Nr. 6 ist ein Sparvertrag zwischen dem Arbeitnehmer und einem Kreditinstitut, in dem die in den Absätzen 2 bis 5 bezeichneten Vereinbarungen, mindestens aber die in den Absätzen 2 und 3 bezeichneten Vereinbarungen, getroffen sind.

(2) Der Arbeitnehmer ist verpflichtet,

1. einmalig oder für die Dauer von sechs Jahren seit Vertragsabschluß laufend, mindestens aber einmal im Kalenderjahr, als Sparbeiträge vermögenswirksame Leistungen einzahlen zu lassen oder andere Beträge einzuzahlen und

2. bis zum Ablauf einer Frist von sieben Jahren (Sperrfrist) die eingezahlten vermögenswirksamen Leistungen bei dem Kreditinstitut festzulegen und die Rückzahlungsansprüche aus dem Vertrag weder abzutreten noch zu beleihen.

Der Zeitpunkt des Vertragsabschlusses und der Beginn der Sperrfrist bestimmen sich nach den Regelungen des § 4 Abs. 2 Satz 2 und 3.

(3) Der Arbeitnehmer ist abweichend von der in Absatz 2 Satz 1 Nr. 2 bezeichneten Vereinbarung zu vorzeitiger Verfügung berechtigt, wenn eine der in § 4 Abs. 4 Nr. 1 bis 5 bezeichneten Voraussetzungen erfüllt ist.

(4) Der Arbeitnehmer ist abweichend von der in Absatz 2 Satz 1 Nr. 2 bezeichneten Vereinbarung auch berechtigt, vor Ablauf der Sperrfrist mit eingezahlten vermögenswirksamen Leistungen zu erwerben

1. Wertpapiere im Sinne des § 2 Abs. 1 Nr. 1 Buchstabe a bis f, Abs. 2 Satz 1, Abs. 3 und 4,

2. Schuldverschreibungen, die vom Bund, von den Ländern, von den Gemeinden, von anderen Körperschaften des öffentlichen Rechts, vom Arbeitgeber, von einem im Sinne des § 18 Abs. 1 des Aktiengesetzes als herrschendes Unternehmen mit dem Unternehmen des Arbeitgebers verbundenen Unternehmen oder von einem Kreditinstitut mit Sitz und Geschäftsleitung im Geltungsbereich dieses Gesetzes ausgegeben werden, Namensschuldverschreibungen des

Arbeitgebers jedoch nur dann, wenn auf dessen Kosten die Ansprüche des Arbeitnehmers aus der Schuldverschreibung durch ein Kreditinstitut verbürgt oder durch ein Versicherungsunternehmen privatrechtlich gesichert sind und das Kreditinstitut oder Versicherungsunternehmen im Geltungsbereich dieses Gesetzes zum Geschäftsbetrieb befugt ist,

3. Genußscheine, die von einem Kreditinstitut mit Sitz und Geschäftsleitung im Geltungsbereich dieses Gesetzes, das nicht der Arbeitgeber ist, als Wertpapiere ausgegeben werden, wenn mit den Genußscheinen das Recht am Gewinn des Kreditinstituts verbunden ist, der Arbeitnehmer nicht als Mitunternehmer im Sinne des § 15 Abs. 1 Nr. 2 des Einkommensteuergesetzes anzusehen ist und die Voraussetzungen des § 2 Abs. 4 erfüllt sind,

4. Anleiheforderungen, die in ein Schuldbuch des Bundes oder eines Landes eingetragen werden,

5. Anteile an einem Sondervermögen, die von Kapitalverwaltungsgesellschaften im Sinne des Kapitalanlagegesetzbuchs ausgegeben werden und nicht unter § 2 Abs. 1 Nr. 1 Buchstabe c fallen, oder

6. Anteile an offenen EU-Investmentvermögen und ausländischen AIF, die nach dem Kapitalanlagegesetzbuch vertrieben werden dürfen.

Der Arbeitnehmer ist verpflichtet, bis zum Ablauf der Sperrfrist die nach Satz 1 erworbenen Wertpapiere bei dem Kreditinstitut, mit dem der Sparvertrag abgeschlossen ist, festzulegen und über die Wertpapiere nicht zu verfügen; diese Verpflichtung besteht nicht, wenn eine der in § 4 Abs. 4 Nr. 1 bis 5 bezeichneten Voraussetzungen erfüllt ist.

(5) Der Arbeitnehmer ist abweichend von der in Absatz 2 Satz 1 Nummer 2 bezeichneten Vereinbarung auch berechtigt, vor Ablauf der Sperrfrist die Überweisung eingezahlter vermögenswirksamer Leistungen auf einen von ihm oder seinem nicht dauernd getrennt lebenden Ehegatten oder Lebenspartner abgeschlossenen Bausparvertrag zu verlangen, wenn weder mit der Auszahlung der Bausparsumme begonnen worden ist noch die überwiesenen Beträge vor Ablauf der Sperrfrist ganz oder zum Teil zurückgezahlt noch Ansprüche aus dem Bausparvertrag abgetreten oder beliehen werden oder wenn eine solche vorzeitige Verfügung nach § 2 Absatz 3 Satz 2 Nummer 1 und 2 des Wohnungsbau-Prämiengesetzes in der Fassung der Bekanntmachung vom 30. Oktober 1997 (BGBl. I S. 2678), das zuletzt durch Artikel 7 des Gesetzes vom 5. April 2011 (BGBl. I S. 554) geändert worden ist, in der jeweils geltenden Fassung unschädlich ist. Satz 1 gilt für vor dem 1. Januar 2009 und nach dem 31. Dezember 2008 abgeschlossene Bausparverträge.

§ 9   Kapitalversicherungsvertrag

(1) Ein Kapitalversicherungsvertrag im Sinne des § 2 Abs. 1 Nr. 7 ist ein Vertrag über eine Kapitalversicherung auf den Erlebens- und Todesfall gegen laufenden Beitrag, der für die Dauer von mindestens zwölf Jahren und mit den in den Absätzen 2 bis 5 bezeichneten Vereinbarungen zwischen dem Arbeitnehmer und einem Versicherungsunternehmen abgeschlossen ist, das im Geltungsbereich dieses Gesetzes zum Geschäftsbetrieb befugt ist.

(2) Der Arbeitnehmer ist verpflichtet, als Versicherungsbeiträge vermögenswirksame Leistungen einzuzahlen zu lassen oder andere Beträge einzuzahlen.

(3) Die Versicherungsbeiträge enthalten keine Anteile für Zusatzleistungen wie für Unfall, Invalidität oder Krankheit.

(4) Der Versicherungsvertrag sieht vor, daß bereits ab Vertragsbeginn ein nicht kürzbarer Anteil von mindestens 50 Prozent des gezahlten Beitrags als Rückkaufswert (§ 169 des Versicherungsvertragsgesetzes) erstattet oder der Berechnung der prämienfreien Versicherungsleistung § 165 des Versicherungsvertragsgesetzes) zugrunde gelegt wird.

(5) Die Gewinnanteile werden verwendet

1. zur Erhöhung der Versicherungsleistung oder

2. auf Verlangen des Arbeitnehmers zur Verrechnung mit fälligen Beiträgen, wenn er nach Vertragsabschluß arbeitslos geworden ist und die Arbeitslosigkeit mindestens ein Jahr lang ununterbrochen bestanden hat und im Zeitpunkt der Verrechnung noch besteht.

§ 10   Vereinbarung zusätzlicher vermögenswirksamer Leistungen

(1) Vermögenswirksame Leistungen können in Verträgen mit Arbeitnehmern, in Betriebsvereinbarungen, in Tarifverträgen oder in bindenden Festsetzungen (§ 19 des Heimarbeitsgesetzes) vereinbart werden.

(2) – (4) (aufgehoben)

(5) Der Arbeitgeber kann auf tarifvertraglich vereinbarte vermögenswirksame Leistungen die betrieblichen Sozialleistungen anrechnen, die dem Arbeitnehmer in dem Kalenderjahr bisher schon als vermögenswirksame Leistungen erbracht worden sind.

§ 11   Vermögenswirksame Anlage von Teilen des Arbeitslohns

(1) Der Arbeitgeber hat auf schriftliches Verlangen des Arbeitnehmers einen Vertrag über die vermögenswirksame Anlage von Teilen des Arbeitslohns abzuschließen.

(2) Auch vermögenswirksam angelegte Teile des Arbeitslohns sind vermögenswirksame Leistungen im Sinne dieses Gesetzes.

(3) Zum Abschluß eines Vertrags nach Absatz 1, wonach die Lohnteile nicht zusammen mit anderen vermögenswirksamen Leistungen für den Arbeitnehmer angelegt und überwiesen werden sollen, ist der Arbeitgeber nur dann verpflichtet, wenn der Arbeitnehmer die Anlage von Teilen des Arbeitslohns in monatlichen der Höhe nach gleichbleibenden Beträgen von mindestens 13 Euro oder in vierteljährlichen der Höhe nach gleichbleibenden Beträgen von mindestens 39 Euro oder nur einmal im Kalenderjahr in Höhe eines Betrags von mindestens 39 Euro verlangt. Der Arbeitnehmer kann bei der Anlage in monatlichen Beträgen während des Kalenderjahrs die Art der vermögenswirksamen Anlage und das Unternehmen oder Institut, bei dem sie erfolgen soll, nur mit Zustimmung des Arbeitgebers wechseln.

(4) Der Arbeitgeber kann einen Termin im Kalenderjahr bestimmen, zu dem die Arbeitnehmer des Betriebs oder Betriebsteils die einmalige Anlage von Teilen des Arbeitslohns nach Absatz 3 verlangen können. Die Bestimmung dieses Termins unterliegt der Mitbestimmung des Betriebsrats oder der zuständigen Personalvertretung; das für die Mitbestimmung in sozialen Angelegenheiten vorgeschriebene Verfahren ist einzuhalten. Der nach Satz 1 bestimmte Termin ist den Arbeitnehmern in jedem Kalenderjahr erneut in geeigneter Form bekanntzugeben. Zu einem anderen als dem nach Satz 1 bestimmten Termin kann der Arbeitnehmer eine einmalige Anlage nach Absatz 3 nur verlangen

1. von Teilen des Arbeitslohns, den er im letzten Lohnzahlungszeitraum des Kalenderjahrs erzielt, oder

2. von Teilen besonderer Zuwendungen, die im Zusammenhang mit dem Weihnachtsfest oder Jahresende gezahlt werden.

(5) Der Arbeitnehmer kann jeweils einmal im Kalenderjahr von dem Arbeitgeber schriftlich verlangen, daß der Vertrag über die vermögenswirksame Anlage von Teilen des Arbeitslohns aufgehoben, eingeschränkt oder erweitert wird. Im Fall der Aufhebung ist der Arbeitgeber nicht verpflichtet, in demselben Kalenderjahr einen neuen Vertrag über die vermögenswirksame Anlage von Teilen des Arbeitslohns abzuschließen.

(6) In Tarifverträgen oder Betriebsvereinbarungen kann von den Absätzen 3 bis 5 abgewichen werden.

§ 12   Freie Wahl der Anlage

Vermögenswirksame Leistungen werden nur dann nach den Vorschriften dieses Gesetzes gefördert, wenn der Arbeitnehmer die Art der vermögenswirksamen Anlage und das Unternehmen oder Institut, bei dem sie erfolgen soll, frei wählen kann. Einer Förderung steht jedoch nicht entgegen, daß durch Tarifvertrag die Anlage auf die Formen des § 2 Abs. 1 Nr. 1 bis 5, Abs. 2 bis 4 beschränkt wird. Eine Anlage im Unternehmen des Arbeitgebers nach § 2 Abs. 1 Nr. 1 Buchstabe g bis l und Abs. 4 ist nur mit Zustimmung des Arbeitgebers zulässig.

§ 13   Anspruch auf Arbeitnehmer-Sparzulage

(1) Der Arbeitnehmer hat Anspruch auf eine Arbeitnehmer-Sparzulage nach Absatz 2, wenn er gegenüber dem Unternehmen, dem Institut oder dem in § 3 Absatz 3 genannten Gläubiger in die Datenübermittlung nach Maßgabe des § 15 Absatz 1 Satz 2 und 3 eingewilligt hat und sein Einkommen folgende Grenzen nicht übersteigt:[1])

---

[1]) § 13 Abs. 1 Satz 1 des 5. VermBG wurde durch das AmtshilfeRLUmsG neu gefasst. Das BMF teilt den Zeitpunkt der erstmaligen Anwendung des § 13 i. d. F. des Artikels 18 des Gesetzes vom 26. 6. 2013 (BGBl. I S. 1809) durch ein im BStBl zu veröffentlichendes Schreiben mit. Bis zu diesem Zeitpunkt ist der § 13 i. d. F. des Artikels 13 des Gesetzes vom 7. 12. 2011 (BGBl. I S. 2592) weiter anzuwenden → § 17 Abs. 14 Satz 1 und 2 des 5. VermBG.
Satz 1 in der bisherigen Fassung lautet:
„¹Der Arbeitnehmer hat Anspruch auf eine Arbeitnehmer-Sparzulage nach Absatz 2, wenn sein Einkommen folgende Grenzen nicht übersteigt:
1. bei nach § 2 Abs. 1 Nr. 1 bis 3, Abs. 2 bis 4 angelegten vermögenswirksamen Leistungen die Einkommensgrenze von 20 000 Euro oder bei einer Zusammenveranlagung von Ehegatten nach § 26b des Einkommensteuergesetzes von 40 000 Euro oder
2. bei nach § 2 Abs. 1 Nr. 4 und 5 angelegten vermögenswirksamen Leistungen die Einkommensgrenze von 17 900 Euro oder bei einer Zusammenveranlagung von Ehegatten nach § 26b des Einkommensteuergesetzes von 35 800 Euro."

1. bei nach § 2 Abs. 1 Nr. 1 bis 3, Abs. 2 bis 4 angelegten vermögenswirksamen Leistungen die Einkommensgrenze von 20 000 Euro oder bei einer Zusammenveranlagung nach § 26b des Einkommensteuergesetzes von 40 000 Euro oder

2. bei nach § 2 Abs. 1 Nr. 4 und 5 angelegten vermögenswirksamen Leistungen die Einkommensgrenze von 17 900 Euro oder bei einer Zusammenveranlagung nach § 26b des Einkommensteuergesetzes von 35 800 Euro.

Maßgeblich ist das zu versteuernde Einkommen nach § 2 Absatz 5 des Einkommensteuergesetzes in dem Kalenderjahr, in dem die vermögenswirksamen Leistungen angelegt worden sind.

(2) Die Arbeitnehmer-Sparzulage beträgt 20 Prozent der nach § 2 Absatz 1 Nummer 1 bis 3, Absatz 2 bis 4 angelegten vermögenswirksamen Leistungen, soweit sie 400 Euro im Kalenderjahr nicht übersteigen, und 9 Prozent der nach § 2 Absatz 1 Nummer 4 und 5 angelegten vermögenswirksamen Leistungen, soweit sie 470 Euro im Kalenderjahr nicht übersteigen.

(3) Die Arbeitnehmer-Sparzulage gilt weder als steuerpflichtige Einnahme im Sinne des Einkommensteuergesetzes noch als Einkommen, Verdienst oder Entgelt (Arbeitsentgelt) im Sinne der Sozialversicherung und des Dritten Buches Sozialgesetzbuch; sie gilt arbeitsrechtlich nicht als Bestandteil des Lohns oder Gehalts. Der Anspruch auf Arbeitnehmer-Sparzulage ist nicht übertragbar.

(4) Der Anspruch auf Arbeitnehmer-Sparzulage entsteht mit Ablauf des Kalenderjahrs, in dem die vermögenswirksamen Leistungen angelegt worden sind.

(5) Der Anspruch auf Arbeitnehmer-Sparzulage entfällt rückwirkend, soweit die in den §§ 4 bis 7 genannten Fristen oder bei einer Anlage nach § 2 Abs. 1 Nr. 4 die in § 2 Abs. 1 Nr. 3 und 4 und Abs. 3 Satz 1 des Wohnungsbau-Prämiengesetzes vorgesehenen Voraussetzungen nicht eingehalten werden. Satz 1 gilt für vor dem 1. Januar 2009 und nach dem 31. Dezember 2008 abgeschlossene Bausparverträge. Der Anspruch entfällt nicht, wenn die Sperrfrist nicht eingehalten wird, weil

1. der Arbeitnehmer das Umtausch- oder Abfindungsangebot eines Wertpapier-Emittenten angenommen hat oder Wertpapiere dem Aussteller nach Auslosung oder Kündigung durch den Aussteller zur Einlösung vorgelegt worden sind,

2. die mit den vermögenswirksamen Leistungen erworbenen oder begründeten Wertpapiere oder Rechte im Sinne des § 2 Abs. 1 Nr. 1, Abs. 2 bis 4 ohne Mitwirkung des Arbeitnehmers wertlos geworden sind oder

3. der Arbeitnehmer über nach § 2 Abs. 1 Nr. 4 angelegte vermögenswirksame Leistungen nach Maßgabe des § 4 Abs. 4 Nr. 4 in Höhe von mindestens 30 Euro verfügt.

§ 14 Festsetzung der Arbeitnehmer-Sparzulage, Anwendung der Abgabenordnung, Verordnungsermächtigung, Rechtsweg

(1) Die Verwaltung der Arbeitnehmer-Sparzulage obliegt den Finanzämtern. Die Arbeitnehmer-Sparzulage wird aus den Einnahmen an Lohnsteuer gezahlt.

(2) Auf die Arbeitnehmer-Sparzulage sind die für Steuervergütungen geltenden Vorschriften der Abgabenordnung entsprechend anzuwenden. Dies gilt nicht für § 163 der Abgabenordnung.

(3) Für die Arbeitnehmer-Sparzulage gelten die Strafvorschriften des § 370 Abs. 1 bis 4, der §§ 371, 375 Abs. 1 und des § 376 sowie die Bußgeldvorschriften der §§ 378, 379 Abs. 1 und 4 und der §§ 383 und 384 der Abgabenordnung entsprechend. Für das Strafverfahren wegen einer Straftat nach Satz 1 sowie der Begünstigung einer Person, die eine solche Tat begangen hat, gelten die §§ 385 bis 408, für das Bußgeldverfahren wegen einer Ordnungswidrigkeit nach Satz 1 die §§ 409 bis 412 der Abgabenordnung entsprechend.

(4) Die Arbeitnehmer-Sparzulage wird auf Antrag durch das für die Besteuerung des Arbeitnehmers nach dem Einkommen zuständige Finanzamt festgesetzt. Der Arbeitnehmer hat den Antrag nach amtlich vorgeschriebenem Vordruck zu stellen.[1]) Die Arbeitnehmer-Sparzulage wird fällig

a) mit Ablauf der für die Anlageform vorgeschriebenen Sperrfrist nach diesem Gesetz,

---

1) § 14 Abs. 4 Satz 3 des 5. VermBG wurde durch das AmtshilfeRLUmsG neu gefasst. Das BMF teilt den Zeitpunkt der erstmaligen Anwendung des § 14 Abs. 4 i. d. F. des Artikels 18 des Gesetzes vom 26. 6. 2013 (BGBl. I S. 1809) durch ein im BStBl zu veröffentlichendes Schreiben mit. Bis zu diesem Zeitpunkt ist der § 14 Abs. 4 i. d. F. des Artikels 13 des Gesetzes vom 7. 12. 2011 (BGBl. I S. 2592) weiter anzuwenden → § 17 Abs. 14 Satz 1 und 2 des 5. VermBG.
Satz 3 in der bisherigen Fassung lautet:
„³Der Arbeitnehmer hat die vermögenswirksamen Leistungen durch die Bescheinigung nach § 15 Abs. 1 nachzuweisen."

b) mit Ablauf der im Wohnungsbau-Prämiengesetz oder in der Verordnung zur Durchführung des Wohnungsbau-Prämiengesetzes genannten Sperr- und Rückzahlungsfristen. Bei Bausparverträgen gelten die in § 2 Abs. 3 Satz 1 des Wohnungsbau-Prämiengesetzes genannten Sperr- und Rückzahlungsfristen und zwar unabhängig davon, ob der Vertrag vor dem 1. Januar 2009 oder nach dem 31. Dezember 2008 abgeschlossen worden ist,

c) mit Zuteilung des Bausparvertrags oder

d) in den Fällen unschädlicher Verfügung.

(5) Ein Bescheid über die Ablehnung der Festsetzung einer Arbeitnehmer-Sparzulage ist aufzuheben und die Arbeitnehmer-Sparzulage ist nachträglich festzusetzen, wenn der Einkommensteuerbescheid nach Ergehen des Ablehnungsbescheides geändert wird und dadurch erstmals festgestellt wird, dass die Einkommensgrenzen des § 13 Absatz 1 unterschritten sind. Die Frist für die Festsetzung der Arbeitnehmer-Sparzulage endet in diesem Fall nicht vor Ablauf eines Jahres nach Bekanntgabe des geänderten Steuerbescheides. Satz 2 gilt entsprechend, wenn der geänderten Einkommensteuerfestsetzung kein Bescheid über die Ablehnung der Festsetzung einer Arbeitnehmer-Sparzulage vorangegangen ist.

(6) Besteht für Aufwendungen, die vermögenswirksame Leistungen darstellen, ein Anspruch auf Arbeitnehmer-Sparzulage und hat der Arbeitnehmer hierfür abweichend von § 1 Satz 2 Nummer 1 des Wohnungsbau-Prämiengesetzes eine Wohnungsbauprämie beantragt, endet die Frist für die Festsetzung der Arbeitnehmer-Sparzulage nicht vor Ablauf eines Jahres nach Bekanntgabe der Mitteilung über die Änderung des Prämienanspruchs.

(7) Die Bundesregierung wird ermächtigt, durch Rechtsverordnung mit Zustimmung des Bundesrates das Verfahren bei der Festsetzung und der Auszahlung der Arbeitnehmer-Sparzulage näher zu regeln, soweit dies zur Vereinfachung des Verfahrens erforderlich ist. Dabei kann auch bestimmt werden, daß der Arbeitgeber, das Unternehmen, das Institut oder der in § 3 Abs. 3 genannte Gläubiger bei der Antragstellung mitwirkt und ihnen die Arbeitnehmer-Sparzulage zugunsten des Arbeitnehmers überwiesen wird.

(8) In öffentlich-rechtlichen Streitigkeiten über die auf Grund dieses Gesetzes ergehenden Verwaltungsakte der Finanzbehörden ist der Finanzrechtsweg gegeben.

§ 15 Elektronische Vermögensbildungsbescheinigung, Verordnungsermächtigungen, Haftung, Anrufungsauskunft, Außenprüfung[1])

(1)[2]) Das Unternehmen, das Institut oder der in § 3 Absatz 3 genannte Gläubiger hat der für die Besteuerung des Arbeitnehmers nach dem Einkommen zuständigen Finanzbehörde nach Maßgabe des § 93c der Abgabenordnung neben den in § 93c Absatz 1 der Abgabenordnung genannten Daten folgende Angaben zu übermitteln (elektronische Vermögensbildungsbescheinigung), wenn der Arbeitnehmer gegenüber der mitteilungspflichtigen Stelle in die Datenübermittlung eingewilligt hat:

1. den jeweiligen Jahresbetrag der nach § 2 Abs. 1 Nr. 1 bis 5, Abs. 2 bis 4 angelegten vermögenswirksamen Leistungen sowie die Art ihrer Anlage,

---

[1]) Die Überschrift von § 15 und Absatz 1 des 5. VermBG wurde durch das AmtshilfeRLUmsG neu gefasst bzw. geändert. Das BMF teilt den Zeitpunkt der erstmaligen Anwendung des § 15 i. d. F. des Artikels 18 des Gesetzes vom 26. 6. 2013 (BGBl. I S. 1809) durch ein im BStBl zu veröffentlichendes Schreiben mit. Bis zu diesem Zeitpunkt ist der § 15 i. d. F. des Artikels 13 des Gesetzes vom 7. 12. 2011 (BGBl. I S. 2592) weiter anzuwenden >§ 17 Abs. 14 Satz 1 und 2 des 5. VermBG.
Die Überschrift von § 15 und Absatz 1 in der bisherigen Fassung lauten:
„Bescheinigungspflichten, Haftung, Verordnungsermächtigung, Anrufungsauskunft
(1) ¹Das Unternehmen, das Institut oder der in § 3 Abs. 3 genannte Gläubiger hat dem Arbeitnehmer auf Verlangen eine Bescheinigung auszustellen über
1. den jeweiligen Jahresbetrag der nach § 2 Abs. 1 Nr. 1 bis 5, Abs. 2 bis 4 angelegten vermögenswirksamen Leistungen sowie die Art ihrer Anlage,
2. das Kalenderjahr, dem diese vermögenswirksamen Leistungen zuzuordnen sind, und
3. entweder das Ende der für die Anlageform vorgeschriebenen Sperrfrist nach diesem Gesetz oder bei einer Anlage nach § 2 Abs. 1 Nr. 4 das Ende der im Wohnungsbau-Prämiengesetz genannten Sperr- und Rückzahlungsfristen oder in der Verordnung zur Durchführung des Wohnungsbau-Prämiengesetzes genannten Sperr- und Rückzahlungsfristen. ²Bei Bausparverträgen sind die in § 2 Abs. 3 Satz 1 des Wohnungsbau-Prämiengesetzes genannten Sperr- und Rückzahlungsfristen zu bescheinigen unabhängig davon, ob der Vertrag vor dem 1. Januar 2009 oder nach dem 31. Dezember 2008 abgeschlossen worden ist.
²Das Bundesministerium der Finanzen kann mit Zustimmung des Bundesrates durch Rechtsverordnung bestimmen, dass die Bescheinigung nach Satz 1 nach amtlich vorgeschriebenem Datensatz durch Datenfernübertragung an eine amtlich bestimmte Stelle zu übermitteln ist. ³In der Rechtsverordnung können Ausnahmen zugelassen werden. ⁴In den Fällen des Satzes 2 kann auf das Ausstellen einer Bescheinigung nach Satz 1 verzichtet werden, wenn der Arbeitnehmer entsprechend unterrichtet wird. ⁵Durch die Datenübertragung gilt der Nachweis im Sinne des § 14 Abs. 4 Satz 3 als erbracht."
[2]) § 15 Abs. 1 5. VermBG wurde durch das Gesetz zur Modernisierung des Besteuerungsverfahrens (Inkrafttreten 1. 1. 2017) neu gefasst.

2. das Kalenderjahr, dem diese vermögenswirksamen Leistungen zuzuordnen sind, und

3. entweder das Ende der für die Anlageform vorgeschriebenen Sperrfrist nach diesem Gesetz oder bei einer Anlage nach § 2 Abs. 1 Nr. 4 das Ende der im Wohnungsbau-Prämiengesetz oder in der Verordnung zur Durchführung des Wohnungsbau-Prämiengesetzes genannten Sperr- und Rückzahlungsfristen. Bei Bausparverträgen sind die in § 2 Abs. 3 Satz 1 des Wohnungsbau-Prämiengesetzes genannten Sperr- und Rückzahlungsfristen zu bescheinigen unabhängig davon, ob der Vertrag vor dem 1. Januar 2009 oder nach dem 31. Dezember 2008 abgeschlossen worden ist.

Die Einwilligung nach Satz 1 ist spätestens bis zum Ablauf des zweiten Kalenderjahres, das auf das Kalenderjahr der Anlage der vermögenswirksamen Leistungen folgt, zu erteilen. Dabei hat der Arbeitnehmer dem Mitteilungspflichtigen die Identifikationsnummer mitzuteilen. Die Einwilligung gilt als erteilt, wenn die übermittelnde Stelle den Arbeitnehmer schriftlich darüber informiert, dass vom Vorliegen einer Einwilligung ausgegangen wird und die Daten übermittelt werden, wenn der Arbeitnehmer dem nicht innerhalb einer Frist von vier Wochen nach Erhalt dieser schriftlichen Information schriftlich widerspricht. Die Einwilligung gilt auch für die folgenden Kalenderjahre, es sei denn, der Arbeitnehmer widerruft diese schriftlich gegenüber der übermittelnden Stelle. Der Widerruf muss der übermittelnden Stelle vor Beginn des Kalenderjahres, für das die Einwilligung erstmals nicht mehr gelten soll, vorliegen. Wird die Einwilligung nach Ablauf des Kalenderjahres der Anlage der vermögenswirksamen Leistungen abgegeben, sind die Daten bis zum Ende des folgenden Kalendervierteljahres zu übermitteln.

(1a)[1] In den Fällen des Absatzes 1 ist für die Anwendung des § 72a Absatz 4 und des § 93c Absatz 4 Satz 1 der Abgabenordnung die für die Besteuerung der mitteilungspflichtigen Stelle nach dem Einkommen zuständige Finanzbehörde zuständig. Die nach Absatz 1 übermittelten Daten können durch den Satz 1 zuständige Finanzbehörde zum Zweck der Anwendung des § 93c Absatz 4 Satz 1 der Abgabenordnung bei den für die Besteuerung der Arbeitnehmer nach dem Einkommen zuständigen Finanzbehörden abgerufen und verwendet werden.

(2) Die Bundesregierung wird ermächtigt, durch Rechtsverordnung mit Zustimmung des Bundesrates weitere Vorschriften zu erlassen über

1. Aufzeichnungs- und Mitteilungspflichten des Arbeitgebers und des Unternehmens oder Instituts, bei dem die vermögenswirksamen Leistungen angelegt sind, und

2. die Festlegung von Wertpapieren und die Art der Festlegung, soweit dies erforderlich ist, damit nicht die Arbeitnehmer-Sparzulage zu Unrecht gezahlt, versagt, nicht zurückgefordert oder nicht einbehalten wird.

(3) Haben der Arbeitgeber, das Unternehmen, das Institut oder der in § 3 Abs. 3 genannte Gläubiger ihre Pflichten nach diesem Gesetz oder nach einer auf Grund dieses Gesetzes erlassenen Rechtsverordnung verletzt, so haften sie für die Arbeitnehmer-Sparzulage, die wegen ihrer Pflichtverletzung zu Unrecht gezahlt, nicht zurückgefordert oder nicht einbehalten worden ist.

(4)[2][3] Das Finanzamt, das für die Besteuerung nach dem Einkommen der in Absatz 3 Genannten zuständig ist, hat auf deren Anfrage Auskunft darüber zu erteilen, wie im einzelnen Fall die Vorschriften über vermögenswirksame Leistungen anzuwenden sind, die nach § 2 Absatz 1 Nummer 1 bis 5 und Absatz 2 bis 4 angelegt werden.

(5) Das für die Lohnsteuer-Außenprüfung zuständige Finanzamt kann bei den in Absatz 3 Genannten eine Außenprüfung durchführen, um festzustellen, ob sie ihre Pflichten nach diesem Gesetz oder nach einer auf Grund dieses Gesetzes erlassenen Rechtsverordnung, soweit diese mit der Anlage vermögenswirksamer Leistungen nach § 2 Abs. 1 Nr. 1 bis 5, Abs. 2 bis 4 zusammenhängen, erfüllt haben. Die §§ 195 bis 203a der Abgabenordnung gelten entsprechend.[4])

§ 16 Berlin-Klausel

(gegenstandslos)

---

1) § 15 Abs. 1a 5. VermBG wurde durch das Gesetz zur Modernisierung des Besteuerungsverfahrens (Inkrafttreten 1. 1. 2017) eingefügt.

2) Die Auskunft nach § 15 Abs. 4 des 5. VermBG ist ein Verwaltungsakt i. S. von § 118 Satz 1 AO. Diese Auskunft trifft eine Regelung dahin, wie die Finanzbehörde den vom Antragsteller dargestellten Sachverhalt gegenwärtig beurteilt. Entsprechend diesem Regelungsgehalt überprüft die Finanzgericht die Auskunft sachlich nur daraufhin, ob der Sachverhalt zutreffend erfasst und die rechtliche Beurteilung nicht evident fehlerhaft ist (→ BFH vom 5. 6. 2014 – BStBl 2015 II S. 48).

3) § 15 Abs. 4 5. VermBG wurde durch das Gesetz zur Modernisierung des Besteuerungsverfahrens (Inkrafttreten 1. 1. 2017) geändert.

4) § 15 Abs. 5 Satz 2 5. VermBG wurde durch das Gesetz zur Modernisierung des Besteuerungsverfahrens (Inkrafttreten 1. 1. 2017) geändert.

§ 17 Anwendungsvorschriften

(1) Die vorstehenden Vorschriften dieses Gesetzes gelten vorbehaltlich der nachfolgenden Absätze für vermögenswirksame Leistungen, die nach dem 31. Dezember 1993 angelegt werden.

(2) Für vermögenswirksame Leistungen, die vor dem 1. Januar 1994 angelegt werden, gilt, soweit Absatz 5 nichts anderes bestimmt, § 17 des Fünften Vermögensbildungsgesetzes in der Fassung der Bekanntmachung vom 19. Januar 1989 (BGBl. I S. 137) – Fünftes Vermögensbildungsgesetz 1989 –, unter Berücksichtigung der Änderung durch Artikel 2 Nr. 1 des Gesetzes vom 13. Dezember 1990 (BGBl. I S. 2749).

(3) Für vermögenswirksame Leistungen, die im Jahr 1994 angelegt werden auf Grund eines vor dem 1. Januar 1994 abgeschlossenen Vertrags

1. nach § 4 Abs. 1 oder § 5 Abs. 1 des Fünften Vermögensbildungsgesetzes 1989 zum Erwerb von Aktien oder Wandelschuldverschreibungen, die keine Aktien oder Wandelschuldverschreibungen im Sinne des vorstehenden § 2 Abs. 1 Nr. 1 Buchstabe a oder b, Abs. 2 Satz 1 sind, oder

2. nach § 6 Abs. 2 des Fünften Vermögensbildungsgesetzes 1989 über die Begründung eines Geschäftsguthabens bei einer Genossenschaft, die keine Genossenschaft im Sinne des vorstehenden § 2 Abs. 1 Nr. 1 Buchstabe g, Abs. 2 Satz 2 ist, oder

3. nach § 6 Abs. 2 oder § 7 Abs. 2 des Fünften Vermögensbildungsgesetzes 1989 über die Übernahme einer Stammeinlage oder zum Erwerb eines Geschäftsanteils an einer Gesellschaft mit beschränkter Haftung, die keine Gesellschaft im Sinne des vorstehenden § 2 Abs. 1 Nr. 1 Buchstabe h, Abs. 2 Satz 3 ist,

gelten statt der vorstehenden §§ 2, 4, 6 und 7 die §§ 2, 4, 6 und 7 des Fünften Vermögensbildungsgesetzes 1989.

(4) Für vermögenswirksame Leistungen, die nach dem 31. Dezember 1993 auf Grund eines Vertrags im Sinne des § 17 Abs. 5 Satz 1 des Fünften Vermögensbildungsgesetzes 1989 angelegt werden, gilt § 17 Abs. 5 und 6 des Fünften Vermögensbildungsgesetzes 1989.

(5) Für vermögenswirksame Leistungen, die vor dem 1. Januar 1994 auf Grund eines Vertrags im Sinne des Absatzes 3 angelegt worden sind, gelten § 4 Abs. 2 bis 5, § 5 Abs. 2, § 6 Abs. 3 und § 7 Abs. 3 des Fünften Vermögensbildungsgesetzes 1989 über Fristen für die Verwendung vermögenswirksamer Leistungen und über Sperrfristen nach dem 31. Dezember 1993 nicht mehr. Für vermögenswirksame Leistungen, die vor dem 1. Januar 1990 auf Grund eines Vertrags im Sinne des § 17 Abs. 2 des Fünften Vermögensbildungsgesetzes 1989 über die Begründung einer oder mehrerer Beteiligungen als stiller Gesellschafter angelegt worden sind, gilt § 7 Abs. 3 des Fünften Vermögensbildungsgesetzes in der Fassung der Bekanntmachung vom 19. Februar 1987 (BGBl. I S. 630) über die Sperrfrist nach dem 31. Dezember 1993 nicht mehr.

(6) Für vermögenswirksame Leistungen, die vor dem 1. Januar 1999 angelegt worden sind, gilt § 13 Abs. 1 und 2 dieses Gesetzes in der Fassung der Bekanntmachung vom 4. März 1994 (BGBl. I S. 406).

(7) § 13 Abs. 1 Satz 1 und Abs. 2 in der Fassung des Artikels 2 des Gesetzes vom 7. März 2009 (BGBl. I S. 451) ist erstmals für vermögenswirksame Leistungen anzuwenden, die nach dem 31. Dezember 2008 angelegt werden.

(8) § 8 Abs. 5, § 13 Abs. 5 Satz 1 und 2, § 14 Abs. 4 Satz 4 Buchstabe b und § 15 Abs. 1 Nr. 3 in der Fassung des Artikels 7 des Gesetzes vom 29. Juli 2008 (BGBl. I S. 1509) sind erstmals für vermögenswirksame Leistungen anzuwenden, die nach dem 31. Dezember 2008 angelegt werden.

(9) § 4 Abs. 4 Nr. 4 und § 13 Abs. 5 Satz 3 Nr. 3 in der Fassung des Artikels 1 des Gesetzes vom 8. Dezember 2008 (BGBl. I S. 2373) ist erstmals bei Verfügungen nach dem 31. Dezember 2008 anzuwenden.

(10) § 14 Absatz 4 Satz 2 in der Fassung des Artikels 12 des Gesetzes vom 16. Juli 2009 (BGBl. I S. 1959) ist erstmals für vermögenswirksame Leistungen anzuwenden, die nach dem 31. Dezember 2006 angelegt werden, und in Fällen, in denen am 22. Juli 2009 über einen Antrag auf Arbeitnehmer-Sparzulage noch nicht bestandskräftig entschieden ist.

(11) § 13 Absatz 1 Satz 2 in der Fassung des Artikels 10 des Gesetzes vom 8. Dezember 2010 (BGBl. I S. 1768) ist erstmals für vermögenswirksame Leistungen anzuwenden, die nach dem 31. Dezember 2008 angelegt werden.

(12) § 2 Absatz 1 Nummer 5 in der Fassung des Artikels 13 des Gesetzes vom 7. Dezember 2011 (BGBl. I S. 2592) ist erstmals für vermögenswirksame Leistungen anzuwenden, die nach dem 31. Dezember 2011 angelegt werden.

(13) § 3 Absatz 1 Satz 1 Nummer 1 in der Fassung des Artikels 18 des Gesetzes vom 26. Juni 2013 (BGBl. I S. 1809) ist erstmals für vermögenswirksame Leistungen anzuwenden, die nach dem 31. Dezember 2012 angelegt werden. § 4 Absatz 4 Nummer 1, 2 und 4 sowie § 8 Absatz 5 Satz 1 in der Fassung des Artikels 18 des Gesetzes vom 26. Juni 2013 (BGBl. I S. 1809) sind erstmals bei Verfügungen nach dem 31. Dezember 2012 anzuwenden.

(14) Das Bundesministerium der Finanzen teilt den Zeitpunkt der erstmaligen Anwendung der §§ 13 und 14 Absatz 4 sowie des § 15 in der Fassung des Artikels 18 des Gesetzes vom 26. Juni 2013 (BGBl. I S. 1809) durch ein im Bundessteuerblatt zu veröffentlichendes Schreiben mit. Bis zu diesem Zeitpunkt sind die §§ 13 und 14 Absatz 4 sowie der § 15 in der Fassung des Artikels 13 des Gesetzes vom 7. Dezember 2011 (BGBl. I S. 2592) weiter anzuwenden.

(15) § 2 Absatz 1 Nummer 1 in der Fassung des Artikels 5 des Gesetzes vom 18. Dezember 2013 (BGBl. I S. 4318) ist erstmals für vermögenswirksame Leistungen anzuwenden, die nach dem 31. Dezember 2013 angelegt werden. § 4 Absatz 4 Nummer 4 in der Fassung des Artikels 4 des Gesetzes vom 18. Dezember (BGBl. I S. 4318 ist erstmals bei Verfügungen nach dem 31. Dezember 2013 anzuwenden.

§ 18   Kündigung eines vor 1994 abgeschlossenen Anlagevertrags und der Mitgliedschaft in einer Genossenschaft oder Gesellschaft mit beschränkter Haftung

(1) Hat sich der Arbeitnehmer in einem Vertrag im Sinne des § 17 Abs. 3 verpflichtet, auch nach dem 31. Dezember 1994 vermögenswirksame Leistungen überweisen zu lassen oder andere Beträge zu zahlen, so kann er den Vertrag bis zum 30. September 1994 auf den 31. Dezember 1994 mit der Wirkung schriftlich kündigen, daß auf Grund dieses Vertrags vermögenswirksame Leistungen oder andere Beträge nach dem 31. Dezember 1994 nicht mehr zu zahlen sind.

(2) Ist der Arbeitnehmer im Zusammenhang mit dem Abschluß eines Vertrags im Sinne des § 17 Abs. 3 Nr. 2 Mitglied in einer Genossenschaft geworden, so kann er die Mitgliedschaft bis zum 30. September 1994 auf den 31. Dezember 1994 mit der Wirkung schriftlich kündigen, daß nach diesem Zeitpunkt die Verpflichtung, Einzahlungen auf einen Geschäftsanteil zu leisten und ein Eintrittsgeld zu zahlen, entfällt. Weitergehende Rechte des Arbeitnehmers nach dem Statut der Genossenschaft bleiben unberührt. Der ausgeschiedene Arbeitnehmer kann die Auszahlung des Auseinandersetzungsguthabens, die Genossenschaft kann die Zahlung eines den ausgeschiedenen Arbeitnehmer treffenden Anteils an einem Fehlbetrag zum 1. Januar 1998 verlangen.

(3) Ist der Arbeitnehmer im Zusammenhang mit dem Abschluß eines Vertrags im Sinne des § 17 Abs. 3 Nr. 3 Gesellschafter einer Gesellschaft mit beschränkter Haftung geworden, so kann er die Mitgliedschaft bis zum 30. September 1994 auf den 31. Dezember 1994 schriftlich kündigen. Weitergehende Rechte des Arbeitnehmers nach dem Gesellschaftsvertrag bleiben unberührt. Der zum Austritt berechtigte Arbeitnehmer kann von der Gesellschaft als Abfindung den Verkehrswert seines Geschäftsanteils verlangen; maßgebend ist der Verkehrswert im Zeitpunkt des Zugangs der Kündigungserklärung. Der Arbeitnehmer kann die Abfindung nur verlangen, wenn die Gesellschaft sie ohne Verstoß gegen § 30 Abs. 1 des Gesetzes betreffend die Gesellschaften mit beschränkter Haftung zahlen kann. Hat die Gesellschaft die Abfindung bezahlt, so stehen dem Arbeitnehmer aus seinem Geschäftsanteil keine Rechte mehr zu. Kann die Gesellschaft bis zum 31. Dezember 1996 die Abfindung nicht gemäß Satz 4 zahlen, so ist sie auf Antrag des zum Austritt berechtigten Arbeitnehmers aufzulösen. § 61 Abs. 1, Abs. 2 Satz 1 und Abs. 3 des Gesetzes betreffend die Gesellschaften mit beschränkter Haftung gilt im übrigen entsprechend.

(4) Werden auf Grund der Kündigung nach Absatz 1, 2 oder 3 Leistungen nicht erbracht, so hat der Arbeitnehmer dies nicht zu vertreten.

(5) Hat der Arbeitnehmer nach Absatz 1 einen Vertrag im Sinne des § 17 Abs. 3 Nr. 2 oder nach Absatz 2 die Mitgliedschaft in einer Genossenschaft gekündigt, so gelten beide Kündigungen als erklärt, wenn der Arbeitnehmer dies nicht ausdrücklich ausgeschlossen hat. Entsprechendes gilt, wenn der Arbeitnehmer nach Absatz 1 einen Vertrag im Sinne des § 17 Abs. 3 Nr. 3 oder nach Absatz 3 die Mitgliedschaft in einer Gesellschaft mit beschränkter Haftung gekündigt hat.

(6) Macht der Arbeitnehmer von seinem Kündigungsrecht nach Absatz 1 keinen Gebrauch, so gilt die Verpflichtung, vermögenswirksame Leistungen überweisen zu lassen, nach dem 31. Dezember 1994 als Verpflichtung, andere Beträge in entsprechender Höhe zu zahlen.

II.
Verordnung zur Durchführung des Fünften Vermögensbildungsgesetzes
(Fünftes Vermögensbildungsgesetz-Durchführungsverordnung – VermBDV[1])

vom 20. 12. 1994 (BGBl. 1994 I S. 3904)

zuletzt geändert durch **Artikel 10 der Vierten Verordnung zur Änderung steuerlicher Verordnungen**
vom 12. 7. 2017 (BGBl. I S. 2360, BStBl I S. 892)

§ 1 Verfahren

Auf das Verfahren bei der Festsetzung, Auszahlung und Rückzahlung der Arbeitnehmer-Sparzulage sind neben den in § 14 Abs. 2 des Gesetzes bezeichneten Vorschriften die für die Einkommensteuer und Lohnsteuer geltenden Regelungen sinngemäß anzuwenden, soweit sich aus den nachstehenden Vorschriften nichts anderes ergibt.

§ 2 Mitteilungspflichten des Arbeitgebers, des Kreditinstituts oder des Unternehmens

(1) Der Arbeitgeber hat bei Überweisung vermögenswirksamer Leistungen im Dezember und Januar eines Kalenderjahres dem Kreditinstitut oder dem Unternehmen, bei dem die vermögenswirksamen Leistungen angelegt werden, das Kalenderjahr mitzuteilen, dem die vermögenswirksamen Leistungen zuzuordnen sind.

(2)[2] *Werden bei einer Anlage nach § 2 Absatz 1 Nummer 4 des Gesetzes*

1. *Wohnbau-Sparverträge in Baufinanzierungsverträge umgewandelt (§ 12 Absatz 1 Nummer 2 der Verordnung zur Durchführung des Wohnungsbau-Prämiengesetzes) oder*

2. *Baufinanzierungsverträge in Wohnbau-Sparverträge umgewandelt (§ 18 Absatz 1 Nummer 2 der Verordnung zur Durchführung des Wohnungsbau-Prämiengesetzes),*

hat das Kreditinstitut oder Unternehmen, bei dem die vermögenswirksamen Leistungen angelegt worden sind, dem neuen Kreditinstitut oder Unternehmen unverzüglich mitzuteilen:

a) *den Betrag der vermögenswirksamen Leistungen,*

b) *das Kalenderjahr, dem sie zuzuordnen sind,*

c) *das Ende der Sperrfrist,*

d) *seinen Institutsschlüssel gemäß § 5 Absatz 1 und*

e) *die bisherige Vertragsnummer des Arbeitnehmers*

(3)[3] Das Kreditinstitut oder die Kapitalverwaltungsgesellschaft, bei dem vermögenswirksame Leistungen auf Grund eines Vertrags im Sinne des § 4 des Gesetzes angelegt werden, hat

1. dem Arbeitgeber, der mit den vermögenswirksamen Leistungen erworbene Wertpapiere verwahrt oder an dessen Unternehmen eine nichtverbriefte Vermögensbeteiligung im Sinne des § 2 Abs. 1 Nr. 1 Buchstabe g bis l des Gesetzes mit den vermögenswirksamen Leistungen begründet oder erworben wird, oder

2. dem Unternehmen, an dem eine nichtverbriefte Vermögensbeteiligung im Sinne des § 2 Abs. 1 Nr. 1 Buchstabe g bis l des Gesetzes mit den vermögenswirksamen Leistungen begründet oder erworben wird,

das Ende der für die vermögenswirksamen Leistungen geltenden Sperrfrist unverzüglich mitzuteilen. Wenn über die verbrieften oder nichtverbrieften Vermögensbeteiligungen vor Ablauf der Sperrfrist verfügt worden ist, hat dies der Arbeitgeber oder das Unternehmen dem Kreditinstitut oder der Kapitalverwaltungsgesellschaft unverzüglich mitzuteilen.

(4) Der Arbeitgeber, bei dem vermögenswirksame Leistungen auf Grund eines Vertrags im Sinne des § 5 des Gesetzes angelegt werden, hat dem vom Arbeitnehmer benannten Kreditinstitut, das die erworbenen Wertpapiere verwahrt, oder der vom Arbeitnehmer benannten Kapitalverwaltungsgesellschaft, die die erworbenen Wertpapiere verwahrt, das Ende der für die vermögenswirksamen Leistungen geltenden Sperrfrist unverzüglich mitzuteilen. Wenn über die Wert-

---

[1] *Die Überschrift der Verordnung zur Durchführung des Fünften Vermögensbildungsgesetzes wurde durch Artikel 10 der Vierten Verordnung zur Änderung steuerlicher Verordnungen neu gefasst. Diese Verordnung in der am 20. 7. 2017 geltenden Fassung ist erstmals ab dem 1. 1. 2018 anzuwenden → § 10 Abs. 1 VermBDV.*

[2] *§ 2 Abs. 2 VermBDV wurde durch Artikel 10 der Vierten Verordnung zur Änderung steuerlicher Verordnungen neu gefasst. Diese Verordnung in der am 20. 7. 2017 geltenden Fassung ist erstmals ab dem 1. 1. 2018 anzuwenden → § 10 Abs. 1 VermBDV.*

[3] *§ 2 Abs. 3 Satz 1 und Abs. 4 Satz 1 VermBDV wurden durch Artikel 10 der Vierten Verordnung zur Änderung steuerlicher Verordnungen geändert. Diese Verordnung in der am 20. 7. 2017 geltenden Fassung ist erstmals ab dem 1. 1. 2018 anzuwenden → § 10 Abs. 1 VermBDV.*

papiere vor Ablauf der Sperrfrist verfügt worden ist, hat dies das Kreditinstitut oder die Kapitalverwaltungsgesellschaft dem Arbeitgeber unverzüglich mitzuteilen.

§ 3 Aufzeichnungspflichten des Beteiligungsunternehmens

(1) Das Unternehmen, an dem eine nichtverbriefte Vermögensbeteiligung im Sinne des § 2 Abs. 1 Nr. 1 Buchstabe g bis l des Gesetzes auf Grund eines Vertrags im Sinne des § 6 Abs. 2 oder des § 7 Abs. 2 des Gesetzes mit vermögenswirksamen Leistungen begründet oder erworben wird, hat den Betrag der vermögenswirksamen Leistungen und das Kalenderjahr, dem sie zuzuordnen sind, sowie das Ende der Sperrfrist aufzuzeichnen. Bei Verträgen im Sinne des § 4 des Gesetzes genügt die Aufzeichnung des Endes der Sperrfrist.

(2) Zu den Aufzeichnungen nach Absatz 1 Satz 1 ist auch der Arbeitgeber verpflichtet, an dessen Unternehmen eine nichtverbriefte Vermögensbeteiligung im Sinne des § 2 Abs. 1 Nr. 1 Buchstabe g bis l des Gesetzes auf Grund eines Vertrags im Sinne des § 6 Abs. 1 oder des § 7 Abs. 1 des Gesetzes mit vermögenswirksamen Leistungen begründet oder erworben wird.

§ 4 Festlegung von Wertpapieren

(1) Wertpapiere, die auf Grund eines Vertrags im Sinne des § 4 des Gesetzes mit vermögenswirksamen Leistungen erworben werden, sind auf den Namen des Arbeitnehmers dadurch festzulegen, daß sie für die Dauer der Sperrfrist wie folgt in Verwahrung gegeben werden:

1. Erwirbt der Arbeitnehmer Einzelurkunden, so müssen diese in das Depot bei dem Kreditinstitut oder der Kapitalverwaltungsgesellschaft gegeben werden, mit dem er den Sparvertrag abgeschlossen hat. Das Kreditinstitut oder die Kapitalverwaltungsgesellschaft muß in den Depotbüchern einen Sperrvermerk für die Dauer der Sperrfrist anbringen. Bei Drittverwahrung genügt ein Sperrvermerk im Kundenkonto beim erstverwahrenden Kreditinstitut oder bei der erstverwahrenden Kapitalverwaltungsgesellschaft.

2. Erwirbt der Arbeitnehmer Anteile an einem Sammelbestand von Wertpapieren oder werden Wertpapiere bei einer Wertpapiersammelbank in Sammelverwahrung gegeben, so muß das Kreditinstitut oder die Kapitalverwaltungsgesellschaft einen Sperrvermerk in das Depotkonto eintragen.

(2) Wertpapiere nach Absatz 1 Satz 1

1. die eine Vermögensbeteiligung an Unternehmen des Arbeitgebers oder eine gleichgestellte Vermögensbeteiligung (§ 2 Abs. 2 Satz 1 des Gesetzes) verbriefen oder

2. die der Arbeitnehmer vom Arbeitgeber erwirbt,

können auch vom Arbeitgeber verwahrt werden. Der Arbeitgeber hat die Verwahrung sowie das Ende der Sperrfrist aufzuzeichnen.

(3) Wertpapiere, die auf Grund eines Vertrags im Sinne des § 5 des Gesetzes erworben werden, sind festzulegen durch Verwahrung

1. beim Arbeitgeber oder

2. im Auftrag des Arbeitgebers bei einem Dritten oder

3. bei einem vom Arbeitnehmer benannten inländischen Kreditinstitut oder bei einer vom Arbeitnehmer benannten inländischen Kapitalverwaltungsgesellschaft.

In den Fällen der Nummern 1 und 2 hat der Arbeitgeber die Verwahrung, den Betrag der vermögenswirksamen Leistungen, das Kalenderjahr, dem sie zuzuordnen sind, und das Ende der Sperrfrist aufzuzeichnen. Im Falle der Nummer 3 hat das Kreditinstitut oder die Kapitalverwaltungsgesellschaft das Ende der Sperrfrist aufzuzeichnen.

(4) Bei einer Verwahrung durch ein Kreditinstitut oder eine Kapitalverwaltungsgesellschaft hat der Arbeitnehmer innerhalb von drei Monaten nach dem Erwerb der Wertpapiere dem Arbeitgeber eine Bescheinigung des Kreditinstituts oder der Kapitalverwaltungsgesellschaft darüber vorzulegen, daß die Wertpapiere entsprechend Absatz 1 in Verwahrung genommen worden sind.

§ 5 Elektronische Vermögensbildungsbescheinigung

(1) *Das Kreditinstitut, das Unternehmen oder der Arbeitgeber, bei dem vermögenswirksame Leistungen nach § 2 Absatz 1 Nummer 1 bis 4 oder Absatz 2 bis 4 des Gesetzes angelegt werden, hat in der elektronischen Vermögensbildungsbescheinigung seinen Institutsschlüssel und die Vertragsnummer des Arbeitnehmers anzugeben.*[1] Der Institutsschlüssel ist bei der *Zentral-*

---

[1] *§ 5 Abs. 1 Satz 1 VermBDV wurde durch Artikel 10 der Vierten Verordnung zur Änderung steuerlicher Verordnungen neu gefasst und Satz 2 geändert. Diese Verordnung in der am 20. 7. 2017 geltenden Fassung ist erstmals ab dem 1. 1. 2018 anzuwenden → § 10 Abs. 1 VermBDV.*

stelle für Arbeitnehmer-Sparzulage und Wohnungsbauprämie anzufordern. Bei der Anforderung sind anzugeben

1. Name und Anschrift des anfordernden Kreditinstituts, Unternehmens oder Arbeitgebers,

2. Bankverbindung für die Überweisung der Arbeitnehmer-Sparzulagen,

3. Lieferanschrift für die Übersendung von Datenträgern.

Die Vertragsnummer darf keine Sonderzeichen enthalten.

(2) Der Arbeitgeber oder das Unternehmen, bei dem vermögenswirksame Leistungen nach § 2 Abs. 1 Nr. 2 und 3, Abs. 2 bis 4 des Gesetzes angelegt werden, hat in der elektronischen Vermögensbildungsbescheinigung, die noch nicht zum Erwerb von Wertpapieren oder zur Begründung von Rechten verwendet worden sind, als Ende der Sperrfrist den 31. Dezember des sechsten Kalenderjahrs nach dem Kalenderjahr anzugeben, dem die vermögenswirksamen Leistungen zuzuordnen sind.

(3) In der elektronischen Vermögensbildungsbescheinigung über vermögenswirksame Leistungen, die nach § 2 Absatz 1 Nummer 1 oder Nummer 4 des Gesetzes bei Kreditinstituten, Kapitalverwaltungsgesellschaft oder Versicherungsunternehmen angelegt worden sind, ist bei einer unschädlichen vorzeitigen Verfügung als Ende der Sperrfrist der Zeitpunkt dieser Verfügung anzugeben.[1] Dies gilt bei Zuteilung eines Bausparvertrags entsprechend.

(4) Bei einer schädlichen vorzeitigen Verfügung über vermögenswirksame Leistungen, die nach § 2 Abs. 1 Nr. 1 oder 4 des Gesetzes bei Kreditinstituten, Kapitalverwaltungsgesellschaften oder Versicherungsunternehmen angelegt worden sind, darf eine elektronische Vermögensbildungsbescheinigung nicht erteilt werden.

§ 6 Festsetzung der Arbeitnehmer-Sparzulage, Mitteilungspflichten der Finanzämter

(1) Die Festsetzung der Arbeitnehmer-Sparzulage ist regelmäßig mit der Einkommensteuererklärung zu beantragen. Die festzusetzende Arbeitnehmer-Sparzulage ist auf den nächsten vollen Euro-Betrag aufzurunden. Sind für den Arbeitnehmer die vermögenswirksamen Leistungen eines Kalenderjahres auf mehr als einem der in § 2 Abs. 1 Nr. 1 bis 5 des Gesetzes bezeichneten Anlageverträge angelegt worden, so gilt die Aufrundung für jeden Vertrag.[2]

(2) Festgesetzte, noch nicht fällige Arbeitnehmer-Sparzulagen sind der *Zentralstelle für Arbeitnehmer-Sparzulage und Wohnungsbauprämie* zur Aufzeichnung der für ihre Auszahlung notwendigen Daten mitzuteilen. Das gilt auch für die Änderung festgesetzter Arbeitnehmer-Sparzulagen sowie in den Fällen, in denen festgesetzte Arbeitnehmer-Sparzulagen nach Auswertung einer Anzeige über die teilweise schädliche vorzeitige Verfügung (§ 8 Abs. 4 Satz 2) unberührt bleiben.

(3) Werden bei einer Anlage nach § 2 Abs. 1 Nr. 1 bis 4, Abs. 2 bis 4 des Gesetzes vor Ablauf der Sperrfrist teilweise Beträge zurückgezahlt, Ansprüche aus dem Vertrag abgetreten oder beliehen, die Bauspar- oder Versicherungssumme ausgezahlt, die Festlegung aufgehoben oder Spitzenbeträge nach § 4 Abs. 3 des Gesetzes von mehr als 150 Euro nicht rechtzeitig verwendet, so gelten für die Festsetzung oder Neufestsetzung der Arbeitnehmer-Sparzulage die Beträge in folgender Reihenfolge als zurückgezahlt:

1. Beträge, die keine vermögenswirksamen Leistungen sind,

2. vermögenswirksame Leistungen, für die keine Arbeitnehmer-Sparzulage festgesetzt worden ist,

3. vermögenswirksame Leistungen, für die eine Arbeitnehmer-Sparzulage festgesetzt worden ist.

(4) In den Fällen des § 4 Abs. 4 Nr. 6 des Gesetzes gilt für die Festsetzung oder Neufestsetzung der Arbeitnehmer-Sparzulage der nicht wiederverwendete Erlös, wenn er 150 Euro übersteigt, in folgender Reihenfolge als zurückgezahlt:

1. Beträge, die keine vermögenswirksamen Leistungen sind,

2. vermögenswirksame Leistungen, für die keine Arbeitnehmer-Sparzulage festgesetzt worden ist,

---

1) *§ 5 Abs. 3 Satz 1 und Abs. 4 VermBDV wurden durch Artikel 10 der Vierten Verordnung zur Änderung steuerlicher Verordnungen geändert. Diese Verordnung in der am 20. 7. 2017 geltenden Fassung ist erstmals ab dem 1. 1. 2018 anzuwenden → § 10 Abs. 1 VermBDV.*

2) *§ 6 Abs. 1 Satz 3, Abs. 2 Satz 1, Abs. 3 und Abs. 4 Satz 1 VermBDV wurden durch Artikel 10 der Vierten Verordnung zur Änderung steuerlicher Verordnungen geändert. Diese Verordnung in der am 20. 7. 2017 geltenden Fassung ist erstmals ab dem 1. 1. 2018 anzuwenden → § 10 Abs. 1 VermBDV.*

3. vermögenswirksame Leistungen, für die eine Arbeitnehmer-Sparzulage festgesetzt worden ist.

Maßgebend sind die bis zum Ablauf des Kalenderjahres, das dem Kalenderjahr der Veräußerung vorangeht, angelegten Beträge.

§ 7 Auszahlung der Arbeitnehmer-Sparzulage

(1) Die festgesetzte Arbeitnehmer-Sparzulage ist vom Finanzamt an den Arbeitnehmer auszuzahlen

1. bei einer Anlage nach § 2 Abs. 1 Nr. 4 des Gesetzes in Verbindung mit § 2 Abs. 1 Nr. 2 des Wohnungsbau-Prämiengesetzes sowie bei einer Anlage nach § 2 Abs. 1 Nr. 5 des Gesetzes;

2. bei einer Anlage nach § 2 Abs. 1 Nr. 1 bis 4, Abs. 2 bis 4 des Gesetzes wenn im Zeitpunkt der Bekanntgabe des Bescheids über die Festsetzung der Arbeitnehmer-Sparzulage die für die Anlageform vorgeschriebene Sperrfrist oder die im Wohnungsbau-Prämiengesetz oder in der Verordnung zur Durchführung des Wohnungsbau-Prämiengesetzes genannten Sperr- und Rückzahlungsfristen abgelaufen sind.[1] Bei Bausparverträgen gelten die in § 2 Abs. 3 Satz 1 des Wohnungsbau-Prämiengesetzes genannten Sperr- und Rückzahlungsfristen unabhängig davon, ob der Vertrag vor dem 1. Januar 2009 oder nach dem 31. Dezember 2008 abgeschlossen worden ist;

3. in den Fällen des § 5 Absatz 3;

4. bei einer Anlage nach § 2 Abs. 1 Nr. 2 und 3 des Gesetzes, wenn eine unschädliche vorzeitige Verfügung vorliegt.

(2) *Die bei der Zentralstelle für Arbeitnehmer-Sparzulage und Wohnungsbauprämie aufgezeichneten Arbeitnehmer-Sparzulagen für Anlagen nach § 2 Absatz 1 Nummer 1 bis 4, Absatz 2 bis 4 des Gesetzes sind dem Kreditinstitut, dem Unternehmen oder dem Arbeitgeber, bei dem die vermögenswirksamen Leistungen angelegt worden sind, zugunsten des Arbeitnehmers zu überweisen.*[2] Die Überweisung ist in den Fällen des § 14 Abs. 4 Satz 4 Buchstabe c und d des Gesetzes bis zum Ende des Kalendermonats vorzunehmen, der auf den Kalendermonat folgt, in dem die Zuteilung oder die unschädliche vorzeitige Verfügung angezeigt worden ist.

§ 8 Anzeigepflichten des Kreditinstituts, des Unternehmens oder des Arbeitgebers

(1) *Der Zentralstelle für Arbeitnehmer-Sparzulage und Wohnungsbauprämie ist anzuzeigen,*[3]

1. *von dem Kreditinstitut, der Kapitalverwaltungsgesellschaft oder dem Versicherungsunternehmen, welches zu den nach § 2 Absatz 1 Nummer 1 oder Nummer 4 des Gesetzes angelegten vermögenswirksamen Leistungen eine elektronische Vermögensbildungsbescheinigung übermittelt hat, wenn vor Ablauf der Sperrfrist*

   a) vermögenswirksame Leistungen zurückgezahlt werden,

   b) *über Ansprüche aus einem Vertrag im Sinne des § 4 des Gesetzes oder einem Bausparvertrag durch Rückzahlung, Abtretung, Beleihung oder in anderer Weise verfügt wird,*

   c) *die Festlegung erworbener Wertpapiere aufgehoben oder über solche Wertpapiere verfügt wird oder*

   d) *der Bausparvertrag zugeteilt oder die Bausparsumme ausgezahlt wird;*

2. *von dem Kreditinstitut oder der Kapitalverwaltungsgesellschaft, bei dem oder bei der vermögenswirksame Leistungen nach § 4 des Gesetzes angelegt worden sind, wenn Spitzenbeträge nach § 4 Absatz 3 oder Absatz 4 Nummer 6 des Gesetzes von mehr als 150 Euro nicht rechtzeitig verwendet oder wiederverwendet worden sind;*

3. von dem Kreditinstitut oder der Kapitalverwaltungsgesellschaft, dem nach § 2 Abs. 3 Satz 2 mitgeteilt worden ist, daß über verbriefte oder nichtverbriefte Vermögensbeteiligungen vor Ablauf der Sperrfrist verfügt worden ist;

4. von dem Unternehmen oder Arbeitgeber, bei dem eine nichtverbriefte Vermögensbeteiligung nach § 2 Abs. 1 Nr. 1 Buchstabe g bis l des Gesetzes aufgrund eines Vertrags nach § 6 oder § 7 des Gesetzes mit vermögenswirksamen Leistungen begründet oder erworben worden ist, wenn vor Ablauf der Sperrfrist über die Vermögensbeteiligung verfügt wird oder wenn der

---

[1] § 7 Abs. 1 Nr. 2 Satz 1 VermBDV wurde durch Artikel 10 der Vierten Verordnung zur Änderung steuerlicher Verordnungen geändert. Diese Verordnung in der am 20. 7. 2017 geltenden Fassung ist erstmals ab dem 1. 1. 2018 anzuwenden → § 10 Abs. 1 VermBDV.

[2] § 7 Abs. 2 Satz 1 VermBDV wurde durch Artikel 10 der Vierten Verordnung zur Änderung steuerlicher Verordnungen neu gefasst. Diese Verordnung in der am 20. 7. 2017 geltenden Fassung ist erstmals ab dem 1. 1. 2018 anzuwenden → § 10 Abs. 1 VermBDV.

[3] § 8 Abs. 1 Satzteil vor Nr. 1 und die Nummern 1 und 2 VermBDV wurden durch Artikel 10 der Vierten Verordnung zur Änderung steuerlicher Verordnungen neu gefasst. Diese Verordnung in der am 20. 7. 2017 geltenden Fassung ist erstmals ab dem 1. 1. 2018 anzuwenden → § 10 Abs. 1 VermBDV.

Arbeitnehmer die Vermögensbeteiligung nicht bis zum Ablauf des Kalenderjahres erhalten hat, das auf das Kalenderjahr der vermögenswirksamen Leistungen folgt;

5. von dem Arbeitgeber, der Wertpapiere nach § 4 Abs. 3 Satz 1 Nr. 1 oder 2 verwahrt oder bei einem Dritten verwahren läßt, wenn vor Ablauf der Sperrfrist die Festlegung von Wertpapieren aufgehoben oder über Wertpapiere verfügt wird oder wenn bei einer Verwahrung nach § 4 Abs. 3 Satz 1 Nr. 3 der Arbeitnehmer die Verwahrungsbescheinigung nach § 4 Abs. 4 nicht rechtzeitig vorlegt;

6. von dem Arbeitgeber, bei dem vermögenswirksame Leistungen aufgrund eines Vertrags im Sinne des § 5 des Gesetzes angelegt werden, wenn ihm die Mitteilung des Kreditinstituts oder der Kapitalverwaltungsgesellschaft nach § 2 Abs. 4 Satz 2 zugegangen ist oder wenn der Arbeitnehmer mit den vermögenswirksamen Leistungen eines Kalenderjahres nicht bis zum Ablauf des folgenden Kalenderjahres die Wertpapiere erworben hat.

(2) Das Kreditinstitut, die Kapitalverwaltungsgesellschaft oder das Versicherungsunternehmen hat in den Anzeigen nach Absatz 1 Nr. 1 bis 3 zu kennzeichnen, ob eine unschädliche, vollständig schädliche oder teilweise schädliche vorzeitige Verfügung vorliegt. *Nur in den Anzeigen über eine teilweise schädliche vorzeitige Verfügung sind der Gesamtbetrag, über den schädlich vorzeitig verfügt worden ist, sowie die in den einzelnen Kalenderjahren jeweils angelegten vermögenswirksamen Leistungen anzugeben. Der Gesamtbetrag ist die Summe aller Teilbeträge, über die schädlich vorzeitig verfügt worden ist. Bei späteren Anzeigen sind auch die bereits angezeigten Teilbeträge einzubeziehen. Der jeweils letzte übermittelte Gesamtbetrag ist gültig.*[1])

(3)[2] Die Anzeigen nach Absatz 1 sind nach amtlich vorgeschriebenem Vordruck oder nach amtlich vorgeschriebenem Datensatz durch Datenfernübertragung innerhalb eines Kalendermonats bekannt gewordenen vorzeitigen Verfügungen der Zentralstelle für Arbeitnehmer-Sparzulage und Wohnungsbauprämie jeweils spätestens bis zum 15. Tag des folgenden Kalendermonats zuzuleiten.

(4) Sind bei der Zentralstelle für Arbeitnehmer-Sparzulage und Wohnungsbauprämie Arbeitnehmer-Sparzulagen für Fälle aufgezeichnet, [3]

1. die nach Absatz 1 Nr. 4 bis 6 angezeigt werden oder

2. die nach Absatz 1 Nr. 1 bis 3 angezeigt werden, wenn die Anzeigen als vollständig oder teilweise schädliche vorzeitige Verfügung gekennzeichnet sind,

so hat die Zentralstelle die Auszahlung der aufgezeichneten Arbeitnehmer-Sparzulagen zu sperren. Die Zentralstelle hat die Anzeigen um ihre Aufzeichnungen zu ergänzen und zur Auswertung dem Finanzamt zu übermitteln, das nach Kenntnis der Zentralstelle zuletzt eine Arbeitnehmer-Sparzulage für den Arbeitnehmer festgesetzt hat.

§ 9   Rückforderung der Arbeitnehmer-Sparzulage durch das Finanzamt

Das für die Besteuerung des Arbeitnehmers nach dem Einkommen zuständige Finanzamt (§ 19 der Abgabenordnung) hat eine zu Unrecht gezahlte Arbeitnehmer-Sparzulage vom Arbeitnehmer zurückzufordern. Die Rückforderung unterbleibt, wenn der zurückzufordernde Betrag fünf Euro nicht übersteigt.

§ 10   Anwendungregelung[4]

(1) *Diese Verordnung in der am 20. Juli 2017 geltenden Fassung ist, soweit in Absatz 2 nichts anderes bestimmt ist, erstmals ab dem 1. Januar 2018 anzuwenden.*

(2) *§ 8 Absatz 2 Satz 2 bis 5 in der am 20. Juli 2017 geltenden Fassung ist anzuwenden bei Anzeigen nach dem 19. Juli 2017.*

§ 11[5] (weggefallen)

---

[1]) *§ 8 Abs. 2 Satz 2 VermBDV wurde durch Artikel 10 der Vierten Verordnung zur Änderung steuerlicher Verordnungen durch die Sätze 5 ersetzt. § 8 Abs. 2 Satz 2 bis 5 VermBDV in der am 20. 7. 2017 geltenden Fassung ist anzuwenden bei Anzeigen nach dem 19. 7. 2017 → § 10 Abs. 2 VermBDV.*

[2]) *§ 8 Abs. 3 und Abs. 4 Satz 1 VermBDV wurden durch Artikel 10 der Vierten Verordnung zur Änderung steuerlicher Verordnungen geändert. Diese Verordnung in der am 20. 7. 2017 geltenden Fassung ist erstmals ab dem 1. 1. 2018 anzuwenden → § 10 Abs. 1 VermBDV.*

[3]) *§ 8 Abs. 3 und Abs. 4 Satz 1 VermBDV wurden durch Artikel 10 der Vierten Verordnung zur Änderung steuerlicher Verordnungen geändert. Diese Verordnung in der am 20. 7. 2017 geltenden Fassung ist erstmals ab dem 1. 1. 2018 anzuwenden → § 10 Abs. 1 VermBDV.*

[4]) *§ 10 VermBDV wurde durch Artikel 10 der Vierten Verordnung zur Änderung steuerlicher Verordnungen (Inkrafttreten 20. 7. 2017) neu gefasst.*

[5]) *§ 11 VermBDV wurde durch Artikel 10 der Vierten Verordnung zur Änderung steuerlicher Verordnungen aufgehoben. Diese Verordnung in der am 20. 7. 2017 geltenden Fassung ist erstmals ab dem 1. 1. 2018 anzuwenden → § 10 Abs. 1 VermBDV.*

III.
Anwendung des Fünften Vermögensbildungsgesetzes (5. VermBG)

BMF vom 29. 11. 2017 (BStBl I S. 1626)
– IV C 5 – S 2430/17/10001 – 2017/0985139 –

Inhaltsverzeichnis

Unter Bezugnahme auf das Ergebnis der Erörterungen mit den obersten Finanzbehörden der Länder und mit dem Bundesministerium für Wirtschaft und Energie wird zur Anwendung des Fünften Vermögensbildungsgesetzes in der Fassung der Bekanntmachung vom 4. März 1994 (BGBl. I Seite 406, BStBl I Seite 237) – 5. VermBG – unter Berücksichtigung der jüngeren gesetzlichen Änderungen durch

–   das Gesetz zur Umsetzung der Amtshilferichtlinie sowie zur Änderung steuerlicher Vorschriften (Amtshilferichtlinie-Umsetzungsgesetz – AmtshilfeRLUmsG) vom 26. Juni 2013 (BGBl. I Seite 1809, BStBl I Seite 802),

–   das Gesetz zur Anpassung des Investmentsteuergesetzes und anderer Gesetze an das AIFM-Umsetzungsgesetz (AIFM-Steuer-Anpassungsgesetz – AIFM-StAnpG) vom 18. Dezember 2013 (BGBl. I Seite 4318, BStBl 2014 I Seite 2) **und**

– **das Gesetz zur Modernisierung des Besteuerungsverfahrens vom 18. Juli 2016 (BGBl. I Seite 1679, BStBl I Seite 694)**

in Verbindung mit der Verordnung zur Durchführung des Fünften Vermögensbildungsgesetzes (Fünftes Vermögensbildungsgesetz-Durchführungsverordnung – VermBDV) vom 20. Dezember 1994 (BGBl. I Seite 3904, BStBl 1995 I Seite 67) unter Berücksichtigung der jüngeren Änderungen durch

– **das Gesetz zur Umsetzung der Amtshilferichtlinie sowie zur Änderung steuerlicher Vorschriften (Amtshilferichtlinie-Umsetzungsgesetz – AmtshilfeRLUmsG) vom 26. Juni 2013 (BGBl. I Seite 1809, BStBl I Seite 802),**

– **das Gesetz zur Anpassung des Investmentsteuergesetzes und anderer Gesetze an das AIFM-Umsetzungsgesetz (AIFM-Steuer-Anpassungsgesetz – AIFM-StAnpG) vom 18. Dezember 2013 (BGBl. I Seite 4318, BStBl 2014 I Seite 2),**

– **das Gesetz zur Anpassung steuerlicher Regelungen an die Rechtsprechung des Bundesverfassungsgerichts vom 18. Juli 2014 (BGBl. I Seite 1042, BStBl I Seite 1062),**

– **die Verordnung vom 22. Dezember 2014 (BGBl. I Seite 2392, BStBl 2015 I Seite 72) und**

– **die Vierte Verordnung zur Änderung steuerlicher Vorschriften vom 12. Juli 2017 (BGBl. I Seite 2360, BStBl I Seite 892)**

wie folgt Stellung genommen:[1])

1. Persönlicher Geltungsbereich (§ 1 des 5. VermBG)

(1) Das 5. VermBG gilt für unbeschränkt und beschränkt einkommensteuerpflichtige Arbeitnehmer im arbeitsrechtlichen Sinne (Angestellte, Arbeiter) und Auszubildende, deren Arbeitsverhältnis oder Ausbildungsverhältnis deutschem Arbeitsrecht unterliegt (§ 1 Absatz 1, Absatz 2 Satz 1 des 5. VermBG). Das 5. VermBG gilt auch für in Heimarbeit Beschäftigte (§ 1 Absatz 2 Satz 2 des 5. VermBG) und für Beamte, Richter, Berufssoldaten und Soldaten auf Zeit (§ 1 Absatz 4 des 5. VermBG). Soldaten auf Zeit, für die das 5. VermBG gilt, sind auch Bezieher von Ausbildungsgeld, das nach § 30 Absatz 2 des Soldatengesetzes während des Studiums gezahlt wird.

(2) Das 5. VermBG gilt für die in Absatz 1 Satz 1 bezeichneten Arbeitnehmer, z. B. auch dann, wenn sie

1. ihren Wohnsitz im Ausland haben und als entsandte Kräfte oder deutsche Ortskräfte an Auslandsvertretungen der Bundesrepublik beschäftigt sind,

2. ausländische Arbeitnehmer sind und als Grenzgänger in der Bundesrepublik arbeiten,

3. Kommanditisten oder stille Gesellschafter eines Unternehmens sind und mit der Kommanditgesellschaft oder dem Unternehmen einen Arbeitsvertrag abgeschlossen haben, der sie in eine abhängige Stellung zu der Gesellschaft oder dem Unternehmen bringt und sie deren Weisungsrecht unterstellt,

4. freiwillig Wehrdienstleistende sind und in einem ruhenden Arbeitsverhältnis stehen (§ 1 Absatz 1 des Arbeitsplatzschutzgesetzes), aus dem sie noch **Bestandteile des Arbeitslohns (zum Beispiel vermögenswirksame Leistungen)** erhalten,

5. behinderte Menschen im Arbeitsbereich anerkannter Werkstätten für behinderte Menschen sind und zu den Werkstätten in einem arbeitnehmerähnlichen Rechtsverhältnis stehen (**§ 221 Absatz 1 des Neunten Buches Sozialgesetzbuch** – SGB IX),

6. kurzfristig Beschäftigte, Aushilfskräfte in der Land- und Forstwirtschaft und geringfügig entlohnte Beschäftigte sind, deren Arbeitslohn nach § 40a **des Einkommensteuergesetzes** (EStG) pauschal versteuert wird.

(3) Im Zweifel **gilt** eine Person **als Arbeitnehmer, wenn** sie Arbeitslohn im steuerlichen Sinne aus einem gegenwärtigen Dienstverhältnis bezieht. Gleiches gilt für einen Gesellschafter, wenn für ihn Sozialversicherungspflicht besteht.

(4) Das 5. VermBG wird darüber hinaus angewendet auf

1. Arbeitnehmer, die als Grenzgänger im benachbarten Ausland nach ausländischem Arbeitsrecht beschäftigt sind, aber ihren ständigen Wohnsitz und den Mittelpunkt ihrer Lebensinteressen im Inland haben (vgl. auch Abschnitt 2 Absatz 3),

2. Personen, die aus dem Arbeitsverhältnis ausgeschieden sind, aber im Rahmen seiner Abwicklung noch Entgelt für geleistete Arbeit erhalten.

(5) Das 5. VermBG gilt vorbehaltlich der Sätze 3 und 4 nicht für Mitglieder des zur gesetzlichen Vertretung berufenen Organs einer juristischen Person und durch Gesetz, Satzung oder Gesellschaftsvertrag zur Vertretung einer Personengesamtheit berufene Personen (§ 1 Absatz 3 des 5. VermBG), weil sie in dieser Eigenschaft nicht Arbeitnehmer im arbeitsrechtlichen Sinne sind.

---

[1]) Die Änderungen des BMF-Schreibens vom 23. Juli 2014 (BStBl I Seite 1175) sind durch Fettdruck hervorgehoben.

Zu diesen Organmitgliedern oder Vertretern einer Personengesamtheit gehören insbesondere Vorstandsmitglieder von Aktiengesellschaften, rechtsfähigen oder nichtrechtsfähigen Vereinen, Stiftungen, Versicherungsvereinen auf Gegenseitigkeit und Genossenschaften sowie Geschäftsführer von Gesellschaften mit beschränkter Haftung und von Orts- und Innungskrankenkassen (vgl. BFH-Urteil vom 15. Oktober 1976, BStBl 1977 II S. 53). Für die bezeichneten Organmitglieder einer juristischen Person und Vertreter einer Personengesamtheit gilt das 5. VermBG jedoch dann, wenn sie mit einem Dritten einen Arbeitsvertrag abgeschlossen haben und deshalb Arbeitnehmer im Sinne des Absatzes 1 Satz 1 sind, oder wenn sie zu den in § 1 Absatz 4 des 5. VermBG bezeichneten Personen gehören (Absatz 1 Satz 2, Absatz 8). Für Vorstandsmitglieder einer Genossenschaft gilt das 5. VermBG darüber hinaus dann, wenn sie mit der Genossenschaft selbst einen Arbeitsvertrag abgeschlossen haben und wenn die Stellung und Tätigkeit auf Grund des Arbeitsverhältnisses von der Stellung und Tätigkeit als Vorstandsmitglied klar abgrenzbar ist und das Arbeitsverhältnis unabhängig von der Vorstandstätigkeit begründet wurde. Eine solche unterscheidbare und trennbare Doppelstellung als Vorstandsmitglied und Arbeitnehmer der Genossenschaft liegt z. B. dann vor, wenn eine vor der Berufung in den Vorstand ausgeübte Tätigkeit als Arbeitnehmer der Genossenschaft danach unverändert fortgesetzt wird, wenn diese Tätigkeit wie bisher bezahlt, die hinzugekommene Vorstandstätigkeit dagegen unentgeltlich geleistet wird, und wenn beide Tätigkeiten sich deutlich voneinander unterscheiden.

(6) Das 5. VermBG gilt **darüber hinaus** z. B. **auch** nicht für folgende **Personen**:

1. freiwillig Wehrdienstleistende, wenn **sie in keinem** ruhenden Arbeitsverhältnis stehen (vgl. auch Absatz 2 Nummer 4),

2. Bezieher von Renten aus den gesetzlichen Rentenversicherungen und Empfänger von arbeitsrechtlichen Versorgungsbezügen einschließlich Vorruhestandsbezügen, wenn sie nicht weiter in einem Arbeitsverhältnis stehen,

3. Personen, die ein freiwilliges soziales Jahr oder ein freiwilliges ökologisches Jahr im Sinne des Jugendfreiwilligendienstegesetzes oder einen Freiwilligendienst im Sinne der Verordnung (EU) Nummer 1288/2013 des Europäischen Parlaments und des Rates vom 11. Dezember 2013 zur Einrichtung von „Erasmus+", dem Programm der Union für allgemeine und berufliche Bildung, Jugend und Sport (ABl. EU Nummer L 347 Seite 50) oder einen anderen Dienst im Ausland im Sinne von § 5 des Bundesfreiwilligendienstegesetzes oder einen entwicklungspolitischen Freiwilligendienst „weltwärts" im Sinne der Richtlinie des Bundesministeriums für wirtschaftliche Zusammenarbeit und Entwicklung vom 1. August 2007 (BAnz. 2008 Seite 1297) oder einen Freiwilligendienst aller Generationen im Sinne des § 2 Absatz 1a des Siebten Buches Sozialgesetzbuch oder einen Internationalen Jugendfreiwilligendienst im Sinne der Richtlinie des Bundesministeriums für Familie, Senioren, Frauen und Jugend vom 20. Dezember 2010 (GMBl Seite 1778) oder den Bundesfreiwilligendienst im Sinne des Bundesfreiwilligendienstegesetzes leisten,

4. Entwicklungshelfer im Sinne des Entwicklungshelfer-Gesetzes.

Das 5. VermBG gilt auch nicht für Bedienstete internationaler Organisationen, deren Arbeitsverhältnis nicht deutschem Arbeitsrecht unterliegt.

(7) In Heimarbeit Beschäftigte, für die das 5. VermBG gilt (Absatz 1 Satz 2), sind Heimarbeiter und Hausgewerbetreibende (§ 1 Absatz 1 Heimarbeitsgesetz – HAG). Heimarbeiter sind Personen, die in selbst gewählter Arbeitsstätte (eigener Wohnung oder selbst gewählter Betriebsstätte) allein oder mit Familienangehörigen im Auftrag von Gewerbetreibenden oder Zwischenmeistern erwerbsmäßig arbeiten, jedoch die Verwertung der Arbeitsergebnisse den unmittelbar oder mittelbar auftraggebenden Gewerbetreibenden überlassen (§ 2 Absatz 1 HAG). Hausgewerbetreibende sind Personen, die in eigener Arbeitsstätte (eigener Wohnung oder Betriebsstätte) mit nicht mehr als zwei fremden Hilfskräften oder Heimarbeitern im Auftrag von Gewerbetreibenden oder Zwischenmeistern Waren herstellen, bearbeiten oder verpacken, wobei sie selbst wesentlich am Stück mitarbeiten, jedoch die Verwertung der Arbeitsergebnisse dem unmittelbar **oder mittelbar** auftraggebenden Gewerbetreibenden überlassen; unschädlich ist es, wenn Hausgewerbetreibende vorübergehend, d .h. in nur unbedeutendem Umfang, unmittelbar für den Absatzmarkt arbeiten (§ 2 Absatz 2 HAG).

Das 5. VermBG gilt nicht für die den in Heimarbeit Beschäftigten gemäß § 1 Absatz 2 HAG Gleichgestellten.

(8) Das 5. VermBG gilt nicht für

1. sog. Ehrenbeamte (z. B. ehrenamtliche Bürgermeister), weil sie keine beamtenrechtliche Besoldung beziehen,

2. Empfänger beamtenrechtlicher Versorgungsbezüge,

3. entpflichtete Hochschullehrer, wenn sie nach Landesrecht nicht weiter Beamte im beamtenrechtlichen Sinne sind.

2. Begriff der vermögenswirksamen Leistungen, Überweisung (§ 2, § 3 Absatz 2 und 3 des 5. VermBG)

(1) Vermögenswirksame Leistungen sind Geldleistungen, die der Arbeitgeber für den Arbeitnehmer in einer der in § 2 Absatz 1 des 5. VermBG genannten Anlageformen anlegt; der Arbeitgeber hat für den Arbeitnehmer grundsätzlich unmittelbar an das Unternehmen, das Institut oder den Gläubiger zu leisten, bei dem nach Wahl des Arbeitnehmers (Abschnitt 12 Absatz 6) die vermögenswirksame Anlage erfolgen soll. Ausnahmen bestehen nach Absatz 3 dieses Abschnitts und in folgenden Fällen:

1. Bei einer Anlage nach § 2 Absatz 1 Nummer 2 und 3 des 5. VermBG in Beteiligungen auf Grund von Verträgen mit dem Arbeitgeber werden die vermögenswirksamen Leistungen verrechnet (Abschnitt 6 Absatz 1 und 2, Abschnitt 7 Absatz 2).

2. Bei einer Anlage nach § 2 Absatz 1 Nummer 5 des 5. VermBG für den Wohnungsbau (Abschnitt 10) können die vermögenswirksamen Leistungen auch unmittelbar an den Arbeitnehmer zur Weiterleitung an den Gläubiger gezahlt werden.

Im Übrigen kann nur Arbeitslohn vermögenswirksam angelegt werden, der dem Arbeitnehmer noch nicht zugeflossen ist; die nachträgliche Umwandlung von zugeflossenem Arbeitslohn in vermögenswirksame Leistungen nach § 11 des 5. VermBG (Abschnitt 12 Absatz 2 und 3) ist nur im Fall des Absatzes 3 möglich. Geldwerte Vorteile aus der verbilligten Überlassung von Vermögensbeteiligungen sind keine vermögenswirksamen Leistungen.

(2) Vermögenswirksame Leistungen liegen auch insoweit vor, als Anspruch auf Arbeitnehmer-Sparzulage nicht besteht, weil z. B.

1. auf Grund eines Sparvertrags oder Kapitalversicherungsvertrags (§ 2 Absatz 1 Nummer 6 und 7, § 13 Absatz 2 des 5. VermBG) angelegt wird,

2. die zulagebegünstigten Höchstbeträge von 400 Euro bzw. 470 Euro überschritten sind (§ 13 Absatz 2 des 5. VermBG)
   oder

3. die Einkommensgrenze überschritten ist (§ 13 Absatz 1 des 5. VermBG).

(3) Für den Grenzgänger (Abschnitt 1 Absatz 4 Nummer 1) kann der ausländische Arbeitgeber vermögenswirksame Leistungen auch dadurch anlegen, dass er eine andere Person mit der Überweisung oder Einzahlung in seinem Namen und für seine Rechnung beauftragt. Geht dies aus dem Überweisungsauftrag oder dem Einzahlungsbeleg eindeutig hervor, bestehen keine Bedenken, wenn es sich bei der beauftragten Person um den Begünstigten selbst handelt. Lehnt es der ausländische Arbeitgeber ab, mit dem bei ihm beschäftigten Grenzgänger einen Vertrag nach § 11 Absatz 1 des 5. VermBG abzuschließen, so kann statt des Arbeitgebers ein inländisches Kreditinstitut oder eine Kapitalverwaltungsgesellschaft mit dem Arbeitnehmer die vermögenswirksame Anlage von Lohnteilen vereinbaren.

Voraussetzung ist, dass der ausländische Arbeitgeber den Arbeitslohn auf ein Konto des Arbeitnehmers bei dem Kreditinstitut überweist und dieses sodann die vermögenswirksam anzulegenden Beträge zu Lasten dieses Kontos unmittelbar an das Unternehmen, das Institut oder den Gläubiger leistet; wird der Vertrag mit der Kapitalverwaltungsgesellschaft abgeschlossen, gilt dies sinngemäß. Diese Regelungen gelten auch für Arbeitnehmer, die bei diplomatischen und konsularischen Vertretungen ausländischer Staaten im Inland beschäftigt sind, wenn das Arbeitsverhältnis deutschem Arbeitsrecht unterliegt.

(4) Der Anspruch des Arbeitnehmers auf vermögenswirksame Leistungen ist bis zum Betrag von 870 Euro im Kalenderjahr unabhängig von der Anlageart nicht übertragbar und damit auch nicht pfändbar und nicht verpfändbar (§ 2 Absatz 7 Satz 2 des 5. VermBG, § 851 Absatz 1 **der Zivilprozessordnung** – ZPO, § 1274 Absatz 2 **des Bürgerlichen Gesetzbuches** – BGB).
Dies gilt auch, soweit der Arbeitgeber die vermögenswirksamen Leistungen aus dem Arbeitslohn anzulegen hat (§ 11 des 5. VermBG) und unabhängig davon, ob und wieweit die vermögenswirksamen Leistungen zulagebegünstigt sind.

(5) Aufwendungen, die vermögenswirksame Leistungen darstellen, zählen nicht zu den Altersvorsorgebeiträgen (§ 82 Absatz 4 Nummer 1 EStG). Auf eine Förderung mittels einer Arbeitnehmer-Sparzulage kommt es nicht an.

3. Zeitliche Zuordnung der vermögenswirksamen Leistungen (§ 2 Absatz 6 des 5. VermBG)

(1) Vermögenswirksame Leistungen sind Arbeitslohn (§ 2 Absatz 6 des 5. VermBG).
Die zeitliche Zuordnung vermögenswirksamer Leistungen richtet sich nach den für die Zuordnung des Arbeitslohns geltenden Vorschriften (vgl. § 38a Absatz 1 Satz 2 und 3 EStG, R 39b.5 und 39b.6 **der Lohnsteuer-Richtlinien** – LStR). Für die Zurechnung vermögenswirksamer Leistungen zum abgelaufenen Kalenderjahr kommt es auf den Zeitpunkt des Eingangs beim Anlageinstitut nicht an (vgl. Abschnitt 13 Absatz 1).

(2) Die zeitliche Zuordnung vermögenswirksamer Leistungen ist auf den Beginn der Sperrfrist ohne Einfluss. Die Sperrfrist für auf Sparverträge über Wertpapiere oder andere Vermögensbeteiligungen (§ 4 des 5. VermBG) angelegte vermögenswirksame Leistungen beginnt stets am 1. Januar des Kalenderjahrs, in dem die einmalige oder die erste laufende vermögenswirksame Leistung beim Kreditinstitut oder bei der Kapitalverwaltungsgesellschaft eingeht.

4. Vermögensbeteiligungen (§ 2 Absatz 1 Nummer 1 des 5. VermBG)

(1) Die Vermögensbeteiligungen, deren Begründung oder Erwerb nach dem 5. VermBG mit der Arbeitnehmer-Sparzulage begünstigt ist, sind in § 2 Absatz 1 Nummer 1 i. V. m. Absatz 2 bis 4 des 5. VermBG abschließend aufgezählt. Danach können sowohl Vermögensbeteiligungen am Unternehmen des Arbeitgebers (betriebliche Beteiligungen) als auch Vermögensbeteiligungen an anderen Unternehmen (außerbetriebliche Beteiligungen) begründet oder erworben werden. Eine Vermögensbeteiligung kann jedoch nur begründet oder erworben werden, wenn ihre Laufzeit nicht vor der für die gewählte Anlage geltenden Sperrfrist endet.

(2) Aktien und Wandelschuldverschreibungen sind Vermögensbeteiligungen, wenn sie

1. vom inländischen oder ausländischen Arbeitgeber oder von einem Unternehmen, das als herrschendes Unternehmen mit dem Unternehmen des Arbeitgebers verbunden ist (§ 18 Absatz 1 des Aktiengesetzes – **AktG**), ausgegeben werden oder

2. an einer deutschen Börse zum regulierten Markt zugelassen oder in den Freiverkehr einbezogen sind.

(3) Eine Gewinnschuldverschreibung ist ein Wertpapier, das auf Inhaber, Namen oder an Order lautet und in dem die Leistung einer bestimmten Geldsumme – im Regelfall die Einlösung zum Nennwert – versprochen wird. Ob die Einlösung nach Fristablauf, Kündigung oder Rückgabe vorgesehen ist, ist dabei ohne Bedeutung. Unerheblich ist ebenfalls, ob neben Geldsummenansprüchen Geldwertansprüche verbrieft sind; so liegt z. B. eine Gewinnschuldverschreibung auch vor, wenn die Einlösung zum Kurs einer entsprechenden Aktie, mindestens jedoch zu einer bestimmten Geldsumme vereinbart ist. Voraussetzung ist in allen Fällen, dass neben einer bestimmten Geldsumme eine Verzinsung zugesagt ist, die mit dem Gewinn zusammenhängt. Auf die Bezeichnung als Zins kommt es dabei nicht an. Neben dem gewinnabhängigen Zins kann ein fester Zins zugesagt bzw. ein gewinnunabhängiger Mindestzins vereinbart sein. Gewinnschuldverschreibungen sind Vermögensbeteiligungen, wenn sie vom inländischen oder ausländischen Arbeitgeber oder von einem Unternehmen ausgegeben werden, das als herrschendes Unternehmen mit dem Unternehmen des Arbeitgebers verbunden ist (§ 18 Absatz 1 AktG). Sofern in solchen Gewinnschuldverschreibungen eine gewinnunabhängige Mindestverzinsung zugesagt ist, muss eine der in § 2 Absatz 3 des 5. VermBG geforderten Voraussetzungen erfüllt sein; die Mindestverzinsung im Sinne des § 2 Absatz 3 Nummer 2 des 5. VermBG bestimmt sich nach dem Ausgabepreis, nicht nach dem Nennwert oder Tageskurs der Gewinnschuldverschreibung.

(4) Wandel- und Gewinnschuldverschreibungen, die Namensschuldverschreibungen des Arbeitgebers sind, sind Vermögensbeteiligungen, wenn die Ansprüche des Arbeitnehmers aus der Schuldverschreibung auf Kosten des Arbeitgebers durch ein inländisches Kreditinstitut verbürgt oder durch ein inländisches Versicherungsunternehmen privatrechtlich gesichert sind; ein Wechsel des Bürgen oder des Versicherungsunternehmens während der für die gewählte Anlage geltenden Sperrfrist ist zulässig, wenn der neue Bürge oder das neue Versicherungsunternehmen die bisher entstandenen Verpflichtungen übernimmt. Durch den Eintritt des Sicherungsfalls wird die für die gewählte Anlage geltende Sperrfrist nicht berührt. Die Sicherung ist nicht erforderlich, wenn der Arbeitgeber ein inländisches Kreditinstitut ist.

(5) Anteile an OGAW-Sondervermögen sowie an als Sondervermögen aufgelegten offenen Publikums-AIF nach den §§ 218 und 219 des Kapitalanlagegesetzbuchs sowie Anteile an offenen EU-Investmentvermögen und offenen ausländischen AIF, die nach dem Kapitalanlagegesetzbuch vertrieben werden dürfen (§ 2 Absatz 1 Nummer 1 Buchstabe c des 5. VermBG), bleiben Vermögensbeteiligungen bei Änderung der im maßgebenden Jahresbericht oder im ersten Jahres- oder Halbjahresbericht nach Auflegung des Investmentvermögens festgestellten Zusammensetzung des Investmentvermögens, die während der Laufzeit eines Vertrags nach § 4 des 5. VermBG über den Erwerb von entsprechenden Anteilen mit laufenden vermögenswirksamen Leistungen eintreten kann.

(6) Ein Genussschein ist ein Wertpapier, wenn er ein Genussrecht verbrieft und auf Inhaber, Namen oder an Order lautet. Ein Genussschein kann grundsätzlich von Unternehmen jeder Rechtsform ausgegeben werden. Genussrechte können alle Vermögensrechte sein, wie sie typischerweise Aktionären zustehen. Sie unterscheiden sich von Mitgliedschaftsrechten durch das

Fehlen der Kontroll- und Verwaltungsrechte. Genussscheine sind Vermögensbeteiligungen, wenn sie

1. vom inländischen oder ausländischen Arbeitgeber oder von einem Unternehmen, das als herrschendes Unternehmen mit dem Unternehmen des Arbeitgebers verbunden ist (§ 18 Absatz 1 AktG), ausgegeben werden oder
2. von einem inländischen Unternehmen, das kein Kreditinstitut ist, ausgegeben werden und an einer deutschen Börse zum regulierten Markt zugelassen oder in den Freiverkehr einbezogen sind.

Voraussetzung ist stets, dass mit dem Genussrecht das Recht am Gewinn des Unternehmens verbunden ist. Die Zusage eines gewinnunabhängigen Mindest- bzw. Festzinses steht damit grundsätzlich nicht im Einklang. Ein gewinnunabhängiger Mindest- oder Festzins ist z. B. dann nicht zugesagt, wenn die Zinszahlung ausdrücklich von einem ausreichenden Gewinn abhängig gemacht ist oder das Genussrechtskapital am Verlust teilnimmt (vgl. § 10 Absatz 5 Gesetz über das Kreditwesen). Sofern eine gewinnunabhängige Mindestverzinsung zugesagt ist, muss eine der in § 2 Absatz 4 i. V .m. Absatz 3 des 5. VermBG geforderten Voraussetzungen erfüllt sein. Die Mindestverzinsung im Sinne des § 2 Absatz 3 Nummer 2 des 5. VermBG bestimmt sich nach dem Ausgabepreis, nicht nach dem Nennwert oder Tageskurs des Genussscheins. Sind neben dem Recht am Gewinn eines Unternehmens andere Rechte vereinbart, die ebenfalls typische Vermögensrechte eines Aktionärs sein können (z. B. Bezugsrechte), steht das der Annahme eines Genussrechts nicht entgegen. Voraussetzung ist außerdem, dass Rückzahlung zum Nennwert nicht zugesagt ist. Diese Voraussetzung ist z. B. in folgenden Fällen erfüllt:

1. Ausschluss der Rückzahlbarkeit (Unkündbarkeit, keine Rücknahme des Genussscheins);
2. Rückzahlbarkeit bei Kündigung, bei Rückgabe oder nach Fristablauf, wenn sich der Rückzahlungsanspruch nach der Wertentwicklung eines Unternehmens richtet (z. B. unmittelbar auf einen Anteil am Liquidationserlös gerichtet ist oder sich nach dem Börsenkurs einer entsprechenden Aktie des Unternehmens richtet);
3. Rückzahlbarkeit bei Kündigung, bei Rückgabe oder nach Fristablauf, wenn eine Beteiligung am Verlust vereinbart ist (das ist auch dann der Fall, wenn im Verlustfalle weniger als der Nennwert zurückgezahlt wird);
4. Rückzahlbarkeit bei Kündigung, bei Rückgabe oder nach Fristablauf, wenn eine Rückzahlung nur aus dem Gewinn erfolgen darf.

Ist Rückzahlung zum Nennwert zugesagt, kann es sich um eine Gewinnschuldverschreibung handeln (Absatz 3).

(7) Beteiligungen an einer Genossenschaft durch Begründung oder Erwerb eines Geschäftsguthabens sind Vermögensbeteiligungen, wenn die Genossenschaft

1. der inländische Arbeitgeber oder ein inländisches Unternehmen ist, das als herrschendes Unternehmen mit dem inländischen Unternehmen des Arbeitgebers verbunden ist (§ 18 Absatz 1 AktG), oder
2. ein inländisches Kreditinstitut oder ein Post-, Spar- oder Darlehensverein ist oder
3. eine Bau- oder Wohnungsgenossenschaft im Sinne des § 2 Absatz 1 **Satz 1** Nummer 2 des Wohnungsbau-Prämiengesetzes (WoPG) ist, welche die in § 2 Absatz 1 Nummer 1 Buchstabe g des 5. VermBG geforderten Voraussetzungen erfüllt.

Die Begründung oder der Erwerb eines Geschäftsguthabens bei einer Genossenschaft setzt voraus, dass der Arbeitnehmer bereits Mitglied der Genossenschaft ist oder vereinbart ist, dass er von der Genossenschaft als Mitglied aufgenommen wird. Zur Begründung von Geschäftsguthaben bei einer Genossenschaft werden auch die vermögenswirksamen Leistungen angelegt, die als Anzahlungen oder als Einzahlungen auf den Geschäftsanteil des Arbeitnehmers geleistet werden, nachdem das Geschäftsguthaben durch Verlust gemindert oder der Geschäftsanteil durch Beschluss der Generalversammlung erhöht worden ist. Ist die Sperrfrist nicht eingehalten, gehören Aufwendungen für den ersten Erwerb von Anteilen an Bau- und Wohnungsgenossenschaften (§ 2 Absatz 1 **Satz 1** Nummer 2 WoPG) zu den Anlagen nach § 2 Absatz 1 Nummer 4 des 5. VermBG (Abschnitt 9 Absatz 3).

(8) Beteiligungen an einer Gesellschaft mit beschränkter Haftung (GmbH) durch Übernahme einer Stammeinlage oder Erwerb eines Geschäftsanteils sind Vermögensbeteiligungen, wenn die GmbH der inländische Arbeitgeber oder ein inländisches Unternehmen ist, das als herrschendes Unternehmen mit dem inländischen Unternehmen des Arbeitgebers verbunden ist (§ 18 Absatz 1 AktG). Zur Übernahme einer Stammeinlage bei einer GmbH durch den Arbeitnehmer können vermögenswirksame Leistungen

1. bei Errichtung der GmbH auf Grund des mit dem Arbeitnehmer abgeschlossenen Gesellschaftsvertrags oder
2. bei Erhöhung des Stammkapitals der GmbH auf Grund einer Übernahmeerklärung des Arbeitnehmers (§ 55 Absatz 1 **des Gesetzes betreffend die Gesellschaften mit beschränkter Haftung – GmbHG**)

nach den Vorschriften des § 6 des 5. VermBG über den Beteiligungsvertrag angelegt werden. Zum Erwerb eines Geschäftsanteils an einer GmbH durch den Arbeitnehmer können vermögenswirksame Leistungen auf Grund eines Abtretungsvertrags des Arbeitnehmers mit der arbeitgebenden GmbH oder dem genannten verbundenen Unternehmen, nach den Vorschriften des § 7 des 5. VermBG über den Beteiligungs-Kaufvertrag (Abschnitt 7) angelegt werden. Nach den Vorschriften des § 4 des 5. VermBG angelegte vermögenswirksame Leistungen können zur Übernahme einer Stammeinlage auf Grund eines Gesellschaftsvertrags oder einer Übernahmeerklärung des Arbeitnehmers und zum Erwerb eines Geschäftsanteils auf Grund eines Abtretungsvertrags verwendet werden (§ 4 Absatz 2 Satz 1 Nummer 1 des 5. VermBG). Zur Übernahme einer Stammeinlage können vermögenswirksame Leistungen bereits dann angelegt oder verwendet werden, wenn der Gesellschaftsvertrag abgeschlossen oder die Übernahme der Stammeinlage erklärt, aber die Gesellschaft oder die Erhöhung des Stammkapitals noch nicht in das Handelsregister eingetragen worden ist. Unterbleibt die Eintragung, so sind Abschnitt 18 Absatz 1 Nummer 3 und § 8 Absatz 1 Nummer 4 der **Verordnung zur Durchführung des Fünften Vermögensbildungsgesetzes (Fünftes Vermögensbildungsgesetz-Durchführungsverordnung – VermBDV)** zu beachten.

(9) Stille Beteiligungen an einem Unternehmen sind Vermögensbeteiligungen, wenn dieses

1. der inländische Arbeitgeber oder ein inländisches Unternehmen ist, das als herrschendes Unternehmen mit dem inländischen Unternehmen des Arbeitgebers verbunden ist (§ 18 Absatz 1 AktG), oder
2. ein inländisches Unternehmen ist, das auf Grund eines Vertrags mit dem Arbeitgeber an dessen inländischem Unternehmen gesellschaftsrechtlich beteiligt ist (indirekte betriebliche stille Beteiligung über eine so genannte Mitarbeiterbeteiligungsgesellschaft).

Als Vermögensbeteiligungen sind auch stille Beteiligungen an einem inländischen Unternehmen anzusehen, das auf Grund eines Vertrags mit einem anderen inländischen Unternehmen an diesem gesellschaftsrechtlich beteiligt ist, wenn dieses als herrschendes Unternehmen mit dem inländischen Unternehmen des Arbeitgebers verbunden ist (§ 18 Absatz 1 AktG). Die stille Beteiligung muss die im Handelsgesetzbuch für sie vorgeschriebenen Voraussetzungen erfüllen. Die stille Beteiligung an einem Unternehmen ist danach unabhängig von dessen Rechtsform möglich, wenn das Unternehmen ein Handelsgewerbe betreibt, oder wenn das Unternehmen z. B. wegen seiner Rechtsform oder wegen seiner Eintragung im Handelsregister als Unternehmen gilt, das ein Handelsgewerbe betreibt. An einer Gesellschaft, die kein Handelsgewerbe betreibt, aber – zu Unrecht – als Kommanditgesellschaft im Handelsregister eingetragen ist, kann eine stille Beteiligung begründet werden, wenn die eingetragene Gesellschaft ein Gewerbe betreibt. Ob diese Voraussetzung erfüllt ist, ist jeweils unter Berücksichtigung der Umstände des Einzelfalls ausschließlich nach handelsrechtlichen Grundsätzen festzustellen. Für die Abgrenzung einer stillen Beteiligung von einem partiarischen Darlehen kommt es darauf an, ob die Vertragspartner einen gemeinsamen Zweck verfolgen (vgl. BFH-Urteil vom 21. Juni 1983, BStBl II Seite 563). Indiz für die Verfolgung eines gemeinsamen Zwecks kann die ausdrückliche Vereinbarung von Kontrollrechten des Arbeitnehmers sein. Fehlt es an einem gemeinsamen Zweck der Vertragspartner, liegt ein partiarisches Darlehen vor (Absatz 10).

(10) Darlehensforderungen sind Vermögensbeteiligungen, wenn

1. sie Forderungen gegen den Arbeitgeber oder gegen ein inländisches Unternehmen sind, das als herrschendes Unternehmen mit dem Unternehmen des Arbeitgebers verbunden ist (§ 18 Absatz 1 AktG) und
2. die Ansprüche des Arbeitnehmers aus dem Darlehensvertrag gesichert sind.

Absatz 4 gilt entsprechend.

(11) Genussrechte an einem Unternehmen, über die keine Genussscheine mit Wertpapiercharakter ausgegeben werden, sind Vermögensbeteiligungen, wenn

1. das Unternehmen der inländische Arbeitgeber oder ein inländisches Unternehmen ist, das als herrschendes Unternehmen mit dem inländischen Unternehmen des Arbeitgebers verbunden ist (§ 18 Absatz 1 AktG), und
2. die Voraussetzungen des Absatzes 6 erfüllt sind.

Ist Rückzahlung zum Nennwert vereinbart, kann es sich um ein partiarisches Darlehen handeln (Absatz 10).

(12) Mit vermögenswirksamen Leistungen können auch Nebenkosten der Begründung oder des Erwerbs einer Vermögensbeteiligung beglichen werden. Nebenkosten sind z. B. Provisionen, Notariatsgebühren, Eintrittsgelder im Zusammenhang mit Geschäftsguthaben bei einer Genossenschaft, Aufgelder im Zusammenhang mit Stammeinlagen bei einer GmbH und Kosten für Registereintragungen. Keine Nebenkosten in diesem Sinne sind z. B. Stückzinsen und Verwaltungskosten wie z. B. Depot- oder Kontoführungsgebühren.

5. Anlagen auf Grund von Sparverträgen über Wertpapiere oder andere Vermögensbeteiligungen
(§ 2 Absatz 1 Nummer 1, § 4 des 5. VermBG)

(1) Sparverträge über Wertpapiere oder andere Vermögensbeteiligungen (Abschnitt 4) können mit inländischen Kreditinstituten, Kapitalverwaltungsgesellschaften und Kreditinstituten oder Verwaltungsgesellschaften im Sinne der Richtlinie 2009/65/EG in anderen EU-Mitgliedstaaten abgeschlossen werden. Die Verträge brauchen die Voraussetzungen des § 21 Absatz 4 der Kreditinstituts-Rechnungslegungsverordnung nicht zu erfüllen, d. h., es können auch ohne Ausfertigung eines Sparbuchs mit jeder Einzahlung unmittelbar wertpapiermäßig verbriefte Vermögensbeteiligungen erworben werden. Die Verträge können auf den Erwerb oder die Begründung bestimmter Vermögensbeteiligungen beschränkt sein (z. B. auf den Erwerb von Aktien eines bezeichneten Unternehmens). Die Beschränkung kann geändert oder aufgehoben werden.

(2) Ein Vertrag über eine einmalige Einzahlung ist ein Vertrag über eine einzige, der Höhe nach bestimmte Einzahlung. Ein Vertrag über laufende Einzahlungen liegt vor, wenn auf diesen Vertrag für die Dauer von sechs Jahren seit Vertragsabschluss mindestens einmal in jedem Kalenderjahr Beträge eingezahlt werden sollen; die einzuzahlenden Beträge brauchen der Höhe nach nicht bestimmt zu sein. Als Zeitpunkt des Vertragsabschlusses gilt der Tag, an dem die vermögenswirksame Leistung, bei Verträgen über laufende Einzahlungen die erste vermögenswirksame Leistung, beim Kreditinstitut oder bei der Kapitalverwaltungsgesellschaft eingeht. Aus Vereinfachungsgründen bestehen keine Bedenken dagegen, Einzahlungen auf einen Sparvertrag über laufende Einzahlungen noch bis zum letzten Tag des Kalendermonats zuzulassen, in dem die Frist von sechs Jahren endet.

(3) Die siebenjährige Sperrfrist gilt einheitlich für Verträge über die einmalige oder laufende Anlage vermögenswirksamer Leistungen. Sie beginnt am 1. Januar des Kalenderjahrs, in dem die vermögenswirksame Leistung, bei Verträgen über laufende Einzahlungen die erste vermögenswirksame Leistung beim Kreditinstitut oder bei der Kapitalverwaltungsgesellschaft eingeht. Die Einzahlung anderer Beträge **hat** auf den Beginn der Sperrfrist **keinen** Einfluss.

Beispiel:

Der Arbeitnehmer unterschreibt den Sparvertrag über laufende Einzahlungen am **30. Juli 2018.** Die erste vermögenswirksame Leistung geht am 20. August **2018** bei der Kapitalverwaltungsgesellschaft ein. Der Sparvertrag gilt am 20. August **2018** als abgeschlossen, so dass die sechsjährige Einzahlungsfrist am 19. August **2024** endet. Auf Grund der Vereinfachungsregelung ist die letzte Einzahlung aber auch noch am 31. August **2024** möglich. Die siebenjährige Sperrfrist endet am 31. Dezember **2024.**

(4) Der Vertrag über die laufende Anlage vermögenswirksamer Leistungen ist unterbrochen, wenn in einem Kalenderjahr, das dem Kalenderjahr des Vertragsabschlusses folgt, weder vermögenswirksame Leistungen noch andere Beträge eingezahlt werden; dabei liegt z. B. eine Einzahlung anderer Beträge auch dann vor, wenn Zinsen für eingezahlte Beträge gutgeschrieben bleiben.

Beispiele:

A. Der Arbeitnehmer unterschreibt den Sparvertrag über laufende Einzahlungen am **28. September 2018.** Die erste vermögenswirksame Leistung geht am **2. November 2018**, weitere vermögenswirksame Leistungen gehen bis einschließlich März **2019** bei der Kapitalverwaltungsgesellschaft ein. Ab 1. April **2019** werden keine Beträge mehr eingezahlt, weil der Arbeitnehmer arbeitslos geworden ist. Die gutgeschriebenen Zinsen und die gutgeschriebenen Erträge aus Vermögensbeteiligungen hat sich der Arbeitnehmer auszahlen lassen. Am 2. November **2020** werden erneut vermögenswirksame Leistungen eingezahlt. Der Vertrag ist nicht unterbrochen, weil in den Kalenderjahren **2019** und **2020** vermögenswirksame Leistungen angelegt worden sind.

B. Der Arbeitnehmer unterschreibt den Sparvertrag über laufende Einzahlungen am **28. September 2018.** Die erste vermögenswirksame Leistung geht am **2. November 2018** bei der Kapitalverwaltungsgesellschaft ein. Ab 1. Januar **2019** werden keine Beträge mehr eingezahlt, weil der Arbeitnehmer arbeitslos geworden ist. Die gutgeschriebenen Zinsen und die gutgeschriebenen Erträge aus Vermögensbeteiligungen hat sich der Arbeitnehmer auszahlen lassen. Ab 1. Februar **2020** werden erneut vermögenswirksame Leistungen eingezahlt. Der Vertrag ist unterbrochen, weil im Kalenderjahr **2019** keine Einzahlungen vorliegen.

(5) Nach einer Unterbrechung können auf den Sparvertrag keine vermögenswirksamen Leistungen mehr angelegt werden.

(6) Endet für vermögenswirksame Leistungen die Verwendungsfrist (§ 4 Absatz 2 Nummer 1 des 5. VermBG) mit oder nach Ablauf der Sperrfrist, so werden sie auch dann gefördert, wenn keine Vermögensbeteiligungen erworben werden.

(7) Die Festlegung erworbener Wertpapiere und die Aufzeichnungspflichten bei ihrer Verwahrung durch den Arbeitgeber sind in § 4 Absatz 1 und 2 **VermBDV** geregelt. Die Mitteilungspflichten des Kreditinstituts oder der Kapitalverwaltungsgesellschaft und des Arbeitgebers bei Verwahrung der erworbenen Wertpapiere durch den Arbeitgeber sind in § 2 Absatz 3 **VermBDV** geregelt.

(8) Die erworbenen Wertpapiere können vor Ablauf der Sperrfrist zulagenunschädlich gegen andere verbriefte Vermögensbeteiligungen ausgetauscht werden (§ 4 Absatz 4 Nummer 6 des 5. VermBG). Dieser Austausch ist nur möglich, wenn die Wertpapiere bei einem Kreditinstitut oder bei einer Kapitalverwaltungsgesellschaft verwahrt werden. Der Erlös aus der Veräußerung einschließlich etwaiger Kursgewinne ist bis zum Ablauf des folgenden Kalendermonats zum Erwerb der für den Rest der Sperrfrist festzulegenden anderen Wertpapiere zu verwenden. Dabei übrig bleibende vermögenswirksame Leistungen bleiben gefördert, wenn sie 150 Euro nicht übersteigen; aus mehreren Veräußerungsvorgängen übrig bleibende vermögenswirksame Leistungen sind zusammenzurechnen. Wird die 150-Euro-Grenze überschritten, wird die Förderung der nicht wieder verwendeten vermögenswirksamen Leistungen rückgängig gemacht, weil in dieser Höhe eine schädliche Verfügung vorliegt. Sind zum Erwerb von Wertpapieren neben vermögenswirksamen Leistungen auch andere Beträge verwendet worden, so gelten beim Austausch von Wertpapieren zuerst die anderen Beträge als übrig bleibend; diese Beträge bleiben bei der Ermittlung der 150-Euro-Grenze außer Ansatz.

6. Anlagen auf Grund von Wertpapier-Kaufverträgen (§ 2 Absatz 1 Nummer 2, § 5 des 5. VermBG)

(1) Auf Grund eines Wertpapier-Kaufvertrags mit dem inländischen Arbeitgeber werden vermögenswirksame Leistungen durch Verrechnung mit dem Kaufpreis zum Erwerb von Wertpapieren (§ 2 Absatz 1 Nummer 1 Buchstaben a bis c und f des 5. VermBG) angelegt. Der Kaufpreis kann mit vermögenswirksamen Leistungen entrichtet werden durch

- einmalige Verrechnung als Vorauszahlung oder nachträgliche Zahlung,
- laufende Verrechnung als Anzahlungen oder Abzahlungen.

(2) Ist der Kaufpreis durch einmalige Verrechnung vorausgezahlt oder durch laufende Verrechnung angezahlt worden, so hat der Arbeitgeber ein Anzahlungskonto zu führen.

(3) Die Festlegung erworbener Wertpapiere und die Aufzeichnungspflichten bei ihrer Verwahrung sind in § 4 Absatz 3 **VermBDV** geregelt. Die Mitteilungspflichten des Arbeitgebers und des Kreditinstituts oder der Kapitalverwaltungsgesellschaft bei Verwahrung der erworbenen Wertpapiere durch ein vom Arbeitnehmer benanntes Kreditinstitut oder eine vom Arbeitnehmer benannte Kapitalverwaltungsgesellschaft sind in § 2 Absatz 4 **VermBDV** geregelt. Der sparzulagenunschädliche Austausch von Wertpapieren (Abschnitt 5 Absatz 8) ist nicht möglich, wenn diese auf Grund eines Wertpapier-Kaufvertrags erworben worden sind.

7. Anlagen auf Grund von Beteiligungs-Verträgen und Beteiligungs-Kaufverträgen (§ 2 Absatz 1 Nummer 3, §§ 6 und 7 des 5. VermBG)

(1) Beteiligungs-Verträge (§ 6 des 5. VermBG) unterscheiden sich von Beteiligungs-Kaufverträgen (§ 7 des 5. VermBG) hauptsächlich dadurch, dass Beteiligungs-Verträge nicht verbriefte Vermögensbeteiligungen erstmals begründen, während auf Grund von Beteiligungs-Kaufverträgen bereits bestehende nicht verbriefte Vermögensbeteiligungen erworben werden.

(2) Auf Grund eines Beteiligungs-Vertrags nach § 6 Absatz 1 des 5. VermBG und auf Grund eines Beteiligungs-Kaufvertrags nach § 7 Absatz 1 des 5. VermBG zwischen dem Arbeitnehmer und dem inländischen Arbeitgeber können vermögenswirksame Leistungen in nicht verbrieften betrieblichen Vermögensbeteiligungen angelegt werden. Auf Grund eines Beteiligungs-Kaufvertrags nach § 7 Absatz 1 des 5. VermBG können außerdem insbesondere außerbetriebliche Vermögensbeteiligungen in Form von Geschäftsguthaben bei inländischen Kredit-, Bau- oder Wohnungsbaugenossenschaften sowie stille Beteiligungen an sog. Mitarbeiterbeteiligungsgesellschaften (Abschnitt 4 Absatz 9) erworben werden. Die vermögenswirksamen Leistungen sind zu verrechnen (Abschnitt 6 Absatz 1 und 2).

(3) Ein Beteiligungs-Vertrag nach § 6 Absatz 2 des 5. VermBG kann vom Arbeitnehmer mit einem Unternehmen, das mit dem Unternehmen des Arbeitgebers verbunden ist, mit einer sog. Mitarbeiterbeteiligungsgesellschaft oder mit einer Kredit-, Bau- oder Wohnungsgenossenschaft zur Begründung nicht verbriefter Vermögensbeteiligungen an dem vertragschließenden Unter-

nehmen abgeschlossen werden. Ein Beteiligungs-Kaufvertrag nach § 7 Absatz 2 des 5. VermBG kann vom Arbeitnehmer mit der GmbH, die mit dem Unternehmen des Arbeitgebers verbunden ist, zum Erwerb von Geschäftsanteilen an der vertragschließenden GmbH abgeschlossen werden. Die vermögenswirksamen Leistungen sind vom Arbeitgeber zu überweisen; die einmalige Überweisung als Voraus- oder nachträgliche Zahlung sowie laufende Überweisungen als An- oder Abzahlungen sind zulässig. So kann in einem Beteiligungs-Vertrag nach § 6 Absatz 2 des 5. VermBG vereinbart sein, dass der Arbeitnehmer an eine Genossenschaft vermögenswirksame Leistungen laufend als Anzahlungen zum Zwecke der Begründung von Geschäftsguthaben vom Arbeitgeber überweisen lässt, damit die Genossenschaft für den Arbeitnehmer die Einzahlungen erbringt, die zu leisten sind, sobald er der Genossenschaft beigetreten ist und die Geschäftsanteile übernommen hat.

(4) Ist die für die Begründung der Vermögensbeteiligung geschuldete Geldsumme (§ 6 Absatz 1 und 2 des 5. VermBG) oder der Kaufpreis (§ 7 Absatz 1 und 2 des 5. VermBG) durch einmalige vermögenswirksame Leistung vorausgezahlt oder durch laufende vermögenswirksame Leistungen angezahlt worden, so hat der Arbeitgeber oder das Unternehmen ein Anzahlungskonto zu führen.

(5) Die Aufzeichnungspflichten während der Dauer der Sperrfrist (§ 6 Absatz 3 Nummer 2, § 7 Absatz 3 des 5. VermBG) sind in § 3 **VermBDV** geregelt.

8. Insolvenzschutz (§ 2 Absatz 5a des 5. VermBG)

(1) Der Arbeitgeber hat vor der Anlage vermögenswirksamer Leistungen im eigenen Unternehmen in Zusammenarbeit mit dem Arbeitnehmer Vorkehrungen zu treffen, die der Absicherung der angelegten vermögenswirksamen Leistungen bei einer während der Dauer der Sperrfrist eintretenden Zahlungsunfähigkeit des Arbeitgebers dienen (§ 2 Absatz 5a Satz 1 des 5. VermBG). Diese Vorkehrungen des Arbeitgebers gegen Insolvenz sind nicht Voraussetzung für den Anspruch des Arbeitnehmers auf die Arbeitnehmer-Sparzulage. Die Regelung betrifft alle im Fünften Vermögensbildungsgesetz zugelassenen Formen von Kapitalbeteiligungen der Arbeitnehmer am arbeitgebenden Unternehmen mit Ausnahme von Darlehen (§ 2 Absatz 1 Nummer 1 Buchstabe k des 5. VermBG) und Namensschuldverschreibungen (§ 2 Absatz 1 Nummer 1 Buchstabe b des 5. VermBG), für die bereits die Absicherung durch eine Versicherung oder Bankbürgschaft als Voraussetzung für die Anlage vermögenswirksamer Leistungen und damit für einen möglichen Anspruch auf Arbeitnehmer-Sparzulage vorgeschrieben ist.

(2) Zum Bericht des Bundesministeriums für Arbeit und Sozialordnung über die Vorkehrungen zur Insolvenzsicherung vermögenswirksamer Leistungen beim Erwerb von Mitarbeiter-Kapitalbeteiligungen (§ 2 Absatz 5a Satz 2 des 5. VermBG) siehe Bundestags-Drucksache 14/9731 vom 28. Juni 2002.

9. Anlagen nach dem Wohnungsbau-Prämiengesetz (§ 2 Absatz 1 Nummer 4 des 5. VermBG)

(1) Als Aufwendungen des Arbeitnehmers nach dem WoPG können vermögenswirksame Leistungen auf Grund von Verträgen angelegt werden, die nach den Vorschriften des WoPG abgeschlossen worden sind. Bei der Anlage vermögenswirksamer Leistungen nach § 2 Absatz 1 **Satz 1** Nummer 2 WoPG als Aufwendungen für den ersten Erwerb von Anteilen an Bau- und Wohnungsgenossenschaften müssen jedoch die Voraussetzungen des § 2 Absatz 1 Nummer 1 Buchstabe g zweiter Halbsatz des 5. VermBG erfüllt sein. Eine Anlage nach dem WoPG liegt auch dann vor, wenn der Arbeitnehmer unbeschränkt einkommensteuerpflichtig nach § 1 Absatz 3 EStG ist und die Voraussetzungen des § 1 Absatz 2 Satz 1 Nummer 1 und 2 EStG nicht erfüllt oder beschränkt einkommensteuerpflichtig (§ 1 Absatz 4 EStG) oder wenn das Einkommen des Arbeitnehmers die Einkommensgrenze (§ 2a WoPG) überschritten hat.

(2) Beiträge an Bausparkassen zur Erlangung von Baudarlehen setzen den Abschluss eines Bausparvertrags mit einer Bausparkasse voraus (§ 2 Absatz 1 **Satz 1** Nummer 1 WoPG). Bausparkassen sind Kreditinstitute im Sinne des § 1 Absatz 1 des Gesetzes über Bausparkassen.

(3) Vermögenswirksame Leistungen können als Aufwendungen für den ersten Erwerb von Anteilen an Bau- und Wohnungsgenossenschaften erbracht werden (§ 2 Absatz 1 **Satz 1** Nummer 2 WoPG). Wegen der Zuordnung zu einer Anlage nach § 2 Absatz 1 Nummer 1 Buchstabe g des 5. VermBG und den Wegfall dieser Zulagenbegünstigung vgl. Abschnitt 4 Absatz 7 und Abschnitt 18 Absatz 1 Nummer 3.

(4) Wohnbau-Sparverträge im Sinne des WoPG sind Sparverträge mit einem Kreditinstitut oder einem am 31. Dezember 1989 als gemeinnützig anerkannten Wohnungsunternehmen oder einem am 31. Dezember 1989 als Organ der staatlichen Wohnungspolitik anerkannten Unternehmen, wenn diese Unternehmen eigene Spareinrichtungen unterhalten, auf die die Vorschriften des Gesetzes über das Kreditwesen anzuwenden sind. Die eingezahlten Sparbeiträge

und die Prämien müssen zum Bau oder Erwerb selbst genutzten Wohneigentums oder zum Erwerb eines eigentumsähnlichen Dauerwohnrechts verwendet werden; die Wohnbau-Sparverträge müssen auf die Dauer von drei bis sechs Jahren als allgemeine Sparverträge oder als Sparverträge mit festgelegten Sparraten abgeschlossen werden (§ 2 Absatz 1 **Satz 1** Nummer 3 WoPG).

(5) Baufinanzierungsverträge im Sinne des WoPG sind Verträge mit einem Wohnungs- und Siedlungsunternehmen oder einem am 31. Dezember 1989 anerkannten Organ der staatlichen Wohnungspolitik, die nach der Art von Sparverträgen mit festgelegten Sparraten auf die Dauer von drei bis acht Jahren mit dem Zweck einer Kapitalansammlung abgeschlossen werden; Voraussetzung ist, dass die eingezahlten Beiträge und die Prämien zum Bau oder Erwerb selbst genutzten Wohneigentums oder zum Erwerb eines eigentumsähnlichen Dauerwohnrechts verwendet werden (§ 2 Absatz 1 **Satz 1** Nummer 4 WoPG). **Die zum Wohnungsbau verwendeten Beträge dürfen nicht im Ausland eingesetzt werden (§ 2 Absatz 2 Satz 10 WoPG).** Baufinanzierungsverträge unterscheiden sich von den Wohnbau-Sparverträgen mit festgelegten Sparraten (Absatz 4) dadurch, dass außer den Verpflichtungen des Arbeitnehmers auch die Verpflichtungen des Unternehmens zur Erbringung der vertraglichen Leistungen von vornherein festgelegt sein müssen (vgl. BFH-Urteil vom 17. März 1972, BStBl II Seite 601).

10. Anlagen für den Bau, den Erwerb, den Ausbau, die Erweiterung oder die Entschuldung eines Wohngebäudes usw. (§ 2 Absatz 1 Nummer 5 des 5. VermBG)

Bei einer Anlage unmittelbar für den Bau, den Erwerb, den Ausbau, die Erweiterung oder die Entschuldung eines im Inland belegenen Wohngebäudes usw. gilt Folgendes:
1. Wohngebäude sind Gebäude, soweit sie Wohnzwecken dienen.
2. Für die Anlage ist Voraussetzung, dass der Arbeitnehmer entweder Alleineigentümer oder Miteigentümer des Wohngebäudes usw. ist; mindestens muss jedoch eine Auflassungsvormerkung zu seinen Gunsten im Grundbuch eingetragen sein. Keine Anlage in diesem Sinne liegt vor, sofern der Anlage ein von einem Dritten vorgefertigtes Konzept zu Grunde liegt, bei dem der Arbeitnehmer vermögenswirksame Leistungen zusammen mit mehr als 15 anderen Arbeitnehmern anlegen kann (§ 2 Absatz 1 Nummer 5 des 5. VermBG).
3. Eine Anlage liegt u. a. vor, wenn es sich bei den Aufwendungen um Anschaffungskosten, Herstellungskosten und Erhaltungsaufwendungen bei Instandsetzung und Modernisierung handelt (vgl. BMF-Schreiben vom 18. Juli 2003, BStBl I Seite 386).
4. Als Aufwendungen für den Bau, den Erwerb, den Ausbau, die Erweiterung oder die Entschuldung eines Wohngebäudes usw. können die vermögenswirksamen Leistungen nur erbracht werden, soweit im Zeitpunkt ihres Zuflusses die Schuld des Arbeitnehmers, für den die Leistungen erbracht werden, nicht bereits getilgt ist.
5. Sparleistungen an Treuhand- und Immobiliensparsgesellschaften sind keine Aufwendungen für den Bau, den Erwerb, den Ausbau, die Erweiterung oder die Entschuldung eines Wohngebäudes usw.

11. Anlagen auf Grund von Verträgen des Ehegatten oder Lebenspartners, der Kinder oder der Eltern (§ 3 Absatz 1 des 5. VermBG)

(1) Der Arbeitnehmer kann vermögenswirksame Leistungen auch auf Grund von Sparverträgen über Wertpapiere oder andere Vermögensbeteiligungen (Abschnitt 5), auf Grund von Verträgen nach den Vorschriften des WoPG (Abschnitt 9), auf Grund von Sparverträgen (§ 8 des 5. VermBG) und auf Grund von Kapitalversicherungsverträgen (§ 9 des 5. VermBG) anlegen lassen, die von seinem Ehegatten oder Lebenspartner **(s. auch Gesetz zur Einführung des Rechts auf Eheschließung für Personen gleichen Geschlechts vom 20. Juli 2017, BGBl. I Seite 2787)** abgeschlossen worden sind, mit dem der Arbeitnehmer die Zusammenveranlagung zur Einkommensteuer wählen kann (§ 26 Absatz 1 Satz 1 EStG). Das gilt auch, wenn die genannten Verträge von Kindern des Arbeitnehmers (§ 32 Absatz 1 EStG) abgeschlossen worden sind, solange die Kinder zu Beginn des Kalenderjahrs der vermögenswirksamen Leistung das 17. Lebensjahr noch nicht vollendet haben. Hat der Arbeitnehmer zu Beginn des Kalenderjahrs der vermögenswirksamen Leistungen das 17. Lebensjahr noch nicht vollendet, so können vermögenswirksame Leistungen auch auf die genannten Verträge angelegt werden, die von seinen Eltern oder einem Elternteil abgeschlossen worden sind.

Die vom Arbeitnehmer zugunsten des Ehegatten oder Lebenspartners, der Kinder oder der Eltern auf deren Sparverträge über Wertpapiere oder andere Vermögensbeteiligungen angelegten vermögenswirksamen Leistungen sind vom Vertragsinhaber vertragsgemäß zu verwenden; der Vertragsinhaber kann mit diesen Leistungen auch betriebliche Vermögensbeteiligungen erwerben (z. B. Gewinnschuldverschreibungen oder Genussscheine seines Arbeitgebers). Eine Abtretung der Ansprüche aus den genannten Verträgen an den Arbeitnehmer steht der Anlage seiner vermögenswirksamen Leistungen auf diese Verträge nicht entgegen.

(2) Absatz 1 gilt entsprechend bei Anlagen für den Bau, den Erwerb, den Ausbau, die Erweiterung oder die Entschuldung eines Wohngebäudes usw. (Abschnitt 10), wenn die in Absatz 1 genannten Personen Alleineigentümer oder Miteigentümer des Wohngebäudes usw. sind oder zu ihren Gunsten eine Auflassungsvormerkung im Grundbuch eingetragen ist (Abschnitt 10 Nummer 2).

(3) Die Absätze 1 und 2 gelten auch bei steuerlich anerkannten Dienstverhältnissen zwischen Ehegatten oder Lebenspartnern (vgl. R 4.8 Absatz 1 EStR, H 4.8 – Arbeitsverhältnisse zwischen Ehegatten – EStH).

(4) Vermögenswirksame Leistungen können auch auf Gemeinschaftskonten/-depots angelegt werden. Abschnitt 14 Absatz 3 und Abschnitt 19 Absatz 1 Satz 3 sind zu beachten.

12. Vereinbarung der vermögenswirksamen Leistungen, freie Wahl der Anlage (§§ 10, 11, 12 des 5. VermBG)

(1) Vermögenswirksame Leistungen, die zusätzlich zum sonstigen Arbeitslohn zu erbringen sind, können in Verträgen mit Arbeitnehmern, in Betriebsvereinbarungen, in Tarifverträgen sowie in bindenden Festsetzungen nach dem Heimarbeitsgesetz vereinbart werden (§ 10 des 5. VermBG); für Beamte, Richter, Berufssoldaten und Soldaten auf Zeit werden zusätzliche vermögenswirksame Leistungen auf Grund eines Gesetzes erbracht.

(2) Die vermögenswirksame Anlage von Teilen des Arbeitslohns (Absatz 3) wird in einem Vertrag vereinbart, den der Arbeitgeber auf schriftlichen Antrag des Arbeitnehmers mit diesem abschließen muss (§ 11 Absatz 1 des 5. VermBG; bezüglich der Grenzgänger vgl. Abschnitt 2 Absatz 3). Macht ein Tarifvertrag den Anspruch auf zusätzliche vermögenswirksame Leistungen davon abhängig, dass der Arbeitnehmer als Eigenleistung auch Teile des Arbeitslohns vermögenswirksam anlegt, so ist für die vermögenswirksame Anlage ein schriftlicher Antrag des Arbeitnehmers nicht erforderlich. Der Arbeitgeber muss auf Verlangen des Arbeitnehmers die vermögenswirksame Anlage von Lohnteilen auch dann vereinbaren, wenn der Arbeitnehmer für diese Anlage eine der nicht zulagebegünstigten Anlageformen (Abschnitt 2 Absatz 2 Nummer 1) wählt. Der Arbeitgeber muss dem Verlangen des Arbeitnehmers aber insoweit nicht folgen, als die anzulegenden Lohnteile für sich oder zusammen mit anderen vermögenswirksamen Leistungen den Betrag von 870 Euro im Kalenderjahr übersteigen. Soweit der Arbeitgeber zur Anlage von Lohnteilen nicht verpflichtet ist, kann er sich freiwillig bereit erklären, die vom Arbeitnehmer verlangte Anlage von Lohnteilen zu vereinbaren.

(3) Vermögenswirksam angelegt werden können nur Teile des Arbeitslohns, der zu den Einkünften aus nichtselbständiger Arbeit nach § 19 EStG gehört (Arbeitslohn im steuerlichen Sinne) und der dem Arbeitnehmer noch nicht zugeflossen ist; die nachträgliche Umwandlung von zugeflossenem Arbeitslohn in vermögenswirksame Leistungen ist nur im Fall der Grenzgänger (Abschnitt 2 Absatz 3) möglich. Auch pauschal besteuerter oder steuerfreier Arbeitslohn kann vermögenswirksam angelegt werden, also z. B. Teile

1. des pauschal besteuerten Arbeitslohns von kurzfristig Beschäftigten, Aushilfskräften in der Land- und Forstwirtschaft und geringfügig entlohnten Beschäftigten (§ 40a EStG),
2. der pauschal besteuerten sonstigen Bezüge (§ 40 Absatz 1 EStG),
3. des steuerfreien Zuschusses zum Mutterschaftsgeld (§ 3 Nummer 1 Buchstabe d EStG).

Kein Arbeitslohn in diesem Sinne sind z. B. die steuerfreien Lohnersatzleistungen (wie Wintergeld – Mehraufwands-Wintergeld, Zuschuss-Wintergeld –, Insolvenzgeld, Mutterschaftsgeld), der Ersatz von Aufwendungen des Arbeitnehmers, die Arbeitnehmer-Sparzulage und die Vergütungen, die ein Kommanditist für seine Tätigkeit im Dienst der Kommanditgesellschaft erhält; diese Bezüge können deshalb nicht vermögenswirksam angelegt werden.

(4) Bei einem minderjährigen Arbeitnehmer, den sein gesetzlicher Vertreter zum Abschluss des Arbeitsvertrags ermächtigt hat, ist im Allgemeinen davon auszugehen, dass er ohne ausdrückliche Zustimmung des Vertreters Verträge mit dem Arbeitgeber über vermögenswirksame Leistungen abschließen kann; denn ein solcher Arbeitnehmer ist für alle das Arbeitsverhältnis der gestatteten Art betreffenden Rechtsgeschäfte unbeschränkt geschäftsfähig, wenn die Ermächtigung keine Einschränkungen enthält.

(5) Der Arbeitnehmer hat dem Arbeitgeber mitzuteilen, in welcher Anlageform und bei welchem Unternehmen, Institut oder Gläubiger vermögenswirksame Leistungen nach seiner Wahl (Absatz 6) angelegt werden sollen; er hat dabei anzugeben, wann und in welcher Höhe er die Anlage verlangt, und den Anlagevertrag – z. B. durch dessen Konto- oder Vertragsnummer – näher zu bezeichnen.

(6) Die Zulagebegünstigung vermögenswirksamer Leistungen (§ 13 des 5. VermBG) setzt voraus, dass der Arbeitnehmer frei wählen kann, in welcher der Anlageformen und bei welchem Unternehmen, Institut oder Gläubiger (§ 3 Absatz 3 Satz 1 des 5. VermBG) der Arbeitgeber die

vermögenswirksamen Leistungen anlegen soll (§ 12 Satz 1 des 5. VermBG); einer Förderung steht jedoch nicht entgegen, dass durch Tarifvertrag die Anlage auf die Formen des § 2 Absatz 1 Nummer 1 bis 5, Absatz 2 bis 4 beschränkt wird (§ 12 Satz 2 des 5. VermBG). Der Arbeitnehmer kann aber eine Vermögensbeteiligung am Unternehmen des Arbeitgebers in einer der in § 2 Absatz 1 Nummer 1 Buchstabe g bis l und Absatz 4 des 5. VermBG bezeichneten Formen (Abschnitt 4) nur dann begründen oder erwerben, wenn der Arbeitgeber zustimmt (§ 12 Satz 3 des 5. VermBG). Deshalb verstößt es nicht gegen § 12 des 5. VermBG, wenn ein Arbeitgeber nur bestimmten Arbeitnehmern oder Arbeitnehmergruppen die Möglichkeit einräumt, mit ihren vermögenswirksamen Leistungen Vermögensbeteiligungen am Unternehmen des Arbeitgebers im Sinne des § 2 Absatz 1 Nummer 1 Buchstabe g bis l und Absatz 4 des 5. VermBG – z. B. Darlehensforderungen oder stille Beteiligungen – zu begründen.

(7) Der Arbeitnehmer kann verlangen, dass die für ihn zu erbringenden vermögenswirksamen Leistungen auf verschiedene Anlageformen verteilt werden, oder dass die Anlageform gewechselt wird, wenn er daran ein berechtigtes Interesse hat, das gegenüber dem Interesse des Arbeitgebers an möglichst geringem Verwaltungsaufwand überwiegt. An der Verteilung auf verschiedene Anlageformen oder am Wechsel der Anlageform kann der Arbeitnehmer z. B. dann ein berechtigtes Interesse haben, wenn er dadurch die Förderung voll ausschöpfen möchte. Für den Wechsel der Anlageform bei vermögenswirksamer Anlage von Lohnteilen (Absatz 2) ist § 11 Absatz 5 des 5. VermBG zu beachten.

13. Kennzeichnungs- und Mitteilungspflichten (§ 3 Absatz 2 des 5. VermBG, § 2 Absatz 1 VermBDV)

(1) Bei Überweisung der vermögenswirksam anzulegenden Beträge an das Unternehmen, Institut oder den Gläubiger (Abschnitt 2 Absatz 1) hat der Arbeitgeber die Beträge als vermögenswirksame Leistung besonders kenntlich zu machen und den Namen des Arbeitnehmers sowie dessen Konto- oder Vertragsnummer anzugeben. Zusätzlich ist bei Überweisungen im Dezember und Januar anzugeben, welchem Kalenderjahr die überwiesenen Beträge zuzuordnen sind (vgl. Abschnitt 3 Absatz 1).

(2) Geht bei dem Unternehmen, dem Institut oder dem Gläubiger ein vom Arbeitgeber als vermögenswirksame Leistung gekennzeichneter Betrag ein und kann dieser nicht nach den Vorschriften des 5. VermBG angelegt werden (z. B. weil ein Anlagevertrag im Sinne des 5. VermBG nicht besteht oder bereits erfüllt ist oder weil bei einem Bausparvertrag die Bausparsumme ausgezahlt worden ist), so ist das Unternehmen, das Institut oder der Gläubiger verpflichtet, dies dem Arbeitgeber unverzüglich schriftlich mitzuteilen; nach Eingang einer solchen Mitteilung darf der Arbeitgeber für den Arbeitnehmer keine vermögenswirksame Leistungen mehr überweisen.

14. Elektronische Vermögensbildungsbescheinigung (§ 15 Absatz 1 und 1a des 5. VermBG, § 5 VermBDV)

(1) Das Verfahren der elektronischen Vermögensbildungsbescheinigung ist anzuwenden für nach dem 31. Dezember 2016 angelegte vermögenswirksame Leistungen (s. BMF-Schreiben vom 16. Dezember 2016, BStBl I Seite 1435). Die Anzeigen zur vorzeitigen Verfügung (vgl. Abschnitt 21) sind weiterhin nach dem bisherigen Verfahren vorzunehmen. Im Einzelnen ist neben § 15 Absatz 1 und 1a des 5. VermBG und § 5 VermBDV Folgendes zu beachten:

(2) Das Kreditinstitut, die Kapitalverwaltungsgesellschaft, die Bausparkasse, das Unternehmen, der Arbeitgeber oder der Gläubiger, mit dem der Arbeitnehmer den Anlagevertrag abgeschlossen hat **(mitteilungspflichtige Stelle), hat die im Kalenderjahr angelegten vermögenswirksamen Leistungen bis zum letzten Tag des Monats Februar des folgenden Jahres nach amtlich vorgeschriebenem Datensatz durch Datenfernübertragung über die amtlich bestimmte Schnittstelle zu übermitteln.** Für vermögenswirksame Leistungen, die auf nicht zulagebegünstigte Anlagearten angelegt worden sind, ist **eine Übermittlung** nicht zulässig. Außerdem darf **keine Übermittlung** durchgeführt werden, wenn über sämtliche vermögenswirksame Leistungen schädlich verfügt worden ist, die nach § 2 Absatz 1 Nummer 1 oder 4 des 5. VermBG (Abschnitte 5 und 9) angelegt worden sind (§ 5 **Absatz 4 VermBDV**).

(3) **Der Datensatz muss für den Arbeitnehmer übermittelt werden,** für den der Arbeitgeber die vermögenswirksamen Leistungen erbracht hat, **und dessen Namen und Identifikationsnummer enthalten.** Das gilt auch dann, wenn die vermögenswirksamen Leistungen zugunsten des Ehegatten oder Lebenspartners, der Kinder, der Eltern oder eines Elternteils angelegt worden sind (§ 3 Absatz 1 des 5. VermBG), wenn mehrere Personen Vertragsinhaber sind (Gemeinschaftsvertrag) oder die vermögenswirksamen Leistungen auf Gemeinschaftskonten/-depots angelegt wurden (vgl. Abschnitt 11 Absatz 4).

(4) Der Datensatz muss bestimmte Angaben enthalten. Im Einzelnen gilt Folgendes:

1. Der „Institutsschlüssel für die Arbeitnehmer-Sparzulage" wird von der Zentralstelle für Arbeitnehmer-Sparzulage und Wohnungsbauprämie beim Technischen Finanzamt Berlin – ZPS ZANS –, Klosterstraße 59, 10179 Berlin vergeben (§ 5 Absatz 2 Satz 2 und 3 **VermBDV**). Er ist bei **sämtlichen** Anlagearten **zwingend anzugeben.**

2. Die Vertragsnummer darf höchstens 14-stellig sein und keine Sonderzeichen enthalten. Es ist nicht zulässig, für mehrere Arbeitnehmer dieselbe Vertragsnummer zu verwenden. Werden vermögenswirksame Leistungen auf von Dritten abgeschlossene Verträge oder auf Gemeinschaftsverträge angelegt (Absatz 2), so sind die vermögenswirksamen Leistungen jedes Arbeitnehmers unter einer eigenen Vertragsnummer zu **übermitteln**; eine gemeinsame Vertragsnummer ist nur bei Ehegatten oder Lebenspartnern zulässig.

3. Der „Institutsschlüssel für die Arbeitnehmer-Sparzulage", die Vertragsnummer und die Sperrfrist (vgl. Nummer 4) bilden den Ordnungsbegriff für das automatisierte Festsetzungs- und Auszahlungsverfahren der Arbeitnehmer-Sparzulage. Das automatisierte Verfahren setzt voraus, dass Inhalt und Darstellung der Vertragsnummer bei der Bescheinigung vermögenswirksamer Leistungen sowie bei der Anzeige über eine vorzeitige Verfügung (durch Datensatz oder Vordruck, vgl. Abschnitt 21 Absatz 1) übereinstimmen. Der Ordnungsbegriff ist für die gesamte Laufzeit des begünstigten Vertrages unabänderbar. Dies gilt auch, wenn der Vertrag einem anderen Anlageinstitut übertragen wird.

4. Das Ende der für die vermögenswirksamen Leistungen geltenden Sperrfrist (vgl. Nummer 1) ist stets anzugeben. Bei der Bescheinigung vermögenswirksamer Leistungen, die auf Verträge nach §§ 5 bis 7 des 5. VermBG angelegt und noch nicht für Vermögensbeteiligungen verwendet worden sind, ist als Ende der Sperrfrist der 31. Dezember des sechsten Kalenderjahrs nach dem Kalenderjahr der vermögenswirksamen Anlage anzugeben (§ 5 **Absatz 3 VermBDV). Auf die Angabe der Sperrfrist kann im Datensatz verzichtet werden, wenn im Zeitpunkt der Übermittlung die für die Anlageart geltende Sperrfrist bereits abgelaufen ist.**

(5) Sind vermögenswirksame Leistungen für die Anlage zum Wohnungsbau an den Arbeitnehmer ausgezahlt worden (Abschnitt 2 Absatz 1 Nummer 2), hat der Gläubiger die **Datenübermittlung durchzuführen**, wenn der Arbeitnehmer schriftlich erklärt, in welcher Höhe vermögenswirksame Leistungen zum Wohnungsbau verwendet worden sind.

(6) Die **Datenübermittlung** ist grundsätzlich erst nach Ablauf des Kalenderjahrs **vorzunehmen**, in dem die vermögenswirksamen Leistungen angelegt worden sind. Davon abweichend können die vermögenswirksamen Leistungen bereits im laufenden Kalenderjahr **übermittelt** werden, wenn

1. bei Anlageverträgen nach § 2 Absatz 1 Nummer 1 des 5. VermBG die Einzahlungsfrist abgelaufen ist (Abschnitt 5 Absatz 2),

2. auf Anlageverträge nach §§ 5, 6 und 7 des 5. VermBG keine vermögenswirksamen Leistungen mehr angelegt werden können,

3. Anlageverträge nach § 2 Absatz 1 Nummer 1 oder 4 des 5. VermBG mit Kreditinstituten, Kapitalverwaltungsgesellschaften, Bausparkassen oder Versicherungsunternehmen im Falle einer unschädlichen vorzeitigen Verfügung aufgehoben werden.

(7) Die angelegten vermögenwirksamen Leistungen sind **für die Datenübermittlung** auf den nächsten vollen Euro aufzurunden.

(7a) Der Arbeitnehmer ist von der mitteilungspflichtigen Stelle über den Inhalt der Datenübermittlung zu unterrichten (§ 93c Absatz 1 Nummer 3 der Abgabenordnung – AO). Die Unterrichtung kann z. B. in einem ohnehin erstellten Jahreskontoauszug, einer entsprechenden Jahresbescheinigung etc. geschehen.

(7b) Die mitteilungspflichtige Stelle kann beim zuständigen Betriebsstättenfinanzamt einen Antrag stellen, sie bis zu einem Zeitraum von drei Jahren von der Übermittlung der elektronischen Vermögensbildungsbescheinigung zu befreien. Dem Antrag ist stattzugeben bei kleinen Arbeitgebern, bei denen die vermögenswirksamen Leistungen im Unternehmen angelegt werden. Im Übrigen ist bei der Entscheidung über den Antrag ein strenger Maßstab anzulegen; dies gilt insbesondere für Anträge, die mit technischen Schwierigkeiten begründet werden. Nach einer positiven Entscheidung des zuständigen Finanzamts hat die mitteilungspflichtige Stelle der Zentralstelle für Arbeitnehmer-Sparzulage und Wohnungsbauprämie beim Technischen Finanzamt Berlin – ZPS ZANS –, Klosterstraße 59, 10179 Berlin, für alle betroffenen Arbeitnehmer alle Daten, die in den elektronischen Vermögensbildungsbescheinigungen enthalten sein müssten, schriftlich mitzuteilen.

(7c) Weitere Einzelheiten zur elektronischen Vermögensbildungsbescheinigung (insbesondere die amtlich vorgeschriebene Datensatzbeschreibung etc.) finden sich auf der Internetseite http://www.esteuer.de.

(7d) Haben Arbeitnehmer Nachfragen hinsichtlich der Datenübermittlung der Vermögensbildungsbescheinigung, sind diese an die zuständige Stelle in den Ländern und nicht

an die ZPS ZANS zu richten. Die Arbeitnehmer können die zuständige Stelle bei ihrem Wohn-sitzfinanzamt erfragen.

15. Festsetzung der Arbeitnehmer-Sparzulage (§§ 13, 14 des 5. VermBG, § 6 Absatz 1 VermBDV)

(1) Der Antrag auf Festsetzung der Arbeitnehmer-Sparzulage ist regelmäßig mit der Ein-kommensteuererklärung zu stellen. Für den Antrag auf Festsetzung der Arbeitnehmer-Spar-zulage ist auch dann der Vordruck für die Einkommensteuererklärung zu verwenden, wenn der Arbeitnehmer keinen Antrag auf Veranlagung zur Einkommensteuer stellt und auch nicht zur Einkommensteuer zu veranlagen ist, z. B. weil er nur pauschal besteuerten Arbeitslohn bezogen hat.

(2) Die Arbeitnehmer-Sparzulage kann auch dann erst nach Ablauf des Kalenderjahrs, in dem die vermögenswirksamen Leistungen angelegt worden sind (§ 13 Absatz 4 des 5. VermBG), festgesetzt werden, wenn der Antrag schon vorher gestellt ist.

(3) Zuständig ist das Finanzamt, in dessen Bezirk der Arbeitnehmer im Zeitpunkt der Antrag-stellung seinen Wohnsitz oder gewöhnlichen Aufenthalt hat. Bei Wegfall der unbeschränkten Einkommensteuerpflicht im Laufe eines Kalenderjahrs ist das Finanzamt zuständig, in dessen Bezirk der Arbeitnehmer seinen Wohnsitz oder gewöhnlichen Aufenthalt hatte. Hat der Arbeit-nehmer im Inland weder einen Wohnsitz noch seinen gewöhnlichen Aufenthalt, so tritt an die Stelle des Wohnsitzfinanzamts das Betriebsstättenfinanzamt des Arbeitgebers.

(3a) Eine Arbeitnehmer-Sparzulage wird nur festgesetzt, wenn der Arbeitnehmer einwilligt, dass die erforderlichen Daten vom Unternehmen, dem Institut oder dem in § 3 Absatz 3 des 5. VermBG genannten Gläubiger mittels elektronischer Vermögensbildungsbescheinigung (Abschnitt 14) übermittelt werden und hierfür seine Identifikationsnummer (§ 139b AO) mit-teilt.

(3b) Werden die erforderlichen Daten trotz der vorliegenden Einwilligung nicht mittels elek-tronischer Vermögensbildungsbescheinigung übermittelt, kann der Arbeitnehmer den Nach-weis der vermögenswirksam angelegten Leistungen in anderer Weise erbringen. Dies ist z. B. der Fall, wenn die elektronische Datenübermittlung aus technischen Gründen ausgeblieben ist. Aus dem Nachweis müssen alle Daten hervorgehen, die Inhalt des amtlich vorgeschrie-benen Datensatzes sind. Außerdem muss aus dem Nachweis hervorgehen, dass der Arbeitneh-mer in die Datenübermittlung eingewilligt und dem zur Datenübermittlung Verpflichteten seine Identifikationsnummer mitgeteilt hat. Erfolgt trotz einer grundsätzlichen Einwilligung keine Datenübermittlung, weil der Arbeitnehmer seine Identifikationsnummer nicht mit-geteilt hat, ist ein Nachweis der vermögenswirksam angelegten Leistungen in anderer Weise nicht möglich. Zum Verzicht auf die Datenübermittlung bei unbilliger Härte und die zentrale Erfassung bei der ZPS ZANS siehe Abschnitt 14 Absatz 7b.

(4) **Bei der Festsetzung der Arbeitnehmer-Sparzulage werden alle übermittelten ver-mögenswirksamen Leistungen berücksichtigt.** Übersteigen die für den Arbeitnehmer er-brachten vermögenswirksamen Leistungen die geförderten Höchstbeträge und sind die Leis-tungen auf mehrere Anlagearten aufgeteilt worden, kann der Arbeitnehmer durch **die Ein-willigung bzw. den Widerruf der Einwilligung in die Datenübermittlung gegenüber der mit-teilungspflichtigen Stelle bestimmen, für welche vermögenswirksamen Leistungen eine Datenübermittlung und somit eine Begünstigung mittels Arbeitnehmer-Sparzulage erfolgen soll.** Trifft der Arbeitnehmer keine Bestimmung, begünstigt das Finanzamt die vermögens-wirksamen Leistungen in einer Reihenfolge, die im Regelfall für den Arbeitnehmer günstig ist.

(5) Für die Anwendung der Einkommensgrenze von 35 800/40 000 Euro für Ehegatten oder Le-benspartner ist allein maßgeblich, ob tatsächlich eine Zusammenveranlagung durchgeführt wird. Aus diesem Grunde ist die 35 800/40 000-Euro-Grenze auch bei der Zusammenveran-lagung des überlebenden Ehegatten oder Lebenspartners mit dem verstorbenen Ehegatten oder Lebenspartner im Todesjahr des Ehegatten oder Lebenspartners anzuwenden. Von dem auf das Todesjahr folgenden Kalenderjahr an gilt die 17 900/20 000-Euro-Grenze (BFH-Urteil vom 14. Mai 1976, BStBl II Seite 546). Haben Ehegatten oder Lebenspartner die Einzelveran-lagung gewählt, ist für jeden Ehegatten oder Lebenspartner gesondert zu prüfen, ob das von ihm zu versteuernde Einkommen die Einkommensgrenze von 17 900/20 000 Euro **überschreitet. Bei** der Ermittlung des zu versteuernden Einkommens sind auch in den Fällen, in denen es auf Grund der Vorschriften zum Familienleistungsausgleich (§ 31 EStG) beim auszuzahlenden Kin-dergeld verbleibt, stets die in Betracht kommenden Freibeträge für Kinder (§ 32 EStG) abzuzie-hen (§ 2 Absatz 5 Satz 2 EStG); dabei sind stets die Freibeträge für das gesamte Sparjahr zu-grunde zu legen.

(6) Die Einkommensgrenzen des § 13 Absatz 1 des 5. VermBG gelten nicht für beschränkt einkommensteuerpflichtige Arbeitnehmer, die nicht zur Einkommensteuer veranlagt werden, da bei diesem Personenkreis ein zu versteuerndes Einkommen im Sinne des § 2 Absatz 5 EStG nicht festgestellt wird; diesen Arbeitnehmern steht deshalb die Arbeitnehmer-Sparzulage ohne Rücksicht auf die Höhe ihres Einkommens zu.

(7) Anträge auf Festsetzung einer Arbeitnehmer-Sparzulage können bis zum Ablauf der – grundsätzlich vierjährigen – Festsetzungsfrist nach § 169 AO wirksam gestellt werden. **Fällt das Ende der Festsetzungsfrist auf einen Sonntag, einen gesetzlichen Feiertag oder einen Sonnabend, endet sie erst mit dem Ablauf des nächstfolgenden Werktags – 2. Januar des Folgejahres – (vgl. BFH-Urteil vom 20. Januar 2016, BStBl II Seite 380). Die Festsetzung der Arbeitnehmer-Sparzulage kann jedoch nur erfolgen, wenn die Einwilligung in die Datenübermittlung spätestens bis zum Ablauf des zweiten Kalenderjahres, das auf das Kalenderjahr der Anlage der vermögenswirksamen Leistungen folgt, erteilt wurde (vgl. § 15 Absatz 1 Satz 2 des 5. VermBG).**

(8) Ein Bescheid über die Ablehnung der Festsetzung einer Arbeitnehmer-Sparzulage wegen Überschreitens der Einkommensgrenze ist aufzuheben, wenn der Einkommensteuerbescheid nach Ergehen des Ablehnungsbescheids zur Arbeitnehmer-Sparzulage geändert und dadurch erstmals festgestellt wird, dass die Einkommensgrenze unterschritten ist (§ 14 Absatz 5 Satz 1 des 5. VermBG). Die Arbeitnehmer-Sparzulage wird dann vom Finanzamt nachträglich festgesetzt. Die Frist für die Festsetzung der Arbeitnehmer-Sparzulage endet in diesem Fall nicht vor Ablauf eines Jahres nach Bekanntgabe des geänderten Steuerbescheids (§ 14 Absatz 5 Satz 2 des 5. VermBG). Die Nachholung der Festsetzung der Arbeitnehmer-Sparzulage wird von Amts wegen (grundsätzlich verbunden mit der Änderung der Einkommensteuerfestsetzung) vorgenommen. Ein erneuter Antrag des Arbeitnehmers auf Festsetzung der Arbeitnehmer-Sparzulage ist daher nicht erforderlich.

Beispiel:

Der Arbeitgeber überweist für den ledigen Arbeitnehmer in **2018** vermögenswirksame Leistungen in Höhe von 400 Euro auf einen VL-Investmentsparplan. Der Arbeitnehmer stellt in **2019** mit seiner Einkommensteuererklärung einen Antrag auf Festsetzung der Arbeitnehmer-Sparzulage und fügt die entsprechende Anlage VL bei. Das vom Finanzamt in **2019** für den Veranlagungszeitraum **2018** berechnete zu versteuernde Einkommen beträgt 20 500 Euro. Das Finanzamt lehnt die Festsetzung der beantragten Arbeitnehmer-Sparzulage ab, da das zu versteuernde Einkommen die maßgebliche Einkommensgrenze von 20 000 Euro überschreitet.

Nach einem Einspruch gegen die Festsetzung der Einkommensteuer und einem anschließenden Verfahren vor dem Finanzgericht berücksichtigt das Finanzamt Ende Februar **2023** für den Veranlagungszeitraum **2018** in einem Abhilfebescheid weitere Werbungskosten. Das zu versteuernde Einkommen des Veranlagungszeitraums **2018** mindert sich auf 19 700 Euro.

Nunmehr erfolgt ohne weiteres Zutun des Arbeitnehmers durch das Finanzamt in **2023** eine erstmalige Festsetzung der Arbeitnehmer-Sparzulage für **2018** in Höhe von 80 Euro (400 Euro × 20 %), denn die maßgebliche Einkommensgrenze von 20 000 Euro wird nicht mehr überschritten. Diese Festsetzung ist bis Ende Februar **2024** möglich, da der Ablauf der Festsetzungsfrist für die Arbeitnehmer-Sparzulage **2018** bis dahin gehemmt ist.

Ist der geänderten Einkommensteuerfestsetzung kein Bescheid über die Ablehnung der Festsetzung einer Arbeitnehmer-Sparzulage vorangegangen, weil der Arbeitnehmer wegen der Überschreitung der Einkommensgrenze keine Arbeitnehmer-Sparzulage beantragt hat, kann bis zum Ablauf der entsprechend verlängerten Festsetzungsfrist nachträglich die Arbeitnehmer-Sparzulage beantragt und festgesetzt werden; eine Nachholung der Festsetzung der Arbeitnehmer-Sparzulage von Amts wegen ist in diesen Fällen nicht möglich. Stand jedoch schon vor Ergehen des geänderten Einkommensteuerbescheids fest, dass die Einkommensgrenzen nicht überschritten wurden, verlängert sich die Festsetzungsfrist nicht; in diesen Fällen kann nur innerhalb der regulären Festsetzungsfrist von vier Jahren ein Antrag auf Festsetzung der Arbeitnehmer-Sparzulage gestellt werden.

(9 In Fällen, in denen für vermögenswirksame Leistungen ein Anspruch auf Arbeitnehmer-Sparzulage besteht, aber der Arbeitnehmer dennoch eine Wohnungsbauprämie beantragt hat, endet die Frist für die Festsetzung der Arbeitnehmer-Sparzulage nicht vor Ablauf eines Jahres nach Bekanntgabe der Mitteilung über die Änderung des Prämienanspruchs (§ 14 Absatz 6 des 5. VermBG).)

(10) Die Arbeitnehmer-Sparzulage ist für jeden Anlagevertrag auf volle Euro aufzurunden. Das Finanzamt soll die Entscheidung über die Arbeitnehmer-Sparzulage mit dem Einkommensteuerbescheid verbinden.

16. Höhe der Arbeitnehmer-Sparzulage (§ 13 Absatz 2 des 5. VermBG)

(1) Die Arbeitnehmer-Sparzulage beträgt 20 % für vermögenswirksame Leistungen von höchstens 400 Euro, die in Vermögensbeteiligungen (Abschnitt 4) angelegt werden, d. h. auf

1. Sparverträge über Wertpapiere oder andere Vermögensbeteiligungen (§ 4 des 5. VermBG; Abschnitt 5),
2. Wertpapier-Kaufverträge (§ 5 des 5. VermBG; Abschnitt 6),
3. Beteiligungs-Verträge (§ 6 des 5. VermBG; Abschnitt 7) und
4. Beteiligungs-Kaufverträge (§ 7 des 5. VermBG; Abschnitt 7).

(2) Die Arbeitnehmer-Sparzulage beträgt 9 % für vermögenswirksame Leistungen von höchstens 470 Euro, die angelegt werden

1. nach dem Wohnungsbau-Prämiengesetz (§ 2 Absatz 1 Nummer 4 des 5. VermBG; Abschnitt 9) und
2. für den Bau, den Erwerb, den Ausbau, die Erweiterung oder die Entschuldung eines Wohngebäudes usw. (§ 2 Absatz 1 Nummer 5 des 5. VermBG; Abschnitt 10).

(3) Die beiden Zulagen (Absatz 1 und 2) können nebeneinander in Anspruch genommen werden. Insgesamt werden also vermögenswirksame Leistungen bis 870 Euro jährlich mit der Arbeitnehmer-Sparzulage begünstigt. Die Förderung gilt im Übrigen auch für Verträge, die vor 1999 abgeschlossen worden sind.

(4) Die höchstmögliche Arbeitnehmer-Sparzulage kann nur erhalten, wer sowohl in Vermögensbeteiligungen als auch in Bausparen bzw. in Anlagen für den Wohnungsbau anlegt. Dies bedingt zwei Anlageverträge. Da nur Zahlungen durch den Arbeitgeber mit Zulage begünstigt sind (Abschnitt 2), muss dieser zwei Verträge bedienen.

(5) Werden beide Anlageformen bedient (Absatz 1 und 2), beträgt die Arbeitnehmer-Sparzulage bei zwei Anlageverträgen höchstens

400 Euro × 20 % 80 Euro

470 Euro × 9 % (aufgerundet) + 43 Euro

123 Euro

17. Auszahlung der Arbeitnehmer-Sparzulage (§ 14 Absatz 4 und 7 des 5. VermBG, § 7 VermBDV)

(1) Die festgesetzten Arbeitnehmer-Sparzulagen werden regelmäßig erst mit Ablauf der für die vermögenswirksamen Leistungen geltenden Sperrfrist an das Kreditinstitut, die Kapitalverwaltungsgesellschaft, die Bausparkasse, das Unternehmen oder den Arbeitgeber überwiesen, mit denen der Anlagevertrag abgeschlossen worden ist (§ 7 Absatz 2 **VermBDV**). Die ZPS ZANS erstellt über jeden auszuzahlenden (= je Kalenderjahr festgesetzten) Betrag einen Datensatz, der der zuständigen Landesfinanzbehörde zugeleitet wird, die die Auszahlung veranlasst. Der Verwendungszweck der Überweisung an das Anlageinstitut enthält für die Zuordnung zum begünstigten Vertrag den Institutsschlüssel des Anlageinstituts und die Vertragsnummer des begünstigten Vertrages.

(2) Die Anlageinstitute haben die überwiesenen Arbeitnehmer-Sparzulagen an die Arbeitnehmer auszuzahlen. Im Innenverhältnis zwischen Anlageinstitut und Arbeitnehmer kann vereinbart werden, dass die an das Anlageinstitut überwiesenen Arbeitnehmer-Sparzulagen in einer der in § 2 Absatz 1 des 5. VermBG genannten Anlageformen angelegt werden. Ist dem Anlageinstitut in Einzelfällen die Auszahlung der Arbeitnehmer-Sparzulage an den Arbeitnehmer nicht möglich, z. B. weil der Wohnort nicht ermittelt werden konnte, hat das Anlageinstitut diese Arbeitnehmer-Sparzulage der Finanzbehörde zu überweisen, von der sie die Arbeitnehmer-Sparzulage erhalten hat; dabei sind die im Verwendungszweck des Auszahlungsdatensatzes für den Begünstigten enthaltenen Angaben vollständig mitzuteilen.

(3) Die festgesetzten Arbeitnehmer-Sparzulagen werden in folgenden Fällen vom Finanzamt unmittelbar an den Arbeitnehmer ausgezahlt (§ 7 Absatz 1 **VermBDV**):

1. bei Anlagen zum Wohnungsbau (Abschnitt 10) und bei Anlagen für den ersten Erwerb von Anteilen an Bau- und Wohnungsgenossenschaften gemäß § 2 Absatz 1 Nummer 4 des 5. VermBG (Abschnitt 9 Absatz 3),
2. wenn die für die vermögenswirksamen Leistungen geltende Sperrfrist im Zeitpunkt der Bekanntgabe des Bescheids über die Festsetzung der Arbeitnehmer-Sparzulage abgelaufen ist,
3. wenn über die angelegten vermögenswirksamen Leistungen unschädlich vorzeitig verfügt oder der Bausparvertrag zugeteilt worden ist (Abschnitt 14 Absatz 4 Nummer 4).

(4) Wenn Arbeitnehmer-Sparzulagen für vermögenswirksame Leistungen, über die unschädlich vorzeitig verfügt worden sind, bei der ZPS ZANS aufgezeichnet sind, wird die Arbeitnehmer-Sparzulage an die Anlageinstitute ausgezahlt (Absatz 1). Abweichend davon ist die Ar-

beitnehmer-Sparzulage für vermögenswirksame Leistungen, die auf Anlageverträge nach §§ 5 bis 7 des 5. VermBG angelegt worden sind, vom Finanzamt unmittelbar an den Arbeitnehmer auszuzahlen.

(5) Ist über angelegte vermögenswirksame Leistungen unschädlich vorzeitig verfügt worden, so endet für diesen Anlagevertrag die Sperrfrist im Zeitpunkt dieser Verfügung (Abschnitt 14 Absatz 3 Nummer 4). Deshalb sind Arbeitnehmer-Sparzulagen für vermögenswirksame Leistungen, die weiter auf diesen Anlagevertrag angelegt werden, vom Finanzamt unmittelbar an den Arbeitnehmer auszuzahlen.

(6) Ergeben sich Nachfragen hinsichtlich der Auszahlung der Arbeitnehmer-Sparzulage, sind diese nicht an die ZPS ZANS, sondern an die zuständigen Stellen in den Ländern zu richten. Arbeitnehmer können die zuständige Stelle bei ihrem Wohnsitzfinanzamt erfragen.

18. Wegfall der Zulagebegünstigung (§ 13 Absatz 5 Satz 1 des 5. VermBG)

(1) Die Zulagebegünstigung für vermögenswirksame Leistungen entfällt vorbehaltlich des Absatzes 2 und des Abschnitts 19 rückwirkend,

1. soweit bei Anlagen auf Grund von Sparverträgen über Wertpapiere oder andere Vermögensbeteiligungen (Abschnitt 5) vor Ablauf der siebenjährigen Sperrfrist zulagebegünstigte vermögenswirksame Leistungen zurückgezahlt werden, die Festlegung unterblieben ist oder aufgehoben wird oder über die Vermögensbeteiligungen verfügt wird. Die Zulagebegünstigung entfällt auch für Spitzenbeträge, wenn diese 150 Euro übersteigen (§ 4 Absatz 3 des 5. VermBG). Die Förderung entfällt ebenfalls für Beträge, die beim zulagenunschädlichen Austausch von Wertpapieren übrig bleiben, wenn die 150-Euro-Grenze überschritten wird (Abschnitt 5 Absatz 8),

2. wenn bei Anlagen auf Grund von Wertpapier-Kaufverträgen (Abschnitt 6) die Wertpapiere, mit deren Kaufpreis die vermögenswirksamen Leistungen eines Kalenderjahrs verrechnet worden sind, nicht spätestens bis zum Ablauf des folgenden Kalenderjahrs erworben werden oder wenn die Festlegung unterblieben ist oder soweit vor Ablauf der sechsjährigen Sperrfrist die Festlegung aufgehoben wird oder über die Wertpapiere verfügt wird,

3. wenn bei Anlagen auf Grund von Beteiligungs-Verträgen oder Beteiligungs-Kaufverträgen (Abschnitt 7) der Arbeitnehmer die nicht verbrieften Vermögensbeteiligungen, für deren Begründung oder Erwerb die vermögenswirksamen Leistungen eines Kalenderjahrs verrechnet oder überwiesen worden sind, nicht spätestens bis zum Ablauf des folgenden Kalenderjahrs erhält oder soweit vor Ablauf der sechsjährigen Sperrfrist über die Rechte verfügt wird. Handelt es sich um Aufwendungen für den ersten Erwerb von Anteilen an Bau- und Wohnungsgenossenschaften, so verringert sich bei Verletzung der Sperrfrist die Zulagebegünstigung von 20 % auf 9 % entsprechend § 2 Absatz 1 Nummer 4 i. V. m. § 13 Absatz 2 des 5. VermBG und Abschnitt 16 Absatz 2 Nummer 1 (vgl. Abschnitt 22 Absatz 1 Nummer 1),

4. soweit bei Anlagen nach dem WoPG (Abschnitt 9)

   a) Bausparkassenbeiträge vor Ablauf von sieben Jahren seit Vertragsabschluss zurückgezahlt, die Bausparsumme ausgezahlt oder Ansprüche aus dem Bausparvertrag abgetreten oder beliehen werden; dies gilt unabhängig von den Regelungen im WoPG für vor dem 1. Januar 2009 und nach dem 31. Dezember 2008 abgeschlossene Bausparverträge,

   b) Beiträge auf Grund von Wohnbau-Sparverträgen vor Ablauf der jeweiligen Festlegungsfrist zurückgezahlt (§ 9 WoPDV) oder nach Ablauf der jeweiligen Festlegungsfrist nicht zweckentsprechend verwendet werden (§ 10 WoPDV),

   c) Beiträge auf Grund von Baufinanzierungsverträgen zurückgezahlt (§ 15 Absatz 4 WoPDV) oder nicht fristgerecht zweckentsprechend verwendet werden (§ 16 WoPDV).

Im Übrigen liegt in der Kündigung eines Vertrags noch keine sparzulageschädliche Verfügung, sondern erst in der Rückzahlung von Beträgen; deshalb bleibt eine Rücknahme der Kündigung vor Rückzahlung von Beträgen ohne Auswirkung auf festgesetzte Arbeitnehmer-Sparzulage (vgl. BFH-Urteil vom 13. Dezember 1989, BStBl 1990 II Seite 220). Im Gegensatz dazu stellt eine Abtretung auch dann eine sparzulageschädliche Verfügung dar, wenn sie später zurückgenommen wird.

(2) Abweichend von Absatz 1 bleibt die Zulagebegünstigung für vermögenswirksame Leistungen bei Verletzung der Sperrfrist in den Fällen des § 13 Absatz 5 Satz 3 des 5. VermBG erhalten. Nach § 13 Absatz 5 Satz 3 Nummer 1 des 5. VermBG ist nicht Voraussetzung, dass ggf. die neuen Wertpapiere oder die erhaltenen Beträge für den Rest der Sperrfrist festgelegt werden. Wertlosigkeit im Sinne des § 13 Absatz 5 Satz 3 Nummer 2 des 5. VermBG ist anzunehmen, wenn der Arbeitnehmer höchstens 33 % der angelegten vermögenswirksamen Leistungen zurückerhält. Übersteigen die zurückgezahlten Beträge die 33 %-Grenze, so bleibt die Zulagebegünstigung der vermögenswirksamen Leistungen nur dann erhalten, wenn der Arbeitneh-

mer die erhaltenen Beträge oder damit erworbene andere Vermögensbeteiligungen im Sinne des § 2 Absatz 1 Nummer 1 des 5. VermBG bei einem Kreditinstitut oder bei einer Kapitalverwaltungsgesellschaft für den Rest der Sperrfrist festlegt.

(3) Sind mit vermögenswirksamen Leistungen, die auf Grund von Sparverträgen über Wertpapiere oder andere Vermögensbeteiligungen angelegt worden sind, Anteile an neu aufgelegten OGAW-Sondervermögen sowie an als Sondervermögen aufgelegten offenen Publikums-AIF nach den §§ 218 und 219 des Kapitalanlagegesetzbuchs sowie Anteile an offenen EU-Investmentvermögen und offenen ausländischen AIF, die nach dem Kapitalanlagegesetzbuch vertrieben werden dürfen (§ 2 Absatz 1 Nummer 1 Buchstabe c des 5. VermBG), erworben worden (Abschnitt 4 Absatz 5) und ergibt sich aus dem ersten Jahres- oder Halbjahresbericht, dass die angenommenen Verhältnisse nicht vorgelegen haben, so entfällt für die vermögenswirksamen Leistungen die Zulagebegünstigung.

19. Zulageunschädliche Verfügungen (§ 4 Absatz 4 des 5. VermBG)

(1) Bei Anlagen zulagebegünstigter vermögenswirksamer Leistungen auf Grund von
– Sparverträgen über Wertpapiere oder andere Vermögensbeteiligungen (Abschnitt 5),
– Wertpapier-Kaufverträgen (Abschnitt 6),
– Beteiligungs-Verträgen oder Beteiligungs-Kaufverträgen (Abschnitt 7)

ist Arbeitnehmer-Sparzulage trotz Verletzung der Sperrfristen oder der in Abschnitt 5 Absatz 6, Abschnitt 18 Absatz 1 Nummer 2 und 3 bezeichneten Fristen in den Fällen des § 4 Absatz 4 des 5. VermBG nicht zurückzufordern. Dabei gilt Folgendes:
1. Völlige Erwerbsunfähigkeit im Sinne des § 4 Absatz 4 Nummer 1 des 5. VermBG liegt vor bei einem Grad der Behinderung von mindestens 95.
2. Arbeitslos im Sinne des § 4 Absatz 4 Nummer 3 des 5. VermBG sind Personen, die Arbeitslosengeld (§ 136 des **Dritten Buches Sozialgesetzbuch** – SGB III), Arbeitslosengeld II (§ 19 des **Zweiten Buches Sozialgesetzbuch** – SGB II) oder Arbeitslosenbeihilfe für ehemalige Soldaten auf Zeit (§ 86a Soldatenversorgungsgesetz) beziehen oder ohne Bezug dieser Leistungen arbeitslos gemeldet sind. Als arbeitslos anzusehen sind auch
   a) Personen, die als Arbeitslose im Sinne des Satzes 1 erkranken oder eine Kur antreten, für die Dauer der Erkrankung oder der Kur,
   b) Frauen, die zu Beginn der Schutzfristen nach § 3 Absatz 2, § 6 Absatz 1 des Mutterschutzgesetzes arbeitslos im Sinne des Satzes 1 waren oder als arbeitslos im Sinne des Buchstaben a anzusehen waren, für die Dauer dieser Schutzfristen und der folgenden Monate, für die bei Bestehen eines Arbeitsverhältnisses Elterngeld nach dem Bundeselterngeld- und Elternzeitgesetz hätte beansprucht werden können,
   c) Personen, die an einer nach §§ 81 bis 87 SGB III geförderten beruflichen Weiterbildung oder die an einer z. B. nach §§ 112 bis 129 SGB III geförderten beruflichen Weiterbildung im Rahmen der Förderung der Teilhabe behinderter Menschen am Arbeitsleben teilnehmen, wenn sie ohne die Teilnahme an der Maßnahme arbeitslos wären.
   d) Personen, die nach Auslaufen der Zahlung von Krankengeld durch die Krankenkasse wegen Zeitablaufs (sog. Aussteuerung) Arbeitslosengeld beziehen. Die Jahresfrist in § 4 Absatz 4 Nummer 3 des 5. VermBG für die andauernde Arbeitslosigkeit beginnt jedoch erst, wenn die Zahlung von Krankengeld vor Bezug von Arbeitslosengeld ausgelaufen ist, d. h. die Zeit des Krankengeldbezugs zählt nicht mit.

Sind die vermögenswirksamen Leistungen auf Grund eines Vertrags, dessen Inhaber oder Mitinhaber ein Kind, die Eltern oder ein Elternteil des Arbeitnehmers ist (§ 3 Absatz 1 Nummer 2 und 3 des 5. VermBG), oder auf Gemeinschaftskonten/-depots (Abschnitt 11 Absatz 4) angelegt worden, so muss die zulageunschädliche Verfügungsmöglichkeit in der Person des Arbeitnehmers gegeben sein; die zulageunschädliche Verfügungsmöglichkeit ist ohne zeitliche Befristung auf die Leistung des Arbeitnehmers beschränkt. Ist der Ehegatte oder Lebenspartner des Arbeitnehmers Inhaber oder Mitinhaber des Anlagevertrags (§ 3 Absatz 1 Nummer 1 des 5. VermBG), wirkt die zulageunschädliche Verfügung für beide Ehegatten oder Lebenspartner.

(2) Werden bei Anlagen nach dem WoPG (Abschnitt 9) Sperrfristen verletzt, so ist in den Fällen des § 4 Absatz 4 Nummer 1 und 3 des 5. VermBG (vgl. Absatz 1 Nummer 1 und 2) Arbeitnehmer-Sparzulage nicht zurückzufordern; dies gilt in den Fällen des § 4 Absatz 4 Nummer 4 des 5. VermBG entsprechend, wenn der Arbeitnehmer über nach dem WoPG angelegte vermögenswirksame Leistungen in Höhe von mindestens 30 Euro verfügt. Außerdem ist bei der Anlage vermögenswirksamer Leistungen auf Grund von Bausparverträgen Arbeitnehmer-Sparzulage nicht zurückzufordern,
1. wenn bei vorzeitiger Auszahlung der Bausparsumme oder bei vorzeitiger Beleihung von Ansprüchen aus dem Bausparvertrag der Arbeitnehmer die empfangenen Beträge unverzüglich und unmittelbar zu wohnwirtschaftlichen Zwecken (vgl. Abschnitt 10) verwendet oder

2. wenn bei vorzeitiger Abtretung der Erwerber die Bausparsumme oder die auf Grund einer Beleihung empfangenen Beträge unverzüglich und unmittelbar zu wohnwirtschaftlichen Zwecken für den Arbeitnehmer oder dessen Angehörige (§ 15 AO) verwendet,

3. wenn ein Bausparvertrag vor Ablauf der Festlegungsfrist gekündigt oder aufgelöst wird, der nach Verrechnung geleisteter Bausparbeiträge mit der Abschlussgebühr kein Guthaben ausweist; bei Bausparverträgen, die ein Guthaben ausweisen, entfällt die Zulagebegünstigung nur für die tatsächlich zurückgezahlten Bausparbeiträge.

Außerdem ist zulageunschädlich, wenn bei Anlagen auf Grund von Wohnbau-Sparverträgen und Baufinanzierungsverträgen die Vertragsinhalte und die Vertragspartner des Arbeitnehmers gegeneinander ausgetauscht werden (§§ 12, 18 WoPDV). Im Übrigen muss die zulageunschädliche Verfügungsmöglichkeit stets in der Person des Vertragsinhabers gegeben sein; sind Angehörige des Arbeitnehmers Inhaber oder Mitinhaber des Vertrags, gilt Absatz 1 Satz 3 und 4 entsprechend.

20. Nachweis einer zulageunschädlichen Verfügung (§ 4 Absatz 4 des 5. VermBG, § 8 VermBDV)

Die zulageunschädliche Verfügung (Abschnitt 19) ist dem Kreditinstitut, der Kapitalverwaltungsgesellschaft oder dem Versicherungsunternehmen (§ 8 Absatz 2 **VermBDV**) oder dem Finanzamt (nur bei einer Anlage im Sinne des § 8 Absatz 1 Nummer 4 bis 6 **VermBDV**) vom Arbeitnehmer (im Todesfall von seinen Erben) wie folgt nachzuweisen:

1. Im Fall der Eheschließung durch Vorlage der Eheurkunde,

2. **(unbesetzt)**

3. im Fall des Todes durch Vorlage der Sterbeurkunde oder des Erbscheins,

4. im Fall der völligen Erwerbsunfähigkeit (d. h. eines Grades der Behinderung von mindestens 95) durch Vorlage eines Ausweises nach § 69 Absatz 5 SGB IX oder eines Feststellungsbescheids nach § 69 Absatz 1 SGB IX oder eines vergleichbaren Bescheids nach § 69 Absatz 2 SGB IX; die Vorlage des Rentenbescheids eines Trägers der gesetzlichen Rentenversicherung der Angestellten und Arbeiter genügt nicht (vgl. BFH-Urteil vom 25. April 1968, BStBl II Seite 606),

5. im Fall der Arbeitslosigkeit des Arbeitnehmers durch Vorlage von Unterlagen über folgende Zahlungen:

   a) Arbeitslosengeld (§ 136 SGB III) oder

   b) Arbeitslosengeld II (§ 19 SGB II) oder

   c) Arbeitslosenbeihilfe für ehemalige Soldaten auf Zeit im Sinne des Soldatenversorgungsgesetzes oder

   d) Krankengeld, Verletztengeld oder Übergangsgeld nach § 47b **des Fünften Buches Sozialgesetzbuch (SGB V)**, § 47 **des Siebten Buches Sozialgesetzbuch (SGB VII)**, Versorgungskrankengeld und Übergangsgeld nach §§ 16, 26 Bundesversorgungsgesetz oder nach dem Sozialgesetzbuch oder

   e) Elterngeld oder

   f) **Übergangsgeld nach** § 119 SGB III im Falle der Weiterbildung im Rahmen der beruflichen Rehabilitation.

   Werden solche Zahlungen nicht geleistet, so sind

   – Zeiten der Arbeitslosigkeit durch eine entsprechende Bescheinigung der **zuständigen Agentur für Arbeit oder des zuständigen Jobcenters** nachzuweisen,

   – Zeiten der Erkrankung oder der Kur, die als Zeiten der Arbeitslosigkeit anzusehen sind, durch eine Bescheinigung des Kostenträgers oder der Anstalt, in der die Unterbringung erfolgt, oder durch eine ärztliche Bescheinigung nachzuweisen,

   – die Zeit der Schutzfristen, die als Zeit der Arbeitslosigkeit anzusehen ist, durch das Zeugnis eines Arztes oder einer Hebamme nachzuweisen und die als Zeit der Arbeitslosigkeit anzusehende Zeit, für die bei Bestehen eines Arbeitsverhältnisses Elternzeit hätte beansprucht werden können, glaubhaft zu machen,

6. im Fall der Aufnahme einer selbständigen Erwerbstätigkeit durch Vorlage von Unterlagen über die Auflösung des Arbeitsverhältnisses und die Mitteilung an die Gemeinde nach § 138 Absatz 1 AO,

7. im Fall der Weiterbildung durch Vorlage einer von einer Beratungsstelle im Sinne der Richtlinie zur Förderung von Prämiengutscheinen und Beratungsleistungen im Rahmen des Bundesprogramms „Bildungsprämie" (BAnz AT 22. 05. 2014 B2) ausgestellten und von einem Weiterbildungsanbieter ergänzten Bescheinigung (Informationen unter www.bildungspraemie.info).

21. Anzeigepflichten (§ 8 VermBDV)

(1) Wird über vermögenswirksame Leistungen vorzeitig verfügt, ist dies der ZPS ZANS anzuzeigen. Für die Anzeige ist der amtlich vorgeschriebene Datensatz zu verwenden. Für eine geringe Anzahl von Mitteilungen ist die Datenübermittlung **über das Online-Portal „Mein ELSTER"** **mit einem Organisationszertifikat zulässig.** Die **Bekanntgabe der** Datensatzbeschreibung erfolgte letztmals am 16. August 2011 im Bundessteuerblatt Teil I Seite 801. Die Anzeigen von Kreditinstituten, Kapitalverwaltungsgesellschaften, Bausparkassen und Versicherungsunternehmen sind als **unschädliche, vollständig schädliche oder teilweise schädliche** Verfügungen zu kennzeichnen (§ 8 Absatz 1 bis 3 **VermBDV**).

(2) Sind auf den Anlagevertrag auch andere Beträge gutgeschrieben, die keine vermögenswirksamen Leistungen sind (z. B. Zinsen, eigene Einzahlungen des Arbeitnehmers), so ist in der Anzeige über eine teilweise schädliche vorzeitige Verfügung als vermögenswirksame Leistung nur der Betrag anzugeben, der die anderen Beträge übersteigt (§ 6 Absatz 3 Nummer 1 und Absatz 4 Nummer 1 **VermBDV**).

22. Änderung der Festsetzung, Rückforderung von Arbeitnehmer-Sparzulagen (§ 13 Absatz 5 des 5. VermBG, § 6 Absatz 2 und 3, § 8 Absatz 4, § 9 VermBDV)

(1) Der Bescheid über die Festsetzung der Arbeitnehmer-Sparzulage ist zu ändern, wenn
1. bei Anlage vermögenswirksamer Leistungen auf Verträge nach §§ 5 bis 7 des 5. VermBG angezeigt worden ist, dass Sperr-, Verwendungs- oder Vorlagefristen verletzt worden sind (§ 8 Absatz 1 Nummer 4 bis 6 **VermBDV**) oder sich die Förderung in den Fällen des Abschnitt 18 Absatz 1 Nummer 3 Satz 2 verringert,
2. bei Anlage vermögenswirksamer Leistungen nach § 2 Absatz 1 Nummer 1 und 4 des 5. VermBG eine teilweise schädliche Verfügung angezeigt worden ist (§ 8 Absatz 1 Nummer 1 bis 3 und Absatz 2 **VermBDV**) und das Finanzamt die Verfügung über vermögenswirksame Leistungen festgestellt hat, für die Arbeitnehmer-Sparzulagen festgesetzt worden sind (§ 6 Absatz 3 und 4 **VermBDV**),
3. die Einkommensgrenze des § 13 Absatz 1 des 5. VermBG durch nachträgliche Änderung des zu versteuernden Einkommens über- oder unterschritten wird,
4. das Finanzamt davon Kenntnis erhält, z. B. durch eine Außenprüfung, dass eine vermögenswirksame Anlage nicht **vorlag.**

(2) Das Finanzamt hat zu Unrecht bereits ausgezahlte Arbeitnehmer-Sparzulagen vom Arbeitnehmer zurückzufordern. Das gilt auch für Arbeitnehmer-Sparzulagen, die das Finanzamt wegen Ablaufs der Sperrfrist an den Arbeitnehmer ausgezahlt hat und dem Finanzamt erst nachträglich eine schädliche Verfügung über die vermögenswirksamen Leistungen bekannt wird.

22a. Anrufungsauskunft (§ 15 Absatz 4 des 5. VermBG)

Die Auskunft nach § 15 Absatz 4 des 5. VermBG ist ein Verwaltungsakt im Sinne von § 118 Satz 1 AO (vgl. BFH-Urteil vom 5. Juni 2014, BStBl 2015 II Seite 48). Diese Auskunft trifft eine Regelung dahin, wie die Finanzbehörde den vom Antragsteller dargestellten Sachverhalt gegenwärtig beurteilt. Die Anrufungsauskunft trifft hingegen keine Entscheidung über den materiellen Anspruch auf die Arbeitnehmer-Sparzulage nach § 13 Absatz 1 und 2 des 5. VermBG.

23. Außenprüfung (§ 15 Absatz 5 des 5. VermBG)

Nach § 15 Absatz 5 des 5. VermBG ist eine Außenprüfung bei dem Unternehmen oder Institut zulässig, bei dem die vermögenswirksamen Leistungen angelegt sind. Die Außenprüfung kann sich auf die Einhaltung sämtlicher Pflichten erstrecken, die sich aus dem 5. VermBG, **der AO** und der **VermBDV** ergeben, z. B. die Erfüllung von Anzeigepflichten.

24. Anwendungsregelungen

Dieses BMF-Schreiben ersetzt ab dem 1. Januar 2018 das BMF-Schreiben vom 23. Juli 2014 (BStBl I Seite 1175), das hiermit zum 31. Dezember 2017 aufgehoben wird.

IV.
Bekanntmachung der Vordruckmuster für Anzeigen
nach § 8 Absatz 1 Nummer 1 bis 3 VermBDV 1994 (VermB 12) und
nach § 8 Absatz 1 Nummer 4 bis 6 VermBDV 1994 (VermB 13) sowie
der Datensatzbeschreibung[1]) für die Zuleitung durch Datenfernübertragung

(BMF-Schreiben vom 16. 8. 2011 – IV C 5 – S 2439/10/10002 –, BStBl I S. 801)

3 Anlagen[2])

Die Vordruckmuster für Anzeigen nach § 8 Absatz 1 Nummer 1 bis 3 VermBDV 1994 (VermB 12) und nach § 8 Absatz 1 Nummer 4 bis 6 VermBDV 1994 (VermB 13) sowie die Datensatzbeschreibung für die Zuleitung der entsprechenden Anzeigen nach amtlich vorgeschriebenem Datensatz durch Datenfernübertragung (§ 8 Absatz 3 VermBDV 1994) werden hiermit in der Anlage neu bekannt gemacht.

Die neuen Vordrucke sind ab dem 1. Januar 2012 zu verwenden. Datenübermittlungen ab dem 1. Januar 2012 sind auf Grundlage der neuen Datensatzbeschreibung durchzuführen.

Die Vordrucke haben das Format DIN A4. Die Vordrucke können auch maschinell hergestellt werden. Im Interesse einer korrekten Erfassung (maschinelle Beleglesung) muss ein maschinell hergestellter Vordruck sämtliche Angaben in gleicher Anordnung enthalten und in Format, Aufbau, Druckbild und Wortlaut dem bekannt gemachten Vordruck entsprechen. Insbesondere darf ein maschinell hergestellter Vordruck bezüglich folgender Punkte nicht vom amtlichen Muster abweichen:

– keine Hinterlegung in Farbe oder Grauwerten,
– keine Kammboxen und keine Erläuterungstexte in den Datenfeldern,
– Schriftgrößen,
– keine Serifenschriften,
– keine zusätzlichen Inhalte wie Erläuterungstexte und Informationen des Anlageinstituts, Unternehmens, Empfängers.

Wird ein Vordruck maschinell ausgefüllt, dürfen für die Eintragungen in den Datenfeldern ebenfalls keine Serifenschriften verwendet werden. Diese Eintragungen sind in Schriftgröße 12 pt vorzunehmen. Eine kleinere Schrift darf nur verwendet werden, wenn anderenfalls der für die Eintragung zur Verfügung stehende Platz nicht ausreichen würde. Maschinell erstellte Anzeigen brauchen nicht handschriftlich unterschrieben zu werden.

Die Bekanntmachung vom 15. November 2001 – IV C 5 – S 2439 – 14/01 – (BStBl I S. 875)[3]) wird mit Wirkung ab 1. Januar 2012 aufgehoben.

---

[1]) Die Datensatzbeschreibung ist hier nicht abgedruckt.
[2]) Die Datensatzbeschreibung (Anlage 3) ist hier nicht abgedruckt.
[3]) Abgedruckt in → Anhang 14 IV der Lohnsteuer Handausgabe 2011.

(Anschrift des Kreditinstituts/Versicherungsunternehmens)

Ort, Datum

Telefon

Technisches Finanzamt Berlin
- ZPS ZANS -
Klosterstr. 59

10179 Berlin.

Anzeige nach § 8 Abs. 1 Nr. 1 bis 3 VermBDV 1994

	Zutreffendes ankreuzen ⊠ oder ausfüllen
Arbeitnehmer (Name, Vorname)	geboren am
(Straße, Hausnummer)	Identifikationsnummer
(Postleitzahl, Wohnort)	

Art der Anlage

1   Sparvertrag über Wertpapiere oder andere Vermögensbeteiligungen (§ 4 des 5. VermBG)

4   Bausparvertrag (§ 2 Abs. 1 Nr. 4 des 5. VermBG)

Institutsschlüssel für Arbeitnehmer-Sparzulage

Vertrags-Nummer

Bei Vertragsbeginn maßgebliches Ende der Sperrfrist   Tag   Monat   Jahr

Die angelegten vermögenswirksamen Leistungen wurden nicht fristgerecht verwendet oder über sie wurde vor Ablauf der Sperrfrist verfügt.

Die vorzeitige Verfügung ist   1   unschädlich   schädlich   0   aufgehoben.

Bei vorzeitiger schädlicher Verfügung:

2   Verfügt wurde über sämtliche verwögenswirksamen Leistungen.

3   Verfügt wurde nur über einen Teil der vermögenswirksamen Leistungen in Höhe von _____ Euro. Insgesamt wurden angelegt:

im Kalenderjahr	vermögenswirk-same Leistungen Euro

_____
(Unterschrift)

Ort, Datum

(Anschrift des Arbeitgebers/Unternehmens)

Telefon

Technisches Finanzamt Berlin
- ZPS ZANS -
Klosterstr. 59

10179 Berlin.

Anzeige nach § 8 Abs. 1 Nr. 4 bis 6 VermBDV 1994

	Zutreffendes ankreuzen ⊠ oder ausfüllen
Arbeitnehmer (Name, Vorname)	geboren am
(Straße, Hausnummer)	Identifikationsnummer
(Postleitzahl, Wohnort)	

Art der Anlage ☐2 Wertpapier-Kaufvertrag (§ 5 des 5. VermBG)   ☐3 Beteiligungs-Vertrag oder Beteiligungs-Kaufvertrag (§§ 6,7 des 5. VermBG)

Institutsschlüssel für Arbeitnehmer-Sparzulage [| | | | |]   Vertrags-Nummer [| | | | | | | | | | | | | | |]

Bei Vertragsbeginn maßgebliches Ende der Sperrfrist   Tag Monat Jahr [| | | | | |]

Die für die vermögenswirksame Anlage geltenden Sperr-, Verwendungs- oder Vorlagenfristen wurden verletzt. Angezeigt wird, dass

☐1 über vermögenswirksame Leistungen vorzeitig verfügt wurde.

☐2 vermögenswirksame Leistungen nicht rechtzeitig bestimmungsgemäß verwendet wurden.

☐3 die Verwahrungsbescheinigung nicht rechtzeitig vorgelegt wurde.

☐0 die vorzeitige Verfügung aufgehoben wurde.

Betroffen sind vermögenswirksame Leistungen in Höhe von [ ] Euro.

Auf den Anlagevertrag wurden insgesamt angelegt:	im Kalenderjahr	vermögenswirksame Leistungen Euro

(Unterschrift)

Erläuterungen

Damit das Finanzamt bei vorzeitiger unschädlicher Verfügung die Arbeitnehmer-Sparzulage an den Arbeitnehmer auszahlen kann und um zu verhindern, dass vom Finanzamt festgesetzte Arbeitnehmer-Sparzulagen bei Eintritt der Fälligkeit zu Unrecht an den Arbeitgeber oder das Unternehmen zugunsten des Arbeitnehmers überwiesen werden, bestehen folgende Anzeigepflichten:

1. Der **Arbeitgeber**, bei dem die vermögenswirksamen Leistungen angelegt sind, hat unverzüglich anzuzeigen, dass

    - vor Ablauf der Sperrfrist über Wertpapiere, die der Arbeitgeber verwahrt oder von einem Dritten verwahren lässt oder die das vom Arbeitnehmer benannte Kreditinstitut verwahrt, durch Veräußerung, Abtretung oder Beleihung verfügt worden ist oder die Wertpapiere endgültig aus der Verwahrung genommen worden sind,

    - der Arbeitnehmer die Verwahrungsbescheinigung dem Arbeitgeber nicht innerhalb von drei Monaten nach dem Erwerb der Wertpapiere vorgelegt hat,

    - der Arbeitnehmer für die aufgrund eines Wertpapier-Kaufvertrags, Beteiligungs-Vertrags oder Beteiligungs-Kaufvertrags angezahlten (vorausgezahlten) Beträge bis zum Ablauf des auf die Zahlung folgenden Kalenderjahrs keine Wertpapiere oder nichtverbrieften betrieblichen Beteiligungen erhalten hat,

    - vor Ablauf der Sperrfrist über nichtverbriefte betriebliche Beteiligungen verfügt worden ist.

2. **Unternehmen,** an denen mit vermögenswirksamen Leistungen nichtverbriefte Beteiligungen **(Genossenschaftsanteile, GmbH-Geschäftsanteile, stille Beteiligungen)** erworben werden sollen oder erworben worden sind, haben unverzüglich anzuzeigen, dass der Arbeitnehmer für die aufgrund eines Beteiligungs-Vertrags oder Beteiligungs-Kaufvertrags angezahlten (vorausgezahlten) Beträge bis zum Ablauf des auf die Zahlung folgenden Kalenderjahrs keine Beteiligungen erhalten hat. Nach Begründung oder Erwerb der Beteiligung ist jede Verfügung vor Ablauf der Sperrfrist anzuzeigen.

Die Anzeigen sind nach amtlich vorgeschriebenem Vordruck ohne Rücksicht darauf zu erstatten, ob unschädliche Verfügungen vorliegen; diese werden ausschließlich vom Finanzamt geprüft.

V.
Beiträge zum Erwerb von Miteigentum an so genannten Immobilienspargesellschaften[1])

(Verfügung der OFD Berlin vom 22. 5. 2003 – St 178 – S 2430 – 1/03 –)

Auf Bund-Länder-Ebene wurde die Frage erörtert, inwieweit vermögenswirksame Leistungen, die Arbeitnehmer an eine Treuhandgesellschaft zum Erwerb von Immobilienanteilen zahlen, ohne dass sie selbst als Grundstückseigentümer eingetragen sind, sparzulagenbegünstigt i. S. des Anhang 14 I§ 2 Abs. 1 Nr. 5 des 5. VermBG sind.

Im Ergebnis wurde festgestellt, dass solche Treuhandfälle keine förderfähigen Anlagen i. S. des 5. VermBG darstellen, weil der erforderliche Anlegerschutz nicht gewährleistet ist. Seit 1994 setzt der Anlegerschutz im 5. VermBG grundsätzlich die Anlage der vermögenswirksamen Leistungen bei staatlich kontrollierten Einrichtungen (Banken, Versicherungen) voraus. Davon gibt es nur zwei Ausnahmen

– Anlage beim eigenen Arbeitgeber (wegen des besonderen Vertrauensverhältnisses) und
– Anlage bei sich selbst (in Form von Grundeigentum).

Mangels eigenen Grundeigentums können die dargestellten Treuhandverhältnisse nicht als förderfähige Anlagen i. S. des 5. VermBG anerkannt werden.

VI.
Fünftes Vermögensbildungsgesetz (5. VermBG);

Erstmalige Anwendung des Verfahrens der elektronischen Vermögensbildungsbescheinigung

BMF-Schreiben vom 16. 12. 2016 – IV C 5 – S 2439/16/10001 – (BStBl I S. 1435)

Nach § 17 Absatz 14 Satz 1 des Fünften Vermögensbildungsgesetzes (5. VermBG) und § 11 Absatz 1 Satz 2 der Verordnung zur Durchführung des Fünften Vermögensbildungsgesetzes (VermBDV 1994) hat das Bundesministerium der Finanzen den Zeitpunkt der erstmaligen Anwendung der Regelungen zur elektronischen Vermögensbildungsbescheinigung durch ein im Bundessteuerblatt zu veröffentlichendes Schreiben mitzuteilen (Startschreiben).

---

[1]) → auch Abschnitt 10 des BMF-Schreibens vom 29. 11. 2017 (BStBl I S. 1626); das BMF-Schreiben ist in → Anhang 14 III abgedruckt.

Im Einvernehmen mit den obersten Finanzbehörden der Länder und dem Bundesministerium für Wirtschaft und Energie wird hiermit festgelegt, dass das Verfahren der elektronischen Vermögensbildungsbescheinigung erstmals anzuwenden ist für vermögenswirksame Leistungen, die nach dem 31. Dezember 2016 angelegt werden.

Die erstmalige Übermittlung hat danach für die in 2017 angelegten vermögenswirksamen Leistungen spätestens bis zum 28. Februar 2018 zu erfolgen (§ 15 Absatz 1 Satz 1 des 5. VermBG i. V. m. § 93c AO in der Fassung des Gesetzes zur Modernisierung des Besteuerungsverfahrens vom 18. Juli 2016 [BGBl. I Seite 1679]). Für nach dem 31. Dezember 2016 angelegte vermögenswirksame Leistungen sind damit keine Papierbescheinigungen (Anlage VL) mehr auszustellen; ein entsprechendes Vordruckmuster wird nicht mehr bekannt gemacht. Die Einzelheiten zur elektronischen Vermögensbildungsbescheinigung (Datensatzbeschreibung etc.) werden im Laufe des Jahres 2017 auf der Internetseite http://www.esteuer.de veröffentlicht. Das BMF-Schreiben vom 23. Juli 2014 (BStBl I Seite 1175) zur Anwendung des Fünften Vermögensbildungsgesetzes wird zu einem späteren Zeitpunkt angepasst.[1])

---

[1]) BMF-Schreiben vom 29. 11. 2017 (BStBl I S. 1626) → in Anhang 14 III abgedruckt.

Übersicht

I.
Wohnungsbau-Prämiengesetz
(WoPG 1996)

vom 30. 10. 1997 (BGBl. I S. 2678, BStBl I S. 1050),
zuletzt geändert durch Artikel 9 des Gesetzes zur Anpassung steuerlicher
Regelungen an die Rechtsprechung des Bundesverfassungsgerichts
vom 18. 7. 2014 (BGBl. I S. 1042, BStBl I S. 1062)

§ 1   Prämienberechtigte

Unbeschränkt einkommensteuerpflichtige Personen im Sinne des § 1 Abs. 1 oder 2 oder Abs. 3 in Verbindung mit Abs. 2 Satz 1 Nr. 1 und 2 des Einkommensteuergesetzes, die das 16. Lebensjahr vollendet haben oder Vollwaisen sind, können für Aufwendungen zur Förderung des Wohnungsbaus eine Prämie erhalten. Voraussetzung ist, daß

1. die Aufwendungen nicht vermögenswirksame Leistungen darstellen, für die Anspruch auf Arbeitnehmer-Sparzulage nach § 13 des Fünften Vermögensbildungsgesetzes besteht, und

2. das maßgebende Einkommen des Prämienberechtigten die Einkommensgrenze (§ 2a) nicht überschritten hat.

§ 2   Prämienbegünstigte Aufwendungen

(1) Als Aufwendungen zur Förderung des Wohnungsbaus im Sinne des § 1 gelten

1. Beiträge an Bausparkassen zur Erlangung von Baudarlehen, soweit die an dieselbe Bausparkasse geleisteten Beiträge im Sparjahr (§ 4 Abs. 1) mindestens 50 Euro betragen. Voraussetzung ist, daß die Bausparkasse ihren Sitz oder ihre Geschäftsleitung in einem Mitgliedstaat der Europäischen Union hat und ihr die Erlaubnis zum Geschäftsbetrieb im Gebiet der Europäischen Union erteilt ist. Bausparkassen sind Kreditinstitute, deren Geschäftsbetrieb darauf gerichtet ist, Bauspareinlagen entgegenzunehmen und aus den angesammelten Beträgen den Bausparern nach einem auf gleichmäßige Zuteilungsfolge gerichteten Verfahren Baudarlehen für wohnungswirtschaftliche Maßnahmen zu gewähren. Werden Beiträge an Bausparkassen zugunsten eines zertifizierten Altersvorsorgevertrages zur Erlangung eines Bauspardarlehens in einem Sparjahr (§ 4 Abs. 1) vom Anbieter den Altersvorsorgebeiträgen nach § 82 des Einkommensteuergesetzes zugeordnet, handelt es sich bei allen Beiträgen zu diesem Vertrag innerhalb dieses Sparjahres bis zu den in § 10a Abs. 1 des Einkommensteuergesetzes genannten Höchstbeträgen um Altersvorsorgebeiträge und nicht um prämienbegünstigte Aufwendungen im Sinne der Absätze 2 und 3;

2. Aufwendungen für den ersten Erwerb von Anteilen an Bau- und Wohnungsgenossenschaften;

3. Beiträge auf Grund von Sparverträgen, die auf die Dauer von drei bis sechs Jahren als allgemeine Sparverträge oder als Sparverträge mit festgelegten Sparraten mit einem Kreditinstitut abgeschlossen werden, wenn die eingezahlten Sparbeiträge und die Prämien zum Bau oder Erwerb selbst genutzten Wohneigentums oder zum Erwerb eines eigentumsähnlichen Dauerwohnrechts verwendet werden;

4. Beiträge auf Grund von Verträgen, die mit Wohnungs- und Siedlungsunternehmen nach der Art von Sparverträgen mit festgelegten Sparraten auf die Dauer von drei bis acht Jahren mit dem Zweck einer Kapitalansammlung abgeschlossen werden, wenn die eingezahlten Beiträge und die Prämien zum Bau oder Erwerb selbst genutzten Wohneigentums oder zum Erwerb eines eigentumsähnlichen Dauerwohnrechts verwendet werden. Den Verträgen mit Wohnungs- und Siedlungsunternehmen stehen Verträge mit den am 31. Dezember 1989 als Organe der staatlichen Wohnungspolitik anerkannten Unternehmen gleich, soweit sie die Voraussetzungen nach Satz 1 erfüllen.

(2) Für die Prämienbegünstigung der in Absatz 1 Nr. 1 bezeichneten Aufwendungen ist Voraussetzung, dass

1. bei Auszahlung der Bausparsumme oder bei Beleihung der Ansprüche aus dem Vertrag der Bausparer die empfangenen Beträge unverzüglich und unmittelbar zum Wohnungsbau verwendet oder

2. im Fall der Abtretung der Erwerber die Bausparsumme oder die auf Grund einer Beleihung empfangenen Beträge unverzüglich und unmittelbar zum Wohnungsbau für die abtretende Person oder deren Angehörige im Sinne des § 15 der Abgabenordnung verwendet.

Unschädlich ist jedoch eine Verfügung ohne Verwendung zum Wohnungsbau, die frühestens sieben Jahre nach dem Vertragsabschluss erfolgt, wenn der Bausparer bei Vertragsabschluss das 25. Lebensjahr noch nicht vollendet hatte. Die Prämienbegünstigung ist in diesen Fällen auf die Berücksichtigung der in Absatz 1 Nr. 1 bezeichneten Aufwendungen der letzten sieben Sparjahre bis zu der Verfügung beschränkt. Jeder Bausparer kann nur einmal über einen vor Vollendung des 25. Lebensjahres abgeschlossenen Bausparvertrag ohne wohnungswirtschaftliche Verwendung prämienunschädlich verfügen. Unschädlich ist auch eine Verfügung ohne Verwendung zum Wohnungsbau, wenn der Bausparer oder sein von ihm nicht dauernd getrennt lebender Ehegatte nach Vertragsabschluss gestorben oder völlig erwerbsunfähig geworden ist oder der Bausparer nach Vertragsabschluss arbeitslos geworden ist und die Arbeitslosigkeit mindestens ein Jahr lang ununterbrochen bestanden hat und im Zeitpunkt der Verfügung noch besteht. Die Prämienbegünstigung ist in diesen Fällen auf die Berücksichtigung der in Absatz 1 Nr. 1 bezeichneten Aufwendungen der letzten sieben Sparjahre bis zum Eintritt des Ereignisses beschränkt. Die Vereinbarung über die Erhöhung der Bausparsumme ist als selbständiger Vertrag zu behandeln. Als Wohnungsbau im Sinne der Nummern 1 und 2 gelten auch bauliche Maßnahmen des Mieters zur Modernisierung seiner Wohnung. Dies gilt ebenfalls für den ersten Erwerb von Anteilen an Bau- und Wohnungsgenossenschaften im Sinne des Absatzes 1 Nr. 2 und den Erwerb von Rechten zur dauernden Selbstnutzung von Wohnraum in Alten-, Altenpflege- und Behinderteneinrichtungen oder -anlagen. Die Unschädlichkeit setzt weiter voraus, daß die empfangenen Beträge nicht zum Wohnungsbau im Ausland eingesetzt werden, sofern nichts anderes bestimmt ist.

(3) Für vor dem 1. Januar 2009 abgeschlossene Verträge, für die bis zum 31. Dezember 2008 mindestens ein Beitrag in Höhe der Regelsparrate entrichtet wurde, ist Voraussetzung für die Prämienbegünstigung der in Absatz 1 Nr. 1 bezeichneten Aufwendungen, dass vor Ablauf von sieben Jahren seit Vertragsabschluss weder die Bausparsumme ganz oder zum Teil ausgezahlt noch geleistete Beiträge ganz oder zum Teil zurückgezahlt oder Ansprüche aus dem Bausparvertrag abgetreten oder beliehen werden. Unschädlich ist jedoch die vorzeitige Verfügung, wenn

1. die Bausparsumme ausgezahlt oder die Ansprüche aus dem Vertrag beliehen werden und der Bausparer die empfangenen Beträge unverzüglich und unmittelbar zum Wohnungsbau verwendet,

2. im Fall der Abtretung der Erwerber die Bausparsumme oder die auf Grund einer Beleihung empfangenen Beträge unverzüglich und unmittelbar zum Wohnungsbau für die abtretende Person oder deren Angehörige im Sinne des § 15 der Abgabenordnung verwendet,

3. der Bausparer oder sein von ihm nicht dauernd getrennt lebender Ehegatte nach Vertragsabschluss gestorben oder völlig erwerbsunfähig geworden ist oder

4. der Bausparer nach Vertragsabschluss arbeitslos geworden ist und die Arbeitslosigkeit mindestens ein Jahr lang ununterbrochen bestanden hat und im Zeitpunkt der vorzeitigen Verfügung noch besteht.

Absatz 2 Satz 7 bis 10 gilt sinngemäß.

§ 2a   Einkommensgrenze

Die Einkommensgrenze beträgt 25 600 Euro, bei Ehegatten (§ 3 Abs. 3) 51 200 Euro. Maßgebend ist das zu versteuernde Einkommen (§ 2 Absatz 5 des Einkommensteuergesetzes) des Sparjahrs (§ 4 Abs. 1). Bei Ehegatten ist das zu versteuernde Einkommen maßgebend, das sich bei einer Zusammenveranlagung nach § 26b des Einkommensteuergesetzes ergeben hat oder, falls eine Veranlagung nicht durchgeführt worden ist, ergeben würde.

§ 2b
(weggefallen)

§ 3   Höhe der Prämie

(1) Die Prämie bemißt sich nach den im Sparjahr (§ 4 Abs. 1) geleisteten prämienbegünstigten Aufwendungen. Sie beträgt 8,8 Prozent der Aufwendungen.

(2) Die Aufwendungen des Prämienberechtigten sind je Kalenderjahr bis zu einem Höchstbetrag von 512 Euro, bei Ehegatten (Absatz 3) zusammen bis zu 1 024 Euro prämienbegünstigt. Die Höchstbeträge stehen den Prämienberechtigten gemeinsam zu (Höchstbetragsgemeinschaft).

(3) Ehegatten im Sinne dieses Gesetzes sind Personen, welche nach § 26b des Einkommensteuergesetzes zusammen veranlagt werden oder die, falls eine Veranlagung zur Einkommensteuer nicht durchgeführt wird, die Voraussetzungen des § 26 Absatz 1 Satz 1 des Einkommensteuergesetzes erfüllen. Die Regelungen dieses Gesetzes zu Ehegatten sind auch auf Lebenspartner anzuwenden, wenn in Verbindung mit § 2 Absatz 8 des Einkommensteuergesetzes die Voraussetzungen des Satzes 1 erfüllt sind.

§ 4 Prämienverfahren allgemein

(1) Der Anspruch auf Prämie entsteht mit Ablauf des Sparjahrs. Sparjahr ist das Kalenderjahr, in dem die prämienbegünstigten Aufwendungen geleistet worden sind.

(2) Die Prämie ist nach amtlich vorgeschriebenem Vordruck bis zum Ablauf des zweiten Kalenderjahrs, das auf das Sparjahr (Absatz 1) folgt, bei dem Unternehmen zu beantragen, an das die prämienbegünstigten Aufwendungen geleistet worden sind. Der Antragsteller hat zu erklären, für welche Aufwendungen er die Prämie beansprucht, wenn bei mehreren Verträgen die Summe der Aufwendungen den Höchstbetrag (§ 3 Abs. 2) überschreitet; Ehegatten (§ 3 Abs. 3) haben dies einheitlich zu erklären. Der Antragsteller ist verpflichtet, dem Unternehmen unverzüglich eine Änderung der Verhältnisse mitzuteilen, die zu einer Minderung oder zum Wegfall des Prämienanspruchs führen.

(3) Überschreiten bei mehreren Verträgen die insgesamt ermittelten oder festgesetzten Prämien die für das Sparjahr höchstens zulässige Prämie (§ 3), ist die Summe der Prämien hierauf zu begrenzen. Dabei ist die Prämie vorrangig für Aufwendungen auf Verträge mit dem jeweils älteren Vertragsdatum zu belassen. Insoweit ist eine abweichende Erklärung des Prämienberechtigten oder seines Ehegatten unbeachtlich.

(4) Ein Rückforderungsanspruch erlischt, wenn er nicht bis zum Ablauf des vierten Kalenderjahrs geltend gemacht worden ist, das auf das Kalenderjahr folgt, in dem der Prämienberechtigte die Prämie verwendet hat (§ 5).

(5) Das Unternehmen darf die im Prämienverfahren bekanntgewordenen Verhältnisse der Beteiligten nur für das Verfahren verwerten. Es darf sie ohne Zustimmung der Beteiligten nur offenbaren, soweit dies gesetzlich zugelassen ist.

§ 4a Prämienverfahren im Fall des § 2 Abs. 1 Nr. 1

(1) Bei Aufwendungen im Sinne des § 2 Abs. 1 Nr. 1 hat die Bausparkasse auf Grund des Antrags zu ermitteln, ob und in welcher Höhe ein Prämienanspruch nach Maßgabe dieses Gesetzes oder nach einer auf Grund dieses Gesetzes erlassenen Rechtsverordnung besteht. Dabei hat sie alle Verträge mit dem Prämienberechtigten und seinem Ehegatten (§ 3 Abs. 3) zu berücksichtigen. Die Bausparkasse hat dem Antragsteller das Ermittlungsergebnis spätestens im nächsten Kontoauszug mitzuteilen.

(2) Die Bausparkasse hat die im Kalendermonat ermittelten Prämien (Absatz 1 Satz 1) im folgenden Kalendermonat in einem Betrag zur Auszahlung anzumelden, wenn die Voraussetzungen für die Prämienbegünstigung nach § 2 Abs. 2 nachgewiesen sind. In den Fällen des § 2 Abs. 3 darf die Prämie nicht vor Ablauf des Kalendermonats angemeldet werden, in dem

a) der Bausparvertrag zugeteilt,

b) die in § 2 Abs. 3 Satz 1 genannte Frist überschritten oder

c) unschädlich im Sinne des § 2 Abs. 3 Satz 2 verfügt

worden ist. Die Anmeldung ist nach amtlich vorgeschriebenem Vordruck (Wohnungsbauprämien- Anmeldung) bei dem für die Besteuerung der Bausparkasse nach dem Einkommen zuständigen Finanzamt (§ 20 der Abgabenordnung) abzugeben. Hierbei hat die Bausparkasse zu bestätigen, daß die Voraussetzungen für die Auszahlung des angemeldeten Prämienbetrags vorliegen. Die Wohnungsbauprämien-Anmeldung gilt als Steueranmeldung im Sinne der Abgabenordnung. Das Finanzamt veranlaßt die Auszahlung an die Bausparkasse zugunsten der Prämienberechtigten durch die zuständige Bundeskasse. Die Bausparkasse hat die erhaltenen Prämien unverzüglich dem Prämienberechtigten gutzuschreiben oder auszuzahlen.

(3) Die Bausparkasse hat die für die Überprüfung des Prämienanspruchs erforderlichen Daten innerhalb von vier Monaten nach Ablauf der Antragsfrist für das Sparjahr (§ 4 Abs. 2 Satz 1) nach amtlich vorgeschriebenem Datensatz durch Datenfernübertragung an die Zentralstelle der Länder zu übermitteln. Besteht der Prämienanspruch nicht oder in anderer Höhe, so teilt die Zentralstelle dies der Bausparkasse durch einen Datensatz mit.

(4) Erkennt die Bausparkasse oder wird ihr mitgeteilt, daß der Prämienanspruch ganz oder teilweise nicht besteht oder weggefallen ist, so hat sie das bisherige Ermittlungsergebnis aufzuheben oder zu ändern; zu Unrecht gutgeschriebene oder ausgezahlte Prämien hat sie zurückzufordern. Absatz 1 Satz 3 gilt entsprechend. Bei fortbestehendem Vertragsverhältnis kann sie das Konto belasten. Die Bausparkasse hat geleistete Rückforderungsbeträge in der Wohnungsbauprämien-Anmeldung des nachfolgenden Monats abzusetzen. Kann die Bausparkasse zu Unrecht gutgeschriebene oder ausgezahlte Prämien nicht belasten oder kommt der Prämienempfänger ihrer Zahlungsaufforderung nicht nach, so hat sie hierüber unverzüglich das für die Besteuerung nach dem Einkommen des Prämienberechtigten zuständige Finanzamt (Wohnsitzfinanzamt nach § 19 der Abgabenordnung) zu unterrichten. In diesen Fällen erläßt das Wohnsitzfinanzamt einen Rückforderungsbescheid.

(5) Eine Festsetzung der Prämie erfolgt nur auf besonderen Antrag des Prämienberechtigten. Der Antrag ist schriftlich innerhalb eines Jahres nach Bekanntwerden des Ermittlungsergebnisses der Bausparkasse vom Antragsteller unter Angabe seines Wohnsitzfinanzamts an die Bausparkasse zu richten. Die Bausparkasse leitet den Antrag diesem Finanzamt zur Entscheidung zu. Dem Antrag hat sie eine Stellungnahme und die zur Entscheidung erforderlichen Unterlagen beizufügen. Das Finanzamt teilt seine Entscheidung auch der Bausparkasse mit.

(6) Die Bausparkasse haftet als Gesamtschuldner neben dem Prämienempfänger für die Prämie, die wegen ihrer Pflichtverletzung zu Unrecht gezahlt, nicht einbehalten oder nicht zurückgefordert wird. Die Bausparkasse haftet nicht, wenn sie ohne Verschulden darüber irrte, daß die Prämie zu zahlen war. Für die Inanspruchnahme der Bausparkasse ist das in Absatz 2 Satz 3 bestimmte Finanzamt zuständig. Für die Inanspruchnahme des Prämienempfängers ist das Wohnsitzfinanzamt zuständig.

(7) Das nach Absatz 2 Satz 3 zuständige Finanzamt hat auf Anfrage der Bausparkasse Auskunft über die Anwendung dieses Gesetzes zu geben.

(8) Das nach Absatz 2 Satz 3 zuständige Finanzamt kann bei der Bausparkasse ermitteln, ob sie ihre Pflichten nach diesem Gesetz oder nach einer auf Grund dieses Gesetzes erlassenen Rechtsverordnung erfüllt hat. Die §§ 193 bis 203 der Abgabenordnung gelten sinngemäß. Die Unterlagen über das Prämienverfahren sind im Geltungsbereich dieses Gesetzes zu führen und aufzubewahren.

(9) Die Bausparkasse erhält vom Bund oder den Ländern keinen Ersatz für die ihr aus dem Prämienverfahren entstehenden Kosten.

§ 4b   Prämienverfahren in den Fällen des § 2 Abs. 1 Nr. 2 bis 4

(1) Bei Aufwendungen im Sinne des § 2 Abs. 1 Nr. 2 bis 4 hat das Unternehmen den Antrag an das Wohnsitzfinanzamt des Prämienberechtigten weiterzuleiten.

(2) Wird dem Antrag entsprochen, veranlaßt das Finanzamt die Auszahlung der Prämie an das Unternehmen zugunsten des Prämienberechtigten durch das zuständige Bundeskasse. Einen Bescheid über die Festsetzung der Prämie erteilt das Finanzamt nur auf besonderen Antrag des Prämienberechtigten. Wird nachträglich festgestellt, daß die Voraussetzungen für die Prämie nicht vorliegen oder die Prämie aus anderen Gründen ganz oder teilweise zu Unrecht gezahlt worden ist, so hat das Finanzamt die Prämienfestsetzung aufzuheben oder zu ändern und die Prämie, soweit sie zu Unrecht gezahlt worden ist, zurückzufordern. Sind zu diesem Zeitpunkt die prämienbegünstigten Aufwendungen durch das Unternehmen noch nicht ausgezahlt, so darf die Auszahlung nicht vorgenommen werden, bevor die Prämien an das Finanzamt zurückgezahlt sind.

§ 5   Verwendung der Prämie

(1) (weggefallen)

(2) Die Prämien für die in § 2 Abs. 1 Nr. 1, 3 und 4 bezeichneten Aufwendungen sind vorbehaltlich des § 2 Abs. 2 Satz 2 sowie Abs. 3 Satz 2 zusammen mit den prämienbegünstigten Aufwendungen zu dem vertragsmäßigen Zweck zu verwenden. Geschieht das nicht, so hat das Unternehmen in den Fällen des § 4b dem Finanzamt unverzüglich Mitteilung zu machen.

(3) Über Prämien, die für Aufwendungen nach § 2 Abs. 1 Nr. 2 ausgezahlt werden, kann der Prämienberechtigte verfügen, wenn das Geschäftsguthaben beim Ausscheiden des Prämienberechtigten aus der Genossenschaft ausgezahlt wird.

§ 6   Steuerliche Behandlung der Prämie

Die Prämien gehören nicht zu den Einkünften im Sinne des Einkommensteuergesetzes.

§ 7 Aufbringung der Mittel

Der Bund stellt die Beträge für die Prämien den Ländern in voller Höhe gesondert zur Verfügung.

§ 8 Anwendung der Abgabenordnung und der Finanzgerichtsordnung

(1) Auf die Wohnungsbauprämie sind die für Steuervergütungen geltenden Vorschriften der Abgabenordnung entsprechend anzuwenden. Dies gilt nicht für § 108 Abs. 3 der Abgabenordnung hinsichtlich der in § 2 genannten Fristen sowie für die §§ 109 und 163 der Abgabenordnung.

(2) Für die Wohnungsbauprämie gelten die Strafvorschriften des § 370 Abs. 1 bis 4, der §§ 371, 375 Abs. 1 und des § 376 sowie die Bußgeldvorschriften der §§ 378, 379 Abs. 1, 4 und der §§ 383 und 384 der Abgabenordnung entsprechend. Für das Strafverfahren wegen einer Straftat nach Satz 1 sowie der Begünstigung einer Person, die eine solche Tat begangen hat, gelten die §§ 385 bis 408, für das Bußgeldverfahren wegen einer Ordnungswidrigkeit nach Satz 1 die §§ 409 bis 412 der Abgabenordnung entsprechend.

(3) In öffentlich-rechtlichen Streitigkeiten über die auf Grund dieses Gesetzes ergehenden Verwaltungsakte der Finanzbehörden ist der Finanzrechtsweg gegeben.

(4) Besteuerungsgrundlagen für die Berechnung des nach § 2a maßgebenden Einkommens, die der Veranlagung zur Einkommensteuer zugrunde gelegen haben, können der Höhe nach nicht durch einen Rechtsbehelf gegen die Prämie angegriffen werden.

§ 9 Ermächtigungen

(1) Die Bundesregierung wird ermächtigt, durch Rechtsverordnung mit Zustimmung des Bundesrates Vorschriften zur Durchführung dieses Gesetzes zu erlassen über

1. (weggefallen)
2. die Bestimmung der Genossenschaften, die zu den Bau- und Wohnungsgenossenschaften gehören (§ 2 Abs. 1 Nr. 2);
3. den Inhalt der in § 2 Abs. 1 Nr. 3 bezeichneten Sparverträge, die Berechnung der Rückzahlungsfristen, die Folgen vorzeitiger Rückzahlung von Sparbeträgen und die Verpflichtungen der Kreditinstitute; die Vorschriften sind in den §§ 18 bis 29 der Einkommensteuer-Durchführungsverordnung 1953 enthaltenen Vorschriften mit der Maßgabe anzupassen, daß eine Frist bestimmt werden kann, innerhalb der die Prämien zusammen mit den prämienbegünstigten Aufwendungen zu dem vertragsmäßigen Zweck zu verwenden sind;
4. den Inhalt der in § 2 Abs. 1 Nr. 4 bezeichneten Verträge und die Verwendung der auf Grund solcher Verträge angesammelten Beträge; dabei kann der vertragsmäßige Zweck auf den Bau durch das Unternehmen oder auf den Erwerb von dem Unternehmen, mit dem der Vertrag abgeschlossen worden ist, beschränkt und eine Frist von mindestens drei Jahren bestimmt werden, innerhalb der die Prämien zusammen mit den prämienbegünstigten Aufwendungen zu dem vertragsmäßigen Zweck zu verwenden sind. Die Prämienbegünstigung kann auf Verträge über Gebäude beschränkt werden, die nach dem 31. Dezember 1949 fertiggestellt worden sind. Für die Fälle des Erwerbs kann bestimmt werden, daß der angesammelte Betrag und die Prämien nur zur Leistung des in bar zu zahlenden Kaufpreises verwendet werden dürfen;
5. die Ermittlung, Festsetzung, Auszahlung oder Rückzahlung der Prämie, wenn Besteuerungsgrundlagen für die Berechnung des nach § 2a maßgebenden Einkommens, die der Veranlagung zur Einkommensteuer zugrunde gelegen haben, geändert werden oder wenn für Aufwendungen, die vermögenswirksame Leistungen darstellen, Arbeitnehmer-Sparzulagen zurückgezahlt oder nachträglich festgesetzt oder ausgezahlt werden;
6. das Verfahren für die Ermittlung, Festsetzung, Auszahlung und Rückforderung der Prämie. Hierzu gehören insbesondere Vorschriften über Aufzeichnungs-, Aufbewahrungs-, Bescheinigungs- und Anzeigepflichten des Unternehmens, bei dem die prämienbegünstigten Aufwendungen angelegt worden sind.

(2) Das Bundesministerium der Finanzen wird ermächtigt, den Wortlaut des Wohnungsbau-Prämiengesetzes und der hierzu erlassenen Durchführungsverordnung in der jeweils geltenden Fassung mit neuem Datum, unter neuer Überschrift und in neuer Paragraphenfolge bekanntzumachen und dabei Unstimmigkeiten des Wortlauts zu beseitigen.

(3) Das Bundesministerium der Finanzen wird ermächtigt, im Einvernehmen mit den obersten Finanzbehörden der Länder

a) den in § 4 Abs. 2 Satz 1 und den in § 4a Abs. 2 Satz 3 vorgeschriebenen Vordruck und
b) die in § 4a Abs. 3 vorgeschriebenen Datensätze

zu bestimmen.

§ 10 Schlußvorschriften

(1) Dieses Gesetz in der Fassung des Artikels 11 des Gesetzes vom 8. Dezember 2010 (BGBl. I S. 1768) ist vorbehaltlich Satz 2 erstmals für das Sparjahr 2009 anzuwenden. § 2 Abs. 1 Nr. 1 Satz 4 in der Fassung des Artikels 5 des Gesetzes vom 29. Juli 2008 (BGBl. I S. 1509) ist erstmals für das Sparjahr 2008 anzuwenden. Bei Aufwendungen im Sinne des § 2 Abs. 1 Nr. 1 ist die Prämie für Sparjahr vor 1996 nach § 4 in der Fassung des Artikels 7 des Gesetzes vom 15. Dezember 1995 (BGBl. I S. 1783) festzusetzen. § 4 Abs. 4 in der Fassung des Artikels 29 des Gesetzes vom 20. Dezember 2001 (BGBl. I S. 3794) ist erstmals bei nicht vertragsgemäßer Verwendung nach dem 31. Dezember 1998 anzuwenden. § 4a Abs. 3 Satz 1 und § 9 Abs. 3 Buchstabe b in der Fassung des Artikels 13 des Gesetzes vom 20. Dezember 2008 (BGBl. I S. 2850) sind erstmals für Datenlieferungen nach dem 31. Dezember 2008 anzuwenden.

(2) Beiträge an Bausparkassen (§ 2 Abs. 1 Nr. 1), für die in den Kalenderjahren 1991 bis 1993 die Zusatzförderung nach § 10 Abs. 6 dieses Gesetzes in der Fassung der Bekanntmachung vom 30. Juli 1992 (BGBl. I S. 1405) in Anspruch genommen worden ist, müssen ausdrücklich zur Verwendung für den Wohnungsbau in dem in Artikel 3 des Einigungsvertrages genannten Gebiet bestimmt sein. Eine Verfügung, die § 2 Abs. 3 entspricht, nicht aber dem besonderen vertraglichen Zweck, ist hinsichtlich der Zusatzprämie und des zusätzlichen Höchstbetrages schädlich. Schädlich ist auch die Verwendung für Ferien- und Wochenendwohnungen, die in einem entsprechend ausgewiesenen Sondergebiet liegen oder die sich auf Grund ihrer Bauweise nicht zum dauernden Bewohnen eignen.

II.
Verordnung zur Durchführung des Wohnungsbau-Prämiengesetzes (WoPDV 1996)

vom 30. 10. 1997 (BGBl. I S. 2684, BStBl I S. 1055)
geändert durch Artikel 6 des Gesetzes zur verbesserten Einbeziehung
der selbstgenutzten Wohnimmobilie in die geförderte Altersvorsorge
(Eigenheimrentengesetz – EigRentG)
vom 29. 7. 2008 (BGBl. I S. 1509)

1. Beiträge an Bausparkassen zur Erlangung von Baudarlehen

§ 1

(weggefallen)

§ 1a Aufzeichnungs- und Aufbewahrungspflichten

(1) Die Bausparkasse hat Aufzeichnungen zu führen über

1. den Namen und die Anschrift des Bausparers sowie des Abtretenden und des Abtretungsempfängers der Ansprüche aus einem Bausparvertrag,

2. die Vertragsnummer und das Vertragsdatum des Bausparvertrags,

3. die prämienbegünstigten Aufwendungen je Sparjahr,

4. die ermittelte oder festgesetzte Prämie je Sparjahr,

5. die ausgezahlte Prämie je Sparjahr,

6. den Anlaß der Anmeldung in den Fällen des § 4a Abs. 2 Satz 2 des Gesetzes,

7. den nach § 4a Abs. 3 Satz 2 des Gesetzes mitgeteilten Prämienanspruch,

8. das Finanzamt, das im Falle des § 4a Abs. 5 des Gesetzes festgesetzt hat.

(2) Die Bausparkasse hat Unterlagen zu den Aufzeichnungen zu nehmen, aus denen sich der Inhalt des Bausparvertrags und die zweckentsprechende Verwendung oder eine unschädliche Verfügung über die Bausparsumme ergeben.

(3) Der Antrag auf Wohnungsbauprämie und die sonstigen Unterlagen sind geordnet zu sammeln und nach Ende des Sparjahrs zehn Jahre lang aufzubewahren. Die Bausparkasse kann die Unterlagen durch Bildträger oder andere Speichermedien ersetzen.

(4) Sonstige Vorschriften über Aufzeichnungspflichten bleiben unberührt.

(5) Die Bausparkasse hat dem Finanzamt auf Anforderung den Inhalt der Aufzeichnungen mitzuteilen und die für die Festsetzung der Prämie erforderlichen Unterlagen auszuhändigen.

§ 1b   Übertragung von Bausparverträgen auf eine andere Bausparkasse

Werden Bausparverträge auf eine andere Bausparkasse übertragen und verpflichtet sich diese gegenüber dem Bausparer und der Bausparkasse, mit der der Vertrag abgeschlossen worden ist, in die Rechte und Pflichten aus dem Vertrag einzutreten, so gilt die Übertragung nicht als Rückzahlung. Das Bausparguthaben muß von der übertragenden Bausparkasse unmittelbar an die übernehmende Bausparkasse überwiesen werden.

§ 2   Wegfall des Prämienanspruchs und Rückzahlung der Prämien

(1) Der Prämienanspruch entfällt, soweit bei Bausparverträgen

1. prämienschädlich verfügt wird, oder
2. die für die Zusatzförderung nach § 10 Abs. 2 des Gesetzes erforderlichen Voraussetzungen nicht erfüllt werden.

Bereits ausgezahlte Prämien sind an die Bausparkasse oder an das zuständige Finanzamt zurückzuzahlen. Bei einer Teilrückzahlung von Beiträgen kann der Bausparer bestimmen, welche Beiträge als zurückgezahlt gelten sollen. Das gilt auch, wenn die Bausparsumme zum Teil ausgezahlt oder die ausgezahlte Bausparsumme teilweise schädlich verwendet wird oder Ansprüche aus dem Vertrag zum Teil abgetreten oder beliehen werden.

(2) Absatz 1 ist nicht anzuwenden, wenn unschädlich nach § 2 Abs. 2 Satz 2 bis 6 sowie Abs. 3 Satz 2 und 3 des Gesetzes verfügt worden ist. Beabsichtigt im Fall des § 2 Abs. 2 Satz 1 Nr. 2 oder Abs. 3 Satz 2 Nr. 2 des Gesetzes der Abtretungsempfänger im Zeitpunkt der Abtretung der Ansprüche aus dem Bausparvertrag eine unverzügliche und unmittelbare Verwendung zum Wohnungsbau für den Abtretenden oder dessen Angehörige (§ 15 der Abgabenordnung), so ist die Prämie dem Abtretenden auszuzahlen oder die Rückforderung bereits ausgezahlter Prämien auszusetzen, wenn der Abtretende eine Erklärung des Abtretungsempfängers über die Verwendungsabsicht beibringt.

2. Bau- und Wohnungsgenossenschaften

§ 3

Bau- und Wohnungsgenossenschaften im Sinne des § 2 Abs. 1 Nr. 2 des Gesetzes sind Genossenschaften, deren Zweck auf den Bau und die Finanzierung sowie die Verwaltung oder Veräußerung von Wohnungen oder auf die wohnungswirtschaftliche Betreuung gerichtet ist.

3. Wohnbau-Sparverträge

§ 4   Allgemeine Sparverträge

(1) Allgemeine Sparverträge im Sinne des § 2 Abs. 1 Nr. 3 des Gesetzes sind Verträge mit

1. einem Kreditinstitut oder
2. einem am 31. Dezember 1989 als gemeinnützig anerkannten Wohnungsunternehmen oder einem am 31. Dezember 1989 als Organ der staatlichen Wohnungspolitik anerkannten Unternehmen, wenn diese Unternehmen eigene Spareinrichtungen unterhalten, auf die die Vorschriften des Gesetzes über das Kreditwesen anzuwenden sind,

in denen der Prämienberechtigte sich verpflichtet, die eingezahlten Sparbeiträge auf drei bis sechs Jahre festzulegen und die eingezahlten Sparbeiträge sowie die Prämien zu dem in § 2 Abs. 1 Nr. 3 des Gesetzes bezeichneten Zweck zu verwenden. Die Verträge können zugunsten dritter Personen abgeschlossen werden.

(2) Die Verlängerung der Festlegung um jeweils ein Jahr oder um mehrere Jahre bis zu einer Gesamtdauer der Festlegung von sechs Jahren kann zwischen dem Prämienberechtigten und dem Unternehmen vereinbart werden. Die Vereinbarung über die Verlängerung ist vor Ablauf der Festlegungsfrist zu treffen.

§ 5   Rückzahlungsfrist bei allgemeinen Sparverträgen

Die Sparbeiträge dürfen erst nach Ablauf der vereinbarten Festlegungsfrist (§ 4) zurückgezahlt werden. Die Festlegungsfrist beginnt am 1. Januar, wenn der Vertrag vor dem 1. Juli, und am 1. Juli, wenn der Vertrag nach dem 30. Juni des betreffenden Kalenderjahrs abgeschlossen worden ist.

§ 6   Sparverträge mit festgelegten Sparraten

(1) Sparverträge mit festgelegten Sparraten im Sinne des § 2 Abs. 1 Nr. 3 des Gesetzes sind Verträge mit einem der in § 4 Abs. 1 bezeichneten Unternehmen, in denen sich der Prämienbe-

rechtigte verpflichtet, für drei bis sechs Jahre laufend, jedoch mindestens vierteljährlich, der Höhe nach gleichbleibende Sparraten einzuzahlen und die eingezahlten Sparbeiträge sowie die Prämien zu dem in § 2 Abs. 1 Nr. 3 des Gesetzes bezeichneten Zweck zu verwenden. Die Verträge können zugunsten dritter Personen abgeschlossen werden.

(2) Die Verlängerung der Einzahlungsverpflichtung um jeweils ein Jahr oder um mehrere Jahre bis zu einer Gesamtdauer der Einzahlungen von sechs Jahren kann zwischen dem Prämienberechtigten und dem Unternehmen vereinbart werden. Die Vereinbarung über die Verlängerung ist spätestens im Zeitpunkt der letzten nach dem Vertrag zu leistenden Einzahlung zu treffen.

(3) Den in Absatz 1 bezeichneten Einzahlungen werden gleichgestellt

1. zusätzliche Einzahlungen, soweit sie in einem Kalenderjahr nicht höher sind als der Jahresbetrag der in Absatz 1 bezeichneten Einzahlungen, sowie

2. zusätzliche Einzahlungen, die vermögenswirksame Leistungen darstellen, bis zur Höhe des nach dem Fünften Vermögensbildungsgesetz geförderten Betrags.

§ 7 Rückzahlungsfrist bei Sparverträgen mit festgelegten Sparraten

Die auf Grund eines Sparvertrags mit festgelegten Sparraten eingezahlten Sparbeiträge dürfen ein Jahr nach dem Tag der letzten Einzahlung, jedoch nicht vor Ablauf eines Jahres nach dem letzten regelmäßigen Fälligkeitstag, zurückgezahlt werden.

§ 8 Unterbrechung von Sparverträgen mit festgelegten Sparraten

(1) Sparraten, die nicht rechtzeitig geleistet worden sind, können innerhalb eines halben Jahres nach ihrer Fälligkeit, spätestens bis zum 15. Januar des folgenden Kalenderjahrs, nachgeholt werden; die im folgenden Kalenderjahr nachgeholten Sparraten gelten als Einzahlungen des Kalenderjahrs der Fälligkeit. Innerhalb des letzten halben Jahres vor Ablauf der Festlegungsfrist ist eine Nachholung ausgeschlossen.

(2) Der Vertrag ist in vollem Umfang unterbrochen, wenn eine Sparrate nicht spätestens vor Ablauf der in Absatz 1 bezeichneten Nachholfrist eingezahlt worden ist oder wenn Einzahlungen zurückgezahlt werden; das gleiche gilt, wenn Ansprüche aus dem Vertrag abgetreten werden, es sei denn, der Abtretungsempfänger ist ein Angehöriger (§ 15 der Abgabenordnung) oder die im Vertrag bezeichnete andere Person. Der Vertrag ist teilweise unterbrochen, wenn eine Sparrate in geringerer als der vereinbarten Höhe geleistet und der Unterschiedsbetrag nicht innerhalb der in Absatz 1 bezeichneten Frist nachgeholt worden ist.

(3) Ist der Vertrag in vollem Umfang unterbrochen (Absatz 2 Satz 1), so sind spätere Einzahlungen nicht mehr prämienbegünstigt. Liegt eine teilweise Unterbrechung (Absatz 2 Satz 2) vor, so sind spätere Einzahlungen nur in Höhe des Teils der Sparraten prämienbegünstigt, der ununterbrochen in gleichbleibender Höhe geleistet worden ist. Dieser Betrag ist auch maßgebend für die zusätzlichen Einzahlungen, die nach § 6 Abs. 3 Nr. 1 erbracht werden können.

§ 9 Vorzeitige Rückzahlung

Soweit vor Ablauf der in den §§ 5 und 7 bezeichneten Fristen, außer in den Fällen des § 12, Sparbeiträge im Sinne des § 4 oder des § 6 zurückgezahlt werden, werden Prämien nicht ausgezahlt; bereits ausgezahlte Prämien sind an das Finanzamt zurückzuzahlen. Das gilt nicht, wenn der Prämienberechtigte oder die im Vertrag bezeichnete andere Person stirbt oder nach Vertragsabschluß völlig erwerbsunfähig wird.

§ 10 Verwendung der Sparbeiträge

(1) Die auf Grund eines allgemeinen Sparvertrags (§ 4) oder eines Sparvertrags mit festgelegten Sparraten (§ 6) eingezahlten Beträge sind von dem Prämienberechtigten oder der in dem Vertrag bezeichneten anderen Person zusammen mit den Prämien innerhalb eines Jahres nach der Rückzahlung der Sparbeiträge, spätestens aber innerhalb von vier Jahren nach dem Zeitpunkt, in dem die eingezahlten Sparbeiträge frühestens zurückgezahlt werden dürfen, zu dem in § 2 Abs. 1 Nr. 3 des Gesetzes bezeichneten Zweck zu verwenden. § 9 Satz 2 findet Anwendung.

(2) Eine Verwendung zu dem in § 2 Abs. 1 Nr. 3 des Gesetzes bezeichneten Zweck ist gegeben, wenn die eingezahlten Beträge verwendet werden

1. zum Bau selbst genutzten Wohneigentums für den Prämienberechtigten, die in dem Vertrag bezeichnete andere Person oder die in § 15 der Abgabenordnung bezeichneten Angehörigen dieser Personen,

2. zum Erwerb selbst genutzten Wohneigentums oder eines eigentumsähnlichen Dauerwohn-rechts durch den Prämienberechtigten, die in dem Vertrag bezeichnete andere Person oder die in § 15 der Abgabenordnung bezeichneten Angehörigen dieser Personen.

§ 11   Anzeigepflicht

Die in § 4 Abs. 1 bezeichneten Unternehmen haben, außer im Fall des Todes des Prämienbe-rechtigten oder der in dem Vertrag bezeichneten anderen Person, dem für ihre Veranlagung oder dem für die Veranlagung des Prämienberechtigten zuständigen Finanzamt unverzüglich die Fälle mitzuteilen, in denen

1. Sparbeiträge vor Ablauf der in den §§ 5 und 7 bezeichneten Fristen zurückgezahlt werden,

2. Sparbeiträge und Prämien nicht oder nicht innerhalb der Fristen des § 10 zu dem dort bezeichneten Zweck verwendet werden,

3. Sparverträge auf ein anderes Unternehmen übertragen oder in Verträge mit Wohnungs- und Siedlungsunternehmen oder mit am 31. Dezember 1989 anerkannten Organen der staatlichen Wohnungspolitik umgewandelt werden (§ 12 Abs. 1).

Die Anzeige kann auch von der Niederlassung eines Unternehmens an das Finanzamt gerichtet werden, in dessen Bezirk sich die Niederlassung befindet.

§ 12   Übertragung und Umwandlung von Sparverträgen

(1) Prämien werden auch ausgezahlt und bereits ausgezahlte Prämien werden nicht zurückge-fordert, wenn

1. allgemeine Sparverträge (§ 4) und Sparverträge mit festgelegten Sparraten (§ 6) während ihrer Laufzeit unter Übertragung der bisherigen Einzahlungen und der Prämien auf ein ande-res Unternehmen übertragen werden und sich dieses gegenüber dem Prämienberechtigten und dem Unternehmen, mit dem der Vertrag abgeschlossen worden ist, verpflichtet, in die Rechte und Pflichten aus dem Vertrag einzutreten,

2. Sparverträge mit festgelegten Sparraten während ihrer Laufzeit unter Übertragung der bishe-rigen Einzahlungen und der Prämien in Verträge mit Wohnungs- und Siedlungsunternehmen oder mit am 31. Dezember 1989 anerkannten Organen der staatlichen Wohnungspolitik im Sinne des § 13 umgewandelt werden.

(2) In Fällen der Übertragung (Absatz 1 Nr. 1) gelten die §§ 4 bis 11 weiter mit der Maßgabe, daß die bisherigen Einzahlungen als Einzahlungen auf Grund des Vertrags mit dem Unterneh-men, auf das der Vertrag übertragen worden ist, behandelt werden. In Fällen der Umwandlung (Absatz 1 Nr. 2) gelten die §§ 15 bis 17 mit der Maßgabe, daß die bisherigen Einzahlungen als Einzahlungen auf Grund des Vertrags mit dem Wohnungs- oder Siedlungsunternehmen oder mit dem am 31. Dezember 1989 anerkannten Organ der staatlichen Wohnungspolitik behandelt wer-den.

4. Verträge mit Wohnungs- und Siedlungsunternehmen und Organen der staatlichen Wohnungspolitik (Baufinanzierungsverträge)

§ 13   Inhalt der Verträge

(1) Verträge im Sinne des § 2 Abs. 1 Nr. 4 des Gesetzes sind Verträge mit einem Wohnungs- oder Siedlungsunternehmen (§ 14) oder einem am 31. Dezember 1989 anerkannten Organ der staatlichen Wohnungspolitik (§ 2 Abs. 1 Nr. 4 Satz 2 des Gesetzes), in denen sich der Prämienbe-rechtigte verpflichtet,

1. einen bestimmten Kapitalbetrag in der Weise anzusammeln, daß er für drei bis acht Jahre lau-fend, jedoch mindestens vierteljährlich, der Höhe nach gleichbleibende Sparraten bei dem Wohnungs- oder Siedlungsunternehmen oder dem am 31. Dezember 1989 anerkannten Organ der staatlichen Wohnungspolitik einzahlt, und

2. den angesammelten Betrag und die Prämien zu dem in § 2 Abs. 1 Nr. 4 des Gesetzes bezeich-neten Zweck zu verwenden (§ 16),

und in denen sich das Wohnungs- oder Siedlungsunternehmen oder das am 31. Dezember 1989 anerkannte Organ der staatlichen Wohnungspolitik verpflichtet, die nach dem Vertrag vorgese-hene Leistung (§ 16) zu erbringen. § 6 Abs. 2 gilt entsprechend. Die Verträge können zugunsten dritter Personen abgeschlossen werden.

(2) Den in Absatz 1 bezeichneten Einzahlungen werden gleichgestellt

1. zusätzliche Einzahlungen, soweit sie in einem Kalenderjahr nicht höher sind als der Jahres-betrag der in Absatz 1 bezeichneten Einzahlungen, sowie

2. zusätzliche Einzahlungen, die vermögenswirksame Leistungen darstellen, bis zur Höhe des nach dem Fünften Vermögensbildungsgesetz geförderten Betrags.

§ 14 Wohnungs- und Siedlungsunternehmen

Wohnungs- und Siedlungsunternehmen im Sinne des § 13 sind

1. am 31. Dezember 1989 als gemeinnützig anerkannte Wohnungsunternehmen,

2. gemeinnützige Siedlungsunternehmen,

3. Unternehmen, die vor Aufhebung des Reichsheimstättengesetzes zur Ausgabe von Heimstätten zugelassen waren,

4. andere Wohnungs- und Siedlungsunternehmen, wenn sie die folgenden Voraussetzungen erfüllen:

   a) Das Unternehmen muß im Handelsregister oder im Genossenschaftsregister eingetragen sein;

   b) der Zweck des Unternehmens muß ausschließlich oder weit überwiegend auf den Bau und die Verwaltung oder Übereignung von Wohnungen oder die wohnungswirtschaftliche Betreuung gerichtet sein. Die tatsächliche Geschäftsführung muß dem entsprechen;

   c) das Unternehmen muß sich einer regelmäßigen und außerordentlichen Überprüfung seiner wirtschaftlichen Lage und seines Geschäftsgebarens, insbesondere der Verwendung der gesparten Beträge, durch einen wohnungswirtschaftlichen Verband, zu dessen satzungsmäßigem Zweck eine solche Prüfung gehört, unterworfen haben. Soweit das Unternehmen oder seine Gesellschafter an anderen Unternehmen gleicher Art beteiligt sind, muß sich die Überprüfung zugleich auf diese erstrecken.

§ 15 Unterbrechung und Rückzahlung der Einzahlungen

(1) Sparraten, die nicht rechtzeitig geleistet worden sind, können innerhalb eines halben Jahres nach ihrer Fälligkeit, spätestens bis zum 15. Januar des folgenden Kalenderjahrs, nachgeholt werden; die im folgenden Kalenderjahr nachgeholten Sparraten gelten als Einzahlungen des Kalenderjahrs der Fälligkeit. Innerhalb des letzten halben Jahres vor Ablauf der Festlegungsfrist ist eine Nachholung ausgeschlossen.

(2) Der Vertrag ist in vollem Umfang unterbrochen, wenn eine Sparrate nicht spätestens vor Ablauf der in Absatz 1 bezeichneten Nachholfrist eingezahlt worden ist oder wenn Einzahlungen zurückgezahlt werden; das gleiche gilt, wenn Ansprüche aus dem Vertrag abgetreten werden, es sei denn, der Abtretungsempfänger ist ein Angehöriger (§ 15 der Abgabenordnung) oder die im Vertrag bezeichnete andere Person. Der Vertrag ist teilweise unterbrochen, wenn eine Sparrate in geringerer als der vereinbarten Höhe geleistet und der Unterschiedsbetrag nicht innerhalb der in Absatz 1 bezeichneten Frist nachgeholt worden ist.

(3) Ist der Vertrag in vollem Umfang unterbrochen (Absatz 2 Satz 1), so sind spätere Einzahlungen nicht mehr prämienbegünstigt. Liegt eine teilweise Unterbrechung (Absatz 2 Satz 2) vor, so sind spätere Einzahlungen nur in Höhe des Teils der Sparraten prämienbegünstigt, der ununterbrochen in gleichbleibender Höhe geleistet worden ist. Dieser Betrag ist auch maßgebend für die zusätzlichen Einzahlungen, die nach § 13 Abs. 2 Nr. 1 erbracht werden können.

(4) Soweit eingezahlte Beiträge, außer in den Fällen des § 18, zurückgezahlt werden, werden Prämien nicht ausgezahlt; bereits ausgezahlte Prämien sind an das Finanzamt zurückzuzahlen. Das gilt nicht, wenn der Prämienberechtigte oder die im Vertrag bezeichnete andere Person stirbt oder nach Vertragsabschluß völlig erwerbsunfähig wird.

§ 16 Verwendung der angesammelten Beträge

(1) Der angesammelte Betrag ist zusammen mit den Prämien innerhalb von fünf Jahren nach dem Zeitpunkt, in dem nach dem Vertrag die letzte Zahlung zu leisten ist, von dem Prämienberechtigten oder der im Vertrag bezeichneten anderen Person zu dem in § 2 Abs. 1 Nr. 4 des Gesetzes bezeichneten Zweck zu verwenden. § 15 Abs. 4 Satz 2 findet Anwendung.

(2) Eine Verwendung zu dem § 2 Abs. 1 Nr. 4 des Gesetzes bezeichneten Zweck ist gegeben, wenn der angesammelte Betrag und die Prämien verwendet werden

1. zum Bau selbst genutzten Wohneigentums für den Prämienberechtigten, die in dem Vertrag bezeichnete andere Person oder die in § 15 der Abgabenordnung bezeichneten Angehörigen dieser Person durch das Wohnungs- und Siedlungsunternehmen oder das am 31. Dezember 1989 anerkannte Organ der staatlichen Wohnungspolitik oder

2. zum Erwerb selbst genutzten Wohneigentums oder eines eigentumsähnlichen Dauerwohnrechts durch den Prämienberechtigten, die in dem Vertrag bezeichnete andere Person oder die in § 15 der Abgabenordnung bezeichneten Angehörigen dieser Personen; dabei muß es

sich um einen Erwerb von dem Wohnungs- und Siedlungsunternehmen oder dem am 31. Dezember 1989 anerkannten Organ der staatlichen Wohnungspolitik und um selbst genutztes Wohneigentum handeln, das nach dem 31. Dezember 1949 errichtet worden ist.

(3) Bei einer Verwendung im Sinne des Absatzes 2 Nr. 2 dürfen der angesammelte Betrag und die Prämien nur zur Leistung des bar zu zahlenden Teils des Kaufpreises verwendet werden.

§ 17 Anzeigepflicht

Das Wohnungs- oder Siedlungsunternehmen oder das am 31. Dezember 1989 anerkannte Organ der staatlichen Wohnungspolitik hat, außer im Fall des Todes des Prämienberechtigten oder der in dem Vertrag bezeichneten anderen Person, dem für seine Veranlagung oder dem für die Veranlagung des Prämienberechtigten zuständigen Finanzamt unverzüglich die Fälle mitzuteilen, in denen

1. angesammelte Beträge zurückgezahlt werden (§ 15),

2. angesammelte Beträge und Prämien nicht oder nicht innerhalb der Frist des § 16 zu dem in § 2 Abs. 1 Nr. 4 des Gesetzes bezeichneten Zweck verwendet werden,

3. Verträge auf ein anderes Wohnungs- oder Siedlungsunternehmen oder ein anderes am 31. Dezember 1989 anerkanntes Organ der staatlichen Wohnungspolitik übertragen oder in Sparverträge mit festgelegten Sparraten im Sinne des § 6 umgewandelt werden (§ 18 Abs. 1).

Die Anzeige kann auch von der Niederlassung eines Wohnungs- oder Siedlungsunternehmens oder eines am 31. Dezember 1989 anerkannten Organs der staatlichen Wohnungspolitik an das Finanzamt gerichtet werden, in dessen Bezirk sich die Niederlassung befindet.

§ 18 Übertragung und Umwandlung von Verträgen mit Wohnungs- und Siedlungsunternehmen und Organen der staatlichen Wohnungspolitik

(1) Prämien werden auch ausgezahlt und bereits ausgezahlte Prämien werden nicht zurückgefordert, wenn Verträge mit Wohnungs- und Siedlungsunternehmen oder am 31. Dezember 1989 anerkannten Organen der staatlichen Wohnungspolitik (§ 13) während ihrer Laufzeit unter Übertragung der bisherigen Einzahlungen und der Prämien

1. auf ein anderes Wohnungs- oder Siedlungsunternehmen oder ein anderes am 31. Dezember 1989 anerkanntes Organ der staatlichen Wohnungspolitik übertragen werden und sich dieses gegenüber dem Prämienberechtigten und dem Unternehmen, mit dem der Vertrag abgeschlossen worden ist, verpflichtet, in die Rechte und Pflichten aus dem Vertrag einzutreten,

2. in einen Sparvertrag mit festgelegten Sparraten im Sinne des § 6 umgewandelt werden.

(2) § 12 Abs. 2 ist entsprechend anzuwenden.

5. Änderung der Voraussetzungen für den Prämienanspruch in besonderen Fällen
§ 19 Änderung des zu versteuernden Einkommens

(1) Wird im Besteuerungsverfahren die Entscheidung über die Höhe des zu versteuernden Einkommens nachträglich in der Weise geändert, daß dadurch

1. die Einkommensgrenze (§ 2a des Gesetzes) unterschritten wird, so kann der Prämienberechtigte die Prämie innerhalb eines Jahres nach Bekanntgabe der Änderung erstmalig oder erneut beantragen;

2. die Einkommensgrenze überschritten wird, so ist die Prämie neu zu ermitteln oder festzusetzen; ausgezahlte Prämien sind zurückzufordern.

(2) Besteht oder entsteht für Aufwendungen, die vermögenswirksame Leistungen darstellen,

1. kein Anspruch auf Arbeitnehmer-Sparzulage und liegen dennoch die Voraussetzungen für den Prämienanspruch vor, so kann der Prämienberechtigte die Prämie innerhalb eines Jahres nach Bekanntgabe des Bescheids über die Arbeitnehmer-Sparzulage erstmalig oder erneut beantragen;

2. nachträglich ein Anspruch auf Arbeitnehmer-Sparzulage und entfällt damit der Prämienanspruch, so ist die Prämie neu zu ermitteln oder festzusetzen; ausgezahlte Prämien sind zurückzufordern.

6. Anwendungszeitraum
§ 20 Anwendungsvorschrift

Diese Verordnung in der Fassung des Artikels 6 des Gesetzes vom 29. Juli 2008 (BGBl. I S. 1509) ist erstmals für das Sparjahr 2009 anzuwenden.

III.
Allgemeine Verwaltungsvorschrift
zur Ausführung des Wohnungsbau-Prämiengesetzes

vom 22. 10. 2002 (BStBl I S. 1044)

Nach Artikel 85 Abs. 2 des Grundgesetzes wird die folgende allgemeine Verwaltungsvorschrift zur Ausführung des Wohnungsbau-Prämiengesetzes erlassen:

Wohnungsbau-Prämienrichtlinien 2002 – WoPR 2002 –

Einführung

[1]Die Wohnungsbau-Prämienrichtlinien 2002 (WoPR 2002) enthalten im Interesse einer einheitlichen Anwendung des Wohnungsbau-Prämienrechts Weisungen zur Auslegung des Wohnungsbau-Prämiengesetzes 1996 (WoPG 1996) in der Fassung der Bekanntmachung vom 30. Oktober 1997 (BGBl. I S. 2678), zuletzt geändert durch Artikel 13 des Fünften Gesetzes zur Änderung des Steuerbeamten-Ausbildungsgesetzes und zur Änderung von Steuergesetzen vom 23. Juli 2002 (BGBl. I S. 2715) und seiner Durchführungsverordnung (WoPDV 1996) in der Fassung der Bekanntmachung vom 30. Oktober 1997 (BGBl. I S. 2684), zuletzt geändert durch Artikel 14 des Fünften Gesetzes zur Änderung des Steuerbeamten-Ausbildungsgesetzes und zur Änderung von Steuergesetzen vom 23. Juli 2002 (BGBl. I S. 2715) und behandeln Zweifelsfragen und Auslegungsfragen von allgemeiner Bedeutung. [2]Die Wohnungsbau-Prämienrichtlinien 2002 sind auf die prämienbegünstigten Aufwendungen für Sparjahre anzuwenden, die nach dem 31. Dezember 1995 begonnen haben. [3]Vor den Wohnungsbau-Prämienrichtlinien 2002 ergangene sonstige Verwaltungsanweisungen zum Wohnungsbauprämienrecht sind nicht mehr anzuwenden.

Zu § 1 und § 2a des Gesetzes

1. Begünstigter Personenkreis

(1) [1]Eine Prämie erhalten natürliche Personen,

– die unbeschränkt einkommensteuerpflichtig im Sinne des § 1 Abs. 1 oder 2 Einkommensteuergesetz (EStG) sind oder nach § 1 Abs. 3 EStG auf Antrag als unbeschränkt einkommensteuerpflichtig zu behandeln sind und dabei in einem Dienstverhältnis zu einer inländischen juristischen Person des öffentlichen Rechts stehen und dafür Arbeitslohn aus einer inländischen öffentlichen Kasse beziehen, .

– spätestens am Ende des Sparjahrs das 16. Lebensjahr vollendet haben oder Vollwaisen sind und

– Aufwendungen zur Förderung des Wohnungsbaus gemacht haben (§ 1 WoPG).

[2]Es ist unschädlich, wenn der Prämienberechtigte nicht während des gesamten Sparjahrs unbeschränkt einkommensteuerpflichtig ist oder als unbeschränkt einkommensteuerpflichtig behandelt wird. [3]Die Voraussetzungen der Prämienberechtigung müssen in der Person des Vertragsinhabers gegeben sein; dies gilt auch, wenn der Vertrag einen Dritten begünstigt (Abschnitt 3 Abs. 3 Satz 1).

(2) [1]Zusammenschlüsse natürlicher Personen, die als solche nicht einkommensteuerpflichtig sind – z. B. nichtrechtsfähige Vereine, Erbengemeinschaften, Personengesellschaften –, sind nicht prämienberechtigt; Partner einer eingetragenen Lebenspartnerschaft[1]) und Partner einer nichtehelichen Lebensgemeinschaft gelten als Alleinstehende. [2]Jedoch kann der einzelne Beteiligte nach Maßgabe seiner persönlichen Verhältnisse mit den ihm nachweislich zuzurechnenden Aufwendungen prämienberechtigt sein (BFH vom 10. 2. 1961 – BStBl III S. 224). [3]Für die Zuordnung der aufgrund eines Vertrags zur Förderung des Wohnungsbaus geleisteten prämienbegünstigten Aufwendungen auf die einzelnen Beteiligten ist auf das bei Vertragsabschluss im Innenverhältnis festgelegte Verhältnis abzustellen. [4]Bei Partnern einer eingetragenen Lebenspartnerschaft[2]) und Partnern einer nichtehelichen Lebensgemeinschaft kann – soweit nicht ausdrücklich etwas anderes bestimmt ist – von einer hälftigen Zurechnung ausgegangen werden.

(3) Wegen des Begriffs „Aufwendungen zur Förderung des Wohnungsbaus" vgl. Abschnitte 3 bis 8.

---

1) Zur eingetragenen Lebenspartnerschaft siehe nun § 3 Abs. 3 Satz 2 WoPG.
2) Zur eingetragenen Lebenspartnerschaft siehe nun § 3 Abs. 3 Satz 2 WoPG.

2. Einkommensgrenzen

(1) [1]Für die Prämienberechtigung sind die Einkommensverhältnisse des Sparjahrs maßgebend. [2]Die Einkommensgrenze beträgt für Alleinstehende (Abschnitt 10 Abs. 2) 25 600 Euro und für Ehegatten[1]) (Abschnitt 10 Abs. 3) 51 200 Euro. [3]Bei der Ermittlung des zu versteuernden Einkommens sind für jedes Kind im Sinne des § 32 EStG die jeweils in Betracht kommenden Freibeträge nach § 32 Abs. 6 EStG zu berücksichtigen (§ 2 Abs. 5 EStG); dabei sind stets die Freibeträge für das gesamte Sparjahr zugrunde zu legen. [4]Im Übrigen erhöht sich das zu versteuernde Einkommen um die nach § 3 Nr. 40 EStG steuerfreien Beträge und mindert sich um die nach § 3c Abs. 2 EStG nicht abziehbaren Beträge (§ 2 Abs. 5a EStG)[2]).

(2) Zu den Folgen einer nachträglichen Änderung des zu versteuernden Einkommens wird auf § 19 Abs. 1 WoPDV, Abschnitt 11 Abs. 2 Satz 1, Abschnitt 12 Abs. 4, Abschnitt 13 Abs. 5 Satz 1 Nr. 3 hingewiesen.

Zu § 2 und § 5 des Gesetzes

3. Prämienbegünstigte Aufwendungen (Allgemeines)

(1) [1]Die prämienbegünstigten Aufwendungen ergeben sich abschließend aus § 2 Abs. 1 WoPG. [2]Aufwendungen, die vermögenswirksame Leistungen darstellen, sind nur prämienbegünstigt, soweit kein Anspruch auf Arbeitnehmer-Sparzulage nach § 13 des 5. Vermögensbildungsgesetzes (5. VermBG) besteht (§ 1 Nr. 1 WoPG). [3]Bei Änderungen des Anspruchs auf Arbeitnehmer-Sparzulage ist § 19 Abs. 2 WoPDV zu beachten. [4]Die Wohnungsbauprämie gehört nicht zu den prämienbegünstigten Aufwendungen. [5]Von dem Unternehmen gutgeschriebene Zinsen abzüglich etwaiger Steuern, z. B. des Zinsabschlags, können als prämienbegünstigte Aufwendungen verwendet werden. [6]Beiträge an dieselbe Bausparkasse, die nach Abzug des Betrags, für den Anspruch auf Arbeitnehmer-Sparzulage besteht, im Sparjahr weniger als 50 Euro betragen, sind keine prämienbegünstigten Aufwendungen (§ 2 Abs. 1 Nr. 1 WoPG).

(2) [1]Rückwirkende Vertragsvereinbarungen sind nicht anzuerkennen. [2]Die Vereinbarung über die Erhöhung der Bausparsumme als selbständiger Vertrag (Zusatzvertrag) zu behandeln (BFH vom 7. 3. 1975 – BStBl II S. 532); eine aus Anlass der Umstellung auf den Euro vorgenommene Aufrundung der Bausparsumme auf den nächsten glatten durch 1 000 Euro teilbaren Betrag stellt keine Vertragserhöhung in diesem Sinne dar. [3]Werden Bausparverträge zusammengelegt, wird die Bausparsumme herabgesetzt oder der Vertrag geteilt, so liegt lediglich eine Änderung des bisherigen Vertrags vor, die das Abschlussdatum nicht berührt.

(3) [1]Der Prämienberechtigte kann prämienbegünstigte Aufwendungen im Sinne des § 2 Abs. 1 Nr. 1, 3 und 4 WoPG auch zu Gunsten Dritter erbringen. [2]Soweit die angesammelten Beträge als Voraussetzung für die Prämie zu dem vertragsmäßigen Zweck verwendet werden müssen, tritt der Begünstigte an die Stelle des Prämienberechtigten. [3]Stirbt der Prämienberechtigte vor dem Ende der Einzahlungsdauer, so kann der Vertrag von seinem Rechtsnachfolger fortgesetzt werden. [4]Das gilt auch, wenn der Vertrag im Wege einer Erbauseinandersetzung auf einen Miterben übertragen worden ist (BFH vom 15. 6. 1973 – BStBl II S. 737). [5]Die am Ende des Todesjahres gutgeschriebenen Zinsen gehören zu den Bausparbeiträgen des Rechtsnachfolgers. [6]Für die Prämienbegünstigung der Aufwendungen, die vom Fortsetzenden erbracht werden, kommt es allein auf dessen persönliche Verhältnisse an.

(4)[3]) [1]Haben Ehegatten einen Vertrag gemeinsam abgeschlossen, so kommt es in bestimmten Fällen – z. B. bei vorzeitiger Verfügung wegen Arbeitslosigkeit oder bei Ehegatten, die als Alleinstehende zu behandeln sind (Abschnitt 10 Abs. 2), oder bei Fortsetzung des Vertrags nach Scheidung der Ehe – darauf an, welcher der Ehegatten die Aufwendungen geleistet hat. [2]Für diese Feststellung kann den Angaben der Ehegatten im Allgemeinen gefolgt werden, es sei denn, dass sich aus den Unterlagen, wie es z. B. bei vermögenswirksamen Leistungen der Fall sein kann, etwas anderes ergibt.

4. Beiträge an Bausparkassen zur Erlangung eines Baudarlehens

(1) [1]Baudarlehen sind Darlehen, die bestimmt sind

1. zum Bau, zum Erwerb oder zu einer – gemessen am Verkehrswert nicht unerheblichen – Verbesserung

    a) eines Wohngebäudes,

    b) eines anderen Gebäudes, soweit es Wohnzwecken dient, oder

    c) einer Eigentumswohnung;

---

[1]) Entsprechendes gilt für Lebenspartner (§ 3 Abs. 3 Satz 2 WoPG).

[2]) § 2 Abs. 5a EStG ist nicht mehr anzuwenden. → § 2a Satz 2 und § 10 Abs. 1 Satz 1 WoPG in der Fassung des Jahressteuergesetzes 2010.

[3]) Entsprechendes gilt für Lebenspartner (§ 3 Abs. 3 Satz 2 WoPG).

2. zur Ausstattung eines Wohngebäudes mit Einbaumöbeln, zur Einrichtung oder zum Einbau von Heizungsanlagen sowie für Maßnahmen zur Wärmedämmung und zur Nutzung erneuerbarer Energien (Energie aus Biomasse, Geothermie, solarer Strahlung, Wasser- und Windkraft). [2]Voraussetzung ist, dass die Einrichtungen wesentliche Bestandteile eines Gebäudes sind oder ein Nebengebäude oder eine Außenanlage (§ 89 Bewertungsgesetz; Abschnitt 45 der Richtlinien für die Bewertung des Grundvermögens) darstellen;

3. zum Erwerb eines eigentumsähnlichen Dauerwohnrechts (zur Definition vgl. Abschnitt 6 Abs. 4 Satz 2);

4. zum Erwerb von Rechten zur dauernden Selbstnutzung von Wohnraum in Alten-, Altenpflege- und Behinderteneinrichtungen oder -anlagen;

5. zur Beteiligung an der Finanzierung des Baues oder Erwerbs eines Gebäudes gegen Überlassung einer Wohnung;

6. zum Erwerb von Bauland, das der Bausparer in der Absicht erwirbt, ein Wohngebäude darauf zu errichten. [2]Soll das zu errichtende Gebäude nur zum Teil Wohnzwecken dienen, so ist der Erwerb nur für den Teil des Baulandes begünstigt, der Wohnzwecken dienen soll. [3]Auf die Baureife des Grundstücks kommt es nicht an;

7. zum Erwerb eines Grundstücks, auf dem der Bausparer als Erbbauberechtigter bereits ein Wohngebäude errichtet hat. [2]Nummer 6 Satz 2 gilt entsprechend;

8. zur Durchführung baulicher Maßnahmen des Mieters oder anderer nutzungsberechtigter Personen zur Modernisierung ihrer Wohnung;

9. zum ersten Erwerb von Anteilen an Bau- oder Wohnungsgenossenschaften (Abschnitt 5);

10. zur völligen oder teilweisen Ablösung von Verpflichtungen, z. B. von Hypotheken, die im Zusammenhang mit den in Nummer 1 bis 9 bezeichneten Vorhaben eingegangen worden sind, oder von Erbbauzinsreallasten. [2]Das gilt auch dann, wenn der Bausparer bereits mit Hilfe fremden Kapitals gebaut hat. [3]Nicht als Ablösung von Verpflichtungen gilt die Zahlung von laufenden Tilgungs- und Zinsbeträgen, von aufgelaufenen Tilgungs- und Zinsbeträgen (sog. Nachtilgung) und von vorausgezahlten Tilgungs- und Zinsraten (sog. Voraustilgung). [4]Eine unschädliche Verwendung des Bausparguthabens zur Ablösung von Verbindlichkeiten, die im Zusammenhang mit dem Erwerb eines Wohngebäudes eingegangen worden sind, liegt nur vor, soweit es sich um Verpflichtungen gegenüber Dritten handelt, nicht aber bei der Verpflichtung mehrerer Erwerber untereinander (BFH vom 29. 11. 1973 – BStBl 1974 II S. 126).

[2]Die Bausparsumme (Bausparguthaben und Baudarlehen) muss grundsätzlich für ein Objekt im Inland verwendet werden; begünstigt sind auch Ferien- oder Wochenendwohnungen. [3]Ausnahmen gelten für Bauvorhaben von Bediensteten der Europäischen Union an ihrem ausländischen Wohnsitz, von dem aus sie ihrer Amtstätigkeit nachgehen (BFH vom 1. 3. 1974 – BStBl II S. 374).

(2) [1]Als Bausparbeiträge sind die Beiträge, die bis zur vollen oder teilweisen Auszahlung der Bausparsumme entrichtet wurden, zu berücksichtigen, höchstens aber bis zum Erreichen der vereinbarten Bausparsumme; auf den Zeitpunkt der Zuteilung kommt es nicht an (BFH vom 25. 7. 1958 – BStBl III S. 368). [2]Neben den vertraglich vereinbarten Beiträgen gehören dazu u. a.

– Abschlussgebühren, auch wenn sie zunächst auf einem Sonderkonto gutgeschrieben worden sind,

– freiwillige Beiträge,

– gutgeschriebene Zinsen, die zur Beitragszahlung verwendet werden,

– Umschreibegebühren,

– Zinsen für ein Bausparguthaben, das aus einem Auffüllungskredit entstanden ist (BFH vom 5. 5. 1972 – BStBl II S. 732).

[3]Keine Bausparbeiträge sind Tilgungsbeträge, Bereitstellungszinsen, Darlehenszinsen, Verwaltungskostenbeiträge und Zuteilungsgebühren. [4]Hat der Bausparer vor der Zuteilung des Baudarlehens einen Zwischenkredit erhalten, sind die Beiträge, die er bis zur Auszahlung der Bausparsumme entrichtet, prämienbegünstigt. [5]Hat der Bausparer jedoch den Zwischenkredit unter Beleihung von Ansprüchen aus einem Bausparvertrag vor Ablauf der Sperrfrist erhalten, so gilt dies nur, wenn er den Zwischenkredit unverzüglich und unmittelbar zu begünstigten Zwecken verwendet. [6]Werden Bausparbeiträge vor Ablauf des Sparjahrs, für das sie geleistet wurden, zurückgezahlt, so gelten sie als nicht geleistet.

5. Aufwendungen für den ersten Erwerb von Anteilen an Bau- und Wohnungsgenossenschaften

(1) [1]Bau- und Wohnungsgenossenschaften (im Sinne von § 2 Abs. 1 Nr. 2 WoPG, § 3 WoPDV) müssen eingetragene Genossenschaften im Sinne des § 1 des Genossenschaftsgesetzes (GenG) sein. [2]Aufwendungen für den Erwerb von Mitgliedschaftsrechten an Personenvereinigungen

anderer Rechtsform, z. B. an Vereinen, sind nicht prämienbegünstigt (BFH vom 23. 1. 1959 – BStBl III S. 145).

(2) [1]Aufwendungen für den ersten Erwerb von Anteilen an Bau- und Wohnungsgenossenschaften sind alle Einzahlungen des Prämienberechtigten auf seinen Geschäftsanteil. [2]Erster Erwerb ist jeder unmittelbare Erwerb von der Genossenschaft. [3]Ein Genosse kann mehrere Anteile an der Genossenschaft prämienbegünstigt erwerben; die Geschäftsanteile müssen nicht gleichzeitig erworben werden. [4]Prämienbegünstigt sind hiernach z. B. auch Einzahlungen auf den Geschäftsanteil, die geleistet werden, nachdem das Geschäftsguthaben durch Verlustabschreibung gemindert oder der Geschäftsanteil durch Beschluss der Generalversammlung erhöht worden ist. [5]Darüber hinaus gehören zu den Aufwendungen für den ersten Erwerb die Eintrittsgelder. [6]Zahlungen, die an den ausscheidenden Genossen für die Übernahme seines Geschäftsguthabens geleistet werden, sind keine Aufwendungen für den ersten Erwerb von Anteilen an Bau- und Wohnungsgenossenschaften.

6. Beiträge auf Grund von Wohnbau-Sparverträgen und auf Grund von Baufinanzierungsverträgen (Allgemeines)

(1) [1]Bei Sparverträgen mit festgelegten Sparraten (§ 2 Abs. 1 Nr. 3 und 4 WoPG) kann der Prämienberechtigte die im laufenden Kalenderjahr fällig werdenden Sparraten im Voraus einzahlen. [2]Die vorausgezahlten Sparraten werden jedoch erst im Zeitpunkt der Fälligkeit Sparbeiträge im Sinne des Gesetzes. [3]Werden vorausgezahlte Sparraten vor Eintritt ihrer vertraglichen Fälligkeit wieder zurückgezahlt, so gelten sie als nicht geleistet. [4]Übersteigen im Kalenderjahr die Einzahlungen des Prämienberechtigten die Summe der auf dieses Kalenderjahr entfallenden Sparraten, so können sie als zusätzliche Einzahlungen im Rahmen des § 6 Abs. 3 WoPDV prämienbegünstigt sein.

(2) [1]Voraussetzung für die Festsetzung und Auszahlung einer Prämie ist, dass die Sparbeiträge vor Ablauf der Festlegungsfrist nicht zurückgezahlt werden (§§ 9, 15 Abs. 4 WoPDV). [2]Auch bei einer Unterbrechung (§ 8 Abs. 2, § 15 Abs. 2 WoPDV) bleibt die ursprüngliche Festlegungsfrist bestehen.

(3) [1]Der vertragsmäßige Zweck ist erfüllt, wenn die Beiträge und Prämien innerhalb der Verwendungsfrist (§ 10 Abs. 1, § 16 Abs. 1 WoPDV) zu den gesetzmäßigen Zwecken verwendet werden. [2]Eine Rückzahlung vor Ablauf der Festlegungsfrist (§§ 5, 7 WoPDV) oder vor dem Zeitpunkt, in dem nach dem Vertrag die letzte Zahlung zu leisten ist, ist auch dann prämienschädlich, wenn die Beiträge zu dem vertragsmäßigen Zweck verwendet werden.

(4) [1]Der Begriff selbst genutztes Wohneigentum ergibt sich aus § 17 Abs. 2 Wohnraumförderungsgesetz. [2]Ein Dauerwohnrecht (§ 31 Wohnungseigentumsgesetz) ist als eigentumsähnlich anzusehen, wenn der Dauerwohnberechtigte in seinen Rechten und Pflichten einem Wohnungseigentümer wirtschaftlich gleichgestellt ist (BFH vom 11. 9. 1964 – BStBl 1965 III S. 8) und der Dauerwohnberechtigte auf Grund des Dauerwohnrechtsvertrags bei einem Heimfall des Dauerwohnrechts eine angemessene Entschädigung erhält. [3]Entspricht der Dauerwohnrechtsvertrag dem Mustervertrag über die Bestellung eines eigentumsähnlichen Dauerwohnrechts (Bundesbaublatt 1956 S. 615), so kann ohne weitere Prüfung anerkannt werden, dass der Dauerwohnberechtigte wirtschaftlich einem Wohnungseigentümer gleichsteht.

7. Besonderheiten bei Wohnbau-Sparverträgen

(1) [1]Eine vertragsmäßige Verwendung liegt auch in einer Beseitigung von Schäden an Gebäuden von selbst genutztem Wohneigentum unter wesentlichem Bauaufwand, durch die die Gebäude auf Dauer zu Wohnzwecken nutzbar gemacht werden. [2]Der Erwerb von Bauland kann bereits als Baumaßnahme angesehen werden, wenn er in zeitlichem Zusammenhang mit dem Bau von Wohnraum im eigenen Haus steht. [3]Das ist stets anzunehmen, wenn mit dem Bau spätestens innerhalb eines Jahres nach dem Grundstückserwerb begonnen wird (BFH vom 28. 7. 1972 – BStBl II S. 923). [4]Mit dem Bau kann schon vor Beginn der Frist begonnen werden, die nach § 10 Abs. 1 WoPDV für die Verwendung der Mittel maßgebend ist, jedoch dürfen auch in diesen Fällen die Sparbeiträge und die Prämien erst nach Ablauf der Sperrfrist (§§ 5, 7 WoPDV) für das Bauvorhaben verwendet werden. [5]Der Verwendung zum Bau wird die Ablösung von Verbindlichkeiten gleichgestellt, die im Zusammenhang mit dem Bauvorhaben entstanden sind. [6]Voraussetzung ist, dass das selbst genutzte Wohneigentum bei Abschluss des Wohnbau-Sparvertrags noch nicht fertig gestellt oder noch nicht wiederhergestellt war (vgl. das vorgenannte BFH-Urteil).

(2) [1]Eine Verwendung zum Erwerb selbst genutzten Wohneigentums oder eines eigentumsähnlichen Dauerwohnrechts liegt auch vor, wenn die Sparbeiträge und Prämien zur Tilgung von Verbindlichkeiten, die im Zusammenhang mit dem Erwerb entstanden sind, verwendet werden. [2]Voraussetzung ist, dass das selbst genutzte Wohneigentum erst nach Abschluss des Wohnbau-Sparvertrags erworben worden ist (BFH vom 31. 1. 1964 – BStBl III S. 258).

8. Besonderheiten bei Baufinanzierungsverträgen

(1) Bei Verträgen mit Wohnungs- und Siedlungsunternehmen oder Organen der staatlichen Wohnungspolitik (Baufinanzierungsverträge – § 2 Abs. 1 Nr. 4 WoPG, § 13 WoPDV) muss neben den Verpflichtungen des Prämienberechtigten auch die Verpflichtung des Unternehmens, die vertraglichen Leistungen zu erbringen (§ 16 WoPDV), von vornherein festgelegt sein (BFH vom 17. 3. 1972 – BStBl II S. 601).

(2) [1]Das Bauvorhaben (selbst genutztes Wohneigentum) muss von dem Wohnungs- und Siedlungsunternehmen oder von dem am 31. 12. 1989 anerkannten Organ der staatlichen Wohnungspolitik für Rechnung des Prämienberechtigten, der in dem Vertrag bezeichneten anderen Person oder des in § 15 Abgabenordnung (AO) bezeichneten Angehörigen dieser Person durchgeführt, technisch und wirtschaftlich im Wesentlichen betreut werden. [2]Begünstigt ist danach sowohl der Trägerbau als auch der Betreuungsbau, nicht aber der Bau ohne Einschaltung des Unternehmens (BFH vom 8. 3. 1967 – BStBl III S. 353 und vom 13. 7. 1967 – BStBl III S. 590). [3]Mit dem Bau kann schon vor Beginn der Verwendungsfrist (§ 16 Abs. 1 WoPDV) begonnen werden, jedoch dürfen der angesammelte Betrag und die dafür gewährten Prämien erst nach Ablauf der Ansammlungsfrist (§ 13 Abs. 1 WoPDV) für das Bauvorhaben verwendet werden. [4]Abschnitt 7 Abs. 1 Satz 5 und 6 wird angewendet.

(3) [1]Beim Erwerb selbst genutzten Wohneigentums oder eines eigentumsähnlichen Dauerwohnrechts muss der Prämienberechtigte, die im Vertrag bezeichnete andere Person oder der in § 15 AO bezeichnete Angehörige dieser Person das Eigenheim usw. von dem Wohnungs- und Siedlungsunternehmen oder von dem am 31. 12. 1989 anerkannten Organ der staatlichen Wohnungspolitik erwerben. [2]Der angesammelte Betrag und die dafür gewährten Prämien dürfen nur zur Leistung des bar zu zahlenden Teils des Kaufpreises verwendet werden (§ 16 Abs. 3 WoPDV). [3]Auf den Zeitpunkt des Erwerbs kommt es dabei nicht an.

9. Bindung der prämienbegünstigten Aufwendungen und Prämien

(1) [1]Der Prämienberechtigte muss bei Bausparverträgen, Wohnbau-Sparverträgen und Baufinanzierungsverträgen (§ 2 Abs. 1 Nr. 1, 3 und 4 WoPG) die prämienbegünstigten Aufwendungen und die Prämien zu dem vertragsmäßigen Zweck verwenden (§ 5 Abs. 2 WoPG, Abschnitte 4 Abs. 1 und 6 Abs. 3). [2]Diese Bindung an den vertragsmäßigen Zweck endet bei Bausparverträgen mit Ablauf der Sperrfrist[1]); für Bausparbeiträge, für die eine Zusatzförderung in Anspruch genommen worden ist, besteht weiterhin eine unbefristete Zweckbindung (§ 10 Abs. 2 WoPG). [3]Bei Wohnbau-Sparverträgen und Baufinanzierungsverträgen besteht eine unbefristete Zweckbindung. [4]Bei Bausparverträgen kann bei Tod oder völliger Erwerbsunfähigkeit (§ 2 Abs. 2 Satz 2 Nr. 3 WoPG) und bei länger andauernder Arbeitslosigkeit (§ 2 Abs. 2 Satz 2 Nr. 4 WoPG) über die prämienbegünstigten Aufwendungen und Prämien unschädlich verfügt werden; gleiches gilt für Wohnbau-Sparverträge und Baufinanzierungsverträge.

(2) [1]Die Prämien für Aufwendungen zum ersten Erwerb von Anteilen an Bau- und Wohnungsgenossenschaften (§ 2 Abs. 1 Nr. 2 WoPG) bleiben bei der Genossenschaft gebunden, bis das Geschäftsguthaben anlässlich des Ausscheidens des Prämienberechtigten ausgezahlt wird (§ 5 Abs. 3 WoPG). [2]Dabei ist es ohne Bedeutung, ob die Prämie zur Auffüllung des Geschäftsguthabens gedient hat oder ob sie anderweitig gutgeschrieben worden ist, weil z. B. das Geschäftsguthaben bereits die Höhe des Geschäftsanteils erreicht hat. [3]Kündigt der Prämienberechtigte einzelne Geschäftsanteile, ohne aus der Genossenschaft auszuscheiden (§ 67b GenG), so kann in entsprechender Anwendung des § 5 Abs. 3 WoPG die Prämie insoweit ausgezahlt werden, als sie für die Aufwendungen zum Erwerb des gekündigten Geschäftsanteils gezahlt worden ist. [4]Entsprechendes gilt, wenn im Falle der Verschmelzung von Genossenschaften ein Überhangbetrag nach § 87 Abs. 2 des Umwandlungsgesetzes an den Genossen ausgezahlt wird.

(3) [1]Wird die Bausparsumme nach Zuteilung, aber vor Ablauf der Sperrfrist ausgezahlt, ist dies grundsätzlich prämienschädlich (§ 2 Abs. 2 Satz 1 WoPG), es sei denn, die empfangenen Beträge werden unverzüglich und unmittelbar zum Wohnungsbau für den Prämienberechtigten oder dessen Angehörige (§ 15 AO) verwendet. [2]Wird das Bausparguthaben vor Zuteilung der Bausparsumme ausgezahlt, z. B. nach Kündigung des Bausparvertrags, so handelt es sich um eine Rückzahlung von Beiträgen, die vor Ablauf der Sperrfrist auch dann schädlich ist, wenn die Beiträge zum Wohnungsbau verwendet werden (BFH vom 4. 6. 1975 – BStBl II S. 757). [3]Wird dabei die Abschlussgebühr einbehalten, liegt lediglich eine Teilrückzahlung vor. [4]Die einbehaltene Abschlussgebühr bleibt begünstigt; eine Rückforderung der Prämie unterbleibt insoweit. [5]Hat der Prämienberechtigte Bausparbeiträge geleistet, die sich nicht als prämienbegünstigte Aufwendungen im Sinne des Wohnungsbau-Prämiengesetzes ausgewirkt haben, so sind die zurückge-

---

1) Diese prämienunschädliche Verfügungsmöglichkeit gilt nur noch für vor dem 1. 1. 2009 abgeschlossene Bausparverträge (→ § 2 Abs. 3 Satz 1 WoPG) und für bestimmte junge Bausparer (→ § 2 Abs. 2 Satz 2–4 WoPG).

zahlten Beiträge zunächst mit den Beiträgen zu verrechnen, die ohne Auswirkung geblieben sind (§ 2 Abs. 1 Satz 3 WoPDV).

(4) [1]Werden Ansprüche aus dem Bausparvertrag beliehen, ist dies grundsätzlich prämienschädlich (§ 2 Abs. 2 Satz 1 WoPG). [2]Ansprüche sind beliehen, wenn sie sicherungshalber abgetreten oder verpfändet sind und die zu sichernde Schuld entstanden ist. [3]Wird der Bausparvertrag zur Stellung einer Kaution beliehen, ist auf den Zeitpunkt abzustellen, zu dem die durch die Kaution zu sichernde Verbindlichkeit entsteht. [4]Die Beleihung ist prämienunschädlich, wenn die auf Grund der Beleihung empfangenen Beträge unverzüglich und unmittelbar zum Wohnungsbau für den Prämienberechtigten oder dessen Angehörige (§ 15 AO) verwendet werden (BFH vom 15. 6. 1973 – BStBl II S. 719 und vom 11. 10. 1989 – BFHE 158, 491). [5]Die Pfändung des Bausparguthabens im Wege der Zwangsvollstreckung ist – im Gegensatz zur Verpfändung des Bausparguthabens – keine Beleihung. [6]Die Pfändung ist erst dann und nur insoweit prämienschädlich, als das Bausparguthaben vor Ablauf der Sperrfrist an den Pfändungsgläubiger ausgezahlt oder zu seinen Gunsten verrechnet wird. [7]Soweit die Prämien gepfändet werden, führt die Verwertung vor Ablauf der Sperrfrist zum Wegfall des Prämienanspruchs, weil auch die Prämien zu dem vertragsmäßigen Zweck verwendet werden müssen (§ 5 Abs. 2 WoPG). [8]Bei Wohnbau-Sparverträgen und Baufinanzierungsverträgen ist die Beleihung der Ansprüche aus diesen Verträgen stets prämienunschädlich.

(5) [1]Werden Ansprüche aus dem Bausparvertrag abgetreten, ist dies grundsätzlich prämienschädlich (§ 2 Abs. 2 Satz 1 WoPG). [2]Bei einer sicherungshalben Abtretung gilt Absatz 4. [3]Die Abtretung ist prämienunschädlich, wenn der Abtretungsempfänger die Mittel unverzüglich nach Auszahlung und unmittelbar zum Wohnungsbau für den Abtretenden oder dessen Angehörige (§ 15 AO) verwendet (§ 2 Abs. 2 WoPDV, BFH vom 17. 10. 1980 – BStBl 1981 II S. 141). [4]Verwendet der Abtretungsempfänger nach Ablauf der Sperrfrist die Bausparmittel nicht zu begünstigten Zwecken, bleiben die von ihm geleisteten Bausparbeiträge prämienbegünstigt; der Prämienanspruch für Aufwendungen des Abtretenden entfällt dagegen. [5]Bei Wohnbau-Sparverträgen und Baufinanzierungsverträgen ist die Abtretung der Ansprüche aus diesen Verträgen wegen der Zweckbindung ebenfalls prämienschädlich, es sei denn, der Abtretungsempfänger ist ein Angehöriger (§ 15 AO) oder die im Vertrag bezeichnete andere Person (§ 8 Abs. 2, § 15 Abs. 2 WoPDV). [6]Eine Abtretung unter Ehegatten ist stets prämienunschädlich.

(6) [1]Eine unverzügliche Verwendung zum Wohnungsbau liegt grundsätzlich nur dann vor, wenn innerhalb von zwölf Monaten, nachdem über die Mittel verfügt werden kann, mit dem Wohnungsbau begonnen wird (BFH vom 29. 11. 1973 – BStBl 1974 II S. 227). [2]Eine vorzeitige Auszahlung der Bausparsumme oder der auf Grund einer Beleihung empfangenen Beträge ist auch dann schädlich, wenn das beabsichtigte Vorhaben aus Gründen scheitert, die der Bausparer nicht zu vertreten hat, und er die empfangenen Mittel wieder zurückzahlt (BFH vom 29. 11. 1973 – BStBl 1974 II S. 202). [3]Eine unmittelbare Verwendung zum Wohnungsbau liegt vor, wenn direkt durch die Hingabe der empfangenen Beträge Rechte an einem begünstigten Objekt erworben werden. [4]Dies ist z. B. bei dem Erwerb von Immobilienzertifikaten der Fall, wenn der Bausparer wirtschaftlicher Eigentümer der durch den Immobilienfonds angeschafften oder hergestellten Objekte wird, die von ihm für den Erwerb aufgewendeten Mittel unverzüglich und unmittelbar zu den begünstigten Zwecken verwendet werden und der Fonds in Form einer bürgerlich-rechtlichen Gemeinschaft als Bruchteilsgemeinschaft geführt wird (§§ 741 ff. BGB). [5]Eine unmittelbare Verwendung zum Wohnungsbau liegt dagegen nicht vor, wenn Bausparmittel zur Beteiligung an einer juristischen Person oder Personengesellschaft eingesetzt werden, die diese Mittel ihrerseits zum Wohnungsbau verwendet, weil der Bausparer primär einen Anteil an einer Gesellschaft und nicht an einem Grundstück erwirbt (BFH vom 6. 5. 1977 – BStBl II S. 633). [6]Eine unmittelbare Verwendung zum Wohnungsbau liegt auch dann nicht vor, wenn der Bausparer Beträge, die er unter Beleihung von Ansprüchen aus dem Bausparvertrag erlangt hat, zur Auffüllung seines Bausparguthabens verwendet, um eine schnellere Zuteilung zu erreichen (BFH vom 22. 3. 1968 – BStBl II S. 404). [7]Bei Ehegatten im Sinne des § 26 Abs. 1 EStG ist es unerheblich, ob der Bausparer oder sein Ehegatte vorzeitig empfangene Beträge zum Wohnungsbau verwenden. [8]Die Vorfinanzierung einer begünstigten Baumaßnahme mit Eigenmitteln ist vom Zuteilungstermin an unschädlich, es sei denn, die Bausparsumme wird anschließend in einen Betrieb des Bausparers eingelegt (BFH vom 29. 11. 1973 – BStBl 1974 II S. 126).

(7) [1]Ist die ausgezahlte Bausparsumme (Absatz 3) höher als die zum Wohnungsbau verwandten Beträge, so ist zunächst das Verhältnis der zum Wohnungsbau verwandten Beträge zur ausgezahlten Bausparsumme festzustellen (BFH vom 27. 11. 1964 – BStBl 1965 III S. 214). [2]Für den Teilbetrag der insgesamt geleisteten Bausparbeiträge, der dem zum Wohnungsbau verwandten Anteil entspricht, bleibt die Prämienbegünstigung erhalten.

Beispiel:

Der Prämienberechtigte hat einen Bausparvertrag über 50 000 Euro abgeschlossen. Die eingezahlten Beiträge von insgesamt 20 000 Euro waren in voller Höhe prämienbegünstigt. Die volle Bausparsumme wird vor Ablauf der Sperrfrist ausgezahlt. Der Prämienberechtigte verwendet sie unverzüglich und unmittelbar zum Bau eines Gebäudes, das nur zum Teil Wohnzwecken dient. Die Baukosten betragen insgesamt 200 000 Euro. Davon entfallen 40 000 Euro auf den Teil des Gebäudes, der Wohnzwecken dient.

Zwischen dem für den Wohnungsbau verwendeten Teil der Bausparsumme und der gesamten Bausparsumme besteht somit ein Verhältnis von 40 000 Euro : 50 000 Euro = $^4/_5$ = 80 v. H. Von den geleisteten Bausparbeiträgen in Höhe von 20 000 Euro bleiben demnach 80 v. H. = 16 000 Euro prämienbegünstigt.

[3]Eine entsprechende Aufteilung ist auch in den Fällen der Beleihung (Absatz 4) und der Abtretung (Absatz 5) vorzunehmen.

(8) [1]Bei Bausparverträgen, Wohnbau-Sparverträgen und Baufinanzierungsverträgen ist die vorzeitige Auszahlung, Rückzahlung, Abtretung oder Beleihung unschädlich:

1. bei Tod des Prämienberechtigten oder seines Ehegatten (§ 2 Abs. 2 Satz 2 Nr. 3 WoPG)[1]). [2]Dabei kann über die Beiträge vorzeitig verfügt werden, die der Prämienberechtigte vor seinem Tod oder dem Tod seines Ehegatten geleistet hat. [3]Das gilt auch dann, wenn der Vertrag nach dem Todesfall fortgesetzt worden ist (BFH vom 15. 6. 1973 – BStBl II S. 737). [4]Nach einer Verfügung ist der Vertrag jedoch unterbrochen und kann nicht weiter fortgesetzt werden;

2. bei völliger Erwerbsunfähigkeit des Prämienberechtigten oder seines Ehegatten (§ 2 Abs. 2 Satz 2 Nr. 3 WoPG)[2]) . [2]Völlige Erwerbsunfähigkeit in diesem Sinne liegt vor bei einer vollen Erwerbsminderung im Sinne des § 43 Abs. 2 des Sechsten Buches Sozialgesetzbuch (SGB VI) oder bei einem Grad der Behinderung von mindestens 95. [3]Liegen die Voraussetzungen für die unschädliche Verfügung vor, so kann der Prämienberechtigte hiervon zu einem beliebigen Zeitpunkt Gebrauch machen. [4]Das gilt für alle vor der Verfügung geleisteten Beiträge;

3. bei Arbeitslosigkeit des Prämienberechtigten (§ 2 Abs. 2 Satz 2 Nr. 4 WoPG)[3]); arbeitslos im Sinne dieser Richtlinien sind Personen, die Arbeitslosengeld (§ 117 Drittes Buch Sozialgesetzbuch – SGB III[4])), Arbeitslosenhilfe (§ 190 SGB III[5])) oder Arbeitslosenbeihilfe oder Arbeitslosenhilfe für ehemalige Soldaten auf Zeit (§ 86a Soldatenversorgungsgesetz) beziehen oder ohne Bezug dieser Leistungen beim Arbeitsamt[6]) arbeitslos gemeldet sind. [2]Als arbeitslos anzusehen sind im Sinne dieser Richtlinien auch

   a) Personen, die als Arbeitslose im Sinne des Satzes 1 erkranken oder Leistungen zur medizinischen Rehabilitation erhalten, für die Dauer der Erkrankung oder der Leistungen zur medizinischen Rehabilitation,

   b) Frauen, die zu Beginn der Schutzfristen nach § 3 Abs. 2, § 6 Abs. 1 des Mutterschutzgesetzes arbeitslos im Sinne des Satzes 1 waren oder als arbeitslos im Sinne des Buchstaben a anzusehen waren, für die Dauer dieser Schutzfristen und den folgenden Monate, für die bei Bestehen eines Arbeitsverhältnisses Erziehungsurlaub nach dem Bundeserziehungsgeldgesetz hätte beansprucht werden können,

   c) Personen, die an einer nach §§ 77 bis 96 SGB III[7]) geförderten beruflichen Weiterbildung) oder die an einer z. B. nach §§ 97 bis 115 SGB III[8]) geförderten beruflichen Weiterbildung im Rahmen der Förderung der Teilhabe behinderter Menschen am Arbeitsleben teilnehmen, wenn sie ohne die Teilnahme an der Maßnahme bzw. ohne die Leistungen arbeitslos wären.

[2]Bei Verträgen zu Gunsten Dritter (Abschnitt 3 Abs. 3) ist es aus Billigkeitsgründen prämienunschädlich, wenn der Begünstigte stirbt und die Beträge vorzeitig an seine Erben oder Vermächtnisnehmer gezahlt werden oder wenn der Begünstigte völlig erwerbsunfähig wird und die Beträge vorzeitig an ihn gezahlt werden.

(9) [1]Die unschädliche Verfügung ist nachzuweisen:

1. bei Tod durch Vorlage der Sterbeurkunde oder des Erbscheins;

2. bei völliger Erwerbsunfähigkeit

   a) aufgrund einer vollen Erwerbsminderung im Sinne des § 43 Abs. 2 SGB VI durch Vorlage des Rentenbescheids eines Trägers der gesetzlichen Rentenversicherung. [2]Besteht kein Anspruch auf Rente wegen voller Erwerbsminderung im Sinne des § 43 Abs. 2 SGB VI kann der Nachweis in anderer Form geführt werden,

---

1) Jetzt: § 2 Abs. 3 Satz 2 Nr. 3 WoPG.
2) Jetzt: § 2 Abs. 3 Satz 2 Nr. 3 WoPG.
3) Jetzt: § 2 Abs. 3 Satz 2 Nr. 4 WoPG.
4) Jetzt: § 136 SGB III.
5) Jetzt: Arbeitslosengeld II, § 19 SGB III.
6) Jetzt: Bundesagentur für Arbeit bzw. Agentur für Arbeit.
7) Jetzt: §§ 81 bis 87 SGB III.
8) Jetzt: §§ 112 bis 129 SGB III.

b) bei einem Grad der Behinderung von mindestens 95 durch Vorlage eines Ausweises nach § 69 Abs. 5 des Neunten Buches Sozialgesetzbuch (SGB IX) oder eines Feststellungsbescheids nach § 69 Abs. 1 SGB IX oder eines vergleichbaren Bescheids nach § 69 Abs. 2 SGB IX; die Vorlage des Rentenbescheids eines Trägers der gesetzlichen Rentenversicherung der Angestellten und Arbeiter genügt nicht (BFH vom 25. 4. 1968 – BStBl II S. 606);

3. bei Arbeitslosigkeit durch Vorlage von Unterlagen über folgende Zahlungen:

    a) Arbeitslosengeld (§ 117 SGB III),

    b) Arbeitslosenhilfe (§ 190 SGB III),

    c) Arbeitslosenbeihilfe und Arbeitslosenhilfe für ehemalige Soldaten auf Zeit im Sinne des Soldatenversorgungsgesetzes,

    d) Krankengeld nach § 47b des Fünften Buches Sozialgesetzbuch, Versorgungskrankengeld nach den §§ 16 und 16a Abs. 1, § 16b Abs. 5 Buchstabe c des Bundesversorgungsgesetzes, Verletztengeld nach § 47 Abs. 2 des Siebten Buches Sozialgesetzbuch oder Übergangsgeld nach § 21 Abs. 4 SGB VI,

    e) Erziehungsgeld oder

    f) Unterhaltsgeld nach § 153 SGB III bei Teilnahme an beruflichen Weiterbildungsmaßnahmen oder Anschlussunterhaltsgeld nach § 156 SGB III im Anschluss an abgeschlossene berufliche Weiterbildungsmaßnahmen oder Übergangsgeld nach § 45 Abs. 2 SGB IX im Rahmen der Leistungen zur Teilhabe am Arbeitsleben.

[2]Werden solche Zahlungen nicht geleistet, so sind

– Zeiten der Arbeitslosigkeit im Sinne dieser Richtlinien durch eine entsprechende Bescheinigung der zuständigen Dienststelle der Bundesanstalt für Arbeit (in der Regel: Arbeitsamt)[1] nachzuweisen,

– Zeiten der Erkrankung oder der Leistungen zur medizinischen Rehabilitation, die als Zeiten der Arbeitslosigkeit anzusehen sind, durch eine Bescheinigung des Kostenträgers oder der Anstalt, in der die Unterbringung erfolgt, oder durch eine ärztliche Bescheinigung nachzuweisen,

– die Zeit der Schutzfristen, die als Zeit der Arbeitslosigkeit anzusehen ist, durch das Zeugnis eines Arztes oder einer Hebamme nachzuweisen und die als Zeit der Arbeitslosigkeit anzusehende Zeit, für die bei Bestehen eines Arbeitsverhältnisses Erziehungsurlaub hätte beansprucht werden können, glaubhaft zu machen.

Zu § 3 des Gesetzes

10. Höhe der Prämie

(1) [1]Bei einem Alleinstehenden (Absatz 2) sind Aufwendungen bis zu einem Höchstbetrag von 512 Euro prämienbegünstigt. [2]Ehegatten (Absatz 3) steht ein gemeinsamer Höchstbetrag von 1 024 Euro zu (Höchstbetragsgemeinschaft); ihre Aufwendungen sind zusammenzurechnen.

(2) Alleinstehende Personen im Sinne des WoPG sind Ledige, Verwitwete, Geschiedene, Partner einer eingetragenen Lebenspartnerschaft[2] und Partner einer nichtehelichen Lebensgemeinschaft sowie Ehegatten, bei denen die Voraussetzungen des Absatzes 3 nicht erfüllt sind.

(3)[3] [1]Ehegatten im Sinne des WoPG sind Personen, die mindestens während eines Teils des Sparjahrs (§ 4 Abs. 1 WoPG) miteinander verheiratet waren, nicht dauernd getrennt gelebt haben, unbeschränkt einkommensteuerpflichtig (§ 1 Satz 1 WoPG) waren und die für das Sparjahr nicht die getrennte oder besondere Veranlagung[4] zur Einkommensteuer gewählt haben (§ 3 Abs. 3 WoPG). [2]Als unbeschränkt einkommensteuerpflichtig im Sinne des Satzes 1 gilt auch der Ehegatte eines nach § 1 Satz 1 WoPG Prämienberechtigten (Abschnitt 1 Abs. 1), der auf Antrag nach § 1a Abs. 1 Nr. 2 EStG als unbeschränkt einkommensteuerpflichtig behandelt wird. [3]Auf R 174 EStR[5] wird hingewiesen.

(4) Bei der Berechnung der Prämie ist für jeden Vertrag die Summe der im Kalenderjahr geleisteten Aufwendungen auf volle Euro aufzurunden.

Zu § 4 des Gesetzes

---

[1] Jetzt: Bundesagentur für Arbeit bzw. Agentur für Arbeit.
[2] Zur eingetragenen Lebenspartnerschaft siehe nun § 3 Abs. 3 Satz 2 WoPG.
[3] Entsprechendes gilt für Lebenspartner (§ 3 Abs. 3 Satz 2 WoPG).
[4] Ab dem VZ 2013 wird die getrennte und besondere Veranlagung durch die Einzelveranlagung von Ehegatten ersetzt.
[5] Jetzt: R 26 EStR.

11. Antrag auf Wohnungsbauprämie

(1) [1]Der Antrag auf Wohnungsbauprämie ist nach amtlich vorgeschriebenem Vordruck bis zum Ablauf des zweiten Kalenderjahrs, das auf das Sparjahr folgt, an das Unternehmen zu richten, an das die prämienbegünstigten Aufwendungen geleistet worden sind. [2]Ehegatten (Abschnitt 10 Abs. 3) müssen einen gemeinsamen Antrag abgeben. [3]Beansprucht der Prämienberechtigte Prämien für Aufwendungen, die er an verschiedene Unternehmen geleistet hat, so ist an jedes dieser Unternehmen ein Antrag zu richten; dabei ist in jedem Antrag anzugeben, inwieweit für andere Aufwendungen Prämien beantragt worden sind. [4]Ist ein Bausparvertrag, Wohnbau-Sparvertrag oder Baufinanzierungsvertrag vor der Antragstellung auf ein anderes Unternehmen übertragen worden (§§ 1b, 12 Abs. 1 und § 18 Abs. 1 WoPDV), so ist der Antrag an dieses Unternehmen zu richten. [5]Das Unternehmen hat auf dem Antrag die Höhe der Aufwendungen zu bescheinigen, die der Prämienberechtigte geleistet hat. [6]Die zeitliche Zuordnung vermögenswirksamer Leistungen richtet sich nach den für die Zuordnung von Arbeitslohn geltenden Vorschriften.

(2) [1]Wird auf Grund eines geänderten Einkommensteuerbescheids die Einkommensgrenze (§ 2a WoPG) unterschritten, kann der Prämienberechtigte innerhalb eines Jahres nach Bekanntgabe der Änderung die Prämie erstmalig oder erneut beantragen (§ 19 Abs. 1 Nr. 1 WoPDV). [2]Besteht für Aufwendungen, die vermögenswirksame Leistungen darstellen, kein Anspruch auf Arbeitnehmer-Sparzulage und liegen die Voraussetzungen für den Anspruch auf Wohnungsbauprämie vor, kann der Prämienberechtigte im Antrag auf Wohnungsbauprämie verlangen, die vermögenswirksamen Leistungen in die prämienbegünstigten Aufwendungen einzubeziehen, oder er kann einen Prämienantrag innerhalb eines Jahres nach Bekanntgabe des Bescheids über die Arbeitnehmer-Sparzulage stellen (§ 19 Abs. 2 Nr. 1 WoPDV). [3]Nimmt der Prämienberechtigte das besondere Antragsrecht nach Satz 1 oder 2 in Anspruch, hat er dem Unternehmen das Vorliegen der Antragsvoraussetzungen formlos zu versichern.

Zu § 4a des Gesetzes

12. Prämienverfahren im Fall des § 2 Abs. 1 Nr. 1 WoPG

(1) [1]Die Bausparkasse ermittelt nach Ablauf des Sparjahrs auf Grund der Angaben im Antrag des Prämienberechtigten die Höhe der Prämie und teilt das Ergebnis dem Prämienberechtigten mit. [2]Fehlende oder unschlüssige Angaben im Antrag lässt die Bausparkasse vom Prämienberechtigten ergänzen. [3]Hat der Prämienberechtigte mehrere Verträge bei derselben Bausparkasse und ist seine nach § 4 Abs. 2 Satz 2 WoPG abgegebene Erklärung nicht eindeutig, so kann die Bausparkasse die Prämie vorrangig den Verträgen mit dem älteren Vertragsdatum zuordnen.

(2) [1]Die Bausparkasse fordert fällige Prämien mit der Wohnungsbauprämien-Anmeldung bei dem Finanzamt an, das für ihre Besteuerung nach dem Einkommen zuständig ist (§ 20 AO, Geschäftsleitungsfinanzamt). [2]Prämien sind fällig, wenn

– der Bausparvertrag zugeteilt worden ist,
– die Sperrfrist abgelaufen ist (§ 2 Abs. 2 Satz 1 WoPG[1])) oder
– über Ansprüche aus dem Vertrag unschädlich verfügt worden ist (§ 2 Abs. 2 Satz 2 WoPG[2])).

[3]Die Bausparkasse hat die erhaltenen Prämien unverzüglich dem Prämienberechtigten gutzuschreiben oder auszuzahlen. [4]Gepfändete Prämien (Abschnitt 9 Abs. 4 Satz 7), die nach Ablauf der Sperrfrist oder nach unschädlicher Verfügung verwertet werden, hat die Bausparkasse als Drittschuldner an den Pfändungsgläubiger auszuzahlen.

(3) [1]Bei der nach § 4a Abs. 3 WoPG vorgeschriebenen Datenübermittlung hat die Bausparkasse auch die Datensätze für Prämienanträge zu berücksichtigen, die auf Grund der besonderen Antragsfristen des § 19 WoPDV (Abschnitt 11 Abs. 2) nach Ablauf der allgemeinen Antragsfrist des § 4 Abs. 2 Satz 1 WoPG bis zum Zeitpunkt der Datenträgererstellung eingegangen sind. [2]Die nach diesem Zeitpunkt eingehenden Prämienanträge sowie Prämienanträge, die zwar vor dem Zeitpunkt eingegangen sind, bei denen aber erst danach eine Wohnungsbauprämie ermittelt werden konnte, sind nicht nachzumelden. [3]Die Prämienermittlung für diese Fälle ist von den Bausparkassen gesondert festzuhalten.

(4) [1]Erfährt die Bausparkasse durch eigene Erkenntnis oder durch Mitteilung von anderer Seite, dass die Prämienermittlung unzutreffend ist, muss sie das bisherige Ermittlungsergebnis ändern und den Prämienberechtigten entsprechend unterrichten. [2]Eine Prämienfestsetzung des Wohnsitzfinanzamts (Absatz 7) bindet die Bausparkasse; gegebenenfalls hat die Bausparkasse eine Änderung der Prämienfestsetzung beim Wohnsitzfinanzamt anzuregen. [3]Sind unzutreffend ermittelte Prämien bereits angemeldet worden (Absatz 2), so hat die Bausparkasse diese vom Prämienberechtigten zurückzufordern; hierzu kann sie auch das betreffende Vertragskonto belasten. [4]Soweit die Rückforderung auf diesem Weg nicht möglich ist, gilt Abschnitt 13 Abs. 6 entspre-

---

1) Jetzt: § 2 Abs. 3 Satz 1 WoPG.
2) Jetzt: § 2 Abs. 3 Satz 2 WoPG.

chend. [5]Die auf Grund der Rückforderung empfangenen Beträge sind in der Wohnungsbauprämien-Anmeldung des Folgemonats abzusetzen. [6]Bleibt die Rückforderung erfolglos, muss die Bausparkasse unverzüglich das Wohnsitzfinanzamt des Prämienberechtigten (§ 19 AO) unterrichten.

(5) [1]Der Prämienberechtigte hat Einwände gegen das Ermittlungsergebnis gegenüber der Bausparkasse geltend zu machen. [2]Kann die Bausparkasse nicht abhelfen, hat sie schriftliche Eingaben dem Wohnsitzfinanzamt des Prämienberechtigten zuzuleiten. [3]Die schriftliche Eingabe ist in diesem Fall als Antrag auf Festsetzung der Prämie im Sinne des § 4a Abs. 5 WoPG zu werten. [4]Hat die Bausparkasse das Ermittlungsergebnis auf Grund einer Mitteilung der Zentralstelle der Länder nach § 4a Abs. 3 Satz 2 WoPG geändert, so kann sie Einwendungen des Prämienberechtigten hiergegen nicht selbst abhelfen.

(6) [1]Das Geschäftsleitungsfinanzamt (Absatz 2) veranlasst die Auszahlung der angemeldeten Prämien. [2]Daneben ist es dafür zuständig,

– auf Anfrage der Bausparkasse Auskunft zum Prämienverfahren zu geben (§ 4a Abs. 7 WoPG),

– bei der Bausparkasse Außenprüfungen durchzuführen (§ 4a Abs. 8 WoPG),

– die Bausparkasse erforderlichenfalls als Haftungsschuldner in Anspruch zu nehmen (§ 4a Abs. 6 WoPG).

(7) Das Wohnsitzfinanzamt des Prämienberechtigten ist dafür zuständig,

– auf Antrag einen Bescheid über die Festsetzung der Prämie zu erlassen (§ 4a Abs. 5 WoPG),

– Prämien zurückzufordern, soweit entsprechende Versuche der Bausparkasse fehlgeschlagen sind (§ 4a Abs. 4 WoPG),

– Rechtsbehelfsverfahren im Zusammenhang mit Prämienfestsetzungen und Rückforderungen zu führen,

– über einen vom Prämienberechtigten gestellten Antrag auf Wiedereinsetzung in den vorigen Stand (§ 110 AO) zu entscheiden, wenn der Prämienberechtigte den Antrag auf Wohnungsbauprämie verspätet gestellt hat. [2]Das Finanzamt hat der Bausparkasse die Entscheidung über den Antrag auf Wiedereinsetzung mitzuteilen.

Zu § 4b des Gesetzes

13. Prämienverfahren in den Fällen des § 2 Abs. 1 Nr. 2 bis 4 WoPG

(1) [1]Das Unternehmen leitet den Prämienantrag an das Wohnsitzfinanzamt des Prämienberechtigten weiter (§ 4b Abs. 1 WoPG). [2]Zur Vereinfachung des Verfahrens können die Unternehmen die Anträge listenmäßig zusammenfassen (Sammellisten) und die Listen in zweifacher Ausfertigung beim Finanzamt einreichen.

(2) [1]Über den Antrag auf Wohnungsbauprämie kann das Finanzamt stets erst nach Ablauf des Sparjahrs entscheiden, in dem die Aufwendungen geleistet worden sind (§ 4 Abs. 1 WoPG). [2]Das gilt auch, wenn über die Aufwendungen bereits vor Ablauf dieses Sparjahrs prämienunschädlich verfügt worden ist.

(3) [1]Das Finanzamt unterrichtet das Unternehmen von der Entscheidung über den Prämienantrag und teilt die Höhe der festgesetzten und an das Unternehmen auszuzahlenden Prämie mit. [2]Es ist Sache des Unternehmens, den Prämienberechtigten von der Entscheidung über seinen Prämienantrag zu unterrichten. [3]Einen förmlichen Bescheid erteilt das Finanzamt dem Prämienberechtigten von Amts wegen, wenn es den Antrag in vollem Umfang ablehnt; in allen anderen Fällen geschieht dies nur auf Antrag des Prämienberechtigten (§ 4b Abs. 2 WoPG). [4]Der Antrag kann beim Finanzamt bis zum Eintritt der Unanfechtbarkeit der Prämienfestsetzung gestellt werden (vgl. Abschnitt 15 Abs. 2).

(4) Das Finanzamt hat die Prämie unmittelbar nach ihrer Festsetzung zugunsten des Prämienberechtigten über die zuständige Bundeskasse zur Auszahlung an das Unternehmen anzuweisen.

(5) [1]Das Finanzamt hat Prämien vom Prämienberechtigten zurückzufordern, wenn

1. die Voraussetzungen für die Prämienfestsetzung von vornherein nicht vorgelegen haben (§ 4b Abs. 2 Satz 3 WoPG), z. B. wenn eine spätere Überprüfung der Einkommensgrenzen ergibt, dass die Einkommensgrenzen bereits im Zeitpunkt der Prämienfestsetzung überschritten waren;

2. die Voraussetzungen für die Prämienfestsetzung nachträglich weggefallen sind (§ 4b Abs. 2 Satz 3 WoPG);

3. infolge einer Änderung der Besteuerungsgrundlagen die maßgebende Einkommensgrenze überschritten wird (§ 19 Abs. 1 Nr. 2 WoPDV);

4. sich für Aufwendungen nachträglich ein Anspruch auf Arbeitnehmer-Sparzulage nach dem 5. VermBG ergibt und der Prämienanspruch insoweit entfällt (§ 19 Abs. 2 Nr. 2 WoPDV).

[2]Wegen der Festsetzungsverjährung vgl. Abschnitt 15 Abs. 3.

(6) [1]Die Prämien werden nur zurückgefordert, wenn die Rückforderung mindestens 10 Euro beträgt (§ 5 KBV)[1]). [2]Für diese Grenze ist allein der Gesamtbetrag des Rückforderungsbescheids maßgebend. [3]Ob der jeweilige Rückforderungsbescheid einen oder mehrere Verträge oder ein oder mehrere Kalenderjahre berührt, ist dabei unerheblich.

(7) [1]Über die Rückforderung ist stets ein förmlicher Bescheid mit Rechtsbehelfsbelehrung zu erteilen. [2]Die Rückzahlungsverpflichtung des Prämienberechtigten ist dem Unternehmen mitzuteilen. [3]Ist das Guthaben dem Prämienberechtigten noch nicht ausgezahlt worden, so ist vom Unternehmen ein Betrag in Höhe der Rückzahlungsforderung und etwa zu erwartender Nebenforderungen bis zur Erfüllung aller Forderungen zurückzubehalten.

Zu § 5 des Gesetzes

14. Prüfung der Verwendung zu dem vertragsmäßigen Zweck, Anzeigepflichten des Unternehmens

(1) [1]Das Unternehmen hat die Verwendung der prämienbegünstigten Aufwendungen und der Prämien zu dem vertragsmäßigen Zweck vor der Auszahlung zu prüfen. [2]Die Art der Prüfung bleibt dem pflichtgemäßen Ermessen des Unternehmens überlassen. [3]Es wird sich in der Regel nicht mit der bloßen Erklärung des Prämienberechtigten über die beabsichtigte Verwendung dieser Mittel begnügen können, sondern muss aus vorgelegten Unterlagen die Überzeugung gewinnen, dass eine vertragsmäßige Verwendung zu erwarten ist. [4]Ist vor der Auszahlung eine abschließende Beurteilung nicht möglich, so muss sich das Unternehmen die Verwendung der prämienbegünstigten Aufwendungen und der Prämien nach der Auszahlung nachweisen lassen.

(2) [1]Erkennt das Unternehmen in den Fällen des § 4b WoPG nach abschließender Prüfung, dass die prämienbegünstigten Aufwendungen nicht vertragsmäßig verwendet werden, oder hat es Bedenken, ob eine vertragsmäßige Verwendung gewährleistet ist, so muss es dies dem Finanzamt unverzüglich mitteilen. [2]Sind die prämienbegünstigten Aufwendungen und die Prämien noch nicht ausgezahlt, so hat das Unternehmen die Prämien zurückzuhalten.

(3) [1]Das Finanzamt prüft auf Grund der Mitteilung, ob eine Verwendung zu dem vertragsmäßigen Zweck gegeben ist. [2]Ist eine Verwendung zu dem vertragsmäßigen Zweck gegeben, so genügt eine formlose Benachrichtigung des Unternehmens, dass gegen die Auszahlung keine Bedenken bestehen. [3]Andernfalls ändert das Finanzamt die Prämienfestsetzung und fordert Prämien vom Prämienberechtigten zurück (Abschnitt 13 Abs. 5).

(4) Wegen der Anzeigepflichten der Unternehmen wird im übrigen auf § 4a Abs. 4 Satz 5 WoPG und die §§ 11, 17 WoPDV hingewiesen.

Zu § 8 des Gesetzes

15. Festsetzungsverjährung, Unanfechtbarkeit

(1) [1]Der Anspruch auf Wohnungsbauprämie unterliegt der Festsetzungsverjährung (§ 8 Abs. 1 WoPG in Verbindung mit § 155 Abs. 6, §§ 169 bis 171 AO). [2]Die Festsetzungsfrist beträgt vier Jahre (§ 169 Abs. 2 Nr. 2 AO). [3]Sie beginnt mit Ablauf des Kalenderjahrs, in dem die Aufwendungen erbracht worden sind. [4]Beantragt der Prämienberechtigte in den Fällen des § 19 Abs. 1 Nr. 1 und Abs. 2 Nr. 1 WoPDV erstmals oder erneut die Prämie, tritt insoweit eine Ablaufhemmung der Festsetzungsfrist nach § 171 Abs. 3 AO ein. [5]Wird dieser Antrag nach Ablauf der regulären Festsetzungsfrist, aber noch innerhalb der Jahresfrist gemäß § 19 Abs. 1 Nr. 1 und Abs. 2 Nr. 1 WoPDV gestellt, gilt § 171 Abs. 3a Satz 1 zweiter Halbsatz AO entsprechend. [6]Die Festsetzungsfrist läuft nicht ab, bevor über den Antrag unanfechtbar entschieden worden ist.

(2) [1]In den Fällen des § 4b WoPG wird die Entscheidung über den Prämienantrag, solange ein förmlicher Bescheid nicht erteilt wird (Abschnitt 13 Abs. 3), mit der Übersendung der Mitteilung über die Gutschrift der Prämie, z. B. Kontoauszug, durch das Unternehmen an den Prämienberechtigten bekannt gegeben. [2]Sofern kein Rechtsbehelf eingelegt worden ist, wird die Prämienfestsetzung mit Ablauf eines Monats nach ihrer Bekanntgabe (§ 355 Abs. 1 AO) unanfechtbar. [3]Bis zum Eintritt der Unanfechtbarkeit, im Rechtsbehelfsverfahren spätestens im Verfahren vor dem Finanzgericht (BFH vom 27. 3. 1958 – BStBl III S. 227 und vom 1. 2. 1966 – BStBl III S. 321), kann der Prämienberechtigte nachträglich alle Tatsachen vorbringen, die für die Höhe der Prämie maßgebend sind, er kann innerhalb des prämienbegünstigten Höchstbetrages eine

---

1) Jetzt: § 4 KBV und 25 Euro → Artikel 3 Nr. 5 des Gesetzes zur Modernisierung des Besteuerungsverfahrens vom 18. 7. 2016 (BGBl. I S. 1679) mit Wirkung ab dem Sparjahr 2017 gemäß Artikel 97 § 9a Abs. 3 EGAO.

anderweitige Aufteilung der Prämie beantragen (§ 4 Abs. 2 Satz 2 WoPG) oder seinen Prämienantrag ganz oder zum Teil zurücknehmen.

(3) ¹Sind Prämien ausgezahlt worden, obwohl die Voraussetzungen von vornherein nicht vorgelegen haben oder nachträglich entfallen sind, so erlischt nach § 4 Abs. 4 WoPG ein etwaiger Rückforderungsanspruch, wenn er nicht bis zum Ablauf des vierten Kalenderjahrs geltend gemacht worden ist, das auf das Kalenderjahr folgt, in dem der Prämienberechtigte die Prämie verwendet hat (Abschnitt 13 Abs. 5 Satz 1 Nr. 1 und 2). ²Diese Regelung geht den Vorschriften der Abgabenordnung über die Festsetzungsverjährung vor. ³Wird die maßgebliche Einkommensgrenze infolge einer Änderung der Besteuerungsgrundlagen überschritten (Abschnitt 13 Abs. 5 Satz 1 Nr. 3) oder entfällt der Prämienanspruch, weil sich nachträglich ein Anspruch auf Arbeitnehmer-Sparzulage ergeben hat (Abschnitt 13 Abs. 5 Satz 1 Nr. 4), so beginnt nach § 175 Abs. 1 Satz 2 AO die Festsetzungsfrist für den Rückforderungsanspruch mit Ablauf des Kalenderjahrs, in dem das prämienschädliche Ereignis eingetreten ist.

IV.
Gesetz über die soziale Wohnraumförderung
(Wohnraumförderungsgesetz – WoFG)

vom 13. 9. 2001 (BGBl. I S. 2376)
zuletzt geändert durch Artikel 3 des Gesetzes zur Reform des Wohngeldrechts
und zur Änderung des Wohnraumförderungsgesetzes (WoGRefG)
vom 2. 10. 2015 (BGBl. I S. 1610)

– Auszug –

§ 1   Zweck und Anwendungsbereich, Zielgruppe

(1) Dieses Gesetz regelt die Förderung des Wohnungsbaus und anderer Maßnahmen zur Unterstützung von Haushalten bei der Versorgung mit Mietwohnraum, einschließlich genossenschaftlich genutzten Wohnraums, und bei der Bildung von selbst genutztem Wohneigentum (soziale Wohnraumförderung).

(2) Zielgruppe der sozialen Wohnraumförderung sind Haushalte, die sich am Markt nicht angemessen mit Wohnraum versorgen können und auf Unterstützung angewiesen sind. Unter diesen Voraussetzungen unterstützt

1. die Förderung von Mietwohnraum insbesondere Haushalte mit geringem Einkommen sowie Familien und andere Haushalte mit Kindern, Alleinerziehende, Schwangere, ältere Menschen, behinderte Menschen, Wohnungslose und sonstige hilfebedürftige Personen,

2. die Förderung der Bildung selbst genutzten Wohneigentums insbesondere Familien und andere Haushalte mit Kindern sowie behinderte Menschen, die unter Berücksichtigung ihres Einkommens und der Eigenheimzulage die Belastungen des Baus oder Erwerbs von Wohnraum ohne soziale Wohnraumförderung nicht tragen können.

§ 2   Fördergegenstände und Fördermittel

(1) Fördergegenstände sind:

1. Wohnungsbau, einschließlich des erstmaligen Erwerbs des Wohnraums innerhalb von zwei Jahren nach Fertigstellung (Ersterwerb),

2. Modernisierung von Wohnraum,

3. Erwerb von Belegungsrechten an bestehendem Wohnraum und

4. Erwerb bestehenden Wohnraums,

wenn damit die Unterstützung von Haushalten bei der Versorgung mit Mietwohnraum durch Begründung von Belegungs- und Mietbindungen oder bei der Bildung von selbst genutztem Wohneigentum erfolgt.

(2) Die Förderung erfolgt durch

1. Gewährung von Fördermitteln, die aus öffentlichen Haushalten oder Zweckvermögen als Darlehen zu Vorzugsbedingungen, auch zur nachstelligen Finanzierung, oder als Zuschüsse bereitgestellt werden,

2. Übernahme von Bürgschaften, Garantien und sonstigen Gewährleistungen sowie

3. Bereitstellung von verbilligtem Bauland.

§ 3 Durchführung der Aufgaben und Zuständigkeiten

(1) Länder, Gemeinden und Gemeindeverbände wirken nach Maßgabe dieses Gesetzes bei der sozialen Wohnraumförderung zusammen.

(2) Die Länder führen die soziale Wohnraumförderung als eigene Aufgabe durch. Sie legen das Verwaltungsverfahren fest, soweit dieses Gesetz keine Regelungen trifft. Zuständige Stelle im Sinne dieses Gesetzes ist die Stelle, die nach Landesrecht zuständig ist oder von der Landesregierung in sonstiger Weise bestimmt wird.

(3) Die Länder sollen bei der sozialen Wohnraumförderung die wohnungswirtschaftlichen Belange der Gemeinden und Gemeindeverbände berücksichtigen, dies gilt insbesondere, wenn sich eine Gemeinde oder ein Gemeindeverband an der Förderung beteiligt. Die Länder können bei ihrer Förderung ein von einer Gemeinde oder einem Gemeindeverband beschlossenes Konzept zur sozialen Wohnraumversorgung (kommunales Wohnraumversorgungskonzept) zu Grunde legen.

(4) Gemeinden und Gemeindeverbände können mit eigenen Mitteln eine Förderung nach diesem Gesetz und den hierzu erlassenen landesrechtlichen Vorschriften durchführen, soweit nicht im Übrigen Landesrecht entgegensteht.

§ 6 Allgemeine Fördergrundsätze

Die soziale Wohnraumförderung ist der Nachhaltigkeit einer Wohnraumversorgung verpflichtet, die die wirtschaftlichen und sozialen Erfordernisse mit der Erhaltung der Umwelt in Einklang bringt. Bei der Förderung sind zu berücksichtigen:

1. die örtlichen und regionalen wohnungswirtschaftlichen Verhältnisse und Zielsetzungen, die erkennbaren unterschiedlichen Investitionsbedingungen des Bauherrn sowie die besonderen Anforderungen des zu versorgenden Personenkreises;

2. der Beitrag des genossenschaftlichen Wohnens zur Erreichung der Ziele und Zwecke der sozialen Wohnraumförderung;

3. die Schaffung und Erhaltung sozial stabiler Bewohnerstrukturen;

4. die Schaffung und Erhaltung ausgewogener Siedlungsstrukturen sowie ausgeglichener wirtschaftlicher, sozialer und kultureller Verhältnisse, die funktional sinnvolle Zuordnung der Wohnbereiche zu den Arbeitsplätzen und der Infrastruktur (Nutzungsmischung) sowie die ausreichende Anbindung des zu fördernden Wohnraums an den öffentlichen Personennahverkehr;

5. die Nutzung des Wohnungs- und Gebäudebestandes für die Wohnraumversorgung;

6. die Erhaltung preisgünstigen Wohnraums im Fall der Förderung der Modernisierung;

7. die Anforderungen des Kosten sparenden Bauens, insbesondere durch
   a) die Begrenzung der Förderung auf einen bestimmten Betrag (Förderpauschale),
   b) die Festlegung von Kostenobergrenzen, deren Überschreitung eine Förderung ausschließt, oder
   c) die Vergabe von Fördermitteln im Rahmen von Wettbewerbsverfahren;

8. die Anforderungen des barrierefreien Bauens für die Nutzung von Wohnraum und seines Umfelds durch Personen, die infolge von Alter, Behinderung oder Krankheit dauerhaft oder vorübergehend in ihrer Mobilität eingeschränkt sind;

9. der sparsame Umgang mit Grund und Boden, die ökologischen Anforderungen an den Bau und die Modernisierung von Wohnraum sowie Ressourcen schonende Bauweisen.

Maßnahmen der sozialen Wohnraumförderung, die im Zusammenhang mit städtebaulichen Sanierungs- und Entwicklungsmaßnahmen stehen, sind bevorzugt zu berücksichtigen.

§ 7 Besondere Grundsätze zur Förderung von Mietwohnraum

Bei der Förderung von Mietwohnraum sind folgende Grundsätze zu berücksichtigen:

1. Um tragbare Wohnkosten für Haushalte im Sinne des § 1 Abs. 2 Satz 2 Nr. 1 zu erreichen, können Wohnkostenentlastungen durch Bestimmung höchstzulässiger Mieten unterhalb von ortsüblichen Vergleichsmieten oder durch sonstige Maßnahmen vorgesehen werden. Dabei sind insbesondere die Leistungen nach dem Wohngeldgesetz sowie das örtliche Mietenniveau und das Haushaltseinkommen des Mieters sowie deren Entwicklungen zu berücksichtigen.

2. Wohnkostenentlastungen, die nach Förderzweck und Zielgruppe sowie Förderintensität unangemessen sind (Fehlförderungen), sind zu vermeiden oder auszugleichen. Maßnahmen zur Vermeidung von Fehlförderungen sind Vorkehrungen bei der Förderung, durch die die Wohnkostenentlastung

a) auf Grund von Bestimmungen in der Förderzusage oder

b) auf Grund eines Vorbehalts in der Förderzusage durch Entscheidung der zuständigen Stelle vermindert wird. Eine Maßnahme zum Ausgleich entstandener Fehlförderungen in Fällen der Festlegung von höchstzulässigen Mieten ist die Erhebung von Ausgleichszahlungen nach den §§ 34 bis 37.

3. Bei der Vermeidung und dem Ausgleich von Fehlförderungen sind soweit erforderlich Veränderungen der für die Wohnkostenentlastung maßgeblichen Einkommensverhältnisse und der Haushaltsgröße durch Überprüfungen in regelmäßigen zeitlichen Abständen zu berücksichtigen.

§ 12   Bevorzugung von Maßnahmen, zusätzliche Förderung

(1) Maßnahmen, bei denen Bauherren in Selbsthilfe tätig werden oder bei denen Mieter von Wohnraum Leistungen erbringen, durch die sie im Rahmen des Mietverhältnisses Vergünstigungen erlangen, können bei der Förderung bevorzugt werden. Selbsthilfe sind die Arbeitsleistungen, die zur Durchführung der geförderten Maßnahmen vom Bauherrn selbst, seinen Angehörigen oder von anderen unentgeltlich oder auf Gegenseitigkeit oder von Mitgliedern von Genossenschaften erbracht werden. Leistungen von Mietern sind die von

1. Mietern für die geförderten Maßnahmen erbrachten Finanzierungsanteile, Arbeitsleistungen oder Sachleistungen und

2. Genossenschaftsmitgliedern übernommenen weiteren Geschäftsanteile, soweit sie für die geförderten Maßnahmen über die Pflichtanteile hinaus erbracht werden.

(2) Eine zusätzliche Förderung für notwendigen Mehraufwand kann insbesondere gewährt werden bei

1. Ressourcen schonenden Bauweisen, die besonders wirksam zur Entlastung der Umwelt, zum Schutz der Gesundheit und zur rationellen Energieverwendung beitragen,

2. besonderen baulichen Maßnahmen, mit denen Belangen behinderter oder älterer Menschen Rechnung getragen wird,

3. einer organisierten Gruppenselbsthilfe für den bei der Vorbereitung und Durchführung der Maßnahmen entstehenden Aufwand,

4. besonderen experimentellen Ansätzen zur Weiterentwicklung des Wohnungsbaus.

§ 16   Wohnungsbau, Modernisierung

(1) Wohnungsbau ist das Schaffen von Wohnraum durch

1. Baumaßnahmen, durch die Wohnraum in einem neuen selbstständigen Gebäude geschaffen wird,

2. Beseitigung von Schäden an Gebäuden unter wesentlichem Bauaufwand, durch die die Gebäude auf Dauer wieder zu Wohnzwecken nutzbar gemacht werden,

3. Änderung, Nutzungsänderung oder Erweiterung von Gebäuden, durch die unter wesentlichem Bauaufwand Wohnraum geschaffen wird, oder

4. Änderung von Wohnraum unter wesentlichem Bauaufwand zur Anpassung an geänderte Wohnbedürfnisse.

(2) Wohnraum oder anderer Raum ist in Fällen des Absatzes 1 Nr. 2 nicht auf Dauer nutzbar, wenn ein zu seiner erforderlichen Nutzung erforderlicher Gebäudeteil zerstört ist oder wenn sich der Raum oder der Gebäudeteil in einem Zustand befindet, der aus bauordnungsrechtlichen Gründen eine dauernde, der Zweckbestimmung entsprechende Nutzung nicht gestattet; dabei ist es unerheblich, ob der Raum oder der Gebäudeteil tatsächlich genutzt wird.

(3) Modernisierung sind bauliche Maßnahmen, die

1. den Gebrauchswert des Wohnraums oder des Wohngebäudes nachhaltig erhöhen,

2. die allgemeinen Wohnverhältnisse auf Dauer verbessern oder

3. nachhaltig Einsparungen von Energie oder Wasser bewirken.

Instandsetzungen, die durch Maßnahmen der Modernisierung verursacht werden, fallen unter die Modernisierung.

§ 17   Wohnraum

(1) Wohnraum ist umbauter Raum, der tatsächlich und rechtlich zur dauernden Wohnnutzung geeignet und vom Verfügungsberechtigten dazu bestimmt ist. Wohnraum können Wohnungen oder einzelne Wohnräume sein.

(2) Selbst genutztes Wohneigentum ist Wohnraum im eigenen Haus oder in einer eigenen Eigentumswohnung, der zu eigenen Wohnzwecken genutzt wird.

(3) Mietwohnraum ist Wohnraum, der den Bewohnern auf Grund eines Mietverhältnisses oder eines genossenschaftlichen oder sonstigen ähnlichen Nutzungsverhältnisses zum Gebrauch überlassen wird.

§ 19 Wohnfläche

Die Wohnfläche einer Wohnung ist die Summe der anrechenbaren Grundflächen der ausschließlich zur Wohnung gehörenden Räume. Die Landesregierungen werden ermächtigt, durch Rechtsverordnung Vorschriften zur Berechnung der Grundfläche und zur Anrechenbarkeit auf die Wohnfläche zu erlassen. Die Landesregierungen können die Ermächtigung durch Rechtsverordnung auf eine oberste Landesbehörde übertragen.

§ 20 Gesamteinkommen

Maßgebendes Einkommen ist das Gesamteinkommen des Haushalts. Gesamteinkommen des Haushalts im Sinne dieses Gesetzes ist die Summe der Jahreseinkommen der Haushaltsangehörigen abzüglich der Frei- und Abzugsbeträge nach § 24. Maßgebend sind die Verhältnisse im Zeitpunkt der Antragstellung.

§ 21 Begriff des Jahreseinkommens

(1) Jahreseinkommen im Sinne dieses Gesetzes ist, vorbehaltlich der Absätze 2 und 3 sowie der §§ 22 und 23, die Summe der positiven Einkünfte im Sinne des § 2 Abs. 1, 2 und 5a des Einkommensteuergesetzes jedes Haushaltsangehörigen. Bei den Einkünften im Sinne des § 2 Abs. 1 Satz 1 Nr. 1 bis 3 des Einkommensteuergesetzes ist § 7g Abs. 1 bis 4 und 7 des Einkommensteuergesetzes nicht anzuwenden. Ein Ausgleich mit negativen Einkünften aus anderen Einkunftsarten und mit negativen Einkünften des zusammenveranlagten Ehegatten ist nicht zulässig.

(2) Zum Jahreseinkommen gehören:

1.1 der nach § 19 Abs. 2 und § 22 Nr. 4 Satz 4 Buchstabe b des Einkommensteuergesetzes steuerfreie Betrag von Versorgungsbezügen,

1.2 die einkommensabhängigen, nach § 3 Nr. 6 des Einkommensteuergesetzes steuerfreien Bezüge, die auf Grund gesetzlicher Vorschriften aus öffentlichen Mitteln versorgungshalber an Wehr- und Zivildienstbeschädigte oder ihre Hinterbliebenen, Kriegsbeschädigte und Kriegshinterbliebene sowie ihnen gleichgestellte Personen gezahlt werden,

1.3 die den Ertragsanteil oder den der Besteuerung unterliegenden Anteil nach § 22 Nr. 1 Satz 3 Buchstabe a des Einkommensteuergesetzes übersteigenden Teile von Leibrenten,

1.4 die nach § 3 Nr. 3 des Einkommensteuergesetzes steuerfreien Kapitalabfindungen auf Grund der gesetzlichen Rentenversicherung und auf Grund der Beamten-(Pensions-)Gesetze,

1.5 die nach § 3 Nr. 1 Buchstabe a des Einkommensteuergesetzes steuerfreien

   a) Renten wegen Minderung der Erwerbsfähigkeit nach den §§ 56 bis 62 des Siebten Buches Sozialgesetzbuch,

   b) Renten und Beihilfen an Hinterbliebene nach den §§ 63 bis 71 des Siebten Buches Sozialgesetzbuch,

   c) Abfindungen nach den §§ 75 bis 80 des Siebten Buches Sozialgesetzbuch,

1.6 die Lohn- und Einkommensersatzleistungen nach § 32b Abs. 1 Nr. 1 des Einkommensteuergesetzes, mit Ausnahme der nach § 3 Nr. 1 Buchstabe d des Einkommensteuergesetzes steuerfreien Mutterschutzleistungen und des nach § 3 Nr. 67 des Einkommensteuergesetzes steuerfreien Elterngeldes bis zur Höhe der nach § 10 des Bundeselterngeld- und Elternzeitgesetzes anrechnungsfreien Beträge,

1.7 die Hälfte der nach § 3 Nr. 7 des Einkommensteuergesetzes steuerfreien

   a) Unterhaltshilfe nach den §§ 261 bis 278a des Lastenausgleichsgesetzes, mit Ausnahme der Pflegezulage nach § 269 Abs. 2 des Lastenausgleichsgesetzes,

   b) Beihilfe zum Lebensunterhalt nach den §§ 301 bis 301b des Lastenausgleichsgesetzes,

   c) Unterhaltshilfe nach § 44 und Unterhaltsbeihilfe nach § 45 des Reparationsschädengesetzes,

   d) Beihilfe zum Lebensunterhalt nach den §§ 10 bis 15 des Flüchtlingshilfegesetzes, mit Ausnahme der Pflegezulage nach § 269 Abs. 2 des Lastenausgleichsgesetzes,

1.8 die nach § 3 Nr. 1 Buchstabe a des Einkommensteuergesetzes steuerfreien Krankentagegelder,

1.9 die Hälfte der nach § 3 Nr. 68 des Einkommensteuergesetzes steuerfreien Renten nach § 3 Abs. 2 des Anti-D-Hilfegesetzes,

2.1 die nach § 3b des Einkommensteuergesetzes steuerfreien Zuschläge für Sonntags-, Feiertags- oder Nachtarbeit,

2.2 der nach § 40a des Einkommensteuergesetzes vom Arbeitgeber pauschal besteuerte Arbeitslohn,

3.1 der nach § 20 Abs. 9 des Einkommensteuergesetzes steuerfreie Betrag (Sparer-Pauschbetrag), soweit die Kapitalerträge 100 Euro übersteigen,

3.2 (weggefallen)

3.3 die auf erhöhte Absetzungen entfallenden Beträge, soweit sie die höchstmöglichen Absetzungen für Abnutzung nach § 7 des Einkommensteuergesetzes übersteigen, und die auf Sonderabschreibungen entfallenden Beträge,

4.1 der nach § 3 Nr. 9 des Einkommensteuergesetzes steuerfreie Betrag von Abfindungen wegen einer vom Arbeitgeber veranlassten oder gerichtlich ausgesprochenen Auflösung des Dienstverhältnisses,

4.2 der nach § 3 Nr. 27 des Einkommensteuergesetzes steuerfreie Grundbetrag der Produktionsaufgaberente und das Ausgleichsgeld nach dem Gesetz zur Förderung der Einstellung der landwirtschaftlichen Erwerbstätigkeit,

4.3 die nach § 3 Nr. 60 des Einkommensteuergesetzes steuerfreien Leistungen aus öffentlichen Mitteln an Arbeitnehmer des Steinkohlen-, Pechkohlen- und Erzbergbaues, des Braunkohlentiefbaues und der Eisen- und Stahlindustrie aus Anlass von Stilllegungs-, Einschränkungs-, Umstellungs- oder Rationalisierungsmaßnahmen,

5.1 die nach § 22 Nr. 1 Satz 2 des Einkommensteuergesetzes dem Empfänger nicht zuzurechnenden Bezüge, die ihm von nicht zum Haushalt rechnenden Personen gewährt werden, und die Leistungen nach dem Unterhaltsvorschussgesetz,

5.2 die nach § 3 Nummer 48 des Einkommensteuergesetzes steuerfreien allgemeinen Leistungen nach § 17 des Unterhaltssicherungsgesetzes,

5.3 (weggefallen)

5.4 die Hälfte des für die Kosten zur Erziehung bestimmten Anteils an Leistungen zum Unterhalt

    a)   des Kindes oder Jugendlichen in Fällen

        aa) der Vollzeitpflege nach § 39 in Verbindung mit § 33 oder mit § 35a Abs. 2 Nr. 3 des Achten Buches Sozialgesetzbuch oder

        bb) einer vergleichbaren Unterbringung nach § 21 des Achten Buches Sozialgesetzbuch,

    b)   des jungen Volljährigen in Fällen der Vollzeitpflege nach § 41 in Verbindung mit den §§ 39 und 33 oder mit den §§ 39 und 35a Abs. 2 Nr. 3 des Achten Buches Sozialgesetzbuch,

5.5 die Hälfte der laufenden Leistungen für die Kosten des notwendigen Unterhalts einschließlich der Unterkunft sowie der Krankenhilfe für Minderjährige und junge Volljährige nach § 13 Abs. 3 Satz 2, § 19 Abs. 3, § 21 Satz 2, § 39 Abs. 1 und § 41 Abs. 2 des Achten Buches Sozialgesetzbuch,

5.6 die Hälfte des Pflegegeldes nach § 37 des Elften Buches Sozialgesetzbuch für Pflegehilfen, die keine Wohn- und Wirtschaftsgemeinschaft mit dem Pflegebedürftigen führen,

6.1 die Hälfte der als Zuschüsse erbrachten

    a)   Leistungen zur Förderung der Ausbildung nach dem Bundesausbildungsförderungsgesetz,

    b)   Leistungen der Begabtenförderungswerke, soweit sie nicht von Nummer 6.2 erfasst sind,

    c)   Stipendien, soweit sie nicht von Buchstabe b, Nummer 6.2 oder Nummer 6.3 erfasst sind,

    d)   Berufsausbildungsbeihilfen und des Ausbildungsgeldes nach dem Dritten Buch Sozialgesetzbuch,

    e)   Beiträge zur Deckung des Unterhaltsbedarfs nach dem Aufstiegsfortbildungsförderungsgesetz,

6.2 die als Zuschuss gewährte Graduiertenförderung,

6.3 die Hälfte der nach § 3 Nr. 42 des Einkommensteuergesetzes steuerfreien Zuwendungen, die auf Grund des Fulbright-Abkommens gezahlt werden,

7.1 das Arbeitslosengeld II und das Sozialgeld nach § 19 Absatz 1 des Zweiten Buches Sozialgesetzbuch,

7.2 die Leistungen der Hilfe zum Lebensunterhalt nach den §§ 27 bis 30 des Zwölften Buches Sozialgesetzbuch,

7.3 die Leistungen der Grundsicherung im Alter und bei Erwerbsminderung nach § 42 Nummer 1, 2 und 4 des Zwölften Buches Sozialgesetzbuch mit Ausnahme der Leistungen für einmalige Bedarfe,

7.4 die Leistungen nach dem Asylbewerberleistungsgesetz,

7.5 die Leistungen der ergänzenden Hilfe zum Lebensunterhalt nach § 27a des Bundesversorgungsgesetzes oder nach einem Gesetz, das dieses für anwendbar erklärt, mit Ausnahme der Leistungen für einmalige Bedarfe,
soweit diese Leistungen die bei ihrer Berechnung berücksichtigten Kosten für Wohnraum übersteigen,

8. die ausländischen Einkünfte nach § 32b Abs. 1 Nr. 2 und 3 des Einkommensteuergesetzes.

(3) Aufwendungen zum Erwerb, zur Sicherung und zur Erhaltung von Einnahmen nach Absatz 2 mit Ausnahme der Nummern 5.3 bis 5.5 dürfen in der im Sinne des § 22 Abs. 1 und 2 zu erwartenden oder nachgewiesenen Höhe abgezogen werden.

§ 22   Zeitraum für die Ermittlung des Jahreseinkommens

(1) Bei der Ermittlung des Jahreseinkommens ist das Einkommen zu Grunde zu legen, das in den zwölf Monaten ab dem Monat der Antragstellung zu erwarten ist. Hierzu kann auch von dem Einkommen ausgegangen werden, das innerhalb der letzten zwölf Monate vor Antragstellung erzielt worden ist. Änderungen sind zu berücksichtigen, wenn sie im Zeitpunkt der Antragstellung innerhalb von zwölf Monaten mit Sicherheit zu erwarten sind; Änderungen, deren Beginn oder Ausmaß nicht ermittelt werden können, bleiben außer Betracht.

(2) Kann die Höhe des zu erwartenden Einkommens nicht nach Absatz 1 ermittelt werden, so ist grundsätzlich das Einkommen der letzten zwölf Monate vor Antragstellung zu Grunde zu legen

(3) Bei Personen, die zur Einkommensteuer veranlagt werden, kann bei Anwendung des Absatzes 1 von den Einkünften ausgegangen werden, die sich aus dem letzten Einkommensteuerbescheid, den Vorauszahlungsbescheiden oder der letzten Einkommensteuererklärung ergeben; die sich hieraus ergebenden Einkünfte sind bei Anwendung des Absatzes 2 zu Grunde zu legen.

(4) Einmaliges Einkommen, das in einem nach Absatz 1 oder 2 maßgebenden Zeitraum anfällt, aber einem anderen Zeitraum zuzurechnen ist, ist so zu behandeln, als wäre es während des anderen Zeitraums angefallen. Einmaliges Einkommen, das einem nach Absatz 1 oder 2 maßgebenden Zeitraum zuzurechnen, aber in einem früheren Zeitraum angefallen ist, ist so zu behandeln, als wäre es während des nach Absatz 1 oder 2 maßgebenden Zeitraums angefallen. Satz 2 gilt nur für Einkommen, das innerhalb von drei Jahren vor Antragstellung angefallen ist.

§ 23   Pauschaler Abzug

(1) Bei der Ermittlung des Jahreseinkommens wird von dem nach den §§ 21 und 22 ermittelten Betrag ein pauschaler Abzug in Höhe von jeweils 10 Prozent für die Leistung von

1. Steuern vom Einkommen,

2. Pflichtbeiträgen zur gesetzlichen Kranken- und Pflegeversicherung und

3. Pflichtbeiträgen zur gesetzlichen Rentenversicherung

vorgenommen.

(2) Werden keine Pflichtbeiträge nach Absatz 1 Nr. 2 oder 3 geleistet, so werden laufende Beiträge zu öffentlichen oder privaten Versicherungen oder ähnlichen Einrichtungen in der tatsächlich geleisteten Höhe, höchstens bis zu jeweils 10 Prozent des sich nach den §§ 21 und 22 ergebenden Betrages abgezogen, wenn die Beiträge der Zweckbestimmung der Pflichtbeiträge nach Absatz 1 Nr. 2 oder 3 entsprechen. Dies gilt auch, wenn die Beiträge zu Gunsten eines zum Haushalt rechnenden Angehörigen geleistet werden. Die Sätze 1 und 2 gelten nicht, wenn eine im Wesentlichen beitragsfreie Sicherung oder eine Sicherung, für die Beiträge von einem Dritten geleistet werden, besteht.

§ 24   Frei- und Abzugsbeträge

(1) Bei der Ermittlung des Gesamteinkommens werden folgende Freibeträge abgesetzt:

1. 4 500 Euro für jeden schwerbehinderten Menschen mit einem Grad der Behinderung

   a) von 100 oder

   b) von wenigstens 80, wenn der schwerbehinderte Mensch häuslich pflegebedürftig im Sinne des § 14 des Elften Buches Sozialgesetzbuch ist;

2. 2 100 Euro für jeden schwerbehinderten Menschen mit einem Grad der Behinderung von unter 80, wenn der schwerbehinderte Mensch häuslich pflegebedürftig im Sinne des § 14 des Elften Buches Sozialgesetzbuch ist;

3. 4 000 Euro bei jungen Ehepaaren bis zum Ablauf des fünften Kalenderjahres nach dem Jahr der Eheschließung; junge Ehepaare sind solche, bei denen keiner der Ehegatten das 40. Lebensjahr vollendet hat;

4. 600 Euro für jedes Kind unter zwölf Jahren, für das Kindergeld nach dem Einkommensteuergesetz oder dem Bundeskindergeldgesetz oder eine Leistung im Sinne des § 65 Abs. 1 des Einkommensteuergesetzes oder des § 4 Abs. 1 des Bundeskindergeldgesetzes gewährt wird, wenn die antragsberechtigte Person allein mit Kindern zusammenwohnt und wegen Erwerbstätigkeit oder Ausbildung nicht nur kurzfristig vom Haushalt abwesend ist;

5. bis zu 600 Euro, soweit ein zum Haushalt rechnendes Kind eigenes Einkommen hat und das 16., aber noch nicht das 25. Lebensjahr vollendet hat.

(2) Aufwendungen zur Erfüllung gesetzlicher Unterhaltsverpflichtungen werden bis zu dem in einer notariell beurkundeten Unterhaltsvereinbarung festgelegten oder in einem Unterhaltstitel oder Unterhaltsbescheid festgestellten Betrag abgesetzt. Liegen eine notariell beurkundete Unterhaltsvereinbarung, ein Unterhaltstitel oder ein Unterhaltsbescheid nicht vor, können Aufwendungen zur Erfüllung gesetzlicher Unterhaltsverpflichtungen wie folgt abgesetzt werden:

1. bis zu 3 000 Euro für einen Haushaltsangehörigen, der auswärts untergebracht ist und sich in der Berufsausbildung befindet;

2. bis zu 6 000 Euro für einen nicht zum Haushalt rechnenden früheren oder dauernd getrennt lebenden Ehegatten oder Lebenspartner;

3. bis zu 3 000 Euro für eine sonstige nicht zum Haushalt rechnende Person.

V.
Bekanntmachung der Vordruckmuster für den Antrag auf Wohnungsbauprämie für 2017

(BMF-Schreiben vom 15. 9. 2017, IV C 5 – S 1961/08/10002, 2017/0676581, BStBl I S. 1301)

Nach § 4 Absatz 2 Wohnungsbau-Prämiengesetz vom 30. Oktober 1997 (BGBl. I S. 2678)[1]) ist der Antrag auf Wohnungsbauprämie **nach amtlich vorgeschriebenem Vordruck** zu erstellen. Die Vordruckmuster für 2017 mit Erläuterungen werden hiermit bekannt gemacht.

Die Vordrucke können auch maschinell hergestellt werden, wenn sie sämtliche Angaben in der gleichen Reihenfolge enthalten. Abweichende Formate sind zulässig; die Erklärung zu den Einkommensverhältnissen kann hervorgehoben oder auf sie auffallend hingewiesen werden. Maschinell erstellte Anträge für Aufwendungen i. S. d. § 2 Absatz 1 Nummer 2 bis 4 WoPG brauchen nicht handschriftlich von dem Unternehmen unterschrieben zu werden.

---

[1]) BStBl I S. 1050.

An (Bausparkasse)

Eingangsstempel der Bausparkasse

(Anschrift des/der Prämienberechtigten)

Antrag auf Wohnungsbauprämie 2017
für Bausparbeiträge (§ 2 Abs. 1 Nr. 1 WoPG)

Abgabe eines Antrags je Bausparkasse spätestens bis zum 31. Dezember 2019

Zutreffendes bitte ankreuzen ⊠ oder ausfüllen
Die in einen Kreis gesetzten Zahlen verweisen auf die **Erläuterungen**.

Steuernummer ①

Identifikationsnummer Prämienberechtigte(r)	Identifikationsnummer Ehegatte/Lebenspartner *

I. Angaben zur Person ②

Prämienberechtigte(r) (Familienname, Vorname)	Geburtsdatum
Ehegatte/Lebenspartner * (Familienname, Vorname)	Geburtsdatum
Wohnsitz des/der Prämienberechtigten bei Antragstellung (Straße, Hausnummer, Postleitzahl, Ort)	Telefonnummer

Für das Sparjahr 2017 besteht Anspruch auf Wohnungsbauprämie als ☐ Alleinstehende(r) ② ☐ Ehegatten/Lebenspartner * ②

II. Aufwendungen, für die eine Prämie beantragt wird

Für vermögenswirksame Leistungen, für die Anspruch auf Arbeitnehmer-Sparzulage besteht, wird keine Prämie gewährt. ③

Bei Beiträgen an Bausparkassen zur Erlangung von Baudarlehen kann eine Prämie nur gewährt werden, wenn die an dieselbe Bausparkasse geleisteten Beiträge (ohne vermögenswirksame Leistungen, für die Anspruch auf Arbeitnehmer-Sparzulage besteht) mindestens 50 Euro betragen haben. Werden Beiträge zugunsten eines zertifizierten Altersvorsorgevertrages den Altersvorsorgebeiträgen zugeordnet, handelt es sich bei allen Beiträgen zu diesem Vertrag bis zu den in § 10a Abs. 1 des Einkommensteuergesetzes genannten Höchstbeträgen um keine prämienbegünstigte Aufwendungen.

Vertragsnummer	Abschlussdatum Monat/Jahr	Aufwendungen 2017 (ohne vermögenswirksame Leistungen) lt. Kontoauszug (auf volle Euro aufgerundet) mit Anspruch auf		Bei Überschreitung des Höchstbetrags Prämiengewährung für ⑤	nachrichtlich: vermögenswirksame Leistungen
		Prämienauszahlung ④	Prämienvormerkung ④		
1	2	3	4	5	6

Die nachfolgenden Angaben sind für die Ermittlung der Prämie erforderlich.

☐ Ich (wir) beantrage(n) die **Einbeziehung der vermögenswirksamen Leistungen** in die prämienbegünstigten Aufwendungen durch die Bausparkasse, weil das maßgebende zu versteuernde Einkommen über 17.900 Euro (Alleinstehende) bzw. 35.800 Euro (Ehegatten/Lebenspartner *) liegt und deshalb **kein Anspruch auf Arbeitnehmer-Sparzulage** besteht. Bitte unbedingt Erläuterung ③ beachten.

Für das Sparjahr 2017 habe(n) ich (wir) bereits eine Wohnungsbauprämie bei einer (einem) anderen Bausparkasse (Unternehmen) beantragt, aber den prämienbegünstigten Höchstbetrag (512/1.024 Euro) noch nicht voll ausgeschöpft ⑥ :

☐ nein ☐ ja. Ich (wir) habe(n) bereits Aufwendungen in Höhe von _____ Euro geltend gemacht.

III. Einkommensverhältnisse

Eine Wohnungsbauprämie kann für 2017 nur gewährt werden, wenn das maßgebende zu versteuernde Einkommen dieses Sparjahres bestimmte Grenzen nicht übersteigt.

Ich (wir) erkläre(n), dass ich (wir) nach meinen (unseren) Einkommensverhältnissen Anspruch auf Wohnungsbauprämie für 2017 habe(n), weil mein (unser) maßgebendes zu versteuerndes Einkommen nicht mehr als 25.600/51.200 Euro beträgt. ⑦

Ich stimme dem Prämienantrag als Ehegatte/Lebenspartner * oder als gesetzlicher Vertreter zu. ⑧

Datum	Prämienberechtigte(r)	Ehegatte/Lebenspartner *	gesetzl. Vertreter/in

Unterschrift – ggf. auch des Ehegatten/Lebenspartners * nicht vergessen!
Die Angaben in diesem Antrag werden nach §§ 4, 4a des Wohnungsbau-Prämiengesetzes erhoben.

* nach dem Lebenspartnerschaftsgesetz (LPartG)

Vor Ausfüllen des Antrages beachten Sie bitte die Erläuterungen

Unterschrift nicht vergessen

009100914/60 – W. Kohlhammer GmbH Deutscher Gemeindeverlag GmbH (17/050)

Erläuterungen
zum Antrag auf Wohnungsbauprämie für das Kalenderjahr 2017
(Die in einen Kreis gesetzten Zahlen beziehen sich auf die entsprechenden Zahlen im Antragsvordruck.)

Der Antrag muss spätestens bis zum 31. Dezember 2019 bei der Bausparkasse abgegeben werden, an die die Aufwendungen geleistet worden sind.

① Sofern Sie zur Einkommensteuer veranlagt werden, geben Sie bitte die Steuernummer an, unter der die Veranlagung zur Einkommensteuer durchgeführt wird. Bitte geben Sie auch Ihre Identifikationsnummer und ggf. die Ihres Ehegatten/Lebenspartners nach dem LPartG an.

② **Prämienberechtigt** für 2017 sind alle unbeschränkt einkommensteuerpflichtigen Personen, die vor dem 2.1.2002 geboren oder Vollwaisen sind. Unbeschränkt einkommensteuerpflichtig sind natürliche Personen, die in der Bundesrepublik Deutschland ansässig sind (Wohnsitz oder gewöhnlicher Aufenthalt), oder die im Ausland ansässig sind und zu einer inländischen juristischen Person des öffentlichen Rechts in einem Dienstverhältnis stehen und dafür Arbeitslohn aus einer inländischen öffentlichen Kasse beziehen.

Alleinstehende sind alle Personen, die 2017 nicht verheiratet / verpartnert waren, und Ehegatten / Lebenspartner nach dem LPartG, die keine Höchstbetragsgemeinschaft bilden.

Ehegatten / Lebenspartnern nach dem LPartG steht der gemeinsame Höchstbetrag zu (Höchstbetragsgemeinschaft), wenn sie beide mindestens während eines Teils des Kalenderjahres 2017 miteinander verheiratet / verpartnert waren, nicht dauernd getrennt gelebt haben, unbeschränkt einkommensteuerpflichtig waren und sie nicht die Einzelveranlagung zur Einkommensteuer wählen. Sie gelten als zusammenveranlagte Ehegatten/ Lebenspartner nach dem LPartG, auch wenn keine Veranlagung durchgeführt worden ist. Ehegatten / Lebenspartner nach dem LPartG, die keine Höchstbetragsgemeinschaft bilden, gelten als Alleinstehende.

③ Bausparbeiträge, die vermögenswirksame Leistungen sind, werden vorrangig durch Gewährung einer Arbeitnehmer-Sparzulage gefördert. Eine Einbeziehung vermögenswirksamer Leistungen in die prämienbegünstigten Aufwendungen kommt deshalb nur in Betracht, wenn Sie keinen Anspruch auf Arbeitnehmer-Sparzulage haben. Ein Anspruch auf Arbeitnehmer-Sparzulage besteht, wenn das maßgebende zu versteuernde Einkommen **unter Berücksichtigung der Freibeträge für Kinder** ⑦ nicht mehr als 17.900 Euro bei Alleinstehenden ② bzw. 35.800 Euro bei zusammenveranlagten Ehegatten / Lebenspartnern nach dem LPartG ② beträgt. Sind diese Einkommensgrenzen überschritten, können Sie im Rahmen der prämienbegünstigten Höchstbeträge (512 / 1.024 Euro) ⑥ für diese vermögenswirksamen Leistungen Wohnungsbauprämie beanspruchen.

④ Die Wohnungsbauprämie wird regelmäßig nur ermittelt und vorgemerkt.

Die Auszahlung der angesammelten Wohnungsbauprämien an die Bausparkasse – zugunsten Ihres Bausparvertrags – erfolgt grundsätzlich erst bei wohnungswirtschaftlicher Verwendung des Bausparvertrags. Für Bausparbeiträge, die auf Bausparverträge erst nach wohnungswirtschaftlicher Verwendung des Bausparvertrags geleistet worden sind, wird die Wohnungsbauprämie bereits bei Bearbeitung des Prämienantrags an die Bausparkasse – zugunsten Ihres Bausparvertrags – ausgezahlt.

Für Bausparverträge, die vor dem 1.1.2009 abgeschlossen wurden und für die bis zum 31.12.2008 mindestens ein Beitrag in Höhe der Regelsparrate entrichtet wurde, erfolgt die Auszahlung der Wohnungsbauprämie an die Bausparkasse – zugunsten Ihres Bausparvertrags –, wenn der Bausparvertrag zugeteilt, die Festlegungsfrist von 7 Jahren seit Abschluss des Bausparvertrags überschritten oder unschädlich über den Bausparvertrag verfügt worden ist. Für Bausparbeiträge, die auf bereits zugeteilte Bausparverträge bzw. erst nach Ablauf der Festlegungsfrist von 7 Jahren seit Abschluss des Bausparvertrags geleistet worden sind, wird die Wohnungsbauprämie bereits nach Bearbeitung des Prämienantrags an die Bausparkasse – zugunsten Ihres Bausparvertrags – ausgezahlt.

⑤ Haben Sie mehrere Verträge, aufgrund derer prämienbegünstigte Aufwendungen im Sinne des Wohnungsbau-Prämiengesetzes geleistet werden und **überschreiten Ihre Beiträge den Höchstbetrag** ⑥, müssen Sie erklären, für welche Beiträge Sie die Prämie erhalten wollen. Für die im Antrag unter II. aufgeführten Aufwendungen können Sie eine Prämie allerdings nur insoweit beanspruchen, als Sie oder Ihr Ehegatte / Lebenspartner nach dem LPartG den Höchstbetrag noch nicht anderweitig ausgeschöpft haben, z. B. durch bereits bei einer anderen Bausparkasse oder einem anderen Unternehmen geltend gemachte Aufwendungen. **Tragen Sie deshalb bitte die Beiträge, für die Sie die Prämie beanspruchen, bis zu dem Ihnen höchstens noch zustehenden Betrag, in die dafür unter II. vorgesehene Spalte 5 ein.**

⑥ Bausparbeiträge und andere Aufwendungen im Sinne des Wohnungsbau-Prämiengesetzes sind **insgesamt** nur bis zu einem Höchstbetrag von 512 Euro bei Alleinstehenden ② bzw. 1.024 Euro bei zusammenveranlagten Ehegatten / Lebenspartnern nach dem LPartG ② prämienbegünstigt.

⑦ Eine Wohnungsbauprämie für das Jahr 2017 kann nur gewährt werden, wenn das zu versteuernde Einkommen des Jahres 2017 die Einkommensgrenze nicht überschreitet ist. Deswegen kann eine Wohnungsbauprämie nur ermittelt werden, wenn Sie eine entsprechende Erklärung abgeben. Die maßgebliche Einkommensgrenze für Alleinstehende ② beträgt 25.600 Euro, für zusammenveranlagte Ehegatten / Lebenspartner nach dem LPartG ② 51.200 Euro. Haben Ehegatten / Lebenspartner nach dem LPartG für 2017 die Einzelveranlagung gewählt, gilt für jeden die Einkommensgrenze von 25.600 Euro. Für die Ermittlung des für das Wohnungsbau-Prämiengesetz maßgebenden zu versteuernden Einkommens sind für die steuerlich zu berücksichtigenden Kinder stets die Freibeträge für Kinder für das gesamte Sparjahr abzuziehen. Dies gilt auch, wenn bei Ihrer Einkommensteuerveranlagung nicht die Freibeträge für Kinder berücksichtigt wurden, weil Sie Anspruch auf Kindergeld haben. Der Kinderfreibetrag beträgt in der Regel für Alleinstehende ② 2.358 Euro und für zusammenveranlagte Ehegatten / Lebenspartner nach dem LPartG ② 4.716 Euro; der Freibetrag für den Betreuungs- und Erziehungs- oder Ausbildungsbedarf des Kindes beträgt in der Regel für Alleinstehende ② 1.320 Euro und für zusammenveranlagte Ehegatten / Lebenspartner nach dem LPartG ② 2.640 Euro. Soweit in Ihrem Einkommensteuerbescheid schon die Freibeträge für Kinder berücksichtigt sind, dürfen diese nicht nochmals abgezogen werden. Ihr zu versteuerndes Einkommen können Sie aus Ihrem Einkommensteuerbescheid für 2017 entnehmen. Sollte dieser Bescheid noch nicht vorliegen, können Sie anhand der folgenden Erläuterungen eine überschlägige Prüfung selbst vornehmen.

Die Prämiengewährung für 2017 muss nicht ausgeschlossen sein, wenn der Bruttoarbeitslohn bei Arbeitnehmern in 2017 mehr als 25.600 / 51.200 Euro betragen hat. Der nachstehenden Tabelle können Sie entnehmen, bis zu welchem in 2017 bezogenen Bruttoarbeitslohn Ihnen eine Wohnungsbauprämie gewährt werden kann.

Bruttoarbeitslohn 2017 in Euro
(unter Berücksichtigung der dem Arbeitnehmer zustehenden Pausch- und Freibeträge und der Voraussetzung, dass keine anderen Einkünfte vorliegen)

rentenversicherungspflichtiger Arbeitnehmer
(z. B. Arbeiter und Angestellte)

Alleinstehende

		Dem Elternteil steht ein Entlastungsbetrag für Alleinerziehende zu [1]
kein Kind	31.297	
1 Kind	35.514	37.749
2 Kinder	39.823	42.339
3 Kinder	44.312	46.930

Ehegatten / Lebenspartner

	Von oben bei beiden ist Arbeitslohn	Beide sind Arbeitnehmer
kein Kind	60.578	62.593
1 Kind	68.294	71.028
2 Kinder	76.150	79.645
3 Kinder	83.509	88.263

nicht rentenversicherungspflichtiger Arbeitnehmer
(z. B. Beamte, Richter, Berufssoldaten [2])

Alleinstehende

		Dem Elternteil steht ein Entlastungsbetrag für Alleinerziehende zu
kein Kind	28.536	
1 Kind	32.214	34.122
2 Kinder	35.892	38.040
3 Kinder	39.570	41.958

Ehegatten / Lebenspartner

	Von oben bei beiden ist Arbeitslohn	Beide sind Arbeitnehmer
kein Kind	55.272	57.072
1 Kind	62.628	64.428
2 Kinder	69.984	71.784
3 Kinder	77.340	79.140

[1] Alleinstehende Steuerpflichtige können einen Entlastungsbetrag abziehen, wenn zu ihrem Haushalt mindestens ein Kind gehört, für das ihnen ein Freibetrag nach § 32 Absatz 6 EStG oder Kindergeld zusteht.
[2] mit eigenem Aufwendungen zur Kranken- und Pflegepflichtversicherung von 1.600 Euro / 3.800 Euro pro Jahr (bei alleinverdienenden Ehegatten / Lebenspartnern 3.000 Euro ·)

Die in der Tabelle angegebenen Beträge können sich im Einzelfall noch erhöhen, wenn höhere Abzüge (z. B. Versorgungs-Freibetrag, Werbungskosten oberhalb der Pauschbeträge, zusätzliche Sonderausgaben beispielsweise aufgrund eines kasseninidividuellen Zusatzbeitragssatzes zur gesetzlichen Krankenversicherung, außergewöhnliche Belastungen) zu berücksichtigen sind.

Die angegebenen Beträge können sich allerdings auch verringern, wenn Sie noch weitere Einkünfte haben, bzw. in der gesetzlichen Rentenversicherung die Bezugsbemessungsgrundlage Ost anzuwenden ist.

Weitere Einkünfte sind z. B. Einkünfte aus Land- und Forstwirtschaft, aus Gewerbebetrieb, aus selbständiger Arbeit, aus Vermietung und Verpachtung sowie die sonstigen Einkünfte nach § 22 Einkommensteuergesetz (EStG), insbesondere der bei der Besteuerung unterliegende Teil der Renten aus der gesetzlichen Rentenversicherung. Einkünfte aus Kapitalvermögen, die der abgeltenden Kapitalertragsteuer nach § 43 Absatz 5 EStG (sog. Abgeltungsteuer) bzw. dem gesonderten Steuertarif nach § 32d Absatz 1 Satz 1 EStG unterliegen, bleiben dabei unberücksichtigt.

⑧ Der Antrag auf Wohnungsbauprämie ist vom Prämienberechtigten eigenhändig zu unterschreiben. Bei Ehegatten / Lebenspartnern nach dem LPartG, die eine Höchstbetragsgemeinschaft ② bilden, muss jeder Ehegatte/ Lebenspartner nach dem LPartG den Antrag unterschreiben. Bei minderjährigen Prämienberechtigten ist auch die Unterschrift des gesetzlichen Vertreters erforderlich.

An (Unternehmen)

Eingangsstempel des Unternehmens

(Anschrift des/der Prämienberechtigten)

Antrag auf Wohnungsbauprämie 2017
für Aufwendungen i.S.d. § 2 Abs. 1 Nr. 2–4 WoPG

Abgabe eines Antrags je Unternehmen spätestens bis zum 31. Dezember 2019

Zutreffendes bitte ankreuzen ⊠ oder ausfüllen
Die in einen Kreis gesetzten Zahlen verweisen auf die **Erläuterungen.**

Steuernummer

Zuständiges Finanzamt ①

Identifikationsnummer Prämienberechtigte (r)	Identifikationsnummer Ehegatte/Lebenspartner *

I. Angaben zur Person ②

Prämienberechtigte (r) (Familienname, Vorname, ggf. Geburtsname)	Geburtsdatum
Ehegatte/Lebenspartner * (Familienname, Vorname, ggf. Geburtsname)	Geburtsdatum
Wohnsitz des/der Prämienberechtigten bei Antragstellung (Straße, Hausnummer, Postleitzahl, Ort)	Telefonnummer

Weiterer Wohnsitz des/der Prämienberechtigten und/oder abweichender Wohnsitz des Ehegatten/des Lebenspartners * bei Antragstellung

Familienstand	verheiratet/ver-partnert seit	verwitwet seit	geschieden/aus-getragen seit	dauernd getrennt lebend seit	Finanzamt, bei dem zuletzt eine Wohnungsbauprämie beantragt wurde
ledig					

II. Aufwendungen, für die eine Prämie beantragt wird
Für vermögenswirksame Leistungen, für die ein Anspruch auf Arbeitnehmer-Sparzulage besteht, wird keine Prämie gewährt. ③

Vertragsnummer	Abschlussdatum Monat/Jahr	Aufwendungen 2017 (ohne ver-mögenswirksame Leistungen) auf volle Euro aufgerundet	Bei Überschreitung des Höchstbetrags Prämien-gewährung für ④	nachrichtlich; vermögenswirksame Leistungen	**Nicht vom Sparer auszufüllen!**
1	2	3	4	5	**Eintragungen des Unternehmens**
					Wir bestätigen die Richtigkeit der nebenstehenden Angaben
					(Unterschrift)

☐ Ich (wir) beantrage(n) die **Einbeziehung der vermögenswirksamen Leistungen** in die prämienbegünstigten Aufwendungen durch das Unternehmen, weil aufgrund des maßgebenden zu versteuernden Einkommens (s. Rückseite IV.) **kein Anspruch auf Arbeitnehmer-Sparzulage** besteht. **Bitte unbedingt Erläuterung ③ beachten.**

Eintragungen des Finanzamtes

1. Es wird eine Prämie von ☐_____ Euro festgesetzt. Die Prämie ist auszuzahlen.

2. ☐ Über die Ablehnung/Teilablehnung ist ein Bescheid zu erteilen: erl. _____
(Tag, Namensz.)

3. Eintragung in Sammelliste Nr. _____
(Tag, Namensz.)

4. Zu den _____ Akten.

_____ _____ _____ _____
(Sachgebietsleiter/in)   (Datum)   (Bearbeiter/in)   (Datum)

00910/0915/60 – W. Kohlhammer GmbH Deutscher Gemeindeverlag GmbH (17050)

Vor Ausfüllen des Antrages beachten Sie bitte die Erläuterungen

Vermerke
des Finanzamts

III. Einkommensverhältnisse

Eine Wohnungsbauprämie kann für 2017 nur gewährt werden, wenn das zu versteuernde Einkommen (ggf. unter Berücksichtigung von Freibeträgen für Kinder) dieses Jahres bestimmte Grenzen nicht übersteigt. ⑤
Die nachfolgenden Angaben sind für die Prüfung des Prämienanspruchs erforderlich.

Finanzamt, Steuernummer

1. ☐ Ein Einkommensteuerbescheid ist für 2017 vom
erteilt worden. Danach beträgt das maßgebende zu versteuernde Einkommen des Kalenderjahres 2017
bei Alleinstehenden oder bei Ehegatten/Lebens-
partnern *, die die Einzelveranlagung zur

Einkommensteuer gewählt haben: ②   ☐ mehr als   ☐ nicht mehr als   25.600 Euro

bei Zusammenveranlagung: ②   ☐ mehr als   ☐ nicht mehr als   51.200 Euro

2. **(Nur ausfüllen, wenn 1. nicht zutrifft)** ⑥
Eine Einkommensteuererklärung für 2017

☐ ist abgegeben. ☐ wird noch abgegeben.   ☐ wird nicht abgegeben.

Für eine zügige Bearbeitung sind vollständige Angaben zu a. oder b. erforderlich.

a. ☐ Ein Einkommensteuerbescheid ist für 2016

Finanzamt, Steuernummer

vom   erteilt worden. Danach beträgt das zu

versteuernde Einkommen des Kalenderjahres 2016

bei Alleinstehenden: ☐ mehr als   ☐ nicht mehr als   23.300 Euro

                                       ☐ mehr als   ☐ nicht mehr als   46.600 Euro

bei Zusammenveranlagung:
Hat sich Ihr Einkommen in 2017 gegenüber 2016 um mehr als 10% erhöht? ☐ Ja   ☐ Nein
(weiter bei Abschnitt IV.)

b. ☐ Eine Einkommensteuererklärung für 2016

☐ ist abgegeben. ☐ wird noch abgegeben.   ☐ wird nicht abgegeben.

Einkünfte 2017:   Bruttoarbeitslohn: Euro

Art und Höhe

weitere Einkünfte: ⑦   Euro

IV. Einbeziehung der vermögenswirksamen Leistungen ③

(Ausfüllen, wenn unter II. für die vermögenswirksamen Leistungen Wohnungsbauprämie beantragt wird)
Das nach III. 1. oder III. 2. zugrunde zu legende zu versteuernde Einkommen beträgt

bei Alleinstehenden: ☐ mehr als 17.900 Euro,

bei Zusammenveranlagung: ☐ mehr als 35.800 Euro

V. Weitere Aufwendungen im Sinne des Wohnungsbau-Prämiengesetzes ⑥

Hinweis: Keine Eintragung erforderlich, soweit die weiteren Aufwendungen vermögenswirksame Leistungen sind, für die Anspruch auf Arbeitnehmer-Sparzulage besteht. Falls Sie oder mit Ihnen zusammenveranlagter Ehegatte/Lebenspartner * im Kalenderjahr 2017 noch andere prämienbegünstigte Aufwendungen im Sinne des Wohnungsbau-Prämiengesetzes geleistet haben (z.B. Bausparbeiträge), machen Sie dazu bitte die folgenden Angaben:

Für das Sparjahr 2017 habe(n) ich (wir) bereits eine Wohnungsbauprämie bei einem (einer) anderen Unternehmen (Bausparkasse) beantragt, aber den prämienbegünstigten Höchstbetrag (512/1.024 Euro) noch nicht voll ausgeschöpft:

☐ nein   ☐ ja. Ich (wir) habe(n) bereits Aufwendungen in Höhe von   Euro geltend gemacht.

Ich stimme dem Prämienantrag als Ehegatte/Lebenspartner * oder als gesetzlicher Vertreter zu. ⑨

Datum   Prämienberechtigte(r) **Unterschrift** –   Ehegatte/Lebenspartner *   gesetzl. Vertreter/in
ggf. auch des Ehegatten/Lebenspartners * – nicht vergessen!

Die Angaben in diesem Antrag werden nach § 88 der Abgabenordnung in Verbindung mit § 8 des Wohnungsbau-Prämiengesetzes erhoben.

* nach dem Lebenspartnerschaftsgesetz (LPartG)

Unterschrift nicht vergessen

Erläuterungen
zum Antrag auf Wohnungsbauprämie für das Kalenderjahr 2017

(Die in einen Kreis gesetzten Zahlen beziehen sich auf die entsprechenden Zahlen im Antragsvordruck.)
Der Antrag muss spätestens bis zum 31. Dezember 2019 bei der Bausparkasse abgegeben werden, an die die Aufwendungen geleistet worden sind.

① **Zuständiges Finanzamt** ist für Sie das im Zeitpunkt der Antragstellung für Ihre Veranlagung zur Einkommensteuer zuständige Finanzamt. Bitte geben Sie dieses Finanzamt auch dann an, wenn Sie keine Einkommensteuererklärung abgeben. Geben Sie bitte auch Ihre Identifikationsnummer und ggf. die Ihres Ehegatten / Lebenspartners nach dem LPartG an.

② **Prämienberechtigt** für 2017 sind alle unbeschränkt einkommensteuerpflichtigen Personen, die vor dem 2.1.2002 geboren oder Vollwaisen sind. Unbeschränkt einkommensteuerpflichtig sind natürliche Personen, die in der Bundesrepublik Deutschland ansässig sind (Wohnsitz oder gewöhnlicher Aufenthalt), oder die im Ausland ansässig sind und zu einer inländischen juristischen Person des öffentlichen Rechts in einem Dienstverhältnis stehen und dafür Arbeitslohn aus einer inländischen öffentlichen Kasse beziehen.

Alleinstehende sind alle Personen, die 2017 nicht verheiratet / verpartnert waren, und Ehegatten / Lebenspartner nach dem LPartG, die keine Höchstbetragsgemeinschaft bilden.

Ehegatten / Lebenspartnern nach dem LPartG steht ein gemeinsamer Höchstbetrag zu (Höchstbetragsgemeinschaft), wenn sie beide mindestens während eines Teils des Kalenderjahres 2017 miteinander verheiratet / verpartnert waren, nicht dauernd getrennt gelebt haben, unbeschränkt einkommensteuerpflichtig waren und sie nicht die Einzelveranlagung zur Einkommensteuer wählen. Sie gelten als zusammenveranlagte Ehegatten, auch wenn keine Veranlagung durchgeführt worden ist. Ehegatten / Lebenspartner nach dem LPartG, die keine Höchstbetragsgemeinschaft bilden, gelten als Alleinstehende.

③ **Aufwendungen**, die vermögenswirksame Leistungen sind, werden vorrangig durch Gewährung einer Arbeitnehmer-Sparzulage gefördert. Eine Einbeziehung vermögenswirksamer Leistungen in die prämienbegünstigten Aufwendungen kommt deshalb nur in Betracht, wenn Sie keinen Anspruch auf Arbeitnehmer-Sparzulage haben. Ein Anspruch auf Arbeitnehmer-Sparzulage besteht, wenn das maßgebende zu versteuernde Einkommen **unter Berücksichtigung der Freibeträge für Kinder** ⑤ nicht mehr als 17.900 Euro bei Alleinstehenden ② bzw. 35.800 Euro bei zusammenveranlagten Ehegatten / Lebenspartnern nach dem LPartG ② beträgt. Überschreiten Sie die Einkommensgrenzen, können Sie im Rahmen der prämienbegünstigten Höchstbeträge (512/1.024 Euro) ⑧ für diese vermögenswirksamen Leistungen Wohnungsbauprämie beanspruchen.

④ Haben Sie mehrere Verträge, aufgrund derer prämienbegünstigte Aufwendungen im Sinne des Wohnungsbau-Prämiengesetzes geleistet werden und **überschreiten** Ihre Beiträge **den Höchstbetrag** ⑧, müssen Sie erklären, für welche Beiträge Sie die Prämie erhalten wollen. Für die im Antrag unter II. aufgeführten Aufwendungen können Sie eine Prämie allerdings nur insoweit beanspruchen, als Sie oder Ihr Ehegatte / Lebenspartner nach dem LPartG den Höchstbetrag noch nicht anderweitig ausgeschöpft haben, z. B. durch bereits bei anderen Unternehmen oder einer Bausparkasse geltend gemachte Aufwendungen. Tragen Sie deshalb bitte die Beiträge, für die Sie **die Prämie beanspruchen**, bis zu dem Ihnen höchstens noch zustehenden Betrag, in die dafür unter II. vorgesehene Spalte 4 ein.

⑤ Eine Wohnungsbauprämie für das Jahr 2017 kann nur gewährt werden, wenn das zu versteuernde Einkommen des Jahres 2017 die Einkommensgrenze nicht überschritten hat. Die maßgebliche Einkommensgrenze für Alleinstehende ② beträgt 25.600 Euro, für zusammenveranlagte Ehegatten / Lebenspartner nach dem LPartG ② 51.200 Euro. Haben Ehegatten / Lebenspartner nach dem LPartG für 2017 die Einzelveranlagung gewählt, gilt für jeden die Einkommensgrenze von 25.600 Euro. Für die Ermittlung des für das Wohnungsbau-Prämiengesetz **maßgebenden zu versteuernden Einkommens sind** für die steuerlich zu berücksichtigenden Kinder stets die Freibeträge für Kinder für das gesamte Sparjahr abzuziehen. Dies gilt auch, wenn bei Ihrer Einkommensteuerveranlagung nicht die Freibeträge für Kinder berücksichtigt wurden, weil Sie Anspruch auf Kindergeld haben. Der Kinderfreibetrag beträgt in der Regel für Alleinstehende ② 2.358 Euro und für zusammenveranlagte Ehegatten / Lebenspartner nach dem LPartG ② 4.716 Euro; der Freibetrag für den Betreuungs- und Erziehungs- oder Ausbildungsbedarf des Kindes beträgt in der Regel für Alleinstehende ② 1.320 Euro und für zusammenveranlagte Ehegatten / Lebenspartner nach dem LPartG ② 2.640 Euro. Soweit in Ihrem Einkommensteuerbescheid schon die Freibeträge für Kinder berücksichtigt sind, dürfen diese nicht nochmals abgezogen werden. Die zu versteuernden Einkommen können Sie aus Ihrem Einkommensteuerbescheid für 2017 entnehmen. Sollte dieser Bescheid noch nicht vorliegen, können Sie anhand der folgenden Erläuterungen eine überschlägige Prüfung selbst vornehmen.

Die Prämiengewährung für 2017 muss immer ausgeschlossen sein, wenn der Bruttoarbeitslohn bei Arbeitnehmern in 2017 mehr als 25.600 / 51.200 Euro betragen hat. Der nachstehenden Tabelle können Sie entnehmen, bis zu welchem in 2017 bezogenen Bruttoarbeitslohn Ihnen eine Wohnungsbauprämie gewährt werden kann.

Bruttoarbeitslohn 2017 in Euro
(unter Berücksichtigung der dem Arbeitnehmer zustehenden Pausch- und Freibeträge und der Voraussetzung, dass keine anderen Einkünfte vorliegen)

rentenversicherungspflichtiger Arbeitnehmer
(z. B. Arbeiter und Angestellte)

Alleinstehende		Dem Elternteil steht ein Entlastungsbetrag für Alleinstehende zu [1]
kein Kind	31.297	
1 Kind	35.514	37.749
2 Kinder	39.823	42.339
3 Kinder	44.132	46.930

Ehegatten / Lebenspartner	Einer von beiden ist Arbeitnehmer	Beide sind Arbeitnehmer
kein Kind	60.578	62.593
1 Kind	68.294	71.028
2 Kinder	76.150	79.645
3 Kinder	83.509	88.262

nicht rentenversicherungspflichtiger Arbeitnehmer
(z. B. Beamte, Richter, Berufssoldaten [2])

Alleinstehende		Dem Elternteil steht ein Entlastungsbetrag für Alleinstehende zu
kein Kind	28.536	
1 Kind	32.214	34.122
2 Kinder	35.892	38.040
3 Kinder	39.570	41.958

Ehegatten / Lebenspartner	Einer von beiden ist Arbeitnehmer	Beide sind Arbeitnehmer
kein Kind	55.272	57.072
1 Kind	62.628	64.428
2 Kinder	69.984	71.784
3 Kinder	77.340	79.140

[1] Verheiratete Steuerpflichtige können einen Entlastungsbetrag abziehen, wenn zu ihrem Haushalt mindestens ein Kind gehört, für das ihnen ein Freibetrag nach § 32 Absatz 6 EStG oder Kindergeld zusteht. [2] mit eigenen Aufwendungen zur Kranken- und Pflegepflichtversicherung von 1.900 Euro / 3.600 Euro pro Jahr (bei alleinverdienenden Ehegatten / Lebenspartnern 3.000 Euro -)

Die in der Tabelle angegebenen Beträge können sich im Einzelfall noch erhöhen, wenn höhere Abzüge (z. B. Versorgungs-Freibetrag, Werbungskosten oberhalb der Pauschbeträge, zusätzliche Sonderausgaben beispielsweise aufgrund eines kassenindividuellen Zusatzbeitragssatzes zur gesetzlichen Krankenversicherung, außergewöhnliche Belastungen) zu berücksichtigen sind.

Die angegebenen Beträge können sich allerdings auch verringern, wenn Sie noch weitere Einkünfte haben, bzw. in der gesetzlichen Rentenversicherung die Beitragsbemessungsgrenze Ost überschritten ist.

⑥ Falls Sie zum Zeitpunkt der Antragstellung noch keinen Einkommensteuerbescheid erhalten haben, machen Sie bitte die zusätzlichen Angaben über Ihre Einkommensverhältnisse. Hierdurch wird gewährleistet, dass das Finanzamt Ihren Antrag ohne weitere Rückfragen bearbeiten kann.

⑦ Weitere Einkünfte sind z. B. Einkünfte aus Land- und Forstwirtschaft, aus Gewerbebetrieb, aus selbständiger Arbeit, aus Vermietung und Verpachtung sowie die sonstigen Einkünfte nach § 22 Einkommensteuergesetz (EStG), insbesondere der der Besteuerung unterliegende Teil der Renten aus der gesetzlichen Rentenversicherung. Einkünfte aus Kapitalvermögen, die der abgeltenden Kapitalertragsteuer nach § 43 Absatz 5 EStG (sog. Abgeltungsteuer) bzw. dem gesonderten Steuertarif nach § 32d Absatz 1 Satz 1 EStG unterliegen, bleiben dabei unberücksichtigt.

⑧ Bausparbeiträge und andere Aufwendungen im Sinne des Wohnungsbau-Prämiengesetzes sind **insgesamt** nur bis zu einem Höchstbetrag von 512 Euro bei Alleinstehenden ② bzw. 1.024 Euro bei zusammenveranlagten Ehegatten / Lebenspartnern nach dem LPartG ② prämienbegünstigt. Für die im Antrag unter II. aufgeführten Aufwendungen besteht ein Prämienanspruch nur, soweit Sie die genannten Höchstbeträge noch nicht ausgeschöpft haben.

Der Antrag auf Wohnungsbauprämie ist vom Prämienberechtigten eigenhändig zu unterschreiben. Bei Ehegatten / Lebenspartnern nach dem LPartG, die eine Höchstbetragsgemeinschaft ② bilden, muss jeder Ehegatte / Lebenspartner nach dem LPartG den Antrag unterschreiben. Bei minderjährigen Prämienberechtigten ist auch die Unterschrift des gesetzlichen Vertreters erforderlich.

Übersicht

I. Verordnung über die örtliche Zuständigkeit für die Einkommensteuer von im Ausland ansässigen Arbeitnehmern des Baugewerbes (Arbeitnehmer-Zuständigkeitsverordnung – Bau – ArbZustBauV)

II. Verordnung über die örtliche Zuständigkeit für die Umsatzsteuer im Ausland ansässiger Unternehmer (Umsatzsteuerzuständigkeitsverordnung – UStZustV)

I.
Verordnung über die örtliche Zuständigkeit für die Einkommensteuer von im Ausland ansässigen Arbeitnehmern des Baugewerbes (Arbeitnehmer-Zuständigkeitsverordnung – Bau – ArbZustBauV)

Artikel 6 des Gesetzes vom 30. 8. 2001 (BGBl. I S. 2267)
geändert durch Artikel 62b des Gesetzes zur Bereinigung von Bundesrecht im Zuständigkeitsbereich des Bundesministeriums der Finanzen und zur Änderung des Münzgesetzes vom 8. 5. 2008 (BGBl. I S. 810)

§ 1

[1]Für die Einkommensteuer des Arbeitnehmers, der von einem Unternehmer im Sinne des § 20a Abs. 1 oder 2 der Abgabenordnung im Inland beschäftigt ist und der seinen Wohnsitz im Ausland hat, ist das in § 1 Abs. 1 oder 2 der Umsatzsteuerzuständigkeitsverordnung für seinen Wohnsitzstaat genannte Finanzamt zuständig. [2]Hat der Arbeitnehmer eines in der Republik Polen ansässigen Unternehmens im Sinne des § 20a Abs. 1 oder 2 der Abgabeordnung seinen Wohnsitz in der Republik Polen, ist für seine Einkommensteuer abweichend von Satz 1 das Finanzamt zuständig, das für seinen Arbeitgeber zuständig ist.

§ 2

Diese Verordnung tritt am 7. September 2001 in Kraft.

II.
Verordnung über die örtliche Zuständigkeit für die Umsatzsteuer im Ausland ansässiger Unternehmer (Umsatzsteuerzuständigkeitsverordnung – UStZustV)

vom 20. 12. 2001 (BGBl. I S. 3794, 3814)
zuletzt geändert *durch Artikel 2 der Vierten Verordnung zur Änderung steuerlicher Verordnungen vom 12. 7. 2017 (BGBl. I S. 2360, BStBl I S. 892)*

§ 1

(1) Für die Umsatzsteuer der Unternehmer im Sinne des § 21 Abs. 1 Satz 2 der Abgabenordnung sind folgende Finanzämter örtlich zuständig:

1. das Finanzamt Trier für im Königreich Belgien ansässige Unternehmer,
2. das Finanzamt Neuwied für in der Republik Bulgarien ansässige Unternehmer,
3. das Finanzamt Flensburg für im Königreich Dänemark ansässige Unternehmer,
4. das Finanzamt Rostock für in der Republik Estland ansässige Unternehmer,
5. das Finanzamt Bremen für in der Republik Finnland ansässige Unternehmer,
6. das Finanzamt Offenburg für in der Französischen Republik *und im Fürstentum Monaco* ansässige Unternehmer,[1]
7. das Finanzamt Hannover-Nord für im Vereinigten Königreich Großbritannien und Nordirland *sowie auf der Insel Man* ansässige Unternehmer,[2]
8. das Finanzamt Berlin Neukölln für in der Griechischen Republik ansässige Unternehmer,
9. das Finanzamt Hamburg-Nord für in der Republik Irland ansässige Unternehmer,
10. das Finanzamt München für in der Italienischen Republik ansässige Unternehmer,
11. das Finanzamt Kassel-Hofgeismar für in der Republik Kroatien ansässige Unternehmer,
12. das Finanzamt Bremen für in der Republik Lettland ansässige Unternehmer,

---

1) § 1 Abs. 1 Nr. 6 und Nr. 7 UStZustV wurde durch Artikel 2 der Vierten Verordnung zur Änderung steuerlicher Verordnungen (Inkrafttreten 20. 7. 2017) geändert.
2) § 1 Abs. 1 Nr. 6 und Nr. 7 UStZustV wurde durch Artikel 2 der Vierten Verordnung zur Änderung steuerlicher Verordnungen (Inkrafttreten 20. 7. 2017) geändert.

13. das Finanzamt Konstanz für im Fürstentum Liechtenstein ansässige Unternehmer,

14. das Finanzamt Mühlhausen für in der Republik Litauen ansässige Unternehmer,

15. das Finanzamt Saarbrücken Am Stadtgraben für im Großherzogtum Luxemburg ansässige Unternehmer,

16. das Finanzamt Berlin Neukölln für in der Republik Mazedonien ansässige Unternehmer,

17. das Finanzamt Kleve für im Königreich der Niederlande ansässige Unternehmer,

18. das Finanzamt Bremen für im Königreich Norwegen ansässige Unternehmer,

19. das Finanzamt München für in der Republik Österreich ansässige Unternehmer,

20. *für in der Republik Polen ansässige Unternehmer*

    a) das Finanzamt Hameln, wenn der Nachname oder der Firmenname des Unternehmers mit den Buchstaben A bis G beginnt;

    b) das Finanzamt Oranienburg, wenn der Nachname oder der Firmenname des Unternehmers mit den Anfangsbuchstaben H bis M beginnt;

    c) das Finanzamt Cottbus, wenn der Nachname oder der Firmenname des Unternehmers mit den Anfangsbuchstaben N bis Ż beginnt;

    d) ungeachtet der Regelungen in den Buchstaben a bis c das Finanzamt Cottbus für alle Unternehmer, auf die das Verfahren nach § 18 Absatz 4e des Umsatzsteuergesetzes anzuwenden ist,[2]

21. das Finanzamt Kassel-Hofgeismar für in der Portugiesischen Republik ansässige Unternehmer,

22. das Finanzamt Chemnitz-Süd für in Rumänien ansässige Unternehmer,

23. das Finanzamt Magdeburg für in der Russischen Föderation ansässige Unternehmer,

24. das Finanzamt Hamburg-Nord für im Königreich Schweden ansässige Unternehmer,

25. das Finanzamt Konstanz für in der Schweizerischen Eidgenossenschaft ansässige Unternehmer,

26. das Finanzamt Chemnitz-Süd für in der Slowakischen Republik ansässige Unternehmer,

27. das Finanzamt Kassel-Hofgeismar für im Königreich Spanien ansässige Unternehmer,

28. das Finanzamt Oranienburg für in der Republik Slowenien ansässige Unternehmer,

29. das Finanzamt Chemnitz-Süd für in der Tschechischen Republik ansässige Unternehmer,

30. das Finanzamt Dortmund-Unna für in der Republik Türkei ansässige Unternehmer,

31. das Finanzamt Magdeburg für in der Ukraine ansässige Unternehmer,

32. das Zentralfinanzamt Nürnberg für in der Republik Ungarn ansässige Unternehmer,

33. das Finanzamt Magdeburg für in der Republik Weißrussland ansässige Unternehmer,

34. das Finanzamt Bonn-Innenstadt für in den Vereinigten Staaten von Amerika ansässige Unternehmer.

(2) Für die Umsatzsteuer der Unternehmer im Sinne des § 21 Abs. 1 Satz 2 der Abgabenordnung, die nicht von Absatz 1 erfasst werden, ist das Finanzamt Berlin Neukölln zuständig.

---

[1] *§ 1 Abs. 1 Nr. 20 UStZustV wurde durch Artikel 5 der Dritten Verordnung zur Änderung steuerlicher Verordnungen vom 18. 7. 2016 (BGBl. I S. 1722) neu gefasst. Artikel 5 tritt an dem Tag in Kraft, an dem die technischen und organisatorischen Voraussetzungen für einen Übergang der Zuständigkeit auf das Finanzamt Hameln entsprechend Artikel 5 dieser Verordnung vorliegen, frühestens am 1. 9. 2017. Der Tag des Inkrafttretens ist vom BMF gesondert im BGBl. bekannt zu geben → Artikel 11 Abs. 3 der Dritten Verordnung zur Änderung steuerlicher Verordnungen.*

[2] *§ 1 Abs. 1 Nr. 20 UStZustV wurde durch Artikel 6 der Dritten Verordnung zur Änderung steuerlicher Verordnungen vom 18. 7. 2016 (BGBl. I S. 1722) wie folgt gefasst:*

„20. für in der Republik Polen ansässige Unternehmer

a) das Finanzamt Hameln, wenn der Nachname oder der Firmenname des Unternehmers mit den Buchstaben A bis G beginnt;

b) das Finanzamt Oranienburg, wenn der Nachname oder der Firmenname des Unternehmers mit den Anfangsbuchstaben H bis IL beginnt;

c) das Finanzamt Cottbus, wenn der Nachname oder der Firmenname des Unternehmers mit den Anfangsbuchstaben M bis R beginnt;

d) das Finanzamt Nördlingen, wenn der Nachname oder der Firmenname des Unternehmers mit den Anfangsbuchstaben S bis Ż beginnt;

e) ungeachtet der Regelungen in den Buchstaben a bis d das Finanzamt Cottbus für alle Unternehmer, auf die das Verfahren nach § 18 Absatz 4e des Umsatzsteuergesetzes anzuwenden ist,"

Artikel 6 tritt an dem Tag in Kraft, an dem die technischen und organisatorischen Voraussetzungen für einen Übergang der Zuständigkeit auf das Finanzamt Nördlingen entsprechend Artikel 6 dieser Verordnung vorliegen, frühestens am 1. 6. 2018. Der Tag des Inkrafttretens ist vom BMF gesondert im BGBl. bekannt zu geben → Artikel 11 Abs. 4 der Dritten Verordnung zur Änderung steuerlicher Verordnungen.

(2a) Abweichend von den Absätzen 1 und 2 ist für die Unternehmer, die von § 18 Abs. 4c des Umsatzsteuergesetzes Gebrauch machen, das Bundeszentralamt für Steuern zuständig.

(3) Die örtliche Zuständigkeit nach § 61 Abs. 1 Satz 1 der Umsatzsteuer-Durchführungsverordnung für die Vergütung der abziehbaren Vorsteuerbeträge an im Ausland ansässige Unternehmer bleibt unberührt.

§ 2

Diese Verordnung tritt am Tage nach ihrer Verkündung in Kraft.

Übersicht

I. Elektronische Lohnsteuerabzugsmerkmale;
Erstmaliger Abruf der elektronischen Lohnsteuerabzugsmerkmale durch den Arbeitgeber
und Anwendungsgrundsätze für den Einführungszeitraum 2013
BMF vom 25. 7. 2013 (BStBl I S. 943)

II. Elektronische Lohnsteuerabzugsmerkmale (ELStAM);
Lohnsteuerabzug ab dem Kalenderjahr 2013 im Verfahren der elektronischen Lohnsteuer-
abzugsmerkmale
BMF vom 7. 8. 2013 (BStBl I S. 951)

I.
Elektronische Lohnsteuerabzugsmerkmale (ELStAM);
Erstmaliger Abruf der elektronischen Lohnsteuerabzugsmerkmale
durch den Arbeitgeber und Anwendungsgrundsätze
für den Einführungszeitraum 2013

BMF vom 25. 7. 2013 (BStBl I S. 943) – IV C 5 – S 2363/13/10003 – 2013/0634146

Nach § 52b EStG in der Fassung des Gesetzes zur Umsetzung der Amtshilferichtlinie
sowie zur Änderung steuerlicher Vorschriften (Amtshilferichtlinie-Umsetzungsgesetz –
AmtshilfeRLUmsG) vom 26. Juni 2013 (BGBl. I S. 1809) sind im Einvernehmen mit den obersten
Finanzbehörden der Länder für den Lohnsteuerabzug ab dem Kalenderjahr 2013 die folgenden
Regelungen zu beachten:

Inhaltsübersicht

I. Starttermin

Mit Schreiben vom 19. Dezember 2012 – IV C 5 – S 2363/07/0002-03 – / – 2012/1170782 –
(BStBl I S. 1258, ELStAM-Startschreiben) hat das Bundesministerium der Finanzen als Starttermin für das Verfahren der elektronischen Lohnsteuerabzugsmerkmale (ELStAM-Verfahren)
den 1. November 2012 festgelegt. Ab diesem Zeitpunkt können die Arbeitgeber die ELStAM
der Arbeitnehmer mit Wirkung ab dem 1. Januar 2013 abrufen. Der Arbeitgeber hat das
ELStAM-Verfahren grundsätzlich für laufenden Arbeitslohn, der für einen nach dem 31. Dezember 2012 endenden Lohnzahlungszeitraum gezahlt wird, und für sonstige Bezüge, die nach
dem 31. Dezember 2012 zufließen, anzuwenden.

II. Einführungszeitraum für das ELStAM-Verfahren

Nach der Regelung in § 52b Absatz 5 Satz 2 EStG ist für die Einführung des ELStAM-Verfahrens ein Zeitraum zu bestimmen (Einführungszeitraum). Auf der Grundlage dieser Vorschrift

wird hiermit das Kalenderjahr 2013 als Einführungszeitraum bestimmt. Damit wird insbesondere den Arbeitgebern ein längerer Umstellungszeitraum auf das ELStAM-Verfahren angeboten, um auch eventuelle technische und organisatorische Probleme, die bei einem gleichzeitigen Einstieg aller Arbeitgeber zu einem festen Termin entstehen könnten, zu vermeiden. Daraus folgt auch, dass der Arbeitgeber die ELStAM spätestens für den letzten im Kalenderjahr 2013 endenden Lohnzahlungszeitraum abzurufen und anzuwenden hat. Ein Abruf mit Wirkung ab 2014 ist verspätet.

Weil im Einführungszeitraum das Lohnsteuerabzugsverfahren nach Maßgabe der Regelungen für das Papierverfahren oder für das ELStAM-Verfahren durchgeführt werden kann, sind abweichend vom BMF-Schreiben vom 7. August 2013 – IV C 5 S 2363/13/10003 / – 2013/0755076 – (BStBl I S. 951) die folgenden Regelungen zu beachten.

III. Arbeitgeber

1. Papierverfahren im Einführungszeitraum

Solange der Arbeitgeber im Einführungszeitraum das ELStAM-Verfahren nicht anwendet, sind für den Lohnsteuerabzug folgende Papierbescheinigungen zugrunde zu legen:

1. Die Lohnsteuerkarte 2010 oder
2. eine vom Finanzamt nach § 52b Absatz 3 EStG ausgestellte Bescheinigung für den Lohnsteuerabzug 2011, 2012 oder 2013 (Ersatzbescheinigung 2011, 2012, 2013).

Sind von den unter Nummer 1 und 2 genannten Papierbescheinigungen abweichende Lohnsteuerabzugsmerkmale anzuwenden, kann sie der Arbeitnehmer anhand folgender amtlicher Bescheinigungen nachweisen:

1. Mitteilungsschreiben des Finanzamts zur „Information über die erstmals elektronisch gespeicherten Daten für den Lohnsteuerabzug (Elektronische Lohnsteuerabzugsmerkmale)" nach § 52b Absatz 9 EStG i. d. F. des Jahres 2012,
2. Ausdruck oder sonstige Papierbescheinigung des Finanzamts mit den ab dem 1. Januar 2012 oder zu einem späteren Zeitpunkt im Übergangszeitraum 2012 und Einführungszeitraum 2013 gültigen ELStAM oder
3. Besondere Bescheinigung für den Lohnsteuerabzug (Tz. III. 2.) aufgrund abweichender Meldedaten (§ 52b Absatz 5a Satz 3 EStG bis zur Bereitstellung der ELStAM nach Aufhebung der Abrufsperre, längstens bis zum Ablauf der Gültigkeit (§ 52b Absatz 5a Satz 4 und 5 EStG.

Die in den vor dem 1. Januar 2013 ausgestellten Ausdrucken oder sonstigen Papierbescheinigungen eingetragenen Lohnsteuerabzugsmerkmale (Steuerklasse, Zahl der Kinderfreibeträge, Freibetrag, Hinzurechnungsbetrag, Kirchensteuerabzugsmerkmal, Faktor) bleiben weiterhin gültig und sind dem Lohnsteuerabzug im Einführungszeitraum zugrunde zu legen (§ 52b Absatz Satz 1 und Absatz 3 EStG. Ein erneuter Antrag des Arbeitnehmers ist hierfür nicht erforderlich.

Das Mitteilungsschreiben des Finanzamts nach § 52b Absatz 9 EStG i. d. F. des Jahres 2012 ist nur dann für den Arbeitgeber maßgebend, wenn ihm gleichzeitig die Lohnsteuerkarte 2010 oder die Ersatzbescheinigung 2011 für das erste Dienstverhältnis des Arbeitnehmers vorliegt (Steuerklassen I bis V). Hingegen ist der Ausdruck bzw. die sonstige Papierbescheinigung des Finanzamts mit den ab dem 1. Januar 2012 oder zu einem späteren Zeitpunkt im Einführungszeitraum 2013 gültigen Lohnsteuerabzugsmerkmalen für den Arbeitgeber maßgebend, wenn ihm gleichzeitig die Lohnsteuerkarte 2010 oder die Ersatzbescheinigung 2011, 2012, 2013 für das erste Dienstverhältnis des Arbeitnehmers vorliegt (Steuerklassen I bis V).

Legt der Arbeitnehmer ein Mitteilungsschreiben des Finanzamts nach § 52b Absatz 9 EStG i. d. F. des Jahres 2012, einen Ausdruck bzw. eine sonstige Papierbescheinigung des Finanzamts oder eine Besondere Bescheinigung für den Lohnsteuerabzug dem Arbeitgeber zum Zweck der Berücksichtigung beim Lohnsteuerabzug vor, sind allein die ausgewiesenen Lohnsteuerabzugsmerkmale auf der zuletzt ausgestellten amtlichen Bescheinigung für den Lohnsteuerabzug maßgebend. Sämtliche auf einer Lohnsteuerkarte 2010 oder einer zu einem früheren Zeitpunkt ausgestellten Ersatzbescheinigung 2011, 2012, 2013 oder an einem oder zu einem früheren Zeitpunkt ausgestellten amtlichen Bescheinigung eingetragenen Lohnsteuerabzugsmerkmale werden überschrieben. Diese vereinfachte Nachweismöglichkeit besteht auch dann, wenn der Arbeitnehmer im Kalenderjahr 2013 in ein neues erstes Dienstverhältnis wechselt.

Somit sind die zuletzt eingetragenen Lohnsteuerabzugsmerkmale – unabhängig von der eingetragenen Gültigkeit – vom Arbeitgeber zunächst auch noch für das Lohnsteuerabzugsverfahren im Einführungszeitraum zu berücksichtigen. Der Arbeitgeber braucht nicht zu prüfen, ob die Voraussetzungen für die einzelnen Lohnsteuerabzugsmerkmale dem Grunde bzw. der Höhe nach noch vorliegen.

Zur Verpflichtung des Arbeitgebers zur Entgegennahme und Aufbewahrung der vom Finanzamt ausgestellten Papierbescheinigungen vgl. Tz. III. 9.

Ist auf der Lohnsteuerkarte 2010 eine Lohnsteuerbescheinigung erteilt und die Lohnsteuerkarte an den Arbeitnehmer herausgegeben worden, kann der Arbeitgeber bei fortbestehendem Dienstverhältnis die Lohnsteuerabzugsmerkmale der Lohnsteuerkarte 2010 im Einführungszeitraum 2013 weiter anwenden, wenn der Arbeitnehmer schriftlich bestätigt, dass die Lohnsteuerabzugsmerkmale der Lohnsteuerkarte 2010 auch weiterhin für den Lohnsteuerabzug im Einführungszeitraum 2013 zutreffend sind (§ 52b Absatz 1 Satz 5 EStG). Eine amtliche Bescheinigung ist hierfür nicht vorgesehen, so dass eine formlose Erklärung des Arbeitnehmers als Nachweis ausreicht. Diese schriftliche Bestätigung ist als Beleg zum Lohnkonto zu nehmen.

Für unbeschränkt einkommensteuerpflichtige ledige Arbeitnehmer, die im Kalenderjahr 2013 während des Einführungszeitraums im Ausbildungsverhältnis als erstes Dienstverhältnis beginnen, kann der Arbeitgeber die Vereinfachungsregelung des § 52b Absatz 4 EStG anwenden. In diesen Fällen kann der Arbeitgeber den Lohnsteuerabzug ohne Vorlage einer Lohnsteuerkarte 2010 oder Ersatzbescheinigung 2011, 2012, 2013 nach der Steuerklasse I vornehmen. Dazu hat der Auszubildende seinem Arbeitgeber die Identifikationsnummer, den Tag der Geburt und ggf. die rechtliche Zugehörigkeit zu einer steuererhebenden Religionsgemeinschaft mitzuteilen und schriftlich zu bestätigen, dass es sich um ein erstes Dienstverhältnis handelt.

Wurde die vorstehende Vereinfachungsregelung bereits im Kalenderjahr 2011 oder 2012 in Anspruch genommen, kann im Einführungszeitraum 2013 die Lohnsteuer weiterhin nach der Steuerklasse I ermittelt werden. Voraussetzung hierfür ist eine schriftliche Bestätigung des Auszubildenden, dass es sich weiterhin um sein erstes Dienstverhältnis handelt.

2. Bescheinigung bei unzutreffenden ELStAM und Sperrung des Arbeitgeberabrufs (Besondere Bescheinigung für den Lohnsteuerabzug)

Bei Einführung des ELStAM-Verfahrens bzw. dem erstmaligen Abruf der ELStAM durch den Arbeitgeber kann nicht ausgeschlossen werden, dass die Finanzverwaltung für den Arbeitnehmer aufgrund fehlerhafter Meldedaten materiell unzutreffende ELStAM bereitstellt, da die Finanzämter nicht befugt sind, in der ELStAM-Datenbank gespeicherte Meldedaten zu ändern. Es können auch aus anderen Gründen unzutreffende ELStAM gespeichert sein, deren Berichtigung aus technischen Gründen nicht zeitnah möglich ist.

Hat das Finanzamt in diesen Fällen eine Besondere Bescheinigung für den Lohnsteuerabzug ausgestellt (§ 52b Absatz 5a Satz 3 EStG, Tz. V. 2.), wird der Arbeitgeberabruf gesperrt, sog. Vollsperrung. Meldet der Arbeitgeber oder sein Vertreter den Arbeitnehmer trotz erfolgter Sperrung an, erhält er die Mitteilung „Keine Anmeldeberechtigung". Die Regelungen des § 39e Absatz 6 Satz 8 EStG (Lohnsteuerabzug nach Steuerklasse VI) sind nicht anzuwenden, wenn der Arbeitnehmer dem Arbeitgeber die Besondere Bescheinigung für den Lohnsteuerabzug vorgelegt hat.

Der Arbeitgeber darf die Lohnsteuerabzugsmerkmale dieser Besonderen Bescheinigung für den Lohnsteuerabzug nur dann für den angegebenen Zeitraum anwenden, wenn ihm die Lohnsteuerkarte 2010 oder eine Ersatzbescheinigung 2011, 2012, 2013 des Arbeitnehmers mit einer der Steuerklassen I bis V (erstes Dienstverhältnis) vorliegt. Zur Anwendung der kalenderjahrbezogen bescheinigten Lohnsteuerabzugsmerkmale vgl. Tz. V. 2.

Erfolgte die Sperrung der ELStAM vor dem erstmaligen Abruf durch den Arbeitgeber, hat der Arbeitnehmer und nicht das Finanzamt dem Arbeitgeber die Aufhebung der Sperrung mitzuteilen (Tz. IV und V. 2.). Dazu hat der Arbeitnehmer seinem Arbeitgeber das Informationsschreiben seines Wohnsitzfinanzamts über die Aufhebung der Sperrung auszuhändigen. Aufgrund dieser Mitteilung hat der Arbeitgeber den beschäftigten Arbeitnehmer erstmalig in der ELStAM-Datenbank anzumelden (Tz. III. 4.) und die entsprechenden ELStAM abzurufen. Diese Grundsätze gelten auch bei einem Arbeitgeberwechsel während der Dauer der Sperrung.

Hat das Finanzamt die ELStAM nach ihrem erstmalgen Abruf gesperrt, wird dem Arbeitgeber die Aufhebung der Sperrung durch Bereitstellung sog. Änderungslisten automatisch mitgeteilt. Daraufhin hat der Arbeitgeber die bereitgestellten ELStAM abzurufen und ab der dem Abruf folgenden Lohnabrechnung anzuwenden.

3. Unzutreffende ELStAM aus anderen Gründen

Bei unzutreffenden ELStAM, die auf vom Finanzamt zu bildenden Merkmalen beruhen (z. B. Freibetrag aus dem Lohnsteuerermäßigungsverfahren, Steuerklassenkombination bei Ehegatten, Beantragung der Steuerklasse II), korrigiert das Finanzamt auf Veranlassung des Arbeitnehmers die ELStAM in der Datenbank. Daraufhin werden dem Arbeitgeber die zutreffenden ELStAM zur Verfügung gestellt.

Nimmt das Finanzamt die Korrektur vor dem erstmaligen Abruf vor (z. B. bei Feststellung des Fehlers im Rahmen des Ermäßigungsverfahrens), werden dem Arbeitgeber beim erstmaligen Abruf die zutreffenden ELStAM bereitgestellt. Der vom Finanzamt in diesem Fall ausgestellte Ausdruck der ELStAM (Tz. V. 2) kann auch vor dem erstmaligen Arbeitgeberabruf nach den Grundsätzen der Tz. III. 1 dem Lohnsteuerabzug zugrunde gelegt werden.

Nimmt das Finanzamt die Korrektur nach dem erstmaligen Abruf vor, werden dem Arbeitgeber die zutreffenden ELStAM bereitgestellt (sog. Änderungsmitteilung), die rückwirkend auf den Zeitpunkt des erstmaligen Abrufs angewendet werden können. Zur Beschleunigung der Korrektur eines unzutreffenden Lohnsteuerabzugs kann der in diesem Fall ausgestellte Ausdruck der ELStAM (Tz. V. 2.) vor dem Abruf der korrigierten ELStAM nach den Grundsätzen der Tz. III. 1. dem Lohnsteuerabzug zugrunde gelegt werden.

4. Erstmaliger Einsatz des ELStAM-Verfahrens nach dem Starttermin

Nach dem Starttermin hat der Arbeitgeber oder sein Vertreter die beschäftigten Arbeitnehmer im Einführungszeitraum für den Einsatz des ELStAM-Verfahrens in der ELStAM-Datenbank anzumelden. Dazu soll der Arbeitgeber sämtliche Arbeitnehmer einer lohnsteuerlichen Betriebsstätte zeitgleich in das ELStAM-Verfahren einbeziehen. Um den Arbeitgebern den Einstieg in das ELStAM-Verfahren zu erleichtern, bestehen abweichend davon aber keine Bedenken, die Arbeitnehmer im Einführungszeitraum auch stufenweise (zu verschiedenen Zeitpunkten) in das ELStAM-Verfahren zu überführen. Wählt der Arbeitgeber diese Möglichkeit, hat er für den Lohnsteuerabzug – bezogen auf die jeweilige Betriebsstätte – sowohl die Regelungen für das Papierverfahren als auch für das ELStAM-Verfahren zu beachten.

Der Arbeitgeber soll dem Arbeitnehmer den Zeitpunkt für die erstmalige Anwendung der ELStAM zeitnah mitteilen. Eine Mitteilung des erstmaligen Abrufs der ELStAM gegenüber dem Betriebsstättenfinanzamt ist nicht erforderlich. Bei der Anmeldung in der ELStAM-Datenbank hat der Arbeitgeber auch anzugeben, ob es sich um ein erstes oder ein weiteres Dienstverhältnis des Arbeitnehmers handelt. Diese Angaben sind für die programmgesteuerte Bildung der Lohnsteuerklasse erforderlich.

Ein erstes Dienstverhältnis darf der Arbeitgeber während des Einführungszeitraums nur anmelden, wenn ihm für den betreffenden Arbeitnehmer

– die Lohnsteuerkarte 2010 oder

– eine vom Finanzamt ausgestellte Bescheinigung für den Lohnsteuerabzug 2011, 2012 oder 2013 (Ersatzbescheinigung 2011, 2012, 2013)

mit einer der Steuerklassen I bis V vorliegt

oder wenn

– er im Rahmen der Vereinfachungsregelung für Auszubildende (§ 52b Absatz 4 EStG) den Lohnsteuerabzug ohne Vorlage einer Lohnsteuerkarte 2010 oder einer Ersatzbescheinigung nach der Steuerklasse I vorgenommen hat oder

– er die Lohnsteuerabzugsmerkmale der Lohnsteuerkarte 2010 nach § 52b Absatz 1 Satz 5 EStG aufgrund einer Erklärung des Arbeitnehmers weiter angewendet hat (§ 52b Absatz 5 Satz 5 EStG.

Diese Grundsätze gelten – mit Ausnahme der Fälle des § 52b Absatz 1 Satz 5 EStG (Anwendung der Lohnsteuerabzugsmerkmale 2010 ohne Lohnsteuerkarte) – auch bei Begründung eines neuen Dienstverhältnisses im Einführungszeitraum. Für unbeschränkt einkommensteuerpflichtige ledige Arbeitnehmer, die im Einführungszeitraum nach Einstieg des Arbeitgebers in das ELStAM-Verfahren ein Ausbildungsverhältnis als erstes Dienstverhältnis beginnen, kann der Arbeitgeber ein erstes Dienstverhältnis ohne Vorlage einer Lohnsteuerkarte 2010 oder einer Ersatzbescheinigung anmelden, wenn der Auszubildende seinem Arbeitgeber dies entsprechend schriftlich bestätigt.

5. ELStAM bei verschiedenen Lohnarten[1]

Auch wenn der Arbeitgeber verschiedenartige Bezüge zahlt, sind diese aufgrund des Grundsatzes eines einheitlichen Dienstverhältnisses zu einem Arbeitgeber zusammenzurechnen. In den folgenden Fällen handelt es sich um ein einheitliches Dienstverhältnis, so dass die Lohnsteuer für die Bezüge einheitlich und nach denselben ELStAM zu erheben ist. Der Abruf von ELStAM für ein zweites Dienstverhältnis des Arbeitnehmers durch denselben Arbeitgeber ist nicht möglich.

---

[1] Zum Wahlrecht des Arbeitgebers zur Vornahme des Lohnsteuerabzugs bei verschiedenartigen Bezügen ab VZ 2017 → § 39e Abs. 5a EStG

Beispiele für die Zahlung verschiedenartiger Bezüge:

- Ein Arbeitnehmer erhält vom Arbeitgeber neben einer Betriebsrente noch Arbeitslohn für ein aktives Dienstverhältnis; die Lohnsteuer wird nicht pauschal erhoben.

- Ein Arbeitnehmer erhält vom Arbeitgeber Hinterbliebenenbezüge und eigene Versorgungsbezüge oder Arbeitslohn für ein aktives Dienstverhältnis.

- Ein Arbeitnehmer ist in Elternzeit und arbeitet gleichwohl beim selben Arbeitgeber weiter.

Behandelt der Arbeitgeber solche Bezüge bei der Durchführung des Lohnsteuerabzugs wie Bezüge aus unterschiedlichen Dienstverhältnissen, sind für Lohnabrechnungszeiträume, die vor dem 1. Januar 2015 enden, bzw. für sonstige Bezüge, die vor dem 1. Januar 2015 zufließen, die vom Arbeitgeber abgerufenen ELStAM für einen der gezahlten Bezüge anzuwenden. Für den jeweils anderen Bezug ist die Steuerklasse VI ohne weiteren Abruf von ELStAM für ein zweites Dienstverhältnis zu Grunde zu legen. Für den Lohnsteuereinbehalt von Versorgungsbezügen nach der Steuerklasse VI ist § 39b Absatz 2 Satz 5 Nummer 1 EStG zu berücksichtigen, wonach kein Zuschlag zum Versorgungsfreibetrag anzusetzen ist. Die Lohnsteuerbescheinigung ist entsprechend den getrennt abgerechneten Bezügen auszustellen und an die Finanzverwaltung zu übermitteln.

6. Anwendung der abgerufenen ELStAM

Nach erfolgreichem Abruf der ELStAM hat der Arbeitgeber für die angemeldeten Arbeitnehmer die Vorschriften des ELStAM-Verfahrens (§§ 38 bis 39e EStG, Regelverfahren) anzuwenden. Danach sind die vom Arbeitgeber oder seinem Vertreter abgerufenen ELStAM grundsätzlich für die nächste auf den Abrufzeitpunkt folgende Lohnabrechnung anzuwenden und im Lohnkonto aufzuzeichnen (§§ 52b Absatz 5 Satz 3, 41 Absatz 1 Satz 2 EStG; Ausnahme vgl. Tz. III. 7.).

Eine erneute Anwendung der Lohnsteuerabzugsmerkmale nach der Lohnsteuerkarte 2010 sowie der vom Finanzamt ausgestellten Ersatzbescheinigung 2011, 2012, 2013 und nach den weiteren unter Tz. III. 1. genannten Papierbescheinigungen ist grundsätzlich nicht mehr möglich (§ 52b Absatz 5a Satz 1 und 2 EStG; Ausnahme vgl. Tz. III. 7.). Dieser Grundsatz ist auch dann zu beachten, wenn ein späterer Abruf oder eine spätere Anwendung der ELStAM aufgrund technischer Störungen nicht möglich ist. In diesen Fällen sind die Regelungen des § 39c EStG (Einbehaltung der Lohnsteuer ohne Lohnsteuerabzugsmerkmale) anzuwenden.

Scheitert allerdings der erstmalige Abruf der ELStAM während des Einführungszeitraums aufgrund technischer Probleme, kann der Arbeitgeber bis zum vorletzten Lohnzahlungszeitraum des Einführungszeitraums weiterhin das Papierverfahren und die Regelungen des § 52b EStG anwenden.

Weichen die erstmals abgerufenen ELStAM von den auf der Lohnsteuerkarte 2010, einer vom Finanzamt ausgestellten Ersatzbescheinigung 2011, 2012, 2013 und den weiteren unter Tz. III. 1. genannten den Papierbescheinigungen eingetragenen bzw. im Lohnkonto aufgezeichneten Lohnsteuerabzugsmerkmalen ab, besteht für den Arbeitgeber weder eine Korrekturpflicht nach § 41c Absatz 1 Satz 1 Nummer 1 EStG noch eine Anzeigepflicht nach § 41c Absatz 4 i. V. m. Absatz 1 Satz 1 Nummer 1 EStG, da er bei Berücksichtigung der vom Arbeitnehmer vorgelegten Lohnsteuerkarte 2010, der vom Finanzamt ausgestellten Ersatzbescheinigung 2011, 2012, 2013 und den weiteren unter Tz. III. 1. genannten Papierbescheinigungen vorschriftsmäßig gehandelt hat. Abweichungen können z. B. dann auftreten, wenn der Arbeitnehmer seiner Anzeigeverpflichtung im Papierverfahren bei Änderungen der Lohnsteuerabzugsmerkmale zu seinen Ungunsten nicht nachgekommen ist (z. B. Steuerklasse III oder II anstatt I).

7. Verzicht auf sofortige Anwendung der abgerufenen ELStAM

Nichtanwendung der erstmals abgerufenen ELStAM

Abweichend von Tz. III. 6 kann der Arbeitgeber nach § 52b Absatz 5a Satz 7 EStG auf eine sofortige Anwendung der im Einführungszeitraum erstmals abgerufenen ELStAM einmalig verzichten. Statt dessen kann er den Lohnsteuerabzug für die Dauer von bis zu sechs Kalendermonaten weiter nach den Merkmalen der Lohnsteuerkarte 2010, einer vom Finanzamt ausgestellten Ersatzbescheinigung für den Lohnsteuerabzug 2011, 2012 2013 und der weiteren unter Tz. III. 1. genannten Papierbescheinigung bzw. nach den im Lohnkonto aufgezeichneten Lohnsteuerabzugsmerkmalen durchführen. Der 6-Monats-Zeitraum gilt auch dann, wenn dieser über das Ende des Einführungszeitraums (31. Dezember 2013) hinausreicht.

Für eine verzögerte Anwendung der erstmals abgerufenen ELStAM ist die Zustimmung des Arbeitnehmers erforderlich. Der Arbeitgeber ist nicht verpflichtet, solch eine betriebsinterne Abstimmung lohnsteuerlich zu dokumentieren; es sind keine Aufzeichnungen im Lohnkonto erforderlich.

In diesem 6-Monats-Zeitraum kann der Arbeitgeber insbesondere die Funktionsfähigkeit der eingesetzten Lohnabrechnungsprogramme absichern. Ferner ermöglicht diese Regelung, dass der Arbeitgeber dem Arbeitnehmer die abgerufenen ELStAM zur Überprüfung vorab mitteilt. Hierfür– aber auch für eine spätere Prüfung der ELStAM – stellt die Finanzverwaltung einen Vordruck (Vordruck „Bescheinigung zur Überprüfung der elektronischen Lohnsteuerabzugsmerkmale (ELStAM)") im Internetangebot der obersten Finanzbehörden der Länder und in einer Formulardatenbank der Bundesfinanzverwaltung unter der Internetadresse https://www.formulare-bfinv.de in der Rubrik Formularcenter/Formularkatalog/Steuerformulare/Lohnsteuer zur Einsicht und zum Abruf bereit.

Nichtanwendung der erstmals abgerufenen ELStAM nach erstmaligem Lohnsteuerabzug

Der Arbeitgeber kann ferner nach § 52b Absatz 5a Satz 7 und 8 EStG und abweichend von Tz. III. 6 auf freiwilliger Basis und mit Zustimmung des Arbeitnehmers den Lohnsteuerabzug nach den Merkmalen der Lohnsteuerkarte 2010 oder einer vom Finanzamt ausgestellten Ersatzbescheinigung 2011, 2012, 2013 und die weiteren unter Tz. III. 1. genannten Papierbescheinigung bzw. nach den im Lohnkonto aufgezeichneten Lohnsteuerabzugsmerkmalen für die Dauer von bis zu sechs Kalendermonaten durchführen, wenn die erstmalige Anwendung der im Einführungszeitraum erstmals abgerufenen ELStAM zu einem vom bisherigen Verfahren abweichenden Lohnsteuerabzug führt. In diesem Zeitraum kann der Arbeitnehmer mit dem Finanzamt die Abweichungen der ELStAM von den bislang berücksichtigten Lohnsteuerabzugsmerkmalen aufklären. Auch hierzu kann der Arbeitgeber dem Arbeitnehmer die Abweichungen zwischen den im Lohnkonto aufgezeichneten Lohnsteuerabzugsmerkmalen und den ELStAM durch den Vordruck „Bescheinigung zur Überprüfung der elektronischen Lohnsteuerabzugsmerkmale (ELStAM)" mitteilen.

Der 6-Monats-Zeitraum gilt auch dann, wenn dieser über das Ende des Einführungszeitraums (31. Dezember 2013) hinausreicht.

Lohnsteuerabzug nach Korrektur der ELStAM bzw. nach Ablauf des 6-Monats-Zeitraums

Nach Vorlage der Besonderen Bescheinigung für den Lohnsteuerabzug (z. B. bei unzutreffenden Meldedaten) durch den Arbeitnehmer oder nach Eingang einer sog. Änderungsmitteilung zum Abruf der vom Finanzamt korrigierten ELStAM hat der Arbeitgeber diese Merkmale entsprechend Tz. III. 2 bzw. III. 3 anzuwenden. Spätestens nach Ablauf des 6-Monats-Zeitraums hat der Arbeitgeber die (erstmals) abgerufenen ELStAM anzuwenden, wenn der Arbeitnehmer keine Besondere Bescheinigung für den Lohnsteuerabzug vorgelegt hat oder keine sog. Änderungsmitteilung zum Abruf der vom Finanzamt korrigierten ELStAM eingeht, z. B. weil die (erstmals) bereitgestellten ELStAM zutreffend sind.

Keine Rückrechnungsverpflichtung des Arbeitgebers

Wendet der Arbeitgeber die Regelungen des § 52b Absatz 5a Satz 7 und 8 EStG an, besteht für ihn weder eine Rückrechnungs-/Korrekturpflicht noch eine Anzeigeverpflichtung für den 6-Monats-Zeitraum bzw. auf den 1. Januar 2013 (vgl. Tz. III. 6.).

8. Beendigung des Dienstverhältnisses bei Anwendung des ELStAM-Verfahrens

Hat der Arbeitgeber die ELStAM des Arbeitnehmers bereits angewendet, hat der Arbeitgeber den Tag der Beendigung des Dienstverhältnisses (z. B. in Fällen des Arbeitgeberwechsels) der Finanzverwaltung unverzüglich mitzuteilen (sog. Abmeldung, § 39e Absatz 4 Satz 5 EStG). Eine solche elektronische Abmeldung ist auch dann erforderlich, wenn das Finanzamt den Arbeitgeberabruf gesperrt hat (vgl. Tz. III. 2.).

9. Entgegennahme und Aufbewahrung der Lohnsteuerkarte 2010/Papierbescheinigung(en)

Der Arbeitgeber hat auch im Einführungszeitraum die Lohnsteuerkarte 2010, Ersatzbescheinigung für 2011, 2012, 2013 und die weiteren der unter Tz. III. 1. genannten Papierbescheinigungen entgegenzunehmen, aufzubewahren sowie die darauf eingetragenen Lohnsteuerabzugsmerkmale in das Lohnkonto zu übernehmen. Die so aufgezeichneten Lohnsteuerabzugsmerkmale sind dem Lohnsteuerabzug im Einführungszeitraum bis zur erstmaligen Anwendung der ELStAM für den jeweiligen Arbeitnehmer zugrunde zu legen.

Auf Anforderung hat der Arbeitgeber dem Arbeitnehmer im Einführungszeitraum die vorgelegten Bescheinigungen (Tz. III. 1.) zur Änderung nicht mehr zutreffender Lohnsteuerabzugsmerkmale durch das Finanzamt vorübergehend zu überlassen oder nach Beendigung des Dienstverhältnisses vor Ablauf des Kalenderjahres 2014 innerhalb einer angemessenen Frist auszuhändigen (§ 52b Absatz 1 Satz 3 Nummer 2 und 3 EStG).

Die Lohnsteuerkarte 2010, Ersatzbescheinigung für 2011, 2012, 2013 und die weiteren unter Tz. III. 1. genannten Papierbescheinigungen dürfen erst nach Ablauf des Kalenderjahres 2014 vernichtet werden (§ 52b Absatz 1 Satz 4 EStG).

10. Härtefallregelung

Weil der Einführungszeitraum zum 31. Dezember 2013 endet, können Härtefallanträge auf Nichtteilnahme am ELStAM-Verfahren (§ 39e Absatz 7 EStG) für das Kalenderjahr 2013 frühestens mit Wirkung ab dem letzten Lohnzahlungszeitraum in 2013 gestellt werden. Bis zu diesem Zeitpunkt steht das Papierverfahren ohnehin zur Verfügung.

IV. Arbeitnehmer

Papierverfahren vor Einsatz des ELStAM-Verfahrens

Bis zum erstmaligen Einsatz des ELStAM-Verfahrens im Einführungszeitraum sind für den Nachweis der Lohnsteuerabzugsmerkmale die Regelungen für die Papierbescheinigungen in Tz. III. 1 zu beachten. Die Vereinfachungsregelung für Auszubildende nach § 52b Absatz 4 EStG kann weiterhin angewandt werden (Tz. III. 4.).

Sind aufgrund geänderter Lebensverhältnisse für das Kalenderjahr 2013 gegenüber den Verhältnissen des Jahres 2012 abweichende Lohnsteuerabzugsmerkmale (Freibetrag, Hinzurechnungsbetrag, Kirchensteuerabzugsmerkmal, Faktor) maßgebend, kann das Finanzamt auf Antrag des Arbeitnehmers die Lohnsteuerkarte 2010 oder die Ersatzbescheinigung für 2011 oder 2012, 2013 berichtigen. Weicht die Eintragung der Steuerklasse oder die Zahl der Kinderfreibeträge auf der Lohnsteuerkarte 2010, der Ersatzbescheinigung 2011 oder 2012 oder der weiteren unter Tz. III. 1. genannten Papierbescheinigung von den Verhältnissen zu Beginn des Kalenderjahres 2013 zu Gunsten des Arbeitnehmers ab oder ist die Steuerklasse II bescheinigt und entfallen die Voraussetzungen für die Berücksichtigung des Entlastungsbetrags für Alleinerziehende (§ 24b EStG) im Laufe des Kalenderjahres 2013, besteht auch im Jahr 2013 – wie bisher – eine Anzeigepflicht des Arbeitnehmers gegenüber dem Finanzamt (§ 52b Absatz 2 Satz 2 und 3 EStG).

Wechselt der Arbeitnehmer im Einführungszeitraum seinen Arbeitgeber, hat er sich die Lohnsteuerkarte 2010 oder die Ersatzbescheinigung 2011, 2012, 2013 sowie die weiteren unter Tz. III. 1. genannten Papierbescheinigungen vom bisherigen Arbeitgeber aushändigen zu lassen und dem neuen Arbeitgeber vorzulegen.

Lohnsteuerermäßigungsverfahren 2013

Für die Berücksichtigung von Freibeträgen nach § 39a Absatz 1 Satz 1 Nummer 1 bis 3 und 5 bis 8 EStG ist zu beachten, dass die für die Kalenderjahre 2010, 2011 oder 2012 bescheinigten Beträge in 2013 ohne weiteren Antrag nur für den Zeitraum des Papierverfahrens bis zum Einsatz des ELStAM-Verfahrens im Einführungszeitraum gelten.

Entspricht ein für das Kalenderjahr 2010, 2011 oder 2012 eingetragener Freibetrag im Kalenderjahr 2013 nicht mehr den tatsächlichen Verhältnissen, z. B. Minderung des Freibetrags aufgrund geringerer Fahrtkosten für Fahrten zwischen Wohnung und regelmäßiger Arbeitsstätte als Werbungskosten, ist der Arbeitnehmer zwar nicht verpflichtet, die Anpassung des Freibetrags auf den dem Arbeitgeber vorliegenden Bescheinigungen (Tz. III. 1.) zu veranlassen. Unterbleibt jedoch ein Antrag auf Herabsetzung des Freibetrags, kann dies zu Nachzahlungen im Rahmen der Einkommensteuerveranlagung führen.

Sollen Freibeträge auch bei Anwendung der ELStAM durch den Arbeitgeber in 2013 (weiter) berücksichtigt werden, sind diese grundsätzlich im Rahmen des Lohnsteuerermäßigungsverfahrens für 2013 neu zu beantragen. Entsprechendes gilt für das Faktorverfahren (§ 39f EStG), die Steuerklasse II bei volljährigen Kindern sowie für antragsgebundene Kinderzähler, sofern nicht bereits für das Kalenderjahr 2012 eine mehrjährige Berücksichtigung des Kindes beantragt worden ist. Pauschbeträge für behinderte Menschen und Hinterbliebene werden weiterhin in der Regel mehrjährig berücksichtigt.

Korrektur der ELStAM nach Einsatz des ELStAM-Verfahrens

Stellt die Finanzverwaltung im Einführungszeitraum dem Arbeitgeber ELStAM bereit, die nach Auffassung des Arbeitnehmers unzutreffend sind, kann er beim Wohnsitzfinanzamt eine Berichtigung der ELStAM beantragen (vgl. Tz. III. 2 und 3.). Macht der Arbeitgeber von der Regelung in § 52b Absatz 5a Satz 7 und 8 EStG (Verzicht auf sofortige Anwendung der abgerufenen ELStAM) Gebrauch, bedarf dies der Zustimmung des Arbeitnehmers (Tz. III. 7.).

Zur Erleichterung der Kommunikation zwischen Arbeitnehmer und Finanzamt in Abweichungsfällen kann der Arbeitnehmer den Vordruck „Antrag auf Korrektur der elektronischen Lohnsteuerabzugsmerkmale (ELStAM)" verwenden, der im Internetangebot der obersten Finanzbehörden der Länder und in einer Formulardatenbank der Bundesfinanzverwaltung unter der Internetadresse https://www.formulare-bfinv.de in der Rubrik Formularcenter/Formularkatalog/Steuerformulare/Lohnsteuer zur Einsicht und zum Abruf bereit steht.

Auf die Verpflichtung des Arbeitnehmers, den Arbeitgeber über die vom Finanzamt mitgeteilte Aufhebung einer Abrufsperre zu informieren, wird hingewiesen (Tz. III. 2 und V. 2.).

V. Finanzamt

1. Lohnsteuerermäßigungsverfahren 2013

Sind beim Arbeitnehmer im Rahmen des Lohnsteuerermäßigungsverfahrens für das Kalenderjahr 2013 Freibeträge zu berücksichtigen, hat das Finanzamt diese Lohnsteuerabzugsmerkmale in der ELStAM-Datenbank zu speichern. In diesen Antragsfällen ist dem Arbeitnehmer stets ein Ausdruck der ELStAM mit den ab 2013 geltenden Merkmalen zur Vorlage beim Arbeitgeber auszustellen. Gleiches gilt, wenn der Arbeitnehmer für das Kalenderjahr 2013 die Berücksichtigung eines Kinderzählers, der Steuerklasse II, eines Faktors oder einer anderen Steuerklassenkombination bei Ehegatten beantragt hat.

2. Unzutreffende ELStAM

Allgemeines

Werden dem Arbeitgeber ELStAM bereitgestellt, die nach Auffassung des Arbeitnehmers unzutreffend sind, hat das Wohnsitzfinanzamt auf Antrag des Arbeitnehmers die gebildeten ELStAM zu prüfen und sie ggf. zu ändern.

Unzutreffende ELStAM und Sperrung des Arbeitgeberabrufs

Entsprechen die programmgesteuert gebildeten ELStAM nicht den tatsächlichen Verhältnissen des Arbeitnehmers und sind somit unzutreffend (z. B. wegen fehlerhafter Meldedaten), hat das Finanzamt auf Antrag des Arbeitnehmers eine Besondere Bescheinigung für den Lohnsteuerabzug auszustellen (§ 52b Absatz 5a Satz 3 EStG) und den Arbeitgeberabruf zu sperren, sog. Vollsperrung (vgl. Tz. III. 2.). Die Besondere Bescheinigung für den Lohnsteuerabzug kann nur für das Kalenderjahr 2013 und 2014 ausgestellt werden, wobei der Faktor (§ 39f EStG) sowie Freibeträge nach § 39a Absatz 1 Satz 1 Nummer 1 bis 3 und 5 bis 8 EStG stets nur bezogen auf ein Kalenderjahr zu bescheinigen sind.

Hat das Finanzamt ein sog. Fehlerticket erstellt, wird ihm die Korrektur der Unstimmigkeiten bzw. Fehler in der ELStAM-Datenbank mitgeteilt. Im Anschluss daran hat das Finanzamt die Sperrung aufzuheben. Erfolgte die Sperrung nach dem erstmaligen Abruf der ELStAM, erhält der Arbeitgeber automatisch eine sog. Änderungsmitteilung mit den korrigierten ELStAM. Erfolgte die Sperrung bereits vor dem erstmaligen Abruf, ist deren Aufhebung dem Arbeitnehmer zur Information des Arbeitgebers mitzuteilen (Informationsschreiben, vgl. Tz. III. 2). In diesem Fall hat der Arbeitgeber den Arbeitnehmer erstmalig in der ELStAM-Datenbank anzumelden.

Lebenspartnerschaften

Derzeit übermitteln die Meldebehörden lediglich die Information an die Finanzverwaltung, dass es sich bei dem Arbeitnehmer um einen Lebenspartner handelt. Neben dem Merkmal der Lebenspartnerschaft wird die Identifikationsnummer des anderen Lebenspartners derzeit noch nicht mitgeteilt. Daher ist eine programmgesteuerte Bildung der für Ehegatten möglichen Steuerklassenkombinationen für Lebenspartner im ELStAM-Verfahren noch nicht möglich.

Die Berücksichtigung der für Ehegatten möglichen Steuerklassen und Steuerklassenkombinationen beim Lohnsteuerabzug durch den Arbeitgeber setzt in diesen Fällen einen Antrag beim zuständigen Wohnsitzfinanzamt voraus. Da diese Lohnsteuerabzugsmerkmale noch nicht automatisiert gebildet werden können, stellt das Finanzamt nach § 52b Absatz 5a Satz 3 EStG (vgl. Tz. III. 2.) eine Besondere Bescheinigung für den Lohnsteuerabzug aus, die der Arbeitnehmer seinem Arbeitgeber für die Durchführung des Lohnsteuerabzugs vorzulegen hat. Der Arbeitgeberabruf für die ELStAM ist entsprechend zu sperren.

Nach der technischen Umsetzung der programmgesteuerten Bildung von Steuerklassenkombinationen für Lebenspartnerschaften gelten die für Ehegatten zu beachtenden Regelungen entsprechend. Sollen die automatisch gebildeten Steuerklassen aus Sicht der Lebenspartner nicht zur Anwendung kommen, kann eine abweichende Steuerklassenkombination beim zuständigen Finanzamt beantragt werden; Vordruck „Antrag auf Steuerklassenwechsel bei Ehegatten/Lebenspartnern"). Ein solcher Antrag gilt nicht als Änderung der Steuerklassen im Sinne des § 39 Absatz 6 Satz 3 EStG. Das Recht, einmal jährlich die Steuerklasse zu wechseln, bleibt davon unberührt (§ 39 Absatz 6 Satz 4 EStG). Ebenso gilt eine Änderung der Steuerklassen bei Wiederaufnahme der Lebenspartnerschaft nicht als Steuerklassenwechsel.

Leben die Lebenspartner dauernd getrennt, haben sie dies dem Finanzamt unverzüglich anzuzeigen (Vordruck „Erklärung zum dauernden Getrenntleben"). Dadurch wird – ungeachtet eines etwaigen Steuerklassenwechsels im Trennungsjahr – ab Beginn des darauf folgenden Jahres die Steuerklasse I gebildet.

Unzutreffende ELStAM aus anderen Gründen

Betreffen die für den Arbeitnehmer bereitgestellten unzutreffenden ELStAM vom Finanzamt zu bildende Merkmale (z. B. Freibetrag aus dem Lohnsteuerermäßigungsverfahren, Steuerklassenkombination bei Ehegatten, Beantragung der Steuerklasse II), korrigiert es auf Veranlassung des Arbeitnehmers die ELStAM, die daraufhin dem Arbeitgeber elektronisch zum Abruf bereitgestellt werden.

Wird die Korrektur vor dem erstmaligen Abruf der ELStAM durchgeführt, z. B. im Lohnsteuerermäßigungsverfahren, werden dem Arbeitgeber die zutreffenden ELStAM beim erstmaligen Abruf bereitgestellt. Nimmt der Arbeitgeber bereits am ELStAM-Verfahren teil, erhält der Arbeitgeber die zutreffenden ELStAM mit der nächsten sog. Änderungsmitteilung bereitgestellt.

Dem Arbeitnehmer ist stets ein Ausdruck der ELStAM (ggf. mit Freibetrag) zur Vorlage beim Arbeitgeber auszuhändigen. Nimmt der Arbeitgeber noch nicht am ELStAM-Verfahren teil, hat er den Ausdruck entsprechend den Grundsätzen der Tz. III. 1 und 3 zu berücksichtigen.

3. Keine Rückforderung der Papierbescheinigungen

Das Finanzamt hat die im Rahmen des Lohnsteuerermäßigungsverfahrens 2013 ausgestellten Bescheinigungen für den Lohnsteuerabzug 2013 und die weiteren unter Tz. III. 1. genannten Papierbescheinigungen nicht zurückzufordern.

Dieses Schreiben ist ab dem 1. November 2012 anzuwenden.

II.

Elektronische Lohnsteuerabzugsmerkmale (ELStAM);

Lohnsteuerabzug ab dem Kalenderjahr 2013 im Verfahren der elektronischen Lohnsteuerabzugsmerkmale

BMF vom 7. 8. 2013 (BStBl I S. 951)
IV C 5 – S 2363/13/10003 – 2013/0755076

Im Einvernehmen mit den obersten Finanzbehörden der Länder gilt für den Lohnsteuerabzug ab dem Kalenderjahr 2013 im Verfahren der elektronischen Lohnsteuerabzugsmerkmale Folgendes:

Inhaltsübersicht

V.   Härtefallregelung

VI.   Betrieblicher Lohnsteuer-Jahresausgleich (§ 42b EStG)

VII.   Lohnsteuerermäßigungsverfahren ab 2013

VIII. Sonstiges

I. Verfahren der elektronischen Lohnsteuerabzugsmerkmale

1   Mit Wirkung ab dem 1. Januar 2012 sind die lohnsteuerlichen Verfahrensregelungen für das neue Verfahren der elektronischen Lohnsteuerabzugsmerkmale (ELStAM) in Kraft getreten. Als Einsatztermin für das Verfahren der elektronischen Lohnsteuerabzugsmerkmale (ELStAM-Verfahren) wurde der 1. November 2012 festgelegt (BMF-Schreiben vom 19. Dezember 2012 – IV C 5 – S 2363/07/0002-03 – / – 2012/1170782 –, BStBl I S. 1258 – (ELStAM-Startschreiben). Ab diesem Zeitpunkt stellt die Finanzverwaltung den Arbeitgebern die ELStAM für die Arbeitnehmer maschinell verwertbar zum Abruf zur Verfügung. Technische Informationen zum Verfahrensstart stehen unter https://www.elster.de/arbeitg_elstam.php zur Verfügung.

2   Im ELStAM-Verfahren ist allein die Finanzverwaltung für die Bildung der Lohnsteuerabzugsmerkmale und deren Bereitstellung für den Abruf durch den Arbeitgeber zuständig. Die steuerlichen Rechte und Pflichten der Arbeitgeber und Arbeitnehmer werden beibehalten. Es ist nicht vorgesehen und auch nicht erforderlich, dass der Arbeitnehmer sich vor Aufnahme einer Beschäftigung bzw. Beginn eines Dienstverhältnisses beim Finanzamt anmeldet oder einen Antrag zur Bildung der ELStAM stellt.

3   Ab dem Kalenderjahr 2013 ist der Arbeitgeber verpflichtet, den Arbeitnehmer bei Aufnahme des Dienstverhältnisses bei der Finanzverwaltung anzumelden und zugleich die ELStAM anzufordern. Diese Verpflichtung besteht auch, wenn das Finanzamt einen Härtefallantrag auf Nichtteilnahme am ELStAM-Verfahren (vgl. Rz. 113 bis 118, § 39e Absatz 7 EStG) abgelehnt hat. Hat das Finanzamt hingegen dem Antrag des Arbeitgebers auf Anwendung der Härtefallregelung zugestimmt, ist er von der Verpflichtung zur Anwendung des ELStAM-Verfahrens befreit. Die Anforderung von ELStAM ist nur für im Betrieb beschäftigte Arbeitnehmer zulässig.

4   Nach dem Abruf sind die ELStAM in das Lohnkonto des Arbeitnehmers zu übernehmen und entsprechend deren Gültigkeit für die Dauer des Dienstverhältnisses für den Lohnsteuerabzug anzuwenden. Etwaige Änderungen stellt die Finanzverwaltung dem Arbeitgeber monatlich zum Abruf bereit. Der Arbeitgeber soll dem Arbeitnehmer die Anwendung des ELStAM-Verfahrens zeitnah mitteilen. Wird das Dienstverhältnis beendet, hat der Arbeitgeber das Beschäftigungsende (Datum) der Finanzverwaltung unverzüglich auf elektronischem Weg nach amtlich vorgeschriebenem Datensatz mitzuteilen.

II. Bildung und Inhalt der ELStAM

1. ELStAM-Verfahren ab 2013

5   Gemäß dem ELStAM-Startschreiben vom 19. Dezember 2012 a. a. O. hat der Arbeitgeber die ELStAM der Arbeitnehmer ab dem 1. Januar 2013 anzuwenden. Das Kalenderjahr 2013 ist als Einführungszeitraum (§ 52b Absatz 5 Satz 2 EStG bestimmt worden.

6   Soweit ein Arbeitgeber für die Durchführung des Lohnsteuerabzugs Lohnsteuerabzugsmerkmale benötigt, werden sie auf Veranlassung des Arbeitnehmers gebildet (§ 39 Absatz 1 Satz 1 EStG). Die Bildung der ELStAM erfolgt grundsätzlich automatisiert durch die Finanzverwaltung (Bundeszentralamt für Steuern, § 39e Absatz 1 Satz 1 EStG). Soweit das Finanzamt auf Antrag des Arbeitnehmers Lohnsteuerabzugsmerkmale nach § 39 Absatz 1 und 2 EStG bildet (z. B. Freibeträge nach § 39a EStG oder Steuerklassen nach antragsgebundenem Steuerklassenwechsel), teilt es diese dem Bundeszentralamt für Steuern zum Zweck der Bereitstellung für den automatisierten Abruf durch den Arbeitgeber mit.

2. Lohnsteuerabzugsmerkmale

7   Als Lohnsteuerabzugsmerkmale kommen in Betracht (§ 39 Absatz 4 EStG):

1. Steuerklasse (§ 38b Absatz 1 EStG) und Faktor (§ 39f EStG),
2. Zahl der Kinderfreibeträge bei den Steuerklassen I bis IV (§ 38b Absatz 2 EStG),
3. Freibetrag und Hinzurechnungsbetrag (§ 39a EStG),
4. Höhe der Beiträge für eine private Krankenversicherung und für eine private Pflege-Pflichtversicherung (§ 39b Absatz 2 Satz 5 Nummer 3 Buchstabe d EStG) für die Dauer von zwölf Monaten,
5. Mitteilung, dass der von einem Arbeitgeber gezahlte Arbeitslohn nach einem Abkommen zur Vermeidung der Doppelbesteuerung von der Lohnsteuer freizustellen ist,
6. die für den Kirchensteuerabzug erforderlichen Merkmale (§ 39e Absatz 3 Satz 1 EStG).

Die unter Nummer 4 und 5 aufgeführten Lohnsteuerabzugsmerkmale sollen erst in einer weiteren programmtechnischen Ausbaustufe des Verfahrens als ELStAM berücksichtigt werden (§ 52 Absatz 50g[1] und Absatz 51b EStG[2]). Gleiches gilt für die Möglichkeit, einen Freibetrag und Hinzurechnungsbetrag für die Dauer von zwei Kalenderjahren zu bilden (§ 39a Absatz 1 Satz 3 und § 52 Absatz 50h[3] EStG). Zur vereinfachten Berücksichtigung der Beiträge für eine private Krankenversicherung und für eine private Pflege-Pflichtversicherung wird auf das BMF-Schreiben vom 22. Oktober 2010, BStBl I Seite 1254, Tz. 6.1, verwiesen.   8

3. Bildung und Änderung der (elektronischen) Lohnsteuerabzugsmerkmale

Für die (erstmalige) Bildung der (elektronischen) Lohnsteuerabzugsmerkmale stehen zwei Möglichkeiten zur Verfügung: 9

1. Im Regelfall erfolgt die erstmalige Bildung der ELStAM zu Beginn eines Dienstverhältnisses aufgrund der Anmeldung des Arbeitnehmers durch seinen Arbeitgeber bei der Finanzverwaltung mit dem Ziel, die ELStAM des Arbeitnehmers abzurufen (§ 39e Absatz 4 Satz 2 EStG).

2. Soweit Lohnsteuerabzugsmerkmale nicht automatisiert gebildet werden oder davon abweichend zu bilden sind (z. B. Freibeträge nach § 39a EStG oder Steuerklassen nach antragsgebundenem Steuerklassenwechsel), erfolgt die Bildung der Lohnsteuerabzugsmerkmale auf Antrag des Arbeitnehmers durch das Finanzamt (§ 39 Absatz 1 und 2 EStG).

Lohnsteuerabzugsmerkmale werden sowohl für ein erstes als auch für jedes weitere Dienstverhältnis gebildet (§ 39 Absatz 1 Satz 1 EStG). Auf Antrag des Arbeitnehmers teilt ihm das Finanzamt – auch im Hinblick auf ein zukünftiges Dienstverhältnis – seine (elektronischen) Lohnsteuerabzugsmerkmale mit (§ 39e Absatz 6 Satz 4 EStG).   10

Grundlage für die Bildung der Lohnsteuerabzugsmerkmale sind die von den Meldebehörden mitgeteilten melderechtlichen Daten (§ 39e Absatz 2 Satz 1 und 2 EStG), wobei die Finanzverwaltung grundsätzlich an diese melderechtlichen Daten gebunden ist (§ 39 Absatz 1 Satz 3 EStG). Änderungen der melderechtlichen Daten sind von den Meldebehörden dem Bundeszentralamt für Steuern tagesaktuell mitzuteilen und in dessen Datenbank für die elektronischen Lohnsteuerabzugsmerkmale (ELStAM-Datenbank) zu speichern. Dies ermöglicht der Finanzverwaltung, z. B. künftig die Steuerklassen bei Änderung des Familienstands automatisch zu bilden und zu ändern. Auslöser hierfür sind jeweils die Mitteilungen der Meldebehörden. Bei der automatischen Änderung kann es eventuell zu zeitlichen Verzögerungen kommen, die das Finanzamt nicht beeinflussen kann.   11

In begründeten Ausnahmefällen hat das Finanzamt rechtliche Prüfungen zu melderechtlichen Merkmalen vorzunehmen und bei abweichenden Feststellungen selbst eine Entscheidung über die zutreffende Besteuerung zu treffen. Trifft das Finanzamt in diesen Einzelfällen eine von den gespeicherten melderechtlichen Daten abweichende Entscheidung für die Besteuerung, werden die Lohnsteuerabzugsmerkmale nicht auf Basis der ELStAM-Datenbank gebildet. Das Finanzamt stellt in diesen Fällen eine jahresbezogene Bescheinigung für den Lohnsteuerabzug aus, anhand derer der Arbeitgeber den Lohnsteuerabzug durchzuführen hat (§ 39 Absatz 1 Satz 2 EStG). Der Abruf der ELStAM wird zugleich für den Gültigkeitszeitraum der Bescheinigung allgemein gesperrt; vgl. im Übrigen Rz. 33 bis 38. Für Änderungen im Melderegister bleiben weiterhin allein die Meldebehörden zuständig.   12

4. Zuständigkeit

Die Zuständigkeit für die Bildung der Lohnsteuerabzugsmerkmale für nach § 1 Absatz 1 EStG unbeschränkt einkommensteuerpflichtige Arbeitnehmer richtet sich nach den Vorschriften der AO. Zuständiges Finanzamt ist in der Regel das Wohnsitzfinanzamt. Abweichend hiervon kann dies nach Zuständigkeitsverordnungen der Länder auch das für die Veranlagung zur Einkommensteuer zuständige Finanzamt sein (z. B. durch Zentralisierungsmaßnahmen in Großstädten).   13

5. Steuerklassenbildung bei Ehegatten/Lebenspartnern

Ändert sich der Familienstand eines Arbeitnehmers, z. B. durch Eheschließung, Tod des Ehegatten oder Scheidung, übermitteln die nach Landesrecht für das Meldewesen zuständigen Behörden (Meldebehörden) die melderechtlichen Änderungen des Familienstands automatisch an die Finanzverwaltung.   14

---

[1] *Jetzt: § 52 Abs. 36 EStG.*
[2] *Durch das Gesetz zur Anpassung des nationalen Steuerrechts an den Beitritt Kroatiens zur EU und zur Änderung weiterer steuerlicher Vorschriften ersatzlos vom 25. 7. 2014 (BGBl. I S. 1266, BStBl I S. 1126) aufgehoben (Neufassung des § 52 EStG).*
[3] *Jetzt: § 52 Abs. 37 EStG.*

Eheschließung

15   Heiraten Arbeitnehmer, so teilen die zuständigen Meldebehörden der Finanzverwaltung den Familienstand „verheiratet", das Datum der Eheschließung und die Identifikationsnummer des Ehegatten mit. Dadurch werden beide Ehegatten programmgesteuert in die Steuerklasse IV eingereiht, wenn sie unbeschränkt einkommensteuerpflichtig sind und nicht dauernd getrennt leben (§ 39e Absatz 3 Satz 3 Nummer 2 EStG). Die Steuerklasse IV wird mit Wirkung vom Tag der Eheschließung an vergeben. ~~Nach dem derzeitigen Stand der Programmierung wird bei Eheschließungen ab dem Kalenderjahr 2012 ohne Ausnahme automatisiert die Steuerklasse IV gebildet (§ 52 Absatz 52 EStG). Für eine spätere programmtechnische Ausbaustufe des neuen Verfahrens ist auch die Möglichkeit der automatisierten Zuteilung der Steuerklasse III bei Heirat vorgesehen (§ 39e Absatz 3 Satz 3 Nummer 1 EStG).~~[1]

16   Soll die automatisch gebildete Steuerklassenkombination aus Sicht des Arbeitnehmers nicht zur Anwendung kommen, kann eine abweichende Steuerklassenkombination beim zuständigen Finanzamt beantragt werden (§ 39 Absatz 6 Satz 3 EStG; Vordruck „Antrag auf Steuerklassenwechsel bei Ehegatten/Lebenspartnern"). Diese Änderungen werden – abweichend von den übrigen Fällen des Steuerklassenwechsels – ab dem Zeitpunkt der Eheschließung wirksam. Ein solcher Antrag gilt nicht als Änderung der Steuerklassen im Sinne des § 39 Absatz 6 Satz 3 EStG. Das Recht, einmal jährlich die Steuerklasse zu wechseln, bleibt davon unberührt (§ 39 Absatz 6 Satz 4 EStG). Ebenso gilt eine Änderung der Steuerklassen bei Wiederaufnahme der ehelichen Gemeinschaft nicht als Steuerklassenwechsel. Gleiches gilt, wenn die automatisch gebildete Steuerklasse nicht erst zum Tag der Eheschließung, sondern bereits ab dem 1. des Heiratsmonats vergeben werden soll (§ 39 Absatz 6 Satz 2 EStG).

17   Ehegatten, die beide in einem Dienstverhältnis stehen, können darüber hinaus wie bisher einmalig im Laufe des Kalenderjahres beim Finanzamt eine Änderung der Steuerklassen beantragen (Steuerklassenwechsel, Vordruck „Antrag auf Steuerklassenwechsel bei Ehegatten/Lebenspartnern"). Für eine Berücksichtigung der Änderung im laufenden Kalenderjahr ist der Antrag spätestens bis zum 30. November zu stellen (§ 39 Absatz 6 Satz 6 EStG). Die beantragten Steuerklassen werden mit Wirkung vom Beginn des Kalendermonats, der auf die Antragstellung folgt, gewährt (§ 39 Absatz 6 Satz 5 EStG).

Scheidung

18   Wird die Ehe durch Scheidung aufgelöst, übermittelt die Meldebehörde den geänderten melderechtlichen Familienstand sowie das Datum der Scheidung der Ehe an die Finanzverwaltung. Zu Beginn des darauf folgenden Kalenderjahres wird für diese Arbeitnehmer automatisiert die Steuerklasse I gebildet. Davon unberührt bleibt die Anzeigepflicht des Arbeitnehmers bei Beginn eines dauernden Getrenntlebens. Zur Änderung der Steuerklassen im Scheidungsjahr vgl. R 39.2 Absatz 2 und Absatz 5 LStR 2013.

19   Auf die Möglichkeit eines zusätzlichen Steuerklassenwechsels nach R 39.2 Absatz 5 Satz 5 LStR 2013 wird hingewiesen (Vordruck „Antrag auf Steuerklassenwechsel bei Ehegatten/Lebenspartnern"). Entsprechendes gilt bei der Aufhebung einer Ehe.

Tod

20   Verstirbt ein Ehegatte, wird die Steuerklasse des überlebenden Ehegatten ab dem ersten des auf den Todestag folgenden Monats automatisch in Steuerklasse III geändert. Etwas anderes gilt nur, sofern die Voraussetzungen für die Anwendung dieser Steuerklasse im Zeitpunkt des Todes nicht vorgelegen haben. Ab Beginn des zweiten Kalenderjahres nach dem Tod des Ehegatten wird programmgesteuert die Steuerklasse I gebildet.

Auslandssachverhalte

21   Gibt ein Ehegatte den inländischen Wohnsitz bzw. gewöhnlichen Aufenthalt auf, wird der Abruf der ELStAM des ins Ausland verzogenen Ehegatten gesperrt. In der Folge erhält der im Inland verbleibende Ehegatte ab dem Beginn des Folgejahres automatisiert die Steuerklasse I zugeteilt. Erfüllt der im Inland verbleibende unbeschränkt einkommensteuerpflichtige Ehegatte die Voraussetzungen des § 1a Absatz 1 Nummer 2 EStG, kann dieser auf Antrag in die Steuerklasse III eingereiht werden (Vordruck „Anträge auf den elektronischen Lohnsteuerabzugsmerkmalen – ELStAM –", vgl. Rz. 88 bis 90 und 92. Zu den Pflichten des Arbeitnehmers beim Wechsel der Steuerpflicht vgl. Rz. 73.

22   Die erneute Begründung eines inländischen Wohnsitzes bzw. gewöhnlichen Aufenthalts nach einem Auslandsaufenthalt führt bei Ehegatten ab Beginn dieses Monats automatisch zur Einreihung in die Steuerklasse IV.

---

[1] Überholt: Bei Eheschließung wird für jeden Ehegatten automatisch die Steuerklasse IV gebildet (→ § 39e Abs. 3 i. V. m. § 38b Abs. 1 Satz 2 Nr. 4 EStG).

Dauerndes Getrenntleben

Leben Ehegatten dauernd getrennt, haben sie dies dem zuständigen Wohnsitzfinanzamt (vgl.   23
Rz. 13) unverzüglich anzuzeigen (Vordruck „Erklärung zum dauernden Getrenntleben").
Dadurch wird – ungeachtet eines etwaigen Steuerklassenwechsels im Trennungsjahr – ab Beginn
des darauf folgenden Jahres automatisch die Steuerklasse I gebildet.

Lebenspartnerschaften

Mit dem Gesetz zur Änderung des Einkommensteuergesetzes in Umsetzung der Entscheidung   24
des Bundesverfassungsgerichtes vom 7. Mai 2013 (BGBl. I S. 2397) sind die Regelungen des EStG
zu Ehegatten und Ehen auch auf Lebenspartner und Lebenspartnerschaften anzuwenden (§ 2
Absatz 8 EStG). Damit sind die gesetzlichen Rechte und Pflichten von Ehegatten für den Lohnsteuerabzug auch für Lebenspartner einer Lebenspartnerschaft einschlägig. Dies gilt insbesondere bei Begründung und Auflösung einer Lebenspartnerschaft, im Todesfall eines Lebenspartners, bei Verlegung des inländischen Wohnsitzes bzw. gewöhnlichen Aufenthalts in das Ausland
sowie bei dauerndem Getrenntleben.

Derzeit ist die programmgesteuerte Bildung der für Ehegatten möglichen Steuerklassenkombina-   25
tionen für Lebenspartner technisch noch nicht umgesetzt, so dass insoweit eine Teilnahme am –
ELStAM –Verfahren für eine Übergangszeit ausgeschlossen ist. Die Berücksichtigung der für
Ehegatten möglichen Steuerklassenkombinationen beim Lohnsteuerabzug durch den Arbeitgeber setzt in diesen Fällen einen Antrag beim zuständigen Wohnsitzfinanzamt (vgl. Rz. 13)
voraus. Nach Prüfung stellt das Wohnsitzfinanzamt nach § 39 Absatz 1 Satz 2 EStG eine Bescheinigung für den Lohnsteuerabzug aus, die der Arbeitnehmer seinem Arbeitgeber für die Durchführung des Lohnsteuerabzugs vorzulegen hat. Der Arbeitgeberabruf für die – ELStAM – ist entsprechend zu sperren.

Zu weiteren Einzelheiten wird auf Tz. V. 2. des BMF-Schreibens zum erstmaligen Abruf der elek-   26
tronischen Lohnsteuerabzugsmerkmale durch den Arbeitgeber und mit Anwendungsgrundsätzen für den Einführungszeitraum vom 25. Juli 2013 – IV C 5 – S 2363/13/10003 – / –
2013/0634146 – (BStBl I S. 943) verwiesen[1])

6. Berücksichtigung von Kindern

Lohnsteuerabzugsmerkmal

Kinderfreibetragszähler werden als Lohnsteuerabzugsmerkmal ab Beginn des Jahres der Geburt   27
des Kindes bis zum Ablauf des Jahres, in dem die Voraussetzungen für die Berücksichtigung des
Kindes nach § 32 Absatz 1, 2, 4 und 5 EStG entfallen, berücksichtigt (Jahresprinzip).

Bei minderjährigen Kindern im Sinne des § 32 Absatz 1 Nummer 1 EStG werden in den   28
Steuerklassen I bis IV die Kinderfreibetragszähler bei beiden Elternteilen entsprechend der
Regelungen in § 38b Absatz 2 EStG automatisch berücksichtigt, sofern Eltern und Kind in dersel-
ben Gemeinde wohnen.

Minderjährige Kinder, die nicht in der Wohnung des Arbeitnehmers gemeldet sind, wurden bis-   29
her nur dann im Lohnsteuerabzugsverfahren berücksichtigt, wenn für dieses Kind eine steuerliche Lebensbescheinigung vorgelegt wurde. Diese Nachweisverpflichtung ist bereits ab dem
Kalenderjahr 2011 entfallen. Die Bildung der Kinderfreibetragszähler setzt in diesen Fällen einen
einmaligen Antrag voraus (Vordruck „Antrag auf Lohnsteuer-Ermäßigung" bzw. „Vereinfachter
Antrag auf Lohnsteuer-Ermäßigung"). Dabei ist der Nachweis beim Finanzamt durch Vorlage
einer Geburtsurkunde des Kindes zu führen.

Kommt ein Elternteil seinen Unterhaltsverpflichtungen im Wesentlichen nicht nach (sog. Mangel-   30
unterhaltsfälle), ist eine Übertragung des Kinderfreibetrags auf den anderen Elternteil im Lohnsteuerabzugsverfahren ab dem Kalenderjahr 2012 nur noch dann möglich, wenn der Antragsteller keinen Unterhaltsvorschuss erhalten hat. Insoweit ist R 39.2 Absatz 9 LStR 2011 nicht mehr
anzuwenden. Ein Antrag auf Übertragung kann auch im Rahmen einer Veranlagung zur Einkommensteuer gestellt werden.

Mehrjährige Berücksichtigung in den Antragsfällen nach § 38b Absatz 2 Satz 2 EStG

Ab dem Kalenderjahr 2012 ist auch in den Antragsfällen nach § 38b Absatz 2 Satz 2 EStG die   31
mehrjährige Berücksichtigung von Kindern im Lohnsteuerabzugsverfahren möglich, wenn nach
den tatsächlichen Verhältnissen zu erwarten ist, dass die Voraussetzungen bestehen bleiben
(§ 38b Absatz 2 Satz 3 EStG). Eine mehrjährige Berücksichtigung kommt z. B. in den folgenden
Fällen in Betracht:

1. Pflegekinder in den Fällen des § 32 Absatz 1 Nummer 2 EStG,

---

1) Siehe Tz. V.2 des BMF-Schreibens vom 25. 7. 2013 → Anhang 17 I

2. Kinder unter 18 Jahren, wenn der Wohnsitz/gewöhnliche Aufenthalt des anderen Elternteils nicht ermittelbar oder der Vater des Kindes amtlich nicht feststellbar ist,

3. Kinder nach Vollendung des 18. Lebensjahres, die die Voraussetzungen des § 32 Absatz 4 EStG erfüllen. Bei Kindern, die sich in Berufsausbildung im Sinne des § 32 Absatz 4 Nummer 2 Buchstabe a EStG befinden, kann sich die mehrjährige Berücksichtigung bei einem Ausbildungsdienstverhältnis, z. B. aus dem Ausbildungsvertrag, ergeben; bei einem Erststudium kann für die mehrjährige Berücksichtigung grundsätzlich die Regelstudienzeit im Sinne der §§ 11, 19 HRG zugrunde gelegt werden.

32   Der Antrag nach § 38b Absatz 2 Satz 2 EStG kann nur nach amtlich vorgeschriebenem Vordruck gestellt werden (§ 38b Absatz 2 Satz 5 EStG); hierfür stehen die Vordrucke „Antrag auf Lohnsteuer-Ermäßigung" bzw. „Vereinfachter Antrag auf Lohnsteuer-Ermäßigung" zur Verfügung.

III. Durchführung des Lohnsteuerabzugs

1. Elektronisches Verfahren

Regelverfahren

33   Mit dem ELStAM-Startschreiben vom 19. Dezember 2012 a. a. O., wurde als Starttermin für das ELStAM-Verfahren der 1. November 2012 mit Wirkung ab dem 1. Januar 2013 festgelegt. Ab diesem Zeitpunkt ist der Lohnsteuerabzug grundsätzlich nach den ELStAM durchzuführen (Regelverfahren). Dazu stellt die Finanzverwaltung dem Arbeitgeber die Lohnsteuerabzugsmerkmale unentgeltlich zum elektronischen Abruf bereit (§ 39e Absatz 3 Satz 1 EStG). Die Finanzverwaltung bildet für Arbeitnehmer als Grundlage für den Lohnsteuerabzug die Steuerklasse, die Zahl der Kinderfreibetragszähler für die Steuerklassen I bis IV sowie die Merkmale für den Kirchensteuerabzug automatisch als ELStAM. Auf Antrag des Arbeitnehmers werden auch Freibeträge und Hinzurechnungsbeträge nach § 39a EStG oder ein Faktor nach § 39f EStG berücksichtigt. Zu der geplanten technischen Erweiterung (Ausbaustufe) vgl. Rz. 8.

Verfahren bei unzutreffenden ELStAM

34   Stellt die Finanzverwaltung dem Arbeitgeber unzutreffende ELStAM bereit, kann der Arbeitnehmer deren Berichtigung beim Finanzamt beantragen (§ 39 Absatz 1 Satz 2 und Absatz 2 EStG, vgl. Rz. 9 bis 13). In Betracht kommen neben unzutreffenden melderechtlichen Merkmalen insbesondere ELStAM, die aus technischen Gründen nicht zeitnah berichtigt werden können.

35   Um bei unzutreffenden ELStAM den zutreffenden Lohnsteuerabzug vornehmen zu können, stellt das Finanzamt im laufenden Verfahren auf Antrag des Arbeitnehmers eine Bescheinigung für den Lohnsteuerabzug (§ 39 Absatz 1 Satz 2 EStG) für die Dauer eines Kalenderjahres aus und sperrt in der Regel gleichzeitig den Arbeitgeberabruf (Vollsperrung). Durch diese Sperrung erhält der Arbeitgeber für den Arbeitnehmer keine sog. Änderungslisten mehr. Legt der Arbeitnehmer dem Arbeitgeber die Bescheinigung für den Lohnsteuerabzug vor, sind die darauf eingetragenen Lohnsteuerabzugsmerkmale maßgebend. Folglich hat sie der Arbeitgeber in das Lohnkonto des Arbeitnehmers zu übernehmen, dem Lohnsteuerabzug zugrunde zu legen und die Regelung in § 39e Absatz 6 Satz 8 EStG (Lohnsteuerabzug nach Steuerklasse VI) nicht anzuwenden.

36   Hebt das Finanzamt die Sperre nach einer Korrektur der (fehlerhaften) Daten auf, werden dem Arbeitgeber die zutreffenden ELStAM in einer sog. Änderungsliste zum Abruf bereitgestellt. Mit dem erneuten Abruf der ELStAM durch den Arbeitgeber verliert die Bescheinigung für den Lohnsteuerabzug ihre Gültigkeit; sie ist nicht an das Finanzamt zurückzugeben. Der Arbeitgeber darf sie nach Ablauf des Kalenderjahres vernichten.

37   Ist eine Korrektur unzutreffender ELStAM durch das Finanzamt für zurückliegende Lohnzahlungszeiträume erforderlich, stellt das Finanzamt auf Antrag des Arbeitnehmers eine befristete Bescheinigung für den Lohnsteuerabzug aus (§ 39 Absatz 1 Satz 2 EStG). Dies gilt insbesondere für Änderungen von ELStAM im Einspruchsverfahren oder bei verzögert übermittelten bzw. weiterverarbeiteten Daten der Meldebehörden. In der befristeten Bescheinigung werden die anzuwendenden Lohnsteuerabzugsmerkmale für im Kalenderjahr zurückliegende Monate ausgewiesen (befristet bis zum Monatsende vor Bereitstellung der zutreffenden ELStAM). Weil diese Lohnsteuerabzugsmerkmale nur für die Vergangenheit anzuwenden sind, wird der Arbeitgeberabruf für die ELStAM nicht gesperrt.

38   Hat das Finanzamt im Einführungszeitraum (§ 52b Absatz 5 Satz 2 EStG) aufgrund abweichender Meldedaten eine Besondere Bescheinigung für den Lohnsteuerabzug nach § 52b Absatz 5a Satz 3 EStG ausgestellt, sind die Grundsätze der Tz. III. 2. des BMF-Schreibens zum erstmaligen Abruf der elektronischen Lohnsteuerabzugsmerkmale durch den Arbeitgeber und mit Anwendungsgrundsätzen für den Einführungszeitraum vom 25. Juli 2013, a. a. O. zu beachten.

2. Arbeitgeberpflichten

Anmeldung durch den Arbeitgeber bzw. Dritten

Zum Abruf der ELStAM hat sich der Arbeitgeber bei der Finanzverwaltung über das Elster-Online-Portal zu registrieren und seine Wirtschafts-Identifikationsnummer anzugeben (§ 39e Absatz 4 Satz 3 EStG).   39

Beauftragt der Arbeitgeber einen Dritten mit der Durchführung des Lohnsteuerabzugs, hat sich der Dritte für den Datenabruf zu registrieren und zusätzlich seine Wirtschafts-Identifikationsnummer mitzuteilen (§ 39e Absatz 4 Satz 6 EStG). In diesem Fall ist der Arbeitgeber nicht zur Registrierung im ElsterOnline-Portal verpflichtet.   40

Da die Wirtschafts-Identifikationsnummer noch nicht zur Verfügung steht, erfolgt die erforderliche Anmeldung mit der Steuernummer der lohnsteuerlichen Betriebsstätte oder des Teilbetriebs, in dem der für die Durchführung des Lohnsteuerabzugs maßgebende Arbeitslohn des Arbeitnehmers ermittelt wird (§ 39e Absatz 9 EStG).   41

Der Arbeitgeber bzw. ein in seinem Auftrag tätiger Dritter hat das für die Authentifizierung erforderliche elektronische Zertifikat einmalig im ElsterOnline-Portal (www.elsteronline.de) zu beantragen. Ohne Authentifizierung sind eine Anmeldung der Arbeitnehmer und ein Abruf von - ELStAM nicht möglich. Einzelheiten zur Authentifizierung, zur Anmeldung und Abmeldung des Arbeitnehmers sowie für den Abruf der ELStAM sind im Internet unter https://www.elster.de/arbeitg_home.php einseh- und abrufbar. Es wird die Verwendung der Zertifikatsart „Nicht-persönliches Zertifikat (Organisationszertifikat)" empfohlen. Diese wird unternehmensbezogen ausgestellt und bietet die Möglichkeit, mehrere Zertifikate zu beantragen. Verfügt der Arbeitgeber bzw. der in seinem Auftrag tätige Dritte bereits über ein entsprechendes Zertifikat (z. B. zur Übermittlung der Lohnsteuerbescheinigung), ist ein erneuter Antrag zum Erwerb eines elektronischen Zertifikats grundsätzlich nicht erforderlich. Abrufberechtigt sind zudem nur Personen bzw. Unternehmen, die der Finanzverwaltung als Arbeitgeber oder berechtigter Dritter bekannt sind. Zu den Schutzvorschriften für die ELStAM vgl. unter Rz. 107 und 108.   42

Ist ein Dritter mit der Datenübermittlung beauftragt, ist eine zusammengefasste Übermittlung von Daten zur Anmeldung und Abmeldung sowie für den Abruf der ELStAM von Arbeitnehmern mehrerer Arbeitgeber zulässig.   43

Mitteilung der Steuernummer an den Arbeitnehmer

Möchte der Arbeitnehmer eine Negativ- oder Positivliste (vgl. Rz. 75 bis 79) beim Finanzamt einrichten, hat der Arbeitgeber dem Arbeitnehmer die Steuernummer der Betriebsstätte oder des Teilbetriebs, in dem der für die Durchführung des Lohnsteuerabzugs maßgebende Arbeitslohn ermittelt wird, mitzuteilen (§ 39e Absatz 6 Satz 6 Nummer 1 Satz 2 und Absatz 9 EStG). Der Arbeitnehmer hat für die Verwendung dieser Steuernummer die Schutzvorschriften für die - ELStAM entsprechend zu beachten (§ 39e Absatz 6 Satz 6 Nummer 1 Satz 3 EStG, vgl. Rz. 107 und 108).   44

Abruf der ELStAM

Die Teilnahme am neuen Verfahren setzt voraus, dass der Arbeitgeber den Arbeitnehmer bei der Finanzverwaltung per Datenfernübertragung einmalig anmeldet und dadurch dessen ELStAM anfordert. Dies muss zum Start des Verfahrens für sämtliche Beschäftigte und im laufenden Verfahren nur für neu eingestellte Arbeitnehmer erfolgen. Mit der Anmeldebestätigung werden dem Arbeitgeber die ELStAM des Arbeitnehmers zur Verfügung gestellt. Die erstmals gebildeten ELStAM sind nach dem Starttermin für die dann jeweils nächstfolgende Lohnabrechnung abzurufen, in das Lohnkonto zu übernehmen und gemäß der zeitlichen Gültigkeitsangabe anzuwenden (§ 52b Absatz 5 Satz 3 und 7 EStG, § 39e Absatz 4 Satz 2 EStG).   45

Für die Anforderung von ELStAM hat der Arbeitgeber folgende Daten des Arbeitnehmers mitzuteilen (§ 39e Absatz 4 Satz 3 EStG):   46

1. Identifikationsnummer,
2. Tag der Geburt,
3. Tag des Beginns des Dienstverhältnisses,
4. ob es sich um ein erstes oder weiteres Dienstverhältnis handelt,
5. etwaige Angaben, ob und in welcher Höhe ein nach § 39a Absatz 1 Satz 1 Nummer 7 EStG festgestellter Freibetrag abgerufen werden soll.

Macht der Arbeitgeber zu 4. keine Angaben, wird programmgesteuert ein weiteres Beschäftigungsverhältnis unterstellt (Steuerklasse VI).   47

In der Anmeldung des Arbeitnehmers hat der Arbeitgeber zudem den Zeitpunkt anzugeben, ab dem er die für den Lohnsteuerabzug erforderlichen ELStAM anzuwenden hat („Referenzdatum   48

Arbeitgeber"; sog. refDatumAG). Dies wird regelmäßig der Beginn des Dienstverhältnisses sein. Für einen davor liegenden Zeitraum ist die Anforderung von ELStAM nicht zulässig. Folglich legt dieses Datum den Zeitpunkt fest, ab dem ELStAM gebildet (und im Anschluss daran zum Abruf bereitgestellt) werden sollen. Nach der erfolgreichen Anmeldung des Arbeitnehmers werden die ELStAM für einen vor dem in der Anmeldung genannten Referenzdatum liegenden Zeitraum dem Arbeitgeber nicht übermittelt.

49   Das Referenzdatum Arbeitgeber darf nicht

- vor dem Start des ELStAM-Verfahrens (1. Januar 2013) liegen,

- vor dem Beginn des Dienstverhältnisses liegen,

- nach dem Tag der elektronischen Anmeldung des Arbeitnehmers liegen,

- vor dem 1. Januar des laufenden Jahres liegen, wenn der Arbeitnehmer nach Ablauf des Monats Februar des laufenden Jahres elektronisch angemeldet wird,

- vor dem Vorjahresbeginn liegen, wenn der Arbeitnehmer vor dem 1. März des laufenden Jahres elektronisch angemeldet wird.

Für Anmeldungen, die vor dem 1. Januar 2013 bei der Finanzverwaltung eingegangen sind, war als Referenzdatum Arbeitgeber stets der 1. Januar 2013 anzugeben.

50   Soweit die ELStAM-Anfrage des Arbeitgebers im Kalenderjahr 2013 trotz zutreffender Angaben in den Feldern „Beschäftigungsbeginn" und „Referenzdatum Arbeitgeber" von der Finanzverwaltung abgewiesen wird, darf der Arbeitgeber den Lohnsteuerabzug nach den ihm in Papierform vorliegenden Lohnsteuerabzugsmerkmalen des Arbeitnehmers bis zu zwei Monate nach dem Einsatz der Programmversion, mit der dieser Fehler behoben wird, längstens für den letzten Lohnzahlungszeitraum im Kalenderjahr 2013, durchführen. Weitere verfahrenserleichternde Regelungen zur Durchführung des Lohnsteuerabzugs werden vorübergehend im Internet unter http://www.bundesfinanzministerium.de/Content/DE/Downloads/BMF_Schreiben/Steuerarten/Lohnsteuer/2013-04-25-Abweisung-ELStAM-Anfrage-Arbeitgeber. pdf?__blob=publicationFile=1 und https://www.elster.de/arbeitg_elstam.php bereitgestellt.

Laufendes Abrufverfahren

51   Der Arbeitgeber ist verpflichtet, die ELStAM monatlich abzufragen und abzurufen (§ 39e Absatz 5 Satz 3 EStG). Da sich die Lohnsteuerabzugsmerkmale der Arbeitnehmer in einer Vielzahl von Fällen nicht in jedem Monat ändern, hat die Finanzverwaltung einen Mitteilungsservice eingerichtet. Zur Nutzung dieses Mitteilungsverfahrens kann der Arbeitgeber im ElsterOnline-Portal beantragen, per E-Mail Informationen über die Bereitstellung von Änderungen zu erhalten. Erfährt der Arbeitgeber durch diesen E-Mail-Mitteilungsservice, dass sich für einen Lohnzahlungszeitraum keine Änderungen bei den ELStAM seiner Arbeitnehmer ergeben haben, ist er für diesen Zeitraum von der Verpflichtung zum Abruf befreit. Wird ihm dagegen mitgeteilt, dass neue bzw. geänderte ELStAM zum Abruf bereitstehen, bleibt er zum Abruf verpflichtet.[1]

52   Legt der Arbeitnehmer eine Bescheinigung des Finanzamts zur Korrektur des Lohnsteuerabzugs zurückliegender Lohnzahlungszeiträume vor (vgl. Rz. 35 und 37), ist eine Änderung des Lohnsteuerabzugs nach Maßgabe des § 41c Absatz 1 Satz 1 Nummer 1 EStG möglich.

Gültigkeit der ELStAM, Beendigung des Dienstverhältnisses

53   Nach § 39e Absatz 5 Satz 1 EStG sind die abgerufenen ELStAM gemäß der zeitlichen Gültigkeitsangabe vom Arbeitgeber für die Durchführung des Lohnsteuerabzugs des Arbeitnehmers anzuwenden, bis

1. ihm die Finanzverwaltung geänderte ELStAM zum Abruf bereitstellt oder

2. der Arbeitgeber der Finanzverwaltung die Beendigung des Dienstverhältnisses mitteilt.

54   Der Arbeitgeber hat der Finanzverwaltung die Beendigung des Dienstverhältnisses unverzüglich mitzuteilen (§ 39e Absatz 4 Satz 5 EStG). Hierzu übermittelt der Arbeitgeber oder der von ihm beauftragte Dritte die Daten des abzumeldenden Arbeitnehmers (Identifikationsnummer, Geburtsdatum, Datum der Beendigung des Dienstverhältnisses und refDatumAG) auf elektronischem Weg nach amtlich vorgeschriebenem Datensatz. Vgl. im Übrigen Rz. 60.

55   Nach dem Tod eines Arbeitnehmers wird ein Abruf der ELStAM automatisch allgemein gesperrt. Versucht der Arbeitgeber ELStAM abzurufen, erhält er lediglich die Rückmeldung, dass ein Abruf nicht möglich ist; ein Rückschluss auf den Grund (Tod des Arbeitnehmers) ist nicht möglich.

---

[1] Der Arbeitgeber erfährt (seit März 2014) durch den E-Mail-Mitteilungsservice, dass sich für einen Lohnzahlungszeitraum Änderungen bei den ELStAM seiner Arbeitnehmer ergeben haben, sodass er zum Abruf verpflichtet ist.

Bei Lohnzahlungen an Erben oder Hinterbliebene des verstorbenen Arbeitnehmers sind diese durch den Arbeitgeber als Arbeitnehmer anzumelden, damit die Finanzverwaltung ELStAM bilden und zum Abruf bereitstellen kann. | 56

Lohnzahlungen nach Beendigung des Dienstverhältnisses

Zahlt der Arbeitgeber nach Beendigung des Dienstverhältnisses laufenden Arbeitslohn (R 39b.2 Absatz 1 LStR 2013), sind der Besteuerung die ELStAM zum Ende[1]) des Lohnzahlungszeitraums zugrunde zu legen, für den die Nachzahlung erfolgt. Eine erneute Anmeldung des Arbeitnehmers bei der Finanzverwaltung ist insoweit nicht erforderlich. | 57

Handelt es sich dagegen um sonstige Bezüge (R 39b.2 Absatz 2 LStR 2013), sind für die Besteuerung die ELStAM zum Ende des Lohnzahlungszeitraums[2]) des Zuflusses des sonstigen Bezugs maßgebend. Der Arbeitgeber muss daher den Arbeitnehmer erneut bei der Finanzverwaltung anmelden. Unterlässt der Arbeitgeber in diesem Fall die Anmeldung, obwohl ihm die hierzu erforderlichen Angaben des Arbeitnehmers vorliegen und der Anmeldung keine technischen Hinderungsgründe gemäß § 39c Absatz 1 Satz 2 EStG entgegenstehen, ist der Steuerabzug nach der Steuerklasse VI vorzunehmen. | 58

3. Arbeitgeberwechsel

In Fällen des Arbeitgeberwechsels ist der (bisherige) erste Arbeitgeber verpflichtet, die Beendigung des Dienstverhältnisses der Finanzverwaltung unverzüglich anzuzeigen und den Arbeitnehmer bei der Finanzverwaltung zeitnah elektronisch abzumelden (§ 39e Absatz 4 Satz 5 EStG, vgl. Rz. 54). Der neue erste Arbeitgeber hat sich bei der Finanzverwaltung als erster Arbeitgeber (Hauptarbeitgeber) anzumelden und die ELStAM des Arbeitnehmers abzurufen (vgl. Rz. 45 bis 50). | 59

Bei der Abmeldung ist zu berücksichtigen, dass die aktuellen ELStAM des Arbeitnehmers dem Arbeitgeber ab dem ersten bis zum fünften Werktag des Folgemonats zum Abruf bereitgestellt werden. Erfolgt die Abmeldung des Arbeitnehmers vor dem fünften Werktag des Folgemonats, kann der Arbeitgeber die aktuellen ELStAM des Arbeitnehmers für den Monat der Beendigung des Dienstverhältnisses ggf. nicht abrufen. | 60

Erfolgt nach einem Arbeitgeberwechsel die Anmeldung des Arbeitnehmers durch den neuen (aktuellen) Hauptarbeitgeber, bevor der vorherige Hauptarbeitgeber die Abmeldung vorgenommen hat, gilt Folgendes: | 61

– Der aktuelle Hauptarbeitgeber erhält die für das erste Dienstverhältnis gültigen ELStAM rückwirkend ab dem Beginn des Dienstverhältnisses. Der bisherige Hauptarbeitgeber erhält mit Gültigkeit ab diesem Tag die ELStAM für Steuerklasse VI.

– Erfolgt die Anmeldung des Arbeitnehmers zu einem Zeitpunkt, der mehr als 6 Wochen nach Beginn des Dienstverhältnisses liegt, erhält der aktuelle Hauptarbeitgeber die für das erste Dienstverhältnis gültigen ELStAM ab dem Tag der Anmeldung. Der bisherige Hauptarbeitgeber erhält mit Gültigkeit ab diesem Tag die ELStAM für Steuerklasse VI.

Beispiel 1 (Anmeldung innerhalb der 6-Wochen-Frist): | 62

Arbeitnehmer A ist mit Steuerklasse III bei Arbeitgeber ALT beschäftigt. A wechselt zum 20. Juni 2013 zum Arbeitgeber NEU. Während Arbeitgeber NEU das Beschäftigungsverhältnis am 10. Juli 2013 als Hauptarbeitgeber mit Beschäftigungsbeginn 20. Juni 2013 anmeldet, unterbleibt eine Abmeldung durch den bisherigen Arbeitgeber ALT.

Arbeitgeber NEU

NEU erhält in der Anmeldebestätigungsliste zur Anmeldung vom 10. Juli 2013 die ELStAM rückwirkend auf den Tag des Beginns der Beschäftigung (Gültigkeit ab 20. Juni 2013) mit der Steuerklasse III.

Arbeitgeber ALT

ALT erhält mit dem nächsten Abruf (Anfang August 2013) ELStAM mit der Steuerklasse VI mit Gültigkeit ab Beginn der Beschäftigung bei Arbeitgeber NEU (20. Juni 2013). In der Zeit ab dem 20. Juni 2013 gezahlter Restlohn ist nach Steuerklasse VI zu besteuern.

Hinweis: Hat Arbeitgeber ALT den Arbeitnehmer bis Ende des Monats Juli 2013 abgemeldet, werden ihm für A keine ELStAM mehr zum Abruf bereitgestellt.

Beispiel 2 (Anmeldung außerhalb der 6-Wochen-Frist): | 63

Arbeitnehmer B ist mit Steuerklasse III beim Arbeitgeber ALT beschäftigt. B wechselt zum 20. Juni 2013 zum Arbeitgeber NEU. NEU meldet das Beschäftigungsverhältnis am 20. August 2013 als Hauptarbeitgeber mit Beschäftigungsbeginn 20. Juni 2013 an, eine Abmeldung durch den bisherigen Arbeitgeber ALT unterbleibt.

---

1) → R 39.5 Abs. 1 Satz 3 LStR.
2) Jetzt: Kalendermonat → R 39.6 Abs. 3 Satz 1 LStR.

Arbeitgeber NEU

NEU erhält für B erstmalig ELStAM mit der Steuerklasse III mit Gültigkeit ab dem Tag der Anmeldung (20. August 2013). Zuvor gezahlter Lohn ist mit Steuerklasse VI zu besteuern.

Arbeitgeber ALT

ALT erhält mit dem nächsten Abruf (Anfang September 2013) ELStAM mit der Steuerklasse VI mit Gültigkeit ab dem 20. August 2013.

Hinweis: Hat Arbeitgeber ALT den Arbeitnehmer bis Ende des Monats August 2013 abgemeldet, werden ihm für B keine ELStAM mehr zum Abruf bereitgestellt.

4. Weiteres Dienstverhältnis

Beginn eines weiteren Dienstverhältnisses

64   Beginnt der Arbeitnehmer ein neues Dienstverhältnis und bezieht er nebeneinander von mehreren Arbeitgebern Arbeitslohn, hat er zu entscheiden, welches das erste und welches das weitere Dienstverhältnis ist. Soll der Arbeitslohn des neuen Dienstverhältnisses nach der Steuerklasse VI besteuert werden, hat der Arbeitnehmer dem Arbeitgeber neben der Identifikationsnummer und dem Tag der Geburt mitzuteilen, dass es sich um ein weiteres Dienstverhältnis handelt (vgl. Rz. 68 und 69). Zur Berücksichtigung eines nach § 39a Absatz 1 Satz 1 Nummer 7 EStG festgestellten Freibetrags vgl. Rz. 127. Soll der Arbeitslohn des neuen Dienstverhältnisses nach den Merkmalen des ersten Dienstverhältnisses besteuert werden, hat der Arbeitnehmer dem Arbeitgeber mitzuteilen, dass es sich um das erste Dienstverhältnis handelt.

65   Nachdem der Arbeitgeber des neuen Dienstverhältnisses den Arbeitnehmer bei der Finanzverwaltung angemeldet hat, bildet die Finanzverwaltung die zutreffenden Steuerklassen automatisch und stellt sie dem jeweiligen Arbeitgeber zum Abruf bereit. Dem Arbeitgeber des weiteren Dienstverhältnisses werden als ELStAM die Steuerklasse VI und ggf. die rechtliche Zugehörigkeit zu einer steuererhebenden Religionsgemeinschaft sowie ein Freibetrag nach § 39a Absatz 1 Satz 1 Nummer 7 EStG zum Abruf bereitgestellt. Wird das neue Dienstverhältnis als erstes Dienstverhältnis angemeldet, stellt die Finanzverwaltung dem Arbeitgeber die ELStAM nach Rz. 6, 9 und 10 und dem anderen Arbeitgeber die Steuerklasse VI zum Abruf bereit.

66   Die für das neue Dienstverhältnis gültigen ELStAM werden grundsätzlich rückwirkend ab dem Beginn des Dienstverhältnisses (vgl. Rz. 59, 61 bis 63) gebildet.

Wechsel des ersten Dienstverhältnisses

67   Bezieht der Arbeitnehmer nebeneinander von mehreren Arbeitgebern Arbeitslohn, kann er auch während des Kalenderjahres einen neuen ersten Arbeitgeber bestimmen. Hierfür ist dem neuen Hauptarbeitgeber mitzuteilen, dass es sich nun um das erste Dienstverhältnis handelt. Dem weiteren Arbeitgeber ist mitzuteilen, dass es sich nun um das weitere Dienstverhältnis handelt und ggf. ob und in welcher Höhe ein nach § 39a Absatz 1 Satz 1 Nummer 7 EStG festgestellter Freibetrag (vgl. Rz. 127) abgerufen werden soll. Ein solcher Wechsel darf frühestens mit Wirkung vom Beginn des Kalendermonats an erfolgen, in dem der Arbeitnehmer das erste Dienstverhältnis neu bestimmt.

5. Pflichten des Arbeitnehmers

Gegenüber dem Arbeitgeber

68   Zum Zweck des Abrufs der ELStAM hat der Arbeitnehmer jedem Arbeitgeber bei Eintritt in das Dienstverhältnis Folgendes mitzuteilen (§ 39e Absatz 4 Satz 1 EStG):

1. die Identifikationsnummer sowie den Tag der Geburt,
2. ob es sich um das erste oder ein weiteres Dienstverhältnis handelt (vgl. Rz. 64),
3. ggf. ob und in welcher Höhe ein nach § 39a Absatz 1 Satz 1 Nummer 7 EStG festgestellter Freibetrag abgerufen werden soll (vgl. Rz. 127).

69   Soll in einem zweiten oder weiteren Dienstverhältnis ein Freibetrag nach § 39a Absatz 1 Satz 1 Nummer 1 bis 6 EStG abgerufen werden, wird auf die Erläuterung unter Rz. 125 und 126 verwiesen.

Gegenüber der Finanzverwaltung

70   Die Steuerklasse und die Zahl der Kinderfreibeträge für minderjährige Kinder werden im neuen Verfahren in der Regel automatisch geändert. Auslöser hierfür sind Mitteilungen der Meldebehörden über den geänderten Familienstand bzw. die Geburt oder den Tod eines Kindes. In diesen Fällen ist der Arbeitnehmer nicht zu einer Mitteilung an das Finanzamt verpflichtet (§ 39 Absatz 5 Satz 3 EStG i. V. m. § 39e Absatz 2 Satz 2 EStG).

Ändern sich die persönlichen Verhältnisse des Arbeitnehmers und treten die Voraussetzungen 71
zur Einreihung in eine für ihn ungünstigere Steuerklasse oder für eine geringere Zahl der Kinderfreibeträge ein, ist er in den Fällen, in denen die Änderungen nicht durch geänderte Meldedaten
automatisch angestoßen werden, verpflichtet, dies dem Finanzamt mitzuteilen und die Steuerklasse sowie die Zahl der Kinderfreibeträge umgehend ändern zu lassen (§ 39 Absatz 5 Satz 1
EStG). Dies gilt insbesondere bei dauernder Trennung der Ehegatten bzw. Lebenspartner oder
wenn die Voraussetzungen für die Berücksichtigung des Entlastungsbetrags für Alleinerziehende
und somit für die Anwendung der Steuerklasse II entfallen.

Ferner besteht eine Mitteilungspflicht des Arbeitnehmers gegenüber dem Finanzamt, wenn ihm 72
bekannt wird, dass die ELStAM zu seinen Gunsten von den nach § 39 EStG zu bildenden Lohnsteuerabzugsmerkmalen abweichen (§ 39e Absatz 6 Satz 5 EStG), z. B. wenn der Arbeitgeber
abgerufene ELStAM irrtümlich nicht dem zutreffenden Arbeitnehmer zugeordnet hat.

Wird ein unbeschränkt einkommensteuerpflichtiger Arbeitnehmer beschränkt einkommensteuer- 73
pflichtig, z. B. weil er ins grenznahe Ausland verzieht und seinen Arbeitsplatz im Inland beibehält, hat er dies seinem Wohnsitzfinanzamt (vgl. Rz. 13) ebenfalls unverzüglich mitzuteilen (§ 39
Absatz 7 Satz 1 EStG). Als Folge hat das Finanzamt die Lohnsteuerabzugsmerkmale vom Zeitpunkt des Eintritts der beschränkten Einkommensteuerpflicht an zu ändern (Sperrung des Abrufs
der ELStAM). Auf Antrag wird das Betriebsstättenfinanzamt des Arbeitgebers für den Arbeitnehmer eine Bescheinigung für den Lohnsteuerabzug ausstellen (vgl. Rz. 86 bis 88) und ihn ggf. in
die Steuerklasse I einreihen.

Zu den Folgerungen aufgrund fehlender oder unzutreffender Angaben vgl. Tz. Rz. 93 bis 98 und 74
101.

6. Rechte des Arbeitnehmers

Abrufsperren und Abrufberechtigungen

Im neuen Verfahren kann der Arbeitnehmer einen oder mehrere zum Abruf von ELStAM berech- 75
tigte(n) Arbeitgeber benennen (Abrufberechtigung, „Positivliste") oder bestimmte Arbeitgeber
von der Abrufberechtigung ausschließen (Abrufsperre, „Negativliste"; § 39e Absatz 6 Satz 6
Nummer 1 EStG). Zudem gibt es die Möglichkeit, sämtliche Arbeitgeber vom Abruf auszuschließen („Vollsperrung"; § 39e Absatz 6 Satz 6 Nummer 2 EStG). Eine Abrufberechtigung oder eine
Sperrung ist dem Finanzamt mit dem Vordruck „Anträge zu den elektronischen Lohnsteuerabzugsmerkmalen – ELStAM –" mitzuteilen. Eine Verpflichtung zur Erteilung einer Abrufberechtigung der ELStAM oder deren Sperrung besteht nicht.

Abrufberechtigungen und Abrufsperren gelten lediglich mit Wirkung für die Zukunft, eine 76
rückwirkende Berücksichtigung ist nicht möglich. Sie gelten, bis der Arbeitnehmer erklärt, die
Abrufberechtigung zu erteilen oder die Sperrung aufzuheben.

Die Erteilung einer Abrufberechtigung oder Sperrung eines Arbeitgebers zum Abruf der ELStAM 77
setzt die Angabe der Steuernummer der Betriebsstätte oder des Teilbetriebs des Arbeitgebers, in
dem der für die Durchführung des Lohnsteuerabzugs maßgebende Arbeitslohn ermittelt wird,
voraus. Zu den sich hieraus ergebenden Arbeitgeberpflichten vgl. Rz. 44. Für die Verwendung
der Steuernummer des Arbeitgebers gelten die Regelungen zu den Schutzvorschriften für die
ELStAM entsprechend (vgl. Rz. 107 und 108).

Positivliste

Hat der Arbeitnehmer bei seinem Wohnsitzfinanzamt (vgl. Rz. 13) eine Positivliste eingereicht, 78
werden darin nicht genannte Arbeitgeber für den Abruf von ELStAM des Antragstellers gesperrt.
Wird im Falle eines Arbeitgeberwechsels der neue Arbeitgeber nicht in eine bereits vorhandene
Positivliste aufgenommen, ist ein Abruf der ELStAM durch den neuen Arbeitgeber nicht möglich.
Bei fehlender Abrufberechtigung ist der Arbeitgeber zur Anwendung der Steuerklasse VI verpflichtet (§ 39e Absatz 6 Satz 8 EStG). Die Aufnahme von Arbeitgebern in die Positivliste setzt
kein bestehendes Arbeitsverhältnis voraus.

Negativliste

Hat der Arbeitnehmer bei seinem Wohnsitzfinanzamt (vgl. Rz. 13) eine Negativliste eingereicht, 79
können die darin genannten Arbeitgeber die ELStAM des Antragstellers nicht abrufen. Kommt
es gleichwohl zu einem Arbeitsverhältnis und einer Lohnzahlung eines dieser Arbeitgeber, hat er
aufgrund der fehlenden Abrufberechtigung die Steuerklasse VI anzuwenden (§ 39e Absatz 6
Satz 8 EStG).

Vollsperrung

Hat der Arbeitnehmer bei seinem Wohnsitzfinanzamt (vgl. Rz. 13) beantragt, die Bildung oder 80
Bereitstellung der ELStAM allgemein sperren zu lassen, ist ein Abruf nicht möglich. Aufgrund
der fehlenden Abrufberechtigung hat der Arbeitgeber die Steuerklasse VI anzuwenden (§ 39e

Absatz 6 Satz 8 EStG). Die Sperrung bleibt solange bestehen, bis der Arbeitnehmer die Bildung oder Bereitstellung der ELStAM allgemein freischalten lässt.

Auskunft über die eigenen ELStAM

81   Der Arbeitnehmer kann beim zuständigen Wohnsitzfinanzamt (vgl. Rz. 13) auf Antrag Auskunft über die für ihn gebildeten ELStAM sowie über die durch den Arbeitgeber in den letzten 24 Monaten erfolgten Abrufe der ELStAM erhalten (§ 39e Absatz 6 Satz 4 EStG; vgl. Vordruck „Anträge zu den elektronischen Lohnsteuerabzugsmerkmalen – ELStAM –").

82   Dem Arbeitnehmer ist es darüber hinaus möglich, seine ELStAM über das ElsterOnline-Portal (www.elsteronline.de/eportal) einzusehen. Dazu ist eine kostenfreie Registrierung unter Verwendung der Identifikationsnummer im ElsterOnline-Portal notwendig.

Ungünstigere Lohnsteuerabzugsmerkmale

83   Nach § 38b Absatz 3 EStG haben unbeschränkt einkommensteuerpflichtige Arbeitnehmer die Möglichkeit, beim Wohnsitzfinanzamt (vgl. Rz. 13) die Berücksichtigung ungünstigerer Lohnsteuerabzugsmerkmale zu beantragen (eine ungünstigere Steuerklasse, eine geringere Anzahl von Kindern; ebenso ist die Rücknahme eines Antrags auf Berücksichtigung des Pauschbetrags für behinderte Menschen möglich; s. Vordruck „Anträge zu den elektronischen Lohnsteuerabzugsmerkmalen – ELStAM –". Von ungünstigeren Besteuerungsmerkmalen ist stets auszugehen, wenn die vom Arbeitnehmer gewählten Lohnsteuerabzugsmerkmale zu einem höheren Lohnsteuerabzug (inkl. Solidaritätszuschlag und ggf. Kirchensteuer) führen oder wenn statt der Steuerklasse IV die Steuerklasse I gewählt wird.

84   Ein solcher Antrag ist z. B. bei Arbeitnehmern denkbar, die dem Arbeitgeber ihren aktuellen Familienstand nicht mitteilen möchten. Um zu vermeiden, dass dem Arbeitgeber z. B. nach einer Eheschließung bzw. Begründung einer Lebenspartnerschaft die nunmehr für verheiratete bzw. verpartnerte Arbeitnehmer in Betracht kommende Steuerklasse III, IV oder V mitgeteilt wird, kann der Arbeitnehmer beantragen, stattdessen die Steuerklasse I beizubehalten.

85   Um das Ziel der Nichtoffenbarung von geänderten Besteuerungsmerkmalen zu erreichen, kann ein solcher Antrag bereits vor dem maßgebenden Ereignis beim Wohnsitzfinanzamt (vgl. Rz. 13) gestellt werden.

7. Im Inland nicht meldepflichtige Arbeitnehmer

86   Für im Inland nicht meldepflichtige Personen (nach § 1 Absatz 2 EStG erweitert unbeschränkt einkommensteuerpflichtige Arbeitnehmer, nach § 1 Absatz 3 EStG auf Antrag wie unbeschränkt einkommensteuerpflichtig zu behandelnde Arbeitnehmer, nach § 1 Absatz 4 EStG beschränkt einkommensteuerpflichtige Arbeitnehmer), wird die steuerliche Identifikationsnummer nicht auf Grund von Mitteilungen der Meldebehörden zugeteilt. Die Teilnahme dieser Arbeitnehmer am neuen Verfahren ist in einer späteren programmtechnischen Ausbaustufe vorgesehen. Dies gilt auch dann, wenn für diesen Arbeitnehmerkreis auf Anforderung des Finanzamts oder aus anderen Gründen (z. B. früherer Wohnsitz im Inland) steuerliche Identifikationsnummern vorliegen.

87   In diesen Fällen hat das Betriebsstättenfinanzamt des Arbeitgebers derzeit noch auf Antrag Papierbescheinigungen für den Lohnsteuerabzug auszustellen (Vordrucke „Antrag auf Erteilung einer Bescheinigung für den Lohnsteuerabzug für das Kalenderjahr 201__ bei erweiterter unbeschränkter Einkommensteuerpflicht und für übrige Bezieher von Arbeitslohn aus inländischen öffentlichen Kassen", „Antrag auf Erteilung einer Bescheinigung für den Lohnsteuerabzug für das Kalenderjahr 201__ für beschränkt einkommensteuerpflichtige Arbeitnehmer"). Legt ein Arbeitnehmer eine dieser Bescheinigungen für den Lohnsteuerabzug vor, entfällt die Verpflichtung und Berechtigung des Arbeitgebers zum Abruf der ELStAM nach § 39e Absatz 4 Satz 2 und Absatz 5 Satz 3 EStG.

88   Der Antrag nach § 39 Absatz 3 Satz 1 EStG ist grundsätzlich vom Arbeitnehmer zu stellen. Die Bescheinigung der Steuerklasse I kann auch der Arbeitgeber beantragen (§ 39 Absatz 3 Satz 3 EStG), wenn er den Antrag im Namen des Arbeitnehmers stellt. Weitere Lohnsteuerabzugsmerkmale, etwa die Zahl der Kinderfreibeträge oder ein Freibetrag nach § 39a EStG, können nur auf Antrag des Arbeitnehmers gebildet werden (§ 39 Absatz 3 Satz 1 EStG).

89   Der Arbeitgeber hat die in der jahresbezogenen Bescheinigung für den Lohnsteuerabzug ausgewiesenen Lohnsteuerabzugsmerkmale in das Lohnkonto des Arbeitnehmers zu übernehmen, diese Bescheinigung als Beleg zum Lohnkonto zu nehmen und während des Dienstverhältnisses, längstens bis zum Ablauf des jeweiligen Kalenderjahres, aufzubewahren (§ 39 Absatz 3 Satz 4 EStG). Bei Beendigung des Arbeitsverhältnisses vor Ablauf des Kalenderjahres hat er dem Arbeitnehmer diese Bescheinigung für den Lohnsteuerabzug auszuhändigen.

Ist die Ausstellung einer solchen Bescheinigung nicht beantragt oder legt der Arbeitnehmer sie nicht innerhalb von sechs Wochen nach Beginn des Dienstverhältnisses vor, hat der Arbeitgeber die Lohnsteuer nach der Steuerklasse VI zu ermitteln (§ 39c Absatz 2 Satz 2 EStG). 90

In den Lohnsteuerbescheinigungen dieser Arbeitnehmer ist anstelle der Identifikationsnummer das lohnsteuerliche Ordnungsmerkmal (§ 41b Absatz 2 Satz 1 und 2 EStG, sog. eTIN = elektronische Transfer-Identifikations-Nummer) auszuweisen. 91

Hinsichtlich der Schutzvorschriften für die Lohnsteuerabzugsmerkmale gelten die Regelungen zu den ELStAM unter Rz. 107 und 108 entsprechend. 92

8. Durchführung des Lohnsteuerabzugs ohne ELStAM

Fehlende Lohnsteuerabzugsmerkmale

Bei fehlenden Lohnsteuerabzugsmerkmalen hat der Arbeitgeber die Lohnsteuererhebung nach der Steuerklasse VI durchzuführen. Dies kommt insbesondere dann in Betracht, wenn der Arbeitnehmer 93

- bei Beginn des Dienstverhältnisses seinem Arbeitgeber die zum Abruf der ELStAM erforderliche steuerliche Identifikationsnummer und das Geburtsdatum schuldhaft nicht mitteilt (§ 39e Absatz 4 Satz 1 EStG),

- eine Übermittlung der ELStAM an den Arbeitgeber gesperrt hat (§ 39e Absatz 6 Satz 6 Nummer 1 EStG) oder

- beim Finanzamt (vgl. Rz. 13) die Bildung der ELStAM sperren lassen hat (§ 39e Absatz 6 Satz 6 Nummer 2 EStG).

Abweichend hiervon hat der Arbeitgeber in den folgenden Fällen für die Lohnsteuerberechnung – längstens für die Dauer von drei Kalendermonaten – die voraussichtlichen Lohnsteuerabzugsmerkmale im Sinne des § 38b EStG zu Grunde zu legen (§ 39c Absatz 1 Satz 2 EStG), wenn 94

1. ein Abruf der ELStAM wegen technischer Störungen nicht möglich ist,

2. der Arbeitnehmer die fehlende Mitteilung über die ihm zuzuteilende Identifikationsnummer nicht zu vertreten hat.

Als Störungen in diesem Sinne kommen technische Schwierigkeiten bei Anforderung und Abruf, Bereitstellung oder Übermittlung der ELStAM in Betracht oder eine verzögerte Ausstellung der Bescheinigung für den Lohnsteuerabzug durch das Finanzamt. 95

Aufgrund dieser Ausnahmeregelungen kann der Arbeitgeber den Lohnsteuerabzug für die Dauer von längstens drei Monaten nach den ihm bekannten persönlichen Besteuerungsmerkmalen des Arbeitnehmers durchführen (Steuerklasse, Kinderzähler und Religionszugehörigkeit). Erhält der Arbeitgeber die (elektronischen) Lohnsteuerabzugsmerkmale vor Ablauf der drei Monate, hat er in den Fällen des § 39c Absatz 1 Satz 2 EStG die Lohnsteuerermittlungen für die vorangegangenen Kalendermonate zu überprüfen und erforderlichenfalls zu ändern (§ 39c Absatz 1 Satz 4 EStG). 96

Hat der Arbeitnehmer nach Ablauf der drei Monate die Identifikationsnummer sowie den Tag seiner Geburt nicht mitgeteilt und ersatzweise die Bescheinigung für den Lohnsteuerabzug nicht vorgelegt, so ist rückwirkend die Besteuerung nach der Steuerklasse VI durchzuführen und die Lohnsteuerermittlungen für die ersten drei Monate zu korrigieren. Erhält der Arbeitgeber in diesen Fällen die ELStAM oder ersatzweise die Bescheinigung für den Lohnsteuerabzug nach Ablauf der 3-Monatsfrist, ist eine Änderung des Lohnsteuerabzugs nur nach Maßgabe des § 41c Absatz 1 Satz 1 Nummer 1 EStG möglich. 97

Unbeschränkt einkommensteuerpflichtige Arbeitnehmer ohne steuerliche Identifikationsnummer

Ist einem nach § 1 Absatz 1 EStG unbeschränkt einkommensteuerpflichtigen Arbeitnehmer (noch) keine Identifikationsnummer (§§ 139a, 139b AO) zugeteilt worden, können ELStAM weder automatisiert gebildet noch vom Arbeitgeber abgerufen werden. In diesen Fällen ersetzt eine dem Arbeitgeber vorzulegende Bescheinigung für den Lohnsteuerabzug mit den anzuwendenden Lohnsteuerabzugsmerkmalen die ELStAM. Der Arbeitnehmer hat eine solche Bescheinigung für den Lohnsteuerabzug beim Wohnsitzfinanzamt (vgl. Rz. 13) formlos unter dem „Antrag auf Ausstellung einer Bescheinigung für den Lohnsteuerabzug" zu beantragen und dem Arbeitgeber vorzulegen (§ 39e Absatz 8 Satz 1 und 4 EStG). 98

Das Wohnsitzfinanzamt (vgl. Rz. 13) hat diese Bescheinigung für die Dauer eines Kalenderjahres auszustellen. Legt der Arbeitnehmer eine entsprechende Bescheinigung für den Lohnsteuerabzug vor, entfällt die Verpflichtung und Berechtigung des Arbeitgebers zum Abruf der ELStAM (§ 39e Absatz 8 Satz 2 EStG). 99

Der Arbeitgeber hat diese jahresbezogene Bescheinigung für den Lohnsteuerabzug als Beleg zum Lohnkonto zu nehmen und während des Dienstverhältnisses, längstens bis zum Ablauf des 100 jeweiligen Kalenderjahres, aufzubewahren. Bei Beendigung des Arbeitsverhältnisses vor Ablauf des Kalenderjahres hat er dem Arbeitnehmer diese Bescheinigung auszuhändigen.

101   Hat der Arbeitnehmer die Ausstellung einer solchen Bescheinigung für den Lohnsteuerabzug nicht beantragt oder legt er sie nicht innerhalb von sechs Wochen nach Beginn des Dienstverhältnisses vor, hat der Arbeitgeber die Lohnsteuer nach der Steuerklasse VI zu ermitteln.

102   Erhält der Arbeitnehmer seine Identifikationsnummer zugeteilt, hat er sie dem Arbeitgeber mitzuteilen (§ 39e Absatz 4 Satz 1 EStG). Mit dieser Angabe und dem (bereits vorliegenden) Geburtsdatum ist der Arbeitgeber berechtigt, die ELStAM des Arbeitnehmers abzurufen. Die vorliegende Bescheinigung für den Lohnsteuerabzug hindert den Arbeitgeber nicht, im laufenden Kalenderjahr zum elektronischen Verfahren zu wechseln, um so die ELStAM des Arbeitnehmers abrufen zu können. Die Bescheinigung für den Lohnsteuerabzug ist weder an das ausstellende Finanzamt noch an den Arbeitnehmer herauszugeben.

103   Hinsichtlich der Pflichten des Arbeitgebers zur Übertragung der Lohnsteuerabzugsmerkmale in das Lohnkonto, Aufbewahrung und Herausgabe der Bescheinigung für den Lohnsteuerabzug, Verwendung des lohnsteuerlichen Ordnungsmerkmals nach § 41b Absatz 2 Satz 1 und 2 EStG sowie der Schutzvorschriften für die Lohnsteuerabzugsmerkmale gelten die Regelungen unter Rz. 89, 91, 107 und 108 entsprechend.

9. ELStAM bei verschiedenen Lohnarten

104   Auch wenn der Arbeitgeber verschiedenartige Bezüge zahlt, sind diese aufgrund des Grundsatzes eines einheitlichen Dienstverhältnisses zu einem Arbeitgeber zusammenzurechnen. In den folgenden Fällen handelt es sich um ein einheitliches Dienstverhältnis, so dass die Lohnsteuer für die Bezüge einheitlich und nach denselben ELStAM zu erheben ist. Der Abruf von ELStAM für ein zweites Dienstverhältnis des Arbeitnehmers durch denselben Arbeitgeber ist nicht möglich.

105   **Beispiele für die Zahlung verschiedenartiger Bezüge:**

-   Ein Arbeitnehmer erhält vom Arbeitgeber neben einer Betriebsrente noch Arbeitslohn für ein aktives Dienstverhältnis; die Lohnsteuer wird nicht pauschal erhoben.

-   Ein Arbeitnehmer erhält vom Arbeitgeber Hinterbliebenenbezüge und eigene Versorgungsbezüge oder Arbeitslohn für ein aktives Dienstverhältnis.

-   Ein Arbeitnehmer ist in Elternzeit und arbeitet gleichwohl beim selben Arbeitgeber weiter.

106   Zu der im Einführungszeitraum 2013 und im Kalenderjahr 2014 möglichen abweichenden Behandlung als Bezüge aus unterschiedlichen Dienstverhältnissen (Nichtbeanstandungsregelung) vgl. Tz. III. 5. des BMF-Schreibens zum erstmaligen Abruf der elektronischen Lohnsteuerabzugsmerkmale durch den Arbeitgeber und mit Anwendungsgrundsätzen für den Einführungszeitraum vom 25. Juli 2013, a. a. O.[1]

10. Schutzvorschriften für die (elektronischen) Lohnsteuerabzugsmerkmale

107   Nur die Personen, denen der Arbeitnehmer die Berechtigung erteilt hat (Arbeitgeber oder beauftragte Dritte), sind befugt, ELStAM abzurufen und zu verwenden (§ 39e Absatz 4 Satz 2 und 6 EStG). ELStAM sind nur für den Lohnsteuerabzug bestimmt (§ 39e Absatz 4 Satz 7 und Absatz 5 Satz 1 EStG). Folglich dürfen grundsätzlich weder der Arbeitgeber noch der mit der Durchführung des Lohnsteuerabzugs beauftragte Dritte abgerufene ELStAM bzw. Lohnsteuerabzugsmerkmale offenbaren. Dies gilt nicht, soweit eine Weitergabe von (elektronischen) Lohnsteuerabzugsmerkmalen gesetzlich zugelassen ist oder der Arbeitnehmer einer anderen Verwendung zustimmt (§ 39 Absatz 8 Satz 2 EStG).

108   Vorsätzliche oder leichtfertige Zuwiderhandlungen stellen eine Ordnungswidrigkeit dar und können mit einer Geldbuße bis zu zehntausend Euro geahndet werden (§ 39 Absatz 9 i. V. m. § 39e Absatz 4 Satz 7 EStG).

IV. Verfahrensrecht

109   Sowohl die erstmalige Bildung der (elektronischen) Lohnsteuerabzugsmerkmale als auch deren spätere Änderungen sind – wie die Eintragungen auf der Lohnsteuerkarte im bisherigen Verfahren – eine gesonderte Feststellung von Besteuerungsgrundlagen im Sinne von § 179 Absatz 1 AO, die unter dem Vorbehalt der Nachprüfung steht (§ 39 Absatz 1 Satz 4 EStG). Eine solche Feststellung ist ein anfechtbarer Verwaltungsakt, dessen Vollziehung gemäß § 361 AO ausgesetzt werden kann. Da die Bildung der ELStAM unter dem Vorbehalt der Nachprüfung

---

1) Zum Wahlrecht des Arbeitgebers zur Vornahme des Lohnsteuerabzugs bei verschiedenartigen Bezügen ab VZ 2017 → § 39e Abs. 5a EStG

steht, hat der Arbeitnehmer daneben auch die Möglichkeit, eine Änderung nach § 164 Absatz 2 Satz 2 AO zu beantragen.

Um als Verwaltungsakt erkennbar und anfechtbar zu sein, müssen die Bildung der (elektronischen) Lohnsteuerabzugsmerkmale und deren Änderungen dem Arbeitnehmer bekannt gegeben werden (§ 39 Absatz 1 Satz 5 EStG). Gemäß § 119 Absatz 2 AO kann dies schriftlich, elektronisch, mündlich oder in anderer Weise erfolgen. Üblicherweise hat der Arbeitgeber die ELStAM als Grundlage für die Lohnsteuerermittlung in der Lohn- und Gehaltsabrechnung auszuweisen (§ 39e Absatz 5 Satz 2 und Absatz 6 EStG). In diesen Fällen werden sie mit Aushändigung der Lohnabrechnung an den Arbeitnehmer bekannt gegeben (§ 39e Absatz 6 Satz 3 EStG). Wird die Lohnabrechnung elektronisch bereitgestellt, ist das Bereitstellungsdatum maßgebend (§ 39e Absatz 6 Satz 3 EStG). | 110

Diesen Formen der Bekanntgabe ist keine Rechtsbehelfsbelehrung beizufügen (§ 39e Absatz 6 Satz 2 EStG). Dies führt dazu, dass ein Einspruch gegen die gebildeten ELStAM innerhalb eines Jahres ab Bekanntgabe des Verwaltungsaktes eingelegt werden kann (§ 356 Absatz 2 AO). | 111

Erteilt das Finanzamt auf Antrag des Arbeitnehmers einen Bescheid über die Berücksichtigung von Lohnsteuerabzugsmerkmalen (§ 39 Absatz 1 Satz 8 EStG), ist diesem eine Rechtsbehelfsbelehrung beizufügen. Das Finanzamt ist zudem zur schriftlichen Erteilung eines Bescheids mit einer Belehrung über den zulässigen Rechtsbehelf verpflichtet, wenn dem Antrag des Arbeitnehmers auf Bildung oder Änderung der Lohnsteuerabzugsmerkmale (regelmäßig im Rahmen eines Antrags auf Lohnsteuer-Ermäßigung) nicht oder nicht in vollem Umfang entsprochen wird (§ 39 Absatz 1 Satz 8 EStG). | 112

V. Härtefallregelung

Allgemeines

Sind Arbeitgeber nicht in der Lage und ist es ihnen nicht zumutbar, die ELStAM der Arbeitnehmer elektronisch abzurufen, wird ein Ersatzverfahren angeboten (§ 39e Absatz 7 EStG). Auf Antrag des Arbeitgebers kann das Betriebsstättenfinanzamt zur Vermeidung unbilliger Härten die Nichtteilnahme am neuen Abrufverfahren (ELStAM-Verfahren) zulassen (§ 39e Absatz 7 Satz 1 EStG). Die Teilnahme am Härtefallverfahren ist kalenderjährlich unter Darlegung der Gründe neu zu beantragen (§ 39e Absatz 7 Satz 4 EStG); ggf. rückwirkend bis zum Beginn des Kalenderjahres der Antragstellung. | 113

Eine unbillige Härte liegt insbesondere bei einem Arbeitgeber vor, für den die technischen Möglichkeiten der Kommunikation über das Internet wirtschaftlich oder persönlich unzumutbar ist (§ 150 Absatz 8 AO ist entsprechend anzuwenden). | 114

Dem Antrag ist stets stattzugeben, wenn der Arbeitgeber ohne maschinelle Lohnabrechnung ausschließlich Arbeitnehmer im Rahmen einer geringfügigen Beschäftigung in seinem Privathaushalt im Sinne des § 8a Viertes Buch Sozialgesetzbuch bzw. § 276a Sechstes Buch Sozialgesetzbuch beschäftigt und wenn er die Lohnsteuer vom Arbeitslohn/-entgelt nicht pauschal erhebt (§ 39e Absatz 7 Satz 2 EStG). | 115

Auch nach einer Genehmigung zur Nichtteilnahme an diesem Verfahren kann der Arbeitgeber jederzeit ohne gesonderte Mitteilung zum elektronischen Abrufverfahren wechseln. | 116

Antragstellung

Der Antrag ist nach amtlich vorgeschriebenem Vordruck zu stellen (Vordruck „Antrag des Arbeitgebers auf Nichtteilnahme am Abrufverfahren der elektronischen Lohnsteuerabzugsmerkmale (ELStAM) für 201_) und muss folgende Angaben beinhalten: | 117

1. Steuernummer der lohnsteuerlichen Betriebsstätte,

2. Verzeichnis der beschäftigten Arbeitnehmer,

3. Identifikationsnummer und Geburtsdatum der einzelnen Beschäftigten,

4. Angaben darüber, ob es sich um ein erstes (Hauptarbeitgeber) oder weiteres Dienstverhältnis (Steuerklasse VI) handelt und

5. bei einem weiteren Beschäftigungsverhältnis ggf. den nach § 39a Absatz 1 Satz 1 Nummer 7 EStG zu berücksichtigenden Betrag.

Verfahren/Bescheinigung der Lohnsteuerabzugsmerkmale

Gibt das Betriebsstättenfinanzamt dem Antrag statt, wird dem Arbeitgeber eine arbeitgeberbezogene Bescheinigung zur Durchführung des Lohnsteuerabzugs erteilt, welche die für das jeweilige Kalenderjahr gültigen Lohnsteuerabzugsmerkmale der einzelnen Arbeitnehmer enthält. Im Fall der Änderung von Lohnsteuerabzugsmerkmalen wird dem Arbeitgeber automatisch eine geänderte Bescheinigung für den Lohnsteuerabzug übersandt. Diese Bescheinigungen sind nur für | 118 den beantragenden Arbeitgeber bestimmt und dürfen von einem weiteren Arbeitgeber nicht als Grundlage für den Lohnsteuerabzug herangezogen werden.

Pflichten des Arbeitgebers

119   Für die Lohnsteuererhebung gelten in diesen Fällen die Regelungen des Abrufverfahrens für die ELStAM entsprechend. Insbesondere haben auch die wegen der Inanspruchnahme der Härtefallregelung nicht am elektronischen Verfahren teilnehmenden Arbeitgeber die Lohnsteuerabzugsmerkmale der Arbeitnehmer in deren Lohnabrechnung auszuweisen. Auch hier gelten die Lohnsteuerabzugsmerkmale gegenüber dem Arbeitnehmer als bekannt gegeben, sobald der Arbeitgeber dem Arbeitnehmer die Lohnabrechnung mit den ausgewiesenen Lohnsteuerabzugsmerkmalen aushändigt. Im Übrigen sind für die in der Bescheinigung ausgewiesenen Lohnsteuerabzugsmerkmale die Schutzvorschriften für die ELStAM entsprechend zu beachten (vgl. Rz. 107 und 108).

120   Der Arbeitgeber hat die Bescheinigung für den Lohnsteuerabzug sowie evtl. Änderungsmitteilungen als Beleg zum Lohnkonto zu nehmen und sie während der Beschäftigung, längstens bis zum Ablauf des maßgebenden Kalenderjahres, aufzubewahren. Zur Erteilung der Lohnsteuerbescheinigung (§ 41b EStG) hat der Arbeitgeber die Besondere Lohnsteuerbescheinigung zu verwenden.

121   Beginnt ein Arbeitnehmer im laufenden Kalenderjahr ein Dienstverhältnis, ist der Arbeitgeber zur Mitteilung an das Betriebsstättenfinanzamt verpflichtet (vgl. Rz. 3). Für die Ausstellung und Entgegennahme der Bescheinigung zur Durchführung des Lohnsteuerabzugs gelten Rz. 117 bis 120 entsprechend.

122   Bei Ausscheiden eines Arbeitnehmers aus dem Dienstverhältnis ist dem Betriebsstättenfinanzamt unverzüglich das Datum der Beendigung schriftlich anzuzeigen (§ 39e Absatz 7 Satz 8 EStG).

VI. Betrieblicher Lohnsteuer-Jahresausgleich (§ 42b EStG)

123   Nach einem Arbeitgeberwechsel im laufenden Kalenderjahr sind dem neuen Arbeitgeber – anders als im bisherigen Verfahren – regelmäßig nur die ELStAM des aktuellen Dienstverhältnisses bekannt. Deshalb hat der Arbeitgeber als weitere Voraussetzung für die Durchführung eines Lohnsteuer-Jahresausgleichs zu beachten, dass der Arbeitnehmer durchgängig das gesamte Kalenderjahr bei ihm beschäftigt war. Im Rahmen des Lohnsteuer-Jahresausgleichs ist die Jahreslohnsteuer nach der Steuerklasse zu ermitteln, die für den letzten Lohnzahlungszeitraum des Ausgleichsjahres als ELStAM abgerufen oder in einer Bescheinigung für den Lohnsteuerabzug ausgewiesen worden ist.

VII. Lohnsteuerermäßigungsverfahren ab 2013

Gültigkeit der Lohnsteuerabzugsmerkmale

124   Im Gegensatz zu den nach § 38b EStG zu bildenden Lohnsteuerabzugsmerkmalen wird im neuen Verfahren für die nach § 39a EStG zu bildenden persönlichen Freibeträge zunächst die jahresbezogene Betrachtungsweise fortgesetzt. Folglich ist die Geltungsdauer des Freibetrags, der beim Lohnsteuerabzug insgesamt zu berücksichtigen und abzuziehen ist, sowie eines Hinzurechnungsbetrags derzeit weiterhin auf ein Jahr begrenzt (§ 52 Absatz 50h EStG[1]). Wie bisher sind hiervon die Pauschbeträge für behinderte Menschen und Hinterbliebene ausgenommen.

Start- und Endtermin für das Lohnsteuerermäßigungsverfahren

125   Der an den früheren Versand der Lohnsteuerkarten durch die Gemeinden (frühestens ab dem 20. September) gebundene Starttermin für das Lohnsteuerermäßigungsverfahren besteht nicht mehr. Nach § 39a Absatz 2 Satz 2 EStG beginnt die Frist für die Antragstellung im neuen Verfahren am 1. Oktober eines jeden Jahres. Sie endet mit Ablauf am 30. November des Kalenderjahres, in dem der Freibetrag gilt. Werden Anträge auf Lohnsteuer-Ermäßigung entgegen der gesetzlichen Vorgabe bereits vor dem 1. Oktober des Vorjahres gestellt, hat das Finanzamt diese Anträge nicht aus formalen Gründen abzulehnen. Diese Anträge sind mit Start des Lohnsteuerermäßigungsverfahrens zu bearbeiten.

126   Soll ein Freibetrag nach § 39a Absatz 1 Satz 1 Nummer 1 bis 6 EStG auf mehrere Dienstverhältnisse aufgeteilt werden, ist ein Antrag beim Finanzamt erforderlich. In diesen Fällen ordnet das Finanzamt die Freibeträge den einzelnen Dienstverhältnissen für den Abruf als ELStAM zu. Der Arbeitnehmer hat dem Arbeitgeber weder Angaben zur Anwendung des Freibetrags noch dessen Höhe mitzuteilen.

---

[1] *Jetzt: § 52 Abs. 37 EStG.*

Aufteilung Hinzurechnungsbetrag/Freibetrag

Im neuen Verfahren kann der Arbeitnehmer entscheiden, ob bzw. in welcher Höhe der Arbeit- 127
geber einen nach § 39a Absatz 1 Satz 1 Nummer 7 EStG beantragten und vom Finanzamt ermittelten Freibetrag abrufen soll. Allein für eine solche Verteilung auf die einzelnen Dienstverhältnisse ist ein Antrag beim Finanzamt nicht erforderlich. Diese Wahlmöglichkeit ist für zweite und
weitere Dienstverhältnisse insbesondere für Fälle eines Arbeitgeberwechsels, nach Beendigung
eines Dienstverhältnisses sowie bei in größeren Zeiträumen schwankenden Arbeitslöhnen
gedacht.

Der Arbeitgeber hat den vom Arbeitnehmer genannten Betrag im Rahmen einer üblichen Anmel- 128
dung des Arbeitnehmers bzw. Anfrage von ELStAM an die Finanzverwaltung zu übermitteln.
Nach Prüfung des übermittelten Betrags stellt die Finanzverwaltung dem Arbeitgeber den tatsächlich zu berücksichtigenden Freibetrag als ELStAM zum Abruf bereit. Nur dieser Freibetrag
ist für den Arbeitgeber maßgebend und für den Lohnsteuerabzug anzuwenden sowie in der üblichen Lohn- und Gehaltsabrechnung des Arbeitnehmers als ELStAM auszuweisen.

VIII. Sonstiges

Aufzeichnung im Lohnkonto

Der Arbeitgeber hat die im elektronischen Verfahren abgerufenen ELStAM in das Lohnkonto 129
zu übernehmen (§ 41 Absatz 1 Satz 2 EStG). Gleiches gilt für die im Rahmen der Härtefallregelung (vgl. Rz. 118 und 120) in der vom Finanzamt ausgestellten Bescheinigung ausgewiesenen
(Lohnsteuerabzugs-) Merkmale und für die in der nach § 39e Absatz 8 EStG ausgestellten
Bescheinigungen für den Lohnsteuerabzug ausgewiesenen (Lohnsteuerabzugs-)Merkmale.

Lohnsteuerbescheinigung

Im elektronischen Verfahren ist der Finanzverwaltung der für die Zerlegung der Lohnsteuer 130
erforderliche amtliche Gemeindeschlüssel bekannt. Aus diesem Grunde entfällt insoweit die
Übermittlungsverpflichtung des Arbeitgebers in der elektronischen Lohnsteuerbescheinigung.

Korrektur des Lohnsteuerabzugs

Nach § 41c Absatz 1 Satz 1 Nummer 1 EStG ist der Arbeitgeber berechtigt, bei der jeweils näch- 131
sten Lohnzahlung bisher erhobene Lohnsteuer zu erstatten bzw. noch nicht erhobene Lohnsteuer
nachträglich einzubehalten. Das gilt im neuen Verfahren auch dann, wenn ihm ELStAM zum
Abruf zur Verfügung gestellt werden oder ihm der Arbeitnehmer eine Bescheinigung für den
Lohnsteuerabzug mit Eintragungen vorlegt, die auf einen Zeitpunkt vor Abruf der Lohnsteuerabzugsmerkmale oder vor Vorlage der Bescheinigung für den Lohnsteuerabzug zurückwirken.

Bereitstellung von Steuererklärungen und Vordrucken

Die im neuen Verfahren der ELStAM erforderlichen bundeseinheitlich abgestimmten Erklärun- 132
gen und Vordrucke werden von den Finanzbehörden des Bundes und der Länder zur Verfügung
gestellt. Die seitens des Bundesministeriums der Finanzen bereitgestellten Erklärungen und
Vordrucke stehen im Internet in einer Formulardatenbank unter der Internetadresse
//https://www.formulare-bfinv.de in der Rubrik Formularcenter/Formularkatalog/Steuerformu-
lare/Lohnsteuer als ausfüllbare Formulare bereit.

Anwendungszeitraum

Dieses Schreiben ist für Lohnzahlungszeiträume ab dem Kalenderjahr 2013 bzw. für ab 2013 133
zugeflossene sonstige Bezüge anzuwenden, soweit der Arbeitgeber im Einführungszeitraum
nicht nach den Regelungen des § 52b EStG und dem BMF-Schreiben zum erstmaligen Abruf der
elektronischen Lohnsteuerabzugsmerkmale durch den Arbeitgeber und mit Anwendungsgrundsätzen für den Einführungszeitraum vom 25. Juli 2013, a. a. O., verfährt.

Entfernungspauschalen;

Gesetz zur Änderung und Vereinfachung der Unternehmensbesteuerung und des steuerlichen Reisekostenrechts vom 20. Februar 2013 (BGBl. I S. 285)

(BMF-Schreiben vom 31. 10. 2013 – IV C 5 – S 2351/09/10002:02 – BStBl I S. 1376)

Mit dem Gesetz zur Änderung und Vereinfachung der Unternehmensbesteuerung und des steuerlichen Reisekostenrechts vom 20. Februar 2013 (BGBl. I S. 285, BStBl I S. 188) haben sich Änderungen zu den Entfernungspauschalen ergeben, die nachfolgend **in Fettdruck** dargestellt sind. Das BMF-Schreiben vom 3. Januar 2013 (BStBl I S. 215) ist mit Wirkung ab 1. Januar 2014 damit überholt.

Inhaltsübersicht

Zur Ermittlung der Entfernungspauschalen wird im Einvernehmen mit den obersten Finanzbehörden der Länder wie folgt Stellung genommen:

1. Entfernungspauschale für die Wege zwischen Wohnung und erster Tätigkeitsstätte (§ 9 Absatz 1 Satz 3 Nummer 4 und Absatz 2 EStG) oder für Fahrten nach § 9 Absatz 1 Satz 3 Nummer 4a Satz 3 EStG

1.1 Allgemeines

Die Entfernungspauschale ist grundsätzlich unabhängig vom Verkehrsmittel zu gewähren. Ihrem Wesen als Pauschale entsprechend kommt es grundsätzlich nicht auf die Höhe der tatsächlichen Aufwendungen an. Unfallkosten können als außergewöhnliche Aufwendungen (§ 9 Absatz 1 Satz 1 EStG) jedoch neben der Entfernungspauschale berücksichtigt werden (siehe Tz. 4).

Auch bei Benutzung öffentlicher Verkehrsmittel wird die Entfernungspauschale angesetzt. Übersteigen die Aufwendungen für die Benutzung öffentlicher Verkehrsmittel den im Kalenderjahr insgesamt als Entfernungspauschale anzusetzenden Betrag, können diese übersteigenden Aufwendungen zusätzlich angesetzt werden (§ 9 Absatz 2 Satz 2 EStG; siehe auch unter Tz. 1.6).

Beispiel 1:

Ein Arbeitnehmer benutzt von Januar bis September (an 165 Arbeitstagen) für die Wege von seiner Wohnung zur 90 km entfernten **ersten Tätigkeitsstätte** und zurück den eigenen Kraftwagen. Dann verlegt er seinen neuen Wohnsitz. Von der neuen Wohnung aus gelangt er ab Oktober (an 55 Arbeitstagen) zur nunmehr nur noch 5 km entfernten **ersten Tätigkeitsstätte** mit dem öffentlichen Bus. Hierfür entstehen ihm tatsächliche Kosten in Höhe von (3x 70 Euro =) 210 Euro.

Für die Strecken mit dem eigenen Kraftwagen ergibt sich eine Entfernungspauschale von 165 Arbeitstagen × 90 km × 0,30 Euro = 4 455 Euro. Für die Strecke mit dem Bus errechnet sich eine Entfernungspauschale von 55 Arbeitstagen × 5 km × 0,30 Euro = 83 Euro. Die insgesamt im Kalenderjahr anzusetzende Entfernungspauschale i. H. v. 4 538 Euro (4 455 +

83 Euro) ist anzusetzen, da die tatsächlich angefallenen Aufwendungen für die Nutzung der öffentlichen Verkehrsmittel (210 Euro) diese nicht übersteigen.

Beispiel 2:

Ein Arbeitnehmer benutzt für die Fahrten von der Wohnung zur **ersten Tätigkeitsstätte** den Bus und die Bahn. Die kürzeste benutzbare Straßenverbindung beträgt 20 km. Die Monatskarte für den Bus kostet 50 Euro und für die Bahn 65 Euro (= 115 Euro). Für das gesamte Kalenderjahr ergibt sich eine Entfernungspauschale von 220 Tagen × 20 km × 0,30 Euro = 1 320 Euro. Die für die Nutzung von Bus und Bahn im Kalenderjahr angefallenen Aufwendungen betragen 1 380 Euro (12x 115 Euro). Da die tatsächlich angefallenen Kosten für die Benutzung der öffentlichen Verkehrsmittel die insgesamt im Kalenderjahr anzusetzende Entfernungspauschale übersteigen, kann der übersteigende Betrag zusätzlich angesetzt werden; insgesamt somit 1 380 Euro.

Ausgenommen von der Entfernungspauschale sind Flugstrecken und Strecken mit steuerfreier Sammelbeförderung.

Für Flugstrecken sind die tatsächlichen Aufwendungen anzusetzen (BFH vom 26. März 2009, BStBl II Seite 724). Bei entgeltlicher Sammelbeförderung durch den Arbeitgeber sind die Aufwendungen des Arbeitnehmers ebenso als Werbungskosten anzusetzen.

Für Fahrten zwischen Wohnung und einem sog. „Sammelpunkt" oder Wohnung und dem nächstgelegenen Zugang eines „weiträumigen Tätigkeitsgebiets" gelten die Regelungen der Entfernungspauschale entsprechend. Zu den Voraussetzungen und der Anwendung des § 9 Absatz 1 Satz 3 Nummer 4a Satz 3 EStG im Einzelnen sind Rz. 37 bis 45 des BMF-Schreibens zur Reform des steuerlichen Reisekostenrechts vom 30. September 2013 (BStBl I S. 1279[1])) zu beachten.

1.2 Höhe der Entfernungspauschale

Die Entfernungspauschale beträgt 0,30 Euro für jeden vollen Entfernungskilometer zwischen Wohnung und **erster Tätigkeitsstätte**. Die Entfernungspauschale gilt bei der Nutzung von Flugzeugen nur für die An- und Abfahrten zu und von Flughäfen.

Die anzusetzende Entfernungspauschale ist wie folgt zu berechnen:
Zahl der Arbeitstage × volle Entfernungskilometer × 0,30 Euro.

1.3 Höchstbetrag von 4 500 Euro

Die anzusetzende Entfernungspauschale ist grundsätzlich auf einen Höchstbetrag von 4 500 Euro im Kalenderjahr begrenzt. Die Beschränkung auf 4 500 Euro gilt

- wenn der Weg zwischen Wohnung und **erster Tätigkeitsstätte** mit einem Motorrad, Motorroller, Moped, Fahrrad oder zu Fuß zurückgelegt wird,

- bei Benutzung eines Kraftwagens für die Teilnehmer an einer Fahrgemeinschaft und zwar für die Tage, an denen der Arbeitnehmer seinen eigenen oder zur Nutzung überlassenen Kraftwagen nicht einsetzt,

- bei Benutzung öffentlicher Verkehrsmittel, soweit im Kalenderjahr insgesamt keine höheren Aufwendungen glaubhaft gemacht oder nachgewiesen werden (§ 9 Absatz 2 Satz 2 EStG).

Bei Benutzung eines eigenen oder zur Nutzung überlassenen Kraftwagens greift die Begrenzung auf 4 500 Euro nicht. Der Arbeitnehmer muss lediglich nachweisen oder glaubhaft machen, dass er die Fahrten zwischen Wohnung und erster Tätigkeitsstätte mit dem eigenen oder ihm zur Nutzung überlassenen Kraftwagen zurückgelegt hat. Ein Nachweis der tatsächlichen Aufwendungen für den Kraftwagen ist für den Ansatz eines höheren Betrages als 4 500 Euro nicht erforderlich.

1.4 Maßgebende Entfernung zwischen Wohnung und regelmäßiger Arbeitsstätte

Für die Bestimmung der Entfernung zwischen Wohnung und **erster Tätigkeitsstätte** ist die kürzeste Straßenverbindung zwischen Wohnung und **erster Tätigkeitsstätte** maßgebend. Dabei sind nur volle Kilometer der Entfernung anzusetzen, ein angefangener Kilometer bleibt unberücksichtigt. Die Entfernungsbestimmung richtet sich nach der Straßenverbindung; sie ist unabhängig von dem Verkehrsmittel, das tatsächlich für den Weg zwischen Wohnung und **erster Tätigkeitsstätte** benutzt wird. Bei Benutzung eines Kraftfahrzeugs kann eine andere als die kürzeste Straßenverbindung zugrunde gelegt werden, wenn diese offensichtlich verkehrsgünstiger ist und vom Arbeitnehmer regelmäßig für die Wege zwischen Wohnung und **erster Tätigkeitsstätte** benutzt wird. Eine mögliche, aber vom Steuerpflichtigen nicht tatsächlich benutzte Straßenverbindung kann der Berechnung der Entfernungspauschale nicht zugrunde gelegt werden. Diese Grundsätze gelten auch, wenn der Arbeitnehmer ein öffentliches Verkehrsmittel benutzt, dessen Linienführung direkt über die verkehrsgünstigere Straßenverbindung erfolgt (z. B. öffentlicher Bus). Eine von der kürzesten

---

[1]) Aktualisiert durch BMF-Schreiben vom 24. 10. 2014 → Anhang 38.

Straßenverbindung abweichende Strecke ist verkehrsgünstiger, wenn der Arbeitnehmer die **erste Tätigkeitsstätte** – trotz gelegentlicher Verkehrsstörungen – in der Regel schneller und pünktlicher erreicht (BFH vom 10. Oktober 1975, BStBl II S. 852 sowie BFH vom 16. November 2011, VI R 46/10, BStBl 2012 II S. 470 und VI R 19/11, BStBl 2012 II S. 520). Teilstrecken mit steuerfreier Sammelbeförderung sind nicht in die Entfernungsermittlung einzubeziehen.

Eine Fährverbindung ist sowohl bei der Ermittlung der kürzesten Straßenverbindung als auch bei der Ermittlung der verkehrsgünstigsten Straßenverbindung einzubeziehen, soweit sie zumutbar erscheint und wirtschaftlich sinnvoll ist. Die Fahrtstrecke der Fähre selbst ist dann jedoch nicht Teil der maßgebenden Entfernung. An ihrer Stelle können die tatsächlichen Fährkosten berücksichtigt werden.

Gebühren für die Benutzung eines Straßentunnels oder einer mautpflichtigen Straße dürfen dagegen nicht neben der Entfernungspauschale berücksichtigt werden, weil sie nicht für die Benutzung eines Verkehrsmittels entstehen. Fallen die Hin- und Rückfahrt zur **ersten Tätigkeitsstätte** auf verschiedene Arbeitstage, so kann aus Vereinfachungsgründen unterstellt werden, dass die Fahrten an einem Arbeitstag durchgeführt wurden; ansonsten ist H 9.10 (Fahrtkosten – bei einfacher Fahrt) LStH **2014**[1]) weiter zu beachten.

Beispiel 1:

Ein Arbeitnehmer fährt mit der U-Bahn zur **ersten Tätigkeitsstätte**. Einschließlich der Fußwege beträgt die zurückgelegte Entfernung 15 km. Die kürzeste Straßenverbindung beträgt 10 km. Für die Ermittlung der Entfernungspauschale ist eine Entfernung von 10 km anzusetzen.

Beispiel 2:

Ein Arbeitnehmer wohnt an einem Fluss und hat seine **erste Tätigkeitsstätte** auf der anderen Flussseite. Die Entfernung zwischen Wohnung und erster Tätigkeitsstätte beträgt über die nächstgelegene Brücke 60 km und bei Benutzung einer Autofähre 20 km. Die Fährstrecke beträgt 0,6 km, die Fährkosten betragen 650 Euro jährlich.

Für die Entfernungspauschale ist eine Entfernung von 19 km anzusetzen. Daneben können die Fährkosten berücksichtigt werden (siehe auch Tz. 1.6 Beispiel 4).

1.5 Fahrgemeinschaften

Unabhängig von der Art der Fahrgemeinschaft ist bei jedem Teilnehmer der Fahrgemeinschaft die Entfernungspauschale entsprechend der für ihn maßgebenden Entfernungsstrecke anzusetzen. Umwegstrecken, insbesondere zum Abholen von Mitfahrern, sind jedoch nicht in die Entfernungsermittlung einzubeziehen.

Der Höchstbetrag für die Entfernungspauschale von 4 500 Euro greift auch bei einer wechselseitigen Fahrgemeinschaft, und zwar für die Mitfahrer der Fahrgemeinschaft an den Arbeitstagen, an denen sie ihren Kraftwagen nicht einsetzen.

Bei wechselseitigen Fahrgemeinschaften kann zunächst der Höchstbetrag von 4 500 Euro durch die Wege an den Arbeitstagen ausgeschöpft werden, an denen der Arbeitnehmer mitgenommen wurde. Deshalb ist zunächst die (auf 4 500 Euro begrenzte) anzusetzende Entfernungspauschale für die Tage zu berechnen, an denen der Arbeitnehmer mitgenommen wurde. Anschließend ist die anzusetzende (unbegrenzte) Entfernungspauschale für die Tage zu ermitteln, an denen der Arbeitnehmer seinen eigenen Kraftwagen benutzt hat. Beide Beträge zusammen ergeben die insgesamt anzusetzende Entfernungspauschale.

Beispiel:

Bei einer aus drei Arbeitnehmern bestehenden wechselseitigen Fahrgemeinschaft beträgt die Entfernung zwischen Wohnung und **erster Tätigkeitsstätte** für jeden Arbeitnehmer 100 km. Bei tatsächlichen 210 Arbeitstagen benutzt jeder Arbeitnehmer seinen eigenen Kraftwagen an 70 Tagen für die Fahrten zwischen Wohnung und **erster Tätigkeitsstätte**. Die Entfernungspauschale ist für jeden Teilnehmer der Fahrgemeinschaft wie folgt zu ermitteln:

Zunächst ist die Entfernungspauschale für die Fahrten und Tage zu ermitteln, an denen der Arbeitnehmer mitgenommen wurde:

140 Arbeitstage × 100 km × 0,30 Euro =	4 200 Euro

(Höchstbetrag von 4 500 Euro ist nicht überschritten).

Anschließend ist die Entfernungspauschale für die Fahrten und Tage zu ermitteln, an denen der Arbeitnehmer seinen eigenen Kraftwagen benutzt hat:

70 Arbeitstage × 100 km × 0,30 Euro =	2 100 Euro
abziehbar (unbegrenzt)	
anzusetzende Entfernungspauschale =	6 300 Euro

---

[1]) Jetzt: LStH **2018**

Setzt bei einer Fahrgemeinschaft nur ein Teilnehmer seinen Kraftwagen ein, kann er die Entfernungspauschale ohne Begrenzung auf den Höchstbetrag von 4 500 Euro für seine Entfernung zwischen Wohnung und **erster Tätigkeitsstätte** geltend machen; eine Umwegstrecke zum Abholen der Mitfahrer ist nicht in die Entfernungsermittlung einzubeziehen. Bei den Mitfahrern wird gleichfalls die Entfernungspauschale angesetzt, allerdings bei ihnen begrenzt auf den Höchstbetrag von 4 500 Euro.

1.6 Benutzung verschiedener Verkehrsmittel

Arbeitnehmer legen die Wege zwischen Wohnung und **erster Tätigkeitsstätte** oftmals auf unterschiedliche Weise zurück, d. h., für eine Teilstrecke werden der Kraftwagen und für die weitere Teilstrecke öffentliche Verkehrsmittel benutzt (Park & Ride) oder es werden für einen Teil des Jahres der eigene Kraftwagen und für den anderen Teil öffentliche Verkehrsmittel benutzt. In derartigen Mischfällen ist zunächst die maßgebende Entfernung für die kürzeste Straßenverbindung zu ermitteln (Tz. 1.4). Auf der Grundlage dieser Entfernung ist sodann die anzusetzende Entfernungspauschale für die Fahrten zwischen Wohnung und **erster Tätigkeitsstätte** zu berechnen.

Die Teilstrecke, die mit dem eigenen Kraftwagen zurückgelegt wird, ist in voller Höhe anzusetzen; für diese Teilstrecke kann Tz. 1.4 zur verkehrsgünstigeren Strecke angewandt werden. Der verbleibende Teil der maßgebenden Entfernung ist die Teilstrecke, die auf öffentliche Verkehrsmittel entfällt. Die anzusetzende Entfernungspauschale ist sodann für die Teilstrecke und Arbeitstage zu ermitteln, an denen der Arbeitnehmer seinen eigenen oder ihm zur Nutzung überlassenen Kraftwagen eingesetzt hat. Anschließend ist die anzusetzende Entfernungspauschale für die Teilstrecke und Arbeitstage zu ermitteln, an denen der Arbeitnehmer öffentliche Verkehrsmittel benutzt. Beide Beträge ergeben die insgesamt anzusetzende Entfernungspauschale, so dass auch in Mischfällen ein höherer Betrag als 4 500 Euro angesetzt werden kann.

Beispiel 1:

Ein Arbeitnehmer fährt an 220 Arbeitstagen im Jahr mit dem eigenen Kraftwagen 30 km zur nächsten Bahnstation und von dort 100 km mit der Bahn zur **ersten Tätigkeitsstätte.** Die kürzeste maßgebende Entfernung (Straßenverbindung) beträgt 100 km. Die Aufwendungen für die Bahnfahrten betragen (monatlich 180 Euro × 12 =) 2 160 Euro im Jahr.

Von der maßgebenden Entfernung von 100 km entfällt eine Teilstrecke von 30 km auf Fahrten mit dem eigenen Kraftwagen, so dass sich hierfür eine Entfernungspauschale von 220 Arbeitstagen × 30 km × 0,30 Euro = 1 980 Euro ergibt. Für die verbleibende Teilstrecke mit der Bahn (100 km – 30 km =) 70 km errechnet sich eine Entfernungspauschale von 220 Arbeitstagen × 70 km × 0,30 Euro = 4 620 Euro. Hierfür ist der Höchstbetrag von 4 500 Euro anzusetzen, so dass sich eine insgesamt anzusetzende Entfernungspauschale von 6 480 Euro ergibt. Die tatsächlichen Aufwendungen für die Bahnfahrten in Höhe von 2 160 Euro bleiben unberücksichtigt, weil sie unterhalb der für das Kalenderjahr insgesamt anzusetzenden Entfernungspauschale liegen.

Beispiel 2:

Ein Arbeitnehmer fährt an 220 Arbeitstagen im Jahr mit dem eigenen Kraftwagen 3 km zu einer verkehrsgünstig gelegenen Bahnstation und von dort noch 30 km mit der Bahn zur **ersten Tätigkeitsstätte.** Die kürzeste maßgebende Straßenverbindung beträgt 25 km. Die Jahreskarte für die Bahn kostet 1 746 Euro.

Für die Teilstrecke mit dem eigenen Kraftwagen von 3 km ergibt sich eine Entfernungspauschale von 220 Arbeitstagen × 3 km × 0,30 Euro = 198 Euro. Für die verbleibende Teilstrecke mit der Bahn von (25 km – 3 km =) 22 km errechnet sich eine Entfernungspauschale von 220 Arbeitstagen × 22 km × 0,30 Euro = 1 452 Euro. Die insgesamt im Kalenderjahr anzusetzende Entfernungspauschale beträgt somit 1 650 Euro. Da die tatsächlichen Aufwendungen für die Bahnfahrten in Höhe von 1 746 Euro höher sind als die für das Kalenderjahr insgesamt anzusetzende Entfernungspauschale, kann zusätzlich der die Entfernungspauschale übersteigende Betrag angesetzt werden; insgesamt also 1 746 Euro.

Beispiel 3:

Ein Arbeitnehmer fährt im Kalenderjahr die ersten drei Monate mit dem eigenen Kraftwagen und die letzten neun Monate mit öffentlichen Verkehrsmitteln zur 120 km entfernten **ersten Tätigkeitsstätte.** Die entsprechende Monatskarte kostet 190 Euro.

Die Entfernungspauschale beträgt bei 220 Arbeitstagen: 220x 120 km × 0,30 Euro = 7 920 Euro. Da jedoch für einen Zeitraum von neun Monaten öffentliche Verkehrsmittel benutzt worden sind, ist hier die Begrenzung auf den Höchstbetrag von 4 500 Euro zu beachten. Die anzusetzende Entfernungspauschale ist deshalb wie folgt zu ermitteln:

165 Arbeitstage × 120 km × 0,30 Euro =	5 940 Euro
Begrenzt auf den Höchstbetrag von	4 500 Euro
zuzüglich 55 Arbeitstage × 120 km × 0,30 Euro	= 1 980 Euro
anzusetzende Entfernungspauschale insgesamt	6 480 Euro

Die tatsächlichen Kosten für die Benutzung der öffentlichen Verkehrsmittel (9 × 190 Euro = 1 710 Euro) sind niedriger; anzusetzen ist also die Entfernungspauschale in Höhe von 6 480 Euro.

Beispiel 4:

Ein Arbeitnehmer wohnt in Konstanz und hat seine **erste Tätigkeitsstätte** auf der anderen Seite des Bodensees. Für die Fahrt zur regelmäßigen Arbeitsstätte benutzt er seinen Kraftwagen und die Fähre von Konstanz nach Meersburg. Die Fahrtstrecke einschließlich der Fährstrecke von 4,2 km beträgt insgesamt 15 km. Die Monatskarte für die Fähre kostet 122,50 Euro. Bei 220 Arbeitstagen im Jahr ergibt sich eine

Entfernungspauschale von:

220 Arbeitstage × 10 km × 0,30 Euro =	660 Euro
zuzüglich Fährkosten (12 × 122,50 Euro)	= 1 470 Euro
Insgesamt zu berücksichtigen	2 130 Euro

1.7 Mehrere Wege an einem Arbeitstag

Die Entfernungspauschale kann für die Wege zu derselben **ersten Tätigkeitsstätte** für jeden Arbeitstag nur einmal angesetzt werden.

1.8 Mehrere Dienstverhältnisse

Bei Arbeitnehmern, die in mehreren Dienstverhältnissen stehen und denen Aufwendungen für die Wege zu mehreren auseinander liegenden **ersten Tätigkeitsstätten** entstehen, ist die Entfernungspauschale für jeden Weg zur **ersten Tätigkeitsstätte** anzusetzen, wenn der Arbeitnehmer am Tag zwischenzeitlich in die Wohnung zurückkehrt. Die Einschränkung, dass täglich nur eine Fahrt zu berücksichtigen ist, gilt nur für **den Fall** einer, nicht aber für **den Fall mehrerer erster Tätigkeitsstätten**. Werden täglich mehrere **erste Tätigkeitsstätten** ohne Rückkehr zur Wohnung nacheinander angefahren, so ist für die Entfernungsermittlung der Weg zur **zuerst aufgesuchten ersten Tätigkeitsstätte** als Umwegstrecke zur nächsten **ersten Tätigkeitsstätte** zu berücksichtigen; die für die Ermittlung der Entfernungspauschale anzusetzende Entfernung darf höchstens die Hälfte der Gesamtstrecke betragen.

Beispiel 1:

Ein Arbeitnehmer fährt an 220 Tagen vormittags von seiner Wohnung A zur **ersten Tätigkeitsstätte** B, nachmittags weiter zur **ersten Tätigkeitsstätte** C und abends zur Wohnung in A zurück. Die Entfernungen betragen zwischen A und B 30 km, zwischen B und C 40 km und zwischen C und A 50 km.

Die Gesamtentfernung beträgt 30 + 40 + 50 km = 120 km, die Entfernung zwischen der Wohnung und den beiden **ersten Tätigkeitsstätten** 30 + 50 km = 80 km. Da dies mehr als die Hälfte der Gesamtentfernung ist, sind (120 km : 2) = 60 km für die Ermittlung der Entfernungspauschale anzusetzen. Die Entfernungspauschale beträgt 3 960 Euro (220 Tage × 60 km × 0,30 Euro).

Beispiel 2:

Ein Arbeitnehmer fährt mit öffentlichen Verkehrsmitteln an 220 Arbeitstagen vormittags von seiner Wohnung A zur ersten Tätigkeitsstätte B, mittags zur Wohnung A, nachmittags zur **ersten Tätigkeitsstätte** C und abends zur Wohnung A zurück. Die Entfernungen betragen zwischen A und B 30 km und zwischen A und C 40 km. Die Monatskarte für die öffentlichen Verkehrsmittel kostet 300 Euro monatlich.

Die Entfernungspauschale beträgt:

220 Tage × 70 km (30 km + 40 km) × 0,30 Euro = 4 620 Euro, höchstens 4 500 Euro. Die tatsächlichen Kosten für die Benutzung der öffentlichen Verkehrsmittel (12 × 300 Euro = 3 600 Euro) übersteigen die im Kalenderjahr insgesamt anzusetzende Entfernungspauschale nicht; anzusetzen ist also die Entfernungspauschale in Höhe von 4 500 Euro.

1.9 Anrechnung von Arbeitgeberleistungen auf die Entfernungspauschale

Jeder Arbeitnehmer erhält die Entfernungspauschale unabhängig von der Höhe seiner Aufwendungen für die Wege zwischen Wohnung und **erster Tätigkeitsstätte**. Nach § 9 Absatz 1 Satz 3 Nummer 4 EStG gilt dies auch dann, wenn der Arbeitgeber dem Arbeitnehmer ein Kraftfahrzeug für die Wege zwischen Wohnung und **erster Tätigkeitsstätte** überlässt und diese Arbeitgeberleistung nach § 8 Absatz 3 EStG (Rabattfreibetrag) steuerfrei ist, z. B. wenn ein Mietwagenunternehmen dem Arbeitnehmer einen Mietwagen für die Fahrten zwischen Wohnung und **erster Tätigkeitsstätte** überlässt.

Die folgenden steuerfreien bzw. pauschal versteuerten Arbeitgeberleistungen sind jedoch auf die anzusetzende und ggf. auf 4 500 Euro begrenzte Entfernungspauschale anzurechnen:

– nach § 8 Absatz 2 Satz 9 EStG (44 Euro-Grenze) steuerfreie Sachbezüge für die Wege zwischen Wohnung und erster Tätigkeitsstätte,

– nach § 8 Absatz 3 EStG steuerfreie Sachbezüge für Fahrten zwischen Wohnung und erster Tätigkeitsstätte bis höchstens 1 080 Euro (Rabattfreibetrag),

– der nach § 40 Absatz 2 Satz 2 EStG pauschal besteuerte Arbeitgeberersatz bis zur Höhe der abziehbaren Entfernungspauschale (siehe Tz. 5).

Die vorgenannten steuerfreien oder pauschal besteuerten Arbeitgeberleistungen sind vom Arbeitgeber zu bescheinigen (§ 41b Absatz 1 Satz 2 Nummer 6 und 7 EStG).

2. Entfernungspauschale für Familienheimfahrten bei doppelter Haushaltsführung (§ 9 Absatz 1 Satz 3 Nummer 5 EStG)

Auf die Entfernungspauschale für Familienheimfahrten bei doppelter Haushaltsführung sind die Tzn. 1.1 und 1.4 entsprechend anzuwenden. Die Begrenzung auf den Höchstbetrag von 4 500 Euro gilt bei Familienheimfahrten nicht. Für Flugstrecken und bei entgeltlicher Sammelbeförderung durch den Arbeitgeber sind die tatsächlichen Aufwendungen des Arbeitnehmers anzusetzen. Arbeitgeberleistungen für Familienheimfahrten, die nach § 3 Nummer 13 oder 16 EStG steuerfrei sind, sind nach § 3c Absatz 1 EStG auf die für die Familienheimfahrten anzusetzende Entfernungspauschale anzurechnen.

3. Behinderte Menschen

Nach § 9 Absatz 2 Satz 3 EStG können behinderte Menschen für die Wege zwischen Wohnung und **erster Tätigkeitsstätte** an Stelle der Entfernungspauschale die tatsächlichen Aufwendungen ansetzen. Bei Benutzung eines privaten Fahrzeugs können die Fahrtkosten **aus Vereinfachungsgründen auch** mit den pauschalen Kilometersätzen gemäß § 9 Absatz 1 **Satz 3 Nummer 4a EStG** angesetzt werden **(siehe auch Rz. 36 des BMF-Schreibens zur Reform des steuerlichen Reisekostenrechts vom 30. September 2013, BStBl I S. 1279[1])**. Bei Benutzung eines eigenen oder zur Nutzung überlassenen Kraftwagens kann danach ohne Einzelnachweis der Kilometersatz von 0,30 Euro je gefahrenen Kilometer angesetzt werden. Unfallkosten, die auf einer Fahrt zwischen Wohnung und **erster Tätigkeitsstätte** entstanden sind, können neben dem pauschalen Kilometersatz berücksichtigt werden. Werden die Wege zwischen Wohnung und **erster Tätigkeitsstätte** mit verschiedenen Verkehrsmitteln zurückgelegt, kann das Wahlrecht – Entfernungspauschale oder tatsächliche Kosten – für beide zurückgelegten Teilstrecken nur einheitlich ausgeübt werden (BFH vom 5. Mai 2009, BStBl II S. 729).

Beispiel 1:

Ein behinderter Arbeitnehmer A (Grad der Behinderung von 90) fährt an 220 Arbeitstagen im Jahr mit dem eigenen Kraftwagen 17 km zu einem behindertengerechten Bahnhof und von dort 82 km mit der Bahn zur **ersten Tätigkeitsstätte**. Die tatsächlichen Bahnkosten betragen 240 Euro im Monat. **A wählt das günstigste Ergebnis (für 183 Tage die Entfernungspauschale und für 37 Tage den Ansatz der tatsächlichen Kosten).**

a)	Ermittlung der Entfernungspauschale	
	Für die Teilstrecke mit dem eigenen Kraftwagen errechnet sich eine Entfernungspauschale von **183** Arbeitstagen × 17 km × 0,30 Euro =	**933,30** Euro
	Für die Teilstrecke mit der Bahn errechnet sich eine Entfernungspauschale von **183** Arbeitstagen × 82 km × 0,30 Euro =	**4 501,80** Euro
	höchstens	**4 500** Euro
	so dass sich eine insgesamt anzusetzende Entfernungspauschale von 5 434 Euro (4 500 Euro + 934 Euro) ergibt.	
b)	Ermittlung der tatsächlichen Kosten	
	Für die Teilstrecke mit dem eigenen Kraftwagen sind **37** Arbeitstage × 17 km × 2x 0,30 Euro =	**377,40** Euro
	anzusetzen (= tatsächliche Aufwendungen mit pauschalem Kilometersatz), für die verbleibende Teilstrecke mit der Bahn	**484,36** Euro
	(= 240 Euro × 12 Monate = 2 880 Euro : 220 Tage × 37 Tage), so dass sich insgesamt also ein Betrag von	**862** Euro
	(377,40 Euro + 484,36 Euro) ergibt.	

Insgesamt kann somit ein Betrag von 6 296 Euro (183 Tage Entfernungspauschale und 37 Tage tatsächliche Kosten) abgezogen werden.

---

[1] Aktualisiert durch BMF-Schreiben vom 24. 10. 2014 → Anhang 38.

Beispiel 2:

Arbeitnehmer **A** fährt an 220 Arbeitstagen im Jahr mit dem eigenen Kraftwagen 17 km zum Bahnhof und von dort 82 km mit der Bahn zur **ersten Tätigkeitsstätte**. Die tatsächlichen Bahnkosten betragen 240 Euro im Monat. Mitte des Jahres (110 Arbeitstage) tritt eine Behinderung ein (Grad der Behinderung von 90). **A wählt wieder das günstigste Ergebnis (für 183 Tage die Entfernungspauschale und für 37 Tage während des Zeitraums der Behinderung den Ansatz der tatsächlichen Kosten).**

a) Ermittlung der Entfernungspauschale

Für die Teilstrecke mit dem eigenen Kraftwagen errechnet sich eine Entfernungspauschale von **183** Arbeitstagen × 17 km × 0,30 Euro =   **933,30** Euro

Für die Teilstrecke mit der Bahn errechnet sich eine Entfernungspauschale von **183** Arbeitstagen × 82 km × 0,30 Euro =   **4 501,80** Euro

höchstens   **4 500** Euro

so dass sich eine insgesamt anzusetzende Entfernungspauschale von 5 434 Euro (4 500 Euro + 934 Euro) ergibt.

b) Ermittlung der tatsächlichen Kosten

Für die Teilstrecke mit dem eigenen Kraftwagen sind **37** Arbeitstage × 17 km × 0,30 Euro =   **377,40** Euro

anzusetzen (= tatsächliche Aufwendungen mit pauschalem Kilometersatz), für die verbleibende Teilstrecke mit der Bahn   **484,36** Euro

(= 240 Euro × 12 Monate = 2 880 Euro : 220 Tage × 37 Tage), so dass sich insgesamt also ein Betrag von   **862** Euro

(377,40 Euro + 484,36 Euro) ergibt.

Insgesamt kann auch in diesem Fall ein Betrag von 6 296 Euro (183 Tage Entfernungspauschale und 37 Tage tatsächliche Kosten) abgezogen werden.

4. Abgeltungswirkung der Entfernungspauschalen

Nach § 9 Absatz 2 Satz 1 EStG sind durch die Entfernungspauschale sämtliche Aufwendungen abgegolten, die durch die Wege zwischen Wohnung und **erster Tätigkeitsstätte** und Familienheimfahrten entstehen. Dies gilt z. B. auch für Parkgebühren für das Abstellen des Kraftfahrzeugs während der Arbeitszeit, für Finanzierungskosten (siehe auch BFH vom 15. April 2010, **BStBl II Seite 805)**, Beiträge für Kraftfahrerverbände, Versicherungsbeiträge für einen Insassenunfallschutz, Aufwendungen infolge Diebstahls sowie für die Kosten eines Austauschmotors anlässlich eines Motorschadens auf einer Fahrt zwischen Wohnung und erster Tätigkeitsstätte oder einer Familienheimfahrt. Unfallkosten, die auf einer Fahrt zwischen Wohnung und erster Tätigkeitsstätte oder auf einer zu berücksichtigenden Familienheimfahrt entstehen, sind als außergewöhnliche Aufwendungen im Rahmen der allgemeinen Werbungskosten nach § 9 Absatz 1 Satz 1 EStG weiterhin neben der Entfernungspauschale zu berücksichtigen (siehe Bundestags-Drucksache 16/12099, Seite 6).

5. Pauschalbesteuerung nach § 40 Absatz 2 Satz 2 EStG

5.1 Allgemeines

Der Arbeitgeber kann die Lohnsteuer für **Sachbezüge in Form der unentgeltlichen oder verbilligten Beförderung eines Arbeitnehmers zwischen Wohnung und erster Tätigkeitsstätte oder Fahrten nach § 9 Absatz 1 Satz 3 Nummer 4a Satz 3 EStG sowie für** zusätzlich zum ohnehin geschuldeten Arbeitslohn gezahlte Zuschüsse zu den Aufwendungen des Arbeitnehmers für **Fahrten zwischen Wohnung und erster Tätigkeitsstätte sowie Fahrten nach § 9 Absatz 1 Satz 3 Nummer 4a Satz 3 EStG** pauschal mit 15 % erheben, soweit sie den Betrag nicht übersteigen, den der Arbeitnehmer nach § 9 Absatz 1 Satz 3 Nummer 4 **und Absatz 2** EStG als Werbungskosten geltend machen kann. Ausschlaggebend für die Höhe **des pauschalierbaren Betrags** ist demnach der Betrag, den der Arbeitnehmer für die Fahrten zwischen Wohnung und **erster Tätigkeitsstätte oder Fahrten nach § 9 Absatz 1 Satz 3 Nummer 4a Satz 3 EStG** als Werbungskosten geltend machen kann.

5.2 Höhe der pauschalierbaren Zuschüsse

Bei ausschließlicher Benutzung eines eigenen oder zur Nutzung überlassenen Kraftwagens ist die Höhe der pauschalierungsfähigen **Sachbezüge und** Zuschüsse des Arbeitgebers auf die Höhe der nach § 9 Absatz 1 Satz 3 Nummer 4 EStG als Werbungskosten abziehbaren Entfernungspauschale beschränkt, **ohne Begrenzung auf den Höchstbetrag von 4 500 Euro.** Aus Vereinfachungsgründen kann davon ausgegangen werden, dass monatlich an 15 Arbeitstagen Fahrten zwischen Wohnung und **erster Tätigkeitsstätte oder Fahrten nach § 9 Absatz 1 Satz 3 Nummer 4a Satz 3 EStG** erfolgen.

Bei ausschließlicher **Benutzung** eines Motorrads, Motorrollers, Mopeds **oder** Mofas **sind** die pauschalierbaren **Sachbezüge und** Zuschüsse des Arbeitgebers auf die Höhe der nach § 9 Absatz 1 Satz 3 Nummer 4 EStG als Werbungskosten abziehbaren Entfernungspauschale, **begrenzt auf den Höchstbetrag von 4 500 Euro,** beschränkt. Aus Vereinfachungsgründen kann hier ebenfalls davon ausgegangen werden, dass monatlich an 15 Arbeitstagen Fahrten zwischen Wohnung und **erster Tätigkeitsstätte oder Fahrten nach § 9 Absatz 1 Satz 3 Nummer 4a Satz 3 EStG** erfolgen.

Bei ausschließlicher Benutzung öffentlicher Verkehrsmittel, bei entgeltlicher Sammelbeförderung, für Flugstrecken sowie bei behinderten Menschen ist eine Pauschalierung **der Sachbezüge und Zuschüsse** in Höhe der tatsächlichen Aufwendungen **des Arbeitnehmers (§ 9 Absatz 1 Satz 3 Nummer 4 und Absatz 2 EStG)** für die Fahrten zwischen Wohnung und **erster Tätigkeitsstätte oder Fahrten nach § 9 Absatz 1 Satz 3 Nummer 4a Satz 3 EStG** zulässig.

Bei der **Benutzung** verschiedener Verkehrsmittel (insbesondere sog. Park & Ride-Fälle) ist die Höhe der pauschalierbaren **Sachbezüge und** Zuschüsse des Arbeitgebers auf die Höhe der nach § 9 Absatz 1 Satz 3 Nummer 4 EStG als Werbungskosten abziehbaren Entfernungspauschale beschränkt. Eine Pauschalierung in Höhe der tatsächlichen Aufwendungen **des Arbeitnehmers** für die Nutzung öffentlicher Verkehrsmittel kommt erst dann in Betracht, wenn diese die insgesamt im Kalenderjahr anzusetzende Entfernungspauschale, ggf. begrenzt auf **den Höchstbetrag von** 4 500 Euro, übersteigen. Aus Vereinfachungsgründen kann auch in diesen Fällen davon ausgegangen werden, dass monatlich an 15 Arbeitstagen Fahrten zwischen Wohnung und **erster Tätigkeitsstätte oder Fahrten nach § 9 Absatz 1 Satz 3 Nummer 4a Satz 3 EStG** erfolgen.

6. Anwendungsregelung

Dieses Schreiben ist mit Wirkung ab 1. Januar 2014 anzuwenden.

Das BMF-Schreiben zu den Entfernungspauschalen vom 3. Januar 2013 (BStBl I S. 215) ist letztmals für den Veranlagungszeitraum 2013 anzuwenden. Beim Steuerabzug vom Arbeitslohn gilt dies mit der Maßgabe, dass die Fassung des BMF-Schreibens 3. Januar 2013 letztmals auf den laufenden Arbeitslohn anzuwenden ist, der für einen bis zum 31. Dezember 2013 endenden Lohnzahlungszeitraum gezahlt wird, und auf sonstige Bezüge, die bis zum 31. Dezember 2013 zufließen.

Verordnung über maßgebende Rechengrößen der Sozialversicherung für 2018 (Sozialversicherungs-Rechengrößenverordnung 2018)

vom 16. 11. 2017 (BGBl. I S. 3778)
– Auszug –

§ 1 Durchschnittsentgelt in der Rentenversicherung

(1) Das Durchschnittsentgelt für das Jahr 2016 beträgt 36 187 Euro.

(2) Das vorläufige Durchschnittsentgelt für das Jahr 2018 beträgt 37 873 Euro.

(3) Die Anlage 1 zum Sechsten Buch Sozialgesetzbuch wird entsprechend ergänzt.

§ 2 Bezugsgröße in der Sozialversicherung

(1) Die Bezugsgröße im Sinne des § 18 Absatz 1 des Vierten Buches Sozialgesetzbuch beträgt im Jahr 2018 jährlich 36 540 Euro und monatlich 3 045 Euro.

(2) Die Bezugsgröße (Ost) im Sinne des § 18 Absatz 2 des Vierten Buches Sozialgesetzbuch beträgt im Jahr 2018 jährlich 32 340 Euro und monatlich 2 695 Euro.

§ 3 Beitragsbemessungsgrenzen in der Rentenversicherung

(1) Die Beitragsbemessungsgrenzen betragen im Jahr 2018
1. in der allgemeinen Rentenversicherung jährlich 78 000 Euro und monatlich 6 500 Euro,
2. in der knappschaftlichen Rentenversicherung jährlich 96 000 Euro und monatlich 8 000 Euro.

Die Anlage 2 zum Sechsten Buch Sozialgesetzbuch wird für den Zeitraum „1. 1. 2018 – 31. 12. 2018" um die Jahresbeiträge ergänzt.

(2) Die Beitragsbemessungsgrenzen (Ost) betragen im Jahr 2018
1. in der allgemeinen Rentenversicherung jährlich 69 600 Euro und monatlich 5 800 Euro,
2. in der knappschaftlichen Rentenversicherung jährlich 85 800 Euro und monatlich 7 150 Euro.

Die Anlage 2a zum Sechsten Buch Sozialgesetzbuch wird für den Zeitraum „1. 1. 2018 – 31. 12. 2018" um die Jahresbeiträge ergänzt.

Bundesreisekostengesetz (BRKG)

vom 26. 5. 2005 (BGBl. I S. 1418)
zuletzt geändert durch Artikel 3 des Gesetzes zur Änderung und Vereinfachung der
Unternehmensbesteuerung und des steuerlichen Reisekostenrechts vom 20. 2. 2013
(BGBl. I S. 285)

§ 1 Geltungsbereich

(1) Dieses Gesetz regelt Art und Umfang der Reisekostenvergütung der Beamtinnen, Beamten, Richterinnen und Richter des Bundes sowie der Soldatinnen und Soldaten und der in den Bundesdienst abgeordneten Beamtinnen, Beamten, Richterinnen und Richter

(2) Die Reisekostenvergütung umfasst
1. die Fahrt- und Flugkostenerstattung (§ 4),
2. die Wegstreckenentschädigung (§ 5),
3. das Tagegeld (§ 6),
4. das Übernachtungsgeld (§ 7),
5. die Auslagenerstattung bei längerem Aufenthalt am Geschäftsort (§ 8),
6. die Aufwands- und Pauschvergütung (§ 9) sowie
7. die Erstattung sonstiger Kosten (§ 10).

§ 2 Dienstreisen

(1) Dienstreisen sind Reisen zur Erledigung von Dienstgeschäften außerhalb der Dienststätte. Sie müssen, mit Ausnahme von Dienstreisen am Dienst- oder Wohnort, schriftlich oder elektronisch angeordnet oder genehmigt worden sein, es sei denn, dass eine Anordnung oder Genehmigung nach dem Amt der Dienstreisenden oder dem Wesen des Dienstgeschäfts nicht in Betracht kommt. Dienstreisen sollen nur durchgeführt werden, wenn sie aus dienstlichen Gründen notwendig sind. Dienstreisen sind auch Reisen aus Anlass der Versetzung, Abordnung oder Kommandierung.

(2) Die Dauer der Dienstreise bestimmt sich nach der Abreise und Ankunft an der Wohnung, es sei denn, die Dienstreise beginnt oder endet an der Dienststätte.

§ 3 Anspruch auf Reisekostenvergütung

(1) Dienstreisende erhalten auf Antrag eine Vergütung der dienstlich veranlassten notwendigen Reisekosten. Der Anspruch auf Reisekostenvergütung erlischt, wenn sie nicht innerhalb einer Ausschlussfrist von sechs Monaten nach Beendigung der Dienstreise schriftlich oder elektronisch beantragt wird. Die zuständigen Stellen können bis zum Ablauf von sechs Monaten nach Antragstellung die Vorlage der maßgeblichen Kostenbelege verlangen. Werden diese Belege auf Anforderung nicht innerhalb von drei Monaten vorgelegt, kann der Vergütungsantrag insoweit abgelehnt werden.

(2) Leistungen, die Dienstreisende ihres Amtes wegen von dritter Seite aus Anlass einer Dienstreise erhalten, sind auf die Reisekostenvergütung anzurechnen.

(3) Bei Dienstreisen für eine auf Veranlassung der zuständigen Behörde ausgeübte Nebentätigkeit haben Dienstreisende nur Anspruch auf Reisekostenvergütung, die nicht von anderer Stelle zu übernehmen ist. Das gilt auch dann, wenn Dienstreisende auf ihren Anspruch gegen diese Stelle verzichtet haben.

§ 4 Fahrt- und Flugkostenerstattung

(1) Entstandene Kosten für Fahrten auf dem Land- oder Wasserweg mit regelmäßig verkehrenden Beförderungsmitteln werden bis zur Höhe der niedrigsten Beförderungsklasse erstattet. Für Bahnfahrten von mindestens zwei Stunden können die entstandenen Fahrtkosten der nächsthöheren Klasse erstattet werden. Wurde aus dienstlichen oder wirtschaftlichen Gründen ein Flugzeug benutzt, werden die Kosten der niedrigsten Flugklasse erstattet. Kosten einer höheren Klasse regelmäßig verkehrender Beförderungsmittel können erstattet werden, wenn dienstliche Gründe dies im Einzelfall oder allgemein erfordern.

(2) Mögliche Fahrpreisermäßigungen sind zu berücksichtigen. Fahrtkosten werden nicht erstattet, wenn eine unentgeltliche Beförderungsmöglichkeit genutzt werden kann.

(3) Dienstreisenden, denen für Bahnfahrten die Kosten der niedrigsten Beförderungsklasse zu erstatten wären, werden bei einem Grad der Behinderung von mindestens 50 die Kosten der nächsthöheren Klasse erstattet.

(4) Wurde aus triftigem Grund ein Mietwagen oder ein Taxi benutzt, werden die entstandenen notwendigen Kosten erstattet.

§ 5 Wegstreckenentschädigung

(1) Für Fahrten mit anderen als den in § 4 genannten Beförderungsmitteln wird eine Wegstreckenentschädigung gewährt. Sie beträgt bei Benutzung eines Kraftfahrzeuges oder eines anderen motorbetriebenen Fahrzeuges 20 Cent je Kilometer zurückgelegter Strecke, höchstens jedoch 130 Euro. Die oberste Bundesbehörde kann den Höchstbetrag auf 150 Euro festsetzen, wenn dienstliche Gründe dies im Einzelfall oder allgemein erfordern.

(2) Besteht an der Benutzung eines Kraftwagens ein erhebliches dienstliches Interesse, beträgt die Wegstreckenentschädigung 30 Cent je Kilometer zurückgelegter Strecke. Das erhebliche dienstliche Interesse muss vor Antritt der Dienstreise in der Anordnung oder Genehmigung schriftlich oder elektronisch festgestellt werden.

(3) Benutzen Dienstreisende zur Erledigung von Dienstgeschäften regelmäßig ein Fahrrad, wird Wegstreckenentschädigung nach Maßgabe einer allgemeinen Verwaltungsvorschrift gemäß § 16 gewährt.

(4) Eine Wegstreckenentschädigung wird Dienstreisenden nicht gewährt, wenn sie
1. eine vom Dienstherrn unentgeltlich zur Verfügung gestellte Beförderungsmöglichkeit nutzen konnten oder
2. von anderen Dienstreisenden des Bundes oder eines anderen Dienstherrn in einem Kraftwagen mitgenommen wurden.

§ 6 Tagegeld

(1) Als Ersatz von Mehraufwendungen für Verpflegung erhalten Dienstreisende ein Tagegeld. Die Höhe des Tagegeldes bemisst sich nach § 4 Abs. 5 Satz 1 Nr. 5 Satz 2 des Einkommensteuergesetzes. Die Höhe des Tagegeldes bemisst sich nach der Verpflegungspauschale zur Abgeltung tatsächlich entstandener, beruflich veranlasster Mehraufwendungen im Inland nach dem Einkommensteuergesetz.

(2) Erhalten Dienstreisende ihres Amtes wegen unentgeltlich Verpflegung, werden von dem zustehenden Tagegeld für das Frühstück 20 Prozent und für das Mittag- und Abendessen je 40 Prozent des Tagegeldes für einen vollen Kalendertag einbehalten. Gleiches gilt, wenn das Entgelt für Verpflegung in den erstattungsfähigen Fahrt-, Übernachtungs- oder Nebenkosten enthalten ist. Die Sätze 1 und 2 sind auch dann anzuwenden, wenn Dienstreisende ihres Amtes wegen unentgeltlich bereitgestellte Verpflegung ohne triftigen Grund nicht in Anspruch nehmen. Die oberste Dienstbehörde kann in besonderen Fällen niedrigere Einbehaltungssätze zulassen.

§ 7 Übernachtungsgeld

(1) Für eine notwendige Übernachtung erhalten Dienstreisende pauschal 20 Euro. Höhere Übernachtungskosten werden erstattet, soweit sie notwendig sind.

(2) Übernachtungsgeld wird nicht gewährt
1. für die Dauer der Benutzung von Beförderungsmitteln,
2. bei Dienstreisen am oder zum Wohnort für die Dauer des Aufenthalts an diesem Ort,
3. bei unentgeltlicher Bereitstellung einer Unterkunft des Amtes wegen, auch wenn diese Unterkunft ohne triftigen Grund nicht genutzt wird, und
4. in den Fällen, in denen das Entgelt für die Unterkunft in den erstattungsfähigen Fahrt- oder sonstigen Kosten enthalten ist, es sei denn, dass eine Übernachtung aufgrund einer zu frühen Ankunft am Geschäftsort oder einer zu späten Abfahrt von diesem zusätzlich erforderlich wird.

§ 8 Auslagenerstattung bei längerem Aufenthalt am Geschäftsort

Dauert der dienstlich veranlasste Aufenthalt an demselben auswärtigen Geschäftsort länger als 14 Tage, wird vom 15. Tag an ein um 50 Prozent ermäßigtes Tagegeld gewährt; in besonderen Fällen kann die oberste Dienstbehörde oder die von ihr ermächtigte Behörde auf eine Ermäßigung des Tagegeldes verzichten. Notwendige Übernachtungskosten werden erstattet; ein pauschales Übernachtungsgeld nach § 7 Abs. 1 wird nicht gewährt. Als Reisebeihilfe für Heimfahrten werden für jeweils 14 Tage des Aufenthalts am Geschäftsort je nach benutztem Beförderungsmittel Fahrt- oder Flugkosten bis zur Höhe des in § 4 Abs. 1 Satz 1 oder 3 oder in § 5 Abs. 1 genannten Betrages gewährt. Wird der Geschäftsort aufgrund von Heimfahrten verlassen, wird für die Zeit des Aufenthalts in der Wohnung Tagegeld nicht gewährt.

§ 9 Aufwands- und Pauschvergütung

(1) Dienstreisende, denen erfahrungsgemäß geringerer Aufwand für Verpflegung oder Unterkunft als allgemein üblich entsteht, erhalten nach näherer Bestimmung der obersten Dienstbehörde oder der von ihr ermächtigten Behörde anstelle von Tagegeld, Übernachtungsgeld und Auslagenerstattung nach § 8 Satz 1 und 2 eine entsprechende Aufwandsvergütung. Diese kann auch nach Stundensätzen bemessen werden.

(2) Die oberste Dienstbehörde oder die von ihr ermächtigte Behörde kann für regelmäßige oder gleichartige Dienstreisen anstelle der Reisekostenvergütung oder einzelner ihrer Bestandteile eine Pauschvergütung gewähren, die nach dem Durchschnitt der in einem bestimmten Zeitraum sonst anfallenden Reisekostenvergütungen zu bemessen ist.

§ 10 Erstattung sonstiger Kosten

(1) Zur Erledigung des Dienstgeschäfts notwendige Auslagen, die nicht nach den §§ 4 bis 9 zu erstatten sind, werden als Nebenkosten erstattet.

(2) Entfällt eine Dienstreise aus einem von der oder dem Bediensteten nicht zu vertretenden Grund, werden durch die Vorbereitung entstandene, nach diesem Gesetz abzugeltende Auslagen erstattet.

§ 11 Bemessung der Reisekostenvergütung in besonderen Fällen

(1) Für Dienstreisen aus Anlass der Versetzung, Abordnung oder Kommandierung wird das Tagegeld für die Zeit bis zur Ankunft am neuen Dienstort gewährt; im Übrigen gilt § 2 Abs. 2. Das Tagegeld wird für die Zeit bis zum Ablauf des Ankunftstages gewährt, wenn den Dienstreisenden vom nächsten Tag an Trennungsreise- oder Trennungstagegeld zusteht; daneben wird Übernachtungsgeld (§ 7) gewährt. Für Dienstreisen im Sinne des Satzes 1 wird das Tagegeld vom Beginn des Abfahrtstages an gewährt, wenn für den vorhergehenden Tag Trennungsreise- oder Trennungstagegeld gewährt wird. Für ein- und zweitägige Abordnungen oder Kommandierungen ist bei der Festsetzung der Reisekostenvergütung abweichend von den Sätzen 1 bis 3 die gesamte Dauer der Abwesenheit von der Wohnung oder bisherigen Dienststätte zugrunde zu legen.

(2) Für Reisen aus Anlass der Einstellung kann Reisekostenvergütung wie für Dienstreisen gewährt werden; Absatz 1 ist entsprechend anzuwenden. Die Reisekostenvergütung darf dabei nicht höher sein als der Betrag, der für eine Dienstreise von der Wohnung zur Dienststätte zu erstatten wäre.

(3) Reisekostenvergütung kann ferner gewährt werden.
1. für Einstellungsreisen vor dem Wirksamwerden der Ernennung zur Beamtin, zum Beamten, zur Richterin, zum Richter, zur Soldatin oder zum Soldaten und
2. für Reisen aus Anlass des Ausscheidens aus dem Dienst wegen Ablaufs der Dienstzeit oder wegen Dienstunfähigkeit von Beamtinnen und Beamten auf Widerruf, von Soldatinnen und Soldaten auf Zeit oder von Soldaten, die aufgrund der Wehrpflicht Wehrdienst leisten; dies gilt für Reisen in das Ausland nur bis zum inländischen Grenzort oder dem inländischen Flughafen, von dem die Flugreise angetreten wird.

Die Absätze 1 und 2 Satz 2 gelten entsprechend.

(4) Für Reisen zum Zwecke der Ausbildung oder Fortbildung, die teilweise im dienstlichen Interesse liegen, können mit Zustimmung der obersten Dienstbehörde oder der von ihr ermächtigten Behörde entstandene Kosten bis zur Höhe der für Dienstreisen zustehenden Reisekostenvergütung erstattet werden.

(5) Übernachten Dienstreisende in ihrer außerhalb des Geschäftsorts gelegenen Wohnung, wird für jede Hin- und Rückfahrt aus Anlass einer Übernachtung als Ersatz der Fahrtauslagen ein Betrag in Höhe der Übernachtungspauschale nach § 7 gewährt.

§ 12 Erkrankung während einer Dienstreise

Erkranken Dienstreisende und werden sie in ein Krankenhaus aufgenommen, werden für jeden vollen Kalendertag des Krankenhausaufenthalts die notwendigen Auslagen für die Unterkunft am Geschäftsort erstattet. Für eine Besuchsreise einer oder eines Angehörigen aus Anlass einer durch ärztliche Bescheinigung nachgewiesenen lebensgefährlichen Erkrankung der oder des Dienstreisenden werden Fahrtauslagen gemäß § 4 Abs. 1 Satz 1 und 3 oder § 5 Abs. 1 erstattet.

§ 13 Verbindung von Dienstreisen mit privaten Reisen

(1) Werden Dienstreisen mit privaten Reisen verbunden, wird die Reisekostenvergütung so bemessen, als ob nur die Dienstreise durchgeführt worden wäre. Die Reisekostenvergütung nach Satz 1 darf die sich nach dem tatsächlichen Reiseverlauf ergebende nicht übersteigen. Werden Dienstreisen mit einem Urlaub von mehr als fünf Arbeitstagen verbunden, werden nur die zusätzlich für die Erledigung des Dienstgeschäfts entstehenden Kosten als Fahrtauslagen entsprechend den §§ 4 und 5 erstattet; Tage- und Übernachtungsgeld wird für die Dauer des Dienstgeschäfts sowie für die zusätzliche Reisezeit gewährt.

(2) Wird in besonderen Fällen angeordnet oder genehmigt, dass die Dienstreise an einem vorübergehenden Aufenthaltsort anzutreten oder zu beenden ist, wird die Reisekostenvergütung abweichend von Absatz 1 nach der Abreise von oder der Ankunft an diesem Ort bemessen. Entsprechendes gilt, wenn in diesen Fällen die Dienstreise an der Wohnung oder Dienststätte beginnt oder endet. Absatz 1 Satz 2 ist entsprechend anzuwenden.

(3) Wird aus dienstlichen Gründen die vorzeitige Beendigung einer Urlaubsreise angeordnet, gilt die Rückreise vom Urlaubsort unmittelbar oder über den Geschäftsort zur Dienststätte als Dienstreise, für die Reisekostenvergütung gewährt wird. Außerdem werden die Fahrtauslagen für die kürzeste Reisestrecke von der Wohnung zum Urlaubsort, an dem die Bediensteten die Anordnung erreicht, im Verhältnis des nicht ausgenutzten Teils der Urlaubsreise zur vorgesehenen Dauer der Urlaubsreise erstattet.

(4) Aufwendungen der Dienstreisenden und der sie begleitenden Personen, die durch die Unterbrechung oder vorzeitige Beendigung einer Urlaubsreise verursacht worden sind, werden in angemessenem Umfang erstattet. Dies gilt auch für Aufwendungen, die aus diesen Gründen nicht ausgenutzt werden konnten; hinsichtlich der Erstattung von Aufwendungen für die Hin- und Rückfahrt ist Absatz 3 Satz 2 sinngemäß anzuwenden.

§ 14 Auslandsdienstreisen

(1) Auslandsdienstreisen sind Dienstreisen im oder ins Ausland sowie vom Ausland ins Inland.

(2) Nicht als Auslandsdienstreisen gelten Dienstreisen der im Grenzverkehr tätigen Beamtinnen und Beamten im Bereich ausländischer Lokalgrenzbehörden, zwischen solchen Bereichen und zwischen diesen und dem Inland.

(3) Das Bundesministerium des Innern wird ermächtigt, durch Rechtsverordnung wegen der besonderen Verhältnisse abweichende Vorschriften über die Reisekostenvergütung für Auslandsdienstreisen bezüglich der Anordnung und Genehmigung von Dienstreisen, der Fahrt- und Flugkosten, des Auslandstage- und Auslandsübernachtungsgeldes, der Reisebeihilfen, der Kriterien der Erstattung klimabedingter Bekleidung und anderer Nebenkosten zu erlassen.

§ 15 Trennungsgeld

(1) Beamtinnen, Beamte, Richterinnen und Richter, die an einen Ort außerhalb des Dienst- und Wohnortes ohne Zusage der Umzugskostenvergütung abgeordnet werden, erhalten für die ihnen dadurch entstehenden notwendigen Aufwendungen unter Berücksichtigung der häuslichen Ersparnis ein Trennungsgeld nach einer Rechtsverordnung, die für Abordnungen im Inland das Bundesministerium des Innern erlässt. Diese Verordnung ist auch anzuwenden für Abordnungen im oder ins Ausland sowie vom Ausland ins Inland, soweit aufgrund der Ermächtigung des Absatzes 2 keine Sonderregelungen ergangen sind. Dasselbe gilt für Kommandierungen von Soldatinnen und Soldaten und die vorübergehende dienstliche Tätigkeit bei einer anderen Stelle als einer Dienststelle. Der Abordnung stehen die Zuweisung nach § 29 des Bundesbeamtengesetzes oder nach § 20 des Beamtenstatusgesetzes gleich.

(2) Absatz 1 Satz 1 und 3 gilt entsprechend für Abordnungen ohne Zusage der Umzugskostenvergütung im oder ins Ausland sowie vom Ausland ins Inland, soweit die besonderen Bedürfnisse des Auslandsdienstes und die besonderen Verhältnisse im Ausland es erfordern mit

der Maßgabe, dass das Auswärtige Amt die Rechtsverordnung im Einvernehmen mit dem Bundesministerium des Innern, dem Bundesministerium der Verteidigung und dem Bundesministerium der Finanzen erlässt.

(3) Werden Beamtinnen oder Beamte auf Widerruf im Vorbereitungsdienst zum Zwecke ihrer Ausbildung einer Ausbildungsstelle an einem anderen Ort als dem bisherigen Dienst- und Wohnort zugewiesen, können ihnen die dadurch entstehenden notwendigen Mehrauslagen ganz oder teilweise erstattet werden.

§ 16 Verwaltungsvorschriften

Allgemeine Verwaltungsvorschriften zu diesem Gesetz erlässt das Bundesministerium des Innern. Verwaltungsvorschriften zu den Sondervorschriften für die Reisekostenvergütung für Auslandsdienstreisen erlässt das Bundesministerium des Innern im Einvernehmen mit dem Auswärtigen Amt.

Verordnung über das Trennungsgeld bei Versetzungen und Abordnungen im Inland (Trennungsgeldverordnung – TGV)

vom 29. 6. 1999 (BGBl. I S. 1533)
zuletzt geändert durch Artikel 37 des Gesetzes zum Abbau verzichtbarer Anordnungen der Schriftform im Verwaltungsrecht des Bundes vom 29. 3. 2017 (BGBl. I S. 626)

§ 1 Anwendungsbereich

(1) Berechtigte nach dieser Verordnung sind
1. Bundesbeamte und in den Bundesdienst abgeordnete Beamte,
2. Richter im Bundesdienst und in den Bundesdienst abgeordnete Richter und
3. Berufssoldaten und Soldaten auf Zeit.

(2) Trennungsgeld wird gewährt aus Anlaß der
1. Versetzung aus dienstlichen Gründen,
2. Aufhebung einer Versetzung nach einem Umzug mit Zusage der Umzugskostenvergütung,
3. Verlegung der Beschäftigungsbehörde,
4. nicht nur vorübergehenden Zuteilung aus dienstlichen Gründen zu einem anderen Teil der Beschäftigungsbehörde,
5. Übertragung eines anderen Richteramtes nach § 32 Abs. 2 des Deutschen Richtergesetzes oder eines weiteren Richteramtes nach § 27 Abs. 2 des vorgenannten Gesetzes,
6. Abordnung oder Kommandierung, auch im Rahmen der Aus- und Fortbildung,
7. Zuweisung nach § 29 des Bundesbeamtengesetzes und § 20 des Beamtenstatusgesetzes,
8. vorübergehenden Zuteilung aus dienstlichen Gründen zu einem anderen Teil der Beschäftigungsbehörde,
9. vorübergehenden dienstlichen Tätigkeit bei einer anderen Stelle als einer Dienststelle,
10. Aufhebung oder Beendigung einer Maßnahme nach den Nummern 6 bis 9 nach einem Umzug mit Zusage der Umzugskostenvergütung,
11. Versetzung mit Zusage der Umzugskostenvergütung nach § 4 Abs. 2 Nr. 3 des Bundesumzugskostengesetzes,
12. Einstellung mit Zusage der Umzugskostenvergütung,
13. Einstellung ohne Zusage der Umzugskostenvergütung bei vorübergehender Dauer des Dienstverhältnisses, der vorübergehenden Verwendung am Einstellungsort oder während der Probezeit; die Gewährung von Trennungsgeld in diesen Fällen bedarf der Zustimmung der obersten Dienstbehörde oder der von ihr ermächtigten nachgeordneten Behörde,
14. Räumung einer Dienstwohnung auf dienstliche Weisung, solange der zur Führung eines Haushalts notwendige Teil der Wohnungseinrichtung untergestellt werden muß.

(3) Trennungsgeld wird nur gewährt, wenn
1. bei Maßnahmen nach Absatz 2 Nr. 1 bis 13 der neue Dienstort ein anderer als der bisherige Dienstort ist und die Wohnung nicht im Einzugsgebiet (§ 3 Abs. 1 Nr. 1 Buchstabe c des Bundesumzugskostengesetzes) liegt,
2. bei Maßnahmen nach Absatz 2 Nr. 1 bis 5 der Berechtigte nicht unwiderruflich auf die Zusage der Umzugskostenvergütung verzichtet und dienstliche Gründe den Umzug nicht erfordern (§ 3 Abs. 1 Nr. 1 Buchstabe d des Bundesumzugskostengesetzes).

(4) Die Absätze 2 und 3 gelten auch für im Grenzverkehr tätige Beamte im Bereich ausländischer Lokalgrenzbehörden, zwischen solchen Bereichen und zwischen diesen und dem Inland.

§ 2 Trennungsgeld nach Zusage der Umzugskostenvergütung

(1) Ist Umzugskostenvergütung zugesagt, steht Trennungsgeld zu,
1. wenn der Berechtigte seit dem Tag des Wirksamwerdens der Zusage oder, falls für ihn günstiger, der Maßnahme nach § 1 Abs. 2 uneingeschränkt umzugswillig ist und
2. solange er wegen Wohnungsmangels im Einzugsgebiet (§ 3 Abs. 1 Nr. 1 Buchstabe c des Bundesumzugskostengesetzes) nicht umziehen kann.

Uneingeschränkt umzugswillig ist, wer sich unter Ausschöpfung aller Möglichkeiten nachweislich und fortwährend um eine angemessene Wohnung bemüht. Angemessen ist eine Wohnung, die den familiären Bedürfnissen des Berechtigten entspricht. Dabei ist von der bisherigen Wohnungsgröße auszugehen, es sei denn, daß sie in einem erheblichen Mißverhältnis zur Zahl der zum Haushalt gehörenden Personen steht. Die Lage des Wohnungsmarktes im Einzugsgebiet (§ 3 Abs. 1 Nr. 1 Buchstabe c des Bundesumzugskostengesetzes) ist zu berücksichtigen. Bei unverheirateten Berechtigten ohne Wohnung im Sinne des § 10 Abs. 3 des Bundesumzugskostengesetzes gilt als Wohnung auch ein möbliertes Zimmer oder eine bereitgestellte Gemeinschaftsunterkunft.

(2) Nach Wegfall des Wohnungsmangels darf Trennungsgeld nur weitergewährt werden, wenn und solange dem Umzug des umzugswilligen Berechtigten im Zeitpunkt des Wegfalls des Wohnungsmangels einer der folgenden Hinderungsgründe entgegensteht:

1. vorübergehende schwere Erkrankung des Berechtigten oder eines seiner Familienangehörigen (§ 6 Abs. 3 Satz 2 und 3 des Bundesumzugskostengesetzes) bis zur Dauer von einem Jahr;

2. Beschäftigungsverbote für die Berechtigte oder eine Familienangehörige (§ 6 Abs. 3 Satz 2 und 3 des Bundesumzugskostengesetzes) für die Zeit vor oder nach einer Entbindung nach mutterschutzrechtlichen Vorschriften oder entsprechendem Landesrecht;

3. Schul- oder Berufsausbildung eines Kindes (§ 6 Abs. 3 Satz 2 und 3 des Bundesumzugskostengesetzes) bis zum Ende des Schul- oder Ausbildungsjahres. Befindet sich das Kind in der Jahrgangsstufe 12 einer Schule, so verlängert sich die Gewährung des Trennungsgeldes bis zum Ende des folgenden Schuljahres; befindet sich das Kind im vorletzten Ausbildungsjahr eines Berufsausbildungsverhältnisses, so verlängert sich die Gewährung des Trennungsgeldes bis zum Ende des folgenden Ausbildungsjahres;

4. Schul- oder Berufsausbildung eines schwerbehinderten Kindes (§ 6 Abs. 3 Satz 2 und 3 des Bundesumzugskostengesetzes). Trennungsgeld wird bis zur Beendigung der Ausbildung gewährt, solange diese am neuen Dienst- oder Wohnort oder in erreichbarer Entfernung davon wegen der Behinderung nicht fortgesetzt werden kann;

5. akute lebensbedrohliche Erkrankung eines Elternteiles des Berechtigten oder seines Ehegatten oder Lebenspartners, wenn dieser in hohem Maße Hilfe des Ehegatten, Lebenspartners oder Familienangehörigen des Berechtigten erhält;

6. Schul- oder erste Berufsausbildung des Ehegatten oder Lebenspartners in entsprechender Anwendung der Nummer 3.

Trennungsgeld darf auch gewährt werden, wenn zum Zeitpunkt des Wirksamwerdens der dienstlichen Maßnahme kein Wohnungsmangel, aber einer oder mehrere dieser Hinderungsgründe vorliegen. Liegt bei Wegfall des Hinderungsgrundes ein neuer Hinderungsgrund vor, kann mit Zustimmung der obersten Dienstbehörde Trennungsgeld bis zu längstens einem Jahr weiterbewilligt werden. Nach Wegfall des Hinderungsgrundes darf Trennungsgeld auch bei erneutem Wohnungsmangel nicht gewährt werden.

(3) Ist ein Umzug, für den Umzugskostenvergütung zugesagt ist, aus Anlaß einer Maßnahme nach § 1 Abs. 2 vor deren Wirksamwerden durchgeführt, kann Trennungsgeld in sinngemäßer Anwendung dieser Verordnung bis zum Tag vor der Dienstantrittsreise, längstens für 3 Monate gewährt werden.

(4) Wird die Zusage der Umzugskostenvergütung außerhalb eines Rechtsbehelfsverfahrens aufgehoben, wird dadurch ein Trennungsgeldanspruch nicht begründet; ein erloschener Trennungsgeldanspruch lebt nicht wieder auf.

§ 3 Trennungsgeld beim auswärtigen Verbleiben

(1) Ein Berechtigter, der nicht täglich zum Wohnort zurückkehrt und dem die tägliche Rückkehr nicht zuzumuten oder aus dienstlichen Gründen nicht gestattet ist, erhält für die ersten 14 Tage nach beendeter Dienstantrittsreise als Trennungsgeld die gleiche Vergütung wie bei Dienstreisen (Trennungsreisegeld). Die tägliche Rückkehr zum Wohnort ist in der Regel nicht zuzumuten, wenn beim Benutzen regelmäßig verkehrender Beförderungsmittel die Abwesenheit von der Wohnung mehr als 12 Stunden oder die benötigte Zeit für das Zurücklegen der Strecke zwischen Wohnung und Dienststätte und zurück mehr als 3 Stunden beträgt. Ändert sich vorübergehend der Beschäftigungsort auf Grund einer Maßnahme nach § 1 Abs. 2 oder für volle Kalendertage der Abwesenheit wegen einer Dienstreise für längstens drei Monate, wird bei Rückkehr nach Beendigung der Maßnahme oder Dienstreise Trennungsreisegeld gewährt, soweit der Anspruchszeitraum nach Satz 1 noch nicht ausgeschöpft war.

(2) Vom 15. Tag, im Falle des § 2 Abs. 3 vom Tag nach Beendigung des Umzuges an wird unter der Voraussetzung, daß eine Wohnung oder Unterkunft am bisherigen Wohnort beibehalten wird, als Trennungsgeld Trennungstagegeld und Trennungsübernachtungsgeld nach Maßgabe der Absätze 3 und 4 gewährt. Ist Umzugskostenvergütung nicht zugesagt, wird vom 15. Tage an Trennungsgeld nach Maßgabe der Absätze 3 und 4 auch gewährt, solange nach dem Umzug eine Wohnung oder Unterkunft außerhalb des neuen Dienstortes einschließlich des Einzugsgebietes (§ 3 Abs. 1 Nr. 1 Buchstabe c des Bundesumzugskostengesetzes) weiter besteht und mehrere Haushalte geführt werden; § 7 Abs. 2 ist zu beachten.

(3) [1]Als Trennungstagegeld wird ein Betrag in Höhe der Summe der nach der Sozialversicherungsentgeltverordnung maßgebenden Sachbezugswerte für Frühstück, Mittagessen und Abendessen gewährt. Der Berechtigte, der

a) mit seinem Ehegatten oder Lebenspartner in häuslicher Gemeinschaft lebt oder

b) mit einem Verwandten bis zum vierten Grad, einem Verschwägerten bis zum zweiten Grad, einem Pflegekind oder Pflegeeltern in häuslicher Gemeinschaft lebt und ihnen aus gesetzlicher oder sittlicher Verpflichtung nicht nur vorübergehend Unterkunft und Unterhalt ganz oder überwiegend gewährt oder

c) mit einer Person in häuslicher Gemeinschaft lebt, deren Hilfe er aus beruflichen oder nach ärztlichem, im Zweifel nach amtsärztlichem Zeugnis aus gesundheitlichen Gründen nicht nur vorübergehend bedarf,

und einen getrennten Haushalt führt, erhält als Trennungstagegeld 150 Prozent dieses Betrages. Erhält der Berechtigte seines Amtes wegen unentgeltlich Verpflegung, ist das Trennungstagegeld für jede bereitgestellte Mahlzeit um den maßgebenden Sachbezugswert nach der Sachbezugsverordnung zu kürzen; bei Berechtigten nach Satz 2 erhöht sich der Kürzungsbetrag um 50 Prozent des maßgebenden Sachbezugswertes nach der Sozialversicherungsentgeltverordnung für die jeweilige Mahlzeit. Das gleiche gilt, wenn Verpflegung von dritter Seite bereitgestellt wird und das Entgelt für sie in den erstattbaren Fahr- und Nebenkosten enthalten ist oder wenn der Berechtigte seines Amtes wegen unentgeltlich bereitgestellte Verpflegung ohne triftigen Grund nicht in Anspruch nimmt.

(4) Als Trennungsübernachtungsgeld werden die nachgewiesenen notwendigen, auf Grund eines Mietvertrags oder einer ähnlichen Nutzungsvereinbarung zu zahlenden Kosten für eine wegen einer Maßnahme nach § 1 Abs. 2 bezogenen angemessenen Unterkunft erstattet. Zu den Unterkunftskosten gehören auch die unmittelbar mit der Nutzung der Unterkunft zusammenhängenden Nebenkosten. Erhält der Berechtigte seines Amtes wegen unentgeltlich Unterkunft, wird ein Trennungsübernachtungsgeld nicht gewährt; im übrigen gilt § 7 Abs. 2 des Bundesreisekostengesetzes entsprechend. Notwendige Fahrkosten zwischen dieser außerhalb des Dienstortes bereitgestellten Unterkunft und der Dienststätte werden in entsprechender Anwendung des § 5 Abs. 4 erstattet.

§ 4 Sonderbestimmungen beim auswärtigen Verbleiben

(1) Das Tagegeld des Trennungsreisegeldes und das Trennungstagegeld werden für volle Kalendertage

1. der Abwesenheit vom neuen Dienstort und dem Ort der auf Grund einer dienstlichen Maßnahme nach § 1 Abs. 2 bezogenen Unterkunft,

2. des Aufenthaltes in einem Krankenhaus, einer Sanatoriumsbehandlung oder einer Heilkur,

3. der Beschäftigungsverbote nach den mutterschutzrechtlichen Bestimmungen nicht gewährt.

(2) Auf das Tagegeld des Trennungsreisegeldes ist die für eine Dienstreise oder einen Dienstgang von weniger als 24 Stunden Dauer zustehende Reisekostenvergütung für Verpflegungsmehraufwand anzurechnen.

(3) Das Übernachtungsgeld des Trennungsreisegeldes und das Trennungsübernachtungsgeld werden bei einer Änderung des Dienstortes auf Grund einer Maßnahme nach § 1 Abs. 2 und in den Fällen des Absatzes 1 weitergewährt, solange die Aufgabe einer entgeltlichen Unterkunft nicht zumutbar oder wegen der mietvertraglichen Bindung nicht möglich ist.

(4) Wird der Dienstort in den Fällen des Absatzes 1 Nr. 3 oder auf Grund einer Erkrankung verlassen, werden die Fahrauslagen bis zur Höhe der Kosten für die Fahrt zum Wohnort und zurück wie bei einer Dienstreise erstattet. Nach Rückkehr steht dem Berechtigten kein Trennungsreisegeld zu, wenn die Unterkunft wieder in Anspruch genommen werden kann, für die das Trennungsgeld nach Absatz 3 bis zur Rückkehr gewährt wird.

(5) Berechtigte, denen erfahrungsgemäß geringere Aufwendungen für Verpflegung als allgemein entstehen, erhalten nach näherer Bestimmung der obersten Dienstbehörde oder der von ihr ermächtigten nachgeordneten Behörde entsprechend den notwendigen Mehrauslagen ein ermäßigtes Trennungsgeld.

(6) Ändert sich der neue Dienstort auf Grund einer Maßnahme nach § 1 Abs. 2 für längstens drei Monate, werden nachgewiesene notwendige Kosten für das Beibehalten der Unterkunft erstattet. Bei tatsächlicher oder zumutbarer täglicher Rückkehr wird neben dem Trennungsgeld nach § 3 eine Entschädigung nach § 6 Abs. 1, 3 und 4 gewährt.

(7) Erhält der Ehegatte oder Lebenspartner des Berechtigten Trennungsgeld nach § 3 oder eine entsprechende Entschädigung nach den Vorschriften eines anderen Dienstherrn, erhält der Berechtigte anstelle des Trennungstagegeldes nach § 3 Abs. 3 Satz 2 Trennungstagegeld nach § 3 Abs. 3 Satz 1, wenn er am Dienstort des Ehegatten oder Lebenspartners wohnt oder der Ehegatte oder Lebenspartner an seinem Dienstort beschäftigt ist.

(8) Wird nach einem Umzug mit Zusage der Umzugskostenvergütung kein Trennungsgeld für die bisherige Unterkunft mehr gewährt, werden die notwendigen Auslagen für diese Unter-

kunft längstens bis zu dem Zeitpunkt erstattet, zu dem das Mietverhältnis frühestens gelöst werden kann.

§ 5   Reisebeihilfe für Heimfahrten

(1) Ein Berechtigter nach § 3 erhält eine Reisebeihilfe für jeden halben Monat, wenn er die Voraussetzungen des § 3 Abs. 3 Satz 2 erfüllt oder das 18. Lebensjahr noch nicht vollendet hat, im übrigen für jeden Monat. Ändern sich diese Voraussetzungen, so beginnt der neue Anspruchszeitraum erst nach Ablauf des bisherigen, sofern dies für den Berechtigten günstiger ist. Der Anspruchszeitraum wird aus Anlaß einer neuen Maßnahme nach § 1 Abs. 2 durch Sonn- und Feiertage, allgemein dienstfreie Werktage und Tage der Dienstantrittsreise nicht unterbrochen. Eine Reisebeihilfe wird nur gewährt, wenn die Reise im maßgebenden Anspruchszeitraum beginnt.

(2) Verzichtet ein Berechtigter bei Maßnahmen nach § 1 Abs. 2 Nr. 1 bis 5 unwiderruflich auf die Zusage der Umzugskostenvergütung und ist aus dienstlichen Gründen ein Umzug nicht erforderlich (§ 3 Abs. 1 Nr. 1 Buchstabe d des Bundesumzugskostengesetzes), gilt Absatz 1 mit der Maßgabe, daß Reisebeihilfe für längstens ein Jahr gewährt wird.

(3) Anstelle einer Reise des Berechtigten kann auch eine Reise des Ehegatten, des Lebenspartners, eines Kindes oder einer Person nach § 3 Abs. 3 Satz 2 Buchstabe b berücksichtigt werden.

(4) Als Reisebeihilfe werden die entstandenen notwendigen Fahrauslagen bis zur Höhe der Kosten der für den Berechtigten billigsten Fahrkarte der allgemein niedrigsten Klasse ohne Zuschläge eines regelmäßig verkehrenden Beförderungsmittels vom Dienstort zum bisherigen Wohnort oder, wenn dieser im Ausland liegt, bis zum inländischen Grenzort und zurück erstattet. Bei Benutzung zuschlagpflichtiger Züge werden auch die notwendigen Zuschläge wie bei Dienstreisen erstattet. Nach näherer Bestimmung des Bundesministeriums des Innern können in besonderen Fällen Flugkosten erstattet werden.

§ 5a   Reisebeihilfe für Heimfahrten bei Einsatz im Rahmen von Unterstützungsmaßnahmen zur Bewältigung der steigenden Zahl von Asylbewerbern

Berechtigte nach § 3, die zur Bewältigung der steigenden Zahl von Asylbewerbern für von der obersten Dienstbehörde beschlossene personelle Unterstützungsmaßnahmen eingesetzt werden, erhalten eine Reisebeihilfe für jede Woche. § 5 Absatz 1 Satz 2 bis 4 und Absatz 2 bis 4 bleibt im Übrigen unberührt.

§ 5b

(weggefallen)

§ 6   Trennungsgeld bei täglicher Rückkehr zum Wohnort

(1) Ein Berechtigter, der täglich an den Wohnort zurückkehrt oder dem die tägliche Rückkehr zuzumuten ist (§ 3 Abs. 1 Satz 2), erhält als Trennungsgeld Fahrkostenerstattung, Wegstrecken- oder Mitnahmeentschädigung wie bei Dienstreisen. Hierauf sind die Fahrauslagen anzurechnen, die für das Zurücklegen der Strecke zwischen Wohnung und der bisherigen, bei einer Kette von Maßnahmen nach § 1 Abs. 2 der ursprünglichen Dienststätte entstanden wären, wenn die Entfernung mindestens fünf Kilometer beträgt. Dabei ist als Aufwand ein Betrag von 0,08 Euro je Entfernungskilometer und Arbeitstag zugrunde zu legen. Von der Anrechnung ist ganz oder teilweise abzusehen, wenn der Berechtigte nachweist, daß er bei Fahrten zwischen Wohnung und bisheriger Dienststätte üblicherweise keinen entsprechenden Aufwand hätte.

(2) Zusätzlich wird ein Verpflegungszuschuß von 2,05 Euro je Arbeitstag gewährt, wenn die notwendige Abwesenheit von der Wohnung mehr als 11 Stunden beträgt, es sei denn, daß Anspruch auf Reisekostenvergütung für Verpflegungsmehraufwand besteht.

(3) Muß aus dienstlichen Gründen am Dienstort übernachtet werden, werden die dadurch entstandenen notwendigen Mehraufwendungen erstattet.

(4) Das Trennungsgeld nach den Absätzen 1 und 2 darf das in einem Kalendermonat zustehende Trennungsgeld nach den §§ 3 und 4 sowie das Tage- und Übernachtungsgeld für die Hin- und Rückreise nicht übersteigen. Als Übernachtungsgeld wird für die ersten 14 Tage höchstens der Betrag nach § 7 Abs. 1 Satz 1 des Bundesreisekostengesetzes und ab dem 15. Tag als Trennungsübernachtungsgeld ein Drittel dieses Betrages berücksichtigt.

§ 7 Sonderfälle

(1) Anspruch auf Trennungsgeld besteht weiter, wenn sich aus Anlaß einer neuen Maßnahme nach § 1 Abs. 2 der neue Dienstort nicht ändert.

(2) Nach einem Umzug, für den Umzugskostenvergütung nicht zu gewähren ist, darf das Trennungsgeld nicht höher sein als das bisherige.

(3) Das Trennungsgeld kann ganz oder teilweise versagt werden, wenn die Führung der Dienstgeschäfte verboten ist oder infolge einer vorläufigen Dienstenthebung oder einer gesetzmäßig angeordneten Freiheitsentziehung der Dienst nicht ausgeübt werden kann. Das gilt nicht, wenn der Berechtigte auf Grund einer dienstlichen Weisung am Dienstort bleibt.

(4) Trennungsgeld steht nur zu, solange Anspruch auf Besoldung besteht.

§ 8 Ende des Trennungsgeldanspruchs

(1) Das Trennungsgeld wird bis zum Tag des Wegfalls der maßgebenden Voraussetzungen gewährt.

(2) Bei einem Umzug mit Zusage der Umzugskostenvergütung wird Trennungsgeld längstens gewährt bis vor dem Tag, für den der Berechtigte für seine Person Reisekostenerstattung nach § 7 Abs. 1 des Bundesumzugskostengesetzes erhält, im übrigen bis zum Tag des Ausladens des Umzugsgutes.

(3) Bei einer neuen dienstlichen Maßnahme nach § 1 Abs. 2 wird Trennungsgeld bis zu dem Tag gewährt, an dem der Dienstort verlassen wird, bei Gewährung von Reisekostenvergütung für diesen Tag bis zum vorausgehenden Tag.

§ 9 Verfahrensvorschriften

(1) [1])Das Trennungsgeld ist innerhalb einer Ausschlußfrist von einem Jahr nach Beginn der Maßnahme nach § 1 Abs. 2 schriftlich oder elektronisch zu beantragen. Trennungsgeld wird monatlich nachträglich auf Grund von Forderungsnachweisen gezahlt, die der Berechtigte innerhalb einer Ausschlußfrist von einem Jahr nach Ablauf des maßgeblichen Kalendermonats abzugeben hat. Satz 2 gilt entsprechend für Anträge auf Reisebeihilfe nach Ablauf des maßgebenden Anspruchszeitraums.

(2) Der Berechtigte hat nachzuweisen, daß die Voraussetzungen für die Trennungsgeldgewährung vorliegen, insbesondere hat er das fortwährende Bemühen um eine Wohnung (§ 2 Abs. 1) zu belegen.

(3) Die oberste Dienstbehörde bestimmt die Behörde, die das Trennungsgeld gewährt.

§ 10 Anwendungsvorschrift

§ 5a ist nur bis zum 31. Dezember 2018 anzuwenden.

---

[1]) § 9 Abs. 1 Satz 1 TGV wurde durch Artikel 37 des Gesetzes zum Abbau verzichtbarer Anordnungen der Schriftform im Verwaltungsrecht des Bundes (Inkrafttreten 5. 4. 2017) geändert.

Verordnung über das Auslandstrennungsgeld
(Auslandstrennungsgeldverordnung – ATGV)

vom 22. 1. 1998 (BGBl. I S. 189)
zuletzt geändert durch Artikel 35 des Gesetzes zum Abbau verzichtbarer Anordnungen der
Schriftform im Verwaltungsrecht des Bundes vom 29. 3. 2017 (BGBl. I S. 626)

§ 1   Anwendungsbereich, Zweckbestimmung

(1) Ansprüche auf Auslandstrennungsgeld entstehen aus Anlaß von Versetzungen, versetzungsgleichen Maßnahmen (§ 3 Abs. 2 des Bundesumzugskostengesetzes) und Abordnungen vom Inland in das Ausland, im Ausland und vom Ausland in das Inland sowie auch ohne Zusage der Umzugskostenvergütung bei Einstellungen in das Ausland und im Ausland bei vorübergehender Dauer des Dienstverhältnisses oder bei einer vorübergehenden Verwendung am Einstellungsort. Der Abordnung steht gleich

1. die Kommandierung,
2. die vorübergehende Zuteilung aus dienstlichen Gründen zu einem anderen Teil der Beschäftigungsbehörde an einem anderen Ort als dem bisherigen Dienstort,
3. die Aufhebung der Abordnung oder Kommandierung nach einem Umzug mit Zusage der Umzugskostenvergütung,
4. die vorübergehende dienstliche Tätigkeit bei einer anderen Stelle als einer Dienststelle und
5. die Zuweisung zur Amtsausübung in besonderen Fällen (§ 29 des Bundesbeamtengesetzes; § 20 des Beamtenstatusgesetzes).

(2) Mit dem Auslandstrennungsgeld werden notwendige Auslagen für getrennte Haushaltsführung am bisherigen Wohnort aus Anlaß von Versetzungen oder Abordnungen an einen anderen Ort als den bisherigen Dienst- oder Wohnort unter Berücksichtigung der häuslichen Ersparnis abgegolten.

(3) Auslandstrennungsgeld wird nur gewährt, wenn bei Maßnahmen nach Absatz 1 der neue Dienstort ein anderer als der bisherige Dienstort ist und die Wohnung nicht im Einzugsgebiet (§ 3 Abs. 1 Nr. 1 Buchstabe c des Bundesumzugskostengesetzes) liegt.

(4) Verzichtet der Berechtigte unwiderruflich auf die Zusage der Umzugskostenvergütung und ist aus dienstlichen Gründen ein Umzug nicht erforderlich, werden als Auslandstrennungsgeld nur Reisebeihilfen nach § 13 für längstens ein Jahr gezahlt.

§ 2   Berechtigte

(1) Berechtigt sind
1. Bundesbeamte,
2. Richter im Bundesdienst,
3. Berufssoldaten und Soldaten auf Zeit und
4. in den Bundesdienst abgeordnete Beamte und Richter.

(2) Berechtigt sind nicht
1. im Grenzverkehr tätige Beamte bei dienstlichen Maßnahmen nach § 1 Abs. 1 im Bereich ausländischer Lokalgrenzbehörden, zwischen solchen Bereichen und zwischen diesen und dem Inland,
2. Ehrenbeamte und
3. ehrenamtliche Richter.

§ 3   Arten des Auslandstrennungsgeldes

Als Auslandstrennungsgeld werden gezahlt:
1. Entschädigung für getrennte Haushaltsführung (§§ 6 bis 8, 10),
2. Entschädigung bei täglicher Rückkehr zum Wohnort (§ 11),
3. Entschädigung, wenn keine Auslandsdienstbezüge gezahlt werden (§ 12 Abs. 7),
4. Reisebeihilfen für Heimfahrten (§ 13),
5. Entschädigung im Einzelfall aus Sicherheitsgründen oder wegen anderer außergewöhnlicher Verhältnisse im Ausland (Auslandstrennungsgeld in Krisenfällen; § 12 Abs. 8).

§ 4   Entschädigung für getrennte Haushaltsführung

(1) Das Auslandstrennungsgeld nach den §§ 6 bis 8 und 10 wird gezahlt, wenn der Berechtigte

1. mit seinem Ehegatten, Lebenspartner oder ledigen Kindern in häuslicher Gemeinschaft lebt oder

2. mit anderen Verwandten bis zum vierten Grade, einem Verschwägerten bis zum zweiten Grade, einem Pflegekind oder Pflegeeltern in häuslicher Gemeinschaft lebt und ihnen aus gesetzlicher oder sittlicher Verpflichtung – nicht nur vorübergehend – Unterkunft und Unterhalt ganz oder überwiegend gewährt oder

3. mit einer Person in häuslicher Gemeinschaft lebt, deren Hilfe er aus beruflichen oder nach amtsärztlichem Zeugnis aus gesundheitlichen Gründen – nicht nur vorübergehend – bedarf,

und getrennten Haushalt führt. § 8 Abs. 3 und 4 sowie § 12 Abs. 7 bleiben unberührt.

(2) Ist Umzugskostenvergütung (§§ 3 und 4 des Bundesumzugskostengesetzes) zugesagt, wird Auslandstrennungsgeld nach den §§ 6 bis 8 nur gezahlt, wenn die Voraussetzungen des § 5 vorliegen.

§ 5   Auslandstrennungsgeld nach Zusage der Umzugskostenvergütung

(1) Nach Zusage der Umzugskostenvergütung (§§ 3 und 4 des Bundesumzugskostengesetzes) wird Auslandstrennungsgeld nur gezahlt, wenn und solange der Berechtigte

1. seit dem Tage des Wirksamwerdens der Zusage oder, falls für ihn günstiger, der dienstlichen Maßnahme nach § 1 Abs. 1 uneingeschränkt umzugswillig ist und

2. wegen Wohnungsmangels am neuen Dienstort einschließlich des Einzugsgebietes oder aus zwingenden persönlichen Gründen vorübergehend nicht umziehen kann.

Der Berechtigte ist verpflichtet, sich unter Ausnutzung jeder gebotenen Gelegenheit nachweislich fortwährend um eine Wohnung zu bemühen. Der Umzug darf nicht durch unangemessene Ansprüche an die Wohnung oder aus anderen nicht zwingenden Gründen verzögert werden.

(2) Nach Widerruf der Zusage der Umzugskostenvergütung darf Auslandstrennungsgeld nicht gezahlt werden, wenn im Zeitpunkt des Bekanntgabe des Widerrufs die Voraussetzungen für die Zahlung des Auslandstrennungsgeldes nach Absatz 1 nicht erfüllt waren oder weggefallen sind.

(3) Die Absätze 1 und 2 gelten nicht, wenn Umzugskostenvergütung nach § 17 der Auslandsumzugskostenverordnung gezahlt wird.

§ 6   Versetzungen und Abordnungen vom Inland in das Ausland

(1) Bei Versetzungen und Abordnungen vom Inland in das Ausland wird Auslandstrennungsgeld in Höhe der Sätze des Trennungstagegeldes nach § 3 Abs. 3 Satz 2 bis 4 der Trennungsgeldverordnung gezahlt; § 4 Abs. 5 der Trennungsgeldverordnung findet Anwendung.

(2) Nach Räumung der bisherigen Wohnung wird das Auslandstrennungsgeld nach Absatz 1 auch gezahlt, wenn die zur häuslichen Gemeinschaft des Berechtigten gehörenden Personen (§ 4 Abs. 1 Satz 1) an einem anderen als dem neuen Dienstort einschließlich Einzugsgebiet eine Unterkunft gegen Entgelt oder eine ihnen oder dem Berechtigten gehörende Wohnung vorübergehend beziehen. Ist die Unterkunft unentgeltlich, wird das Auslandstrennungsgeld nach Absatz 1 um die Hälfte gekürzt. Diese Ansprüche schließen Leistungen nach § 4 Abs. 5 und 6 der Auslandsumzugskostenverordnung aus.

(3) In das Inland versetzten oder abgeordneten Berechtigten, die Auslandstrennungsgeld nach § 8 Abs. 3 oder 4 erhalten, wird bei einer erneuten Versetzung oder Abordnung in das Ausland anstelle des Auslandstrennungsgeldes nach § 8 Abs. 3 oder 4 Auslandstrennungsgeld nach Absatz 1 gezahlt. Daneben kann der Unterschiedsbetrag zwischen der Miete für die Unterkunft im Inland und 18 vom Hundert der Summe aus Grundgehalt, Familienzuschlag der Stufe 1, Amts-, Stellen- und Ausgleichszulagen erstattet werden. § 12 Abs. 3 findet Anwendung.

(4) In das Inland versetzten oder abgeordneten Berechtigten, die Auslandstrennungsgeld nach § 8 Abs. 1 oder 2 erhalten, wird bei einer erneuten Versetzung oder Abordnung in das Ausland mit Zusage der Umzugskostenvergütung anstelle der Abfindung nach § 8 Abs. 1 und 2 Auslandstrennungsgeld nach § 7 gezahlt. § 12 Abs. 3 findet Anwendung.

§ 7   Versetzungen und Abordnungen im Ausland

(1) Bei Versetzungen und Abordnungen im Ausland wird Auslandstrennungsgeld in Höhe der Sätze des Trennungstagegeldes nach § 3 Abs. 3 Satz 2 bis 4 der Trennungsgeldverordnung gezahlt; § 4 Abs. 5 der Trennungsgeldverordnung findet Anwendung.

(2) Nach Räumung der bisherigen Wohnung wird Auslandstrennungsgeld in Höhe des Betrages gezahlt, der dem Berechtigten nach § 3 der Trennungsgeldverordnung zustünde, wenn die zu seiner häuslichen Gemeinschaft gehörenden Personen (§ 4 Abs. 1) weder am bisherigen Dienstort noch im Einzugsgebiet (§ 3 Abs. 1 Nr. 1 Buchstabe c des Bundesumzugskostengesetzes) eine Unterkunft beziehen.

§ 8   Versetzungen und Abordnungen vom Ausland in das Inland

(1) Bei Versetzungen und Abordnungen vom Ausland in das Inland wird Auslandstrennungsgeld in Höhe der Sätze des Trennungsgeldes nach § 3 Abs. 3 Satz 2 bis 4 der Trennungsgeldverordnung gezahlt; § 4 Abs. 5 der Trennungsgeldverordnung findet Anwendung.

(2) Bei Zusage der Umzugskostenvergütung wird Auslandstrennungsgeld nach Absatz 1 gezahlt, wenn und solange die in § 4 Abs. 1 Satz 1 genannten Personen am bisherigen Dienstort zurückbleiben, weil
1. der Berechtigte wegen Wohnungsmangels am neuen Dienstort an einem Umzug gehindert ist oder
2. zwingende persönliche Umzugshinderungsgründe (§ 12 Abs. 3 des Bundesumzugskostengesetzes) vorliegen.

Bei Wohnungsmangel wird Auslandstrennungsgeld nach Absatz 1 jedoch längstens bis zum letzten Tage des auf die Abreise des Anspruchsberechtigten folgenden dritten Kalendermonats gewährt.

(3) Dauert der Wohnungsmangel über die in Absatz 2 Satz 2 genannte Frist hinaus fort, erhöht sich das Trennungsgeld nach Absatz 1 für eine in § 4 Abs. 1 Satz 1 Nr. 1 bis 3 genannte Person um 50 vom Hundert und für jede weitere dort genannte Person um 10 vom Hundert, sofern sie in die Wohnung aufgenommen ist. Es erhöht sich um weitere 10 vom Hundert für Hausangestellte, für die die Kosten der Umzugsreise erstattet werden oder die als Ersatzkraft für eine im Ausland zurückgebliebene Hausangestellte in die Wohnung aufgenommen sind.

(4) Berechtigte, die am bisherigen Dienstort im Ausland eine Wohnung im Sinne des § 10 Abs. 3 des Bundesumzugskostengesetzes hatten, erhalten nach Aufgabe der Wohnung am bisherigen ausländischen Wohnort bis zum Wegfall des Wohnungsmangels am neuen inländischen Dienstort besonderes Auslandstrennungsgeld in Höhe des Trennungsgeldes nach § 3 der Trennungsgeldverordnung. Absatz 3 Satz 1 gilt entsprechend bezüglich der ab dem 15. Tag zustehenden Zahlung. Die Zahlung steht auch zu, wenn beide Ehegatten oder Lebenspartner mit Anspruch auf Auslandstrennungsgeld zeitgleich vom Ausland ins Inland versetzt oder abgeordnet werden. In diesem Fall erfolgt die Zahlung einschließlich der Erhöhungssätze nach Absatz 3 Satz 1 nur an einen Ehegatten oder Lebenspartner. Das besondere Auslandstrennungsgeld wird auch alleinstehenden Berechtigten gezahlt, und zwar in Höhe des Trennungsgeldes nach § 3 Abs. 3 Satz 1 der Trennungsgeldverordnung.

§ 9

(weggefallen)

§ 10   Vorwegumzüge

Wird ein Umzug, für den Umzugskostenvergütung zugesagt ist, aus Anlaß einer Maßnahme nach § 1 Abs. 1 vor deren Wirksamwerden durchgeführt, wird Auslandstrennungsgeld nach § 6 Abs. 1, § 7 Abs. 1 oder § 8 Abs. 1 bis zum Ablauf des Tages der Beendigung der Dienstantrittsreise, längstens jedoch für 3 Monate gezahlt.

§ 11   Entschädigung bei täglicher Rückkehr zum Wohnort

(1) Bei täglicher Rückkehr zum Wohnort wird Fahrkostenerstattung, Wegstrecken- oder Mitnahmeentschädigung wie bei Dienstreisen gezahlt. Für Tage mit mehr als elfstündiger Abwesenheit von der Wohnung wird ein Verpflegungszuschuß gezahlt; bei Dienstschichten über zwei Tage wird die Abwesenheitsdauer für jede Schicht gesondert berechnet. Der Verpflegungszuschuß beträgt 4 Deutsche Mark, bei Berechtigten, die eine Wohnung im Sinne des § 10

Abs. 3 des Bundesumzugskostengesetzes haben oder mit einer in § 4 Abs. 1 Satz 1 bezeichneten Person in häuslicher Gemeinschaft leben, 5 Deutsche Mark täglich. Die Entschädigung nach den Sätzen 1 bis 3 darf den nach § 6 Abs. 1, § 7 Abs. 1 oder § 8 Abs. 1 zustehenden Betrag nicht übersteigen.

(2) Berechtigte, die nicht täglich an den Wohnort zurückkehren, obwohl dies zumutbar ist, erhalten eine Vergütung wie bei täglicher Rückkehr zum Wohnort. Die tägliche Rückkehr zum Wohnort ist in der Regel nicht zumutbar, wenn beim Benutzen regelmäßig verkehrender Beförderungsmittel die Abwesenheit von der Wohnung mehr als 12 Stunden oder die benötigte Zeit für das Zurücklegen der Strecke zwischen Wohnung und Dienststätte und zurück mehr als 3 Stunden beträgt.

(3) Muß der Berechtigte aus dienstlichen Gründen am Dienstort übernachten, werden die nachgewiesenen notwendigen Mehraufwendungen erstattet.

§ 12   Auslandstrennungsgeld in Sonderfällen

(1) Haben beide Ehegatten oder Lebenspartner Anspruch auf Auslandstrennungsgeld nach dieser Verordnung, wird Auslandstrennungsgeld nach den §§ 6 bis 8 Abs. 1 und 2 und § 10 nicht gezahlt. Satz 1 gilt nicht, wenn dritte Personen im Sinne des § 4 Abs. 1 Satz 1 in der bisherigen Wohnung verbleiben; in diesem Falle erhält ein Ehegatte oder Lebenspartner, bei unterschiedlichen Dienstbezügen der mit den höheren, Auslandstrennungsgeld nach den §§ 6 bis 8 oder 10. Steht dem Ehegatten oder Lebenspartner des Berechtigten Trennungsgeld nach § 3 der Trennungsgeldverordnung oder eine entsprechende Entschädigung nach den Vorschriften eines anderen Dienstherrn zu, gelten die Sätze 1 und 2 entsprechend.

(2) Bei Versetzungen und Abordnungen an demselben Dienstort wird Auslandstrennungsgeld weitergezahlt.

(3) Berechtigten werden bei einer neuen dienstlichen Maßnahme nach § 1 Abs. 1 und bei Aufhebung der Abordnung die notwendigen Auslagen für die Unterkunft am bisherigen Dienstort längstens bis zu dem Zeitpunkt erstattet, zu dem das Mietverhältnis frühestens gelöst werden kann.

(4) Die Rückwirkung der Einweisung in eine Planstelle oder der Einordnung von Ämtern und Dienstgraden bleibt unberücksichtigt.

(5) Ist einem Berechtigten mit Anspruch auf Auslandstrennungsgeld die Führung seiner Dienstgeschäfte verboten oder ist er infolge von Maßnahmen des Disziplinarrechts oder durch eine auf Grund eines Gesetzes angeordnete Freiheitsentziehung an der Ausübung seines Dienstes gehindert, kann für die Dauer der Dienstunterbrechung das Auslandstrennungsgeld gekürzt oder seine Zahlung eingestellt werden. Das gilt nicht, wenn er auf Grund dienstlicher Weisung am Dienstort bleibt.

(6) Für einen Zeitraum, für den kein Anspruch auf Besoldung besteht, wird kein Auslandstrennungsgeld gezahlt.

(7) Bei Abordnungen vom Inland in das Ausland und im Ausland, für die keine Auslandsdienstbezüge (§ 52 des Bundesbesoldungsgesetzes) zustehen, wird als Auslandstrennungsgeld die gleiche Vergütung wie bei Auslandsdienstreisen gezahlt; die §§ 4 bis 7 finden insoweit keine Anwendung.

(8) Die oberste Dienstbehörde bestimmt in sinngemäßer Anwendung der Vorschriften dieser Verordnung das Auslandstrennungsgeld im Einzelfall, wenn aus Sicherheitsgründen oder wegen anderer außergewöhnlicher Verhältnisse im Ausland andere als in § 1 Abs. 1 bezeichnete dienstliche Maßnahmen oder Maßnahmen, die die im Haushalt des Berechtigten wohnenden Personen im Sinne des § 4 Abs. 1 Satz 1 betreffen, erforderlich sind und dadurch Mehraufwendungen im Sinne des § 1 Abs. 2 entstehen. Werden für einen Dienstort, an dem sich eine Auslandsvertretung befindet, Maßnahmen nach Satz 1 erforderlich, bestimmt das Auswärtige Amt das Auslandstrennungsgeld für alle an diesem Dienstort tätigen und von der Maßnahme betroffenen Berechtigten.

§ 13   Reisebeihilfen für Heimfahrten

(1) Ein Berechtigter, dem Auslandstrennungsgeld nach den §§ 6 bis 8 und 10 gezahlt wird, erhält eine Reisebeihilfe für Heimfahrten für je 3 Monate der Trennung. In besonderen Fällen kann die oberste Dienstbehörde den Anspruchszeitraum auf je 2 Monate festlegen; dies gilt für die Fälle des § 12 Abs. 7 entsprechend. Anderen Berechtigten, denen keine uneingeschränkte Umzugskostenvergütung nach den §§ 3 und 4 des Bundesumzugskostengesetzes zugesagt wurde, kann die oberste Dienstbehörde insbesondere unter Berücksichtigung der Besonderhei-

ten des Dienstortes und der persönlichen Situation der Betreffenden Reisebeihilfen nach den Sätzen 1 und 2 gewähren.

(2) Der Anspruchszeitraum beginnt mit dem ersten Tag, für den Auslandstrennungsgeld zusteht.

(3) Die Reise kann frühestens einen Monat nach Beginn des Anspruchszeitraums oder nach dem Ablauf der Zeiträume nach Absatz 1, für die bereits eine Reisebeihilfe gezahlt wurde, angetreten werden. Der Anspruch auf Reisebeihilfe kann in den nächsten Anspruchszeitraum übertragen werden. Der Anspruchszeitraum wird durch eine neue dienstliche Maßnahme nach § 1 Abs. 1 nicht unterbrochen.

(4) Hält sich der Berechtigte während der dienstlichen Maßnahme am Wohnort auf und wurden die Kosten der Reise vom Dienstort zum Wohnort aus amtlichen Mitteln erstattet oder ein Zuschuß gezahlt oder wurde er unentgeltlich befördert und handelt es sich dabei nicht um eine Reise nach Absatz 1 oder eine Heimaturlaubsreise, beginnt der Anspruchszeitraum mit dem Tage der Rückkehr an den Dienstort. Dies gilt entsprechend für eine Wohnungsbesichtigungsreise an den neuen Dienstort im Sinne des § 4 Abs. 4 der Auslandsumzugskostenverordnung.

(5) Anstelle einer Reise des Berechtigten kann auch eine Reise der in § 4 Abs. 1 Satz 1 genannten Personen berücksichtigt werden. Empfängern eines Auslandsverwendungszuschlags nach § 58a des Bundesbesoldungsgesetzes, die in schwimmenden Verbänden eingesetzt sind, und Empfängern eines Auslandszuschlags nach § 55 des Bundesbesoldungsgesetzes mindestens der Stufe 10, denen auf Grund einer Entscheidung der obersten Dienstbehörde aus zwingenden dienstlichen Gründen eine Heimfahrt nach Absatz 1 nicht gewährt werden kann, können Reisebeihilfen nach den Grundsätzen des Absatzes 6 für eine Reise für sie und die in § 4 Abs. 1 Nr. 1 genannten Personen zu einem von der obersten Dienstbehörde festgelegten Ort gewährt werden. Absatz 3 gilt entsprechend.

(6) Als Reisebeihilfe werden die entstandenen notwendigen Fahrkosten zwischen dem neuen Dienstort und dem Wohnort der in § 4 Abs. 1 Satz 1 genannten Personen auf dem kürzesten Wege bis zur Höhe des billigsten Fahrkarte der allgemein niedrigsten Klasse eines regelmäßig verkehrenden Beförderungsmittels erstattet. In diesem Kostenrahmen wird Reisebeihilfe auch zum Urlaubsort der in § 4 Abs. 1 Satz 1 genannten Personen gezahlt. Mögliche Fahrpreisermäßigungen sind zu berücksichtigen. Soweit dienstliche Beförderungsmittel unentgeltlich benutzt werden können, werden Fahrkosten nicht erstattet.

§ 14 Sonderbestimmungen bei auswärtigem Verbleiben

(1) Für volle Kalendertage
1. der Abwesenheit vom neuen Dienstort und dem Ort der auf Grund einer dienstlichen Maßnahme nach § 1 Abs. 1 bezogenen Unterkunft,
2. des Aufenthaltes in einem Krankenhaus, einer Sanatoriumsbehandlung oder einer Heilkur,
3. der Beschäftigungsverbote nach mutterschutzrechtlichen Bestimmungen

wird kein Auslandstrennungsgeld nach den §§ 6 bis 8 und 10 gewährt, es sei denn, dass die Nichtgewährung wegen besonderer Verhältnisse unbillig wäre.

(2) Absatz 1 gilt nicht in den Fällen, in denen Auslandstrennungsgeld nach § 8 Abs. 3 und 4 gezahlt wird.

§ 15 Zahlungsvorschriften

(1) Auslandstrennungsgeld wird grundsätzlich vom Tage nach dem Tage der Beendigung der Dienstantrittsreise zum neuen Dienstort bis zu dem Tage gezahlt, an dem die maßgebenden Voraussetzungen wegfallen. Bei Versetzungen und Abordnungen vom Ausland in das Inland wird abweichend hiervon das Auslandstrennungsgeld mit dem Tage des Beginns der Dienstantrittsreise gezahlt, längstens jedoch für einen Zeitraum, der für die zeitgerechte Durchführung der Reise erforderlich gewesen wäre, wenn Auslandsdienstbezüge nur bis zum Tage vor der Abreise vom ausländischen Dienstort gezahlt werden (§ 52 Abs. 2 des Bundesbesoldungsgesetzes). Dies gilt auch für die Dauer der Rückreise zum alten Dienstort aus Anlaß der Aufhebung der Abordnung vom Ausland in das Inland. Für die Dauer der Rückreise nach Beendigung der Abordnung im Ausland gilt dies nur in den Fällen, in denen ein höherer Mietzuschuß nach § 57 des Bundesbesoldungsgesetzes bezogen auf den alten Dienstort nicht gezahlt wurde.

(2) Besteht der Anspruch auf Auslandstrennungsgeld nicht für einen vollen Kalendermonat, wird nur der Teil gezahlt, der auf den Anspruchszeitraum entfällt, soweit in dieser Verordnung nichts anderes bestimmt ist.

(3) Wird bei einer neuen dienstlichen Maßnahme im Sinne des § 1 Abs. 1 der Dienstort vorzeitig verlassen, wird Auslandstrennungsgeld bis zu dem Tage gezahlt, an dem der Dienstort

verlassen wird, bei Gewährung von Reisekostenvergütung für diesen Tag bis zum vorausgehenden Tag. § 12 Abs. 3 findet Anwendung. Kann der bisherige Dienstort wegen Erkrankung nicht verlassen werden, wird Auslandstrennungsgeld bis zum Tage vor dem Tage weitergezahlt, an dem der Dienstort hätte verlassen werden können. Satz 1 gilt entsprechend bei Beendigung des Dienstverhältnisses.

(4) Ist bei Erkrankung mit der Aufnahme des Dienstes innerhalb von 3 Monaten nicht zu rechnen und ist nach Feststellung des Dienstherrn die Rückkehr an den Wohnort zumutbar, wird Auslandstrennungsgeld bis zu dem Tage gezahlt, an dem der Dienstort hätte verlassen werden können. Notwendige Fahrtkosten werden bis zur Höhe der Kosten für die Fahrt zum Wohnort und zurück wie bei einer Dienstreise erstattet. Das gilt auch bei einem Beschäftigungsverbot nach der Verordnung über den Mutterschutz für Beamtinnen. Die weiterlaufenden Kosten für die Unterkunft am Dienstort werden nach § 12 Abs. 3 erstattet.

(5) Bei einem Umzug mit Zusage der Umzugskostenvergütung wird Auslandstrennungsgeld längstens bis zum Tage des Einladens des Umzugsgutes gezahlt; an die Stelle des Tages des Einladens des Umzugsgutes tritt bei einer Umzugskostenvergütung nach § 17 der Auslandsumzugskostenverordnung der Tag der Umzugsreise einer zur häuslichen Gemeinschaft gehörenden Person. In den Fällen des § 6 Abs. 2 und des § 8 Abs. 2 Satz 1 Nr. 1 wird Auslandstrennungsgeld längstens bis zum Tage des Verlassens der Unterkunft gezahlt.

(6) Der Anspruch nach § 8 Abs. 3 endet am Tage vor dem Bezug der Wohnung oder der Möglichkeit zum Bezug der Wohnung.

(7) Ändert sich für einen Trennungsgeldempfänger im Inland auf Grund einer Maßnahme nach § 1 Abs. 1 vom Inland in das Ausland der neue Dienstort für längstens zwölf Monate, können nachgewiesene notwendige Kosten für das Beibehalten der Unterkunft im Inland erstattet werden, wenn dem Berechtigten die Aufgabe der Unterkunft nicht zuzumuten ist.

§ 16   Verfahrensvorschriften

(1) [1])Das Auslandstrennungsgeld ist innerhalb einer Ausschlußfrist von zwei Jahren bei der Beschäftigungsbehörde schriftlich oder elektronisch zu beantragen. Die Frist beginnt mit dem Tage des Dienstantritts, bei Zahlung von Reisekostenvergütung für diesen Tag mit dem folgenden Tage.

(2) Das Auslandstrennungsgeld wird monatlich nachträglich gezahlt. Auf Antrag kann ein angemessener Abschlag gezahlt werden. Die oberste Dienstbehörde kann bestimmen, daß das Auslandstrennungsgeld unter Vorbehalt vorausgezahlt wird.

(3) Der Berechtigte ist verpflichtet, alle Änderungen unverzüglich anzuzeigen, die für die Auslandstrennungsgeldzahlung von Bedeutung sein können.

(4) Die oberste Dienstbehörde bestimmt die zuständige Behörde für die Bewilligung und Zahlung des Auslandstrennungsgeldes.

§ 17   Übergangsvorschrift

Ein vor dem Inkrafttreten dieser Änderungsverordnung bewilligtes Auslandstrennungsgeld nach § 1 Abs. 3 Satz 2 wird nach den bisherigen Vorschriften weitergewährt.

§ 18

(Inkrafttreten, Außerkrafttreten)

---

[1]) § 16 Abs. 1 Satz 1 ATGV wurde durch Artikel 35 des Gesetzes zum Abbau verzichtbarer Anordnungen der Schriftform im Verwaltungsrecht des Bundes (Inkrafttreten 5. 4. 2017) geändert.

Verordnung
über die Reisekostenvergütung bei Auslandsdienstreisen
(Auslandsreisekostenverordnung – ARV)

vom 21. 5. 1991 (BGBl. I S. 1140)
zuletzt geändert durch Artikel 36 des Gesetzes zum Abbau verzichtbarer Anordnungen der
Schriftform im Verwaltungsrecht des Bundes vom 29. 3. 2017
(BGBl. I S. 626)

Auf Grund des § 20 Abs. 3 des Bundesreisekostengesetzes in der Fassung der Bekanntmachung vom 13. November 1973 (BGBl. I S. 1621), der durch Artikel 2 Nr. 2 des Gesetzes vom 11. Dezember 1990 (BGBl. I S. 2682) geändert worden ist, verordnet der Bundesminister des Innern:

§ 1   Geltung des Bundesreisekostengesetzes, Dienstreiseanordnung und -genehmigung

(1) Wenn und soweit in dieser Verordnung nichts Abweichendes bestimmt ist, gelten die Vorschriften des Bundesreisekostengesetzes.

[1]) (2) Auslandsdienstreisen der Bundesbeamten, in den Bundesdienst abgeordneten anderen Beamten sowie der Soldaten bedürfen der schriftlichen oder elektronischen Anordnung oder Genehmigung durch die oberste Dienstbehörde oder die von ihr ermächtigte Behörde, es sei denn, daß eine Anordnung oder Genehmigung nach dem Amt des Auslandsdienstreisenden oder dem Wesen des Dienstgeschäfts nicht in Betracht kommt.

§ 2   Kostenerstattung

(1) Bei Bahnreisen werden die Kosten für das Benutzen der ersten Klasse erstattet. Dies gilt nicht für folgende Länder:

Belgien, Dänemark, Finnland, Frankreich, Irland, Italien (ausgenommen südlich der Eisenbahnstrecke Rom-Pescara), Liechtenstein, Luxemburg, Monaco, Niederlande, Norwegen, Österreich, Schweden, Schweiz und Vereinigtes Königreich.

(2) Bei Flugreisen werden die Kosten für das Benutzen der Business- oder einer vergleichbaren Klasse erstattet. Satz 1 ist nicht bei Flugreisen in Europa sowie bei sonstigen Flugreisen anzuwenden, für die die oberste Dienstbehörde insbesondere wegen der Flugdauer eine abweichende Regelung getroffen hat.

(3) Bei Schiffsreisen werden neben dem Fahrpreis die Kosten für das Benutzen einer 2-Bett-Kabine im Zwischen- oder Oberdeck erstattet.

§ 3   Auslandstagegeld, Auslandsübernachtungsgeld

(1) Die Auslandstage- und Auslandsübernachtungsgelder werden für Auslandsdienstreisen mit einer Abwesenheit von 24 Stunden in Höhe der Beträge gezahlt, die auf Grund von Erhebungen durch allgemeine Verwaltungsvorschriften nach § 16 des Bundesreisekostengesetzes festgesetzt und im Gemeinsamen Ministerialblatt veröffentlicht werden. In den Fällen des § 9 Absatz 4a Satz 3 Nummer 2 und 3 des Einkommensteuergesetzes beträgt das Auslandstagegeld jeweils 80 Prozent des Auslandstagegeldes nach Satz 1; bei mehreren Auslandsdienstreisen an einem Kalendertag werden die Abwesenheitszeiten an diesem Tag addiert. In begründeten Ausnahmefällen kann von Satz 1 hinsichtlich des Auslandsübernachtungsgeldes abgewichen werden, wenn die nachgewiesenen notwendigen Übernachtungskosten das jeweilige Auslandsübernachtungsgeld übersteigen.

(2) Für die in den allgemeinen Verwaltungsvorschriften nach Absatz 1 nicht aufgeführten Übersee- und Außengebiete eines Landes sind die Auslandstage- und Auslandsübernachtungsgelder des Mutterlandes maßgebend. Für die in den allgemeinen Verwaltungsvorschriften nach Absatz 1 und in Satz 1 nicht erfaßten Gebiete oder Länder ist das Auslandstage- und Auslandsübernachtungsgeld von Luxemburg maßgebend. Absatz 1 gilt entsprechend.

(3) (aufgehoben)

---

[1]) § 1 Abs. 2 ARV wurde durch Artikel 36 des Gesetzes zum Abbau verzichtbarer Anordnungen der Schriftform im Verwaltungsrecht des Bundes (Inkrafttreten 5. 4. 2017) geändert.

§ 4 Grenzübertritt

(1) Das Auslandstage- und Auslandsübernachtungsgeld oder Inlandstage- und Inlandsübernachtungsgeld bestimmt sich nach dem Land, das der Auslandsdienstreisende vor 24 Uhr Ortszeit zuletzt erreicht. Wird bei Auslandsdienstreisen das Inland vor 24 Uhr Ortszeit zuletzt erreicht, wird Auslandstagegeld für das Land des letzten Geschäfts-, Dienst- oder Wohnortes im Ausland gezahlt.

(2) Bei Flugreisen gilt ein Land in dem Zeitpunkt als erreicht, in dem das Flugzeug dort landet; Zwischenlandungen bleiben unberücksichtigt, es sei denn, daß durch sie Übernachtungen notwendig werden. Erstreckt sich eine Flugreise über mehr als zwei Kalendertage, ist für die Tage, die zwischen dem Tag des Abflugs und dem Tag der Landung liegen, das Auslandstagegeld für Österreich maßgebend.

(3) Bei Schiffsreisen ist das Auslandstagegeld für Luxemburg, für die Tage der Ein- und Ausschiffung das für den Hafenort geltende Auslands- oder Inlandstagegeld maßgebend.

(4) Die in den Absätzen 1 und 2 Satz 1 auf das jeweilige Land bezogenen Vorschriften sind auch für Orte anzuwenden, für die besondere Auslandstage- und Auslandsübernachtungsgelder nach § 3 Abs. 1 Satz 1 festgesetzt worden sind.

§ 5 Reisekostenvergütung bei längerem Aufenthalt am Geschäftsort, Kostenerstattung für das Beschaffen klimagerechter Bekleidung

(1) Dauert der Aufenthalt an demselben ausländischen Geschäftsort ohne Hin- und Rückreisetage länger als 14 Tage, ist das Auslandstagegeld nach § 3 Abs. 1 und 2 vom 15. Tage an um 10 vom Hundert zu ermäßigen. Die oberste Dienstbehörde kann abweichend von Satz 1 in begründeten Ausnahmefällen von der Ermäßigung absehen. Reisebeihilfen für Heimfahrten werden in entsprechender Anwendung des § 13 der Auslandstrennungsgeldverordnung gezahlt; an die Stelle des Dienstortes tritt der Geschäftsort.

(2) Bei Auslandsdienstreisen mit mehr als 5 Tagen Aufenthalt am ausländischen Geschäftsort in einer Klimazone mit einem vom mitteleuropäischen erheblich abweichenden Klima werden die Kosten für das Beschaffen klimagerechter Bekleidung bis zur Höhe des Ortszuschlages der Tarifklasse 1c Stufe 1 der Anlage V des Bundesbesoldungsgesetzes erstattet. § 21 Absatz 3 und 4 der Auslandsumzugskostenverordnung ist entsprechend anzuwenden, es sei denn, dass aus jahreszeitlichen Gründen klimagerechte Bekleidung nicht beschafft zu werden braucht.

(3) Bei Auslandsdienstreisen von mehr als 8 Tagen Dauer werden die nachgewiesenen notwendigen Kosten für die Reinigung der Bekleidung erstattet.

§ 6 Erkrankung während der Auslandsdienstreise

Erkrankt ein Auslandsdienstreisender und kann er deswegen nicht an seinen Wohnort zurückkehren, wird Reisekostenvergütung weitergezahlt. Wird er in ein nicht am Wohnort oder in dessen Nähe gelegenes Krankenhaus aufgenommen, erhält er für jeden vollen Kalendertag des Krankenhausaufenthaltes nur Ersatz der notwendigen Auslagen für die Unterkunft am Geschäftsort; bei Aufnahme in ein ausländisches Krankenhaus erhält er darüber hinaus 10 vom Hundert des Auslandstagegeldes nach § 3 Abs. 1 und 2, bei Aufnahme in ein inländisches Krankenhaus 10 vom Hundert des Tagegeldes nach § 6 Absatz 1 Satz 1 und 2 des Bundesreisekostengesetzes in Verbindung mit § 9 Absatz 4a Satz 2 und 3 Nummer 1 des Einkommensteuergesetzes.

§ 7 Übergangsvorschrift

Bei Auslandsdienstreisebeginn vor und Auslandsdienstreiseende nach dem Inkrafttreten dieser Verordnung wird Reisekostenvergütung nach den vor dem Inkrafttreten geltenden Vorschriften gezahlt, wenn dies für den Auslandsdienstreisenden günstiger ist.

§ 8 Inkrafttreten

Diese Verordnung tritt am Tage nach der Verkündung in Kraft.

Zuordnung der Steuerberatungskosten zu den Betriebsausgaben, Werbungskosten oder Kosten der Lebensführung

BMF-Schreiben 21. 12. 2007 – IV B 2 – S 2144/07/0002, 2007/0586772 (BStBl I 2008 S. 256)

Durch das Gesetz zum Einstieg in ein steuerliches Sofortprogramm vom 22. Dezember 2005 (BGBl. I S. 3682, BStBl I 2006 S. 79) wurde der Abzug von Steuerberatungskosten als Sonderausgaben ausgeschlossen. Steuerberatungskosten sind nur noch zu berücksichtigen, wenn sie Betriebsausgaben oder Werbungskosten darstellen. Im Einvernehmen mit den obersten Finanzbehörden der Länder gilt für die Zuordnung der Steuerberatungskosten zu den Betriebsausgaben, Werbungskosten oder den nicht abziehbaren Kosten der Lebensführung Folgendes:

1. Begriffsbestimmung

Steuerberatungskosten umfassen alle Aufwendungen, die in sachlichem Zusammenhang mit dem Besteuerungsverfahren stehen. Hierzu zählen insbesondere solche Aufwendungen, die dem Steuerpflichtigen durch die Inanspruchnahme eines Angehörigen der steuerberatenden Berufe zur Erfüllung seiner steuerlichen Pflichten und zur Wahrung seiner steuerlichen Rechte entstehen (§§ 1 und 2 StBerG). Dazu gehören auch die damit zwangsläufig verbundenen und durch die Steuerberatung veranlassten Nebenkosten (→ BFH vom 12. Juli 1989, BStBl II S. 967), wie Fahrtkosten zum Steuerberater und Unfallkosten auf dem Weg zum Steuerberater. Steuerberatungskosten sind u. a. auch Beiträge zu Lohnsteuerhilfevereinen, Aufwendungen für Steuerfachliteratur und sonstige Hilfsmittel (z. B. Software).   1

Nicht zu den Steuerberatungskosten zählen u. a. Rechtsanwaltskosten, die der Steuerpflichtige aufwendet, um die Zustimmung seines geschiedenen oder dauernd getrennt lebenden unbeschränkt steuerpflichtigen Ehegatten zum begrenzten Realsplitting zu erlangen oder die für die Verteidigung in einem Steuerstrafverfahren (→ BFH vom 20. September 1989, BStBl II 1990 S. 20) anfallen.   2

2. Zuordnung zu den Betriebsausgaben/Werbungskosten

Steuerberatungskosten sind als Betriebsausgaben oder Werbungskosten abzuziehen, wenn und soweit sie bei der Ermittlung der Einkünfte anfallen (→ BFH vom 18. November 1965, BStBl III 1966 S. 190) oder im Zusammenhang mit Betriebssteuern (z. B. Gewerbesteuer, Umsatzsteuer, Grundsteuer für Betriebsgrundstücke) oder Investitionszulagen für Investitionen im einkünfterelevanten Bereich stehen. Die Ermittlung der Einkünfte umfasst die Kosten der Buchführungsarbeiten und der Überwachung der Buchführung, die Ermittlung von Ausgaben oder Einnahmen, die Anfertigung von Zusammenstellungen, die Aufstellung von Bilanzen oder von Einnahmenüberschussrechnungen, die Beantwortung der sich dabei ergebenden Steuerfragen, soweit es sich nicht um Nebenleistungen nach § 12 Nr. 3 EStG handelt und die Kosten der Beratung. Zur Ermittlung der Einkünfte zählt auch das Ausfüllen des Vordrucks Einnahmenüberschussrechnung (EÜR).   3

3. Zuordnung zu den Kosten der Lebensführung

Das Übertragen der Ergebnisse aus der jeweiligen Einkunftsermittlung in die entsprechende Anlage zur Einkommensteuererklärung und das übrige Ausfüllen der Einkommensteuererklärung gehören nicht zur Einkunftsermittlung. Die hierauf entfallenden Kosten sowie Aufwendungen, die die Beratung in Tarif- oder Veranlagungsfragen betreffen oder im Zusammenhang mit der Ermittlung von Sonderausgaben und außergewöhnlichen Belastungen stehen, sind als Kosten der privaten Lebensführung gemäß § 12 Nr. 1 EStG steuerlich nicht zu berücksichtigen (→ BFH vom 12. Juli 1989, BStBl II S. 967).   4

Zu den der Privatsphäre zuzurechnenden Aufwendungen zählen auch die Steuerberatungskosten, die: 5

– durch haushaltsnahe Beschäftigungsverhältnisse veranlasst sind,
– im Zusammenhang mit der Inanspruchnahme haushaltsnaher Dienstleistungen oder der steuerlichen Berücksichtigung von Kinderbetreuungskosten stehen,
– die Erbschaft- oder Schenkungsteuer,
– das Kindergeld oder
– die Eigenheimzulage betreffen.

4. Zuordnung zur Betriebs-/Berufssphäre oder zur Privatsphäre

6 Steuerberatungskosten, die für Steuern entstehen, die sowohl betrieblich/beruflich als auch privat verursacht sein können, sind anhand ihrer Veranlassung den Aufwendungen nach Rdnr. 3 oder 4 zuzuordnen (z. B. Grundsteuer, Kraftfahrzeugsteuer, Zweitwohnungssteuer, Gebühren für verbindliche Auskünfte nach § 89 Abs. 3 bis 5 AO). Als Aufteilungsmaßstab dafür ist grundsätzlich die Gebührenrechnung des Steuerberaters heranzuziehen.

5. Zuordnung gemischt veranlasster Aufwendungen

7 Entstehen dem Steuerpflichtigen Aufwendungen, die unter Berücksichtigung der Ausführungen zu den Rdnrn. 3 und 4 sowohl betrieblich/beruflich als auch privat veranlasst sind, wie z. B. Beiträge an Lohnsteuerhilfevereine, Anschaffungskosten für Steuerfachliteratur zur Ermittlung der Einkünfte und des Einkommens, Beratungsgebühren für einen Rechtsstreit, der sowohl die Ermittlung von Einkünften als auch z. B. den Ansatz von außergewöhnlichen Belastungen umfasst, ist im Rahmen einer sachgerechten Schätzung eine Zuordnung zu den Betriebsausgaben, Werbungskosten oder Kosten der Lebensführung vorzunehmen. Dies gilt auch in den Fällen einer Vereinbarung einer Pauschalvergütung nach § 14 der StBGebV.

8 Bei Beiträgen an Lohnsteuerhilfevereine, Aufwendungen für steuerliche Fachliteratur und Software wird es nicht beanstandet, wenn diese Aufwendungen i. H. v. 50 Prozent den Betriebsausgaben oder Werbungskosten zugeordnet werden. Dessen ungeachtet ist aus Vereinfachungsgründen der Zuordnung des Steuerpflichtigen bei Aufwendungen für gemischte Steuerberatungskosten bis zu einem Betrag von 100 Euro im Veranlagungszeitraum zu folgen.

> Beispiel:
> Der Steuerpflichtige zahlt in 01 einen Beitrag an einen Lohnsteuerhilfeverein i. H. v. 120 Euro. Davon ordnet er 100 Euro den Werbungskosten zu; diese Zuordnung ist nicht zu beanstanden.

6. Zuordnung der Steuerberatungskosten bei Körperschaften

9 Auf Körperschaften findet § 12 EStG keine Anwendung. Den Körperschaften im Sinne des § 1 Abs. 1 Nr. 1 bis 3 KStG entstehende Steuerberatungskosten sind in vollem Umfang als Betriebsausgaben abziehbar. Für Körperschaften, die auch andere als gewerbliche Einkünfte erzielen, ist zwischen einkunftsbezogenen und nicht einkunftsbezogenen Aufwendungen zu unterscheiden. Den einzelnen Einkunftsarten zuzuordnenden Steuerberatungskosten sind als Betriebsausgaben oder Werbungskosten abziehbar.

7. Anwendungszeitpunkt

10 Steuerberatungskosten, die den Kosten der Lebensführung zuzuordnen sind, sind ab dem 1. Januar 2006 nicht mehr als Sonderausgaben zu berücksichtigen. Maßgebend dafür ist der Zeitpunkt des Abflusses der Aufwendungen (§ 11 Abs. 2 Satz 1 EStG). Werden Steuerberatungskosten für den Veranlagungszeitraum 2005 vorschussweise (§ 8 StBGebV) bereits in 2005 gezahlt, so sind sie dem Grunde nach abziehbar. Eine spätere Rückzahlung aufgrund eines zu hohen Vorschusses mindert die abziehbaren Aufwendungen des Veranlagungszeitraumes 2005. Ein bereits bestandskräftiger Bescheid ist nach § 175 Abs. 1 Satz 1 Nr. 2 AO zu ändern (→ BFH vom 28. Mai 1998, BStBl II 1999 S. 95).

Übersicht[1])

I. Erwerb von Kraftfahrzeugen vom Arbeitgeber in der Automobilindustrie
    Ermittlung des geldwerten Vorteils beim Erwerb von Kraftfahrzeugen
    vom Arbeitgeber in der Automobilbranche (§ 8 Abs. 3 EStG)
    BMF vom 18. 12. 2009 (BStBl I 2010 S. 20)

II. Lohnsteuerliche Behandlung der Überlassung eines betrieblichen Kraftfahrzeugs für Fahr-
    ten zwischen Wohnung und regelmäßiger Arbeitsstätte (§ 8 Absatz 2 Satz 3 EStG);
    Anwendung der Urteile des BFH vom 22. September 2010 – VI R 54/09 – (BStBl II
    Seite 354), – VI R 55/09 – (BStBl II Seite 358) und – VI R 57/09 – (BStBl II Seite 359)
    BMF vom 1. 4. 2011 (BStBl I S. 301) – IV C 5 – S 2334/08/10010; 2011/0250056 –

III. Steuerliche Behandlung der Überlassung eines betrieblichen Kraftfahrzeugs an Arbeitnehmer
     BMF-Schreiben vom 28. 5. 1996 (BStBl I S. 654) – IV B 6 – S 2334 – 173/96 –

IV. Private Kfz-Nutzung durch den Gesellschafter-Geschäftsführer einer Kapitalgesellschaft;
    Urteile des Bundesfinanzhofs vom 23. Januar 2008 – I R 8/06 – (BStBl 2012 II S. 260), vom
    23. April 2009 – VI R 81/06 – (BStBl 2012 II S. 262) und vom 11. Februar 2010 – VI R 43/09 –
    (BStBl 2012 II S. 266)
    BMF-Schreiben vom 3. 4. 2012 (BStBl I S. 478) – IV C 2 – S 2742/08/10001 –

V. *Lohnsteuerliche Behandlung vom Arbeitnehmer selbst getragener Aufwendungen bei
    der Überlassung eines betrieblichen Kraftfahrzeugs (§ 8 Absatz 2 Satz 2 ff. EStG);
    Anwendung von R 8.1 Absatz 9 Nummer 1 Satz 5 LStR 2015 und R 8.1 Absatz 9 Nummer 4
    LStR 2015
    Anwendung der Urteile des BFH vom 30. November 2016 – VI R 49/14 (BStBl 2017 II Seite
    1011) und VI R 2/15 (BStBl 2017 II Seite 1014)
    BMF vom 21. 9. 2017 (BStBl I S. 1336)*

VI. Nutzung eines betrieblichen Kraftfahrzeugs für private Fahrten, Fahrten zwischen Woh-
    nung und Betriebsstätte/erster Tätigkeitsstätte und Familienheimfahrten;
    Nutzung von Elektro- und Hybridelektrofahrzeugen
    BMF vom 5. 6. 2014 (BStBl I S. 835)

VII. Geldwerter Vorteil für die Gestellung eines Kraftfahrzeugs mit Fahrer;
     BFH-Urteil vom 15. Mai 2013 – VI R 44/11 – (BStBl 2014 II S. 589)
     BMF vom 15. 07. 2014 (BStBl I S. 1109)

VIII. *Dienstwagenbesteuerung in Leasingfällen;
      Anwendung des BFH-Urteils vom 18. Dezember 2014, BStBl 2015 II Seite 670
      BMF vom 15. 12. 2016 (BStBl I S. 1449)*

IX Gesetz zur steuerlichen Förderung von Elektromobilität im Straßenverkehr;
    Anwendung der einkommensteuerlichen und lohnsteuerlichen Vorschriften
    BMF vom 14. 12. 2016 (BStBl I. S. 1446) unter Berücksichtigung der Änderungen durch das
    BMF-Schreiben vom 26. 10. 2017 (BStBl I S. 1439)

I.
Ermittlung des geldwerten Vorteils beim Erwerb von Kraftfahrzeugen
vom Arbeitgeber in der Automobilbranche (§ 8 Abs. 3 EStG)[2])

BMF vom 18. 12. 2009 (BStBl I 2010 S. 20)
IV C 5 – S 2334/09/10006 – 2009/0830813

Im Einvernehmen mit den obersten Finanzbehörden der Länder gilt bei der Ermittlung des geldwerten Vorteils beim Erwerb von Kraftfahrzeugen vom Arbeitgeber in der Automobilbranche Folgendes:

Personalrabatte, die Automobilhersteller oder Automobilhändler ihren Arbeitnehmern beim
Erwerb von Kraftfahrzeugen gewähren, gehören grundsätzlich als geldwerte Vorteile zum steuer-

---

[1]) Das BMF-Schreiben vom 20. 1. 2015 (BStBl I S. 143) zu Rabatten an Arbeitnehmer von dritter Seite ist ab-
    gedruckt zu → H 8.2 (Sachbezüge von dritter Seite) LStH; das BMF-Schreiben vom 16. 5. 2013 (BStBl I
    S. 729) zum Verhältnis von § 8 Absatz 2 und Absatz 3 EStG bei der Bewertung von Sachbezügen ist abge-
    druckt in → Anhang 36; der Gleich lautende Erlass der obersten Finanzbehörden der Länder vom
    23. 11. 2012 (BStBl I S. 1224) betr. Steuerliche Behandlung der Überlassung von (Elektro-)Fahrrädern ist
    abgedruckt zu → H 8.1 (1–4) (Fahrrad) LStH; das BMF-Schreiben vom 19. 5. 2015 (BStBl I S. 484) zur
    steuerlichen Behandlung von Arbeitgeberdarlehen ist abgedruckt in → Anhang 42; das BMF-Schreiben
    vom 13. 4. 2012 (BStBl I S. 531) zur lohnsteuerlichen Behandlung der Übernahme von Studiengebühren
    für ein berufsbegleitendes Studium durch den Arbeitgeber ist abgedruckt in → Anhang 34 II; das BMF-
    Schreiben vom 10. 10. 2013 (BStBl I S. 1301) zu Zukunftssicherungsleistungen und 44-Euro-Freigrenze ist
    abgedruckt zu → H 8.1 (1–4) (Zukunftssicherungsleistungen und 44-Euro-Freigrenze) LStH.
[2]) Zum Wahlrecht zwischen den Bewertungsmethoden nach § 8 Abs. 2 und 3 EStG → Rdnr. 10 des BMF-
    Schreibens vom 16. 5. 2013 (BStBl I S. 729); → Anhang 36.

pflichtigen Arbeitslohn. Der steuerlichen Bewertung der Kraftfahrzeuge sind unter den Voraussetzungen des § 8 Absatz 3 EStG (vgl. R 8.2 Absatz 1 LStR 2008) die Endpreise zugrunde zu legen, zu denen der Arbeitgeber die Kraftfahrzeuge anderen Letztverbrauchern im allgemeinen Geschäftsverkehr anbietet. Bietet der Arbeitgeber die Kraftfahrzeuge anderen Letztverbrauchern nicht an, so sind die Endpreise des nächstgelegenen Händlers maßgebend (R 8.2 Absatz 2 Satz 1 bis 6 LStR 2008).

Endpreis ist nicht der Preis, der mit dem Käufer unter Berücksichtigung individueller Preiszugeständnisse tatsächlich vereinbart wird. Regelmäßig ist vielmehr der Preis maßgebend, der nach der Preisangabenverordnung anzugeben und auszuweisen ist. Dies ist z. B. der sog. Hauspreis, mit dem Kraftfahrzeuge ausgezeichnet werden, die im Verkaufsraum eines Automobilhändlers ausgestellt werden. Wenn kein anderes Preisangebot vorliegt, ist dem Endpreis grundsätzlich die unverbindliche Preisempfehlung (UPE) des Herstellers zugrunde zu legen.

Nach den Gepflogenheiten in der Automobilbranche werden Kraftfahrzeuge im allgemeinen Geschäftsverkehr fremden Letztverbrauchern tatsächlich häufig zu einem Preis angeboten, der unter der UPE des Herstellers liegt. Deshalb kann der tatsächliche Angebotspreis anstelle des empfohlenen Preises angesetzt werden (vgl. BFH-Urteil vom 4. Juni 1993 – BStBl II Seite 687, BFH-Urteil vom 17. Juni 2009 – BStBl II Seite 67).

Im Hinblick auf die Schwierigkeiten bei der Ermittlung des tatsächlichen Angebotspreises ist es nicht zu beanstanden, wenn als Endpreis im Sinne des § 8 Absatz 3 EStG der Preis angenommen wird, der sich ergibt, wenn 80 Prozent[1]) des Preisnachlasses, der durchschnittlich beim Verkauf an fremde Letztverbraucher im allgemeinen Geschäftsverkehr tatsächlich gewährt wird, von dem empfohlenen Preis abgezogen wird. Dabei ist der durchschnittliche Preisnachlass modellbezogen nach den tatsächlichen Verkaufserlösen in den vorangegangenen drei Kalendermonaten zu ermitteln und jeweils der Endpreisfeststellung im Zeitpunkt der Bestellung (Bestellbestätigung) zugrunde zu legen.

Bei der Ermittlung des durchschnittlichen Preisnachlasses sind auch Fahrzeugverkäufe, deren Endpreise inklusive Transport- und Überführungskosten im Einzelfall über der UPE liegen, sowie Fahrzeugverkäufe, die mit überhöhter Inzahlungnahme von Gebrauchtfahrzeugen, Sachzugaben oder anderen indirekten Rabatten einhergehen, einzubeziehen. Neben Barrabatten ist der Wert indirekter Rabatte bei der Ermittlung des durchschnittlichen Preisnachlasses zu berücksichtigen, soweit diese in den Verkaufsunterlagen des Automobilherstellers oder Automobilhändlers nachvollziehbar dokumentiert sind. Fahrzeugverkäufe mit Marktzins unterschreitenden Finanzierungen bleiben bei der Ermittlung des durchschnittlichen Preisnachlasses unberücksichtigt.

Es wird nicht beanstandet, wenn bei neu eingeführten Modellen in den ersten drei Kalendermonaten ein pauschaler Abschlag von 6 Prozent der UPE als durchschnittlicher Preisnachlass angenommen wird. Als neues Modell ist ein neuer Fahrzeugtyp oder eine neue Fahrzeuggeneration anzusehen, nicht dagegen eine sog. Modellpflegemaßnahme („Facelift"). Es bestehen keine Bedenken, in Zweifelsfällen hierzu auf die ersten Ziffern des im Fahrzeugschein oder in der Zulassungsbescheinigung Teil I verzeichneten Typenschlüssels des Herstellers abzustellen. Wurde ein Modell in den der Bestellung vorangegangenen drei Kalendermonaten nicht verkauft, ist auf den durchschnittlichen Preisnachlass des letzten Dreimonatszeitraums abzustellen, in dem Verkaufsfälle vorliegen.

Der Arbeitgeber hat die Grundlagen für den ermittelten geldwerten Vorteil als Beleg zum Lohnkonto aufzubewahren.

Dieses Schreiben ersetzt das BMF-Schreiben vom 30. Januar 1996, BStBl I Seite 114, und ist ab dem 1. Januar 2009 anzuwenden.

II.
Lohnsteuerliche Behandlung der Überlassung eines betrieblichen Kraftfahrzeugs für Fahrten zwischen Wohnung und regelmäßiger Arbeitsstätte[2]) (§ 8 Absatz 2 Satz 3 EStG);

Anwendung der Urteile des BFH vom 22. September 2010 – VI R 54/09 – (BStBl II Seite 354), – VI R 55/09 – (BStBl II Seite 358) und – VI R 57/09 – (BStBl II Seite 359)

BMF vom 1. 4. 2011 (BStBl I S. 301) – IV C 5 – S 2334/08/10010; 2011/0250056 –

Zu den Urteilen des Bundesfinanzhofs (BFH) vom 22. September 2010 – VI R 54/09 – (BStBl 2011 II S. 354), – VI R 55/09 – (BStBl 2011 II S. 358) und – VI R 57/09 – (BStBl 2011 II S. 359) sowie zu

---

[1]) Überholt → Rdnr. 8 des BMF-Schreibens vom 16. 5. 2013 (BStBl I S. 729). → Anhang 36

[2]) Jetzt: Fahrten zwischen Wohnung und erster Tätigkeitsstätte sowie Fahrten nach § 9 Abs. 1 Satz 3 Nr. 4a Satz 3 EStG (→ § 8 Abs. 2 Satz 3 EStG).

den Urteilen des BFH vom 4. April 2008 – VI R 85/04 – (BStBl II Seite 887), – VI R 68/05 – (BStBl II Seite 890) und vom 28. August 2008 – VI R 52/07 – (BStBl II 2009 Seite 280) gilt im Einvernehmen mit den obersten Finanzbehörden der Länder Folgendes:

Die Urteile sind über den jeweils entschiedenen Einzelfall hinaus entsprechend den nachfolgenden Regelungen anzuwenden. Die BMF-Schreiben vom 23. Oktober 2008 (BStBl I Seite 961) und vom 12. März 2009 (BStBl I Seite 500) werden aufgehoben.

1. Grundsätze der BFH-Rechtsprechung; BFH-Urteil – VI R 57/09 –

Der BFH hat seine Rechtsauffassung bestätigt, dass die Zuschlagsregelung des § 8 Absatz 2 1
Satz 3 EStG einen Korrekturposten zum Werbungskostenabzug darstellt und daher nur insoweit zur Anwendung kommt, wie der Arbeitnehmer den Dienstwagen tatsächlich für Fahrten zwischen Wohnung und regelmäßiger Arbeitsstätte benutzt hat. Die Zuschlagsregelung des § 8 Absatz 2 Satz 3 EStG habe nicht die Funktion, eine irgendwie geartete zusätzliche private Nutzung des Dienstwagens zu bewerten. Sie bezwecke lediglich einen Ausgleich für abziehbare, tatsächlich aber nicht entstandene Erwerbsaufwendungen.

Zur Ermittlung des Zuschlags für Fahrten zwischen Wohnung und regelmäßiger Arbeitsstätte[1]) ist 2
nach Auffassung des BFH (Urteil vom 4. April 2008 – VI R 85/04 –, BStBl II Seite 887) eine Einzelbewertung der tatsächlichen Fahrten mit 0,002 % des Listenpreises im Sinne des § 6 Absatz 1 Nummer 4 Satz 2 EStG je Entfernungskilometer vorzunehmen.

2. Zeitliche Anwendung der BFH-Rechtsprechung

2.1. Anwendung der BFH-Rechtsprechung bis einschließlich 2010

Die BFH-Rechtsprechung ist für Veranlagungszeiträume bis einschließlich 2010 in allen offenen 3
Fällen im Veranlagungsverfahren anwendbar. Der für Lohnzahlungszeiträume bis einschließlich 2010 vorgenommene Lohnsteuerabzug ist nicht zu ändern.

2.2. Anwendung der BFH-Rechtsprechung ab 2011

Die BFH-Rechtsprechung ist im Lohnsteuerabzugsverfahren und im Veranlagungsverfahren 4
anwendbar.

Im Lohnsteuerabzugsverfahren ist der Arbeitgeber nicht zur Einzelbewertung der tatsächlichen 5
Fahrten zwischen Wohnung und regelmäßiger Arbeitsstätte (vgl. Rdnr. 2) verpflichtet. Dem Arbeitgeber bleibt es unbenommen, im Lohnsteuerabzugsverfahren nur die kalendermonatliche Ermittlung des Zuschlags mit 0,03 Prozent des Listenpreises für jeden Kilometer der Entfernung zwischen Wohnung und regelmäßiger Arbeitsstätte (0,03 %-Regelung) vorzunehmen, z. B. die Gestellung des betrieblichen Kraftfahrzeugs an die Anwendung der 0,03 %-Regelung zu binden.

Der Arbeitgeber muss in Abstimmung mit dem Arbeitnehmer die Anwendung der BFH-Recht- 6
sprechung oder die Anwendung der 0,03 %-Regelung für jedes Kalenderjahr einheitlich für alle diesem überlassenen betrieblichen Kraftfahrzeuge festlegen. Die Methode darf während des Kalenderjahres nicht gewechselt werden; zur Anwendung im Lohnsteuerabzugsverfahren für 2011 vgl. Rdnr. 12. Bei der Veranlagung zur Einkommensteuer ist der Arbeitnehmer nicht an die für die Erhebung der Lohnsteuer gewählte Methode gebunden und kann die Methode einheitlich für alle ihm überlassenen betrieblichen Kraftfahrzeuge für das gesamte Kalenderjahr wechseln.

3. Materielle Anwendung der BFH-Rechtsprechung

Grundsätzlich ist die Ermittlung des Zuschlags für die Nutzung eines betrieblichen Kraftfahr- 7
zeugs für Fahrten zwischen Wohnung und regelmäßiger Arbeitsstätte[2]) kalendermonatlich mit 0,03 Prozent des Listenpreises für jeden Kilometer der Entfernung zwischen Wohnung und regelmäßiger Arbeitsstätte[3]) vorzunehmen. Eine Einzelbewertung der tatsächlichen Fahrten zwischen Wohnung und regelmäßiger Arbeitsstätte[4]) (vgl. Rdnr. 2) ist nur unter den nachfolgenden Voraussetzungen zulässig.

---

[1]) Jetzt: Fahrten zwischen Wohnung und erster Tätigkeitsstätte bzw. Fahrten nach § 9 Abs. 1 Satz 3 Nr. 4a Satz 3 EStG.
[2]) Jetzt: Fahrten zwischen Wohnung und erster Tätigkeitsstätte bzw. Fahrten nach § 9 Abs. 1 Satz 3 Nr. 4a Satz 3 EStG.
[3]) Jetzt: Entfernung zwischen Wohnung und erster Tätigkeitsstätte sowie der Fahrten nach § 9 Abs. 1 Satz 3 Nr. 4a Satz 3 EStG (→ § 8 Abs. 2 Satz 3 EStG).
[4]) Jetzt: Fahrten zwischen Wohnung und erster Tätigkeitsstätte bzw. Fahrten nach § 9 Abs. 1 Satz 3 Nr. 4a Satz 3 EStG.

3.1. Anwendung der BFH-Rechtsprechung im Lohnsteuerabzugsverfahren

8   Der Arbeitnehmer hat gegenüber dem Arbeitgeber kalendermonatlich fahrzeugbezogen schriftlich zu erklären, an welchen Tagen (mit Datumsangabe) er das betriebliche Kraftfahrzeug tatsächlich für Fahrten zwischen Wohnung und regelmäßiger Arbeitsstätte[1]) genutzt hat; die bloße Angabe der Anzahl der Tage reicht nicht aus. Es sind keine Angaben erforderlich, wie der Arbeitnehmer an den anderen Arbeitstagen zur regelmäßigen Arbeitsstätte[2]) gelangt ist. Arbeitstage, an denen der Arbeitnehmer das betriebliche Kraftfahrzeug für Fahrten zwischen Wohnung und regelmäßiger Arbeitsstätte[3]) mehrmals benutzt, sind für Zwecke der Einzelbewertung nur einmal zu erfassen. Diese Erklärungen des Arbeitnehmers hat der Arbeitgeber als Belege zum Lohnkonto aufzubewahren. Es ist aus Vereinfachungsgründen nicht zu beanstanden, wenn für den Lohnsteuerabzug jeweils die Erklärung des Vormonats zugrunde gelegt wird.

9   Stehen dem Arbeitnehmer gleichzeitig mehrere betriebliche Kraftfahrzeuge zur Verfügung, ist die Regelung, nach der den Nutzungswert für Fahrten zwischen Wohnung und regelmäßiger Arbeitsstätte[4]) stets der Listenpreis des überwiegend für diese Fahrten benutzten betrieblichen Kraftfahrzeugs zugrunde zu legen ist (BMF-Schreiben vom 28. Mai 1996, BStBl I Seite 654), für Zwecke der Einzelbewertung nicht anzuwenden. Der Zuschlag für Fahrten zwischen Wohnung und regelmäßiger Arbeitsstätte[5]) ist in diesen Fällen entsprechend den Angaben des Arbeitnehmers (vgl. Rdnr. 8) fahrzeugbezogen zu ermitteln.

10   Der Arbeitgeber hat aufgrund der Erklärungen des Arbeitnehmers den Lohnsteuerabzug durchzuführen, sofern der Arbeitnehmer nicht erkennbar unrichtige Angaben macht. Ermittlungspflichten des Arbeitgebers ergeben sich hierdurch nicht.

11   Wird im Lohnsteuerabzugsverfahren eine Einzelbewertung der tatsächlichen Fahrten zwischen Wohnung und regelmäßiger Arbeitsstätte[6]) vorgenommen, so hat der Arbeitgeber für alle dem Arbeitnehmer überlassenen betrieblichen Kraftfahrzeuge eine jahresbezogene Begrenzung auf insgesamt 180 Fahrten vorzunehmen. Eine monatliche Begrenzung auf 15 Fahrten ist ausgeschlossen.

Beispiel 1:

Arbeitnehmer A kann ein vom Arbeitgeber B überlassenes betriebliches Kraftfahrzeug (Mittelklasse) auch für Fahrten zwischen Wohnung und regelmäßiger Arbeitsstätte[7]) nutzen. B liegen datumsgenaue Erklärungen des A über Fahrten zwischen Wohnung und regelmäßiger Arbeitsstätte[8]) für die Monate Januar bis Juni an jeweils 14 Tagen, für die Monate Juli bis November an jeweils 19 Tagen vor. Für den Monat Dezember liegt B eine datumsgenaue Erklärung des A über Fahrten zwischen Wohnung und regelmäßiger Arbeitsstätte[9]) an 4 Tagen vor.

In den Monaten Januar bis Juni hat B für Zwecke der Einzelbewertung jeweils 14 Tage zugrunde zu legen, in den Monaten Juli bis November jeweils 19 Tage. Wegen der jahresbezogenen Begrenzung auf 180 Fahrten ist für Zwecke der Einzelbewertung im Dezember nur ein Tag anzusetzen (Anzahl der Fahrten von Januar bis November = 179). Damit ergeben sich für die Einzelbewertung der tatsächlichen Fahrten des A zwischen Wohnung und regelmäßiger Arbeitsstätte[10]) je Kalendermonat folgende Prozentsätze:

Januar bis Juni:	0,028 % (14 Fahrten × 0,002 %)
Juli bis November:	0,038 % (19 Fahrten × 0,002 %)
Dezember:	0,002 % (1 Fahrt × 0,002 %).

Beispiel 2:

Wie Beispiel 1. Ab Dezember steht dem A ein anderes betriebliches Kraftfahrzeug (Oberklasse) zur Nutzung zur Verfügung.

---

[1]) Jetzt: Fahrten zwischen Wohnung und erster Tätigkeitsstätte bzw. Fahrten nach § 9 Abs. 1 Satz 3 Nr. 4a Satz 3 EStG.

[2]) Jetzt: ersten Tätigkeitsstätte; bei Fahrten nach § 9 Abs. 1 Satz 3 Nr. 4a Satz 3 EStG: demselben Ort oder demselben weiträumigen Arbeitsgebiet.

[3]) Jetzt: Fahrten zwischen Wohnung und erster Tätigkeitsstätte bzw. Fahrten nach § 9 Abs. 1 Satz 3 Nr. 4a Satz 3 EStG.

[4]) Jetzt: Fahrten zwischen Wohnung und erster Tätigkeitsstätte bzw. Fahrten nach § 9 Abs. 1 Satz 3 Nr. 4a Satz 3 EStG.

[5]) Jetzt: Fahrten zwischen Wohnung und erster Tätigkeitsstätte bzw. Fahrten nach § 9 Abs. 1 Satz 3 Nr. 4a Satz 3 EStG.

[6]) Jetzt: Fahrten zwischen Wohnung und erster Tätigkeitsstätte bzw. Fahrten nach § 9 Abs. 1 Satz 3 Nr. 4a Satz 3 EStG.

[7]) Jetzt: erster Tätigkeitsstätte.

[8]) Jetzt: erster Tätigkeitsstätte.

[9]) Jetzt: erster Tätigkeitsstätte.

[10]) Jetzt: erster Tätigkeitsstätte.

Für die Einzelbewertung der tatsächlichen Fahrten des A zwischen Wohnung und regelmäßiger Arbeitsstätte[1]) ergeben sich entsprechend der zeitlichen Reihenfolge der tatsächlichen Fahrten zwischen Wohnung und regelmäßiger Arbeitsstätte[2]) je Kalendermonat folgende Prozentsätze:

Januar bis Juni: 0,028 % (14 Fahrten × 0,002 %)

Juli bis November: 0,038 % (19 Fahrten × 0,002 %)

jeweils vom Listenpreis des betrieblichen Kraftfahrzeugs der Mittelklasse,

Dezember: 0,002 % (1 Fahrt × 0,002 %)

vom Listenpreis des betrieblichen Kraftfahrzeugs der Oberklasse.

Hat der Arbeitgeber bisher im Lohnsteuerabzugsverfahren 2011 die 0,03 %-Regelung angewandt, kann er abweichend von Rdnr. 6 Satz 2 während des Kalenderjahres 2011 zur Anwendung der BFH-Rechtsprechung übergehen. Die Methode darf während des Kalenderjahres 2011 nicht erneut gewechselt werden. Die in Rdnr. 11 Satz 1 vorgesehene Begrenzung auf 180 Tage ist für jeden Kalendermonat, in der die 0,03 %-Regelung angewandt wurde, um 15 Tage zu kürzen.   **12**

Im Falle der Einzelbewertung der tatsächlichen Fahrten zwischen Wohnung und regelmäßiger Arbeitsstätte[3]) ist die Lohnsteuerpauschalierung nach § 40 Absatz 2 Satz 2 EStG anhand der vom Arbeitnehmer erklärten Anzahl der Tage vorzunehmen; R 40.2 Absatz 6 Satz 1 Nummer 1 Buchstabe b), 2. Halbsatz LStR 2011[4] ist nicht anzuwenden.   **13**

3.2. Anwendung der BFH-Rechtsprechung im Veranlagungsverfahren

Um im Veranlagungsverfahren zur Einzelbewertung der tatsächlichen Fahrten zwischen Wohnung und regelmäßiger Arbeitsstätte[5]) zu können, muss der Arbeitnehmer fahrzeugbezogen darlegen, an welchen Tagen (mit Datumsangabe) er das betriebliche Kraftfahrzeug tatsächlich für Fahrten zwischen Wohnung und regelmäßiger Arbeitsstätte[6]) genutzt hat. Zudem hat er durch geeignete Belege glaubhaft zu machen, dass und in welcher Höhe der Arbeitgeber den Zuschlag mit 0,03 Prozent des Listenpreises für jeden Kilometer der Entfernung zwischen Wohnung und regelmäßiger Arbeitsstätte[7]) ermittelt und versteuert hat (z. B. Gehaltsabrechnung, die die Besteuerung des Zuschlags erkennen lässt; Bescheinigung des Arbeitgebers). Für das Veranlagungsverfahren 2011 gilt Rdnr. 12 entsprechend.   **14**

4. Gestellung eines Fahrers für die Fahrten zwischen Wohnung und regelmäßiger Arbeitsstätte[8]); BFH-Urteil – VI R 54/09 –

Für Veranlagungszeiträume ab 2001 bleiben die bestehenden Verwaltungsregelungen zur Gestellung eines Fahrers für die Fahrten zwischen Wohnung und regelmäßiger Arbeitsstätte[9]) im Hinblick auf die ab 2001 geltende, von den tatsächlichen Aufwendungen grundsätzlich unabhängige Entfernungspauschale unberührt, vgl. R 8.1 (10) LStR 2011.[10])   **15**

5. Selbständige Anwendung der Zuschlagsregelung des § 8 Absatz 2 Satz 3 EStG; BFH-Urteil – VI R 54/09 –

Der BFH vertritt die Auffassung, die Zuschlagsregelung des § 8 Absatz 2 Satz 3 EStG („wenn und soweit" das Kraftfahrzeug tatsächlich genutzt wird) sei neben der 1 %-Regelung selbständig anzuwenden, wenn das Kraftfahrzeug ausschließlich für Fahrten zwischen Wohnung und regelmäßiger Arbeitsstätte[11]) überlassen wird; die Formulierung „auch" in § 8 Absatz 2 Satz 3 EStG stehe dem nicht entgegen. Dieser Auffassung des BFH wird aus Vereinfachungsgründen gefolgt. Die bestehenden Verwaltungsregelungen zum Nutzungsverbot des betrieblichen Kraftfahrzeugs für private Zwecke sind zu beachten (BMF-Schreiben vom 28. Mai 1996, BStBl I Seite 654).[12])   **16**

---

1) Jetzt: erster Tätigkeitsstätte.
2) Jetzt: erster Tätigkeitsstätte.
3) Jetzt: Fahrten zwischen Wohnung und erster Tätigkeitsstätte (→ § 40 Abs. 2 Satz 2 EStG).
4) Jetzt: BMF vom 31. 10. 2013 (BStBl I S. 1376), Tz 5.2 Abs. 1 Satz 2 → Anhang 18
5) Jetzt: Fahrten zwischen Wohnung und erster Tätigkeitsstätte bzw. Fahrten nach § 9 Abs. 1 Satz 3 Nr. 4a Satz 3 EStG.
6) Jetzt: Fahrten zwischen Wohnung und erster Tätigkeitsstätte bzw. Fahrten nach § 9 Abs. 1 Satz 3 Nr. 4a Satz 3 EStG.
7) Jetzt: Fahrten zwischen Wohnung und erster Tätigkeitsstätte bzw. Fahrten nach § 9 Abs. 1 Satz 3 Nr. 4a Satz 3 EStG.
8) Jetzt: Fahrten zwischen Wohnung und erster Tätigkeitsstätte bzw. Fahrten nach § 9 Abs. 1 Satz 3 Nr. 4a Satz 3 EStG.
9) Jetzt: Fahrten zwischen Wohnung und erster Tätigkeitsstätte bzw. Fahrten nach § 9 Abs. 1 Satz 3 Nr. 4a Satz 3 EStG.
10) Teilweise überholt → R 8.1 Abs. 10 LStR.
11) Jetzt: Fahrten zwischen Wohnung und erster Tätigkeitsstätte bzw. Fahrten nach § 9 Abs. 1 Satz 3 Nr. 4a Satz 3 EStG.
12) Überholt → H 8.1 (9–10) Nutzungsverbot LStH.

6. Park and ride; BFH-Urteil – VI R 68/05 –

17   Setzt der Arbeitnehmer ein ihm überlassenes betriebliches Kraftfahrzeug bei den Fahrten zwischen Wohnung und regelmäßiger Arbeitsstätte[1]) oder bei Familienheimfahrten nur für eine Teilstrecke ein, so ist der Ermittlung des Zuschlags grundsätzlich die gesamte Entfernung zugrunde zu legen. Es ist nicht zu beanstanden, den Zuschlag auf der Grundlage der Teilstrecke zu ermitteln, die mit dem betrieblichen Kraftfahrzeug tatsächlich zurückgelegt wurde, wenn

a) das Kraftfahrzeug vom Arbeitgeber nur für diese Teilstrecke zur Verfügung gestellt worden ist und der Arbeitgeber die Einhaltung seines Nutzungsverbots überwacht (BMF-Schreiben vom 28. Mai 1996 – BStBl I Seite 654) oder

b) für die restliche Teilstrecke ein Nachweis über die Benutzung eines anderen Verkehrsmittels erbracht wird, z. B. eine auf den Arbeitnehmer ausgestellte Jahres-Bahnfahrkarte vorgelegt wird (BFH-Urteil vom 4. April 2008 – VI R 68/05 – BStBl II Seite 890).

III.
Steuerliche Behandlung der Überlassung eines betrieblichen Kraftfahrzeugs an Arbeitnehmer

(BMF vom 28. 5. 1996 (BStBl I S. 654) – IV B 6 – S 2334 – 173/96 –)

Die steuerliche Bewertung der Überlassung eines betrieblichen Kraftfahrzeugs an Arbeitnehmer ist in Abschnitt 31 Abs. 7 und 7a LStR 1996[2]) und in Tz. 20 bis 37 des Merkblatts zu den Rechtsänderungen beim Steuerabzug vom Arbeitslohn ab 1. Januar 1996 (BStBl 1995 I S. 719) geregelt. Unter Bezugnahme auf das Ergebnis der Besprechung mit den obersten Finanzbehörden der Länder wird zu Zweifelsfragen wie folgt Stellung genommen:

I. Pauschaler Nutzungswert

1. Listenpreis[3])

Für den pauschalen Nutzungswert ist der inländische Listenpreis des Kraftfahrzeugs im Zeitpunkt seiner Erstzulassung maßgebend. Das gilt auch für re-importierte Fahrzeuge. Soweit das re-importierte Fahrzeug mit zusätzlichen Sonderausstattungen versehen ist, die sich im inländischen Listenpreis nicht niedergeschlagen haben, ist der Wert der Sonderausstattung zusätzlich zu berücksichtigen. Soweit das re-importierte Fahrzeug geringerwertig ausgestattet ist, läßt sich der Wert der „Minderausstattung" durch einen Vergleich mit einem adäquaten inländischen Fahrzeug angemessen berücksichtigen.

2. Überlassung von mehreren Kraftfahrzeugen[4])

Stehen einem Arbeitnehmer gleichzeitig mehrere Kraftfahrzeuge zur Verfügung, so ist für jedes Fahrzeug die private Nutzung mit monatlich 1 v. H. des Listenpreises anzusetzen; dem privaten Nutzungswert kann der Listenpreis des überwiegend genutzten Kraftfahrzeugs zugrunde gelegt werden, wenn die Nutzung der Fahrzeuge durch andere zur Privatsphäre des Arbeitnehmers gehörende Personen so gut wie ausgeschlossen ist. Dem Nutzungswert für Fahrten zwischen Wohnung und Arbeitsstätte[5]) ist stets der Listenpreis des überwiegend für diese Fahren benutzten Kraftfahrzeugs zugrunde zu legen.

3. Monatsbeträge[6])

Die pauschalen Nutzungswerte nach § 8 Abs. 2 Satz 2 und 3 EStG sind mit ihren Monatsbeträgen auch dann anzusetzen, wenn der Arbeitnehmer das ihm überlassene Kraftfahrzeug tatsächlich nur gelegentlich nutzt oder wenn er von seinem Zugriffsrecht auf ein Kraftfahrzeug aus einem Fahrzeugpool nur gelegentlich Gebrauch macht.

Die Monatsbeiträge brauchen nicht angesetzt zu werden

a) für volle Kalendermonate, in denen dem Arbeitnehmer kein betriebliches Kraftfahrzeug zur Verfügung steht, oder

b) wenn dem Arbeitnehmer das Kraftfahrzeug aus besonderem Anlaß oder zu einem besonderen Zweck nur gelegentlich (von Fall zu Fall) für nicht mehr als fünf Kalendertage im Kalender-

---

1) Jetzt: Fahrten zwischen Wohnung und erster Tätigkeitsstätte bzw. Fahrten nach § 9 Abs. 1 Satz 3 Nr. 4a Satz 3 EStG.
2) → Jetzt R 8.1 Abs. 9 und 10 LStR.
3) → Jetzt R 8.1 Abs. 9 Nr. 1 Satz 6 LStR.
4) Bleibt von BFH vom 13. 6. 2013 unberührt (→ Fußnote 1 im BStBl 2014 II S. 340).
5) Jetzt: Fahrten zwischen Wohnung und erster Tätigkeitsstätte sowie Fahrten nach § 9 Abs. 1 Satz 3 Nr. 4a Satz 3 EStG (→ § 8 Abs. 2 Satz 3 EStG).
6) → H 8.1 (9 – 10) LStH Nutzung durch mehrere Arbeitnehmer und Fahrzeugpool.

monat überlassen wird. In diesem Fall ist die Nutzung zu Privatfahren und zu Fahrten zwischen Wohnung und Arbeitsstätte[1]) je Fahrtkilometer mit 0,001 v. H. des inländischen Listenpreises des Kraftfahrzeugs zu bewerten (Einzelbewertung). Zum Nachweis der Fahrstrecke müssen die Kilometerstände festgehalten werden.

4. Dienstliche Nutzung im Zusammenhang mit Fahrten zwischen Wohnung und Arbeitsstätte[2])

Ein geldwerter Vorteil ist für Fahrten zwischen Wohnung und Arbeitsstätte[3]) nicht zu erfassen, wenn ein Arbeitnehmer ein Firmenfahrzeug ausschließlich an den Tagen für seine Fahrten zwischen Wohnung und Arbeitsstätte[4]) erhält, an denen es erforderlich werden kann, daß er dienstliche Fahrten von der Wohnung aus antritt, z. B. beim Bereitschaftsdienst in Versorgungsunternehmen.

5. Nutzungsverbot[5])

Wird dem Arbeitnehmer ein Kraftfahrzeug mit der Maßgabe zur Verfügung gestellt, es für Privatfahrten und/oder Fahrten zwischen Wohnung und Arbeitsstätte[6]) nicht zu nutzen, so kann von dem Ansatz des jeweils in Betracht kommenden pauschalen Wertes nur abgesehen werden, wenn der Arbeitgeber die Einhaltung seines Verbots überwacht oder wenn wegen der besonderen Umstände des Falles die verbotene Nutzung so gut wie ausgeschlossen ist, z. B. wenn der Arbeitnehmer das Fahrzeug nach seiner Arbeitszeit und am Wochenende auf dem Betriebsgelände abstellt und den Schlüssel abgibt.

Das Nutzungsverbot ist durch entsprechende Unterlagen nachzuweisen, die zum Lohnkonto zu nehmen sind. Wird das Verbot allgemein oder aus besonderem Anlaß oder zu besonderem Zweck von Fall zu Fall ausgesetzt, so ist Nummer 3 entsprechend anzuwenden.

6. Park and ride

Setzt der Arbeitnehmer ein ihm überlassenes Kraftfahrzeug bei den Fahrten zwischen Wohnung und Arbeitsstätte[7]) oder bei Familienheimfahrten nur für eine Teilstrecke ein, weil er regelmäßig die andere Teilstrecke mit öffentlichen Verkehrsmitteln zurücklegt, so ist der Ermittlung des pauschalen Nutzungswerts die gesamte Entfernung zugrunde zu legen. Ein Nutzungswert auf der Grundlage der Entfernung, die mit dem Kraftfahrzeug zurückgelegt worden ist, kommt nur in Betracht, wenn das Kraftfahrzeug vom Arbeitgeber nur für diese Teilstrecke zur Verfügung gestellt worden ist. Nummer 5 ist entsprechend anzuwenden.[8])

7. Fahrergestellung bei Familienheimfahrten[9])

Stellt der Arbeitgeber dem Arbeitnehmer für die steuerlich zu erfassenden Familienheimfahrten ein Kraftfahrzeug mit Fahrer zur Verfügung, so ist der Nutzungswert der Fahrten, die unter Inanspruchnahme eines Fahrers durchgeführt worden sind, um 50 v. H. zu erhöhen.

8. Begrenzung des pauschalen Nutzungswerts

Der pauschale Nutzungswert nach § 8 Abs. 2 Satz 2, 3 und 5 EStG kann die dem Arbeitgeber für das Fahrzeug insgesamt entstandenen Kosten übersteigen. Wird dies im Einzelfall nachgewiesen, so ist der Nutzungswert höchstens mit dem Betrag der Gesamtkosten des Kraftfahrzeugs anzusetzen, wenn nicht aufgrund des Nachweises der Fahrten durch ein Fahrtenbuch nach § 8 Abs. 2 Satz 4 EStG ein geringerer Wertansatz in Betracht kommt. Der mit dem Betrag der Gesamtkosten anzusetzende Nutzungswert ist um 50 v. H. zu erhöhen, wenn das Kraftfahrzeug mit Fahrer zur Verfügung gestellt worden ist.[10])

---

[1]) Jetzt: Fahrten zwischen Wohnung und erster Tätigkeitsstätte sowie Fahrten nach § 9 Abs. 1 Satz 3 Nr. 4a Satz 3 EStG (→ § 8 Abs. 2 Satz 3 EStG).

[2]) Jetzt: Fahrten zwischen Wohnung und erster Tätigkeitsstätte sowie Fahrten nach § 9 Abs. 1 Satz 3 Nr. 4a Satz 3 EStG (→ § 8 Abs. 2 Satz 3 EStG).

[3]) Jetzt: Fahrten zwischen Wohnung und erster Tätigkeitsstätte sowie Fahrten nach § 9 Abs. 1 Satz 3 Nr. 4a Satz 3 EStG (→ § 8 Abs. 2 Satz 3 EStG).

[4]) Jetzt: Fahrten zwischen Wohnung und erster Tätigkeitsstätte sowie Fahrten nach § 9 Abs. 1 Satz 3 Nr. 4a Satz 3 EStG (→ § 8 Abs. 2 Satz 3 EStG).

[5]) Überholt → H 8.1 (9 – 10) Nutzungsverbot LStH.

[6]) Jetzt: Fahrten zwischen Wohnung und erster Tätigkeitsstätte sowie Fahrten nach § 9 Abs. 1 Satz 3 Nr. 4a Satz 3 EStG (→ § 8 Abs. 2 Satz 3 EStG).

[7]) Jetzt: Fahrten zwischen Wohnung und erster Tätigkeitsstätte sowie Fahrten nach § 9 Abs. 1 Satz 3 Nr. 4a Satz 3 EStG (→ § 8 Abs. 2 Satz 3 EStG).

[8]) Teilweise überholt → H 8.1 (9 – 10) Park and Ride LStH.

[9]) Teilweise überholt → BMF vom 15. 7. 2014, BStBl I S. 1109); R 8.1 Abs. 10 LStR, H 8.1 (9-10) (Fahrergestellung) LStH.

[10]) Teilweise überholt → BMF vom 15. 7. 2014, BStBl I S. 1109); R 8.1 Abs. 10 LStR, H 8.1 (9-10) (Fahrergestellung) LStH.

II. Individueller Nutzungswert

1. Elektronisches Fahrtenbuch

Ein elektronisches Fahrtenbuch ist anzuerkennen, wenn sich daraus dieselben Erkenntnisse wie aus einem manuell geführten Fahrtenbuch gewinnen lassen. Beim Ausdrucken von elektronischen Aufzeichnungen müssen nachträgliche Veränderungen der aufgezeichneten Angaben technisch ausgeschlossen, zumindest aber dokumentiert werden.[1]

2. Erleichterungen bei der Führung eines Fahrtenbuchs

Ein Fahrtenbuch soll die Zuordnung von Fahrten zur betrieblichen und beruflichen Sphäre darstellen und ermöglichen. Es muß laufend geführt werden. Bei einer Dienstreise, Einsatzwechseltätigkeit und Fahrtätigkeit[2] müssen die über die Fahrtstrecken hinausgehenden Angaben hinsichtlich Reiseziel, Reiseroute, Reisezweck und aufgesuchte Geschäftspartner die berufliche Veranlassung plausibel erscheinen lassen und ggf. eine stichprobenartige Nachprüfung ermöglichen. Auf einzelne dieser zusätzlichen Angaben kann verzichtet werden, soweit wegen der besonderen Umstände im Einzelfall die erforderliche Aussagekraft und Überprüfungsmöglichkeit nicht beeinträchtigt wird. Bei Kundendienstmonteuren und Handelsvertretern mit täglich wechselnden Auswärtstätigkeiten reicht es z. B. aus, wenn sie angeben, welche Kunden sie an welchem Ort aufsuchen. Angaben über die Reiseroute und zu den Entfernungen zwischen den Stationen einer Auswärtstätigkeit sind nur bei größerer Differenz zwischen direkter Entfernung und tatsächlicher Fahrtstrecke erforderlich. Bei sicherheitsgefährdeten Personen, deren Fahrtroute häufig von sicherheitsmäßigen Gesichtspunkten bestimmt wird, kann auf die Angabe der Reiseroute auch bei größeren Differenzen zwischen der direkten Entfernung und der tatsächlichen Fahrtstrecke verzichtet werden.

3. Aufwendungen bei sicherheitsgeschützten Fahrzeugen

Wird der Nutzungswert für ein aus Sicherheitsgründen gepanzertes Kraftfahrzeug nach § 8 Abs. 2 Satz 4 EStG ermittelt, so kann dabei die AfA nach dem Anschaffungspreis des leistungsschwächeren Fahrzeugs zugrunde gelegt werden, das dem Arbeitnehmer zur Verfügung gestellt würde, wenn seine Sicherheit nicht gefährdet wäre. Im Hinblick auf die durch die Panzerung verursachten höheren laufenden Betriebskosten bestehen keine Bedenken, wenn der Nutzungswertermittlung 70 v. H. der tatsächlich festgestellten laufenden Kosten (ohne AfA) zugrunde gelegt werden.

4. Fahrergestellung[3]

Wenn ein Kraftfahrzeug mit Fahrer zur Verfügung gestellt wird, ist der für die Fahrten zwischen Wohnung und Arbeitsstätte[4] insgesamt ermittelte Nutzungswert um 50 v. H. zu erhöhen. Für Privatfahrten erhöht sich der hierfür insgesamt ermittelte Nutzungswert nach Abschnitt 31 Abs. 7a Nr. 2 LStR 1996[5] entsprechend dem Grad der Inanspruchnahme des Fahrers um 50, 40 oder 25 v. H. Bei Familienheimfahrten erhöht sich der auf die einzelne Familienheimfahrt ermittelte Nutzungsvorteil nur dann um 50 v. H., wenn für diese Fahrt ein Fahrer in Anspruch genommen worden ist.

Bei der Feststellung der privat und der dienstlich zurückgelegten Fahrtstrecken sind sog. Leerfahrten, die bei der Überlassung eines Kraftfahrzeugs mit Fahrer durch die An- und Abfahrten des Fahrers auftreten können, den dienstlichen Fahrten zuzurechnen.

III. Lohnsteuerpauschalierung

Ist der Nutzungswert für Familienheimfahrten nach § 8 Abs. 2 Satz 5 EStG zu erfassen, so kommt eine Pauschalbesteuerung nach § 40 Abs. 2 Satz 2 EStG nur für Familienheimfahrten nach Ablauf von zwei Jahren[6] nach Aufnahme der Tätigkeit am neuen Beschäftigungsort und nur bis zur Höhe des Betrags in Betracht, den der Arbeitnehmer als Werbungskosten für Fahrten zwischen Wohnung und Arbeitsstätte[7] geltend machen.

---

[1]) Bestätigt durch BFH vom 16. 11. 2005 (BStBl 2006 II S. 410).
[2]) „einer Dienstreise, Einsatzwechseltätigkeit und Fahrtätigkeit"; Jetzt: dienstlichen Fahrten.
[3]) Teilweise überholt → BMF vom 15. 7. 2014, BStBl I S. 1109; R 8.1 Abs. 10 LStR, H 8.1 (9-10) (Fahrergestellung) LStH.
[4]) Jetzt: Fahrten zwischen Wohnung und erster Tätigkeitsstätte sowie Fahrten nach § 9 Abs. 1 Satz 3 Nr. 4a Satz 3 EStG (→ § 8 Abs. 2 Satz 3 EStG).
[5]) → Jetzt: R 8.1 (10) LStR.
[6]) Durch Wegfall der Zweijahresfrist gegenstandslos.
[7]) Jetzt: Fahrten zwischen Wohnung und erster Tätigkeitsstätte bzw. Fahrten nach § 9 Abs. 1 Satz 3 Nr. 4a Satz 3 EStG (→ § 40 Abs. 2 Satz 2 EStG).

IV.
Private Kfz-Nutzung durch den Gesellschafter-Geschäftsführer einer Kapitalgesellschaft;

Urteile des Bundesfinanzhofs vom 23. Januar 2008 – I R 8/06 – (BStBl 2012 II S. 260), vom 23. April 2009 – VI R 81/06 – (BStBl 2012 II S. 262) und vom 11. Februar 2010 – VI R 43/09 – (BStBl 2012 II S. 266)

(BMF vom 3. 4. 2012 (BStBl I S. 478) – IV C 2 – S 2742/08/10001 –)

Nach dem Ergebnis der Erörterungen mit den obersten Finanzbehörden der Länder gilt zur Anwendung der Urteile des Bundesfinanzhofs vom 23. Januar 2008 – I R 8/06 – (BStBl 2012 II S. 260), vom 23. April 2009 – VI R 81/06 – (BStBl 2012 II S. 262) und vom 11. Februar 2010 – VI R 43/09 – (BStBl 2012 II S. 266) im Hinblick auf die Frage der privaten Nutzung eines betrieblichen Kraftfahrzeugs (Kfz) durch den Gesellschafter-Geschäftsführer einer Kapitalgesellschaft Folgendes:

I. Vorliegen einer verdeckten Gewinnausschüttung (§ 8 Absatz 3 Satz 2 KStG)

Nach den BFH-Entscheidungen vom 23. Januar 2008 – I R 8/06 – (a. a. O.) und vom 17. Juli 2008 – I R 83/07 – (BFH/NV 2009 S. 417) ist nur diejenige Nutzung eines betrieblichen Kfz durch einen Gesellschafter-Geschäftsführer betrieblich veranlasst, welche durch eine fremdübliche Überlassungs- oder Nutzungsvereinbarung abgedeckt wird. Die ohne eine solche Vereinbarung erfolgende oder darüber hinausgehende oder einem ausdrücklichen Verbot widersprechende Nutzung ist hingegen durch das Gesellschaftsverhältnis zumindest mitveranlasst. Sie führt sowohl bei einem beherrschenden als auch bei einem nicht beherrschenden Gesellschafter-Geschäftsführer zu einer verdeckten Gewinnausschüttung (§ 8 Absatz 3 Satz 2 KStG).[1]   **1**

Eine Überlassungs- oder Nutzungsvereinbarung kann auch durch eine – ggf. vom schriftlichen Anstellungsvertrag abweichende – mündliche oder konkludente Vereinbarung zwischen der Kapitalgesellschaft und dem Gesellschafter-Geschäftsführer erfolgen, wenn entsprechend dieser Vereinbarung tatsächlich verfahren wird (BFH-Urteil vom 24. Januar 1990 – I R 157/86 –, BStBl II S. 645). Für einen außen stehenden Dritten muss dabei zweifelsfrei zu erkennen sein, dass das Kfz durch die Kapitalgesellschaft auf Grund einer entgeltlichen Vereinbarung mit dem Gesellschafter überlassen wird.   **2**

Erfolgt die Überlassung im Rahmen eines Arbeitsverhältnisses, muss die tatsächliche Durchführung der Vereinbarung – insbesondere durch zeitnahe Verbuchung des Lohnaufwands und Abführung der Lohnsteuer (und ggf. der Sozialversicherungsbeiträge) – durch die Kapitalgesellschaft nachgewiesen sein. Erfolgt die Überlassung nicht im Rahmen des Arbeitsverhältnisses, sondern im Rahmen eines entgeltlichen Überlassungsvertrags, muss auch hier die Durchführung der Vereinbarung – etwa durch die zeitnahe Belastung des Verrechnungskontos des Gesellschafter-Geschäftsführers – dokumentiert sein.   **3**

II. Bewertung der verdeckten Gewinnausschüttung

Auf der Ebene der Kapitalgesellschaft ist für die Bemessung der verdeckten Gewinnausschüttung im Zusammenhang mit der privaten Kfz-Nutzung von der erzielbaren Vergütung auszugehen (H 37 KStH 2008[2] Stichwort „Nutzungsüberlassungen"). Dies steht im Einklang mit den BFH-Urteilen vom 23. Februar 2005 – I R 70/04 – (BStBl II S. 882) und vom 23. Januar 2008 – I R 8/06 – (a. a. O.), wonach die verdeckte Gewinnausschüttung mit dem gemeinen Wert der Nutzungsüberlassung zu bemessen ist und damit einen angemessenen Gewinnaufschlag einbeziert. Aus Vereinfachungsgründen kann es die Finanzbehörde im Einzelfall zulassen, dass die verdeckte Gewinnausschüttung für die private Nutzung eines betrieblichen Kfz entsprechend § 6 Absatz 1 Nummer 4 Satz 2 EStG mit 1 Prozent des inländischen Listenpreises im Zeitpunkt der Erstzulassung zuzüglich der Kosten für Sonderausstattung einschließlich Umsatzsteuer für jeden Kalendermonat bewertet wird; bei Nutzung des Kfz durch den Gesellschafter-Geschäftsführer auch für Fahrten zwischen Wohnung und Arbeitsstätte[3] erhöht sich dieser Wert um die in § 8 Absatz 2 Satz 3 EStG und für Familienheimfahrten im Rahmen einer doppelten Haushaltsführung um die in § 8 Absatz 2 Satz 5 EStG genannten Beträge.   **4**

Auf der Ebene des Gesellschafters ist die verdeckte Gewinnausschüttung auch nach Inkrafttreten des § 32a KStG durch das Jahressteuergesetz 2007 vom 13. Dezember 2006 (BStBl 2007 I S. 28) nach § 8 Absatz 2 Satz 2, 3 und 5 EStG zu bewerten.   **5**

---

1) BFH vom 21. 3. 2013 (BStBl I S. 1044).
2) Jetzt: H 8.6 KStH
3) Jetzt: Fahrten zwischen Wohnung und erster Tätigkeitsstätte sowie Fahrten nach § 9 Abs. 1 Satz 3 Nr. 4a Satz 3 EStG (→ § 8 Abs. 2 Satz 3 EStG).

III. Anwendung

6   Dieses Schreiben ist in allen offenen Fällen anzuwenden.

V.
Lohnsteuerliche Behandlung vom Arbeitnehmer selbst getragener Aufwendungen bei der Überlassung eines betrieblichen Kraftfahrzeugs (§ 8 Absatz 2 Satz 2 ff. EStG); Anwendung von R 8.1 Absatz 9 Nummer 1 Satz 5 LStR 2015 und R 8.1 Absatz 9 Nummer 4 LStR 2015

Anwendung der Urteile des BFH vom 30. November 2016 – VI R 49/14 (BStBl 2017 II Seite 1011) und VI R 2/15 (BStBl 2017 II Seite 1014)

(BMF vom 21. 9. 2017 (BStBl I S. 1336) – IV C 5 – S 2334/11/10004-02 –)

Zu den Urteilen des Bundesfinanzhofs (BFH) vom 30. November 2016 – VI R 49/14 (BStBl 2017 II Seite 1011) und VI R 2/15 (BStBl 2017 II Seite 1014) – gilt im Einvernehmen mit den obersten Finanzbehörden der Länder zur lohnsteuerlichen Behandlung vom Arbeitnehmer selbst getragener Aufwendungen bei der Überlassung eines betrieblichen Kraftfahrzeugs Folgendes:

Die Urteile sind über den jeweils entschiedenen Einzelfall hinaus entsprechend den nachfolgenden Regelungen anzuwenden.

1. Grundsätze der BFH-Rechtsprechung

1   Der BFH hat mit seinen Urteilen vom 30. November 2016 (a. a. O.) entschieden, dass ein vom Arbeitnehmer an den Arbeitgeber gezahltes Nutzungsentgelt den vom Arbeitnehmer zu versteuernden Nutzungswert auf der Einnahmenseite mindert (R 8.1 Absatz 9 Nummer 4 Satz 1 LStR 2015) und ein den Nutzungswert übersteigender Betrag weder zu negativem Arbeitslohn noch zu Werbungskosten führt (vgl. Rdnr. 8).

2   Der BFH hat zudem seine im Urteil vom 18. Oktober 2007 (VI R 96/04, BStBl 2008 II Seite 198) vertretene Rechtsprechung geändert. Er vertritt nunmehr die Auffassung, dass im Rahmen der privaten Nutzung vom Arbeitnehmer selbst getragene (laufende) individuelle Kraftfahrzeugkosten (z. B. Treibstoffkosten) bei der pauschalen Nutzungswertmethode (1 %-Regelung, 0,03 %-Regelung) den Nutzungswert auf der Einnahmenseite mindern. Dies setzt voraus, dass der Arbeitnehmer den geltend gemachten Aufwand im Einzelnen umfassend darlegt und belastbar nachweist.

2. Nutzungsentgelt i. S. von R 8.1 Absatz 9 Nummer 4 LStR 2015

3   Zahlt der Arbeitnehmer an den Arbeitgeber oder auf dessen Weisung an einen Dritten zur Erfüllung einer Verpflichtung des Arbeitgebers (abgekürzter Zahlungsweg) für die außerdienstliche Nutzung eines betrieblichen Kraftfahrzeugs, insbesondere für die Nutzung zu

- privaten Fahrten,
- Fahrten zwischen Wohnung und erster Tätigkeitsstätte sowie Fahrten nach § 9 Absatz 1 Satz 3 Nummer 4a Satz 3 EStG und
- Heimfahrten im Rahmen einer doppelten Haushaltsführung

ein Nutzungsentgelt, mindert dies den Nutzungswert, siehe R 8.1 Absatz 9 Nummer 4 Satz 1 LStR 2015, BFH-Urteile vom 30. November 2016 (a. a. O.).

4   Nutzungsentgelt i. S. von R 8.1 Absatz 9 Nummer 4 LStR 2015 ist bei der pauschalen und der individuellen Nutzungswertmethode:

   a) ein arbeitsvertraglich oder aufgrund einer anderen arbeits- oder dienstrechtlichen Rechtsgrundlage vereinbarter nutzungsunabhängiger pauschaler Betrag (z. B. Monatspauschale),

   b) ein arbeitsvertraglich oder aufgrund einer anderen arbeits- oder dienstrechtlichen Rechtsgrundlage vereinbarter an den gefahrenen Kilometern ausgerichteter Betrag (z. B. Kilometerpauschale),

   c) die arbeitsvertraglich oder aufgrund einer anderen arbeits- oder dienstrechtlichen Rechtsgrundlage vom Arbeitnehmer übernommenen Leasingraten,

   und bei der pauschalen Nutzungswertmethode (zur Nichtbeanstandungsregelung bei der individuellen Nutzungswertmethode s. Rdnr. 13):

   d) die arbeitsvertraglich oder aufgrund einer anderen arbeits- oder dienstrechtlichen Rechtsgrundlage vereinbarte vollständige oder teilweise Übernahme einzelner Kraftfahrzeugkosten durch den Arbeitnehmer (BFH-Urteil vom 30. November 2016 – VI R 2/15 – a. a. O.).
      Dies gilt auch für einzelne Kraftfahrzeugkosten, die zunächst vom Arbeitgeber verauslagt

und anschließend dem Arbeitnehmer weiterbelastet werden oder, wenn der Arbeitnehmer zunächst pauschale Abschlagszahlungen leistet, die zu einem späteren Zeitpunkt nach den tatsächlich entstandenen Kraftfahrzeugkosten abgerechnet werden.

Vom Arbeitnehmer selbst getragene einzelne Kraftfahrzeugkosten i. S. der Rdnr. 4 Buchstabe d   5
sind Kosten, die zu den Gesamtkosten des Kraftfahrzeugs i. S. des § 8 Absatz 2 Satz 4 gehören, z. B. Treibstoffkosten, Wartungs- und Reparaturkosten, Kraftfahrzeugsteuer, Beiträge für Halterhaftpflicht- und Fahrzeugversicherungen, Garagen-/Stellplatzmiete, Aufwendungen für Anwohnerparkberechtigungen, Aufwendungen für die Wagenpflege/ -wäsche, Ladestrom. Unberücksichtigt bleiben Kosten, die nicht zu den Gesamtkosten des Kraftfahrzeugs gehören, z. B. Fährkosten, Straßen- oder Tunnelbenutzungsgebühren (Vignetten, Mautgebühren), Parkgebühren, Aufwendungen für Insassen- und Unfallversicherungen, Verwarnungs-, Ordnungs- und Bußgelder.

Bei der individuellen Nutzungswertmethode ist R 8.1 Absatz 9 Nummer 2 Satz 8 zweiter Halbsatz   6
LStR 2015 weiter anzuwenden, vgl. Rdnr. 12; zur Nichtbeanstandungsregelung siehe Rdnr. 13.

Kein Nutzungsentgelt i. S. von R 8.1 Absatz 9 Nummer 4 LStR 2015 ist insbesondere der Barlohn-   7
verzicht des Arbeitnehmers im Rahmen einer Gehaltsumwandlung.

In Höhe des Nutzungsentgelts i. S. von Rdnr. 4 ist der Arbeitnehmer nicht bereichert und die   8
gesetzlichen Voraussetzungen des § 8 Absatz 1 EStG i. V. m. § 19 Absatz 1 EStG sind nicht erfüllt. Übersteigt das Nutzungsentgelt den Nutzungswert, führt der übersteigende Betrag weder zu negativem Arbeitslohn noch zu Werbungskosten (BFH-Urteile vom 30. November 2016, a. a. O.).

3. Pauschale Nutzungswertmethode (1 %-Regelung, 0,03 %-Regelung)

Der geldwerte Vorteil aus der Gestellung eines Dienstwagens ist monatlich pauschal mit 1 % des   9
inländischen Listenpreises im Zeitpunkt der Erstzulassung zuzüglich der Kosten für Sonderausstattungen einschließlich der Umsatzsteuer zu bewerten (§ 8 Absatz 2 Satz 2 i. V. m. § 6 Absatz 1 Nummer 4 Satz 2 EStG). Wird der geldwerte Vorteil aus der Nutzung eines betrieblichen Kraftfahrzeugs zu privaten Fahrten typisierend nach der 1 %-Regelung ermittelt, so ist der geldwerte Vorteil grundsätzlich um monatlich 0,03 % des Listenpreises für jeden Kilometer der Entfernung zwischen Wohnung und erster Tätigkeitsstätte sowie Fahrten nach § 9 Absatz 1 Satz 3 Nummer 4a Satz 3 EStG zu erhöhen, wenn das Kraftfahrzeug auch für Fahrten zwischen Wohnung und erster Tätigkeitsstätte sowie Fahrten nach § 9 Absatz 1 Satz 3 Nummer 4a Satz 3 EStG genutzt werden kann (§ 8 Absatz 2 Satz 3 EStG, im Übrigen vgl. BMF-Schreiben vom 1. April 2011, BStBl I Seite 301). Die Begrenzung des pauschalen Nutzungswerts auf die Gesamtkosten ist zu beachten (vgl. BMF-Schreiben vom 28. Mai 1996, BStBl I Seite 654 Tz. I.8).

4. Beispiele zur pauschalen Nutzungswertmethode

Der Arbeitgeber hat seinem Arbeitnehmer ein betriebliches Kraftfahrzeug auch zur Privatnut-   10
zung überlassen und den geldwerten Vorteil aus der Kraftfahrzeuggestellung nach der 1 %-Regelung bewertet.

Beispiel 1

In der Nutzungsüberlassungsvereinbarung ist geregelt, dass der Arbeitnehmer ein Nutzungsentgelt in Höhe von 0,20 Euro je privat gefahrenen Kilometer zu zahlen hat.

Es handelt sich um ein Nutzungsentgelt i. S. der Rdnr. 4 Buchstabe b.

Beispiel 2

In der Nutzungsüberlassungsvereinbarung ist geregelt, dass der Arbeitnehmer die gesamten Treibstoffkosten zu zahlen hat.

Die Kostenübernahme durch den Arbeitnehmer ist ein Nutzungsentgelt i. S. der Rdnr. 4 Buchstabe d.

5. Individuelle Nutzungswertmethode (Fahrtenbuchmethode)

Statt des pauschalen Nutzungswerts können die auf die außerdienstlichen Fahrten entfallenden   11
tatsächlichen Aufwendungen als individueller Nutzungswert angesetzt werden. Diese Bewertungsmethode setzt den Nachweis der tatsächlichen Kraftfahrzeugkosten (Gesamtkosten) und die Führung eines ordnungsgemäßen Fahrtenbuchs voraus. Werden auf Grund eines ordnungsgemäß geführten Fahrtenbuchs die außerdienstlichen und die dienstlichen Fahrten nachgewiesen, kann der auf die außerdienstliche Nutzung entfallende Anteil an den Gesamtkosten konkret ermittelt werden (§ 8 Absatz 2 Satz 4 EStG).

Bei der Fahrtenbuchmethode fließen vom Arbeitnehmer selbst getragene individuelle Kraftfahr-   12
zeugkosten nicht in die Gesamtkosten ein und erhöhen damit nicht den individuellen Nutzungs-

wert (R 8.1 Absatz 9 Nummer 2 Satz 8 zweiter Halbsatz LStR 2015). Zahlt der Arbeitnehmer ein pauschales Nutzungsentgelt i. S. der Rdnr. 4 Buchstaben a bis c, ist der individuelle Nutzungswert um diesen Betrag zu kürzen.

13   Es wird nicht beanstandet, wenn bei der Fahrtenbuchmethode vom Arbeitnehmer selbst getragene Kosten abweichend von R 8.1 Absatz 9 Nummer 2 Satz 8 zweiter Halbsatz LStR 2015 in die Gesamtkosten i. S. von § 8 Absatz 2 Satz 4 EStG einbezogen und wie bei der pauschalen Nutzungswertmethode als Nutzungsentgelt (Rdnr. 4 Buchstabe d) behandelt werden.

6. Beispiele zur individuellen Nutzungswertmethode

14   Der Arbeitgeber hat seinem Arbeitnehmer ein betriebliches Kraftfahrzeug auch zur Privatnutzung überlassen und den geldwerten Vorteil aus der Kraftfahrzeuggestellung nach der Fahrtenbuchmethode bewertet.

Beispiel 3

In der Nutzungsüberlassungsvereinbarung ist geregelt, dass der Arbeitnehmer ein Nutzungsentgelt in Höhe von 0,20 Euro je privat gefahrenen Kilometer zu zahlen hat.

Es handelt sich um ein Nutzungsentgelt i. S. d. Rdnr. 4 Buchstabe b.

Beispiel 4

In der Nutzungsüberlassungsvereinbarung ist geregelt, dass der Arbeitnehmer die gesamten Treibstoffkosten zu zahlen hat. Diese betragen 3 000 Euro. Die übrigen vom Arbeitgeber getragenen Kraftfahrzeugkosten betragen 7 000 Euro. Auf die Privatnutzung entfällt ein Anteil von 10 %. Der individuelle Nutzungswert ist wie folgt zu ermitteln:

a) Bei Anwendung der Regelung in R 8.1 Absatz 9 Nummer 2 Satz 8 zweiter Halbsatz LStR 2015 (Rdnr. 12) fließen die vom Arbeitnehmer selbst getragenen Treibstoffkosten nicht in die Gesamtkosten des Kraftfahrzeugs ein. Es handelt sich auch nicht um ein Nutzungsentgelt i. S. d. Rdnr. 4. Anhand der (niedrigeren) Gesamtkosten ist der individuelle Nutzungswert zu ermitteln (10 % von 7 000 Euro = 700 Euro).
Ein Werbungskostenabzug i. H. von 2 700 Euro (90 % von 3 000 Euro) ist nicht zulässig.

oder

b) Bei Anwendung der Nichtbeanstandungsregelung (Rdnr. 13) fließen die vom Arbeitnehmer selbst getragenen Treibstoffkosten in die Gesamtkosten des Kraftfahrzeugs ein. Es handelt sich um ein Nutzungsentgelt i. S. d. Rdnr. 4 Buchstabe d i. H. von 3 000 Euro. Anhand der Gesamtkosten ist der individuelle Nutzungswert zu ermitteln (10 % von 10 000 Euro = 1 000 Euro). Dieser Nutzungswert ist um das Nutzungsentgelt bis auf 0 Euro zu mindern. Der den Nutzungswert übersteigende Betrag i. H. von 2 000 Euro führt nicht zu Werbungskosten (vgl. Rdnr. 8).

7. Zuzahlungen des Arbeitnehmers zu den Anschaffungskosten

15   R 8.1 Absatz 9 Nummer 4 Satz 2 und 3 LStR 2015 ist weiter anzuwenden. Zuzahlungen des Arbeitnehmers zu den Anschaffungskosten eines ihm auch zur privaten Nutzung überlassenen betrieblichen Kraftfahrzeugs können nicht nur im Zahlungsjahr, sondern auch in den darauf folgenden Kalenderjahren auf den privaten Nutzungswert für das jeweilige Kraftfahrzeug bis auf 0 Euro angerechnet werden.

8. Anwendung

16   Die BFH-Rechtsprechung ist im Lohnsteuerabzugsverfahren und im Einkommensteuer-Veranlagungsverfahren anwendbar.

8.1. Anwendung im Lohnsteuerabzugsverfahren

17   Im Lohnsteuerabzugsverfahren ist der Arbeitgeber zur Anrechnung der individuellen Kraftfahrzeugkosten des Arbeitnehmers bei der Nutzungswertermittlung nach Rdnr. 2 oder Rdnr. 13 verpflichtet, wenn sich aus der arbeitsvertraglichen oder einer anderen arbeits- oder dienstrechtlichen Rechtsgrundlage nichts anderes ergibt.

18   Hierzu hat der Arbeitnehmer gegenüber dem Arbeitgeber jährlich fahrzeugbezogen schriftlich die Höhe der individuellen Kraftfahrzeugkosten und die Gesamtfahrleistung des Kraftfahrzeugs zu erklären und im Einzelnen umfassend darzulegen und belastbar nachzuweisen.

Der Arbeitgeber hat aufgrund dieser Erklärungen und Belege des Arbeitnehmers den Lohnsteuerabzug durchzuführen, sofern der Arbeitnehmer nicht erkennbar unrichtige Angaben macht. Ermittlungspflichten des Arbeitgebers ergeben sich hierdurch nicht. Die Erklärungen und Belege des Arbeitnehmers hat der Arbeitgeber im Original zum Lohnkonto zu nehmen.

Es ist aus Vereinfachungsgründen nicht zu beanstanden, wenn für den Lohnsteuerabzug   19
zunächst vorläufig fahrzeugbezogen die Erklärung des Vorjahres zugrunde gelegt wird.

R 8.1 Absatz 9 Nummer 3 Satz 2 und 3 LStR 2015 ist sinngemäß anzuwenden.

8.2. Anwendung im Einkommensteuer-Veranlagungsverfahren

Macht der Arbeitnehmer im Einkommensteuer-Veranlagungsverfahren individuelle Kraftfahr-   20
zeugkosten vorteilsmindernd geltend, muss er die Nutzungsvereinbarung vorlegen und fahrzeugbezogen darlegen, wie der Arbeitgeber den Nutzungswert ermittelt und versteuert hat (z. B.
Gehaltsabrechnung, die die Ermittlung und Besteuerung des Nutzungswerts erkennen lässt;
Bescheinigung des Arbeitgebers) sowie schriftlich die Höhe der von ihm selbst getragenen individuellen Kraftfahrzeugkosten und die Gesamtfahrleistung des Kraftfahrzeugs im Kalenderjahr
umfassend darlegen und belastbar nachweisen.

Dieses Schreiben ist in allen offenen Fällen anzuwenden. Das BMF-Schreiben vom 19. April 2013   21
(BStBl I Seite 513) wird hiermit aufgehoben.

VI.
Nutzung eines betrieblichen Kraftfahrzeugs für private Fahrten, Fahrten zwischen Wohnung und Betriebsstätte/erster Tätigkeitsstätte und Familienheimfahrten; Nutzung von Elektro- und Hybridelektrofahrzeugen

(BMF vom 5. 6. 2014 (BStBl I S. 835) – IV C 6 – S 2177/13/10002 – 2014/0308252)

Durch das AmtshilfeRLUmsG vom 26. Juni 2013 (BGBl. I S. 1809, BStBl I S. 802) wurde § 6
Absatz 1 Nummer 4 Satz 2 und 3 EStG um Sonderregelungen für Elektrofahrzeuge und extern
aufladbare Hybridelektrofahrzeuge ergänzt. Im Einvernehmen mit den obersten Finanzbehörden
der Länder gilt Folgendes:

1. Sachlicher Anwendungsbereich

a) Elektrofahrzeug

Elektrofahrzeug im Sinne des § 6 Absatz 1 Nummer 4 Satz 2 und 3 EStG ist ein Kraftfahrzeug, das   1
ausschließlich durch einen Elektromotor angetrieben wird, der ganz oder überwiegend aus
mechanischen oder elektrochemischen Energiespeichern (z. B. Schwungrad mit Generator oder
Batterie) oder aus emissionsfrei betriebenen Energiewandlern (z. B. wasserstoffbetriebene Brennstoffzelle[1])) gespeist wird.

Nach dem Verzeichnis des Kraftfahrtbundesamtes zur Systematisierung von Kraftfahrzeugen und
ihren Anhängern (Stand: Juni 2012[2])) weisen danach folgende Codierungen im Feld 10 der Zulassungsbescheinigung ein Elektrofahrzeug i. d. S. aus: 0004 und 0015.

b) Hybridelektrofahrzeug

Hybridelektrofahrzeug[3]) ist ein Hybridfahrzeug, das zum Zwecke des mechanischen Antriebs aus   2
folgenden Quellen im Fahrzeug gespeicherte Energie/Leistung bezieht:

– einem Betriebskraftstoff;

– einer Speichereinrichtung für elektrische Energie/Leistung (z. B. Batterie, Kondensator,
  Schwungrad mit Generator).

Hybridelektrofahrzeuge im Sinne des § 6 Absatz 1 Nummer 4 Satz 2 und 3 EStG müssen zudem
extern aufladbar sein.

Nach dem Verzeichnis des Kraftfahrtbundesamtes zur Systematisierung von Kraftfahrzeugen und
ihren Anhängern (Stand: Juni 2012[4])) weisen danach folgende Codierungen im Feld 10 der Zulassungsbescheinigung ein Hybridelektrofahrzeug i. d. S. aus: 0016 bis 0019 und 0025 bis 0031.

---

[1]) Für Brennstoffzellenfahrzeuge werden ergänzende Regelungen aufgenommen, sobald diese allgemein
    marktgängig sind.
[2]) Jetzt: Stand **November** 2016
[3]) Vgl. Richtlinie 2007/46/EG des Europäischen Parlaments und des Rates vom 5. September 2007 zur
    Schaffung eines Rahmens für die Genehmigung von Kraftfahrzeugen und Kraftfahrzeuganhängern sowie
    von Systemen, Bauteilen und selbstständigen technischen Einheiten für diese Fahrzeuge (ABl. L 263/1
    vom 9. Oktober 2007).
[4]) Jetzt: Stand **November** 2016

2. Pauschale Ermittlung des privaten/pauschalen Nutzungswerts

a) Ermittlung des maßgebenden Listenpreises

3   Die Bemessungsgrundlage für die Ermittlung des Entnahmewerts nach § 6 Absatz 1 Nummer 4 Satz 2 EStG, der nicht abziehbaren Betriebsausgaben nach § 4 Absatz 5 Satz 1 Nummer 6 EStG oder des geldwerten Vorteils nach § 8 Absatz 2 Satz 2, 3 und 5 EStG ist der inländische Listenpreis im Zeitpunkt der Erstzulassung des Kraftfahrzeugs zuzüglich der Kosten für Sonderausstattung einschließlich Umsatzsteuer. Für Kraftfahrzeuge im Sinne der Rdnrn. 1 und 2 ist dieser Listenpreis wegen der darin enthaltenen Kosten für das Batteriesystem pauschal zu mindern; der pauschale Abschlag ist der Höhe nach begrenzt. Der Minderungs- und der Höchstbetrag richten sich nach dem Anschaffungsjahr des Kraftfahrzeugs und können aus nachfolgender Tabelle entnommen werden. Werden Elektro- und Hybridelektrofahrzeuge im Sinne der Rdnrn. 1 und 2 gebraucht erworben, richtet sich der Minderungsbetrag nach dem Jahr der Erstzulassung des Kraftfahrzeugs. Der kWh-Wert kann dem Feld 22 der Zulassungsbescheinigung entnommen werden.

Anschaffungsjahr/Jahr der Erstzulassung	Minderungsbetrag in Euro/ kWh der Batteriekapazität	Höchstbetrag in Euro
2013 und früher	500	10 000
2014	450	9 500
2015	400	9 000
2016	350	8 500
2017	300	8 000
2018	250	7 500
2019	200	7 000
2020	150	6 500
2021	100	6 000
2022	50	5 500

4   Die Abrundung des Listenpreises auf volle Hundert Euro nach Rdnr. 10 des BMF-Schreibens vom 18. November 2009 (BStBl I S. 1326) und R 8.1 Absatz 9 Nummer 1 Satz 6 LStR ist nach Abzug des Abschlages vorzunehmen. Auf den so ermittelten Wert sind die Prozentsätze nach § 4 Absatz 5 Satz 1 Nummer 6 Satz 3, § 6 Absatz 1 Nummer 4 Satz 2 und § 8 Absatz 2 Satz 3 und 5 EStG anzuwenden.

Beispiel 1:

Der Steuerpflichtige hat in 2013 ein Elektrofahrzeug mit einer Batteriekapazität von 16,3 Kilowattstunden (kWh) erworben. Der Bruttolistenpreis beträgt 45 000 €. Die betriebliche Nutzung beträgt 60 %. Der private Nutzungsanteil nach § 6 Absatz 1 Nummer 4 Satz 2 EStG ermittelt sich wie folgt:

Der Bruttolistenpreis ist um 8 150 € (16,3 kWh × 500 €) zu mindern. Der für die Ermittlung des Entnahmewerts geminderte und auf volle hundert Euro abgerundete Bruttolistenpreis beträgt 36 800 €. Die Nutzungsentnahme nach der 1 %-Regelung beträgt 368 € pro Monat.

Beispiel 2:

Der Steuerpflichtige hat in 2013 ein Elektrofahrzeug mit einer Batteriekapazität von 26 Kilowattstunden (kWh) erworben. Der Bruttolistenpreis beträgt 109 150 €. Die betriebliche Nutzung beträgt 60 %. Der private Nutzungsanteil nach § 6 Absatz 1 Nummer 4 Satz 2 EStG ermittelt sich wie folgt:

Der Bruttolistenpreis (109 150 €) ist um 10 000 € (26 kWh × 500 € = 13 000 €, begrenzt auf 10 000 € Höchstbetrag) zu mindern und auf volle Hundert Euro abzurunden. Der für die Ermittlung des Entnahmewerts geminderte Bruttolistenpreis beträgt 99 100 €. Die Nutzungsentnahme beträgt 991 € pro Monat.

5   Eine Minderung der Bemessungsgrundlage ist nur dann vorzunehmen, wenn der Listenpreis die Kosten des Batteriesystems beinhaltet. Wird das Batteriesystem des Elektro- oder Hybridelektrofahrzeugs nicht zusammen mit dem Kraftfahrzeug angeschafft, sondern ist für dessen Überlassung ein zusätzliches Entgelt, z. B. in Form von Leasingraten, zu entrichten, kommt eine Minderung der Bemessungsgrundlage nicht in Betracht. Die für die Überlassung der Batterie zusätzlich zu entrichtenden Entgelte sind grundsätzlich als Betriebsausgaben abziehbar.

Beispiel 3:

Der Steuerpflichtige hat in 2013 ein Elektrofahrzeug mit einer Batteriekapazität von 16 Kilowattstunden (kWh) erworben. Der Bruttolistenpreis beträgt 25 640 €. Für die Batterie hat der Steuerpflichtige monatlich zusätzlich eine Mietrate von 79 € zu zahlen. Die betriebliche Nutzung beträgt 60 %. Der private Nutzungsanteil nach § 6 Absatz 1 Nummer 4 Satz 2 EStG ermittelt sich wie folgt:

Der Bruttolistenpreis (25 640 €) ist nicht zu mindern und wird – auf volle Hundert Euro abgerundet – für die Ermittlung des Entnahmewerts zugrunde gelegt. Die Nutzungsentnahme beträgt 256 € pro Monat.

Aus Vereinfachungsgründen ist es auch zulässig, die Nutzungsentnahme ausgehend vom Listenpreis für das Kraftfahrzeug mit Batteriesystem zu berechnen, wenn das gleiche Kraftfahrzeug am Markt jeweils mit oder ohne Batteriesystem angeschafft werden kann. 6

Beispiel 4:

Wie Beispiel 3, das Elektrofahrzeug könnte der Steuerpflichtige auch zusammen mit dem Batteriesystem erwerben. Der Bruttolistenpreis betrüge 31 640 €. Der private Nutzungsanteil nach § 6 Absatz 1 Nummer 4 Satz 2 EStG könnte auch wie folgt ermittelt werden:

Der Bruttolistenpreis (31 640 €) ist um 8 000 € (16 kWh × 500 € = 8 000 €) zu mindern und auf volle Hundert Euro abzurunden. Der für die Ermittlung des Entnahmewerts geminderte Bruttolistenpreis beträgt 23 600 €. Die Nutzungsentnahme beträgt 236 € pro Monat.

b) Begrenzung der pauschalen Wertansätze (sog. Kostendeckelung)

Nach den Rdnrn. 18 bis 20 des BMF-Schreibens vom 18. November 2009 (BStBl I S. 1326) und 7
Tz. I.8 des BMF-Schreibens vom 28. Mai 1996 (BStBl I S. 654) werden die pauschalen Wertansätze auf die für das genutzte Kraftfahrzeug insgesamt tatsächlich entstandenen Gesamtkosten begrenzt. Zu den Gesamtkosten des Kraftfahrzeugs gehören auch die Absetzungen für Abnutzung. Für den Vergleich des pauschal ermittelten Nutzungswerts/geldwerten Vorteils mit den Gesamtkosten ist die Bemessungsgrundlage für die Absetzungen für Abnutzung um den Abschlag nach Rdnr. 3 zu mindern.

Enthalten die Anschaffungskosten für das Elektro- oder Hybridelektrofahrzeug keinen Anteil für 8
das Batteriesystem (Rdnr. 5) und ist für die Überlassung der Batterie ein zusätzliches Entgelt (z. B. Miete oder Leasingrate) zu entrichten, sind die für das genutzte Kraftfahrzeug insgesamt tatsächlich entstandenen Gesamtkosten um dieses zusätzlich entrichtete Entgelt zu mindern. In diesem Fall sind auch weitere Kosten für das Batteriesystem, wie z. B. Reparaturkosten, Wartungspauschalen oder Beiträge für spezielle Batterieversicherungen abzuziehen, wenn sie vom Steuerpflichtigen zusätzlich zu tragen sind.

3. Ermittlung des tatsächlichen privaten/individuellen Nutzungswerts

Werden die Entnahme nach § 6 Absatz 1 Nummer 4 Satz 1 oder 3 (betriebliche Nutzung des 9
Kraftfahrzeugs von 10 bis 50 Prozent oder Fahrtenbuchmethode), die nicht abziehbaren Betriebsausgaben nach § 4 Absatz 5 Satz 1 Nummer 6 Satz 3 2. Halbsatz oder der geldwerte Vorteil nach § 8 Absatz 2 Satz 4 und 5 EStG mit den auf die jeweilige Nutzung entfallenden Aufwendungen bewertet und enthalten die Anschaffungskosten für das Elektro- oder Hybridelektrofahrzeug einen Anteil für das Batteriesystem, ist die Bemessungsgrundlage für die Absetzungen für Abnutzung um die nach § 6 Absatz 1 Nummer 4 Satz 2 EStG in pauschaler Höhe festgelegten Beträge zu mindern.

Beispiel 5:

Der Steuerpflichtige hat im Januar 2013 ein Elektrofahrzeug mit einer Batteriekapazität von 16 Kilowattstunden (kWh) erworben. Der Bruttolistenpreis beträgt 43 000 €; die tatsächlichen Anschaffungskosten 36 000 €. Die betriebliche Nutzung beträgt gemäß ordnungsgemäßem Fahrtenbuch 83 %. Der private Nutzungsanteil nach § 6 Absatz 1 Nummer 4 Satz 3 EStG ermittelt sich wie folgt:

Für die Ermittlung der Gesamtkosten sind die Anschaffungskosten um den pauschal ermittelten Minderungsbetrag i. H. v. 8 000 € (16 kWh × 500 €) zu mindern. Danach sind bei den Gesamtkosten Absetzungen für Abnutzung i. H. v. 4 666,67 € (36 000 € ./. 8 000 € = 28 000 € verteilt auf 6 Jahre) anzusetzen. Daneben sind Aufwendungen für Versicherung (1 000 €) und Strom (890 €) angefallen. Die Summe der geminderten Gesamtaufwendungen beträgt 6 556,67 €. Die Nutzungsentnahme nach der Fahrtenbuchmethode beträgt 1 114,63 € (17 %).

Wird die Batterie gemietet oder geleast, sind entsprechend Rdnr. 8 die Gesamtkosten um dieses 10
zusätzlich entrichtete Entgelt zu mindern.

Beispiel 6:

Der Steuerpflichtige hat im Januar 2013 ein Elektrofahrzeug mit einer Batteriekapazität von 16 Kilowattstunden (kWh) erworben. Der Bruttolistenpreis beträgt 32 000 €; die tatsächlichen Anschaffungskosten (netto) 25 600 €. Für die Batterie hat der Steuerpflichtige monatlich zusätzlich eine Mietrate von 79 € zu zahlen. Die betriebliche Nutzung beträgt gemäß ordnungsgemäßem Fahrtenbuch 83 %. Der private Nutzungsanteil nach § 6 Absatz 1 Nummer 4 Satz 3 EStG ermittelt sich wie folgt:

Für die Ermittlung der Gesamtkosten sind Absetzungen für Abnutzung i. H. v. 4 266,67 € (25 600 € verteilt auf 6 Jahre) und weitere Aufwendungen für Versicherung (1 000 €) und Strom (890 €) anzusetzen. Die auf die Batteriemiete entfallenden Aufwendungen sind nicht zu berücksichtigen. Die Summe der geminderten Gesamtaufwendungen beträgt 6 156,67 €. Die Nutzungsentnahme nach der Fahrtenbuchmethode beträgt 1 046,63 € (17 %).

11   Miet-/Leasinggebühren für Kraftfahrzeuge im Sinne der Rdnrn. 1 und 2, die die Kosten des Batteriesystems beinhalten, sind aufzuteilen. Die anteilig auf das Batteriesystem entfallenden Miet-/Leasinggebühren mindern die Gesamtkosten (vgl. Rdnr. 10). Es bestehen keine Bedenken, wenn als Aufteilungsmaßstab hierfür das Verhältnis zwischen dem Listenpreis (einschließlich der Kosten für das Batteriesystem) und dem um den Abschlag nach Rdnr. 3 geminderten Listenpreis angesetzt wird.

Beispiel 7:

Der Steuerpflichtige hat im Januar 2013 ein Elektrofahrzeug mit einer Batteriekapazität von 16 Kilowattstunden (kWh) geleast. Der Bruttolistenpreis beträgt 43 000 €; die monatliche Leasingrate 399 €. Die betriebliche Nutzung beträgt gemäß ordnungsgemäßem Fahrtenbuch 83 %. Der private Nutzungsanteil nach § 6 Absatz 1 Nummer 4 Satz 3 EStG ermittelt sich wie folgt:

Für die Ermittlung der Gesamtkosten sind die Leasingraten unter Anwendung des Verhältnisses zwischen Listenpreis und dem um den pauschalen Abschlag geminderten Listenpreis aufzuteilen:

Listenpreis 43 000 €; geminderter Listenpreis 35 000 € entspricht einer Minderung von 18,6 % Leasingraten 399 € × 12 Monate = 4 788 €, davon 18,6 % = 890,57 €.

Danach sind bei den Gesamtkosten Leasingaufwendungen i. H. v. 3 897,43 € anzusetzen. Daneben sind Aufwendungen für Versicherung (1 000 €) und Strom (890 €) angefallen. Die Summe der geminderten Gesamtaufwendungen beträgt 5 787,43 €. Die Nutzungsentnahme nach der Fahrtenbuchmethode beträgt 983,86 € (17 %).

4. Anwendungszeitraum

12   Die Minderung der Bemessungsgrundlage für die Ermittlung der Privatentnahme, der nicht abziehbaren Betriebsausgaben oder des geldwerten Vorteils für die Nutzung eines Elektro- oder eines Hybridelektrofahrzeugs ist ab dem 1. Januar 2013 für Elektrofahrzeuge und Hybridelektrofahrzeuge anzuwenden, die vor dem 1. Januar 2023 angeschafft, geleast oder zur Nutzung überlassen werden (§ 52 Absatz 1 und Absatz 16 Satz 11 EStG).[1]

VII.
Geldwerter Vorteil für die Gestellung eines Kraftfahrzeugs mit Fahrer

BFH-Urteil vom 15. Mai 2013 – VI R 44/11 – (BStBl 2014 II S. 589)

BMF vom 15. 7. 2014 (BStBl I S 1109) – IV C 5 – S 2334/13/10003 – 2014/0511844

1   Der BFH hat mit Urteil vom 15. Mai 2013 – VI R 44/11 – (BStBl 2014 II S. 589) entschieden, dass die arbeitgeberseitige Gestellung eines Fahrers für die Fahrten des Arbeitnehmers zwischen Wohnung und (regelmäßiger) Arbeitsstätte (ab 1. Januar 2014: erster Tätigkeitsstätte) dem Grunde nach zu einem lohnsteuerrechtlich erheblichen Vorteil führt, der grundsätzlich nach dem um übliche Preisnachlässe geminderten üblichen Endpreis am Abgabeort (§ 8 Absatz 2 Satz 1 EStG) zu bemessen ist. Maßstab zur Bewertung dieses Vorteils ist der Wert einer von einem fremden Dritten bezogenen vergleichbaren Dienstleistung, wobei dieser Wert den zeitanteiligen Personalkosten des Arbeitgebers entsprechen kann, aber nicht muss.

2   Unter Bezugnahme auf das Ergebnis der Erörterung mit den obersten Finanzbehörden der Länder sind die Grundsätze dieses Urteils im Lohnsteuerabzugsverfahren und im Veranlagungsverfahren zur Einkommensteuer allgemein anzuwenden. Sie gelten sowohl für Privatfahrten, für Fahrten zwischen Wohnung und erster Tätigkeitsstätte oder Fahrten nach § 9 Absatz 1 Satz 3 Nummer 4a Satz 3 EStG als auch für Familienheimfahrten. Sie sind unabhängig davon anzuwenden, ob der Nutzungswert des Fahrzeugs pauschal oder nach der Fahrtenbuchmethode ermittelt

---

[1] Jetzt § 52 Abs. 12 **Satz 2** EStG.

wird. Der geldwerte Vorteil aus der Fahrergestellung ist nach R 8.1 Absatz 10 LStR zusätzlich zum Wert nach R 8.1 Absatz 9 Nummer 1 oder 2 LStR als Arbeitslohn zu erfassen.

Maßstab zur Bewertung des geldwerten Vorteils aus der arbeitgeberseitigen Gestellung eines   3 Fahrers ist grundsätzlich der Preis für eine von einem fremden Dritten bezogene vergleichbare Dienstleistung (üblicher Endpreis i. S. d. § 8 Absatz 2 Satz 1 EStG). Es bestehen jedoch keine Bedenken, insgesamt einheitlich für das Kalenderjahr für Privatfahrten, für Fahrten zwischen Wohnung und erster Tätigkeitsstätte oder Fahrten nach § 9 Absatz 1 Satz 3 Nummer 4a Satz 3 EStG sowie für Familienheimfahrten als üblichen Endpreis am Abgabeort den Anteil an den tatsächlichen Lohn- und Lohnnebenkosten des Fahrers (d. h. insbesondere: Bruttoarbeitslohn, Arbeitgeberbeiträge zur Sozialversicherung, Verpflegungszuschüsse sowie Kosten beruflicher Fort- und Weiterbildung für den Fahrer) anzusetzen, welcher der Einsatzdauer des Fahrers im Verhältnis zu dessen Gesamtarbeitszeit entspricht. Zur Einsatzdauer des Fahrers gehören auch die Stand- und Wartezeiten des Fahrers, nicht aber die bei der Überlassung eines Kraftfahrzeugs mit Fahrer durch die An- und Abfahrten des Fahrers durchgeführten Leerfahrten und die anfallenden Rüstzeiten; diese sind den dienstlichen Fahrten zuzurechnen.

Es ist aus Vereinfachungsgründen nicht zu beanstanden, wenn der geldwerte Vorteil aus einer   4 Fahrergestellung wie folgt ermittelt wird:

1. Stellt der Arbeitgeber dem Arbeitnehmer für Fahrten zwischen Wohnung und erster Tätigkeitsstätte oder Fahrten nach § 9 Absatz 1 Satz 3 Nummer 4a Satz 3 EStG ein Kraftfahrzeug mit Fahrer zur Verfügung, ist der für diese Fahrten nach R 8.1 Absatz 9 Nummer 1 oder 2 LStR bzw. nach Rz. 2 des BMF-Schreibens vom 1. April 2011 (BStBl I S. 301) durch eine Einzelbewertung der tatsächlichen Fahrten ermittelte Nutzungswert des Kraftfahrzeugs um 50 % zu erhöhen.

   Für die zweite und jede weitere Familienheimfahrt anlässlich einer doppelten Haushaltsführung erhöht sich der auf die einzelne Familienheimfahrt entfallende Nutzungswert nur dann um 50 %, wenn für diese Fahrt ein Fahrer in Anspruch genommen worden ist.

2. Stellt der Arbeitgeber dem Arbeitnehmer für andere Privatfahrten ein Kraftfahrzeug mit Fahrer zur Verfügung, ist der entsprechende private Nutzungswert des Kraftfahrzeugs wie folgt zu erhöhen:

   a) um 50 %, wenn der Fahrer überwiegend in Anspruch genommen wird,

   b) um 40 %, wenn der Arbeitnehmer das Kraftfahrzeug häufig selbst steuert,

   c) um 25 %, wenn der Arbeitnehmer das Kraftfahrzeug weit überwiegend[1] selbst steuert.

3. Wird der pauschal anzusetzende Nutzungswert i. S. d. § 8 Absatz 2 Satz 2, 3 und 5 EStG auf die Gesamtkosten des Kraftfahrzeugs begrenzt, ist der anzusetzende Nutzungswert um 50 % zu erhöhen, wenn das Kraftfahrzeug mit Fahrer zur Verfügung gestellt worden ist.

Der Arbeitgeber kann im Lohnsteuerabzugsverfahren den geldwerten Vorteil nach Rz. 3 oder   5 nach Rz. 4 ansetzen. Diese Wahl kann er im Kalenderjahr für Privatfahrten, für Fahrten zwischen Wohnung und erster Tätigkeitsstätte oder Fahrten nach § 9 Absatz 1 Satz 3 Nummer 4a Satz 3 EStG sowie für Familienheimfahrten insgesamt nur einheitlich ausüben. Erfolgt die Bewertung nach Rz. 3, hat der Arbeitgeber die Grundlagen für die Berechnung des geldwerten Vorteils aus der Fahrergestellung zu dokumentieren, als Belege zum Lohnkonto aufzubewahren und dem Arbeitnehmer auf Verlangen formlos mitzuteilen.

Der Arbeitnehmer kann den geldwerten Vorteil aus der Fahrergestellung im Rahmen seiner Ein-   6 kommensteuerveranlagung nach den vorgenannten Grundsätzen abweichend von dem Ansatz des Arbeitgebers bewerten und gegenüber dem Finanzamt nachweisen. Diese Wahl kann er im Kalenderjahr für Privatfahrten, für Fahrten zwischen Wohnung und erster Tätigkeitsstätte oder Fahrten nach § 9 Absatz 1 Satz 3 Nummer 4a Satz 3 EStG sowie für Familienheimfahrten insgesamt nur einheitlich ausüben.

Eine abweichende Bewertung setzt voraus, dass der im Lohnsteuerabzugsverfahren angesetzte   7 Vorteil sowie die Grundlagen für die Berechnung des geldwerten Vorteils nachgewiesen werden (z. B. durch eine formlose Mitteilung des Arbeitgebers).

Dieses Schreiben ist in allen offenen Fällen anzuwenden.   8

---

[1] **Dies gilt auch, wenn der Arbeitnehmer das Kfz ausschließlich selbst steuert.**

VIII.
Dienstwagenbesteuerung in Leasingfällen;

Anwendung des BFH-Urteils vom 18. Dezember 2014, BStBl 2015 II Seite 670

BMF vom 15. 12. 2016 (BStBl I S. 1449)

Der Bundesfinanzhof (BFH) hat mit Urteil vom 18. Dezember 2014, BStBl II 2015 Seite 670 in einem Fall mit kommunalem Bezug (sog. „Behördenleasing") entschieden, eine nach § 8 Absatz 2 Satz 2 bis 5 EStG zu bewertende Nutzungsüberlassung liegt nicht vor, wenn das vom Arbeitgeber geleaste Kraftfahrzeug dem Arbeitnehmer auf Grund einer Sonderrechtsbeziehung (hier dem Gemeinderatsbeschluss) im Innenverhältnis zuzurechnen ist, weil er gegenüber dem Arbeitgeber die wesentlichen Rechte und Pflichten des Leasingnehmers hat. Gibt der Arbeitgeber in diesem Fall vergünstigte Leasingkonditionen an den Arbeitnehmer weiter, liegt hierin ein nach § 8 Absatz 2 Satz 1 EStG zu bewertender geldwerter Vorteil.

Es ist gefragt worden, ob und in welcher Weise dieses BFH-Urteil insbesondere im Hinblick auf das Kriterium einer vom Arbeitsvertrag unabhängigen Sonderrechtsbeziehung auch außerhalb des Behördenleasings anzuwenden ist.

Hierzu gilt im Einvernehmen mit den obersten Finanzbehörden der Länder Folgendes:

Least der Arbeitgeber ein Kraftfahrzeug von der Leasinggesellschaft und überlässt es dem Arbeitnehmer auch zur privaten Nutzung, liegt jedenfalls dann keine vom Arbeitsvertrag unabhängige Sonderrechtsbeziehung im Sinne des o. g. BFH-Urteils vor und ist die Nutzungsüberlassung nach § 8 Absatz 2 Satz 2 bis 5 EStG zu bewerten, wenn folgende Voraussetzungen vorliegen:

Der Anspruch auf die Kraftfahrzeugüberlassung resultiert aus dem Arbeitsvertrag oder aus einer anderen arbeitsrechtlichen Rechtsgrundlage, weil

- er im Rahmen einer steuerlich anzuerkennenden Gehaltsumwandlung mit Wirkung für die Zukunft vereinbart ist. Voraussetzung ist, dass der Arbeitnehmer unter Änderung des Arbeitsvertrags auf einen Teil seines Barlohns verzichtet und ihm der Arbeitgeber stattdessen Sachlohn in Form eines Nutzungsrechts an einem betrieblichen Kraftfahrzeug des Arbeitgebers gewährt (vgl. BFH-Urteil vom 6. März 2008, BStBl II Seite 530) oder

- er arbeitsvertraglicher Vergütungsbestandteil ist. Davon ist insbesondere auszugehen, wenn von vornherein bei Abschluss eines Arbeitsvertrags eine solche Vereinbarung getroffen wird oder wenn die Beförderung in eine höhere Gehaltsklasse mit der Überlassung eines betrieblichen Kraftfahrzeugs des Arbeitgebers verbunden ist.

In Leasingfällen setzt das Vorliegen eines betrieblichen Kraftfahrzeugs des Arbeitgebers im Sinne des § 8 Absatz 2 Satz 2 bis 5 EStG zudem voraus, dass der Arbeitgeber und nicht der Arbeitnehmer gegenüber der Leasinggesellschaft zivilrechtlich Leasingnehmer ist.

Liegt nach diesen Grundsätzen eine nach § 8 Absatz 2 Satz 2 bis 5 EStG zu bewertende Nutzungsüberlassung vor, darf der Arbeitgeber die pauschalen Kilometersätze im Rahmen einer Auswärtstätigkeit mit diesem Kraftfahrzeug nicht – auch nicht teilweise – steuerfrei erstatten, vgl. R 9.5 Absatz 2 Satz 3 LStR 2015.

Dieses Schreiben ist in allen offenen Fällen anzuwenden und wird im Bundessteuerblatt Teil I veröffentlicht.

IX.
Gesetz zur steuerlichen Förderung von Elektromobilität im Straßenverkehr; Anwendung der einkommensteuerlichen und lohnsteuerlichen Vorschriften

BMF vom 14. 12. 2016 (BStBl I, S. 1446)
unter Berücksichtigung der Änderungen durch BMF vom 26. 10. 2017 (BStBl I S. 1439)[1]

Unter Bezugnahme auf das Ergebnis der Erörterungen mit den obersten Finanzbehörden der Länder gelten für die Anwendung der einkommensteuerlichen und lohnsteuerlichen Vorschriften des Gesetzes zur steuerlichen Förderung von Elektromobilität im Straßenverkehr vom 7. November 2016 (BGBl. I Seite 2498, BStBl 2016 I Seite 1211) die folgenden Grundsätze:

---

[1] Die Änderungen durch das BMF-Schreiben vom 26. 10. 2017 (BStBl I S. 1439) sind durch Fettschrift hervorgehoben.

1. Überblick über die Neuregelungen

Mit dem Gesetz zur steuerlichen Förderung von Elektromobilität im Straßenverkehr vom 7. November 2016 (a. a. O.) werden vom Arbeitgeber gewährte Vorteile für das elektrische Aufladen eines Elektrofahrzeugs oder Hybridelektrofahrzeugs im Betrieb des Arbeitgebers oder eines verbundenen Unternehmens und für die zeitweise zur privaten Nutzung überlassene betriebliche Ladevorrichtung von der Einkommensteuer befreit (§ 3 Nummer 46 EStG). 1

Der Arbeitgeber hat auch die Möglichkeit, die Lohnsteuer für geldwerte Vorteile aus der Übereignung einer Ladevorrichtung sowie für Zuschüsse zu den Aufwendungen des Arbeitnehmers für den Erwerb und für die Nutzung einer Ladevorrichtung pauschal mit 25 Prozent zu erheben (§ 40 Absatz 2 Satz 1 Nummer 6 EStG). 2

Voraussetzung ist jeweils, dass die geldwerten Vorteile und Leistungen sowie die Zuschüsse zusätzlich zum ohnehin geschuldeten Arbeitslohn erbracht werden. In den Fällen einer Entgeltumwandlung sind die o. g. Neuregelungen nicht anzuwenden, vgl. Rdnr. 29. 3

Die Neuregelungen gelten ab dem 1. Januar 2017 bis zum 31. Dezember 2020 (§ 52 Absatz 4 und Absatz 37c EStG), vgl. Rdnr. 32. 4

2. Steuerbefreiung nach § 3 Nummer 46 EStG

Die Steuerbefreiung nach § 3 Nummer 46 EStG gilt für zusätzlich zum ohnehin geschuldeten Arbeitslohn vom Arbeitgeber gewährte Vorteile für das elektrische Aufladen eines Elektrofahrzeugs oder Hybridelektrofahrzeugs im Sinne des § 6 Absatz 1 Nummer 4 Satz 2 zweiter Halbsatz EStG an einer ortsfesten betrieblichen Einrichtung des Arbeitgebers oder eines verbundenen Unternehmens (§ 15 des Aktiengesetzes) und für die dem Arbeitnehmer zur privaten Nutzung überlassene betriebliche Ladevorrichtung. 5

2.1 Steuerbefreiung des vom Arbeitgeber unentgeltlich oder verbilligt gestellten Ladestroms

a) Elektrofahrzeug oder Hybridelektrofahrzeug im Sinne des § 6 Absatz 1 Nummer 4 Satz 2 zweiter Halbsatz EStG

Elektrofahrzeug ist ein Kraftfahrzeug, das ausschließlich durch einen Elektromotor angetrieben wird, der ganz oder überwiegend aus mechanischen oder elektrochemischen Energiespeichern (z. B. Schwungrad mit Generator oder Batterie) oder aus emissionsfrei betriebenen Energiewandlern (z. B. wasserstoffbetriebene Brennstoffzelle) gespeist wird. 6

Nach dem Verzeichnis des Kraftfahrtbundesamtes zur Systematisierung von Kraftfahrzeugen und ihren Anhängern (Stand: Mai 2016) weisen danach folgende Codierungen im Feld 10 der Zulassungsbescheinigung ein Elektrofahrzeug in diesem Sinne aus: 0004 und 0015. 7

Hybridelektrofahrzeug ist ein Hybridfahrzeug, das zum Zwecke des mechanischen Antriebs aus folgenden Quellen im Fahrzeug gespeicherte Energie/Leistung bezieht: 8
– einem Betriebskraftstoff,
– einer Speichereinrichtung für elektrische Energie/Leistung (z. B. Batterie, Kondensator, Schwungrad mit Generator).

Hybridelektrofahrzeuge im Sinne des § 6 Absatz 1 Nummer 4 Satz 2 zweiter Halbsatz EStG müssen zudem extern aufladbar sein.

Nach dem Verzeichnis des Kraftfahrtbundesamtes zur Systematisierung von Kraftfahrzeugen und ihren Anhängern (Stand: Mai 2016) weisen danach folgende Codierungen im Feld 10 der Zulassungsbescheinigung ein Hybridelektrofahrzeug in diesem Sinne aus: 0016 bis 0019 und 0025 bis 0031. 9

Zu den begünstigten Fahrzeugen rechnen auch Elektrofahrräder, wenn diese verkehrsrechtlich als Kraftfahrzeug einzuordnen sind (z. B. gelten Elektrofahrräder, deren Motor auch Geschwindigkeiten über 25 Kilometer pro Stunde unterstützt, als Kraftfahrzeuge). **[1])Aus Billigkeitsgründen rechnen vom Arbeitgeber gewährte Vorteile für das elektrische Aufladen von Elektrofahrrädern, die verkehrsrechtlich nicht als Kraftfahrzeug einzuordnen sind (u. a. keine Kennzeichen- und Versicherungspflicht), im Betrieb des Arbeitgebers oder eines verbundenen Unternehmens (§ 15 des Aktiengesetzes) nicht zum Arbeitslohn; Rdnr. 32 ist hier nicht anzuwenden.** 10

Begünstigt ist das Aufladen sowohl privater Elektrofahrzeuge oder Hybridelektrofahrzeuge des Arbeitnehmers als auch betrieblicher Elektrofahrzeuge oder Hybridelektrofahrzeuge des Arbeitgebers, die dem Arbeitnehmer auch zur privaten Nutzung überlassen werden (sog. Dienstwagen). 11

---

[1]) Eingefügt durch BMF-Schreiben vom 26. 10. 2017 (BStBl I S. 1439)

12   Wird der geldwerte Vorteil aus der privaten Nutzung eines Dienstwagens zu privaten Fahrten typisierend nach der pauschalen Nutzungswertermittlung im Sinne des § 8 Absatz 2 Satz 2 EStG (1 %-Regelung) ermittelt, ist der geldwerte Vorteil für den vom Arbeitgeber verbilligt oder unentgeltlich gestellten Ladestrom bereits abgegolten. Die Steuerbefreiung nach § 3 Nummer 46 EStG wirkt sich nicht aus.

13   Bei Anwendung der individuellen Nutzungswertermittlung im Sinne des § 8 Absatz 2 Satz 4 EStG (Fahrtenbuchmethode) bleiben unter entsprechender Anwendung von R 8.1 Absatz 9 Nummer 2 Satz 8 zweiter Halbsatz LStR 2015 Kosten für den vom Arbeitgeber verbilligt oder unentgeltlich gestellten, nach § 3 Nummer 46 EStG steuerfreien Ladestrom bei der Ermittlung der insgesamt durch das Kraftfahrzeug entstehenden Aufwendungen im Sinne des § 8 Absatz 2 Satz 4 EStG (Gesamtkosten) außer Ansatz.

14   Die Steuerbefreiung ist weder auf einen Höchstbetrag, noch nach der Anzahl der begünstigten Kraftfahrzeuge begrenzt.

a) Aufladeort

15   Begünstigt ist das Aufladen an jeder ortsfesten betrieblichen Einrichtung des Arbeitgebers oder eines mit dem Arbeitgeber verbundenen Unternehmens im Sinne des § 15 des Aktiengesetzes. Nicht begünstigt ist das Aufladen bei einem Dritten oder an einer von einem fremden Dritten betriebenen Ladevorrichtung im Sinne der Rdnr. 20 sowie das Aufladen beim Arbeitnehmer (vgl. Rdnr. 19 und 24).

b) Anwendungsbereich

16   Die Steuerbefreiung gilt insbesondere für Ladestrom,
– den die Arbeitnehmer an einer ortsfesten betrieblichen Einrichtung ihres Arbeitgebers beziehen,
– den die Arbeitnehmer an einer ortsfesten betrieblichen Einrichtung eines mit ihrem Arbeitgeber verbundenen Unternehmens im Sinne des § 15 des Aktiengesetzes beziehen,
– den Leiharbeitnehmer im Betrieb des Entleihers beziehen.

17   Die Steuerbefreiung gilt insbesondere nicht für Ladestrom an:
– Geschäftsfreunde des Arbeitgebers und deren Arbeitnehmer,
– Kunden des Arbeitgebers.

2.2 Steuerbefreiung der zeitweisen unentgeltlichen oder verbilligten Überlassung einer betrieblichen Ladevorrichtung an den Arbeitnehmer

18   Steuerbefreit sind vom Arbeitgeber gewährte Vorteile für die zur privaten Nutzung zeitweise überlassene betriebliche Ladevorrichtung für Elektrofahrzeuge oder Hybridelektrofahrzeuge, nicht jedoch deren Übereignung (vgl. Rdnr. 22).

19   Der von dieser betrieblichen Ladevorrichtung für Elektrofahrzeuge oder Hybridelektrofahrzeuge bezogene Ladestrom fällt nicht unter die Steuerbefreiung. Dies gilt unabhängig davon, ob es sich um einen Stromanschluss des Arbeitgebers handelt, oder ob der Arbeitgeber die Stromkosten des Arbeitnehmers bezuschusst. Bei privaten Elektrofahrzeugen oder Hybridelektrofahrzeugen des Arbeitnehmers stellt die Erstattung der vom Arbeitnehmer selbst getragenen Stromkosten steuerpflichtigen Arbeitslohn dar. Bei betrieblichen Elektrofahrzeugen oder Hybridelektrofahrzeugen des Arbeitgebers, die dem Arbeitnehmer auch zur privaten Nutzung überlassen werden (sog. Dienstwagen), stellt die Erstattung der vom Arbeitnehmer selbst getragenen Stromkosten einen steuerfreien Auslagenersatz nach § 3 Nummer 50 EStG dar.

19a   [1]**Es bestehen keine Bedenken, für den Zeitraum vom 1. Januar 2017 bis 31. Dezember 2020 zur Vereinfachung des Auslagenersatzes für das elektrische Aufladen eines Dienstwagens (nur Pkw) nach § 3 Nummer 50 EStG und zur Anrechnung von selbst getragenen individuellen Kosten des Arbeitnehmers für Ladestrom auf den Nutzungswert folgende monatlichen Pauschalen typisierend zugrunde zu legen:**
    a) mit zusätzlicher Lademöglichkeit beim Arbeitgeber
       20 Euro für Elektrofahrzeuge i. S. d. Rdnr. 6 und
       10 Euro für Hybridelektrofahrzeuge i. S. d. Rdnr. 8
    b) ohne Lademöglichkeit beim Arbeitgeber
       50 Euro für Elektrofahrzeuge i. S. d. Rdnr. 6 und
       25 Euro für Hybridelektrofahrzeuge i. S. d. Rdnr. 8 .

20   Ladevorrichtung für ein Elektrofahrzeug oder ein Hybridelektrofahrzeug im Sinne des § 6 Absatz 1 Nummer 4 Satz 2 zweiter Halbsatz EStG ist die gesamte Ladeinfrastruktur einschließlich

---

[1] Eingefügt durch BMF-Schreiben vom 26. 10. 2017 (BStBl I S. 1439)

Zubehör sowie die in diesem Zusammenhang erbrachten Dienstleistungen. Dazu gehören zum Beispiel der Aufbau, die Installation und die Inbetriebnahme der Ladevorrichtung, deren Wartung und Betrieb sowie die für die Inbetriebnahme notwendigen Vorarbeiten wie das Verlegen eines Starkstromkabels.

Private Nutzung in diesem Sinne ist jede Nutzung der Ladevorrichtung durch den Arbeitnehmer außerhalb der betrieblichen Nutzung für den Arbeitgeber. Steuerfrei ist daher auch die Nutzung der zeitweise überlassenen betrieblichen Ladevorrichtung im Rahmen anderer Einkunftsarten des Arbeitnehmers (z. B. der Arbeitnehmer lädt dort sein privates Elektrofahrzeug auf und fährt zu seinem Vermietungsobjekt).   21

3. Pauschalierung der Lohnsteuer nach § 40 Absatz 2 Satz 1 Nummer 6 EStG

3.1 Unentgeltliche oder verbilligte Übereignung der Ladevorrichtung

Der Arbeitgeber kann die Lohnsteuer nach § 40 Absatz 2 Satz 1 Nummer 6 EStG mit einem Pauschsteuersatz von 25 Prozent erheben, soweit er dem Arbeitnehmer zusätzlich zum ohnehin geschuldeten Arbeitslohn unentgeltlich oder verbilligt eine Ladevorrichtung für Elektrofahrzeuge oder Hybridelektrofahrzeuge im Sinne des § 6 Absatz 1 Nummer 4 Satz 2 zweiter Halbsatz EStG übereignet. Somit kommt eine Pauschalierung nicht in Betracht, wenn der Arbeitgeber die Ladevorrichtung zeitweise unentgeltlich oder verbilligt überlässt (vgl. Rdnr. 18). Zum Begriff der Ladevorrichtung vgl. Rdnr. 20.   22

Es ist aus Vereinfachungsgründen nicht zu beanstanden, wenn als Bemessungsgrundlage der pauschalen Lohnsteuer für die Übereignung der Ladevorrichtung die Aufwendungen des Arbeitgebers für den Erwerb der Ladevorrichtung im Sinne der Rdnr. 20 (einschließlich Umsatzsteuer) zugrunde gelegt werden.   23

3.2 Pauschalierung der Lohnsteuer für Zuschüsse des Arbeitgebers

Trägt der Arbeitnehmer die Aufwendungen für den Erwerb und die Nutzung (z. B. für die Wartung und den Betrieb, die Miete für den Starkstromzähler, nicht jedoch für den Ladestrom) einer privaten Ladevorrichtung selbst, kann der Arbeitgeber diese Aufwendungen bezuschussen oder vollständig übernehmen und die Lohnsteuer nach § 40 Absatz 2 Satz 1 Nummer 6 EStG pauschal mit 25 Prozent erheben. Die Pauschalierung der Lohnsteuer ist auch zulässig, wenn der Arbeitgeber die Ladevorrichtung übereignet (vgl. Rdnr. 22) und die Aufwendungen des Arbeitnehmers für die Nutzung der (nunmehr privaten) Ladevorrichtung bezuschusst.   24

Die Pauschalierung der Lohnsteuer ist begrenzt auf die Aufwendungen des Arbeitnehmers für den Erwerb und die Nutzung der Ladevorrichtung im Sinne der Rdnr. 20.   25

Pauschale Zuschüsse des Arbeitgebers für die Nutzung einer privaten Ladevorrichtung des Arbeitnehmers können pauschal besteuert werden, wenn die Aufwendungen für die Nutzung regelmäßig wiederkehren und soweit der Arbeitnehmer die entstandenen Aufwendungen für einen repräsentativen Zeitraum von drei Monaten im Einzelnen nachweist.   26

Die Pauschalierung der Lohnsteuer auf Grundlage des durchschnittlichen nachgewiesenen Betrags ist grundsätzlich so lange zulässig, bis sich die Verhältnisse wesentlich ändern.

4. Reisekosten

Nutzt der Arbeitnehmer sein privates Elektrofahrzeug oder Hybridelektrofahrzeug für Dienstfahrten, kann er anstelle der tatsächlichen Kosten die gesetzlich festgelegten pauschalen Kilometersätze (§ 9 Absatz 1 Satz 3 Nummer 4a Satz 2 EStG) aus Vereinfachungsgründen auch dann ansetzen, wenn der Arbeitnehmer nach § 3 Nummer 46 EStG steuerfreie Vorteile oder nach § 40 Absatz 2 Satz 1 Nummer 6 EStG pauschal besteuerte Leistungen und Zuschüsse vom Arbeitgeber für dieses Elektrofahrzeug oder Hybridelektrofahrzeug erhält.   27

Beim Ansatz der tatsächlichen Fahrtkosten (§ 9 Absatz 1 Satz 3 Nummer 4a Satz 1 EStG) sind diese steuerfreien Vorteile oder pauschal besteuerten Leistungen und Zuschüsse nicht in die Gesamtaufwendungen des Arbeitnehmers einzubeziehen.   28

5. Zusätzlichkeitsvoraussetzung

Für die Frage, ob die Vorteile und Leistungen sowie die Zuschüsse des Arbeitgebers zusätzlich zum ohnehin geschuldeten Arbeitslohn erbracht werden, gilt R 3.33 Absatz 5 LStR 2015 entsprechend.   29

6. Aufzeichnungen im Lohnkonto

30   Aus Vereinfachungsgründen ist der Arbeitgeber nicht verpflichtet, die steuerfreien Vorteile im Sinne des § 3 Nummer 46 EStG im Lohnkonto des Arbeitnehmers aufzuzeichnen. § 41 Absatz 1 Satz 3 EStG sowie § 4 Absatz 2 Nummer 4 LStDV sind insoweit nicht anzuwenden.

31   Erhebt der Arbeitgeber die Lohnsteuer pauschal nach § 40 Absatz 2 Satz 1 Nummer 6 EStG, sind die Aufwendungen des Arbeitgebers für den Erwerb der Ladevorrichtung, die Zuschüsse des Arbeitgebers und die bezuschussten Aufwendungen des Arbeitnehmers für den Erwerb und die Nutzung der Ladevorrichtung im Sinne der Rdnr. 20 nachzuweisen. Der Arbeitgeber hat diese Unterlagen als Belege zum Lohnkonto aufzubewahren.

7. Anwendungszeitraum

32   Dieses Schreiben ist für den Zeitraum vom 1. Januar 2017 bis 31. Dezember 2020 (§ 52 Absatz 4 und Absatz 37c EStG) anzuwenden.[1]

---

[1] Die Änderungen durch das BMF-Schreiben vom 26. 10. 2017 (BStBl I S. 1439) sind in allen offenen Fällen anzuwenden.

Entlastungsbetrag für Alleinerziehende, § 24b EStG
Anwendungsschreiben

BMF vom 23. 10. 2017 (BStBl I S. 1432)
IV C 8-S 2265-a/14/10005–2017/0877364

Unter Bezugnahme auf das Ergebnis der Erörterungen mit den obersten Finanzbehörden der Länder gilt für die Anwendung des § 24b EStG Folgendes:

I. Allgemeines

Alleinerziehende Steuerpflichtige haben gemäß § 24b EStG Anspruch auf einen Entlastungsbetrag. Ziel des Entlastungsbetrags ist es, die höheren Kosten für die eigene Lebens- bzw. Haushaltsführung der Alleinerziehenden abzugelten, die einen gemeinsamen Haushalt nur mit ihren Kindern und keiner anderen erwachsenen Person führen, die tatsächlich oder finanziell zum Haushalt beiträgt. Ab dem Veranlagungszeitraum 2015 beträgt der Entlastungsbetrag jährlich 1 908 Euro und erhöht sich für jedes weitere Kind um jährlich 240 Euro (vgl. Artikel 1 des Gesetzes zur Anhebung des Grundfreibetrags, des Kinderfreibetrags, des Kindergeldes und des Kinderzuschlags vom 16. Juli 2015, BGBl. I S. 1202).   1

Der Entlastungsbetrag für Alleinerziehende wird außerhalb des Familienleistungsausgleichs bei der Ermittlung des Gesamtbetrags der Einkünfte durch Abzug von der Summe der Einkünfte und beim Lohnsteuerabzug durch die Steuerklasse II berücksichtigt.   2

II. Anspruchsvoraussetzungen

Der Entlastungsbetrag für Alleinerziehende wird gemäß § 24b Absatz 1 Satz 1 EStG Steuerpflichtigen gewährt, die alleinstehend sind und zu deren Haushalt mindestens ein Kind gehört, für das ihnen ein Freibetrag nach § 32 Absatz 6 EStG oder Kindergeld zusteht.   3

1. Alleinstehend

Alleinstehend i. S. d. § 24b Absatz 1 EStG sind nach § 24b Absatz 3 Satz 1 EStG Steuerpflichtige, die nicht die Voraussetzungen für die Anwendung des Splitting-Verfahrens (§ 26 Absatz 1 EStG) erfüllen oder verwitwet sind und keine Haushaltsgemeinschaft mit einer anderen volljährigen Person bilden. Eine Haushaltsgemeinschaft mit einem minderjährigen Kind ist stets unschädlich.   4

a) Kein Splitting-Verfahren

Als alleinstehend sind grundsätzlich nur Steuerpflichtige anspruchsberechtigt, die nicht die Voraussetzungen für die Anwendung des Splitting-Verfahrens erfüllen (vgl. BFH-Urteil vom 19. Oktober 2006, III R 4/05, BStBl 2007 II S. 637). Nach § 2 Absatz 8 EStG sind die Regelungen des Splitting-Verfahrens auch auf Lebenspartner und Lebenspartnerschaften anzuwenden.   5

Alleinstehend sind daher nur Steuerpflichtige,   6

– die während des gesamten Veranlagungszeitraums nicht verheiratet/verpartnert sind oder

– die verheiratet/verpartnert sind, aber seit mindestens dem vorangegangenen Veranlagungszeitraum dauernd getrennt leben oder

– die verwitwet sind oder

– deren Ehegatte/Lebenspartner im Ausland lebt und nicht unbeschränkt einkommensteuerpflichtig i. S. d. § 1 Absatz 1 oder Absatz 2 oder des § 1a EStG ist.

b) Keine Haushaltsgemeinschaft mit einer anderen volljährigen Person

Weitere Voraussetzung ist, dass der Steuerpflichtige keine Haushaltsgemeinschaft mit einer anderen volljährigen Person bildet. Es ist allerdings unschädlich, wenn es sich bei der anderen volljährigen Person um ein leibliches Kind, Adoptiv-, Pflege-, Stief- oder Enkelkind handelt, für das dem Steuerpflichtigen ein Freibetrag nach § 32 Absatz 6 EStG oder Kindergeld zusteht.   7

Eine Haushaltsgemeinschaft mit einer anderen volljährigen Person liegt vor, wenn der Steuerpflichtige und die andere Person in der gemeinsamen Wohnung gemeinsam wirtschaften. Ein gemeinsames Wirtschaften i. S. v. § 24b Absatz 3 Satz 2 EStG kann sowohl darin bestehen, dass die andere volljährige Person zu den Kosten des gemeinsamen Haushalts beiträgt, als auch in einer Entlastung durch tatsächliche Hilfe und Zusammenarbeit. Auf den Umfang der Hilfe oder des Anteils an den im Haushalt anfallenden Arbeiten kommt es grundsätzlich nicht an (vgl. BFH-Urteil vom 28. Juni 2012, III R 26/10, BStBl II S. 815).   8

Ein gemeinsames Wirtschaften setzt ferner nicht voraus, dass nur eine gemeinsame Kasse besteht und die zur Befriedigung jeglichen Lebensbedarfs dienenden Güter nur gemeinsam und auf-   9 grund gemeinsamer Planung angeschafft werden. Es genügt eine mehr oder weniger enge Gemeinschaft mit nahem Beieinanderwohnen, bei der jedes Mitglied der Gemeinschaft tatsächlich oder finanziell seinen Beitrag zur Haushalts- bzw. Lebensführung leistet und an ihr partizipiert (der gemeinsame Verbrauch der Lebensmittel oder Reinigungsmittel, die gemeinsame Nutzung des Kühlschrankes etc.). Auf die Zahlungswege kommt es nicht an. Es steht daher der Annahme einer Haushaltsgemeinschaft nicht entgegen, wenn z. B. der Steuerpflichtige die laufenden Kosten des Haushalts ohne Miete trägt und die andere Person dafür vereinbarungsgemäß die volle Miete bezahlt.

10   Es kommt ferner nicht darauf an, dass der Steuerpflichtige und die andere Person in besonderer Weise materiell (Unterhaltsgewährung) und immateriell (Fürsorge und Betreuung) verbunden sind. Als Kriterien für eine Haushaltsgemeinschaft können auch der Zweck und die Dauer der Anwesenheit der anderen Person in der Wohnung des Steuerpflichtigen herangezogen werden. So liegt eine Haushaltsgemeinschaft nicht vor, bei nur kurzfristiger Anwesenheit in der Wohnung oder nicht nur vorübergehender Abwesenheit von der Wohnung.

Beispiele für nur kurzfristige Anwesenheit:

Zu Besuchszwecken, aus Krankheitsgründen.

Beispiele für nur vorübergehende Abwesenheit:

Krankenhausaufenthalt, Auslandsreise, Auslandsaufenthalt eines Montagearbeiters, doppelte Haushaltsführung aus beruflichen Gründen bei regelmäßiger Rückkehr in die gemeinsame Wohnung.

Beispiele für eine nicht nur vorübergehende Abwesenheit:

Strafvollzug, bei Meldung als vermisst, Auszug aus der gemeinsamen Wohnung, Unterhaltung einer zweiten Wohnung aus privaten Gründen.

11   Eine Haushaltsgemeinschaft ist insbesondere gegeben bei eheähnlichen oder lebenspartnerschaftsähnlichen Gemeinschaften, bei Wohngemeinschaften unter gemeinsamer Wirtschaftsführung mit einer sonstigen volljährigen Person, z. B. einem Studierenden, mit volljährigen Kindern, für die dem Steuerpflichtigen weder ein Freibetrag nach § 32 Absatz 6 EStG noch Kindergeld zusteht, mit anderen Verwandten (vgl. BFH-Urteil vom 28. Juni 2012, III R 26/10, BStBl II S. 815), oder bei nicht dauernd getrennt lebenden Ehegatten/Lebenspartnern, wenn keine Ehegatten-/Lebenspartnerbesteuerung in Betracht kommt, z. B. deutsche Ehegatten/Lebenspartner von Angehörigen der NATO-Streitkräfte.

12   Eheähnliche oder lebenspartnerschaftsähnliche Gemeinschaften – im Sinne einer auf Dauer angelegten Verantwortungs- und Einstehensgemeinschaft – können anhand der folgenden, aus dem Sozialrecht abgeleiteten Indizien festgestellt werden:

- Dauer des Zusammenlebens (z. B. von länger als einem Jahr),
- Versorgung gemeinsamer Kinder im selben Haushalt,
- Versorgung anderer Angehöriger im selben Haushalt,
- von beiden Partnern unterschriebener und auf Dauer angelegter Mietvertrag,
- gemeinsame Kontoführung,
- andere Verfügungsbefugnisse über Einkommen und Vermögen des Partners oder
- andere gemeinsame Verträge, z. B. über Unterhaltspflichten.

Beantragt ein Steuerpflichtiger den Abzug von Unterhaltsleistungen an die andere volljährige Person als außergewöhnliche Belastungen nach § 33a Absatz 1 Satz 3 EStG, ist in der Regel vom Vorliegen einer eheähnlichen oder lebenspartnerschaftsähnlichen Gemeinschaft auszugehen.

13   Mit einer sonstigen volljährigen Person besteht keine Haushaltsgemeinschaft, wenn sie sich tatsächlich und finanziell nicht an der Haushaltsführung beteiligt. Das ist grundsätzlich nur dann der Fall, wenn diese einen vollständig getrennten Haushalt führt oder wenn – z. B. beim Zusammenleben mit einkommenslosen pflegebedürftigen Angehörigen – jedwede Unterstützungsleistung durch die andere Person ausgeschlossen erscheint. So fehlt die Fähigkeit, sich tatsächlich an der Haushaltsführung zu beteiligen, bei Personen, bei denen mindestens ein Schweregrad der Pflegebedürftigkeit i. S. d. §§ 14, 15 SGB XI (Pflegegrade 1 bis 5, bis einschließlich Veranlagungszeitraum 2016: Pflegestufe I, II oder III) besteht oder die blind sind. Der Nachweis des gesundheitlichen Merkmals „blind" richtet sich nach § 65 EStDV. Der Nachweis über den Pflegegrad i. S. d. § 15 SGB XI ist durch Vorlage des Leistungsbescheides des Sozialhilfeträgers bzw. des privaten Pflegeversicherungsunternehmens zu führen. Bei rückwirkender Feststellung des Merkmals „blind" oder der Pflegebedürftigkeit sind ggf. bestandskräftige Steuerfestsetzungen auch hinsichtlich des Entlastungsbetrags nach § 24b EStG zu ändern. Die Fähigkeit, sich finanziell an der Haushaltsführung zu beteiligen, fehlt bei einer Person, die kein oder nur geringes Vermögen

i. S. d. § 33a Absatz 1 Satz 4 EStG besitzt und deren Einkünfte und Bezüge i. S. d. § 33a Absatz 1 Satz 5 EStG den in § 33a Absatz 1 Satz 1 EStG genannten Betrag nicht übersteigen.

c) Gesetzliche Vermutung einer Haushaltsgemeinschaft

Die Annahme einer Haushaltsgemeinschaft setzt nicht die Meldung der anderen Person in der Wohnung des Steuerpflichtigen voraus. § 24b Absatz 3 Satz 2 EStG enthält jedoch neben der gesetzlichen Definition der Haushaltsgemeinschaft auch die Vermutung für das Vorliegen einer Haushaltsgemeinschaft, wenn eine andere volljährige Person mit Haupt- oder Nebenwohnsitz in der Wohnung des Steuerpflichtigen gemeldet ist. Eine nachträgliche Ab- bzw. Ummeldung ist insoweit unerheblich. 14

Die Vermutung ist widerlegbar (§ 24b Absatz 3 Satz 3 EStG). Sie ist widerlegt, wenn die Gemeinde oder das Finanzamt positive Kenntnis davon haben, dass die tatsächlichen Verhältnisse von den melderechtlichen Verhältnissen zugunsten des Steuerpflichtigen abweichen. Der Steuerpflichtige kann die Vermutung der Haushaltsgemeinschaft mit einer in seiner Wohnung gemeldeten anderen volljährigen Person widerlegen, wenn er glaubhaft darlegt, dass eine Haushaltsgemeinschaft mit der anderen Person nicht vorliegt. 15

Leben der Steuerpflichtige und die andere volljährige Person in einer eheähnlichen oder lebenspartnerschaftsähnlichen Gemeinschaft (vgl. Rz. 11 – 12), ist die Vermutung, dass eine Haushaltsgemeinschaft vorliegt, unwiderlegbar (§ 24b Absatz 3 Satz 3 2. Halbsatz EStG). 16

2. Haushaltszugehörigkeit eines Kindes

Weitere Anspruchsvoraussetzung ist, dass ein Kind, für das dem Steuerpflichtigen ein Freibetrag nach § 32 Absatz 6 EStG oder Kindergeld zusteht, zum Haushalt des Steuerpflichtigen gehört. Ein Kind gehört zum Haushalt des Steuerpflichtigen, wenn es in der Wohnung des Steuerpflichtigen gemeldet ist, dauerhaft in dessen Wohnung lebt oder mit seiner Einwilligung vorübergehend, z. B. zu Ausbildungszwecken, auswärtig untergebracht ist. 17

Haushaltszugehörigkeit erfordert ferner eine Verantwortung für das materielle (Versorgung, Unterhaltsgewährung) und immaterielle Wohl (Fürsorge, Betreuung) des Kindes. Eine Heimunterbringung ist unschädlich, wenn die Wohnverhältnisse in der Familienwohnung die speziellen Bedürfnisse des Kindes berücksichtigen und es sich im Haushalt des Steuerpflichtigen regelmäßig aufhält (vgl. BFH-Urteil vom 14. November 2001, X R 24/99, BStBl 2002 II S. 244). Die Haushaltszugehörigkeit ist gemäß § 24b Absatz 1 Satz 2 EStG selbst dann anzunehmen, wenn das Kind in der Wohnung des Steuerpflichtigen gemeldet ist, aber tatsächlich in einer eigenen Wohnung lebt. Diese Vermutung ist unwiderlegbar (vgl. BFH-Urteil vom 5. Februar 2015, III R 9/13, BStBl II S. 926). Ist das Kind hingegen nicht in der Wohnung des Steuerpflichtigen gemeldet, trägt der Steuerpflichtige die Beweislast für das Vorliegen der Haushaltszugehörigkeit. Ist das Kind bei mehreren Steuerpflichtigen gemeldet oder gehört es unstreitig zum Haushalt des Steuerpflichtigen, ohne bei ihm gemeldet zu sein, steht der Entlastungsbetrag demjenigen Alleinstehenden zu, der das Kind tatsächlich in seinen Haushalt aufgenommen hat. 18

Ist ein Kind annähernd gleichwertig in die beiden Haushalte seiner alleinstehenden Eltern aufgenommen, können die Eltern – unabhängig davon, an welchen Berechtigten das Kindergeld ausgezahlt wird – untereinander bestimmen, wem der Entlastungsbetrag zustehen soll, es sei denn, einer der Berechtigten hat bei seiner Veranlagung oder durch Berücksichtigung der Steuerklasse II beim Lohnsteuerabzug den Entlastungsbetrag bereits in Anspruch genommen. Treffen die Eltern keine Bestimmung über die Zuordnung des Entlastungsbetrags, steht er demjenigen zu, an den das Kindergeld ausgezahlt wird (vgl. BFH-Urteil vom 28. April 2010, III R 79/08, BStBl 2011 II S. 30). 19

Ist das Kind in den Wohnungen beider Elternteile gemeldet und ist nur ein Elternteil alleinstehend, ist diesem Elternteil der Entlastungsbetrag für Alleinerziehende unabhängig davon zu gewähren, ob dieser die Voraussetzungen für die Auszahlung des Kindergeldes erfüllt oder erfüllen würde. 20

<u>Beispiel:</u>

Die geschiedenen Eltern M und V haben eine gemeinsame zehnjährige Tochter T.

M hat erneut geheiratet und lebt mit dem neuen Ehegatten und T in einem gemeinsamen Haushalt. T ist sowohl in der Wohnung von M als auch in der Wohnung von V gemeldet. M erhält das Kindergeld für T.

V ist alleinstehend i. S. d. § 24b Absatz 3 EStG. Zudem gehört T zu seinem Haushalt. V kann den Entlastungsbetrag für Alleinerziehende in Anspruch nehmen, da ihn M nicht in Anspruch nehmen kann. Bei ihr sind die Voraussetzungen zur Anwendung des Splitting-Verfahrens erfüllt.

3. Identifizierung eines Kindes

21 Voraussetzung für die Berücksichtigung des Kindes ist gemäß § 24b Absatz 1 Satz 4 EStG die Identifizierung des Kindes durch die an dieses Kind vergebene Identifikationsnummer (§ 139b AO).

III. Jahresbetrag, zeitanteilige Gewährung

22 Der Entlastungsbetrag für Alleinerziehende von 1 908 Euro erhöht sich gemäß § 24b Absatz 2 EStG um jeweils 240 Euro für jedes weitere zum Haushalt gehörende Kind. Er ist ein Jahresbetrag, der in jedem Veranlagungszeitraum insgesamt nur einmal in Anspruch genommen werden kann. Eine Aufteilung zwischen den Haushalten alleinerziehender Elternteile ist nicht möglich.

23 Für jeden vollen Kalendermonat, in dem die Voraussetzungen für die Inanspruchnahme des Entlastungsbetrages dem Grunde nach nicht vorgelegen haben, ermäßigt sich der Betrag zeitanteilig um ein Zwölftel (§ 24b Absatz 4 EStG).

> Beispiel:
> Die alleinstehende Mutter M bringt im April ihr erstes Kind zur Welt. Sie lebt in ihrem Haushalt mit keiner weiteren volljährigen Person zusammen. Ab April kann M den Entlastungsbetrag für Alleinerziehende zeitanteilig in Höhe von (1 908 Euro × 9/12 =) 1 431 Euro in Anspruch nehmen.

24 Entsprechend ermäßigt sich für jeden Kalendermonat, in dem die Voraussetzungen für die Inanspruchnahme des Erhöhungsbetrages nicht vorgelegen haben, der Erhöhungsbetrag zeitanteilig.

> Beispiel:
> Die alleinstehende Mutter M bringt im Juni ihr zweites Kind zur Welt. Sie lebt in ihrem Haushalt mit keiner weiteren volljährigen Person zusammen. Für den Veranlagungszeitraum kann M einen Entlastungsbetrag für Alleinerziehende in Höhe von 2 048 Euro (1 908 Euro + 240 Euro × 7/12) in Anspruch nehmen.

25 In dem Veranlagungszeitraum, in dem Ehegatten bzw. Lebenspartner sich trennen (Verlassen der gemeinsamen Wohnung, Scheidung), ist eine zeitanteilige Inanspruchnahme des Entlastungsbetrages nicht möglich, wenn für das Jahr grundsätzlich die Voraussetzungen für die Anwendung des Splitting-Verfahrens gegeben sind. Entsprechendes gilt in Fällen der Einzelveranlagung (bis einschließlich Veranlagungszeitraum 2012: in Fällen der getrennten Veranlagung im Jahr der Eheschließung) sowie in dem Jahr der Eheschließung oder des Eingehens einer Lebenspartnerschaft. Abweichend hiervon können verwitwete Steuerpflichtige nach § 24b Absatz 4 EStG den Entlastungsbetrag für Alleinerziehende erstmals zeitanteilig für den Monat des Todes des Ehegatten oder Lebenspartners beanspruchen.

26 Im Fall des Zusammenlebens mit einer anderen volljährigen Person ist der Entlastungsbetrag zeitanteilig für volle Kalendermonate zu kürzen, in denen eine Haushaltsgemeinschaft mit der anderen volljährigen Person besteht.

> Beispiel:
> Mutter M ist alleinstehend und lebt mit ihren minderjährigen Kindern K und L in einem gemeinsamen Haushalt zusammen. Am 15. August des Jahres zieht der volljährige Bruder von M in die Wohnung mit ein. Bis einschließlich August kann M den Entlastungsbetrag für Alleinerziehende zeitanteilig in Höhe von (2 148 Euro × 8/12 =) 1 432 Euro in Anspruch nehmen.

Dieses Schreiben ersetzt das Anwendungsschreiben vom 29. Oktober 2004 (BStBl I S. 1042) und ist in Bezug auf die Änderungen durch das Gesetz zur Anhebung des Grundfreibetrags, des Kinderfreibetrags, des Kindergeldes und des Kinderzuschlags (a. a. O.) für Veranlagungszeiträume ab 2015, im Übrigen in allen noch offenen Fällen anzuwenden.

Zweifelsfragen im Zusammenhang mit der ertragsteuerlichen Behandlung von Entlassungsentschädigungen (§ 34 EStG)

BMF vom 1. 11. 2013 (BStBl I S. 1326) IV C 4 – S 2290/13/10002 – 2013/0929313

geändert durch BMF vom 4. 3. 2016 (BStBl I S. 277) IV C 4 – S 2290/07/10007 :031 – 2016/0166315

Unter Bezugnahme auf das Ergebnis der Erörterungen mit den obersten Finanzbehörden der Länder nehme ich zu Fragen im Zusammenhang mit der ertragsteuerlichen Behandlung von Entlassungsentschädigungen wie folgt Stellung:

Inhaltsverzeichnis

I. Allgemeines

[1]Scheidet ein Arbeitnehmer auf Veranlassung des Arbeitgebers vorzeitig aus einem Dienstverhältnis aus, so können ihm folgende Leistungen des Arbeitgebers zufließen, die wegen ihrer unterschiedlichen steuerlichen Auswirkung gegeneinander abzugrenzen sind: 1

– normal zu besteuernder Arbeitslohn nach § 19, ggf. i. V. m. § 24 Nr. 2 EStG,

– steuerbegünstigte Entschädigungen nach § 24 Nr. 1 i. V. m. § 34 Abs. 1 und 2 EStG (→ Rz. 2 bis 3),

– steuerbegünstigte Entschädigungen nach § 24 Nr. 1 i. V. m. § 34 Abs. 1 und 2 EStG (→ Rz. 2 bis 4),

– steuerbegünstigte Leistungen für eine mehrjährige Tätigkeit i. S. d. § 34 Abs. 2 Nr. 4 EStG.

[2]Auch die Modifizierung betrieblicher Renten kann Gegenstand von Auflösungsvereinbarungen sein (→ Rz. 4 bis 7).

2 ¹Eine steuerbegünstigte Entschädigung setzt voraus, dass an Stelle der bisher geschuldeten Leistung eine andere tritt. ²Diese andere Leistung muss auf einem anderen, eigenständigen Rechtsgrund beruhen. ³Ein solcher Rechtsgrund wird regelmäßig Bestandteil der Auflösungsvereinbarung sein; er kann aber auch bereits bei Abschluss des Dienstvertrags oder im Verlauf des Dienstverhältnisses für den Fall des vorzeitigen Ausscheidens vereinbart werden. ⁴Eine Leistung in Erfüllung eines bereits vor dem Ausscheiden begründeten Anspruchs des Empfängers ist keine Entschädigung, auch wenn dieser Anspruch in einer der geänderten Situation angepassten Weise erfüllt wird (Modifizierung; siehe z. B. Rz. 4 bis 7). ⁵Der Entschädigungsanspruch darf – auch wenn er bereits früher vereinbart worden ist – erst als Folge einer vorzeitigen Beendigung des Dienstverhältnisses entstehen. ⁶Eine Entschädigung i. S. d. § 24 Nr. 1 Buchstabe a EStG kann auch vorliegen, wenn der Arbeitgeber seinem Arbeitnehmer eine (Teil-)Abfindung zahlt, weil dieser seine Wochenarbeitszeit aufgrund eines Vertrags zur Änderung des Arbeitsvertrags unbefristet reduziert (→ BFH vom 25. 08. 2009 – BStBl 2010 II S. 1030).

3 ¹Eine Entschädigung i. S. d. § 24 Nr. 1 Buchstabe a EStG, die aus Anlass einer Entlassung aus dem Dienstverhältnis vereinbart wird (Entlassungsentschädigung), setzt den Verlust von Einnahmen voraus, mit denen der Arbeitnehmer rechnen konnte. ²Eine Zahlung des Arbeitgebers, die bereits erdiente Ansprüche abgilt, wie z. B. rückständiger Arbeitslohn, anteiliges Urlaubsgeld, Urlaubsabgeltung, Weihnachtsgeld, Gratifikationen, Tantiemen oder bei rückwirkender Beendigung des Dienstverhältnisses bis zum steuerlich anzuerkennenden Zeitpunkt der Auflösung noch zustehende Gehaltsansprüche, ist keine Entschädigung i. S. d. § 24 Nr. 1 Buchstabe a EStG. ³Das gilt auch für freiwillige Leistungen, wenn sie in gleicher Weise den verbleibenden Arbeitnehmern tatsächlich zugewendet werden.

II. Lebenslängliche betriebliche Versorgungszusagen

4 ¹Lebenslängliche Bar- oder Sachleistungen sind als Einkünfte i. S. d. § 24 Nr. 2 EStG zu behandeln (→ BFH vom 28. 09. 1967 – BStBl 1968 II S. 76). ²Sie sind keine außerordentlichen Einkünfte i. S. d. § 34 Abs. 2 EStG und damit für eine begünstigte Besteuerung der im Übrigen gezahlten Entlassungsentschädigung i. S. d. § 24 Nr. 1 Buchstabe a EStG unschädlich (siehe die hauptsächlichen Anwendungsfälle in Rz. 5 bis 7). ³Deshalb kommt die begünstigte Besteuerung auch dann in Betracht, wenn dem Arbeitnehmer im Rahmen der Ausscheidensvereinbarung erstmals lebenslang laufende Versorgungsbezüge zugesagt werden. ⁴Auch eine zu diesem Zeitpunkt erstmals eingeräumte lebenslängliche Sachleistung, wie z. B. ein verbilligtes oder unentgeltliches Wohnrecht, ist für die ermäßigte Besteuerung unschädlich.

1. Steuerliche Behandlung von Entlassungsentschädigungen bei Verzicht des Arbeitgebers auf die Kürzung einer lebenslänglichen Betriebsrente

5 Wird bei Beginn der Rente aus der gesetzlichen Rentenversicherung die lebenslängliche Betriebsrente ungekürzt gezahlt, so schließt dies die ermäßigte Besteuerung der Entlassungsentschädigung, die in einem Einmalbetrag gezahlt wird, nicht aus.

2. Steuerliche Behandlung von Entlassungsentschädigungen bei vorgezogener lebenslänglicher Betriebsrente

6 ¹Wird im Zusammenhang mit der Auflösung des Dienstverhältnisses neben einer Einmalzahlung eine (vorgezogene) lebenslängliche Betriebsrente bereits vor Beginn der Rente aus der gesetzlichen Rentenversicherung gezahlt, so schließt auch dies die ermäßigte Besteuerung der Entlassungsentschädigung nicht aus. ²Dabei ist es unerheblich, ob die vorgezogene Betriebsrente gekürzt, ungekürzt oder erhöht geleistet wird. ³In diesen Fällen ist die vorgezogene Betriebsrente nach § 24 Nr. 2 EStG zu erfassen.

3. Steuerliche Behandlung von Entlassungsentschädigungen bei Umwandlung eines (noch) verfallbaren Anspruchs auf lebenslängliche Betriebsrente in einen unverfallbaren Anspruch

7 Wird ein (noch) verfallbarer Anspruch auf lebenslängliche Betriebsrente im Zusammenhang mit der Auflösung eines Dienstverhältnisses in einen unverfallbaren Anspruch umgewandelt, so ist die Umwandlung des Anspruchs für die Anwendung des § 34 Abs. 1 EStG auf die Einmalzahlung unschädlich.

III. Zusammenballung von Einkünften i. S. d. § 34 EStG

1. Zusammenballung von Einkünften in einem VZ (→ 1. Prüfung)

8 ¹)¹Nach ständiger Rechtsprechung (→ BFH vom 14. 08. 2001 – BStBl 2002 II S. 180 m. w. N.) setzt die Anwendung der begünstigten Besteuerung nach § 34 Abs. 1 und 2 EStG u. a. voraus, dass die

---

1) Rz. 8 wurde durch BMF vom 4. 3. 2016 (BStBl I S. 277) geändert und ist in allen offenen Fällen anzuwenden.

Entschädigungsleistungen zusammengeballt in einem VZ zufließen. [2]Der Zufluss mehrerer Teilbeträge in unterschiedlichen VZ ist deshalb grundsätzlich schädlich (→ BFH vom 03. 07. 2002 – BStBl 2004 II S. 447, → 1. Prüfung). [3]Dies gilt nicht, soweit es sich um eine im Verhältnis zur Hauptleistung stehende geringfügige Zahlung (maximal 5 % der Hauptleistung) handelt, die in einem anderen VZ zufließt (→ BFH vom 25. 08. 2009 – BStBl 2011 II S. 27). [4]Aus Vereinfachungsgründen wird es nicht beanstandet, eine geringfügige Zahlung anzunehmen, wenn diese nicht mehr als 10 % der Hauptleistung beträgt. [5]Darüber hinaus kann eine Zahlung unter Berücksichtigung der konkreten individuellen Steuerbelastung als geringfügig anzusehen sein, wenn sie niedriger ist als die tarifliche Steuerbegünstigung der Hauptleistung (→ BFH vom 13. 10. 2015 – BStBl 2016 II S. 214). [6]Ferner können jedoch auch ergänzende Zusatzleistungen, die Teil der einheitlichen Entschädigung sind und in späteren VZ aus Gründen der sozialen Fürsorge für eine gewisse Übergangszeit gewährt werden, für die Beurteilung der Hauptleistung als einer zusammengeballten Entschädigung unschädlich sein (→ Rz. 13). [7]Pauschalbesteuerte Arbeitgeberleistungen sind bei der Beurteilung des Zuflusses in einem VZ nicht zu berücksichtigen. [8]Bestimmen Arbeitgeber und Arbeitnehmer, dass die fällige Entschädigung erst im Folgejahr zufließen soll, ist dies für die Anwendung von § 34 Abs. 1 und 2 EStG unschädlich. [9]Dabei gelten die Grundsätze von Rz. 8 bis 15 entsprechend (→ BFH vom 11. 11. 2009 – BStBl 2010 II S. 46). [10]Ein auf zwei Jahre verteilter Zufluss der Entschädigung ist ausnahmsweise unschädlich, wenn die Zahlung der Entschädigung von vornherein in einer Summe vorgesehen war und nur wegen ihrer ungewöhnlichen Höhe und der besonderen Verhältnisse des Zahlungspflichtigen auf zwei Jahre verteilt wurde oder wenn der Entschädigungsempfänger – bar aller Existenzmittel – dringend auf den baldigen Bezug einer Vorauszahlung angewiesen war (→ BFH vom 02. 09. 1992 – BStBl 1993 II S. 831).

2. Zusammenballung von Einkünften unter Berücksichtigung der wegfallenden Einnahmen (→ 2. Prüfung)

2.1. Zusammenballung i. S. d. § 34 EStG, wenn durch die Entschädigung die bis zum Jahresende wegfallenden Einnahmen überschritten werden

Übersteigt die anlässlich der Beendigung eines Arbeitsverhältnisses gezahlte Entschädigung die bis zum Ende des VZ entgehenden Einnahmen, die der Arbeitnehmer bei Fortsetzung des Arbeitsverhältnisses bezogen hätte, so ist das Merkmal der Zusammenballung von Einkünften stets erfüllt.   **9**

2.2. Zusammenballung i. S. d. § 34 EStG, wenn durch die Entschädigung nur ein Betrag bis zur Höhe der bis zum Jahresende wegfallenden Einnahmen abgegolten wird

Übersteigt die anlässlich der Beendigung eines Dienstverhältnisses gezahlte Entschädigung die bis zum Ende des (Zufluss-) VZ entgehenden Einnahmen nicht, ist das Merkmal der Zusammenballung von Einkünften nur erfüllt, wenn der Steuerpflichtige weitere Einnahmen bezieht, die er bei Fortsetzung des Dienstverhältnisses nicht bezogen hätte (→ BFH vom 04. 03. 1998 – BStBl II S. 787, → 2. Prüfung).   **10**

a) Ermittlung der zu berücksichtigenden Einkünfte (mit Beispielen)

[1]Für die Beurteilung der Zusammenballung ist es ohne Bedeutung, ob die Entschädigung für den Einnahmeverlust mehrerer Jahre gewährt werden soll. [2]Entscheidend ist vielmehr, ob es unter Einschluss der Entschädigung infolge der Beendigung des Dienstverhältnisses in dem jeweiligen VZ insgesamt zu einer über die normalen Verhältnisse hinausgehenden Zusammenballung von Einkünften kommt (→ BFH vom 04. 03. 1998 – BStBl II S. 787). [3]Dagegen kommt es auf eine konkrete Progressionserhöhung nicht an (→ BFH vom 17. 12. 1982 – BStBl 1983 II S. 221, vom 21. 03. 1996 – BStBl II S. 416 und vom 04. 03. 1998 – BStBl II S. 787). [4]Auch die Zusammenballung mit anderen laufenden Einkünften des Steuerpflichtigen ist keine weitere Voraussetzung für die Anwendung des § 34 Abs. 1 EStG (→ BFH vom 13. 11. 1953 – BStBl 1954 III S. 13); dies gilt insbesondere in Fällen, in denen die Entschädigung die bis zum Jahresende entgehenden Einnahmen nur geringfügig übersteigt (→ Rz. 9). [5]Andererseits kommt § 34 Abs. 1 EStG unter dem Gesichtspunkt der Zusammenballung auch dann in Betracht, wenn im Jahr des Zuflusses der Entschädigung weitere Einkünfte erzielt werden, die der Steuerpflichtige nicht bezogen hätte, wenn das Dienstverhältnis ungestört fortgesetzt worden wäre und er dadurch mehr erhält, als er bei normalem Ablauf der Dinge erhalten hätte (→ BFH vom 04. 03. 1998 – BStBl II S. 787). [6]Bei der Berechnung der Einkünfte, die der Steuerpflichtige beim Fortbestand des Vertragsverhältnisses im VZ bezogen hätte, ist grundsätzlich auf die Einkünfte des Vorjahres abzustellen (→ BFH vom 04. 03. 1998 – BStBl II S. 787), es sei denn, die Einnahmesituation ist in diesem Jahr durch außergewöhnliche Ereignisse geprägt (→ BFH vom 27. 01. 2010 – BStBl 2011 II S. 28). [7]Die erforderliche Vergleichsrechnung ist grundsätzlich anhand der jeweiligen Einkünfte des Steuerpflichtigen laut Steuerbescheid/Steuererklärung vorzunehmen (→ Beispiele 1 und 2). [8]Da die außerordentlichen Einkünfte innerhalb einer Einkunftsart bzw. der Summe der Einkünfte eine „beson-   **11**

dere Abteilung" bilden (→ BFH vom 29. 10. 1998 – BStBl 1999 II S. 588), sind in die Vergleichs-rechnung nur Einkünfte einzubeziehen, die in einem Veranlassungszusammenhang mit dem (früheren) Arbeitsverhältnis oder dessen Beendigung bzw. in einem inneren Zusammenhang mit der früheren Tätigkeit stehen, d. h. die dazu bestimmt sind, die Einkünfte aus der früheren Tätig-keit zu ersetzen. [9]Negative Einkünfte aus einer neu aufgenommenen Tätigkeit i. S. d. §§ 13, 15, 18 sowie § 19 EStG (ohne Versorgungsbezüge) sind nie zu berücksichtigen. [10]Dabei ist der Arbeit-nehmer-Pauschbetrag vorrangig von den laufenden Einkünften i. S. d. § 19 EStG abzuziehen (→ BFH vom 29. 10. 1998 – BStBl 1999 II S. 588). [11]Dem Progressionsvorbehalt unterliegende posi-tive Lohnersatzleistungen und dem § 32b EStG unterliegender Arbeitslohn sind in die Vergleichs-rechnung einzubeziehen. [12]Liegen ausschließlich Einkünfte i. S. d. § 19 EStG vor, ist es nicht zu beanstanden, wenn die erforderliche Vergleichsrechnung stattdessen anhand der betreffenden Einnahmen aus nichtselbständiger Arbeit durchgeführt wird. [13]Unbeschadet der Regelungen in Rz. 8 (Zusammenballung von Einkünften in einem VZ) sind bei einer solchen Vergleichsrechnung nach Maßgabe der Einnahmen neben den positiven Lohnersatzleistungen und dem Arbeitslohn, die dem Progressionsvorbehalt nach § 32b EStG unterliegen, auch pauschalbesteuerte Arbeit-geberleistungen einzubeziehen (→ Beispiel 3).

Beispiel 1:

Auflösung des Dienstverhältnisses im Jahr 02. Die Entschädigung im Jahr 02 beträgt 15 000 EUR.

Vergleich

– Jahr 01

Einkünfte i. S. d. § 19 EStG (50 000 EUR ./. 1 000 EUR)	49 000 EUR
Einkünfte aus den übrigen Einkunftsarten	0 EUR
Summe	49 000 EUR

– Jahr 02

Einnahmen i. S. d. § 19 EStG aus bisherigem Dienstverhält-nis	25 000 EUR	
Einnahmen i. S. d. § 19 EStG aus neuem Dienstverhältnis	25 000 EUR	
abzgl. AN-Pauschbetrag	1 000 EUR	49 000 EUR
Entschädigung		15 000 EUR
Summe		64 000 EUR

Die Entschädigung (15 000 EUR) übersteigt nicht den Betrag der entgehenden Einnahmen (25 000 EUR). Der Steuerpflichtige hat aber aus dem alten und neuen Dienstverhältnis so hohe Einkünfte, dass es unter Einbeziehung der Entschädigung zu einer die bisherigen Einkünfte übersteigenden Zusammenballung von Einkünften und somit zur Anwendung des § 34 EStG kommt.

Beispiel 2:

Auflösung des Dienstverhältnisses im Jahr 02. Die Entschädigung im Jahr 02 beträgt 20 000 EUR.

Vergleich

– Jahr 01

Einkünfte i. S. d. § 19 EStG (50 000 EUR ./. 1 000 EUR)	49 000 EUR
Einkünfte aus den übrigen Einkunftsarten	0 EUR
Summe	49 000 EUR

– Jahr 02

Einnahmen i. S. d. § 19 EStG aus bisherigem Dienstverhältnis (20 000 EUR) abzgl. AN-Pauschbetrag (1 000 EUR)	19 000 EUR
Entschädigung	20 000 EUR
tatsächlich bezogenes Arbeitslosengeld	4 800 EUR
Summe	43 800 EUR

Die Entschädigung von 20 000 EUR übersteigt nicht den Betrag der entgehenden Einnahmen (30 000 EUR). Der auf der Basis der Einkünfte vorgenommene Vergleich der aus dem bisheri-gen Dienstverhältnis im Jahr 02 bezogenen Einkünfte einschließlich der Entschädigung (19 000 EUR + 20 000 EUR + 4 800 EUR = 43 800 EUR) übersteigt nicht die bisherigen Einkünfte des Jahres 01 (49 000 EUR).

Auch bei einem Vergleich nach Maßgabe der Einnahmen aus nichtselbständiger Arbeit über-steigen die im Jahr 02 bezogenen Einnahmen einschließlich der Entschädigung (20 000 EUR + 20 000 EUR + 4 800 = 44 800 EUR) nicht die Einnahmen des Jahres 01 (50 000 EUR). Eine Zusammenballung der Einkünfte liegt daher nicht vor. Für die Entschädigung kommt eine ermäßigte Besteuerung nach § 34 Abs. 1 und 2 EStG deshalb nicht in Betracht.

Beispiel 3:

Auflösung des Dienstverhältnisses im Jahr 02. Die Entschädigung im Jahr 02 beträgt 25 000 EUR.

Vergleich auf der Basis der Einnahmen:

– Jahr 01

Einnahmen i. S. d. § 19 EStG	50 000 EUR

– Jahr 02

Einnahmen i. S. d. § 19 EStG aus bisherigem Dienstverhältnis	20 000 EUR
Entschädigung	25 000 EUR
pauschal besteuerte Zukunftssicherungsleistungen ab dem Ausscheiden	994 EUR
tatsächlich bezogenes Arbeitslosengeld	4 800 EUR
Summe	50 794 EUR

Die Entschädigung 25 000 EUR übersteigt nicht den Betrag der entgehenden Einnahmen (30 000 EUR).

Der Vergleich nach Maßgabe der Einnahmen aus nichtselbständiger Arbeit ergibt, dass die Einnahmen im Jahr 02 einschließlich der Entschädigung, den pauschal besteuerten Zukunftssicherungsleistungen ab dem Ausscheiden und dem tatsächlich bezogenen Arbeitslosengeld (50 794 EUR) die Einnahmen des Jahres 01 (50 000 EUR) übersteigen. Aufgrund der vorliegenden Zusammenballung kann die Entschädigung nach § 34 Abs. 1 und 2 EStG ermäßigt besteuert werden.

Beispiel 4:

Auflösung des Dienstverhältnisses im März 02 – Einnahmen i. S. d. § 19 EStG bis dahin 17 000 EUR, die Entschädigung beträgt 46 000 EUR. Anschließend Bezug von Arbeitslosengeld (April 02 bis Oktober 02) 9 000 EUR. Gründung eines Gewerbebetriebs im November 02 (Einkünfte: ./. 15 000 EUR).

Vergleich:

– Jahr 01

Einkünfte i. S. d. § 19 EStG (65 000 EUR ./. 1 000 EUR)	64 000 EUR
Einkünfte aus den übrigen Einkunftsarten	0 EUR
Summe	64 000 EUR

– Jahr 02

Einkünfte i. S. d. § 19 EStG aus bisherigem Dienstverhältnis (17 000 EUR ./. 1 000 EUR)	16 000 EUR
Entschädigung	46 000 EUR
tatsächlich bezogenes Arbeitslosengeld	9 000 EUR
Summe	71 000 EUR

Die Entschädigung (46 000 EUR) übersteigt nicht den Betrag der entgehenden Einnahmen (65 000 EUR ./. 17 000 EUR) in Höhe von 48 000 EUR.

Nach dem Vergleich der Einkünfte aus dem früheren Dienstverhältnis des Jahres 01 (64 000 EUR) mit den Einkünften des Jahres 02, die in Zusammenhang mit dem früheren Arbeitsverhältnis (Arbeitslohn und Entschädigung) und dessen Auflösung (Arbeitslosengeld) stehen (71 000 EUR), liegt jedoch eine Zusammenballung von Einkünften im Jahr 02 vor.

Die negativen Einkünfte aus dem neu aufgenommenen Gewerbebetrieb sind nicht zu berücksichtigen.

b) Anwendung im Lohnsteuerabzugsverfahren

[1]Im Lohnsteuerabzugsverfahren richtet sich die Anwendung des § 34 EStG nach § 39b Abs. 3 Satz 9 EStG. [2]Dabei ist die Regelung nach Rz. 8 und 11 ebenfalls anzuwenden, wobei der Arbeitgeber auch solche Einnahmen (Einkünfte) berücksichtigen darf, die der Arbeitnehmer nach Beendigung des bestehenden Dienstverhältnisses erzielt. [3]Der Arbeitnehmer ist in diesem Fall zur Abgabe einer Einkommensteuererklärung verpflichtet (Pflichtveranlagung nach § 46 Abs. 2 Nr. 5 EStG). [4]Kann der Arbeitgeber die erforderlichen Feststellungen nicht treffen, ist im Lohnsteuerabzugsverfahren die Besteuerung ohne Anwendung des § 39b Abs. 3 Satz 9 EStG durchzuführen. [5]Die begünstigte Besteuerung erfolgt dann ggf. erst im Veranlagungsverfahren (Antragsveranlagung nach § 46 Abs. 2 Nr. 8 EStG). [6]Die ermäßigte Besteuerung ist im Lohnsteuerabzugsverfahren nicht anzuwenden, wenn sie zu einer höheren Steuer führt als die Besteuerung als nicht begünstigter sonstiger Bezug (→ BMF-Schreiben vom 10. 01. 2000 – BStBl I S. 138).

12

3. Zusammenballung von Einkünften bei zusätzlichen Entschädigungsleistungen des Arbeitgebers

a) Zusätzliche Entschädigungsleistungen des Arbeitgebers

13 ¹Sehen Entlassungsvereinbarungen zusätzliche Leistungen des früheren Arbeitgebers vor, z. B. unentgeltliche Nutzung des Dienstwagens, ohne dass der ausgeschiedene Mitarbeiter noch zu einer Dienstleistung verpflichtet wäre, so kann es sich um eine Entschädigung handeln (→ Rz. 2, 3). ²Eine Entschädigung liegt in diesen Fällen u. a. nicht vor, wenn derartige zusätzliche Leistungen nicht nur bei vorzeitigem Ausscheiden, sondern auch in anderen Fällen, insbesondere bei altersbedingtem Ausscheiden, erbracht werden, z. B. Fortführung von Mietverhältnissen, von Arbeitgeberdarlehen, von Deputatlieferungen und von Sondertarifen, sowie Weitergewährung von Rabatten. ³Lebenslänglich zugesagte Geld- oder Sachleistungen sind stets nach § 24 Nr. 2 EStG zu behandeln.

b) Zusammenballung von Einkünften bei zusätzlichen Entschädigungsleistungen des Arbeitgebers aus Gründen der sozialen Fürsorge in späteren VZ

14 ¹Fließt die Gesamtentschädigung (Einmalbetrag zuzüglich zusätzlicher Entschädigungsleistungen) nicht in einem VZ zu, so ist dies für die Anwendung des § 34 EStG grundsätzlich schädlich (→ Rz. 8). ²Werden aber zusätzliche Entschädigungsleistungen, die Teil einer einheitlichen Entschädigung sind, aus Gründen der sozialen Fürsorge für eine gewisse Übergangszeit in späteren VZ gewährt, sind diese für die Beurteilung der Hauptleistung als einer zusammengeballten Entschädigung unschädlich, wenn sie weniger als 50 % der Hauptleistung betragen.

³Die Vergleichsrechnung ist hier durch Einnahmenvergleich vorzunehmen.

⁴Zusatzleistungen aus Gründen der sozialen Fürsorge sind beispielsweise solche Leistungen, die der (frühere) Arbeitgeber seinem (früheren) Arbeitnehmer zur Erleichterung des Arbeitsplatz- oder Berufswechsels oder als Anpassung an eine dauerhafte Berufsaufgabe und Arbeitslosigkeit erbringt. ⁵Sie setzen keine Bedürftigkeit des entlassenen Arbeitnehmers voraus. ⁶Soziale Fürsorge ist allgemein im Sinne der Fürsorge des Arbeitgebers für seinen früheren Arbeitnehmer zu verstehen. ⁷Ob der Arbeitgeber zu der Fürsorge arbeitsrechtlich verpflichtet ist, ist unerheblich.

⁸Derartige ergänzende Zusatzleistungen können beispielsweise die Übernahme von Kosten für eine Outplacement-Beratung (→ BFH vom 14. 08. 2001 – BStBl 2002 II S. 180), die befristete Weiterbenutzung des Dienstwagens (→ BFH vom 03. 07. 2002 – BStBl 2004 II S. 447), die befristete Übernahme von Versicherungsbeiträgen, die befristete Zahlung von Zuschüssen zum Arbeitslosengeld (→ BFH vom 24. 01. 2002 – BStBl 2004 II S. 442), die Zahlung einer Jubiläumszuwendung nach dem Ausscheiden, die der Arbeitnehmer bei Fortsetzung des Arbeitsverhältnisses erhalten hätte (→ BFH vom 14. 05. 2003 – BStBl 2004 II S. 451) und Zahlungen zur Verwendung für die Altersversorgung (→ BFH vom 15. 10. 2003 – BStBl 2004 II S. 264) sein.

⁹Die aus sozialer Fürsorge erbrachten ergänzenden Zusatzleistungen, die außerhalb des zusammengeballten Zuflusses in späteren VZ erfolgen, fallen nicht unter die Tarifbegünstigung des § 34 Abs. 1 EStG.

Beispiel:

Auflösung des Dienstverhältnisses im Jahr 02. Der Arbeitgeber zahlt im Jahr 02 insgesamt 150 000 EUR Entschädigung und gewährt von Juli 02 bis Juni 03 zur Überbrückung der Arbeitslosigkeit einen Zuschuss zum Arbeitslosengeld von monatlich 2 500 EUR. Im Jahr 03 fließen keine weiteren Einkünfte zu.

– Jahr 02		
Einnahmen i. S. d. § 19 EStG		50 000 EUR
Entschädigung	150 000 EUR	
monatlicher Zuschuss (6x 2 500 EUR)	15 000 EUR	
Entschädigung insgesamt (Hauptleistung)		165 000 EUR
– Jahr 03		
monatlicher Zuschuss (6x 2 500 EUR)		15 000 EUR

Die im Jahr 03 erhaltenen Zahlungen sind zusätzliche Entschädigungsleistungen, die aus sozialer Fürsorge für eine gewisse Übergangszeit gewährt wurden. Sie betragen 15 000 EUR = 9,09 % von 165 000 EUR (Entschädigungshauptleistung) und sind damit unschädlich für die Beurteilung der Hauptleistung als einer zusammengeballten Entschädigung. Die im Jahr 02 erhaltene Entschädigungsleistungen sind daher nach § 34 EStG ermäßigt zu besteuern. Die im Jahr 03 erhaltenen Zusatzleistungen fallen nicht unter die Tarifbegünstigung des § 34 EStG. Wegen des vorzunehmenden Vergleichs der Einnahmen bleibt der Arbeitnehmer-Pauschbetrag außer Betracht.

c) Weitere Nutzung der verbilligten Wohnung

Ist die weitere Nutzung einer Wohnung Bestandteil der Entschädigungsvereinbarung, so ist die   15
Mietverbilligung nur dann für die Zusammenballung von Einkünften schädlich, wenn sie miet-
rechtlich frei vereinbar und dem Grunde nach geldwerter Vorteil aus dem früheren Dienstverhältnis ist und nicht auf die Lebenszeit des oder der Berechtigten abgeschlossen ist.

**IV. Planwidriger Zufluss in mehreren VZ/
Rückzahlung bereits empfangener Entschädigungen**

¹Die Anwendung der begünstigten Besteuerung nach § 34 Abs. 1 und 2 EStG setzt u. a. voraus,   16
dass die Entschädigungsleistungen zusammengeballt, d. h. in einem VZ zufließen (→ Rz. 9). ²Das
Interesse der Vertragsparteien ist daher regelmäßig auf den planmäßigen Zufluss in einem VZ
gerichtet. ³Findet in den Fällen der nachstehenden Rz. 19 und 20 ein planwidriger Zufluss in mehreren VZ statt, obwohl die Vereinbarungen eindeutig auf einen einmaligen Zufluss gerichtet
waren, ist der Korrekturbetrag eines nachfolgenden VZ (VZ 02) auf Antrag des Steuerpflichtigen
in den VZ (VZ 01) zurück zu beziehen, in dem die – grundsätzlich begünstigte – Hauptentschädigung zugeflossen ist. ⁴Stimmt das Finanzamt diesem Antrag zu (§ 163 AO), ist der Steuerbescheid
(VZ 01) nach § 175 Abs. 1 Satz 1 Nr. 2 AO zu ändern, wobei die begünstigte Besteuerung auf die
gesamte Entschädigungsleistung (Hauptentschädigung zzgl. Korrekturbetrag) anzuwenden ist.
⁵Wird der Antrag nicht gestellt und ist die Steuerfestsetzung für diesen VZ (VZ 02) bereits
bestandskräftig, so ist der Bescheid (VZ 01) nach § 175 Abs. 1 Satz 1 Nr. 2 AO zu ändern und die
begünstigte Steuerberechnung wegen fehlender Zusammenballung zu versagen.

¹Hat der Steuerpflichtige in einem nachfolgenden VZ einen Teil der Entschädigung zurückzuzahlen,   17
so ist die Rückzahlung als Korrektur auch dann im Jahr des Abflusses zu berücksichtigen, wenn die
Abfindung im Zuflussjahr begünstigt besteuert worden ist. ²Eine Lohnrückzahlung ist regelmäßig
kein rückwirkendes Ereignis i. S. d. § 175 Abs. 1 Satz 1 Nr. 2 AO, das zur Änderung des Einkommensteuerbescheides des Zuflussjahres berechtigt (→ BFH vom 04. 05. 2006 – BStBl II S. 911).

1. Versehentlich zu niedrige Auszahlung der Entschädigung

¹Es kommt vor, dass eine Entschädigung an den ausscheidenden Arbeitnehmer versehentlich –   18
z. B. auf Grund eines Rechenfehlers, nicht jedoch bei unzutreffender rechtlicher Würdigung – im
Jahr des Ausscheidens zu niedrig ausgezahlt wird. ²Der Fehler wird im Laufe eines späteren VZ
erkannt und der Differenzbetrag ausgezahlt.

2. Nachzahlung nach Rechtsstreit

¹Streiten sich Arbeitgeber und Arbeitnehmer vor Gericht über die Höhe der Entschädigung, zahlt   19
der Arbeitgeber üblicherweise an den Arbeitnehmer im Jahr des Ausscheidens nur den von ihm
(Arbeitgeber) für zutreffend gehaltenen Entschädigungsbetrag und leistet ggf. erst Jahre später
auf Grund einer gerichtlichen Entscheidung oder eines Vergleichs eine weitere Zahlung. ²Voraussetzung für die Anwendung der Billigkeitsregelung nach Rz. 16 ist in diesen Fällen, dass der
ausgeschiedene Arbeitnehmer keinen Ersatzanspruch hinsichtlich einer aus der Nachzahlung
resultierenden eventuellen ertragsteuerlichen Mehrbelastung gegenüber dem früheren Arbeitgeber hat.

**V. Vom Arbeitgeber freiwillig übernommene Rentenversicherungsbeiträge
i. S. d. § 187a SGB VI**

Die Hälfte der vom Arbeitgeber freiwillig übernommenen Rentenversicherungsbeiträge i. S. d.   20
§ 187a SGB VI, durch die Rentenminderungen bei vorzeitiger Inanspruchnahme der Altersrente
gemildert oder vermieden werden können, ist steuerfrei nach § 3 Nr. 28 EStG.

¹Die vom Arbeitgeber zusätzlich geleisteten Rentenversicherungsbeiträge nach § 187a SGB VI   22
einschließlich darauf entfallender, ggf. vom Arbeitgeber getragener Steuerabzugsbeträge sind
als Teil der Entschädigung i. S. d. § 24 Nr. 1 EStG, die im Zusammenhang mit der Auflösung
eines Dienstverhältnisses geleistet wird, zu behandeln. ²Leistet der Arbeitgeber diese Beiträge in
Teilbeträgen, ist dies für die Frage der Zusammenballung unbeachtlich. ³Die dem Arbeitnehmer
darüber hinaus zugeflossene Entschädigung (Einmalbetrag) kann daher aus Billigkeitsgründen
auf Antrag unter den übrigen Voraussetzungen begünstigt besteuert werden.

VI. Anwendung

¹Die vorstehenden Grundsätze sind in allen noch offenen Fällen anzuwenden. ²Dieses Schreiben   23
ersetzt die im Bezug genannten BMF-Schreiben.¹)

---

¹) BMF-Schreiben vom 24. 5. 2004 (BStBl I S. 505, berichtigt BStBl I S. 633) und vom 17. 1. 2011 (BStBl I S. 39).

Allgemeine Verwaltungsvorschrift zur Anwendung des Erbschaftsteuer- und Schenkungsteuerrechts (Erbschaftsteuer-Richtlinien 2011 – ErbStR 2011)

vom 19. 12. 2011 (BStBl I Sondernummer 1 / 2011)

– Auszug –

R B 12.1 Kapitalforderungen und Schulden

(1) Besondere Umstände, die eine **vom Nennwert abweichende Bewertung** rechtfertigen, liegen vor,

1. wenn die Kapitalforderungen oder Schulden unverzinslich sind und ihre Laufzeit im Besteuerungszeitpunkt mehr als ein Jahr beträgt;

2. wenn die Kapitalforderungen oder Schulden niedrig verzinst oder hoch verzinst sind und die Kündbarkeit für längere Zeit ausgeschlossen ist;

3. wenn zweifelhaft ist, ob eine Kapitalforderung in vollem Umfang durchsetzbar ist.

(2) ¹Eine **niedrig verzinsliche Kapitalforderung** oder Schuld, die unter dem Nennwert anzusetzen ist, kann angenommen werden, wenn die Verzinsung unter 3 Prozent liegt und die Kündbarkeit am Veranlagungsstichtag für längere Zeit, d. h. für mindestens vier Jahre, eingeschränkt oder ausgeschlossen ist. ²Stehen einer unverzinslichen oder niedrig verzinslichen Kapitalforderung an Stelle der Zinsen oder neben den Zinsen andere wirtschaftliche Vorteile gegenüber, kommt eine Bewertung unter dem Nennwert nicht in Betracht; dies gilt entsprechend, wenn einer unverzinslichen oder niedrig verzinslichen Kapitalschuld an Stelle der Zinsen oder neben den Zinsen andere wirtschaftliche Nachteile gegenüberstehen. ³**Eine hoch verzinsliche Kapitalforderung** oder Schuld, die über dem Nennwert anzusetzen ist, kann im allgemeinen angenommen werden, wenn die Verzinsung über 9 Prozent liegt und die Rückzahlung am Besteuerungsstichtag noch für mindestens vier Jahre ausgeschlossen ist; Satz 2 gilt entsprechend.

(3) ¹Ist zweifelhaft, ob oder inwieweit eine **Kapitalforderung durchsetzbar** ist, kann sie dem Grad der Zweifelhaftigkeit entsprechend mit einem niedrigeren Schätzwert anzusetzen sein. ²Das gilt insbesondere beim Ansatz verjährter Kapitalforderungen. ³Schwierigkeiten in der Beurteilung der Rechtslage sind kein besonderer Umstand, der einen Abschlag rechtfertigt.

(4) Nicht zum Betriebsvermögen gehörende **Steuererstattungsansprüche** und **Steuervergütungsansprüche** sowie entsprechende Schulden (z. B. Einkommensteuerschulden) sind als Kapitalforderungen oder Schulden zu bewerten.

(5) Kapitalforderungen und Schulden, die auf **ausländische Währungen** lauten, sind mit dem am Besteuerungszeitpunkt maßgebenden Umrechnungskurs zu bewerten.

Anwendung von BMF-Schreiben;
BMF-Schreiben, die bis zum 20. März 2017 ergangen sind

BMF vom 21. 3. 2017 (BStBl I S. 486) IV A 2 O 2000/16/10001 – 2017/0209070

Anwendung von gleich lautenden Erlassen der obersten Finanzbehörden der Länder;

Gleich lautende Erlasse, die bis zum 20. März 2017 ergangen sind

Gleich lautende Erlasse der obersten Finanzbehörden der Länder

vom 20. März 2017 (BStBl I S. 487)

Unter Bezugnahme auf das Ergebnis der Erörterungen mit den obersten Finanzbehörden der Länder gilt zur Anwendung der bis zum Tage dieses Schreibens ergangenen BMF-Schreiben das Folgende:

Für Steuertatbestände, die nach dem 31. Dezember 2015 verwirklicht werden, sind die bis zum Tage dieses BMF-Schreibens ergangenen BMF-Schreiben anzuwenden, soweit sie in der Positivliste (Anlage 1, gemeinsame Positivliste der BMF-Schreiben und gleich lautenden Erlasse der obersten Finanzbehörden der Länder) aufgeführt sind. Die nicht in der Positivliste aufgeführten BMF-Schreiben werden für nach dem 31. Dezember 2015 verwirklichte Steuertatbestände aufgehoben. Für vor dem 1. Januar 2016 verwirklichte Steuertatbestände bleibt die Anwendung der nicht in der Positivliste aufgeführten BMF-Schreiben unberührt, soweit sie nicht durch ändernde oder ergänzende BMF-Schreiben überholt sind.

BMF-Schreiben in diesem Sinne sind Verwaltungsvorschriften, die die Vollzugsgleichheit im Bereich der vom Bund verwalteten, der von den Ländern verwalteten und der von den Ländern im Auftrag des Bundes verwalteten Steuern sicherstellen sollen. Die Aufhebung der BMF-Schreiben bedeutet keine Aufgabe der bisherigen Rechtsauffassung der Verwaltung, sondern dient der Bereinigung der Weisungslage. Sie hat deklaratorischen Charakter, soweit die BMF-Schreiben bereits aus anderen Gründen keine Rechtswirkung mehr entfalten. Die in der Anlage 1 zum o. a. BMF-Schreiben vom 14. März 2016 aufgeführten und nicht mehr in der aktuellen Positivliste enthaltenen BMF-Schreiben sind nachrichtlich in der Anlage 2 (gemeinsame Liste der im BMF-Schreiben vom 14. März 2016 (BStBl I S. 290) und in den gleich lautenden Erlassen der obersten Finanzbehörden der Länder vom 14. März 2016 (BStBl I S. 291) aufgeführten und nicht mehr in der aktuellen Positivliste enthaltenen BMF-Schreiben und gleich lautenden Erlasse der obersten Finanzbehörden der Länder) aufgeführt.

– Auszug der BMF-Schreiben/gleich lautenden Erlasse
der obersten Finanzbehörden der Länder für den Bereich Lohnsteuer aus der Positivliste, einschließlich der ab dem 21. März 2017 ergangenen lohnsteuerlich relevanten BMF-Schreiben/
gleich lautenden Erlasse der obersten Finanzbehörden der Länder –

lfd. Nr.	Datum	Aktenzeichen Fundstelle	Fundstelle BStBl	Betreff
1	31. 10. 1983	IV B 6 – S 2293-50/83 H 39.4	BStBl I 1983, 470	Steuerliche Behandlung von Arbeitnehmereinkünften bei Auslandstätigkeit (Auslandstätigkeitserlaß)
2	02. 03. 1990	IV B 6 – S 2332-23/90 H 19.3	BStBl I 1990, 141	Einkommensteuerliche Behandlung der Zinsen auf Einlagen der Arbeitnehmer von Kreditinstituten
3	05. 10. 1990	IV B 6 – S 2332-73/90 H 19.0	BStBl I 1990, 638	Steuerabzug vom Arbeitslohn bei unbeschränkt einkommensteuer-(lohnsteuer-)pflichtigen Künstlern und verwandten Berufen
4	22. 02. 1991	IV B 6 – S 2360-3/91 H 9.1	BStBl I 1991, 951	Steuerliche Behandlung des Versorgungszuschlags für Beamte bei Beurlaubung ohne Dienstbezüge

lfd. Nr.	Datum	Aktenzeichen Fundstelle	Fundstelle BStBl	Betreff
5	15. 04. 1993	IV B 6 – S 2334-68/93 H 8.2	BStBl I 1993, 339	Steuerliche Behandlung der Personalrabatte bei Arbeitnehmern von Kreditinstituten
6	28. 03. 1994	IV B 6 – S 2334-46/94 H 8.2	BStBl I 1994, 233	Lohnsteuerliche Behandlung ersparter Abschlußgebühren bei Abschluß eines Bausparvertrages
7	14. 09. 1994	IV B 6 – S 2334-115/94 H 8.2	BStBl I 1994, 755	Steuerliche Behandlung unentgeltlicher oder verbilligter Reisen bei Mitarbeitern von Reisebüros und Reiseveranstaltern
8	20. 09. 1994	IV B 6 – S 2450-6/94	BStBl I 1994, 757	Merkblatt zum Solidaritätszuschlag im Lohnsteuer-Abzugsverfahren ab 1995
9	06. 12. 1994	IV B 6 – S 2332-48/94	BStBl I 1994, 921	Lohnsteuerliche Behandlung der Pflichtbeiträge katholischer Geistlicher zur/zum a) Ruhegehaltskasse des (Erz-)Bistums, b) Diaspora-Priesterhilfswerk, c) Haushälterinnen-Zusatzversorgung
10	29. 09. 1995	IV B 6 – S 2000-60/95	BStBl I 1995, 429	Jahressteuergesetz 1996; Lohnsteuerermäßigungsverfahren für 1996
11	01. 11. 1995	H 8.1 (9 – 10)	BStBl I 1995, 719	Merkblatt für den Arbeitgeber zu den Rechtsänderungen beim Steuerabzug vom Arbeitslohn ab 1. Januar 1996 und zur Auszahlung des Kindergeldes ab 1. Januar 1996
12	28. 05. 1996	IV B 6 – S 2334-173/96 Anhang 25 III	BStBl I 1996, 654	Steuerliche Behandlung der Überlassung eines betrieblichen Kraftfahrzeugs an Arbeitnehmer
13	30. 06. 1997	IV B 6 – S 2334-148/97 H 19.3	BStBl I 1997, 696	Lohnsteuerliche Behandlung der Aufwendungen des Arbeitgebers für sicherheitsgefährdete Arbeitnehmer; Sicherheitsmaßnahmen
14	10. 01. 2000	IV C 5 – S 2330-2/00	BStBl I 2000, 138	Gesetz zur Neuregelung der geringfügigen Beschäftigungsverhältnisse und Steuerentlastungsgesetz 1999/2000/2002; Anwendung von Vorschriften zum Lohnsteuerabzugsverfahren
15	31. 07. 2002	IV C 5 – S 2369-5/02 H 39.4	BStBl I 2002, 707	Besteuerung der Einkünfte aus nichtselbständiger Arbeit bei beschränkt einkommensteuerpflichtigen Künstlern
16	27. 01. 2004	IV C 5 – S 2000-2/04	BStBl I 2004, 173	Einführungsschreiben Lohnsteuer zum Steueränderungsgesetz 2003 und Haushaltsbegleitgesetz 2004
17	10. 10. 2005	IV C 5 – S 2334-75/05 H 3.59	BStBl I 2005, 959	Steuerbefreiung von Mietvorteilen nach § 3 Nr. 59 2. Halbsatz EStG; BFH-Urteil vom 16. Februar 2005 – VI R 58/03 – (BStBl II S. 750)

lfd. Nr.	Datum	Aktenzeichen Fundstelle	Fundstelle BStBl	Betreff
18	17. 06. 2009	IV C 5 – S 2332/07/0004 DOK2009/0406609 Anhang 35	BStBl I 2009, 1286	Lohn-/einkommensteuerliche Behandlung sowie Voraussetzungen für die steuerliche Anerkennung von Zeitwertkonten-Modellen
19	28. 10. 2009	IV C 5 – S 2332/09/10004 DOK2009/0690175 H 19.3	BStBl I 2009, 1275	Einkommen-(lohn-)steuerliche Behandlung von freiwilligen Unfallversicherungen
20	08. 12. 2009	IV C 5 – S 2347/09/10002 DOK2009/0810442 H 3.39	BStBl I 2009, 1513	Lohnsteuerliche Behandlung der Überlassung von Vermögensbeteiligungen ab 2009 (§ 3 Nummer 39, § 19a EStG)
21	18. 12. 2009	IV C 5 – S 2334/09/10006 DOK2009/0830813 Anhang 25 I	BStBl I 2010, 20	Ermittlung des geldwerten Vorteils beim Erwerb von Kraftfahrzeugen vom Arbeitgeber in der Automobilbranche (§ 8 Absatz 3 EStG)
22	18. 02. 2011	IV C 5 – S 2388/0-01 DOK2011/0110501 H 42e	BStBl I 2011, 213	Anrufungsauskunft als feststellender Verwaltungsakt; Anwendung der BFH-Urteile vom 30. April 2009 – VI R 54/07 – (BStBl 2010 II S. 996) und vom 2. September 2010 – VI R 3/09 – (BStBl 2011 II S. 233)
23	22. 02. 2011	IV C 5 – S 2295/11/10001 DOK2011/0055132 H 32b	BStBl I 2011, 214	Bekanntgabe des Zeitpunkts der erstmaligen Übermittlung der dem Progressionsvorbehalt unterliegenden Leistungen an die Finanzverwaltung gemäß § 32b Absatz 3 Einkommensteuergesetz (EStG) i. V. m. § 52 Absatz 43a Satz 4 EStG
24	01. 04. 2011	IV C 5 – S 2334/08/10010 DOK2011/0250056 Anhang 25 II	BStBl I 2011, 301	Lohnsteuerliche Behandlung der Überlassung eines betrieblichen Kraftfahrzeugs für Fahrten zwischen Wohnung und regelmäßiger Arbeitsstätte (§ 8 Absatz 2 Satz 3 EStG); Anwendung der Urteile des BFH vom 22. September 2010 – VI R 54/09 – (BStBl 2011 II S. 354), – VI R 55/09 – (BStBl 2011 II S. 358) und – VI R 57/09 – (BStBl 2011 II S. 359)
25	29. 06. 2011	IV C 5 – S 2386/07/0005 DOK2011/0501455 H 42f	BStBl I 2011, 675	Empfehlung zur Anwendung eines einheitlichen Standarddatensatzes als Schnittstelle für die Lohnsteuer-Außenprüfung; Digitale Lohn-Schnittstelle (DLS)
26	25. 11. 2011	IV C 5 – S 2333/11/10003 DOK2011/0942959	BStBl I 2011, 1250	Steuerliche Behandlung von Finanzierungsanteilen der Arbeitnehmer zur betrieblichen Altersversorgung im öffentlichen Dienst; Umsetzung des BFH-Urteils vom 9. Dezember 2010 – VI R 57/08 – (BStBl 2011 II S. 978)

lfd. Nr.	Datum	Aktenzeichen Fundstelle	Fundstelle BStBl	Betreff
27	13. 04. 2012	IV C 5 – S 2332/07/0001 DOK2012/0322945 H 19.7	BStBl I 2012, 531	Lohnsteuerliche Behandlung der Übernahme von Studiengebühren für ein berufsbegleitendes Studium durch den Arbeitgeber
28	23. 11. 2012	S 2334 H 8.1 (9-10)	BStBl I 2012, 1224	Steuerliche Behandlung der Überlassung von (Elektro-)Fahrrädern
29	04. 12. 2012	IV C 5 – S 2353/12/10009 DOK2012/1074468 H 9.8	BStBl I 2012, 1249	Keine Übernachtungspauschalen bei LKW-Fahrern, die in der Schlafkabine ihres LKW übernachten; vereinfachter Nachweis von Reisenebenkosten; BFH-Urteil vom 28. März 2012 – VI R 48/11 – (BStBl 2012 II S. 926)
30	19. 12. 2012	IV C 5 – S 2363/07/0002-03 DOK2012/1170782	BStBl I 2012, 1258	Elektronische Lohnsteuerabzugsmerkmale; Startschreiben zum erstmaligen Abruf und zur Anwendung ab dem Kalenderjahr 2013
31	28. 03. 2013	IV C 5 – S 2332/09/10002 DOK2013/0298100 H 39.4	BStBl I 2013, 443	Besteuerung der Einkünfte aus nichtselbständiger Arbeit bei beschränkt einkommensteuerpflichtigen Künstlern; Pauschsteuersatz für in Deutschland kurzfristig abhängig Beschäftigte ausländische Künstler
32	16. 05. 2013	IV C 5 – S 2334/07/0011 DOK2013/0356883	BStBl I 2013, 729	Verhältnis von § 8 Absatz 2 und Absatz 3 EStG bei der Bewertung von Sachbezügen; Anwendung der Urteile des BFH vom 26. Juli 2012 – VI R 30/09 – (BStBl II 2013 S. 400) und – VI R 27/11 – (BStBl II 2013 S. 402)
33	22. 05. 2013	IV C 5 – S 2388/11/10001-02 DOK2013/0461548 H 3.33	BStBl I 2013, 728	Gewährung von Zusatzleistungen und Zulässigkeit von Gehaltsumwandlungen; Anwendung der BFH-Urteile vom 19. September 2012 – VI R 54/11 – (BStBl II 2013 S. 395) und VI R 55/11 – (BStBl II 2013 S. 398)
34	16. 07. 2013	IV C 5 – S 2295/12/10007 :001 DOK2013/0679038 H 32b	BStBl I 2013, 922	Datenübermittlung der dem Progressionsvorbehalt unterliegenden Leistungen nach § 32b Absatz 3 EStG; Rückwirkende Verrechnung zwischen Trägern der Sozialleistungen
35	25. 07. 2013	IV C 5 – S 2363/13/10003 DOK2013/0634146 Anhang 17 I	BStBl I 2013, 943	Elektronische Lohnsteuerabzugsmerkmale (ELStAM); Erstmaliger Abruf der elektronischen Lohnsteuerabzugsmerkmale durch den Arbeitgeber und Anwendungsgrundsätze für den Einführungszeitraum 2013
36	07. 08. 2013	IV C 5 – S 2363/13/10003 DOK2013/0755076 Anhang 17 II	BStBl I 2013, 951	Elektronische Lohnsteuerabzugsmerkmale (ELStAM); Lohnsteuerabzug ab dem Kalenderjahr 2013 im Verfahren der elektronischen Lohnsteuerabzugsmerkmale

lfd. Nr.	Datum	Aktenzeichen Fundstelle	Fundstelle BStBl	Betreff
37	10. 10. 2013	IV C 5 – S 2334/13/10001 DOK2013/08656-52 H 8.1 (1-4)	BStBl I 2013, 1301	Zukunftssicherungsleistungen und 44-Euro-Freigrenze
38	31. 10. 2013	IV C 5 – S 2351/09/10002 :002 DOK2013/09813-73 Anhang 18	BStBl I 2013, 1376	Entfernungspauschalen; Gesetz zur Änderung und Vereinfachung der Unternehmensbesteuerung und des steuerlichen Reisekostenrechts vom 20. Februar 2013 (BGBl. I S. 285)
39	26. 11. 2013	IV C 5 – S 2367/13/10001 DOK2013/10786-76 H 39b.7	BStBl I 2013, 1532	Vorsorgepauschale im Lohnsteuerabzugsverfahren (§ 39b Absatz 2 Satz 5 Nummer 3 und Absatz 4 EStG)
40	30. 01. 2014	IV C 5 – S 2333/13/10004 DOK2014/00790-71 H 3.62	BStBl I 2014, 210	Zuschüsse an einen Arbeitnehmer für dessen Versicherung in einer ausländischen gesetzlichen Krankenversicherung innerhalb der Europäischen Union und des Europäischen Wirtschaftsraums sowie im Verhältnis zur Schweiz (§ 3 Nummer 62 EStG)
41	09. 07. 2014	IV C 5 – S 2332/0-07 DOK2014/03746-26	BStBl I 2014, 1103	Steuerabzug vom Arbeitslohn bei unbeschränkt einkommensteuer-(lohnsteuer-)pflichtigen Künstlern und verwandten Berufen; Nachweis der Unternehmereigenschaft
42	15. 07. 2014	IV C 5 – S 2334/13/10003 DOK2014/05118-44 Anhang 25 VII	BStBl I 2014, 1109	Geldwerter Vorteil für die Gestellung eines Kraftfahrzeugs mit Fahrer; BFH-Urteil vom 15. Mai 2013 – VI R 44/11 – (BStBl 2014 II S. 589)
43[1)]	23. 07. 2014	IV C 5 – S 2430/14/10002 DOK2014/05853-57	BStBl I 2014, 1175	Anwendung des Fünften Vermögensbildungsgesetzes (5. VermBG)
44	06. 10. 2014	IV C 5 – S 2353/08/10007 DOK2014/08384-65	BStBl I 2014, 1342	Steuerliche Anerkennung von Umzugskosten nach R 9.9 Absatz 2 LStR; Änderung der maßgebenden Beträge für umzugsbedingte Unterrichtskosten und sonstige Umzugsauslagen ab 1. März 2014 und 1. März 2015
45	16. 10. 2014	IV C 5 – S 2386/09/10002 :001 DOK2014/08901-35 H 42g	BStBl I 2014, 1408	Lohnsteuer-Nachschau

---

[1] Überholt durch Nr. 89 BMF vom 6. 12. 2017, BStBl 2018 I, 147.

lfd. Nr.	Datum	Aktenzeichen Fundstelle	Fundstelle BStBl	Betreff
46	24. 10. 2014	IV C 5 – S 2353/14/10002 DOK2014/08496-47 Anhang 38	BStBl I 2014, 1412	Ergänztes BMF-Schreiben zur Reform des steuerlichen Reisekostenrechts ab 1. Januar 2014
47	05. 01. 2015	IV C 5 – S 2334/08/10006 DOK2014/11464-26 H 8.1 (7)	BStBl I 2015, 119	Sachbezugswert für Essenmarken
48	20. 01. 2015	IV C 5 – S 2360/12/10002 DOK2014/11349-01 H 8.2	BStBl I 2015, 143	Steuerliche Behandlung der Rabatte, die Arbeitnehmern von dritter Seite eingeräumt werden
49	10. 04. 2015	IV C 5 – S 2345/08/10001 :006 DOK 2015/0294544	BStBl I 2015, 256	Einkommensteuerrechtliche Behandlung von Vorsorgeaufwendungen und Altersbezügen; Zeitpunkt des Versorgungsbeginns für die Berechnung der Freibeträge für Versorgungsbezüge (§ 19 Absatz 2 Satz 3 EStG)
50	19. 05. 2015	IV C 5 – S 2334/07/0009 DOK2015/03168-22 Anhang 42	BStBl I 2015, 484	Steuerliche Behandlung von Arbeitgeberdarlehen
51	21. 05. 2015	IV C 5 – S 2365/15/10001 DOK2015/04362-34 Anhang 44 I	BStBl I 2015, 488	Zweijährige Gültigkeit von Freibeträgen im Lohnsteuer-Ermäßigungsverfahren nach § 39a Einkommensteuergesetz (EStG); Startschreiben zur erstmaligen Anwendung ab dem Kalenderjahr 2016
52	01. 06. 2015	IV C 5 – S 2345/15/10001 DOK2015/02808-42 H 39.4	BStBl I 2015, 475	Einkommensteuerrechtliche Behandlung von Vorsorgeaufwendungen und Altersbezügen; Besteuerung der Versorgungsbezüge internationaler und europäischer Organisationen
53	15. 06. 2015	S 2334 H 8.1(1-4)	BStBl I 2015, 512	Bewertung der Beköstigung im Bereich der Seeschifffahrt (Kauffahrtei) und im Bereich der Fischerei für Zwecke des Steuerabzugs vom Arbeitslohn; Steuerliche Behandlung ab dem 1. Januar 2014
54	30. 07. 2015	IV C 5 – S 2378/15/10001 DOK2015/00893-57	BStBl I 2015, 614	Ausstellung von elektronischen Lohnsteuerbescheinigungen für Kalenderjahre ab 2016; Ausstellung von Besonderen Lohnsteuerbescheinigungen durch den Arbeitgeber ohne maschinelle Lohnabrechnung für Kalenderjahre ab 2016

lfd. Nr.	Datum	Aktenzeichen Fundstelle	Fundstelle BStBl	Betreff
55	03. 08. 2015	IV C 5 – S 2378/15/10001 DOK2015/06697-69	BStBl I 2015, 621	Bekanntmachung des Musters für den Ausdruck der elektronischen Lohnsteuerbescheinigung 2016
56	27. 08. 2015	IV C 5 – S 2533/15/10001 DOK2015/07175-91	BStBl I 2015, 650	Bekanntmachung des Musters für die Lohnsteuer-Anmeldung 2016
57	09. 09. 2015	IV C 5 – S 2353/11/10003 DOK2015/07379-84	BStBl I 2015, 734	Dienstreise-Kaskoversicherung des Arbeitgebers für Kraftfahrzeuge des Arbeitnehmers und steuerfreier Fahrtkostenersatz; BFH-Urteil vom 27. Juni 1991 – VI R 3/87
58	10. 09. 2015	S 2334 H 8.1 (1-4)	BStBl I 2015, 735	Steuerliche Behandlung der von Luftfahrtunternehmen gewährten unentgeltlichen oder verbilligten Flüge
59	14. 10. 2015	IV C 5 – S 2332/15/10001 III C 2 – S 7109/15/10001 DOK2015/05814-77 Anhang 41	BStBl I 2015, 832	Lohn- und umsatzsteuerliche Behandlung von Betriebsveranstaltungen; Rechtslage nach dem „Gesetz zur Anpassung der Abgabenordnung an den Zollkodex der Union und zur Änderung weiterer steuerlicher Vorschriften"
60	16. 11. 2015	IV C 5 – S 2361/15/10002 DOK2015/10308-67	BStBl I 2015, 960	Programmablaufpläne für den Lohnsteuerabzug 2016
61	09. 12. 2015	IV C 5 – S 2334/15/10002 DOK2015/10554-01	BStBl I 2015, 1057	Lohnsteuerliche Behandlung von unentgeltlichen oder verbilligten Mahlzeiten der Arbeitnehmer ab Kalenderjahr 2016
62	09. 12. 2015	IV C 5 – S 2353/08/10006 :006 DOK2015/11172-15	BStBl I 2015, 1058	Steuerliche Behandlung von Reisekosten und Reisekostenvergütungen bei betrieblich und beruflich veranlassten Auslandsreisen ab 1. Januar 2016
63	18. 12. 2015	IV C 3 – S 2301/07/10001 :003 DOK2015/07162-47	BStBl I 2015, 1088	Leistungen aufgrund von Vermögensübergabeverträgen; Sonderausgabenabzug und Besteuerung in Fällen eines beschränkt steuerpflichtigen Versorgungsverpflichteten (§ 10 Absatz 1a Nummer 2 EStG [§ 10 Absatz 1 Nummer 1a EStG a. F.], § 22 EStG; EuGH-Urteil vom 24. Februar 2015 – C-559/13 „Grünewald" – (BStBl II S. 1071)
64	28. 01. 2016	IV C 5 – S 2361/14/10002 DOK2016/00936-93	BStBl I 2016, 202	Programmablaufplan für die Begrenzung der von Versorgungsbezügen einzubehaltenden Lohnsteuer und des Solidaritätszuschlags nach den Abkommen zur Vermeidung der Doppelbesteuerung ab 2016

lfd. Nr.	Datum	Aktenzeichen Fundstelle	Fundstelle BStBl	Betreff
65	24. 02. 2016	IV C 5 – S 2334/08/10006 DOK2016/01748-85	BStBl I 2016, 238	Sachbezugswert für arbeitstägliche Zuschüsse zu Mahlzeiten
66	08. 08. 2016	S 2447 H 40.2	BStBl I 2016, 773	Kirchensteuer bei Pauschalierung der Lohn- und Einkommensteuer
67	15. 09. 2016	IV C 5 – S 2533/16/10002 DOK 2016/0815349 H 41a	BStBl I 2016, 1006	Bekanntmachung des Musters für die Lohnsteuer-Anmeldung 2017
68	18. 10. 2016	IV C 5 – S 2353/16/10005 DOK2016/08923-61 Anhang 8 III	BStBl I 2016, 1147	Steuerliche Anerkennung von Umzugskosten nach R 9.9 Absatz 2 LStR 2015; Änderung der maßgebenden Beträge für umzugsbedingte Unterrichtskosten und sonstige Umzugsauslagen ab 1. März 2016 und 1. Februar 2017
69	11. 11. 2016	IV C 5 – S 2361/16/10001 H 39b.5	BStBl I 2016, 1253	Programmablaufpläne für den Lohnsteuerabzug 2017
70	08. 12. 2016	IV C 5 – S 2334/16/10004 H 8.1 (7)	BStBl I 2016, 1437	Lohnsteuerliche Behandlung von unentgeltlichen oder verbilligten Mahlzeiten der Arbeitnehmer ab Kalenderjahr 2017
71	14. 12. 2016	IV C 5 – S 2334/14/10002 -03 DOK 2016/1120002 Anhang 25 IX	BStBl I 2016, 1446	Gesetz zur steuerlichen Förderung von Elektromobilität im Straßenverkehr; Anwendung der einkommensteuerlichen und lohnsteuerlichen Vorschriften
72	14. 12. 2016	IV C 5 – S 2353/08/10006 :007 DOK 2016/1105355	BStBl I 2016, 1438	Steuerliche Behandlung von Reisekosten und Reisekostenvergütungen bei betrieblich und beruflich veranlassten Auslandsreisen ab 1. Januar 2017
73	15. 12. 2016	IV C 5 – S 2334/16/10003 DOK 2016/1123705 H 8.1 (9-10)	BStBl I 2016, 1449	Dienstwagenbesteuerung in Leasingfällen; Anwendung des BFH-Urteils vom 18. Dezember 2014, BStBl 2015 II Seite 670
74	16. 12. 2016	IV C 5 – S 2439/16/10001 DOK 2016/1157725 Anhang 14	BStBl I 2016, 1435	Fünftes Vermögensbildungsgesetz (5. VermBG); Erstmalige Anwendung des Verfahrens der elektronischen Vermögensbildungsbescheinigung
75	19. 12. 2016	IV C 5 – S 2345/07/0002 DOK 2016/1159865 Anhang 2	BStBl I 2016, 1433	Einkommensteuerrechtliche Behandlung von Vorsorgeaufwendungen und Altersbezügen; Besteuerung der von der Europäischen Organisation für die Nutzung meteorologischer Satelliten (EUMETSAT) gezahlten Pensionen

lfd. Nr.	Datum	Aktenzeichen Fundstelle	Fundstelle BStBl	Betreff
76	14. 03. 2017	IV C 5 – S 2369/10/10002 DOK 2017/0204843	BStBl I 2017, 473	Ermittlung des steuerfreien und steuerpflichtigen Arbeitslohns nach dem Doppelbesteuerungs- abkommen sowie nach dem Aus- landstätigkeitserlass im Lohnsteu- erabzugsverfahren und Änderung des Auslandstätigkeitserlasses
77	26. 05. 2017	IV C 5 – S 2386/07/0005: 001 DOK 2017/0137221	BStBl I 2017, 789	Verbindliche Anwendung eines einheitlichen Standarddatensatzes als Schnittstelle zum elektro- nischen Lohnkonto; Digitale Lohn- Schnittstelle (DLS)
78	04. 07. 2017	IV C 5 – S 2332/09/10005 DOK 2017/0578781	BStBl I 2017, 882	Lohnsteuerliche Behandlung von Deutschkursen für Flüchtlinge
79	04. 07. 2017	IV C 5 – S 2333/16/10002 DOK 2017/0581849 Anhang 2	**BStBl I 2017, 883**	Betriebliche Altersversorgung; Lohnsteuerliche Folgerungen der Übernahme der Pensionszusage eines beherrschenden Gesellschaf- ter-Geschäftsführers gegen eine Ablösungszahlung und Wechsel des Durchführungswegs
80	06. 09. 2017	IV C 5 – S 2533/17/10001 DOK 2017/0732582 H 41a.1	BStBl I 2017, 1295	Bekanntmachung des Musters für die Lohnsteuer-Anmeldung 2018
81	21. 09. 2017	IV C 5 – S 2334/11/ 10004-02 DOK 2017/0613843 Anhang 25	BStBl I 2017, 1336	Lohnsteuerliche Behandlung vom Arbeitnehmer selbst getragener Aufwendungen bei der Überlas- sung eines betrieblichen Kraftfahr- zeugs (§ 8 Absatz 2 Satz 2 ff. EStG); Anwendung von R 8.1 Absatz 9 Nummer 1 Satz 5 LStR 2015 und R 8.1 Absatz 9 Nummer 4 LStR 2015; Anwendung der Urteile des BFH vom 30. November 2016 – VI R 49/14 – (BStBl 2017 II S. 1011) und – VI R 2/15 – (BStBl 2017 II S. 1014)
82	27. 09. 2017	IV C 5 – S 2378/17/10001 DOK 2017/0466177 H 41b	BStBl I 2017, 1339	Ausstellung von elektronischen Lohnsteuerbescheinigungen für Kalenderjahre ab 2018; Ausstel- lung von Besonderen Lohnsteuer- bescheinigungen durch den Ar- beitgeber ohne maschinelle Lohn- abrechnung für Kalenderjahre ab 2018
83	27. 09. 2017	IV C 5 – S 2378/17/10001 DOK 2017/0784873 H 41b	BStBl I 2017, 1346	Bekanntmachung des Musters für den Ausdruck der elektronischen Lohnsteuerbescheinigung 2018

lfd. Nr.	Datum	Aktenzeichen Fundstelle	Fundstelle BStBl	Betreff
84	26. 10. 2017	IV C 5 – S 2334/14/ 10002-06 DOK 2017/0799695 Anhang 25 IX	BStBl I 2017, 1439	Gesetz zur steuerlichen Förderung von Elektromobilität im Straßenverkehr; BMF-Schreiben vom 14. Dezember 2016 (BStBl I Seite 1446) zur Anwendung der einkommensteuerlichen und lohnsteuerlichen Vorschriften
85	27. 10. 2017	IV C 5 – S 2300/12/ 10003:004 DOK 2017/0894289	BStBl I 2017, 1448	Beschränkte Steuerpflicht und Steuerabzug bei grenzüberschreitender Überlassung von Software und Datenbanken
86	08. 11. 2017	IV C 5 – S 2353/08/ 10006:008 DOK 2017/0918346 Anhang 31	BStBl I 2017, 1457	Steuerliche Behandlung von Reisekosten und Reisekostenvergütungen bei betrieblich und beruflich veranlassten Auslandsreisen ab 1. Januar 2018
87	17. 11. 2017	IV C 5 – S 2334/12/ 10002-04 DOK 2017/0821734 Anhang 25 VIII	BStBl I 2017, 1546	Lohnsteuerliche Behandlung der Überlassung von (Elektro-)Fahrrädern an Arbeitnehmer in Leasingfällen
88	23. 11. 2017	IV C 5 – S 2361/08/ 10001-16 DOK 2017/0981704 H 39b.5	BStBl I 2017, 1548	Geänderte Programmablaufpläne für den Lohnsteuerabzug 2018
89	29. 11. 2017	IV C 5 – S 2430/17/10001 DOK 2017/0985139 Anhang 14 III	BStBl I 2017, 1626	Anwendung des Fünften Vermögensbildungsgesetzes (5. VermBG)
90	06. 12. 2017	IV C 5 – S 2333/17/10002 DOK 2017/0989084 Anhang 2	BStBl I 2018, 147	Steuerliche Förderung der betrieblichen Altersversorgung
91	12. 12. 2017	IV C 5 – S 2388/14/10001 DOK 2017/0888392 H 42e	BStBl I 2017, 1656	Anrufungsauskunft nach § 42e EStG
92	26. 11. 2001	IV C 5 – S 1961-35/01	BStBl I 2001, 890	Bekanntmachung des Vordruckmusters für die Mitteilung nach § 4a Abs. 4 WoPG über zurückzufordernde Prämien

lfd. Nr.	Datum	Aktenzeichen Fundstelle	Fundstelle BStBl	Betreff
93	16. 08. 2011	IV C 5 – S 2439/10/10002	BStBl I 2011, 801	Bekanntmachung der Vordruckmuster für Anzeigen nach § 8 Absatz 1 Nummer 1 bis 3 VermBDV 1994 (VermB 12) und nach § 8 Absatz 1 Nummer 4 bis 6 VermBDV 1994 (VermB 13) sowie der Datensatzbeschreibung für die Zuleitung durch Datenfernübertragung
94	10. 10. 2013	IV C 5 – S 1961/12/10004 DOK2013/09306-63	BStBl I 2013, 1313	Bekanntmachung des Vordruckmusters für die Wohnungsbauprämien-Anmeldung ab 14. Oktober 2013
95	08. 09. 2014	IV C 5 – S 1961/14/10001 DOK2014/07807-58	BStBl I 2014, 1374	Bekanntmachung des Vordruckmusters für die Sammelliste für Wohnungsbauprämien
96	24. 10. 2016	IV C 5 – S 1961/16/10002 DOK2016/08533-14	BStBl I 2016, 1194	Bekanntmachung der Vordruckmuster für den Antrag auf Wohnungsbauprämie für 2016
97	15. 09. 2017	IV C 5 – S 1961/08/10002-10 DOK2017/06765-81 Anhang 15 V	BStBl I 2017, 1301	Bekanntmachung der Vordruckmuster für den Antrag auf Wohnungsbauprämie für 2017

Einkommensteuer-Handbuch *2017*

– Auszug –

Einkommensteuer-Hinweise *2017*
(EStH *2017*)

Einkommensteuer-Richtlinien 2005 vom 16. 12. 2005 (BStBl I Sondernummer 1/2005),
geändert durch die EStÄR 2008 vom 18. 12. 2008 (BStBl I S. 1017) und durch die EStÄR 2012
vom 25. 3. 2013 (BStBl I S. 276).

Einkommensteuer-Hinweise *2017*
(EStH *2017*)

R 1. Steuerpflicht

[1]Unbeschränkt steuerpflichtig gemäß § 1 Abs. 2 EStG sind insbesondere von der Bundesrepublik Deutschland ins Ausland entsandte deutsche Staatsangehörige, die Mitglied einer diplomatischen Mission oder konsularischen Vertretung sind – einschließlich der zu ihrem Haushalt gehörenden Angehörigen –, soweit die Voraussetzungen des § 1 Abs. 2 EStG erfüllt sind. [2]Für einen ausländischen Ehegatten gilt dies auch, wenn er die Staatsangehörigkeit des Empfangsstaates besitzt. [3]Für die Anwendung des § 1a Abs. 1 Nr. 2 EStG ist Voraussetzung, dass der Stpfl. selbst als unbeschränkt Stpfl. nach § 1 Abs. 3 EStG zu behandeln ist; die Einkunftsgrenzen des § 1 Abs. 3 Satz 2 und des § 1a Abs. 1 Nr. 2 Satz 3 EStG sind daher nacheinander gesondert zu prüfen.[1])

H 1a

Allgemeines

Die unbeschränkte Einkommensteuerpflicht erstreckt sich auf sämtliche inländische und ausländische Einkünfte, soweit nicht für bestimmte Einkünfte abweichende Regelungen bestehen, z. B. in DBA oder in anderen zwischenstaatlichen Vereinbarungen.

Auslandskorrespondenten

→ BMF vom 13. 3. 1998 (BStBl I S. 351)

Auslandslehrkräfte und andere nicht entsandte Arbeitnehmer

Befinden sich an deutsche Auslandsschulen vermittelte Lehrer und andere nicht entsandte Arbeitnehmer in einem Dienstverhältnis zu einer inländischen juristischen Person des öffentlichen Rechts, beziehen hierfür Arbeitslohn aus einer inländischen öffentlichen Kasse (→ BMF vom 9. 7. 1990 – BStBl I S. 324) und sind in den USA (→ BMF vom 10. 11. 1994 – BStBl I S. 853) bzw. Kolumbien und Ecuador (→ BMF vom 17. 6. 1996 – BStBl I S. 688) tätig, ergibt sich ihre unbeschränkte Einkommensteuerpflicht grundsätzlich bereits aus § 1 Abs. 2 EStG.

Beschränkte Steuerpflicht nach ausländischem Recht

Ob eine Person in dem Staat, in dem sie ihren Wohnsitz oder gewöhnlichen Aufenthalt hat, lediglich in einem der beschränkten Einkommensteuerpflicht ähnlichen Umfang zu einer Steuer vom Einkommen herangezogen wird (§ 1 Abs. 2 Satz 2 EStG), ist nach den Vorschriften des maßgebenden ausländischen Steuerrechts zu prüfen (→ BFH vom 22. 2. 2006 – BStBl 2007 II S. 106).

Diplomaten und sonstige Beschäftigte ausländischer Vertretungen in der Bundesrepublik

→ § 3 Nr. 29 EStG

---

[1]) R 1 Satz 3 überholt → H 1a (Einkünfteermittlung zur Bestimmung der Einkunftsgrenzen).

Doppelbesteuerungsabkommen

→ Verzeichnis der Abkommen zur Vermeidung der Doppelbesteuerung

Einkünfteermittlung zur Bestimmung der Einkunftsgrenzen

– Die Einkünfteermittlung nach § 1 Abs. 3 Satz 2 EStG vollzieht sich in zwei Stufen. Zunächst ist in einem ersten Schritt die Summe der Welteinkünfte zu ermitteln. Dabei sind sämtliche Einkünfte, unabhängig davon, ob sie im In- oder Ausland erzielt wurden, nach deutschem Recht zu ermitteln. In einem zweiten Schritt sind die Welteinkünfte in Einkünfte, die der deutschen Einkommensteuer unterliegen, und in Einkünfte, die diese Voraussetzungen nicht erfüllen, aufzuteilen. Überschreiten die so ermittelten ausländischen Einkünfte die absolute Wesentlichkeitsgrenze des § 1 Abs. 3 Satz 2 i. V. m. § 1a Abs. 1 Nr. 2 Satz 3 EStG, ist eine Zusammenveranlagung zur Einkommensteuer auch dann ausgeschlossen, wenn sie, nach dem Recht des Wohnsitzstaates ermittelt, unterhalb der absoluten Wesentlichkeitsgrenze liegen (→ BFH vom 20. 8. 2008 – BStBl 2009 II S. 708).
– Der Abgeltungsteuer unterliegende Kapitaleinkünfte sind in die Berechnung der Einkunftsgrenzen einzubeziehen (→ BFH vom 12. 8. 2015 – BStBl 2016 II S. 201).
– Bei der Frage, ob Ehegatten die Einkunftsgrenzen (relative oder absolute Wesentlichkeitsgrenze) für das Wahlrecht zur Zusammenveranlagung in Fällen der fiktiven unbeschränkten Einkommensteuerpflicht (§ 1 Abs. 3 EStG) wahren, ist im Rahmen einer einstufigen Prüfung nach § 1a Abs. 1 Nr. 2 EStG auf die Einkünfte beider Ehegatten abzustellen und der Grundfreibetrag zu verdoppeln (→ BFH vom 6. 5. 2015 – BStBl II S. 957).

Erweiterte beschränkte Steuerpflicht

→ §§ 2 und 5 AStG

Erweiterte unbeschränkte Steuerpflicht und unbeschränkte Steuerpflicht auf Antrag

– § 1 Abs. 2 bzw. § 1 Abs. 3 i. V. m. § 1a Abs. 2 EStG
Im Ausland bei internationalen Organisationen beschäftigte Deutsche fallen nicht unter § 1 Abs. 2 oder § 1 Abs. 3 i. V. m. § 1a Abs. 2 EStG, da sie ihren Arbeitslohn nicht aus einer inländischen öffentlichen Kasse beziehen. Mitarbeiter des Goethe-Instituts mit Wohnsitz im Ausland stehen nicht zu einer inländischen juristischen Person des öffentlichen Rechts in einem Dienstverhältnis und sind daher nicht nach § 1 Abs. 2 EStG unbeschränkt einkommensteuerpflichtig (→ BFH vom 22. 2. 2006 – BStBl 2007 II S. 106).
– BMF vom 8. 10. 1996 (BStBl I S. 1191) – Auszug –:
Billigkeitsregelung in Fällen, in denen ein Stpfl. und sein nicht dauernd getrennt lebender Ehegatte zunächst unter den Voraussetzungen des § 1 Abs. 2 EStG unbeschränkt einkommensteuerpflichtig sind bzw. unter den Voraussetzungen des § 1 Abs. 3 i. V. m. § 1a Abs. 2 EStG auf Antrag als unbeschränkt steuerpflichtig behandelt werden,
  – der Stpfl. dann aus dienstlichen Gründen in das Inland versetzt wird,
  – der nicht dauernd getrennt lebende Ehegatte aus persönlichen Gründen noch für kurze Zeit im Ausland verbleibt und
  – die Voraussetzungen des § 1a Abs. 1 EStG nicht erfüllt sind.
– → BMF vom **20. 10. 2016 (BStBl I S. 1183)**:
Berücksichtigung ausländischer Verhältnisse; Ländergruppeneinteilung ab **2017**.
– Die in § 1 Abs. 3 Satz 3 EStG aufgeführten inländischen Einkünfte, die nach einem DBA nur der Höhe nach beschränkt besteuert werden dürfen, sind in die inländische Veranlagung gem. § 46 Abs. 1 Nr. 7 Buchstabe b i. V. m. § 1 Abs. 3 EStG einzubeziehen (→ BFH vom 13. 11. 2002 – BStBl 2003 II S. 587).

Europäischer Wirtschaftsraum

Mitgliedstaaten des EWR sind die Mitgliedstaaten der EU, Island, Norwegen und Liechtenstein.

Freistellung von deutschen Abzugssteuern

→ § 50d EStG, Besonderheiten im Fall von DBA

Schiffe

Schiffe unter Bundesflagge rechnen auf hoher See zum Inland → BFH vom 12. 11. 1986 (BStBl 1987 II S. 377)

Unbeschränkte Steuerpflicht – auf Antrag –

– → BMF vom 30. 12. 1996 (BStBl I S. 1506)
– Die zum Nachweis der Höhe der nicht der deutschen Steuer unterliegenden Einkünfte erforderliche Bescheinigung der zuständigen ausländischen Steuerbehörde ist auch dann vorzulegen, wenn der Stpfl. angibt, keine derartigen Einkünfte erzielt zu haben (sog. Nullbescheinigung). Die Verwendung eines bestimmten Vordrucks für die Bescheinigung ist gesetzlich nicht vorgeschrieben (→ BFH vom 8. 9. 2010 – BStBl 2011 II S. 447).

Wechsel der Steuerpflicht

→ § 2 Abs. 7 Satz 3 EStG

Wohnsitz/Gewöhnlicher Aufenthalt in der Schweiz

§ 1a Abs. 1 EStG ist bei Staatsangehörigen eines Mitgliedstaates der EU oder eines EWR-Staates bei Vorliegen der übrigen Voraussetzungen auch anwendbar, wenn
– der Empfänger der Leistungen i. S. d. Nr. 1 und 1a,
– die ausgleichsberechtigte Person i. S. d. Nr. 1b oder
– der Ehegatte/Lebenspartner i. S. d. Nr. 2

seinen/ihren Wohnsitz oder gewöhnlichen Aufenthalt in der Schweiz haben (→ BMF vom 16. 9. 2013 – BStBl I S. 1325).

R 2. Umfang der Besteuerung

(1) Das zu versteuernde Einkommen ist wie folgt zu ermitteln:

1		Summe der Einkünfte aus den Einkunftsarten
2	=	Summe der Einkünfte
3	–	Altersentlastungsbetrag (§ 24a EStG)
4	–	Entlastungsbetrag für Alleinerziehende (§ 24b EStG)
5	–	Freibetrag für Land- und Forstwirte (§ 13 Abs. 3 EStG)
6	+	Hinzurechnungsbetrag (§ 52 Abs. 3 Satz 5[1]) EStG sowie § 8 Abs. 5 Satz 2 AIG)
7	=	Gesamtbetrag der Einkünfte (§ 2 Abs. 3 Satz 1 EStG)
8	–	Verlustabzug nach § 10d EStG
9	–	Sonderausgaben (§§ 10, 10a, 10b, 10c EStG)
10	–	außergewöhnliche Belastungen (§§ 33 bis 33b EStG)
11	–	Steuerbegünstigung der zu Wohnzwecken genutzten Wohnungen, Gebäude und Baudenkmale sowie der schutzwürdigen Kulturgüter (§§ 10e bis 10i EStG, § 52 Abs. 21 Satz 6 EStG i. d. F. vom 16. 4. 1997, BGBl. I S. 821 und § 7 FördG)
12	+	Erstattungsüberhänge (§ 10 Abs. 4b Satz 3 EStG)
13	+	zuzurechnendes Einkommen gem. § 15 Abs. 1 AStG[2])
14	=	Einkommen (§ 2 Abs. 4 EStG)
15	–	Freibeträge für Kinder (§§ 31, 32 Abs. 6 EStG)
16	–	Härteausgleich nach § 46 Abs. 3 EStG, § 70 EStDV
17	=	z. v. E. (§ 2 Abs. 5 EStG).

(2) Die festzusetzende Einkommensteuer ist wie folgt zu ermitteln:

1   Steuerbetrag
     a) nach § 32a Abs. 1, 5, § 50 Abs. 1 Satz 2 EStG
        oder

---

[1]) Jetzt → § 52 Abs. 2 Satz 3 EStG
[2]) Eine Hinzurechnung entfällt ab VZ 2013, da diese bereits im Rahmen der Einkünfteermittlung vorzunehmen ist (§ 15 Abs. 1 AStG in der durch das AmtshilfeRLUmsG geänderten Fassung).

	b) nach dem bei Anwendung des Progressionsvorbehalts (§ 32b EStG) oder der Steuersatzbegrenzung sich ergebenden Steuersatz
2 +	Steuer auf Grund Berechnung nach den §§ 34, 34b EStG
3 +	Steuer auf Grund der Berechnung nach§ 34a Abs. 1, 4 bis 6 EStG

4 =	tarifliche Einkommensteuer (§ 32a Abs. 1, 5 EStG)
5 –	Minderungsbetrag nach Punkt 11 Ziffer 2 des Schlussprotokolls zu Artikel 23 DBA Belgien in der durch Artikel 2 des Zusatzabkommens vom 5. 11. 2002 geänderten Fassung (BGBl. 2003 II S. 1615)
6 –	ausländische Steuern nach § 34c Abs. 1 und 6 EStG, § 12 AStG
7 –	Steuerermäßigung nach § 35 EStG
8 –	Steuerermäßigung für Stpfl. mit Kindern bei Inanspruchnahme erhöhter Absetzungen für Wohngebäude oder der Steuerbegünstigungen für eigengenutztes Wohneigentum (§ 34f Abs. 1, 2 EStG)
9 –	Steuerermäßigung bei Zuwendungen an politische Parteien und unabhängige Wählervereinigungen (§ 34g EStG)
10 –	Steuerermäßigung nach § 34f Abs. 3 EStG
11 –	Steuerermäßigung nach § 35a EStG
12 –	Ermäßigung bei Belastung mit Erbschaftsteuer (§ 35b EStG)
13 +	Steuer auf Grund Berechnung nach § 32d Abs. 3 und 4 EStG
14 +	Steuern nach § 34c Abs. 5 EStG
15 +	Nachsteuer nach § 10 Abs. 5 EStG i. V. m. den § 30 EStDV
16 +	Zuschlag nach § 3 Abs. 4 Satz 2 Forstschäden-Ausgleichsgesetz
17 +	Anspruch auf Zulage für Altersvorsorge, wenn Beiträge als Sonderausgaben abgezogen worden sind (§ 10a Abs. 2 EStG)
18 +	Anspruch auf Kindergeld oder vergleichbare Leistungen, soweit in den Fällen des § 31 EStG das Einkommen um Freibeträge für Kinder gemindert wurde
19 =	festzusetzende Einkommensteuer (§ 2 Abs. 6 EStG).

H 2

Keine Einnahmen oder Einkünfte

Bei den folgenden Leistungen handelt es sich nicht um Einnahmen oder Einkünfte:

– Arbeitnehmer-Sparzulagen (§ 13 Abs. 3 VermBG)
– Investitionszulagen nach dem InvZulG
– Neue Anteilsrechte auf Grund der Umwandlung von Rücklagen in Nennkapital (§§ 1, 7 KapErhStG)
– Wohnungsbau-Prämien (§ 6 WoPG)

Lebenspartner und Lebenspartnerschaften

§ 2 Abs. 8 EStG gilt nur für Lebenspartner und Lebenspartnerschaften i. S. d. § 1 Abs. 1 LPartG. Andere Lebensgemeinschaften fallen nicht unter diese Vorschrift, selbst wenn die Partner ihre Rechtsbeziehungen auf eine vertragliche Grundlage gestellt haben (→ BFH vom 26. 6. 2014 – BStBl II S. 829 *und vom 26. 4. 2017 – BStBl II S. 903*).

Liebhaberei

bei Einkünften aus

– Land- und Forstwirtschaft → H 13.5 (Liebhaberei),
– Gewerbebetrieb → H 15.3 (Abgrenzung der Gewinnerzielungsabsicht zur Liebhaberei), H 16 (2) Liebhaberei,
– selbständiger Arbeit → H 18.1 (Gewinnerzielungsabsicht),
– Kapitalvermögen → H 20.1 (Schuldzinsen),
– Vermietung und Verpachtung → H 21.2 (Einkünfteerzielungsabsicht).

Preisgelder

– BMF vom 5. 9. 1996 (BStBl I S. 1150) unter Berücksichtigung der Änderungen durch BMF vom 23. 12. 2002 (BStBl 2003 I S. 76).
– Fernseh-Preisgelder → BMF vom 30. 5. 2008 (BStBl I S. 645).

Steuersatzbegrenzung

Bei der Festsetzung der Einkommensteuer ist in den Fällen der Steuersatzbegrenzung die rechnerische Gesamtsteuer quotal aufzuteilen und sodann der Steuersatz für die der Höhe nach nur beschränkt zu besteuernden Einkünfte zu ermäßigen (BFH vom 13. 11. 2002 – BStBl 2003 II S. 587).

R 9a. Pauschbeträge für Werbungskosten

Die Pauschbeträge für Werbungskosten sind nicht zu ermäßigen, wenn die unbeschränkte Steuerpflicht lediglich während eines Teiles des Kalenderjahres bestanden hat.

H 9a

Beschränkt Einkommensteuerpflichtige

Zur Anwendung der Pauschbeträge für Werbungskosten bei beschränkt Einkommensteuerpflichtigen → § 50 Abs. 1 Satz 3 bis 5 EStG

R 10.1. Sonderausgaben (Allgemeines)

Bei Ehegatten, die nach § 26b EStG zusammen zur Einkommensteuer veranlagt werden, kommt es für den Abzug von Sonderausgaben nicht darauf an, ob sie der Ehemann oder die Ehefrau[1] geleistet hat.

H 10.1

Abkürzung des Zahlungsweges

Bei den Sonderausgaben kommt der Abzug von Aufwendungen eines Dritten auch unter dem Gesichtspunkt der Abkürzung des Vertragswegs nicht in Betracht (→ BMF vom 7. 7. 2008 – BStBl I S. 717).

Abzugshöhe/Abzugszeitpunkt

– Sonderausgaben sind in dem VZ abziehbar, in dem sie geleistet worden sind (§ 11 Abs. 2 EStG). Dies gilt auch, wenn sie der Stpfl. mit Darlehensmitteln bestritten hat (→ BFH vom 15. 3. 1974 – BStBl II S. 513). Sie dürfen nur dann bei der Ermittlung des Einkommens abgezogen werden, wenn der Stpfl. tatsächlich und endgültig wirtschaftlich belastet ist. Steht im Zeitpunkt der Zahlung, ggf. auch im Zeitpunkt der Erstattung noch nicht fest, ob der Stpfl. durch die Zahlung endgültig wirtschaftlich belastet bleibt (z. B. bei Kirchensteuer im Falle der Aufhebung der Vollziehung), sind sie im Jahr des Abflusses abziehbar (→ BFH vom 24. 4. 2002 – BStBl II S. 569).
Werden gezahlte Sonderausgaben in einem späteren VZ an den Stpfl. erstattet, ist der Erstattungsbetrag aus Gründen der Praktikabilität im Erstattungsjahr mit gleichartigen Sonderausgaben zu verrechnen mit der Folge, dass die abziehbaren Sonderausgaben des Erstattungsjahres entsprechend gemindert werden. Ist im Jahr der Erstattung der Sonderausgaben an den Stpfl. ein Ausgleich mit gleichartigen Aufwendungen nicht oder nicht in voller Höhe möglich, so ist der Sonderausgabenabzug des Jahres der Verausgabung insoweit um die nachträgliche Erstattung zu mindern; ein bereits bestandskräftiger Bescheid ist nach § 175 Abs. 1 Satz 1 Nr. 2 AO zu ändern (→ BFH vom 7. 7. 2004– BStBl II S. 1058 und BMF vom 11. 7. 2002 – BStBl I S. 667). Ob die Sonderausgaben gleichartig sind, richtet sich nach deren Sinn und Zweck sowie deren wirtschaftlichen Bedeutung und Auswirkungen für den Stpfl. Bei Versicherungsbeiträgen kommt es auf die Funktion der Versicherung und das abgesicherte Risiko an (→ BFH vom 21. 7. 2009 – BStBl 2010 II S. 38).
– Kirchensteuer → H 10.7 (Willkürliche Zahlungen).

---

[1] *Gilt auch für gleichgeschlechtliche Ehegatten (→ Gesetz zur Einführung des Rechts auf Eheschließung für Personen gleichen Geschlechts vom 20. 7. 2017 – BGBl. I S. 2787).*

R 10.2. Unterhaltsleistungen an den geschiedenen oder dauernd getrennt lebenden Ehegatten

(1) Der Antrag nach § 10 Abs. 1 Nr. 1 EStG[1]) kann auf einen Teilbetrag der Unterhaltsleistungen beschränkt werden.

(2) [1]Die Zustimmung wirkt auch dann bis auf Widerruf, wenn sie im Rahmen eines Vergleichs erteilt wird. [2]Die Zustimmung zum Abzug von Unterhaltsleistungen als Sonderausgaben dem Grunde nach wirkt auch für die Erhöhung des Höchstbetrags nach § 10 Abs. 1 Nr. 1 Satz 2 EStG[2]). [3]Dies gilt unabhängig davon, wann die Zustimmung erteilt wurde.

(3) Leistet jemand Unterhalt an mehrere Empfänger, sind die Unterhaltsleistungen an jeden bis zum Höchstbetrag abziehbar.

H 10.2

Allgemeines

– Durch Antrag und Zustimmung werden alle in dem betreffenden VZ geleisteten Unterhaltsaufwendungen zu Sonderausgaben umqualifiziert. Für den Abzug ist es unerheblich, ob es sich um einmalige oder laufende Leistungen bzw. Nachzahlungen oder Vorauszahlungen handelt. Ein Abzug als außergewöhnliche Belastung ist nicht möglich, auch nicht, soweit sie den für das Realsplitting geltenden Höchstbetrag übersteigen (→ BFH vom 7. 11. 2000 – BStBl 2001 II S. 338).

– Antrag und Zustimmung zum begrenzten Realsplitting können nicht – auch nicht übereinstimmend – zurückgenommen oder nachträglich beschränkt werden (→ BFH vom 22. 9. 1999 – BStBl 2000 II S. 218).

– Ein Einkommensteuerbescheid ist nach § 175 Abs. 1 Satz 1 Nr. 2 AO zu ändern, wenn nach Eintritt der Bestandskraft

  – sowohl die Zustimmung erteilt als auch der Antrag nach § 10 Abs. 1a Nr. 1 Satz 1 EStG gestellt werden (→ BFH vom 12. 7. 1989 – BStBl II S. 957) oder

  – der Antrag i. V. m. einer nachträglichen Zustimmungsverweigerung ausgedehnt wird (→ BFH vom 28. 6. 2006 – BStBl 2007 II S. 5).

– Ein Einkommensteuerbescheid ist nach § 175 Abs. 1 Satz 1 Nr. 2 AO nicht zu ändern, wenn der Antrag auf Realsplitting erst nach Bestandskraft des Einkommensteuerbescheids gestellt wird, obwohl die Zustimmungserklärung des Unterhaltsempfängers dem Geber bereits vor Eintritt der Bestandskraft vorlag (→ BFH vom 20. 8. 2014 – BStBl 2015 II S. 138

Erbe

Unterhaltsleistungen, die der Erbe nach § 1586b BGB an den geschiedenen Ehegatten des Erblassers zu erbringen hat, sind nicht als Sonderausgaben abzugsfähig (→ BFH vom 12. 11. 1997 – BStBl 1998 II S. 148).

Nicht unbeschränkt steuerpflichtiger Empfänger

Ist der Empfänger nicht unbeschränkt steuerpflichtig, kann ein Abzug der Unterhaltsleistungen bei Vorliegen der Voraussetzungen des § 1a Abs. 1 Nr. 1 EStG oder auf Grund eines DBA in Betracht kommen. Entsprechende Regelungen gibt es z. B. in den DBA Kanada, Artikel 18 Abs. 3 Buchst. d und Protokoll Nr. 8 (BStBl 2002 I S. 505, 521) und den USA, Artikel 18 Abs. 3 und Protokoll Nr. 15 (BStBl 2008 I S. 766) sowie in der mit der Schweiz getroffenen Verständigungsvereinbarung, § 21 Abs. 2 Deutsch-Schweizerische Konsultationsvereinbarungsverordnung (BStBl 2011 I S. 146).

Rechtsanwaltskosten

Rechtsanwaltskosten, die ein Stpfl. aufwendet, um die Zustimmung seines geschiedenen oder dauernd getrennt lebenden unbeschränkt steuerpflichtigen Ehegatten zum begrenzten Realsplitting zu erlangen, sind keine Unterhaltsleistungen (→ BFH vom 10. 3. 1999 – BStBl II S. 522).

---

[1]) Jetzt § 10 Abs. 1a Nr. 1 EStG.
[2]) Jetzt § 10 Abs. 1a Nr. 1 Satz 2 EStG.

Unterhaltsleistungen

Es ist unerheblich, ob die Unterhaltsleistungen freiwillig oder auf Grund gesetzlicher Unterhaltspflicht erbracht werden. Auch als Unterhalt erbrachte Sachleistungen sind zu berücksichtigen (→ BFH vom 12. 4. 2000 – BStBl 2002 II S. 130).

Wohnungsüberlassung

Bei unentgeltlicher Wohnraumüberlassung kann der Mietwert als Sonderausgabe abgezogen werden. Befindet sich die überlassene Wohnung im Miteigentum des geschiedenen oder dauernd getrennt lebenden Ehegatten, kann der überlassende Ehegatte neben dem Mietwert seines Miteigentumsanteils auch die von ihm auf Grund der Unterhaltsvereinbarung getragenen verbrauchsunabhängigen Kosten für den Miteigentumsanteil des anderen Ehegatten als Sonderausgabe abziehen (→ BFH vom 12. 4. 2000 – BStBl 2002 II S. 130).

Zur Wohnungsüberlassung an den geschiedenen oder dauernd getrennt lebenden Ehegatten bei Abschluss eines Mietvertrages → H 21.4 (Vermietung an Unterhaltsberechtigte).

Zustimmung

- Die Finanzbehörden sind nicht verpflichtet zu prüfen, ob die Verweigerung der Zustimmung rechtsmissbräuchlich ist (→ BFH vom 25. 7. 1990 – BStBl II S. 1022). Im Fall der rechtskräftigen Verurteilung zur Erteilung der Zustimmung (§ 894 Abs. 1 ZPO; → BFH vom 25. 10. 1988 – BStBl 1989 II S. 192) wirkt sie nur für das Kj., das Gegenstand des Rechtsstreits war.
- Im Fall der rechtskräftigen Verurteilung zur Erteilung der Zustimmung (§ 894 Abs. 1 ZPO; → BFH vom 25. 10. 1988 – BStBl 1989 II S. 192) wirkt sie nur für das Kalenderjahr, das Gegenstand des Rechtsstreits war.
- Stimmt der geschiedene oder dauernd getrennt lebende Ehegatte dem der Höhe nach beschränkten Antrag auf Abzug der Unterhaltszahlungen als Sonderausgaben zu, beinhaltet dies keine der Höhe nach unbeschränkte Zustimmung für die Folgejahre (→ BFH vom 14. 4. 2005 – BStBl II S. 825).
- Der **Widerruf** der Zustimmung muss vor Beginn des Kj., für den er wirksam werden soll, erklärt werden. Er ist gegenüber dem Wohnsitzfinanzamt sowohl des Unterhaltsleistenden als auch des Unterhaltsempfängers möglich Wird er gegenüber dem Wohnsitzfinanzamt des Unterhaltsempfängers erklärt, ist das Wissen dieser Behörde für die Änderungsbefugnis nach § 173 Abs. 1 Nr. 1 AO des für die Veranlagung des Unterhaltsleistenden zuständigen Finanzamtes ohne Bedeutung (→ BFH vom 2. 7. 2003 – BStBl II S. 803).

R 10.3. Versorgungsleistungen

(1) Versorgungsleistungen, die mit steuerbefreiten Einkünften, z. B. auf Grund eines DBA, in wirtschaftlichem Zusammenhang stehen, können nicht als Sonderausgaben abgezogen werden.

(2) [1]Versorgungsleistungen, die freiwillig oder auf Grund einer freiwillig begründeten Rechtspflicht geleistet werden, sind grundsätzlich nicht als Sonderausgaben abziehbar. [2]Das gilt auch für Zuwendungen an eine gegenüber dem Stpfl. oder seinem Ehegatten gesetzlich unterhaltsberechtigte Person oder an deren Ehegatten (§ 12 Nr. 2 EStG).

H 10.3

Ablösung eines Nießbrauchs oder eines anderen Nutzungsrechts

- → BMF vom 11. 3. 2010 (BStBl I S. 227) unter Berücksichtigung der Änderungen durch BMF vom 6. 5. 2016 (BStBl I S. 476), Rz. 25 und 85
- → BMF vom 30. 9. 2013 (BStBl I S. 1184), Rz. 55 – 67

Altenteilsleistung

Der Wert unbarer Altenteilsleistungen ist nach § 2 Abs. 2 der SvEV[1]) vom 21. 12. 2006 (BGBl. I S. 3385) in der für den jeweiligen VZ geltenden Fassung zu schätzen (→ BFH vom 18. 12. 1990 – BStBl 1991 II S. 354).

---

[1]) → Anhang 4

Beerdigungskosten

Soweit der Vermögensübernehmer kein Erbe und vertraglich zur Übernahme der durch den Tod des letztverstorbenen Vermögensübergebers entstandenen Beerdigungskosten verpflichtet ist, kann er die durch den Tod des letztverstorbenen Vermögensübergebers entstandenen Beerdigungskosten als dauernde Last abziehen (→ BFH vom 19. 1. 2010 – BStBl II S. 544). Ist er hingegen Alleinerbe, sind die Beerdigungskosten auch dann nicht abziehbar, wenn er sich vertraglich zur Übernahme dieser Kosten verpflichtet hat (→ BFH vom 19. 1. 2010 – BStBl 2011 II S. 162).

Erbbauzinsen

Erbbauzinsen, die im Zusammenhang mit der Selbstnutzung einer Wohnung im eigenen Haus anfallen, können nicht als dauernde Last abgezogen werden (→ BFH vom 24. 10. 1990 – BStBl 1991 II S. 175).

Schuldzinsen

Schuldzinsen zur Finanzierung von als Sonderausgaben abziehbaren privaten Versorgungsleistungen sind nicht als Versorgungsleistungen abziehbar (→ BFH vom 14. 11. 2001 – BStBl 2002 II S. 413).

Vermögensübertragung im Zusammenhang mit Versorgungsleistungen

→ BMF vom 11. 3. 2010 (BStBl I S. 227) unter Berücksichtigung der Änderungen durch BMF vom 6. 5. 2016 (BStBl I S. 476)

Vorweggenommene Erbfolge

Zur ertragsteuerlichen Behandlung der vorweggenommenen Erbfolge → BMF vom 13. 1. 1993 (BStBl I S. 80) unter Berücksichtigung der Änderungen durch BMF vom 26. 2. 2007 (BStBl I S. 269).

R 10.3a. Versorgungsausgleich

– unbesetzt –

H 10.3a

Versorgungsausgleich i. S. d. § 10 Abs. 1a Nr. 4 EStG

Zur einkommensteuerrechtlichen Behandlung der Leistungen auf Grund eines schuldrechtlichen Versorgungsausgleichs → BMF vom 9. 4. 2010 (BStBl I S. 323).

R 10.4. Vorsorgeaufwendungen (Allgemeines)

[1]Nach § 10 Abs. 1 Nr. 3 Satz 2 EStG können eigene Beiträge des Kindes zur Basiskranken- und gesetzlichen Pflegeversicherung im Rahmen des Sonderausgabenabzugs bei den Eltern berücksichtigt werden, wenn diese das Kind, für das sie Anspruch auf einen Freibetrag nach § 32 Abs. 6 EStG oder auf Kindergeld haben, durch Unterhaltsleistungen in Form von Bar- oder Sachleistungen (z. B. Unterkunft und Verpflegung) unterstützen. [2]Ob das Kind über eigene Einkünfte verfügt, ist insoweit ohne Bedeutung. [3]Allerdings können die Basiskranken- und gesetzlichen Pflegeversicherungsbeiträge des Kindes insgesamt nur einmal als Vorsorgeaufwendungen berücksichtigt werden. [4]Entweder erfolgt die Berücksichtigung nach § 10 Abs. 1 Nr. 3 Satz 2 EStG bei den Eltern oder nach § 10 Abs. 1 Nr. 3 Satz 1 EStG beim Kind.

H 10.4

Abzug von Vorsorgeaufwendungen

– Zum Sonderausgabenabzug für Beiträge nach § 10 Abs. 1 Nr. 2 bis 3a EStG → *BMF vom 24. 5. 2017 (BStBl I S. 820) unter Berücksichtigung der Ergänzung durch BMF vom 6. 11. 2017 (BStBl I S. 1455)* → Anhang 2.

– Zur Verfassungsmäßigkeit der beschränkten Abziehbarkeit von Altersvorsorgeaufwendungen → BFH vom 18. 11. 2009 (BStBl 2010 II S. 414) und vom 9. 12. 2009 (BStBl 2010 II S. 348).

Beitragsrückerstattungen

Zur steuerlichen Behandlung von Bonusleistungen einer gesetzlichen Krankenversicherung (§ 65a SGB V) → BMF vom 6. 12. 2016 (BStBl I S. 1426)

Berufsständische Versorgungseinrichtungen

Liste der berufsständischen Versorgungseinrichtungen, die den gesetzlichen Rentenversicherungen vergleichbare Leistungen i. S. d. § 10 Abs. 1 Nr. 2 Satz 1 Buchstabe a EStG erbringen → BMF vom 8. 7. 2014 (BStBl I S. 1098).

Höchstbetragsregelung

Die Regelung über die beschränkte Abziehbarkeit von sonstigen Vorsorgeaufwendungen (§ 10 Abs. 1 Nr. 3a EStG) ist verfassungsrechtlich nicht zu beanstanden (→ BFH vom 9. 9. 2015 – BStBl II S. 1043).

Nichtabziehbare Vorsorgeaufwendungen

Vorsorgeaufwendungen, die mit steuerfreien Einnahmen in unmittelbarem wirtschaftlichen Zusammenhang stehen, sind nicht abziehbar.

Beispiele:

1. Gesetzliche Arbeitnehmeranteile zur Sozialversicherung, die auf steuerfreien Arbeitslohn entfallen (→ BFH vom 27. 3. 1981 – BStBl II S. 530), z. B. auf Grund einer Freistellung nach einem DBA oder dem ATE vom 31. 10. 1983 (BStBl I S. 470);

2. Aufwendungen aus Mitteln, die nach ihrer Zweckbestimmung zur Leistung der Vorsorgeaufwendungen dienen, wie

   a) steuerfreie Zuschüsse zur Krankenversicherung der Rentner, z. B. nach § 106 SGB VI (→ H 3.14);

   b) Beiträge zur Alters- und Hinterbliebenenversorgung, die Wehrpflichtigen und Zivildienstleistenden erstattet werden (§ 14a und 14b Arbeitsplatzschutzgesetz, § 78 Abs. 1 Nr. 1 ZDG);

   c) steuerfreie Beträge, die Land- und Forstwirte nach dem Gesetz über die Alterssicherung der Landwirte zur Entlastung von Vorsorgeaufwendungen im Sinne des § 10 Abs. 1 Nr. 2 Buchstabe a EStG erhalten.

R 10.5. Versicherungsbeiträge

[1]Wird ein Kraftfahrzeug teils für berufliche und teils für private Zwecke benutzt, kann der Stpfl. den Teil seiner Aufwendungen für die Kfz-Haftpflichtversicherung, der dem Anteil der privaten Nutzung entspricht, im Rahmen des § 10 EStG als Sonderausgaben abziehen. [2]Werden Aufwendungen für Wege zwischen Wohnung und Arbeitsstätte oder Familienheimfahrten mit eigenem Kraftfahrzeug in Höhe der Entfernungspauschale nach § 9 Abs. 1 Satz 3 Nr. 4 EStG abgezogen, können die Aufwendungen für die Kfz-Haftpflichtversicherung zur Vereinfachung in voller Höhe als Sonderausgaben anerkannt werden.

H 10.5

Beiträge an ausländische Sozialversicherungsträger

Zur Aufteilung der an ausländische Sozialversicherungsträger geleisteten Globalbeiträge zur Berücksichtigung der Vorsorgeaufwendungen im Rahmen des Sonderausgabenabzugs → BMF vom *22. 8. 2016 (BStBl I S. 804)*

Erbschaftsteuerversicherung

– Zum Begriff der Erbschaftsteuerversicherung → BMF vom 1. 10. 2009 (BStBl I S. 1172), Rz. 30

– Die Beiträge gehören zu den sonstigen Vorsorgeaufwendungen nach § 10 Abs. 1 Nr. 3a EStG (→ *BMF vom 24. 5. 2017 – BStBl I S. 820, Rz. 121-124*) → Anhang 2.

Kapitalwahlrecht

Für vor dem 1. 10. 1996 abgeschlossene Verträge ist Abschnitt 88 Abs. 1 Satz 4 EStR 1987 weiter anzuwenden. Abschnitt 88 Abs. 1 Satz 4 EStR 1987 lautet: „Beiträge zu Rentenversicherungen mit Kapitalwahlrecht gegen laufende Beitragsleistung können als Sonderausgaben abgezogen werden, wenn die Auszahlung des Kapitals frühestens zu einem Zeitpunkt nach Ablauf von zwölf Jahren seit Vertragsabschluss verlangt werden kann."

Keine Sonderausgaben

Die als Sonderausgaben zu berücksichtigenden Aufwendungen sind in § 10 EStG abschließend aufgezählt. Nicht benannte Aufwendungen können nicht als Sonderausgaben abgezogen werden (→ BFH vom 4. 2. 2010 – BStBl II S. 617). Hierzu zählen z. B. Beiträge für eine

– Hausratversicherung,
– Kaskoversicherung,
– Rechtsschutzversicherung,
– Sachversicherung.

Krankentagegeldversicherung

Die Beiträge gehören zu den sonstigen Vorsorgeaufwendungen nach § 10 Abs. 1 Nr. 3a EStG (→ *BMF vom 24. 5. 2017 – BStBl I S. 820, Rz. 121-124*) → Anhang 2.

Lebensversicherung (Vertragsabschluss vor dem 1. 1. 2005)

– Allgemeines/Grundsätze
 – → BMF vom 22. 8. 2002 (BStBl I S. 827) unter Berücksichtigung der Änderungen durch BMF vom 1. 10. 2009 (BStBl I S. 1188).
 – → Auszug aus dem EStG 2002 in der am 31. 12. 2004 geltenden Fassung
 – → Verzeichnis der ausländischen Versicherungsunternehmen, denen die Erlaubnis zum Betrieb eines nach § 10 Abs. 1 Nr. 2 EStG a. F. begünstigten Versicherungszweigs im Inland erteilt ist – Stand: 1. 1. 2004
– Beiträge zu Lebensversicherungen mit Teilleistungen auf den Erlebensfall vor Ablauf der Mindestvertragsdauer von zwölf Jahren sind auch nicht teilweise als Sonderausgaben abziehbar (→ BFH vom 27. 10. 1987 – BStBl 1988 II S. 132),
– Einsatz von Lebensversicherungen zur Tilgung oder Sicherung von Darlehen → BMF vom 15. 6. 2000 (BStBl I S. 1118) und vom 16. 7. 2012 (BStBl I S. 686).

Loss-of-Licence-Versicherung

Beiträge zur Berufsunfähigkeitsversicherung eines Flugzeugführers sind regelmäßig Sonderausgaben, keine Werbungskosten (→ BFH vom 13. 4. 1976 – BStBl II S. 599).

Pflegekrankenversicherung

Die Beiträge zu einer ergänzenden Pflegekrankenversicherung gehören zu den sonstigen Vorsorgeaufwendungen nach § 10 Abs. 1 Nr. 3a EStG (→ *BMF vom 24. 5. 2017 – BStBl I S. 820, Rz. 121-124*) → Anhang 2.

Pflegerentenversicherung

Die Beiträge gehören zu den sonstigen Vorsorgeaufwendungen nach § 10 Abs. 1 Nr. 3a EStG (→ *BMF vom 24. 5. 2017 – BStBl I S. 820, Rz. 121-124*) → Anhang 2.

Unfallversicherung

– Zuordnung von Versicherungsbeiträgen zu Werbungskosten oder Sonderausgaben → BMF vom 28. 10. 2009 (BStBl I S. 1275), Tz. 4

– Soweit die Beiträge nicht den Werbungskosten zuzuordnen sind, liegen sonstige Vorsorgeaufwendungen nach § 10 Abs. 1 Nr. 3a EStG vor (→ *BMF vom 24. 5. 2017 – BStBl I S. 820, Rz. 121-124*) → Anhang 2.

Versorgungsbeiträge Selbständiger

Beiträge, für die eine gesetzliche Leistungspflicht besteht, stellen, auch soweit sie auf die sog. „alte Last" entfallen, regelmäßig keine Betriebsausgaben dar, wenn sie gleichzeitig der eigenen Versorgung oder der Versorgung der Angehörigen dienen (→ BFH vom 13. 4. 1972 – BStBl II S. 728 und 730).

Sie können in diesem Fall als Sonderausgaben im Rahmen des § 10 EStG abgezogen werden.

Vertragseintritt

Wer in den Lebensversicherungsvertrag eines anderen eintritt, kann nur die nach seinem Eintritt fällig werdenden Beiträge als Sonderausgaben abziehen; der Eintritt gilt nicht als neuer Vertragsabschluss (→ BFH vom 9. 5. 1974 – BStBl II S. 633).

R 10.6. Nachversteuerung von Versicherungsbeiträgen

[1]Bei einer Nachversteuerung nach § 30 EStDV wird der Steuerbescheid des Kalenderjahres, in dem die Versicherungsbeiträge für Versicherungen i. S. d. § 10 Abs. 1 Nr. 3 Buchstabe b EStG als Sonderausgaben berücksichtigt worden sind, nicht berichtigt. [2]Es ist lediglich festzustellen, welche Steuer für das jeweilige Kalenderjahr festzusetzen gewesen wäre, wenn der Stpfl. die Versicherungsbeiträge nicht geleistet hätte. [3]Der Unterschiedsbetrag zwischen dieser Steuer und der seinerzeit festgesetzten Steuer ist als Nachsteuer für das Kalenderjahr zu erheben, in dem das steuerschädliche Ereignis eingetreten ist.

H 10.6

Nachsteuer

Bei Berechnung der Nachsteuer nach § 10 Abs. 5 EStG findet § 177 AO keine Anwendung; bisher nicht geltend gemachte Aufwendungen können nicht nachgeschoben werden (→ BFH vom 15. 12. 1999 – BStBl 2000 II S. 292).

Nachversteuerung für Versicherungsbeiträge bei Ehegatten im Falle ihrer getrennten Veranlagung

Sind die Ehegatten in einem dem VZ 1990 vorangegangenen Kj. nach § 26a EStG in der für das betreffende Kj. geltenden Fassung getrennt veranlagt worden und waren in ihren zusammengerechneten Sonderausgaben mit Ausnahme des Abzugs für den steuerbegünstigten nicht entnommenen Gewinn und des Verlustabzugs Versicherungsbeiträge enthalten, für die eine Nachversteuerung durchzuführen ist, ist nach Abschnitt 109a EStR 1990 zu verfahren.

Veräußerung von Ansprüchen aus Lebensversicherungen

Die Veräußerung von Ansprüchen aus Lebensversicherungen führt weder zu einer Nachversteuerung der als Sonderausgaben abgezogenen Versicherungsbeiträge noch zur Besteuerung eines etwaigen Überschusses des Veräußerungserlöses über die eingezahlten Versicherungsbeiträge (→ BMF vom 22. 8. 2002 – BStBl I S. 827, RdNr. 32 *unter Berücksichtigung der Änderungen durch BMF vom 1. 10. 2009 – BStBl I S. 1188*).

R 10.7. Kirchensteuern und Kirchenbeiträge

(1) [1]Beiträge der Mitglieder von Religionsgemeinschaften (Kirchenbeiträge), die mindestens in einem Land als Körperschaft des öffentlichen Rechts anerkannt sind, aber während des ganzen Kalenderjahres keine Kirchensteuer erheben, sind aus Billigkeitsgründen wie Kirchensteuern abziehbar. [2]Voraussetzung ist, dass der Stpfl. über die geleisteten Beiträge eine Empfangsbestätigung der Religionsgemeinschaft vorlegt. [3]Der Abzug ist bis zur Höhe der Kirchensteuer zulässig, die in dem betreffenden Land von den als Körperschaften des öffentlichen Rechts anerkannten Religionsgemeinschaften erhoben wird. [4]Bei unterschiedlichen Kirchensteuersätzen ist der höchste Steuersatz maßgebend. [5]Die Sätze 1 bis 4 sind nicht anzuwenden, wenn der

Stpfl. gleichzeitig als Mitglied einer öffentlich-rechtlichen Religionsgemeinschaft zur Zahlung von Kirchensteuer verpflichtet ist.

(2) Kirchenbeiträge, die nach Absatz 1 nicht wie Kirchensteuer als Sonderausgaben abgezogen werden, können im Rahmen des § 10b EStG steuerlich berücksichtigt werden.

H 10.7

Beiträge an Religionsgemeinschaften (R 10.7 Abs. 1 Satz 1 bis 3 EStR)

Die in R 10.7 getroffene Regelung stellt eine Billigkeitsmaßnahme (§ 163 AO) dar, die zwingend anzuwenden ist. Der höchstmögliche Abzug beträgt 8 % bzw. 9 % der festgesetzten Einkommensteuer auf das um die Beiträge geminderte zu versteuernde Einkommen; § 51a Abs. 1 und 2 EStG ist anzuwenden (→ BFH vom 10. 10. 2001 – BStBl 2002 II S. 201 und vom 12. 6. 2002 – BStBl 2003 II S. 281).

Kirchensteuern an Religionsgemeinschaften in EU-/EWR-Staaten

Auch Kirchensteuerzahlungen an Religionsgemeinschaften, die in einem anderen EU-Mitgliedstaat oder in einem EWR-Staat belegen sind und die bei Inlandsansässigkeit als Körperschaften des öffentlichen Rechts anzuerkennen wären, sind als Sonderausgabe nach § 10 Abs. 1 Nr. 4 EStG abziehbar. Das betrifft die Staaten Finnland (evangelisch-lutherische und orthodoxe Staatskirchen) und Dänemark (evangelisch-lutherische Staatskirche). Soweit in den vorgenannten Staaten andere Religionsgemeinschaften ansässig sind, sind für die fiktive Einordnung als Körperschaft des öffentlichen Rechts die zuständigen Innen- oder Kultusbehörden einzubeziehen (→ BMF vom 16. 11. 2010 – BStBl I S. 1311).

Kirchensteuern des Erblassers

Zahlungen auf offene Kirchensteuern des Erblassers durch den Erben sind bei diesem im Jahr der Zahlung als Sonderausgabe abziehbar (→ BFH vom 21. 7. 2016 – BStBl 2017 II S. 256).

Kirchensteuern i. S. d. § 10 Abs. 1 Nr. 4 EStG

Sie sind Geldleistungen, die von den als Körperschaften des öffentlichen Rechts anerkannten Religionsgemeinschaften von ihren Mitgliedern auf Grund gesetzlicher Vorschriften erhoben werden. Die Kirchensteuer wird in der Regel als Zuschlagsteuer zur Einkommen- bzw. Lohnsteuer erhoben. Kirchensteuern können aber nach Maßgabe der Gesetze auch erhoben werden als Kirchensteuern vom Einkommen, vom Vermögen, vom Grundbesitz und als Kirchgeld. **Keine Kirchensteuern** sind freiwillige Beiträge, die an öffentlich-rechtliche Religionsgemeinschaften oder andere religiöse Gemeinschaften entrichtet werden.

Willkürliche Zahlungen

Kirchensteuern sind grundsätzlich in dem VZ als Sonderausgabe abzugsfähig, in dem sie tatsächlich entrichtet wurden, soweit es sich nicht um willkürliche, die voraussichtliche Steuerschuld weit übersteigende Zahlungen handelt (→ BFH vom 25. 1. 1963 – BStBl III S. 141).

R 10.8. Kinderbetreuungskosten

– unbesetzt –

H 10.8

Abzugsbeschränkung

Die Beschränkung des Abzugs von Kinderbetreuungskosten auf zwei Drittel der Aufwendungen und einen Höchstbetrag von 4 000 Euro je Kind ist verfassungsgemäß (→ BFH vom 9. 2. 2012 – BStBl II S. 567).

Anwendungsschreiben

→ BMF vom 14. 3. 2012 (BStBl I S. 307)

R 10.9. Aufwendungen für die Berufsausbildung

(1) [1]Erhält der Stpfl. zur unmittelbaren Förderung seiner Ausbildung steuerfreie Bezüge, mit denen Aufwendungen i. S. d. § 10 Abs. 1 Nr. 7 EStG abgegolten werden, entfällt insoweit der Sonderausgabenabzug. [2]Das gilt auch dann, wenn die zweckgebundenen steuerfreien Bezüge erst nach Ablauf des betreffenden Kalenderjahres gezahlt werden. [3]Zur Vereinfachung ist eine Kürzung der für den Sonderausgabenabzug in Betracht kommenden Aufwendungen nur dann vorzunehmen, wenn die steuerfreien Bezüge ausschließlich zur Bestreitung der in § 10 Abs. 1 Nr. 7 EStG bezeichneten Aufwendungen bestimmt sind. [4]Gelten die steuerfreien Bezüge dagegen ausschließlich oder teilweise Aufwendungen für den Lebensunterhalt ab – ausgenommen solche für auswärtige Unterbringung –, z. B. Berufsausbildungsbeihilfen nach § 59 SGB III, Leistungen nach den §§ 12 und 13 BAföG, sind die als Sonderausgaben geltend gemachten Berufsausbildungsaufwendungen nicht zu kürzen.

Nachlaufende Studiengebühren

(2) Staatlich gestundete Studienbeiträge, die erst nach Abschluss des Studiums gezahlt werden (sog. nachlaufende Studiengebühren), sind nach den allgemeinen Grundsätzen des § 11 Abs. 2 EStG im Jahr der Zahlung der gestundeten Beiträge und somit auch nach Abschluss der Berufsausbildung als Sonderausgaben abziehbar.

H 10.9

Aufwendungen i. S. d. § 10 Abs. 1 Nr. 7 EStG:

– **Arbeitsmittel**
  Die für Arbeitsmittel i. S. d. § 9 Abs. 1 Satz 3 Nr. 6 EStG geltenden Vorschriften sind sinngemäß anzuwenden. Schafft ein Stpfl. abnutzbare Wirtschaftsgüter von mehrjähriger Nutzungsdauer an, so sind im Rahmen des § 10 Abs. 1 Nr. 7 EStG nur die auf die Nutzungsdauer verteilten Anschaffungskosten als Sonderausgaben abziehbar (→ BFH vom 7. 5. 1993 – BStBl II S. 676).
  Die Anschaffungs- oder Herstellungskosten von Arbeitsmitteln einschließlich der Umsatzsteuer können im Jahr ihrer Verausgabung in voller Höhe als Sonderausgaben abgesetzt werden, wenn sie ausschließlich der Umsatzsteuer für das einzelne Arbeitsmittel 410 € nicht übersteigen (→ R 9.12 LStR 2015).
– **häusliches Arbeitszimmer**
  → *BMF vom 6. 10. 2017 (BStBl I S. 1320),*
– **Fachliteratur**
  → BFH vom 28. 11. 1980 (BStBl 1981 II S. 309),
– **Mehraufwand für Verpflegung**
  → BFH vom 3. 12. 1974 (BStBl 1975 II S. 356),
  → R 9.6 LStR 2015,
– **Mehraufwand wegen doppelter Haushaltsführung**
  → R 9.11 LStR 2015.

Ausbildungsdarlehen/Studiendarlehen

– Abzugshöhe/Abzugspunkt → H 10.1
– Aufwendungen zur Tilgung von Ausbildungs-/Studiendarlehen gehören nicht zu den abziehbaren Aufwendungen im Sinne des § 10 Abs. 1 Nr. 7 EStG (→ BFH vom 15. 3. 1974 – BStBl II S. 513).
– Zinsen für ein Ausbildungsdarlehen gehören zu den abziehbaren Aufwendungen, auch wenn sie nach Abschluss der Berufsausbildung gezahlt werden (→ BFH vom 28. 2. 1992 – BStBl II S. 834).
– Ist ein Ausbildungsdarlehen nebst Zuschlag zurückzuzahlen, sind die Aufwendungen für den Zuschlag Ausbildungs- und keine Werbungskosten, wenn damit nachträglich die im Zusammenhang mit der Berufsausbildung gewährten Vorteile abgegolten werden sollen und wenn der Zuschlag nicht weitaus überwiegend als Druckmittel zur Einhaltung der vorvertraglichen Verpflichtung zur Eingehung eines langfristigen Arbeitsverhältnisses dienen soll (→ BFH vom 28. 2. 1992 – BStBl II S. 834).

Aus- und Fortbildung

→ R 9.2 LStR 2015

Auswärtige Unterbringung

Ein Student, der seinen Lebensmittelpunkt an den Studienort verlagert hat, ist regelmäßig nicht auswärts untergebracht (→ BFH vom 19. 9. 2012 – BStBl 2013 II S. 284).

Beruf

Der angestrebte Beruf muss nicht innerhalb bestimmter bildungspolitischer Zielvorstellungen des Gesetzgebers liegen (→ BFH vom 18. 12. 1987 – BStBl 1988 II S. 494).

Berufsausbildungskosten

Aufwendungen für die erstmalige Berufsausbildung oder ein Erststudium BMF vom 22. 9. 2010 (BStBl I S. 721).[1]

Deutschkurs

Aufwendungen eines in Deutschland lebenden Ausländers für den Erwerb von Deutschkenntnissen sind nicht als Aufwendungen für die Berufsausbildung abziehbar (→ BFH vom 15. 3. 2007 – BStBl II S. 814).

Habilitation

Aufwendungen eines wissenschaftlichen Assistenten an einer Hochschule für seine Habilitation sind Werbungskosten i. S. v. § 9 EStG (→ BFH vom 7. 8. 1967 – BStBl III S. 778).

Klassenfahrt

Aufwendungen eines Berufsschülers für eine im Rahmen eines Ausbildungsdienstverhältnisses als verbindliche Schulveranstaltung durchgeführte Klassenfahrt sind in der Regel Werbungskosten (→ BFH vom 7. 2. 1992 – BStBl II S. 531).

Studienreisen

→ R 12.2

Umschulung

Aufwendungen für eine Umschulungsmaßnahme, die die Grundlage dafür bildet, von einer Berufs- oder Erwerbsart zu einer anderen überzuwechseln, können vorab entstandene Werbungskosten sein (→ BFH vom 4. 12. 2002 – BStBl 2003 II S. 403).

R 10.10. Schulgeld

Kind als Vertragspartner

(1) [1]Schulgeldzahlungen eines Stpfl. sind bei diesem auch dann nach § 10 Abs. 1 Nr. 9 EStG abziehbar, wenn dessen unterhaltsberechtigtes Kind selbst Vertragspartner der Schule ist. [2]Hat der Stpfl. für das sich in der Ausbildung befindende Kind einen Anspruch auf einen Freibetrag nach § 32 Abs. 6 EStG oder auf Kindergeld, ist davon auszugehen, dass die erforderliche Unterhaltsberechtigung des Kindes besteht.

Schulbesuche im Ausland

(2) [1]Zu den nach § 10 Abs. 1 Nr. 9 EStG abziehbaren Sonderausgaben gehören u. a. Schulgeldzahlungen für den Besuch einer im EU-/EWR-Raum belegenen Bildungsstätte, wenn der Besuch mit dem „International Baccalaureate" (Internationales Abitur) abschließen soll. [2]Für die Anerkennung mehrjähriger Auslandsschulbesuche ist die Vorlage einer einmaligen Prognoseentscheidung der im Einzelfall zuständigen Behörde (z. B. Zeugnisanerkennungsstelle) ausreichend.

---

[1] Anhang 34 I

H 10.10

Allgemeines

– → BMF vom 9. 3. 2009 (BStBl I S. 487)
– Der Abzug von Schulgeldzahlungen setzt nicht voraus, dass die Eltern selbst Vertragspartner des mit der Privatschule abgeschlossenen Vertrages sind (→ BFH vom 9. 11. 2011 – BStBl 2012 II S. 321).

Aufwendungen für den Schulbesuch als außergewöhnliche Belastungen

→ H 33.1 – 33.4 (Schulbesuch)

Privatschule in der Schweiz

Schulgeld, das an eine schweizerische Privatschule gezahlt wird, kann nicht als Sonderausgabe abgezogen werden. Hierin liegt keine Verletzung der Kapitalverkehrsfreiheit. Das Freizügigkeitsabkommen zwischen der Europäischen Gemeinschaft und ihren Mitgliedstaaten und der Schweiz vom 21. 6. 1999 (BGBl. 2001 II S. 811) gewährt keinen Anspruch auf Gleichbehandlung mit Privatschulen, die in der EU oder im EWR belegen sind (→ BFH vom 9. 5. 2012 – BStBl II S. 585).

Spendenabzug

Zum Spendenabzug von Leistungen der Eltern an gemeinnützige Schulvereine – Schulen in freier Trägerschaft→ BMF vom 4. 1. 1991 (BStBl 1992 I S. 266).

R 10.11. Kürzung des Vorwegabzugs bei der Günstigerprüfung

– unbesetzt –

H 10.11

Allgemeines

Ist nach § 10 Abs. 4a EStG in den Kj. 2005 bis 2019 der Abzug der Vorsorgeaufwendungen nach Absatz 1 Nr. 2 und 3 in der für das Kj. 2004 geltenden Fassung des § 10 Abs. 3 EStG mit den in § 10 Abs. 4a EStG genannten Höchstbeträgen für den Vorwegabzug günstiger, ist der sich danach ergebende Betrag anstelle des Abzugs nach Absatz 3 und 4 anzusetzen.

§ 10 Abs. 3 EStG in der für das Kj. 2004 geltenden Fassung lautet:

„(3) Für Vorsorgeaufwendungen gelten je Kalenderjahr folgende Höchstbeträge:

1. ein Grundhöchstbetrag von 1 334 Euro,

   im Fall der Zusammenveranlagung von Ehegatten von 2 668 Euro;

2. ein Vorwegabzug von 3 068 Euro,

   im Fall der Zusammenveranlagung von Ehegatten von 6 136 Euro.

   ²Diese Beträge sind zu kürzen um 16 vom Hundert der Summe der Einnahmen

   a) aus nichtselbständiger Arbeit im Sinne des § 19 ohne Versorgungsbezüge im Sinne des § 19 Abs. 2, wenn für die Zukunftssicherung des Steuerpflichtigen Leistungen im Sinne des § 3 Nr. 62 erbracht werden oder der Steuerpflichtige zum Personenkreis des § 10c Abs. 3 Nr. 1 oder 2 gehört, und

   b) aus der Ausübung eines Mandats im Sinne des § 22 Nr. 4;

3. für Beiträge nach Absatz 1 Nr. 2 Buchstabe c ein zusätzlicher Höchstbetrag von 184 Euro für Steuerpflichtige, die nach dem 31. Dezember 1957 geboren sind;

4. Vorsorgeaufwendungen, die die nach den Nummern 1 bis 3 abziehbaren Beträge übersteigen, können zur Hälfte, höchstens bis zu 50 vom Hundert des Grundhöchstbetrags abgezogen werden (hälftiger Höchstbetrag)."

Bemessungsgrundlage für die Kürzung des Vorwegabzugs

– **Einnahmen aus einem früheren Beschäftigungsverhältnis**
  Der Vorwegabzug für Vorsorgeaufwendungen ist auch für VZ nach Beendigung des Beschäftigungsverhältnisses zu kürzen, wenn in wirtschaftlichem Zusammenhang mit der

früheren Beschäftigung stehender Arbeitslohn nachträglich an den Stpfl. ausgezahlt wird und dieser durch arbeitgeberfinanzierte Zukunftssicherungsleistungen oder Altersversorgungsansprüche begünstigt worden war (→ BFH vom 20. 12. 2006 – BStBl 2007 II S. 823).

– **Entlassungsentschädigung**
Zu den Einnahmen aus nichtselbständiger Arbeit, die Bemessungsgrundlage für die Kürzung des Vorwegabzugs für Vorsorgeaufwendungen sind, gehört auch eine vom Arbeitgeber gezahlte Entlassungsentschädigung, für die kein Arbeitgeberbeitrag zu leisten war (BFH vom 16. 10. 2002 – BStBl 2003 II S. 343).

– **Mehrere Beschäftigungsverhältnisse**
Bei mehreren Beschäftigungsverhältnissen sind für die Kürzung des Vorwegabzugs für Vorsorgeaufwendungen nur die Einnahmen aus den Beschäftigungsverhältnissen zu berücksichtigen, in deren Zusammenhang die Voraussetzungen für eine Kürzung des Vorwegabzugs für Vorsorgeaufwendungen erfüllt sind (BMF vom 26. 2. 2004 – BStBl I S. 720).

– **Zukunftssicherungsleistungen**
  – Zum Begriff der Zukunftssicherungsleistungen im Sinne des § 3 Nr. 62 EStG R 3.62 LStR 2015.
  – Die Höhe der vom Arbeitgeber erbrachten Zukunftssicherungsleistungen im Sinne des § 3 Nr. 62 EStG ist für den Umfang der Kürzung des Vorwegabzugs ohne Bedeutung (BFH vom 16. 10. 2002 – BStBl 2003 II S. 183).
  – Der Vorwegabzug ist auch dann zu kürzen, wenn der Arbeitgeber Zukunftssicherungsleistungen während des VZ nur zeitweise erbringt oder nur Beiträge zur Kranken- und Pflegeversicherung leistet (BFH vom 16. 10. 2002 – BStBl 2003 II S. 288).
  – Der Vorwegabzug für Vorsorgeaufwendungen ist auch dann zu kürzen, wenn das Anwartschaftsrecht auf Altersversorgung nicht unverfallbar ist oder wirtschaftlich nicht gesichert erscheint. Diese Kürzung ist nicht rückgängig zu machen, wenn eine Pensionszusage in späteren Jahren widerrufen wird (BFH vom 28. 7. 2004 – BStBl 2005 II S. 94).

– **Zusammenveranlagte Ehegatten**
Bei der Kürzung des zusammenveranlagten Ehegatten gemeinsam zustehenden Vorwegabzugs für Vorsorgeaufwendungen ist in die Bemessungsgrundlage nur der Arbeitslohn desjenigen Ehegatten einzubeziehen, für den Zukunftssicherungsleistungen i. S. d. § 3 Nr. 62 EStG erbracht worden sind oder der zum Personenkreis des § 10c Abs. 3 Nr. 1 oder 2 EStG gehört (→ BMF vom 3. 12. 2003 – BStBl 2004 I S. 709).

Gesellschafter-Geschäftsführer von Kapitalgesellschaften

→ BMF vom 22. 5. 2007 (BStBl I S. 493)

Höchstbetrag nach § 10 Abs. 3 EStG

Der Höchstbetrag ist nicht zu kürzen:
– wenn der Arbeitgeber für die Zukunftssicherung des Stpfl. keine Leistungen i. S. d. Absatzes 3 erbracht hat. Werden später Beiträge für einen bestimmten Zeitraum nachentrichtet, ist dieser Vorgang ein rückwirkendes Ereignis i. S. d. § 175 Abs. 1 Satz 1 Nr. 2 AO; der Höchstbetrag ist zu kürzen (→ BFH vom 21. 1. 2004 – BStBl II S. 650),
– wenn einem Gesellschafter-Geschäftsführer einer GmbH im Anstellungsvertrag ein Anspruch auf Ruhegehalt eingeräumt wird, dessen Art und Höhe erst später per Gesellschafterbeschluss bestimmt werden soll und die GmbH keine Aufwendungen zur Sicherstellung der künftigen Altersversorgung tätigt (→ BFH vom 14. 6. 2000 – BStBl 2001 II S. 28),
– bei nach § 4 SGB VI auf Antrag Pflichtversicherten (BFH vom 19. 5. 1999 – BStBl 2001 II S. 64),

R 10b.1 Ausgaben zur Förderung steuerbegünstigter Zwecke i. S. d. § 10b Abs. 1 und 1a EStG

Begünstigte Ausgaben

(1) [1]Mitgliedsbeiträge, sonstige Mitgliedsumlagen und Aufnahmegebühren sind nicht abziehbar, wenn die diese Beträge erhebende Einrichtung Zwecke bzw. auch Zwecke verfolgt, die in § 10b Abs. 1 Satz 8 EStG genannt sind. [2]Zuwendungen, die mit der Auflage geleistet werden, sie an eine bestimmte natürliche Person weiterzugeben, sind nicht abziehbar. [3]Zuwendungen können nur dann abgezogen werden, wenn der Zuwendende endgültig wirtschaftlich belastet ist. [4]Bei Sachzuwendungen aus einem Betriebsvermögen darf zuzüglich zu dem Entnahmewert i. S. d. § 6 Abs. 1 Nr. 4 EStG auch die bei der Entnahme angefallene Umsatzsteuer abgezogen werden.

Durchlaufspenden

(2) [1]Das Durchlaufspendenverfahren ist keine Voraussetzung für die steuerliche Begünstigung von Zuwendungen. [2]Inländische juristische Personen des öffentlichen Rechts, die Gebietskörperschaften sind, und ihre Dienststellen sowie inländische kirchliche juristische Personen des öffentlichen Rechts können jedoch ihnen zugewendete Spenden – nicht aber Mitgliedsbeiträge, sonstige Mitgliedsumlagen und Aufnahmegebühren – an Zuwendungsempfänger i. S. d. § 10b Abs. 1 Satz 2 EStG weiterleiten. [3]Die Durchlaufstelle muss die tatsächliche Verfügungsmacht über die Spendenmittel erhalten. [4]Dies geschieht in der Regel (anders insbesondere bei → Sachspenden) durch Buchung auf deren Konto. [5]Die Durchlaufstelle muss die Vereinnahmung der Spenden und ihre Verwendung (Weiterleitung) getrennt und unter Beachtung der haushaltsrechtlichen Vorschriften nachweisen. [6]Vor der Weiterleitung der Spenden an eine nach § 5 Abs. 1 Nr. 9 KStG steuerbefreite Körperschaft, Personenvereinigung oder Vermögensmasse muss sie prüfen, ob die Zuwendungsempfängerin wegen Verfolgung gemeinnütziger, mildtätiger oder kirchlicher Zwecke i. S. d. § 5 Abs. 1 Nr. 9 KStG anerkannt oder vorläufig anerkannt worden ist und ob die Verwendung der Spenden für diese Zwecke sichergestellt ist. [7]Die Zuwendungsbestätigung darf nur von der Durchlaufstelle ausgestellt werden.

Nachweis der Zuwendungen

(3) [1]Zuwendungen nach den §§ 10b und 34g EStG sind grundsätzlich durch eine vom Empfänger nach amtlich vorgeschriebenem Vordruck erstellte Zuwendungsbestätigung nachzuweisen. [2]Die Zuwendungsbestätigung kann auch von einer durch Auftrag zur Entgegennahme von Zahlungen berechtigten Person unterschrieben werden.

Maschinell erstellte Zuwendungsbestätigung

(4) [1]Als Nachweis reicht eine maschinell erstellte Zuwendungsbestätigung ohne eigenhändige Unterschrift einer zeichnungsberechtigten Person aus, wenn der Zuwendungsempfänger die Nutzung eines entsprechenden Verfahrens dem zuständigen Finanzamt angezeigt hat. [2]Mit der Anzeige ist zu bestätigen, dass folgende Voraussetzungen erfüllt sind und eingehalten werden:

1. die Zuwendungsbestätigungen entsprechen dem amtlich vorgeschriebenen Vordruck,
2. die Zuwendungsbestätigungen enthalten die Angabe über die Anzeige an das Finanzamt,
3. eine rechtsverbindliche Unterschrift wird beim Druckvorgang als Faksimile eingeblendet oder es wird beim Druckvorgang eine solche Unterschrift in eingescannter Form verwendet,
4. das Verfahren ist gegen unbefugten Eingriff gesichert,
5. das Buchen der Zahlungen in der Finanzbuchhaltung und das Erstellen der Zuwendungsbestätigungen sind miteinander verbunden und die Summen können abgestimmt werden, und
6. Aufbau und Ablauf des bei der Zuwendungsbestätigung angewandten maschinellen Verfahrens sind für die Finanzbehörden innerhalb angemessener Zeit prüfbar (analog § 145 AO); dies setzt eine Dokumentation voraus, die den Anforderungen der Grundsätze ordnungsmäßiger DV-gestützter Buchführungssysteme genügt.

[3]Die Regelung gilt nicht für Sach- und Aufwandsspenden.

Prüfungen

(5) [1]Ist der Empfänger einer Zuwendung eine inländische juristische Person des öffentlichen Rechts, eine inländische öffentliche Dienststelle oder ein inländischer amtlich anerkannter Verband der freien Wohlfahrtspflege einschließlich seiner Mitgliedsorganisationen, kann im Allgemeinen davon ausgegangen werden, dass die Zuwendungen für steuerbegünstigte Zwecke verwendet werden. [2]Das gilt auch dann, wenn der Verwendungszweck im Ausland verwirklicht wird.

H 10b.1

Anwendungsschreiben

→ BMF vom 18. 12. 2008 (BStBl 2009 I S. 16) – letztmals abgedruckt im Anhang 37 II EStH 2013 und BMF vom 15. 9. 2014 (BStBl I S. 1278) → Anhang 11

Auflagen

Zahlungen an eine steuerbegünstigte Körperschaft zur Erfüllung einer Auflage nach § 153a StPO oder § 56b StGB sind nicht als Spende abziehbar (→ BFH vom 19. 12. 1990 – BStBl 1991 II S. 234).

Aufwandsspenden

→ BMF vom 25. 11. 2014 (BStBl I S. 1584) unter Berücksichtigung der Änderungen durch BMF vom 24. 8. 2016 (BStBl I S. 994)

Beitrittsspende

Eine anlässlich der Aufnahme in einen Golfclub geleistete Zahlung ist keine Zuwendung i. S. d. § 10b Abs. 1 EStG, wenn derartige Zahlungen von den Neueintretenden anlässlich ihrer Aufnahme erwartet und zumeist auch gezahlt werden (sog. Beitrittsspende). Die geleistete Zahlung ist als → Gegenleistung des Neumitglieds für den Erwerb der Mitgliedschaft und die Nutzungsmöglichkeit der Golfanlagen anzusehen (→ BFH vom 2. 8. 2006 – BStBl 2007 II S. 8).

Durchlaufspendenverfahren

– → BMF vom 7. 11. 2013 (BStBl I S. 1333) → ergänzt durch BMF vom 26. 3. 2014 (BStBl I S. 791). → Anhang 11 III.
– Eine Durchlaufspende ist nur dann abziehbar, wenn der Letztempfänger für denjenigen VZ, für den die Spende steuerlich berücksichtigt werden soll, wegen des begünstigten Zwecks von der Körperschaftsteuer befreit ist (→ BFH vom 5. 4. 2006 – BStBl 2007 II S. 450).
– Für den Abzug von Sachspenden im Rahmen des Durchlaufspendenverfahrens ist erforderlich, dass die Durchlaufstelle das Eigentum an der Sache verschafft wird. Bei Eigentumserwerb durch Einigung und Übergabeersatz (§§ 930, 931 BGB) ist die körperliche Übergabe der Sache an die Durchlaufstelle nicht erforderlich; es sind aber eindeutige Gestaltungsformen zu wählen, die die tatsächliche Verfügungsfreiheit der Durchlaufstelle über die Sache sicherstellen und eine Überprüfung des Ersterwerbs der Durchlaufstelle und des Zweiterwerbs der begünstigten gemeinnützigen Körperschaft ermöglichen.

Elternleistungen an gemeinnützige Schulvereine (Schulen in freier Trägerschaft) und entsprechende Fördervereine

– Als steuerlich begünstigte Zuwendungen kommen nur freiwillige Leistungen der Eltern in Betracht, die über den festgesetzten Elternbeitrag hinausgehen (→ BMF vom 4. 1. 1991 – BStBl 1992 I S. 266). Setzt ein Schulträger das Schulgeld so niedrig an, dass der normale Betrieb der Schule nur durch die Leistungen der Eltern an einen Förderverein aufrechterhalten werden kann, die dieser satzungsgemäß an den Schulträger abzuführen hat, handelt es sich bei diesen Leistungen um ein Entgelt, welches im Rahmen eines → Leistungsaustausches erbracht wird und nicht um steuerlich begünstigte Zuwendungen (→ BFH vom 12. 8. 1999 – BStBl 2000 II S. 65).
– → § 10 Abs. 1 Nr. 9 EStG

Gebrauchte Kleidung als Sachspende (Abziehbarkeit und Wertermittlung)

Bei gebrauchter Kleidung stellt sich die Frage, ob sie überhaupt noch einen gemeinen Wert (Marktwert) hat. Wird ein solcher geltend gemacht, sind die für eine Schätzung maßgeblichen Faktoren wie Neupreis, Zeitraum zwischen Anschaffung und Weggabe und der tatsächliche Erhaltungszustand durch den Stpfl. nachzuweisen (→ BFH vom 23. 5. 1989 – BStBl II S. 879).

Gegenleistung

– Ein Zuwendungsabzug ist ausgeschlossen, wenn die Ausgaben zur Erlangung einer Gegenleistung des Empfängers erbracht werden. Eine Aufteilung der Zuwendung in ein angemessenes Entgelt und eine den Nutzen übersteigende unentgeltliche Leistung scheidet bei einer einheitlichen Leistung aus. Auch im Fall einer Teilentgeltlichkeit fehlt der Zuwendung insgesamt die geforderte Uneigennützigkeit (→ BFH vom 2. 8. 2006 – BStBl 2007 II S. 8).
– → Beitrittsspende

Rückwirkendes Ereignis

Die Erteilung der Zuwendungsbestätigung nach § 50 EStDV ist kein rückwirkendes Ereignis i. S. d. § 175 Abs. 1 Satz 1 Nr. 2 AO (→ § 175 Abs. 2 Satz 2 AO).

Sachspenden

Zur Zuwendungsbestätigung → BMF vom 7. 11. 2013 (BStBl I S. 1333) ergänzt durch BMF vom 26. 3. 2014 (BStBl I S. 791). → Anhang 11 II und III.

Spenden in das zu erhaltende Vermögen

– → BMF vom 15. 9. 2014 (BStBl I S. 1278) Anhang 11 I
– Zuwendungen an eine rechtsfähige Stiftung sind vor deren Anerkennung nicht als Sonderausgaben abziehbar (→ BFH vom 11. 2. 2015 – BStBl II S. 545)

Spendenhaftung

Die Ausstellerhaftung nach § 10b Abs. 4 Satz 2 1. Alternative EStG betrifft grundsätzlich den in § 10b Abs. 1 Satz 2 EStG genannten Zuwendungsempfänger (z. B. Kommune, gemeinnütziger Verein). Die Haftung einer natürlichen Person kommt allenfalls dann in Frage, wenn diese Person außerhalb des ihr zugewiesenen Wirkungskreises handelt. Die Ausstellerhaftung setzt Vorsatz oder grobe Fahrlässigkeit voraus. Grobe Fahrlässigkeit liegt z. B. bei einer Kommune vor, wenn nicht geprüft wird, ob der Verein, der die Zuwendung erhält, gemeinnützig ist (→ BFH vom 24. 4. 2002 – BStBl 2003 II S. 128). Unrichtig ist eine Zuwendungsbestätigung, deren Inhalt nicht der objektiven Sach- und Rechtslage entspricht. Das ist z. B. dann der Fall, wenn die Bestätigung Zuwendungen ausweist, die Entgelt für Leistungen sind (→ BFH vom 12. 8. 1999 – BStBl 2000 II S. 65). Bei rückwirkender Aberkennung der Gemeinnützigkeit haftet eine Körperschaft nicht wegen Fehlverwendung, wenn sie die Zuwendung zu dem in der Zuwendungsbestätigung angegebenen begünstigten Zweck verwendet (→ BFH vom 10. 9. 2003 – BStBl 2004 II S. 352).

Sponsoring

→ BMF vom 18. 2. 1998 (BStBl I S. 212)

Vermächtniszuwendungen

Aufwendungen des Erben zur Erfüllung von Vermächtniszuwendungen an gemeinnützige Einrichtungen sind weder beim Erben (→ BFH vom 22. 9. 1993 – BStBl II S. 874) noch beim Erblasser (→ BFH vom 23. 10. 1996 – BStBl 1997 II S. 239) als Zuwendungen nach § 10b Abs. 1 EStG abziehbar.

Vertrauensschutz

– Der Schutz des Vertrauens in die Richtigkeit einer Zuwendungsbestätigung erfasst nicht Gestaltungen, in denen die Bescheinigung zwar inhaltlich unrichtig ist, der in ihr ausgewiesene Sachverhalt aber ohnehin keinen Abzug rechtfertigt (→ BFH vom 5. 4. 2006 – BStBl 2007 II S. 450).
– Eine → Zuwendungsbestätigung begründet keinen Vertrauensschutz, wenn für den Leistenden der Zahlung angesichts der Begleitumstände klar erkennbar ist, dass die Zahlung in einem Gegenleistungsverhältnis steht (→ BFH vom 2. 8. 2006 – BStBl 2007 II S. 8).
– → Beitrittsspende
– → Gegenleistung

Zuwendungsbestätigung (§ 50 EStDV)

– Die Zuwendungsbestätigung ist eine unverzichtbare sachliche Voraussetzung für den Zuwendungsabzug. Die Bestätigung hat jedoch nur den Zweck einer Beweiserleichterung hinsichtlich der Verwendung der Zuwendung und ist nicht bindend (→ BFH vom 23. 5. 1989 – BStBl II S. 879). Entscheidend ist u. a. der Zweck, der durch die Zuwendung tatsächlich gefördert wird (→ BFH vom 15. 12. 1999 – BStBl 2000 II S. 608).
– Eine Zuwendungsbestätigung wird vom Finanzamt nicht als Nachweis für den Zuwendungsabzug anerkannt, *wenn das Datum der Anlage zum Körperschaftsteuerbescheid*

oder des Freistellungsbescheides länger als 5 Jahre bzw. das Datum der Feststellung der Einhaltung der satzungsmäßigen Voraussetzungen nach § 60a Abs. 1 AO länger als 3 Jahre seit Ausstellung des Bescheides zurückliegt (§ 63 Abs. 5 AO).

– Eine Aufteilung von Zuwendungen in abziehbare und nichtabziehbare Teile je nach satzungsgemäßer und nichtsatzungsgemäßer anteiliger Verwendung der Zuwendung ist unzulässig (→ BFH vom 7. 11. 1990 – BStBl 1991 II S. 547).

– Zur Erstellung und Verwendung der Zuwendungsbestätigungen:
  – → BMF vom 7. 11. 2013 (BStBl I S. 1333) ergänzt durch BMF vom 26. 3. 2014 (BStBl I S. 791) → Anhang 11 II und III.
  – *Elektronisch in Form von schreibgeschützten Dateien → BMF vom 6. 2. 2017 (BStBl I S. 287).*

Zuwendungsempfänger im EU-/EWR-Ausland

Der ausländische Zuwendungsempfänger muss nach der Satzung, dem Stiftungsgeschäft oder der sonstigen Verfassung und nach der tatsächlichen Geschäftsführung ausschließlich und unmittelbar gemeinnützigen, mildtätigen oder kirchlichen Zwecken dienen (§§ 51 bis 68 AO). Den Nachweis hierfür hat der inländische Spender durch Vorlage geeigneter Belege zu erbringen (→ BMF vom 16. 5. 2011 – BStBl I S. 559 → Anhang 11 II, BFH vom 17. 9. 2013 – BStBl 2014 II S. 440 und vom 21. 1. 2015 – BStBl II S. 588).

R 10b.2 Zuwendungen an politische Parteien

[1]Zuwendungen an politische Parteien sind nur dann abziehbar, wenn die Partei bei Zufluss der Zuwendung als politische Partei i. S. d. § 2 PartG anzusehen ist. [2]Der Stpfl. hat dem Finanzamt die Zuwendungen grundsätzlich durch eine von der Partei nach amtlich vorgeschriebenem Vordruck erstellte Zuwendungsbestätigung nachzuweisen. [3]R 10b.1 Abs. 3 Satz 2 und Abs. 4 gilt entsprechend → Anhang 11.

H 10b.2

Parteiengesetz

→ Parteiengesetz vom 31. 1. 1994 (BGBl. I S. 149), zuletzt geändert durch Artikel 1 des Zehnten Gesetzes zur Änderung des Parteiengesetzes und Achtundzwanzigsten Gesetzes zur Änderung des Abgeordnetengesetzes vom 23. 8. 2011 (BGBl. I S. 1748).

Zuwendungsbestätigung (§ 50 EStDV)

– → BMF vom 7. 11. 2013 (BStBl I S. 1333) ergänzt durch BMF vom 26. 3. 2014 (BStBl I S. 791) → Anhang 11 II und III.

– Elektronisch in Form von schreibgeschützten Dateien → BMF vom 6. 2. 2017 (BStBl I S. 287).

R 10b.3. Begrenzung des Abzugs der Ausgaben für steuerbegünstigte Zwecke

Alternativgrenze

(1) [1]Zu den gesamten Umsätzen i. S. d. § 10b Abs. 1 Satz 1 Nr. 2 EStG gehören außer den steuerbaren Umsätzen i. S. d. § 1 UStG auch nicht steuerbare → Umsätze. [2]Der alternative Höchstbetrag wird bei einem Mitunternehmer von dem Teil der Summe der gesamten Umsätze und der im Kalenderjahr aufgewendeten Löhne und Gehälter der Personengesellschaft berechnet, der dem Anteil des Mitunternehmers am Gewinn der Gesellschaft entspricht.

Stiftungen[1])

(2) – nicht mehr abgedruckt –

---

[1]) Absatz 2 nicht mehr abgedruckt, da überholt auf Grund der Änderung des § 10b Abs. 1a Satz 1 EStG durch das Ehrenamtsstärkungsgesetz.

H 10b.3
Höchstbetrag in Organschaftsfällen

- → R 9 Abs. 5 KStR 2015
- Ist ein Stpfl. an einer Personengesellschaft beteiligt, die Organträger einer körperschaftsteuerrechtlichen Organschaft ist, bleibt bei der Berechnung des Höchstbetrags der abziehbaren Zuwendungen nach § 10b Abs. 1 EStG auf Grund des G. d. E. das dem Stpfl. anteilig zuzurechnende Einkommen der Organgesellschaft außer Ansatz (→ BFH vom 23. 1. 2002 – BStBl 2003 II S. 9).

Kreditinstitute

Die Gewährung von Krediten und das Inkasso von Schecks und Wechsel erhöht die „Summe der gesamten Umsätze". Die Erhöhung bemisst sich jedoch nicht nach den Kreditsummen, Schecksummen und Wechselsummen, Bemessungsgrundlage sind vielmehr die Entgelte, die der Stpfl. für die Kreditgewährungen und den Einzug der Schecks und Wechsel erhält (→ BFH vom 4. 12. 1996 – BStBl 1997 II S. 327).

Umsätze

Zur „Summe der gesamten Umsätze" gehören die steuerbaren (steuerpflichtige und steuerfreie → BFH vom 4. 12. 1996 – BStBl 1997 II S. 327) sowie die nicht steuerbaren Umsätze (→ R 10b.3 Abs. 1 Satz 1). Ihre Bemessung richtet sich nach dem Umsatzsteuerrechts (→ BFH vom 4. 12. 1996 – BStBl 1997 II S. 327).

R 12.1. Abgrenzung der Kosten der Lebensführung von den Betriebsausgaben und Werbungskosten

– unbesetzt –

H 12.1
Allgemeines

Bei der Entscheidung, ob nicht abziehbare Aufwendungen für die Lebenshaltung vorliegen, kommt es im Allgemeinen weniger auf den objektiven Charakter des angeschafften Gegenstands an, sondern vielmehr auf die Funktion des Gegenstands im Einzelfall, also den tatsächlichen Verwendungszweck (→ BFH vom 20. 5. 2010 – BStBl II S. 723).

Ausbildungs- und Fortbildungsaufwendungen für Kinder

- Aufwendungen der Eltern für die Ausbildung oder die berufliche Fortbildung ihrer Kinder gehören grundsätzlich zu den nicht abziehbaren Lebenshaltungskosten (→ BFH vom 29. 10. 1997 – BStBl 1998 II S. 149).
- → H 4.8 (Bildungsaufwendungen für Kinder)
- Ausnahme: → § 10 Abs. 1 Nr. 9 EStG.

Berufliche Tätigkeit während einer Ferienreise

Reist ein Stpfl. zur Erholung und zur Aktualisierung von Lehrbüchern an einen Ferienort, ist regelmäßig von einer nicht unwesentlichen privaten Mitveranlassung auszugehen, die bei fehlender Trennbarkeit der Reise in einen beruflichen und einen privaten Teil den Abzug der Aufwendungen als Betriebsausgaben ausschließt (→ BFH vom 7. 5. 2013 – BStBl II S. 808).

Berufsausbildungskosten

Aufwendungen für die erstmalige Berufsausbildung oder ein Erststudium → BMF vom 22. 9. 2010 (BStBl I S. 721) → Anhang 34.

Bewirtungskosten

- → § 4 Abs. 5 Satz 1 Nr. 2 EStG
- → R 4.10 Abs. 5 bis 9

– Aufwendungen für die Bewirtung von Geschäftsfreunden in der Wohnung des Stpfl. sind **regelmäßig** in vollem Umfang Kosten der Lebensführung (→ R 4.10 Abs. 6 Satz 8). Das Gleiche gilt für Aufwendungen des Stpfl. für die Bewirtung von Geschäftsfreunden anlässlich seines Geburtstages in einer Gaststätte (→ BFH vom 12. 12. 1991 – BStBl 1992 II S. 524).
– → Gemischte Aufwendungen
– → Karnevalsveranstaltungen

Brille

→ Medizinisch-technische Hilfsmittel und Geräte

Bücher

Aufwendungen eines Publizisten für Bücher allgemeinbildenden Inhalts sind Kosten der Lebensführung (→ BFH vom 21. 5. 1992 – BStBl II S. 1015).

Deutschkurs

Aufwendungen eines in Deutschland lebenden Ausländers für den Erwerb von Deutschkenntnissen sind regelmäßig nichtabziehbare Kosten der Lebensführung (→ BFH vom 15. 3. 2007 – BStBl II S. 814 und → BMF vom 6. 7. 2010 – BStBl I S. 614, Rn. 19) → Anhang 13.

Einbürgerungskosten

Aufwendungen für die Einbürgerung sind Kosten der Lebensführung (→ BFH vom 18. 5. 1984 – BStBl II S. 588 und → BMF vom 6. 7. 2010 – BStBl I S. 614, Rn. 19) → Anhang 13.

Erbstreitigkeiten

Der Erbfall selbst stellt im Gegensatz zur Erbauseinandersetzung einen einkommensteuerrechtlich irrelevanten privaten Vorgang dar mit der Folge, dass die Aufwendungen für die Verfolgung eigener Rechte in einem Streit über das Erbrecht der Privatvermögenssphäre zuzuordnen sind (→ BFH vom 17. 6. 1999 – BStBl II S. 600).

Feier mit beruflicher und privater Veranlassung

Aufwendungen für eine Feier mit sowohl beruflichem als auch privatem Anlass können teilweise als Werbungskosten abziehbar sein. Der als Werbungskosten abziehbare Betrag kann anhand der Herkunft der Gäste aus dem beruflichen/privaten Umfeld abgegrenzt werden, wenn die Einladung der Gäste aus dem beruflichen Umfeld (nahezu) ausschließlich beruflich veranlasst ist. Hiervon kann insbesondere dann auszugehen sein, wenn nicht nur ausgesuchte Gäste aus dem beruflichen Umfeld eingeladen werden, sondern die Einladungen nach abstrakten berufsbezogenen Kriterien (z. B. alle Auszubildenden, alle Zugehörigen einer bestimmten Abteilung) ausgesprochen werden (→ BFH vom 8. 7. 2015 – BStBl II S. 1013).

Führerschein

Aufwendungen für den Erwerb des Pkw-Führerscheins sind grundsätzlich Kosten der Lebensführung (→ BFH vom 5. 8. 1977 – BStBl II S. 834 und → BMF vom 6. 7. 2010 – BStBl I S. 614, Rn. 19) → Anhang 13.

Gemischte Aufwendungen

Bei gemischt veranlassten Aufwendungen besteht kein generelles Aufteilungs- und Abzugsverbot (→ BFH vom 21. 9. 2009 – BStBl 2010 II S. 672); zu den Folgerungen → BMF vom 6. 7. 2010 (BStBl I S. 614) → Anhang 13.

Geschenke an Geschäftsfreunde

→ § 4 Abs. 5 Satz 1 Nr. 1 EStG

→ R 4.10 Abs. 2 bis 4

Gesellschaftliche Veranstaltungen

Aufwendungen, die durch die Teilnahme an gesellschaftlichen Veranstaltungen, z. B. eines Berufs-, Fach- oder Wirtschaftsverbandes oder einer Gewerkschaft, entstanden sind, sind stets Kosten der Lebensführung und zwar auch dann, wenn die gesellschaftlichen Veranstaltungen im Zusammenhang mit einer rein fachlichen oder beruflichen Tagung oder Sitzung standen (→ BFH vom 1. 8. 1968 – BStBl II S. 713).

→ Gemischte Aufwendungen

→ Karnevalsveranstaltungen

→ Kulturelle Veranstaltungen

Hörapparat

→ Medizinisch-technische Hilfsmittel und Geräte

Karnevalsveranstaltungen

Aufwendungen für die Einladung von Geschäftspartnern zu Karnevalsveranstaltungen sind Lebenshaltungskosten (→ BFH vom 29. 3. 1994 – BStBl II S. 843).

Kleidung und Schuhe

Als Kosten der Lebensführung nicht abziehbar, selbst wenn der Stpfl. sie ausschließlich bei der Berufsausübung trägt (→ BFH vom 18. 4. 1991 – BStBl II S. 751 und → BMF vom 6. 7. 2010 – BStBl I S. 614, Rn. 4) → Anhang 13.

Ausnahme: typische Berufskleidung → R 3.31 LStR 2015 und H 9.12 (Berufskleidung) LStH *2017*

Körperpflegemittel, Kosmetika

Als Kosten der Lebensführung nicht abziehbar (→ BFH vom 6. 7. 1989 – BStBl 1990 II S. 49 und → BMF vom 6. 7. 2010 – BStBl I S. 614, Rn. 4) → Anhang 13.

Kontoführungsgebühren

Pauschale Kontoführungsgebühren sind nach dem Verhältnis beruflich und privat veranlasster Kontenbewegungen aufzuteilen (→ BFH vom 9. 5. 1984 – BStBl II S. 560).

Konzertflügel einer Musiklehrerin

Kann ein Arbeitsmittel i. S. d. § 9 Abs. 1 Satz 3 Nr. 6 EStG sein (→ BFH vom 21. 10. 1988 – BStBl 1989 II S. 356).

Kulturelle Veranstaltungen

Aufwendungen für den Besuch sind regelmäßig keine Werbungskosten, auch wenn dabei berufliche Interessen berührt werden (→ BFH vom 8. 2. 1971 – BStBl II S. 368 betr. Musiklehrerin und → BMF vom 6. 7. 2010 – BStBl I S. 614, Rn. 4) → Anhang 13.

Kunstwerke

Aufwendungen für Kunstwerke zur Ausschmückung eines Arbeits- oder Dienstzimmers sind Kosten der Lebensführung (→ BFH vom 12. 3. 1993 – BStBl II S. 506).

Medizinisch-technische Hilfsmittel und Geräte

Aufwendungen für technische Hilfsmittel zur Behebung körperlicher Mängel können als reine Kosten der Lebensführung nicht abgezogen werden, auch wenn die Behebung des Mangels im beruflichen Interesse liegt.

→ BFH vom 8. 4. 1954 (BStBl III S. 174) – Hörapparat

→ BFH vom 28. 9. 1990 (BStBl 1991 II S. 27) – Bifokalbrille

→ BFH vom 23. 10. 1992 (BStBl 1993 II S. 193) – Sehbrille

Nachschlagewerk

– Allgemeines Nachschlagewerk eines Lehrers ist regelmäßig dem privaten Lebensbereich zuzuordnen (→ BFH vom 29. 4. 1977 – BStBl II S. 716).
– Allgemeines englisches Nachschlagewerk eines Englischlehrers kann Arbeitsmittel i. S. d. § 9 Abs. 1 Satz 3 Nr. 6 EStG sein (→ BFH vom 16. 10. 1981 – BStBl 1982 II S. 67).

Personalcomputer

Eine private Mitbenutzung ist für den vollständigen Betriebsausgaben- bzw. Werbungskosten-abzug unschädlich, wenn diese einen Anteil von etwa 10 % nicht übersteigt. Bei einem höheren privaten Nutzungsanteil sind die Kosten eines gemischt genutzten PC aufzuteilen. § 12 Nr. 1 Satz 2 EStG steht einer solchen Aufteilung nicht entgegen (→ BFH vom 19. 2. 2004 – BStBl II S. 958).

Sponsoring

→ BMF vom 18. 2. 1998 (BStBl I S. 212)

Steuerberatungskosten

Zuordnung der Steuerberatungskosten zu den Betriebsausgaben, Werbungskosten oder Kosten der Lebensführung → BMF vom 21. 12. 2007 (BStBl 2008 I S. 256).

Strafverfahren

→ H 12.3 (Kosten des Strafverfahrens/der Strafverteidigung)

Tageszeitung

Aufwendungen für den Bezug regionaler wie überregionaler Tageszeitungen gehören zu den unter § 12 Nr. 1 Satz 2 EStG fallenden Lebenshaltungskosten (→ BFH vom 7. 9. 1989 – BStBl 1990 II S. 19 und → BMF vom 6. 7. 2010 – BStBl I S. 614, Rn. 4 und 17) → Anhang 13.

Telefonanschluss in einer Wohnung

Grund- und Gesprächsgebühren sind Betriebsausgaben oder Werbungskosten, soweit sie auf die beruflich geführten Gespräche entfallen. Der berufliche Anteil ist aus dem – ggf. geschätzten – Verhältnis der beruflich und der privat geführten Gespräche zu ermitteln (→ BFH vom 21. 11. 1980 – BStBl 1981 II S. 131). Zur Aufteilung der Gebühren → R 9.1 Abs. 5 LStR 2015.

Videorecorder eines Lehrers

Aufwendungen für einen Videorecorder sind regelmäßig Kosten der Lebensführung (→ BFH vom 27. 9. 1991 – BStBl 1992 II S. 195).

R 12.2. Studienreisen, Fachkongresse

– unbesetzt –

H 12.2

Allgemeines

Aufwendungen können nur berücksichtigt werden, wenn sie durch die Einkunftserzielung veranlasst sind. Aufwendungen, die eindeutig und klar abgrenzbar ausschließlich betrieblich/beruflich oder privat veranlasst sind, sind unmittelbar dem betrieblichen/beruflichen oder privaten Teil der Aufwendungen zuzuordnen. Bei gemischt veranlassten Aufwendungen besteht kein generelles Aufteilungs- und Abzugsverbot (→ BFH vom 21. 9. 2009 – BStBl 2010 II S. 672); zu den Folgerungen → BMF vom 6. 7. 2010 (BStBl I S. 614) → Anhang 13.

Incentive-Reisen

→ BMF vom 14. 10. 1996 (BStBl I S. 1192)

Nachweis der Teilnahme

Bei betrieblicher/beruflicher Veranlassung sind Aufwendungen für die Teilnahme an einem Kongress nur abziehbar, wenn feststeht, dass der Stpfl. an den Veranstaltungen teilgenommen hat (→ BFH vom 4. 8. 1977 – BStBl II S. 829). An den Nachweis der Teilnahme sind strenge Anforderungen zu stellen; der Nachweis muss sich auf jede Einzelveranstaltung beziehen, braucht jedoch nicht in jedem Fall durch Anwesenheitstestat geführt zu werden (→ BFH vom 13. 2. 1980 – BStBl II S. 386 und vom 11. 1. 2007 – BStBl II S. 457).

R 18.1. Abgrenzung der selbständigen Arbeit gegenüber anderen Einkunftsarten

Ärzte

(1) Die Vergütungen der Betriebsärzte, der Knappschaftsärzte, der nicht voll beschäftigten Hilfsärzte bei den Gesundheitsämtern, der Vertragsärzte und der Vertragstierärzte der Bundeswehr und anderer Vertragsärzte in ähnlichen Fällen gehören zu den Einkünften aus selbständiger Arbeit, unabhängig davon, ob neben der vertraglichen Tätigkeit eine eigene Praxis ausgeübt wird, es sei denn, dass besondere Umstände vorliegen, die für die Annahme einer nichtselbständigen Tätigkeit sprechen.

Erfinder

(2) ¹Planmäßige Erfindertätigkeit ist in der Regel freie Berufstätigkeit i. S. d. § 18 Abs. 1 Nr. 1 EStG, soweit die Erfindertätigkeit nicht im Rahmen eines Betriebs der Land- und Forstwirtschaft oder eines Gewerbebetriebs ausgeübt wird. ²Wird die Erfindertätigkeit im Rahmen eines Arbeitsverhältnisses ausgeübt, dann ist der Arbeitnehmer als freier Erfinder zu behandeln, soweit er die Erfindung außerhalb seines Arbeitsverhältnisses verwertet. ³Eine Verwertung außerhalb des Arbeitsverhältnisses ist auch anzunehmen, wenn ein Arbeitnehmer eine frei gewordene Diensterfindung seinem Arbeitgeber zur Auswertung überlässt, sofern der Verzicht des Arbeitgebers nicht als Verstoß gegen § 42 AO anzusehen ist.

H 18.1

Allgemeines

→ R 15.1 (Selbständigkeit)

→ H 19.0 LStH *2017*

→ R 19.2 LStR 2015

Beispiele für selbständige Nebentätigkeit

– Beamter als Vortragender an einer Hochschule, Volkshochschule, Verwaltungsakademie oder bei Vortragsreihen ohne festen Lehrplan,
– Rechtsanwalt als Honorarprofessor ohne Lehrauftrag.

Die Einkünfte aus einer solchen Tätigkeit gehören in der Regel zu den Einkünften aus selbständiger Arbeit im Sinne des § 18 Abs. 1 Nr. 1 EStG (→ BFH vom 4. 10. 1984 – BStBl 1985 II S. 51).

Gewinnerzielungsabsicht

Verluste über einen längeren Zeitraum sind für sich allein noch kein ausreichendes Beweisanzeichen für fehlende Gewinnerzielungsabsicht (BFH vom 14. 3. 1985 – BStBl II S. 424).

Kindertagespflege

Zur ertragsteuerlichen Behandlung der Kindertagespflege → BMF vom 11. 11. 2016 (BStBl I S. 1236)

Lehrtätigkeit

Die nebenberufliche Lehrtätigkeit von Handwerksmeistern an Berufs- und Meisterschulen ist in der Regel als Ausübung eines freien Berufs anzusehen, wenn sich die Lehrtätigkeit ohne besondere Schwierigkeit von der Haupttätigkeit trennen lässt (→ BFH vom 27. 1. 1955 – BStBl III S. 229).

Nachhaltige Erfindertätigkeit

– Keine Zufallserfindung, sondern eine planmäßige (nachhaltige) Erfindertätigkeit liegt vor, wenn es nach einem spontan geborenen Gedanken weiterer Tätigkeiten bedarf, um die Erfindung bis zur Verwertungsreife zu entwickeln (BFH vom 18. 6. 1998 – BStBl II S. 567).
– Liegt eine Zufallserfindung vor, führt allein die Anmeldung der Erfindung zum Patent noch nicht zu einer nachhaltigen Tätigkeit (BFH vom 10. 9. 2003 – BStBl 2004 II S. 218).

Patentveräußerung gegen Leibrente

a) **durch Erben des Erfinders:**
Veräußert der Erbe die vom Erblasser als freiberuflichem Erfinder entwickelten Patente gegen Leibrente, so ist die Rente, sobald sie den Buchwert der Patente übersteigt, als laufende Betriebseinnahme und nicht als private Veräußerungsrente nur mit dem Ertragsanteil zu versteuern, es sei denn, dass die Patente durch eindeutige Entnahme vor der Veräußerung in das Privatvermögen überführt worden waren (BFH vom 7. 10. 1965 – BStBl III S. 666).
b) **bei anschließender Wohnsitzverlegung ins Ausland:**
Laufende Rentenzahlungen können als nachträglich erzielte Einkünfte aus selbständiger Arbeit im Inland steuerpflichtig sein (BFH vom 28. 3. 1984 – BStBl II S. 664).

Prüfungstätigkeit

Als Nebentätigkeit i. d. R. als Ausübung eines freien Berufs anzusehen (→ BFH vom 14.3. und 2. 4. 1958 – BStBl III S. 255, 293).

Wiederholungshonorare/Erlösbeteiligungen

Bei Wiederholungshonoraren und Erlösbeteiligungen, die an ausübende Künstler von Hörfunk- oder Fernsehproduktionen als Nutzungsentgelte für die Übertragung originärer urheberrechtlicher Verwertungsrechte gezahlt werden, handelt es sich nicht um Arbeitslohn, sondern um Einkünfte i. S. d. § 18 EStG (→ BFH vom 26. 7. 2006 – BStBl II S. 917).

R 31. Familienleistungsausgleich

→ Prüfung der Steuerfreistellung

(1) – unbesetzt –

Anspruch auf Kindergeld

(2) [1]Bei der Prüfung der Steuerfreistellung ist auf das für den jeweiligen VZ zustehende Kindergeld oder die vergleichbare Leistung abzustellen, unabhängig davon, ob ein Antrag gestellt wurde oder eine Zahlung erfolgt ist. [2]Dem Kindergeld vergleichbare Leistungen i. S. d. § 65 Abs. 1 Satz 1 EStG oder Leistungen auf Grund über- oder zwischenstaatlicher Rechtsvorschriften sind wie Ansprüche auf Kindergeld bis zur Höhe der Beträge nach § 66 EStG zu berücksichtigen. [3]Auch ein Anspruch auf Kindergeld, dessen Festsetzung aus verfahrensrechtlichen Gründen nicht erfolgt ist, ist zu berücksichtigen.

Zurechnung des Kindergelds/zivilrechtlicher Ausgleich

(3) [1]Der Anspruch auf Kindergeld ist demjenigen zuzurechnen, der für das Kind Anspruch auf einen Kinderfreibetrag nach § 32 Abs. 6 EStG hat, auch wenn das Kindergeld an das Kind selbst oder einen Dritten (z. B. einen Träger von Sozialleistungen) ausgezahlt wird. [2]Der Anspruch auf Kindergeld ist grundsätzlich beiden Elternteilen jeweils zur Hälfte zuzurechnen; dies gilt unabhängig davon, ob ein barunterhaltspflichtiger Elternteil Kindergeld über den zivilrechtlichen Ausgleich von seinen Unterhaltszahlungen abzieht, oder ein zivilrechtlicher Ausgleich nicht in

Anspruch genommen wird. [3]In den Fällen des § 32 Abs. 6 Satz 3 EStG und in den Fällen der Übertragung des Kinderfreibetrags (§ 32 Abs. 6 Satz 6, 1. Alternative EStG) ist dem Stpfl. der gesamte Anspruch auf Kindergeld zuzurechnen. [4]Wird für ein Kind lediglich der Freibetrag für den Betreuungs- und Erziehungs- oder Ausbildungsbedarf übertragen (§ 32 Abs. 6 Satz 6, 2. Alternative EStG), bleibt die Zurechnung des Anspruchs auf Kindergeld hiervon unberührt.

Abstimmung zwischen Finanzämtern und Familienkassen

(4) [1]Kommen die Freibeträge für Kinder zum Abzug, hat das Finanzamt die Veranlagung grundsätzlich unter Berücksichtigung des Anspruchs auf Kindergeld durchzuführen. [2]Ergeben sich durch den Vortrag des Stpfl. begründete Zweifel am Bestehen eines Anspruchs auf Kindergeld, ist die Familienkasse zu beteiligen. [3]Wird von der Familienkasse bescheinigt, dass ein Anspruch auf Kindergeld besteht, übernimmt das Finanzamt grundsätzlich die Entscheidung der Familienkasse über die Berücksichtigung des Kindes. [2]Zweifel an der Richtigkeit der Entscheidung der einen Stelle (Finanzamt oder Familienkasse) oder eine abweichende Auffassung sind der Stelle, welche die Entscheidung getroffen hat, mitzuteilen. [3]Diese teilt der anderen Stelle mit, ob sie den Zweifeln Rechnung trägt bzw. ob sie sich der abweichenden Auffassung anschließt. [4]Kann im Einzelfall kein Einvernehmen nicht erzielt werden, haben das Finanzamt und die Familienkasse der jeweils vorgesetzten Behörde zu berichten. [5]Bis zur Klärung der Streitfrage ist die Festsetzung unter dem Vorbehalt der Nachprüfung durchzuführen.

H 31

Hinzurechnung nach § 31 Satz 4 EStG

Für die Hinzurechnung ist allein entscheidend, ob ein Anspruch auf Kindergeld besteht. Der Kindergeldanspruch ist daher unabhängig davon, ob das Kindergeld tatsächlich gezahlt worden ist, hinzuzurechnen, wenn die Berücksichtigung von Freibeträgen nach § 32 Abs. 6 EStG rechnerisch günstiger ist als der Kindergeldanspruch (→ BFH vom 13. 9. 2012 – BStBl 2013 II S. 228). Dies gilt auch dann, wenn ein Kindergeldantrag trotz des materiell-rechtlichen Bestehens des Anspruchs bestandskräftig abgelehnt worden ist (→ BFH vom 15. 3. 2012 – BStBl 2013 II S. 226).

Prüfung der Steuerfreistellung

Die Vergleichsrechnung, bei der geprüft wird, ob das Kindergeld oder der Ansatz der Freibeträge nach § 32 Abs. 6 EStG für den Stpfl. vorteilhafter ist, wird für jedes Kind einzeln durchgeführt. Dies gilt auch dann, wenn eine Zusammenfassung der Freibeträge für zwei und mehr Kinder wegen der Besteuerung außerordentlicher Einkünfte günstiger wäre (→ BFH vom 28. 4. 2010 – BStBl 2011 II S. 259).

Übersicht über vergleichbare ausländische Leistungen

→ BZSt vom **16. 1. 2017** (BStBl I S. **151**)

Über- und zwischenstaatliche Rechtsvorschriften

Über- und zwischenstaatliche Rechtsvorschriften i. S. v. R 31 Abs. 2 Satz 2 sind insbesondere folgende Regelungen:
– *Verordnung (EG) Nr. 883/2004 des Europäischen Parlaments und des Rates vom 29. 4. 2004 zur Koordinierung der Systeme der sozialen Sicherheit (ABl. EG Nr. L 200 vom 7. 6. 2004, S. 1), zuletzt geändert durch VO (EU) Nr. 2017/492 der Kommission vom 21. 3. 2017 (ABl. Nr. L 76 vom 22. 3. 2017, S. 13), anzuwenden im Verhältnis zu den EU-Staaten seit 1. 5. 2010 (zu Kroatien seit 1. 7. 2013), zur Schweiz seit 1. 4. 2012 und zu den EWR-Staaten Island, Liechtenstein und Norwegen seit 1. 6. 2012, zu den Übergangsbestimmungen siehe Art. 87 VO (EG) Nr. 883/2004;*
– *Verordnung (EG) Nr. 987/2009 des Europäischen Parlaments und des Rates vom 16. 9. 2009 zur Festlegung der Modalitäten für die Durchführung der Verordnung (EG) Nr. 883/2004 über die Koordinierung der Systeme der sozialen Sicherheit (ABl. Nr. L 284 vom 30. 10. 2009, S. 1), anzuwenden im Verhältnis zu den EU-Staaten seit 1. 5. 2010 (zu Kroatien seit 1. 7. 2013), zur Schweiz seit 1. 4. 2012 und zu den EWR-Staaten Island, Liechtenstein und Norwegen seit 1. 6. 2012, zu den Übergangsbestimmungen siehe Art. 93 VO (EG) Nr. 987/2009 i. V. m. Art. 87 VO (EG) Nr. 883/2004;*
– die Verordnungen (EWG) Nr. 1408/71 und (EWG) Nr. 574/72 **gültig bis zum 31. 5. 2012** im Verhältnis zu den EWR-Staaten Island, Liechtenstein und Norwegen. Gleiches gilt bis zur

Übernahme der VO (EG) Nr. 883/2004 und 987/2009 im Verhältnis zur Schweiz und zu Dritt-
staatsangehörigen im Sinne der VO (EG) Nr. 859/2003;

– *Verordnung (EU) Nr. 1231/2010 des Europäischen Parlaments und des Rates vom 24. No-*
vember 2010 zur Ausdehnung der Verordnung (EG) Nr. 883/2004 und der Verordnung (EG)
Nr. 987/2009 auf Drittstaatsangehörige, die ausschließlich aufgrund ihrer Staatsangehörig-
keit nicht bereits unter diese Verordnungen fallen (ABl. Nr. L 344 vom 29. 12. 2010, S. 1),
gültig in allen Mitgliedstaaten der EU mit Ausnahme von Dänemark und Großbritannien;

– Verordnung (EG) Nr. 859/2003 des Rates vom 14. 5. 2003 zur Ausdehnung der Bestimmungen der Verordnung (EWG) Nr. 1408/71 und der Verordnung (EWG) Nr. 574/72 auf Drittstaatsangehörige, die ausschließlich aufgrund ihrer Staatsangehörigkeit nicht bereits unter
diese Bestimmungen fallen (ABl. EG Nr. L 124 vom 20. 5. 2003, S. 1)*, gültig im Verhältnis zu*
Großbritannien;

– EWR-Abkommen vom 2. 5. 1992 (BGBl. 1993 II S. 226) i. d. F. des Anpassungsprotokolls vom
17. 3. 1993 (BGBl. II S. 1294);

– Abkommen zwischen der Europäischen Gemeinschaft und ihren Mitgliedstaaten einerseits
und der Schweizerischen Eidgenossenschaft andererseits über die Freizügigkeit vom
21. 6. 1999 (BGBl. 2001 II S. 810), in Kraft getreten am 1. 6. 2002 (BGBl. II S. 1692). Nach diesem Abkommen gelten die gemeinschaftsrechtlichen Koordinierungsvorschriften (Verordnungen *(EG) Nr. 883/2004 und 987/2009*) seit dem 1. 4. 2012 auch im Verhältnis zur Schweiz.

Auf Grund der vorstehenden Regelungen besteht grundsätzlich vorrangig ein Anspruch im Beschäftigungsstaat. Wenn die ausländische Familienleistung geringer ist und der andere Elternteil dem deutschen Recht der sozialen Sicherheit unterliegt, besteht Anspruch auf einen Unterschiedsbetrag zum Kindergeld in Deutschland.

– Bosnien und Herzegowina
  → Serbien/Montenegro
– Marokko
Abkommen zwischen der Bundesrepublik Deutschland und dem Königreich Marokko über
Kindergeld vom 25. 3. 1981 (BGBl. 1995 II S. 634 ff.) in der Fassung des Zusatzabkommens
vom 22. 11. 1991 (BGBl. 1995 II S. 640), beide in Kraft getreten am 1. 8. 1996 (BGBl. II S. 1455);
– Mazedonien
  → Serbien/Montenegro
– Serbien/Montenegro
Abkommen zwischen der Bundesrepublik Deutschland und der Sozialistischen Föderativen
Republik Jugoslawien über Soziale Sicherheit vom 12. 10. 1968 (BGBl. 1969 II S. 1437) in
Kraft getreten am 1. 9. 1969 (BGBl. II S. 1568) i. d. F. des Änderungsabkommens vom
30. 9. 1974 (BGBl. 1975 II S. 389) in Kraft getreten am 1. 1. 1975 (BGBl. II S. 916).
Das vorgenannte Abkommen gilt im Verhältnis zu Bosnien und Herzegowina, Serbien
sowie Montenegro) uneingeschränkt fort, nicht jedoch im Verhältnis zur Republik Kroatien,
zur Republik Slowenien und zur Republik Mazedonien;
– Türkei
Abkommen zwischen der Bundesrepublik Deutschland und der Republik Türkei über So-
ziale Sicherheit vom 30. 4. 1964 (BGBl. 1965 II S. 1169 ff.) in Kraft getreten am 1. 11. 1965
(BGBl. II S. 1588) i. d. F. des Zusatzabkommens vom 2. 11. 1984 zur Änderung des Abkom-
mens (BGBl. 1986 II S. 1040 ff.) in Kraft getreten am 1. 4. 1987 (BGBl. II S. 188);
– Tunesien
Abkommen zwischen der Bundesrepublik Deutschland und der Tunesischen Republik über
Kindergeld vom 20. 9. 1991 (BGBl. 1995 II S. 642 ff.) in Kraft getreten am 1. 8. 1996 (BGBl. II
S. 2522).

Höhe des inländischen Kindergeldes für Kinder in einzelnen Abkommensstaaten

Angaben in Euro je Monat	1. Kind	2. Kind	3. Kind	4. Kind	5. Kind	6. Kind	ab 7. Kind
Bosnien und Herzegowina	5,11	12,78	30,68	30,68	35,79	35,79	35,79
Kosovo	5,11	12,78	30,68	30,68	35,79	35,79	35,79
Marokko	5,11	12,78	12,78	12,78	12,78	12,78	–
Montenegro	5,11	12,78	30,68	30,68	35,79	35,79	35,79
Serbien	5,11	12,78	30,68	30,68	35,79	35,79	35,79
Türkei	5,11	12,78	30,68	30,68	35,79	35,79	35,79
Tunesien	5,11	12,78	12,78	12,78	–	–	–

Zivilrechtlicher Ausgleich

Verzichtet der zum Barunterhalt verpflichtete Elternteil durch gerichtlichen oder außergerichtlichen Vergleich auf die Anrechnung des hälftigen Kindergeldes auf den Kindesunterhalt, ist sein zivilrechtlicher Ausgleichsanspruch gleichwohl in die Prüfung der Steuerfreistellung des § 31 EStG einzubeziehen (→ BFH vom 16. 3. 2004 – BStBl 2005 II S. 332).Sieht das Zivilrecht eines anderen Staates nicht vor, dass das Kindergeld die Unterhaltszahlung an das Kind mindert, ist der für das Kind bestehende Kindergeldanspruch dennoch bei der Prüfung der Steuerfreistellung nach § 31 EStG anzusetzen (→ BFH vom 13. 8. 2002 – BStBl II S. 867 und vom 28. 6. 2012 – BStBl 2013 II S. 655).

Zurechnung des Kindergelds

Bei der Prüfung der Steuerfreistellung ist der gesamte Anspruch auf Kindergeld dem vollen Kinderfreibetrag gegenüberzustellen, wenn der halbe Kinderfreibetrag auf den betreuenden Elternteil übertragen wurde, weil der andere Elternteil seiner Unterhaltsverpflichtung gegenüber dem Kind nicht nachkam (→ BFH vom 16. 3. 2004 – BStBl 2005 II S. 594).

R 32.1. Im ersten Grad mit dem Stpfl. verwandte Kinder

– unbesetzt –

H 32.1

Anerkennung der Vaterschaft

Die Anerkennung der Vaterschaft begründet den gesetzlichen Vaterschaftstatbestand des § 1592 Nr. 2 BGB und bestätigt das zwischen dem Kind und seinem Vater von der Geburt an bestehende echte Verwandtschaftsverhältnis i. S. d. § 32 Abs. 1 Nr. 1 EStG. Bestandskräftige Einkommensteuerbescheide sind nach § 175 Abs. 1 Satz 1 Nr. 2 AO zu ändern und kindbedingte Steuervorteile zu berücksichtigen (→ BFH vom 28. 7. 2005 – BStBl 2008 II S. 350).

Annahme als Kind

A 10.2 Abs. 1 und 3 DA-KG **2017**:

„(1) Ein angenommenes minderjähriges Kind ist ein Kind i. S. v. § 32 Abs. 1 Nr. 1 EStG. Die Annahme wird vom Familiengericht ausgesprochen und durch Zustellung des Annahmebeschlusses an den Annehmenden rechtswirksam (§ 197 Abs. 2 FamFG). Mit der Annahme als Kind erlischt das Verwandtschaftsverhältnis des Kindes zu seinen leiblichen Eltern; nimmt ein Ehegatte das Kind seines Ehegatten an, erlischt das Verwandtschaftsverhältnis nur zu dem anderen Elternteil und dessen Verwandten (§ 1755 BGB).

(3) Wird eine volljährige Person als Kind angenommen, gilt diese ebenfalls als im ersten Grad mit der annehmenden Person verwandt. Das Verwandtschaftsverhältnis zu den leiblichen Eltern erlischt jedoch nur dann, wenn das Familiengericht der Annahme die Wirkung einer Vollannahme beigelegt hat (§ 1772 BGB). . . .“

R 32.2. Pflegekinder

Pflegekindschaftsverhältnis

(1) ¹Ein Pflegekindschaftsverhältnis (§ 32 Abs. 1 Nr. 2 EStG) setzt voraus, dass das Kind im Haushalt der Pflegeeltern sein Zuhause hat und diese zu dem Kind in einer familienähnlichen, auf längere Dauer angelegten Beziehung wie zu einem eigenen Kind stehen, z. B. wenn der Stpfl. ein Kind im Rahmen von Hilfe zur Erziehung in Vollzeitpflege (§§ 27, 33 SGB VIII) oder im Rahmen von Eingliederungshilfe (§ 35a Abs. 1 Satz 2 Nr. 3 SGB VIII) in seinen Haushalt aufnimmt, sofern das Pflegeverhältnis auf Dauer angelegt ist. ²Hieran fehlt es, wenn ein Kind von vornherein nur für eine begrenzte Zeit im Haushalt des Stpfl. Aufnahme findet. ³Kinder, die mit dem Ziel der Annahme vom Stpfl. in Pflege genommen werden (§ 1744 BGB), sind regelmäßig Pflegekinder. ⁴Zu Erwerbszwecken in den Haushalt aufgenommen sind z. B. Kostkinder. ⁵Hat der Stpfl. mehr als sechs Kinder in seinem Haushalt aufgenommen, spricht eine Vermutung dafür, dass es sich um Kostkinder handelt.

Kein Obhuts- und Pflegeverhältnis zu den leiblichen Eltern

(2) [1]Voraussetzung für ein Pflegekindschaftsverhältnis zum Stpfl. ist, dass das Obhuts- und Pflegeverhältnis zu den leiblichen Eltern nicht mehr besteht, d. h. die familiären Bindungen zu diesen auf Dauer aufgegeben sind. [2]Gelegentliche Besuchskontakte allein stehen dem nicht entgegen.

Altersunterschied

(3) [1]Ein Altersunterschied wie zwischen Eltern und Kindern braucht nicht unbedingt zu bestehen. [2]Dies gilt auch, wenn das zu betreuende Geschwister von Kind an wegen Behinderung pflegebedürftig war und das betreuende Geschwister die Stelle der Eltern, z. B. nach deren Tod, einnimmt. [3]Ist das zu betreuende Geschwister dagegen erst im Erwachsenenalter pflegebedürftig geworden, wird im Allgemeinen ein dem Eltern-Kind-Verhältnis ähnliches Pflegeverhältnis nicht mehr begründet werden können.

H 32.2

Familienähnliches, auf längere Dauer berechnetes Band; nicht zu Erwerbszwecken

A 11.3 DA-KG *2017*:

„(1) Ein familienähnliches Band wird allgemein dann angenommen, wenn zwischen der Pflegeperson und dem Kind ein Aufsichts-, Betreuungs- und Erziehungsverhältnis wie zwischen Eltern und leiblichen Kind besteht. Es kommt nicht darauf an, ob die Pflegeeltern die Personensorge innehaben.

(2) *Die nach § 32 Abs. 1 Nr. 2 EStG erforderliche familienähnliche Bindung muss von vornherein auf mehrere Jahre angelegt sein. Maßgebend ist nicht die tatsächliche Dauer der Bindung, wie sie sich aus rückschauender Betrachtung darstellt, sondern vielmehr die Dauer, die der Bindung nach dem Willen der Beteiligten bei der Aufnahme des Kindes zugedacht ist. Dabei kann bei einer von den Beteiligten beabsichtigten Dauer von mindestens zwei Jahren im Regelfall davon ausgegangen werden, dass ein Pflegekindschaftsverhältnis i. S. d. EStG begründet worden ist. Das Gleiche gilt, wenn ein Kind mit dem Ziel der Annahme als Kind in Pflege genommen wird.*

(3) *Ein familienähnliches Band kann auch noch begründet werden, wenn ein Kind kurz vor Eintritt der Volljährigkeit in den Haushalt der Pflegeperson aufgenommen wird. D*ie Aufnahme einer sonstigen volljährigen Person insbesondere eines volljährigen Familienangehörigen in den Haushalt und die Sorge für diese Person begründet für sich allein regelmäßig kein Pflegekindschaftsverhältnis, selbst wenn die Person behindert ist. Wenn es sich bei der Person jedoch um einen schwer geistig oder seelisch behinderten Menschen handelt, der in seiner geistigen Entwicklung einem Kind gleichsteht, kann ein Pflegekindschaftsverhältnis unabhängig vom Alter der behinderten Person und der Pflegeeltern begründet werden. Die Wohn- und Lebensverhältnisse der behinderten Person müssen den Verhältnissen leiblicher Kinder vergleichbar sein und eine Zugehörigkeit der behinderten Person zur Familie widerspiegeln, außerdem muss ein dem Eltern-Kind-Verhältnis vergleichbares Erziehungsverhältnis bestehen (siehe auch BFH vom 9. 2. 2012 – BStBl II S. 739).

(4) Anhaltspunkt für das Vorliegen einer familienähnlichen Bindung kann eine vom Jugendamt erteilte Pflegeerlaubnis nach § 44 SGB VIII sein. Sie ist jedoch nicht in jedem Fall vorgeschrieben, z. B. dann nicht, wenn das Kind der Pflegeperson vom Jugendamt vermittelt worden ist, wenn Pflegekind und Pflegeperson miteinander verwandt oder verschwägert sind, oder wenn es sich um eine nicht gewerbsmäßige Tagespflege handelt. Wird eine amtliche Pflegeerlaubnis abgelehnt bzw. eine solche widerrufen, kann davon ausgegangen werden, dass ein familienähnliches, auf längere Dauer angelegtes Band zwischen Pflegeperson und Kind nicht bzw. nicht mehr vorliegt.

(5) *Ein Altersunterschied wie zwischen Eltern und Kindern braucht nicht unbedingt zu bestehen. Ein Pflegekindschaftsverhältnis kann daher auch zwischen Geschwistern, z. B. Waisen, gegeben sein (BFH vom 5. 8. 1977 – BStBl II S. 832). Das Gleiche gilt ohne Rücksicht auf einen Altersunterschied, wenn der zu betreuende Geschwisterteil von Kind an wegen Behinderung pflegebedürftig war und der betreuende Teil die Stelle der Eltern, etwa nach deren Tod, einnimmt. Ist der zu betreuende Geschwisterteil dagegen erst nach Eintritt der Volljährigkeit pflegebedürftig geworden, so wird im Allgemeinen ein dem Eltern-Kind-Verhältnis ähnliches Pflegeverhältnis nicht mehr begründet werden können.*

(6) Werden von einer Pflegeperson bis zu sechs Kinder in ihren Haushalt aufgenommen, ist davon auszugehen, dass die Haushaltsaufnahme nicht zu Erwerbszwecken erfolgt. Keine Pflegekinder sind sog. Kostkinder. Hat die Pflegeperson mehr als sechs Kinder in ihren Haushalt aufgenommen, spricht eine Vermutung dafür, dass es sich um Kostkinder handelt, vgl. R 32.2 Abs. 1 EStR 2012. In einem erwerbsmäßig betriebenen Heim (Kinderhaus) oder

in einer sonstigen betreuten Wohnform nach § 34 SGB VIII untergebrachte Kinder sind keine Pflegekinder (BFH vom 23. 9. 1998 – BStBl 1999 II S. 133 und vom 2. 4. 2009 – BStBl 2010 II S. 345). Die sozialrechtliche Einordnung hat Tatbestandswirkung (BFH vom 2. 4. 2009 – BStBl 2010 II S. 345), d. h. sie ist ein Grundlagenbescheid, dem Bindungswirkung zukommt (vgl. V 19)."

Fehlendes Obhuts- und Pflegeverhältnis zu den Eltern

A 11.4 DA-KG *2017*:

„*(1)* Ein Pflegekindschaftsverhältnis setzt des Weiteren voraus, dass ein Obhuts- und Pflegeverhältnis zu den Eltern nicht mehr besteht. Ob ein Obhuts- und Pflegeverhältnis zu den leiblichen Eltern noch besteht, hängt vom Einzelfall ab und ist insbesondere unter Berücksichtigung des Alters des Kindes, der Anzahl und der Dauer der Besuche der leiblichen Eltern bei dem Kind sowie der Frage zu beurteilen, ob und inwieweit vor der Trennung bereits ein Obhuts- und Pflegeverhältnis des Kindes zu den leiblichen Eltern bestanden hat (BFH vom 20. 1. 1995 – BStBl II S. 585 und vom 7. 9. 1995 – BStBl 1996 II S. 63).

(2) Ein Pflegekindschaftsverhältnis liegt nicht vor, wenn die Pflegeperson nicht nur mit dem Kind, sondern auch mit einem Elternteil des Kindes in häuslicher Gemeinschaft lebt, und zwar selbst dann nicht, wenn der Elternteil durch eine Schul- oder Berufsausbildung in der Obhut und Pflege des Kindes beeinträchtigt ist (BFH vom 9. 3. 1989 – BStBl II S. 680). Ein zwischen einem allein erziehenden Elternteil und seinem Kind im Kleinkindalter begründetes Obhuts- und Pflegeverhältnis wird durch die vorübergehende Abwesenheit des Elternteils nicht unterbrochen (BFH vom 12. 6. 1991 – BStBl 1992 II S. 20). Das Weiterbestehen eines Obhuts- und Pflegeverhältnisses zu den Eltern ist i. d. R. nicht anzunehmen, wenn ein Pflegekind von seinen Eltern nur gelegentlich im Haushalt der Pflegeperson besucht wird bzw. wenn es seine leiblichen Eltern ebenfalls nur gelegentlich besucht. Die Auflösung des Obhuts- und Pflegeverhältnisses des Kindes zu den leiblichen Eltern kann i. d. R. angenommen werden, wenn ein noch nicht schulpflichtiges Kind mindestens ein Jahr lang bzw. ein noch schulpflichtiges Kind über zwei Jahre und länger keine ausreichenden Kontakte mehr hat (BFH vom 20. 1. 1995 – BStBl II S. 582 und vom 7. 9. 1995 – BStBl 1996 II S. 63).

(3) Bei unbegleiteten minderjährigen Flüchtlingen kann das fehlende Obhuts- und Pflegeverhältnis zu den leiblichen Eltern unterstellt werden. Als unbegleiteter minderjähriger Flüchtling gilt ein minderjähriges Kind, das ohne Begleitung eines nach dem Gesetz oder der Praxis des betreffenden Staates für das Kind verantwortlichen Erwachsenen geflüchtet ist."

R 32.3. Allgemeines zur Berücksichtigung von Kindern

[1]Ein Kind wird vom Beginn des Monats an, in dem die Anspruchsvoraussetzungen erfüllt sind, berücksichtigt. [2]Entsprechend endet die Berücksichtigung mit Ablauf des Monats, in dem die Anspruchsvoraussetzungen wegfallen (Monatsprinzip). [3]Für die Frage, ob ein Kind lebend geboren wurde, ist im Zweifel das Personenstandsregister des Standesamtes maßgebend. [4]Eine Berücksichtigung außerhalb des Zeitraums der unbeschränkten Steuerpflicht der Eltern ist – auch in den Fällen des § 2 Abs. 7 Satz 3 EStG – nicht möglich. [5]Ein vermisstes Kind ist bis zur Vollendung des 18. Lebensjahres zu berücksichtigen.

R 32.4. Kinder, die Arbeit suchen

– unbesetzt –

H 32.4

Erkrankung und Mutterschaft

A 14.2 DA-KG *2017*:

„(1) Eine Berücksichtigung ist auch in einem Zeitraum möglich, in dem das Kind wegen Erkrankung nicht bei einer Agentur für Arbeit im Inland arbeitsuchend gemeldet ist. *Die* Erkrankung und das voraussichtliche Ende der Erkrankung *sind* durch eine Bescheinigung des behandelnden Arztes *nachzuweisen*; die Bescheinigung ist jeweils nach Ablauf von sechs Monaten zu erneuern. Ist nach den ärztlichen Feststellungen das voraussichtliche Ende der Erkrankung nicht absehbar, ist zu prüfen, ob das Kind wegen einer Behinderung nach § 32 Abs. 4 Satz 1 Nr. 3 EStG berücksichtigt werden kann. Wurde das Kind nicht bereits vor der Erkrankung nach § 32 Abs. 4 Satz 1 Nr. 1 EStG berücksichtigt, muss es seinen Willen, sich unmittelbar nach Wegfall der Hinderungsgründe bei der zuständigen Agentur für Arbeit im Inland arbeitsuchend zu melden, durch eine schriftliche Erklärung glaubhaft machen (vgl. V 6.1 Abs. 1 Satz 8). Meldet sich das Kind nach Wegfall der Hinderungsgründe nicht unmittelbar bei der zuständigen Agentur für Arbeit im Inland arbeitsuchend, ist die Festsetzung ab dem Monat, der dem Monat folgt, in dem die Hinderungsgründe wegfallen, nach § 70 Abs. 2 Satz 1 EStG aufzuheben. *Für die Bearbeitung und Nachweisführung stehen die Vordrucke „Erklärung für ein erkranktes Kind" und „Bearbeitungsbogen für erkrankte Kinder"* [1] *zur Verfügung.*

(2) Ein Kind, das wegen eines Beschäftigungsverbots nach §§ 3, *4,* 6 MuSchG nicht bei einer Agentur für Arbeit im Inland arbeitsuchend gemeldet ist, kann nach § 32 Abs. 4 Satz 1 Nr. 1 EStG berücksichtigt werden. Dies gilt auch, sofern das Kind nach dem Ende des Beschäftigungsverbots nach §§ 3, *4,* 6 MuSchG die Meldung als Arbeitsuchender im Inland nicht erneut vornimmt (BFH vom 13. 6. 2013 – BStBl 2014 II S. 834). Befindet sich das Kind jedoch in Elternzeit nach dem BEEG, wird es nur berücksichtigt, wenn es arbeitsuchend gemeldet ist."

Kinder, die Arbeit suchen

→ A 14.1 Abs. 1 und 2 DA-KG *2017*:

„(1) Ein Kind**, das das 18., aber noch nicht das 21. Lebensjahr vollendet hat,** kann nach § 32 Abs. 4 Satz 1 Nr. 1 EStG berücksichtigt werden, wenn es nicht in einem Beschäftigungsverhältnis steht und bei einer Agentur für Arbeit im Inland arbeitsuchend gemeldet ist. Einer Berücksichtigung stehen nicht entgegen:
- eine geringfügige Beschäftigung i. S. v. § 8 SGB IV bzw. § 8a SGB IV (vgl. A 20.3.3 Abs. 1 und 2),
- eine selbständige oder gewerbliche Tätigkeit von insgesamt weniger als 15 Stunden wöchentlich (vgl. BFH vom 18. 12. 2014 – BStBl 2015 II S. 653),
- die Teilnahme an einer Maßnahme nach § 16d SGB II, bei denen kein Arbeitsentgelt, sondern neben dem Alg II eine angemessene Entschädigung für Mehraufwendungen des Leistungsempfängers gewährt wird,
- wenn die Meldung als Arbeitssuchender nicht im Inland, sondern bei der staatlichen Arbeitsvermittlung in einem anderen EU- bzw. EWR-Staat oder in der Schweiz erfolgt ist.

A 23 und V 1.5.2 sind zu beachten.

(2) Der Nachweis, dass ein Kind bei einer Agentur für Arbeit im Inland arbeitsuchend gemeldet ist, hat über eine Bescheinigung der zuständigen Agentur für Arbeit im Inland zu erfolgen. Es sind diesbezüglich keine weiteren Prüfungen durch die Familienkasse erforderlich. Auch der Nachweis der Arbeitslosigkeit oder des Bezugs von Arbeitslosengeld nach § 136 SGB III dient als Nachweis der Meldung als arbeitsuchend.

R 32.5. Kinder, die für einen Beruf ausgebildet werden

– unbesetzt –

H 32.5

Allgemeines

- → A 15 DA-KG *2017*
- Als Berufsausbildung ist die Ausbildung für einen künftigen Beruf zu verstehen. In der Berufsausbildung befindet sich, wer sein Berufsziel noch nicht erreicht hat, sich aber ernstlich darauf vorbereitet (→ BFH vom 9. 6. 1999 – BStBl II S. 706). Dem steht nicht entgegen, dass das Kind auf Grund der Art der jeweiligen Ausbildungsmaßnahme die Möglichkeit der Erzielung eigener Einkünfte erlangt (→ BFH vom 16. 4. 2002 – BStBl II S. 523).

Beginn und Ende der Berufsausbildung

- Das Referendariat im Anschluss an die erste juristische Staatsprüfung gehört zur Berufsausbildung (→ BFH vom 10. 2. 2000 – BStBl II S. 398).
- Ein Kind befindet sich nicht in Ausbildung, wenn es sich zwar an einer Universität immatrikuliert, aber tatsächlich das Studium noch nicht aufgenommen hat (→ BFH vom 23. 11. 2001 – BStBl 2002 II S. 484).
- Ein Universitätsstudium ist in dem Zeitpunkt abgeschlossen, in dem eine nach dem einschlägigen Prüfungsrecht zur Feststellung des Studienerfolgs vorgesehene Prüfungsentscheidung ergangen ist oder ein Prüfungskandidat von der vorgesehenen Möglichkeit, sich von weiteren Prüfungsabschnitten befreien zu lassen, Gebrauch gemacht hat (→ BFH vom

[1] *Vordruck der Familienkasse*

21. 1. 1999 BStBl II S. 141). Die Berufsausbildung endet bereits vor Bekanntgabe des Prüfungsergebnisses, wenn das Kind nach Erbringung aller Prüfungsleistungen eine Vollzeiterwerbstätigkeit aufnimmt (→ BFH vom 24. 5. 2000 – BStBl II S. 473),

– → A 15.10 DA-KG *2017*

Behinderte Kinder, die für einen Beruf ausgebildet werden

→ A 15.4 DA-KG *2017*:

„Ein behindertes Kind wird auch dann für einen Beruf ausgebildet, wenn es durch gezielte Maßnahmen auf eine – wenn auch einfache – Erwerbstätigkeit vorbereitet wird, die nicht spezifische Fähigkeiten oder Fertigkeiten erfordert. Unter diesem Gesichtspunkt kann z. B. auch der Besuch einer Schule für behinderte Menschen, einer Heimsonderschule, das Arbeitstraining in einer Anlernwerkstatt oder die Förderung im Berufsbildungsbereich einer Werkstatt für behinderte Menschen den Grundtatbestand des § 32 Abs. 4 Satz 1 Nr. 2 Buchst. a EStG erfüllen."

Praktikum

– → A 15.8 DA-KG *2017*:

„(1) Während eines Praktikums wird ein Kind für einen Beruf ausgebildet, sofern dadurch Kenntnisse, Fähigkeiten und Erfahrungen vermittelt werden, die als Grundlagen für die Ausübung des angestrebten Berufs geeignet sind (vgl. BFH vom 9. 6. 1999 – BStBl II S. 713) und es sich nicht lediglich um ein gering bezahltes Arbeitsverhältnis handelt. Das Praktikum muss für das angestrebte Berufsziel förderlich sein (BFH vom 15. 7. 2003 – BStBl II S. 843). *Es sind auch der Vervollkommnung und Abrundung von Fähigkeiten und Kenntnissen dienende Maßnahmen einzubeziehen, die außerhalb eines geregelten Bildungsganges ergriffen werden und damit über das vorgeschriebene Maß hinausgehen. Es ist nicht erforderlich, dass die Ausbildungsmaßnahme einem im BBiG geregelten fest umrissenen Bildungsgang entspricht, sie in einer Ausbildungs- oder Studienordnung vorgeschrieben ist oder auf ein deutsches Studium angerechnet wird.*

(2) Ein vorgeschriebenes Praktikum ist als notwendige fachliche Voraussetzung oder Ergänzung der eigentlichen Ausbildung an einer Schule, Hochschule oder sonstigen Ausbildungsstätte ohne weiteres anzuerkennen. Gleiches gilt für ein durch die Ausbildungs- oder Studienordnung empfohlenes Praktikum sowie für ein Praktikum, das in dem mit der späteren Ausbildungsstätte abgeschlossenen schriftlichen Ausbildungsvertrag oder der von dieser Ausbildungsstätte schriftlich gegebenen verbindlichen Ausbildungszusage vorgesehen ist.

(3) Ein Praktikum, das weder vorgeschrieben noch empfohlen ist, kann unter den Voraussetzungen des Abs. 1 für *die* Dauer berücksichtigt werden*, in der* ein ausreichender Bezug zum Berufsziel glaubhaft gemacht wird*, längstens für zwölf Monate. Von einem ausreichenden Bezug* kann ausgegangen werden, wenn dem Praktikum ein detaillierter Ausbildungsplan zu Grunde liegt, der darauf zielt, unter fachkundiger Anleitung für die Ausübung des angestrebten Berufs wesentliche Kenntnisse und Fertigkeiten zu vermitteln.

(4) Eine Tätigkeit kann für eine Dauer von bis zu drei Monaten als Praktikum berücksichtigt werden, wenn sie im Rahmen der Berufsorientierung dazu dient, Einblicke in Inhalte, Anforderungen, Strukturen und Themen des jeweiligen Berufsbildes zu vermitteln und es sich dabei nicht lediglich um ein gering bezahltes Arbeitsverhältnis handelt.

(5) Eine Volontärtätigkeit, die ein ausbildungswilliges Kind vor Annahme einer voll bezahlten Beschäftigung gegen geringe Entlohnung absolviert, ist berücksichtigungsfähig, wenn das Volontariat der Erlangung der angestrebten beruflichen Qualifikation dient und somit der Ausbildungscharakter im Vordergrund steht (vgl. BFH vom 9. 6. 1999 – BStBl II S. 706; vgl. auch Anlernverhältnis, A 15.2 Satz 2); gleiches gilt für eine Tätigkeit als Trainee. Für eine Prägung durch Ausbildungszwecke spricht es, dass ein detaillierter Ausbildungsplan zu Grunde liegt, dass die Unterweisung auf qualifizierte Tätigkeiten ausgerichtet ist, dass auf der Grundlage der Ausbildung dem Kind eine den Lebensunterhalt selbständig sichernde Berufstätigkeit ermöglicht wird und dass die Höhe des Arbeitslohns dem eines Auszubildenden vergleichbar ist. Es darf sich dagegen nicht lediglich um ein gering bezahltes Arbeitsverhältnis handeln."

– Das Anwaltspraktikum eines Jurastudenten ist Berufsausbildung, auch wenn es weder gesetzlich noch durch die Studienordnung vorgeschrieben ist (→ BFH vom 9. 6. 1999 – BStBl II S. 713).

– Zur Berufsausbildung eines Studenten der Anglistik, der einen Abschluss in diesem Studiengang anstrebt, gehört auch ein Auslandspraktikum als Fremdsprachenassistent an einer Schule in Großbritannien während eines Urlaubssemesters (→ BFH vom 14. 1. 2000 – BStBl II S. 199).

Schulbesuch

– Zur Berufsausbildung gehört auch der Besuch von Allgemeinwissen vermittelnden Schulen wie Grund-, Haupt- und Oberschulen sowie von Fach- und Hochschulen. Auch der Besuch eines Colleges in den USA kann zur Berufsausbildung zählen (→ BFH vom 9. 6. 1999 – BStBl II S. 705).
– → A 15.5 DA-KG *2017*

Soldat in Aus-/Weiterbildung

In den Laufbahngruppen der Bundeswehr können folgende Berufsausbildungsmaßnahmen berücksichtigungsfähig sein:
– die Ausbildung eines Soldaten auf Zeit für seine spätere Verwendung in der Laufbahngruppe Mannschaft, wenn sie zu Beginn der Verpflichtungszeit erfolgt; die Ausbildung umfasst die Grundausbildung und die sich anschließende Dienstpostenausbildung (vgl. BFH vom 10. 5. 2012 – BStBl II S. 895); dies gilt auch für den freiwilligen Wehrdienst nach § 58b SG,
– die Ausbildung eines Soldaten auf Zeit oder Berufssoldaten in der Laufbahngruppe Unteroffizier (mit oder ohne Portepee) bzw. in der Laufbahngruppe Offizier (BFH vom 16. 4. 2002 und 15. 7. 2003 – BStBl 2002 II S. 523 und BStBl 2007 II S. 247); zur Ausbildung können auch zivilberufliche Aus- und Weiterbildungsmaßnahmen (sog. ZAW-Maßnahmen), das Studium an einer Bundeswehrhochschule oder an einer zivilen Hochschule zählen, auch wenn diese Maßnahmen über die jeweilige Ernennung hinaus andauern,
– die während des Wehrdienstes stattfindende Ausbildung zum Reserveoffizier (BFH vom 8. 5. 2014 – BStBl II S. 717),
– zusätzliche Weiterbildungen bzw. Ausbildungsmaßnahmen eines Soldaten, die grundsätzlich dazu geeignet sind, den Aufstieg in eine höhere Laufbahngruppe, den Einstieg in eine Laufbahngruppe oder den Laufbahnwechsel vom Unteroffizier ohne Portepee zum Unteroffizier mit Portepee zu ermöglichen (darunter fallen nicht in der Bundeswehr übliche Verwendungslehrgänge, die nach dem Erwerb der Laufbahnbefähigung absolviert werden, vgl. BFH vom 16. 9. 2015 – BStBl 2016 II S. 281).

Findet eine der oben genannten Maßnahmen zu Beginn der Verpflichtungszeit statt, können die ersten vier Monate ohne näheren Nachweis anerkannt werden, lediglich der Dienstantritt ist glaubhaft zu machen. Für die Prüfung der weiteren Berücksichtigung steht der Vordruck „Bescheinigung über die Ausbildung eines Soldaten/einer Soldatin bei der Bundeswehr"[1] zur Verfügung (→ A 15.2 Satz 3 bis 5 DA-KG *2017*).

Sprachaufenthalt im Ausland

→ A 15.9 DA-KG *2017*:
„(1) Sprachaufenthalte im Ausland sind regelmäßig als Berufsausbildung anzuerkennen, wenn der Erwerb der Fremdsprachenkenntnisse nicht dem ausbildungswilligen Kind allein überlassen bleibt, sondern Ausbildungsinhalt und Ausbildungsziel von einer fachlich autorisierten Stelle vorgegeben werden. Davon ist ohne weiteres auszugehen, wenn der Sprachaufenthalt mit anerkannten Formen der Berufsausbildung verbunden wird (z. B. Besuch einer allgemeinbildenden Schule, eines Colleges oder einer Universität). In allen anderen Fällen – insbesondere bei Auslandsaufenthalten im Rahmen von Au-pair-Verhältnissen – setzt die Anerkennung voraus, dass der Aufenthalt von einem theoretisch-systematischen Sprachunterricht in einer Fremdsprache begleitet wird (vgl. BFH vom 9. 6. 1999 – BStBl II S. 701 und S. 710 und vom 19. 2. 2002 – BStBl II S. 469).
(2) Es kann regelmäßig eine ausreichende Ausbildung angenommen werden, wenn ein begleitender Sprachunterricht von wöchentlich zehn Unterrichtsstunden stattfindet. Das Leben in der Gastfamilie zählt nicht dazu. Im Einzelnen gilt A 15.3 Abs. 1 bis 3."

→ Umfang der zeitlichen Inanspruchnahme durch die Berufsausbildung

Umfang der zeitlichen Inanspruchnahme durch die Berufsausbildung

→ A 15.3 Abs. 1 bis 3 DA-KG *2017*:

---

[1] *Vordruck der Familienkasse.*

„(1) Die Ausbildung muss ernsthaft betrieben werden, damit sie berücksichtigungsfähig ist. Sie muss Zeit und Arbeitskraft des Kindes dermaßen in Anspruch nehmen, dass ein greifbarer Bezug zu dem angestrebten Berufsziel hergestellt wird und Bedenken gegen die Ernsthaftigkeit ausgeschlossen werden können.

(2) Bei Ausbildungsgängen, die keine regelmäßige Präsenz an einer Ausbildungsstätte erfordern (z. B. Universitäts- und Fachhochschulstudiengänge, Fernuniversität einschließlich der als Fernstudium angebotenen, andere Fernlehrgänge), sollte die Ernsthaftigkeit durch Vorlage von Leistungsnachweisen („Scheine", Bescheinigungen des Betreuenden über Einreichung von Arbeiten zur Kontrolle), die Aufschluss über die Fortschritte des Lernenden geben, in den in A 14.10 Abs. 13 festgelegten Zeitpunkten belegt werden. Sind bei Studenten die Semesterbescheinigungen aussagekräftig (durch Ausweis der Hochschulsemester), sind diese als Nachweis ausreichend.

(3) Eine tatsächliche Unterrichts- bzw. Ausbildungszeit von zehn Wochenstunden kann regelmäßig als ausreichende Ausbildung anerkannt werden. Eine tatsächliche Unterrichtsbzw. Ausbildungszeit von weniger als zehn Wochenstunden kann nur dann als ausreichende Ausbildung anerkannt werden, wenn

– das Kind zur Teilnahme am Schulunterricht zur Erfüllung der Schulpflicht verpflichtet ist (BFH vom 28. 4. 2010 – BStBl II S. 1060),

– der zusätzliche ausbildungsbezogene Zeitaufwand (z. B. für Vor- und Nachbereitung) über das übliche Maß hinausgeht oder

– die besondere Bedeutung der Maßnahme für das angestrebte Berufsziel dies rechtfertigt.

Üblich ist ein Zeitaufwand für die häusliche Vor- und Nacharbeit, welcher der Dauer der Unterrichts- bzw. Ausbildungszeit entspricht, sowie ein Zeitaufwand für den Weg von und zur Ausbildungsstätte bis zu einer Stunde für die einfache Wegstrecke. Über das übliche Maß hinaus geht der ausbildungsbezogene Zeitaufwand z. B.

– bei besonders umfangreicher Vor- und Nacharbeit oder

– wenn neben die Unterrichtseinheiten zusätzliche ausbildungsfördernde Aktivitäten bzw. die praktische Anwendung des Gelernten treten.

Die besondere Bedeutung der Maßnahme für das angestrebte Berufsziel rechtfertigt eine geringere Stundenanzahl, z. B. bei

– Erwerb einer qualifizierten Teilnahmebescheinigung,

– Prüfungsteilnahme,

– regelmäßigen Leistungskontrollen,

– berufszielbezogener Üblichkeit der Durchführung einer solchen Maßnahme, wenn die Ausbildungsmaßnahme der üblichen Vorbereitung auf einen anerkannten Prüfungsabschluss dient oder wenn die einschlägigen Ausbildungs- oder Studienordnungen bzw. entsprechende Fachbereiche die Maßnahme vorschreiben oder empfehlen."

Unterbrechungszeiten

– Zur Berufsausbildung zählen Unterbrechungszeiten wegen Erkrankung oder Mutterschaft, nicht jedoch Unterbrechungszeiten wegen der Betreuung eines eigenen Kindes (→ BFH vom 15. 7. 2003 – BStBl II S. 848).

– Ist für den Zeitraum eines Urlaubssemesters der Besuch von Vorlesungen und der Erwerb von Leistungsnachweisen nach hochschulrechtlichen Bestimmungen untersagt, sind für diesen Zeitraum die Voraussetzungen einer Berufsausbildung nicht erfüllt (→ BFH vom 13. 7. 2004 – BStBl II S. 999).

– → A 15.10 Abs. 8 und A 15.11 DA-KG *2017*

Volontariat

– Eine Volontärtätigkeit, die ausbildungswillige Kinder vor Annahme einer voll bezahlten Beschäftigung gegen geringe Entlohnung absolvieren, ist grundsätzlich als Berufsausbildung anzuerkennen, wenn das Volontariat der Erlangung der angestrebten beruflichen Qualifikation dient und somit der Ausbildungscharakter im Vordergrund steht (→ BFH vom 9. 6. 1999 – BStBl II S. 706).

– → A 15.6 Abs. 3 DA-KG *2017*

R 32.6. Kinder, die sich in einer Übergangszeit befinden

– unbesetzt –

H 32.6

Übergangszeit nach § 32 Abs. 4 Satz 1 Nr. 2 Buchst. b EStG

→ A 16 Abs. 1 bis 4 DA-KG *2017*:

„(1) Nach § 32 Abs. 4 Satz 1 Nr. 2 Buchst. b EStG besteht für ein Kind, *das das 18., aber* | *noch nicht das 25. Lebensjahr vollendet hat,* Anspruch auf Kindergeld, wenn es sich in einer Übergangszeit von höchstens vier Monaten befindet, die zwischen zwei Ausbildungsabschnitten oder zwischen einem Ausbildungsabschnitt und der Ableistung
- des freiwilligen Wehrdienstes nach § 58b SG (für Anspruchszeiträume ab 1. 1. 2015) oder |
- eines geregelten Freiwilligendienstes i. S. d. § 32 Abs. 4 Satz 1 Nr. 2 Buchst. d EStG (vgl. A 18)

liegt. Kinder sind auch in Übergangszeiten von höchstens vier Monaten zwischen dem Ab- | schluss der Ausbildung und dem Beginn eines der in Satz 1 genannten Dienste und Tätigkeiten zu berücksichtigen (vgl. BFH vom 25. 1. 2007 – BStBl II 2008 S. 664). Die Übergangszeit beginnt am Ende des unmittelbar vorangegangenen Ausbildungsabschnittes oder Dienstes, auch wenn das Kind zu diesem Zeitpunkt das 18. Lebensjahr noch nicht vollendet hat (BFH vom 16. 4. 2015 – BStBl 2016 II S. 25). Die Übergangszeit von höchstens vier Monaten ist nicht taggenau zu berechnen, sondern umfasst vier volle Kalendermonate (BFH vom 15. 7. 2003 – BStBl II S. 847). Endet z. B. ein Ausbildungsabschnitt im Juli, muss der nächste spätestens im Dezember beginnen.

(2) Übergangszeiten ergeben sich als vom Kind nicht zu vermeidende Zwangspausen, z. B. durch Rechtsvorschriften über den Ausbildungsverlauf, aus den festen Einstellungsterminen der Ausbildungsbetriebe oder den Einstellungsgewohnheiten staatlicher Ausbildungsinstitutionen. Eine Übergangszeit im Sinne einer solchen Zwangspause kann auch in Betracht kommen, wenn das Kind den vorangegangenen Ausbildungsplatz – ggf. aus von ihm zu vertretenden Gründen – verloren oder die Ausbildung abgebrochen hat. Als Ausbildungsabschnitt gilt jeder Zeitraum, der nach § 32 Abs. 4 Satz 1 Nr. 2 Buchst. a EStG als Berufsausbildung zu berücksichtigen ist.

(3) Eine Berücksichtigung des Kindes während der Übergangszeit hat zu erfolgen, wenn es entweder bereits einen Ausbildungsplatz hat oder sich um einen Platz im nachfolgenden Ausbildungsabschnitt, der innerhalb des zeitlichen Rahmens des § 32 Abs. 4 Satz 1 Nr. 2 Buchst. b EStG beginnt, beworben hat. Gleichermaßen ist zu verfahren, wenn der Berechtigte bei Beendigung der Ausbildung des Kindes an einer allgemeinbildenden Schule oder in einem sonstigen Ausbildungsabschnitt glaubhaft erklärt, dass sich das Kind um einen solchen Ausbildungsplatz sobald wie möglich bewerben wird, und die Familienkasse unter Würdigung aller Umstände zur Überzeugung gelangt, dass die Fortsetzung der Ausbildung zu dem angegebenen Zeitpunkt wahrscheinlich ist. Entsprechend ist bei Übergangszeiten zwischen einem Ausbildungsabschnitt und einem Dienst bzw. einer Tätigkeit i. S. d. Abs. 1 Satz 1 zu verfahren. |

(4) Eine Übergangszeit liegt nicht vor, wenn das Kind sich nach einem Ausbildungsabschnitt oder einem Dienst bzw. einer Tätigkeit i. S. d. Abs. 1 Satz 1 wegen Kindesbetreuung nicht | um einen Anschlussausbildungsplatz bemüht."

R 32.7. Kinder, die mangels Ausbildungsplatz ihre Berufsausbildung nicht beginnen oder fortsetzen können

Allgemeines

(1) [1]Grundsätzlich ist jeder Ausbildungswunsch des Kindes anzuerkennen, es sei denn, dass seine Verwirklichung wegen der persönlichen Verhältnisse des Kindes ausgeschlossen erscheint. [2]Dies gilt auch dann, wenn das Kind bereits eine abgeschlossene Ausbildung in einem anderen Beruf besitzt. [3]Das Finanzamt kann verlangen, dass der Stpfl. die ernsthaften Bemühungen des Kindes um einen Ausbildungsplatz durch geeignete Unterlagen nachweist oder zumindest glaubhaft macht.

Ausbildungsplätze

(2) Ausbildungsplätze sind neben betrieblichen und überbetrieblichen insbesondere solche an Fach- und Hochschulen sowie Stellen, an denen eine in der Ausbildungs- oder Prüfungsordnung vorgeschriebene praktische Tätigkeit abzuleisten ist.

Ernsthafte Bemühungen um einen Ausbildungsplatz

(3) [1]Für die Berücksichtigung eines Kindes ohne Ausbildungsplatz ist Voraussetzung, dass es dem Kind trotz ernsthafter Bemühungen nicht gelungen ist, seine Berufsausbildung zu beginnen oder fortzusetzen. [2]Als Nachweis der ernsthaften Bemühungen kommen z. B. Bescheinigungen der Agentur für Arbeit über die Meldung des Kindes als Bewerber um eine berufliche Ausbildungsstelle, Unterlagen über eine Bewerbung bei der Zentralen Vergabestelle von Studienplätzen, Bewerbungsschreiben unmittelbar an Ausbildungsstellen sowie deren Zwischennachricht oder Ablehnung in Betracht.

(4) [1]Die Berücksichtigung eines Kindes ohne Ausbildungsplatz ist ausgeschlossen, wenn es sich wegen Kindesbetreuung nicht um einen Ausbildungsplatz bemüht. [2]Eine Berücksichtigung ist dagegen möglich, wenn das Kind infolge Erkrankung oder wegen eines Beschäftigungsverbots nach den §§ 3 und 6 Mutterschutzgesetz daran gehindert ist, seine Berufsausbildung zu beginnen oder fortzusetzen.

<h3 style="text-align:center">H 32.7</h3>

Erkrankung und Mutterschaft

→ A 17.2 Abs. 1 Satz 1 bis 3 DA-KG *2017*:

„(1) Eine Berücksichtigung ist nach § 32 Abs. 4 Satz 1 Nr. 2 Buchst. c EStG auch möglich, wenn das Kind infolge einer Erkrankung daran gehindert ist, sich um eine Berufsausbildung zu bemühen, sie zu beginnen oder fortzusetzen. *Die* Erkrankung und das voraussichtliche Ende der Erkrankung *sind* durch eine Bescheinigung des behandelnden Arztes *nachzuweisen*; die Bescheinigung ist jeweils nach Ablauf von sechs Monaten zu erneuern. Ist nach den ärztlichen Feststellungen das voraussichtliche Ende der Erkrankung nicht absehbar, ist zu prüfen, ob das Kind wegen einer Behinderung nach § 32 Abs. 4 Satz 1 Nr. 3 EStG berücksichtigt werden kann."

Kinder ohne Ausbildungsplatz

→ A 17.1 Abs. 1 bis 3 DA-KG *2017*:

„(1) Nach § 32 Abs. 4 Satz 1 Buchst. c EStG ist ein Kind**, das das 18., aber noch nicht das 25. Lebensjahr vollendet hat,** zu berücksichtigen, wenn es eine Berufsausbildung – im Inland oder Ausland – mangels Ausbildungsplatz nicht beginnen oder fortsetzen kann. Der angestrebte Ausbildungsplatz muss nach § 32 Abs. 4 Satz 1 Nr. 2 Buchst. a EStG zu berücksichtigen sein. Ein Mangel eines Ausbildungsplatzes liegt sowohl in Fällen vor, in denen das Kind noch keinen Ausbildungsplatz gefunden hat, als auch dann, wenn ihm ein solcher bereits zugesagt wurde, es diesen aber aus schul-, studien- oder betriebsorganisatorischen Gründen erst zu einem späteren Zeitpunkt antreten kann (BFH vom 15. 7. 2003 – BStBl II S. 845). Kein Mangel eines Ausbildungsplatzes liegt dagegen vor, wenn das Kind die objektiven Anforderungen an den angestrebten Ausbildungsplatz nicht erfüllt oder wenn es im Falle des Bereitstehens eines Ausbildungsplatzes aus anderen Gründen am Antritt gehindert wäre, z. B. wenn es im Ausland arbeitsvertraglich gebunden ist (BFH vom 15. 7. 2003 – BStBl II S. 843). Hat das Kind noch keinen Ausbildungsplatz gefunden, hängt die Berücksichtigung davon ab, dass es ihm trotz ernsthafter Bemühung nicht gelungen ist, seine Berufsausbildung zu beginnen oder fortzusetzen. Die Suche nach einem Ausbildungsplatz muss also bisher erfolglos verlaufen sein oder der nächste Ausbildungsabschnitt einer mehrstufigen Ausbildung kann mangels Ausbildungsplatz nicht begonnen werden. Beispiele für eine üblicherweise noch nicht abgeschlossene Berufsausbildung sind die Beendigung der Schulausbildung und die Ablegung des ersten Staatsexamens, wenn das zweite Staatsexamen für die Berufsausübung angestrebt wird. Grundsätzlich ist jeder Ausbildungswunsch des Kindes anzuerkennen. Die Bewerbung muss für den nächstmöglichen Ausbildungsbeginn erfolgen. Kann eine Bewerbung nicht abgegeben werden, z. B. für Studierwillige, weil das Verfahren bei der SfH noch nicht eröffnet ist, genügt zunächst eine schriftliche Erklärung des Kindes, sich so bald wie möglich bewerben zu wollen.

(2) Der Berechtigte muss der Familienkasse die ernsthaften Bemühungen des Kindes um einen Ausbildungsplatz zum nächstmöglichen Beginn durch geeignete Unterlagen nachweisen oder zumindest glaubhaft machen. Eine Ausbildung wird nicht zum nächstmöglichen Zeitpunkt angestrebt, wenn das Kind aus von ihm zu vertretenden Gründen, z. B. wegen einer Erwerbstätigkeit oder der Ableistung eines freiwilligen Wehrdienstes, die Ausbildung erst zu einem späteren Zeitpunkt beginnen möchte. Ist eine Bewerbung erfolglos geblieben, sind für den anschließenden Zeitraum übliche und zumutbare Bemühungen nachzuweisen. Als Nachweis kommen insbesondere folgende Unterlagen in Betracht:

- schriftliche Bewerbungen unmittelbar an Ausbildungsstellen sowie deren Zwischennachricht oder Ablehnung,
- die schriftliche Bewerbung bei der SfH,
- die schriftliche Bewerbung für den freiwilligen Wehrdienst,
- die schriftliche Zusage einer Ausbildungsstelle,
- die Bescheinigung über die Registrierung als Bewerber für einen Ausbildungsplatz oder für eine Bildungsmaßnahme bei einer Agentur für Arbeit oder bei einem anderen zuständigen Leistungsträger (Jobcenter); in Zweifelsfällen ist die tatsächliche Bewerbereigenschaft, ggf. nach Rücksprache mit der zuständigen Agentur für Arbeit bzw. dem zuständigen Leistungsträger, festzustellen (vgl. BFH vom 18. 6. 2015 – BStBl II S. 940),
- die von der Agentur für Arbeit für den Rentenversicherungsträger erstellte Bescheinigung über Anrechnungszeiten der Ausbildungssuche i. S. d. § 58 Abs. 1 Satz 1 Nr. 3a SGB VI.

(3) Das Kind kann für den Zeitraum berücksichtigt werden, in dem es auf einen Ausbildungsplatz wartet (BFH vom 7. 8. 1992 – BStBl 1993 II S. 103). Die Wartezeit beginnt beispielsweise mit der Beendigung der Schulausbildung, einer (ersten) Ausbildung oder eines Ausbildungsabschnitts. Nimmt das Kind ernsthafte Bemühungen erst nach Ablauf des Folgemonats nach Wegfall eines anderen Berücksichtigungstatbestandes i. S. d. § 32 Abs. 4 Satz 1 Nr. 2 EStG auf, ist es ab dem Monat der ersten Bewerbung oder Registrierung zu berücksichtigen; Abs. 1 Satz 9 bleibt unberührt.

Beispiel 1

Das Kind legt die Abiturprüfung im April eines Jahres ab (offizielles Schuljahresende in diesem Land). Unmittelbar nach Ablegung der Abiturprüfung beabsichtigt das Kind, im Oktober des Jahres ein Studium zu beginnen, und bewirbt sich im Juli (Eröffnung des Verfahrens bei der SfH) um einen Studienplatz. Im September erhält das Kind jedoch die Absage der SfH. Das Kind möchte sich zum Sommersemester des nächsten Jahres erneut um einen Studienplatz bewerben.

Das Kind kann wie folgt berücksichtigt werden:

- bis einschließlich April als Kind, das für einen Beruf ausgebildet wird (§ 32 Abs. 4 Satz 1 Nr. 2 Buchst. a EStG),
- ab Mai durchgängig als Kind ohne Ausbildungsplatz (§ 32 Abs. 4 Satz 1 Nr. 2 Buchst. c EStG), von Mai bis September, weil es nach dem Schulabschluss die Ausbildung aufgrund des Vergabeverfahrens der SfH zunächst nicht fortsetzen konnte, und für den Zeitraum ab Oktober aufgrund der Absage der SfH und des weiter bestehenden Ausbildungswunsches. Abs. 1 Satz 9 und 10 und Abs. 2 Satz 3 sind zu beachten.

Beispiel 2

Das Kind legt die Abiturprüfung im April eines Jahres ab (offizielles Schuljahresende in diesem Land). Das Kind möchte sich zunächst orientieren und beabsichtigt, danach eine Berufsausbildung zu beginnen. Im August bewirbt sich das Kind schriftlich zum nächstmöglichen Zeitpunkt um einen Ausbildungsplatz, erhält im Januar des nachfolgenden Jahres eine schriftliche Zusage und nimmt im August die Ausbildung auf.

Das Kind kann nur in folgenden Zeiträumen berücksichtigt werden:

- bis einschließlich April als Kind, das für einen Beruf ausgebildet wird (§ 32 Abs. 4 Satz 1 Nr. 2 Buchst. a EStG),
- von August bis Juli des nachfolgenden Jahres als Kind ohne Ausbildungsplatz (§ 32 Abs. 4 Satz 1 Nr. 2 Buchst. c EStG),
- ab August des nachfolgenden Jahres als Kind, das für einen Beruf ausgebildet wird (§ 32 Abs. 4 Satz 1 Nr. 2 Buchst. a EStG)."

R 32.8. Kinder, die ein freiwilliges soziales oder ökologisches Jahr oder freiwillige Dienste leisten

– unbesetzt –

H 32.8

Geregelte Freiwilligendienste

→ A 18 DA-KG *2017*

R 32.9. Kinder, die wegen körperlicher, geistiger oder seelischer Behinderung außerstande sind, sich selbst zu unterhalten

[1]Als Kinder, die wegen körperlicher, geistiger oder seelischer Behinderung außerstande sind, sich selbst zu unterhalten, kommen insbesondere Kinder in Betracht, deren Schwerbehinderung (§ 2 Abs. 2 SGB IX) festgestellt ist oder die einem schwer behinderten Menschen gleichgestellt sind (§ 2 Abs. 3 SGB IX). [2]Ein Kind, das wegen seiner Behinderung außerstande ist, sich selbst zu unterhalten, kann bei Vorliegen der sonstigen Voraussetzungen über das 25. Lebensjahr hinaus ohne altersmäßige Begrenzung berücksichtigt werden. [3]Eine Berücksichtigung setzt voraus, dass die Behinderung, deretwegen das Kind nicht in der Lage ist, sich selbst zu unterhalten, vor Vollendung des 25. Lebensjahres eingetreten ist.

H 32.9

Altersgrenze

Die Altersgrenze, innerhalb derer die Behinderung eingetreten sein muss, ist nicht auf Grund entsprechender Anwendung des § 32 Abs. 5 Satz 1 EStG z. B. um den Zeitraum des vom Kind in früheren Jahren geleisteten Grundwehrdienstes zu verlängern (BFH vom 2. 6. 2005 – BStBl II S. 756).

Außerstande sein, sich selbst zu unterhalten

– → A 19.4 DA-KG **2017**:

„(1) Bei behinderten Kindern ist grundsätzlich der notwendige Lebensbedarf den kindeseigenen Mitteln gegenüberzustellen (vgl. aber Abs. 3). Übersteigen die kindeseigenen Mittel nicht den notwendigen Lebensbedarf, ist das Kind außerstande, sich selbst zu unterhalten. Falls die kindeseigenen Mittel den notwendigen Lebensbedarf überschreiten und ungleichmäßig zufließen (z. B. durch eine Nachzahlung oder die erstmalige Zahlung einer Rente), ist zu prüfen, ab welchem vollen Monat das Kind in der Lage ist, sich selbst zu unterhalten. Führt eine Nachzahlung dazu, dass das Kind nicht länger außerstande ist, sich selbst zu unterhalten, ist die Kindergeldfestsetzung erst ab dem Folgemonat des Zuflusses aufzuheben (vgl. BFH vom 11. 4. 2013, BStBl II S. 1037).

(2) Der notwendige Lebensbedarf des behinderten Kindes setzt sich aus dem allgemeinen Lebensbedarf und dem individuellen behinderungsbedingten Mehrbedarf zusammen (vgl. BFH vom 15. 10. 1999 – BStBl 2000 II S. 75 und 79). Als allgemeiner Lebensbedarf ist der Grundfreibetrag nach § 32a Abs. 1 Satz 2 Nr. 1 EStG i. H. v. **8 820** Euro (für **2016**: 8 652 Euro, für 2015: 8 472 Euro, für 2014: 8 354 Euro, für 2013: 8 130 Euro) anzusetzen; zum behinderungsbedingten Mehrbedarf vgl. Abs. 4 und 5. Die kindeseigenen Mittel setzen sich aus dem verfügbaren Nettoeinkommen nach A 19.5 und sämtlichen Leistungen Dritter nach A 19.6 zusammen; das Vermögen des Kindes gehört nicht zu den kindeseigenen Mitteln (BFH vom 19. 8. 2002 – BStBl 2003 II S. 88 und 91). Einzelheiten insbesondere zu Sonderzuwendungen und einmaligen Nachzahlungen siehe BMF-Schreiben vom 22. 11. 2010 Abschnitt VI – BStBl I S. 1346.

(3) Übersteigen die kindeseigenen Mittel nicht den allgemeinen Lebensbedarf, ist davon auszugehen, dass das Kind außerstande ist, sich selbst zu unterhalten. Bei dieser vereinfachten Berechnung zählen zum verfügbaren Nettoeinkommen und den Leistungen Dritter keine Leistungen, die dem Kind wegen eines behinderungsbedingten Bedarfs zweckgebunden zufließen, insbesondere sind dies Pflegegeld bzw. -zulage aus der gesetzlichen Unfallversicherung, nach § 35 BVG oder nach § 64 SGB XII, Ersatz der Mehrkosten für den Kleider- und Wäscheverschleiß (z. B. § 15 BVG), die Grundrente und die Schwerstbeschädigtenzulage nach § 31 BVG und Leistungen der Pflegeversicherung (§ 3 Nr. 1a EStG) oder die Eingliederungshilfe bei voll- und teilstationärer Unterbringung. Wird nach dieser Berechnung der allgemeine Lebensbedarf überschritten, ist eine ausführliche Berechnung (vgl. Abs. 1 Satz 1 und Vordruck „ *Berechnungsbogen zur Überprüfung der Selbstunterhaltsfähigkeit eines volljährigen behinderten Kindes* "[1])) vorzunehmen.

(4) Zum behinderungsbedingten Mehrbedarf gehören alle mit einer Behinderung zusammenhängenden außergewöhnlichen Belastungen, z. B. Aufwendungen für die Hilfe bei den gewöhnlichen und regelmäßig wiederkehrenden Verrichtungen des täglichen Lebens, für die Pflege sowie für einen erhöhten Wäschebedarf. Sofern kein Einzelnachweis erfolgt, bemisst sich der behinderungsbedingte Mehrbedarf grundsätzlich in Anlehnung an den Pauschbetrag für behinderte Menschen des § 33b Abs. 3 EStG. Als Einzelnachweis sind sämtliche Leistungen nach dem SGB XII, ggf. abzüglich des Taschen-

---

1) Vordruck der Familienkasse.

geldes und des Verpflegungsanteils (vgl. Abs. 6 Satz 4 und Abs. 7 Satz 2), sowie Pflegegeld aus der Pflegeversicherung (BFH vom 24. 8. 2004 – BStBl 2010 II S. 1052) und Blindengeld (BFH vom 31. 8. 2006 – BStBl 2010 II S. 1054) zu berücksichtigen. Die Sätze 1 bis 3 sind bei allen behinderten Kindern unabhängig von ihrer Wohn- oder Unterbringungssituation anzuwenden. Erhält das Kind Eingliederungshilfe, sind die Abs. 6 und 7 zu beachten.

(5) Neben dem nach Abs. 4 ermittelten behinderungsbedingten Mehrbedarf (einschließlich Eingliederungshilfe) kann ein weiterer behinderungsbedingter Mehrbedarf angesetzt werden. Hierzu gehören alle übrigen durch die Behinderung bedingten Aufwendungen wie z. B. Operationskosten und Heilbehandlungen, Kuren, Arzt- und Arzneikosten; bestehen Zweifel darüber, ob die Aufwendungen durch die Behinderung bedingt sind, ist eine ärztliche Bescheinigung hierüber vorzulegen. Zum weiteren behinderungsbedingten Mehrbedarf zählen bei allen behinderten Kindern auch persönliche Betreuungsleistungen der Eltern, soweit sie über die durch das Pflegegeld abgedeckte Grundpflege und hauswirtschaftliche Verrichtungen hinausgehen und nach Bescheinigung des Amtsarztes oder des behandelnden Arztes unbedingt erforderlich sind. Der hierfür anzusetzende Stundensatz beträgt 9 Euro; *der sich daraus ergebende Betrag ist nur zu berücksichtigen, soweit er das nach Abs. 4 Satz 3 anzusetzende Pflegegeld übersteigt.* Für die Bescheinigung des behandelnden Arztes steht der Vordruck *„Ärztliche* Bescheinigung über die persönlichen Betreuungsleistungen der Eltern"[1] zur Verfügung. Fahrtkosten sind ebenfalls zu berücksichtigen (H 33.1 – 33.4 (Fahrtkosten behinderter Menschen) EStH 2015[2]). Mehraufwendungen, die einem behinderten Kind anlässlich einer Urlaubsreise durch Kosten für Fahrten, Unterbringung und Verpflegung einer Begleitperson entstehen, können ebenfalls neben dem Pauschbetrag für behinderte Menschen (§ 33b Abs. 3 EStG) i. H. v. bis zu 767 Euro pro Kalenderjahr als behinderungsbedingter Mehrbedarf berücksichtigt werden, sofern die Notwendigkeit ständiger Begleitung durch das Merkzeichen B im Ausweis nach SGB IX, den Vermerk „Die Notwendigkeit ständiger Begleitung ist nachgewiesen" im Feststellungsbescheid der nach § 69 Abs. 1 SGB IX zuständigen Behörde (vgl. BFH vom 4. 7. 2002 – BStBl II S. 765) oder durch Bescheinigung des behandelnden Arztes nachgewiesen ist. Wurden für nachgewiesenen bzw. glaubhaft gemachten behinderungsbedingten Mehrbedarf Leistungen durch einen Sozialleistungsträger erbracht, ist darauf zu achten, dass der Mehrbedarf nur einmal berücksichtigt wird. Die kindeseigenen Mittel, die an einen Sozialleistungsträger abgezweigt, übergeleitet oder diesem erstattet werden, mindern nicht den behinderungsbedingten Mehrbedarf des Kindes, sondern die Leistungen des Sozialleistungsträgers in entsprechender Höhe. Dies gilt auch für einen Kostenbeitrag der Eltern.

(6) Ein Kind ist vollstationär oder auf vergleichbare Weise untergebracht, wenn es nicht im Haushalt der Eltern lebt, sondern anderweitig auf Kosten eines Dritten (i. d. R. der Sozialleistungsträger) untergebracht ist. Dabei ist es unerheblich, ob es vollstationär versorgt wird, in einer eigenen Wohnung oder in sonstigen Wohneinrichtungen (z. B. betreutes Wohnen) lebt. Vollstationäre oder vergleichbare Unterbringung liegt auch dann vor, wenn sich das Kind zwar zeitweise (z. B. am Wochenende oder in den Ferien) im Haushalt der Eltern aufhält, der Platz im Heim, im Rahmen des betreuten Wohnens usw. aber durchgehend auch während dieser Zeit zur Verfügung steht. Die Ermittlung des behinderungsbedingten Mehrbedarfs erfolgt regelmäßig durch Einzelnachweis der Aufwendungen, indem die z. B. im Wege der Eingliederungshilfe übernommenen Kosten für die vollstationäre oder vergleichbare Unterbringung ggf. abzüglich des Taschengeldes und des nach der SvEV zu ermittelnden Wertes der Verpflegung angesetzt werden. Der Pauschbetrag für behinderte Menschen ist nicht neben den Kosten der Unterbringung zu berücksichtigen, da deren Ansatz einem Einzelnachweis entspricht. Liegt eine vollstationäre Heimunterbringung des behinderten Kindes vor, kann evtl. gezahltes Pflege- oder Blindengeld nicht neben der Eingliederungshilfe als behinderungsbedingter Mehrbedarf berücksichtigt werden. Der Berechtigte kann weiteren behinderungsbedingten Mehrbedarf glaubhaft machen (vgl. Abs. 5).

Beispiel

Die 27-jährige Tochter (Grad der Behinderung 100 seit Geburt, Merkzeichen „aG") eines Berechtigten ist vollstationär in einer Einrichtung für behinderte Menschen untergebracht; dort erhält sie täglich drei Mahlzeiten. An zwei Wochenenden im Monat und während des Urlaubs steht sie sich im Haushalt des Berechtigten auf. Die Kosten der Unterbringung in der Einrichtung von jährlich 40 000 Euro tragen der Sozialleistungsträger i. H. v. 34 300 Euro (Eingliederungshilfe nach SGB XII) und die Pflegeversicherung i. H. v. 5 700 Euro (Pflegegeld). Die Tochter bezieht eine private Rente von monatlich 800 Euro (ohne Abzüge). Hiervon rechnet der Sozialleistungsträger monat-

---

[1] *Vordruck der Familienkasse.*
[2] → Jetzt EStH *2017.*

lich 650 Euro auf die Unterbringungskosten an. Der Tochter verbleiben von der Rente 150 Euro als Taschengeld. Der Berechtigte macht Fahrtkosten (2.000 km im Jahr) glaubhaft, für die kein Kostenersatz geleistet wird.

Lösung:

vereinfachte Berechnung für 2017

Brutto-Renteneinnahmen (800 Euro × 12)	*9 600 Euro*
Werbungskosten-Pauschbetrag (§ 9a Satz 1 Nr. 3 EStG)	*– 102 Euro*
Kostenpauschale	*– 180 Euro*
Summe	*9 318 Euro*

Da die kindeseigenen Mittel nach der vereinfachten Berechnung den allgemeinen Lebensbedarf in Höhe des Grundfreibetrags 2017 von 8 820 Euro übersteigen, muss eine ausführliche Berechnung durchgeführt werden.

ausführliche Berechnung für 2017

notwendiger Lebensbedarf

allgemeiner Lebensbedarf in Höhe des Grundfreibetrags	*8 820 Euro*
behinderungsbedingter Mehrbedarf*	
Kosten der vollstationären Unterbringung	*40 000 Euro*
Verpflegungsanteil (SvEV; 241 Euro × 12)	*2 892 Euro*
glaubhaft gemachte Fahrtkosten (2 000 km × 0,30 Euro)	*+ 600 Euro*
Summe	*46 528 Euro*

> ** kein Ansatz des Pauschbetrags für behinderte Menschen nach § 33b Abs. 3 EStG (vgl. A 19.4 Abs. 6 Satz 5)*

Das Kind ist außerstande, sich selbst zu unterhalten, da die kindeseigenen Mittel den notwendigen Lebensbedarf nicht übersteigen. Es besteht ein Anspruch auf Kindergeld nach § 32 Abs. 4 Satz 1 Nr. 3 EStG.

(7) Ein Kind ist teilstationär untergebracht, wenn es z. B. bei seinen Eltern lebt und zeitweise in einer Einrichtung (Werkstatt für behinderte Menschen) betreut wird. Die Leistungen im Rahmen der Eingliederungshilfe abzüglich des nach SvEV zu bestimmenden Wertes der Verpflegung sind als behinderungsbedingter Mehrbedarf anzusetzen. Für die Pflege und Betreuung außerhalb der teilstationären Unterbringung ist neben dem behinderungsbedingten Mehrbedarf nach Satz 2 mindestens ein Betrag in Höhe des Pauschbetrags für behinderte Menschen nach § 33b Abs. 3 EStG als Bedarf des Kindes zu berücksichtigen. Der Berechtigte kann weiteren behinderungsbedingten Mehrbedarf glaubhaft machen (vgl. Abs. 5).

Beispiel

Im Haushalt eines Berechtigten lebt dessen 39-jähriger Sohn, der durch einen Unfall im Alter von 21 Jahren schwerbehindert wurde (Grad der Behinderung 100, Merkzeichen „H" und „B"). Er arbeitet tagsüber in einer Werkstatt für behinderte Menschen. Hierfür erhält er ein monatliches Arbeitsentgelt von 75 Euro. Die Kosten für die Beschäftigung in der Werkstatt von monatlich 1 250 Euro und die Fahrtkosten von 100 Euro monatlich für den arbeitstäglichen Transport zur Werkstatt trägt der Sozialhilfeträger im Rahmen der Eingliederungshilfe. Der Sohn bezieht daneben eine Rente wegen voller Erwerbsminderung aus der gesetzlichen Rentenversicherung von monatlich 300 Euro, wovon nach Abzug eines Eigenanteils zur gesetzlichen Kranken- und Pflegeversicherung i. H. v. 29 Euro noch 271 Euro ausgezahlt werden. Außerdem erhält er eine private Rente von monatlich 520 Euro. Der Berechtigte hat Mehraufwendungen von 767 Euro nachgewiesen, die anlässlich einer Urlaubsreise des Sohnes für Fahrten, Unterbringung und Verpflegung einer Begleitperson entstanden sind. Der Sohn beansprucht freies Mittagessen in der Werkstatt.

Lösung:

vereinfachte Berechnung für 2017

Einkünfte aus nichtselbständiger Tätigkeit § 19 EStG (75 Euro × 12)	*900 Euro*
Arbeitnehmer-Pauschbetrag (§ 9a Satz 1 Nr. 1 Buchst. a EStG)	*– 900 Euro*
Brutto-Renteneinnahmen (300 Euro × 12 und 520 Euro × 12)	*+ 9 840 Euro*
Werbungskosten-Pauschbetrag (§ 9a Satz 1 Nr. 3 EStG)	*– 102 Euro*
Kostenpauschale	*– 180 Euro*
Sozialversicherungsbeiträge (29 Euro × 12)	*– 348 Euro*
Summe	*9 210 Euro*

Da die kindeseigenen Mittel nach der vereinfachten Berechnung den allgemeinen Lebensbedarf in Höhe des Grundfreibetrags 2017 von 8 820 Euro übersteigen, muss eine ausführliche Berechnung durchgeführt werden.

ausführliche Berechnung für 2017

notwendiger Lebensbedarf

allgemeiner Lebensbedarf in Höhe des Grundfreibetrags	*8 820 Euro*
behinderungsbedingter Mehrbedarf Pauschbetrag für behinderte Menschen (§ 33b Abs. 3 EStG)	*+ 3 700 Euro*
Kosten der Beschäftigung in der Werkstatt (1 250 Euro × 12)	*+ 15 000 Euro*
Verpflegungsanteil (SvEV für Mittag; 95 Euro × 12)	*− 1 140 Euro*
Fahrtkosten zur Werkstatt (100 Euro × 12)	*+ 1 200 Euro*
Aufwendungen für Begleitperson anlässlich einer Urlaubsreise	*+ 767 Euro*
Summe	*28 347 Euro*

kindeseigene Mittel

Einkünfte aus nichtselbständiger Tätigkeit § 19 EStG (75 Euro × 12)	*900 Euro*
Arbeitnehmer-Pauschbetrag (§ 9a Satz 1 Nr. 1 Buchst. a EStG)	*− 900 Euro*
Brutto-Renteneinnahmen (300 Euro × 12 und 520 Euro × 12)	*+ 9 840 Euro*
Werbungskosten-Pauschbetrag (§ 9a Satz 1 Nr. 3 EStG)	*− 102 Euro*
Kostenpauschale	*− 180 Euro*
Eingliederungshilfe für Werkstatt (1 250 Euro × 12)	*+ 15 000 Euro*
Eingliederungshilfe für Fahrten zur Werkstatt (100 Euro × 12)	*+ 1 200 Euro*
Sozialversicherungsbeiträge (29 Euro × 12)	*− 348 Euro*
Summe	*25 410 Euro*

Das Kind ist außerstande, sich selbst zu unterhalten, da die kindeseigenen Mittel den notwendigen Lebensbedarf nicht übersteigen. Es besteht ein Anspruch auf Kindergeld nach § 32 Abs. 4 Satz 1 Nr. 3 EStG. "

Nachweis der Behinderung

→ A 19.2 Abs. 1 DA- *2017*:

„Den Nachweis einer Behinderung kann der Berechtigte erbringen:

1. bei einer Behinderung, deren Grad auf mindestens 50 festgestellt ist, durch einen Ausweis nach dem SGB IX oder durch einen Bescheid der nach § 69 Abs. 1 SGB IX zuständigen Behörde,

2. bei einer Behinderung, deren Grad auf weniger als 50, aber mindestens 25 festgestellt ist,

    a) durch eine Bescheinigung der nach § 69 Abs. 1 SGB IX zuständigen Behörde auf Grund eines Feststellungsbescheids nach § 69 Abs. 1 des SGB IX, die eine Äußerung darüber enthält, ob die Behinderung zu einer dauernden Einbuße der körperlichen Beweglichkeit geführt hat oder auf einer typischen Berufskrankheit beruht,

    b) wenn dem Kind wegen seiner Behinderung nach den gesetzlichen Vorschriften Renten oder andere laufende Bezüge zustehen, durch den Rentenbescheid oder einen entsprechenden Bescheid,

3. bei einer Einstufung *in den Pflegegrad 4 oder 5 (bis 31. 12. 2016:* in Pflegestufe III*)* nach dem SGB XI oder diesem entsprechenden Bestimmungen durch den entsprechenden Bescheid.

Der Nachweis der Behinderung kann auch in Form einer Bescheinigung bzw. eines Zeugnisses des behandelnden Arztes oder eines ärztlichen Gutachtens erbracht werden (BFH vom 16. 4. 2002 – BStBl II S. 738). Aus der Bescheinigung bzw. dem Gutachten muss folgendes hervorgehen:

– Vorliegen der Behinderung,

– Beginn der Behinderung, soweit das Kind das 25. Lebensjahr vollendet hat, und

– Auswirkungen der Behinderung auf die Erwerbsfähigkeit des Kindes. "

Suchtkrankheiten

Suchtkrankheiten können Behinderungen darstellen (→ BFH vom 16. 4. 2002 – BStBl II S. 738).

Ursächlichkeit der Behinderung

→ A 19.3 DA-KG *2017*:

„(1) Die Behinderung muss ursächlich für die Unfähigkeit des Kindes sein, sich selbst zu unterhalten. Allein die Feststellung eines sehr hohen Grades der Behinderung rechtfertigt die Annahme der Ursächlichkeit jedoch nicht.

(2) Die Ursächlichkeit ist anzunehmen, wenn:

- die Unterbringung in einer Werkstatt für behinderte Menschen vorliegt,
- das Kind vollstationär in einer Behinderteneinrichtung untergebracht ist,
- Leistungen der Grundsicherung im Alter und bei Erwerbsminderung nach dem SGB XII bezogen werden,
- der Grad der Behinderung 50 oder mehr beträgt (vgl. A 19.2 Abs. 1 Satz 1 Nr. 1) und die Schul- oder Berufsausbildung eines Kindes aufgrund seiner Behinderung über das 25. Lebensjahr hinaus fortdauert,
- im Ausweis über die Eigenschaft als schwerbehinderter Mensch das Merkmal „H" (hilflos) eingetragen oder im Feststellungsbescheid festgestellt ist, dass die Voraussetzungen für das Merkmal „H" (hilflos) vorliegen oder
- eine volle Erwerbsminderungsrente gegenüber dem Kind bewilligt ist oder eine dauerhafte volle Erwerbsminderung nach § 45 SGB XII festgestellt ist.

Dem Merkzeichen „H" steht die Einstufung *in die Pflegegrade 4 oder 5 (bis 31. 12. 2016:* in Pflegestufe III*)* nach dem SGB XI oder diesem entsprechenden Bestimmungen gleich. Die Einstufung als schwerstpflegebedürftig ist durch Vorlage des entsprechenden Bescheides nachzuweisen.

(3) Liegt kein Fall des Absatzes 2 vor, ist *zur Feststellung der Ursächlichkeit entweder*

1. *durch die Familienkassen eine Stellungnahme der Reha/SB-Stelle der Agentur für Arbeit (ggf. unter Beteiligung des Ärztlichen Dienstes bzw. des Berufspsychologischen Services der Bundesagentur für Arbeit) einzuholen (siehe Abs. 4) oder*
2. *durch den Berechtigten eine Bescheinigung des behandelnden Arztes beizubringen (siehe Abs. 5).*

Eine Feststellung nach Nr. 1 schließt eine Feststellung nach Nr. 2 aus. Zur Überprüfung der Festsetzung vgl. A 19.1 Abs. 7 und 8.

(4) Über die Beteiligung der Reha/SB-Stelle der Agentur für Arbeit ist zu ermitteln,

- *ob die Voraussetzungen für eine Mehrfachanrechnung gem. § 76 Abs. 1 oder Abs. 2 SGB IX erfüllt sind oder*
- *ob das Kind nach Art und Umfang seiner Behinderung in der Lage ist, eine arbeitslosenversicherungspflichtige, mindestens 15 Stunden wöchentlich umfassende Beschäftigung unter den üblichen Bedingungen des für ihn in Betracht kommenden Arbeitsmarktes auszuüben.*

Liegen die Voraussetzungen für eine Mehrfachanrechnung vor, *kann unterstellt werden*, auch wenn es eine Erwerbstätigkeit von mehr als 15 Stunden wöchentlich ausüben könnte. Ist das Kind nicht in der Lage eine mindestens 15 Stunden wöchentlich umfassende Beschäftigung unter den üblichen Bedingungen des für ihn in Betracht kommenden Arbeitsmarktes auszuüben, kann unterstellt werden, dass die Ursächlichkeit der Behinderung gegeben ist. Für die Anfrage steht der Vordruck „Kindergeld für ein behindertes Kind; Beteiligung der Reha/SB-Stelle[1)]" zur Verfügung. Der *Nachweis der Behinderung (vgl. A 19.2 Abs. 1)* und ggf. vorhandene ärztliche Bescheinigungen sind beizufügen. Ist der Reha/SB-Stelle der Agentur für Arbeit *allein aufgrund der vorgelegten* Unterlagen eine Stellungnahme nicht möglich, teilt sie dies *der Familienkasse* auf der Rückseite des Vordrucks „Kindergeld für ein behindertes Kind; Beteiligung der Reha/SB-Stelle[2)]" mit *und verweist auf die Möglichkeit der Einschaltung des Ärztlichen Dienstes bzw. des Berufspsychologischen Services der Bundesagentur für Arbeit.* In diesem Fall *schlägt die Familienkasse dem Berechtigten* unter Verwendung des Vordrucks „Kindergeld für ein behindertes Kind – Beteiligung des Ärztlichen Dienstes bzw. Berufspsychologischen Services der Bundesagentur für Arbeit[3)]" *vor*, das Kind durch den Ärztlichen Dienst bzw. Berufspsychologischen Service der Bundesagentur für Arbeit begutachten zu lassen. Dabei ist er auf die Rechtsfolgen der Nichtfeststellbarkeit der Anspruchsvoraussetzungen hinzuweisen. Sofern der Berechtigte innerhalb der gesetzten Frist nicht widerspricht, leitet die Familienkasse erneut eine Anfrage der Reha/SB-Stelle zu, die ihrerseits die Begutachtung durch den Ärztlichen Dienst und ggf. den Berufspsychologischen Service veranlasst. Das Gutachten ist an die Reha/SB-Stelle zu senden, damit diese die Anfrage der Familienkasse beantworten kann. Das Gutachten verbleibt bei der Reha/SB-Stelle. Erscheint das Kind ohne Angabe von Gründen nicht zur Begutachtung, gibt der Ärztliche Dienst/Berufspsychologische Service die Unterla-

---

[1)] Vordruck der Familienkasse.
[2)] Muster des BZSt.
[3)] Vordruck der Familienkasse.

gen an die Reha/SB-Stelle zurück, die ihrerseits die Familienkasse unterrichtet. Wird die Begutachtung verweigert, *ist die Ursächlichkeit nicht festgestellt.*

(5) Wird zur Feststellung der Ursächlichkeit eine Bescheinigung des behandelnden Arztes beigebracht, muss aus dieser hervorgehen, in welchem zeitlichen Umfang das Kind aufgrund seiner Behinderung in der Lage ist, eine Erwerbstätigkeit auszuüben. Für die Bescheinigung des behandelnden Arztes steht der Vordruck „Ärztliche Bescheinigung zum möglichen Umfang der Erwerbstätigkeit"[1] zur Verfügung. Abs. 4 Satz 3 gilt entsprechend.

(**6**) Die Behinderung muss nicht die einzige Ursache dafür sein, dass das Kind außerstande ist, sich selbst zu unterhalten. Eine Mitursächlichkeit ist ausreichend, wenn ihr nach den Gesamtumständen des Einzelfalls erhebliche Bedeutung zukommt (BFH vom 19. 11. 2008 – BStBl 2010 II S. 1057). Die Prüfung der Mitursächlichkeit kommt in den Fällen zum Tragen, in denen das Kind grundsätzlich in der Lage ist, eine Erwerbstätigkeit auf dem allgemeinen Arbeitsmarkt auszuüben (d. h. eine mindestens 15 Stunden wöchentlich umfassende Beschäftigung), die Behinderung der Vermittlung einer Arbeitsstelle jedoch entgegensteht. Eine allgemein ungünstige Situation auf dem Arbeitsmarkt oder andere Umstände (z. B. mangelnde Mitwirkung bei der Arbeitsvermittlung, Ablehnung von Stellenangeboten), die zur Arbeitslosigkeit des Kindes führen, begründen hingegen keine Berücksichtigung nach § 32 Abs. 4 Satz 1 Nr. 3 EStG. Auch wenn das Kind erwerbstätig ist, kann die Behinderung mitursächlich sein. Ist das Kind trotz seiner Erwerbstätigkeit nicht in der Lage, seinen notwendigen Lebensbedarf zu bestreiten (vgl. A 19.4), ist im Einzelfall zu prüfen, ob die Behinderung für die mangelnde Fähigkeit zum Selbstunterhalt mitursächlich ist (BFH vom 15. 3. 2012 – BStBl II S. 892).

(**7**) Die Ursächlichkeit der Behinderung für die Unfähigkeit des Kindes, sich selbst zu unterhalten, kann nicht angenommen werden, wenn es sich in Untersuchungs- oder Strafhaft befindet, auch dann nicht, wenn die Straftat durch die Behinderung gefördert wurde (BFH vom 30. 4. 2014 – BStBl II S. 1014). "

R 32.10. Erwerbstätigkeit

– unbesetzt –

H 32.10

Ausschluss von Kindern auf Grund einer Erwerbstätigkeit

– BMF vom 8. 2. 2016 (BStBl I S. 226)
– A 20 DA-KG *2017*:

„A 20.1 **Allgemeines**

(1) Ein über 18 Jahre altes Kind, das eine erstmalige Berufsausbildung oder ein Erststudium abgeschlossen hat und
– weiterhin für einen Beruf ausgebildet wird (§ 32 Abs. 4 Satz 1 Nr. 2 Buchst. a EStG),
– sich in einer Übergangszeit befindet (§ 32 Abs. 4 Satz 1 Nr. 2 Buchst. b EStG),
– seine Berufsausbildung mangels Ausbildungsplatz nicht beginnen oder fortsetzen kann (§ 32 Abs. 4 Satz 1 Nr. 2 Buchst. c EStG) oder
– einen Freiwilligendienst leistet (§ 32 Abs. 4 Satz 1 Nr. 2 Buchst. d EStG),
wird nach § 32 Abs. 4 Satz 2 EStG nur berücksichtigt, wenn es keiner anspruchsschädlichen Erwerbstätigkeit i. S. d. § 32 Abs. 4 Satz 3 EStG nachgeht (vgl. A 20.3). Dies gilt auch, wenn die erstmalige Berufsausbildung vor Vollendung des 18. Lebensjahres abgeschlossen worden ist.

(2) Die Einschränkung des § 32 Abs. 4 Satz 2 EStG gilt nicht für Kinder ohne Arbeitsplatz i. S. v. § 32 Abs. 4 Satz 1 Nr. 1 EStG (vgl. A 14) und behinderte Kinder i. S. d. § 32 Abs. 4 Satz 1 Nr. 3 EStG (vgl. A 19).

A 20.2 **Erstmalige Berufsausbildung und Erststudium**

A 20.2.1 **Berufsausbildung nach § 32 Abs. 4 Satz 2 EStG**

(1) Eine Berufsausbildung i. S. d. § 32 Abs. 4 Satz 2 EStG liegt vor, wenn das Kind durch eine berufliche Ausbildungsmaßnahme die notwendigen fachlichen Fertigkeiten und Kenntnisse erwirbt, die zur Aufnahme eines Berufs befähigen. Voraussetzung ist, dass der Beruf durch eine Ausbildung in einem öffentlich-rechtlich geordneten Ausbildungsgang erlernt wird (BFH vom 6. 3. 1992 – BStBl II S. 661) und der Ausbildungsgang durch eine Prüfung abgeschlossen wird. Das Tatbestandsmerkmal „Berufsausbildung" nach § 32 Abs. 4 Satz 2 EStG ist enger gefasst als das Tatbestandsmerkmal „für einen Beruf ausgebildet werden" nach § 32 Abs. 4 Satz 1 Nr. 2 Buchst. a EStG (vgl. A 14). Es handelt sich bei einer „Berufsausbildung" i. S. v. Satz 2 stets auch um eine Maßnahme, in der das Kind nach Satz 1 „für einen Beruf ausgebildet wird". Jedoch ist nicht jede allgemein berufsqualifizie-

1) Vordruck der Familienkasse.

rende Maßnahme gleichzeitig auch eine „Berufsausbildung". Der Abschluss einer solchen Maßnahme (z. B. der Erwerb eines Schulabschlusses, ein Volontariat oder ein freiwilliges Berufspraktikum) führt nicht bereits dazu, dass ein Kind, das im Anschluss weiterhin die Anspruchsvoraussetzungen nach § 32 Abs. 4 Satz 1 Nr. 2 EStG erfüllt, nur noch unter den weiteren Voraussetzungen der Sätze 2 und 3 berücksichtigt wird.Beispiel:

Nach dem Abitur absolvierte ein 20-jähriges Kind ein Praktikum. Danach kann es eine Berufsausbildung mangels Ausbildungsplatz nicht beginnen und geht zur Überbrückung des Zeitraums zwischen Praktikum und Berufsausbildung einer Erwerbstätigkeit nach (30 Wochenstunden).

In der Zeit zwischen Praktikum und Beginn der Berufsausbildung erfüllt das Kind den Grundtatbestand des § 32 Abs. 4 Satz 1 Nr. 2 Buchst. c EStG. § 32 Abs. 4 Satz 2 und 3 EStG ist nicht einschlägig, da das Praktikum zwar das Tatbestandsmerkmal des § 32 Abs. 4 Satz 1 Nr. 2 Buchst. a EStG („für einen Beruf ausgebildet werden") erfüllt, jedoch keine „Berufsausbildung" i. S. d. § 32 Abs. 4 Satz 2 EStG darstellt. Der Kindergeldanspruch besteht somit unabhängig davon, wie viele Stunden das Kind in der Woche arbeitet.

(2) Zur Berufsausbildung zählen insbesondere:

1. Berufsausbildungsverhältnisse gem. § 1 Abs. 3, §§ 4 bis 52 BBiG bzw. §§ 21 bis 40 HwO. Der erforderliche Abschluss besteht hierbei in der erfolgreich abgelegten Abschlussprüfung i. S. d. § 37 BBiG und § 31 HwO. Gleiches gilt, wenn die Abschlussprüfung nach § 43 Abs. 2 BBiG ohne ein Ausbildungsverhältnis auf Grund einer entsprechenden schulischen Ausbildung abgelegt wird, die gem. den Voraussetzungen des § 43 Abs. 2 BBiG als im Einzelnen gleichwertig anerkannt ist;

2. mit Berufsausbildungsverhältnissen vergleichbare betriebliche Ausbildungsgänge außerhalb des Geltungsbereichs des BBiG (z. B. die Ausbildung zum Schiffsmechaniker nach der See-Berufsausbildungsverordnung);

3. die Ausbildung auf Grund der bundes- oder landesrechtlichen Ausbildungsregelungen für Berufe im Gesundheits- und Sozialwesen;

4. landesrechtlich geregelte Berufsabschlüsse an Berufsfachschulen;

5. die Berufsausbildung behinderter Menschen in anerkannten Berufsausbildungsberufen oder auf Grund von Regelungen der zuständigen Stellen in besonderen „Behinderten-Ausbildungsberufen" und

6. die Berufsausbildung in einem öffentlich-rechtlichen Dienstverhältnis sowie die Berufsausbildung auf Kauffahrteischiffen, die nach dem Flaggenrechtsgesetz die Bundesflagge führen, soweit es sich nicht um Schiffe der kleinen Hochseefischerei und der Küstenfischerei handelt und

7. Maßnahmen zur Behebung von amtlich festgestellten Unterschieden zwischen einem im Ausland erworbenen Berufsabschluss und einem entsprechenden im Inland geregelten Berufsabschluss, z. B. Anpassungslehrgänge nach § 11 Berufsqualifikationsfeststellungsgesetz. Informationen zur Anerkennung ausländischer Berufsqualifikationen (z. B. zu den zuständigen Stellen) sind unter www.anerkennung-in-deutschland.de und www.bq-portal.de zu finden.

(3) Von Abs. 2 nicht erfasste Bildungsmaßnahmen werden einer Berufsausbildung i. S. d. § 32 Abs. 4 Satz 2 EStG gleichgestellt, wenn sie dem Nachweis einer Sachkunde dienen, die Voraussetzung zur Aufnahme einer fest umrissenen beruflichen Betätigung ist. Die Ausbildung muss in einem geordneten Ausbildungsgang erfolgen und durch eine staatliche oder staatlich anerkannte Prüfung abgeschlossen werden. Der erfolgreiche Abschluss der Prüfung muss Voraussetzung für die Aufnahme der beruflichen Betätigung sein. Die Ausbildung und der Abschluss müssen von Umfang und Qualität der Ausbildungsmaßnahmen und Prüfungen her grundsätzlich mit den Anforderungen vergleichbar sein, die bei Berufsausbildungsmaßnahmen i. S. d. Abs. 2 gestellt werden. Dazu gehört z. B. die Ausbildung zu Berufspiloten auf Grund der JAR-FCL 1 deutsch vom 15. 4. 2003, BAnz 2003 Nr. 80a.

(4) Abs. 1 bis 3 gelten entsprechend für Berufsausbildungen im Ausland, deren Abschlüsse inländischen Abschlüssen gleichgestellt sind. Bei Abschlüssen aus einem Mitgliedstaat der EU oder des EWR oder der Schweiz ist i. d. R. davon auszugehen, dass diese gleichgestellt sind.

A 20.2.2 Erstmalige Berufsausbildung

(1) Die Berufsausbildung ist als erstmalige Berufsausbildung anzusehen, wenn ihr keine andere abgeschlossene Berufsausbildung bzw. kein abgeschlossenes Hochschulstudium vorausgegangen ist. Wird ein Kind ohne entsprechende Berufsausbildung in einem Beruf tätig und führt es die zugehörige Berufsausbildung nachfolgend durch (nachgeholte Berufsausbildung), handelt es sich dabei um eine erstmalige Berufsausbildung.

(2) Maßnahmen nach A 20.2.1 Abs. 2 Nr. 7 sind als Teil der im Ausland erfolgten Berufsausbildung anzusehen.

A 20.2.3 **Erststudium**

(1) Ein Studium i. S. d. § 32 Abs. 4 Satz 2 EStG liegt vor, wenn es an einer Hochschule i. S. d. Hochschulgesetze der Länder absolviert wird. Hochschulen i. S. dieser Vorschrift sind Universitäten, Pädagogische Hochschulen, Kunsthochschulen, Fachhochschulen und sonstige Einrichtungen des Bildungswesens, die nach dem jeweiligen Landesrecht staatliche Hochschulen sind. Gleichgestellt sind private und kirchliche Bildungseinrichtungen sowie Hochschulen des Bundes, die nach dem jeweiligen Landesrecht als Hochschule anerkannt werden. Nach Landesrecht kann vorgesehen werden, dass bestimmte an Berufsakademien oder anderen Ausbildungseinrichtungen erfolgreich absolvierte Ausbildungsgänge einem abgeschlossenen Studium an einer Fachhochschule gleichwertig sind und die gleichen Berechtigungen verleihen. Soweit dies der Fall ist, stellt ein entsprechendes Studium ein Studium i. S. d. § 32 Abs. 4 Satz 2 EStG dar. Studien können auch als Fernstudien durchgeführt werden.

(2) Ein Studium stellt ein Erststudium i. S. d. § 32 Abs. 4 Satz 2 EStG dar, wenn es sich um eine Erstausbildung handelt. Es darf ihm kein anderes durch einen berufsqualifizierenden Abschluss beendetes Studium bzw. keine andere abgeschlossene nichtakademische Berufsausbildung i. S. v. A 20.2.1 und A 20.2.2 vorangegangen sein.

(3) Bei einem Wechsel des Studiums ohne Abschluss des zunächst betriebenen Studiengangs stellt das zunächst aufgenommene Studium kein abgeschlossenes Erststudium dar. Bei einer Unterbrechung eines Studiengangs ohne einen berufsqualifizierenden Abschluss und seiner späteren Weiterführung stellt der der Unterbrechung vorangegangene Studienteil kein abgeschlossenes Erststudium dar.

(4) Studien- und Prüfungsleistungen an ausländischen Hochschulen, die zur Führung eines ausländischen akademischen Grades berechtigen, der nach dem Recht des Landes, in dem der Gradinhaber seinen Wohnsitz oder gewöhnlichen Aufenthalt hat, anerkannt wird, sowie Studien- und Prüfungsleistungen, die von Staatsangehörigen eines Mitgliedstaats der EU oder von Vertragstaaten des EWR oder der Schweiz an Hochschulen dieser Staaten erbracht werden, sind nach diesen Grundsätzen inländischen Studien- und Prüfungsleistungen gleichzustellen. Für die Gleichstellung von Studien- und Prüfungsleistungen werden die in der Datenbank „anabin" (www.anabin.kmk.org) der Zentralstelle für ausländisches Bildungswesen beim Sekretariat der Kultusministerkonferenz aufgeführten Bewertungsvorschläge zugrunde gelegt.

A 20.2.4 **Abschluss einer erstmaligen Berufsausbildung oder eines Erststudiums**

(1) Eine erstmalige Berufsausbildung oder ein Erststudium sind grundsätzlich abgeschlossen, wenn sie das Kind zur Aufnahme eines Berufs befähigen. Wenn das Kind später eine weitere Ausbildung aufnimmt (z. B. Meisterausbildung nach mehrjähriger Berufstätigkeit aufgrund abgelegter Gesellenprüfung oder Masterstudium nach mehrjähriger Berufstätigkeit), handelt es sich um eine Zweitausbildung.

(2) Ist aufgrund objektiver Beweisanzeichen erkennbar, dass das Kind sein angestrebtes Berufsziel *(vgl. A 15.1 Abs. 2)* noch nicht erreicht hat, kann auch eine weiterführende Ausbildung noch als Teil der Erstausbildung zu qualifizieren sein (BFH vom 3. 7. 2014 – BStBl 2015 II S. 152). Abzustellen ist dabei darauf, ob die weiterführende Ausbildung in einem engen sachlichen Zusammenhang mit der nichtakademischen Ausbildung oder dem Erststudium steht und im engen zeitlichen Zusammenhang durchgeführt wird (BFH vom 15. 4. 2015 – BStBl 2016 II S. 163). Ein enger sachlicher Zusammenhang liegt vor, wenn die nachfolgende Ausbildung z. B. dieselbe Berufssparte oder denselben fachlichen Bereich betrifft. Ein enger zeitlicher Zusammenhang liegt vor, wenn das Kind die weitere Ausbildung zum nächstmöglichen Zeitpunkt aufnimmt oder sich bei mangelndem Ausbildungsplatz zeitnah zum nächstmöglichen Zeitpunkt für die weiterführende Ausbildung bewirbt. Unschädlich sind Verzögerungen, die z. B. aus einem zunächst fehlenden oder einem aus schul-, studien- oder betriebsorganisatorischen Gründen erst zu einem späteren Zeitpunkt verfügbaren Ausbildungsplatz resultieren. Unschädlich ist es auch, wenn das Kind infolge Erkrankung oder wegen eines Beschäftigungsverbots nach den §§ 3, 4 und 6 MuSchG daran gehindert ist, die weitere Ausbildung aufzunehmen. *Setzt die weiterführende Ausbildung eine Berufstätigkeit voraus oder nimmt das Kind vor Beginn der weiterführenden Ausbildung eine Berufstätigkeit auf, die nicht nur der zeitlichen Überbrückung bis zum Beginn der nächsten Ausbildung dient, liegt regelmäßig mangels notwendigen engen Zusammenhangs keine einheitliche Erstausbildung vor (BFH vom 4. 2. 2016 – BStBl II S. 615).*

(3) Für die Frage, ob eine erstmalige Berufsausbildung oder ein Erststudium nach § 32 Abs. 4 Satz 2 EStG abgeschlossen sind, kommt es nicht darauf an, ob die Berufsausbildung bzw. das Studium die besonderen Voraussetzungen für eine Erstausbildung im Sinne des § 9 Abs. 6 EStG erfüllen.

(4) Eine erstmalige Berufsausbildung ist grundsätzlich abgeschlossen, wenn die entsprechende Abschlussprüfung bestanden wurde (vgl. A 15.10 Abs. 3 ff.).

(5) Ein Studium wird, sofern zwischen Prüfung und Bekanntgabe des Prüfungsergebnisses noch keine Vollzeiterwerbstätigkeit im angestrebten Beruf ausgeübt wird, regelmäßig erst

mit Bekanntgabe des Prüfungsergebnisses abgeschlossen (vgl. A 15.10 Abs. 9 ff.). Mit bestandener Prüfung wird i. d. R. ein Hochschulgrad verliehen. Hochschulgrade sind u. a. der Diplom-, Magister-, Bachelor- oder Mastergrad. Zwischenprüfungen stellen keinen Abschluss eines Studiums i. S. d. § 32 Abs. 4 Satz 2 EStG dar. Die von den Hochschulen angebotenen Studiengänge führen i. d. R. zu einem berufsqualifizierenden Abschluss. Im Zweifel ist davon auszugehen, dass die entsprechenden Prüfungen berufsqualifizierend sind.

(6) Der Bachelor- oder Bakkalaureusgrad einer inländischen Hochschule ist ein berufsqualifizierender Abschluss. Daraus folgt, dass der Abschluss eines Bachelorstudiengangs den Abschluss eines Erststudiums darstellt und ein nachfolgender Studiengang als weiteres Studium anzusehen ist. Wird hingegen ein Masterstudiengang besucht, der zeitlich und inhaltlich auf den vorangegangenen Bachelorstudiengang abgestimmt ist, so ist dieser Teil der Erstausbildung (BFH vom 3. 9. 2015 – BStBl 2016 II S. 166). Bei sog. konsekutiven Masterstudiengängen an einer inländischen Hochschule ist von einem engen sachlichen Zusammenhang auszugehen.

(7) Werden zwei (oder ggf. mehrere) Studiengänge parallel studiert, die zu unterschiedlichen Zeiten abgeschlossen werden, oder wird während eines Studiums eine Berufsausbildung abgeschlossen, stellt der nach dem Erreichen des ersten berufsqualifizierenden Abschlusses weiter fortgesetzte Studiengang vom Zeitpunkt dieses Abschlusses an grundsätzlich kein Erststudium mehr dar. Etwas anderes gilt nur, wenn die Studiengänge bzw. das Studium und die Berufsausbildung in einem engen sachlichen Zusammenhang stehen.

(8) Postgraduale Zusatz-, Ergänzungs- und Aufbaustudiengänge setzen den Abschluss eines ersten Studiums voraus und stellen daher grundsätzlich kein Erststudium dar. Dies gilt nicht, wenn ein solches Zusatz-, Ergänzungs- oder Aufbaustudium auf dem ersten Studienabschluss des Kindes aufbaut und in einem engen zeitlichen Zusammenhang aufgenommen wird. In diesen Fällen ist von einem einheitlichen Erststudium auszugehen.

(9) Als berufsqualifizierender Studienabschluss gilt auch der Abschluss eines Studiengangs, durch den die fachliche Eignung für einen beruflichen Vorbereitungsdienst oder eine berufliche Einführung vermittelt wird. Dazu zählt insbesondere der Vorbereitungsdienst der Rechts- oder Lehramtsreferendare. Daher ist z. B. mit dem ersten juristischen Staatsexamen die erstmalige Berufsausbildung grundsätzlich abgeschlossen. Ein in einem engen zeitlichen Zusammenhang aufgenommenes Referendariat zur Vorbereitung auf das zweite Staatsexamen ist jedoch Teil der erstmaligen Berufsausbildung.

(10) Dem Promotionsstudium und der Promotion durch die Hochschule geht regelmäßig ein abgeschlossenes Studium voran, sodass die erstmalige Berufsausbildung grundsätzlich bereits abgeschlossen ist. Wird die Vorbereitung auf die Promotion jedoch in einem engen zeitlichen Zusammenhang mit dem Erststudium durchgeführt, ist sie noch Teil der erstmaligen Ausbildung.

A 20.3 Anspruchsunschädliche Erwerbstätigkeit

Nach Abschluss einer erstmaligen Berufsausbildung oder eines Erststudiums wird ein Kind in den Fällen des § 32 Abs. 4 Satz 1 Nr. 2 EStG nur berücksichtigt, wenn es keiner anspruchsschädlichen Erwerbstätigkeit nachgeht. Ein Kind ist erwerbstätig, wenn es einer auf die Erzielung von Einkünften gerichteten Beschäftigung nachgeht, die den Einsatz seiner persönlichen Arbeitskraft erfordert (BFH vom 16. 5. 1975 – BStBl II S. 537). Das ist der Fall bei einem Kind, das eine nichtselbständige Tätigkeit, eine land- und forstwirtschaftliche, eine gewerbliche oder eine selbständige Tätigkeit ausübt. Keine Erwerbstätigkeit ist insbesondere:

– ein Au-Pair-Verhältnis,
– die Verwaltung eigenen Vermögens.

Anspruchsunschädlich nach § 32 Abs. 4 Satz 3 EStG ist

– eine Erwerbstätigkeit mit bis zu 20 Stunden regelmäßiger wöchentlicher Arbeitszeit (vgl. A 20.3.1),
– ein Ausbildungsdienstverhältnis (vgl. A 20.3.2) oder
– ein geringfügiges Beschäftigungsverhältnis i. S. d. §§ 8 und 8a SGB IV (vgl. A 20.3.3).

Eine Erwerbstätigkeit im Rahmen eines geregelten Freiwilligendienstes nach § 32 Abs. 4 Satz 1 Nr. 2 Buchst. d EStG ist unschädlich.

A 20.3.1 Regelmäßige wöchentliche Arbeitszeit bis zu 20 Stunden

(1) Unschädlich für den Kindergeldanspruch ist eine Erwerbstätigkeit, wenn die regelmäßige wöchentliche Arbeitszeit insgesamt nicht mehr als 20 Stunden beträgt. Bei der Ermittlung der regelmäßigen wöchentlichen Arbeitszeit ist grundsätzlich die individuell vertraglich vereinbarte Arbeitszeit zu Grunde zu legen. Es sind nur Zeiträume ab dem Folgemonat nach Abschluss einer erstmaligen Berufsausbildung bzw. eines Erststudiums einzubeziehen.

(2) Eine vorübergehende (höchstens zwei Monate andauernde) Ausweitung der Beschäftigung auf mehr als 20 Stunden ist unbeachtlich, wenn während des Zeitraumes innerhalb eines Kalenderjahres, in dem einer der Grundtatbestände des § 32 Abs. 4 Satz 1 Nr. 2 EStG erfüllt ist, die durchschnittliche wöchentliche Arbeitszeit nicht mehr als 20 Stunden beträgt.

Durch einen Jahreswechsel wird eine vorübergehende Ausweitung nicht unterbrochen. Bei der Ermittlung der durchschnittlichen wöchentlichen Arbeitszeit sind nur volle Kalenderwochen mit gleicher Arbeitszeit anzusetzen.

Beispiel:

Die Tochter eines Berechtigten hat die Erstausbildung abgeschlossen und beginnt im Oktober *2016* mit dem Masterstudium. Gem. vertraglicher Vereinbarung ist sie ab dem 1. April *2017* mit einer wöchentlichen Arbeitszeit von 20 Stunden als Bürokraft beschäftigt. In den Semesterferien arbeitet sie – auf Grund einer zusätzlichen vertraglichen Vereinbarung – vom 1. August bis zur Kündigung am 30. September *2017* in Vollzeit mit 40 Stunden wöchentlich. Im Oktober *2017* vollendet sie ihr 25. Lebensjahr.

Somit ergeben sich folgende Arbeitszeiten pro voller Woche:

vom 1. April bis 31. Juli *2017*

(*17* Wochen und *3* Tage): 20 Stunden pro Woche

vom 1. August bis 30. September *2017*

(*7* Wochen und *12* Tage): 40 Stunden pro Woche

(= Ausweitung der Beschäftigung)

Die durchschnittliche wöchentliche Arbeitszeit beträgt *14,4* Stunden; Berechnung:

$$\frac{(17 \text{ Wochen} \times 20 \text{ Std.}) + (7 \text{ Wochen} \times 40 \text{ Std.})}{43 \text{ Wochen}} = 14,4 \text{ Std.}$$

Das Kind ist aufgrund des Studiums bis einschließlich Oktober *2017* nach § 32 Abs. 4 Satz 1 Nr. 2 Buchst. a EStG zu berücksichtigen. Das Studium wird jedoch nach Abschluss *einer Erstausbildung* durchgeführt, so dass das Kind nach § 32 Abs. 4 Satz 2 und 3 EStG nur berücksichtigt werden kann, wenn die ausgeübte Erwerbstätigkeit anspruchsunschädlich ist. Da die Ausweitung der Beschäftigung des Kindes lediglich vorübergehend ist und gleichzeitig während des Vorliegens des Grundtatbestandes nach § 32 Abs. 4 Satz 1 Nr. 2 EStG die durchschnittliche wöchentliche Arbeitszeit 20 Stunden nicht übersteigt, ist die Erwerbstätigkeit anspruchsunschädlich. Das Kind ist von Januar bis einschließlich Oktober *2017* zu berücksichtigen.

Variante:

Würde das Kind während der Semesterferien dagegen vom 16. Juli bis 25. September *2017* (= mehr als zwei Monate) vollzeiterwerbstätig sein, wäre die Ausweitung der Erwerbstätigkeit nicht nur vorübergehend und damit diese Erwerbstätigkeit als anspruchsschädlich einzustufen. Dies gilt unabhängig davon, dass auch hier die durchschnittliche wöchentliche Arbeitszeit 20 Stunden nicht überschritten würde. Das Kind könnte demnach für den Monat August *2017* nicht berücksichtigt werden (vgl. auch A 20.4).

(3) Führt eine vorübergehende (höchstens zwei Monate andauernde) Ausweitung der Beschäftigung auf über 20 Wochenstunden dazu, dass die durchschnittliche wöchentliche Arbeitszeit insgesamt mehr als 20 Stunden beträgt, ist der Zeitraum der Ausweitung anspruchsschädlich, nicht der gesamte Zeitraum der Erwerbstätigkeit.

Beispiel:

Ein Kind hat seine Erstausbildung bereits abgeschlossen und befindet sich während des gesamten Kalenderjahres im Studium. Diesem ist eine abgeschlossene Berufsausbildung vorausgegangen. Neben dem Studium übt das Kind ganzjährig eine Beschäftigung mit einer vertraglich vereinbarten Arbeitszeit von 20 Stunden wöchentlich aus. In der vorlesungsfreien Zeit von Juli bis August weitet das Kind seine wöchentliche Arbeitszeit vorübergehend auf 40 Stunden aus. Ab September beträgt die wöchentliche Arbeitszeit wieder 20 Stunden.

Durch die vorübergehende Ausweitung seiner Arbeitszeit erhöht sich die durchschnittliche wöchentliche Arbeitszeit des Kindes auf über 20 Stunden. Aus diesem Grund ist der Zeitraum der Ausweitung als anspruchsschädlich anzusehen. Für die Monate Juli und August entfällt daher nach § 32 Abs. 4 Satz 2 und 3 EStG der Anspruch.

(4) Mehrere nebeneinander ausgeübte Tätigkeiten (z. B. eine Erwerbstätigkeit nach Abs. 1 Satz 1 und eine geringfügige Beschäftigung nach A 20.3.3) sind anspruchsunschädlich, wenn dadurch insgesamt die 20-Stunden-Grenze des § 32 Abs. 4 Satz 3 EStG nicht überschritten wird. Hingegen ist eine innerhalb eines Ausbildungsdienstverhältnisses erbrachte Erwerbstätigkeit außer Betracht zu lassen.

A 20.3.2 **Ausbildungsdienstverhältnis**

(1) Die Erwerbstätigkeit im Rahmen eines Ausbildungsdienstverhältnisses ist stets anspruchsunschädlich. Ein solches liegt vor, wenn die Ausbildungsmaßnahme Gegenstand des Dienstverhältnisses ist (vgl. R 9.2 LStR 2015 und H 9.2 „Ausbildungsdienstverhältnis" LStH *2017*; BFH vom 23. 6. 2015 – BStBl 2016 II S. 55). Hierzu zählen z. B.

- die Berufsausbildungsverhältnisse gemäß § 1 Abs. 3, §§ 4 bis 52 BBiG,
- ein Praktikum bzw. ein Volontariat, bei dem die Voraussetzungen nach A 15.8 vorliegen,
- das Referendariat bei Lehramtsanwärtern und Rechtsreferendaren zur Vorbereitung auf das zweite Staatsexamen,
- duale Studiengänge (siehe aber Abs. 2),
- das Dienstverhältnis von Beamtenanwärtern und Aufstiegsbeamten,
- eine Berufsausbildungsmaßnahme in einer Laufbahngruppe der Bundeswehr i. S. v. A 15.2 Satz 3,
- das Praktikum eines Pharmazeuten im Anschluss an den universitären Teil des Pharmaziestudiums,
- das im Rahmen der Ausbildung zum Erzieher abzuleistende Anerkennungsjahr.

Dagegen liegt kein Ausbildungsdienstverhältnis vor, wenn die Ausbildungsmaßnahme nicht Gegenstand des Dienstverhältnisses ist, auch wenn sie seitens des Arbeitgebers gefördert wird, z. B. durch ein Stipendium oder eine Verringerung der vertraglich vereinbarten Arbeitszeit.

(2) Bei berufsbegleitenden und berufsintegrierten dualen Studiengängen fehlt es häufig an einer Ausrichtung der Tätigkeit für den Arbeitgeber auf den Inhalt des Studiums, so dass in solchen Fällen die Annahme eines Ausbildungsdienstverhältnisses ausscheidet. Liegt hingegen eine Verknüpfung zwischen Studium und praktischer Tätigkeit vor, die über eine bloße thematische Verbindung zwischen der Fachrichtung des Studiengangs und der in dem Unternehmen ausgeübten Tätigkeit oder eine rein organisatorische Verzahnung hinausgeht, ist die Tätigkeit als im Rahmen eines Ausbildungsdienstverhältnisses ausgeübt zu betrachten. Eine entsprechende Ausrichtung der berufspraktischen Tätigkeit kann z. B. anhand der Studienordnung oder der Kooperationsvereinbarung zwischen Unternehmen und Hochschule glaubhaft gemacht werden.

A 20.3.3 Geringfügiges Beschäftigungsverhältnis

(1) Geringfügige Beschäftigungsverhältnisse nach § 32 Abs. 4 Satz 3 EStG sind:
- geringfügig entlohnte Beschäftigungen (§§ 8 Abs. 1 Nr. 1 und 8a SGB IV) und
- kurzfristige Beschäftigungen (§§ 8 Abs. 1 Nr. 2 SGB und 8a SGB IV).

(2) Bei der Beurteilung, ob ein geringfügiges Beschäftigungsverhältnis vorliegt, ist grundsätzlich die Einstufung des Arbeitgebers maßgeblich.

(3) Eine neben einem Ausbildungsdienstverhältnis ausgeübte geringfügige Beschäftigung ist unschädlich. Hinsichtlich einer neben einer Erwerbstätigkeit ausgeübten geringfügigen Beschäftigung vgl. A 20.3.1 Abs. 4 Satz 1.

A 20.4   Monatsprinzip

Liegen die Anspruchsvoraussetzungen des § 32 Abs. 4 Satz 1 bis 3 EStG wenigstens an einem Tag im Kalendermonat vor, besteht nach § 66 Abs. 2 EStG für diesen Monat Anspruch auf Kindergeld. Hat ein Kind eine erstmalige Berufsausbildung oder ein Erststudium abgeschlossen und erfüllt es weiterhin einen Anspruchstatbestand des § 32 Abs. 4 Satz 1 Nr. 2 EStG, entfällt der Kindergeldanspruch nur in den Monaten, in denen die anspruchsschädliche Erwerbstätigkeit den gesamten Monat umfasst. A 14.2 ist zu beachten.

Beispiel:

Ein Kind hat seine Erstausbildung abgeschlossen und studiert ab dem Jahr **2015**. Ab dem 20. Juli **2017** nimmt es unbefristet eine anspruchsschädliche Erwerbstätigkeit auf.

Aufgrund des Studiums ist das Kind nach § 32 Abs. 4 Satz 1 Nr. 2 Buchst. a EStG zu berücksichtigen. Das Studium wird jedoch nach Abschluss einer erstmaligen Berufsausbildung durchgeführt, so dass das Kind nach § 32 Abs. 4 Satz 2 EStG nur berücksichtigt werden kann, wenn es keiner anspruchsschädlichen Erwerbstätigkeit nachgeht. Für die Monate August bis Dezember **2017** kann das Kind nicht berücksichtigt werden. Neben den Monaten Januar bis Juni kann das Kind auch im Juli berücksichtigt werden, da es wenigstens an einem Tag die Anspruchsvoraussetzung – keine anspruchsschädliche Erwerbstätigkeit – erfüllt."

R 32.11. Verlängerungstatbestände bei Arbeit suchenden Kindern und Kindern in Berufsausbildung

– unbesetzt –

H 32.11

Dienste im Ausland

A 21 Abs. 5 DA-KG **2017**:

(5) Als Verlängerungstatbestände sind nicht nur der nach deutschem Recht geleistete GWD bzw. ZD sowie die Entwicklungshilfedienste nach dem EhfG oder dem ZDG zu berücksichtigen, sondern auch entsprechende Dienste nach ausländischen Rechtsvorschriften. Eine

Berücksichtigung der nach ausländischen Rechtsvorschriften geleisteten Dienste ist jedoch grundsätzlich nur bis zur Dauer des deutschen gesetzlichen GWD oder ZD möglich. Dabei ist auf die zu Beginn des Auslandsdienstes maßgebende Dauer des deutschen GWD oder ZD abzustellen. Wird der gesetzliche GWD oder ZD in einem anderen EU- bzw. EWR-Staat geleistet, so ist nach § 32 Abs. 5 Satz 2 EStG die Dauer dieses Dienstes maßgebend, auch wenn dieser länger als die Dauer des entsprechenden deutschen Dienstes ist."

Entwicklungshelfer

– → Gesetz vom 18. 6. 1969 (BGBl. I S. 549 – EhfG), zuletzt geändert durch Artikel 21 des Gesetzes vom 20. 12. 2011 (BGBl. I S. 2854).
– Entwicklungshelfer sind deutsche Personen, die nach Vollendung ihres 18. Lebensjahres und auf Grund einer Verpflichtung für zwei Jahre gegenüber einem anerkannten Träger des Entwicklungsdienstes Tätigkeiten in Entwicklungsländern ohne Erwerbsabsicht ausüben (→ § 1 EhfG). Als Träger des Entwicklungsdienstes sind anerkannt:
   a) Deutsche Gesellschaft für internationale Zusammenarbeit (GIZ), Bonn / Eschborn,
   b) Arbeitsgemeinschaft für Entwicklungshilfe e. V. (AGEH), Köln,
   c) Evangelischer Entwicklungsdienst e. V. (EED/DÜ), Berlin,
   d) Eirene, Internationaler Christlicher Friedensdienst e. V., Neuwied,
   e) Weltfriedensdienst e. V. (WFD), Berlin,
   f) Christliche Fachkräfte International e. V. (CFI), Stuttgart,
   g) Forum Ziviler Friedensdienst e. V. (forumZFD), Bonn.

Ermittlung des Verlängerungszeitraums

A 21 Abs. 3 DA-KG *2017*:
   (3) Bei der Ermittlung des Verlängerungszeitraums sind zunächst die Monate nach Vollendung des 18. Lebensjahres zu berücksichtigen, in denen mindestens an einem Tag ein Dienst bzw. eine Tätigkeit i. S. d. § 32 Abs. 5 Satz 1 EStG geleistet wurde. Dabei sind auch die Monate zu berücksichtigen, für die Anspruch auf Kindergeld bestand (vgl. BFH vom 5. 9. 2013 – BStBl 2014 II S. 39)."

R 32.12. Höhe der Freibeträge für Kinder in Sonderfällen

Einem Stpfl., der die vollen Freibeträge für Kinder erhält, weil der andere Elternteil verstorben ist (§ 32 Abs. 6 Satz 3 EStG), werden Stpfl. in Fällen gleichgestellt, in denen
1. der Wohnsitz oder gewöhnliche Aufenthalt des anderen Elternteils nicht zu ermitteln ist oder
2. der Vater des Kindes amtlich nicht feststellbar ist.

H 32.12

Lebenspartner und Freibeträge für Kinder

→ BMF vom 17. 1. 2014 (BStBl I S. 109)

R 32.13. Übertragung der Freibeträge für Kinder

Barunterhaltsverpflichtung

   (1) [1]Bei dauernd getrennt lebenden oder geschiedenen Ehegatten sowie bei Eltern eines nichtehelichen Kindes ist der Elternteil, in dessen Obhut das Kind sich nicht befindet, grundsätzlich zur Leistung von Barunterhalt verpflichtet. [2]Wenn die Höhe nicht durch gerichtliche Entscheidung, Verpflichtungserklärung, Vergleich oder anderweitig durch Vertrag festgelegt ist, können dafür die von den Oberlandesgerichten als Leitlinien aufgestellten Unterhaltstabellen, z. B. → „Düsseldorfer Tabelle", einen Anhalt geben.

Der Unterhaltsverpflichtung im Wesentlichen nachkommen

   (2) [1]Ein Elternteil kommt seiner Barunterhaltsverpflichtung gegenüber dem Kind im Wesentlichen nach, wenn er sie mindestens zu 75 % erfüllt. [2]Der Elternteil, in dessen Obhut das Kind sich befindet, erfüllt seine Unterhaltsverpflichtung in der Regel durch die Pflege und Erziehung des Kindes (§ 1606 Abs. 3 BGB).

Maßgebender Verpflichtungszeitraum

(3) [1]Hat aus Gründen, die in der Person des Kindes liegen, oder wegen des Todes des Elternteiles die Unterhaltsverpflichtung nicht während des ganzen Kalenderjahres bestanden, ist für die Frage, inwieweit sie erfüllt worden ist, nur auf den Verpflichtungszeitraum abzustellen. [2]Wird ein Elternteil erst im Laufe des Kalenderjahres zur Unterhaltszahlung verpflichtet, ist für die Prüfung, ob er seiner Barunterhaltsverpflichtung gegenüber dem Kind zu mindestens 75 % nachgekommen ist, nur der Zeitraum zu Grunde zu legen, für den der Elternteil zur Unterhaltsleistung verpflichtet wurde. [3]Im Übrigen kommt es nicht darauf an, ob die unbeschränkte Steuerpflicht des Kindes oder der Eltern während des ganzen Kalenderjahres bestanden hat.

Verfahren

[1]) (4) [1]Wird die Übertragung des dem anderen Elternteil zustehenden Kinderfreibetrags beantragt, weil dieser seiner Unterhaltsverpflichtung gegenüber dem Kind für das Kalenderjahr nicht im Wesentlichen nachgekommen ist oder mangels Leistungsfähigkeit nicht unterhaltspflichtig ist, muss der Antragsteller die Voraussetzungen dafür darlegen; eine Übertragung des dem anderen Elternteil zustehenden Kinderfreibetrags scheidet für Zeiträume aus, in denen Unterhaltsleistungen nach dem Unterhaltsvorschussgesetz gezahlt worden sind. [2]Dem betreuenden Elternteil ist auf Antrag der dem anderen Elternteil, in dessen Wohnung das minderjährige Kind nicht gemeldet ist, zustehende Freibetrag für den Betreuungs- und Erziehungs- oder Ausbildungsbedarf zu übertragen. [3]Die Übertragung scheidet aus, wenn der Elternteil, bei dem das Kind nicht gemeldet ist, der Übertragung widerspricht, weil er Kinderbetreuungskosten trägt (z. B., weil er als barunterhaltsverpflichteter Elternteil ganz oder teilweise für einen sich aus Kindergartenbeiträgen ergebenden Mehrbedarf des Kindes aufkommt) oder das Kind regelmäßig in einem nicht unwesentlichen Umfang betreut (z. B., wenn eine außergerichtliche Vereinbarung über einen regelmäßigen Umgang an Wochenenden und in den Ferien vorliegt). [4]Die Voraussetzungen für die Übertragung sind monatsweise zu prüfen. [5]In Zweifelsfällen ist dem anderen Elternteil Gelegenheit zu geben, sich zum Sachverhalt zu äußern (§ 91 AO). [6]In dem Kalenderjahr, in dem das Kind das 18. Lebensjahr vollendet, ist eine Übertragung des Freibetrags für den Betreuungs- und Erziehungs- oder Ausbildungsbedarf nur für den Teil des Kalenderjahres möglich, in dem das Kind noch minderjährig ist. [7]Werden die Freibeträge für Kinder bei einer Veranlagung auf den Stpfl. übertragen, teilt das Finanzamt dies dem für den anderen Elternteil zuständigen Finanzamt mit. [8]Ist der andere Elternteil bereits veranlagt, ist die Änderung der Steuerfestsetzung, sofern sie nicht nach § 164 Abs. 2 Satz 1 oder § 165 Abs. 2 AO vorgenommen werden kann, nach § 175 Abs. 1 Satz 1 Nr. 2 AO durchzuführen. [9]Beantragt der andere Elternteil eine Herabsetzung der gegen ihn festgesetzten Steuer mit der Begründung, die Voraussetzungen für die Übertragung der Freibeträge für Kinder auf den Stpfl. lägen nicht vor, ist der Stpfl. unter den Voraussetzungen des § 174 Abs. 4 und 5 AO zu dem Verfahren hinzuzuziehen. [10]Obsiegt der andere Elternteil, kommt die Änderung der Steuerfestsetzung beim Stpfl. nach § 174 Abs. 4 AO in Betracht. [11]Dem Finanzamt des Stpfl. ist zu diesem Zweck die getroffene Entscheidung mitzuteilen.

H 32.13

Beispiele zu R 32.13 Abs. 3:

A. Das Kind beendet im Juni seine Berufsausbildung und steht ab September in einem Arbeitsverhältnis. Seitdem kann es sich selbst unterhalten. Der zum Barunterhalt verpflichtete Elternteil ist seiner Verpflichtung nur für die Zeit bis einschließlich Juni nachgekommen. Er hat seine für 8 Monate bestehende Unterhaltsverpflichtung für 6 Monate, also zu 75 % erfüllt.

B. Der Elternteil, der bisher seiner Unterhaltsverpflichtung durch Pflege und Erziehung des Kindes voll nachgekommen ist, verzieht im August ins Ausland und leistet von da an keinen Unterhalt mehr. Er hat seine Unterhaltsverpflichtung, bezogen auf das Kj., nicht mindestens zu 75 % erfüllt.

Beurteilungszeitraum

Bei der Beurteilung der Frage, ob ein Elternteil seiner Unterhaltsverpflichtung gegenüber einem Kind nachgekommen ist, ist nicht auf den Zeitpunkt abzustellen, in dem der Unterhalt

---

[1]) Die bisher in R 32.13 Abs. 4 Satz 2 EStR 2008 enthaltene Regelung, dass die Übertragung des Kinderfreibetrags stets auch zur Übertragung des Freibetrags für den Betreuungs- und Erziehungs- oder Ausbildungsbedarf führt, gilt weiterhin (→ BMF vom 28. 6. 2013 – BStBl I S. 845, Rz. 5).

gezahlt worden ist, sondern auf den Zeitraum, für den der Unterhalt bestimmt ist (→ BFH vom 11. 12. 1992 – BStBl 1993 II S. 397).

Freistellung von der Unterhaltsverpflichtung

Stellt ein Elternteil den anderen Elternteil von der Unterhaltsverpflichtung gegenüber einem gemeinsamen Kind gegen ein Entgelt frei, das den geschätzten Unterhaltsansprüchen des Kindes entspricht, so behält der freigestellte Elternteil den Anspruch auf den (halben) Kinderfreibetrag (→ BFH vom 25. 1. 1996 – BStBl 1997 II S. 21).

Konkrete Unterhaltsverpflichtung

Kommt ein Elternteil seiner konkret-individuellen Unterhaltsverpflichtung nach, so ist vom Halbteilungsgrundsatz auch dann nicht abzuweichen, wenn diese Verpflichtung im Verhältnis zum Unterhaltsbedarf des Kindes oder zur Unterhaltszahlung des anderen Elternteils gering ist (→ BFH vom 25. 7. 1997 – BStBl 1998 II S. 433).

Das gilt auch in Fällen, in denen sich eine nur geringe Unterhaltsverpflichtung aus einem Urteil eines Gerichts der ehemaligen Deutschen Demokratischen Republik ergibt (→ BFH vom 25. 7. 1997 – BStBl 1998 II S. 435).

Steuerrechtliche Folgewirkungen der Übertragung

Infolge der Übertragung der Freibeträge für Kinder können sich bei den kindbedingten Steuerentlastungen, die vom Erhalt eines Freibetrags nach § 32 Abs. 6 EStG abhängen, Änderungen ergeben. Solche Folgeänderungen können zum Beispiel eintreten beim Entlastungsbetrag für Alleinerziehende (§ 24b EStG), beim Prozentsatz der zumutbaren Belastung (§ 33 Abs. 3 EStG), beim Freibetrag nach § 33a Abs. 2 EStG und bei der Übertragung des dem Kind zustehenden Behinderten- oder Hinterbliebenen-Pauschbetrags (§ 33b Abs. 5 EStG).

Übertragung der Freibeträge für Kinder

→ BMF vom 28. 6. 2013 (BStBl I S. 845)

R 32b. Progressionsvorbehalt

Allgemeines

(1) [1]Entgelt-, Lohn- oder Einkommensersatzleistungen der gesetzlichen Krankenkassen unterliegen auch insoweit dem Progressionsvorbehalt nach § 32b Abs. 1 Satz 1 Nr. 1 Buchstabe b EStG, als sie freiwillig Versicherten gewährt werden. [2]Beim Übergangsgeld das behinderten oder von Behinderung bedrohten Menschen nach den §§ 45 bis 52 SGB IX gewährt wird, handelt es sich um steuerfreie Leistungen nach dem SGB III, SGB VI, SGB VII oder dem Bundesversorgungsgesetz, die dem Progressionsvorbehalt unterliegen. [3]Leistungen nach der Berufskrankheitenverordnung sowie das Krankentagegeld aus einer privaten Krankenversicherung und Leistungen zur Sicherung des Lebensunterhalts und zur Eingliederung in Arbeit nach dem SGB II (sog. Arbeitslosengeld II) gehören nicht zu den Entgelt-, Lohn- oder Einkommensersatzleistungen, die dem Progressionsvorbehalt unterliegen.

(2) [1]In den Progressionsvorbehalt sind die Lohn- und Einkommensersatzleistungen mit den Beträgen einzubeziehen, die als Leistungsbeträge nach den einschlägigen Leistungsgesetzen festgestellt werden. [2]Kürzungen dieser Leistungsbeträge, die sich im Falle der Abtretung oder durch den Abzug von Versichertenanteilen an den Beiträgen zur Rentenversicherung, Arbeitslosenversicherung und ggf. zur Kranken- und Pflegeversicherung ergeben, bleiben unberücksichtigt. [3]Der bei der Ermittlung der Einkünfte aus nichtselbständiger Arbeit nicht ausgeschöpfte Arbeitnehmer-Pauschbetrag ist auch von Entgelt-, Lohn- und Einkommensersatzleistungen abzuziehen.

Rückzahlung von Entgelt-, Lohn- oder Einkommensersatzleistungen

(3) [1]Werden die in § 32b Abs. 1 Satz 1 Nr. 1 EStG bezeichneten Entgelt-, Lohn- oder Einkommensersatzleistungen zurückgezahlt, sind sie von den im selben Kalenderjahr bezogenen Leistungsbeträgen abzusetzen, unabhängig davon, ob die zurückgezahlten Beträge im Kalenderjahr ihres Bezugs dem Progressionsvorbehalt unterlegen haben. [2]Ergibt sich durch die Absetzung ein negativer Betrag, weil die Rückzahlungen höher sind als die im selben Kalenderjahr

empfangenen Beträge oder weil den zurückgezahlten keine empfangenen Beträge gegenüberstehen, ist auch der negative Betrag bei der Ermittlung des besonderen Steuersatzes nach § 32b EStG zu berücksichtigen (negativer Progressionsvorbehalt). [3]Aus Vereinfachungsgründen bestehen keine Bedenken, zurückgezahlte Beträge dem Kalenderjahr zuzurechnen, in dem der Rückforderungsbescheid ausgestellt worden ist.[4]Beantragt der Stpfl., die zurückgezahlten Beträge dem Kalenderjahr zuzurechnen, in dem sie tatsächlich abgeflossen sind, hat er den Zeitpunkt des tatsächlichen Abflusses anhand von Unterlagen, z. B. Aufhebungs-/Erstattungsbescheide oder Zahlungsbelege, nachzuweisen oder glaubhaft zu machen.

Rückwirkender Wegfall von Entgelt-, Lohn- oder Einkommensersatzleistungen

(4) Fällt wegen der rückwirkenden Zubilligung einer Rente der Anspruch auf Sozialleistungen (z. B. Kranken- oder Arbeitslosengeld) rückwirkend ganz oder teilweise weg, ist dies am Beispiel des Krankengeldes steuerlich wie folgt zu behandeln:
1. Soweit der Krankenkasse ein Erstattungsanspruch nach § 103 SGB X gegenüber dem Rentenversicherungsträger zusteht, ist das bisher gezahlte Krankengeld als Rentenzahlung anzusehen und nach § 22 Nr. 1 Satz 3 Buchstabe a EStG mit dem Ertragsanteil der Besteuerung zu unterwerfen. [2]Das Krankengeld unterliegt insoweit nicht dem Progressionsvorbehalt nach § 32b EStG.
2. Gezahlte, die Rentenleistung übersteigende Krankengeldbeträge i. S. d. § 50 Abs. 1 Satz 2 SGB V sind als Krankengeld nach § 3 Nr. 1 Buchstabe a EStG steuerfrei; § 32b EStG ist anzuwenden. [2]Entsprechendes gilt für das Krankengeld, das vom Empfänger infolge rückwirkender Zubilligung einer Rente aus einer ausländischen gesetzlichen Rentenversicherung nach § 50 Abs. 1 Satz 3 SGB V an die Krankenkasse zurückzuzahlen ist.
3. Soweit die nachträgliche Feststellung des Rentenanspruchs auf VZ zurückwirkt, für die Steuerbescheide bereits ergangen sind, sind diese Steuerbescheide nach § 175 Abs. 1 Satz 1 Nr. 2 AO zu ändern.

Fehlende Entgelt-, Lohn- oder Einkommensersatzleistungen

(5) [1]Hat ein Arbeitnehmer trotz Arbeitslosigkeit kein Arbeitslosengeld erhalten, weil ein entsprechender Antrag abgelehnt worden ist, kann dies durch die Vorlage des Ablehnungsbescheids nachgewiesen werden; hat der Arbeitnehmer keinen Antrag gestellt, kann dies durch die Vorlage der vom Arbeitgeber nach § 312 SGB III ausgestellten Arbeitsbescheinigung im Original belegt werden. [2]Kann ein Arbeitnehmer weder durch geeignete Unterlagen nachweisen noch in sonstiger Weise glaubhaft machen, dass er keine Entgelt-, Lohn- oder Einkommensersatzleistungen erhalten hat, kann das Finanzamt bei der für den Arbeitnehmer zuständigen Agentur für Arbeit (§ 327 SGB III) eine Bescheinigung darüber anfordern (Negativbescheinigung).

H 32b

Allgemeines

Ist für Einkünfte nach § 32b Abs. 1 EStG der Progressionsvorbehalt zu beachten, ist wie folgt zu verfahren:
1. Ermittlung des nach § 32a Abs. 1 EStG maßgebenden zvE.
2. Dem zvE werden für die Berechnung des besonderen Steuersatzes die Entgelt-, Lohn- oder Einkommensersatzleistungen (§ 32b Abs. 1 Satz 1 Nr. 1 EStG) sowie die unter § 32b Abs. 1 Satz 1 Nr. 2 bis 5 EStG fallenden Einkünfte im Jahr ihrer Entstehung hinzugerechnet oder von ihm abgezogen. Der sich danach ergebende besondere Steuersatz ist auf das nach § 32a Abs. 1 EStG ermittelte zvE anzuwenden.

Beispiele:

Fall	A	B
zvE (§ 2 Abs. 5 EStG)	40 000 €	40 000 €
Fall A Arbeitslosengeld	10 000 €	
oder		
Fall B zurückgezahltes Arbeitslosengeld		3 000 €
Für die Berechnung des Steuersatzes maßgebende zvE	50 000 €	37 000 €
Steuer nach Splittingtarif	*7 828 €*	*4 247 €*
besonderer (= durchschnittlicher) Steuersatz	*15,6560* %	*11,4784* %
Die Anwendung des besonderen Steuersatzes auf das zvE ergibt als Steuer	*6 262 €*	*4 591 €*

Ein Verlustabzug (§ 10d EStG) ist bei der Ermittlung des besonderen Steuersatzes nach § 32b Abs. 1 EStG nicht zu berücksichtigen.

Anwendung auf Lohnersatzleistungen

Der Progressionsvorbehalt für Lohnersatzleistungen ist verfassungsgemäß (→ BVerfG vom 3. 5. 1995 – BStBl II S. 758).

Anwendung bei Stpfl. mit Einkünften aus nichtselbständiger Arbeit

→ R 46.2

Arbeitnehmer-Pauschbetrag

Zur Berechnung des Progressionsvorbehalts sind steuerfreie Leistungen nach § 32b Abs. 1 Satz 1 Nr. 1 EStG nicht um den Arbeitnehmer-Pauschbetrag zu vermindern, wenn bei der Ermittlung der Einkünfte aus nichtselbständiger Arbeit den Pauschbetrag übersteigende Werbungskosten abgezogen wurden (→ BFH vom 25. 9. 2014 – BStBl 2015 II S. 182).

Ausländische Einkünfte

Die Höhe ist nach dem deutschen Steuerrecht zu ermitteln (→ BFH vom 22. 5. 1991 – BStBl 1992 II S. 94). Die steuerfreien ausländischen Einkünfte aus nichtselbständiger Arbeit i. S. d. § 32b Abs. 1 Satz 1 Nr. 2 bis 5 EStG sind als Überschuss der Einnahmen über die Werbungskosten zu berechnen. Dabei sind die tatsächlich angefallenen Werbungskosten bzw. der Arbeitnehmer-Pauschbetrag nach Maßgabe des § 32b Abs. 2 Satz 1 Nr. 2 Satz 2 EStG zu berücksichtigen.

Beispiel für Einkünfte aus nichtselbständiger Arbeit:

Der inländische steuerpflichtige Arbeitslohn beträgt 20 000 €; die Werbungskosten betragen 500 €. Der nach DBA/ATE unter Progressionsvorbehalt steuerfreie Arbeitslohn beträgt 10 000 €; im Zusammenhang mit der Erzielung des steuerfreien Arbeitslohns sind Werbungskosten in Höhe von 400 € tatsächlich angefallen.

Inländischer steuerpflichtige Arbeitslohn	20 000 €
./. Arbeitnehmer-Pauschbetrag (§ 9a Satz 1 Nr. 1 Buchstabe a EStG)	./. 1 000 €
steuerpflichtige Einkünfte gem. § 19 EStG	19 000 €
Ausländische Progressionseinnahmen	10 000 €
./. Arbeitnehmer-Pauschbetrag	0 €
maßgebende Progressionseinkünfte § 32b Abs. 2 Satz 1 Nr. 2 Satz 2 EStG	10 000 €

Ausländische Personengesellschaft

Nach einem DBA freigestellte Einkünfte aus der Beteiligung an einer ausländischen Personengesellschaft unterliegen auch dann dem Progressionsvorbehalt, wenn die ausländische Personengesellschaft in dem anderen Vertragsstaat als juristische Person besteuert wird (→ BFH vom 4. 4. 2007 – BStBl II S. 521).

Ausländische Renteneinkünfte

Ausländische Renteneinkünfte sind im Rahmen des Progressionsvorbehalts mit dem Besteuerungsanteil (§ 22 Nr. 1 Satz 3 Buchstabe a Doppelbuchstabe aa EStG) und nicht mit dem Ertragsanteil zu berücksichtigen, wenn die Leistung der ausländischen Altersversorgung in ihrem Kerngehalt den gemeinsamen und typischen Merkmalen der inländischen Basisversorgung entspricht. Zu den wesentlichen Merkmalen der Basisversorgung gehört, dass die Renten erst bei Erreichen einer bestimmten Altersgrenze bzw. bei Erwerbsunfähigkeit gezahlt werden und als Entgeltersatzleistung der Lebensunterhaltssicherung dienen (→ BFH vom 14. 7. 2010 – BStBl 2011 II S. 628).

Ausländische Sozialversicherungsbeiträge

Beiträge an die schweizerische Alters- und Hinterlassenenversicherung können nicht bei der Ermittlung des besonderen Steuersatzes im Rahmen des Progressionsvorbehaltes berücksichtigt werden (→ BFH vom 18. 4. 2012 BStBl II S. 721).

Ausländische Verluste

– Durch ausländische Verluste kann der Steuersatz auf Null sinken (→ BFH vom 25. 5. 1970 – BStBl II S. 660),

– Drittstaatenverluste i. S. d. § 2a EStG werden nur nach Maßgabe des § 2a EStG berücksichtigt (→ BFH vom 17. 11. 1999 – BStBl 2000 II S. 605).

– Ausländische Verluste aus der Veräußerung oder Aufgabe eines Betriebs, die nach einem DBA von der Bemessungsgrundlage der deutschen Steuer auszunehmen sind, unterfallen im Rahmen des Progressionsvorbehaltes nicht der sog. Fünftel-Methode (→ BFH vom 1. 2. 2012 – BStBl II S. 405).

Datenübermittlung

Zur rückwirkenden Verrechnung zwischen Trägern der Sozialleistungen → BMF vom 16. 7. 2013 (BStBl I S. 922)

EU-Tagegeld

Zur steuerlichen Behandlung des von Organen der EU gezahlten Tagegeldes → BMF vom 12. 4. 2006 (BStBl I S. 340)

Grundfreibetrag

Es begegnet keinen verfassungsrechtlichen Bedenken, dass wegen der in § 32a Abs. 1 Satz 2 EStG angeordneten vorrangigen Anwendung des Progressionsvorbehalts des § 32b EStG auch ein z. v. E. unterhalb des Grundfreibetrags der Einkommensteuer unterliegt (→ BFH vom 9. 8. 2001 – BStBl II S. 778).

Leistungen der gesetzlichen Krankenkasse

– Leistungen der gesetzlichen Krankenkasse für eine Ersatzkraft im Rahmen der Haushaltshilfe an nahe Angehörige (§ 38 Abs. 4 Satz 2 SGB V) unterliegen nicht dem Progressionsvorbehalt (→ BFH vom 17. 6. 2005 – BStBl 2006 II S. 17).

– Die Einbeziehung des Krankengeldes, das ein freiwillig in einer gesetzlichen Krankenkasse versicherter Stpfl. erhält, in den Progressionsvorbehalt, ist verfassungsgemäß (→ BFH vom 26. 11. 2008 – BStBl 2009 II S. 376).

– Auch nach der Einführung des sog. Basistarifs in der privaten Krankenversicherung ist es verfassungsrechtlich nicht zu beanstanden, dass zwar das Krankengeld aus der gesetzlichen Krankenversicherung, nicht aber das Krankentagegeld aus einer privaten Krankenversicherung in den Progressionsvorbehalt einbezogen wird (→ BFH vom 13. 11. 2014 – BStBl 2015 II S. 563).

Steuerfreiheit einer Leibrente

Ist eine Leibrente sowohl nach einem DBA als auch nach § 3 Nr. 6 EStG steuerfrei, unterliegt sie nicht dem Progressionsvorbehalt (→ BFH vom 22. 1. 1997 – BStBl II S. 358).

Vorfinanziertes Insolvenzgeld

Soweit Insolvenzgeld vorfinanziert wird, das nach § 188 Abs. 1 SGB III einem Dritten zusteht, ist die Gegenleistung für die Übertragung des Arbeitsentgeltanspruchs als Insolvenzgeld anzusehen. Die an den Arbeitnehmer gezahlten Entgelte hat dieser i. S. d. § 32b Abs. 1 Satz 1 Nr. 1 Buchstabe a EStG bezogen, wenn sie ihm nach den Regeln über die Überschusseinkünfte zugeflossen sind (→ BFH vom 1. 3. 2012 – BStBl II S. 596).

Zeitweise unbeschränkte Steuerpflicht

– Besteht wegen Zu- oder Wegzugs nur zeitweise die unbeschränkte Steuerpflicht, sind die außerhalb der unbeschränkten Steuerpflicht im Kj. erzielten Einkünfte im Wege des Progressionsvorbehalts zu berücksichtigen, wenn diese nicht der beschränkten Steuerpflicht unterliegen (→ BFH vom 15. 5. 2002 – BStBl II S. 660, vom 19. 12. 2001 – BStBl 2003 II S. 302 und vom 19. 11. 2003 – BStBl 2004 II S. 549).

– Vorab entstandene Werbungskosten im Zusammenhang mit einer beabsichtigten Tätigkeit im Ausland sind beim Progressionsvorbehalt zu berücksichtigen, wenn dies nicht durch ein Doppelbesteuerungsabkommen ausgeschlossen wird (→ BFH vom 20. 9. 2006 – BStBl 2007 II S. 756).

R 33.1. Außergewöhnliche Belastungen allgemeiner Art

[1]§ 33 EStG setzt eine Belastung des Stpfl. auf Grund außergewöhnlicher und dem Grunde und der Höhe nach zwangsläufiger Aufwendungen voraus. [2]Der Stpfl. ist belastet, wenn ein Ereignis in seiner persönlichen Lebenssphäre ihn zu Ausgaben zwingt, die er selbst endgültig zu tragen hat. [3]Die Belastung tritt mit der Verausgabung ein. [4]Zwangsläufigkeit dem Grunde nach wird in der Regel auf Aufwendungen des Stpfl. für sich selbst oder für Angehörige i. S. d. § 15 AO beschränkt sein. [5]Aufwendungen für andere Personen können diese Voraussetzung nur ausnahmsweise erfüllen (sittliche Pflicht).

R 33.2. Aufwendungen für existenziell notwendige Gegenstände

Aufwendungen zur Wiederbeschaffung oder Schadensbeseitigung können im Rahmen des Notwendigen und Angemessenen unter folgenden Voraussetzungen als außergewöhnliche Belastung berücksichtigt werden:

1. Sie müssen einen existenziell notwendigen Gegenstand betreffen – dies sind Wohnung, Hausrat und Kleidung, nicht aber z. B. ein Pkw oder eine Garage.
2. Der Verlust oder die Beschädigung muss durch ein unabwendbares Ereignis wie Brand, Hochwasser, Kriegseinwirkung, Vertreibung, politische Verfolgung verursacht sein, oder von dem Gegenstand muss eine → Gesundheitsgefährdung ausgehen, die beseitigt werden muss und die nicht auf Verschulden des Stpfl. oder seines Mieters oder auf einen Baumangel zurückzuführen ist (z. B. bei Schimmelpilzbildung).
3. Dem Stpfl. müssen tatsächlich finanzielle Aufwendungen entstanden sein; ein bloßer Schadenseintritt reicht zur Annahme von Aufwendungen nicht aus.
4. Die Aufwendungen müssen ihrer Höhe nach notwendig und angemessen sein und werden nur berücksichtigt, soweit sie den Wert des Gegenstandes im Vergleich zu vorher nicht übersteigen.
5. Nur der endgültig verlorene Aufwand kann berücksichtigt werden, d. h., die Aufwendungen sind um einen etwa nach Schadenseintritt noch vorhandenen Restwert zu kürzen.
6. Der Stpfl. muss glaubhaft darlegen, dass er den Schaden nicht verschuldet hat und dass realisierbare Ersatzansprüche gegen Dritte nicht bestehen.
7. Ein Abzug scheidet aus, sofern der Stpfl. zumutbare Schutzmaßnahmen unterlassen oder eine allgemein zugängliche und übliche Versicherungsmöglichkeit nicht wahrgenommen hat.
8. Das schädigende Ereignis darf nicht länger als drei Jahre zurückliegen, bei Baumaßnahmen muss mit der Wiederherstellung oder Schadensbeseitigung innerhalb von drei Jahren nach dem schädigenden Ereignis begonnen worden sein.

R 33.3. Aufwendungen wegen Pflegebedürftigkeit und erheblich eingeschränkter Alltagskompetenz

Voraussetzungen und Nachweis

(1) [1]Zu dem begünstigten Personenkreis zählen pflegebedürftige Personen, bei denen mindestens ein Schweregrad der Pflegebedürftigkeit i. S. d. §§ 14, 15 SGB XI besteht und Personen, bei denen eine erhebliche Einschränkung der Alltagskompetenz nach § 45a SGB XI[1]) festgestellt wurde. [2]Der Nachweis ist durch eine Bescheinigung (z. B. Leistungsbescheid oder -mitteilung) der sozialen Pflegekasse oder des privaten Versicherungsunternehmens, das die private Pflegeversicherung durchführt, oder nach § 65 Abs. 2 EStDV zu führen. [3]Pflegekosten von Personen, die nicht zu dem nach Satz 1 begünstigten Personenkreis zählen und ambulant gepflegt werden, können ohne weiteren Nachweis auch dann als außergewöhnliche Belastungen

---

1) *Durch das Zweite Pflegestärkungsgesetz wird die bisher nach § 45a SGB XI a. F. festgestellte erhebliche Einschränkung der Alltagskompetenz ab 1. 1. 2017 von den §§ 14 und 15 SGB XI mit erfasst.*

berücksichtigt werden, wenn sie von einem anerkannten Pflegedienst nach § 89 SGB XI gesondert in Rechnung gestellt worden sind.

Eigene Pflegeaufwendungen

(2) [1]Zu den Aufwendungen infolge Pflegebedürftigkeit und erheblich eingeschränkter Alltagskompetenz zählen sowohl Kosten für die Beschäftigung einer ambulanten Pflegekraft und/oder die Inanspruchnahme von Pflegediensten, von Einrichtungen der Tages- oder Nachtpflege, der Kurzzeitpflege oder von nach Landesrecht anerkannten niedrigschwelligen Betreuungsangeboten als auch Aufwendungen zur Unterbringung in einem Heim. [2]Wird bei einer Heimunterbringung wegen Pflegebedürftigkeit der private Haushalt aufgelöst, ist die Haushaltsersparnis mit dem in § 33a Abs. 1 Satz 1 EStG genannten Höchstbetrag der abziehbaren Aufwendungen anzusetzen. [3]Liegen die Voraussetzungen nur während eines Teiles des Kalenderjahres vor, sind die anteiligen Beträge anzusetzen ($^1/_{360}$ pro Tag, $^1/_{12}$ pro Monat).

Konkurrenz zu § 33a Abs. 3 EStG

(3) – unbesetzt –

Konkurrenz zu § 33b Abs. 3 EStG

(4) [1]Die Inanspruchnahme eines Pauschbetrags nach § 33b Abs. 3 EStG schließt die Berücksichtigung von Pflegeaufwendungen nach Absatz 2 im Rahmen des § 33 EStG aus. [2]Zur Berücksichtigung eigener Aufwendungen der Eltern für ein behindertes Kind → R 33b. Abs. 2.

Pflegeaufwendungen für Dritte

(5) Hat der pflegebedürftige Dritte im Hinblick auf sein Alter oder eine etwaige Bedürftigkeit dem Stpfl. Vermögenswerte zugewendet, z. B. ein Hausgrundstück, kommt ein Abzug der Pflegeaufwendungen nur in der Höhe in Betracht, wie die Aufwendungen den Wert des hingegebenen Vermögens übersteigen.

R 33.4. Aufwendungen wegen Krankheit und Behinderung sowie für Integrationsmaßnahmen

Nachweis

(1) [1]Der Nachweis von Krankheitskosten ist nach § 64 EStDV zu führen. [2]Bei Aufwendungen für eine Augen-Laser-Operation ist die Vorlage eines amtsärztlichen Attests nicht erforderlich. [3]Bei einer andauernden Erkrankung mit anhaltendem Verbrauch bestimmter Arznei-, Heil- und Hilfsmittel reicht die einmalige Vorlage einer Verordnung. [4]Wurde die Notwendigkeit einer Sehhilfe in der Vergangenheit durch einen Augenarzt festgestellt, genügt in den Folgejahren die Sehschärfenbestimmung durch einen Augenoptiker. [5]Als Nachweis der angefallenen Krankheitsaufwendungen kann auch die Vorlage der Erstattungsmitteilung der privaten Krankenversicherung oder der Beihilfebescheid einer Behörde ausreichen. [6]Diese Erleichterung entbindet den Stpfl. aber nicht von der Verpflichtung, dem Finanzamt die Zwangsläufigkeit, Notwendigkeit und Angemessenheit nicht erstatteter Aufwendungen auf Verlangen nachzuweisen. [7]Wurde die Notwendigkeit einer Kur offensichtlich im Rahmen der Bewilligung von Zuschüssen oder Beihilfen anerkannt, genügt bei Pflichtversicherten die Bescheinigung der Versicherungsanstalt und bei öffentlich Bediensteten der Beihilfebescheid.

Privatschulbesuch

(2) [1]Ist ein Kind ausschließlich wegen einer Behinderung im Interesse einer angemessenen Berufsausbildung auf den Besuch einer Privatschule (Sonderschule oder allgemeine Schule in privater Trägerschaft) mit individueller Förderung angewiesen, weil eine geeignete öffentliche Schule oder eine den schulgeldfreien Besuch ermöglichende geeignete Privatschule nicht zur Verfügung steht oder nicht in zumutbarer Weise erreichbar ist, ist das Schulgeld dem Grunde nach als außergewöhnliche Belastung nach § 33 EStG – neben einem auf den Stpfl. übertragbaren Pauschbetrag für behinderte Menschen – zu berücksichtigen. [2]Der Nachweis, dass der Besuch der Privatschule erforderlich ist, muss durch eine Bestätigung der zuständigen obersten Landeskultusbehörde oder der von ihr bestimmten Stelle geführt werden.

Kur

(3) ¹Kosten für Kuren im Ausland sind in der Regel nur bis zur Höhe der Aufwendungen anzuerkennen, die in einem dem Heilzweck entsprechenden inländischen Kurort entstehen würden. ²Verpflegungsmehraufwendungen anlässlich einer Kur können nur in tatsächlicher Höhe nach Abzug der Haushaltsersparnis von ⅙ der Aufwendungen berücksichtigt werden.

Aufwendungen behinderter Menschen für Verkehrsmittel

(4) ¹Macht ein gehbehinderter Stpfl. neben den Aufwendungen für Privatfahrten mit dem eigenen Pkw auch solche für andere Verkehrsmittel (z. B. für Taxis) geltend, ist die als noch angemessen anzusehende jährliche Fahrleistung von 3 000 km (beim GdB von mindestens 80 oder GdB von mindestens 70 und Merkzeichen G) – bzw. von 15 000 km (bei Merkzeichen aG, BI oder H) – entsprechend zu kürzen. ²Die Aufwendungen für die behindertengerechte Umrüstung eines PKWs können im VZ des Abflusses als außergewöhnliche Belastungen neben den angemessenen Aufwendungen für Fahrten berücksichtigt werden. ³Eine Verteilung auf mehrere VZ ist nicht zulässig.

Behinderungsbedingte Baukosten

(5) ¹Um- oder Neubaukosten eines Hauses oder einer Wohnung können im VZ des Abflusses eine außergewöhnliche Belastung darstellen, soweit die Baumaßnahme durch die Behinderung bedingt ist. ²Eine Verteilung auf mehrere VZ ist nicht zulässig. ³Für den Nachweis der Zwangsläufigkeit der Aufwendungen ist die Vorlage folgender Unterlagen ausreichend:

– der Bescheid eines gesetzlichen Trägers der Sozialversicherung oder der Sozialleistungen über die Bewilligung eines pflege- bzw. behinderungsbedingten Zuschusses (z. B. zur Verbesserung des individuellen Wohnumfeldes nach § 40 Abs. 4 SGB XI) oder

– das Gutachten des Medizinischen Dienstes der Krankenversicherung (MDK), des Sozialmedizinischen Dienstes (SMD) oder der Medicproof Gesellschaft für Medizinische Gutachten mbH.

Aufwendungen für Deutsch- und Integrationskurse

(6) ¹Aufwendungen für den Besuch von Sprachkursen, in denen Deutsch gelehrt wird, sind nicht als außergewöhnliche Belastungen abziehbar. ²Gleiches gilt für Integrationskurse, es sei denn, der Stpfl. weist durch Vorlage einer Bestätigung der Teilnahmeberechtigung nach § 6 Abs. 1 Satz 1 und 3 der Verordnung über die Durchführung von Integrationskursen für Ausländer und Spätaussiedler nach, dass die Teilnahme am Integrationskurs verpflichtend war und damit aus rechtlichen Gründen zwangsläufig erfolgte.

H 33.1 – 33.4

Abkürzung des Zahlungsweges

Bei den außergewöhnlichen Belastungen kommt der Abzug von Aufwendungen eines Dritten auch unter dem Gesichtspunkt der Abkürzung des Vertragswegs nicht in Betracht (→ BMF vom 7. 7. 2008 – BStBl I S. 717).

Adoption

Aufwendungen im Zusammenhang mit einer Adoption sind nicht zwangsläufig (→ BFH vom 10. 3. 2015 – BStBl II S. 695).

Asbestbeseitigung

Die tatsächliche Zwangsläufigkeit von Aufwendungen zur Beseitigung von Asbest ist nicht anhand der abstrakten Gefährlichkeit von Asbestfasern zu beurteilen; erforderlich sind zumindest konkret zu befürchtende Gesundheitsgefährdungen. Denn die Notwendigkeit einer Asbestsanierung hängt wesentlich von der verwendeten Asbestart und den baulichen Gegebenheiten ab (→ BFH vom 29. 3. 2012 – BStBl II S. 570).

→ Gesundheitsgefährdung

Asyl

Die Anerkennung als Asylberechtigter läßt nicht ohne weiteres auf ein unabwendbares Ereignis für den Verlust von Hausrat und Kleidung schließen (→ BFH vom 26. 4. 1991 – BStBl II S. 755).

Außergewöhnlich

Außergewöhnlich sind Aufwendungen, wenn sie nicht nur der Höhe, sondern auch ihrer Art und dem Grunde nach außerhalb des Üblichen liegen und insofern nur einer Minderheit entstehen. Die typischen Aufwendungen der Lebensführung sind aus dem Anwendungsbereich des § 33 EStG ungeachtet ihrer Höhe im Einzelfall ausgeschlossen (→ BFH vom 29. 9. 1989 – BStBl 1990 II S. 418, vom 19. 5. 1995 – BStBl II S. 774, vom 22. 10. 1996 – BStBl 1997 II S. 558 und vom 12. 11. 1996 – BStBl 1997 II S. 387).

Aussteuer

Aufwendungen für die Aussteuer einer heiratenden Tochter sind regelmäßig nicht als zwangsläufig anzusehen, weil sie grundsätzlich in den Vermögensbereich gehören: dies gilt auch, wenn die Eltern ihrer Verpflichtung, dem Kind eine Berufsausbildung zuteil werden zu lassen, nicht nachgekommen sind (→ BFH vom 3. 6. 1987 – BStBl II S. 779).

Begleitperson

Aufwendungen eines Schwerbehinderten für eine Begleitperson bei Reisen sind nicht als außergewöhnliche Belastung abziehbar, wenn die Begleitperson ein Ehegatte ist, der aus eigenem Interesse an der Reise teilgenommen hat und für den kein durch die Behinderung des anderen Ehegatten veranlasster Mehraufwand angefallen ist (→ BFH vom 7. 5. 2013 – BStBl II S. 808).

Behindertengerechte Ausstattung

- Mehraufwendungen für die notwendige behindertengerechte Gestaltung des individuellen Wohnumfelds sind außergewöhnliche Belastungen. Sie stehen so stark unter dem Gebot der sich aus der Situation ergebenden Zwangsläufigkeit, dass die Erlangung eines etwaigen Gegenwerts regelmäßig in den Hintergrund tritt. Es ist nicht erforderlich, dass die Behinderung auf einem nicht vorhersehbaren Ereignis beruht und deshalb ein schnelles Handeln des Stpfl. oder seiner Angehörigen geboten ist. Auch die Frage nach zumutbaren Handlungsalternativen stellt sich in solchen Fällen nicht (→ BFH vom 24. 2. 2011 – BStBl II S. 1102).
- Behinderungsbedingte Umbaukosten einer Motoryacht sind keine außergewöhnlichen Belastungen (→ BFH vom 2. 6. 2015 – BStBl II S. 775).
- R 33.4 Abs. 5

Bestattungskosten

eines nahen Angehörigen sind regelmäßig als außergewöhnliche Belastung zu berücksichtigen, soweit sie nicht aus dem Nachlass bestritten werden können und auch nicht durch Ersatzleistungen gedeckt sind (→ BFH vom 8. 9. 1961 – BStBl 1962 III S. 31, vom 19. 10. 1990 – BStBl 1991 II S. 140, vom 17. 6. 1994 – BStBl II S. 754 und vom 22. 2. 1996 – BStBl II S. 413). Leistungen aus einer Sterbegeldversicherung oder aus einer Lebensversicherung, die dem Stpfl. anlässlich des Todes eines nahen Angehörigen außerhalb des Nachlasses zufließen, sind auf die als außergewöhnliche Belastung anzuerkennenden Kosten anzurechnen (→ BFH vom 19. 10. 1990 – BStBl 1991 II S. 140 und vom 22. 2. 1996 – BStBl II S. 413).

Zu den außergewöhnlichen Belastungen gehören nur solche Aufwendungen, die unmittelbar mit der eigentlichen Bestattung zusammenhängen. Nur mittelbar mit einer Bestattung zusammenhängende Kosten werden mangels Zwangsläufigkeit nicht als außergewöhnliche Belastung anerkannt. Zu diesen mittelbaren Kosten gehören z. B.:

- Aufwendungen für die Bewirtung von Trauergästen (→ BFH vom 17. 9. 1987 – BStBl 1988 II S. 130),
- Aufwendungen für Trauerkleidung (→ BFH vom 12. 8. 1966 – BStBl 1967 III S. 364),
- Reisekosten für die Teilnahme an einer Bestattung eines nahen Angehörigen (→ BFH vom 17. 6. 1994 – BStBl 1994 II S. 754).

Betreuervergütung

Vergütungen für einen ausschließlich zur Vermögenssorge bestellten Betreuer stellen keine außergewöhnlichen Belastungen, sondern Betriebsausgaben bzw. Werbungskosten bei den mit dem verwalteten Vermögen erzielten Einkünften dar, sofern die Tätigkeit des Betreuers weder einer kurzfristigen Abwicklung des Vermögens noch der Verwaltung ertraglosen Vermögens dient (→ BFH vom 14. 9. 1999 – BStBl 2000 II S. 69).

Betrug

Durch Betrug veranlaßte vergebliche Zahlungen für einen Grundstückskauf sind nicht zwangsläufig (→ BFH vom 19. 5. 1995 – BStBl II S. 774).

Darlehen

– Werden die Ausgaben über Darlehen finanziert werden, tritt die Belastung bereits im Zeitpunkt der Verausgabung ein (→ BFH vom 10. 6. 1988 – BStBl II S. 814).
– → Verausgabung

Diätverpflegung

– Aufwendungen, die durch Diätverpflegung entstehen, sind von der Berücksichtigung als außergewöhnliche Belastung auch dann ausgeschlossen, wenn die Diätverpflegung an die Stelle einer sonst erforderlichen medikamentösen Behandlung tritt (→ BFH vom 21. 6. 2007 – BStBl II S. 880).
– Aufwendungen für Arzneimittel i. S. d. § 2 Arzneimittelgesetz unterfallen nicht dem Abzugsverbot für Diätverpflegung, wenn die Zwangsläufigkeit (medizinische Indikation) der Medikation durch ärztliche Verordnung nachgewiesen ist (→ BFH vom 14. 4. 2015 – BStBl II S. 703).

Eltern-Kind-Verhältnis

Aufwendungen des nichtsorgeberechtigten Elternteils zur Kontaktpflege sind nicht außergewöhnlich (→ BFH vom 27. 9. 2007 – BStBl 2008 II S. 287).

Ergänzungspflegervergütung

Wird für einen Minderjährigen im Zusammenhang mit einer Erbauseinandersetzung die Anordnung einer Ergänzungspflegschaft erforderlich, so sind die Aufwendungen hierfür nicht als außergewöhnliche Belastungen zu berücksichtigen (→ BFH vom 14. 9. 1999 – BStBl 2000 II S. 69).

Erpressungsgelder

Erpressungsgelder sind keine außergewöhnlichen Belastungen, wenn der Erpressungsgrund selbst und ohne Zwang geschaffen worden ist (→ BFH vom 18. 3. 2004 – BStBl II S. 867).

Ersatz von dritter Seite

Ersatz und Unterstützungen von dritter Seite zum Ausgleich der Belastung sind von den berücksichtigungsfähigen Aufwendungen abzusetzen, es sei denn, die vertragsgemäße Erstattung führt zu steuerpflichtigen Einnahmen beim Stpfl. (→ BFH vom 14. 3. 1975 – BStBl II S. 632 und vom 6. 5. 1994 – BStBl 1995 II S. 104). Die Ersatzleistungen sind auch dann abzusetzen, wenn sie erst in einem späteren Kj. gezahlt werden, der Stpfl. aber bereits in dem Kj., in dem die Belastung eingetreten ist, mit der Zahlung rechnen konnte (→ BFH vom 21. 8. 1974 – BStBl 1975 II S. 14). Werden Ersatzansprüche gegen Dritte nicht geltend gemacht, entfällt die Zwangsläufigkeit, wobei die Zumutbarkeit Umfang und Intensität der erforderlichen Rechtsverfolgung bestimmt (→ BFH vom 20. 9. 1991 – BStBl 1992 II S. 137 und vom 18. 6. 1997 – BStBl II S. 805). Der Verzicht auf die Inanspruchnahme von staatlichen Transferleistungen (z. B. Eingliederungshilfe nach § 35a SGB VIII) steht dem Abzug von Krankheitskosten als außergewöhnliche Belastungen nicht entgegen (→ BFH vom 11. 11. 2010 – BStBl 2011 II S. 969). Der Abzug von Aufwendungen nach § 33 EStG ist ferner ausgeschlossen, wenn der Stpfl. eine allgemein zugängliche und übliche Versicherungsmöglichkeit nicht wahrgenommen hat (→ BFH vom 6. 5. 1994 – BStBl 1995 II S. 104). Dies gilt auch, wenn lebensnotwendige Vermögensgegenstände, wie Hausrat und Kleidung wiederbeschafft werden müssen (→ BFH vom 26. 6. 2003 – BStBl 2004 II S. 47).

– **Hausratversicherung**

Anzurechnende Leistungen aus einer Hausratversicherung sind nicht aufzuteilen in einen Betrag, der auf allgemein notwendigen und angemessenen Hausrat entfällt, und in einen solchen, der die Wiederbeschaffung von Gegenständen und Kleidungsstücken gehobenen Anspruchs ermöglichen soll (→ BFH vom 30. 6. 1999 – BStBl II S. 766),

– **Krankenhaustagegeldversicherungen**

Bis zur Höhe der durch einen Krankenhausaufenthalt verursachten Kosten sind die Leistungen abzusetzen, nicht aber Leistungen aus einer Krankentagegeldversicherung (→ BFH vom 22. 10. 1971 – BStBl 1972 II S. 177).

– **Private Pflegezusatzversicherung**

Das aus einer privaten Pflegezusatzversicherung bezogene Pflege(tage)geld mindert die abziehbaren Pflegekosten (→ BFH vom 14. 4. 2011 – BStBl II S. 701).

Fahrtkosten, allgemein

Unumgängliche Fahrtkosten, die dem Grunde nach als außergewöhnliche Belastung zu berücksichtigen sind, sind bei Nutzung eines Pkw nur in Höhe der Kosten für die Benutzung eines öffentlichen Verkehrsmittels abziehbar, es sei denn, es bestand keine zumutbare öffentliche Verkehrsverbindung (→ BFH vom 3. 12. 1998 – BStBl 1999 II S. 227).

→ Fahrtkosten behinderter Menschen

→ Familienheimfahrten

→ Kur

→ Mittagheimfahrt

→ Pflegeaufwendungen für Dritte

→ Zwischenheimfahrten

Fahrtkosten behinderter Menschen

Kraftfahrzeugkosten behinderter Menschen können im Rahmen der Angemessenheit neben den Pauschbeträgen nur wie folgt berücksichtigt werden (→ BMF vom 29. 4. 1996 – BStBl I S. 446 und vom 21. 11. 2001 – BStBl I S. 868):

1. **Bei geh- und stehbehinderten Stpfl. (GdB von mindestens 80 oder GdB von mindestens 70 und Merkzeichen G):**

   Aufwendungen für durch die Behinderung veranlasste unvermeidbare Fahrten sind als außergewöhnliche Belastung anzuerkennen, soweit sie nachgewiesen oder glaubhaft gemacht werden und angemessen sind.

   Aus Vereinfachungsgründen kann im Allgemeinen ein Aufwand für Fahrten bis zu 3 000 km im Jahr als angemessen angesehen werden.

2. **Bei außergewöhnlich gehbehinderten (Merkzeichen aG), blinden (Merkzeichen Bl) und hilflosen (Merkzeichen H) Menschen:**

   In den Grenzen der Angemessenheit dürfen nicht nur die Aufwendungen für durch die Behinderung veranlasste unvermeidbare Fahrten, sondern auch für Freizeit-, Erholungs- und Besuchsfahrten abgezogen werden. Die tatsächliche Fahrleistung ist nachzuweisen oder glaubhaft zu machen. Eine Fahrleistung von mehr als 15 000 km im Jahr liegt in aller Regel nicht mehr im Rahmen des Angemessenen (→ BFH vom 2. 10. 1992 – BStBl 1993 II S. 286). Die Begrenzung auf jährlich 15 000 km gilt ausnahmsweise nicht, wenn die Fahrleistung durch eine berufsqualifizierende Ausbildung bedingt ist, die nach der Art und Schwere der Behinderung nur durch den Einsatz eines Pkw durchgeführt werden kann. In diesem Fall können weitere rein private Fahrten nur noch bis zu 5 000 km jährlich berücksichtigt werden (→ BFH vom 13. 12. 2001 – BStBl 2002 II S. 198).

3. Ein höherer Aufwand als 0,30 €/km ist unangemessen und darf deshalb im Rahmen des § 33 EStG nicht berücksichtigt werden (→ BFH vom 19. 5. 2004 – III R 16/02). Das gilt auch dann, wenn sich der höhere Aufwand wegen einer nur geringen Jahresfahrleistung ergibt (→ BFH vom 18. 12. 2003 – BStBl 2004 II S. 453).

Die Kosten können auch berücksichtigt werden, wenn sie nicht beim behinderten Menschen selbst, sondern bei einem Stpfl. entstanden sind, auf den der Behinderten-Pauschbetrag nach § 33b Abs. 5 EStG übertragen worden ist; das gilt jedoch nur für solche Fahrten, an denen der behinderte Mensch selbst teilgenommen hat (→ BFH vom 1. 8. 1975 – BStBl II S. 825).

Familienheimfahrten

Aufwendungen verheirateter Wehrpflichtiger für Familienheimfahrten sind keine außergewöhnliche Belastung berücksichtigt werden (→ BFH vom 5. 12. 1969 – BStBl 1970 II S. 210).

Formaldehydemission

→ Gesundheitsgefährdung

Freiwillige Ablösungen

von laufenden Kosten für die Anstaltsunterbringung eines pflegebedürftigen Kindes sind nicht zwangsläufig (→ BFH vom 14. 11. 1980 – BStBl 1981 II S. 130).

Gegenwert

– Die Erlangung eines Gegenwerts schließt insoweit die Belastung des Stpfl. aus. Einen Gegenwert liegt vor, wenn der betreffende Gegenstand oder die bestellte Leistung eine gewisse Marktfähigkeit besitzen, die in einem bestimmten Verkehrswert zum Ausdruck kommt (→ BFH vom 4. 3. 1983 – BStBl II S. 378 und vom 29. 11. 1991 – BStBl 1992 II S. 290). Bei der Beseitigung eingetretener Schäden an einem Vermögensgegenstand, der für den Stpfl. von existenziell wichtiger Bedeutung ist, ergibt sich ein Gegenwert nur hinsichtlich von Wertverbesserungen, nicht jedoch hinsichtlich des verlorenen Aufwandes (→ BFH vom 6. 5. 1994 – BStBl 1995 II S. 104).
– → Gesundheitsgefährdung
– → Behindertengerechte Ausstattung

Gesundheitsgefährdung

– Geht von einem Gegenstand des existenznotwendigen Bedarfs eine konkrete Gesundheitsgefährdung aus, die beseitigt werden muss (z. B. asbesthaltige Außenfassade des Hauses, Formaldehydemission von Möbeln), sind die Sanierungskosten und die Kosten für eine ordnungsgemäße Entsorgung des Schadstoffs aus tatsächlichen Gründen zwangsläufig entstanden. Die Sanierung muss im Zeitpunkt ihrer Durchführung unerlässlich sein. Die Gesundheitsgefährdung ist durch ein vor Durchführung der Maßnahme von einer zuständigen amtlichen technischen Stelle erstelltes Gutachten und bei Unterschreitung des Grenzwerts durch ein zusätzliches, vor Durchführung der Maßnahme einzuholendes amts- und vertrauensärztliches Attest nachzuweisen (→ BFH vom 9. 8. 2001 – BStBl 2002 II S. 240 und vom 23. 5. 2002 – BStBl II S. 592). Der Stpfl. ist verpflichtet, die medizinische Indikation der Maßnahmen nachzuweisen. Eines amts- oder vertrauensärztlichen Gutachtens bedarf es hierzu nicht (→ BFH vom 11. 11. 2010 – BStBl 2011 II S. 966).
– Tauscht der Stpfl. gesundheitsgefährdende Gegenstände des existenznotwendigen Bedarfs aus, steht der Gegenwertlehre dem Abzug der Aufwendungen nicht entgegen. Der sich aus der Erneuerung ergebende Vorteil ist jedoch anzurechnen („Neu für Alt") (→ BFH vom 11. 11. 2010 – BStBl 2011 II S. 966).
– → Mietzahlungen

Gutachter

Ergibt sich aus Gutachten die Zwangsläufigkeit von Aufwendungen gem. § 33 Abs. 2 EStG, können auch die Aufwendungen für das Gutachten berücksichtigt werden (→ BFH vom 23. 5. 2002 – BStBl II S. 592).

Haushaltsersparnis

Wird bei einer Heimunterbringung wegen Pflegebedürftigkeit der private Haushalt aufgelöst, können nur die über die üblichen Kosten der Unterhaltung eines Haushalts hinausgehenden Aufwendungen als außergewöhnliche Belastung berücksichtigt werden (→ BFH vom 22. 8. 1980 – BStBl 1981 II S. 23, vom 29. 9. 1989 – BStBl 1990 II S. 418 und vom 15. 4. 2010 – BStBl II S. 794). Kosten der Unterbringung in einem Krankenhaus können regelmäßig ohne Kürzung um eine Haushaltsersparnis als außergewöhnliche Belastung anerkannt werden.

Heileurythmie

Die Heileurythmie ist ein Heilmittel i. S. d. §§ 2 und 32 SGB V. Für den Nachweis der Zwangsläufigkeit von Aufwendungen im Krankheitsfall ist eine Verordnung eines Arztes oder Heilpraktikers nach § 64 Abs. 1 Nr. 1 EStDV ausreichend (→ BFH vom 26. 2. 2014 – BStBl II S. 824).

→ Wissenschaftlich nicht anerkannte Behandlungsmethoden

Heimunterbringung

– Aufwendungen eines nicht pflegebedürftigen Stpfl., der mit seinem pflegebedürftigen Ehegatten in ein Wohnstift übersiedelt, erwachsen nicht zwangsläufig (→ BFH vom 14. 11. 2013 – BStBl 2014 II S. 456).
– Bei einem durch Krankheit veranlassten Aufenthalt in einem Seniorenheim oder -wohnstift sind die Kosten für die Unterbringung außergewöhnliche Belastungen. Der Aufenthalt kann auch krankheitsbedingt sein, wenn keine zusätzlichen Pflegekosten entstanden sind und kein Merkmal „H" oder „Bl" im Schwerbehindertenausweis festgestellt ist. Die Unterbringungskosten sind nach Maßgabe der für Krankheitskosten geltenden Grundsätze als außergewöhnliche Belastungen zu berücksichtigen, soweit sie nicht außerhalb des Rahmens des Üblichen liegen (→ BFH vom 14. 11. 2013 – BStBl 2014 II S. 456).
– Kosten für die behinderungsbedingte Unterbringung in einer sozial-therapeutischen Einrichtung können außergewöhnliche Belastungen sein (→ BFH vom 9. 12. 2010 – BStBl 2011 II S. 1011).
– → H 33a.1 (Abgrenzung zu § 33 EStG)

Kapitalabfindung von Unterhaltsansprüchen

Der Abzug einer vergleichsweise vereinbarten Kapitalabfindung zur Abgeltung sämtlicher möglicherweise in der Vergangenheit entstandener und künftiger Unterhaltsansprüche eines geschiedenen Ehegatten scheidet in aller Regel wegen fehlender Zwangsläufigkeit aus (→ BFH vom 26. 2. 1998, BStBl II S. 605).

Krankenhaustagegeldversicherung

Die Leistungen sind von den berücksichtigungsfähigen Aufwendungen abzusetzen (→ BFH vom 22. 10. 1971 – BStBl 1972 II S. 177).

Krankentagegeldversicherung

Die Leistungen sind – im Gegensatz zu Leistungen aus einer Krankenhaustagegeldversicherung – kein Ersatz für Krankenhauskosten (→ BFH vom 22. 10. 1971 – BStBl 1972 II S. 177).

Krankenversicherungsbeiträge

Da Krankenversicherungsbeiträge ihrer Art nach Sonderausgaben sind, können sie auch bei an sich beihilfeberechtigten Angehörigen des öffentlichen Dienstes nicht als außergewöhnliche Belastung berücksichtigt werden, wenn der Stpfl. wegen seines von Kindheit an bestehenden Leidens keine Aufnahme in eine private Krankenversicherung gefunden hat (→ BFH vom 29. 11. 1991 – BStBl 1992 II S. 293).

Krankheitskosten

– einschließlich Zuzahlungen sind außergewöhnliche Belastungen. *Es ist verfassungsrechtlich nicht geboten, bei der einkommensteuerrechtlichen Berücksichtigung dieser Aufwendungen auf den Ansatz der zumutbaren Belastung zu verzichten* (→ BFH vom 2. 9. 2015 – BStBl 2016 II S. 151).
– für Unterhaltsberechtigte
Für einen Unterhaltsberechtigten aufgewendete Krankheitskosten können beim Unterhaltspflichtigen grundsätzlich nur insoweit als außergewöhnliche Belastung anerkannt werden, als der Unterhaltsberechtigte nicht in der Lage ist, die Krankheitskosten selbst zu tragen (→ BFH vom 11. 7. 1990 – BStBl 1991 II S. 62). Ein schwerbehindertes Kind, das angesichts der Schwere und der Dauer seiner Erkrankung seinen Grundbedarf und behinderungsbedingten Mehrbedarf nicht selbst zu decken in der Lage ist und bei dem ungewiss ist, ob sein Unterhaltsbedarf im Alter durch Leistungen Unterhaltspflichtiger gedeckt werden kann, darf jedoch zur Altersvorsorge maßvoll Vermögen bilden. Die das eigene Vermögen

des Unterhaltsempfängers betreffende Bestimmung des § 33a Abs. 1 Satz 4 EStG kommt im Rahmen des § 33 EStG nicht zur Anwendung (→ BFH vom 11. 2. 2010 – BStBl II S. 621).

Künstliche Befruchtung wegen Krankheit

– Aufwendungen für eine künstliche Befruchtung, die einem Ehepaar zu einem gemeinsamen Kind verhelfen soll, das wegen Empfängnisunfähigkeit der Ehefrau sonst von ihrem Ehemann nicht gezeugt werden könnte (homologe künstliche Befruchtung), können außergewöhnliche Belastungen sein (→ BFH vom 18. 6. 1997 – BStBl II S. 805). Dies gilt auch für ein nicht verheiratetes Paar, wenn die Richtlinien der ärztlichen Berufsordnungen beachtet werden; insbesondere eine fest gefügte Partnerschaft vorliegt und der Mann die Vaterschaft anerkennen wird (→ BFH vom 10. 5. 2007 – BStBl II S. 871).

– Aufwendungen eines Ehepaares für eine medizinisch angezeigte künstliche Befruchtung mit dem Samen eines Dritten (heterologe künstliche Befruchtung) sind als Krankheitskosten zu beurteilen und damit als außergewöhnliche Belastung zu berücksichtigen (→ BFH vom 16. 12. 2010 – BStBl 2011 S. 414).

– Aufwendungen für eine künstliche Befruchtung nach vorangegangener freiwilliger Sterilisation sind keine außergewöhnlichen Belastungen (→ BFH vom 3. 3. 2005 – BStBl II S. 566).

Kur

Kosten für eine Kurreise können als außergewöhnliche Belastung nur abgezogen werden, wenn die Kurreise zur Heilung oder Linderung einer Krankheit nachweislich notwendig ist und eine andere Behandlung nicht oder kaum erfolgversprechend erscheint (→ BFH vom 12. 6. 1991 – BStBl II S. 763).

– **Erholungsurlaub/Abgrenzung zur** Heilkur
Im Regelfall ist zur Abgrenzung einer Heilkur vom Erholungsurlaub ärztliche Überwachung zu fordern. Gegen die Annahme einer Heilkur kann auch die Unterbringung in einem Hotel oder Privatquartier anstatt in einem Sanatorium und die Vermittlung durch ein Reisebüro sprechen (→ BFH vom 12. 6. 1991 – BStBl II S. 763),

– **Fahrtkosten**
Als Fahrtkosten zum Kurort sind grundsätzlich die Kosten der öffentlichen Verkehrsmittel anzusetzen (→ BFH vom 12. 6. 1991 – BStBl II S. 763). Die eigenen Kfz-Kosten können nur ausnahmsweise berücksichtigt werden, wenn besondere persönliche Verhältnisse dies erfordern (→ BFH vom 30. 6. 1967 – BStBl III S. 655),
Aufwendungen für Besuchsfahrten zu in Kur befindlichen Angehörigen sind keine außergewöhnliche Belastung (→ BFH vom 16. 5. 1975 – BStBl II S. 536),

– **Nachkur**
Nachkuren in einem typischen Erholungsort sind auch dann nicht abziehbar, wenn sie ärztlich verordnet sind; dies gilt erst recht, wenn die Nachkur nicht unter einer ständigen ärztlichen Aufsicht in einer besonderen Kranken- oder Genesungsanstalt durchgeführt wird (→ BFH vom 4. 10. 1968 – BStBl 1969 II S. 179),

Medizinisch erforderliche auswärtige Unterbringung eines Kindes

Für den Begriff der „Behinderung" i. S. d. § 64 Abs. 1 Nr. 2 Satz 1 Buchst. c EStDV ist auf § 2 Abs. 1 SGB IX abzustellen. Danach sind Menschen behindert, wenn ihre körperliche Funktion, geistige Fähigkeit oder seelische Gesundheit mit hoher Wahrscheinlichkeit länger als sechs Monate von dem für das Lebensalter typischen Zustand abweichen und daher ihre Teilhabe am Leben in der Gesellschaft beeinträchtigt ist (→ BFH vom 18. 6. 2015 – BStBl 2016 II S. 40).

Medizinische Fachliteratur

Aufwendungen eines Stpfl. für medizinische Fachliteratur sind auch dann nicht als außergewöhnliche Belastungen zu berücksichtigen, wenn die Literatur dazu dient, die Entscheidung für eine bestimmte Therapie oder für die Behandlung durch einen bestimmten Arzt zu treffen (→ BFH vom 6. 4. 1990 – BStBl II S. 958, BFH vom 24. 10. 1995 – BStBl 1996 II S. 88).

Medizinische Hilfsmittel als Gebrauchsgegenstände des täglichen Lebens

Gebrauchsgegenstände des täglichen Lebens i. S. v. § 33 Abs. 1 SGB V sind nur solche technischen Hilfen, die getragen oder mit sich geführt werden können, um sich im jeweiligen Umfeld zu bewegen, zurechtzufinden und die elementaren Grundbedürfnisse des täglichen Lebens zu befriedigen. Ein Nachweis nach § 64 Abs. 1 Nr. 2 Satz 1 Buchst. e EStDV kann nur gefordert werden, wenn ein medizinisches Hilfsmittel diese Merkmale erfüllt. Ein Treppenlift erfüllt nicht die Anforderungen dieser Legaldefinition eines medizinischen Hilfsmittels, so dass die Zwangsläufigkeit von Aufwendungen für den Einbau eines Treppenlifts nicht formalisiert nachzuweisen ist (→ BFH vom 6. 2. 2014 – BStBl II S. 458).

Mietzahlungen

Mietzahlungen für eine ersatzweise angemietete Wohnung können als außergewöhnliche Belastung zu berücksichtigen sein, wenn eine Nutzung der bisherigen eigenen Wohnung wegen Einsturzgefahr amtlich untersagt ist. Dies gilt jedoch nur bis zur Wiederherstellung der Bewohnbarkeit oder bis zu dem Zeitpunkt, in dem der Stpfl. die Kenntnis erlangt, dass eine Wiederherstellung der Bewohnbarkeit nicht mehr möglich ist (→ BFH vom 21. 4. 2010 – BStBl II S. 965).

Mittagsheimfahrt

Aufwendungen für Mittagsheimfahrten stellen keine außergewöhnliche Belastung dar, auch wenn die Fahrten wegen des Gesundheitszustands oder einer Behinderung des Stpfl. angebracht oder erforderlich sind (→ BFH vom 4. 7. 1975 – BStBl II S. 738).

Nachweis der Zwangsläufigkeit von krankheitsbedingten Aufwendungen

Die in § 64 EStDV vorgesehenen Nachweise können nicht durch andere Unterlagen ersetzt werden (→ BFH vom 15. 1. 2015 – BStBl II S. 586).

Neben den Pauschbeträgen für behinderte Menschen zu berücksichtigende Aufwendungen

→ H 33b

Pflegeaufwendungen

– Ob die Pflegebedürftigkeit bereits vor Beginn des Heimaufenthalts oder erst später eingetreten ist, ist ohne Bedeutung (→ BMF vom 20. 1. 2003 – BStBl I S. 89).
– Aufwendungen wegen Pflegebedürftigkeit sind nur insoweit zu berücksichtigen, als die Pflegekosten die Leistungen der Pflegepflichtversicherung und das aus einer ergänzenden Pflegekrankenversicherung bezogene Pflege(tage)geld übersteigen (→ BFH vom 14. 4. 2011 – BStBl II S. 701).

Pflegeaufwendungen für Dritte

Pflegeaufwendungen (z. B. Kosten für die Unterbringung in einem Pflegeheim), die dem Stpfl. infolge der Pflegebedürftigkeit einer Person erwachsen, der gegenüber der Stpfl. zum Unterhalt verpflichtet ist (z. B. seine Eltern oder Kinder), können grundsätzlich als außergewöhnliche Belastungen abgezogen werden, sofern die tatsächlich angefallenen Pflegekosten von den reinen Unterbringungskosten abgegrenzt werden können (→ BFH vom 12. 11. 1996 – BStBl 1997 II S. 387). Zur Berücksichtigung von besonderem Unterhaltsbedarf einer unterhaltenen Person (z. B. wegen Pflegebedürftigkeit) neben typischen Unterhaltsaufwendungen → BMF vom 2. 12. 2002 (BStBl I S. 1389). Aufwendungen, die einem Stpfl. für die krankheitsbedingte Unterbringung eines Angehörigen in einem Heim entstehen, stellen als Krankheitskosten eine außergewöhnliche Belastung i. S. d. § 33 EStG dar (→ BFH vom 30. 6. 2011 – BStBl 2012 II S. 876). Ob die Pflegebedürftigkeit bereits vor Beginn des Heimaufenthalts oder erst später eingetreten ist, ist ohne Bedeutung (→ BMF vom 20. 1. 2003 – BStBl I S. 89). Abziehbar sind neben den Pflegekosten auch die im Vergleich zu den Kosten der normalen Haushaltsführung entstandenen Mehrkosten für Unterbringung und Verpflegung (→ BFH vom 30. 6. 2011 – BStBl 2012 II S. 876).
– **Fahrtkosten**
   Aufwendungen für Fahrten, um einen kranken Angehörigen, der im eigenen Haushalt lebt, zu betreuen und zu versorgen, können unter besonderen Umständen außergewöhnliche Belastungen sein. Die Fahrten dürfen nicht lediglich der allgemeinen Pflege verwandtschaftlicher Beziehungen dienen (→ BFH vom 6. 4. 1990 – BStBl II S. 958 und vom 22. 10. 1996 – BStBl 1997 II S. 558),
– **Übertragung des gesamten sicheren Vermögens**
   → R 33.3 Abs. 5,
   Aufwendungen für die Unterbringung und Pflege eines bedürftigen Angehörigen sind nicht als außergewöhnliche Belastung zu berücksichtigen, soweit der Stpfl. von dem Angehörigen

dessen gesamtes sicheres Vermögen in einem Zeitpunkt übernommen hat, als dieser sich bereits im Rentenalter befand (→ BFH vom 12. 11. 1996 – BStBl 1997 II S. 387),

– **Zwangsläufigkeit bei persönlicher Pflege**

Aufwendungen, die durch die persönliche Pflege eines nahen Angehörigen entstehen, sind nur dann außergewöhnliche Belastungen, wenn die Übernahme der Pflege unter Berücksichtigung der näheren Umstände des Einzelfalls aus rechtlichen oder sittlichen Gründen i. S. d. § 33 Abs. 2 EStG zwangsläufig ist. Allein das Bestehen eines nahen Verwandtschaftsverhältnisses reicht für die Anwendung des § 33 EStG nicht aus. Bei der erforderlichen Gesamtbewertung der Umstände des Einzelfalls sind u. a. der Umfang der erforderlichen Pflegeleistungen und die Höhe der für den Stpfl. entstehenden Aufwendungen zu berücksichtigen (→ BFH vom 22. 10. 1996 – BStBl 1997 II S. 558).

Rechtliche Pflicht

Zahlungen in Erfüllung rechtsgeschäftlicher Verpflichtungen erwachsen regelmäßig nicht zwangsläufig. Unter rechtliche Gründe i. S. v. § 33 Abs. 2 EStG fallen danach nur solche rechtlichen Verpflichtungen, die der Stpfl. nicht selbst gesetzt hat (→ BFH vom 18. 7. 1986 – BStBl II S. 745 und vom 19. 5. 1995 – BStBl II S. 774).

→ Kapitalabfindung von Unterhaltsansprüchen

Rentenversicherungsbeiträge

→ Sittliche Pflicht

Sanierung eines selbst genutzten Gebäudes

Aufwendungen für die Sanierung eines selbst genutzten Wohngebäudes, nicht aber die Kosten für übliche Instandsetzungs- und Modernisierungsmaßnahmen oder die Beseitigung von Baumängeln, können als außergewöhnliche Belastung abzugsfähig sein, wenn

– durch die Baumaßnahmen konkrete Gesundheitsgefährdungen abgewehrt werden z. B. bei einem asbestgedeckten Dach (→ BFH vom 29. 3. 2012 – BStBl II S. 570) → aber Asbestbeseitigung

– unausweichliche Schäden beseitigt werden, weil eine konkrete und unmittelbar bevorstehende Unbewohnbarkeit des Gebäudes droht und daraus eine aufwändige Sanierung folgt z. B. bei Befall eines Gebäudes mit Echtem Hausschwamm (→ BFH vom 29. 3. 2012 – BStBl II S. 572)

– vom Gebäude ausgehende unzumutbare Beeinträchtigungen behoben werden z. B. Geruchsbelästigungen (→ BFH vom 29. 3. 2012 – BStBl II S. 574)

Der Grund für die Sanierung darf weder beim Erwerb des Grundstücks erkennbar gewesen noch vom Grundstückseigentümer verschuldet worden sein. Auch muss der Stpfl. realisierbare Ersatzansprüche gegen Dritte verfolgen, bevor er seine Aufwendungen steuerlich geltend machen kann und er muss sich den aus der Erneuerung ergebenden Vorteil anrechnen lassen („Neu für Alt"). Die Zwangsläufigkeit der Aufwendungen ist anhand objektiver Kriterien nachzuweisen.

→ Gesundheitsgefährdung

Schadensersatzleistungen

können zwangsläufig sein, wenn der Stpfl. bei der Schädigung nicht vorsätzlich oder grob fahrlässig gehandelt hat (→ BFH vom 3. 6. 1982 – BStBl II S. 749).

Scheidungskosten

Kosten eines Scheidungsverfahrens fallen unter das Abzugsverbot für Prozesskosten gem. § 33 Abs. 2 Satz 4 EStG (→ BFH vom 18. 5. 2017 – BStBl II S. 988).

Schulbesuch

– Aufwendungen für den Privatschulbesuch eines Kindes werden durch die Vorschriften des Familienleistungsausgleichs und § 33a Abs. 2 EStG abgegolten und können daher grundsätzlich nur dann außergewöhnliche Belastungen sein, wenn es sich bei diesen Aufwendungen um unmittelbare Krankheitskosten handelt (→ BFH vom 17. 4. 1997 – BStBl II S. 752).

- Außergewöhnliche Belastungen liegen nicht vor, wenn ein Kind ausländischer Eltern, die sich nur vorübergehend im Inland aufhalten, eine fremdsprachliche Schule besucht (→ BFH vom 23. 11. 2000 – BStBl 2001 II S. 132).
- Aufwendungen für den Besuch einer Schule für Hochbegabte können außergewöhnliche Belastungen sein, wenn dies medizinisch angezeigt ist und es sich hierbei um unmittelbare Krankheitskosten handelt. Dies gilt auch für die Kosten einer auswärtigen der Krankheit geschuldeten Internatsunterbringung, selbst wenn diese zugleich der schulischen Ausbildung dient. Ein zusätzlicher Freibetrag nach § 33a Abs. 2 EStG kann nicht gewährt werden (→ BFH vom 12. 5. 2011 – BStBl II S. 783).
- → H 33a.2 (Auswärtige Unterbringung)

Sittliche Pflicht

Eine die Zwangsläufigkeit von Aufwendungen begründende sittliche Pflicht ist nur dann zu bejahen, wenn diese so unabdingbar auftritt, dass sie ähnlich einer Rechtspflicht von außen her als eine Forderung oder zumindest Erwartung der Gesellschaft derart auf den Stpfl. einwirkt, dass ihre Erfüllung als eine selbstverständliche Handlung erwartet und die Missachtung dieser Erwartung als moralisch anstößig empfunden wird, wenn das Unterlassen der Aufwendungen also Sanktionen im sittlich-moralischen Bereich oder auf gesellschaftlicher Ebene zur Folge haben kann (→ BFH vom 27. 10. 1989 – BStBl 1990 II S. 294 und vom 22. 10. 1996 – BStBl 1997 II S. 558). Die sittliche Pflicht gilt nur für unabdingbar notwendige Aufwendungen (→ BFH vom 12. 12. 2002 – BStBl 2003 II S. 299). Bei der Entscheidung ist auf alle Umstände des Einzelfalls, insbesondere die persönlichen Beziehungen zwischen den Beteiligten, ihre Einkommens- und Vermögensverhältnisse sowie die konkrete Lebenssituation, bei der Übernahme einer Schuld auch auf den Inhalt des Schuldverhältnisses abzustellen (→ BFH vom 24. 7. 1987 – BStBl II S. 715).

Die allgemeine sittliche Pflicht, in Not geratenen Menschen zu helfen, kann allein die Zwangsläufigkeit nicht begründen (→ BFH vom 8. 4. 1954 – BStBl III S. 188).

Zwangsläufigkeit kann vorliegen, wenn das Kind des Erblassers als Alleinerbe Nachlassverbindlichkeiten erfüllt, die auf existentiellen Bedürfnissen seines in Armut verstorbenen Elternteils unmittelbar vor oder im Zusammenhang mit dessen Tod beruhen (→ BFH vom 24. 7. 1987 – BStBl II S. 715).

Nachzahlungen zur Rentenversicherung eines Elternteils sind nicht aus sittlichen Gründen zwangsläufig, wenn auch ohne die daraus entstehenden Rentenansprüche der Lebensunterhalt des Elternteils sichergestellt ist (→ BFH vom 7. 3. 2002 – BStBl II S. 473).

Studiengebühren

Gebühren für die Hochschulausbildung eines Kindes sind weder nach § 33a Abs. 2 EStG noch nach § 33 EStG als außergewöhnliche Belastung abziehbar (→ BFH vom 17. 12. 2009 – BStBl 2010 II S. 341).

Trinkgelder

Trinkgelder sind nicht zwangsläufig i. S. d. § 33 Abs. 2 EStG und zwar unabhängig davon, ob die zugrunde liegende Leistung selbst als außergewöhnliche Belastung zu beurteilen ist (→ BFH vom 30. 10. 2003 – BStBl 2004 II S. 270 und vom 19. 4. 2012 – BStBl 2012 II S. 577).

Umschulungskosten

Kosten für eine Zweitausbildung sind dann nicht berücksichtigungsfähig, wenn die Erstausbildung nicht endgültig ihren wirtschaftlichen Wert verloren hat (→ BFH vom 28. 8. 1997 – BStBl 1998 II S. 183).

Umzug

Umzugskosten sind unabhängig von der Art der Wohnungskündigung durch den Mieter oder Vermieter in der Regel nicht außergewöhnlich (→ BFH vom 28. 2. 1975 – BStBl II S. 482 und vom 23. 6. 1978 – BStBl II S. 526).

Unterbringung eines nahen Angehörigen in einem Heim

→ BMF vom 2. 12. 2002 (BStBl I S. 1389)

Unterhaltsverpflichtung

→ Kapitalabfindung von Unterhaltsansprüchen

→ Pflegeaufwendungen für Dritte

Urlaubsreise

Aufwendungen für die Wiederbeschaffung von Kleidungsstücken, die dem Stpfl. auf einer Urlaubsreise entwendet wurden, können regelmäßig nicht als außergewöhnliche Belastung angesehen werden, weil üblicherweise ein notwendiger Mindestbestand an Kleidung noch vorhanden ist (→ BFH vom 3. 9. 1976 – BStBl II S. 712).

Verausgabung

Aus dem Zusammenhang der Vorschriften von § 33 Abs. 1 EStG und § 11 Abs. 2 Satz 1 EStG folgt, dass außergewöhnliche Belastungen für das Kj. anzusetzen sind, in dem die Aufwendungen tatsächlich geleistet worden sind (→ BFH vom 30. 7. 1982 – BStBl II S. 744 und vom 10. 6. 1988 – BStBl II S. 814). Dies gilt grundsätzlich auch, wenn die Aufwendungen (nachträgliche) Anschaffungs- oder Herstellungskosten eines mehrjährig nutzbaren Wirtschaftsguts darstellen (→ BFH vom 22. 10. 2009 – BStBl 2010 II S. 280).

→ Darlehen

→ Ersatz von dritter Seite

Verbraucherinsolvenzverfahren

Hat der Stpfl. die entscheidende Ursache für seine Zahlungsschwierigkeiten selbst gesetzt, kann die Insolvenztreuhändervergütung nicht als außergewöhnliche Belastung berücksichtigt werden (→ BFH vom 4. 8. 2016 – BStBl 2017 II S. 273).

Vermögensebene

Auch Kosten zur Beseitigung von Schäden an einem Vermögensgegenstand können Aufwendungen i. S. v. § 33 EStG sein, wenn der Vermögensgegenstand für den Stpfl. von existenziell wichtiger Bedeutung ist. Eine Berücksichtigung nach § 33 EStG scheidet aus, wenn Anhaltspunkte für ein Verschulden des Stpfl. erkennbar oder Ersatzansprüche gegen Dritte gegeben sind oder wenn der Stpfl. eine allgemein zugängliche und übliche Versicherungsmöglichkeit nicht wahrgenommen hat (→ BFH vom 6. 5. 1994 – BStBl 1995 II S. 104). Dies gilt auch, wenn lebensnotwendige Vermögensgegenstände, wie Hausrat und Kleidung wiederbeschafft werden müssen (→ BFH vom 26. 6. 2003 – BStBl 2004 II S. 47).

→ R 33.2

Verschulden

Ein eigenes (ursächliches) Verschulden des Stpfl. schließt die Berücksichtigung von Aufwendungen zur Wiederherstellung von Vermögensgegenständen nach § 33 EStG aus (→ BFH vom 6. 5. 1994 – BStBl 1995 II S. 104).

→ Vermögensebene

Versicherung

Eine Berücksichtigung von Aufwendungen zur Wiederherstellung von Vermögensgegenständen nach § 33 EStG scheidet aus, wenn der Stpfl. eine allgemein zugängliche und übliche Versicherungsmöglichkeit nicht wahrgenommen hat (→ BFH vom 6. 5. 1994 – BStBl 1995 II S. 104). Dies gilt auch, wenn lebensnotwendige Vermögensgegenstände, wie Hausrat und Kleidung wiederbeschafft werden müssen (→ BFH vom 26. 6. 2003 – BStBl 2004 II S. 47).

→ Ersatz von dritter Seite

→ Vermögensebene

→ Bestattungskosten

Wissenschaftlich nicht anerkannte Behandlungsmethoden

– Wissenschaftlich nicht anerkannt ist eine Behandlungsmethode dann, wenn Qualität und Wirksamkeit nicht dem allgemein anerkannten Stand der medizinischen Erkenntnisse entsprechen (→ BFH vom 26. 6. 2014 – BStBl 2015 II S. 9).

– Maßgeblicher Zeitpunkt für die wissenschaftliche Anerkennung einer Behandlungsmethode i. S. d. § 64 Abs. 1 Nr. 2 Satz 1 Buchst. f EStDV ist der Zeitpunkt der Behandlung (→ BFH vom 18. 6. 2015 – BStBl II S. 803).

– Die Behandlungsmethoden, Arznei- und Heilmittel der besonderen Therapierichtungen nach § 2 Abs. 1 Satz 2 SGB V (Phytotherapie, Homöopathie und Anthroposophie mit dem Heilmittel Heileurythmie) gehören nicht zu den wissenschaftlich nicht anerkannten Behandlungsmethoden. Der Nachweis der Zwangsläufigkeit von Aufwendungen im Krankheitsfall ist daher nicht nach § 64 Abs. 1 Nr. 2f EStDV zu führen. Sofern es sich um Aufwendungen für Arznei-, Heil- und Hilfsmittel handelt, ist der Nachweis der Zwangsläufigkeit nach § 64 Abs. 1 Nr. 1 EStDV zu erbringen (→ BFH vom 26. 2. 2014 – BStBl II S. 824).

– Bei einer Liposuktion handelt es sich um eine wissenschaftlich nicht anerkannte Methode zur Behandlung eines Lipödems (→ BFH vom 18. 6. 2015 – BStBl II S. 803).

Wohngemeinschaft

Nicht erstattete Kosten für die behinderungsbedingte Unterbringung eines Menschen im arbeitsfähigen Alter in einer betreuten Wohngemeinschaft können außergewöhnliche Belastungen sein. Werden die Unterbringungskosten als Eingliederungshilfe teilweise vom Sozialhilfeträger übernommen, kann die Notwendigkeit der Unterbringung unterstellt werden (→ BFH vom 23. 5. 2002 – BStBl II S. 567).

Zinsen

Zinsen für ein Darlehen können ebenfalls zu den außergewöhnlichen Belastungen zählen, soweit die Darlehensaufnahme selbst zwangsläufig erfolgt ist (→ BFH vom 6. 4. 1990 – BStBl II S. 958); sie sind im Jahr der Verausgabung abzuziehen.

Zumutbare Belastung

Die Höhe der zumutbaren Belastung (§ 33 Abs. 3 Satz 1 EStG) wird gestaffelt ermittelt. Nur der Teil des Gesamtbetrags der Einkünfte, der die jeweilige Betragsstufe übersteigt, wird mit dem jeweils höheren Prozentsatz belastet (→ BFH vom 19. 1. 2017 – BStBl II S. 684).

Zwischenheimfahrten

Fahrtkosten aus Anlass von Zwischenheimfahrten können grundsätzlich nicht berücksichtigt werden. Dies gilt nicht, wenn ein fünfjähriges Kind von einer Begleitperson zum Zwecke einer amtsärztlich bescheinigten Heilbehandlung von mehrstündiger Dauer gefahren und wieder abgeholt hat, wenn es der Begleitperson nicht zugemutet werden kann, die Behandlung abzuwarten (→ BFH vom 3. 12. 1998 – BStBl 1999 II S. 227).

R 33a.1. Aufwendungen für den Unterhalt und eine etwaige Berufsausbildung

Gesetzlich unterhaltsberechtigte Person

(1) [1]Gesetzlich unterhaltsberechtigt sind Personen, denen gegenüber der Stpfl. nach dem BGB oder dem LPartG unterhaltsverpflichtet ist. [2]Somit müssen die zivilrechtlichen Voraussetzungen eines Unterhaltsanspruchs vorliegen und die Unterhaltskonkurrenzen beachtet werden. [3]Für den Abzug ist dabei die tatsächliche Bedürftigkeit des Unterhaltsempfängers erforderlich (sog. konkrete Betrachtungsweise) [4]Eine Prüfung, ob im Einzelfall tatsächlich ein Unterhaltsanspruch besteht, ist aus Gründen der Verwaltungsvereinfachung nicht erforderlich, wenn die unterstützte Person unbeschränkt steuerpflichtig sowie dem Grunde nach (potenziell) unterhaltsberechtigt ist, tatsächlich Unterhalt erhält und alle übrigen Voraussetzungen des § 33a Abs. 1 EStG vorliegen; insoweit wird die Bedürftigkeit der unterstützten Person typisierend unterstellt. [5]Gehört die unterhaltsberechtigte Person zum Haushalt des Stpfl., kann regelmäßig davon ausgegangen werden, dass ihm dafür Unterhaltsaufwendungen in Höhe des maßgeblichen Höchstbetrags erwachsen.

Arbeitskraft und Vermögen

(2) [1]Die zu unterhaltende Person muß zunächst ihr eigenes Vermögen, wenn es nicht geringfügig ist, einsetzen und verwerten. [2]Hinsichtlich des vorrangigen Einsatzes und Verwertung der eigenen Arbeitskraft ist Absatz 1 Satz 4 entsprechend anzuwenden. [3]Als geringfügig kann in der Regel ein Vermögen bis zu einem gemeinen Wert (Verkehrswert) von 15 500 Euro angesehen werden. [3]Dabei bleiben außer Betracht:

1. Vermögensgegenstände, deren Veräußerung offensichtlich eine Verschleuderung bedeuten würde,

2. Vermögensgegenstände, die einen besonderen persönlichen Wert, z. B. Erinnerungswert, für den Unterhaltsempfänger haben oder zu seinem Hausrat gehören, und ein angemessenes Hausgrundstück im Sinne von § 90 Abs. 2 Nr. 8 SGB XII, wenn der Unterhaltsempfänger das Hausgrundstück allein oder zusammen mit Angehörigen bewohnt, denen es nach seinem Tode weiter als Wohnung dienen soll.

Einkünfte und Bezüge

(3) [1]Einkünfte sind stets in vollem Umfang zu berücksichtigen, also auch soweit sie zur Bestreitung des Unterhalts nicht zur Verfügung stehen oder die Verfügungsbefugnis beschränkt ist. [2]Dies gilt auch für Einkünfte, die durch unvermeidbare Versicherungsbeiträge des Kindes gebunden sind. [3]Bezüge i. S. v. § 33a Abs. 1 Satz 5 EStG sind alle Einnahmen in Geld oder Geldeswert, die nicht im Rahmen der einkommensteuerrechtlichen Einkunftsermittlung erfasst werden. [4]Zu diesen Bezügen gehören insbesondere:

1. Kapitalerträge i. S. d. § 32d Abs. 1 EStG ohne Abzug des Sparer-Pauschbetrags nach § 20 Abs. 9 EStG,

2. die nicht der Besteuerung unterliegenden Teile der Leistungen (§ 22 Nr. 1 Satz 3 Buchstabe a Doppelbuchstabe aa EStG) und die Teile der Leistungen, die den Ertragsanteil nach § 22 Nr. 1 Satz 3 Buchstabe a Doppelbuchstabe bb EStG übersteigen,

3. Einkünfte und Leistungen, soweit sie dem Progressionsvorbehalt unterliegen,

4. steuerfreie Einnahmen nach § 3 Nr. 1 Buchstabe a, Nr. 2b, 3, 5, 6, 11, 27, 44, 58 und § 3b EStG,

5. die nach § 3 Nr. 40 und 40a EStG steuerfrei bleibenden Beträge abzüglich der damit in Zusammenhang stehenden Aufwendungen i. S. d. § 3c EStG,

6. pauschal besteuerte Bezüge nach § 40a EStG,

7. Unterhaltsleistungen des geschiedenen oder dauernd getrennt lebenden Ehegatten, soweit sie nicht als sonstige Einkünfte i. S. d. § 22 Nr. 1a EStG erfasst sind,

8. Zuschüsse eines Trägers der gesetzlichen Rentenversicherung zu den Aufwendungen eines Rentners für seine Krankenversicherung.

[5]Bei der Feststellung der anzurechnenden Bezüge sind aus Vereinfachungsgründen insgesamt 180 Euro im Kalenderjahr abzuziehen, wenn nicht höhere Aufwendungen, die im Zusammenhang mit dem Zufluss der entsprechenden Einnahmen stehen, nachgewiesen oder glaubhaft gemacht werden. [6]Ein solcher Zusammenhang ist z. B. bei Kosten eines Rechtsstreits zur Erlangung der Bezüge und bei Kontoführungskosten gegeben.

Opfergrenze, Ländergruppeneinteilung

(4) [1]Die → Opfergrenze ist unabhängig davon zu beachten, ob die unterhaltene Person im Inland oder im Ausland lebt. [2]Die nach § 33a Abs. 1 Satz 6 EStG maßgeblichen Beträge sind anhand der → Ländergruppeneinteilung zu ermitteln.

Erhöhung des Höchstbetrages für Unterhaltsleistungen um Beiträge zur Kranken- und Pflegeversicherung

(5) [1]Der Höchstbetrag nach § 33a Abs. 1 Satz 1 EStG erhöht sich um die für die Absicherung der unterhaltsberechtigten Person aufgewandten Beiträge zur Kranken- und Pflegeversicherung nach § 10 Abs. 1 Nr. 3 EStG, wenn für diese beim Unterhaltsleistenden kein Sonderausgabenabzug möglich ist. [2]Dabei ist es nicht notwendig, dass die Beiträge tatsächlich von dem Unterhaltsverpflichteten gezahlt oder erstattet wurden. [3]Für diese Erhöhung des Höchstbetrages genügt es, wenn der Unterhaltsverpflichtete seiner Unterhaltsverpflichtung nachkommt. [4]Die Gewährung von Sachunterhalt (z. B. Unterkunft und Verpflegung) ist ausreichend.

H 33a.1

Allgemeines zum Abzug von Unterhaltsaufwendungen

Abziehbare Aufwendungen i. S. d. § 33a Abs. 1 Satz 1 EStG sind solche für den typischen Unterhalt, d. h. die üblichen für den laufenden Lebensunterhalt bestimmten Leistungen, sowie Aufwendungen für eine Berufsausbildung. Dazu können auch gelegentliche oder einmalige Leistungen gehören. Diese dürfen aber regelmäßig nicht als Unterhaltsleistungen für Vormonate und auch nicht zur Deckung des Unterhaltsbedarfs für das Folgejahr berücksichtigt werden (→ BFH vom 5. 5. 2010 – BStBl 2011 II S. 164 und vom 11. 11. 2010 – BStBl 2011 II S. 966). Den Aufwendungen für den typischen Unterhalt sind auch Krankenversicherungsbeiträge, deren Zahlung der Stpfl. übernommen hat, zuzurechnen (→ BFH vom 31. 10. 1973 – BStBl 1974 II S. 86). Eine Kapitalabfindung, mit der eine Unterhaltsverpflichtung abgelöst wird, kann nur im Rahmen des § 33a Abs. 1 EStG berücksichtigt werden (→ BFH vom 19. 6. 2008 – BStBl 2009 II S. 365).

Abgrenzung zu § 33 EStG

– Typische Unterhaltsaufwendungen – insbesondere für Ernährung, Kleidung, Wohnung, Hausrat und notwendige Versicherungen – können nur nach § 33a Abs. 1 EStG berücksichtigt werden. Erwachsen dem Stpfl. außer Aufwendungen für den typischen Unterhalt und eine Berufsausbildung Aufwendungen für einen besonderen Unterhaltsbedarf der unterhaltenen Person, z. B. Krankheitskosten, so kommt dafür eine Steuerermäßigung nach § 33 EStG in Betracht (→ BFH vom 19. 6. 2008 – BStBl 2009 II S. 365 und BMF vom 2. 12. 2002 – BStBl I S. 1389).

– Aufwendungen für die krankheitsbedingte Unterbringung von Angehörigen in einem Altenpflegeheim fallen unter § 33 EStG, während Aufwendungen für deren altersbedingte Heimunterbringung nur nach § 33a Abs. 1 EStG berücksichtigt werden können (→ BFH vom 30. 6. 2011 – BStBl 2012 II S. 876).

– Zur Berücksichtigung von Aufwendungen wegen Pflegebedürftigkeit und erheblich eingeschränkter Alltagskompetenz → R 33.3, von Aufwendungen wegen Krankheit und Behinderung → R 33.4 und von Aufwendungen für existentiell notwendige Gegenstände → R 33.2.

Anrechnung eigener Einkünfte und Bezüge

– **Allgemeines**

Leistungen des Stpfl., die neben Unterhaltsleistungen aus einem anderen Rechtsgrund (z. B. Erbauseinandersetzungsvertrag) erbracht werden, gehören zu den anzurechnenden Einkünften und Bezügen der unterhaltenen Person (BFH vom 17. 10. 1980 – BStBl 1981 II S. 158)

– **Ausbildungshilfen**

Ausbildungshilfen der Agentur für Arbeit mindern nur dann den Höchstbetrag des § 33a Abs. 1 EStG bei den Eltern, wenn sie Leistungen abdecken, zu denen die Eltern gesetzlich verpflichtet sind. Eltern sind beispielsweise nicht verpflichtet, ihrem Kind eine zweite Ausbildung zu finanzieren, der sich das Kind nachträglich nach Beendigung der ersten Ausbildung unterziehen will. Erhält das Kind in diesem Fall Ausbildungshilfen zur Finanzierung von Lehrgangsgebühren, Fahrtkosten oder Arbeitskleidung, sind diese nicht auf den Höchstbetrag anzurechnen (→ BFH vom 4. 12. 2001 – BStBl 2002 II S. 195). Der Anspruch auf kindergeldähnliche Leistungen nach ausländischem Recht steht dem Kindergeldanspruch gleich (→ BFH vom 4. 12. 2003 – BStBl 2004 II S. 275).

– **Einkünfte und Bezüge**

– → R 33a.1 Abs. 3

– *Unvermeidbare Versicherungsbeiträge der unterhaltenen Person mindern die anzurechnenden Einkünfte i. S. d. § 33a Abs. 1 Satz 5 EStG nicht. Verfassungsrechtliche Bedenken hiergegen bestehen nicht (→ BFH vom 18. 6. 2015 – BStBl II S. 928).*

– *Elterngeld*

Das Elterngeld zählt in vollem Umfang und damit einschließlich des Sockelbetrags (§ 2 Abs. 4 BEEG) zu den anrechenbaren Bezügen (→ BFH vom 20. 10. 2016 – BStBl 2017 II S. 194).

– **Leistungen für Mehrbedarf bei Körperschaden**

Leistungen, die nach bundes- oder landesgesetzlichen Vorschriften gewährt werden, um einen Mehrbedarf zu decken, der durch einen Körperschaden verursacht ist, sind keine anzurechnenden Bezüge (→ BFH vom 22. 7. 1988 – BStBl II S. 830).

– **Zusammenfassendes Beispiel für die Anrechnung:** Ein Stpfl. unterhält seinen 35-jährigen Sohn mit 150 € monatlich. Dieser erhält Arbeitslohn von jährlich 7 200 €. Davon wurden gesetzliche Sozialversicherungsbeiträge i. H. v. *1 459* € abgezogen (Krankenversicherung 568 €, Rentenversicherung *673* €, Pflegeversicherung *110* € und Arbeitslosenversicherung *108* €). Daneben erhält er seit seinem 30. Lebensjahr eine lebenslängliche Rente aus einer privaten Unfallversicherung i. H. v. 150 € monatlich.

Tatsächliche Unterhaltsleistungen			1 800 €
Ungekürzter Höchstbetrag			*8 820* €
Erhöhungsbetrag nach § 33a Abs. 1 Satz 2 EStG			
Krankenversicherung	568 €		
abzüglich 4 %	– 22 €		
(→ BMF vom *24. 5. 2017 – BStBl I S. 820*, *Rz. 83*, → *Anhang 2 VI 1.*)			
verbleiben	546 €	546 €	
Pflegeversicherung	*110* €	*110* €	
Erhöhungsbetrag			*656* €
Ungekürzter Höchstbetrag und Erhöhungsbetrag gesamt			*9 476* €
Einkünfte des Sohnes			
Arbeitslohn	7 200 €		
Arbeitnehmer-Pauschbetrag	1 000 €	1 000 €	
Einkünfte i. S. d. § 19 EStG	6 200 €	6 200 €	
Leibrente	1 800 €		
Hiervon Ertragsanteil 44 %	792 €		
Werbungskosten-Pauschbetrag	102 €	102 €	
Einkünfte i. S. d. § 22 EStG	690 €	690 €	
S.d.E.		6 890 €	
Bezüge des Sohnes			
Steuerlich nicht erfasster Teil der Rente	1 008 €		
Kostenpauschale	180 €	180 €	
Bezüge	828 €	828 €	
S.d.E. und Bezüge		7 718 €	
anrechnungsfreier Betrag		– 624 €	
anzurechnende Einkünfte		7 094 €	– 7 094 €
Höchstbetrag			*2 382* €
Abzugsfähige Unterhaltsleistungen			1 800 €

– **Zuschüsse**
Zu den ohne anrechnungsfreien Betrag anzurechnenden Zuschüssen gehören z. B. die als Zuschuss gewährten Leistungen nach dem BAföG, nach dem SGB III gewährte Berufsausbildungsbeihilfen und Ausbildungsgelder sowie Stipendien aus öffentlichen Mitteln. Dagegen sind Stipendien aus dem ERASMUS/SOKRATES-Programm der EU nicht anzurechnen, da die Stipendien nicht die üblichen Unterhaltsaufwendungen, sondern allein die anfallenden Mehrkosten eines Auslandsstudiums (teilweise) abdecken (→ BFH vom 17. 10. 2001 – BStBl 2002 II S. 793).

Geringes Vermögen („Schonvermögen")

– Nicht gering kann auch Vermögen sein, das keine anzurechnenden Einkünfte abwirft; Vermögen ist auch dann zu berücksichtigen, wenn es die unterhaltene Person für ihren künftigen Unterhalt benötigt (→ BFH vom 14. 8. 1997 – BStBl 1998 II S. 241).
– Bei Ermittlung des für den Unterhaltshöchstbetrag schädlichen Vermögens sind Verbindlichkeiten und Verwertungshindernisse vom Verkehrswert der aktiven Vermögensgegenstände, der mit dem gemeinen Wert nach dem BewG zu ermitteln ist, in Abzug zu bringen (Nettovermögen) (→ BFH vom 11. 2. 2010 – BStBl II S. 628). Wertmindernd zu berücksichtigen sind dabei auch ein Nießbrauchsvorbehalt sowie ein dinglich gesichertes Veräußerungs- und Belastungsverbot (→ BFH vom 29. 5. 2008 – BStBl 2009 II S. 361).
– Die Bodenrichtwerte nach dem BauGB sind für die Ermittlung des Verkehrswertes von Grundvermögen i. S. d. § 33a EStG nicht verbindlich (→ BFH vom 11. 2. 2010 – BStBl II S. 628).

– Ein angemessenes Hausgrundstück i. S. d. § 90 Abs. 2 Nr. 8 SGB XII bleibt außer Betracht (→ R 33a.1 Abs. 2).

§ 90 Abs. 2 Nr. 8 SGB XII hat folgenden Wortlaut:

„Einzusetzendes Vermögen

. . .

(2) Die Sozialhilfe darf nicht abhängig gemacht werden vom Einsatz oder von der Verwertung

. . .

8. eines angemessenen Hausgrundstücks, das von der nachfragenden Person oder einer anderen in den § 19 Abs. 1 bis 3 genannten Person allein oder zusammen mit Angehörigen ganz oder teilweise bewohnt wird und nach ihrem Tod von ihren Angehörigen bewohnt werden soll. Die Angemessenheit bestimmt sich nach der Zahl der Bewohner, dem Wohnbedarf (zum Beispiel behinderter, blinder oder pflegebedürftiger Menschen), der Grundstücksgröße, der Hausgröße, dem Zuschnitt und der Ausstattung des Wohngebäudes sowie dem Wert des Grundstücks einschließlich des Wohngebäudes,"

Geschiedene oder dauernd getrennt lebende Ehegatten

Durch Antrag und Zustimmung nach § 10 Abs. 1a Nr. 1 EStG werden alle in dem betreffenden VZ geleisteten Unterhaltsaufwendungen zu Sonderausgaben umqualifiziert. Ein Abzug als außergewöhnliche Belastung ist nicht möglich, auch nicht, soweit sie den für das Realsplitting geltenden Höchstbetrag übersteigen (→ BFH vom 7. 11. 2000 – BStBl 2001 II S. 338). Sind für das Kj. der Trennung oder Scheidung die Vorschriften über die Ehegattenbesteuerung (§§ 26 bis 26b, § 32a Abs. 5 EStG) anzuwenden, dann können Aufwendungen für den Unterhalt des dauernd getrennt lebenden oder geschiedenen Ehegatten nicht nach § 33a Abs. 1 EStG abgezogen werden (→ BFH vom 31. 5. 1989 – BStBl II S. 658).

Gleichgestellte Person

→ BMF vom 7. 6. 2010 (BStBl I S. 582)

Haushaltsgemeinschaft

Lebt der Unterhaltsberechtigte mit bedürftigen Angehörigen in einer Haushaltsgemeinschaft und wird seine Rente bei der Berechnung der Sozialhilfe als Einkommen der Haushaltsgemeinschaft angerechnet, ist die Rente nur anteilig auf den Höchstbetrag des § 33a Abs. 1 Satz 1 EStG anzurechnen. In diesem Fall sind die Rente und die Sozialhilfe nach Köpfen aufzuteilen (→ BFH vom 19. 6. 2002 – BStBl II S. 753).

Heimunterbringung

→ Personen in einem Altenheim oder Altenwohnheim

Ländergruppeneinteilung

→ BMF vom **20. 10. 2016 (BStBl I S. 1183)**

Opfergrenze

→ BMF vom 7. 6. 2010 (BStBl I S. 582), Rz. 10 – 12

Personen in einem Altenheim oder Altenwohnheim

Zu den Aufwendungen für den typischen Unterhalt gehören grundsätzlich auch Kosten der Unterbringung in einem Altenheim oder Altenwohnheim (→ BFH vom 29. 9. 1989 – BStBl 1990 II S. 418).

Personen im Ausland

– Zur Berücksichtigung von Aufwendungen für den Unterhalt → BMF vom 7. 6. 2010 (BStBl I S. 588)
– Ländergruppeneinteilung → BMF vom **20. 10. 2016 (BStBl I S. 1183)**

Personen mit einer Aufenthaltserlaubnis nach § 23 Aufenthaltsgesetz

→ BMF vom 27. 5. 2015 (BStBl I S. 474)

Unterhalt für mehrere Personen

Unterhält der Steuerpflichtige mehrere Personen, die einen gemeinsamen Haushalt führen, so ist der nach § 33a Abs. 1 EStG abziehbare Betrag grundsätzlich für jede unterhaltene Person getrennt zu ermitteln. Der insgesamt nachgewiesene Zahlungsbetrag ist unterschiedslos nach Köpfen aufzuteilen (→ BFH vom 12. 11. 1993 – BStBl 1994 II S. 731 und BMF vom 7. 6. 2010 – BStBl I S. 588, Rz. 19). Handelt es sich bei den unterhaltenen Personen um in Haushaltsgemeinschaft lebende Ehegatten, z. B. Eltern, so sind die Einkünfte und Bezüge zunächst für jeden Ehegatten gesondert festzustellen und sodann zusammenzurechnen. Die zusammengerechneten Einkünfte und Bezüge sind um 1 248 € (zweimal 624 €) zu kürzen. Der verbleibende Betrag ist von der Summe der beiden Höchstbeträge abzuziehen (→ BFH vom 15. 11. 1991 – BStBl 1992 II S. 245).

Unterhaltsanspruch der Mutter bzw. des Vaters eines nichtehelichen Kindes

§ 1615l BGB:
„(1) ¹Der Vater hat der Mutter für die Dauer von sechs Wochen vor und acht Wochen nach der Geburt des Kindes Unterhalt zu gewähren. ²Dies gilt auch hinsichtlich der Kosten, die infolge der Schwangerschaft oder der Entbindung außerhalb dieses Zeitraums entstehen.
(2) ¹Soweit die Mutter einer Erwerbstätigkeit nicht nachgeht, weil sie infolge der Schwangerschaft oder einer durch die Schwangerschaft oder die Entbindung verursachten Krankheit dazu außerstande ist, ist der Vater verpflichtet, ihr über die in Absatz 1 Satz 1 bezeichnete Zeit hinaus Unterhalt zu gewähren. ²Das Gleiche gilt, soweit von der Mutter wegen der Pflege oder Erziehung des Kindes eine Erwerbstätigkeit nicht erwartet werden kann, ³Die Unterhaltspflicht beginnt frühestens vier Monate vor der Geburt und besteht für mindestens drei Jahre nach der Geburt. ⁴Sie verlängert sich, solange und soweit dies der Billigkeit entspricht. ⁵Dabei sind insbesondere die Belange des Kindes und die bestehenden Möglichkeiten der Kinderbetreuung zu berücksichtigen.
(3) ¹Die Vorschriften über die Unterhaltspflicht zwischen Verwandten sind entsprechend anzuwenden. ²Die Verpflichtung des Vaters geht der Verpflichtung der Verwandten der Mutter vor. ³§ 1613 Abs. 2 gilt entsprechend. ⁴Der Anspruch erlischt nicht mit dem Tod des Vaters.
(4) ¹Wenn der Vater das Kind betreut, steht ihm der Anspruch nach Absatz 2 Satz 2 gegen die Mutter zu. ²In diesem Falle gilt Absatz 3 entsprechend."

Der gesetzliche Unterhaltsanspruch der Mutter eines nichtehelichen Kindes gegenüber dem Kindsvater nach § 1615l BGB ist vorrangig gegenüber der Unterhaltsverpflichtung ihrer Eltern mit der Folge, dass für die Kindsmutter der Anspruch ihrer Eltern auf Kindergeld oder Freibeträge für Kinder erlischt und für die Unterhaltsleistungen des Kindsvaters an sie eine Berücksichtigung nach § 33a Abs. 1 EStG in Betracht kommt (→ BFH vom 19. 5. 2004 – BStBl II S. 943).

Unterhaltsberechtigung

– Dem Grunde nach gesetzlich unterhaltsberechtigt sind nach § 1601 BGB Verwandte in gerader Linie i. S. d. § 1589 Satz 1 BGB wie z. B. Kinder, Enkel, Eltern und Großeltern, sowie nach §§ 1360 ff., 1570 BGB Ehegatten untereinander. Voraussetzung für die Annahme einer gesetzlichen Unterhaltsberechtigung i. S. d. § 33a Abs. 1 EStG ist die tatsächliche Bedürftigkeit des Unterhaltsempfängers i. S. d. § 1602 BGB. Nach der sog. konkreten Betrachtungsweise kann die Bedürftigkeit des Unterhaltsempfängers nicht typisierend unterstellt werden. Dies führt dazu, dass die zivilrechtlichen Voraussetzungen eines Unterhaltsanspruchs (§§ 1601 – 1603 BGB) vorliegen müssen und die Unterhaltskonkurrenzen (§§ 1606 und 1608 BGB) zu beachten sind (→ BMF vom 7. 6. 2010 – BStBl I S. 588, Rz. 8 und BFH vom 5. 5. 2010 – BStBl 2011 II S. 116).
– Bei landwirtschaftlich tätigen Angehörigen greift die widerlegbare Vermutung, dass diese nicht unterhaltsbedürftig sind, soweit der landwirtschaftliche Betrieb in einem nach den Verhältnissen des Wohnsitzstaates üblichen Umfang und Rahmen betrieben wird (→ BFH vom 5. 5. 2010 – BStBl 2011 II S. 116).
– Für Inlandssachverhalte gilt die Vereinfachungsregelung in R 33a Abs. 1 Satz 4 EStR.
– Die Unterhaltsberechtigung muss gegenüber dem Stpfl. oder seinem Ehegatten bestehen. Die Voraussetzungen für eine Ehegattenveranlagung nach § 26 Abs. 1 Satz 1 EStG müssen nicht gegeben sein (→ BFH vom 27. 7. 2011 – BStBl II S. 965).

R 33a.2. Freibetrag zur Abgeltung des Sonderbedarfs eines sich in Berufsausbildung befindenden, auswärtig untergebrachten, volljährigen Kindes

Allgemeines

(1) ¹Den Freibetrag nach § 33a Abs. 2 EStG kann nur erhalten, wer für das in Berufsausbildung befindliche Kind einen Anspruch auf einen Freibetrag nach § 32 Abs. 6 EStG oder Kindergeld hat. ²Der Freibetrag nach § 33a Abs. 2 EStG kommt daher für Kinder i. S. d. § 63 Abs. 1 EStG in Betracht.

Auswärtige Unterbringung

(2) ¹Eine auswärtige Unterbringung i. S. d. § 33a Abs. 2 Satz 1 EStG liegt vor, wenn ein Kind außerhalb des Haushalts der Eltern wohnt. ²Dies ist nur anzunehmen, wenn für das Kind außerhalb des Haushalts der Eltern eine Wohnung ständig bereitgehalten und das Kind auch außerhalb des elterlichen Haushalts verpflegt wird. ³Seine Unterbringung muss darauf angelegt sein, die räumliche Selbständigkeit des Kindes während seiner ganzen Ausbildung, z. B. eines Studiums, oder eines bestimmten Ausbildungsabschnitts, z. B. eines Studiensemesters oder -trimesters, zu gewährleisten. ⁴Voraussetzung ist, dass die auswärtige Unterbringung auf eine gewisse Dauer angelegt ist. ⁵Auf die Gründe für die auswärtige Unterbringung kommt es nicht an.

H 33a.2

Auswärtige Unterbringung

– **Asthma**
  Keine auswärtige Unterbringung des Kindes wegen Asthma (→ BFH vom 26. 6. 1992 – BStBl 1993 II S. 212),
– **Aufwendungen für den Schulbesuch als außergewöhnliche Belastungen**
  Werden die Aufwendungen für den Schulbesuch als außergewöhnliche Belastungen berücksichtigt, kann kein zusätzlicher Freibetrag nach § 33a Abs. 2 EStG gewährt werden (→ BFH vom 12. 5. 2011 – BStBl II S. 783).
– **Getrennte Haushalte beider Elternteile**
  Auswärtige Unterbringung liegt nur vor, wenn das Kind aus den Haushalten beider Elternteile ausgegliedert ist (→ BFH vom 5. 2. 1988 – BStBl II S. 579),
– **Haushalt des Kindes in Eigentumswohnung des Stpfl.**
  Auswärtige Unterbringung liegt vor, wenn das Kind in einer Eigentumswohnung des Stpfl. einen selbständigen Haushalt führt (→ BFH vom 26. 1. 1994 – BStBl II S. 544 und vom 25. 1. 1995 – BStBl II S. 378). Ein Freibetrag gem. § 33a Abs. 2 EStG wegen auswärtiger Unterbringung ist ausgeschlossen, wenn die nach dem EigZulG begünstigte Wohnung als Teil eines elterlichen Haushalts anzusehen ist (→ BMF vom 21. 12. 2004 – BStBl 2005 I S. 305, Rz. 63),
– **Klassenfahrt**
  Keine auswärtige Unterbringung, da es an der erforderlichen Dauer fehlt (→ BFH vom 5. 11. 1982 – BStBl 1983 II S. 109),
– **Legasthenie**
  Werden Aufwendungen für ein an Legasthenie leidendes Kind als außergewöhnliche Belastung i. S. d. § 33 EStG berücksichtigt (→ § 64 Abs. 1 Nr. 2 Buchstabe c EStDV), ist daneben ein Freibetrag nach § 33a Abs. 2 EStG wegen auswärtiger Unterbringung des Kindes nicht möglich (→ BFH vom 26. 6. 1992 – BStBl 1993 II S. 278),
– **Praktikum**
  Keine auswärtige Unterbringung bei Ableistung eines Praktikums außerhalb der Hochschule, wenn das Kind nur dazu vorübergehend auswärtig untergebracht ist (→ BFH vom 20. 5. 1994 – BStBl II S. 887),
– **Sprachkurs**
  Keine auswärtige Unterbringung bei dreiwöchigem Sprachkurs (→ BFH vom 29. 9. 1989 – BStBl 1990 II S. 62),
– **Verheiratetes Kind**
  Auswärtige Unterbringung liegt vor, wenn ein verheiratetes Kind mit seinem Ehegatten eine eigene Wohnung bezogen hat (→ BFH vom 8. 2. 1974 – BStBl II S. 299).

Freiwilliges soziales Jahr

Die Tätigkeit im Rahmen eines freiwilligen sozialen Jahres ist grundsätzlich nicht als Berufsausbildung zu beurteilen (→ BFH vom 24. 6. 2004 – BStBl 2006 II S. 294).

Ländergruppeneinteilung

→ BMF vom *20. 10. 2016 (BStBl I S. 1183)*

Studiengebühren

Gebühren für die Hochschulausbildung eines Kindes sind weder nach § 33a Abs. 2 EStG noch nach § 33 EStG als außergewöhnliche Belastung abziehbar (→ BFH vom 17. 12. 2009 – BStBl 2010 II S. 341).

R 33a.3. Zeitanteilige Ermäßigung nach § 33a Abs. 3 EStG

Ansatz bei unterschiedlicher Höhe des Höchstbetrags nach § 33a Abs. 1 EStG oder des Freibetrags nach § 33a Abs. 2 EStG

(1) Ist in einem Kalenderjahr der Höchstbetrag nach § 33a Abs. 1 EStG oder der Freibetrag nach § 33a Abs. 2 EStG in unterschiedlicher Höhe anzusetzen, z. B. bei Anwendung der Ländergruppeneinteilung für einen Teil des Kalenderjahres, wird für den Monat, in dem die geänderten Voraussetzungen eintreten, der jeweils höhere Betrag angesetzt.

Aufteilung der eigenen Einkünfte und Bezüge

(2) ¹Der Jahresbetrag der eigenen Einkünfte und Bezüge ist für die Anwendung des § 33a Abs. 3 Satz 2 EStG wie folgt auf die Zeiten innerhalb und außerhalb des Unterhaltszeitraums aufzuteilen:

1. Einkünfte aus nichtselbständiger Arbeit, sonstige Einkünfte sowie Bezüge nach dem Verhältnis der in den jeweiligen Zeiträumen zugeflossenen Einnahmen; die Grundsätze des § 11 Abs. 1 EStG gelten entsprechend; Pauschbeträge nach § 9a EStG und die Kostenpauschale nach R 33a.1 Abs. 3 Satz 5 sind hierbei zeitanteilig anzusetzen;
2. andere Einkünfte auf jeden Monat des Kalenderjahres mit einem Zwölftel.

²Der Stpfl. kann jedoch nachweisen, dass eine andere Aufteilung wirtschaftlich gerechtfertigt ist, wie es z. B. der Fall ist, wenn bei Einkünften aus selbständiger Arbeit die Tätigkeit erst im Laufe des Jahres aufgenommen wird oder wenn bei Einkünften aus nichtselbständiger Arbeit im Unterhaltszeitraums höhere Werbungskosten angefallen sind als bei verhältnismäßiger bzw. zeitanteiliger Aufteilung darauf entfallen würden.

H 33a.3

Allgemeines

– Der Höchstbetrag für den Abzug von Unterhaltsaufwendungen (§ 33a Abs. 1 EStG) und der Freibetrag nach § 33a Abs. 2 EStG sowie der anrechnungsfreie Betrag nach § 33a Abs. 1 Satz 5 EStG ermäßigen sich für jeden vollen Kalendermonat, in dem die Voraussetzungen für die Anwendung der betreffenden Vorschrift nicht vorgelegen haben, um je ein Zwölftel (§ 33a Abs. 3 Satz 1 EStG). Erstreckt sich das Studium eines Kindes einschließlich der unterrichts- und vorlesungsfreien Zeit über den ganzen VZ, so kann davon ausgegangen werden, dass beim Stpfl. in jedem Monat Aufwendungen anfallen, so dass § 33a Abs. 3 Satz 1 EStG nicht zur Anwendung kommt (→ BFH vom 22. 3. 1996 – BStBl 1997 II S. 30).
– Eigene Einkünfte und Bezüge der unterhaltenen Person sind nur anzurechnen, soweit sie auf den Unterhaltszeitraum entfallen (§ 33a Abs. 3 Satz 2 EStG). Leisten Eltern Unterhalt an ihren Sohn nur während der Dauer seines Wehrdienstes, unterbleibt die Anrechnung des Entlassungsgeldes nach § 9 des Wehrsoldgesetzes, da es auf die Zeit nach Beendigung des Wehrdienstes entfällt (→ BFH vom 26. 4. 1991 – BStBl II S. 716).

Beispiel für die Aufteilung eigener Einkünfte und Bezüge auf die Zeiten innerhalb und außerhalb des Unterhaltszeitraums:

Der Stpfl. unterhält seine allein stehende, im Inland lebende Mutter vom 15. April bis 15. September (Unterhaltszeitraum) mit insgesamt *3 500* €. Die Mutter bezieht ganzjährig eine monatliche Rente aus der gesetzlichen Rentenversicherung von 200 € (Besteuerungsanteil 50 %). Außerdem hat sie im Kj. Einkünfte aus Vermietung und Verpachtung in Höhe von 1 050 €.

Höchstbetrag für das Kj. *8 820* € (§ 33a Abs. 1 Satz 1 EStG)

anteiliger Höchstbetrag für April bis September (6/12 von *8 820* € =)   *4 410* €

Eigene Einkünfte der Mutter im Unterhaltszeitraum:		
Einkünfte aus Leibrenten		
Besteuerungsanteil 50 % von 2 400 € =	1 200 €	
abzgl. Werbungskosten-Pauschbetrag (§ 9a Satz 1 Nr. 3 EStG)	– 102 €	
Einkünfte	1 098 €	
auf den Unterhaltszeitraum entfallen $^6/_{12}$		549 €
Einkünfte aus V + V	1 050 €	
auf den Unterhaltszeitraum entfallen $^6/_{12}$		525 €
S. d. E. im Unterhaltszeitraum		1 074 €
Eigene Bezüge der Mutter im Unterhaltszeitraum:		
steuerfreier Teil der Rente	1 200 €	
abzgl. Kostenpauschale	– 180 €	
verbleibende Bezüge	1 020 €	
auf den Unterhaltszeitraum entfallen $^6/_{12}$		510 €
Summe der eigenen Einkünfte und Bezüge im Unterhaltszeitraum		1 584 €
abzgl. anteil. anrechnungsfreier Betrag ($^6/_{12}$ von 624 € =)		– 312 €
anzurechnende Einkünfte und Bezüge		1 272 €	– 1 272 €
abzuziehender Betrag		**3 318 €**

Besonderheiten bei Zuschüssen

Als Ausbildungshilfe bezogene Zuschüsse jeglicher Art, z. B. Stipendien für ein Auslandsstudium aus öffentlichen oder aus privaten Mitteln, mindern die zeitanteiligen Höchstbeträge nur der Kalendermonate, für die die Zuschüsse bestimmt sind (§ 33a Abs. 3 Satz 3 EStG). Liegen bei der unterhaltenen Person sowohl eigene Einkünfte und Bezüge als auch Zuschüsse vor, die als Ausbildungshilfe nur für einen Teil des Unterhaltszeitraums bestimmt sind, dann sind zunächst die eigenen Einkünfte und Bezüge anzurechnen und sodann die Zuschüsse zeitanteilig entsprechend ihrer Zweckbestimmung.

Beispiel:

Ein über 25 Jahre altes Kind des Stpfl. B studiert während des ganzen Kj., erhält von ihm monatliche Unterhaltsleistungen i. H. v. 500 € und gehört nicht zum Haushalt des Stpfl. Verlängerungstatbestände nach § 32 Abs. 5 EStG liegen nicht vor. Dem Kind fließt in den Monaten Januar bis Juni Arbeitslohn von 3 400 € zu, die Werbungskosten übersteigen nicht den Arbeitnehmer-Pauschbetrag. Für die Monate Juli bis Dezember bezieht es ein Stipendium aus öffentlichen Mitteln von 6 000 €.

ungekürzter Höchstbetrag nach § 33a Abs. 1 EStG für das Kj.		**8 820 €**
Arbeitslohn	3 400 €	
abzüglich Arbeitnehmer-Pauschbetrag	– 1 000 €	
Einkünfte aus nichtselbständiger Arbeit	2 400 €	
anrechnungsfreier Betrag	– 624 €	
anzurechnende Einkünfte	1 766 €	– 1 766 €
verminderter Höchstbetrag nach § 33a Abs. 1 EStG		**7 054 €**
zeitanteiliger verminderter Höchstbetrag für Januar – Juni ($^6/_{12}$ von **7 054 €**)		**3 527 €**
Unterhaltsleistungen Jan. – Juni (6x 500 €)		3 000 €
abzugsfähige Unterhaltsleistungen Jan. – Juni		3 000 €
zeitanteiliger verminderter Höchstbetrag nach § 33a Abs. 1 EStG für Juli – Dez.		**3 527 €**
Ausbildungszuschuss (Auslandsstipendium)	6 000 €	
abzüglich Kostenpauschale	– 180 €	
anzurechnende Bezüge	5 820 €	– 5 820 €
Höchstbetrag nach § 33a Abs. 1 EStG für Juli – Dez.		0 €
abzugsfähige Unterhaltsleistungen Juli – Dez.		0 €

R 33b. Pauschbeträge für behinderte Menschen, Hinterbliebene und Pflegepersonen

(1) [1]Ein Pauschbetrag für behinderte Menschen, der Hinterbliebenen-Pauschbetrag und der Pflege-Pauschbetrag können mehrfach gewährt werden, wenn mehrere Personen die Voraussetzungen erfüllen (z. B. Steuerpflichtiger, Ehegatte, Kind), oder wenn eine Person die Voraussetzungen für verschiedene Pauschbeträge erfüllt. [2]Mit dem Pauschbetrag für behinderte Menschen werden die laufenden und typischen Aufwendungen für die Hilfe bei den gewöhnlichen und regelmäßig wiederkehrenden Verrichtungen des täglichen Lebens, für die Pflege sowie für einen erhöhten Wäschebedarf abgegolten. [3]Es handelt sich um Aufwendungen, die behinderten Menschen erfahrungsgemäß durch ihre Krankheit bzw. Behinderung entstehen und deren alleinige behinderungsbedingte Veranlassung nur schwer nachzuweisen ist. [4]Alle übrigen behinderungsbedingten Aufwendungen (z. B. Operationskosten sowie Heilbehandlungen, Kuren, Arznei- und Arztkosten, Fahrtkosten) können daneben als außergewöhnliche Belastung nach § 33 EStG berücksichtigt werden.

(2) Unabhängig von einer Übertragung des Behinderten-Pauschbetrags nach § 33b Abs. 5 EStG können Eltern ihre eigenen zwangsläufigen Aufwendungen für ein behindertes Kind nach § 33 EStG abziehen.

(3) Eine Übertragung des Pauschbetrages für behinderte Menschen auf die Eltern eines Kindes mit Wohnsitz oder gewöhnlichem Aufenthalt im Ausland ist nur möglich, wenn das Kind als unbeschränkt steuerpflichtig behandelt wird (insbesondere § 1 Abs. 3 Satz 2, 2. Halbsatz EStG ist zu beachten).

(4) Ein Stpfl. führt die Pflege auch dann noch persönlich durch, wenn er sich zur Unterstützung zeitweise einer ambulanten Pflegekraft bedient.

(5) § 33b Abs. 6 Satz 6 EStG gilt auch, wenn nur ein Stpfl. den Pflege-Pauschbetrag tatsächlich in Anspruch nimmt.

(6) Der Pflege-Pauschbetrag nach § 33b Abs. 6 EStG kann neben dem nach § 33b Abs. 5 EStG vom Kind auf die Eltern übertragenen Pauschbetrag für behinderte Menschen in Anspruch genommen werden.

(7) Beiträge zur Rentenversicherung, Kranken- und Pflegeversicherung der pflegenden Person, die die Pflegekasse übernimmt, führen nicht zu Einnahmen i. S. d. § 33b Abs. 6 Satz 1 EStG.

(8) [1]Bei Beginn, Änderung oder Wegfall der Behinderung im Laufe eines Kalenderjahres ist stets der Pauschbetrag nach dem höchsten Grad zu gewähren, der im Kalenderjahr festgestellt war. [2]Eine Zwölftelung ist nicht vorzunehmen. [3]Dies gilt auch für den Hinterbliebenen- und Pflege-Pauschbetrag.

(9) Der Nachweis der Behinderung nach § 65 Abs. 1 Nr. 2 Buchstabe a EStDV gilt als geführt, wenn die dort genannten Bescheinigungen behinderten Menschen nur noch in elektronischer Form übermittelt werden und der Ausdruck einer solchen elektronisch übermittelten Bescheinigung vom Stpfl. vorgelegt wird.

H 33b

Allgemeines

– Zur Behinderung i. S. d. § 33b EStG → § 69 SGB IX, zur Hilflosigkeit → § 33b Abs. 6 EStG, zur Pflegebedürftigkeit → R 33.3 Abs. 1.
– Verwaltungsakte, die die Voraussetzungen für die Inanspruchnahme der Pauschbeträge feststellen (→ § 65 EStDV), sind Grundlagenbescheide i. S. d. § 171 Abs. 10 und § 175 Abs. 1 Satz 1 Nr. 1 AO (→ BFH vom 5. 2. 1988 – BStBl II S. 436). Auf Grund eines solchen Bescheides ist ggf. eine Änderung früherer Steuerfestsetzungen hinsichtlich der Anwendung des § 33b EStG nach § 175 Abs. 1 Satz 1 Nr. 1 AO unabhängig davon vorzunehmen, ob ein Antrag i. S. d. § 33b Abs. 1 EStG für den VZ dem Grunde nach bereits gestellt worden ist. Die Änderung ist für alle VZ vorzunehmen, auf die sich der Grundlagenbescheid erstreckt (→ BFH vom 22. 2. 1991 – BStBl II S. 717 und vom 13. 12. 1985 – BStBl 1986 II S. 245).
– Einen Pauschbetrag von 3 700 € können behinderte Menschen unabhängig vom GdB erhalten, in deren Ausweis das Merkzeichen „Bl" oder „H" (→ § 69 Abs. 5 SGB IX) eingetragen ist.

Aufteilung des übertragenen Pauschbetrags für behinderte Menschen

→ BMF vom 28. 6. 2013 (BStBl I S. 845)

Hinterbliebenen-Pauschbetrag

Zu den Gesetzen, die das BVG für entsprechend anwendbar erklärt (§ 33b Abs. 4 Nr. 1 EStG), gehören:
- das Soldatenversorgungsgesetz (→ § 80),
- das ZDG (→ § 47),
- das Häftlingshilfegesetz (→ §§ 4 und 5),
- das Gesetz über die Unterhaltsbeihilfe für Angehörige von Kriegsgefangenen (→ § 3),
- das Gesetz über den Bundesgrenzschutz (→ § 59 Abs. 1 i. V. m. dem Soldatenversorgungsgesetz),
- das Gesetz über das Zivilschutzkorps (→ § 46 i. V. m. dem Soldatenversorgungsgesetz),
- das Gesetz zur Regelung der Rechtsverhältnisse der unter Artikel 131 GG fallenden Personen (→ §§ 66, 66a),
- das Gesetz zur Einführung des Bundesversorgungsgesetzes im Saarland (→ § 5 Abs. 1),
- das Infektionsschutzgesetz (→ § 63),
- das Gesetz über die Entschädigung für Opfer von Gewalttaten (→ § 1 Abs. 1).

Nachweis der Behinderung

- Der Nachweis für die Voraussetzungen eines Pauschbetrages ist gem. § 65 EStDV zu führen (zum Pflege-Pauschbetrag → BFH vom 20. 2. 2003 – BStBl II S. 476). Nach § 69 Abs. 1 SGB IX zuständige Behörden sind die für die Durchführung des Bundesversorgungsgesetzes zuständigen Behörden (Versorgungsämter) und die gem. § 69 Abs. 1 S. 7 SGB IX nach Landesrecht für zuständig erklärten Behörden.
- Zum Nachweis der Behinderung von in Deutschland nicht steuerpflichtigen Kindern → BMF vom 8. 8. 1997 (BStBl I S. 1016).
- An die für die Gewährung des Pauschbetrags für behinderte Menschen und des Pflege-Pauschbetrags vorzulegenden Bescheinigungen, Ausweise oder Bescheide sind die Finanzbehörden gebunden (→ BFH vom 5. 2. 1988 – BStBl II S. 436).
- Bei den Nachweisen nach § 65 Abs. 1 Nr. 2 Buchstabe b EStDV kann es sich z. B. um Rentenbescheide des Versorgungsamtes oder eines Trägers der gesetzlichen Unfallversicherung oder bei Beamten, die Unfallruhegeld beziehen, um einen entsprechenden Bescheid ihrer Behörde handeln. Der Rentenbescheid eines Trägers der gesetzlichen Rentenversicherung der Arbeiter und Angestellten genügt nicht (→ BFH vom 25. 4. 1968 – BStBl II S. 606).

Neben den Pauschbeträgen für behinderte Menschen zu berücksichtigende Aufwendungen

Folgende Aufwendungen können neben den Pauschbeträgen für behinderte Menschen als außergewöhnliche Belastung nach § 33 EStG berücksichtigt werden:
- Operationskosten, Kosten für Heilbehandlungen, Arznei- und Arztkosten (→ R 33b Abs. 1 EStR),
- Kraftfahrzeugkosten (→ H 33.1 – 33.4 – Fahrtkosten behinderter Menschen sowie → R 33b Abs. 1 Satz 4 EStR),
- Führerscheinkosten für ein schwer geh- und stehbehindertes Kind (→ BFH vom 26. 3. 1993 – BStBl II S. 749),
- Kosten für eine Heilkur (→ BFH vom 11. 12. 1987 – BStBl 1988 II S. 275, → H 33.1 – 33.4 (Kur) sowie → R 33.4 Abs. 1 und 3),
- Schulgeld für den Privatschulbesuch des behinderten Kindes (→ H 33.1 – 33.4 – Privatschule und → R 33.4 Abs. 2) sowie
- Kosten für die behindertengerechte Ausgestaltung des eigenen Wohnhauses (→ R 33.4 Abs. 5 und H 33.1 – 33.4 – Behindertengerechte Ausstattung).

Pflegebedürftigkeit

→ R 33.3 Abs. 1

Pflege-Pauschbetrag

- Eine sittliche Verpflichtung zur Pflege ist anzuerkennen, wenn eine enge persönliche Beziehung zu der gepflegten Person besteht (→ BFH vom 29. 8. 1996 – BStBl 1997 II S. 199),
- Der Pflege-Pauschbetrag nach § 33b Abs. 6 EStG ist nicht nach der Zahl der Personen aufzuteilen, welche bei ihrer Einkommensteuerveranlagung die Berücksichtigung eines Pflegepauschbetrages begehren, sondern nach der Zahl der Stpfl., welche eine hilflose Person in ihrer Wohnung oder in der Wohnung des Pflegebedürftigen tatsächlich persönlich gepflegt haben (→ BFH vom 14. 10. 1997 – BStBl 1998 II S. 20),

– Abgesehen von der Pflege durch Eltern (§ 33b Abs. 6 Satz 2 EStG) schließen Einnahmen der Pflegeperson für die Pflege unabhängig von ihrer Höhe die Gewährung des Pflege-Pauschbetrags aus. Hierzu gehört grundsätzlich auch das weitergeleitete Pflegegeld. Der Ausschluss von der Gewährung des Pflege-Pauschbetrags gilt nicht, wenn das Pflegegeld lediglich treuhänderisch für den Pflegebedürftigen verwaltet wird und damit ausschließlich Aufwendungen des Pflegebedürftigen bestritten werden. In diesem Fall muss die Pflegeperson die konkrete Verwendung des Pflegegeldes nachweisen und ggf. nachträglich noch eine Vermögenstrennung durchführen (→ BFH vom 21. 3. 2002 – BStBl II S. 417).

Übertragung des Pauschbetrags von einem im Ausland lebenden Kind

Der Pauschbetrag nach § 33b Abs. 3 EStG für ein behindertes Kind kann nicht nach § 33b Abs. 5 EStG auf einen im Inland unbeschränkt steuerpflichtigen Elternteil übertragen werden, wenn das Kind im Ausland außerhalb eines EU/EWR-Mitgliedstaates seinen Wohnsitz oder gewöhnlichen Aufenthalt hat und im Inland keine eigenen Einkünfte erzielt (BFH vom 2. 6. 2005 – BStBl II S. 828; → auch R 33b Abs. 3).

R 34.3. Besondere Voraussetzungen für die Anwendung des § 34 Abs. 1 EStG

(1) Entschädigungen i. S. d. § 24 Nr. 1 EStG sind nach § 34 Abs. 1 i. V. m. Abs. 2 Nr. 2 EStG nur begünstigt, wenn es sich um außerordentliche Einkünfte handelt; dabei kommt es nicht darauf an, im Rahmen welcher Einkunftsart sie angefallen sind.

(2) ¹Die Nachzahlung von → Nutzungsvergütungen und Zinsen i. S. d. § 34 Abs. 2 Nr. 3 EStG muss einen Zeitraum von mehr als 36 Monaten umfassen. ²Es genügt nicht, dass sie auf drei Kalenderjahre entfällt.

H 34.3

Entlassungsentschädigungen

– → BMF vom 1. 11. 2013 (BStBl I S. 1326) unter Berücksichtigung der Änderungen durch BMF vom 4. 3. 2016 (BStBl I S. 277)→ Anhang 27.
– Die Rückzahlung einer Abfindung ist auch dann im Abflussjahr zu berücksichtigen, wenn die Abfindung im Zuflussjahr begünstigt besteuert worden ist. Eine Lohnrückzahlung ist regelmäßig kein rückwirkendes Ereignis, das zur Änderung des Einkommensteuerbescheides des Zuflussjahres berechtigt (→ BFH vom 4. 5. 2006 – BStBl II S. 911).

Entschädigung i. S. d. § 24 Nr. 1 EStG

→ R 24.1

Entschädigung in zwei Veranlagungszeiträumen

– Außerordentliche Einkünfte i. S. d. § 34 Abs. 2 Nr. 2 EStG sind (nur) gegeben, wenn die zu begünstigenden Einkünfte in einem VZ zu erfassen sind (→ BFH vom 21. 3. 1996 – BStBl II S. 416 und vom 14. 5. 2003 – BStBl II S. 881). Die Tarifermäßigung nach § 34 Abs. 1 EStG kann aber unter besonderen Umständen ausnahmsweise auch dann in Betracht kommen, wenn die Entschädigung nicht in einem Kj. zufließt, sondern sich auf zwei Kj. verteilt. Voraussetzung ist jedoch stets, dass die Zahlung der Entschädigung von vornherein in einer Summe vorgesehen war und nur wegen ihrer ungewöhnlichen Höhe und der besonderen Verhältnisse des Zahlungspflichtigen auf zwei Jahre verteilt wurde oder wenn der Entschädigungsempfänger – bar aller Existenzmittel – dringend auf den baldigen Bezug einer Vorauszahlung angewiesen war (→ BFH vom 2. 9. 1992 – BStBl 1993 II S. 831).
– Bei Land- und Forstwirten mit einem vom Kj. abweichenden Wj. ist die Tarifermäßigung ausgeschlossen, wenn sich die außerordentlichen Einkünfte auf Grund der Aufteilungsvorschrift des § 4a Abs. 2 Nr. 1 Satz 1 EStG auf mehr als zwei VZ verteilen (→ BFH vom 4. 4. 1968 – BStBl II S. 411).
– Planwidriger Zufluss
  → BMF vom 1. 11. 2013 (BStBl I S. 1326), Rz. 16 – 19 → Anhang 27.
– Die Ablösung wiederkehrender Bezüge aus einer Betriebs- oder Anteilsveräußerung durch eine Einmalzahlung kann als Veräußerungserlös auch dann tarifbegünstigt sein, wenn im Jahr der Betriebs- oder Anteilsveräußerung eine Einmalzahlung tarifbegünstigt versteuert worden ist, diese aber im Verhältnis zum Ablösebetrag als geringfügig (im Urteilsfall weniger als 1 %) anzusehen ist (→ BFH vom 14. 1. 2004 – BStBl II S. 493).

Nutzungsvergütungen i. S. d. § 24 Nr. 3 EStG

– Werden Nutzungsvergütungen oder Zinsen i. S. d. § 24 Nr. 3 EStG für einen Zeitraum von mehr als drei Jahren nachgezahlt, ist der gesamte Nachzahlungsbetrag nach § 34 Abs. 2 Nr. 3 i. V. m. Absatz 1 EStG begünstigt. Nicht begünstigt sind Nutzungsvergütungen, die in einem Einmalbetrag für einen drei Jahre übersteigenden Nutzungszeitraum gezahlt werden und von denen ein Teilbetrag auf einen Nachzahlungszeitraum von weniger als drei Jahren und die im Übrigen auf den zukünftigen Nutzungszeitraum entfallen (→ BFH vom 19. 4. 1994 – BStBl II S. 640).

– Die auf Grund eines Zwangsversteigerungsverfahrens von der öffentlichen Hand als Ersteherin gezahlten sog. Bargebotszinsen stellen keine „Zinsen auf Entschädigungen" i. S. v. § 24 Nr. 3 EStG dar (→ BFH vom 28. 4. 1998 – BStBl II S. 560).

Vorabentschädigungen

Teilzahlungen, die ein Handelsvertreter entsprechend seinen abgeschlossenen Geschäften laufend vorweg auf seine künftige Wettbewerbsentschädigung (§ 90a HGB) und auf seinen künftigen Ausgleichsanspruch (§ 89b HGB) erhält, führen in den jeweiligen VZ zu keiner → Zusammenballung von Einkünften und lösen deshalb auch nicht die Tarifermäßigung nach § 34 Abs. 1 EStG aus (→ BFH vom 20. 7. 1988 – BStBl II S. 936).

Zinsen i. S. d. § 24 Nr. 3 EStG

→ Nutzungsvergütungen

Zusammenballung von Einkünften

– Eine Entschädigung ist nur dann tarifbegünstigt, wenn sie zu einer Zusammenballung von Einkünften innerhalb eines VZ führt (→ BFH vom 4. 3. 1998 – BStBl II S. 787).
  → BMF vom 1. 11. 2013 (BStBl I S. 1326) unter Berücksichtigung der Änderungen durch BMF vom 4. 3. 2016 (BStBl I S. 277), Rz. 8 – 15 → Anhang 27

– Erhält ein Stpfl. wegen der Körperverletzung durch einen Dritten auf Grund von mehreren gesonderten und unterschiedliche Zeiträume betreffenden Vereinbarungen mit dessen Versicherung Entschädigungen als Ersatz für entgangene und entgehende Einnahmen, steht der Zufluss der einzelnen Entschädigung in verschiedenen VZ der tarifbegünstigten Besteuerung jeder dieser Entschädigungen nicht entgegen (→ BFH vom 21. 1. 2004 – BStBl II S. 716).

R 34.4. Anwendung des § 34 Abs. 1 EStG auf Einkünfte aus der Vergütung für eine mehrjährige Tätigkeit (§ 34 Abs. 2 Nr. 4 EStG)

Allgemeines

(1) [1]§ 34 Abs. 2 Nr. 4 i. V. m. Abs. 1 EStG gilt grundsätzlich für alle Einkunftsarten. [2]§ 34 Abs. 1 EStG ist auch auf Nachzahlungen von Ruhegehaltsbezügen und von Renten i. S. d. § 22 Nr. 1 EStG anwendbar, soweit diese nicht für den laufenden VZ geleistet werden. [3]Voraussetzung für die Anwendung ist, dass auf Grund der Einkunftsermittlungsvorschriften eine → Zusammenballung von Einkünften eintritt, die bei Einkünften aus nicht selbständiger Arbeit auf wirtschaftlich vernünftigen Gründen beruht und bei anderen Einkünften nicht dem vertragsgemäßen oder dem typischen Ablauf entspricht.

Einkünfte aus nicht selbständiger Arbeit

(2) Bei Einkünften aus nicht selbständiger Arbeit kommt es nicht darauf an, dass die Vergütung für eine abgrenzbare Sondertätigkeit gezahlt wird, dass auf sie ein Rechtsanspruch besteht oder dass sie eine zwangsläufige Zusammenballung von Einnahmen darstellt.

Ermittlung der Einkünfte

(3) [1]Bei der Ermittlung der dem § 34 Abs. 2 Nr. 4 i. V. m. Abs. 1EStG unterliegenden Einkünfte gilt R 34.1 Abs. 4 Satz 2. [2]Handelt es sich sowohl bei den laufenden Einnahmen als auch bei den außerordentlichen Bezügen um Versorgungsbezüge i. S. d. § 19 Abs. 2 EStG, können der im Kalenderjahr des Zuflusses die Freibeträge für Versorgungsbezüge in Betracht kommende Versor-

gungs-Freibetrag nach § 19 Abs. 2 EStG nur einmal abgezogen werden; er ist zunächst bei den nicht nach § 34 EStG begünstigten Einkünften zu berücksichtigen. [3]Nur ein insoweit nicht verbrauchte Freibeträge für Versorgungsbezüge sind bei den nach § 34 EStG begünstigten Einkünften abzuziehen. [4]Entsprechend ist bei anderen Einkunftsarten zu verfahren, bei denen ein im Rahmen der Einkünfteermittlung anzusetzender Freibetrag oder Pauschbetrag zu berücksichtigen ist. [5]Werden außerordentliche Einkünfte aus nicht selbständiger Arbeit neben laufenden Einkünften dieser Art bezogen, ist bei den Einnahmen der Arbeitnehmer-Pauschbetrag insgesamt nur einmal abzuziehen, wenn insgesamt keine höheren Werbungskosten nachgewiesen werden. [6]In anderen Fällen sind die auf die jeweiligen Einnahmen entfallenden tatsächlichen Werbungskosten bei diesen Einnahmen zu berücksichtigen.

H 34.4

Arbeitslohn für mehrere Jahre

– Die Anwendung des § 34 Abs. 3 EStG setzt nicht voraus, dass der Arbeitnehmer die Arbeitsleistung erbringt; es genügt, dass der Arbeitslohn für mehrere Jahre gezahlt worden ist (→ BFH vom 17. 7. 1970 – BStBl II S. 683).
– Liegen wirtschaftlich vernünftige Gründe für eine zusammengeballte Entlohnung vor, muss es sich nicht um einmalige und unübliche (Sonder-)Einkünfte für eine Tätigkeit handeln, die von der regelmäßigen Erwerbstätigkeit abgrenzbar ist oder auf einem besonderen Rechtsgrund beruht (→ BFH vom 7. 5. 2015 – BStBl II S. 890).

Außerordentliche Einkünfte i. S. d. § 34 Abs. 2 Nr. 4 i. V. m. § 34 Abs. 1 EStG

1. § 34 Abs. 2 Nr. 4 i. V. m. § 34 Abs. 1 EStG ist z. B. **anzuwenden, wenn**
   – eine Lohnzahlung für eine Zeit, die vor dem Kj. liegt, deshalb nachträglich geleistet wird, weil der Arbeitgeber Lohnbeträge zu Unrecht einbehalten oder mangels flüssiger Mittel nicht in der festgelegten Höhe ausgezahlt hat (→ BFH vom 17. 7. 1970 – BStBl II S. 683),
   – der Arbeitgeber Prämien mehrerer Kj. für eine Versorgung oder für eine Unfallversicherung des Arbeitnehmers deshalb voraus- oder nachzahlt, weil er dadurch günstigere Prämiensätze erzielt oder weil die Zusammenfassung satzungsgemäßen Bestimmungen einer Versorgungseinrichtung entspricht,
   – dem Stpfl. Tantiemen für mehrere Jahre in einem Kj. zusammengeballt zufließen (→ BFH vom 11. 6. 1970 – BStBl II S. 639).
   – dem Stpfl. Zahlungen, die zur Abfindung von Pensionsanwartschaften geleistet werden, zufließen. Dem Zufluss steht nicht entgegen, dass der Ablösungsbetrag nicht an den Stpfl., sondern an einen Dritten gezahlt worden ist (→ BFH vom 12. 4. 2007 – BStBl II S. 581).
2. § 34 Abs. 2 Nr. 4 i. V. m. § 34 Abs. 1 EStG ist z. B. **nicht anzuwenden** bei zwischen Arbeitgeber und Arbeitnehmer vereinbarten und regelmäßig ausgezahlten gewinnabhängigen Tantiemen, deren Höhe erst nach Ablauf des Wj. festgestellt werden kann; es handelt sich hierbei nicht um die Abgeltung einer mehrjährigen Tätigkeit (→ BFH vom 30. 8. 1966 – BStBl II S. 545).
3. § 34 Abs. 2 Nr. 4 i. V. m. § 34 Abs. 1 EStG kann in besonders gelagerten **Ausnahmefällen** anzuwenden sein, wenn die Vergütung für eine mehrjährige nichtselbständige Tätigkeit dem Stpfl. aus wirtschaftlich vernünftigen Gründen nicht in einem Kj., sondern in zwei Kj. in Teilbeträgen zusammengeballt ausgezahlt wird (→ BFH vom 16. 9. 1966 – BStBl 1967 III S. 2).
→ Vergütung für eine mehrjährige Tätigkeit

Erstattungszinsen nach § 233a AO

Erstattungszinsen nach § 233a AO sind keine außerordentlichen Einkünfte (→ BFH vom 12. 11. 2013 – BStBl 2014 II S. 168).

Gewinneinkünfte

Die Annahme außerordentlicher Einkünfte i. S. d. § 34 Abs. 2 Nr. 4 EStG setzt voraus, dass die Vergütung für mehrjährige Tätigkeiten die Progressionswirkung typischerweise erwarten lässt. Dies kann bei Einkünften i. S. d. § 2 Abs. 2 Satz 1 Nr. 1 EStG dann der Fall sein, wenn

– der Stpfl. sich während mehrerer Jahre ausschließlich einer bestimmten Sache gewidmet und die Vergütung dafür in einem einzigen VZ erhalten hat oder

– eine sich über mehrere Jahre erstreckende Sondertätigkeit, die von der übrigen Tätigkeit des Stpfl. ausreichend abgrenzbar ist und nicht zum regelmäßigen Gewinnbetrieb gehört, in einem einzigen VZ entlohnt wird oder

– der Stpfl. für eine mehrjährige Tätigkeit eine Nachzahlung in einem Betrag aufgrund einer vorausgegangenen rechtlichen Auseinandersetzung erhalten hat

(→ BFH vom 14. 12. 2006 – BStBl 2007 II S. 180),

– eine einmalige Sonderzahlung für langjährige Dienste auf Grund einer arbeitnehmerähnlichen Stellung geleistet wird (→ BFH vom 7. 7. 2004 – BStBl 2005 II S. 276),

– durch geballte Nachaktivierung von Umsatzsteuer-Erstattungsansprüchen mehrerer Jahre ein Ertrag entsteht (→ BFH vom 25. 2. 2014 – BStBl II S. 668 und vom 25. 9. 2014 – BStBl 2015 II S. 220),

– *eine Nachzahlung der Kassenärztlichen Vereinigung, die insgesamt mehrere Jahre betrifft, ganz überwiegend in einem VZ ausgezahlt wird. (→ BFH vom 2. 8. 2016 – BStBl 2017 II S. 258).*

Jubiläumszuwendungen

Zuwendungen, die ohne Rücksicht auf die Dauer der Betriebszugehörigkeit lediglich aus Anlass eines Firmenjubiläums erfolgen, erfüllen die Voraussetzungen von § 34 Abs. 2 Nr. 4 EStG nicht (→ BFH vom 3. 7. 1987 – BStBl II S. 820).

Nachzahlung von Versorgungsbezügen

§ 34 Abs. 2 Nr. 4 i. V. m. § 34 Abs. 1 EStG auch auf Nachzahlungen anwendbar, die als Ruhegehalt für eine ehemalige Arbeitnehmertätigkeit gezahlt werden (→ BFH vom 28. 2. 1958 – BStBl III S. 169).

Tantiemen

→ außerordentliche Einkünfte i. S. d. § 34 Abs. 2 Nr. 4 i. V. m. § 34 Abs. 1 EStG

Verbesserungsvorschläge

Die einem Arbeitnehmer gewährte Prämie für einen Verbesserungsvorschlag stellt keine Entlohnung für eine mehrjährige Tätigkeit im Sinne des § 34 Abs. 2 Nr. 4 i. V. m. § 34 Abs. 1 EStG dar, wenn sie nicht nach dem Zeitaufwand des Arbeitnehmers, sondern ausschließlich nach der Kostenersparnis des Arbeitgebers in einem bestimmten künftigen Zeitraum berechnet wird (→ BFH vom *31. 8. 2016 – BStBl 2017 II S. 322*).

Vergütung für eine mehrjährige Tätigkeit

Die Anwendung von § 34 Abs. 2 Nr. 4 i. V. m. § 34 Abs. 1 EStG ist nicht dadurch ausgeschlossen, dass die Vergütungen für eine mehrjährige Tätigkeit während eines Kj. in mehreren Teilbeträgen gezahlt werden (→ BFH vom 11. 6. 1970 – BStBl II S. 639).

Versorgungsbezüge

– *Versorgungsleistungen aus einer Pensionszusage, die an die Stelle einer in einem vergangenen Jahr erdienten variablen Vergütung (Bonus) treten, sind keine Entlohnung für eine mehrjährige Tätigkeit (→ BFH vom 31. 8. 2016 – BStBl 2017 II S. 322).*

– → Nachzahlung von Versorgungsbezügen

Zusammenballung von Einkünften

– Eine Zusammenballung von Einkünften ist nicht anzunehmen, wenn die Vertragsparteien die Vergütung bereits durch ins Gewicht fallende Teilzahlungen auf mehrere Kj. verteilt haben (→ BFH vom 10. 2. 1972 – BStBl II S. 529).

– Bei der Veräußerung eines Mitunternehmeranteils fehlt es an einer Zusammenballung, wenn der Stpfl. zuvor auf Grund einheitlicher Planung und im zeitlichen Zusammenhang mit der Veräußerung einen Teil des ursprünglichen Mitunternehmeranteils ohne Aufdeckung der stillen Reserven übertragen hat (→ BFH vom 9. 12. 2014 – BStBl 2015 II S. 529).

– *Es fehlt an der erforderlichen Zusammenballung von Einkünften, wenn die Auszahlung der Gesamtvergütung in zwei VZ in etwa gleich großen Teilbeträgen erfolgt. Dabei ist es unerheblich, ob die Modalitäten des Zuflusses vereinbart oder dem Zahlungsempfänger aufgezwungen wurden (→ BFH vom 2. 8. 2016 – BStBl 2017 II S. 258).*

R 46.1. Veranlagung nach § 46 Abs. 2 Nr. 2 EStG

§ 46 Abs. 2 Nr. 2 EStG gilt auch für die Fälle, in denen der Stpfl. rechtlich in nur einem Dienstverhältnis steht, die Bezüge aber von verschiedenen öffentlichen Kassen ausgezahlt und gesondert nach Maßgabe der jeweiligen Lohnsteuerkarte[1]) dem Steuerabzug unterworfen worden sind.

R 46.2. Veranlagung nach § 46 Abs. 2 Nr. 8 EStG

(1) Die Vorschrift des § 46 Abs. 2 Nr. 8 EStG ist nur anwendbar, wenn der Arbeitnehmer nicht bereits nach den Vorschriften des § 46 Abs. 2 Nr. 1 bis 7 EStG zu veranlagen ist.

(2) Der Antrag ist innerhalb der allgemeinen Festsetzungsfrist von vier Jahren zu stellen.

(3) Sollen ausländische Verluste, die nach einem DBA bei der Ermittlung des z. v. E. (§ 2 Abs. 5 EStG) außer Ansatz geblieben sind, zur Anwendung des negativen Progressionsvorbehalts berücksichtigt werden, so ist auf Antrag eine Veranlagung durchzuführen.

(4) [1]Hat ein Arbeitnehmer im VZ zeitweise nicht in einem Dienstverhältnis gestanden, kann die Dauer der Nichtbeschäftigung z. B. durch eine entsprechende Bescheinigung der Agentur für Arbeit, wie einen Bewilligungsbescheid über das Arbeitslosengeld oder eine Bewilligung von Leistungen nach dem SGB III, belegt werden. [2]Kann ein Arbeitnehmer Zeiten der Nichtbeschäftigung durch geeignete Unterlagen nicht nachweisen oder in sonstiger Weise glaubhaft machen, ist dies kein Grund, die Antragsveranlagung nicht durchzuführen. [3]Ob und in welcher Höhe außer dem auf der Lohnsteuerbescheinigung ausgewiesenen bescheinigten Arbeitslohn weiterer Arbeitslohn zu berücksichtigen ist, hängt von dem im Einzelfall ermittelten Sachverhalt ab. [4]Für dessen Beurteilung gelten die Grundsätze der freien Beweiswürdigung.

H 46.2

Abtretung/Verpfändung

– zur Abtretung bzw. Verpfändung des Erstattungsanspruchs → § 46 AO sowie AEAO zu § 46,
– zum Entstehen des Erstattungsanspruchs → § 38 AO i. V. m. § 36 Abs. 1 EStG.

Anlaufhemmung

Eine Anlaufhemmung gem. § 170 Abs. 2 Satz 1 Nr. 1 AO kommt in den Fällen des § 46 Abs. 2 Nr. 8 EStG nicht in Betracht (→ BFH vom 14. 4. 2011 – BStBl II S. 746).

Antrag auf Veranlagung

Kommt eine Veranlagung des Stpfl. nach § 46 Abs. 2 EStG nicht in Betracht, können auch Grundlagenbescheide nicht über die Änderungsnorm des § 175 Abs. 1 Satz 1 Nr. 1 AO zu einer solchen führen (→ BFH vom 9. 2. 2012 – BStBl II S. 750).

Ermittlung der Summe der Einkünfte

Unter der „Summe der Einkünfte" i. S. d. § 46 Abs. 2 Nr. 1 EStG ist derjenige Saldo zu verstehen, der nach horizontaler und vertikaler Verrechnung der Einkünfte verbleibt. Versagt das Gesetz – wie in § 23 Abs. 3 Satz 8 EStG im Falle eines Verlustes aus privaten Veräußerungsgeschäften – die Verrechnung eines Verlustes aus einer Einkunftsart mit Gewinnen bzw. Überschüssen aus anderen Einkunftsarten, fließt dieser Verlust nicht in die „Summe der Einkünfte" ein (→ BFH vom 26. 3. 2013 – BStBl II S. 631).

Pfändung des Erstattungsanspruchs aus der Antragsveranlagung

→ § 46 AO sowie AEAO zu § 46

---

[1]) Jetzt Lohnsteuerabzugsmerkmale.

Rechtswirksamer Antrag

Ein Antrag auf Veranlagung zur Einkommensteuer ist nur dann rechtswirksam gestellt, wenn der amtlich vorgeschriebene Vordruck verwendet wird, dieser innerhalb der allgemeinen Festsetzungsfrist beim Finanzamt eingeht und bis dahin auch vom Arbeitnehmer eigenhändig unterschrieben ist (→ BFH vom 10. 10. 1986 – BStBl 1987 II S. 77). Eine Einkommensteuererklärung ist auch dann nach amtlich vorgeschriebenem Vordruck" abgegeben, wenn ein – auch einseitig – privat gedruckter oder fotokopierter Vordruck verwendet wird, der dem amtlichen Muster entspricht (→ BFH vom 22. 5. 2006 – BStBl 2007 II S. 2).

Schätzungsbescheid

Für die Durchführung des Veranlagungsverfahrens bedarf es keines Antrags des Stpfl., wenn das Finanzamt das Veranlagungsverfahren von sich aus bereits durchgeführt und einen Schätzungsbescheid unter dem Vorbehalt der Nachprüfung erlassen hat. Dies gilt jedenfalls dann, wenn bei Erlass des Steuerbescheids aus der insoweit maßgeblichen Sicht des Finanzamts die Voraussetzungen für eine Veranlagung von Amts wegen vorlagen (→ BFH vom 22. 5. 2006 – BStBl II S. 912).

R 46.3. Härteausgleich

– unbesetzt –

H 46.3

Abhängigkeit der Veranlagung vom Härteausgleich

Eine Veranlagung ist unabhängig vom Härteausgleich nach § 46 Abs. 3 EStG durchzuführen, auch wenn dieser im Ergebnis zu einem Betrag unter 410 Euro führt (→ BFH vom 2. 12. 1971 – BStBl 1972 II S. 278).

Allgemeines

Bestehen die einkommensteuerpflichtigen Einkünfte, die nicht der Lohnsteuer zu unterwerfen waren, sowohl aus positiven Einkünften als auch aus negativen Einkünften (Verlusten), so wird ein Härteausgleich nur gewährt, wenn die Summe dieser Einkünfte abzüglich der darauf entfallenden Beträge nach § 13 Abs. 3 und § 24a EStG einen positiven Einkunftsbetrag von nicht mehr als 410 Euro bzw. 820 Euro ergibt. Das gilt auch in den Fällen der Zusammenveranlagung von Ehegatten, in denen der eine Ehegatte positive und der andere Ehegatte negative Einkünfte, die nicht der Lohnsteuer zu unterwerfen waren, bezogen hat, und im Fall der Veranlagung nach § 46 Abs. 2 Nr. 4 EStG (→ BFH vom 24. 4. 1961 – BStBl III S. 310).

Beispiel:

Ein Arbeitnehmer, der im Jahr 2005 das 65. Lebensjahr vollendet hatte und für den Lohnsteuerabzugsmerkmale nach § 39 Abs. 4 i. V. m. § 39a Abs. 1 Satz 1 Nr. 5 EStG (einschl. Freibetrag) gebildet wurden, hat neben seinen Einkünften aus nichtselbständiger Arbeit (Ruhegeld) in **2017** folgende Einkünfte bezogen:

Gewinn aus Land- und Forstwirtschaft		2 000 €
Verlust aus Vermietung und Verpachtung		– 300 €
positive Summe dieser Einkünfte		1 700 €
Prüfung des Veranlagungsgrundes nach § 46 Abs. 2 Nr. 1 EStG:		
Summe der einkommensteuerpflichtigen Einkünfte, die nicht dem Steuerabzug vom Arbeitslohn unterlagen		1 700 €
Abzug nach § 13 Abs. 3 EStG	900 €	
Altersentlastungsbetrag nach § 24a EStG (40 % aus 1 700 € =)	+ 680 €	–1 580 €
		120 €

Die Voraussetzungen nach § 46 Abs. 2 Nr. 1 EStG sind nicht gegeben; der Arbeitnehmer ist nach § 46 Abs. 2 Nr. 4 EStG zu veranlagen.

Härteausgleich nach § 46 Abs. 3 EStG:	
Betrag der einkommensteuerpflichtigen (Neben-)Einkünfte	1 700 €
Abzug nach § 13 Abs. 3 EStG	–900 €
Altersentlastungsbetrag nach § 24a EStG	– 680 €
Vom Einkommen abziehbarer Betrag	120 €

Anwendung der §§ 34, 34b und 34c EStG

Würden Einkünfte, die nicht der Lohnsteuer zu unterwerfen waren, auf Grund eines Härteausgleichsbetrags in gleicher Höhe unversteuert bleiben, so ist für die Anwendung dieser Ermäßigungsvorschriften kein Raum (→ BFH vom 29. 5. 1963 – BStBl III S. 379 und vom 2. 12. 1971 – BStBl 1972 II S. 278).

Lohnersatzleistung

Der Härteausgleich nach § 46 Abs. 3 EStG ist nicht auf dem Progressionsvorbehalt unterliegende Lohnersatzleistungen anzuwenden (→ BFH vom 5. 5. 1994 – BStBl II S. 654).

R 50a.1. Steuerabzug bei Lizenzgebühren, Vergütungen für die Nutzung von Urheberrechten und bei Veräußerungen von Schutzrechten usw.

[1]Lizenzgebühren für die Verwertung gewerblicher Schutzrechte und Vergütungen für die Nutzung von Urheberrechten, deren Empfänger im Inland weder einen Wohnsitz noch ihren gewöhnlichen Aufenthalt haben, unterliegen nach § 49 Abs. 1 Nr. 2 Buchstabe f Doppelbuchstabe aa bzw. Nr. 6 EStG der beschränkten Steuerpflicht, wenn die Patente in die deutsche Patentrolle eingetragen sind oder wenn die gewerblichen Erfindungen oder Urheberrechte in einer inländischen Betriebsstätte oder in einer anderen Einrichtung verwertet werden. [2]Als andere Einrichtungen sind öffentlich-rechtliche Rundfunkanstalten anzusehen, soweit sie sich in dem durch Gesetz oder Staatsvertrag bestimmten Rahmen mit der Weitergabe von Informationen in Wort und Bild beschäftigen und damit hoheitliche Aufgaben wahrnehmen, so dass sie nicht der Körperschaftsteuer unterliegen und damit auch keine Betriebsstätte begründen. [3]In den übrigen Fällen ergibt sich die beschränkte Steuerpflicht für Lizenzgebühren aus § 49 Abs. 1 Nr. 2 Buchstabe a oder Nr. 9 EStG. [4]Dem Steuerabzug unterliegen auch Lizenzgebühren, die den Einkünften aus selbständiger Arbeit zuzurechnen sind (§ 49 Abs. 1 Nr. 3 EStG).

H 50a.1

Kundenadressen

Einkünfte aus der Überlassung von Kundenadressen zur Nutzung im Inland fallen auch dann nicht gem. § 49 Abs. 1 Nr. 9 EStG unter die beschränkte Steuerpflicht, wenn die Adressen vom ausländischen Überlassenden nach Informationen über das Konsumverhalten der betreffenden Kunden selektiert wurden. Es handelt sich nicht um die Nutzungsüberlassung von Know-how, sondern von Datenbeständen (→ BFH vom 13. 11. 2002 – BStBl 2003 II S. 249).

Rechteüberlassung

– Die entgeltliche Überlassung eines Rechts führt zu inländischen Einkünften, wenn die Rechteverwertung Teil einer gewerblichen oder selbständigen Tätigkeit im Inland (§ 49 Abs. 1 Nr. 2 Buchstabe a oder Nr. 3 EStG) ist oder die Überlassung zeitlich begrenzt zum Zwecke der Verwertung in einer inländischen Betriebsstätte oder anderen inländischen Einrichtung erfolgt (§ 49 Abs. 1 Nr. 6 EStG). Dies gilt auch dann, wenn das Recht vom originären beschränkt steuerpflichtigen Inhaber selbst überlassen wird, wie z. B. bei der Überlassung der Persönlichkeitsrechte eines Sportlers durch diesen selbst im Rahmen einer Werbekampagne (→ BMF vom 2. 8. 2005 – BStBl I S. 844).
– Zu einem ausnahmsweise möglichen Betriebsausgaben- und Werbungskostenabzug → BMF vom 17. 6. 2014 (BStBl I S. 887)
– *Zur grenzüberschreitenden Überlassung von Software und Datenbanken → BMF vom 27. 10. 2017 (BStBl I S. 1448)*

Spezialwissen

Auch ein rechtlich nicht geschütztes technisches Spezialwissen, wie es in § 49 Abs. 1 Nr. 9 EStG aufgeführt ist, kann wie eine Erfindung zu behandeln sein, wenn sein Wert etwa dadurch greifbar ist, dass es in Lizenzverträgen zur Nutzung weitergegeben werden kann (→ BFH vom 26. 10. 2004 – BStBl 2005 II S. 167).

Werbeleistungen eines ausländischen Motorsport-Rennteams

Eine ausländische Kapitalgesellschaft, die als Motorsport-Rennteam Rennwagen und Fahrer in einer internationalen Rennserie einsetzt, erbringt eine eigenständige sportliche Darbietung. Sie ist mit ihrer anteilig auf inländische Rennen entfallenden Vergütung für Werbeleistungen (auf den Helmen und Rennanzügen der Fahrer und auf den Rennwagen aufgebrachte Werbung) beschränkt steuerpflichtig (→ BFH vom 6. 6. 2012 – BStBl 2013 II S. 430).

R 50a.2. Berechnung des Steuerabzugs nach § 50a EStG in besonderen Fällen

– unbesetzt –

H 50a.2

Allgemeines

– Zum Steuerabzug gem. § 50a EStG bei Einkünften beschränkt Steuerpflichtiger aus künstlerischen, sportlichen, artistischen, unterhaltenden oder ähnlichen Darbietungen → BMF vom 25. 11. 2010 (BStBl I S. 1350).
– Zur Haftung eines im Ausland ansässigen Vergütungsschuldners gem. § 50a Abs. 5 EStG auf der sog. zweiten Ebene → BFH vom 22. 8. 2007 (BStBl 2008 II S. 190).

Auslandskorrespondenten

→ BMF vom 13. 3. 1998 (BStBl I S. 351)

Ausländische Kulturvereinigungen

→ BMF vom 20. 7. 1983 (BStBl I S. 382) und BMF vom 30. 5. 1995 (BStBl I S. 336)

Doppelbesteuerungsabkommen

Nach § 50d Abs. 1 Satz 1 EStG sind die Vorschriften über die Einbehaltung, Abführung und Anmeldung der Steuer durch den Schuldner der Vergütung nach § 50a EStG ungeachtet eines DBA anzuwenden, wenn Einkünfte nach dem Abkommen nicht oder nur nach einem niedrigeren Steuersatz besteuert werden können (→ BFH vom 13. 7. 1994 – BStBl 1995 II S. 129).

Fotomodelle

Zur Aufteilung von Gesamtvergütungen beim Steuerabzug von Einkünften beschränkt stpfl. Fotomodelle → BMF vom 9. 1. 2009 (BStBl I S. 362).

Sicherungseinbehalt nach § 50a Abs. 7 EStG

– Allgemeines → BMF vom 2. 8. 2002 (BStBl I S. 710)
– Sperrwirkung gem. § 48 Abs. 4 EStG → BMF vom 27. 12. 2002 (BStBl I S. 1399) unter Berücksichtigung der Änderungen durch BMF vom 4. 9. 2003 (BStBl I S. 431), Tz. 96 ff.

Steueranmeldung

– Im Falle einer Aussetzung (Aufhebung) der Vollziehung dürfen ausgesetzte Steuerbeträge nur an den Vergütungsschuldner und nicht an den Vergütungsgläubiger erstattet werden (→ BFH vom 13. 8. 1997 – BStBl II S. 700 und BMF vom 25. 11. 2010 – BStBl I S. 1350, Rz. 68).
– Zu Inhalt und Wirkungen einer Steueranmeldung gem. § 73e EStDV und zur gemeinschaftsrechtskonformen Anwendung des § 50a EStG → BFH vom 7. 11. 2007 (BStBl 2008 II S. 228) und BMF vom 25. 11. 2010 (BStBl I S. 1350, Rz. 68).

Steuerbescheinigung nach § 50a Abs. 5 Satz 6 EStG

Das amtliche Muster ist auf der Internetseite des BZSt (www.bzst.bund.de) abrufbar.

Übersicht

Übernimmt der Schuldner der Vergütung die Steuer nach § 50a EStG und den Solidaritätszuschlag (sog. Nettovereinbarung), ergibt sich zur Ermittlung der Abzugsteuer in den Fällen
des § 50a Abs. 2 Satz 1, erster Halbsatz und Satz 3 EStG folgender Berechnungssatz in %, der
auf die jeweilige Netto-Vergütung anzuwenden ist:

Bei einer Netto-Vergütung in € Zufluss nach dem 31. 12. 2008	Berechnungssatz für die Steuer nach § 50a Abs. 4 EStG in % der Netto-Vergütung	Berechnungssatz für den Solidaritäts-zuschlag in % der Netto-Vergütung
bis 250,00	0,00	0,00
mehr als 250,00	17,82	0,98

Zuständigkeit

Örtlich zuständig für den Erlass eines Nachforderungsbescheides gem. § 73g Abs. 1 EStDV
gegen den Vergütungsgläubiger (Steuerschuldner) ist *in Fällen des angeordneten Steuerabzugs gem. § 50a Abs. 7 EStG das für dessen Besteuerung zuständige Finanzamt und im
Übrigen das Bundeszentralamt für Steuern* (§ 73e Satz 1 *und Satz 7* EStDV).

Steuerliche Behandlung von Reisekosten und Reisekostenvergütungen bei betrieblich und beruflich veranlassten Auslandsreisen ab *1. Januar 2018*

BMF vom *8. 11. 2017 (BStBl I S.* 1457
IV C 5 – S 2353/08/10006 :008 – 2017/0918346

Aufgrund des § 9 Absatz 4a Satz 5 ff. Einkommensteuergesetz (EStG) werden im Einvernehmen mit den obersten Finanzbehörden der Länder die in der anliegenden Übersicht ausgewiesenen Pauschbeträge für Verpflegungsmehraufwendungen und Übernachtungskosten für beruflich und betrieblich veranlasste Auslandsdienstreisen **ab 1. Januar 2018** bekannt gemacht (Fettdruck kennzeichnet Änderungen gegenüber der Übersicht ab **1. Januar 2017** – BStBl 2016 I S. 1438).

Bei eintägigen Reisen in das Ausland ist der entsprechende Pauschbetrag des letzten Tätigkeitsortes im Ausland maßgebend. Bei mehrtägigen Reisen in verschiedenen Staaten gilt für die Ermittlung der Verpflegungspauschalen am An- und Abreisetag sowie an den Zwischentagen (Tagen mit 24 Stunden Abwesenheit) im Hinblick auf § 9 Absatz 4a Satz 5 2. Halbsatz EStG insbesondere Folgendes:

– Bei der Anreise vom Inland in das Ausland oder vom Ausland in das Inland jeweils ohne Tätigwerden ist der entsprechende Pauschbetrag des Ortes maßgebend, der vor 24 Uhr Ortszeit erreicht wird.

– Bei der Abreise vom Ausland in das Inland oder vom Inland in das Ausland ist der entsprechende Pauschbetrag des letzten Tätigkeitsortes maßgebend.

– Für die Zwischentage ist in der Regel der entsprechende Pauschbetrag des Ortes maßgebend, den der Arbeitnehmer vor 24 Uhr Ortszeit erreicht.

Siehe dazu auch Rz. 51 des BMF-Schreibens vom 24. Oktober 2014 (BStBl I S. 1412).[1])

Schließt sich an den Tag der Rückreise von einer mehrtägigen Auswärtstätigkeit zur Wohnung oder ersten Tätigkeitsstätte eine weitere ein- oder mehrtägige Auswärtstätigkeit an, ist für diesen Tag nur die höhere Verpflegungspauschale zu berücksichtigen. **Im Übrigen, insbesondere bei Flug- und Schiffsreisen, ist R 9.6 Absatz 3 LStR zu beachten.**

Zur Kürzung der Verpflegungspauschale gilt Folgendes:

Bei der Gestellung von Mahlzeiten durch den Arbeitgeber oder auf dessen Veranlassung durch einen Dritten ist die Kürzung der Verpflegungspauschale i. S d. § 9 Absatz 4a Satz 8 ff. EStG tagesbezogen vorzunehmen, d. h. von der für den jeweiligen Reisetag maßgebenden Verpflegungspauschale (s. o.) für eine 24-stündige Abwesenheit (§ 9 Absatz 4a Satz 5 EStG), unabhängig davon, in welchem Land die jeweilige Mahlzeit zur Verfügung gestellt wurde.

Beispiel:

Der Ingenieur I kehrt am Dienstag von einer mehrtägigen Auswärtstätigkeit in Straßburg **(Frankreich)** zu seiner Wohnung zurück. Nachdem er Unterlagen und neue Kleidung eingepackt hat, reist er zu einer weiteren mehrtägigen Auswärtstätigkeit nach Kopenhagen **(Dänemark)** weiter. I erreicht Kopenhagen um 23.00 Uhr. Die Übernachtungen – jeweils mit Frühstück – wurden vom Arbeitgeber im Voraus gebucht und bezahlt.

Für Dienstag ist nur die höhere Verpflegungspauschale von **39 Euro** (Rückreisetag von Straßburg: **34 Euro**, Anreisetag nach Kopenhagen: **39 Euro**) anzusetzen. Aufgrund der Gestellung des Frühstücks im Rahmen der Übernachtung in Straßburg ist die Verpflegungspauschale um **11,60 Euro** (20 Prozent der Verpflegungspauschale Kopenhagen für einen vollen Kalendertag: **58 Euro**) auf **27,40 Euro** zu kürzen.

Für die in der Bekanntmachung nicht erfassten Länder ist der für Luxemburg geltende Pauschbetrag maßgebend, für nicht erfasste Übersee- und Außengebiete eines Landes ist der für das Mutterland geltende Pauschbetrag maßgebend.

Die Pauschbeträge für Übernachtungskosten sind ausschließlich in den Fällen der Arbeitgebererstattung anwendbar (R 9.7 Absatz 3 LStR und Rz. 123 des BMF-Schreibens vom 24. Oktober 2014 BStBl I S. 1412). Für den Werbungskostenabzug sind nur die tatsächlichen Übernachtungskosten maßgebend (R 9.7 Absatz 2 LStR und Rz. 112 des BMF-Schreibens vom 24. Oktober 2014 BStBl I S. 1412)[2]); dies gilt entsprechend für den Betriebsausgabenabzug (R 4.12 Absatz 2 und 3 EStR).

Dieses Schreiben gilt entsprechend für doppelte Haushaltsführungen im Ausland (R 9.11 Absatz 10 Satz 1, Satz 7 Nummer 3 LStR und Rz. 107 ff. des BMF-Schreibens vom 24. Oktober 2014 BStBl I S. 1412)[3]).

---

[1]) → Anhang 38.
[2]) → Anhang 38.
[3]) → Anhang 38.

Übersicht über die ab *1. Januar 2018* geltenden Pauschbeträge für Verpflegungsmehraufwendungen und Übernachtungskosten im Ausland

(Änderungen gegenüber *1. Januar 2017 – BStBl 2016 I Seite 1438* – im Fettdruck)

Land	Pauschbeträge für Verpflegungsmehraufwendungen		Pauschbetrag für Übernachtungskosten
	bei einer Abwesenheitsdauer von mindestens 24 Stunden je Kalendertag	für den An- und Abreisetag sowie bei einer Abwesenheitsdauer von mehr als 8 Stunden je Kalendertag	
	€	€	€
Afghanistan	30	20	95
Ägypten	**41**	**28**	**125**
Äthiopien	27	18	86
Äquatorialguinea	36	24	166
Albanien	29	20	113
Algerien	51	34	173
Andorra	34	23	45
Angola	77	52	265
Antigua und Barbuda	53	36	117
Argentinien	34	23	144
Armenien	23	16	63
Aserbaidschan	30	20	72
Australien			
– Canberra	**51**	**34**	**158**
– Sydney	**68**	**45**	**184**
– im Übrigen	**51**	**34**	**158**
Bahrain	45	30	180
Bangladesch	30	20	111
Barbados	58	39	179
Belgien	**42**	28	135
Benin	40	27	101
Bolivien	30	20	93
Bosnien und Herzegowina	18	12	73
Botsuana	40	27	102
Brasilien			
– Brasilia	**57**	**38**	**127**
– Rio de Janeiro	**57**	**38**	145
– Sao Paulo	53	36	**132**
– im Übrigen	**51**	**34**	**84**
Brunei	48	32	106
Bulgarien	22	15	90
Burkina Faso	44	29	84
Burundi	47	32	98
Chile	**44**	**29**	**187**
China			
– Chengdu	35	24	105
– Hongkong	74	49	145
– **Kanton**	40	27	113
– Peking	46	31	142

Auslandsdienstreise

Land	Pauschbeträge für Verpflegungsmehraufwendungen		Pauschbetrag für Übernachtungskosten
	bei einer Abwesenheitsdauer von mindestens 24 Stunden je Kalendertag €	für den An- und Abreisetag sowie bei einer Abwesenheitsdauer von mehr als 8 Stunden je Kalendertag €	€
– Shanghai	50	33	128
– im Übrigen	50	33	78
Costa Rica	46	31	93
Côte d'Ivoire	51	34	146
Dänemark	58	39	143
Dominica	40	27	94
Dominikanische Republik	45	30	147
Dschibuti	65	44	305
Ecuador	44	29	97
El Salvador	44	29	119
Eritrea	46	31	81
Estland	27	18	71
Fidschi	34	23	69
Finnland	50	33	136
Frankreich			
– Lyon	53	36	115
– Marseille	46	31	101
– Paris sowie die Departments 92, 93 und 94	58	39	152
– Straßburg	51	34	96
– im Übrigen	44	29	115
Gabun	62	41	278
Gambia	30	20	125
Georgien	35	24	88
Ghana	46	31	174
Grenada	51	34	121
Griechenland			
– Athen	46	31	132
– im Übrigen	36	24	89
Guatemala	28	19	96
Guinea	46	31	118
Guinea-Bissau	24	16	86
Guyana	41	28	81
Haiti	58	39	130
Honduras	48	32	101
Indien			
– Chennai	34	23	87
– Kalkutta	41	28	117
– Mumbai	32	21	125
– Neu Delhi	50	33	144
– im Übrigen	36	24	145
Indonesien	38	25	130

Land	Pauschbeträge für Verpflegungsmehraufwendungen		Pauschbetrag für Übernachtungskosten
	bei einer Abwesenheitsdauer von mindestens 24 Stunden je Kalendertag	für den An- und Abreisetag sowie bei einer Abwesenheitsdauer von mehr als 8 Stunden je Kalendertag	
	€	€	€
Iran	**33**	**22**	**196**
Irland	44	29	92
Island	47	32	108
Israel	56	37	191
Italien			
– Mailand	39	26	156
– Rom	52	35	160
– im Übrigen	34	23	126
Jamaika	54	36	135
Japan			
– Tokio	**66**	**44**	**233**
– im Übrigen	51	34	156
Jemen	24	16	95
Jordanien	46	31	126
Kambodscha	39	26	94
Kamerun	50	33	180
Kanada			
– Ottawa	**47**	**32**	**142**
– Toronto	**51**	**34**	**161**
– Vancouver	**50**	**33**	**140**
– im Übrigen	**47**	**32**	**134**
Kap Verde	30	20	105
Kasachstan	39	26	109
Katar	56	37	170
Kenia	42	28	223
Kirgisistan	29	20	91
Kolumbien	41	28	126
Kongo, Republik	50	33	200
Kongo, Demokratische Republik	68	45	171
Korea, Demokratische Volksrepublik	39	26	132
Korea, Republik	58	39	112
Kosovo	23	16	57
Kroatien	28	19	75
Kuba	**46**	**31**	**228**
Kuwait	42	28	185
Laos	33	22	**96**
Lesotho	24	16	103
Lettland	30	20	80
Libanon	44	29	120
Libyen	45	30	100

Land	Pauschbeträge für Verpflegungsmehraufwendungen		Pauschbetrag für Übernachtungskosten
	bei einer Abwesenheitsdauer von mindestens 24 Stunden je Kalendertag	für den An- und Abreisetag sowie bei einer Abwesenheitsdauer von mehr als 8 Stunden je Kalendertag	
	€	€	€
Liechtenstein	53	36	180
Litauen	24	16	68
Luxemburg	47	32	130
Madagaskar	34	23	87
Malawi	47	32	123
Malaysia	34	23	88
Malediven	52	35	170
Mali	41	28	122
Malta	45	30	112
Marokko	42	28	129
Marshall Inseln	63	42	70
Mauretanien	39	26	105
Mauritius	54	36	220
Mazedonien	29	20	95
Mexiko	41	28	141
Mikronesien	56	37	74
Moldau, Republik	24	16	88
Monaco	42	28	180
Mongolei	27	18	92
Montenegro	29	20	94
Mosambik	42	28	147
Myanmar	35	24	155
Namibia	23	16	77
Nepal	28	19	86
Neuseeland	56	37	153
Nicaragua	36	24	81
Niederlande	46	31	119
Niger	41	28	89
Nigeria	63	42	255
Norwegen	80	53	182
Österreich	36	24	104
Oman	60	40	200
Pakistan			
– Islamabad	30	20	165
– im Übrigen	27	18	68
Palau	51	34	166
Panama	39	26	111
Papua-Neuguinea	60	40	234
Paraguay	38	25	108
Peru	30	20	93
Philippinen	30	20	107

Land	Pauschbeträge für Verpflegungsmehraufwendungen		Pauschbetrag für Übernachtungskosten
	bei einer Abwesenheitsdauer von mindestens 24 Stunden je Kalendertag	für den An- und Abreisetag sowie bei einer Abwesenheitsdauer von mehr als 8 Stunden je Kalendertag	
	€	€	€
Polen			
– Breslau	33	22	92
– Danzig	29	20	77
– Krakau	28	19	88
– Warschau	30	20	105
– im Übrigen	27	18	50
Portugal	36	24	**102**
Ruanda	46	31	141
Rumänien			
– Bukarest	32	21	100
– im Übrigen	26	17	62
Russische Föderation			
– Jekatarinburg	28	19	84
– Moskau	30	20	110
– St. Petersburg	26	17	114
– im Übrigen	24	16	58
Sambia	36	24	130
Samoa	29	20	85
San Marino	34	23	75
São Tomé-Príncipe	47	32	80
Saudi-Arabien			
– Djidda	38	25	234
– Riad	48	32	179
– im Übrigen	48	32	80
Schweden	50	33	168
Schweiz			
– Genf	64	43	195
– im Übrigen	62	41	169
Senegal	45	30	128
Serbien	20	13	74
Sierra Leone	39	26	82
Simbabwe	45	30	103
Singapur	53	36	188
Slowakische Republik	24	16	85
Slowenien	33	22	95
Spanien			
– Barcelona	32	21	118
– Kanarische Inseln	32	21	98
– Madrid	41	28	113
– Palma de Mallorca	32	21	110
– im Übrigen	29	20	88
Sri Lanka	**42**	**28**	**100**

Auslandsdienstreise

Land	Pauschbeträge für Verpflegungsmehraufwendungen		Pauschbetrag für Übernachtungskosten
	bei einer Abwesenheitsdauer von mindestens 24 Stunden je Kalendertag	für den An- und Abreisetag sowie bei einer Abwesenheitsdauer von mehr als 8 Stunden je Kalendertag	
	€	€	€
St. Kitts und Nevis	45	30	99
St. Lucia	54	36	129
St. Vincent und die Grenadinen	52	35	121
Sudan	35	24	115
Südafrika			
– Kapstadt	27	18	112
– Johannisburg	29	20	124
– im Übrigen	22	15	94
Südsudan	34	23	150
Suriname	41	28	108
Syrien	38	25	140
Tadschikistan	26	17	67
Taiwan	51	34	126
Tansania	47	32	201
Thailand	32	21	118
Togo	35	24	108
Tonga	**39**	**26**	**94**
Trinidad und Tobago	54	36	164
Tschad	**64**	**43**	**163**
Tschechische Republik	35	24	94
Türkei			
– Istanbul	35	24	104
– Izmir	42	28	80
– im Übrigen	40	27	78
Tunesien	**40**	**27**	**115**
Turkmenistan	33	22	108
Uganda	35	24	129
Ukraine	32	21	98
Ungarn	22	15	63
Uruguay	44	29	109
Usbekistan	34	23	123
Vatikanstaat	52	35	160
Venezuela	**47**	32	**120**
Vereinigte Arabische Emirate	45	30	155
Vereinigte Staaten von Amerika (USA)			
– Atlanta	62	41	175
– Boston	58	39	265
– Chicago	54	36	209
– Houston	63	42	138
– Los Angeles	56	37	274
– Miami	64	43	151
– New York City	58	39	282
– San Francisco	51	34	314
– Washington, D. C.	62	41	276
– im Übrigen	51	34	138
Vereinigtes Königreich von Großbritannien und Nordirland			

Auslandsdienstreise

Land	Pauschbeträge für Verpflegungsmehraufwendungen		Pauschbetrag für Übernachtungskosten
	bei einer Abwesenheitsdauer von mindestens 24 Stunden je Kalendertag	für den An- und Abreisetag sowie bei einer Abwesenheitsdauer von mehr als 8 Stunden je Kalendertag	
	€	€	€
– London	62	41	224
– im Übrigen	45	30	115
Vietnam	38	25	86
Weißrussland	**20**	**13**	**98**
Zentralafrikanische Republik	46	31	74
Zypern	45	30	116

Steuerliche Fragen im Zusammenhang mit Nettolohnvereinbarungen

(Verfügungen der Senatsverwaltung für Finanzen Berlin vom 27. 06. 2006
– III A – S 2367 – 1/2006)
Bezug: Verfügungen der OFD Düsseldorf vom 29. 11. 2005 – S 2367 A – St 22/St 221 –;
Verfügungen der OFD Düsseldorf vom 29. 11. 2005 – S 2367 – 16 – St 21-K/St 212-K –,
OFD Frankfurt am Main vom 11. 3. 2006 – S 2367 A – 10 – St II 3.01 –,
OFD Berlin vom 23. 8. 2000 – St 176 – S 2367 – 1/97 –

1. Allgemeines

Eine Nettolohnvereinbarung liegt vor, wenn der Arbeitgeber nach dem Arbeitsvertrag – bzw. nach einer Betriebsvereinbarung oder einem Tarifvertrag – verpflichtet ist, zzgl. zu dem vereinbarten Nettolohn die darauf entfallende Lohnsteuer sowie sonstige Annexsteuern wie z. B. Kirchensteuern, Solidaritätszuschlag und die Arbeitnehmeranteile zur Sozialversicherung zu tragen.

Die entsprechende Verpflichtung des Arbeitgebers berührt dabei lediglich das Innenverhältnis, so dass der Arbeitnehmer selbst Schuldner der Steuern bzw. Beiträge bleibt (vgl. § 38 Abs. 2 EStG für die Lohnsteuer). Die Übernahme der Steuern bzw. Beitragslasten stellt für den Arbeitnehmer zusätzlich zu seinem Nettogehalt gezahlten Arbeitslohn dar. Steuerpflichtiger Bruttoarbeitslohn ist in diesen Fällen die Summe aus ausgezahltem Nettolohn und den vom Arbeitgeber übernommenen Steuern bzw. Arbeitnehmeranteilen am Gesamtsozialversicherungsbeitrag. Zu Einzelheiten der Berechnung wird auf R 122 LStR[1] verwiesen.

Der danach ermittelte Bruttoarbeitslohn ist als Einnahme aus nichtselbständiger Arbeit auch dann in die Einkommensteuerveranlagung des Arbeitnehmers einzubeziehen, wenn die vom Arbeitgeber einbehaltene Lohnsteuer höher als die später durch die Veranlagung festgesetzte Einkommensteuer ist und der Arbeitnehmer den daraus resultierenden Erstattungsanspruch im Rahmen der Nettolohnvereinbarung an den Arbeitgeber abgetreten hatte (vgl. BFH-Beschluss vom 12. 12. 1975, BStBl 1976 II S. 543; BFH-Urteil vom 16. 08. 1979, BStBl 1979 II S. 771).

Ergibt sich aufgrund der Durchführung einer Einkommensteuerveranlagung ein Erstattungsanspruch des Arbeitnehmers, den dieser entsprechend den bestehenden arbeitsvertraglichen Vereinbarungen – bzw. den kollektiven Regelungen der Betriebsvereinbarung bzw. des Tarifvertrags – an den Arbeitgeber abzutreten bzw. auszukehren hat, bleibt dieser Umstand ohne Auswirkungen auf die Einkommensteuerveranlagung des entsprechenden Veranlagungszeitraums (BFH-Urteil vom 16. 08. 1979, BStBl 1979 II S. 771). Die Einkommensteuererstattung führt vielmehr zu negativen Einnahmen des Arbeitnehmers aus nichtselbständiger Tätigkeit, die in dem Kalenderjahr der tatsächlichen Rückzahlung an den Arbeitgeber steuerlich zu berücksichtigen sind (vgl. hierzu Tzn. 3 und 4).

Bei Bestehen einer Nettolohnvereinbarung ist grundsätzlich bei der Einkommensteuerveranlagung des Arbeitnehmers die vom Arbeitgeber einbehaltene Lohnsteuer auf die Einkommensteuerschuld ohne Rücksicht darauf anzurechnen, ob der Arbeitgeber die Lohnsteuer tatsächlich an das Finanzamt abgeführt hat (BFH-Urteile vom 26. 02. 1982, BStBl 1982 II S. 403; vom 13. 11. 1987, BFH/NV 1987 S. 566 und vom 28. 02. 1992, BStBl 1992 II S. 733). Hier ist entscheidend, dass bei Vorliegen einer Nettolohnvereinbarung regelmäßig aus Sicht des Arbeitnehmers mit der Auszahlung des Nettobetrages der Bruttoarbeitslohn entsprechend den gesetzlichen Vorschriften u. a. um den Lohnsteuerabzug gekürzt worden ist (vgl. auch § 42d Abs. 3 Satz 4 Nr. 2 EStG).

2. Lohnsteuer-Jahresausgleich durch den Arbeitgeber (§ 42b EStG)

Der Arbeitgeber ist unter den Voraussetzungen des § 42b EStG berechtigt bzw. verpflichtet, für unbeschränkt steuerpflichtige Arbeitnehmer einen Lohnsteuer-Jahresausgleich durchzuführen.

Bei Vorliegen einer Nettolohnvereinbarung hat der Arbeitgeber die zutreffende Jahreslohnsteuer durch Hochrechnung des Jahresnettolohns auf den entsprechenden Jahresbruttolohn zu ermitteln und diesen auf der von ihm zu erstellenden Lohnsteuerbescheinigung (§ 41b EStG) zu vermerken. Führt die Durchführung des Lohnsteuer-Jahresausgleichs zu Steuererstattungen, ist die zu bescheinigende einbehaltene Lohnsteuer entsprechend zu vermindern.

Das beschriebene Verfahren berücksichtigt, dass eine im Lohnsteuer-Jahresausgleichsverfahren vorgenommene Erstattung regelmäßig dem Arbeitgeber verbleibt und sich danach die zu bescheinigenden Bruttobezüge durch Rückzahlung von Arbeitslohn entsprechend mindern.

---

[1] Jetzt R 39b.9 LStR.

Hat der Arbeitnehmer im Ausgleichsjahr vor Ausstellung bzw. Übermittlung der Lohnsteuerbescheinigung eine Einkommensteuererstattung aufgrund der Durchführung einer Einkommensteuerveranlagung für ein Vorjahr erhalten und diese an seinen Arbeitgeber weitergeleitet, kann der nach den vorgenannten Grundsätzen ermittelte Bruttoarbeitslohn um diesen Erstattungsbetrag gekürzt werden (vgl. hierzu Tz. 3). Als vom Arbeitgeber einbehaltene Lohnsteuer ist dann die um den Erstattungsbetrag geminderte Lohnsteuer auszuweisen.

3. Steuerliche Behandlung der Einkommensteuererstattung bei Nettolohnvereinbarungen und unbeschränkter Steuerpflicht

An den Arbeitgeber weitergeleitete Einkommensteuererstattungen sind als negative Einnahmen im Kalenderjahr des Abflusses (§ 11 Abs. 2 EStG) beim Arbeitnehmer steuermindernd zu berücksichtigen. Ein Abfluss in diesem Sinne erfolgt dabei regelmäßig noch nicht mit der wirksamen Abtretung des Erstattungsanspruches (§ 46 Abs. 2 AO) an den Arbeitgeber, sondern erst in dem Zeitpunkt, in dem die Erstattung tatsächlich an den Arbeitgeber geleistet wird (vgl. BFH-Urteil vom 22. 06. 1990, BFH/NV 1991 S. 156).

Anders als bei der Rückzahlung eines irrtümlich überhöht gezahlten Nettolohns durch den Arbeitnehmer ist diese negative Einnahme nicht auf einen fiktiven Bruttobetrag hochzurechnen, da es sich bei der Einkommensteuererstattung lediglich um die Rückzahlung der entsprechenden Steuern auf den Nettolohn handelt.

Im Lohnsteuerabzugsverfahren kann der Arbeitgeber den Rückfluss von Arbeitslohn durch eine Minderung des laufenden Bruttoarbeitslohns – also nicht durch Abzug vom übrigen Nettolohn – berücksichtigen.[1])

Beispiel:

Ein Arbeitnehmer (Steuerklasse III/1, ohne Religionszugehörigkeit, nicht sozialversicherungspflichtig) mit Nettolohnvereinbarung erhält im Kalenderjahr 2005 monatliche Nettobezüge in Höhe von 5 000 €. Im April des Jahres wird die Erstattung aus der Einkommensteuerveranlagung 2003 in Höhe von 1 500 € vom Finanzamt an den Arbeitgeber überwiesen.

Die Lohnsteuer für den Monat April 2005 ist wie folgt zu berechnen:

ursprünglicher Bruttoarbeitslohn 6 322,09 €

abzüglich ESt-Erstattung ./. 1 500,00 €

bereinigter Bruttoarbeitslohn 4 822,09 €

Lohnsteuer hiervon 780,16 €

Solidaritätszuschlag hiervon 35,05 €

Bei Durchführung des betrieblichen Lohnsteuer-Jahresausgleichs ist Tz. 2 zu beachten.

Macht der Arbeitgeber von der Möglichkeit, die Rückzahlung von Arbeitslohn im Lohnsteuerabzugsverfahren zu berücksichtigen, keinen Gebrauch, kann der Arbeitnehmer die zurückgezahlten Beträge bei seiner Veranlagung zur Einkommensteuer – im Beispielsfall 2005 – als negative Einnahme geltend machen.

4. Steuerliche Behandlung der Einkommensteuererstattung bei Nettolohnvereinbarung nach Wegfall der unbeschränkten Steuerpflicht

4.1 Ausgleich mit nachträglichen Lohnzahlungen

Häufig erhalten ausländische Arbeitnehmer nach Wegfall der unbeschränkten Steuerpflicht noch Leistungen wie z. B. Bonizahlungen einer ausländischen Konzernmutter, die auf die Zeit der unbeschränkten Steuerpflicht entfallen und dementsprechend als Arbeitslohn von dritter Seite – sonstiger Bezug – durch den inländischen Arbeitgeber dem Lohnsteuerabzug zu unterwerfen sind (vgl. § 38 Abs. 1 Satz 3 EStG).

Nicht selten fallen Einkommensteuererstattungen, die sich aufgrund einer Veranlagung des Arbeitnehmers ergeben haben und die dieser an seinen Arbeitgeber abgetreten hat, mit derartigen Zahlungen zusammen.

Hat der Arbeitgeber einen Lohnsteuerabzug für nachträglich gezahlte Bezüge des Arbeitnehmers durchzuführen, kann er im Lohnsteuerabzugsverfahren den entsprechenden Arbeitslohn um die in der Steuererstattung liegende negative Einnahme des Arbeitnehmers desselben Ka-

---

[1]) Zu dieser Frage sind beim Finanzgericht Düsseldorf mehrere Klageverfahren anhängig. Es bestehen keine Bedenken, vergleichbare Rechtsbehelfe bis zu einer abschließenden gerichtlichen Klärung ruhen zu lassen. Die Vollziehung der Bescheide ist auf Antrag auszusetzen, da die Streitfrage höchstrichterlich noch nicht geklärt ist.

lenderjahres mindern (§ 39d Abs. 3 Satz 4 i. V. mit § 39b Abs. 3 EStG). Die Ausführungen in Tz. 3 gelten entsprechend.

Ist nach diesen Grundsätzen eine Berücksichtigung der Rückzahlung des Arbeitslohns nicht möglich, kann die negative Einnahme bei der Einkommensteuerveranlagung des Arbeitnehmers berücksichtigt werden.

4.2 Erstattung im Jahr des Wegfalls der unbeschränkten Steuerpflicht

Fließt ein an den Arbeitgeber abgetretener Erstattungsbetrag aufgrund einer Einkommensteuerveranlagung des Arbeitnehmers im Kalenderjahr des Wechsels von der unbeschränkten zur beschränkten Steuerpflicht zu – bzw. aufgrund der Abtretung als negative Einnahme ab –, ist für die in die Zeit der beschränkten Steuerpflicht fallende und zu negativen Einkünften führende Erstattung § 2 Abs. 7 EStG zu beachten. Danach sind die während der beschränkten Einkommensteuerpflicht erzielten inländischen Einkünfte den während der unbeschränkten Einkommensteuerpflicht erzielten Einkünften hinzuzurechnen (§ 2 Abs. 7 Satz 3 EStG). Die Veranlagung wird insgesamt nach den für unbeschränkt Steuerpflichtige geltenden Vorschriften durchgeführt. Dabei können familien- und personenbezogene Steuerentlastungen nur anteilig für die Zeit der unbeschränkten Steuerpflicht berücksichtigt werden (§ 50 Abs. 1 Satz 5 EStG).

Beispiel:

Der Arbeitnehmer wird ins Ausland versetzt, er gibt daher im August 2005 seinen inländischen Wohnsitz auf. Der auf die Zeit der unbeschränkten Steuerpflicht entfallende Bruttoarbeitslohn beträgt 50 000 €. Die Einkommensteuerveranlagung 2004 führt im November 2005 zu einer Steuererstattung in Höhe von 2 000 €, die an den Arbeitgeber weitergeleitet wird. Die ausländischen Einkünfte des Arbeitnehmers betragen – umgerechnet – 25 000 €.

Lösung:

Eine Einkommensteuerveranlagung kann erst nach Ablauf des Kalenderjahres 2005 durchgeführt werden (§ 25 Abs. 1 EStG). Als Bruttoarbeitslohn sind anzusetzen: 50 000 € ./. 2 000 € = 48 000 €. Die ausländischen Einkünfte in Höhe von 25 000 € unterliegen dem Progressionsvorbehalt (§ 32b Abs. 1 Nr. 2 EStG).

4.3 Durchführung des Verlustrücktrags

Fließt ein an den Arbeitgeber abgetretener Erstattungsbetrag aufgrund einer Einkommensteuerveranlagung des Arbeitnehmers nach Ablauf des Wegzugsjahres zu – bzw. aufgrund der Abtretung als negative Einnahme ab – und kann dann nicht mehr mit positiven Einkünften ausgeglichen werden, kommt eine Berücksichtigung im Wege des Verlustrücktrags nach § 10d Abs. 1 EStG in Betracht.

Für die Durchführung des Verlustrücktrags im Rahmen einer Pflichtveranlagung bedarf es keines besonderen Antrags, sondern er ist von Amts wegen durchzuführen, soweit er nicht nach § 10d Abs. 1 Satz 4 EStG (Satz 7 EStG a. F.) eingeschränkt wird. Ist ein Arbeitnehmer nicht bereits aus anderen Gründen zur Einkommensteuer zu veranlagen, muss er eine Veranlagung nach § 46 Abs. 2 Nr. 8 EStG beantragen (R 115 Abs. 7 EStR).

Die Durchführung des Verlustrücktrags in einen früheren Veranlagungszeitraum ist nicht durch § 50 Abs. 2 bzw. Abs. 5 EStG eingeschränkt.

Nach § 50 Abs. 5 EStG gilt die Einkommensteuer bei beschränkt Steuerpflichtigen u. a. für Einkünfte, die dem Steuerabzug vom Arbeitslohn unterliegen, als durch den Steuerabzug abgegolten. Ein Ausgleich mit Verlusten aus anderen Einkunftsarten ist ebenso wie ein Verlustabzug nach § 10d EStG ausgeschlossen (§ 50 Abs. 2 EStG).

Sinn und Zweck dieser Bestimmungen ist es, durch Steuerabzug für bestimmte während der Dauer der beschränkten Steuerpflicht bezogene Einkünfte eine effektive Mindestbesteuerung sicherzustellen.

Dieser vom Gesetzgeber verfolgte Zweck rechtfertigt es jedoch nicht, negative abzugssteuerpflichtige Einnahmen oder Einkünfte auch dann vom Verlustausgleich oder -abzug auszuschließen, wenn diese mit Einkünften aus der Zeit der unbeschränkten Steuerpflicht korrespondieren, für die das Abgeltungsprinzip gerade nicht galt (Hinweis auf das BFH-Urteil vom 02. 11. 1977, BStBl 1978 II S. 102, ergangen zu Einnahmen nach § 49 Abs. 1 Nr. 5 EStG; Urteil des FG Düsseldorf vom 26. 11. 1990, EFG 1991 S. 318 – rkr.)[1]

Dem stehen auch die Ausführungen zu Tz. 5 der Entscheidungsgründe im BFH-Urteil vom 17. 04. 1996 (BStBl 1996 II S. 571) nicht entgegen. Hier hat der BFH es abgelehnt, in der Zeit der beschränkten Steuerpflicht gezahlte Schuldzinsen (Werbungskosten zu Einnahmen aus Kapi-

---

[1] Der gegenteiligen Auffassung des Niedersächsischen FG (Urteil vom 17. 01. 2001, EFG 2001 S. 1136 – rkr.) ist nicht zu folgen.

talvermögen in der Zeit der unbeschränkten Steuerpflicht) im Wege des Verlustrücktrags gemäß § 10d EStG zu berücksichtigen, u. a. weil dies dem für Einkünfte aus Kapitalvermögen geltenden Bruttoprinzip des § 50 Abs. 5 EStG widerspreche.

Diese Entscheidung trägt dem Gedanken Rechnung, dass im Rahmen der beschränkten Steuerpflicht bei abzugssteuerpflichtigen Einkünften Werbungskosten nicht berücksichtigt werden – Abzugsverbot –, vielmehr wird der Steuerabzug von den – ungekürzten – Einnahmen vorgenommen. Bei der Einkommensteuererstattung, die von Arbeitnehmern mit Nettolohnvereinbarung an ihre Arbeitgeber weitergeleitet wird, handelt es sich jedoch nicht um Werbungskosten, sondern um „negative" Einnahmen. Diese sind nach dem BFH-Urteil vom 02. 11. 1977 (BStBl 1978 II S. 102) ausdrücklich vom Abzugsverbot ausgenommen. Negative Einnahmen sind keine Werbungskosten, sondern eine Korrektur der positiven Einnahmen. Ein Verlustrücktrag gemäß § 10d EStG ist damit zulässig.

Soweit der Arbeitgeber nicht bereits im Lohnsteuerabzugsverfahren diese negativen Einnahmen bei der Ermittlung der Lohnsteuer auf nachträgliche Arbeitslohnzahlungen desselben Kalenderjahres berücksichtigt hat, ist der rücktragsfähige Betrag im Rahmen der Einkommensteuerveranlagung nicht um positive Einkünfte i. S. des § 49 Abs. 1 Nr. 4 EStG, von denen ein Lohnsteuerabzug vorzunehmen ist, zu vermindern (Hinweis auf § 50 Abs. 5 EStG).

Bei der Durchführung des Verlustrücktrags ist das BFH-Urteil vom 06. 06. 2000 (BStBl 2000 II S. 491) zu beachten. Danach entsteht der Erstattungsanspruch aus der Durchführung des Verlustrücktrags nicht bereits mit Eintritt des Verlustes, sondern nach § 36 Abs. 1 i. V. mit § 10d Abs. 1 EStG erst mit Ablauf des Veranlagungszeitraums, in dem der nicht ausgeglichene Verlust angefallen ist. Erst mit Ablauf des Verlustentstehungsjahres steht fest, ob für das Rücktragsjahr eine Einkommensteuer entstanden ist, die niedriger ist als die anzurechnenden Steuerbeträge und damit zu einer Erstattung führt.

Dies folgt aus dem Zusammenspiel zwischen den §§ 36 Abs. 1 und 10d Abs. 1 EStG, wonach ein Erstattungsanspruch, der aus der Anrechnung rücktragsfähiger Verluste im Ausgleichsjahr herrührt, nicht entstehen kann, bevor der Tatbestand des § 10d Abs. 1 EStG verwirklicht ist. Für die Entstehung eines rücktragsfähigen Verlustes bestimmt § 10d Abs. 1 EStG nämlich, dass es sich um negative Einkünfte – des Verlustentstehungsjahres – handeln muss, die bei der Ermittlung des Gesamtbetrags der Einkünfte – des Verlustentstehungsjahres – nicht ausgeglichen wurden.

Die Durchführung des Verlustrücktrags vor Ablauf des Verlustentstehungsjahres scheidet damit aus, denn Steuern können nicht erstattet werden, bevor der Erstattungsanspruch entstanden ist. Darf aber der Verlustrücktrag erst nach Ablauf des Verlustentstehungsjahres durchgeführt werden, kann die daraus resultierende Steuererstattung nicht im selben Jahr zu- bzw. an den Arbeitgeber abfließen. Insoweit kommt es vielmehr erst im Zweitfolgejahr zu weiteren negativen Einkünften. Diese sind sodann wegen des auf ein Jahr beschränkten Verlustrücktrags nicht mehr nach § 10d Abs. 1 EStG rücktragsfähig.

Das bedeutet, dass der Verlustrücktrag stets erst nach Ablauf des Verlustentstehungsjahres durchgeführt werden darf und dabei eine Hochrechnung in analoger Anwendung von R 122 LStR[1]) zu unterbleiben hat.

Abwandlung zum Beispiel in Tz. 4.2:

Die Steuererstattung für das Jahr 2004 erfolgt erst im Februar 2006.

Lösung:

Der Veranlagung 2005 ist ein Bruttoarbeitslohn von 50 000 € zugrunde zu legen. Die negativen Einnahmen in Höhe von 2 000 € führen im Jahr 2006 zu einem negativen Gesamtbetrag der Einkünfte und sind im Wege des Verlustrücktrags nach § 10d Abs. 1 EStG bei der Einkommensteuerveranlagung 2005 zu berücksichtigen, allerdings noch nicht bei der im Jahr 2006 durchgeführten Erstveranlagung. Erst nach Ablauf des Jahres 2006 ist der Einkommensteuerbescheid 2005 nach § 10d Abs. 1 Satz 2 EStG (Satz 5 EStG a. F.) zu ändern. Die daraus resultierende weitere Erstattung, die frühestens im Jahr 2007 als Arbeitslohnrückzahlung in Erscheinung tritt und zu negativen Einkünften führt, geht damit für den Verlustrücktrag in das Jahr 2005 endgültig verloren.

5. Steuerliche Behandlung von Nettolohnvereinbarungen, die die sog. „Hypotax" oder „Hyposteuer" beinhalten

Die Hypotax ist die fiktive Steuer vom Einkommen (evtl. zuzüglich aller staatlichen Abgaben) eines nach Deutschland entsandten Arbeitnehmers, die der Arbeitnehmer in seinem Heimatland zu entrichten hätte, wenn er seinen Wohnsitz dort beibehalten hätte.

---

1) Jetzt R 39b.9 LStR.

In einer besonderen Form der Nettolohnvereinbarung dient sie als Berechnungsgrundlage. Zweck dieser Vereinbarung ist es, dass der Arbeitnehmer während seiner Entsendung nach Deutschland durch höhere/niedrigere Steuern (und andere Abgaben) keinen niedrigeren/höheren Nettolohn als im Heimatland bezieht. Der im Heimatland vereinbarte Bruttolohn abzüglich der vom Arbeitgeber ermittelten Hypotax beziffert den vereinbarten Nettolohn.

Es ergeben sich keine von den obigen Ausführungen abweichenden steuerlichen Auswirkungen. Sind die deutschen Abgaben höher als die ausländischen, wird die Differenz zwischen deutschen Abgaben einerseits und der Hypotax andererseits vom Arbeitgeber getragen, was den Arbeitslohn insoweit erhöht. Im umgekehrten Fall ist die dem Arbeitgeber zu erstattende Differenz eine negative Einnahme des Arbeitnehmers, die auch wie oben beschrieben steuerlich zu behandeln ist. In den meisten Fällen hat der Arbeitgeber dies bei der Berechnung des laufenden monatlichen Lohns grob berücksichtigt, und der in der Lohnsteuerbescheinigung ausgewiesene Bruttoarbeitslohn ist schon um die negative Einnahme gemindert. Regelmäßig kann der endgültige Betrag der Hypotax jedoch erst nach Ablauf des Kalenderjahres ermittelt werden, so dass sich im Veranlagungsverfahren Veränderungen bei der Höhe des Arbeitslohns ergeben können. Es ist dabei zu beachten, dass die negativen Einnahmen nicht doppelt steuermindernd (als Werbungskosten bzw. negative Einnahmen im Veranlagungsverfahren und negative Einnahmen im Lohnsteuerabzugsverfahren) geltend gemacht werden.

Sollte der Arbeitgeber den Bruttoarbeitslohn zu hoch ausgewiesen haben, weil er die negative Einnahme nicht bei der Berechnung des laufenden Arbeitslohns mindernd berücksichtigt hat, ist Folgendes zu beachten:

- Wurde dem Arbeitgeber versehentlich ein zu hoher Betrag ausgezahlt, den er zurückerstatten muss, ist die Rückzahlung erst im Jahr des Abflusses als negative Einnahme zu berücksichtigen. Der Bruttoarbeitslohn ist erst für dieses Jahr zu korrigieren. Eine wiederum daraus resultierende ESt-Erstattung, die der Arbeitnehmer an den Arbeitgeber abführen muss, ist im Jahr des Abflusses beim Arbeitnehmer als negative Einnahme zu berücksichtigen.
- Wurde dem Arbeitnehmer jedoch tatsächlich weniger ausgezahlt, ist im Veranlagungsverfahren der Bruttolohn zu korrigieren. Die daraus resultierende ESt-Erstattung, die der Arbeitnehmer an den Arbeitgeber abführen muss, ist im Jahr des Abflusses beim Arbeitnehmer als negative Einnahme zu berücksichtigen.

Sollte der Arbeitnehmer den Bruttoarbeitslohn zu niedrig ausgewiesen haben, weil er im Lohnsteuerabzugsverfahren des Vorjahres eine zu hohe Hypotax als negative Einnahme ausgerechnet hatte, ist entsprechend zu verfahren.

6. Steuerliche Behandlung der Nachzahlungs- und Erstattungszinsen (§ 233a AO)

Nettolohnvereinbarungen enthalten vielfach die Abrede, dass der Arbeitgeber zusätzlich zu den übernommenen Steuern bzw. Sozialversicherungsbeiträgen auch evtl. Zinsen auf Steuernachforderungen (§ 233a AO) tragen soll. Korrespondierend tritt der Arbeitnehmer seine gegen das Finanzamt bestehenden Ansprüche auf Erstattungszinsen ab.

Die Übernahme der Zinsen auf Steuernachforderungen durch den Arbeitgeber ist zusätzlicher Arbeitslohn des Arbeitnehmers, der bei der Berechnung der Lohnsteuer als sonstiger Bezug i. S. des § 39b Abs. 3 EStG zu erfassen ist. Im Rahmen der Einkommensteuerveranlagung sind sie nicht berücksichtigungsfähig (§ 12 Nr. 3 EStG).

Die Zahlung von Erstattungszinsen führt beim Arbeitnehmer grundsätzlich zu Einnahmen aus Kapitalvermögen i. S. des § 20 Abs. 1 Nr. 7 EStG. Die Vereinnahmung durch bzw. die Weiterleitung an den Arbeitgeber aufgrund bestehender vertraglicher Verpflichtungen führt – vergleichbar der Beurteilung bei den Steuererstattungsansprüchen – zu negativen Einnahmen des Arbeitnehmers aus nichtselbständiger Arbeit.

Für die steuerliche Behandlung gelten im Übrigen die Ausführungen zu Tz. 2–4 entsprechend.

7. Steuerberatungskosten als Arbeitslohn

Da die Erstattung aus der Einkommensteuerveranlagung des Arbeitnehmers dem Arbeitgeber zugute kommt, trägt der Arbeitgeber die damit zusammenhängenden Steuerberatungskosten. Steuererklärungspflichtig nach den §§ 25 Abs. 3, 46 Abs. 2 EStG ist der Arbeitnehmer. Er ist Steuerschuldner und damit auch erstattungsberechtigt; die Nettolohnvereinbarung lässt das öffentlich-rechtliche Steuerschuldverhältnis unberührt. In der Übernahme der Steuerberatungskosten liegt daher eine Zuwendung des Arbeitgebers an den Arbeitnehmer, die als Arbeitslohn zu erfassen ist. Dies gilt sowohl in Fällen der Pflichtveranlagung nach § 46 Abs. 2 Nr. 1–7 EStG als auch in Fällen der Antragsveranlagung nach § 46 Abs. 2 Nr. 8 EStG.

Der Umstand, dass die Steuerberatungskosten nach § 10 Abs. 1 Nr. 6 EStG – zumindest bis einschließlich Veranlagungszeitraum 2005 – als Sonderausgaben abziehbar sind, steht ihrer Erfassung als Arbeitslohn nicht entgegen.

8. Behandlung von Arbeitslohn, für den der Arbeitgeber keine Lohnsteuer abgeführt hat, durch Veranlagungsstellen und bei Lohnsteuer-Außenprüfungen

Feststellungen der Lohnsteuer-Außenprüfungen haben ergeben, dass ausländische Arbeitnehmer, die mit ihrem inländischen Arbeitgeber eine Nettolohnvereinbarung getroffen haben, vielfach neben ihrem laufenden Arbeitslohn noch sonstige Vergütungen oder geldwerte Vorteile erhalten, die nicht dem laufenden Lohnsteuerabzug unterworfen worden sind. So ist insbesondere bei der Prüfung von inländischen Tochtergesellschaften japanischer Firmen festgestellt worden, dass die Muttergesellschaften an von ihnen in der Bundesrepublik Deutschland entsandte Arbeitnehmer häufig Boni auf Konten der Arbeitnehmer in ihrem Heimatland überweisen. Nach den Prüfungsfeststellungen unterbleibt häufig ein Lohnsteuerabzug durch den inländischen Arbeitgeber – die Tochtergesellschaft –, so dass diese Zahlungen regelmäßig nicht in den Lohnsteuerbescheinigungen enthalten sind. Die begünstigten Arbeitnehmer rechnen vielmehr diese Beträge mit dem ausgezahlten Nettobetrag dem vom Arbeitgeber bescheinigten Brutto-Jahresarbeitslohn im Rahmen ihrer Einkommensteuerveranlagung hinzu.

Diese Behandlung steht nicht im Einklang mit den bestehenden gesetzlichen Bestimmungen.

Bei derartigen von der ausländischen Muttergesellschaft zusätzlich zum laufenden Arbeitslohn geleisteten Zahlungen und Zuwendungen handelt es sich regelmäßig um Zahlungen eines Arbeitslohns von dritter Seite, die als sonstige Bezüge i. S. des § 39b Abs. 3 EStG dem Lohnsteuerabzug durch den inländischen Arbeitgeber unterliegen (§ 38 Abs. 1 Satz 3 EStG, R 106 Abs. 2 LStR[1])). Bestehen Nettolohnvereinbarungen, sind diese Beträge vom Arbeitgeber auf die entsprechenden Bruttobeträge hochzurechnen, die Lohnsteuern fristgerecht an das zuständige Betriebsstättenfinanzamt abzuführen und die entsprechenden Beträge in die Lohnsteuerbescheinigung aufzunehmen.

Ergibt sich bei Durchführung der Veranlagung, dass der Arbeitgeber keinen Lohnsteuerabzug vorgenommen hat, wird die Steuer beim Arbeitnehmer regelmäßig nicht nachgefordert werden können, da aus seiner Sicht der Arbeitgeber mit der Auszahlung des Nettolohns den Bruttoarbeitslohn vorschriftsmäßig gekürzt hat (Hinweis auf BFH-Urteile vom 26. 02. 1982, 13. 11. 1987 und 28. 02. 1992, a. a. O. Tz. 1 letzter Abs.). Dementsprechend ist die auf diese Bezüge entfallende Lohnsteuer nach § 36 Abs. 2 Nr. 2 EStG auf die Einkommensteuerschuld des Arbeitnehmers auch dann anzurechnen, wenn der Arbeitgeber diese nicht an das Finanzamt abgeführt hat. Eine Ausnahme gilt nur dann, wenn der Arbeitnehmer positiv weiß, dass der Arbeitgeber die einbehaltene Lohnsteuer nicht vorschriftsmäßig angemeldet hat und dies dem Finanzamt nicht unverzüglich mitteilt (§ 42d Abs. 3 Satz 4 Nr. 2 EStG).

Zur Sicherung des Steueraufkommens bittet das SenFin daher, wie folgt zu verfahren:

Die Veranlagungsstelle stellt die Veranlagung des betroffenen Arbeitnehmers zunächst zurück und informiert die Arbeitgeberstelle des zuständigen Betriebsstättenfinanzamts über die Höhe der bisher nicht dem Lohnsteuerabzug unterworfenen Bezüge des betroffenen Arbeitnehmers. Das Betriebsstättenfinanzamt setzt sich unter Darlegung dieses Sachverhalts mit dem Arbeitgeber in Verbindung und ermittelt dabei, ob auch bei weiteren Arbeitnehmern eine zutreffende Lohnversteuerung für derartige Zahlungen unterblieben ist. Dem Arbeitgeber ist dann Gelegenheit zu geben, entsprechend berichtigte Lohnsteuer-Anmeldungen für die betroffenen Zeiträume einzureichen. Im Einzelfall bestehen keine Bedenken, Berichtigungen in der letzten Lohnsteuer-Anmeldung des entsprechenden Veranlagungszeitraums vorzunehmen. Berichtigt der Arbeitgeber im vorstehenden Sinne die Lohnsteuer-Anmeldungen nicht, ist er nach § 42d EStG in Haftung zu nehmen.

Das Betriebsstättenfinanzamt informiert die Wohnsitzfinanzämter der betroffenen Arbeitnehmer, damit diese die nach den Angaben des Arbeitgebers zutreffend ermittelten Bruttowerte der Veranlagung zugrunde legen und die entsprechenden Lohnsteuern auf die Einkommensteuerschuld anrechnen können.

Werden entsprechende Feststellungen bei Lohnsteuer-Außenprüfungen getroffen, ist entsprechend zu verfahren.

---

[1]) Jetzt R 38.4 LStR.

9. Zuordnung des Besteuerungsrechts für Arbeitslohn nach Doppelbesteuerungsabkommen in Sonderfällen

9.1 Zuweisung des Besteuerungsrechts

9.1.1 Besteuerungsrecht des Ansässigkeitsstaats

Das BMF hat im Schreiben vom 05. 01. 1994, BStBl 1994 I S. 11 (ergänzt durch BMF-Schreiben vom 05. 07. 1995, BStBl 1995 I S. 373 und vom 12. 05. 2000, BStBl 2000 I S. 483) zu steuerlichen Fragen im Zusammenhang mit der kurzfristigen Entsendung von Arbeitnehmern ins Ausland Stellung genommen. Hiernach handelt es sich bei den betreffenden Personen um im Inland ansässige Arbeitnehmer. Weitere Zweifelsfragen ergeben sich, wenn die Arbeitnehmer ins Inland abgeordnet wurden und von hier aus kurzfristige Dienstreisen ins Ausland unternehmen.

Arbeitnehmer, die von einer im Ausland ansässigen rechtlich selbständigen Person zu einer in der Bundesrepublik Deutschland ansässigen Tochtergesellschaft oder einer im Inland befindlichen Betriebsstätte entsandt werden, halten sich vielfach für kurze Zeit (weniger als 184 Tage) aus beruflichen Gründen im europäischen oder außereuropäischen Ausland bzw. im Entsendestaat auf. Im Rahmen ihrer Einkommensteuererklärung beantragen diese Arbeitnehmer häufig, den auf ihre Auslandstätigkeit entfallenden Arbeitslohn von der inländischen Besteuerung freizustellen. Ob eine Freistellung tatsächlich gerechtfertigt ist, hängt von verschiedenen Voraussetzungen ab:

1. Ansässigkeit des Arbeitnehmers i. S. d. DBA
2. Ansässigkeit des Arbeitgebers i. S. d. DBA
3. Tätigkeitsstaat des Arbeitnehmers
4. Eingliederung des Arbeitnehmers in eine Betriebsstätte des Arbeitgebers i. S. d. DBA im Tätigkeitsstaat

Die Zuordnung des Besteuerungsrechts wird an folgenden Grundfällen unter Berücksichtigung von Art. 15 des OECD-Musterabkommens dargestellt. Hierbei wird unterstellt, dass die Voraussetzung zu Pkt. 4 im Ausland während der Dauer der Dienstreise nicht gegeben ist:

1. Der aus dem Staat X entsandte A wird Arbeitnehmer einer im Inland ansässigen Tochtergesellschaft der in X ansässigen Obergesellschaft. Mit der Entsendung begründet A die Ansässigkeit i. S. d. DBA in der Bundesrepublik Deutschland.
   a) Der Arbeitnehmer unternimmt eine kurze Dienstreise in den Drittstaat D;
   b) Der Arbeitnehmer unternimmt eine kurze Dienstreise in den Entsendestaat X.
      zu a)

Anwendbar ist das DBA zwischen der Bundesrepublik Deutschland und dem Staat D. Sofern das DBA dem OECD-MA entspricht, verbleibt das Besteuerungsrecht bei dem Ansässigkeitsstaat des Arbeitnehmers (Bundesrepublik Deutschland), da alle Voraussetzungen des Art. 15 Abs. 2 OECD-MA gegeben sind.
      zu b)

Anwendbar ist das DBA zwischen der Bundesrepublik Deutschland und dem Staat X. Sofern das DBA dem OECD-MA entspricht, verbleibt das Besteuerungsrecht bei dem Ansässigkeitsstaat des Arbeitnehmers (Bundesrepublik Deutschland), da alle Voraussetzungen des Art. 15 Abs. 2 OECD-MA gegeben sind.

2. Ausgangsfall wie 1, der Arbeitnehmer wird jedoch nicht im Inland ansässig, da sein Lebensmittelpunkt in X verbleibt.
   a) Der Arbeitnehmer unternimmt eine kurze Dienstreise in den Drittstaat D;
   b) Der Arbeitnehmer unternimmt eine kurze Dienstreise in den Entsendestaat X.
      zu a)

Das DBA zwischen der Bundesrepublik Deutschland und dem Staat D ist nicht anwendbar, da der Arbeitnehmer weder in der Bundesrepublik Deutschland noch in D ansässig ist. Das Besteuerungsrecht für die in D ausgeübte Tätigkeit ist der Bundesrepublik Deutschland nach dem DBA mit dem Staat X entsprechend Art. 15 Abs. 1 Satz 1 OECD-MA entzogen. Die Zuordnung des Besteuerungsrechts ergibt sich aus dem DBA zwischen den Staaten X und D. Dies gilt auch dann, wenn der Arbeitnehmer nach deutschem Steuerrecht aufgrund eines (Zweit-) Wohnsitzes oder eines gewöhnlichen Aufenthalts im Inland unbeschränkt steuerpflichtig ist.
      zu b)

Der Arbeitnehmer ist in X ansässig und dort tätig. Nach dem DBA zwischen der Bundesrepublik Deutschland und X steht das Besteuerungsrecht für den Zeitraum der Dienstreise dem Staat X zu.

3. Der aus dem Staat X entsandte A wird als Arbeitnehmer einer im Inland befindlichen Betriebsstätte eines in X ansässigen Unternehmens tätig. Mit der Entsendung begründet der Arbeitnehmer seine Ansässigkeit in der Bundesrepublik Deutschland.
   a) Der Arbeitnehmer unternimmt eine kurze Dienstreise in den Drittstaat D;
   b) Der Arbeitnehmer unternimmt eine kurze Dienstreise nach Norwegen;
   c) Der Arbeitnehmer unternimmt eine kurze Dienstreise in den Entsendestaat X.

zu a) Anwendbar ist das DBA zwischen der Bundesrepublik Deutschland und dem Staat D. Sofern das DBA dem OECD-MA entspricht, verbleibt das Besteuerungsrecht bei dem Ansässigkeitsstaat des Arbeitnehmers (Bundesrepublik Deutschland).

zu b) Das DBA Norwegen stellt insoweit eine Ausnahme dar, als bei kurzfristigen Arbeitsaufenthalten in diesem Staat das Besteuerungsrecht nur dann beim Ansässigkeitsstaat des Arbeitnehmers verbleibt, wenn der Arbeitgeber und Arbeitnehmer im selben Staat, hier der Bundesrepublik Deutschland, ansässig sind (Art. 15 Abs. 2 Buchstabe b DBA Norwegen). Da die Betriebsstätte eines ausländischen Unternehmens nicht als ein im Inland ansässiger Arbeitgeber i. S. d. DBA-Rechts anzusehen ist (BFH-Urteile vom 29. 01. 1986, BStBl 1986 II S. 4, BStBl 1986 II S. 442 und BStBl 1986 II S. 513), steht das Besteuerungsrecht bei dieser Fallkonstellation Norwegen zu.

Diese Ausnahme galt bislang auch für das DBA Österreich. Art. 15 Abs. 2 des geänderten DBA Österreich vom 24. 08. 2000 (anzuwenden ab dem VZ 2003) regelt nunmehr, dass es für die Erfassung der nichtselbständigen Einkünfte im Ansässigkeitsstaat nicht mehr erforderlich ist, dass Arbeitgeber und Arbeitnehmer im selben Staat ansässig sind.

zu c) Da die Vergütung von einem in X ansässigen Arbeitgeber gezahlt wird (siehe vorstehend unter b), steht das Besteuerungsrecht dem Staat X zu.

4. Ausgangsfall wie 3, der Arbeitnehmer wird jedoch nicht im Inland ansässig, da sein Lebensmittelpunkt in X verbleibt.

a) Der Arbeitnehmer unternimmt eine kurze Dienstreise in den Drittstaat D;

b) Der Arbeitnehmer unternimmt eine kurze Dienstreise nach Norwegen;

c) Der Arbeitnehmer unternimmt eine kurze Dienstreise in den Entsendestaat X.

zu a) Das DBA zwischen der Bundesrepublik Deutschland und dem Staat D ist nicht anwendbar, da der Arbeitnehmer weder in der Bundesrepublik Deutschland noch in D ansässig ist. Das Besteuerungsrecht für die in D ausgeübte Tätigkeit ist der Bundesrepublik Deutschland nach dem DBA mit dem Staat X entsprechend Art. 15 Abs. 1 Satz 1 OECD-MA entzogen. Die Zuordnung des Besteuerungsrechts ergibt sich aus dem DBA zwischen den Staaten X und D. Dies gilt auch dann, wenn der Arbeitnehmer nach deutschem Steuerrecht aufgrund eines (Zweit-) Wohnsitzes oder eines gewöhnlichen Aufenthalts im Inland unbeschränkt steuerpflichtig ist.

zu b) Das vorstehend zu a) Gesagte gilt entsprechend.

zu c) Da die Tätigkeit in X ausgeübt und von einem in X ansässigen Arbeitgeber entlohnt wird, steht das Besteuerungsrecht dem Staat X zu.

9.1.2 Doppelansässigkeit nach DBA – Japan

Die deutschen DBA enthalten grundsätzlich bei konkurrierender Ansässigkeit Regelungen, die einem der Vertragsstaaten den Vorrang als Wohnsitzstaat einräumen. Eine derartige Regelung fehlt jedoch im DBA mit Japan.

Somit müsste noch derzeit in jedem Fall, in dem ein japanischer Arbeitnehmer vorträgt, nicht nur in der Bundesrepublik Deutschland, sondern auch in seinem Heimatstaat ansässig zu sein, die Ansässigkeit i. S. d. DBA im Wege des Verständigungsverfahrens festgestellt werden.

Diesbezüglich haben Verständigungsgespräche mit Vertretern der japanischen Steuerverwaltung stattgefunden. Diese stellten klar, dass ein Steuerpflichtiger mit Wohnsitz in Japan, der für einen Arbeitsaufenthalt von voraussichtlich mehr als einem Jahr Japan verlässt, ab diesem Zeitpunkt seine Ansässigkeit in Japan verliert. Dies gilt auch dann, wenn die Ehefrau und die Kinder weiterhin in Japan wohnen. Die Ansässigkeit in Japan lebt bei Zwischenaufenthalten in Japan während der Abordnungszeit nicht kurzzeitig wieder auf.

Begründet ein solcher Steuerpflichtiger seinen Wohnsitz oder gewöhnlichen Aufenthalt im Inland, wird er in Deutschland unbeschränkt steuerpflichtig und ist allein in Deutschland ansässig.

9.1.3 Aufteilung des Arbeitslohns

Zur Frage der Aufteilung des Arbeitslohns für eine Tätigkeit im Ausland vgl. Tz. 6.1 des BMF-Schreibens vom 05. 01. 1994, BStBl 1994 I S. 11.

10. Werbungskostenabzug

10.1 Doppelte Haushaltsführung

Unter den Voraussetzungen des § 9 Abs. 1 Satz 3 Nr. 5 EStG sind Mehraufwendungen wegen doppelter Haushaltsführung als Werbungskosten abzugsfähig (vgl. hierzu R 43 LStR[1])).

Zu den dabei steuerlich berücksichtigungsfähigen Mehraufwendungen zählen auch die Kosten für eine Zweitwohnung (R 43 Abs. 9 LStR[2])), soweit diese notwendig sind. Diese Einschränkung dient dem Ausschluss von überhöhten Werbungskosten (BFH-Urteil vom 16.03.1979, BStBl 1979 II S. 473). Dementsprechend sind abzugsfähig u. a. lediglich die Aufwendungen, die für die Anmietung einer Wohnung entstehen, die den Wohnbedürfnissen des Steuerpflichtigen als Einzelperson angemessen Rechnung trägt. Als ungefähre Richtgröße dürfte hier eine Wohnungsgröße von ca. 60 qm anzusehen sein.

Mietet der Steuerpflichtige demgegenüber eine größere Wohnung an – insbesondere im Hinblick auf den beabsichtigten Nachzug seiner Familie ins Inland –, sind die entsprechenden Kosten lediglich anteilig zum Abzug zuzulassen, da sie insoweit Kosten der privaten Lebensführung darstellen (§ 12 Nr. 1 Satz 1 EStG).

10.2 Umzugskosten

10.2.1 Grundsätzliches

Die durch einen beruflich veranlassten Wohnungswechsel entstandenen Aufwendungen sind Werbungskosten (§ 9 Abs. 1 Satz 1 EStG; R 41 Abs. 1 LStR[3])).

Dabei können die tatsächlichen Umzugskosten ohne weitere Prüfung bis zur Höhe der Beträge als Werbungskosten abgezogen werden, die nach dem Bundesumzugskostenrecht als Umzugskostenvergütung höchstens gezahlt werden können (R 41 Abs. 2 LStR[4])).

Dies gilt jedoch nicht für Aufwendungen für die Anschaffung von klimabedingter Kleidung und Wohnungsausstattung i. S. der §§ 11 und 12 AUV, für die ein Werbungskostenabzug grundsätzlich ausgeschlossen ist (H 41 – Höhe der Umzugskosten – LStH[5])).

10.2.2 Umzugskostenpauschalen

Das Bundesumzugskostengesetz (BUKG)[6]) bzw. die Auslandsumzugskostenverordnung (AUV)[7]) sehen jeweils in ihren §§ 10 die Erstattungsfähigkeit von bestimmten Umzugskostenpauschalen vor. In diesen Vorschriften geht der Gesetzgeber davon aus, dass sonstige Umzugskosten bei jedem Umzug in einer bestimmten Höhe entstehen, die den im Gesetz für den Einzelfall vorgesehenen Betrag der Pauschvergütung rechtfertigen. Die Höhe der danach als Werbungskosten abziehbaren Pauschbeträge ergibt sich

- für Umzüge ab 01.01.2001 aus dem BMF-Schreiben vom 20.12.2000, BStBl 2000 I S. 1579[8]),
- für Umzüge ab 01.01.2002 aus dem BMF-Schreiben vom 22.08.2001, BStBl 2001 I S. 542[9]),
- für Umzüge ab 01.07.2003 aus dem BMF-Schreiben vom 05.08.2003, BStBl 2003 I S. 416[10]).

Ein Werbungskostenabzug für pauschale Umzugsauslagen setzt jedoch im Hinblick auf § 3c EStG voraus, dass die gesamten Umzugskosten einschließlich der Pauschalbeträge nach § 10 BUKG bzw. § 10 AUV die vom Arbeitgeber steuerfrei erstatteten Aufwendungen (§ 3 Nr. 16 EStG) übersteigen (R 41 Abs. 2 Satz 5 LStR[11])).

Ein Rückumzug des Arbeitnehmers in das Ausland ist nur beruflich veranlasst und ein Werbungskostenabzug für pauschale Umzugsauslagen nach § 10 AUV nur zulässig, wenn der Arbeitnehmer für eine von vornherein befristete Tätigkeit in das Inland versetzt worden war (H 41 Rückumzug ins Ausland LStH[12]); BFH-Urteil vom 04.12.1992, BStBl 1993 II S. 722).

---

1) Jetzt R 9.11 LStR.
2) Jetzt R 9.11 Abs. 8 LStR.
3) Jetzt R 9.9 Abs. 1 LStR.
4) Jetzt R 9.9 Abs. 2 LStR.
5) Jetzt H 9.9 LStH.
6) LSt-Handbuch 2006 Anhang 10 I.
7) LSt-Handbuch 2006 Anhang 10 III.
8) Siehe auch LSt-Handbuch 2002 Anhang 10 IV.
9) Siehe auch LSt-Handbuch 2003 Anhang 10 IV.
10) Siehe auch LSt-Handbuch 2006 Anhang 10 IV.
11) Jetzt R 9.9 Abs. 2 LStR.
12) Jetzt H 9.9 LStH.

Bei Arbeitnehmern, die ihren Lebensmittelpunkt in das Inland verlegt hatten[1]), sind die Pauschalen beim Rückumzug grundsätzlich nach § 10 Abs. 1 und 2 AUV zu bemessen und nach § 10 Abs. 4 AUV auf 80 v. H. zu begrenzen (BFH-Urteil vom 04. 12. 1992, BStBl 1993 II S. 722). Ungeachtet der Verlegung ihres Lebensmittelpunkts – z. B. wegen Mitnahme der Familie – werden die Arbeitnehmer jedoch vielfach in ihre eingerichtete Wohnung zurück umziehen, die sie während der von vornherein befristeten Inlandstätigkeit im Ausland beibehalten haben. Da mithin am neuen Wohnort keine Wohnung eingerichtet, sondern eine mit den notwendigen Möbeln und sonstigen Haushaltsgegenständen ausgestattete Wohnung bezogen wird, richtet sich die Höhe der Umzugskostenpauschale nach § 10 Abs. 5 AUV, d. h., es ist das Zweifache der Beträge nach § 10 Abs. 4 BUKG anzusetzen, bei Verheirateten also 60 v. H. und bei Ledigen 40 v. H. der Pauschalen nach § 10 Abs. 1 BUKG. Die Pauschale nach § 10 Abs. 7 AUV ist in diesen Fällen nicht zu gewähren, weil nicht davon auszugehen ist, dass sich in der beibehaltenen Wohnung im Ausland hinsichtlich Stromversorgung, Elektrogeräte oder Fernsehnorm etwas geändert hat (vgl. Urteil des FG Düsseldorf vom 07. 09. 2004–3 K 5337/02 E, n. v. – rkr.).

Beispiel:

Nach dreijähriger Inlandstätigkeit ziehen der Steuerpflichtige und seine Ehefrau mit ihren zwei Kindern nach dem 31. 07. 2004 in ihre beibehaltene Wohnung im Ausland zurück. Steuerfreie Arbeitgeberleistungen für den Rückumzug hat der Steuerpflichtige nicht erhalten.

Lösung:

Da wegen der Verlegung des Lebensmittelpunkts in das Inland keine doppelte Haushaltsführung im steuerlichen Sinne begründet worden war, steht dem Abzug der pauschalen Umzugsauslagen als Werbungskosten nichts im Wege. Sie sind nach § 10 Abs. 5 AUV i. V. mit § 10 Abs. 4 BUKG in folgender Höhe zu berücksichtigen:

für Verheiratete 60 v. H. von 1 121 €	672,60 €	
für zwei Kinder 60 v. H. von 494 €	296,40 €	
Werbungskostenabzug	969,00 €	

10.2.3 Umzugskosten bei doppelter Haushaltsführung

Zu beachten ist, dass die Pauschalen für sonstige Umzugsauslagen nach § 10 BUKG und § 10 AUV nur berücksichtigt werden dürfen, wenn der Arbeitnehmer mit dem Umzug auch seinen Lebensmittelpunkt verlegt (BFH-Urteil vom 29. 01. 1988, BFH/NV 1988 S. 367). Da dies bei der Begründung einer doppelten Haushaltsführung nicht geschieht, können damit zusammenhängende sonstige Umzugsauslagen nur in nachgewiesener Höhe als Werbungskosten berücksichtigt werden (R 43 Abs. 10 Satz 1 und 2 LStR[2])). Das gilt sowohl für den Umzug des Arbeitnehmers in das Inland anlässlich der Begründung einer doppelten Haushaltsführung, als auch für den Rückumzug in das Ausland anlässlich der Beendigung der doppelten Haushaltsführung.

10.2.4 Besonderheiten bei der Erstattung von Umzugskosten durch den Arbeitgeber

Die Erstattung der Umzugskosten durch den Arbeitgeber ist nach § 3 Nr. 16 EStG steuerfrei, soweit keine höheren Beträge erstattet werden, als der Arbeitnehmer als Werbungskosten geltend machen könnte (R 41 Abs. 3 LStR[3])). Hierzu verweist das SenFin auf die vorstehenden Ausführungen.

Bei ins Inland entsandten Arbeitnehmern werden die Kosten für einen beruflich veranlassten Umzug regelmäßig in vollem Umfang vom Arbeitgeber übernommen, so dass den Arbeitnehmern keine durch den Umzug veranlassten, von ihnen selbst zu tragenden Aufwendungen mehr verbleiben. Ein Werbungskostenabzug ist insoweit nach § 3c Abs. 1 EStG ausgeschlossen (R 41 Abs. 2 Satz 5 LStR[4])).

Im Einzelfall ist daher zu ermitteln, in welchem Umfang dem Steuerpflichtigen Umzugskosten durch seinen Arbeitgeber erstattet worden sind, und ein Werbungskostenabzug darüber hinaus – ggf. in Höhe der o. a. Pauschbeträge für sonstige Umzugsauslagen nach § 10 BUKG bzw. § 10 AUV – nur zuzulassen, wenn ersichtlich ist, dass dem Steuerpflichtigen Umzugskosten auch tatsächlich entstanden sind, die durch die Arbeitgeberleistungen nicht bereits abgedeckt sind.

---

1) Bei doppelter Haushaltsführung dürfen die Umzugskostenpauschalen nicht angesetzt werden.
2) Jetzt R 9.11 Abs. 9 LStR.
3) Jetzt R 9.9 Abs. 3 LStR.
4) Jetzt R 9.9 Abs. 2 Satz 5 LStR.

Bei Lohnsteuer-Außenprüfungen bietet sich die Fertigung entsprechenden Kontrollmaterials an.

10.2.5 Schulgeldzahlungen als Werbungskosten

Es ist bekannt geworden, dass die ins Inland entsandten Arbeitnehmer unter Berufung auf § 9 BUKG bzw. § 8 AUV auch Schulgeldzahlungen für den Besuch einer Ergänzungsschule als Werbungskosten geltend machen.

Das SenFin weist darauf hin, dass als Werbungskosten lediglich die notwendigen Auslagen für einen umzugsbedingten zusätzlichen Unterricht berücksichtigungsfähig sind. Hierunter fällt z. B. Nachhilfeunterricht, ein Sprachkursus etc., nicht jedoch der obligatorische Besuch allgemeinbildender Schulen.

Hier kann auch der Hinweis auf die für Kinder von Angehörigen des Auswärtigen Dienstes gezahlte Schulbeihilfe (§ 21 Abs. 3 des Gesetzes über den Auswärtigen Dienst vom 30. 08. 1990, BGBl 1990 I S. 1842 – GAD – i. V. mit der dazu ergangenen Verwaltungsvorschrift, GMBl 1992 S. 48) keinen Werbungskostenabzug unter Gleichbehandlungsgrundsätzen begründen. Die entsprechenden Beihilfezahlungen sind Ausdruck der besonderen Fürsorgepflicht des Bundes gegenüber einer besonderen Gruppe von Bediensteten, die von Amts wegen einem häufigen Ortswechsel bzw. dauernden Auslandsaufenthalten ausgesetzt ist.

Mit diesem Tatbestand ist die Entsendung ausländischer Arbeitnehmer für eine regelmäßig befristete Zeit in die Bundesrepublik Deutschland nicht vergleichbar.

11. Behandlung von Sozialversicherungsbeiträgen

11.1 Sozialversicherungspflicht

11.1.1 Grundsatz

Werden Arbeitnehmer auf Weisung ihres ausländischen Arbeitgebers in das Inland entsandt, um hier z. B. eine – befristete – Tätigkeit für eine inländische Tochtergesellschaft auszuüben, ist von den Sozialversicherungsträgern bzw. den örtlichen Einzugsstellen zu prüfen, ob die Arbeitnehmer der inländischen Sozialversicherungspflicht unterliegen.

Dies ist nach § 5 SGB IV (sog. Einstrahlung) regelmäßig nicht der Fall, wenn

- eine Entsendung
- im Rahmen eines im Ausland bestehenden Beschäftigungsverhältnisses erfolgt und
- die Dauer der Beschäftigung im Inland im Voraus zeitlich begrenzt ist.

Die Frage, unter welchen Voraussetzungen von einer Einstrahlung im sozialversicherungsrechtlichen Sinne bei Entsendung von Arbeitnehmern durch einen ausländischen Arbeitgeber zur Aufnahme einer Tätigkeit bei einer inländischen Tochtergesellschaft auszugehen ist, hat das BSG mit Urteil vom 07. 11. 1996 – Az. 12 RK 79/94 (DB 1997 S. 835) dahingehend entschieden, dass die aus dem Ausland entsandten Arbeitnehmer der inländischen Sozialversicherungspflicht unterliegen, wenn bei konzerninterner Entsendung die inländische Tochtergesellschaft eine juristische Person ist, der Arbeitnehmer in den Betrieb dieser Gesellschaft eingegliedert ist und sie das Arbeitsentgelt zahlt.

11.1.2 Deutsch/Japanisches Sozialabkommen

Mit Wirkung vom 01. 02. 2000 ist das deutsch/japanische Abkommen[1]) über Soziale Sicherheit vom 20. 04. 1998 (BGBl 1999 II S. 876) in Kraft getreten. Danach besteht bei der Entsendung eines japanischen Arbeitnehmers in das Inland bis zu 60 Monaten Dauer keine inländische Rentenversicherungspflicht mehr. Die Frist begann am 01. 02. 2000 zu laufen. Ist bei konzerninterner Entsendung die inländische Tochtergesellschaft eine juristische Person, die das Arbeitsentgelt zahlt, und ist der Arbeitnehmer in den Betrieb dieser Gesellschaft eingegliedert, kann auf Antrag für einen Zeitraum von insgesamt 96 Monaten Versicherungsfreiheit gewährt werden.

Für die Arbeitslosenversicherung gilt die rentenversicherungsrechtliche Beurteilung entsprechend. Für die Kranken- und Pflegeversicherung hingegen gelten diese Ausnahmeregelungen nicht.

---

[1]) Zu diesem Abkommen hat die Bundesversicherungsanstalt für Angestellte – nunmehr Deutsche Rentenversicherung Bund – die Broschüre Nr. 43 Zwischenstaatliche Regelungen mit Japan" herausgegeben, die bei der Deutschen Rentenversicherung Bund, 10704 Berlin angefordert oder im Internet unter http://www.deutsche-rentenversicherung-bund.de abgerufen werden kann.

11.1.3 Auswirkungen auf die Vorsorgepauschale und den Abzug der Vorsorgeaufwendungen

Da der in das Inland entsandte Arbeitnehmer entweder in der ausländischen gesetzlichen Rentenversicherung versicherungspflichtig bleibt oder der inländischen gesetzlichen Rentenversicherung unterliegt, findet § 10c Abs. 3 EStG[1] (gekürzte Vorsorgepauschale) keine Anwendung.

- Für Veranlagungszeiträume bis 2004 ist der Vorwegabzug nach § 10 Abs. 3 Nr. 2 EStG zu kürzen, wenn kein Fall der Einstrahlung nach § 5 SGB IV vorliegt und deshalb nach § 3 Nr. 62 EStG steuerfreie Pflichtbeiträge des Arbeitgebers zur inländischen Sozialversicherung abgeführt werden. Ab 01. 02. 2000 (siehe Tz. 11.1.2) wird der Kürzungstatbestand im Falle der Entsendung eines japanischen Arbeitnehmers allein durch die Zahlung steuerfreier Beitragsteile oder Zuschüsse des Arbeitgebers zur Kranken- und Pflegeversicherung erfüllt.

  Im Fall der Einstrahlung nach § 5 SGB IV richtet sich die Kürzung des Vorwegabzugs danach, ob der Arbeitgeber nach ausländischem Sozialversicherungsrecht an ausländische Sozialversicherungsträger, die den inländischen Sozialversicherungsträgern vergleichbar sind, beitrags- oder zuschusspflichtig ist. Die Beweislast für den ungekürzten Ansatz des Vorwegabzugs trägt der Steuerpflichtige (§ 90 Abs. 2 AO).

- Ab Veranlagungszeitraum 2005 gehören sowohl die Arbeitnehmerbeiträge als auch die nach § 3 Nr. 62 EStG steuerfreien Arbeitgeberbeiträge und die diesen gleichgestellten Zuschüsse des Arbeitgebers zur – inländischen oder ausländischen – gesetzlichen Rentenversicherung zu den Altersvorsorgeaufwendungen (§ 10 Abs. 1 Nr. 2 Satz 1 Buchst. a und Satz 2 EStG), die im Rahmen des § 10 Abs. 3 EStG als Sonderausgaben abziehbar sind. Im Fall der Einstrahlung nach § 5 SGB IV kann der Steuerpflichtige diese Beiträge und Zuschüsse nicht durch eine Lohnsteuerbescheinigung, sondern nur durch geeignete andere Unterlagen nachweisen.

  Wenn der Arbeitgeber steuerfreie Beitragsteile oder Zuschüsse zur Krankenversicherung zahlt, sind sonstige Vorsorgeaufwendungen nur bis zur Höhe des verminderten Höchstbetrags nach § 10 Abs. 4 Satz 2 EStG absetzbar. Das gilt auch für den in der gesetzlichen Krankenversicherung ohne eigene Beiträge familienversicherten Ehegatten (BMF-Schreiben vom 24. 02. 2005, BStBl 2005 I S. 429, Rz. 48).

11.2 Beitragsentrichtung durch den Arbeitgeber

Hinsichtlich der steuerlichen Behandlung der Beitragsleistungen gelten folgende Grundsätze:

- Ungeachtet des möglichen Bestreitens einer inländischen Sozialversicherungspflicht erfolgt die Beitragsentrichtung in Erfüllung einer sozialversicherungsrechtlichen Verpflichtung, so dass der Arbeitgeberanteil nach § 3 Nr. 62 EStG stets steuerfrei gezahlt werden kann.

- Soweit der Arbeitgeber entsprechend der getroffenen Nettolohnabrede den Beitragsanteil des Arbeitnehmers übernimmt, liegt hierin Zufluss von Arbeitslohn (§ 19 EStG).

  Kein Lohnzufluss ist anzunehmen, soweit der Arbeitgeber die Arbeitnehmerbeiträge zur gesetzlichen Rentenversicherung nicht auf der Grundlage der bestehenden Nettolohnvereinbarung als Bestandteil des Arbeitsverhältnisses, sondern darlehensweise (§ 607 Abs. 2 BGB) als Vereinbarungsdarlehen mit der Maßgabe abführt, dass das Darlehen nach der Rückkehr des Arbeitnehmers in sein Heimatland mit dem dann gegen den Träger der gesetzlichen Rentenversicherung geltend zu machenden Erstattungsanspruch getilgt wird. Voraussetzung für die steuerliche Anerkennung dieser Gestaltung ist, dass die Nettolohnabrede selbst dahingehend modifiziert wird, dass sich der Nettolohnanspruch um den Arbeitnehmerbeitrag zur gesetzlichen Rentenversicherung vermindert. Davon ist nur auszugehen, wenn sich bei verständiger Würdigung aller vorliegenden Verträge unter Berücksichtigung deren zeitnaher tatsächlicher Durchführung (entsprechende Umsetzung in der Gehaltsabrechnung und der laufenden Buchführung) klar und eindeutig nachvollziehen lässt, dass der Nettolohnanspruch um den Arbeitnehmeranteil zur gesetzlichen Rentenversicherung gemindert worden ist.

  Die spätere Beitragserstattung ist aber nur möglich, wenn für weniger als 60 Monate Beiträge zur inländischen Rentenversicherung geleistet worden sind. Sind Beiträge für 60 oder mehr Monate darlehensweise abgeführt worden, ist daher im Rahmen von Lohnsteuer-Außenprüfungen festzustellen, wie Arbeitgeber und Arbeitnehmer sich über die Erledigung des Darlehens verständigt haben. Sollte der Arbeitgeber seinen Rückzahlungsanspruch gegen den Arbeitnehmer nicht geltend gemacht haben, ist im Zeitpunkt des Verzichts ein weiterer Lohnzufluss eingetreten, welcher ggf. noch der Lohnversteuerung zuzuführen ist.

Soweit Arbeitnehmer im Wege des Einspruchs gegen eine die Übernahme des Arbeitnehmeranteils als Arbeitslohn berücksichtigende Einkommensteuerfestsetzung geltend machen, sie

---

[1] Ab 2010 → § 39b Abs. 2 Satz 5 Nr. 3 und Abs. 4 EStG.

unterlägen nicht der inländischen Sozialversicherungspflicht, bittet das SenFin, hierüber in Abstimmung mit der örtlich zuständigen Einzugsstelle zu entscheiden.

11.3 Erstattung von Sozialversicherungsbeiträgen

Wird die inländische Sozialversicherungspflicht durch Rückkehr der Arbeitnehmer in ihr Heimatland beendet, kann der Beitragsanteil der Arbeitnehmer zur Rentenversicherung auf Antrag nach einer Wartefrist von 24 Monaten erstattet werden (§ 210 Abs. 1 Nr. 1, Abs. 2 SGB VI). Voraussetzung für die Beitragserstattung ist aber, dass für weniger als 60 Monate Beiträge zur inländischen Rentenversicherung geleistet worden sind (siehe Tz. 11.2).

Für die steuerliche Behandlung der Beitragserstattungen gelten folgende Grundsätze:

Der Rückzahlung dieser – ursprünglich zu Recht abgeführten – Beiträge kommt keine Rückwirkung auf die steuerliche Behandlung der Beitragszahlungen im Jahr ihrer Entrichtung zu, so dass für diese Veranlagungs- bzw. Lohnzahlungszeiträume rückwirkend keine steuerlichen Konsequenzen zu ziehen sind.

- Ist der Arbeitnehmeranteil mit der Folge von Lohnzufluss im Rahmen der Nettolohnabrede entrichtet worden, ist die spätere Erstattung an den Arbeitgeber als Rückzahlung von Arbeitslohn und damit als negative Einnahme aus nichtselbständiger Arbeit des Arbeitnehmers zu behandeln. Auf diese sind die hinsichtlich der steuerlichen Behandlung von Steuererstattungen in Nettolohnfällen entwickelten Grundsätze entsprechend anzuwenden (vgl. Tzn. 3, 4), d. h., der zu berücksichtigende Erstattungsbetrag ist nicht auf einen fiktiven Bruttobetrag hochzurechnen.

  Mit Urteil vom 12. 09. 2000 (Az. 3 K 8148/97 E, n. v.) hat das FG Düsseldorf allerdings entschieden (vgl. auch Urteil des FG Düsseldorf vom 12. 08. 1998, EFG 1998 S. 1678 – rkr.), dass ein Abfluss i. S. des § 11 Abs. 2 EStG schon zu dem Zeitpunkt anzunehmen ist, in dem der Sozialversicherungsträger das „wohlverstandene Interesse" des Arbeitnehmers an der Abtretung seiner Erstattungsansprüche anerkennt (Bescheid nach § 53 Abs. 2 Nr. 2 SGB I). Hinsichtlich der Abtretung der Beitragserstattung sind die Entscheidungsgrundsätze in allen offenen Fällen anzuwenden. Hinsichtlich der Abtretung der Steuererstattung ist dagegen weiter nach Tz. 3 Abs. 1 zu verfahren.

  Aufgrund der zweijährigen Wartefrist ist es den betroffenen Arbeitnehmern ggf. unmöglich, eine für den ab 01. 01. 1999 auf ein Jahr verkürzten Verlustrücktrag (§ 10d Abs. 1 EStG i. d. F. des StEntlG 1999/2000/2002) rechtzeitige Erstattung zu erhalten. In der insoweit fehlenden Abgestimmtheit der sozialversicherungs- und steuerrechtlichen Vorschriften liegt jedoch keine sachliche Unbilligkeit i. S. des § 163 AO. Der Umstand, dass einerseits Einnahmezuflüsse in dem einen Veranlagungszeitraum eine Steuerbelastung auslösen und andererseits Ausgabenabflüsse in einem anderen Veranlagungszeitraum ohne steuerliche Auswirkung bleiben, liegt vielmehr im Wesen der Abschnittsbesteuerung (§ 25 Abs. 1 EStG) und dem dabei zu beachtenden Zu- und Abflussprinzip (§ 11 EStG) begründet. Ein systemwidriger Gesetzesüberhang ist hierin nicht zu erkennen (vgl. Urteil des FG Rheinland-Pfalz vom 24. 03. 1988, EFG 1988 S. 421 – rkr. unter Hinweis auf BFH-Urteil vom 03. 02. 1987, BStBl 1987 II S. 492; Urteil des FG Baden-Württemberg vom 22. 06. 1990, EFG 1991 S. 5 – rkr. unter Bezugnahme auf BFH-Urteile vom 29. 06. 1982, BStBl 1982 II S. 755 und vom 22. 06. 1990, BFH/NV 1991 S. 156).

- Waren die Sozialversicherungsbeiträge des Arbeitnehmers lediglich darlehensweise entrichtet worden, ergeben sich aus der Rückzahlung der Beiträge zur Rentenversicherung keine steuerlichen Konsequenzen für den betroffenen Arbeitnehmer.

12. Kindergeld

Ein ausländischer Arbeitnehmer, der zur vorübergehenden Dienstleistung in das Inland entsandt wird, hat nach § 62 Abs. 2 Satz 2 EStG keinen Anspruch auf Kindergeld (vgl. DA 62.4.1 Abs. 2 FamEStG, BStBl 2004 I S. 742, 752; DA 62.4.1 Abs. 1 Satz 4 FamEStG, BStBl 2005 I S. 820 in der ab 01. 01. 2005 geltenden Neufassung).

Der ausländische Ehegatte des entsandten Arbeitnehmers hat einen Anspruch auf Kindergeld bis zum 31. 12. 2004 nur, wenn er im Besitz einer Aufenthaltsberechtigung oder Aufenthaltserlaubnis ist und u. a. in einem Versicherungspflichtverhältnis zur Bundesanstalt für Arbeit nach § 28 Nr. 1 SGB III steht (DA 62.4.1 Abs. 3 FamEStG, BStBl 2004 I S. 742, 752). Ab 01. 01. 2005 kann sich der Kindergeldanspruch aus § 62 Abs. 2 Nr. 3 oder 4 i. V. mit § 52 Abs. 61a EStG ergeben (DA 62.4.3 FamEStG, BStBl 2005 I S. 820).

Durch das zum 01. 02. 2000 in Kraft getretene deutsch/japanische Abkommen über Soziale Sicherheit vom 20. 04. 1998 (a. a. O. Tz. 11.1.2) sind insoweit keine Änderungen eingetreten.

Viertes Gesetz für moderne Dienstleistungen am Arbeitsmarkt – Hartz IV
Steuerliche Behandlung von „Ein-Euro-Jobs"

(FinMin Saarland vom 11. 1. 2005 – B/2-4-10/2005-S 2342)

Norm:
§ 3 Nr. 2b EStG, § 32b EStG

Mit dem Vierten Gesetz für moderne Dienstleistungen am Arbeitsmarkt (Hartz IV) vom 24. 12. 2003 (BGBl I S. 2954) wurden neue Instrumente geschaffen, die Langzeitarbeitslosen den Wiedereinstieg ins Arbeitsleben ermöglichen sollen.

Eines dieser Instrumente sind die sog. „Ein-Euro-Jobs". Die gesetzliche Grundlage bilden § 2 i. V. § 16 Abs. 3 SGB II.

Die Arbeitslosen sollen ihre Arbeitskraft für gemeinnützige Tätigkeiten einsetzen. Hierfür richten die Kommunen je nach Bedarf Arbeitsgelegenheiten ein oder lassen die Tätigkeiten nach Absprache auch bei anderen gemeinnützigen Trägern zu. In der Regel werden kommunale Beschäftigungsgesellschaften und gemeinnützige Organisationen als Anbieter der Arbeitsgelegenheiten auftreten. Die Stellen werden regelmäßig bei der Arbeitsgemeinschaft aus den Kommunen und der Arbeitsagentur beantragt. Die Fördergelder erhält der Anbieter der Arbeitsgelegenheit, welcher damit den Arbeitslosengeld II-Beziehern die Mehraufwandsentschädigung für den „Ein-Euro-Job" auszahlt. Die wöchentliche Arbeitszeit soll bis zu 30 Stunden betragen.

Die Mehraufwandsentschädigung beträgt 1–2 EUR pro Stunde und wird neben dem Arbeitslosengeld II gezahlt. Eine Anrechnung auf das Arbeitslosengeld II erfolgt nicht. Die Betroffenen müssen lediglich die durch den „Ein-Euro-Job" entstandenen Aufwendungen selbst tragen (z. B. Fahrtkosten).

Die Mehraufwandsentschädigung ist wie das Arbeitslosengeld II gem. § 3 Nr. 2b EStG steuerfrei. Beide Leistungen unterliegen nicht dem Progressionsvorbehalt, da sie in der abschließenden Aufzählung des § 32b EStG nicht enthalten sind.

. . .

Übersicht

I. Neuregelung der einkommensteuerlichen Behandlung von Berufsausbildungskosten gemäß § 10 Absatz 1 Nummer 7, § 12 Nummer 5 EStG in der Fassung des Gesetzes zur Änderung der Abgabenordnung und weiterer Gesetze vom 21. Juli 2004 (BGBl. I S. 1753, BStBl I 2005 S. 343) ab 2004

II. Lohnsteuerliche Behandlung der Übernahme von Studiengebühren für ein berufsbegleitendes Studium durch den Arbeitgeber
BMF vom 13. 4. 2012 (BStBl I S. 531)

I.
Neuregelung der einkommensteuerlichen Behandlung von Berufsausbildungskosten gemäß § 10 Absatz 1 Nummer 7, § 12 Nummer 5 EStG in der Fassung des Gesetzes zur Änderung der Abgabenordnung und weiterer Gesetze vom 21. Juli 2004 (BGBl. I S. 1753, BStBl I 2005 S. 343) ab 2004

BMF-Schreiben vom 4. November 2005 (BStBl I S. 955) unter Berücksichtigung der Änderungen durch BMF-Schreiben vom 21. Juni 2007 (BStBl I S. 492) und BFH-Urteil vom 18. Juni 2009 – VI R 14/07 – (BStBl II 2010 S. 816)

BMF vom 22. 9. 2010 (BStBl I S. 721)[1][2][3]
IV C 4 – S 2227/07/10002: 002 – 2010/0416045

Die einkommensteuerliche Behandlung von Berufsausbildungskosten wurde durch das Gesetz zur Änderung der Abgabenordnung und weiterer Gesetze vom 21. Juli 2004 (BGBl. I S. 1753, BStBl I 2005 S. 343) neu geordnet (Neuordnung). Nach dem Ergebnis der Erörterungen mit den obersten Finanzbehörden der Länder unter Einbeziehung der Rechtsfolgen aus der allgemeinen Anwendung des BFH-Urteils vom 18. Juni 2009 – VI R 14/07 – (BStBl II 2010, S. 816) und notwendiger redaktioneller Änderungen gelten dazu die nachfolgenden Ausführungen.

Inhaltsverzeichnis

1. Grundsätze

1 Aufwendungen für die erstmalige Berufsausbildung oder ein Erststudium[4]) stellen nach § 12 Nummer 5 EStG[5]) keine Betriebsausgaben oder Werbungskosten dar, es sei denn, die Bildungsmaßnahme findet im Rahmen eines Dienstverhältnisses statt (Ausbildungsdienstverhältnis).

---

[1]) → auch § 4 Abs. 9, § 9 Abs. 6, § 10 Abs. 1 Nr. 7 Satz 1 und § 12 Nr. 5 EStG i. d. F. des BeitrRLUmsG.

[2]) Ab dem VZ 2015 gelten neue gesetzliche Regelungen zur Definition einer Erstausbildung (→ § 9 Abs. 6 EStG i. d. F. des Gesetzes zur Anpassung der Abgabenordnung an den Zollkodex der Union und zur Änderung weiterer steuerlicher Vorschriften).

[3]) Zur Frage der Verfassungsmäßigkeit der Regelungen zur Abziehbarkeit von Aufwendungen für eine Berufsausbildung sind beim BVerfG Normenkontrollverfahren anhängig (Az. 2 BvL 22-27/14). Festsetzungen der Einkommensteuer werden hinsichtlich der Abziehbarkeit der Aufwendungen für eine Berufsausbildung oder ein Studium als Werbungskosten oder Betriebsausgaben vorläufig durchgeführt (→ BMF vom 20. 2. 2015 – BStBl I S. 174).

[4]) Bestätigt durch BFH vom 5. 11. 2013 (BStBl 2014 II S. 165).

[5]) Die Regelung ist verfassungsgemäß (→ BFH vom 5. 11. 2013 – BStBl 2014 II S. 165).

Aufwendungen für die eigene Berufsausbildung, die nicht Betriebsausgaben oder Werbungskosten darstellen, können nach § 10 Absatz 1 Nummer 7 EStG bis zu 4 000 Euro[1]) im Kalenderjahr als Sonderausgaben abgezogen werden.

Ist einer Berufsausbildung oder einem Studium eine abgeschlossene erstmalige Berufsausbildung oder ein abgeschlossenes Erststudium vorausgegangen (weitere Berufsausbildung oder weiteres Studium), handelt es sich dagegen bei den durch die weitere Berufsausbildung oder das weitere Studium veranlassten Aufwendungen um Betriebsausgaben oder Werbungskosten, wenn ein hinreichend konkreter, objektiv feststellbarer Zusammenhang mit späteren im Inland steuerpflichtigen Einnahmen aus der angestrebten beruflichen Tätigkeit besteht. Entsprechendes gilt für ein Erststudium nach einer abgeschlossenen nichtakademischen Berufsausbildung (BFH vom 18. Juni 2009 – VI R 14/07 –, BStBl II 2010 S. 816). Die Rechtsprechung des BFH zur Rechtslage vor der Neuordnung ist insoweit weiter anzuwenden, BFH vom 4. Dezember 2002 – VI R 120/01 – (BStBl II 2003 S. 403); vom 17. Dezember 2002 – VI R 137/01 – (BStBl II 2003 S. 407); vom 13. Februar 2003 – IV R 44/01 – (BStBl II 2003 S. 698); vom 29. April 2003 –VI R 86/99 – (BStBl II 2003 S. 749); vom 27. Mai 2003 – VI R 33/01 – (BStBl II 2004 S. 884); vom 22. Juli 2003 –VI R 190/97 – (BStBl II 2004 S. 886); vom 22. Juli 2003 – VI R 137/99 – (BStBl II 2004 S. 888); vom 22. Juli 2003 – VI R 50/02 – (BStBl II 2004 S. 889); vom 13. Oktober 2003 – VI R 71/02 – (BStBl II 2004 S. 890); vom 4. November 2003 –VI R 96/01 – (BStBl II 2004 S. 891).

2

Unberührt von der Neuordnung bleibt die Behandlung von Aufwendungen für eine berufliche Fort- und Weiterbildung. Sie stellen Betriebsausgaben oder Werbungskosten dar, sofern sie durch den Beruf veranlasst sind, soweit es sich dabei nicht um eine erstmalige Berufsausbildung oder ein Erststudium i. S. d. § 12 Nummer 5 EStG handelt.

3

2. Erstmalige Berufsausbildung, Erststudium und Ausbildungsdienstverhältnisse i. S. d. § 12 Nummer 5 EStG

2.1 Erstmalige Berufsausbildung

Unter dem Begriff „Berufsausbildung" i. S. d. § 12 Nummer 5 EStG ist eine berufliche Ausbildung unter Abschluss eines Studiums zu verstehen.

4

Eine Berufsausbildung i. S. d. § 12 Nummer 5 EStG liegt vor, wenn der Steuerpflichtige durch eine berufliche Ausbildungsmaßnahme die notwendigen fachlichen Fertigkeiten und Kenntnisse erwirbt, die zur Aufnahme eines Berufs befähigen. Voraussetzung ist, dass der Beruf durch eine Ausbildung im Rahmen eines öffentlich-rechtlich geordneten Ausbildungsgangs erlernt wird (BFH vom 6. März 1992 – VI R 163/88 –, BStBl II 1992 S. 661) und der Ausbildungsgang durch eine Prüfung abgeschlossen wird.

Die Auslegung des Begriffs „Berufsausbildung" im Rahmen des § 32 Absatz 4 EStG ist für § 12 Nummer 5 EStG nicht maßgeblich.

Zur Berufsausbildung zählen:

5

– Berufsausbildungsverhältnisse gemäß § 1 Absatz 3, §§ 4 bis 52 Berufsbildungsgesetz (Artikel 1 des Gesetzes zur Reform der beruflichen Bildung [Berufsbildungsreformgesetz – BerBiRefG] vom 23. März 2005, BGBl. I S. 931 zuletzt geändert durch Gesetz vom 5. Februar 2009, BGBl. I S. 160, im Folgenden BBiG), sowie anerkannte Lehr- und Anlernberufe oder vergleichbar geregelte Ausbildungsberufe aus der Zeit vor dem In-Kraft-Treten des BBiG, § 104 BBiG. Der erforderliche Abschluss besteht hierbei in der erfolgreich abgelegten Abschlussprüfung i. S. d. § 37 BBiG. Gleiches gilt, wenn die Abschlussprüfung nach § 43 Absatz 2 BBiG ohne ein Ausbildungsverhältnis auf Grund einer entsprechenden schulischen Ausbildung abgelegt wird, die gemäß den Voraussetzungen des § 43 Absatz 2 BBiG als im Einzelnen gleichwertig anerkannt ist;

– mit Berufsausbildungsverhältnissen vergleichbare betriebliche Ausbildungsgänge außerhalb des Geltungsbereichs des BBiG (zurzeit nach der Schiffsmechaniker-Ausbildungsverordnung vom 12. April 1994, BGBl. I S. 797 in der jeweils geltenden Fassung);

– die Ausbildung auf Grund der bundes- oder landesrechtlichen Ausbildungsregelungen für Berufe im Gesundheits- und Sozialwesen;

– landesrechtlich geregelte Berufsabschlüsse an Berufsfachschulen;

– die Berufsausbildung behinderter Menschen in anerkannten Berufsausbildungsberufen oder auf Grund von Regelungen der zuständigen Stellen in besonderen „Behinderten-Ausbildungsberufen" und

– die Berufsausbildung in einem öffentlich-rechtlichen Dienstverhältnis sowie die Berufsausbildung auf Kauffahrtschiffen, die nach dem Flaggenrechtsgesetz vom 8. Februar 1951 (BGBl. I

---

[1]) Ab dem VZ 2012 bis zu 6 000 Euro.

S. 79) die Bundesflagge führen, soweit es sich nicht um Schiffe der kleinen Hochseefischerei und der Küstenfischerei handelt.

6   Andere Bildungsmaßnahmen werden einer Berufsausbildung i. S. d. § 12 Nummer 5 EStG gleichgestellt, wenn sie dem Nachweis einer Sachkunde dienen, die Voraussetzung zur Aufnahme einer fest umrissenen beruflichen Betätigung ist.[1]) Die Ausbildung muss im Rahmen eines geordneten Ausbildungsgangs erfolgen und durch eine staatliche oder staatlich anerkannte Prüfung abgeschlossen werden. Der erfolgreiche Abschluss der Prüfung muss Voraussetzung für die Aufnahme der beruflichen Betätigung sein. Die Ausbildung und der Abschluss müssen vom Umfang und Qualität der Ausbildungsmaßnahmen und Prüfungen her grundsätzlich mit den Anforderungen, die im Rahmen von Berufsausbildungsmaßnahmen i. S. d. Rz. 5 gestellt werden, vergleichbar sein.

Dazu gehört z. B. die Ausbildung zu Berufspiloten auf Grund der JAR-FCL 1 deutsch vom 15. April 2003, Bundesanzeiger 2003 Nummer 80a.

7   Aufwendungen für den Besuch allgemein bildender Schulen sind Kosten der privaten Lebensführung i. S. d. § 12 Nummer 1 EStG und dürfen daher nicht bei den einzelnen Einkunftsarten abgezogen werden. Der Besuch eines Berufskollegs zum Erwerb der Fachhochschulreife gilt als Besuch einer allgemein bildenden Schule. Dies gilt auch, wenn ein solcher Abschluss, z. B. das Abitur, nach Abschluss einer Berufsausbildung nachgeholt wird (BFH vom 22. Juni 2006 – VI R 5/04 –, BStBl II S. 717). Derartige Aufwendungen können als Sonderausgaben gemäß § 10 Absatz 1 Nummer 7 oder Nummer 9 EStG vom Gesamtbetrag der Einkünfte abgezogen werden.

8   Die Berufsausbildung ist als erstmalige Berufsausbildung anzusehen, wenn ihr keine andere abgeschlossene Berufsausbildung beziehungsweise kein abgeschlossenes berufsqualifizierendes Hochschulstudium vorausgegangen ist. Wird ein Steuerpflichtiger ohne entsprechende Berufsausbildung in einem Beruf tätig und führt er die zugehörige Berufsausbildung nachfolgend durch (nachgeholte Berufsausbildung), handelt es sich dabei um eine erstmalige Berufsausbildung (BFH vom 6. März 1992 – VI R 163/88 –, BStBl II 1992 S. 661).

9   Diese Grundsätze gelten auch für die Behandlung von Aufwendungen für Anerkennungsjahre und praktische Ausbildungsabschnitte als Bestandteil einer Berufsausbildung. Soweit keine vorherige abgeschlossene Berufsausbildung vorangegangen ist, stellen sie Teil einer ersten Berufsausbildung dar und unterliegen § 12 Nummer 5 EStG. Nach einer vorherigen abgeschlossenen Berufsausbildung oder einem berufsqualifizierenden Studium können Anerkennungsjahre und Praktika einen Bestandteil einer weiteren Berufsausbildung darstellen oder bei einem entsprechenden Veranlassungszusammenhang als Fort- oder Weiterbildung anzusehen sein.

10   Bei einem Wechsel und einer Unterbrechung der erstmaligen Berufsausbildung sind die in Rz. 19 angeführten Grundsätze entsprechend anzuwenden.

11   Inländischen Abschlüssen gleichgestellt sind Berufsausbildungsabschlüsse von Staatsangehörigen eines Mitgliedstaats der Europäischen Union (EU) oder eines Vertragstaats des europäischen Wirtschaftsraums (EWR) oder der Schweiz, die in einem dieser Länder erlangt werden, sofern der Abschluss in mindestens einem dieser Länder unmittelbar den Zugang zu dem entsprechenden Beruf eröffnet. Ferner muss die Tätigkeit, zu denen die erlangte Qualifikation in mindestens einem dieser Länder befähigt, der Tätigkeit, zu der ein entsprechender inländischer Abschluss befähigt, gleichartig sein. Zur Vereinfachung kann in der Regel davon ausgegangen werden, dass eine Gleichartigkeit vorliegt.

2.2 Erststudium

2.2.1 Grundsätze

12   Ein Studium i. S. d. § 12 Nummer 5 EStG liegt dann vor, wenn es sich um ein Studium an einer Hochschule i. S. d. § 1 Hochschulrahmengesetz handelt (Gesetz vom 26. Januar 1976, BGBl. I S. 185 in der Fassung der Bekanntmachung vom 19. Januar 1999, BGBl. I S. 18, zuletzt geändert durch Gesetz vom 12. April 2007, BGBl. I S. 506, im Folgenden HRG). Nach dieser Vorschrift sind Hochschulen die Universitäten, die Pädagogischen Hochschulen, die Kunsthochschulen, die Fachhochschulen und die sonstigen Einrichtungen des Bildungswesens, die nach Landesrecht staatliche Hochschulen sind. Gleichgestellt sind private und kirchliche Bildungseinrichtungen sowie die Hochschulen des Bundes, die nach Landesrecht als Hochschule anerkannt sind, § 70 HRG. Studien können auch als Fernstudien durchgeführt werden, § 13 HRG. Auf die Frage, welche schulischen Abschlüsse oder sonstigen Leistungen den Zugang zum Studium eröffnet haben, kommt es nicht an.

13   Ein Studium stellt dann ein erstmaliges Studium i. S. d. § 12 Nummer 5 EStG dar, wenn es sich um eine Erstausbildung handelt. Es darf ihm kein anderes durch einen berufsqualifizierenden Abschluss beendetes Studium oder keine andere abgeschlossene nichtakademische Berufsaus-

---

[1]) Ab dem VZ 2015 gelten neue gesetzliche Regelungen zur Definition einer Erstausbildung.

bildung i. S. d. Rz. 4 bis 11 vorangegangen sein (BFH vom 18. Juni 2009 – VI R 14/07 –, BStBl II 2010 S. 816)[1]). Dies gilt auch in den Fällen, in denen während eines Studiums eine Berufsausbildung erst abgeschlossen wird, unabhängig davon, ob die beiden Ausbildungen sich inhaltlich ergänzen. In diesen Fällen ist eine Berücksichtigung der Aufwendungen für das Studium als Werbungskosten/Betriebsausgaben erst – unabhängig vom Zahlungszeitpunkt – ab dem Zeitpunkt des Abschlusses der Berufsausbildung möglich. Davon ausgenommen ist ein Studium, das im Rahmen eines Dienstverhältnisses stattfindet (siehe Rz. 27). Ein Studium wird auf Grund der entsprechenden Prüfungsordnung einer inländischen Hochschule durch eine Hochschulprüfung oder eine staatliche oder kirchliche Prüfung abgeschlossen, §§ 15, 16 HRG.

Auf Grund einer berufsqualifizierenden Hochschulprüfung kann ein Hochschulgrad verliehen werden. Hochschulgrade sind der Diplom- und der Magistergrad i. S. d. § 18 HRG. Das Landesrecht kann weitere Grade vorsehen. Ferner können die Hochschulen Studiengänge einrichten, die auf Grund entsprechender berufsqualifizierender Prüfungen zu einem Bachelor- oder Bakkalaureusgrad und einem Master- oder Magistergrad führen, § 19 HRG. Der Magistergrad i. S. d. § 18 HRG setzt anders als der Master- oder Magistergrad i. S. d. § 19 HRG keinen vorherigen anderen Hochschulabschluss voraus. Zwischenprüfungen stellen keinen Abschluss eines Studiums i. S. d. § 12 Nummer 5 EStG dar.   14

Die von den Hochschulen angebotenen Studiengänge führen in der Regel zu einem berufsqualifizierenden Abschluss, § 10 Absatz 1 Satz 1 HRG. Im Zweifel ist davon auszugehen, dass die entsprechenden Prüfungen berufsqualifizierend sind.   15

Die Ausführungen bei den Berufsausbildungskosten zur Behandlung von Aufwendungen für Anerkennungsjahre und Praktika gelten entsprechend, vgl. Rz. 9.   16

Studien- und Prüfungsleistungen an ausländischen Hochschulen, die zur Führung eines ausländischen akademischen Grades berechtigen, der nach § 20 HRG in Verbindung mit dem Recht des Landes, in dem der Gradinhaber seinen inländischen Wohnsitz oder inländischen gewöhnlichen Aufenthalt hat, anerkannt wird, sowie Studien- und Prüfungsleistungen, die von Staatsangehörigen eines Mitgliedstaats der EU oder von Vertragstaaten des EWR oder der Schweiz an Hochschulen dieser Staaten erbracht werden, sind nach diesen Grundsätzen inländischen Studien- und Prüfungsleistungen gleichzustellen. Der Steuerpflichtige hat die Berechtigung zur Führung des Grades nachzuweisen. Für die Gleichstellung von Studien- und Prüfungsleistungen werden die in der Datenbank „anabin" (www.anabin.de) der Zentralstelle für ausländisches Bildungswesen beim Sekretariat der Kultusministerkonferenz aufgeführten Bewertungsvorschläge zugrunde gelegt.   17

2.2.2 Einzelfragen

Fachschulen: 18

Die erstmalige Aufnahme eines Studiums nach dem berufsqualifizierenden Abschluss einer Fachschule stellt auch dann ein Erststudium dar, wenn die von der Fachschule vermittelte Bildung und das Studium sich auf ein ähnliches Wissensgebiet beziehen. Die Aufwendungen für ein solches Erststudium können bei Vorliegen der entsprechenden Voraussetzungen als Betriebsausgaben oder Werbungskosten berücksichtigt werden.

Wechsel und Unterbrechung des Studiums: 19

Bei einem Wechsel des Studiums ohne Abschluss des zunächst betriebenen Studiengangs, z. B. von Rechtswissenschaften zu Medizin, stellt das zunächst aufgenommene Jurastudium kein abgeschlossenes Erststudium dar. Bei einer Unterbrechung eines Studiengangs ohne einen berufsqualifizierenden Abschluss und seiner späteren Weiterführung stellt der der Unterbrechung nachfolgende Studienteil kein weiteres Studium dar.

Beispiel:

An einer Universität wird der Studiengang des Maschinenbaustudiums aufgenommen, anschließend unterbrochen und nunmehr eine Ausbildung als Kfz-Mechaniker begonnen, aber ebenfalls nicht abgeschlossen. Danach wird der Studiengang des Maschinenbaustudiums weitergeführt und abgeschlossen. § 12 Nummer 5 EStG ist auf beide Teile des Maschinenbaustudiums anzuwenden. Das gilt unabhängig davon, ob das Maschinenbaustudium an derselben Hochschule fortgeführt oder an einer anderen Hochschule bzw. Fachhochschule aufgenommen und abgeschlossen wird.

Abwandlung:

Wird das begonnene Studium statt dessen, nachdem die Ausbildung zum Kfz-Mechaniker erfolgreich abgeschlossen wurde, weitergeführt und abgeschlossen, ist § 12 Nummer 5 EStG

---

[1]) Aufwendungen für ein Erststudium, welches zugleich eine Erstausbildung vermittelt und das nicht im Rahmen eines Dienstverhältnisses stattgefunden hat, sind keine (vorweggenommenen) Betriebsausgaben (→ BFH vom 5. 11. 2013 – BStBl 2014 II S. 165).

nur auf den ersten Teil des Studiums anzuwenden, da der Fortsetzung des Studiums eine abgeschlossene nichtakademische Berufsausbildung vorausgeht.

20   Mehrere Studiengänge:

Werden zwei (oder ggf. mehrere) Studiengänge parallel studiert, die zu unterschiedlichen Zeiten abgeschlossen werden, stellt der nach dem berufsqualifizierenden Abschluss eines der Studiengänge weiter fortgesetzte andere Studiengang vom Zeitpunkt des Abschlusses an ein weiteres Studium dar.

21   Aufeinander folgende Abschlüsse unterschiedlicher Hochschultypen:

Da die Universitäten, Pädagogischen Hochschulen, Kunsthochschulen, Fachhochschulen sowie weitere entsprechende landesrechtliche Bildungseinrichtungen gleichermaßen Hochschulen i. S. d. § 1 HRG darstellen, stellt ein Studium an einer dieser Bildungseinrichtungen nach einem abgeschlossen Studium an einer anderen dieser Bildungseinrichtungen ein weiteres Studium dar. So handelt es sich bei einem Universitätsstudium nach einem abgeschlossenen Fachhochschulstudium um ein weiteres Studium.

22   Ergänzungs- und Aufbaustudien:

Postgraduale Zusatz-, Ergänzungs- und Aufbaustudien i. S. d. § 12 HRG setzen den Abschluss eines ersten Studiums voraus und stellen daher ein weiteres Studium dar.

23   Vorbereitungsdienst:

Als berufsqualifizierender Studienabschluss gilt auch der Abschluss eines Studiengangs, durch den die fachliche Eignung für einen beruflichen Vorbereitungsdienst oder eine berufliche Einführung vermittelt wird, § 10 Absatz 1 Satz 2 HRG. Dazu zählt beispielhaft der jur. Vorbereitungsdienst (Referendariat). Das erste juristische Staatsexamen stellt daher einen berufsqualifizierenden Abschluss dar.

24   Bachelor- und Masterstudiengänge:

Nach § 19 Absatz 2 HRG stellt der Bachelor- oder Bakkalaureusgrad einer inländischen Hochschule einen berufsqualifizierenden Abschluss dar. Daraus folgt, dass der Abschluss eines Bachelorstudiengangs den Abschluss eines Erststudiums darstellt und ein nachfolgender Studiengang als weiteres Studium anzusehen ist.

Nach § 19 Absatz 3 HRG kann die Hochschule auf Grund von Prüfungen, mit denen ein weiterer berufsqualifizierender Abschluss erworben wird, einen Master- oder Magistergrad verleihen. Die Hochschule kann einen Studiengang ausschließlich mit dem Abschluss Bachelor anbieten (grundständig). Sie kann einen Studiengang mit dem Abschluss als Bachelor und einem inhaltlich darauf aufbauenden Masterstudiengang vorsehen (konsekutives Masterstudium). Sie kann aber auch ein Masterstudium anbieten, ohne selbst einen entsprechenden Bachelorstudiengang anzubieten (postgraduales Masterstudium).

Ein Masterstudium i. S. d. § 19 HRG kann nicht ohne ein abgeschlossenes Bachelor- oder anderes Studium aufgenommen werden. Es stellt daher ein weiteres Studium dar. Dies gilt auch für den Master of Business Administration (MBA).

Er ermöglicht Studenten verschiedener Fachrichtungen ein anwendungsbezogenes Postgraduiertenstudium in den Wirtschaftswissenschaften.

25   Berufsakademien und andere Ausbildungseinrichtungen:

Nach Landesrecht kann vorgesehen werden, dass bestimmte an Berufsakademien oder anderen Ausbildungseinrichtungen erfolgreich absolvierte Ausbildungsgänge einem abgeschlossenen Studium an einer Fachhochschule gleichwertig sind und die gleichen Berechtigungen verleihen, auch wenn es sich bei diesen Ausbildungseinrichtungen nicht um Hochschulen i. S. d. § 1 HRG handelt. Soweit dies der Fall ist, stellt ein entsprechend abgeschlossenes Studium unter der Voraussetzung, dass ihm kein anderes abgeschlossenes Studium oder keine andere abgeschlossene Berufsausbildung vorangegangen ist, ein Erststudium i. S. d. § 12 Nummer 5 EStG dar.

26   Promotion:

Es ist regelmäßig davon auszugehen, dass dem Promotionsstudium und der Promotion durch die Hochschule selber der Abschluss eines Studiums vorangeht. Aufwendungen für ein Promotionsstudium und die Promotion stellen Betriebsausgaben oder Werbungskosten dar, sofern ein berufsbezogener Veranlassungszusammenhang zu bejahen ist (BFH vom 4. November 2003 – VI R 96/01 –, BStBl II 2004, S. 891). Dies gilt auch, wenn das Promotionsstudium bzw. die Promotion im Einzelfall ohne vorhergehenden berufsqualifizierenden Studienabschluss durchgeführt wird.

Eine Promotion stellt keinen berufsqualifizierenden Abschluss eines Studienganges dar.

2.3 Berufsausbildung oder Studium im Rahmen eines Ausbildungsdienstverhältnisses

Eine erstmalige Berufsausbildung oder ein Studium findet im Rahmen eines Ausbildungsdienst- 27
verhältnisses statt, wenn die Ausbildungsmaßnahme Gegenstand des Dienstverhältnisses ist
(vgl. R 9.2 LStR 2008[1]) und H 9.2 „Ausbildungsdienstverhältnis" LStH 2010[2]) sowie die dort
angeführte Rechtsprechung des BFH). Die dadurch veranlassten Aufwendungen stellen Werbungskosten dar. Zu den Ausbildungsdienstverhältnissen zählen z. B. die Berufsausbildungsverhältnisse gemäß § 1 Absatz 3, §§ 4 bis 52 BBiG.

Dementsprechend liegt kein Ausbildungsdienstverhältnis vor, wenn die Berufsausbildung oder 28
das Studium nicht Gegenstand des Dienstverhältnisses ist, auch wenn die Berufsbildungsmaßnahme oder das Studium seitens des Arbeitgebers durch Hingabe von Mitteln, z. B. eines Stipendiums, gefördert wird.

**3. Abzug von Aufwendungen für die eigene Berufsausbildung als Sonderausgaben, § 10 Ab-
satz 1 Nummer 7 EStG**

Bei der Ermittlung der Aufwendungen gelten die allgemeinen Grundsätze des Einkommensteu- 29
ergesetzes. Dabei sind die Regelungen in § 4 Absatz 5 Satz 1 Nummer 5 und 6b, § 9 Absatz 1
Satz 3 Nummer 4 und 5 und Absatz 2 EStG[3]) zu beachten. Zu den abziehbaren Aufwendungen
gehören z. B.

- Lehrgangs-, Schul- oder Studiengebühren, Arbeitsmittel, Fachliteratur,
- Fahrten zwischen Wohnung und Ausbildungsort,
- Mehraufwendungen für Verpflegung,
- Mehraufwendungen wegen auswärtiger Unterbringung.

Für den Abzug von Aufwendungen für eine auswärtige Unterbringung ist nicht erforderlich,
dass die Voraussetzungen einer doppelten Haushaltsführung vorliegen.

4. Anwendungszeitraum

Die Grundsätze dieses Schreibens sind in allen noch offenen Fällen ab dem Veranlagungszeit- 30
raum 2004 anzuwenden. Dieses Schreiben ersetzt die BMF-Schreiben vom 4. November 2005 –
IV C 8 – S 2227 – 5/05 – (BStBl I S. 955) und 21. Juni 2007 – IV C 4 – S 2227/07/0002 –
2007/0137269 – (BStBl I S. 492).

II.

**Lohnsteuerliche Behandlung der Übernahme von Studiengebühren für ein berufs-
begleitendes Studium durch den Arbeitgeber**

BMF vom 13. 4. 2012 (BStBl I S. 531)
IV C 5 – S 2332/07/0001 – 2012/0322945

Im Einvernehmen mit den obersten Finanzbehörden der Länder gilt zur lohnsteuerlichen
Behandlung der Übernahme von Studiengebühren für ein berufsbegleitendes Studium durch
den Arbeitgeber Folgendes:

Grundsätzlich gehören nach § 19 Absatz 1 Satz 1 Nummer 1 in Verbindung mit § 8 Absatz 1 EStG
alle Einnahmen in Geld oder Geldeswert, die durch ein individuelles Dienstverhältnis veranlasst
sind, zu den Einkünften aus nichtselbständiger Arbeit. Dies gilt – vorbehaltlich der weiteren
Ausführungen – auch für vom Arbeitgeber übernommene Studiengebühren für ein berufsbegleitendes Studium des Arbeitnehmers.

1. Ausbildungsdienstverhältnis

Ein berufsbegleitendes Studium findet im Rahmen eines Ausbildungsdienstverhältnisses statt,
wenn die Ausbildungsmaßnahme Gegenstand des Dienstverhältnisses ist (vgl. R 9.2 LStR 2011
und H 9.2 „Ausbildungsdienstverhältnis" LStH 2012 sowie die dort angeführte Rechtsprechung
des BFH). Voraussetzung ist, dass die Teilnahme an dem berufsbegleitenden Studium zu den
Pflichten des Arbeitnehmers aus dem Dienstverhältnis gehört.

Ein berufsbegleitendes Studium findet insbesondere nicht im Rahmen eines Ausbildungsdienstverhältnisses statt, wenn

---

1) → LStR 2015.
2) → LStH **2018**.
3) Ab 2014 ist erste Tätigkeitsstätte auch eine Bildungseinrichtung, die außerhalb eines Dienstverhältnisses
zum Zwecke eines Vollzeitstudiums oder einer vollzeitigen Bildungsmaßnahme aufgesucht wird (§ 9
Abs. 4 Satz 8 EStG).
→ BMF vom 24. 10. 2014 (BStBl I S. 1412), Rz. 32 ff.; → Anhang 38.

(a) das Studium nicht Gegenstand des Dienstverhältnisses ist, auch wenn das Studium seitens des Arbeitgebers durch Hingabe von Mitteln, z. B. eines Stipendiums, gefördert wird oder

(b) Teilzeitbeschäftigte ohne arbeitsvertragliche Verpflichtung ein berufsbegleitendes Studium absolvieren und das Teilzeitarbeitsverhältnis lediglich das Studium ermöglicht.

1.1 Arbeitgeber ist Schuldner der Studiengebühren

Ist der Arbeitgeber im Rahmen eines Ausbildungsdienstverhältnisses Schuldner der Studiengebühren, wird ein ganz überwiegend eigenbetriebliches Interesse des Arbeitgebers unterstellt und steuerrechtlich kein Vorteil mit Arbeitslohncharakter angenommen. So sind auch Studiengebühren kein Arbeitslohn, die der Arbeitgeber bei einer im dualen System durchgeführten Ausbildung aufgrund einer Vereinbarung mit der Bildungseinrichtung als unmittelbarer Schuldner trägt.

1.2. Arbeitnehmer ist Schuldner der Studiengebühren

Ist der Arbeitnehmer im Rahmen eines Ausbildungsdienstverhältnisses Schuldner der Studiengebühren und übernimmt der Arbeitgeber die Studiengebühren, wird ein ganz überwiegend eigenbetriebliches Interesse des Arbeitgebers unterstellt und steuerrechtlich kein Vorteil mit Arbeitslohncharakter angenommen, wenn

(a) sich der Arbeitgeber arbeitsvertraglich zur Übernahme der Studiengebühren verpflichtet und

(b) der Arbeitgeber die übernommenen Studiengebühren vom Arbeitnehmer arbeitsvertraglich oder aufgrund einer anderen arbeitsrechtlichen Rechtsgrundlage zurückfordern kann, sofern der Arbeitnehmer das ausbildende Unternehmen auf eigenen Wunsch innerhalb von zwei Jahren nach dem Studienabschluss verlässt.

Ein ganz überwiegend eigenbetriebliches Interesse des Arbeitgebers kann auch dann angenommen werden, wenn der Arbeitgeber die übernommenen Studiengebühren nach arbeitsrechtlichen Grundsätzen nur zeitanteilig zurückfordern kann. Scheidet der Arbeitnehmer zwar auf eigenen Wunsch aus dem Unternehmen aus, fällt der Grund für das Ausscheiden aus dem Arbeitsverhältnis aber allein in die Verantwortungs- oder Risikosphäre des Arbeitgebers (Beispiele: Der vertraglich zugesagte Arbeitsort entfällt, weil der Arbeitgeber den Standort schließt. Der Arbeitnehmer nimmt das Angebot eines Ausweicharbeitsplatzes nicht an und kündigt.), kann eine vereinbarte Rückzahlungsverpflichtung nach arbeitsrechtlichen Grundsätzen hinfällig sein. In diesen Fällen genügt die Vereinbarung der Rückzahlungsverpflichtung für die Annahme eines überwiegenden eigenbetrieblichen Interesses an der Übernahme der Studiengebühren.

Der Arbeitgeber hat auf der ihm vom Arbeitnehmer zur Kostenübernahme vorgelegten Originalrechnung die Kostenübernahme sowie deren Höhe anzugeben. Eine Ablichtung der insoweit ergänzten Originalrechnung ist als Beleg zum Lohnkonto aufzubewahren.

2. Berufliche Fort- und Weiterbildungsleistung

Ein berufsbegleitendes Studium kann als berufliche Fort- und Weiterbildungsleistung des Arbeitgebers im Sinne der Richtlinie R 19.7 LStR 2011 anzusehen sein, wenn es die Einsatzfähigkeit des Arbeitnehmers im Betrieb erhöhen soll. Ist dies der Fall, führt die Übernahme von Studiengebühren für dieses Studium durch den Arbeitgeber nicht zu Arbeitslohn, denn sie wird im ganz überwiegend eigenbetrieblichen Interesse des Arbeitgebers durchgeführt. Die lohnsteuerliche Beurteilung, ob das berufsbegleitende Studium als berufliche Fort- und Weiterbildungsleistung des Arbeitgebers im Sinne der Richtlinie R 19.7 LStR 2011 anzusehen ist, ist nach den konkreten Umständen des Einzelfalls vorzunehmen. Hierbei ist Folgendes zu beachten:

2.1 Schuldner der Studiengebühren

Es kommt für die Annahme eines ganz überwiegend eigenbetrieblichen Interesses des Arbeitgebers nicht darauf an, ob der Arbeitgeber oder der Arbeitnehmer Schuldner der Studiengebühren ist. Ist der Arbeitnehmer Schuldner der Studiengebühren, ist nur insoweit die Annahme eines ganz überwiegend eigenbetrieblichen Interesses des Arbeitgebers möglich, wie der Arbeitgeber vorab die Übernahme der zukünftig entstehenden Studiengebühren schriftlich zugesagt hat (R 19.7 Absatz 1 Satz 3 und 4 LStR 2011). Der Arbeitgeber hat auf der ihm vom Arbeitnehmer zur Kostenübernahme vorgelegten Originalrechnung die Kostenübernahme sowie deren Höhe anzugeben. Eine Ablichtung der insoweit ergänzten Originalrechnung ist als Beleg zum Lohnkonto aufzubewahren.

2.2 Rückforderungsmöglichkeit des Arbeitgebers

Für die Annahme eines ganz überwiegend eigenbetrieblichen Interesses des Arbeitgebers ist es nicht erforderlich, dass der Arbeitgeber die übernommenen Studiengebühren vom Arbeitnehmer arbeitsvertraglich oder aufgrund einer anderen arbeitsrechtlichen Rechtsgrundlage zurückfordern kann.

2.3 Übernahme von Studienkosten durch den Arbeitgeber im Darlehenswege

Bei einer Übernahme von Studienkosten durch den Arbeitgeber im Darlehenswege, bei der marktübliche Vereinbarungen über Verzinsung, Kündigung und Rückzahlung getroffen werden, führt weder die Hingabe noch die Rückzahlung der Mittel zu lohnsteuerlichen Folgerungen.

Ist das Arbeitgeberdarlehen nach den getroffenen Vereinbarungen nur dann tatsächlich zurückzuzahlen, wenn der Arbeitnehmer aus Gründen, die in seiner Person liegen, vor Ablauf des vertraglich festgelegten Zeitraums (in der Regel zwei bis fünf Jahre) aus dem Arbeitsverhältnis ausscheidet oder ist der marktübliche Zinssatz unterschritten, ist zu prüfen, ob im Zeitpunkt der Einräumung des Arbeitgeberdarlehens die Voraussetzungen des R 19.7 LStR 2011 vorliegen. Wird dies bejaht, ist der Verzicht auf die Darlehensrückzahlung oder der Zinsvorteil eine Leistung des Arbeitgebers im ganz überwiegend eigenbetrieblichen Interesse.

Liegen die Voraussetzungen des R 19.7 LStR 2011 nicht vor, stellt der (Teil-)Erlass des Darlehens einen Vorteil mit Arbeitslohncharakter für den Arbeitnehmer dar. Gleiches gilt für einen Zinsvorteil nach Maßgabe des BMF-Schreibens vom 1. Oktober 2008 (BStBl I Seite 892)[1]. Der Arbeitslohn fließt dem Arbeitnehmer bei einem Darlehens(teil-)erlass in dem Zeitpunkt zu, in dem der Arbeitgeber zu erkennen gibt, dass er auf die (Teil-)Rückzahlung des Darlehens verzichtet (BFH-Urteil vom 27. März 1992, BStBl II Seite 837).

2.4 Prüfschema

Es ist nicht zu beanstanden, wenn die lohnsteuerliche Beurteilung nach folgendem Prüfschema vorgenommen wird:

1. **Liegt eine erstmalige Berufsausbildung oder ein Erststudium als Erstausbildung außerhalb eines Ausbildungsdienstverhältnisses im Sinne von § 9 Absatz 6 und § 12 Nummer 5 EStG vor?[2][3]**

   Wenn ja:

   → Es liegen weder Werbungskosten des Arbeitnehmers noch ein ganz überwiegend eigenbetriebliches Interesse des Arbeitgebers vor. Die Übernahme von Studiengebühren durch den Arbeitgeber führt zu Arbeitslohn.

   Wenn nein:

2. **Ist eine berufliche Veranlassung gegeben?**

   Wenn nein:

   → Es liegen weder Werbungskosten des Arbeitnehmers noch ein ganz überwiegend eigenbetriebliches Interesse des Arbeitgebers vor. Die Übernahme von Studiengebühren durch den Arbeitgeber führt zu Arbeitslohn.

   Wenn ja:

3. **Sind die Voraussetzungen der Richtlinie R 19.7 LStR 2011 (vgl. auch Tz. 2.1. bis 2.3.) erfüllt?**

   Wenn nein:

   → Es liegen Werbungskosten des Arbeitnehmers, aber kein ganz überwiegend eigenbetriebliches Interesse des Arbeitgebers vor. Die Übernahme von Studiengebühren durch den Arbeitgeber führt zu Arbeitslohn.

   Wenn ja:

   → Es liegt eine Leistung des Arbeitgebers im ganz überwiegend eigenbetrieblichen Interesse vor. Die Übernahme von Studiengebühren durch den Arbeitgeber führt nicht zu Arbeitslohn. Zur Übernahme von weiteren durch die Teilnahme des Arbeitnehmers an dem berufsbegleitenden Studium veranlassten Kosten durch den Arbeitgeber vgl. R 19.7 Absatz 3 LStR 2011.

---

1) Jetzt BMF-Schreiben vom 19. 5. 2015 (BStBl I S. 484), → Anhang 42.
2) Vgl. auch BMF-Schreiben vom 22. 9. 2010 (BStBl I Seite 721), → Anhang 34 I.
3) Ab dem VZ 2015 gelten neue gesetzliche Regelungen für Definition einer Erstausbildung (§ 9 Abs. 6 EStG i. d. F. des Gesetzes zur Anpassung der Abgabenordnung an den Zollkodex der Union und zur Änderung weiterer steuerlicher Vorschriften).

Lohn-/einkommensteuerliche Behandlung sowie Voraussetzungen für die steuerliche Anerkennung von Zeitwertkonten-Modellen

BMF vom 17. 6. 2009 (BStBl I S. 1286)
IV C 5 – S 2332/07/0004, 2009/0406609

Zur lohn-/einkommensteuerlichen Behandlung von Zeitwertkonten-Modellen sowie den Voraussetzungen für die steuerliche Anerkennung nehme ich im Einvernehmen mit den obersten Finanzbehörden der Länder wie folgt Stellung:

A. Allgemeines zu Zeitwertkonten

I. Steuerlicher Begriff des Zeitwertkontos

Bei Zeitwertkonten vereinbaren Arbeitgeber und Arbeitnehmer, dass der Arbeitnehmer künftig fällig werdenden Arbeitslohn nicht sofort ausbezahlt erhält, sondern dieser Arbeitslohn beim Arbeitgeber nur betragsmäßig erfasst wird, um ihn im Zusammenhang mit einer vollen oder teilweisen Freistellung von der Arbeitsleistung während des noch fortbestehenden Dienstverhältnisses auszuzahlen. In der Zeit der Arbeitsfreistellung ist dabei das angesammelte Guthaben um den Vergütungsanspruch zu vermindern, der dem Arbeitnehmer in der Freistellungsphase gewährt wird. Der steuerliche Begriff des Zeitwertkontos entspricht insoweit dem Begriff der Wertguthabenvereinbarungen im Sinne von § 7b SGB IV (sog. Lebensarbeitszeit- bzw. Arbeitszeitkonto).

Keine Zeitwertkonten in diesem Sinne sind dagegen Vereinbarungen, die das Ziel der flexiblen Gestaltung der werktäglichen oder wöchentlichen Arbeitszeit oder zum Ausgleich betrieblicher Produktions- und Arbeitszeitzyklen verfolgen (sog. Flexi- oder Gleitzeitkonten). Diese dienen lediglich zur Ansammlung von Mehr- oder Minderarbeitszeit, die zu einem späteren Zeitpunkt ausgeglichen wird. Bei Flexi- oder Gleitzeitkonten ist der Arbeitslohn mit Auszahlung bzw. anderweitiger Erlangung der wirtschaftlichen Verfügungsmacht des Arbeitnehmers zugeflossen und zu versteuern.

II. Besteuerungszeitpunkt

Weder die Vereinbarung eines Zeitwertkontos noch die Wertgutschrift auf diesem Konto führen zum Zufluss von Arbeitslohn, sofern die getroffene Vereinbarung den nachfolgenden Voraussetzungen entspricht. Erst die Auszahlung des Guthabens während der Freistellung löst Zufluss von Arbeitslohn und damit eine Besteuerung aus.

Die Gutschrift von Arbeitslohn (laufender Arbeitslohn, Einmal- und Sonderzahlungen) zugunsten eines Zeitwertkontos wird aus Vereinfachungsgründen auch dann steuerlich anerkannt, wenn die Gehaltsänderungsvereinbarung bereits erdiente, aber noch nicht fällig gewordene Arbeitslohnteile umfasst. Dies gilt auch, wenn eine Einmal- oder Sonderzahlung einen Zeitraum von mehr als einem Jahr betrifft.

III. Verwendung des Guthabens zugunsten betrieblicher Altersversorgung

Wird das Guthaben des Zeitwertkontos aufgrund einer Vereinbarung zwischen Arbeitgeber und Arbeitnehmer vor Fälligkeit (planmäßige Auszahlung während der Freistellung) ganz oder teilweise zugunsten der betrieblichen Altersversorgung herabgesetzt, ist dies steuerlich als eine Entgeltumwandlung zugunsten der betrieblichen Altersversorgung anzuerkennen. Der Zeitpunkt des Zuflusses dieser zugunsten der betrieblichen Altersversorgung umgewandelten Beträge richtet sich nach dem Durchführungsweg der zugesagten betrieblichen Altersversorgung (vgl. BMF-Schreiben vom 20. Januar 2009, BStBl I S. 273, Rz. 189).[1)]

Bei einem Altersteilzeitarbeitsverhältnis im sog. Blockmodell gilt dies in der Arbeitsphase und der Freistellungsphase entsprechend. Folglich ist auch in der Freistellungsphase steuerlich von einer Entgeltumwandlung auszugehen, wenn vor Fälligkeit (planmäßige Auszahlung) vereinbart wird, das Guthaben des Zeitwertkontos oder den während der Freistellung auszuzahlenden Arbeitslohn zugunsten der betrieblichen Altersversorgung herabzusetzen.

IV. Begünstigter Personenkreis

1. Grundsatz: Arbeitnehmer in einem gegenwärtigen Dienstverhältnis

Ein Zeitwertkonto kann für alle Arbeitnehmer (§ 1 LStDV) im Rahmen eines gegenwärtigen Dienstverhältnisses eingerichtet werden. Dazu gehören auch Arbeitnehmer mit einer geringfügig entlohnten Beschäftigung i. S. d. § 8 bzw. § 8a SGB IV.

[1)] Jetzt BMF vom 6. 12. 2017 (BStBl 2018 I S. 147), Rz. 8 → Anhang 2 IV.

Besonderheiten gelten bei befristeten Dienstverhältnissen und bei Arbeitnehmern, die gleichzeitig Organ einer Körperschaft sind.

2. Besonderheiten

a) Befristete Dienstverhältnisse

Bei befristeten Dienstverhältnissen werden Zeitwertkonten steuerlich nur dann anerkannt, wenn die sich während der Beschäftigung ergebenden Guthaben bei normalem Ablauf während der Dauer des befristeten Dienstverhältnisses, d. h. innerhalb der vertraglich vereinbarten Befristung, durch Freistellung ausgeglichen werden.

b) Organe von Körperschaften

Vereinbarungen über die Einrichtung von Zeitwertkonten bei Arbeitnehmern, die zugleich als Organ einer Körperschaft bestellt sind – z. B. bei Mitgliedern des Vorstands einer Aktiengesellschaft oder Geschäftsführern einer GmbH –, sind mit dem Aufgabenbild des Organs einer Körperschaft nicht vereinbar. Infolgedessen führt bereits die Gutschrift des künftig fällig werdenden Arbeitslohns auf dem Zeitwertkonto zum Zufluss von Arbeitslohn. Die allgemeinen Grundsätze der verdeckten Gewinnausschüttung bleiben unberührt.[1]

Der Erwerb einer Organstellung hat keinen Einfluss auf das bis zu diesem Zeitpunkt aufgebaute Guthaben eines Zeitwertkontos. Nach Erwerb der Organstellung führen alle weiteren Zuführungen zu dem Konto steuerlich zum Zufluss von Arbeitslohn. Nach Beendigung der Organstellung und Fortbestehen des Dienstverhältnisses kann der Arbeitnehmer das Guthaben entsprechend der unter A. I. dargestellten Grundsätze weiter aufbauen oder das aufgebaute Guthaben für Zwecke der Freistellung verwenden.

c) Als Arbeitnehmer beschäftigte beherrschende Anteilseigner

Buchstabe b) gilt entsprechend für Arbeitnehmer, die von der Körperschaft beschäftigt werden, die sie beherrschen.

B. Modellinhalte

I. Aufbau des Zeitwertkontos

In ein Zeitwertkonto können keine weiteren Gutschriften mehr unversteuert eingestellt werden, sobald feststeht, dass die dem Konto zugeführten Beträge nicht mehr durch Freistellung vollständig aufgebraucht werden können.

Bei Zeitwertkontenvereinbarungen, die die Anforderungen des § 7 Absatz 1a Satz 1 Nummer 2 SGB IV hinsichtlich der Angemessenheit der Höhe des während der Freistellung fälligen Arbeitsentgeltes berücksichtigen, wird davon ausgegangen, dass die dem Konto zugeführten Beträge durch Freistellung vollständig aufgebraucht werden können und somit eine solche Prognosenentscheidung regelmäßig entbehrlich ist. Für Zeitwertkonten, die diese Anforderungen nicht berücksichtigen und eine Freistellung für Zeiten, die unmittelbar vor dem Zeitpunkt liegen, zu dem der Beschäftigte eine Rente wegen Alters nach dem SGB VI bezieht oder beziehen könnte, vorsehen, ist hierfür einmal jährlich eine Prognoseentscheidung zu treffen. Für diese Prognoseentscheidung ist zum einen der ungeminderte Arbeitslohnanspruch (ohne Berücksichtigung der Gehaltsänderungsvereinbarung) und zum anderen der voraussichtliche Zeitraum der maximal noch zu beanspruchenden Freistellung maßgeblich. Der voraussichtliche Zeitraum der Freistellung bestimmt sich dabei grundsätzlich nach der vertraglichen Vereinbarung. Das Ende des voraussichtlichen Freistellungszeitraums kann allerdings nicht über den Zeitpunkt hinausgehen, zu dem der Arbeitnehmer eine Rente wegen Alters nach dem SGB VI spätestens beanspruchen kann (Regelaltersgrenze). Jede weitere Gutschrift auf dem Zeitwertkonto ist dann Einkommensverwendung und damit steuerpflichtiger Zufluss von Arbeitslohn.

Beispiel zur Begrenzung der Zuführung:

Zwischen dem 55-jährigen Arbeitnehmer B und seinem Arbeitgeber wird vereinbart, dass künftig die Hälfte des Arbeitslohns in ein Zeitwertkonto eingestellt wird, das dem Arbeitnehmer während der Freistellungsphase ratierlich ausgezahlt werden soll. Das Arbeitsverhältnis soll planmäßig mit Vollendung des 67. Lebensjahrs (Jahr 12) beendet werden. Der aktuelle Jahresarbeitslohn beträgt 100 000 €. Nach sieben Jahren beträgt das Guthaben 370 000 € (einschließlich Wertzuwächsen). Der Jahresarbeitslohn im Jahr 08 beläuft sich auf 120 000 €. Kann hiervon wieder die Hälfte dem Zeitwertkonto zugeführt werden?

---

[1] Zum Vorliegen einer verdeckten Gewinnausschüttung bei Gesellschafter-Geschäftsführern → BFH vom 11. 11. 2015 (BStBl 2016 II S. 489).

Nach Ablauf des achten Jahres verbleiben für die Freistellungsphase noch vier Jahre. Eine Auffüllung des Zeitwertkontos ist bis zum Betrag von 480 000 € (= ungekürzter Arbeitslohn des laufenden Jahres × Dauer der Freistellungsphase in Jahren) steuerlich unschädlich. Daher können im Jahr 08 weitere 60 000 € dem Zeitwertkonto zugeführt werden (370 000 € + 60 000 € = 430 000 € Stand Guthaben 31. Dezember 08). Sollte im Jahr 09 die Freistellungsphase noch nicht begonnen haben, können keine weiteren Beträge mehr unversteuert in das Zeitwertkonto eingestellt werden (Prognoserechnung: bei einem Jahresarbeitslohn von 120 000 € für die Freistellungsphase von drei Freistellungsjahren = 360 000 €).

Bei erfolgsabhängiger Vergütung ist dabei neben dem Fixum auch der erfolgsabhängige Vergütungsbestandteil zu berücksichtigen. Es bestehen keine Bedenken, insoweit den Durchschnittsbetrag der letzten fünf Jahre zu Grunde zu legen. Wird die erfolgsabhängige Vergütung noch keine fünf Jahre gewährt oder besteht das Dienstverhältnis noch keine fünf Jahre, ist der Durchschnittsbetrag dieses Zeitraumes zu Grunde zu legen.

Beispiel zu erfolgsabhängigen Vergütungen:

Zwischen dem 55-jährigen Arbeitnehmer C und seinem Arbeitgeber wird Anfang 01 vereinbart, dass künftig die Hälfte des Arbeitslohns in ein Zeitwertkonto eingestellt wird, das dem Arbeitnehmer während der Freistellungsphase ratierlich ausgezahlt werden soll. Das Arbeitsverhältnis soll planmäßig mit Vollendung des 67. Lebensjahrs (Jahr 12) beendet werden. C bezieht im Jahr 01 ein Festgehalt von 100 000 €. Daneben erhält er erfolgsabhängige Vergütungsbestandteile, die ebenfalls hälftig dem Zeitwertkonto zugeführt werden sollen. Nach sieben Jahren beträgt das Guthaben des Zeitwertkontos 520 000 €. Die Fixvergütung beläuft sich im Jahr 08 auf 120 000 €. Die variablen Vergütungsbestandteile im Jahr 08 betragen 80 000 €; in den letzten fünf Jahren standen ihm variable Vergütungen in Höhe von insgesamt 300 000 € zu.

Dem Zeitwertkonto können im achten Jahr (Jahr 08) 100 000 € unversteuert zugeführt werden. Damit beläuft sich das Guthaben des Zeitwertkontos am Ende des Jahres 08 auf 620 000 € und ist – bezogen auf eine mögliche Freistellungsphase von noch vier Jahren – weiterhin geringer als das Vierfache des aktuellen jährlichen Fixgehalts (120 000 €) zuzüglich der durchschnittlichen jährlichen variablen Vergütungen von 60 000 € (300 000 € : 5), die sich somit für einen Freistellungszeitraum von vier Jahren auf 720 000 € belaufen (= 180 000 € × 4 Jahre).

II. Verzinsung der Zeitwertkontenguthaben

Im Rahmen von Zeitwertkonten kann dem Arbeitnehmer auch eine Verzinsung des Guthabens zugesagt sein. Diese kann beispielsweise bestehen in einem festen jährlichen Prozentsatz des angesammelten Guthabens, wobei sich der Prozentsatz auch nach dem Umfang der jährlichen Gehaltsentwicklung richten kann, oder in einem Betrag in Abhängigkeit von der Entwicklung bestimmter am Kapitalmarkt angelegter Vermögenswerte.

Die Zinsen erhöhen das Guthaben des Zeitwertkontos, sind jedoch erst bei tatsächlicher Auszahlung an den Arbeitnehmer als Arbeitslohn zu erfassen.

III. Zuführung von steuerfreiem Arbeitslohn zu Zeitwertkonten

Wird vor der Leistung von steuerlich begünstigtem Arbeitslohn bestimmt, dass ein steuerfreier Zuschlag auf dem Zeitwertkonto eingestellt und getrennt ausgewiesen wird, bleibt die Steuerfreiheit bei Auszahlung in der Freistellungsphase erhalten (R 3b Absatz 8 LStR 2008). Dies gilt jedoch nur für den Zuschlag als solchen, nicht hingegen für eine darauf beruhende etwaige Verzinsung oder Wertsteigerung.

IV. Kein Rechtsanspruch gegenüber einem Dritten

Wird das Guthaben eines Zeitwertkontos auf Grund der Vereinbarung zwischen Arbeitgeber und Arbeitnehmer z. B. als Depotkonto bei einem Kreditinstitut oder Fonds geführt, darf der Arbeitnehmer zur Vermeidung eines Lohnzuflusses keinen unmittelbaren Rechtsanspruch gegenüber dem Dritten haben.

Beauftragt der Arbeitgeber ein externes Vermögensverwaltungsunternehmen mit der Anlage der Guthabenbeträge, findet die Minderung wie auch die Erhöhung des Depots z. B. durch Zinsen und Wertsteigerungen infolge von Kursgewinnen zunächst in der Sphäre des Arbeitgebers statt. Beim Arbeitnehmer sind die durch die Anlage des Guthabens erzielten Vermögensminderungen/-mehrungen – unter Berücksichtigung der Regelung zur Zeitwertkontengarantie unter B. V. – erst bei Auszahlung der Beträge in der Freistellungsphase lohnsteuerlich zu erfassen. Ein Kapitalanlagewahlrecht des Arbeitnehmers ist dann unschädlich.

Beim Erwerb von Ansprüchen des Arbeitnehmers gegenüber einem Dritten im Fall der Eröffnung des Insolvenzverfahrens ist § 3 Nummer 65 Buchstabe c 2. Halbsatz EStG zu beachten.

V. Zeitwertkontengarantie

1. Inhalt der Zeitwertkontengarantie

Zeitwertkonten werden im Hinblick auf die in §§ 7d und 7e SGB IV getroffenen Regelungen steuerlich nur dann anerkannt, wenn die zwischen Arbeitgeber und Arbeitnehmer getroffene Vereinbarung vorsieht, dass zum Zeitpunkt der planmäßigen Inanspruchnahme des Guthabens mindestens ein Rückfluss der dem Zeitwertkonto zugeführten Arbeitslohn-Beträge (Bruttoarbeitslohn im steuerlichen Sinne ohne den Arbeitgeberanteil am Gesamtsozialversicherungsbeitrag) gewährleistet ist (Zeitwertkontengarantie). Im Fall der arbeitsrechtlichen Garantie des Arbeitgebers für die in das Zeitwertkonto für den Arbeitnehmer eingestellten Beträge bestehen keine Bedenken, von der Erfüllung der Zeitwertkontengarantie auszugehen, wenn der Arbeitgeber für diese Verpflichtung insbesondere die Voraussetzungen des Insolvenzschutzes nach § 7e SGB IV entsprechend erfüllt. Dies gilt nicht nur zu Beginn, sondern während der gesamten Auszahlungsphase, unter Abzug der bereits geleisteten Auszahlungen.

Wertschwankungen sowie die Minderung des Zeitwertkontos (z. B. durch die Abbuchung von Verwaltungskosten und Depotgebühren) in der Zuführungsphase sind lohnsteuerlich unbeachtlich.

Beispiel zur Zeitwertkontengarantie und Wertschwankungen:

Im Rahmen eines vereinbarten Zeitwertkontos ergibt sich zum Ende des dritten Jahres innerhalb der zehnjährigen Ansparphase ein Guthaben von 10 000 €. Bei jährlichen Zuführungen von 4 000 € ergab sich durch Wertschwankungen sowie die Belastung von Provisionszahlungen und Verwaltungskosten ein geringerer Wert als die Summe der zugeführten Arbeitslohnbeträge.

Die Minderung des Guthabens des Zeitwertkontos ist unschädlich, wenn bis zum Beginn der Auszahlungsphase die Wertminderung durch Wertsteigerungen der Anlage oder durch Erträge aus der Anlage wieder ausgeglichen wird.

Beispiel 1 zur Zeitwertkontengarantie und Verwaltungskosten:

Der Bestand des Zeitwertkontos beträgt zu Beginn der Freistellungsphase 60 000 €, die aus jährlichen Gutschriften von jeweils 5 000 € innerhalb der achtjährigen Aufbauphase sowie Erträgen aus der Anlage und Wertsteigerungen herrühren. Während der Freistellungsphase fallen jährlich Verwaltungskosten in Höhe von 120 € an, die dem Zeitwertkonto belastet werden sollen.

Die Belastung des Zeitwertkontos mit Verwaltungskosten und sonstigen Gebühren ist unschädlich, denn die Summe der bis zu Beginn der Freistellungsphase zugeführten Beträge (= 40 000 €) wird hierdurch nicht unterschritten.

Beispiel 2 zur Zeitwertkontengarantie und Verwaltungskosten:

Der Bestand des Zeitwertkontos beträgt zu Beginn der Auszahlungsphase 40 200 €, die aus jährlichen Zuführungen von jeweils 5 000 € innerhalb der achtjährigen Aufbauphase sowie Erträgen aus der Anlage herrühren, aber auch durch Wertschwankungen in der Vergangenheit beeinflusst wurden. Im Hinblick auf die ertragsschwache Anlage wird eine Beratung in Anspruch genommen, die Kosten von 500 € verursacht. Ferner fallen weitere Verwaltungskosten in Höhe von 180 € an.

Die Belastung des Zeitwertkontos ist nur bis zu einem Betrag von 200 € unschädlich (Summe der zugeführten Arbeitslohnbeträge zu Beginn der Freistellungsphase und als steuerpflichtiger Arbeitslohn während der Freistellung mindestens auszuzahlen 40 000 €). Die restlichen Aufwendungen in Höhe von 480 € (= 500 € + 180 € − 200 €) muss der Arbeitgeber, der für den Erhalt des Zeitwertkontos einzustehen hat, tragen.

2. Zeitwertkontengarantie des Anlageinstituts

Wird das Guthaben eines Zeitwertkontos auf Grund der Vereinbarung zwischen Arbeitgeber und Arbeitnehmer bei einem externen Anlageinstitut (z. B. Kreditinstitut oder Fonds) geführt und liegt keine Zeitwertkontengarantie nach Ziffer 1 vor, muss eine vergleichbare Garantie durch das Anlageinstitut vorliegen.

C. Planwidrige Verwendung der Zeitwertkontenguthaben

I. Auszahlung bei existenzbedrohender Notlage

Die Vereinbarungen zur Bildung von Guthaben auf einem Zeitwertkonto werden steuerlich auch dann noch anerkannt, sofern die Möglichkeit der Auszahlung des Guthabens bei fortbestehendem Beschäftigungsverhältnis neben der Freistellung von der Arbeitsleistung auf Fälle einer existenzbedrohenden Notlage des Arbeitnehmers begrenzt wird.

Wenn entgegen der Vereinbarung ohne existenzbedrohende Notlage des Arbeitnehmers das Guthaben dennoch ganz oder teilweise ausgezahlt wird, ist bei dem einzelnen Arbeitnehmer das gesamte Guthaben – also neben dem ausgezahlten Betrag auch der verbleibende Guthabenbetrag – im Zeitpunkt der planwidrigen Verwendung zu besteuern.

II. Beendigung des Dienstverhältnisses vor oder während der Freistellungsphase

Eine planwidrige Verwendung liegt im Übrigen vor, wenn das Dienstverhältnis vor Beginn oder während der Freistellungsphase beendet wird (z. B. durch Erreichen der Altersgrenze, Tod des Arbeitnehmers, Eintritt der Invalidität, Kündigung) und der Wert des Guthabens an den Arbeitnehmer oder seine Erben ausgezahlt wird. Lohnsteuerlich gelten dann die allgemeinen Grundsätze, d. h. der Einmalbetrag ist in der Regel als sonstiger Bezug zu besteuern. Wurde das Guthaben über einen Zeitraum von mehr als zwölf Monate hinweg angespart, ist eine tarifermäßigte Besteuerung im Rahmen des § 34 EStG vorzunehmen (Arbeitslohn für mehrjährige Tätigkeit).

III. Planwidrige Weiterbeschäftigung

Der Nichteintritt oder die Verkürzung der Freistellung durch planwidrige Weiterbeschäftigung ist ebenfalls eine planwidrige Verwendung. Eine lohnsteuerliche Erfassung erfolgt in diesen Fällen im Zeitpunkt der Auszahlung des Guthabens.

D. Übertragung des Zeitwertkontenguthabens bei Beendigung der Beschäftigung

Bei Beendigung einer Beschäftigung besteht die Möglichkeit, ein in diesem Beschäftigungsverhältnis aufgebautes Zeitwertkonto zu erhalten und nicht auflösen zu müssen.

Bei der Übertragung des Guthabens an den neuen Arbeitgeber (§ 7f Absatz 1 Satz 1 Nummer 1 SGB IV) tritt der neue Arbeitgeber an die Stelle des alten Arbeitgebers und übernimmt im Wege der Schuldübernahme die Verpflichtungen aus der Zeitwertkontenvereinbarung. Die Leistungen aus dem Zeitwertkonto durch den neuen Arbeitgeber sind Arbeitslohn, von dem er bei Auszahlung Lohnsteuer einzubehalten hat.

Im Fall der Übertragung des Guthabens auf die Deutsche Rentenversicherung Bund (§ 7f Absatz 1 Satz 1 Nr. 2 SGB IV) wird die Übertragung durch § 3 Nummer 53 EStG steuerfrei gestellt. Ein tatsächlich noch bestehendes Beschäftigungsverhältnis ist hierfür nicht erforderlich. Bei der Auszahlung des Guthabens durch die Deutsche Rentenversicherung Bund handelt es sich um Arbeitslohn, für den die Deutsche Rentenversicherung Bund Lohnsteuer einzubehalten hat (§ 38 Absatz 3 Satz 3 EStG).

E. Bilanzielle Behandlung der Zeitwertkonten

Zur bilanziellen Berücksichtigung von Arbeitszeit-, Zeitwert- und Lebensarbeitszeitkonten wird in einem gesonderten BMF-Schreiben Stellung genommen.

F. Anwendungsregelung

Dieses Schreiben ist mit Wirkung ab 1. Januar 2009 anzuwenden.

I. Übergangsregelung für vor dem 1. Januar 2009 eingerichtete Zeitwertkonten

Bei Zeitwertkonten-Modellen, die vor dem 1. Januar 2009 eingerichtet wurden und ohne die Regelungen zur Zeitwertkontengarantie nach Abschnitt B. V. steuerlich anzuerkennen gewesen wären, sind aus Vertrauensschutzgründen der am 31. Dezember 2008 vorhandene Wertbestand des Zeitwertkontos sowie die Zuführungen vom 1. Januar bis zum 31. Dezember 2009 erst bei Auszahlung zu besteuern. Zuführungen ab dem 1. Januar 2010 führen steuerlich zum Zufluss von Arbeitslohn.

Wird spätestens bis zum 31. Dezember 2009 eine Zeitwertkontengarantie nach Abschnitt B. V. für den am 31. Dezember 2008 vorhandenen Wertbestand des Zeitwertkontos sowie die Zuführungen vom 1. Januar bis zum 31. Dezember 2009 nachträglich vorgesehen, können diese Modelle steuerlich weiter als Zeitwertkonten anerkannt werden, so dass auch die Zuführungen nach dem 31. Dezember 2009 erst bei Auszahlung zu besteuern sind. Abschnitt C. bleibt unberührt.

II. Übergangsregelung für Zeitwertkonten zugunsten von Organen von Körperschaften (Geschäftsführer und Vorstände) und als Arbeitnehmer beschäftigte beherrschende Anteilseigner

Bei Zeitwertkonten-Modellen für Organe von Körperschaften sowie als Arbeitnehmer beschäftigte beherrschende Anteilseigner, die bis zum 31. Januar 2009 eingerichtet wurden und aus Vertrauensschutzgründen steuerlich anzuerkennen gewesen wären, sind alle Zuführungen bis zum

31. Januar 2009 erst bei Auszahlung zu besteuern. Die Übergangsregelung gilt nicht für verdeckte Gewinnausschüttungen. Abschnitt C. bleibt unberührt.

III. Besondere Aufzeichnungen

Als Arbeitslohn zu besteuernde Zuführungen nach F. I. und F. II. sind im Zeitwertkonto gesondert aufzuzeichnen. Eine etwaige Verzinsung (vgl. Abschnitt B. II.) ist entsprechend aufzuteilen; die auf zu besteuernde Zuführungen nach dem Stichtag entfallenden Zinsen fließen dem Arbeitnehmer als Einkünfte aus Kapitalvermögen zu.

Verhältnis von § 8 Absatz 2 und Absatz 3 EStG bei der Bewertung von Sachbezügen; Anwendung der Urteile des BFH vom 26. Juli 2012 – VI R 30/09 – (BStBl II Seite 400) und – VI R 27/11 – (BStBl II Seite 402)

(BMF-Schreiben vom 16. 5. 2013 – IV C 5 – S 2334/07/0011 – BStBl I S. 729)

Zu den Urteilen des Bundesfinanzhofs (BFH) vom 26. Juli 2012 – VI R 30/09 – (BStBl II Seite 400) und – VI R 27/11 – (BStBl II Seite 402) gilt im Einvernehmen mit den obersten Finanzbehörden der Länder Folgendes:

Die Urteile sind über den jeweils entschiedenen Einzelfall hinaus entsprechend den nachfolgenden Regelungen anzuwenden. Das BMF-Schreiben vom 28. März 2007 (BStBl I Seite 464) wird aufgehoben.

1. Grundsätze der BFH-Rechtsprechung

1 Der BFH bestätigt in seinen Urteilen vom 26. Juli 2012 – VI R 30/09 – und – VI R 27/11 – die in seiner Entscheidung vom 5. September 2006 – VI R 41/02 – (BStBl II 2007 Seite 309) vertretene Rechtsauffassung, dass der Arbeitnehmer im Rahmen seiner Einkommensteuerveranlagung den geldwerten Vorteil wahlweise nach § 8 Absatz 2 EStG ohne Bewertungsabschlag und ohne Rabattfreibetrag oder mit diesen Abschlägen auf der Grundlage des Endpreises des Arbeitgebers nach § 8 Absatz 3 EStG bewerten lassen kann.

2 Nach Auffassung des BFH ist bei Anwendung des § 8 Absatz 2 EStG Vergleichspreis grundsätzlich der „günstigste Preis am Markt". Endpreis i. S. d. § 8 Absatz 3 EStG ist nach Auffassung des BFH der am Ende von Verkaufsverhandlungen als letztes Angebot stehende Preis und umfasst deshalb auch Rabatte (Änderung der Rechtsprechung).

2. Zeitliche Anwendung der BFH-Rechtsprechung

3 Die BFH-Rechtsprechung ist sowohl im Lohnsteuerabzugsverfahren als auch im Veranlagungsverfahren in allen offenen Fällen anwendbar (vgl. aber Rdnr. 5 und Rdnr. 11).

3. Materielle Anwendung der BFH-Rechtsprechung

3.1. Endpreis i. S. d. § 8 Absatz 2 Satz 1 EStG

4 Einnahmen, die nicht in Geld bestehen (Wohnung, Kost, Waren, Dienstleistungen und sonstige Sachbezüge), sind mit den um übliche Preisnachlässe geminderten üblichen Endpreisen am Abgabeort anzusetzen (§ 8 Absatz 2 Satz 1 EStG); R 8.1 Absatz 2 Satz 9 LStR 2011[1]) ist anzuwenden. Endpreis in diesem Sinne ist auch der nachgewiesene günstigste Preis einschließlich sämtlicher Nebenkosten, zu dem die konkrete Ware oder Dienstleistung mit vergleichbaren Bedingungen an Endverbraucher ohne individuelle Preisverhandlungen im Zeitpunkt des Zuflusses am Markt angeboten wird; R 8.1 Absatz 2 Satz 9 LStR 2011 ist nicht anzuwenden. Fallen Bestell- und Liefertag auseinander, sind die Verhältnisse am Bestelltag für die Preisfeststellung maßgebend (vgl. R 8.1 Absatz 2 Satz 8 LStR 2011)[2]) . Markt in diesem Sinne sind alle gewerblichen Anbieter, von denen der Steuerpflichtige die konkrete Ware oder Dienstleistung im Inland unter Einbeziehung allgemein zugänglicher Internetangebote oder auf sonstige Weise gewöhnlich beziehen kann. § 8 Absatz 2 Sätze 2 bis 9 EStG[3]) bleiben unberührt.

5 Dem Arbeitgeber bleibt es unbenommen, im Lohnsteuerabzugsverfahren einen um übliche Preisnachlässe geminderten üblichen Endpreis am Abgabeort i. S. d. Rdnr. 4 Satz 1 anzusetzen. Er ist nicht verpflichtet, den günstigsten Preis am Markt i. S. d. Rdnr. 4 Satz 2 zu ermitteln. Der Arbeitnehmer kann im Rahmen seiner Einkommensteuerveranlagung den geldwerten Vorteil mit dem günstigsten Preis am Markt i. S. d. Rdnr. 4 Satz 2 bewerten (vgl. Rdnr. 10).

6 Der Arbeitgeber hat die Grundlagen für den ermittelten und der Lohnversteuerung zu Grunde gelegten Endpreis als Belege zum Lohnkonto aufzubewahren, zu dokumentieren und dem Arbeitnehmer auf Verlangen formlos mitzuteilen.

3.2. Endpreis i. S. d. § 8 Absatz 3 Satz 1 EStG

7 Endpreis i. S. d. § 8 Absatz 3 Satz 1 EStG ist der Preis, zu dem der Arbeitgeber oder dem Abgabeort nächstansässige Abnehmer die konkrete Ware oder Dienstleistung fremden Letztverbrauchern im allgemeinen Geschäftsverkehr am Ende von Verkaufsverhandlungen durchschnittlich anbietet. Auf diesen Angebotspreis sind der gesetzliche Bewertungsabschlag von 4 Prozent

---

1) Jetzt: R 8.1 Abs. 2 Satz 3 LStR
2) Ab 2015 entfallen.
3) Jetzt: § 8 Abs. 2 Sätze 2 bis 11 EStG.

und der gesetzliche Rabattfreibetrag von 1 080 Euro zu berücksichtigen (§ 8 Absatz 3 Satz 2 EStG).

Bei der Ermittlung des tatsächlichen Angebotspreises ist es nicht zu beanstanden, wenn als Endpreis i. S. d. § 8 Absatz 3 EStG der Preis angenommen wird, der sich ergibt, wenn der Preisnachlass, der durchschnittlich beim Verkauf an fremde Letztverbraucher im allgemeinen Geschäftsverkehr tatsächlich gewährt wird, von dem empfohlenen Preis abgezogen wird.   8

Das BMF-Schreiben vom 18. Dezember 2009 (BStBl I 2010 Seite 20) zur Ermittlung des geldwerten Vorteils beim Erwerb von Kraftfahrzeugen vom Arbeitgeber in der Automobilbranche ist hinsichtlich des bisher zu berücksichtigenden Preisnachlasses in Höhe von 80 Prozent nicht mehr anzuwenden. Es gilt ansonsten unverändert fort.

Der Arbeitgeber hat die Grundlagen für den ermittelten und der Lohnversteuerung zu Grunde gelegten Endpreis als Belege zum Lohnkonto aufzubewahren, zu dokumentieren und dem Arbeitnehmer auf Verlangen formlos mitzuteilen.   9

3.3. Wahlrecht zwischen den Bewertungsmethoden nach § 8 Absatz 2 und Absatz 3 EStG

Der Arbeitnehmer kann den geldwerten Vorteil im Rahmen seiner Einkommensteuerveranlagung nach § 8 Absatz 2 Satz 1 EStG (vgl. Rdnr. 4) bewerten. Der Arbeitnehmer hat den im Lohnsteuerabzugsverfahren der Besteuerung zu Grunde gelegten Endpreis i. S. d. § 8 Absatz 3 Satz 1 EStG und den Endpreis i. S. d. § 8 Absatz 2 Satz 1 EStG nachzuweisen (z. B. formlose Mitteilung des Arbeitgebers, Ausdruck eines günstigeren inländischen Angebots im Zeitpunkt des Zuflusses).   10

Dem Arbeitgeber bleibt es unbenommen, im Lohnsteuerabzugsverfahren den geldwerten Vorteil nach § 8 Absatz 3 Satz 1 EStG (vgl. Rdnr. 7) zu bewerten. Er ist nicht verpflichtet, den geldwerten Vorteil nach § 8 Absatz 2 Satz 1 EStG (vgl. Rdnr. 4) zu bewerten.   11

Beispiel: 12

Ein Möbelhandelsunternehmen übereignet seinem Arbeitnehmer im Januar 2013 eine Schrankwand und im Februar 2013 eine Couch zu einem Preis von je 3 000 Euro. Bestell- und Liefertag fallen nicht auseinander. Der durch Preisauszeichnung angegebene Endpreis beträgt jeweils 5 000 Euro. Das Möbelhandelsunternehmen gewährt auf diese Möbelstücke durchschnittlich 10 Prozent Rabatt. Ein anderes inländisches Möbelhandelsunternehmen bietet diese Couch im Februar 2013 auf seiner Internetseite für 4 000 Euro an. Der Arbeitgeber hat die geldwerten Vorteile nach § 8 Absatz 3 Satz 1 EStG bewertet. Der Arbeitnehmer beantragt im Rahmen seiner Einkommensteuerveranlagung die Bewertung des geldwerten Vorteils für die Couch nach § 8 Absatz 2 Satz 1 EStG und legt einen Ausdruck des günstigeren Angebots vor.

Steuerliche Behandlung im Lohnsteuerabzugsverfahren:

Endpreis i. S. d. § 8 Absatz 3 Satz 1 EStG ist der am Ende von Verkaufsverhandlungen durchschnittlich angebotene Preis des Arbeitgebers in Höhe von jeweils 4 500 Euro (= 5 000 Euro abzgl. durchschnittlichem Rabatt von 10 Prozent). Zur Ermittlung des geldwerten Vorteils aus der Übereignung der Schrankwand ist der Endpreis um 180 Euro (= 4 Prozent) zu kürzen, so dass sich nach Anrechnung des vom Arbeitnehmer gezahlten Entgelts von 3 000 Euro ein Arbeitslohn von 1 320 Euro ergibt. Dieser Arbeitslohn überschreitet den Rabatt-Freibetrag von 1 080 Euro um 240 Euro, so dass dieser Betrag für Januar 2013 zu versteuern ist. Zur Ermittlung des geldwerten Vorteils aus der Übereignung der Couch ist der Endpreis von 4 500 Euro um 180 Euro (= 4 Prozent) zu kürzen, so dass sich nach Anrechnung des vom Arbeitnehmer gezahlten Entgelts von 3 000 Euro ein Arbeitslohn von 1 320 Euro ergibt. Der Rabatt-Freibetrag kommt nicht mehr in Betracht, da er bereits bei der Ermittlung des geldwerten Vorteils aus der Übereignung der Schrankwand berücksichtigt wurde. Daher ist ein Arbeitslohn von 1 320 Euro für Februar 2013 zu versteuern.

Steuerliche Behandlung im Veranlagungsverfahren:

Endpreis i. S. d. § 8 Absatz 2 Satz 1 EStG ist die nachgewiesene günstigste Marktkondition in Höhe von 4 000 Euro. Zur Ermittlung des geldwerten Vorteils aus der Übereignung der Couch ist der Endpreis nicht zu kürzen, so dass sich nach Anrechnung des vom Arbeitnehmer gezahlten Entgelts ein Arbeitslohn von 1 000 Euro (statt bisher 1 320 Euro) ergibt. Die Freigrenze für Sachbezüge nach § 8 Absatz 2 Satz 9 EStG[1] ist überschritten, so dass ein Arbeitslohn von 1 000 Euro zu versteuern ist. Der bisher versteuerte Arbeitslohn (vgl. Zeile 3 des Ausdrucks der elektronischen Lohnsteuerbescheinigung für 2013) ist durch das Finanzamt um 320 Euro zu mindern.

---

[1] Jetzt: § 8 Abs. 2 Satz 11 EStG.

Sachbezugswert für arbeitstägliche Zuschüsse zu Mahlzeiten

BMF vom 24. 2. 2016 (BStBl I S. 238)

Es ist gefragt worden, ob die Regelungen von R 8.1 Absatz 7 Nummer 4 der Lohnsteuer-Richtlinien (LStR) 2015 zu Kantinenmahlzeiten und Essenmarken entsprechend anzuwenden sind, wenn der Arbeitgeber dem Arbeitnehmer arbeitsvertraglich oder aufgrund einer anderen arbeitsrechtlichen Rechtsgrundlage einen Anspruch auf arbeitstägliche Zuschüsse zu Mahlzeiten einräumt, auch ohne sich Papier-Essenmarken (Essensgutscheine, Restaurantschecks) zu bedienen, die bei einer Annahmestelle in Zahlung genommen werden.

Hierzu gilt im Einvernehmen mit den obersten Finanzbehörden der Länder unbeschadet der Regelung in R 8.1 Absatz 7 Nummer 4 Buchstabe a Satz 1 LStR 2015 Folgendes:

Bestehen die Leistungen des Arbeitgebers in einem arbeitsvertraglich oder aufgrund einer anderen arbeitsrechtlichen Rechtsgrundlage vereinbarten Anspruch auf arbeitstägliche Zuschüsse zu Mahlzeiten, ist als Arbeitslohn nicht der Zuschuss, sondern die Mahlzeit des Arbeitnehmers mit dem maßgebenden amtlichen Sachbezugswert nach der Sozialversicherungsentgeltverordnung (SvEV) anzusetzen, wenn sichergestellt ist, dass

a) tatsächlich eine Mahlzeit durch den Arbeitnehmer erworben wird. Lebensmittel sind nur dann als Mahlzeit anzuerkennen, wenn sie zum unmittelbaren Verzehr geeignet oder zum Verbrauch während der Essenspausen bestimmt sind,

b) für jede Mahlzeit lediglich ein Zuschuss arbeitstäglich (ohne Krankheitstage, Urlaubstage und – vorbehaltlich Buchstabe e) – Arbeitstage, an denen der Arbeitnehmer eine Auswärtstätigkeit ausübt) beansprucht werden kann,

c) der Zuschuss den amtlichen Sachbezugswert einer Mittagsmahlzeit um nicht mehr als 3,10 Euro[1] übersteigt,

d) der Zuschuss den tatsächlichen Preis der Mahlzeit nicht übersteigt und

e) der Zuschuss nicht von Arbeitnehmern beansprucht werden kann, die eine Auswärtstätigkeit ausüben, bei der die ersten drei Monate (§ 9 Absatz 4a Satz 6 und 7 EStG) noch nicht abgelaufen sind (BMF-Schreiben vom 5. Januar 2015, BStBl I S. 119).

Dies gilt auch dann, wenn keine vertraglichen Beziehungen zwischen Arbeitgeber und dem Unternehmen (Gaststätte oder vergleichbarer Einrichtung), das die bezuschusste Mahlzeit abgibt, bestehen.

Die übrigen Regelungen des R 8.1 Absatz 7 Nummer 4 Buchstabe b und c LStR 2015 sind entsprechend anzuwenden. Der Arbeitgeber hat die vorstehenden Voraussetzungen nachzuweisen. Dabei bleibt es ihm unbenommen, entweder die ihm vom Arbeitnehmer vorgelegten Einzelbelegnachweise manuell zu überprüfen oder sich entsprechender elektronischer Verfahren zu bedienen (z. B. wenn ein Anbieter die Belege vollautomatisch digitalisiert, prüft und eine monatliche Abrechnung an den Arbeitgeber übermittelt, aus der sich dieselben Erkenntnisse wie aus Einzelbelegnachweisen gewinnen lassen). Der Arbeitgeber hat die Belege oder die Abrechnung zum Lohnkonto aufzubewahren.

Es bestehen keine Bedenken, wenn der Arbeitgeber die Lohnsteuer entsprechend § 40 Absatz 2 Satz 1 Nummer 1 EStG pauschal erhebt, auch wenn keine vertraglichen Beziehungen zu einem anderen Unternehmen bestehen, das die bezuschusste Mahlzeit abgibt.

Dieses Schreiben ist in allen offenen Fällen anzuwenden.

---

[1] *Durch die Zehnte Verordnung zur Änderung der Sozialversicherungsentgeltverordnung* vom 7. 12. 2017 *(BGBl. I S.* 3906*) wurde der Sachbezugswert für eine Mittagsmahlzeit mit Wirkung ab 1. 1. 2018 auf 3,23 Euro angehoben. Im Jahr 2017 galt ein Wert von 3,17 Euro.*

Ergänztes BMF-Schreiben zur Reform des steuerlichen Reisekostenrechts ab 1. Januar 2014[1])

(ersetzt das Schreiben vom 30. September 2013)

BMF-Schreiben vom 24. 10. 2014 (BStBl I S. 1412)
IV C 5 – 2353/14/10002 – 2014/0849647

Inhalt

[1]) Das BMF-Schreiben vom 8. 11. 2017 (BStBl 2017 I S. 1457) zur steuerlichen Behandlung von Reisekosten und Reisekostenvergütungen bei betrieblich und beruflich veranlassten Auslandsreisen ab 1. Januar 2018 ist abgedruckt zu → Anhang 31; das BMF-Schreiben vom 4. 12. 2012 (BStBl I S. 1249) „Keine Übernachtungspauschalen bei LKW-Fahrern, die in der Schlafkabine ihres LKW übernachten; vereinfachter Nachweis von Reisekosten" ist abgedruckt zu → H 9.8 (LKW-Fahrer) LStH.

I. Vorbemerkung

1 Mit dem Gesetz zur Änderung und Vereinfachung der Unternehmensbesteuerung und des steuerlichen Reisekostenrechts vom 20. Februar 2013 (BGBl. I S. 285, BStBl I S. 188) wurden die bisherigen steuerlichen Bestimmungen zum steuerlichen Reisekostenrecht umgestaltet. Unter Bezugnahme auf das Ergebnis der Erörterungen mit den obersten Finanzbehörden der Länder gelten
bei der Anwendung der am 1. Januar 2014 in Kraft **getretenen** gesetzlichen Bestimmungen des
Einkommensteuergesetzes zur steuerlichen Beurteilung von Reisekosten der Arbeitnehmer die
folgenden Grundsätze:

II. Anwendung der Regelungen bei den Einkünften aus nichtselbständiger Arbeit

1. Erste Tätigkeitsstätte, auswärtige Tätigkeit, weiträumiges Tätigkeitsgebiet, § 9 Absatz 1 Satz 3 Nummer 4a, Absatz 4 EStG

a) Gesetzliche Definition „erste Tätigkeitsstätte", § 9 Absatz 4 EStG

2 Zentraler Punkt der ab 1. Januar 2014 in Kraft geltenden Neuregelungen ist die gesetzliche Definition der ersten Tätigkeitsstätte, die künftig an die Stelle der regelmäßigen Arbeitsstätte tritt.
Der Arbeitnehmer kann je Dienstverhältnis höchstens eine erste Tätigkeitsstätte, ggf. aber auch
keine erste, sondern nur auswärtige Tätigkeitsstätten haben (§ 9 Absatz 4 Satz 5 EStG). Die
Bestimmung der ersten Tätigkeitsstätte erfolgt vorrangig anhand der dienst- oder arbeitsrechtlichen Festlegungen durch den Arbeitgeber (Rz. 5 ff.). Sind solche nicht vorhanden oder sind die
getroffenen Festlegungen nicht eindeutig, werden hilfsweise quantitative Kriterien (Rz. 25 ff.)
herangezogen. Voraussetzung ist zudem, dass der Arbeitnehmer in einer der in § 9 Absatz 4
Satz 1 EStG genannten ortsfesten Einrichtungen (Rz. 3 ff.) dauerhaft (Rz. 13 ff.) tätig werden soll.
**Ein Arbeitnehmer ohne erste Tätigkeitsstätte ist außerhalb seiner Wohnung immer auswärts
tätig.**

aa) Tätigkeitsstätte

3 Tätigkeitsstätte ist eine **von der Wohnung getrennte,** ortsfeste betriebliche Einrichtung. **Baucon-
tainer, die z. B. auf einer Großbaustelle längerfristig fest mit dem Erdreich verbunden sind und
in denen sich z. B. Baubüros, Aufenthaltsräume oder Sanitäreinrichtungen befinden, stellen „ortsfeste" betriebliche Einrichtungen dar. Befinden sich auf einem Betriebs-/Werks-
gelände mehrere ortsfeste betriebliche Einrichtungen, so handelt es sich dabei nicht um mehrere, sondern nur um eine Tätigkeitsstätte.** Fahrzeuge, Flugzeuge, Schiffe oder Tätigkeits-
gebiete ohne ortsfeste betriebliche Einrichtungen sind keine Tätigkeitsstätten i. S. d. § 9 Absatz 4
Satz 1 EStG. Das häusliche Arbeitszimmer des Arbeitnehmers ist – wie bisher – keine betriebliche
Einrichtung des Arbeitgebers oder eines Dritten und kann daher auch zukünftig keine erste
Tätigkeitsstätte sein. Dies gilt auch, wenn der Arbeitgeber vom Arbeitnehmer einen oder mehrere Arbeitsräume anmietet, die der Wohnung des Arbeitnehmers zuzurechnen sind. **Auch in diesem Fall handelt es sich bei einem häuslichen Arbeitszimmer um einen Teil der Wohnung des
Arbeitnehmers.** Zur Abgrenzung, welche Räume der Wohnung des Arbeitnehmers zuzurechnen
sind, ist auf das Gesamtbild der Verhältnisse im Einzelfall abzustellen (z. B. unmittelbare Nähe zu
den privaten Wohnräumen).

bb) Tätigkeitsstätte des Arbeitgebers bei einem verbundenen Unternehmen oder bei einem Dritten

Die Annahme einer Tätigkeitsstätte erfordert nicht, dass es sich um eine ortsfeste betriebliche 4
Einrichtung des lohnsteuerlichen Arbeitgebers handelt. Von der Neuregelung erfasst werden auch Sachverhalte, in denen der Arbeitnehmer statt beim eigenen Arbeitgeber in einer ortsfesten betrieblichen Einrichtung eines der in § 15 AktG genannten Unternehmen oder eines Dritten (z. B. eines Kunden) tätig werden soll. **Von einem solchen Tätigwerden kann dann nicht ausgegangen werden, wenn der Arbeitnehmer bei dem Dritten oder verbundenen Unternehmen z. B. nur eine Dienstleistung des Dritten in Anspruch nimmt oder einen Einkauf tätigt.**

cc) Zuordnung mittels dienst- oder arbeitsrechtlicher Festlegung durch den Arbeitgeber

Eine erste Tätigkeitsstätte liegt vor, wenn der Arbeitnehmer einer solchen Tätigkeitsstätte (§ 9 5
Absatz 4 Satz 1 EStG) dauerhaft zugeordnet ist. Ist der Arbeitnehmer nur vorübergehend einer Tätigkeitsstätte zugeordnet, begründet er dort keine erste Tätigkeitsstätte (zur Abgrenzung der Merkmale „dauerhaft" und „vorübergehend" vgl. Rz. 13). Die dauerhafte Zuordnung des Arbeitnehmers wird durch die dienst- oder arbeitsrechtlichen Festlegungen sowie die diese ausfüllenden Absprachen oder Weisungen bestimmt (§ 9 Absatz 4 Satz 2 EStG). Das gilt für einzelne Arbeitnehmer oder Arbeitnehmergruppen, unabhängig davon, ob diese schriftlich oder mündlich erteilt worden sind. Die Zuordnung muss sich auf die Tätigkeit des Arbeitnehmers beziehen; dies ergibt sich aus § 9 Absatz 4 Satz 3 EStG, der mit der beispielhaften Aufzählung darüber hinaus das Kriterium der Dauerhaftigkeit beschreibt.

Die Zuordnung eines Arbeitnehmers zu einer betrieblichen Einrichtung allein aus tarifrecht- 6
lichen, mitbestimmungsrechtlichen oder organisatorischen Gründen (z. B. Personalaktenführung), ohne dass der Arbeitnehmer in dieser Einrichtung tätig werden soll, ist keine Zuordnung i. S. d. § 9 Absatz 4 EStG. Sofern der Arbeitnehmer in einer vom Arbeitgeber festgelegten Tätigkeitsstätte zumindest in ganz geringem Umfang tätig werden soll, z. B. Hilfs- und Nebentätigkeiten (Auftragsbestätigungen, Stundenzettel, Krank- und Urlaubsmeldung abgeben etc.), kann der Arbeitgeber den Arbeitnehmer zu dieser Tätigkeitsstätte zuordnen, selbst wenn für die Zuordnung letztlich tarifrechtliche, mitbestimmungsrechtliche oder organisatorische Gründe ausschlaggebend sind. Auf die Qualität des Tätigwerdens kommt es dabei somit nicht an (anders als bei der Bestimmung anhand der quantitativen Zuordnungskriterien, vgl. dazu Rz. 26). Vielmehr können, wie z. B. bei Festlegung einer Dienststelle/Dienststätte, auch Tätigkeiten von untergeordneter Bedeutung (s. o.) ausreichend sein (Vorrang des Dienst- oder Arbeitsrechts). **Die Abgabe von Krank-oder Urlaubsmeldungen durch Dritte (z. B. mittels Post, Bote oder Familienangehörige) reicht für eine Zuordnung nicht aus, da ein Tätigwerden auch ein persönliches Erscheinen des Arbeitnehmers voraussetzt.**

Soll der Arbeitnehmer an mehreren Tätigkeitsstätten tätig werden und ist er einer bestimmten 7
Tätigkeitsstätte dienst- oder arbeitsrechtlich dauerhaft zugeordnet, ist es unerheblich, in welchem Umfang er seine berufliche Tätigkeit an dieser oder an den anderen Tätigkeitsstätten ausüben soll. Auch auf die Regelmäßigkeit des Aufsuchens dieser Tätigkeitsstätten kommt es dann nicht mehr an.

Nicht mehr entscheidend ist zudem, ob an der vom Arbeitgeber nach § 9 Absatz 4 Satz 1 EStG 8
festgelegten Tätigkeitsstätte der qualitative Schwerpunkt der Tätigkeit liegt oder liegen soll. Die Rechtsprechung des BFH, die darauf abstellte, ob der zu beurteilenden Arbeitsstätte eine hinreichend zentrale Bedeutung gegenüber weiteren Tätigkeitsorten beizumessen war (vgl. BFH vom 9. Juni 2011, VI R 36/10, BStBl 2012 II S. 36), welche Tätigkeit an den verschiedenen Arbeitsstätten im Einzelnen ausgeübt wurde und welches konkrete Gewicht dieser Tätigkeit zukam (vgl. BFH vom 9. Juni 2011, VI R 55/10, BStBl 2012 II S. 38), ist ab 2014 gegenstandslos.

Beispiel 1

Der Vertriebsmitarbeiter V für die Region A soll einmal wöchentlich an den Firmensitz nach B fahren, dem er zugeordnet ist. Dort soll er die anfallenden Bürotätigkeiten erledigen und an Dienstbesprechungen teilnehmen. B ist erste Tätigkeitsstätte auf Grund der arbeitsrechtlichen Zuordnung. Dabei ist unerheblich, dass V überwiegend in der Region A und nicht in B tätig werden soll.

Abwandlung

Ordnet der Arbeitgeber den V dem Firmensitz in B nicht oder nicht eindeutig zu, erfolgt die Prüfung, ob eine erste Tätigkeitsstätte vorliegt, anhand der quantitativen Kriterien des § 9 Absatz 4 Satz 4 EStG (Rz. 25 ff.) In diesem Fall liegt in B keine erste Tätigkeitsstätte vor.

§ 42 AO ist zu beachten. Insbesondere bei Gesellschafter-Geschäftsführern, Arbeitnehmer-Ehe- 9
gatten/**Lebenspartnern** und sonstigen, mitarbeitenden Familienangehörigen ist entscheidend, ob die getroffenen Vereinbarungen einem Fremdvergleich standhalten.

10 Da die dienst- oder arbeitsrechtliche Zuordnungsentscheidung des Arbeitgebers eindeutig sein muss, ist sie vom Arbeitgeber zu dokumentieren. In Betracht kommen hierfür z. B. Regelungen im Arbeitsvertrag, im Tarifvertrag, in Protokollnotizen, dienstrechtlichen Verfügungen, Einsatzplänen, Reiserichtlinien, Reisekostenabrechnungen, der Ansatz eines geldwerten Vorteils für die Nutzung eines Dienstwagens für die Fahrten Wohnung – erste Tätigkeitsstätte oder vom Arbeitgeber als Nachweis seiner Zuordnungsentscheidung vorgelegte Organigramme. Fehlt ein Nachweis oder die Glaubhaftmachung einer eindeutigen Zuordnung, gilt § 9 Absatz 4 Satz 4 EStG.

11 Ein Organigramm kann gegen den Willen des Arbeitgebers nicht als Nachweis zur Bestimmung einer ersten Tätigkeitsstätte herangezogen werden, wenn der Arbeitgeber tatsächlich keine Zuordnung seines Arbeitnehmers zu einer Tätigkeitsstätte getroffen hat und kein anderer Nachweis über die Zuordnung erbracht wird. In diesen Fällen ist anhand der quantitativen Kriterien nach § 9 Absatz 4 Satz 4 EStG zu prüfen, ob der Arbeitnehmer eine erste Tätigkeitsstätte hat. Indiz für eine dienst- oder arbeitsrechtliche Zuordnungsentscheidung des Arbeitgebers kann auch sein, dass z. B. nach der Reiserichtlinie gerade für Tätigkeiten an dieser Tätigkeitsstätte keine Reisekosten gezahlt werden bzw. die Besteuerung eines geldwerten Vorteils für die Fahrten Wohnung – erste Tätigkeitsstätte bei Dienstwagengestellung erfolgt.

12 § 9 Absatz 4 Satz 1 bis 3 EStG sieht die Möglichkeit einer Zuordnungsentscheidung des Arbeitgebers zu einer bestimmten Tätigkeitsstätte vor.

Der Arbeitgeber kann dienst- oder arbeitsrechtlich daher nicht festlegen, dass der Arbeitnehmer keine erste Tätigkeitsstätte hat (Negativfestlegung). Er kann allerdings (ggf. auch ausdrücklich) darauf verzichten, eine erste Tätigkeitsstätte dienst- oder arbeitsrechtlich festzulegen, oder ausdrücklich erklären, dass organisatorische Zuordnungen keine erste Tätigkeitsstätte begründen sollen. In diesen Fällen erfolgt die Prüfung, ob eine erste Tätigkeitsstätte gegeben ist, anhand der quantitativen Zuordnungskriterien nach § 9 Absatz 4 Satz 4 EStG (Rz. 25 ff.). Der Arbeitgeber kann zudem festlegen, dass sich die Bestimmung der ersten Tätigkeitsstätte nach den quantitativen Zuordnungskriterien des § 9 Absatz 4 Satz 4 EStG richtet. Im Ergebnis ist eine Zuordnungsentscheidung des Arbeitgebers mittels dienst- oder arbeitsrechtlicher Festlegung (Rz. 6 ff.) somit lediglich erforderlich, wenn er die erste Tätigkeitsstätte abweichend von den quantitativen Zuordnungskriterien festlegen will.

Beispiel 2

In Einstellungsbögen bzw. in Arbeitsverträgen ist aufgrund des Nachweisgesetzes und tariflicher Regelungen ein Einstellungs-, Anstellungs-oder Arbeitsort des Arbeitnehmers bestimmt. Hierbei handelt es sich nicht um eine Zuordnung i. S. d.§ 9 Absatz 4 EStG, wenn der Arbeitgeber schriftlich auch gegenüber dem Arbeitnehmer bzw. in der Reiserichtlinie des Unternehmens erklärt, dass dadurch keine arbeitsrechtliche Zuordnung zu einer ersten Tätigkeitsstätte erfolgen soll.

dd) Dauerhafte Zuordnung

13 Die Zuordnung durch den Arbeitgeber zu einer Tätigkeitsstätte muss auf Dauer angelegt sein (Prognose). Die typischen Fälle einer dauerhaften Zuordnung sind nach § 9 Absatz 4 Satz 3 EStG die unbefristete Zuordnung des Arbeitnehmers zu einer bestimmten betrieblichen Einrichtung, die Zuordnung für die gesamte Dauer des – befristeten oder unbefristeten – Dienstverhältnisses oder die Zuordnung über einen Zeitraum von 48 Monaten hinaus. Die Zuordnung „bis auf Weiteres" ist eine Zuordnung ohne Befristung und damit dauerhaft. **Entscheidend sind dabei allein die Festlegungen des Arbeitgebers und die im Rahmen des Dienstverhältnisses erteilten Weisungen.**

Beispiel 3

Der Arbeitnehmer A ist von der Firma Z als technischer Zeichner ausschließlich für ein Projekt befristet eingestellt worden. Das Arbeitsverhältnis von A soll vertragsgemäß nach Ablauf der Befristung enden.

A hat ab dem ersten Tag der Tätigkeit bei Z auf Grund der arbeitsrechtlichen Zuordnung des Arbeitgebers seine erste Tätigkeitsstätte.

14 Für die Beurteilung, ob eine dauerhafte Zuordnung vorliegt, ist die auf die Zukunft gerichtete prognostische Betrachtung (Ex-ante-Betrachtung) maßgebend. Die Änderung einer Zuordnung durch den Arbeitgeber ist mit Wirkung für die Zukunft zu berücksichtigen.

Beispiel 4

Der in H wohnende Arbeitnehmer A ist bis auf Weiteres an drei Tagen in der Woche in einer Filiale seines Arbeitgebers in H und an zwei Tagen in der Woche in einer Filiale seines Arbeitgebers in S tätig. Der Arbeitgeber hatte zunächst die Filiale in S als erste Tätigkeitsstätte festgelegt. Ab 1. Juli 2014 legt er H als erste Tätigkeitsstätte fest.

Bis 30. Juni 2014 hat der Arbeitnehmer in S seine erste Tätigkeitsstätte. Ab 1. Juli 2014 ist die erste Tätigkeitsstätte in H.

Beispiel 5

Der Arbeitnehmer A ist unbefristet beschäftigt. Für einen Zeitraum von 36 Monaten soll er überwiegend in der Filiale X arbeiten. In der Filiale Y soll er nur an Teambesprechungen, Mitarbeiterschulungen und sonstigen Firmenveranstaltungen teilnehmen. Diese finden voraussichtlich einmal pro Monat statt. Der Arbeitgeber hat A der Filiale Y arbeitsrechtlich dauerhaft zugeordnet.

Erste Tätigkeitsstätte ist die Filiale Y, da A dort arbeitsrechtlich dauerhaft zugeordnet ist.

Abwandlung

Ordnet der Arbeitgeber nicht zu, liegt keine erste Tätigkeitsstätte vor; in der Filiale X soll A nicht dauerhaft tätig werden und in der Filiale Y nicht in dem nach § 9 Absatz 4 Satz 4 EStG (Rz. 25 ff.) erforderlichen quantitativen Umfang.

Eine Änderung der Zuordnung kann auch vorliegen, wenn sich das Berufsbild des Arbeitnehmers aufgrund der Vorgaben des Arbeitgebers dauerhaft ändert, so z. B. wenn ein Außendienstmitarbeiter auf Dauer in den Innendienst wechselt.   15

Beispiel 6

Der Arbeitnehmer A ist von seinem Arbeitgeber unbefristet eingestellt worden, um dauerhaft in der Filiale Y zu arbeiten. In den ersten 36 Monaten seiner Beschäftigung soll A aber zunächst ausschließlich die Filiale X führen. In der Filiale Y soll er während dieser Zeit nicht, auch nicht in ganz geringem Umfang tätig werden.

Die Filiale X ist keine erste Tätigkeitsstätte, da A dort lediglich für 36 Monate und damit nicht dauerhaft tätig werden soll (unabhängig vom quantitativen Umfang der Tätigkeit). Die Filiale Y wird erst nach Ablauf von 36 Monaten erste Tätigkeitsstätte, wenn A dort tätig werden soll.

Weichen die tatsächlichen Verhältnisse durch unvorhersehbare Ereignisse, wie etwa Krankheit, politische Unruhen am Tätigkeitsort, Insolvenz des Kunden o. Ä. von der ursprünglichen Festlegung (Prognose) der dauerhaften Zuordnung ab, bleibt die zuvor getroffene Prognoseentscheidung für die Vergangenheit bezüglich des Vorliegens der ersten Tätigkeitsstätte maßgebend.   16

Beispiel 7

Der Kundendienstmonteur K soll an der betrieblichen Einrichtung seines Arbeitgebers in A lediglich in unregelmäßigen Abständen seine Aufträge abholen und abrechnen, Urlaubsanträge abgeben und gelegentlich an Besprechungen teilnehmen (vgl. Rz. 26). K ist der betrieblichen Einrichtung in A nicht arbeitsrechtlich zugeordnet. Seine eigentliche berufliche Tätigkeit soll K ausschließlich bei verschiedenen Kunden ausüben. Auf Grund ungeplanter betrieblicher Abläufe ergibt es sich, dass K über einen Zeitraum von 12 Monaten nun die betriebliche Einrichtung in A arbeitstäglich aufsuchen soll und auch aufsucht, um dort seine Berichte zu verfassen (= Teil seiner eigentlichen beruflichen Tätigkeit).

Auch wenn K für einen Zeitraum von 12 Monaten arbeitstäglich einen Teil seiner beruflichen Tätigkeit in der betrieblichen Einrichtung in A ausüben soll, führt dies mangels Dauerhaftigkeit noch nicht zu einer ersten Tätigkeitsstätte. Die ursprüngliche Prognose sah dies nicht vor und nach der neuen Prognose sollen diese Arbeiten am Betriebssitz in A nur vorübergehend ausgeübt werden.

Wird eine auf **höchstens** 48 Monate geplante Auswärtstätigkeit des Arbeitnehmers verlängert, kommt es darauf an, ob dieser vom Zeitpunkt der Verlängerungsentscheidung an noch mehr als 48 Monate an der Tätigkeitsstätte eingesetzt werden soll.   17

Beispiel 8

Der unbefristet beschäftigte Arbeitnehmer A wird für eine Projektdauer von voraussichtlich 18 Monaten der betrieblichen Einrichtung in M zugeordnet. Nach 18 Monaten wird die Zuordnung um 36 Monate verlängert.

Obwohl A insgesamt 54 Monate in M tätig wird, hat er dort keine erste Tätigkeitsstätte. Die vom Gesetz vorgegebene Prognose-Betrachtung bedeutet, dass A weder im Zeitpunkt der erstmaligen Zuordnung noch im Zeitpunkt der Verlängerungsentscheidung für mehr als 48 Monate in M eingesetzt werden sollte.

Abwandlung

Die Zuordnung von A wird bereits nach drei Monaten um 36 Monate auf insgesamt 54 Monate verlängert.

Ab dem Zeitpunkt der Verlängerungsentscheidung hat A seine erste Tätigkeitsstätte in M, da er ab diesem Zeitpunkt noch 51 Monate und somit dauerhaft in M tätig werden soll. Das gilt auch, wenn A für diese Tätigkeit neu eingestellt wurde oder eine Probezeit vereinbart wurde oder das Projekt planwidrig bereits nach 12 Monaten beendet wird. Die steuerliche Beurteilung der ersten drei Monate als beruflich veranlasste Auswärtstätigkeit bleibt von der Verlängerungsentscheidung unberührt.

18 Bei einer sog. Kettenabordnung ist keine dauerhafte Zuordnung zu einer Tätigkeitsstätte gegeben, wenn die einzelne Abordnung jeweils einen Zeitraum von **höchstens** 48 Monaten umfasst.

19 Eine dauerhafte Zuordnung ist gegeben, wenn das Dienstverhältnis auf einen anderen Arbeitgeber ausgelagert wird und der Arbeitnehmer für die gesamte Dauer des neuen Beschäftigungsverhältnisses oder länger als 48 Monate weiterhin an seiner früheren Tätigkeitsstätte des bisherigen Arbeitgebers tätig werden soll (sog. Outsourcing). Die anders lautende Rechtsprechung des BFH (vgl. BFH vom 9. Februar 2012, VI R 22/10, BStBl II S. 827) ist überholt. Entsprechendes gilt für den Fall, dass ein Leiharbeitnehmer ausnahmsweise dauerhaft (nach § 9 Absatz 4 Satz 3 EStG, wenn er „bis auf Weiteres" also unbefristet, für die gesamte Dauer des Leiharbeitsverhältnisses oder länger als 48 Monate) in einer ortsfesten betrieblichen Einrichtung des Entleihers tätig werden soll (vgl. BFH vom 17. Juni 2010, VI R 35/08, BStBl II S. 852, der das Vorliegen einer regelmäßigen Arbeitsstätte generell verneint hatte). Auch die Entscheidung des BFH, wonach die betriebliche Einrichtung eines Kunden des Arbeitgebers in der Regel keine regelmäßige Arbeitsstätte sein konnte (vgl. BFH vom 13. Juni 2012, VI R 47/11, BStBl 2013 II S. 169), ist überholt, sofern der Arbeitnehmer dauerhaft beim Kunden des Arbeitgebers tätig werden soll.

Beispiel 9

Der Arbeitnehmer A ist von der Zeitarbeitsfirma Z als technischer Zeichner ausschließlich für die Überlassung an die Projektentwicklungsfirma P eingestellt worden. Das Arbeitsverhältnis von A endet vertragsgemäß nach Abschluss des aktuellen Projekts bei P.

A hat ab dem ersten Tag der Tätigkeit bei der Projektentwicklungsfirma P seine erste Tätigkeitsstätte, da er seine Tätigkeit bei P für die gesamte Dauer seines Dienstverhältnisses bei Z und damit dort dauerhaft ausüben soll.

Abwandlung

Der Arbeitnehmer A ist von der Zeitarbeitsfirma Z unbefristet als technischer Zeichner eingestellt worden und wird bis auf Weiteres an die Projektentwicklungsfirma P überlassen.

A hat ab dem ersten Tag der Tätigkeit bei der Projektentwicklungsfirma P seine erste Tätigkeitsstätte, da er seine Tätigkeit bei P ohne Befristung und damit dort dauerhaft ausüben soll.

20 Dienststelle/Dienststätte i. S. d. öffentlichen Reisekosten-, Umzugskosten- und Trennungsgeldrechts ist die Stelle, bei der der Arbeitnehmer eingestellt oder zu der er versetzt, abgeordnet, zugeteilt, zugewiesen oder kommandiert worden ist. Jede dieser dienstlichen Maßnahmen führt dazu, dass diese Stelle zur neuen dienstrechtlichen Dienststelle/Dienststätte wird, unabhängig davon, ob die Maßnahme dauerhaft oder nur vorübergehend ist. Für die steuerrechtliche Beurteilung der dauerhaften Zuordnung zu einer bestimmten Tätigkeitsstätte gilt insbesondere Folgendes:

– Versetzung ohne zeitliche Befristung – dauerhafte Zuordnung, es wird eine neue „erste Tätigkeitsstätte" begründet.

– Abordnung ohne zeitliche Befristung – dauerhafte Zuordnung, es wird eine neue „erste Tätigkeitsstätte" begründet.

– Versetzung mit einer zeitlichen Befristung bis zu 48 Monaten – keine dauerhafte Zuordnung, damit keine neue „erste Tätigkeitsstätte".

– Abordnung mit einer zeitlichen Befristung bis zu 48 Monaten, ggf. auch verbunden mit dem Ziel der Versetzung – keine dauerhafte Zuordnung, damit keine neue „erste Tätigkeitsstätte".

– Entsprechendes gilt für abordnungs- oder versetzungsgleiche Maßnahmen (z. B. Kommandierung, Zuteilung, Zuweisung).

21 Bei grenzüberschreitender Arbeitnehmerentsendung zwischen verbundenen Unternehmen liegt beim aufnehmenden Unternehmen eine erste Tätigkeitsstätte dann vor, wenn der Arbeitnehmer im Rahmen eines eigenständigen Arbeitsvertrags mit dem aufnehmenden Unternehmen einer ortsfesten betrieblichen Einrichtung dieses Unternehmens unbefristet zugeordnet ist, die Zuordnung die Dauer des gesamten – befristeten oder unbefristeten – Dienstverhältnisses umfasst oder die Zuordnung über einen Zeitraum von 48 Monaten hinausreicht (vgl. § 9 Absatz 4 Satz 3 EStG). **Die Rechtsprechung des BFH, die darauf abstellte, dass ein Arbeitnehmer, der wiederholt befristet von seinem Arbeitgeber ins Ausland entsandt worden ist, dort keine regelmäßige Arbeitsstätte begründet (vgl. BFH vom 10. April 2014, VI R 11/13, BStBl 2014 II S. 804), ist im Hinblick auf die gesetzliche Regelung des § 9 Absatz 4 EStG ab 2014 überholt.**

Beispiel 10

Der Arbeitnehmer A ist von der ausländischen Muttergesellschaft M für zwei Jahre an die inländische Tochtergesellschaft T entsandt worden. A hat mit T einen eigenständigen Arbeitsvertrag über zwei Jahre abgeschlossen, in dem er der inländischen Hauptniederlassung von T zugeordnet wurde.

A hat bei T seine erste Tätigkeitsstätte.

Wird ein Arbeitnehmer bei grenzüberschreitender Arbeitnehmerentsendung zwischen verbunde- 22
nen Unternehmen ohne Abschluss eines eigenständigen Arbeitsvertrags mit dem aufnehmenden
Unternehmen in einer ortsfesten betrieblichen Einrichtung dieses Unternehmens tätig, liegt beim
aufnehmenden Unternehmen eine erste Tätigkeitsstätte nur dann vor, wenn der Arbeitnehmer
vom entsendenden Unternehmen einer ortsfesten Einrichtung des aufnehmenden Unternehmens
unbefristet zugeordnet ist, die Zuordnung die Dauer des gesamten – befristeten oder unbefristeten – Dienstverhältnisses umfasst oder die Zuordnung über einen Zeitraum von 48 Monaten
hinausreicht (vgl. § 9 Absatz 4 Satz 3 EStG).

Beispiel 11

Der Arbeitnehmer A ist von der ausländischen Muttergesellschaft M im Rahmen eines unbefristeten Arbeitsvertrags für zwei Jahre an die inländische Tochtergesellschaft T entsandt und
für diesen Zeitraum der inländischen Hauptniederlassung von T zugeordnet worden. A hat
mit T keinen eigenständigen Arbeitsvertrag abgeschlossen.

A hat bei T keine erste Tätigkeitsstätte, da er der inländischen Hauptniederlassung von T
nicht dauerhaft i. S. v. § 9 Absatz 4 Satz 1 i. V. m. Satz 3 EStG zugeordnet worden ist. Er übt
für die Dauer seiner zweijährigen Tätigkeit bei T eine beruflich veranlasste Auswärtstätigkeit
aus.

Fehlt es bei grenzüberschreitender Arbeitnehmerentsendung zwischen verbundenen Unterneh- 23
men an einer dauerhaften Zuordnung des Arbeitnehmers zu einer betrieblichen Einrichtung des
aufnehmenden Unternehmens durch dienst- oder arbeitsrechtliche Festlegung oder ist die getroffene Festlegung nicht eindeutig, gelten die quantitativen Zuordnungskriterien des § 9 Absatz 4
Satz 4 EStG (vgl. hierzu die Ausführungen zur Dauerhaftigkeit unter Rz. 13 ff. und zu den quantitativen Kriterien unter Rz. 25 ff.).

ee) Anwendung der 48-Monatsfrist im Zusammenhang mit der Prüfung der dauerhaften Zuord-
nung ab 1. Januar 2014

Für die Anwendung der im Zusammenhang mit der Prüfung einer dauerhaften Zuordnung gege- 24
benenfalls zu beachtenden 48-Monatsfrist gilt Folgendes:
Für die Frage (Prognose), ob der Arbeitnehmer dauerhaft einer bestimmten Tätigkeitsstätte zugeordnet ist, kommt es maßgeblich auf den jeweiligen Beginn der durch den Arbeitnehmer auszu-
übenden Tätigkeit an. Dieser ist daher regelmäßig für die Anwendung der 48-Monatsfrist entscheidend, auch wenn er vor dem 1. Januar 2014 liegt. Hat der Arbeitgeber zu Beginn der Tätigkeit keine oder keine eindeutige Prognose getroffen oder eine solche nicht dokumentiert, konnte
er diese bis spätestens zum 1. Januar 2014 treffen und dokumentieren.

Beispiel 12

Der Arbeitnehmer A hat seine Tätigkeit am 1. Juli 2010 an der Tätigkeitsstätte des Kunden K
seines Arbeitgebers aufgenommen. Er soll dort bis zum 1. März 2014 tätig sein.

Die 48-Monatsfrist beginnt am 1. Juli 2010; der Tätigkeitszeitraum beträgt weniger als 48
Monate. A hat ab 1. Januar 2014 bei dem Kunden K weiterhin keine erste Tätigkeitsstätte.

Abwandlung

A hat seine Tätigkeit am 1. Juli 2010 an einer Tätigkeitsstätte des Kunden K seines Arbeitgebers aufgenommen und soll dort bis zum 31. Dezember 2014 tätig sein.

Die 48-Monatsfrist beginnt am 1. Juli 2010; der Tätigkeitszeitraum beträgt mehr als 48
Monate. Ab 1. Januar 2014 hat Arbeitnehmer A somit bei dem Kunden K seine erste Tätigkeitsstätte.

ff) Quantitative Zuordnungskriterien

Fehlt es an einer dauerhaften Zuordnung des Arbeitnehmers zu einer betrieblichen Einrichtung 25
durch dienst- oder arbeitsrechtliche Festlegung nach den vorstehenden Kriterien (z. B. weil der
Arbeitgeber ausdrücklich auf eine Zuordnung verzichtet hat oder ausdrücklich erklärt, dass organisatorische Zuordnungen keine steuerliche Wirkung entfalten sollen) oder ist die getroffene
Festlegung nicht eindeutig, ist nach § 9 Absatz 4 Satz 4 EStG von einer ersten Tätigkeitsstätte an
der betrieblichen Einrichtung auszugehen, an der der Arbeitnehmer

– typischerweise arbeitstäglich oder

– je Arbeitswoche zwei volle Arbeitstage oder mindestens ein Drittel seiner vereinbarten regelmäßigen Arbeitszeit

dauerhaft (vgl. Rz. 13 ff.) tätig werden soll.

Beispiel 13

Der Arbeitnehmer A ist von seinem Arbeitgeber unbefristet eingestellt worden, um dauerhaft
in der Filiale Y zu arbeiten. In den ersten 36 Monaten seiner Tätigkeit arbeitet er an drei

Tagen wöchentlich in der Filiale X und zwei volle Tage wöchentlich in der Filiale Y. Der Arbeitgeber hat A für die ersten 36 Monate Filiale X zugeordnet.

In diesen 36 Monaten seiner Tätigkeit hat A in der Filiale X keine erste Tätigkeitsstätte, da er dort nicht dauerhaft zugeordnet ist. Erste Tätigkeitsstätte ist jedoch – auch ohne Zuordnung i. S. d. § 9 Absatz 4 Satz 1 EStG – Filiale Y, da A dort dauerhaft typischerweise an zwei vollen Tagen i. S. d. § 9 Absatz 4 Satz 4 EStG tätig werden soll.

Abwandlung

Der Arbeitnehmer A soll in den ersten 36 Monaten seiner Tätigkeit an vier Tagen wöchentlich in der Filiale X und einen vollen Tag wöchentlich in der Filiale Y tätig werden.

In diesen 36 Monaten seiner Tätigkeit hat A in der Filiale X keine erste Tätigkeitsstätte, da er dort nicht dauerhaft tätig werden soll. Erste Tätigkeitsstätte ist auch nicht die Filiale Y, da A dort die quantitativen Kriterien nach § 9 Absatz 4 Satz 4 EStG nicht erfüllt.

26 Dabei muss der Arbeitnehmer an der betrieblichen Einrichtung seine eigentliche berufliche Tätigkeit ausüben. Allein ein regelmäßiges Aufsuchen der betrieblichen Einrichtung, z. B. für kurze Rüstzeiten, zur Berichtsfertigung, zur Vorbereitung der Zustellroute, zur Wartung und Pflege des Fahrzeugs, zur Abholung oder Abgabe von Kundendienstfahrzeugen, **oder LKWs einschließlich deren Be- und Entladung, zur Abgabe von** Auftragsbestätigungen, Stundenzetteln, Krankmeldungen und Urlaubsanträgen führt hier noch nicht zu einer Qualifizierung der betrieblichen Einrichtung als erste Tätigkeitsstätte.

Beispiel 14

Der Kundendienstmonteur K, der von seinem Arbeitgeber keiner betrieblichen Einrichtung dauerhaft zugeordnet ist, sucht den Betrieb seines Arbeitgebers regelmäßig auf, um den Firmenwagen samt Material zu übernehmen, die Auftragsbestätigungen in Empfang zu nehmen und die Stundenzettel vom Vortag abzugeben.

Der K hat keine erste Tätigkeitsstätte. Der Betrieb seines Arbeitgebers wird auch durch das regelmäßige Aufsuchen nicht zur ersten Tätigkeitsstätte, da er seine eigentliche berufliche Tätigkeit an diesem Ort nicht ausübt.

Beispiel 15

Die Fahrer im ÖPV sollen ihr Fahrzeug immer an wechselnden Stellen im Stadtgebiet aufnehmen und in der Regel mindestens einmal wöchentlich die Kassen abrechnen. Die Kassenabrechnung sollen sie in der Geschäftsstelle oder in einem Betriebshof durchführen. Dort werden auch die Personalakten geführt oder sind Krank- und Urlaubsmeldungen abzugeben.

Das bloße Abrechnen der Kassen, die Führung der Personalakten sowie die Verpflichtung zur Abgabe der Krank- und Urlaubsmeldungen führt nicht zu einer ersten Tätigkeitsstätte am Betriebshof oder in der Geschäftsstelle, es sei denn, der Arbeitgeber ordnet die Arbeitnehmer dem Betriebshof oder der Geschäftsstelle arbeitsrechtlich als erste Tätigkeitsstätte zu.

Beispiel 16

Der LKW-Fahrer L soll typischerweise arbeitstäglich den Betriebssitz des Arbeitgebers aufsuchen, um dort das Fahrzeug abzuholen sowie dessen Wartung und Pflege durchzuführen.

Allein das Abholen sowie die Wartung und Pflege des Fahrzeugs, als Hilfs- und Nebentätigkeiten, führen nicht zu einer ersten Tätigkeitsstätte am Betriebssitz des Arbeitgebers; allerdings handelt es sich in diesem Fall bei dem Betriebssitz um einen sog. Sammelpunkt (Rz. 37). Etwas anderes gilt nur, wenn der Arbeitgeber den Arbeitnehmer dem Betriebssitz arbeitsrechtlich als erste Tätigkeitsstätte zuordnet (Rz. 12).

27 Auch die in § 9 Absatz 4 Satz 4 EStG aufgeführten zeitlichen (= quantitativen) Kriterien sind anhand einer in die Zukunft gerichteten Prognose zu beurteilen. Weichen die tatsächlichen Verhältnisse durch unvorhersehbare Ereignisse (wie z. B. Krankheit) hiervon ab, bleibt es bei der zuvor getroffenen Prognoseentscheidung bezüglich der ersten Tätigkeitsstätte. Die Prognoseentscheidung ist zu Beginn des Dienstverhältnisses zu treffen. Die auf Grundlage dieser Prognose getroffene Beurteilung bleibt solange bestehen, bis sich die Verhältnisse maßgeblich ändern. Davon ist insbesondere auszugehen, wenn sich das Berufsbild des Arbeitnehmers (Außendienstmitarbeiter wechselt z. B. in den Innendienst) oder die quantitativen Zuordnungskriterien (Arbeitnehmer soll z. B. statt zwei nun drei Filialen betreuen) dauerhaft ändern oder der Arbeitgeber erstmalig eine dienst- oder arbeitsrechtliche Zuordnungsentscheidung trifft.

Beispiel 17

Der Arbeitnehmer A soll seine berufliche Tätigkeit an drei Tagen wöchentlich in einem häuslichen Arbeitszimmer ausüben und an zwei vollen Tagen wöchentlich in der betrieblichen Einrichtung seines Arbeitgebers in D tätig werden.

Das häusliche Arbeitszimmer ist nie erste Tätigkeitsstätte. Erste Tätigkeitsstätte ist hier vielmehr die betriebliche Einrichtung des Arbeitgebers in D, da der Arbeitnehmer dort an zwei vollen Tagen wöchentlich beruflich tätig werden soll.

Beispiel 18

Der Arbeitnehmer A soll seine berufliche Tätigkeit im häuslichen Arbeitszimmer ausüben und zusätzlich jeden Arbeitstag für eine Stunde in der betrieblichen Einrichtung seines Arbeitgebers in D tätig werden.

Das häusliche Arbeitszimmer ist nie erste Tätigkeitsstätte. Erste Tätigkeitsstätte ist hier vielmehr die betriebliche Einrichtung des Arbeitgebers in D, da der Arbeitnehmer dort typischerweise arbeitstäglich tätig werden soll. In diesem Fall ist es unerheblich, dass dort weniger als 1/3 der gesamten regelmäßigen Arbeitszeit erbracht werden soll.

Beispiel 19

Der Arbeitnehmer A soll seine berufliche Tätigkeit im häuslichen Arbeitszimmer ausüben und zusätzlich jeden Tag in einer anderen betrieblichen Einrichtung seines Arbeitgebers tätig werden. Die Arbeitszeit in den verschiedenen Tätigkeitsstätten beträgt jeweils weniger als 1/3 der gesamten Arbeitszeit des Arbeitnehmers.

Das häusliche Arbeitszimmer ist nie erste Tätigkeitsstätte. Auch an den anderen Tätigkeitsstätten des Arbeitgebers hat der Arbeitnehmer keine erste Tätigkeitsstätte, da er diese Tätigkeitsstätten nicht arbeitstäglich aufsucht und dort jeweils weniger als 1/3 seiner gesamten Arbeitszeit tätig wird.

Beispiel 20

Der Arbeitnehmer A übt seine Tätigkeit nur bei wechselnden Kunden und im häuslichen Arbeitszimmer aus. Er hat keine erste Tätigkeitsstätte.

Zusammenfassung   28

Bei der quantitativen Prüfung kommt es somit allein auf den Umfang der an der Tätigkeitsstätte zu leistenden arbeitsvertraglichen Arbeitszeit (mind. 1/3 der vereinbarten regelmäßigen Arbeitszeit oder zwei volle Arbeitstage wöchentlich oder arbeitstäglich) an. Dies bedeutet:

– Soll der Arbeitnehmer an einer Tätigkeitsstätte zwei volle Arbeitstage je Arbeitswoche oder mindestens 1/3 der vereinbarten regelmäßigen Arbeitszeit tätig werden, dann ist dies die erste Tätigkeitsstätte.

– Entsprechendes gilt, wenn der Arbeitnehmer an einer Tätigkeitsstätte arbeitstäglich und mindestens 1/3 der vereinbarten regelmäßigen Arbeitszeit tätig werden soll.

– Soll der Arbeitnehmer an einer Tätigkeitsstätte arbeitstäglich, aber weniger als 1/3 der vereinbarten regelmäßigen Arbeitszeit tätig werden, dann führt dies nur zu einer ersten Tätigkeitsstätte, wenn der Arbeitnehmer dort typischerweise arbeitstäglich seine eigentliche berufliche Tätigkeit und nicht nur Vorbereitungs-, Hilfs- oder Nebentätigkeiten (Rüstzeiten, Abholung oder Abgabe von Kundiendienstfahrzeug, **oder LKWs einschließlich deren Be- und Entladung, zur Abgabe von** Auftragsbestätigungen, Stundenzetteln, Krankmeldungen, Urlaubsanträgen oder Ähnlichem) durchführen soll.

– Erfüllen danach mehrere Tätigkeitsstätten die quantitativen Voraussetzungen für eine erste Tätigkeitsstätte, kann der Arbeitgeber bestimmen, welche dieser Tätigkeitsstätten die erste Tätigkeitsstätte ist.

– Fehlt eine solche Bestimmung des Arbeitgebers, wird zugunsten des Arbeitnehmers die Tätigkeitsstätte zugrunde gelegt, die der Wohnung des Arbeitnehmers am nächsten liegt.

gg) Mehrere Tätigkeitsstätten

Der Arbeitnehmer kann je Dienstverhältnis höchstens eine erste Tätigkeitsstätte haben (§ 9   29
Absatz 4 Satz 5 EStG). Hingegen kann ein Arbeitnehmer mit mehreren Dienstverhältnissen auch mehrere erste Tätigkeitsstätten haben (je Dienstverhältnis jedoch höchstens eine).

Erfüllen mehrere Tätigkeitsstätten in einem Dienstverhältnis die quantitativen Kriterien für die   30
Annahme einer ersten Tätigkeitsstätte, kann der Arbeitgeber die erste Tätigkeitsstätte bestimmen (§ 9 Absatz 4 Satz 6 EStG). Dabei muss es sich nicht um die Tätigkeitsstätte handeln, an der der Arbeitnehmer den zeitlich überwiegenden oder qualitativ bedeutsameren Teil seiner beruflichen Tätigkeit ausüben soll.

Beispiel 21

Der in H wohnende Filialleiter A ist an drei Tagen in der Woche in einer Filiale seines Arbeitgebers in H und an zwei Tagen in der Woche in einer Filiale seines Arbeitgebers in S tätig. Der Arbeitgeber bestimmt die Filiale in S zur ersten Tätigkeitsstätte.

Durch die Bestimmung seines Arbeitgebers hat der Filialleiter A in der betrieblichen Einrichtung in S seine erste Tätigkeitsstätte. Unerheblich ist, dass er dort lediglich zwei Tage und damit nicht zeitlich überwiegend beruflich tätig ist.

31 Macht der Arbeitgeber von seinem Bestimmungsrecht nach § 9 Absatz 4 Satz 6 EStG keinen Gebrauch oder ist die Bestimmung nicht eindeutig, ist die der Wohnung des Arbeitnehmers örtlich am nächsten liegende Tätigkeitsstätte die erste Tätigkeitsstätte (§ 9 Absatz 4 Satz 7 EStG). Die Fahrten zu weiter entfernt liegenden Tätigkeitsstätten werden in diesem Fall als Auswärtstätigkeit qualifiziert.

Beispiel 22

Der in H wohnende Filialleiter A soll typischerweise arbeitstäglich in drei Filialen (X, Y und Z) seines Arbeitgebers tätig werden. Er fährt morgens mit seinem eigenen PKW regelmäßig zur Filiale X, dann zur Filiale Y, von dort zur Filiale Z und von dieser zur Wohnung. Die Filiale in Y liegt der Wohnung am nächsten. Der Arbeitgeber ordnet A arbeitsrechtlich keine Filiale (als erste Tätigkeitsstätte) zu.

Erste Tätigkeitsstätte ist die Filiale Y, da diese der Wohnung des A am nächsten liegt. Die Tätigkeit in X und Z sind beruflich veranlasste Auswärtstätigkeiten. Da A von seiner Wohnung zu einer auswärtigen Tätigkeitsstätte, von dort zur ersten Tätigkeitsstätte und von dort wieder zu einer anderen auswärtigen Tätigkeitsstätte fährt, liegen keine Fahrten zwischen Wohnung und erster Tätigkeitsstätte vor, sondern Fahrten, für die ein steuerfreier Arbeitgeberersatz bzw. Werbungskostenabzug nach Reisekostengrundsätzen in Betracht kommt.

Abwandlung

Wie Beispiel 22, allerdings nutzt der Filialleiter A für die arbeitstäglichen Fahrten einen ihm vom Arbeitgeber überlassenen Dienstwagen; A führt kein Fahrtenbuch, sondern ermittelt den geldwerten Vorteil nach der pauschalen Nutzungswertmethode.

Grundsätzlich ist ein geldwerter Vorteil, für die Möglichkeit den Dienstwagen für Fahrten zwischen Wohnung und erster Tätigkeitsstätte zu nutzen, in Höhe von 0,03 Prozent des Listenpreises je Entfernungskilometer anzusetzen. Weist A mittels Einzelaufzeichnungen die Zahl der tatsächlichen Fahrten zwischen Wohnung und erster Tätigkeitsstätte nach, ist stattdessen für jede Fahrt ein geldwerter Vorteil von 0,002 Prozent des Listenpreises je Entfernungskilometer anzusetzen. Im vorliegenden Fall hat A keine unmittelbaren Fahrten zwischen Wohnung und erster Tätigkeitsstätte; daher ist – bei Nachweis der tatsächlichen Fahrten – insoweit kein geldwerter Vorteil anzusetzen.

Beispiel 23

Die Pflegedienstkraft P hat täglich vier Personen zu betreuen. Alle vier Pflegepersonen sollen **von P nach Absprache mit der Pflegedienststelle (Arbeitgeber) bis auf Weiteres** arbeitstäglich regelmäßig betreut werden. Der Arbeitgeber hat keine dieser Pflegestellen als erste Tätigkeitsstätte bestimmt.

Erste Tätigkeitsstätte der P ist die ihrer Wohnung am nächsten liegende Pflegestelle.

Abwandlung

Die vier Pflegepersonen sollen von P nach Absprache mit der Pflegedienststelle (Arbeitgeber) zunächst für die Dauer von zwei Jahren arbeitstäglich regelmäßig betreut werden.

Die Pflegedienstkraft hat keine erste Tätigkeitsstätte, da sie an keiner der Pflegestellen dauerhaft tätig werden soll.

hh) Erste Tätigkeitsstätte bei Vollzeitstudium oder vollzeitigen Bildungsmaßnahmen

32 Erste Tätigkeitsstätte ist auch eine Bildungseinrichtung, die außerhalb eines Dienstverhältnisses zum Zwecke eines Vollzeitstudiums oder einer vollzeitigen Bildungsmaßnahme aufgesucht wird (§ 9 Absatz 4 Satz 8 EStG). Durch diese Neuregelung ist die Rechtsprechung des BFH, wonach es sich bei vollzeitig besuchten Bildungseinrichtungen nicht um regelmäßige Arbeitsstätten handelt (vgl. BFH vom 9. Februar 2012, VI R 42/11, BStBl 2013 II S. 236 und VI R 44/10, BStBl 2013 II S. 234), überholt.

Ein Studium oder eine Bildungsmaßnahme findet insbesondere dann außerhalb eines Dienstverhältnisses statt, wenn

– diese nicht Gegenstand des Dienstverhältnisses sind, auch wenn sie seitens des Arbeitgebers durch Hingabe von Mitteln, wie z. B. eines Stipendiums, gefördert werden oder

– diese ohne arbeitsvertragliche Verpflichtung absolviert werden und die Beschäftigung lediglich das Studium oder die Bildungsmaßnahme ermöglicht.

Zur Abgrenzung gegenüber einem Studium oder einer Bildungsmaßnahme innerhalb eines Dienstverhältnisses vgl. auch R 9.2 sowie 19.7 LStR 2013.

Ein Vollzeitstudium oder eine vollzeitige Bildungsmaßnahme liegt insbesondere vor, wenn der 33
Steuerpflichtige im Rahmen des Studiums oder im Rahmen der Bildungsmaßnahme für einen
Beruf ausgebildet wird und daneben entweder keiner Erwerbstätigkeit nachgeht oder während
der gesamten Dauer des Studiums oder der Bildungsmaßnahme eine Erwerbstätigkeit mit durchschnittlich bis zu 20 Stunden regelmäßiger wöchentlicher Arbeitszeit oder in Form eines
geringfügigen Beschäftigungsverhältnisses i. S. d. §§ 8 und 8a SGB IV ausübt.

Dies gilt auch für den Sonderausgabenabzug nach § 10 Absatz 1 Nummer 7 EStG. 34

**b) Fahrtkosten bei auswärtiger Tätigkeit, Sammelpunkt, weiträumiges Tätigkeitsgebiet, § 9
Absatz 1 Satz 3 Nummer 4a EStG**

aa) Tatsächliche Fahrtkosten und pauschaler Kilometersatz bei auswärtiger Tätigkeit

Die steuerliche Berücksichtigung der tatsächlichen Fahrtkosten im Zusammenhang mit einer 35
auswärtigen beruflichen Tätigkeit bleibt im Wesentlichen unverändert.

Statt der tatsächlichen Aufwendungen kann aus Vereinfachungsgründen typisierend je nach Art 36
des benutzten Verkehrsmittels (z. B. PKW, Motorrad) auch ein pauschaler Kilometersatz (höchste
Wegstreckenentschädigung nach dem Bundesreisekostengesetz für das jeweils benutzte
Beförderungsmittel: Benutzung eines Kraftwagens, z. B. PKW 0,30 Euro, für jedes andere motor-
betriebene Fahrzeug 0,20 Euro) für jeden gefahrenen Kilometer angesetzt werden (§ 9 Absatz 1
Satz 3 Nummer 4a Satz 2 EStG). Eine Prüfung der tatsächlichen Kilometerkosten ist demnach
nicht mehr erforderlich, wenn der Arbeitnehmer von dieser gesetzlichen Typisierung Gebrauch
macht. Durch diese Neuregelung ist die Rechtsprechung des BFH zur Prüfung der pauschalen
Kilometersätze (vgl. BFH vom 25. Oktober 1985, VI R 15/81, BStBl 1986 II S. 200 sowie vom
26. Juli 1991, VI R 114/88, BStBl 1992 II S. 105) überholt.

bb) „Sammelpunkt"

Liegt keine erste Tätigkeitsstätte (nach Rz. 6 ff. oder Rz. 25 ff.) vor und bestimmt der Arbeitgeber 37
durch dienst- oder arbeitsrechtliche Festlegung, dass der Arbeitnehmer dauerhaft (Rz. 13 ff.)
typischerweise arbeitstäglich an einem festgelegten Ort, der die Kriterien für eine erste Tätigkeitsstätte nicht erfüllt, einfinden soll, um von dort seine unterschiedlichen eigentlichen Einsatz-
orte aufzusuchen oder von dort seine berufliche Tätigkeit aufzunehmen (z. B. Treffpunkt für
einen betrieblichen Sammeltransport, das Busdepot, der Fährhafen), werden die Fahrten des
Arbeitnehmers von der Wohnung zu diesem vom Arbeitgeber festgelegten Ort wie Fahrten zu
einer ersten Tätigkeitsstätte behandelt; für diese Fahrten dürfen Fahrtkosten nur im Rahmen
des § 9 Absatz 1 Satz 3 Nummer 4 und Absatz 2 EStG (Entfernungspauschale) angesetzt werden.

Beispiel 24

Bus- oder LKW-Fahrer haben regelmäßig keine erste Tätigkeitsstätte. Lediglich, wenn dauerhaft und typischerweise arbeitstäglich ein vom Arbeitgeber festgelegter Ort aufgesucht werden soll, werden die Fahrten von der Wohnung zu diesem Ort/Sammelpunkt gleich behandelt mit den Fahrten von der Wohnung zu einer ersten Tätigkeitsstätte.

Beispiel 25

Kundendienstmonteure haben ebenfalls in der Regel keine erste Tätigkeitsstätte. Nur dann,
wenn dauerhaft und typischerweise arbeitstäglich ein vom Arbeitgeber festgelegter Ort aufgesucht werden soll, werden die Fahrten von der Wohnung zu diesem Ort/Sammelpunkt
ebenso behandelt wie die Fahrten von der Wohnung zu einer ersten Tätigkeitsstätte.

Beispiel 26

Seeleute, die auf einem Schiff tätig werden sollen, haben in der Regel keine erste Tätigkeits-
stätte, da das Schiff keine ortsfeste betriebliche Einrichtung des Arbeitgebers ist. Soll der
Dienstantritt, die Ein- und Ausschiffung aber typischerweise arbeitstäglich von dem gleichen
Anleger (wie z. B. einem Fähranleger, Liegeplatz des Seenotrettungskreuzers, Anleger des
Fahrgastschiffes) erfolgen, werden die Fahrten zu diesem Ort/Sammelpunkt ebenso behan-
delt wie die Fahrten von der Wohnung zu einer ersten Tätigkeitsstätte.

Beispiel 27

Angestellte Lotsen haben üblicherweise keine erste Tätigkeitsstätte, wenn sie ihre Tätigkeit
typischerweise auf verschiedenen Schiffen ausüben sollen. Fahrten von der Wohnung zu
einer vom Arbeitgeber festgelegten Lotsenstation oder Lotsenwechselstation, um von dort
zum Einsatz auf ein Schiff verbracht zu werden, werden ebenso behandelt wie die Fahrten
von der Wohnung zu einer ersten Tätigkeitsstätte.

Treffen sich mehrere Arbeitnehmer typischerweise arbeitstäglich an einem bestimmten Ort, um 38
von dort aus gemeinsam zu ihren Tätigkeitsstätten zu fahren (privat organisierte Fahrgemeinschaft), liegt kein „Sammelpunkt" nach § 9 Absatz 1 Satz 3 Nummer 4a Satz 3 EStG vor. Es fehlt
insoweit an einer dienst- oder arbeitsrechtlichen Festlegung des Arbeitgebers.

39 Auf die Berücksichtigung von Verpflegungspauschalen oder Übernachtungskosten als Werbungskosten oder den steuerfreien Arbeitgeberersatz hierfür hat diese Festlegung hingegen keinen Einfluss, da der Arbeitnehmer weiterhin außerhalb einer ersten Tätigkeitsstätte und somit auswärts beruflich tätig wird. Es wird keine erste Tätigkeitsstätte fingiert, sondern nur die Anwendung der **Entfernungspauschale** für die Fahrtkosten von der Wohnung zu diesem Ort sowie die Besteuerung eines geldwerten Vorteils bei Dienstwagengestellung durch den Arbeitgeber nach § 8 Absatz 2 Satz 3 und 4 EStG festgelegt und der steuerfreie Arbeitgeberersatz für diese Fahrten nach § 3 Nummer 13 oder Nummer 16 EStG ausgeschlossen.

cc) Weiträumiges Tätigkeitsgebiet

40 Soll der Arbeitnehmer auf Grund der Weisungen des Arbeitgebers seine berufliche Tätigkeit typischerweise arbeitstäglich in einem weiträumigen Tätigkeitsgebiet ausüben, findet für die Fahrten von der Wohnung zu diesem Tätigkeitsgebiet ebenfalls die Entfernungspauschale Anwendung.

41 Ein weiträumiges Tätigkeitsgebiet liegt in Abgrenzung zur ersten Tätigkeitsstätte vor, wenn die vertraglich vereinbarte Arbeitsleistung auf einer festgelegten Fläche und nicht innerhalb einer ortsfesten betrieblichen Einrichtung des Arbeitgebers, eines verbundenen Unternehmens (§ 15 AktG) oder bei einem vom Arbeitgeber bestimmten Dritten ausgeübt werden soll. In einem weiträumigen Tätigkeitsgebiet werden in der Regel z. B. Zusteller, Hafenarbeiter und Forstarbeiter tätig.

Hingegen sind z. B. Bezirksleiter und Vertriebsmitarbeiter, die verschiedene Niederlassungen betreuen oder mobile Pflegekräfte, die verschiedene Personen in deren Wohnungen in einem festgelegten Gebiet betreuen, sowie Schornsteinfeger von dieser Regelung nicht betroffen.

42 Wird das weiträumige Tätigkeitsgebiet immer von verschiedenen Zugängen aus betreten oder befahren, ist die Entfernungspauschale aus Vereinfachungsgründen bei diesen Fahrten nur für die kürzeste Entfernung von der Wohnung zum nächstgelegenen Zugang anzuwenden.

43 Für alle Fahrten innerhalb des weiträumigen Tätigkeitsgebietes sowie für die zusätzlichen Kilometer bei den Fahrten von der Wohnung zu einem weiter entfernten Zugang können weiterhin die tatsächlichen Aufwendungen oder der sich am Bundesreisekostengesetz orientierende maßgebliche pauschale Kilometersatz angesetzt werden.

Beispiel 28

Der Forstarbeiter A fährt an 150 Tagen mit dem PKW von seiner Wohnung zu dem 15 km entfernten, nächstgelegenen Zugang des von ihm täglich zu betreuenden Waldgebietes (weiträumiges Tätigkeitsgebiet). An 70 Tagen fährt A von seiner Wohnung über einen weiter entfernt gelegenen Zugang (20 km) in das Waldgebiet.

Die Fahrten von der Wohnung zu dem weiträumigen Tätigkeitsgebiet werden behandelt wie die Fahrten von der Wohnung zu einer ersten Tätigkeitsstätte. A kann somit für diese Fahrten lediglich die Entfernungspauschale in Höhe von 0,30 Euro je Entfernungskilometer (= 15 km × 0,30 Euro) als Werbungskosten ansetzen. Die Fahrten innerhalb des Waldgebietes können mit den tatsächlichen Kosten oder aus Vereinfachungsgründen mit dem pauschalen Kilometersatz in Höhe von 0,30 Euro je tatsächlich gefahrenem Kilometer berücksichtigt werden.

Bei den Fahrten zu dem weiter entfernt gelegenen Zugang werden ebenfalls nur 15 Kilometer mit der Entfernungspauschale (15 km × 0,30 Euro) berücksichtigt. Die jeweils zusätzlichen fünf Kilometer der tatsächlich längeren Hin- und Rückweg werden ebenso wie die Fahrten innerhalb des weiträumigen Tätigkeitsgebietes mit den tatsächlichen Kosten oder aus Vereinfachungsgründen mit dem pauschalen Kilometersatz in Höhe von 0,30 Euro je gefahrenem Kilometer berücksichtigt.

Somit sind für 220 Tage jeweils 15 km mit der Entfernungspauschale und die restlichen tatsächlich gefahrenen Kilometer mit den tatsächlichen Kosten oder aus Vereinfachungsgründen mit dem pauschalen Kilometersatz in Höhe von 0,30 Euro anzusetzen.

44 Auf die Berücksichtigung von Verpflegungspauschalen oder Übernachtungskosten als Werbungskosten sowie den steuerfreien Arbeitgeberersatz hat diese Festlegung „tätig werden in einem weiträumigen Tätigkeitsgebiet" – im Gegensatz zum bisherigen sog. „weiträumigen Arbeitsgebiet", welches auch „regelmäßige Arbeitsstätte" sein konnte – keinen Einfluss, da der Arbeitnehmer weiterhin außerhalb einer ersten Tätigkeitsstätte – und damit auswärts – beruflich tätig wird. Es wird nur die Anwendung der Entfernungspauschale für die Fahrtkosten von der Wohnung zum nächstgelegenen Zugang zu dem weiträumigen Tätigkeitsgebiet sowie die Besteuerung eines geldwerten Vorteils bei Dienstwagengestellung durch den Arbeitgeber nach § 8 Absatz 2 Satz 3 und 4 EStG festgelegt und der steuerfreie Arbeitgeberersatz für diese Fahrten nach § 3 Nummer 13 oder Nummer 16 EStG ausgeschlossen.

Soll der Arbeitnehmer in mehreren ortsfesten Einrichtungen seines Arbeitgebers, eines verbundenen Unternehmens oder eines Dritten, die innerhalb eines bestimmten Bezirks gelegen sind, beruflich tätig werden, wird er nicht in einem weiträumigen Tätigkeitsgebiet, sondern an verschiedenen, ggf. sogar ständig wechselnden Tätigkeitsstätten tätig.

45

2. Verpflegungsmehraufwendungen, § 9 Absatz 4a EStG

a) Vereinfachung bei der Ermittlung der Pauschalen, § 9 Absatz 4a Satz 2 bis 5 EStG

aa) Eintägige Auswärtstätigkeiten im Inland

Für eintägige auswärtige Tätigkeiten ohne Übernachtung kann ab einer Abwesenheit von mehr als acht Stunden von der Wohnung und der ersten Tätigkeitsstätte eine Pauschale von 12 Euro berücksichtigt werden. Dies gilt auch, wenn der Arbeitnehmer seine auswärtige berufliche Tätigkeit über Nacht (also an zwei Kalendertagen) ausübt – somit nicht übernachtet – und dadurch ebenfalls insgesamt mehr als acht Stunden von der Wohnung und der ersten Tätigkeitsstätte abwesend ist. Ist der Arbeitnehmer an einem Kalendertag mehrfach oder über Nacht (an zwei Kalendertagen ohne Übernachtung) auswärts tätig, **können** die Abwesenheitszeiten dieser Tätigkeiten **zusammengerechnet und im Fall der Tätigkeit über Nacht für den Kalendertag berücksichtigt werden, an dem der Arbeitnehmer den überwiegenden Teil der insgesamt mehr als 8 Stunden abwesend ist**.

46

Beispiel 29

Der Vertriebsleiter V verlässt um 8.00 Uhr seine Wohnung in B und besucht zuerst bis 12.00 Uhr einen Kunden. Von 12.30 Uhr bis 14.30 Uhr ist er in seinem Büro (erste Tätigkeitsstätte) tätig. Anschließend fährt er von dort zu einer Tagung in C und kehrt um 19.00 Uhr noch einmal für eine Stunde in sein Büro in B zurück.

Es zählen die Zeiten vom Verlassen der Wohnung bis zur Ankunft an der ersten Tätigkeitsstätte (Büro) mittags sowie vom Verlassen der ersten Tätigkeitsstätte (Büro)bis zur Rückkehr dorthin. V war zweimal beruflich auswärts tätig und dabei insgesamt mehr als acht Stunden von seiner Wohnung und seiner ersten Tätigkeitsstätte abwesend. Er erfüllt daher die Voraussetzungen der Verpflegungspauschale für eine eintägige Auswärtstätigkeit (12 Euro).

Beispiel 30

Der Kurierfahrer K ist typischerweise von 20.00 Uhr bis 5.30 Uhr des Folgetags beruflich unterwegs. In dieser Zeit legt er regelmäßig auch eine Lenkpause von 45 Minuten ein. Seine Wohnung verlässt K um 19.30 Uhr und kehrt um 6.00 Uhr dorthin zurück. Eine erste Tätigkeitsstätte liegt nicht vor.

K ist im Rahmen seiner beruflichen Auswärtstätigkeit (Fahrtätigkeit) über Nacht von seiner Wohnung abwesend. Bei der Lenkpause handelt es sich nicht um eine Übernachtung. Die Abwesenheitszeiten über Nacht können somit zusammengerechnet werden. Sie werden für den zweiten Kalendertag berücksichtigt, an dem A den überwiegenden Teil der Zeit abwesend ist. A erfüllt die Voraussetzungen der Verpflegungspauschale für eine eintägige Auswärtstätigkeit (12 Euro).

Abwandlung 1

Die berufliche Fahrtätigkeit des K verteilt sich wie folgt auf die Tage (in Stunden):

Montag	Dienstag	Mittwoch	Donnerstag	Freitag	Samstag
5	45	45	44,5	55	4

Im Fall der Zusammenrechnung der Abwesenheitszeiten über Nacht, kann K eine Verpflegungspauschale für eine eintägige Auswärtstätigkeit für folgende Tage beanspruchen: Montag, Dienstag, Mittwoch und Freitag. Werden stattdessen die an dem jeweiligen Tag geleisteten einzelnen Abwesenheitszeiten zusammengerechnet, dann kann K für Dienstag, Mittwoch, Donnerstag und Freitag eine Verpflegungspauschale von 12 Euro beanspruchen.

Abwandlung 2

Die berufliche Fahrtätigkeit des K verteilt sich wie folgt auf die Tage (in Stunden):

Montag	Dienstag	Mittwoch	Donnerstag	Freitag	Samstag
5	45	45	44,5	44	5

Im Fall der Zusammenrechnung der Abwesenheitszeiten über Nacht, kann K eine Verpflegungspauschale für eine eintägige Auswärtstätigkeit für folgende Tage beanspruchen: Montag, Dienstag, Mittwoch, Donnerstag und Samstag.

Wären nur die an dem jeweiligen Tag geleisteten einzelnen Abwesenheitszeiten zu berücksichtigen und zusammenzurechnen, könnte K nur für Dienstag, Mittwoch und Donnerstag eine Verpflegungspauschale von 12 Euro beanspruchen.

Dies wird durch die gesetzliche Regelung des § 9 Absatz 4a Satz 3 Nummer 3 2. Halbsatz EStG verhindert, die anstelle der auf den Kalendertag bezogenen Betrachtung ausnahmsweise bei auswärtigen beruflichen Tätigkeiten über Nacht ohne Übernachtung die Zusammenrechnung dieser Zeiten ermöglicht.

Beispiel 31

Der Arbeitnehmer A unternimmt, ohne zu übernachten, eine Dienstreise, die am 5.5. um 17.00 Uhr beginnt und am 6.5. um 7.30 Uhr beendet wird. Am 6.5. unternimmt A nachmittags eine weitere Dienstreise (von 14.00 Uhr bis 23.30 Uhr). A hat hier die Möglichkeit die Abwesenheitszeiten der ersten Dienstreise über Nacht zusammenzurechnen (= 14 Stunden und 30 Minuten). Bedingt durch die überwiegende Abwesenheit am 6.5. ist die dafür zu berücksichtigende Verpflegungspauschale dann dem 6.5. zuzurechnen.

Alternativ können auch alle ausschließlich am 6.5. geleisteten Abwesenheitszeiten (7 Stunden 30 Minuten zuzüglich 8 Stunden 30 Minuten = 16 Stunden) zusammengerechnet werden. In diesem Fall bleiben die im Rahmen der ersten Dienstreise angefallenen Abwesenheitszeiten unberücksichtigt.

Unabhängig davon, für welche Berechnungsmethode A sich entscheidet, steht ihm lediglich eine Verpflegungspauschale von 12 Euro für den 6.5. zu.

Eine Verpflegungspauschale von 24 Euro kommt nur in Betracht, wenn entweder die gesamte Tätigkeit über Nacht oder die Tätigkeit an dem jeweiligen Kalendertag 24 Stunden erreicht.

Beispiel 32

Der Arbeitnehmer A arbeitet von 8.30 Uhr bis 17.00 Uhr in seinem Büro in B (erste Tätigkeitsstätte), anschließend fährt er zu einem Geschäftstermin in C. Der Termin erstreckt sich bis 0.30 Uhr des Folgetags. A kehrt um 1.30 Uhr in seine Wohnung zurück.

A war wegen beruflicher Tätigkeit mehr als acht Stunden auswärts tätig. Dass sich die Abwesenheit über zwei Kalendertage ohne Übernachtung erstreckt, ist unschädlich. Die Abwesenheiten werden zusammengerechnet und dem ersten Kalendertag zugeordnet, weil an diesem Tag der überwiegende Teil der Abwesenheit stattgefunden hat. A erfüllt die Voraussetzungen der Verpflegungspauschale für eine eintägige Auswärtstätigkeit (12 Euro).

bb) Mehrtägige Auswärtstätigkeiten im Inland

47 Für die Kalendertage, an denen der Arbeitnehmer außerhalb seiner Wohnung und ersten Tätigkeitsstätte beruflich tätig ist (auswärtige berufliche Tätigkeit) und aus diesem Grund 24 Stunden von seiner Wohnung abwesend ist, kann weiterhin eine Pauschale von 24 Euro als Werbungskosten geltend gemacht bzw. vom Arbeitgeber steuerfrei ersetzt werden **(Zwischentag)**.

48 Für den **An- und Abreisetag** einer mehrtägigen auswärtigen Tätigkeit mit Übernachtung außerhalb der Wohnung kann ohne Prüfung einer Mindestabwesenheitszeit eine Pauschale von jeweils 12 Euro als Werbungskosten berücksichtigt bzw. vom Arbeitgeber steuerfrei ersetzt werden. Insoweit ist es unerheblich, ob der Arbeitnehmer die Reise von der Wohnung, der ersten oder einer anderen Tätigkeitsstätte aus antritt. **Eine mehrtägige auswärtige Tätigkeit mit Übernachtung liegt auch dann vor, wenn die berufliche Auswärtstätigkeit über Nacht ausgeübt wird und sich daran eine Übernachtung am Tage sowie eine weitere Tätigkeit über Nacht anschließt. Unerheblich ist auch, ob die Übernachtung tatsächlich Übernachtungskosten anfallen (so z. B. bei Schlafen im Bus, LKW oder Lok).**

Beispiel 33

Der Ingenieur I aus B ist von Montagabend bis Dienstag in M auswärts tätig. An diese Tätigkeit schließt sich am Dienstag gleich die Weiterreise nach H zu einer neuen auswärtigen Tätigkeit an. I fährt von M direkt nach H und kehrt am Mittwochmittag zu seiner Wohnung zurück.

I kann folgende Verpflegungspauschalen beanspruchen: für Montag als Anreisetag und für Mittwoch als Rückreisetag stehen ihm jeweils 12 Euro zu. Da I am Dienstag infolge der Abreise aus M und direkten Anreise nach H 24 Stunden von seiner Wohnung und ersten Tätigkeitsstätte abwesend ist, kann er für diesen Tag eine Pauschale von 24 Euro beanspruchen.

Abwandlung

I sucht am Dienstag kurz seine Wohnung in B auf, um Unterlagen und Kleidung einzupacken und fährt nach einer Stunde weiter nach H.

In diesem Fall kann I auch für Dienstag als An- und gleichzeitig als Abreisetag nur 12 Euro Verpflegungspauschale beanspruchen. Eine Verpflegungspauschale von 24 Euro kann nur dann beansprucht werden, wenn I infolge seiner beruflichen Auswärtstätigkeit 24 Stunden von seiner Wohnung und ersten Tätigkeitsstätte abwesend ist.

Beispiel 34

Monteur M aus D ist von Montag bis Mittwoch in S auswärts tätig. Eine erste Tätigkeitsstätte besteht nicht. M verlässt am Montag um 10.30 Uhr seine Wohnung in D. M verlässt S am Mittwochabend und erreicht seine Wohnung in D am Donnerstag um 1.45 Uhr.

M steht für Montag (Anreisetag) eine Verpflegungspauschale von 12 Euro zu. Für Dienstag und Mittwoch kann M eine Pauschale von 24 Euro beanspruchen, da er an diesen Tagen 24 Stunden von seiner Wohnung abwesend ist. Für Donnerstag steht ihm eine Pauschale von 12 Euro zu (Abreisetag).

Als Wohnung im vorstehenden Sinn gilt (§ 9 Absatz 4a Satz 4 2. Halbsatz EStG)   49

– der Hausstand, der den Mittelpunkt der Lebensinteressen des Arbeitnehmers bildet und nicht nur gelegentlich aufgesucht wird oder

– die Zweitwohnung am Ort einer steuerlich anzuerkennenden doppelten Haushaltsführung (insbesondere zu berücksichtigen, wenn der Arbeitnehmer mehrere Wohnungen hat).

Beispiel 35

Wohnung in diesem Sinne kann somit z. B. bei Auszubildenden auch die elterliche Wohnung sein, wenn sich dort noch der Lebensmittelpunkt des Auszubildenden befindet.

Beispiel 36

Übernachtet der Arbeitnehmer aus beruflichem Anlass z. B. im Rahmen einer Auswärtstätigkeit in seinem eigenen Ferienappartement, welches er nur gelegentlich aufsucht, handelt es sich um eine mehrtägige auswärtige Tätigkeit mit Übernachtung, auch wenn für die Übernachtung selbst keine Kosten entstehen.

cc) Auswärtstätigkeiten im Ausland

Für Tätigkeiten im Ausland gibt es nur noch zwei Pauschalen in Höhe von 120 Prozent und   50
80 Prozent der Auslandstagegelder nach dem Bundesreisekostengesetz unter den gleichen Voraussetzungen wie bei den inländischen Pauschalen. Die entsprechenden Beträge werden durch BMF-Schreiben bekannt gemacht. Im Hinblick auf die bei auswärtigen beruflichen Tätigkeiten im Ausland oftmals über Nacht oder mehrere Tage andauernden An- und Abreisen genügt es für die Qualifizierung als An- und Abreisetag, wenn der Arbeitnehmer unmittelbar nach der Anreise oder vor der Abreise auswärtig übernachtet. Die übrigen Regelungen zu den Besonderheiten bei Auswärtstätigkeiten im Ausland gelten weiter (so z. B. R 9.6 Absatz 3 LStR 2013)

Bei Auswärtstätigkeiten in verschiedenen ausländischen Staaten gilt für die Ermittlung der Ver-   51
pflegungspauschalen am An-und Abreisetag Folgendes:

– **Bei einer Anreise vom Inland ins Ausland oder vom Ausland ins Inland jeweils ohne Tätig-werden ist die Verpflegungspauschale des Ortes maßgebend, der vor 24.00 Uhr erreicht wird.**

– **Bei einer Abreise vom Ausland ins Inland oder vom Inland ins Ausland ist die Verpflegungspauschale des letzten Tätigkeitsortes maßgebend.Beispiel 37**

Der Arbeitnehmer A reist am Montag um 20.00 Uhr zu einer beruflichen Auswärtstätigkeit von seiner Wohnung in Berlin nach Brüssel. Er erreicht Belgien um 2.00 Uhr. Dienstag ist er den ganzen Tag in Brüssel tätig. Am Mittwoch reist er zu einem weiteren Geschäftstermin um 8.00 Uhr nach Amsterdam. Er erreicht Amsterdam um 14.00 Uhr. Dort ist er bis Donnerstag um 13.00 Uhr tätig und reist anschließend zurück nach Berlin. Er erreicht seine Wohnung am Donnerstag um 22.30 Uhr.

Für Montag ist die inländische Verpflegungspauschale für den Anreisetag maßgebend, da A sich um 24.00 Uhr noch im Inland befindet. Für Dienstag ist die Verpflegungspauschale für Belgien anzuwenden. Für Mittwoch ist die Verpflegungspauschale für die Niederlande zu Grunde zulegen, da sich der Ort, den A vor 24 Uhr Ortszeit zuletzt erreicht hat, in den Niederlanden befindet (§ 9 Absatz 4a Satz 5 EStG). Für Donnerstag ist die Verpflegungspauschale der Niederlande für den Abreisetag maßgeblich, da A noch bis 13.00 Uhr in Amsterdam beruflich tätig war.

Beispiel 38

Der Arbeitnehmer A reist für ein berufliches Projekt am Sonntag um 21.00 Uhr von Paris nach Mannheim. Am Sonntag um 24.00 Uhr befindet sich A noch in Frankreich. A ist in Mannheim von Montag bis Freitag beruflich tätig und verlässt Mannheim am Freitag um 11.00 Uhr. Er erreicht Paris am Freitag um 21.00 Uhr.

Für Sonntag (Anreisetag) ist die Verpflegungspauschale für Frankreich maßgebend. Für Montag bis Freitag ist die jeweils maßgebliche inländische Verpflegungspauschale anzuwenden.

b) Dreimonatsfrist, § 9 Absatz 4a Satz 6 EStG

52 Wie bisher ist der Abzug der Verpflegungsmehraufwendungen auf die ersten drei Monate einer längerfristigen beruflichen Tätigkeit an derselben Tätigkeitsstätte beschränkt (vgl. Rz. 55). **Werden im Rahmen einer beruflichen Tätigkeit mehrere ortsfeste betriebliche Einrichtungen innerhalb eines großräumigen Werks-oder Betriebsgeländes aufgesucht, handelt es sich um die Tätigkeit an einer Tätigkeitsstätte. Handelt es sich um einzelne ortsfeste betriebliche Einrichtungen verschiedener Auftraggeber oder Kunden, liegen mehrere Tätigkeitsstätten vor. Dies gilt auch dann, wenn sich die Tätigkeitsstätten in unmittelbarer räumlicher Nähe zueinander befinden.**

53 Um die Berechnung der Dreimonatsfrist zu vereinfachen, wird eine rein zeitliche Bemessung der Unterbrechungsregelung eingeführt. Danach führt eine Unterbrechung der beruflichen Tätigkeit an derselben Tätigkeitsstätte zu einem Neubeginn der Dreimonatsfrist, wenn sie mindestens vier Wochen dauert (§ 9 Absatz 4a Satz 7 EStG). Der Grund der Unterbrechung ist unerheblich; es zählt nur noch die Unterbrechungsdauer.

54 Dies gilt auch, wenn die Unterbrechung der beruflichen Tätigkeit schon vor dem 1. Januar 2014 begonnen hat.

Beispiel 39

Der Arbeitnehmer A musste seine Tätigkeit in B wegen einer Krankheit ab dem 15. Dezember 2013 unterbrechen. Er nimmt seine Tätigkeit in B am 20. Januar 2014 wieder auf.

Die berufliche Tätigkeit des A in B wurde für mehr als vier Wochen unterbrochen. A kann somit für weitere Monate seiner Tätigkeit in B Verpflegungspauschalen als Werbungskosten geltend machen oder steuerfrei durch den Arbeitgeber ersetzt bekommen.

55 **Von** einer **längerfristigen** berufliche Tätigkeit an derselben Tätigkeitsstätte **ist erst dann auszugehen, sobald** der Arbeitnehmer an dieser mindestens an drei Tagen **in der Woche** tätig wird. Die Dreimonatsfrist beginnt daher nicht, solange die auswärtige Tätigkeitsstätte an nicht mehr als zwei Tagen **in der Woche** aufgesucht wird. Die Prüfung des Unterbrechungszeitraums und des Ablaufs der Dreimonatsfrist erfolgt stets im Nachhinein mit Blick auf die zurückliegende Zeit (Ex-post-Betrachtung).

Beispiel 40

Der Bauarbeiter A soll ab März 2014 arbeitstäglich an der Baustelle in H für 5 Monate tätig werden. Am 1. April 2014 nimmt er dort seine Tätigkeit auf. Ab 20. Mai 2014 wird er nicht nur in H, sondern für einen Tag wöchentlich auch an der Baustelle in B tätig, da dort ein Kollege ausgefallen ist.

Für die Tätigkeit an der Baustelle in H beginnt die Dreimonatsfrist am 1. April 2014 und endet am 30. Juni 2014. Eine vierwöchige Unterbrechung liegt nicht vor (immer nur eintägige Unterbrechung).

Für die Tätigkeit an der Baustelle in B greift die Dreimonatsfrist hingegen nicht, da A dort lediglich einen Tag wöchentlich tätig wird.

Abwandlung

Wie Beispiel **40**, allerdings wird A ab 1. April 2014 zwei Tage wöchentlich in H und drei Tage wöchentlich in B tätig. Ab 15. April 2014 muss er für zwei Wochen nach M. Ab 1. Mai 2014 ist er dann bis auf Weiteres drei Tage wöchentlich in H und zwei Tage in B tätig.

Für die Tätigkeit an der Baustelle in B beginnt die Dreimonatsfrist am 1. April 2014 und endet am 30. Juni 2014. Eine vierwöchige Unterbrechung liegt nicht vor (lediglich zwei Wochen und dann immer nur dreitägige Unterbrechung).

Für die Tätigkeit an der Baustelle in H beginnt die Dreimonatsfrist hingegen erst am 1. Mai 2014, da A dort erst ab diesem Tag an drei Tagen wöchentlich tätig wird.

Beispiel 41

Der Außendienstmitarbeiter A wohnt in K und hat am Betriebssitz seines Arbeitgebers in S seine erste Tätigkeitsstätte (arbeitsrechtliche Zuordnung durch AG). A sucht arbeitstäglich die Filiale in K gegen 8.00 Uhr auf und bereitet sich dort üblicherweise für ein bis zwei Stunden auf seinen Außendienst vor. Von ca. 10.00 Uhr bis 16.30 Uhr sucht er dann verschiedene Kunden im Großraum K auf. Anschließend fährt er nochmals in die Filiale in K, um Nacharbeiten zu erledigen.

Bei dem arbeitstäglichen Vor-und Nachbereiten der Außendiensttätigkeit in der Filiale in K handelt es sich um eine längerfristige berufliche Auswärtstätigkeit an derselben Tätigkeitsstätte; für die berufliche Tätigkeit an dieser Tätigkeitsstätte können nach Ablauf von drei

Monaten daher keine Verpflegungspauschalen mehr beansprucht werden. Für die restliche eintägige berufliche Auswärtstätigkeit bei den verschiedenen Kunden im Großraum K gilt dies nicht. Die Tätigkeitszeit in der Filiale in K kann für die Ermittlung der erforderlichen Mindestabwesenheitszeit von mehr als 8 Stunden nach Ablauf von 3 Monaten nicht mehr berücksichtigt werden, sondern ist abzuziehen. Ab dem vierten Monat kommt es für die Ermittlung der Abwesenheitszeiten der eintägigen Auswärtstätigkeit daher jeweils auf die Dauer der Abwesenheit von der Wohnung, abzüglich der Tätigkeitszeit(en) in der Filiale in K an.

Bei beruflichen Tätigkeiten auf mobilen, nicht ortsfesten betrieblichen Einrichtungen wie z. B.   56
Fahrzeugen, Flugzeugen, Schiffen findet die Dreimonatsfrist ebenfalls keine Anwendung. Entsprechendes gilt für eine Tätigkeit in einem weiträumigen Tätigkeitsgebiet.

Die Regelungen zu den Verpflegungspauschalen sowie die Dreimonatsfrist gelten auch im Rah-   57
men einer doppelten Haushaltsführung (§ 9 Absatz 4a Satz 12 EStG).

c) Pauschalbesteuerung nach § 40 Absatz 2 Satz 1 Nummer 4 EStG

Die Lohnsteuer kann mit einem Pauschsteuersatz von 25 Prozent erhoben werden, wenn dem   58
Arbeitnehmer Vergütungen für Verpflegungsmehraufwendungen anlässlich einer Auswärtstätigkeit i. S. v. § 9 Absatz 4a Satz 3 bis 6 EStG gezahlt werden, soweit diese die danach dem Arbeitnehmer zustehenden Verpflegungspauschalen ohne Anwendung der Kürzungsregelung nach § 9
Absatz 4a Satz 8 bis 10 EStG um nicht mehr als 100 Prozent übersteigen.

Soweit nach Ablauf der Dreimonatsfrist eine steuerfreie Erstattung von Verpflegungsmehrauf-   **59**
wendungen nicht mehr möglich ist, kommt eine Pauschalbesteuerung nach § 40 Absatz 2 Satz 1
Nummer 4 EStG nicht in Betracht.

Beispiel 42

Der Arbeitnehmer A erhält während einer ununterbrochenen viermonatigen Auswärtstätigkeit von seinem Arbeitgeber Vergütungen für Verpflegungsmehraufwendungen in Höhe von
48 Euro für jeden vollen Kalendertag. Für An- und Abreisetage reduziert sich diese Vergütung auf 24 Euro pro Tag. Während seiner Auswärtstätigkeit wird dem Arbeitnehmer kostenlos eine Unterkunft vom Arbeitgeber zur Verfügung gestellt.

In den ersten drei Monaten ist die Verpflegungspauschale für die vollen Kalendertage in
Höhe von 24 Euro und für die An- und Abreisetage jeweils in Höhe von 12 Euro steuerfrei.
Der Mehrbetrag von 24 Euro bzw. 12 Euro kann mit 25 Prozent pauschal versteuert werden.
Ab dem vierten Monat sind die vom Arbeitgeber gezahlten Verpflegungsvergütungen von
täglich 48 Euro bzw. 24 Euro wegen des Ablaufs der Dreimonatsfrist in voller Höhe als
Arbeitslohn individuell zu versteuern.

Für Verpflegungszuschüsse, die im Rahmen einer doppelten Haushaltsführung gezahlt werden   60
(§ 9 Absatz 4a Satz 12 EStG), ist die Pauschalbesteuerung nach § 40 Absatz 2 Satz 1 Nummer 4
EStG – wie bisher – nicht zulässig.

**3. Vereinfachung der steuerlichen Erfassung der vom Arbeitgeber zur Verfügung gestellten
Mahlzeiten während einer auswärtigen Tätigkeit, § 8 Absatz 2 Satz 8 und 9, § 9 Absatz 4a
Satz 8 bis 10, § 40 Absatz 2 Nummer 1a EStG**

**a) Bewertung und Besteuerungsverzicht bei üblichen Mahlzeiten, § 8 Absatz 2 Satz 8 und 9
EStG**

Eine vom Arbeitgeber während einer beruflich veranlassten Auswärtstätigkeit zur Verfügung   61
gestellte „übliche" Mahlzeit wird mit dem amtlichen Sachbezugswert nach § 2 SvEV bewertet.
Entsprechendes gilt für die im Rahmen einer beruflich veranlassten doppelten Haushaltsführung
vom Arbeitgeber zur Verfügung gestellten „üblichen" Mahlzeiten. Als „üblich" gilt eine Mahlzeit, deren Preis 60 Euro nicht übersteigt (§ 8 Absatz 2 Satz 8 EStG). Hierbei sind auch die zur
Mahlzeit eingenommenen Getränke einzubeziehen.

Mahlzeiten mit einem Preis von über 60 Euro dürfen nicht mit dem amtlichen Sachbezugswert   62
bewertet werden. Bei einer solchen Mahlzeit wird typisierend unterstellt, dass es sich um ein „Belohnungsessen" (R 8.1 Absatz 8 Nummer 3 LStR 2013) handelt. Belohnungsessen sind mit dem
tatsächlichen Preis als Arbeitslohn (§ 8 Absatz 2 Satz 1 EStG) anzusetzen.

Für die Prüfung der 60-Euro-Grenze kommt es auf den Preis der Mahlzeit (einschließlich Umsatz-   63
steuer) an, den der Dritte dem Arbeitgeber in Rechnung stellt. Zuzahlungen des Arbeitnehmers
sind bei der Prüfung der 60 Euro-Grenze nicht zu berücksichtigen. Ist der Preis der Mahlzeit in
der Rechnung eines Dritten nicht beziffert, weil die Mahlzeit im Rahmen eines Gesamtpreises
z. B. im Rahmen einer Fortbildungsveranstaltung berechnet wird, ist nach dem Gesamtbild der Verhältnisse im Einzelfall zu beurteilen, ob es sich um eine „übliche" Beköstigung i. S. d. § 8 Absatz 2
Satz 8 EStG gehandelt hat oder ob ein höherer Wert der Mahlzeit als 60 Euro anzunehmen ist.

64 Die für eine unmittelbar vom Arbeitgeber abgegebene Mahlzeit maßgeblichen Grundsätze gelten auch, wenn eine Mahlzeit auf Veranlassung des Arbeitgebers von einem Dritten an den Arbeitnehmer abgegeben wird. Die Gestellung einer Mahlzeit ist vom Arbeitgeber veranlasst, wenn er Tag und Ort der Mahlzeitengestellung bestimmt. Das ist insbesondere dann der Fall, wenn

– er die Verpflegungskosten im Hinblick auf die beruflich veranlasste Auswärtstätigkeit des Arbeitnehmers dienst- oder arbeitsrechtlich erstattet und

– die Rechnung auf den Arbeitnehmer ausgestellt ist (R 8.1 Absatz 8 Nummer 2 Satz 6 LStR 2013) oder es sich um eine Kleinbetragsrechnung i. S. d. § 14 UStG i. V. m. § 33 UStDV handelt, die im Original beim Arbeitgeber vorliegt **oder vorgelegen hat und zu Zwecken der elektronischen Archivierung eingescannt wurde**.

65 **Zu den vom Arbeitgeber zur Verfügung gestellten Mahlzeiten (Rz. 73 ff.) gehören auch die z. B. im Flugzeug, im Zug oder auf einem Schiff im Zusammenhang mit der Beförderung unentgeltlich angebotenen Mahlzeiten, sofern die Rechnung für das Beförderungsticket auf den Arbeitgeber ausgestellt ist und von diesem dienst- oder arbeitsrechtlich erstattet wird. Die Verpflegung muss dabei nicht offen auf der Rechnung ausgewiesen werden. Lediglich dann, wenn z. B. anhand des gewählten Beförderungstarifs feststeht, dass es sich um eine reine Beförderungsleistung handelt, bei der keine Mahlzeiten unentgeltlich angeboten werden, liegt keine Mahlzeitengestellung vor.**

66 Die steuerliche Erfassung einer solchen üblichen Mahlzeit als Arbeitslohn ist ausgeschlossen, wenn der Arbeitnehmer für die betreffende Auswärtstätigkeit dem Grunde nach eine Verpflegungspauschale i. S. d. § 9 Absatz 4a EStG als Werbungskosten geltend machen könnte. Auf die Höhe der tatsächlich als Werbungskosten anzusetzenden Verpflegungspauschale kommt es nicht an. Ebenso ist eine mögliche Kürzung des Werbungskostenabzugs nach § 9 Absatz 4a Satz 8 ff. EStG wegen der Gestellung einer Mahlzeit unerheblich.

67 Im Ergebnis unterbleibt die Erfassung der mit dem Sachbezugswert bewerteten Mahlzeit bereits immer dann, wenn der Arbeitnehmer anlässlich einer beruflich veranlassten Auswärtstätigkeit eine Verpflegungspauschale beanspruchen kann, weil er innerhalb der Dreimonatsfrist nach § 9 Absatz 4a Satz 6 EStG nachweislich mehr als acht Stunden von seiner Wohnung und der ersten Tätigkeitsstätte abwesend ist oder eine mehrtägige Auswärtstätigkeit mit Übernachtung vorliegt. Nach Ablauf der Dreimonatsfrist ist die Gestellung einer Mahlzeit grundsätzlich als Arbeitslohn zu erfassen.

Beispiel 43

Der Arbeitnehmer A nimmt auf Veranlassung seines Arbeitgebers an einem zweitägigen Seminar mit Übernachtung teil. Die Hotelrechnung ist auf den Arbeitgeber ausgestellt. Der Arbeitgeber erstattet die vom Arbeitnehmer verauslagten Übernachtungskosten von 100 Euro inklusive 20 Euro für ein Frühstück im Rahmen der Reisekostenabrechnung des Arbeitnehmers. Die auf den Arbeitgeber ausgestellte Rechnung des Seminarveranstalters hat der Arbeitgeber unmittelbar bezahlt. Darin enthalten ist für beide Seminartage jeweils ein für derartige Veranstaltungen typisches Mittagessen, dessen Preis in der Rechnung nicht gesondert ausgewiesen ist.

Der Arbeitnehmer A erhält sowohl das Frühstück als auch die beiden Mittagessen auf Veranlassung seines Arbeitgebers. Für den An- und den Abreisetag steht ihm grundsätzlich jeweils eine Verpflegungspauschale in Höhe von 12 Euro zu.

Obgleich der Preis der Mittagessen in der Rechnung des Seminarveranstalters nicht beziffert ist, kann auf Grund der Art und Durchführung der Seminarveranstaltung von einer üblichen Beköstigung ausgegangen werden, deren Preis 60 Euro nicht übersteigt. Die Mahlzeiten sind daher nicht als Arbeitslohn zu erfassen und die Verpflegungspauschale des Arbeitnehmers ist im Hinblick auf die zur Verfügung gestellten Mahlzeiten nach § 9 Absatz 4a Satz 8 EStG zu kürzen (vgl. Rz. **73** ff.).

68 Eine vom Arbeitgeber oder auf dessen Veranlassung von einem Dritten abgegebene Mahlzeit mit einem höheren Preis als 60 Euro ist stets als Arbeitslohn zu erfassen. Das gilt auch dann, wenn der Preis der Mahlzeit zwar nicht offen in Rechnung gestellt, nach dem Gesamtbild der Umstände aber als unüblich i. S. d. § 8 Absatz 2 Satz 8 EStG anzusehen ist und ein Wert der Mahlzeit von mehr als 60 Euro unterstellt werden kann. Im Zweifel ist der Wert der Mahlzeit zu schätzen. Eine unübliche Mahlzeit ist als Arbeitslohn zu erfassen, unabhängig davon, ob der Arbeitnehmer für die betreffende Auswärtstätigkeit eine Verpflegungspauschale als Werbungskosten geltend machen kann.

Beispiel 44

Der Arbeitnehmer A nimmt im Auftrag seines Arbeitgebers an einer eintägigen Podiumsdiskussion mit anschließender Abendveranstaltung teil. Die auf den Arbeitgeber ausgestellte Rechnung des Veranstalters hat der Arbeitgeber unmittelbar bezahlt. Darin enthalten sind die Kosten für ein Galadinner, das mit 80 Euro separat ausgewiesen ist. Der Arbeitnehmer ist mehr als acht Stunden von seiner Wohnung und seiner ersten Tätigkeitsstätte abwesend. Der Arbeitnehmer erhält das Galadinner vom Veranstalter der Podiumsdiskussion auf Veranlassung seines Arbeitgebers. Angesichts der Kosten von mehr als 60 Euro ist von einem Belohnungsessen auszugehen (unübliche Beköstigung gemäß § 8 Absatz 2 Satz 8 EStG), so dass die dafür berechneten 80 Euro als Arbeitslohn anzusetzen sind. Der Arbeitnehmer kann als Werbungskosten eine ungekürzte Verpflegungspauschale in Höhe von 12 Euro geltend machen.

Der Ansatz einer nach § 8 Absatz 2 Satz 8 EStG mit dem amtlichen Sachbezugswert bewerteten Mahlzeit als Arbeitslohn setzt voraus, dass es sich um eine übliche Mahlzeit handelt und der Arbeitnehmer keine Verpflegungspauschale beanspruchen kann; dies liegt regelmäßig vor, wenn er nicht mehr als acht Stunden außerhalb seiner Wohnung und seiner ersten Tätigkeitsstätte beruflich tätig ist oder die Dreimonatsfrist nach § 9 Absatz 4a Satz 6 EStG überschritten ist.   69

Zahlt der Arbeitnehmer in diesen Fällen ein Entgelt für die erhaltene Mahlzeit, mindert dieses Entgelt den steuerpflichtigen geldwerten Vorteil. Es ist nicht zu beanstanden, wenn der Arbeitgeber ein vereinbartes Entgelt für die Mahlzeit im Rahmen der Lohnabrechnung unmittelbar aus dem Nettoentgelt des Arbeitnehmers entnimmt. Übersteigt das vom Arbeitnehmer gezahlte Entgelt den maßgebenden Sachbezugswert oder entspricht es dem Sachbezugswert, verbleibt kein steuerpflichtiger geldwerter Vorteil. Der den Sachbezugswert übersteigende Betrag darf nicht als Werbungskosten abgezogen werden.   70

Gleiches gilt, wenn der Arbeitnehmer bei der Gestellung einer Mahlzeit auf Veranlassung des Arbeitgebers ein zuvor vereinbartes Entgelt unmittelbar an den Dritten entrichtet. Es muss sich hierbei aber um ein Entgelt des Arbeitnehmers handeln. Wird das vom Dritten in Rechnung gestellte Entgelt zunächst vom Arbeitnehmer verauslagt und diesem anschließend vom Arbeitgeber erstattet, handelt es sich nicht um ein Entgelt des Arbeitnehmers. Das gilt insbesondere für den auf den Arbeitgeber ausgestellten Rechnungsbetrag.   71

Beispiel 45

Der Arbeitnehmer A nimmt auf Veranlassung seines Arbeitgebers an einem zweitägigen Seminar mit Übernachtung teil. Die auf den Arbeitgeber ausgestellte Hotelrechnung von 100 Euro inklusive 20 Euro für ein Frühstück wird zunächst vom Arbeitnehmer bezahlt. Der Arbeitgeber erstattet dem Arbeitnehmer die Übernachtungskosten inklusive Frühstück im Rahmen der Reisekostenabrechnung.

Im Hinblick auf die Rechnungsstellung und spätere Erstattung der Auslagen durch den Arbeitgeber handelt es sich bei dem in der Hotelrechnung für das Frühstück enthaltenen Kostenanteil nicht um ein Entgelt des Arbeitnehmers. Da es sich bei den zur Verfügung gestellten Mahlzeiten um übliche Mahlzeiten handelt, sind diese nicht als Arbeitslohn zu erfassen; beim Werbungskostenabzug des Arbeitnehmers sind die Verpflegungspauschalen entsprechend zu kürzen (für den zweiten Tag zustehende Verpflegungspauschale um 4,80 Euro).

Beispiel 46

Der Arbeitnehmer A wird für sechs Monate von seinem Arbeitgeber an einen Tochterbetrieb im Inland entsandt. Für die Zeit der Entsendung übernachtet der Arbeitnehmer während der Woche in einem Hotel in der Nähe des Tochterbetriebs. Das Hotel stellt dem Arbeitgeber pro Übernachtung 70 Euro zuzüglich 10 Euro für ein Frühstück in Rechnung, dass der Arbeitnehmer zunächst verauslagt und dann im Rahmen der Reisekostenabrechnung von seinem Arbeitgeber erstattet erhält. Es liegt eine beruflich veranlasste Auswärtstätigkeit vor. Der Arbeitnehmer erhält das Frühstück jeweils auf Veranlassung seines Arbeitgebers.

Für die ersten drei Monate der Auswärtstätigkeit stehen dem Arbeitnehmer arbeitstäglich Verpflegungspauschalen zu. Da es sich bei den zur Verfügung gestellten Mahlzeiten um übliche Mahlzeiten handelt, sind diese nicht als Arbeitslohn zu erfassen und beim Werbungskostenabzug des Arbeitnehmers die Verpflegungspauschalen entsprechend zu kürzen.

Ab dem vierten Monat der Auswärtstätigkeit stehen dem Arbeitnehmer keine Verpflegungspauschalen mehr zu. Das Frühstück ist jeweils mit dem amtlichen Sachbezugswert als Arbeitslohn zu erfassen, der nach § 40 Absatz 2 Satz 1 Nummer 1a EStG pauschal besteuert (vgl. dazu Rz. **93** ff.) werden kann.

Abwandlung

Sachverhalt wie voriges Beispiel. Allerdings zahlt der Arbeitnehmer A für das Frühstück jeweils 3 Euro.

Das vom Arbeitnehmer A für das Frühstück gezahlte Entgelt ist ab dem vierten Monat auf den Sachbezugswert anzurechnen. Da das Entgelt höher ist als der Sachbezugswert, unterbleibt eine Besteuerung als Arbeitslohn. Der den Sachbezugswert übersteigende Betrag darf nicht als Werbungskosten abgezogen werden.

72 Die Vorteile aus der Teilnahme des Arbeitnehmers an einer geschäftlich veranlassten Bewirtung i. S. d. § 4 Absatz 5 Satz 1 Nummer 2 EStG gehören weiterhin nicht zum Arbeitslohn (R 8.1 Absatz 8 Nummer 1 LStR 2013). Entsprechendes gilt für die im ganz überwiegenden eigenbetrieblichen Interesse des Arbeitgebers abgegebenen Mahlzeiten. Hierzu gehören insbesondere die Teilnahme an einem Arbeitsessen (R 19.6 Absatz 2 Satz 2 LStR 2013) sowie die im Rahmen einer üblichen Betriebsveranstaltung (R 19.5 LStR 2013) abgegebenen Mahlzeiten.

b) Kürzung der Verpflegungspauschalen, § 9 Absatz 4a Satz 8 bis 10 EStG

aa) Voraussetzungen der Mahlzeitengestellung

73 Der Arbeitnehmer kann für die ihm tatsächlich entstandenen Mehraufwendungen für Verpflegung auf Grund einer beruflich veranlassten Auswärtstätigkeit nach der Abwesenheitszeit von seiner Wohnung und seiner ersten Tätigkeitsstätte gestaffelte Verpflegungspauschalen als Werbungskosten ansetzen oder in entsprechender Höhe einen steuerfreien Arbeitgeberersatz erhalten. Das Merkmal „tatsächlich entstandene" Mehraufwendungen bringt dabei zum Ausdruck, dass die Verpflegungspauschalen insoweit nicht mehr zum Ansatz kommen, als der Arbeitnehmer während seiner beruflichen Auswärtstätigkeit durch den Arbeitgeber „verpflegt" wird. Eine Prüfungspflicht hinsichtlich der Höhe der tatsächlich entstandenen Aufwendungen besteht nicht. Wird dem Arbeitnehmer von seinem Arbeitgeber oder auf dessen Veranlassung von einem Dritten eine Mahlzeit zur Verfügung gestellt, wird der Werbungskostenabzug vielmehr tageweise gekürzt, und zwar

– um 20 Prozent für ein Frühstück und

– um jeweils 40 Prozent für ein Mittag- und Abendessen

der für die 24-stündige Abwesenheit geltenden höchsten Verpflegungspauschale. Das entspricht für Auswärtstätigkeiten im Inland einer Kürzung der jeweils zustehenden Verpflegungspauschale um 4,80 Euro für ein Frühstück und jeweils 9,60 Euro für ein Mittag- und Abendessen. **Diese typisierende, pauschale Kürzung der Verpflegungspauschale ist tagesbezogen und maximal bis auf 0 Euro vorzunehmen.**

74 [1])**Auch ein vom Arbeitgeber zur Verfügung gestellter Snack oder Imbiss (z. B. belegte Brötchen, Kuchen, Obst), der während einer auswärtigen Tätigkeit gereicht wird, kann eine Mahlzeit sein, die zur Kürzung der Verpflegungspauschale führt. Eine feste zeitliche Grenze für die Frage, ob ein Frühstück, Mittag-oder Abendessen zur Verfügung gestellt wird, gibt es nicht. Maßstab für die Einordnung ist vielmehr, ob die zur Verfügung gestellte Verpflegung an die Stelle einer der genannten Mahlzeiten tritt, welche üblicherweise zu der entsprechenden Zeit eingenommen wird.**

75 **Unbeachtlich im Hinblick auf die gesetzlich vorgeschriebene pauschale Kürzung der Verpflegungspauschalen ist, ob die vom Arbeitgeber zur Verfügung gestellte Mahlzeit vom Arbeitnehmer tatsächlich eingenommen wird oder die Aufwendungen für die vom Arbeitgeber gestellte Mahlzeit niedriger sind als der jeweilige pauschale Kürzungsbetrag. Die Kürzung kann nur dann unterbleiben, wenn der Arbeitgeber keine Mahlzeit zur Verfügung stellt, z. B. weil er die entsprechende Mahlzeit abbestellt oder der Arbeitnehmer die Mahlzeit selbst veranlasst und bezahlt.**

Beispiel 47

Der Arbeitnehmer A ist von 9.00 Uhr bis 18.00 auswärts bei verschiedenen Kunden beruflich tätig. In der Mittagspause kauft er sich eine Pizza und ein Wasser für 8 Euro. Da A anlässlich einer eintägigen beruflichen Auswärtstätigkeit mehr als acht Stunden von seiner Wohnung abwesend ist, könnte er eine Verpflegungspauschale von 12 Euro beanspruchen. Würde A die Rechnung für die mittags verzehrte Pizza und das Wasser seinem Arbeitgeber

---

[1] Auszug aus dem Antwortschreiben des BMF vom 19. 5. 2015 (IV C 5 – S 2353/15/10002 – DOK 2015/0364577) an die acht Spitzenverbände der gewerblichen Wirtschaft:
Aus steuerrechtlicher Sicht werden als Mahlzeiten alle Speisen und Lebensmittel angesehen, die üblicherweise der Ernährung dienen und die zum Verzehr während der Arbeitszeit oder im unmittelbaren Anschluss daran geeignet sind, somit Vor- und Nachspeisen ebenso wie Imbisse und Snacks. Eine Kürzung der steuerlichen Verpflegungspauschale ist allerdings nur vorzunehmen, wenn es sich bei der vom Arbeitgeber gestellten Mahlzeit tatsächlich um ein Frühstück, Mittag- oder Abendessen handelt. Es kommt daher für die steuerrechtliche Würdigung nicht allein darauf an, dass dem Arbeitnehmer etwas Essbares vom Arbeitgeber zur Verfügung gestellt wird, sondern auch, ob es sich dabei um eine der im Gesetz genannten Mahlzeit handelt. So handelt es sich beispielsweise bei Kuchen, der anlässlich eines Nachmittagskaffees gereicht wird, nicht um eine der genannten Mahlzeiten und es ist keine Kürzung der Verpflegungspauschale vorzunehmen. Auch die z. B. auf innerdeutschen Flügen oder Kurzstrecken-Flügen gereichten kleinen Tüten mit Chips, Salzgebäck, Schokowaffeln, Müsliriegel oder vergleichbare andere Knabbereien erfüllen nicht die Kriterien für eine Mahlzeit und führen somit zu keiner Kürzung der Pauschalen. In der Praxis wird es vorrangig dem jeweiligen Arbeitgeber, zu beurteilen, inwieweit die von ihm angebotenen Speisen unter Berücksichtigung z. B. ihres jeweiligen Umfangs, des entsprechenden Anlasses oder der Tageszeit tatsächlich an die Stelle einer der genannten Mahlzeiten treten.

vorlegen und von diesem erstattet bekommen, könnte A neben 8 Euro Erstattungsbetrag nur noch eine gekürzte Verpflegungspauschale von 2,40 Euro (12 Euro – 9,60 Euro) beanspruchen.

[1])**Bei der Hingabe von Essensmarken durch den Arbeitgeber im Rahmen einer beruflichen Auswärtstätigkeit des Arbeitnehmers, handelt es sich in der Regel nicht um eine vom Arbeitgeber gestellte Mahlzeit, sondern lediglich um eine Verbilligung der vom Arbeitnehmer selbst veranlassten und bezahlten Mahlzeit.**   76

Beispiel 48

Der Arbeitnehmer A ist auf einer dreitägigen Auswärtstätigkeit. Der Arbeitgeber hat für den Arbeitnehmer in einem Hotel zwei Übernachtungen jeweils mit Frühstück sowie am Zwischentag ein Mittag- und ein Abendessen gebucht und bezahlt. Der Arbeitnehmer A erhält vom Arbeitgeber keine weiteren Reisekostenerstattungen.

Der Arbeitgeber hat keinen geldwerten Vorteil für die Mahlzeiten zu versteuern. Der Arbeitnehmer kann für die Auswärtstätigkeit folgende Verpflegungspauschalen als Werbungskosten geltend machen:

Anreisetag:		12,00 Euro
Zwischentag:		24,00 Euro
Kürzung:	Frühstück	– 4,80 Euro
	Mittagessen	– 9,60 Euro
	Abendessen	– 9,60 Euro
verbleiben für Zwischentag		0,00 Euro
Abreisetag:		12,00 Euro
Kürzung:	Frühstück	– 4,80 Euro
verbleiben für den Abreisetag		7,20 Euro
Insgesamt abziehbar		19,20 Euro

Beispiel 49

Der Werbegrafiker W arbeitet von 10.00 Uhr bis 20.00 Uhr in seinem Büro in B (erste Tätigkeitsstätte), anschließend fährt er noch zu einem Geschäftstermin in C. Der Termin erstreckt sich bis 3.00 Uhr des Folgetags. W kehrt um 4.30 Uhr in seine Wohnung zurück. Zu Beginn des Geschäftstermins nimmt W an einem Abendessen teil, welches vom Arbeitgeber des W bestellt und bezahlt wird.

W ist im Rahmen seiner beruflichen Tätigkeit mehr als acht Stunden auswärts tätig. Dass sich diese Abwesenheit über zwei Kalendertage ohne Übernachtung erstreckt, ist unschädlich. Die Abwesenheitszeiten werden zusammengerechnet und dem zweiten Kalendertag zugeordnet, da an diesem Tag der überwiegende Teil der Abwesenheit stattgefunden hat. Die Verpflegungspauschale von 12 Euro für die berufliche Abwesenheit von mehr als acht Stunden über Nacht ist allerdings um 9,60 Euro zu kürzen; dass die Mahlzeit am ersten Tag vom Arbeitgeber gestellt wird und die Verpflegungspauschale dem Folgetag (Tag an dem die Auswärtstätigkeit endet) zuzuordnen ist, ist dabei unbeachtlich; dem Arbeitnehmer wird im Zusammenhang mit der beruflichen Auswärtstätigkeit, für die er die Verpflegungspauschale beanspruchen kann, eine Mahlzeit vom Arbeitgeber gestellt.

bb) Weitere Voraussetzungen der Kürzung

Die Kürzung der **Verpflegungspauschalen** ist auch dann vorzunehmen, wenn der Arbeitgeber die dem Arbeitnehmer zustehende Reisekostenvergütung lediglich gekürzt ausbezahlt. Nur ein für die Gestellung der Mahlzeit vereinbartes und vom Arbeitnehmer tatsächlich gezahltes Entgelt mindert den Kürzungsbetrag. Es ist hierbei nicht zu beanstanden, wenn der Arbeitgeber das für die Mahlzeit vereinbarte Entgelt im Rahmen eines abgekürzten Zahlungsweges unmittelbar aus dem Nettolohn des Arbeitnehmers entnimmt. Gleiches gilt, wenn der Arbeitgeber das Entgelt im Wege der Verrechnung aus der dem Arbeitnehmer dienst- oder arbeitsrechtlich zustehenden Reisekostenerstattung entnimmt.   77

Beispiel 50

Der Arbeitnehmer A ist auf einer dreitägigen Auswärtstätigkeit. Der Arbeitgeber hat für den Arbeitnehmer A in einem Hotel zwei Übernachtungen jeweils mit Frühstück sowie am Zwischentag ein Mittag- und ein Abendessen gebucht und bezahlt. Zusätzlich zu diesen Leistungen möchte der Arbeitgeber auch noch eine steuerfreie Reisekostenerstattung zahlen. Für die vom Arbeitgeber veranlassten und bezahlten Mahlzeiten soll jeweils ein Betrag in Höhe des geltenden Sachbezugswertes (2014: Frühstück 1,63 Euro und Mittag-/Abendessen 3,00 Euro) einbehalten werden.

[1) → aber auch H 8.1 (7) Essensmarken nach Ablauf der Dreimonatsfrist bei Auswärtstätigkeit.

Der Arbeitgeber hat keinen geldwerten Vorteil für die Mahlzeiten zu versteuern. Der Arbeitgeber kann für die Auswärtstätigkeit höchstens noch folgende Beträge zusätzlich für die Verpflegung steuerfrei auszahlen:

Anreisetag:		12,00 Euro
Zwischentag:		24,00 Euro
Kürzung:	Frühstück	– 4,80 Euro
	Mittagessen	– 9,60 Euro
	Abendessen	– 9,60 Euro
verbleiben für Zwischentag		0,00 Euro
Abreisetag:		12,00 Euro
Kürzung:	Frühstück	– 4,80 Euro
verbleiben für den Abreisetag		7,20 Euro
Insgesamt abziehbar		19,20 Euro

Zahlt der Arbeitgeber angesichts der Mahlzeitengestellung nur eine (z. B. um die amtlichen Sachbezugswerte für zwei Frühstücke je 1,63 Euro, ein Mittagessen je 3,00 Euro und ein Abendessen je 3,00 Euro zusammen also um 9,26 Euro) gekürzte steuerfreie Reisekostenerstattung von 9,94 Euro an seinen Arbeitnehmer, kann der Arbeitnehmer die Differenz von 9,26 Euro als Werbungskosten geltend machen. In diesem Fall hat der Arbeitnehmer einen arbeitsrechtlichen Anspruch (nur) auf eine gekürzte Reisekostenerstattung.

Anreisetag:		12,00 Euro
Zwischentag:		24,00 Euro
Kürzung:	Frühstück	– 4,80 Euro
	Mittagessen	– 9,60 Euro
	Abendessen	– 9,60 Euro
verbleiben für Zwischentag		0,00 Euro
Abreisetag:		12,00 Euro
Kürzung:	Frühstück	– 4,80 Euro
verbleiben für den Abreisetag		7,20 Euro
Insgesamt abziehbar		19,20 Euro
abzüglich steuerfreie Reisekostenerstattung		– 9,94 Euro
verbleiben als Werbungskosten		– 9,26 Euro

Nimmt der Arbeitgeber den Einbehalt in Höhe der Sachbezugswerte z. B. von einem Betrag in Höhe der ungekürzten Verpflegungspauschalen (48,00 Euro) vor und zahlt nur eine gekürzte Reisekostenerstattung von 38,74 Euro (48 Euro – 9,26 Euro) an den Arbeitnehmer, können ebenfalls höchstens 19,20 Euro steuerfrei erstattet werden. Der darüber hinausgehende, vom Arbeitgeber ausgezahlte Betrag von 19,54 Euro (= 38,74 Euro – 19,20 Euro) ist pauschal (nach § 40 Absatz 2 Satz 1 Nummer 4 EStG höchstens bis zu 48,00 Euro) oder individuell zu besteuern.

Zahlt der Arbeitgeber eine ungekürzte steuerfreie Reisekostenerstattung von 19,20 Euro, zieht hiervon aber im Wege der Verrechnung ein Entgelt für die gestellten Mahlzeiten in Höhe der amtlichen Sachbezugswerte ab, ist die Kürzung der Verpflegungspauschalen um die verrechneten Entgelte zu kürzen, im Gegenzug aber die ungekürzte steuerfreie Reisekostenerstattung von 19,20 Euro abzuziehen. Zwar erhält der Arbeitnehmer nur 9,94 Euro ausgezahlt, dies ist aber wirtschaftlich die Differenz aus 19,20 Euro steuerfreie Reisekostenerstattung – 9,26 Euro Entgelt für die gestellten Mahlzeiten. In diesem Fall hat der Arbeitnehmer einen arbeitsrechtlichen Anspruch auf eine ungekürzte steuerfreie Reisekostenerstattung, die der Arbeitgeber aber im Rahmen der Erfüllung dieses Erstattungsanspruchs mit seinem Anspruch auf das für die Mahlzeiten vereinbarte Entgelt aufrechnet. Die arbeitgeberinterne Verrechnung ändert nicht den wirtschaftlichen Charakter oder die Anspruchsgrundlage der Reisekostenerstattung.

Anreisetag:		12,00 Euro
Zwischentag:		24,00 Euro
Kürzung:	Frühstück	– 3,17 Euro
		(4,80 – 1,63 Euro)
	Mittagessen	– 6,60 Euro
		(9,60 – 3,00 Euro)
	Abendessen	– 6,60 Euro
		(9,60 – 3,00 Euro)
verbleiben für Zwischentag		7,63 Euro
Abreisetag:		12,00 Euro
Kürzung:	Frühstück	– 3,17 Euro
		(4,80 – 1,63 Euro)
verbleiben für den Abreisetag		8,83 Euro
Insgesamt Verpflegungspauschalen		28,46 Euro
abzüglich steuerfreie Reisekostenerstattung		– 19,20 Euro
verbleiben als Werbungskosten		9,26 Euro

Zahlt der Arbeitgeber eine ungekürzte Reisekostenerstattung von 48 Euro und zieht hiervon das für die Mahlzeiten vereinbarte Entgelt in Höhe der Sachbezugswerte im Wege der Verrechnung ab (48,00 Euro – 9,26 Euro = 38,74 Euro), ändert dies nichts an der Berechnung der dem Arbeitnehmer steuerlich zustehenden Verpflegungspauschalen. In diesem Fall können ebenfalls 28,46 Euro steuerfrei erstattet werden. Der darüber hinausgehende, dem Arbeitnehmer arbeitsrechtlich zustehende Erstattungsbetrag von 19,54 Euro (= 48,00 Euro – 28,46 Euro) ist pauschal (nach § 40 Absatz 2 Satz 1 Nummer 4 EStG höchstens bis zu 48,00 Euro) oder individuell zu besteuern.

Abwandlung 1

Wie Beispiel **50** Ausgangsfall, allerdings zahlt der Arbeitnehmer A für das Frühstück je 5 Euro und für das Mittag- und das Abendessen je 7 Euro.

Anreisetag:		12,00 Euro
Zwischentag:		24,00 Euro
Kürzung:	Frühstück	– 0,00 Euro
		(4,80 – 5,00 Euro)
	Mittagessen	– 2,60 Euro
		(9,60 – 7,00 Euro)
	Abendessen	– 2,60 Euro
		(9,60 – 7,00 Euro)
verbleiben für Zwischentag		18,80 Euro
Abreisetag:		12,00 Euro
Kürzung:	Frühstück	– 0,00 Euro
		(4,80 – 5,00 Euro)
verbleiben für den Abreisetag		12,00 Euro
Insgesamt steuerfrei auszahlbar		42,80 Euro

Abwandlung 2

Sachverhalt wie Beispiel **50** Ausgangsfall, allerdings zahlt der Arbeitnehmer für die volle Verpflegung am Zwischentag pauschal 19,00 Euro.

Anreisetag:		12,00 Euro
Zwischentag:		24,00 Euro
Kürzung:	Tagesverpflegung	– 5,00 Euro
(24 Euro – 19 Euro)		
verbleiben für Zwischentag		19,00 Euro
Abreisetag:		12,00 Euro
Kürzung:	Frühstück	– 4,80 Euro
verbleiben für den Abreisetag		7,20 Euro
Insgesamt steuerfrei auszahlbar		38,20 Euro

Beispiel 51

Der Arbeitnehmer ist während einer eintägigen Auswärtätigkeit von 5.00 bis 22.00 Uhr abwesend. Der Arbeitgeber stellt am Reisetag zwei Mahlzeiten (Mittag- und Abendessen) zur Verfügung. Für eintägige Auswärtätigkeiten erstattet der Arbeitgeber dem Arbeitnehmer einen Verpflegungsmehraufwand von 30,00 Euro. Aufgrund der Kürzung der Verpflegungspauschale verbleibt kein steuerfreier Reisekostenersatz für Verpflegungsmehraufwendungen.

Verpflegungspauschale:		**12,00 Euro**
Kürzung:	**Mittagessen**	**–9,60 Euro**
	Abendessen	**–9,60 Euro**
verbleibt Verpflegungspauschale:		**0,00 Euro**

Die Erstattung des Verpflegungsmehraufwands durch den Arbeitgeber ist in Höhe von 30,00 Euro grundsätzlich steuerpflichtiger Arbeitslohn. Nach § 40 Absatz 2 Satz 1 Nummer 4 EStG kann der Arbeitgeber einen Betrag von 12,00 Euro (100 Prozent des in § 9 Absatz 4a Satz 3 Nummer 2 EStG genannten Betrags) pauschal mit 25 Prozent besteuern. Die verbleibenden 18,00 Euro (30,00 Euro abzüglich 12,00 Euro) sind nach den persönlichen Besteuerungsmerkmalen des Arbeitnehmers individuell zu besteuern.

Zuzahlungen des Arbeitnehmers sind jeweils vom Kürzungsbetrag derjenigen Mahlzeit abzuziehen, für die der Arbeitnehmer das Entgelt zahlt. Übersteigt das vom Arbeitnehmer für die Mahlzeit gezahlte Entgelt den Kürzungsbetrag, entfällt für diese Mahlzeit die Kürzung des Werbungskostenabzugs. Eine Verrechnung etwaiger Überzahlungen des Arbeitnehmers mit Kürzungsbeträgen für andere Mahlzeiten ist nicht zulässig.

Beispiel 52

Der Arbeitnehmer A ist auf einer dreitägigen Auswärtätigkeit. Der Arbeitgeber hat für den Arbeitnehmer in einem Hotel zwei Übernachtungen jeweils mit Frühstück sowie am Zwischentag ein Mittag- und ein Abendessen gebucht und bezahlt. Der Arbeitnehmer A zahlt für das Mittag- und Abendessen je 10 Euro.

Anreisetag:		12,00 Euro
Zwischentag:		24,00 Euro
Kürzung:	Frühstück	– 4,80 Euro
	Mittagessen	– 0,00 Euro (9,60 – 10,00 Euro)
	Abendessen	– 0,00 Euro (9,60 – 10,00 Euro)
verbleiben für Zwischentag		19,20 Euro
Abreisetag:		12,00 Euro
Kürzung:	Frühstück	– 4,80 Euro
verbleiben für den Abreisetag		7,20 Euro
Insgesamt Verpflegungspauschalen		38,40 Euro

79 Die Kürzung **der Verpflegungspauschale** ist auch dann vorzunehmen, wenn der Arbeitgeber den amtlichen Sachbezugswert der Mahlzeit pauschal besteuert hat.

Beispiel 53

Der Arbeitnehmer A nimmt an einer eintägigen Fortbildungsveranstaltung teil. Der Arbeitgeber hat für den Arbeitnehmer A auf dieser Fortbildungsveranstaltung ein Mittagessen gebucht und bezahlt. Der Arbeitgeber besteuert das Mittagessen nach § 40 Absatz 2 Satz 1 Nummer 1a EStG pauschal, da er keine Aufzeichnungen über die Abwesenheit des Arbeitnehmers führt. Der Arbeitnehmer A erhält vom Arbeitgeber keine weiteren Reisekostenerstattungen.

Der A kann anhand seiner Bahntickets gegenüber dem Finanzamt nachweisen, dass er für die Fortbildung insgesamt zehn Stunden von seiner Wohnung und seiner ersten Tätigkeitsstätte abwesend war. Er kann für die Fortbildung folgende Verpflegungspauschalen als Werbungskosten abziehen:

eintägige Auswärtstätigkeit:	12,00 Euro
Kürzung: 1x Mittagessen	– 9,60 Euro
verbleiben als Verpflegungspauschale	2,40 Euro

80 Erhält der Arbeitnehmer steuerfreie Erstattungen für Verpflegung vom Arbeitgeber, ist ein Werbungskostenabzug insoweit ausgeschlossen.

Beispiel 54

Der Arbeitnehmer A ist auf einer dreitägigen Auswärtstätigkeit. Der Arbeitgeber hat für den Arbeitnehmer in einem Hotel zwei Übernachtungen jeweils mit Frühstück sowie am Zwischentag ein Mittag- und ein Abendessen gebucht und bezahlt. Der Arbeitnehmer A erhält von seinem Arbeitgeber zusätzlich zu den zur Verfügung gestellten Mahlzeiten noch eine steuerfreie Reisekostenerstattung für Verpflegungsmehraufwendungen in Höhe von 19,20 Euro. Der Arbeitgeber muss keinen geldwerten Vorteil für die Mahlzeiten versteuern. Der A kann für die Auswärtstätigkeit keine Verpflegungspauschalen als Werbungskosten geltend machen:

Anreisetag:		12,00 Euro
Zwischentag:		24,00 Euro
Kürzung:	Frühstück	– 4,80 Euro
	Mittagessen	– 9,60 Euro
	Abendessen	– 9,60 Euro
verbleiben für Zwischentag		0,00 Euro
Abreisetag:		12,00 Euro
Kürzung:	Frühstück	– 4,80 Euro
verbleiben für den Abreisetag		7,20 Euro
Insgesamt Verpflegungspauschalen		19,20 Euro
abzüglich steuerfreie Reisekostenerstattung:		– 19,20 Euro
verbleiben als Werbungskosten:		0,00 Euro

81 Die Kürzung der Verpflegungspauschalen ist nach § 9 Absatz 4a Satz 8 EStG immer dann vorzunehmen, wenn dem Arbeitnehmer eine Mahlzeit von seinem Arbeitgeber oder auf dessen Veranlassung von einem Dritten zur Verfügung gestellt wird.

82 Die Kürzung gilt daher auch für die Teilnahme des Arbeitnehmers an einer geschäftlich veranlassten Bewirtung i. S. d. § 4 Absatz 5 Satz 1 Nummer 2 EStG oder an einem außerhalb der ersten Tätigkeitsstätte gewährten Arbeitsessen (R 19.6 Absatz 2 Satz 2 LStR 2013), wenn der Arbeitgeber oder auf dessen Veranlassung ein Dritter die Mahlzeit zur Verfügung stellt. Es kommt nicht darauf an, ob Vorteile aus der Gestellung derartiger Mahlzeiten zum Arbeitslohn zählen.

Beispiel 55

Unternehmer U trifft sich am Samstagabend mit einigen Vertretern der Zulieferfirma Z in einem Restaurant zum Essen, um mit diesen eine geschäftliche Kooperation zu erörtern. An dem Essen nehmen auch der Vertriebsleiter und der Leiter der Konstruktionsabteilung des U teil. Jeder Teilnehmer erhält ein Menü zum Preis von 55 Euro einschließlich Getränke. Die Mahlzeit am Samstagabend erhalten die Arbeitnehmer des U im Rahmen einer

geschäftlich veranlassten Bewirtung; sie gehört nicht zum Arbeitslohn. Sofern bei den Arbeitnehmern des U die Voraussetzungen für eine Verpflegungspauschale erfüllt wären (z. B. weil sie mehr als acht Stunden abwesend waren oder weil sie nach dem Restaurantbesuch auswärtig übernachtet haben), wäre diese um 9,60 Euro zu kürzen.

Für die Arbeitnehmer der Zulieferfirma Z handelt es sich ebenfalls um die Teilnahme an einer geschäftlich veranlassten Bewirtung, die auch für die Arbeitnehmer des Z keinen Arbeitslohn darstellt. Sofern die Arbeitnehmer des Z die Voraussetzungen für eine Verpflegungspauschale erfüllen, ist bei diesen keine Kürzung wegen der gestellten Mahlzeit vorzunehmen. Z selbst hat seinen Arbeitnehmern keine Mahlzeit gestellt. Da U das Essen gestellt hat, um Geschäftsbeziehungen zu Z zu knüpfen, ist das Merkmal: „ein Dritter auf Veranlassung des Arbeitgebers" nicht gegeben.

Nimmt der Arbeitnehmer hingegen an der geschäftlich veranlassten Bewirtung durch einen Dritten oder einem Arbeitsessen eines Dritten teil, fehlt es in aller Regel an einer durch den Arbeitgeber zur Verfügung gestellten Mahlzeit; in diesem Fall sind die Verpflegungspauschalen nicht zu kürzen.   83

Beispiel 56

Der Mitarbeiter einer deutschen Gesellschaft nimmt an einer Vertriebsveranstaltung im Betriebssitz der italienischen Tochtergesellschaft teil (separate Firmierung). Die italienische Gesellschaft trägt sämtliche Kosten der Vertriebsveranstaltung (so z. B. Hotel, Essen, etc.).

Die Verpflegungspauschalen des Arbeitnehmers der deutschen Gesellschaft sind nicht zu kürzen, weil ihm die Mahlzeiten nicht auf Veranlassung seines Arbeitgebers, sondern eines Dritten (der italienischen Tochtergesellschaft) zur Verfügung gestellt werden.

Abwandlung

Die italienische Tochtergesellschaft belastet der deutschen Gesellschaft die Kosten für den Arbeitnehmer weiter.

In diesem Fall ist davon auszugehen, dass die dem Arbeitnehmer gestellten Mahlzeiten auf Veranlassung des Arbeitgebers erfolgen, was zur gesetzlich vorgeschriebenen Kürzung der Verpflegungspauschalen führt.

Da die im Rahmen einer herkömmlichen Betriebsveranstaltung (R 19.5 LStR 2013[1])) abgegebenen Mahlzeiten in aller Regel durch den Arbeitgeber veranlasst sind, gelten für den Sonderfall, dass die Betriebsveranstaltung mit einer beruflichen Auswärtstätigkeit verknüpft ist, die in Rz. **88** dargestellten Grundsätze entsprechend.   84

Die durch eine zusätzlich zur Betriebsveranstaltung veranlasste berufliche Auswärtstätigkeit entstehenden Fahrt-und Übernachtungskosten sowie Verpflegungsmehraufwendungen sind Reisekosten und können als Werbungskosten berücksichtigt oder in entsprechender Höhe als steuerfreier Arbeitgeberersatz erstattet werden.   85

Die dem Arbeitgeber unmittelbar durch die Betriebsveranstaltung entstehenden Fahrt- und Übernachtungskosten sowie Verpflegungsaufwendungen sind nach den für die Betriebsveranstaltung geltenden allgemeinen Grundsätzen steuerlich zu beurteilen.

Die Kürzung der Verpflegungspauschalen unterbleibt insoweit, als Mahlzeiten vom Arbeitgeber zur Verfügung gestellt werden, deren Preis 60 Euro übersteigt und die daher individuell zu versteuern sind.   86

Hat der Arbeitnehmer für die Mahlzeit ein Entgelt entrichtet, wird dieses Entgelt auf den Kürzungsbetrag angerechnet. Es kommt insoweit auf das tatsächlich entrichtete Entgelt an, nicht aber darauf, ob das Entgelt dem tatsächlichen Wert der Mahlzeit entsprochen oder der Arbeitnehmer die Mahlzeit verbilligt erhalten hat.   87

cc) Ermittlung der Pauschalen bei gemischt veranlassten Veranstaltungen mit Mahlzeitengestellung

Bei gemischt veranlassten Reisen sind die **entstehenden** Kosten **grundsätzlich** in einen beruflich veranlassten Anteil und einen den Kosten der Lebensführung zuzurechnenden Anteil aufzuteilen (vgl. BFH vom 18. August 2005, VI R 32/03, BStBl 2006 II S. 30). Dies gilt auch für die **entstehenden** Verpflegungsmehraufwendungen. Stellt der Arbeitgeber im Rahmen einer gemischt veranlassten Reise Mahlzeiten zur Verfügung, ist die **gesetzlich vorgeschriebene** Kürzung der Verpflegungspauschalen **erst** nach **der** Ermittlung des beruflich veranlassten Teils der Verpflegungspauschalen vorzunehmen.   88

---

1) R 19.5 LStR ist für alle nach dem 31. 12. 2014 endenden Lohnzahlungszeiträume sowie für VZ ab dem Jahr 2015 nicht mehr anzuwenden → BMF vom 14. 10. 2015 (BStBl I S. 832), → Anhang 41

Beispiel 57

Der Arbeitnehmer A nimmt an einer einwöchigen vom Arbeitgeber organisierten und finanzierten Reise im Inland teil. Das Programm sieht morgens eine Fortbildungsmaßnahme vor, der Nachmittag steht für touristische Aktivitäten zur Verfügung. Frühstück und Abendessen sind inklusive (Halbpension).

Folgende Auswirkungen ergeben sich durch die gemischte Veranlassung der Reise **(bei einer angenommene Quote von 50 Prozent)** auf die steuerliche Berücksichtigung des Verpflegungsmehraufwands:

Die Verpflegungsmehraufwendungen sind – wie die übrigen Reisekosten – nur zu 50 Prozent beruflich veranlasst.

Anreisetag:	
12,00 Euro × 50 Prozent =	6,00 Euro
Kürzung:	– 9,60 Euro
verbleibt Verpflegungspauschale	0,00 Euro
5 Zwischentage je 24,00 Euro × 50 Prozent =	je 12,00 Euro
Kürzung je 4,80 Euro und je 9,60 Euro =	je – 14,40 Euro
verbleibt Verpflegungspauschale 5x 0,00 Euro =	0,00 Euro
Abreisetag: 12,00 Euro × 50 Prozent =	6,00 Euro
Kürzung:	– 4,80 Euro
verbleibt Verpflegungspauschale	1,20 Euro

c) Doppelte Haushaltsführung, § 9 Absatz 4a Satz 12 EStG

89   Die Verpflegungspauschalen gelten auch für eine Übergangszeit von drei Monaten, nachdem eine steuerlich anzuerkennende doppelte Haushaltsführung begründet wurde (§ 9 Absatz 4a Satz 12 EStG). Für den Fall der Gestellung von Mahlzeiten durch den Arbeitgeber oder auf dessen Veranlassung von einem Dritten im Rahmen der doppelten Haushaltsführung gelten die vorstehenden Ausführungen unter Rz. 61 bis 87 entsprechend.

Beispiel 58

Der Arbeitnehmer A wird vom Stammsitz seines Arbeitgebers, wo er mit seiner Familie wohnt, an einen 250 Kilometer entfernten Tochterbetrieb im Inland ohne zeitliche Begrenzung umgesetzt. A behält seinen Familienwohnsitz bei und übernachtet während der Woche in einem Hotel in der Nähe des Tochterbetriebs. Das Hotel stellt dem Arbeitgeber pro Übernachtung 50 Euro zuzüglich 10 Euro für ein Frühstück in Rechnung, welche der Arbeitnehmer zunächst verauslagt und dann von seinem Arbeitgeber erstattet erhält.

Es liegt eine doppelte Haushaltsführung vor, da der Tochterbetrieb mit der zeitlich unbegrenzten Zuordnung zur ersten Tätigkeitsstätte des Arbeitnehmers wird. Für die ersten drei Monate der doppelten Haushaltsführung gelten die Regelungen zur Gestellung von Mahlzeiten bei Auswärtstätigkeit entsprechend. Nach Ablauf der Dreimonatsfrist sind dann die Regeln der Gestellung von Mahlzeiten am Ort der ersten Tätigkeitsstätte anzuwenden. In den ersten drei Monaten der doppelten Haushaltsführung unterbleibt folglich die Erfassung des arbeitstäglichen Frühstücks mit dem amtlichen Sachbezugswert als Arbeitslohn bei gleichzeitiger Kürzung der täglichen Verpflegungspauschalen um jeweils 4,80 Euro. Nach Ablauf der ersten drei Monate ist für das Frühstück ein geldwerter Vorteil in Höhe des Sachbezugswertes anzusetzen (R 8.1 Absatz 7 Nummer 1 LStR 2013).

d) Bescheinigungspflicht „M"

90   Hat der Arbeitgeber oder auf dessen Veranlassung ein Dritter dem Arbeitnehmer während seiner beruflichen Tätigkeit außerhalb seiner Wohnung und seiner ersten Tätigkeitsstätte oder im Rahmen einer doppelten Haushaltsführung eine mit dem amtlichen Sachbezugswert zu bewertende Mahlzeit zur Verfügung gestellt, muss im Lohnkonto der Großbuchstabe „M" aufgezeichnet und in der elektronischen Lohnsteuerbescheinigung bescheinigt werden. Zur Erläuterung der mit dem Großbuchstaben „M" bescheinigten Mahlzeitengestellungen sind neben den Reisekostenabrechnungen regelmäßig keine weiteren detaillierten Arbeitgeberbescheinigungen auszustellen.

91   Diese Aufzeichnungs- und Bescheinigungspflicht gilt unabhängig von der Anzahl der Mahlzeitengestellungen an den Arbeitnehmer im Kalenderjahr. Es kommt nicht darauf an, ob eine Besteuerung der Mahlzeiten ausgeschlossen ist (§ 8 Absatz 2 Satz 9 EStG) oder die Mahlzeit pauschal nach § 40 Absatz 2 Satz 1 Nummer 1a EStG oder individuell besteuert wurde. Im Fall der Gewährung von Mahlzeiten, die keinen Arbeitslohn darstellen oder deren Preis 60 Euro übersteigt und die daher nicht mit dem amtlichen Sachbezugswert zu bewerten sind, besteht keine Pflicht im Lohnkonto den Großbuchstaben „M" aufzuzeichnen und zu bescheinigen.

92   Sofern das Betriebsstättenfinanzamt für die nach § 3 Nummer 13 oder Nummer 16 EStG steuerfrei gezahlten Vergütungen nach § 4 Absatz 3 LStDV eine andere Aufzeichnung als im Lohnkonto

zugelassen hat, ist für eine Übergangszeit (bis max. 2015[1])) eine Bescheinigung des Großbuchstabens „M" nicht zwingend erforderlich.

e) Neue Pauschalbesteuerungsmöglichkeit üblicher Mahlzeiten, § 40 Absatz 2 Satz 1 Nummer 1a EStG

Nach § 40 Absatz 2 Satz 1 Nummer 1a EStG besteht bei Mahlzeiten die Möglichkeit der pauschalen Besteuerung mit 25 Prozent, wenn   93

– diese dem Arbeitnehmer von seinem Arbeitgeber oder auf dessen Veranlassung von einem Dritten während einer auswärtigen Tätigkeit unentgeltlich oder verbilligt zur Verfügung gestellt werden und

– deren Besteuerung nicht nach § 8 Absatz 2 Satz 9 EStG unterbleibt.

Die Pauschalbesteuerung kommt demnach in Betracht, wenn   94

– der Arbeitnehmer ohne Übernachtung nicht mehr als acht Stunden auswärts tätig ist,

– der Arbeitgeber die Abwesenheitszeit nicht überwacht, nicht kennt oder

– die Dreimonatsfrist nach § 9 Absatz 4a Satz 6 EStG abgelaufen ist.**Beispiel 59**

Der Arbeitnehmer A nimmt an einer halbtägigen auswärtigen Seminarveranstaltung teil. Der Arbeitgeber hat für die teilnehmenden Arbeitnehmer neben dem Seminar auch ein Mittagessen gebucht und bezahlt. Der Arbeitgeber besteuert das Mittagessen nach § 40 Absatz 2 Satz 1 Nummer 1a EStG pauschal mit 25 Prozent, weil er keine Aufzeichnungen über die Abwesenheitszeiten der Arbeitnehmer führt.

Voraussetzung ist, dass es sich um übliche Mahlzeiten handelt, die nach § 8 Absatz 2 Satz 8 EStG   95
mit dem Sachbezugswert anzusetzen sind.

Nicht nach § 40 Absatz 2 Satz 1 Nummer 1a EStG pauschal besteuerbar sind somit sog. Beloh-   96
nungsessen mit einem Preis von mehr als 60 Euro.

Die Pauschalierungsmöglichkeit greift auch nicht für Mahlzeiten, die im überwiegend eigen-   97
betrieblichen Interesse des Arbeitgebers abgegeben werden (z. B. sog. Arbeitsessen oder bei Beteiligung von Arbeitnehmern an einer geschäftlich veranlassten Bewirtung), da insoweit kein steuerpflichtiger Arbeitslohn vorliegt.

Die Pauschalierungsmöglichkeit nach § 40 Absatz 2 Satz 1 Nummer 1a EStG gilt zudem nicht für   98
die Gestellung von Mahlzeiten am Ort der ersten Tätigkeitsstätte im Rahmen einer doppelten Haushaltsführung; hier kommt allerdings eine Pauschalierung nach § 40 Absatz 2 Satz 1 Nummer 1 EStG in Betracht.

4. Unterkunftskosten, § 9 Absatz 1 Satz 3 Nummer 5 und Nummer 5a EStG

a) Unterkunftskosten im Rahmen der doppelten Haushaltsführung, § 9 Absatz 1 Satz 3 Nummer 5 EStG

aa) Vorliegen einer doppelten Haushaltsführung

Eine doppelte Haushaltsführung liegt nur vor, wenn der Arbeitnehmer außerhalb des Ortes sei-   99
ner ersten Tätigkeitsstätte einen eigenen Haushalt unterhält und auch am Ort der ersten Tätigkeitsstätte wohnt. Die Anzahl der Übernachtungen ist dabei weiterhin unerheblich.

Das Vorliegen eines eigenen Hausstandes setzt neben dem Innehaben einer Wohnung aus eige-   100
nem Recht als Eigentümer oder Mieter bzw. aus gemeinsamem oder abgeleitetem Recht als Ehegatte, Lebenspartner oder Lebensgefährte sowie Mitbewohner gemäß § 9 Absatz 1 Satz 3 Nummer 5 Satz 3 EStG auch eine finanzielle Beteiligung an den Kosten der Lebensführung (Kosten der Haushaltsführung) voraus. Es genügt nicht, wenn der Arbeitnehmer z. B. im Haushalt der Eltern lediglich ein oder mehrere Zimmer unentgeltlich bewohnt oder wenn dem Arbeitnehmer eine Wohnung im Haus der Eltern unentgeltlich zur Nutzung überlassen wird. Die finanzielle Beteiligung an den Kosten der Haushaltsführung ist darzulegen und kann auch bei volljährigen Kindern, die bei ihren Eltern oder einem Elternteil wohnen, nicht generell unterstellt werden. Durch diese Neuregelung ist die anders lautende Rechtsprechung des BFH (z. B. BFH vom 16. Januar 2013, VI R 46/12, BStBl II S. 627) überholt. Eine finanzielle Beteiligung an den Kosten der Haushaltsführung mit Bagatellbeträgen ist nicht ausreichend. Betragen die Barleistungen des Arbeitnehmers mehr als 10 Prozent der monatlich regelmäßig anfallenden laufenden Kosten der Haushaltsführung (z. B. Miete, Mietnebenkosten, Kosten für Lebensmittel und andere Dinge des täglichen Bedarfs), ist von einer finanziellen Beteiligung oberhalb der Bagatellgrenze auszugehen. Liegen die Barleistungen darunter, kann der Arbeitnehmer eine hinreichende finanzielle Beteiligung auch auf andere Art und Weise darlegen. Bei Ehegatten oder Lebenspartnern mit

---

[1]) Verlängert bis zum **31. 12. 2018** → BMF vom **27. 9. 2017** (BStBl I S. **1339**).

den Steuerklassen III, IV oder V kann eine finanzielle Beteiligung an den Kosten der Haushaltsführung ohne entsprechenden Nachweis unterstellt werden (vgl. auch Rz. 109).

bb) Berufliche Veranlassung

101 Das Beziehen einer Zweitwohnung oder -unterkunft muss aus beruflichen Gründen erforderlich sein. Eine Zweitwohnung oder -unterkunft in der Nähe des Beschäftigungsorts steht einer Zweitwohnung am Ort der ersten Tätigkeitsstätte gleich. Aus Vereinfachungsgründen kann von einer Zweitunterkunft oder -wohnung am Ort der ersten Tätigkeitsstätte dann noch ausgegangen werden, wenn der Weg von der Zweitunterkunft oder -wohnung zur ersten Tätigkeitsstätte weniger als die Hälfte der Entfernung der kürzesten Straßenverbindung zwischen der Hauptwohnung (Mittelpunkt der Lebensinteressen) und der ersten Tätigkeitsstätte beträgt. **Befinden sich der eigene Hausstand und die Zweitwohnung innerhalb desselben Ortes (derselben Stadt oder Gemeinde) kann für die Frage der beruflichen Veranlassung ebenfalls diese Vereinfachungsregelung (Entfernung Zweitwohnung und erste Tätigkeitsstätte im Vergleich zur Entfernung zwischen Hauptwohnung und ersten Tätigkeitsstätte) herangezogen werden.**

Beispiel 60

Der Arbeitnehmer A hat seinen eigenen Hausstand in B und in C seine neue erste Tätigkeitsstätte. Die Entfernung von B (Mittelpunkt der Lebensinteressen) nach C beträgt 250 km. Der Arbeitnehmer findet in Z eine günstige Zweitwohnung. Die Entfernung von dieser Zweitwohnung in Z nach C (erste Tätigkeitsstätte) beträgt 70 km.

Auch wenn die Zweitwohnung in Z 70 km von C entfernt liegt, gilt sie noch als Wohnung am Ort der ersten Tätigkeitsstätte, da sie weniger als die Hälfte der Entfernung von der Hauptwohnung in B zur neuen ersten Tätigkeitsstätte in C entfernt liegt (1/2 von 250 km = 125 km).

Abwandlung

Die Entfernung von der Zweitwohnung in Z nach C (erste Tätigkeitsstätte) beträgt 150 Kilometer. In diesem Fall kann nicht mehr ohne Weiteres von einer Zweitwohnung am Ort der ersten Tätigkeitsstätte ausgegangen werden. Die steuerliche Anerkennung richtet sich in diesem Fall nach den von der BFH-Rechtsprechung aufgestellten Grundsätzen (vgl. hierzu grundlegend BFH vom 19. April 2012, VI R 59/11, BStBl II S. 833).

cc) Höhe der Unterkunftskosten

102 Als Unterkunftskosten für eine doppelte Haushaltsführung im Inland werden die dem Arbeitnehmer tatsächlich entstandenen Aufwendungen für die Nutzung der Wohnung oder Unterkunft höchstens bis zu einem nachgewiesenen Betrag von 1 000 Euro im Monat anerkannt. Die Prüfung der Notwendigkeit und Angemessenheit entfällt; auch auf die Zahl der Wohnungsbenutzer (Angehörige) kommt es nicht an. Durch diese Neuregelung ist die anders lautende Rechtsprechung des BFH (vgl. BFH vom 9. August 2007, VI R 10/06, BStBl II S. 820) überholt.

103 Steht die Zweitwohnung oder -unterkunft im Eigentum des Arbeitnehmers, sind die tatsächlichen Aufwendungen (z. B. AfA, Schuldzinsen, Reparaturkosten, Nebenkosten) bis zum Höchstbetrag von 1 000 Euro monatlich zu berücksichtigen. Insoweit gelten die Grundsätze der BFH-Rechtsprechung (vgl. BFH vom 3. Dezember 1982, VI R 228/80, BStBl 1983 II S. 467) weiter.

104 Der Höchstbetrag umfasst sämtliche entstehenden Aufwendungen wie Miete, Betriebskosten, Kosten der laufenden Reinigung und Pflege der Zweitwohnung oder -unterkunft, AfA für notwendige Einrichtungsgegenstände (ohne Arbeitsmittel), Zweitwohnungsteuer, Rundfunkbeitrag, Miet- oder Pachtgebühren für KFZ-Stellplätze, Aufwendungen für Sondernutzung (wie Garten), die vom Arbeitnehmer selbst getragen werden. Wird die Zweitwohnung oder -unterkunft möbliert angemietet, sind die Aufwendungen bis zum Höchstbetrag berücksichtigungsfähig. Auch Aufwendungen für einen separat angemieteten Garagenstellplatz sind in den Höchstbetrag einzubeziehen und können nicht als „sonstige" notwendige Mehraufwendungen zusätzlich berücksichtigt werden. Die anders lautende BFH-Rechtsprechung (vgl. BFH vom 13. November 2012, VI R 50/11, BStBl 2013 II S. 286) ist überholt. **Maklerkosten, die für die Anmietung einer Zweitwohnung oder -unterkunft entstehen, sind als Umzugskosten zusätzlich als Werbungskosten abziehbar (R 9.9 Absatz 2 LStR 2013) oder vom Arbeitgeber steuerfrei erstattbar. Sie sind nicht in die 1 000 Euro-Grenze mit einzubeziehen.**

105 Bei der Anwendung des Höchstbetrags ist grundsätzlich § 11 EStG zu beachten. Soweit der monatliche Höchstbetrag von 1 000 Euro nicht ausgeschöpft wird, ist eine Übertragung des nicht ausgeschöpften Volumens in andere Monate des Bestehens der doppelten Haushaltsführung im selben Kalenderjahr möglich. Erhält der Arbeitnehmer Erstattungen z. B. für Nebenkosten, mindern diese Erstattungen im Zeitpunkt des Zuflusses die Unterkunftskosten der doppelten Haushaltsführung.

Ein häusliches Arbeitszimmer in der Zweitwohnung am Ort der ersten Tätigkeitsstätte ist bei der Ermittlung der anzuerkennenden Unterkunftskosten wie bisher nicht einzubeziehen; der Abzug der hierauf entfallenden Aufwendungen richtet sich weiterhin nach § 4 Absatz 5 Satz 1 Nummer 6b EStG (vgl. BFH vom 9. August 2007, VI R 23/05, BStBl 2009 II S. 722).

Der Höchstbetrag nach § 9 Absatz 1 Satz 3 Nummer 5 Satz 4 EStG in Höhe von 1 000 Euro ist ein   106
Monatsbetrag, der nicht auf einen Kalendertag umzurechnen ist und grundsätzlich für jede doppelte Haushaltsführung des Arbeitnehmers gesondert gilt. Beziehen mehrere berufstätige Arbeitnehmer (z. B. beiderseits berufstätige Ehegatten, Lebenspartner, Lebensgefährten, Mitglieder einer Wohngemeinschaft) am gemeinsamen Beschäftigungsort eine gemeinsame Zweitwohnung, handelt es sich jeweils um eine doppelte Haushaltsführung, so dass jeder Arbeitnehmer den Höchstbetrag für die tatsächlich von ihm getragenen Aufwendungen jeweils für sich beanspruchen kann.

Beispiel 61

Die beiderseits berufstätigen Ehegatten bewohnen an ihrem Beschäftigungsort in M (jeweils Ort der ersten Tätigkeitsstätte) gemeinsam eine möblierte Unterkunft. Ihren Hausstand sowie ihren Lebensmittelpunkt haben die Eheleute nachweislich im eigenen Einfamilienhaus in B. Die Aufwendungen für die Nutzung der Unterkunft am Beschäftigungsort betragen inklusive sämtlicher Nebenkosten und Abschreibungen für notwendige Einrichtungsgegenstände 1 100 Euro im Monat. Diese werden auf Grund gemeinsamer Verpflichtung von beiden Ehegatten zu gleichen Anteilen gezahlt.

Die tatsächlichen Aufwendungen für die Nutzung der Unterkunft können bei jedem Ehegatten jeweils in Höhe von 550 Euro angesetzt werden.

Beispiel 62

Der Arbeitnehmer A bewohnt am Ort seiner ersten Tätigkeitsstätte in M eine Zweitwohnung. Die Aufwendungen für die Nutzung dieser Unterkunft (Miete inklusive sämtlicher berücksichtigungsfähiger Nebenkosten und evtl. Abschreibungen für notwendige Einrichtungsgegenstände) betragen bis zum 30. Juni monatlich 990 Euro. Ab 1. Juli wird die Miete um 30 Euro erhöht, so dass ab diesem Zeitpunkt die monatlichen Aufwendungen für die Nutzung der Unterkunft 1 020 Euro betragen.

In den Monaten Januar bis Juni können die Aufwendungen für die Nutzung der Unterkunft in voller Höhe vom Arbeitgeber steuerfrei erstattet bzw. von A als Werbungskosten geltend gemacht werden.

Ab Juli ist grundsätzlich die Beschränkung auf den Höchstbetrag von 1 000 Euro zu beachten. Die den Höchstbetrag übersteigenden Aufwendungen von monatlich 20 Euro können allerdings mit dem noch nicht aufgebrauchten Höchstbetragsvolumen der Monate Januar bis Juni (6x 10 Euro = 60 Euro) verrechnet und insoweit steuerfrei erstattet oder als Werbungskosten geltend gemacht werden.

Bei doppelter Haushaltsführung im Ausland gelten die bisherigen Grundsätze unverändert weiter.   107
Danach sind die Aufwendungen in tatsächlicher Höhe notwendig, soweit sie die ortsübliche Miete für eine nach Lage und Ausstattung durchschnittliche Wohnung am Ort der ersten Tätigkeitsstätte mit einer Wohnfläche bis zu 60 qm nicht überschreiten.

dd) Steuerfreie Erstattung durch den Arbeitgeber und Werbungskostenabzug

Für den steuerfreien Arbeitgeberersatz kann der Arbeitgeber bei Arbeitnehmern mit den Steuer-   108
klassen III, IV oder V weiterhin ohne Weiteres unterstellen, dass sie einen eigenen Hausstand haben, an dem sie sich auch finanziell beteiligen. Bei anderen Arbeitnehmern darf der Arbeitgeber einen eigenen Hausstand nur dann anerkennen, wenn sie schriftlich erklären, dass sie neben einer Zweitwohnung oder -unterkunft am Beschäftigungsort außerhalb des Beschäftigungsortes einen eigenen Hausstand unterhalten, an dem sie sich auch finanziell beteiligen. Die Kosten der Zweitwohnung oder -unterkunft am Ort der ersten Tätigkeitsstätte im Inland können weiterhin vom Arbeitgeber pauschal steuerfrei erstattet werden (R 9.11 Absatz 10 Satz 7 Nummer 3 LStR 2013).

Beim Werbungskostenabzug im Rahmen der Einkommensteuerveranlagung hat der Arbeitneh-   109
mer das Vorliegen einer doppelten Haushaltsführung und die finanzielle Beteiligung an der Haushaltsführung am Ort des eigenen Hausstands darzulegen. Kosten der Zweitwohnung oder -unterkunft sind für die Berücksichtigung als Werbungskosten grundsätzlich im Einzelnen nachzuweisen; sie können geschätzt werden, wenn sie dem Grunde nach zweifelsfrei entstanden sind (vgl. BFH vom 12. September 2001, VI R 72/97, BStBl II S. 775).

b) Unterkunftskosten im Rahmen einer Auswärtstätigkeit, § 9 Absatz 1 Satz 3 Nummer 5a EStG

Als Werbungskosten abzugsfähig sind Unterkunftskosten bei einer Auswärtstätigkeit. Hierbei   110
muss es sich um notwendige Mehraufwendungen eines Arbeitnehmers für beruflich veranlasste Übernachtungen an einer Tätigkeitsstätte handeln, die nicht erste Tätigkeitsstätte ist.

aa) Berufliche Veranlassung

111   Die berufliche Veranlassung ist gegeben, wenn der Arbeitnehmer auf Weisung des Arbeitgebers so gut wie ausschließlich betrieblich bzw. dienstlich unterwegs ist. Dies ist zum Beispiel der Fall, wenn der Arbeitnehmer einen Kunden besucht. Erledigt der Arbeitnehmer im Zusammenhang mit der beruflich veranlassten Auswärtstätigkeit auch in einem mehr als geringfügigen Umfang private Angelegenheiten, sind die beruflich veranlassten von den privat veranlassten Aufwendungen zu trennen (vgl. BFH vom 21. September 2009, GrS 1/06, BStBl 2010 II S. 672). Ist das nicht – auch nicht durch Schätzung – möglich, gehören die gesamten Aufwendungen zu den nach § 12 EStG nicht abziehbaren Aufwendungen für die Lebensführung.

bb) Unterkunftskosten

112   Unterkunfts- bzw. Übernachtungskosten sind die tatsächlichen Aufwendungen für die persönliche Inanspruchnahme einer Unterkunft zur Übernachtung. Hierzu zählen zum Beispiel Kosten für die Nutzung eines Hotelzimmers, Mietaufwendungen für die Nutzung eines (ggf. möblierten) Zimmers oder einer Wohnung sowie Nebenleistungen (z. B. Kultur- und Tourismusförderabgabe, Kurtaxe/Fremdenverkehrsabgabe, bei Auslandsübernachtungen die besondere Kreditkartengebühr bei Zahlungen in Fremdwährungen). Im Rahmen des Werbungskostenabzugs können lediglich die tatsächlich entstandenen Übernachtungskosten und keine Pauschalen berücksichtigt werden.

113   Kosten für Mahlzeiten gehören zu den Aufwendungen des Arbeitnehmers für die Verpflegung und sind nur nach Maßgabe des § 9 Absatz 4a EStG abziehbar. Wird durch Zahlungsbelege nur ein Gesamtpreis für Unterkunft und Verpflegung nachgewiesen und lässt sich der Preis für die Verpflegung nicht feststellen (z. B. Tagungspauschale), so ist dieser Gesamtpreis zur Ermittlung der Übernachtungskosten zu kürzen. Als Kürzungsbeträge sind dabei

- für Frühstück 20 Prozent,
- für Mittag- und Abendessen jeweils 40 Prozent

der für den Unterkunftsort maßgebenden Verpflegungspauschale bei einer Auswärtstätigkeit mit einer Abwesenheitsdauer von mindestens 24 Stunden anzusetzen.

Beispiel 63

Der Arbeitnehmer A übernachtet während einer zweitägigen inländischen Auswärtstätigkeit im Hotel. Die Rechnung des Hotels ist auf den **Namen des Arbeitgebers** ausgestellt. Das Hotel rechnet eine Übernachtung mit Frühstück wie folgt ab:

Pauschalarrangement   70 Euro

Der Arbeitgeber hat folgende Möglichkeiten:

Zur Ermittlung der Übernachtungskosten kann der Gesamtpreis um 4,80 Euro (20 Prozent von 24 Euro für die auf das Frühstück entfallenden anteiligen Kosten) gekürzt werden. Der verbleibende Betrag von 65,20 Euro kann vom Arbeitgeber dann als Übernachtungskosten steuerfrei erstattet werden. Für den An- und Abreisetag stehen dem Arbeitnehmer Verpflegungspauschalen von 24 Euro (je 12 Euro für den An- und Abreisetag) zu. Die Verpflegungspauschale für den Abreisetag ist nicht zu kürzen (um 4,80 Euro für das Frühstück), wenn der Arbeitgeber dem Arbeitnehmer lediglich die 65,20 Euro als Übernachtungskosten erstattet. Insgesamt kann der Arbeitgeber somit 89,20 Euro steuerfrei erstatten (65,20 Euro Unterkunft plus 24 Euro Verpflegung).

Erstattet der Arbeitgeber dem Arbeitnehmer hingegen den Gesamtpreis von 70 Euro (also einschließlich Frühstück), sind die Verpflegungspauschalen zu kürzen auf einen Betrag von 19,20 Euro für Verpflegung. Insgesamt kann der Arbeitgeber somit 89,20 Euro steuerfrei erstatten (70 Euro Unterkunft und Frühstück plus 19,20 Euro Verpflegung).

Die Berechnungen führen somit zum gleichen Ergebnis, egal von welchem Betrag der pauschale Einbehalt bzw. die pauschale Kürzung erfolgt.

Abwandlung

Die Rechnung des Hotels ist **auf den Namen des Arbeitnehmers** ausgestellt.

Auch in diesem Fall kann der Arbeitgeber insgesamt höchstens 89,20 Euro steuerfrei erstatten (65,20 Euro Unterkunft plus 24 Euro Verpflegung).

Beispiel 64

Der Arbeitnehmer A übernachtet während einer zweitägigen Auswärtstätigkeit im Hotel. Die Rechnung ist auf den **Namen des Arbeitgebers** ausgestellt. Das Hotel rechnet eine Übernachtung mit Frühstück wie folgt ab:

Übernachtung   60 Euro

Frühstück   10 Euro

Die ausgewiesenen Übernachtungskosten von 60 Euro können vom Arbeitgeber steuerfrei erstattet werden. Für den An- und Abreisetag stünden dem Arbeitnehmer zusätzlich auch noch Verpflegungspauschalen von 24 Euro (je 12 Euro für den An- und Abreisetag) zu. Die Verpflegungspauschale für den Abreisetag ist nicht zu kürzen, wenn der Arbeitgeber dem Arbeitnehmer lediglich die 60 Euro Übernachtungskosten erstattet.

Erstattet der Arbeitgeber hingegen auch den Betrag von 10 Euro für das Frühstück, ist die Verpflegungspauschale für den Abreisetag um 4,80 Euro wegen des vom Arbeitgeber zur Verfügung gestellten Frühstücks zu kürzen. Der Arbeitgeber kann dann zusätzlich einen Betrag von 19,20 Euro für Verpflegung steuerfrei erstatten.

Abwandlung

Die Rechnung des Hotels ist **auf den Namen des Arbeitnehmers** ausgestellt.

In diesem Fall kann der Arbeitgeber insgesamt höchstens 84 Euro steuerfrei erstatten (60 Euro Unterkunft plus 24 Euro Verpflegung).

Werden keine steuerfreien Erstattungen seitens des Arbeitgebers gezahlt, ist der Betrag von 84 Euro als Werbungskosten berücksichtigungsfähig.

cc) Notwendige Mehraufwendungen

Es ist lediglich die berufliche Veranlassung zu prüfen, nicht aber die Angemessenheit der Unterkunft (bestimmte Hotelkategorie oder Größe der Unterkunft). Die Anerkennung von Unterkunftskosten im Rahmen einer auswärtigen beruflichen Tätigkeit erfordert, dass noch eine andere Wohnung besteht, **für die dem Arbeitnehmer Aufwendungen entstehen, weil er dort**   114

– seinen Lebensmittelpunkt hat, ohne dass dort jedoch ein eigener Hausstand vorliegen muss, **oder**

– **seinen Lebensmittelpunkt wieder aufnehmen will.**

Für die Berücksichtigung von Unterkunftskosten anlässlich einer Auswärtstätigkeit wird somit – anders als bei der doppelten Haushaltsführung – nicht vorausgesetzt, dass der Arbeitnehmer eine Wohnung aus eigenem Recht oder als Mieter innehat und eine finanzielle Beteiligung an den Kosten der Lebensführung leistet. Es genügt, wenn der Arbeitnehmer z. B. im Haushalt der Eltern ein Zimmer bewohnt.

Ist die Unterkunft am auswärtigen Tätigkeitsort die einzige Wohnung/Unterkunft des Arbeitnehmers, liegt kein beruflich veranlasster Mehraufwand vor.   115

Soweit höhere Übernachtungskosten anfallen, weil der Arbeitnehmer eine Unterkunft gemeinsam mit Personen nutzt, die in keinem Dienstverhältnis zum selben Arbeitgeber stehen, sind nur diejenigen Aufwendungen anzusetzen, die bei alleiniger Nutzung durch den Arbeitnehmer angefallen wären. Nicht abziehbar sind somit Mehrkosten, die aufgrund der Mitnutzung der Übernachtungsmöglichkeit durch eine Begleitperson entstehen, insbesondere wenn die Begleitung privat und nicht beruflich veranlasst ist. Bei Mitnutzung eines Mehrbettzimmers (z. B. Doppelzimmer) können die Aufwendungen angesetzt werden, die bei Inanspruchnahme eines Einzelzimmers im selben Haus entstanden wären.   116

Bei Nutzung einer Wohnung am auswärtigen Tätigkeitsort zur Übernachtung während einer beruflich veranlassten Auswärtstätigkeit kann im Inland aus Vereinfachungsgründen – entsprechend der Regelungen für Unterkunftskosten bei einer längerfristigen Auswärtstätigkeit von mehr als 48 Monaten – bei Aufwendungen bis zu einem Betrag von 1 000 Euro monatlich von einer ausschließlichen beruflichen Veranlassung ausgegangen werden. Betragen die Aufwendungen im Inland mehr als 1 000 Euro monatlich oder handelt es sich um eine Wohnung im Ausland, können nur die Aufwendungen berücksichtigt werden, die durch die beruflich veranlasste, alleinige Nutzung des Arbeitnehmers verursacht werden; dazu kann die ortsübliche Miete für eine nach Lage und Ausstattung durchschnittliche Wohnung am Ort der auswärtigen Tätigkeitsstätte mit einer Wohnfläche bis zu 60 qm als Vergleichsmaßstab herangezogen werden.   117

Beispiel 65

Der Arbeitnehmer A wird aus persönlichen Gründen auf einer Auswärtstätigkeit von seiner Ehefrau begleitet. Für die Übernachtung im Doppelzimmer entstehen Kosten von 150 Euro. Ein Einzelzimmer hätte 90 Euro gekostet.

Als Werbungskosten abziehbar oder vom Arbeitgeber steuerfrei erstattungsfähig sind 90 Euro.

Abwandlung

Auf einer Auswärtstätigkeit teilt sich der Arbeitnehmer A das Doppelzimmer mit seinem Kollegen B, der ihn aus betrieblichen Gründen begleitet.

Für jeden Arbeitnehmer können (150 Euro : 2 =) 75 Euro als Werbungskosten berücksichtigt oder vom Arbeitgeber steuerfrei erstattet werden.

dd) Begrenzte Berücksichtigung von Unterkunftskosten bei einer längerfristigen Auswärtstätigkeit an derselben Tätigkeitsstätte im Inland

118 Bei einer längerfristigen beruflichen Tätigkeit an derselben Tätigkeitsstätte im Inland, die nicht erste Tätigkeitsstätte ist, können nach Ablauf von 48 Monaten die tatsächlich entstehenden Unterkunftskosten höchstens noch bis zur Höhe von 1 000 Euro im Monat als Werbungskosten abgezogen oder vom Arbeitgeber steuerfrei erstattet werden. Das gilt auch für Hotelübernachtungen.

119 Bei Übernachtungen im Ausland im Rahmen einer längerfristigen Auswärtstätigkeit gelten die bisherigen Grundsätze zur beruflichen Veranlassung und Notwendigkeit der entstandenen Aufwendungen unverändert weiter. Die Höchstgrenze von 1 000 Euro gilt hier nicht.

120 **Von** einer **längerfristigen** beruflichen Tätigkeit an derselben Tätigkeitsstätte **ist erst dann auszugehen, sobald** der Arbeitnehmer an dieser mindestens an drei Tagen **in der Woche** tätig wird. Die 48-Monatsfrist beginnt daher nicht, solange die auswärtige Tätigkeitsstätte nur an zwei Tagen **in der Woche** aufgesucht wird. Eine Unterbrechung von weniger als sechs Monaten, z. B. wegen Urlaub, Krankheit, beruflicher Tätigkeit an einer anderen Tätigkeitsstätte, führt nicht zu einem Neubeginn der 48-Monatsfrist. Die Prüfung des Unterbrechungszeitraums und des Ablaufs der 48-Monatsfrist erfolgt stets im Nachhinein mit Blick auf die zurückliegende Zeit (Ex-post-Betrachtung).

Beispiel 66

Der Arbeitnehmer A ist seit 1. April 2014 an der sich an seinem Wohnort befindlichen ersten Tätigkeitsstätte in H an zwei Tagen in der Woche tätig. An den anderen drei Tagen betreut er aufgrund arbeitsrechtlicher Festlegungen eine 200 km entfernte Filiale in B. Dort übernachtet er regelmäßig zweimal wöchentlich.

Da der Arbeitnehmer A längerfristig infolge seiner beruflichen Tätigkeit an drei Tagen in der Woche an derselben Tätigkeitsstätte in B, die nicht erste Tätigkeitsstätte ist, tätig wird und dort übernachtet, können die ihm tatsächlich entstehenden Übernachtungskosten nach Ablauf von 48 Monaten nur noch bis zur Höhe von 1 000 Euro monatlich als Werbungskosten geltend gemacht oder steuerfrei erstattet werden.

Abwandlung

Wie Beispiel **66**, allerdings muss A ab 15. Juli 2014 für vier Monate nach M. Ab 16. November 2014 ist er dann drei Tage wöchentlich in H und zwei Tage in B.

Für die längerfristige berufliche Auswärtstätigkeit in B beginnt die 48-Monatsfrist am 1. April 2014 und endet voraussichtlich am 31. März 2018. Eine sechsmonatige Unterbrechung liegt noch nicht vor (lediglich vier Monate und dann immer nur dreitägige Unterbrechung).

121 Für die Prüfung der 48-Monatsfrist wird auf den tatsächlich verwirklichten Sachverhalt abgestellt. Erst nach Ablauf von 48 Monaten greift die Begrenzung der Höhe nach auf den Betrag von 1 000 Euro im Monat. Die unbegrenzte Berücksichtigung der entstandenen Aufwendungen in den ersten 48 Monaten bleibt davon unberührt.

ee) Anwendung der 48-Monatsfrist zur begrenzten Berücksichtigung der Unterkunftskosten bei einer längerfristigen Auswärtstätigkeit im Inland ab 1. Januar 2014

122 Maßgeblich für den Beginn der 48-Monatsfrist ist der jeweilige Beginn der längerfristigen beruflichen Tätigkeit an derselben Tätigkeitsstätte im Inland. Dies gilt auch, wenn dieser vor dem 1. Januar 2014 liegt. Aus Vereinfachungsgründen ist es allerdings nicht zu beanstanden, wenn die abziehbaren Übernachtungskosten erst ab dem ersten vollen Kalendermonat, der auf den Monat folgt, in dem die 48-Monatsfrist endet, auf 1 000 Euro begrenzt werden.

Beispiel 67

Der Arbeitnehmer A hat seine Tätigkeit am 15. Juli 2010 an einer auswärtigen Tätigkeitsstätte aufgenommen und soll dort bis zum 31. Dezember 2015 tätig sein. Die 48-Monatsfrist beginnt am 15. Juli 2010 und endet mit Ablauf des 14. Juli 2014. Nach Ablauf dieser Frist können grundsätzlich Übernachtungskosten nur noch bis zur Höhe von 1 000 Euro monatlich berücksichtigt werden. Aus Vereinfachungsgründen ist es jedoch nicht zu beanstanden, wenn diese Begrenzung der Übernachtungskosten erst ab dem ersten vollen Kalendermonat angewendet wird, der auf den Monat folgt, in dem die 48-Monatsfrist endet. Dies wäre dann ab August 2014.

Abwandlung

Der Arbeitnehmer A wird vom 15. März 2014 bis 3. Oktober 2014 wegen eines personellen Engpasses ausschließlich am Stammsitz der Firma tätig. Ab 4. Oktober 2014 kehrt er zu der vorherigen auswärtigen Tätigkeitsstätte zurück.

Die längerfristige Auswärtstätigkeit wurde länger als sechs Monate unterbrochen. Die Übernachtungskosten können daher ab 4. Oktober 2014 für die nächsten 48 Monate (bis 3. Oktober 2018) grundsätzlich wieder unbeschränkt berücksichtigt werden.

ff) Steuerfreie Erstattung durch den Arbeitgeber

Für jede Übernachtung im Inland darf der Arbeitgeber die nachgewiesenen Übernachtungskosten nach Rz. 112 bis Rz. 121 oder – wie bisher – ohne Einzelnachweis einen Pauschbetrag von 20 Euro steuerfrei erstatten. Bei Übernachtungen im Rahmen einer auswärtigen beruflichen Tätigkeit im Ausland gelten die bisherigen Grundsätze unverändert weiter. | 123

5. Reisenebenkosten

Zu den Reisenebenkosten gehören die tatsächlichen Aufwendungen z. B. für: | 124

1. Beförderung und Aufbewahrung von Gepäck
2. Ferngespräche und Schriftverkehr beruflichen Inhalts mit dem Arbeitgeber oder Geschäftspartnern;
3. Straßen- und Parkplatzbenutzung sowie Schadensbeseitigung infolge von Verkehrsunfällen, wenn die jeweils damit verbundenen Fahrtkosten als Reisekosten anzusetzen sind;
4. Verlust von auf der Reise abhanden gekommener oder beschädigter Gegenstände, die der Arbeitnehmer auf der Reise verwenden musste, wenn der Verlust aufgrund einer reisespezifischen Gefährdung eingetreten ist. Berücksichtigt wird der Verlust bis zur Höhe des Wertes, der dem Gegenstand zum Zeitpunkt des Verlustes beigemessen wird.
5. Private Telefongespräche, soweit sie der beruflichen Sphäre zugeordnet werden können (vgl. BFH-Urteil vom 5. Juli 2012, VI R 50/10, BStBl 2013 II S. 282).

Die Reisenebenkosten sind durch geeignete Unterlagen nachzuweisen bzw. glaubhaft zu machen. Regelmäßig wiederkehrende Reisenebenkosten können zur Vereinfachung über einen repräsentativen Zeitraum von drei Monaten im Einzelnen nachgewiesen werden und dann in der Folgezeit mit dem täglichen Durchschnittsbetrag angesetzt werden. Zur Berücksichtigung von Reisenebenkosten bei LKW-Fahrern, die in ihrer Schlafkabine übernachten, vgl. BMF-Schreiben vom 4. Dezember 2012, BStBl I S. 1249. | 125

Nicht zu den Reisenebenkosten gehören z. B.: | 126

1. Kosten für die persönliche Lebensführung wie Tageszeitungen, private Telefongespräche mit Ausnahme der Gespräche i. S. d. Rz. **124** Nr. 5, Massagen, Minibar oder Pay-TV,
2. Ordnungs-, Verwarnungs- und Bußgelder, die auf einer Auswärtstätigkeit verhängt werden,
3. Verlust von Geld oder Schmuck,
4. Anschaffungskosten für Bekleidung, Koffer oder andere Reiseausrüstungsgegenstände, weil sie nur mittelbar mit einer Auswärtstätigkeit zusammenhängen,
5. Essengutscheine, z. B. in Form von Raststätten- oder Autohof-Wertbons.

Gutscheine i. S. d. Rz. **126** Nummer 5 gehören nicht zu den Reisenebenkosten, da zur Abgeltung der tatsächlich entstandenen, beruflich veranlassten Mehraufwendungen für Verpflegung eine Verpflegungspauschale (§ 9 Absatz 4a EStG) angesetzt werden kann. | 127

> **Beispiel 68**
> Der LKW-Fahrer L ist im Inland eintägig mehr als acht Stunden beruflich auswärts tätig. Er nimmt ein Mittagessen im Wert von 8,50 Euro in einer Autobahnraststätte ein und bezahlt an der Kasse 6 Euro in bar und den Rest in Wertbons, die er im Zusammenhang mit der vom Arbeitgeber erstatteten Parkplatzgebühr erhalten hat.
> Dem LKW-Fahrer L steht eine ungekürzte Verpflegungspauschale von 12 Euro zu.

6. Sonstiges

Zur Ermittlung der steuerfreien Leistungen für Reisekosten dürfen die einzelnen Aufwendungsarten zusammengefasst werden; die Leistungen sind steuerfrei, soweit sie die Summe der zulässigen steuerfreien Leistungen nicht übersteigen. Hierbei können mehrere Reisen zusammengefasst abgerechnet werden. Dies gilt sinngemäß für **Umzugskosten und für** Mehraufwendungen bei einer doppelten Haushaltsführung **(R 3.16 Satz 1 bis 3 ggf. i. V. m. R 3.13 Abs. 1 Satz 3 LStR 2013)**. | 128

> **Beispiel 69**
> **Im Rahmen einer längerfristigen beruflichen Auswärtstätigkeit wird ein Monteurfür die Dauer von sechs Monaten (110 Arbeitstage) an derselben Tätigkeitsstätte tätig. Die arbeitstägliche Abwesenheit von seiner Wohnung und der ersten Tätigkeitsstätte beträgt jeweils mehr als 8 Stunden. Während der sechs Monate seiner Tätigkeit steht dem Monteur nach**

Reiserichtlinie des Arbeitgebers ein Tagegeld in Höhe von insgesamt 660 Euro zu (110 Arbeitstage × 6 Euro/Arbeitstag).

Erfolgt eine monatliche Reisekostenabrechnung können die Tagegelder der ersten drei Monate steuerfrei geleistet werden:
Steuerfreie Verpflegungspauschalen:
55 Arbeitstage × 12 Euro/Arbeitstag = 660 Euro
Gezahltes Tagegeld:
55 Arbeitstage × 6 Euro/Arbeitstag = 330 Euro

Der Arbeitnehmer könnte somit zusätzlich für die ersten drei Monate noch 330 Euro als Werbungskosten geltend machen.

Die Tagegelder der folgenden drei Monate sind steuerpflichtig und der Arbeitnehmer kann keine Werbungskosten mehr geltend machen.
Steuerfreie Verpflegungspauschalen: = 0 Euro
Gezahltes Tagegeld:
55 Arbeitstage × 6 Euro/Arbeitstag = 330 Euro

Wird die längerfristige berufliche Auswärtstätigkeit zusammengefasst abgerechnet, können die Tagegelder der gesamten sechs Monate steuerfrei gezahlt werden. Der Arbeitnehmer kann dann keinen Werbungskostenabzug mehr geltend machen.
Steuerfreie Verpflegungspauschalen:
55 Arbeitstage × 12 Euro/Arbeitstag = 660 Euro
Gezahltes Tagegeld:
110 Arbeitstage × 6 Euro/Arbeitstag = 660 Euro

129   In den Fällen, in denen keine steuerfreie Verpflegungspauschale gezahlt werden darf, ist es nicht zu beanstanden, wenn der Arbeitgeber bei einer von ihm zur Verfügung gestellten Mahlzeit eine Verrechnung des anzusetzenden Sachbezugswertes mit steuerfrei zu erstattenden Fahrt-, Unterkunfts- oder Reisenebenkosten vornimmt.

Beispiel 70

Der Arbeitnehmer A nimmt an einem halbtägigen auswärtigen Seminar mit Mittagessen teil und ist 6 Stunden von seiner Wohnung und der ersten Tätigkeitsstätte abwesend. Für die Fahrt zum Seminar nutzt A seinen privaten PKW und könnte für die entstandenen Fahrtkosten eine steuerfreie Erstattung in Höhe von 30 Euro von seinem Arbeitgeber beanspruchen.

Der Arbeitgeber kann die von ihm im Rahmen des Seminars gestellte Mahlzeit mit dem Sachbezugswert individuell oder pauschal mit 25 Prozent versteuern oder von den zu erstattenden 30 Euro abziehen.

III. Zeitliche Anwendungsregelung

130   Dieses Schreiben ist mit Wirkung ab 1. Januar 2014 anzuwenden. **Hinsichtlich der Regelungen in Rz. 65 (Mahlzeiten im Flugzeug, Schiff oder Zug) ist es nicht zu beanstanden, wenn diese erst ab 1. Januar 2015 angewendet werden. Das BMF-Schreiben vom 30. September 2013 wird aufgehoben und durch dieses BMF-Schreiben ersetzt. Änderungen sind durch Fettdruck dargestellt.**

Das BMF-Schreiben vom 20. August 2001, BStBl I S. 541, das BMF-Schreiben vom 21. Dezember 2009, BStBl 2010 I S. 21, das BMF-Schreiben vom 27. September 2011, BStBl I S. 976 sowie das BMF-Schreiben vom 15. Dezember 2011, BStBl 2012 I S. 57 werden mit Wirkung ab 1. Januar 2014 aufgehoben.

Ehrenamtliche Feuerwehrleute:
geringfügige Beschäftigungsverhältnisse

(Erlass des FinMin Bayern vom 14. 7. 2003, Az. 34 – S 2334 – 013 – 23 786/03)

1. Allgemeines

Mit dem Zweiten Gesetz für moderne Dienstleistungen am Arbeitsmarkt vom 23. 12. 2002, BGBl 2002 I S. 4621, sind grundlegende Neuregelungen bei geringfügigen Beschäftigungen (400-Euro-Jobs[1]) und Niedriglohn-Jobs (d. h. Beschäftigungsverhältnisse mit einem Arbeitsentgelt von 400,01 bis einschließlich 800 Euro) ab 1. 4. 2003 in Kraft getreten. Zu den Einkünften, die zu einer Anwendung der neuen Regelungen führen können, zählen:
- Entschädigungen gemäß Art. 11 BayFwG für ehrenamtlich tätige Kommandanten einer Freiwilligen Feuerwehr und ihre Stellvertreter und gemäß Art. 20 BayFwG für ehrenamtlich tätige Kreisbrandräte, Kreisbrandinspektoren und Kreisbrandmeister
- Entschädigung für die Teilnahme an Brandwachen und Sicherheitswachen gemäß Art. 11 Abs. 2 BayFwG

2. Steuerliche Auswirkungen

a) Ermittlung des steuerfreien und steuerpflichtigen Anteils

Von der Entschädigung für die ehrenamtlich tätigen Kommandanten und ihre Stellvertreter bleibt – wie seit dem 1. 1. 2002 – ein Betrag von monatlich 154 Euro[2] als Aufwandsentschädigung gemäß § 3 Nr. 12 Satz 2 EStG i. V. m. R 13 Abs. 3 Satz 3 bis 6 EStR steuerfrei. Beim ehrenamtlich tätigen Kreisbrandrat, Kreisbrandinspektor und Kreisbrandmeister beträgt der steuerfreie Anteil der Entschädigung gemäß § 3 Nr. 12 Satz 2 EStG i. V. m. R 13 Abs. 3 Satz 2 EStR ein Drittel, mindestens 154 Euro[3] monatlich.

Daneben kann auch die Steuerbefreiung für eine nebenberufliche Tätigkeit als Übungsleiter, Ausbilder, Erzieher, Betreuer oder eine vergleichbare Tätigkeit gemäß § 3 Nr. 26 EStG in Betracht kommen, soweit der Feuerwehrdienstleistende im Rahmen seines Feuerwehrdienstes eine begünstigte Nebentätigkeit (wie Ausbildungstätigkeit und Sofortmaßnahmen gegenüber Verunglückten und Verletzten) ausübt und den steuerfreien Höchstbetrag von insgesamt 1 848 Euro[4] im Kalenderjahr nicht bereits im Zusammenhang mit anderen begünstigten nebenberuflichen Tätigkeiten ausschöpft. Im Einzelnen wird auf Anlage 2 dieses Merkblatts verwiesen.

Die Steuervergünstigungen können in der für den Feuerwehrdienstleistenden günstigsten Reihenfolge angesetzt werden. Bei der Berechnung der weiteren Steuerbefreiung ist jeweils auf den Restbetrag nach Abzug der zuvor angesetzten Steuerbefreiung abzustellen. Ein nach Abzug der steuerfreien Beträge verbleibender Restbetrag ist als steuerpflichtiger Arbeitslohn dem Lohnsteuerabzug zu unterwerfen.

Die Entschädigung für die Teilnahme an Brand- und Sicherheitswachen gilt allein den Zeitaufwand ab und ist damit in vollem Umfang dem Lohnsteuerabzug zu unterwerfen.

b) Durchführung des Lohnsteuerabzugs

– Lohnsteuerkarte:

Die Gemeinde bzw. der Landkreis verlangt zur Durchführung des Lohnsteuerabzugs vom Feuerwehrdienstleistenden die Vorlage einer Lohnsteuerkarte[5]. Die Höhe des Lohnsteuerabzugs richtet sich nach der auf der Lohnsteuerkarte[6] eingetragenen Steuerklasse (ggf. Steuerklasse VI).

– Pauschalversteuerung:

Alternativ kann die Gemeinde bzw. der Landkreis unter Verzicht auf die Vorlage einer Lohnsteuerkarte eine Pauschalversteuerung nach Maßgabe des § 40a EStG durchführen, wenn das steuerpflichtige Arbeitsentgelt 400 Euro[7] monatlich nicht übersteigt. Der Pauschsteuersatz be-

---

1) Jetzt 450 Euro.
2) Jetzt 200 Euro.
3) Jetzt 200 Euro.
4) Jetzt 2 400 Euro.
5) Überholt durch Einführung der elektronischen Lohnsteuerabzugsmerkmale (ELStAM).
6) Überholt durch Einführung der elektronischen Lohnsteuerabzugsmerkmale (ELStAM).
7) Nun 450 Euro.

trägt 2 % des steuerpflichtigen Arbeitsentgelts, wenn die Gemeinde bzw. der Landkreis in der Sozialversicherung den pauschalen Rentenversicherungsbeitrag von 12 %[1]) zu entrichten hat (vgl. 3.). Die einheitliche Pauschsteuer von 2 % schließt den Solidaritätszuschlag und die Kirchensteuer mit ein und ist zusammen mit den pauschalen Sozialversicherungsbeiträgen an die Bundesknappschaft zu entrichten (vgl. 5.).

Der Pauschsteuersatz beträgt 20 % des steuerpflichtigen Arbeitsentgelts, wenn die Gemeinde bzw. der Landkreis in der Sozialversicherung nicht den pauschalen Rentenversicherungsbeitrag, sondern den allgemeinen Beitrag zu entrichten hat. Zur pauschalen Lohnsteuer von 20 % kommt der Solidaritätszuschlag von 5,5 % und ggf. die pauschale Kirchensteuer hinzu; sie ist – wie bisher – an das FA abzuführen.

3. Sozialversicherungsrechtliche Auswirkungen

Die Beiträge zu den einzelnen Zweigen der Sozialversicherung betragen derzeit:

Rentenversicherung	19,5 %[2])	je aus dem sozialversicherungspflichtigen
Pflegeversicherung	1,7 %[3])	Gesamtbetrag
Arbeitslosenversicherung	6,5 %[4])	
Krankenversicherung	hier variiert der Beitrag je nach Krankenkasse.[5])	

Die Frage, inwieweit sich die Neuregelung der „Mini-Jobs" auf Mitglieder der Freiwilligen Feuerwehren auswirkt, richtet sich danach, ob neben den Einkünften aus dem Feuerwehrdienst weitere, sozialversicherungspflichtige Einkünfte erzielt werden.

Es sind insbesondere folgende Fallgruppen zu unterscheiden:

a) Einkünfte aus dem Feuerwehrdienst von nicht mehr als 400 Euro neben einer Hauptbeschäftigung:

Eine „erste" geringfügige Beschäftigung bleibt versicherungsfrei. Neben einer sozialversicherungspflichtigen Hauptbeschäftigung kann daher eine geringfügige Beschäftigung sozialversicherungsfrei ausgeübt werden. Jede weitere geringfügige Beschäftigung wird mit der sozialversicherungspflichtigen Hauptbeschäftigung zusammengerechnet und unterfällt damit – mit Ausnahme der Arbeitslosenversicherung – der vollen Sozialversicherungspflicht.

Wird der Feuerwehrdienstleistende neben seinem Hauptberuf tätig, werden seine steuerpflichtigen Einkünfte aus dem Feuerwehrdienst bis zu 400 Euro[6]) nicht in die Beitragspflicht einbezogen. In diesem Fall muss die Gemeinde für den Feuerwehrdienst pauschale Sozialversicherungsbeiträge abführen. Dies sind 12 %[7]) der steuerpflichtigen Einkünfte an die gesetzliche Rentenversicherung. Hinzu kommen Beiträge von 11 %[8]) an die gesetzliche Krankenversicherung, wenn der Feuerwehrmann Mitglied in einer gesetzlichen Krankenversicherung ist oder als Familienmitglied in einer Krankenkasse mitversichert ist. Beiträge zur Arbeitslosenversicherung müssen nicht abgeführt werden.

Übt der ehrenamtliche Feuerwehrmann seine Hauptbeschäftigung jedoch bei demselben Arbeitgeber – also der Gemeinde bzw. dem Landkreis – aus, so ist ohne Rücksicht auf die arbeitsvertragliche Gestaltung sozialversicherungsrechtlich von einem einheitlichen Beschäftigungsverhältnis auszugehen.

Beschäftigte, die freiwillig in der gesetzlichen Krankenversicherung versichert sind, zahlen – unabhängig von der Pauschalbeitragszahlung der Gemeinde – auch aus den steuerpflichtigen Einkünften aus dem Feuerwehrdienst bis zu 400 Euro[9]) Beiträge zur gesetzlichen Krankenversicherung. Denn für freiwillige Mitglieder in der gesetzlichen Krankenversicherung ist bei der Beitragsbemessung die gesamte wirtschaftliche Leistungsfähigkeit, zu der auch das Entgelt aus einer geringfügigen Beschäftigung zählt, zu berücksichtigen.

---

[1]) Nun 15 %.
[2]) Nun 18,6 %.
[3]) Nun 2,55 %.
[4]) Nun 3,0 %.
[5]) Ab 2009 einheitlicher Beitragssatz 14,6 %, ggf. zuzügl. einkommensabhängiger Zusatzbeitrag.
[6]) Nun 450 Euro.
[7]) Nun 15 %.
[8]) Nun 13 %.
[9]) Nun 450 Euro.

b) Steuerpflichtige Einkünfte aus dem Feuerwehrdienst bis zu 400 Euro neben anderen geringfügigen Beschäftigungen:

Übt ein Feuerwehrdienstleistender mehrere geringfügige Beschäftigungen aus und überschreitet das steuerpflichtige Arbeitsentgelt insgesamt die Grenze von 400 Euro[1]) pro Monat, tritt vom Tag des Überschreitens an Versicherungspflicht in allen Zweigen der Sozialversicherung ein.

Dabei richtet sich die Beitragsberechnung im Bereich oberhalb von 400 Euro bis zur Grenze 800 Euro[2]) gemäß den Regelungen zur Gleitzone (vgl. unter 3. d).

Bei Einkünften über 800 Euro unterliegt das gesamte Arbeitsentgelt der normalen Beitragspflicht. Sämtliche Einkünfte werden zur Berechnung der Sozialversicherungsbeiträge zusammengefasst. Feuerwehrdienstleistender und die Gemeinde müssen für die steuerpflichtigen Einkünfte aus dem Feuerwehrdienst jeweils die Hälfte des – je nach Höhe der Beiträge zur gesetzlichen Krankenversicherung individuell verschiedenen – Gesamtsozialversicherungsbeitrages tragen (z.Z. durchschnittlich rund 21 %).

c) Nur Einkünfte aus dem Feuerwehrdienst bis zu 400[3]) Euro:

Die Gemeinde muss für den Feuerwehrdienst pauschale Sozialversicherungsbeiträge abführen, und zwar in jedem Fall 12 %[4]) der Einkünfte an die gesetzliche Rentenversicherung. Hinzu kommen 11 %[5]) Beiträge an die gesetzliche Krankenversicherung, sofern der Feuerwehrdienstleistende Mitglied einer gesetzlichen Krankenversicherung oder als Familienmitglied in einer Krankenkasse mitversichert ist. Der Feuerwehrmann erhält seine Entschädigung ohne Abzug von Sozialversicherungsbeiträgen ausgezahlt.

d) Nur Einkünfte aus dem Feuerwehrdienst in der Gleitzone von oberhalb 400 Euro bis zu 800 Euro:[6])

Die steuerpflichtigen Arbeitsentgelte innerhalb der Gleitzone unterliegen der Versicherungspflicht in allen Zweigen der Sozialversicherung. Bei der Zusammenrechnung der Arbeitsentgelte aus mehreren Beschäftigungen ist zu beachten, dass eine „erste" geringfügige Beschäftigung versicherungsfrei bleibt (vgl. 3. a). In der Gleitzone wird der Beitragsbemessung ein reduziertes beitragspflichtiges Arbeitsentgelt zugrunde gelegt. Die Gemeinde zahlt für das gesamte Arbeitsentgelt grundsätzlich den vollen Arbeitgeberanteil ein, d. h. sie trägt die Hälfte der für die steuerpflichtigen Einkünfte aus dem Feuerwehrdienst üblichen Kranken-, Pflege und Rentenversicherungsbeiträge sowie der Beiträge zur Arbeitslosenversicherung.

Der vom Feuerwehrdienstleistenden zu zahlende Beitrag steigt linear von rund 4 % am Anfang der Gleitzone bis zum vollen Arbeitnehmeranteil, d. h. bis zur Hälfte des individuellen Gesamtsozialversicherungsbeitrags, an.

4. „Aufstockungsmöglichkeit"

In den geschilderten Fällen, in denen die Gemeinde pauschale Beiträge zur gesetzlichen Rentenversicherung zahlt, können sich für den Feuerwehrdienstleistenden Rentenansprüche ergeben: Wird in diesen Fällen zum Beispiel der Feuerwehrdienst mit steuerpflichtigen Einkünften von 400 Euro[7]) ein ganzes Jahr lang ausgeübt, erwirbt der Feuerwehrdienstleistende derzeit einen monatlichen Rentenanspruch von 2,61 Euro. Zudem werden 4 Monate für die Wartezeit berücksichtigt. Die betreffenden Feuerwehrdienstleistenden haben die Möglichkeit durch die Ergänzung des pauschalen Arbeitgeberbeitrags von 12 %[8]) zum vollwertigen Pflichtbeitrag (derzeit 19,5 %[9])) Ansprüche auf das volle Leistungsspektrum der Rentenversicherung (Anspruch auf Rehabilitation, Erwerbsminderungsrente, vorgezogene Altersrenten, Rentenberechnung nach Mindesteinkommen, Anspruch auf die Förderung nach der sog. Riester-Rente) zu erlangen. Falls die Einkünfte aus dem Feuerwehrdienst dabei 155 Euro unterschreiten, ist ein Mindestbeitrag festgelegt.

---

[1]) Nun 450 Euro.
[2]) Nun 450 bis 850 Euro.
[3]) Nun 450 Euro.
[4]) Nun 15 %.
[5]) Nun 13 %.
[6]) Nun 450 bis 850 Euro.
[7]) Nun 450 Euro.
[8]) Nun 15 %.
[9]) Nun 18,6 %.

5. Verfahren

Der Feuerwehrdienst, der zu steuerpflichtigen Einkünften führt, muss – wie alle anderen Arbeitsverhältnisse – der Sozialversicherung gemeldet werden, d. h., er ist in das normale Meldeverfahren einbezogen.

Allerdings sind alle Meldungen immer bei der Bundesknappschaft (Minijob-Zentrale) und nicht mehr bei den Krankenkassen einzureichen. Die Bundesknappschaft ist zuständige Einzugsstelle für geringfügig Beschäftigte. Sie nimmt die von der Gemeinde für geringfügig Beschäftigte Feuerwehrdienstleistende zu zahlenden Pauschalbeiträge entgegen und zieht auch die Rentenversicherungsbeiträge für diejenigen ein, die von der Aufstockungsmöglichkeit (vgl. 4.) Gebrauch gemacht haben.

Sofern aufgrund der geringfügig entlohnten Beschäftigung infolge der Zusammenrechnung mit einer nicht geringfügigen versicherungspflichtigen Beschäftigung Versicherungspflicht besteht, sind Meldungen und Beiträge an die Krankenkasse zu richten, bei der der geringfügig beschäftigte Feuerwehrmann krankenversichert ist.

Anlage 1

Hinweis: Bei geringfügigen Dauerbeschäftigungen bis 400 Euro sind pauschale Beiträge zur Pflegeversicherung nicht abzuführen. Im Übrigen folgt die Pflegeversicherung der versicherungsrechtlichen Beurteilung der Krankenversicherung.

Fallkonstellation	Rentenversicherung	Krankenversicherung
Einkünfte aus Feuerwehrdienst bis zu 400 Euro neben sozialversicherungspflichtiger Hauptbeschäftigung	Die erste geringfügig entlohnte Beschäftigung ist nicht mit der Hauptbeschäftigung zusammenzurechnen – 12 %[1]) Pauschalbeitrag durch Gemeinde; – Aufstockungsmöglichkeit	Die erste geringfügig entlohnte Beschäftigung ist nicht mit der Hauptbeschäftigung zusammenzurechnen – 11 %[2]) Pauschalbeitrag durch Gemeinde, sofern gesetzlich krankenversichert
Einkünfte aus dem Feuerwehrdienst bis zu 400 Euro neben weiteren geringfügigen Beschäftigungsverhältnissen	– Bei Einkünften von insgesamt über 800 Euro: normale Beitragspflicht: Berechnungsgrundlage ist die Summe aller Einkünfte; Gemeinde und Feuerwehrmann tragen je die Hälfte für die Feuerwehreinkünfte – Bei Einkünften von insgesamt zwischen 400,01 Euro und 800 Euro gemäß Regelungen zur Gleitzone: Gemeinde trägt die Hälfte der Beiträge aus den Feuerwehreinkünften, der Feuerwehrmann seinen Anteil aus den reduzierten Feuerwehreinkünften – Bei Einkünften bis zu insgesamt 400 Euro: 12 %[3]) Pauschalbeitrag durch Gemeinde	– Bei Einkünften von insgesamt über 800 Euro: normale Beitragspflicht: Berechnungsgrundlage ist die Summe aller Einkünfte; Gemeinde und Feuerwehrmann tragen je die Hälfte für die Feuerwehreinkünfte – Bei Einkünften von insgesamt zwischen 400,01 Euro und 800 Euro gemäß Regelungen zur Gleitzone: Gemeinde trägt die Hälfte der Beiträge aus den Feuerwehreinkünften, der Feuerwehrmann seinen Anteil aus den reduzierten Feuerwehreinkünften – Bei Einkünften bis zu insgesamt 400 Euro: 11 %[4]) Pauschalbeitrag durch Gemeinde, sofern gesetzlich krankenversichert

---

[1]) Nun 15 %.
[2]) Nun 13 %.
[3]) Nun 15 %.
[4]) Nun 13 %.

Fallkonstellation	Rentenversicherung	Krankenversicherung
nur Einkünfte aus dem Feuerwehrdienst bis zu 400 Euro	12 %[1] Pauschalbeitrag durch Gemeinde; Aufstockungsmöglichkeit	11 %[2] Pauschalbeitrag durch Gemeinde, sofern gesetzlich krankenversichert
nur Einkünfte aus dem Feuerwehrdienst von 400,01 Euro bis 800 Euro (Gleitzone)	Gemeinde trägt die Hälfte der Beiträge aus den Feuerwehreinkünften, der Feuerwehrmann seinen Anteil aus den reduzierten Feuerwehreinkünften	Gemeinde trägt die Hälfte der Beiträge aus den Feuerwehreinkünften, der Feuerwehrmann seinen Anteil aus den reduzierten Feuerwehreinkünften

Arbeitslosenversicherung	Lohnsteuer
Keine Beiträge	Lohnsteuerkarte oder ggf. einheitliche Pauschsteuer von 2 %
– Bei Einkünften von insgesamt über 800 Euro normale Beitragspflicht: Berechnungsgrundlage ist die Summe aller Einkünfte; Gemeinde und Feuerwehrmann tragen je die Hälfte für die Feuerwehreinkünfte	Lohnsteuerkarte oder ggf. Pauschalversteuerung mit 20 %
– Bei Einkünften insgesamt zwischen 400,01 Euro und 800 Euro gemäß Regelungen zur Gleitzone: Gemeinde trägt die Hälfte der Beiträge aus den Feuerwehreinkünften, der Feuerwehrmann seinen Anteil aus den reduzierten Feuerwehreinkünften	Lohnsteuerkarte oder ggf. Pauschalversteuerung mit 20 %
– Bei Einkünften bis zu insgesamt 400 Euro: Keine Beiträge	Lohnsteuerkarte oder ggf. einheitliche Pauschsteuer von 2 %
Keine Beiträge	Lohnsteuerkarte oder ggf. einheitliche Pauschsteuer von 2 % (Steuerfreistellungsbescheinigung ab 1. 4. 2003 nicht mehr gültig)
Gemeinde trägt die Hälfte der Beiträge aus den Feuerwehreinkünften, der Feuerwehrmann seinen Anteil aus den reduzierten Feuerwehreinkünften	Lohnsteuerkarte

---

[1] Nun 15 %.
[2] Nun 13 %.

Anlage 2

An die/das   Angaben zur Person
Gemeinde/Stadt/Landratsamt

Erklärung zur Anwendung des sog. Übungsleiterfreibetrags beim Feuerwehrdienst für das Jahr 200_

In meiner Eigenschaft als _____ erhalte ich eine Aufwandsentschädigung. Zur Berücksichtigung des nach § 3 Nr. 26 EStG begünstigten Betrags[2]] erkläre ich:

1. Zur Anwendung des sog. Übungsleiterfreibetrags:

☐ Ich übe neben meiner oben genannten Feuerwehrtätigkeit keine weitere begünstigte Nebentätigkeit aus und versichere, dass im maßgebenden Kalenderjahr die Steuerbefreiung nicht bereits in einem anderen Dienst- oder Auftragsverhältnis berücksichtigt worden ist oder berücksichtigt wird.

☐ Ich übe mehrere begünstigte Nebentätigkeiten aus, für die die Steuerbefreiung in Anspruch genommen wird: Bei meiner oben genannten Feuerwehrtätigkeit kann von dem Gesamtjahreshöchstbetrag von 1 848 EUR nur ein Restbetrag von _____ EUR angesetzt werden.

2. Zur Ermittlung des begünstigten Anteils:

☐ Ich beantrage, bei meiner oben genannten Feuerwehrtätigkeit den Anteil der begünstigten Tätigkeit mit dem umseitig aufgeführten typisierenden Aufteilungsschlüssel zu berücksichtigen.

☐ Ich führe einen detaillierten Einzelnachweis darüber, wie viele Stunden meine gesamte Feuerwehrtätigkeit umfasst und an wie vielen Stunden ich begünstigte Feuerwehrtätigkeit (= Ausbildungstätigkeit sowie Sofortmaßnahmen gegenüber Verunglückten und Verletzten) ausübe. Die entsprechenden Nachweise sind beigefügt

Gesamtstunden: _____

davon begünstigte Stunden: _____

3. Zur zeitanteiligen Aufteilung des Höchstbetrags:

Im Interesse einer gleichmäßigen Lohnabrechnung wird der zu berücksichtigende Freibetrag, sofern von der Feuerwehrführungskraft nicht ausdrücklich anders beantragt, zeitanteilig berücksichtigt. Beginnt oder endet die oben genannte Feuerwehrtätigkeit innerhalb eines Kalenderjahrs, so ist der für die begünstigte Tätigkeit ermittelte Jahreshöchstbetrag auf die Monate der Tätigkeit aufzuteilen. Kann der Antrag aufgrund einer späteren Antragstellung nicht bereits zu Jahres- oder Betätigungsbeginn berücksichtigt werden, so wird der Jahresbetrag auf die noch verbleibenden Monate des Kalenderjahres aufgeteilt.

Ich versichere, dass ich die Angaben wahrheitsgemäß nach bestem Wissen und Gewissen gemacht habe, und werde evtl. Änderungen der Verhältnisse unverzüglich mitteilen.

Ort, Datum   Unterschrift

_____

Zu § 3 Nr. 26 EStG

Begünstigt sind nebenberufliche Tätigkeiten als Übungsleiter, Ausbilder, Erzieher, Betreuer oder vergleichbare nebenberufliche Tätigkeiten, nebenberufliche künstlerische Tätigkeiten sowie die nebenberufliche Pflege alter, kranker oder behinderter Menschen. Voraussetzung ist, dass die genannte nebenberufliche Tätigkeit im Dienst oder im Auftrag einer inländischen juristischen Person des öffentlichen Rechts oder einer als gemeinnützig anerkannten Einrichtung (z. B. Sport- oder Musikverein, Einrichtung der Wohlfahrtspflege, Volkshochschule) ausgeübt wird und die Tätigkeit der Förderung gemeinnütziger, mildtätiger und kirchlicher Zwecke dient. Die Einnahmen bleiben bis zur Höhe von insgesamt 1 848 EUR[1] im Kalenderjahr steuerfrei.

Damit die Gemeinde, die Stadt oder das Landratsamt den sog. Übungsleiterfreibetrag bei der Lohnabrechnung berücksichtigen kann, hat der Feuerwehrdienstleistende seiner Dienststelle den Anteil seiner begünstigten Feuerwehrtätigkeit mitzuteilen und dabei anzugeben, inwieweit der sog. Übungsleiterfreibetrag nicht bereits durch andere begünstigte Nebentätigkeiten im maßgebenden Kalenderjahr aufgebraucht wird. Diese Erklärung hat der Arbeitgeber zum Lohnkonto zu nehmen.

_____

1) Jetzt: 2 400 EUR.

Zur Vereinfachung der Feststellung, inwieweit die Feuerwehrtätigkeit eine nach § 3 Nr. 26 EStG begünstigte Tätigkeit darstellt, kann auf Grund repräsentativer Erhebungen für den Regelfall von dem nachfolgenden Aufteilungsschlüssel ausgegangen werden:

Funktion	begünstigter Anteil
Kreisbrandrat	40 %
Kreisbrandinspektor	60 %
Kreisbrandmeister	70 %
Kommandant	60 %
Stv. Kommandant	65 %
andere Feuerwehrdienstleistende, die regelmäßig über das übliche Maß hinaus Feuerwehrdienst leisten (vgl. Art. 11 Abs. 1 Satz 2 BayFwG)	50 %

Beispiel:

Ein ehrenamtlich tätiger Feuerwehrkommandant erhält auf Grundlage des Art. 11 Abs. 1 BayFwG monatlich eine Entschädigung von 240 EUR. Da der Kommandant noch andere begünstigte Nebentätigkeiten ausübt, für die er den sog. Übungsleiterfreibetrag beansprucht, erklärt er, dass der Übungsleiterfreibetrag bei seiner Tätigkeit als Kommandant nur mit einem Jahresrestbetrag von 600 EUR (= 50 EUR monatlich) berücksichtigt werden kann. Der steuerfreie Betrag errechnet sich wie folgt:

Monatliche Grundvergütung	240 EUR
davon steuerfrei nach § 3 Nr. 26 EStG	
60 % von 240 EUR (höchstens 50 EUR monatlich)	./. 50 EUR
verbleiben:	190 EUR
Vom verbleibenden Restbetrag von 190 EUR steuerfrei	
nach § 3 Nr. 12 EStG (höchstens 154 EUR monatlich)[1]	154 EUR
verbleibt steuerpflichtiger Anteil	36 EUR

Der von der Entschädigung in Höhe von 240 EUR insgesamt steuerfrei bleibende Betrag beläuft sich im Beispielsfall auf 204 EUR, der steuerpflichtige Anteil auf 36 EUR[2].

---

[1] Jetzt 200 EUR.
[2] Jetzt: 15 EUR.

Vordruck Antrag auf Erteilung einer Bescheinigung bei erweiterter unbeschränkter Einkommensteuerpflicht

**Antrag auf Erteilung einer Bescheinigung für den Lohnsteuerabzug 201__
bei erweiterter unbeschränkter Einkommensteuerpflicht und für übrige Bezieher
von Arbeitslohn aus inländischen öffentlichen Kassen**

Identifikationsnummer (soweit erhalten) - Antragsteller/in

Identifikationsnummer (soweit erhalten) - Ehegatte/Lebenspartner

Zur Beachtung:

Arbeitnehmer, die in der Bundesrepublik Deutschland weder einen Wohnsitz noch ihren gewöhnlichen Aufenthalt haben, aber Arbeitslohn aus einer inländischen öffentlichen Kasse beziehen, werden unter bestimmten Voraussetzungen den unbeschränkt einkommensteuerpflichtigen Arbeitnehmern gleichgestellt. Diese Arbeitnehmer erhalten auf Antrag für den Lohnsteuerabzug eine Bescheinigung über die Steuerklasse, die Zahl der Kinderfreibeträge und einen ggf. in Betracht kommenden Freibetrag bei dem für den Arbeitgeber zuständigen Finanzamt (Betriebsstättenfinanzamt).

Sind beim Lohnsteuerabzug weder Kinderfreibeträge noch andere Freibeträge zu berücksichtigen, so brauchen Sie nur diesen Vordruck und ggf. die „Anlage Grenzpendler EU/EWR" oder die „Anlage Grenzpendler außerhalb EU/EWR" auszufüllen. Andernfalls fügen Sie diesem Antrag bitte auch einen Lohnsteuer-Ermäßigungsantrag bei. Wenn Sie – und ggf. Ihr Ehegatte/Lebenspartner – **erstmals** einen **Steuerfreibetrag, einen höheren Freibetrag** als im Vorjahr oder **das Faktorverfahren** für Ehegatten/Lebenspartner beantragen, verwenden Sie bitte den sechsseitigen Vordruck „Antrag auf Lohnsteuer-Ermäßigung". Wenn Sie **keinen höheren Freibetrag** als für das Vorjahr beantragen oder nur die Zahl der Kinderfreibeträge und ggf. die Steuerklasse I in II geändert werden sollen, verwenden Sie bitte den Vordruck „Vereinfachter Antrag auf Lohnsteuer-Ermäßigung".

Nach dem Doppelbesteuerungsabkommen mit Belgien wird die einzubehaltende Lohnsteuer grundsätzlich um 8 % gemindert, wenn Sie in Belgien ansässig sind und Ihre Einkünfte aus nichtselbständiger Arbeit in der Bundesrepublik Deutschland besteuert werden. Soweit diese Voraussetzungen vorliegen, enthält die von Ihnen beantragte Bescheinigung einen entsprechenden Hinweis für Ihren Arbeitgeber.

Fügen Sie dem Antrag bitte Belege und ggf. für dasselbe Kalenderjahr bereits erteilte Bescheinigungen (ggf. die Bescheinigung für den Ehegatten/Lebenspartner) bei.

Nach den Vorschriften der Datenschutzgesetze wird darauf hingewiesen, dass die Angabe der Telefonnummer freiwillig im Sinne dieser Gesetze ist und im Übrigen die mit diesem Antrag angeforderten Daten auf Grund der §§ 149, 150 der Abgabenordnung und der §§ 1 Abs. 2, 39 Abs. 2 und 3 des Einkommensteuergesetzes - EStG - erhoben werden.

Weiße Felder bitte ausfüllen oder ⊠ ankreuzen		Die Angaben für den Ehegatten/Lebenspartner bitte immer ausfüllen!
Angaben zur Person	**Antragstellende Person** (Name, Vorname)	**Ehegatte/Lebenspartner** (Name, Vorname)
	Ausgeübter Beruf	Ausgeübter Beruf
	Straße und Hausnummer	Straße und Hausnummer (falls abweichend)
	Postleitzahl, Wohnort, Staat	Postleitzahl, Wohnort, Staat (falls abweichend)
	Geburtsdatum Tag Monat Jahr Staatsangehörigkeit	Geburtsdatum Tag Monat Jahr Staatsangehörigkeit
	Verheiratet/Verpartnert seit Verwitwet seit Geschieden/Lebensp. aufgehoben seit Dauernd getrennt lebend seit	
	Eine Bescheinigung für das Kalenderjahr, für das der Antrag gestellt wird, ist bereits ausgestellt ☐ Nein ☐ Ja, ist beigefügt	Eine Bescheinigung für das Kalenderjahr, für das der Antrag gestellt wird, ist bereits ausgestellt ☐ Nein ☐ Ja, ist beigefügt
Arbeitgeber	Name	Name
	Der Arbeitslohn wird gezahlt von (Anschrift der öffentlichen Kasse) Name	Der Arbeitslohn wird gezahlt von (Anschrift des Arbeitgebers, ggf. der öffentlichen Kasse) Name
	Straße und Hausnummer	Straße und Hausnummer
	Postleitzahl, Ort	Postleitzahl, Ort
	Der Arbeitslohn für die Auslandstätigkeit wird gezahlt ab Datum	Der Arbeitslohn für die Auslandstätigkeit wird gezahlt ab Datum

Nur bei Ehegatten/Lebenspartnern, die beide Arbeitslohn beziehen:
Wir beantragen die Steuerklassenkombination

Antragstellende Person/Ehegatte oder Lebenspartner	☐ drei/fünf	☐ vier/vier	☐ fünf/drei

☐ Ich beantrage die Steuerklasse II, Kinderfreibeträge, andere Freibeträge oder das Faktorverfahren für Ehegatten/Lebenspartner.
Den Vordruck „Antrag auf Lohnsteuer-Ermäßigung" oder „Vereinfachter Antrag auf Lohnsteuer-Ermäßigung" habe ich beigefügt.

3.14

Stets auszufüllen von Bediensteten **ohne** diplomatischen oder konsularischen Status und von Empfängern von Versorgungsbezügen (Angabe deshalb nicht erforderlich bei erweiterter unbeschränkter Einkommensteuerpflicht nach § 1 Abs. 2 EStG; darunter fallen insbesondere Bedienstete **mit** diplomatischem oder konsularischem Status sowie im Ausland stationierte Bundeswehrsoldaten, bei denen die Voraussetzungen des Artikels X des NATO-Truppenstatuts vorliegen):

Sind Sie auf Grund eines dienstlichen Auftrags im Ausland tätig?

[ ] Ja, bitte „Anlage Grenzpendler EU/EWR" beifügen

[ ] Nein (z.B. bei Versorgungsempfängern) | Wohnsitzstaat

Sind Sie nicht aufgrund eines dienstlichen Auftrags im Ausland tätig, aber Staatsangehöriger eines Mitgliedstaates der Europäischen Union (EU) oder von Island, Norwegen, Liechtenstein (EWR) und wollen Sie weitere Steuervergünstigungen in Anspruch nehmen (insbesondere die Steuerklasse III, wenn Ihr Ehegatte/Lebenspartner seinen Wohnsitz oder gewöhnlichen Aufenthalt in einem EU/EWR-Staat oder in der Schweiz hat), geben Sie bitte zusätzlich die „Anlage Grenzpendler EU/EWR" ab. Sind Sie kein Staatsangehöriger eines EU/EWR-Staates, geben Sie ggf. die „Anlage Grenzpendler außerhalb EU/EWR" ab.

Die Bescheinigung soll nicht mir zugesandt werden, sondern an (z.B. an die das Gehalt zahlende Kasse)

Name

Straße und Hausnummer oder Postfach

Postleitzahl, Ort

Bei der Ausfertigung dieses Antrags hat mitgewirkt
Herr/Frau/Firma | in | Telefonnummer

Ich nehme zur Kenntnis, dass ich verpflichtet bin, unverzüglich die Änderung der Bescheinigung zu beantragen, wenn sich die für die Bescheinigung der Steuerklasse und die Berücksichtigung von Kindern zugrunde gelegten Verhältnisse zu meinen Ungunsten ändern oder die Voraussetzungen für die erweiterte unbeschränkte Einkommensteuerpflicht wegfallen.

_____ (Datum) | _____ (**Unterschrift** der antragstellenden Person) | _____ (**Unterschrift** des Ehegatten/Lebenspartners)

Verfügung des Finanzamts

1. Bescheinigung für den Lohnsteuerabzug
   ist mit folgenden allgemeinen Besteuerungsmerkmalen zu erteilen:

Steuerklasse/Faktor	Zahl der Kinderfreibeträge [1)	Gültig vom - bis

1) nicht bei beschränkter Einkommensteuerpflicht

2) bei beschränkter Einkommensteuerpflicht nur Freibeträge nach § 39a Abs. 4 EStG

3) einschl. Zahl der Kinderfreibeträge (nicht bei beschränkter Einkommensteuerpflicht)

EUR

2. Freibeträge [2) .... _____
   Pauschbeträge für Behinderte und Hinterbliebene ..... _____
   Freibetrag wg. Förderung des Wohneigentums usw..... _____
   Werbungskosten .... _____
   Sonderausgaben .... _____
   Außergewöhnliche Belastungen in besonderen Fällen _____
   Außergewöhnliche Belastungen allgemeiner Art....... _____
   Jahresfreibetrag .... _____
   bisher berücksichtigt .... _____
   verbleibender Freibetrag .... _____
   Monatsbetrag .... _____
   Gültig vom - bis | Wochenbetrag .. _____
   _____ | Tagesbetrag ..... _____

3. Änderung
   der StKl [3)/Faktor | in StKl [3)/Faktor | Gültig vom - bis
   _____ | _____ | _____

4. Minderung der Lohnsteuer nach dem DBA Belgien in die Bescheinigung aufnehmen (nicht bei Geschäftsführern und Vorständen i.S.d. Art. 16 Abs. 2 DBA Belgien)
   Gültig vom - bis

5. Bescheinigung und Belege an Antragsteller abgesandt am

6. Bescheid zur Post am

7. [ ] Vormerken für die ESt-Veranlagung

8. Z.d.A.

_____ (Sachgebietsleiter) | _____ (Datum) | _____ (Sachbearbeiter)

Vordruck Antrag auf Erteilung einer Bescheinigung für beschränkt einkommensteuerpflichtige Arbeitnehmer

Antrag auf Erteilung einer Bescheinigung für den Lohnsteuerabzug 201__ für beschränkt einkommensteuerpflichtige Arbeitnehmer

Zur Beachtung:

Arbeitnehmern, die in der Bundesrepublik Deutschland weder einen Wohnsitz noch ihren gewöhnlichen Aufenthalt haben (beschränkt einkommensteuerpflichtige Arbeitnehmer), wird eine Bescheinigung über die für den Lohnsteuerabzug maßgebenden persönlichen Besteuerungsmerkmale ausgestellt. Die Bescheinigung ist vom Arbeitnehmer mit diesem Vordruck bei dem für den Arbeitgeber zuständigen Finanzamt (Betriebsstättenfinanzamt) zu beantragen; sie ist dem Arbeitgeber vor Beginn des Kalenderjahres oder beim Eintritt in das Dienstverhältnis vorzulegen.

Wird die Bescheinigung eines Freibetrags **(Abschnitt B)** beantragt, ist der Antrag vom Arbeitnehmer zu unterschreiben. Wird lediglich die Bescheinigung der Steuerklasse **(Abschnitt A)**, die Begrenzung des Steuerabzugs nach **Abschnitt C** oder die Steuerbefreiung nach den **Abschnitten D, E oder F** beantragt, kann die Bescheinigung auch vom Arbeitgeber im Namen des Arbeitnehmers beantragt werden.

Der Antrag auf Erteilung oder Änderung der Bescheinigung kann nur bis zum Ablauf des Kalenderjahres gestellt werden, für das die Bescheinigung gilt. Bei beschränkt einkommensteuerpflichtigen Arbeitnehmern gilt die Einkommensteuer mit der Durchführung des Lohnsteuerabzugs grundsätzlich als abgegolten.

Wird Ihnen aufgrund der Angaben in Abschnitt B dieses Antrags ein **Freibetrag** in der Bescheinigung für den Lohnsteuerabzug eingetragen und übersteigt der im Kalenderjahr insgesamt erzielte Arbeitslohn 11.200 € (ab 2018: 11.400 €) sind Sie verpflichtet, nach Ablauf des Kalenderjahres eine **Einkommensteuererklärung** beim zuständigen Betriebsstättenfinanzamt **abzugeben**.

Auf Antrag werden Sie als unbeschränkt einkommensteuerpflichtig behandelt, wenn die Summe Ihrer Einkünfte **mindestens zu 90 %** der deutschen Einkommensteuer unterliegt **oder** wenn die nicht der deutschen Einkommensteuer unterliegenden Einkünfte den **Grundfreibetrag** (8.820 €, ab 2018: 9.000 €; ggf. nach den Verhältnissen Ihres Wohnsitzstaates gemindert) nicht übersteigen. Sind Sie Staatsangehöriger eines EU-/EWR-Staates und leben von Ihrem Ehegatten/Lebenspartner nicht dauernd getrennt, ist für die Bescheinigung der Steuerklasse III Voraussetzung, dass die Einkünfte beider Ehegatten/Lebenspartner zusammen die Einkommensgrenzen erfüllen, wobei der Grundfreibetrag zu verdoppeln ist; weitere Voraussetzung ist, dass der Ehegatte/Lebenspartner seinen Wohnsitz in einem EU-/EWR-Staat oder der Schweiz hat. In diesen Fällen ist der Vordruck „Anlage Grenzpendler EU/EWR" zu verwenden. Nach Ablauf des Kalenderjahres sind Sie zur Abgabe einer Einkommensteuererklärung verpflichtet.

Nach dem Doppelbesteuerungsabkommen mit Belgien wird die einzubehaltende Lohnsteuer grundsätzlich um 8 % gemindert, wenn Sie in Belgien ansässig sind und Ihre Einkünfte aus nichtselbständiger Arbeit in der Bundesrepublik Deutschland besteuert werden. Soweit diese Voraussetzungen vorliegen, enthält die von Ihnen beantragte Bescheinigung einen entsprechenden Hinweis für Ihren Arbeitgeber.

Wenn Sie eine Bescheinigung nach **Abschnitt C, D, E oder F** beantragen, ist außer diesem Abschnitt **nur noch Abschnitt A** auszufüllen. Fügen Sie dem Antrag bitte Belege und ggf. für dasselbe Kalenderjahr bereits erteilte Bescheinigungen bei.

Nach den Vorschriften der Datenschutzgesetze wird darauf hingewiesen, dass die Angabe der Telefonnummer freiwillig im Sinne dieser Gesetze ist und im Übrigen die mit diesem Antrag angeforderten Daten auf Grund der §§ 149, 150 der Abgabenordnung und der §§ 1 Abs. 4, 39 Abs. 2 und 3 des Einkommensteuergesetzes - EStG - erhoben werden.

(A) Angaben zur Person

Weiße Felder bitte ausfüllen oder ☒ ankreuzen.

Identifikationsnummer
-soweit erhalten-

Name, Vorname | Geburtsdatum | Tag | Monat | Jahr

Verheiratet/Lebensp. begründet seit | Verwitwet seit | Geschieden/Lebensp.aufgehoben seit | Dauernd getrennt lebend seit

Aufenthalt in der Bundesrepublik Deutschland (Inland) ☐ Nein ☐ Ja, vom (vorauss.) bis | überwiegend tägliche Rückkehr an Wohnsitz im Ausland ☐ Nein ☐ Ja

Straße, Hausnummer, Postleitzahl, Ort im Inland

Wohnsitz im Ausland ☐ Nein ☐ Ja | Straße, Hausnummer

Postleitzahl, Ort, Staat

Geburtsort | Staatsangehörigkeit

Bei Verheirateten/bei Lebenspartnerschaften: Der Ehegatte/Lebenspartner hat im Inland | einen Wohnsitz ☐ Nein ☐ Ja | ein Arbeitsverhältnis ☐ Nein ☐ Ja

Aufenthalt des Ehegatten/Lebenspartners im Inland ☐ Nein | Ja, vom | (voraussichtlich) bis

(inländischer) Arbeitgeber der antragstellenden Person (Name, Anschrift)

Steuernummer

Beschäftigt als | seit | (voraussichtlich) bis

voraussichtlicher inländischer Jahresarbeitslohn | €

Weitere Arbeitgeber im laufenden Kalenderjahr (Name, Anschrift, Steuernummer) | vom - bis

Bescheinigungen für beschränkt einkommensteuerpflichtige Arbeitnehmer für das laufende Kalenderjahr sind mir bereits erteilt worden ☐ Nein | Ja, vom Finanzamt

10.16 ab 2017

2

Ⓑ Berücksichtigung von Freibeträgen

I. Werbungskosten
Nur ausfüllen, wenn die Werbungskosten höher sind als der (ggf. zeitanteilige) maßgebende Pauschbetrag von 1.000 €/102 €.

Erläuterungen

1. Wege zwischen Wohnung und erster Tätigkeitsstätte (Entfernungspauschale)

Fahrtkostenersatz des Arbeitgebers [1]

Die Wege werden ganz oder teilweise zurückgelegt mit einem eigenen oder zur Nutzung überlassenen ☐ privaten Kfz ☐ Firmenwagen

_____ €

erste Tätigkeitsstätte in (Ort und Straße) - ggf. nach gesonderter Aufstellung -

1.

	Arbeitstage je Woche	Urlaubs- und Krankheitstage	Behinderungsgrad mind. 70 oder mind. 50 und Merkzeichen „G"

2.

| | | | Ja |

Tätigkeits-stätte Nr.	aufgesucht an Tagen	einfache Entfernung (km)	davon zurückgelegte km mit			Aufwendungen für öffentl. Verkehrsmittel [4]	EUR
			eigenem oder zur Nutzung überlassenen Pkw [2] [3]	Sammelbe-förderung des Arbeitgebers	öffentl. Verkehrsmitteln, Motorrad, Fahrrad o.ä., als Fußgänger, als Mitfahrer einer Fahrgemeinschaft [2]		

2. Beiträge zu Berufsverbänden (Bezeichnung der Verbände)

3. Aufwendungen für Arbeitsmittel (Art der Arbeitsmittel) [6] - soweit nicht steuerfrei ersetzt -

4. Weitere Werbungskosten (z.B. Fortbildungskosten, Fahrt-/Übernachtungskosten bei Auswärtstätigkeit) [6]
- soweit nicht steuerfrei ersetzt -

5. Pauschbeträge für Mehraufwendungen für Verpflegung bei Auswärtstätigkeit [7]

Abwesenheitsdauer mehr als 8 Std.	
Zahl der Tage	x 12 €

An-/Abreisetag (bei auswärtiger Übernachtung) | Abwesenheitsdauer 24 Std. | Summe Pauschbeträge

Zahl der Tage	x 12 €	Zahl der Tage	x 24 €		€

Kürzungsbeträge wegen Mahlzeitengestellung (eigene Zuzahlungen sind ggf. gegenzurechnen)

| | € | - | steuerfreier Arbeitgeberersatz € = | - | € = |

6. Mehraufwendungen für doppelte Haushaltsführung
Der doppelte Haushalt ist aus beruflichem Anlass begründet worden

Beschäftigungsort

Grund [5] | am | besteht voraussichtlich bis

Eigener Hausstand am Lebensmittelpunkt:
☐ Nein ☐ Ja, in _____ seit

Kosten der ersten Fahrt zum Beschäftigungsort und der letzten Fahrt zum eigenen Hausstand

steuerfreier Arbeitgeberersatz

| ☐ mit öffentlichen Verkehrsmitteln | ☐ mit privatem Kfz Entfernung _____ km x ____ € | = | € | - | € = |

Fahrtkosten für Heimfahrten (nicht bei Firmenwagennutzung) [3] [4] [6]

| einfache Entfernung ohne Flugstrecken ___ km x Anzahl ___ | x 0,30 € | = | € | - | € = |

Kosten der Unterkunft am Beschäftigungsort (lt. Nachweis) höchstens 1.000 € im Monat

| | | | € | - | € = |

☐ mit öffentlichen Verkehrsmitteln | = | € | - | € =

Pauschbeträge für Mehraufwendungen für Verpflegung [5] [7]

An-/Abreisetag (bei auswärtiger Übernachtung) | Abwesenheitsdauer 24 Std. | Summe Pauschbeträge

Zahl der Tage	x 12 €	Zahl der Tage	x 24 €		€

Kürzungsbeträge wegen Mahlzeitengestellung (eigene Zuzahlungen sind ggf. gegenzurechnen)

| - | € | steuerfreier Arbeitgeberersatz € = | - | € = |

Summe _____

Bitte Belege beifügen !

Erläuterungen:

1) Nur Fahrtkostenersatz eintragen, der pauschal besteuert oder steuerfrei gewährt wird.

2) Die Entfernungspauschale beträgt 0,30 € je Entfernungskilometer; bei anderen Verkehrsmitteln als eigenem oder zur Nutzung überlassenen Pkw höchstens 4.500 €.

3) Erhöhter Kilometersatz wegen Behinderung: 0,30 € je Entfernungskilometer

4) Die tatsächlichen Aufwendungen für öffentliche Verkehrsmittel (ohne Flug- und Fährkosten) werden nur angesetzt, wenn sie höher sind als die Entfernungspauschale.

5) Ggf. auf gesondertem Blatt erläutern

6) Die Aufwendungen für Heimflüge oder die anstelle der Aufwendungen für Heimfahrten entstehenden Telefonkosten bitte auf gesondertem Blatt erläutern.

7) Bei Abwesenheitsdauer von: mehr als 8 Std.: 12 € 24 Std.: 24 € nur für die ersten drei Monate an derselben Tätigkeitsstätte/demselben Tätigkeitsort

Vermerke des Finanzamts

Summe _____ €

abzüglich - ggf. zeitanteiligen - maßgebenden Pauschbetrag von 1.000 €/102 €

Se.: _____ €

Übertragen in Vfg.

Bitte Belege beifügen ! `3`

II. Sonderausgaben		EUR	Vermerke des Finanzamts
Spenden und Mitgliedsbeiträge	Bitte jeweils Bescheinigungen nach amtlich vorgeschriebenem Vordruck beifügen		Summe
			€
a) Spenden und Mitgliedsbeiträge zur Förderung steuerbegünstigter Zwecke			abzüglich – ggf. zentanteiligen – Sonderausgaben-Pauschbetrag von 36 €
b) Spenden in das zu erhaltende Vermögen (Vermögensstock) einer Stiftung			
c) Spenden und Mitgliedsbeiträge an politische Parteien			
			- €
	Summe		Se.: €
			Übertragen in Vfg.

III. Freibetrag wegen Förderung des Wohneigentums	☐ wie im Vorjahr	
	☐ Erstmaliger Antrag oder Änderung gegenüber dem Vorjahr (Ermittlung bitte auf gesondertem Blatt erläutern)	€ Übertragen in Vfg.

IV. Übertragung Freibetrag/Hinzurechnungsbetrag

☐ Der Jahresarbeitslohn aus meinem ersten Dienstverhältnis beträgt bei Steuerklasse I in 2017 voraussichtlich nicht mehr als 12.082 € (in 2018: 12.358 €).

Bitte tragen Sie auf der Bescheinigung für den Lohnsteuerabzug für mein zweites Dienstverhältnis einen Freibetrag in Höhe von _____ €,

für ein drittes oder weiteres Dienstverhältnis einen Freibetrag in Höhe von _____ €

und einen entsprechenden Hinzurechnungsbetrag auf der Bescheinigung für den Lohnsteuerabzug für das erste Dienstverhältnis ein. **Die Bescheinigung(en) für den Lohnsteuerabzug habe ich beigefügt.**

Ⓒ **Begrenzung des Steuerabzugs bei beschränkt einkommensteuerpflichtigen Versorgungsempfängern**

Ich bin Empfänger von Versorgungsleistungen i. S. d. § 19 EStG

☐ Ich beantrage, die Besteuerung der Versorgungsleistungen nach Artikel 18 Abs. 1 DBA Norwegen auf 15 % der Bruttozahlung zu begrenzen.

☐ Es liegen Versorgungsleistungen nach Artikel 17 Abs. 3 i. V. m. Abs. 2 DBA Spanien vor, die erstmals nach dem 31.12.2014 zufließen. Die Besteuerung ist auf 5 % des Bruttobetrags zu begrenzen.

Ⓓ **Steuerbefreiung von beschränkt einkommensteuerpflichtigen Studenten**

Ich bin Student einer Lehranstalt außerhalb der Bundesrepublik Deutschland. Eine Bescheinigung der Lehranstalt über die Studenteneigenschaft und ggf. über die Notwendigkeit einer praktischen Ausbildung ist beigefügt.

Bezeichnung der Lehranstalt		Ort, Staat	
Studienfach	Art der Tätigkeit, für die eine Steuerbefreiung beantragt wird	Höhe des monatlichen Arbeitslohns	€

Ⓔ **Steuerbefreiung von beschränkt einkommensteuerpflichtigen Versorgungsempfängern**

Ich bin Empfänger von Versorgungsleistungen i. S. d. § 19 EStG, die nach § 39 Abs. 4 Nr. 5 EStG und dem Abkommen zur Vermeidung der Doppelbesteuerung zwischen der Bundesrepublik Deutschland und

Staat	Artikel/Absatz	nicht dem Steuerabzug unterliegen.

Eine Ansässigkeitsbescheinigung des Wohnsitzfinanzamts ist beigefügt.

☐ Ich beantrage, die Versorgungsleistungen nach Artikel 18 Abs. 2 DBA Türkei bis zur Höhe von 10.000 € von der Besteuerung freizustellen und die Besteuerung auf 10 % zu begrenzen.

☐ Ich beantrage, die Versorgungsleistungen nach Artikel 17 Abs. 2 DBA Niederlande von der Besteuerung freizustellen. Meine gesamten Alterseinkünfte überschreiten nicht den Betrag von 15.000 € im Kalenderjahr. **Ein Nachweis ist beigefügt.**

Ⓕ **Steuerbefreiung aus anderen Gründen**

Der von mir bezogene inländische Arbeitslohn unterliegt nach dem Abkommen zur Vermeidung der Doppelbesteuerung zwischen der Bundesrepublik Deutschland und

Staat	Artikel/Absatz	nicht der Besteuerung im Inland.

Gründe bitte auf gesondertem Blatt erläutern.

4

Bei der Ausfertigung des Antrags hat mitgewirkt
Herr/Frau/Firma _____ in _____ Telefonnummer _____

Ich nehme zur Kenntnis, dass ich verpflichtet bin, unverzüglich die Änderung der Bescheinigung zu beantragen, wenn
– ich einen Wohnsitz oder gewöhnlichen Aufenthalt in der Bundesrepublik Deutschland begründe;
– im Fall eines Antrags nach **Abschnitt D** meine Tätigkeit in der Bundesrepublik Deutschland über 183 Tage im Kalenderjahr hinausgeht.

Datum _____ Falls der Antrag im Namen des Arbeitnehmers vom Arbeitgeber gestellt wird:

(Unterschrift der antragstellenden Person) _____ (Firmenstempel, Unterschrift des Arbeitgebers)

- Nur vom Finanzamt auszufüllen -
Verfügung

1. ☐ Bescheinigung für beschränkt einkommensteuerpflichtige Arbeitnehmer ist zu erteilen

   a) maßgebliche Steuerklasse ☐ eins ☐ sechs | Gültig vom - bis

   b) Freibeträge: | EUR
   Werbungskosten..
   Sonderausgaben - § 10b EStG.....................................
   - Förderung des Wohneigentums.................................
   Freibetrag insgesamt...
   Hinzurechnungsbetrag..
   zu bescheinigender Jahresbetrag.................................
   bisher berücksichtigt...
   verbleibender Freibetrag.. | Gültig vom - bis
   Monatsbetrag
   Wochenbetrag
   Tagesbetrag

2. ☐ Hinzurechnungsbetrag auf der ersten Lohnsteuerabzugsbescheinigung

Jahresbetrag	Monatsbetrag	Wochenbetrag	Tagesbetrag	Gültig vom - bis
€	€	€	€	

3. ☐ Minderung der Lohnsteuer nach dem DBA Belgien in der Bescheinigung aufnehmen (nicht bei Geschäftsführern und Vorständen i. S. d. Art. 16 Abs. 2 DBA Belgien)............ | Gültig vom - bis

4. ☐ Begrenzung auf 15 % nach Art. 18 Abs. 1 DBA Norwegen in der Bescheinigung aufnehmen.... | Gültig vom - bis

5. ☐ Begrenzung auf 5 % nach Art. 17 Abs. 3 i. V. m. Abs. 2 DBA Spanien in der Bescheinigung aufnehmen. | Gültig vom - bis

6. ☐ Freistellung der Versorgungsleistungen bis 10.000 €/Begrenzung auf 10 % nach Art. 18 Abs. 2 DBA Türkei in der Bescheinigung aufnehmen. | Gültig vom - bis

7. ☐ Freistellungsbescheinigung nach § 39 Abs. 4 Nr. 5 EStG ist zu erteilen................ | Gültig vom - bis

8. ☐ Belege an Antragsteller zurück am................

9. ☐ Bescheinigung(en) zur Post am................

10. ☐ Vormerken für ESt-Veranlagung

11. Z.d.A.

(Sachgebietsleiter) _____ (Datum) _____ (Sachbearbeiter)

Lohn- und umsatzsteuerliche Behandlung von Betriebsveranstaltungen; Rechtslage nach dem „Gesetz zur Anpassung der Abgabenordnung an den Zollkodex der Union und zur Änderung weiterer steuerlicher Vorschriften"

BMF-Schreiben vom 14. 10. 2015 (BStBl I S. 832)

$$\frac{\text{IV C 5} - \text{S 2332/15/10001}}{\text{III C 2} - \text{S 7109/15/1001}} - 2015/0581477 -$$

Mit dem Gesetz zur Anpassung der Abgabenordnung an den Zollkodex der Union und zur Änderung weiterer steuerlicher Vorschriften vom 22. Dezember 2014 (BGBl. I S. 2417, BStBl 2015 I S. 58) wurde die Besteuerung von Zuwendungen an Arbeitnehmer im Rahmen von Betriebsveranstaltungen gesetzlich geregelt. Unter Bezugnahme auf das Ergebnis der Erörterungen mit den obersten Finanzbehörden der Länder gelten bei der Anwendung des am 1. Januar 2015 in Kraft getretenen § 19 Absatz 1 Satz 1 Nummer 1a EStG die folgenden Grundsätze:

1. Begriff der Betriebsveranstaltung

Betriebsveranstaltungen sind Veranstaltungen auf betrieblicher Ebene mit gesellschaftlichem Charakter, z. B. Betriebsausflüge, Weihnachtsfeiern, Jubiläumsfeiern. Ob die Veranstaltung vom Arbeitgeber, Betriebsrat oder Personalrat durchgeführt wird, ist unerheblich. Eine Betriebsveranstaltung liegt nur vor, wenn der Teilnehmerkreis sich überwiegend aus Betriebsangehörigen, deren Begleitpersonen und gegebenenfalls Leiharbeitnehmern oder Arbeitnehmern anderer Unternehmen im Konzernverbund zusammensetzt.

Die Ehrung eines einzelnen Jubilars oder eines einzelnen Arbeitnehmers z. B. bei dessen Ausscheiden aus dem Betrieb, auch unter Beteiligung weiterer Arbeitnehmer, ist keine Betriebsveranstaltung; zu Sachzuwendungen aus solchem Anlass vgl. R 19.3 Absatz 2 Nummer 3 und 4 LStR. Auch ein so genanntes Arbeitsessen (R 19.6 Absatz 2 LStR) ist keine Betriebsveranstaltung.

Erfüllt eine Veranstaltung des Arbeitgebers nicht den Begriff der Betriebsveranstaltung, ist nach allgemeinen Grundsätzen zu prüfen, ob es sich bei geldwerten Vorteilen, die der Arbeitgeber seinen Arbeitnehmern im Rahmen dieser Veranstaltung gewährt, um Arbeitslohn nach § 19 EStG handelt.

2. Begriff der Zuwendung

Zuwendungen anlässlich einer Betriebsveranstaltung sind alle Aufwendungen des Arbeitgebers einschließlich Umsatzsteuer unabhängig davon, ob sie einzelnen Arbeitnehmern individuell zurechenbar sind oder ob es sich um einen rechnerischen Anteil an den Kosten der Betriebsveranstaltung handelt, die der Arbeitgeber gegenüber Dritten für den äußeren Rahmen der Betriebsveranstaltung aufwendet.

Zuwendungen anlässlich einer Betriebsveranstaltung sind insbesondere:

a) Speisen, Getränke, Tabakwaren und Süßigkeiten,

b) die Übernahme von Übernachtungs- und Fahrtkosten (siehe auch Tz. 6),

c) Musik, künstlerische Darbietungen sowie Eintrittskarten für kulturelle und sportliche Veranstaltungen, wenn sich die Veranstaltung nicht im Besuch der kulturellen oder sportlichen Veranstaltung erschöpft,

d) Geschenke.[1] Dies gilt auch für die nachträgliche Überreichung der Geschenke an solche Arbeitnehmer, die aus betrieblichen oder persönlichen Gründen nicht an der Betriebsveranstaltung teilnehmen konnten, nicht aber für eine deswegen gewährte Barzuwendung.

e) Zuwendungen an Begleitpersonen des Arbeitnehmers,

f) Barzuwendungen, die statt der in a) bis c) genannten Sachzuwendungen gewährt werden, wenn ihre zweckentsprechende Verwendung sichergestellt ist,

g) Aufwendungen für den äußeren Rahmen, z. B. für Räume, Beleuchtung oder Eventmanager.

Als Aufwendungen für den äußeren Rahmen sind auch die Kosten zu erfassen, die nur zu einer abstrakten Bereicherung des Arbeitnehmers führen, wie z. B. Kosten für anwesende Sanitäter, für die Erfüllung behördlicher Auflagen, Stornokosten oder Trinkgelder. Keine Aufwendungen für den äußeren Rahmen nach Tz. 2 Buchstabe g) sind die rechnerischen Selbstkosten des Arbeit-

---

[1] Auszug aus dem Antwortschreiben des BMF v. 7. 12. 2016 (IV C 5 – S 2332/15/10001 – 2016/1104637) an die acht Spitzenverbände der gewerblichen Wirtschaft:
„Geschenke, deren Wert je Arbeitnehmer 60 Euro nicht übersteigt, können als Zuwendungen anlässlich einer Betriebsveranstaltung in die Bemessungsgrundlage für die Ermittlung des Freibetrags nach Tz. 4 einbezogen werden; bei Geschenken, deren Wert je Arbeitnehmer 60 Euro übersteigt, ist im Einzelfall zu prüfen, ob sie „anlässlich" oder „nur bei Gelegenheit" einer Betriebsveranstaltung zugewendet werden."

gebers, wie z. B. die anteiligen Kosten der Lohnbuchhaltung für die Erfassung des geldwerten Vorteils der Betriebsveranstaltung oder die anteilige AfA sowie Kosten für Energie- und Wasserverbrauch bei einer Betriebsveranstaltung in den Räumlichkeiten des Arbeitgebers.

Die gesetzliche Regelung stellt nicht darauf ab, ob es sich um übliche Zuwendungen handelt. Auch unübliche Zuwendungen, wie z. B. Geschenke, deren Wert je Arbeitnehmer 60 Euro übersteigt, oder Zuwendungen an einzelne Arbeitnehmer aus Anlass – nicht nur bei Gelegenheit – einer Betriebsveranstaltung unterfallen daher § 19 Absatz 1 Satz 1 Nummer 1a EStG.

3. Arbeitnehmer

§ 19 Absatz 1 Satz 1 Nummer 1a EStG erfasst Zuwendungen des Arbeitgebers an seine aktiven Arbeitnehmer, seine ehemaligen Arbeitnehmer, Praktikanten, Referendare, ähnliche Personen sowie Begleitpersonen.

Aus Vereinfachungsgründen wird es nicht beanstandet, wenn auch Leiharbeitnehmer bei Betriebsveranstaltungen des Entleihers sowie Arbeitnehmer anderer konzernangehöriger Unternehmen einbezogen werden.

Die Anwendbarkeit der Regelung auf Leiharbeitnehmer und Arbeitnehmer anderer konzernangehöriger Unternehmen setzt voraus, dass hinsichtlich dieser Personengruppen die weiteren Voraussetzungen (Offenstehen der Betriebsveranstaltung für alle Angehörigen dieser Personengruppe) des § 19 Absatz 1 Satz 1 Nummer 1a EStG erfüllt sind.

4. Freibetrag

Soweit die unter Tz. 2 aufgeführten Zuwendungen den Betrag von 110 Euro je Betriebsveranstaltung und teilnehmendem Arbeitnehmer nicht übersteigen, gehören sie nicht zu den Einkünften aus nichtselbständiger Arbeit, wenn die Teilnahme an der Betriebsveranstaltung allen Angehörigen des Betriebs oder eines Betriebsteils offensteht. Dies gilt für bis zu zwei Betriebsveranstaltungen jährlich.

a) Berechnung des Freibetrags

Die Höhe der dem einzelnen Arbeitnehmer gewährten Zuwendungen berechnet sich wie folgt:

Alle nach der Tz. 2 zu berücksichtigenden Aufwendungen sind zu gleichen Teilen auf alle bei der Betriebsveranstaltung anwesenden Teilnehmer aufzuteilen. Sodann ist der auf eine Begleitperson entfallende Anteil der Aufwendungen dem jeweiligen Arbeitnehmer zuzurechnen. Für die Begleitperson ist kein zusätzlicher Freibetrag von 110 Euro anzusetzen.

Beispiel:

Die Aufwendungen für eine Betriebsveranstaltung betragen 10 000 Euro. Der Teilnehmerkreis setzt sich aus 75 Arbeitnehmern zusammen, von denen 25 von je einer Person begleitet werden.

Die Aufwendungen sind auf 100 Personen zu verteilen, so dass auf jede Person ein geldwerter Vorteil von 100 Euro entfällt. Sodann ist der auf die Begleitperson entfallende geldwerte Vorteil dem jeweiligen Arbeitnehmer zuzurechnen. 50 Arbeitnehmer haben somit einen geldwerten Vorteil von 100 Euro, der den Freibetrag von 110 Euro nicht übersteigt und daher nicht steuerpflichtig ist. Bei 25 Arbeitnehmern beträgt der geldwerte Vorteil 200 Euro; nach Abzug des Freibetrags von 110 Euro ergibt sich für diese Arbeitnehmer ein steuerpflichtiger geldwerter Vorteil von jeweils 90 Euro.

Die 44-Euro-Freigrenze des § 8 Absatz 2 Satz 11 EStG ist für Zuwendungen anlässlich von Betriebsveranstaltungen nicht anwendbar.

b) Offenstehen der Betriebsveranstaltung für alle Arbeitnehmer

Voraussetzung für die Gewährung des Freibetrags ist, dass die Betriebsveranstaltung allen Angehörigen des Betriebs oder eines Betriebsteils offensteht. Veranstaltungen, die nur für einen beschränkten Kreis der Arbeitnehmer von Interesse sind, sind nach § 19 Absatz 1 Satz 1 Nummer 1a Satz 3 EStG begünstigte Betriebsveranstaltungen, wenn sich die Begrenzung des Teilnehmerkreises nicht als eine Bevorzugung bestimmter Arbeitnehmergruppen darstellt. Als begünstigte Betriebsveranstaltungen sind deshalb auch solche Veranstaltungen anzuerkennen, die z. B.

– jeweils nur für eine Organisationseinheit des Betriebs, z. B. Abteilung, durchgeführt werden, wenn alle Arbeitnehmer dieser Organisationseinheit an der Veranstaltung teilnehmen können,

– nur für alle im Ruhestand befindlichen früheren Arbeitnehmer des Unternehmens veranstaltet werden (Pensionärstreffen),

– nur für solche Arbeitnehmer durchgeführt werden, die bereits im Unternehmen ein rundes (10-, 20-, 25-, 30-, 40-, 50-, 60-jähriges) Arbeitnehmerjubiläum gefeiert haben oder i. V. m. der Betriebsveranstaltung feiern (Jubilarfeiern). Dabei ist es unschädlich, wenn neben den Jubilaren auch ein begrenzter Kreis anderer Arbeitnehmer, wie z. B. die engeren Mitarbeiter und Abteilungsleiter des Jubilars, Betriebsrats-/Personalratsvertreter oder auch die Familienangehörigen des Jubilars eingeladen werden. Der Annahme eines 40-, 50- oder 60-jährigen Arbeitnehmerjubiläums steht nicht entgegen, wenn die Jubilarfeier zu einem Zeitpunkt stattfindet, der höchstens fünf Jahre vor den bezeichneten Jubiläumsdienstzeiten liegt.

c) Freibetrag für maximal zwei Betriebsveranstaltungen jährlich

Der Freibetrag gilt für bis zu zwei Betriebsveranstaltungen jährlich. Nimmt der Arbeitnehmer an mehr als zwei Betriebsveranstaltungen teil, können die beiden Veranstaltungen, für die der Freibetrag gelten soll, ausgewählt werden. Dient die Teilnahme eines Arbeitnehmers an einer Betriebsveranstaltung der Erfüllung beruflicher Aufgaben, z. B. wenn der Personalchef oder Betriebsrats-/Personalratsmitglieder die Veranstaltungen mehrerer Abteilungen besuchen, ist der auf diesen Arbeitnehmer entfallende Anteil an den Gesamtaufwendungen kein Arbeitslohn.

5. Besteuerung der Zuwendungen

Für die Erhebung der Lohnsteuer gelten die allgemeinen Vorschriften; § 40 Absatz 2 EStG ist anwendbar. Das gilt für alle steuerpflichtigen Zuwendungen an Arbeitnehmer aus Anlass – nicht nur bei Gelegenheit – einer Betriebsveranstaltung.

Arbeitslohn aus Anlass von Betriebsveranstaltungen i. S. der Tz. 4 Buchstabe b kann mit 25 % pauschal besteuert werden (§ 40 Absatz 2 Satz 1 Nummer 2 EStG). Eine solche Pauschalierung der Lohnsteuer kommt von vornherein nicht in Betracht, wenn es sich bei der Veranstaltung nicht um eine Betriebsveranstaltung im Sinne der Tz. 1 handelt.

R 40.2 Absatz 1 Nummer 2 LStR ist ab dem Jahr 2015 insoweit überholt, als dort eine gesonderte Pauschalierung der Lohnsteuer bei nicht üblichen Zuwendungen vorgesehen ist. Auch nicht übliche Zuwendungen gehören zu den maßgebenden Gesamtkosten einer Betriebsveranstaltung.

Zuwendungen aus Anlass von Betriebsveranstaltungen an Arbeitnehmer von anderen Unternehmen im Konzernverbund sowie an Leiharbeitnehmer durch den Entleiher können wahlweise vom Zuwendenden oder vom Arbeitgeber besteuert werden. § 40 Absatz 2 Satz 1 Nummer 2 EStG ist auch insoweit anwendbar. Wendet der Zuwendende die Freibetragsregelung an, hat sich der Zuwendende beim Arbeitgeber zu vergewissern, dass für den Arbeitnehmer die unter Tz. 4 Buchstabe c) dieses Schreibens dargestellten Voraussetzungen erfüllt sind.

6. Reisekosten

Reisekosten liegen ausnahmsweise vor, wenn die Betriebsveranstaltung außerhalb der ersten Tätigkeitsstätte des Arbeitnehmers stattfindet, die Anreise der Teilnahme an der Veranstaltung dient und die Organisation dem Arbeitnehmer obliegt. Steuerfreie Erstattungen durch den Arbeitgeber sind nach den Grundsätzen des § 3 Nummer 13 oder 16 EStG zulässig.

Beispiel 1:

Arbeitgeber A veranstaltet einen Betriebsausflug. Mitarbeiter, die an einem anderen Standort tätig sind, reisen für den Betriebsausflug zunächst zur Unternehmenszentrale an. Diese Fahrtkosten – sowie ggf. im Zusammenhang mit der An- und Abreise entstehende Verpflegungspauschalen und Übernachtungskosten – gehören nicht zu den Zuwendungen anlässlich der Betriebsveranstaltung, sondern können als Reisekosten vom Arbeitgeber steuerfrei erstattet werden.

Beispiel 2:

Arbeitgeber A veranstaltet einen Betriebsausflug. Für die Fahrt vom Unternehmen zum Ausflugziel organisiert er eine gemeinsame Busfahrt. Die Kosten hierfür zählen zu den Zuwendungen anlässlich der Betriebsveranstaltung.

Beispiel 3:

Der Betriebsausflug beginnt mit einer ganztägigen Fahrt auf einem Fahrgastschiff. Am nächsten Tag wird die Betriebsveranstaltung am Zielort fortgesetzt. Sowohl die übernommenen Fahrtkosten als auch die Übernachtungskosten gehören zu den Zuwendungen anlässlich der Betriebsveranstaltung.

7. Auswirkungen der gesetzlichen Änderung auf die Umsatzsteuer

Die gesetzlichen Änderungen, insbesondere die Ersetzung der bisherigen lohnsteuerlichen Freigrenze durch einen Freibetrag, haben grundsätzlich keine Auswirkungen auf die umsatzsteuerrechtlichen Regelungen.

Ob eine Betriebsveranstaltung vorliegt und wie die Kosten, die auf den einzelnen Arbeitnehmer entfallen, zu berechnen sind, bestimmt sich nach den o. g. lohnsteuerrechtlichen Grundsätzen.

Von einer überwiegend durch das unternehmerische Interesse des Arbeitgebers veranlassten, üblichen Zuwendung ist umsatzsteuerrechtlich im Regelfall auszugehen, wenn der Betrag je Arbeitnehmer und Betriebsveranstaltung 110 € einschließlich Umsatzsteuer nicht überschreitet. Übersteigt dagegen der Betrag, der auf den einzelnen Arbeitnehmer entfällt, pro Veranstaltung die Grenze von 110 € einschließlich Umsatzsteuer, ist von einer überwiegend durch den privaten Bedarf des Arbeitnehmers veranlassten unentgeltlichen Zuwendung auszugehen.

Durch die LStÄR 2015 vom 22. Oktober 2014, BStBl I S. 1344, wurde die sog. Aufmerksamkeitsgrenze auf 60 € erhöht. Zur Wahrung einer einheitlichen Rechtsanwendung wird dieser Betrag auch in Abschnitt 1.8 Absatz 3 Satz 2 UStAE übernommen.

Unter Bezugnahme auf das Ergebnis der Erörterungen mit den obersten Finanzbehörden der Länder wird der Umsatzsteuer-Anwendungserlass (UStAE) vom 1. Oktober 2010, BStBl I S. 846, der zuletzt durch das BMF-Schreiben vom 7. Oktober 2015 – III C 2 – S 7282/13/10001 (2015/0874602) –, BStBl I S. 782, geändert worden ist, wie folgt geändert:

1. Abschnitt 1.8 wird wie folgt geändert:

    a) In Absatz 3 Satz 2 UStAE wird die Betragsangabe „40 €" durch die Betragsangabe „60 €" ersetzt.

    b) In Absatz 4 Satz 3 Nr. 6 Satz 4 UStAE wird der Klammerzusatz gestrichen.

2. In Abschnitt 15.15 Abs. 2 wird das Beispiel 3 wie folgt gefasst: „Beispiel 3:

    [1]Unternehmer U mit zur Hälfte steuerfreien, den Vorsteuerabzug ausschließenden Ausgangsumsätzen bezieht Leistungen für die Durchführung eines Betriebsausfluges. [2]Die Kosten pro Arbeitnehmer betragen

    a) 80 €

    b) 200 €

    Zu a)

    [1]Die Aufwendungen für den Betriebsausflug stellen Aufmerksamkeiten dar, weil sie **den Betrag** von 110 € nicht übersteigen (vgl. Abschnitt 1.8 Abs. 4 Satz 3 Nr. 6). [2]Da die Überlassung dieser Aufmerksamkeiten keinen Wertabgabetatbestand erfüllt, fehlt es an einem steuerbaren Ausgangsumsatz, der die Leistungsbezüge direkt und unmittelbar zugeordnet werden können. [3]Für den Vorsteuerabzug ist deshalb die Gesamttätigkeit des U maßgeblich. [4]U kann daher die Hälfte der Aufwendungen als Vorsteuer abziehen.

    Zu b)

    [1]Die Aufwendungen für den Betriebsausflug stellen **grundsätzlich** keine Aufmerksamkeiten dar, weil sie **den Betrag** von 110 € übersteigen (**vgl.** Abschnitt 1.8 Abs. 4 Satz 3 Nr. 6). [2]Es liegt eine Mitveranlassung durch die Privatsphäre der Arbeitnehmer vor. [3]Bei Überschreiten **des Betrags** von 110 € besteht für U kein Anspruch auf Vorsteuerabzug, sofern die Verwendung bereits bei Leistungsbezug beabsichtigt ist. [4]Dementsprechend unterbleibt eine Wertabgabenbesteuerung. [5]Maßgeblich ist hierfür, dass sich ein Leistungsbezug zur Entnahme für unternehmensfremde Privatzwecke und ein Leistungsbezug für das Unternehmen gegenseitig ausschließen. [6]Der nur mittelbar verfolgte Zweck, das Betriebsklima zu fördern, ändert hieran nichts (vgl. BFH-Urteil vom 9. 12. 2010, V R 17/10, BStBl 2012 II S. 53)."

8. Zeitliche Anwendung

Dieses Schreiben gilt im Hinblick auf die lohn- und einkommensteuerlichen Regelungen für alle nach dem 31. Dezember 2014 endenden Lohnzahlungszeiträume sowie für nach dem 31. Dezember 2014 beginnende Veranlagungszeiträume. R 19.5 LStR 2015 ist für diese Zeiträume nicht mehr anzuwenden.

Die Grundsätze dieses Schreibens gelten für die Umsatzbesteuerung von Sachzuwendungen und Betriebsveranstaltungen, die nach dem 31. Dezember 2014 ausgeführt wurden. Aus Vereinfachungsgründen ist es nicht zu beanstanden, wenn die Grundsätze dieses Schreibens erst auf die Umsatzbesteuerung von Sachzuwendungen und Betriebsveranstaltungen angewendet werden, die ab dem Tag nach der Veröffentlichung des Schreibens im Bundessteuerblatt Teil I[1]) ausgeführt werden.

---

[1]) Tag der Veröffentlichung des BMF-Schreibens im BStBl I → 10. 11. 2015.

Steuerliche Behandlung von Arbeitgeberdarlehen

BMF-Schreiben vom 19. 5. 2015 (BStBl I S. 484)

Im Einvernehmen mit den obersten Finanzbehörden der Länder gilt zur steuerlichen Behandlung von Arbeitgeberdarlehen Folgendes:

1. Anwendungsbereich

1 Ein Arbeitgeberdarlehen liegt vor, wenn durch den Arbeitgeber oder aufgrund des Dienstverhältnisses durch einen Dritten an den Arbeitnehmer Geld überlassen wird und diese Geldüberlassung auf einem Darlehensvertrag beruht. Erhält der Arbeitnehmer durch solch ein Arbeitgeberdarlehen Zinsvorteile, sind sie zu versteuern. Der zur Anwendung des Lohnsteuerabzugsverfahrens verpflichtete Arbeitgeber hat die Lohnsteuer nach Maßgabe von § 38 Absatz 1 i. V. m. Absatz 4 Satz 3 EStG einzubehalten und abzuführen, sofern er sie nicht nach § 40 Absatz 1 EStG pauschal erhebt oder die Einkommensteuer nicht nach § 37b EStG pauschal erhoben wird.

2 Gehaltsvorschüsse im öffentlichen Dienst, die nach den Vorschussrichtlinien des Bundes oder der entsprechenden Richtlinien der Länder gewährt werden, sind Arbeitgeberdarlehen. Keine Arbeitgeberdarlehen sind dagegen insbesondere Reisekostenvorschüsse, vorschüssig gezahlter Auslagenersatz, Lohnabschläge und Lohnvorschüsse, wenn es sich hierbei um eine abweichende Vereinbarung über die Bedingungen der Zahlung des Arbeitslohns handelt.

2. Ermittlung des geldwerten Vorteils

3 Bei Überlassung eines zinslosen oder zinsverbilligten Arbeitgeberdarlehens ist der geldwerte Vorteil (Zinsvorteil) zu ermitteln, der vom Arbeitnehmer als Arbeitslohn zu versteuern ist. Für die Ermittlung des Zinsvorteils ist zwischen einer Bewertung nach § 8 Absatz 2 EStG (z. B. der Arbeitnehmer eines Einzelhändlers erhält ein zinsverbilligtes Arbeitgeberdarlehen) und einer Bewertung nach § 8 Absatz 3 Satz 1 EStG (z. B. der Bankangestellte erhält von seinem Arbeitgeber ein zinsverbilligtes Arbeitgeberdarlehen mit Ansatz des Rabatt-Freibetrags) zu unterscheiden. Der Arbeitnehmer erlangt keinen steuerpflichtigen Zinsvorteil, wenn der Arbeitgeber ihm ein Darlehen zu einem marktüblichen Zinssatz (Maßstabszinssatz) gewährt (BFH-Urteil vom 4. Mai 2006 – VI R 28/05 –, BStBl II Seite 781).

4 Zinsvorteile, die der Arbeitnehmer durch Arbeitgeberdarlehen erhält, sind Sachbezüge. Sie sind als solche zu versteuern, wenn die Summe der noch nicht getilgten Darlehen am Ende des Lohnzahlungszeitraums 2 600 € übersteigt.

Beispiel:

Ein Arbeitgeber gewährt seinem Arbeitnehmer ein zinsloses Darlehen in Form eines Gehaltsvorschusses in Höhe von 2 000 €. Die daraus resultierenden Zinsvorteile sind nicht als Arbeitslohn zu versteuern, da der Darlehensbetrag am Ende des Lohnzahlungszeitraums die Freigrenze von 2 600 € nicht übersteigt.

2.1. Bewertung nach § 8 Abs. 2 EStG

2.1.1. Allgemeine Grundsätze

5 Sachbezüge sind mit den um übliche Preisnachlässe geminderten üblichen Endpreisen am Abgabeort anzusetzen (§ 8 Absatz 2 Satz 1 EStG). Von einem üblichen Endpreis ist bei einem Darlehen auszugehen, wenn sein Zinssatz mit dem Maßstabszinssatz (Rdnr. 3 Satz 3) vergleichbar ist; der pauschale Abschlag i. H. v. 4 % nach R 8.1 Absatz 2 Satz 3 LStR ist vorzunehmen. Solch ein üblicher Endpreis kann sich aus dem Angebot eines Kreditinstituts am Abgabeort ergeben.

Als üblicher Endpreis gilt auch der günstigste Preis für ein vergleichbares Darlehen mit nachgewiesener günstigster Marktkondition, zu der das Darlehen unter Einbeziehung allgemein zugänglicher Internetangebote (z. B. Internetangebote von Direktbanken) an Endverbraucher angeboten wird, ohne dass individuelle Preisverhandlungen im Zeitpunkt des Vertragsabschlusses berücksichtigt werden. Bei dieser Ermittlung kommt der pauschale Abschlag i. H. v. 4 % nach R 8.1 Absatz 2 Satz 3 LStR nicht zur Anwendung.

6 Hat der Arbeitgeber den Zinsvorteil nach dem üblichen Endpreis am Abgabeort (Rdnr. 5 Satz 2), kann der Arbeitnehmer dennoch die Zinsvorteile im Rahmen seiner Einkommensteuerveranlagung mit dem niedrigeren günstigsten Preis am Markt i. S. d. Rdnr. 5 Satz 4 bewerten und dem Finanzamt nachweisen (z. B. durch Ausdruck des in einem Internet-Vergleichsportal ausgewiesenen individualisierten günstigeren inländischen Kreditangebots zum Zeitpunkt des Vertragsabschlusses). Ein solcher Nachweis ist auch dann zulässig, wenn der Arbeitgeber bereits den aus seiner Sicht günstigsten Preis am Markt i. S. d. Rdnr. 5 Satz 4 angesetzt hat und der Arbeitnehmer einen noch niedrigeren günstigsten Preis am Markt berücksichtigt haben möchte. Das günstigere inländische Angebot muss in einem zeitlichen Zusammenhang mit der Gewäh-

rung des Arbeitgeberdarlehens stehen. Aus Vereinfachungsgründen ist es nicht zu beanstanden, wenn dieses Angebot bis zu 10 Tage vor der Kreditanfrage beim Arbeitgeber und bis zu 10 Tage nach dem Vertragsabschluss des Arbeitgeberdarlehens eingeholt wird.

Der Arbeitgeber hat die Unterlagen für den ermittelten und der Lohnversteuerung zu Grunde   7
gelegten Endpreis sowie die Berechnung der Zinsvorteile zu dokumentieren, als Belege zum
Lohnkonto aufzubewahren und dem Arbeitnehmer auf Verlangen formlos mitzuteilen.

2.1.2 Ermittlung des Zinsvorteils

Bei nach § 8 Absatz 2 Satz 1 EStG zu bewertenden Zinsvorteilen im Zusammenhang mit Arbeit-   8
geberdarlehen bemisst sich der geldwerte Vorteil nach dem Unterschiedsbetrag zwischen dem
Maßstabszinssatz für vergleichbare Darlehen am Abgabeort (Rdnr. 5 Satz 2) oder dem günstigsten Preis für ein vergleichbares Darlehen am Markt (Rdnr. 5 Satz 4) und dem Zinssatz, der im konkreten Einzelfall vereinbart ist. Vergleichbar in diesem Sinne ist ein Darlehen, das dem Arbeitgeberdarlehen insbesondere hinsichtlich der Kreditart (z. B. Wohnungsbaukredit, Konsumenten-
kredit/Ratenkredit, Überziehungskredit), der Laufzeit des Darlehens, der Dauer der Zinsfestlegung, der zu beachtenden Beleihungsgrenze und des Zeitpunktes der Tilgungsverrechnung im
Wesentlichen entspricht. Die Einordung des jeweiligen Darlehens (Kreditart) richtet sich allein
nach dem tatsächlichen Verwendungszweck.

Bei Arbeitgeberdarlehen mit Zinsfestlegung ist grundsätzlich für die gesamte Vertragslaufzeit   9
der Maßstabszinssatz für vergleichbare Darlehen am Abgabeort (Rdnr. 5 Satz 2) oder der
günstige Preis für ein vergleichbares Darlehen am Markt (Rdnr. 5 Satz 4) bei Vertragsabschluss
maßgeblich. Werden nach Ablauf der Zinsfestlegung die Zinskonditionen desselben Darlehens
neu vereinbart (Prolongation), ist der Zinsvorteil neu zu ermitteln. Dabei ist der neu vereinbarte
Zinssatz mit dem Maßstabszinssatz für vergleichbare Darlehen am Abgabeort (Rdnr. 5 Satz 2)
oder dem günstigsten Preis für ein vergleichbares Darlehen am Markt (Rdnr. 5 Satz 4) im Zeitpunkt der Prolongationsvereinbarung zu vergleichen. Bei Arbeitgeberdarlehen mit variablem
Zinssatz ist für die Ermittlung des Zinsvorteils im Zeitpunkt der vertraglichen Zinssatzanpassung
der neu vereinbarte Zinssatz mit dem jeweils aktuellen Maßstabszinssatz für vergleichbare Darlehen am Abgabeort (Rdnr. 5 Satz 2) oder dem jeweils günstigsten Preis für ein vergleichbares Darlehen am Markt (Rdnr. 5 Satz 4) zu vergleichen.

Bei der Prüfung, ob die für Sachbezüge anzuwendende 44 €-Freigrenze (§ 8 Absatz 2 Satz 11   10
EStG) überschritten wird, sind Zinsvorteile aus der Überlassung eines zinslosen oder zinsverbilligten Arbeitgeberdarlehens vorbehaltlich der Rdnr. 4 einzubeziehen.

Ein nach Beachtung der Rdnr. 4 und der Rdnr. 10 ermittelter steuerpflichtiger Zinsvorteil aus   11
der Überlassung eines zinslosen oder zinsverbilligten Arbeitgeberdarlehens i. S. d. § 8 Absatz 2
EStG kann nach § 37b EStG pauschal besteuert werden (vgl. hierzu BMF-Schreiben vom
19. Mai 2015, BStBl I Seite 468). Der Arbeitgeber kann die Entscheidung, § 37b Absatz 2 EStG
innerhalb eines Kalenderjahres anzuwenden, nicht zurücknehmen.[1]

Aus Vereinfachungsgründen wird es nicht beanstandet, wenn bei einer Bewertung nach Rdnr. 5   12
Satz 2 für die Feststellung des Maßstabszinssatzes die bei Vertragsabschluss von der Deutschen
Bundesbank zuletzt veröffentlichten Effektivzinssätze – also gewichtete Durchschnittszins-
sätze – herangezogen werden, die unter http://www.bundesbank.de/Redaktion/DE/Downloads/
Statistiken/Geld_Und_Kapitalmaerkte/Zinssaetze_Renditen/S11BATGV.pdf?__blob=pu-
blicationFile[2] veröffentlicht sind. Von dem sich danach ergebenden Effektivzinssatz kann nach
R 8.1 Absatz 2 Satz 3 LStR ein pauschaler Abschlag von 4 % vorgenommen werden. Aus der Differenz zwischen diesem Maßstabszinssatz und dem Zinssatz, der im konkreten Einzelfall vereinbart ist, sind die Zinsverbilligung und der Zinsvorteil zu ermitteln, wobei die Zahlungsweise der
Zinsen (z. B. monatlich, jährlich) unmaßgeblich ist. Zwischen den einzelnen Arten von Krediten
(z. B. Wohnungsbaukredit, Konsumentenkredit/Ratenkredit) ist zu unterscheiden.

Beispiel: 13

Ein Arbeitnehmer erhält im März 2015 ein Arbeitgeberdarlehen von 30 000 € zu einem Effektivzinssatz von 2 % jährlich (Laufzeit 4 Jahre mit monatlicher Tilgungsverrechnung und
monatlicher Fälligkeit der Zinsen). Der bei Vertragsabschluss im März 2015 von der Deutschen Bundesbank für Konsumentenkredite mit anfänglicher Zinsbindung von über einem
Jahr bis zu fünf Jahren veröffentlichte Effektivzinssatz (Erhebungszeitraum Januar 2015)
beträgt 4,71 %.

---

1) *Überholt durch BFH vom 15. 6. 2016 (BStBl II S. 1010); das Wahlrecht kann nur durch Abgabe einer ge-*
   änderten Lohnsteuer-Anmeldung widerrufen werden. Der Widerruf ist nur wirksam, wenn der Zuwen-
   dende den Zuwendungsempfänger hiervon unterrichtet; der Widerruf stellt beim Zuwendungsempfän-
   ger ein rückwirkendes Ereignis i. S. d. § 175 Abs. 1 Satz 1 Nr. 2 AO dar.
2) *Jetzt: http://www.bundesbank.de; Suchbegriff „Geldwerter Vorteil für Arbeitgeberdarlehen".*

Nach Abzug des pauschalen Abschlags von 4 % ergibt sich ein Maßstabszinssatz von 4,52 % (Ansatz von zwei Dezimalstellen – ohne Rundung). Die Zinsverbilligung beträgt somit 2,52 % (4,52 % abzüglich 2 %). Danach ergibt sich im März 2015 ein Zinsvorteil von 63 € (2,52 % von 30 000 € × 1/12). Dieser Vorteil ist – da die 44 €-Freigrenze überschritten ist – lohnsteuerpflichtig. Der Zinsvorteil ist jeweils bei Tilgung des Arbeitgeberdarlehens für die Restschuld neu zu ermitteln.

2.1.3 Einzelanfragen zur Ermittlung des Maßstabszinssatzes

14 Einzelanfragen zur Ermittlung des Maßstabszinssatzes für vergleichbare Darlehen am Abgabeort sind bei der Deutschen Bundesbank unter https://www.bundesbank.de/Navigation/DE/Service/Kontakt/kontakt_node.html?contact_id=16 148[1]) möglich.

2.2 Bewertung nach § 8 Absatz 3 EStG

2.2.1 Allgemeine Grundsätze

15 Der Zinsvorteil aus der Überlassung eines zinslosen oder zinsverbilligten Darlehens kann nach § 8 Absatz 3 EStG ermittelt werden, wenn der Arbeitgeber Darlehen gleicher Art und – mit Ausnahme des Zinssatzes – zu gleichen Konditionen (insbesondere Laufzeit des Darlehens, Dauer der Zinsfestlegung, Zeitpunkt der Tilgungsverrechnung) überwiegend an betriebsfremde Dritte vergibt und der Zinsvorteil nicht nach § 40 EStG pauschal besteuert wird.

16 Endpreis i. S. d. § 8 Absatz 3 EStG für die von einem Kreditinstitut gegenüber seinen Mitarbeitern erbrachten Dienstleistungen ist grundsätzlich der Preis, der für diese Leistungen im Preisaushang des Kreditinstituts oder der kontoführenden Zweigstelle angegeben ist. Dieser Preisaushang ist für die steuerliche Bewertung auch der Dienstleistungen maßgebend, die vom Umfang her den Rahmen des standardisierten Privatkundengeschäfts übersteigen, es sei denn, dass für derartige Dienstleistungen in den Geschäftsräumen offen zugängliche besondere Preisverzeichnisse ausgelegt werden. Es ist zur Ermittlung des Zinsvorteils nach § 8 Absatz 3 EStG zulässig, von dem im Preisaushang dargestellten Preis abzuweichen. Rdnr. 7 und 8 des BMF-Schreibens vom 16. Mai 2013 (BStBl I Seite 729), wonach am Ende von Verkaufsverhandlungen durchschnittlich gewährte Preisnachlässe zu berücksichtigen sind, gilt auch für die Ermittlung des Zinsvorteils nach § 8 Absatz 3 EStG für die von einem Kreditinstitut gegenüber seinen Mitarbeitern erbrachten Dienstleistungen. Der Abschlag von 4 % nach § 8 Absatz 3 Satz 1 EStG ist stets vorzunehmen.

2.2.2 Ermittlung des Zinsvorteils

17 Wird der Zinsvorteil nach § 8 Absatz 3 EStG bewertet, bemisst sich der Zinsvorteil nach dem Unterschiedsbetrag zwischen dem nach Rdnr. 16 ermittelten und um 4 % geminderten Effektivzinssatz, den der Arbeitgeber fremden Letztverbrauchern im allgemeinen Geschäftsverkehr für Darlehen vergleichbarer Kreditart (z. B. Wohnungsbaukredit, Konsumentenkredit) anbietet (Maßstabszinssatz), und dem Zinssatz, der im konkreten Einzelfall vereinbart ist. Bei Arbeitgeberdarlehen mit Zinsfestlegung ist grundsätzlich der Maßstabszinssatz bei Vertragsabschluss für die gesamte Vertragslaufzeit maßgeblich. Im Falle der Prolongation ist der neu vereinbarte Zinssatz mit dem Maßstabszinssatz im Zeitpunkt der Prolongationsvereinbarung zu vergleichen. Bei Arbeitgeberdarlehen mit variablem Zinssatz ist für die Ermittlung des Zinsvorteils im Zeitpunkt der vertraglichen Zinssatzanpassung der neu vereinbarte Zinssatz mit dem jeweils aktuellen Maßstabszinssatz zu vergleichen.

18 Der Arbeitgeber hat die Unterlagen für den ermittelten und der Lohnversteuerung zu Grunde gelegten Endpreis sowie die Berechnung des Zinsvorteils zu dokumentieren, als Belege zum Lohnkonto aufzubewahren und dem Arbeitnehmer auf Verlangen formlos mitzuteilen.

19 Wird der Zinsvorteil aus der Überlassung eines zinslosen oder zinsverbilligten Darlehens nach § 40 Absatz 1 EStG pauschal versteuert, so ist der Zinsvorteil nach § 8 Absatz 2 Satz 1 EStG zu bewerten (vgl. Tz. 2.1, Rdnr. 5 bis 13). Dies gilt auch, wenn der Arbeitgeber Darlehen überwiegend betriebsfremden Dritten überlässt. Sind die Voraussetzungen für die Lohnsteuerpauschalierung erfüllt, insbesondere weil ein Pauschalierungsantrag gestellt worden ist, kann diese Bewertungsmethode auch dann gewählt werden, wenn keine pauschale Lohnsteuer anfällt. In den Fällen des § 8 Absatz 3 EStG ist es auch dann nicht zulässig, die Steuer nach § 37b Absatz 2 EStG zu pauschalieren, wenn der Arbeitgeber nach R 8.2 Absatz 1 Satz 1 Nummer 4 LStR die Bewertung des geldwerten Vorteils nach § 8 Absatz 2 EStG wählt und der Zinsvorteil nicht nach § 40 Absatz 1 EStG pauschal versteuert worden ist.

20 Zinsvorteile sind als sonstige Bezüge i. S. d. § 40 Absatz 1 Satz 1 Nummer 1 EStG anzusehen, wenn der maßgebende Zinszahlungszeitraum den jeweiligen Lohnzahlungszeitraum überschreitet.

---

1) Jetzt: http://www.bundesbank.de: Kontaktformular.

Wird der Zinsvorteil nur zum Teil pauschal versteuert, weil die Pauschalierungsgrenze des § 40   21
Absatz 1 Satz 3 EStG überschritten ist, so ist bei der Bewertung des individuell zu versteuernden
Zinsvorteils der Teilbetrag des Darlehens außer Ansatz zu lassen, für den die Zinsvorteile unter
Anwendung der Tz. 2.1. (Rdnr. 5 bis 13) pauschal versteuert werden.

Beispiel: 22

Ein Kreditinstitut überlässt seinem Arbeitnehmer am 1. Januar 2015 ein Arbeitgeberdarlehen
von 150 000 € zum Effektivzinssatz von 2 % jährlich (Laufzeit 4 Jahre mit jährlicher Tilgungsverrechnung und vierteljährlicher Fälligkeit der Zinsen). Darlehen gleicher Art bietet das
Kreditinstitut fremden Kunden im allgemeinen Geschäftsverkehr zu einem Effektivzinssatz
von 4,5 % an. Der nachgewiesene günstigste Zinssatz für vergleichbare Darlehen am Markt
(i. S. d. Rdnr. 5 Satz 4) wurde im Internet bei einer Direktbank mit 4 % ermittelt.

Das Kreditinstitut beantragt die Besteuerung nach § 40 Absatz 1 Satz 1 Nummer 1 EStG. Der
Zinsvorteil ist insoweit nach § 8 Absatz 2 Satz 1 EStG zu ermitteln. Die nach Tz. 2.1.2 ermittelte Zinsverbilligung beträgt 2 % (marktüblicher Zinssatz 4 %, abzüglich Zinslast des Arbeitnehmers von 2 %). Der pauschale Abschlag i. H. v. 4 % nach R 8.1 Absatz 2 Satz 3 LStR
kommt nicht in Betracht.

Der Zinsvorteil im Kalenderjahr 2015 beträgt 3 000 € (2 % von 150 000 €). Mangels anderer
pauschal besteuerter Leistungen kann der Zinsvorteil des Arbeitnehmers bis zum Höchstbetrag von 1 000 € pauschal besteuert werden (Pauschalierungsgrenze). Ein Zinsvorteil von
1 000 € ergibt sich unter Berücksichtigung der nach Tz. 2.1.2 ermittelten Zinsverbilligung von
2 % für ein Darlehen von 50 000 € (2 % von 50 000 € = 1 000 €). Mithin wird durch die Pauschalbesteuerung nur der Zinsvorteil aus einem Darlehensteilbetrag von 50 000 € abgedeckt.
Der Zinsvorteil aus dem restlichen Darlehensteilbetrag von 100 000 € ist individuell zu versteuern. Der zu versteuernde Betrag ist wie folgt zu ermitteln:

Nach Abzug eines Abschlags von 4 % (§ 8 Absatz 3 Satz 1 EStG) vom Angebotspreis des
Arbeitgebers von 4,5 % ergibt sich ein Maßstabzinssatz von 4,32 %.

100 000 € Darlehen × Maßstabzinssatz 4,32 %	4 320 €
./. Zinslast des Arbeitnehmers 100 000 € × 2 %	2 000 €
Zinsvorteil	2 320 €
./. Rabattfreibetrag (§ 8 Abs. 3 Satz 2 EStG)	1 080 €
zu versteuernder Zinsvorteil (Jahresbetrag)	1 240 €
vierteljährlich als sonstiger Bezug der Lohnsteuer zu unterwerfen	310 €

Der Zinsvorteil ist jeweils bei Tilgung des Arbeitgeberdarlehens für die Restschuld neu zu
ermitteln.

2.3 Wahlrechte zwischen den Bewertungsmethoden nach § 8 Absatz 2 und Absatz 3 EStG

Hinsichtlich der Wahlmöglichkeit des Arbeitnehmers für die Ermittlung des Zinsvorteils nach § 8   23
Absatz 2 Satz 1 oder Absatz 3 EStG gilt das BMF-Schreiben vom 16. Mai 2013 (BStBl I Seite 729)
entsprechend.

Der Arbeitnehmer kann den Zinsvorteil im Rahmen seiner Einkommensteuerveranlagung   24
nach § 8 Absatz 2 Satz 1 EStG (vgl. Rdnr. 5–13) bewerten. In diesen Fällen hat der Arbeitnehmer
den Endpreis nachzuweisen, den der Arbeitgeber im Lohnsteuerabzugsverfahren zu Grunde
gelegt hat (z. B. durch eine formlose Mitteilung des Arbeitgebers).

Dem Arbeitgeber bleibt es unbenommen, im Lohnsteuerabzugsverfahren den Zinsvorteil   25
nach § 8 Absatz 3 Satz 1 EStG (vgl. Rdnr. 15–18) oder den Zinsvorteil nach § 8 Absatz 2 Satz 1 EStG zu bewerten. Er ist dann nicht verpflichtet, den
Zinsvorteil nach § 8 Absatz 2 Satz 1 EStG (vgl. Rdnr. 5–13) zu bewerten. Ermittelt der Arbeitgeber
den Vorteil nach § 8 Absatz 2 Satz 1 EStG, kann er einen um übliche Preisnachlässe geminderten üblichen Endpreis am Abgabeort i. S. d. Rdnr. 5 Satz 2 ansetzen. Er ist dann nicht verpflichtet,
den günstigsten Preis am Markt i. S. d. Rdnr. 5 Satz 4 zu ermitteln.

3. Zufluss von Arbeitslohn

Als Zuflusszeitpunkt ist der Fälligkeitstermin der Zinsen als Nutzungsentgelt für die Überlassung   26
eines zinsverbilligten Darlehens anzusehen (vgl. Beispiel unter Tz. 2.2.2, Rdnr. 22). Bei der Überlassung eines zinslosen Darlehens ist der Zufluss in dem Zeitpunkt anzunehmen, in dem das Entgelt üblicherweise fällig wäre. Es kann davon ausgegangen werden, dass das Entgelt üblicherweise zusammen mit der Tilgungsrate fällig wäre. Wird ein Arbeitgeberdarlehen ohne Tilgungs-
leistung (endfälliges Darlehen) gewährt, kann für die Entscheidung, ob der Zinsvorteil am Ende
der Laufzeit oder monatlich, vierteljährlich oder jährlich zufließt, grundsätzlich dem der Vereinbarung zugrundeliegenden Willen der Beteiligten gefolgt werden.

4. Versteuerung in Sonderfällen

4.1. Versteuerung bei fehlender Zahlung von Arbeitslohn

27 Erhält der Arbeitnehmer keinen anderen laufenden Arbeitslohn (z. B. bei Beurlaubung, Elternzeit), ist der im Kalenderjahr erhaltene Zinsvorteil bei Wiederaufnahme der Arbeitslohnzahlung zu versteuern oder andernfalls spätestens nach Ablauf des Kalenderjahres nach § 41c EStG zu behandeln.

4.2. Versteuerung bei Ausscheiden aus dem Dienstverhältnis

28 Scheidet der Arbeitnehmer aus dem Dienstverhältnis aus und besteht das vergünstigte Arbeitgeberdarlehen weiter, so hat der Arbeitgeber dies dem Betriebsstättenfinanzamt anzuzeigen, wenn er aufgrund des beendeten Dienstverhältnisses die Lohnsteuer für die Zinsvorteile nicht einbehalten kann (§ 41c Absatz 4 Satz 1 Nummer 1 EStG).

5. Sicherheitenbestellung

29 Setzt der Zinssatz des vergleichbaren Darlehens eine Sicherheitenbestellung (z. B. eine Grundschuldbestellung) voraus, ist der Verzicht des Arbeitgebers auf eine solche Bestellung ein steuerpflichtiger geldwerter Vorteil. In die Bewertung des geldwerten Vorteils einbezogen werden insbesondere die üblichen Kosten und Gebühren des Grundbuchamts und des Notars für eine dingliche Sicherung des Arbeitgeberdarlehens. Diese Beträge können regelmäßig mit den im Internet bereitgestellten Notar-/Grundbuchkostenrechnern ermittelt werden. Ein Abschlag ist nicht vorzunehmen. Als Zuflusszeitpunkt ist das Auszahlungsdatum des Arbeitgeberdarlehens anzusetzen. Ein geldwerter Vorteil für die ersparte Löschung einer Sicherheitenbestellung ist aus Vereinfachungsgründen nicht anzusetzen.

6. Aufzeichnungserleichterungen für Kreditinstitute

30 Das Betriebsstättenfinanzamt kann auf Antrag eines Kreditinstituts Ausnahmen von der Aufzeichnung der geldwerten Vorteile zulassen, die sich aus der unentgeltlichen oder verbilligten

– Kontenführung, Nutzung von Geldautomaten sowie der Ausgabe von Kreditkarten,

– Depotführung bis zu einem Depotnennwert von 60 000 € (maßgebend ist der Depotnennwert, nach dem die Depotgebühren berechnet werden),

– Überlassung von Schließfächern und Banksafes und

– Beschaffung und Rücknahme von Devisen durch Barumtausch

ergeben.

31 Voraussetzung hierfür ist, dass

a) der durchschnittliche Betrag des Vorteils aus den von der Aufzeichnung befreiten Dienstleistungen unter Berücksichtigung des Preisabschlags nach § 8 Absatz 3 EStG von 4 % je Arbeitnehmer ermittelt wird (Durchschnittsbetrag).

Der Durchschnittsbetrag ist jeweils im letzten Lohnzahlungszeitraum eines Kalenderjahres aus der summarischen Erfassung sämtlicher aufzeichnungsbefreiter Vorteile der vorangegangenen 12 Monate für die Arbeitnehmer eines Kreditinstituts (einschließlich sämtlicher inländischer Zweigstellen) zu ermitteln. Dabei sind auch die Vorteile einzubeziehen, die der Arbeitgeber Personen einräumt, die mit den Arbeitnehmern verbunden sind. Falls erforderlich, können für alleinstehende und verheiratete Arbeitnehmer unterschiedliche Durchschnittsbeträge festgesetzt werden.

Hat ein Kreditinstitut mehrere lohnsteuerliche Betriebsstätten, so ist der Aufzeichnungsverzicht und ggf. die Festsetzung des Durchschnittsbetrags mit den anderen Betriebsstättenfinanzämtern abzustimmen.

b) der Arbeitgeber im letzten Lohnzahlungszeitraum des Kalenderjahres den Betrag pauschal nach § 40 Absatz 1 EStG versteuert, um den die Summe der Vorteile aus den nicht aufzeichnungsbefreiten Dienstleistungen und dem Durchschnittsbetrag bei den einzelnen Arbeitnehmern den Rabattfreibetrag von 1 080 € übersteigt. Dabei ist der übersteigende Betrag wenigstens bis zur Höhe des Durchschnittsbetrags pauschal zu versteuern. Soweit die Vorteile pauschal versteuert werden, sind sie nach § 8 Absatz 2 EStG zu bewerten.

7. Anrufungsauskunft

32 Für Sachverhalte zur steuerlichen Behandlung von Arbeitgeberdarlehen kann eine Anrufungsauskunft i. S. d. § 42e EStG eingeholt werden.

8. Zeitliche Anwendung

Dieses Schreiben ersetzt die BMF-Schreiben vom 15. April 1993, BStBl I Seite 339 sowie vom 1. Oktober 2008, BStBl I Seite 892, und ist in allen offenen Fällen anzuwenden.   33

Anwendung von Artikel 18, 19 und 22 des Abkommens vom 19. September 2011 zwischen der Bundesrepublik Deutschland und der Republik Türkei zur Vermeidung der Doppelbesteuerung und der Steuerverkürzung auf dem Gebiet der Steuern vom Einkommen

BMF vom 11. 12. 2014 – IV B 4 – S 1301 – TÜR/0 :007 (BStBl 2015 I S. 92).

Am 1. August 2012 ist das Abkommen vom 19. September 2011 zwischen der Bundesrepublik Deutschland und der Republik Türkei zur Vermeidung der Doppelbesteuerung und der Steuerverkürzung auf dem Gebiet der Steuern vom Einkommen (DBA) in Kraft getreten. Es ist ab dem Veranlagungszeitraum 2011 anzuwenden. Im Hinblick auf die steuerliche Behandlung von Alterseinkünften im deutsch-türkischen Verhältnis nehme ich im Einvernehmen mit den obersten Finanzbehörden der Länder wie folgt Stellung:

1. Unbeschränkt Steuerpflichtige mit Alterseinkünften aus der Türkei
2. Beschränkt Steuerpflichtige mit Alterseinkünften aus Deutschland
   a) Ausschließlich nicht abgeltend besteuerte Alterseinkünfte
   b) Ausschließlich abgeltend besteuerte Alterseinkünfte
   c) Gemischte (abgeltend und nicht abgeltend besteuerte) Einkünfte
   d) Ruhegehälter aus dem öffentlichen Dienst
3. Antrag auf unbeschränkte Steuerpflicht nach § 1 Absatz 3 EStG
4. Beispiele
   a) Beispiel zu Tz. 1
   b) Beispiele zu Tz. 2
   c) Beispiel zu Tz. 3
5. Schlussregelung

1. Unbeschränkt Steuerpflichtige mit Alterseinkünften aus der Türkei

1   Ist Deutschland der Ansässigkeitsstaat i. S. d. Artikels 4 DBA, steht für die Alterseinkünfte (Ruhegehälter, Renten und ähnliche Vergütungen) mit Ausnahme der Ruhegehälter aus dem türkischen öffentlichen Dienst (vgl. Rz. 2) grundsätzlich Deutschland das Besteuerungsrecht zu (Artikel 18 Absatz 1 DBA). Betroffen sind insbesondere Renten aus der türkischen gesetzlichen Rentenversicherung („Institution für Soziale Sicherheit" – SGK)[1]. Der Türkei steht als Quellenstaat ebenfalls ein Besteuerungsrecht zu, allerdings sind Zahlungen dort bis zu einem Betrag von 10 000 Euro von der Steuer befreit (Artikel 18 Absatz 2 DBA). Die in der Türkei erhobene Steuer ist nicht auf die deutsche Steuer anzurechnen. In Höhe der in der Türkei als Quellenstaat nicht zu besteuernden Zahlungen bis zu einem Betrag von 10 000 Euro hat Deutschland als Ansässigkeitsstaat das alleinige Besteuerungsrecht (Artikel 18 Absatz 1 DBA).

Eine Doppelbesteuerung wird durch Freistellung vermieden, soweit der Bruttobetrag der Alterseinkünfte den Betrag von 10 000 Euro übersteigt (Artikel 22 Absatz 2 Buchstaben a und d DBA i. V. m. § 32b Absatz 1 Satz 1 Nummer 3 EStG). Zur Berechnung des Progressionsvorbehalts ist aus dem übersteigenden Betrag die Höhe der Einkünfte zu ermitteln. Zur Berechnung im Einzelnen vgl. Beispiel in Rz. 22.

Ist Deutschland – trotz unbeschränkter Steuerpflicht – nicht der Ansässigkeitsstaat i. S. d. Artikels 4 DBA, besteht für Alterseinkünfte aus der Türkei kein Besteuerungsrecht. In diesem Fall unterliegen die Alterseinkünfte in voller Höhe dem Progressionsvorbehalt.

2   Für Ruhegehälter, die vom türkischen Staat, von einer türkischen Gebietskörperschaft oder einem von diesen errichteten Sondervermögen an einen in Deutschland ansässigen Steuerpflichtigen für die Türkei oder einer ihrer Gebietskörperschaften geleistete Dienste gezahlt werden, steht Deutschland das ausschließliche Besteuerungsrecht zu, wenn der Steuerpflichtige deutscher Staatsangehöriger ist (Artikel 19 Absatz 2 Buchstabe b DBA). Artikel 18 DBA ist auf Ruhegehälter aus dem öffentlichen Dienst nicht anwendbar.

---

[1] In der Türkei wurden alle drei ehemaligen staatlichen Renten- und Krankenversicherungsträger unter dem Dach der „Institution für Soziale Sicherheit" (SGK) zusammengelegt. Arbeiter und Angestellte mit einem Arbeitsvertrag bei einem türkischen Unternehmen, Beamte und Angestellte in öffentlichen Betrieben sowie Selbstständige und Arbeitskräfte in der Landwirtschaft werden bei der SGK versichert. Die Versicherungen bieten Schutz bei Krankheit, Mutterschaft, Arbeitsunfällen, Behinderungen, Berufskrankheiten sowie eine (meist geringfügige) Altersversorgung und Sterbegeld. Eine Ausnahmeregelung gibt es für Arbeitnehmer, die bei einem Unternehmen mit Hauptsitz in Deutschland beschäftigt sind. Sie können weiterhin ihre Mitgliedschaft bei der deutschen Sozialversicherung beibehalten. Ausführliche Informationen zum türkischen Sozialversicherungssystem werden – auch in deutscher Sprache – auf der Webseite der türkischen Sozialversicherungsanstalt Sosyal Güvenlik Kurumu (www.sgk.gov.tr) zur Verfügung gestellt. Zahlungen der SGK an Ruhestandsbeamte und frühere Angestellte des öffentlichen Dienstes werden von Artikel 19 DBA erfasst.

2. Beschränkt Steuerpflichtige mit Alterseinkünften aus Deutschland

Bei der Berücksichtigung von Alterseinkünften aus Deutschland ist im Rahmen der Festsetzung der Einkommensteuer eines beschränkt Steuerpflichtigen zunächst die Steuerpflicht dieser Einkünfte in Deutschland (§ 49 EStG) und sodann die Aufteilung des Besteuerungsrechts für diese Alterseinkünfte nach dem DBA zu prüfen. | 3

Der beschränkten Steuerpflicht unterliegen Renten aus der inländischen (deutschen) gesetzlichen Rentenversicherung, der landwirtschaftlichen Alterskasse, den berufsständischen Versorgungseinrichtungen und aus Basisrentenverträgen. Dies gilt auch für Leibrenten und andere Leistungen aus ausländischen Zahlstellen, wenn die Beiträge, die den Leistungen zugrunde liegen, ganz oder teilweise bei der Ermittlung der Sonderausgaben berücksichtigt wurden (§ 49 Absatz 1 Nummer 7 EStG). Ebenso sind Leistungen aus Altersvorsorgeverträgen („Riester-Rente"), aus Pensionsfonds, Pensionskassen (z. B. Versorgungsanstalten des Bundes und der Länder) und Direktversicherungen (§ 49 Absatz 1 Nummer 10 EStG) erfasst. | 4

Einnahmen aus einem früheren Dienstverhältnis wie z. B. Wartegelder, Ruhegelder, Werks- oder Betriebsrenten, Witwen- und Waisengelder (Ruhegehälter) sowie andere Bezüge und Vorteile aus früheren Dienstleistungen, unabhängig davon, ob sie dem ursprünglich Bezugsberechtigten oder seinem Rechtsnachfolger zufließen, stellen beschränkt steuerpflichtige Einkünfte aus nichtselbständiger Arbeit nach § 49 Absatz 1 Nummer 4 EStG dar. | 5

Bei den Alterseinkünften (Ruhegehälter, Renten und ähnliche Vergütungen i. S. d. Rz. 4, 5) steht – mit Ausnahme der Ruhegehälter aus dem deutschen öffentlichen Dienst – der Türkei als Ansässigkeitsstaat das Besteuerungsrecht zu (Artikel 18 Absatz 1 DBA). Deutschland kann diese Alterseinkünfte, wenn sie aus Deutschland stammen, ebenfalls besteuern, soweit ihr Bruttobetrag (vor Abzug von Steuern und Sozialabgaben) 10 000 Euro übersteigt (vgl. Artikel 18 Absatz 2 Satz 1 DBA). Die Steuer ist auf 10 % des Bruttobetrages begrenzt (vgl. Artikel 18 Absatz 2 Satz 2 DBA). | 6

Bei der Besteuerung beschränkt Steuerpflichtiger mit Alterseinkünften aus Deutschland ist grundsätzlich zwischen abgeltend besteuerten und anderen Alterseinkünften zu unterscheiden: | 7

a) Ausschließlich nicht abgeltend besteuerte Alterseinkünfte

Um zu ermitteln, in welchem Umfang die Alterseinkünfte im Quellenstaat Deutschland besteuert werden dürfen, ist wie folgt vorzugehen: | 8
a) Aus den nicht abgeltend besteuerten Alterseinkünften i. S. d. Artikels 18 DBA (z. B. Renten, Leistungen aus der betrieblichen Altersversorgung, Ruhegehälter – sofern ausnahmsweise die Abgeltungswirkung durchbrochen ist) ist eine Summe zu bilden, die den Bruttobetrag der Alterseinkünfte darstellt.
Nur wenn der Bruttobetrag der Alterseinkünfte den Betrag von 10 000 Euro überschreitet, sind die den Bruttobetrag bildenden Alterseinkünfte in die weitere Berechnung einzubeziehen:
b) In einem zweiten Schritt ist die **Summe der Einkünfte (§ 2 Absatz 2 EStG) ausschließlich** aus den nach Buchstabe a zu berücksichtigenden **Alterseinkünften** zu bilden. Bei Renten wird ein Werbungskostenpauschbetrag (Werbungskosten-PB) von 102 Euro (§ 9a Satz 1 Nummer 3 EStG) berücksichtigt. Bei Versorgungsbezügen i. S. d. § 19 Absatz 2 EStG bleibt ein nach einem Prozentsatz ermittelter, auf einen Höchstbetrag begrenzter Betrag (Versorgungsfreibetrag) und ein Zuschlag zum Versorgungsfreibetrag steuerfrei. Daneben wird ein Werbungskosten-PB von 102 Euro (§ 9a Satz 1 Nummer 1 Buchstabe b EStG) berücksichtigt.
c) Ist der um 10 000 Euro verminderte Betrag aus Buchstabe a geringer als der Betrag nach Buchstabe b, gilt dieser bezogen auf diese Alterseinkünfte (Buchstabe a) als Summe der Einkünfte (Günstigerprüfung). Andernfalls ist der nach Buchstabe b ermittelte Betrag als Summe der Einkünfte anzusetzen.

Das zu versteuernde Einkommen des Steuerpflichtigen ist unter Berücksichtigung des nach Rz. 8 Buchstabe c anzusetzenden Betrags zu ermitteln. | 9

Auf das nach Rz. 9 ermittelte zu versteuernde Einkommen ist die tarifliche Einkommensteuer zu errechnen. Der auf die Alterseinkünfte entfallende Teil der Einkommensteuer darf 10 % des Bruttobetrags der Alterseinkünfte (Rz. 8 Buchstabe a) nicht übersteigen. Die festzusetzende Einkommensteuer ist erforderlichenfalls um den übersteigenden Betrag zu mindern. Zur Berechnung im Einzelnen vgl. Beispiel in Rz. 23. | 10

Die Zuständigkeit für die Durchführung des Besteuerungsverfahrens bei beschränkt Steuerpflichtigen richtet sich in diesen Fällen nach § 19 Absatz 2 und Absatz 6 Abgabenordnung (AO) i. V. m. § 1 Einkommensteuer-Zuständigkeitsverordnung (EStZustV). Sind ausschließlich Einkünfte nach § 49 Absatz 1 Nummer 7 oder 10 EStG (Renten) in die Veranlagung einzubezie- | 11 hen, ist für die Veranlagung gemäß § 19 Absatz 6 AO i. V. m. § 1 EStZustV das Finanzamt Neubrandenburg örtlich zuständig.

b) Ausschließlich abgeltend besteuerte Alterseinkünfte

12 Liegen ausschließlich Einkünfte i. S. v. § 49 Absatz 1 Nummer 4 EStG (Ruhegehälter) vor, tritt gemäß § 50 Absatz 2 Satz 1 EStG für die genannten Einkünfte durch den Steuerabzug vom Arbeitslohn eine Abgeltungswirkung ein. Die Abgeltungswirkung wird lediglich durchbrochen, wenn ein Freibetrag i. S. d. § 39a Absatz 4 EStG (bis VZ 2011: § 39d Absatz 2 EStG) auf der Bescheinigung i. S. d. § 39 Absatz 3 EStG i. V. m. § 39a Absatz 2 Satz 8 EStG (bis VZ 2011: § 39d Absatz 1 Satz 3 EStG) vermerkt ist, § 50 Absatz 2 Satz 2 Nummer 4 Buchstabe a EStG.

13 Werden von einem beschränkt Steuerpflichtigen ausschließlich Ruhegehälter bezogen, ist zunächst keine Begrenzung des Steuerabzugs auf 10 % des Bruttobetrags der Leistungen im Rahmen des Lohnsteuerabzugs vorzunehmen; Artikel 27 Absatz 1 DBA lässt insoweit einen Steuerabzug nach den innerstaatlichen Rechtsvorschriften zu.

14 Auf Antrag[1] des Steuerpflichtigen (bzw. des Arbeitgebers im Namen des Steuerpflichtigen) ist nach § 39 Absatz 3 i. V. m. Absatz 4 Nummer 5 EStG der Jahres-Arbeitslohn bis zur Höhe von 10 000 Euro freizustellen und die Besteuerung auf 10 % zu begrenzen, wenn es sich um Ruhegehalt im o. g. Sinne handelt. Das Betriebsstättenfinanzamt erteilt daraufhin eine Bescheinigung für den Lohnsteuerabzug, auf der vermerkt ist, dass das DBA-Türkei anzuwenden und demnach der Betrag nach Artikel 18 Absatz 2 DBA von 10 000 Euro sowie die Begrenzung auf 10 % zu berücksichtigen sind.[2] Der Betrag wird durch den Arbeitgeber gekürzt um den Versorgungsfreibetrag nach § 19 Absatz 2 Satz 1 i. V. m. Satz 3 EStG, den Zuschlag zum Versorgungsfreibetrag nach § 19 Absatz 2 Satz 1 i. V. m. Satz 3 EStG und den Werbungskosten-PB nach § 9a Satz 1 Nummer 1 Buchstabe b EStG, da insoweit alterseinkünftespezifische Frei- bzw. Pauschbeträge vorliegen. Die Vorsorgepauschale nach § 39b Absatz 2 Satz 5 Nummer 3 Schlusssatz Halbsatz 2 EStG und der Sonderausgaben-Pauschbetrag (Sonderausgaben-PB) nach § 10c EStG mindern den Betrag nicht. Der in der Lohnsteuerberechnung enthaltene Grundfreibetrag wird bereits vorrangig vor dem gekürzten Betrag nach Artikel 18 Absatz 2 DBA berücksichtigt. In der Lohnsteuerbescheinigung wird der verbrauchte Betrag ausgewiesen[3]. Die Abgeltungswirkung des Lohnsteuerabzugs bleibt in diesen Fällen erhalten.

15 Auf Antrag des Steuerpflichtigen an das Betriebsstättenfinanzamt des Arbeitgebers ist die Steuer in analoger Anwendung des § 50d Absatz 1 Satz 2 EStG zu erstatten, soweit der Betrag nach Artikel 18 Absatz 2 DBA durch den inländischen Arbeitgeber nicht zutreffend berücksichtigt wurde oder soweit die einbehaltene Lohnsteuer die 10 %-Grenze des Artikels 18 Absatz 2 Satz 2 DBA überschritten hat. Hierfür sind die Begrenzung des Steuerabzugs in Höhe von 10 % des Bruttobetrags der Leistungen und daneben die tarifliche Einkommensteuer nach § 32a EStG unter Berücksichtigung des nach Rz. 14 Satz 3 und 4 gekürzten Betrags in Höhe von 10 000 Euro zu ermitteln. Der niedrigere Wert ist anzusetzen, und ein sich hierzu ggf. ergebender Differenzbetrag zur einbehaltenen Lohnsteuer ist zu erstatten. Ein darüber hinausgehender Erstattungsanspruch nach § 37 Absatz 2 AO besteht nicht. Der Antrag auf Erstattung kann nur bis zum Ablauf des vierten Kalenderjahres gestellt werden, das auf den Zeitpunkt der Steuerfestsetzung folgt (Artikel 27 Absatz 2 DBA). Hat der Steuerpflichtige weitere Einkünfte, die im Rahmen des Veranlagungsverfahrens zu besteuern sind (z. B. Renten, Einkünfte aus Vermietung und Verpachtung), so ist das Erstattungsverfahren für die nicht in die Veranlagung einzubeziehenden Ruhegehälter vom Betriebsstättenfinanzamt getrennt zum Veranlagungsverfahren des jeweils zuständigen Finanzamtes durchzuführen.

16 Wird die Abgeltungswirkung durch Eintragung eines Freibetrages nach § 50 Absatz 2 Satz 2 Nummer 4 Buchstabe a EStG durchbrochen, sind die betreffenden Einkünfte in das Veranlagungsverfahren nach Rz. 8 ff. einzubeziehen. Hat der Steuerpflichtige kein Vermögen im Inland, ist für die Veranlagung das Betriebsstättenfinanzamt des Arbeitgebers gemäß § 50 Absatz 2 Satz 3 EStG zuständig.

c) Gemischte (abgeltend und nicht abgeltend besteuerte) Einkünfte

17 Liegen Einkünfte nach § 49 Absatz 1 Nummer 7 oder 10 EStG (Renten) und Einkünfte i. S. v. § 49 Absatz 1 Nummer 4 EStG (Ruhegehälter) vor, tritt für die Einkünfte i. S. v. § 49 Absatz 1 Nummer 4 EStG (Ruhegehälter) durch den Steuerabzug vom Lohn die Abgeltungswir-

---

[1] Antrag auf Erteilung einer Bescheinigung für den Lohnsteuerabzug für beschränkt einkommensteuerpflichtige Arbeitnehmer wird erstmals für das Kalenderjahr 2016 entsprechend ergänzt. → Anhang 40

[2] Das Vordruckmuster für die Bescheinigung wird erstmals für das Kalenderjahr 2016 um ein Ankreuzfeld erweitert.

[3] Der verbrauchte Betrag soll erstmals in der Lohnsteuerbescheinigung für das Kalenderjahr 2016 ausgewiesen werden. Das Bescheinigungsmuster wird entsprechend angepasst.

kung ein. Für die Besteuerung der Ruhegehälter gelten Rz. 12 ff. und für die Besteuerung der Renten Rz. 8 ff. entsprechend. Zur Berechnung im Einzelnen vgl. Beispiele in Rz. 24 und 25.

Hat der Steuerpflichtige kein Vermögen im Inland und ist die Abgeltungswirkung durchbrochen (z. B. durch Eintragung eines Freibetrags), ist für die Veranlagung der Renten und Ruhegehälter das Betriebsstättenfinanzamt des Arbeitgebers nach § 50 Absatz 2 Satz 3 EStG zuständig. In allen anderen Fällen – mit Ausnahme der in Rz. 18 genannten Fälle – verbleibt es bei der Zuständigkeit des Finanzamtes Neubrandenburg. Das Finanzamt Neubrandenburg prüft, ob eine Lohnsteuerbescheinigung vorliegt und in welcher Höhe im Rahmen des Lohnsteuerabzugsverfahrens der Betrag nach Artikel 18 Absatz 2 Satz 1 DBA bereits verbraucht ist.

Hat der Steuerpflichtige ein Ruhegehalt bezogen und bleibt es bei der Abgeltungswirkung für den Steuerabzug vom Lohn, so ist auf Antrag[1]) des Steuerpflichtigen (bzw. des Arbeitgebers im Namen des Steuerpflichtigen) nach § 39 Absatz 3 i. V. m. Absatz 4 Nummer 5 EStG der Jahres-Arbeitslohn bis zur Höhe von 10 000 Euro freizustellen und die Besteuerung auf 10 % zu begrenzen. Das Betriebsstättenfinanzamt erteilt daraufhin eine Bescheinigung für den Lohnsteuerabzug, auf der vermerkt ist, dass das DBA-Türkei anzuwenden und demnach der Betrag nach Artikel 18 Absatz 2 DBA von 10 000 Euro sowie die Begrenzung auf 10 % zu berücksichtigen sind.[2]) Der Betrag nach Artikel 18 Absatz 2 DBA von 10 000 Euro wird für die Lohnsteuerberechnung durch den Arbeitgeber gekürzt um den Versorgungsfreibetrag nach § 19 Absatz 2 Satz 1 i. V. m. Satz 3 EStG, den Zuschlag zum Versorgungsfreibetrag nach § 19 Absatz 2 Satz 1 i. V. m. Satz 3 EStG und den Werbungskosten-PB nach § 9a Satz 1 Nummer 1 Buchstabe b EStG, da insoweit alterseinkünftespezifische Frei- bzw. Pauschbeträge vorliegen. Die Vorsorgepauschale nach § 39b Absatz 2 Satz 5 Nummer 3 Schlusssatz Halbsatz 2 EStG und der Sonderausgaben-PB nach § 10c EStG mindern den Betrag nach Artikel 18 Absatz 2 DBA nicht. Der in der Lohnsteuererberechnung enthaltene Grundfreibetrag wird vorrangig vor dem gekürzten Betrag nach Artikel 18 Absatz 2 DBA berücksichtigt. In der Lohnsteuerbescheinigung wird der verbrauchte Betrag ausgewiesen[3]). Die Abgeltungswirkung des Lohnsteuerabzugs bleibt in diesen Fällen erhalten.

Im Rahmen der Veranlagung ist ein ggf. noch nicht verbrauchter Teil des Betrags nach Artikel 18 Absatz 2 Satz 1 DBA (in Höhe von ursprünglich 10 000 Euro) zu berücksichtigen; in Höhe der beim Lohnsteuerabzug bereits berücksichtigten Frei- und Pauschbeträge (Versorgungsfreibetrag einschließlich Zuschlag zum Versorgungsfreibetrag und Werbungskosten-PB) ist dieser Betrag bereits verbraucht. Hierzu ist auch die Lohnsteuerbescheinigung heranzuziehen.

Wurde dem Steuerpflichtigen noch keine gültige Steuernummer zugeteilt, ist im Zweifel das Finanzamt Neubrandenburg als zuständiges Veranlagungsfinanzamt anzunehmen. Liegen Einkünfte nach § 49 Absatz 1 Nummer 7 oder 10 EStG (Renten), Einkünfte i. S. v. § 49 Absatz 1 Nummer 4 EStG (Ruhegehälter) und weitere Einkünfte nach § 49 Absatz 1 EStG vor (z. B. Einkünfte aus Gewerbebetrieb oder Einkünfte aus Vermietung und Verpachtung), ist für die Veranlagung der Alterseinkünfte gemäß § 19 Absatz 2 Satz 1 AO das Finanzamt zuständig, in dessen Bezirk sich das Vermögen (z. B.: Betriebsstätte oder das vermietete Objekt) befindet. Für die Besteuerung der Ruhegehälter gelten die Rz. 12 ff. und für die Besteuerung der Renten die Rz. 8 ff. entsprechend. **18**

d) Ruhegehälter aus dem öffentlichen Dienst

Für Ruhegehälter, die vom deutschen Staat, seinen Ländern, von einer deutschen Gebietskörperschaft oder einem von diesen errichteten Sondervermögen an einen in der Türkei ansässigen Steuerpflichtigen gezahlt werden, steht Deutschland das ausschließliche Besteuerungsrecht zu (Artikel 19 Absatz 2 Buchstabe a DBA). Da Artikel 18 DBA auf Ruhegehälter aus dem öffentlichen Dienst nicht anwendbar ist, gilt für diese Einkünfte weder der Betrag von 10 000 Euro noch der Höchststeuersatz. Die Anweisungen der Rz. 6 ff. finden keine Anwendung. **19**

Wenn der in der Türkei ansässige Bezieher der Ruhegehälter türkischer Staatsangehöriger ist, steht abweichend von Rz. 19 der Türkei das ausschließliche Besteuerungsrecht zu (Artikel 19 Absatz 2 Buchstabe b DBA). **20**

---

[1]) Antrag auf Erteilung einer Bescheinigung für den Lohnsteuerabzug für beschränkt einkommensteuerpflichtige Arbeitnehmer wird erstmals für das Kalenderjahr 2016 entsprechend ergänzt. → Anhang 40
[2]) Das Vordruckmuster für die Bescheinigung wird erstmals für das Kalenderjahr 2016 um ein Ankreuzfeld erweitert.
[3]) Der verbrauchte Betrag soll erstmals in der Lohnsteuerbescheinigung für das Kalenderjahr 2016 ausgewiesen werden. Das Bescheinigungsmuster wird entsprechend angepasst.

3. Antrag auf unbeschränkte Steuerpflicht nach § 1 Absatz 3 EStG

21 Eine natürliche Person, die weder über einen Wohnsitz noch über einen gewöhnlichen Aufenthalt im Inland verfügt, wird auf Antrag mit ihren inländischen Einkünften als unbeschränkt steuerpflichtig behandelt, wenn ihre Einkünfte im Kalenderjahr mindestens zu 90 % der deutschen Einkommensteuer unterliegen oder die nicht der deutschen Einkommensteuer unterliegenden Einkünfte den Grundfreibetrag nicht übersteigen. Da die Türkei der Ländergruppe 3 zuzuordnen ist (vgl. zuletzt BMF-Schreiben vom 18. November 2013, BStBl I S. 1462), ist der Grundfreibetrag nach § 1 Absatz 3 Satz 2 EStG zu kürzen (Berücksichtigung mit ½). Alterseinkünfte einschließlich der Ruhegehälter, die nach Artikel 18 Absatz 2 DBA der Höhe nach nur beschränkt besteuert werden dürfen, gelten für die Berechnung der Einkunftsgrenzen nach § 1 Absatz 3 Satz 2 EStG als nicht der deutschen Einkommensteuer unterliegend (§ 1 Absatz 3 Satz 3 EStG; siehe Beispiel in Rz. 26).

4. Beispiele

a) Beispiel zu Tz. 1

22 **Grundfall unbeschränkte Steuerpflicht**

Der nach Artikel 4 DBA in Deutschland ansässige A scheidet zum 31. 12. 2011 aus dem Berufsleben aus. Zum 1. 1. 2012 vollendet er sein 65. Lebensjahr.

A vereinnahmt in 2012:

Rente aus der türkischen gesetzlichen Rentenversicherung (Rentenbeginn 1. 1. 2012)	15 000 Euro jährlich

Lösung:

In die deutsche Besteuerung darf nur die Bruttorente bis 10 000 Euro einbezogen werden, da die den Betrag von 10 000 Euro übersteigende Bruttorente in der Türkei besteuert werden darf (siehe Rz. 1). Soweit die Bruttorente 10 000 Euro übersteigt, unterliegen die sich daraus ergebenden Einkünfte dem Progressionsvorbehalt.

Der in die deutsche Besteuerung einzubeziehende Teil der Bruttorente beläuft sich auf 10 000 Euro (entspricht 66,67 % der Bruttorente). Der dem Progressionsvorbehalt unterliegende Teil beläuft sich auf 5 000 Euro (entspricht 33,33 % der Bruttorente).

Die aufzuteilende Summe der Alterseinkünfte beträgt

Einkünfte nach § 22 Nummer 1 Satz 3 EStG

Rente aus der gesetzlichen Rentenversicherung	15 000 Euro
Rentenbeginn	1. 1. 2012
Besteuerungsanteil	64 %
Anzusetzen	9 600 Euro

Der der Besteuerung unterliegende Anteil von 9 600 Euro ist in dem oben dargestellten Maßstab aufzuteilen. Der Werbungskosten-PB ist vorrangig bei dem der deutschen Besteuerung unterliegenden Anteil zu berücksichtigen.

Die Höhe der in die deutsche Besteuerung einzubeziehenden Alterseinkünfte beträgt

9 600 Euro × 66,67 %	6 400 Euro
Werbungskosten-PB	./. 102 Euro
	6 298 Euro

Die Höhe der dem Progressionsvorbehalt unterliegenden Einkünfte beträgt

9 600 Euro × 33,33 %	3 200 Euro

b) Beispiele zu Tz. 2

23 **Grundfall beschränkte Steuerpflicht (ausschließlicher Bezug von Renten):**

A scheidet zum 31. 12. 2011 aus dem Berufsleben aus und verlegt seinen Wohnsitz zum 31. 12. 2011 in die Türkei. Seit dem 1. 1. 2012 (seinem 65. Geburtstag) bezieht er seine Alterseinkünfte.

A vereinnahmt in 2012:

Rente aus der deutschen gesetzlichen Rentenversicherung (Rentenbeginn 1. 1. 2012) – jährlich	12 000 Euro
Bruttobezüge	12 000 Euro

Lösung:

Der Bruttobetrag der von A erzielten Alterseinkünfte übersteigt den Betrag von 10 000 Euro, so dass Deutschland ein Besteuerungsrecht nach Artikel 18 Absatz 2 DBA zusteht. Die Höhe der Besteuerung ist wie folgt zu ermitteln:

Der Bruttobetrag der Alterseinkünfte (vgl. Rz. 8 Buchstabe a) beläuft sich auf	12 000 Euro
Die Summe der Alterseinkünfte (vgl. Rz. 8 Buchstabe b) beträgt	7 578 Euro

Einkünfte nach § 49 Absatz 1 Nummer 7 i. V. m. § 22 Nummer 1 Satz 3 EStG

Rente aus der gesetzlichen Rentenversicherung	12 000 Euro
Rentenbeginn	1. 1. 2012
Besteuerungsanteil	64 %
Anzusetzen	7 680 Euro
Werbungskosten-PB	./. 102 Euro
Anzusetzen somit	7 578 Euro

Günstigerprüfung nach Rz. 8 Buchstabe c

Bruttobetrag der Alterseinkünfte (Rz. 8 Buchstabe a)	12 000 Euro
Betrag nach Artikel 18 Absatz 2 DBA ./.	10 000 Euro
Verminderter Bruttobetrag	2 000 Euro
Summe der Alterseinkünfte	7 578 Euro
Anzusetzen ist der niedrigere Wert	2 000 Euro

Altersentlastungsbetrag (keine Anwendung nach § 24a Satz 2 Nummer 2 EStG)

Gesamtbetrag der Einkünfte	2 000 Euro
Zu versteuerndes Einkommen	2 000 Euro
Hinzurechnung des Grundfreibetrags (§ 50 Absatz 1 Satz 2 EStG)	8 004 Euro[1])
Summe	10 004 Euro
Die tarifliche Einkommensteuer (inkl. SolZ) beträgt	316 Euro

Maximalsteuerbelastung nach DBA

Bruttobetrag	12 000 Euro
Prozentsatz nach DBA	10 %
Maximale Einkommensteuer für Alterseinkünfte	1 200 Euro
Tarifliche Einkommensteuer (inkl. SolZ)	316 Euro
Anzusetzen ist der niedrigere Betrag	316 Euro
Festzusetzende Einkommensteuer (inkl. SolZ)	316 Euro
Gesamtsteuerbelastung auf 12 000 Euro Bruttobezüge	316 Euro

Abwandlung 1 beschränkte Steuerpflicht (Bezug von Renten und Ruhegehältern): 24

Wie im Grundfall. Für die Einkünfte i. S. v. § 49 Absatz 1 Nummer 4 EStG (Ruhegehälter) tritt die Abgeltungswirkung ein. A stellt keinen Antrag auf Berücksichtigung des Betrags nach Artikel 18 Absatz 2 Satz 1 DBA von 10 000 Euro bzw. der Begrenzung auf 10 % nach Artikel 18 Absatz 2 Satz 2 DBA im Rahmen des Lohnsteuerabzugs.

A vereinnahmt in 2012:

Rente aus der deutschen gesetzlichen Rentenversicherung (Rentenbeginn 1. 1. 2012) jährlich	12 000 Euro
Rente aus einer Pensionskasse, diese beruht zu 20 % auf nach § 3 Nr. 63 EStG geförderten und zu 80 % auf ungeförderten Beiträgen	6 000 Euro (1 200 Euro gefördert / 4 800 Euro ungefördert)
Ruhegehalt aus einer Direktzusage seines ehemaligen privaten Arbeitgebers – jährlich	6 000 Euro
Bruttobezüge	24 000 Euro

Lösung:

Der Bruttobetrag der von A erzielten Alterseinkünfte übersteigt den Betrag von 10 000 Euro, so dass Deutschland ein Besteuerungsrecht nach Artikel 18 Absatz 2 DBA zusteht. Die Höhe der Besteuerung ist wie folgt zu ermitteln:

1. Ruhegehalt

Ruhegehälter unterliegen dem Lohnsteuerabzug, welchen der Arbeitgeber ohne Berücksichtigung des Betrags nach Artikel 18 Absatz 2 Satz 1 DBA vornimmt, da der Steuerpflichtige keinen Antrag auf Berücksichtigung gestellt hat.

---

1) In 2017 = 8 820 Euro. Ab 2018 = 9 000 Euro

Einkünfte nach § 49 Absatz 1 Nummer 4 EStG

Ruhegehalt 6 000 Euro

./. Versorgungsfreibetrag (§ 19 Absatz 2 Satz 1 i. V. m. Satz 3 EStG)	./. 1 728 Euro
./. Zuschlag zum Versorgungsfreibetrag (§ 19 Absatz 2 Satz 1 i. V. m. Satz 3 EStG)	./. 648 Euro
./. Werbungskosten-PB (§ 9a Satz 1 Nummer 1 Buchstabe b EStG)	./. 102 Euro
./. Mindestvorsorgepauschale (§ 39b Absatz 2 Satz 5 Nummer 3 Schlusssatz Halbsatz 2 EStG)	./. 720 Euro
./. Sonderausgaben-PB (§ 10c EStG)	./. 36 Euro

Nach der Grundtabelle zu versteuern sind damit 2 766 Euro

Die Lohnsteuer beträgt unter Berücksichtigung des Grundfreibetrags 0 Euro. Für die Einkünfte i. S. v. § 49 Absatz 1 Nummer 4 EStG (Ruhegehälter) tritt die Abgeltungswirkung ein. Sie werden nicht in die Veranlagung zur beschränkten Steuerpflicht einbezogen.

Der Betrag nach Artikel 18 Absatz 2 Satz 1 DBA in Höhe von 10 000 Euro ist in Höhe von 2 478 Euro (1 728 Euro + 648 Euro + 102 Euro) verbraucht. Damit verbleibt ein Betrag in Höhe von 7 522 Euro.

2. Übrige Renten

Der **Bruttobetrag der Alterseinkünfte** nach § 22 EStG beläuft sich auf 18 000 Euro

Die **Summe der Alterseinkünfte** (vgl. Rz. 8 Buchstabe b) ermittelt sich wie folgt:

Einkünfte nach § 22 EStG

Einkünfte nach § 49 Absatz 1 Nummer 7 i. V. m. § 22 Nummer 1 Satz 3 Buchstabe a Doppelbuchstabe aa EStG

Rente aus der gesetzlichen Rentenversicherung	12 000 Euro
Rentenbeginn	1. 1. 2012
Besteuerungsanteil	64 %
Anzusetzen somit	7 680 Euro

Einkünfte nach § 49 Absatz 1 Nummer 10 i. V. m. § 22 Nummer 5 EStG

Rente aus der Pensionskasse

Geförderter Teil § 22 Nummer 5 Satz 1 EStG	1 200 Euro
Ungeförderter Teil § 22 Nummer 5 Satz 2 Buchstabe a EStG	4 800 Euro
Ertragsanteil	18 %
Anzusetzen	+ 864 Euro
Summe § 22 EStG	9 744 Euro
Werbungskosten-PB	./. 102 Euro
Gesamteinkünfte nach § 22 EStG somit	9 642 Euro
Summe der Alterseinkünfte (vgl. Rz. 8 Buchstabe b)	9 642 Euro
Günstigerprüfung nach Rz. 8 Buchstabe c	
Bruttobetrag der Alterseinkünfte nach § 22 EStG	18 000 Euro
Verbleibender Betrag nach Artikel 18 Absatz 2 DBA	./. 7 522 Euro
Verminderter Bruttobetrag	10 478 Euro
Summe der Alterseinkünfte	9 642 Euro
Anzusetzen ist der niedrigere Wert	9 642 Euro
Altersentlastungsbetrag (§ 24a EStG)	
Einkünfte nach § 22 Nummer 5 Satz 1 EStG	1 200 Euro
davon 30,4 %	365 Euro
maximal	1 444 Euro
anzusetzen	./. 365 Euro
Gesamtbetrag der Einkünfte	9 277 Euro
Zu versteuerndes Einkommen	9 277 Euro
Hinzurechnung des Grundfreibetrags (§ 50 Absatz 1 Satz 2 EStG)	8 004 Euro
Summe	17 281 Euro
Die **tarifliche Einkommensteuer** (inkl. SolZ) beträgt	2 093,12 Euro
Maximalsteuerbelastung nach DBA	
Bruttobetrag	24 000 Euro
Prozentsatz nach DBA	10 %
Maximale Steuer nach DBA	2 400 Euro

Abzgl. Lohnsteuer (inkl. SolZ)	./. 0 Euro
verbleiben	2 400 Euro
Tarifliche Einkommensteuer (inkl. SolZ)	2 093,12 Euro
Anzusetzen ist der niedrigere Betrag	2 093,12 Euro
Festzusetzende Einkommensteuer (inkl. SolZ)	**2 093,12 Euro**
Gesamtsteuerbelastung auf 24 000 Euro Bruttobezüge	**2 093,12 Euro**

Abwandlung 2 beschränkte Steuerpflicht (Bezug von Renten und Ruhegehältern):   25

Wie im Grundfall. Für die Einkünfte i. S. v. § 49 Absatz 1 Nummer 4 EStG (Ruhegehälter) tritt die Abgeltungswirkung ein. Auf Antrag des Steuerpflichtigen hat das Betriebsstättenfinanzamt eine Bescheinigung für den Lohnsteuerabzug erteilt, auf der vermerkt ist, dass das DBA-Türkei anzuwenden ist und der Betrag von 10 000 Euro sowie die Begrenzung auf 10 % zu berücksichtigen sind.

A vereinnahmt in 2012:

Rente aus der deutschen gesetzlichen Renten-versicherung (Rentenbeginn 1. 1. 2012)	12 000 Euro
Rente aus einer Pensionskasse, diese beruht zu 20 % auf nach § 3 Nr. 63 EStG geförderten und zu 80 % auf ungeförderten Beiträgen	6 000 Euro (1 200 Euro gefördert / 4 800 Euro ungefördert)
Ruhegehalt aus einer Direktzusage seines ehemaligen privaten Arbeitgebers	50 000 Euro jährlich
Bruttobezüge	**68 000 Euro**

Lösung:

Der Bruttobetrag der von A erzielten Alterseinkünfte übersteigt den Betrag von 10 000 Euro, so dass Deutschland ein Besteuerungsrecht nach Artikel 18 Absatz 2 DBA zusteht. Die Höhe der Besteuerung ist wie folgt zu ermitteln:

1. Ruhegehalt

Ruhegehälter unterliegen dem Lohnsteuerabzug, den der Arbeitgeber aufgrund des Antrags des Steuerpflichtigen unter Berücksichtigung des Betrags nach Artikel 18 Absatz 2 Satz 1 DBA und der Begrenzung der Steuer auf 10 % nach Artikel 18 Absatz 2 Satz 2 DBA vornimmt:

Einkünfte nach § 49 Absatz 1 Nummer 4 EStG	
Ruhegehalt	50 000 Euro
./. Versorgungsfreibetrag (§ 19 Absatz 2 Satz 1 i. V. m. Satz 3 EStG)	./. 2 160 Euro
./. Zuschlag zum Versorgungsfreibetrag (§ 19 Absatz 2 Satz 1 i. V. m. Satz 3 EStG)	./. 648 Euro
./. Werbungskosten-PB (§ 9a Satz 1 Nummer 1 Buchstabe b EStG)	./. 102 Euro
./. Mindestvorsorgepauschale (§ 39b Absatz 2 Satz 5 Nummer 3 Schlusssatz Halbsatz 2 EStG)	./. 1 900 Euro
./. Sonderausgaben-PB (§ 10c EStG)	./. 36 Euro
= zu versteuern sind grundsätzlich	45 154 Euro
./. Betrag nach Artikel 18 Absatz 2 Satz 1 DBA	./. 7 090 Euro
= BMG für die Lohnsteuer	38 064 Euro
zu zahlende Lohnsteuer (inkl. SolZ – ohne 10 % Begrenzung)	**8 774,43 Euro**

Maximalbelastung nach DBA	
Bruttobetrag	50 000 Euro
Prozentsatz nach DBA	10 %
Maximale Lohnsteuer	5 000 Euro
Anzusetzende Lohnsteuer	**5 000 Euro**

Der Betrag nach Artikel 18 Absatz 2 Satz 1 DBA ist im ersten Schritt in Höhe von 2 910 Euro (2 160 Euro + 648 Euro + 102 Euro) verbraucht. Im zweiten Schritt ist der Betrag in Höhe von weiteren 7 090 Euro verbraucht. Damit ist letztlich der Betrag nach Artikel 18 Absatz 2 Satz 1 DBA in voller Höhe im Rahmen des Lohnsteuerabzugs verbraucht. Es verbleibt kein Restbetrag, der bei den übrigen Renteneinkünften berücksichtigt werden könnte. Für die Einkünfte i. S. v. § 49 Absatz 1 Nummer 4 EStG (Ruhegehälter) tritt die Abgeltungswirkung ein. Sie werden nicht in die Veranlagung zur beschränkten Steuerpflicht einbezogen.

2. Übrige Renten

Der **Bruttobetrag der Alterseinkünfte** nach § 22 EStG beläuft sich auf 18 000 Euro

Die **Summe der Alterseinkünfte** (vgl. Rz. 8 Buchstabe b) ermittelt sich wie folgt:

Einkünfte nach § 22 EStG

Einkünfte nach § 49 Absatz 1 Nummer 7 i. V. m. § 22 Nummer 1 Satz 3
Buchstabe a Doppelbuchstabe aa EStG

Rente aus der gesetzlichen Rentenversicherung	12 000 Euro
Rentenbeginn	1. 1. 2012
Besteuerungsanteil	64 %
Anzusetzen somit	7 680 Euro

Einkünfte nach § 49 Absatz 1 Nummer 10 i. V. m. § 22 Nummer 5 EStG

Rente aus der Pensionskasse	
Geförderter Teil § 22 Nummer 5 Satz 1 EStG	1 200 Euro

Ungeförderter Teil § 22 Nummer 5 Satz 2 Buchstabe a EStG 4 800 Euro	
Ertragsanteil	18 %
Anzusetzen	+ 864 Euro
Summe § 22 EStG	9 744 Euro
Werbungskosten-PB	./. 102 Euro
Gesamteinkünfte nach § 22 EStG somit	9 642 Euro
Summe der Alterseinkünfte (9 642 Euro)	9 642 Euro

Günstigerprüfung nach Rz. 8 Buchstabe c	
Bruttobetrag der Alterseinkünfte nach § 22 EStG	18 000 Euro
Verbleibender Betrag (Artikel 18 Absatz 2 DBA)	./. 0 Euro
Verminderter Bruttobetrag	18 000 Euro
Summe der Alterseinkünfte	9 642 Euro
Anzusetzen ist der niedrigere Wert	9 642 Euro

Altersentlastungsbetrag (§ 24a EStG)	
Einkünfte nach § 22 Nummer 5 Satz 1 EStG	1 200 Euro
davon	30,4 %
davon	30,4 %
maximal	1 444 Euro
anzusetzen	./. 365 Euro
Gesamtbetrag der Einkünfte	9 277 Euro
Zu versteuerndes Einkommen	9 277 Euro
Hinzurechnung des Grundfreibetrags (§ 50 Absatz 1 Satz 2 EStG)	8 004[1]) Euro
Summe	17 281 Euro
Die **tarifliche Einkommensteuer** (inkl. SolZ) beträgt	2 093,12 Euro

Maximalsteuerbelastung nach DBA	
Bruttobetrag	68 000 Euro
Prozentsatz nach DBA	10 %
Maximale Einkommensteuer für Alterseinkünfte	6 800 Euro
Abzgl. Lohnsteuer (inkl. SolZ)	./. 5 000 Euro
verbleiben	1 800 Euro
Tarifliche Einkommensteuer (inkl. SolZ)	2 093,12 Euro
Anzusetzen ist der niedrigere Betrag	1 800 Euro
Festzusetzende Einkommensteuer (inkl. SolZ)	**1 800 Euro**
Gesamtsteuerbelastung auf 68 000 Euro Bruttobezüge	**6 800 Euro**

---

[1]) In 2017 = 8 820 Euro. Ab 2018 = 9 000 Euro

c) Beispiel zu Tz. 3

Antrag auf unbeschränkte Steuerpflicht nach § 1 Absatz 3 EStG: 26

Wie im Grundfall (Rz. 23). A erzielt daneben aus in Deutschland belegenen Mietobjekten Einkünfte in Höhe von 8 000 Euro (Einkünfte nach § 21 EStG). A stellt einen Antrag nach § 1 Absatz 3 EStG.

A vereinnahmt in 2012:

Rente aus der deutschen gesetzlichen Renten- versicherung (Rentenbeginn 1. 1. 2012)	12 000 Euro jährlich
Einkünfte aus Vermietung und Verpachtung	8 000 Euro

Lösung:

Der Bruttobetrag der von A erzielten Alterseinkünfte übersteigt den Betrag von 10 000 Euro, sodass Deutschland ein Besteuerungsrecht nach Artikel 18 Absatz 2 DBA zusteht. Die Einkunftsgrenzen des § 1 Absatz 3 EStG sind allerdings überschritten. Die Einkünfte von A unterliegen nicht zu mindestens 90 % der deutschen Einkommensteuer, da die Alterseinkünfte gemäß § 1 Absatz 3 Satz 3 EStG als nicht der deutschen Einkommensteuer unterliegend gelten. Auch übersteigen die nicht der deutschen Einkommensteuer unterliegenden (Alters-)Einkünfte den Grundfreibetrag. Der Grundfreibetrag ist dabei zur Berechnung der Einkunftsgrenzen nach § 1 Absatz 3 Satz 2 EStG zu kürzen. Die Türkei unterfällt der Ländergruppe 3 (Berücksichtigung mit ½).

Der **Bruttobetrag der Alterseinkünfte** (vgl. Rz. 8 Buchstabe a) beläuft sich auf	12 000 Euro
Die **Summe der Alterseinkünfte** (vgl. Grundfall) beträgt	7 578 Euro
Der **gekürzte Grundfreibetrag** beträgt	4 002 Euro

5. Schlussregelung

Dieses Schreiben ist für alle offenen Fälle ab dem Veranlagungszeitraum 2011 anzuwenden.

Übersicht

I.   Zweijährige Gültigkeit von Freibeträgen im Lohnsteuer-Ermäßigungsverfahren nach § 39a Einkommensteuergesetz (EStG); Startschreiben zur erstmaligen Anwendung ab dem Kalenderjahr 2016
BMF-Schreiben vom 21. 5. 2015 (BStBl I S. 488)

II.   Lohnsteuer-Ermäßigungsverfahren 2018
Verfügung der Oberfinanzdirektion Frankfurt am Main vom 12. 10. 2017 – S 2365 A-032-St 232 –

I.
Zweijährige Gültigkeit von Freibeträgen im Lohnsteuer-Ermäßigungsverfahren nach § 39a Einkommensteuergesetz (EStG); Startschreiben zur erstmaligen Anwendung ab dem Kalenderjahr 2016

BMF-Schreiben vom 21. 5. 2015 (BStBl I S. 488)

Nach § 52 Absatz 37 EStG in der Fassung der Bekanntmachung vom 8. Oktober 2009 (BGBl. I S. 3366), zuletzt geändert durch Artikel 2 Absatz 7 des Gesetzes zur Modernisierung der Finanzaufsicht über Versicherungen vom 1. April 2015 (BGBl. I S. 434), hat das Bundesministerium der Finanzen den Zeitpunkt der erstmaligen Anwendung der zweijährigen Gültigkeit von Freibeträgen im Lohnsteuer-Ermäßigungsverfahren zur Durchführung des Lohnsteuerabzugs in einem BMF-Schreiben (Startschreiben) zu bestimmen.

Im Einvernehmen mit den obersten Finanzbehörden der Länder wird als Starttermin für das Verfahren der zweijährigen Gültigkeit von Freibeträgen im Lohnsteuer-Ermäßigungsverfahren der 1. Oktober 2015 festgelegt. Ab diesem Zeitpunkt können die Arbeitnehmer den Antrag auf Bildung eines Freibetrags nach § 39a EStG für einen Zeitraum von längstens zwei Kalenderjahren mit Wirkung ab dem 1. Januar 2016 bei ihrem Wohnsitzfinanzamt stellen.

...

II.
Lohnsteuer-Ermäßigungsverfahren 2018

Verfügung der OFD Frankfurt am Main vom 12. 10. 2017 – S 2365 A-032-St 232 –

1. Allgemeines zum Lohnsteuer-Ermäßigungsverfahren

Auf Antrag des Arbeitnehmers wird im Lohnsteuerabzugsverfahren ein vom Arbeitslohn insgesamt abzuziehender Freibetrag berücksichtigt, der sich aus der Summe der in § 39 Abs. 1 Satz 1 EStG aufgeführten Beträge ergibt.

Ein Steuerfreibetrag für Werbungskosten, Sonderausgaben, außergewöhnliche Belastungen (mit Ausnahme der Pauschbeträge für behinderte Menschen und Hinterbliebene) und für den Entlastungsbetrag für Alleinerziehende bei Verwitweten kann nur dann beantragt werden, wenn die Aufwendungen und Beträge im Kalenderjahr insgesamt höher sind als 600 €. Bei der Berechnung dieser Antragsgrenze zählen Werbungskosten nur mit, soweit sie 1 000 € (bei Versorgungsbezügen 102 €) übersteigen. Sonderausgaben werden berücksichtigt, soweit sie den Sonderausgaben-Pauschbetrag von 36 € (bei Ehegatten/Lebenspartnern 72 €) übersteigen.

Die Berücksichtigung antragsabhängiger Freibeträge im Lohnsteuerabzugsverfahren 2018 setzt grundsätzlich voraus, dass der Arbeitnehmer für das Kalenderjahr 2018 einen entsprechenden Antrag auf Lohnsteuerermäßigung stellt. Eine Ausnahme gilt für Freibeträge die im Ermäßigungsverfahren 2017 zweijährig beantragt wurden und daher auch für das Kalenderjahr 2018 noch Anwendung finden sowie für Behinderten- und Hinterbliebenen-Pauschbeträge, die bereits in der ELStAM-Datenbank gespeichert und mehrjährig über den 31. 12. 2017 hinaus gültig sind.

Starttermin für das Lohnsteuer-Ermäßigungsverfahren ist gemäß § 39a Abs. 2 Satz 2 EStG jeweils der 01.10. des Vorjahres, für das der Freibetrag gelten soll, d. h. für den Veranlagungszeitraum 2018 beginnt das Lohnsteuer-Ermäßigungsverfahren am 01. 10. 2017. Die Erfassung von Freibeträgen für den VZ 2018 und das Folgejahr ist in der ELStAM-Datenbank auch erst ab diesem Zeitpunkt möglich. Anträge, die früher eingehen, sind solange von der Bearbeitung zurückzustellen. Der Antrag für das Lohnsteuer-Ermäßigungsverfahren 2018 muss bis spätestens 30. November 2018 gestellt werden.

Verwaltungsanweisungen für das Verfahren zur Bildung eines Frei- oder Hinzurechnungsbetrags ergeben sich aus R 39a.1 – R 39a.3 LStR.

1.1 Vordrucke für das Lohnsteuerermäßigungsverfahren

Der Antrag auf Berücksichtigung eines Freibetrags hat auf amtlich vorgeschriebenem Vordruck zu erfolgen. Erstmals für das Lohnsteuer-Ermäßigungsverfahren 2018 wurde der bisherige sechsseitige **Antrag auf Lohnsteuer-Ermäßigung** in Anlehnung an die Einkommensteuervordrucke auf einen **Hauptvordruck und verschiedene Anlagen** umgestellt:
- Hauptvordruck
- Anlage **Kinder**
- Anlage **Werbungskosten**
- Anlage **Sonderausgaben / außergewöhnliche Belastungen**

Dies hat insbesondere den Vorteil, dass der Steuerpflichtige neben dem Hauptvordruck nur noch die Anlagen ausfüllen muss, die er für seinen Antrag benötigt. Inhaltlich entsprechen die Anlagen weitestgehend den entsprechenden Abschnitten des bisherigen Vordrucks.

Anstelle der Hinweise auf Seite 1 des bisherigen Ermäßigungsvordrucks werden ausführliche Erläuterungen zum Hauptvordruck und den einzelnen Anlagen nun in einer gesonderten „**Anleitung zum Antrag auf Lohnsteuer-Ermäßigung**" zur Verfügung gestellt:
- **Anleitung**

Im Hauptvordruck wird in Zeile 2 auf die Anleitung hingewiesen. Die Anleitung wurde absichtlich jahresneutral formuliert, sodass diese grundsätzlich mehrjährig verwendbar ist, sofern sich keine rechtlichen Änderungen ergeben, die eine Anpassung des Inhalts erfordern (z. B. Erhöhung der darin genannten Pauschbeträge). Damit der Rechtsstand der Anleitung erkennbar ist, wurde auf Seite 1 in der linken unteren Ecke die Angabe 08/17 (MM/JJ) angebracht.

. . .

1.2 Lohnsteuer-Ermäßigung im vereinfachten Verfahren

Der Vordruck „Vereinfachter Antrag auf Lohnsteuer-Ermäßigung" (LgNr. 405b) wurde in den neuen Hauptvordruck integriert, die Auflage dieses gesonderten Vordrucks entfällt dadurch ab dem Ermäßigungszeitraum 2018.

Wenn höchstens derselbe Steuerfreibetrag oder die gleiche Anzahl der Kinderfreibeträge wie für das Vorjahr berücksichtigt werden sollen und sich die maßgeblichen Verhältnisse nicht wesentlich geändert haben, genügt es, wenn im Hauptvordruck neben den Angaben zur Person der Abschnitt „Lohnsteuer-Ermäßigung im vereinfachten Verfahren" ausgefüllt wird.

. . .

1.3 Geltungsdauer von Frei- und Hinzurechnungsbeträgen

Gem. § 39a Abs. 1 Satz 2 EStG gelten die im Lohnsteuerermäßigungsverfahren beantragten Frei- und Hinzurechnungsbeträge grundsätzlich jeweils für ein Kalenderjahr.

Arbeitnehmer können gem. § 39a Abs. 1 Satz 3 bis 5 EStG auch einen Antrag auf Bildung der Frei- und Hinzurechnungsbeträge für einen Zeitraum von längstens **zwei Jahren** beantragen. Hierfür steht in Zeile 20 des Hauptvordrucks das folgende Antragsfeld zur Verfügung:

„Ich beantrage, den Freibetrag bis zum 31. 12. 2019 zu berücksichtigen."

Die **Pauschbeträge für behinderte Menschen und Hinterbliebene** (§ 39a Abs. 1 Satz 1 Nr. 4 EStG) sind hiervon ausgenommen und können auch weiterhin **überjährig** berücksichtigt werden.

Ändern sich die tatsächlichen Verhältnisse des Arbeitnehmers zu seinen Gunsten, kann er die - Änderung der Lohnsteuer-Ermäßigung beantragen, § 39a Abs. 1 Satz 4 EStG. Bei einer Änderung der maßgebenden Verhältnisse zu seinen Ungunsten, ist er gem. § 39a Abs. 1 Satz 5 EStG verpflichtet, dies dem Finanzamt umgehend anzuzeigen.

1.4 Faktorverfahren nach § 39f EStG

Beantragen Ehegatten/Lebenspartner das Faktorverfahren, handelt es sich um einen Steuerklassenwechsel. Der Antrag auf Berücksichtigung der Steuerklasse IV in Verbindung mit einem Faktor ist mit dem Antrag auf Steuerklassenwechsel bei Ehegatten / Lebenspartnern zu stellen. Sofern bei der Berechnung des Faktors ein Freibetrag berücksichtigt werden soll, ist aufgrund der unter Tz. 1.1 beschriebenen Umstellung der Vordrucke zusätzlich die entsprechende Anlage des Antrags auf Lohnsteuer-Ermäßigung auszufüllen.

Ein etwaiger Frei- oder Hinzurechnungsbetrag wird bei der Ermittlung der voraussichtlichen Einkommensteuer nach dem Splittingverfahren berücksichtigt und wirkt sich somit auf die Höhe des Faktors aus. Wird ein Faktor gebildet, scheidet die zusätzliche Erfassung eines Freibetrags aus. Ein Hinzurechnungsbetrag ist hingegen zusätzlich als Lohnsteuerabzugsmerkmal für das erste Dienstverhältnis zu bilden.

. . .

§ 39f Abs. 1 Satz 9 EStG sieht bereits eine zweijährige Gültigkeit auch beim Faktorverfahren vor. Allerdings ist hierzu in § 52 Abs. 37a EStG geregelt, dass die zweijährige Gültigkeit erst ab dem Veranlagungszeitraum 2019 Anwendung findet. Die Erfassung eines **Faktors** zur Steuerklasse IV kann im Ermäßigungszeitraum 2018 daher weiterhin nur mit einer **einjährigen** Gültigkeit erfolgen.

1.5 Ausdruck der ELStAM und der Bescheinigung für den Lohnsteuerabzug ab dem 01. 10. 2017

Auf Antrag ist dem Arbeitnehmer ein Ausdruck der ELStAM auszustellen, § 39e Abs. 6 Satz 4 EStG. Hierfür ist in Zeile 4 des Hauptvordrucks das Ankreuzfeld *„Ausdruck der ELStAM gewünscht"* vorgesehen.

Wie jedes Jahr wird der ELStAM-Ausdruck ab dem 01. 10. 2017 automatisiert mit den zum 01. 01. 2018 gültigen ELStAM befüllt. Gleiches gilt für die Bescheinigung für den Lohnsteuerabzug, die ebenfalls über das Menü Textverarbeitung aufrufbar ist. Diese Verfahrensweise erfolgt vorübergehend bis zum Jahresbeginn 2018. Als Begleiterscheinung wird in dieser Übergangszeit die Anzahl der Kinderfreibeträge (Kinderzähler) auf der Maske Kind mit den bereits zum 01. 01. 2018 gültigen Werten angezeigt, was zu einer Abweichung von den aktuell noch gültigen Werten führen kann. Die für das Jahr 2017 zu berücksichtigenden Kinder können über die Historie („H"-Button) eingesehen werden. Nach dem 01. 01. 2018 wird der Druck wieder auf die tagesaktuelle Ausgabe der Lohnsteuerabzugsmerkmale umgestellt.

. . .

2. Änderungen im Vordruck im Vergleich zum Vorjahr

Neben der bereits unter Tz. 1.1 erläuterten Umstellung zu einem Hauptvordruck mit Anlagen haben sich gegenüber dem Vorjahr nachfolgende inhaltliche Änderungen ergeben:

2.1 Hauptvordruck

In Zeile 1 kann der Antragsteller ankreuzen, welche Anlagen in welcher Anzahl beigefügt sind . . .

Der vereinfachte Antrag auf Lohnsteuer-Ermäßigung wurde, wie unter Tz. 1.2 erläutert, in den Hauptvordruck integriert. Allerdings wird im neuen Hauptvordruck auf die Abfrage der Vorjahreswerte verzichtet, da diese in der ELStAM-Datenbank gespeichert sind.

Auf die bisherige Antragsmöglichkeit der geringeren Zahl der Kinderfreibeträge im vereinfachten Verfahren wurde verzichtet, da in diesen Fällen die *Anlage Kinder* auszufüllen ist.

Auf Seite 2 im Abschnitt „Haushaltsnahe Beschäftigungsverhältnisse, Dienst- und Handwerkerleistungen wurden die Tatbestände in drei Zeilen zusammengefasst . . .

Im Abschnitt Übertragung Freibetrag / Hinzurechnungsbetrag wurden die Jahresarbeitslohngrenzen für 2018 angepasst.

Zur Beantragung der Verteilung eines Freibetrags auf mehrere Arbeitgeber wurde die **Zeile 47** neu eingeführt . . .

Bei mehr als zwei Arbeitsverhältnissen ist die Vorlage eines gesonderten Blattes erforderlich, auch wenn der Freibetrag nur auf eines der weiteren Dienstverhältnisse verteilen möchte . . .

2.2 Anlage Kinder

In den neuen Zeilen 12 bis 15 wurde der Abschnitt „Aufwendungen für die Betreuung eines Kindes und Schulgeld (Sonderausgaben)" eingefügt. Die dazu gehörige Fußnote 5) *„2/3 der Aufwendungen, max. 4 000 € je Kind (ggf. Ländergruppeneinteilung beachten)"* wurde gestrichen. Dadurch soll vermieden werden, dass der Antragsteller seine Aufwendungen entsprechend gekürzt einträgt. Die begrenzte Abziehbarkeit von Kinderbetreuungskosten wird zudem in der Anleitung zum Antrag auf Lohnsteuer-Ermäßigung erläutert.

Die bisherige Zeile 13 zur Berücksichtigung von Kindern unter 18 Jahre wurde auf die Seite 2 (neue Zeile 31) verschoben. Durch diese Umstellung kann mit der Anlage Kinder jetzt auch der Freibetrag zur Abgeltung eines Sonderbedarfs bei Berufsausbildung beantragt werden (neue Zeile 47).

In Zeile 38 wurden die Antragsgründe zur Berücksichtigung des Kinderfreibetrags erweitert.

2.3 Anlage Werbungskosten

Die bisherige Abfrage zur Nutzung des privaten Kfz oder eines Firmenwagens wurde gestrichen, da sie für die Entfernungspauschale keine Bedeutung hat.

Die Spaltenüberschrift vor Zeile 8 zur Angabe der einfachen Entfernungskilometer wurde um den Klammerzusatz *„(auf volle Kilometer abgerundet)"* ergänzt.

Im Abschnitt *Reisekosten bei beruflich veranlassten Auswärtstätigkeiten* wurde in Zeile 20 eine neue Abfrage zur ganz oder teilweisen Nutzung eines Firmenwagens aufgenommen . . .

Im Abschnitt *Mehraufwendungen für doppelte Haushaltsführung* wurde in Zeile 39 die Abfrage zu Fahrten mit einem Firmenwagen aufgenommen . . .

In den Zeilen 37, 40 und 44 ist der Begriff „Beschäftigungsort" einheitlich durch „Ort der ersten Tätigkeitsstätte" ersetzt worden.

Bei den Unterkunftskosten wurde der Hinweis auf den Höchstbetrag von 1 000 € in Zeile 44 um den Zusatz „bei doppeltem Haushalt im Inland" ergänzt.

Für die Angabe von sonstigen Aufwendungen (z. B. Umzugskosten) wurde eine neue Zeile 48 eingefügt . . .

2.4 Anlage Sonderausgaben / außergewöhnliche Belastungen

In den Zeilen 13 und 15 ist zum Pauschbetrag für behinderte Menschen und Hinterbliebene nur noch „gültig von – bis" anzugeben, da auf dem Behindertenausweis oder einem gleichgestellten Bescheid kein Ausstellungsdatum mehr vermerkt ist.

Hinweis: Als Nachweis des Merkmals der „Hilflosigkeit" gemäß § 33b EStG i. V. m. § 65 Abs. 2 Satz 2 EStDV steht seit dem Veranlagungszeitraum 2017 die Einstufung in die Pflegegrade 4 und 5 gleich. In diesen Fällen ist ein Freibetrag gem. § 39a Abs. 1 Satz 1 Nr. 4 EStG i. H. v. 3 700 € zu berücksichtigen.

Im Hinweistext zum Pflege-Pauschbetrag wurde der Zusatz „im Inland" gestrichen, da ein Pflege-Pauschbetrag auch bei einer Pflege in einer im EU-/EWR-Ausland gelegenen Wohnung in Betracht kommt.

3. Rechtsänderungen ab 01. 01. 2018

3.1 Erhöhung Grundfreibetrag und Unterhaltshöchstbetrag

Der Grundfreibetrag nach § 32a Abs. 1 EStG und der Unterhaltshöchstbetrag gemäß § 33a Abs. 1 Satz 1 EStG erhöhen sich ab dem 01. 01. 2018 auf 9 000 €.

3.2 Erhöhung der Abschreibung für geringwertige Wirtschaftsgüter

Mit dem Gesetz gegen schädliche Steuerpraktiken im Zusammenhang mit Rechteüberlassungen vom 27. Juni 2017 (BGBl. I S. 2074) wurde die bisherige Grenze für sofort abzugsfähige Wirtschaftsgüter ab dem 01. 01. 2018 von 410 Euro auf 800 Euro erhöht. Ab dem Lohnsteuer-Ermäßigungsverfahren 2018 können somit Arbeitsmittel, die einer selbständigen Nutzung fähig sind, im Jahr der Anschaffung in voller Höhe als Werbungskosten abgezogen werden, wenn die (Netto-)Anschaffungskosten 800 € nicht übersteigen (§ 6 Abs. 2 Satz 1 EStG i. V. mit § 9 Abs. 1 Satz 3 Nr. 7 EStG). Nach R 9b Abs. 2 Satz 1 EStR ist für die Prüfung der Wertgrenze stets von den Anschaffungskosten abzgl. der darin enthaltenen Umsatzsteuer auszugehen (Nettowert). Die Brutto-Anschaffungskosten für sofort abzugsfähige Arbeitsmittel betragen somit max. 952 €.

Antrag auf Lohnsteuer-Ermäßigung

2018

Eingangsstempel

Folgende Anzahl der Anlagen sind beigefügt:

1   Anlage Werbungskosten   Anlage Kinder   Anlage Sonderausgaben / außergewöhnliche Belastung

2   **Steuernummer**

An das Finanzamt

3

Erläuterungen entnehmen Sie bitte der Anleitung zum Antrag.

Bei Wohnsitzwechsel: bisheriges Finanzamt

4

Ausdruck der ELStAM gewünscht   X

Angaben zur Person

5

Telefonische Rücksprache unter Nummer

Antragstellende Person
Identifikationsnummer (IdNr.)

6

Geburtsdatum
T T M M J J J J

Name

7

Vorname

8

Straße, Hausnummer

9

Postleitzahl   Wohnort

10

Verheiratet/Verpartnert seit   Verwitwet seit   Geschieden/Lebenspart. aufgehoben seit   Dauernd getrennt lebend seit

11   T T M M J J J J   T T M M J J J J   T T M M J J J J   T T M M J J J J

Ehegatte / Lebenspartner(in) nach dem Lebenspartnerschaftsgesetz
Identifikationsnummer (IdNr.)

Geburtsdatum
T T M M J J J J

12

Name

13

Vorname

14

Straße, Hausnummer *(falls abweichend)*

15

PLZ *(falls abweichend)*   Wohnort *(falls abweichend)*

16

Lohnsteuer-Ermäßigung im vereinfachten Verfahren

Die Verhältnisse haben sich gegenüber 2017 nicht wesentlich geändert.
Es wird beantragt, folgende ELStAM zu berücksichtigen:

				Antragstellende Person	Ehegatte/ Lebenspartner(in)
17	X Zahl der Kinderfreibeträge	X wie 2017	(Hinweis: Bei Änderungen bitte Anlage Kinder ausfüllen.)		
18	steuerfreier Jahresbetrag	X wie 2017	X weniger als 2017 und zwar nur		
19	X Hinzurechnungsbetrag	X wie 2017	X weniger als 2017 und zwar nur		

Zweijährige Gültigkeit des Freibetrags

20   X Ich beantrage, den Freibetrag **bis zum 31.12.2019** zu berücksichtigen.
(Freibeträge für behinderte Menschen und Hinterbliebene bleiben hiervon unberührt.)

Bei der Ausfertigung des Antrags hat mitgewirkt:

21

Datum   **Unterschrift** antragstellende Person   **Unterschrift** Ehegatte / Lebenspartner(in)

2018LStErm601   - Aug. 2017 -   2018LStErm601

– 2 –

Angaben zu Einkünften

Voraussichtlicher Bruttoarbeitslohn 2018 (erstes Dienstverhältnis)

Antragstellende Person		Ehegatte / Lebenspartner(in)	
einschl. Sachbezüge, Gratifikationen, Tantiemen usw. - EUR	darin enthaltene Versorgungsbezüge - EUR	einschl. Sachbezüge, Gratifikationen, Tantiemen usw. - EUR	darin enthaltene Versorgungsbezüge - EUR

31

Voraussichtliche andere Einkünfte 2018 (einschließlich weiterer Dienstverhältnisse)

Antragstellende Person	Ehegatte / Lebenspartner(in)
Einkunftsart(en)	Einkunftsart(en)

32

Höhe - EUR	Höhe - EUR

33

Verluste aus anderen Einkunftsarten / Förderung des Wohneigentums

34 ☒ wie im Vorjahr €

35 ☒ Erstmaliger Antrag oder Änderung gegenüber dem Vorjahr
(Ermittlung bitte auf gesondertem Blatt erläutern) €

Haushaltsnahe Beschäftigungsverhältnisse, Dienst- und Handwerkerleistungen

Steuerermäßigung bei Aufwendungen für

Aufwendungen (abzügl. Erstattungen) EUR

- geringfügige Beschäftigungen im Privathaushalt (sog. Minijobs)
Art der Tätigkeit

36

– sozialversicherungspflichtige Beschäftigungen im Privathaushalt
– haushaltsnahe Dienstleistungen, Hilfe im eigenen Haushalt
– Pflege- und Betreuungsleistungen im Haushalt, in Heimunterbringungskosten enthaltene Aufwendungen
  für Dienstleistungen, die denen einer Haushaltshilfe vergleichbar sind
Art der Tätigkeit/Aufwendungen

37

– Handwerkerleistungen für Renovierungs-, Erhaltungs- und Modernisierungsmaßnahmen im eigenen Haushalt
(ohne öffentlich geförderte Maßnahmen durch zinsverbilligte Darlehen / steuerfreie Zuschüsse, z. B. von KfW-Bank)
Art der Aufwendungen

38

Nur bei Alleinstehenden: Es besteht ganzjährig ein gemeinsamer Haushalt mit einer anderen alleinstehenden Person (Name, Vorname, Geburtsdatum)

39

Übertragung Freibetrag / Hinzurechnungsbetrag für

40 ☒ antragstellende Person ☐ Ehegatte / Lebenspartner(in)

Der Jahresarbeitslohn aus meinem ersten Dienstverhältnis beträgt voraussichtlich nicht mehr als
(bei sozialversicherungspflichtigen Arbeitnehmern) mit

41 ☒ Steuerklasse I oder IV: 12.082 € ☒ Steuerklasse II: 14.419 € ☒ Steuerklasse III: 22.895 € ☒ Steuerklasse V: 1.278 €

(bei Empfängern von Betriebsrenten und Versorgungsempfängern) mit

42 ☒ Steuerklasse I oder IV: 14.620 € ☒ Steuerklasse II: 16.673 € ☒ Steuerklasse III: 24.652 € ☒ Steuerklasse V: 2.179 €

EUR

43 Bitte berücksichtigen Sie in meinen ELStAM für mein zweites Dienstverhältnis oder meine weiteren Dienstverhältnisse einen Freibetrag und einen entsprechenden Hinzurechnungsbetrag für das erste Dienstverhältnis in Höhe von

(Hinweis für den Antragsteller: Der Freibetrag kann von Ihrem zweiten oder weiteren Arbeitgeber nur berücksichtigt werden, wenn Sie ihm die Höhe des Freibetrags mitteilen.)

Verteilung / Übertragung der Freibeträge

44 Werbungskosten können nur bei der Person berücksichtigt werden, bei der sie entstanden sind. Wenn der Freibetrag im Übrigen anders als je zur Hälfte auf die Ehegatten / Lebenspartner(innen) aufgeteilt werden soll, dann geben Sie bitte das Aufteilungsverhältnis an (: %).

Der dem anderen Ehegatten / Lebenspartner(in) / Kind zustehende Pauschbetrag für behinderte Menschen und Hinterbliebene soll

45 beim Antragsteller ☒ in voller Höhe oder ☒ zu % berücksichtigt werden.

46 beim Ehegatten/ Lebenspartner(in) ☒ in voller Höhe oder ☒ zu % berücksichtigt werden.

EUR

47 Bitte berücksichtigen Sie in meinen ELStAM von dem Gesamtfreibetrag für mein zweites Dienstverhältnis
(bei mehr als zwei Dienstverhältnissen bitte gesondertes Blatt beifügen) einen anteiligen Freibetrag in Höhe von

2018LStErm602

2018LStErm602

1513

2018

Anlage Kinder
zum Lohnsteuer-Ermäßigungsantrag

Sofern die Eintragungsmöglichkeiten nicht ausreichen, füllen Sie bitte eine weitere Anlage Kinder aus.

1 Name

2 Vorname

3 Steuernummer

Angaben zu Kindern

4 Vorname | ggf. abweichender Familienname

4a Identifikationsnummer (IdNr.) | Geburtsdatum | bei Wohnort im Ausland: Staat

Kindschaftsverhältnis

4b
| leibliches Kind / Adoptivkind antragstellende Person | leibliches Kind / Adoptivkind Ehegatte / Lebenspartner(in) | Pflegekind antragstellende Person | Pflegekind Ehegatte / Lebenspartner(in) |

5 Vorname | ggf. abweichender Familienname

5a Identifikationsnummer (IdNr.) | Geburtsdatum | bei Wohnort im Ausland: Staat

Kindschaftsverhältnis

5b
| leibliches Kind / Adoptivkind antragstellende Person | leibliches Kind / Adoptivkind Ehegatte / Lebenspartner(in) | Pflegekind antragstellende Person | Pflegekind Ehegatte / Lebenspartner(in) |

6 Vorname | ggf. abweichender Familienname

6a Identifikationsnummer (IdNr.) | Geburtsdatum | bei Wohnort im Ausland: Staat

Kindschaftsverhältnis

6b
| leibliches Kind / Adoptivkind antragstellende Person | leibliches Kind / Adoptivkind Ehegatte / Lebenspartner(in) | Pflegekind antragstellende Person | Pflegekind Ehegatte / Lebenspartner(in) |

7 Vorname | ggf. abweichender Familienname

7a Identifikationsnummer (IdNr.) | Geburtsdatum | bei Wohnort im Ausland: Staat

Kindschaftsverhältnis

7b
| leibliches Kind / Adoptivkind antragstellende Person | leibliches Kind / Adoptivkind Ehegatte / Lebenspartner(in) | Pflegekind antragstellende Person | Pflegekind Ehegatte / Lebenspartner(in) |

Kindschaftsverhältnis der in Zeile 4 bis 7 genannten Kinder zu weiteren Personen

zu Zeile | ist durch Tod des anderen Elternteils erloschen am: | besteht/hat bestanden zu: Name, Geburtsdatum und letztbekannte Anschrift dieser Personen, Art des Kindschaftsverhältnisses (einschließlich Pflegekindschaftsverhältnis)

8

9

10

11

Aufwendungen zur Betreuung eines Kindes und Schulgeld (Sonderausgaben)

12 Das Kind/Die Kinder in Zeile(n) | gehört/gehören zu meinem Haushalt | von | bis

13 Das Kind | hat das 14. Lebensjahr noch nicht vollendet. | ist wegen einer vor Vollendung des 25. Lebensjahres eingetretenen Behinderung außerstande, sich selbst finanziell zu unterhalten. [1)]

14 Art der Aufwendungen | EUR | steuerfreier Ersatz EUR

15 **Schulgeld** an Privatschulen für das/die Kind(er) lt. Zeile(n) | Bezeichnung der Schule | EUR

2018LStKi601   - Aug. 2017 -   2018LStKi601

– 2 –

Kinder unter 18 Jahre

31 Das Kind in Zeile ___ ist in den ELStAM noch zu berücksichtigen. (Bitte Nachweise beifügen, z. B. Geburtsurkunde)

Kinder über 18 Jahre

Ich beantrage die Berücksichtigung in den ELStAM (ggf. für mehrere Jahre), weil das Kind

a) ohne Beschäftigung und bei einer Agentur für Arbeit als arbeitsuchend gemeldet ist [2) 4)]

b) in Berufsausbildung steht (ggf. Angabe der Schule, der Ausbildungsstelle usw.) [3) 4)]

c) sich in einer Übergangszeit von höchstens 4 Monaten zwischen zwei Ausbildungsabschnitten oder zwischen einem Ausbildungsabschnitt und der Ableistung eines freiwilligen Dienstes (Buchst. e) oder des freiwilligen Wehrdienstes nach § 58b des Soldatengesetzes befindet [3) 4)]

d) eine Berufsausbildung mangels Ausbildungsplatzes nicht beginnen oder fortsetzen kann [3)]

e) ein freiwilliges soziales oder ökologisches Jahr (Jugendfreiwilligendienstegesetz), einen europäischen/entwicklungspolitischen Freiwilligendienst, einen Freiwilligendienst aller Generationen (§ 2 Abs. 1a SGB VII), einen Bundesfreiwilligendienst, einen Int. Jugendfreiwilligendienst oder einen Anderen Dienst im Ausland (§ 5 Bundesfreiwilligendienstgesetz) leistet [3)]

f) sich wegen einer vor dem 25. Lebensjahr eingetretenen körperlichen, geistigen oder seelischen Behinderung nicht selbst finanziell unterhalten kann [1)]

Hinweis: In den Fällen b) bis e): Nach Abschluss einer erstmaligen Berufsausbildung oder eines Erststudiums werden Kinder nur berücksichtigt, wenn sie keiner Erwerbstätigkeit nachgehen (Ausnahme z. B. Minijob).

	Kind in Zeile	Antragsgrund		Berücksichtigung von	bis
32					
33					
34					
35					

Hinweis: In den Zeilen 36 bis 40 sind keine Eintragungen für Kinder nicht dauernd getrennt lebender Ehegatten vorzunehmen, für die bei jedem Ehegatten dasselbe Kindschaftsverhältnis vorliegt.

Ich beantrage den vollen/halben Kinderfreibetrag, weil der andere/leibliche Elternteil des Kindes/der Kinder in der/den Zeile(n) (4 bis 7)

36 – seine Unterhaltsverpflichtung nicht mindestens zu 75 % erfüllt und ich keinen Unterhaltsvorschuss erhalte

37 – mangels finanzieller Leistungsfähigkeit nicht unterhaltspflichtig ist und ich keinen Unterhaltsvorschuss erhalte

38 – im Ausland lebt, sein Wohnsitz / gewöhnlicher Aufenthalt nicht zu ermitteln ist oder er als Vater des Kindes amtlich nicht feststellbar ist

39 – der Übertragung lt. Anlage K auf den Stief-/Großelternteil zugestimmt hat

40 **Nur bei Stief-/Großelternteil:**
– weil ich das Kind in meinem Haushalt aufgenommen habe oder ich als Großelternteil gegenüber dem Kind unterhaltspflichtig bin

Entlastungsbetrag für Alleinerziehende (Steuerklasse II / Freibetrag bei Verwitweten), Erhöhungsbetrag als Freibetrag

(Sofern die Eintragungsmöglichkeiten nicht ausreichen oder für einzelne Kinder kein Erhöhungsbetrag als Freibetrag berücksichtigt werden soll, reichen Sie bitte ein gesondertes Blatt ein.)

				von	bis
41	Das Kind/Die Kinder in Zeile(n)		ist/sind mit mir in der gemeinsamen Wohnung gemeldet		
42	Für das Kind/die Kinder in Zeile(n)		erhalte ich Kindergeld		

43 Außer mir ist/sind in der gemeinsamen Wohnung eine/mehrere volljährige Person(en) gemeldet, die nicht als Kind(er) in **den Zeilen 4 bis 7** genannt ist/sind [X] Nein [X] Ja

44 Es besteht eine Haushaltsgemeinschaft mit mindestens einer weiteren volljährigen Person, die nicht als Kind in **den Zeilen 4 bis 7** genannt ist [X] Nein [X] Ja

45 Name, Vorname (weitere Personen bitte auf gesondertem Blatt angeben)

46 Verwandtschaftsverhältnis   Beschäftigung / Tätigkeit

Freibetrag zur Abgeltung eines Sonderbedarfs bei Berufsausbildung

Hinweis: Ein Freibetrag zur Abgeltung eines Sonderbedarfs kommt nur in Betracht, wenn Ihnen Aufwendungen für ein volljähriges, zur Berufsausbildung auswärtig untergebrachtes Kind entstehen, für das Sie Anspruch auf einen Freibetrag für Kinder oder auf Kindergeld haben.

			von	bis	Anschrift
47	Das Kind in Zeile	ist auswärtig untergebracht:			

1) Berücksichtigt werden auch Kinder mit einer vor 2007 und vor dem 27. Lebensjahr eingetretenen Behinderung.
2) Die Kinder werden nur bis zum 21. Lebensjahr berücksichtigt.
3) Die Kinder werden nur bis zum 25. Lebensjahr berücksichtigt.
4) Bei Kindern, die Grundwehrdienst, Zivildienst oder befreienden Dienst geleistet haben, verlängert sich der Zeitraum der Berücksichtigung um die Dauer des Dienstes.

2018LStKi602   2018LStKi602

1515

2018

Anlage Werbungskosten
zum Lohnsteuer-Ermäßigungsantrag
Jede(r) Ehegatte / Lebenspartner(in) hat
eine eigene Anlage Werbungskosten abzugeben.

1 | Name

2 | Vorname

      Antragstellende Person   X

3 | Steuernummer

      Ehegatte / Lebenspartner(in)   X

4 | **Werbungskosten**

      Behinderungsgrad mind. 70 oder mind. 50 und Merkzeichen „G"   Ja   X

1. Wege zwischen Wohnung und erster Tätigkeitsstätte (Entfernungspauschale)

erste Tätigkeitsstätte / Sammelpunkt / weiträumiges Tätigkeitsgebiet in (Ort und Straße)

      Arbeitstage je Woche   Urlaubs- und Krankheitstage

5 |

6 |

Ort lt. Zeile	aufgesucht an Tagen	einfache Entfernung (auf volle Kilometer abgerundet)	davon mit eigenem oder zur Nutzung überlassenem Pkw zurückgelegt	davon mit Sammelbeförderung des Arbeitgebers zurückgelegt	davon mit öffentl. Verkehrsmitteln, Motorrad, Fahrrad o. Ä., als Fußgänger, als Mitfahrer einer Fahrgemeinschaft zurückgelegt	Aufwendungen für öffentl. Verkehrsmittel (ohne Flug- und Fährkosten)		EUR
7		km	km	km	km	,		,
8		km	km	km	km	,		,

9 | abzgl. steuerfreier oder pauschal versteuerter Fahrtkostenersatz des Arbeitgebers   ,

10 | Summe zu 1.   ,

11 | **2. Beiträge zu Berufsverbänden** (Bezeichnung der Verbände)   EUR   ,

3. Aufwendungen für Arbeitsmittel (Art der Arbeitsmittel) - soweit nicht steuerfrei ersetzt -

12 | ,

13 | ,

14 | ,

4. Aufwendungen für ein häusliches Arbeitszimmer

15 |

5. Weitere Werbungskosten (z. B. Fortbildungskosten) - soweit nicht steuerfrei ersetzt -

16 | ,

17 | ,

18 | ,

19 | Summe zu 2. bis 5.   ,

6. Reisekosten bei beruflich veranlassten Auswärtstätigkeiten

6.1 Fahrt- und Übernachtungskosten, Reisenebenkosten

20 | Die Fahrten werden ganz oder teilweise mit einem Firmenwagen oder im Rahmen einer unentgeltlichen Sammelbeförderung des Arbeitgebers durchgeführt.   X Ja   X Nein
- Falls "Ja": Mangels Aufwand bitte insoweit keine Eintragungen zu Fahrtkosten vornehmen -   EUR

21 | ,

22 | ,

23 | abzgl. steuerfreier Arbeitgeberersatz   ,

24 | Summe zu 6.1   ,

2018LStWK601   - Aug. 2017 -   2018LStWK601

– 2 –

6.2 Pauschbeträge für Mehraufwendungen für Verpflegung bei Auswärtstätigkeit

EUR

31	Abwesenheit von mehr als 8 Stunden (bei Auswärtstätigkeit ohne Übernachtung)	Tage x 12 €		,—
32	An- und Abreisetage (bei mehrtägiger Auswärtstätigkeit mit Übernachtung)	Tage x 12 €		,—
33	Abwesenheit von 24 Stunden	Tage x 24 €		,—
34	abzgl. Kürzungsbeträge wegen Mahlzeitengestellung (eigene Zuzahlungen sind ggf. gegenzurechnen)			,—
35	abzgl. steuerfreier Arbeitgeberersatz		Summe zu 6.2	,—

7. Mehraufwendungen für doppelte Haushaltsführung

36	Der doppelte Haushalt wurde aus beruflichem Anlass begründet am: T T M M J J J J	voraussichtlich bis: T T M M J J J J	
37	Grund	Ort der ersten Tätigkeitsstätte	

Eigener Hausstand am Lebensmittelpunkt:

38	X Nein X Ja, in	seit T T M M J J J J

39	Die Fahrten werden ganz oder teilweise mit einem Firmenwagen oder im Rahmen einer unentgeltlichen Sammelbeförderung des Arbeitgebers durchgeführt. - Falls "Ja": Mangels Aufwand bitte insoweit keine Eintragungen in den Zeilen 40 und 42 vornehmen -	X Ja X Nein

Kosten der ersten Fahrt zum Ort der ersten Tätigkeitsstätte und der letzten Fahrt zum eigenen Hausstand

EUR

40	mit privatem Kfz (gefahrene Kilometer)	km x , € =		,—
41	mit öffentlichen Verkehrsmitteln			,—
	Fahrtkosten für Heimfahrten			
42	einfache Entfernung (ohne Flugstrecke)	km x Anzahl x 0,30 € =		,—
43	mit öffentlichen Verkehrsmitteln			,—
44	Kosten der Unterkunft am Ort der ersten Tätigkeitsstätte (lt. Nachweis) - höchstens 1.000 € im Monat bei doppeltem Haushalt im Inland -			,—
45	An- und Abreisetage	Tage x 12 €		,—
46	Abwesenheit von 24 Stunden	Tage x 24 €		,—
47	abzgl. Kürzungsbeträge wegen Mahlzeitengestellung (eigene Zuzahlungen sind ggf. gegenzurechnen)			,—
48	Sonstige Aufwendungen (z. B. Kosten für den Umzug)			,—
49	abzgl. steuerfreier Arbeitgeberersatz		Summe zu 7.	,—
50		Gesamtsumme 1. bis 7.		,—

2018

Anlage Sonderausgaben / außergewöhnliche Belastungen

zum Lohnsteuer-Ermäßigungsantrag

1   Name

2   Vorname

3   Steuernummer

Sonderausgaben

Hinweis: Versicherungsbeiträge (z. B. Beiträge zu Renten-, Kranken-, Pflegeversicherung usw.) können **nicht im Ermäßigungsverfahren** geltend gemacht werden. Diese so genannten Vorsorgeaufwendungen werden beim laufenden Lohnsteuerabzug über die Vorsorgepauschale berücksichtigt.

1. Renten, dauernde Lasten, schuldrechtlicher Versorgungsausgleich (Empfänger, Art und Grund der Schuld)   EUR

4

5   2. Unterhaltsleistungen an geschiedenen / dauernd getrennt lebende(n) Ehegatten / Lebenspartner(in) lt. Anlage U

6   3. Ausgleichsleistungen zur Vermeidung des Versorgungsausgleichs lt. Anlage U

7   4. Kirchensteuer, soweit diese nicht als Zuschlag zur Kapitalertragsteuer erhoben wird

8   5. Aufwendungen für die eigene Berufsausbildung (bitte auf gesondertem Blatt erläutern)

6. Spenden und Mitgliedsbeiträge

9   a) Spenden und Mitgliedsbeiträge zur Förderung steuerbegünstigter Zwecke

10   b) Spenden in das zu erhaltende Vermögen (Vermögensstock) einer Stiftung

11   c) Spenden und Mitgliedsbeiträge an politische Parteien

12   **Summe 1. bis 6.**

Außergewöhnliche Belastungen

1. Pauschbetrag für behinderte Menschen und Hinterbliebene (bei Kindern bitte auch Anlage Kinder ausfüllen)

	Ausweis / Rentenbescheid / Bescheinigung		unbefristet gültig
	gültig von	bis	

13   Name, Vorname

14   Grad der Behinderung   blind / ständig hilflos   geh- und stehbehindert   hinterblieben   Nachweis ist beigefügt   Nachweis lag bereits vor

15   Name, Vorname

16   Grad der Behinderung   blind / ständig hilflos   geh- und stehbehindert   hinterblieben   Nachweis ist beigefügt   Nachweis lag bereits vor

2. Pflege-Pauschbetrag

Hinweis: Ein Pflege-Pauschbetrag kommt in Betracht, wenn Sie oder Ihr(e) Ehegatte / Lebenspartner(in) eine nicht nur vorübergehend hilflose Person **unentgeltlich** in Ihrer Wohnung oder in deren Wohnung persönlich pflegen.

Angaben zur hilflosen Person:

17   Nachweis der Hilflosigkeit   ist beigefügt   hat vorgelegen

18   Vorname   Name

19   PLZ   Wohnort

20   Straße, Hausnummer   Verwandtschaftsverhältnis

21   Name und Anschrift weiterer Pflegepersonen

22

2018LStSagB601   - Aug. 2017 -   2018LStSagB601

– 2 –

3. Unterhalt für gesetzlich unterhaltsberechtigte und ihnen gleichgestellte Personen
(für jeden unterstützten Haushalt bitte eine eigene Anlage abgeben)

31 Name und Anschrift (ggf. ausländischer Wohnsitz) der unterhaltenen Person — Identifikationsnummer (IdNr.) der unterhaltenen Person

32

33

34 Geburtsdatum `T T M M J J J J`   Verwandtschaftsverhältnis   Familienstand, Beruf

35 Hat jemand Anspruch auf einen Freibetrag für Kinder oder Kindergeld für diese Person? ☒ Nein ☒ Ja, für die Monate von `M M J J` bis `M M J J`

36 ☒ Die unterstützte Person ist der / die geschiedene oder dauernd getrennt lebende Ehegatte / Lebenspartner(in).

37 ☒ Die unterstützte Person ist als Kindesmutter/Kindesvater gesetzlich unterhaltsberechtigt.

38 ☒ Die unterstützte Person ist nicht unterhaltsberechtigt, jedoch können bei ihr öffentliche Mittel wegen der Unterhaltszahlungen gekürzt oder nicht gewährt werden.

39 Aufwendungen für die unterhaltene Person (Art)   von `M M J J` bis `M M J J`   Höhe - EUR

40 davon für die Basiskranken- und gesetzliche Pflegeversicherung der unterhaltsberechtigten Person tatsächlich aufgewendete Beiträge, soweit diese nicht als Sonderausgaben bei dem Unterhaltsverpflichteten abziehbar sind

Diese Person hat	Bruttoarbeitslohn EUR	darauf entfallende Werbungskosten	öffentl. Ausbildungshilfen[1]	Renten, andere Einkünfte, Bezüge (z.B. aus Minijobs)	Vermögen
41 a) im Unterhaltszeitraum 2018					
42 b) außerhalb des Unterhaltszeitraums 2018					

1) bei Zahlung von Ausbildungshilfen in monatlich unterschiedlicher Höhe bitte Art, Höhe und Zeitraum auf gesondertem Blatt erläutern

Diese Person lebt

43 ☒ in meinem Haushalt

44 ☒ im eigenen / anderen Haushalt   zusammen mit folgenden Angehörigen:

45 Zum Unterhalt dieser Person tragen auch bei (Name, Anschrift)

46   von `M M J J` bis `M M J J`   Höhe - EUR

4. Außergewöhnliche Belastungen allgemeiner Art

Art der Belastung (z. B. durch Krankheit, Todesfall)	Gesamtaufwendungen EUR	abzüglich erhaltene oder zu erwartende Ersatzleistungen	zu berücksichtigende Aufwendungen
47			
48			

Anleitung

zum Antrag auf Lohnsteuer-Ermäßigung

Zum Antrag auf Lohnsteuer-Ermäßigung gehören:
- der Hauptvordruck für die allgemeinen Angaben, die Lohnsteuer-Ermäßigung im vereinfachten Verfahren, die Berücksichtigung von haushaltsnahen Beschäftigungsverhältnissen, Dienst- und Handwerkerleistungen und die Übertragung eines Freibetrags / Hinzurechnungsbetrags
- die Anlage Kinder
- die Anlage Werbungskosten
- die Anlage Sonderausgaben / außergewöhnliche Belastungen

Hauptvordruck

Bitte verwenden Sie den Antrag auf Lohnsteuer-Ermäßigung, wenn Sie – und ggf. Ihr(e) Ehegatte / Lebenspartner(in) – einen Steuerfreibetrag beantragen möchten.

Wenn Sie höchstens denselben Steuerfreibetrag oder die gleiche Zahl der Kinderfreibeträge beantragen wollen wie für das Vorjahr und die maßgebenden Verhältnisse sich nicht wesentlich geändert haben, genügt es im Hauptvordruck neben den Angaben zur Person den Abschnitt „Lohnsteuer-Ermäßigung im vereinfachten Verfahren" (Zeile 17 bis 19) auszufüllen. Sofern Sie erstmals einen Steuerfreibetrag oder einen höheren Steuerfreibetrag als für das Vorjahr beantragen wollen, verwenden Sie bitte den Hauptvordruck sowie die erforderlichen Anlagen.

Die Freibeträge und alle weiteren Änderungen der Besteuerungsmerkmale werden als **elektronische Lohnsteuerabzugsmerkmale (ELStAM)** gespeichert und den Arbeitgebern in einem elektronischen Abrufverfahren bereitgestellt. Die Frist für die Antragstellung beginnt am 1. Oktober des Vorjahres, für das der Freibetrag gelten soll. Sie endet am **30. November** des Kalenderjahres, in dem der Freibetrag gilt. Sie haben die Möglichkeit, den Steuerfreibetrag für einen Zeitraum von zwei Kalenderjahren zu beantragen. In diesem Fall kreuzen Sie bitte das vorgesehene Ankreuzfeld in Zeile 20 an. Davon ausgenommen sind Freibeträge für behinderte Menschen und Hinterbliebene, die entsprechend der Gültigkeit des Ausweises / Rentenbescheides / der Bescheinigung berücksichtigt werden.

Ein Steuerfreibetrag für Werbungskosten, Sonderausgaben, außergewöhnliche Belastungen (mit Ausnahme der Pauschbeträge für behinderte Menschen und Hinterbliebene) und für den Entlastungsbetrag für Alleinerziehende bei Verwitweten kann nur dann beantragt werden, wenn die Aufwendungen und Beträge im Kalenderjahr insgesamt höher sind als 600 €. Bei der Berechnung dieser Antragsgrenze zählen Werbungskosten nur mit, soweit sie 1.000 € (bei Versorgungsbezügen 102 €) übersteigen. Sonderausgaben werden berücksichtigt, soweit sie den Sonderausgaben-Pauschbetrag von 36 € (bei Ehegatten/Lebenspartnern 72 €) übersteigen.

Wird Ihnen auf Grund dieses Antrags ein Steuerfreibetrag gewährt – ausgenommen Pauschbetrag für behinderte Menschen und Hinterbliebene, Entlastungsbetrag für Alleinerziehende oder Änderungen bei der Zahl der Kinderfreibeträge – sind Sie nach § 46 Abs. 2 Nr. 4 des Einkommensteuergesetzes (EStG) grundsätzlich verpflichtet, eine Einkommensteuererklärung abzugeben.

Ändern sich im Laufe des Kalenderjahres die für den Freibetrag / die Steuerklasse maßgebenden Verhältnisse zu Ihren Ungunsten, sind Sie verpflichtet, dies dem Finanzamt anzuzeigen.

Nach den Vorschriften der Datenschutzgesetze wird darauf hingewiesen, dass die Angabe der Telefonnummer freiwillig im Sinne dieser Gesetze ist und im Übrigen die mit diesem Antrag angeforderten Daten auf Grund der §§ 149,150 der Abgabenordnung und der §§ 38b Abs. 2, 39 Abs. 6, 39a Abs. 2 EStG erhoben werden.

Anlage Werbungskosten

Werbungskosten im steuerlichen Sinne sind alle Aufwendungen, die durch Ihr Arbeitsverhältnis veranlasst sind. Sie können jedoch nur berücksichtigt werden, soweit sie steuerfreie oder pauschal besteuerte Ersatzleistungen Ihres Arbeitgebers übersteigen. Die Kosten Ihrer Lebensführung gehören nicht zu den Werbungskosten, selbst wenn sie Ihrer beruflichen Tätigkeit zugutekommen.

Wege zwischen Wohnung und erster Tätigkeitsstätte (Zeile 4 bis 10)

Für die Wege zwischen Wohnung und erster Tätigkeitsstätte erhalten Sie eine Entfernungspauschale, unabhängig von der Art, wie Sie zur ersten Tätigkeitsstätte gelangen. Diese Pauschale beträgt 30 Cent für jeden vollen Entfernungskilometer. Für öffentliche Verkehrsmittel (ohne Flug- und Fährkosten) können die tatsächlichen Aufwendungen angesetzt werden, wenn sie im Kalenderjahr höher sind als die Entfernungspauschale. Die Entfernungspauschale ist grundsätzlich auf einen Höchstbetrag von 4.500 € begrenzt. Lediglich soweit ein eigener oder zur Nutzung überlassener Kraftwagen (z. B. Firmenwagen) benutzt wird, berücksichtigt das Finanzamt einen höheren Betrag als 4.500 €. Wenn bei Ihnen der Grad der Behinderung mindestens 70 beträgt oder bei einem Grad der Behinderung von mindestens 50 gleichzeitig eine erhebliche Gehbehinderung besteht, werden auch bei Benutzung Ihres eigenen Pkw die tatsächlichen Kosten der Hin- und Rückfahrt oder ohne Einzelnachweis 60 Cent je Entfernungskilometer (30 Cent je gefahrenen Kilometer) anerkannt.

Mehraufwendungen für Verpflegung bei Auswärtstätigkeit (Zeile 31 bis 35)

Mehraufwendungen für Verpflegung können Sie für dieselbe Auswärtstätigkeit – höchstens für die Dauer von drei Monaten – nur pauschal geltend machen:
- für eine eintägige auswärtige Tätigkeit ohne Übernachtung mit einer Abwesenheit von mehr als 8 Stunden von Ihrer Wohnung und der ersten Tätigkeitsstätte jeweils 12 €
- für An- und Abreisetage einer mehrtägigen auswärtigen Tätigkeit mit Übernachtung außerhalb Ihrer Wohnung jeweils 12 €
- für die Kalendertage, an denen Sie außerhalb Ihrer Wohnung und ersten Tätigkeitsstätte beruflich tätig und daher 24 Stunden von Ihrer Wohnung abwesend waren, jeweils 24 €

Mehraufwendungen für doppelte Haushaltsführung (Zeile 36 bis 49)

Bei einer beruflich veranlassten doppelten Haushaltsführung können Sie die notwendigen Mehraufwendungen als Werbungskosten geltend machen. Eine doppelte Haushaltsführung liegt nur vor, wenn Sie außerhalb des Ortes Ihrer ersten Tätigkeitsstätte einen eigenen Hausstand unterhalten und Sie auch am Ort der ersten Tätigkeitsstätte wohnen. Mehraufwendungen für Verpflegung können Sie höchstens für die ersten drei Monate mit den für Auswärtstätigkeiten geltenden Pauschbeträgen geltend machen. Anstelle der Aufwendungen für eine Familienheimfahrt können die Gebühren für ein Telefongespräch berücksichtigt werden.

8.17

Anlage Kinder

Beim Familienleistungsausgleich wird im Laufe des Jahres in der Regel Kindergeld gezahlt. Im Lohnsteuerabzugsverfahren werden die Freibeträge für Kinder nur bei der Berechnung des Solidaritätszuschlags und der Kirchensteuer berücksichtigt. Kinder, für die keine Freibeträge für Kinder gewährt werden können (z. B. wegen Überschreitens der Altersgrenze), sind nicht in der Anlage Kinder einzutragen.

Kinderbetreuungskosten (Zeile 12 bis 14)

Kinderbetreuungskosten für zu Ihrem Haushalt gehörende Kinder, für die Ihnen Freibeträge für Kinder oder Kindergeld zusteht, können ab Geburt des Kindes bis zur Vollendung des 14. Lebensjahres berücksichtigt werden. Bitte tragen Sie in Zeile 14 Ihre tatsächlichen Aufwendungen und ggf. steuerfreie Erstattungen ein. Kinderbetreuungskosten sind jedoch nur in Höhe von zwei Dritteln der Aufwendungen, höchstens 4.000 € je Kind und Kalenderjahr abziehbar. Diese Begrenzung wird vom Finanzamt berücksichtigt.

Schulgeld (Zeile 15)

Besucht ein Kind, für das Sie Anspruch auf einen Freibetrag für Kinder oder auf Kindergeld haben, im Inland oder einem anderen EU-/EWR-Staat eine Schule in freier Trägerschaft oder eine überwiegend privat finanzierte Schule, die zu einem allgemein bildenden oder berufsbildenden Schul-, Jahrgangs- oder Berufsabschluss führt, sind 30 % des Entgelts bis zu einem Höchstbetrag von 5.000 € je Kind als Sonderausgaben abziehbar, wenn der – ggf. beabsichtigte – Abschluss von der im Inland zuständigen Stelle als gleichwertig anerkannt wurde. Bitte tragen Sie in Zeile 15 Ihre tatsächlichen Aufwendungen ein. Deutsche Schulen im Ausland sind den vorgenannten Schulen gleichgestellt.

Entlastungsbetrag für Alleinerziehende (Zeile 41 bis 46)

Sind Sie alleinstehend und gehört zu Ihrem Haushalt mindestens ein Kind, für das Sie Anspruch auf einen Freibetrag für Kinder oder Kindergeld haben, wird Ihnen ein Entlastungsbetrag für Alleinerziehende in Höhe von 1.908 € im Kalenderjahr durch die Einreihung in die Steuerklasse II gewährt. Dieser erhöht sich für das zweite und jedes weitere berücksichtigungsfähige Kind, das in Ihrem Haushalt lebt, um jeweils 240 € und wird als Freibetrag berücksichtigt. Die Zugehörigkeit zum Haushalt wird stets angenommen, wenn das Kind/die Kinder in Ihrer Wohnung gemeldet ist/sind. Ist das Kind/Sind die Kinder auch noch bei einer anderen Person gemeldet, erhält derjenige den Entlastungsbetrag, der die Voraussetzungen zur Auszahlung des Kindergeldes erfüllt. Des Weiteren darf keine Haushaltsgemeinschaft mit einer anderen volljährigen Person bestehen, für die Sie keinen Anspruch auf einen Freibetrag für Kinder oder Kindergeld haben. Bei Verwitweten mit Steuerklasse III wird der Entlastungsbetrag für Alleinerziehende als Freibetrag berücksichtigt. Für jeden vollen Kalendermonat, in dem die Voraussetzungen nicht vorliegen, ermäßigt sich der Entlastungsbetrag um ein Zwölftel.

Freibetrag zur Abgeltung eines Sonderbedarfs bei Berufsausbildung (Zeile 47)

Für ein auswärtig untergebrachtes volljähriges Kind, das sich in Berufsausbildung befindet, kann ein Freibetrag berücksichtigt werden. Das gilt nur dann, wenn Sie für das Kind Anspruch auf einen Freibetrag für Kinder oder Kindergeld haben.

Anlage Sonderausgaben / außergewöhnliche Belastungen

Sonderausgaben (Zeile 4 bis 12)

Unterhaltsleistungen an den geschiedenen Ehegatten, den/die Lebenspartner(in) einer aufgehobenen Lebenspartnerschaft oder dauernd getrennt lebende(n) Ehegatten/Lebenspartner(in) können als Sonderausgaben abgezogen werden, wenn der Geber dies mit Zustimmung des Empfängers (Anlage U) beantragt. **Ausgleichsleistungen zur Vermeidung des Versorgungsausgleichs** können im Jahr ihrer Zahlung als Sonderausgaben abgezogen werden, wenn der Geber dies mit Zustimmung des Empfängers (Anlage U) beantragt. **Aufwendungen für Ihre eigene erstmalige Berufsausbildung** oder ein Erststudium, soweit nicht bereits eine abgeschlossene nichtakademische Berufsausbildung vorangegangen ist, werden als Sonderausgaben anerkannt.

Außergewöhnliche Belastungen

Außergewöhnliche Belastungen sind Ausgaben, die aufgrund besonderer Umstände zwangsläufig anfallen, z. B. die Ausgaben, die durch Krankheit, Behinderung, Bestattung eines Angehörigen oder Unwetterschäden entstehen. Diese Ausgaben können unter Berücksichtigung einer zumutbaren Belastung vom Gesamtbetrag der Einkünfte abgezogen werden.

Pauschbetrag für behinderte Menschen und Hinterbliebene (Zeile 13 bis 16)

Der Pauschbetrag ist nach dem Grad der Behinderung gestaffelt:

Grad der Behinderung	EUR	Grad der Behinderung	EUR
25 und 30	310	65 und 70	890
35 und 40	430	75 und 80	1.060
45 und 50	570	85 und 90	1.230
55 und 60	720	95 und 100	1.420

Blinde sowie hilflose behinderte Menschen erhalten einen Pauschbetrag von 3.700 € jährlich. Dieser Pauschbetrag kann auch bei Vorlage des Bescheids über die Einstufung als schwerstpflegebedürftige Person (Pflegegrade 4 und 5) gewährt werden.

Behinderten Menschen mit einem Grad der Behinderung von weniger als 50 steht der entsprechende Pauschbetrag aus der obigen Tabelle jedoch nur zu,

- wenn wegen der Behinderung ein gesetzlicher Anspruch auf Rente (z. B. Unfallrente, nicht aber Rente aus der gesetzlichen Rentenversicherung) oder auf andere laufende Bezüge besteht oder
- wenn die Behinderung zu einer dauernden Einbuße der körperlichen Beweglichkeit geführt hat oder auf einer typischen Berufskrankheit beruht.

Pflege-Pauschbetrag (Zeile 17 bis 22)

Wenn Sie eine ständig hilflose Person in Ihrer oder deren Wohnung im Inland oder EU-/EWR-Ausland persönlich pflegen und dafür keine Einnahmen erhalten, kann Ihnen für die entstehenden Aufwendungen ein Pauschbetrag gewährt werden.

Unterhalt für gesetzlich unterhaltsberechtigte und ihnen gleichgestellte Personen (Zeile 31 bis 46)

Unterhalten Sie bedürftige Personen, für die niemand Anspruch auf Freibeträge für Kinder oder Kindergeld hat und die Ihnen oder Ihrem/Ihrer Ehegatten/Lebenspartner(in) gegenüber gesetzlich unterhaltsberechtigt sind; z. B. Eltern, Großeltern oder Kinder, können Sie Ihre nachgewiesenen Aufwendungen für jede unterstützte Person geltend machen, wenn diese Person kein oder nur ein geringes Vermögen besitzt.

Abzug von Bewirtungsaufwendungen als Werbungskosten

(Verfügung der OFD Niedersachsen vom 13. 03. 2017 – S 2350-32-St 215 –)

I. Allgemeine Grundsätze

Werbungskosten sind Aufwendungen zur Erwerbung, Sicherung und Erhaltung der Einnahmen (§ 9 Abs. 1 Satz 1 EStG). Hierzu können nach § 9 Abs. 5 i. V. m. § 4 Abs. 5 S. 1 Nr. 2 EStG auch Bewirtungsaufwendungen eines Arbeitnehmers gehören, wenn zwischen den Aufwendungen und den steuerpflichtigen Einnahmen ein Veranlassungszusammenhang besteht. Davon ist auszugehen, wenn die Aufwendungen mit der Einkunftserzielung objektiv zusammenhängen und ihr subjektiv zu dienen bestimmt sind, d. h. wenn sie im wirtschaftlichen Zusammenhang mit den Einkünften aus nichtselbständiger Arbeit stehen. Maßgeblich dafür, ob ein solcher Zusammenhang besteht, ist zum einen die – wertende – Beurteilung des die betreffenden Aufwendungen „auslösenden Moments", zum anderen dessen Zuweisung zur einkommensteuerrechtlich relevanten Erwerbssphäre. Dabei bilden die Gründe, die den Steuerpflichtigen zu den Aufwendungen bewogen haben, das auslösende Moment (BFH-Urteil vom 8. Juli 2015, VI R 46/14).

Gleichwohl sind Aufwendungen, die die private Lebensführung berühren und bei denen eine genaue Aufteilung in einen beruflichen und einen privaten Teil nicht möglich ist, nach § 12 Nr. 1 Satz 2 EStG steuerlich nicht abzugsfähig, auch wenn sie zugleich zur Förderung des Berufs oder der Tätigkeit des Steuerpflichtigen erfolgen.

II. Prüfungsschema

Ob der Steuerpflichtige Bewirtungsaufwendungen aus beruflichem Anlass erbringt oder ob es sich um nicht abziehbare Aufwendungen der Lebensführung handelt, muss anhand einer Würdigung aller Umstände des Einzelfalls entschieden werden. Dabei ist folgendes Prüfungsschema anzuwenden:
1. Abzug dem Grunde nach (Abgrenzung berufliche/betriebliche oder private Veranlassung)
2. Abzug der Höhe nach
   – Aufteilung von gemischt veranlassten Bewirtungsaufwendungen
   – Anwendung der gesetzlichen Abzugsbeschränkung

1. Abzug dem Grunde nach

Nach ständiger Rechtsprechung des BFH ist für die Beurteilung, ob Aufwendungen für eine Bewirtung beruflich oder privat veranlasst sind, in erster Linie auf den Anlass der Bewirtung abzustellen. Dieser stellt jedoch lediglich ein erhebliches Indiz, aber nicht das alleinige Kriterium für die Beurteilung einer beruflichen oder privaten Veranlassung der Bewirtungsaufwendungen dar. Vielmehr ist anhand der gesamten Umstände des Einzelfalls (u. a. Ort der Veranstaltung, Veranstalter, Teilnehmer, Modalitäten bei der Durchführung) zu ermitteln, ob die Veranstaltung eher einen beruflichen oder privaten Charakter hat (BFH-Urteil vom 10. Juli 2008, BFH/NV 2008, 1831, BFH-Urteil vom 20. Januar 2016, BFHE 253, 326, BStBl II 2016, 744).

a) Anlass der Bewirtung

Trotz eines herausgehobenen persönlichen Ereignisses kann sich aus den übrigen Umständen des Einzelfalls ergeben, dass die Aufwendungen für die Feier beruflich veranlasst sind. So handelt es sich zum Beispiel bei einem (Dienst-)Jubiläum um ein berufsbezogenes Ereignis, da der Arbeitgeber dem Arbeitnehmer seinen Dank und seine Anerkennung für seine geleistete Treue ausspricht (BFH-Urteil vom 20. Januar 2016, VI R 24/15). Auch die Aufwendungen eines GmbH-Geschäftsführers für eine Feier anlässlich seines 60. Geburtstags sind aufgrund der Umstände des Einzelfalls als Werbungskosten abzugsfähig (BFH-Urteil vom 10. November 2016, VI R 7/16). Umgekehrt begründet ein Ereignis in der beruflichen Sphäre allein nicht die Annahme, dass die Aufwendungen für eine Feier (nahezu) ausschließlich beruflich veranlasst sind. Denn auch diese Ereignisse werden häufig im Rahmen eines privaten Festes unter Einschluss befreundeter Arbeitskollegen begangen.

b) Ort der Bewirtung

Findet der Empfang der Gäste in den Räumlichkeiten des Arbeitgebers statt, so spricht dieses für eine berufliche Veranlassung.

Eine luxuriöse Umgebung (Anmietung einer Jacht oder eines Schlosssaals anlässlich der Durchführung der Feier) kann ein Anhaltspunkt dafür sein, dass die privaten Gründe für die Ausrichtung der Veranstaltung überwiegen. Das Gleiche gilt, wenn die Aufwendungen in einem extremen Missverhältnis zu den korrespondierenden Einnahmen stehen. Allerdings müsste auch hier in die Prüfung miteinbezogen werden, wer welchen Personenkreis eingeladen hat.

c) Teilnehmerkreis

Handelt es sich bei den Gästen um Geschäftspartner des Arbeitgebers, Angehörige des öffentlichen Lebens sowie der Presse, Verbandsaktionäre, Kollegen oder Mitarbeiter des Arbeitnehmers, so kann dieses ein Anhaltspunkt und gewichtiges Indiz für eine berufliche Veranlassung sein.

Da Personen, die zusammen arbeiten, häufig auch private Kontakte untereinander pflegen, kann für die Zuordnung der Aufwendungen zum beruflichen oder privaten Bereich ferner bedeutsam sein, ob nur ausgesuchte Arbeitskollegen eingeladen werden oder ob die Einladung nach allgemeinen Kriterien ausgesprochen wird. Werden Arbeitskollegen wegen ihrer Zugehörigkeit zu einer bestimmten betrieblichen Einheit (z. B. alle Arbeitnehmer einer Abteilung) oder nach ihrer Funktion, die sie innerhalb des Betriebs ausüben (z. B. alle Außendienstmitarbeiter oder Auszubildenden) eingeladen, legt dies den Schluss nahe, dass die Aufwendungen für diese Gäste (nahezu) ausschließlich beruflich veranlasst sind, und zwar auch dann, wenn der Steuerpflichtige zu einzelnen dieser nach abstrakt berufsbezogenen Gründen eingeladenen Kollegen freundschaftlichen Kontakt pflegen sollte. Werden demgegenüber nur einzelne Arbeitskollegen eingeladen, kann dies auf eine nicht nur unerhebliche private Mitveranlassung der Aufwendungen für diese Gäste schließen lassen und ein Abzug deshalb ausscheiden (BFH-Urteil vom 20. Januar 2016, VI R 24/15 und vom 8. Juli 2015, VI R 46/14).

d) Einladender

Ein Indiz für eine berufliche Veranlassung der Bewirtung liegt vor, wenn der Arbeitgeber die Veranstaltung ohne ein Mitspracherecht des Arbeitnehmers organisiert und ausrichtet (Arbeitgeber tritt als Gastgeber auf und bestimmt die Gästeliste). Es handelt sich hierbei um ein Fest des Arbeitgebers.

Falls ein Arbeitnehmer jedoch neben der ausschließlich vom Arbeitgeber organisierten und ausgerichteten Veranstaltung noch eine weitere Veranstaltung aus Anlass desselben Ereignisses mit einem nahezu identischen Personenkreis organisiert, spricht einiges dafür, dass die privaten Gründe der weiteren Veranstaltung in den Vordergrund treten, da hier die Pflege der persönlichen Beziehungen zu Mitarbeitern und Kollegen einen hohen Stellenwert einnimmt, sodass die berufliche Veranlassung der Feier vollständig in den Hintergrund tritt.

e) Weitere Kriterien

Zu berücksichtigen ist außerdem, ob sich die finanziellen Aufwendungen im Rahmen vergleichbarer betrieblicher Veranstaltungen bewegen und ob das Fest den Charakter einer privaten Feier aufweist (BFH vom 11. Januar 2007, VI R 52/03).

f) Beispiele aus der Rechtsprechung

In der Finanzrechtsprechung wurde in folgenden Fällen der Werbungskostenabzug zugelassen:

- Abschiedsfeier eines Oberarztes (FG Hamburg vom 24. Juni 2009, EFG 2009, 1633, BFH-Beschluss vom 26. Januar 2010, BFH/NV 2010, 875)
- Abschiedsfeier eines leitenden Beamten (FG München vom 21. Juli 2009, DStRE 2010, 719)
- Bewirtungskosten eines Chefarztes an einer Universitätsklinik für eine Antrittsvorlesung mit anschließendem Empfang sowie für eine Betriebsfeier mit seinen Mitarbeitern (BFH-Urteil vom 10. Juli 2008, BFH/NV 2008, 1831)
- Bewirtungsaufwendungen für eine Kommandoübergabe mit Verabschiedung aus dem Dienst eines Brigadegenerals (BFH-Urteil vom 19. Juni 2008, BStBl II 2008, 870)
- Bewirtungsaufwendungen eines Behördenleiters für eine Feier mit seinen Mitarbeitern anlässlich des fünfjährigen Bestehens der Behörde im Anschluss an eine Dienstbesprechung und als Ersatz für die üblicherweise stattfindende Weihnachtsfeier (BFH-Urteil vom 6. März 2008, BFH/NV 2008, 1316)

- Bewirtungsaufwendungen eines Geschäftsführers für sein 25-jähriges Dienstjubiläum (BFH-Urteil vom 1. Februar 2007, BStBl II 2008, 459)

- Bewirtungsaufwendungen eines ständigen Vertreters des Vorstehers eines Finanzamts für eine Feier anlässlich seines 40-jährigen Dienstjubiläums (BFH-Urteil vom 20. Januar 2016, VI R 24/15)

- Bewirtungsaufwendungen eines GmbH-Geschäftsführers für die Feier seines 60. Geburtstags (BFH-Urteil vom 10. November 2016, VI R 7/16).

Weitere Beispiele:

I. A, Vorsteher des Finanzamts B, wird in den Ruhestand verabschiedet; gleichzeitig wird der neue Vorsteher eingeführt. Die Feier findet im Sitzungssaal des Finanzamts statt. Die Gästeliste wird im Wesentlichen von der Oberfinanzdirektion bestimmt. Der Eigenanteil des A an den Bewirtungsaufwendungen beträgt 1 000,00 EUR.

Es handelt sich um ein „Fest des Arbeitgebers". A kann somit die von ihm getragenen Bewirtungskosten in voller Höhe als Werbungskosten absetzen.

II. Im Finanzamt C findet jährlich eine Weihnachtsfeier der Behörde statt. Die Gästeliste wird von der Geschäftsstelle festgelegt, es werden nur die Bediensteten (auch ehemalige) des Finanzamts eingeladen. Wegen der knappen Haushaltsmittel wird erwartet, dass sich der Vorsteher mit einem Zuschuss an den Kosten beteiligt.

Es handelt sich um ein „Fest des Arbeitgebers". Dies gilt auch dann, wenn „offizieller Veranstalter" nicht die Behörde als solche ist, sondern z. B. der Personalrat oder auch ein sog. Vergnügungsausschuss, bestehend aus Mitarbeitern der Behörde. Die Aufwendungen können als Werbungskosten abgezogen werden.

Entsprechendes gilt für die Übernahme von Kosten für ähnliche gesellige Veranstaltungen wie z. B. Betriebsausflug oder Jubiläumsfeiern. Dem Werbungskostenabzug steht es nicht entgegen, wenn eine solche Veranstaltung (z. B. ein Betriebsausflug) außerhalb der Behörde stattfindet, da es sich hierbei lediglich um ein Indiz bei der Beurteilung der Frage handelt, ob die Aufwendungen beruflich oder privat veranlasst sind.

2. Abzug der Höhe nach

a) Aufteilung von gemischt veranlassten Aufwendungen

Sind die Bewirtungsaufwendungen des Arbeitnehmers sowohl beruflich als auch privat veranlasst, ist nach dem Beschluss des BFH vom 21. September 2009, GrS 1/06, BStBl II 2010, 672, grundsätzlich in einen beruflich und einen privat veranlassten Teil aufzuteilen, soweit eine Aufteilung nach objektiven und leicht nachprüfbaren Maßstäben möglich ist. So kann z. B. eine Aufteilung nach Köpfen anhand der Herkunft der Gäste aus dem beruflichen oder privaten Umfeld in Betracht kommen (BFH-Urteil vom 8. Juli 2016, VI R 46/14, BStBl II 2015, S. 1013). In den Fällen, in denen die Gesamtwürdigung aller Umstände des Einzelfalls zu dem Ergebnis führt, dass es sich bei den Bewirtungsaufwendungen um Repräsentationsaufwendungen i. S. d. § 12 Nr. 1 EStG handelt, ist eine Aufteilung nicht vorzunehmen (BMF-Schreiben vom 6. Juli 2010, BStBl I 2010, 614 Rn. 5 ff.). Die Aufwendungen sind dann insgesamt nicht abzugsfähig.

Eine Aufteilung der Aufwendungen kommt ebenfalls in Betracht für eine Feier aus beruflichem und privatem Anlass (BFH-Urteil vom 8. Juli 2016, VI R 46/14, BStBl II 2015, S. 1013). Die Aufwendungen für die Feier können hinsichtlich der Gäste aus dem beruflichen Umfeld als Werbungskosten abziehbar sein (Aufteilung nach Köpfen).

b) Gesetzliche Abzugsbeschränkung

Nach § 9 Abs. 5 i. V. m. § 4 Abs. 5 Satz 1 Nr. 2 EStG sind für die Bewirtung von Personen aus **geschäftlichem Anlass** auch bei den Werbungskosten nur bis zu 70 % der Aufwendungen abzugsfähig. Voraussetzung für den Werbungskostenabzug ist weiter, dass die Aufwendungen als angemessen anzusehen sind und die Höhe der Bewirtungskosten sowie die berufliche Veranlassung nachgewiesen wird.

Die Abzugsbeschränkung gilt nicht, wenn ein Arbeitnehmer Dritte nicht aus „geschäftlichem Anlass" i. S. d. § 4 Abs. 5 Satz 1 Nr. 2 EStG, sondern aus allgemeinen beruflichen Gründen bewirtet und die o. g. Voraussetzungen für den Werbungskostenabzug vorliegen.

Dies ist z. B. der Fall, wenn der Arbeitnehmer

- nicht selbst als bewirtende Person auftritt, weil es sich z. B. um ein „Fest des Arbeitgebers" handelt (BFH-Urteil vom 19. Juni 2008, BStBl II 2008, 870, betreffend die Kommandoübergabe eines Brigadegenerals),

- erfolgsabhängige Bezüge hat und Mitarbeiter bewirtet, um sie zu Leistungssteigerungen zu motivieren (z. B. BFH-Urteile vom 19. Juni 2008, BStBl II 2009, 11 und BFH/NV 2009, 11, betreffend Bewirtungskosten leitender Angestellter für ihre Mitarbeiter),
- aus beruflichem Anlass Aufwendungen für die Bewirtung von Arbeitskollegen seines Arbeitgebers trägt (z. B. BFH-Urteil vom 10. Juli 2008, BFH/NV 2008, 1831, betreffend die Antrittsvorlesung eines Chefarztes mit anschließendem Empfang).

III. Nachweispflicht

Zum Nachweis der Höhe der betrieblichen/beruflichen Veranlassung der Aufwendungen hat der Steuerpflichtige schriftlich die folgenden Angaben zu machen (§ 4 Abs. 5 Satz 1 Nr. 2 EStG):

„Ort, Tag, Teilnehmer und Anlass der Bewirtung sowie die Höhe der Aufwendungen. Hat die Bewirtung in einer Gaststätte stattgefunden, so genügen Angaben zu dem Anlass und den Teilnehmern der Bewirtung; die Rechnung über die Bewirtung ist beizufügen".

Diese formellen Voraussetzungen gelten grundsätzlich auch für Bewirtungskosten von Arbeitnehmern (vgl. BFH-Urteil vom 19. Juni 2008, BStBl. II 2009, 11), allerdings nur, wenn die Abzugsbeschränkung des § 4 Abs. 5 Satz 1 Nr. 2 EStG überhaupt Anwendung findet.

Einkommensteuerliche Behandlung von Aufwendungen für Studienreisen und Fachkongresse

(Verfügung der OFD Frankfurt am Main vom 13. 4. 2012 – S 2227 A-3-St 217 –)

1. Allgemeines

Aufwendungen für Studienreisen und Fachkongresse sind nur dann als Werbungskosten oder Betriebsausgaben abzugsfähig, wenn die Teilnahme so gut wie ausschließlich beruflich/betrieblich veranlasst ist und die Verfolgung privater Interessen (z. B. Erholung, Bildung, Erweiterung des allgemeinen Gesichtskreises) nach dem Anlass der Reise, dem vorgesehenen Programm und der tatsächlichen Durchführung nahezu ausgeschlossen ist.

Insbesondere bei Informationszwecken dienenden Auslandsgruppenreisen und Auslandsfachkongressen ist es oft schwierig, ein – für die sachgerechte Beurteilung erforderliches – eindeutiges Bild über deren Veranlassung zu erhalten. Die wichtigsten Grundsätze zur steuerlichen Behandlung derartiger Aufwendungen sind in R 12.2 EStR und in H 12.2 EStH dargestellt.

Die Abgrenzung und Entscheidung darüber, ob (private) Lebenshaltungskosten oder berufliche/betriebliche Aufwendungen vorliegen, kann bei Auslandsgruppenreisen nur unter **Würdigung aller Umstände des Einzelfalls** erfolgen. Für die einkommensteuerrechtliche Würdigung ist es demnach unerlässlich, vor einer Entscheidung insbesondere das vollständige Reiseprogramm sowie die Namen und Anschriften der übrigen Teilnehmer (vgl. 2.2 Homogener Teilnehmerkreis) anzufordern.

Nach der bisherigen Rechtsprechung des BFH ist die Reise für den Werbungskosten-/Betriebsausgabenabzug stets als Einheit zu beurteilen. Steuerpflichtige sollen durch eine mehr oder weniger zufällig oder bewusst herbeigeführte Verbindung zwischen beruflichen/betrieblichen und privaten Interessen nicht in die Lage versetzt werden, Reiseaufwendungen nur deshalb zum Teil in einen einkommensteuerlich relevanten Bereich verlagern zu können, weil sie entsprechende Berufe/Tätigkeiten ausüben, während andere Steuerpflichtige gleichartige Aufwendungen aus dem versteuerten Einkommen decken müssen.

Für derartige **gemischte** Aufwendungen besteht kein generelles Aufteilungs- und Abzugsverbot mehr (BFH-Urteil vom 21. 09. 2009 – GrS 1/06 – BStBl II 2010, 672). Eine Aufteilung der Kosten und damit ein teilweiser Abzug als Betriebsausgaben/Werbungskosten kommt jedoch regelmäßig nur in Betracht, soweit die beruflichen und privaten Veranlassungsbeiträge voneinander abgrenzbar sind, vgl. Rz. 18 des BMF-Schreibens vom 06. 07. 2010 – BStBl I 2010, 614 und BFH-Urteil vom 21. 04. 2010 – VI R 5/07 – BStBl II 2010, 687.

2. Einzelkriterien

Die berufliche/betriebliche Veranlassung einer Reise kann nicht bereits durch allgemeine Ausführungen des Steuerpflichtigen (allgemeine berufliche Bildung, allgemeine Informationsgewinnung) nachgewiesen werden. Die für Auslandsgruppenreisen aufgestellten Abgrenzungsmerkmale des BFH vom 27. 11. 1978 – GrS 8/77 – BStBl II 1979, 213 (siehe im Folgenden Tz. 2.1 – 2.8) gelten gemäß Rz. 18 des BMF-Schreibens vom 06. 07. 2010 – BStBl I 2010, 614 weiter. Erst danach hat ggf. eine Aufteilung der Aufwendungen nach den Grundsätzen der Entscheidung des GrS 1/06 (siehe im Folgenden Tz. 2.9) zu erfolgen.

2.1 Reiseprogramm muss auf die besonderen beruflichen/betrieblichen Bedürfnisse und Gegebenheiten des Teilnehmers zugeschnitten sein

An den Nachweis der beruflichen/betrieblichen Veranlassung einer Auslandsgruppenreise sind nach der Rechtsprechung des BFH strenge Anforderungen zu stellen. Es reicht nicht aus, wenn die Teilnehmer nur ein allgemeinberufliches Interesse kundtun, da die Förderung der allgemeinen beruflichen Bildung Teil der Allgemeinbildung ist. Vielmehr sollte das Reiseprogramm auf die besonderen beruflichen Bedürfnisse und Gegebenheiten des Teilnehmers zugeschnitten sein und der Reise offensichtlich ein unmittelbarer beruflicher Anlass oder ein konkreter Bezug zur beruflichen Tätigkeit des Steuerpflichtigen zugrunde liegen. Solche Reisen sind in der Regel ausschließlich der beruflichen/betrieblichen Sphäre zuzuordnen, selbst wenn sie in mehr oder weniger großem Umfang auch zu privaten Unternehmungen genutzt werden, vorausgesetzt, die Verfolgung privater Interessen bildet nicht den Schwerpunkt der Reise (BFH-Urteile vom 27. 08. 2002 – VI R 22/01, BStBl II 2003, 369 und vom 27. 07. 2004 – VI R 81/00, BFH/NV 2005, 42).

- **BFH-Urteil vom 23. 01. 1997 – IV R 39/96, BStBl II 1997, 347** das Halten eines einzigen Vortrags ist für sich genommen nicht geeignet, die Teilnahme an einem mehrtägigen Fachkongress als unmittelbar beruflich veranlasst anzusehen.

Auslandsreisen, denen ein unmittelbarer beruflicher Anlass fehlt, führen nach der ständigen Rechtsprechung des BFH nur dann zu abziehbaren Werbungskosten, wenn die Reisen ausschließlich oder zumindest weitaus überwiegend im beruflichen Interesse unternommen werden, wenn also die Verfolgung privater Interessen nach dem Anlass der Reise, dem vorgesehenen Programm und der tatsächlichen Durchführung nahezu ausgeschlossen ist (BFH-Beschluss vom 12. 01. 2006 – VI B 101/05 – BFH/NV 2006, 739).

- **BFH-Urteil vom 21. 10. 1996 – VI R 39/96, BFH/NV 1997 S. 469** Die Aufwendungen einer Pastorin für eine etwa dreiwöchige Reise nach Indien, der kein unmittelbarer beruflicher Zweck oder konkreter Auftrag des Arbeitgebers zugrunde lag und die sich auch auf touristisch interessante Orte mit Besichtigungen von Sehenswürdigkeiten erstreckte, sind nicht nahezu ausschließlich beruflich veranlasst und können deshalb nicht als Werbungskosten abgezogen werden.
- **BFH-Urteile vom 27. 07. 2004 – VI R 81/00, BFH/NV 2005 S. 42 und vom 29. 11. 2006 – VI R 36/02, BFH/NV 2007 S. 621** Aufwendungen einer Lehrerin für eine (Studien-)Reise, die sich nicht von einer allgemeintouristisch geprägten Reise unterscheiden, sind keine Werbungskosten. Die Möglichkeit, gewonnene Kenntnisse und Erfahrungen für den Unterricht und/oder die Vorbereitung einer Klassenfahrt/eines Schüleraustauschs zu verwenden, rechtfertigen für sich allein keinen Werbungskostenabzug.

Die Teilnahme des Ehegatten oder anderer Angehöriger spricht regelmäßig gegen eine berufliche/betriebliche Veranlassung der Reise.

- **BFH-Urteil vom 18. 03. 1983 – VI R 183/79, Der Betrieb 1984 S. 24**
  Dafür, dass die vom Arbeitgeber bezahlte USA-Gruppenstudienreise eines seiner Arbeitnehmer wegen des Reiseverlaufs mit erheblichem Tourismusprogramm insgesamt eine private Bildungsreise darstellt, spricht insbesondere auch die Teilnahme der Ehefrau des Arbeitnehmers, wenngleich der Arbeitnehmer die Reisekosten der Ehefrau selbst getragen hat. Im Rahmen der Gesamtwürdigung von Anlass, Ablauf und Ergebnis der Reise kann die Tatsache der Teilnahme der Ehefrau (ohne berufsbezogenes Interesse) nicht außer Betracht bleiben. Die Ehegatten haben die touristischen Teile der Reise so hoch eingeschätzt, dass sie die erheblichen Reisekosten der Ehefrau auf sich genommen haben.

2.2 Homogener Teilnehmerkreis

Der Teilnehmerkreis einer vorrangig Studienzwecken dienenden Gruppenreise muss im Wesentlichen gleichartig sein. Dies trägt dem Erfordernis Rechnung, dass das Programm auf die besonderen beruflichen/betrieblichen Bedürfnisse der Teilnehmer zugeschnitten sein muss.

2.3 Straffe Organisation und Teilnahmepflicht am Programm

Das berufsbezogene Reiseprogramm muss straff durchorganisiert sein, d. h. die Programmgestaltung darf, von Pausen oder vortragsfreien Wochenenden abgesehen, keine Zeit für private Erholungs- und Bildungsinteressen lassen.

- **BFH-Urteil vom 24. 10. 1991 – VI R 134/87, BFH/NV 1992 S. 240**
  Die Aufwendungen für die Teilnahme an einer Gruppenreise von Gerichtsreferendaren nach Budapest stellen keine Werbungskosten dar, wenn den Teilnehmern neben dem Anreisetag und Abreisetag fünf Aufenthaltstage zur Verfügung stehen und während dieser Zeit „berufsspezifische Fachveranstaltungen" lediglich an zwei Tagen stattfinden.
- **BFH-Urteil vom 12. 09. 1996 – IV R 36/96, BFH/NV 1997 S. 219**
  Eine Fortbildungsveranstaltung ist nicht straff organisiert, wenn der Veranstalter die Gestaltung der Nachmittage in das freie Belieben der Teilnehmer stellt. Dies gilt auch, wenn die Teilnehmer selbst entscheiden können, ob, wo, wie lange und in welcher Form sie den Stoff des Vormittagsprogramms nachmittags in kleinen Arbeitsgruppen vertiefen.

Neben der straffen Organisation muss das berufsbezogene Reiseprogramm den Steuerpflichtigen auch zur Teilnahme an dem Programm verpflichten. Es soll vermieden werden, dass ein Steuerpflichtiger die Kosten für eine straff organisierte Informationsreise steuerlich geltend macht, obwohl er sich an der Reise nur ihrem äußeren Ablauf nach bzw. am Reiseprogramm nur teilweise beteiligt hat.

Im Hinblick auf „die begrenzte geistige Aufnahmefähigkeit des Menschen" ist es jedoch unschädlich, wenn der Steuerpflichtige bei einem umfangreichen Vortragsprogramm konzentrationsbedingt an einzelnen, wenigen Veranstaltungen (gemessen an Anzahl und zeitlichem Umfang aller Fortbildungsveranstaltungen) nicht teilgenommen hat (BFH-Urteil vom 11. 01. 2007 – VI R 8/05, BStBl 2007 II S. 457 und vorhergehendes Urteil des FG Baden-Württemberg vom

21. 09. 2004 – 1 K 170/03). Steht dem Steuerpflichtigen infolge der Nichtteilnahme jedoch erhebliche Zeit für die Befriedigung privater Interessen zur Verfügung (z. B. Nichtteilnahme an zwei von 16 Veranstaltungen eines fünftägigen Seminars mit der Folge, dass ein gesamter Tag zur freien Verfügung steht), ist dies nicht durch dessen begrenzte Aufnahmefähigkeit, sondern durch private Motive veranlasst.

- **BFH-Urteil vom 18. 04. 1996 – IV R 46/95, BFH/NV 1997 S. 18**
  Findet eine berufliche Fortbildungsveranstaltung für Radiologen an einem beliebten Ferienort (Davos) während der üblichen Urlaubszeit statt und sieht das Tagungsprogramm eine vierstündige Mittagspause vor, gehören die Aufwendungen für Hin- und Rückfahrt zum Veranstaltungsort sowie der Aufenthalt zu den nicht abzugsfähigen Lebenshaltungskosten.

Die Teilnahme an den besuchten Veranstaltungen ist grundsätzlich durch **detaillierte Teilnahme-/Abschlusszertifikate, Mitschriften** oder andere geeignete Unterlagen **nachzuweisen** (BFH-Urteil vom 04. 08. 1977, BStBl II 1977, 829). Die Anforderungen an diesen Nachweis müssen umso strenger sein, je mehr der Tagungsort oder die Reiseroute die Verfolgung privater Interessen, wie z. B. Erholung, nahe legt oder ermöglicht. Liegen dem Steuerpflichtigen keine Teilnahmezertifikate vor, ist es ausreichend, wenn er die Teilnahme an den einzelnen Fortbildungsveranstaltungen glaubhaft machen kann (BFH-Urteil vom 11. 01. 2007 – VI R 8/05, BStBl II 2007, 457).

Bietet die zeitliche Gestaltung des Veranstaltungsprogramms in nicht nur unbedeutendem Umfang die Möglichkeit, privaten Neigungen nachzugehen, so führt dies, auch wenn die Teilnahme des Steuerpflichtigen an den Veranstaltungen feststeht, in der Regel zur Nichtabzugsfähigkeit der gesamten Aufwendungen, weil die Verfolgung privater neben der Förderung beruflicher Interessen nicht nahezu ausgeschlossen ist. Das gilt auch, wenn zwar ein umfangreiches und die Möglichkeit zur Erfüllung privater Interessen an sich nahezu ausschließendes Programm vorgesehen ist, die Teilnahme des Steuerpflichtigen an den vorgesehenen und durchgeführten Veranstaltungen jedoch nicht feststeht.

Im Rahmen der Beurteilung des vorgelegten Reise-/Veranstaltungsprogramms ist zu prüfen, ob dieses eine vollständige und zuverlässige Wiedergabe des tatsächlichen Reise-/Veranstaltungsverlaufs beinhaltet (BFH-Urteil vom 14. 05. 1993 – VI R 29/92, BFH/NV 1993 S. 653).

2.4 Organisator der Reise

Die fachliche Organisation einer Reise unter fachkundiger Leitung kann für ihre berufliche/betriebliche Veranlassung sprechen. Nicht jede von einem Fachverband veranstaltete Reise ist aber als beruflich/betrieblich veranlasst zu beurteilen (BFH-Urteile vom 18. 02. 1965 – IV 36/64 U, BStBl III 1965, 279, vom 22. 05. 1974 – I R 212/72, BStBl II 1975, S. 70, vom 05. 09. 1990 – IV B 169/89, BStBl II 1990, 1059 und vom 19. 10. 1989 – VI R 155/88, BStBl II 1990, 134), weil sonst leicht durch Ausarbeitung eines Programms, an dem jeder fachlich Interessierte teilnehmen kann (aber nicht teilnehmen muss), zur Lebenshaltung gehörende Erholungs-, Besichtigungs- und Bildungsreisen zu betrieblich/beruflich veranlassten Reisen gemacht werden könnten.

2.5 Reiseziel bzw. Reiseroute

Ist die Reiseroute auseinandergezogen sowie mit häufigem Ortswechsel während des Reiseverlaufes verbunden und sind die besuchten Orte gleichzeitig beliebte Ziele des Tourismus, so ist diesen Umständen besondere Bedeutung beizumessen. Da derartige Reisen erfahrungsgemäß auch von Personen unternommen werden, die ihren Urlaub zur privaten Wissens- und Kenntniserweiterung nutzen wollen und keinerlei berufliche/betriebliche Veranlassung haben, spricht dies für eine private (Mit)Veranlassung.

- **BFH-Urteil vom 30. 06. 1995 – VI R 22/91, BFH/NV 1996 S. 30**
  Werden von einem Verkäufer für Maschinen zur Herstellung von Schnellimbissmahlzeiten im Rahmen einer Auslandsgruppenreise in den USA an verschiedenen Orten Sehenswürdigkeiten besucht, liegt keine (überwiegende) betriebliche/berufliche Veranlassung durch die Besichtigung von Fast-Food-Restaurants an diesen Orten vor.
  Reist der Steuerpflichtige zu Fachtagungen und Kongressen an einen Ort, der wegen schöner Lage oder wegen seines Kultur- und Erholungswertes regelmäßig auch andere Urlaubsreisende in großem Umfang anzieht, sind bei der Beurteilung der beruflichen/betrieblichen Veranlassung ebenfalls besonders strenge Maßstäbe anzusetzen, vor allem an die straffe Organisation (s. 2.3).

2.6 Beförderungsmittel

Die Benutzung eines erholsamen Beförderungsmittels, das zeitaufwendiger und mitunter auch kostspieliger ist als das sonst günstigste Beförderungsmittel, ist nach der Rechtsprechung des

BFH ebenfalls ein Indiz für eine private Mitveranlassung. Der Zeitaufwand für eine Reise kann vom Steuerpflichtigen grundsätzlich selbst bestimmt werden. Jedoch kann die lange Dauer einer Reise ein Anzeichen dafür sein, dass die Reise zumindest auch teilweise privat veranlasst war. Dies ist beispielsweise der Fall, wenn bei der Teilnahme an einem Fachkongress zwischen Reise- und Kongressdauer ein Missverhältnis besteht.

- **BFH-Urteil vom 01. 04. 1971 – IV R 72/70, BStBl II 1971, 524**
  Es bestehen erhebliche Bedenken gegen die berufliche Veranlassung des Besuches eines Ärztekongresses, wenn dieser nur 4 1/2 Tage dauert und die Hin- und Rückreise (mit dem Schiff) 16 Tage beansprucht. Hält das FG die Schiffsreise für privat veranlasst, so kann es nicht mit der Begründung, sie habe keine Mehrkosten gegenüber einer Flugreise verursacht, die gesamten Kosten der Reise als Betriebsausgaben anerkennen.
- **BFH-Urteil vom 14. 07. 1988 – IV R 57/87, BStBl II 1989, 19**
  Aufwendungen eines Steuerberaters für die Teilnahme an einem Steuerberater-Symposium, das auf einem Passagierfährschiff während einer Ostseefahrt stattfindet, sind nur insoweit als Betriebsausgaben abziehbar, als es sich um die Seminargebühren handelt.

2.7 Gestaltung der Wochenenden/Feiertage

Auch die Gestaltung der Wochenenden sowie der Feiertage ist in die Gesamtbetrachtung der Reise einzubeziehen. Sind diese Tage als reine Ruhetage deklariert, lässt dies nicht unbedingt auf außerberufliche Reisemotive schließen. Etwas anderes gilt, wenn sich die Ausgestaltung der Wochenenden oder Feiertage an allgemein-touristischen Zielen orientiert und in die Reisezeit besonders viele Feiertage und Wochenenden mit einbezogen sind.

- **BFH-Urteil vom 31. 01. 1997 – VI R 83/96, BFH/NV 1997 S. 647**
  Aufwendungen eines Lehrers für einen Studienkurs in England sind nicht als Werbungskosten abziehbar, wenn dabei private Unternehmungen eine nicht nur unbedeutende Rolle spielen. Von zwölf Tagen, die der Lehrgang ohne An- und Abreise dauerte, waren nur sechs Tage ausschließlich mit Veranstaltungen ausgefüllt, die der beruflichen Sphäre zurechenbar sind.

2.8 Gesamtbeurteilung der Reise

Die Abgrenzung und Entscheidung, ob (private) Lebenshaltungskosten oder beruflich/betrieblich bedingte Aufwendungen vorliegen, kann bei Auslandsgruppenreisen zu Informationszwecken nur aufgrund einer Würdigung aller Umstände des jeweiligen Einzelfalls getroffen werden, wobei zu prüfen ist, ob und in welchem Umfang private Gründe ggf. die Reise (mit)veranlasst haben. Die vorgenannten Kriterien sind dabei zu prüfen und gegeneinander abzuwägen. Die Auslandsgruppenreise ist als Einheit zu beurteilen, weil die einzelnen Teile einer solchen Reise von der Organisation und der Durchführung her nur im Zusammenhang gesehen werden können.

2.9. Anwendung des BFH-Urteils vom 21. 09. 2009 – GrS 1/06

Ergibt die Gesamtbeurteilung, dass auch private Reiseinteressen von nicht untergeordneter Bedeutung vorgelegen haben, handelt es sich nach den Grundsätzen des BFH-Urteils vom 21. 09. 2009 – GrS 1/06 – BStBl 2010 II, 672 um gemischte Aufwendungen, die anhand ihrer beruflichen und privaten Veranlassung aufzuteilen sind, wenn dies nach objektivierbaren Kriterien möglich ist. Als sachgerechter Aufteilungsmaßstab kommt das Verhältnis der beruflichen und privaten Zeitanteile der Reise in Betracht (BFH-Urteil vom 21. 04. 2010 – VI R 5/07 – BStBl II 2010, 687), wobei der An- und Abreisetag als neutral zu behandeln ist.

- BFH-Urteil vom 21. 04. 2010 – VI R 5/07 – BStBl II 2010, 687 – Irlandreise einer Lehrerin
- BFH-Urteil vom 09. 12. 2010 – VI R 42/09 – BStBl II 2011, 522 – Pilgerwallfahrt eines Pfarrers nach Rom und Tertiatskursfahrt nach Jordanien
- BFH-Urteil vom 21. 04. 2010 – VI R 66/04 – BStBl II 2010, 685 – Ausbildung zum Sportmediziner am Gardasee
- BFH-Urteil vom 19. 01. 2012 – VI R 3/11 – BStBl II 2012, 416 – China-Studienreise einer Lehrerin

Aufwendungen, die zusätzlich zu den Aufwendungen einer im übrigen als gemischt zu beurteilenden Reise entstehen, eindeutig von diesen **abgrenzbar** sind und ausschließlich beruflich/betrieblich veranlasst sind (BFH-Beschluss vom 27. 11. 1978 – GrS 8/77, BStBl II 1979, 213), sind ohne Aufteilung als Werbungskosten/Betriebsausgaben abzugsfähig. Voraussetzung ist, dass dem Steuerpflichtigen im Verhältnis zu den Aufwendungen der als gemischt beurteilten Reise sicher und leicht abgrenzbare **zusätzliche** Aufwendungen (z. B. für den Geschäftsbesuch bei einem Vertragspartner, für eine Besichtigung oder für die Teilnahme an einem Kongress) erwachsen sind, die nicht entstanden wären, wenn er diesen ausschließlich beruflich/betrieblich veranlassten Reiseteil nicht durchgeführt hätte. Diese zusätzlichen Aufwendungen können z. B. sein:

– Eintrittsgelder
– Fahrtkosten
– Kongressgebühren
– ggf. auch zusätzliche Unterbringungskosten und Mehraufwendungen für Verpflegung

3. Besonderheiten

3.1 Verbindung der beruflichen/betrieblichen Reise mit einem Privataufenthalt

Reisen, die sich aus einer Auslandsgruppenreise und aus einem vorangehenden oder nachfolgenden Privataufenthalt zusammensetzen, sind nicht mehr als beruflich/betrieblich veranlasst anzusehen, es sei denn, der Privataufenthalt wäre im Verhältnis zur Gruppenreise zeitlich von untergeordneter Bedeutung.

3.2 Ansatz von Pauschbeträgen als Werbungskosten / Betriebsausgaben

Sind nach den obigen Grundsätzen Aufwendungen für eine Reise als beruflich/betrieblich veranlasst anzusehen, können Aufwendungen für **Übernachtungen im Ausland** bis zum VZ 2008 nach R 40 Abs. 2 LStR grundsätzlich ohne Einzelnachweis der tatsächlichen Aufwendungen mit Pauschbeträgen angesetzt werden (vgl. BMF-Schreiben vom 09. 11. 2004, a. a. O.). Führt der Ansatz der Pauschbeträge für Übernachtungen im Ausland im Einzelfall jedoch zu einer unzutreffenden Besteuerung, sind diese – mangels verpflichtender gesetzlicher Regelung – gem. H 40 (Übernachtungen im Ausland) LStH nicht anzusetzen.

Ab dem VZ 2008 sind nur noch die tatsächlichen Übernachtungskosten bei einer Auswärtstätigkeit als Reisekosten und als Werbungskosten abzugsfähig soweit sie nicht vom Arbeitgeber nach § 3 Nr. 13 oder 16 EStG steuerfrei ersetzt werden (R 9.7 Abs. 2 LStR).

Mehraufwendungen für Verpflegung sind nach § 4 Abs. 5 Satz 1 Nr. 5 Satz 2 als Werbungskosten/Betriebsausgaben anzusetzen. Bei Auslandsreisen sind die Pauschbeträge für Verpflegungsmehraufwendungen gem. § 4 Abs. 5 Satz 1 Nr. 5 Satz 4 EStG nach den Verhältnissen des jeweiligen Staats anzupassen. Die aktuellen Pauschbeträge für Verpflegungsmehraufwendungen sind im Anhang 25[1]) zum amtlichen Lohnsteuerhandbuch abgedruckt. Für den Steuerpflichtigen besteht seit der Einführung der gesetzlichen Regelung ab dem VZ 1996 ein Rechtsanspruch auf die gesetzlichen Pauschbeträge für Verpflegungsmehraufwendungen, so dass diese auch bei einer offensichtlich unzutreffenden Besteuerung anzusetzen sind (BFH-Urteil vom 04. 04. 2006 – VI R 44/03, BStBl II 2006, 567).

3.3 Kostenersatz/Zuwendung einer Reise durch den Arbeitgeber

In manchen Fällen werden die entstandenen Reisekosten durch den Arbeitgeber ganz oder teilweise erstattet. Ersetzt ein **privater Arbeitgeber** einem Arbeitnehmer Aufwendungen für eine Reise, die nach den vorstehenden Grundsätzen nicht als weitaus überwiegend beruflich veranlasst anzusehen ist, so dass die Aufwendungen insgesamt den steuerlich nicht abzugsfähigen Kosten der privaten Lebensführung im Sinne des § 12 Nr. 1 EStG zuzuordnen sind, so kann dies im Einzelfall zu **Einnahmen** des Arbeitnehmers führen, sofern die Bildungsmaßnahme **nicht** im **ganz überwiegenden Interesse des Arbeitgebers** (R 74 Abs. 2 LStR[2])) liegt. Gleiches gilt, wenn der private Arbeitgeber seinem Arbeitnehmer die Teilnahme an einer Reise zuwendet, die nicht als weitaus überwiegend beruflich veranlasst zu qualifizieren ist.

Bei gemischt veranlassten Reisen, deren beruflicher und privater Anteil jeweils nicht von untergeordneter Bedeutung sind, sind die Kostenbestandteile der Reise – soweit nicht eine direkte Zuordnung zum Werbungskostenbereich oder der Privatsphäre des Arbeitnehmers möglich ist (vgl. 2.1) – im Schätzungswege in Arbeitslohn und Zuwendungen im eigenbetrieblichen Interesse aufzuteilen, da § 12 Nr. 1 EStG bei der Ermittlung der Einnahmen keine sinngemäße Anwendung findet (BFH-Urteil vom 18. 08. 2005 – VI R 32/03, BStBl II 2006, 30).

Ergibt sich hiernach aus dem Kostenersatz/der Zuwendung der Reise Arbeitslohn, handelt es sich bei den Leistungen des Arbeitgebers um **steuerpflichtige Einnahmen** des Arbeitnehmers. Ein steuerfreier Ersatz der Reisekosten des Arbeitnehmers nach § 3 Nr. 16 EStG kommt diesbezüglich nicht in Betracht, da diese nur dann steuerfrei ersetzt werden können, wenn sie beim Arbeitnehmer dem Grunde nach Werbungskosten darstellen (BFH-Urteile vom 18. 03. 1983 – VI R 183/79, Der Betrieb 1984 S. 24 und vom 12. 04. 2007 – VI R 53/04, BStBl II 2007, 536).

---

[1]) Hier abgedruckt in → Anhang 31.
[2]) Zitierung: Jetzt: R 19.7 Abs. 2 LStR.

Der Reisekostenersatz durch den Arbeitgeber könnte ein Indiz für die berufliche/betriebliche Veranlassung der Reise sein, da dies in aller Regel im betrieblichen Interesse des Arbeitgebers geschieht. Dieser Umstand reicht jedoch allein nicht aus, um die berufliche/betriebliche Veranlassung zu bejahen.

Auch die **Gewährung von Zuschüssen** an Arbeitnehmer im **öffentlichen Dienst** führt **nicht** zwangsläufig **zur steuerlichen Anerkennung** der verbleibenden Reisekosten. Die Aufwendungen des Arbeitnehmers für diese Reisen können in den meisten Fällen ebenfalls nicht als Werbungskosten im Sinne des § 9 EStG berücksichtigt werden, da diese nicht als überwiegend beruflich veranlasst anzusehen sind; sie gehören mithin zu den nicht abzugsfähigen Aufwendungen für die private Lebensführung im Sinne des § 12 Nr. 1 EStG.

Soweit nicht (anteilig) eine Einordnung des Zuschusses als Zuwendung im eigenbetrieblichen Interesse in Betracht kommt, handelt es sich hierbei um Arbeitslohn. Die Steuerbefreiungsvorschrift des § 3 Nr. 13 EStG findet keine Anwendung, da es sich insoweit bei den aus öffentlichen Kassen gezahlten Reisekostenvergütungen dem Grunde nach nicht um Werbungskosten handelt (H 14 (Prüfung, ob Werbungskosten) LStH; BFH-Urteil vom 12. 04. 2007 – VI R 53/04, a. a. O.).

Steuerbefreiung des Kaufkraftausgleichs
(§ 3 Nummer 64 EStG);

Gesamtübersicht der Kaufkraftzuschläge – Stand 1. Januar 2018 –

BMF-Schreiben vom 27. 12. 2017 (BStBl I 2018 S. 64)

Die Gesamtübersicht über die maßgebenden Kaufkraftzuschläge mit Stand 1. Januar 2018 wird hiermit in der Anlage bekannt gemacht. Die Gesamtübersicht umfasst die Zeiträume ab 1. Januar 2016.

Das BMF-Schreiben vom 29. Dezember 2016 – IV C 5 – S 2341/16/10001; DOK: 2016/1194145 – (BStBl I 2017 Seite 42) sowie die Bekanntmachungen über die Steuerbefreiung des Kaufkraftausgleichs vom 26. April 2017 – IV C 5 – S 2341/16/10001; DOK: 2017/0357985 – (BStBl I Seite 743), 4. Juli 2017 – IV C 5 – S 2341/16/10001; DOK: 2017/0590561 – (BStBl I Seite 884) und 19. Oktober 2017 – IV C 5 – S 2341/16/10001; DOK: 2017/0860056 – (BStBl I Seite 1438) werden hiermit aufgehoben.

Gesamtübersicht über die Kaufkraftzuschläge zum 1. 1. 2018 (§ 3 Nr. 64 EStG) mit Zeitraum ab 1. 1. 2016		Datum vor 2016 entspricht letzter Änderung	Kaufkraftzuschlag in Prozent
Afghanistan		1. 1. 02	0
Ägypten		1. 1. 01	0
Albanien		1. 9. 02	0
Algerien		1. 6. 01	0
Angola		1. 9. 17	40
Angola		1. 1. 17	35
Angola		1. 6. 16	30
Angola		1. 2. 16	25
Angola		1. 7. 15	30
Äquatorialguinea		1. 5. 17	10
Äquatorialguinea		1. 3. 17	15
Äquatorialguinea		1. 12. 16	10
Äquatorialguinea		1. 10. 16	15
Äquatorialguinea		1. 3. 16	10
Äquatorialguinea		1. 1. 16	15
Argentinien		1. 11. 17	5
Argentinien		1. 11. 16	10
Argentinien		1. 9. 16	5
Argentinien		1. 3. 02	0
Armenien		1. 9. 04	0
Aserbeidschan		1. 1. 16	0
Äthiopien		1. 7. 03	0

Gesamtübersicht über die Kauf- kraftzuschläge zum 1. 1. 2018 (§ 3 Nr. 64 EStG) mit Zeitraum ab 1. 1. 2016		Datum vor 2016 entspricht letzter Änderung	Kaufkraft- zuschlag in Prozent
Australien		1. 9. 17	10
Australien		1. 7. 17	15
Australien		1. 6. 17	10
Australien		1. 2. 17	15
Australien		1. 1. 17	10
Australien		1. 11. 16	15
Australien		1. 1. 16	10
Bahrain		1. 7. 02	0
Bangladesch		1. 3. 17	10
Bangladesch		1. 1. 17	15
Bangladesch		1. 9. 15	10
Belgien		1. 12. 17	5
Belgien		1. 8. 17	10
Belgien		1. 7. 17	5
Belgien		1. 3. 17	10
Belgien		1. 12. 16	5
Belgien		1. 8. 16	10
Belgien		1. 7. 16	5
Belgien		1. 4. 16	10
Belgien		1. 4. 09	5
Benin		1. 5. 16	5
Benin		1. 4. 16	10
Benin		1. 4. 99	5
Bolivien		1. 8. 01	0
Bosnien-Herzegowina		1. 11. 98	0
Botsuana		1. 10. 90	0
Brasilien	– Brasilia	1. 1. 18	15
Brasilien	– Brasilia	1. 5. 17	20
Brasilien	– Brasilia	1. 7. 16	10
Brasilien	– Brasilia	1. 2. 16	5
Brasilien	– Brasilia	1. 1. 16	0
Brasilien	– Porto Alegre	1. 6. 17	15

Gesamtübersicht über die Kauf-kraftzuschläge zum 1. 1. 2018 (§ 3 Nr. 64 EStG) mit Zeitraum ab 1. 1. 2016		Datum vor 2016 entspricht letzter Änderung	Kaufkraft-zuschlag in Prozent
Brasilien	– Porto Alegre	1. 5. 17	20
Brasilien	– Porto Alegre	1. 7. 16	10
Brasilien	– Porto Alegre	1. 2. 16	5
Brasilien	– Porto Alegre	1. 1. 16	0
Brasilien	– Recife	1. 6. 17	20
Brasilien	– Recife	1. 5. 17	25
Brasilien	– Recife	1. 7. 16	15
Brasilien	– Recife	1. 4. 16	10
Brasilien	– Recife	1. 1. 16	5
Brasilien	– Rio de Janeiro	1. 6. 17	20
Brasilien	– Rio de Janeiro	1. 5. 17	25
Brasilien	– Rio de Janeiro	1. 7. 16	15
Brasilien	– Rio de Janeiro	1. 2. 16	10
Brasilien	– Rio de Janeiro	1. 1. 16	5
Brasilien	– Sao Paulo		s. Rio de Janeiro
Brunei		1. 8. 02	0
Bulgarien		1. 6. 95	0
Burkina Faso		1. 3. 17	0
Burkina Faso		1. 6. 13	5
Burundi		1. 6. 17	20
Burundi		1. 1. 17	25
Burundi		1. 1. 15	20
Chile		1. 4. 17	5
Chile		1. 1. 17	10
Chile		1. 9. 16	5
Chile		1. 7. 16	10
Chile		1. 9. 15	5
China	– Chengdu		s. Peking
China	– Hongkong	1. 8. 17	10
China	– Hongkong	1. 2. 15	15
China	– Kanton	1. 6. 17	10

Gesamtübersicht über die Kauf-kraftzuschläge zum 1. 1. 2018 (§ 3 Nr. 64 EStG) mit Zeitraum ab 1. 1. 2016		Datum vor 2016 entspricht letzter Änderung	Kaufkraft-zuschlag in Prozent
China	– Kanton	1. 3. 15	15
China	– Peking	1. 3. 16	10
China	– Peking	1. 12. 15	15
China	– Shanghai	1. 3. 15	15
China	– Shenyang	1. 12. 17	5
China	– Shenyang	1. 9. 17	10
China	– Shenyang	1. 8. 17	5
China	– Shenyang	1. 3. 15	10
Costa Rica		1. 6. 17	10
Costa Rica		1. 11. 16	15
Costa Rica		1. 10. 16	10
Costa Rica		1. 6. 16	15
Costa Rica		1. 4. 16	10
Costa Rica		1. 11. 15	15
Côte d'Ivoire		1. 9. 14	5
Dänemark		1. 7. 16	15
Dänemark		1. 4. 16	20
Dänemark		1. 3. 16	15
Dänemark		1. 1. 16	20
Dominikanische Republik		1. 7. 16	0
Dominikanische Republik		1. 6. 16	5
Dominikanische Republik		1. 5. 16	0
Dominikanische Republik		1. 6. 15	5
Dschibuti		1. 1. 18	15
Dschibuti		1. 5. 17	20
Dschibuti		1. 3. 17	25
Dschibuti		1. 2. 17	20
Dschibuti		1. 12. 16	25
Dschibuti		1. 2. 16	20
Dschibuti		1. 12. 15	25
Ecuador		1. 6. 17	0
Ecuador		1. 12. 16	5

Gesamtübersicht über die Kauf-kraftzuschläge zum 1. 1. 2018 (§ 3 Nr. 64 EStG) mit Zeitraum ab 1. 1. 2016		Datum vor 2016 entspricht letzter Änderung	Kaufkraft-zuschlag in Prozent
Ecuador		1. 8. 02	0
El Salvador		1. 8. 17	0
El Salvador		1. 6. 16	5
El Salvador		1. 5. 16	0
El Salvador		1. 10. 15	5
Eritrea		1. 2. 17	20
Eritrea		1. 1. 17	25
Eritrea		1. 1. 15	20
Estland		1. 12. 96	0
Finnland		1. 6. 12	10
Frankreich		1. 11. 17	5
Frankreich		1. 10. 00	10
Gabun		1. 11. 13	20
Georgien		1. 2. 10	0
Ghana		1. 6. 17	10
Ghana		1. 4. 17	15
Ghana		1. 3. 17	10
Ghana		1. 1. 16	5
Griechenland		1. 6. 12	0
Guatemala		1. 10. 17	0
Guatemala		1. 3. 17	5
Guatemala		1. 2. 17	0
Guatemala		1. 1. 17	5
Guatemala		1. 12. 16	0
Guatemala		1. 11. 16	5
Guatemala		1. 9. 16	0
Guatemala		1. 1. 16	5
Guinea		1. 3. 16	15
Guinea		1. 2. 15	20
Haiti		1. 7. 17	20
Haiti		1. 6. 17	25
Haiti		1. 6. 15	20

Gesamtübersicht über die Kauf-kraftzuschläge zum 1. 1. 2018 (§ 3 Nr. 64 EStG) mit Zeitraum ab 1. 1. 2016		Datum vor 2016 entspricht letzter Änderung	Kaufkraft-zuschlag in Prozent
Honduras		1. 12. 17	10
Honduras		1. 11. 17	15
Honduras		1. 7. 17	10
Honduras		1. 11. 16	15
Honduras		1. 10. 16	10
Honduras		1. 3. 16	15
Honduras		1. 2. 16	10
Honduras		1. 12. 15	15
Indien	– Bangalore	1. 8. 17	0
Indien	– Bangalore	1. 7. 17	5
Indien	– Bangalore	1. 6. 17	0
Indien	– Bangalore	1. 3. 17	5
Indien	– Bangalore	1. 2. 17	0
Indien	– Bangalore	1. 1. 17	5
Indien	– Bangalore	1. 6. 02	0
Indien	– Chennai	1. 6. 02	0
Indien	– Kalkutta	1. 6. 02	0
Indien	– Mumbai	1. 6. 02	0
Indien	– Neu-Dehli	1. 6. 02	0
Indonesien		1. 7. 02	0
Irak		1. 8. 01	5
Iran		1. 11. 98	0
Irland		1. 12. 09	5
Island		1. 12. 17	15
Island		1. 8. 17	20
Island		1. 7. 17	25
Island		1. 6. 17	30
Island		1. 5. 17	25
Island		1. 4. 17	20
Island		1. 3. 17	25
Island		1. 2. 17	20
Island		1. 12. 16	25

Gesamtübersicht über die Kauf-kraftzuschläge zum 1. 1. 2018 (§ 3 Nr. 64 EStG) mit Zeitraum ab 1. 1. 2016		Datum vor 2016 entspricht letzter Änderung	Kaufkraft-zuschlag in Prozent
Island		1. 8. 16	20
Island		1. 4. 16	15
Island		1. 2. 16	10
Island		1. 12. 15	15
Israel		1. 8. 17	15
Israel		1. 3. 17	20
Israel		1. 2. 17	15
Israel		1. 1. 17	20
Israel		1. 1. 16	15
Italien		1. 11. 15	0
Jamaika		1. 4. 17	15
Jamaika		1. 3. 17	20
Jamaika		1. 2. 17	15
Jamaika		1. 1. 17	20
Jamaika		1. 3. 16	15
Jamaika		1. 11. 15	20
Japan		1. 8. 17	25
Japan		1. 12. 16	30
Japan		1. 7. 16	35
Japan		1. 12. 15	30
Jemen		1. 9. 02	0
Jordanien		1. 5. 17	0
Jordanien		1. 12. 16	5
Jordanien		1. 2. 16	0
Jordanien		1. 12. 15	5
Kambodscha		1. 6. 17	5
Kambodscha		1. 12. 16	10
Kambodscha		1. 9. 15	5
Kamerun		1. 3. 16	10
Kamerun		1. 3. 12	5
Kanada	- Montreal		s. Ottawa
Kanada	- Ottawa	1. 11. 17	0

Gesamtübersicht über die Kaufkraftzuschläge zum 1. 1. 2018 (§ 3 Nr. 64 EStG) mit Zeitraum ab 1. 1. 2016		Datum vor 2016 entspricht letzter Änderung	Kaufkraftzuschlag in Prozent
Kanada	- Ottawa	1. 7. 17	5
Kanada	- Ottawa	1. 6. 17	0
Kanada	- Ottawa	1. 9. 15	5
Kanada	- Toronto	1. 10. 17	5
Kanada	- Toronto	1. 9. 17	10
Kanada	- Toronto	1. 6. 17	5
Kanada	- Toronto	1. 12. 16	10
Kanada	- Toronto	1. 9. 16	5
Kanada	- Toronto	1. 3. 16	10
Kanada	- Toronto	1. 1. 16	5
Kanada	- Vancouver	1. 1. 18	0
Kanada	- Vancouver	1. 5. 17	5
Kanada	- Vancouver	1. 3. 16	10
Kanada	- Vancouver	1. 1. 16	5
Kap Verde		1. 3. 17	10
Kap Verde		1. 10. 16	15
Kap Verde		1. 7. 16	10
Kap Verde		1. 12. 15	15
Kasachstan		1. 3. 09	0
Katar		1. 8. 02	0
Kenia		1. 9. 17	0
Kenia		1. 3. 15	5
Kirgisistan		1. 12. 98	0
Kolumbien		1. 6. 17	5
Kolumbien		1. 1. 17	10
Kolumbien		1. 5. 16	5
Kolumbien		1. 8. 15	0
Kongo		1. 11. 17	15
Kongo		1. 8. 16	20
Kongo		1. 12. 12	15
Kongo, Dem. Rep.		1. 5. 17	25
Kongo, Dem. Rep.		1. 2. 15	30

Gesamtübersicht über die Kauf-kraftzuschläge zum 1. 1. 2018 (§ 3 Nr. 64 EStG) mit Zeitraum ab 1. 1. 2016		Datum vor 2016 entspricht letzter Änderung	Kaufkraft-zuschlag in Prozent
Korea		1. 5. 17	15
Korea		1. 4. 17	20
Korea		1. 1. 15	15
Korea, Demokratische Volksrepublik		1. 1. 16	15
Kosovo		1. 12. 98	0
Kroatien		1. 2. 99	0
Kuba		1. 7. 17	10
Kuba		1. 2. 15	15
Kuwait		1. 7. 02	0
Laotische Demokratische Volksrepublik		1. 2. 17	5
Laotische Demokratische Volksrepublik		1. 9. 16	5
Laotische Demokratische Volksrepublik		1. 1. 07	10
Laotische Demokratische Volksrepublik		1. 7. 02	0
Lettland		1. 1. 01	0
Libanon		1. 11. 16	10
Libanon		1. 4. 16	5
Libanon		1. 11. 15	10
Liberia		1. 7. 17	20
Liberia		1. 3. 17	25
Libyen		1. 8. 02	0
Litauen		1. 12. 98	0
Luxemburg		1. 12. 14	0
Madagaskar		1. 4. 17	5
Madagaskar		1. 3. 17	10
Madagaskar		1. 4. 15	5
Malawi		1. 7. 12	0
Malaysia		1. 6. 02	0
Mali		1. 12. 14	5
Malta		1. 5. 03	0

Gesamtübersicht über die Kauf- kraftzuschläge zum 1. 1. 2018 (§ 3 Nr. 64 EStG) mit Zeitraum ab 1. 1. 2016		Datum vor 2016 entspricht letzter Änderung	Kaufkraft- zuschlag in Prozent
Marokko		1. 6. 02	0
Mauretanien		1. 6. 14	0
Mazedonien		1. 10. 92	0
Mexiko		1. 4. 03	0
Moldau		1. 9. 01	0
Mongolei		1. 8. 12	0
Montenegro		1. 5. 07	0
Mosambik		1. 5. 16	0
Mosambik		1. 1. 16	5
Myanmar		1. 6. 16	0
Myanmar		1. 8. 15	5
Namibia		1. 5. 02	0
Nepal		1. 3. 01	0
Neuseeland		1. 1. 18	10
Neuseeland		1. 10. 17	15
Neuseeland		1. 5. 17	20
Neuseeland		1. 12. 16	25
Neuseeland		1. 10. 16	10
Neuseeland		1. 9. 16	15
Neuseeland		1. 11. 15	10
Nicaragua		1. 12. 17	0
Nicaragua		1. 2. 17	5
Nicaragua		1. 1. 17	10
Nicaragua		1. 1. 16	5
Niederlande		1. 10. 83	0
Niger		1. 3. 17	0
Niger		1. 9. 07	10
Nigeria		1. 7. 17	5
Nigeria		1. 4. 17	10
Nigeria		1. 8. 16	5
Nigeria		1. 7. 16	10
Nigeria		1. 4. 16	15

Gesamtübersicht über die Kauf-kraftzuschläge zum 1. 1. 2018 (§ 3 Nr. 64 EStG) mit Zeitraum ab 1. 1. 2016		Datum vor 2016 entspricht letzter Änderung	Kaufkraft-zuschlag in Prozent
Nigeria		1. 3. 16	10
Nigeria		1. 1. 16	15
Norwegen		1. 1. 18	15
Norwegen		1. 10. 17	20
Norwegen		1. 9. 17	25
Norwegen		1. 6. 17	20
Norwegen		1. 9. 16	25
Norwegen		1. 8. 16	20
Norwegen		1. 5. 16	25
Norwegen		1. 9. 15	20
Oman		1. 9. 17	0
Oman		1. 9. 16	5
Oman		1. 8. 02	0
Österreich		1. 9. 17	0
Österreich		1. 9. 14	5
Pakistan		1. 9. 95	0
Palästin. Autonom.			s. Israel
Panama		1. 9. 15	5
Papua-Neuguinea			s. Australien
Paraguay		1. 9. 11	0
Peru		1. 5. 17	5
Peru		1. 3. 17	10
Peru		1. 9. 14	5
Philippinen		1. 1. 98	0
Polen		1. 12. 99	0
Portugal		1. 2. 93	0
Ruanda		1. 9. 17	10
Ruanda		1. 10. 14	15
Rumänien		1. 1. 99	0
Russische Föderation		1. 3. 04	0
Sambia		1. 7. 06	0
Saudi-Arabien		1. 8. 02	0

Gesamtübersicht über die Kauf-kraftzuschläge zum 1. 1. 2018 (§ 3 Nr. 64 EStG) mit Zeitraum ab 1. 1. 2016		Datum vor 2016 entspricht letzter Änderung	Kaufkraft-zuschlag in Prozent
Schweden		1. 11. 17	5
Schweden		1. 7. 17	10
Schweden		1. 5. 17	5
Schweden		1. 4. 17	10
Schweden		1. 3. 17	5
Schweden		1. 1. 17	10
Schweden		1. 10. 16	5
Schweden		1. 5. 14	10
Schweiz		1. 1. 18	15
Schweiz		1. 8. 17	20
Schweiz		1. 8. 15	25
Senegal		1. 11. 13	5
Serbien		1. 7. 92	0
Sierra Leone		1. 5. 16	10
Sierra Leone		1. 2. 15	15
Simbabwe		1. 10. 17	5
Simbabwe		1. 11. 14	10
Singapur		1. 1. 18	5
Singapur		1. 11. 15	10
Slowakische Republik		1. 8. 94	0
Slowenien		1. 11. 91	0
Spanien		1. 1. 16	0
Sri Lanka		1. 2. 95	0
Südafrika		1. 9. 01	0
Sudan		1. 6. 17	0
Sudan		1. 5. 17	5
Sudan		1. 3. 17	10
Sudan		1. 1. 17	5
Sudan		1. 12. 16	10
Sudan		1. 11. 16	15
Sudan		1. 6. 15	10
Südsudan		1. 8. 17	30

Gesamtübersicht über die Kauf-kraftzuschläge zum 1. 1. 2018 (§ 3 Nr. 64 EStG) mit Zeitraum ab 1. 1. 2016		Datum vor 2016 entspricht letzter Änderung	Kaufkraft-zuschlag in Prozent
Südsudan		1. 5. 17	35
Südsudan		1. 3. 17	30
Südsudan		1. 2. 17	35
Südsudan		1. 1. 17	30
Südsudan		1. 12. 16	35
Südsudan		1. 3. 16	30
Südsudan		1. 2. 16	0
Südsudan		1. 1. 16	45
Syrien		1. 2. 04	0
Tadschikistan		1. 9. 04	0
Taiwan		1. 12. 17	5
Taiwan		1. 6. 16	10
Taiwan		1. 5. 16	5
Taiwan		1. 9. 15	10
Tansania		1. 8. 17	5
Tansania		1. 3. 15	10
Thailand		1. 6. 17	0
Thailand		1. 11. 16	5
Thailand		1. 10. 16	0
Thailand		1. 9. 16	5
Thailand		1. 3. 16	0
Thailand		1. 2. 16	5
Thailand		1. 1. 16	0
Togo		1. 8. 16	0
Togo		1. 5. 16	5
Togo		1. 2. 16	0
Togo		1. 1. 16	5
Trinidad und Tobago		1. 8. 17	5
Trinidad und Tobago		1. 2. 15	10
Tschad		1. 7. 16	15
Tschad		1. 6. 16	20
Tschad		1. 9. 15	15

Gesamtübersicht über die Kauf- kraftzuschläge zum 1. 1. 2018 (§ 3 Nr. 64 EStG) mit Zeitraum ab 1. 1. 2016		Datum vor 2016 entspricht letzter Änderung	Kaufkraft- zuschlag in Prozent
Tschechische Republik		1. 4. 00	0
Tunesien		1. 2. 01	0
Türkei		1. 12. 10	0
Turkmenistan		1. 3. 03	0
Uganda		1. 1. 14	0
Ukraine		1. 8. 02	0
Ungarn		1. 7. 91	0
Uruguay		1. 9. 17	10
Uruguay		1. 9. 16	15
Uruguay		1. 9. 15	10
Usbekistan		1. 3. 02	0
Venezuela		1. 6. 17	10
Venezuela		1. 7. 14	30
Vereinigte Arabische Emirate		1. 7. 17	0
Vereinigte Arabische Emirate		1. 12. 16	5
Vereinigte Arabische Emirate		1. 2. 16	0
Vereinigte Arabische Emirate		1. 12. 15	5
Vereinigte Staaten	- Atlanta	1. 8. 17	5
Vereinigte Staaten	- Atlanta	1. 4. 17	10
Vereinigte Staaten	- Atlanta	1. 3. 17	15
Vereinigte Staaten	- Atlanta	1. 2. 17	10
Vereinigte Staaten	- Atlanta	1. 1. 17	15
Vereinigte Staaten	- Atlanta	1. 6. 16	10
Vereinigte Staaten	- Atlanta	1. 5. 16	5
Vereinigte Staaten	- Atlanta	1. 2. 15	10
Vereinigte Staaten	- Boston	1. 7. 17	10
Vereinigte Staaten	- Boston	1. 11. 16	15
Vereinigte Staaten	- Boston	1. 4. 16	10
Vereinigte Staaten	- Boston	1. 12. 15	15
Vereinigte Staaten	– Chicago	1. 8. 17	5
Vereinigte Staaten	– Chicago	1. 4. 17	10
Vereinigte Staaten	– Chicago	1. 3. 17	15

Gesamtübersicht über die Kauf-kraftzuschläge zum 1. 1. 2018 (§ 3 Nr. 64 EStG) mit Zeitraum ab 1. 1. 2016		Datum vor 2016 entspricht letzter Änderung	Kaufkraft-zuschlag in Prozent
Vereinigte Staaten	– Chicago	1. 2. 17	10
Vereinigte Staaten	– Chicago	1. 1. 17	15
Vereinigte Staaten	– Chicago	1. 6. 16	10
Vereinigte Staaten	– Chicago	1. 5. 16	5
Vereinigte Staaten	– Chicago	1. 2. 15	10
Vereinigte Staaten	- Houston	1. 8. 17	5
Vereinigte Staaten	- Houston	1. 2. 17	10
Vereinigte Staaten	- Houston	1. 1. 17	15
Vereinigte Staaten	- Houston	1. 6. 16	10
Vereinigte Staaten	- Houston	1. 5. 16	5
Vereinigte Staaten	- Houston	1. 4. 15	10
Vereinigte Staaten	- Los Angeles	1. 8. 17	5
Vereinigte Staaten	- Los Angeles	1. 4. 17	10
Vereinigte Staaten	- Los Angeles	1. 3. 17	15
Vereinigte Staaten	- Los Angeles	1. 2. 17	10
Vereinigte Staaten	- Los Angeles	1. 1. 17	15
Vereinigte Staaten	- Los Angeles	1. 6. 16	10
Vereinigte Staaten	- Los Angeles	1. 5. 16	5
Vereinigte Staaten	- Los Angeles	1. 2. 15	10
Vereinigte Staaten	- Miami	1. 8. 17	5
Vereinigte Staaten	- Miami	1. 2. 17	10
Vereinigte Staaten	- Miami	1. 1. 17	15
Vereinigte Staaten	- Miami	1. 6. 16	10
Vereinigte Staaten	- Miami	1. 5. 16	5
Vereinigte Staaten	- Miami	1. 4. 15	10
Vereinigte Staaten	- New York	1. 8. 17	10
Vereinigte Staaten	- New York	1. 4. 17	15
Vereinigte Staaten	- New York	1. 3. 17	20
Vereinigte Staaten	- New York	1. 2. 17	15
Vereinigte Staaten	- New York	1. 1. 17	20
Vereinigte Staaten	- New York	1. 6. 16	15
Vereinigte Staaten	- New York	1. 5. 16	10

Gesamtübersicht über die Kauf-kraftzuschläge zum 1. 1. 2018 (§ 3 Nr. 64 EStG) mit Zeitraum ab 1. 1. 2016		Datum vor 2016 entspricht letzter Änderung	Kaufkraft-zuschlag in Prozent
Vereinigte Staaten	- New York	1. 2. 15	15
Vereinigte Staaten	- San Francisco	1. 1. 18	5
Vereinigte Staaten	- San Francisco	1. 6. 17	10
Vereinigte Staaten	- San Francisco	1. 12. 16	15
Vereinigte Staaten	- San Francisco	1. 1. 16	10
Vereinigte Staaten	- Washington	1. 1. 18	5
Vereinigte Staaten	- Washington	1. 10. 17	10
Vereinigte Staaten	- Washington	1. 9. 17	5
Vereinigte Staaten	- Washington	1. 5. 17	10
Vereinigte Staaten	- Washington	1. 1. 17	15
Vereinigte Staaten	- Washington	1. 1. 16	10
Vereinigtes Königreich		1. 6. 17	5
Vereinigtes Königreich		1. 4. 17	10
Vereinigtes Königreich		1. 12. 16	5
Vereinigtes Königreich		1. 7. 16	10
Vereinigtes Königreich		1. 1. 16	15
Vietnam		1. 5. 03	0
Weißrussland		1. 11. 01	0
Zypern		1. 8. 95	0

Änderungen und Ergänzungen dieser Übersicht werden vierteljährlich im Bundessteuerblatt Teil I veröffentlicht. Der Zuschlag bezieht sich, sofern nicht andere Zuschläge festgesetzt sind, jeweils auf den gesamten konsularischen Amtsbezirk einer Vertretung (R 3.64 Abs. 3 LStR). Informationen zu den konsularischen Amtsbezirken der Vertretungen erhalten Sie unter www.auswaertiges-amt.de.

Kaufkraftzuschläge für den Zeitraum vor dem 1. Januar 2016 ergeben sich aus folgenden Bekanntmachungen:

Für den Zeitraum 1. 1. 2012 bis 1. 1. 2016 ergeben sie sich aus der Bekanntmachung vom 14. Januar 2016 – IV C 5 – S 2341/15/10002, DOK 2015/1202735 – (BStBl I S. 142).

Für den Zeitraum 1. 1. 2008 bis 1. 1. 2012 ergeben sie sich aus der Bekanntmachung vom 9. Januar 2012 – IV C 5 – S 2341/10/10003, DOK 2011/1049449 – (BStBl I S. 123).

Für den Zeitraum 1. Januar 2004 bis 1. Januar 2008 ergeben sich aus der Bekanntmachung vom 10. Januar 2008 – IV C 5 – S 2341/08/0001, DOK: 2008/0010594 (BStBl I 2008 S. 259).

Für den Zeitraum vom 1. Januar 2000 bis 1. Januar 2004 ergeben sie sich aus der Bekanntmachung vom 23. Dezember 2003 – IV C 5 – S 2341 – 16/03 – (BStBl I 2004 S. 45).

Für Zeiträume vor dem 1. Januar 2000 ergeben sie sich aus der Bekanntmachung vom 27. Dezember 2002 – IV C 5 – S 2341 – 13/02 – (BStBl I 2003 S. 50).

C.
Stichwortverzeichnis

Es bezeichnen:

halbfette Zahlen	=	die Paragraphen des EStG
kursive Zahlen	=	die Paragraphen der Durchführungsverordnungen
normale Zahlen	=	Richtlinien, Hinweise, Anlagen und Anhänge
eingeklammerte Zahlen	=	die Absätze der Paragraphen, Richtlinien oder Hinweise

Beispiele:

R 9 (1)	=	Lohnsteuer-Richtlinie 9 Abs. 1
H 2	=	Hinweis zu Lohnsteuer-Richtlinie 2
44a H	=	nichtamtlicher Hinweis zu § 44a EStG
LStDV 4	=	Paragraph 4 der Lohnsteuer-Durchführungsverordnung
Anh. 4	=	Anhang lfd. Nr. 4